THE DICTIONARY OF LAW 第6版

法律学小辞典

KAZUYUKI TAKAHASHI
MAKOTO ITO
MITSUO KOBAYAKAWA
YOSHIHISA NOMI
ATSUSHI YAMAGUCHI

［編集代表］

高橋和之

伊藤　眞

小早川光郎

能見善久

山口　厚

有斐閣

第6版
編集委員

荒木　尚志	高橋　和之
伊藤　　眞	道垣内正人
岩村　正彦	中谷　和弘
宇賀　克也	能見　善久
葛西　康徳	野坂　泰司
神作　裕之	舟田　正之
黒沼　悦郎	増井　良啓
小泉　直樹	森村　　進
後藤　　昭	弥永　真生
小早川光郎	山口　　厚
佐伯　仁志	山下　純司
高田　裕成	

(五十音順)

初版はしがき

　消費者運動や公害紛争に象徴されるように，市民の権利意識は定着しつつある。おそらく今日ほど，法が市民のためのものとして身近に感じられる時代はなかったであろう。そうした市民をめぐる紛争の処理には，むき出しの実力や前近代的な義理人情による解決ではなく，法による合理的解決が強く要請されているのである。いまや，法知識を専門家だけの独占にゆだねることは許されなくなった。法学生ばかりでなく，公務員，サラリーマン，その他一般社会人にとっても，職業上，社会生活上，法律知識を深める必要がますます高まっている。

　本来，法は市民の利益を守るためのものであり，それがどのような内容のものであるかがだれにでも容易には握でき，理解できるものでなければならないはずである。しかるに，法律や法学の現状は，いぜんとして，市民一般はおろか，専門家にとってすら難解なものが少なくないありさまであり，しかも，法学者や法曹実務家自身には，なお，法律知識を広く市民のものとしていくための努力に欠けるうらみさえ感じられる。

　本書は，こうした認識に立って，法学上の専門的用語や論点について，学術的水準を落とすことなしに，しかも，できるだけわかりやすいように，簡明で，具体的な叙述を試みたほか，法制度の根本となる重要項目を選んで掘り下げた解説をしたり，説明見出し，図表等をそう入したりして，立体的な理解を得られるように工夫した。選んだ項目は 6500 に及んでいるが，現行の法律を理解する上で欠くことのできない基礎的な事項を網羅し，法学生や実務家，受験者にとって必要かつ十分な程度に広く法の各分野に及んでいるばかりでなく，その中には，複雑な現代の社会が産み出している新しい法律上の問題，特に現に形成されつつある法律関係，権利概念などについても，できるかぎり多く取り上げて，問題の所在や考え方の方向を説明し，現代に生きる市民の法律常識として役だつことを心がけたつもりである。

　本書がハンディーで網羅的，かつ，アップ・ツー・デートな法学辞典として，小六法とともに広く愛用され，法学学習の座右の書として，また，市民の法知識の水準を高め，法に対する関心と，法を市民自身のものであるとする意識とを強めることに役だつならば，われわれの望外の喜びである。

　昭和 47 年 1 月 15 日

　　　　　　　　　　　　編集代表　　藤　木　英　雄
　　　　　　　　　　　　　　　　　　金　子　　宏
　　　　　　　　　　　　　　　　　　新　堂　幸　司

第6版
編集・執筆者
(五十音順。＊印の執筆者は編集者を兼ねる)

相澤英孝	＊宇賀克也	兼原敦子	＊後藤　昭	清水真希子
相澤美智子	内海博俊	鎌田耕一	後藤　元	下井康史
青井未帆	内田文昭	唐津　博	小西國友	下田久則
青木　哲	内野正幸	河上正二	小西康之	新堂幸司
青山善充	愛知靖之	川島いづみ	＊小早川光郎	水津太郎
秋葉悦子	遠藤比呂通	川嶋四郎	小林憲太郎	杉山悦子
吾郷眞一	遠藤博也	川田琢之	小林　登	鈴木左斗志
浅妻章如	大石　眞	河村賢治	伊永大輔	須藤陽子
淺野博宣	大内伸哉	神吉知郁子	斎藤　誠	住吉　博
＊荒木尚志	大澤　裕	神前　禎	齊藤　愛	諏訪康雄
荒谷裕子	大塚　直	＊神作裕之	齋野彦弥	瀬元美知男
淡路剛久	大橋洋一	菊井康郎	＊佐伯仁志	芹沢　斉
池田千鶴	大原栄一	木佐茂男	榊　素寛	髙木　光
池田政章	大村敦志	北澤安紀	酒巻　匡	田頭章一
石井紫郎	尾形　健	北村賢哲	櫻庭涼子	高杉　直
石﨑由希子	小川浩三	木村琢麿	笹岡愛美	＊高田裕成
五十部豊久	奥田昌道	木村真生子	佐々木健	＊髙橋和之
板倉　宏	尾崎安央	京藤哲久	笹倉宏紀	髙橋美加
伊藤一頼	落合誠一	金　光旭	佐瀬裕史	髙橋祐介
伊藤高義	小幡純子	久保野恵美子	作花文雄	田口正樹
＊伊藤　眞	小畑史子	倉田賀世	沢木敬郎	竹内(奥野)寿
伊藤　渉	貝瀬幸雄	倉田　聡	澤田悠紀	武生昌士
井上健一	垣内秀介	＊黒沼悦郎	塩野　宏	竹下守夫
井上由里子	＊葛西康徳	桑村裕美子	宍戸常寿	武田邦宣
今井猛嘉	笠原武朗	源河達史	宍戸善一	多田辰也
岩井宜子	梶川敦子	＊小泉直樹	鎮目征樹	田中　開
岩沢雄司	加藤貴仁	小出　篤	設楽裕文	田中　亘
＊岩村正彦	加藤哲夫	交告尚史	品田充儀	谷川　久
植木俊哉	加藤智章	河谷清文	渋谷秀樹	谷口勢津夫
上嶌一高	角松生史	小嶌典明	渋谷雅弘	田淵浩二
上原敏夫	金子　宏	小塚荘一郎	島田陽一	溜箭将之
上村達男	兼子　仁	小寺　彰	嶋矢貴之	田宮　裕

田村諄之輔
田村善之
土田道夫
筒井若水
津村政孝
手島勲矢
寺谷広司
道垣内弘人
*道垣内正人
東條吉純
土岐将仁
德本穰
長尾龍一
中川淳司
中里実
中島弘雅
*中谷和弘
中西康
長沼範良
中野妙子
中原太郎
中山信弘
納谷廣美
西島梅治

西田典之
西村弓
新田一郎
二宮正人
沼田一郎
根本到
*能見善久
野川忍
*野坂泰司
野澤正充
萩沢清彦
橋爪隆
橋本陽子
長谷部由起子
畑瑞穂
幡野弘樹
花見忠
浜田純一
林淳
林知更
潘阿憲
比嘉義秀
菱田雄郷
人見剛

平井宜雄
藤澤治奈
藤田友敬
藤谷武史
渕麻依子
*舟田正之
古川伸彦
保原喜志夫
堀江慎司
前田重行
前田健
前田庸
前田陽一
巻美矢紀
*増井良啓
松井秀征
松尾浩也
松岡誠之助
松岡久和
松下淳一
松田保彦
松本英実
松元暢子
三木浩一

水野忠恒
水野紀子
水元宏典
緑大輔
棟居快行
村上裕章
村山健太郎
室井力
毛利透
森肇志
森川幸一
森下哲朗
森島昭夫
森田修
森田果
*森村進
守矢健一
両角吉晃
紋谷暢男
矢口俊昭
*弥永真生
柳明昌
柳屋孝安
山神清和

山川隆一
*山口厚
山口浩一郎
*山下純司
山田文
山田誠一
山中伸一
山野目章夫
山本和彦
山本哲生
山本弘
行岡睦彦
横山久芳
吉原達也
吉村朋代
米丸恒治
我妻学
若林泰伸
和田健夫
和田肇
和田吉弘
渡辺徹也

歴代編集委員

初　版

金子　宏　　平井宜雄
塩野　宏　　藤木英雄
新堂幸司　　前田　庸
萩沢清彦　　森島昭夫
波多野里望

（五十音順）

新版以降

石井紫郎　　高橋和之
伊藤　眞　　筒井若水
岩沢雄司　　道垣内正人
岩村正彦　　長尾龍一
上村達男　　中山信弘
大村敦志　　西田典之
金子　宏　　能見善久
後藤　昭　　平井宜雄
小早川光郎　舟田正之
沢木敬郎　　前田　庸
新堂幸司　　松尾浩也
諏訪康雄　　水野忠恒

（五十音順）

歴代編集・執筆者

(五十音順。＊印の執筆者は編集者を兼ねる)

初　版

青山善充	遠藤博也	渋谷光子	田村諄之輔	＊平井宜雄	松本時夫
淡路剛久	大原栄一	清水　湛	筒井若水	広部和也	三宅弘人
池田政章	奥田昌道	下田久則	長尾龍一	＊藤木英雄	室井　力
石井紫郎	＊金子　宏	＊新堂幸司	中元紘一郎	保原喜志夫	＊森島昭夫
五十部豊久	兼子　仁	住吉　博	納谷廣美	＊前田　庸	紋谷暢男
板倉　宏	菊井康郎	瀬元美知男	西島梅治	槇　重博	山口浩一郎
伊藤高義	小西國友	園部逸夫	＊萩沢清彦	町野　朔	林　順碧
伊藤　眞	佐々木有司	高原賢治	＊波多野里望	松尾浩也	
岩井宜子	実方謙二	竹下守夫	花見　忠	松岡誠之助	
内田文昭	沢木敬郎	谷川　久	原田尚彦	松田幹夫	
江橋　崇	＊塩野　宏	田宮　裕	東寿太郎	松田保彦	

新版以降

相澤英孝	井上由里子	大原栄一	鎌田耕一	交告尚史	櫻井敬子
相澤美智子	＊今井猛嘉	大渕哲也	唐津　博	小嶌典明	作花文雄
青井未帆	岩井宜子	＊大村敦志	川出敏裕	小塚荘一郎	＊沢木敬郎
青木　哲	＊岩沢雄司	小川浩三	河上正二	＊小寺　彰	塩野　宏
青山善充	＊岩村正彦	奥田昌道	川島いづみ	＊後藤　昭	宍戸常寿
秋葉悦子	植木俊哉	尾崎安央	川嶋四郎	後藤　元	宍戸善一
吾郷眞一	上嶌一高	落合誠一	川田琢之	小西國友	鎮目征樹
浅妻章如	＊上原敏夫	＊小幡純子	河村賢治	小西康之	設楽裕文
淺野博宣	＊上村達男	小畑史子	神前　禎	＊小早川光郎	品田充儀
荒木尚志	＊宇賀克也	貝瀬幸雄	＊神作裕之	小林憲太郎	渋谷秀樹
荒谷裕子	内海博俊	垣内秀介	菊井康郎	小林　登	渋谷雅弘
淡路剛久	内田文昭	＊葛西康徳	木佐茂男	伊永大輔	島田陽一
池田千鶴	内野正幸	笠原武朗	北澤安紀	斎藤　誠	嶋矢貴之
池田政章	愛知靖之	梶川敦子	北村賢哲	齊藤　愛	清水真希子
＊石井紫郎	江橋　崇	加藤貴仁	木村琢麿	齋野彦弥	下井康史
石川　武	遠藤比呂通	加藤幸嗣	京藤哲久	＊佐伯仁志	下田久則
五十部豊久	遠藤博也	加藤哲夫	金　光旭	榊　素寛	＊新堂幸司
板倉　宏	大石　眞	加藤智章	倉田賀世	酒巻　匡	杉山悦子
伊藤高義	大内伸哉	角松生史	倉田　聡	櫻庭涼子	鈴木左斗志
＊伊藤　眞	大澤　裕	＊金子　宏	源河達史	笹岡愛美	須藤陽子
伊藤　渉	大塚　直	兼子　仁	小泉直樹	笹倉宏紀	住吉　博
井上健一	大橋洋一	兼原敦子	小出　篤	佐瀬裕史	＊諏訪康雄

瀬元美知男	田村善之	＊西田典之	菱田雄郷	＊水野忠恒	山川隆一
芹沢　斉	土田道夫	西村　弓	人見　剛	水野紀子	＊山口　厚
＊髙木　光	＊筒井若水	新田一郎	＊平井宜雄	水元宏典	山口浩一郎
田頭章一	津村政孝	二宮正人	藤田友敬	緑　大輔	山下純司
高杉　直	手島勲矢	沼田一郎	渕　倫彦	棟居快行	山田　文
＊高田裕成	寺谷広司	根本　到	＊舟田正之	村山健太郎	山田誠一
＊高橋和之	道垣内弘人	＊能見善久	古川伸彦	室井　力	山中伸一
髙橋美加	＊道垣内正人	野川　忍	保原喜志夫	毛利　透	山野目章夫
髙橋祐介	東條吉純	＊野坂泰司	堀江慎司	森　肇志	山本和彦
田口正樹	德本　穰	野澤正充	前田重行	森川幸一	山本哲生
竹内(奥野)寿	＊長尾龍一	萩沢清彦	＊前田　庸	森下哲朗	山本　弘
武生昌士	中川淳司	橋爪　隆	前田陽一	森島昭夫	横山久芳
竹下守夫	中里　実	橋本陽子	巻美矢紀	森田　修	吉原達也
武田邦宣	中島弘雅	長谷部由起子	＊増井良啓	森田　果	吉村朋代
多田辰也	中谷和弘	畑　瑞穂	松井秀征	＊森村　進	米丸恒治
田中　開	中西　康	花見　忠	＊松尾浩也	守矢健一	我妻　学
田中　亘	長沼範良	浜田純一	松岡誠之助	両角吉晃	若林泰伸
谷川　久	中野妙子	林　淳	松岡久和	紋谷暢男	和田健夫
谷口勢津夫	中原太郎	林　知更	松下淳一	矢口俊昭	和田　肇
田淵浩二	＊中山信弘	林　信夫	松田保彦	＊弥永真生	和田吉弘
溜箭将之	納谷廣美	林田　学	松本英実	柳　明昌	渡辺徹也
田宮　裕	西川洋一	原田尚彦	松元暢子	柳屋孝安	
田村諄之輔	西島梅治	潘　阿憲	三木浩一	山神清和	

凡　例

I　編集の方針

1　法学学習のための百科辞典として

　　法律を専攻する学生，公務員試験・司法試験その他各種試験の法律科目の受験者に必要な用語・論点等を慎重に選定し，法学学習百科辞典としての役割を果たさせることをねらいとした。また，平明で具体的な叙述を心がけ，一般大学生の法学学習上の座右の書として，さらに，市民が日常生活の上で当面する法律問題の解決への指針としても，役立つように努めた。

2　項目選定の範囲

　　項目選定の重点は，憲法，民法，商法，刑法，民事訴訟法，刑事訴訟法のいわゆる六法に加え，行政法，財政・租税法，労働法，国際法の10分野に置いた。また，現代社会生活において重要度を増している社会保障法，経済法，知的財産法，国際私法の分野についても一層の充実を図るとともに，基礎法学の分野からも重要な項目を厳選し，さらに，著名な学派・学者名・法諺(ほうげん)や事件名(判例)などを加えて，9803項目を収録した。

3　項目解説の基本的態度

　①　項目の解説は，高い理論的水準を維持しつつ，抽象的記述を避けて具体的に例を挙げるなど，分かりやすい叙述を心がけたほか，解説の根拠となる法令や学説・判例をできる限り引用することとした。

　②　各分野から法制度の根幹となる項目や講学上重要な項目を選定し，それらについては掘り下げた解説をすることによって，小項目主義にありがちな平板な解説に陥らないように心がけた。

　③　項目相互間の関連及び異同に特に注意を払い，相互に比較対照しながら，有機的・体系的な理解が得られるように配慮した。

4　記述形式上の特色

　　解説の長くなる項目は，段落分け等を行い，また適宜小見出しを付すなど，単に読みやすいだけでなく，一見して解説の要点が分かり，知識の整理にも役立つようにした。

5　図表の利用

　　解説中，複雑で理解しにくい箇所や比較対照することが望ましいと思われる箇所などには，図表を挿入して理解の助けとなるようにした。

凡　例

6　基本法令用語

　六法全書や官報等を読む上で，是非知っておきたい基本的な法令用語(168項目)を網羅した「基本法令用語」を巻末に収録し，参考になる立法例や用例をできるだけ具体的に挙げて分かりやすく解説した。

7　索引等の充実

　巻末に人名索引，判例年月日索引，欧文略語一覧，収録図表一覧を付し，読者の検索の便を図った。

8　項目の選定及び解説の基準日

　項目の選定及び解説の基準日は令和6(2024)年1月1日とした。ただし，それ以降の法改正や判例も必要に応じて採り上げた。

II　編集の形式

A　項目の配列

1　五十音順による配列

　現代仮名遣いによる五十音順の配列とし，次の方針によった。

① 国語の長音は「う」で表し，その順序による。片仮名で表す外国語の長音は長音符「ー」で表し，これを無視した順序による。

② 促音は「っ」で表し，その順序による。

2　2通りの読み方がある項目

　読み方に2つの慣用がある項目はそれぞれの順序に掲げ，どちらからでも検索できるようにした。

3　複合項目

　複合的な項目は，最初の言葉のみの音順によった(例：「更正・決定」は，「こうせい」の位置に配列)(なお，下記C-1参照)。

B　項目の記述

1　使用漢字・仮名遣い

① 常用漢字・現代仮名遣いによる。常用漢字以外の漢字及び読み誤られやすい漢字には，原則として読み仮名を付した。

② 読点は，法令名・引用文中のものも含め，すべてコンマ(，)で統一した。

2　法令等の扱い

① 法令名項目の効力表示

　法令名を項目とする場合，その法令が効力を有しているときは原則として解説の冒頭に法令番号を掲げ，その法令が既に廃止・失効しているときは解説中の括弧内に法令番号を掲げて，両者を区別した。

凡　例

②　解説中に引用する法令名等については，次の方針によった。

イ　原則として，正式名称による表示とし，法令番号を掲げた。

ロ　引用法令が法令名項目として採用されている場合(亀甲の括弧内に引用する場合を除く(下記ハ参照))は，アステリスク(＊)とアポストロフィ(')を付して法令名項目であることを示し(下記C-2「アステリスク」参照)，法令番号は省略した。ただし，当然に法令名項目である日本国憲法(憲法)，民法，商法・会社法，刑法，民事訴訟法，刑事訴訟法のいわゆる六法については，アステリスク等も省略した。

ハ　亀甲の括弧「〔　〕」内に法令名・条文を引用する場合

　a　法令名

　　i　「総合略語一覧」に掲げられている法令については，その略語による表示とし，法令番号は省略した。

　　ii　法令の略称名を項目とするものの解説中に当該法令を引用する場合には，その略称名による表示としたものがある。また，一部改正法や整理法等については，正式名称を適宜省略した表示とし，法令番号を掲げた。

　b　条文

　　i　同一法令の条文はナカグロ(・)で，異なる法令の条文はコンマ(，)で区切った。

　　ii　条数はアラビア数字で，項数は①②③…，号数は\boxed{1}\boxed{2}\boxed{3}…で示した(例：民450①②は，民法第1項第2号の意)。また，附則は「附」，柱書きは「柱」，前段は「前」，後段は「後」，括弧書きは「括弧」，ただし書は「但」とそれぞれ省略した表示とした。

　　iii　連続する3つ以上の条・項・号を引用する場合は，その中間にあるものは省略し，「～」の表示とした。

　　iv　枝番号のある条数については，片仮名の枝は平仮名で表示した。

ニ　条約名中の漢数字による年月日はアラビア数字に改めた。また，国際連合総会決議には，括弧内に決議番号と会期を示した。ただし，当該決議が項目として採用されている場合は，アステリスク(＊)とアポストロフィ(')を付し(下記C-2「アステリスク」参照)，決議番号と会期は省略した。

3　判例の扱い

①　判例を対象とした「事件名項目」には，解説中に当該判例の判決等年月日と出典を織り込んだ。なお，判決等年月日と出典の表記に用いた略語については，「総合略語一覧」を参照されたい。

②　特定することが可能な引用判例については，原則として，括弧内に判決等年月日と出典を掲げた(なお，通称としての「事件名」のある判例には併せてこれを付記した)。ただし，当該判例が事件名項目として採用されている場合は，

凡　例

その事件名項目を参照する旨指示し，判決等年月日と出典は省略した。
4　人名・書名の扱い
① 人名を項目とする場合には生没年を掲げ，外国人名であるときは，併せて原名(姓(surname)・名(christian name)の順)を付記した(下記5-①参照)。
② 解説中の人名は，それが人名項目となっている場合はアステリスク(*)とアポストロフィ(')を付し(下記C-2「アステリスク」参照)，生没年(及び原名)は省略した。それら以外の人名については，原則として①と同じ扱いとし，生没年(及び原名)を直後の括弧内に掲げた(ただし，原名については，名・姓の順とした)。なお，人名によっては生没年(及び原名)を省略したものがある。
③ 書名については発行年を付記した。なお，外国書名は日本語訳名のみを掲げた。
5　外国語の扱い
① 外国語項目(外国人名項目を含む)は，原則として，一般に慣用される読み方に従って片仮名で表示し，原語を付記した。
② 外国語には，英 仏 独 等の形でその母国を表示したが，前後の記述からその母国が明らかと思われる場合には省略した。
③ ラテン語のjは，原則としてiに統一した。

C　項目相互の関連

1　複合項目

相互に特に密接に関連する言葉については，それぞれをナカグロ(・)でつないで複合的な項目とし，一括して解説した(例：「一般法・特別法」「有限責任・無限責任」)。なお，この場合は同時に，後者の言葉(例：「特別法」「無限責任」)についても参照項目として採用し(下記4参照)，該当箇所に掲げて検索の便を図った。

2　アステリスク(*)

ある項目の解説中に出てくる言葉「○○○○」が，別に項目として採用されており，かつ，その項目の解説を参照することが，ある項目の理解に便宜であると思われる場合には，*○○○○'のように，アステリスクとアポストロフィを付して参照する旨指示した。

3　矢　印(⇨)
① ある項目の解説について，特に他の項目「○○○○」の解説を参照することが望ましいと思われる場合には，⇨○○○○'のように，矢印とアポストロフィによって参照すべき項目を示した。
② 矢印の位置
イ　項目全体に関連する場合は，解説の最後に掲げた。
ロ　解説中のある言葉又は記述に関連する場合は，それらの直後の括弧内に掲

ハ　段落に分かれている項目の場合，個別の段落に関連するときはその段落の最後に掲げ，また，すべての段落(項目全体)に関連するときは最後の段落の次の行に1字下げて掲げた。
　4　参照項目
　　参照項目(項目名の後に，矢印(⇨)と他の項目名のみがあるもの)については，矢印の後に掲げた項目の中で解説した。

III　略　語

　1　総合略語一覧
　　本辞典で使用した法令名・法令形式・判例集・裁判所等の略語については，別記「総合略語一覧」による。
　2　旧法・旧規定の表示
　①　法令名(略語を含む)の前に「旧」とある場合は，旧法令を示す(例：旧民は，旧民法の意)。
　②　法令名の次に「旧」とあって条数等が掲げられている場合は，削除されたか改正前の条文であることを示す(例：民旧208は，民法第208条旧規定の意)。

IV　索　引

　巻末に人名索引，判例年月日索引，欧文略語一覧，収録図表一覧を付した。

総合略語一覧

* 本辞典において使用した，法令名・法令形式・判例集・裁判所等の略語とその正式名称を掲げた。なお，法令名以外の略語については**太字**で示した。

あ

ICC	国際刑事裁判所
ICJ	国際司法裁判所
あっせん利得	公職にある者等のあっせん行為による利得等の処罰に関する法律(平成12法130)
あへん	あへん法(昭和29法71)
安保会議	国家安全保障会議設置法(昭和61法71)
安保協定	日本国とアメリカ合衆国との間の相互協力及び安全保障条約第6条に基づく施設及び区域並びに日本国における合衆国軍隊の地位に関する協定(昭和35条7)
安保約	日本国とアメリカ合衆国との間の相互協力及び安全保障条約(昭和35条6)

い

育介	育児休業，介護休業等育児又は家族介護を行う労働者の福祉に関する法律(平成3法76)
育介則	育児休業，介護休業等育児又は家族介護を行う労働者の福祉に関する法律施行規則(平成3労25)
意見	勧告的意見
遺言準拠法	遺言の方式の準拠法に関する法律(昭和39法100)
遺言保管	法務局における遺言書の保管等に関する法律(平成30法73)
医師	医師法(昭和23法201)
遺失	遺失物法(平成18法73)
意匠	意匠法(昭和34法125)
一般法人	一般社団法人及び一般財団法人に関する法律(平成18法48)
一般法人整備法	一般社団法人及び一般財団法人に関する法律及び公益社団法人及び公益財団法人の認定等に関する法律の施行に伴う関係法律の整備等に関する法律(平成18法50)
一般法人登則	一般社団法人等登記規則(平成20法務48)
委任状	上場株式の議決権の代理行使の勧誘に関する内閣府令(平成15内21)
医薬	医薬品，医療機器等の品質，有効性及び安全性の確保等に関する法律(昭和35法145)
入会林野	入会林野等に係る権利関係の近代化の助長に関する法律(昭和41法126)
医療	医療法(昭和23法205)
印税	印紙税法(昭和42法23)

う

宇宙約	月その他の天体を含む宇宙空間の探査及び利用における国家活動を律する原則に関する条約(昭和42条19)
運	運輸省令

え

煙禁	二十歳未満ノ者ノ喫煙ノ禁止ニ関スル法律(明治33法33)

お

卸売	卸売市場法(昭和46法35)
恩給	恩給法(大正12法48)
恩赦	恩赦法(昭和22法20)
温泉	温泉法(昭和23法125)

か

家	家庭裁判所
河	河川法(昭和39法167)
海運	海上運送法(昭和24法187)
海岸	海岸法(昭和31法101)
会計	会計法(昭和22法35)
会計原則	企業会計原則(昭和24経済安定本部企業会計制度対策調査会中間報告)
会計士	公認会計士法(昭和23法103)
会検	会計検査院法(昭和22法73)

総合略語一覧

略語	正式名称
会更	会社更生法(平成14法154)
外公	外務公務員法(昭和27法41)
会更規	会社更生規則(平成15最高裁規2)
会更則	会社更生法施行規則(平成15法務14)
外交約	外交関係に関するウィーン条約(昭和39条14)
外公令	外務公務員法施行令(昭和27政473)
外告	**外務省告示**
外国裁判権	外国等に対する我が国の民事裁判権に関する法律(平成21法24)
外国人育成就労	外国人の育成就労の適正な実施及び育成就労外国人の保護に関する法律(平成28法89)
外国倒産	外国倒産処理手続の承認援助に関する法律(平成12法129)
外事弁護	外国弁護士による法律事務の取扱い等に関する法律(昭和61法66)
会社	会社法(平成17法86)
会社計算	会社計算規則(平成18法務13)
会社則	会社法施行規則(平成18法務12)
会社法整備法	会社法の施行に伴う関係法律の整備等に関する法律(平成17法87)
会社令	会社法施行令(平成17政364)
外人教員	公立の大学における外国人教員の任用等に関する特別措置法(昭和57法89)
外人土地	外国人土地法(大正14法42)
海賊	海賊行為の処罰及び海賊行為への対処に関する法律(平成21法55)
外為法	外国為替及び外国貿易法(昭和24法228)
海難審判	海難審判法(昭和22法135)
介保	介護保険法(平成9法123)
海保	海上保安庁法(昭和23法28)
外法夫婦登	外国法人の登記及び夫婦財産契約の登記に関する法律(明治31法14)
介保則	介護保険法施行規則(平成11厚36)
外務省	外務省設置法(平成11法94)
海洋汚染	海洋汚染等及び海上災害の防止に関する法律(昭和45法136)
海洋汚染令	海洋汚染等及び海上災害の防止に関する法律施行令(昭和46政201)
海洋条約	海洋法に関する国際連合条約(平成8条6)
化学兵器禁止約	化学兵器の開発,生産,貯蔵及び使用の禁止並びに廃棄に関する条約(平成9条3)
閣令	**閣令**
核規制	核原料物質,核燃料物質及び原子炉の規制に関する法律(昭和32法166)
覚醒剤	覚醒剤取締法(昭和26法252)
確定給付	確定給付企業年金法(平成13法50)
確定拠出	確定拠出年金法(平成13法88)
下刑	**下級裁判所刑事裁判例集**
家月	**家庭裁判月報**
下裁管轄	下級裁判所の設立及び管轄区域に関する法律(昭和22法63)
家事	家事事件手続法(平成23法52)
下事規	下級裁判所事務処理規則(昭和23最高裁規16)
家事規	家事事件手続規則(平成24最高裁規8)
貸金業	貸金業法(昭和58法32)
貸信	貸付信託法(昭和27法195)
ガス	ガス事業法(昭和29法51)
学教	学校教育法(昭和22法26)
学教則	学校教育法施行規則(昭和22文11)
ガット	関税及び貿易に関する一般協定(1947)
割賦	割賦販売法(昭和36法159)
割賦令	割賦販売法施行令(昭和36政341)
下民	**下級裁判所民事裁判例集**
火薬	火薬類取締法(昭和25法149)
仮登記担保	仮登記担保契約に関する法律(昭和53法78)
家労	家内労働法(昭和45法60)
過労死	過労死等防止対策推進法(平成26法100)
簡	**簡易裁判所**
環境影響評価	環境影響評価法(平成9法81)
環境影響評価令	環境影響評価法施行令(平成9政346)
環境基	環境基本法(平成5法91)
監査証明	財務諸表等の監査証明に関する内閣府令(昭和32大12)
関税	関税法(昭和29法61)

総合略語一覧

感染症	感染症の予防及び感染症の患者に対する医療に関する法律(平成10法114)		(明治23法29)(大正15法61による改正後)
官報	官報の発行に関する法律(令和5法85)	旧民訴規	旧民事訴訟規則(昭和31最高裁規2)(平成8最高裁規5により廃止)

き

		給与法	一般職の職員の給与に関する法律(昭和25法95)
議院証言	議院における証人の宣誓及び証言等に関する法律(昭和22法225)	旧労組	旧労働組合法(昭和20法51)(昭和24法174により全部改正)
		供	供託法(明治32法15)
企業開示	企業内容等の開示に関する内閣府令(昭和48大5)	教育行政	地方教育行政の組織及び運営に関する法律(昭和31法162)
企業担保	企業担保法(昭和33法106)	教育中立	義務教育諸学校における教育の政治的中立の確保に関する臨時措置法(昭和29法157)
危険物令	危険物の規制に関する政令(昭和34政306)		
軌道抵	軌道ノ抵当ニ関スル法律(明治42法28)	教員任期	大学の教員等の任期に関する法律(平成9法82)
寄附不当勧誘	法人等による寄附の不当な勧誘の防止等に関する法律(令和4法105)	行革推進	簡素で効率的な政府を実現するための行政改革の推進に関する法律(平成18法47)
旧教基	旧教育基本法(昭和22法25)(平成18法120により全部改正)	教基	教育基本法(平成18法120)
		教公特	教育公務員特例法(昭和24法1)
旧行審	旧行政不服審査(昭和37法160)(平成26法68により全部改正)	**行裁**	**行政事件裁判例集**
		行執労	行政執行法人の労働関係に関する法律(昭和23法257)
旧刑	旧刑法(明治13太告36)(明治40法45により廃止)	共助	外国裁判所ノ嘱託ニ因ル共助法(明治38法63)
急傾斜地災害	急傾斜地の崩壊による災害の防止に関する法律(昭和44法57)	教職免許	教育職員免許法(昭和24法147)
		行審	行政不服審査法(平成26法68)
旧刑訴	旧刑事訴訟法(大正11法75)(昭和23法131により全部改正)	行政情報公開	行政機関の保有する情報の公開に関する法律(平成11法42)
		行組	国家行政組織法(昭和23法120)
旧雇対	雇用対策法(昭和41法132)(平成30法71による改正前)	行訴	行政事件訴訟法(昭和37法139)
		行相委	行政相談委員法(昭和41法99)
旧借地	借地法(大正10法49)(平成3法90により廃止)	行手	行政手続法(平成5法88)
旧借家	借家法(大正10法50)(平成3法90により廃止)	京都議定書	気候変動に関する国際連合枠組条約の京都議定書(平成17条1)
求職者支援	職業訓練の実施等による特定求職者の就職の支援に関する法律(平成23法47)	漁業	漁業法(昭和24法267)
		拒絶	拒絶証書令(昭和8勅316)
		漁抵	漁業財団抵当法(大正14法9)
旧税犯	国税犯則取締法(明治33法67)(平成29法4により廃止)	銀行	銀行法(昭和56法59)
		銀行同視施設	小切手法ノ適用ニ付銀行ト同視スベキ人又ハ施設ヲ定ムルノ件(昭和8勅329)
旧建物保護	建物保護ニ関スル法律(明治42法40)(平成3法90により廃止)		
旧典	旧皇室典範(明治22勅定)(昭和22廃止)	銀行令	銀行法施行令(昭和57政40)
		金商	金融商品取引法(昭和23法25)
旧破	旧破産法(大正11法71)(平成16法75により廃止)	金商業	金融商品取引業等に関する内閣府令(平成19内52)
旧民訴	旧民事訴訟法(大正民事訴訟法)	金商定義	金融商品取引法第2条に規定す

総合略語一覧

略語	正式名称
	る定義に関する内閣府令(平成5大14)
金商取引所	金融商品取引所等に関する内閣府令(平成19内54)
金商令	金融商品取引法施行令(昭和40政321)
金判	金融・商事判例
勤務時間法	一般職の職員の勤務時間,休暇等に関する法律(平成6法33)
金融サービス	金融サービスの提供及び利用環境の整備等に関する法律(平成12法101)
金利	臨時金利調整法(昭和22法181)

く

区画整理	土地区画整理法(昭和29法119)
国地方協議	国と地方の協議の場に関する法律(平成23法38)
訓	訓令

け

経	経済産業省令
刑	刑法(明治40法45)
警	警察法(昭和29法162)
景観	景観法(平成16法110)
刑月	刑事裁判月報
経済安保	経済施策を一体的に講ずることによる安全保障の確保の推進に関する法律(令和4法43)
刑施	刑事施行法(明治41法29)
刑事収容	刑事収容施設及び被収容者等の処遇に関する法律(平成17法50)
刑事収容則	刑事施設及び被収容者の処遇に関する規則(平成18法務57)
刑集	大審院刑事判例集
刑集	最高裁判所刑事判例集
警職	警察官職務執行法(昭和23法136)
刑訴	刑事訴訟法(昭和23法131)
刑訴規	刑事訴訟規則(昭和23最高裁32)
刑訴に基づく司警職員規	刑事訴訟法第189条第1項および第199条第2項の規定に基づく司法警察員等の指定に関する規則(昭和29国公委規5)
刑特	日本国とアメリカ合衆国との間の相互協力及び安全保障条約第6条に基づく施設及び区域並びに日本国における合衆国軍隊の地位に関する協定の実施に伴う刑事特別法(昭和27法138)
競馬	競馬法(昭和23法158)
経罰	経済関係罰則ノ整備ニ関スル法律(昭和19法4)
軽犯	軽犯罪法(昭和23法39)
景表	不当景品類及び不当表示防止法(昭和37法134)
刑補	刑事補償法(昭和25法1)
刑法草案	改正刑法草案(昭和49法制審議会総会決定)
刑録	大審院刑事判決録
下水道	下水道法(昭和33法79)
決	決定
決闘	決闘罪ニ関スル件(明治22法34)
憲	日本国憲法(昭和21)
憲改	日本国憲法の改正手続に関する法律(平成19法51)
建基	建築基準法(昭和25法201)
原基	原子力基本法(昭和30法186)
元号	元号法(昭和54法43)
健康増進	健康増進法(平成14法103)
原災対策	原子力災害対策特別措置法(平成11法156)
検察	検察庁法(昭和22法61)
検審	検察審査会法(昭和23法147)
建設	建設業法(昭和24法100)
建築士	建築士法(昭和25法202)
建抵	建設機械抵当法(昭和29法97)
原賠	原子力損害の賠償に関する法律(昭和36法147)
健保	健康保険法(大正11法70)
健保令	健康保険法施行令(大正15勅243)

こ

略語	正式名称
小	小切手法(昭和8法57)
戸	戸籍法(昭和22法224)
高	高等裁判所
厚	厚生省令
航運約	国際航空運送についてのある規則の統一に関する条約(平成15条6)
公益信託	公益信託に関する法律(令和6法30)
公益通報	公益通報者保護法(平成16法122)
公益法人	公益社団法人及び公益財団法人

総合略語一覧

略語	正式名称
	の認定等に関する法律(平成18法49)
公害基	公害対策基本法(昭和42法132)(平成5法91により廃止)
公害調委	公害等調整委員会設置法(昭和47法52)
公害犯罪	人の健康に係る公害犯罪の処罰に関する法律(昭和45法142)
公害紛争	公害紛争処理法(昭和45法108)
公害補償	公害健康被害の補償等に関する法律(昭和48法111)
公海約	公海に関する条約(昭和43条10)
鉱業	鉱業法(昭和25法289)
公共工事	公共工事の入札及び契約の適正化の促進に関する法律(平成12法127)
公共サービス改革	競争の導入による公共サービスの改革に関する法律(平成18法51)
工業所有権約	1900年12月14日にブラッセルで, 1911年6月2日にワシントンで, 1925年11月6日にヘーグで, 1934年6月2日にロンドンで, 1958年10月31日にリスボンで及び1967年7月14日にストックホルムで改正された工業所有権の保護に関する1883年3月20日のパリ条約(昭和50条2)
航空	航空法(昭和27法231)
航空危険	航空の危険を生じさせる行為等の処罰に関する法律(昭和49法87)
航空強取	航空機の強取等の処罰に関する法律(昭和45法68)
航空騒音	公共用飛行場周辺における航空機騒音による障害の防止等に関する法律(昭和42法110)
航空則	航空法施行規則(昭和27運56)
高刑	高等裁判所刑事判例集
皇経	皇室経済法(昭和22法4)
高刑速	高等裁判所刑事裁判速報集
高刑判特	高等裁判所刑事判決特報
後見登記	後見登記等に関する法律(平成11法152)
厚告	厚生省告示
公債発行特	財政運営に必要な財源の確保を図るための公債の発行の特例に関する法律(平成24法101)
公証	公証人法(明治41法53)
公水	公有水面埋立法(大正10法57)
工水事	工業用水道事業法(昭和33法84)
更生	更生保護法(平成19法88)
公選	公職選挙法(昭和25法100)
公選令	公職選挙法施行令(昭和25政89)
工抵	工場抵当法(明治38法54)
鉱抵	鉱業抵当法(明治38法55)
航抵	航空機抵当法(昭和28法66)
公取委告	公正取引委員会告示
高年	高年齢者等の雇用の安定等に関する法律(昭和46法68)
厚年	厚生年金保険法(昭和29法115)
高年則	高年齢者等の雇用の安定等に関する法律施行規則(昭和46労24)
交付税	地方交付税法(昭和25法211)
公文書管理	公文書等の管理に関する法律(平成21法66)
鉱保	鉱山保安法(昭和24法70)
候補者男女均等	政治分野における男女共同参画の推進に関する法律(平成30法28)
高民	高等裁判所民事判例集
公有地拡大	公有地の拡大の推進に関する法律(昭和47法66)
高齢医療	高齢者の医療の確保に関する法律(昭和57法80)
高齢虐待	高齢者虐待の防止, 高齢者の養護者に対する支援等に関する法律(平成17法124)
厚労	厚生労働省令
港労	港湾労働法(昭和63法40)
厚労告	厚生労働省告示
港湾	港湾法(昭和25法218)
港湾運送	港湾運送事業法(昭和26法161)
子教育保育	就学前の子どもに関する教育, 保育等の総合的な提供の推進に関する法律(平成18法77)
雇均	雇用の分野における男女の均等な機会及び待遇の確保等に関する法律(昭和47法113)
雇均則	雇用の分野における男女の均等な機会及び待遇の確保等に関する法律施行規則(昭和61労2)
告	告示
国健保	国民健康保険法(昭和33法192)

国債	国債ニ関スル法律(明治39法34)	子育て支援	子ども・子育て支援法(平成24法65)
国財	国有財産法(昭和23法73)	子奪取約	国際的な子の奪取の民事上の側面に関する条約(平成26条2)
国際海運	国際海上物品運送法(昭和32法172)	国会	国会法(昭和22法79)
国際機関条約法約	国と国際機関との間又は国際機関相互の間の条約についての法に関するウィーン条約(1986)	**国交**	国土交通省令
		国公	国家公務員法(昭和22法120)
		国公委規	国家公安委員会規則
国際刑裁	国際刑事裁判所に関するローマ規程(平成19条6)	国公育児	国家公務員の育児休業等に関する法律(平成3法109)
国際裁	国際司法裁判所規程(昭和29条2)	国公共済	国家公務員共済組合法(昭和33法128)
国際裁規	国際司法裁判所規則(1978)	国公災	国家公務員災害補償法(昭和26法191)
国際受刑移送	国際受刑者移送法(平成14法66)	国公倫	国家公務員倫理法(平成11法129)
国際捜査	国際捜査共助等に関する法律(昭和55法69)	古都保存	古都における歴史的風土の保存に関する特別措置法(昭和41法1)
国際売買約	国際物品売買契約に関する国際連合条約(平成20条8)	古物	古物営業法(昭和24法108)
国際平和支援	国際平和共同対処事態に際して我が国が実施する諸外国の軍隊等に対する協力支援活動等に関する法律(平成27法77)	個別労紛	個別労働関係紛争の解決の促進に関する法律(平成13法112)
		雇保	雇用保険法(昭和49法116)
		雇保則	雇用保険法施行規則(昭和50労3)
国財令	国有財産法施行令(昭和23政246)	**さ**	
国事代行	国事行為の臨時代行に関する法律(昭和39法83)	**最**	最高裁判所
国籍	国籍法(昭和25法147)	裁	裁判所法(昭和22法59)
国大法人	国立大学法人法(平成15法112)	財	財政法(昭和22法34)
国土利用	国土利用計画法(昭和49法92)	災害基	災害対策基本法(昭和36法223)
国年	国民年金法(昭和34法141)	災害減免	災害被害者に対する租税の減免、徴収猶予等に関する法律(昭和22法175)
国賠	国家賠償法(昭和22法125)		
国民保護	武力攻撃事態等における国民の保護のための措置に関する法律(平成16法112)	災害復興	大規模災害からの復興に関する法律(平成25法55)
		災救	災害救助法(昭和22法118)
国民保護令	武力攻撃事態等における国民の保護のための措置に関する法律施行令(平成16政275)	財形	勤労者財産形成促進法(昭和46法92)
国立公文書館	国立公文書館法(平成11法79)	裁限	裁判官分限法(昭和22法127)
国連憲章	国際連合憲章及び国際司法裁判所規程(昭和31法26)	債権回収	債権管理回収業に関する特別措置法(平成10法126)
国連特権	国際連合の特権及び免除に関する条約(昭和38条12)	債権管理	国の債権の管理等に関する法律(昭和31法114)
国連平和維持	国際連合平和維持活動等に対する協力に関する法律(平成4法79)	**最高裁規**	最高裁判所規則
		最事規	最高裁判所裁判事務処理規則(昭和22最高裁規6)
個人情報	個人情報の保護に関する法律(平成15法57)	裁審	最高裁判所裁判官国民審査法(昭和22法136)
戸則	戸籍法施行規則(昭和22司94)	採石	採石法(昭和25法291)

総合略語一覧

略語	正式名称
最大決	最高裁判所大法廷決定
最大判	最高裁判所大法廷判決
裁弾	裁判官弾劾法(昭和22法137)
最賃	最低賃金法(昭和34法137)
裁判員	裁判員の参加する刑事裁判に関する法律(平成16法63)
裁判外紛争解決	裁判外紛争解決手続の利用の促進に関する法律(平成16法151)
裁判職員臨措	裁判所職員臨時措置法(昭和26法299)
裁判迅速化	裁判の迅速化に関する法律(平成15法107)
財務規	財務諸表等の用語,様式及び作成方法に関する規則(昭和38大59)
財務計算適正体制	財務計算に関する書類その他の情報の適正性を確保するための体制に関する内閣府令(平成19内62)
砂防	砂防法(明治30法29)
サリン	サリン等による人身被害の防止に関する法律(平成7法78)
参規	参議院規則(昭和22参議院議定)
産競	産業競争力強化法(平成25法98)
参先例	参議院先例録(令和5年版)

し

略語	正式名称
司	司法省令
自衛	自衛隊法(昭和29法165)
ジェノサイド約	集団殺害罪の防止及び処罰に関する条約(1948)
私学	私立学校法(昭和24法270)
私学助成	私立学校振興助成法(昭和50法61)
時間改善	労働時間等の設定の改善に関する特別措置法(平成4法90)
事業性融資	事業性融資の推進等に関する法律(令和6法52)
資金決済	資金決済に関する法律(平成21法59)
資産公開	政治倫理の確立のための国会議員の資産等の公開等に関する法律(平成4法100)
資産流動化	資産の流動化に関する法律(平成10法105)
司試	司法試験法(昭和24法140)
司書	司法書士法(昭和25法197)
地震特措	大規模地震対策特別措置法(昭和53法73)
地震保険	地震保険に関する法律(昭和41法73)
地震保険令	地震保険に関する法律施行令(昭和41政164)
下請	下請代金支払遅延等防止法(昭和31法120)
司達	司法省達
自治	地方自治法(昭和22法67)
自治施規程	地方自治法施行規程(昭和22政19)
質屋	質屋営業法(昭和25法158)
市町村合併特	市町村の合併の特例に関する法律(平成16法59)
自治令	地方自治法施行令(昭和22政16)
失火	失火ノ責任ニ関スル法律(明治32法40)
執行官	執行官法(昭和41法111)
児手	児童手当法(昭和46法73)
自抵	自動車抵当法(昭和26法187)
児童買春	児童買春,児童ポルノに係る行為等の規制及び処罰並びに児童の保護等に関する法律(平成11法52)
児童虐待	児童虐待の防止等に関する法律(平成12法82)
自動車運転致死傷	自動車の運転により人を死傷させる行為等の処罰に関する法律(平成25法86)
児童約	児童の権利に関する条約(平成6条2)
自賠	自動車損害賠償保障法(昭和30法97)
自賠令	自動車損害賠償保障法施行令(昭和30政286)
児福	児童福祉法(昭和22法164)
司布達	司法省布達
児扶手	児童扶養手当法(昭和36法238)
社教	社会教育法(昭和24法207)
借地借家	借地借家法(平成3法90)
社債株式振替	社債,株式等の振替に関する法律(平成13法75)
社債株式振替令	社債,株式等の振替に関する法律施行令(平成14政362)
社審	社会保険審査官及び社会保険審査会法(昭和28法206)
社福	社会福祉法(昭和26法45)
車両	道路運送車両法(昭和26法185)
社労士	社会保険労務士法(昭和43法

総合略語一覧

略語	正式名称
住改	住宅地区改良法(昭和 35 法 84)
衆規	衆議院規則(昭和 22 衆議院議決)
集刑	**最高裁判所裁判集刑事**
衆先例	衆議院先例集(平成 29 年版)
住宅品質	住宅の品質確保の促進等に関する法律(平成 11 法 81)
銃刀所持	銃砲刀剣類所持等取締法(昭和 33 法 6)
宗法	宗教法人法(昭和 26 法 126)
集民	**最高裁判所裁判集民事**
住民台帳	住民基本台帳法(昭和 42 法 81)
収用	土地収用法(昭和 26 法 219)
重要影響事態	重要影響事態に際して我が国の平和及び安全を確保するための措置に関する法律(平成 11 法 60)
重要情報	金融商品取引法第 2 章の 6 の規定による重要情報の公表に関する内閣府令(平成 29 内 54)
酒禁	二十歳未満ノ者ノ飲酒ノ禁止ニ関スル法律(大正 11 法 20)
祝日	国民の祝日に関する法律(昭和 23 法 178)
酒税	酒税法(昭和 28 法 6)
酒税保全	酒税の保全及び酒類業組合等に関する法律(昭和 28 法 7)
出資取締	出資の受入れ,預り金及び金利等の取締りに関する法律(昭和 29 法 195)
首都圏	首都圏整備法(昭和 31 法 83)
ジュネーヴ追加議定書Ⅰ	1949 年 8 月 12 日のジュネーヴ諸条約の国際的な武力紛争の犠牲者の保護に関する追加議定書(議定書Ⅰ)(平成 16 条 12)
ジュネーヴ文民約	戦時における文民の保護に関する 1949 年 8 月 12 日のジュネーヴ条約(昭和 28 条 26)
ジュネーヴ捕虜約	捕虜の待遇に関する 1949 年 8 月 12 日のジュネーヴ条約(昭和 28 条 25)
種苗	種苗法(平成 10 法 83)
狩猟	鳥獣の保護及び管理並びに狩猟の適正化に関する法律(平成 14 法 88)
条	条約
少	少年法(昭和 23 法 168)
商	商法(明治 32 法 48)
少院	少年院法(平成 26 法 58)
障害基	障害者基本法(昭和 45 法 84)
障害虐待	障害者虐待の防止,障害者の養護者に対する支援等に関する法律(平成 23 法 79)
障害雇用	障害者の雇用の促進等に関する法律(昭和 35 法 123)
障害差別解消	障害を理由とする差別の解消の推進に関する法律(平成 25 法 65)
障害総合支援	障害者の日常生活及び社会生活を総合的に支援するための法律(平成 17 法 123)
障害総合支援則	障害者の日常生活及び社会生活を総合的に支援するための法律施行規則(平成 18 厚労 19)
障害福祉	身体障害者福祉法(昭和 24 法 283)
障害福祉則	身体障害者福祉法施行規則(昭和 25 厚 15)
少鑑	少年鑑別所法(平成 26 法 59)
証券取引規制	有価証券の取引等の規制に関する内閣府令(平成 19 内 59)
商工中金	株式会社商工組合中央金庫法(平成 19 法 74)
証拠収集約	民事又は商事に関する外国における証拠の収集に関する条約(1970)
少審規	少年審判規則(昭和 23 最高裁規 33)
消税	消費税法(昭和 63 法 108)
消税令	消費税法施行令(昭和 63 政 360)
消組	消防組織法(昭和 22 法 226)
商則	商法施行規則(平成 14 法務 22)
省庁改革基	中央省庁等改革基本法(平成 10 法 103)
商登	商業登記法(昭和 38 法 125)
商登則	商業登記規則(昭和 39 法務 23)
商取	商品先物取引法(昭和 25 法 239)
商取則	商品先物取引法施行規則(平成 17 農・経 3)
商取令	商品先物取引法施行令(昭和 25 政 280)
消費基	消費者基本法(昭和 43 法 78)
消費契約	消費者契約法(平成 12 法 61)
消費者被害回復	消費者の財産的被害等の集団的な回復のための民事の裁判手続の特例に関する法律(平成 25 法 96)
商標	商標法(昭和 34 法 127)
商品投資	商品投資に係る事業の規制に関する法律(平成 3 法 66)

総合略語一覧

略語	正式名称
消防	消防法(昭和23法186)
情報審	情報公開・個人情報保護審査会設置法(平成15法60)
情報通信活用行政	情報通信技術を活用した行政の推進等に関する法律(平成14法151)
条約法約	条約法に関するウィーン条約(昭和56条16)
職安	職業安定法(昭和22法141)
食品衛生	食品衛生法(昭和22法233)
食品表示	食品表示法(平成25法70)
食糧	主要食糧の需給及び価格の安定に関する法律(平成6法113)
所税	所得税法(昭和40法33)
女性活躍	女性の職業生活における活躍の推進に関する法律(平成27法64)
女性則	女性労働基準規則(昭和61労3)
所税令	所得税法施行令(昭和40政96)
職階制	国家公務員の職階制に関する法律(昭和25法180)(平成19法108により廃止)
書面保存	民間事業者等が行う書面の保存等における情報通信の技術の利用に関する法律(平成16法149)
所有者不明土地	所有者不明土地の利用の円滑化等に関する特別措置法(平成30法49)
所有者不明土地登	表題部所有者不明土地の登記及び管理の適正化に関する法律(令和1法15)
審	家事審判
新案	実用新案法(昭和34法123)
新型インフル	新型インフルエンザ等対策特別措置法(平成24法31)
人規〈1-0〉	人事院規則1-0(規則の法的根拠)(昭和45)
人規〈1-5〉	人事院規則1-5(特別職)(昭和31)
人規〈2-0〉	人事院規則2-0(人事官の宣誓)(昭和24)
人規〈6-3〉	人事院規則6-3(職階制の適用除外)(昭和27)(平成21人規〈1-4-21〉により廃止)
人規〈8-12〉	人事院規則8-12(職員の任免)(平成21)
人規〈11-4〉	人事院規則11-4(職員の身分保障)(昭和27)
人規〈11-10〉	人事院規則11-10(職員の降給)(平成21)
人規〈12-0〉	人事院規則12-0(職員の懲戒)(昭和27)
人規〈13-1〉	人事院規則13-1(不利益処分についての審査請求)(昭和60)
人規〈13-2〉	人事院規則13-2(勤務条件に関する行政措置の要求)(昭和26)
人規〈14-5〉	人事院規則14-5(公選による公職)(昭和24)
人規〈14-7〉	人事院規則14-7(政治的行為)(昭和24)
人規〈15-15〉	人事院規則15-15(非常勤職員の勤務時間及び休暇)(平成6)
信金	信用金庫法(昭和26法238)
審決集	公正取引委員会審決・命令集
人権A規約	経済的,社会的及び文化的権利に関する国際規約(昭和54条6)
人権宣言	世界人権宣言(1948)
人権B規約	市民的及び政治的権利に関する国際規約(昭和54条7)
人権擁護	人権擁護委員法(昭和24法139)
人事交流	国と民間企業との間の人事交流に関する法律(平成11法224)
人事評価令	人事評価の基準,方法等に関する政令(平成21政31)
新住宅市街	新住宅市街地開発法(昭和38法134)
人種差別撤廃約	あらゆる形態の人種差別の撤廃に関する国際条約(平成7条26)
心神喪失処遇	心神喪失等の状態で重大な他害行為を行った者の医療及び観察等に関する法律(平成15法110)
人訴	人事訴訟法(平成15法109)
信託	信託法(平成18法108)
信託業	信託業法(平成16法154)
信託兼営	金融機関の信託業務の兼営等に関する法律(昭和18法43)
じん肺	じん肺法(昭和35法30)
じん肺則	じん肺法施行規則(昭和35労6)
新聞	法律新聞
人保	人身保護法(昭和23法199)
森林	森林法(昭和26法249)

す

略語	正式名称
水害予防	水害予防組合法(明治41法50)
水協	水産業協同組合法(昭和23法242)

水産資源	水産資源保護法(昭和 26 法 313)		法 111)
水質汚濁	水質汚濁防止法(昭和 45 法 138)	政党助成	政党助成法(平成 6 法 5)
水道	水道法(昭和 32 法 177)	政府契約	政府契約の支払遅延防止等に関する法律(昭和 24 法 256)
水難	水難救護法(明治 32 法 95)		
水防	水防法(昭和 24 法 193)	税理士	税理士法(昭和 26 法 237)
ストーカー	ストーカー行為等の規制等に関する法律(平成 12 法 81)	世界遺産約	世界の文化遺産及び自然遺産の保護に関する条約(平成 4 条 7)
スト規制	電気事業及び石炭鉱業における争議行為の方法の規制に関する法律(昭和 28 法 171)	接種	予防接種法(昭和 23 法 68)
		船員	船員法(昭和 22 法 100)
		船員職安	船員職業安定法(昭和 23 法 130)
せ		選挙区審	衆議院議員選挙区画定審議会設置法(平成 6 法 3)
政	政令		
生活安定	国民生活安定緊急措置法(昭和 48 法 121)	船主責任制限	船舶の所有者等の責任の制限に関する法律(昭和 50 法 94)
生活衛生	生活衛生関係営業の運営の適正化及び振興に関する法律(昭和 32 法 164)	戦傷等援護	戦傷病者戦没者遺族等援護法(昭和 27 法 127)
		船登令	船舶登記令(平成 17 政 11)
生活保護	生活保護法(昭和 25 法 144)	船舶	船舶法(明治 32 法 46)
請願	請願法(昭和 22 法 13)	船舶安全	船舶安全法(昭和 8 法 11)
生協	消費生活協同組合法(昭和 23 法 200)	**そ**	
政策金融公庫	株式会社日本政策金融公庫法(平成 19 法 57)	**総**	総理府(庁)令
		騒音規制	騒音規制法(昭和 43 法 98)
政策評価	行政機関が行う政策の評価に関する法律(平成 13 法 86)	臓器移植	臓器移植に関する法律(平成 9 法 104)
政資	政治資金規正法(昭和 23 法 194)	倉庫	倉庫業法(昭和 31 法 121)
生殖補助医療特	生殖補助医療の提供等及びこれにより出生した子の親子関係に関する民法の特例に関する法律(令和 2 法 76)	捜査規範	犯罪捜査規範(昭和 32 国公委規 2)
		相税	相続税法(昭和 25 法 73)
		相続国庫帰属	相続等により取得した土地所有権の国庫への帰属に関する法律(令和 3 法 25)
精神	精神保健及び精神障害者福祉に関する法律(昭和 25 法 123)		
製造物	製造物責任法(平成 6 法 85)	送達告知約	民事又は商事に関する裁判上及び裁判外の文書の外国における送達及び告知に関する条約(昭和 45 条 7)
税徴	国税徴収法(昭和 34 法 147)		
税通	国税通則法(昭和 37 法 66)		
税通則	国税通則法施行規則(昭和 37 大 28)		
		総務省	総務省設置法(平成 11 法 91)
税通令	国税通則法施行令(昭和 37 政 135)	組織犯罪	組織的な犯罪の処罰及び犯罪収益の規制等に関する法律(平成 11 法 136)
性的画像被害	私事性的画像記録の提供等による被害の防止に関する法律(平成 26 法 126)	租特	租税特別措置法(昭和 32 法 26)
		た	
性的姿態撮影	性的な姿態を撮影する行為等の処罰及び押収物に記録された性的な姿態の影像に係る電磁的記録の消去等に関する法律(令和 5 法 67)	**大**	大審院
		大	大蔵省令
		退位特例	天皇の退位等に関する皇室典範特例法(平成 29 法 63)
性同一性障害	性同一性障害者の性別の取扱いの特例に関する法律(平成 15	大気汚染	大気汚染防止法(昭和 43 法 97)
		大告	大蔵省告示

総合略語一覧

略語	正式名称
代執	行政代執行法(昭和23法43)
退職手当	国家公務員退職手当法(昭和28法182)
退職手当令	国家公務員退職手当法施行令(昭和28政215)
大店立地	大規模小売店舗立地法(平成10法91)
大麻	大麻草の栽培の規制に関する法律(昭和23法124)
大連判	大審院連合部判決
タクシー事業適正化	特定地域及び準特定地域における一般乗用旅客自動車運送事業の適正化及び活性化に関する特別措置法(平成21法64)
宅地供給	大都市地域における住宅及び住宅地の供給の促進に関する特別措置法(昭和50法67)
宅地鉄道特措	大都市地域における宅地開発及び鉄道整備の一体的推進に関する特別措置法(平成1法61)
太告	太政官布告
太達	太政官達
宅建業	宅地建物取引業法(昭和27法176)
奪取防止約	航空機の不法な奪取の防止に関する条約(昭和46条19)
建物区分	建物の区分所有等に関する法律(昭和37法69)
たばこ税	たばこ税法(昭和59法72)
ダム	特定多目的ダム法(昭和32法35)
短時有期	短時間労働者及び有期雇用労働者の雇用管理の改善等に関する法律(平成5法76)
担信	担保付社債信託法(明治38法52)

ち

地	地方裁判所
地域保健	地域保健法(昭和22法101)
地価税	地価税法(平成3法69)
地球温暖化	地球温暖化対策の推進に関する法律(平成10法117)
地行会議	地方行政連絡会議法(昭和40法38)
地公	地方公務員法(昭和25法261)
地公育児	地方公務員の育児休業等に関する法律(平成3法110)
地公企	地方公営企業法(昭和27法292)
地公共済	地方公務員等共済組合法(昭和37法152)
地公等労	地方公営企業等の労働関係に関する法律(昭和27法289)
地雇開促	地域雇用開発促進法(昭和62法23)
地財	地方財政法(昭和23法109)
地財健全化	地方公共団体の財政の健全化に関する法律(平成19法94)
知財高	知的財産高等裁判所
知財高裁	知的財産高等裁判所設置法(平成16法119)
地上権	地上権ニ関スル法律(明治33法72)
地税	地方税法(昭和25法226)
地税令	地方税法施行令(昭和25政245)
知的障害	知的障害者福祉法(昭和35法37)
知的所有権約	1967年7月14日にストックホルムで署名された世界知的所有権機関を設立する条約(昭和50条1)
地独行法	地方独立行政法人法(平成15法118)
地方拠点	地方拠点都市地域の整備及び産業業務施設の再配置の促進に関する法律(平成4法76)
地方任期付研究員	地方公共団体の一般職の任期付研究員の採用等に関する法律(平成12法51)
地方任期付職員	地方公共団体の一般職の任期付職員の採用に関する法律(平成14法48)
中協	中小企業等協同組合法(昭和24法181)
仲裁	仲裁法(平成15法138)
仲裁判断約	外国仲裁判断の承認及び執行に関する条約(昭和36条10)
駐車場	駐車場法(昭和32法106)
中小経営強化	中小企業等経営強化法(平成11法18)
中小退金	中小企業退職金共済法(昭和34法160)
中小労確	中小企業における労働力の確保及び良好な雇用の機会の創出のための雇用管理の改善の促進に関する法律(平成3法57)
中団	中小企業団体の組織に関する法律(昭和32法185)
中労委規	中央労働委員会規則
長銀	長期信用銀行法(昭和27法187)

調停約実施法	調停による国際的な和解合意に関する国際連合条約の実施に関する法律(令和5法16)
勅	勅令
著作	著作権法(昭和45法48)
著作管理	著作権等管理事業法(平成12法131)
著作約	万国著作権条約(昭和31条1,昭和52条5)
著作令	著作権法施行令(昭和45政335)
賃確	賃金の支払の確保等に関する法律(昭和51法34)
賃確令	賃金の支払の確保等に関する法律施行令(昭和51政169)

つ

通	通商産業省令
通信傍受	犯罪捜査のための通信傍受に関する法律(平成11法137)
津波防災	津波防災地域づくりに関する法律(平成23法123)

て

手	手形法(昭和7法20)
逓	逓信省令
定員	行政機関の職員の定員に関する法律(昭和44法33)
抵証	抵当証券法(昭和6法15)
定率	関税定率法(明治43法54)
デジプラ消費者保護	取引デジタルプラットフォームを利用する消費者の利益の保護に関する法律(令和3法32)
デジプラ透明化	特定デジタルプラットフォームの透明性及び公正性の向上に関する法律(令和2法38)
鉄	鉄道省令
鉄運程	鉄道運輸規程(昭和17鉄3)
鉄営	鉄道営業法(明治33法65)
鉄事	鉄道事業法(昭和61法92)
鉄抵	鉄道抵当法(明治38法53)
典	皇室典範(昭和22法3)
電気	電気事業法(昭和39法170)
電算国税帳簿	電子計算機を使用して作成する国税関係帳簿書類の保存方法等の特例に関する法律(平成10法25)
電子契約特	電子消費者契約に関する民法の特例に関する法律(平成13法95)
電子署名認証	電子署名及び認証業務に関する法律(平成12法102)
電通事	電気通信事業法(昭和59法86)
電電	日本電信電話株式会社等に関する法律(昭和59法85)
電波	電波法(昭和25法131)

と

図	図書館法(昭和25法118)
道	道路法(昭和27法180)
道運	道路運送法(昭和26法183)
道交	道路交通法(昭和35法105)
道交事抵	道路交通事業抵当法(昭和27法204)
道交令	道路交通法施行令(昭和35政270)
動産債権譲渡特	動産及び債権の譲渡の対抗要件に関する民法の特例等に関する法律(平成10法104)
投資紛争約	国家と他の国家の国民との間の投資紛争の解決に関する条約(昭和42条10)
投信	投資信託及び投資法人に関する法律(昭和26法198)
登税	登録免許税法(昭和42法35)
盗犯	盗犯等ノ防止及処分ニ関スル法律(昭和5法9)
都開	都市再開発法(昭和44法38)
独行法	独立行政法人通則法(平成11法103)
特児扶手	特別児童扶養手当等の支給に関する法律(昭和39法134)
特定航空騒音	特定空港周辺航空機騒音対策特別措置法(昭和53法26)
特定商取引	特定商取引に関する法律(昭和51法57)
特定調停	特定債務等の調整の促進のための特定調停に関する法律(平成11法158)
特定秘密保護	特定秘密の保護に関する法律(平成25法108)
特定有価証券	特定有価証券の内容等の開示に関する内閣府令(平成5大22)
特定融資枠	特定融資枠契約に関する法律(平成11法4)
都計	都市計画法(昭和43法100)
都市再生	都市再生特別措置法(平成14法22)
都市緑地	都市緑地法(昭和48法72)
土地改良	土地改良法(昭和24法195)
土地改良令	土地改良法施行令(昭和24政

総合略語一覧

略語	正式名称
	295)
土地基	土地基本法(平成1法84)
土地使用特措	日本国とアメリカ合衆国との間の相互協力及び安全保障条約第6条に基づく施設及び区域並びに日本国における合衆国軍隊の地位に関する協定の実施に伴う土地等の使用等に関する特別措置法(昭和27法140)
土地利用調整	鉱業等に係る土地利用の調整手続等に関する法律(昭和25法292)
特会	特別会計に関する法律(平成19法23)
特許	特許法(昭和34法121)
特許則	特許法施行規則(昭和35通10)
特許登	特許登録令(昭和35政39)
特許令	特許法施行令(昭和35政16)
独禁	私的独占の禁止及び公正取引の確保に関する法律(昭和22法54)
TRIPs	世界貿易機関を設立するマラケシュ協定附属書1C(知的所有権の貿易関連側面に関する協定)

な

略語	正式名称
内	内閣府令
内	内閣法(昭和22法5)
内閣府	内閣府設置法(平成11法89)
難病	難病の患者に対する医療等に関する法律(平成26法50)
難民約	難民の地位に関する条約(昭和56条21)

に

略語	正式名称
日銀	日本銀行法(平成9法89)
日米秘密保護	日米相互防衛援助協定等に伴う秘密保護法(昭和29法166)
日刊新聞	日刊新聞紙の発行を目的とする株式会社の株式の譲渡の制限等に関する法律(昭和26法212)
入管	出入国管理及び難民認定法(昭和26政319)
入管特	日本国との平和条約に基づき日本の国籍を離脱した者等の出入国管理に関する特例法(平成3法71)
入札談合	入札談合等関与行為の排除及び防止並びに職員による入札等の公正を害すべき行為の処罰に関する法律(平成14法101)
任意後見	任意後見契約に関する法律(平成11法150)
任期付研究員	一般職の任期付研究員の採用,給与及び勤務時間の特例に関する法律(平成9法65)
任期付職員	一般職の任期付職員の採用及び給与の特例に関する法律(平成12法125)

ね

略語	正式名称
年金支援給付	年金生活者支援給付金の支給に関する法律(平成24法102)
年少則	年少者労働基準規則(昭和29労13)
年齢計算	年齢計算ニ関スル法律(明治35法50)
年齢称呼	年齢のとなえ方に関する法律(昭和24法96)

の

略語	正式名称
農	農林水産(農林)省令
能開	職業能力開発促進法(昭和44法64)
農協	農業協同組合法(昭和22法132)
農業保険	農業保険法(昭和22法185)
農経基盤	農業経営基盤強化促進法(昭和55法65)
農地	農地法(昭和27法229)
農動産	農業動産信用法(昭和8法30)
農動産令	農業動産信用法施行令(昭和8勅307)
農薬	農薬取締法(昭和23法82)
農林中金	農林中央金庫法(平成13法93)

は

略語	正式名称
破	破産法(平成16法75)
廃棄物	廃棄物の処理及び清掃に関する法律(昭和45法137)
配偶者暴力	配偶者からの暴力の防止及び被害者の保護等に関する法律(平成13法31)
売春	売春防止法(昭和31法118)
破規	破産規則(平成16最高規14)
爆発	爆発物取締罰則(明治17太告32)
バス地銀独禁特例	地域における一般乗合旅客自動車運送事業及び銀行業に係る

	基盤的なサービスの提供の維持を図るための私的独占の禁止及び公正取引の確保に関する法律の特例に関する法律(令和2法32)	評論	法律学説判例評論全集

ふ

		風俗	風俗営業等の規制及び業務の適正化等に関する法律(昭和23法122)
罰金臨措	罰金等臨時措置法(昭和23法251)		
破防	破壊活動防止法(昭和27法240)	不公正告	不公正な取引方法(昭和57公取委告15)
判	判決	不正アクセス	不正アクセス行為の禁止等に関する法律(平成11法128)
判決全集	大審院判決全集		
番号	行政手続における特定の個人を識別するための番号の利用等に関する法律(平成25法27)	不正競争	不正競争防止法(平成5法47)
		復興特区	東日本大震災復興特別区域法(平成23法122)
犯罪収益移転	犯罪による収益の移転防止に関する法律(平成19法22)	物品管理	物品管理法(昭和31法113)
犯罪収益移転則	犯罪による収益の移転防止に関する法律施行規則(平成20内・総務・法務・財務・厚労・農・経・国交1)	不登	不動産登記法(平成16法123)
		不登則	不動産登記規則(平成17法務18)
		不登令	不動産登記令(平成16政379)
		扶養準拠法	扶養義務の準拠法に関する法律(昭和61法84)
犯罪被害基	犯罪被害者等基本法(平成16法161)	武力攻撃事態	武力攻撃事態等及び存立危機事態における我が国の平和と独立並びに国及び国民の安全の確保に関する法律(平成15法79)
犯罪被害保護	犯罪被害者等の権利利益の保護を図るための刑事手続に付随する措置に関する法律(平成12法75)		
		フリーランス	特定受託事業者に係る取引の適正化等に関する法律(令和5法25)
判時	判例時報		
判自	判例地方自治		
判事補	判事補の職権の特例等に関する法律(昭和23法146)	**文**	文部科学(文部)省令
		文化財	文化財保護法(昭和25法214)
判タ	判例タイムズ	**文告**	文部科学(文部)省告示
半導体	半導体集積回路の回路配置に関する法律(昭和60法43)		

へ

犯人引渡	逃亡犯罪人引渡法(昭和28法68)	平和条約	日本国との平和条約(昭和27条5)

ひ

非営利活動	特定非営利活動促進法(平成10法7)	ベルヌ約	1896年5月4日にパリで補足され，1908年11月13日にベルリンで改正され，1914年3月20日にベルヌで補足され並びに1928年6月2日にローマで，1948年6月26日にブラッセルで，1967年7月14日にストックホルムで及び1971年7月24日にパリで改正された1886年9月9日の文学的及び美術的著作物の保護に関するベルヌ条約(昭和50条4)
被災区分建物	被災区分所有建物の再建等に関する特別措置法(平成7法43)		
被災市街	被災市街地復興特別措置法(平成7法14)		
ＰＣＩＪ	常設国際司法裁判所		
非訟	非訟事件手続法(平成23法51)		
非訟規	非訟事件手続規則(平成24最高裁規7)		
人質	人質による強要行為等の処罰に関する法律(昭和53法48)	弁護	弁護士法(昭和24法205)
人質約	人質をとる行為に関する国際条約(昭和62条4)	弁理士	弁理士法(平成12法49)

ほ

法	法律
防衛	防衛省設置法(昭和29法164)
防衛施設	防衛施設周辺の生活環境の整備等に関する法律(昭和49法101)
法科大学院	法科大学院の教育と司法試験等との連携等に関する法律(平成14法139)
法税	法人税法(昭和40法34)
法税令	法人税法施行令(昭和40政97)
放送	放送法(昭和25法132)
法廷秩序	法廷等の秩序維持に関する法律(昭和27法286)
法廷秩序規	法廷等の秩序維持に関する規則(昭和27最高裁規20)
法適用	法の適用に関する通則法(平成18法78)
法務	法務省(庁・府)令
法務大臣権限	国の利害に関係のある訴訟についての法務大臣の権限等に関する法律(昭和22法194)
法律支援	総合法律支援法(平成16法74)
暴力	暴力行為等処罰ニ関スル法律(大正15法60)
暴力団	暴力団員による不当な行為の防止等に関する法律(平成3法77)
保険	保険法(平成20法56)
保険業	保険業法(平成7法105)
保険業則	保険業法施行規則(平成8大5)
保険業令	保険業法施行令(平成7政425)
保護司	保護司法(昭和25法204)
母子保健	母子保健法(昭和40法141)
母子保健則	母子保健法施行規則(昭和40厚55)
保証金	金融商品取引法第161条の2に規定する取引及びその保証金に関する内閣府令(昭和28大75)
補助金	補助金等に係る予算の執行の適正化に関する法律(昭和30法179)
ポ宣	ポツダム宣言(1945)
母体保護	母体保護法(昭和23法156)
母福	母子及び父子並びに寡婦福祉法(昭和39法129)

ま

麻薬	麻薬及び向精神薬取締法(昭和28法14)
麻薬特	国際的な協力の下に規制薬物に係る不正行為を助長する行為等の防止を図るための麻薬及び向精神薬取締法等の特例等に関する法律(平成3法94)
マンション建替	マンションの建替え等の円滑化に関する法律(平成14法78)

み

水先	水先法(昭和24法121)
身元保証	身元保証ニ関スル法律(昭和8法42)
民	民法(明治29法89)
民委	民生委員法(昭和23法198)
民活公共施設	民間資金等の活用による公共施設等の整備等の促進に関する法律(平成11法117)
民間信書送達	民間事業者による信書の送達に関する法律(平成14法99)
民再	民事再生法(平成11法225)
民再規	民事再生規則(平成12最高裁規3)
民施	民施行法(明治31法11)
民執	民事執行法(昭和54法4)
民執規	民事執行規則(昭和54最高裁規5)
民集	大審院民事判例集
民集	最高裁判所民事判例集
民訴	民事訴訟法(平成8法109)
民訴規	民事訴訟規則(平成8最高裁規5)
民訴手続特	民事訴訟手続に関する条約等の実施に伴う民事訴訟手続の特例等に関する法律(昭和45法115)
民訴手続約	民事訴訟手続に関する条約(昭和45条6)
民訴費	民事訴訟費用等に関する法律(昭和46法40)
民訴費規	民事訴訟費用等に関する規則(昭和46最高裁規5)
民調	民事調停法(昭和26法222)
民調規	民事調停規則(昭和26最高裁規8)
民保	民事保全法(平成1法91)
民保規	民事保全規則(平成2最高裁規3)
民録	大審院民事判決録

む

無限連鎖講	無限連鎖講の防止に関する法律(昭和53法101)
無差別殺人団規	無差別大量殺人行為を行った団体の規制に関する法律(平成11法147)
無尽	無尽業法(昭和6法42)
無体	無体財産権関係民事・行政裁判例集

め

明憲	大日本帝国憲法(明治22)
明民訴	民事訴訟法(明治民事訴訟法)(明治23法29)(大正15法61による改正前)

や

薬物一部猶予	薬物使用等の罪を犯した者に対する刑の一部の執行猶予に関する法律(平成25法50)
野生動物植物	絶滅のおそれのある野生動植物の種の保存に関する法律(平成4法75)

ゆ

有	有限会社法(昭和13法74)(平成17法87により廃止)
有期雇用特措	専門的知識等を有する有期雇用労働者等に関する特別措置法(平成26法137)
有限組合	有限責任事業組合契約に関する法律(平成17法40)
郵便	郵便法(昭和22法165)
輸出入取引	輸出入取引法(昭和27法299)
油賠	船舶油濁等損害賠償保障法(昭和50法95)

よ

用地取得特措	公共用地の取得に関する特別措置法(昭和36法150)
予会令	予算決算及び会計令(昭和22勅165)
預金契約取締	預金等に係る不当契約の取締に関する法律(昭和32法136)
預金保険	預金保険法(昭和46法34)
予算執行職員	予算執行職員等の責任に関する法律(昭和25法172)
預託取引	預託等取引に関する法律(昭和61法62)

り

陸戦規則	陸戦ノ法規慣例ニ関スル規則
利息	利息制限法(昭和29法100)
立木特権	立木ノ先取特権ニ関スル法律(明治43法56)
立木法	立木ニ関スル法律(明治42法22)
領海	領海及び接続水域に関する法律(昭和52法30)
領海約	領海及び接続水域に関する条約(昭和43条11)
領事約	領事関係に関するウィーン条約(昭和58条14)
旅客税	国際観光旅客税法(平成30法16)
旅券	旅券法(昭和26法267)
旅行	旅行業法(昭和27法239)

れ

連結財務規	連結財務諸表の用語,様式及び作成方法に関する規則(昭和51大28)

ろ

労	労働省令
労安衛	労働安全衛生法(昭和47法57)
労安衛則	労働安全衛生規則(昭和47労32)
労安衛令	労働安全衛生法施行令(昭和47政318)
労委規	労働委員会規則(昭和24中労委規1)
労基	労働基準法(昭和22法49)
労基則	労働基準法施行規則(昭和22厚23)
労協	労働者協同組合法(令和2法78)
労金	労働金庫法(昭和28法227)
労組	労働組合法(昭和24法174)
労契	労働契約法(平成19法128)
労経速	労働経済判例速報
労告	労働省告示
労災	労働者災害補償保険法(昭和22法50)
労災則	労働者災害補償保険法施行規則(昭和30労22)
労審	労働審判法(平成16法45)
労審規	労働審判規則(平成17最高裁規2)
労調	労働関係調整法(昭和21法25)

総合略語一覧

労働施策推進	労働施策の総合的な推進並びに労働者の雇用の安定及び職業生活の充実等に関する法律(昭和41法132)
労働施策推進則	労働施策の総合的な推進並びに労働者の雇用の安定及び職業生活の充実等に関する法律施行規則(昭和41労23)
労働承継	会社分割に伴う労働契約の承継等に関する法律(平成12法103)
労働承継則	会社分割に伴う労働契約の承継等に関する法律施行規則(平成12労48)
労派遣	労働者派遣事業の適正な運営の確保及び派遣労働者の保護等に関する法律(昭和60法88)
労派遣則	労働者派遣事業の適正な運営の確保及び派遣労働者の保護等に関する法律施行規則(昭和61労20)
労派遣令	労働者派遣事業の適正な運営の確保及び派遣労働者の保護等に関する法律施行令(昭和61政95)
労判	労働判例
老福	老人福祉法(昭和38法133)
老福則	老人福祉法施行規則(昭和38厚28)
労保審	労働保険審査官及び労働保険審査会法(昭和31法126)
労保徴	労働保険の保険料の徴収等に関する法律(昭和44法84)
労民	労働関係民事裁判例集

わ

割賃令	労働基準法第37条第1項の時間外及び休日の割増賃金に係る率の最低限度を定める政令(平成6政5)

あ

アイ・エー・イー・エー(IAEA) ⇨国際原子力機関'

アイ・エス・ディー・エス(ISDS) ⇨投資仲裁'

アイ・エム・エフ(IMF) ⇨国際通貨基金'

アイ・エル・オー(ILO) ⇨国際労働機関'

アイ・エル・オー(ILO)条約 ⇨国際労働条約'

アイ・エル・オー(ILO)87号条約 ⇨結社の自由及び団結権の保護に関する条約(第87号)'

アイ・エル・オー(ILO)181号条約 ⇨民間職業仲介事業所に関する条約(第181号)'

アイ・シー・シー(ICC) ⇨国際刑事裁判所' ⇨国際商業会議所'

アイ・シー・ジェイ(ICJ) ⇨国際司法裁判所'

アイデア・表現二分論 *著作権法'上保護を受ける*著作物'は思想やアイデアの具体的な表現であり、表現のもととなった思想やアイデアそれ自体は対象とならない。これをアイデア・表現二分論という。思想やアイデア自体を著作権法で保護すると、表現や報道の自由と抵触するおそれがあり、また、思想を万人の利用に委ねることが情報の豊富化につながることを根拠とする。

アイ・ビー・アール・ディー(IBRD) ⇨国際復興開発銀行'

曖昧さゆえに無効の理論 ⇨漠然性のゆえに無効の理論'

青色申告 *所得税'・*法人税'につき、納税者が所定の帳簿書類の備付けと*記帳義務'を負う代わりに〔所税148、法税126〕、その納税者に対し、青色の申告書による*納税申告'を認め、他の納税者(白色申告者という)には与えられない特典を与える制度。不動産所得、*事業所得'又は山林所得を有する個人と法人が、税務署長の承認を受けてすることができる〔所税143、法税121〕。正確な帳簿書類に基づく正しい申告納税を奨励するために、*シャウプ勧告'に基づき設けられた。青色申告を行う者に対する特典として、*更正'をするためには帳簿書類を調査しなければならず、推計による更正が認められないこと〔所税155①、法税130①〕や、青色申告特別控除〔租特25の2①〕・欠損金の繰越し〔法税57①・58①〕といった納税者に有利な各種規定の適用などがある。なお現在では、申告用紙は必ずしも青色というわけではない。

青 票 ⇨青票(せいひょう)・白票(はくひょう)'

あおり ⇨共謀・そそのかし・あおり・企て'

アカウンタビリティ ⇨説明責務'

悪 意 ⇨善意・悪意'

悪意占有 ⇨善意占有・悪意占有'

悪意の抗弁 **1意義** ローマ法上、原告の請求が*衡平'に反することを主張して請求を免れることのできる権利。一般的な抗弁であったが、後に*同時履行の抗弁権'や個別的な制度に分化した。民法はこのような一般的な*悪意'の抗弁を認めず、現在では*手形法'・*小切手法'上の用語として用いられる。例えば、*手形'(*小切手)が*裏書'によりA→B→Cに譲渡されたが、AがBに対して*人的抗弁'をもっている場合、Cは、AB間の人的抗弁の対抗を受けないのが原則であるが、AB間の人的抗弁につき悪意であれば、AはBに対する人的抗弁をCに対しても主張できる。人的抗弁の対抗は手形の流通保護のためであり、悪意の取得者にはこの利益を与える必要がないからである。
2悪意の内容 手形法(小切手法)は、悪意の抗弁を、Cが「債務者(A)ヲ害スルコトヲ知リテ手形(小切手)ヲ取得シタ」ときと表現する〔手17・77①Ⅰ、小22〕。その内容についてはいろいろの説明がされており、債務者Aが前者Bに対する抗弁をもつことを知りながら取得する場合を指すという考えや、満期において債務者Aが取得者Cの前者Bに対して手形金の支払を拒みうることが確実であり、かつ、拒むことが確実であるとの認識をもっていた場合を指すという解釈等がある。
3悪意の判断時期 悪意の有無は手形の取得時を基準に判断され、したがって取得後に悪意となっても悪意の抗弁の対抗を受けず、また前者が善意者であって人的抗弁が制限された場合には、その後抗弁の存在を知って取得した者も悪意の抗弁の対抗を受けない。

アクセス権 アクセス(英 access)とは、目標(目標物)に空間的又は時間的に接近し、更に到達(入手)することを意味する。アクセス権とは、一般的にはこれに関連する諸権利を指すが、日本の憲法理論においては、イ *知る権利'の一側面としての、公権力の主体が保有する情報に

あくせすこ

対する開示・訂正請求権(⇨情報公開制度)，又は，ロ゛言論の自由'の実質化の手段としての，一般市民のマスメディアに対する，意見(特に反論)を発表する場の提供請求権(⇨反論権)を指す。ロの反論権につき，最高裁判所は，消極的な判断を示している(最判昭和62・4・24民集41・3・490〈サンケイ新聞事件〉)。

アクセス・コントロール ⇨技術的保護手段・技術的利用制限手段'

アークティオー 羅actio イローマ法上の訴権，訴訟。本来はあらゆる行為，特に全ての儀式的法的行為を意味したが，私権追行のための訴訟手続，訴訟行為，訴訟方式書を意味する。古典期までのこの語は実体的請求と訴訟行為の2側面を同時に意味したとされ，この未分化は法律訴訟，方式書訴訟における法的保護の定型性と密接に関連している。次いで，アークティオーは実体法的な意味をもつに至り，訴訟手続によって獲得されるものを相手方に強制する権利を意味するようになった。ロ 近代法上のアークティオー。特にドイツ普通法においては，アークティオーは訴権(独Klage, Klagerecht)として理解され，権利侵害によって初めて生ずる，権利の変形物とされた。ドイツ普通法末期にヴィントシャイト(Bernhard Windscheid, 1817~92)は，アークティオーの実体法的側面と訴訟法的側面とを分離し，前者を請求権(独Anspruch)の概念で捉え，当時の法的諸関係を請求権概念の下で理解することにより，アークティオーから解放された実体法体系の確立を企図した。

アークティオー・リーベラ・イン・カウサー ⇨原因において自由な行為'

悪徳の栄え事件 ⇨わいせつ' ⇨わいせつ文書'

悪法も法なり *法の効力'は道徳的評価とは独立したものであることを表明した*法諺(ゲン)'。*法実証主義'の帰結とされる。その根拠は，法の実効性，道徳的判断の主観化，秩序の優位など。それに対して*自然法'論は，「悪法は法にあらず」として，悪法に対する積極的・消極的な*抵抗権'，更には抵抗義務を認めるとされる。ソフォクレス(Sophokles, B.C.496頃~406)の悲劇「アンティゴネー」におけるアンティゴネーの*実定法'への抵抗の可否，ソクラテス(Sokrates, B.C.470 (469)~399)の処刑，ナチスの裁判，「ベルリンの壁」を突破しようとした者を射殺した行為の評価などに関して，古来様々に論じられている。ラテン語の法諺Dura lex, sed lex.(「法は過酷だが，しかしこれも法だ」)は，従来「悪法も法なり」の原語だとされてきたが，過酷と悪とは異なり，誤訳という説がある。

アグレマン 因囚 agrément *外交使節団'の長の派遣に際して接受国が反対しない旨の意思表示をいう。派遣国は，アグレマンが自国の外交使節団の長に付与されていることを派遣に先立ち確認しなければならない〔外交約4①〕。アグレマンの付与は接受国の裁量に委ねられ，個人的理由のみならず，両国間の良好でない外交関係を理由に付与されないこともある。接受国は，アグレマンの拒否理由を派遣国に示す義務を負わない〔外交約4②〕。 ⇨ペルソナ・ノン・グラータ'

旭川学テ事件 昭和36年に旭川市立中学で実施された全国一斉学力テスト(略称：学テ)に対して行われた教員による実力阻止行動が刑事事件になり，そこで学テの適法性が問われた。この事件を扱った最大判昭和51・5・21刑集30・5・615は，憲法判例として重要である。そこには，「子どもが自由かつ独立の人格として成長することを妨げるような国家的介入…は，憲法26条，13条の規定上からも許されない」という重要な判示も含まれている(この点については*学習権'，*学問の自由'，*教育権'などを参照)。大法廷判決は，結論として，当時の*教育基本法'10条1項の「不当な支配」条項について，「許容される目的のために必要かつ合理的と認められるそれ[行政権力の介入]は，たとえ教育の内容及び方法に関するものであつても，必ずしも同条[旧教基10条1項]の禁止するところではない」とし，本件学テは同条に反しない，と判示した。その背後には，「国は，国政の一部として…必要かつ相当と認められる範囲において，教育内容についてもこれを決定する権能を有する」という憲法論がある。

朝日訴訟 1事件の概要 岡山療養所入所中の朝日茂氏が，昭和32年8月，厚生大臣を被告として起こした訴訟。その内容は，旧「生活保護法による保護の基準」(昭和28厚告226)による入院患者の日用品費が低すぎ，健康で文化的な最低限度の生活を営む権利をもつとした憲法25条と*生活保護法'に違反するというもの。発端は，昭和31年7月，多年音信のなかった兄が，福祉事務所に要求されて月1500円の仕送りを約束したため，同年8月分から従来の日用品費の支給を廃止された上，うち900円を医療費の一部自己負担として療養所に納めるよう，保護変更処分を受けたことにある。
2 判決 第一審の東京地方裁判所は，日用品費

月額を600円に抑えているのは違法であるとし，原告の全面勝訴の判決をした(東京地判昭和35・10・19行裁11・10・2921)。しかし第二審の東京高等裁判所は，日用品費月600円はすこぶる低いが，不足額は70円にすぎず憲法25条違反の域には達しないとした(東京高判昭和38・11・4行裁14・11・1963)。上告中に本人が死亡し，養子夫妻が訴訟を続けたが，最高裁判所は，保護を受ける権利は相続できない，本人の死亡によって訴訟は終了したとした。この判決の多数意見は傍論で，憲法の*生存権'条項は国政上の責務を定めたにすぎず，個々人に具体的権利を与えたものではないと述べている(最大判昭和42・5・24民集21・5・1043)。この訴訟が，その後の生活保護行政と憲法25条の法的性格論議に与えた影響は大きい。

朝日放送事件 *労働組合法'上の使用者性に関して先例となる重要な判断を示した最高裁判決(最判平成7・2・28民集49・2・559)。テレビ番組制作業務を受注した会社の従業員が発注会社の構内で発注会社の指示に従いつつ作業に従事していた事案で，一般に*使用者'とは*労働契約'上の雇用主をいうが，*団結権'侵害行為を排除して正常な労使関係を回復するという*不当労働行為'制度の目的に鑑み，その労働者の基本的な*労働条件'等について雇用主と同視できる程度に現実的かつ具体的に支配，決定できる地位にある場合には，その限りにおいて「使用者」に当たる。具体的には，申し入れられている団交事項のうち，勤務時間の割り振り，労務提供の態様，作業環境等については発注会社が実質的に決定することができる地位にあったとして，その限りで，発注会社の部分的な使用者性を肯定した。労働組合法の「使用者」とは，団体的労使関係の一方当事者であり，団体的労使関係は，労働契約関係か労働契約関係に近似ないし隣接する関係であるとする立場に立つ判例法理である。

欺く行為 **1意義** だますこと。すなわち，人を*錯誤'に陥れるべく，虚偽の事実を告知し，又は事実を隠蔽することをいう。*詐欺'罪〔刑246〕の手段行為とされている。平成7年の刑法の平易化前の刑法246条1項は「人ヲ欺罔シテ」と規定していたことから，欺罔(ぎもう)行為とも呼ぶ。欺く行為は，販売する商品につき虚偽の説明を行う場合のような言語による場合のほか，代金を支払う意思・能力を有しないのに宿泊の申込みをする場合のような挙動による場合がある。また，販売する商品に欠陥が認められたにもかかわらず，この事実を知らない相手に告げないといった不作為による場合もある。**2法的意義** 欺く行為は，刑法上詐欺罪の*構成要件'実現行為として不可欠のものであるほか，民法上は被詐欺者による*意思表示'の取消〔民96〕，損害賠償の請求〔民709〕の前提条件となる。もっとも，この意味での欺く行為は，社会生活上許容される限度を超えた不当なものでなければならない。特に相手が既に錯誤に陥っているときには，ことの真実を告げる積極的義務がなければ，欺く行為とはいえない。したがって，どのような場合に，この義務(告知義務)が生じるかが問題となる。

アジアインフラ投資銀行 囲 Asian Infrastructure Investment Bank；略称 AIIB　アジアに対するインフラストラクチャー整備のための資金需要に応える国際開発金融機関。2013年10月に中国が提唱し，2015年12月に発足，2016年1月に開業した。創設メンバーは57ヵ国。現メンバーは92ヵ国。

アジア開発銀行 囲 Asian Development Bank；略称 ADB　アジア太平洋地域における開発途上国の開発資金を融資する地域開発銀行として1966年に発足した国際組織。現メンバーは68ヵ国・地域。最高機関である総務会，理事会，総裁等から成る。本部はマニラ。財源には，融資を行う通常資本財源と，債務負担能力の低い国へ贈与を供与するアジア開発基金がある。この他に，加盟国からの拠出金と通常基本財源からの純益配分金等から成る技術援助特別基金等があり，技術援助に用いられている。日本はアメリカと並ぶ最大の出資国で歴代総裁を出している。　⇨国際復興開発銀行'

足利事件 平成2年(1990)栃木県足利市で発生した女児殺害事件。科学警察研究所(科警研)が開発したMCT-118 DNA鑑定が被疑者逮捕の契機となった最初の事件として，社会的に注目された。裁判では当時のDNA型鑑定の*証拠能力'・*証明力'や*自白'の信用性が争点となった。被告人は捜査段階で自白後，第一審公判の途中から否認に転じたが，最決平成12・7・17刑集54・6・550により有罪が確定した。その後，*再審'請求され，より技術が向上した方式により再鑑定したところDNA型が一致しないことが判明したため，東京高決平成21・6・23判時2057・168により再審開始が決定し，宇都宮地判平成22・3・26判時2084・157により再審*無罪'が確定した。　⇨ディー・エヌ・エー(DNA)分析(鑑定)'

アジャン・プロヴォカトゥール 囚 agent

あずかりし

provocateur　初めから逮捕する目的で人に犯罪を*教唆'し，その人が犯罪の実行を始めたところを直ちに逮捕する者。教唆する刑事巡査とも訳される。薬物犯罪者の検挙等のための*おとり捜査'としてこれを行うことがある。一般に，初めから*未遂'に終わらせる意思で人に犯罪の実行を教唆し，犯罪の実行を始めた（未遂の教唆といわれる）場合について，教唆犯の*故意'は，被教唆者に犯罪を実行する決意をさせる意思で足り，（既遂）結果を発生させる意思は必要でないから，教唆犯が成立するという見解に対して，*正犯'の場合と同様に，*共犯'についても，その故意は，（既遂）結果を発生させる意思であることが必要であるから，不可罰であるという見解が主張される。

預り証券　⇨'倉庫証券'　⇨'複券主義'

預合い　1 意義　*発起人'が*払込取扱機関'の役職員と通謀して出資に係る金銭の払込みを仮装する行為を一般に預合いという（最決昭和35・6・21刑集14・8・981）。発起人が払込取扱機関から株式の払込みに充てる金銭を借り入れ，同人がその借入れを弁済するまで会社として払込取扱機関に払込金の返済を要求しない旨を約する行為がその典型である。
2 効果　預合いによる払込みの効力については，従来，通説は無効であると解してきたが，会社法の下ではこれを有効と解する立場もある。なお，会社法は預合いを防止するためにこれを犯罪として刑罰を科すとともに〔会社965〕，発起人に仮装出資の場合の履行責任を課している〔会社52の2①〕。会社法は，更に*募集設立'については，払込取扱機関が発起人の請求により払込金の保管証明書を交付すると，その証明した金額については払込みがなかったとか，借入金返済まで引き出さない約束などの返還に関する制限がある等を主張して会社に対する返還を拒むことができないものとし〔会社64②〕，*設立登記'の申請にはこの保管証明書の添付を要求している〔商登47②⑤〕。

アスベスト(石綿)　天然に産する繊維状い酸塩鉱物。断熱性，防音性等に優れた特性を持ち安価であることから，吹き付け材や各種工業製品の原料として多用されてきた。繊維が極めて細く，人が吸入すると長期の潜伏期間の後に各種の疾病を発症させることが分かっており，平成18年（2006）に一部例外製品を除き，その製造・使用等は全面的に禁止された。労働者に生じた関連疾病は，因果関係が明らかな場合には*労働者災害補償保険法'上の補償事由とされるが，建設業従事者については中小事業主等であっても給付金が支給される〔特定石綿被害建設業務労働者等に対する給付金等の支給に関する法律（令和3法74）〕。労災補償の対象とならない周辺住民や労災補償を受けずに亡くなった労働者の遺族については，「石綿による健康被害の救済に関する法律」（平成18法4）に基づき，特別遺族給付金が支給される。なお，同給付金を受ける権利は，時効のため消滅した場合でも一定期間内であれば支給の対象となる（令和4年同法改正）。

アセアン(ASEAN)　⇨'東南アジア諸国連合'

与える債務・なす債務　1 意義　与える債務は，この概念が由来するフランス法では物の所有権を移転する債務を意味するのが，日本法ではこれより広く，物の引渡しを内容とする債務，例えば，売主の目的物引渡債務，賃借人や受寄者の目的物返還債務などを指す。これに対して，与える債務以外の債務，例えば，建物の取壊し，委任事務の処理，雇用契約に基づく労働への従事，劇場での出演を内容とする債務を，なす債務という。なす債務には，例えば，競業をしないという*不作為'を内容とする債務も含まれる。与える債務は引渡債務，なす債務は行為債務とそれぞれ同義に用いられることも多い。
2 区別の実益　*強制履行'の方法の違いにある〔民414参照〕。与える債務の場合には，*直接強制'が許されるのに対し，なす債務の場合には，*代替執行'か*間接強制'しかできない。

アダムズ方式　議員数を人口に比例して配分する方式の1つ。アメリカ合衆国大統領アダムズが考案したとされる。日本では，衆議院議員選挙区選挙について，投票価値の平等に関する最高裁判所判決（最大判平成23・3・23民集65・2・755等）を受け（⇨定数不均衡（訴訟）'），議員定数削減と併せて導入された（平成28法49）。各都道府県の人口を一定の数値で除し，それぞれの商の整数に小数点以下を切り上げて得られた数の合計数が小選挙区選挙の定数と一致するようにする方式である〔選挙区害3②〕。

新しい人権　⇨'包括的基本権'

当たる(あたる)　⇨'当たる(あたる)'（巻末・基本法令用語）

圧縮記帳　*法人税'において，法人が国又は地方公共団体からの*補助金'等の特定の収益をもって*固定資産'を取得し又は改良した場合に，当該資産に，その実際の*取得価額'よりも当該収益の額に相当する金額（又はその範囲内の金額）だけ低い帳簿価額をつけ，かつ，この減額した金額を*損金'の額に算入すること〔法

税 42 等参照〕。当該補助金等を非課税としないで、*課税の繰延べ'の対象とするための技術として広く用いられる。すなわち、減額した金額の損金算入により、その金額は当面課税対象から除外されるが、*減価償却'や当該資産の譲渡の際の取得価額の算定の基礎としては、減額された帳簿価額が基準となるので、国は、当面失った税収を将来において回復することが可能である。

あっせん Ⅰ *公害紛争処理法'の定める公害紛争解決のための処理制度の1つ。*公害等調整委員会'又は都道府県公害審査会の委員のうちから、事件ごとに指名された3人以内のあっせん委員が、当事者間を仲立ちし、双方の主張の要点を確認し、和解契約の締結を促すなどの方法により、事件の公正な解決に努める〔公害紛争 28～30〕。同法上の他の3つの処理制度である調停・仲裁・裁定などの手続〔公害紛争 31～42 の 33〕と比べ、当事者の自主性に委ねる度合いが大きい。また、*土地収用法'上のあっせんは、*事業認定'の告示前に限り、用地取得に関わる紛争を、収用手続によらず円満に解決することを目的として行われるもので〔紛争が対償のみに関する場合には、仲裁によることもできる〕、関係当事者の双方又は一方からの申請に基づき、事件ごとに都道府県知事によって任命される5人のあっせん委員のあっせんに付される〔収用 15 の 2～15 の 6〕。

Ⅱ 集団的労働関係法上のあっせんと個別的労働関係法上のあっせんがある。集団的労働関係法上のあっせんは、*労働争議'が発生したときに、*労働委員会'の会長の指名するあっせん（幹旋）員が、双方の間に入って、双方の主張の要点を確かめ、事件が解決されるように努力するものとされる。*調停'や*仲裁'と異なり、あっせん員が自らあっせん案を提示する必要はないが、実際にはあっせん案を提示することが多い〔労調 10～15〕。個別的労働関係法上のあっせんは、国の機関である各地の労働局長が個別労働関係紛争の簡易な解決手続として*紛争調整委員会'に行わせるものであり、あっせん委員は、双方の主張の要点を確かめ、実情に即して事件が解決されるように努めるものとされる。あっせん委員は、あっせん案を作成し提示することができる〔個別労労 5～19〕。このことに関連して、本来は集団的労働紛争の解決の任に当たる都道府県労働委員会も、44 道府県労働委員会がそれぞれの条例などに基づいて個別労働紛争の解決のためにあっせんを実施している。⇨労働争議の調整'

Ⅲ 国際法上のあっせんについては*国際調停'をみよ。

あっせん収賄 1 意義 一般概念としては、権限のある*公務員'に対し職務上ある行為をし、又はしないよう働きかけることを依頼され、その謝礼を受けることをいう。このような行為は長く不可罰とされていたが、昭和 33 年の刑法改正〔法 107〕により、犯罪とされることになった。しかし、刑法 197 条の 4 であっせん収賄罪として処罰の対象となるのは、公務員が第三者から請託を受けて、公務員としての立場で他の公務員に対し、職務上不正の行為をし、又は相当の行為をしないようあっせんすること又はしたことの対価を受領し、又は要求若しくは約束する場合に限られる。

2 職務上不正の行為 不正行為をし、又は相当の行為をしないとは、職務に違反する一切の行為をいうとするのが大審院判例である〔大判大 6・10・23 刑録 23・1120〕。すなわち、それ自体が違法な行為である必要は必ずしもないが、不正等というためには少なくとも裁量の濫用といえることが必要となる。

あっせん利得処罰法 ⇨公職にある者等のあっせん行為による利得等の処罰に関する法律'

圧力団体 ⇨プレッシャー・グループス'

あてはめの錯誤 自己の行為が刑罰法規に触れるにもかかわらず、その法規の解釈を誤り、自己の行為に関して*違法性の意識'を欠く場合をいう。包摂の錯誤ともいう。*法の不知'と並んで、*違法性の錯誤'の 1 つであり、このような錯誤があったとしても、原則として、*故意'を阻却しないし、罪責にも影響しない。もし、構成要件に正しくあてはめたときにだけ故意を認めることができるとすると、ほとんどの人は故意をもって行為したとはいえなくなるからである〔刑 38 ③参照〕。ただし、故意を阻却しうる*事実の錯誤'との区別が極めて微妙な場合もある。⇨錯誤'

アパルトヘイト 英 apartheid 南アフリカ共和国で行われていた人種隔離及び差別の政策や慣行のこと。少数の白人が多数の有色人種に対する支配を維持するため様々な国内法を通じて実施されてきた。*国際連合'は、1952 年以来この問題を取り上げ、1965 年には「あらゆる形態の人種差別の撤廃に関する国際条約」（*人種差別撤廃条約'）を、1973 年には「アパルトヘイト罪の鎮圧及び処罰に関する国際条約」（1976・7・18 発効。日本は未加入）を採択した。

1985年以降の反対闘争の激化や*経済制裁'の結果，1991年6月にはアパルトヘイト関連法が廃止され，1994年4月には全人種参加の下で総選挙が実施され，アパルトヘイトは終焉(しゅうえん)した。

アファーマティブ・アクション　英 Affirmative Action　積極的差別是正措置のこと。アメリカ合衆国において，長年にわたる差別の結果少数者が恒常的に社会的劣位に置かれている状態を是正するために連邦や州により積極的にとられる措置が有名。アメリカでは1950年代に公立学校での人種別学が違憲とされたのち，人種統合を強制的に実現するための措置がとられ，その後，同様の措置は，雇用関係において人種的少数者や女性，身体にハンディキャップを抱える人々の優先的採用，大学における人種的少数者の優先的入学へと拡大していった。しかし，少数者への配慮に基づく優先処遇は，多数者の一員に対する逆差別になるとの批判も強く，合衆国最高裁判所はこの措置の平等保護条項違反が争われた事件では当初この措置に寛容な姿勢をみせていたが，現在では厳格審査をもって臨むに至っている。なお，わが国では，特に女性に対する様々な差別環境の改善を図るための措置が導入されており，これは*ポジティブ・アクション'と呼ばれている。

アフリカ統一機構　⇨アフリカ連合'

アフリカ連合　英 African Union；略称 AU　1963年に設立されたアフリカ統一機構(英 Organization of African Unity；略称OAU)を前身とし，2002年7月のダーバン宣言によって現在の名称に改称されたアフリカの地域的国際組織で，本部はエチオピアのアディスアベバにある。最高機関である総会(首脳会議)の他に，閣僚執行理事会，委員会，全アフリカ議会，平和・安全保障理事会，経済・社会・文化理事会などを有する。

あへん煙に関する罪　1 意義　「あへん煙に関する罪」〔刑14章〕は，あへんの有害な薬理作用と依存性に鑑み，不特定・多数人の健康を保護すべく，あへん煙の吸食，これを助長する輸入，製造，販売等の行為を処罰している。あへん煙とは，キセル，パイプ等による吸引に適するように加工したあへん(あへん煙膏(こう))をいい，未加工の生あへんを含まない。あへん煙輸入等の罪〔刑136〕，あへん煙吸食器具輸入等の罪〔刑137〕，税関職員によるあへん煙輸入等の罪〔刑138〕，あへん煙吸食及び場所提供罪〔刑139〕，あへん煙等所持罪〔刑140〕が規定されている。もっとも，現在，あへんの規制については，あへん法が，生あへんを含むより包括的な罰則規定を置いており〔あへん51以下〕，あへん煙に関する罪が成立するほとんどの場合は，あへん法違反としての処罰が可能であるから，本罪が適用されるケースはまれである。更に，薬物犯罪の取締りについては，*覚醒剤取締法'，*麻薬及び向精神薬取締法'がある。

2 あへん煙の販売　不特定又は多数人に対する有償譲渡をいう。販売に当たる行為がなされるとき，必然的に存在する買い手を処罰する規定がないため，買受行為を処罰しないのが規定の趣旨であると解されることになるが(*必要的共犯'の理論)，あへん法では，あへんの譲渡しのみならず，譲受けも処罰対象行為として規定している〔あへん52①〕。

アミカス・ブリーフ　⇨立法事実'

アメリカ合衆国憲法　1 歴史　アメリカ合衆国は1787年憲法によって連合規約(1781年発効)に基づく*国家連合'から*連邦'国家へと移行した。

2 概要　現行の成文憲法の中で最古の憲法であり，本文は7箇条と短く，当初は権利典典を欠いていた。1791年に10箇条の修正条項が権利章典として追加され，今日までに27箇条の修正増補がなされている。

3 特色　権力分立制(⇨権力分立主義')を徹底的に採用していることにある。*立法権'を与えられた立法府(Congress)は，州代表の上院と国民代表の下院から成る。*行政権'は*大統領'(任期4年)に与えられ，大統領は行政権の行使について立法府に対して責任を負うことがなく，また立法府を解散することもできない。この制度を*議院内閣制'に対して，*大統領制'という。アメリカ合衆国憲法はこのように権力を各機関に分属させることに加え，機関間の抑制均衡の仕組みを設けている。大統領は法律案に対する拒否権をもち，この拒否権が行使された場合は，立法府が法律を成立させるには，両院の3分の2の多数をもって再可決することを要する〔アメリカ合衆国憲法1 Ⅶ②〕。また裁判所は，具体的な事件の解決に付随して，法律の憲法適合性を審査する。1803年のマーベリ対マディソン事件の判決(Marbury v. Madison, 5 U.S. (1 Cranch) 137 (1803))によって，裁判所が違憲立法審査権(⇨違憲審査権')をもち，違憲と判断された議会制定法の適用を拒否することが承認され，実際にも裁判所はしばしば法律の違憲判決を下してきた。これは*司法権の優越(優位)'と呼ばれ，アメリカ合衆国憲法のもう1つの大きな特色となっている。なお，アメリカ合衆国憲法の成立

については、「憲法」に掲げた[表：主要国憲法の系譜（概要）]を参照せよ。

アメリカ行政手続法 1 特色 比較法的にみたアメリカ行政手続法の特色は、早くから制定法が整備されてきたこと、行政立法に対する手続的統制に極めて熱心なことであるが、これはアメリカ行政法が19世紀末からの各種の*独立規制委員会'の創設を機縁として発生したことと密接に関係している。

2 連邦の行政手続法 アメリカ行政手続法として最も注目されてきたのは1946年に制定された連邦の行政手続法(Administrative Procedure Act；略称 APA)である。この法律は、自由放任と伝統的な法の支配を重視する保守派と行政機能の意義を重視する進歩派との妥協の産物であり、行政審判にほぼ相当する formal adjudication と、行政立法にほぼ相当する rulemaking の2つの行為類型についての手続規律、とりわけ聴聞(hearing)ないし意見書提出(comment)を中心としているが、多くの適用除外を定めているなど、その適用範囲が限定されていることに注意が必要である。また、ほかに司法審査等に関する規定が置かれていたが、その3条は、1967年以降数次の改正を経て、情報自由法、プライバシー法、政府会議公開法として発展した。また、環境法の分野では、環境アセスメントにつき定める1969年制定の連邦環境政策法(National Environmental Policy Act；略称 NEPA)が重要である。

3 州の行政手続法 連邦国家であるアメリカにおいては、州の行政機関の手続は各州が独自に定める権限を有する。ただ、統一州法委員全国会議が、1946年にモデル州行政手続法を作成し、1961年、1981年と2010年にこれを改定しており、各州の統一的な行政手続法の多くはこれらのいずれかに全面的又は部分的に依拠している。

4 判例の機能 行政手続の法的規制は、一般法、個別法のほか、*デュー・プロセス・オブ・ロー'の理念等を具体化する多くの判例によって形成されている。

アメリカ証券取引委員会 英 Securities and Exchange Commission；略称 SEC 投資者保護及び公益の確保を目的として、アメリカ連邦証券取引所法(Securities Exchange Act of 1934)に基づいて設置された行政機関。アメリカ連邦政府の*独立規制委員会'の1つで、上院の承認を得て、大統領によって任命される5人の委員(任期5年)から成る。連邦証券関係諸法の執行を担当し、行政権だけでなく、準司法的権限及び準立法的権限(規則制定権)をも有する。日本の会社法制の一部、破産法制、企業会計をも管轄する強力な委員会。毎年その活動状況につき年次報告書を連邦議会に提出し、これは公開されている。⇨証券取引等監視委員会'

アメリカ全国労働関係局 英 National Labor Relations Board；略称 NLRB 日本の*労働委員会'に当たる*独立行政機関'。交渉代表選挙の実施(⇨排他的交渉代表制')と*不当労働行為'の審査が主な任務。

アメリカ統一商事法典 商事取引を規制する法を簡単明瞭にし近代化するとともに、各法域間の法の統一を可能にすることなどを目的として、「商取引の始まりから終わりまでに通常生ずるであろうあらゆる局面に対処する」ものとして成立したモデル法案。略称 UCC(英 Uniform Commercial Code)。アメリカ法律協会(American Law Institute)、州法統一委員全国会議(National Conference of Commissioners on Uniform State Law)を中心とし、アメリカ法律家協会(American Bar Association)の協力の下に、1942年以来約10年間の努力により、1952年に最初の Official Text and Comments Edition が公表されたが、その後しばしば改正が加えられている。現在ルイジアナ州等を除くアメリカのほとんどの法域で若干の修正を加えた上で採用されている。現在の内容は、第1編「総則」、第2編「売買」、第2編A「リース」、第3編「流通証券」、第4編「銀行預金及び取立」、第4編A「資金移動」、第5編「信用状」、第6編「詐害的大量売却」、第7編「権原証券」、第8編「投資証券」、第9編「担保付取引」、第12編「支配可能な電子記録」となっている。

アメリカ独立宣言 1776年7月4日、北アメリカに当時存在した13のイギリス植民地の代表によって発せられた宣言(Declaration of Independence(Unanimous Declaration of the Thirteen United States of America))。ジェファーソン(Thomas Jefferson, 1743〜1826)、アダムス(John Adams, 1735〜1826)、フランクリン(Benjamin Franklin, 1706〜90)らによって起草されたこの宣言は、*ロック'らのイギリスデモクラシーの思想と、メイフラワー誓約(1620)以降の北米における実際の政治的経験とを背景に、前半部では*自然権'、平等、契約による支配、革命権をうたい、後半部で当時のイギリス国王の暴政を逐一糾弾し、結語で高らかに独立を宣言して、相互の協力を誓っている。アメリカ合衆国の歴史はこの日に始まる。宣言の内容は、後にジェファーソン自らが語ったように、当時のアメリカ人の精神を表明したものであり、合衆国

あめりかは

建国の礎石として重要な意義をもつが、その影響は広くヨーロッパに及び、近代民主主義の記念碑となった。今日でもこの宣言から学ぶものは多い。

アメリカ破産法　*アメリカ合衆国憲法'1編8節4項により破産法の立法権限は連邦議会に専属する。現行法は1978年に制定され、その後数次の改正を経ている。その内容は、通則的な規定〔連邦破産法1章・3章・5章〕及び国際倒産に関する規定〔連邦破産法15章〕のほか、清算〔連邦破産法7章〕、更生〔連邦破産法11章〕、定期年収ある家族農業者の債務調整〔連邦破産法12章〕、定期収入ある個人の債務調整〔連邦破産法13章〕の各手続を定める。申立てによる権利実行の自動的停止、更生管財人の選任が必要的ではないこと、企業再建のための制度の充実、個人の更生の重視等が特徴である。もっとも2005年の改正は債権者の利益保護に傾く。日本の昭和27年の旧会社更生法(法172)の制定や旧破産法(大正11法71)への免責制度の導入(法173)は、その当時のアメリカ破産法(1898制定、1938大改正)を参考としたものである。

アメリカ民事訴訟法　アメリカでは、各州及び連邦という法域ごとに訴訟手続が異なるが、一般的には、陪審の面前における証拠調べを中心とする審理(トライアル(trial))を核とし、当事者主導でその準備が行われるという基本構造をもつ手続が採用されている。原告が(最初の訴答書面である)訴状を裁判所に提出することにより手続が開始される。当事者は、続いて訴答書面と呼ばれる文書を交換し、ディスクロージャー及びディスカバリーと呼ばれる*証拠開示'手続を利用することによってトライアルの準備をする。この段階をプリトライアル(pre-trial)と呼ぶ。ただし、今日では、この準備の過程においても裁判官が積極的に関与することが期待され、その観点から様々な権限も付与されている。*コモン・ロー'事件については、トライアルを陪審によってすることを求める権利が憲法上当事者に保障されている。

アメリカ模範事業会社法　アメリカでは会社法は州の管轄下にあるが、各州が会社法を改正する際の指針として利用されることを目的としてアメリカ法律家協会(American Bar Association)会社法・銀行法・商事法部会会社法委員会(現在は商事法部会会社法委員会)が作成した模範法典。1950年に公表され、その後数度の改訂を経て、1984年と2016年に根本改正が行われた。現在も、改訂作業が続いている。36州で全面的に採用されているほか、他の多くの州も部分的に採用しており、大きな影響を与えている。全18章から成り、公式の注釈(official comment)が付され、その趣旨や目的等が説明されている。

改める　⇨改正する・改める'(巻末・基本法令用語)

アラバマ号事件　1872年にイギリス・アメリカ間で行われた*国際仲裁裁判'事件。南北戦争中、南軍の注文により1862年にイギリスで建造され、非武装のまま出港したアラバマ号は、途中イギリス船から武器・弾薬の補給を受け、1864年に撃沈されるまで北軍商船の海上捕獲に従事した。アメリカはイギリスの*中立'義務違反の確認と損害賠償を要求して仲裁裁判に訴え、裁判所はイギリスに1550万ドルの支払を命じて事件は解決した(米英仲裁裁判所判決1872・9・14)。仲裁裁判の発達や中立法規の発展に寄与した点で評価が高い。

あらゆる形態の人種差別の撤廃に関する国際条約　⇨人種差別撤廃条約'

アリバイ　国囚 alibi　現場不在証明。*被告人'・*被疑者'が犯罪の行われたときにその現場以外の場所にいた事実又はその*立証'。*公判前整理手続'等に付された事件では、同手続においてアリバイの*証拠調べを請求しておかなければ、やむをえない事由によって請求できなかったものを除き、手続の終了後にはアリバイの証拠調べを請求することはできないが、裁判所による職権の証拠調べは可能である〔刑訴316の32〕。

アルバイト　⇨雇用形態'

アレインメント　国 arraignment　英米法系の刑事訴訟では、まず被告人を*公判廷'に呼び出し、*起訴状'を読み聞かせて有罪と認めるかどうかを尋ねる。この手続をアレインメントという。被告人が有罪である旨を答弁すれば、事実審理を省略し、*刑の量定'に進むので(⇨有罪の答弁')、手続が簡素化され、*迅速な裁判'の実現に役立つ。英米では、刑事事件の効率的処理のためにこの制度が大いに活用されている。日本でも、これに倣おうとする立法論もあるが、刑事裁判の本質に背くという反対説も有力である。現行法は、被告人が公判廷で有罪と自認した場合も、事実審理の省略を禁止し〔刑訴319③〕、*証拠調べ'の簡易化だけを認めている〔刑訴307の2〕。　⇨簡易公判手続'　⇨即決裁判手続'

あれなければこれなし　⇨結果回避可能性'

アンクタッド(UNCTAD)　⇨国際連合貿

易開発会議'

暗号資産　一般的概念としては暗号技術を用いたデジタル資産のことであるが、日本法上は「資金決済に関する法律」(平成21法59)(資金決済法)2条14項に定義する暗号資産をいう。典型例としてはビットコインがある。資金決済法上の暗号資産は1号暗号資産と2号暗号資産に分けられる。1号暗号資産とは、大要すると、不特定の者との間で売買でき代価の弁済に使用できる電子的に記録され移転可能な財産的価値(本邦通貨・外国通貨・通貨建資産・通貨建資産以外の*電子決済手段'を除く。この除外は2号暗号資産でも同じ)をいう〔資金決済2⑭①〕。2号暗号資産とは、大要すると、不特定の者を相手方として1号暗号資産と相互に交換できる電子的に記録され移転可能な財産的価値をいう〔資金決済2⑭②〕。資金決済法は平成28年(2016)改正により仮想通貨の定義規定を設けたが、国際的な動向等を踏まえ、令和元年(2019)改正によりこれを暗号資産という呼称に変更した。一般的概念としての暗号資産には様々な機能を持つものが含まれうるが、資金決済法上の暗号資産は代価の弁済という決済機能に着目した概念になっている。ただし、決済機能に着目した概念といっても、デジタルマネーに類似するステーブルコイン(例えば1コイン＝1円というように法定通貨の価値と連動した価格で発行され、発行価格と同額で償還を約するもの)に相当する電子決済手段〔資金決済2⑤〕は、資金決済法上の暗号資産の定義から除かれている〔資金決済2⑭〕。また、セキュリティトークンに相当する電子記録移転有価証券表示権利等〔金商29の2②⑧、金商業1④⑰・6の3〕を表示するものも、資金決済法上の暗号資産の定義から除かれている〔資金決済2⑭但〕。なお、金融商品取引法における暗号等資産という概念については同法2条24項3号の2参照。

暗号資産交換業　「資金決済に関する法律」(平成21法59)(資金決済法)において定義・規制されている行為の1つであり、具体的には、次のイからニに掲げる行為のいずれかを業として行うことをいう〔資金決済2⑮〕。イ *暗号資産'の売買又は他の暗号資産との交換、ロ イに掲げる行為の媒介・取次ぎ・代理、ハ その行うイロに掲げる行為に関して利用者の金銭の管理をすること、ニ 他人のために暗号資産の管理をすること(他の法律で特別の規定のある場合を除く)。このうちイロに掲げる行為を「暗号資産の交換等」といい、ニに掲げる行為を「暗号資産の管理」という(同項)。暗号資産交換業は、内閣総理大臣の登録を受けた者でなければ、行ってはならず〔資金決済63の2〕、無登録でこれを行った者は、3年以下の拘禁刑・300万円以下の罰金の対象となる〔資金決済107⑫〕。両罰規定については資金決済115参照〕。資金決済法3章の3は、暗号資産交換業に関する登録申請書や登録拒否要件などのほかに、暗号資産交換業の広告、暗号資産交換業者その役職員の禁止行為、利用者保護等に関する措置などの各種行為規制や監督などに関する規定を設けている。なお、金融商品取引法における暗号等資産関連業務という概念については同法43条の6第1項参照。

アンシトラル(UNCITRAL)　⇨国際連合国際商取引法委員会'

安全衛生委員会　事業者が、*労働安全衛生法'の定めにより、労働者の安全、衛生に関する調査・審議等の機関として安全委員会及び衛生委員会を設置しなければならないとき、この両委員会に代えて設置することができる機関〔労安衛19〕。

安全管理者　事業者が、林業、鉱業、建設業、運送業等の一定の業種に属し、常時50人以上の労働者を使用する事業場ごとに、一定の資格を有する者の中から選任を義務付けられている、安全に係る技術的事項を管理する者〔労安衛11、労安衛令3〕。

安全配慮義務　I 一定の法律関係にある者が、互いに相手方の身体・生命等を害さないように物的・人的環境を整えるべく配慮する*信義則'上の義務。当初、雇用契約における特殊な付随的義務と観念されていたが、判例によって、より一般的に「ある法律関係に基づいて特別な社会的接触の関係に入った当事者間において、当該法律関係の付随義務として当事者の一方又は双方が相手方に対して信義則上負う義務」(最判昭和50・2・25民集29・2・143)とされ、その射程は診療契約・在学契約・請負契約など多方面に広がっている(請負につき最判平成3・4・11判時1391・3)。主として危険を内包する「場」での人身被害が問題とされている。特に帰責事由の証明責任や時効との関係で、義務違反に対する責任の法的性質・要件・効果に関しては、なお争いがあり、契約責任構成、不法行為責任構成及び、両者の*中間的責任'と位置付ける見解がある。

II 労働関係における安全配慮義務は、労働者がその生命・身体等の安全を確保しつつ労働することができるよう必要な配慮をすべき使用者の義務である。民間企業の使用者は、*労働契約法'5条に基づきこの義務を負う(最判昭和

あんぜんほ

59・4・10民集38・6・557)。重畳的*請負'の場合には、雇用契約に準ずる法律関係に基づき、元請企業が、下請・孫請企業の労働者に対して、安全配慮義務を負うことがある(最判昭和55・12・18民集34・7・888)。また、国や地方公共団体も、信義則に基づき、公務員に対して安全配慮義務を負う(前掲最判昭和50・2・25)。労働災害等により損害を受けた労働者やその遺族は、使用者に対して、その安全配慮義務違反を理由に*損害賠償'を請求することができる。請求にあたっては、労働者側は、安全配慮義務の具体的内容を確定し、かつ使用者の当該具体的義務違反の事実を証明しなければならない(最判昭和56・2・16民集35・1・56参照)。また、因果関係の証明も必要であるが、判例は、これを業務の性質・内容及びその負担と労働者の傷病との*相当因果関係'として整理した上(最判平成9・11・28労判727・14)、その存否は医学的な判断そのものではなく、法的な判断であるという立場に立つ(最判昭和50・10・24民集29・9・1417参照)。労働者側がこれらの証明に成功すると、使用者は免責事由の存在(例えば当該業務災害・職業病の発生についての予見可能性の不存在(最判平成2・4・20労判561・6参照))を証明しない限り責任を免れえない。安全配慮義務違反に基づく責任は、遺族固有の*慰謝料'請求権が認められず、かつ遅延損害金の起算点が請求の翌日であること(前掲最判昭和55・12・18)等の点で一般の*不法行為'責任と異なる。

安全保障 国家の安全を保障する方式。*国際連盟'及び*国際連合'によって組織化された集団的安全保障と、それと対比される個別的安全保障とに分かれる。理念型としての集団的安全保障は、対立関係にある国家をも含めて、多数の国家が、互いに武力行使を慎むことを約束するとともに、いずれかの国がその約束に反して他国を侵略する場合には残りの全ての国が結集して戦い、そのことによって侵略行動をやめさせようとするもの。それに先行する同盟政策(現実の敵、若しくは敵となりうる国家の存在を前提として、敵国が自国あるいは同盟関係にある他国を侵略する場合には、同盟諸国と結合して戦い、そのことによって侵略行動をやめさせようとするもの。個別的安全保障の1つ)に代わるものとして出現した。NATO(*北大西洋条約機構')などが集団的安全保障と呼ばれることもあるが、同盟政策と*集団的自衛権'に基づくものであり、上記の整理においては個別的安全保障に含まれる。国際連盟においても国際連合においても、集団的安全保障体制が構想通りに機能してきたとはいい難い。各国は自国と直接の関係のない*強制措置'に参加することを躊躇する傾向にあり、*国際連合軍'を設置するための特別協定〔国連憲章43〕は現在まで結ばれていない。イラクのクウェート侵攻(1990)の際の湾岸多国籍軍が集団的安全保障と個別的安全保障のいずれに当たるのかが議論されたが、武力攻撃の発生いかんの認定及びいかなる行動がとられるべきかに関する決定が組織化されており、集団的安全保障の本旨に沿うものといえる。

安全保障理事会 ⇨国際連合'
アンダーライター業務 ⇨引受業務'
安定化条項 ⇨化石化条項'
安定操作 単独又は他人と共同して、*有価証券'の相場をくぎ付けし、固定し、又は安定させる目的で、取引所*金融商品市場'における一連の有価証券の売買等又はその申込み、委託若しくは受託等をする行為。人為的に相場を作り出すという点では、*相場操縦'にほかならず、本来禁止されるべき行為であるといえるが、他方、*有価証券の募集'・*有価証券の売出し'を行う場合には、これにより大量の有価証券が一時的に市場に放出されることになるため、需給のバランスが崩れて市場価格の下落を招き、募集・売出しを予定通り行うことが困難となる。そこで、*金融商品取引法'は、有価証券の募集・売出しを容易にする場合にのみ、一定の要件の下で安定操作を認めている〔金商159③、金商令20〜26〕。

安定多数 各議院における議員数の割合について、与党が全ての*常任委員会'の委員長ポストを占め、なおかつ各委員会で与党の委員数が野党のそれを上回ることのできる数が安定多数といわれる。各委員会で各会派(政党)に割り当てられる委員数は、各会派に属する議員数と総議員数との比率に基づき、*議院運営委員会'において決定される〔国会46〕。

安保条約 ⇨日米安全保障条約'
安楽死 1概念 「安楽死」(医 euthanasia)は、ギリシャ語の「善き死」(eu thanatos)を語源とする古い言葉であり、その合法性も古くから争われてきたが、患者の殺害を禁じた古代ギリシャの医師ヒポクラテス(Hippokrates, B.C. 460頃〜375頃)の誓いは、今日なお医療従事者の間で継承されている。第二次大戦後の国際社会は、「生きる価値のない生命の慈悲殺」の名の下にナチス政権下でユダヤ人や精神障害者を合法的に安楽死させた行為を繰り返さないために、あらゆる人間に同等の存在価値を認める人間の尊厳原則を*国際法'の最高原則に据えて出発し

た。しかし1960年代以降，先進医科学技術の急速な進展が，テクニシズムによる患者の物扱いという新たな社会問題を引き起こし，技術の濫用を避けて人間らしい自然な死を迎える権利を求める'尊厳死'の議論が巻き起こると，用語や概念の混乱も相まって，安楽死の合法化を巡る議論も再燃した。

2 法律学上の分類 日本では昭和37年に名古屋高裁が安楽死の合法化要件を認める判決(名古屋高判昭和37・12・22高刑15・9・674)を言い渡して以来，法律学上「安楽死」の語が以下のように類型化されて用いられている。イ 純粋の安楽死(病者の苦痛を緩和する措置が死期を早めない場合)。ロ 間接的安楽死(モルヒネの継続的投与など，苦痛緩和措置が付随的に死期を早める場合)。ハ 消極的安楽死(病者の苦痛を長引かせないために過剰な延命措置を差し控える場合。「尊厳死」とも称される)。ニ 積極的安楽死(病者を苦痛から解放するために積極的行為により殺害する場合)。イロは一般に適法と考えられており，ハニ(「直接的安楽死」と総称される)については'殺人罪'〔刑199〕，同意殺人・'自殺関与罪'(本人の同意に基づく場合〔刑202〕)の成否を巡って判例・学説上議論がある。

3 判例 判例は一定の要件の下で積極的安楽死の'違法性'が阻却される可能性を認めてきたが，実際に合法とされた例はない。合法化の根拠には変遷がみられ，前掲の名古屋高判は慈悲殺の論理に依拠していたが，横浜地裁は患者の自己決定権を強調する立場から，医師による積極的安楽死を合法化する要件を示した(横浜地判平成7・3・28判時1530・28〈東海大学病院事件〉)。その後，東京高裁は，自己決定権に基づく違法阻却論に疑問を提起するとともに積極的安楽死の合法化要件を司法が主導して提示する従来の態度を退ける判断を示した(東京高判平成19・2・28判集63・11・2135，最決平成21・12・7刑集63・11・1899〈川崎協同病院事件〉)。

⇨被害者の同意'

帷幄(いあく)上奏 ⇨統帥権'

委員会 I 国又は地方公共団体に置かれる合議制の'行政機関'。技術的な又は公正中立な政策を実施するために設けられるもので，国には'公正取引委員会'・'国家公安委員会'・'中央労働委員会'等があり，地方公共団体の機関として，'人事委員会'・'公安委員会'等がある。諮問的又は調査的な合議制の機関には委員会という名称を用いない。

II 本会議で審議すべき案件の予備的審査のため国会の各議院に置かれる議員の合議体。'常任委員会'と'特別委員会'の区別があり〔国会40〕，議院の活動の中心は本会議から委員会に移っている。'地方公共団体の議会'にも同様な委員会が置かれている。 ⇨行政委員会'

III '監査等委員会設置会社'における'監査等委員会'〔会社2 11の2〕，及び，'指名委員会等設置会社'における'指名委員会'，'報酬委員会'〔会社2 12〕(この3つを合わせて指名委員会等という)の総称である(ただし，会社法上は定義されていない)。監査等委員会の委員である'取締役'はその他の取締役と区別して'株主総会'において選任されるのに対し〔会社329②〕，指名委員会等の委員は取締役の中から'取締役会'決議により選定されるが〔会社400②〕，監査等委員会も指名委員会等も，3人以上の委員により組織され，かつその過半数は'社外取締役'でなければならない〔会社331⑥・400①③〕。各委員会の決定を取締役会が覆すことはできず，少数の社外取締役によっても強い監督機能を果たしうる。委員会の監督機能を確保するためのその他の措置としては，イ 会社は委員からの委員会の職務の執行についての費用の前払等の請求を，当該費用等が職務執行に必要でないことを証明しない限り拒絶できないこと〔会社399②④・404④〕，ロ 委員会の招集権限は各委員にあり，特定の委員に招集権を専属させることは認められないとされていること〔会社399の8・410。取締役会の招集に関する会社366①参照〕，ハ 委員会の要求があったときは，'執行役'・取締役・'会計参与'は委員会に出席して委員会が求めた事項についての説明

をしなければならないこと〔会社399の9③・411③〕などがある。委員会の招集手続、決議方法、議事録の扱いは、基本的に取締役会の場合と同様である〔会社399の9～399の11・411～413〕。なお、実務上、監査等委員会設置会社又は指名委員会等設置会社ではない*株式会社'が上記の各委員会と同様又は類似の名称の組織を設置することがみられるが(例えば、監査役会設置会社が「指名委員会」や「報酬委員会」、「指名報酬諮問委員会」を設置するなど)、これらの組織は会社法上のものではなく、以上の説明は当てはまらない。

委員会設置会社　　⇨指名委員会等設置会社'

家　**1 意義**　*親族'の団体として、昭和22年改正(法222)前の民法に規定されていた。家は戸籍簿上に登録された観念的な存在であり、日本独特の制度であった。
2 構造及び機能　家は*戸主'と家族とから構成され、日本国籍をもつ者は必ず家に属し、家を同じくするかどうかで相続・扶養などに大きな差異があった。戸主は戸主権という強大な権利(家族の身分行為に対する同意権、その違反に対する制裁としての離籍・復籍拒絶権、居所指定権など)を与えられて家族を統制し、家の財産は長男子だけが相続することによって(*家督相続')、家の存続維持が図られていた。家の制度は武士の家族制度を明治民法典に取り入れたものといわれるが、明治以後の社会経済的条件の変化によって実際の家族生活に合致しなくなった。例えば、判例上戸主の強大な権力を抑えるために戸主権の濫用という概念が用いられたのは、こうした矛盾に対応する努力の現れであった。しかし、法律上このような権力的な団体によって家族関係が規制されていたことは、日本の社会構造を政治的、イデオロギー的に規定するのに大きな役割を果たした。第二次大戦後、家制度は日本国憲法24条に反するとして廃止された。

イー・エス・ジー(ESG)投資　環境(E；Environmental)、社会(S；Social)及びガバナンス(G；Governance)に関する課題を投資上の分析及び判断のプロセスに組み込む投資をいう。*機関投資家'は受益者の最善の利益を図る義務(フィデューシャリー・デューティー)を負うところ、ESG投資は、ESG課題が投資ポートフォリオのパフォーマンスに影響を与えうるとの考えに基づき、フィデューシャリー・デューティーに即した形でESG課題を投資分析・判断のプロセスに組み込もうとする投資であって、受益者利益を犠牲にしてでも社会貢献をしようという投資ではない。このようなESG投資が広がる制度的発端となったのは、2006年の責任投資原則(Principles for Responsible Investment)の策定である。責任投資原則は、コフィ・アナン国連事務総長(当時)の呼びかけにより、機関投資家を含めた専門家により策定された原則であり、「原則1：私たちはESG課題を投資上の分析及び判断のプロセスに組み込みます」を含む6つの原則から構成されている。責任投資原則は条約や法令のようなものではないが、その内容に賛同して署名をした投資運用業者・アセットオーナー・サービスプロバイダーなどの数は5299機関(うち日本は138機関。2024年7月21日時点)となっている。日本では、世界最大級の運用資産を擁する*年金積立金管理運用独立行政法人'が2015年に責任投資原則に署名をして大きな注目を集めた。ESG投資と投資パフォーマンスの関係に関する実証研究の結果は様々である。

家永教科書裁判　歴史学者である家永三郎(1913～2002)が、自分の執筆した高等学校用教科書「新日本史」に対する文部省(当時)の検定を不服として起こした訴訟。社会的にも注目を浴び、激しい裁判闘争が展開された。訴訟は、3次にわたって提起されたが、そこでは、*教科書検定'は、*教育権'の所在に関わる憲法条項〔憲23条〕や旧教育基本法(昭和22法25)10条1項(不当な支配)に違反しないかという点のほかに、憲法21条2項の*検閲'禁止や31条の*適正手続'の保障との関係や、検定を行う文部省の側の裁量権行使の是非が議論されてきた。注目される下級審判決として、「国民の教育権」説に立脚した判決(東京地判昭和45・7・17行裁21・7別冊1〈杉本判決〉)、「国家の教育権」説に立脚した判決(東京地判昭和49・7・16判時751・47〈高津判決〉、東京高判昭和61・3・19判時1188・1〈鈴木判決〉)などがある(そのほかに、憲法論に立ち入った判決として、東京地判平成元・10・3判夕709・63〈加藤判決〉参照)。一方、第二次訴訟についての最高裁判所判決(最判昭和57・4・8民集36・4・594)は、検定不合格処分の取消しを求める*訴えの利益'の消滅を語った。第一次訴訟については、最高裁判所は、*旭川学テ事件'大法廷判決(最大判昭和51・5・21刑集30・5・615)の枠組みによりつつ、家永側を全面敗訴させる判断を示した(最判平成5・3・16民集47・5・3483)が、第三次訴訟については、同様の基準の下で、文部省の検定結果に裁量権の逸脱があったとした(最判平成9・8・29民集51・7・2921)。

イェリネック Jellinek, Georg(1851〜1911) ドイツの公法学者。ウィーン、バーゼル、ハイデルベルクの各大学の教授を歴任。行政法学者のワルター・イェリネック(Walter Jellinek, 1885〜1955)の父である。二側面説と呼ばれる国家学説によって、ゲルバー(Karl Friedrich Wilhelm von Gerber, 1823〜91)、*ラーバント'以来のドイツ公法学理論を体系化した。すなわち、国家は、社会的現象としては国家社会学の、また法的側面からは国法学の対象とされる。彼はまた、ドイツにおける*基本的人権'論の基礎を確立した。国民と国家の関係について彼が説いた4区分説(受動的・消極的・積極的・能動的地位)は、その後ドイツの人権理論の基本的な枠組みとなり、また日本の学説にも強い影響を与えた。主著としては、「一般国家学」(1900)、「公権論」(1892)、「法規と命令」(1887)等がある。

イェーリング Jhering, Rudolf von(1818〜92) 19世紀*パンデクテン法学'の時代に、豊かな着想を遺憾なく発揮して異彩を放つ、*ローマ法'・私法学を専攻したドイツの法学者。初期の著作にはプフタ(Georg Friedrich Puchta, 1798〜1846)などが構想した*概念法学'の影響が色濃い。*歴史法学'に一定の敬意を示しつつもむしろ歴史研究への拘泥を脱し、法的な理路の純化を目指す方向を鮮明にしてゆく。後に国法学者として名を成すゲルマン法学者ゲルバー(Karl Friedrich Wilhelm von Gerber, 1823〜91)とともに1857年に創刊した雑誌のタイトルは「現代ローマ私法及び現代ドイツ私法の法解釈構成(Dogmatik)年報」であり、ローマ法と*ゲルマン法'に通底する法理論の剔抉(けっけつ)が目指された。同じことは未完の力作「ローマ法の精神」(1852〜65)にも基本的に妥当しよう。この方向の具体的な結実の一例として、彼による*契約締結上の過失'という法形象の構築(1861)を挙げうる。他方、1860年代以降には、19世紀前半以降の大学における法学教育などによってパンデクテン法学が定着したことの副作用として、実態把握を蔑ろにして概念操作に耽(ふけ)る法律家が現れたことに鑑み、そのような「法律家の概念天国」が現実の社会から遊離していることを揶揄(やゆ)する発言も行った(後に「法学についての冗談と本気の話」(1884)に収録)。この発言の背景には産業革命の進行により社会構造が変動し、新たな課題が繁茂したとの認識があった。ヴィーンでの講演が基礎となった好著「権利のための闘争」(1872)は、1890年までに17カ国語に翻訳された(邦訳의嚆矢(こうし)は西周)。把握の重点を法的構成から「目的」概念に移して構想執筆された「法における目的」(1877〜83)は未完に終わるも、のちの*利益法論'(民法学)・目的法論(刑法学)に刺激を与えた。

イオスコ(IOSCO) ⇨証券監督者国際機構'

以 下 ⇨以上・以下'(巻末・基本法令用語)

イカオ(ICAO) ⇨国際民間航空機関'

以下同じ ⇨以下同じ'(巻末・基本法令用語)

以下…という ⇨以下…という'(巻末・基本法令用語)

移 監 ⇨移送'

遺 棄 ある人を、保護された状態から保護のない状態に置くこと。配偶者や養子縁組の当事者間で、同居・協力・扶助・扶養などの義務を相当期間継続して履行しないと遺棄とされ、*悪意'による遺棄は、裁判上の離婚[民770①②]・離縁[民814①①]の原因となる。なお、刑法上の*遺棄罪'については、その項をみよ。

異 議 I 民事訴訟法 **1 意義** 裁判機関・書記官・執行機関・当事者・訴訟関係人などの行為・処分・裁判などに対する当事者の*不服申立て'である。異議は*上訴'と異なり上級裁判所以外の裁判所に対して行われる。**2 種類** 異議には、例えば、*補助参加'に対する異議[民訴44]、*弁論'の指揮及び*釈明権'の行使に対する異議[民訴150]、書記官の処分に対する異議[民訴121]、*証人尋問'の許否・制限に対する異議[民訴202③、民訴規117]、*受命裁判官'・*受託裁判官'の裁判に対する異議[民訴329]、*保全異議'[民保26]、電子調書の記録に対する異議[民訴160③]、少額訴訟の*終局判決'に対する異議[民訴378]、*執行異議'[民執17]、(電子)*支払督促'に対する督促異議[民訴386②・393]などが挙げられる。**3 効果・方式** 異議により、裁判機関・書記官・執行機関・訴訟関係人・当事者などの行為の不許・変更、行為の結果の排除及び行為の効力の制限・消滅などが求められる。異議の申立てには、上訴と同様に確定遮断の効果が与えられている。異議は、法定されているもののほかは方式の定めがないので、書面又は口頭でできる。

II 刑事訴訟法上の異議については、*異議の申立て'をみよ。

域外適用 国家が、自国の領域外の行為や人・財産などの事象に対して管轄権を行使すること。管轄権は、立法(規律)管轄権、執行管轄権、司法管轄権に分類されるが、このうち、特に問題となるのは、物理的な公権力行使としての性質をもつ執行管轄権、及び、刑事法、競

いきざい

争法，金融法，租税法，労働法等の公的規制に係る立法管轄権である。執行管轄権については，排他的な領域主権に基づく厳格な国際法上の制約があるのに対し，立法管轄権については，国家の自由度が高いとされてきた。とりわけ，領域外の行為に対して，多くの国家では，管轄権行使を自国領域内に限定する*属地主義'から，当該行為の実質的効果が自国領域内に及ぶことを管轄権の基礎とする「効果理論」へ大きく変容を遂げた。こうした変化は経済のグローバル化及び相互依存関係の増大への対応の結果と評価されるが，この結果，同一の事象に対して複数の管轄権が重畳的に行使される状況が飛躍的に増大し，管轄権の競合・抵触という問題が深刻化している。こうした問題に対する調整の原理及び手法としては，政府間協議や条約締結によるほか，イ 国際礼譲の観点から外国の利益その他の事情を利益衡量して自国の管轄権行使を差し控える「管轄権に関する合理の原則」，ロ 問題となる事象と規律国との密接な連関又は真正の連結の有無による適用法の決定，ハ 規律国による管轄権の域外適用に対する対抗立法の制定，といった一方的な国家行為による事実上の調整などがありうる。

遺棄罪 1意義 老年・幼年・身体障害又は疾病のため扶助を必要とする者を遺棄する罪。刑法217条。1年以下の拘禁刑。*保護責任者'が，これらの者を遺棄し，又は生存に必要な保護をしないとき(不保護)は，刑が加重される(3月以上5年以下の拘禁刑)〔刑218〕。
2 遺棄 場所的離隔を生じさせることにより要扶助者を保護のない状態に置くことをいい，場所的離隔の有無によって不保護と区別される。要扶助者を他の場所に移す場合，すなわち作為による遺棄と，いわゆる置き去りにする場合，すなわち不作為による遺棄とを含む(⇒不作為犯')。通説は218条の保護責任と作為義務を同一視するため，不作為による遺棄については，*作為義務'者，すなわち保護責任者の遺棄だけが処罰対象になると解されている。見知らぬ人の行き倒れなどの場合，これを放置しただけでは，遺棄罪とはならない〔ただし，軽犯1⑱〕。
3 罪質 人の生命・身体を危険にさらすことを本質とする。したがって，被害者の死亡を認識・認容していたときは*殺人罪'が成立する。殺人の*故意'なしに死亡させたようなときは，*結果的加重犯'としての遺棄致死罪〔刑219〕などの成否が問題となる。

異議催告手続 会社が一定の行為をするにあたって，利害関係人(後述ハの場合には会社債権者)に対して，その行為をするのに異議がある場合にはこれを述べるように*催告'する手続。次の3つの場合に認められている。イ 株券提出不能株主のための手続：会社法219条1項に列挙されている*株式の併合'等をする場合には，会社は，株主に対して，旧株券を提出させて，新株券を交付する措置をとることになるが，株主が旧株券を喪失してこれを提出することができない場合のために，株券失効手続に代わる簡易な手続として，異議催告手続が認められる〔会社220。なお，株券失効手続との関係について，会社229〕。会社は，株券を提出することができない者の請求により，利害関係人に対し異議がある場合には一定期間内(3カ月を下ることができない)にこれを述べる旨を*公告'し，その期間内に異議が述べられなければ，会社はその者に新株券を交付すればよい。異議があった場合には，上記の手続を請求した者と異議を述べた者との間で権利関係を確定することになる。ロ 所在不明株主の株式の売却の場合：会社は，所在不明株主の株式について競売等の措置をとることができる〔会社197〕が，その前提として異議催告手続をとることが要求される〔会社198〕。会社は，その株式の株主その他の利害関係人が一定の期間内(3カ月を下ることができない)に異議を述べることができる旨を公告し，かつ，その株主及び登録株式質権者に対して別個に催告をしなければならない〔会社198①〕。別個の催告をしなければならない点が，上述イと異なる。ハ 資本金等の額の減少等の場合：資本金等額の減少，合同会社の社員の*退社'に伴う持分の払戻し，組織変更，*合併'，*会社分割'，*株式交換'・*株式移転'及び*株式交付'の場合に債権者保護手続としての異議催告手続が認められている(⇒債権者保護手続')。

異議の申立て I 刑事訴訟法には，異議の申立てと呼ばれる制度が数種類ある。*証拠調べ'に関する異議の申立て〔刑訴309①〕は，例えば相手方による証人への発問が*誘導尋問'であることを理由に行われる。一般に，当事者は裁判長の処分に対して異議を申し立てることができる〔刑訴309②〕。高等裁判所の下した決定に対しては，*抗告'ができない代わりに異議の申立てが許されている〔刑訴428①②〕。そのほか，*公判調書'又は*公判前整理手続'調書の正確性に対して〔刑訴51，刑訴規217の17〕，あるいは裁判の執行などに関して〔刑訴502〕，異議の申立てが認められている。

II 民事訴訟法上は，単に異議というのが普

通である。*異議'をみよ。
　Ⅲ　行政法上は，平成 26 年全部改正(法 68)前の*行政不服審査法'に存した*異議申立て'に相当。処分庁に対する不服申立ての呼称。⇨行政上の不服申立て'

異議の申出　⇨行政上の不服申立て'
異議申立て　平成 26 年改正前の*行政不服審査法'(昭和 37 法 68)が定めていた不服申立ての一種で，処分庁・不作為庁に不服を申し立てるもの〔旧行審 3〕。当時の同法は，*処分'についての不服申立ては原則として*審査請求'によるが〔旧行審 5・6〕，当該処分庁に上級行政庁がないとき，処分庁が主任の大臣・宮内庁の長官・外局やその庁の長であるとき，法律に異議申立てをすることができる旨の定めがあるときは異議申立てによるとし〔旧行審 6〕，不作為についての不服申立ては，申立人が異議申立てか審査請求のいずれかを自由に選択できるが，不作為庁が主任の大臣等であるときは異議申立てだけができるとしていた〔旧行審 7〕。処分についての異議申立期間は，処分があったことを知った日の翌日から起算して 60 日以内が原則とされ〔旧行審 45・48〕，異議申立てに対する判断は*決定'であるとされるものとされていた〔旧行審 47〕。当時の*行政事件訴訟法'は，異議申立て・審査請求・*再審査請求'を合わせて審査請求としていた〔行訴旧 3 ③〕。⇨再調査の請求'　⇨行政上の不服申立て'　⇨裁決の取消しの訴え'

イギリス金融行為監督機構　英 Financial Conduct Authority；略称 FCA　イギリスの金融サービス業(銀行・証券・保険)の一元的な規制・監督機関であった金融サービス庁(Financial Services Authority)は，2013 年 4 月から金融行為監督機構と健全性規制機構(Prudential Regulatory Authority)に分割され，同時にイングランド銀行内に設置された金融安定政策委員会(Financial Policy Committee)がシステミック・リスクへの対応等マクロレベルの監督を行う体制に移行した。FCA は，適切な水準の消費者保護，金融システムの健全性の保護・強化，金融機関の効率的な競争の促進を達成するため，全ての金融機関に対する金融行為の規制に責任を負う。

イギリス憲法　1 法源　イギリスは*成文憲法'典をもたず，憲法的規範が極めて多様な*法源'から成り立っている。*成文法'としては，*マグナ・カルタ'，*権利請願'，*権利章典'などがあり，また，判例法(⇨判例')も重要な法源である。更に，憲法上の慣習(⇨憲法慣習')のもつ意義も大きく，憲法の生成と，その運用に対し強い影響を及ぼしている。このような複雑な法源に対しては，その生成の背景，その後の解釈運用を無視しては理解することはできない。
2 歴史　国王権力も法に制約されるという中世の*法の支配'の思想は，17 世紀に至って*コモン・ロー'の支配の思想に転化し，*立憲主義'の原理として成長した。その後，テューダー王朝(1485〜1603)の絶対王制，クロムウェル(Oliver Cromwell, 1599〜1658)の*共和制'を経て，1688 年の名誉革命によってイギリスは近代憲法の時代に入ったといえよう。なお，「憲法」に掲げた[表：主要国憲法の系譜(概要)]を参照せよ。
3 特色　*議会主権'を挙げることができる。これは，国王・貴族院・庶民院の三者の統一体である議会に*主権'を認め，議会制定法に最高の法的効力を与えるものである。イギリスは世界で最も早く議会制度の確立した国であり，18 世紀には内閣が議会に対して責任を負う責任内閣制が成立し，*議院内閣制'に発展した。1832 年以後選挙法が次第に改革されて，庶民院は国民全体の代表者の集会場となり，1911 年の議会法は庶民院優位の慣習を成文化している。こうして憲法的制度は一層近代化されてきた。なお，国王は大臣の助言によって行動し，その権限は名目的なものにすぎない。
4 現代化　イギリスは 1973 年にヨーロッパ共同体(EC)に加盟した。イギリス以外の国々は全て成文憲法をもち，また，EC も成文の条約を基礎に欧州統合を進めたので，不文法国のイギリスとの間に混乱が生じた。これを解決する必要から，現代化(「憲法改革」)が進められてきており，人権規定や統治制度に関わる*憲法習律'が成文化され，最高裁判所が新設されるなど，イギリス憲法は変化の過程にある。いまでも議会主権原理は維持されているものの，イギリスの統治構造の変革が論議の対象となりつつある。

育児介護休業法　「育児休業，介護休業等育児又は家族介護を行う労働者の福祉に関する法律」(平成 3 法 76)の略称。*労働者'が，1 歳(一定の要件を満たした場合は 2 歳)に達するまでの子を養育するための*育児休業'〔育介 2・5〕と，常時介護を必要とする状態にある対象家族(配偶者，父母及び子，配偶者の父母)を介護するための*介護休業'を保障する〔育介 2・11・15〕とともに，所定外・時間外・深夜労働の制限，事業主の講ずべき措置，国等による援助，紛争解決の仕組み等を定める。労働者の職業生活と家庭生活の調和(⇨ワーク・ライフ・バランス')を図る意義を有する。事業主は，原則として労

いくじきゆ

働者からの休業申出を拒否できず〔育介6・12〕，休業の申出をし，又は休業をしたことを理由とする解雇その他不利益な取扱いを禁じられる〔育介10・16〕。また，労働者は，子の世話を行うための看護休暇〔育介16の2〕，要介護状態の対象家族の世話を行うための介護休暇(いずれの日数も対象者が1人の場合は1年度に5労働日，2人以上の場合は10労働日)を取得でき〔育介16の5〕，事業主は3歳未満の子を養育する労働者に育児のための所定労働時間短縮措置を講じるなどの措置義務〔育介23〕を負う。

育児休業 子の養育のための休業。法制度上は，当初，専門職の労働力確保の観点から，女性教員や女性看護師についてだけ休業制度が設けられたが，その後，その対象が女性労働者一般に広げられた。現在では，家庭・育児責任は男女ともに負うべきであるとの考え方から，*労働者'の性別を問わない育児休業制度として制度化されている(⇒育児介護休業法')。育児休業は子が1歳(一定の要件を満たす場合には1歳6カ月又は2歳)まで，男女ともそれぞれ2回まで分割取得が可能である〔育介5〕。実際の育児休業取得率には男女で大きな差があり，男性の育児休暇取得を推進するため，子の出生後8週間以内に4週間まで取得可能な出生時育児休業(産後パパ育休)〔育介9の2〕が別途設けられた。有期雇用労働者であっても，子が1歳6カ月になるまでに*労働契約'が満了することが明らかでなければ，原則として育児休業を取得できる。休業期間中の賃金については，労働契約や就業規則，労働協約の定めによるが，一定の育児休業給付〔雇保61の6〕が支給される(⇒育児休業給付')。なお，公務員については，「国家公務員の育児休業等に関する法律」，「地方公務員の育児休業等に関する法律」等が制定されている。

育児休業給付 育児のために休業を取得した*労働者'の雇用と安定を図ることを目的とする*雇用保険法'上の給付の一種〔雇保61の6〕。従来，失業等給付の中の*雇用継続給付'の一種として分類されていたが，令和2年4月1日より独立した給付項目と位置付けられた。育児休業給付金〔雇保61の7〕と出生時育児休業給付金〔雇保61の8〕の2種類がある。育児休業給付金は，1歳(その子が1歳に達した日後の期間について休業することが雇用の継続のために特に必要と認められる場合は最長2歳，夫婦が交代で休業するときは1歳2カ月)未満の子を養育するために*育児休業'をした*被保険者'であって，一定の受給要件を満たす者に支給される。被保

険者が育児休業開始日の前日に離職したものとみなした時の賃金日額に30日を乗じた額の50%(休業を開始した日から休業日数が180日に達するまでは67%)に相当する額(上限額と下限額あり)が，休業開始日(若しくは休業開始応当日)から翌月の休業開始応当日の前日までを1支給単位期間として支給される。出生時育児休業給付金は，被保険者が出生日又は出生予定日から8週間を経過する日の翌日までの期間に4週間以内の期間を定めて子を養育するための休業を取得した場合に支給される。受給要件及び受給額は育児休業給付金と同一であり，出生時育児休業給付金が支給された日数は育児休業給付金の支給日数に通算される。なお，育児休業給付金も出生時育児休業給付金も2回まで分割して取得することが可能である。

育児時間 生後1年未満の生児を育てる女性労働者に，育児のため，請求に基づいて与えられる特別の時間。通常の*休憩'時間〔労基34〕とは別に，1日2回各々少なくとも30分を請求することができる〔労基67〕。 ⇒女性労働'

違警罪 *拘留'・*科料'に当たる軽犯罪のこと。*旧刑法'では，フランス刑法に倣い，犯罪を，*重罪・軽罪・違警罪に三分していた。現行刑法は，この概念を廃したが，*明治憲法'下では警察犯処罰令(明治41内16)，現在では*軽犯罪法'が，実質的に違警罪を定めた法規である。明治憲法下では，違警罪即決例(明治18太告31)により警察署長による即決処分が行われ，*行政執行法'による*予防検束'とともに，しばしば思想犯の弾圧や被疑者の取調べのための拘束に悪用されたが，現行法制上，軽犯罪法に当たる罪については，そのような特別の手続は規定されていない。

生ける法 *エールリッヒ'の唱えた概念。国家の*制定法'に対して，社会の中で人々の*規範'意識に支えられて行われている*法'。*法社会学'の研究対象とされるが，これこそ真の法だという主張もある。ドイツなどでは，*ローマ法'継受に抵抗したゲルマニストの主張に思想的淵源(㊟)があり，*慣習法'などの非制定法を意味したが，広義には制定法も人々の規範意識に支えられて行われていれば「生ける法」といえる。

意見 ⇒個別意見'

違憲 *成文憲法'の規定に違反すること。憲法は，違憲か否かを公権的に決定し違憲の状態を除去する法的な制度を設けるのが通例であり，これを*憲法保障'制度という。日本国憲法は，その条規に反する法律・命令・詔勅及び国

務に関するその他の行為の全部又は一部はその効力を有しないとし〔憲98①〕, 法律・命令・規則又は処分が違憲か否かは, 最終的には*最高裁判所'が決定すると定めている〔憲81〕。 ⇨違憲審査権'

違憲抗告　⇨特別抗告'
意見公募手続　⇨パブリックコメント'
違憲上告　⇨特別上告'
違憲上訴　⇨特別上訴'
違憲審査権　裁判所が, 裁判を行うにあたって適用する法令が, 憲法に適合するかどうかを審査し, 適合しないと認める法令の適用を拒否する権限。違憲立法審査権ともいい, この権限の行使を司法審査(圀 judicial review)という。法令の成立手続が適法かどうかを審査する形式的審査権と, 法令の内容が憲法に違反していないかどうかを審査する実質的審査権とがあるが, 普通は後者を指す。 **1 沿革** 法令審査権は, 歴史的にはアメリカのマーベリ対マディソン事件(Marbury v. Madison, 5 U. S.(1 Cranch) 137 (1803))(フェデラリストとリパブリカンの政治的対立を巡る事件)における合衆国最高裁判所の首席裁判官マーシャル(John Marshall, 1755~1835)の意見によって確立したものである。*警察予備隊違憲訴訟'の最高裁判決〔最大判昭和27・10・8民集6・9・783〕は, 日本国憲法81条が, このアメリカの判例法上確立した原則を導入したものという理解を前提としている。したがって, 裁判所の違憲審査権は, アメリカのように訴訟の提起をまって発動されるのであり(⇨付随的違憲審査制'), ドイツなどの*憲法裁判所'のように抽象的に違憲審査がなされるわけではない。 ⇨憲法裁判所'
2 日本の制度 *明治憲法'には明文がなく, 判例は法律に関する実質的審査権について否定していたが, 現行憲法では, 裁判所が一切の法律・命令・規則又は処分の実質的な憲法適合性の審査権をもつことを認めた〔憲81〕。全ての裁判所がこの権限をもつが, *最高裁判所'は*終審'裁判所としてこの権限をもっているので, 憲法の具体的意味は, 終局的に最高裁判所によって確定されることになる。したがって, この制度は, 憲法を裁判的手続によって保障する手段となることを意味するところから,「最高裁判所は*憲法の番人'である」と通俗的にいわれ, 日本国憲法が裁判所に与えた重要な権限の1つになっている。ただ, たとえ*法律上の争訟'であっても, 権力分立制との関係から国会の自律権や*裁量行為'(⇨立法裁量')に属するもの, 及び統治の基本に関する高度に政治性のある国家行為(*統治行為')などについては, 審査権は及ばないと判例は解している。 ⇨堀木訴訟' ⇨砂川事件(判決)' '苫米地(とまべち)判決'

意見聴取　⇨聴聞' '弁明の機会'
違憲判決の効力　一般に, 裁判所が, *違憲審査権'の行使により, 法律・命令・規則又は処分を憲法に違反するとした判決(違憲判決)に伴う効力をいう。もっとも, *付随的違憲審査制'の下における違憲判断は判決理由中の判断であって判決主文(⇨主文)に現われるものではないから, これを「判決の効力」として論じることには語弊があるといわなければならない。違憲判決の効力は通常の訴訟法上の効力ではないことに注意する必要があろう。厳密にいえば,「違憲判断の効力」と呼ぶのが適当である。違憲かどうかは最終的には*最高裁判所'が決定するとされていることから, 特に最高裁判所の違憲判決について論じられている。下級裁判所の違憲判決に対しては, 必ず最高裁判所への*上訴'が認められる〔民訴312①・327①・336①, 刑訴405①・433①等参照〕。違憲判決が出されると, 違憲とされた法令は一般的に効力を失うことになる(一般的効力説)のか, 当該事件についてのみその効力が否定され, 適用が排除されるにとまる(個別的効力説)のか, 学説は分かれている。学説の多数は, 日本の違憲審査が付随的な審査であることと, 違憲判決に一般的効力を認めると, 一種の消極的立法を認めることになって*国会'の*立法権'を侵すことなどを根拠にして個別的効力説を採る。実務も個別的効力説を前提としているが, 違憲判決に対する立法府及び行政府の対応としては, イ 判決の趣旨に従って速やかに当該法律規定の改廃を実現した場合(最大判昭和50・4・30民集29・4・572〈薬事法距離制限違憲判決〉, 最大判昭和62・4・22民集41・3・408〈森林法違憲判決〉, 最大判平成14・9・11民集56・7・1439〈郵便法違憲判決〉, 最大判平成17・9・14民集59・7・2087〈在外選挙権制限違憲判決〉, 最大判平成20・6・4民集62・6・1367〈国籍法違憲判決〉, 最大決平成25・9・4民集67・6・1320〈非嫡出子法定相続分差別違憲決定〉, 最大判平成27・12・16民集69・8・2427〈再婚禁止期間一部違憲判決〉, 最大判令和4・5・25民集76・4・711〈在外国民審査権制限違憲判決〉), ロ 当該規定の執行を差し控えたものの, 規定自体の改廃は長年にわたり放置した場合(最大判昭和48・4・4刑集27・3・265〈尊属殺違憲判決〉), ハ 不十分な是正にとどまった場合(最大判昭和51・4・14民集30・3・223及び最大判昭和60・7・17民集39・5・1100〈衆議院議員定数配分規定違憲判決〉)など, 微妙な相違が認められる。「性同一

いけんはん

性障害者の性別の取扱いの特例に関する法律」3条1項4号の規定を違憲と判断した直近の最大決令和5・10・25民集77・7・1792が上記のどの類型に属することになるのか注目される。なお、違憲判決の効力については、これを従前の事件に遡及させることができるか否か(遡及効)、また、当該事件では効力を発生させず、将来に委ねることができるか否か(将来効)が問題とされるが、いずれも違憲判決の効力自体とは別個の法政策的な問題として認めていこうとする考え方が有力である。

違憲判断の効力 ⇨違憲判決の効力'
違憲立法審査権 ⇨違憲審査権'
意見を聴き(聞き) ⇨意見を聴き(聞き)'
(巻末・基本法令用語)

以後・後 ⇨以後・後'(巻末・基本法令用語)

以降 ⇨以降'(巻末・基本法令用語)

遺言 1 意義 遺言は、一定の方式に従ってされる相手方のない一方的かつ単独の*意思表示'であり、遺言者の死後の法律関係を定める最終意思の表示であって、その者の死亡によって*法律効果'を発生する〔民960～1027〕。遺言の制度によって、人は生前だけでなく、その死後にも自己の財産を自由に処分できることになる(遺言自由の原則)。

2 **遺言能力** 遺言は、一定の法律効果の発生を目的とする意思表示であるから、*意思能力'を必要とするが、通常の取引行為ではないので、普通の*行為能力'を必要とせず〔民962〕、満15歳に達した者であれば遺言能力があるとされ〔民961〕、*成年被後見人'も事理弁識能力を一時回復したときは立会医師の証明の下に遺言できる〔民973〕。

3 **方式** 人の最終意思の表示であり、死後に効力を生ずるものであるから、意思内容の確定に注意を要し、他者による改変やねつ造を防ぐため、厳格な*要式行為'とされる。日本の民法が定める遺言の方式は表の通りである。これらの方式にはそれぞれ要件が特定され、これに従わない遺言は効力を生じない〔ただし、民971〕。
⇨遺言書'

4 **遺言事項** 遺言により支配できる死後の法律関係は、財産上だけでなく身分上のものにも及ぶが、民法やその他の法律の定める事項に限って遺言は許される。すなわち、*認知'〔民781②〕、遺贈〔民964〕、未成年*後見人'・未成年*後見監督人'の指定〔民839・848〕、*相続分'の指定、*遺産分割'方法、*遺贈'についての*遺留分'侵害額の負担方法、*遺言執行者'の指定又はその

[表：遺言の方式]

普通方式 〔民967本文〕	自筆証書遺言〔民968〕
	公正証書遺言〔民969・969の2〕
	秘密証書遺言〔民970・972〕

特別方式 〔民967但〕	危急時遺言	一般危急時遺言〔民976〕
		難船危急時遺言〔民979〕
	隔絶地遺言	一般隔絶地遺言〔民977〕
		船舶隔絶地遺言〔民978〕

指定の委託〔民902・908・1006・1047①②〕、遺産分割の禁止〔民908〕、*相続人の廃除'・その取消し〔民893・894〕、一般財団法人の設立〔一般法人152②〕、信託〔信託3②〕などであり、それ以外の事項についての遺言は法律上の効果はなく、遺訓といった道徳的な効力しかない。

5 **効力** 遺言は遺言者の死亡の時に効力を生ずるものであるから、その死亡前には何らの権利義務も発生せず、したがって、遺言者は死亡まで、いつでも自由に(遺言の方式に従って)遺言の全部又は一部を*撤回'できる〔民1022〕。なお、内容実現のため遺言の執行を必要とする場合には、遺言による指定その他の方法〔民1006・1010〕によって遺言執行者が選ばれ、遺言の執行に当たる〔民1012〕。

遺言執行者 *遺言'の内容には、*認知'〔民781②、戸64〕、*相続人の廃除'・その取消し〔民893・894、戸97〕や*遺贈'〔民964〕などのように、これを実現するために一定の行為を必要とするものがある。これを行う職務権限をもつ者として、遺言で指定され又は遺言で指定を委託された者から指定され(指定遺言執行者)〔民1006〕、あるいは利害関係人の申立てによって家庭裁判所から選任された者(選任遺言執行者)〔民1010〕を遺言執行者という。遺言執行者は遺言の執行に必要な一切の行為をする権利義務を有し〔民1012①〕、遺言執行者が存在する限り、相続人は、*相続財産'の処分その他、遺言の執行を妨げる行為をすることができない〔民1013①〕。

遺言自由の原則 ⇨遺言'

遺言書 法定の方式に従い遺言を記載又は記録した書面。民法には、特別の方式によるもの〔民976～984〕を別として、イ 遺言者が全文(財産目録については特則がある〔民968②〕)・日付・氏名を自書し押印した自筆証書遺言〔民968①〕、ロ 証人2人以上の立会いの下に遺言内容を公証人に口述(口がきけない者の場合には、通訳人による通訳又は自書によって代える〔民969の2〕)し、公証人法に従って作成される公正証書遺言〔民969〕、ハ 遺言者が遺言書

に署名・押印の上，封印し，その封紙に公証人及び2人以上の証人とともに署名・押印した秘密証書遺言〔民970〕，の3種が定められている。遺言書は，民法の定める各方式に厳正に則って作成されない限り無効である（例外として，民971）。ただし，あまり厳格に解すると無効となる遺言が増えてしまうので，判例は，民法の規定の厳格さを少し緩和する傾向にある（最判平成元・2・16民集43・2・45など）。遺言書は，変造を防ぎ，証拠として保存するために，公正証書遺言及び遺言書保管所に保管されている自筆証書遺言の場合を除いて，相続開始後その執行に先立って家庭裁判所に提出して*検認'を経なければならない〔民1004, 遺言保管11〕。⇨遺言'

遺言の方式の準拠法に関する法律 昭和39年法律100号。第9回*ハーグ国際私法会議'(1960)で成立した「遺言の方式に関する法律の抵触に関する条約」(昭和39条9)の批准に伴い，これを国内法化したもの。遺言の方式につき，*行為地法'，遺言者が遺言の成立又は死亡時に*国籍'・*住所'・*常居所'のいずれかを有していた地の法，不動産についてはそれらに加えてその*所在地法'のいずれかに適合する方式であればよいとする*選択的連結'を採用している〔遺言準拠法2〕。これは，遺言をできるだけ有効なものとして認めようとする遺言保護の思想に基づくものである。なお，*法適用通則法'43条2項により同法の規定の一部は遺言の方式についても適用される。

遺 産 死後に残されて*相続'された財産の総称。*相続人'の側からみた*相続財産'，あるいは個々の相続人の得る相続財産に対して，被相続人の側からみて死後に残した財産の全体を指すのに用いられる〔例：民906〕。相続の対象になる財産であるから，被相続人の*一身専属権'や祭祀（し）財産などは含まないが，それ以外は積極財産だけでなく，消極財産としての遺言債務も含まれる。なお，民法旧規定（昭和22法222改正前の）の*遺産相続'における遺産は，特殊な意味をもっていた。

遺産債権者 ⇨相続債権者'
遺産相続 一般的には財産の*相続'をいう。しかし，（昭和22法222改正前の）民法旧規定の下では，*戸主'の地位の相続である*家督相続'に対して，特に，戸主以外の家族の死亡による財産の相続を意味した〔民旧992～1016〕。この意味の遺産相続は，現行法に近い財産の*共同相続'(直系卑属・配偶者・直系尊属・戸主の順)制度であった。家督相続の廃止とともに，この意味での遺産相続が一般化された。 ⇨均分相続'

遺産分割 1 意義 *共同相続'の場合に，一応*相続人'の共有（これを*合有'と解する学説もある）となっている*遺産'を*相続分'に応じて分割して，各相続人の単独財産にすること〔民906～914〕。遺産の共有は分割への過渡的形態にすぎず，共同相続人はいつでも遺産分割を請求できる〔民907〕。ただし，イ 被相続人の*遺言'〔民908①〕，ロ 共同相続人間の合意〔民908②③〕，ハ 家庭裁判所の審判〔民908④⑤〕によって，相続開始から10年を超えない期間，分割を禁止することができる。

2 分割方法 分割の方法は，イ 被相続人が遺言で指定し，又は*第三者'に指定を委託したときはこれに従い〔民908①〕，ロ 指定がなければ共同相続人全員の協議で分割し〔民907①〕，ハ 協議で分割できないときは，請求により家庭裁判所が審判で定める〔民907②〕。遺産の一部のみの分割も可能である。

3 分割の基準 民法は，遺産に属する物又は権利の種類及び性質，各相続人の年齢，職業その他一切の事情を考慮して分割せよと定める〔民906〕。必ずしも*現物分割'であることを必要とせず，各種の財産を分配した上，差額を金員の授受で決済してもよい。

4 効力 分割の効力は相続開始の時まで遡り〔民909本文〕，各相続人は，分割によって自己に帰属した財産の権利を被相続人から直接単独で取得したことになる。しかし，それでは，分割までに第三者が個々の相続財産について持分権の譲渡を受けていた場合などは，その第三者を害することになるので，そのような第三者は保護される〔民909但〕。

イー・シー(EC) ⇨ヨーロッパ連合'
石井記者事件 ⇨押収拒絶権' ⇨証言拒絶権' ⇨マスメディアの自由'

違式の裁判 *裁判'の形式（*判決・決定・命令'）を誤った裁判のこと。判決で裁判しなければならない事項を誤って決定・命令の形式を用いて行った場合又はその逆の場合などがこれに当たる。違式の裁判に対する*上訴'方法が問題となる。民事訴訟法328条2項は，違式の決定・命令については*抗告'によることを規定している。決定・命令に対する抗告は法律が認めた場合に限り許されるため，上訴の道が閉ざされてしまわないようにする趣旨であり，違式の裁判に対する上訴は現にされた裁判の形式（すなわち誤った形式）によるのが妥当であるとの立場を示したものと解される。したがって，決定でしなければならないのに判決をした場合に

いじぎよう

も，当然に判決に対する上訴方法（*'控訴'・*'上告'）が利用できると解されている。

異事業通算制　ある労働者が異なる事業場で就労した場合であっても，*'労働時間'に関する規定の適用にあたってはその労働者の労働時間を通算するという制度〔労基38①〕。*'労働基準法'は事業場単位で規制を行っているため，ある労働者が同一の使用者の異なる事業場で就労する場合に通算するのは合理的である。行政解釈は，労働基準法制定間もない頃から使用者が異なる場合も通算するとしてきた(昭和23・5・14基発769号)が，*'副業・兼業'の広まりでそのような処理の妥当性が議論されていた。2020年の行政解釈（令和2・9・1基発0901第3号）は，原則として使用者が異なる場合も労働時間は通算されるが，労働者の自己申告により副業・兼業及び労働時間を把握し，自己申告のなかった労働時間は通算しなくてよいとする。労働基準法の適用関係も整理しており，法定労働時間〔労基32〕や，時間外労働と休日労働の合計で単月100時間未満，複数月平均80時間以内でなければならないという法定時間外労働の要件〔労基36⑥②③〕は通算されるが，各事業場で延長できる限度時間や1年についての延長時間の上限〔労基36④⑤〕，休憩〔労基34〕，休日〔労基35〕，*'年次有給休暇'〔労基39〕は通算されない。また，この行政解釈は，*'割増賃金'〔労基37〕の適用や簡便な労働時間管理の方法も示す。

意思主義・表示主義　**1 意思表示の効力との関連における意義**　*'意思表示'において，*'表示行為'から推測される*'効果意思'と内心の効果意思（真意）とが一致していない場合に，意思表示のいずれを重視してその効力を決めるかという点に関する考え方。前者を重視し意思表示を有効とする立場は表示主義，後者を重視し意思表示を*'無効'とする立場は意思主義と呼ばれる。日本の民法における意思表示の効力規定は，両主義の折衷として説明される。例えば，*'心裡（しんり）留保'による意思表示は，表示主義により原則有効なものとして扱われるが，相手方がその意思表示が表意者の真意でないことを知っていたか，知ることができた場合には，意思主義により無効となる〔民93①〕。また，*'錯誤'による意思表示も，表示行為に対応する内心の意思を欠く場合には意思主義により取り消しうるものとなるが〔民95①Ⅰ〕，取引の安全を図るために*'法律行為'の目的及び取引上の社会通念に照らし重要な錯誤であることや，表意者に*'重過失'がないことを要求しており，これも表示主義に基づくものと考えることができる〔民95①

③〕。基本的な考え方は以上の通りであるが，取引の安全を保護する必要のある商取引や多数の者の利害に関する団体関係においては，表示主義が重んじられる〔会社51①・102⑤・211①参照〕のに対して，身分上の法律関係においては意思主義が重んじられる〔民742Ⅰ・802Ⅰ参照〕傾向にある。また近時は，*'虚偽表示'による無効〔民94①〕や基礎事情錯誤による取消し〔民95①②〕については，当事者間の合意の効果とする考え方も有力であり，両主義からの説明には限界もある。

2 法律行為の解釈との関連における意義　この語は，意思表示によって構成される法律行為の解釈に関する考え方の場合についても用いられる。法律行為の内容を表意者の内心の意思に適合するように解釈する立場は主観主義又は意思主義，表示行為のもつ客観的な意味を明らかにするよう解釈する立場は客観主義又は表示主義と呼ばれる。身分上の法律関係の形成に際しては本人の意思を重視すべきであるから，原則として意思主義によるべきであるが，取引の安全を考慮すべき取引関係では表示主義が妥当であると考えられてきた。ただし，契約など取引上の法律行為についても，両当事者の共通の意思は表示より重視されるべきであるなど，より当事者の意思を重視して解釈すべきとする説が有力になってきている。

意思責任　　⇨'行為責任'
意思説　　　⇨'認容説'

遺失物　*'占有'者の意思に基づかないで*'所持'を離れた物で，盗品でない物をいう。これを拾得した者は，遺失物法の規定に従って公告をした後，3カ月内に所有者が判明しないときは，所有権を取得する〔民240〕。遺失物法によれば，拾得物を遺失主に返還するか又は警察署長に差し出し〔遺失4①〕，警察署長が公告をする〔遺失7〕。返還を受けた遺失主は，報労金として，その物の価格の5％以上20％までを拾得者に払わなければならない〔遺失28〕。漂流物・沈没品の取扱いについては水難救護法（明治32法95）が定めている。　⇨'遺失物横領罪'

遺失物横領罪　**1 概念**　*'遺失物'・漂流物，その他占有を離れた他人の*'財物'を横領する罪。刑法254条。占有離脱物横領罪ともいう。単純な所有権侵害罪であり，法定刑も1年以下の拘禁刑又は10万円以下の罰金・科料と軽い。

2 窃盗罪との限界　本罪で領得の対象となる他人の財物とは，占有者の意思に基づかないでその*'占有'を離れ，行為者以外の何人の占有にも属していないものをいう。何らかの形態で他人

の占有に属しているものを領得したときは，本罪ではなく窃盗罪が成立する。例えば，自宅内に置き忘れたもの，飼主のところに帰る習慣をもっている動物などは遺失物ではない。⇨*窃盗罪'

3 委託物横領罪との限界 本罪は他人の占有下にない物の領得(奪取なき領得)行為を*実行行為'とする点で単純横領罪〔刑252〕・業務上横領罪〔刑253〕とともに，*横領罪'の一種とされるが，前二者とは異なり，信任*委託'関係は存在しない。横領罪の実質を委託の任務に背いた背信性にあるとする立場からすれば，罪質はむしろ窃盗に近いといえる。なお，行為者が委託関係に基づかないでたまたま占有を取得した物を領得するときは，本罪が成立する。例えば，誤って配達された郵便物(大判大正 6・10・15 刑録 23・1113)，占有者の錯誤によって交付を受けた財物などを領得するのは，占有離脱物横領罪である。

意思と表示との不一致 ⇨*意思の不存在'

意思能力 私法上の法律関係は，権利義務の主体が，その意思に基づいてのみ発生・変更させるという原則(⇨*私的自治の原則')を基本として構成されている。したがって，法律関係が有効に成立するには，各人が権利をもち義務を負うことに向けた意思をもちうることが論理的な前提となっている。このように，法律関係を発生・変更させる意思を形成し，それを行為の形で外部に発表して結果を判断・予測できる知的能力を意思能力という。意思能力の有無は，問題となっている行為ごとに判断されることになるが，一般的には，10歳未満の幼児や泥酔者などは意思能力がないとされている。意思能力のない者(意思無能力者)のした*法律行為'は*無効'であり〔民 3 の 2〕，この者は*責任能力'も欠くから*不法行為'責任を負わない〔民 712・713〕。⇨*行為能力'・*過失責任主義'

意思の欠缺(けんけつ) ⇨*意思の不存在'

意思の通知 ⇨*準法律行為'

意思の不存在 *表示行為'から推定される*効果意思'に対応した内心の効果意思(真意)が欠けている場合を総称する語。意思の欠缺(けんけつ)，意思と表示との不一致ともいい，*瑕疵(かし)ある意思表示'と対比される。内心の意思を重んじる意思主義の考え方によれば，意思の不存在が認められる*意思表示'は*無効'になるのが原則であり，取引の安全などを考慮する必要がある場合にのみ，表示主義の考え方に従い有効と扱うときは，本罪が成立する。*心裡(しんり)留保'・*虚偽表示'にはその説明が当てはまり，意思の不存在とされる〔民 101 ①参照〕。しかし*錯誤'については*債権法改正'により，意思表示に対応する意思を欠く錯誤の場合も含めて取り消しうるものとして扱われることになり〔民 95 ①〕，意思の不存在は原則として意思表示を無効にするという原則は貫徹されていない。⇨*意思主義・表示主義'

異時廃止 ⇨*破産廃止'

意思表示 **1 意義** 一定の*法律効果'の発生を欲する意思を外部に対して表示する行為。例えば，「売る」という法律効果を発生させようと欲し，売主がその意思を口頭や文書で表示すること。これが買主の「買おう」という意思表示と合致すれば売買が成立し〔民 555〕，ここから各種の法律効果が発生することになる。現在の法制度(殊に大陸法系の)では，個人の意思に基づいて権利義務が発生・消滅するという基本的な建前がとられているから(⇨*私的自治の原則')，意思表示があれば，原則としてその意思表示通りの効果が生ずる。意思表示を構成要素として法律行為という概念がある。言いかえると，法律行為の効力(有効・*無効'・*取消し')を，意思があったかどうか，それが表示されていたかどうかという観点から判断するための技術概念が意思表示である。意思表示に何らかの欠陥(*意思の不存在'・*瑕疵(かし)')があった場合には，そのまま法律行為の効力に影響を及ぼす(売主の意思表示が取り消されると売買も効力を失う)。

2 構成要素 機能的にみれば，意思表示とは，私的自治の原則という思想的基礎とそれを支える社会的条件とから生まれたもので，法的な価値判断を統一的・論理的に体系化して人間の社会的行動を統制しようとする概念上の道具であるといえる。しかし，特に 19 世紀ドイツの学者は意思表示を心理学的に研究し，意思表示が成立するには，イ 一定の効果の発生を意欲する意思(内心的*効果意思')，ロ それを外部に表示しようとする意思(表示意思・表示意識)，ハ 外部に発表する行為(*表示行為')の 3 つの要素が必要であると解し，現在でもこのように説明するのが常である。学説上はイとハのいずれに重点を置いて意思表示の成立及びその内容を決めるべきかで争いがある(⇨*意思主義・表示主義')。なお，意思表示には，単独で効果を生ずる場合(例：*遺言')もあるが，多くは他の意思表示と合わさって効力を生ずる(*申込み'と*承諾'による*契約'の成立)。

3 効力要件 意思表示が意欲された通りの効力を生じるには，その内容が確定でき，実現が可能なもので，かつ，それが違法でなく，*公序良俗'に反しないこと，欠陥(意思の不存在・*瑕疵

いしひよう

ある意思表示')がないことが必要である。
⇨法律行為'　⇨公示による意思表示'　⇨黙示の意思表示'

意思表示義務の執行　一般に，執行債権の目的たる作為が代替性を有しない場合，その*強制執行'は，*間接強制'によることが予定されるが〔民執172〕，例外的に，*意思表示'義務の強制執行は，判決確定などの時点において債務者が意思表示をなしたものと擬制することでなされる〔民執177〕。したがって，原則，*債務名義'成立と同時に強制執行は終了することとなる。このような簡便な執行方法が認められるのは，典型例たる不動産登記請求がそうであるように，債権者は意思表示の効果にのみ関心があり，債務者に現実の意思表示を求めるのは迂遠だからである。

意思無能力者　⇨意思能力'　*行為能力'

慰謝料　1 意義　*精神的損害'の賠償。賠償として支払われる金銭（⇨金銭賠償'）そのものを意味することも多い。*不法行為'の場合には精神的損害を賠償しなければならないことについては明文の規定がある〔民710〕が，*債務不履行'の場合には規定がない。しかし，多くの学説は債務不履行の場合にも慰謝料を認めることを主張しており，判例もこれを認める（最判昭和54・11・13判タ402・64）。

2 請求権者　慰謝料を請求できるのは，精神的損害を受けた者であるが，生命侵害の場合には，そのほかに，被害者の父母・配偶者・子からの請求も認められる〔民711〕。判例は，請求権者の範囲を拡大し，*内縁'の妻や未認知の子にも民法711条による固有の損害賠償請求権を認める傾向にある（最判昭和49・12・17民集28・10・2040）。また，生命侵害に比肩する重傷を受けた場合にも，近親者に民法711条を根拠とした固有の慰謝料請求権を認めている（最判昭和33・8・5民集12・12・1901）。

3 問題点　慰謝料の算定は，被害の程度，加害者の*故意'・*過失'の程度，加害行為の態様，両当事者の社会的地位・職業・財産・家族の状況など，一切の事情を考慮し，原告の請求の範囲内で裁判官の自由裁量によって決められるが，判例の積み重ねにより，事案ごとに慰謝料の大体の基準が固まりつつある分野（特に交通事故など）もある。このように，裁判官の自由裁量によって定まるところから，慰謝料は，被害者が財産的損害を立証できず十分な救済を受けられないのを補完する作用を営んでいると説かれている。生命侵害の場合の慰謝料請求権の相続性については，慰謝料請求権は一身専属的であるから，相続されるには，被害者が生前に請求の意思表示をしておかなければならないというのが，かつての判例の態度であった（⇨残念事件'）が，現在の判例は，請求の意思表示をしておかなくても当然に相続されるという立場をとる（最判昭和42・11・1民集21・9・2249）。学説では，相続を否定し，遺族固有の慰謝料請求権のみを認めれば足りるという立場が有力である。

萎縮的効果　チリング・エフェクト（英chilling effect）の訳語。*表現の自由'を規制する刑罰法令の「規制の基準が不明確であるかあるいは広汎に失するため，表現の自由が不当に制限されることとなるばかりでなく，国民がその規定の適用を恐れて本来自由に行い得る表現行為までをも差し控えるという効果」（最大判昭和59・12・12民集38・12・1308〈税関検閲事件〉）。法令がこのような効果をもつ場合，アメリカ合衆国最高裁判所は，当該法令を*文面上違憲無効'と判断してきた（明確性の理論）。日本でも，徳島市*公安条例'の「交通秩序を維持すること」（最大判昭和50・9・10刑集29・8・489〈徳島市公安条例事件〉）及び*関税定率法'21条1項4号（平成18法17により現在は関税法69条の11第1項7号）の「風俗を害すべき書籍」（上記の税関検閲事件）という文言の明確性が争われ，その抑止効が問題とされたが，最高裁判所はいずれの事件についても限定解釈の方法を採用し，明確性に欠けるところなしと判断した。広島市暴走族追放条例事件（最判平成19・9・18刑集61・6・601）においてもこの手法が踏襲され，合憲限定解釈を行うことにより，規制対象を「公衆の平穏を害するような暴走族の集会」と限定できるとして，同条例を合憲とした。ただし，本事案については，限定解釈の限界を超えるとの藤田宙靖裁判官の反対意見がある。　⇨過度の広汎性のゆえに無効の理論'　*漠然性のゆえに無効の理論'

意匠　⇨意匠権'

以上・以下　⇨以上・以下'（巻末・基本法令用語）

意匠権　登録意匠（*意匠法'に基づき，審査を経て登録を受けた意匠）及びこれに類似する意匠を業として独占的に実施しうる排他的な権利のこと〔意匠23・2③〕。*知的財産権'の一種で，4つある*工業所有権'の1つ。権利の存続期間は意匠登録出願から25年である〔意匠21①〕。意匠法における意匠とは物品（物品の部分を含む）の形状，模様若しくは色彩若しくはこれらの結合，建築物（建築物の部分を含む）の形状等又は画像（機器の操作の用に供されるもの

又は機器がその機能を発揮した結果として表示されるものに限り、画像の部分を含む)であって、視覚を通じて美感を起こさせるものをいう〔意匠2①〕。これらの意匠のうち、工業上の利用可能性、*新規性'及び容易創作性(*進歩性')などの要件を具備し、かつ、*公序良俗'を害するおそれ及び自他物品、建築物又は画像との混同のおそれがなく、機能・用途の確保に不可欠でないものが登録される〔意匠3～5〕。審査及び*審判'については*特許法'が準用され〔意匠19・52〕(⇨出願公開' ⇨出願審査請求制度')、権利侵害の場合にも特許権とほぼ同様の取扱いがされる〔意匠37～41〕。

意匠実施権　⇨実施権(特許の)'

意　匠　法　昭和34年法律125号。工業所有権法4法の1つ。意匠の保護及び利用を図ることで意匠の創作を奨励し、産業を発展させることを目的とする〔意匠1〕。世界的に見ると意匠制度の沿革は中世の同業組合制度にまで遡る。例えば、1580年のフィレンツェ織物組合の規則には、新規の意匠考案者に、2年間の独占権を与えていた。意匠法の形が整うのは、1711年フランス・リヨンの絹織物の図案保護をする命令である。1787年イギリス意匠保護条例など多くの国で単独の法律・条例により保護されているが、アメリカでは、1842年以降特許法の一部に design patent として組み込まれている。日本の意匠制度は、明治18年(1885)の漆器と織物の同業組合規則に遡る。明治21年に意匠条例(勅85)が制定され、近代的な意匠法が整備された。その後、明治32年の旧意匠法(法37)、明治42年の旧意匠法(法24)、大正10年(1921)意匠法(法98)が続く。昭和34年の現行法で"組物の意匠"制度等を新設し、平成10年の改正(法51)で関連意匠制度・部分意匠制度を創設し、平成18年の改正(法55)、令和元年の改正(法3)で意匠の定義を拡大し、物品の形状だけではなく建築物や画像の形状等が保護されるようになっている。

委　嘱　1　一般的には、行政庁の諮問機関の委員やその他の臨時又は非常勤の委員を*任命'する場合に、被任命者が当該行政庁の常勤職員以外の者であり、行政庁が協力を請うという性格が強いことを考慮して、敬意を表する意味で、「任命」の代わりに用いられる〔例:国健保88②、著作105②、保護司3①、少院40①、社教15②、民委5①〕。2　広義では、ある行為を他人に委託する場合に用いられる〔図書館法(昭和25法118)6①、学校図書館法(昭和28法185)5③〕。

移　審　上訴の提起によって*訴訟事件'が原裁判所を離れて上訴裁判所に係属すること。上訴のこの効果を通常、移審の効力と呼ぶ。*確定遮断効'(*停止の効力')と並んで、上訴の申立てによって生じる基本的な効果の1つである。移審の効力の発生時点は、民事訴訟法においては、原裁判所が上訴裁判所へ事件を送付した時点〔民訴規174・197〕である。刑事訴訟法の通説においても、*訴訟記録'が上訴裁判所に送付された時点である〔刑訴規235〕。移審の効力は原審の*終局判決'の全部に及ぶ(*上訴の不可分'の原則)。ただし、*一部上訴'の場合には、移審の効力は、不服申立ての対象となった裁判についてだけ生じるので、その対象は限定される。この効力が生じていない部分については、上訴裁判所が判断を加えることはできない。⇨上訴'

移審の効力　⇨移審'

イスラーム法　ムスリム(イスラーム教徒)が遵守すべき行動規範であり、神アッラーから預言者ムハンマドを介して人間に下された啓示及びそれを法学者が解釈することで導き出した学説という形式で存在する。アラビア語ではシャリーアないしフィクフという名称で呼ばれる。人間の行動全般が対象となるため、いわゆる法に限らず、政治、経済から日常生活での振る舞いに至るまで、広い範囲の事柄を規律の対象とする。また、イスラーム法は時代・地域の違いを超えて妥当するものとされる。啓示はクルアーン(アッラーからの啓示の文言をそのまま収録したもの)及びスンナ(ムスリムにとって規範としての性格をもつムハンマドの言行)に見出される。ムハンマドの没後は、法学者が啓示を解釈することで人間の行動に関するアッラーの命令を探求し、それが法学説として蓄積されることでイスラーム法が整備された。特定の優れた法学者の学説への忠誠を核に法学派が形成され、法学者は複数の法学派のいずれかに所属することになった。一般信徒も、それぞれの法学派のルールに従って行動することが求められる。各学派内部で、啓示解釈のルール(法源論)に関する学説と、解釈により得られた具体的ルールに関する学説の双方が伝達されている。グローバル化に伴い、イスラーム法が禁止する利息を回避して運用されるイスラーム金融や、ムスリムが摂取・使用可能な飲食物・施設等であることを認定するハラール認証制度などが広く知られるに至っている。

移籍出向　⇨転籍' ⇨出向'

以前・前　⇨以前・前'(巻末・基本法令用

いそう

語)

移　送　裁判所が自分のところに係属している事件を職権又は申立てに基づき, 裁判によって他の裁判所に係属させること。移送は, 移送の裁判の確定によって生ずる。

Ⅰ　民事訴訟法上, *第一審については, *管轄違いに基づく移送〔民訴16①〕, 訴訟の遅滞を避け又は当事者間の衡平を図るための移送〔民訴17〕, 簡易裁判所から地方裁判所への裁量移送〔民訴18〕, 必要的移送〔民訴19①〕及び特許権等に関する訴え等に係る訴訟の移送〔民訴20の2①〕が認められる。訴訟が*受訴裁判所の*専属管轄に属する場合にはこれらの移送は認められないが（民事訴訟法20条の2第1項の場合を除く）, この「専属管轄」には専属的合意管轄は含まれない〔民訴20〕。ほかに*反訴の提起に基づく移送〔民訴274〕や上級審における移送〔民訴20の2②・309・324・325①②〕もある。

Ⅱ　*行政事件訴訟法上の*取消訴訟の*関連請求に係る訴えが, 当該取消訴訟の係属する裁判所とは別の裁判所に係属する場合, 当該裁判所は, 相当と認めるときに, 申立てにより又は職権で当該取消訴訟の係属する裁判所に移送することができる〔行訴13〕。管轄違い等を理由とする移送の制度は, 各種の*行政審判又は*行政上の不服申立て〔社審8, 労保審12, 労委規30, 海難審17, 公害争25, 税通86〕や, 文書開示請求, 保有個人情報開示請求〔行政情報公開12・12の2, 個人情報85〕についてみられる。*行政不服審査法は, 審査庁に関して誤った*教示をした場合について, 送付という用語を用いている〔行審22〕。

Ⅲ　刑事訴訟法上も同義で用いられ, 各種の場合がある〔刑訴4・7・19・330・332・399・400・412・413, 刑訴規247〕。また, *勾留されている被告人（被疑者）を他の*刑事施設に移すことも移送という。以前は移監と呼んだ。検察官が行うが, 裁判長（官）の同意が必要とされる〔刑訴規80・302, 刑訴207①・280①③〕。裁判官が職権により移送を命ずることも可能かについては争いがあったが, 判例は可能だとした（最決平成7・4・12刑集49・4・609）。

遺　贈　1 意義　*遺言によって, *遺産の全部又は一部を無償で, 又は負担を付して, 他に譲与すること。*単独行為である点で*贈与と異なるが, *死因贈与については遺贈の規定が準用される〔民554〕。遺贈を受ける者を*受遺者といい, *相続欠格者でない限り, *相続人を含めて, 誰でも受遺者となることができ〔民965〕。また, 遺贈を履行すべき者（原則として相続人）を遺贈義務者という。

2 種類　遺贈には, 包括遺贈と特定遺贈の2種がある〔民964〕。イ 包括遺贈：遺産の全部あるいは何分の1という形でされるもので, 包括受遺者は相続人と同一の法律的地位に立つことになり, *相続の承認, *相続放棄, *遺産分割などの規定がそのまま適用される〔民990〕。ロ 特定遺贈：特定の財産についてされるもので, 財産が特定・独立のものである限り, 直ちに権利移転を生ずると解される。しかし, 受遺者は遺贈義務者に対する*意思表示で遺贈を放棄できる〔民986〕。

3 遺留分による減殺　遺贈によって相続人の*遺留分を侵害するときは, 相続人から遺留分侵害額請求を受けることがある〔民1046①〕。

遺贈義務者　⇨遺贈
遺族一時金　⇨遺族給付
遺族基礎年金　⇨遺族年金　⇨基礎年金
遺族給付　*通勤災害に対する*労働者災害補償保険法上の*保険給付の一種〔労災21④・22の4〕。被災者の一定の遺族に対して支給され, 遺族年金と遺族一時金の2種類がある。給付内容は*業務災害に対する遺族補償給付と同一である。⇨遺族補償給付

遺族厚生年金　⇨厚生年金保険
遺族年金　1 *被保険者などが死亡したときに, その遺族（制度によるが, 配偶者や子等）に支給される*年金給付。*国民年金制度が支給する遺族基礎年金（⇨基礎年金）が全国民をカバーする遺族年金として存在し, 民間労働者・公務員等については遺族厚生年金がそれに上積みされる（公務員等については, 平成27年10月1日前に支給事由が生じた遺族共済年金はなお存続する）。自営業者等の国民年金の第1号被保険者（⇨強制加入被保険者）については, 所定の要件を満たす被保険者たる夫が死亡したときに, 65歳未満の妻に, 60歳から65歳に達するまで寡婦年金が〔国年49～52〕, また保険料納付済期間が3年以上ある被保険者が老齢基礎年金も障害基礎年金も受けずに死亡したときに, 遺族に死亡一時金が支給される〔国年52の2～52の6〕。

2 *労働者災害補償保険法に基づき*通勤災害に対して行われる*保険給付である遺族給付の1つ〔労災22の4〕。⇨遺族給付

3 戦傷病者戦没者遺族等援護法によって遺族などに支給される年金〔戦傷等援護23①〕。

遺族補償一時金　⇨遺族補償給付
遺族補償給付　*業務災害に対する*労働者災害補償保険法上の*保険給付の一種〔労災

12の8①④・16〕。被災者の一定の遺族に対して支給されるもので、遺族補償年金と遺族補償一時金の2種類がある。年金の受給資格者は、労働者の死亡当時その者の収入によって生計を維持していた者であるが、妻以外は年齢及び障害の有無に関する一定の要件を満たす必要があり、このうち最先順位にある者だけが受給権者となる〔労災16の2〕。年金の額は、遺族の数に応じ*給付基礎日額'〔労災8・8の3・8の4〕に法所定の日数を乗じた額で、同一順位者が複数人いる場合はこれを等分する〔労災16の3・別表1〕。年金の受給権者がいない場合やこれが失権しながらも一定の条件にある場合には一時金が支払われる〔労災16の6～16の8・別表2〕。労働者又は受給資格者を故意に死亡させた者は受給資格を失う〔労災16の9〕。⇨遺族給付'

遺族補償年金 ⇨遺族補償給付'
イタイイタイ病事件 ⇨4大公害裁判'
委　託　Ⅰ　一定の行為を他人に依頼すること。委託者と受託者との間に信任関係を生じ、一定の法律関係の基礎となる。例えば、*法律行為'の委託は*委任'であり、法律行為以外の事務処理の委託は*準委任'である。そのほか*寄託'・*請負'・運送'・*信託'・*問屋(とんや)'・*仲立'・*手形'などの制度は、それぞれ特定の行為を他人に委託する関係である。

Ⅱ　行政法上は、行政事務を本来の主体がの主体に委ね、管理執行させることをいう。組織法上の事務の分担は法令で定められるのが原則であり、契約によって変更する委託は自由にはなしえない。*地方自治法'には、*地方公共団体の事務の委託'の制度がある〔自治252の14～252の16〕。現在では、事務の民間委託が広く行われている。⇨権限の委任'　⇨法定受託事務'

委託金庫制 ⇨金庫'
委託者非指図型投資信託 ⇨投資信託'
⇨投資信託投資法人法'
委託手数料 ⇨コミッション'
委　託　募　集 ⇨間接発行'　⇨社債募集'
委託保証金 ⇨信用取引'
一 院 制　*議会'が単一の合議体からなる制度。*両院制'に対する。
一応の推定 ⇨事実上の推定'
一元型議院内閣制・二元型議院内閣制
*議院内閣制'は*元首'(*君主'又は*大統領')が政治の実権を保持しているか、それとも名目的権力しかもたないかにより二元型と一元型に区別される。歴史的には、議院内閣制はイギリス制限君主制の下で実権を分かちもつ君主と*議会'の間を調整する*内閣'が形成されることにより成立した。この議院内閣制においては、君主と議会の両方に権力の核があり、内閣はこの両者の信任を得ている必要があったので二元型議院内閣制と呼ばれる。しかし、19世紀後半以降、*民主主義'の進展とともに君主が実質的権力を失い名目化すると、内閣は事実上議会の信任を得るだけで十分となってくる。この段階の議院内閣制を一元型議院内閣制という。フランスでは二元型の成立が7月革命(1830)によるオルレアン王朝においてであったので、オルレアン型議院内閣制ともいう。第三共和政憲法は大統領と議会を核とする二元型議院内閣制を定めたが、大統領が事実上権力基盤を失って名目化したため、実際の運用においては一元型となった。日本国憲法は、*天皇'の権力を完全に名目化しているので、一元型である。

一時会計監査人 ⇨会計監査人'
一 時 解 雇 ⇨レイオフ'
一時監査役 ⇨監査役'
一 時 帰 休 ⇨帰休制度'
一 時 金 ⇨賞与'
一時使用目的の借地権・建物賃貸借　*借地借家法'は、借地権者や建物賃借人の地位を保護するために、契約の存続期間、その更新、解約の制限、土地・建物の譲受人への対抗など、種々の規定を置いている。しかし、例えば、材料置場のために一時土地を借りる場合や、催物のために一定期間建物を借りる場合など、一時使用目的が明らかな土地・建物の賃貸借については、特に賃借人保護の必要はないから借地借家法の規定は適用されない〔借地借家25・40〕。

一 時 所 得　*所得税'の*課税物件'である*所得'の一種で、*利子所得'・*配当所得'・不動産所得'・*事業所得'・*給与所得'・*退職所得'・山林所得及び*譲渡所得'以外の所得のうち、営利を目的とする継続的行為から生じた所得以外の一時の所得で、労務その他の役務又は資産の譲渡の対価としての性質をもたないもの〔所税34①〕。懸賞金、生命保険契約に基づく一時金、法人からの贈与等がこれに当たる。

一時代表執行役 ⇨代表執行役'
一時取締役 ⇨取締役'
一事不再議　会議体において、一度決定した問題と同一の問題につき、再びこれを審議しない、という原則。国会運営の局面では、一度議院が*議決'した案件と同一の案件を、同一*会期'中に再度審議できない、という原則を意味する。その趣旨としては、能率的な議会運営の確保、及び議院の意思の安定化・明確化、が

いちじふさ

挙げられる。*明治憲法'はこの原則を明文で認めていた〔明憲39〕が、日本国憲法下では特に規定は存在しない。その理由は、第1に、会期が長期となると事情変更もありえ、明文化は妥当を欠くこともある点、第2に、現憲法は衆議院の再議決権〔憲59②〕を認めているため、一事不再議の原則と矛盾を生じる点、にある。しかし、現行憲法下でも、この原則が適用されないわけではなく、事情変更や衆議院の再議決といった例外は認められなければならないが、会期の定めのある会議体の原則としては当然に適用される、と解されている。

一事不再理 Ⅰ 刑事訴訟法上、有罪・無罪の*実体判決'又は*免訴'の判決が確定した場合には、同一事件について再び審理することを許さないことをいう。誤って再び同一事件について*公訴'が提起されたときは、免訴の判決を言い渡して手続を打ち切らなければならない〔憲39、刑訴337①〕。同一事件であるか否かは、*公訴事実の同一性'が判断基準となる。一事不再理の理論的性質については、大陸法の場合と同じく実体判決の確定力の効果(⇨既判力')として捉える説と、英米法にいう*二重の危険'禁止と同じ性質のものであるとする説とに分かれている。

Ⅱ 民事訴訟法上、*本案判決'が確定するのは原則として*口頭弁論'終結時の法律関係であり、法律関係が私人の*法律行為'などに基づいて変動する可能性がある以上、厳密に同一事件というものは考えられない。*既判力'も、先の判決に抵触する判断を許さないという効果をもつにすぎず、一事不再理という効果を考える余地はないとするのが一般的な見解である。もっとも、確定した権利関係について紛争が蒸し返されることを禁じるという目的に照らせば、既判力の作用を一事不再理の理念の現れと説明することも可能である。

Ⅲ 公法上、一度*議決'した問題について重ねて審議しないという、会議体において一般に認められる原則。⇨一事不再議'

一所為数法 ⇨観念的競合'
一 時 理 事 ⇨仮理事'
位置測定端末装着命令 裁判所は、*保釈'を許す場合において、*被告人'の国外逃亡を防止するためその位置等を把握する必要があると認めるときは、被告人に位置測定端末(GPS)の装着を命ずることができる〔刑訴98の12①〕。裁判所は、位置測定端末装着命令をするときは、飛行場等の所在禁止区域を定める〔刑訴98の12②〕。装着者が所在禁止区域に所在し、端末が

装着者の身体から離れ、又は位置測定通信が途絶するおそれを検知したときは、その事由を直ちにかつ自動的に、装着者及び閲覧設備に送信する機能をもたなければならない〔刑訴98の12③④〕。端末の装着及び取外しは、裁判所の指揮により、裁判所の職員が行う〔刑訴98の13①・98の15⑧〕。命令を受けた者は、所在禁止区域に所在しないこと等の事項を遵守しなければならない〔刑訴98の14①〕。これらに違反した場合、裁判所は、保釈を取り消し、*保釈保証金'を*没取'することができる〔刑訴98の18①②〕。端末が離脱し、装着者が所在禁止区域に所在し、又は通信途絶につき所定の報告がなかったときは、裁判所は、被告人を*勾引'することができる〔刑訴98の19〕。

一任勘定取引 ⇨投資一任契約'
一 部 裏 書 *手形金額'又は小切手金額の一部についてされた*裏書'。一部裏書を認めると、*裏書人'は残部については権利をもつが、手形を所持しないからその権利を行使できないことになるので、法はこれを無効とする〔手12②・77①Ⅰ、小15②〕。⇨不単純裏書'
一 部 改 正 ⇨全部改正・一部改正'(巻末、基本法令用語)
一部執行猶予 ⇨執行猶予'
一 部 支 払(手形・小切手の) *手形金額'・小切手金額の一部についてされる支払。一部支払は、*遡求'義務者にとっては支払われた額について遡求義務を免れるので有利である。そこで法は、遡求義務者の利益を考慮して、所持人は一部支払を拒むことができないものとする〔手39②・77①3、小34②〕。所持人がこれを拒めばその部分については遡求できず、残額について遡求できることになる。また、一部支払を受けた所持人は残額につき遡求することができるが、そのためには手形・小切手が必要なので、所持人は一部支払を受けるにあたり、全部支払の場合と異なり、手形・小切手の交付を要しない。一部支払をした者は、一部支払があった旨の手形上の記載及び受取証書の交付を請求することができる〔手39③・77①3、小34③〕。

一部事務組合 2種類ある*地方公共団体の組合'の1つ。都道府県・市町村及び*特別区'が、その事務の一部を共同処理するために設ける組合。関係地方公共団体が協議により規約を定め、都道府県の加入するものにおいては総務大臣、その他のものにおいては都道府県知事の許可を得て、これを設けることができる。公益上必要のある場合には設立が勧告される〔自治284～291、自治令211～211の3・218の2〕。市町村

及び特別区については相互に関連する事務を共同処理する複合的一部事務組合と組合の議会を構成団体の議会をもって組織する特別の形式による特例一部事務組合も認められる〔自治285・287の2。なお, 地公企39の2・39の3〕。 ⇨広域連合' ⇨全部事務組合' ⇨役場事務組合'

一部上訴　刑事訴訟法において, 裁判の一部だけを対象として申し立てられる*上訴'をいう〔刑訴357〕。例えば, 2つの犯罪について併合審理を受け, 1つは有罪, 他方は無罪の判決を受けた被告人が, 有罪の部分だけに対して控訴を申し立てるような場合がそれに当たる。しかし, *併合罪'について1つの刑を言い渡された場合や, *科刑上一罪'の一部が無罪, 他が有罪とされた場合には, 判決主文(⇨主文')は1つであり分割できないので, 一部上訴はできないとされている。また, *量刑'だけに対する不服の主張も, 上訴理由の主張であって一部上訴ではない。

一物一権主義　1つの物に対しては1つの*所有権'しか存在することができないという原則。近代の物権法は, 物に対する包括的・排他的支配を内容とする所有権と, これを基礎として成立する*制限物権'との2つを基本とし, それらを排他的効力をもつ物権として構成したから, 一物一権主義は, また, 1つの物の上には同一内容の物権は2つ以上成立しないということを意味する。これは物権についての取引を保護する必要から要請される原則である(⇨公示の原則')。この原則のコロラリーとして, イ 物の部分には独立の物権は成立しない, ロ 複数の物の集合(*集合物')の上には単一の物権は成立しない, ということが導き出される。しかし, 物の権利の有機的結合(例えば企業)が大きな経済的価値をもつようになると, それを一括して物権取引(殊に担保取引)の対象としようとする要請が強くなり, 一物一権主義のコロラリーとしてのロは修正を受ける方向にある(⇨財産権' ⇨企業担保権')。判例上認められた集合物の*譲渡担保'はその例である。 ⇨物'

一部判決・全部判決　民事訴訟法上, 同一の手続で審理されている事件の一部だけをまず完結する*終局判決'を一部判決, その全部を同時に完結する判決を全部判決という。一部判決は, 併合審理されている数個の*請求'のうちの1個又は可分な請求の一部が裁判をするに熟したときに裁判所の裁量によってされる〔民訴243②〕。その部分については当該*審級'を完結させる判決であり, 独立して*上訴'の対象となり, 確定すれば*既判力'その他の効力も生じる。したがって, *必要的共同訴訟'のように, 各請求について合一確定が要求される場合には, 一部判決は許されない。全部判決が言い渡されると, そこに包含された各請求は, *通常共同訴訟'の場合を除き〔民訴39参照〕, 上訴及び確定時期との関係で一体のものとして取り扱われる(*上訴の不可分'の原則)。

一部引受け　*為替手形'において*手形金額'の一部についてされた引受け。*不単純引受け'になるが, それ以外の不単純引受けと異なり, *遡求'義務者の利益を考慮して, これを引受けの全部の拒絶として取り扱わず〔手26①但〕, 残部についてのみ*引受拒絶'による遡求権が生ずるものとし〔手43①〕, *引受人'は, その引き受けた額につき責任を負う。

一部負担金　厳密には, *保険医療機関'又は保険薬局等で*健康保険', *国民健康保険', *後期高齢者医療制度'等による*療養の給付'を受ける際に, *被保険者'が上記機関又は薬局に支払うべき金銭をいうが, 被扶養者の自己負担分を含める場合もある。その額は, 当該療養の給付等に関し「*診療報酬'の算定方法」(平成20厚労告59)等によって算定される療養・医療に要する費用の額に, 法の定める負担割合を乗じて算出される。この負担割合は, 被保険者等の属する制度, 地位, 年齢及び報酬・所得によって異なる〔健保74・110, 国健保42, 高齢医療67, 国公共済55②, 地公共済57②等〕。

一　部　保　険　⇨保険価額'

一覧後定期払手形　*手形'所持人が一覧のために手形を呈示した時から, 手形に記載された一定期間を経過した日を*満期'とする手形〔手33①②・77①②〕。一覧のための手形の呈示とは, *為替手形'においては*引受呈示'〔手25②参照〕であり, *約束手形'においては文字通り一覧のための呈示〔手78②参照〕である。一覧のための呈示があったこと, 及びその呈示の日付は, *支払人'(為替手形の場合)又は*振出人'(約束手形の場合)が記載すれば問題ないが, 支払人又は振出人がそれを拒んだときは, *遡求権'を保全するためには, *拒絶証書'を作成させる必要がある〔手25②・78②〕(⇨日付拒絶証書')。満期は, 支払人若しくは振出人の記載した日付又は拒絶証書の日付を基準として計算される。所持人は, 原則として*振出し'の日付から1年内に呈示することを必要とし, それを怠れば遡求権を失う〔手23・53・77①④・78②〕。

一覧払手形　一覧の日, すなわち, *手形'所持人が支払のために手形を呈示(⇨支払(のための)呈示')した日を*満期'とする手形〔手33①

いつかつさ

①・77①②]。所持人は，原則として'振出し'の日付から1年内に呈示することを必要とし，それを怠れば'遡求権'を失う〔手34①①・53①・77①②④〕。'振出人'は，一定の期日まで支払呈示を禁止することができ(⇨確定日後一覧払手形')，この場合には上記の呈示期間はその期日から始まる〔手34②・77①②〕。なお，満期の記載のない手形は一覧払手形とみなされる〔手2②・76②〕。

一括採用可能規則　⇨援用可能統一規則'

逸失利益　'債務不履行'又は'不法行為'に基づく'損害賠償'において，その債務不履行又は不法行為の事実がなければ得たであろうと思われる利益。得(う)べかりし利益ともいう。例えば，会社に勤務している者が交通事故で負傷・入院して休職し，その期間中給料の支払を受けられなかったとすれば，逸失利益は休職期間中得たであろう給料の額である。入院費などの積極的損害とともに，損害賠償の範囲に含まれることは当然と解されているが，積極的損害に比べて，一般に損害額の立証及び算定が困難であり，この点で積極的損害と区別する意味がある。⇨積極的損害・消極的損害'

一身専属権　特定の権利主体だけが行使できる権利及び享有できる権利の総称。前者の権利は行使上の一身専属権と呼ばれ，'債権者代位権'の目的とすることができない〔民423①但〕。後者の権利は帰属上の一身専属権と呼ばれ，譲渡又は相続ができない〔民896但〕。ある権利が一身専属権に属するかについては，当該権利の性質や，一身専属権について特別な取扱いをしている規定の趣旨などを考えて判断しなければならないが，身分上の権利(親権など)の多くは，行使・享有ともに定められた者以外にはできない権利であり，'慰謝料'請求権は行使上の一身専属権とされ，また，譲渡制限の意思表示のなされた債権〔民466②参照。民466の2〜466の5も参照〕などは帰属上の一身専属権であるとされている。なお，個々の法律で一定の者だけが享有できる権利である旨を定めることも少なくない〔国年24，厚年41等〕。

一身的刑罰阻却事由　行為者の身分関係によってその者についてだけ処罰(刑罰権の発生)を妨げる事由。人的処罰阻却事由ともいわれる。これを規定した例として，窃盗等の犯罪を行った者が，被害者との関係において一定の親族であるときは，刑を免除する〔刑244①〕。しかし，親族でない共犯については，この規定は適用されず，刑は免除されない。刑244③〕という'親族間の犯罪に関する特例'が挙げられる〔同様の規定は，盗品等関与罪に関する刑257〕。通説は，犯罪が成立した行為について処罰を妨げる事由であると解するが，違法要素ないし責任要素に還元されるという見解もある。

一定期間後一覧払手形　⇨確定日後一覧払手形'

一定の取引分野　売手と買手が相互に取引を求めて競争する場及びその範囲，すなわち市場のことである。'独占禁止法'では「一定の取引分野における競争を実質的に制限すること(又は「することとなる場合」)」が特定の行為を禁止するための違法要件となっている。一定の取引分野を画定することは，'競争の実質的制限'の有無を判断するための前提作業となる。特に企業結合が行われる前の段階で違法性を判断しなければならない株式保有・役員兼任・合併・分割・事業譲受け等の規制においては重要な作業である(⇨企業結合の制限')。一定の取引分野は，商品の範囲と地理的範囲から画定する。商品の範囲は，商品の機能や効用の同種性等を手がかりとして，買手からみた商品の代替性という観点から画定する。地理的範囲は，買手の行動や商品の輸送費用等を手がかりとして，買手からみた各地域で供給される商品の代替性という観点から画定する。取引実態に応じ，国境を越えた地理的範囲が画定できる場合がある。

一手販売契約　⇨排他条件付取引'

一　党　制　⇨複数政党制'

一般悪意の抗弁　一定の事実について'悪意'である相手方に支払を拒みうる事由一般を指す。手形法上の'悪意の抗弁'〔手17但，小22但〕には該当しないが，ある事情について悪意であって権利行使を認めるのが妥当でないと判断される場合に，その権利行使を拒むことを認める理由付けとして用いられる。例えば，'手形行為'が成立するには手形であることを認識し又は認識すべくしてこれに署名することをもって足りるとした上で，錯誤・強迫等により手形債務を負担する具体的意思がない場合に，これを知っていた相手方に対する権利行使を拒む理由として，また，手形がA→B→Cと移転した場合に，BC間に'人的抗弁'があり，CがBに対して手形を返還しなければならない立場にありながら，これを返還しないでAに対して請求したときに，AがCの手形金請求を拒む理由として用いられる。手形関係以外では，'代表取締役'の権限濫用について悪意の相手方による会社に対する請求を拒む理由として用いられることもある。

一　般　意　志　1　'ルソー'国家論の中心概念。

ルソーは，人間を生まれながらに自由である権利をもつものとし，その諸個人の社会契約によって個人を拘束できる合法的な国家権力が作り出されたと考える。この場合，社会契約は権力機構を作り上げるだけではなく，それによって諸個人が個別意志を放棄して不可分の一体としての人民を形成するものとして捉えられる。この不可分の一体としての人民の意志が一般意志であり，個別意志の算術的総和としての全体意志とは異なる。主権とは，この一般意志の執行であり，一体としての人民によって行使される。法はこの一般意志の表現である。つまり主権者としての人民に対しては，これを拘束するいかなる規範も存在しない。 ⇨契約説'
2 このように，ルソーの一般意志の理論は，個別意志間の矛盾を一般意志という理念を設定することによって止揚しようとしたものであるが，この一般意志を実体的に個別意志に引き付けて解する傾向と，個別意志を超越する方向に引き付けて解する傾向との分裂の可能性を含んでいた。前者の方向は，*多数決原理'による*民主主義'への道を開き，後者の方向は，ドイツにおいてヘーゲル(Georg Wilhelm Friedrich Hegel, 1770～1831)らによって展開され，国家絶対主義理論を形成していった。(⇨全体主義')

一 般 会 計 国及び地方公共団体の会計区分で，*特別会計'に属さない*財政'を包括的・一般的に経理する会計を指す。本来，国又は地方公共団体の会計は，財政状態を明確にし，財政の健全性を維持するため，一切の*歳入・歳出'を一まとめにして経理し，単一の予算議決の対象とする，いわゆる単一会計主義(*単一予算主義')をとることが望ましい。しかし，財政が複雑多岐になり，各種の独立した事業の分野が広がるにつれて，その経理を独立させて事業成果を明らかにし，事業の合理化・効率化を図ることがむしろ適切な場合も生じてきた。そこで例外的に，特定の事業を行う場合，特定の資金を保有してその運用を行う場合，その他特定の歳入をもって特定の歳出に充て一般の歳入歳出と区分して経理する必要のある場合は，法律又は条例により一般会計から独立した特別会計を設けることが認められる〔財13，自治209〕。
一般会計予算 ⇨単一予算主義'
一 般 管 轄 ⇨国際裁判管轄'
一般競争契約 *競争契約'のうち，競争に加わる者を限定しないもの。*指名競争契約'に対する概念である。競争契約は，原則として一般競争契約の方法による〔会計29の3①〕。政令で定める資格をもち，一定の保証金を納めた者が，原則として*入札'の方法によって競争する〔会計29の3②・29の4・29の5，予令70～93〕。*地方自治法'は一般競争入札と呼んでいる〔自治234〕。

一般公開(主義) I *国会'の各議院の会議を議員以外の者が見聞することを許すこと。議院の会議の公開〔憲57〕は，裁判の公開〔憲82・37①・34〕とともに，憲法が定める重要な公開の原則の1つ。国政審議を国民の面前で行い，国会の活動を国民の不断の監視の下に置くためで，*秘密会'とするには，出席議員の3分の2以上の多数決によることを必要とする〔憲57①，国会62〕。公開は，傍聴の自由と*報道の自由'を含み，また，公開の趣旨に基づき両議院は表決結果の記載〔憲57③，衆規151・152，参規137・138〕を含む会議の記録を公表頒布しなければならない〔憲57②，衆規206・207，参規160〕。議院の会議の公開には，*委員会'〔国会52〕や*両院協議会'〔国会97〕の公開を含まないが，委員会も報道の任にあたる者等の傍聴を許可するのを例としている。地方議会の会議も公開が原則である〔自治115〕。

II 訴訟法上，審判への立会い，訴訟記録の閲覧・謄写等を一般公衆に認める原則。これらを当事者のみに認める*当事者公開'に対する概念。なお，秘密保護のために記録の閲覧等が制限されることがある〔民訴92〕。また，人事訴訟や特許権等の侵害訴訟において当事者尋問等の公開が停止されることがある〔人訴22，特許105の7他〕。 ⇨公開(審理)主義'

一 般 抗 告 *特別抗告'以外の抗告をいう。 ⇨抗告'
一般国際法 国際法規をその拘束力の範囲に着眼して分類する場合に，限定的な範囲の国家のみを拘束する国際法規を特別国際法と呼ぶのに対して，国際社会における諸国を一般的に拘束する国際法規を一般国際法と呼ぶ。特に，全ての国家を拘束する国際法規であることを明確にする場合には普遍的国際法という概念が用いられる。多くの場合，特定の範囲の国家を当事国として，これらの国家のみを拘束する条約と，一般的な範囲の国家を拘束する*国際慣習法'が対比される。国際社会の共通利益が強く認識されるようになると，これを国際法規として成立させるために，法典化条約を始めとする多数国間条約の締結が進展した(⇨立法条約')。このような条約に規定される国際法規が当事国以外の国家をも拘束する国際法規として成立していることを表すために，一般国際法の概念が用いられることがある。その場合に拘束力の根

いっぱんざ

拠は, 伝統的な国家の意思の合致以外に求められ, 一般国際法は慣習・*法の一般原則'として, あるいは, 新たな国際法の法源の承認に基づいて, その成立が主張されている. ⇨国際立法'

一般財源 ⇨特定財源'

一般債権者 *担保物権'をもたない債権者。債務者が*破産'したり債務者の個別の財産に対して*強制執行'(*金銭執行')がされた場合, 担保物権をもつ債権者が優先的に弁済を受け, 手続に参加した一般債権者は, 剰余分から各自の債権額に応じて按分(あんぶん)比例的に弁済を受けることができるにすぎない(⇨債権者平等の原則')。一般債権者にとって最後の保障は債務者の*一般財産'(*責任財産')なので, これを保全するために*債権者代位権'(民423〜423の7)及び*詐害行為取消権'(民424〜426)の制度が置かれている。

一般財産 イ 特定の目的に拘束された財産(例: *組合財産'・*信託財産'・*相続財産')を特別財産といい, そうした特殊性をもたない, ある人の全ての財産を一般財産という。ロ 全ての債権者の債権の引当て(一般担保の目的ともいう)として執行可能な債務者の全財産を一般財産といい, *責任財産'の意味で用いられる。

一般社団法人 ⇨一般社団法人及び一般財団法人に関する法律'

一般質問 ⇨緊急質問'

一般指定(不公正な取引方法の) ⇨不公正な取引方法'

一般社団法人及び一般財団法人に関する法律 平成18年法律48号。一般社団法人及び一般財団法人について定めた法律。従来, 民法総則中にあった, 社団法人及び財団法人に関する規定は, 公益法人を念頭に置いており, 主務官庁の許可を得なければ設立できない*許可主義'を採用していた。本法はこれを改め, 営利を目的としない社団法人及び財団法人については, 一定の基準を満たせば誰でも設立を認められる*準則主義'を採用することとした。これに伴い民法の*法人'に関する規定は大幅に縮小され, 中間法人法(平成13法49)は廃止された(平成18法50)。

一般集中規制 ⇨企業結合の制限'

一般承継 法令上, *相続', 包括*遺贈', *合併'等のように, ある者が他の者の権利義務の全て(ただし, 一身専属的なものは除く)を一体として受け継ぎ, 法律上, その権利義務に関して, 前主と同じ地位に立つことをいう。*特定承継'に対する語であり, 包括承継ともいう。その受け継いだ者を一般承継人という。なお,

*会社分割'は分割会社の権利義務を一般承継により承継させるが, その一部についても行うことができる。 ⇨特定承継・包括承継'

一般条項 法律の条文は普通, 要件と効果から成っており, 要件には通常「財物の窃取」「意思の合致」など, 具体的で記述的な用語を用いる。しかし, ときに「公の秩序・善良の風俗」(民90), *正当事由'(借地借家6)など, 包括的で価値的な用語を用いることがあり, そのような条項を一般条項という。これは立法者が予見して列挙することが困難な多様な事態に対処し, 具体的に妥当な法の適用を可能にする長所があるが, 法適用者の権限を過大にして, *法的安定性'を害する危険もある。日本国憲法の*公共の福祉'(憲12・13), *地方自治の本旨'(憲92), *行政不服審査法'の「著しい障害」(行審45③), *土地収用法'の「適正且(か)つ合理的」(収用2), *警察官職務執行法'の「合理的に必要と判断される限度」(警職6①), 民法における「その他婚姻を継続し難い重大な事由」(民770①④)などがこれに当たる。刑法では*罪刑法定主義'の見地から, 一般条項的*構成要件'は危険とされるが, *証人威迫罪'の「正当な理由」(刑105の2), *軽犯罪法'の「みだりに」(軽犯1⑦)などのいわゆる*規範的構成要件要素'にはこれに当たるものがある。

一般職 1 意義 *国家公務員'又は*地方公務員'が任用される*職'のうち, *国家公務員法'・*地方公務員法'が限定列挙する*特別職'(国公2③, 地公3③)に属する職以外の一切の職をいう(国公2②, 地公3②)。

2 適用法律 国家公務員法・地方公務員法が適用されるのは一般職のみである(国公2④⑤, 地公4)。一般職の範囲は極めて広範だが, 法律はその内容を明らかにしていない。国家公務員のある職が一般職に属するか否かを明らかにすべき場合は*人事院'がこれを決定する(国公2④後)。一般職に属する職員について, その職務と責任の特殊性に基づいて国家公務員法・地方公務員法の特例を要する場合は, 法律により(国家公務員については*人事院規則'によっても), 国家公務員法・地方公務員法の特例を定めることができる(国公付4, 地公57)。教育公務員(教公特), 外務公務員(外公), 検察官(検察15・18〜20の2・22〜25・31), 行政執行法人や特定地方独立行政法人の職員(独行法, 行執労, 地独行法, 地公等労), 地方公営企業の職員(地公等労)等にその例がある。なお, 国有林野事業職員については, かつては, 今日における行政執行法人職員と同様に, 労働協約締結権承認という特例が法

律で認められていたが、この特例は平成24年の「国有林野の管理経営に関する法律」の改正(法42)で廃止された。平成15年4月1日に発足した日本郵政公社の職員は、当初一般職の国家公務員であったが〔平成17法102による廃止前の日本郵政公社法(平成14法97)50〕、平成19年10月1日の郵政民営化法(平成17法97)施行に伴い(⇨民営化)、公務員ではなくなった。⇨職(公務員の)'

一般職の職員の給与に関する法律　昭和25年法律95号。*国家公務員法'2条に規定する*一般職'に属する職員の給与に関する事項を定めることを目的とする〔給与法1①〕。職員の俸給表は、行政職、税務職など11種類につき、それぞれ別表で定められている〔給与法6①〕。

一般処分　個別的に特定された名宛人ではなく、不特定多数の人を対象とする*行政行為'。道路通行の規制〔道交4①〕、道路の供用開始決定〔道18②〕、鳥獣保護区の指定〔狩猟28〕などがその例。一般処分は、*公示'の必要から*告示'の形式でなされることも多く、*行政立法'に類似するが、特定の具体的な事実に関して規律をする行為である点でそれと区別される。なお、各種の計画決定が、一般処分の性質を有するかは議論の分かれるところである。

一般選挙　*地方公共団体の議会'の議員の定数の全員について行われる*選挙'〔公選33〕。衆議院議員の定数の全員について行われる選挙は*総選挙'という。地方公共団体の議会の議員の任期満了又は*解散'により行われるほか、議員又は当選人が全てないとき又は全てなくなったとき〔公選116〕、及び新たな市町村が設置〔自治7〕された場合に行われる〔公選117〕。任期満了のときは、その任期の終わる日の前30日以内に、解散のときは、解散の日から40日以内に、また、設置選挙の場合は、その告示による設置の日から50日以内に行われる〔公選33①～③〕。議員又は当選人が全てない場合は、これを行うべき事由が生じた日から50日以内に行う〔公選34①〕。

一般線引小切手　⇨線引小切手'

一般担保付社債　⇨ゼネラル・モーゲッジ'

一般的拘束力(労働協約の)　*労働協約'に定める*労働条件'の基準の効力を協約当事者である*労働組合'の組合員以外の者に拡張するもの。**1 事業場単位の一般的拘束力**　1つの工場事業場に常時使用される同種の労働者の4分の3以上が1つの労働協約の適用を受けるときは残りの同種の労働者も同協約の適用を受ける〔労組17〕。**2 地域的な一般的拘束力**　1つの地域の同種の労働者の大部分が1つの労働協約の適用を受けるときは、協約当事者の双方又は一方の申立てに基づき、*労働委員会'の決議により、厚生労働大臣又は都道府県知事は、その地域の他の同種の労働者及び使用者も同協約の適用を受けることを決定できる〔労組18①〕。

一般的効力説　⇨違憲判決の効力'

一般的執行　⇨包括的執行'

一般に公正妥当と認められる(企業)会計の慣行　*株式会社'及び*持分会社'の会計は、「一般に公正妥当と認められる企業会計の慣行」に従うものとするとされ〔会社431・614〕、*商人'の会計は、「一般に公正妥当と認められる会計の慣行」に従うものとするとされている〔商19①〕。「一般に公正妥当と認められる(企業)会計の慣行」には「一般に公正妥当と認められる(企業)会計の基準」が含まれる〔会社計算3、商則4②〕。「一般に公正妥当と認められる」会計の慣行であるか否かは、商法及び会社法中の計算規定の目的、すなわち、企業の財産及び損益の状態を明らかにするという目的に照らして判断される。「企業会計の慣行」という以上、会計基準として成文化されている必要はないが、少なくとも、ある業種・業態あるいは一定の規模の企業の間で習わしとなっていること、すなわち、その会計処理方法が反復的に採用されていることが基本であるが、現在既に行われている事実に限らず、慣行となることが確実である新しい合理的な会計処理方法を含む。「企業会計の基準」とは、企業会計において採用されるべき会計処理方法を成文化したものである。「企業会計原則」をはじめとする企業会計審議会が公表した企業会計の基準、企業会計基準委員会が開発した企業会計の基準や適用指針、企業会計審議会の意見書による委任を受けて日本公認会計士協会が公表した実務指針は「企業会計の基準」の例である。また、いわゆる規制産業について監督官庁が定めた会計の準則なども「企業会計の基準」である。⇨財務諸表規則'

一般の休日　⇨休日'

一般の先取(さきどり)特権　**1 意義**　*先取特権'のうち、債務者の総財産から優先弁済を受けることができるものをいう。民法上の一般の先取特権として、イ 共益費用の先取特権、ロ 雇用関係の先取特権、ハ 子の監護費用の先取特権(令和6年民法改正(法33)により追加)、ニ 葬式費用の先取特権、ホ 日用品供給の先取特権の5種類が規定されており〔民306〕、これらが競合

する場合の優先順位は、イ〜ホの順となる〔民329①〕。このうち、イは、当事者間の公平の趣旨から、ロは、弱い立場にある被用者の給料債権を保護する趣旨から、ハは、子の監護にかかる費用を保護することで未成年の子の健全な成長を支える趣旨から、ニ及びホは、葬式費用の債権や日用品の代金債権に優先弁済権を与えることで、経済的弱者であっても生活に必要なサービスを受けられるようにする趣旨から認められている。

2 特徴 一般の先取特権は、特別の先取特権や約定担保物権に劣後する〔民329②・334・335〕(なお、「先取特権」に掲げた[表：民法に規定されている先取特権一覧]を参照せよ)。また、債務者の*破産*手続において、一般の先取特権を*別除権*〔破65〕として行使することは認められず、優先破産債権として他の*破産債権*に優先して弁済を受けるにすぎないという特徴を有する〔破98①〕。債務者の*民事再生*手続においても、別除権〔民再53〕ではなく、*一般優先債権*として随時弁済を受ける〔民再122〕。債務者の*会社更生手続*においても、*更生担保権*〔会更2⑩〕ではなく、優先的*更生債権*となる〔会更168①②〕。

一般破産主義 債務者が*商人*であるか否かを区別せずに、*破産*手続を利用できるとする主義。*商人破産主義*に対する。英米法系、ドイツ法系はこれをとり、日本の現行*破産法*もこれによる。

一般法・特別法 絶対的な意味では、適用領域が限定されていない法を「一般法」、限定された法を「特別法」と呼ぶが、通常は相対的に、「特別法」の適用領域を包摂する一層広い適用領域をもつ法を「一般法」、「一般法」の適用領域の一部を適用領域とするものを「特別法」と呼ぶ。例えば、取引の一般法である民法に対し、商取引を規制する商法は特別法であるが、商取引の一般法である商法に対して、手形取引を規制する*手形法*は特別法であるというように、段階構造をなしている。適用領域には事項・地域・時間などがあり、同一の法形式の間では特別法が一般法に優先する。*後法優位の原則*との関係では、同一の法形式で、特別の規定がなければ、特別法の前法は一般法の後法に優先する。古典的*国際法*理論においては、個別国際法(例えば二国間*条約*)は*一般国際法*に当然優先するとされていたが、現在では一般国際法中の*強行規範*は個別国際法に優先するとされている。

一般優先債権 民事再生法において、*一般の先取(さきどり)特権*その他一般の優先権がある債権で、*共益債権*に該当しないものをいう〔民再122①〕。*再生債権*と異なり、再生手続によらないで随時弁済が受けられる〔民再122②〕。

一般予防・特別予防 刑罰(刑罰の予告、更に、犯罪者の処罰)によって一般人が犯罪を行うことを予防(しようと)することを一般予防という。一般予防の目的あるいは効果であるとする見解を一般予防論という。一般予防論は、一般人を威嚇するという考え方によるもの(消極的一般予防論)と、犯罪者の処罰により一般人の法秩序に対する信頼を維持し、法規範の効力を確保し、また、一般人の規範意識を覚醒させるなどという考え方によるもの(積極的一般予防論)に分けられる。これに対して、犯罪者の処罰によって犯罪者自身が再び犯罪を行うことを予防(しようと)することを特別予防という。特別予防には、犯罪者の教育・改善、犯罪者に対する威嚇、犯罪者の社会からの隔離という内容が含まれうる。特別予防を刑罰の目的あるいは効果であるとする見解を特別予防論という。

一般令状 被疑事実を明示しない*逮捕状*や*押収*すべき物、*捜索*すべき場所を特定しない捜査差押令状を一般令状(図 general warrant)という。17世紀のイギリスでこの種の令状が濫用され、判例によりこれを無効とする法原則が確立し、*アメリカ合衆国憲法*修正4条は明文でこれを禁じた。日本国憲法にも一般令状禁止の思想が現れている〔憲33・35〕。⇨令状主義*

一　筆(ひつ) 土地の単位を筆という。土地の*登記簿*において1の土地とされているものを一筆の土地と呼ぶ。一筆の土地ごとに1つの登記記録を作成する〔不登2⑤〕。一筆の土地の一部にも所有権は成立する。なお、一筆の土地を分合することを*分筆*・*合筆(がっぴつ)*という。

一票の較差 ⇨定数不均衡(訴訟)*

一方審尋主義 ⇨双方審尋主義*

一方的商行為 当事者の一方にとってだけ*商行為*である行為のこと。*双方的商行為*に対する概念。例えば、小売商と一般消費者との売買や、銀行と非*商人*との取引などがこれに当たる。一方的商行為の場合でも、双方の商行為の場合と同様、当事者双方につき商法の適用があり〔商3①〕、また、数人の当事者から成る一方当事者のうちの1人にとってだけ商行為である場合にも、商法はその全員について適用されるから〔商3②〕、双方的商行為との区別の実益は少ない〔例外：商521〕。

いにしあて

一方の予約　⇨売買の一方の予約'　⇨予約'

イー・ディー・アール(EDR)　⇨ジー・ディー・アール(GDR)'

イデオロギー批判　人間や社会のあり方についての思想・理論や法体系、政治制度などの観念形態は、たとえそれらが一般的に妥当すると主張されたり、当事者によって客観的な認識であるかのように説かれるにしても、実は特定の歴史的社会的基盤に制約されたものであり、その意味で現実を正しく捉えていない虚偽意識としてのイデオロギーにすぎないことを暴露することをいう。例えば、*国民代表'は、実は議員が国民意思から独立して行動することを意味するのに、あたかも真の代表者であるかのような幻想を振りまくことによって、民主政への志向に歯止めをかける市民階級のイデオロギーであることを示した*宮沢俊義'の「国民代表の概念」(昭和9)をイデオロギー批判の例として挙げることができる。一般に、イデオロギーのもつ現実隠蔽機能は支配の側に利用されることが多い。

イデコ(iDeCo)　⇨確定拠出年金'

移転価格税制　親子会社・兄弟会社等の関連企業の間で、相互に独立した当事者の間の取引において通常設定される対価(独立企業間価格)と異なる対価で取引が行われた場合に、独立企業間価格で取引が行われたものとみなして課税を行う制度。例えば、親会社が子会社に対して独立企業間価格よりも高い価額で資産を譲渡した場合、利益が子会社から親会社に移転するのを防止するために、独立企業間価格で資産の譲渡が行われたものとみなして課税を行う。特に、国境を越えて独立企業間価格と異なる対価で取引が行われた場合は、利益の国際的移転が生じ、国家の税収が影響を被る。このような国際的な、移転価格(英 transfer pricing)の問題に対処するために、日本においても、アメリカの内国歳入法典482条に倣って、昭和61年の税制改正(法13)で、移転価格対策税制が導入された〔租税66の4〕。日本の移転価格税制は、国際的な*租税回避'に対処するもので、国際的な移転価格の問題に対してのみ適用される。　⇨国際課税'

移　転　罪　⇨財産犯'
移動中の物　⇨仕向(しむけ)地法'
以　内・内　⇨以内・内'(巻末・基本法令用語)

イナックスメンテナンス事件　会社と業務委託契約を締結して住宅設備機器の修理補修業務を行っていたカスタマーエンジニア(CE)が労働組合を結成して*団体交渉'を求めたところ、会社がCEを*労働組合法'上の労働者には当たらないとして拒否したため、CEの労働組合法上の労働者性が争われた事件。2000年代後半から、業務委託契約等、*労働契約'と異なる契約形態で労務を提供する者を組織した労働組合が団体交渉を求め、使用者がこれを拒否する事案が*労働委員会'に複数申し立てられた。労働委員会は労働者性を認めて救済命令を発したが、下級審裁判所は、労働者性を否定して労働委員会命令を相次いで取り消したため、最高裁の判断が注目されていた。最高裁(最判平成23・4・12判時1026・27)は、イナックスメンテナンス事件において、労働者性判断の考慮要素として、イ　事業遂行に不可欠な労働力として会社の組織に組み入れられていたこと、ロ　契約内容は会社が一方的に決定していたこと、ハ　報酬は労務提供の対価としての性質を有すること、ニ　当事者の認識や契約の実際の運用において業務の依頼に応ずべき関係にあったこと、ホ　会社の指定する業務遂行方法に従いその指揮監督の下に労務の提供を行っており、場所的にも時間的にも一定の拘束を受けていたことを挙げ、CEの労働組合法上の労働者性を肯定した。イ〜ホの考慮要素は、相当に事案の異なるオペラ合唱団員の労働組合法上の労働者性が争われた新国立劇場運営財団事件(最判平成23・4・12民集65・3・943)においても共通に用いられている。そこで、最高裁は労働組合法上の労働者概念について、*労働基準法'上の労働者概念では正面から問題とならないイ、ロを含む上記の要素を総合考慮して判断する立場を採っているのではないかという理解が有力である。このような理解を踏まえて、平成23年7月には厚生労働省の労使関係法研究会報告書(労働組合法上の労働者性の判断基準について)がとりまとめられた。

イニシアティブ　英独 initiative　*直接民主制'の1つ。国又は一地方の一般住民が立法に関する提案を行うこと。国民発案と訳される。*代表民主制'の下では立法作用を担当するのは議会であるが、代表民主制の欠陥を補い、直接民主制・*住民自治'の原則に立って、直接住民に立法に関する権能を認めたもの。通常、一定数以上の*選挙権'者の連署によって行う。アメリカ諸州及びスイスにおいて憲法修正案等を出す場合の方法として広く採用されている。日本では、*直接請求'の1つである地方公共団体の住民による*条例の制定改廃請求'の制度が一種

いようち

のイニシアティブを認めたものであるといえる。イニシアティブによる提案の処理については、選挙権者の投票によってその可否を決めるものとする制度が諸外国には多いが、*地方自治'上、条例の制定改廃請求にあっては、議会の議決によって決めるものとしている〔自治74〕。

囲繞(いにょう)地 ある土地が他の土地に囲まれていて公路に通じないとき、その囲まれている土地を袋地といい、囲んでいる土地を囲繞地という。民法現代語化(平成16法147)により「その土地を囲んでいる他の土地」と言い換えられた。袋地の所有者は囲繞地通行権をもつ〔民210①〕。また、池沼・河川・水路又は海によるのでなければ外に出られないか、崖のため公道と著しい高低があって外に出られないとき(準袋地)にも、囲繞地を通行することができる〔民210②〕。通行の場所・方法は、囲繞地にとって損害が最も少ないことを必要とし〔民211〕、道路を開設したときは、通行地の損害に対して償金を支払わなければならない〔民212〕。分割又は譲渡によって袋地ができた場合には、その袋地所有者は他の分割地しか通行できないが、償金を払うことは必要でない〔民213〕。⇨相隣関係'

委任 I 民法 **1意義** 例えば、会社が弁護士に契約の締結とかその履行上の争いの解決を依頼する場合のように、当事者の一方(委任者)が他方(受任者)に対して事務の処理を*委託'し、他方がこれを承諾することによって成立する諾成・不要式の*契約'。*労務供給契約'の一種であるが、受任者が自らの裁量で事務を処理する点で、使用者の指揮に従って労務を提供する*雇用'とは区別され、結果の完成を必ずしも必要としない点で、仕事の完成を目的とする*請負'とは区別される。民法は無償の委任を原則としている〔民648①〕(無償・片務契約)が、実際には弁護士への委任(⇨訴訟委任')の場合のように報酬を特約することが多い(その場合には有償・双務契約)〔なお、商512参照〕。また、民法は、*法律行為'を委託する場合を委任とし〔民643〕、法律行為以外の事務の委託である準委任と区別しているが、準委任には委任の規定が全面的に準用される〔民656〕ので、両者を区別する実益はない。呼び方はともかくとして、両者を含めて広く事務の処理を委託する契約を委任と考えて差し支えない。なお、委任は代理権の授与を伴うことが多いが、代理権を伴わない委任もあり、また、委任以外の雇用などでも代理権を授与することがあるので、代理権授与行為と委任は別個の概念であると一般に考えられている(⇨代理')。 ⇨商事委任'

2受任者の義務 受任者は、委任の本旨に従い*善良な管理者の注意'をもって委任事務を処理する義務を負う〔民644〕。受任者は原則として自ら委任事務を処理しなければならない。*債権法改正'後の民法は、受任者が、委任者の許諾を得たとき、又はやむをえない事由があるときでなければ、復受任者を選任することができないと規定し〔民644の2①〕、受任者の自己執行義務を明らかにした。また、受任者は、報告の義務〔民645〕、受取物の引渡しや権利移転の義務〔民646〕、金銭消費の場合の利息支払と損害賠償義務〔民647〕などを負っている。

3委任者の義務 委任者は、報酬の特約があるときには報酬を支払わなければならず、その場合には後払いが原則である〔民648②〕。また、報酬が支払われる委任には、事務処理の労務に対して報酬が支払われる場合と、事務処理の結果として達成された成果に対して報酬が支払われる場合とがある。そこで、民法は、前者について、受任者が一定の場合に、「既にした履行の割合に応じて報酬を請求することができる」ものとし〔民648③〕、後者については、請負におけると同様の規律を設けた〔民648の2〕。そのほか、費用前払の義務〔民649〕、立替費用の償還とその利息支払義務〔民650①〕、受任者が事務処理に必要な債務を負担した場合の弁済義務・担保供与義務〔民650②〕、受任者が*過失'なくして被った損害の賠償義務〔民650③〕などを負う。

4終了 当事者はいつでも解約(*告知')することができる〔民651①〕。このように、いつでもどちらからでも告知することを認めたのは、委任は契約当事者の信頼関係を基礎とする契約だから、その信頼がなくなったらいつでも告知できるのが委任の性質に合う、と考えられたからである。ただ、相手方に不利な時期に告知した場合には、やむをえない事情があるときを除いて告知者は損害を賠償しなければならない〔民651②①〕。更に、民法は、判例法理(最判昭和56・1・19民集35・1・1)を明文化し、「委任者が受任者の利益(専ら報酬を得ることによるものを除く。)をも目的とする委任を解除したとき」も、同様に委任者が受任者の損害を賠償しなければならないとした〔民651②②〕。そのほか、委任者又は受任者の死亡・破産〔民653①②〕、受任者の*後見'開始の審判〔民653③〕によって委任は終了する。

II *行政庁'がその権限の一部を他の*行政機関'に委任することを*権限の委任'という。その項をみよ。

委任規定 ⇨'委任規定'(巻末・基本法令用語)

委任行政 国又は*地方公共団体'が'その行政事務を自己の機関によって行わないで,行政主体以外の者に委任して行わせること。*指定法人'などの私法人又は個人に対する委任(国家検定の一部,国庫金取扱事務,国税・地方税の源泉徴収事務など)がある。権限自体が移転する点で*委託'と異なる。規制改革の潮流の中で,委任の対象は拡大している(指定管理者〔自治244の2③〕,指定確認検査機関〔建基6の2等〕)。 ⇨'権限の委任'

委任事務 ⇨'固有事務・委任事務'

委任状 ある者に一定の事項を*委任'した旨を記載した書面。委任状がなくても委任契約は成立するが,取引上では委任状を交付するのが普通である。法律的には,委任状は代理権を授与する場合の証拠である。委任事項・受任者名など委任状の一部を白紙にしておくものを*白紙委任状'という。なお,平成29年に「電子委任状の普及の促進に関する法律」が制定され電子委任状取扱業務の認定制度を設けるなど,電子委任状の普及を促進するための基盤が整備された。

委任状勧誘 *株主'の*議決権'の代理行使〔会社310〕を勧誘する行為。議決権の代理行使に際し代理人は会社に代理権を証明する書面(委任状)を提出しなければならないことから,代理行使の勧誘行為を「委任状勧誘」という。上場会社の株式については,何人も「上場株式の議決権の代理行使の勧誘に関する内閣府令」(平成15内21)に違反して委任状勧誘をすることが禁じられる〔金商194,金商令36の2〜36の6〕。委任状を集めて*株主総会'の運営を妨害することを抑止し,記載事項等を定め代理権の授与を判断する株主に十分な情報が提供されることを保障するためである。株主提案の議案についても記載内容が明示され〔委任状39・40〕,委任状の様式が定められる〔委任状43〕。会社法上の*議決権行使書面・株主総会*参考書類'制度との間で記載事項等の調整が図られている〔会社298但,会社則64,委任状1②〜④〕。

委任条例 ⇨'条例'
委任代理 ⇨'任意代理・法定代理'
委任統治 *国際連盟'時代に認められていた国際的統治の一種〔国際連盟規約22〕。第一次大戦の戦勝国が敗戦国ドイツ及びトルコの植民地を併合する代わりに,連盟の委任に基づき,連盟理事会の監督の下でその施政を行うという形で行われた。 ⇨'信託統治'

委任命令 法律の委任に基づいて制定され,行政機関により私人の権利義務の内容に関して定める命令。受任命令ともいわれる。法律の委任に基づく委任命令について,*法律の委任'をみよ。委任命令と対比される命令として,*執行命令'がある。

委任立法 法律の委任に基づいて国会以外の機関(とりわけ行政機関)が私人の権利義務の内容に関して定めること〔憲73⑥参照〕。また,このようにして制定された法規範を委任立法と呼ぶこともある。 ⇨'法律の委任' ⇨'委任命令'

威迫 言語・動作により相手方に不安・困惑の念を生じさせること。*脅迫'よりも広い概念。*証人威迫罪'〔刑105の2〕の要素となる行為である。例えば,*告訴'した恐喝の被害者に対して,集団の威力を示して告訴を取り下げるよう執ように迫るような行為は証人威迫の罪に当たる。

イー・ビー(EB) ⇨'他社株転換社債'
イー・ピー・エー(EPA) ⇨'自由貿易協定'

委付 *船舶所有者・船舶賃借人(⇨'傭船(ようせん)契約')又は積荷利害関係人が,特定の債権者に対する関係で自己の責任を限定するために海産又は積荷を移転する制度である免責委付〔商711②〕。なお,商旧(昭和50法94改正前の)690〜692〕と,*海上保険'の*被保険者'が,保険の目的物が全損かどうか不明の場合に,保険金全額の支払を受けるために,保険の目的物を移転する保険委付〔商旧(平成30法29改正前の)833〜841〕とが定められていた。両者とも,当事者の一方的意思表示で特定の権利の移転を生じ,それに伴って一定の法律的効果を生ずる。免責委付は,*船主責任制限法'により,船舶所有者・船舶賃借人等について全額責任主義に基づく責任制限が導入されたことに伴い廃止された。保険委付は,現実の船舶*保険約款'では,みなし全損処理をすることとして,適用を排除されてきたため,平成30年改正により規定が削除された。 ⇨'免責委付' ⇨'保険委付'

委付主義 ⇨'免責委付'

イベロ・アメリカ法 1 意義 ローマ帝国崩壊後,数世紀にわたりイスラーム教徒によって占領されたイベリア半島において,11世紀以降に建国されたキリスト教国が,スペインとポルトガルであった。15世紀末以降に「発見」された米州大陸の両国の植民地では,宗主国から継受した法律に,それぞれの地における伝統,文化,風俗,習慣,言語,宗教的な要素が加味されていき,独特の法圏が形成された。これを

いほう

イベロ・アメリカ法という。
2 地理的範囲 地理的には両国のみならず，フランス，オランダ，イギリスから独立したカリブ海諸国14カ国も含まれるはずであるが，一般的にはメキシコ以南の中米・南米諸国19カ国が対象とされる。その中ではスペイン語を国語とする国々が18カ国と圧倒的に多く，唯一の例外はポルトガル語のブラジルである。また，20世紀半ばまではフィリピンも法圏に入れられていた。
3 研究 日本におけるイベロ・アメリカ法研究者は，ブラジル，アルゼンチンの専門家が多いが，母法であるスペイン法研究者の数も無視できない。日本で初めて「イベロ・アメリカ法」の講義が行われたのは東京大学においてである。なお，慶應義塾大学における中南米・カリブ諸国の法律に関する講義は「ラテンアメリカ法」と呼ばれている。

違法・不法・不当 **1 違法と不法** 違法も不法も，行為が具体的な法規に違反していたとか，社会的相当の範囲を逸脱して実質的に法秩序に反するなど，何らかの不利益な法的効果を伴うものをいう。イ 民法上は，違法は禁止規定や取締規定など具体的法規に違反する場合だけでなく，*公の秩序・善良の風俗*など法の理念に違反する場合をも含む広い意味で用いられる。不法は合法の反対概念であり，違法とほぼ同義に用いられるが，*不法行為*といわれる場合のように違法より狭い意味で使われることが多い。ロ 刑法上は，不法は，実質的に法秩序に反する状態を指し，違法は，不法のうち，犯罪として類型化され，実定法上も法秩序に反するものを指す趣旨に区別して用いられることがある。
2 不当 不当は，法には違反していないが制度の目的からみて適切でないことをいう。例えば，裁量権のある者が権限の枠内で不適切な裁量をした場合には，違法ではないが不当であるなどという。 ⇒*不正・不当・不法*（巻末・基本法令用語）

違法共犯論 ⇒*惹起（じゃっき）説*
違法行為 ⇒*適法行為・違法行為*
違法執行 *民事執行*において，*執行機関*の執行処分が手続規定に違反する（⇒*不当執行*）。違法な執行処分に対しては，執行手続内の簡易な救済手段として，*執行抗告*〔民執10〕又は*執行異議*〔民執11〕の申立てをすることができる。

違法収集証拠排除法則 刑事訴訟を規律する法規に違反して収集された*証拠*について*証拠能力*を否定し，訴訟から排除するルールのこと。*拷問*による*自白*や令状なしに差し押さえた*証拠物*の場合などはその典型的な例である。証拠収集が適法に行われなければならないことはもちろんであるし，憲法や刑事訴訟法が証拠能力の否定を明言している場合（例えば，拷問による自白〔憲38②，刑訴319①〕）には，排除することに問題はない。これに対して，明文がない場合（例えば，令状なしの*押収*）については，実体的真実発見を強調する立場から証拠能力を肯定し，違法な収集活動を行った警察官等に対する制裁は別途考慮すればよいとされる時期が続いたが，現行法下の学説は，適正手続を尊重して証拠の排除を主張した。やがて判例もこれを受け入れ，最高裁判所は，違法な所持品検査により覚醒剤を発見し差し押さえた事案について，「令状主義の精神を没却するような重大な違法」があり「違法な捜査の抑制」の見地から必要なときは証拠能力を否定する旨を一般論として判示した（最判昭和53・9・7刑集32・6・1672）。その後，証拠収集に先行する逮捕手続に重大な違法があるとされた事例で，その先行手続と後行手続により得られた証拠が「密接に関連する」として排除している（最判平成15・2・14刑集57・2・121）。 ⇒*証拠禁止*

違法性 I 民法 **1 意義** 709条の*不法行為*の成立要件の1つとされてきた法用語。今日，違法性を同条の要件と解すべきかについては，学説上議論がある。
2 権利侵害と違法性 平成16年改正前の民法709条は，「故意又は過失」と「権利侵害」を不法行為の成立要件として規定していた。初期の判例は，そこでの「権利」とは法的に承認されている具体的な権利でなければならないと解した（*雲右衛門事件*）が，それでは不法行為の成立する範囲が狭く被害者保護に欠けるので，後の判例（*大学湯事件*）は，法規違反の行為によって他人を侵害したという広い意味で，侵害の対象は法律上保護される利益で足りると解した。この判決を契機に，学説からは，「権利侵害」とは「違法性」の徴表であり，加害行為の違法性に置き換えるべきとの見解が主張された（違法性説）（立法においても*国家賠償法*1条が違法性を要件と定めた）。違法性の判断方式としては，被侵害利益の種類・性質（その強固性）と侵害行為の態様（非難性）との相関関係から判定すべきだとする見解（相関関係説）が唱えられ，通説となった。このような違法性説に対しては，近時，有力な批判が提起され（下記3），多様な見解が主張されている。なお，平成16年の民法改正の際，709条の「権利侵害」は「権利又は

法律上保護される利益」(権利法説)侵害と改められたが、これは判例・学説上異論のないところを最小限修正したものとされている。

3 違法性と過失 違法性説は、*故意・*過失'を主観的要件、違法性を客観的要件とする二元的構成をとる(ドイツ法の影響)が、これに対しては、次のような批判が有力に主張された。違法性概念は、709条の狭く解釈された「権利」を拡大するために導入されたが、権利が拡大されたことでその使命を終え、過失は主観的要件(不注意)から客観的要件(行為義務違反)に転換しており、709条の不法行為の成立を限定する機能は過失要件に求められることになった(過失一元説)。この説を契機に、違法性を巡っては多様な見解が主張されている。

4 709条の要件と違法性 主な学説としては、イ 故意・過失と違法性(相関関係説)の二元説、ロ 故意・過失と権利・法益侵害(独立の要件と位置付ける)の二元説、ハ 過失一元説(新過失説)があるが、近時、権利・法益性を認めた上で違法性判断をする裁判例が現れていることを踏まえて、故意・過失、権利・法益侵害、違法性を要件とする説もある。

Ⅱ 刑法では、*構成要件'該当性、*責任'と並ぶ犯罪成立要件をいい、処罰に値する害悪をもたらし、法的に許容されないことを意味する(*可罰的違法性')。違法性の概念を巡っては様々な理論的対立がある。現在では、責任なき違法の観念を肯定するいわゆる客観的違法論(これに対し、責任ある者の行為についてのみ違法性を認めるのが主観的違法論である)と、違法性は単なる形式的な法規範の違反に尽きるものではないとしその実質を問題とするいわゆる実質的違法論(⇨*実質的違法性')が支配的となっている(形式的な法規範違反のみを問題とするのが形式的違法論であり、条文の根拠がない限り違法阻却を認めない)。実質的違法論の立場からは、超法規的違法阻却(⇨*超法規的違法阻却事由')が認められる。判例も、実質的な超法規的違法性判断の考え方を肯定している(最決昭和39・12・3刑集18・10・698〈舞鶴事件〉)。現に争われているのは、違法の実質の理解である。すなわち、違法の実質を*法益'侵害ないしはその危険(これを結果無価値と呼ぶ)とする結果無価値論と、違法の実質は結果無価値には尽きず、結果無価値とは区別された行為の無価値性(これを行為無価値と呼ぶ。その概念は必ずしも一義的に明確ではないが、行為の反倫理性などを内容とする。社会観念上是認されることを意味する社会的相当性の概念も、同様の趣旨で言及される)が含まれるとする行為無価値論が厳しく対立し、刑法の諸問題の解釈にあたり論争を繰り広げている。

違法性阻却事由 Ⅰ 民法では、通常は*違法性'のある場合でありながら、特別の事由があるために違法性がないとして*損害賠償'責任を負わない場合に、この事由を違法性阻却事由という(*不法行為'成立の阻却事由又は*過失'の阻却事由と呼ぶ立場もある)。例えば、人を傷つける行為は通常は違法性を帯びるが、暴漢に命を狙われた者が身を守るためやむをえず抵抗し暴漢を傷つけても、違法性はない。*正当防衛'[民720①]、*緊急避難'[民720②]、*被害者の同意'、正当業務(⇨正当行為・正当業務行為)などが例である。

Ⅱ 刑法上、*構成要件'を充足し、*違法'と推定される行為について、例外的に違法性を否定する根拠となる事由。刑法は、*正当防衛'[刑36]・*緊急避難'[刑37]・*正当行為'[刑35]の3個の違法性阻却事由を定めているが、*実質的違法性'の立場からは、上記の3個の法定の違法性阻却事由に当たらない場合でも、刑法の*法益'保護の目的に照らし、実質的違法性を欠く場合には、超法規的に違法性が阻却されることを認めようとする見解が主張されることになる(⇨超法規的違法阻却事由')。

違法性の意識 **1 意義** 行為者が自己の行為が刑罰法規に反することを意識すること。違法の認識ともいう。*違法性の錯誤'(*禁止の錯誤'・*法律の錯誤')の場合は、この意識が欠ける。

2 責任・故意との関連 *責任'や*故意'が認められるためには、*違法性'の意識が必要かどうかについて、学説上争いがある。イ 違法性の意識を必要としないとする説。刑法38条3項について、従来の判例のとる立場(最大判昭和23・7・14刑集2・8・889等)。ロ 違法性の意識を必要とする説(厳格故意説)。法に反する感覚が鈍麻している*常習犯'、法を意識することすらなく犯行する激情犯、法よりも自己の価値判断を優先し、それが正しいと思って行動する*確信犯'などで故意が否定されかねず、犯罪の成立に違法性の意識を要求するのは実際的でないという批判がある。ハ 違法性の意識の可能性を必要とする説。違法性の意識に欠けることもやむをえないとき(相当な理由があるとき)には、処罰を否定する。近時の学説の支配的見解であるが、それを故意の一部と解するか(制限故意説)、故意とは別の責任の要件と解するか(責任説)には争いがあり、後者が有力である。もっとも、事

いほうせい

実の認識があれば，通常は違法性の意識の可能性は肯定されるように，所管の公的機関に行為の許容性についてお墨付きを得て行為したような例外的な場合にのみ，故意や責任の否定が現実的な問題となる。例えば，結果として銃砲刀剣類所持等取締法に違反する拳銃部品を，警察に入念かつ慎重な照会・確認をした上で，違法でないと考え輸入したような場合である。そして，そのような事案につき，下級審裁判例では故意を否定するものが散見され，現在も判例がイのような理解を堅持しているかは，慎重な理解を要する（最決昭和62・7・16刑集41・5・237参照）。⇒あてはめの錯誤'

違法性の錯誤 1 概念 自己の行為が刑罰法規に触れ法律上許されないことを知らないこと（⇒法の不知），又は法規の解釈適用を誤り，許されていると誤信すること（⇒あてはめの錯誤）。刑法上問題にされる*錯誤'の1つで，*事実の錯誤'に対する。*禁止の錯誤'と同義に解されている。ただし，実際の事案における，事実の錯誤と違法性の錯誤の区別は，*規範的構成要件要素'の意味の認識に関わる場合などでは，極めて微妙である（両錯誤の区別については「錯誤」をみよ）。

2 故意との関連 違法性の錯誤で問題になるのは，*故意'を阻却するかどうかである。古来，「法の不知は許さず」の格言に示されるように，故意を阻却しないものとされ，刑法38条3項もこのことを明示し，ただ*情状'によって刑を減軽することができるとするが，場合によっては酷な結果を生じることもある。そこで，現在では，具体的に個々の刑罰法規を知らなかった，その解釈適用を誤ったというだけでは，故意を否定する必要はないが，それら違法性の錯誤により，自己の行為が許されないことに気づかず，しかもそれが相当の理由をもっているとき，つまり，*違法性の意識'を欠くことがやむをえないときには，行為者に故意又は*責任'を認めるのは妥当ではないとするのが学説では支配的である。判例上はそのような考慮は否定されているが，変更の可能性は示唆されている。学説の詳細や判例の状況，問題となる具体例については「違法性の意識」をみよ。

違法性の承継 ある*行政行為'（先行行為）に違法事由の存することが，その行為を前提としてなされる別の行政行為（後行行為）の違法事由となるという関係がある場合に，先行行為の違法性が後行行為に承継されるという。例えば，課税処分の違法は滞納処分に承継されないが，滞納処分のうちの差押処分の違法は公売処分に承継されると解されている。建築安全条例に基づく安全認定の違法が建築確認に承継されるとした判例として，最判平成21・12・17民集63・10・2631。違法性の承継を認めることは，先行行為に対する争訟提起期間の制限を緩和させる意味をもちうる。

違法ダウンロード インターネット上に違法にアップロードされたものだと知りながら侵害コンテンツのダウンロードを行う行為。私的使用目的で行う*著作物'の複製は適法である〔著作30①〕が，違法ダウンロードの場合には，私的使用目的であっても複製権侵害となる〔著作30①③〕。更に，令和2年改正（法48）により，違法にアップロードされた著作物についてダウンロードし録音・録画以外で複製する行為（デジタル方式の複製）を私的使用目的で行う場合にも複製権侵害とされることになった〔著作30①④〕。すなわち，違法にアップロードされた著作物のダウンロードが複製権侵害となる対象が，音楽・映像から漫画・画像・プログラムなど著作物全般に拡大された。ただし，デジタル方式の複製は，情報収集活動を過度に萎縮させないよう，軽微なもの，二次創作や*パロディ'，著作権者の利益を不当に害しないと認められる特別な事情がある場合には侵害とはならない〔著作30①④〕。また，デジタル方式の録音・録画及びデジタル方式の複製のいずれの場合に関しても，違法にアップロードされたものであることを*重過失'により知らずにそれらの行為を行う場合には侵害とはならない〔著作30②〕。更に，正規版が有償で提供されている著作物で違法にアップロードされたものであることを知りながらダウンロードし，デジタル方式の録音・録画を行った場合，又は，継続的に又は反復してデジタル方式の複製を行った場合には，民事的措置に加えて刑事罰の対象となる〔著作119③①②〕。

違法な行政行為 ⇒瑕疵(か)ある行政行為'

違法の抗弁 刑事訴訟で行政行為違反罪が問われているとき，裁判官は当該行政行為の*違法性'を審査することができるか，それとも無効でない限りその行政行為を尊重しなければならないかという問題である。学説では，刑事裁判権の完全性の原則とか*罪刑法定主義'の徹底を根拠として，違法性の審査を肯定する見解が有力である。この見解によれば，裁判官は，たとえ取消事由にとどまるものであっても*瑕疵(か)'があると判断すれば，無罪を言い渡すことになる。

違法の認識 ⇒違法性の意識'

違法配当・自己株式取得 **1 財源規制違反の場合** *剰余金の配当'や*自己株式'の取得は、*分配可能額'〔会社461②〕を超えて行ってはならない〔会社461①〕が、この制限に違反して行われた配当・自己株式の取得のことをいう。俗に蛸(㌧)配当とも呼ばれる。違法配当・自己株式取得を行う旨の決議は、内容が法令に違反する無効なものであり、株主はそのような決議に基づいて配当の支払等を請求することはできない。違法配当・自己株式取得がなされた場合、それにより金銭等の交付を受けた株主は、交付を受けた金銭等の帳簿価額に相当する金額を会社に対し支払う義務を負い、また多数の株主に請求する困難を緩和するため、違法配当・自己株式取得に関する職務を行った業務執行者や*取締役'も連帯して同様の義務を負うとされている〔会社462①〕。ただし、業務執行者や取締役は、職務遂行にあたり注意を怠らなかったことを証明すれば、この義務を負わない〔会社462②〕。また、この義務を履行した業務執行者や取締役は、当該配当・自己株式取得が分配可能額を超えることについて*善意'の株主に対しては、求償することができない〔会社463①〕。他方で、会社自身が善意の株主に支払を要求できるかという点については、これを制限する明文規定はない（解釈上の制限を認める学説もある）。更に、会社が返還請求を行わないことも考えられるため、会社債権者が株主に対して当該債権者が有する債権額の範囲内で、株主が交付を受けた額を債権者に直接支払うよう請求することも認められている〔会社463②〕。なお、違法配当・自己株式取得の効力は伝統的に無効であると解されているが、近年、有効説も主張されている。

2 その他の場合 財源規制違反のほか、配当・自己株式取得に重大な手続違反や株主平等原則違反がある場合にも、当該配当・自己株式取得は違法となる。この場合には、株主・取締役の責任に関する特別規定は存在しない。

3 刑事罰 違法配当・自己株式取得を行った取締役等には刑事罰が科せられる〔会社963⑤Ⅰ②〕。

意味の認識 1 *故意'とは、*構成要件'に該当する事実の認識である（通説）。これは、刑法38条1項が単に「罪を犯す意思」を故意（犯意）と規定する文理には反するが、構成要件に属する事情の認識を故意とする〔ドイツ刑法16条参照〕ドイツの学説からの影響である。意味の認識とは、この構成要件事実の認識としての故意のうちの、価値的な認識・表象をいう。価値的判断を含まないのが、裸の事実の認識である。一方、構成要件に該当する事実には、規範的要素と記述的要素とにも分けられる。規範的要素とは、価値判断を必要とする要素であり、規範的要素の認識が、おおむね意味の認識に、記述的要素は、裸の事実の認識に対応するとされる。わいせつ物販売罪〔刑175〕において、販売するのが「本」であることは、記述的要素であり、その本の内容が「わいせつである」ことの判断は、規範的なものであり、その認識は意味の認識だということであろう。同様に、最高速度を超過しているかどうか〔道交118①Ⅰ〕は、本来は一義的に決まっている記述的要素であるはずだが、速度の認識は、単に裸の事実を認識すれば足りるものではなく、スピードメーターその他の何らかの方法によるほかはなく、そこでは一定の意味の認識が要求されているといえる。同様に、「フエニルアミノプロパン…及び各その塩類」〔覚醒剤2①Ⅰ〕であるかどうかは記述的要素であるが、通常の行為者にとっては、「一般に覚醒剤と呼ばれているもの」の認識で足り（メッガーの並行的評価）、それは、まさに覚醒剤という構成要件事実の意味の認識の内容である。更に記述的要素と規範的要素といってもその区別は相対的なものである。殺人罪〔刑199〕の客体たる「人」は記述的要素の典型とされるが、胎児や死体との限界では価値的判断から自由ではない。また、記述的要素、すなわち、万人にとって判断が共通していても、その内容に価値的な表象が含まれれば、意味の認識である。このように考えると、構成要件事実の認識が故意だという前提をとるとしても、その認識は意味に満ちているということができるであろう。

2 そこで重要になるのは、意味の認識と*違法性の意識'との区別である。故意が構成要件該当「事実」の認識であるのに対して、それとは別に違法性の意識の可能性は、故意・*過失'に共通の責任要素であるとするのが多数説である（責任説）（⇒故意説・責任説'）。しかし、わいせつである「もの（＝事実）」と、わいせつゆえ「許されない（＝違法性）こと」との認識とが実質的に区別されうるかは、問題である。意味の認識といえども故意の内容であるから、それが欠ければ、（相当性の有無を問わずに）故意阻却されることになる。一方、処罰される程のわいせつ物ではないと思っていた場合は、違法性の意識であり、その誤信について相当の理由がないと責任を阻却しないことになろう（責任説）。しかし、これらの両者に効果を異にするほどの実質

いみゆにて

的な差があるかどうか、が問題なのである。近時の判例の中には、便法的な名義変更により公衆浴場を営業していたことが、無許可営業の意味の認識を欠くとしたものがあり（最判平成元・7・18刑集43・7・752）、また、かつては、行政法規を誤解して他人の犬を撲殺した場合に、器物損壊罪の「他人の物」についての*事実の錯誤'になりうるとしたもの（最判昭和26・8・17刑集5・9・1789）等がある。これらは、いずれも、意味の認識と違法性の意識との境界が極めて微妙なものであり、むしろ罪を犯す意思＝故意の問題として統一的に解決すべきことを示唆している。

イミュニティ ⇨*刑事免責'

違約金 *契約'を結ぶ際、当事者間で、*債務不履行'のときに債務者が債権者に対し一定額の金銭を支払うことをあらかじめ約束した場合におけるその金銭をいう。違約罰の1つである。違約金の性質は当事者の契約によって定まるが、民法は違約金を賠償額の予定と推定しており〔民420③〕、その場合には当該違約金以上の損害賠償はとれない。賠償額の予定ではないと主張する者は、そのことを立証する必要がある。ただし、*利息制限法'では、違約金は賠償額の予定とみなされ、一定限度額以下に制限されている〔利息4〕。 ⇨*違約罰'　*賠償額の予定'

違約金契約の禁止 ⇨*賠償予定の禁止'

違約手付け 契約の履行を確保するために、違約があれば当然に没収されるという約束で交付される*手付け'。厳格にいえば、違約手付けは*違約罰'であるから、債権者は、手付金の没収に加えて*債務不履行'による損害賠償をも請求できるわけであるが、実際には、違約手付けといいながら、実は単に手付金の没収ができるだけの損害*賠償額の予定'であることが多い〔民420③参照〕。

違約罰 *契約'を結ぶ際に、当事者間で、*債務不履行'のときには債務者が債権者に対して金銭その他のものを給付することをあらかじめ約束することがあるが、その場合の金銭その他のもの又は約束そのものを違約罰という。債務の履行を心理的に強制することを目的とした一種の私的制裁である。給付されるものが金銭であるときは、特に違約金といい、民法の規定によれば損害*賠償額の予定'と推定される〔民420③〕。違約金以外の違約罰についても、この規定が準用されている〔民421〕。 ⇨*違約金'

イー・ユー（EU） ⇨*ヨーロッパ連合'

入会（いりあい）権 1 意義 民法は、入会権を*物権'の一種として定め、*共有'の性質を有する入会権と共有の性質を有しない入会権という2種類の入会権について規定を置いている。共有の性質を有する入会権については、各地方の慣習に従うほか共有に関する規定を適用すると定め〔民263〕、共有の性質を有しない入会権については、各地方の慣習に従うほか地役権に関する規定を準用すると定めている〔民294〕。しかし、民法は、入会権の定義について何ら規定していない。そこで、学説は、入会権とは、一般に、一定の地域の住民が、一定の山林原野などにおいて、共同して収益（具体的には主として雑草・萱（かや）・薪炭用雑木等の採取）する慣習上の権利であると定義している。

2 法律関係 入会権は、入会地盤との関係からみて、イ 1つの村落がその所有する入会地を共同利用する村中（むらじゅう）入会、ロ 数個の村落が所有する入会地をその数個の村落で共同利用する数村持地（すうそんもちち）入会、ハ 1つの村落が所有し利用している入会地を他の村落が利用する他村持地入会などに分類され、イロ及びハの一部が、共有の性質をもつ入会権、ハの一部が共有の性質をもたない入会権と解されてきた。しかし、入会権は慣習上の権利であるから、その法律関係は全て慣習によって定まり、民法の規定の適用の余地はないと解するのが通説である。現在では、入会権は権利者である一定の村落民（入会団体）に*総有'的に帰属するというのが通説・判例（最判昭和41・11・25民集20・9・1921）である。もっともその具体的内容は次のように解されている。すなわち、入会団体の構成員各人は、入会団体の総有に属する山林原野につき、共有持分又はこれに類する管理処分権を有しない。これに対して、入会権の対象である山林原野において使用収益をする権能は、入会団体の構成員たる資格に基づいて各人に認められ、入会団体で定められた規律に従わなければならないという拘束は受けるものの、構成員が各自単独で行使することができる。

3 変遷・近代化 入会権は徳川時代以前からの遺制であるため、明治時代に近代的所有権制度が確立して以来、それとの矛盾あるいは対抗関係を通じて、現在に至るまで権利の内容を定める慣習自体変化を続けており、また、入会権の解体現象もみられるなど、その内容を一般的に明確に説明することは困難な状況にある。現在では、イ 入会権者が入会団体の規制の下に共同して入会地から収益し、自己の消費に充てる古典的な個別的利用形態、ロ 入会団体が造林・植林事業などを行い、団体としてその産物を取得する直轄利用形態、ハ 入会地を分割して

個々の入会権者の個別的利用に委ねる分割利用形態，ニ 入会団体が入会権者でない者との契約によって入会地の利用を認める契約利用形態などに区別して説明されている。なお，入会権の法律関係は慣習によって規定されているため複雑であり明確さを欠き，林野高度利用の妨げになるという考え方から，「入会林野等に係る権利関係の近代化の助長に関する法律」(昭和41法126)が制定された。同法は，入会権者の合意により入会林野における入会権を消滅させ，入会権者の個人分割所有地，純然たる共有地等に変化させて，それを*登記*できるものとし，林野利用の流動化と資金の導入を容易にすることを目的としている。
　⇨国有地入会' ⇨小繋(こつなぎ)事件'

遺留分　**1 意義**　一定の*相続人*のために法律上必ず留保されなければならない*遺産*の一定割合[民1042〜1049]。近代法では遺言自由の原則が認められ，被相続人は自己の財産を*遺言*によって自由に死後処分できるとするのが原則であるが，他方，近親者の相続期待利益を保護し，また，被相続人死亡後の遺族の生活を保障するために，*相続財産*の一定部分を一定範囲の遺族のために留保させるのが遺留分の制度である。したがって，遺留分は，被相続人からみれば，財産処分の自由に対する制約を意味し，相続人からみれば，相続により期待できる最小限度の財産の確保を意味する。
2 遺留分権利者と遺留分の割合　遺留分の保障を受ける者(遺留分権利者)は，被相続人の*配偶者*と直系卑属及び直系尊属だけに限られ，兄弟姉妹は除外される[民1042]。遺留分の割合は，直系尊属のみが相続人であるときは，被相続人の財産の3分の1，その他の場合には，2分の1である。
3 算定　相続開始の時の財産額に原則として相続開始前1年間の生前*贈与*及び同10年間の相続人に対する特別受益としての贈与(加えてそれ以前の贈与でも当事者双方が遺留分を侵害することを知ってした贈与)を加え，そこから債務全額を控除したものが遺留分算定の基礎となる額である[民1043・1044]。この額に遺留分の割合を乗ずると遺留分が算出される。
4 遺留分侵害額の請求　現存の積極的相続財産から贈与や*遺贈*を差し引くと遺留分の額に達しない場合には，遺留分が侵害されたことになるから，遺留分権利者及びその承継人は，*受遺者*・受贈者などに対し，遺留分侵害額に相当する金銭の支払を請求することができる[民1046]。遺贈などの効果を減殺し，物権的効果を生じさせるかつての遺留分減殺請求権の制度が，平成30年改正(法72)で変更されたものである。その負担は，まず受遺者，次に新しい贈与の受贈者から順次古い贈与の受贈者の順序とされる[民1047]。この権利は一種の*形成権*と解され，権利者の*意思表示*だけによって金銭債権発生の効果が生じる。遺留分侵害の事実を知った時から1年以内，遺留分侵害の事実を知らなくても相続開始後10年以内に行使しなければならない[民1048]。
5 放棄　遺留分権利者は，相続が開始する前に，遺留分を放棄することができる。しかし，無制限にこれを許すと被相続人が遺留分権利者を強制して遺留分を放棄させるおそれがあるので，家庭裁判所の許可が必要とされる[民1049]。

遺留分侵害額請求　⇨遺留分'

医療過誤　Ⅰ 民法　**1 意義**　診断・治療行為上の過誤を広く指す用語。民法上は，医師あるいは病院の*損害賠償*責任が問題となる。
2 適用される法規範　*債務不履行*を根拠とすることも[民415]，*不法行為*を根拠とすることも[民709]できる(*請求権の競合*)。両者の関係につき，かつては，債務不履行の方が被害者に有利(*過失*が推定される)と考えられていたが，今日では，債務不履行でも，患者は医師が「債務の本旨」に従った履行をしなかったこと，すなわち診療上の*作為・不作為*の義務を尽さなかったことを主張立証しなければならず(手段債務)，過失の証明とほぼ同一に帰するから，両者はさほど違わないと解されている。
3 過失・義務違反　医師の*注意義務*について，最高裁判所は，人の生命・健康を管理する医業に従事する医師には，危険防止のために最善の注意義務が求められるとする(最判昭和36・2・16民集15・2・244〈東大梅毒輸血事件〉)。注意義務の内容は，具体的事案に応じて異なり，医師の専門，医療行為の内容，医療行為をしたときの具体的事情，医療水準などが考慮されるが，医療技術上の過誤に関する事例で重視されるのは，「医療水準」である。ここでの「医療水準」とは，臨床医学の実践としての水準であり，また全国一律のものではなく，当該医療機関の性格やその所在する地域の医療環境の特性等の諸般の事情を考慮して判断される(最判平成7・6・9民集49・6・1499)。医療過誤訴訟では，また医師の説明義務が問題となる。説明義務の基礎にあるのは，患者の自己決定権である(*インフォームド・コンセント*)。例えば，患者のかかっている病気(乳がん)の治療法(乳房切除術か温存法か)，及び別病院へ転院するかについて，患者の

いりょうか

自己決定を重視して医師に説明義務があるとした事例がある(最判平成13・11・27民集55・6・1154)。

4 因果関係 医療過誤訴訟では、'*因果関係'の成否もしばしば争点となる。これは、医療の領域では、高度の科学技術が支配する一方、未知の要素が多いため、厳密な因果関係をたどりにくいことに由来する。最高裁判所は、医療過誤が問題になったルンバール・ショック事件(最判昭和50・10・24民集29・9・1417)で、訴訟上の因果関係の立証は一点の疑義も許さない自然科学的証明ではなく、経験則に照らして特定の事実が特定の結果を招来した高度の蓋然性の証明でよいとした。このことは、医師の不作為と患者の死亡との因果関係の存否の判断についても妥当し、医師が注意義務を尽くして診療行為を行っていたならば患者がその死亡の時点においてなお生存していたであろうことを是認し得る高度の蓋然性が証明されれば、医師の不作為と患者の死亡との因果関係が肯定される(最判平成11・2・25民集53・2・235)。また、死亡との因果関係は証明されないが、医療水準にかなった医療行為が行われていたならば患者がその死亡の時点でなお生存していた相当程度の可能性の存在が証明されるときは、医師は不法行為責任を負う(*慰謝料'支払の義務がある)(最判平成12・9・22民集54・7・2574)とする判例がある。因果関係の証明責任の緩和であるとともに、新たな*法益'(生存の相当程度の可能性)の承認である。

Ⅱ 刑法 医師等の医療関係者が、業務上の*注意義務'に違反して患者を死傷させた場合には、業務上過失致死傷罪〔刑211〕が成立しうる。実務上、医療過誤について業務上過失致死傷罪の成立が認められているのは、患者の取り違い、薬剤の種類・量・投与方法の誤り、医療器具の操作の誤りなどの、いわゆる単純ミスの場合が多いが、診察や治療選択における医学上の判断の誤りについて*業務上過失'が認められた例もある。医師の注意義務について、福島県立大野病院事件判決(福島地判平成20・8・20判時2295・3)は、「臨床に携わっている医師に医療措置上の行為義務を負わせ、その義務に反したものには刑罰を科す基準となり得る医学的準則は、当該科目の臨床に携わる医師が、当該場面に直面した場合に、ほとんどの者がその基準に従った医療措置を講じていると言える程度の、一般性あるいは通有性を具備したものでなければならない」と判示している。チーム医療における注意義務については、看護師が電気手術器のケーブル接続を誤って患者が傷害を負った事例で、

'*信頼の原則'を適用して、執刀医に自らケーブルの接続を確認する義務を否定した判決(札幌高判昭和51・3・18高刑29・1・78〈北大電気メス事件〉)もあるが、看護師が採血用電気吸引器を誤接続して供血者が死亡した事例で、医師に、看護師が過誤を犯さないよう注意・監督する義務を認めた判決(東京高判昭和48・5・30刑月5・5・942)もある。また、患者を取り違えて手術を行った事例では、病院全体が組織的なシステムを構築するなどして患者の同一性確認を徹底するような状況を欠いている場合には、手術関係者は、他の関係者が同一性確認を行っていると信頼することは許されず、各人の職責や持ち場に応じて重畳的に患者の同一性を確認する義務があるとされている(最決平成19・3・26刑集61・2・131〈横浜市大患者取違え事件〉)。医療過誤に対して刑事責任を追及することについては、萎縮医療に陥るおそれや原因究明を阻害するおそれを指摘してこれを批判する意見もある。なお、平成26年の医療法改正によって、医療事故の原因を究明して再発防止につなげるため、医療事故調査制度が導入されている。

医療観察法 ⇒'心神喪失等の状態で重大な他害行為を行った者の医療及び観察等に関する法律'

医療計画 医療提供体制の確保を図るため、厚生労働大臣の定める基本方針に則して、かつ地域の実情に応じて、都道府県が策定する。昭和60年の医療法改正(法109)により導入され、疾病・事業ごとの医療連携体制や、病床機能に応じた地域医療構想、医師確保計画や外来医療計画などを定める。都道府県知事は、医療計画達成のため必要がある場合には、都道府県医療審議会の意見を聴いて、病院の開設や病床数の増加に関して勧告することができる〔医療30の4〜30の12〕。

医療行為 人の身体への介入を伴う医療行為については、刑法上、*傷害'罪等の犯罪の成否が問題となる。医学的な基準にのっとって適切に行われる医療行為は正当業務行為として*違法性'が阻却されるとされたこともあったが、現在では、患者の*自己決定権'に基づく同意(*インフォームド・コンセント')によらなければ正当化されないと考えられるようになっている。医療行為は患者の健康を維持するために患者の身体に介入するものであるが、全体的な健康の維持と身体への介入からの自由という利益の考量は、双方ともに患者に属する利益である以上、可能であれば患者自身によってなされなければならず、患者が介入を明示的に拒絶する

場合には医療行為はなしえないと考えられる。⇨正当行為・正当業務行為'

医療費控除 *所得税法'の定める*所得控除'の1つで、多額の医療費支出による担税力の減少を考慮するものとされる。自己又は自己と生計を一にする配偶者その他の親族に係る医療費を、*総所得金額'等の5％又は10万円を超えて支払った場合に、その超える部分の金額について200万円を限度として総所得金額等から控除できる〔所税73〕。個人に対する*住民税'の*所得割'にも同様の制度がある〔地税34①②・314の2①②〕。

医療費適正化計画 医療費の伸びを抑制するため、糖尿病などの生活習慣病の予防、平均在院日数の短縮を図るため、6年を1期として作成される〔高齢医療8～31〕。国の定める基本方針に基づき、都道府県が地域の実情を考慮し独自の数値目標を設定する。具体的な実績によって都道府県ごとに特例的な*診療報酬'を設けることができる〔高齢医療14〕。医療保険の*保険者'は、特定健康診査等実施計画に基づき、40歳以上の加入者に対し、特定健康診査を行わなければならない〔高齢医療20〕。この実績は後期高齢者支援金の負担額の増減に結び付く〔高齢医療120②〕。

医療扶助 *生活保護法'に基づく保護の1つ〔生活保護11①④〕。他の保護とは異なり、原則として診察や治療など現物給付によって行われ、医療保護施設若しくは指定医療機関に委託して支給される〔生活保護15・34〕。後発医薬品の使用が原則化されるほか〔生活保護34③〕、診療方針、*診療報酬'は*国民健康保険'の例による〔生活保護52〕。

医療保険 ⇨健康保険' ⇨傷害疾病定額保険契約' ⇨傷害疾病損害保険契約'

威 力 **1 概念** 人の自由意思を制圧するに足りる勢力をいう。物理的暴力(*暴行'あるいは暴行を加える気勢を示してする*脅迫')も威力であるが、威力は、暴力に至らない威圧的行為、例えば、スクラムを組み近づく者を威圧する行為、商店正面に強固な板囲いをして営業を不能にさせる行為などを含む。
2 威力を要素とする犯罪 威力を用いて人の業務を妨害したときは、*威力業務妨害罪'〔刑234〕を構成し、威力を用いて公の競売又は入札で契約を締結するためのものの公正を害するおそれのある行為をしたときは、*公契約関係競売等妨害罪'〔刑96の6①〕を構成する。また、集団の威力を示して暴行・脅迫をしたときは、*暴力行為等処罰ニ関スル法律'1条の罪を構成する。

威力業務妨害罪 *威力'を用いて人の業務を妨害する罪。刑法234条。3年以下の拘禁刑又は50万円以下の罰金に処せられる。**1 要件** 業務とは、職業その他社会生活上の地位に基づき行う事務又は事業をいう。個人の活動ばかりでなく、企業組織体の活動も業務である。業務妨害とは、通常の業務活動が阻害されるおそれのある状態をいい、実害(例えば、列車の遅延、売上げの減少)が生じなくてもよいとされている。なお、公務については、警察官の職務のような強制力を行使する権力的公務は業務には含まれないが、その他の公務はここにいう業務に含まれるとするのが判例(最決昭和62・3・12刑集41・2・140等)である。
2 労働争議行為との関係 威力業務妨害罪は、特に、労働争議行為について問題となることが多い。ストライキ(*同盟罷業)など、労働力供給の停止を本体とする争議手段は正当であり、本罪の問題を生じないが、労働力供給の停止の限度を超えた積極的な業務妨害行為である*ピケッティング'やシットダウン・ストライキなどは、本罪を構成することがある。

色の商標 単色又は複数の色彩の組合せのみからなる商標。例えば、商品の包装紙や広告用の看板に使用される色彩など。平成26年改正(法36)により、文字や図形などとの結合のない(輪郭のない)色彩も、商標として登録しうるものとされた〔商標2①〕。色彩のみからなる商標が登録されるためには、色彩が使用された結果、当該色彩が独立して(図形や文字等と分離して)その商品又は役務の需要者の間で特定の者の出所表示として認識されていることが必要となる。色彩のみの商標であることを願書に記載しなければならない〔商標5②③〕。*トリップス(TRIPs)協定'では、色の組合せからなる商標を保護すべきものと定められている〔TRIPs15〕。

因果関係 ある事実が、それに先行する他の事実に起因するという関係のこと。すなわち、Aという事実によってBという事実が生じたことが、ある*法律効果'発生の要件とされている場合(例えば、権利侵害という行為によって損害が生じたことが、不法行為に基づく損害賠償義務発生の要件になっているといった場合)に、AB間に存在する関係をいう。AとBとの間に因果関係があるか否かの判断は、Aという事実がなかったならばBという事実も生じなかったであろうと考えられる関係があるか否かという基準に照らして判断される(but for testと呼ばれる)。ただし、but for testによれ

ば，Aも，Aとは別の事実であるCも，単独でBを生じさせる場合に，A・Cが競合すれば，AもCもBに対して因果関係に立たないことになるので，この場合には，but for testによらずに，AもCもともにBとの間に因果関係があると考えなければならない。法律学において因果関係の存否の判断は規範的判断の問題ではなく，事実認定の問題と構成すべきであるが，裁判例・学説では因果関係の語は，種々の意味で用いられており，上記の意味における因果関係のほか，特に*損害賠償'の範囲を限定する際の法律的な判断基準や損害賠償額算定の時期を定める基準の意味でも用いられる（⇨相当因果関係'）。そこで，上記の意味での因果関係を，法律的判断の問題と区別するために，事実的因果関係と呼ぶのが妥当であると主張する学説が有力である。

I 民法上，因果関係は特に損害賠償及び*不当利得'の分野で問題とされている。前者では，損害賠償の範囲は相当因果関係によって定まるものであって，民法416条が相当因果関係の原則を表現したものであると一般に理解されており，後者では，受益と損失との間に直接の因果関係があることが要件と解されている〔民703・704〕。しかし，近時はいずれについても有力な批判がある。

II 刑法 1 意義 *結果犯'において，*実行行為'と結果の発生とがあり，その間に，前者が後者を引き起こしたと認められる関係をいう。因果関係の存在は，*法益'を侵害し又は危殆(たい)化したことの*責任'を実行行為者に負わせるための前提であり，これが認められない場合は*構成要件'該当性が否定される。

2 因果関係に関する諸説 刑法上，いつ因果関係の存在を認めるべきかについては，以下の3説がある。イ *条件説'（等価説）：実行行為と結果との間に，当該行為がなかったら当該結果は発生しなかったであろうという条件関係が認められる場合に全て因果関係を肯定する説（⇨因果関係の中断'）。ロ 原因説（個別化説）：当該行為が結果に対して条件関係にあるだけでなく，具体的な因果性を有する「原因」として認められる場合にのみ因果関係を肯定する説。ハ 相当因果関係説：当該行為が結果に対して条件関係にあるだけでなく，結果発生に至る因果経過が相当であった場合にのみ因果関係を肯定する説。条件説は，*結果的加重犯'について，稀有(けう)の出来事が介入した場合にも責任を肯定するなど過酷な結論が生じ，原因説は条件と原因とを区別する基準が必ずしも明らかでないということ

などから，学説では相当因果関係説が支配的であった。しかし現在は，因果関係論を事実的因果関係の判断にのみ限定し，結果の行為への客観的帰責判断を別の枠組みで行う*客観的帰属論'，実行行為の危険性が結果に現実化したことを要求する*危険の現実化'説も有力である。判例は従来から条件説に立ってきたが，相当因果関係説によったとみられるもの（最決昭和42・10・24刑集21・8・1116）のほか，行為の結果の寄与度に基づいて因果関係の有無を判断したとみられるもの（最決平成2・11・20刑集44・8・837〈大阪南港事件〉），危険性の現実化という表現を明示的に使用したもの（最決平成22・10・26刑集64・7・1019〈日航機ニアミス事件〉）も現れており，その解釈を巡って学説の議論を呼んでいる。

3 不作為と因果関係 「無から有は生じない」とする見解を巡って，*不作為'に因果関係があるかどうかについては争いがある。しかし，不作為と結果との間に，期待される作為に出ていたら結果は生じなかったであろうという関係が認められる場合には条件関係を認めうる（期待説）から，作為のときと同じように考えるのが正当である（⇨不真正不作為犯'）。

因果関係の錯誤 行為者が認識・予見していた*因果関係'と現実の因果関係の間に不一致が存在する場合のこと。例えば，被害者を溺死させようとして橋上から突き落としたところ，実際には橋桁に激突して死亡した場合など。因果関係は犯罪*構成要件'の一要素であり，刑法上の*故意'が認められるためには構成要件該当事実の認識が必要である。そのため，因果関係の*錯誤'が存在する場合には，故意を認めることができるのか否かが問題になる。また，因果関係の錯誤が認められる場合の中には，例えば，イ 薬物を投与して失神させた被害者を自動車で港まで運んで自殺を装って溺死させる計画だったところ，投与された薬物の効果により既に死亡してしまっていた場合（薬物の効果で死ぬことは想定されていなかった。類似の事案として最決平成16・3・22刑集58・3・187），ロ 絞殺する目的で被害者の首を絞め，動かなくなったので殺害を遂げたものと思い，海岸の砂上に放置したところ，実はまだ生きていた被害者が砂を吸い込んで窒息死した場合（大判大正12・4・30刑集2・378）のように，行為者の想定とは異なる行為から結果が発生したような場合もある。イのように行為者の想定よりも早い段階の行為から結果が発生したような場合は*早すぎた構成要件の実現'と呼ばれ，ロのように行為者の想定よりも遅い段階の行為から結果が発生したよ

うな場合は*遅すぎた構成要件の実現'と呼ばれることもある。もっとも、判例上、因果関係の錯誤を理由に故意の成立が否定されたことはない。

因果関係の断絶　⇨因果関係の中断'
因果関係の中断　行為と結果との間に他人の自由意思に基づく*故意'行為（ときには自殺など被害者自身の行為も含む）が介在した場合、両者間の*相当因果関係'は否定される。例えば、Aが自動車を運転中Cを車上に跳ね上げて走行していたところ、助手席のBが、Aとは無関係にCを路上に引きずり降ろして死亡させたとき、Aは傷害の結果についての*責任'は負うが、死亡の結果についての責任は負わない（最決昭和42・10・24刑集21・8・1116）。しかし条件関係の存在が認められる以上、*条件説'の立場からは両者の因果関係を肯定せざるをえない。このような不当な結論を回避するために条件説の論者によって考案されたのが「因果関係の中断」の概念であり、相当因果関係説・原因説をとるときは無用となる。これと区別されなければならないのは因果関係の断絶である。これは、AがBに毒を盛ったところ、毒がきき始めないうちにCがBを射殺した場合のように、Aの行為とBの死との間に既に条件関係も認められない場合であって、このときはどのような学説の立場によっても因果関係は否定される。⇨因果関係'

因果的共犯論　⇨惹起(じゃっき)説'
インカメラ手続　**1 民事訴訟法におけるインカメラ審理**　裁判所内の準備室等の法廷とは別の非公開の場所で、専ら裁判官のみにより、当事者や代理人を含むその他の者の立会いを排除すると同時に事後の開示も認めない方法で実施される訴訟上の審理手続。「インカメラ」とは、「裁判官室において」という意味の法律ラテン語。現行民事訴訟法では*文書提出義務'が一般義務化されたが、一定の秘密等が記載されている文書は、例外的に提出義務が除外されている〔民訴220四(イ〜ホ)〕。しかし、こうした除外事由の有無を審理するに際し、当事者等の立会いや事後の開示を認めると、秘密等を保護しようとした趣旨が失われる。そこで、裁判官だけが文書を閲読して除外事由の有無を判断できる制度が（インカメラ手続の対象となるのは、民事訴訟法220条4号イからニまで）、アメリカ法における類似の制度をモデルにして設けられた〔民訴223⑥〕。⇨文書提出命令'
2 情報公開制度等におけるインカメラ審理　情報公開法又は個人情報保護法による開示請求に対して行政機関等のした開示又は不開示の決定に係る*不服申立て'につき情報公開・個人情報保護審査会等が調査審議を行うにあたっては、必要に応じ、行政機関等に当該文書を提示させた上で、不服申立人やその他の何人にも開示せずに審査会限りでそれを見分することができるものとされており〔情報公開・個人情報保護審査会設置法(平成15法60)9〕、自治体の制度においても同様である。これを一般にインカメラ審理と称する。なお、開示又は不開示の決定に対する訴訟に関しても、インカメラ審理の可否が論じられている。

印　鑑　*印章'を紙等に押した跡の印影。特に法令においては、官庁・公署・取引先等に印影対照用としてあらかじめ届け出ておく印影をいい、例えば、登記関係では、書面に印章を押して提出される〔商登則9①〕。なお、俗に印章を印鑑と呼ぶこともある。　⇨印鑑証明書' ⇨実印'

印鑑証明書　印影(*印章'を押した跡の形)が、あらかじめ届け出てある*印鑑'と同一であることを証明する官庁・公署の書面。例えば、*公正証書'の作成〔公証28・32②〕、*不動産登記'〔不登令16②〕のような重要な取引の際に、文書の作成者が本人に違いないことを証明するために必要とされる。通常、市区町村長が条例や古くからの慣例に従って交付し、会社などについては登記所で交付する〔商登12〕。その有効期間は取引上3カ月とされることが多い。印鑑届のある個人の印章を*実印'といって、*認印(みとめいん)'と区別する。

インコタームズ　英 Incoterms　売買契約における売主と買主の義務について、典型的な組合せをアルファベット3文字で規定したもの。*国際商業会議所'が1936年に最初のものを作成し、その後、1953年・67年・76年・80年・90年・2000年・2010年・2020年と改正されてきている。2020年版では、EXW、FOB、CIF、DDPなど11種類を設け、各種類について、10項目(物品の引渡し、危険の移転、運送や保険の手配等)との関係で、それぞれ売主・買主がどのような義務を負うかを規定している。これは一括採用可能規則(⇨援用可能統一規則')の1つであり、これ自体には法的拘束力はないが、契約で「Incoterms® 2020による」と規定する形で、これを契約の中に取り込むことにより、当事者間の約束の一部となる。売買契約における当事者の義務を巡る交渉の負担の軽減や無用な紛争を防止するため、広く用いられている。⇨エフ・シー・エー(FCA)条件'　⇨シー・ピ

いんさいだ

ー・ティー(CPT)条件'

インサイダー取引　⇨内部者取引'

印紙税　'財産権'の創設・移転・変更・消滅等に関する契約書・証書・帳簿等の文書を'課税物件'とし，その作成者に対して課される租税〔印紙2・3〕。原則として印紙を課税文書に貼って消印する方法で納税される〔印税8〕ため，この名がある。'税率'は定額課税のもの(例：保険証券に対しては200円，合併契約書に対しては4万円)と段階定額税率のもの(例：消費貸借に関する契約書に対しては契約金額の多寡に応じ200円から60万円まで)とがある〔印税別表1〕。

印紙納付　国の租税，手数料等をその金額に相当する印紙(一般には'収入印紙')を貼ることによって納付すること。金銭納付の原則に対する例外である。国税については，印紙で納付すべきものとされている国税と，印紙で納付することができるものとされている国税とに限られる〔税通34③〕。こうした国税としては，'印紙税'，自動車重量税，'登録免許税'がある。原則として，収入印紙を用いなければならないが〔印紙をもつてする歳入金納付に関する法律(昭和23法142)2①本文〕。地方公共団体については，印紙と同様のものとして証紙〔自治231の2①②〕がある。

印章　1 意義　物体上に押捺(おうなつ)して人の同一性を証明するために使用される象形をいう。刑法2編19章は，行使の目的(⇨目的犯')をもって'御璽(ぎょじ)'・'公印'・私印などを偽造する行為，及び偽造したこれらの印章を使用する行為を処罰している。'署名'も印章に含まれる。印章偽造罪の規定は，印章のもつ社会的信用性を保護しようとするものであるから，取引上，法律上の証明手段としての重要性をもたないものは印章に含まれない。しかし，必ずしも権利・義務に関するものである必要はなく，書画の落款なども印章であるというのが通説・判例(大判大正14・10・10刑集4・599)である。

2 印影と印形　物体に顕出された形象である印影のほか，印影の作成手段である印形(いんぎょう)や印顆(いんか)も印章に含まれるかについて，判例は肯定している(大判明治43・11・21刑録16・2093)が，学説には反対が強い。

3 印章と文書　人格の同一性の表示のみでなく，これに意思表示が加わるときは，もはや印章でなく文書である。通説・判例(大判昭和3・10・9刑集7・683，最判昭和29・4・20刑集8・8・1363)は，郵便局の日付印，物品税証紙などの省略文書，署名の下に「書」と記されたものについてはその全体が文書であるとしている。

4 署名と記名　判例は，自署でない単なる記名も署名に含まれるとする(大判大正2・9・5刑録19・853)。かつての学説には自署に限るとする説が多かったが，今日の多数説は判例を支持する。

5 印章と記号　刑法は，公印と区別して公記号の'偽造'を軽く処罰している〔刑165・166〕。判例は，公印と公記号の区別について，使用の目的物のいかんにあるとし，文書に押捺して証明の用に供するのが公印であり，産物，商品，書籍，什物(じゅうもつ)等に押捺するのが公記号であるとする(最判昭和30・1・11刑集9・1・25)が，通説は，'公務員'・'公務所'の同一性の表示は単なる事実証明の表示より社会的信用が高く，より厚い保護に値するという点に刑法の規定の趣旨を求め，主体の同一性を表示するものを印章，合格印，産物の等級を表示する刻印など，何らかの意思を表示するものを公記号であるとする。他方，私記号については規定がない。判例には，私記号も私印に含まれるとしたものもある(大判大正3・11・4刑録20・2008)が，学説には反対が強い。

インスティトゥツィオーネン方式　圏 Institutionensystem　1 古典的 Institutiones　ローマの法学教科書である「'法学提要'」(圖 Institutiones)の編別である。人(persona)，物(res)，訴権(actio)の三分法をモデルとした一般私法の分類体系を指す(法学提要方式(提要方式)とも呼ばれる)。最も古くかつ汎用された基本的法体系で，3つの箱に配される法素材は変化しても，簡潔な三分法は維持されている。この型は2世紀のガイウスの「法学提要」まで遡ることができる。そこでは私法的内容が扱われ，「物」(res)の範疇には，金銭的価値をもちうる有体物と無体物の全てが包括された。無体物とは，権利からなるものであり，相続財産や債務(obligatio)が分類され，契約及び不法行為は債務発生原因であった。6世紀のユスティニアヌス(Iustinianus I ，482頃～565)帝の「法学提要」は，ガイウスの体系に倣ったのに，訴権の後に，更に裁判官の職務と刑事裁判という公法的内容が加えられた。

2 人文主義 Institutiones　「法学提要」への関心は16世紀以降に高まる。人文主義法学者は「市民法を科学として再構成する」ことを目指したが，ドネッルス(ドノー)(Hugo Donellus, 1527～91)は，公法と私法(⇨公法・私法')，'実体法'と'手続法'を区別した上で，私法・実体法(民法)を対象とし，その素材を「法学提要」の

形式に配置して権利の体系として構成した。更に，「訴権」を意味した*アークティオー'(actio)に「行為」という意味を新たに付与し，「物」で論ぜられていた契約など債務関係を「行為」の主要な内容とした。こうして「人」と「物」は「行為」の主体と客体となった。17世紀のドマ(Jean Domat, 1625～96)は，自然法論のもとに分析の体系を探求し，三分法のうち「行為」を債務(engagement)に代え，加えて，債務によらない権利・義務の移転として，相続を外に出して並列させた。このドマの体系は，後のパンデクテン方式の先駆けとなった。フランス民法典(⇨フランス民法')では，「人」「物」「財産取得の諸方法」の三部構成がとられ，「財産取得の諸方法」には相続を含む様々な財産取得類型が集められた。

3 国別 Institutiones 17世紀から19世紀に至るまで，「法学提要」をモデルとして国家法を体系的に論ずる文献群がフランス以外にも広くヨーロッパで生み出された(これにはドイツも含まれる)。その多くは「法学提要」と同様の教育目的をもち，また多くはインスティトゥティオーネス(Institutiones)の名を冠した。これらの文献は国家法形成に影響を与え，その体系の持続的探究を担った。その後*法典化'が行われた国では，法典がこれら文献群にとって代わったが，法典化が行われなかった法域では，この文献群中の重要著作に法源性が認められ現在に至っている(スコットランド，南アフリカ(⇨混合法')，*ローマン・ダッチ・ロー')。例えばスコットランドではステア(James Dalrymple, First Viscount Stair, 1619～95)が「スコットランド法提要」(The Institutions of the Law of Scotland)(1681)を著し，法学提要の体系を大胆に改変しつつスコットランド法の体系化を試みた。同書は，「人」の法を区別せず things の法に含め，things の法を第1巻から第3巻にわたって obligations, property, succession の順で論じた。このうち obligations の法は大きく拡張され，分類，配置を変え，従来人の法で扱われていた事項は obediential obligation として，従来の論述の場所(第1巻の導入部の後)を変更することなく論ぜられた。

4 日本ではこの問題は専ら，インスティトゥティオーネン方式(Code Civil, 旧民法典)(⇨旧民法')対パンデクテン方式(BGB, 現行民法典)(⇨民法')という対立図式で理解されてきた。しかし，両者は二者択一的関係にあるのではない(⇨パンデクテン方式'，パンデクテン法学')。近時，法学教育の観点からインスティトゥティオーネン方式への関心が再び高まっている。

姻　族　例えば，妻の父母や自分の兄弟の妻などのように，配偶者の血族及び自分の血族の配偶者をいう。したがって，夫の両親と妻の両親とは相互に姻族ではない。民法は3親等内の姻族(例えば，夫のおじ・おば)までを親族であるとしている〔725〕。姻族関係は*婚姻'によって発生し，*離婚'によって当然に終了する。夫婦の一方が死亡した場合には，生存配偶者が姻族関係終了の意思表示をして初めて姻族関係がなくなる〔民728〕。姻族であることによって生ずる*法律効果'はそれほど多くない。同居の姻族の互助〔民730〕，直系姻族間の婚姻禁止〔民735〕，扶養義務〔民877②〕などがその例である。なお，*親等'に掲げた〔図：親族関係〕を参照せよ。　*親族'　*血族'

インターポール　⇨国際刑事警察機構'
インタラクティブ送信　⇨公衆送信権'
引　致　*逮捕'・*勾留'又は*勾引'された者を一定の場所又は一定の者の所へ強制的に連行すること〔刑訴64①・73①②・200①・202・215①。なお，更生63②⑦参照〕。

インテグレーション　⇨法人税の統合'
隠匿行為　*虚偽表示'をする場合に，ある行為を仮装しながら真実には別の行為を意図することがある。この場合の隠れた真意に基づく行為を隠匿行為という。*贈与'の意思を隠して*売買'を仮装する場合の贈与がその例である。判例は，隠匿行為がそれ自身として*法律行為'としての要件を備えている限り，当事者間ではその効力を生じるが，*善意'の*第三者'に対してはその有効性を主張することができないと解している(大判明治30・12・20民録3・11・66)。

インド法　**1 意義**　インド法という言葉は，概して2通りの意味を持ちうる。第1に主にインド学(匡 Indology)が対象としてきたインド文化圏における伝統法としてのヒンドゥー法であり，第2に現代のインド亜大陸に存在する国家であるインド(匡 India, 匚 Bhārat)の法である。ただし，後者の意味におけるインド法はイギリス植民地支配の下で基礎が形成されているため，植民地期の法を含んで用いられる場合も見られる(⇨ヒンドゥー法')。

2 イギリス植民地時代　インドの植民地支配は，イギリス東インド会社によって開始され，19世紀半ばまでにインド全域がその支配下に収められた。1857年のインド大反乱を経て，翌年にイギリスが東インド会社を解散してインドを直接統治下に置くと，特に(藩王国を除く)英領インド(匡 British India)における統一的な法制度の

いんなーき

形成が進んだ。1862年にボンベイ，マドラス，カルカッタに高等裁判所が創設され，それまで各都市の内外の事件を別々に管轄した二元的な裁判制度が統合されたほか，1874年にはインドの裁判所からイギリスの枢密院司法委員会に対する上訴手続も統一された。1833年以降進められていた法典編纂(へんさん)も本格化し，1860年インド刑法典，1872年インド契約法，1882年インド信託法など，イギリス法を基礎に手続法及び広範な実体法分野に及ぶ英印法典(英 Anglo-Indian Codes)が成立した。他方で，不法行為など法典化が及ばなかった領域においては「正義，衡平及び良心」の原則に基づいて形成された判例法が存続した。また，親族法や相続法などの分野では，ヒンドゥーやムスリムなど宗教ごとにそれぞれの法(英 personal law)が適用されるという東インド会社統治下に導入された原則が維持され，現在まで続いている。

3 独立後 インドは1947年に独立し，49年にはインド憲法が成立した。独立後はイギリス国王を*君主'とせず共和政に移行したが，引き続きイギリスと元大英帝国の下にあった諸国家との連合であるコモンウェルスにとどまっている。憲法372条が，同憲法の施行直前までインド国内において効力を有した法が，特に議会等によって廃止等されない限り憲法の規定の制限内で効力を維持することを定めるなど，独立後にも依然として英領期の法制度が多く残されている。インドは連邦国家となり，憲法には連邦政府の権限及び州政府の権限が列記され，列記されていない権限は連邦政府にあるとされる。独立後は社会主義路線が採用され，国家統制色の強い会社法や経済法が導入されたが，1980〜90年以降は徐々に自由化が進んでいる。裁判制度では，デリーに創設された最高裁判所が枢密院に取って代わり，その下に原則として州ごとに高等裁判所が置かれている。これら現代のインドの裁判所は，憲法改正に対する司法審査を認める憲法の基本構造の法理(英 basic structure doctrine)を生み出し，社会的弱者層の人権侵害や社会問題など公益に関わる事件において令状管轄権を拡張して司法へのアクセスを広く認める公益訴訟(英 public interest litigation)を推進するなど，*司法積極主義'を特徴としている。

インナー・キャビネット 英 inner cabinet 閣内内閣又は少数内閣と呼ばれる。*内閣'は普通全閣僚によって構成される*閣議'の決定により，その職権を行うが，戦時とか非常事態発生の場合，あるいは*連立内閣'において迅速な処理が必要な場合などに，数名の有力な閣僚が重要な政策を協議し内閣の方針を決定することがある。この閣僚協議会がインナー・キャビネットで，起源は1853年，イギリスのアバディーン内閣がクリミア戦争の予防措置を講ずるため，5人の閣僚を招集したのに始まるが，有名なのは，ロイド・ジョージ(David Lloyd George, 1863〜1945)首相のときの戦時内閣(5人，後に7人)(1916〜19)である。その後，イギリスで行政事務の増大に伴う大臣定数の増加により，閣議の運営が困難となったため，1937年の大臣法でこの制度を採用した。

隠避 *犯人蔵匿罪'の行為の一態様。犯人や逃走者に自ら隠れ場所を提供する(蔵匿)以外の方法で，その者の発見や逮捕を困難にする一切の行為をいう(大判昭和5・9・18刑集9・668)。例えば，逃走資金の供与，捜査の進展状況の通報，*捜査機関'を惑わすような虚偽の情報の提供，身代わり犯人として自首すること等がこれに当たる。なお，犯人が既に逮捕・勾留されている段階で身代わり犯人を出頭させる行為について，これが隠避に当たるか否か議論がある。身代わり犯人の自首により犯人の逮捕・勾留が解かれて初めて本罪が成立するとの見解もあるが，判例は，かかる行為も，「現になされている身柄の拘束を免れさせるような性質の行為」であるから隠避に当たるとしている(最決平成元・5・1刑集43・5・405)。更に，判例は，犯人が既に逮捕・勾留されている段階において，*参考人'として，警察官に対して，犯人の身柄拘束を継続することに疑念を生じさせる内容虚偽の供述をする行為についても，「現にされている身柄の拘束を免れさせるような性質の行為」であるから隠避に当たるとしている(最決平成29・3・27刑集71・3・183)。

インピュテーション 英 imputation *株主'に対する*所得税'の一部が*法人税'という形式で前どりされていると考えて，受取*配当'と，受取配当に対応する法人税額の全部又は一部に相当する金額を，個人株主の*所得'に加算し，そこから算出された法人税と個人株主の所得税額から，上記の加算した法人税の金額を*税額控除'すること。法人の活動によりもたらされた所得に対する法人税と，当該所得に関する個人株主段階の所得税の経済的*二重課税'を排除する方式の1つである。受取配当に対応する法人税額の全部を個人株主の所得に加算する場合，法人の所得のうち配当された部分に関する限り，二重課税が完全に排除されていたが，廃止する国が多い。ヨーロッパ諸国において広く採用されていたが，廃止する国が多い。

インピューテッド・インカム 英 imputed income　自己の労働や自己の保有する資産のもたらす効用・満足を*所得'として観念したもの。帰属所得と訳す。帰属賃金(自己の労働の対価相当額)や帰属家賃(自己所有の家に住んでいる場合の家賃相当額)が代表的である。帰属所得は,市場取引からもたらされるものではないので,現実の日本の制度では原則として課税されていない。*棚卸資産'を家事のために消費した場合に,その資産の時価相当額を総収入金額に算入しなければならないとする所得税法39条は,その例外である。

インフォームド・コンセント　英 informed consent　侵害行為の違法性を阻却する(⇨違法性阻却事由)*被害者の同意'の一種であるが,特に医師の医療行為に際して,適切な情報を与えた上でなされる患者の同意をいう。これを得ないで行った医療行為は,医療行為自体には落ち度がなくても,患者の*自己決定権'を侵害したものとして,*債務不履行'ないし*不法行為'に基づく*損害賠償'責任を生じさせることがある。現在では,医療行為だけでなく,弁護士と依頼人との関係,銀行と顧客との関係など,一方当事者が専門的に高度の知識に基づいてサービスを提供する場合に,これに対応する相手方の同意として要求されることがある。

インフレ条項　⇨スライド条項'

インボイス　英 invoice　1　貨物の送り状(明細書)をいい,*荷送人'(輸出者)が*荷受人'(輸入者)宛てに発行するもの。輸出貨物の記号,商品の品名・種類・数量,契約条件,単価,仕向人,仕向地,代金支払方法,送金方法,保険に関する事項などが記載され,*船荷証券'とともに輸出入通関手続などに用いられる。請求書としての役割も果たすことがある。イ　船積貨物のために作成される商業送り状(commercial invoice)と,ロ　輸入国が輸入価格の不正申告を防止するため輸出者に提出を義務付ける,輸出国に駐在する輸入国領事が内容を証明する領事送り状(consular invoice),輸出業者が輸入国における通関のために作成する税関送り状(customs invoice)などの公用送り状(official invoice)とがあるが,インボイスとは,通常は商業送り状を意味する。
2　また,*ヨーロッパ連合'諸国の*付加価値税'において用いられる仕送状をインボイスといい,仕入品に含まれる前段階までの付加価値税額が仕入業者により記載され送付される。日本の*消費税法'では,前段階の*税額控除'である仕入税額控除については事業者の帳簿に基づいて計算されるものとされてきたが,平成6年の消費税法改正(法109,平成9年度から施行)で帳簿及び請求書等の保存が義務付けられた〔消税30⑧〕。令和5(2023)年10月1日開始のインボイス制度(適格請求書等保存方式)の下で,適格請求書発行事業者以外からの仕入れに係る仕入税額控除は認められなくなった(令和5法3)〔消税30①〕。

陰謀　⇨予備・陰謀'

インミッション　独 Immission　ガス,蒸気,臭気,煙,騒音等が他の土地へ侵入すること,あるいは,これら自体をいい,ドイツ民法はインミッシオンが土地所有権の侵害であることを前提として,*相隣関係'の最初の規定である同法906条で,土地所有者は軽度の侵入は受忍すべきものとし,重大な侵害のときでも一定の場合には,受忍して金銭での補償請求権によることとしている。⇨ニューサンス'　⇨公害'

員面調書　⇨供述調書'

引用　自己の*著作物'の中に他人の著作物を引いて用いる行為。公表された著作物の引用は,公正な慣行に合致し,かつ,報道・批評・研究その他の引用の目的上正当な範囲内で行われる限り,*著作権'侵害とはならない〔著作32①〕。引用の要件について,引用する側の作品と引用される側の著作物が明瞭に区別できること,及び,引用する側が主,引用される側が従の関係にあることの2要件が伝統的に要求されてきたが,引用の目的・態様を総合考慮すべきであるとの裁判例もある。なお,引用の際には,引用著作物の出所明示が義務付けられる〔著作48①・122〕。

う

ヴァイマール憲法 ⇨ワイマール憲法'

ヴィスビー・ルール 英 Visby Rules 1924年の*船荷証券統一条約'(ヘーグ(又はハーグ)・ルール)を改正する1968年改正議定書の別称。*ヘーグ・ルール'と合わせて、ヘーグ・ヴィスビー・ルールと称される。日本は、1924年の船荷証券統一条約を廃棄し(平成4・6・1廃棄通告, 平成5・6・1発効), 1979年の改正議定書(ヴィスビー・ルールの金フラン条項をSDR条項に改正する)を批准したため、形式的にはヴィスビー・ルールを批准していないが、1979年改正議定書を通じて、同議定書で改正されたヘーグ・ヴィスビー・ルールを採用したことになる。

ウィーン外交関係条約 ⇨外交関係に関するウィーン条約'

ウィーン国際売買条約 ⇨国際物品売買契約に関する国際連合条約'

ウィーン条約法条約 ⇨条約法に関するウィーン条約'

ウィンブルドン号事件 ロシア・ポーランド戦争中の1921年3月, ドイツは、*中立'義務の遵守を理由に、ポーランド向け兵器を積載してキール運河に差しかかったフランス海運会社傭船のイギリス船ウィンブルドン号の通航を拒否した。イギリス、フランス、イタリア、日本の提訴を受けた*常設国際司法裁判所'は、*ヴェルサイユ講和条約'380条で承認された同運河の自由通航権を侵害するものとの原告の主張を認め、ドイツに損害賠償を命じる判決を下した(PCIJ判 1923・8・17 Series A No.1・1)。 ⇨国際運河'

ウィーン領事関係条約 ⇨領事関係に関するウィーン条約'

ウェストファリア条約 ⇨主権'

ウェストミンスター・モデル 英 Westminster model 基本的に同質と考えられる国民から成る集権的な近代国民国家像を前提として成り立つデモクラシーの範型の1つ。すなわち、多様で多元的な中間団体を否定・解体して成立をみた集権的な国家権力を、国民相互の間に現実には意思や利害関係の対立・衝突があったとしても、それは克服されるべきものでしかないという意味で同質な国民諸個人とが対峙(たいじ)し合う二極構造の国家像を前提とし、そこでの政治権力を巡る争いが数の多寡によって決せられる同質=多数決デモクラシーのこと。権力争奪戦の場は、国民代表機関として主権的な地位にある議会であることが多く、そこでの多数派が統治の座につく。この型のデモクラシーは、イギリスで名誉革命以降典型的に形成・確立されたので、イギリス議会の所在するウェストミンスターの名をとってこう呼ばれる。これと対比されるのは、人種、言語、宗教などの異質な諸要素に裏打ちされた多元主義的中間団体を価値あるものとして積極的に統治構造の中に位置付け、その共存・協調を図ろうとする多元=協調型デモクラシー・モデルであり、これは多極共存型デモクラシー(英 consociational democracy)と呼ばれることもある。

ウェーバー Weber, Max(1864〜1920) ドイツの社会科学者。古代経済史研究から出発し、ヨーロッパのみが資本主義を生み出しえた精神的背景を求めて「世界諸宗教の経済倫理」の比較研究を生涯の主題とした。ヨーロッパ的合理主義の源泉を古代ユダヤの預言者たちから中世修道院、そしてプロテスタンティズムに連なる「世界内的禁欲」の伝統に求め、それを欠いたイスラーム、インド、中国などの伝統は資本主義を生み出しえなかったと論じた。また支配の正統性をカリスマ的・伝統的・合法的の3類型に分類し、合法的支配をヨーロッパ近代の合理化・世俗化・官僚化との関連で解明し、特に*法学'や*官僚制'のもつ独自の合理性に照明をあてた。世俗化の進行によって資本主義はその精神を失ったとみる一方、新世代が合理主義を捨てて神秘なものにひかれていく状況をみて、現代を「神々の争い」の場と捉え、この争いに合理的決着をつける方法はないとした。学問の価値判断からの自由を強調したが、個人としては「強国としてのドイツの生存」という見地から第一次大戦を支持した。戦後はプロイス(Hugo Preuss, 1860〜1925)に助言して、特に*ワイマール憲法'における大統領権限の強化に影響を与えた。主著「プロテスタンティズムの倫理と資本主義の精神」(1905), 「儒教と道教」(1916), 「経済と社会」(1921), 「職業としての学問」(1919)など。 ⇨正統性'

ウェーバーの概括的故意 ⇨遅すぎた構成要件の実現'

ウェブ(Web)開示 株主総会*参考書類'及び*事業報告'に含めるべき事項の一部のほか、

個別注記表及び*連結計算書類'に含めるべき事項について書面等による提供を省略し、インターネット上のホームページに掲載し、かつ、そのホームページのURLを株主に通知することをいう〔会社計算133④・134⑤、会社則133③〕。Web開示が認められているのは、会社(電子提供措置(⇨電子提供制度)をとる会社を除く)の定時株主総会の招集通知に際して、株主に対し、書面等により提供すべき情報が多くなると、印刷代や郵送料などの費用が著しく増大するという経済界の懸念に応える一方で、書面等による提供を強制すると、会社が費用を抑えるために株主に提供する情報の量を削減する可能性があることに鑑み、そのようなインセンティブを減少させるためである。デジタル・デバイドの問題もあるため、'電子公告'制度の採用の場合とのバランス上、Web開示を行うためには、その旨の*定款'の定めが必要とされている。Web開示は、定時株主総会の招集に際して提供すべき情報を開示するものであるから、招集通知を発する時から株主総会の会日から3カ月を経過する日まで、その情報を、継続して*電磁的方法'により株主が提供を受けることができる状態に置かなければならないものとされている。

ヴェルサイユ講和条約 第一次大戦でのドイツの降伏(1918・11・11)を受け、1919年6月28日にパリ郊外のヴェルサイユで署名された連合国とドイツとの間の講和条約(1920・1・10発効)(日本では「同盟及聯合(れんごう)国ト独逸(どいつ)国トノ平和条約」という(大正9条1))。全15編440カ条から成り、ドイツに極めて厳しい内容のものだった。なお、1編は国際連盟規約、13編は国際労働規約(⇨国際労働機関憲章')である。

ウォ(ー)レン・コート 英 Warren Court アール・ウォ(ー)レン(Earl Warren, 1891~1974)が首席裁判官であった時期(1953~69)のアメリカ合衆国最高裁判所を指す。この時期の合衆国最高裁判所は、いわゆる司法積極主義の立場に立ち、必要とあらば*違憲'判決によって政治部門と対立することも辞さなかったことで知られる。公立学校における人種隔離政策の撤廃を始め、選挙区割の不均衡の是正、刑事手続上の人権保障の拡充など、最高裁判所判決が改革の先鞭(せん)をつけたことは疑いない。しかし、このように連邦の司法部が社会改革の先頭に立つことが適当であるかどうか、またそれが果たして望ましい結果をもたらしたかどうかについては、最高裁判所による違憲審査権の行使のあり方を含めて、今日依然として議論の絶えないところである。 ⇨司法消極主義・司法積極主義'

浮貸し 1 **意義** 金融機関の役職員がその地位を利用して、自己又は当該金融機関以外の第三者の利益を図るために行う金銭の*貸付け'・金銭の貸借の*媒介'・債務の*保証'行為。例えば金融機関の職員が預金の預入れに来た顧客に対し、その金銭を自分が有利に運用してやると称し、これを他の者に高利で貸し付けるような行為である。*出資の受入れ、預り金及び金利等の取締りに関する法律'3条で禁止されており、3年以下の拘禁刑若しくは300万円以下の罰金(又はその併科)によって処罰されるが〔出資取締8③①〕、その行為が刑法上の犯罪を構成する場合には、浮貸しの罪では処罰されない〔出資取締8④〕。金融機関の職員のサイドビジネスによって一般顧客の財産に不測の損害が発生し、金融機関の信頼が損なわれることを防止するための規定として理解されている。
2 **地位の利用** 浮貸しは、金融機関の役職員がその地位を利用して行うものでなければならない。これについては一般に、金融機関の役職員が自己の特に便宜かつ有利な立場を利用しつつ、当該金融機関の業務の遂行としてではなく、自己の責任と計算において行われた場合と理解されている(最決平11・7・6刑集53・6・495)。したがって、当該役職員の権限内に属する行為はこれに該当しない。
3 **図利目的** 本罪の成立には、更に自己又は第三者の利益を図る目的が必要であるが、この意義については、自己又は第三者が利益を得ることの認識・認容では足りず、そのことを動機・目的とすることが必要であると解される。したがって、金融機関の利益のために行われた場合には、本罪は成立しない。 ⇨目的犯'

請負 1 **意義** 例えば、建築会社が家屋を建築し、注文者がそれに対して報酬を支払うことを約する場合のように、当事者の一方(請負人)がある仕事を完成させ、他方(注文者)がその仕事の結果に対して報酬を支払うことを約する*契約'〔民632〕。有償・双務・諾成・不要式の契約である。*労務供給契約'の一種に属するが、仕事の完成を目的とする点で、労務の提供を目的とする*雇用'や、事務処理を目的とし必ずしも結果の完成を必要としない*委任'と区別される。請負契約は種々の分野の取引関係で用いられるが、とりわけ土木、建築において重要な機能を果たしている。そこで、この領域における請負契約を適正なものにするため建設業法が制定され、建設業の許可、請負契約の規制、紛争処理などについて規定が置かれている。
2 **成立** 請負契約の締結には何らの方式をも必

うけおいき

要としないが，建設工事の請負の場合には，一定事項を書面等に記載し相互に交付しなければならない〔建設19〕。

3 請負人の義務 請負人は，仕事を完成し，引き渡す義務を負う。仕事の完成は，仕事の性質又は特約により請負人が自ら労務を供することを必要とする場合のほか，第三者を使用し，又は＊下請負＇に出すこともできる。ただし，建設工事では一括下請負は禁止されている〔建設22〕。請負人が種類又は品質に関して契約の内容に適合しない仕事の目的物を注文者に引き渡したときは，請負人は，注文者に対して，＊担保責任＇（契約不適合責任）を負う。具体的には，請負人の契約不適合責任には，売買における売主の契約不適合責任の規律〔民562以下〕が準用され〔民559〕，注文者は，請負人に対し，イ 履行の追完の請求，ロ 報酬の減額の請求，ハ 損害賠償の請求，及び，ニ 契約の解除をすることができる。仕事の目的物が引渡しを要しない場合（例えば，家屋の増築工事請負など）も同様である。ただし，注文者は，注文者の供した材料の性質又は注文者の与えた指図によって生じた不適合を理由として，これらの権利を行使することはできない〔民636本文〕。また，注文者が目的物の不適合を知った時から1年以内にその旨を請負人に通知しないときは，注文者は，その不適合を理由とする権利を失うことになる〔民637①〕。ただし，仕事の目的物を注文者に引き渡した時（その引渡しを要しない場合にあっては，仕事が終了した時）において，請負人が契約不適合を知り，又は重大な過失（⇨重過失＇）によって知らなかったときは，注文者の権利が認められる〔民637②〕。

4 注文者の義務 注文者は，仕事の結果に対してその報酬を支払う義務を負う〔民632〕。報酬は，仕事の目的物の引渡しと同時に，支払わなければならない〔民633本文〕。ただし，物の引渡しを要しないときは，雇用の規定〔民624①〕を準用して，請負人は，仕事を終わった後でなければ，報酬を請求することができない〔民633但：後払いの原則〕。また，注文者の責めに帰することができない事由によって仕事を完成することができなくなった場合〔民634①〕，又は，請負が仕事の完成前に解除された場合〔民634②〕において，請負人が既にした仕事の結果のうち可分な部分の給付によって注文者が利益を受けるときは，その部分は仕事の完成とみなされ，請負人は，注文者が受ける利益の割合に応じて報酬を請求することができる〔民634〕。これに対して，注文者の責めに帰すべき事由によって仕事を完成することができなくなった場合には，請負人は報酬の全額を請求することができる〔民536②参照〕。なお，当事者双方の責めによらない危険は，請負人が負担し，注文者は，反対給付の履行（報酬の支払）を拒むことができる〔民536①〕。しかし，官庁工事や民間工事についての標準約款では，一定条件の下に注文者が全部又は一部負担することとして，民法の原則を修正している。

5 終了 請負人が仕事を完成しない間，注文者はいつでも損害を賠償して契約を解除（＊告知＇）できる〔民641〕。また，注文者が破産手続開始の決定を受けたときには，請負人又は破産管財人は契約の解除をすることができる〔民642①〕。ただし，請負人がその仕事を完成した後は，契約を解除することができない〔民642①但〕。仕事が既に完成した場合には，請負人による契約の解除を認める必要がないからである。

6 目的物の所有権の帰属 仕事が完成し，引渡し前の目的物の所有権が注文者，請負人のどちらに帰属するかは，例えば，建築請負契約において引渡し前の家屋を請負人が自分の名義で保存登記をして＊抵当権＇を設定した場合などについて，問題となる。判例は，特約のない限り，主な材料の供給者に帰属するという（大判昭和7・5・9民集11・824等）。しかし，注文者は建物が建てられる土地の利用権をもっており，請負人も注文者のために建築することから，材料の提供いかんにかかわらず，完成した目的物の所有権は，常に注文者に帰属する，と主張する説もある。

⇨製作物供給契約＇

請負供給契約 ⇨製作物供給契約＇
請負募集 ⇨引受募集＇｜＊間接発行＇
受方代理 ⇨能働代理・受働代理＇
受継ぎ ⇨訴訟手続の受継（じゅけい）＇

受取証書 債権者が債務の＊弁済＇を受けたことを証明する書面。弁済者（多くの場合は債務者）が弁済の証明をするのは，債権者が債権の成立を証明するのに比べて困難であり，弁済者には受取証書の交付を請求する権利が認められている〔民486〕。この権利は＊双務契約＇上の債権ではないが，弁済者の利益のために，弁済と受取証書の交付とは同時履行の関係（⇨同時履行の抗弁権＇）に立つことが明示されている（民486①「引換えに」の語に注意）。受取証書には特別の方式は定められておらず，弁済された債権・日付，弁領者などが書面から明らかになればよい。なお，金銭の受取書には印紙税法によって，印紙を貼り付けることが義務付けら

れている〔印税2・8・別表1[17]〕が，印紙がない受取書も私法上の効力は変わらない。*債権法改正'前の旧480条は，受取証書の持参人に弁済受領の権限ありとみなし，この者に対してした弁済は一定の要件の下に有効としていたが，この規律は合理性を欠くとして現行法では同条は削除されている。

受取人(手形・小切手の) *手形'又は*小切手'の*振出人'から最初の所持人として手形又は小切手の交付を受けた者。手形においては受取人は必要的記載事項である〔手1⑥・75⑤〕が，小切手においては受取人の記載は必ずしも必要ではなく，持参人払式のものとみなされる〔小5③〕。受取人は最初の権利者として自ら支払を受けることができるほか，*裏書'により(無記名式又は持参人払式のときは単なる交付により)，他に譲渡することができる。 ⇨手形(小切手)当事者'

受戻権 1 仮登記担保 *仮登記担保'において，清算期間が満了し目的物の*所有権'が仮登記担保権者に帰属した後も，*清算金'が支払われるまでは，債務者等は，被担保債権額に相当する金銭を提供して，目的物の所有権の受戻しを請求することができ〔仮登記担保11本文〕，この権利を受戻権という。受戻権は*形成権'であり，債務者等が，上記の金銭を提供し受戻しの意思表示をすれば，目的物の所有権は，元の所有者に復帰する。なお，受戻権は，清算期間が経過した時から5年が経過した場合，又は，*第三者'が所有権を取得した場合には，行使することができない〔仮登記担保11但〕。
2 譲渡担保 *譲渡担保'において，被担保債権の弁済期が到来した後も，譲渡担保権の実行が完了するまでは，被担保債権を弁済して目的物を回復することができ，このことを指して受戻権と呼ぶことがある。しかし判例は，「債務者による…受戻の請求は，債務の弁済により債務者の回復した所有権に基づく物権的返還請求権ないし契約に基づく債権的返還請求権…の行使としての行為にほかならない」のであり，「形成権たる受戻権であるとの法律構成をする余地はない」とし，「仮登記担保契約に関する法律」における受戻権とは区別している(最判昭和57・1・22民集36・1・92)。

受戻証券 証券と引換えでなければ債務者に対し証券上の債務の履行を要求できない*有価証券'。引換証券ともいう。証券を受け戻すのは，証券の所持人が債務の履行を受けた後に，*善意'の*第三者'に譲渡して再び請求される危険を防止し，証券上の債務を履行した者が更に他の証券上の債務者に対して債務の履行を請求するためである。*手形'・*小切手'・*倉荷証券'・*船荷証券'・*複合運送証券'等ほとんどの有価証券は受戻証券である〔手39①・77①③，小34①，商613・757②・764・769②〕が，*株券'等は，権利の反覆的な行使を必要とするため受戻証券ではない。

動き商標 文字や図形等が，時間の経過やホログラフィーその他の方法により変化する商標。例えば，スクリーン上に映し出され変化する文字や，見る角度により変化して見える図形など。平成26年改正(法36)により，商標として登録しうるものとされた〔商標2①〕。動き商標を構成する標章とその標章が変化する状態から生ずる外観，称呼及び観念等を総合し，商標全体として類否等を考察すべきものとされる。動き商標であることを願書に記載しなければならない〔商標5②〕。

氏(うじ) 1 意義 人の法律上の呼称は，氏と名との組合せ(氏名)より成り，氏は民法の規定に従って定まり，名は出生届に際して付せられる。氏も名ももともに個人の同一性を示す呼称であるが，氏は一定の身分関係にある一団(古くは血族集団，現在は家族)の人の共通の呼称として個人がその集団に属することを示し，名は更にその集団の中の個人を示す役割を果たしている。日常，姓又は苗字(みょうじ)と呼ばれるものがこの氏に当たる。

2 氏を定める民法の主な規定 人は出生により氏を取得する。すなわち，*嫡出子'は父母の氏を称し，*非嫡出子'は母の氏を称する〔民790〕。夫婦は，*婚姻'の際に定めるところに従い，夫又は妻の氏を称する〔民750〕。すなわち，夫婦の一方は，婚姻によって氏を変更する。夫婦の一方が死亡したときは，生存配偶者は婚姻前の氏に復することができる〔民751〕。婚姻によって氏を改めた夫又は妻は，離婚によって婚姻前の氏に復する。しかし，離婚後3カ月以内の届出によって，離婚の際に称していた氏を称することができる〔民767〕。また，*養子'は養親の氏を称する〔民810〕。すなわち，養子は縁組によって氏を変更する。養子は離縁によって縁組前の氏に復するが，離縁後3カ月以内の届出によって離縁の際に称していた氏を称することができる〔民816〕。 ⇨復氏(ふくうじ)'

3 戸籍との関係 戸籍は夫婦及びこれと氏を同じくする子ごとに編製される〔戸6〕。やむをえない事由によって氏又は氏の振り仮名を変更する場合には，戸籍の筆頭者及び配偶者が家庭裁判所の許可を得て届け出なければならない〔戸

うそはつけ

〔107①・107の3〕。 ⇨戸籍'

4 昭和22年改正前民法における氏 氏は同一の家に属する集団の呼称であるとともに、*家'の呼称であると考えられていた。昭和22年の民法改正(法222)により、家制度が廃止されるとともに、氏は、家に属する集団の呼称ではなくなり、また、家の呼称でもなくなった。

5 選択的夫婦別氏の考え方 平成8年(1996)2月、法制審議会から法務大臣に答申された「民法の一部を改正する法律案要綱」には、夫婦が、同氏を称するか、別氏を称するかを選択することができる趣旨の考え方が示された。しかし、この考え方は、2024年1月現在、実現していない。

うそ発見器 ⇨ポリグラフ検査'

疑わしきは被告人の利益に 刑事訴訟において、*要証事実'の存否について裁判所が確信を得るに至らない場合には*被告人'の利益に判断するという原則であり、検察官に*挙証責任'があることを示す。利益原則と称される。犯罪事実だけでなく、*訴訟条件'や*自白'の任意性判断にも適用される。*無罪の推定'はこれとほぼ同義。本来は*事実認定'の原則だが、最高裁判所は*白鳥事件'において、*再審'開始決定についてもこの原則は妥当するとしている。現行法には明文の根拠規定はないが、憲法31条や刑事訴訟法336条の趣旨から当然導かれるものとされる。

宴(うたげ)のあと事件 日本でプライバシーの権利が最初に認められた事件(東京地判昭和39・9・28下民15・9・2317)。三島由紀夫の小説「宴のあと」(昭和35)は、東京都知事選挙の候補者「野口雄賢」(小説の主人公)とその妻との愛情生活とその破綻を描いたものであるが、小説の内容から、「野口」のモデルが小説発表の前年の都知事選に実際に出馬した元外務大臣であることは明白であった。そこで、彼は、プライバシー侵害を理由に*損害賠償'と*謝罪広告'を求めて訴えを提起した。これに対して、作者は、文学作品においては現実のモデルはフィクションの世界に移しており、小説はモデルの現実の行動の描写ではない、と争ったが、判決は、プライバシー権を「私生活をみだりに公開されないという法的保障ないし権利」と定義した上で、その「不法な侵害に対しては法的救済が与えられるまでに高められた人格的な利益」であるとし、モデル小説は必ずしも文学的価値の面だけから読者の興味を引くのではなく、むしろ小説の描写が事実を記述したものだと想像するのが社会の現実であるとして、世人の好奇心にさらされたモデルのプライバシー侵害に対して、作者・出版者は80万円の*慰謝料'を支払うように命じた。権利侵害の要件として、公開された内容が、イ 私生活上の事実又は私生活上の事実らしく受け取られるおそれのあること、ロ 一般人の感受性を基準にすれば公開を欲しないであろうと認められること、ハ 公知でなく、公開により実際に不快、不安の念を覚えたこと、が挙げられ、この基準は以後の同種事件でも用いられている。事件は、その後控訴審で*和解'が成立した。 ⇨プライバシー'

打切発行 設立時募集株式又は募集株式の割当てを受けた引受人の権利を、相互に独立したものとして扱うことをいう。すなわち、出資の履行をしない引受人は、払込期日又は払込期間が経過することによって、当然に*株主'となる権利を失う〔会社63③・208⑤〕。一方、出資の履行をした引受人は、*募集設立'では*株式会社'が成立した時に、募集株式の発行で払込期日を定めた場合にはその日に、払込期間を定めた場合には出資の履行をした日に、株主となる〔会社102②・209①〕。募集社債についても、原則として打切発行であるが、募集社債総額の引受けがない場合に募集を中止する旨定めておくことができる〔会社676Ⅲ〕。 ⇨払込期間' ⇨払込期日'

打切補償 ⇨傷病補償年金'

内 金 売買代金や請負報酬の一部として前払される金銭。契約締結に際して交付される手付けに似ているが、手付けのように特別の法律的な効果があるのではなく、単なる債務の一部履行にすぎない。しかし、内金と称して支払われる金銭が法律的には手付けの性質をもつと考えられる場合も多く、手付けと内金との区別が困難なことがある。一般に、代金額に対する割合が20～30%くらいの大きいものが内金で、10%程度のものが手付けであると説かれている。 ⇨手付け'

宇 宙 宇宙に関する基本的な法原則は1963年の国際連合総会決議「宇宙空間の探査及び利用における国家活動を律する法的原則の宣言」(総会決議1962(XVIII))に基づき、1966年の*宇宙条約'において規定されるに至った。その後、1968年に「宇宙飛行士の救助及び送還並びに宇宙空間に打ち上げられた物体の返還に関する協定」(昭和58条5)(宇宙救助返還協定)、1972年に「宇宙物体により引き起こされる損害についての国際的責任に関する条約」(昭和58条6)(宇宙損害責任条約)、1974年に「宇宙空間に打ち上げられた物体の登録に関する条約」(昭和58条7)(宇宙物体登録条約)及び1979年

うつたえの

に「月その他の天体における国の活動を律する協定」(月協定)が締結された。また、1988年に宇宙基地協定(平成4条1)がアメリカ合衆国政府、ヨーロッパ宇宙機関の加盟国政府、日本国政府及びカナダ政府の間で締結されたが、1998年には、ロシア連邦政府を加えた新宇宙基地協定(平成13条2)にとって替わられた。宇宙空間と天体は全人類の活動分野として全ての国の探査・利用を認める〔宇宙約1〕が、国家による領有は否定される〔宇宙約2〕。宇宙活動は国際法に従って行われなければならず〔宇宙約3〕、宇宙空間と天体は平和的に利用されなければならない〔宇宙約4〕。宇宙活動に対しては打ち上げ国に責任が集中し賠償責任が一元化される〔宇宙約6・7〕。打ち上げ国は、宇宙物体が第三者に与えた損害については'無過失責任'を、他国の宇宙物体に与えた損害については過失責任を負う〔宇宙損害責任条約2・3〕。日本の宇宙関連の国内法としては、宇宙基本法(平成20法43)、「人工衛星等の打上げ及び人工衛星の管理に関する法律」(平成28法76)(宇宙活動法)、「宇宙資源の探査及び開発に関する事業活動の促進に関する法律」(令和3法83)(宇宙資源法)がある。

宇宙条約 正式には「月その他の天体を含む宇宙空間の探査及び利用における国家活動を律する原則に関する条約」という。1966年12月19日国際連合総会にて採択、翌67年10月10日発効。日本は1967年に批准した(昭和42条19)。前文と17カ条から成り、宇宙空間の探査・利用の自由〔宇宙約1〕、領有権の否定〔宇宙約2〕、国際法の遵守〔宇宙約3〕、*大量破壊兵器*の打上げ禁止〔宇宙約4〕、宇宙飛行士に対する援助〔宇宙約5〕、国家の責任集中原則と損害賠償責任の一元化〔宇宙約6・7〕、物体・乗員に関する管轄権、物体の所有権と返還〔宇宙約8〕等につき規定する。宇宙法分野における基本条約としての性格を有する。 ⇨宇宙'

訴え ある者(原告)が特定の他の者(被告)を相手にして特定の権利主張をし、かつ、その権利主張の当否について裁判所の*審判*を求める申立て。この審判の対象である権利主張が*訴訟上の請求*あるいは*訴訟物*である。**1 訴え提起の効果** *訴えなければ裁判なし*といわれるように、訴えの提起によって*民事訴訟*又は*行政事件訴訟*が開始される。訴えが提起されないのに裁判所が勝手に訴訟を始めることはないし、また、訴えによって審判をすることを求められた事項についてだけ審判する〔民訴246〕(⇨処分権主義)。訴えは、このように裁判所に対して審判を求める*訴訟行為*であり、その提起によって*訴訟係属*を発生させる。同時に、訴えは相手方(被告)に対して一定の実体法上の権利主張をするものともみられることから、訴えの提起には、更に*時効の完成猶予*の効果その他実体法上の効果も与えられる〔民訴147, 民147①I・189②, 手70③〕。訴えが提起されると、裁判所は原則として*口頭弁論*を開いて訴えについて審理し、判決という形式で処理する。このような訴えに対する審判手続を*判決手続*という。訴えによって請求の当否について判決を受けるには、*訴訟要件*を具備している必要がある。この要件が欠けていると、訴え却下の判決(*訴訟判決*)がなされる。
2 訴えの種類 訴訟上の請求の内容・性質によって、*確認の訴え*、*給付の訴え*、*形成の訴え*の3種に分けられる。また、提起の態様・時期から、単一の訴えと併合の訴え(⇨請求の併合)、独立の訴えと*訴訟中の訴え*に分けることができる。
3 訴え提起の方式 原則として*訴状*を*管轄*権のある裁判所へ提出して行う〔民訴134①〕が、*簡易裁判所*では口頭でも提起できる〔民訴271〕。また、*支払督促*の申立て〔民訴395〕、*起訴前の和解*の申立て〔民訴275②〕、労働審判の申立て〔労審22〕が訴えを提起したものとみなされて訴訟手続が始まる場合がある。

訴え提起前の和解 ⇨起訴前の和解'

訴えなければ裁判なし 訴えが提起されないのに裁判所が勝手に民事訴訟を始めることはできないし、当事者の申し立てない事項について判決することはできないことをいう*法諺*(⇨')。 ⇨処分権主義' ⇨不告不理の原則'

訴えの却下 民事訴訟上、*訴訟要件*が欠けているために、*訴訟上の請求*の当否につき判断(*本案判決*)を与えるのは相当でないとして、*訴え*を退けること。訴え却下の裁判も判決形式でされる。 ⇨棄却・却下' ⇨訴訟判決'

訴えの客観的併合 狭義では、1人の原告が1人の被告に対し、訴え提起の当初から1つの訴えで複数の*訴訟上の請求*を提出すること(固有の訴えの客観的併合)をいうが、広義では、請求の併合と同義に用いられる。 ⇨請求の併合'

訴えの原因 ⇨請求原因'

訴えの主観的併合 1つの訴えによって数人が同時に訴え又は訴えられる場合。多数人によって構成される訴訟形態である主観的単純併合の場合のほか、*主観的予備的併合*などがある。なお、*主観的追加的併合*も参照。

うつたえの

訴えの提起　⇨訴え'

訴えの取下げ　民事訴訟において，原告がその提起した*訴え'の全部又は一部を撤回する*訴訟行為'。訴えの取下げは*終局判決'が確定するまで可能であるが，被告が*本案'につき*準備書面'を提出し又は*弁論準備手続'若しくは*口頭弁論'をした後は，被告の同意が必要である〔民訴 261〕。取下げにより訴えは初めから係属しなかったことになる〔民訴 262 ①〕。終局判決後に訴えが取り下げられると，終局判決は効力を失うが，原告はその後同一の訴えを提起することができなくなる〔民訴 262 ②〕。第一審の口頭弁論*期日'等に当事者双方が欠席し，又は弁論等をしないで退席し，その後１カ月以内に期日指定の申立てをしなかったときは，訴えの取下げが擬制される。双方が２回連続して欠席した場合にも同様に取り扱われる〔民訴 263〕。なお，訴えの取下げに関する規定の一部は，控訴及び上告の取下げ（⇨上訴の取下げ）に準用される〔民訴 292 ②・313〕。

訴えの併合　*請求の併合'(*訴えの客観的併合')と*訴えの主観的併合'(*共同訴訟'など)の総称。

訴えの変更　民事訴訟法上，*訴え'を提起した後に，その*訴訟上の請求'を改めること。請求の変更ともいう〔民訴 143〕。具体的には，*訴状'記載の*請求の趣旨'又は*請求原因'を変更して行われ，単なる*攻撃防御方法'の変更はこれに当たらない。訴えの変更には，従前の請求に代えて新請求を提起する訴えの交換的変更と，新請求を追加する訴えの追加的変更とがある（⇨訴えの追加的併合'）。共通の紛争に基づく請求はなるべく１回の訴訟で解決する方が*訴訟経済'に資するので，民事訴訟法は*事実審'の*口頭弁論'終結前ならば，従前の訴訟手続の利用を許し，*請求の基礎'を変更しないことと訴訟手続を著しく遅滞させないこととを要件に訴えの変更を許している〔民訴 143 ①〕。訴えの変更は，書面の提出により行うのが原則である〔民訴 143 ②〕。訴えの変更の要件を欠くときは，裁判所は変更を許さない旨の決定をする〔民訴 143 ④〕。この決定に対しては，*不服申立て'は許されず，*終局判決'に対する*上訴'で争うことができる。なお，*行政事件訴訟'においても訴えの変更が認められている〔行訴 21〕。

訴えの利益　Ⅰ　民事訴訟において，原告の請求に対し*本案判決'をすることが当事者間の紛争を解決するために有効かつ適切であること。訴えの利益は*訴訟要件'であり，それが欠ければ訴え却下判決がなされる。いかなる権利ないし法律関係の存否等についても判決を求めることが論理的には可能な*確認の訴え'が制定法に導入された際，即時に*確認判決'を下す必要性のある事件とそうでない事件を振り分けるため*確認の利益'という要件が設けられたことを契機として，*権利保護請求権説'に立つ学者は，*給付の訴え'，*形成の訴え'においても同様に，原告の請求に対し本案判決をする必要があるかを問題とすることができることを明らかにし，こうした問題を広義の*権利保護の利益'と呼び，更にそれを「権利保護の資格」と狭義の「権利保護の利益」とに分けて論じた。現在の日本では広義の「権利保護の利益」という語に代えて，一般に訴えの利益の語を用いる。給付，確認，形成の各訴えの類型に共通して訴えの利益を欠く場合として，原告の請求が具体的な権利ないし法律関係の存否を内容とするものでないことが挙げられることがあるが，これは，*民事裁判権'が*法律上の争訟'〔裁 3〕のみを対象とすることに由来する制約であり，訴えの利益の問題ではない。また，再訴禁止〔民訴 262 ②〕や別訴禁止〔人訴 25〕等起訴の禁止に触れること，事件につき*不起訴の合意'，*訴えの取下げ'の合意や*仲裁合意'〔仲裁 15〕が存在すること，が挙げられることがあるが，これらも，それぞれの規定又は合意の効果として直ちに訴えが不適法となり，訴えの利益とは別問題と考えるべきであるとの見解があり，これに従えば，訴えの利益の有無は，給付の訴え，確認の訴え，形成の訴えごとに判断される（⇨将来の給付の訴え'）にすぎず，訴えの３類型に共通して訴えの利益の有無が問題となる場合は存在しないこととなる。

Ⅱ　*行政訴訟'，とりわけ行政処分の*取消訴訟'の場合，訴えの利益とは，広義には*原告適格'の問題も含むが，狭義には個々の事案において本案判決を下す必要性の問題である。*処分'に不利益性がないと訴えの利益は否定される（最判昭和 61・10・23 判時 1219・127〈吹田二中教師転任事件〉）。訴えの利益に関わって特に問題になるのは，処分後の事情変更による訴えの利益の喪失である。例えば，建築確認処分の取消訴訟係属中に建築工事が完了すると，訴えの利益は失われる。教科書検定不合格処分が争われた第２次家永教科書訴訟では，訴訟係属中の*学習指導要領'改正により訴えの利益はなくなるとされた（最判昭和 57・4・8 民集 36・4・594，差戻審・東京高判平成元・6・27 高民 42・2・97）（⇨家永教科書裁判'）。*行政事件訴訟法'9 条 1 項括弧書きによれば，処分本来の効果が消滅した後

も、なお取消しにより回復すべき法律上の利益を有する者は、取消訴訟を提起することができる。例えば、運転免許停止処分の場合、期限が到来しても1年間は後の処分の加重要件となるので、訴えの利益は失われない。

ウティ・ポシデティス・ユーリス原則　⇨'領域権原'

宇奈月温泉事件　日本で初めて*'権利濫用'の法理を確立した判決を生んだ事件。富山県黒部渓谷の入口にある宇奈月温泉は、鉄道会社が敷設した木管によって上流の泉源から引き湯し温泉としたもので、住民の大部分はこれで生計を立てていたが、引湯管の通過する土地のうち2坪については、会社が引湯管を敷設する利用権の設定を受けていなかった。これを知ってその2坪の土地を含む土地を買い受けた者が、会社に対し、それを2万円(当時の時価は約30円)で買い取ることを請求し、買い取らない場合は所有権に基づく妨害排除として引湯管を撤去すること等を求めた。大審院は、会社に対する請求が「社会観念上所有権ノ目的ニ違背シ其(ｾ)ノ機能トシテ許サルヘキ範囲ヲ超脱スルモノニシテ権利ノ濫用ニ外ナラス」と判示して認めなかった〔大判昭和10・10・5民集14・1965〕。この事件以降、権利濫用の法理は確立し、昭和22年の民法改正(法222)により明文化された〔民1③〕。

得(う)べかりし利益　⇨'逸失利益'

梅謙次郎(1860～1910)　現行民法典の起草者で民法・商法学者。東京外国語学校・司法省法学校を卒業後、明治19年(1886)から5年間フランス、ドイツに留学、帰国後、明治23年東京帝国大学法科大学教授となり、和仏法律学校(後の法政大学)総理等を兼ねた。進歩的・自由主義的な立場に立ち、*'ボアソナード'の起草した民法典(⇨'旧民法')を施行するかどうかが争われたいわゆる*'法典論争'では、早期施行派の主唱者として、*'穂積八束'を始めとする延期派と対立した。旧民法の施行が無期延期になると、明治25年法典調査会委員となり、*'穂積陳重'・*'富井政章'とともに、現行民法典を起草し、また、岡野敬次郎(1865～1925)らとともに、商法典の立案にもあたった。主著『民法要義』(全5巻、明治29～33)は、民法全般にわたる起草者の著述として、現在でも大きな価値をもっている。

裏書　**1意義**　*'指図証券'の譲渡の方式。指図証券を譲渡する*'譲渡裏書'のほか〔民520の2〕、証券上の権利の取立権限を授与する*'取立委任裏書'〔手18・77①Ⅰ、小23〕及び証券上の権利に担保権を設定する*'質入裏書'がある〔民520

の7〕。**2方式**　証券又はその*'補箋'に、「表記の金額をA殿又はその指図人にお支払い下さい」という裏書文句を記載し、*'裏書人'が*'署名'(*'記名押印')するのが正式であるが(⇨'記名式裏書')、「A殿」という被裏書人の記載をしないで空白にしたままでもよいし、また、被裏書人も裏書文句も記載しないで、単に証書の裏面又は補箋に裏書人の署名をするだけでもよい(⇨'白地(ﾁ)式裏書')〔民520の3、手13・77①Ⅰ、小16〕。**3効力**　イ　裏書により証券上の一切の権利が裏書人から被裏書人に移転する〔民520の2、手14①・77①Ⅰ、小17①〕(⇨'権利移転的効力')。この場合、被裏書人は*'善意取得'の保護を受け〔民520の5、手16②・77①Ⅰ、小21〕、抗弁の制限による保護〔民520の6、手17・77①Ⅰ、小22〕を受ける。ロ　証券の記載上被裏書人になっている者が裏書の連続する証券を所持しているときは、権利者と推定される〔民520の4、手16①・77①Ⅰ、小19〕(⇨'裏書の連続')。これを裏書の資格授与的効力という。ハ　手形・小切手及び*'抵当証券'においては、裏書人は、裏書により被裏書人及びその後者に対して*'担保責任'を負う〔手15①・77①Ⅰ、抵証31・40〕(⇨'担保的効力')。なお、この担保的効力は*'持参人払式小切手'の裏書にも認められる〔小20〕。

4債権譲渡との比較　裏書による権利移転は、債権譲渡と比較すると、手続的に簡単であり〔民467参照〕(⇨'債権譲渡')、また、被裏書人が形式的資格を与えられ、善意取得の保護を受ける点、被裏書人が抗弁の制限による保護を受ける点、更に、手形・小切手及び抵当証券では裏書人に担保責任を負わされる等の点で、譲渡の効力が強化されている。

裏書禁止裏書　以後の新たな*'裏書'を禁ずる旨(裏書禁止文句)を記載してされる裏書。直接の被裏書人に対する*'人的抗弁'が以後の裏書により制限されることを避ける目的でされる。*'裏書人'が裏書禁止文句を記載する点で、*'振出人'が記載する*'裏書禁止手形'と異なる。裏書禁止裏書後の裏書が不可能になるわけではないが、その裏書人は直接の被裏書人より後の被裏書人に対して*'担保責任'を負わない〔手15②・77①Ⅰ、小18②〕。

裏書禁止手形(小切手)　*'振出人'が*'裏書'を禁ずる旨(裏書禁止文句)を記載して振り出した*'手形'。指図禁止手形ともいう。振出人が*'受取人'に対して有している*'人的抗弁'を裏書によって制限されることを避ける目的で用いられる。*'裏書人'が裏書禁止文句を記載する*'裏

うらがきき

書禁止裏書'と異なり，この手形は裏書によって譲渡することができず，債権譲渡の方式〔民467〕(⇨債権譲渡)によって譲渡できるにすぎない〔手11②〕。このほかに手形の交付が必要とされる〕。もっとも，裏書禁止手形も権利が証券に結合している*有価証券'であり，その譲渡及び行使が手形によってなされる以上，債務者その他の*第三者'に対する*対抗要件'として*確定日付'のある証書による通知・承諾は必要でなく，意思表示と手形の交付があればよいとする説もある。譲渡の効力は，債権譲渡のそれ〔民468〕と同一であり〔手11②〕，したがって，抗弁の制限や手形の善意取得(⇨有価証券の善意取得)は認められず，また，その手形を譲渡した者が*担保責任'を負うこともない〔手11②・77①Ⅰ〕。*小切手'についても同様である〔小5②・14②〕。

裏書禁止文句　⇨指図禁止文句'

裏書人　*指図証券'上の権利を移転するために証券上に裏書をする者。*手形'・*小切手'の場合には，裏書人は原則として*担保責任'を負う〔手15①・43・77①Ⅳ，小18①・39，抵証31・40〕。⇨裏書'・*手形(小切手)当事者'

裏書の効力　⇨裏書'・*権利移転的効力'・*資格授与的効力'・*担保的効力'

裏書の抹消　1 意義・効果　*裏書'の記載を塗抹・削除などの方法で抹消すること。抹消が権限に基づいてされたものでなくても，抹消された裏書は*裏書の連続'の関係では記載されなかったものとみなされる〔手16①・77①Ⅰ，小19〕。

2 被裏書人の記載だけの抹消　裏書の記載のうち，被裏書人の記載だけを抹消した場合，判例・通説は*白地(しらじ)式裏書'になると解している(最判昭61・7・18民集40・5・977)。

裏書の連続　1 意義　最初の権利者から所持人まで，受取人が第1*裏書'の*裏書人'となり，その被裏書人が第2裏書の裏書人となるというように，直前裏書の被裏書人が次の裏書の裏書人となって続いていること。被裏書人の記載が白地(しらじ)でもよい〔手16①〕。裏書の連続の有無は，証券の記載から形式的に判断されるから，連続する裏書の中に偽造の裏書など無効又は取り消された裏書が介在していても，裏書の連続を害さず，また，抹消された裏書は裏書の連続の関係では記載しなかったものとみなされる〔手16①〕。

2 効果　裏書の連続があると，第1に，それに対応する権利の移転があったと推定し，その*指図証券'の所持人は権利者と推定される〔民520の4，手16①・77①Ⅰ，小19〕。手形法・小切手法上は適法の所持人と「看做(なに)ス」となっているが，「推定」するという意味だと一般に解されている。したがって，手形を盗取した者が裏書を偽造して裏書の連続する手形の所持人となったときは，債務者はその者が無権利者であることを立証すれば請求を拒むことができる。第2に，裏書の連続する証券の所持人から裏書により証券上の権利を譲り受けた者は，譲渡人が無権利者であっても，*悪意'・*重過失'がない限り証券上の権利を取得する〔民520の5，手16②・77①Ⅰ，小21〕(⇨有価証券の善意取得)。第3に，債務者は，裏書の連続する指図証券の所持人に履行すれば，その者が無権利者であったとしても，悪意・重過失がない限り免責される〔民520の10，手40③・77①Ⅲ，小35〕(⇨免責的効力')。

3 裏書の不連続と権利行使　裏書の連続がなければ，上記2に述べた効果は認められないが，裏書の連続の欠けた部分につき実質的に権利が移転したことを立証すれば，権利を行使することができる。

裏口上場　1 意義　非上場会社が，証券取引所による上場審査を受けずに，実質的に上場を果たすこと。具体的には，非上場会社(A社)が上場会社(B社)と合併等を行い，A社が実質的な存続会社となり，B社は実質的存続性を失うという形で行われる。

2 規制　証券取引所は，裏口上場を防ぐために，合併等による実質的存続性喪失に係る上場廃止基準を設けている。例えば，東京証券取引所の上場会社が非上場会社と吸収合併等を行った場合で，「当該上場会社が実質的な存続会社でないと当取引所が認めた場合において，当該上場会社(吸収合併等の前においては，当事者である非上場会社として施行規則で定める者をいう。)が3年以内に施行規則で定める基準に適合しないとき」は，その上場は廃止されることになる〔東証有価証券上場規程601①⑤a〕。ここでいう「施行規則で定める基準」とは，有価証券上場規程205条等に定められた新規上場審査基準に「準じた基準」のことであり〔東証有価証券上場規程施行規則601⑤⑥〕，これによって，非上場会社が上場審査を受けずに上場を果たすことを防いでいる。

売 為替　送金のために用いられる*為替手形'。送金為替ともいう。甲地のAが乙地のBに対して売買代金の支払等のため送金する場合に，Aは，甲地のC銀行に現金を払い込んで，C銀行から乙地の支店又は取引先(銀行)を支払

人とする為替手形を買い受け，これを乙地のBに送付すれば，Bは乙地においてその手形により支払を受け，Aから送金を受けたのと同様の効果を収めることができる。この為替手形を銀行の側からみて売為替という。　⇨為替'　⇨買為替'

売出発行　*社債募集'の一態様で，募集社債の総額を確定せずに一定の売出期間を定め，その期間内に発行会社が公衆に対し個別的に*社債'を売り出す方法。かつては長期信用銀行などに限り認められていた〔長銀11②，信金54の7等〕。会社法は，募集に関する重要な事項を除いて*代表取締役'レベルで決定できる事項を広げ〔会社362④⑤，会社則99参照〕，募集社債の総額について割当てできない場合には応募のあった分だけで発行する*打切発行'を原則化して〔会社676Ⅱ参照〕募集社債の総額を確定せずに社債を発行できるようにし，*社債申込証'制度を廃止するなど，一般の会社も売出発行が可能となるよう規定を整備した。

売主追加請求権　*株式会社'が特定の株主から*自己株式'を取得する場合には〔会社160①〕，*株主総会'の*特別決議'が必要であるほか〔会社309②②〕，自分からも株式を買い取る旨の議案に変更するよう会社に請求する権利が他の株主には認められている〔会社160③，会社則29〕。この趣旨は，換金困難な株式の売却機会の平等確保とグリーンメーラー(株式を大量に買い占めて会社を威圧し，会社又はその関係者に株式を高値で買い取らせようとする者をいう)等からの不当な高値での買取防止にある。この趣旨が妥当しないイ 会社が市場価格のある株式を市場価格より安く取得する場合や，当該自己株式取得を認める必要性が高いロ a 公開会社でない株式会社が相続その他の一般承継により株式を取得した者が議決権を行使する前にその者から取得する場合，及び b 親会社が子会社から取得する場合には，売主追加請求権は認められない〔会社161〜163〕。また，定款により売主追加請求権を排除することはできるが，定款変更により排除する場合には株主全員の同意が必要である〔会社164〕。

売渡担保　　⇨譲渡担保'

ウルトラ・ヴィーレース　🔳 ultra vires
1 意義　一般に自己に与えられた権能を超えた行為をいうが，特に*法人'の*定款'に定められた目的の範囲外の行為をいい，目的以外の行為は*無効'とされる考え方を能力外理論という。この理論は，19世紀の中頃にイギリスの判例によって成立し，アメリカに導入されたが，近年では修正あるいは破棄される傾向にあるとされる。日本の民法典はこの原則を継受した〔民旧(平成18法50改正前の)43，民34〕。
2 一般社団法人・一般財団法人の場合　民法上，法人は定款又は*寄附行為'によって定められた目的の範囲内でのみ権利を有し義務を負うとされていた〔民旧43〕。また，民法旧43条は*中間法人'にも準用されていた〔中間法人法(平成13法49。平成18法50により廃止)9①〕。したがって，*公益法人'・中間法人については，目的の範囲外の行為は，*権利能力'を超える行為として無効となると解されていた。同様に，一般社団法人・一般財団法人についても，目的の範囲外の行為は無効となる。*一般社団法人及び一般財団法人に関する法律'施行(平成20年12月1日)後は，民法34条が法人一般についての通則となるからである。
3 会社の場合　会社については，民法旧43条を準用する明文の規定がないために，その適用・類推適用の有無については見解が分かれていた。判例(最判昭27・2・15民集6・2・77等)は，会社の権利能力も目的による制限を受けるとしつつ，イ 定款に記載された目的自体に包含されない行為であっても目的遂行に必要な行為は目的の範囲に属する，ロ 目的遂行に必要か否かは，問題となっている行為が，会社の定款記載の目的に現実に必要であるか否かではなく，定款の記載自体から観察して，客観的に抽象的に必要でありうべきか否かという基準に従って決すると解することで，*取引の安全'を図ってきた。これに対して，学説上は定款の目的によっては権利能力は制限されないとする見解も有力であったが，「一般社団法人及び一般財団法人に関する法律」施行後は，会社にも民法34条が全ての法人に関する通則であるという位置付けが明確にされたため，現在では学説上会社の権利能力は目的による制限を受けるとする立場が一般的である。

上乗せ条例　公害防止条例などにおいて国の法令で定められた事項について，法令の基準より厳しい基準を定める*条例'。全国一律の基準では健康の確保，環境の保全などが不十分である場合に制定されることが多い。法律自体に条例による加重的(上乗せ)規制を認める規定がない場合に特に条例の違法性が問題となる。学説には公害規制法律は*ナショナル・ミニマム'を定めたもので，上乗せ条例は違法とならないとする見解がある。法令の規制対象外施設を規制対象にする条例のような場合に上乗せ条例か横出し条例か判断が分かれるものもある。上乗

うんが

せ条例の分類や上乗せが許容される行政分野や要件については見解が一致していない。判例は，*道路交通法'と*公安条例'の重複規制が問題になったケースにおいて国の法令が「その地方の実情に応じて，別段の規制を施すことを容認する趣旨である」場合には，条例は違法とならないとしている〔最大判昭和50・9・10刑集29・8・489〔徳島市公安条例事件〕〕。 ⇨横出し条例'

運 河 ⇨国際運河'

運行供用者 ⇨自動車損害賠償保障法'

運送営業 広義には，物品又は旅客の運送を目的とする営業のこと。目的物により，物品運送・旅客運送に分けられ，また，移動する空間の別により陸上運送・*海上運送'・*航空運送'に分かれる。商法は商行為編に運送に関する規定を設け，海商編に海上物品運送の特則を置く。国際的な海上物品運送については更に*国際海上物品運送法'の適用があり，国際航空運送には*モントリオール条約'が適用される。狭義の運送営業については，商法のほか，鉄道事業法，鉄道営業法，軌道法（大正10法76），道路運送法，貨物自動車運送事業法（平成1法83），港湾運送事業法など，多数の公私両法規を含む特別法の適用を受ける。

運送契約 当事者の一方（*運送人'）が物品又は旅客を場所的に移動することを約し，相手方（*荷送人'・旅客）がこれに対し報酬（*運送賃'）を支払うことを約する契約。この契約に基づき運送を引き受ける行為は*営業的商行為'である〔商502④〕。運送の目的物が物品の場合には*物品運送契約'といい，旅客の運送を目的とするものを*旅客運送契約'という。また，運送の行われる空間の差により，陸上運送契約・*海上運送'契約・*航空運送'契約に分けられる〔商569②～④〕。この契約は，契約類型としては，運送という仕事の完成を目的とする*請負'契約に属するが，商法・*国際海上物品運送法'・*モントリオール条約'の適用，又は運送約款で規制される。諾成・有償の*双務契約'である。運送約款に従い契約が締結されることが多く，公共的性格の運送事業については*締結強制'が行われ，約款の内容についても行政的監督が行われる（⇨約款'）。商法典の運送に関する規定は，現代化のため，平成30年に全面的に改正された。

運送状 ⇨送り状'

運送証券 *運送人'が運送品を受け取ったことを証し，目的地においてこれを引き渡す債務を負担する*有価証券'。運送品引渡請求権を表章する。*船荷証券'・*複合運送証券'がその例である。有価証券でない*航空運送状'も運送証券と呼ばれる場合がある（*ワルソー条約'・*モントリオール条約'）。

運送賃 1 定め方 運送という仕事の完成に対する報酬。その額は，*物品運送契約'では，契約によって運送品の重量・容積・期間・距離を標準とし，又は定額で定められるのが通常である。*旅客運送契約'では，当事者の交渉によって運賃を定めることは少なく，賃率表で一定されること（表定運賃）が通常である。*海上運送'・*航空運送'の運賃は，特に国際的需要供給事情に応じて定まる要素が多く，更に定期航路では，運賃同盟を結成して，これを統一することもある。公共的性格の運送の場合については，認可あるいは届出が強制されている〔鉄事16，道運9・9の2，海運8，港湾運送9，航空105等〕。

2 支払義務者・割合運送賃など 支払義務者は*荷送人'であるが，運送品受取後は*荷受人'も義務者となる〔商581③，国際海運15〕。運送の完成について支払われるものであるから，向こう払い（着払い）を原則とし，運送品が到着しない限り支払請求権はないが，運送品の全部又は一部がその性質，瑕疵（か）又は荷送人の*過失'により滅失したときは全額を請求できる〔商573，国際海運15〕。*船長'が航海を継続するために積荷を航海の用に供した場合も同様である〔商746，国際海運15〕。また，荷送人等の指図による運送品の処分の場合〔商580，国際海運15〕（⇨運送品処分権'）には，*割合運送賃'を請求できる。

3 支払 運送賃の支払については，*運送人'は，運送品の上に*留置権'（⇨運送人の留置権'）・*先取特権'〔商582，民318，国際海運15〕をもち，海上運送の場合には，運送品競売権をもつ〔商742，国際海運15〕。

運送取扱営業 1 意義 物品運送の取次営業〔商559①〕。その営業主体を*運送取扱人'という。*取次商'であることから，特則のない限り*問屋（といや）'の規定が準用されている〔商559②〕。

2 運送取扱人の義務 運送取扱人は，運送品発送人のために自己の名をもって*運送契約'を締結するため，運送品の受取・引渡し・保管，*運送人'や他の運送取扱人の選択その他運送取扱業務〔商560〕を*善良な管理者の注意'をもって処理しなければならない〔商559②・552②〕。損害賠償責任は運送人の場合と同様である〔商560・564・577〕が，損害賠償額算定の特則はなく，また，*短期消滅時効'が定められている〔商564・586〕が，責任の特別消滅事由〔商584参照〕は認め

3 運送取扱人の権利 運送取扱人は、*運送賃'等の償還請求権〔商559②・552②、民650〕のほか、報酬請求権をもつ〔商512〕が、運送取扱契約で運送賃の額を定めたときは特約がなければ別に報酬を請求することができない〔商561②〕。報酬は、運送品の運送人への引渡し後に請求できる〔商561①〕。報酬請求権につき留置権をもつ〔商562〕(⇨*商事留置権')。運送取扱人は、反対の特約のない限り、*第三者'と運送契約を締結せず、自ら運送を引き受けることができる〔商563①〕(*介入権')。なお、*複合運送証券'を作成交付したときは、介入権を行使したものとみなされる〔商563②〕。運送取扱人のもつ債権の消滅時効は1年〔商564・586〕。

4 運送品受取人 運送品受取人は、運送品が目的地に到達した後は、運送取扱契約によって生じた委託者の権利を取得し、受取により、運送取扱人に対する債務を負担する〔商564・581〕。

5 相次運送取扱い 数人の運送取扱営業者が、相次いで運送の*取次'をすることを相次運送取扱いといい、後の運送取扱人の代位権等が認められる。 ⇨*相次運送取扱い'

運送取扱人 物品運送の*取次'をすることを業とする者〔商559①〕。取次に関する行為を営業とする者として*商人'である〔商502Ⅺ・4①〕。具体的には、委託者である運送品発送人の計算で、自己の名をもって、*運送人'と*運送契約'を締結し、その他運送に必要な手配をすることを業とする。 ⇨*運送取扱営業'

運送人 商法上は、陸上運送、*海上運送'又は*航空運送'の引受けをすることを業とする者〔商569〕。他人との*運送契約'に基づき運送を引き受けることを業とする点において*商人'である〔商502Ⅳ・4①〕。 ⇨*運送営業'

運送人の留置権 *運送人'に認められる特殊な*留置権'〔商574・741②〕。運送人が運送品に関して受け取るべき*運送賃'、付随の費用及び立替金について、その運送品を留置することができる。*商事留置権'の1つ。運送人にとって、民法上の留置権〔民295〕及び*商人間の留置権'〔商521〕のほかに認められるものであるが、実質的には民法上の留置権の具体化にすぎない。ただ、この留置権は、破産手続等において*別除権'を認められ〔破66、民再53①〕、また*会社更生手続'では*更生担保権'となる〔会更2⑩〕点に特色がある。同種の留置権は、*運送取扱人'にも認められている〔商562〕。

運送人渡し ⇨エフ・シー・エー(FCA)条件'

運送品処分権 *荷送人'が、運送の中止、運送品の返還その他の処分をすることを*運送人'に指図することができる権利〔商580、国際海運15〕。運送人はこの指図に従わなければならない。荷送人をして運送の過程における市場の景況や買主の信用状態の変化に対処させるために認められた権利。しかし、運送人の利益も考えなければならないことから、運送人が引き受けた本来の義務を本質的に変更するもの(荷送人への返還、運送道筋の変更、到着地の延長など)であってはならないとされる。運送人が荷送人の指図に従って処分をしたときは、運送人は、既にした運送の割合に応ずる*運送賃'、付随の費用、立替金、処分により生じた費用の弁済を請求できる〔商580、国際海運15〕。運送品処分権は、運送品が目的地に到達した後に*荷受人'がその引渡し又は損害賠償を請求したときは行使できない〔商581②、国際海運15〕。

運賃保険料込み ⇨シー・ピー・ティー(CPT)条件'

運用違憲 法令自体は合憲であるとの前提に立ちつつ、その法令の政府機関による運用の実態を検討し、それが違憲であるならば、訴訟において問題となった、その運用の一環としての具体的行為は違憲であるとする憲法判断の方法。*合憲解釈のアプローチ'の一手法。東京都公安条例に関する日韓条約反対デモ事件第一審判決(東京地判昭和42・5・10下刑9・5・638)がその適用例である。同控訴審判決(東京高判昭和48・1・16判時706・103)は、*事件性'の要件の制約ゆえに裁判所は法令の運用実態は*補助事実'として考慮するにとどまるとしたが、これには批判が強い。

え

エー・アイ(AI)生成物 1 狭義にはAI(人工知能)を用いて自律的に生成された情報を指す。コンピューターを用いて生成された情報の一類型であるが、近時AI技術の飛躍的進歩に伴い人が創作した*著作物'と見分けが付かないものが生成され注目されている。その創作性については日本を含め多くの国で否定的に解されている。すなわち著作物は人間の思想・感情を創作的に表現したものであるから〔著作2①Ⅰ〕、仮に人が作成したならば著作権法の保護を受けうるような情報でも、創作性は否定される。もっとも、コンピューターを操作する者が、生成の際に与える指示や出力された情報の取捨選択を繰り返すことで、創作性を獲得する余地はある。この場合は自律的に生成された情報ではなく、人が著作者であり、AIを道具として使ったということになる。
2 AIのモデルを構築するため機械学習を行う際に、他人の著作物を大量に複製することがあるが、日本においては、原則非享受利用に該当し、著作権者の許諾なく自由に行うことができる〔著作30の4柱〕。これに対して著作権者の不安は根強く、「非享受利用に該当しない場合があるのではないか」、「著作権者の権利を不当に害する場合があるのではないか」との指摘がされている。また、生成物が他人の*著作権'を侵害するかどうかについては、一般の著作権侵害の判断手法に従うことになるが、AIが情報を生成する仕組みはブラックボックスになっている部分があり、類似性が認められる場合でも、依拠性を欠くため、結論として非侵害とされることが多いであろう。

映画著作物 ⇨著作物'

永久債 ⇨社債の種類'

永久税主義 廃止や改正がされない限り、一旦定めた租税は、将来の年度にわたって継続的に賦課・徴収することを建前とする制度のこと。毎年議会の議決を必要とする年税主義に対する観念。日本は、永久税主義を採用している。

永久選挙人名簿 昭和41年の*公職選挙法'改正(法77)により、1年据置主義をとっていた従来の基本選挙人名簿及び補充選挙人名簿に代わって採用された永久据置主義の*選挙人名簿'〔公選19①〕。引き続き3カ月以上市町村の住民基本台帳(⇨住民基本台帳')に記録された者が職権登録され〔公選21〕、一旦登録されると、死亡、国籍喪失又はその市町村の区域内に住所をもたなくなったこと等のため抹消されるまで〔公選28〕、その登録は永久に効力をもつ。公職選挙法による全ての選挙に用いられる〔公選19①〕。なお、本人の申請により作成される在外選挙人名簿も永久据置名簿である〔公選30の2②〕。

営業 営業には、主観的意味における営業と客観的意味における営業の2つがある。前者は、継続的集団的に同種の営利行為を行うこと(活動としての営業〔商5・6・12・20等参照〕)であり、後者は、*商人'が一定の営利の目的のために有する総括的な財産の組織体(組織としての営業〔商15~18、会社24②等参照〕)を意味する。客観的意味における営業は動産・不動産・債権・債務等はもちろん、営業上の*ノウハウ'、得意先、仕入先等の経済的価値を有する事実関係(*のれん'・グッドウィル)をも含むため、各個の財産の単純な総和以上の価値をもつ。そのため、一体として営業の譲渡・賃貸ができることになる(*営業譲渡'⇨*事業の譲渡'⇨事業の賃貸借')。しかし、それは一体として債権契約の対象とすることができるということにすぎず、その上に1個の物権が認められるということではない(例外として、*財団抵当'、*企業担保権')。

営業外収益・営業外費用 企業の主な営業活動以外の活動から生ずる収益・費用。営業外収益には受取利息、受取配当金、有価証券売却益などが含まれ、営業外費用には支払利息、*貸倒引当金'繰入額、*貸倒損失'(販売費とされるものを除く)、有価証券売却損などが含まれる〔財務規90・93〕。営業利益金額又は営業損失金額に営業外収益を加減した額に営業外費用を加減した額を、経常利益金額又は経常損失金額として表示する〔会社計算91、財務規95〕。

営業外費用 ⇨営業外収益・営業外費用'

営業許可 ⇨営業免許'

営業警察 公共の安全と秩序に対する障害をもたらしうる一定の営業の取締りを目的とする行政活動。*行政警察'の分類の1つであって、警察機関のみならず一般行政機関が所管する法律を含んでいる。質屋営業法(昭和25法158)、古物営業法(昭和24法108)、公衆浴場法(昭和23法139)、旅館業法(昭和23法138)、興行場法(昭和23法137)、「風俗営業等の規制及び業

務の適正化等に関する法律」〔昭和23法122〕などによって，それぞれの営業を許可制とし，必要に応じて一定の制限・禁止などを加え，義務違反に対しては*行政罰'を科するものとするのが通例である。

営業権利能力　⇨営業能力'
営業行為能力　⇨営業能力'
営業所　*商人'（個人商人・*会社'）の*営業（事業）活動の指揮命令及びその結果を統括し，営業（事業）活動の中心となる場所であって，外部に対してもそのような場所として現れるところ。ある場所が営業所といえるかどうかは，付与された名称ではなく，実体を客観的にみて判断される。1つの営業（事業）に対して複数の営業所があるとき，主たる営業所を*本店'，従たる営業所を*支店'という。営業所は，*商行為'によって生じた債務の履行場所〔商516〕，民事訴訟法上の*送達'場所〔民訴103〕，*裁判管轄'〔民訴4④・5⑤，会社835①・868，破4・5等〕，*商業登記'の管轄〔商登1の3，会社911等〕，一定の書類の備置場所〔会社31①・125①・442等〕の基準となる。また，*支配人'・*表見支配人'の概念も営業所に結び付けられている〔商20・24，会社10・13〕。

営業譲渡　**1 意義**　客観的意味における営業（⇨営業'），すなわち，*商人'が一定の営利の目的のために有する総括的な財産の組織体を，契約により，一体として移転すること。*のれん'を含んだ一体としての移転であり，営業用財産の個別的な譲渡とは区別される。営業譲渡には，営業の全部の譲渡と一部の譲渡がある。**2 手続・効果**　イ　営業譲渡は営業譲渡契約を締結して行う。譲渡人は譲受人に対して，契約に従い組織としての営業を移転する義務を負う。営業譲渡においては，会社の*合併'におけるような権利義務の*一般承継'は生じず，個別の権利移転・*対抗要件'具備・債務引受けその他の手続が必要となる。ロ　譲渡人は特約ない限り一定の範囲で*競業避止義務'を負う〔商16，会社21〕。営業譲渡は営業を一体として移転して譲受人に営業を承継することを目的に行うものであるが，その趣旨を損なわないようにするためである。ハ　譲受人が譲渡人の*商号'を引き続き使用する場合には，原則として，譲受人も譲渡人の営業によって生じた債務を弁済する責任を負う〔商17，会社22〕。商号を続用しなくても，譲受人が譲渡人の営業によって生じた債務を引き受ける旨の広告をした場合も同様である〔商18，会社23〕。また，商号の続用がある場合，譲渡人の営業によって生じた債権につき，債務者が善意・無重過失で譲受人にした弁済は，その債権が譲受人に譲渡されていなかったとしても，有効となる〔商17④，会社22④〕。ニ　譲渡人が譲受人に承継されない債務の債権者（残存債権者）を害することを知って営業を譲渡した場合には，残存債権者は，譲受人に対して，承継した財産の価額を限度として，当該債務の履行を請求できる（譲受人が営業譲渡の効力発生時に残存債権者を害することを知らなかった場合を除く〔商18の2，会社23の2〕）（⇨詐害事業譲渡'）。

⇨事業の譲渡'
営業信託　⇨商事信託'
営業全部の譲受け　⇨事業全部の譲受け'
営業損益　企業の主な営業活動から生ずる損益。売上総損益額（売上高から売上原価を減じて得た金額）〔会社計算89，財務規83〕から販売費及び一般管理費を減じることによって求める。このようにして得た額がゼロ以上である場合には営業利益金額，ゼロ未満である場合には営業損失金額となる〔会社計算90，財務規89〕。営業損益金額に営業外収益を加えて得た額から営業外費用を減じて得た額を経常利益金額又は経常損失金額として表示する〔会社計算91，財務規95〕。

営業停止　営業の自由の規制の一手段であって，許可制又は免許制となっている営業について，一定の事由がある場合に，一定期間その営業を行わないという*不作為'義務を課する*行政行為'。営業停止処分に際しては，一般に*行政手続法'に基づき弁明の機会が付与されなければならない〔行手13①②〕。個別法の中には，特に手厚く手続的保障を与え，営業停止処分であっても公開による聴聞を行うことを行政庁に義務付けているものがある〔質屋25・26，風俗41，古物24・25〕。

営業的商行為　*営業'として反復継続してされることにより，初めて*商行為'となる行為。*絶対的商行為'のように各個の行為そのものによってではなく，行為主体の営利性・反復継続性が前提となる*相対的商行為'である。商法は，*投機貸借'及びその実行行為，他人のための製造加工，電気・ガスの供給，運送，作業・労務の請負，出版・印刷・撮影に関する行為，*場屋（じょうおく）'の取引，*両替'その他の銀行取引，*保険'，*寄託'の引受け，*仲立'・*取次'，*商行為の代理の引受け'，信託の引受けを，営業的商行為に当たる行為として限定的に列挙する〔商502〕。これらの行為でも，専ら賃金を得る目的で物を製造し，又は労務に服する者の行為，例えば，

えいぎょう

手内職で他人のためにする製造行為，手荷物運搬人の行為はこれに含まれない〔商502但〕。営業的商行為の種類は限定的と解されているが，このような限定的列挙の立場は，経済的進展に伴う新しい企業取引を商行為として把握できないという限界があると指摘されている。

営業特金　⇨'損失補塡'　⇨'特定金銭信託'

営業年度　⇨'事業年度'

営業能力　1 意義　営業能力は，営業権利能力を意味する場合と営業行為能力を意味する場合とがある。

2 営業権利能力　営業の自由は近代社会の根本原則であり，自然人はだれでも営業上の権利義務の主体，すなわち'商人'となることができる能力（営業権利能力）をもつ。'国家公務員'〔国公103〕・'弁護士'〔弁護30③〕・'支配人'〔商23①〕，会社12①①〕などは営業の自由を制限されているが，その違反に対する制裁は別として，商人となることはできる。また'公法人'や'私法人'も，営業以外の特定の事業だけを目的とするものでない限り，商人になることができる。

3 営業行為能力　営業能力は営業行為能力を意味することが通常である。すなわち，営業上の行為を単独で確定的に有効に行う能力である。'未成年者'・'成年被後見人'・'被保佐人'は原則として営業行為能力を制限され〔民5①・9・13①〕，'被補助人'も審判により制限されることがある〔民17①〕が，営業を許された未成年者は営業行為能力をもち〔民6〕，'法定代理人'の同意を得ることなく，その営業に関する行為をすることができる。ある未成年者がある営業の許可の行為を単独で確定的に有効に行うことができるかどうかは，取引の相手方にとっては重大な利害のある問題であるから，未成年者が営業の許可を受けて営業を行うときにはその'登記'をしなければならない〔商5〕。

営業の自由　⇨'職業選択の自由'

営業の賃貸借　⇨'事業の賃貸借'

営業秘密　企業が秘密として保有している営業上ないしは技術上の情報。トレード・シークレット（英trade secret）又は企業秘密とも呼ばれる。実務上，高い財産的価値をもつことが少なくない財貨であり，法的には，特定の者に，対価と引換えに，秘密を解除して情報を開示するという形でライセンス契約の対象とすることができる。'不正競争防止法'の保護を受ける営業秘密とは，秘密として管理されている生産方法，販売方法その他の事業活動に有用な技術上又は営業上の情報であって，公然と知られていないものである〔不正競争2⑥〕。規制の対象となる行為は，イ 窃取，詐欺，強迫その他の不正の手段による営業秘密の取得行為又はそれにより取得した営業秘密の使用・開示行為〔不正競争2①④〕，ロ 営業秘密を保有する事業者（保有者）から開示を受けた者による図利又は加害目的での使用・開示行為〔不正競争2①⑦〕，ハ イ及びロの行為について'悪意'・'重過失'の者による取得，又は取得した営業秘密の使用・開示行為〔不正競争2①⑤⑧〕，ニ 営業秘密の取得後に悪意・重過失に転じた者による使用・開示行為〔不正競争2①⑥⑨〕，ホ 営業秘密不正使用物品の譲渡・輸出入等の行為〔不正競争2①⑩〕である。営業秘密の保有者はこれらの行為に対し差止請求，損害賠償請求，信用回復措置請求等をなすことができる〔不正競争3・4・14〕。なお，平成15年の改正（法46）により，営業秘密の不正な取得・使用・開示行為に対し刑事罰が導入された〔不正競争21①〕。その後も罰則強化・処罰対象範囲の拡大・非親告罪化等を行う改正が続いている。⇨'ノウハウ'

営業保証金　事業者が営業を開始する際に'供託'しなければならない金銭のこと。事業開始時の財産を確保し，事業者に対する信頼を確保することを目的としているが，財産的基礎が乏しい事業者の排除及び事業者破綻時の消費者等の財産確保の機能がある。不動産〔宅建業25〕や家畜〔家畜商法10の2〕を扱う業者，投資取引〔金商31の2〕，信託取引〔信託業11〕，割賦販売〔割賦16〕，旅行〔旅行7〕に関わる業者等に課される。

営業免許　法律上一般には自由に行えないものとされている営業を適法になしうる地位を特定の私人に与える行為。'行政行為'の一種であり，講学上の'警察許可'である場合，'公企業の特許'である場合があるとされる。営業許可ともいう。

永小作権　小作料を支払って他人の土地で耕作又は牧畜をする'物権'〔民270〕。他人の土地で耕作又は牧畜をするには賃借権によることもできるが，実際には賃借権による場合が大部分である（⇨'小作'）。元々永小作権は開墾者などに与えられたかなり強い権利であったが，'地租'改正以来近代所有権制度が確立すると，'他物権'の1つとして規定され，更に現行民法施行前からの永小作権の存続期間は民法施行（明治31年）後50年で打ち切ることとされた〔民法47〕。農地改革で永小作地の多くは買収処分の対象となったこともあって，現在では永小作権はほとんどみられない。

衛生管理者 事業者が，常時50人以上の労働者を使用する事業場ごとに，都道府県労働局長の免許を受けた者その他一定の資格を有する者の中から選任を義務付けられている，衛生に係る技術的事項を管理する者〔労安衛12，労安衛4〕。

衛生植物検疫措置 英 sanitary and phytosanitary measure；略称 SPS 措置 国家が食品安全や動植物の健康のためにとる措置で，産品の規格，生産工程・生産方法，試験・検査・認証の手続や検疫等に関わる法令・要件・手続を含む。＊世界貿易機関'の衛生植物検疫措置の適用に関する協定（SPS協定）は，この種の措置が保護主義のために悪用されることを防ぐため，措置を，人，動植物の生命又は健康の保護に必要な限度でのみ適用すること，科学的な原則に基づいてとること，国際的な基準がある場合には自国の措置を当該基準に基づいてとることなどの義務を定める。

永世中立(国) 条約により，他の国家を攻撃する＊戦争'を行わないこと，他の国家相互の戦争に対して＊中立'を維持することを約束した国際法上の地位及びその地位にある国家をいう。他の条約当事国は，その永世中立の地位を尊重する義務を負う。スイス，オーストリアがその例である。＊国際連合'の集団的安全保障体制が成立して以来，国際連合加盟国の地位と永世中立との関係が問題になりうるが，スイス，オーストリアとも国際連合に加盟している。

衛生法 公衆衛生に関する法分野。厚生労働省設置法(平成11法97)は，憲法25条2項を受けて，社会福祉，社会保障及び公衆衛生の向上及び増進を図ることを厚生労働省の任務と定めており，厚生労働省組織令(平成12法252)は，主として公衆衛生に関する事務をつかさどる内部部局として，医政局，健康・生活衛生局，医薬局を置いている。この分野は，伝統的な行政法学上の分類によれば，＊行政警察'(狭義)の1分野たる衛生警察に相当し，公衆衛生上の危害の防止を目的とするための規制をその中核とする。食品衛生法(昭和22法233)，公衆浴場法(昭和23法139)，旅館業法(昭和23法138)，「廃棄物の処理及び清掃に関する法律」(昭和45法137)等による生活衛生の分野，「感染症の予防及び感染症の患者に対する医療に関する法律」(平成10法114)，予防接種法(昭和23法68)等による防疫の分野，「医薬品，医療機器等の品質，有効性及び安全性の確保等に関する法律」(旧薬事法)(昭和35法145)，毒物及び劇物取締法(昭和25法303)，＊麻薬及び向精神薬取締法'等による薬務の分野，医療法(昭和23法205)，医師法(昭和23法201)，歯科医師法(昭和23法202)等による医事の分野などを含む。ただ，これらの法律に定められている目的・手段が全て1つの法分野として説明しうるほど共通の性質を有し，他の法分野と区別できるものであるかには疑問がある。例えば，「生活衛生関係営業の運営の適正化及び振興に関する法律」(昭和32法164)の料金の規制や，公衆浴場法の＊距離制限'は，むしろ経済法の系列に属するというべきであろう。

営造物 国又は＊公共団体'等の行政主体により，特定の公の目的に供される人的物的施設の総合体。実定法上，＊国家賠償法'〔国賠2・3〕の公の営造物は，個々の建築物・物的施設そのものを指しているが，通常は，個々の施設ではなく，一定の目的に供される施設の総合体を指す上記の意味で用いられる〔自治旧(昭和38法99改正前の)209〜211等，地財23等〕。営造物は，学校・病院・鉄道・郵便・水道のような公共の用に供される公共用営造物と，行政主体自らが使用する官公署のような公用営造物とに分けられ，また，当該営造物が独立の法人格を有するか否かによって，独立営造物（＊営造物法人'）・非独立営造物の区別がある。現行＊地方自治法'は，住民の福祉を増進する目的をもって住民の利用に供するために地方公共団体が設立するものを＊公の施設'として規定しており〔自治244〜244の4〕，公共用営造物については，これに相当する概念として，公共施設・＊公企業'の概念が用いられることもしばしばみられる。

営造物管理権 行政主体が＊営造物'の＊管理'主体として，当該営造物本来の目的を達成させるために行使する権能。その内容には，営造物の維持・修繕・保管等の事実行為としての管理作用のほか，＊営造物規則'の制定，利用者に対する命令・懲戒権の行使等がある。国公立学校（法人化以前）の学生・生徒に対する懲戒処分のほか，水道事業・公営住宅における利用関係の規制などが挙げられる。

営造物規則 ＊営造物'の組織・管理・利用条件等に関し，営造物の管理者が制定する規則。国公立学校・病院等の営造物の内部規律をいい，当該＊営造物管理権'に服する者のみを拘束するにとどまるため，性質上，＊行政規則'の一種とされる。一般私人の権利義務に関わるものではないため，法律の授権を必要とせず，告示等の形式で定めることもできるとされているが，公共用営造物の基本関係を定める場合は，法律・条例で定めることも多くなってきている。

えいぞうぶ

営造物警察　*'営造物'の管理・経営に伴い，一般の社会公共の安全秩序に障害を及ぼし又は及ぼすおそれがある場合に，これを予防し又は除去するための*'警察'。道路・鉄道・河川・公園などについて行われることが多い。一般統治権に基づく警察作用であるため，概念上は，営造物管理作用と区別されるが，道路の通行禁止のように，道路工事の管理作用〔道46〕と，交通の安全のための警察作用〔道交8〕の双方の作用としてなされることもある。⇨営造物管理権'

営造物法人　公の*'営造物'のうちで，法人格を与えられたもの。*'特殊法人'の一類型として分類される。*'公庫'，事業団等の組織形態がある。3公社及び公団は*'民営化'された（⇨公社'）。

営団　*'公企業'の組織形態の1つで，法人格を有する。戦時中に，生活必需の経済的給付の生産及び提供を目的として，住宅営団，農地開発営団等多くの営団が設立された。帝都高速度交通営団の民営化（平成14法188）により，営団はなくなった。

栄典　国家・社会に対する功労や善行・徳行を表彰するために，公的に特定人に対して与えられる特別の待遇をいい，その授与は伝統的に*'君主'の権能であった。*'明治憲法'下の栄典としては，爵，位，勲章及び*'褒章'があり，その授与は天皇の*'大権'事項とされていた〔明憲15〕。現行憲法下の栄典制度は，その授与が天皇の*'国事に関する行為'とされる〔憲7⑦〕一方，*'法の下の平等'の要請から，*'華族'制度とそれに伴う爵が廃止されたほか，栄典の授与に特権が伴うことやその世襲が禁止され〔憲14②③〕，更に，戦争放棄〔憲9〕との関連で，軍人のみを対象としていた金鵄（きん）勲章も廃止されるなど，旧来の制度に対する大幅な手直しから出発した。そして当初は，*'国民主権'原理にふさわしい栄典制度の必要性が意識され，生前授与は*'文化勲章'だけであったように，栄典の運用に対しては消極的姿勢が目立った。しかし昭和30年，*'政令'をもって褒章条例（明治14太告63）を改正し〔政7〕，褒章授与対象を拡張，更に昭和38年7月には，旧*'公式令'をほぼ踏襲した「勲章，記章，褒章等の授与及び伝達式例」を閣議決定し，それまで停止されていたいわゆる生存者叙勲が復活した。ただし，叙位は故人に限られている。なお，法律ではなく政令で旧制度を復活したやり方には，憲法違反との意見も有力である。

英米法　⇨コモン・ロー'

営利的言論　営利広告のように，営利目的ではあるが表現行為の形態をとるものを指す。コマーシャル・スピーチ（英 commercial speech）ともいう。理論的には，営利的言論を営業の自由の行使とみるか，*'表現の自由'の行使とみるかで，次のように大きな差異が生じる。営業の自由の問題であるとすれば，規制立法は事前許可制など*'事前抑制'に相当するものも必要があれば許され，また不明確な文言による規制であっても裁判所が限定解釈によって明確化することができれば有効とされ，更に*'政策的制約'にも服することとなる。これに対して，表現の自由の問題であるとすれば，事前抑制は原則として許されず，不明確な文言による規制はそれ自体無効とされ，また政策的制約も許されないことになる。学説は営利的言論か非営利的言論かの区別が曖昧であることや，営利的言論といえども消費者に情報を提供する機能を営んでいることから，表現の自由に含めて捉えられるべきであるとするものが有力である。

営利の目的　自ら財産上の利益を得，又は第三者に得させる目的・動機。その利益は，継続的，反復的な利益である必要はない。営利目的等略取罪〔刑225〕について，被拐取者自身の負担によって得られる利益に限られない〔最決昭和37・11・21刑集16・11・1570〕。薬物関係取締法においては，違反行為の刑が営利の目的がある場合には加重される〔麻薬64②，覚醒剤41②，大麻24②等〕。

営利法人　*'株式会社'のように営利を目的とする*'法人'。営利というのは，法人自体が収益を上げるだけではなく，その構成員に利潤が配分されることを意味するので，構成員（社員）の存在を要素する*'社団法人'だけが営利法人となることができる。営利法人は，会社法の要求する手続条件を満たす限り自由に設立できるものとされている（*'準則主義'）。

営利保険　⇨相互保険'

疫学的因果関係　*'不法行為'，特に*'公害'を原因とする不法行為において，*'因果関係'を証明する方法として主張された考え方。大気汚染や水質汚濁などの公害の場合に，被害者の行為と損害の事実の因果関係を証明することは困難であることが多いため，その立証の困難を緩和する目的で主張された。元来疫学の分野で使われていた原因究明手法を，法律の分野に応用したものであり，富山のイタイイタイ病事件や*'四日市ぜんそく事件'の裁判で認められた（⇨4大公害裁判'）。これによれば，ある因子（原因物質）と疾病（損害）の因果関係を証明する場合に，イその因子が発病の一定期間前に

作用するものであること，ロ　その因子が作用する程度が著しいほど，その疾病の罹患(りかん)率が高まること，ハ　その因子が取り去られた場合その疾病の罹患率は低下し，その因子をもたない集団では，その疾病の罹患率が極めて低いことなど，その因子の分布消長の立場から，流行の特性が矛盾なく説明されること，ニ　その因子が原因として作用する機序(メカニズム)が生物学的に矛盾なく説明されること，などの条件が満たされればよいとされる。

疫学的証明　疫学において疾病の原因を推認するために用いられる方法を応用した訴訟上の*証明'。多数人の集団を対象として疾病の原因や発生条件を統計的方法により解明する疫学の手法により，比較的大規模な病気・事故等が発生した場合において，それらに共通した因子を抽出し，その現象の原因を推定するというもの。主に，いわゆる公害訴訟などの民事事件で，公害の原因物質の認定や*因果関係'の立証に用いられるようになったものである(⇒疫学的因果関係)が，その後，いわゆる熊本水俣病事件(最決昭和63・2・29刑集42・2・314)や千葉大チフス菌事件(最決昭和57・5・25判時1046・15)などの刑事事件においても，因果関係の証明に用いられるに至った。

益金・損金　*法人税法'上の観念で，法人の各事業年度の*所得'に対する法人税の計算上の積極要素及び消極要素を，それぞれ益金及び損金という。企業会計上の収益・費用に対応する。すなわち，法人の各事業年度の所得の金額は，その事業年度の益金の額から損金の額を控除した金額である〔法税22①〕が，益金の額は，別段の定めがあるものを除き，資産の販売，有償又は無償による資産の譲渡又は役務の提供，無償による資産の譲受その他の取引で資本等取引以外のものに係る収益の額から成り〔法税22②〕，損金の額は，別段の定めがあるものを除き，広く売上原価等の原価の額，販売費・一般管理費その他の費用の額，資本等取引以外の取引に係る損失の額から成る〔法税22③〕。これらの金額は，一般に公正妥当と認められる会計処理の基準に従って計算するものとされる〔法税22④〕。なお，益金の額及び損金の額の計算については，法人税法及び租税特別措置法において，別段の定めを含めて詳細な定めがされている。　⇒法人税'

役　権　他人の物を利用する*物権'。ローマ法では他人の物を利用する物権(*用益物権')は役権だけだったので，重要な作用を営んだ。役権は，特定の不動産の便益のために他人の不動産を利用する不動産役権(*地役権')と特定の人の便益のために他人の物を利用する*人役権'に区別される。その後，地上権などの*他物権'の発達と所有権自由の観念から，近代の市民法では地役権と人役権を承継してはいるが，相対的に制限されており，日本の現行民法は地役権しか認めていない。

役務商標　⇒サービス・マーク'　⇒商標権'

役務提供契約　物の給付を目的とするのではなく，役務(サービス)の提供を目的とする契約。民法上の*雇用'，*請負'，*委任'はその一種とされる。物の売買などと比較した場合，役務の提供は，イ　履行後の*原状回復'が不可能であることや，ロ　履行の質についての客観的評価が困難であることなどの特徴がある。サービス産業の拡大とともに，役務の多様化，大量化，専門化の傾向が進み，役務提供契約特有の問題について，様々な議論がなされている。

エクイティ　囲equity　**1 概要**　イングランドの大法官裁判所(Court of Chancery)で発達した判例法の体系。国王裁判所で発達した*コモン・ロー'の手続が，厳格な形式性を有し，救済も金銭賠償に限定していたのに対し，裁判官による裁量に基づき，柔軟な手続と救済を認めるところに特徴を有する。

2 歴史的経緯　エクイティの起源は，14世紀にコモン・ローが許容する救済方法の固定化が進んだ時期に遡る。コモン・ローの裁判所により救済が拒絶されたことが正義と衡平に反すると考えた者は，正義の源泉たる国王に対して請願をするようになった。請願の処理は15世紀までに大法官に委ねられるようになり，特別の恩恵として救済が個別に認められった。こうしてエクイティはコモン・ローの厳格性を緩和する，コモン・ローとは別個の法体系として受容され，19世紀初頭には，コモン・ローと同様に先例拘束性を備えるに至った。19世紀中葉から後半にかけて，アメリカやイギリスでは裁判機構の統合を機にコモン・ローとエクイティの融合が進行したが，イングランド法を継受した国の多くでは，今日でも依然としてコモン・ローとエクイティの区別が意識される。

3 今日的意義　エクイティに由来するものとしては，一定の作為を禁じ又は一定の作為を命じる差止命令(injunction)や，債務の履行を強制する特定履行(specific performance)といった金銭賠償以外の救済方法，また実体面でも，債権譲渡(assignment of chose in action)やエクイティ上の担保権(equitable charge)，*トラスト'(信

えくいてい

託)や会社における信認関係(fiduciary relationship)に伴う権利義務がある。エクイティ裁判所のみが有していた手続上の権限である開示(discovery)は，現代ではコモン・ローとエクイティの区別を問わず，広く裁判手続で用いられている。20世紀後半のイングランドでは，中間的差止命令(interim injunction)を発展させる形で，資産凍結命令(freezing order; Mareva injunction)と証拠保全のために捜索等を行う捜索命令(search order; Anton Piller order)といった機動的な救済が，エクイティの判例法理を通じて認められている。

エクイティ報酬 ⇨非金銭報酬'

エージェンシー・コスト 圏 agency cost 経済取引において，供給者と需要者の間には情報の非対称性が存在するが，それを補完するためのコストをいう。例えば，所有と経営が分離した'株式会社'においては，経営者が'株主'の意思に合致しない意思決定を行ったり，経営者が株主よりも情報優位にあることを利用して，自己の利益を高めようとする可能性があるが，それらによる株主の損失あるいは経営者の行動をモニタリングすることなどを通じて防止するための，株主にとってのコストをいう。エージェンシー理論によれば，負債の利用や配当の支払は株主にとってのエージェンシー・コストを低下させると考えられる。経営者による浪費の余地を減少させるのみならず，負債を利用することによって債権者によるモニタリングが働くからである。

エージェンシー・ショップ ⇨ショップ制'

エスカレーション条項 ⇨スライド条項'

エスディージーズ(SDGs) 正式名称は，持続可能な開発目標(Sustainable Development Goals)。2015年9月の国連サミットにおいて全会一致で採択された「持続可能な開発のための2030アジェンダ」に掲げられた，貧困・飢餓・不平等の撲滅，保健・教育の普及，資源保全，気候変動対策推進等の17の国際目標。その下に169のターゲット・231の指標が定められ，2030年までに地球上の「誰一人取り残さない(leave no one behind)」持続可能で多様性と包摂性のある社会を実現することを目標とする。その実施をレビューするフォローアップ・プロセスとしては，国連ハイレベル政治フォーラムにおいて自発的国家レビューが実施される。日本は，2016年に全閣僚を構成員とするSDGs推進本部を設置し，官民の幅広いステークホルダーによって構成されるSDGs推進円卓会議の議論を経て，SDGs実施指針を策定した。⇨持続可能な開発'

エストッペル 圏 estoppel 英米法上の原則で，日本では「禁反言」ともいう。禁反言には，記録による禁反言，捺印(なついん)証書による禁反言，法廷外の行為による禁反言など種々あるが，最も重要なのは商事について確立された表示による禁反言である。すなわち，AがBのした表示を信じ，それに基づいて自己の地位を変更したときは，Bは後になって自己の表示が真実に反していたことを理由としてそれを翻すことが許されないという原則である。この法理は，特に'取引の安全'を保護するために重要な機能をもつ。'信義誠実の原則'(信義則)の1つの現れであり，機能的には'大陸法'における'権利外観理論'と同一である。商法にもこの法理に立脚したものと認められる規定がかなりある〔商14・24, 会社354等〕。

エストラーダ主義 1930年にメキシコが主張した政府承認に関する主義。他の国の新政権の成立のあり方や，政策・政治的立場等に価値判断を加えることを否定し，外交関係の継続の有無を判断するにとどめる主義で，メキシコ外相エストラーダが提唱した。政府承認の要件としては実効性の基準によることになるが，実質的には，政府承認制度の廃止論につながる立場。⇨承認'

エス・ピー・エス(SPS) ⇨衛生植物検疫措置'

エス・ピー・シー(SPC)法 ⇨資産の流動化に関する法律'

閲覧請求 行政機関に対して，その保有する文書その他の物件の閲覧を求めること。まず，行政情報公開制度によるもの(行政文書の開示請求)が重要であるが，これについては'情報公開制度'をみよ。次に，'行政手続法'では，許認可の取消し等の'不利益処分'に際して行われる'聴聞'手続において，文書等の閲覧請求を定めている。不利益処分の当事者及び当該不利益処分がされた場合に自己の利益を害されることとなる参加人は，聴聞の通知があった時から聴聞終結までの間，'行政庁'に対し，当該事案についてした調査の結果に係る調書その他の当該処分の原因となる事実を証する資料の閲覧を求めることができる。この場合，行政庁は，第三者の利益を害するおそれがあるときその他正当な理由があるときでなければ，その閲覧を拒むことができない〔行手18〕。また，'行政不服審査法'によれば，'処分'又は不作為についての審査請求において，審査請求人又は参加人は，

処分庁等又は物件の所持人から提出された書類その他の物件の閲覧を審判員に対して求めることができる〔行審38①〕。その他，個別法によるものとして，*住民基本台帳法'上の閲覧請求〔住民台帳11・11の2〕等，種々のものがある。

エー・ディー・アール（ADR） I American Depositary Receipt 圐（米国預託証券）の略称。副預託機関あるいは保管機関（預託機関の外国支店又は代理人）が預託を受けた外国株式について，アメリカの預託機関（銀行・信託会社）が，それを基礎としてアメリカにおいて発行する記名式の預託証券。譲渡方式等の株式流通のための制度の違い，株券の輸送のための時間・手間・危険等を克服し，外国株式をアメリカの証券市場で流通させるために用いられる。アメリカ証券市場で流通する外国株式の大部分は，この方法によっている。預託証券所持人の有する権利の内容は各州法の規律するところであるが，多くの州では*アメリカ統一商事法典'を採択しており，8編「投資証券」の規定に従う。また，募集・売出し等については，連邦の証券規制法（1933年法，1934年法）や州の証券関係法の規制に服する。 ⇨ジー・ディー・アール'（GDR）'

II Alternative Dispute Resolution 圐の略語。裁判外紛争解決手続の意。訴訟手続によらずに民事上の紛争の解決をしようとする紛争の当事者のため，公正な第三者が関与して，その解決を図る手続〔裁判外紛争解決手続の利用の促進に関する法律（ADR法）1括弧〕一般を指し，手続の性質上，合意による紛争解決を図る*和解'の仲介（*調停'，*あっせん'等），と*仲裁'（*仲裁法その他個別法上の仲裁）に分類される。司法制度改革において，ADRの特性（迅速性，廉価性，柔軟性，専門性等）を踏まえ，裁判と並ぶ紛争解決の選択肢とすべく位置付けられた。*裁判'が，*手続法'に従い*実体法'を判断基準とする強制的な手続であるのに対して，ADRは紛争当事者間の合意に基づき実施され，手続も当事者の合意（手続規則の合意を含む）による。実体的な基準は実体法（裁判規範）に厳格には拘束されず，「法による」〔裁判外紛争解決3①〕限りで実情に即した解決が可能である。和解仲介手続を行うADRは，運営者を基準として，司法型（*民事調停'，*家事調停'等），行政型（建設工事紛争審査会等），及び民間型（弁護士会等のADR，金融ADR等）に分類される。民間型ADRのうち，ADR法上の認証を受けた手続〔裁判外紛争解決5〕では，弁護士以外の者が業として和解を仲介でき〔弁護72但参照〕，時効の完成猶予効，訴訟手続の中止及び調停前置に関する特則の適用があるほか，執行決定等一定の要件を備えた和解（特定和解）に執行力が認められる〔裁判外紛争解決25～35〕。従来より和解仲介手続はオンラインで実施できたが，令和5年改正（法53）により執行決定手続も電子化された。 ⇨金融エー・ディー・アール'

エディネット（EDINET） Electronic Disclosure for Investors' NETwork 圐の略称。*金融商品取引法'に基づいて提出が義務付けられる情報開示書類をオンラインで提出・公衆縦覧するためのシステムで，内閣府の使用に係るコンピューターと，書類提出者が使用する入出力装置及び*金融商品取引所'等の使用する入出力装置とを電気通信回線で接続した「開示用電子情報処理組織」のことをいう。EDINETを用いることが義務付けられる電子開示手続と任意の任意電子開示手続とがある〔金商27の30の2〕。提出義務者にとって簡便な提出が可能になり，投資者にとっては開示される情報への迅速かつ公平なアクセスが可能になり，またXBRL（財務諸表等の作成・利用に用いられるコンピューター言語）の使用により情報の分析が容易になった。EDINETを通じて提出された書類は金融庁のウェブサイトからアクセス可能。

恵庭（えにわ）**事件** 北海道恵庭市にある*自衛隊'演習場の近くで酪農を営む牧場経営者が，演習に伴う騒音のため牛乳生産量が落ちたことについて自衛隊とかけ合い，「境界付近での射撃訓練については事前に連絡する」旨の紳士協定を結んでいたが，それが破られたことに腹を立て，演習場内の通信線をペンチで切断し，自衛隊法（昭和29法165）121条の「武器，弾薬，航空機その他の防衛の用に供する物」を損壊したとして起訴された事件。札幌地方裁判所における公判審理は，裁判長の訴訟指揮まで含めて，自衛隊の合憲性を中心争点として展開されたが，判決は，*罪刑法定主義'の観点から，「その他の防衛の用に供する物」の解釈に際して厳格解釈の必要を説き，通信線は「武器，弾薬，航空機」という例示物件との類似性が希薄であるから「防衛の用に供する物」に当たらないとして無罪を言い渡し，検察側の控訴がなかったことから，判決はそのまま確定した（札幌地判昭和42・3・29下刑9・3・359）。この憲法判断回避（⇨憲法判断回避の原則'）については，「肩透かし」という評価のほかに，仮に自衛隊合憲説に立った場合，自衛隊の側の保護法益を損壊した行為に対して無罪判決がありうるか，換言すれば，無罪判決は〈自衛隊＝違憲〉という前提に立たなけれ

えぬえふて

ば成り立たないのではないか，という観点からも，その妥当性が問題とされた。

エヌ・エフ・ティー(NFT)　Non-Fungible Token囲の略称。法律上定義規定が置かれているわけではないが，一般に，ブロックチェーン上の記録であってネットワークに接続されたサーバーに保管された唯一性を有するデータや権利を表章したトークンを指す。デジタル資産の一種である。同種のトークンと交換することのできない非代替性を特徴とし，ブロックチェーン技術を用いて取引され，高度の真贋(鑑)性が確保され取引履歴の追跡が可能である。絵画・音楽などのアートやゲーム等のデジタルコンテンツに利用され，近時はチケットやドメインネーム等へと利用が拡大している。NFTは，イーサリアム上のERC-721やERC-1155などのトークン規格に基づいて発行されることが多い。NFTに係る民事ルールについて，アメリカは2022年に*アメリカ統一商事法典'12章を追加し，NFTを含むデジタル資産についてルールを明確化し，*ユニドロワ'は2023年にデジタル資産と私法の原則を策定した。なお，ヨーロッパでは，デジタル資産について規制するEU規則(Regulation(EU) No 2023/1114)が2023年に成立したが，金融商品・預金・支払手段に該当するものと同じくNFTには適用されない。日本法の下でも，NFTの法的性質は明らかでない。しかし，唯一性と非代替性を有するデジタル資産に対する持分を表章したフラクショナルNFTと呼ばれるトークンには代替性が認められるため，現行法の規制が適用される可能性がある。例えば，デジタル・トークンが決済手段としての経済的機能を有し，ブロックチェーン等のネットワークを通じて不特定者間で移転可能であれば*暗号資産'に該当し，また二項有価証券〔金商2②〕に該当する権利を表章した*電子記録移転権利'に該当すれば有価証券に該当し，それぞれ「資金決済に関する法律」(資金決済法)(平成21法59)や*金融商品取引法'の規制に服する。

エヌ・ジー・オー(NGO)　非政府組織(囲Non-Governmental Organization)の略称。国際社会において，一般に国際法主体性は否定されるが，国際連合経済社会理事会における協議資格が認められる場合もある。公式・非公式に条約の作成やその制度目的の実現に寄与することも増えている。

エヌ・ピー・オー(NPO)**法**　⇨特定非営利活動促進法'

エヌ・ピー・ティー(NPT)　⇨核拡散防止条約'

愛媛玉串料訴訟　愛媛県が靖国神社に対して玉串料，献灯料等の名目で，また，愛媛県護国神社に対して県遺族会を通じて供物料の名目で，それぞれ公金を支出したことが憲法20条3項・89条に違反するとして，当時県知事の職にあった者らに対し，地方自治法242条の2第1項4号に基づき損害賠償を請求した事件。第一審判決(松山地判平成元・3・17行裁40・3・188)は本件公金支出を違憲と判示し，第二審判決(高松高判平成4・5・12行裁43・5・717)は合憲の判断を下した。最高裁判所大法廷は，*目的効果基準'を適用して判断した結果，玉串料等の公金支出を明確に憲法20条3項・89条違反と断じて，この問題に決着をつけた(最大判平成9・4・2民集51・4・1673)。この大法廷判決は，わが国の政教分離関係訴訟における最高裁判所の初めての違憲判決として画期的な意義を有するものであるが，*津地鎮祭訴訟'判決以来の判断枠組みを踏襲しつつ違憲の結論を導いたことについては，首尾一貫していないとする批判もある。

エフ・オー・ビー(FOB)**条件**　⇨エフ・シー・エー(FCA)条件'

エフ・シー・エー(FCA)**条件**　国際的な物品売買契約に用いられる定型取引条件の1つ。Free Carrierのことで，日本語では運送人渡しという。*国際商業会議所'が制定した*インコタームズ'2020によれば，売主が*運送人'に対して物品を引き渡した時点で，物品に関する危険が買主に移転するという積地売買である。運送手段の手配は買主の責任となる。この取引条件を用いて，*運送賃'及び運送人への引渡し後の保険料・船績等費用を含まない価格(FCA価格)により行われる物品の売買をFCA売買という。伝統的な海上物品運送による積地売買には，物品が本船に積み込まれた時点で危険が移転するというFOB条件(日本語では本船渡し)が用いられてきたが，コンテナを利用した複合運送が普及するとともに，売主が本船への積込み以前に，内陸部のコンテナターミナル等で物品を引き渡すことが一般化したため，FCA規則が作られ，FOB条件はばら積み貨物など船舶のみを運送手段とする売買に用いるべきものとされた。もっとも，貿易実務では，本来FCA条件を使用すべき複合運送取引でも伝統的なFOB条件を用いることが少なくないといわれる。なお，米国ではインコタームズの規則とは異なる意味でFOBが用いられる場合もある。

エフ・ティー・エー(FTA)　⇨自由貿易協定'

エホバの証人事件 エホバの証人(キリスト教系の宗教)の信者の信仰上の理由に基づく意思決定をどこまで尊重すべきかが争点となった最高裁判決が2つある。最判平成8・3・8民集50・3・469は，信仰の核心部分と密接に関連する真摯な理由から剣道実技の履修を拒否した市立高等専門学校の学生に対し，正当な理由のない履修拒否と区別することなく，代替措置が不可能というわけでもないのに何ら検討をすることもなしに，原級留置処分及び退学処分をしたことについて，裁量権の範囲を超える違法なものとした。最判平成12・2・29民集54・2・582は，宗教上の信念からいかなる場合にも輸血を拒否する固い意思を有している患者に対し，医師がほかに救命手段がない場合には輸血をするという方針を説明しないで手術を施行して輸血をしたことにつき，手術を受けるか否かの意思決定をする権利を奪った点において，患者の*人格権'を侵害した*不法行為'責任が成立するとした。

エム・アンド・エー(M&A) ⇨企業買収'
エム・ティー・エヌ(MTN) ⇨プログラム発行'
エム・ビー・オー(MBO) ⇨マネジメント・バイアウト'
エル・アール・エー(LRA)**の基準** より制限的でない他に選択しうる手段(英 less (least) restrictive alternative(s))の原語の頭文字をとった憲法判断の基準。人権を規制する法令の合憲性を審査するに際し，当該立法目的の達成手段に焦点を合わせて審査する点に特色がある。そして，同一目的を達成できる「より制限的でない他の手段」が選択できるにもかかわらずそれをしていない法令は違憲と判断されることになる。この基準は，アメリカの判例理論において形成されてきたものであり，現在，言論，宗教，結社及び州際旅行の自由等の個人の基本的な権利に関する規制に適用されている。この基準がいかなる場合に適用されるのか明確を欠くという批判もあるが，人権の性格に応じた審査の厳格度の差異を認めた上での日本への導入が有力に説かれている。日本の最高裁判所は，薬事法距離制限違憲判決(最大判昭和50・4・30民集29・4・572)で同様の基準を用いたとみることができる。

エル・エル・シー(LLC) ⇨合同会社'
エル・エル・ピー(LLP) ⇨有限責任事業組合'
エル・シー(L/C) ⇨信用状'
エル・ビー・オー(LBO) ⇨レバレッジド・バイアウト'

エールリッヒ Ehrlich, Eugen(1862〜1922) オーストリアの法律学者。*法社会学'の創始者の1人。当時のオーストリア・ハンガリー帝国の辺境チェルノヴィッツ(現ウクライナ)大学のローマ法教授を務めた。民衆の間の慣行を観察してオーストリア民法と異なる法が作用していることを発見し，法律学は国家の制定法だけではなく，このような*生ける法'をも対象としなければならないことを主張して法社会学の理論的基礎を築いた。また，法律の解釈を立法者意思を探究する歴史的認識的作業に限定し，その反面として，裁判官の自由な法発見作用を強調することにより，自由法学の先駆ともなった。エールリッヒの学説は日本にも極めて大きな影響を与え，彼に関する研究も多い。主な著書は「自由法発見と自由法学」(1903)，「権利能力論」(1909)，「法社会学の基礎理論」(1913)，「法の論理」(1919)など。

延　会 I 議院の延会。*議事日程'に記載された案件の議事が終わらないときでも(終わったときは散会)，議長が必要と認めたときは議事を打ち切り，それを最近の議事日程に延期すること。衆議院では午後6時，参議院では午後4時を過ぎたときは，議院に諮らないで議長は延会を宣することができる[衆規105②，参規82]。定足数に足りないときは，休憩又は延会を宣告する[衆規106，参規84①]。国会法規上，議事日程の制度がない*委員会'には，延会の観念がない。

II *株主総会'や*社員総会'等の延会。株主総会等が一旦成立した後，議事に入らず会日を後日に延期する旨を決議した場合において，その後日に開催される総会。同一の総会の延長にすぎないから，改めて招集手続をとる必要はない[会社317，一般法人56]。一旦議事に入った後に総会を後日に継続する*継続会'と区別される。別の期日に同一議題につき改めて招集手続をとって開かれる新たな総会を延会と呼ぶこともある。*創立総会'，*特別清算'の*債権者集会'，*社債権者集会'についても同様である[会社80・560・730]。

演奏権 音楽著作物を，公衆に直接聞かせる目的で演奏，歌唱する著作者の権利[著作22]。*著作権'の支分権の1つ。*上演権'と合わせて公演権ともいわれる。演奏には，録音・録画物の再生による演奏，電気通信設備による伝達(公衆送信を除く)も含まれる[著作2⑦]。非営利かつ無償の演奏に対しては権利が及ばない[著作38①]。カラオケ装置を設置して客の歌唱

を誘引し、利益を図る行為は演奏権の対象となる〔最判昭和63・3・15判時1270・34〕。

延滞金(額)　地方税が法定*納期限*までに*納付*されない場合に課される徴収金。*国税*における*延滞税*に相当する。申告納付及び*特別徴収*の地方税について*更正・決定*があった場合の不足税額について、及びこれらの租税を含め各種地方税が法定納期限後に納付された場合の納付税額について。法定納期限の翌日から納付の日までの期間の日数に応じ、年14.6%(納期限の翌日から1月を経過する日までの期間等については年7.3%)の割合で計算される〔地税56・64等〕。ただし、当分の間、各年の特例基準割合が年7.3%に満たない場合には、年14.6%の延滞金については当該特例基準割合に年7.3%の割合を加算した金額とし、年7.3%の延滞金については当該特例基準割合に年1%の割合を加算した割合(当該加算した割合が年7.3%を超える場合には年7.3%の割合)とする〔地税附3の2①〕。特例基準割合とは、財務大臣が告示した平均貸付割合〔租特93②〕に年1%の割合を加算した割合をいう。なお、租税法以外でも、「国の債権の管理等に関する法律」〔債権管理24②・33〕、*保険業法*〔保険業265の35〕、*厚生年金保険法*〔厚年87〕などで延滞金の制度が設けられている。

延滞税　*附帯税*の一種〔税通2④〕で、期限内申告に係る*国税*を法定*納期限*までに完納しないとき、期限後申告・*修正申告*又は*更正・決定*により納付すべき国税があるとき等に納付義務が成立し、未納税額にあわせて納付しなければならない金銭的負担〔税通60①③〕。性質は民事上の*遅延利息*に相当するが、法定利率は未納税額に対して原則として年14.6%であり〔税通60②〕、納付義務は成立と同時に確定する〔税通15③⑦〕。地方税については、原則として同趣旨の徴収金〔地税1①⑭〕として、延滞金が定められている〔地税56②・64①等〕。

延滞利息　既に支払時期が到来した*利息*のことであるが、*遅延利息*と同じ意味に用いられることも多い。

エンタープライズ　⇨国際海底機構*

エンドースメント・テスト　英 Endorsement Test　アメリカ合衆国の政教分離関係訴訟で1980年代半ば以降用いられたテスト(Lynch v. Donnelly, 465 U.S. 668(1984)参照)。政府の実際の目的が宗教を後押し(endorse)するか又は否認することであるかどうか、政府の行為が事実上後押しや否認のメッセージを伝える効果をもつかどうかを問うという形でレ(一)モン・テスト(⇨目的効果基準*)を修正したもの。宗教的少数者の保護に資するという評価がある半面、メッセージの伝達の有無を誰の視点に立って判定すればよいか不明確であるとの批判もなされている。

エントラップメント　⇨「わな」の理論*
延　納　⇨納期限(租税の)*　⇨利子税*
エンプティ・ボーティング　英 empty voting
1 意義　株式における議決権と経済的持分(ないし経済的損益)を切り離し、経済的持分をもたない状態で議決権を行使すること。エンプティ・ボーティングを行う方法には様々なものがあるが、*デリバティブ取引を利用して経済的持分に係るリスクをヘッジした上で、議決権を行使する方法はよく知られている。
2 問題点　エンプティ・ボーティングについては、経済的持分をもたない者が議決権を行使することで、会社の意思決定がゆがめられるのではないか(企業価値ないし株主共同の利益を損なう議決権行使がされるのではないか)と危惧する声が多い。例えば、甲社と乙社において、甲社株主に有利な条件で合併が行われようとしていたところ、甲社のある株主が、乙社における合併承認総会決議を可決させるために、乙社株式の株価下落リスクをデリバティブ取引でヘッジした上で、乙社の筆頭株主になり、乙社の総会で賛成の議決権行使をしようとしたという実例がある。そもそも株主に議決権が与えられる理由について、近時の一般的な説明は、株主は会社の残余権者である(すなわち会社の資産から債権者の取り分を除いた残りの部分が株主の取り分となる)ため、株主は会社の価値を高めるインセンティブを一番享有しており、そうであるがゆえに株主に議決権を付与するのが合理的であるというものである(残余権者論)。ところが、エンプティ・ボーティングでは、議決権と経済的持分の関係が切り離されてしまうので、残余権者論の前提が大きく揺らぐことになる。もっとも、株主が株主としての利益を離れて個人的な利害関係のために議決権を行使するおそれがあること自体は今に始まった話ではなく、仮に「株主総会等の決議について特別の利害関係を有する者が議決権を行使したことによって、著しく不当な決議がされた」のであれば、当該決議には取消事由〔会社831①③〕があることになる(そもそも株主が議決権を行使したといえるのかという問題もある)。株主総会決議取消しの訴え以外にも、エンプティ・ボーティングに関する規律のあり方については様々な議論がある。

おうけんし

縁由の錯誤　⇨動機の錯誤'

援用可能統一規則　一定の類型の国際取引を統一的に処理するために作られた，契約の中に取り入れることを予定して作成された条項のセット。一括採用可能規則ともいう。国際的な売買契約における条件を示す用語を定義し，その下での当事者の権利義務を定めた*インコタームズ'，*共同海損'についての*ヨーク・アントワープ規則'，国際決済に関する*信用状'統一規則などは広く採用され，契約条項が不備であることから生ずる無用な紛争の防止に役立っている。

お

オー・イー・シー・ディー（OECD）　⇨経済協力開発機構'

押　印　書類等の作成者が作成者自身の意思によること又は作成者の責任を明らかにするために，作成者又は責任者の印を押すこと。口語体が採用される前の法令では，捺印(なついん)の語が一般に用いられていた。法令上国民又は公の機関に対して押印を義務付けている場合がある〔例：行審50〕。商法では，*記名押印'をもって*署名'に代えることが一般的に認められている〔会社26②・122②等，手附82，小附67参照〕。電子文書(*電磁的記録')の普及に伴い，電子署名が記名押印に代わってきており，法令上も記名押印の代替を認めている〔情報通信活用行政6④・7④・9③，書面保存4③〕。「デジタル社会の形成を図るための関係法律の整備に関する法律」（令和3法37）により，デジタル社会形成の支障となっていた押印義務は，（民間から行政に対して行う手続において）原則として廃止された(多くの法律の一部改正により法文は「署名し，印をおさなければならない」から，「署名しなければならない」などと変更された)。なお，例外として，商業・法人登記申請などは押印義務の存続を認められた〔商登17②・37①〕。⇨電子署名・電子認証'

応急負担　*公用負担'の一種。非常災害時等，生命・身体・財産に危険が及ぶ事態における緊急の必要を満たすため，応急措置として課される負担。負担を課す目的が合憲的なもので，他の手段のない場合に限る。負担の内容には，土地・建物等の一時使用，土石・竹木等の物品の使用・収用，住民又は現場にある者の応急措置業務への従事，一定施設の優先使用などがある〔災害基64・65・71・78，原災対策28，災救5〜11，水防24・28，消防29，河22，海岸23，道68，地震特措27，国民保護113，新型インフル55等〕。一定の場合に*損失補償'〔災害基82，河22③，海岸23③，水防28③，地震特措27⑥〕や災害補償〔災害基84，災救12，消防29③，河22⑥，海岸23⑤〕が認められる。

黄犬契約　⇨こうけんけいやく'

王権神授説　君主の権力は神の意志に基づ

くものであるとする説で，主として近世ヨーロッパにおける絶対君主権力を正統化するためにイギリスのフィルマー(Sir Robert Filmer, 1589～1653)，フランスのボシュエ(Jacques Bénigne Bossuet, 1627～1704)らによって主張された。戦前の日本の'天皇制'における'神勅主権'もこの説の一種である。

黄 金 株　⇨拒否権付種類株式'

押　　収　1 意義　'証拠物'又は'没収'の物の'占有'を取得する刑事手続上の強制処分〔刑訴99①〕。裁判所のする場合はその裁判と執行を指し，'捜査機関'がする場合はその事実行為をいう。

2 種類　裁判所のする押収には'差押え'〔刑訴99①②〕・'記録命令付差押え'〔刑訴99の2〕・'提出命令'〔刑訴99③〕・'領置'〔刑訴101〕の4種がある。最も強制的契機の強いのは差押えである。憲法35条にいう押収とは差押えと記録命令付差押えを意味する。提出命令も，相手方に提出義務を負わせる点では強制処分であるが，提出を拒否されれば差押えをするほかない。'検察官'・'検察事務官'・'司法警察職員'が捜査のためにできる押収は，差押え〔刑訴218・220〕，記録命令付差押え〔刑訴218〕と領置〔刑訴221〕だけである。一定の業務上の秘密に関する物などについては，'押収拒絶権'がある〔刑訴103～105・222①〕。

3 還付　押収物は，'終局裁判'で別段の言渡しがなければ当然に元の所持者に返還される〔刑訴346〕。しかし，押収贓物（ぞうぶつ）(盗品)は，そのため，犯人の手に返るようなことになっては不都合であるから，正当な権利者(被害者)に還付する言渡しをする〔刑訴347〕。事件の終結前の，決定で所持者等への'還付'・'仮還付'，'電磁的記録'を移転した上差し押さえた記録媒体の差押えを受けた者への交付，贓物の被害者還付などの処分をすることができる〔刑訴123・124〕。捜査機関の押収している物については，捜査機関も同様の処分ができる〔刑訴222①〕。

欧州委員会　⇨ヨーロッパ連合'
欧 州 議 会　⇨ヨーロッパ連合'
欧州共同体　⇨ヨーロッパ連合'
欧州共同体商標　⇨ヨーロッパ連合商標'
欧州共同体特許条約　⇨ヨーロッパ共同体特許条約'

押収拒絶権　刑事訴訟法は，2種類の秘密につき押収拒絶権を定めている。まず，公務上の秘密に関する旨の申立てがあると，監督官庁等の承諾がなければ，押収できない〔刑訴103・104〕。また，医師，看護師，弁護士など一定の職についている者(通説・判例はこれを限定的列挙とする(証言拒絶権に関する最大判昭27・8・6刑集6・8・974'石井記者事件'参照))が，業務上委託を受けて保管・所持する物で他人の秘密に関するものについては，押収を拒絶できる〔刑訴105〕。これら業務者に対する信用を守ろうとする趣旨である。

欧州人権条約　⇨ヨーロッパ人権条約'
欧州特許条約　⇨ヨーロッパ特許条約'
欧州評議会　⇨ヨーロッパ評議会'
欧州預託証券　⇨ジー・ディー・アール'(GDR)'
欧州理事会　⇨ヨーロッパ理事会'

押 収 令 状　差押(許可)状及び記録命令付差押(許可)状のこと(⇨差押え'　⇨記録命令付差押え')。憲法35条に基づく令状で，犯罪事実の記載は要件ではないが，差し押さえる対象物は同一性が判明する程度に特定して明記されていなければならない(リモートアクセス(接続サーバ保管の自己作成データ等の差押え〔刑訴99②・218②〕)では対象となる記録媒体の範囲を，記録命令付差押えでは記録等させる'電磁的記録'を記載する)〔刑訴107・219参照〕。　⇨押収'

欧 州 連 合　⇨ヨーロッパ連合'
欧州連合商標　⇨ヨーロッパ連合商標'

応 訴 管 轄　1 国内管轄　'管轄違い'の訴えに対して被告が管轄違いを主張せずに'本案'について応訴することによって発生する'管轄'〔民訴12〕。第一審の'土地管轄'及び'事物管轄'について，他に'専属管轄'の定めのない場合に認められる〔民訴13〕。

2 国際裁判管轄　被告が応訴し，日本での本案審理に応じる意思を示すことによって管轄が発生する国際裁判管轄。これについて定める民事訴訟法3条の8は，被告が日本の裁判所が管轄権を有しない旨の抗弁を提出しないで本案について弁論をしたとき，又は弁論準備手続において申述をしたときは，日本の裁判所が国際裁判管轄を有するものと定めている。

応報刑主義　1 意義　刑罰の本質を犯罪により生じた害悪に対する応報と考える立場。旧派のとる刑罰論(⇨新派・旧派')。'目的刑主義'・'教育刑主義'に対立する。

2 内容　応報概念は，その理論的発展に伴い，次のように異なった見解に分かれる。イ 動に対する反動としての復しゅうと解する説。ロ 同一害悪に対する同一害悪による報復と解する説。平均的正義の観念と一致する。この立場は，更に，同一害悪に対する同一害悪による

報復の意義を事実的に解するタリオ説(*カント'(Immanuel Kant, 1724〜1804))と，価値的に解する等価説(ヘーゲル(Georg Wilhelm Friedrich Hegel, 1770〜1831)に分かれる。ハ 犯罪という国家的秩序に対する侵害に加えられる，国家の害悪的反動と解する説。

3 現代的意義 徹底した応報刑主義を採用する見解は現在では存在せず，目的刑主義による*一般予防・特別予防'を取り入れつつ，過去の犯罪への応報を通じて，将来の犯罪予防を行うとする相対的応報刑論が有力な理解となっている。 ⇨主観主義・客観主義'

枉法(おうほう)収賄 ⇨加重収賄'

応用美術 実用品に応用される美術。専ら表現の鑑賞を目的として制作される純粋美術と対比される。現行*著作権法'の立法時においては，応用美術のうち，壺，刀剣といった一品制作の美術工芸品に限って，美術の著作物として保護するという趣旨で著作権法2条2項が制定された。近時の裁判例は，実用目的を達するために必要な機能に係る構成と分離して，美術鑑賞の対象となりうる美的特性である創作的表現を備えている場合は，美術の著作物として保護する(知財高判令3・12・8等)。 ⇨著作物'

往来妨害罪 陸路，水路，橋を損壊又は塞いで，往来の妨害を生じさせる罪。刑法124条。2年以下の拘禁刑又は20万円以下の罰金に処せられる。往来の妨害とは，通行を不可能にするだけでなく，これを著しく困難にすることをいう。なお，汽車・電車又は艦船については往来危険罪〔刑125〕があり，更に汽車・電車の転覆・破壊，艦船の覆没・破壊等の罪〔刑126〕などのより重い犯罪がある。

横領罪 **1 意義** 自己の占有する他人の物又は*公務所'から保管を命ぜられた自己の物を不法に領得する罪。刑法252〜255条。狭義には，*委託'に基づいて自己の占有する他人の物を領得する単純横領罪〔刑252〕(5年以下の拘禁刑)と，物の保管を業務とする業務者を主体とする，前者の加重類型である業務上横領罪〔刑253〕(10年以下の拘禁刑)の両者(委託物横領罪)をいうが，広義には*遺失物横領罪'〔刑254〕をも含む。

2 保護法益 委託物横領罪は，法的保護に値する委託者の利益を保護法益とする。判例は，贈賄資金のように，委託者が返還請求できない*不法原因給付'についても本罪の成立を認めている(最判昭和23・6・5刑集2・7・641等)。

3 客体 イ 横領罪は，占有が行為者にのみ属している場合に成立し，他人との共同占有下にある財物については奪取罪が成立する。したがって，店の商品を手にとっている客はもとより，占有補助者である店員，あるいは商品の共同所有者などが商品を領得したときは，横領罪ではなく*窃盗罪'の成立が認められる(通説・判例(最判昭和25・6・6刑集4・6・928等))。また，委託を受けた封緘(ふうかん)物の中身は委託者，容器は受託者に占有があり，開封して内容物を領得すれば窃盗罪が成立するというのが判例である(最決昭和32・4・25刑集11・4・1427等)が，学説は対立している(⇨占有')。ロ 特定せずに委託された金銭は，占有権とともに所有権も受託者に移転し，他人性が失われると考えられるため，これを費消する行為はせいぜい*背任罪'を成立させるにとどまる。しかし，例えば，使途を定めて委託された金銭，集金人が取り立てた売掛代金など，その所有権が委託者に残されていると解される場合は，横領罪の成立が認められる(最判昭和26・5・25刑集5・6・1186)。

4 横領行為 横領罪の*実行行為'については，*不法領得の意思'をもってする財物の領得が横領行為であるとする領得行為説(通説・判例(最判昭和28・12・25刑集7・13・2721等))と，不法領得の意思を要求せず，受託者の単なる権限超過行為のみをもって横領行為とする越権行為説(少数説)とが対立している。通説の見解によると，例えば納金ストのように，集金した料金を会社のために保管する目的で預金する行為は不法領得の意思を欠き，たとえ権限を逸脱する行為であっても横領行為とはいえないことになる。他方，客体に対して不法領得の意思の発現とみられる事実があったとき，例えば，借用した物を自分の物だと称して返還を拒否したときは，直ちに横領罪の*既遂'が成立する。

大口信用供与等規制 ⇨大口融資規制'

大口融資規制 銀行の資産の危険分散，信用の広く適切な分配のために，銀行の同一人に対する信用の供与等(信用の供与・出資として政令で定めるもの)の額が，政令で定める区分ごとに，当該銀行の自己資本の額に政令で定める率を乗じて得られた額(信用供与等限度額)を超えてはならないとする規制をいう〔銀行13①，銀行令4〕。現在では大口信用供与等規制という呼称が一般的。合併等や事業の譲受けその他政令で定めるやむをえない理由があり，内閣総理大臣の承認を受けたときは，適用を除外される〔銀行13①但，銀行令4⑨〕。「同一人」には，当該同一人の合算子法人等，当該同一人を合算子法人等とする法人等，これらの者の合算子法人等や議決権の50%超を有する会社以外の者

おおさかく

等々が含まれ，与信側も，当該銀行と子会社等や銀行持株会社の信用供与等の額が合算されて規制を受ける〔銀行13②〜⑤，銀行令4①〜⑤〕。名義や方法のいかんにかかわらず，規制の適用回避を目的に信用供与等を行った場合も，当該規制が適用される〔銀行13⑤〕。

大阪空港訴訟 大阪空港近隣の住民が飛行機の騒音によって被害を受けているとして，夜間の空港使用差止め，過去及び将来の騒音による損害の賠償を国に求めた裁判。最高裁判所は，過去の損害賠償については認めたが，夜間空港使用の差止めについては，航空行政権の問題で民事裁判の審理の対象とならないとして請求を却下，また，将来の損害賠償についても請求を認めなかった(最大判昭和56・12・16民集35・10・1369)。空港の公共性と住民の健康上の利益との対立という困難な問題に一定の解決を与えた点で重要な裁判である。　⇨空港公害訴訟'

大津事件 ロシア皇太子ニコライ＝アレクサンドロビッチ(Nikolai Aleksandrovich, 1868〜1918)(後のニコライ2世)が，明治24年(1891)5月11日，大津市で襲撃された事件。湖南事件ともいう。皇太子はシベリア鉄道起工式列席の途中来日したのであったが，巡査津田三蔵が，日本侵略調査のための来日と誤信して，帯剣で刺し負傷させた。日露国交の危機を恐れ，明治天皇は京都の病床に皇太子を見舞った。当時の刑法(*旧刑法')には外国王族に対する罪につき特別の規定はなかったが，元老を始め政府の首脳は，日本の*皇族'に対する罪と同視して津田を死刑に処するよう司法官に圧力を加え，大審院長*児島惟謙'に申し入れた。児島は，刑法にいう皇太子には外国のそれを含まないと反論し，政府の圧迫に屈しなかった。津田は，5月27日から大津地方裁判所で開かれた大審院裁判で，普通謀殺未遂罪を適用され無期徒刑に処された。*司法権の独立'を守った事件として有名だが，事件を担当した裁判官との関係では，児島の行動は裁判官の独立を侵したとの見方もある。なお，この事件で，外相青木周蔵，内相西郷従道は引責辞職した。

公の営造物　⇨営造物'

公の財産　国又は*地方公共団体'の所有する財産をいう。*公金'を含む概念である。現行法上は，憲法89条においてのみ用いられるが，現金以外の国の財産については，財政法〔財9②〕のほか，*国有財産法'，物品管理法等に規定されており，同じく地方公共団体の財産については*地方自治法'〔自治237〜241〕及び*地方財政法'〔地財8・24等〕に基本的な定めがある。な

お，公の目的に供用されることを基準とした*公物'の概念とは異なる。

公の施設　1 意義　*普通地方公共団体'(及び*特別区'・*地方公共団体の組合'及び*財産区')が住民の福祉を増進する目的をもって，その利用に供するために設ける施設で*地方自治法'上の概念〔自治244①〕。公立学校・体育館・公民館・図書館等がこの例である。地方自治法では，かつて，*営造物'の観念を用いていたが，その内容が必ずしも明らかでなかったため，昭和38年の改正(法99)により，営造物の観念を改めて，施設の行政的側面と財産的側面とを分離し，前者に関してはこれを公の施設として捉え，後者に関してはこれを*公有財産'として捉えることとした。

2 運営・管理　法令に特別の定めがある場合を除いては，その設置及び管理に関する事項は，*条例'で定めなければならない〔自治244の2①〕。また，地方公共団体は，正当な理由がない限り，住民の利用を拒んではならず，不当な差別的取扱いは禁じられている〔自治244②③〕。公の施設の利用に関する処分に不服がある者は，*審査請求'をすることができる〔自治244の4〕。地方公共団体は，公の施設の利用につき*使用料'を徴収することができ〔自治225〕，そのうち法律で定めるものは，地方税の*滞納処分'の例によって徴収することができる〔自治231の3〕。⇨公物'

3 指定管理者制度　平成15年改正(法81)で公の施設の管理を法人その他の団体に行わせる指定管理者制度〔自治244の2③〜⑪〕が導入された。

公の弾劾　裁判官の弾劾について憲法が用いている語〔憲78〕。「公の」とは国民の意思を根拠とするの意味である。なお，人事官については，「公開の弾劾手続」の語が用いられている〔国公8①②〕。　⇨弾劾'

公の秩序・善良の風俗　Ⅰ 民法　1 意義　公の秩序とは国家社会の一般的利益を，善良の風俗とは社会の一般的道徳観念を，それぞれ意味すると説かれるが，判例・学説は必ずしも両者を明確に区別せず，両者を合わせて社会的妥当性を意味するものと解している。略して公序良俗ともいう。また，かつては，強行規定違反と公序良俗違反を区別するのが一般であったが，近時の判例・学説には，前者を後者に含めて一元化し，法令違反を公序良俗違反の一要素として位置付けるものが増えている。　⇨強行法規・任意法規'

2 効果　公序良俗に反する内容をもつ*法律行為'及び公序良俗に反する条件をつけた法律行

為は*無効'とされる〔民 90・132〕。無効の範囲に関する規定はないが，判例・学説は一部無効とすることも可能と解している。公序良俗に反する法律行為によって相手方に給付したものは，原則として*不法原因給付'となり取り戻すことができない〔民 708〕。また，公序良俗に反する方法で他人に損害を負わせた者は，*不法行為'の責任を負う〔民 709〕。

3 具体的内容 公序良俗違反の内容は時代によって変化する。戦前には，その中心は，家族秩序・性風俗に反するもの(妾契約など。大判大正 9・5・28 民録 26・773)，社会習俗に反するもの(賭博のための借金など。大判昭和 13・3・30 民集 17・578)であった。反面，営業の自由に反するもの(競業禁止契約。大判昭和 7・10・29 民集 11・1947)や人身の自由に反するもの(芸娼妓契約。戦後に判例変更。最判昭和 30・10・7 民集 9・11・1616)については，判例は冷淡な態度をとっていた。これに対して，戦後，特に，1970 年代以降は，消費者問題(先物取引への不当勧誘など。最判昭和 61・5・29 判時 1196・102)や労働問題(男女別定年制など。最判昭和 56・3・24 民集 35・2・300〈日産自動車事件〉)に関するものが増えてきており，総じて言えば，個人の利益の重視，憲法的価値の尊重という傾向をみてとることができる。

Ⅱ 国際私法上は，*公序'をみよ。

送り状 *物品運送契約'において，*運送人'の請求により*荷送人'が交付する書面〔商 571①〕。運送状とも呼ばれる。イ 契約の証拠，ロ 附帯作業の明確化，ハ *荷受人'に対する契約内容の通知，ニ *相次運送'等の場合における後の運送人に対する通知等の目的から作成・交付され，鉄道運送及び自動車運送ではその交付が義務付けられる〔鉄運 50，標準貨物自動車運送約款 8〕。単なる証拠証券にすぎず，印紙税法上，課税物件となる「運送に関する契約書」とは取り扱われていない〔印税 2〕。商法は，法定の事項(a 運送品の種類，重量又は容積等，b 荷造りの種類，c 荷送人及び荷受人の氏名又は名称，d 発送地及び到達地)の記載を要求するが，その一部を欠く場合であっても，その他の記載の効力には影響しない。文言証券性の認められる船荷証券とは異なり〔商 760〕，記載に誤りがある場合は事実が優先する。荷送人は，運送人の承諾を得て，送り状に記載すべき事項を*電磁的方法'により提供することができる〔商 571②，商則 12・13〕。 ⇨*海上運送状' ⇨*航空運送状' ⇨*船荷証券'

オースティン Austin, John(1790～1859) イギリスの法理論家。*ベンタム'とドイツの*パンデクテン法学'の影響の下，法学の諸概念の体系化を試みた。ロンドン大学で教えたが，生前は影響力をもたなかった。主著は「法理学の領域の確定」(1832)と，サラ夫人によって死後公刊された講義録「法理学講義」(1863)。道徳の領域では功利主義者であり，法理論では法と道徳を峻別する代表的な法実証主義者で，法を制裁によって裏付けられた主権者の命令とする法命令説を説いた。その法理論は現代ではむしろ*ハート'による批判を通じて知られている。

遅すぎた構成要件の実現 行為者が，ある犯罪を実現する意思で行為を行い，現に当該犯罪の結果発生に至ったが，それが行為者自身の認識よりも「遅すぎた」という事案状況。特に*故意'*既遂'犯の成否が問題となるのは，行為者が，故意的に第 1 行為(例：殺そうと思って首を絞める行為)を行った後，既に結果が発生したと(誤って)認識して第 2 行為(例：死体を隠そうと思って砂浜に放置する行為)を行ったところ，実際には第 2 行為により結果が発生した(例：失神していた被害者が砂を吸って死亡した)事例である。ドイツのウェーバー(Heinrich Benedikt von Weber, 1777～1844)が 1825 年に，第 1 行為の時点の殺人の故意が第 2 行為をも包括するとみる*概括的故意'(の一種)の考え方により殺人既遂を肯定する解釈を提唱したのに由来して，「ウェーバーの概括的故意の事例」とも呼ばれる。現在では，概括的故意の考え方をとることなく，*因果関係の錯誤'の一事例として取り扱うのが一般的である。通説的な理解によれば，イ 第 1 行為から第 2 行為を介して結果を惹起(じゃっき)する(現実の)出来事が異常な経過とはいえず，ロ 第 1 行為により結果を惹起する(行為者の認識した)出来事もまた異常な経過とはいえないなら，両者の齟齬(そご)を理由に故意が阻却されることはない。実際上の決め手はイの評価であり，大判大正 12・4・30 刑集 2・378 は，第 2 行為は第 1 行為と結果の間の因果関係を遮断するものではないとして，殺人既遂の成立を肯定した事例である。

オーソライズド・キャピタル ⇨授権資本制度'

おそれ(虞・恐)がある ⇨おそれ(虞・恐)がある'(巻末・基本法令用語)

音の商標 音楽，音声，自然音等から成り，聴覚で認識される商標。例えば，CM などに使われるサウンドロゴやパソコンの起動音など。平成 26 年改正(法 36)により，商標として

おとりそう

登録しうるものとされた〔商標2①〕。音の要素（メロディー，ハーモニー，リズム又はテンポ，音色等）及び自然音等と，言語的要素（歌詞等）とを総合し，商標全体として類否等を考察すべきものとされる。商品の譲渡若しくは引渡し又は役務の提供のために音の標章を発する行為〔商標2③⑨〕や，記録媒体に音の標章を記録する行為〔商標2④②〕もまた，商標の「使用」に該当しうる。音のみの商標であることを願書に記載しなければならない〔商標5②④〕。

おとり捜査 '捜査機関'又はその協力者が人に罪を犯すよう働きかけ，対象者が犯罪の実行に着手するのをまってこれを検挙する捜査方法。薬物犯罪のように，秘密性が高く証拠収集が困難であり，他面常習性のある場合も多くおとりにかかりやすい犯罪について，用いられることがある。'任意捜査'であるが公正さを欠く方法だとして，その適否及び訴訟法上の効果が問題とされた。学説はアメリカのわなの抗弁（⇨'わな'の理論'）に示唆を得て，単に犯罪の機会を提供したにすぎないものと，積極的に犯意を誘発したものとを区別し，後者については'公訴棄却'，'免訴'，証拠排除などの効果を生じるものと主張している。最高裁判所は，薬物犯など他の方法で犯人を検挙することが難しい場合に，機会提供型のおとり捜査を適法とした（最決平成16・7・12刑集58・5・333）。なお，おとりとなって犯罪を'教唆'した者の可罰性が実体法上問題とされるが，多数説は教唆犯の成立を肯定する。ただし，'麻薬及び向精神薬取締法'58条などでは麻薬取締官等の「譲受け」行為を許している。⇨'違法収集証拠排除法則'　⇨'公訴権濫用論'　⇨'アジャン・プロヴォカトゥール'

同じである・同様とする　⇨'同じである・同様とする'（巻末・基本法令用語）

オビタ・ディクタム　⇨'レイシオ・デシデンダイ'

オプション　英option　一定の商品・証券等につき，あらかじめ約定した将来の一定の期日又は期間内に，所定の価格で相手方から買い受ける権利（コール・オプション）又は相手方に売り付ける権利（プット・オプション）をいう。この権利を取得するために相手方に支払う対価をプレミアム（英premium）という。先物取引における投資対象となり，このようにして成立した売買選択権それ自体が，取引の対象となる。

オプション取引　当事者の一方の'意思表示'により当事者間において一定の価格・一定の数量の先物・現物等の売買等の取引を一定期間内に成立させることができる権利（オプション。選択権）を当事者の一方が他方の当事者に付与し，付与された者が原則としてその対価（プレミアム（英premium））を支払うことを約する取引。当該オプションを売買する取引も含む。オプション保有者がそのオプションを行使することにより，対象となっている先物・現物等の売買契約等が成立する。権利行使者が権利行使の結果，当該売買契約の買い手となるコール・オプション（買付選択権）と売り手となるプット・オプション（売付選択権）とがある。'金融商品取引法'では，'デリバティブ'取引の1つとして，市場デリバティブ取引〔金商2②③〕，店頭デリバティブ取引〔金商2②②〕，外国市場デリバティブ取引〔金商2②③〕に含まれる。'商品先物取引法'では，現物先物取引と指数先物取引などのオプション〔商取2③④〕，商品市場における取引としての，実物オプション〔商取2⑩①ホ〕・特定スワップオプション〔商取2⑩①ト〕などがある。オプション取引は投機目的だけでなくリスクヘッジの目的でも利用することができる。

オープン・エンド・モーゲッジ　英open-end mortgage　開放式担保ともいわれるもので，'担保付社債'における'担保'の一態様。'社債'の最高額を定め，これに対して担保権を設定して，その額に達するまで数回に分けて社債を分割発行し，各回の社債が同一順位の担保権をもつもの。同一担保につき社債総額を1回に発行するクローズド・エンド・モーゲッジ（英closed-end mortgage）（閉鎖式担保）に対する。日本では，アメリカ法に倣って昭和8年の'担保付社債信託法'の改正（法44）で採用されたものであるが，アメリカ法と異なり，担保物の上に数種の社債が存在するのではなく，総額が定まっている一種の社債が単に数回に分割されて発行されるにすぎず，また，事業の拡張に伴い担保の追加を認めないから，オープン・エンド・モーゲッジというより，株式における'授権資本制度'に類似する。別の担保を設定したり，後順位の担保を設定する難点がないので，現在ではこの分割発行の方法が多く用いられている。最後の回の発行は，信託証書作成の日から5年内にしなければならないが，社債総額に達しないままで打ち切ることもできる〔担信22・23・25〕。

オープン・ショップ　⇨'ショップ制'
オープンスカイ協定　⇨'航空協定'

親会社　1 定義　'株式会社'を'子会社'とする会社等，株式会社の経営を支配している'法人'として法務省令で定めるものである〔会

社2④〕。株式会社の経営を支配している法人とは、株式会社の財務及び事業の方針の決定を支配している会社等と定義されている〔会社則3②〕。会社等には、会社、外国会社、組合(外国における組合に相当するものを含む)、その他これらに準ずる事業体が含まれる〔会社則2③②〕。したがって、例えば、外国会社も、日本の会社法に基づき設立された株式会社の親会社となる場合がある。「財務及び事業の方針の決定を支配している」という基準は、親会社だけではなく、子会社の定義においても用いられている〔会社則3①〕。Aが自らの計算で他の会社等(B)の議決権の総数の50%を超える議決権を有している場合、原則として、AはBの「財務及び事業の方針の決定を支配している」と評価される〔会社則3③①〕。Aが自らの計算で有するBの議決権の割合が議決権の総数の50%以下にとどまる場合であっても、他の要件を満たすことによって、AはBの「財務及び事業の方針の決定を支配している」と評価される場合がある〔会社則3③②③〕。例えば、Aが自らの計算で有するBの議決権の割合が議決権の総数の40%以上である場合、Aの*役員'が株式会社であるBの*取締役'の過半数を占めていれば、AはBの「財務及び事業の方針の決定を支配している」と評価される〔会社則3③②ロ(1)〕。Bが株式会社である場合、AはBの親会社となる。Aが会社である場合、BはAの子会社となる。このように、親会社と子会社の定義では、議決権の数だけではなく、実質的に支配従属関係が存在するといえるか否かが考慮される。親会社と子会社の間には、親会社が子会社の「財務及び事業の方針の決定を支配している」という関係がある。親会社は支配会社の、子会社は*従属会社'の典型例である。一方、法人でないAが株式会社であるBの「財務及び事業の方針の決定を支配している」場合、AはBの親会社ではない。しかし、AはBの親会社等になる〔会社2④②ロ〕。

2 親会社社員に関する規定 Aが株式会社であるBの親会社である場合、Aの株主等は親会社社員〔会社31③〕として、裁判所の許可を得て、Bの*株主名簿'や取締役会議事録の閲覧謄写等の請求をすることができる〔会社31③・81④・82④・125④・252④・318⑤・319④・371⑤・378③・394③・399の11③・413④・433③・442④・496③・684④〕。AがBの最終完全親会社等である場合、Aの株主は*多重代表訴訟'を提起できる〔会社847の3〕。

親会社株式の取得 子会社による親会社株式の取得は、*自己株式'の取得と同様の弊害があるため禁止されており〔会社135①〕、違反した子会社の*取締役'等には過料が課せられる〔会社976⑩〕。規制の複雑化を避けるため、手続・財源規制ではなく全面禁止とされている。もっとも、事業の全部譲受け・合併・分割による承継や、無償取得、組織再編の対価として親会社株式を交付する場合、権利実行にあたり必要不可欠な場合など、親会社株式の取得がやむをえない場合や弊害が少ない場合には例外が認められている〔会社135②、会社則23〕。この場合、子会社が有する親会社株式には議決権は認められないが〔会社308①〕、自益権は認めるべきであると解されている。また、子会社は取得した親会社株式を相当の時期に処分しなければならない〔会社135③〕、そのための手段として親会社には、子会社から簡易な手続により自己株式を取得することが認められている〔会社163〕。

親会社等状況報告書 上場会社等の親会社等が*有価証券報告書'提出会社でない場合に、当該親会社等について記載し、内閣総理大臣に対して提出する報告書〔金商24の7〕。上場子会社等のガバナンスに大きな影響を及ぼしうる親会社の情報開示を目的とする。提出会社の株式等の状況、役員の状況、計算書類等が記載される〔企業開示5号の4様式〕。

親　子 民法の認める親子には、イ原則として血のつながりのある実親子(⇨実子')と、ロ養子縁組によって成立する養親子(⇨養子')の2つがある。親は未成年の子に対して*親権'をもつ結果、子に対する*監護教育権'・*居所指定権'・*懲戒権'などの権利義務及び子の財産の管理権をもつのが原則である〔民818〜833〕。また、親子は互いに*扶養義務'を負い〔民877〕、互いに*相続人'となり〔民887・889〕、子は父母又は母の氏を称する〔民790〕。

及び・並びに ⇨及び・並びに'(巻末・基本法用語)

オーリウ Hauriou, Maurice(1856〜1929) フランスの公法学者・法思想家。トゥールーズ大学で行政法講座を担当。フランスにおいて初めて体系的な行政法学を構築したと評価されている。ローマ法研究に基づく該博な歴史知識と膨大なコンセイユ・デタ判例の分析をいかして、行政法や憲法の体系書を執筆したほか、法哲学的な研究でも貢献した。行政法学の分野では「執行的決定の理論」、法哲学領域では「制度の理論」が特に有名。主著として、「行政法精義」(1892)、「公法の原理」(1910)等。ボルドー大学の*デュギー'は好敵手であった。

おるれあん

オルレアン型議院内閣制　⇨一元型議院内閣制・二元型議院内閣制'

お礼参り　俗語。刑事事件の被疑者・被告人やその関係者らが被害者・証人・参考人などに対して，*示談'や*告訴'の取消しを求め又は自分に有利な供述を求めて威圧的言動を行うこと，あるいは腹いせのために嫌がらせをすること。暴力団体の構成員らによるこの種の行為が頻発したため，昭和33年に刑法(法107)と刑事訴訟法(法108)を改正して，*証人威迫罪'[刑105の2]を設け，また，お礼参りのおそれがあることを必要的保釈(⇨権利保釈')の除外事由の1つに加えた[刑訴89⑤]。なお，証人等の被害についての給付に関する法律(昭和33法109)参照]。

卸売市場法　昭和46年法律35号。食品等の流通において生鮮食料品等の公正な取引の場として重要な役割を果たす卸売市場に関して，農林水産大臣が策定する基本方針について定め[卸売3]，基本方針等に則して公正な取引の場として取引ルールを遵守し，公正・安定的に業務運営を行える卸売市場を，中央卸売市場又は地方卸売市場としてそれぞれ農林水産大臣又は都道府県知事が認定・公示し，指導・助言・勧告・検査すること[卸売4〜14]や，その市場整備に対する国の費用補助[卸売16]について定める法律。

音楽著作物　⇨著作物'

恩給　国の公務員であった者のうち一定範囲の者[恩給19〜23]が退職又は死亡した場合，所定の要件を満たすときに，本人又はその遺族の生活の安定に資するために支給される年金又は一時金。年金としての性格をもつものとして，普通恩給，増加恩給，扶助料が存在し，一時金としての性格をもつものとして，傷病賜金，一時恩給，一時扶助料がある[恩給2]。総務大臣の裁定を受けることが現実に恩給を受けるための要件となる[恩給12]。恩給権については，その譲渡が禁止され，担保に供すること，差押えを行うことも所定の例外に該当する場合を除いて禁止されている[恩給11]。昭和37年の国家公務員共済組合法の全部改正(法128)及び昭和34年の改正(法163)により，恩給法上の公務員を含む常勤の国家公務員全般に対して共済制度による長期給付が行われることとなったため，恩給が支給されるのは，既に受給権が発生している者と恩給法を準用する法令の適用を受ける者(例：警77，教公特附2)に限られることになった。

恩給担保　*恩給'を受ける権利を担保に供すること。恩給法はこれを禁じている[恩給11①本文]。この規定の適用を免れる目的で，債権者に恩給の取立てを委任して取立代理権を授与し，これに債務完済に至るまでこの委任を解除しない旨の特約を付して，担保の目的を達することがしばしば行われた。このような特約は，*脱法行為'として，判例により無効とされている(最判昭和30・10・27民集9・11・1720等)。しかし，実際上の必要性から，株式会社日本政策金融公庫及び別に法律で定める金融機関への恩給担保は認められている[恩給11①但，株式会社日本政策金融公庫が行う恩給担保金融に関する法律(昭和29法91)]。なお，恩給以外の公的年金(厚生年金，国民年金，共済年金)の受給権も同様に原則として担保設定が禁止されており[国年24等]，例外的に年金担保貸付制度が認められていたが，令和2年の法改正で軍人恩給等を除いてこれら恩給・公的年金担保制度は令和4年3月をもって終了した。

恩赦　1意義　*行政権'の作用によって，国家の刑罰権の全部又は一部を消滅させ，犯罪者を宥免(ゆうめん)する制度。国家の慶事の際あるいは政治的変動期に行われることが多い。裁判の効力を政治的観点から変更するものであるため，みだりに行われると法の威信を害するといわれるが，他面，時の経過に伴う刑罰思想の変動に対応して刑法の衡平的運用を図る機能ももっている。

2 種類　恩赦には，*大赦'・*特赦'・*減刑'・*刑の執行の免除'・*復権'の5種があり[恩赦1]，政令で罪の種類を定めて行う政令恩赦(大赦・減刑・復権)[恩赦2・6・9]と，特定の者に対して随時行う個別恩赦(特赦・減刑・刑の執行の免除・復権)[恩赦4・6・8・9]とがある。個別恩赦は，中央更生保護審査会の申出に基づき，*内閣'がこれを行う[恩赦12，憲73⑦]。

温泉権　温泉源利用の権利。湯の湧出(ゆうしゅつ)口に対する権利だけでなく，湧出口から引湯する権利をも含めて用いられる。温泉専用権，湯口(ゆぐち)権などともいわれる。民法の原則からすれば，地盤である土地の一部となる(⇨所有権')はずであるが，地盤から独立して取引の対象とされることが多く，独立の権利として扱う必要が生ずる。判例も，温泉権を慣習法上の*物権'として認め，湧出地の*地目'を「源泉地」とする登記や温泉組合又は地方官庁の登録などを公示方法としている(大判昭和15・9・18民集19・1611)。しかし，温泉を巡る権利関係は明確でなく，立法的整備が望まれてきた。現行の温泉法(昭和23法125)は，行政的規制を目的とするにとどまる。

オンブズマン ⑧ombudsman　高い識見によって行政の監視にあたる市民をいう。ジェンダー・フリーの観点から，最近では「オンブズパーソン」と呼ばれることも少なくない。元来は，スウェーデンを起源として北欧諸国に存在する公的機関の名称。法律学教授や大使経験者が国会によって任命され，職権又は申立てにより事案を調査し，その結果に基づいて勧告を行ったり，公務員の犯罪行為について告発をしたり，また，調査及び処理の結果を国会に報告し，あるいは新聞等に公表するのが原型である。これらを範として，国レベルあるいは州，地方レベルで類似の制度を採用する諸国が増える傾向にあり，日本においても採用が検討されたことがある(自治体レベルで発足した例として，川崎市市民オンブズマン等がある)。オンブズマン制度は，行政監察ないし行政上の苦情処理と類似した機能を有している。一定の特殊な行政分野について，オンブズマンの名称をもつ機関が設置されている例もある。また，消費者オンブズマンのように私人の事業活動に関する苦情の処理を主たる任務とするものや，行政の監視にあたる民間の組織について，この言葉が用いられることもあり，概念は必ずしも統一されていない。

か

買入消却　⇨社債の償還'
海員　船内で使用される*船長'以外の乗組員で労働の対償として給料その他の報酬を支払われる者〔船員2①〕。*船員'は，船長，海員，予備船員の総称〔船員1①〕。一般労働法規の適用を受けるが，海上労働の特殊性から，船長の指揮監督，命令に従い船内秩序に服する〔船員7・21〕ほか，*労働条件'について*船員法'で特別の基準が定められ，船員保険法(昭和14法73)，*船員職業安定法'等の特別法の適用がある。⇨海上労働'　⇨船員保険'
買受可能価額　⇨売却基準価額'
買受権　*事業認定'の告示の日から一定期間内に，事業の廃止・変更等によって，*起業者'の*収用'した土地が不用となった場合又は収用した土地の全部を事業の用に供さなかった場合に，元の土地所有者が，収用の際に起業者が支払った補償金に相当する金額を提供して，その所有権を取り戻すことができる権利。買戻権と異なり，特約を必要とせずに当然に認められる権利で，公平の見地から，収用の相手方の利益保護を図るための制度である〔収用106・107〕。なお，新住宅市街地開発法(昭和38法134)においては，新住宅市街地開発事業の施行に伴い土地等を提供した者に対して，事業により造成した宅地等を優先的に譲渡することが定められている〔新住宅市街23〕。　⇨先買(さきがい)権'
開会(議会の)　*会期'が開始すること又はそれにより国会が活動能力をもつ状態にあること。国会は天皇の*召集'によって開会する。会期の初めに行われる開会式〔国会8〕は儀式であって，会期の始期とは関係がない。
概括主義　⇨列記主義・概括主義(行政訴訟事項に関する)'
概括的故意　不特定の客体に結果を生じさせることを意図又は認識している場合で，故意の一種である。例えば，駅・空港などの待合室や車内・機内の旅客を殺傷する意思で，あるいは旅客・見送人などが殺傷されることもあえて辞さない意思で時限爆弾を設置する場合などに認められる。　⇨故意'
買為替　代金取立てのために用いられる

がいかんざ

*為替手形'. 取立為替ともいう。甲地のAが乙地のBから売買代金等を取り立てる場合に，AがBを支払人とする為替手形を振り出し，この手形を甲地のC銀行で割り引いてもらえば，AはBから直接支払を受けたのと同様の効果を収めることができる。C銀行は，この手形を乙地の支店又は取引先(銀行)に送り，Bから手形金額を取り立てることになる。この為替手形を銀行の側からみて買為替という。また，その手続が*売為替'の場合と逆であることから逆為替ともいう。

外患罪 **1 罪質** 国家(日本国)の対外的存立，対外的安全を害する罪。外患に関する罪は，刑法2編3章に規定されている。昭和22年の刑法改正(法124)により，83～86条は削除された。
2 外患誘致罪 外国(外国の国家機関)と通謀して日本国に対し武力を行使させる罪。法定刑は，死刑のみである〔刑81〕。*未遂'も罰せられる〔刑87〕。
3 外患援助罪 日本国に対し外国から武力の行使があったときに，これに加担してわが軍務に服し，その他これに軍事上の利益を与える罪。法定刑は，死刑又は無期若しくは2年以上の拘禁刑である〔刑82〕。未遂も罰せられる〔刑87〕。
4 予備・陰謀 外患誘致又は外患援助の*予備'又は陰謀をする罪。法定刑は，1年以上10年以下の拘禁刑である〔刑88〕。
5 教唆・煽動 *破壊活動防止法'は，外患罪の*教唆'・*煽動(せんどう)'などをした場合，これを独立罪として罰している〔破防38①②・41〕。

外観主義 ⇨*権利外観理論'

会 期 議会が*召集'により開会してから閉会するまでの期間。日本の国会は，原則として，この期間に限って活動能力をもつ。日本国憲法は，*常会'，*臨時会'，*特別会'の3つの会期を区別する〔憲52・53・54①〕。常会は，原則として，150日〔国会10〕，その他は，両議院一致の議決で期間を決める〔国会11〕。各会期は独立して活動するのが建前で，会期中に議決されなかった案件は後会に継続しないとする*会期不継続'の原則が，*国会法'で定められている〔国会68〕。これに対して，諸外国では，総選挙から総選挙までを1つの立法期又は議会期と考え，その間の1つ1つの会期を独立して考えない制度が採用される場合もある。なお，地方議会には，*定例会'，臨時会のみで，地方議会自ら，自由に長さを決め，また延長する〔自治102〕。

会議規則 一般的に，広く*合議体'の議事手続を定めた規範のこと〔憲58②，収用59等参照〕。特に*地方自治法'上は，地方議会は会議規則を設けなければならないものとされている〔自治120〕。法令に別段の定めがある事項を除いて，会議に必要な事項は会議規則において定められる。なお，議員の懲罰に関し必要な事項は会議規則で定めなければならない〔自治134②〕。また，議会の議決・選挙がこれに違反するときは，*再議'の対象となる〔自治176〕。

会議政 ⇨*議会統治制'

会期不継続 *会期'はそれぞれ独立で，たとえ議員の構成が同じであっても，1会期と次の会期の意思は継続しないという原則。したがって，会期中に審議が完了しなかった案件は，その会期終了によって消滅し，後会に継続しない〔国会68本文。地方議会については，自治119〕。後会でそれを審議するには改めて提出し直さなければならない。*国会法'68条ただし書はその例外を定めるが(⇨*継続審査')，その場合でも，議案は継続するが議決は継続しないというのが国会の慣行であり，したがって，前国会で議決した議院も再度議決し直さなければならない。なお，昭和33年の国会法改正(法65)により，会期終了日若しくはその前日又は閉会中に生じた懲罰事犯については，次の国会の召集から3日以内に限り取り上げることができることとして〔国会121の2・121の3〕，この原則に対する例外を規定したが，これに対しては，本来懲罰事犯には会期の観念を厳格に適用すべきではないとする説もある。

階級選挙 ⇨*等級選挙'

開業準備行為 事業開始のための準備行為。事業に必要な土地・建物・設備の取得等がこれに含まれる。会社の法人格の取得に必要な行為(*設立行為')と区別される。会社法は，*株式会社'の*発起人'が設立段階で自由に開業準備行為をし，その効果が成立後の会社に帰属することにすると，会社財産の確保に悪影響が及ぶおそれがあることから，成立後の会社にその効果が帰属するものを*財産引受け'〔会社28②〕に限定している。財産引受け以外の開業準備行為は会社成立後に*取締役'(*指名委員会等設置会社'以外の会社の場合)又は*執行役'(指名委員会等設置会社の場合)が*業務執行'としてすることができる。開業準備のために支出した費用を開業費という(⇨*開業費')。

開業費 会社成立後事業を開始するまでに支出した開業準備のための費用〔財務規11〕。その間の*使用人'の給料，土地・建物の賃借料等である。支出した事業年度の費用とすることが原則であるが，*繰延資産'として*貸借対照

表'の資産の部に計上し〔財務規36〕,開業の時から5年以内のその効果の及ぶ期間にわたって定額法により償却することも認められる。

外　局　*内部部局'で処理される通常の事務とは異なる特殊の事務を処理するために*内閣府'及び*省'に置かれる*国の行政機関'。*委員会'と*庁'の2種類がある〔内閣府49①,行組3③〕。その設置及び廃止は,法律の定めるところによる〔内閣府49③,行組3②〕。法律で*国務大臣'をもってその長にあてることと定められている内閣府の委員会(*国家公安委員会'が唯一の例〔警6①〕)には,特段の必要があれば,更に委員会又は庁を置くことができる〔内閣府49②〕。外局に置かれる委員会又は庁は外局とは呼ばない。

会議録(議会の)　憲法,*国会法'及び*議院規則'に基づいて作成される国会各議院の会議の公的記録。*秘密会'の記録中,特に秘密を必要とすると議院が議決した部分〔国会63〕以外の公表及び一般への頒布〔憲57②〕は,*官報'に掲載〔衆規206・207,参規160,衆先例465号,参先例398号〕することによって行われる。速記法による全ての議事の記録〔衆規201,参規156〕,記名投票者の氏名と賛否の記録等一定の事項が記載される〔衆規200,参規157〕。なお,委員会〔衆規61～63,参規56～59〕,地方議会〔自治123〕についても会議録が作成される。

会計監査　会社の*計算書類'及び*連結計算書類'(*金融商品取引法'上は*財務諸表'及び*連結財務諸表')が会社・会社が属する企業集団の財産及び損益の状況(金融商品取引法上は財政状態,経営成績及びキャッシュ・フローの状況)を適正に示しているかどうかについての監査。*取締役'・*執行役'の業務執行についてなされる(広義の)*業務監査'の一部をなすが〔会社381〕,会計監査を除く業務監査を(狭義の)業務監査と呼んでいる〔会社381と389①とを対照〕。会社法の下では,*事業報告'の監査は(狭義の)業務監査の一環として行われる〔会社則129～131〕。*監査役設置会社'では監査役(監査役会設置会社では更に*監査役会')が会計監査を行うが〔会社381・389①・444④,会社計算122・123・127・128〕,*会計監査人設置会社'においては,*会計監査人'(公認会計士又は監査法人)の監査をも受けなければならない〔会社396①・444④〕。*指名委員会等設置会社'では,*監査委員会'及び会計監査人が,*監査等委員会設置会社'では*監査等委員会'及び会計監査人が,それぞれ会計監査を行う〔会社399の2③Ⅰ・404②Ⅰ・396①・444④,会社計算129〕。更に,会社法上の会計監査とは別に,上場会社等は,金融商品取引法の規定により内閣総理大臣に提出すべき財務諸表及び連結財務諸表について,公認会計士又は監査法人の*監査証明'を受けなければならない〔金商193の2〕。

会計監査人　*会計監査人設置会社'について,*計算書類'及びその附属明細書,*臨時計算書類'並びに*連結計算書類'を監査することを職務とする者〔会社396①〕。会計監査人は*株主総会'において選任される〔会社329①〕が,*公認会計士'又は監査法人であって,一定の欠格事由に該当しない者でなければならない〔会社337①③〕。その職務は*会計監査'に限られるが,監査を行うために,いつでも会社の会計帳簿・資料を閲覧・謄写等し,*取締役',*執行役'及び*会計参与'並びに*支配人'その他の*使用人'に対して会計に関する報告を求めることができ,必要に応じて,会社の業務及び財産の状況を調査することができ,また*子会社'調査権が認められている〔会社396②③〕。会計監査人は,取締役(*指名委員会等設置会社'では執行役)から計算書類及び附属明細書,臨時計算書類並びに連結計算書類を受領し,それらを監査して,*会計監査報告'を作成する〔会社396①〕。計算書類及びその附属明細書,臨時計算書類並びに連結計算書類が法令又は*定款'に適合するかどうかについて会計監査人と*監査役'(監査役会設置会社では監査役会又は監査役,指名委員会等設置会社では監査委員会又は*監査委員',*監査等委員会設置会社'では*監査等委員会'又は*監査等委員')と意見を異にするときは,会計監査人は*定時株主総会'に出席して意見を述べることができ,また,求めがあれば,定時株主総会に出席して意見を述べなければならない〔会社398①②〕。会計監査人が欠けた場合又は定款で定めた員数が欠けた場合には,監査役(監査役会設置会社では監査役会,指名委員会等設置会社では監査委員会,監査等委員会設置会社では監査等委員会)は遅滞なく一時会計監査人の職務を行うべき者(一時会計監査人)を選任しなければならない〔会社346④⑥⑦⑧〕。

会計監査人設置会社　*会計監査人'を置く*株式会社'又は会社法の規定により会計監査人を置かなければならない株式会社をいう。*大会社',*監査等委員会設置会社'及び*指名委員会等設置会社'は会計監査人を置かなければならない〔会社327⑤・328〕。会計監査人設置会社は*監査役設置会社',監査役会設置会社,監査等委員会設置会社又は指名委員会等設置会社でなければならない。会計監査人設置会社でなけ

かいけいか

れば、*連結計算書類'を作成することができない。また、会計監査人設置会社には計算書類等の承認の特則〔会社439・441④〕の適用があり、*剰余金の配当'等を決定する機関の特則〔会社459②・460②〕は、会計監査人設置会社のうち一定のものにのみ適用がある。

会計監査報告 *会計監査人'は、会計監査人の監査の方法及びその内容、*計算関係書類'が当該株式会社の財産及び損益の状況を全ての重要な点において適正に表示しているかどうかについての意見があるときは、無限定適正意見(監査の対象となった計算関係書類が*一般に公正妥当と認められる企業会計の慣行'に準拠して、当該計算関係書類に係る期間の財産及び損益の状況を全ての重要な点において適正に表示していると認められる旨)、除外事項を付した限定付適正意見(監査の対象となった計算関係書類が除外事項を除き一般に公正妥当と認められる企業会計の慣行に準拠して、当該計算関係書類に係る期間の財産及び損益の状況を全ての重要な点において適正に表示していると認められる旨並びに除外事項)又は不適正意見(監査の対象となった計算関係書類が不適正である旨及びその理由)、意見がないときは、その旨及びその理由、*継続企業の前提'に係る事項、意見があるときは、事業報告及びその附属明細書の内容と計算関係書類の内容又は会計監査人が監査の過程で得た知識との間の重要な相違等について、報告すべき事項の有無及び報告すべき事項があるときはその内容、追記情報(正当な理由による会計方針の変更、重要な*偶発事象'、重要な後発事象その他の事項のうち、会計監査人の判断に関して説明を付す必要がある事項又は計算関係書類の内容のうち強調する必要がある事項)、並びに、会計監査報告を作成した日を、会計監査報告の内容としなければならない。会計監査報告は、*株式会社'の本店及び支店において備置き・閲覧等の対象とされるほか、*取締役会設置会社'においては、*株主総会'の招集通知に際して、*株主'に提供される(ただし、電子提供措置(⇨電子提供制度'))。

外形基準 ⇨継続開示会社'

会計検査 国又は地方公共団体の財務処理が、*法令'及び*予算'に従って適正に行われているかどうかを検査すること。通常、独立機関によるものを指し、国や*公庫'等の政府関係機関の会計については、憲法上の独立機関である*会計検査院'がその任にあたる〔憲90、政策金融公庫45・46等〕。会計検査の作用は、事後的な統制である収入支出の*決算'の検査・確認〔会検20①・21〕のほか、財務執行過程を常時統制する会計経理の検査・監督を含む〔会検20②〕。したがって、会計検査院による検査は、国の毎月の収入支出、国の所有する現金・物品及び*国有財産'の受払い、国が資本金の2分の1以上を出資している法人の会計などの必要的検査事項〔会検22〕のほか、国が*補助金'・助成金等を交付し又は貸付金等の財政援助を与えているものの会計その他の会計経理の検査〔会検23〕(選択的検査事項)にまで及ぶ。なお、地方公共団体の財務については、*監査委員'が行う出納の検査・決算の審査その他の監査〔自治199・233②・235の2・242〕が、国の会計検査に相当する。

会計検査院 国の収入支出の*決算'の検査を行うとともに、常時*会計検査'を行うことを任務とする合議制の憲法上の独立機関。その組織・権限などは、主として会計検査院法(昭和22法73)によって次のように定められている。

1 組織・構成 内閣に対し独立の地位にあり〔会検1〕、3人の検査官で構成する検査官会議と事務総局で組織される〔会検2〕。検査官の任期は5年で〔会検5〕、両議院の同意を経て内閣が任命する*認証官'であり〔会検4〕、職務の性質上他の官又は議員などとの兼職は禁止される〔会検9〕が、厚い身分保障がある〔会検8〕。会計検査院長は、検査官で互選され、形式上内閣が任命する〔会検3〕。

2 権限 憲法上国の収入支出の決算の検査を行う〔憲90①〕ほか、常時会計検査を行い、会計経理を監督し、その適正を期し是正を図るが、検査は、正確性・合規性のみならず、経済性・効率性・有効性の3E検査)などの観点からも行われる〔会検20〕。検査の結果により、国の収入支出の決算を確認する〔会検21〕とともに、検査に関連して、会計事務職員の懲戒処分や違法・不当事項についての適宜処置などを要求することができ〔会検31、予算執行職員6、会検34〕、また、各種の会計事務職員(現金出納職員・物品管理職員・予算執行職員)について*弁償'責任の有無及び弁償額を検定する〔会検32、予算執行職員4〕。検査報告には、決算確認のほか、法令・予算に違反し又は不当と認めた事項(不当事項)の有無なども掲記される〔会検29〕。なお、検査の範囲については、「会計検査」をみよ。

会計参与 *取締役'(指名委員会等設置会社においては*執行役')と共同して、*計算書類'及びその附属明細書、*臨時計算書類'並びに*連結計算書類'を作成する会社の機関〔会社374①〕。会計参与は、公認会計士、監査法人、税理士又は税理士法人でなければならず、会社又は

その子会社の取締役、監査役若しくは執行役又は*支配人'その他の*使用人'を兼ねることができず、一定の欠格事由に該当しない者でなければならない〔会社333〕。会計参与は*株主総会'において選任又は解任され、会計参与の報酬は株主総会の決議(*指名委員会等設置会社'においては*報酬委員会')によって決定される〔会社329①・339①・379・404③〕。会計参与の任期は、選任後2年(指名委員会等設置会社においては1年)以内に終了する事業年度のうち最終のものに関する定時株主総会の終結の時までであるが、*定款'又は株主総会の決議によって、その任期を短縮することができる。また、*公開会社'でない*株式会社'(指名委員会等設置会社を除く)においては、定款の定めによって、任期を選任後10年以内に終了する事業年度のうち最終のものに関する定時株主総会の終結の時まで伸長することができる〔会社334①・332〕。会計参与は、法務省令で定めるところにより、*会計参与報告'を作成しなければならない〔会社374①〕。

会計参与報告 *会計参与'が作成しなければならない書類であって、会計参与が職務を行うにつき会計参与設置会社と合意した事項のうち主なもの、*計算関係書類'のうち、*取締役'又は*執行役'と会計参与が共同して作成したものの種類、計算関係書類の作成のために採用している会計処理の原則及び手続並びに表示方法その他計算関係書類の作成のための基本となる事項、計算関係書類の作成に用いた資料の種類その他計算関係書類の作成の過程及び方法、当該資料が著しく遅滞して作成されたとき又は当該資料の重要な事項について虚偽の記載がされていたときは、その旨及びその理由、計算関係書類の作成に必要な資料が作成されていなかったとき又は適切に保存されていなかったときは、その旨及びその理由、会計参与が計算関係書類の作成のために行った報告の徴収及び調査の結果、会計参与が計算関係書類の作成に際して取締役又は執行役と協議した主な事項を記載しなければならない〔会社則102〕。各事業年度に係る計算書類及びその附属明細書に係る会計参与報告は、定時*株主総会'の日の1週間(*取締役会設置会社'にあっては、2週間)前の日(取締役が計算書類の承認について提案をした場合において、その提案につき株主(当該事項について議決権を行使することができるものに限る)の全員が書面又は*電磁的記録'により同意の意思表示をした場合にあっては、その提案があった日)から5年間、*臨時計算書類'に係る会計参与報告は臨時計算書類を作成した日から5年間、それぞれ会計参与が定めた場所に備え置き、書面で作成したときは会計参与設置会社の株主及び債権者の閲覧の請求、謄本又は抄本の交付の請求、電磁的記録をもって作成したときは、その電磁的記録に記録された事項を法務省令で定める方法により表示したものの閲覧の請求、電磁的記録に記録された事項を*電磁的方法'であって会計参与の定めたものにより提供することの請求又はその事項を記載した書面の交付の請求に応じなければならない。また、会計参与設置会社の親会社社員は、その権利を行使するため必要があるときは、裁判所の許可を得て、同様の請求をすることができる〔会社378〕。

会計帳簿 貸借対照表その他の計算関係書類を作成するための基礎となる帳簿をいう。日記帳、仕訳帳、総勘定元帳、各種補助簿(売上帳、仕入帳、現金出納帳など)が含まれる。*株式会社'及び*持分会社'は、法務省令で定めるところにより、適時に、正確な会計帳簿を作成しなければならず、会計帳簿の閉鎖の時から10年間、その会計帳簿及びその事業に関する重要な資料を保存しなければならない〔会社432・615〕。*商人'も、その営業のために使用する財産について、法務省令で定めるところにより、適時に、正確な会計帳簿を作成しなければならず、帳簿閉鎖の時から10年間、その*商業帳簿'及びその営業に関する重要な資料を保存しなければならない〔商19②③〕。総株主(*株主総会'において*決議'をすることができる事項の全部につき*議決権'を行使することができない株主を除く)の議決権の100分の3(これを下回る割合を*定款'で定めた場合には、その割合)以上の議決権を有する株主又は発行済株式(*自己株式'を除く)の100分の3(これを下回る割合を定款で定めた場合には、その割合)以上の数の株式を有する株主、又は裁判所の許可を得た親会社の社員は、株式会社の営業時間内はいつでも、会社の会計帳簿資料の閲覧及び謄写を請求することができる〔会社433〕。裁判所は、申立てにより又は職権で、訴訟の当事者に対し、会計帳簿の全部又は一部の提出を命ずることができる〔会社434・616、商19④〕。

会計統一の原則 ⇨単一予算主義'

会計年度 収入・支出の区切りとなる期間。本来、財務処理は絶え間なく行われるが、一定期間ごとに整理区分することによって収支状況を明確にし、財政の健全性を確保することができる。これが会計年度の制度であり(通常1カ年)、日本では毎年4月1日から翌年3月

かいけいね

31日までを一会計年度とする〔財11, 自治208①〕。*公庫'等の政府関係機関における事業年度も同じである〔政策金融公庫28等〕。⇨会計年度独立の原則'

会計年度独立の原則　*会計年度'として限られた各期間の会計を, 相互に独立させる考え方。したがって, 一会計年度の歳出の財源はその年度の*歳入'のみとし〔財12, 自治208②〕, ある年度の歳出予算の経費の金額を他の年度に属すべき経費に充てることはできないとされるが〔財42, 自治220③〕, *繰越明許費', 過年度支出〔会計27〕など一定の例外がある。⇨予算単年度主義'　⇨予算の繰越し'

会計年度任用職員　**1 意義**　任期付で任用される*地方公務員'の一類型〔地公22の2〕。非常勤の*一般職'職員の任用等に関する法制度を明確化するため, 平成29年の地方公務員法・地方自治法の改正(法29)で法定された。任用の対象となる会計年度任用の職とは, 一会計年度を超えない範囲内で置かれる非常勤の職であるが, 職務が同種の常時勤務を要する職を占める職員に比べて1週間当たりの通常の勤務時間が短い短時間勤務職〔地公22の4①〕は除かれる〔地公22の2①〕。*職(公務員の)'　⇨期間業務職員'　⇨任期付職員'　⇨非常勤職員'

2 勤務条件　勤務形態はパートタイム又はフルタイムであり〔地公22の2①①②〕, いずれの場合の者も一会計年度の範囲内で任期を付して任用される〔地公22の2②〕。競争試験又は選考による採用が必要であり〔地公22の2①〕, 条件付採用の期間は1カ月である〔地公22の2⑦〕。*人事評価'〔地公23〜3の3〕の実施について, その対象から除外する法令の定めはない。*普通地方公共団体'は, *条例'で定めるところにより, パートタイム勤務の者には報酬を支給しなければならず, 期末手当又は勤勉手当を支給することができ〔自治203の2〕, フルタイム勤務の者には*給料'と旅費を支給しなければならず, 期末手当その他の手当を支給することができる〔自治204〕。⇨選考(公務員の)'

外形標準課税　*事業税'において, 所得ではなく企業活動の規模を示す外形的な基準を*課税標準'とすることをいう。法人事業税においては, 平成16年度から, 資本金等の額が1億円を超える法人に対して, 所得を課税標準とする*所得割'のほか, 付加価値額を課税標準とする付加価値割, 資本金等の額を課税標準とする資本割が課されている〔地税72の2①・72の12〕。資本金等の額が1億円以下の法人に対しては, 所得割が課されるが, 所得と併せて資本金額,

売上金額, 家屋の床面積又は価格, 土地の地積又は価格, 従業員数等を課税標準とすることが認められている〔地税72の24の4〕。その他, 電気供給業, ガス供給業, 保険業及び貿易保険業を行う法人は, 収入金額等が課税標準とされる。

会計法　**1** 実質的意味では, 国又は地方公共団体の*財政'のうち, *租税'の賦課・徴収のような権力作用を除いた管理作用, つまり収入・支出及び財産の管理に関する法規又はその総体をいう(広義)。通常, 国の会計に関する法規のみを指し(狭義), 本来, 収入・支出・管理などの事務を実施する会計機関を規律する目的をもつが, 外部関係を規律する場合もある。会計法規を含んでいる現行法令としては, 形式的意味の会計法のほか, 憲法7章, 財政法, *国有財産法', 物品管理法, *予算決算及び会計令'などがある。

2 形式的意味では, 国の収入・支出及びその原因となる契約などに関する一般法としての昭和22年法律35号「会計法」を指す。主として, 会計担当職員の守るべき手続的規定を内容とするが, 契約の確定〔会計29の8〕, *入札'及び契約保証金の国庫帰属〔会計29の7・29の10〕, 国の金銭債権の*消滅時効'〔会計30〜32〕など, 私法的な実体規定や外部関係の規律をも含み, その限りで取引の相手方も影響を受ける。旧会計法(大正10法42)とは異なり財政の基本事項に関する規定を含まず, これについては別に*財政法'が定められている。

戒厳　戦争あるいはそれに準じる国内の動乱に際し, 立法権・行政権・司法権の全部又は一部を, 軍の機関に移すこと。軍事的な理由によって, 国民の権利を制限する最も代表的な*国家緊急権'制度。現行憲法には, 戒厳の制度は存在していない。*明治憲法'では, *天皇'が戒厳宣告権をもち〔明憲14〕, 戒厳の要件と効力とは戒厳令(明治15太告36)によって定められていた。しかし, 戒厳令の戒厳が宣告された例はほとんどなく, 関東大震災(大正12(1923))や二・二六事件(昭和11)の際などには, *緊急勅令'によって, 戒厳令の一部を施行している, いわゆる行政戒厳の制度が利用された。⇨緊急事態'　⇨緊急事態の特別措置'

外見的立憲主義　市民革命を経ずに, 上からの改革によって*立憲主義'の外観を整えただけの政治体制をいい, 1850年のプロイセン憲法やその強い影響下にある*大日本帝国憲法'はその代表例。いずれもその実体をみると, 国民の自由・権利は*法律の留保'の下でしか保障されず, *国民代表'機関としての*議会'の権限が君

がいこうし

主'の*大権'によって大幅に制限されており、また、*権力分立主義'や*司法権の独立'も君主に帰属する行政権の優越の前には不十分でしかない。このように立憲主義の基本的特色が否定ないし薄められる反面、*君主制'原理が強く現れるため、憲法による君主の権能の制限は弱い。

解　雇　**1 意義**　使用者による解約権の行使(解約)を解雇という。これに対して、労働者による解約権の行使を辞職という。
2 民法の原則　民法上、*雇用'契約は、労使ともに、期間を定めていないときには、2週間の予告期間をおけばいつでも解約でき(使用者の*解雇の自由'、労働者の辞職の自由)〔民627〕、期間を定めているときにも「やむを得ない事由があるとき」は、直ちに解約できる〔民628〕。
3 労働法による修正・制限　解雇によって労働者が被る不利益は大きいため、労働法上は、解雇を実体的側面と手続的側面の両面から規制している。具体的には、*労働基準法'により、特定の期間(業務上災害による休業期間と労働基準法上の産前産後休業期間とその後の30日間)について解雇を禁止し〔労基19〕、解雇手続として、解雇予告制度、退職時に労働者が請求した場合における解雇理由書の交付が義務付けられている〔労基20・21・22〕。また、雇用平等(差別禁止)の観点から、性別、国籍・信条・社会的身分、*労働組合活動'等(⇨不当労働行為)を理由とする解雇は、各法規により禁止され〔雇均6・9、労基3、労組7〕、育児・介護休業の申出・取得を理由とする解雇も禁止される〔育介10・16〕。このような禁止解雇に該当しない場合も、判例の解雇権濫用法理(⇨解雇権の濫用)が明文化され、解雇には客観的合理的理由と社会的相当性が必要であるとされている〔労契16〕。　⇨雇止め(有期雇用労働者の)'

介護医療院　病状が比較的安定期にあり、療養上の管理、看護、医学的管理の下における介護及び機能訓練その他必要な医療を要する要介護者〔介保7③、介保則21〕であって、主として長期にわたり療養が必要である者に対し、施設サービス計画〔介保8㉖〕に基づいて、上記の療養上の管理等及び日常生活上の世話を行うことを目的とする*介護保険施設'〔介保8㉕〕の1つ〔介保8㉙〕。開設には都道府県知事の許可を要する〔介保107①〕。この施設で提供される上記のサービスを介護医療院サービスといい〔介保8㉙〕、*施設介護サービス費'の支給対象となる〔介保48〕。

外 交 官　*外交使節団'の構成員のうち、長又は外交職員をいう〔外交約1(e)〕。接受国に

おいて*外交特権'を享受するが、反面、接受国によって*ペルソナ・ノン・グラータ'の通告を受けた場合には、退去・任務終了をしなければならない。

外交関係に関するウィーン条約　*国際連合国際法委員会'での検討を経て、1961年4月18日のウィーン会議で採択、1964年4月24日発効。日本は1964年に批准した〔昭和39条14〕。*外交使節団'の派遣・接受・席次・特権免除に関するルールについて規定した、外交関係を規律する最も基本的な多数国間条約である。前文と53カ条から成り、その大部分は既存の*国際慣習法'を明文化したものである。外交関係の開設は、派遣国・接受国相互の同意によって行われる〔外交約2〕。派遣国は、使節団の職員を原則として自由に任命できる〔外交約7〕が、接受国がこれを受け入れるかどうかは接受国の自由である〔外交約9〕(⇨ペルソナ・ノン・グラータ')。大使の席次は、任務開始の日時の順序に従う〔外交約14①・16①〕。外交使節団の構成員及び公館には、種々の*外交特権'が認められる〔外交約20〜40〕、外交特権享有者は接受国の法令を尊重する義務及び接受国の国内問題に介入しない義務をおう〔外交約41〕。*国際司法裁判所'への付託条項を含む「紛争の義務的解決に関する選択議定書」(昭和39条15)と、「国籍の取得に関する選択議定書」(日本は未加入)が付されている。

外 交 婚　A国にあるB国の大使館において、B国法の定める方式で*婚姻'すること。領事館で行うときは、領事婚という。自国民と外国人との外交婚を認める国もあるが、民法は、日本人間の外交婚について、外交婚を定めている〔民741〕。儀式、届出などの婚姻の方式は、挙行地法又は当事者一方の*本国法'上有効とされれば、原則として有効と扱われるので〔法適用24②③本文〕、当事者のいずれか一方の本国法の定める外交婚であれば、方式については有効とされることになる。ただ、例外として日本における一方当事者を日本人とする婚姻については、日本で婚姻生活が営まれることが多いため、必ず挙行地法である日本法によらなければならないとされ〔法適用24③但〕、当該外国人の本国の在日大使館で外交婚をしても、日本法による婚姻届をしない限り、日本では有効な婚姻とはされない。

外交使節団　使節団の長及び職員(外交職員、事務及び技術職員、役務職員)により構成される〔外交約1〕。接受国において派遣国を代表し、接受国の諸事情を報告し、自国民を保護す

がいこうて

るといった任務を遂行する〔外交約3〕。外交使節団は接受国において*外交特権'を享受する。

外交的保護　1 意義　自国民である私人が他国によってその身体や財産を侵害され，損害を被った場合に，その者の本国が加害国に対して適切な救済を与えるよう要求すること。国家がもつこのような権利を外交保護権という。**2 要件**　外交的保護は外国人の本国の権利であるが，それを行使するためには，通常，イ 被害者の国籍が実効的であること(真正な結合の原則)，ロ 被害者である外国人が，損害を被った時から外交的保護がなされ，救済を与えられるまでの間，本国の*国籍'を継続して保有すること(国籍継続の原則)，ハ 被害者である外国人が，在留国において利用することができる国内的救済手段を尽くしていること(*国内的救済の原則')の3つの要件を満たさなければならないとされる。**3 法的性格**　外交的保護は本国の権利である。したがって，本国は被害者である自国民の要請があってもこれを行使することを義務付けられない。また逆に，要請の有無にかかわらずこれを行使して加害国に要求を出すことも可能である。更に，要求の結果加害国から賠償が支払われても，それは本国に帰属するものとされる。これらの点から，外交的保護は，個人(外国人)の権利保護の制度としては不十分である，あるいは加害国に対する不当な影響力行使の手段となるといった批判がなされてきた。ラテン・アメリカ諸国を中心に，外国人の本国による外交的保護の行使を制限しようとする慣行が積み重ねられてきたのも故なきことではない。ただし，外交的保護が本国の権利である以上，これを被害者である国民が放棄することは不可能である。　⇨カルボ条項'

外交特権　*外交使節団'の構成員及び公館が接受国において享有する特権及び免除をいう。外交特権付与の根拠としては，イ *治外法権'説(公館は派遣国の領土の延長との考え方)，ロ 代表説(外交使節団は派遣国の主権・威信を代表するとの考え方)，ハ 機能説(外交任務の円滑な遂行に必要との考え方)があるが，*ウィーン外交関係条約'前文では，「国を代表する外交使節団の任務の能率的な遂行を確保すること」を外交特権付与の目的とし，機能説を基本としながら代表説を加味している。外交特権は，*国際慣習法'として以前から確立されたものが多いが，ウィーン外交関係条約では，居等の不可侵〔外交約29・30〕，裁判権免除〔外交約31〕，租税・関税・検査の免除〔外交約34・36〕，公館の不可侵〔外交約22〕，移動・旅行・通信の自由〔外交約26・27〕等の特権及び免除につき規定する。外交特権は外交官の家族にも認められ〔外交約37①〕，外交官以外の外交使節団の構成員にも限定的に認められる〔外交約37②③〕。民事裁判権からの免除については，派遣国に免除の放棄を勧告する決議が採択されている(1961・4・14ウィーン会議)。*領事'機関の構成員や*国際組織'の職員にも一定の特権及び免除が認められることがある〔領事約28〜67，国際裁19，国連特権5等〕。

外交保護権　⇨外交的保護'

介護休暇　⇨育児介護休業法'

介護休業　労働者が，*要介護状態'にある配偶者，父母及び子，並びに配偶者の父母などの家族〔育介2④⑤，育介則3・4参照〕を介護するためにとる休業。対象家族1人について3回まで，通算93日まで可能〔育介11②〕。事業主は介護休業の申出を拒めず，休業申出又は休業を理由に"解雇"できない〔育介12①・16〕。*雇用保険'から*介護休業給付'金が支給される〔雇保10⑥②・61の4〕。　⇨育児休業'

介護休業給付　*雇用保険法'に基づく*雇用継続給付'の一種〔雇保10⑥②〕。*介護休業'を取得する労働者に一定の所得保障を行うことによって，生活と雇用の安定を図ることを目的とする。*被保険者'が，配偶者，父母及び子，並びに配偶者の父母を介護するために休業した場合，一定の受給要件を満たすときに，介護休業給付金として支給される〔雇保61の4①②〕。支給の期間は，介護開始日から起算して最長3カ月である〔雇保61の4③〕。1カ月あたりの給付金の額は，休業前の賃金日額の30日分の40%に相当する額である〔雇保61の4④〕。事業主から休業中の被保険者に賃金が支払われた場合には，その賃金額に応じて給付金は減額，あるいは不支給となる〔雇保61の4⑤〕。

介護給付　1 介護保険　介護保険法によって支給される給付の一種〔介保18①・40〕。⇨介護保険'
2 労働者災害補償保険　*通勤災害'に対する*労働者災害補償保険法'上の*保険給付'の一種〔労災21⑦・24〕。通勤中に生じた負傷又は疾病による一定の障害のため現に介護を受けた場合，これに要した費用の実費(上限額あり)又は定額が支給される。　⇨介護補償給付'

介護給付費　*障害者総合支援法'による*自立支援給付'の一種〔障害総合支援6〕。障害者又は障害児の保護者からの申請を受けて，市町村が支給の要否を決定する〔障害総合支援19・20〕。

'障害福祉サービス'のうち、'居宅介護'、'重度訪問介護'、同行援護、行動援護、'療養介護'、'生活介護'、'短期入所'、重度障害者等包括支援、施設入所支援(⇒障害者支援施設)といった、介護の支援が支給対象となる〔障害総合支援28①〕。支給決定障害者等が、都道府県知事による指定を受けた事業者・施設から障害福祉サービスを受けたとき、市町村は、当該サービスに要した費用(食費、居住費その他の日常生活に要する費用等を除く)について介護給付費を支給する〔障害総合支援29①〕。支給額は、サービスに通常要する費用について主務大臣(内閣総理大臣及び厚生労働大臣)が定める基準により算定した額から、支給決定障害者等の家計の負担能力等を斟酌(しんしゃく)して定める利用者負担を控除した額である〔障害総合支援29③〕。市町村は、支給決定障害者等が事業者等に支払うべきサービスの費用を、介護給付費の支給額の限度内で、当該障害者等に代わり事業者等に支払うことができる。この仕組みを代理受領といい、代理受領が行われたときは、介護給付費の支給があったものとみなされる〔障害総合支援29④⑤〕。

解雇協議約款 ⇒'協議約款'

戒　告　1 公務員に対する'懲戒'処分の一種で、本人の責任を確認し、将来を戒めるもの〔国公82①、人規〈12-0〉4、地公29①、国会122Ⅰ、自治135①Ⅰ等〕。公務員以外の者でも、海技士・弁護士・税理士・建築士等、職務の性質上、国の特別の監督の下にある者には、その職務上の義務違反に対する懲戒処分として、監督行政機関による戒告が法定されている〔海難審判4①③、弁護57①Ⅰ、税理士44Ⅰ、建築士10①等〕。⇒'不利益処分'　'身分保障'
2 行政上の義務の履行を催告する通知行為で、行政'代執行'の前提となるもの。行政庁が代執行をするには、相当の履行期限を定め、その期限までに履行がないときは代執行をする旨をあらかじめ文書で戒告しなければならず〔代執3①〕、緊急の必要がある場合を除き、戒告の手続を経ずに代執行をすることは許されない〔代執3③〕。

外国会社　外国法に準拠して設立された'法人'その他の外国の団体であって、'会社'と同種のもの又は会社に類似したもの〔会社2②〕。外国法の下で有効に設立された会社の法人格は、日本においても、当然に認許される〔民35①〕。会社法は、外国会社に関する特別規定を定めている〔会社817～823〕。それによれば、外国会社が日本で取引を継続してしようとするときは、日本における代表者(そのうち1人以上は日本に住所を有する者でなければならない)を定め、'登記'をしなければならない〔会社817・933〕。この登記をするまでは日本における継続的取引をしてはならず、これに違反して取引を行った者は外国会社と'連帯責任'を負うことになる〔会社818〕。また、債権者等の保護のために、登記をした外国会社(日本における同種の会社又は最も類似する会社が'株式会社'であるものに限る)は、'金融商品取引法'24条1項の規定により事業年度ごとに'有価証券報告書'を内閣総理大臣に提出しなければならない外国会社を除いて、'貸借対照表'に相当するものを日本で'公告'する等の義務が課されるとともに〔会社819〕、その日本における代表者が退任する場合の手続や日本にある外国会社の財産の清算についての特別の規定も置かれている〔会社820・822〕。外国法人は日本に'営業所'を設けなくても、継続取引を行うことができるが、その場合には、日本における代表者の住所地が営業所の所在地とみなされる〔会社933④。なお、会社935①・936①参照〕。外国会社に対する他の法律の適用については、別段の定めがない限り日本における同種の会社又は最も類似する会社とみなされる〔会社823〕。なお、会社法821条については、'擬似外国会社'を参照せよ。　⇒'外国法人'　⇒'設立準拠法'

外国為替　通貨を異にする二者間の貸借関係を、銀行等の金融機関を介在させることによって決済する方法。例えば、輸出業者が輸入業者又はその取引先銀行を支払人とする外貨建ての'為替手形'を銀行から割り引いてもらって自己の預金口座に入金し、銀行がその手形を海外の取引先銀行(コルレス先)に送付して支払人から手形金を取り立てた場合、輸出業者は、この外貨を内貨と交換して債権を回収することになる。異なる通貨の交換又は売買を指すこともある。この交換比率を為替相場(為替レート)という。　⇒'為替'　'外国為替及び外国貿易法'

外国為替及び外国貿易法　昭和24年法律228号。かつては、対外取引原則禁止の下で、対外'為替取引'には事前許可が必要とされたが、昭和54年に大改正(法65)が行われ、対外取引の自由を基本とし、必要最小限の管理又は調整を行うという法体系に改められた。また、平成9年改正(法59)では、対外取引・決済に係る事前の許可・届出制度を原則廃止する等、更に徹底した自由化が行われ、法律の題名もそれまでの「外国為替及び外国貿易管理法」から「管理」という文字が削除された。その一方で、日本又

がいこくか

は国際社会の平和及び安全の維持を目的とした規制は順次強化されて今日に至る。平成14年改正（法34）では，テロリスト等の資産凍結等を迅速かつ有効に実施するため，金融機関による顧客の本人確認を義務化した。また，平成16年改正（法1）により，目的規定において「我が国又は国際社会の平和及び安全の維持」が明示されるとともに〔外為法1〕，特に必要があるときには，閣議決定に基づき，支払等について，主務大臣の許可等を受ける義務を課すことができるようになった。平成29年改正（法38）では，安全保障の観点から，無届による対内直接投資等を行った外国投資家に株式売却等を命じる制度の創設や，外国投資家間の非上場株式譲渡を審査付事前届出制の対象とする等，対内直接投資規制の強化が行われた。令和4年には，*暗号資産'*電子決済手段'に関する取引を資本取引規制の対象とする改正，及び，金融機関等に資産凍結措置を適切に実施する態勢整備義務を課す改正（法97）が行われた。

外国管財人　一般には，外国倒産処理手続において倒産債務者の財産の管理及び処分をする権限を有する手続機関をいう。ただし，法律上の厳密な意義は，イ　外国倒産手続開始後の管理機関に限定されるが，財産の管理処分権を維持する債務者（アメリカ法におけるDebtor in Possession（日本の*再生債務者'に相当）なども含む意味で使われる場合〔破245①，民再207①，会更242①〕と，ロ　外国倒産処理手続申立てから開始決定までの財産管理機関をも含む点ではより広義であるが，管理処分権を維持する倒産債務者は除外した意味で使われる場合〔外国倒産2①⑦〕とに分かれる。

外国金銭債権　外国貨幣によってその支払額が決定された*金銭債権'。内国貨幣の価値が下落するおそれがある場合に備えてその価値を担保する機能を果たす。反対に当該外国貨幣の価値が下落する可能性がある場合には債権の実質的価値が下がることになるので，為替予約などでその手当てをする必要が生じる。この債権の場合には，特約のない限り，その外国貨幣の各種の通貨をもって弁済することができ〔民402③〕（例えば，アメリカドル通貨による場合には，100ドル，50ドル，10ドルなどと，いずれの種類の紙幣・貨幣で払うこともできる），また，日本の通貨で弁済してもよいが，換算率は履行地における履行時の為替相場による〔民403〕。

外国元首に対する罪　刑法旧90条・91条は，外国*元首'・使節に対する*暴行'・*脅迫'・侮辱の罪を定めていたが，昭和22年の刑法改正（法124）の際，皇室に対する罪〔刑旧73～76〕の廃止との均衡を考慮して削除された。国際交流の活発化に伴い，この罪の復活が問題とされるようになったが，皇室に対する罪との均衡から，消極論も強い。

外国公文書の認証を不要とする条約　*ハーグ国際私法会議'で作成され，1961年に署名，1965年に発効した条約。日本は1970年に批准している（昭和45条8）。訴訟において不動産の権利関係や家族関係などを証明する外国の公文書を証拠として採用するためには，日本では，元々厳格な認証を要求してはいない〔民訴228⑤〕が，多くの国では真正なものであることを当該外国の外交官等が認証するという煩雑で時間がかかる手続が要求されている。本条約は，締約国間ではそのような認証を不要とし，各締約国の指定する当局（日本については外務省）が発行する一定の様式を備えた証明書（四 apostille）の付与で十分であることとするものである。

外国国家行為理論　⇨国家行為理論'

外　国　債　⇨外債'

外国従手続　⇨外国主手続'

外国主手続　債務者が営業者である場合にあってはその主たる*営業所'がある国で申し立てられた外国倒産処理手続（営業者でない場合又は営業所を有しない場合にあっては，当該債務者が個人であるときは住所がある国で申し立てられた外国倒産処理手続，法人その他の社団又は財団であるときは主たる事務所がある国で申し立てられた外国倒産処理手続）〔外国倒産2①②〕。これに対して，外国主手続でない外国倒産処理手続を外国従手続という〔外国倒産2①③〕。「外国倒産処理手続の承認援助に関する法律」（平成12法129）は並行倒産主義を基調としており，承認援助手続と国内倒産処理手続の競合の場合には，国内倒産処理手続を優先させる。もっとも，単一倒産主義の理念にも一定の配慮を払っており，例外的に，イ　当該外国倒産処理手続が主手続であり，ロ　当該外国倒産処理手続について援助処分が債権者の一般の利益に適合し，ハ　援助処分を行っても日本国内において債権者の利益が不当に侵害されるおそれがないとの3つの要件を満たす場合には，承認援助手続を優先する〔外国倒産57〕。また，承認援助手続相互間では，外国主手続の承認援助手続が，外国従手続の承認援助手続に優先する〔外国倒産62〕。外国主手続の基準となる「主たる営業所」の判断において，どのような要素を考慮すべきか，立法時に参考にした，*国際連

合国際商取引法委員会'が1997年に作成した*国際倒産'に関するモデル法におけるCOMI（主たる利益の中心地）の概念が参照されるべきかについては議論がある。

外国証券業者　金融商品取引業者，銀行，協同組織金融機関その他政令で定める金融機関以外の者で，外国の法令に準拠し，外国において*有価証券'関連業を行う者〔金商58, 金商令1の9〕。*金融商品取引法'施行前は，「外国証券業者に関する法律」（外証法）（昭和46法5）において規制されていたが，金融商品取引法が外証法の内容を取り込み，外証法は廃止された（平成18法66）。外国法人が日本国内で*金融商品取引業'を営むためには，内閣総理大臣の登録を受けなければならず〔金商29〕，第1種金融商品取引業を営むためには，国内に*営業所'又は事務所を設け，国内における代表者を定めなければならない〔金商29の4①④ロハ〕。ただし，国内の投資家を相手方として有価証券関連業〔金商28⑧〕を行わない場合には〔金商58の2, 金商令17の3, 金商業213〕, 外国証券業者も，例外的に，*引受業務'の許可〔金商59～59の6〕, 取引所取引業務の許可〔金商60～60の13〕を受ければ，金融商品取引業の登録をせずに当該業務を行うことができる（許可外国証券業者）。

外 国 人　所在国の*国籍'をもたない者。外国の国籍をもつ者及び*無国籍'者を含む（ただし，国際法上は無国籍者を含まないのが普通）。日本では，日本の国籍をもたない者をいい，日本と外国の国籍とを併せもつ*重国籍'者は，外国人ではない。

Ⅰ　国際法上，国家は，*通商航海条約'等で特別の定めがない限り，外国人の入国を認める一般的義務を負わない。一度入国を認められた外国人といえども在留の更新や再入国を求める権利はないとされる。また，外国人の出国は自由であり，国の安全や犯罪防止等正当な理由がある場合を除き，その出国を制限することは禁止される。逆に国家は，適正な手続に従うことを条件に外国人を*退去強制'（追放）することができる（⇨ノン・ルフルマン原則'）。入国・在留を認められた外国人は，滞在国の管轄権に服し，義務教育，兵役義務等国家に対する忠誠を前提とする義務を除き，原則としてその国の国民と同様の義務を負う。*国際慣習法'上，外国人に認められる権利に関しては，*国際標準主義'と国内標準主義とが対立してきたが，通商航海条約等を通じて，土地・船舶の所有等一定の私法上の権利，参政権等の政治的権利を除き，*最恵国待遇・内国民待遇'を与える例が多い。

Ⅱ　公法上，国内法により，外国人は，一般に納税義務等を負うが，参政権をもたず，公務員になる権利（公務就任権）も制限されている。また，出入国については，特別の規制を受ける（⇨出入国管理及び難民認定法'）。平成21年の改正（法79）で外国人登録法は廃止され，出入国管理及び難民認定法に基づき在留カードが交付されることになった。ただ，外交特権が認められる外交官等や*日米安全保障条約'に基づく一定の在日米軍関係者に対しては，*治外法権'の認められる限りで，裁判権や行政権が及ばない。

Ⅲ　私法上は，原則として日本人と同じく*権利能力'をもつが，法令又は条約の規定により例外的に制限される〔民3②〕。例外的制限としては例えば，船舶所有権〔船舶1〕・鉱業権〔鉱業17〕を所有できず，また，土地所有権〔外人土地1〕，国又は公共団体に対する損害賠償請求権〔国賠6〕, 特許権〔特許25〕・実用新案権〔新案2の5③〕・意匠権〔意匠68③〕・商標権〔商標77③〕・著作権〔著作6〕等の取得あるいは行使について一定の制限がある。

外国人の憲法上の地位　*外国人'といっても，国外に居る者については，日本国憲法上の地位を論じる余地はない。入管法上の*在留資格'により日本に在留する外国人のうち，在留外国人として在留管理制度の対象となるのが，3ヵ月を超えて滞在する中長期在留者及び特別永住者である。第二次大戦前から日本に居住する朝鮮半島・台湾出身者及びその子孫には，特例法（日本国との平和条約に基づき日本の国籍を離脱した者等の出入国管理に関する特例法（平成3法71））により特別永住者としての在留が認められている。外国人の憲法上の地位は，2つの点で問題になる。第1は，「外国人の人権」論であり，ここでは，権利の性質上日本国民のみをその対象としているものを除き外国人にも人権は保障されるとするのが，通説・判例（最大判昭和32・12・25刑集11・14・3377）となっている。第2は，「国民との平等」論であり，その場合，*国籍'を理由とした異なった扱いは，合理的な理由のない限り憲法14条違反になる。いずれによったとしても，外国人については，短期滞在者，広義の難民定住者及び永住者といった形で類型化すべきであろう。この場合，後者にいくほど，人権保障や平等の要請が強くなる。例えば，*職業選択の自由'や*社会保障'を受ける権利などは，短期滞在者の場合はさておき，永住者には十分保障される必要がある。更に，公務員就任権や*選挙権'についても，少なくとも自治体レベルでは認めるべきだという見

がいこくじ

解が有力となっている。

外国人の出入国 ⇨外国人'
外国人法 ⇨外人法'
外国人労働者 日本で就労する外国籍の労働者(通常、永住権のある者を除く)。日本で就労の許される外国人は、その職種(在留資格)、就労可能期間(在留期間)の点でかなり限定されている〔入管2の2・19〕。日本政府は、専門的知識・技術を有する外国人(高度外国人材)の受入方針を堅持し、単純労働への外国人の就労は原則として認めず、不法就労として取締りを強化してきた(例えば、平成元年の不法就労助長罪〔入管73の2〕の新設等)。しかし、規制緩和による一層の「開国」を求める国内外の要請も強い。外国人労働者には*労働基準法'等多くの労働法規のほか、*健康保険法'、*厚生年金保険法'等も、不法就労か否かを問わず適用される。特に国籍を理由とする雇用関係上の差別は禁止される〔労基3〕。他方、*職業安定法'に基づく*職業紹介'、職業指導等のサービスの提供や*雇用保険法'の適用等は、不法就労の外国人にはない。事業主向けに外国人労働者の雇用管理の改善等に関する指針が定められている(平成19厚労告276)、〔労働施策推進7・8・28〜30〕。また、外国人への技術・技能・知識の習得支援による国際協力の趣旨で平成5年に外国人研修・技能実習制度が導入されたが、安価な労働力確保の手段としての利用や人権侵害の弊害が増大したため、平成21年に、技能実習の在留資格を新設し、研修期間中の座学に続く実地研修も、研修後の技能実習と同様に労働法規等の適用のある雇用関係に改められるなどした(法79)。また、平成28年に、この制度の適正な運用を図る単独の立法がなされた(法89)〔外国人の技能実習の適正な実施及び技能実習生の保護に関する法律旧1〕。そして、労働力不足が深刻な一定職種に限定して相当程度の技能を有する労働力の確保のために、平成28年に介護(法88)、平成30年に特定技能(1号・2号)の在留資格が新設された〔入管2の2〜2の5〕(法102)。更に、令和6年には、技能実習に代えて育成就労の在留資格が新設され、その目的が国際協力から人材確保・人材育成に改められ〔外国人育成就労1〕、外国人労働者の人権侵害を生んできた転籍制限を緩和したり、不法就労助長罪の厳罰化等もなされた(法60)。

外国税額控除 *所得税'・*法人税'に関する国際的*二重課税'を排除するために、居住者・内国法人について、その国外源泉所得を含めた全世界所得に対して課税した上で、外国政府に納付した日本の所得税・法人税に相当する外国の租税の税額を、日本の所得税・法人税の税額から控除する方法〔所税95, 法税69〕。ただし、日本の所得税額・法人税額から控除される税額は、所得税額・法人税額に、その年度分の所得の金額のうちに国外源泉所得の占める割合を乗じて計算した金額が限度とされている(控除限度額)〔所税95①, 所税令222, 法税69①, 法税令142〕。また、非居住者や外国法人の恒久的施設帰属所得についても、平成28年4月1日以降、外国税額控除が認められることになっている〔所税165の6, 法税144の2〕。なお、内国法人が外国子会社から配当等を受けた場合、当該外国子会社の所得に対し課される外国法人税の額のうち、当該配当等に対応する金額は、当該内国法人の納付する外国法人税額とみなされ、外国税額控除の対象とされていたが(間接外国税額控除)、現在は、外国子会社からの受取配当は原則として益金不算入とされている〔法税23の2〕。 ⇨国際課税' ⇨国内源泉所得' ⇨ソース・ルール'

外国仲裁判断 ⇨仲裁判断'
外国仲裁判断の承認及び執行に関する条約 国際取引等から発生する紛争の解決手段として、仲裁が有効に機能するためには、一定の要件を具備した*仲裁合意'の効力を認め、*仲裁判断'が他国でも承認・執行できるという仕組みが必要である。このため、1923年の「仲裁条項ニ関スル議定書」(昭和3条3)及び1927年の「外国仲裁判断の執行に関する条約」(昭和27条11)が締結されたが、内容上種々の不備があった。そこでこれらに代わるものとして、*国際連合'の下で1958年6月10日に作成されたのが本条約である。締約国は170カ国以上であり、ニューヨーク条約と通称される。日本は1961年に加入した(昭和36条10)。本条約では、仲裁合意の効力の承認〔仲裁判断約2〕、一定の要件(仲裁判断約4〜6〕の下での外国仲裁判断の承認と執行〔仲裁判断約3〕が規定されている。

外国通貨現実支払文句 *支払地'の通貨でない特定の種類の通貨で支払う旨の*手形'上の記載。外国通貨で手形金額が表示されている手形(*外国通貨表示手形')でも支払地の通貨で支払うことができるのが原則である〔手41①②・77①③〕が、*振出人'が外国通貨現実支払文句を記載したときは、その指定された通貨で支払わなければならない〔手41①③・77①③〕。*小切手'についても同様である〔小36③〕。

外国通貨表示手形 *手形金額'の表示が支払国の通貨以外の通貨でなされている*手形'。

特に*外国通貨現実支払文句'が記載されていない場合には、手形に記載された換算率か、その記載がなければ支払地の慣習すなわち*為替'相場で換算した*満期'日における価格により支払国の通貨で支払うことができる〔手41・77①③〕。

外国倒産処理手続の承認援助 外国倒産処理手続を日本の裁判所が承認し、その外国手続を援助するために日本国内における債務者の業務及び財産に関し必要な処分を行うこと。日本は伝統的に外国倒産処理手続の効力が国内に及ばないという*属地主義'を採用してきたが、平成12年に「外国倒産処理手続の承認援助に関する法律」(法129)が制定され、外国倒産手続承認援助のための手続が整った。この手続は*外国管財人'等〔外国倒産2①⑧〕の東京地方裁判所への承認申立てによって開始され、承認が日本の公序に反するなど一定の場合を除いて、裁判所は承認決定を行う。ただ、承認決定自体に特別の効力はなく、具体的な援助は、利害関係人の申立て又は職権に基づいて、裁判所が援助処分(財産処分禁止命令や*承認管財人'による管理命令など)を発することによって行う〔外国倒産25~55〕(なお、承認申立てから承認決定までの期間においても援助処分が発令できる場合がある)。承認援助は、一定の事由(外国倒産処理手続の終了等)〔外国倒産56①①~④〕に基づく承認取消決定によって終了する。

外国等に対する我が国の民事裁判権に関する法律 ⇨国家免除'

外国登録商標 *工業所有権の保護に関するパリ条約'の加盟国で正式に登録された商標は、原則として、他の同盟国においても、「そのまま(テル・ケル ⓆQ telle-quelle)」保護される〔工業所有権6の5A(1)〕。これを外国登録商標というが、実務上テル・ケル・マーク(テル・ケル商標)と呼ばれることもある。保護が要求される国における第三者の既得権を害する場合、*識別力'を有しない場合、*公序良俗'に反し、又は、公衆を欺瞞(ぎまん)する場合は、登録を拒絶され又は無効とされる。その*商標権'の効力は、各同盟国間において互いに独立である(⇨特許独立の原則')。

外国判決の承認・執行 1 意義 裁判は*国家主権'の発動の結果であり、判決国以外ではその効力が認められるとは限らない。刑事に関する外国判決は、内国では効力はなく、外国で処罰された者を同一の行為について日本で更に処罰することは妨げられない。ただし、その者が外国で刑の執行を受けたときは、日本での刑の執行は減免される〔刑5〕。これに対し、民事の領域では、国際法上の義務としてではないが、国際私法秩序の安定のため、多くの国が自主的に一定の要件の下に外国判決の効力を認めている。日本も明文でこれを認めている〔民訴118、家事79の2、民執24〕。

2 **外国判決承認の要件** 民事訴訟法118条は、外国判決承認の要件として、イ 外国裁判所の*確定判決'であること〔民訴118柱〕、ロ 判決を言い渡した外国裁判所が、裁判権及び*裁判管轄'権を有していたこと(間接管轄)〔民訴118①〕、ハ 敗訴の被告が、*公示送達'によらないで訴訟の開始に必要な呼出し若しくは命令の送達を受けたこと又は応訴したこと〔民訴118②〕、ニ 判決の内容及び手続が日本の*公序'に反しないこと〔民訴118③〕、ホ 相互の保証のあること〔民訴118④〕(⇨相互主義')を定めている。これらの要件は、*給付判決'、*確認判決'及び*形成判決'のいずれにも、また人事事件にも適用される。家事事件のうち相手方のいない事件類型についてはハの要件は該当しないため、「その性質に反しない限り」準用される〔家事79の2〕。これらの要件が具備されていれば外国判決確定時にその外国判決は承認されるのであって、特別の手続は要しない(自動承認制度)。

3 **外国判決の執行** 承認要件を具備する外国判決のうち、給付判決につき日本で*強制執行'をするためには、日本で*執行判決'を得なければならない〔民執24〕。

外国法事務弁護士 外国弁護士資格取得後3年以上その外国で弁護士職務を行った者で、法務大臣の承認を受け、*日本弁護士連合会'の外国法事務弁護士名簿に登録された者をいう〔外事弁護9・24〕。外国との間で弁護士活動につき相互の保証のあること〔外事弁護12③〕を前提とする、「外国弁護士による法律事務の取扱い等に関する法律」に基づき日本での活動が認められる外国法事務弁護士は、自らが弁護士資格を取得した外国(原資格国)法に関する職務、法務大臣の承認を受けた一定の指定国の法、指定法以外の特定外国法についての法律事務、及び国際仲裁事件・国際調停事件の代理の職務を行う〔外事弁護3~7〕。したがって、日本の裁判所で訴訟代理をすること等は許されない〔外事弁護4〕。外国法事務弁護士はその雇用する弁護士又は外国法事務弁護士に対し、自己の権限外法律事務の取扱いについて、雇用関係に基づく業務上の命令をしてはならず〔外事弁護50①〕、弁護士又は弁護士法人とともに、組合契約その他の継続的な契約により、法律事務を行うことを目的とする外国法共同事業を営む場合には、

がいこくほう

自己の権限外法律事務の取扱いについて不当な関与をしてはならない〔外事弁護2⑲・51〕。また，外国法事務弁護士のみを社員とする外国法事務弁護士法人を設立することができる〔外事弁護56・58〕。外国法事務弁護士は，所属*弁護士会*・日弁連の会則を遵守しなければならず〔外事弁護43〕，事務所を所属弁護士会の地域内に設け〔外事弁護46④〕，年間180日以上日本に在留しなければならない〔外事弁護49①〕。 ⇨弁護士*

外国法人 Ⅰ 国際私法 **1 意義** 外国法に準拠して設立された法人。外国会社については，会社法にその旨の定義規定がある〔会社2②〕。ある団体が法人格を有するか否か，内部組織とそれらの関係等についてその団体が一般的に服する法があり，それは自然人についての属人法と同様のものとして，従属法と呼ばれることがある。法人の従属法については本拠地説もあるが，*設立準拠法*説が支配的である。設立準拠法は，外国法人が日本に事務所を設けたとき，また，外国会社が日本における代表者を定めたときの登記事項の1つとされている〔民37①Ⅰ，会社933②Ⅰ〕。他方，公法上は規制の目的に照らし，設立準拠法とは別に，経営権や資本の帰属等の実質的基準により外国法人と同様の規制をしている例もある（⇨外人法*）。
2 外国法人の地位 外国法人は，原則として，国，国の行政区画及び外国会社だけが*認許*される〔民35①〕。認許には特別の手続を要しない。特別法・条約による認許の例もある〔保険業185，国連特権1等〕。認許された外国法人は，日本に成立する同種の法人と同一の私権を有するが〔民35②〕，外人法上の制約があればそれに服する。また，日本に事務所を設ける外国法人・日本において取引を継続しようとする外国会社に対しては，事務所，代表者などの登記のほか，特別な監督が加えられている〔民37，会社817～823・933～936〕。 ⇨外国会社*

Ⅱ *法人税法*上，内国法人は（外国子会社からの受取配当を除いて）全世界所得に対して課税され，外国法人は国内源泉所得に対して課税されるので，両者の区分は重要な意味をもつ。法人税法は，内国法人とは国内に本店又は主たる事務所を有する法人をいい〔法税2③〕，外国法人とはそれ以外の法人をいう〔法税2④〕と定めている。このような内国法人と外国法人の区分の方式を，本店所在地主義という。 ⇨国際課税* ⇨国内源泉所得* ⇨ソース・ルール*

解雇権の濫用 民法上，*雇用*契約の当事者である労使双方は，期間の定めのないときに

は「いつでも」解約の申入れをすることができる〔民627〕。しかし，使用者による解約（*解雇*）と労働者による解約（辞職）とでは，その社会経済的意味や他方当事者に与える影響は大きく異なるので，解雇については，労働者の生活基盤としての雇用保障の観点から，労働法上，種々の法規によって規制されてきた。例えば，*労働基準法*は，特定の期間（業務上災害による休業期間と産前産後の休業期間及びその後の30日間）の解雇を禁止し〔労基19〕，一定の解雇手続（30日前の解雇予告，解雇理由書の交付）を義務付け〔労基20・21・22〕，国籍，信条，社会的身分を理由とする解雇を禁止している〔労基3〕。また，*労働組合法*は，*労働組合活動*等を理由とする解雇を*不当労働行為*として禁止している〔労組7〕。これらの規制に反してなされた解雇は違法・無効であるが，その他の解雇についても，判例によって，民法上の基本原則である*権利濫用*法理を援用し，解雇は客観的に合理的な理由を欠き社会通念上相当であると認められない場合はその権利を濫用したものとして無効である，との解雇権濫用法理が形成・確立された（最判昭和50・4・25民集29・4・456〈日本食塩製造事件〉）。この法理は，平成15年の労働基準法改正（法104）により明文化され〔労基旧18の2〕，その後，平成19年に成立した*労働契約法*16条がこれを受け継いだ。解雇には「客観的合理的理由」が必要であり，仮にこれが認められる場合であっても，当該理由に基づいて契約を解消することが労働者にとって過酷なものではないか等の「社会的相当性」を要することとされ，個々の事案に即して個別，具体的に判断されることになる。

解雇の自由 民法上，期間の定めのない雇用契約（*労働契約*と同義とする説が多い）の当事者は，原則として2週間前に申入れをすることによって，理由のいかんによらず契約を解約できる〔民627。期間の定めのない雇用関係において，当事者を不当に拘束しないための定めである〕。これにより使用者は，民法上，*労働者*の辞職の自由と同様に，解雇の自由が認められることになる。しかし，*使用者*の解雇権には，労働法上様々な制約が課されている。すなわち，法令により，時期や手続面の制約〔労基19・20〕や解雇理由の制約〔労基3・104，労組7①，労均6④，公益通報3等〕があるほか，*労働協約*（労働組合との協議など手続上の制約が多い）や*就業規則*（解雇事由が限定される場合がある）による制約がありうる。更に，判例法理上，使用者の解雇権の行使は，客観的に合理的な理由を欠き，

かいごほけ

社会通念上相当として是認することができない場合には、権利の濫用として無効となるという制約が課されている(最判昭和50・4・25民集29・4・456〈日本食塩製造事件〉)。この解雇権濫用法理は、現在では、*労働契約法'16条に明文化されている。 ⇨解雇権の濫用'

解雇の予告 使用者が労働者を解雇する場合、あらかじめその旨を労働者に告知することをいう。民法627条は、期間の定めのない雇用契約の解約に関し、原則として解約申入れから2週間の経過により効果を生ずると定めている。しかし、*労働基準法'20条1項は、使用者に、解雇の少なくとも30日前に予告をすること、又は、それに代えて30日分以上の*平均賃金'〔労基12〕の支払を義務付けている(予告日数は平均賃金の支払により短縮できる〔労基20②〕)。ただし、天災事変その他やむをえない事由のため事業の継続が不可能になった場合、又は労働者の帰責事由に基づき解雇する場合には、予告は必要でない(労働基準監督署長の認定を要する〔労基20③〕)。また、この解雇予告制度は、イ 日々雇用者、ロ 2カ月以内の期間雇用者、ハ 季節的業務についての4カ月以内の期間雇用者、ニ 試用期間中の者には適用されない〔労基21〕(ただし、イについては1カ月を超えて、ロ・ハについては所定の期間を超えて、ニについては14日を超えて継続して使用された場合には、それぞれ予告が必要となる)。他方、*期間の定めのある労働契約'の期間途中解雇〔労契17①〕にもこの制度が適用される。なお、労働基準法20条違反には罰則があるが〔労基119〕、解雇予告義務違反に当たる*即時解雇'の私法上の効力については、判例は、使用者が即時解雇に固執する趣旨でない限り、通知後30日の期間が経過したとき、又は法所定の予告手当の支払をしたときから有効となると解されている(最判昭和35・3・11民集14・3・403〈細谷服装事件〉)。

介護扶助 介護保険法の成立により、*生活保護法'に設けられた保護。困窮のため最低限度の生活を維持することのできない要介護者、要支援者及び居宅要支援被保険者等に対して、居宅介護、福祉施設、住宅改修、施設介護、介護予防及び移送などとして行われる〔生活保護15の2①〕。このうち居宅介護とは、訪問介護、訪問入浴介護及び福祉用具貸与などとして行われるサービスであり、施設介護とは、地域密着型介護老人福祉施設、介護福祉施設、介護保健施設及び介護医療院におけるサービスを対象とする〔生活保護15の2②④〕。65歳以上の被保護者に対する介護サービスは、介護保険9割介護扶助1割という割合で支給される。 ⇨介護保険'

介護報酬 ⇨介護保険'

介護保険 **1意義** 日本の*社会保険'の1つで、介護保険法に基づき、市町村の区域内に住所を有する65歳以上の者(第1号*被保険者')と、40歳以上65歳未満の医療保険加入者(健康保険、国民健康保険及び共済組合等の被保険者・組合員と被扶養者。これを第2号被保険者という)とを被保険者として〔介保9〕、その要介護状態又は要支援状態に関し、以下に述べる*保険給付'を行う、*市町村'・*特別区'を*保険者'とする制度〔介保2①・3〕。

2 介護給付・予防給付 介護給付は、被保険者の要介護状態に関する保険給付で〔介保18Ⅰ〕、*居宅介護サービス費'、特例居宅介護サービス費、地域密着型介護サービス費(⇨地域密着型サービス')、特例地域密着型介護サービス費、居宅介護福祉用具購入費、居宅介護住宅改修費、居宅介護サービス計画費、特例居宅介護サービス計画費、*施設介護サービス費'、特例施設介護サービス費、高額介護サービス費、高額医療合算介護サービス費、特定入所介護サービス費、特例特定入所者介護サービス費の支給がある〔介保40〕。予防給付は、被保険者の要支援状態に関する保険給付で〔介保18Ⅱ〕、*介護予防サービス費'、特例介護予防サービス費、地域密着型介護予防サービス費(⇨地域密着型サービス')、特例地域密着型介護予防サービス費、介護予防福祉用具購入費、介護予防住宅改修費、介護予防サービス計画費、特例介護予防サービス計画費、高額介護予防サービス費、高額医療合算介護予防サービス費、特定入所者介護予防サービス費、特例特定入所者介護予防サービス費の支給がある〔介保52〕。

3 介護報酬 これらの給付の額は、当該サービスの内容、当該サービスを提供する事業所の所在地域等を勘案して算定される当該サービスに要する平均的な費用(食費、住居費等を除く)の額を勘案して定める基準(平成12厚労告19等)により算定した費用の額(いわゆる介護報酬)の原則として9割に相当する額である。要介護認定(⇨要介護状態')・要支援認定(⇨要支援状態')を受けた被保険者は、指定居宅サービス事業者や*介護保険施設'等から上記各給付に係るサービスの提供を受け、その際、当該事業者等に当該サービスの介護報酬の1割(所得が政令で定める一定額以上の第1号被保険者の場合は、その所得の額に応じて2割又は3割)に相当する額を支払い、残る割合に相当する額は市町村等

かいごほけ

が当該事業者に支払う〔介保41～51の4・53～61の4〕。

4 地域支援事業 被保険者が要介護状態等となることの予防等と要介護状態等となった被保険者の地域における日常生活面での自立支援を目的として市町村が行う事業〔介保115の45〕。必須事業の1つは、地域包括ケアを担う介護予防・日常生活支援総合事業である。これには、従来の介護予防サービス費に含まれていた介護予防訪問看護及び介護予防通所介護に代わる訪問事業・通所事業や生活支援事業・介護予防支援事業等が含まれる。そのほかの必須事業として、被保険者の実情の把握、総合的情報の提供、関係機関との連絡調整等の総合的支援、虐待防止・権利擁護、認知症の早期発見・悪化防止の支援等がある。

5 財源 介護保険は、国庫負担、国の調整交付金、国の介護予防・日常生活支援総合事業等に関する交付金、都道府県負担、市町村の一般会計の負担、社会保険診療報酬支払基金の介護給付費交付金・地域支援事業支援交付金(健康保険・国民健康保険・共済組合等の医療保険の保険者が負担する介護給付費・地域支援事業支援納付金を充てる)及び第1号被保険者から徴収する"保険料"等を財源として運営される〔介保121～159〕。第1号被保険者の保険料は、公的年金からの"特別徴収"("源泉徴収")によって徴収するのが基本であるが、それによれない場合には、"地方自治法"による納入通知を用いる普通徴収による〔介保131〕。第2号被保険者については、健康保険等の医療保険の保険者が、介護給付費・地域支援事業支援納付金に充てるために、介護保険料分として医療保険料分の額(健康保険では一般保険料額という)とともに徴収する〔健保156①Ⅰ、国健保76③等〕。

介護保険事業計画 1 市町村が、厚生労働大臣の定める基本指針に即して定める、3年を1期とする当該市町村が行う"介護保険"事業に係る"保険給付"の円滑な実施に関する計画〔介保117①〕。この計画では、イ 各年度における認知症対応型共同生活介護に係る必要利用定員総数その他の介護給付等対象サービスの種類ごとの量の見込み、その見込量確保のための方策、ロ 各年度における地域支援事業に要する費用の額並びに当該事業の量の見込み、及びその見込量確保のための方策、ハ 対象サービスの種類ごとの量、保険給付に要する費用の額、地域支援事業の量と要する費用の額、及び保険料水準に関する中長期的な推計、ニ 指定居宅サービスの事業等を行う者相互間の連携の確保に関する事業等に関する事項を定める〔介保117②③〕。この計画は、当該市町村の区域における要介護者(⇨要介護状態)等の人数、要介護者等の介護給付等対象サービスの利用に関する意向等の事情を勘案して作成されることを要する〔介保117④〕。計画は、市町村"老人福祉計画"と一体のものとして作成されなければならず〔介保117⑦〕、市町村地域における医療及び介護の総合的な確保のための事業の推進に関する計画並びに市町村地域福祉計画等の要介護者等の保健、医療、福祉又は居住に関する事項を定めるものと調和を保たなければならない〔介保117⑩⑪〕。

2 都道府県が策定するものは、介護保険事業支援計画という〔介保118①〕。この計画では、当該都道府県が定める区域ごとの各年度の"介護保険施設"等の種類別の必要利用定員総数や必要入所定員総数等の介護給付等対象サービスの量の見込み、介護保険施設の施設における生活環境の改善を図るための事業に関する事項、介護サービス情報の公表に関する事項等を定める〔介保118②③〕。本計画は、都道府県老人福祉計画と一体のものとして作成されなければならない〔介保118⑦〕。また、「地域における医療及び介護の総合的な確保の推進に関する法律」(平成1法64)4条1項に基づく都道府県計画や都道府県医療計画〔医療30の4①〕との整合性を図るとともに〔介保118⑩〕、都道府県地域福祉支援計画〔社福108①〕や高齢者居住安定確保計画〔高齢者の居住の安定確保に関する法律(平成13法26)4①〕などとの調和を保つ必要がある〔介保118⑩⑪〕。他方で都道府県医療費適正化計画は本計画と調和を保たなければならない〔高齢医療9⑥〕。

介護保険施設 都道府県知事が指定する"介護老人福祉施設"、"介護老人保健施設"及び"介護医療院"を指す〔介保8㉕・86～115〕。これらの施設で提供される介護福祉施設サービス、介護保健施設サービス及び介護医療院サービスを併せて「施設サービス」という〔介保8㉖〕。

介護保険審査会 "介護保険"の"保険給付"に関する処分("被保険者"証の交付の請求に関する処分及び要介護認定(⇨要介護状態)・要支援認定(⇨要支援状態)に関する処分を含む)又は"保険料"・徴収金に関する処分に不服がある者からの"審査請求"を担当する機関〔介保183①〕。各都道府県に設置され〔介保184〕、都道府県知事が任命する、各3人の被保険者代表委員と市町村代表委員及び条例で定める3人以上の人数の公益代表委員から構成される〔介保185〕。

介護補償給付　審査会の*'裁決'を経た後でなければ、原処分に対する*'取消訴訟'の提起はできない〔介保196〕。

介護補償給付　*'業務災害'に対する*'労働者災害補償保険法'上の*'保険給付'の一種〔労災12の8①⑦・19の2〕。業務上の負傷又は疾病による一定の障害のため現に介護を受けた場合、これに要した費用の実費(上限額あり)又は定額が支給される。⇨介護給付'

介護予防サービス費　*'介護保険'の*'予防給付'の1つ。要支援認定(⇨要支援状態')を受けた*'被保険者'のうち居宅で支援を受ける者が、指定介護予防サービス事業者の事業所により行われる介護予防訪問入浴介護、介護予防通所リハビリテーション等の介護予防サービス〔介保8の2①〕を受けたときに支給される〔介保53〕。

介護予防・日常生活支援総合事業　介護保険法(平成9法123)に基づき市町村が行う地域支援事業〔介保115の45〕(⇨介護保険')の1つで、居宅要支援被保険者〔介保53①〕等に対して、イ 介護予防を目的として、a 日常生活上の支援を行う事業(第1号訪問事業)〔介保115の45①Ⅰイ〕、b 日常生活上の支援又は機能訓練を行う事業(第1号通所事業)〔介保115の45①Ⅰロ〕、ロ 地域における自立した所定の日常生活の支援を行う事業(第1号生活支援事業)〔介保115の45①Ⅰハ〕、ハ 介護予防を目的として、心身の状況等に応じて、その選択に基づき、上記イロその他の適切な事業が包括的かつ効率的に提供されるよう必要な援助を行う事業(第1号介護予防支援事業)〔介保115の45①Ⅰニ〕、ニ 第1号被保険者の要介護状態等となることの予防や要介護状態等の軽減・悪化の防止のため必要な事業(介護予防サービス事業等及び上記イabを除く)〔介保115の45①②〕が該当する。厚生労働大臣の指針〔介保115の45の2①〕に沿って市町村が地域の実情に合わせて事業の企画・実施を行う。

介護療養型医療施設　療養病床〔医療7②④〕等を有する病院又は診療所であって、当該病床等に入院する一定の治療の必要のある要介護者(⇨要介護状態')に対し、施設サービス計画に基づいて、療養上の管理、看護、医学的管理の下における介護その他の世話及び機能的訓練その他必要な医療を行うことを目的とする、介護保険法上の施設〔介保旧(健保等改正法(平成18法83)による改正前の)8㉖〕。令和5年度末までの経過措置として存続していた〔健保等改正法(平成18法83)附130の2①〕。都道府県知事の指定を受けた施設から上記のサービスを提供された場合には*'施設介護サービス費'が支給された〔介保旧(健保等改正法(平成18法83)による改正前の)48〕。

介護老人福祉施設　*'老人福祉法'20条の5に規定する*'特別養護老人ホーム'(入所定員が30人以上のものに限る)であって、その入所者である要介護者(⇨要介護状態')に対し、施設サービス計画に基づいて、入浴、排せつ、食事等の介護その他の日常生活上の世話等を行うことを目的とする、介護保険法上の施設〔介保8㉗〕。この施設で提供される上記のサービスを「介護福祉施設サービス」といい、都道府県知事の指定を受けた施設から提供された場合には*'施設介護サービス費'の支給対象となる〔介保48〕。

介護老人保健施設　一定の治療の必要のある要介護者(⇨要介護状態')に対し、施設サービス計画に基づいて、看護、医学的管理の下における介護及び機能訓練その他必要な医療、並びに日常生活上の世話を行うことを目的とする介護保険法上の施設〔介保8㉘〕。地方公共団体、医療法人、*'社会福祉法人'等が、都道府県知事の許可を得て開設する〔介保94〕。施設の管理者は、原則として、知事の承認を受けた医師であることを要し〔介保95〕、開設者等は、施設の基準、報告等、設備の使用制限、変更命令、業務運営の改善勧告、改善命令、許可の取消し等の行政的監督に服する〔介保96~105〕。この施設で提供される上記のサービスを「介護保健施設サービス」といい、*'施設介護サービス費'の支給対象となる〔介保48〕。

外　債　元々は広義の*'公債'の一種で、発行地域が外国の場合を指したが、今日では民間外債も多い。外国債ともいう。国内で発行する内国債(内債)に対するもの。実際には、外債の応募を容易にするため、債権金額を外貨で表示すること(外貨建債権)が多い。会社が外債を発行する場合、債権成立の準拠法として外国法を指定した場合は、会社法上の*'社債'には該当しないと解されている。

海　産　⇨船主責任制限'

解　散　Ⅰ 議会の解散：任期満了前に全議員の資格を失わせる行為。国会では、衆議院についてだけ認められる。*'衆議院'の解散は、天皇の国事行為として〔憲7③〕、*'詔書'をもって行われ、衆議院に伝達されるとともに、一般に公布される。解散の決定は、内閣が行う。衆議院が解散されたときは、参議院は、同時に閉会となり〔憲54②本文〕、国会の*'会期'は終了する。解散の日から40日以内に衆議院議員の総選挙を行い、その選挙の日から30日以内に特

かいさんし

別国会を召集する〔憲54①〕。日本国憲法には，内閣の解散権を明示した規定はない。すなわち，憲法7条3号は，天皇の国事行為の1つとして衆議院の解散を挙げているが，天皇に実質的決定権はない。また，69条の内閣不信任決議に基づく解散も，解散権を正面から規定していない。そこで，1940年代後半から1950年代にかけて，解散の実質的決定権の所在が争われたが，現在では，7条によって内閣に実質的解散決定権が存するという慣行が成立している〔衆先例26号〕。ただし，7条により内閣に自由な解散権が認められるとしても，政治上の重要な問題について国民の判断を問うといった正当な理由が，解散権の行使には必要であるとされる。なお，地方議会については，住民の*解散請求'に基づく解散〔自治76〜79〕のほか，長が不信任議決を受けた場合及び受けたとみなした場合に行う解散〔自治177・178〕がある。　⇨不信任決議'

Ⅱ　法人等の解散：*法人'や*組合'などが，その目的である本来の活動をやめ，財産関係の*清算'をする状態に入ること。一般社団法人・一般財団法人は，*定款'に定められた存続期間の満了・解散事由の発生，当該法人の消滅する合併，破産手続開始の決定，解散を命ずる裁判によって解散する。このほか，一般社団法人は総会決議，社員の欠亡により，一般財団法人は事業目的不能や純資産額が一定規模を維持できない場合にも解散する〔一般法人148・202〕。解散後，法人は*清算法人'として清算の目的の範囲内において存続し〔一般法人207〕，清算手続の終了とともに消滅する。組合も，その目的とされている事業の成功又はその成功の不能，やむをえない理由で組合員が解散を請求した場合に解散する〔民682①・683〕。なお，*債権法改正'により，組合契約で定めた存続期間の満了，組合契約で定めた解散事由の発生，総組合員の同意も，解散事由に加えられた〔民682②〜④〕。

Ⅲ　*会社の解散'については，その項をみよ。

海産執行主義　⇨物的執行主義'

解散請求（地方公共団体の議会の）　**1 意義**　*地方自治法'の認める*直接請求'の一種。*地方公共団体の議会'が住民の意思を反映していない状態にある場合に，個々の議員の*解職請求'とは別に，住民による議会解散の直接請求を認め，*住民投票'の結果によって議会を解散させる制度である。　⇨解散'

2 手続　選挙権者総数の3分の1以上の者の*連署'をもって，代表者は当該地方公共団体の選挙管理委員会に対して議会の解散を請求することができる。選挙権者総数40万及び80万を超える地方公共団体については連署比率の軽減措置がある。請求を受けると，同委員会は直ちに請求の趣旨を公表し，解散の成否を問う投票に付さなければならない。投票において有効投票数の過半数の同意があったときは，議会は解散する。解散請求は*一般選挙'又は解散投票のあった日から1年間はすることができない〔自治13①・76〜79〕。

解散判決（会社の）　⇨会社解散判決'
解散不応罪　⇨多衆不解散罪'
解散命令（会社の）　⇨会社解散命令'
概算要求　⇨予算の編成'
開示義務　取引に際して相手方に，重要な事項について事前に自らの有する情報を提供する義務。情報提供行為の方に着目して情報提供義務と呼ばれることもある。また，*表示義務'をこれに含める用語法もある。いくつかの特別法によって事業者に課されている（例：*金融商品取引法'（⇨ディスクロージャー'），宅地建物取引業法）。特別法の規定がない場合にも，この義務を尽くしていないという理由で，損害賠償責任の発生を認める見解もある。契約締結段階における*信義誠実の原則'がその根拠として援用される。　⇨説明義務'

開始前債権　*民事再生法'では，再生手続開始後の原因に基づいて生じた財産上の請求権で，*共益債権'，*一般優先債権'又は*再生債権'に該当しないものをいう〔民再123①〕。*会社更生法'では，同様の請求権で，共益債権又は*更生債権'等〔会更2⑫参照〕に該当しないものをいう〔会更134①〕。原則として，*再生計画'ないし更生計画（⇨会社更生手続'）で定められた弁済期間が満了するまでは，*弁済'や*強制執行'等が禁止される〔民再123②③，会更134②③〕。

開示注意銘柄　⇨注意喚起制度'
買占め（株式の）　⇨企業買収'

会社　**1 意義**　営利を目的とする*社団法人'で会社法によって設立されたものをいう。会社は資本と労力を結合し，また，社員が多数の場合には，危険を分散する機能をもっている。**2 分類**　会社法は社員の責任の態様等に基づいて，*株式会社'，*合名会社'，*合資会社'及び*合同会社'の4種類を認めている〔会社2①〕。このうち，合名会社は，全ての社員が会社債権者に対して直接無限責任を負い，かつ，社員と会社との関係が密接で，社員が自ら会社経営に参加する人的会社の典型である。株式会社は，社員（*株主'）が間接有限責任を負うにすぎず，かつ，株主と会社との関係が希薄で，株主が直接には会社経営に参加せず，*物的会社'の典型

である（⇨株主有限責任の原則'）。合資会社は，これらの中間形態であって，有限責任社員と無限責任社員とから成り，人的会社性が強い。合同会社は，社員が間接有限責任を負うにすぎない点では株式会社と同様であるが，株式会社と異なり，社員相互間では，社員の加入につき原則として総社員の同意又は業務を執行する社員全員の同意が必要とされる〔会社 604 ②・637・585〕など，人的会社性が認められる。なお，会社の中には特別法に従うものがあり，それには，特定の種類の営業を目的とする会社一般のための特別法（*銀行法'，*信託業法'等）に従う会社と，特定の会社のための特別法（日本電信電話株式会社等に関する法律（昭和59法85），中小企業投資育成株式会社法（昭和38法101）等）に従う会社とがあり，後者を*特殊会社'という。

3 会社の比較　上記の4種類の会社につき，社員の責任，*業務執行'・*会社代表'，社員たる地位の譲渡及び出資について比較すると，次ページの表の通りである。

会社荒し　*株主'権を濫用して会社から不当な利益を得ることを図る者。殊に*株主総会'の発言権を利用することが多いので，総会屋・総会荒しなどと呼ばれる。例えば，ある会社の株式を取得して会社に対し金員を要求し，もらえなければ総会の議事を妨害し，もらえれば他の株主の発言を封じて議事を進行させるような者。会社荒しの根絶を目的として，昭和56年改正（法74）商法により*利益供与の禁止'が導入された。また，株主総会における発言や議決権行使に関し「不正の請託」を受けて財産上の利益を収受し，又はその要求・約束をした者，及び，利益を供与し，又はその申込み・約束をした者は，贈収賄罪に問われる〔会社 968〕。

会社解散判決　社員（株主）の請求により，会社を*解散'させる裁判所の判決〔会社 833〕。*持分会社'（*合名会社'・*合資会社'及び*合同会社'）では，やむをえない事由があるときに，各社員が請求することができるが〔会社 833 ②〕，*株式会社'では，たとえば，*取締役'間の分裂により会社の*業務執行'において著しく困難な状況に至り，会社に回復することのできない損害を生じ又は生ずるおそれのある場合や，取締役が会社財産を流用するなど会社の財産の管理・処分が失当で，会社の存立を危うくする場合であって，かつ，やむをえない事由があるとき〔会社 833 ①〕に，一定割合以上の議決権又は株式を有する株主が請求することができる〔会社 833 ①〕。いずれも会社を被告として解散を求める訴え（⇨会社の組織に関する訴え'）を提起することになる。原告勝訴の判決の確定によって，会社は当然に解散する。解散を命ずる裁判の1つであるが，社員（株主）の利益保護のための制度である点で，公益に関する*会社解散命令'とは異なる。

会社解散命令　会社を*解散'させる裁判所の命令。ある会社の存在又は活動が公益を害するときに，国家がその法人格を剥奪するものである。*会社の設立'における*準則主義'に伴う弊害を是正する作用を営む。具体的には，会社の設立が不法な目的で行われたとき，正当な事由なく開業を遅延し又は事業を休止したとき，及び*取締役'（*指名委員会等設置会社'においては*執行役'）又は*業務執行社員'が法務大臣の警告を無視して，会社の権限を超え若しくは濫用する行為又は刑罰法令に違反する行為を継続・反復したときの3つの場合に，法務大臣・株主・社員・債権者又はその他の利害関係人の請求により，裁判所が*非訟事件'として解散を命ずる〔会社 824〕。なお，解散命令は，解散を命ずる裁判の1つであるが，公益維持のための制度である点において，私益に関する*会社解散判決'とは異なる。

会社型投資信託　平成6年改正（法66）商法による自己株式取得禁止の緩和，平成9年の*独占禁止法'改正（法87）による純粋*持株会社'の解禁を受け，会社型投資信託を導入するための法的環境が整ってきたことを背景に，平成10年に金融制度改革の一環として導入された，*投資法人'をビークル（ファンドの主体）とする運用型の集団投資スキーム。主として不動産投資信託（REIT）のビークルとして利用されている。*投資信託投資法人法'により，投資信託とともに規律されている。資産を主として*有価証券'，不動産等の特定資産に対する投資として運用することを目的として設立された，特別法上の法人である投資法人により担われる〔投信 2 ⑫・61〕。投資法人の能力は資産の運用に限定され，一般事務，資産運用及び資産の保管に係る業務は*第三者'に委託しなければならないなど，「仕組み会社」としての性格が担保されているが〔投信 63・198・208〕，基本的に*株式会社'に関する法規制と共通・類似する点が少なくない。投資法人の社員の地位（投資主）は，投資口と呼ばれる均等の割合的単位に細分化され，無記名証券たる投資証券に表章される〔投信 2 ⑭⑮・85〕。投資口は，投資証券の交付により自由に譲渡できる〔投信 78 ①③〕。投資主の責任は有限である〔投信 77 ①〕。投資法人は，規約により，投資主の請求による払戻しの可否につき定めることが

かいしやが

[表：会社の比較]（前ページの「**会社**」）

		社員の責任	業務執行・会社代表	社員たる地位の譲渡	出　資
株式会社	指名委員会等設置会社以外の会社	間接有限責任〔会社104〕	取締役会を設置しない会社：原則として，取締役の過半数をもって業務執行を決定し，各取締役が業務執行と会社代表にあたる〔会社348・349〕。監査役は取締役の職務の執行を監査する〔会社381〕 取締役会設置会社：原則として，取締役会が業務執行を決定し〔会社362②①〕，代表取締役及び選定業務執行取締役が業務執行にあたり〔会社363①〕，代表取締役が会社を代表する〔会社47①・349④〕。取締役会は取締役の執行を監督し〔会社362②②〕，監査役・監査役会は取締役の職務の執行を監査する〔会社381・390〕	原則として自由〔会社127〕。例外として譲渡制限株式〔会社2⑰・107①①・108①④〕	財産出資に限られる
	指名委員会等設置会社		指名委員会・監査委員会・報酬委員会が置かれ，各委員会の委員は，取締役の中から，取締役会の決議によって選定される〔会社400②〕。また，取締役会の決議によって業務を執行する執行役が選任される〔会社402②・418②〕。取締役会が業務執行を決定するが，業務執行の決定を広い範囲で執行役に委任することができる〔会社416①①④〕。代表執行役が会社を代表する〔会社420〕。取締役会は執行役及び取締役の職務の執行を監督する〔会社416①②〕。監査委員会は執行役及び取締役の職務の執行を監査し〔会社404②①〕，適法性監査のみならず，いわゆる妥当性監査の権限も有する		
	監査等委員会設置会社		監査等委員会が置かれ，監査等委員である取締役は，それ以外の取締役とは区別して株主総会の決議によって選任される〔会社329②〕。原則として，取締役会が業務執行を決定し〔会社399の13①①〕，代表取締役及び選定業務執行取締役が業務執行にあたり〔会社363①〕，代表取締役が会社を代表する〔会社47①・349④〕。取締役の過半数が社外取締役である場合又は定款に定めがある場合には，取締役会は業務執行の決定を広い範囲で取締役に委任することができる〔会社399の13⑤⑥〕。執行役は置かれない。取締役会は取締役の職務の執行を監督する〔399の13①②〕。監査等委員会は取締役の職務の執行を監査し〔会社399の2③①〕，適法性監査のみならず，いわゆる妥当性監査の権限も有する		

持分会社	合名会社	直接連帯無限責任〔会社580〕	業務執行の決定は，原則として，社員の過半数をもって行う〔会社590②〕。原則として，各社員が業務執行と会社代表にあたる〔会社590・599〕	原則として他の社員全員の承諾〔会社585①④〕	財産出資に限られず，労務・信用出資も可〔会社576①⑥〕
	合資会社	無限責任社員：直接連帯無限責任〔会社580①〕		無限責任社員：原則として他の社員全員の承諾〔会社585①④〕	無限責任社員：財産出資に限られず，労務・信用出資も可〔会社576①⑥〕
		有限責任社員：直接連帯有限責任〔会社580①②〕		業務を執行する有限責任社員：原則として他の社員全員の承諾〔会社585①④〕業務を執行しない有限責任社員：原則として業務を執行する社員全員の承諾〔会社585②③④〕	有限責任社員：財産出資に限られる〔会社576①⑥〕
	合同会社	間接有限責任〔会社580②・578・604③〕		業務を執行する有限責任社員：原則として他の社員全員の承諾〔会社585①④〕業務を執行しない有限責任社員：原則として業務を執行する社員全員の承諾〔会社585②③④〕	財産出資に限られる〔会社576①⑥〕

でき〔投信67①③②〕，クローズド型としてもオープン型としても設計できる。投資法人には，投資主総会，執行役員，執行役員の数より1名以上多い監査役員のほか，役員会及び会計監査人が置かれる〔投信95〕。平成25年改正（法45）により，自己投資口取得が解禁され，新投資口予約権制度が導入された。 ⇨投資信託' ⇨不動産投資信託'

解釈（法の） ⇨法の解釈'

解釈規定・補充規定 契約当事者がある事項について契約をしても，必ずしもその法律的な意味が明確でないことが少なくない。例えば，売買当事者が*手付け'を授受した場合に，それが*解約手付け'なのか*違約罰'なのかはっきりしないことがある。そこで*法律行為'の意味が不明確である場合に，その意味を確定するために規定されている*任意法規'を解釈規定という。例えば，手付けを解約手付けと推定した民法557条，*違約金'を*賠償額の予定'と推定した民法420条3項など。これに対して当事者の意思が欠けている場合に，それを補充する任意法規を補充規定という（任意法規のほとんどのものは補充規定といえる）。例えば，売買契約の費用の折半を定める民法558条。補充規定が当事者の意思が欠けている場合に備えるのに対して，解釈規定は既に表示されている当事者の意思の意味を決定するものであるといわれるが，当事者の意思が明確でない場合には，その部分については当事者の意思が欠けているともいえるから，両者の区別は程度の問題である。

解釈宣言 *条約'の署名・批准・受諾・加入等に際して付される宣言で，条約中の特定の規定・文言・適用範囲等に関して複数の解釈が許容されている場合に，自国の解釈を明示するための一方的な宣言。条約上の義務内容や適用範囲等の一方的変更を目的とするものも解釈宣言と呼ばれる場合があるが，これらは実質的には*留保'に該当するものである。解釈宣言は，留保が一般的に禁止された条約においても認められることが多い〔例：海洋法約310〕。

解釈論 ⇨立法論・解釈論'

会社計算規則 平成18年法務省令13号。

かいしやこ

会社法の委任に基づき、*一般に公正妥当と認められる企業会計の慣行'の斟酌(しんしゃく)、資産及び負債の評価、*のれん'、株式及び持分に係る特別勘定、*株式会社'の株主資本、*持分会社'の社員資本、組織再編行為に際しての株主資本及び社員資本、吸収分割会社、株式交換完全子会社及び株式移転完全子会社の*自己株式'の処分、設立時の株主資本及び社員資本、評価・換算差額等、*新株予約権'、*計算関係書類'の種類と表示、計算関係書類の監査、計算書類等の株主への提供、計算書類等の承認の特則、計算書類の*公告'等、株式会社の剰余金の額・資本金等の額の減少、剰余金の処分、*剰余金の配当'に際しての金銭分配請求権、剰余金の分配を決定する機関の特則に関する要件、株式会社の*分配可能額'、持分会社の計算に係る計数等に関する事項その他会社の計算に関する事項を定めている。

会社更生手続 1意義 *会社更生法'による、窮境にある*株式会社'の事業の維持更生を図ることを目的とする裁判上の倒産手続。企業の解体清算による社会的損失を防止するための再建型の手続で、アメリカのcorporate reorganizationを範として設けられた。
2 手続の概要・特徴 開始原因は破産原因よりも緩和されている〔会更17①〕。開始決定があると*更生管財人'が会社の事業経営及び財産の管理処分の権限を有し〔会更72①〕、更生計画案を作成する〔会更184①〕。一般債権は*更生債権'として、担保付債権は*更生担保権'として、いずれも届出・調査・確定を経て更生計画によってのみ*弁済'を受けられる〔会更2⑧⑩⑫・47①・50①〕。*破産'と異なり*租税債権'も原則として手続に服し〔会更50②・169〕、また少額債権や労働債権等は社会政策的配慮等から一部優先的な扱いがなされている〔会更47②～⑤・130〕。手続費用等は*共益債権'として随時*優先弁済'される〔会更127・132〕。更生計画は、会社財産の継続企業価値による評定を基礎に、優先順位を考慮した会社の*利害関係人'の権利変更と株主構成の変更等とを定めるものである〔会更167～183〕。更生計画は関係人集会又は書面等投票における権利の組ごとに行われる決議による可決〔会更196〕及び裁判所による認可決定〔会更199〕を経て効力を生じ、原則として管財人による遂行の終了まで裁判所が監督する〔会更209・239〕。適用対象が株式会社のみである点、管財人の選任が必要的である点、そして担保権や株主の地位を必ず手続に取り込む点が再生手続と異なる。

会社更生法 平成14年法律154号。窮境にある*株式会社'について、更生計画の策定及びその遂行に関する手続を定めること等により、債権者、株主その他の利害関係人の利害を適切に調整し、もって当該株式会社の事業の維持更生を図ることを目的とする〔会更1〕。旧会社更生法(昭和27法172)は、本法によって全部改正された。なお、手続の細目を定めるものとして会社更生規則(平成15最高裁規2)がある。 ⇒会社更生手続'

会社・執行役間の取引 ⇒執行役・会社間の取引'

会社設立取消しの訴え ⇒会社の組織に関する訴え'

会社設立無効の訴え ⇒会社の組織に関する訴え'

会社代表 会社の代表機関による対外的業務執行を、会社と*第三者'との間に法律関係が生じる面からみて代表という。*取締役会'が設置されていない*株式会社'においては、原則として、各*取締役'が代表権を有するが〔会社349①〕、*定款'又は定款の定めに基づく取締役の互選又は*株主総会'の*決議'により代表取締役を定めた場合には、その者が会社を代表する〔会社349③〕。*指名委員会等設置会社'以外の*取締役会設置会社'の場合には、取締役の中から代表取締役が選定され〔会社362②③・399の13①③③〕、指名委員会等設置会社の場合には、*執行役'の中から取締役会により代表執行役が選定される〔会社420①〕。*持分会社'においては、原則として、*業務執行社員'が代表権を有し〔会社599①〕、社員は定款に別段の定めがある場合を除き持分会社の業務を執行する〔会社590①〕。なお、裁判所が会社の代表者を定める場合がある〔会社351②・352①・420③・603①〕。会社の代表者の代表権は、会社の業務に関する一切の裁判上又は裁判外の行為に及び、それに加えた制限は*善意'の第三者には対抗できない〔会社349④⑤・420・599④⑤〕。 ⇒業務執行' ⇒代表取締役' ⇒代表執行役'

会社・取締役間の訴え 1意義 *会社'に対する*取締役の責任'を会社が追及する訴え、*取締役'が原告となる*会社の組織に関する訴え'、会社・取締役間の取引等によって生じた債務の履行を請求する訴えなど、会社とその取締役との間で行われる訴えのこと。
2 会社の代表 裁判上、*株式会社'を代表するのは本来は*代表取締役'(代表取締役がない場合は各取締役。*指名委員会等設置会社'では*代表執行役')であるが〔会社349①②④・420③〕、会社・取締役(取締役であった者を含む)間の訴え

かいしやの

については、同僚意識などからくる'馴合(なれあい)訴訟'の危険を避けるため、会社を代表する者に関して以下のような特別な規定が置かれている。イ 下記ロ〜ニ以外の会社：特に定めがなければ原則通り代表取締役(代表取締役がない場合は各取締役)が会社を代表するが、*株式会社'は当該訴えについて会社を代表する者を定めることができ〔会社353〕、更に、*取締役会設置会社'では株主総会がかかる定めをしない場合には*取締役会'が会社を代表する者を定めることもできる〔会社364〕。ロ *監査役設置会社'：*監査役'が会社を代表する〔会社386①Ⅰ〕。ハ *監査等委員会設置会社'：*監査等委員会'が選定する*監査等委員'が会社を代表するが、当該訴えに係る訴訟の当事者が監査等委員である場合は、取締役会が定める者(株主総会が当該訴えについて会社を代表する者を定めた場合にはその者)が会社を代表する〔会社399の7①〕。ニ 指名委員会等設置会社：*監査委員会'が選定する*監査委員'が会社を代表するが、当該訴えに係る訴訟の当事者が監査委員である場合は、取締役会が定める者(株主総会が当該訴えについて会社を代表する者を定めた場合にはその者)が会社を代表する〔会社408①〕。
⇨'会社代表'

会社・取締役間の取引　⇨'取締役・会社間の取引'

会社の解散　1 意義　会社が事業活動をやめ、法人格の消滅を来す原因となる事実。
2 解散原因　*株式会社'と*持分会社'に共通の解散原因は、*定款'で定めた存続期間の満了その他定款所定の解散事由の発生、*株主総会'の決議・総社員の同意、*合併'(消滅会社の場合)、破産手続開始決定、裁判所の*会社解散命令'・*会社解散判決'である〔会社471・641〕。持分会社については、社員が欠けたことが解散事由となる〔会社641④〕。株式会社については、休眠会社のみなし解散制度がある〔会社472〕(⇨'休眠会社の整理')。以上のほか、事業免許取消しの場合がある〔銀行40、保険業152③②等〕。
3 清算等　会社は、合併の場合を除き、解散によって直ちに消滅せず、既存の法律関係のため、*清算'又は破産手続が終了するまでは、清算又は破産の目的の範囲内で解散前の会社と同一の人格を持続する〔会社475①・476・644①・645、破35〕(⇨'清算会社')。解散後においても、一定の場合には*会社の継続'が認められる。なお、*会社更生手続'による解散については特別の定めがある〔会更45①⑤・167②・178・218〕。
4 登記・通知　合併、解散を命ずる裁判、休眠会社のみなし解散又は破産による場合を除き、会社が解散したときは、2週間以内に解散の*登記'をしなければならない〔会社926・976①〕。

会社の機会　会社が正当な期待をもつ事業機会等。会社に対し*忠実義務'を負う*株式会社'の*取締役'・*執行役'、*持分会社'の*業務執行社員'等がそれを奪取することは忠実義務に反すると解する説が有力である。

会社の継続　1 清算手続中の会社の場合　一定の事由により*解散'して*清算'手続中にある会社が、将来に向かって解散前の状態に復し、権利能力を回復すること。企業維持の精神に基づく制度で、継続会社は、新しい会社ではなく、解散前の会社と同一性を有するが、遡及的に解散がなかったことにする制度ではない。*定款'に定めた存続期間の満了その他定款所定の解散事由の発生若しくは株主・社員の意思に基づく解散の場合*の'特別決議'又は社員の全部又は一部の同意により、清算が結了するまでの間は、会社を継続できる〔会社473・642①〕。*持分会社'の継続に同意しなかった社員は*退社'する〔会社642②〕。
2 会社更生・民事再生・破産手続の場合　更生会社は、*会社更生手続'により更生計画に基づいて継続することが認められるが、清算中の会社など解散後の更生手続開始は会社の継続を前提とするから、その申立ては会社の継続の場合と同様に株主総会の特別決議によらなければならない〔会更19。なお、会更45①⑤・167②・210参照〕。また、清算中の会社など解散会社たる再生会社も、*再生計画'案が可決されたときは、定款変更の規定に従い、会社を継続できる〔民再173〕。破産手続が破産債権者の同意により廃止される場合、同意廃止の申立てをするには、会社の継続が当然の前提とされる〔破219〕。
3 休眠会社のみなし解散の場合　*休眠会社の整理'により解散するものとみなされた*株式会社'は、その後3年以内であれば、株主総会の特別決議により会社を継続できる〔会社473〕。解散登記後に継続するときは、継続の登記を必要とする〔会社927〕。
4 持分会社の設立の無効・取消しの場合　持分会社の設立の無効・取消しが、一部の社員の原因で生じた場合にも、解散に準じるとして、他の社員の全員の同意による会社の継続が認められる〔会社845〕。会社の継続の登記を要する〔会社927〕。

会社の権利能力　会社は営利*社団法人'として、法人格を有し〔会社3〕、権利義務の主体となりうる地位を有する。したがって、会社は自

かいしやの

然人と同様に*権利能力'を有するが、その性質上身体や人格に関するような自然人固有の権利能力は有せず、かつ、その範囲は法令によっても制限される。また、会社の権利能力については、従来から*定款'所定の目的(⇨*会社の目的')によって制限されるかどうかが争われてきた。判例は、原則として平成18年改正(法50)前民法43条の類推適用を認め、定款所定の目的によって会社の権利能力が制限されるとしつつも、定款中の目的条項の解釈を柔軟に行って会社の取引の相手方を保護してきている(最判昭和27・2・15民集6・2・77等)。そして、平成18年改正前の民法43条に対応する民法34条が会社にも適用されることは明らかであるが、同条の下でも、会社の行為が定款所定の目的外の行為とされることは、ほとんど考えられない。 ⇨ウルトラ・ヴィーレース'

会社の公告 *会社'がその利害関係人(*株主'・株式の質権者・社債権者・一般の会社債権者など)に対して*公告'を行うこと。会社の情報開示の手段の1つとして会社法上一定の場合に要求されている(*株主名簿の基準日'の公告〔会社124③〕、*計算書類'の公告〔会社440①〕など)。公告をもって個別の通知や催告などに代えることが認められる場合(反対株主に*株式買取請求権'が認められる場合の株主への通知に代わる公告〔会社116④〕など)や、個別の通知や催告に加えて公告が要求される場合(*株券発行会社'において株主が*株券'の提出が必要となる場合の通知・公告〔会社219①〕など)もある。*官報'に掲載する方法によりしなければならないと法律上規定されている場合(会社の合併などの際の債権者異議手続に関する公告〔会社789②等〕など)を除く会社の公告の方法(公告方法〔会社2㉝〕)として、会社はイ 官報に掲載する方法、ロ 時事に関する事項を掲載する日刊新聞紙に掲載する方法、ハ *電子公告'、のいずれかを*定款'で定めることができ〔会社939①〕、*外国会社'もこれらの中から公告方法を定めることができる〔会社939②〕。この定めがない場合の会社又は外国会社の公告方法は、官報に掲載する方法とされる〔会社939④〕。

会社の設立 **1 意義** *法人'たる会社を成立させること、又はその手続。*特許主義'、*免許主義'、*準則主義'などの立法例があるが、日本法は明治32年に制定された商法以来、準則主義を採用しており、法人の成立のために法定された所定の要件を充足する手続の履践により法人格が付与される。会社法は、会社設立・会社運営における金銭の希少性の低下等に鑑み、

資本制度に対する考え方を修正しそれに基づき改正を行ったほか、創業・起業の促進という政策をとり、会社の設立を簡素化した。

2 株式会社の設立 設立に際し発行される全株式を*発起人'が引き受ける*発起設立'と、設立に際し発行される株式の一部につき発起人以外の引受人を募集する*募集設立'の2種類があるが、実務では通常発起設立が利用される。いずれの手続にも共通して、法人格取得のためには、会社の根本規範である*定款'の作成、会社の構成員である*株主'の確定、物的*有限責任'の裏付けである出資の履行、及び*取締役'等機関の具備が必要である。発起人は法人の根本規範である定款を作成し、全員がこれに署名又は記名押印した後〔会社26①〕、*公証人'の*認証'を受ける〔会社30①〕。発起設立では発起人が設立時発行株式の全部を〔会社25①Ⅰ〕、募集設立では発起人がその一部のみを引き受け、残部について引受人を募集する〔会社25①②〕。各発起人は1株以上引き受けなければならない〔会社25②・32①〕。発起人は引受け後、遅滞なく出資の全部につき払込み・給付をなすが、金銭の払込みは発起人が定めた*払込取扱機関'でなさねばならない〔会社34〕。募集設立の場合には、申込みに対し割当てがなされた引受人は、払込期日・期間内に払込取扱機関において払込金額を全額払い込み〔会社63①〕、払込取扱機関は*払込金保管証明'を行わねばならない〔会社64①〕。発起設立では、*原始定款'に設立時取締役の定めがない場合には、設立時取締役〔会社38①②〕などの必要な機関の設立時構成員を選任する〔会社38③〕。募集設立では、創立総会において設立時取締役等の*役員'が選任され、機関が具備される。本店の所在地における設立の登記〔会社911〕により法人格を取得し、会社が成立する〔会社49〕。

3 持分会社の設立 社員になろうとする者が定款を作成し〔会社575〕、設立登記をすることにより〔会社912(*合名会社')・913(*合資会社')・914(*合同会社')〕、法人格を取得する〔会社579〕。合同会社の社員は設立の登記までに出資義務を履行しなければならない〔会社578〕。社員は1人以上であればよく、また、法人も社員になることができる。公証人による定款の認証も不要であるほか、機関の分化が法定されていないため、機関の具備も要しない。

4 設立の瑕疵(かし) *株式会社'・*持分会社'ともに、設立の無効は設立無効の訴えによる〔会社828①Ⅰ〕。持分会社については、設立の取消しの訴え制度がある〔会社832〕。 ⇨*詐害設立'

会社の創立総会 ⇨創立総会(会社の)'

会社の組織に関する訴え **1 意義** 会社の組織に関する訴えは、会社法上の訴えのうち、会社の組織に関する行為の無効等の瑕疵(ホ)や会社の組織それ自体の存続を争う訴えで、会社法7編2章1節に規定する各種の訴えをいう。具体的には、イ 設立無効の訴え、ロ 新株発行無効の訴え(募集株式発行無効の訴え)、ハ 自己株式処分無効の訴え、ニ 新株予約権発行無効の訴え、ホ 資本金額減少無効の訴え、ヘ 組織変更無効の訴え、ト 合併無効の訴え(吸収合併無効の訴え及び新設合併無効の訴え)、チ 会社分割無効の訴え(吸収分割無効の訴え及び新設分割無効の訴え)、リ 株式交換無効の訴え、ヌ 株式移転無効の訴え、ル 株式交付無効の訴え、ヲ 新株発行不存在確認の訴え(募集株式発行不存在確認の訴え)、ワ 自己株式処分不存在確認の訴え、カ 新株予約権発行不存在確認の訴え、ヨ 株主総会決議不存在確認の訴え、タ 株主総会決議無効確認の訴え、レ 株主総会決議取消しの訴え、ソ 持分会社設立取消しの訴え、ツ 会社解散の訴え(株式会社解散の訴え及び持分会社解散の訴え)である〔会社828①・829～833〕。なお、これらの訴えの一覧については、会社法834条参照。

2 訴えの特徴 会社の組織に関する訴えは、訴訟に関係する利害関係人が多数存在し、訴えに対する判決によって認められる*無効'、*取消し'等の効果については、これらの関係者に対して画一的に確定することが必要であり、かつ法的安定性の確保も強く要請されることから、会社法828条以下にまとめて規定され、上記の要請に応えるための種々の手当てがなされている。すなわち、請求を認容する判決の効果が全ての利害関係人に画一的に生じるようにするため、会社の組織に関する訴えに係る請求を認容する確定判決は、訴えの当事者だけではなく、*第三者'に対してもその効力を有するものとされている〔会社838〕。この効力を対世効と呼んでいる〔民訴115対比〕。対世効は全ての会社の組織に関する訴えについて認められる。また会社の組織に関する訴えの多くに関しては、請求認容判決の*遡及効'が否定され、判決の効果は将来に向かってのみその効力を生ずるとされている〔会社839〕。このように確定判決の遡及効を否定するのは、法律関係の早期安定化を図り、法的安定性を確保するためであり、提訴期間の限定や訴えを提起しうる者の範囲の制限が多くの会社の組織に関する訴えにみられるのも、同様の趣旨に基づくものである〔会社828①②〕。

確定判決の遡及効の否定は、上記イ～ル、ソにつき認められている〔会社839括弧〕。提訴期間の制限は、上記イ～ルに関して定められており〔会社828①〕、上記ヲ～タ以外の訴えについては、提訴権者は*株主'などの一定の利害関係を有する者に限定されている〔会社828②・831①・832・833〕。更に、訴訟手続に関する特則として、訴えの*専属管轄'、弁論及び裁判の併合に関する規定が定められており、濫訴防止のため*悪意'又は*重過失'のある敗訴原告の損害賠償責任も認められている〔会社835・837・846〕。そのほかに、株主(当該株主が*取締役'、*監査役'、*執行役'又は*清算人'であるときを除く)又は設立時株主(当該設立時株主が設立時取締役又は設立時監査役であるときを除く)が提起する会社の組織に関する訴えについては、*担保提供命令'の制度も定められている〔会社836〕。なお、特別支配株主が株式等売渡請求の手続をした上で、売渡株式等を取得した場合(⇨特別支配株主の株式等売渡請求')については、売渡株式等取得無効の訴えの制度が設けられており、これは会社の組織に関する訴えではないものの、利害関係人が多数に上り、法的安定性を確保する必要があることから、会社の組織に関する訴えとほぼ同様の規定が設けられている〔会社846の2～846の9〕。

3 請求認容判決の効果 会社の組織に関する訴えに係る請求を認容する判決が確定した場合には、会社は効力の否定された行為が行われる以前の状態に回復する措置をとらなければならないが、多くの訴えについては、請求認容判決の遡及効が否定され、将来に向かってのみ認容判決の効力が生ずることになるから〔会社839〕、請求認容判決の確定までに当該行為によって生じた状態についても一応その存在を是認しつつ、将来に向かってその状態の解消を図らなければならない。この点に関しては、会社法は、上記ロ～ニに関して無効判決が確定した場合には、会社は当該確定時の当該株式に係る株主、当該自己株式に係る株主又は当該新株予約権に係る新株予約権者に対して、払込みを受けた金額又は給付を受けた財産の給付の時における価額に相当する金銭を支払わなければならないと定めている〔会社840①・841①・842①〕。また、会社法843条は上記トチに関して、これらの訴えに係る請求認容判決が確定したときは、吸収合併、新設合併、吸収分割又は新設分割をした会社は、当該合併等の行為の効力が生じた日後に吸収合併後存続する存続会社、新設合併による設立会社、吸収分割における承継会社又は新設分割に

かいしやの

よる設立会社が負担した債務については連帯して弁済責任を負う旨を定めており〔会社843①〕，かつ合併等の行為の効力が生じた日後に吸収合併後存続する存続会社，新設合併による設立会社，吸収分割における承継会社又は新設分割による設立会社が取得した財産は，上述の吸収合併等の行為をした会社の共有に属すると定めている（ただし単独新設分割の場合は，分割会社のみの所有に属する）〔会社843②〕。更に，上記リヌルに関して，これらの訴えに係る請求認容判決が確定したときは，株式交換又は株式移転をする会社（旧完全子会社）の発行済株式の全部を取得する会社（旧完全親会社）が，株式交換又は株式移転に際して，当該旧完全親会社の株式を交付した場合には，その交付を受けた株主に対して，その株主が株式交換又は株式移転の際に有していた旧完全子会社の株式を交付しなければならず，株式交付をする会社（株式交付親会社）が株式交付に際して，当該株式交付親会社の株式を交付したときは，その交付を受けた株主に対して，株式交付の際にその株主から給付を受けた株式交付子会社（株式交付親会社が株式交付に際して譲り受ける株式を発行する会社）の株式及び新株予約権等を返還しなければならないとされている〔会社844①・844の2①〕。

会社の組織変更 ⇨ 組織変更'

会社の不成立 *会社の設立'手続（*定款'の作成，社員の確定，機関の具備等）の一部はなされたものの，*設立登記'に至らなかったことをいう。設立登記がなされたが設立手続に*瑕疵(かし)'があることによる設立無効（会社設立無効の訴え（⇨会社の組織に関する訴え'））と区別される。*株式会社'の不成立の場合には，*発起人'は設立に関してした行為につき連帯して責任を負い，*設立費用'を負担する〔会社56〕。

会社の不存在 会社の*設立登記'はされているが，会社の実体を欠き事実上存在していないことをいう。*発起人'による*定款'の作成や払込みもなく，*創立総会'の開催，*取締役'などの機関の選任もなくして，設立登記だけがなされているにすぎないような場合がこれに当たる。*会社の設立'手続に極端に著しい*瑕疵(かし)'がある場合である。この場合には，学説・判例（大判昭和10・11・16判決全集24・1262）上，会社設立無効の訴え（⇨会社の組織に関する訴え'）によることなく，何人も，また，いつでもその*無効'を主張できると解されている。

会社の目的 会社は基本的には営利を目的とする団体であり，その意味では，究極的には会社の目的は営利であるともいえる。しかし，会社法上会社の目的という場合には，会社の*定款'に記載された会社の事業目的を指す。会社は設立に際してその事業目的を定款に記載しなければならず〔会社27①・576①①〕，しかもその記載については，会社外の者がその目的を明確に知りうる程度に具体的でなければならないとされている。定款所定の会社の目的によって，会社の権利能力が制限されるか否かという点について，かつては，制限されないとする学説が多かったが，判例は一貫して制限されるという立場を採っている（⇨会社の権利能力' ⇨ウルトラ・ヴィーレース'）。

会社犯罪 会社制度の濫用によって引き起こされる犯罪行為。会社の*役員'や株主（社員），従業員等が，会社制度，特に*株式会社'制度の複雑な仕組みを利用して，私利を図り，会社や会社債権者等に損害を与えることがあるが，このような行為が同時に刑法上の*詐欺'や横領等の*財産犯'を構成し，あるいは会社法上の罰則規定が定める*特別背任罪'等を構成する場合がある。このような場合には会社犯罪として刑罰が科せられることになる。会社犯罪に対しては，刑法上の詐欺，横領等の財産犯の規定が適用されうるほか，会社法に特別背任罪，*預合い'罪，株主等の権利行使に関する贈賄罪等についての規定が定められており〔会社960〜979〕，これらの会社法上の罰則には会社犯罪に固有の技術性を考慮した*構成要件'が定められている。また，会社犯罪は，単に会社やその利害関係人にのみ不利益を与えるだけではなく，企業制度や市場に対する公衆の不信を招く等の社会的影響も大きく，このため会社犯罪に対する罰則も強化されて，拡大されてきている（株主等の権利の行使に関する利益供与の罪（⇨利益供与の禁止'）や*金融商品取引法'上のインサイダー取引（⇨内部者取引'）に対する罰則など〔会社970，金商197の2⑬〕）。

会社分割 I 会社がその事業に関して有する権利義務の全部又は一部を新しく設立する会社又は既存の会社に承継させること。すなわち，会社を組織法的に分割することをいう。会社の分割には，新設分割と吸収分割があり，新設分割とは分割する会社がその事業に関して有する権利義務の全部又は一部を新たに設立した会社に承継させることをいう〔会社2㉚〕。吸収分割とは分割会社がその事業に関して有する権利義務の全部又は一部を既存の会社に承継させること〔会社2㉙〕をいう。新設会社又は承継会社が*株式会社'である場合には株式を発行し，又は（吸収分割の場合は）*自己株式'を交付する

のが通常であるが、この株式等は分割会社に割り当てられ、あるいは交付される。吸収分割の場合には承継会社の株式のみならず他の法人の株式その他の*有価証券'、金銭その他の財産を対価とすることができ、新設分割の場合にも設立会社の*社債'、*新株予約権'、*新株予約権付社債'を対価とすることができる。なお、新設分割の際に、数社が共同して新会社を設立して分割会社がその事業に関して有する権利義務を承継させる、いわゆる共同新設分割の方法も認められている。 ⇒詐害会社分割'

Ⅱ 他の会社と共同して行う共同新設分割及び他の会社に事業を承継させる吸収分割は、当事会社間の結合関係が形成され、会社の合併や事業譲受け等と同様の影響が生じるため、株式保有、合併その他の企業結合の手段の場合と同一の基準で、*独占禁止法'による規制がなされる〔独禁 15 の 2〕。規制対象となるのは、事業の全部又は重要部分を承継させる場合であり、事業の「重要部分」とは、事業を承継しようとする会社ではなく、事業を承継させようとする会社にとっての重要部分を意味し、承継部分が1つの経営単位として機能しうるような形態を備え、事業を承継させようとする会社の事業の実態からみて客観的に価値を有していると認められる場合に限られる。また、「重要部分」に当たるか否かは、当該事業の市場における個々の実態に応じて判断される。 ⇒企業結合の制限'

Ⅲ *法人税法'の定義では、分割には、分社型分割(物的分割)と分割型分割(人的分割)とがある。対価が交付されない場合を除き、分割型分割とは、分割の日において分割対価資産の全てが分割法人の株主等に交付される場合をいい〔法税 2 12の9〕、分社型分割とは、分割対価資産が分割法人の株主等に交付されない場合をいう〔法税 2 12の10〕。一定の要件を満たす場合には適格分割として〔法税 2 12の11〕、損益の計上が繰り延べられる〔法税 62 の 2・62 の 3〕。 ⇒組織再編税制'

会社分割に伴う労働契約の承継等に関する法律 ⇒労働契約承継法'

会社分割無効の訴え ⇒会社の組織に関する訴え'

会 社 法 1 意義 会社の構造、組織及びその運営等を規整するために、会社に関する固有の法体系として形成された特別法。会社法は個々の法的主体の私的利益の調整を行うことを目的としており、主として*私法'としての性質を有する。会社法に関して、形式的意義の会社法という場合には、法典としての会社法(平成 17 法 86、平成 26 法 90、令和 1 法 70 で大幅改正)を指すが、その他にも、会社法に関する諸規則や*社債、株式等の振替に関する法律'、*担保付社債信託法'等の特別法が存在する。このような実質的意義の会社法には、更に各種の法令中に含まれる会社に関する規定、*商慣習法'及び会社*定款'等の自治法規も含まれる。

2 現状 会社法の規整対象としての会社形態としては、かつては*物的会社'としては*株式会社'のほかに有限会社があり、人的会社としては*合名会社'と*合資会社'が存在した。これらの会社を規整する会社法としては、平成 17 年改正(法 87)前商法第 2 編と有限会社法(昭和 13 法 74。平成 17 法 87 により廃止)が存在していた。しかし平成 17 年に単一の法典としての会社法が制定され、同法により全ての会社形態が規整されることとなった。同法は、合名会社及び合資会社に加えて、新たに*合同会社'という会社形態を創設し、これらの会社形態を*持分会社'と総称する。有限会社制度は廃止され、有限会社は全て株式会社化され、株式会社として会社法の規整対象とされた。もっとも、会社法施行時に設立されている有限会社で商号変更のための定款変更やそれに伴う登記等の手続を行わない会社は*特例有限会社'と呼ばれ、旧有限会社法と同様の規整を受けている。会社法を補充するために*会社法施行規則'、*会社計算規則'及び電子公告規則(平成 18 法務 12、13、14)が制定され(平成 26 年会社法改正に伴いこれらの規則も改正されている)、会社法とともに統一的な法体系を構成している。また会社法の中心を占める株式会社に関する規定については、従来から大規模な会社と小規模な会社に適した法規整に分化してきており、旧有限会社を株式会社として会社法の規整対象に取り込んだ会社法の下では、一層具体的かつ詳細化している(取締役会設置の有無による規整内容の分化や、一定規模以上の会社を*大会社'として一定の機関の設置を義務付ける等)。更に会社法上の株式会社に関する規定では、機関構成についての柔軟化を図り、機関構成の選択の範囲を大幅に広げており、小規模会社にとっては、機関構成の選択によって、会社の規模とその株主関係の閉鎖性に即した会社法の規整を受けることが可能となる(定款に全株式について譲渡制限の定めを置き*取締役会'を不設置にする等)。また、*コーポレート・ガバナンス'が重視される*公開会社'かつ大会社に関しても、イ *監査役'(会)を設置してこれにより監査を行う機関構成の会社(監査役(会)設置会社)と、ロ 監査役を設置せず、

取締役会の下に'監査等委員会'を設置する'監査等委員会設置会社'，ハ'指名委員会'，'報酬委員会'及び'監査委員会'の3つの委員会を設置する'指名委員会等設置会社'の3つのタイプが認められており，いずれの形態をとるかは会社の選択に委ねられている。

会社法施行規則 平成18年法務省令12号。会社法の委任事項その他法の施行に必要な事項について定める法務省令(なお，会社法のうち計算に係る委任事項は'会社計算規則'に，'電子公告'に係る委任事項は電子公告規則(平成18法務14)にそれぞれ定められている)。「第1編 総則」「第2編 株式会社」「第3編 持分会社」「第4編 社債」「第5編 組織変更，合併，会社分割，株式交換，株式移転及び株式交付」「第6編 外国会社」「第7編 雑則」から成り，会社法の編・章立てに基本的に対応して規定が設けられている。

会社法人格の否認 ⇨法人格否認の法理'

会社補償 1 総説 *役員'等がその職務の執行に関して損害賠償請求や刑事訴追等を受けた場合に，当該役員等に発生した争訟費用や賠償金・和解金等の全部又は一部を*会社'が負担すること(圞indemnification)。会社と役員等との間で締結される補償契約〔会社430の2①〕に基づいて行われる。役員等が職務執行に関して負担する費用や責任を第三者である会社が肩代わりするという点において，*役員賠償責任保険'と共通の機能を有している。会社が役員等として優秀な人材を確保するとともに，役員等が第三者に対して損害賠償責任(⇨役員等の第三者に対する損害賠償責任')を負うことを過度に恐れて職務執行が萎縮することがないよう，役員等に対して適切なインセンティブを付与するという意義がある。会社法は，会社が補償契約を締結することができることを明確にすると同時に，不必要又は不合理な契約によって役員等の職務執行の適正が損なわれ，会社の利益が害されることがないように，補償契約の内容及び締結手続について，一定の規制を設けている(令和元年改正(法70)により新設)。

2 内容 補償契約に基づき会社が補償することができるのは，イ 役員等が，その職務の執行に関し，法令の規定に違反したことが疑われ，又は責任の追及に係る請求を受けたことに対処するために支出する費用(防御費用)，並びに，ロ 役員等が，その職務執行に関し，第三者に生じた損害を賠償する責任を負う場合における損失(第三者に対する賠償金・和解金)である〔会社430の2①〕。イの防御費用の補償は，役員等に

*悪意'・*重過失'がある場合であっても認められるし，役員等が会社に対する責任の追及に係る請求を受けた場合であっても認められる。*取締役'が適切な防御活動を行うことが，会社の損害の抑止となり，ひいては会社の利益となりうるからである。ただし，当該費用のうち，通常要する費用を超える部分を会社が補償することはできない〔会社430の2②①〕。また，防御費用を補償した会社が，事後的に，役員等が自己若しくは第三者の不正な利益を図り，又は会社に損害を加える目的で職務を執行したことを知った場合には，当該役員等に対し，補償した金額に相当する金銭を返還することを請求することができる〔会社430の2③〕。ロの賠償金・和解金には，役員等の職務執行に関し，第三者に生じた損害を当該役員等が賠償することにより生じる損失(賠償金)，及び当該損害の賠償に関する紛争について当事者間に*和解'が成立したときに，当該役員等が当該和解に基づき金銭を支払うことにより生じる損失(和解金)が含まれる〔会社430の2①②〕。これに対し，役員等の職務執行に関し，会社に生じた損害を賠償する責任(⇨役員等の会社に対する損害賠償責任')を負う場合における損失(会社に対する賠償金・和解金)については会社補償が認められない。実質的に役員等の会社に対する責任の免除となり，その減免に関する規制〔会社424~427〕の潜脱となりうるためである(⇨役員等の賠償責任の制限・免除)。同様の理由から，会社が当該第三者に対して賠償を行うとすれば，当該役員等が会社に対して任務懈怠懈怠(ケタイ)の責任〔会社423①〕を負うこととなる場合も，当該責任に係る部分を補償することはできない〔会社430の2②②〕。また，役員等がその職務を行うにつき悪意又は重過失があったことで当該損失を被った場合には，会社は，当該損失の全部につき補償をすることができない〔会社430の2②③〕。

3 締結の手続 会社が役員等と補償契約を締結するにあたっては，*取締役会設置会社'では*取締役会'，取締役会設置会社以外の会社では*株主総会'の決議により，補償契約の内容を決定しなければならない〔会社430の2①〕。これは，補償契約には，役員等と会社の利益が相反する側面があることに鑑みて，利益相反取引に準ずる手続的な規律を課するものである(⇨取締役の利益相反取引)。また，*公開会社'は，補償契約に関する一定の事項を，*事業報告'で開示しなければならない〔会社則121 ③の2~③の4〕。

拐取 ⇨略取誘拐'

外出・外泊(受刑者の) ⇨開放的処遇'

解除 **1 意義** *契約'が有効に締結された後に，契約当事者の一方だけの*意思表示'によって，契約関係を遡及的に消滅させることをいい，この意思表示のできる地位あるいは資格を解除権という〔民540〜548〕。契約当事者の一方の意思表示で契約を解消してしまう点で，当事者双方の合意で契約を解消する*合意解除'と区別される。また，契約関係が初めからなかったと同様の効果を生ずるという点で，賃貸借を終了させる場合のように契約関係を将来に向けて消滅させる*解約'(*告知')とも区別される。

2 解除権の行使 ある当事者の一方的な意思だけで，いつでも契約を解消できるとするのは不都合であるから，解除をするには，当事者があらかじめ解除権を留保しておいた場合(*約定解除権')か，法律の規定で特に認められた場合(*法定解除権')でなければならない。民法は，*債務不履行'に基づく法定解除権について，*履行遅滞'の場合には，相当の期間を定めて*催告'した上でなければ解除できない〔民541〕が，*履行不能'・履行拒絶及び*定期行為'の遅滞の場合などには，直ちに解除できる〔民542〕ものとする。ただし，債務不履行が債権者の責めに帰すべき事由による(債権者に*帰責事由'がある)場合には，解除できない〔民543〕。また，契約当事者の一方が数人のときは，そのうちの一部だけについて契約が解消されるのでは，契約関係が複雑になるので，全員から，又は全員に対して解除権を行使しなければならない〔民544〕。

3 効果 民法は，解除権が行使されたときは，当事者は*原状回復'義務を負うと規定する〔民545①〕が，この規定の意味については争いがある。通説・判例(最判昭和34・9・22民集13・11・1451)は，解除権の行使により，契約は遡及的に*無効'となる結果，まだ履行していない債務は消滅し，既に履行したものについては法律上の原因がなくなるので，一種の*不当利得'として原状回復義務が生ずるのだとする(直接効果説)。しかし，契約解除後も損害賠償請求が認められているので〔民545④〕，それをうまく説明するために，解除によって契約関係が全くなかったと同じことになるのではなく，解除によって当事者間に新たに原状回復義務が生ずるだけで，元の契約関係は新たな権利義務関係に移行すると説明する学説もある(間接効果説)。

海上運送 海上において船舶により行われる物品又は旅客の運送。商法2編8章の*運送営業'に関する規定が適用されるほか，海上運送において船舶により実現されることから技術的性格をもつため，商法3編に特則が置かれている(*商行為'をする目的で専ら湖川，港湾その他の海以外の水域において航行の用に供する非航海船によって物品を運送する場合についても準用される〔商747〕。*国際海上物品運送法'の制定により，船積港・陸揚港のいずれかが本邦外にあるときは，外航運送として同法の適用を受け〔国際海運1〕，商法は内航運送にだけ適用される。海上運送を委託する者は，*物品運送契約'のときは，傭船者又は*荷送人'である。物品運送の場合には，*傭船契約'で行われる場合と*個品運送契約'で行われる場合とがあり，傭船契約は，旅客運送にも利用される。海上運送秩序の維持の見地から，海上運送法が規制を加えている。なお商法・国際海上物品運送法の海上運送に関する規定は，平成30年に全面的に改正された。

海上運送状 因 Sea Waybill；略称 SWB 海上物品運送において，船舶の高速化に伴い船荷証券より先に運送品が仕向港に到着する事態に対応するため，船荷証券に代わるものとして実務上発展してきた書面。*荷送人'(又は傭船者)からの請求により，*運送人'又は*船長'が交付する〔商770①〕。荷送人の承諾を得て，*電磁的方法'によって提供することもできる〔商770②, 商則2⑤・12・13〕。運送人が発行するという点で，送り状〔商571①〕とは異なる。海上運送状の記載事項は，船荷証券の場合〔商758①〕と同様であるが，船荷証券のような譲渡可能性，提示証券性，受戻証券性〔商762, 民520の9, 商764〕は認められず，運送人は，証券上指定された*荷受人'に運送品を引き渡さなければならない〔商570〕(したがって，*有価証券'ではない)。ただし，実務上は，*万国海法会'(CMI)が作成した「1999年海上運送状に関するCMI規則」の摂取を通じて，証券上の荷受人による荷受人の変更(権利の移転)を認める。同一の運送品について船荷証券が交付される場合は，海上運送状の交付は義務付けられない〔商770④〕。⇨船荷証券' ⇨送り状'

海商法 形式的には商法3編に定めるものをいい，実質的には，海上企業に関する特殊な法規整の総体をいう。海事法中の重要な部分であり，商法一般に対しても，民法に対しても特異な法領域として認められている。沿革的には商法の起源をなし，海商から発達した制度が商法一般の制度となった例(運送・保険)も少なくない。性質上，国際的に統一される傾向をも

かいじょう

ち，多くの約款や国際的普通契約条款(⇨*約款')が成立している。なお商法典中の海商に関する規定は，平成30年に全面的に改正された。

海上保険 航海に関する事故によって船舶や積荷等につき生ずる損害を填補することを目的とした*保険'〔商815①〕。その技術的特異性から陸上の保険と区別され，保険法の定める片面的強行規定の適用が排除されるほか〔保険36①〕，商法3編7章に特別の規定が置かれている。通常，海上保険の各種*約款'が詳細な規定を設けており，これにより法律の規定が補充変更される。海上保険は高度の国際性をもち，海上*保険証券'，海上*保険約款'の用語・内容についてはロイズ保険証券やロンドン保険業者協会の各種約款の影響が大きい。*保険事故'は，必ずしも航海に固有なもの(沈没・座礁・衝突など)に限られず，火災などを含む。海上保険は，*被保険利益'を基準として，船舶保険・積荷保険・運送賃保険・希望利益保険・船費保険などに分類され，また，*保険期間'を基準として，期間・航海・混合の各保険に分類される。*保険者'の填補責任については，航海に関する事故を包括的に担保対象としつつ，*保険法'・商法の定める除外例〔保険17①，商822②・823・824・826・829〕のほか，約款で具体的に保険者の責任の範囲を限定するのが常である(例：全損だけ担保等)。

海上労働 海上における*船員'の労働。船員と*船主'の関係は*労働契約'(雇用)であるが，*船員法'上，特に特定の船舶に乗船して労務を提供する契約を*雇入契約'と呼び，船内規律や*労働条件'などについて規制を行っている。労働条件の基準について，*労働基準法'の大部分は適用されず，船員法による。その他の船員のための特別法として，船員保険法(昭和14法73)(⇨*船員保険')及び*船員職業安定法'がある。

解職 *代表取締役'，*常勤監査役'，*指名委員会等設置会社'における各委員会の委員，*代表執行役'，*代表清算人'などの地位について，その職を解くこと。会社法上，既にある地位を有する者に更に付与された地位についてこれを剥奪する場合に用いられる(例えば，代表取締役を解職されても*取締役'の地位を失うわけではない)。 ⇨*選定'

解職請求 1 意義 *地方公共団体'の*住民'に認められる*直接請求'の一種。*住民自治'の趣旨を徹底するとともに，国民の公務員任免権〔憲15①〕を具体的に保障するために認められた，いわゆる*リコール'の1つ。*地方公共団体の議会'の議員の解職請求のほか，長の解職請求とその他の役職員の解職請求とがある〔自治13②〕。平成6年に新設の*広域連合'にも本制度の準用がある〔自治291の6〕。
2 手続 公選による公職の場合と長の任命による公職の場合とで異なる。前者の長と議員の解職請求にあっては，選挙権者(議員で選挙区があるときは所属選挙区の選挙権者。以下同じ)の総数の3分の1以上(有権者総数が40万及び80万を超える場合にはこの要件を緩和する特例がある。平成14年改正(法4)で導入)の*連署'をもって，その代表者から，*選挙管理委員会'に対し，その解職を請求することができる。選挙管理委員会は，これを選挙人の投票に付し，過半数の同意があったときは，長ないし議員はその職を失う〔自治80～85〕。後者の副知事・副市町村長・*指定都市'の総合区長・選挙管理委員・*監査委員'・公安委員会委員・教育委員会の教育長及び委員の解職請求にあっては，選挙権者の総数の3分の1以上(上記人口特例あり)の者の連署をもって，その代表者から，長に対し，その解職を請求することができる。長は，これを議会に付議し，議員の3分の2以上の者が出席し，その4分の3以上の者の同意があったときは，これらの者はその職を失う〔自治13②③・86～88，教育行政〕。これらの解職請求には，それぞれ期間の制限がある〔自治84・88，教育行政8②〕。

解除契約 ⇨*合意解除'

解除条件 条件の一種で，*法律行為'の効果の消滅を将来発生する不確実な事実にかからしめるものをいう〔民127②〕。*停止条件'に対する語。「落第したら奨学金の支給をやめる」という場合の「落第したら」という*附款'，又は「落第」という事実が解除条件である。 ⇨*条件'

外人法 外国人の内国における権利の享有又は法的活動を規制する法律の総称。外国法人も対象とされる。歴史的には外国人の権利能力を全く認めなかった時代もあったが，*通商航海条約'などにより，外国人の地位が認められるようになってきた。*国際人権規約'では，多くの点で外国人の地位の保障が規定されている。外国人の地位は，公法上のものと私法上のものに分類される。選挙権は外国人には認められず〔公選9〕，公務員となることにも制約がある(⇨*外国人の憲法上の地位')。また，外国人に固有な法規制もある〔入管〕。他方，私法上の地位については，平等主義が原則とされているが〔民3②〕，*相互主義'のとられているものや〔国賠6〕，公益の観点から規制が課されている

分野もある〔外人土地4, 船舶1③④, 鉱則17, 銀行4③④, 電波5①④等〕。　⇨外国人'

改正刑法仮案　現行刑法制定後, 戦前期に行われた刑法全面改正作業による仮案。司法省の「刑法竝（ならびに）監獄法改正調査委員会」により, 昭和6年(1931)（総則のみ）と昭和15年（若干の留保条項を除き総則153ヵ条, 各則309ヵ条）に,「刑法竝監獄法改正調査委員会総会決議及留保条項（刑法総則及刑法各則未定稿）」として発表されたもの。大正15年(1926)に臨時法制審議会の議決した刑法改正の綱領40項目を受け,「我国固有の道徳及び美風良俗」を維持することと, 時勢変化に対応した犯罪防止への刑事政策的考慮を実現すること等を目的としていた。戦時情勢の緊迫化から, この仮案は制定法化されるに至らず, 委員会も昭和15年に廃止されたが, 戦前戦後において, *執行猶予', 刑の消滅, 安寧秩序に対する罪, *賄賂'罪, *名誉毀損罪'などの改正に, そのまま, あるいは修正を加えて取り入れられてきた。*改正刑法準備草案'も, この仮案を重要な基盤として出発している。

改正刑法準備草案　「刑法改正準備会」により, 昭和36年(1961)12月20日に発表された刑法改正案。法務省は, 昭和31年10月, 小野清一郎(1891～1986)を議長とし, 学者・実務家十数名を委員とする「刑法改正準備会」を発足させたが, 同準備会が, 121回の討議の結果, 一応の成案としてまとめたものがこの草案である。*改正刑法仮案'を基礎としながら, その後の社会情勢の変化, 学説・判例の発展を考慮して作成された。なお, 法務省は昭和38年, 法制審議会に刑事法特別部会（部会長小野清一郎）を設け, 改正刑法準備草案を資料として刑法改正案の審議を行い, 昭和49年に, *改正刑法草案'を公表するに至った。

改正刑法草案　昭和49年, *法制審議会'により決定された現行刑法の全面的な改正案。昭和38年の法務大臣による刑法全面改正の要否についての諮問を受けた法制審議会は, 刑事法特別部会の8年間にわたる審議の後に作成された部会草案に更に検討を加え, 改正刑法草案による刑法の全面改正の答申を行った。総則116ヵ条, 各則253ヵ条の条文から成る。*改正刑法準備草案'を基礎としつつ検討が加えられ, 犯罪論・刑罰論に関する規定の整備が図られている。これに対しては, その提案する*保安処分'制度の導入, 罰則の拡充・重罰化等に対して批判が展開され, 立法化には至っていない。

改正する・改める　　⇨改正する・改める'

（巻末・基本法令用語）

蓋然性説　*不法行為'の要件の1つである事実的因果関係の証明に関して, 一点の疑義も許さない自然科学的な証明ができなくても蓋然性があるといえる程度で*因果関係'の証明があったとしてよいという考え方。被害者側の証明の困難を救済するために主張された。この説によれば, 原告の側では「かなりの程度の蓋然性を示す立証」をすれば足りる。これは通常の証明で要求される基準より低く,「疎明の域は超えるけれども, なお証明には至らない程度の立証でよい」とされる（⇨証明・疎明'）。英米法の「証拠の優越」の理論から, 因果関係が存在しないよりは存在する蓋然性の方が大きいという程度の*心証'によって因果関係の認定をしてもよい, としてこれを支持する学説もある。しかし, 証明の程度を引き下げるという考え方に対しては批判が強く, 被害者の因果関係立証の困難の軽減は, *事実上の推定'や*間接反証'の理論によって行おうという説が有力である。

開戦宣言　⇨宣戦'

階層制原理　行政組織の構成原理の1つで, 行政を担当する団体の組織全体の事務及び権限を, 部門ごとに上下に秩序付けられた職ства機関に配分し, 下級の職員は機関を, 上級の職員は機関の指揮監督（命令, 訓令・通達などによる）に従わせることを基本として, 全体として統一性のある行政活動を実現しようとする組織構成原理をいう。hierarchy 因の訳語。一般的にピラミッド型の巨大な組織をなす近代的な行政組織の基本原則として重要な役割を果たしている。

海賊行為　私有の船舶又は航空機の乗組員又は乗客が私的目的のために行う不法な略奪行為であり, 公海上又はいずれの国の管轄権にも服さない場所にある他の船舶・航空機, その中の人・財産に対して行われるもの〔海洋法条約101, 公海約15〕。古くから「人類共通の敵」とされ, *国際犯罪'とみなされる。公海においては原則として船舶の*旗国'が管轄権を行使することで秩序が維持されるが, また*国際連合海洋法条約'105条によっても, *国際慣習法'上も海賊に対しては, 全ての国による立法・執行・裁判の管轄権の行使が認められている。日本は, 平成21年に「海賊行為の処罰及び海賊行為への対処に関する法律」を制定して, 2条で海賊行為を定義するとともに, 海賊行為に適切かつ効果的に対処することを図っている。

海賊版　⇨海賊版サイト'

海賊版サイト　1 *著作権'で保護される

かいそん

*著作物'を，著作権者の許諾なしにアップロードしたもの(侵害コンテンツ・いわゆる海賊版)を配信するウェブサイトのこと。著作権者の許諾なく著作物をインターネット上にアップロードすることは*公衆送信権'の侵害に当たる。海賊版サイトには侵害コンテンツを蔵置・配信するものをはじめ多様な類型のものがあるが，サイト上に侵害コンテンツのデータが存在せず，リンク情報を提供して侵害コンテンツのデータのあるサイトへ誘導するウェブサイト及びプログラム(リーチサイト，リーチプログラム)については，従来の著作権法の規定で規制することが困難であった。そこで令和2年著作権法改正(法48)で特別の規定が置かれた。具体的には，公衆を侵害コンテンツに殊更に誘導するもの，又は，主として公衆による侵害コンテンツの利用のために用いられるものに関して〔著作113②①②〕，リーチサイト運営者・リーチアプリ提供者がリンク提供の事実を知っており，かつ，侵害コンテンツへのリンクであることについて故意・過失がある場合に，リンクの削除が可能であるにもかかわらず削除せず放置する行為は権利侵害とみなされ〔著作113③〕，刑事罰の対象となる〔著作119②④⑤〕。また，リンク情報を提供する行為は，リンク先が侵害コンテンツであることにつき*故意'・*過失'がある場合には，権利侵害であるとみなされ，刑事罰の対象となる〔著作113②・120の2③〕。更に，海賊版サイトの利用者が侵害コンテンツのダウンロードを行うことは，私的使用の目的であっても一定の要件の下で複製権の侵害となる。 ⇨違法ダウンロード'

2 海賊版という用語は日本の法令の中には存在しない。しかし，*トリップス(TRIPs)協定'51条及びその注1(b)は，ある国において，権利者又は権利者から正当に許諾を受けた者の承諾を得ないである物品から直接又は間接に作成された複製物であって，当該物品の複製物の作成が，輸入国において行われたとしたならば，当該国の法令上，著作権又は関連する権利の侵害となったであろうものが税関当局による*水際措置'の対象となることを定めており，そのような複製物を海賊版(pirated copyright goods)(ただし，公定訳においては著作権侵害物品)であると定義している。

海　損　海上航行にあたり，船舶・積荷が海上危険によって受ける損害(海上損害)のうち，船舶又は積荷あるいは船舶及び積荷の全部滅失の場合の損害を除く，船舶又は積荷の受ける一切の価値の減少(実物損害・費用)を広義の海損という。広義の海損のうち，船舶の自然損耗，水先案内料，入港税のように航海上通常生ずる損害(小海損)以外の海損(非常の原因によって生ずる海損)を狭義の海損という。狭義の海損には，*共同海損'と*単独海損'とがある。

懈　怠（かいたい/けたい）　一般的には，しなければならないことを怠る場合を広く懈怠という。民事訴訟手続上は，当事者が*訴訟行為'をしなければならない時期にそれを行わないこと。*口頭弁論'期日に欠席し，又は出頭しても弁論しないことを，講学上「期日の懈怠」といい，*擬制自白'の効果〔民訴159③〕や，*審理の現状に基づく判決'の可能性〔民訴244〕等が生じる。所定の*期間'内にしなければならない行為をしないことを，講学上「期間の懈怠」といい，特に*追完'が許される場合(例：民訴97)を除けば，その訴訟行為ができなくなるという効果が生じる。

買取請求　*都市計画法'上，都市計画事業の施行が決定され，又は，近時に施行が予定されている土地については，建築等に知事の許可が必要になるなど，一般の都市計画制限よりも厳しい都市計画事業制限ないしこれに類した制限を受ける〔都計52の2・57の3・65〕。その反面，土地所有者は事業施行者又は施行予定者に対して当該土地を時価で買い取ることを請求することができる〔都計52の4・57の5・68〕。土地利用制限に対する*損失補償'の代替措置と用地の先行取得の意義がある。また，*国土利用計画法'上，規制区域における権利移転等が不許可になった場合，当該権利の買取請求が可能である〔国利用19〕。類似の制度として，土地利用に係る許可が得られなかったことを条件とする土地買取りの申出〔都計56，都開7の6，宅地供給8・27，古都保存11，被災市街8，「地方拠点都市地域の整備及び産業業務施設の再配置の促進に関する法律」(平成4法76)22③〕があり，都道府県知事等は，特別の事情がない限り，当該土地を時価で買い取るものとされている。空港周辺の騒音障害の著しい地域などにおける土地買入れの申出〔航空騒音9②，特定航空騒音9②，防衛施設5②〕については，特定飛行場設置者等は，予算の範囲内において，当該土地を買い入れることができるとされている。これらは，形成権としての買取請求としては構成されていないが，事実上，土地利用制限ないし障害に対する損失補償の代替措置としての機能が期待されている。なお，「防災のための集団移転促進事業に係る国の財政上の特別措置等に関する法律」(昭和47法132)3条に基づく集団移転促進事業計画では，移転促進区域内における農地，宅地その他の土

地の買取りに関する事項を定めるとされている。東日本大震災の被災地における防災集団移転促進事業では、移転跡地を災害危険区域〔建基39〕に指定して建築制限をかけることを条件として、宅地等の買取費用を含む事業の経費全額について国庫補助が行われた。

買賃貸借 *'割賦販売'において、直ちに目的物が買主に引き渡される場合には、代金債権担保のために、代金完済まで売主に所有権を留保するのが通例である。この場合に、法律上買主を賃借人とし、割賦代金を賃料という形式にすることがあり、これを買賃貸借という。*'賃貸借'というが、実質は*'売買'であり、代金の支払方法について特段の定めをしたにすぎない。したがって、これに賃貸借の規定を適用又は準用する余地はないと解されている。

買取人指定請求権 **1 意義** *'定款'で*'株式の譲渡'による取得につき*'株主総会'又は*'取締役会'(以下、「取締役会等」という)の承認を要する旨を定めている会社において〔会社107①１・108①４〕(⇒譲渡制限株式)、*'株主'が他人に*'株式'を譲渡しようとする場合又は、ある者が株主から譲渡(*'競売'又は公売による取得も含む。以下、これを含めて「譲渡等」という)により株式を取得した場合において、取締役会等がこの譲渡等による取得を承認しないときは、譲渡しようとする者が他に譲渡の相手方、又は取得者がその株式を買い受けるべき者を指定するように会社に対して請求する権利〔会社136・138①、会社137・138②〕。株主の投下資本回収の手段として認められる。会社自身が自己の株式を取得することも認められている〔会社140①〕(⇒自己株式)。

2 手続・効果等 会社は譲渡制限株式の譲渡による取得を承認しない旨の決定をした場合には、その旨を請求者に通知しなければならない〔会社139②〕。更に、会社が対象株式を買い取る場合にはその旨及びその対象株式数〔会社140①〕を会社が、また指定買取人が指定された場合にはその旨及び対象株式数〔会社142①〕を指定買取人が、請求者に対して通知しなければならない。会社又は指定買取人がこの通知をしようとするときは、1株当たり純資産額として法務省令で定める方法により算定された額〔会社141②括弧。基準純資産額を基準株式数で除して得た額に1株当たり純資産額を算定すべき株式についての株式係数を乗じて得た額。会社則25①。なお、「基準純資産額」「基準株式数」「株式係数」については、会社則25③～⑤〕に対象株式数を乗じた額を供託所に*'供託'し、かつ、その供託を証する書面を請求者に交付しなければならない〔会社141②・142②〕。また、対象株式が株券発行会社の株式である場合には、金銭の供託を証する書面の交付を受けた請求者は、その交付を受けた日から1週間以内に、対象株式に係る株券をその会社の本店の所在地の供託所に供託しなければならない〔会社141③前・142③前。その請求者は、会社又は指定買取人に対し、遅滞なく、その供託をした旨を通知しなければならない。会社141③後・142③後〕。この請求者がこの期間内にその供託をしなかったときは、会社又は指定買取人は、対象株式の売買契約を解除することができる〔会社141④・142④〕。みなし承認〔会社145〕、売買価格の決定・裁判所に対する価格決定の申立て〔会社144〕、会社が買い取る場合の財源規制と、それに違反した場合の支払義務〔会社461①Ⅰ・465①Ⅰ〕等について規定が設けられている。

買取引受け 募集株式の発行の際に、発行する募集株式の総数を一旦一括して証券会社等に割り当て、それを払込期日までに払込金額と同じ価額で一般公衆に売り出させ、売れ残りの株式が生じた場合には、当該証券会社等がこれを引き受けるというやり方。発行会社から別途手数料を受け取る。*'総額引受け'の一種であり、時価公募に際して、最も一般的に用いられる方法である。会社法上の株式引受人として払込義務を負担するのは、証券会社等だけであるが、実質は公募であり、このような内容の契約は、*'金融商品取引法'上の*'有価証券'の元引受け〔金商28⑦〕に該当する。なお、昭和41年の商法改正(法83)前には、株主以外の者に対して新株引受権を与える場合には*'株主総会'の*'特別決議'が必要とされており、買取引受けの場合もこれに該当するのではないかという疑念があった。現行法〔会社201①〕では、*'公開会社'であれば、払込金額が特に有利ではない限り、その問題はなくなった。ただし買取引受人の取得する議決権総数が、募集株式の発行後の議決権総数の2分の1を超えることとなる場合には、株主総会決議が要求されることがある〔会社206の2〕。

海難救助 海難に遭遇した船舶又は積荷その他船舶内にある物の救助のこと〔商792～805〕。当事者間の契約に基づく契約救助と、契約を締結することなく行われる任意救助(狭義の海難救助)とがあるが、実務上は、ロイズ海難救助契約標準書式(LOF)などの典型書式に基づく契約救助が一般的である。海難の際に救助者が海難救助に成功すれば(不成功無報酬の原則)、

かいなんし

契約の有無にかかわらず，救助者は救助料請求権を取得する〔商792〕。救助料請求権は，*船舶先取(さきどり)特権'〔商842②〕・*留置権'〔民295〕による保護を受け，2年の時効により消滅する〔商806〕。救助料の額は，特約がない限り救助された物の価額の合計額を超えることができず〔商795〕，著しく不相当な額の特約については当事者はその額の増減を請求できる〔商794〕。海難に遭遇した船舶により海洋汚染が引き起こされるおそれがある場合は，結果的に救助が成功しなかった場合でも，救助者は特別補償料を請求できる〔商805〕。渉外的な法律関係には，1910年の「海難ニ於(お)ケル救援救助ニ付(つき)テノ規定ノ統一ニ関スル条約」（大正3条2）が適用される。1989年海難救助条約も制定され発効したが，日本は未加入である。ただ，1989年条約の主要部分は平成30年商法改正で採用された。

海難審判 海難審判法（昭和22法135）に基づいて海難に関して海難審判所が行う行政審判。船舶・施設の損傷，船舶の構造・設備・運用に関する人の死傷，船舶の安全，運航の阻害が生じたときに，その海難の原因を明らかにし，併せて海技従事者・水先人（受審人）の懲戒をすることを目的とする〔海難審2～4〕。審判前の手続，確定裁決の執行は，海難審判所の理事官が担当する〔海難審24～29・47～51〕。地方海難審判所（東京）が管轄する重大な海難を除いて地方海難審判所の管轄に属し〔海難審16〕，裁決に対する訴えは東京高等裁判所の*専属管轄'に属する〔海難審44〕。なお，海難事故原因の究明は国土交通省外局の運輸安全委員会が行う。

介入義務 *仲立人'が*商行為'の*媒介'をするにあたり，当事者の一方の氏名又は名称を相手方に示さなかったときは，その相手方に対して自ら履行をする責任を負うこと〔商549〕。相手方の信頼保護のために仲立人に課せられた特別責任。この場合にも，契約は相手方と匿名の当事者との間に成立し，仲立人は自ら当事者となって相手方に対して履行し*反対給付'を請求する権利をもつものでない点で*問屋(とんや)'の*介入権'とは異なる。介入義務を履行した仲立人は，氏名の黙秘を命じた当事者に対して*求償権'を行使できる。

介入権 *委託'を受けた*問屋(とんや)'又は*運送取扱人'（*取次商'）が，委託事務の執行方法として自ら取引の相手方となる権利。問屋は委託者のために物品の販売又は仕入をしなければならないから，問屋が自ら委託者に対して売主又は買主となることは利益相反のおそれがあり，一般には認められないが，委託者の利益を害するおそれがないことが明らかな場合，無用の手数と費用を省くために認められる。問屋の場合には，取引所の相場がある物品の販売・買入れの委託を受けた場合に認められる〔商555①〕。取引所に相場があることを要件としたのは，売買条件の決定に問屋の裁量が働く余地がなく，委託者の利益に資すると考えられるためである。他方，運送取扱人には特約がない限り介入権が認められ，その場合，*運送人'と同一の権利義務を有することになる〔商563①〕。運送に関しては*運送賃'や運送方法が概ね定型化されており，それは，介入を認めても弊害がないと考えられるためである。なお，運送取扱人が委託者の請求により*船荷証券'又は*複合運送証券'を作成したときは，自ら運送するものとみなされる〔商563②〕。この種の介入権は形成権であり，委託者に対する意思表示により効力を生ずる。これらの行使は委託実行の一方法にすぎないから，問屋又は運送取扱人としての報酬請求権も失われない〔商555②・559②〕。

介入尋問 ⇨*交互尋問'
解任（取締役の） ⇨*取締役の解任'
概念法学 *イェーリング'が19世紀ドイツ法学を批判して用いた言葉。1900年の*ドイツ民法'制定以前のドイツでは，プフタ(Georg Friedrich Puchta, 1798～1846)らの私法学者たちが，*ローマ法'学の伝統を基礎に，*パンデクテン法学'と呼ばれる法原則の論理的体系を築き，あらゆる法律問題の解決を，その体系からの論理的演繹(えんえき)（概念の計算）によって導き出そうとしていた。これに対しイェーリングは，「目的こそ法の創造者である」と批判し，*利益法論'・*自由法論'など新しい法学方法論の先駆者となった。もっとも，彼の描いた概念法学像には誇張があるといわれる。現在では，法の論理性を重視する法学の傾向を概念法学と呼び，「概念法学だけでは駄目だが，概念法学抜きでも法学は成り立たない」などというように用いられる。 ⇨*法の解釈'

開発危険の抗弁 ⇨*製造物責任'
開発許可 *都市計画法'は，段階的・計画的市街化のために，都市計画区域を，市街化を図るべき市街化区域と市街化を当面抑制すべき市街化調整区域とに区分しているが，この区分と併せて市街化の基になる開発行為を規制し，もってこの区分の趣旨を実現しようとするのが，開発許可制度である。なお，市街化区域等の区分が行われていない都市計画区域又は準都市計画区域内においても，一定規模以上の開発行為については，開発許可の制度が設

けられている〔都計29〕。開発行為とは、主として建築物の建築又は特定工作物の建設の用に供する目的で行う土地の区画・形質の変更をいい〔都計4⑫〕、開発行為に対する許可基準には、市街化に良好な水準を維持するための一般的基準と、市街化調整区域において市街化を抑制するための特別な基準とがある〔都計33・34〕。一般的基準としては、生活機能の維持、環境保全、災害防止上の見地から、道路・公園・広場等の公共空地、排水施設、給水施設などの公共施設整備等が定められている。更に、市街化調整区域に適用される特別基準として、例外的に開発行為が許容される場合が限定的に列挙されており、市街化調整区域内での開発行為は、原則として抑制されることになる。⇨土地利用規制'

開　発　費　⇨繰延資産'

開発負担金　地方公共団体が、宅地開発指導等要綱を定め、当該要綱に基づき、開発行為(⇨開発許可')の事業者から、開発負担金(開発協力金)を徴収することがある。当該地域の良好な住環境の維持・向上のために、事業者に任意の協力を求めるもので、本来、'行政指導'にすぎないところから、判例上、限界が示されている(最判平成5・2・18民集47・2・574)。

回　避　⇨除斥・忌避・回避'

回避条項　国際私法において、通常の抵触規則により指定された準拠法よりも、当該個別事案において、事案とより密接に関係する法がある場合に、例外的に本来の連結を覆して、その法を準拠法とすることを可能にする条項。例外条項ともいう。日本には特定の分野についての回避条項が、事務管理・不当利得〔法適用15〕と不法行為〔法適用20〕に置かれている。これに対して、そのような限定なしに国際私法全体について、抵触規則により指定された準拠法を個別事案において覆すことを可能とする一般条項が置かれている国もあり〔例えば、スイス国際私法15〕、一般回避条項と呼ばれる。最密接関係地法を準拠法とするという、伝統的な国際私法の基本理念を、個別の事案において実現しようとするものであるが、法的安定性・予見可能性を損なうというデメリットもある。

開　票　選挙において、投票箱を開き、各投票の有効・無効を決定し、各候補者別に得票数の計算を行う手続〔公選7章〕。開票の事務は、開票管理者が担当する〔公選61〕が、開票手続の公正を確保するため開票立会人〔公選62〕の立会いの下に行われる〔公選66①〕。また、'投票の秘密'保持のため、各投票所ごとの投票が分からないように各投票所の投票を開票区ごとに混同して行われる〔公選66②〕。

回付案　国会において先議の議院から送付された議案を後議の議院が修正議決し、再び先議の議院に送付することを回付といい、その議案を回付案という〔国会83③④〕。回付案は委員会に付託しない〔衆規253①、参規178①〕。議長は、その取扱いを*議院運営委員会'に諮った後、議院の会議に付する〔衆先例469号、参先例423号〕。議院は、その修正の範囲に限って質疑討論を行い〔衆規253②、参規178②〕、同意又は不同意を決定する。不同意と決した回付案につき両院協議会で協議した例がある〔国会84、衆先例471号、参先例424号〕。⇨送付案'　⇨返付(議案の)'　⇨両院協議会'

外部監査　*監査委員'による監査とは別に、地方公共団体が一定の範囲に属するその者(外部監査人)の監査を受けるという制度。イ　包括外部監査とロ　個別外部監査とがある。イは、会計年度ごとの契約に基づき、外部監査人が、当該団体の財務に関する事務の執行及びその経営に係る事業の管理のうちで必要と認める事件等について監査を行うものである〔自治252の27②・252の37①④〕。都道府県及び指定都市・中核市については、そのような包括外部監査契約の締結が義務付けられている〔自治252の36①、自治令174の49の26〕。ロは、住民からの請求(*事務の監査請求'又は*住民監査請求')や議会又は長による監査の要求等に係る個別の事件につき、監査委員の監査に代えて行われるものである〔自治252の39〜252の43〕。外部監査人となることができるのは、弁護士その他の一定の資格又は一定の職務経験を有する者に限られる〔自治252の28〕。

回復登記　⇨回復の登記'

回復の登記　一旦存在したが後に消滅した登記を回復する登記。登記簿の滅失により旧登記が物理的に消滅した場合は、滅失に伴う登記記録の回復が行われる〔不登13、商登8〕。旧登記の全部又は一部が不適法に抹消された場合は、抹消された登記の回復が行われる〔不登72、不登則155〕。⇨登記'

外部通勤　⇨開放的処遇'

外部労働市場　⇨労働市場'

開放式担保　⇨オープン・エンド・モーゲッジ'

開放的処遇　収容を確保するため通常必要とされる設備又は措置の一部を設けず、又は講じない刑事施設の全部又は一部(開放的施設)〔刑事収容89②〕における処遇をいう。開放的処遇の意義は、受刑者の自発性及び自律性を涵養

がいむいん

(ﾆﾝ)することにある。その対象者は，制限の緩和により第1種の制限区別に指定されている受刑者に限られる〔刑事収容則50・48①〕。'国際連合'の'被拘禁者処遇最低基準規則'(ネルソン・マンデラ・ルールズ)規則89.2は，「開放施設は逃走に対する物理的手段を持たず，在監者の自立を信頼しているというその事実によって，慎重に選ばれた受刑者の更生にとっては，最も望ましい条件を備えている」と規定している。外部通勤作業〔刑事収容96〕や外出・外泊〔刑事収容106の2〕などの半自由的処遇も制度の趣旨を共通にする。日本でも，一部の刑務所及び刑務所附属の構外作業場において一定の限度で実施されている。

外務員 金融商品取引業者等の'役員'又は'使用人'であって，金融商品取引業者等のために，所定の'有価証券'の売買，売買の媒介・取次ぎ・代理等の行為を行う者は，勧誘員，販売員，外交員その他名称のいかんを問わず，外務員として登録等の規制に服する〔金商64①〕。平成18年改正(法65)前の証券取引法(現'金融商品取引法')は，証券会社の役員・使用人で証券会社のために'営業所'外で有価証券の売買等を行う者を，外務員(証券外務員)としていた。金融商品取引業者等は，外務員登録簿への登録を受けた者以外の者に外務員の職務を行わせてはならず〔金商64②〕，登録申請書を内閣総理大臣に提出して登録を受ける〔金商64③④〕。内閣総理大臣は，法令に従い，登録を拒否し，登録外務員に対し監督上の処分(登録の取消し・職務の停止)又は登録の抹消を行うなど強い行政的監督を行っている〔金商64の2・64の5・64の6〕。認可'金融商品取引業協会'又は認定金融商品取引業協会は，内閣総理大臣の委任を受けて，当該協会に所属する金融商品取引業者等の外務員に係る登録事務を行うことができ〔金商64の7〕，日本証券業協会が協会員の外務員登録事務を行っている。外務員には，報酬形態により，社員外務員と歩合外務員の別がある。外務員は，相手方が'悪意'でない限り，所属する金融商品取引業者等に代わって，所定の有価証券の売買等の行為に関し，一切の裁判外の行為を行う権限を有するものとみなされる〔金商64の3〕。 ⇨商品外務員'

買戻し 1意義 売買契約を締結する際に，売主が一定期間内に売買代価と契約費用を返還すれば，目的物を取り戻せる旨を約束すること。解除権を留保した売買である。'再売買の予約'によって売買目的物を取り戻すことも可能であり，この場合は，もう一度別に売買

することを予約するという形式をとるので，再売買の際の代価は最初の売買代価と異なっても差し支えないが，買戻しの場合は最初の売買の'解除'とされるので，当初の代価が返還される〔民579。ただし，民579括弧は別段の合意を認める〕。両者とも，債権担保の機能を営み，債権者に売買形式で担保物の所有権を移転し，債権弁済を再売買又は買戻しとして担保物が返還される。 ⇨買受権'

2 要件 民法は不動産についてだけ買戻しを認める〔民579〕。しかも，買戻しの特約は売買契約と同時にしなければならず，また，それと同時に登記しなければ'第三者'に対抗できない〔民581①〕。更に，買戻期間は10年を超えることができないとされ〔民580①〕，要件が厳格なので，あまり利用されていない。

解約 1意義 '賃貸借'・'雇用'・'委任'・'組合'などのような継続的債権関係を，'契約'当事者の一方の'意思表示'によって，将来に向かって消滅させること〔民617・618等〕。当事者の一方の意思表示によって契約関係を解消するので，民法は'解除'という言葉を使うこともある〔例：民620〕が，賃貸借などでは消滅の効果を遡らせると，それまでの物の利用が不適法となり，不都合なので，効力は将来に向かって発生するものとしている〔民620・630等〕。そこで，解除と区別して，解約あるいは解約の申入れといい，また，学問上'告知'とも呼んでいる。 ⇨継続的債権関係'

2 要件 契約期間の定めのないときは，いつでも解約できるのが原則である〔民617〕が，借家契約や小作契約では，借家人等の保護のために解約申入れが制限されている〔借地借家28，農地18〕。契約期間の定めがあるとき'債務不履行'があれば，契約の存続期間中でも相手方は解約できる。その手続は解除の規定〔民540～548〕によるとするのが通説・判例であるが，継続的債権関係は当事者間の信頼関係に支えられていることに着目して，その債務不履行が信頼関係の破壊をもたらさない限り解約できないとする学説も有力である。

解約手付け 売買・請負等において，'契約'の両当事者に解約権を留保する趣旨で交付される'手付け'。この場合には，契約履行の着手(目的物を引き渡したり，登記を済ませたりする場合がその例)があるまでは，手付け交付者は手付けを放棄し(手付損)，受領者は手付けの倍額を返還すれば(手付倍戻し)，理由のいかんを問わず契約を'解除'できる。一般には，手付けは契約の拘束力を強めるために交付される

と意識されているが，実は，解約手付けは，このように契約の法律的拘束力を弱めるものである。しかし，特約がない限り，交付された手付けは解約手付けと推定される〔民557・559〕。そこで，学説の中には，契約の拘束力を強く認めようとする立場から，解約手付けと解すべき場合をなるべく狭く解釈することを提唱するものも少なくない。

解約返戻金 *'生命保険'で*'保険契約者'が中途で*'解約'した場合に*'保険者'から払い戻される金銭。生命保険は長期のものが多く，契約後，加入者が任意に将来に向かって契約を解除することを認める〔保険54〕が，その際にそれまでに積み立てた*'責任準備金'(保険会社が保険契約上の債務を果たすために必要な積立金)から費用を控除して残りを払い戻すことになる。その算定方式は*'保険料'及び責任準備金算出方法書〔保険業4②④〕で定められる。*'保険約款'では，生命保険契約の解除の場合のほか保険料の払込みを怠ることにより契約が失効した場合にも，保険契約者が解約返戻金を受け取ることができると定められるのが通例である。

海洋法に関する国際連合条約 ⇨国際連合海洋法条約'

改良行為 管理行為の一種で，家屋に造作を取り付けたり，そのための請負契約をするなど，財産の性質を変更させない範囲内で，利用価値又は交換価値を増加する行為。 ⇨管理行為'

カイロ宣言 1943年11月27日，アメリカ，イギリス，中華民国の首脳が，エジプトのカイロにおいて，日本との戦争の目的，戦後処理の原則などについて発した宣言。領土処理について打ち出した「領土不拡大」原則は，後に日本がサンフランシスコ講和条約によって千島列島を放棄した際に，その範囲から国後(くなしり)及び択捉(えとろふ)の2島を「固有の領土」として区別し，それらのソ連による占有を不法とする日本側の主張の根拠となった。

回路配置利用権 ⇨半導体集積回路の回路配置に関する法律'

下院 *'両院制'の*'議会'を構成する一院。本来は，貴族・官選議員で組織される*'貴族院'(*'上院')に対し，公選された議員で組織される庶民院を下院と呼んでいた。現在では，両議院とも公選議員で組織する国が多くなって，この区別の意味は薄れたが，*'解散'が認められ，議員の任期が短いことなど，国民に直結する程度がより高いという特色をもつ。

カウサ 羅causa 原因を意味するラテン語。私法上，手形や金銭の交付，所有権の移転といった財産の出捐(しゅつえん)の原因となる関係(債務の弁済，金額の貸与，贈与など)をいう。カウサが出捐の法的効力に及ぼす影響によって有因行為・無因行為の区別が生ずる。ローマ古典法上は，*アークティオー又は抗弁を基礎付ける定型化された事実関係ということができる。例えば，債権債務関係の発生原因(カウサ)としての契約あるいは不法行為。給付目的(カウサ)が達成されない場合に給付が不当利得になる。引渡し又は時効によって所有権を取得するためには，占有取得のための正当なカウサ(例えば売買)が必要など。中世以降の発展でとりわけ重要になったのは，方式を備えない一方的給付の約束が拘束力をもつためには，例えば交換関係のようなカウサが必要だという理論で，フランス法のコーズ(仏cause)〔フランス民法1108〕論や英米法の*'約因'論に結実している。

火炎びんの使用等の処罰に関する法律 火炎びんの使用・製造・所持等の取締りのため，昭和47年に制定された法律〔法17〕。本法は，火炎びんを，ガラスびんその他の容器にガソリン，灯油その他引火しやすい物質を入れ，その物質が流出し，又は飛散した場合にこれを燃焼させるための発火装置又は点火装置を施した物で，人の生命，身体又は財産に害を加えるために使用されるものをいう，と定義している〔火炎びんの使用等の処罰に関する法律1〕。火炎びんは，昭和27年前後，武装闘争の際，しばしば用いられ，その後，昭和43年以降の学生運動の過激化に伴い多用されるに至ったため，本法が制定された。なお，火炎びんが，爆発物取締罰則にいう「爆発物」に当たるかにつき，判例は，「爆発物」は，その爆発作用そのものによって公共の安全をみだし又は人の身体財産を害するに足りる破壊力をもつものでなければならないとして，否定している(最大判昭和31・6・27刑集10・6・921)。 ⇨爆発物'

加害行為地法 隔地的不法行為において実際の結果発生地での結果の発生が通常予見することができないものであるときに，*'結果発生地法'に代わり，例外的に加害行為地法が準拠法とされる〔法適用17〕。行為者が侵害結果を発生させる具体的な行動を行った場所を指し，単なる予備的行為が行われた場所は含まない。不作為による不法行為の場合には，行為すべきであった地をいう。

価格差別 ⇨差別対価'
価格支配力 ⇨競争の実質的制限'
科学捜査 科学の諸分野における知識・

かがくてき

技術等を活用して行う捜査。*写真撮影'，盗聴(⇨*通信傍受')，*ジー・ピー・エス(GPS)捜査'，麻酔分析や*ポリグラフ検査'など，証拠収集過程で科学技術を用いる場合と，血液型判定や*ディー・エヌ・エー(DNA)分析(鑑定)'など，証拠の分析に科学技術を活用する場合がある。その利用次第では事件の真相解明に大きく役立つし，憲法及び刑事訴訟法が*自白'の使用等に制限を設けたことからもその必要性は高いが，同時に，その正確性が問題となるものや，プライバシーとの緊張関係をはらむものが多く，新たな人権侵害も懸念されている。 ⇨科学的証拠'

科学的証拠 科学の諸分野における知識・技術等を活用して得られた証拠。犯人との同一性確認ないし異同識別に用いられる指紋，血液型，声紋，*ディー・エヌ・エー(DNA)分析(鑑定)'等が代表的なものである。科学的証拠が*事実認定'の精度を高めるのに役立つことは否定できないが，例えば，警察犬による*臭気選別'や*ポリグラフ検査'のように，自然的関連性の有無が争われているものや具体的検査方法の適切性が問題となる場合もあり，*証拠能力'ないし*証明力'の問題が完全に解決されているわけではない。 ⇨科学捜査'

化学兵器禁止条約 正式には「化学兵器の開発，生産，貯蔵及び使用の禁止並びに廃棄に関する条約」という。冷戦の終了，中東での化学兵器の使用を背景に，ジュネーヴ軍縮会議でまとめられた。1997年4月29日に発効。日本は1995年に批准した(平成9法3)。全ての化学兵器の開発，生産，貯蔵・保有，移譲を禁止し[化学兵器禁止約1①]，現有分は，条約発効後2年から10年内に廃棄される[化学兵器禁止約4⑥]。条約実施状況は，一定の手続により査察される[化学兵器禁止約9]。ハーグに常設の機関を設置して，条約実施の検証を行う。その細目について，附属の3議定書が，それぞれ，禁止の範囲，監視・検証，秘密保護について規定している。なお，条約の国内実施法として「化学兵器の禁止及び特定物質の規制等に関する法律」(平成7法65。略称：化学兵器禁止法)がある。

係る ⇨に係る・に関する'(巻末・基本法令用語)

かかわらず ⇨かかわらず'(巻末・基本法令用語)

書替(書換)手形 ⇨手形書替え(書換え)'

書留郵便等に付する送達 書類等を書留郵便(又は信書便事業者による信書便サービスで書留郵便に準ずるものとして最高裁判所規則で定めるもの)に付して発送することによって行われる*送達'[民訴107]。付郵便送達ともいう。通常の*交付送達'，*出会(ぎ)送達'，*補充送達'，*差置(さしおき)送達'ができない場合に限って許される。発送時に送達があったものとみなされる[民訴107③]点で，*郵便による送達'とは異なる。なお，*電子情報処理組織による送達'が可能な場合は書留郵便等に付する送達はできない[民訴107①]。

下級裁判所 直接憲法によって設置された*最高裁判所'と異なり，法律によって設置され，*審級'関係並びに*司法行政'上の関係で最高裁判所の下位にある*裁判所'[憲76①]。*裁判所法'[裁2]及び「下級裁判所の設立及び管轄区域に関する法律」に基づき設けられている。下級裁判所には，*高等裁判所'，*地方裁判所'，*家庭裁判所'及び*簡易裁判所'がある[裁2①]。

限り ⇨限り'(巻末・基本法令用語)

核拡散防止条約 英 Nuclear Non-Proliferation Treaty；略称NPT 正式には「核兵器の不拡散に関する条約」という。核不拡散条約とも略称される。1968年7月1日に核兵器保有国である米英ソ3国の首都で作成・採択され，1970年3月5日に発効，1995年5月11日の再検討会議で，無期限延長が決定された。日本は1976年に批准した(昭和51条6)。核兵器保有国に対しては，非保有国に対する核兵器の移転や製造の援助等を行わない義務を課す[核拡散防止条約1]。一方で，非保有国に対しては，核兵器の受領・製造・開発等を行わない義務を課す[核拡散防止条約2]と同時に，原子力の平和利用を確認するため*国際原子力機関'の査察を受け入れる義務を課している[核拡散防止条約3]。このため，核兵器保有の現状を固定化するもので，核兵器保有国に不当に有利な内容のものであるとの不満が非保有国の間では強く，核兵器開発の潜在的能力を有する非保有国のいくつかは未加入であり，また，加入している非保有国の中にもひそかに開発を行っている国がある等の問題が指摘されている。

閣議 *内閣'が自己の職務を行うに際し，その意思を決定するために開く会議。*内閣総理大臣'がこれを招集し主宰する。全ての大臣は，いかなる案件でも内閣総理大臣に提出して，閣議を求めることができる[内4]。閣議の議事方法は，全て*慣習法'で決まっているが，特に重要な点は，その内容について高度の秘密が要求されること，全会一致で決定されることの2点である。多数決によらないのは，内閣が一体として*連帯責任'を負うためであるとされるが，

がくしゅう

多数決によることが可能とする説もある。閣議には、毎週の定日(火曜日・金曜日)に開かれる「定例閣議」と、必要に応じて招集される「臨時閣議」とがある。各大臣が現実に集会して行われるのが原則であるが、便法として書類回付による持回り閣議も認められている。 ⇨閣議決定' ⇨閣議了解'

閣議決定 '内閣'として意思決定すべき事項を'閣議'で決定すること。内閣提出の法律案・政令・予算・一定の公務員の任命などの決定がその例である。なお、その他重要な政策に関する事項は、特に憲法又は法律が内閣の意思決定を要求していない場合にも閣議決定の形式によることが多い。その文書には全閣僚が署名する。

閣議了解 各省大臣の権限に属する事項、つまり法律上は'閣議'に提出する必要のないものではあるが、事項の重要性に鑑みて、閣議に提出してその了解を求めること。'閣議決定'とともに内閣の意思決定の方法の1つ。いかなる事項が閣議了解とされるかは事務慣例(事務上のしきたり)によっておおむね確立しており、各省の重要な職員人事、重要な行政上の方針などがその例である。

核原料物質、核燃料物質及び原子炉の規制に関する法律 昭和32年法律166号。**1 法律の目的と構成** '原子力基本法'を受け、原子力の平和利用と災害の防止を目的として制定された。原子炉等規制法と略称。平成23年の東北地方太平洋沖地震に伴う原子力発電所事故の教訓を踏まえ、平成24年に抜本的に改正された(法47)。2章以下で、製錬事業、加工事業、原子炉の設置・運転、貯蔵事業、再処理事業、廃棄事業、核燃料物質の使用、原子力事業者等の責務、原子力事業者に関する規制及び国際規制物資の使用等について定めている。
2 原子炉設置許可と安全審査 原子炉を設置しようとする者は、本法43条の3の5に基づいて原子力規制委員会の許可を受けなければならない。許可の要件は本法43条の3の6〔旧法では24条1項〕で定められているが、原発訴訟では、同条1項4号の災害防止条項が最大の論点となる。かつては、この条項を満たしているかどうかを確認するために、原子力安全委員会が定めた指針に基づき、立地や機器・系の安全性等について安全審査が行われていたが、平成24年改正後の同条項では、原子力規制委員会規則で定める基準への適合が求められている。その後平成29年改正(法15)により、品質管理体制基準への適合が許可要件に追加された〔核規制43の3の6①⑤〕。
3 原発訴訟の動向 原子力発電所の設置許可を巡っては、各地で周辺住民から'取消訴訟'等が提起され、大きく分けて、'原告適格'と'行政庁'の裁量が問題となった。原告適格については、旧法24条1項3号(技術的能力に係る部分)及び4号を根拠に、原子炉事故等がもたらす災害により直接的かつ重大な被害を受ける範囲の周辺住民に広く原告適格が認められ(最判平成4・9・22民集46・6・571〈もんじゅ原発訴訟〉)、原子炉の安全性審査における専門技術的問題については、行政庁の合理的な判断によることとされ、専門的審議機関の調査審議において用いられた審査基準の不合理性、その調査審議及び判断の過程での看過し難い過誤・欠落が存するときに違法となるとされた(最判平成4・10・29民集46・7・1174〈伊方原発訴訟〉)。

各 号 ⇨各号'〈巻末・基本法令用語〉

核実験停止条約 ⇨部分核実験停止条約' ⇨包括的核実験禁止条約'

学習権 憲法26条1項にいう'教育を受ける権利'については、かねてから、経済的権利という要素や'公民'的権利という要素を重視する説もみられた。しかし、現在では、これらの要素とともに、むしろ、発達の途上にある子供が学習する権利(学習権)という要素を軸にして捉えるべきであるという見解(学習権説)が有力になっている。学習権説は、元来、子供の学習権を保障するためには教師が自由に教育できる環境が必要であるという形で、「国民の'教育権」説に連なるものであった。しかし、その後、学習権説が「国民の教育権」説以外の説とセットにされて語られる場面も出てきた。この点は、学習権を理念の次元で語った最高裁判所判決(最大判昭和51・5・21刑集30・5・615〈旭川学テ事件〉)にも示されている。なお、学習権には、「障害児には一層の教育機会を保障せよ」という趣旨が含まれている。それとは別に、大人も含めた国民の学習権が語られることもある。ともあれ、学習権は、法技術的な概念としてより、教育理念上の概念として受け止められるべきであろう。 ⇨旭川学テ事件'

学習指導要領 文部科学大臣が小・中・高等学校の教育課程の基準として公示するもの〔学教則52・74・84〕。'教科書検定'の基準〔義務教育諸学校教科用図書検定基準(平成29文告105),高等学校教科用図書検定基準(平成30文告174)〕としても用いられる。その法的拘束力について、第2次家永教科書訴訟の杉本判決(東京地判昭和45・7・17行裁21・7別冊1)では、細目まで教師を

かくじんに

拘束することは教育の自由に照らして妥当でないとされ(⇨'家永教科書裁判'),教育法学説では,学習指導要領はあくまで指導助言的基準とみるべきであって,法規性を観念する余地はないとする説が有力であった。最高裁判所は,*旭川学テ事件'判決(最大判昭和51・5・21刑集30・5・615)において,中学校学習指導要領について,「必要かつ合理的と認められる大綱的な基準」とし,伝習館訴訟上告審判決(最判平成2・1・18判時1337・3)において,高等学校学習指導要領について,法規としての性質を有するとした原審の判断を是認し,そのように解することは憲法23条・26条に違反しないとした。今日では,共通に指導すべき内容を確実に指導した上での追加的な指導を認めるなど,学習指導要領の最低基準性も指摘される。

各人に彼のものを　　⇨'正義'

確信犯　政治的・思想的・宗教的信念に基づいて自己の行為を正当と確信して行われる犯罪。その犯人を確信犯人という。社会の変動期に多発し,体制を悪とし,その変革を目指して行われる行動であるため,犯罪者の社会復帰を目的とする刑罰の対象としてなじまない面があり,違法行為に対する特別の制裁が必要ではないか等が問題とされた。なお,刑法も*内乱罪'などで,確信犯であることを考慮し,*自由刑'としては*禁錮'刑を法定していたが,懲役刑との一元化により拘禁刑となった。

覚醒剤取締法　昭和26年法律252号。覚醒剤の濫用による保健衛生上の危害を防止するため,覚醒剤及び覚醒剤原料の輸入・輸出・所持・製造・譲渡し・譲受け・使用に関して必要な取締行為を行うことを目的とする法律。度重なる改正により罰則は強化されている。戦後初期の覚醒剤の濫用に対処するために制定されたものであるが,昭和50年代以降の覚醒剤のいわゆる第2次濫用期を迎えて本法による強力な取締りが展開された結果,幾分減少傾向を示したが,平成7年以降は再び増加傾向に転じた。平成13年以降やや減少し,横ばいの状態にあったところ,平成28年からは再度減少している。⇨'麻薬特例法'

学説　意見対立の余地ある主題について説かれる学問的見解。*法学'上の学説では理論学説と解釈学説が区別される。理論学説は専ら法や諸制度の認識に関わるもので,国際法と国内法の関係,法人や刑罰の本質などを巡る論議がその例である。解釈学説は,最高裁判所の*違憲判決の効力'についての一般的効力説と個別的効力説の対立など,適用という実践的目的との関連で唱えられる学説である。*天皇機関説'事件(昭和10)において,天皇機関説が理論学説か解釈学説かが問題となったように,両者が明確に区別できるか否かも問題である。古代ローマでは,皇帝が「解答権」(▨ ius respondendi)を与えた法学者の学説は*法源'としての権威を認められた。近世においてもバルトルス(Bartolus de Saxoferrato, 1313〜57)やアゾ(Adalberto Azo, 1150頃〜1230頃)などのローマ法注釈書が法源に近い権威を認められたことがある。イギリス法では,ブラクトン(Henry de Bracton, 1216〜68)などの著書がその時代の法の正しい叙述と推定され,Books of Authority として*判例'に引用される。国際司法裁判所規程(昭和29条2)38条1項dは「諸国の最も優秀な国際法学者の学説」を補充法源として認めている。現在の国内法では学説に形式的権威は認められないが,「判例・通説」と並称されるように,有力学説は実際上大きな権威をもっている。

拡大解釈　⇨'法の解釈'

隔地者・対話者　隔地者とは,*意思表示'が即時に到達しない相手方をいい,即時に到達する関係にある対話者に対する語である。民法は,承諾期間の定めのない契約*申込み'の意思表示については,隔地者間では,申込者が*承諾'の通知を受けるのに相当な期間を経過するまでは*撤回'を認めない〔民525①〕のに対して,対話者に対する申込みは,対話継続中はいつでも撤回可能であり〔民525②〕,対話が終了すると申込みは効力を失う〔民525③〕という差異を認める。他方で,意思表示の効力発生時期等については,隔地者と対話者で扱いを区別はしない〔民97①〕。もっとも隔地者間では,現実問題として通知が相手方に到達しない可能性があるところ,判例は通知が相手方の支配圏内に置かれ了知可能となれば意思表示の到達を認めており(最判昭和43・12・17民集22・13・2998),また民法は相手方が通知の到達を妨害した場合に到達を*擬制'する〔民97②〕。

隔地的法律行為　法を異にする地に所在する者の間での*法律行為'。*行為地法'(婚姻の場合は挙行地法)に適合する法律行為の方式は有効とされているので〔法適用10②・24②・34②,遺言準拠法2①〕,行為地の特定が問題となる。一般原則としては,法を異にする地に在る者に対してされた意思表示(単独行為)については,通知の発信地を行為地とみなし〔法適用10③〕,法を異にする地に在る者の間で締結された契約については,行為地法によるとの規定を適用せず,申込みの通知を発した地の法又は承諾の通

知を発した地の法のいずれかに適合する方式は有効とするとされている〔法適用10④〕。もっとも、動産及び不動産に関する物権その他登記すべき権利を設定し又は処分する法律行為の方式については、行為地法による方式は認められず、その法律行為の成立について適用すべき法〔法適用13②により目的物所在地法〕に適合する方式によらなければならない〔法適用10⑤〕。また、婚姻を含む親族的法律行為及び遺言の方式については、行為地(挙行地)を特定する規定はなく、解釈に委ねられている。特に、日本法上の戸籍への届出という方式について、これは法律行為を公にする点に意味があるので、外国からの郵送であっても日本に届出がされれば、行為地は日本であって、方式上有効となると戸籍実務では扱われている(反対説もある)。婚姻届については当事者の一方が日本人であれば本国法上の方式に適合することになるので〔法適用24③〕、問題は顕在化しないが、外国から日本の市区町村長宛てに郵送された離婚、認知、養子縁組などの届出が日本法上の方式に適合するとして扱ってよいか否かについては、いずれの立場によるのかによって違いが生ずる'

拡張解釈　⇨法の解釈'
拡張的正犯概念　犯罪事実に原因を与えた者を全て*正犯'とし、*共同正犯'はもとより、*教唆'犯・*幇助(ほうじょ)'犯も、本来は正犯であり、立法により制限・修正されているにすぎないとする理論をいう。通説である限縮的正犯概念に対立する。限縮的正犯概念によれば、正犯を*構成要件'に当たる行為をする者とし、教唆や幇助は、それ自体では構成要件に当たる行為でなく、本来不可罰であるものを罰するこにした刑罰拡張事由であるこれに対して、拡張的正犯概念によれば、教唆犯も幇助犯も本来は正犯にほかならないので、法律が、教唆犯・幇助犯という類型を定めたのは、刑罰縮小事由であるとされる。この理論は、主に*間接正犯'を当然の正犯であると説明することを目的として主張されたが、少数説にとどまる(⇨共犯')。ただし、両正犯概念の対立は直接に処罰範囲に影響するものではない。

格　付　*公社債'の発行体(国や企業)や個別の金融商品(*国債'や*社債'など)ごとに、その*元本'及び利子の支払の確実性について、第三者である格付機関が判定し、簡単な記号でそれをランク付けすること。例えば、AAA(トリプルエー)・AA(ダブルエー)など。これによって、投資家は*債券'の投資リスクを簡単に判断することができる。アメリカでは、権威ある格付機関(例えば、スタンダード・アンド・プアーズ(S&P)、ムーディーズなど)が広範に活躍している。日本では、1979年に初の格付機関(日本公社債研究所、現在の格付投資情報センター)が設立された。2017年4月現在、金融庁に登録している格付機関は7つである。

確定期限　⇨期限'
確定期売買　⇨定期売買'
確定給付企業年金　1 企業年金を支給する制度の1つで、確定給付企業年金法に基づき、厚生年金適用事業所〔確定給付2②〕の事業主が、単独又は共同で、当該事業所に使用される厚生年金の*被保険者〔確定給付2③〕を加入者として実施する〔確定給付2①・25〕。規約につき厚生労働大臣の承認を受けて事業主が行うもの(規約型企業年金)〔確定給付3①①・4～7・74①〕と、厚生労働大臣の認可を受けて設立される企業年金基金〔確定給付3①②・8～24・74①〕が行うもの(基金型企業年金)とがある。
2 事業主は、この企業年金を実施しようとするときは、加入者たるべき者の過半数で組織する労働組合の、そうした労働組合がないときには、加入者たるべき者の過半数を代表する者の同意を得て、規約を作成しなければならない〔確定給付3①〕。事業主は、定期的に掛金を拠出しなければならず〔確定給付55①〕、加入者は、規約で定めるところにより、上記掛金の一部を負担できる〔確定給付55②〕。事業主・基金は、給付に充てる積立金の積立てのために〔確定給付59〕、信託会社や生命保険会社等の資産管理運用機関等と積立金の管理と運用について契約を締結し〔確定給付65～68〕、事業主は掛金を資産管理運用機関等に納付する〔確定給付56〕。支給する給付は、老齢給付金と脱退一時金のほか、任意的に障害給付金と遺族給付金を支給できる〔確定給付29〕。給付の額は、政令で定める基準に従い規約で定めるところによって算定される〔確定給付32〕。
3 確定給付企業年金の中途脱退者等に係る積立金の*企業年金連合会'からの移換〔確定給付91の27〕やその逆もできる〔確定給付91の19・91の20〕。また、*確定拠出年金'への移行〔確定給付82の2、確定拠出54〕や、脱退一時金相当額や積立金の確定拠出年金への移換も可能である〔確定給付82の3・91の28、確定拠出54の2〕。　⇨企業年金'

確定拠出年金　1 掛金の積立実績によって将来の年金給付水準が決まる確定拠出型の年金制度で、確定拠出年金法に基づいて実施される。同法制定前の*厚生年金基金'制度や適格退職年

かくていけ

金制度等の確定給付型の企業年金制度が，金融危機や企業会計原則の修正等により積立不足などの問題を抱えて企業経営の重荷になってきたこと，労働市場の構造変化等に伴う労働者の転職時の法的保護(転職先企業への既積立分の移転の許容(いわゆるポータビリティー)等)が不十分であることなどを背景として，アメリカの401(k)をモデルに新たに導入された。イ 企業年金を支給する制度の一つとして，厚生年金適用事業所〔確定拠出2④〕の事業主が，単独又は共同で，当該事業所に使用される厚生年金保険の*被保険者*〔確定拠出2⑥〕を加入者として実施する企業型年金〔確定拠出2②〕と，ロ 国民年金基金連合会が行う個人型年金〔確定拠出2③〕(愛称：iDeCo(individual-type Defined Contribution pension plan の略))との2種類がある。
2 イ 企業型年金を実施しようとする事業主は，加入者たるべき者の過半数で組織する労働組合の，そうした労働組合がないときには，加入者たるべき者の過半数を代表する者の同意を得て，規約を作成し，厚生労働大臣の承認を受けなければならない〔確定拠出3①〕。事業主は，毎月，掛金を拠出し〔確定拠出19①〕，給付に充てるべき積立金について契約をした銀行，信託会社，生命保険会社等の資産管理機関〔確定拠出2⑦Ⅰロ・8①〕に納付する〔確定拠出21①〕。ロ 個人型年金が対象とするのは，国民年金の第1号～第3号被保険者(企業型年金加入者拠出金を拠出する同年金加入者等を除く)である〔確定拠出62〕。国民年金基金連合会に申し出て加入者資格を取得し〔確定拠出62③〕，毎月，掛金を同連合会に納付する〔確定拠出68～70〕。厚生年金被保険者である個人型年金加入者を使用する民間の中小事業主は，一定の条件の下で，掛金を拠出できる〔確定拠出68の2～71〕。いずれの年金でも，支給する給付は，老齢給付金，障害給付金，死亡一時金である〔確定拠出28・73〕。この確定拠出年金は，加入者がその者に係る掛金を元に形成される個人別管理資産について運用の指図をし，それで得られた運用益と元本(掛金)を原資で年金を支給するところに特徴がある。加入者は転職時に，その個人別管理資産を転職先の企業の企業型年金や国民年金基金連合会に移換できる上〔確定拠出80～85〕，確定給付型の企業年金制度のような積立不足の問題は生じないが，加入者が受け取る将来の年金額が，加入者自身が指図する運用の実績に応じて変動するという問題もある〔確定拠出23～27・73〕。厚生年金基金及び*確定給付企業年金*から企業型年金へ移行することや，厚生年金基金及び確定給付

企業年金の中途脱退者が脱退一時金相当額を個人型年金へ移換することも可能である〔厚年等改正法(平成25法63)附5①Ⅰ〕によりなお効力を有する厚年144の5・144の6，確定給付82の2・82の3・91の28，確定拠出54・54の2〕。 ⇨企業年金*

確定決算主義 法人税の*確定申告*は，確定した決算，すなわち，*株主総会*の承認，総社員の同意その他の手続による承認を受けた決算に基づいてなされることとされている〔法税74①〕。この，確定申告が確定した決算に基づいてなされるべきであるという原則を，確定決算主義という。 ⇨公正妥当な会計処理の基準*

確定遮断効 *上訴期間*内に*上訴*の提起，*上告受理申立て*，*手形訴訟*の*終局判決*(*手形判決*)に対する*異議の申立て*，小切手訴訟の終局判決に対する異議の申立て又は少額訴訟の終局判決に対する異議の申立てがされると，上訴期間が経過しても原判決は確定しないことを指して，確定遮断効という〔民訴116②〕。 ⇨停止の効力*

確定申告 *所得税*，*法人税*，*消費税*のような期間税(定期に課される租税)につき，*納税義務者*が，*課税期間*(暦年あるいは*事業年度*)の終了とともに，その課税期間中の*課税標準*及び税額等を確定したものとして政府に申告すること。課税期間の途中においてする中間申告(法人税・消費税)又は*予定納税*(所得税)に対する観念。確定申告は，所得税については，その年の翌年2月16日から3月15日までに行わなければならず〔所税120〕，法人税及び消費税については，暦年(個人)又は事業年度(法人)終了の日の翌日から2カ月以内に行わなければならない〔法税74，消税45・19①〕。*源泉徴収*・予定納税あるいは中間申告等により納め過ぎた税額の還付を受けるためには，確定申告をすることが必要である。

確定的故意 犯罪事実を認識し，かつ，その発生を確定的に予見する場合をいう。人を殺す意思で殺害行為をする場合が典型的な例で，故意の代表的場合である。 ⇨故意*

確定判決 通常の*上訴*という手段では取り消すことのできない状態に至った*判決*。判決の確定ともいわれる。この状態を指して，裁判の確定とか，判決の*形式的確定力*という。
Ⅰ 民事訴訟法上，不服申立期間の徒過〔民訴116〕や不服申立権の放棄〔民訴284・313・358・378②〕によって，判決は確定し，確定判決は，その内容に応じて*既判力*(*実体的確定力*)・*執行力*・*形成力*をもつに至る。確定判決に対する不服申立方法として*再審*及び*特別上訴*があ

る。*請求の放棄・認諾'・*裁判上の和解'の電子調書には、確定判決と同一の効力が認められる〔民訴267〕。また、*行政事件訴訟'の確定判決には関係行政庁を拘束する効力が認められる〔行訴33・38①・41・43③〕。

Ⅱ 刑事訴訟法上、形式的に確定した判決全般を指すこともあるが、特に「確定判決を経た」〔刑訴337①〕として*一事不再理'の効力が認められるのは、形式的に確定した有罪・無罪の*実体判決'及び（争いはあるが）*免訴'の判決である。*略式命令'が確定したときも、確定判決と同一の効力をもつ〔刑訴470〕。少年を*保護処分'に付する決定が確定したときも、同様である〔少46〕。

確定判決の変更を求める訴え *口頭弁論'終結前に生じた損害に対し定期金による賠償（⇨定期金賠償）を命じた*確定判決'につき、口頭弁論終結後に、後遺障害の程度、賃金水準その他の損害額の算定の基礎となった事情に著しい変動を生じた場合に、その判決の変更を求める訴え〔民訴117〕。この訴えが利用できるのは、定期金賠償を命じた判決に限られ、どのような要件の下で定期金賠償を命ずることが許されるかは、民法等の解釈に委ねられている。民法は、*逸失利益'等の損害につき一時金による賠償を命ずるのが原則であり、その一時金賠償の場合において、口頭弁論終結後に予期に反して後遺障害の程度が変動したときは、この訴えにより変更を求めることはできない。また、土地の不法占拠の場合に明渡までの賃料相当額の損害として月5万円を支払えと命ずる判決のように、口頭弁論終結後の将来においても不法行為が続くため継続的に生ずる損害の賠償を命ずる判決は、「口頭弁論終結前に生じた損害」の賠償を命ずる判決ではないから、賠償額算定の基礎となる賃料等が口頭弁論終結後に高騰したとしても、この訴えによる変更の対象とならない（こうした事例につき、判例は、一部請求後の残部請求の法理によって対処している（最判昭和61・7・17民集40・5・941））。

確定判決の騙取（へんしゅ） 当事者が不当な*主張・立証'などにより裁判所を故意に欺いて自己に有利な*確定判決'を得ること。例えば、被告の住所が不明であると偽って*公示送達'の許可を得て被告が知らない間に勝訴判決を得るような場合。多数説は、*既判力'の制度を動揺させることになるとして、敗訴者に*上訴'の追完を認めたり、再審の訴えを類推して、敗訴者を保護する。判例は、当事者が相手方の権利を害する意図の下で不正行為をし、真実に反する確定判決を取得した場合で、既判力による法的安定の要請を考慮してもその行為を容認できない特別の事情がある場合に限り、*不法行為'が成立する、としている（最判昭和44・7・8民集23・8・1407、最判平成10・9・10判時1661・81）。なお、原告と被告が第三者を害する目的で通謀して行う*馴合（なれあい）訴訟'により得られた判決は、一般に詐害判決といわれる。 ⇨独立当事者参加'

確定日後一覧払手形 *一覧払手形'であって、*振出人'により一定の期日まで*支払呈示'が禁止されたもの。手形法上、認められている〔手34②・77①②〕。振出人が一定の期日まで資金の準備ができない場合などに利用される。一定の期日を記載する代わりに、一定の期間を記載する場合もあるが、これを一定期間後一覧払手形という。

確定日付 証書の作成日につき法律上完全な証拠力（⇨証明力）を認める制度があるが、それによってそのような効力を認められた日付をいう。確定日付として認められるのは、*公正証書'の日付など6つの場合である〔民施5①〕。例えば、内容証明郵便の日付は確定日付であるから〔民施5①⑥〕、契約解除の意思表示を内容証明郵便でしておくと裁判上完全な証拠力を認められ、契約解除の意思表示をいつしたかが裁判上争いとなるときには、その*証明'が容易になる。また、指名債権譲渡の、債務者以外の*第三者'に対する*対抗要件'は確定日付のある証書による通知又は承諾とされている〔民467②〕。しかし、これは、債権の二重譲渡のときに、債権者・債務者・第2の譲受人が通謀して第2の譲渡の日付を遡及させ、第1の譲渡より先にあったように仮装して、第1の譲受人を害するのを防ぐ趣旨にとどまる。第1譲受人と第2譲受人との優劣は、確定日付自体の先後ではなく、確定日付ある通知承諾の到達時の先後をもって決せられる（最判昭和49・3・7民集28・2・174）。なお、*電磁的記録'に記録された情報の日付も、一定の要件の下に確定日付として扱われる〔民施5②③〕。

確定日払手形 特定の日が*満期'として記載されている*手形'〔手33①④・77①②〕。満期の決定及び*期間'の計算方法について特別規定がある〔手36③・37①④・77①②〕。

確定力 Ⅰ 訴訟法上は、*形式的確定力'と*実体的確定力'を包括する概念。それぞれの項をみよ。

Ⅱ 行政法上の確定力については、*行政行為の効力'の「不可変更力」をみよ。

閣内内閣 ⇨インナー・キャビネット'

かくにん

確　認　特定の事実又は法律関係について疑いや紛争が存在する場合に，その存否や真否について行政庁が公の権威をもって判断する行為。確認は，行政行為の一種であり，法律が予定している効果と結び付けられる。具体的には，*特許法'に基づく特許〔特許66①〕，土地収用における*事業認定〔収用20〕，恩給権の裁定〔恩給12〕などである。

確認訴訟　⇨確認の訴え'

確認的裁判・形成的裁判　裁判の対象となる法律関係に対する裁判の影響という角度からみた区別で，既存の権利・法律関係の存否を確定するのが確認的裁判であり，その裁判によって法律関係の発生・変更・消滅がもたらされる場合の裁判が形成的裁判である。*確認判決'・*給付判決'は前者に当たり，*形成判決'は後者に当たるとみることができる。請求を*棄却'する判決は常に前者である。

確認の訴え　**1 意義**　特定の権利又は法律関係の存在又は不存在を主張して，その存在又は不存在を確認する判決を求める*訴え'。確認訴訟ともいう。例えば，「東京都〇区〇町〇番地所在，家屋番号同町〇番，木造瓦葺(かわら)平屋建店舗1棟建坪〇坪は原告の所有に属することを確認する判決を求める」とか，「原告の被告に対する令和〇年〇月〇日の消費貸借に基づく金〇円の債務の存在しないことを確認する判決を求める」というような内容の訴えである。権利関係の存在を主張する場合を積極的確認の訴え，不存在を主張するものを消極的確認の訴えといい，先に掲げた2つの例のうち後者を特に債務不存在確認の訴えという。
2 確認の対象　確認の訴えの*訴訟物'である権利関係は，特定の具体的な権利関係に限られる。例えば，ある法律関係が違憲であるというような抽象的な法律問題の確認は認められない（これは*裁判所法'3条の*法律上の争訟'に該当せず，*司法権'の限界を超えるからである）。また，例えば，被告が原告の感情を害した，というような単なる事実の確認は許されないと（例外として*証書真否確認の訴え'〔民訴134の2〕)，権利又は法律関係の確認も原則として現在の法律関係の存否の確認に限られる。更に，原告の権利又は法律的地位に危険・不安が現存し，その危険・不安を除去するために原告被告間でその訴訟物たる権利又は法律関係の存否を確認することが有効適切であるかという視点（即時確定の利益）(⇨確認の利益')から，その選択の適否が吟味される。
3 他の訴えとの関係　確認の訴えは，単に権利又は法律関係の存否を観念的に判断し*既判力'を生じさせるだけで紛争の解決を図ろうとする点で，*執行力'を生じさせることをも目的とする*給付の訴え'や権利関係の変動を目的とした形成力を生じさせようとする*形成の訴え'に対する。しかし，これらの訴えにおいても権利の確定作用が常に含まれているという意味で，確認の訴えは理論上あらゆる種類の訴えの基本型であると説明されることもある。

確認の利益　*確認の訴え'において，原告の権利又は法律的地位に危険・不安が現存し，その危険・不安を除去するために原告被告間でその*訴訟物'たる権利又は法律関係の存否を確認することが有効適切であること。即時確定の利益ともいう。*訴訟要件'である*訴えの利益'の確認の訴えにおける現れである。確認の訴えにおいては，誰が誰に対していかなる権利ないし法律関係の存否について*確認判決'を求めることができるかにつき，*給付の訴え'や*形成の訴え'ほどには明確な限界が画されていないから，裁判所は，この概念により真に裁判所が取り上げるに足る事件とそうでない事件を選別する必要がある。確認の利益の有無は，次のような視点から判断される。イ　そもそも原告の権利又は法律的地位に不安があるといえるか。例えば，被告が原告の権利又は法律的地位を争っていなければ不安は認められないし，また，推定相続人が被相続人と第三者を被告として被相続人が所有土地を第三者に譲渡する内容の契約又は遺言の無効確認を求める場合，原告は被相続人の財産についていまだ権利ないし法律的地位をもつとはいえない。ロ　原告の権利ないし法律的地位の不安を除去するために確認を求めた権利又は法律関係の存否確認を求めることが適切か。例えば，単なる事実の確認は許されず〔例外：民訴134の2〕，また，過去の法律関係の確認を求めることは原則許されないが，現在の権利又は法律関係の基本となる法律関係を確定することが，紛争の直接かつ抜本的な解決のため最も適切かつ必要と認められる場合においては，確認の利益が認められる。原告被告間である物の所有権の帰属が争われる場合，被告の所有権不存在確認ではなく原告の所有権確認を求めるべきである。ハ　誰を被告として権利ないし法律関係の確認を求めるべきか。例えば，ある者がある法人の理事たる地位を自称する場合，その地位不存在確認は，その者ではなく当該法人を被告としなければならない。ニ　当該紛争の解決のため確認の訴えが他の権利保護方法に比べ有効適切であるか。例えば，被告が給

付請求権の存在を争うときも，給付請求権の存在の確定を求める確認の訴えではなく強制執行が可能な給付の訴えによるべきであり，確認の訴えは許されない。

確認判決 権利ないし法律関係の存否を確定する判決。*給付判決'，*形成判決'に対する。*確認の訴え'において行われる*本案判決'がその主な例であるが，*給付の訴え'又は*形成の訴え'における*請求棄却'の判決も，給付請求権又は*形成権'(形成要件又は形成原因ともいう)の不存在を確定する確認判決である。確認判決は，権利ないし法律関係の存否についての*既判力'のみを有する。したがって，債務不存在確認の訴えにおいて請求を*棄却'する判決は，その債務の存在を確定するが，*執行力'を生じないから，これに基づいて*強制執行'をすることはできない。ただ，当該債務についての*消滅時効'の完成猶予の効力は認められると解されている。

各派協議会 議院の議事運営方法について政党会派が協議する場は，*国会法'上，*議院運営委員会'ということになっているが，*総選挙'後，議院運営委員会が構成されるまでの間は，これが存在しないので，慣行上，各派協議会というものを開いて議事運営方法を協議している。議長が選出されるまでは，事務総長が招集する〔衆先例142号〕。

核不拡散条約 ⇨核拡散防止条約'

核兵器禁止条約 核兵器の開発，実験，生産，製造，取得，保有，貯蔵，移譲，受領，使用，使用の威嚇を禁止する条約。締約国は自国の状況について申告義務を負い，廃棄検証手続も定められ，締約国会議と検討会議も設置される。2017年7月7日に採択され，2021年1月22日に発効した。2024年9月現在の当事国は73カ国。日本は加入していない。核兵器保有国及びその保有が疑われる国も加入しておらず，加入の見込みもない。その点では同条約は実効性に欠けるが，将来の核兵器廃絶に向けた強い政治的メッセージ性を有する。

核兵器の合法性に関する国際司法裁判所の勧告的意見 武力紛争時に国家が核兵器を使用することの合法性について，1996年7月8日に国際連合総会の要請に応じて出された。裁判所は核兵器の威嚇又は使用の権限を特定的に付与したり，逆に，包括的・普遍的に禁止する条約や慣習国際法はないが，武力紛争に適用される国際法の諸規則(特に人道法の原則・規則)に一般的には違反するとした。その一方で，国家の存亡がかかる極限の自衛状況では，核兵器使用を合法とも違法とも確定的に結論を下せないとした。最後の部分は，裁判長の決定票で決したが，賛否の理由は，裁判官によって異なっている。 ⇨勧告的意見'

核兵器の不拡散に関する条約 ⇨核拡散防止条約'

各本条 ⇨各本条'(巻末・基本法令用語)

額面株式 ⇨株式の単位'

学問の自由 1 意義 日本国憲法23条が保障する学問に関する国民の*自由権'。
2 具体的内容 比較憲法史的に必ずしも普遍的な内容が確定しているわけではないので，日本国憲法の解釈には創意を必要とする。ドイツの諸憲法は，伝統的に「学問及びその教授は自由である」と規定してきており，それにより*大学の自治'及び大学教官の教授の自由(Lehrfreiheit)が保障されると考えられてきたが，*フランス憲法'上にはこのような定めはなく，むしろ私立学校等に関する*教育の自由'の規定が存在した。英米においても，思想・表現の自由と別個の学問の自由は元来は意識されなかったが，アメリカでは19世紀末以降に大学理事会等に対する教授のアカデミック・フリーダム(academic freedom)が高唱されるようになった。日本国憲法の制定にあたり，戦前における*滝川事件'や*天皇機関説'事件のような大学受難史を反省しながら，*ドイツ憲法'的伝統を踏まえて23条が設けられた。そのため，大学教授の研究の自由と大学自治に限定する解釈が当初有力であったが(⇨ポポロ劇団事件')，1960年代末の大学紛争期以来，学生の大学自治参加権の保障が深く問われ，また，*旭川学テ事件'最高裁判所判決(最大判昭和51・5・21刑集30・5・615)に至って，小・中・高等学校における「教師の教授の自由」も一定範囲で学問の自由に含まれることが肯認されている。更に広く，国民の教育の自由との関わりも教育法学上論議されている。

確約(行政上の) 行政庁が将来の自己の作為・不作為を一方的に約束する自己義務付け的*意思表示'。行政活動が複雑化している現在，国民からの照会等に応じて行政庁が将来行う行政措置に関する情報を提供することが多くなっており，確約の拘束力は，それを信頼した国民の権利保護に資することになる。ドイツでは実定法上の一般的規定があるが，日本では明確にこれを制度化したものは知られていない。
⇨確約手続' ⇨ノーアクションレター'

確約手続 *独占禁止法'違反の疑いを解消するために必要な措置について，*事業者'が

かくりじん

策定した計画を'公正取引委員会'が認定する手続〔独禁48の2〜48の9〕。TPP（⇨'環太平洋パートナーシップ(TPP)協定'）整備法により，問題の早期是正，独占禁止法の効率的かつ効果的な執行を目的として導入された。認定されれば，措置期間満了までの間，疑いの原因となった行為について'排除措置命令'等の行政処分は行われない。ただし，確約手続は「公正かつ自由な競争の促進を図る上で必要があると認めるとき」でなければ利用できないため，ハードコア'カルテル'等は対象外とされる。独占禁止法違反との認定がなされない反面，措置内容の十分性や実施の確実性が要求されることから，必要に応じて第三者から広く意見を募集する場合がある。認定後，措置の未実施等があれば取消事由となり，違反調査が再開されるが，罰則等があるわけではない。令和5年改正により，'景品表示法'にも確約手続が導入された〔景表26〜33〕。

隔離尋問　⇨'個別尋問'
閣　僚　⇨'国務大臣'

隠れた質入裏書　実質的には質入れの目的でされるが，通常の'譲渡裏書'の形式でされる'裏書'のこと。公然の'質入裏書'に対する。手形関係では完全な譲渡裏書の効力が生じ，質入れの目的でされたことは当事者間では'人的抗弁'にとどまると解されるが，被裏書人はこの裏書により'手形上の権利'に'譲渡担保'権を有することになり，被裏書人には人的抗弁の制限による保護がある〔手17・77①Ⅱ〕。被裏書人が'破産'した場合に'裏書人'が'取戻権'を有するかについては，'破産法'62条を文字通り適用すると否定することになるが，'担保'の実質に着眼して被担保債権を弁済して取戻しができるという見解もある。手形の譲渡担保は，他の譲渡担保と異なり，常に租税債権に優先するものとされており〔税徴24・附5④〕，実務では，隠れた質入裏書が利用されるのが一般である。

隠れた手形保証　他人の手形債務を保証する趣旨で，'振出し','裏書'や引受け（'手形引受け'）など，'手形保証'以外の'手形行為'をすること。手形上は通常の振出し・裏書・引受けなどとして取り扱われ，保証の趣旨は当事者間の'人的抗弁'事由になるにすぎない。

隠れた取立委任裏書　**1 意義**　取立委任の目的で通常の'譲渡裏書'の形式でされる'裏書'。取立委任を示す文言を記載した公然の'取立委任裏書'に対する。
2 法的性質　資格授与説，信託裏書説及び相対的権利移転説等がある。イ 資格授与説によれ

ば，'手形上の権利'は移転せず，被裏書人は自己の名で'裏書人'の手形上の権利を行使する権限を与えられるにすぎないとされる。ロ 信託裏書説によれば，手形上の権利は被裏書人に移転し，取立委任の趣旨は裏書人・被裏書人間の人的関係にすぎないとされ，これが通説である。ハ 相対的権利移転説は，当事者間では権利は移転せず，'第三者'も権利が移転していないと主張することができるが，当事者から第三者に対して権利が移転していないと主張することはできないというものである。どの説をとっても，'人的抗弁'の制限を認めないが，債務者が被裏書人自身に対する抗弁を主張できるかについては，信託裏書説及び相対的権利移転説は肯定するのに対して，資格授与説は否定する。

隠れた反致　⇨'反致'
科刑上一罪　実体的には本来数罪であるが，科刑に際して一罪として取り扱われるもの。訴訟法上も一罪として取り扱われる。'観念的競合'〔刑54①前〕，'牽連（けんれん）犯'〔刑54①後〕，廃止された'連続犯'〔刑旧（昭和22法124改正前の）55〕がこれに当たる。本来の数罪であるから，各法条の法定刑の最上限も最下限も，ともに重い刑の範囲内において処断され，併科刑も科しうる。　⇨'包括一罪'

掛繋（かけつなぎ）取引　'先物取引'を行う経済的目的・動機付けの1つ。相場変動商品の現物取引を行う者が当該商品に関する反対ポジションの先物取引（現物取引が売りならば先物は買い，又はその逆）を行うこと。保険繋（ほけんつなぎ）取引，ヘッジ取引などともいう。現物価格と先物価格とが究極的に収れんすることを利用して，現物取引での損益と先物取引での損益を'相殺（そうさい）'することにより当該商品の価格変動リスクを回避，軽減しようとするもの。投機的取引（スペキュレーション（英 speculation））や裁定取引（アービトラージ（英 arbitrage））等に対比される。'オプション取引'を利用して掛繋ぎをすることもできる。

加　工　他人の紙に絵を描く場合のように，他人の動産に加工して新たな物を作ること。原則として，動産の所有者が加工物の所有権を取得するが，加工により，材料の価格に比べて著しく価格を増加したときは，加工者が所有権を取得する〔民246〕。その際，損失を受けた者は'不当利得'の求償ができる〔民248〕。もっとも，所有権の帰属については関係者の契約によって変更できると解されているから，加工の規定が適用されるのは，このような契約のない例外的な場合であり，多くは所有権の帰属について何

らかの契約があると認められる。例えば、労働者が工場で製造した製品の所有権は、加工の規定によってではなく、雇主との*雇用'契約の趣旨によって雇主に帰属すると考えられている。なお、*添付'に掲げた[表:添付の種類]をみよ。

河口 ⇨内水(国際法上の)'

過誤納金 過納金と誤納金を合わせて過誤納金という。いずれも、*納付'はされたが、租税実体法上は*租税債権'者が保有する理由のない税額であって、次のような相違がある。過納金は、過大な申告・*更正・決定'等に基づいて納付された税額のように、一応有効に納付された税額で、後に減額更正、処分の全部又は一部の取消し等によって、納付がその全部又は一部について法律上の原因を欠くに至った場合をいう。これに対し、誤納金は、無効な更正・決定等によって納付された税額や確定税額を超えて納付された税額のように、最初から納付が法律上の原因を欠いている場合をいう。過誤納金があるときは、遅滞なく還付しなければならない〔税通56①,地税17〕。⇨還付金'

火災保険 ⇨損害保険'

加算金 地方団体の徴収金の一種〔地税1①④〕で、地方税の納付及び*特別徴収'の方式による地方税について、申告義務及び徴収義務の適正な履行を確保するため、義務違反・懈怠(けたい)に対する制裁として賦課・徴収される金銭的負担〔地税72の46・72の47・328の11・328の12等〕。過少申告加算金、不申告加算金及び重加算金の3種類がある。*国税'における*加算税'に相当する。なお、租税以外の分野では、例えば、*補助金等に係る予算の執行の適正化に関する法律'19条1項が定める加算金があるが、その性質は、返還を命じられた補助金等の額に係る利息である。

加算税 *附帯税'の一種〔税通2④〕で、*申告納税方式'による*国税'及び*源泉徴収'による国税について、申告義務及び徴収義務の適正な履行を確保するため、義務違反・懈怠(けたい)に対する制裁として課される金銭的負担。過少申告加算税〔税通65。原則10%〕、無申告加算税〔税通66。原則15%〕、不納付加算税〔税通67。原則10%〕及び*重加算税'〔税通68〕の4種類がある。重加算税以外の加算税については、正当な理由等による減免措置が定められている。なお、消費税を除く消費税等〔税通2③〕については、平成29年改正前は、*通告処分'〔旧税通14〕の対象とされ重加算税は課されないこととされていたが、同改正によって通告処分〔税通157〕の対象外とされ重加算税が課されることとなり〔改正前税通68⑤の削除〕、申告納税方式による国税が全面的に重加算税の対象となった。

瑕疵(かし) Ⅰ 「きず」という意味で、法律上何らかの欠点・欠陥があることを表すために用いられる。その内容は用いられる場所によって異なる。例えば、*瑕疵ある意思表示'という場合には、*錯誤'・*詐欺'・*強迫'によってされた意思表示のことを意味し〔民120②〕、意思形成にきずがあるとされるので、表意者はこれを取り消すことができる〔民95・96〕。瑕疵占有というのは、*悪意'・*過失'・強暴又は隠秘による占有で、*即時取得'や'取得時効'の完成、*果実'の取得に影響する〔民162・190・192〕。*瑕疵担保責任'における瑕疵は、売買などの目的物に契約上その物が備えるべき性質が欠けていることをいい、売主などに損害賠償等の責任を生ずる〔民旧570〕。ただし、*債権法改正'において、この意味での瑕疵は契約不適合に置き換えられている〔民562〜564〕。また、土地の工作物の瑕疵は、道路・建物などの建設・管理に、他人に危険を及ぼすような欠陥があることをいい、その結果生じた損害につき占有者・所有者が*工作物責任'を負う〔民717〕。

Ⅱ *行政行為'の違法事由及び違法とまではいえない目的違反・公益違反としての不当事由〔行審1①〕、また、公の*営造物'の設置・管理の欠陥事由〔国賠2〕を指す意味で用いられる語。⇨瑕疵ある行政行為' ⇨国の不法行為責任'

瑕疵(かし)**ある意思表示** *表示行為'に対応する内心的*効果意思'は存在するが、その形成過程に何らかの欠陥がある場合の*意思表示'をいい、内心的効果意思が存在しない*意思の不存在'に対する語である。意思の不存在の効果が*無効'であるのに対して、瑕疵ある意思表示の効果は取消しである。*詐欺'及び*強迫'による意思表示〔民96〕のほか、基礎事情の*錯誤'による意思表示〔民95①②〕がこれに当たる。ただし民法典は、意思の不存在の一場面にほかならない表示の錯誤による意思表示〔民95①①〕も含めて、錯誤による意思表示を瑕疵ある意思表示と呼んでいる〔民101①・120②〕(⇨取消し')。

瑕疵(かし)**ある行政行為** 1 意義と種類 *行政行為'が法の定めに適合しなかったり、法令に抵触はしないが行政目的や公益に反する場合、それを*瑕疵'ある行政行為といい、前者を違法な行政行為、後者を不当な行政行為と呼ぶ。違法な行政行為には、重大かつ明白な瑕疵があって、初めから全く行政行為たる効力を有さず、何人もその効力を無視しうる無効の行政行為(⇨行政行為の無効')と、違法ではあるが権限

かしかた

ある行政機関又は裁判所によって取り消されるまでは何人も一応その効力を承認せざるをえない取り消しうべき行政行為(⇨行政行為の取消し')とがある。したがって，行政行為の瑕疵には，不当＝取消事由，違法＝取消事由，違法＝無効事由の3種類があることになる。

2 瑕疵の治癒と転換 瑕疵ある行政行為であっても，その後の行為や事実によって瑕疵が実質的に是正されたと解しうるとか，瑕疵が軽微でそれを前提に次の手続が進められたような場合には，法的安定性その他の公益的見地から，その行為を有効なものとして取り扱うことを行政行為の瑕疵の治癒という。また，ある行政行為が違法ないし無効であっても，これを別個の行政行為としてみると瑕疵がないと認められる場合，その別個の行政行為として有効に成立しているとみなすことを瑕疵ある行政行為の転換という。例えば，死者を名宛人として行った行政行為をその相続人に対する行政行為とみて，その効力を承認する場合である。

貸方・借方 複式簿記においては，取引・事象を原因と結果という2つの側面から記録する(仕訳)が，この場合に，仕訳の右側を貸方と呼び，左側を借方と呼ぶ。資産の増加，負債の減少，純資産の減少，費用の発生は借方に，資産の減少，負債の増加，純資産の増加，収益の発生は貸方に記録される。*貸借対照表'及び*損益計算書'は会計記録に基づいて作成されるため，貸借対照表及び損益計算書を勘定式で作成する場合にも，貸借対照表及び損益計算書の右側を貸方と呼び，左側を借方と呼ぶ。したがって，貸借対照表の借方には資産が，貸借対照表の貸方には負債と純資産が，それぞれ記載される。他方，損益計算書は，通常，報告式で作成されるが，勘定式で作成する場合には，その借方には費用・損失が，その貸方には収益・利益が記載されることになる。

家事関連費 *所得税法'上，家事費に関連する経費のこと(例えば，住宅兼事業場の家賃)。家事費が'必要経費'に算入されないのに対し，家事関連費は，その支出の主たる部分が業務の遂行上必要であり，かつその必要である部分を明確に区分できる場合に，その部分に限り必要経費に算入される〔所得45①1，所得令96〕。

貸金業法 昭和58年法律32号。昭和50年代に社会問題化した消費者金融業者の高金利，不当な取立行為等に対処すべく制定された。登録制の採用による開業規制，過剰貸付けや不当な取立行為等の禁止，金利規制，行政官庁の監督権，罰則等を主な内容とする。平成18年改正(法115)で「貸金業の規制等に関する法律」から題名改正し，取立規制の強化，過剰貸付抑制のための総量規制の導入，グレーゾーン金利(利息制限法と出資法の上限金利の間の金利ゾーン)とこれによるみなし弁済(利息制限法の上限を超える利息を任意に支払った場合に弁済とみなす制度)の廃止を含む金利体系の適正化やその後の行為や事実〜を行った。⇨利息制限法' ⇨出資の受入れ，預り金及び金利等の取締りに関する法律'

貸金等根(ⁿ)保証契約 ⇨根(ⁿ)担保' ⇨根(ⁿ)保証' ⇨保証債務'

家事事件手続法 平成23年法律52号。*家事審判'及び*家事調停'に関する事件の手続を定める法律。*非訟事件'の手続である〔非訟1・3参照〕。家事審判法(昭和22法152)に代わり，当事者等の手続保障の充実，*未成年者'である子の意思の把握・考慮のほか，利便性の向上を図り，現代社会に適合した手続とする趣旨で制定された。令和5年改正(法53)により手続及び審判書の電子化が行われた。

家事使用人 家庭において専ら家事に従事する労働者。お手伝いさん(女中)・ハウスキーパー・子守等。旅館の女中は含まれない。*労働基準法'の適用が除外されている〔労基116②〕。*労働契約法'では除外されていない。

家事審判 *家事事件手続法'別表第1・第2に掲げる事項及び同法第2編に定める事項について*家庭裁判所'が行う非訟手続の*裁判'〔裁31の3①1，家事39以下〕。*審判'は告知により効力を生じるが，*羈束(きそく)力'はない〔家事78〕。*即時抗告'等により*不服申立て'ができる〔家事85〜93。再審につき家事103・104〕。給付を命ずる審判には*執行力'が認められる〔家事75〕ほか，審判前の保全処分〔家事105〜115〕や*履行確保の制度〔家事289〜290〕がある。別表第2事件は相手方があり紛争性が高いため，特別が適用され，審判申立書の相手方への送付，必要的陳述聴取，審問期日の保障，事実の調査の通知等の手続が保障される〔家事66〜72〕。審判の結果により影響を受ける子の意思の把握及び考慮が求められる〔家事65〕。

貸倒損失 融資先の破産等，金銭債権の貸倒れによって発生した損失。法人所得の算定上，損金(⇨益金・損金')の額に算入する〔法税22③3。なお，個人所得の算定上は所税51②〕。判例は，貸倒損失として損金の額に算入するには，金銭債権の全額が回収不能であることを要するとしている(最判平成16・12・24民集58・9・2637)。⇨貸倒引当金'

貸倒引当金 貸倒見積額に基づいて算定さ

れる金銭債権の評価勘定である。受取手形，売掛金，貸付金その他の債権の貸借対照表価額は，取得価額から貸倒見積高に基づいて算定された貸倒引当金を控除した金額とされている。貸倒引当金はいわゆる負債性引当金とは異なり，「企業会計原則注解」（注18）に従って算定されるものではなく，少なくとも，'有価証券報告書'提出会社においては，それらの会社において一般に公正妥当と認められる企業会計の基準である「金融商品に関する会計基準」（企業会計基準10号）などに従って算定される。なお，会社法上は，「事業年度の末日においてその時に取り立てることができないと見込まれる額」〔会社計算5④〕を貸倒引当金としなければならない。

貸倒保険　⇨信用保険'

瑕疵(かし)担保責任　**1 意義**　家屋を買ったところ，後になって土台が腐食していることを発見し修理に大金を要することがわかったというように，売買の目的物に隠れた'瑕疵'（欠陥）がある場合に，売主が買主に対して負う担保責任〔民旧570〕。他の'有償契約'においても認められる〔民559〕。権利の瑕疵に対する担保責任（*追奪担保')に対応する。隠れた瑕疵というのは，通常人が発見できないような欠陥を指す。'債権法改正'では，瑕疵の語に代えて「契約の内容に適合しない」（契約不適合）という表現が用いられるとともに，「隠れた」という要件も除かれた〔民562〕。　⇨担保責任'

2 不特定物への適用　'不特定物'（種類物）に民法旧570条の適用があるかどうか争われてきた。かつての通説は，その適用を否定し，瑕疵担保責任は特定物に瑕疵があっても代替物を給付することができないので，特に売主に課された法定責任であるから，不特定物の場合には，'債務不履行'を主張して完全な物の給付を求めればよいとしていた。債務不履行責任と瑕疵担保責任とでは，権利行使期間，完全物給付請求，責任が*過失'を要件とするかどうかなどの点で相違しているため，この点の争いは結論に大きな差異をもたらすため，一部の学説は，'信義則'や民法旧548条・566条3項を類推適用して，両責任の差異を小さくするための努力をしていた。更に，瑕疵担保責任は債務不履行の特則だという解釈論も有力に唱えられており，新たな通説になった。判例の態度は，必ずしも明確でなかった。すなわち，不特定物であっても買主が一旦履行として受領した後は，瑕疵担保責任を追及できるだけであるとするものもある（大判大正14・3・13民集4・217）が，他方，瑕疵の存在を認識した上でこれを履行として認容したと認められる事情がない限り，受領後であっても債務不履行を理由とする解除を認めるものもあった（最判昭和36・12・15民集15・11・2852）。債権法改正によって，瑕疵に代えて契約不適合の概念が導入されたため，瑕疵担保責任が債務不履行責任（契約責任）にほかならないことが明確になった。

3 錯誤と瑕疵担保　物の瑕疵の結果，買主が要素に'錯誤'があった〔旧95〕として'無効'を主張できるかという点についても見解が分かれていた。判例は，契約の要素に錯誤があって無効であるとき〔民旧95〕は，瑕疵担保の規定〔民旧570〕は排斥されるとしているようである（最判昭和33・6・14民集12・9・1492）が，学説では，法律関係を短期間で決済するために，民法旧570条の適用が可能な場合には錯誤の主張はできないとするものが有力であった（同条の権利は1年の*除斥期間'にかかる）。もっとも，債権法改正によって，錯誤の効果は取消しとされるに至ったので〔民95〕，錯誤の主張を認めるとしても期間制限には服することになる〔民126〕。

4 責任の内容　目的物に瑕疵（契約不適合）があったときは，売主に対して追完を請求でき〔民562〕，催告期間内に追完がないときには，代金減額を請求できる〔民563〕。また，解除・損害賠償の請求も行うことができる〔民564〕。瑕疵を知ってから1年内に通知をしないと，権利行使ができなくなるが，売主が引渡し時に瑕疵の存在を知っていたか重過失により知らなかった場合はこの限りでない〔民566〕。なお，*商人'間の売買では，買主が目的物を検査し瑕疵の存在を直ちに通知することが，担保責任追及の要件となっている〔商526〕。

家事調停　'家庭裁判所'が，'人事訴訟'事件その他家庭に関する事件（'家事事件手続法'別表第1事件を除く）について行う'調停'〔裁31の3①①，家事244以下〕。手続は，申立て〔家事255〕によるほか（人事訴訟事件につき*調停前置主義'〔家事257〕，裁判手続係属中に付調停決定により開始され〔家事274〕，手続は原則として調停委員会により行われる〔家事247・248〕。合意を記録した電子調書には'確定判決'（別表第2事件につき確定審判）と同一の効力が生ずる〔家事268①〕。合意の不成立又は成立した合意が相当でないときは，調停に代わる審判（⇨調停に代わる裁判'）をした場合を除き，調停事件は終了し，人事訴訟事件について提訴擬制が生じ，別表第2事件については'家事審判'の申立てが擬制される〔家事272③・④〕。

かしつ

過　失　I　私法　**1 意義**　過失とは一般に，私法上の法律関係のいろいろな場面で一定の*法律効果*を生じ，あるいはそれに影響を与える注意ないし注意義務の怠りをいうが，民法709条の*不法行為*責任の要件としての過失については，その意義を巡って学説上争いがある。かつての通説は，自分の行為から一定の結果が発生することを認識できたのに（予見可能性の存在），不注意でそれを認識しない心理状態と説明してきた（心理状態説）。過失を709条の主観的要件とし，違法性を客観的要件とする二大要件説の立場でもある。しかし，裁判例は，過失の実際の認定にあたって，損害発生を回避するように行動しなければならない*注意義務*の違反と説明することが多かったので（例えば，東京地判昭和53・8・3判時899・48〈東京スモン事件〉），過失は単なる心理状態ではなく，予見可能性を前提に行為者に課される客観的な行為義務（作為又は不作為の義務）の違反であるとする説が通説となった。更に近年は，過失を主観的要件，*違法性*を客観的要件とする考え方を否定して，過失を結果を回避する（違法性の要素を含む）義務の違反と考える立場から，過失と違法性を一元的に捉える説（新過失論）が有力に主張されている。過失はまた，*故意*に対する語として用いられるが，故意を含むと解される場合もある〔民418等〕。

2 種類　過失は不注意ないし注意義務違反の程度によって，*重過失*と*軽過失*とに区別される。前者は不注意ないし注意義務違反が甚だしい場合であり，後者はそれが多少なりともあった場合である。過失はまた，その前提となる注意義務の種類によって，*抽象的過失*と*具体的過失*とに分けられる。前者はその人の従事する職業，属する社会的地位などに応じて普通に要求される程度の注意（*善良な管理者の注意*と同じ）を欠いた場合であり，後者はその人の具体的注意能力に応じて要求される注意（*自己の財産に対するのと同一の注意*）を欠いた場合である。民法上，具体的重過失を要求する規定はない。

3 適用　不法行為成立要件の1つとしての過失が最も重要である〔民709〕。不法行為で過失という場合には，普通，抽象的軽過失を指す（具体的過失は問題とならず，*失火責任*についてだけ重過失が要求される〔失火ノ責任ニ関スル法律（明治32法40）〕）。また，過失は取引法においても頻繁に用いられており，無過失あるいは重過失のないことが取引法上の保護の前提とされている場合〔例：民112①〕が多い。⇨過失相殺

II　刑法上，*故意*のある行為を罰するのが原則であるが，例外として過失で足りる罪がある。過失とは，意識の緊張を欠いたため自己の行為から犯罪事実が引き起こされるのを予見しなかった心理状態であって，*責任*条件であるとするのが伝統的見解であるが，結果を予見し，回避すべき義務（結果予見義務・結果回避義務）の違反を過失とし，*構成要件*該当性の段階から問題とする考え方が有力となっている。⇨過失犯

果　実　*元物*から生じる収益。果実には，元物の経済的利用法に従って収取される産出物（*天然果実*。例えば果物・牛乳など）と，物の使用の対価として生じる金銭その他の物（*法定果実*。例えば，家賃・地代など）の2種がある〔民88〕。天然果実は元物から分離する時に収取権をもつ者に属する。法定果実はその基礎となる法律関係（例えば，賃貸借契約など）の存続する期間に応じて日割計算をして分配する〔民89②〕。例えば，月の途中で賃貸人が交替した場合には，その月の賃料は新旧賃貸人の間で分配される。

貸付け　金銭を貸与して利息を得ることを目的とする行為。*消費貸借*を貸主側からみたもので，貸付けを業とする者には，貸金業者〔貸金業2②・3〕と銀行〔銀行2②Ⅰ〕とがある。貸金業者のする貸付けには，*手形割引*・売渡担保（⇨譲渡担保）その他これらに類する方法による金銭の交付も含まれる〔貸金業2①〕。銀行の場合には，広義では手形割引や支払承諾を含む銀行の与信行為を総称するが，*証書貸付け*・*手形貸付け*・*当座貸越し*及びコール・ローンの形式のものをいい〔銀行2②Ⅰ参照〕，更に狭義では手形貸付けと証書貸付けのみを指す。担保の有無・種類により，担保付貸付け・保証貸付け・信用貸付け等に分かれる。

過失責任主義　損害の発生につき，*故意*・*過失*がある場合にだけ損害賠償責任を負うという原則。過失がない場合にも責任を負う無過失責任主義に対する。近代法は，個人の自由な活動を保障するため，原則として過失責任主義をとり〔フランス民法1382，ドイツ民法823①，英米ネグリジェンス〕，民法709条もこの主義をとる。しかし，*公害*・交通事故・原子力災害・製造物事故など，近代科学・近代企業・大量消費の発達・進展に必然的に伴う危険については，過失責任主義は被害者に十分の救済をもたらさなくなった。そこで，これらの領域では無過失責任主義をとる立法が増えつつある。⇨無過

失責任'

過失相殺（かしつそうさい） 例えば、ある者(被害者)が横断歩道外のところを自動車に十分注意を払わずに渡って交通事故に遭ったり、壊れやすい物であることをいわないで保管を依頼したため保管者がこれを壊してしまったという場合には、被害者あるいは債権者にも損害の発生やそれが拡大したことについて*過失'があるから、賠償額を決めるにあたってはその被害者の過失部分を減額するのが公平に適する。そこで、民法は、このような場合に、裁判所が、被害者の過失を斟酌（しんしゃく）することができるものと規定している〔民 418・722 ②〕。これを過失相殺という。*債務不履行'の場合と*不法行為'の場合とで規定の形式上差異がある。前者では、裁判所は必ずその過失を斟酌して賠償額を定めなければならず、ときには債務者の責任を免除することもできる〔民 418〕。後者では、裁判所は被害者の過失を斟酌することができるが、加害者の責任を免除することはできないことになる〔民 722 ②〕。もっとも、学説はこのような差異には合理性がないとして反対するものが多い。なお、判例は、不法行為の被害者が事理を弁識する能力のない幼児等の場合、監督義務者(親権者など)の過失があれば被害者側の過失として過失相殺の対象とし(最判昭和 42・6・27 民集 21・6・1507 参照)、また、不法行為と被害者の病因的素因や心因的要素とが合わさって損害が発生・拡大したような場合には、過失相殺の規定を類推適用する傾向にある(最判平成 4・6・25 民集 46・4・400)。

過失の共犯 *過失'による犯罪関与行為への*共犯'規定の適用の有無については争いがあるが、過失による*教唆・幇助(ほうじょ)はほぼ一般にその可罰性が否定され、問題となるのは過失による*共同正犯'の成否である。過失共同正犯については、判例は、かつては消極説をとっていたが、肯定的な立場を示した昭和 28 年の最高裁判所判決(最判昭和 28・1・23 刑集 7・1・30)以来、積極説に立つ下級審判決が多くみられるようになった。学説では、かつては、犯罪共同説の立場から犯罪的意思の共同までを要求して、これを否定する見解が有力であったが、現在は行為共同説の見地から、また犯罪共同説の立場からも実行行為を行う意思の共同で足りるとして、過失共同正犯を肯定する説が有力になってきている(⇨犯罪共同説・行為共同説')。最高裁判例(最決平成 28・7・12 刑集 70・6・411)も、共の注意義務に共同して違反したとき、*過失'の共同正犯が成立するとしている。

過失犯 1 意義・過失犯の処罰 *故意'ではなく、*過失'を成立要件とする犯罪。刑法は、故意犯だけを罰するのが原則であり、過失犯を処罰するためには特別の規定を必要とする〔刑 38 ①但〕。判例は、過失犯を処罰する旨の明文がない場合であっても一定の場合に過失犯処罰を肯定している(最判昭和 37・5・4 刑集 16・5・510)が、多数の学説はこれを*罪刑法定主義'に反するとして批判している。
2 過失犯論の展開 過失犯の要件である過失の概念を巡っては様々な議論が展開されてきた。不注意により犯罪事実の認識を欠いたが認識が可能であった(心理的)状態、犯罪事実なかでも結果の予見可能性を過失とするのが伝統的見解である。これに対し、昭和 30 年代以降の自動車交通の発達に伴う交通事故の増大を前に、過失処罰限定のため、結果予見可能性ないし結果予見義務ではなく結果回避義務を特に問題とし(⇨注意義務)、一定の基準行為の遵守により義務違反を否定する見解が行為無価値論(⇨違法性')を背景に主張されるようになってきた(これを新過失論と呼び、伝統的見解は旧過失論と呼ばれる)。ところが、昭和 40 年代に入り公害・薬害が大きな社会的問題となると、この新しい立場に立つ論者から、厳格な基準行為を要求しつつ過失犯の積極的処罰を主張する見解が述べられるようになり、更には結果の具体的予見可能性を不要として、何らかの結果が生じるかもしれないという危惧感が生ずべきときはそれを解消する措置をとらなくてはならず、それを怠れば過失を肯定する見解(危惧感説)も主張されるようになった。しかしながら、このような過失犯処罰の拡張は*責任主義'に反すると批判され、判例・裁判例でも採用されておらず、結果の予見可能性を要求し、結果回避義務を問題として過失を論ずる見解が展開されている。また、管理者・監督者の過失がホテル火災等の大規模火災事故に関連して議論され(いわゆる*管理・監督過失')、過失概念の拡張の限界が問題とされた。

家資分散 家資分散法(明治 23 法 69)の定める制度であり、*強制執行'によって債務を弁済する資力のない債務者に対し裁判所が職権又は申立てにより家資分散の宣告をした。民法に規定する*破産'の効力は全て家資分散にも適用され、また宣告により債務者の資格が一定範囲で制限された。*商人破産主義'をとる*旧商法'破産編の下で非*商人'に対する制度として設けられていたが、*一般破産主義'をとる旧産法(大正 11 法 71)の施行とともに廃止された

かじゆうし

〔旧破附384・386〕。

加重収賄 *公務員'が, *賄賂'を収受, 要求, 約束して, その結果, 不正な行為をし又は相当な行為をしないこと。枉法(おうほう)収賄ともいう。既に行った不正な職務行為等の対価として賄賂を収受する場合も同じである。刑法197条の3により, 1年以上の有期拘禁刑に処せられる。不正行為が行われた場合を, *収賄罪'の加重類型としたものである。不正とは, 職務に反することをいい, 例えば, 国家試験の採点表を保管している公務員が賄賂の対価として, 受験者の点数を水増しする等がこれに当たる。

過少資本税制 法人所得の算定上, 支払配当は損金不算入であるが, 支払利子は損金算入が可能である。そこで, 会社が資金調達をする場合に, *社債'や銀行借入などの負債を増やし, 株式などの資本を減らせば, その会社の法人所得は圧縮されることになる。この点について, 現行法は, 国外支配株主等に対して支払う負債の利子のうち, 資本と負債の比率が1：3を超える部分に相当する金額を損金不算入とすることで対処している〔租特66の5〕。これを過少資本税制という。更に, 平成24年度税制改正(法16)で, *過大支払利子税制'が設けられた〔租特66の5の2〕。 ⇨益金・損金'

過剰避難 緊急避難行為が相当性の限度を超えた場合をいう。すなわち, 現在の危難から*法益'を保全するためにした行為であるが, 法益の権衡を損ない, あるいは他に法益を保全する適当な方法がある(補充性の欠如)等, 相当性を欠くために正当とされないものをいう。例えば, 暴力団組員に追われたAが, 危難を逃れようとして, B宅に無断で侵入する際, 容易に玄関のドアから入ることができるのに, 窓を破壊して室内に入り込むような場合である。行為の違法性は阻却されないが, 行為者に対する非難の程度が弱まることが多いので, *情状'によって刑を減軽し, あるいは免除することができるとされている〔刑37〕。 ⇨緊急避難'

過剰防衛 防衛行為が相当性の限度を超えた場合をいう〔刑36②〕。急迫不正の侵害から自己又は他人の権利を防衛するためにした行為であるが, 手段が, 例えば素手で殴りかかってくる者の攻撃を排除するため丸太ん棒で侵害者の頭部を狙って強打し昏倒(こんとう)させるというように, 侵害排除のため相当な限度を超えた場合である(質的過剰防衛)。また, 侵害に対して反撃を継続するうちに, 反撃が行き過ぎになった場合も含まれる(量的過剰防衛)。侵害が始まる前の先制攻撃や, 侵害が終わった後の報復攻撃など, 元々防衛行為の要件を満たさないものは, 過剰防衛にもならない。過剰防衛は違法であるが, 緊迫した状況の中で冷静を欠いて過剰な排除行為に訴えることは一概に強く非難できない場合が多いので, *情状'により刑を減軽し, 又は免除することができるものとされている。 ⇨正当防衛' 誤想防衛・誤想避難' ⇨質的過剰・量的過剰'

科する・課する ⇨科する・課する'(巻末・基本法令用語)

課税価格 従価税について, 課税標準のことを課税価格と呼ぶ場合がある。*相続税法'11条の2・21条の2や*関税定率法'4条～4条の8がその例。 ⇨課税標準' ⇨従量税・従価税'

課税期間 国税に関する法律の規定により国税の*課税標準'の計算の基礎となる期間のこと〔税通2⑨〕で, 所得税のそれは暦年, 法人税のそれは*事業年度', 消費税のそれは個人事業者につき暦年, 法人につき事業年度である。

課税客体 ⇨課税物件'

課税権 国及び地方公共団体の租税を賦課・徴収する権力のこと。国家*統治権'の1つの内容をなす。近代法治国家においては, *租税法律主義'の下で, 国及び地方公共団体は, 法律又は条例の根拠に基づき, かつ, 法律又は条例の規定に従ってのみ課税権を行使することができる〔憲84参照〕。 ⇨課税の期間制限'

課税最低限 日本の租税政策論において用いられる概念で, *所得税'・*住民税'について, 所得のうちそこまでは課税されないという最低限の金額のこと。基礎控除, 配偶者控除, *配偶者特別控除', 扶養控除, 給与所得控除, 社会保険料控除の合計額が課税最低限として観念されている。 ⇨所得控除'

課税除外 特定の者や*課税物件'を課税の対象から除外すること。非課税又は*免税'と呼ぶこともある。人的課税除外と物的課税除外に分かれる。前者は, 一定の者につき課税の対象から除外することで, 国, 地方公共団体, *治外法権'者, *公共法人'(公社・公庫・一定の独立行政法人など)は一般的に法人税を納める義務がないとされている〔法税4②〕。後者は, 課税物件の全部又は一部を非課税とすることで, *所得税法'9条の*非課税所得', *相続税法'12条の非課税財産, 地方税法348条2項の固定資産税の非課税財産などがこれに当たるほか, 租税特別措置法にその例が多い。実際の制度においては, 人的課税除外と物的課税除外が組み合わされる場合がある〔法税4①但, 地税348②〕。

課税総所得金額　*所得税'及び個人*住民税'の*所得割'の計算において，*総所得金額'から*所得控除'を差し引いた金額をいう〔所得21①③・89②，地税35②・314の3②〕。この金額に*税率'を適用して税額を算出する〔所得89①，地税35①・314の3①〕。なお，土地・株式等の譲渡所得等についてはこの金額に含まれず，分離して課税される。

課税台帳　⇨固定資産課税台帳'

課税単位　*所得税'の税額を算定する人的単位のこと。個人を単位とし各家族構成員の所得をそれぞれ別々に課税する個人単位主義，夫婦を単位とし夫婦の所得を合算して課税する夫婦単位主義，家族を単位とし家族の所得を合算して課税する家族単位主義の3つの方式がある。後二者においては，合算した金額に税率表をそのまま適用する合算非分割主義と，合算した金額を分割し，各分割額に税率表を適用する合算分割主義とがある。合算分割主義の代表的な例として，2分2乗方式（夫婦の所得を合算して2で割った金額に税率を適用し，出てきた税額を2倍する方式）がある。日本においては，戦後，個人単位主義が用いられている。

課税の期間制限　いわゆる*課税権'は，納付税額（租税債務の内容）の確定を内容とする確定権（*更正・決定'・*賦課決定'等をする権利）と，確定した税額の履行を請求する徴収権とに区別される。*国税通則法'は，確定権は原則として5年の*除斥期間'に服するものとし〔税通70〕，徴収権は5年の*消滅時効'にかかるものとしている〔税通72〕。ただし，偽りその他不正の行為によって免れ又は還付を受けた租税の除斥期間は7年であり〔税通70⑤〕，その徴収権は法定*納税期限'から7年間を経て消滅することとされている〔税通73③〕。*地方税法'にもほぼ同様の規定がある〔地税17の5・18・18の2③〕。

課税の繰延べ　利益は原則として実現した段階で課税されるが（実現主義），一定の利益については，更に課税のタイミングが遅らされている。これを課税の繰延べという。損失の控除についても同じである。例えば，*合併'が行われると，その段階で，被合併法人が有していた資産の含み損益が課税の対象となるが〔法税62〕，もし適格合併〔法税2⑫の8〕に該当するならば，簿価取引として課税されず〔法税62の2〕，その後，合併法人がその資産を売却するなどの処分をした段階で課税されることになる。⇨組織再編税制'

課税標準　*課税物件'から税額を算出するために，課税物件を金額・価額・数量等で表した数値をいう。例えば*所得税'の課税物件は所得であり，課税標準は法の定めに従って計算された具体的な所得金額である。また*固定資産税'の課税標準は固定資産の価格である。課税標準は，固定資産税の場合のように*固定資産課税台帳'に登録され一定期間据え置かれるものもあるが，多くは租税債務発生の都度，*納税義務者'の申告（更には*更正・決定'）により確定される。

課税物件　*課税要件'の一種（課税要件の物的側面をなす要件）で，立法者が課税適状と判断した，担税力の指標となる物，行為又は事実を法定した要件。財政学でいう租税客体に相当する。「課税の対象」〔消税4〕，「課税客体」〔地税3①º〕と呼ばれることもある。課税物件のうち租税法律が明文の規定をもって一定の物，行為又は事実を除外することを，物的非課税あるいは物的課税除外という。課税物件を金額又は数量で表現した課税要件が*課税標準'である。

課税物件の帰属　*課税要件'としては，*課税物件'の*納税義務者'への帰属をいい，期間税に関する*課税標準'の計算要素としては，課税物件の課税年度への帰属をいう。課税要件としての課税物件について，前者は納税義務者との結び付き（人的帰属）を意味し，後者は課税年度との結びつき（年度帰属）を意味する。人的帰属の判定に関する事実認定原則として*実質所得者課税の原則'〔所税12，法税11〕，実質行為者課税の原則〔消税13〕，台帳課税主義〔地税343②③〕が定められている。

課税要件　実体租税法の中に規定されている*法律要件'で，それが充足されることによって*納税義務'の成立という*法律効果'を生ずるもの。私法上の債務関係の成立に通常必要な意思の要素に代わるもの。各種の租税に共通の課税要件として，*納税義務者'（誰が納税義務を負担するか），*課税物件'（何が課税の対象とされるか），*課税物件の帰属'（課税物件が誰に帰属するか），*課税標準'（税率適用のため課税物件を金額又は数量で示したもの），*税率'（税額算出のため課税標準に適用される割合）がある。それぞれの項をみよ。

課税要件法定主義　⇨租税法律主義'

化石化条項　契約準拠法について契約当事者間で合意する準拠法条項のうち，契約締結時のその国の法によると合意する条項。安定化条項とも呼ばれる。資源開発などの国家と私企業との契約において，後に当該国が自国に有利に法改正をする場合に備えて，このような合意が用いられることがある。ただ化石化条項には，

かせんほう

法改正後は，この条項により合意された契約締結時の当該国法は実定法性を失っているという意味では，ユニドロワ国際商事契約原則のような非国家法が準拠法としての適格性を有するかという問題と同様の問題がある。化石化条項には抵触法的指定の意味は否定して*実質法的指定'としての意味しか認めないのが多数説であるが，国家契約においては上記のような利益があるために抵触法的指定として有効と認める見解も有力である。

河川法 昭和39年法律167号。**1 制定** 河川について治水・利水等に関し総合的な管理を行い，国土の保全と開発に寄与することを目的として制定された法律〔河1〕。旧河川法（明治29法71）が治水に重点を置き，利水に関する規定が不備であったことから，河川の利用調整（水利調整）に関わる規定を整備し，かつ，水系主義による広域的な河川の総合的管理を行うものとして，旧法を廃止して制定されたものである。河川に関する総則，河川の管理，河川に関する費用，監督，社会資本整備審議会等について定めている。平成9年の改正（法69）で，河川環境の整備と保全が目的規定に追加された。**2 河川の種類** 流水及び敷地・堤から成る*公共用物'であり，その流水は私権の目的とはならない〔河2〕。河川の法律上の種類としては，河川法が適用，準用される一級河川・二級河川・準用河川，及びその他の河川である普通河川がある。イ 一級河川は，国土保全上又は国民経済上特に重要な水系で政令で指定した河川で国土交通大臣が指定したもの〔河4①〕，ロ 二級河川は，イ以外の水系で公共の利害に重大な関係がある河川で都道府県知事が指定したもの〔河5①〕，ハ 準用河川は，イロ以外の水系に係る河川で市町村長が指定したもの〔河100〕である。普通河川は，河川法の適用・準用がないが，公共用に供されている河川で，いわゆる*法定外公共用物'であったが，平成11年の「地方分権の推進を図るための関係法律の整備等に関する法律」（法87）で，国から市町村に財産譲与されることになり〔河100の2③〕，市町村が，条例等を定めて公物として管理することになった。平成15年に特定都市河川浸水被害対策法（法77）が制定され，特定都市河川，特定都市河川流域を指定して，ハード・ソフト一体の水災害対策「流域治水」を推進していくこととされた。⇒水利権'

仮装行為 I 私法上，内心の意思と合致しない*効果意思'を要素とする*法律行為'。*心裡（しんり）留保'・*虚偽表示'などと同じことになるが，これらは要素である*意思表示'を中心に表現する語であるのに対し，仮装行為はそのような意思表示を要素として成立する法律行為をいう。例えば，差押えを免れるために他人と通謀して不動産を売買に仮装して他人名義にする意思表示が虚偽表示であり，それによって成立する法律行為である売買が仮装行為である。II *課税要件'の充足により*納税義務'が成立しているにもかかわらず，租税負担の軽減又は排除を図るために，課税要件に該当する真の事実や法律関係を意図的に隠蔽し又は秘匿し，架空の事実や法律関係を創出する行為。その典型例は私法の観点からみると通謀虚偽表示〔民94〕である。仮装行為は課税上意味をもたず，課税はその背後にある真の事実や法律関係に即して行われる。仮装行為については*脱税犯'の成立や*重加算税'の賦課がしばしば問題となる。

仮想通貨 ⇒暗号資産'
仮装売買 ⇒相場操縦'
仮装払込み 1 定義 *会社の設立'や*募集株式の発行等'に際して，募集株式の引受人等によって外形的には会社に払込みがなされたが，あらかじめ，会社は払い込まれた金銭等を事業活動に利用できないことが仕組まれている場合をいう。募集新株予約権の発行及び新株予約権の行使に際しての払込みについても，同様の事態が発生する可能性がある。仮装払込みの典型例として，*預合い'と*見せ金'がある。仮装払込みが払込みとして有効か否か及び仮装払込みに対する募集株式の発行等の効力については，解釈論上の争いがある。しかし，仮装払込みに対して募集株式等が発行される場合，特に有利な払込金額で募集株式の発行等が行われる場合と同じく，既存株主から新株主への不当な利益移転が生じる。この点を理由として，平成26年会社法改正（法90）によって，仮装払込みを行った者等の責任と仮装払込みに対して発行された株式の株主の権利等について，以下のような規定が置かれることになった。

2 仮装払込みを行った者等の責任 仮装払込みをした者は払込義務を免れることはできず，払込みを仮装した払込金額について会社に支払義務を負う〔会社52の2①I・102の2①・213の2①I・286の2①①②〕。現物出資の給付等を仮装した者も，現物出資の対象である財産の給付義務等を免れないことが明示された。ただし，会社が請求した場合には，現物出資の給付等を仮装した者は，現物出資の対象である財産が当初の義務履行日に有していた価額に相当する金銭の支払義務を負う〔会社52の2①②・213の2

①②・286の2①①括弧③〕。仮装払込みに関与した*取締役'等〔会社則7の2・18の2・46の2・62の2〕は、払込みが仮装された払込金額を会社に支払う義務を負う〔会社52の2②・103②・213の3①・286の3①〕。取締役等は、仮装払込みを行った者を除き、職務を行うに際して注意を怠らなかったことを証明することで責任を免れる〔会社52の2②但・103②但・213の3①但・286の3①但〕。仮装払込みを行った者が支払義務を負う場合、取締役と仮装払込みを行った者の責任は連帯債務となる〔会社52の2②・103②・213の3②・286の3②〕。

3 仮装払込みに対して発行された株式の株主の権利
仮装払込みに対して発行された募集株式等について、仮装払込みを行った者は、2で述べた責任を自ら履行するか取締役等が履行しない限り、株主としての権利等を行使できない〔会社52の2④・102③・209②・282②〕。ただし、仮装払込みを行った者から募集株式等を譲り受けた者は、仮装払込みがなされたことについて*悪意'又は*重過失'がない限り、株主としての権利等を行使できる〔会社52の2⑤・102④・209③・282③〕。

華族 明治2年(1869)、版籍奉還後、旧公卿(くぎょう)・諸侯に認められた身分呼称で、皇族の下、士族の上に位置付けられたが、明治17年(1884)の華族令(勅無号)により、対象範囲が拡大されて、「公・侯・伯・子・男」の5爵のいずれかをもつ者及びその家族の総称となった。爵は、公卿・諸侯のほか、明治維新及びその後に国家に勲功のあった者に授けられ、世襲とされ、*明治憲法'制定後は*栄典'の一種となった。日本臣民の中の特殊な身分で、士族及び平民に対する華族制度は、「皇室の藩屏(はんぺい)」として位置付けると同時に、*帝国議会'開設(明治23)後の*貴族院'議員の主要な選出母体として創設されたものである。政治的特権のほか世襲財産制等種々の特典を伴うこの制度は、現行憲法によって全廃された〔憲14②〕。

家族出産育児一時金 ⇨出産育児一時金'
家族出産費 ⇨出産育児一時金'
家族生活に関する基本権 家族生活に関し、*ドイツ憲法'6条は婚姻・家族の保護規定をおくほか、親の子どもの監護・教育などを基本権として明記している。日本国憲法は24条が家族について規定しているが、家族生活に関する基本権は明記されていない。もっとも、*婚姻の自由'は判例によれば憲法24条1項の趣旨により、親の養教育の自由は*自己決定権'として13条で、家族構成員の*生存権'は25条で保障され、婚外子の処遇は平等権(⇨法の下の平等')で問題となる(⇨嫡出でない子')。判例によれば、24条2項は家族につき*婚姻'とともに*立法裁量'に委ねる一方、「個人の尊厳と両性の本質的平等」を裁量に対する憲法上の限界とした(最大判平成27・12・16民集69・8・2586、〈夫婦同氏制事件〉)。

家族制度 ⇨家'
家族手当 1 *賃金'に付加して*使用者'が*労働者'に支払う扶養家族のための特別手当。この場合は扶養家族手当と呼ばれることが多い。賃金の一種となる〔労基11〕が、*割増賃金'の基礎に算定されない〔労基37⑤〕。

2 *社会保障'制度に基づいて、児童福祉のため国が多子家庭に給与する特別手当。この場合は*児童手当'と呼ばれることが多い。

家族法 民法4編親族の規定を中心とした法体系、すなわち、親族法と同じ意味に用いられる場合と、相続法を含めて広く身分関係を規律する法律を指す場合とがあり、後者の意味で用いられることが多い。この意味では身分法と同じことになるが、身分という語は封建的身分制度を連想させるので、*家'の制度が廃止された現在では身分法と呼ぶのを避けたほうがよいといわれ、家族法という言葉が用いられるようになっている。⇨財産法'

家族療養費 *健康保険'等における*被保険者'等の被扶養者が、*保険医療機関'等において療養を受けたとき支給される*保険給付'〔健保110・140、国公共済57、地公共済59等〕。*療養費'と同様の手続で被保険者に償還払いされることを原則とする。しかし、*保険者'が、被保険者に代わって、家族療養費として支給すべき額〔未就学児8割、70歳以上75歳未満の者8割(現役並み所得者7割)、それ以外の者7割〕を保険医療機関等に支払を行うことによって、*療養の給付'と同様の現物給付としての取扱いを実現している〔健保110④⑤・149、国公共済57⑤⑥、地公共済59⑤⑥〕。⇨高額療養費'

過怠金 *公共組合'その他の団体が、構成員の義務違反行為等に対して自治的制裁として課するもの〔例:土地改良37(土地改良区の組合員に対する過怠金)〕と、職員に対する懲戒処分として課するもの〔例:水害予防38・81①(組合職員に対する過怠金)〕がある。前者は、自治的制裁ではあるが、公共性の強い団体の場合には、徴収確保のため地方税の*滞納処分'の例による処分が認められる〔例:土地改良39〕。

過大催告 例えば、10万円の債権しかないのに、20万円を支払えと請求するなど、債権の正当な内容を超えて過大に*催告'すること。

かだいしは

催告としての効果(例えば*履行遅滞)は生じない。しかし、本来給付しなければならない債務額との間に大きな隔たりがなく、同一性が認められれば、有効な催告となる。

過大支払利子税制 　*過少資本税制'〔租特66の5〕が扱う内国子会社と外国親会社との関係以外で、関連者への支払利子による日本の税源浸食に対処する税制〔租特66の5の2①〕。2012年に新設され、2019年に大きな改正がなされた。内国法人の対象純支払利子等の額(後述)が調整所得金額(後述)の20%を超える部分が*損金'不算入となる。対象純支払利子等の額は、対象支払利子等合計額(支払利子等の額のうち受領者の日本の課税対象所得に含まれるもの等の4類型を除いたもの)から、控除対象受取利子等合計額(受取利子等の額に、対象支払利子等合計額が支払利子等の額の合計額に占める割合を乗じたもの)を控除したものである。調整所得金額は、内国法人の欠損金繰越控除等適用前所得の金額に加算(対象純支払利子等の額、*減価償却'費、*貸倒損失'、匿名組合契約に係る分配)と減算(外国関係会社の課税対象金額、匿名組合契約に係る損失の益金算入額)を施したものである。

過怠税 　*印紙税'は、課税文書の作成者が、原則として、印紙を課税文書に貼り付け*印章'又は*署名'で消す方法で、課税文書作成時までに納付しなければならない〔印税8〕。この納付義務に違反した場合は、原則として、その印紙税額とその2倍相当額との合計額に相当する過怠税が徴収される〔印税20①〕。過怠税のうち印紙税額を超える部分の額は、印紙税の納付義務違反に対する制裁として課されるものであり、法定の*附帯税'〔税通2④〕ではないが、その性質上は附帯税である。

肩書地 　*手形'又は*小切手'の当事者の名称に付記された地。*振出地'や*支払地'の記載がないときは、*振出人'の肩書地が振出地とみなされ〔手2④・76④、小2④〕、*支払人'の肩書地が支払地とみなされる〔手2③、小2②〕。

家宅捜索 　⇨捜索'

家団 　現実に共同して家族生活を営んでいる複数人を法技術的にみて1つの団体として取り扱う場合に、これを家団という。このような関係にある者の法律関係も、個々人の間の権利義務関係に分解して処理するのが原則であるが、それでは家族が当事者となっている現実の法律関係に適合しないのではないか、という考え方に基づき、学者によって提唱された概念。例えば、家庭に妻がなく、父親と娘とが生活し、父が収入を得て娘が家事をしている場合に、家事から生じた債務の支払義務者が誰であるかについては規定がなく〔民761参照〕、父娘の家族団体を家団として扱いそれが取引の単位であると考えれば、実態に合致した解決が得られる(父が支払義務者となる)。しかし、家団という概念が*家'の制度を想起させるという事情もあって、現在ではこれを支持する学者は多いとはいえない。

価値権 　*抵当権'のような*担保物権'は、担保目的物を換価し、その代価を被担保債権の弁済に充てることを内容とする権利である。このような、最終的には物の交換価値を取得することを目的とする権利を価値権と呼ぶことがある。これに対して、*地上権'のような*用益物権'は、物の使用・収益を目的とする権利であることから、利用権又は用益権と呼ぶ。なお、抵当権が、物の交換価値を目的とする権利であることを強調し、それを解釈論に反映した学説を価値権説と呼ぶことがある。

価値相対主義 　「ある観点からはAと判断され、別の観点からはBと判断されるが、観点間を裁く客観的な基準はない」という思想を相対主義といい、善や正義など価値判断についてそのように考える思想を価値相対主義という。この思想は「何が善く、何が正しいかは結局主観の問題だ」という価値主観主義、価値判断は情緒の表現であるという価値情緒説、価値は客観的認識の対象である「存在」からは導き出されないという「存在と価値の二元論」など様々な形態がある。プロタゴラス(Protagoras, B.C. 500〜400頃)、*ラートブルフ'、*ケルゼン'らがその代表者。価値絶対主義、価値客観主義、価値実在論などと対立する。法理論では法実証主義と結び付くことがある。

価値分割 　⇨現物分割・価値分割'

課徴金 　Ⅰ　財政法上、国が行政権・司法権に基づき国民から賦課徴収する金銭負担のうち、租税を除くものを広く課徴金といい、公権力に対する国民の財産権の保護の観点から、全て法律又は国会の議決に基づいて定めなければならないとされている〔財3〕。租税が除かれているのは、*租税法律主義'につき憲法に特別の規定があるからである〔憲84〕。行政権に基づく課徴金としては、*手数料'・*使用料'等があり、司法権に基づくものには、*罰金'・*科料'・*裁判費用'等がある。

Ⅱ　独占禁止法　1 意義　*公正取引委員会'が*独占禁止法'に違反した*事業者'等に対して賦課徴収する金銭負担。違反の摘発に伴う不利

益を増大させてその経済的誘因を小さくし，予防効果を強化することを目的として設けられた（最判平成17・9・13民集59・7・1950〈日本機械保険連盟事件〉）。禁止規定の実効性確保のための行政上の措置として機動的に発動できるようにしたものであるため，算定基準が明確で，算定が容易であることを要する。そのため，刑罰とは異なり，一定の算定方法に基づいて非裁量的に賦課される。

2 算定方法 *不当な取引制限'〔独禁7の2〕，*私的独占'〔独禁7の9〕，*事業者団体'による競争制限〔独禁8の3〕，*優越的地位の濫用'〔独禁20の6〕等が課徴金対象となる。行為類型ごとに算定率や算定方法が異なるが，*カルテル'の場合，その実行期間における対象商品・役務の売上額の10％（中小企業は4％）を基本としつつ，繰り返し違反や主導的役割に該当する場合には最大2倍の割増〔独禁7の3〕が適用されるなど，個別事情に応じた加減算が行われる。

3 課徴金減免制度 自らが関与したカルテル・談合の事実を公正取引委員会に報告した事業者に対して課徴金を免除・減額する制度（リニエンシー制度）。密室で行われて発見・解明が困難な違反行為を摘発して事案の真相究明を図る趣旨から設けられた。報告が事件調査の開始前かどうかや報告の順位が重視され，課徴金免除となるのは調査開始前の1番目の報告者だけである。その他の報告者については，順位等に基づく減算分に加え，公正取引委員会との協議・合意による事件の真相解明に資する調査協力の内容を考慮した減算分により，最終的な減算率（最大60％）が決定される〔独禁7の4・7の5〕。ただし，虚偽の報告や違反の強要，減免申請の妨害等をした者に減免の適用はない〔独禁7の6〕。

4 手続 納付命令は，課徴金額，計算の基礎，対象違反行為及び納期限を示した文書を送達して行う〔独禁62①②〕。行政手続法は適用除外だが〔独禁70の11〕，名宛人に証拠の閲覧・謄写を認めた上で，主宰者の下で意見聴取が行われるなどの手厚い事前手続が保障されている〔独禁62④・49～60〕。納期限までに納付しない場合は，年14.5％の*延滞金'が徴収される〔独禁69〕。なお，納付命令の*除斥期間'は7年である〔独禁7の8⑥〕。

Ⅲ **景品表示法** 内閣総理大臣（消費者庁長官に権限委任〔景表38〕）が*不当表示'を行った事業者に対して賦課徴収する金銭負担。課徴金は，優良誤認表示や有利誤認表示をした期間（最長6カ月の誤認存続期間が加わる。合わせて最長3年間）における対象商品・役務の売上額の3％と算定される。ただし納付が命じられるのは，表示に関する管理体制等の整備義務〔景表22〕にもかかわらず，相当の注意を怠った者に限られる〔景表8①〕。違反事業者が10年以内に納付命令を受けていた場合には50％加算され〔景表8⑤〕，調査開始前に違反事実を報告した場合には50％減額される〔景表9〕。また，被害者に対して返金措置を実施した場合には，認定計画に適合した返金分が減額される〔景表10・11〕。納付命令は課徴金の計算の基礎等を示した文書の送達によって行われ，命令前には弁明の機会が与えられる〔景表13～17〕。なお，納付命令の*除斥期間'は5年である〔景表12⑦〕。

Ⅳ *金融商品取引法'上要求される情報開示書類に虚偽記載等を行ったり，書類を提出しなかった者等〔金商172～172の12〕や，風説の流布・偽計取引〔金商173〕，*相場操縦'〔金商174～174の3〕及び*内部者取引'等〔金商175・175の2〕を行った者，また公認会計士法上，虚偽又は不当の証明を行った公認会計士・監査法人〔会計士31の2・34の21の2〕に対して，内閣総理大臣が所定の*審判'手続等に従って国庫に金銭の納付を命ずる行政上の措置。違法行為の抑止を図り，規制の実効性を確保するという行政目的を達成するための制度として導入された。二重処罰の禁止〔憲39後〕にも配慮し，違法行為で得た経済的利得相当額を吐き出させることに主眼が置かれていたが，平成20年の金融商品取引法改正や公認会計士法における導入を契機として，課徴金額は現実の経済的利得相当額から乖離（かいり）しつつある。対象となる違反行為が法定され，課徴金の水準の算定方法が一義的に規定されるなど，課徴金納付命令について行政裁量が排除されている点に特徴がある。業者規制や不公正取引に関する包括規定〔金商157〕の違反が含まれていない点など適用範囲が狭い点や，課徴金を損害を被った投資者に対する被害者救済に充てることなど他の責任制度との調整も課題である。

かつ（且つ） ⇨かつ（且つ）'（巻末・基本法令用語）

学　校 *教育基本法'6条1項は，法律に定める学校は公の性質をもつと規定しているが，そこでいう法律に定める学校とは，*学校教育法'1条に列記された幼稚園，小学校，中学校，義務教育学校，高等学校，中等教育学校，特別支援学校，大学及び高等専門学校である。これらの学校を設置できるのは，国（国立大学法人等を含む）と地方公共団体（公立大学法人を含

がつこうき

む)のほか，私立学校法(昭和24法270)3条に規定する学校法人のみである〔教基6①，学教2①〕。私立学校もまた公の性質を有するが，私学教育の自由が認められる(最大判昭和51・5・21刑集30・5・615〈旭川学テ事件〉)。学校教育法は，そのほかに主として実践的な能力の養成を目的とした専修学校に関する規定を置いている〔学教11章〕。専修学校には，高校卒業者で看護師，歯科衛生士，栄養士等を目指す者のための専門学校，理容・美容学校等の中学卒業者対象の高等専修学校，及び一般人向けの専修学校がある。その教育の実態から判断して公教育機関とみなしうる専修学校については，営利的経営を行う自由は否定されよう。同法は，更に，1条に掲げる学校以外の施設で，学校教育に類する教育を行うものを各種学校として位置付けている〔学教134①〕。ただし，保育所，職業訓練施設，警察大学校，自治大学校など特別法に定めるあるものは除かれる。専修学校，各種学校その他1条に掲げるもの以外の教育施設は，1条に掲げる学校の名称又は大学院の名称を用いることができない〔学教135①〕。

学校教育法 昭和22年法律26号。**1 性格** 学校教育制度の骨組みを規定する法律。戦前の勅令である諸学校令にとって代わり，憲法26条の*教育を受ける権利*を保障する単行の法律として，6・3・3・4の新学制を定めた点に特色がある。

2 具体的内容 イ 学校系統(学校制度)の設定：*教育の機会均等*を目指して基本的に単線型の*学校*の系統を定めているが，昭和36年の改正(法144)による高等専門学校創設，昭和39年の改正(法110)による短期大学の恒久化など，学校教育の多様化が図られた。その後，平成10年の改正(法101)で中高一貫教育の導入のために中等教育学校が設けられた。次に平成18年の改正(法80)により，障害者の自立支援を理念として，従来の特殊教育が特別支援教育と改められ，障害種別を超えた特別支援学校が設けられた。また平成19年の改正(法96)で，平成18年の*教育基本法*改正を受けて，各学校種の目的・目標の見直しなどの改革がなされた。そして平成26年の改正(法88)では，大学の教授会につき，学長への意見具申の役割が明記された〔学教93②③〕。更に平成27年の改正(法46)により，義務教育として行われる普通教育の一貫した実施を目的とする義務教育学校の制度が設けられた〔学教5章の2〕。平成29年の改正(法41)では，大学の新たな類型として，優れた専門技能等をもって新たな価値を創造できる専門職業人材養成のための専門職大学制度が導入された〔学教83の2〕。**ロ** 就学義務の法定：憲法26条2項，教育基本法5条1項を受けて，学年を区切りとして満6歳から15歳までが*義務教育*の年限であることを定めるとともに〔学教17①②〕，市町村・特別区に必要な小・中学校の設置義務を課した〔学教38・49・140〕。**ハ** 学校設置監督の基準設定：各学校段階ごとに国公私立を問わず適用される教育目的及び職員組織を法定している。なお，学校の設置認可は，公・私立の大学・高等専門学校につき文部科学大臣，他の公立学校につき都道府県教育委員会，他の私立学校の場合は都道府県知事が行う〔学教4①〕。令和元年の改正(法11)では，大学に関し，認証評価結果の取扱いの厳格化や〔学教109⑤～⑦〕，*国立大学法人*における一法人複数大学制度の導入〔国大法人10等〕などがなされた。

喝 取 *恐喝罪*〔刑249〕において，人の反抗を抑圧しない程度の*暴行*又は*脅迫*によって，財物又は財産上の利益を取得することをいう。講学上の用語であり，*窃盗罪*〔刑235〕における「窃取」，*強盗罪*〔刑236〕における「強取」，詐欺罪〔刑246〕における「騙取(へんしゅ)・詐取」と並んで使用されている。 ⇨窃取' ⇨詐取'

合衆国軍隊の機密を侵す罪 ⇨機密を侵す罪(合衆国軍隊の)'

割 譲 国家間の合意による*領土*の一部の譲渡。戦後処理の一環として行われることが多いが，平時に交渉を通じて行われることもある。割譲の目的物は領土であるが，割譲地の公的権利義務や公的財産も譲受国に移転する。割譲地住民の*国籍*も自動的に変更されるのが通例であったが，最近は条約で住民に国籍選択を認めることも多い。

ガット(GATT) 「関税及び貿易に関する一般協定」(英 General Agreement on Tariffs and Trade)の略称。ガットは条約を指す場合と，国際組織を指す場合がある。条約としてのガットは，*世界貿易機関*設立協定の一部をなす1994年のガット又は同協定の前身である1947年のガットを指す。1947年のガットは，関税引下げ交渉の成果である関税譲許に加え，貿易に関する一般的義務も含んでいた。そこで国際貿易機関が不成立に終わった後，貿易に関する中心的条約となった。1965年に第4部が追加され，また，1967年にダンピング(*不当廉売*)について，1979年にはそれに加えて補助金相殺措置等について*協定*(コード)が作られて規律が強化された。国際組織としてのガットは，1995年に世界貿易機関が発足するまで，1947年のガットを

がつぺい

運用した事実上の国際組織。総会(締約国団),理事会(締約国団決議で設置),事務局(国際貿易機関準備委員会事務局)の3部構成を備えていた。

合　棟　⇨建物の合体(合棟)'

合　筆(がっぴつ)　所有者が同一であり,しかも,相互に隣接する複数筆の土地を'一筆(いっぴつ)'の土地にすること。不動産*登記簿'上の1の土地の範囲及び土地の個数の変更にすぎない。*分筆'に対する語。

割賦購入あっせん　⇨信用購入あっせん'

割賦販売　一般には電器製品や自動車の売買にみられるように,売買代金を分割して毎年あるいは毎月定期的に支払うことを約束した売買を指す。割賦払約款付売買ともいう。*割賦販売法'上は,政令で定める指定商品・指定権利・指定役務につき,イ 代金以外は対価を2カ月以上の期間にわたり,かつ,3回以上に分割して受領する条件でなされた販売又は提供,ロ クレジットカードなどの証票等を利用者に交付し,一定の時期ごとに,その証票等により販売した商品・権利・役務の代金又は対価の合計額を基礎としてあらかじめ定められた方法により算定した金額を受領する条件でなされた販売又は提供(リボルビング方式)をいう〔割賦2①⑤,割賦令1①～③・別表1～1の3〕。割賦払いの中では*月賦販売'が実際上最も多い。ある程度割賦代金を積み立ててから目的物を引き渡す場合(前払式割賦販売)と,最初に目的物を買主に交付してしまう場合とがある。前者については,目的物を引き渡さない間に売主が倒産すると大勢の買主に迷惑を及ぼすという問題があり,後者については,代金債権を確保するために,売主は,所有権を留保したり,*違約罰'を規定したりして,経済的地位が劣っていたり事情に暗い買主にとかく過酷な条件を押し付けがちであった。そこで,現在では割賦販売法による規制がなされている。

割賦販売法　昭和36年法律159号。割賦販売等に係る取引の公正の確保を目的に制定された法律〔割賦1〕。当初は業法的色彩の濃いものであった。特に,前払式割賦販売については細かい規定が置かれた〔割賦11～29〕。その後の改正により,一方で*ローン提携販売'〔割賦2②・29の2～29の4〕,*信用購入あっせん'〔割賦2③④・30～35の3の60〕,前払式特定取引〔割賦2⑥・35の3の61・35の3の62〕に関する規制が強化されるとともに,他方,当初からあった*解除'や*違約金'等の制限〔割賦5・6〕に加えて,*クーリング・オフ'〔割賦35の3の10・35の3の11〕

や*抗弁の接続'〔割賦30の4〕を認めたほか,過量販売の規制〔割賦35の3の12〕や不実告知等による取消し〔割賦35の3の13・35の3の14～35の3の16〕を導入するなど重要な私法的規定を含むようになった。近年では,ネット取引の増加に伴うクレジットカード番号の情報管理を強化する規制なども加えられている〔割賦35の16～35の17の15〕。その結果,今日では,消費者信用法の中核をなす法律となっている。　⇨割賦販売'

合　併　Ⅰ　会社の合併　**1 意義**　2つ以上の会社が契約によって1つの会社に合同すること。当事会社の一部又は全部が*解散'し,解散会社〔会社471④・641⑤〕の権利義務の全てが,*清算'手続を経ることなく〔会社475①・644①〕,存続会社又は新設会社に*一般承継'される効果をもつ。このように,合併には,当事会社のうちの一社が存続し,他の会社が解散するもの(吸収合併〔会社2㉗〕)と,当事会社の全部が解散し,それと同時に新会社が設立されるもの(新設合併〔会社2㉘〕)とがある。合併の法的性質については,通説は,合併を会社の合同を生ずる組織法上の特別の契約と解しているが(人格合一説),消滅会社の財産全部の*現物出資'による存続会社の資本増加又は新会社の設立と解する有力説(現物出資説)もある。会社の間では,種類を問わず合併が認められる〔会社748〕。平成17年改正(法86)前商法においては認められていなかったが,会社法においては,*持分会社'が合併において存続会社や新設会社になることができる〔会社751・755〕。なお,*独占禁止法'において,合併については事前規制が課せられている〔独禁15〕。同法上の合併とは実質的意味でのそれであり,会社法上の手続によった合併のほか,事実上の合併をも含むと解されている(⇨企業結合の制限)。

2 手続　合併に際しては,合併契約の締結〔会社749・751・753・755〕,*株主総会'による承認決議又は総社員の同意〔会社783①・793①・795①・802①・804①・813①〕,債権者の異議手続(⇨債権者保護手続)〔会社750⑥・752⑥〕,必要であれば*株券'・*新株予約権証券'等の提出に係る公告・通知〔会社219①⑥・293①③〕,消滅会社の財産等の存続会社又は新設会社への引渡,合併の*登記'〔会社921・922〕等の手続がとられる。また,合併契約等の事前開示〔会社782①Ⅰ・794①・803①Ⅰ〕,合併の事後開示〔会社801①④・815①③①④・会社則211・213〕などが定められているほか,消滅会社の反対株主・新株予約権者〔会社785～788・806～809〕及び存続会社の反対株

がつぺいこ

主〔会社797・798〕には、*株式買取請求権'・*新株予約権買取請求権'の行使が認められている。合併の効力の発生については、吸収合併の効力は、効力発生日に生ずるが〔会社750①③～⑤・752①③～⑤〕、新設合併の効力は、新設会社の設立の登記による成立〔会社49〕によって生ずる〔会社754・756〕。

3 効果　合併により、株主又は社員は、存続会社又は新設会社に当然に収容され、その財産も当然に包括的に承継される。合併が違法に行われると、合併の無効が問題となり、合併の無効の訴え〔会社828①⑦⑧、なお、独禁18参照〕によってのみ主張できる。しかし、合併の効力が発生し合体した会社を分割することには多くの困難が伴うことから、平成26年の会社法改正（法90）により、株主による合併の差止請求の制度が設けられた〔会社784の2・796の2・805の2〕。なお、合併には*銀行法'等の制限もある〔銀行30①・31〕。

4 税制　平成13年度*法人税法'改正（法6）において*組織再編税制'が創設され、損益計上について課税繰延べが認められる適格合併の要件が定められた〔法税2⑫の8・62の2〕。

Ⅱ　市町村の合併については、*市町村合併'をみよ。

合併交付金　会社の*合併'に際して、存続会社又は新設会社が消滅会社の株主・社員に支払う金銭のことをいう。平成17年改正（法87）前商法においては、合併交付金の規定が設けられていたが〔商旧409④〕、会社法においては、合併に伴う消滅会社株主に対する金銭の交付は、対価の柔軟化に関する規定〔会社749①②ホ〕によることとされている。合併契約の必要事項となっている。消滅会社の株主・社員は、存続会社又は新設会社の株式又は*持分'を取得して、その株主・社員になるが、従来、新旧株式・持分の割当比率、すなわち合併比率を簡単にしてその端額（はか）を調整するため、及び、合併当事会社の決算期が異なる場合に最終営業年度の利益を合併比率の算定基礎に含めないために利用され、存続会社又は新設会社から消滅会社の株主・社員に支払われてきた。なお、*会社分割'に際して支払われるものを会社分割交付金といい、*株式交換'に際して支払われるものを株式交換交付金という。

合併選挙　同一種類の議員を得ることを目的とし、かつ、同一区域において行われる選挙で、しかも本来の性質は別個である選挙を合併して行う選挙。例えば、ある選挙区における参議院議員の*再選挙'と*補欠選挙'の合併選挙。合併して行われる選挙は1つの選挙であるから、立候補も投票も1つの手続で行い、選挙人は1票しか行使できない。*同時選挙'と異なる。合併することができる選挙は、参議院議員の場合には、その*通常選挙'・再選挙又は補欠選挙、*地方公共団体の議会'の議員の場合には、その再選挙・補欠選挙又は*増員選挙'である〔公選115〕。

合併無効の訴え　⇨会社の組織に関する訴え'

家庭裁判所　*裁判所法'に基づいて設置される*下級裁判所'の一種で、*地方裁判所'と同格と位置付けられる。その権限は、主として家庭事件の*審判'（*家事審判）及び*調停'（*家事調停）、*人事訴訟'の第一審の裁判並びに少年保護事件の調査・審判を内容とする〔裁31の3〕。家庭事件や少年事件は、一般の訴訟事件と異なった性格をもつことに鑑み、法的基準のみならず、*利害関係人'間の人間関係の調整や少年の健全な育成を重視すべきとの考え方に基づいて、昭和23年の裁判所法の改正（法260）により設けられた。裁判官のほかに、家庭裁判所調査官（⇨裁判所調査官'）が置かれて広く事実の調査等を行うこと〔裁61の2・61の3〕などにその特徴が表れている。

家庭裁判所送致　*検察官'の事件処理の一種で、*少年法'の定めにより、検察官に*少年'の被疑事件を*家庭裁判所'に送致するよう義務付ける制度〔少42〕。罰金以下の罪につき司法警察員にも同様の義務がある〔少41〕。少年保護の責務を負う家庭裁判所に全ての事件を一旦集中し、そこで処分の振り分けを行う趣旨で、これを*全件送致主義'と呼ぶ。なお、家庭裁判所が調査の結果、刑事処分相当と判断して再び検察官に送致する決定〔少20〕をした事件については、検察官は原則として*公訴'提起の義務を負う〔少45⑤〕（⇨逆送'　⇨起訴便宜主義'）。

家庭裁判所調査官　⇨裁判所調査官'
仮定的抗弁　⇨予備的主張・予備的抗弁'
仮定的主張　⇨予備的主張・予備的抗弁'
家庭的保育事業　⇨地域型保育事業'

過当売買　金融商品取引業者が、顧客の財産状態、投資目的等からみて過当な数量・頻度の取引を行うこと。投資運用業者が*投資一任契約'に基づいて顧客の計算で取引を行う場合や、証券会社等が顧客の委任に基づいて一任勘定取引を行う場合において、当該契約の委任の本旨又は契約の金額に照らして過当と認められる数量の取引を行うことは禁止されており〔金商161①、証券取引規制9〕、違反者は行政処分

の対象となる。また、金融商品取引業者が顧客を過当売買へ勧誘し、顧客がこれに従った結果、損害を受けた場合、勧誘行為の態様によっては不法行為が成立し〔民709〕、業者の損害賠償責任が認められる。
⇨'適合性ルール'　⇨'不当勧誘(金融商品取引の)'

家督相続　*'家'の制度を前提とする民法旧規定において、*'戸主'の地位を承継する身分相続のこと。常に単独相続であり、家督相続人は、直系卑属中から男女・嫡庶・長幼の規準により決められた上位の者、被相続人の指定した者、一定の家族中から父母又は親族会が選定した者等の順位で1人が選ばれたが、普通は長男が家督相続人となった。戸主の死亡のほか、隠居・国籍喪失・入夫婚姻等によって開始した。他国の立法に例をみない日本特有の制度とされていたが、第二次大戦後の民法改正(昭和22法222)により廃止された〔民旧964〜991〕。なお、戸主以外の家族の財産については、*'共同相続'の形態をとる*'遺産相続'が行われた。

過度の広汎性のゆえに無効の理論　*アメリカ合衆国憲法*第1修正に関して発展してきた判例理論(英 void for overbreadth doctrine)で、法令の規定が非常に包括的で、それが適用されるならば憲法上保護された*'表現の自由'をも制約してしまう法令を無効とする。この理論が適用されるためには、イ 保護された自由が争う法令の主要な適用対象であること、ロ 違憲の適用を合憲の適用から容易に切り離すことができる方法(例えば、合憲限定解釈)が存在しない、が必要であるとされている。この理論の考え方は、憲法上の人権一般にまで及びうる可能性があるが、法令を*文面上違憲無効'とする効果を伴うので、その適用領域については、*優越的自由'が問題となる場合に限定されている。
⇨'漠然性のゆえに無効の理論'　⇨'萎縮的効果'

カード犯罪　1 意義　キャッシュカード、プリペイドカード、*'クレジットカード'等、経済取引において用いられるカードに係る不正作出・不正入手・不正使用等の犯罪をいう。このうち、不正作出並びにこれに係る不正使用行為については、平成13年の刑法改正(法97)において、*'支払用カード電磁的記録に関する罪'〔刑18章の2〕が新設されたことにより問題が解決された。

2 **不正使用**　イ 不正に作出したキャッシュカードや、盗取等の不正手段により入手したカードを使用する行為については、不正作出カードの場合に支払用カード不正作出電磁的記録供用罪〔刑163の2②〕が成立するほか、他人名義の口座から現金を引き出した場合は*'窃盗罪'〔刑235〕が、自己又は第三者名義の口座に振り替えた場合は電子計算機使用詐欺罪〔刑246の2〕がそれぞれ成立する。ロ 偽造に係るクレジットカードや盗取その他の不正手段により入手したカードの使用により、加盟店において商品・役務の提供を受けた場合、不正作出カードの場合に支払用カード不正作出電磁的記録供用罪が成立するほか、詐欺罪〔刑246〕が成立する(カード名義人の承諾があると誤信していた場合も詐欺罪が成立)(最決平成16・2・9刑集58・2・89参照)。なお、売上票に他人ないし架空人の氏名を記載して加盟店に提出する行為については、私文書偽造罪〔刑159〕、偽造私文書行使罪〔刑161〕が成立する。ハ 自己名義のカードを、代金を支払う意思・能力なく用いた場合については、判例によれば加盟店から商品・役務の提供を得たとして詐欺罪の成立が認められる(東京高判昭和59・11・19判タ544・251)。学説においては判例を支持する見解のほか、加盟店を介してカード会社を欺き、立替払いをさせたことが詐欺罪に当たるとする見解、加盟店をして処分行為を行わせた上で、カード会社に損害を与えるいわゆる*三角詐欺'を認める見解、更に、加盟店は会員の支払意思・能力についての関心が欠けることを理由に、加盟店を*欺く行為'がないとして、詐欺罪の成立を否定する見解もある。

3 **被害者の救済**　不正作出・盗取に係るキャッシュカードを用いてなされた預金払戻しによる被害については、「偽造カード等及び盗難カード等を用いて行われる不正な機械式預貯金払戻し等からの預貯金者の保護等に関する法律」(平成17法94)に基づき、一定の要件の下で、被害の補塡を金融機関に求めることができるものとされている。

カトリック教会法　⇨'教会法'

家内労働　製造業者、仲介人から物品の半製品、原材料等の提供を受けて自宅などで加工し*工賃'を得る労働形態。家内労働法は、委託者が家内労働手帳に委託業務の内容・工賃単価などを記入すること〔家労3〕、工賃は1カ月以内に通貨で全額を支払うこと〔家労6〕、厚生労働大臣又は都道府県労働局長は労働政策審議会又は都道府県労働局に置かれる審議会の意見を聴いて、最低工賃を決定できること〔家労8①〕などを定めている。

加入金　一般的には、ある団体に加入しようとする者が加入に際して当該団体に支払う金銭をいう〔例:土地改良36④、中協15〕。*地方

かにゆうし

自治法'上には，特に，*公有財産'の*旧慣使用'に関する加入金に特別の制度が認められている。旧慣使用の加入金に関する事項は，*条例'で定めることを必要とする。その際，条例で*過料'を科する規定を置くことができ，また，滞納者に対しては，市町村長は*地方税法'の*滞納処分'の例によってこれを徴収することができる〔自治226・228・231の3〕。

加入者保護信託 *社債，株式等の振替に関する法律'において，*振替機関'・*口座管理機関'が*振替口座簿'に誤記載等をしたことによって加入者が受けた損害について，当該振替機関等がその賠償義務を果たすことなく破産手続開始決定等を受けた場合に，当該損害に係る債権について補償の支払をすることで，加入者の保護を図り，社債等の振替に対する信頼を継続することを目的として設定される*信託'〔社債株式振替2⑪〕。振替機関を委託者，補償される損害に係る債権を有する加入者を*受益者'として設定することが求められており，振替機関等は負担金という形で*信託財産'への金銭の拠出が義務付けられている。

カノン法 1前近代 カトリック教会法の呼称。「尺度・規準」を意味するギリシャ語(canon)に由来し，術語としてはまず公会議決議を指した。初期中世には教令・教皇令をも含むものとなり，更に教父のテクストなど，教会において権威を認められた多様な規範的伝承(🔲 auctoritates：権威あるテクスト)を広く指すようになる。これら規範的伝承相互の関係は，長く不明確なままであったが，ようやく11世紀半ば，教会の法的構造(ヒエラルヒー)を再構築する試み(グレゴリウス教会改革)の中で確定され(法源のヒエラルヒー)，確定された相互関係を安定させるための解釈技術が彫琢(ちょうたく)される。これを完成させたのが12世紀前半の教会法学者グラティアヌス(Gratianus,？～1140年代?)である。これ以後，カノン法は教会法学との密接な関係の下に発展し，中世ヨーロッパ社会における普遍的な法規範として，刑法，訴訟法，婚姻法等のほか，私法一般においても広く重要な役割を果たすこととなる。
2 近・現代 近代に入ると，近代国家システムの下でカトリック教会とその法を捉え直す試みが行われ，*自然法'論に由来する「社会」(🔲 societas)の概念を用い，教会を主権国家類似の主体(🔲 societas perfecta)と捉える理論「教会公法論」(🔲 ius publicum ecclesiasticum)が現れる。国家間合意に相当する政教協約(🔲concordatum)の基礎にあるのは，この「教会公法論」の教会概念である。しかし，「教会公法論」の教会概念は，人間の意思に基づく結社としての「社会」を前提としており，人間ではなく神の意思に基づくものとしての教会概念に反する，と批判されるようになる。その結果，20世紀後半，とりわけ第2ヴァチカン公会議(1962～1965)以降，聖書に基づく教会概念からカノン法を基礎付け直す試みが活発に行われている(🔲 Theologie des Kirchenrechts)。
⇨教会法'

可罰的違法性 個別の刑罰法規が予定する，処罰に値する程度の*実質的違法性'をいう。この違法性を備えるに至らない軽微な行為の可罰性を否定する立場を可罰的違法性論といい，学説では支配的な見解となっている。可罰的違法性は，犯罪成立要件のうち*構成要件'と違法性の各段階で問題となる。まず構成要件の段階では，各罰則の予定する*法益'侵害の程度に至らない行為について構成要件該当性が否定されうる(いわゆる絶対的軽微型)。ごく僅かな価値しかない物は*窃盗罪'〔刑235〕の予定する*財物'に当たらないとするのがその例である。次に違法性の段階では，構成要件に該当する(比較的軽微な)法益侵害行為について，それが擁護する利益を考量して，違法性を完全に欠くとはいえないが，それが軽微な場合には*違法性阻却事由'に該当しなくても可罰性が否定されるとされている(いわゆる相対的軽微型)。これは，実務上特に労働・公安事件において問題とされた。裁判所では，かつて下級審段階において，この理論により無罪判決がなされていたが，現在では，厳格な態度がとられるに至っている。 ⇨違法性'。

過半数代表 ⇨従業員代表'

株 株式のこと。広くは事業上の権利を伴う地位をいう。 ⇨株式'

株金全額払込主義 *発起人'は引受け後遅滞なく，募集株式の引受人は発起人が定めた払込期日又は払込期間中に，引き受けた株式につき全額の払込みをし，また*現物出資'の場合には全部の給付を行わなければならない〔会社34①本文・63①〕。このように，株式を引き受けた者に株金の全額を一時に払い込ませる主義を株金全額払込主義という。株金分割払込主義に対する。株金分割払込制度は，会社の業績が悪くなった場合に未払込株金の払込みをさせることが困難となること，払込未了の株式の流通により複雑な法律関係を生ずる等の弊害があったため，昭和23年の商法改正(法148)により廃止された。

株金払込領収証 ⇨株式払込金領収証'

株　券　**1 意義・性質**　*株式'を表章する*有価証券'。株券は既に成立している権利(株式)と紙とを結合したものにすぎず、その発行によって権利が創設されるものではないから、*設権証券'ではなく、また、株式が会社設立無効の訴え又は新株発行無効の訴え(⇨会社の組織に関する訴え')によって無効とされれば、株券も無効となるから、*無因証券'でもない。

2 株券の発行　株券発行会社は、株式を発行した日以後遅滞なくその株式に係る株券を発行しなければならない〔会社215①。なお、会社215②〜④参照〕。株券発行会社では、*株式の譲渡'は株券によってなされるので〔会社128①〕、株券が発行されなければ株式譲渡による投下資本の回収ができないからである。株券の発行が遅滞なく(その発行に必要な期間が経過しても)なされないときは、株券の交付なしに株式を譲渡できると解される(⇨権利株')。なお、当分、株式を譲渡するつもりのない株主のために*株券不所持制度'が認められている。

3 株券の効力発生時期　株券の効力がいつ発生するかについては、イ 会社が法定の記載事項〔会社216〕を記載して*代表取締役'が署名した時点(作成時説、創造説)、ロ 株券を株主に交付した時点(交付時説、交付契約説)、ハ 会社が株券を交付するためにその占有を*第三者'(例えば郵便局)に移転した時点(発行時説、発説)に見解が分かれているが、判例はロの立場をとっている(最判昭和40・11・16民集19・8・1970)。

株券失効制度　**1 意義・沿革**　会社に対する株券喪失登録を前提として株券を失効させる制度。この制度により、株券については公示催告に基づく*除権決定'制度に関する規定〔非訟99〜118〕は適用されない。公示催告制度については、そのための費用が多額になること、公示催告・除権決定の公告をみることが困難なこと等の問題が指摘され、これらの問題を解決するために、株券につき*株主名簿'・*名義書換'制度を前提として創設されたのが株券失効制度である。

2 株券喪失登録及び登録異議の申請　株券喪失者は、その発行会社に対し、株券喪失を証する事実等の資料を添付して、株券喪失登録の申請をすることができる〔会社223、会社則47〕。*取締役'は株券喪失登録簿を作り、喪失登録の申請があったときは喪失者の氏名等をそれに記載又は記録する〔会社221〕。株券喪失登録がなされた場合において、喪失登録者が株主名簿上の株主でないときは、会社は遅滞なくその名簿上の株主に対して喪失登録がなされたこと等を通知し〔会社224①〕、登録抹消の申請の機会を与える。株券喪失登録のなされた株券を所持する者は、会社に対して登録抹消の申請をすることができる〔会社225①②、会社則48。なお、会社226①、会社則49〕。この登録抹消の申請があったときは、会社は遅滞なく株券喪失登録者に対して、登録抹消の申請をした者の氏名・住所等を通知する〔会社225③〕。この通知のなされた日から2週間を経過した日に会社は当該株券に係る株券喪失登録を抹消する〔会社225④〕。この2週間は、この間に喪失登録者が株券占有移転禁止の仮処分等の手続をとることができるようにするためのものである。

3 株券の失効　株券喪失登録のなされた株券は、株券喪失登録が抹消された場合を除き、株券喪失登録のなされた日の翌日から起算して1年を経過した日に無効となり〔会社228①〕、喪失登録者は株券の再発行を受ける〔会社228②〕。

4 喪失登録中の名義書換の禁止等　株券喪失登録のなされた株券については、登録されている間は、名義書換が禁止され〔会社230①〕、また、株主名簿上の株主以外の者は株主の権利行使が制限される〔会社230②〜④〕。

⇨異議催告手続'

株券喪失登録　⇨株券失効制度'

株券等の公開買付け　⇨公開買付け(株券等の)'

株券等の大量保有報告制度　⇨大量保有報告制度'

株券等の保管及び振替に関する法律　⇨社債、株式等の振替に関する法律'

株券の善意取得　⇨有価証券の善意取得'

株券発行会社　その*株式'(*種類株式発行会社'にあっては全部の種類の株式)に係る*株券'を発行する旨の*定款'の定め〔会社214〕がある*株式会社'のこと。かかる定款の定めを置かない場合には株券は発行されない(株券不発行会社)。なお、株券発行会社であっても、*公開会社'でない会社において*株主'から株券発行の請求がない場合〔会社215①〕、*株券不所持制度'〔会社217〕が用いられた場合、単元未満株式(⇨単元株')について株券を発行しない旨を定款で定めた場合〔会社189③〕には、当該株式について株券は発行されない。株券発行会社については、会社法上、*株式の譲渡'の効力要件や*対抗要件'、株券の発行手続や記載事項、*株式の併合'等の際の株券提出手続、*株券失効制度'などに関して特別の規定が置かれている。

株券発行前の株式譲渡　⇨権利株'

かぶけんふ

株券不所持制度 ＊株券発行会社'において＊株主'が＊株券'の所持を希望しない旨を申し出た場合に既発行の株券を無効とし，未発行の株券を発行しない制度。株券発行会社においても，株主の権利行使は，いちいち株券を呈示することなく，＊株主名簿'の記載に基づいてなされる。たしかに，＊株式の譲渡'は株券の交付によってなされるが，当分，株式を譲渡するつもりがない株主にとっては，株式の譲渡までは株券は不要である。他方，株券を所持していると，株券を喪失した場合に＊第三者'に＊善意取得'されて(⇒有価証券の善意取得)，株式を喪失する危険がある。そこで，株券不所持制度が認められる〔会社217〕。すなわち，株主は，株券の所持を希望しない旨を申し出ることができ〔会社217①②〕，この申出があったときは，会社は，株券を発行しない旨を株主名簿に記載又は記録しなければならない〔会社217③〕。株主は，いつでも株券の発行を請求できる〔会社217⑥〕。

株券不発行会社 ⇨株券発行会社'

株券保管振替制度 ⇨社債，株式等の振替に関する法律'

株　式 　**1 意義及び均一の割合的単位・持分複数主義** ＊株式会社'における社員，すなわち＊株主'としての地位のこと。株式は均一の割合的単位に細分化されており，個々の株主は複数の株式を有することが認められる(＊持分複数主義')。＊合名会社'，＊合資会社'及び＊合同会社'における持分が各社員につき1つであって(＊持分単一主義')，その大きさが社員ごとに定められているのと異なる。持分複数主義は，多数の者が会社に参加する場合の法律関係の簡便な処理のためにとられる。

2 自益権・共益権 株式には会社に対する権利が含まれるが，それは自益権と共益権に分けられる。自益権とは，株主が会社から経済的利益を受けることを目的とする権利であり，＊剰余金配当請求権'〔会社453〕，＊残余財産分配請求権'〔会社504〕等が含まれる。共益権とは，株主が会社の経営に参与し，又は＊業務執行'の監督・是正をすることを目的にする権利であって，＊単独株主権'(1株の株主でも行使しうるもの)として，＊議決権'〔会社308〕(ただし，単元株)，「株主総会決議取消しの訴え」提起権〔会社831①〕(⇨会社の組織に関する訴え')等があり，＊少数株主権'(総株主の議決権の一定割合又は一定数以上の株式を有する者(数人の持株を合算してもよい)に認められるもの)として，＊株主提案権'〔会社303〜305〕，＊株主総会'招集権等がある。

3 株式の発行・譲渡 株式は，＊会社の設立'又は成立後の株式の発行〔会社50①・209〕によって成立し，＊会社の解散'〔会社471〕又は＊株式の消却'〔会社178〕によって消滅する。株主の＊退社'は認められず，その代わり，原則として＊株式の譲渡'が自由であり，それによって投下資本回収の手段が与えられる。もっとも，＊定款'で定めれば，株式の譲渡制限が認められるが〔会社107①②・108①④②④〕，その場合にも，投下資本回収の手段が保障されている〔会社136〜144〕。⇨譲渡制限株式' ⇨買取人指定請求権'

株 式 移 転 　**1 意義・手続** 一定の手続を経ることで，＊株式会社'がその発行済株式の全部を新たに設立される株式会社に取得させる制度〔会社2㉜〕。新設される会社との間に完全親子会社関係を円滑に創設するための制度として，＊株式交換'とともに平成11年商法改正(法125)により新たに設けられた。例えば，B社(株式移転完全子会社)がA社(株式移転設立完全親会社)を新たに設立する＊株式移転'を行えば，B社の株主が有していたB社株式は全てA社に取得され，その対価としてA社株式が交付される結果，A社はB社の唯一の株主となり，B社の元の株主はA社の株主となる。株式移転完全子会社は複数の会社であってもよく，その場合は，株式移転設立完全親会社の下に複数の完全子会社がぶら下がる形になる。そのような株式移転を共同株式移転という。株式移転では株式移転計画を作成し(共同株式移転では共同して作成する)，＊株主総会'の＊特別決議'による承認を得なければならない〔会社772・773・804・309②⑫〕。そのほか，事前開示〔会社803〕，差止め〔会社805の2〕，反対株主の＊株式買取請求権'〔会社806〕，事後開示〔会社811・815〕などが定められている。株式移転の効力は，株式移転設立完全親会社の＊設立登記'の日に生じる〔会社774・49〕。

2 独占禁止法上の規制 会社が他の会社と共同してする共同株式移転は，新設される会社が当事会社の株式を全部取得するものであり，＊合併'と同様の強固な結合関係が形成されるため，他の企業結合の手段と同一の基準で，＊独占禁止法'による規制がなされる。株式取得が事後報告制であった平成21年改正までは株式取得規制(独禁10)の問題であると考えられてきたが，平成21年改正(法51)によって株式取得にかかる事前届出制が導入された際に，共同株式移転についても，新たに実体規定及び事前届出規定が導入された〔独禁15の3〕。⇨企業結合の制限'

3 税制 平成11年度以降，租税特別措置法にあ

った株式移転に対する規定は、平成18年度税制改正(法10)により*法人税法'及び*所得税法'に移され、適格要件についても、合併等の組織再編成と横並びになった。取引が適格株式移転に該当する場合、株式移転完全子法人の株主への課税が繰り延べられる[所税57の4②、法税61の2⑪]。対価として金銭等が交付されなかった場合、株式移転完全子法人が有する一定の資産の評価益又は評価損が、当該法人の*益金'の額又は*損金'の額に算入される[法税62の9①]。⇒組織再編税制'

株式移転無効の訴え ⇒会社の組織に関する訴え'

株 式 会 社 1意義　社員の地位が*株式'と称する細分化された割合的単位の形をとり、その社員が会社に対し各人の株式の引受価額を限度とする有限の出資義務を負うだけで[会社104]、会社債権者に対して何ら責任を負わない会社をいう。このように、*株主'は間接有限責任を負うのみで、会社債権者にとって担保となるのは会社財産だけなので、会社財産を確保するための基準としての一定の金額、すなわち資本の制度が定められている。また、株式会社では会社財産が重視され、株主が誰であるかは原則として重視されず、このような会社を*物的会社'という。

2設立　株式会社の設立は*発起人'によってなされる。発起人は1人でもよい。設立に際して発行する株式の総数を発起人だけで引き受ける場合を*発起設立'といい、発起人がその一部を引き受け、残りについて株主を募集する場合を*募集設立'という。いずれについても、資本充実の原則の観点から、変態設立事項については原則として調査がなされ、かつ、発起人及び会社成立当時の*取締役'又は*監査役'に厳重な責任が課せられる[会社52〜55]。

3株式の譲渡　株式会社では、株主の個性が問題とならないから株式の自由譲渡性を認めてゆく、また、株主にとって投下資本を回収する方法は*株式の譲渡'だけなので、原則として株式譲渡の自由が保証されている[会社127]。また、株券発行会社(⇒株券')では、株式が株券という*有価証券'に表章されているので、株式の譲渡は株券の交付だけでされる[会社128①]。しかし、*定款'で株式の譲渡を制限することもできる[会社107①②・108①④②④](⇒譲渡制限株式')。なお、*権利株'の譲渡も制限される[会社63②]。

4機関　機関に関しては、イ*指名委員会等設置会社'でも*監査等委員会設置会社'でもない会社、ロ監査等委員会設置会社、ハ指名委員会等設置会社に区別される。*株主総会'が、企業の所有者たる株主が構成員となる会社の最高機関であって、会社の基本的事項、取締役・*会計参与'・会計監査人・監査役(監査役はイに限られる)の選任等、会社法又は定款で定められた事項について決議する点は基本的に共通する。イにおいては、取締役又は*取締役会'は、会社の*業務執行'を決定し[会社348①②・362②①]、かつ、取締役会は代表取締役'等の業務執行を監督する[会社362②②]。代表取締役は、取締役の中から選任された者であって[会社349③・362③]、会社の業務執行機関であり、かつ、その代表機関である[会社349④⑤]。監査役は、取締役(及び会計参与)の職務執行を監査する[会社381。定款の定めによる監査範囲の限定につき会社389①]。なお、*監査役会設置会社'[会社328①]では、監査役は3人以上で、そのうちの半数以上は*社外監査役'でなければならない[会社335③]。また監査役会設置会社では常勤監査役を定めなければならない[会社390③]。ロにおいては、*監査等委員会'を置かなければならず、監査役(会)を置くことができない[会社327④]。監査等委員会は、それ以外の取締役と区別して選任された、3人以上の取締役である*監査等委員'から成り、その過半数は社外取締役でなければならない[会社329②・331⑥]。監査等委員会は取締役(及び会計参与)の職務の執行を監査する[会社399の2③①]。取締役会が業務執行を決定するが、取締役の過半数が社外取締役である場合又は定款の定めがある場合には、一定の事項を除き、その決定を取締役に委任することができる[会社399の13⑤⑥]。ハにおいては、*指名委員会'、*監査委員会'、*報酬委員会'の各委員会及び1人又は数人の*執行役'を置かなければならないものとされ[会社402①・404]、監査役(会)を置くことができない[会社327④]。各委員会は取締役3人以上で組織され、そのうち過半数は*社外取締役'でなければならない[会社400]。取締役会は業務執行を決定するが、一定の事項を除いては、その決定を執行役に委任することができる[会社416①④]。取締役会により執行役及びその中から*代表執行役'が選任・選定され[会社402②・420]、業務執行をし、かつ、代表執行役が会社を代表する。監査委員会は取締役、執行役(及び会計参与)の職務の執行を監査する[会社404②]。イのうち大会社及びロ、ハでは、*会計監査人'による*会計監査'が強制される[会社328]。

5資本調達　資本調達の便宜から、*授権資本制

かぶしきか

度'が認められ，また，*種類株式'を発行することができる。なお，合名会社・合資会社・合同会社との差異については，*会社'に掲げた［表：会社の比較］を参照せよ。

株式買取請求権　**1 意義**　会社に対して，その*株式'の公正な価格での買取りを請求できる株主の権利。出資（払込み・給付）の払戻しと同様の効果を生ずるため，特別の場合にのみ認められる。

2 株式買取請求が認められる場合　一定の会社の行為に反対の株主に認められるのが通常であるが（反対株主の株式買取請求権），単元未満株式（⇨単元株'）の買取請求〔会社 192・193〕のようにすべての株主に認められるものもある。反対株主の株式買取請求権は，イ 事業譲渡等をする場合〔会社 469・470〕，吸収合併等（吸収分割及び株式交換を含む〔会社 782 ①〕）をする場合〔会社 785・786・797・798〕，新設合併等（新設分割及び株式移転を含む〔会社 803 ①〕）をする場合〔会社 806・807〕，*株式交付'をする場合〔会社 816 の 6〕及び株式の併合をする場合〔会社 182 の 4〕に認められている。ロ 株式会社が，その発行する全部の株式の内容として譲渡制限の定め〔会社 107 ①1〕（⇨議決権制限株式'）を設ける*定款'の変更をするのその全部の株式について〔会社 116 ①1〕，ある*種類株式'の内容として，その取得について会社の承認を要する旨〔会社 108 ①4〕又はその種類株式について*株主総会'の決議によってその全部を取得する旨〔会社 108 ①7〕の定めを設ける定款の変更をするその種類の株式（⇨全部取得条項付種類株式'）について，反対株主に認められる〔会社 116 ①2〕。*株式の併合'，*株式の分割'，*株式の無償割当て'，単元株式数についての定款の変更，株式の株主割当ての募集，*新株予約権'の株主割当ての募集及び新株予約権無償割当てをする場合において，ある種類株式を有する種類株主に損害を及ぼすおそれがあるときは，その種類株式（その種類の株式の内容として*種類株主総会'の決議を要しない旨の定款の定めがあるものに限られる）について，反対株主に認められる〔会社 116 ①3〕。

3 手続・買取価格等　反対株主の株式買取請求権については，株主が総会に先立って反対の意思を通知し，かつ，総会で反対し，更に，効力発生の日から 20 日以内に請求すること等が要求される〔会社 116 ②〜⑤〕。買取価格の決定につき株主と会社との間に協議が調わないときは，裁判所にその決定を請求することができる〔会社 117 ②〕。裁判所が決定する買取価格は公正な価格でなければならないが，それにはいわゆるシナジー効果（例えば合併によって 1 株の価値が上がったとすればその上がった価格が基準となる）が含まれると解されている。他方，単元未満株式の買取請求は随時可能であるが，その価格は，市場価格のある株式については請求の日の最終価格を基準とし〔会社 193 ①1，会社則 36〕，市場価格のない株式については，株主と会社との協議により，それが調わないときは裁判所が決定する〔会社 193 ①2②〕。

4 効力発生等　反対株主の株式買取請求に係る株式の買取りは，当該行為の効力発生日（新設合併・新設分割・株式移転の場合は設立会社の成立の日〔会社 807 ⑥〕）に，その効力を生ずる〔会社 117 ⑥・182 の 5 ⑥・470 ⑥・786 ⑥・798 ⑥〕。株券発行会社は，株券が発行されている株式について株式買取請求があったときは，株券と引換えに，その株式買取請求に係る株式の代金を支払わなければならない〔会社 117 ⑦・182 の 5 ⑦・470 ⑦・786 ⑦・798 ⑦・807 ⑦〕。

5 買取請求に応じて株式を取得した場合の業務執行者の支払義務　会社が前述の 2 ロの買取請求〔会社 116 ①〕に応じて自己の株式を取得する場合において，その請求をした株主に対して支払った金銭の額がその支払の日における*分配可能額'を超えるときは，その株式の取得に関する職務を行った業務執行者は，会社に対して，連帯して，その超過額を支払う義務を負う〔会社 464 ①本文〕。しかしその者がその職務を行うについて注意を怠らなかったことを証明した場合には，この限りではない〔会社 464 ①但〕。したがって，そのような職務を行おうとする業務執行者としては，その支払の日における分配可能額を予測し，かつ，どの程度買取請求がなされる可能性があるかを予測し，仮に買取請求がなされて，それに応じて金銭の支払をしたとしても，分配可能額を超えることがないことを相当程度の確実性をもって予測しなければ，この支払義務を負う可能性が生ずることになる。この義務は，総株主の同意がなければ免除することができない〔会社 464 ②〕。分配可能額を超えないことを確実性をもって予測できないときは，これらの行為を中止するほかない〔会社 116 ⑧〕。他方，前述 2 イの場合及び単元未満株式の買取りについては業務執行者の支払義務は定められない。

株式公開前規制　*金融商品取引所'に株式の上場を申請する会社が，その上場前に，募集株式・募集新株予約権の割当てを行った場合や株式・新株予約権の移動があった場合に課せら

れる金融商品取引所の規制〔東証有価証券上場規程222等〕。株式公開直後の市場価格は公開価格に比して高騰することがあり、株式所有者は公開直後の株式売却により巨額の利益を得られる場合があるが、元々はそれを賄賂や証券会社の営業政策等に悪用することを防止するために導入された。公開価格の決定方法の改善やベンチャー企業への投資促進を背景に順次規制が緩和され、現在では、新規上場申請者の利害関係者等が上場前の一定期間に株式等の移動を行った場合の上場申請書類への記載や記録保存等、並びに第三者割当て等や、ストック・オプションの付与・行使が行われた場合の継続所有・その確約と上場申請書類への記載・記録保存等が義務付けられるにすぎない。上場申請書類の不実記載は「新規上場申請に係る宣誓書」における宣誓事項への違反となる結果、上場廃止や実効性確保措置の対象となり得る〔東証有価証券上場規程601・503等〕。

株式交換 **1 意義と特色** 一定の手続を経ることで、*株式会社'がその発行済株式の全部を他の株式会社・*合同会社'に取得させる制度〔会社2③〕。既存の会社の間に完全親子会社関係を円滑に創設するための制度として、株式移転とともに平成11年商法改正(法125)により新たに設けられた。例えば、A社(株式交換完全親会社)がB社(株式交換完全子会社)の株主が有するB社株式を取得する対価としてA社株式を交付する株式交換を行えば、A社はB社の唯一の株主となり、B社の元の株主はA社の株主となる。株式交換の対価としては、A社の株式のほかに金銭や他の会社の株式等を交付することもできる。株式交換は、完全子会社となる会社の株主がその地位を失って完全親会社の株主となるという点で、会社の*合併'で消滅会社の株主がその地位を失って存続会社の株主となるところに類似する。しかし、株式交換では完全子会社となる会社は消滅せずに存続し、また、完全親会社となる会社は株式を取得するだけで権利義務の包括承継を伴わないという点で、合併と異なる。
2 手続 株式交換の手続は、既存会社間で行われる吸収合併の手続に類似するところが多い。そのため、株式交換完全子会社の手続については吸収合併消滅会社などとまとめて規定され〔会社782以下〕、株式交換完全親会社の手続については吸収合併存続会社などとまとめて規定されている〔会社784以下〕。まず、当事会社間で株式交換契約を作成し、各当事会社で*株主総会'の*特別決議'による承認(株式交換完全親会社が合同会社の場合には総社員の同意)を要する〔会社767・783・795・802①・309②⑫〕。*簡易株式交換'では、完全親会社となる会社におけるこの承認は原則として不要である〔会社796②、会社則196〕。また、略式株式交換では、従属会社が完全子会社となる場合でも〔会社784①〕、完全親会社となる場合でも〔会社796①〕、原則としてこの承認は不要である。株式交換契約の内容〔会社768・770〕は、吸収合併における合併契約の内容〔会社749・751〕に類似する。そのほか、株式交換契約等の事前開示〔会社782・794〕、差止め〔会社784の2・796の2〕、反対株主の*株式買取請求権'〔会社785・797〕、事後開示〔会社791・801〕などが定められているが、*債権者保護手続'は、株式交換の対価が金銭等である場合などの特別の場合を除き、必要とされていない〔会社789①③・799①③・802②〕。
3 税制 平成11年度以降、租税特別措置法にあった株式交換に対する規定は、平成18年度税制改正(法10)により*法人税法'及び*所得税法'に移され、適格要件についても、合併等の組織再編成と横並びになった。対価として金銭等が交付されなかった場合、株式交換完全子法人の株主への課税が繰り延べられる〔所税57の4①、法税61の2⑨〕。非適格株式交換に該当する場合、株式交換完全子法人が有する一定の資産の評価益又は評価損が、当該法人の*益金'の額又は*損金'の額に算入される〔法税62の9①〕。⇨*組織再編税制'

株式交換無効の訴え ⇨会社の組織に関する訴え'

株式交付 **1 総説** *株式会社'(株式交付親会社)が、他の株式会社(株式交付子会社)をその*子会社'とするために当該他の株式会社の*株式'を譲り受け、その対価として当該株式の譲渡人に対して当該株式会社の株式を交付すること〔会社2㉜の2・5編4章の2〕。具体的には、A株式会社が、T株式会社をA社の子会社とするために、T社の株主からその有するT社の株式を譲り受け、その対価としてA社の株式を交付することである。令和元年改正(法70)により新設された。改正以前は、A社がその株式を対価としてT社を子会社とするためには、A社において、T社の株式を*現物出資'財産とする*募集株式の発行等'を行う必要があった。しかし、そのためには、イ 原則として*検査役'の調査が必要となること〔会社207〕、ロ 引受人であるT社の株主及びA社の*取締役'等が財産価額塡補責任〔会社212・213〕を負う可能性があることなど、実務的な障害があると指摘されていた。

かぶしきこ

株式交付制度は，株式交付親会社(A社)に対して組織再編と同様の手続的な規制を課す代わりに，現物出資に関する上記イロの規律を課さないものとすることにより，株式を対価とした*企業買収'(親子会社関係の創設)を行いやすくするものである。

2 手続 株式交付は，株式交付親会社(A社)にとっては，いわば部分的な*株式交換'によるT社株式の取得であるといえる。そこで，株式交付親会社には，株式交換と同様の規律が適用される。株式交付親会社は，原則として*株主総会'の*特別決議'によって株式交付計画の承認を受けなければならず〔会社816の3・309②⑫〕，株式交付親会社の反対株主は，原則として株式交付親会社に対して*株式買取請求権'を行使することができ〔会社816の6〕，株式交付親会社の債権者は，一定の場合には株式交付について異議を述べることができる〔会社816の8〕。株式交付子会社は，株式交付の当事者ではなく，手続的な規制は課されていない。株式交付子会社の株主は，株式交付親会社による株式交付に応じて株式を譲渡するかどうかを，各自で判断することとなる。具体的には，株式交付子会社の株主は，株式交付親会社との間で株式の譲渡しの合意をし(原則として譲渡しの申込み及び割当てによるが，総数の譲渡し契約を締結することもできる)〔会社774の4〜774の6〕，かかる合意に基づき，その有する株式を株式交付親会社に給付する〔会社774の7〕。株式交付親会社は，株式交付計画で定めた効力発生日〔会社774の3①⑪〕に給付を受けた株式交付子会社の株式を取得する〔会社774の11①〕。

3 税制 令和3年の改正によって，株式等を対価とする株式の譲渡に係る所得の計算の特例(株式交付税制)が創設された。これは，株主が有する株式(以下「所有株式」)を発行した法人(T社)を株式交付子会社とする株式交付により，その所有株式(T社株式)の譲渡をし，その株式交付に係る株式交付親会社(A社)の株式(A社株式)の交付を受けた場合に，一定の要件の下で当該譲渡に係る課税を繰り延べるものである〔租特37の13の3①・66の2①〕。ただし，対価として交付を受けた資産の価額のうち株式交付親会社の株式の価額が80％以上である場合に限ることとし，株式交付親会社の株式以外の資産の交付を受けた場合には株式交付親会社の株式に対応する部分の譲渡損益の計上が繰り延べられる。

株式交付費 ⇨繰延資産'
株式交付無効の訴え ⇨会社の組織に関する訴え'
株式消却 ⇨株式の消却'
株式の買占め ⇨企業買収'

株式の共有 1個又は数個の*株式'を数人が*共有'すること。株式は所有権ではないから，正確には*準共有'〔民264〕というべきである。1個の株式を更に細かく分割するわけではなく，そのまま数人で共有するものであるから，*株式不可分の原則'には反しない。株式の共同引受け，数人による株式の相続，組合による株式の譲受けなどによって生ずる。共有者は，その中からその株式についての権利を行使する代表者1人を定めることを要し〔会社106・126③〕，これがない場合には会社は，共有者の1人に対し通知又は催告すればよい〔会社126④〕。

株式の質入れ 株式を目的として質権を設定すること。質入れの効力には，留置的効力〔民362②・347〕，*転質'権〔民362②・348〕及び*優先弁済'受領権〔民362②・342〕がある。*物上代位'的効力の及ぶ範囲については，明文の規定〔会社151〕で定められている。株式の質入れは，略式質と登録質とに分けられる。 ⇨略式質' ⇨登録質'

株式の消却 発行済株式のうちの特定の*株式'を消滅させる会社の行為。*発行済株式総数'が減少する点では*株式の併合'と同様であるが，全ての株式につき一律になされるのではなく，特定の株式を消滅させる点で株式の併合とは異なる。会社法は，株式の消却については，*自己株式'を消却することができる旨，その場合の定めるべき事項及びその決定の手続等のみを規定している〔会社178〕。株式の消却がなされても，*発行可能株式総数'には影響を与えない。

株式の譲渡 **1 意義** *法律行為'により*株主'としての地位である*株式'を移転すること。株主の資格において有する一切の権利が一括して承継される。

2 株式の自由譲渡性とその限界 株式は原則として自由に譲渡することができる。*株式会社'では原則として株主の個性が問題にならず自由譲渡性を認めても差し支えなく，他方*出資'の払戻しが原則として認められない株式会社では，株主の投下資本の回収の道を確保する必要があるからである。もっとも，一定の場合には株式の自由譲渡性に制限が加えられている。イ 時期的な制限(*権利株'〔会社35・50②・63②・208④〕・*株券'発行前の株式〔会社128②〕)，ロ *自己株式'〔会社155〕，*親会社'株式の取得の制限〔会社135〕，ハ 特別法上の制限〔独禁10・11・14，

日刊新聞]，ニ *'定款'による譲渡制限(⇒譲渡制限株式')などである。
3 譲渡方法 *'株券発行会社'においては，株式の譲渡は，原則として，*'意思表示'と株券の交付によって行われる〔会社128①本文〕。株券が不発行となり又は寄託された場合(⇒株券不所持制度')には，株式譲渡には株券の発行又は返還を求める必要がある。株券の占有者は適法な所持人と推定される〔会社131①〕。このような権利者としての外観を備えた者からの株式の譲受けには*'善意取得'の制度の適用が認められている〔会社131②〕(⇒有価証券の善意取得')。なお，振替株式制度が適用される場合には，*'振替機関'の口座簿の振替の記載又は記録が，譲渡の効力要件とされ〔社債株式振替140〕，これにより譲渡がなされることになる。他方，株券発行会社でない会社においては，意思表示のみによって譲渡することができる。
4 会社への対抗要件 株式譲受人が，会社に対して株主として権利を行使するには，譲受人の氏名・住所を*'株主名簿'に記載又は記録することが必要である〔会社130〕(⇒株主名簿'・'名義書換')。株券発行会社においては，株券の占有には*'資格授与的効力'があるため，株主は株券の呈示により当然に名義書換を受けることができると同時に，会社は株券の占有者に名義書換をすれば免責される。もっとも，名義書換は*'対抗要件'にすぎないから，名義書換がなされなくとも当事者間では譲渡は有効であり，また会社の方から名義書換未了の株式譲受人を株主と認めることは差し支えないとするのが判例(最判昭和30・10・20民集9・11・1657)・通説である。なお，会社が名義書換を不当に拒絶している場合には，譲受人は名簿上の記載にもかかわらず株主としての地位を主張することができるとしている(最判昭和42・9・28民集21・7・1970)。
5 第三者への対抗要件 株券発行会社でない会社においては，株式譲受人が会社以外の*'第三者'に対して株主であることを対抗するためには，譲受人の氏名・住所を株主名簿に記載又は記録することが必要である〔会社130①〕。

株式の譲渡制限 ⇒譲渡制限株式'

株式の相互保有 複数の*'株式会社'が相互に相手方会社の*'株式'を保有し合うこと。資本的結合による企業結合方式の1つであり，企業の系列化・グループ化，経営者支配の手段として機能する。株式の相互保有が行われると，会社支配権の歪曲(わいきょく)化，会社資本の空洞化などの弊害が生ずるおそれがあるため，商法上も規制されている。すなわち，*'子会社'がその*'親会社'の株式を取得することは原則として禁止され〔会社135〕，また，A株式会社(その子会社を含む)がB(会社，*'外国会社'，*'組合'その他これらに準ずる事業体)の相互保有対象*'議決権'の総数の4分の1以上を有する場合には，Bは自己が保有するA会社の株式について議決権を有しない〔会社308①括弧，会社則67〕。ここで相互保有対象議決権とは，会社法308条1項その他これに準ずる会社法以外の法令(外国の法令を含む)により行使することができないとされる議決権を含み，*'役員'等(*'会計監査人'を除く)の選任及び定款の変更に関する議案(これらの議案に相当するものを含む)の全部につき*'株主総会'(これに相当するものを含む)において決議権を行使することができない株式に係る議決権を除くBにおける議決権をいう。

株式の単位 **1 平成13年改正前** 額面株式を発行する場合，その最低株金額は昭和25年改正(法167)前商法では20円であったが，同改正により500円に引き上げられた〔商旧(昭和56法74改正前の)202②〕。昭和56年改正(法74)により会社設立時においては無額面株式を発行する場合も含め5万円に引き上げられる一方〔商旧(平成13法79改正前の)166②・168の3〕，会社成立後の最低株金額規制は廃止された。最低金額を法定する意義は無産者による株式投資の防止にあったが，次第に出資単位を株主管理コストに見合うようにするという目的に移行していった。出資単位の引上げのための*'株式の併合'は*'貸借対照表'上の純資産額が5万円以上となる場合にのみ許され〔商旧(平成13法79改正前の)214①〕，*'株式の分割'はこれにより貸借対照表上の純資産額が5万円未満となる場合には認められなかった〔商旧(平成13法79改正前の)218②〕。1株に満たない端数で100分の1株の整数倍に当たるものを端株と定義し，端株処理の特則として一定の法的地位を与えていた(端株制度)。更に，株式の単位を強制的に引き上げるための移行措置として，単位株制度が導入された〔商等改正法(昭和56法74)附15～21〕。実務では，市場価格が貸借対照表上の純資産額を大きく上回る会社が株式分割を行うことができないといった弊害が生じていた。

2 平成13年改正 出資単位に係る規制による各種弊害を除去するため，株式の単位についての法規制を全廃し，各会社の自治に委ねることとした。これに伴い，昭和56年改正で導入された単位株制度が廃止され，恒久的な制度として単元株制度が導入された。また，額面株式が廃

かぶしきの

止され，無額面株式に統一されたため，券面額未満の発行禁止といった規制も不要となった。
3 会社法 平成17年制定の会社法では，基本的に平成13年改正商法の規律を引き継ぎ，株式の単位についての法規制は設けず，会社の自治に委ねることとされた。あわせて，端株制度が廃止された。単元株制度は存置され，*定款'の定めにより，一定数の株式を1単元の株式と定め，それにつき1個の*議決権'を認め，1単元未満の株式には議決権は認められない〔会社188・189〕。
⇨単元株'

株式の払込期日　⇨払込期日'

株式の引受け　*株式会社'の設立又は募集株式の発行において，出資者として株式の払込義務を引き受けることをいう。*発起設立'の場合には，設立時発行株式は，*発起人'がその全部を引き受け，発起人は出資を履行すれば会社成立時に*株主'になる〔会社50①〕。*募集設立'の場合には，設立時発行株式の一部を発起人が引き受け，その残りの株式については発起人が株主を募集する〔会社57・58〕。募集に対して申込みがあると割当てがなされて株式引受けが確定し〔会社62〕，引受人は払込みをすると〔会社63・64〕，会社成立時に株主となる〔会社102②〕。募集株式の発行における株式の発行においても，会社は募集に応じて株式の引受けの申込みをした者に対して株式の割当てをし，申込人は株式引受人となる。他人名義で株式の引受けがなされた場合には，実際に申込みをした者が実質上の株式引受人・株主となるとする実質説と，名義を貸与した者が株式引受人・株主となるとする形式説の立場がありうるが，判例(平成17年改正(法87)前商法201条2項に関する最判昭和42・11・17民集21・9・2448)は，実質説の立場をとることを明らかにしている。

株式の分割　**1 意義**　1株を10株にするというように，*株式'を細分化すること。*株式の併合'と逆に，1株の大きさを引き下げるためのものである。会社財産は増加せずに*発行済株式総数'だけが増加するものであり，1株の価値は株式の分割によって減少するが，各株主にとっては1株の価値が減少しただけ持株数が増加するから，会社に対して有する地位には変わりがない。高騰した株式の市価を低くして市場性を高める目的でなされる。*株式の無償割当て'も参照せよ。

2 株式分割の自由　1株の大きさをどのようにするかは会社の自由である。また，いわゆる普通株式についてのみ株式の分割をするように，あ

る種類の株式についてのみ株式の分割をすることも許される。

3 手続　株式の分割は*取締役会設置会社'では*取締役会'の決議により，取締役会不設置会社では*株主総会'の決議による〔会社183②〕。その決議で，基準日，その効力が生ずる日が定められる。*発行可能株式総数'との関係では，現に2種類以上の株式を発行している場合を除いて，発行可能株式総数を株式の分割の割合に応じて増加する*定款変更'は，株主総会の*特別決議'によらないですることができ〔会社184②〕，かつ，発行可能株式総数が発行済株式総数の4倍以内という制約(*公開会社'の場合)〔会社113③〕にも服さない。株式分割の決議後，会社は基準日，その効力が生ずる日等を公告する〔会社124③〕。

4 効力の発生　取締役会(取締役会不設置会社は株主総会)の決議で定められたその効力が生ずる日に，分割の効力が発生する。

株式の併合　**1 意義**　10株を1株とするというように，*株式'をより少ない数の株式とすること。*株式の分割'とは逆に，1株の大きさを引き上げるためのものである。全ての株式につき一律に効果が生ずる点で*株式の消却'と異なる。もっとも，*種類株式'を発行している場合にある種類の株式についてのみ株式の併合をすることは許される〔会社180②③〕。公開会社においては効力発生日における*発行可能株式総数'は，効力発生日における*発行済株式総数'の4倍を超えることができない〔会社180③〕。

2 手続　*株主総会'の*特別決議'により，併合の割合，併合が効力を生ずる日等が定められ，その株主総会において，*取締役'は株式の併合を必要とする理由を説明しなければならない〔会社180②④・309②④〕。また，事前及び事後の開示が求められるほか〔会社182の2・182の6〕，反対株主の株式買取請求〔会社182の4〕，差止め〔会社182の3〕が定められている。なお，*株券発行会社'においては，原則として*株券'交換手続を要する〔会社219①②〕。

3 効力の発生　株主総会の決議によって定められたその効力を生ずる日に，併合の効力が発生する。

株式の無償割当て　**1 内容**　金銭などの払込みを要求せずに，既存株主に株式を割り当てることをいう〔会社185〕。割当株式数など株式の無償割当てに関する事項は，*取締役会設置会社'では*取締役会'，その他の*株式会社'では*株主総会'が決定する〔会社186③〕。割当てを

受けた株主は，効力発生日〔会社186①②〕に当然に割当てを受けた株式の株主となる〔会社187①〕。

2 株式の分割との比較 株式の分割と株式の無償割当では，*発行済株式総数*が増加するが，会社の資産内容が変化しないという点で共通する。株式分割との大きな違いは，株式の無償割当てでは，既存株主が所有する株式の種類とは異なる種類の株式を割り当てることができる点にある〔会社184①・186①①〕。例えば，*種類株式発行会社*が普通株式と優先株式を発行済みである場合，株式の無償割当てをすることによって，優先株主に普通株式を付与することができる。また，*自己株式*を保有する発行会社に対しては，無償割当てはなされない〔会社186②〕。これに対して，株式会社は自己株式を分割の対象に含めることができる。 ⇨株式の分割'

株式の申込み 会社が行う株式の募集に応じてなされる*株式の引受け*を行う旨の意思表示をいう。*発起人*は，設立時募集株式の引受けの申込みを行おうとする者に対し，イ *定款*の認証の年月日及び認証した*公証人*の氏名，ロ 定款の絶対的記載事項〔会社27〕・*変態設立事項*〔会社28〕・発起人が引き受けた設立時発行株式に関する一定の事項〔会社32①〕・設立時募集株式に関する一定の事項〔会社58①〕，ハ 発起人が出資した財産の価額，ニ 払込みの取扱いの場所，ホ その他法務省令で定める事項を通知しなければならない〔会社59①〕。募集に応じて株式の引受けの申込みを行おうとする者は，書面(発起人の承諾を得た場合には，書面に記載すべき事項を*電磁的方法*により提供することができる)を発起人に交付する方法で申込みをしなければならず，書面には，申込者の氏名(名称)・住所，引き受けようとする設立時発行株式の数を記載しなければならない〔会社59③〕。株式の申込みについては，法的安定性を確保するために，民法における*意思表示*の一般原則の適用が制限されている。すなわち，*心裡(り)留保*・通謀*虚偽表示*に関する民法93条1項但書及び94条1項の規定は，設立時発行株式の引受けに係る意思表示については適用せず〔会社51①〕，また，会社成立後は，発起人は*錯誤*，*詐欺*又は*強迫*を理由として設立時発行株式の引受けの*取消し*をすることができないとされている〔会社51②〕。なお，会社成立後になされる*募集株式の発行等*の場合に関しても，同様の規制が設けられている〔会社211〕。

株式の割当て 設立時募集株式の場合，*発起人*は，株式の募集に対する申込みがあると，株式の割当てすなわち特定の申込人に株式を引き受けさせるか否か，何株引き受けさせるかの決定を行わなければならない〔会社60①〕。発起人は，払込期日の前日までに申込者に対し同人に割り当てる株式数を通知しなければならない〔会社60②〕。発起人は，株式募集の広告や目論見書(もくろみしょ)などで割当方法をあらかじめ定めていない限り，どの申込者に対し何株を割り当てるのか自由に決定できるものとされ，これを割当自由の原則と呼んでいる。ただし，特に新株発行の場合について，近時は，既存株主の持株比率を不当に低下させるような割当てを行うことは認められないとする考え方が判例でも示されており，その意味で割当自由の原則にも制約がありうるといえる。株式の割当てにより株式申込人は株式引受人となり，割り当てられた株式の数に応じて払込みをなす義務を負う。株式引受人が払込期日に払込みをしないときは，当該払込みをすることによって設立時募集株式の株主となる権利を失うものとされている〔会社63③〕。*募集株式の発行等*の場合も同様である〔会社204・208〕。

株式払込金保管証明 ⇨払込保管証明'
株式払込金保管証明書 ⇨払込取扱機関'
株式払込金領収証 株式の払込みがなされた場合に交付される領収証であるが，実際には，株式申込金領収証が払込期日後に株式払込金領収証となる。株金払込領収証ともいう。現在の実務では，*株式の申込み*に際し払込金額と同額の*株式申込証拠金*を払い込ませ，その領収書として株式申込金領収証が発行されている。

株式払込取扱機関 ⇨払込取扱機関'
株式引受権 *取締役*又は*執行役*がその職務の執行として*株式会社*に対して提供した役務の対価として当該株式会社の株式の交付を受けることができる権利(*新株予約権*を除く)をいう。会社法202条の2に基づいて，取締役等の報酬等として金銭の払込み等を要しないで株式の発行等をする取引であって，取締役の報酬等として株式を無償交付する取引のうち，契約上，株式の発行等が行われるための条件(権利確定条件)が付されており，権利確定条件が達成された場合に株式の発行等が行われる取引(事後交付型)に該当する場合の報酬費用の相手勘定。対象期間中に計上された報酬費用に対応する金額が，将来的に株式を交付する性質のものとして累積され，権利確定日以後の割当日において払込資本に振り替えられる。

株式不可分の原則 株主の地位の単位である1個の株式を更に分割することは許されない

かぶしきふ

という原則をいう。しかし、'株式の共有'は認められており〔会社106〕、また'株式の分割'〔会社183〕の手続により出資単位を全体として変更して小さくすることは、この原則の禁ずるところではない。なお、この原則の例外として、会社法制定以前には端株の制度が採用されていたが、会社法においては'単元株'制度と端株制度とが同様の趣旨のものであるとの考えに基づき、端株制度は廃止されている。

株式振替制度 ⇨社債，株式等の振替に関する法律'

株式分割 ⇨株式の分割'

株式併合 ⇨株式の併合'

株式報酬 1 意義 '株式会社'の'取締役'又は'執行役'の報酬等として，当該会社の'株式'を交付することをいう。取締役又は執行役に会社の業績ひいては株価を高める動機(インセンティブ)を与えるためのインセンティブ報酬の一種である。また，金銭以外の報酬('非金銭報酬')の一種であり，株式や'新株予約権'を報酬として与えるエクイティ報酬の一種でもある。株式報酬に関する規律は，令和元年会社法改正により整備された。以下，'指名委員会等設置会社'以外の株式会社を念頭に置いて概説する。

2 方法・手続 株式報酬を付与する方法には，大きく，イ 会社が取締役に対して，報酬等として株式を直接交付する方法(直接交付方式)と，ロ 会社がまず取締役に金銭報酬を与え，それを払込原資として株式を交付する方法(例えば，当該金銭報酬債権を'現物出資'財産として募集株式の発行をする方法等)(間接交付方式)がある。令和元年改正前は，イの直接交付方式による場合は，非金銭報酬として，'定款'又は'株主総会'の決議によりその具体的な内容を定める必要があったところ，「具体的な内容」としてどこまでの定めを要するかが不明確だったため，実務上は，ロの間接交付方式が広く利用されていた。しかし，この方法による場合，実質は株式報酬であるにもかかわらず，法形式上は金銭報酬であるため，取締役に交付される株式の数や内容を株主総会の決議で定めることが要求されなくなるという問題があった。そこで，令和元年改正では，株式報酬について，直接交付方式・間接交付方式の区別を問わず，取締役の報酬等として募集株式を交付する場合には，当該募集株式の数の上限等の所定の事項を，定款又は株主総会の決議によって定めなければならないものとされた〔会社361①③⑤イ，会社則98の2・98の4①〕。また，同改正では，直接交付方式

による株式報酬の付与を円滑に行うことができるように，上場会社が取締役の報酬等として株式の発行等をする場合に，募集株式と引換えにする金銭の払込み等を要しないものとすることができる旨の規定が新設された〔会社202の2①〕。なお，指名委員会等設置会社については，会社法202条の2第3項・409条3項3号・5号イ，会社法施行規則111条・111条の3第1項を参照。

3 税制 報酬等として株式や新株予約権などが個人，特に取締役や従業員に付与された場合，そのような株式等は原則として'現物給与'と取り扱われる。一定の要件を満たす譲渡制限付株式(特定譲渡制限付株式)が取締役や従業員に付与された場合，所得税法上，取締役等はその制限解除時の株式時価につき給与所得として課税される〔所税28①・36②，所税令84①〕。その株式を付与した法人に関し，制限解除時に取締役等に給与所得が生じる場合(給与等課税額)には，法人税法上，制限解除と引換えに消滅する取締役等の報酬債権(消滅債権)額などにつき給与課税額発生確定日に費用として損金に算入される〔法税54①，法税令111の2④〕。

⇨ストック・オプション'

株式保有の制限 '企業結合の制限'の一種。'独占禁止法'により，事業支配力が過度に集中することとなる他の会社の株式保有〔独禁9〕，及び，株式保有により'一定の取引分野'における'競争の実質的制限'がもたらされることとなる場合又は'不公正な取引方法'による株式保有が禁じられている〔独禁10〕。銀行及び保険会社に対しては，金融会社以外の会社(事業会社)の総株主の議決権の5%(保険会社は10%)を超えて当該事業会社の議決権を取得・保有することが禁止されるが，'公正取引委員会'の認可を受けた場合及び金融業務上一時的に株式を保有する等の場合には上記の上限を超えて保有することが認められている〔独禁11〕。 ⇨株式の相互保有'

株式申込証拠金 '募集設立'においては，実務では，設立時募集株式の申込者に対し，申込みの際に，設立時募集株式の払込金額に相当する申込証拠金を支払うようにするのが通例であり，これを株式申込証拠金という。株式申込証拠金は，'株式の割当て'があれば払込金に充当されるため，払込みがなく失権する〔会社63③〕ことを防ぐことができる。なお，'募集株式の発行等'における株式の募集においても，実務上，会社は'株式の引受け'の申込者に対し，払込金と同額の申込証拠金を添えて申込みをす

かぶぬしけ

るよう要求するのが通例であり，判例(最判昭和45・11・12民集24・12・1901)もこのような手続を必要性があり，不合理なものともいえず法律上許されるとしている。

株式申込証拠金領収証　設立時募集株式の申込みや新株の申込みについては，実務上，*株式の申込み'に際して払込金額と同額の申込証拠金を払い込ませるのが通例であり，この申込証拠金の払込みを証するために発行されていたのが株式申込証拠金領収証である(払込期日後に株式払込金領収証となる)。以前は，*株券'の交付が株式申込金領収証と引換えになされたため，当該領収証に*株主名簿'・*名義書換'に必要な白紙委任状・譲渡証書等をつけて転々流通させる商慣行を生じ，領収証の有価証券性が議論されたことがあったが，現在は，株券は証書と引換えではなしに会社から株主の住所宛に直送されることになったため，この種の議論はなくなった。

貨物(かも)引換証　*運送人'が運送品の受取を証し，目的地においてこれを引き渡す債務を負担(運送品引渡請求権を表章)する*有価証券'〔商旧(平成30法29改正前の)571〕。利用されることがなくなり平成30年の商法改正で廃止された。

株　主　*株式会社'における社員としての地位である*株式'の所有者。*株主有限責任の原則'が株式会社の基本的特色であり，株主は株式の引受価額を限度とする間接有限責任を負うにすぎない〔会社104〕。株式は均一の割合的単位の形をとるから，株主は，会社との法律関係においては，その有する株式の内容及び数に応じて平等の取扱いを受ける〔会社109①〕。(例外は，公開会社ではない会社における株主ごとに異なる取扱いを行う旨の定款の定め〔会社109②〕)(⇨株主平等の原則')。株主には，資本維持の原則から*退社'は認められず，また，原則として株主の個性は重視されないので，株式の自由譲渡性(⇨株式の譲渡)が認められる〔会社127〕(例外は，*定款'で株式の譲渡制限(⇨譲渡制限株式')を定めた場合〔会社107①1・108①4〕)。また，単元未満株主は，株主であるが，*議決権'は一単元の株式につき1個有すると定められ〔会社188①〕，単元未満株式(⇨単元株')には議決権は与えられない。

株主間契約　*株式会社'の株主(他の会社形態であれば社員)等が相互に，会社の経営・株主権の行使などに関して締結する契約。典型的なものに，*取締役'ポストの分配や剰余金分配の仕方についての*株主総会'での議決権の行使方法について合意する議決権拘束契約があり，議決権に関する*種類株式'と同様に*資本多数決'を修正する機能をもつ。ほかにも，*代表取締役'の選任，株式公開の是非，株式の譲渡制限など，株主間の利害調整の対象となりうる事項は全て株主間契約の対象となりうる。合弁企業を設立する際には，まず株主間契約によって株主間の利害調整を図るのが通常であり，合弁契約とも呼ばれる。ベンチャー企業の設立でも同様に活用されるほか，小規模*閉鎖会社'でもしばしば利用される(例えば，東京高判平成12・5・30判時1750・169)。しかし，会社法上の契約ではないため，契約違反時に与えられる救済の範囲や株式が譲渡された場合の処理については議論があり，その実効性には不確実性が残されている。

株主権　1 意義　*会社'に対して*株主'として有する権利。*株金全額払込主義'をとっている会社法の下では，株主になった時点では出資義務が履行済みとなっており，したがって株主の地位は会社に対するいろいろな権利となって表れる。

2 内容　株主の権利は，会社から経済的利益を受けることを内容とする自益権と会社の経営に参加し，業務執行の監督・是正をすることを内容とする共益権とに分けられる。自益権には，*剰余金配当請求権'〔会社461①8〕，*残余財産分配請求権'〔会社504〕，*名義書換'請求権〔会社130〕，*株式買取請求権'〔会社182の4・192・193・469・470・785・786・797・798・806・807〕等がある。共益権は，1株の株主でも行使しうるもの(*単独株主権')と*発行済株式総数'の一定割合又は一定数以上の*株式'を有する株主(数人の持株数を合算してもよい)に認められるもの(*少数株主権')とに分けられ，前者として*議決権'〔会社308①〕(ただし，単元未満株式)，株主総会決議取消しの訴え提起権〔会社831①〕(⇨会社の組織に関する訴え')，責任追及等の訴えの提起請求権・代表訴訟提起権〔会社847〕(⇨責任追及等の訴え')(ただし，単元未満株式についての定款の定め)，*取締役'等の違法行為*差止請求権'〔会社360〕，新株発行・自己株式処分・*新株予約権'発行・*株式交換'・*株式移転'・*株式交付'・*組織変更'・*会社分割'・*資本金額の減少'・*合併'・設立無効訴え〔会社828～830〕等があり，後者として，*株主提案権'〔会社303～305〕，*株主総会'招集権〔会社297〕，*検査役'選任請求権〔会社306〕，取締役等の解任請求権〔会社854〕，*帳簿閲覧権'〔会社433〕，*解散'請求権〔会社833〕等がある。

かぶぬしし

3 社員権論 かつて問題とされたのは、株主権は、イ 自益権と共益権の双方を含むか、ロ 自益権だけか、更に限定して、ハ 利益配当請求権のみかということであり、この論争は、自益権と共益権とを包含した*社員権'という概念を認めるかが争点であったところから、社員権論と呼ばれ、これを否定するロ及びハは社員権否認論と呼ばれている。イが通説となっている。

株主資本等変動計算書 *株式会社'が作成すべき*計算書類'の１つであって、１事業年度における株式会社の純資産の部の変動の明細を示すもの。株主資本、評価・換算差額等、*株式引受権'、*新株予約権'の４つに区分し、株主資本は更に資本金、新株式申込証拠金、*資本剰余金'、*利益剰余金'、*自己株式'、自己株式申込証拠金に区分し、更に、資本剰余金は資本準備金と*その他資本剰余金'に、利益剰余金は利益準備金とその他利益剰余金に、それぞれ区分しなければならない。資本金、資本剰余金、利益剰余金及び自己株式に係る項目については、それぞれ、当期首残高、当期変動額、当期末残高を示し、当期変動額については、各変動事由ごとに当期変動額及び変動事由を明らかにしなければならない。他方、評価・換算差額等、株式引受権、新株予約権及び非支配株主持分に係る項目については、それぞれ当期首残高及び当期末残高並びにその差額について明らかにすれば足りるが、主要な当期変動額について、その変動事由とともに明らかにすることもできる〔会社計算96②①③①④〜⑧〕。

株 主 総 会 １ 意義・権限　*株主'により構成される*株式会社'の必置の機関〔会社295〕。必要機関ではあるが常置ではなく、毎*事業年度'の終了後一定の時期に招集される定時総会と〔会社296①〕、必要に応じて随時招集される臨時総会とがある〔会社296②〕。権限は、*取締役会設置会社'か否かで異なっており、取締役会設置会社の場合には、会社法に規定する事項及び*定款'で定めた事項に限る〔会社295②〕。これに対し、非取締役会設置会社の場合には、株主総会の権限に関する制約がなく、会社法に規定する事項及び株式会社の組織、運営、管理その他株式会社に関する一切の事項について決議できる〔会社295①〕。すなわち、*取締役会'が設置されている場合には、業務執行は原則として取締役会の決定に委ねられるのに対し、取締役会が設置されていない場合には、万能機関性を有する株主総会を通じて、株主が経営に対し直接的なコントロールを行うことが想定されている。会社法の定める株主総会の決議事項は専決事項とされ、*取締役'等その他の株主総会以外の機関が決定できる旨の定款の定めは無効である〔会社295③〕。取締役会設置会社における法定の決議事項は、会社の基礎的変更(定款変更、*合併'、*会社分割'、*株式交換'・*株式移転'、*株式交付'、*事業の譲渡'、*資本金額の減少'等)、機関の構成員の選任・解任、計算関係(*計算書類'の承認等)、株主の重要な利益に関する事項(*剰余金'の処分、株式の併合等)、取締役等の専横の危険のある事項(取締役等の報酬等の決定、事後設立等)に大別される。非取締役会設置会社に固有の法定決議事項としては、*譲渡制限株式'の譲渡承認、自己株式の取得価格等の決定、*株式の分割'の決定、取締役の競業・利益相反取引の承認等がある。また、株主総会で報告がなされるべき事項がある〔会社438③・439〕。

2 招集　取締役会設置会社では取締役会が〔会社298④〕、非取締役会設置会社では取締役が、招集に関する決定を行う〔会社298①〕。いずれの会社においても、少数株主権に基づき総会を招集できる〔会社297〕。取締役会設置会社では、株主総会の目的たる事項を取締役会で定め〔会社298①②〕、それを*招集通知'に記載・記録し〔会社299①〕、書面又は*電磁的方法'により株主に通知しなければならない〔会社299②②③〕。目的たる事項のほか、日時・場所など通知に記載・記録すべき事項が法定されている〔会社299④・298①〕。取締役会設置会社の株主総会は、当該総会の目的たる事項として決定された事項以外の事項については、決議することができない〔会社309⑤〕。招集通知の発出時期は、*公開会社'の場合は株主総会の会日の２週間前であるのに対し、公開会社以外の会社の場合は会日の１週間前に発出すれば足り、当該会社が非取締役会設置会社である場合には、定款の定めにより、会日の１週間前より更に短縮することができる〔会社299①〕。非取締役会設置会社においては、招集通知は口頭や電話でもよく、計算書類・監査報告の添付を要しないなど〔会社437参照〕、招集手続が大幅に簡素化・柔軟化されている。他方、各株主は、単独株主権として株主総会の議題提案権を有する〔会社303①〕。ただし、書面投票・電磁的方法による投票制度を採用した場合には、招集通知は、書面又は電磁的方法に限られ〔会社299①②①③〕、株主総会*参考書類'・*議決権行使書面'等を交付しなければならない〔会社301・302〕。令和元年改正により、定款の定めに基づきインターネットを利用して情報提供すれば、株主総会参考書類等一部の書

類の交付を要しないものとされた(電子提供措置)〔会社325の2～325の7〕。
3 議決権の数・行使 議決権の数は，原則として一株一議決権である〔会社308①〕。*議決権制限株式'〔会社108①③②③〕，自己株式〔会社308②〕，単元未満株式〔会社189①〕(⇨単元株')及び相互保有株式〔会社308①括弧，会社則67〕については，議決権が認められない。*議決権の代理行使'が認められる〔会社310〕。総会に出席しない株主に対しては，議決権を有する株主数が1000人以上の会社においては書面投票制度が強制されており〔会社298②〕，それ以外の会社であっても，招集者は，書面投票・*電子投票'制度の採用を決定できる〔会社298①③④〕。また，*議決権の不統一行使'もできる〔会社313〕。
4 議事・決議 議長は，定款に定めがなければ会議体の一般原則により総会において選任され，総会の秩序を維持し議事を整理する義務を負う〔会社315①〕。審議は，通常，議案の提案者が提案理由等を説明した後に質疑応答がなされ，取締役・*会計参与'・*監査役'・*執行役'には，株主から特定の事項につき説明を求められた場合に説明をする義務がある〔会社314〕。*議事録'の作成を要する〔会社318①，会社則72③〕。少数株主は，招集手続・決議方法を調査させるため，*総会検査役'の選任を裁判所に請求する権利を有する〔会社306〕。決議には，イ 議決権を行使することができる株主の議決権の過半数を有する株主が出席し，その議決権の過半数の賛成の成立による*普通決議'(定款で，定足数につき別段の定めを置くことができる〔会社309①〕)，ロ 株主の議決権の過半数(定款で3分の1まで引き下げることは可能)を有する株主が出席し，その議決権の3分の2以上の賛成で成立する*特別決議'〔会社309②〕，及びハ *特殊決議'がある。特別決議事項としては，定款変更，組織再編行為，*株式の併合'，公開会社以外の会社における募集株式・*新株予約権'の発行，*役員'等の責任の一部免除等がある。特殊決議には，議決権を行使できる株主の半数以上で，その議決権の3分の2以上の賛成を要する，定款変更・組織再編行為により譲渡制限株式等に変わる場合〔会社309③①・107①①②①〕と，*非公開会社'において総株主の半数以上で，総株主の議決権の4分の3以上に当たる多数の賛成を必要とする*属人的定め'を置く場合とがある〔会社309④〕。なお，取締役・監査役の選任・解任決議は，普通決議で足りるが，定款をもってしても，定足数を議決権を行使できる株主の有する議決権総数の3分の1未満とすることができない〔会社341〕。
5 決議・報告の省略 取締役又は株主が株主総会の目的である事項についてなした提案であって，株主全員が当該提案について書面又は*電磁的記録'により同意した場合には，決議を省略することができる(書面決議)〔会社319〕。また，取締役が全株主に対し株主総会の報告事項を通知し，全株主が総会での報告を要しないことにつき，書面又は電磁的記録により同意の意思表示をした場合には，報告を省略できる〔会社320〕。
6 決議の瑕疵(↑) 決議に取消事由がある場合には，形成訴訟である決議取消しの訴え〔会社831〕，決議内容が法令違反である場合には決議無効確認の訴え〔会社830②〕，及び決議が存在しない場合には決議不存在確認の訴えが認められる〔会社830①〕。

　⇨*電子提供措置' ⇨バーチャル株主総会'
　株主総会決議取消しの訴え ⇨会社の組織に関する訴え'
　株主総会決議不存在確認の訴え ⇨会社の組織に関する訴え'
　株主総会決議無効確認の訴え ⇨会社の組織に関する訴え'
　株主総会参考書類 ⇨参考書類'
　株主総会の決議 ⇨普通決議(株主総会の)'・*特別決議'・*特殊決議(株主総会の)'
　株主総会の特殊決議 ⇨特殊決議(株主総会の)'
　株主総会の特別決議 ⇨特別決議'
　株主総会の普通決議 ⇨普通決議(株主総会の)'
　株主代表訴訟 ⇨責任追及等の訴え'
　株主提案権 ある事項を*株主総会'の議題とすべきこと〔会社303〕，又は総会の議題につき議案を提出して，その要領を総会招集の通知に記載又は記録すべきことを会社に対し請求する*少数株主権'〔会社305〕及び総会の議場において総会の議題について議案を提出する*単独株主権'〔会社304〕。少数株主権である株主提案権は，*取締役会設置会社'においては，*定款'の定めにより要件を緩和しない限り，6カ月前から引き続き総株主の*議決権'の100分の1以上の議決権又は300個(*単元株'制度を採用している会社では300単元に当たる数)以上の議決権を有する*株主'にのみ認められる。また，議案の数は10以下に制限される。提案する議題が総会の決議事項であること，提案する議案が法令若しくは定款に違反せず，同一の議案につき総会において議決権の10分の1以上の賛

かぶぬしの

成を得なかった場合はその日から3年を経過していなければならない。議案提案権を無視して決議をしたときは、決議取消しの理由となる〔会社831①[1]〕。*電磁的方法'又は書面による議決権行使が認められる場合には、株主総会*参考書類'に株主提案に係る議案について一定の事項を記載すべきこととされている。

株主の議決権 ⇨議決権(株主の)'
株主平等の原則 **1 意義** *株主'は、株主としての資格に基づく会社に対する法律関係においては、その有する株式の内容及び数に応じて平等の取扱いを受けることができるという原則。*株式'が均一の割合的単位の形をとり、したがって、各株式の表章する権利の内容が同一であること(*種類株式'はその例外)を、株式の帰属者である株主の面から表現したもの。*株主総会'・*取締役会'で多数決で決定された事項も、この原則に反する場合にはその効力を否定されることから、この原則は多数決の濫用から少数株主を保護する機能を有する。会社法上も、この原則を前提として規定が設けられている〔会社308①・454③・504③〕。
2 例外 *少数株主権'はこの原則の例外であって、法定の場合以外に、*株主権'の行使に持株数の要件を課することは許されない。*単元株'制度の下では、単元未満株主に議決権が認められない〔会社189〕。このことは形式的には平等原則の例外であるが、実質的には単元未満株式は*議決権'の行使に関しては1株に満たない端数に相当するものと考えることができる。また、公開会社ではない会社においては、剰余金の配当を受ける権利、残余財産の分配を受ける権利及び株主総会における議決権については、株主ごとに異なる取扱いをする旨の定款の定めを設けることができる〔会社109②〕。

株主名簿 **1 意義と機能** 株主名簿とは、*株主'及び*株券'に関する事項を明らかにするため、*株式会社'が会社法上作成を義務付けられている帳簿をいい、*電磁的記録'の方法により作成することも認められる〔会社121〕。*商業帳簿'ではない。会社法上株式譲渡に際しては、株式取得者の株主名簿への記載又は記録が、株式譲渡の会社に対する*対抗要件'とされており、株券不発行会社では、更に株式譲渡の*第三者'に対する対抗要件ともされている〔会社130①〕。振替株式については、その譲渡・質入れは振替口座簿の記載又は記録により行われることから、振替株式の権利の移転、質入れの効力は振替口座簿の記載又は記録により定まる〔社債株式振替140・141〕。*株式の質入れ'に関しても、振替株式発行会社以外の株券不発行会社の場合には、株主名簿への質権者の記載又は記録が会社その他第三者に対する対抗要件とされている〔会社147①〕。また会社は、会社に対して権利行使しうる株主を株主名簿に基づいて確定することができ、かつ株主名簿上の株主に権利行使させれば免責される。一定時点における株主名簿上の株主に権利行使させるための制度として、基準日の制度が設けられている〔会社124〕。なお、株式買取請求権など振替株式発行会社における*社債、株式等の振替に関する法律'147条4項が定める「少数株主権等」の行使については、株主名簿の記載又は記録によるのではなく個別株主通知(⇨個別株主通知')の制度による〔社債株式振替154〕。そのほか、会社は株主に対する通知、催告を株主名簿上の株主にあてて送付すれば、たとえ到達しない場合であっても、通常到達すべきときに到達したものとみなされ、会社は免責される〔会社126①②〕。
2 株主名簿の記載内容・備置き・閲覧 株主名簿には、株主の氏名(又は名称)及び住所のほかに、その株主の有する株式の数(*種類株式発行会社'の場合には、株式の種類及び種類ごとの数)、株式の取得年月日及び株券発行会社が株券を発行している場合には株券の番号が記載又は記録されねばならない〔会社121〕。また振替株式を発行する会社の株主名簿には、当該振替株式については「社債、株式等の振替に関する法律」の適用があることも記載又は記録しなければならない〔社債株式振替150③〕。更に振替株式以外の株式につき登録株式質(⇨登録質')の設定のためにも株主名簿への質権者の記載又は記録が必要である〔会社148・149①括弧〕。なお、株主名簿には法定の記載・記録事項以外の事項を記載・記録することもできる。株主名簿に必要な事項を記載若しくは記録せず、又は虚偽の事項を記載若しくは記録したときは*取締役'・*執行役'又は*株主名簿管理人'は過料の制裁を受ける〔会社976[7]〕。会社は株主名簿を本店及び株主名簿管理人の*営業所'に備え置き、株主・会社債権者の閲覧・謄写請求に対しては、一定の拒絶事由に該当しない限りはこれに応じなければならない〔会社125①②③〕。株式会社の親会社社員もその権利を行使するために株主名簿の閲覧・謄写を請求できるが、裁判所の許可が必要であり、この場合には、裁判所は一定の拒絶事由が存在するときには、許可を与えることはできない〔会社125④⑤〕。なお、*株券発行会社'でない会社の株主は、株主名簿に記載すべき事項を記載した書面の交付又は当該事項を記

録した電磁的記録の提供を請求することができる〔会社122〕。

株主名簿管理人 *株式会社'が*定款'の定めに基づき、当該会社に代わって*株主名簿'(株券喪失登録簿〔会社221・222〕及び*新株予約権原簿'〔会社249・251〕を含む)の作成及び備置きその他の株主名簿に関する事務を行うことを委託した者〔会社123〕。会社法制定前は、名義書換代理人と呼ばれていたが、その業務が名義書換以外の株式事務(総会招集通知の発送や株券発行会社における株券の発行など)にも及んでいることから、株主名簿管理人という名称に改められた。会社法上、株主名簿管理人を置くか否かは任意であるが、上場会社(⇨上場')は、金融商品取引所である証券取引所の上場審査基準において株式事務を当該取引所の承認する株式事務代行機関に委託することが求められているため〔例えば東証有価証券上場規程205⑧〕、事実上株主名簿管理人を置くことが義務付けられている。株主名簿管理人を置くには、定款の定めが必要であるが、従前の名義書換代理人は、会社法施行後、そのまま株主名簿管理人として取り扱われる〔会社法整備法80〕。株主名簿管理人の氏名又は名称及び住所並びに*営業所'は、登記事項であり〔会社911③Ⅲ〕、また募集株式の引受けの申込みをしようとする者に対する通知事項でもある〔会社203①④、会社則41⑥〕。株主名簿管理人を置いた場合には、株主名簿はその営業所に備え置かれ〔会社125①括弧〕、名簿閲覧や名義書換等の手続は、当該株主名簿管理人の営業所で行われることになる。株主名簿管理人の資格については定めはないが、上場会社は、前述の上場審査基準において信託銀行又は特定の証券代行会社を株式事務代行機関(株主名簿管理人)として指定することが要求されている。株主名簿管理人は、名義書換等の株式事務一般に関する会社の*履行補助者'としての地位を有し、このため、例えばその*過失'により一部の株主に対する*招集通知'を欠いた場合には、株主総会決議取消しの訴え(⇨会社の組織に関する訴え')の対象となる〔会社831①Ⅰ〕。

株主名簿の基準日 一定の場合、*議決権'の行使、*剰余金の配当'の受取り等、*株主'(又は質権者)として権利を行使する者を一定時点における株主に確定する必要がある場合に利用される制度。例えば、ある事業年度の末日現在の株主に剰余金の配当を行う場合であっても、配当を行うのは*取締役会'又は*株主総会'において剰余金の処分議案が可決された後であることなどから基準日の制度が利用される。一定の日を決め、その日に*株主名簿'に記載又は記録されている者を権利者として一律に確定する〔会社124①〕。ただし、会社124④〕。基準日は権利行使の前3カ月以内に設定する必要があり、また、原則として、2週間前に*公告'する必要がある〔会社124②③〕。

株主有限責任の原則 *株主'は、会社に対して*株式'の引受価額を限度として*出資'義務を負うほかは、いかなる義務も負担することはないという原則〔会社104〕。株主は会社債権者に対して債務を負うわけではなく、株主の財産は会社に対する出資を通じて間接的に会社債権者の引当てになるにすぎないから、間接有限責任である。もっとも会社法は、*株金全額払込主義'をとっており〔会社34①・63①・208①〕、株主となった以上、株式の払込みは完了しているはずであり、株主は何ら責任を負うことはない。株主有限責任の原則は*株式会社'制度の本質であって、これに反する定め(損失分担や損失填補の責任や追加出資を株主に負わせるもの)をすることは、*定款'や*株主総会'決議によっても不可能である。なお、例えば、*取締役'と通謀して著しく不公正な払込金額で株式を引き受けた者は、会社に対して公正な発行価額との差額を賠償しなければならない〔会社212①Ⅰ〕が、これは損害賠償であり*追加出資義務'ではないと説明するのが通説である。また、時価より低い払込金額で株主に割当てを受ける権利を与えてする*募集株式の発行等'がなされる場合には、経済的には引受けを強制され、事実上追加出資を強いられることになるが、法律上の義務ではない以上、株主有限責任の原則の例外ではない。

株主割当て 新たに発行する株式や*新株予約権'又は処分する*自己株式'の引受人を募集する方法の1つ。募集の対象となる株式を募集株式、新株予約権を募集新株予約権という〔会社199①柱括弧・238①柱括弧〕。株主割当てでは、既存株主に、保有する株式と同じ種類の募集株式又はそれを目的とする募集新株予約権の割当てを受ける権利が与えられる〔会社202①Ⅰ・241①Ⅰ〕。募集株式の割当てを受ける権利を譲渡可能とするためには、新株予約権の無償割当てを利用する必要がある。株主割当ては持株数に応じてなされるので、既存株主の利益を害するおそれが少ない。そのため、募集事項の決定権限は、*公開会社'では*取締役会'にあり、その他の会社でも*定款'の定めによって*株主総会'以外の機関(取締役会又は*取締役')に決定権限をもたせることができる〔会社202③・241③〕。 ⇨株式の無償割当て' ⇨新株予約権の

かふねんき

無償割当て'

寡婦年金 ⇨遺族年金'

過振(かぶ)　銀行に支払資金('当座預金'残高又は当座貸越限度額)がないのに、又は支払資金を超えて、その銀行を*支払人'とする*小切手'、又はその銀行を*支払場所'とする*手形'が振り出されること。小切手の場合には、*振出人'は支払人である銀行との間に当座預金契約(又は当座貸越契約)及び*小切手契約'を結び、それに基づいて当座預金額又は当座貸越額の限度で小切手を振り出すことができる〔小3〕が、過振はこれに違反して振り出されたものである。過振の場合にも小切手そのものは有効であるが、振出人は過料の制裁を受ける〔小附71〕。過振かどうかは*振出し'の時でなく、*支払呈示'の時に判断される。

株分け　⇨代襲相続'

可分債権・可分債務　例えば、小麦粉100kgの引渡しとか、洋服10着の製作などのように、分割して実現することのできる給付(可分給付)を目的とする債権・債務。*不可分債権・不可分債務'に対置される。ある債権関係が可分債権・債務か不可分債権・債務かは、主として*多数当事者の債権関係'の問題となり、可分債権・債務では、分割債権・債務となるのが原則とされている〔民427〕(⇨分割債権関係')。

可分条項　1つの法律のうち、ある規定が裁判所により無効とされても、他の規定はそれによって影響されない旨を規定した条項。裁判所に法令審査権(⇨違憲審査権')を認めるアメリカにこの種の規定をもつ法律が現れ、日本の立法にもみられる〔国公1④、金商196等〕。

可分物・不可分物　性質又は価値を著しく低下させることなしに分割できる物(例えば、金銭・穀物など)を可分物といい、そうでない物を不可分物(例えば、1頭の馬・1台の自動車など)という。この区別は、*共有'、*多数当事者の債権関係'の場合のように1個の物に対して複数の者が権利をもつ場合に意味をもつ。なお、*物'に掲げた[表:物の分類]を参照せよ。

牙保(がほ)　⇨盗品等の有償処分あっせん罪'

下命　*行政庁'が私人に対して作為や不作為を命ずる行為、給付を命ずる行為、受忍を命ずる行為を指す。具体的には、違法建築物の除却命令〔建基9①〕、道路の通行禁止〔道46〕、*申告納税方式'における税務署長の*更正・決定'〔税通24・25〕などである。下命は、私人の活動を事実上規制することに主眼を置いた行為規制であり、*行政行為'の一種である。下命に対する違反に対しては、一般に、罰則が法定され、罰則による間接的強制によって下命に従うことが予定されている。下命に反した場合であっても、私人の行った*法律行為'は当然には無効にはならない。

貨物運送状　⇨航空運送状'　⇨送り状'

貨物引換証　⇨かぶつひきかえしょう'

から　⇨から'(巻末・基本法令用語)

空売り(からうり)　*有価証券'を有しないで又は借り入れて当該有価証券の売付けを行うこと。当該証券の価格の下落を過度に助長するおそれがあり、政令〔金商令26の3〜26の6〕に従って実行しなければならない。政令で定める明示・確認義務や価格規制に違反した空売りは禁じられる〔金商162①Ⅰ、金商令26の2〕。違反には罰則の定めがある〔金商208の2②〕。*信用取引'は空売りともいえるが、原則として適用除外とされる。

空手形(からてがた)　現実の商取引に基づかないで振り出された*融通手形'のうち、支払資金が不十分で支払の不確実な手形。経済上の用語で、*馴合(なれあい)手形'又は騎乗手形なども空手形の一種である。

から…まで　⇨から…まで'(巻末・基本法令用語)

空渡し(からわたし)　⇨仮渡し'

借方　⇨貸方・借方'

仮換地(かりかんち)　*土地区画整理事業'において、事業の工事完了後の最終的な換地処分の前に、工事のため必要がある場合又は換地計画に基づき換地処分のため必要がある場合に、施行者が施行地区内の宅地について指定した仮の換地のこと〔区画整理98〜102〕。指定に際しては、換地計画において定められた事項又は換地計画の決定の基準(照応の原則等)が考慮されなければならない〔区画整理98②〕。仮換地の指定があったときは、従前の宅地の使用収益権者は、仮換地の指定の効力発生の日(使用収益開始日を別に定めたときは、その日)から換地処分の公告の日まで、仮換地について従前の宅地における使用収益権と同内容の使用収益をすることができるとともに、従前の宅地については使用収益ができなくなる〔区画整理99①〕。この指定は処分性〔行訴3②〕を有するものと解されている。

仮還付　裁判所は、所持者等の請求により事件の終結前に、*決定'で押収物を仮に*還付'(返還)することができる〔刑訴123②〕。これを仮還付という。*検察官'・*司法警察職員'等

が押収した物の仮還付は、これらの者が行う〔刑訴222①〕。押収の効力が続いているから、再び必要となった場合に改めて押収することを要しない。 ⇨押収'

仮拘禁 逃亡犯罪人について外国から正式の引渡請求がある前に、その逃亡を防止するため外国の請求により仮に身体を拘束する制度〔犯人引渡23～30〕。請求国からその者に対する逮捕状が発せられ又は刑の言渡しがあった旨の通知、及び後日正式の引渡請求を行う旨の保証が必要である。身体拘束は裁判官の発付する仮拘禁許可状に基づき行われる。 ⇨犯罪人引渡し'

仮差押え *仮処分'と並ぶ*民事保全'の一種。*金銭債権'について、*本案訴訟'による*債務名義'の取得までに、*強制執行'(*金銭執行')が不可能又は著しく困難になるおそれがある場合〔民保20①〕に、債務者に対して目的物の処分を禁止し、*責任財産'を保全する手続。仮差押命令は(⇨保全命令)は、*決定'の形式で発令され、*口頭弁論'を経る必要はなく(*任意的口頭弁論')〔民保3〕、密行性の要請から債務者の*審尋'を経る必要はない。仮差押命令は、*被保全権利'の存在及び保全の必要性を*疎明'を要件とし〔民保13②〕、通常は債権者に*担保'を立てさせて発せられ〔民保14①〕、債務者のために*仮差押解放金'が定められる〔民保22〕。仮差押命令に対して、債務者は*保全異議'又は保全取消しによりその取消しを求めることができる〔民保26～40〕。仮差押えの執行(⇨保全執行')は、*不動産'に対しては仮差押えの登記をする方法又は*強制管理'の方法により〔民保47①〕、*動産'に対しては*執行官'が目的物を占有する方法により〔民保49①〕、債権その他の財産権に対しては、裁判所が*第三債務者'に対し債務者への*弁済'を禁止する命令を発する方法により行われ〔民保50①④〕、換価や満足の段階までは進まないのが原則である。

仮差押解放金 *仮差押え'の執行の停止又は取消しを得るために債務者が*供託'すべき金銭。仮差押命令には、仮差押解放金の額を定めなければならず〔民保22①〕、仮差押解放金の供託が証明されると、目的物に対する仮差押えの執行は取り消され〔民保51〕、仮差押えの効力は債務者の供託金取戻請求権の上に存続する。

仮執行 **1 意義** 未確定の*終局判決'に、確定した場合と同様にその内容を実現できる効力(狭義又は広義の*執行力')を付与する裁判を仮執行の宣言又は単に仮執行宣言といい、仮執行宣言が付された終局判決に基づく*強制執行'

を仮執行という。判決は確定して初めて執行力等の内容的効力を生じるのが原則であるため、敗訴者が*上訴'等の提起によって判決の確定を遅らせ、執行による勝訴者の権利の満足をも遅らせることができてしまう。仮執行宣言及び仮執行は、未確定の終局判決にも執行力を発生させ、その判決に基づく強制執行を可能とする余地を設けることにより、勝訴者の権利の早期実現と敗訴者の上訴等の権利との均衡・調和を図るべく用意された制度である。なお類似の要請から、終局判決を機能上代替する若干の決定〔犯罪被害保護37②、消費者被害回復47④〕及び*支払督促'〔民訴391①〕も仮執行宣言付与の対象となる。

2 仮執行宣言の付与 仮執行宣言は、*原状回復'が容易である*財産権上の請求'に関する判決につき、原則として裁判所が必要と認めるときに、申立て又は職権によって行う〔民訴259①②・376①・294・323〕。広義の執行力を生じさせる必要があれば、*給付判決'以外の判決にも仮執行宣言を付与できる。必要性の判断は、裁判所が、上訴による判決の取消し・変更の可能性、勝訴者の即時執行の必要性及び敗訴者が仮執行によって受ける損害や危険の度合いなどを考慮して裁量で決定するが、手形又は小切手による金銭の支払請求等を認容する判決、少額訴訟(⇨少額訴訟手続')の請求認容判決、*請求異議の訴え'等に対する終局判決における*執行停止'の裁判等においては、必要性が類型的に認められており、必ず仮執行宣言をしなければならない〔民訴259②・376①、民執37①・38④〕。仮執行宣言においては、担保の提供を仮執行の条件とすることができる〔民訴259①〕が、金銭の支払請求に関する*控訴審'の判決、手形又は小切手による金銭の支払請求等に関する判決では、無担保で仮執行を許すことが原則となっている〔民訴310・259②〕。他方、相手方が担保を提供すれば仮執行を免れられる旨の宣言(*仮執行免脱'宣言)をすることもできる〔民訴259③〕。

3 仮執行の原状回復及び損害賠償義務 上級審が、仮執行宣言又は仮執行宣言が付された*本案判決'を変更する判決を言い渡した場合、仮執行宣言はその限度で失効する〔民訴260①〕。本案判決が変更された場合には、更に、仮執行を行った者は相手方に対し仮執行によって得た物を返還する原状回復義務及びその仮執行により又はこれを免れるために相手方に生じた損害について*損害賠償'責任(*無過失責任'とされる)を負う〔民訴260②③〕。

4 仮執行の効力 仮執行宣言付判決に基づく仮

かりしつこ

執行も強制執行であり，原則として*確定判決'に基づく強制執行と同様に権利の終局的満足にまで及ぶが，仮執行宣言付判決に対する上訴審は同判決に基づく仮執行の結果を斟酌(しんしゃく)できないとするのが通説・判例(最判昭和36・2・9民集15・2・209，最判平成24・4・6民集66・6・2535)である。

仮執行の宣言 ⇨仮執行'

仮執行免脱 仮執行宣言の際，申立て又は職権により，裁判所が，被告が担保を供することで仮執行を免除される旨の宣言をすることがあり〔民訴259③〕，このような仮執行の免除を仮執行免脱，前記の宣言を仮執行免脱宣言という。担保により原告の権利を保全することを前提として被告を即時の執行から解放するという形で，両者の利害をきめ細かく調整するために利用される仕組みの1つである。なお仮執行免脱の実効性は，担保を立てたことを証する文書又は*電磁的記録'の提出が*強制執行'の停止事由となる〔民執39①⑤〕ことにより保障されている。⇨仮執行'

仮釈放 **1意義** 刑事施設に収容された者を，法律上在所を強制できる期限に先立ち，条件に違反したときには再び施設に収容する権限を留保して，施設から仮に釈放すること。伝統的には，改しゅんの情の顕著な犯罪者に対する恩典とみる立場が有力であったが，現在は，単に受刑者の改しゅんを促す刺激にとどまらず，仮釈放中*保護観察'に付し，施設内の矯正処置と一体をなし処遇効果を上げるための施設外処遇の方法として，むしろ，刑事施設の処遇のいわば仕上げ段階として必要的な処遇方式と考えられるようになった。

2 現行制度 現行制度上，*拘禁刑'受刑者に認められる仮釈放〔刑28〕のほか，仮出場(*拘留'に処せられた者及び罰金又は科料を完納することができないため労役場に*留置'された者に対して，行政官庁がする出場処分〔刑30〕)及び*仮退院'〔少院135〕がある。地方更生保護委員会が審理の上決定をもってこれを許す〔更生16①②③・39・41〕。仮釈放・仮退院を許された者は，その期間中，保護観察に付される〔更生40・42〕。これらのうち，拘禁刑の受刑者に，刑期満了前に仮に釈放を許す制度である仮釈放は，受刑者に改しゅんの情があるとき，有期刑については刑期の3分の1，無期刑については執行開始後10年も経過した後に許される。仮釈放が取り消されずに残刑期間を経過したときは執行が終わったことになる。他方，仮釈放中に更に罪を犯し*罰金'以上の刑に処せられたり，遵守事項を守

らない等の事由のあるときは，仮釈放の処分は取り消されることがある〔刑29〕。

仮住所 ⇨住所'
仮出場 ⇨仮釈放'
仮処分 *仮差押え'と並ぶ*民事保全'の一種。係争物に関する仮処分は，金銭債権以外の特定物に関する給付請求権について，*本案訴訟'による*債務名義'の取得までに，現状の変更により*強制執行'による権利の実現が不可能又は著しく困難になるおそれがある場合に〔民保23①〕，債務者に対して現状の変更を禁止する手続である(⇨処分禁止の仮処分' ⇨占有移転禁止の仮処分')。仮の地位を定める仮処分は，争いのある権利関係について債権者に生ずる著しい損害又は急迫の危険を避けるために必要な場合に〔民保23②〕，本案訴訟による確定までの間の暫定的な権利関係を定める手続である。仮処分命令(⇨保全命令')は，*被保全権利'の存在及び保全の必要性の*疎明'を要件とし〔民保13②〕，通常は債権者に*担保'を立てさせて発せられる〔民保14①〕。*決定'の形式で発令され，係争物に関する仮処分においては密行性の要請から債務者*審尋'を経る必要がないのに対して，仮の地位を定める仮処分においては，債務者に生じる不利益を重視して，原則として*口頭弁論'又は債務者審尋の期日を経る必要がある〔民保23④〕。仮処分の執行(⇨保全執行')は，仮処分の内容により仮差押えの執行又は強制執行の例によるものとされ，物の給付その他の作為・不作為を命ずる仮処分は満足の段階にまで至る〔民保52〕(⇨満足的仮処分')。⇨労働仮処分'

仮専用実施権 平成20年の*特許法'改正(法16)で導入された*特許'を受ける権利を有する者が，特許取得予定の発明を独占的に実施させる*実施権'〔特許34の2〕。登録により効力が発生し〔特許34の4〕，当該特許権の設定登録に伴い，*専用実施権'に移行する。

仮退院 *少年院'の在院者を仮に退院させる制度。地方更生保護委員会の決定により行う〔少院135〕。*仮釈放'の1つ。仮退院期間中，対象者は*保護観察'に付される〔更生42・40〕。

仮通常実施権 平成20年*特許法'改正(法16)で導入された*特許'を受ける権利を有する者が，特許出願段階において，特許取得予定の発明を非独占的に実施させる*実施権'。当該特許権の設定登録があったときは，*通常実施権'に移行する〔特許34の3〕。平成23年特許法改正(法63)により，権利発生後の第三者に対抗できるようになった〔特許34の5〕(⇨当然対抗制度')。

仮登記 **1 意義** *不動産登記'において、将来*本登記'が行われたときに、その本登記の順位を保全するためにあらかじめ行う*登記'〔不登105〕。仮登記を行う原因は次の通りである。イ *登記原因'である権利の変動は実体上既に発生しているが、登記の申請に必要な添付情報を提供することができないとき〔不登105①〕(1号仮登記)。例えば、*第三者'の許可・同意・承諾を証する情報が完備していない場合〔不登則178〕。*債務不履行'を*停止条件'とする*代物弁済'契約上の権利を保全するための仮登記としては、理論的には2号仮登記がなされるべきであるが、判例は1号仮登記でもよいとする。ロ 登記原因である権利の変動はまだ発生しておらず、権利の変動を目的とする請求権を保全するとき〔不登105②〕(2号仮登記)。例えば、売買契約に基づく所有権移転の請求権を保全する場合。ハ 権利の変動を目的とする請求権が、それに*始期'・停止条件が付されているため、将来において確定するとき〔不登105②〕(これも2号仮登記)。

2 効果 仮登記に基づいて行われた本登記の順位は、仮登記の順位による〔不登106〕。この結果、本登記が行われると、仮登記の後に行われた本登記に優先する。これを仮登記の順位保全効という。ただし、仮登記自体は対抗力を有せず、したがって、その性質は*予備登記'である。

3 登記手続 一般の通則〔不登60〕に従い仮登記権利者と仮登記義務者の共同で申請することができる〔不登107②〕ほか、仮登記権利者が、仮登記義務者の承諾を証する情報を添付して単独で申請することもできる〔不登107①〕。また、仮登記権利者は仮処分命令の正本を添付して申請することもできる〔不登111〕。 ⇒登記権利者・登記義務者'

仮登記担保 **1 意義** 債権を担保する目的で、債務者が債務を履行しない場合に、債務者が所有する不動産の*所有権'を債権者に移転する旨が、あらかじめ合意されることがある。*停止条件'付*代物弁済'、代物弁済予約、売買予約等の形式をとり、債権者の地位を保全するために*仮登記'が行われる。このような担保を、仮登記担保という。形式的には所有権の移転の予約であるが、その実質は担保であることから、*譲渡担保'等とともに*非典型担保'の1つに位置付けられる。かつて仮登記担保は判例によって規律されていたが、昭和53年に「仮登記担保契約に関する法律」(仮登記担保法)が制定され〔法78〕、現在では同法に規定されている。同法は、「金銭債務を担保するため、その不履行があるときは債権者に債務者又は*第三者'に属する所有権その他の権利の移転等をすることを目的としてされた代物弁済の予約、停止条件付代物弁済契約その他の契約で、その契約による権利について仮登記又は仮登録のできるもの」を「仮登記担保契約」とし、その効力を規定している〔仮登記担保1〕。

2 仮登記担保法の特徴 仮登記担保法は、債務者等を保護する趣旨から、仮登記担保の私的実行に関する規律を設けている点に特徴がある。まず、仮登記担保権者は、目的物の価額が被担保債権額を超えるときは、その超える額に相当する金銭(*清算金')を債務者等に支払わなければならず、清算金の支払と目的物の所有権移転登記及び引渡しとは同時履行の関係にある〔仮登記担保3〕。また、仮登記担保権者は、清算金の見積額(清算金がないと認めるときは、その旨)等を債務者等に通知しなければならず、通知が債務者等に到達した日から2カ月を経過しなければ、目的物の所有権移転の効力は生じない〔仮登記担保2①〕。更に、仮登記担保権者が清算金を支払うまで、債務者等は被担保債権に相当する金銭を提供して、目的物を受け戻すことができる(*受戻権')〔仮登記担保11〕。このように、私的実行に関する厳格な規律が置かれたことから、仮登記担保を用いるメリットが小さくなり、実務上、仮登記担保はあまり用いられていないといわれている。

仮納付 *罰金'・*科料'・*追徴'を言い渡す場合に、仮にその相当する金額を納付することを命ずる裁判〔刑訴348〕。判決確定まで待っては罰金等の執行が不能又は著しく困難になるおそれがあるときに、検察官の請求により又は裁判所の職権で、刑の言渡しと同時に命ずることができる。仮納付の裁判は、直ちに執行できる。

仮の義務付け **1 意義** *行政事件訴訟法'上の仮の救済手続の1つとして、裁判所が、*行政庁'に対し、行政*処分'又は*裁決'をすべき旨を仮に命ずること〔行訴37の5①〕。平成16年の行政事件訴訟法改正(法84)により、義務付け訴訟の法定〔行訴3⑥〕に伴って制度化された。

2 要件 イ 本案義務付けの訴えを適法に提起した者による申立てがなされ、ロ 義務付けの訴えに係る処分等がされないことにより生じる償うことのできない損害を避けるため緊急の必要があり、ハ 本案について理由があるとみえるときで、ニ 仮の義務付けを命じても*公共の福祉'に重大な影響を及ぼすおそれがあるといえ

かりのけん

なければ、裁判所は、決定をもって、仮の義務付けを命ずることができる〔行訴37の5①③〕。*内閣総理大臣の異議'があった場合の例外等、*執行停止'制度に関する規定の準用がある〔行訴37の5④〕。 ⇨抗告訴訟' ⇨義務付け訴訟'

仮の権利 ⇨占有権'

仮の差止め 1 意義 *行政事件訴訟法'上の仮の救済手続の1つとして、裁判所が、行政庁に対し、行政*処分'又は*裁決'をしてはならない旨を仮に命ずること〔行訴37の5②〕。平成16年の行政事件訴訟法改正(法84)により、*差止訴訟'の法定〔行訴3⑦〕に伴って制度化された。2 要件 イ 本案差止めの訴えを適法に提起した者による申立てがなされ、ロ 差止めの訴えに係る処分等がされることにより生じる償うことのできない損害を避けるため緊急の必要があり、ハ 本案について理由があるとみえるときで、ニ 仮の差止めを命じても*公共の福祉'に重大な影響を及ぼすおそれがあるといえなければ、裁判所は、決定をもって、仮の差止めを命ずることができる〔行訴37の5②③〕。*内閣総理大臣の異議'があった場合の例外等、*執行停止'制度に関する規定の準用がある〔行訴37の5④〕。 ⇨抗告訴訟' ⇨差止訴訟(行政法上の)'

仮の地位を定める仮処分 ⇨仮処分' ⇨断行の仮処分' ⇨満足的仮処分'

仮保全措置 *国際裁判'において当事国の権利を保全するために裁判所が指示する措置〔例:国際裁41〕。事態の悪化を防ぐために、緊急性の要請に基づき、管轄権判決前に指示されることから、暫定措置とも呼ばれる。仮保全措置指示権限と本案管轄権の関係については、管轄権を一見して欠場合にのみ、仮保全権限は認められないとされる。仮保全措置は、当事者の要請に基づく場合のみならず、裁判所が職権によって指示することもできる〔国際裁規75参照〕。ラグラン事件判決において*国際司法裁判所'は、仮保全措置が拘束力を有すると初めて判示した(ICJ判2001・6・27 Reports 2001・466)。

仮目論見書(かりもくろみしょ) *有価証券の募集'又は*有価証券の売出し'の届出の効力が発生する前に使用される仮の*目論見書'のこと(⇨有価証券届出書')。原則として、目論見書の記載内容と同じであるが、一部を省略又は要約することができる〔金商13③・15②〕。ただし、募集・売出しの届出をした日及びその効力が生じていない旨、並びにその記載が訂正されることがある旨を記載しなければならない〔企業開示13①②・14①②〕。

科料 *主刑'の1つ〔刑9〕で、*罰金'とともに*財産刑'の一種であり(⇨刑')、最も軽い主刑である〔刑10①〕。行政罰である*過料'と区別するため「とがりょう」と呼ぶことがある。金額は、平成3年の改正(法31)により、1000円以上1万円未満とされた〔刑17〕。科料を完納することができない者は1日以上30日以下の期間労役場に留置される〔刑18②〕。 ⇨労役場留置'

過料 刑罰としての*罰金'及び*科料'と区別され、特に過料という名称をもって科せられる金銭罰。現行法上、法令違反に対して過料を科す例は多いが、その法的性質は一様でなく、科罰手続も多様である。大別すると次の3種に分けられる。イ *秩序罰'としての過料:これには、民事法上の義務違反に対するもの〔会社976～979〕、訴訟法上の義務違反に対するもの〔民訴192・200・209、刑訴137・150・160〕、行政法上の義務違反に対するもの〔収用146、住民台帳50～53〕、地方公共団体の条例・規則違反に対するもの〔自治14③・15②・228②③〕がある。ロ *執行罰'としての過料〔砂防36〕。ハ *懲戒'罰としての過料〔戒限2、公証80②〕。全て過料は刑罰ではないので刑法総則・刑事訴訟法の適用がない。科罰手続の一般法として*非訟事件手続法'の定め〔非訟119～122〕と*地方自治法'の規定〔自治255の3〕があり、その他各個別法令で独自の手続が定められている。

仮理事 平成18年民法改正(法50)前においては、*公益法人'の常置機関である理事が欠けたため、法人に損害が生ずるおそれがあるときには、裁判所又は行政庁が仮理事を選任するものとされた〔民旧56〕。*一般社団法人及び一般財団法人に関する法律'の制定後は、役員が欠けた場合に裁判所が一時役員を選任する規定があり〔一般法人75②〕、一時理事等の選任が可能である。また代表理事に欠員を生じた場合には、裁判所は、「一時代表理事の職務を行うべき者」を選任するものとされる〔一般法人79②〕。なお、仮理事の呼称は一部の法律等に残っている〔建物区分49の4〕。職務権限は理事と同一である。 ⇨理事'

仮渡し *運送人'又は倉庫業者が、*船荷証券'又は*倉荷証券'と引換えでなく運送品・受寄物を引き渡すこと。空(から)渡しともいう。運送人・倉庫業者が取引上の便宜から自己の危険においてするものであり、当然には*背信罪'とはならない。後に証券の正当所持人から引渡請求を受けた場合には、目的物の滅失による損害を賠償する責任を負うこととなる(仮渡しを受けた者に対しては求償できる)。なお、運送人等が保証状と引換えに運送品等を引き渡すこ

とを*保証渡し'という。

カルタヘナ議定書　⇨生物の多様性に関する条約'

カルテル　医仏cartel 独Kartell　独立の*事業者'(主として競争者)間の合意により，価格を引き上げ，維持し，あるいは生産量の制限等を行うこと。*独占禁止法'において，事業者のなす不当な取引制限として，又は*事業者団体'のなす競争制限行為として，禁止されている〔独禁3後・6・8①〕。講学上，競争制限以外の目的や効果をもちそうにない価格，生産量，取引先の制限や入札談合をハードコアカルテルと呼び，その他の非ハードコアカルテルと区別することがあるが，単にカルテルという場合にはハードコアカルテルを指す場合が多い。　⇨不当な取引制限'

カルテル容認法　⇨独占禁止法の適用除外'

カルボ条項　外国投資家と受入国政府・政府機関との間の*国家契約'に挿入される条項で，契約を巡る紛争に関して，当事者である外国人は相手国の国内裁判所の管轄に服し，本国の*外交的保護'を要請してはならない旨規定するもの。外国人と受入国の紛争に関して，外国人の本国は外交的保護を行使すべきでないとしたアルゼンチンの国際法学者カルボ(Carlos Calvo, 1824〜1906)の主張(カルボ・ドクトリン)に基づく。19世紀末から20世紀初頭にかけて，ラテン・アメリカ諸国が採用することが多かった。ただし，外交的保護は国家の権利であり，この条項によっても本国の外交的保護の行使は妨げられないと解するのが通説である。

カルボニエ　Carbonnier, Jean(1908〜2003) フランスの民法学者・法社会学者。1960年代から70年代に行われた家族法改革における法案起草者。その民法教科書は，現にある法(実定法)の簡潔な叙述とあるべき法の探求のための多彩な資料の提示・論評という独自な構成をもつ。また，社会調査の利用と多元的な制度の提案によって，現代社会における立法の困難さを克服しようとした。

カレ・ド・マルベール　Carré de Malberg, Raymond(1861〜1935)　ストラスブール大学の教授で，*デュギー'，*オーリウ'と並び第三共和制時代における指導的憲法学者であった。主要著書としては「国家の一般理論への寄与」(全2巻, 1920)，「一般意思の表明としての法律」(1931)などがある。当時のドイツで支配的であった*法実証主義'の方法を用いて，フランス第三共和制憲法の実定的構造を鋭く分析した。

過労死・過労自殺　過労により疾病が誘発ないし増悪され死に至ること。正式な臨床医学上の用語ではない。過労死等防止対策推進法2条では，「過労死等」の定義として，「業務における過重な負荷による脳血管疾患若しくは心臓疾患を原因とする死亡若しくは業務における強い心理的負荷による精神障害を原因とする自殺による死亡又はこれらの脳血管疾患若しくは心臓疾患若しくは精神障害をいう」としている。この場合，業務災害(業務上の疾病)として*労働者災害補償保険法'の保険事故であるか否かが問題となるが，長時間労働等の過重な業務負荷があったか，業務上人の生命に関わる事故若しくはその他過度な心理的負担となる出来事に遭遇したか〔労基則別表1の2⑧⑨〕など，発病に至るまでの業務上の負荷を総合的に判断して決定されることとなる。　⇨業務災害'　*業務上の疾病'

カロライン号事件　国際法上の*自衛権'に関する古典的先例としてしばしば引用される事件。1837年，イギリス領カナダ植民地の独立のための反乱状況の中で，イギリスは，アメリカ領とイギリス領との間で人員や物資の輸送に従事し，事件当時アメリカの港に停泊中だったカロライン号を破壊した。アメリカの抗議に対してイギリスは自衛及び自己保存の必要(necessity of self-defence and self-preservation)などを主張した。本件を通じて自衛権が実定国際法の原則として定式化されたが，緊急避難の事例であるとする見解もある。イギリスの行動はアメリカ自身による武力行使に対する反撃ではなく，今日一般的に論じられる自衛権と状況が異なる。問題となったのはイギリスによるアメリカの領域侵害という国際法違反であり，そこでの「自衛権」は，私人による自国に対する急迫かつ重大な侵害があり，領域国による抑止が期待できない場合に，自らに対する侵害を排除するために当該領域に侵入することを正当化する根拠(治安措置型自衛権)として理解されていた。

川崎民商事件　⇨行政調査'　⇨差押え'　⇨デュー・プロセス・オブ・ロー'

川島武宜　(1909〜92)　民法・法社会学者。昭和7年(1932)東京帝国大学法学部卒業。昭和20年同大学教授となり，昭和45年定年により退官するまで，民法及び*法社会学'を講じ，退官後は弁護士として活動しつつ多くの著述を著した。請求権競合・錯誤等の民法学上の問題についても業績を挙げたが，特に，戦前の日本の社会構造を分析した「日本社会の家族的構成」(昭和23)や，近代的所有権の社会学的基礎

かわせ

を論じた「所有権法の理論」(昭和24)によって学界に大きな影響を与え、法社会学の開拓者の1人となり、その隆盛に著しく貢献した。主著として、「川島武宜著作集」(全11巻、昭和56～61)がある。

為　替　*隔地者'間における資金の移動又は金銭債権・債務関係の決済を、直接現金を輸送することなく金融機関を介して行う方法又は仕組み。決済される債権債務が同一国内に存在し自国通貨で行われる内国為替と、国際間に存するか、又は同一国内でも外国通貨で行われる*外国為替'とに大別される。　⇨為替取引'

為替換算調整勘定　*連結財務諸表'又は*連結計算書類'の作成又は持分法の適用にあたって、外国にある子会社又は関連会社の外貨で表示されている財務諸表(計算書類)項目のうち、資産項目及び負債項目の換算に用いる為替相場と純資産項目の換算に用いる為替相場とが異なることによって生じる換算差額は、為替換算調整勘定の部を設けて記載する。企業会計審議会「外貨建取引等会計処理基準」の三に従って、資産項目及び負債項目は決算日の為替相場で換算し、株式取得時の純資産項目は連結財務諸表又は連結計算書類の作成会社が*株式'を取得した時の為替相場で、その後に生じた資本項目(例えば、繰越利益剰余金など)は当該項目が発生した時の為替相場で換算したことにより生ずる換算差額。

為替相場　⇨外国為替'

為替手形　発行者(*振出人')が*第三者'(*支払人')に宛てて一定の金額を*受取人'又はその指図人に支払う旨を委託する形式の*手形'〔手1〕。第三者に対し支払を委託する点で、振出人が自ら支払うべき旨を約束する*約束手形'と本質的に異なり、*小切手'と類似するが、信用授受の手段ともなりうる点で小切手とは経済的機能が異なる。為替手形は送金又は代金取立ての手段として、主として国際取引の決済に利用される。*金銭証券'・*要式証券'・*文言(な)証券'で、かつ抽象証券(⇨無因証券')である。振出人は、手形の発行者ではあるが、本来、支払をしなければならない者ではなく、支払人が引受け又は支払を拒絶した場合に償還義務を負うにすぎない〔手9〕。また、支払人は、そのままでは振出人から支払の委託を受けているだけで、手形上の義務を負わないが、自ら引受けという*手形行為'をしたときに手形の主たる義務者(*引受人')となる。政府の施策として電子手形・小切手への移行が掲げられ、2026年度末までに為替手形を含む手形・小切手の電子交換所における交換枚数をゼロにすることを目指し金融界・産業界・関係省庁が連携して自主行動計画を策定・実施している。

為替手形及約束手形ニ関シ統一法ヲ制定スル条約　⇨手形(小切手)法統一条約'

為替取引　*隔地者'間における資金の移動又は金銭債権・債務関係の決済を、直接現金を輸送することなく金融機関を介して行う旨の依頼を受けてこれを引き受けること、又はこれを引き受けて実行すること(最決平成13・3・12刑集55・2・97)。主として外国為替で用いられる*為替手形'を用いた為替取引には、送金のために利用される送金為替と取立てのために利用される取立為替とがある。為替取引の一種である振込みは、次のような4当事者間の法的関係から成る。振込依頼人が*仕向($\frac{し}{し}$)'銀行に振込依頼をすることにより振込契約が成立し、仕向銀行は被仕向銀行に為替通知を送付する。被仕向銀行は仕向銀行との間の為替取引契約に基づき、指定された*受取人'の銀行口座に振込金を入金する義務を負う。被仕向銀行が受取人の預金口座に入金記帳することによって受取人は預金債権を取得する。なお、被仕向銀行と受取人の間の預金契約において、為替による振込金を預金として受け入れる旨の約定がなされている。振込契約の法的性質は、争いがあるが、*委任'又は*準委任'〔民643・656〕であると解するのが通説である。為替取引を営業として行うことは、*銀行'取引として営業的*商行為'に当たる〔商502⑧〕。為替取引を営業とすることは、銀行の排他的業務とされてきたが、平成22年4月1日から施行された資金決済に関する法律に基づき資金移動業者として内閣総理大臣の登録を受けることにより、銀行以外の者であっても為替取引を業とすることが認められることになった〔資金決済37〕。

代わり担保　⇨代担保'

官(公務員)の　⇨職(公務員)の)'

款・項・目　⇨款・項・目'(巻末・基本法令用語)

簡易異議催告　⇨異議催告手続'

簡易会社分割　*会社分割'において、当事会社の株主の利害に重要な影響を及ぼさないという理由により、当該会社の*株主総会'による吸収分割契約・新設分割計画の承認を要しないものとされる制度。吸収分割における承継株式会社では、原則として、分割会社に対して交付する対価の帳簿価額(株式の場合には1株当たり純資産額に株式数を乗じた額)が承継会社の純資産額の5分の1を超えない場合に認められ

る〔会社796②, 会社則196〕。これは*簡易合併'や*簡易株式交換'と同趣旨のものであり, それらの場合と同様, 一定期間内に一定の議決権数の株式(もし株主総会が開催されたら*特別決議'が成立しない可能性が出てくるだけの議決権数の株式)の株主から反対の通知があった場合には株主総会による承認が必要となる〔会社796③, 会社則197〕。これに対して, 吸収分割・新設分割における分割株式会社では, 原則として, 承継会社・設立会社に承継させる資産の帳簿価額が分割会社の総資産額の5分の1を超えない場合に認められる〔会社784②・805, 会社則187・207〕。これは事業譲渡(⇒事業の譲渡)の場合には事業の重要な一部のみが手続規制の対象とされている〔会社467①②〕ことに合わせたものであり, 株主からの反対通知のような制度はない。なお, 簡易分割により株主総会決議が不要となる場合には, 当該会社では株主の*差止請求権'や反対株主の*株式買取請求権'の規定は適用されない〔会社784の2但・785①②・796の2但・797①但・805の2但・806①②〕。

簡易課税方式 *消費税法'において, 一定の基準期間の売上金額が5000万円以下の事業者について, その選択により, 売上げに係る税額の一定割合を仕入税額とみなして消費税額を算出することを認める制度〔消税37〕。業種の区別により, 40%から90%までを仕入税額とみなすことができる〔消税令57〕。

簡易合併 吸収合併において, 存続する*株式会社'の株主の利害に重要な影響を及ぼさないという理由により, 当該会社の*株主総会'による吸収合併契約の承認を要しないものとされる制度。原則として, 消滅会社の株主・社員に対して交付する対価の帳簿価額(株式の場合には1株当たり純資産額に株式数を乗じた額)が存続会社の純資産額の5分の1を超えない場合に認められる〔会社796②, 会社則196〕。ただし, 一定期間内に一定の議決権数の株式(もし株主総会が開催されたら*特別決議'が成立しない可能性が出てくるだけの議決権数の株式)の株主から反対の通知があった場合には株主総会による承認が必要となる〔会社796③, 会社則197〕。簡易合併により株主総会決議が不要となる場合には, 当該会社では株主の*差止請求権'や反対株主の*株式買取請求権'の規定は適用されない〔会社796の2但・797①但〕。なお, 吸収合併や新設合併により消滅する会社については, 株主の利害への影響の程度を理由とするこのような簡易手続は当然に認められていない。

簡易株式交換 *株式交換'において, *完全親会社'となる*株式会社'の株主の利害に重要な影響を及ぼさないという理由により, 当該会社の*株主総会'による株式交換契約の承認を要しないものとされる制度。原則として, 株式交換完全子会社の株主に対して交付する対価の帳簿価額(株式の場合には1株当たり純資産額に株式数を乗じた額)が株式交換完全親会社の純資産額の5分の1を超えない場合に認められる〔会社796②, 会社則196〕。ただし, 一定期間内に一定の議決権数の株式(もし株主総会が開催されたら*特別決議'が成立しない可能性が出てくるだけの議決権数の株式)の株主から反対の通知があった場合には株主総会による承認が必要となる〔会社796③, 会社則197〕。簡易株式交換により株主総会決議が不要となる場合には, 当該会社では株主の*差止請求権'や反対株主の*株式買取請求権'の規定は適用されない〔会社796の2但・797①但〕。なお, 株式交換や株式移転により完全子会社となる会社については, 株主の利害への影響の程度を理由とするこのような簡易手続は当然に認められていない。

簡易株式交付 *株式交付'において, 株式交付親会社の*株主'の利害に重要な影響を及ぼさないという理由により, 当該会社の*株主総会'による株式交付計画の承認を要しないものとされる制度。原則として, 株式交付子会社の株式等の譲渡人に対して交付する対価の帳簿価額(株式交付親会社の株式については1株当たり純資産額に株式数を乗じた額)が, 株式交付親会社の純資産額の5分の1を超えない場合に認められる〔会社816の4①, 会社則213の5〕。ただし, 一定期間内にもし株主総会が開催されたら*特別決議'が成立しない可能性が生じるだけの議決権数の株式を有する株主から反対の通知があった場合には, 株主総会による承認が必要となる〔会社816の4②, 会社則213の6〕。簡易株式交付により株主総会決議が不要となる場合には, 株主の*差止請求権'や反対株主の*株式買取請求権'の規定は適用されない〔会社816の5但・816の6①但〕。

簡易鑑定 *被疑者'の精神状態を明らかにするために捜査機関が精神科医などに嘱託して実施し, *責任能力'の判定や*起訴・不起訴の決定の資料とするもので, *鑑定留置'によらず被疑者の同意を得た, 大抵は数時間の診察に基づく簡便な鑑定。

簡易却下 裁判官を*忌避'する申立てに対しては, その裁判官は原則として*決定'に関与できない〔刑訴23③, 民訴25③〕が, 例外として, 忌避された裁判官の関与を認めて申立てを

かんいこう

却下できる場合がある。これを簡易却下という。刑事訴訟法上、忌避申立てが、訴訟を遅延させる目的のみでされたことの明らかなものであるとき、事件について請求又は陳述した後であるとき、及び方式違反があるときがこれに当たり〔刑訴24〕、民事訴訟法上は、明文の規定はないが、当事者が忌避権を濫用したときは簡易却下できると解されている〔なお非訟13⑤以下、家事12⑤以下〕。

簡易公判手続 証拠調手続を簡略化した*公判手続'。比較的軽い罪(死刑又は無期若しくは短期1年以上の拘禁刑に当たる罪以外の罪)の場合に限られ、被告人が*冒頭手続'において有罪であることを*自認'した場合、裁判所は、両当事者の意見を聴いた上で、この手続による旨の決定をすることができる〔刑訴291の2〕。その後は、検察官の*冒頭陳述'は省略でき、*証拠'の取調べも朗読・展示等の厳格な方法によらず、適当と認める方法でできる〔刑訴307の2〕。更に、被告人らから特に異議が出なければ、*供述調書'などの*伝聞証拠'も全て証拠にできる〔刑訴320②〕。しかし、*自白'の任意性、*補強証拠'などに関する法則は緩和されない〔刑訴319〕。英米の*有罪の答弁'制度を参考にしたものではあるが、有罪の答弁があっても*証拠調べ'なしに有罪を認めてよいわけではなく、ただ、その後の証拠調手続を簡略化するだけである。昭和28年の刑事訴訟法改正(法172)で採用され、簡易裁判所ではかなり利用されているが、地方裁判所ではあまり行われていなかった。そこで、平成16年の刑事訴訟法改正(法62)により、争いのない事件の手続を簡易・迅速に進めるための新たな手続として、*即決裁判手続'〔刑訴350の16～350の29〕が新設された。

簡易再生 *民事再生'の特則として、簡略な手続による再生を図るために規定された制度の1つ〔民再211以下〕。届出再生債権者の総債権について裁判所が評価した額の5分の3以上の*再生債権'者が、書面により、*再生債務者'等の提出した*再生計画'案に同意し、かつ、再生債権の調査・確定手続を経ないことに同意している場合に、再生債務者の申立てに基づき、再生裁判所は簡易再生の決定をすることができる。簡易再生決定がなされると、再生債権の調査・確定手続は省略され、直ちに再生計画案を決議するための*債権者集会'が招集される。⇨同意再生'

簡易裁判所 *下級裁判所'の最下位に位置する裁判所。訴額(⇨訴訟物の価額')140万円以下の民事訴訟の*第一審'、*罰金'以下の刑に当たる罪、選択刑として罰金が定められている罪その他の一定の軽微な犯罪についての刑事訴訟の第一審を担当するほか〔裁33〕、各種の*調停'手続、*督促手続'、公示催告手続、*略式手続'などを扱う〔裁34〕。簡易裁判所は、国民が身近に気軽に利用できるようにとの配慮から、そこでの手続は簡略化され、また全国各地に数多く設置されているが、「下級裁判所の設立及び管轄区域に関する法律」の昭和62年の改正(法90)により、統廃合がなされた(2023年9月現在、全国に438)。

簡易送致 ⇨全件送致主義'

簡易組織再編行為等 組織再編行為等においては当事会社の*株主総会'決議が要求されるのが原則である。しかし、当事会社に与える影響が小さな組織再編行為等として、一定の要件を満たした場合には、一方当事会社の株主総会決議が不要とされる〔会社468②・784②・796②・805・816の4①〕。このような組織再編行為等を簡易組織再編行為等という。⇨簡易株式交換'⇨簡易合併'⇨簡易会社分割'⇨簡易な事業の譲受け'⇨簡易株式交付'

簡易な事業の譲受け 他の会社(外国会社やその他の法人を含む)の*事業全部の譲受け'については、譲受会社における*株主総会'の承認が必要となる〔会社467①③〕が、対価として交付する財産の帳簿価額の合計額が、当該*株式会社'の純資産額の5分の1以内(*定款'で引下げが可能)である場合には、原則として、株主総会の承認は必要ではない〔会社468②〕。これを簡易な事業の譲受けという。

簡易の引渡し *占有権'の譲渡方法の1つとされるもの。例えば、賃借人が自己の占有する賃借物を賃貸人から譲り受けるときは、一旦物を賃貸人に返還した上で、改めて*現実の引渡し'を受ける必要はなく、当事者の*意思表示'のみにより、占有権が賃借人であった譲受人に譲渡されたものと認められる〔民182②〕。これを、簡易の引渡しという。この引渡しにより、動産物権譲渡の*対抗要件'〔民178〕を備える。*引渡し'に掲げた〔表：引渡しの態様〕をみよ。

簡易呼出し 期日の呼出しは、イ ファイルに記録された電子*呼出状'を出頭すべき者に対して送達する方法〔民訴94①①〕、ロ 当該事件について出頭した者に対する期日の告知〔民訴94①②〕、ハ その他相当と認める方法によってするが〔民訴94③〕、簡易呼出しは、ハによる呼出しを指し、電話、普通郵便など裁判所書記官が適当と認める方法が選択される。簡易呼出しを受け、期日に出頭しない者に対しては、その

者が期日の呼出しを受けた旨を記載した書面を提出したときを除き，法律上の制裁その他期日*懈怠(けたい)'の不利益を帰することができない〔民訴94③〕。

官営公費事業 国が，地方公共団体の全部又は一部の財政的負担において事業施設を設置管理し，経営する事業。国営公費事業ともいう。*河川法'，*道路法'などにその例がある。設置又は管理の瑕疵(かし)により損害が発生した場合，設置管理者も費用負担者も賠償責任者となりうる〔国賠3〕。

勧解 明治初年(1868)，フランスのconciliationの制度を継受して作られた*民事調停'の制度。明治8年の東京裁判所支庁管轄区分並取扱仮規則(司布達)により創設され，その後，明治14年には民事訴訟は必ず勧解を経なければならないとの勧解前置主義がとられ，また，明治17年には勧解略則(司達丁23)の制定によって制度的に整備された。勧解は明治初年の司法制度の不備を補充する役割を果たしたが，明治24年，*明治民事訴訟法'の施行により廃止された。

管轄 多数の官署としての*裁判所'間での*裁判権'の分担の定め。各裁判所からみれば，職分・事物・土地に関して範囲の特定される裁判権(管轄権)の分担の定めであり，特定の事件からみれば，どの裁判所がその事件について裁判権を行使できるか(管轄裁判所)の問題である。裁判権の存否・範囲の問題，及び同一裁判所内の複数の裁判機関の間の事務分配の問題とは区別される。管轄の種類一般については*裁判管轄'をみよ。

Ⅰ 民事訴訟法上は，管轄の存在は*訴訟要件'の1つであり，裁判所は職権で管轄の存在を確かめなければならず，そのために職権でも*証拠調べ'をすることができる〔民訴14〕。管轄の存在は*訴え'提起の時点を標準として定められる(訴え提起による管轄の固定〔民訴15〕)。管轄権を欠く場合には，*受訴裁判所'は訴訟を管轄裁判所へ移送する〔民訴16①〕。管轄権を欠くにもかかわらず下された*本案判決'の効果は，*専属管轄'であるか合意管轄(⇒管轄の合意')であるかによって異なる〔民訴299・309・312②③・313〕。

Ⅱ 刑事訴訟法においても，裁判所の間での事件ごとの裁判権の分担をいう。管轄が法律によって定められているのは，当事者の便宜と司法組織内での合理的な事務分担のためである。同時に，一方の当事者が，自分だけに都合のよい裁判所と裁判官を選択することを禁じる意味もある。**1 種類** 管轄には，イ *事物管轄'，ロ *土地管轄'，ハ *審級管轄'の3種類がある。イとロは*第一審'裁判所の管轄の定めをいう。ハは，*審級'制度に応じた上訴審の管轄の定めをいう。刑事では，*控訴'事件は全て高等裁判所の管轄に属し〔裁16①〕，上告事件は最高裁判所が管轄権をもつ〔裁7①〕。

2 管轄の修正 互いに関連する事件を1つの裁判所で審判できるようにするために，管轄権を拡大する定めがある〔刑訴3・5・6・8・9〕。また，一定の必要があるときに管轄を移転する制度も設けられている〔刑訴17・18〕。

管轄違い Ⅰ 訴訟法上，事件が，起訴された裁判所の管轄に属さないこと又はそのときに言い渡される裁判。 ⇨管轄' ⇨移送'

Ⅱ 行政法上，*行政行為'の対象が*行政庁'の権限外にある場合を，管轄違いという。国民の申請に基づく行政行為の場合，申請を収受した行政庁が管轄権なしと判断したときは，通常は申請を却下(⇨棄却・却下')して管轄行政庁への再申請を促すことになる。ただし，不服申立てや行政審判に関する法律には，管轄権を有しない行政庁が申立てを受けたときは管轄行政庁へ*移送'すべしと規定されていることがある〔例:海難審判17〕。

管轄の合意 Ⅰ 民事訴訟において，当事者が法定の*管轄'と異なる管轄を定める合意をいう。法定の管轄は，*専属管轄'を除けば当事者の公平と便宜を考慮して定められるから(⇨任意管轄')，当事者が合意に基づき法定の管轄と異なる管轄を設定することが許される〔民訴11①〕。これによって生ずる管轄は，合意管轄と呼ばれる。法は，一定の法律関係に基づく訴えについて第一審の管轄を書面(合意が*電磁的記録'によってされる場合を含む)で合意する場合に限って，その効果を認める〔民訴11②③〕。合意の態様としては，法定の管轄と競合的(付加的)に管轄裁判所を指定する場合と，他の管轄を排除する趣旨で専属的(排他的)に管轄裁判所を指定する場合とがある。後者の場合も，それによって専属管轄が生じるわけではない〔民訴16・20・145・146・299〕。

Ⅱ *国際裁判管轄'の合意は，国際取引契約においては，将来の紛争解決に関する予見の確保のため，*仲裁'の合意とともに，広く利用されている。一国の裁判所がこの問題を扱う局面としては，日本の裁判所を管轄裁判所とする合意に基づいて日本に国際裁判管轄が認められるかが問題となる場合と，外国裁判所の専属的管轄合意に基づいて日本の国際裁判管轄が否定さ

かんかのた

れるかが問題となる場面とがあるが，民事訴訟法3条の7は双方について定めている。同条は，合意を国際裁判管轄の原因として認め〔民訴3の7①〕，その要件として一定の法律関係に基づく訴えに関し書面又は*電磁的記録'によりなされていることを定めている〔民訴3の7②③〕。また，外国裁判所の専属的管轄合意については，当該外国裁判所が法律上又は事実上裁判権を行うことができないときには，日本の国際裁判管轄を否定する根拠として援用することはできないとされている〔民訴3の7④〕。また，判例により，はなはだしく不合理で公序法に違反する管轄合意は無効とされている（最判昭和50・11・28民集29・10・1554）。消費者契約及び個別労働関係に関する国際裁判管轄の合意は，弱者保護の観点から，将来において生ずる紛争を対象とするものについては厳格な要件を満たした場合にのみその効力を認めることとしている〔民訴3の7⑤⑥〕。すなわち，消費者又は労働者自身が援用する場合〔民訴3の7⑤2⑥2〕を除き，消費者契約の締結時に消費者が*住所'を有していた国の裁判所を指定する国際裁判管轄の合意又は労働契約の終了時にその時の労務提供地国の裁判所を指定する国際裁判管轄の合意に限り，しかも付加的なものとしてのみその効力は認められる。

換価のための競売　⇨形式競売'
環境アセスメント　⇨環境影響評価'
環境影響評価　特定の事業の実施が周辺の環境に及ぼす影響を事前に評価すること。環境アセスメントともいう。1970年代から地方公共団体による制度作りが始まり，条例を制定したところもあった。国レベルでは，昭和56年に提出された法案が廃案となった後，環境影響評価実施要綱（昭和59閣議決定）という形で実施されてきた。平成5年に制定された*環境基本法'で環境影響評価の推進が国の責務とされ〔環境基20〕，これを受けた取組の結果，平成9年に環境影響評価法（法81）が成立した。環境影響評価の実施が必須の第1種事業と判定（スクリーニング）を行う第2種事業の区分〔環境影響評価2②③，環境影響評価令1〜7・別表〕，事業者が方法書を縦覧し意見を聴いた段階で行う評価項目等の選定（スコーピング）〔環境影響評価11〕，環境影響評価の結果と対象事業にかかわる免許等の審査の連動（横断条項）〔環境影響評価33〕などに関する定めが注目される。事業の計画段階で事業不実施の案をも含めた代替案の検討を行う計画アセスメントの導入が課題であるが，平成23年の法改正（法27）で計画立案段階における配慮事項の検討が義務付けられた〔環境影響評価3の2①〕。

環境課徴金　⇨環境税'
環境基準　大気の汚染，水質の汚濁，土壌の汚染及び騒音の環境上の条件について，人の健康を保護し，及び生活環境を保全する上で維持されることが望ましい基準〔環境基16①〕。個々の汚染源から排出される汚染物質の量・濃度について基準（排出基準）を設けて規制しても，汚染源が多数あれば環境は悪化する。そこで，まず環境基準を設け，これを達成するように個々の汚染源を規制することが望ましい。そこで*公害対策基本法'は，環境基準を設けるものとした〔公害基9①〕。その後，このような環境基準の手法は，*環境基本法'に引き継がれた。環境基準は*告示'の形で公表され，*行政計画'と同様の性質を有するとされる。常に適切な科学的判断が加えられ，必要な改定がなされなければならない〔環境基16③〕。判例は，環境基準の設定行為は*抗告訴訟'の対象となる処分性をもたないと解している（東京高判昭和62・12・24行集38・12・1807）。⇨公害'

環境基本法　平成5年法律91号。*公害対策基本法'に代わって，環境の保全につき，基本理念を定め，国・地方公共団体・事業者・国民の責務を明らかにし，施策の基本となる事項を定めることによって，環境の保全に関する施策を総合的かつ計画的に推進し，現在及び将来の国民の健康で文化的な生活の確保に寄与するとともに，人類の福祉に貢献することを目的として制定された法律〔環境基1〕。本法では，まず3つの基本理念が明らかにされた。すなわち，イ 現在及び将来の世代の人間のための環境の恵沢と継承〔環境基3〕，ロ 環境への負荷の少ない持続的発展が可能な社会の構築〔環境基4〕，ハ 国際的協調による地球環境保全の積極的推進〔環境基5〕である。次いで，国の責務，地方公共団体の責務，事業者の責務及び国民の責務が明らかにされた上で〔環境基6〜9〕，環境保全の基本的施策として，環境基本計画の作成〔環境基15〕，*環境基準'の設定〔環境基16〕，公害防止計画の策定と推進〔環境基17・18〕，国の施策の策定・実施にあたっての環境配慮と*環境影響評価'の推進〔環境基19・20〕，環境保全のための経済的措置〔環境基22〕，環境保全に関する施設の整備その他の事業の推進〔環境基23〕，環境への負荷の少ない製品等の利用の促進〔環境基24〕，環境教育と学習〔環境基25〕，環境に関わる民間団体の活動促進のための措置〔環境基26〕，環境教育と学習及び民間団体の活動の促進に資する

かんきょう

ための情報提供〔環境基27〕，調査，監視，科学技術の振興〔環境基28～30〕，公害紛争の処理と被害救済〔環境基31〕などが定められた。最後に，地球環境保全に関する国際協力として，開発途上地域の環境保全のための支援〔環境基32〕，地球環境保全に対する地方公共団体又は民間団体等による活動の支援〔環境基34〕，国際協力の実施にあたっての環境配慮〔環境基35〕などが定められた。その後，政府は平成6年に環境基本計画を策定，平成12年，平成18年，平成24年，平成30年にこれを改定した。また，平成9年には，環境基本法20条に基づき，環境影響評価法〔法81〕を制定した。平成24年の環境基本法の改正〔法47〕により，放射性物質による大気汚染・水質汚濁・土壌汚染の防止に関する適用除外規定〔環境基13〕が削られた。

環境権 **1 意義** 個人は，大気・水・日照・静穏な自然環境，更には文化的遺産など，良好な環境を享受することができると主張する権利。産業の高度成長に伴って*公害や自然環境の破壊が激化し，健康や福祉の侵害が深刻になってきたにもかかわらず，現行の法体系の下では，これらの侵害に対する法的救済が十分でないことが認識されて，公害反対運動の盛り上がりの中から主として弁護士によって新たに提唱された概念である。その根拠は，憲法13条・25条の*基本的人権に求められている。その後，地球規模のエコロジー保護や，そのための「気候変動に関する国際連合枠組条約京都議定書」の理念などと合体して，「反公害」を超えた概念への発展が模索されている。

2 効果 新たに主張された法的概念だけに，環境権の内容・効果は十分固まっているとはいえず（例えば，自然の環境のみなのか，それとも歴史的文化的環境も含むのかなど），具体的な請求権を基礎づけるものかどうかという点については学説上も異論があり，判例も，権利の及ぶ範囲やその内容が不明確であるとして，環境権を否定する傾向にある。例えば，名古屋新幹線訴訟（名古屋高判昭和60・4・12判時1150・30），伊達火力発電所訴訟（札幌地判昭和57・6・22判時1071・48）などで憲法13条・25条を根拠に環境権が主張されたが，下級審は，13条・25条がいずれも具体的権利の保障規定とはいえないことや，権利主体の範囲及び権利内容が不明確であることを理由に，環境権に基づく差止請求（⇨差止訴訟（行政法上の)’）を退け，専ら*人格権ないし*財産権に基づいた差止請求であることを要求している。ただし，人格権を拡張して捉える結果として，一般論としては環境権論の主張にある程度近づいている下級審例もみられる（東京高判昭和62・7・15判時1245・3〈横田基地騒音訴訟〉，東京地判平成22・8・31判時2088・10〈小田急線騒音訴訟〉など）。環境保全についての基本理念を定める*環境基本法においても，「環境権」という法概念は導入されていない。しかし，環境権論を支持する学説は，*予防原則により，公害や自然環境等の破壊がまだ現実化するに至っていない段階であっても，住民は，良い環境の享受を侵害されているとして侵害の可能性のある行為の差止めを請求できると主張している。また，環境権に類似する概念として，自然や野生動物を主体とする「自然の権利」も唱えられ，アマミノクロウサギ等の名で自然保護運動家が開発許可取消訴訟を起こした例もある（敗訴。鹿児島地判平成13・1・22）。貴重な野生生物を生存させ，生物多様性を確保するという利益の法的保護につき，消極に解する東京地判平成23・6・9訟務月報59・6・1482もある。なお，自然環境でなく都市の良好な景観につき，一定の場合に地域住民に「景観利益」が認められうることを一般論として認めた国立(くにたち)景観訴訟（最判平成18・3・30民集60・3・948）がある。

環境税 排出者に負担金が課されることで，外部不経済である環境汚染を価格に取り込み，排出を抑制することを目指している税。地球温暖化対策のため，二酸化炭素（CO_2）排出量を抑制することを目的とする炭素税が代表例。租税とは歳入を目的とすべきものであるが，環境税は環境保全を目的としており，排出抑制が進むほど歳入は減少する性格を有している。そのため，環境課徴金と呼ばれることもある。北欧では既に採用され，CO_2の排出量に応じて租税負担が定められている。環境規制の根拠には汚染者負担の原則があるが，それが租税の根拠や法的定義に当てはまるか疑問視する見解もある。

環境と開発に関する国際連合会議 ⇨国際環境法’

環境法 **1 意義** 公害防止・環境保全に関する法の総称。日本の環境問題は公害問題から始まったため，初め，公害を防止し，公害被害を救済する法体系（公害法）が作られた（⇨公害’）。昭和42年の*公害対策基本法’とそこに定められた基本的事項を実施するための公害規制法や公害被害の救済に関する法律などがそれである。しかし，昭和46年に環境庁が設置され，昭和47年に自然環境保全法〔法85〕が制定されると，自然環境の保全に関わる法制度をも含めて，環境法という言葉も頻繁に使われるよ

かんきよう

うになった。更に、昭和50年代以降には、アメニティ(快適環境)の保全(景観や歴史的・文化的環境の保全)、そしてその後は、地球環境の保全に関わる法制度をも含めて、環境法と総称する。⇒環境基本法'

2 環境法の内容 環境法の内容をどう体系的に表すかについては、いまだ定説がないが、地球環境の保全に関する法と条約、公害規制と環境保全に関する法(公害法)、自然保護に関する法と条約、環境の保全と費用負担に関する法、公害・環境紛争の処理と公害被害者の救済に関する法などに分けることができよう。また、東日本大震災後、「核原料物質、核燃料物質及び原子炉の規制に関する法律」の目的規定〔核規制1〕に環境保全、放射性物質の外部放出防止を含めたこと、環境基本法の放射性物質による大気汚染・水質汚濁・土壌汚染の防止に関する適用除外規定〔環境基13〕が削られたことなどから、原子力法も環境法の一分野に編入されたと考えられる。

3 主な環境法
イ 基本法・設置法
環境基本法、環境省設置法(平成11法101)

ロ 地球環境保全に関する法・条約
*気候変動に関する国際連合枠組条約'、京都議定書、*パリ協定'、*地球温暖化対策の推進に関する法律'、エネルギーの使用の合理化及び非化石エネルギーへの転換等に関する法律(昭和54法49)、再生可能エネルギー電気の利用の促進に関する特別措置法(平成23法108)、フロン類の使用の合理化及び管理の適正化に関する法律(平成13法64)、有害廃棄物の国境を越える移動及びその処分の規制に関するバーゼル条約(*バーゼル条約')、特定有害廃棄物等の輸出入等の規制に関する法律(平成4法108)、*生物の多様性に関する条約'、特定外来生物による生態系等に係る被害の防止に関する法律(平成16法78)、残留性有機汚染物質に関するストックホルム条約(POPs条約)(平成16条3)、1972年の廃棄物その他の物の投棄による海洋汚染の防止に関する条約の1996年の議定書(ロンドン議定書)(平成19条13)、水銀に関する水俣条約(平成29条18) ⇒国際環境法'

ハ 公害規制と環境保全に関する法
〈基本法〉 環境影響評価法(平成9法81)
〈大気汚染・悪臭〉 *大気汚染防止法'、自動車から排出される窒素酸化物及び粒子状物質の特定地域における総量の削減等に関する特別措置法(平成4法70)、悪臭防止法(昭和46法91)
〈水質汚濁〉 *水質汚濁防止法'、特定水道利水障害の防止のための水道水源水域の水質の保全に関する特別措置法(平成6法9)、湖沼水質保全特別措置法(昭和59法61)、瀬戸内海環境保全特別措置法(昭和48法110)、海洋汚染等及び海上災害の防止に関する法律(昭和45法136)、水循環基本法(平成26法16)
〈騒音・振動〉 *騒音規制法'、振動規制法(昭和51法64)
〈地盤沈下〉 建築物用地下水の採取の規制に関する法律(昭和37法100)、工業用水法(昭和31法146)
〈土壌汚染〉 農用地の土壌の汚染防止等に関する法律(昭和45法139)、土壌汚染対策法(平成14法53)
〈廃棄物・再生資源の利用〉 廃棄物の処理及び清掃に関する法律(昭和45法137)、資源の有効な利用の促進に関する法律(平成3法48)、容器包装に係る分別収集及び再商品化の促進等に関する法律(平成7法112)、特定家庭用機器再商品化法(平成10法97)、循環型社会形成推進基本法(平成12法110)、食品循環資源の再生利用等の促進に関する法律(平成12法116)、建設工事に係る資材の再資源化等に関する法律(平成12法104)、使用済自動車の再資源化等に関する法律(平成14法87)、プラスチックに係る資源循環の促進等に関する法律(令和3法60)、国等による環境物品等の調達の推進等に関する法律(平成12法100)
〈化学物質〉 化学物質の審査及び製造等の規制に関する法律(昭和48法117)、特定化学物質の環境への排出量の把握等及び管理の改善の促進に関する法律(平成11法86)、ダイオキシン類対策特別措置法(平成11法105)
〈処罰法〉 上記各法律の行政罰規定のほか、*人の健康に係る公害犯罪の処罰に関する法律'

ニ 自然保護に関する法・条約
生物多様性基本法(平成20法58)、自然環境保全法(昭和47法85)、自然公園法(昭和32法161)、鳥獣の保護及び管理並びに狩猟の適正化に関する法律(平成14法88)、絶滅のおそれのある野生動植物の種の保存に関する法律(平成4法75)、絶滅のおそれのある野生動植物の種の国際取引に関する条約(*ワシントン野生動植物取引規制条約')、自然再生推進法(平成14法148)

ホ 環境保全と費用負担に関する法
公害防止事業費事業者負担法(昭和45法133)、独立行政法人環境再生保全機構法(平成15法43)

ヘ 公害・環境紛争処理と被害者救済に関する法
*公害紛争処理法'、*公害健康被害の補償等に

関する法律'，水俣病被害者の救済及び水俣病問題の解決に関する特別措置法(平成 21 法 81)，石綿による健康被害の救済に関する法律(平成 18 法 4)

ト 環境情報・環境教育に関する法
環境情報の提供の促進等による特定事業者等の環境に配慮した事業活動の促進に関する法律(平成 16 法 77)，環境教育等による環境保全の取組の促進に関する法律(平成 15 法 130)

チ 原子力施設・放射性物質に関する法律
*核原料物質，核燃料物質及び原子炉の規制に関する法律'，「平成 23 年 3 月 11 日に発生した東北地方太平洋沖地震に伴う原子力発電所の事故により放出された放射性物質による環境の汚染への対処に関する特別措置法」(平成 23 法 110)

監　禁　1 意義　不法に人を監禁すること。監禁罪として 3 月以上 7 年以下の拘禁刑に処せられる〔刑 220〕。　⇨逮捕監禁罪'
2 違法性　「不法に」というのは，住居侵入罪〔刑 130〕における「正当な理由がないのに」と同様に，一般的な違法性の要件を確認するために規定したにすぎず，本罪固有の*構成要件'要素ではない。監禁が法令に基づき適法に行われる場合などに本罪の違法性が否定される。
3 行為　監禁とは，一定の場所からの脱出を困難にして，移動の自由を奪うことをいう。脱出が絶対に不可能である必要はなく，物理的又は心理的に著しく困難であれば足りる。移動の自由を奪う手段には法文上制限はない。出入口があっても看守者がいるとか，被害者が容易に知ることができないようにしてあれば監禁である。*暴行'・*脅迫'によらなくてもよく，被害者をだまして錯誤を利用する場合や，情を知らない警察を利用して被害者を留置させるのも監禁に当たる。監禁罪は*継続犯'である。なお，本罪の加重類型として*人質強要罪'〔人質 1 ②〕などがある。

関係会社　*金融商品取引法'の規定により*財務諸表'を提出すべき会社の*親会社'，*子会社'及び*関連会社'並びに財務諸表提出会社が他の会社の関連会社である場合における当該他の会社等をいう〔財務規 8 ⑧，企業開示 1 27の3〕。この定義は会社法・会社計算規則も同様である〔会社計算 2 ③㉕〕。関係会社については，例えば，関係会社株式を「投資その他の資産」の範囲に含め〔財務規 31 ①，会社計算 74 ③④イ〕，あるいは財務諸表上の科目について，区分記載ないし注記が要求される〔財務規 32 ①・39・55・74・88・91・94，会社計算 103 ⑥〕。近親者等の会社以外の者をも含み，取引関係の開示を求める範囲を示す概念である*関連当事者'〔財務規 8 ⑰，企業開示 1 27の5，会社計算 112 ④〕とは，重なる部分もあるが大きな相違もある。

慣行小作権　慣行上認められていた小作権で，その効力は慣行により種々であるが，*永小作権'と賃借権との中間的なものと考えられ，売買には地主の承諾を必要とせず，価格も所有権の価格と等しく，*第三者に対しても対抗力をもつものもあった。慣行小作権の認められた小作地は農地改革によってほとんど自作地となったので，現在では意義が少ない。　⇨小作'

官　公　署　国及び地方公共団体の機関を総称する用語〔例：国会 104，請願 3〕。

看護休暇　⇨育児介護休業法'

監護教育権　親権者又は未成年*後見人'が，未成年の子を保護監督し，教育を受けさせる権利義務をいう〔民 820〜823・857〕。子の利益のために，子の人格を尊重し，その年齢及び発達の程度に配慮して，行使しなければならないとされる〔民 820・821〕。特に*義務教育'制度の下では，親権者又は後見人は，子女に普通教育を受けさせる義務を負うとされ，義務性が強い〔憲 26 ②，学教 16・17〕。　⇨親権'

勧告(行政上の)　⇨行政指導'

監　獄　*自由刑'に処せられた者，死刑確定者，*勾留'された被疑者・被告人を*拘置'する施設をかつて監獄と呼んでいた。現在は刑事施設という。　⇨刑事施設'

勧告的意見　Ⅰ　憲法上は，裁判所が政治部門(*立法機関'又は*行政機関')又は利害関係者の求めに応じて，仮に具体的な事件が生じたときに裁判所はどのような判断を下すかについてあらかじめ示す意見を指す。勧告的意見は拘束力をもたない，法の解釈にすぎない。アメリカの州裁判所の中には制度上勧告的意見(圀 advisory opinion)を述べる権限を付与されているものもあるが，連邦裁判所の裁判管轄権は，憲法上，事件又は争訟に限定されているので，このような意見を述べることはできない。日本の裁判所にも勧告的意見を表明する権限は認められていない。勧告的意見とは，本来，以上のものであるが，*事件性'の要件を満たさない訴訟における*本案判決'，また*判決理由'中の判決の結論にとって不要な理由を指すこともある。

Ⅱ　国際法上は，*国際司法裁判所'が関係国際機関の要請に基づいて与える，法律問題に関する意見をいう。勧告的意見を要請できるのは，イ　国際連合総会及び安全保障理事会が，あらゆる法律問題について，ロ　*国際連合'のその他

かんごくほ

の機関及び‘専門機関'でいずれかの時に総会の許可を得るものが，その活動の範囲内において生じる法律問題についてである〔国連憲章96，国際裁65〕。国家には勧告的意見を要請する権利はなく，また国際連合事務総長も勧告的意見を要請することはできない。勧告的意見の裁判手続に関しては，適用することができると認める範囲内で，判決手続が準用される〔国際裁68〕。関係諸国から意見が聴取されることもあり，口頭弁論が行われることもある。2以上の国の間で実際に係争中の法律問題について勧告的意見が要請された場合には，国籍裁判官，アドホック裁判官制度が適用される〔国際裁規102③，国際裁31〕(⇨'国籍裁判官')。勧告的意見は判決と異なり法的拘束力を有しないが，特に別段の定めがある場合にはそれによる〔例：国連特権8⑩〕。勧告的意見制度は，‘常設国際司法裁判所'において創設されたものを引き継いでいる。関係国際機関の規定の解釈，国際連合職員の雇用関係についての判断のほか，ナミビア問題，西サハラ事件，核兵器の合法性，パレスチナ占領地における壁建設，コソボ独立の一方的宣言のように国際政治上も注目される問題に関する勧告的意見も示されている。

監　獄　法　　⇨'刑事収容施設法'
監護者性交等罪　　⇨'監護者わいせつ・監護者性交等罪'

監護者わいせつ・監護者性交等罪　　刑法179条の罪。平成29年改正(法72)により新設された(⇨'性犯罪')。18歳未満の者に対し，その者を現に監護する者が，その影響力に乗じて'わいせつ'な行為をした場合は'不同意わいせつ罪'(令和5年改正(法66)前は強制わいせつ罪)〔刑176①〕の例によるものとされ〔刑179①〕，その影響力に乗じて性交等をした場合は'不同意性交等罪'(令和5年改正(法66)前は強制性交等罪)〔刑177①〕の例によるものとされる〔刑179②〕。'未遂'処罰規定〔刑180〕，'結果的加重犯'規定〔刑181①②〕の適用が及ぶ。親子関係等，保護・被保護ないし依存・被依存の関係が継続的に存する状況下で，保護する側ないし依存される側が有する影響力を認識して所定の行為をした事実があれば成立する。‘暴行'・'脅迫'を用いるなどした事実も，不利益を憂慮させる等，影響力を積極的に振るった事実も不要である。

観護処遇　　⇨'少年鑑別所'
観護措置　　少年審判，少年の被疑事件の捜査のために'少年'の身柄を保全する手段。'家庭裁判所'調査官の観護に付すること，及び'少年鑑別所'に送致することの2形式がある

〔少17①〕が，後者が多く用いられる。家庭裁判所の決定による〔少17①柱〕が，後者については，少年の被疑事件につき，裁判官の発する観護令状による場合もある〔少44②〕。

監護費用　　⇨'親権'
監査委員　　Ⅰ　'普通地方公共団体'に置かれる'執行機関'の1つ。その財務に関する事務の執行及びその経営に係る事業の管理を監査することを主な職務とするが，必要と認めるときは，そのほか，普通地方公共団体の事務の執行について監査することができる。一部，対象外の事務がある〔自治199①②〕。監査委員は長が，議会の同意を得て，議員及び識見を有する者の中から選任する。ただし，条例を制定することで議員のうちから監査委員を選任しないこととすることができる。また，その数は，都道府県・市町村によって異なる。都道府県及び人口25万以上の市にあっては，識見を有する者のうちから選任される監査委員のうち1人以上は常勤としなければならない。監査委員は複数であるが，合議制委員会ではなく代表監査委員が事実上監査委員のトップとなる。定期又は随時の一般監査のほか，当該普通地方公共団体の長・議会の要求，更に住民の監査請求等に基づく特別監査を行う〔自治195〜202・98②・75・242，自治令140の2〜141〕。'住民監査請求'　⇨'事務の監査請求'　⇨'外部監査'

Ⅱ　'指名委員会等設置会社'の'監査委員会'の委員。当該会社及びその子会社の'執行役'・'業務執行取締役'・'支配人'・'使用人'・'会計参与'を兼任できない〔会社331③・333③・400④〕。監査委員会が選定した委員は，執行役等や子会社に対する報告徴求権・業務財産状況調査権を有する〔会社405〕。また各委員は執行役・'取締役'の不正行為等の'取締役会'への報告義務を負い〔会社406〕，執行役・取締役に対する違法行為等の差止請求権〔会社407〕等を有する。

監査委員会　　1 意義，組織，権限　'指名委員会等設置会社'において，指名委員会及び'報酬委員会'とともに置かなければならない3つの委員会の1つ〔会社404②〕。'監査委員'3人以上で組織され〔会社400①〕。それを組織する取締役は'監査委員'といわれる。会社400④〕，監査委員の過半数は'社外取締役'でなければならない〔会社400③〕。また，監査委員は，指名委員会等設置会社若しくはその'子会社'('連結子会社'を含む)の'執行役'若しくは'業務執行取締役'又は指名委員会等設置会社の子会社の'会計参与'(会計参与が法人であるときは，その職務を行うべき社員)若しくは'支配人'その他の'使用

かんさとう

人'を兼ねることができない〔会社400④〕。監査委員は取締役の中から*取締役会'の決議によって選定される〔会社400②〕点で,監査委員会は取締役会の内部機関である側面を有する。しかし,監査委員会は,*監査報告'の作成等のほか,取締役及び執行役(会計参与設置会社では,取締役,執行役及び会計参与)の職務の執行の監督並びに*株主総会'に提出する*会計監査人'の選任・解任・不再任に関する議案の内容を決定する権限を有し〔会社404②〕,取締役会から独立している側面も有している。
2 監査の方法等 監査委員会の職務を執行するため,他の取締役,執行役及び使用人に報告を求める権利,会社及び子会社の業務財産調査権,執行役の違法行為等の取締役会における報告及びその*差止請求権',取締役・執行役と会社との訴訟における会社代表権等について*監査役'のそれらに準じた規定が設けられている〔会社405～408〕。
3 委員会の運営等 指名委員会の運営等についてと同様である。 ⇒指名委員'

管財人 ⇒管理人' ⇒外国管財人' ⇒更生管財人' ⇒再生管財人' ⇒承認管財人' ⇒破産管財人'

監査証明(公認会計士の) 財務書類が企業の財政状態を適正に表示しているかどうかについて,*公認会計士'等の会計の専門家が行う意見の表明。*金融商品取引法'は,上場会社等が提出する一定の財務書類につき,その会社と特別の利害関係のない公認会計士又は監査法人による監査証明を要求している〔金商193の2〕。監査証明の基準及び手続については,「財務諸表等の監査証明に関する内閣府令」が定めている。なお,会社法も*大会社'については,*貸借対照表'その他一定の書類について,*監査役'の監査のほかに*会計監査人'(公認会計士又は監査法人)の監査を要求しており〔会社328・396①,会社則110,会社計算126・127〕,双方の基準に該当する会社については,会計監査人による会社法上の監査と金融商品取引法上の監査が重複することになる。

監査請求 ⇒事務の監査請求' ⇒住民監査請求'

監査等委員 *監査等委員会'の構成員のことであり,*株主総会'によって監査等委員として選任された*取締役'が監査等委員になる〔会社329②・399の2②〕。監査等委員は,監査等委員会によって選定された場合〔会社399の3等〕及び明文の規定がある場合〔会社399の4～399の6等〕を除き,監査等委員会の構成員として職務を行うにすぎない。監査等委員会と各監査等委員の関係は,*監査役会設置会社'の監査役会と各*監査役'の関係とは大きく異なり,*指名委員会等設置会社'の監査委員会と各*監査委員'の関係に類似する。監査等委員の選解任や報酬等については,業務執行を担当する取締役(*代表取締役'等)に対する監査等委員の独立性を確保するため,監査等委員となる取締役とそれ以外の取締役を区別して選任及び報酬に関する株主総会決議がされること〔会社329②・361②〕に加えて,監査役の選解任や報酬等に関する手続に類似した仕組みが用意されている〔会社309②⑦・342の2・344の2・361③⑤〕。また,監査等委員を務める取締役の任期は他の取締役と異なり2年であり,定款の定め又は株主総会決議によっても短縮できない〔会社332③④〕。

監査等委員会 **1 意義** *監査等委員会設置会社'に設置される機関の1つであり,*監査等委員'である*取締役'によって組織される〔会社399の2①②〕。監査等委員の数は3名以上で,かつ,その過半数は社外取締役でなければならない〔会社331⑥〕。
2 職務と権限 監査等委員会の職務は,イ 取締役の職務の執行の監査,ロ *株主総会'に提出する*会計監査人'の選任等に関する議案の内容の決定,ハ 株主総会における取締役の選任等及び報酬等についての意見陳述である〔会社399の2③〕。イとロは,*指名委員会等設置会社'の*監査委員会'の職務と実質的に等しい。監査等委員会と監査委員会の差異は,監査等委員会の職務にハが含まれる点にあり,この点が監査等委員会という表記に現れている。監査等委員会は,指名委員会等設置会社の監査委員会と同じく,*内部統制'システム〔会社399の13①ハ〕を利用して組織的な監査を行うことが予定されている。監査報告も監査等委員会のみが作成し〔会社399の2③Ⅰ〕,各監査等委員は監査等委員会の監査報告の内容と異なる意見を有する場合に監査報告に意見を付記する〔会社則130の2①後〕。監査等委員会は,監査等委員と会社の訴訟等において会社を代表する監査等委員の選定を行う〔会社399の7①②③~④〕。
3 利益相反取引の承認 *取締役会'に加えて監査等委員会が利益相反取引〔会社356①②③。監査等委員と会社の利益が対立する取引を除く〕を承認した場合,当該取引に関与した取締役の任務懈怠(けたい)を推定する旨の規定〔会社423③〕は適用されない〔会社423④〕。監査等委員会は,監査等委員の過半数が社外取締役であるなど業務執行者からの独立性が確保されており,かつ,

かんさとう

取締役の選任等について株主総会において意見陳述する権限を有しているので，監査等委員が承認した利益相反取引については，取締役と会社の利益相反の存在により会社の利益が害される危険に対して一定の対処がなされていると考えられている。

監査等委員会設置会社　**1 意義**　*監査等委員会'を置く*株式会社'〔会社2[11の2]〕のことをいい，平成26年会社法改正（法90）によって，新たに導入された。監査等委員会設置会社では，*指名委員会等設置会社'と同じく，*社外取締役'の役割が重視されており，監査等委員である*取締役'の過半数は，社外取締役でなければならない〔会社331⑥〕。監査等委員会は，*監査委員会'と同じく業務執行者の監査をすることに加えて，取締役の選任等や報酬等について，*指名委員会'及び*報酬委員会'のような決定権限までは有さないが，*株主総会'における意見陳述権を有する〔会社342の2④・361⑥〕。指名委員会等設置会社では監査委員会，指名委員会及び報酬委員会の3つの委員会の設置が要求され，かつ，指名委員会及び報酬委員会は決定権限を有していたため，指名委員会等設置会社を選択する際のハードルが高かった。監査等委員会設置会社は，社外取締役を選任して企業統治を強化することを望む会社にとっての使いやすさが重視された制度である。

2 取締役・取締役会　監査等委員会設置会社では，指名委員会等設置会社と異なり，*代表取締役'及び*取締役会'によって業務を執行する取締役として選定されたものが業務執行を行う〔会社363〕。取締役会が個々の取締役に決定権限を委譲できる事項は，監査役（会）設置会社と基本的に同じである〔会社399の13④〕。しかし，監査等委員会設置会社の取締役会の職務として指名委員会等設置会社と同じく経営の基本方針が挙げられていることは〔会社399の13①Ⅰイ〕，取締役会は個々の業務執行に深く関与するのではなく代表取締役等の監督を主たる職務とすること（いわゆるモニタリングモデル）が想定されていることを示している。取締役会が業務執行ではなく監督に注力することを可能とするため，取締役会の過半数が社外取締役である場合又は定款に特段の定めがある場合，指名委員会等設置会社の取締役会が*執行役'に委任できる事項と実質的に同じ事項の決定権限を，取締役会は個々の取締役に委任することが認められている〔会社399の13⑤⑥〕。

監査費用償還請求権　*監査役'が監査に必要な経費を支出した場合において，会社に対しその償還・利息を請求する権利。会社・子会社の業務・財産状況を実地調査したり*取締役'の責任追及訴訟を提起するために必要な費用のほか，補助者として*公認会計士'や弁護士に依頼したり，監査役スタッフを雇用したりして監査を行うための費用を含む。昭和56年改正（法74）商法以降，監査役の独立性を強化し充実した監査がなされるよう，監査役の請求した費用がその職務に不要であることを会社の側で立証しない限り，会社は費用の前払や償還を拒むことができない。監査役がその費用の前払を請求し，又は監査役がその費用について負担した債務を自分に代わり会社が弁済するように請求する場合も同様である〔会社388〕。*監査等委員会設置会社'における*監査等委員会'の職務の執行に関する職務を行う場合も同様である〔会社399の2④〕。*指名委員会等設置会社'においては，*監査委員会'のみならず，*指名委員会'及び*報酬委員会'についても，それを構成する取締役がその職務の執行に必要な費用につき，同様の取扱いが認められている〔会社404④〕。

監査報告　会社法に基づいて，*監査役'（*監査役会設置会社'では*監査役会'及び監査役，*監査等委員会設置会社'では*監査等委員会'，*指名委員会等設置会社'では*監査委員会'）が自己の行った監査の方法・内容・結果を記載した書類。各事業年度に係る*計算書類'等に係る監査報告は定時総会の会日の2週間前から，*臨時計算書類'に係る監査報告は臨時計算書類の作成日から，それぞれ5年間本店に，その写しは3年間支店に備置きすべきこととされ（*取締役会設置会社'ではない場合には，1週間前から備え置けば足りる）〔会社442①②〕，株主・会社債権者はその閲覧・謄本又は抄本の交付等を請求できる〔会社442③〕。また監査報告を定時総会の招集通知の際に交付しなければならない〔会社437〕。*会計監査人設置会社'以外の会社においては，監査報告には，監査の方法及び内容のほか，*計算関係書類'が財産・損益の状況を適正に表示しているか否か，追記事項，事業報告及びその附属明細書が会社の状況を正しく示しているか否か，*取締役'の職務執行の適法性，*内部統制'システム等の相当性，*株式会社'の支配に関する基本方針等についての意見など，監査報告の作成日について記載することを要するとともに，監査のため必要な調査をすることができなかったときはその旨と理由を記載しなければならない〔会社則129・130，会社計算122・123〕。*会計監査人'の*会計監査報告'

かんさやく

には，監査報告の内容とされているもののうち会計監査に関するものが記載されるので，会計監査人設置会社においては会計監査人の監査の方法又は結果を監査役，監査役会，監査等委員会又は監査委員会が相当でないと認めた場合を除き，監査役，監査役会，監査等委員会又は監査委員会の監査報告の記載事項は簡略化される〔会社計算127〜129〕。監査役，監査役会，監査等委員会，監査委員会又は会計監査人の監査報告の内容は'会社法施行規則'及び'会社計算規則'に定められている。

監査法人 ⇨'公認会計士'

監査役 1 設置される場合 '監査役設置会社'において，'取締役'の職務執行を監査する'株式会社'の機関である〔会社381①〕。'取締役会設置会社'では，'株主総会'による監督が縮小しうるため〔会社295②参照〕，'監査等委員会設置会社'又は'指名委員会等設置会社'となるか，監査役を設置しなければならない〔会社327②。ただし，'公開会社'でない会社が'会計参与'を設置した場合を除く〕。また，'会計監査人設置会社'も監査役を置かねばならない〔会社327③〕。このほかの場合であっても，任意に監査役を置くことは可能である〔会社326②〕。ただし，以上の全ての場合について，監査等委員会設置会社及び指名委員会等設置会社に監査役を置くことはできない〔会社327④〕。

2 地位 監査役による監査の実効性を確保するためには，監査役の取締役からの独立性の維持が必要である。まず，監査役は会社・子会社の取締役・'使用人'等を兼ねることができない〔会社335②〕。また，株主総会の'普通決議'で選任されるが〔会社329①〕（なお，監査役が欠け，法律又は定款が要求する人数を満たさなくなった場合は，利害関係人の申立てにより裁判所が一時監査役を選任することができる〔会社346①②〕），監査役選任議案を株主総会に提出するには監査役の同意が必要である〔会社343〕。そして監査役の任期は取締役の任期よりも長い4年であり，これを定款で短縮することはできず〔会社336①。なお，会社332①参照〕，任期中に解任する場合には株主総会の'特別決議'が必要である〔会社309②⑦〕。報酬についても，株主総会で決議する際に意見陳述権が認められており，また監査役間の配分は監査役の協議による〔会社387〕。

3 権限・義務 監査役の監査は，原則として会計以外の事項を含む会社の業務全般に及ぶ（ただし，監査役会・会計監査人を設置していない公開会社以外の会社は，定款で監査役の監査範囲を会計事項に限定できる〔会社389〕）。その内容は，法令・定款違反又は著しい不当性の有無のチェック（適法性監査）であり，取締役の裁量的判断一般の当否のチェック（妥当性監査）は含まれないと一般に解されている（ただし，取締役の'善管注意義務'違反の有無のチェックの中で，妥当性監査を事実上行われる）。監査役は，会社についてはいつでも，また職務上必要があるときは子会社についても，事業の報告を求め，業務・財産状況を調査することができる〔会社381②③〕。以上の監査について，監査役は監査報告を作成しなければならないほか〔会社381①，会社則105，会社計算122・127〕，法令違反等を発見したときは取締役（会社）に報告しなければならない〔会社382〕。このほかにも，取締役会出席・意見陳述義務〔会社383①〕，株主総会提出議案等の調査・報告義務〔会社384〕，一時会計監査人の選任義務〔会社346④〕がある。他方で，監査役には取締役会の招集請求・招集権〔会社383②③〕や取締役の違法行為等の差止請求権〔会社385〕があり，また取締役の対会社責任を追及する訴訟に関連する事項について会社を代表し〔会社386〕，その和解についての同意権を有する〔会社849の2〕。

監査役会 1 意義・趣旨 '監査役会設置会社'において，'監査役'の全員で組織される機関〔会社390①〕。'監査等委員会設置会社'でも'指名委員会等設置会社'でもない'公開会社'である'大会社'にはその設置が要求される〔会社328①〕。監査役会設置会社では，監査役の員数が3人以上とされ，そのうちの半数以上は'社外監査役'であることを要するものとされており〔会社335③〕，組織的・効率的な監査をすることを可能にするために，監査役会が法定されている。

2 権限 イ '取締役'及び'会計監査人'から報告を受け〔会社357〕，取締役及び会計監査人から'計算書類'，附属明細書又は'監査報告'を受領する，ロ 会計監査人の選任，不再任又は解任の議案の内容を決定し〔会社344①③〕，会計監査人を解任し〔会社344②③〕，一時会計監査人を選任する〔会社340・346④⑥〕，ハ 監査報告を作成・提出する〔会社390②①〕，ニ 監査の方針，会社の業務及び財産の状況の調査の方法その他の監査役の職務の執行に関する事項を定める〔会社390②③〕権限が認められる。監査役会は，各監査役の職務の分担を定めることができ，いつでも監査役にその職務執行の状況の報告を求めることができるものとされている〔会社390④〕が，このような分担を定めても，個々の監査役

かんさやく

は監査役としての権限を行使することができる〔監査役の独任制〕。
3 運営 監査役会の決議は、監査役の過半数をもって行うものとされている〔会社393①〕。招集権は各監査役に与えられている〔会社391〕。

監査役会設置会社 '株式会社'のうち、'監査役会'を設置しているもの及び監査役会の設置が会社法により義務付けられているものをいう〔会社2⑩〕。後者に該当するのは、'公開会社'かつ'大会社'であって、'監査等委員会設置会社'及び'指名委員会等設置会社'のいずれでもないものである〔会社328①〕。任意に監査役会を設置すると、'取締役会'の設置が義務付けられる一方で〔会社327①②〕、一定の要件を満たす場合には、取締役会が剰余金配当等を決定する旨の定款規定を設けることができる〔会社459①〕。

監査役設置会社 '監査役'を置く会社(その監査役の監査の範囲を会計に関するものに限定する'定款'の定めのあるものを除く)又は会社法の規定により監査役を置かなければならない'株式会社'〔会社2⑨〕。'監査等委員会設置会社'及び'指名委員会等設置会社'は監査役を置いてはならないが〔会社327④〕、それ以外の'取締役会設置会社'は'公開会社'でない'会計参与'設置会社を除き、監査役を置かなければならず、'会計監査人設置会社'も監査役を置かなければならない〔会社327②③〕。監査役設置会社においては、'取締役'は株式会社に著しい損害を及ぼすおそれのある事実を発見したときは、直ちに当該事実を監査役('監査役会設置会社'にあっては'監査役会')に報告しなければならない〔会社357〕。監査役設置会社においては、'株主'は裁判所の許可を得なければ'取締役会'の'議事録'の閲覧等を請求することはできないし〔会社371③〕、株主は取締役会の招集を請求し、又は招集することができない〔会社367①括弧〕。更に、監査役設置会社においては、回復することができない損害が生ずるおそれがある場合に限り、株主による取締役に対する違法行為差止請求が認められる〔会社360③〕(⇨差止請求権')。

監 事 '法人'の財産や'理事'の業務執行の状況を監査する法人の機関〔一般法人99・197〕。一般社団法人においては、必ず置かなければならないわけではない〔一般法人60②〕が、一般財団法人においては必置であり〔一般法人170①〕、特別法に基づいて設立される法人では置かれている〔農協30等〕。会社では特に'監査役'と呼ばれる〔会社381〕。

幹事会社 '金融商品取引法'上、'有価証券'の発行者又は所有者と元引受契約の内容を確定するための協議を行う者であって、引受総額が100億円を超える場合において、資本金等が30億円以上である者と共同して協議を行う者のうち自己の引受けが100億円を超える者、又は引受総額が100億円を超える者のことを幹事会社という〔金商28①③イ、金商令15、金商業4〕。第1種'金融商品取引業'を行う金融商品取引業者に該当し、大きなリスクを負担することになるため、30億円以上の資本金がなければならず〔金商29の4①④イ、金商令15の7①Ⅱ〕、また元引受業務につき損失のリスク管理が必要となる〔金商29の2②②、金商業8⑥ニ〕。

監視義務 ⇨取締役の責任' ⇨役員等の会社に対する損害賠償責任' ⇨役員等の第三者に対する損害賠償責任'

監視区域 ⇨国土利用計画法'

監視権(社員の) '持分会社'の'定款'で業務を執行する社員を定めた場合において、'業務執行社員'かどうかを問わず、各社員が有する、会社の業務及び財産の状況を調査する権利〔会社592①〕。定款で別段の定めをすることができるが、'事業年度'の終了時又は重要な事由がある場合には、制限することはできない〔会社592②〕。なお、'匿名組合'の匿名組合員は、営業年度の終了時、又は重要な事由があるときに裁判所の許可を得て、営業者の業務財産状況等を検査することができる〔商539〕。

監視断続労働 一定部署にあって監視することを本来の業務とし、常態として身体又は精神的緊張の少ない労働が「監視労働」、実作業が間欠的で'手待時間'の多い労働が「断続的労働」。これらに従事する者は、労働基準監督署長の許可を受ければ、'労働基準法'の'労働時間'・'休憩'・'休日'に関する規定が適用されない〔労基41③、労基則34〕。ただし、休日と区別される'年次有給休暇'に関する規定及び労働時間の位置を意味する'深夜業'に関する規定は適用される。

監視付移転 ⇨コントロールド・デリバリー'

慣習憲法 ⇨憲法慣習'
慣習国際法 ⇨国際慣習法'
慣 習 法 **1 一般的な意義** 制定法と違い、国家によって制定されたのではないが人々の間で広範に従われていて法的効力を有する慣習。法理論においては、'コモン・ロー'は慣習法を判例の形で表現したものかとか、単なる慣習が法規範である慣習法として認められるためには国家による容認が必要かといった問題が争われ

てきた。 ⇨規範'

2 民法上の効力 民法上，慣習法が問題となるのは，裁判所がいかなる要件の下にそれを裁判の基準とすることができるかという点に関してである。この意味での慣習法は，事実たる慣習に対するもので，*法適用通則法'3条の要件の下に法律と同一の効力(*法源'としての効力)を認められたものであり，事実たる慣習よりも規範性の強いものをいうと解されている。しかし，事実たる慣習の効力を定めた民法92条の解釈として，事実たる慣習が*任意法規'に優先する効力を認められるようになると，それより規範性の強いはずの慣習法が法適用通則法3条のために任意法規よりも劣る法源となることとの間に矛盾が生じる。そこで，民法92条と法適用通則法3条の関係について種々の論議がある。 ⇨事実たる慣習'

3 その他の分野における効力 *商慣習法'は民法以上の効力を認められ〔商1②〕，刑法においては*罪刑法定主義'の原則〔刑法草案1参照〕に従って慣習刑法が禁止される。行政法においては，*法律による行政の原理'のゆえに慣習法の成立する余地は少ないが，*水利権'などの地域的慣習や法令公布方式などの行政慣例などが，全くないわけではないと解するのが通説である。国際法においては，古典的には*一般国際法'は原則として慣習法であったが，現在では一般国際法の成文化事業が，*国際連合国際法委員会'などによって推進されている(⇨国際慣習法')。

干 渉 国家又は国家集団が他国に対して一定の行為をとるよう強制的に介入すること。単なる助言・抗議・援助等は干渉とはならない。干渉が国際法上の不干渉義務に反するものとして禁止されるための要件は，イ 他国の干渉から保護される対象事項，ロ 違法なものとして禁止される干渉方法の2つから成る。イについては単に対内事項(内政干渉)のみならず対外事項も含み，かつては国際法による規律から免れている事項とされたが，今日ではその侵害に対して有効に対抗することができる保護法益として，国際法により積極的に保護される事項とされる。また，ロに関しては，*国際連合憲章'の武力不行使原則(⇨友好関係原則宣言')によって一般的に禁止されるに至った*武力行使'，武力による威嚇等の軍事的干渉手段(⇨コルフ海峡事件')のみならず，経済的・政治的その他の非軍事的干渉手段をも含むとされるが，その範囲に関しては，これを広く捉えようとする途上国と狭く捉えようとする先進国との間に対立がみられる。

感情の表示 ⇨準法律行為'
官 職 ⇨職(公務員の)'
官職の等級 ⇨等級(官職の)'
関 する ⇨に係る・に関する'(巻末・基本法令用語)

官 制 国の行政機関の設置・廃止・組織・権限等に関する定めのこと。*大日本帝国憲法'の下では，官制大権は天皇に属するものとされ〔明憲10〕，*勅令'の形式で定められた。現行憲法下では，官制という用語は例外的に用いられているにすぎず〔例：国公78④〕，また，行政機関に関する基本的事項は法律で定めることになっている〔憲66①，行組3・4等〕。*地方公共団体'では，官制に相当するものとして職制という語が用いられる〔例：地公28①④，自治附4〕。

関 税 外国から輸入され又は外国に輸出される貨物に対して課される租税のこと。したがって，輸入税及び輸出税を総称する言葉であるが，日本では，輸入貨物に対してだけ関税が課される〔関税3〕から，輸入税と同義である。その性質は*消費税'であるが，輸入貨物に対して課される内国消費税とは区別される。主として財政収入を得ることを目的とする関税を財政関税と呼び，主として国内産業を保護することを目的とする関税を*保護関税'という。現在は，日本を含め後者の目的から関税を課する国が多い。なお，関税の賦課・徴収は*関税法'によって規定されており，また，その税率その他の*課税要件'は*関税定率法'によって規定されているが，1994年のWTO協定の下における*ガット(GATT)'等の国際条約による規律の下にある。

関税及び貿易に関する一般協定 ⇨ガット(GATT)'

官製談合防止法 平成14年法律101号。正式には「入札談合等関与行為の排除及び防止並びに職員による入札等の公正を害すべき行為の処罰に関する法律」という。同法は，入札に参加する事業者による落札予定者・落札価格の決定又は事業者団体による同様の行為(⇨入札談合')に，発注者側の国・地方公共団体・特定法人の職員が関与(談合の指示，受注者に関する意向の表明，発注に係る秘密情報の漏えい，特定の入札談合の幇助(ほうじょ))した場合に(これを官製談合と呼ぶ)〔入札談合2⑤〕，*公正取引委員会'が発注機関の長に対して改善措置を要求する権限を定め〔入札談合3〕，発注機関の長による損害賠償請求・懲戒事由の調査義務〔入札談合4・5〕を課すほか，入札の公正を害する行為を行った職員に対する罰則を定める〔入札談合8〕。

かんぜいて

関税定率法 明治43年法律54号。'関税'の'課税物件','課税標準','税率'等,関税に関する実体的事項を定めた法律。この法律の別表において輸入貨物の税率を定めるほか,報復関税,'不当廉売'関税等に関する定めが置かれている。

関税法 昭和29年法律61号。外国貿易に関し輸入貨物に対して課される関税に関する法律。輸入貨物を課税物件とし,貨物を輸入する者を納税義務者としている。関税の対象となる輸入貨物については別に'関税定率法'で詳細に定めている。 ⇨関税'

間接管轄 ⇨外国判決の承認・執行'

間接強制 Ⅰ '強制執行'の一種であり,執行裁判所が,債務者に対して,債務を履行しない場合には一定額の金銭(間接強制金)を債権者に支払うべき旨を命ずることで,債務の履行を確保する方法をいう〔民執172〕。債務者の意思に圧迫を加えることから,'直接強制'や'代替執行'のできない不代替的作為義務や不作為義務にのみ認められてきた(間接強制の補充性)。しかし,その有用性から,平成15年の'民事執行法'改正(法134)により,'物の引渡・明渡義務の強制執行'や,代替的作為義務,不作為義務違反の結果除去・将来のための適当な処分の実現にも利用できるようになった〔民執173〕。'金銭債権'の実現のために間接強制を利用することはできないのが原則であるが,'扶養義務'等に係る金銭債権については認められる〔民執167の15〕。

Ⅱ '行政上の強制執行'においては,間接強制の性質を有するものとして'執行罰'がある。また,しばしば義務履行確保手段として用いられている'公表'等も間接強制的機能を営みうる。

間接差別 人種や性などの属性それ自体を理由とする直接差別に対して,外見上は属性に中立的な基準等を適用するのであるが,実際上はその基準等に合理性がなく,結果的に特定の属性をもつ集団(例えば,黒人や女性など)の構成員に著しい不利益を惹起(じゃっき)すること。1971年にアメリカ合衆国最高裁判所が人種差別に関する有名な判例(Griggs v. Duke Power Co., 401 U.S. 424(1971))によりこの差別概念を認め,これが契機となり,今日では諸外国の差別禁止立法において禁止されるに至っている。日本では,平成18年6月の'男女雇用機会均等法'改正(法82)において,間接差別禁止規定が新設された〔雇均7〕。ただし,現在のところ,'行政指導'の対象となり禁止される間接差別は,募集・採用において労働者の身長,体重又は体力を要件とすること等,男女雇用機会均等法施行規則2条に列挙されている3つに限定されている。

間接事実 Ⅰ 刑事訴訟法上,'要証事実'の存否を推認させる事実。例えば,強盗致傷被告事件の審理において,犯行前日に被告人が凶器の短刀を買い求めた事実,犯行直後に血痕のついたシャツを洗濯した事実,被害品である時計を質入れした事実などは,被告人が強盗殺人の犯人であることを推認させる積極的間接事実である。他方,アリバイの存在や,もし被告人が犯人であれば当然存在すべき証拠の不存在は,被告人が犯人であることを否定する消極的間接事実である。 ⇨情況証拠' ⇨直接証拠・間接証拠'

Ⅱ 民事訴訟法上は,'主要事実・間接事実'をみよ。

間接指定主義 ⇨不統一法国'
間接主義 ⇨間接審理主義'
間接証拠 ⇨直接証拠・間接証拠'

間接侵害 1 '知的財産権'を直接的に侵害する行為ではないが,侵害行為に間接的に寄与する行為か,又は侵害行為と実質的に同視しうる行為であるために,法律上,侵害行為とみなされるものをいう〔特許101,新案28,意匠38,商標37,著作113〕。擬制侵害(みなし侵害)とも呼ばれる。間接侵害は,法律上,知的財産権の侵害行為とみなされるため,権利者は,間接侵害者に対して間接侵害行為の差止請求を行うことができ〔特許100,新案27,意匠37,商標36,著作112〕,間接侵害行為により損害を被った場合には損害賠償を請求することができる〔民709〕。また,間接侵害は,刑事罰の対象ともなる〔特許196の2,新案56,意匠69の2,商標78の2,著作119・120の2〕。

2 知的財産各法において以下のような行為が間接侵害行為として規定されている。イ '特許法'・'実用新案法'・'意匠法'では,権利に係る物の生産又は製造にのみ用いる物(専用品)の生産・譲渡等が侵害行為とみなされる〔特許101①,新案28①,意匠38①〕。専用品の生産・譲渡等の行為はその後の権利侵害行為を必然的に誘発する行為であるため,かかる行為を規制することにより,権利侵害を実効的に抑止することを意図したものである。ロ '商標法'では,登録商標に類似する商標を指定商品・役務に使用する行為が侵害行為とみなされる〔商標37①〕。商標権は指定商品・役務について登録商標を使用する権利であり〔商標25〕,無権原の第三者が指定商品・役務に登録商標と同一の商標を使用すれば

商標権侵害となるが，類似商標の使用行為も，商標権者の商品・役務との出所の混同を生じさせる行為であり，侵害行為と実質的に同視しうるため，類似商標の使用行為に対して商標権者の権利行使を認めることとしたものである。ハ '著作権法'では，'著作権'侵害行為により作成された物（いわゆる海賊版）を，情を知って頒布し又は頒布目的で所持する行為が侵害行為とみなされている〔著作113①②〕。このような行為は，海賊版による著作権者の被害を拡大させるものであり，著作権侵害行為と実質的に同視しうるものであるため，著作権者の権利行使を認めることとしたものである。なお，著作権法は，特許法とは異なり，侵害行為に供される物品の提供等を間接侵害行為として規制していないが，侵害行為を実効的に抑止する観点からは，かかる行為に対して著作権者の権利行使を認めることが望ましいため，これらの行為を間接侵害行為として規制する立法論的な検討が行われているほか，裁判例では，侵害行為に供される物品等の提供者を規範的な観点から侵害主体と認定判断するものが存在している（例えば，東京高判平成17・3・31〈ファイルローグ事件〉，知財高判平成22・9・8判時2115・102〈TVブレイク事件〉等参照）。

間接審理主義 判決をする裁判官以外の者が聴取した'弁論'や行った'証拠調べ'の結果の報告に基づいて判決をする原則。間接主義ともいう。直接審理主義に対する。現行民事訴訟法は直接主義を原則とするが〔民訴249①〕，外国における証拠調べ〔民訴184〕や受命・受託裁判官による証拠調べ〔民訴185・195・210〕といった例外的な場合に間接審理を認める。また，'口頭弁論の更新'や'弁論準備手続'の結果の'陳述'の場合〔民訴249②・173・296②〕，'証拠保全'の結果の使用の場合も，実質的には間接審理である。 ⇨直接審理主義'

間接税 ⇨直接税・間接税'

間接正犯 1 概念 行為者が，自ら手を下すことなく，他人の行為を利用して各本条の（基本的）'構成要件'該当事実を実現する者，あるいは，これについて成立する'正犯'。他人の行為を「自己の犯罪実現のための道具として利用した」ものといわれる（最決平成9・10・30刑集51・9・816）。自らの手で直接的に結果を惹起(じゃっき)する危険を有する行為を行い，構成要件該当事実を実現する直接正犯と，間接的に構成要件該当事実を実現する間接正犯とをあわせて単独正犯という。

2 学説 '共犯'の成立には，正犯行為について構成要件該当性，違法性，責任が必要であるという極端従属性説からは，例えば，'責任能力'を欠く者を利用する場合，共犯が成立しないから，間接正犯が成立すると解された（⇨共犯従属性説'）。もっとも，正犯の成立範囲が共犯の成立範囲によって画されるべきではないから，共犯の成立には，正犯行為について構成要件該当性，違法性があれば足りるという制限従属性説からは，このような場合にも共犯が成立しうるが，間接正犯の成立が排除されると解されるのではない。どのような場合に間接正犯であることが認められるかについて，学説においては，他人を利用することに，直接正犯と異ならない実行行為性（主観的な実行の意思及び客観的な構成要件実現の現実的危険性）が認められる場合であるとする見解，被利用者に規範的障害がない場合であるとする見解，利用者が構成要件該当の犯罪事実に対する支配を有する場合であるとする見解，被利用者に構成要件的結果（構成要件該当事実）についての自律的決定がない場合であるとする見解等が主張されている。

3 成立範囲 間接正犯が成立する具体的な範囲について議論はあるものの，その類型として，イ 欺罔(ぎもう)あるいは'脅迫'等により強制して被害者を利用する場合，ロ 責任能力のない者を利用する場合，ハ '故意'のない者を利用する場合，ニ 故意はあるが目的のない者（目的なき故意ある道具）を利用する場合，ホ 故意はあるが身分のない者（身分なき故意ある道具）を利用する場合，ヘ 適法行為をする者を利用する場合等が挙げられる。ほかに，故意ある幇助(ほうじょ)的道具を利用する間接正犯が成立するかが問題となる。 ⇨故意ある道具'

間接選挙 '選挙人'が議員その他の公務員を直接選挙せず，選挙人はまず一定数の中間選挙人を選挙し，その中間選挙人が議員その他の公務員を選挙する制度。'直接選挙'に対する概念。アメリカの大統領選挙がその代表的なもの。日本では間接選挙は行われていない。なお，'複選制'も間接選挙に含めていう場合もある。

間接占有 ⇨直接占有・間接占有'

間接訴権 '債権者代位権'と同じ。'訴権'と呼ばれるが，実体法上の権利である。

間接損害 '株式会社'の役員等〔会社423①〕の'悪意'又は'重過失'による任務懈怠(けたい)によって株式会社が損害を被り，その結果として'第三者'に損害が生じる場合のその損害をいう。任務懈怠によって第三者が直接に損害を被るわけではない点で，直接損害と区別される。会社法429条1項（'役員等の第三者に対する損

かんせつだ

害賠償責任')にいう「損害」には，直接損害だけでなく間接損害も含まれるというのが判例である(最大判昭和44・11・26民集23・11・2150)。ただし，第三者が*株主'である場合については見解が分かれており，株主は間接損害については，会社法847条以下により役員等の株式会社に対する責任を追及すればよいので，会社法429条1項の責任を追及することはできないとする裁判例がある(東京高判平成17・1・18金判1209・10)。 ⇨直接損害'

間接代理 ⇨代理'
間接的一般管轄(間接管轄) ⇨国際裁判管轄'
間接適用(国際法の) ⇨国内適用(国際法の)'
間接適用説 ⇨私人間効力(人権の)'
間接取引 *株式会社'が*取締役'又は*執行役'の債務を保証する場合のように，株式会社と*第三者'との間の取引であって，株式会社と取締役又は執行役の利益が相反する取引をいう。*取締役会設置会社'では*取締役会'の，それ以外の株式会社では*株主総会'の承認が必要である〔会社356①③・365①・419②〕。また，取引により株式会社に損害が生じた場合，当該取締役又は執行役，当該取引を決定した取締役又は執行役，及び承認決議に賛成した取締役は，任務懈怠(けたい)が推定される〔会社423③。*監査等委員会設置会社'において*監査等委員会'の承認を得た場合は例外。会社423④〕。 ⇨直接取引'
⇨取締役の利益相反取引'

間接罰 ⇨行政刑罰'
間接発行 *社債募集'の一態様。*直接発行'に対するもの。起債会社が自ら直接公衆に対して発行手続をとらないで，*銀行'・証券会社のような起債に熟練した仲介者を経て間接に公衆から社債の募集をする方法を指す。委託募集・*引受募集'(請負募集)・*総額引受け'の諸態様に分かれる。仲介者の信用や熟練などを利用できることから，今日では間接発行の方法が普通である。

間接反証 ある主要事実について*挙証責任'を負う者がそれを推認させるに十分な間接事実を証明した場合に，相手方がその間接事実と両立する別個の間接事実を証明し，これによって主要事実の推認を妨げる証明活動をいう。主要事実について真偽不明の状態にすれば足りる(反証)。間接反証の概念に対しては，*過失'などの法的評価を主要事実と捉えてその必要性が論じられているとの批判もある。 ⇨主要事実・間接事実' ⇨本証・反証' ⇨事実上の推

定'
間接反致 ⇨反致'
間接否認 民事訴訟において，当事者が，相手方の主張事実と相容れない別の事実を主張して間接的に否認すること。*理由付否認'ともいう。 ⇨否認' ⇨抗弁'
間接幇助 ⇨幇助(ほうじょ)犯'
間接民主制 ⇨代表民主制'
完全親会社 ある*株式会社'が他の株式会社の発行済株式の全部を有する場合，前者を完全親会社，後者を完全子会社という〔会社847の2①，会社則218の3①参照〕。A株式会社の完全子会社であるB株式会社が単独でC株式会社の発行済株式全部を有する場合又はA社とB社が共同してC社の発行済株式全部を有する場合，A社はC社にとっても完全親会社となる。C社はA社の完全子会社とみなされるので〔会社則218の3②〕，C社が単独でD株式会社の発行済株式全部を有する場合又はA社〜C社が共同してD社の発行済株式全部を有する場合，A社はD社にとっても完全親会社となる。*親会社'と*子会社'の定義では，経営の支配という実質的要素が基準とされ，議決権の過半数という形式基準を満たさない場合でも親会社又は子会社の定義を満たす場合があるが〔会社2③④，会社則3〕，完全親会社と完全子会社の定義では，発行済株式全部の保有という形式基準のみが用いられている。

完全子会社 ⇨完全親会社'
完全補償説 ⇨正当な補償'
環太平洋パートナーシップ(TPP)協定 因 Trans-Pacific Partnership Agreement **1 成立経緯** 日本を含む環太平洋地域の12カ国によって2016年に署名された*自由貿易協定'。2017年に原署名国のアメリカが離脱を表明したため，残余の11カ国は2018年に，「環太平洋パートナーシップに関する包括的及び先進的な協定」(TPP11協定)(因 Comprehensive and Progressive Agreement for Trans-Pacific Partnership；略称CPTPP)に署名。TPP協定の内容は，一部の規定を除きTPP11協定に全て組み込まれた〔TPP11協定1①〕。TPP11協定は2018年12月に発効し(平成30条16)，2023年にはイギリスの新規加入に関する議定書が署名された。
2 内容 TPP協定は前文及び30章と附属書から成る。物品貿易では，経過的*セーフガード'の制度を設けつつ，高い水準の関税撤廃率を達成した。サービス貿易，電子商取引，知的財産権保護，政府調達，競争政策等の分野でも高度な自由化と規制調和が図られた。国有企業に関

し，商業的考慮に従った行動の確保や，政府による非商業的援助の禁止を締約国に義務付けた点も注目される。投資保護の面では，投資家対国家の紛争解決(英 Investor-State Dispute Settlement；略称 ISDS)条項を設けるとともに，*投資仲裁'の透明性や中立性の向上を図った(⇨投資保護協定')。TPP 協定全般の紛争解決制度としては，紛争当事国間の協議，及び協議で解決が得られない場合のパネル審査手続を定める。2023 年には同手続の下で初めてのパネル判断が示された(ニュージーランド対カナダ)。

換　地　　⇨公用換地'

監　置　　法廷等の秩序を乱した者に科される制裁の一種。判例によれば，刑事的処罰・行政的処罰のいずれの範ちゅうにも属しない特殊の処罰である(最大決昭和 33・10・15 刑集 12・14・3291)。裁判所の決定により科され，20 日以内で監置場に留置される〔法廷秩序 2・3①・4①〕。裁判所又は裁判官の面前その他直接に知ることができる場所における言動つまり現行犯的行為に対し裁判所又は裁判官自体によって適用されるので，令状の発付，*弁護人依頼権'等刑事裁判に関し憲法の要求する諸手続の適用が排除され，常に*証拠調べ'を要求されるのではない(上記判例)。監置場は*刑事施設'に付設される〔刑事収容 287〕。

官治行政　　⇨自治行政'

換地処分　　⇨公用換地'

官　庁　　1 国の意思を決定し表示する権限をもつ機関。その所掌する事務により，司法官庁と行政官庁に分かれるが，通常は*行政官庁'のことをいう。その中には，*独任制'(例：大臣)のものと*合議制'(例：行政委員会)のものがあり，その権限が全国に及ぶ中央官庁(例：大臣)と特定地域に限定されている地方官庁(例：税務署長)がある。⇨行政庁'
2 ときに国の諸機関を総称する意味で用いられることがある〔例：不登 16，職安 53〕。

官庁契約　　⇨政府契約'

姦　通(かんつう)罪　　配偶者のある者が，配偶者以外の者と性交する罪。かつて刑法は，夫のある婦人が夫以外の男と性交したとき，その婦人と相姦者とを夫の*告訴'をまって処罰することにしていた〔刑旧 183〕。その後，これでは日本国憲法 14 条の*法の下の平等'にそぐわないので，夫の姦通をも処罰するか，両方とも処罰しないことにするか，が議論され，結局，後者が採用されることになり，昭和 22 年の刑法改正(法124)によって，この規定は削除された。

鑑　定　　I 民事訴訟法上，裁判官の専門的知識を補うために，学識経験者に意見を述べさせる*証拠調べ'の方法の 1 つ。鑑定の*証拠方法'は*鑑定人'であり，鑑定人の意見(鑑定意見)は，口頭又は書面ないしは*電磁的記録'(*鑑定書)で提供される〔民訴 215〕。鑑定人によって提供される専門的知識には，外国法規，専門的経験則に加え，経験則を事実に適用した判断結果も含まれる。鑑定手続は証人尋問手続に準ずるが〔民訴 216〕，鑑定人は事実の認識ではなく，専門的知識に基づく意見を提供する点や，鑑定人に代替性がある点において，*証人'とは根本的に異なる。そのため，*忌避'手続があり〔民訴 214〕，*勾引'がなく〔民訴 216〕，口頭陳述の場合には，先に鑑定人が意見を述べ，その後に裁判長，鑑定申出当事者，他方当事者の順で質問をする〔民訴 215 の 2〕など，証人尋問手続と異なる点もある。裁判所による鑑定意見の証拠価値の評価は，その自由な心証に委ねられる(*自由心証主義')〔民訴 247〕。
II 刑事訴訟法上，特別の知識経験に属する法則又はその法則を具体的事実に適用して得た判断の報告をいう。そのほか，この報告をさせる証拠調手続全体を意味する場合(刑事訴訟法 1 編 12 章の鑑定はこの意味)や鑑定のための処分や調査などの事実行為の意味でも用いられる〔刑訴 168・170，刑訴規 130 等〕。*捜査'段階で*捜査機関'から嘱託される場合もある〔刑訴 223 ①〕。鑑定を命じるか否かは，*経験則に反しない限り，裁判所の裁量によるが，特別の知識経験によらなければ判断できない事項が*要証事実'となっている場合には鑑定は必要的だともいわれている。*鑑定人'の選定は，当事者の推薦等を参考にして裁判所が行う。民事訴訟法と異なり，団体に鑑定を命ずることはできない。鑑定のため，裁判所は*鑑定留置'の処分をすることができ〔刑訴 167 ①〕，鑑定人は，裁判所の許可を受けて，公判廷外で行うときには鑑定(処分)許可状を得て，人の住居等への立入り，身体検査，死体解剖，物の破壊等をすることができる〔刑訴 168 ①②⑤・225，刑訴規 134〕。*検察官'，*弁護人'はこれに立ち会うことができる〔刑訴 170(鑑定の嘱託の場合を除く)〕。鑑定人は出頭，宣誓，鑑定等の義務を負うが，*証人'と異なり代替性があるので，*勾引'はできない〔刑訴 166・171〕。鑑定の経過及び結果は鑑定人尋問又は*鑑定書'の形で*公判'に報告される。裁判員裁判では，裁判員が理解しやすいように口頭による報告が多く行われている。鑑定人尋問は基本的に*証人尋問'と同じである〔刑訴 304〕。鑑定書は*伝聞証拠'であるが，一般に鑑定内容は複雑であ

かんていじ

り口頭で述べるよりも文書のほうが正確を期しやすいという理由で，緩やかな要件の下に許容される〔刑訴321④〕。通説・判例（最判昭和28・10・15刑集7・10・1934）はこれを'鑑定受託者'の鑑定書にも準用する。鑑定結果は裁判所を拘束せず，鑑定の'証明力'の評価は裁判所に委ねられている。

鑑定受託者 '捜査機関'から'鑑定'の嘱託を受けた者〔刑訴223①参照〕。嘱託に強制力はなく，拒むこともできる。 ⇨鑑定人'

鑑定書 '鑑定人'が'鑑定'の経過及び結果を記載した書面。鑑定の内容は複雑で，口頭の報告よりも書面によるほうが正確を期しやすいため，刑事訴訟法は一定の要件の下に鑑定書に'証拠能力'を認める〔刑訴321④〕。判例は，'鑑定受託者'の鑑定書，医師の診断書にも準用する（最判昭和28・10・15刑集7・10・1934，最判昭和32・7・25刑集11・7・2025）。民事訴訟でも，同じ理由から，実際には書面による報告も多い〔民訴215〕。

鑑定証言 ⇨証言'

鑑定証人 特別な学識経験に基づいて過去の具体的事実につき裁判所（官）から尋問される第三者〔民訴217，刑訴174〕。暴行の被害者を診断した医師に，負傷の状況，被害者の様子などを尋問する場合がその例である。学識経験を利用する点で'鑑定人'に似ているところからこの名称が与えられているが，意見を述べる鑑定人とは異なり，自ら経験した過去の具体的事実を供述する点で証人の一種である。その手続は，'証人尋問'に関する規定による。

鑑定人 Ⅰ 民事訴訟法上，'鑑定'の手続において，専門知識に基づく意見を陳述する第三者。鑑定人は受訴裁判所，受命裁判官又は受託裁判官によって指定され〔民訴213〕，中立性を欠く場合には忌避される〔民訴214〕ため，証拠方法ではあるが，裁判官の補助者としての性格を強く有する。鑑定人は必要があるときは，審理に立ち会い，裁判長に証人や当事者への尋問を求めたり，裁判長の許可を得てこれらの者に対し直接問いを発することもできる〔民訴規133〕。

Ⅱ 刑事訴訟においては，裁判所又は裁判官から'鑑定'を命じられた者をいう〔刑訴165・179①〕。'宣誓'をする〔刑訴166〕。裁判所の許可を受けて，人の住居等に立ち入り，身体を検査し，死体を解剖し，墳墓を発掘し，物を破壊することができる〔刑訴168①〕。'鑑定受託者'も，宣誓を除き，ほぼ同様の取扱いを受ける。

Ⅲ '行政訴訟'においても，専門的事項が関わる場合には，専門家の協力が必要となり，鑑定人は裁判所から求められた鑑定事項について意見を述べ，その意見は証拠となる。このほか，行政手続において，鑑定人に鑑定させることがある〔独禁47①②〕。

鑑定留置 被告人（被疑者）の精神状態や身体などについて'鑑定'させる場合に，必要により病院などに'留置'すること〔刑訴167・224〕。手続（鑑定留置質問・鑑定留置状等）は，'勾留'に準じる〔刑訴167⑤〕。勾留中の被告人・被疑者を鑑定留置する場合，留置の間，勾留の執行は停止されたものとされる〔刑訴167の2①・224②〕。

カント Kant, Immanuel（1724～1804） 近世ドイツの哲学者。「道徳形而上学の基礎づけ」（1785）において道徳的に価値を持つのは善意志だけであるという独特の道徳理論を提唱し，晩年の「人倫の形而上学・法論」（1797）では私法と公法と国際法を総合した法体系を提出したが，その中でも特徴的なのは所有権正当化における先占理論と刑罰論における応報主義である。これらの要素とは別に，「純粋理性批判」（1781）に代表されるカントの認識論は20世紀前半のドイツ語圏で新カント主義と総称される哲学の諸体系を生み出し，それは'ラートブルフ'や'ケルゼン'など'法哲学'の領域にも及んだ。

監督・監督権 ⇨指揮監督権'

監督委員 '民事再生'において'再生債務者'の活動を監督する必要があると認められる場合に，裁判所の監督命令に基づいて選任される再生手続上の機関〔民再54～61〕。裁判所の指定した再生債務者の行為に対する同意〔民再54②〕，再生債務者を監督する権限を有するとともに〔民再120②・125③・186②等〕，裁判所による権限付与に基づいて'否認権'を行使する権限をも有する〔民再56・135①〕。'会社更生手続'にもこれに類する制度が存在する〔会更35以下〕。

監督過失 ⇨管理・監督過失'

監督者 '被告人'の'逃亡'を防止し，及び'公判期日'への出頭を確保するために必要な監督をする者〔刑訴98の4③〕。裁判所は，'保釈'又は'勾留の執行停止'の場合に必要があれば，適当と認める者を，その同意を得て監督者に選任することができる〔刑訴98の4①〕。監督者を選任する場合には，監督保証金額を定めなければならない〔刑訴98の5〕。監督保証金の納付がなければ，保釈等の執行ができない〔刑訴98の6〕。裁判所は，監督者に対し，あらかじめその責務と監督保証金の'没取'につき必要な事項を説明し〔刑訴98の4②〕，かつ公判への出頭

かんようし

及び被告人の生活上又は身分上の事項の報告を命ずる〔刑訴98の4④〕。監督者が出頭又は報告の命令に違反したときは、裁判所は、監督者を解任し、監督保証金を没収することができる〔刑訴98の8〕。

観念的競合　1個の行為が数個の罪名(*構成要件')に当たる場合をいう〔刑54①前〕。想像的競合あるいは一所為数法ともいう。例えば、警察官に対し、暴行により傷害を加えてその職務執行を妨害する1個の行為は、傷害と公務執行妨害の観念的競合になる。これは、本来数罪であるが*科刑上一罪'とするのが判例通説である。行為が1個であるか否かは「法的評価をはなれ構成要件的観点を捨象した自然的観察のもとで、行為者の動態が社会的見解上1個のもの」であるか否かで決まるとするのが判例である(最大判昭和49・5・29刑集28・4・114, 151, 168の3件)。理論的には、「1個の意思決定」に基づく「構成要件的行為」の重なり合いゆえに、違法・責任の可罰評価が重複し、それらの評価が併合罪等に比して減少するゆえに、一罪処理される等の主張がなされている。実践的には、比較的単純な事例においての判例は明確であるが、特別法上の所持罪、輸入罪、*道路交通法'違反行為、*集合犯'等につき、相当に困難な区別問題がある。

観念の通知　⇨準法律行為'
看板貸し　⇨名板貸し'
還　付　*押収'物について押収を解いて返還すること。裁判所は、留置の必要のない押収物は、事件の終結前でも決定で還付しなければならない〔刑訴123①〕。還付は、原則として被押収者に対してする〔ただし、刑訴124〕。*検察官'・*司法警察職員'等が押収した物の還付は、これらの者が行う〔刑訴222①〕。

還付金　納税者が一旦納付したが、各税法の規定の適用によって国が保有する理由がなくなったため、納税者に返還されるべき税額のこと。予定的な納税額(予定納税額・中間納付額等)や*源泉徴収'税額が確定的な*納税義務'の金額を超える場合〔所税138・139, 法税79〕、*税額控除'につき控除不足が生ずる場合〔所税138, 法税78, 消税52, 酒税30④等〕、純損失又は*欠損金'の繰戻しが行われる場合〔所税140, 法税80〕等に還付される。*国税通則法'は、還付金と*過誤納金'を合わせて還付金等と呼んでいる〔税通56〕。

還付金等　⇨還付金'
元　物　⇨げんぶつ'
官　房　行政機関の*内部部局'の1つで、機密に関する事務、人事、文書、会計、庶務、各部局間の連絡調整等の事務を所掌する。内閣、会計検査院、内閣府、省には必置される〔内12, 会検12, 内閣府17①, 行組7①〕、委員会、庁には任意に設置される〔内閣府52②・53①, 行組7③⑦〕。

官　報　国の*法令'や*公示'の事項を国民に周知させるため独立行政法人国立印刷局が発行する国の広報〔独立行政法人国立印刷局法(平成14法41)3②・11①③〕。日本国憲法の施行後は、*公式令'の廃止に伴い、官報が法令の*公布'の手段であることについての制定法上の一般的根拠は失われたが、その後も一貫して従前通りの方法が行われてきた(参考, 最大判昭和32・12・28刑集11・14・3461)。しかし、2023年に公布された「官報の発行に関する法律」(令和5法85)は、官報の発行主体、官報に掲載すべき事項、官報の発行の方法等について定めた。同法は、従来の紙媒体による官報の発行に替えて官報を電子化し、改変防止策を講じた官報掲載事項(電磁的官報記録)を内閣総理大臣がインターネットを利用してウェブサイトに掲載することによって官報を発行するものとした〔官報5, 官報の発行に関する内閣府令6内80)11〕。また、*憲法改正'、法令、*条約'、*詔書'の公布は官報をもって行い、ウェブサイト掲載の時点で公布が行われたものとすることを定めた〔官報3・6〕。ウェブサイトでの公開は、内閣府令で定める閲覧期間(ウェブサイトに掲載された日から起算して90日を経過した日の午前8時30分まで)が経過するまで継続して行い〔官報の発行に関する内閣府令15〕、また、求めに応じて、書面の交付又は電磁的官報記録の複写による官報掲載事項の提供も行うものとされている〔官報8・10〕。

元　本　広義では、使用の対価として収益を生ずる財産をいう〔民13①Ⅰ参照〕が、普通は*法定果実'を生ずる*元物'をいい、その中でも特に*利息'に対する貸金をいう〔民405参照〕。有体物だけでなく、使用の対価をとる権利(例：*特許権'・*電話加入権')をも含むという点で、有体物に限られていると解されている元物より広いとされている。もっとも、元物の中に権利を含める学説もあり、それによれば、元本との差異はない。

慣用商標　商品「清酒」についての「正宗」、役務「座席の手配」についての「プレイガイド」のように、特定種類の商品又は役務について、不特定多数の同業者により普通に使用されるに至った結果、自己の商品・役務と他人の商品・役務とを識別することができなくなった商標。当該特定種類の商品・役務に使用する限

かんり

り*識別力*がないので、商標登録を受けられない〔商標3①②〕。

官　吏　*明治憲法*下においては、国に勤務する職員のうち、天皇の任官大権に基づいて任命され、公法上の*特別権力関係*に置かれて忠順無定量の勤務に服する者を官吏と呼び、私法上の雇用契約に基づいて政府に雇用されていた*雇員(ごいん)・傭人(ようにん)*と身分的に区別していた。現在では、このような意味での身分的区別は否定されている。法令で官吏という言葉が用いられている場合でも〔憲7⑤・73④, 独禁29④等〕, *国家公務員*とほぼ同義と解されている。ドイツやフランスにおいては、現在でも公務員のうち一定の地位の者は官吏(独 Beamte 仏 fonctionnaire)とされている。　⇨公吏'

管　理　I　私法上、広義には、財産・物に関して適切な事務処理を行うこと。保存・利用・改良だけでなく処分も含む。*事務管理*〔民697〜702〕, 不在者の財産管理〔民25〕における財産管理がその例。ただし、不在者の財産管理人が財産を処分する場合には家庭裁判所の許可を必要とする〔民28〕。狭義には、*処分行為*に対する意味で使われるが、この場合には*管理行為*と同義である。　⇨管理人'

II　行政法上においても管理という言葉は様々な分野で雑多な意味で用いられている。出入国の管理、外国為替の管理など、ある行政対象に対する統制を意味する場合、公物の管理、営造物の管理など、ある対象をその目的が達成されるように維持運営することを意味する場合のほか、一般的な意味で行政組織における事務の処理に関連して用いられること〔内3, 行組5①, 自治108の2の2・148等〕も多く、また、行政組織における機関相互の関係について用いられること〔警5④〕もある。

管理運営事項　管理及び運営に関する事項をいう。*行政執行法人の労働関係に関する法律*8条ただし書や*地方公営企業等の労働関係に関する法律*7条ただし書は、これを*団体交渉*の対象事項から排除する旨定める〔類例:国公108の5③, 地公55③〕。具体的には当該法人等の組織に関する事項、*人事権*に関する事項、事業計画の立案執行に関する事項等が該当する。ただし、*職員*の*労働条件*に影響を及ぼす限りにおいて、その面から団体交渉の対象事項となることを妨げるものではないと解されている。

管理可能性説　⇨財物'　⇨電気窃盗'

管理・監督過失　*過失犯*の一形態であり、直接に結果を発生させる行為を行った者を監督する立場にあった者につき、前者による結果惹起(じゃっき)を予防すべき*注意義務*の違反を理由に*過失*責任を問う場合を、(狭義の)監督過失と呼び〔新潟地判昭和53・3・9判時893・106〈信越化学事件〉, 札幌高判昭和56・1・22刑月13・1＝2・12〈白石中央病院事件〉, 最判昭和63・10・27刑集42・8・1109〈日本アエロジル事件〉等〕, 結果発生を阻止すべき人的・物的な体制(安全体制)を管理する立場にあった者につき、十分な体制(例:防火管理体制)を整えておくべき注意義務の違反を理由に過失責任を問う場合を、管理過失と呼ぶ〔最決平成2・11・16刑集44・8・744〈川治プリンスホテル事件〉, 最決平成2・11・29刑集44・8・871〈千日デパートビル事件〉, 最判平成3・11・14刑集45・8・221〈大洋デパート事件〉, 最決平成5・11・25刑集47・9・242〈ホテル・ニュージャパン事件〉等〕。併せて広義の監督過失とも呼ぶ。監督過失の肯否にとっては被監督者による結果惹起の予見可能性の有り様が(⇨信頼の原則), 管理過失のそれにとっては結果発生の原因となる事故(例:出火)の予見可能性の有り様が重要となる。いずれの過失も、それを基礎付ける注意義務違反と結果の関係が間接的で、しかも*不作為犯*の形態で犯されることが多く、かかる事案の特質に相応して、*実行行為*性ないし*正犯*性、更に*作為義務*の認定上、慎重を要する。

管理監督者　*労働条件*の決定その他労務管理について経営者と一体的な立場にある者。*労働基準法*の*労働時間*・*休憩*・*休日*に関する規定が適用除外となる〔労基41②〕。ただし、深夜割増賃金及び*年次有給休暇*に関する規定は適用される。管理監督者に該当するか否かは、名称にとらわれずに、その権限、勤務態様、賃金等の待遇面等の実態に照らして判断される。管理監督者は労働基準法上の過半数代表者や*労使委員会*の労働者側委員となることはできない〔労基則6の2①Ⅰ・24の2の4①〕。なお、*労働組合法*上の*使用者の利益代表者*〔労組2①Ⅰ〕とは必ずしも一致しない。　⇨ホワイトカラー・エグゼンプション'

管理組合　区分所有法は、区分所有者が全員で建物及びその敷地・附属施設の管理を行うための団体を構成すると定める〔建物区分3〕。この団体が管理組合に当たる。この団体は、区分所有者の集会の特別多数の決議と登記とによって*法人*となり、これを管理組合法人と呼ぶ〔建物区分47〕。　⇨区分所有権'

管理行為　*処分行為*に対する観念。*保存行為*及び財産の性質を変えない範囲での利用又は改良(⇨改良行為')を目的とする行為がこれに含まれる〔民103〕。事実行為(例えば修

繕。大修繕は処分行為になる〔民13①⑧参照〕）のこともあれば、*法律行為'（修繕のための契約）のこともある。*財産'管理人等の権限の範囲を画するときに用いる〔民28・943②等〕。

管理職組合　組織の中間管理職によって結成される*労働組合'。外国には例が少なくない。使用者からの独立性・自主性の要請から、役員、人事担当や機密関連の管理職などの組合結成や加入は制限される〔労組2①〕が、それ以外の管理職とりわけ部下のないスタッフ管理職は制限から外れるので、法的にはほとんど問題ない。実際には、組合員の範囲を労使間で定めることが多い。なお、*労働組合法'の制約に抵触しても、*団結権'や*結社の自由'の適用は別途ありうる。

管理人　I　民法上、他人の財産の*管理'をする者（財産管理人・管財人）として定められている職務の呼称。主要なものとして、契約に基づく委任管理人、法律の定める法定管理人、家庭裁判所の選任する選任管理人の3種がある。このような他人の財産を管理する関係と代理関係とは同じではない。財産管理は本人と管理人との間の法律関係であるのに対し、*代理'は*第三者'と代理人及び本人との関係であるからである。しかし、財産管理人は、事実上の財産の保管だけでなく、その財産について本人の代理人にもなるのが普通である。例えば、委任管理人は委任契約によって成立するが、通常、その者は任意代理人である。法定管理人とは、*親権者'及び*後見人'のことで〔民824・859〕、法定代理人とされている（⇨任意代理・法定代理）。選任管理人は、例えば、不在者の財産管理〔民25〕、所有者不明土地・建物管理命令に基づく不動産の管理〔民264の2以下〕、管理不全土地・建物管理命令に基づく不動産の管理〔民264の9以下・264の14〕、第三者が子に無償で与えた財産の管理〔民830②〕、種々の場合における相続財産の管理〔民918・926・940等〕などについて必要な場合に置かれるが、その性質は法定代理人である。

II　民法以外の法令上、裁判所が選任する管理人には、*会社解散命令'前の*保全処分'における管理人〔会社825〕、*破産'手続、*民事再生'手続、*会社更生手続'・承認援助手続（⇨外国倒産処理手続の承認援助'）における*保全管理人'〔破91〜96、民再79〜83、会更30〜34、外国倒産51〜55〕、*強制管理'における管理人〔民執94〜104・107・108、民保47④〕、*債権執行'における管理命令に基づく管理人〔民執161①⑦〕、*船主責任制限'手続における管理人〔船主責任制限27・40〜46〕等がある。

管理売春　人を自己の占有し、若しくは管理する場所又は自己の指定する場所に居住させ、これに売春をさせること。これを業とした者は、売春防止法違反の罪で、10年以下の拘禁刑及び30万円以下の罰金に処される〔売春12〕。いわゆる通いでも「居住させ」たことになり、また、積極的に売春するように働きかけたり、売春の対償そのものを収受したりすることがなくても、「売春をさせ」たことになるとされている。　⇨売春防止法'

官吏服務紀律　従前、官吏の服務上の義務を規定していた勅令（明治20勅39）。官吏は天皇及びその政府に対して忠順勤勉に励むべきものとされ、天皇の官吏としての様々な義務を定めていたが、現行憲法下では、官吏の性格が国民全体の奉仕者という画期的変革を受けたため、改正を受け（昭和22勅206）、更に*国家公務員法'の施行により事実上失効した。ただし、*特別職'公務員で従前の官吏に相当する者に改正後の官吏服務紀律が適用されるかについては、解釈が分かれている。

監理ポスト　上場廃止となるおそれがある銘柄を監理銘柄として割り当て、上場廃止の是非が明確になるまで取引させないための*金融商品取引所'の制度〔東証有価証券上場規程608等〕。投資家にその事実を周知するとともに、乱高下しやすい市場を金融商品取引所が適切に管理するために割り当てられる。

監理銘柄制度　⇨売買監理銘柄制度'

官僚　⇨職業的公務員'

官僚制　1概念　官僚制は、以下で述べるような特定の組織構造と人事制度を有する組織を広く指す概念であり、行政だけではなく、大企業、政党などの社会集団に存在する。代表的なものは、近代以降の政府形態に見られる行政官僚制である（以下では行政官僚制に焦点を当てる）。組織形態として、官僚制は、合議制の組織構造との対比で用いられてきた概念である。具体的には、官僚制は、*独任制'官庁を長とする階層構造（ピラミッド組織）を特徴としており、規則により定められた業務を所掌事務として分掌する公務員が、権限に基づき執行にあたる。官僚制組織の特色は、上下の指揮命令系統と文書主義を基調とした分業構造に見ることができる。官僚制を支える公務員は、資格任用され、定額の俸給を保障されている。国家行政組織は上記の官僚制組織をモデルとして構築されており、日本で伝統的に語られてきた行政官庁法理論も官僚制組織に照準を当てた指揮監督理論で

かんりよう

ある。
2 官僚制の機能障害 官僚制は上記の組織構造を通じて公務運営の安定性と統一性をもたらす反面で、その機能障害がたびたび批判されてきた。1つは、専門知識を有し長期にわたり公職にある官僚制組織が政治的影響力を発揮して、大臣の機能などを浸食しているのではないか、事実上の政策決定権を握っているのではないかという批判である。こうした官僚批判は、官僚制と民主主義との緊張関係、政官関係のあり方を問うものである。2つには、官僚制の下で行われる形式主義的行動様式・公務運営に対する批判である。具体的には、前例踏襲主義、縄張り意識、権威主義、経営感覚欠如、組織膨張指向などに対する批判である。これらは、公務員制度改革、'行政改革'において常に論じられる問題点である。

官僚内閣 議会内の政党に基礎を置く'政党内閣'に対し、官僚に基礎を置く内閣をいう。⇨'超然内閣'

関連会社 会社等及び当該会社等の'子会社'が、出資、人事、資金、技術、取引等の関係を通じて、子会社以外の他の会社等の財務及び営業又は事業の方針の決定に対して重要な影響を与えることができる場合における当該子会社以外の他の会社等〔会社計算2③②、会社則2③⑳、財務規8⑤、連結財務規2⑦〕。個別財務諸表・計算書類において関連会社株式は取得原価をもってその貸借対照表価額とする一方〔会社計算5⑥②括弧、金融商品に関する会計基準(企業会計基準10号)〕、'連結財務諸表'・'連結計算書類'において、関連会社に対する投資については原則として持分法を適用しなければならないとされている〔会社計算69、連結財務規10〕。このほか、関連会社は'関係会社'に含まれ、関係会社に着目した区分表示や注記の対象に含まれるとともに、関連会社は関連当事者に当たり、関連会社との取引は関連当事者との取引に関する注記の対象となる。ここで、「子会社以外の他の会社等の財務及び営業又は事業の方針の決定に対して重要な影響を与えることができる場合」とは、イ 子会社以外の他の企業('更生会社'、破産会社その他これらに準ずる企業であって、かつ、当該企業の財務及び営業又は事業の方針の決定に対して重要な影響を与えることができないと認められる企業を除く)の議決権の100分の20以上を自己の計算において所有している場合、ロ 子会社以外の他の企業の議決権の100分の15以上、100分の20未満を自己の計算において所有している場合であって、かつ、出資、人事、資金、技術、取引等の関係に関する一定の要件に該当する場合、及びハ 自己の計算において所有している議決権(当該議決権を所有していない場合を含む)と、自己と出資、人事、資金、技術、取引等において緊密な関係があることにより自己の意思と同一の内容の議決権を行使すると認められる者及び自己の意思と同一の内容の議決権を行使することに同意している者が所有している議決権とを合わせて、子会社以外の他の企業の議決権の100分の20以上を占めているときであって、かつ、出資、人事、資金、技術、取引等の関係に関する一定の要件に該当する場合をいう〔持分法に関する会計基準(企業会計基準16号)、財務規8⑥、会社計算2④〕。ただし、財務上又は営業上若しくは事業上の関係からみて子会社以外の他の企業の財務及び営業又は事業の方針の決定に対して重要な影響を与えることができないことが明らかであると認められるときを除く〔会社計算2④柱括弧、財務規8⑥柱但〕。

関連管轄(関連裁判籍) ある事件について、他の事件と一定の関係があることから、当該他の事件を管轄する裁判所に生ずる'管轄'(又は裁判籍)。その事件について本来認められる管轄あるいは裁判籍(独立裁判籍)に対する。例えば、併合請求の裁判籍〔民訴7〕、'独立当事者参加'の裁判籍〔民訴47〕、'反訴'・'中間確認の訴え'の裁判籍〔民訴146・145〕など。⇨'裁判籍'

関連裁判籍 ⇨関連管轄'

関連事件 刑事訴訟法上、数個の事件で相互に関連するものをいう。関連事件の一方について管轄をもつ裁判所は、他の事件についても管轄をもつことになる〔刑訴3〜8〕。法は、イ 1人が数罪を犯したとき、ロ 数人が共に同一又は別個の罪を犯したとき、ハ 数人が通謀して各別に罪を犯したときを関連事件とし〔刑訴9①〕、ニ '犯人蔵匿罪'、'証拠隠滅罪'、'偽証罪'、虚偽'鑑定'・'通訳'の罪、'盗品等に関する罪'とその本犯の罪とは、共に犯したものとみなしている〔刑訴9②〕。⇨'事物管轄' ⇨土地管轄'

関連請求 1 意義 行政庁の'処分'又は'裁決'の'取消訴訟'に係る請求と密接に関連する一定範囲の請求をいう。具体的には、'行政事件訴訟法'13条が列挙する6項目の請求である。

2 関連請求の概念を認める実益 取消訴訟の請求に関連する請求に係る訴訟と当該取消訴訟が別々に審理されると、審理の重複や裁判の矛盾が生ずるおそれがあるため、かかる不都合を回

避し，紛争を一挙に解決するためには，関連する請求に係る訴訟を当該取消訴訟に併合して審理する必要がある。他方，行政処分又は裁決の効力は早期に確定する必要があるから，取消訴訟に他の訴訟を無制限に併合することで，いたずらに審理の複雑化を招くことは不適当である。そこで，行政事件訴訟法は，民事訴訟法の*訴えの併合'に関する定めを準用するのではなく，関連請求制度によって，取消訴訟に併合可能な訴訟の範囲を明示した。

3 手続 関連請求に係る訴訟の係属する裁判所は，相当と認めるときに，申立てにより又は職権で，その訴訟を取消訴訟の係属する裁判所に*移送'することができる〔行訴13〕。また，当事者は，関連請求に係る訴訟を取消訴訟に併合して提起することができる〔行訴16～20〕。

関連当事者 *金融商品取引法'上，*財務諸表'提出会社との取引について，取引内容・取引条件その他の情報のうち重要なものを，注記事項として開示することが義務付けられている者〔財務規8の10〕。会社法上は，*注記表'に関連当事者との取引の注記を記載する〔会社計算98①⑮・112①〕。具体的には，提出会社の*親会社'・*子会社'，提出会社と同一の親会社をもつ会社，提出会社の役員その他をいう〔企業開示1 27の5，財務規8⑰．会社計算112④参照〕。この制度は，1990年に，日米構造協議による*系列'開示の問題として実現をみたものであるが，*独占禁止法'的観点は理論上入りうるものの，金融商品取引法上の企業集団に関する開示の一環として位置付けられている。

関連当事者との取引 *株式会社'の*親会社'・子会社その他の関係会社，主要株主，*役員'及びその近親者など，株式会社と一定の関連のある当事者(*関連当事者')と当該株式会社との間の取引をいう。株式会社と関連当事者との間の特殊な関係から，不適切な条件で取引が行われる可能性があることから，重要なものについては*計算書類'の個別*注記表'における開示が要求される〔会社計算112〕。ただし，取引の性質からみて取引条件が一般の取引と同様であることが明白な取引や，役員に対する報酬等の給付など一定の取引については，開示を要しない〔会社計算112②〕。関連当事者との取引は，平成17年制定の会社法(法86)により新たに計算書類における開示を要求されたものであるが，*金融商品取引法'により*連結財務諸表'・個別*財務諸表'の作成を要する株式会社においては，それ以前から開示が要求されている〔連結財務規15の4・15の4の2，財務規8の10〕。なお，平成26年の会社法改正(法90)に伴い，個別注記表における注記を要する関連当事者との取引のうち，親会社等との取引については，事業報告において，当該取引をするにあたり当該株式会社の利益を害さないように留意した事項等の開示が求められることになった〔会社則118⑤・128③〕。

ぎあん

き

議 案 国会の各議院において，その会議に付議される原案。'動議'とは区別して用いられるが，それは主として'帝国議会'以来の慣例から生まれた区別であって，必ずしも明確な基準があるわけではない。議員が議案を発議するには，案を備え理由を付し〔衆規28，参規24〕，かつ，一定数の賛成者を必要とする〔国会56〕。議案の提出は，'委員会'〔国会50の2〕，他の議院のほか，'内閣'〔憲72〕もできる。法律案・予算のように国会の議決を必要とするものだけではなく，決議案のように一院だけで議決するものも含まれる〔国会41①〕。議案は，議院の会議で審議される前に，原則として委員会の審査を経なければならない〔国会41・45・56②，衆規31，参規29〕。⇒予備審査'

議案提案権 ⇒株主提案権'
議案の返付 ⇒返付(議案の)'
議案要領の通知請求権 ⇒株主提案権'

議院運営委員会 衆参両議院の'常任委員会'の1つで，いずれも各会派の所属議員数の比率により選任される25人の委員から成り，その委員には議事の運営や規則に明るい議員が選任されるのが普通である。議院の運営に関する事項，'国会法'・'議院規則'に関する事項，裁判官'弾劾裁判所'及び'裁判官訴追委員会'に関する事項，国立国会図書館に関する事項の4つが衆参共通の所管事項で，衆議院のみ，議長の諮問に関する事項も扱う〔衆規92⑯，参規74⑯〕。なお，議院運営委員会は，その他の委員会より開議制限が緩やかである〔衆規67の2，参規74の5〕。

議院規則 議院の会議その他の手続及び内部の規律に関して，各議院の議決によって定められる規範〔憲58②本文〕。議院の内部に関する事項について議院自身が定めることは，議院の自律権の作用の1つである。衆議院規則及び参議院規則がこれに当たるが，両議院の協同を必要とする議事手続に関しては，共同の規則を定めることもできる。議院規則は，その内部規律の事項に関する限り，議員以外の'国務大臣'，'政府参考人'，'証人'，'参考人'，傍聴人なども拘束する。議院規則の所管に属する議院内部の事項については，'国会法'によっても規定されているため，国会法と議院規則とが矛盾・抵触した場合の効力関係をどのように考えるか，という問題が生じる。規則が優位するとする見解，原則として規則が優位するが一般国民の権利義務に関する事項については法律が優位すると解する見解などもあるが，議院の単独の議決で成立する議院規則よりも両議院の議決を必要とする国会法が優位すると説く法律優位説が支配的である。

議員特典(国会議員の) ⇒免責特権(国会議員の)'⇒不逮捕特権(国会議員の)'
議員特権(国会議員の) ⇒免責特権(国会議員の)'⇒不逮捕特権(国会議員の)'

議院内閣制 **1 意義** '議会'と政府が一応分立しつつ，議会('両院制'の場合には主として下院)の信任を'内閣'存立の必要条件とする統治の仕組みで，'首長制'や'大統領制'，'議会統治制'と対置される。政府の議会に対する'連帯責任'を強調する通説(責任本質説)に対して，政府が議会の'解散'権をもつことをも本質的要素に加える説(均衡本質説)もある(⇒権力分立主義')。

2 沿革 議院内閣制は，近代初期のイギリスで発展し，世界各国で採用された仕組みであって，各国で時代により様々な形態をとる。'元首'が実質的権力を有し内閣が元首と議会の双方に責任を負う二元型と，元首権力が名目化し内閣が議会に対してのみ責任を負う一元型が区別される(⇒一元型議院内閣制・二元型議院内閣制')。レズロープ(Robert Redslob, 1882～1962)は，元首が議会解散権をもつ場合を真正の議院内閣制と呼び，不真正の議院内閣制と区別した。

3 日本における議院内閣制 '明治憲法'は議院内閣制を採用しなかったが，隈板(わいはん)内閣(明治31年(1898))以降度々'政党内閣'が組織され，大正から昭和初期にかけて議院内閣制的慣行が成立した。日本国憲法は，内閣の国会に対する連帯責任〔憲66③〕(⇒内閣総辞職')，国会による'内閣総理大臣'の指名〔憲67〕，内閣総理大臣及び'国務大臣'の過半数が'国会議員'であること〔憲67①・68①但〕，衆議院の内閣'不信任決議'〔憲69〕を定め，議院内閣制を採用している。

4 機能 議院内閣制は，議会と政府の間に連携を作り出して国政の円滑な運営を可能にすると同時に，'行政権'行使に対する実効的統制を実現する。内閣の衆議院解散権〔憲7③参照〕と衆議院の内閣不信任との均衡によって，国政が民意へ不断に接近する傾向をもたらすことに期待する見解(国民内閣論)もある。

議員の解職請求 ⇨解職請求'
議院法制局 ⇨内閣法制局・議院法制局'
議員立法 議員が法律案を発議して行われる立法又はそれによって成立した法律の俗称。政府(*'内閣')が法律案を提出して行われる立法〔内5〕に対するもの。*'委員会'が立案し，委員長名で提出される委員会提出法律案〔国会50の2〕による立法もその一種である。*'唯一の立法機関'である国会の議員に法律案の発議権があるのは当然であるが，*'国会法'は，この議員の法律案発議に一定数の賛成者を必要とし〔国会56①〕，特に*'予算'を伴うものについては，これを加重するとともに〔国会56①但〕，内閣に対して意見陳述の機会を与えている〔国会57の3〕。なお，議員立法に資するため，国立国会図書館，各議院に法制局(⇨内閣法制局・議院法制局')〔国会130・131〕，各常任委員会調査室，政策秘書等の立法補佐機関が置かれている。

帰　化 ⇨国籍'
議　会 *'公選'された議員を要素とし，かつ法律や予算の制定のような重要な国家作用に決定的に参与する権能をもつ*'合議体'。このような議会はイギリスに生まれ，18世紀から19世紀にかけて，自由主義的・民主主義的な政治勢力の台頭とともに，世界のほとんど全ての国で採用されるようになった。日本では，明治11年(1878)に設けられた府県会が最初の民選の地方議会であり，次いで明治13年に，同じく地方議会である区町村会が設けられた。国の議会である*'帝国議会'が開設されたのは，明治23年である。議会には，*'両院制'の議会と一院制の議会とがあるが，帝国議会も現在の国会もいずれも両院制の議会である。ただし，帝国議会の上院である*'貴族院'は，公選された議員で組織される議院ではなかった。なお，現行憲法の下における地方議会としては，*'都道府県議会'及び*'市町村議会'がある。

議会支配制 ⇨議会統治制'
議会主権 イギリスの主権はKing(Queen)in Parliamentにあるといわれるが，これは，主権が国王と上院・下院の三者によって担われているということを表現するものである。この三者のうち，国王が徐々に政治の舞台から退くにつれて，主権は上院と下院の共同意思に立脚して行使されるようになった。このようなイギリス議会のもつ広範・至高の権能に着目して構成された観念を議会主権という。イギリスには議会制定法を拘束する*'最高法規'としての*'硬性憲法'は存在せず，違憲審査制(⇨違憲審査権')もありえないため，その時々の議会は，「女を男にし，男を女にする以外は全てをなしうる」と表現されるように，いかなる法をも制定し，改廃することができた。しかし，1998年制定(2000年発効)の人権法により，議会も*'ヨーロッパ人権条約'との適合性を要求されるようになり，また事実上，*'不文憲法'を構成する法律や*'憲法習律'には拘束される。更に，議員は，普通平等選挙制の下では，世論に従わなければならない。この状態は，「法的主権は議会にあるが，政治的主権は選挙民にある」と表現される。

議会制 国民が選挙した代表によって組織される*'議会'があり，その議会において国家の最高の意思が決定される政治制度。代議制ともいう。国民をできるだけ多く国政に参加させようという民主主義的要請と，議会が国家権力に決定的に参与し，国民の自由への侵害を防ごうという自由主義的要請を満足させる制度として，19世紀から現在まで，世界の主要な国はほとんどこの制度を取り入れた政体をとるようになっている。議会制は，個人の自由・平等思想を前提とし，*'国民代表'の原理と*'多数決原理'が支配する政治体制であり，そこでは国民全体の意思が，公開の議場における討論の過程で，多数意見と少数意見の自由な交錯によって形成されていくものとされる。 ⇨議院内閣制'

議会統治制 政府が議会によって選任され，その指揮に従属するという，議会の政府に対する圧倒的優位の政治制度を指す。会議制又は議会支配制ともいわれる。典型的な例として，スイスの政治制度が挙げられるが，そこでは連邦参事会(7名の閣僚)は任期4年で連邦議会によって選出される。閣僚は議員に限られないし，その長は大統領の称号をもつが，特別な権限をもたない。解散権も参事会にはない。

議会の開会 ⇨開会(議会の)'
議会の解散 ⇨解散'
議会の解散請求 ⇨解散請求(地方公共団体の議会の)'
議会の閉会 ⇨閉会(議会の)'
技　官 ⇨職(公務員の)'
期　間 一般に，ある時点からある時点までの時間の継続をいう。期間は*'時効'を始め種々の法律関係において意味をもつ。

Ⅰ 民法は期間の計算方法を定めている〔民139~143〕。それによれば，10分とか3時間というように時間以下の単位で期間を表示するときは，期間の計算の起点となる時点(起算点)は，即時であり〔民139〕(午前10時から3時間とい

きかん

うときは午後1時が満了点となる），日・週・月・年を単位として期間を定めるときは，原則として初日を算入せず，翌日から起算し〔民140〕，日を最小の単位として暦に従って計算し，最後の日又は年における起算日と同日(応当日)の前日の最終時点(午後12時)が満了点となる〔民143②〕。例えば，4月1日から1年といえば，4月2日から起算して翌年の応当日(4月2日)の前日すなわち4月1日午後12時が満了点である。期間の末日が休日等に当たるときは，その翌日をもって満了する〔民142〕。以上の民法の原則に対して例外が定められている場合も少なくない〔年齢計算，戸43，刑23・24，刑訴55①但等〕。

II 民事訴訟法上は，一定の時の経過に訴訟法上の意味が認められる場合における，その一定の継続的な時間を期間という。これは，民事訴訟法96条と97条の適用がある*固有期間'(真正期間)と適用がない不真正期間に分かれる。前者には，当事者の行為に関する期間が該当し，後者には，裁判所の行為に関する期間(*職務期間')〔民訴251①，民訴規159①等〕と除斥期間〔民訴342②等〕が該当する。固有期間は，その目的から*行為期間'〔民訴137①・162①・285等〕と*猶予期間'〔民訴112①②等〕に分類され，期間の長さの根拠から法定期間と裁定期間に分類される。法定期間は更に裁判所による伸縮の可否から不変期間と通常期間に分類される〔民訴96〕。期間の計算は民法に定める方法による〔民訴95①〕。期間の末日が一般の*休日'に当たる場合にはその翌日に期間は満了する〔民訴95③〕。 ⇨裁定期間・法定期間' ⇨不変期間・通常期間'

III 刑事訴訟法上，期間計算については，時で計算するものは即時から起算し，日・月・年で計算するものは初日を算入しない。月及び年は暦に従って計算する。期間の末日が休日等に当たるときは，期間に算入しない〔刑訴55〕。ただし，*時効'期間や*勾留'期間については，初日から起算し，末日が休日等であっても期間に算入する〔刑訴55①但③但，刑24の類推〕。

IV 行政法上，期間は様々な局面で多様な機能を有している。例えば，取消訴訟の出訴期間〔行訴14〕，審査請求等の不服申立期間〔行審18・54・62〕は，私人の権利救済を排除するという重大な意味をもつ。出訴期間等の経過により，行政行為に対する権利救済手段がなくなることを，講学上は行政行為の不可争力という(⇨行政行為の効力')。また，*行政手続法'上の*標準処理期間'〔行手6〕や不作為の違法確認訴訟等における相当の期間〔行訴3⑤，行審3〕など，申請に対してどの程度の期間内に応答すべきかが問題とされる場合もある。法令上特別の定めのない限り，期間の計算方法は民法の定め(1編6章)による。

機関 I 私法上は，一般社団法人(⇨社団法人')の*理事'や*社員総会'，*株式会社'の*代表取締役'や*株主総会'などのように，*法人'の意思決定をし，あるいはその行為を執行ないし補助することで，法人を*代表'する者をいう。

II 行政法上の機関については，*行政機関'をみよ。

機関委任事務 平成11年の*地方自治法'改正(法87)により廃止された事務。国，他の*地方公共団体'その他*公共団体'の事務であって，法律又はこれに基づく政令によって地方公共団体の長その他の*執行機関'に委任された事務をいった〔自治旧148・旧別表3・旧別表4〕。この事務の執行にあたっては，*都道府県知事'及び*市町村長'など地方公共団体の機関が主務大臣との関係で，指揮監督関係に置かれていた。この制度は，*中央集権'体制を象徴する制度と考えられるところから，旧来の機関委任事務は全廃され，国の直接執行事務，*法定受託事務'，*自治事務'に分類し直された。

期間延長(特許の) 第1に，その特許発明の実施について安全性の確保等を目的とする法律の規定による許可その他の処分であって当該処分の目的，手続等からみて当該処分を的確に行うには相当の期間を要するものとして政令で定めるもの(医薬品医療機器等法，農薬取締法がこれに当たる)を受ける必要があるために，その特許発明の実施をすることができない期間があったときは，延長登録の出願により，5年を限度として，特許期間を延長することができる〔特許67④〕。期間延長された医薬品特許の効力は，有効成分及び効能が同一の範囲に及ぶ〔特許68の2〕。第2に，*環太平洋パートナーシップ(TPP)協定'締結に伴う法改正により，特許権の設定の登録が特許出願の日から起算して5年を経過した日又は出願審査の請求があった日から起算して3年を経過した日のいずれか遅い日以後になされた場合，延長登録の出願により，特許期間を延長することができることとなった〔特許67②〕。

期間業務職員 *採用'の日から同日の属する*会計年度'の末日までの期間の範囲内で任期を定めて採用される非常勤の国家公務員を意味する。従前の日々雇用の非常勤職員制度が2010年10月1日に廃止され，これに代わって

設けられた。任命権者は，特別の事情により期間業務職員をその任期満了後も引き続き期間業務職員の職務に従事させる必要が生じた場合には，上記の期間の範囲内において，その任命を更新することができる〔人規〈8-12〉46の2①②〕。
⇨会計年度任用職員'　⇨非常勤職員'　⇨任期付職員'

期　間　工　　⇨雇用形態'
期　間　雇　用　　⇨有期雇用'
機　関　争　議　　*行政機関'相互間の主管権限又はその行使に関する争いのこと。権限争議は主管争議ともいう。これは，*裁判所法'3条にいう「法律上の争訟」ではなく，原則として行政権内部で上級庁又は内閣により裁定される〔内7〕（⇨権限疑義の裁定'）。しかし，特に法律に定めがある場合には，*機関訴訟'を提起することができる〔行訴6・42〕。*地方公共団体'の議会と長との間の訴訟〔自治176⑦〕がその例であり，*法定受託事務'の代執行訴訟〔自治245の8等〕，地方公共団体に対する*国の関与'に関する訴訟〔自治251の5〕も機関訴訟とする見解が実務では有力である。

機関訴訟・機関争訟　　**1 意義**　国又は公共団体の機関相互間における権限の存否又はその行使に関する紛争についての争訟を機関争訟といい，このうち，裁判所に訴えるものを機関訴訟という〔行訴6〕。地方公共団体の議会と長との間の争訟〔自治176⑤~⑧〕，地方公共団体に対する国又は都道府県の関与に関する係争処理の制度〔自治250の13~252〕等が，その例とされることが多い。
2 性質　この種の争訟は，機関相互の権限に関する紛争を解決するためのものであり，個人の権利利益の救済を目的とするものではないことから（機関訴訟は講学上の客観訴訟とされる），*法律上の争訟'〔裁3〕には該当しない。したがって，機関訴訟の出訴権は，憲法上当然に認められるわけではなく，法律に定める場合において，法律に定める者に限り提起することができる〔行訴42〕。
3 機関訴訟の手続　機関訴訟は*行政事件訴訟'の一種であって，*行政事件訴訟法'の適用を受ける〔行訴2・6〕。訴訟の内容が，*取消訴訟'・*無効確認訴訟'・*当事者訴訟'のいずれに類するかにより，それぞれの訴訟手続に関する定めが準用される〔行訴43〕。
⇨行政機関'　⇨客観訴訟'

機関投資家　　一般に，継続的に株式や債権等に投資して，顧客から預かった資産を運用・管理する法人又は団体をいう。保険会社・年金基金・*投資信託'・信託銀行・共済組合・政府系金融機関等が機関投資家と総称される。機関投資家は，将来は運用益を何らかの形で配分しなければならず，常に時代における最も効率的な資産運用を目指すとされる。*金融商品取引法'は，*有価証券'に対する投資に係る専門的知識・経験を有する者として内閣府令で定める者を適格機関投資家とし〔金商2③①括弧，金商定義10〕，*有価証券の募集'又は売出しを行う場合に，適格機関投資家のみを相手方とするときは届出を不要とする〔金商4①②・2③②イ・④②イ〕。適格機関投資家のみを相手方として行う新規発行有価証券の取得の勧誘をプロ私募と呼んでいる（⇨私募'）。

期間の定めのある労働契約　⇨有期雇用'
期間の定めのない労働契約　*労働契約'には，期間の定めがあるものとないものとがある。前者の場合には，一定の事業の完了に必要な期間を定めるもののほかは，3年（高度な専門的知識を有する*労働者'，60歳以上の高齢者等については，5年）を超える期間を定めることができない〔労基14〕。臨時工や季節工あるいは登録型*派遣労働者'や常用型で有期雇用の派遣労働者などを除いた多くの労働者は，期間の定めのない労働契約で雇用されている。また，*定年制'は，期間の定めのない労働契約を前提に，定年までの雇用の継続が保障されている制度である。労働契約に期間の定めがない場合，民法では，当事者は2週間の予告期間を置くことによっていつでも解約することができる〔民627〕が，*労働基準法'は，*使用者'からの解約（*解雇'）についてこれを修正し，30日の予告期間を設けている〔労基20〕。更に，使用者のなす解雇について，客観的に合理的な理由を欠き，社会通念上相当でない場合には，*権利濫用'として無効となる（解雇権濫用の法理）〔労契16〕。　⇨雇用形態'

機関方式による手形行為　　*代理人'Bが直接本人A名義で*手形行為'をすること。これには，Bが手書きでAの*署名'を代行する場合と，BがAの*記名押印'を代行する場合とがある。

毀　　　棄　　広義には，物の物理的損壊を要求する物理的損壊説も主張されているが，物の本来の効用を害する一切の行為をいい（効用侵害説），毀棄罪〔刑258~264〕を成立させる（⇨財産犯'　⇨不法領得の意思'　⇨窃盗罪'）。各毀棄罪においては，客体に応じて「損壊」「傷害」「隠匿」の語が法文上用いられているが，全て「毀棄」と同義である。このうち，「毀棄」行為を処罰するのは，*公用文書毀棄罪'及び私用文書毀

棄罪〔刑258・259〕であるが，この狭義の毀棄も，文書の効用を滅失又は減少させる全ての行為をいい，隠匿も含むと解されている。しかし，信書を隠匿する行為については，特にこれを軽く処罰する規定が置かれている〔刑263〕。物理的損壊説の立場からは，刑法263条は信書の重要性に鑑みて特に軽微な隠匿行為をも拡張処罰する規定と解されることになるが，効用侵害説の立場からは，同条は信書については非物理的な毀棄を特に軽く処罰する器物損壊罪の減軽規定と解されることになる。 ⇨毀損'

毀棄罪 ⇨財産犯'

危機否認 旧破産法(大正11法71)における，*支払停止'又は*破産'申立て後の行為を対象とする*否認権'の類型。⇨故意否認'

棄却・却下 Ⅰ 民事訴訟法上，一般に，裁判所に対する*申立て'を理由(=根拠)なしとして退ける裁判を棄却，その申立ては不適法であるから理由の有無を判断しないまま退ける裁判を却下という。 ⇨請求棄却' ⇨訴えの却下'

Ⅱ 刑事訴訟法上は，事件についての請求を排斥する場合，不適法・理由なしのいずれについても「棄却」とし(例：*公訴棄却'〔刑訴338・339〕，*控訴棄却'〔刑訴375・385・386・395・396〕，*上告棄却'〔刑訴408・414〕，*抗告'棄却〔刑訴426〕，*付審判請求'の棄却〔刑訴266①〕，*再審'請求の棄却〔刑訴446・447・449〕)，手続上の申立て・請求を排斥する場合は「却下」とする(例：*忌避'の申立て〔刑訴24・25〕，*保釈'の請求〔刑訴92〕，令状の請求〔刑訴規140〕，*証拠調べ'の請求〔刑訴規190〕)のが通例である。ただし，不適法・理由なしの区分により却下・棄却と使い分ける場合もある(例：*異議の申立て'〔刑訴規205の4・205の5〕)。

Ⅲ *行政事件訴訟'に関しては，両語の定義・区別は，*民事訴訟'の場合と同様である。また，*行政不服審査法'でも，審査請求が不適法であれば却下し，審査請求に理由がないときは棄却するものとしている〔行審45①②・49①②〕。更に，国民の申請に基づいてなされる行政処分(⇨処分(行政法上の)')について，*行政庁'が，申請の内容が法律上の要件に適合していないとして申請を退けることを棄却といい，申請の方式不備を理由に退けることを却下という。ただし，*行政手続法'は，許認可等の申請に対する棄却と却下とを区別せず，単に「許認可等の拒否」と称している〔行手7・8〕。

帰休制度 一時帰休ともいう。雇用している*労働者'に対し自宅待機を命じ，その間，*休業手当'〔労基26〕を支払うこと。不況期に利用されることが多いが，*解雇'されない点で外国の*レイオフ'制度と異なる。

企業会計原則 ⇨一般に公正妥当と認められる(企業)会計の慣行' ⇨財務諸表規則'

企業会計の基準 ⇨一般に公正妥当と認められる(企業)会計の慣行'

企業価値担保権 ⇨企業担保権'

企業系列 ⇨系列'

企業結合の制限 1 規制の目的 複数の*事業者'が株式保有，役員兼任，及び会社の*合併'，事業の譲受け(⇨事業の譲渡)などの企業組織上の結合をなすことによって，市場構造が非競争的なものに変化することがある。そこで，企業結合に対し，*独占禁止法'により規制がなされている。一般に，企業結合規制は，市場における具体的な競争制限効果に着目する市場集中規制と経済力の集中それ自体に着目する一般集中規制とに分けられる。

2 規制の要件 市場集中規制として，株式保有〔独禁10①・14〕，役員兼任〔独禁13〕，合併〔独禁15①〕，*会社分割'〔独禁15の2①〕，共同株式移転〔独禁15の3①〕，事業等の譲受け・賃借〔独禁16①①～③〕，経営の受任〔独禁16①⑤〕，損益共通契約〔独禁16①⑤〕について，当該企業結合により*一定の取引分野'における*競争の実質的制限'という効果が生じることが予測される場合又は当該企業結合が*不公正な取引方法'によってなされた場合には，当該企業結合が禁止される。また，一般集中規制として，事業支配力が過度に集中することとなる他の会社の株式の所有は禁止されており〔独禁9〕，金融会社による株式保有については，形式的基準による制限がある〔独禁11①〕。 ⇨株式保有の制限' ⇨事業支配力過度集中'

3 規制方法 市場集中規制の対象となる企業結合のうち，役員兼任を除く企業結合の各手段については，事前の届出が義務付けられており，かつ，届出後一定期間を経過するまでは合併等をしてはならない。また，審査に際して，企業結合計画が競争制限効果をもちうると判断される場合であっても，当事会社が問題解消措置の実施を申し出ることにより，独占禁止法上の問題を解消できることがある。違法な企業結合に対しては，*公正取引委員会'による排除措置が命じられる〔独禁17の2〕。更に，公正取引委員会は，合併・会社分割の無効の訴えを提起できる〔独禁18〕。

企業行動規範 投資者保護及び市場機能の適切な発揮の観点から，証券取引所が定めた上

場会社向けの行動規範のこと。東京証券取引所を例にすると，企業行動規範は，上場会社として最低限守るべき事項を明示する「遵守すべき事項」〔東証有価証券上場規程432〜444〕と，上場会社に対する要請事項を明示し努力義務を課す「望まれる事項」〔同445〜452〕に分けられる。「遵守すべき事項」の例として，独立役員の確保〔同436の2〕や，コーポレートガバナンス・コードを実施するか実施しない場合の理由の説明〔同436の3〕などがある。「望まれる事項」の例として，*取締役*である独立役員の確保〔同445の4〕などがある。「遵守すべき事項」に違反した場合には公表措置等の実効性確保手段の対象となる。

起業者 *土地収用法*による収用・使用をすることを必要とする事業を行う者〔収用8①〕。誰が起業者となるかは，収用適格事業に関する土地収用法〔収用3〕及び各事業根拠法の定めるところによる。起業者は，土地収用手続において土地所有者及び関係人に対する当事者となり，裁決申請権・土地物件調査権・補償等に関する周知措置義務などの手続上の権利義務をもつほか，最終的には，土地その他の目的物を取得する権利をもつとともに*損失補償*の義務を負う。

企業集団 ⇨系列'
企業集中 ⇨系列'

企業責任 企業がその活動から生じる損害を賠償する責任。企業の*不法行為*責任を指すことが多い。近代の大企業は，一方で鉱害，交通事故，各種の*公害*，製造物事故など，甚だしい危険を作り出している反面，他方で大きな収益を収めている。したがって，この企業活動から生じる損害は，企業に賠償させるのが公平であると考えられる。しかし，伝統的な*過失責任主義*の下では，その目的を十分に果たすことができない。そこで，*危険責任*や*報償責任*あるいは信頼責任を基礎にして*無過失責任*が唱えられ，いくつかの法律で実現されている〔無過失責任法〕。

起業損失 ⇨事業損失'

企業担保権 1 意義 *株式会社*の発行する*社債*を*担保*するためにその会社の総財産を一体として担保の目的とする*物権*〔企業担保1〕。*財団抵当*制度が企業の生産設備を主としてその目的とし，しかも個々の組成物件の特定及びその公示を必要としているため，企業のもつ全体的な担保価値の把握が十分でなく，手続的にも面倒であるところから，生産設備だけでなく製品・資財・売掛金債権・*のれん*等の流動する企業財産の総体を一体として担保に供する手段として，昭和33年に制定された企業担保法(法106)によって創設された。ただし，これにより担保される債務は，原則として株式会社の社債に限られる。

2 設定 株式会社登記簿に登記するものとされているが，その設定・変更は*公正証書*によってすることを必要とし〔企業担保3〕，かつ，その得喪・変更は登記をしなければ，原則としてその効力を生じない〔企業担保4〕。

3 効力 企業担保権は，時々刻々に変動する会社財産をその状態において目的とするものであり，設定後に会社から流出した財産にはその効力は及ばないことになるが，新たに会社に属した財産には当然に及ぶ。しかし，個々の財産について企業担保権の存在が公示されないため，企業担保権設定後に*対抗要件*を備えた個々の財産の上の権利(*質権*・*抵当権*など)や租税債権に後れるなど，その効力は一般の*担保物権*に比べて弱い〔企業担保6・7，税徴8，地税14〕。更に，一般債権者による*強制執行*及び担保権者による担保権の実行において*優先弁済*を受けることができない〔企業担保2②〕。

4 企業価値担保権制度の創設 上記のように，企業担保権は他の担保権との関係で弱い効力しか有しないことから，その利用は低調であった。そこで，企業が有する無形資産を含む事業全体を担保とする制度として，新たに，「事業性融資の推進等に関する法律」に基づき，企業価値担保権制度が創設された。企業価値担保権は，一体としての会社の総財産を目的とし，企業価値担保権者は，他の債権者に優先して弁済を受けることができる〔事業性融資7〕。企業価値担保権と他の約定担保物権との優先関係が，対抗要件具備の先後によって決定される点で，企業担保権とは異なっている〔事業性融資18①〕。企業価値担保権は，信託契約により設定され〔事業性融資8①〕，当該信託業務は，*内閣総理大臣*の*免許*を受けた*会社*でなければ営むことができない〔事業性融資32〕。

⇨担保付社債' ⇨担保付社債信託法'

企業秩序 一般に，企業がその経営目的を達成するために構成員に遵守を求める秩序と理解されている。狭い意味での労務提供に関わる義務だけではなく，物的施設の管理権限に基づく構成員に対する統制も含むところに特徴がある。判例によれば，企業秩序が企業の存立と事業の円滑な運営の維持のために必要不可欠なものであり，企業は企業秩序を定立し維持する権限を有するとされる(最判昭和52・12・13民集

きぎようと

31・7・1037)。そして，労働者は，*労働契約'の締結によって，企業に対し，企業秩序を遵守する義務を負うことになる(同判例)。したがって，企業秩序違反行為は，基本的に懲戒処分の対象となる。しかし，労働者は，企業の一般的支配に服するものではないので，企業秩序の具体的内容は，労働者の私生活を一般的に規制したり，その人格・自由を過度に規制するものであってはならず，企業の運営に必要であり，また合理的な範囲でなければならない。

企業統治 ⇨コーポレート・ガバナンス'

企業内容等の開示 ⇨ディスクロージャー'

企業年金 企業が従業員のための福利厚生の一環として支給するもので，*国民年金'や*厚生年金保険'による*老齢年金'に上積みする年金を指す。将来の年金給付水準を法令の定めるところに従いあらかじめ規約等で定める確定給付型のものと，掛金の積立実績によって将来の年金給付水準が決まる確定拠出型のものがある。確定給付型のものとしては，*確定給付企業年金'制度がある。確定拠出型のものは，企業型の*確定拠出年金'制度による。以上の法定の制度を用いずに，企業が独自に企業年金を支給することもある。このほかに厚生年金保険の代行部分をもつ*厚生年金基金'制度が存在していたが，厚生年金保険法等改正法(平成 25 法 63)により廃止され，経過的に存続するにとどまる。*法人税法'に基づく適格退職年金制度も存在したが，平成 24 年 3 月 31 日をもって廃止された。

企業年金連合会 1 *厚生年金保険法'に基づき，厚生労働大臣の認可を得て設立する*法人'であるが，厚生年金保険法等改正法(平成 25 法 63。以下「同法」という)により，平成 26 年 4 月 1 日以降は経過措置として存続している〔同法附 37。「存続連合会」という。同法附 3⑬〕。会員は，厚生年金基金のほか，確定給付企業年金法による規約型年金及び企業年金基金，並びに確定拠出年金法による企業型年金である〔同法附 38 によりなお効力を有する厚年 158 の 5, 厚生年金基金令(昭和 41 政 324)48 の 2〕。中途脱退者につき，厚生年金基金・企業年金基金から*脱退一時金'相当額の移換を受け〔同法附 42・46〕，解散した厚生年金基金・企業年金基金から解散基金加入員等に分配すべき残余財産の移換を受ける〔同法附 43〜49〕。他方で，中途脱退者や解散基金の加入員に年金給付等を支給し〔同法附 42〜49〕，また中途脱退者等が新たに厚生年金基金・企業年金基金・*確定拠出年金'に加入した場合には当該基金等に年金給付等積立金を移換する〔同法附 53〜59, 同法附 38 ③〕により読み替える確定拠出 54 の 2〕。このほか連合会は，基金解散時の年金給付の支払保証事業，福祉施設等を行うことができる〔同法附 40 ④⑤〕。存続連合会については平成 26 年 4 月 1 日から起算して 10 年を経過する日までに解散するよう検討し，必要な法制上の措置を講じることとされている〔同法附 2 ①〕。解散後は，新たに企業年金連合会が設立される〔確定給付 91 の 2〕。

2 企業年金連合会は，将来にわたり確実に年金の給付を行えるよう，長期的に必要となる年金資産の積立てを目的として，国内外の株式や債券などで年金資産の運用を行っている(2024 年 3 月末の資産残高は 13 兆 5746 億円)。企業年金連合会は，年金資産の受託者として受託者責任を負う存在であり，いわゆる「日本版スチュワードシップ・コード」を受け入れる旨を表明している。企業年金連合会による株主議決権行使基準も公表されている。

企業の社会的責任 「企業の社会的責任」論は，会社の活動の活発化とその起源を一にし，1790 年代に奴隷を使用して生産したイギリス東インド会社の砂糖の不買運動を嚆矢(こうし)とするといわれる。その後，企業の社会的責任は，特に労働者保護，消費者保護，環境保護及び人権保護の 4 つの領域で発展を遂げ，またメセナ(文化支援)やフィランソロピー(社会貢献)といった形でも実践されてきた。近年，特に EU を中心に社会の持続的発展の文脈で CSR(corporate social responsibility)論が活発化している。そこでは，社会的責任の遂行を会社の活動の本質的な構成要素として組織化し内部化しようとする点に特色がある。すなわち，企業の社会的責任の遂行を経営そのものに内在したものと解する傾向にあり，このことは逆にいえば，企業の社会的責任が現代の会社経営にとって避け難いリスクになっていることを意味する。日本では，1960 年代後半に主としてアメリカにおける CSR の議論を参照して唱えられるようになった。会社法において企業の社会的責任に関する規定を設けるべきであるとの立法論もなされたが，内容が不明確であり一般規定を置いても実効性がない上，経営者の裁量権の拡大をもたらす弊害があるとの批判があり，法律的には個々の問題について具体的に有効な法規制を加えるという方法をとるべきであるとの考え方が有力である。現在，企業の社会貢献活動は，主として，経済団体・業界団体・各社におけるガイドラインや行為規範，倫理遵守規定等を策定しそ

れを実行するという形で遂行されている(日本経済団体連合会「企業行動憲章」(2024年第6回改定)及びその「実行の手引き(第10版)」(2024年)参照)。

企業の所有と経営の分離　⇨所有と経営の分離'

企業買収　企業の支配権の取得を目指す行為と事業や企業の結合取引の双方を指し、エム・アンド・エー(M&A)(英 merger and acquisition)とも呼ばれる。支配権の取得の方法としては、株式の取得、新株発行、吸収分割、*株式交換'、*株式交付'等があり、事業結合や企業結合の方法としては、事業譲渡、吸収合併、吸収分割等がある。企業買収のうち、買収対象会社の承認の下に行われるものを友好的買収といい、対象会社の反対にもかかわらず行われるものを敵対的買収という。友好的買収は企業結合やMBO(英 management buyout、経営者による買収、⇨マネジメント・バイアウト')のために行われ、前者は新規事業分野への進出、企業規模の拡大、企業組織の再編成等のため、後者は上場会社を非公開化するために行われることが多い。敵対的買収は、買収者が対象会社の支配権を取得してこれを経営すれば企業価値が向上すると考えて企図されることが多く、敵対的買収には無能な経営者を排除して経営を効率化する機能があるといわれている。これに対し、企業規模が大きくなれば他の買収者による買収対象になりにくくなり対象会社経営者の地位が安定するため、友好的であれ敵対的であれ、企業買収は経営者が保身のために企図するという見方もある。友好的な買収は非上場会社についても行われるが、敵対的買収が可能なのは事実上、上場会社に限られる。企業の敵対的買収は1980年代にアメリカで盛んに行われたが、1990年代以降は各州が反買収法を制定したため下火になった。日本では、2000年代後半以降、ときおり敵対的買収が試みられるようになった。敵対的買収に対しては対象会社が*買収防衛策'を講じて紛争になることが多く、防衛策の適法性について判例が形成されている。上場会社の支配権を取得する方法のうち、買収者が市場外で多数の株主から一斉に株券等を買い付ける行為には、*金融商品取引法'上の公開買付けの規制が適用される〔金商27の2〕。買収者が市場外で少数の大株主から株式を買い付ける場合も、買付け後の買収者の議決権割合が3分の1を超えるときには、公開買付けの方法によらなければならず、一般の投資者から買い付けないことは許されない。これに対して、市場で上場会社の株券等を買い付けて支配権を取得する行為は、日本では*大量保有報告制度'の対象となるものの禁止されていなかったが、令和6年、EU法に倣って公開買付けを強制する法改正がなされた(法32)。⇨公開買付け'

企業秘密　⇨営業秘密'

企業分割　*独占禁止法'上、「独占的状態」にある*事業者'に対して、*公正取引委員会'が競争回復措置として*事業の譲渡'等を命ずることをいう〔独禁8の4〕。ただし、企業分割命令が原価の著しい上昇又は国際競争力の低下をもたらす場合、及び、代替的な競争回復措置が講じられる場合には、企業分割は命じられない。「独占の状態」とは、以下のような市場構造及び市場における弊害があることをいう。イ 年間総売上げ1000億円を超える事業分野において、ロ 1事業者が50%を超え、又は2事業者が75%を超える事業分野占拠率を有し、ハ 新規参入が困難であり、ニ 当該事業者の価格が下方硬直的であり、ホ 標準的な利益率を上回る利益率を有し、又は過大な販売費・一般管理費の支出があること〔独禁2⑦〕。このような規制は、非競争的な市場構造の形成を未然に防止する企業結合の制限やその他の行為規制とは異なり、寡占的市場構造それ自体に向けられるものであることから、構造規制と呼ばれることもある。

企業別労働組合　同一企業の労働者の組織する*労働組合'。日本の第二次大戦後の労働組合の大多数は、同一企業又は同一事業場の従業員により企業又は事業場ごとに結成されている。同一企業の事業所別組合が集まって企業別連合体(企業連)を構成することもある。*労働組合法'自身は、組織形態として企業別労働組合であることを要求しているわけではなく、産業別組合や個別企業を超えて組織されるいわゆる合同労組、地域ユニオン等も労働組合法上の適法な労働組合となりうる。⇨職業別労働組合' ⇨産業別労働組合'

企業法論　かつては、実質的意義の商法を統一的な理念によって総合的に体系付けようという努力がされてきたが、近時は、商法を企業に関する法とみる立場が有力である。これを企業法論という。ここにいう企業とは、「資本主義経済組織の下における1個の統一ある独立の経済単位であって、継続的・計画的な意図をもって資本的計算方式の下に、営利行為を実現するもの」と定義される。商法典との関係でいえば、企業主体が商法典にいう*商人'に、また、企業取引が商法典にいう*商行為'にほぼ該当す

きぎようよ

るが、商法典の商人概念は、原則として限定列挙的な商行為概念から導かれているので〔商4①〕、全ての企業主体を包含できず〔なお、商4②参照〕、また、商法典が認めている*絶対的商行為*〔商501〕は、必ずしも企業取引に該当しない。また、*手形法*・*小切手法*が企業に関する法としての実質的意義の商法に含まれるかについては、それが企業取引を超えて一般的に利用されているため、見解が分かれている。

企業用財産　国において国の企業又はその企業に従事する職員の住居の用に供し、又は供するものと決定したものであり、平成24年法律42号による改正前の*国有財産法*〔国財旧3②④〕において用いられていた概念である。ここにいう「国の企業」としては、かつては、造幣局の行う事業、印刷局の行う事業、国有林野事業、アルコール専売事業及び郵政事業のいわゆる5現業があったが〔平成14政381等による改正前の国財令2〕、その後、国有林野事業のみが対象とされるようになったことから、現行法上は、森林経営用財産の概念が用いられており〔国財3②④〕、「国有林野の管理経営に関する法律」（昭和26法246）において、国有財産法の特例が認められている。

帰郷旅費　*労働契約*締結時に明示された*労働条件*と事実とが相違するために労働者が契約を解除した場合〔労基15〕、満18歳未満の労働者が解雇された場合〔労基64〕に、使用者が労働者に対して負担義務を負う、帰郷のための旅費。

基　金　一般的には、経済活動の財産的基礎となる資金を指すが、法令の上では種々の用法がある。イ　*特別会計*や*特殊法人*の財産的基礎となる資金をいう場合（例：国債整理基金〔特会38〕）、ロ　一定の目的に充てる基本金をもつ法人の名称として用いられる場合（例：国民年金基金〔国年118〕）、ハ　地方公共団体が特定の目的のために管理する財産又は資金をいう場合〔自治241〕がある。更に、個別の法律には以上の用法とは異なった意味で基金という語を用いるものがある〔例：労組2②但、保険業6①〕。

基金型企業年金　⇒*確定給付企業年金*

危惧感説　⇒*過失犯*

偽　計　他人に*錯誤*を生じさせ、又はその不知を利用する不正な策略をいう。類似の粗悪品を販売するとか、機械設備に細工を施し使用を妨害するなど。*業務妨害罪*〔刑233〕、*公契約関係競売等妨害罪*〔刑96の6①〕の手段となる。*威力*との区別は、限界線上では明白でないが、例えば、自動車の進行を妨げる目的で障害物を路上に置く場合、公然と障害物を相手方に示して威圧するときは威力であるが、障害物の存在を隠蔽し、安全と誤信させて乗り上がらせ故障を生じさせる場合は、偽計である。

議　決　*合議体*の意思決定。合議体が意思決定を行うには一定数の構成員の出席が必要であり（⇒定足数）、通常は、その過半数の意思を合議体の意思とする〔憲56②、会社50、自治116等〕が、特別の多数決の意思〔例：憲55・57①・58②・59②・96①、自治135③・178③等〕が要求される場合もある。

議決機関　*法人*の機関の一種で、当該法人の最高意思を決定する機関。意思決定と執行の組織を別にする全ての団体について観念上存在する。国家では*国会*、私法人では*社員総会*〔一般法人35〕・*株主総会*〔会社295〕がこれに当たる。特に公共団体の*執行機関*に対する語として用いられることも多く、この場合には都道府県議会・市区町村議会がこれに当たる。

議決権（株主の）　**1　意義**　*株主*が*株主総会*の決議に参加する権利。共益権の中核をなす権利である。議決権の数は、原則として一株一議決権である〔会社308①本文〕。*議決権制限株式*〔会社108①②③〕において議決権の行使が認められていない事項、自己株式〔会社308②〕、単元未満株式〔会社189①〕（⇒単元株）及び相互保有株式〔会社308①括弧、会社則67〕については、議決権が認められない。1株に達しない株式に認められないのは当然である。複数議決権制度は日本では認められていない。もっとも、*公開会社*以外の*株式会社*においては、議決権に関して株主ごとに異なる取扱いをする旨を*定款*で定めることができる〔会社109②〕（⇒属人的定め）。*種類株主総会*における議決権については、株主総会に関する規定が多く準用されている〔会社325〕。

2　行使　議決権は*株主名簿*の記載に基づいて行使される〔会社130〕。会社は基準日を定め、基準日において株主名簿に記載され、又は記録されている株主をその権利を行使するものと定めることができる〔会社124①〕。議決権については、当該株式の基準日株主の権利を害しない限り、当該基準日後に株式を取得した者の全部又は一部にその行使を認めることができる〔会社124④〕。*議決権の代理行使*が認められる〔会社310〕。総会に出席しない株主に対しては、議決権を有する株主数が1000人以上の会社においては書面投票制度が強制されており〔会社298②〕、それ以外の会社であっても、招集者は、書面投票・*電子投票*制度の採用を決定すること

ぎけつけん

ができる〔会社298①③④〕。*議決権の不統一行使'も可能である〔会社313〕。 ⇨書面による議決権行使' ⇨電磁的方法による議決権行使'
3 累積投票 2人以上の*取締役'を同じ株主総会で選任する場合，定款に別段の定めがない限り，各株主は，会社に対し，*累積投票'により取締役を選任すべきことを請求でき〔会社342〕，この場合，各株主は1株(1単元)につき選任すべき取締役数と同数の議決権を1人の候補者に集中又は分散して投票できる。
4 特別利害関係人の議決権行使 特別利害関係を有する株主が議決権を行使したことにより著しく不当な決議がなされたことは，決議取消事由である〔会社831①③〕。

議決権行使書面 書面投票制度を採用した会社及びそれを強制される*議決権'を有する株主数1000人以上の会社の*創立総会'・*株主総会'及び*種類株主総会'の招集通知に添付され，株主総会等に出席しない株主が必要な事項を記載し，総会日の直前の営業時間の終了時までに〔会社則69〕会社に提出することにより議決権行使が認められる書面〔会社70①・310①・325・298②・311①〕。法務省令〔会社則66〕で定めるところにより作成され，議案ごとに株主が賛否を記載する欄を設け〔会社則66①Ⅰ〕，賛否の記載のない議決権行使書面が会社に提出されたときは，会社は，賛成，反対，棄権のいずれかの意思表示があったものとして取り扱う旨の記載をすることができる〔会社則66①②〕。会社に提出された議決権行使書面は総会終結の日から3ヵ月間本店に備え置かれ，株主の閲覧・謄写に供される〔会社311③～⑤〕。これらを怠った場合には過料の制裁がある〔会社976⑧④〕。*社債権者集会'及び*特別清算'における*債権者集会'においては常に書面投票が認められ〔会社556①・726①〕，知れている社債権者等に対する招集通知に議決権行使書面が添付される〔会社550①・721①〕。 ⇨書面による議決権行使'

議決権拘束契約 ⇨株主間契約'

議決権信託 広義では，*受託者'に*信託財産'たる株式の*議決権'を行使させることを目的として株式について設定される*信託'。狭義では，議決権部分についてだけ信託を設定することをいうが，*株式不可分の原則'から狭義の議決権信託は設定できないと解されてきた。広義の議決権信託は原則として有効であるが，当事者が達成しようとする信託契約の目的や，その内容・条件によっては，*株主総会'ごとに議決権行使の代理権の授与を要求している会社法の規定〔会社310②〕又は会社法の精神若しくは*公序良俗'に反し，無効であるとする見解が有力である。

議決権制限株式 **1 意義** *議決権'を行使できる事項に制限の加えられている株式のこと。とりわけ，全ての事項について議決権を行使することができないものとされている株式を全部議決権制限株式(無議決権株式)という。かつては，配当優先株式に限って，議決権のない株式とすることが認められていたが，平成13年商法改正(法128)によって，配当に関する優先権と無関係に議決権を制約することが認められ，また，一部の事項についてのみ議決権を有する株式も認められ，会社法もこれを踏襲した〔会社108②③イ〕。僅かな資本を拠出した者が支配権を取得することを防止するために，*公開会社'においては，議決権制限株式の数が*発行済株式総数'の2分の1を超えるに至ったときは，*株式会社'は，直ちに，2分の1以下にするために必要な措置をとらなければならない。
2 議決権制限株主の権利 議決権制限株主は，議決権を制約されている事項について*株主総会'で議決権を行使することはできず，また，議決権の行使を前提とする権利も有しない。総会招集通知を受ける権利〔会社299〕や少数株主の総会招集請求権〔会社297③〕，*累積投票'請求権〔会社342〕等がこれに含まれる。総会決議取消請求権〔会社831〕等については争いがある。なお，株主ごとに異なる取扱いを行う旨の定款の定めについての*定款変更'(定めを廃止する場合を除く)をする場合には，議決権制限株主にも議決権が認められる〔会社309④〕。

議決権の代理行使 *株主'が*議決権'を*代理人'によって行使すること。株主のこの権利は*強行法規'であると解されている。現経営陣等が会社支配の手段として濫用しないように，代理権の授与は*株主総会'ごとにしなければならず，代理人は代理権を証する書面(*委任状')を会社に提出し，又は，その情報を*電磁的方法'で提供しなければならない〔会社310①～④〕。会社は，株主が2人以上の代理人を出席させることを拒んでいる〔会社310⑤〕が，これは総会の議事の混乱を防ぐためであるから，*投資信託'における信託財産である株式の代理行使については適用されない〔投信10②〕。代理人の資格を議決権を有する株主に限る旨の*定款'の定めは合理的理由による相当程度の制限であるとして基本的に有効と解されている。*上場'株式について，会社その他の者が議決権の代理行使を勧誘する場合には，株主に*参考書類'を交付し，委任状の用紙には，議案ごとに被勧誘者が賛否

ぎけつけん

を記載する欄を設けなければならない〔金商194, 委任状43〕。委任状は, 会日から3カ月間本店に備置きされ, 株主の閲覧・謄写に供される〔会社310⑥〜⑧〕。'書面による議決権行使'又は'電磁的方法による議決権行使'と異なり, 本人は代理人を通じて総会に出席することとなる。⇨電磁的記録・電磁的方法'

議決権の不統一行使 2個以上の'議決権'を有する'株主'が'株主総会'の議案に対し, その議決権の一部で賛成し, 残部で反対するように, 議決権を統一しないで行使すること〔会社313①〕。株式信託や外国預託証券('エー・ディー・アール(ADR)', 'イー・ディー・アール(EDR)'等)などにおいて, 名義上の株主であるカストディアンが通常複数存在する実質株主の意思に従って議決権を行使するとき行われる。'取締役会設置会社'においては, 会社の事務上の便宜のため, 総会の会日より3日前までに会社に対して不統一行使をする旨及びその理由を通知することを要し, 株主が他人のために株式を有することを理由としないときは, 会社は拒むことができる〔会社313②③〕。不統一行使ができるため, 会社は, 株主総会に出席できる代理人の数を制限することが認められる〔会社310⑤〕。

議決事件 '地方公共団体の議会'が'議決'しなければならない事項。議決事件として'地方自治法'96条1項がこれを列挙しているが, 個別的に議会の議決や同意を必要とする規定が少なくなく〔自治96①15・6〜9の5・137・238の6・244の2・244の3・252の2・252の2の2・252の6の2・252の7・252の14・252の16の2〕, 更に'条例'で'地方公共団体'に関する事件につき議会の議決しなければならないものを定めることもできる〔自治96②〕。

期限 '法律行為'の効力の発生・消滅又は債務の履行期の到来を, 将来発生することの確実な事実にかからせる'附款'をいう。その事実そのものも期限ということがある。事実の発生することが確実である点で'条件'と異なる。「今年の12月31日に借金を返す」というように, 事実の発生だけではなく, その時点も確定している場合を確定期限, 「私が死んだらこの本をやる」というように, 事実の発生することは確実であるがその時点が不確実の場合を不確定期限という。法律行為に期限を付するのは原則として当事者の自由であるが, 婚姻・養子縁組など'法律効果'が直ちに発生することを必要とする行為には期限を付することはできない。⇨期限の利益' ⇨始期・終期' ⇨満期'

危険運転致死傷罪 自動車の危険な運転により人を死傷させた場合に成立する犯罪〔自動車運転致死傷2, 刑旧(平成25法86改正前の)208の2〕。人を負傷させた者は15年以下の拘禁刑, 人を死亡させた者は1年以上の有期拘禁刑に処せられる。例えば, 酒酔い運転をして人を死傷させた者は, 酒酔い運転の罪〔道交117の2①〕と業務上過失致死傷罪〔刑211〕で処罰されるところである(両罪の'併合罪')。しかしこれでは, 酒に酔って危険な運転をすることを認識していたような悪質な類型には十分対応できないため, まず平成13年の刑法改正(法138)により本罪が制定された。本罪が予定する危険運転とは, 自らの意思では自動車の進行を制御するのが困難な状態での運転〔自動車運転致死傷2①〜③, 刑旧(平成25法86改正前の)208の2①〕(アルコール等の影響下又は高速度又は未熟な技能の下での運転)と, 人又は車の通行を妨害する目的等での運転〔自動車運転致死傷2④⑦, 刑旧(平成25法86改正前の)208の2②〕(割込み運転や信号無視等)である。これらの危険運転は'暴行'罪〔208〕に, 危険運転致死傷は'傷害'罪〔刑204〕・'傷害致死罪'〔刑205〕に準じるものだが, 危険運転致死傷罪は道路交通の安全に対する'危険犯'としての側面も有している。平成19年の刑法改正(法54)により, 本罪の対象車両は「四輪以上の自動車」から「自動車」に変更され, 二輪(原動機付自転車を含む)も含まれることになった。本罪は, 平成25年制定の自動車運転致死傷行為処罰法の制定により, 刑法ではなく同法の下で適用範囲がより広い罪として規定されるに至った。⇨業務上過失' ⇨自動車運転致死傷行為処罰法'

危険期間 ⇨保険期間'

期限後裏書 '支払拒絶証書'('小切手'の場合はこれと同一効力をもつ宣言も含む)の作成後又はその作成期間(小切手では'呈示期間')経過後にされた'裏書。後裏書ともいう。期限後裏書の場合には, 通常の裏書の場合のように流通を保護する必要がないので, 債権譲渡の効力しか認められず〔手20・77①①, 小24〕(⇨債権譲渡'), したがって, この裏書には'担保的効力'がなく, また, 譲受人は抗弁の制限や善意取得(⇨有価証券の善意取得')の保護を受けない。しかし, この裏書にも'権利移転の効力'及び'資格授与的効力'はある。

危険性関連説 ⇨不法行為'

危険責任 危険を社会の中に作り出し, あるいは管理する者は, その危険の結果生じた損害を賠償しなければならないという考え方。

きけんはん

'報償責任'とともに, '無過失責任'を認めるための論拠とされる。民法の'工作物責任'の規定〔民717〕は危険責任の原理を含んでいる。特別法では, 鉱業法109条, 原子力損害の賠償に関する法律3条, '大気汚染防止法'25条, '水質汚濁防止法'19条, 製造物責任法3条などの規定が, 危険責任主義を中心に無過失責任を定めている。⇨企業責任'

期限付建物賃貸借　期間の定めのある建物の賃貸借又は取壊し予定の建物の賃貸借。'借地借家法'は, 平成11年の改正(法153)で, 定期建物賃貸借の規定を新設した〔借地借家38〕。この場合には契約の更新がない旨の契約をすることができる(⇨定期借家権)。また, 同法は, 一定期間後に取壊しが予定されている建物を取壊しまで貸すことも認めている〔借地借家39〕。この場合にも, 契約更新はない。期限付建物賃貸借契約は, 契約更新がない旨や取壊しの事情等を記載した書面又は'電磁的記録'でしなければならない〔借地借家38①②・39②③〕。

危険な約束　⇨変態設立事項'

危険の現実化　日本における従来の学説は, 刑法上の'因果関係'を認定するにあたり,「被告人の行為からそのような犯罪結果の生じることが経験上通常と評価しうるか」を標準とする'相当因果関係'説に依拠してきた。もっとも, このような学説は, 刑法上の因果関係が問題となる事案のうち, とりわけ行為時に(被害者の素因をはじめとする)特殊な事情が存在するものを想定していたため, むしろ行為後に初めて特殊な事情が介在した事案をうまく処理しえなかった。そこで, 昭和の末から平成期にかけて, 最高裁判例を中心とする実務は後者のような事案を射程に収めた, 相当因果関係論に代わる新たな因果関係判断枠組みとして危険の現実化という概念を生み出した。この概念によると, 例えば, 仮に行為後に経験上異常としかいいようのない事情が介在し, それゆえ相当因果関係は否定されざるをえないような事案においても, 当該事情の結果に対する寄与度が小さい場合には, 行為に含まれる危険は依然として結果に現実化しているとして, 因果関係を肯定することが可能となる。

危険の引受け　被害者の, 結果発生(例:死亡)の危険にさらされることに対する同意を指す。その危険が現実化したが, 結果発生に対する'承諾'(⇨被害者の同意')はなかった場合, それに関与した行為者の刑責が問題となる。結果が帰責されない場合があると考えられているが, その根拠は, '違法性'が欠けるのか(⇨違法性阻却事由'), '過失'が欠けるのか(⇨過失犯'), '故意'犯に共通の客観的な'構成要件'該当性が欠けるのか(⇨客観的帰属(論)'), なお一致をみない。事案類型としては, イ 行為者が危険な行為を行い, それにより被害者が危険にさらされる場合(合意に基づく他者危殆(たい)化)と, ロ 被害者自身が危険な行為を行い, それに対し行為者が協力する場合(自己危殆化への関与)がある。実際の事例としては, イに関しダートトライアル事件(千葉地判平成7・12・13判時1565・144)が, ロに関し坂東三津五郎ふぐ中毒死事件(最決昭和55・4・18刑集34・3・149)が, よく引き合いに出される。

期限の利益　1 意義　'期限'が到来するまでは, 当事者は債務の履行を請求されないとか, 権利を失わないなどの利益をもつが, 期限がまだ到来しないために当事者が受けるこのような利益を期限の利益という。'法律行為'の当事者のうち, どちらが期限の利益をもつかは, 場合によって異なり, イ 債権者だけがもつもの(無償寄託), ロ 債権者・債務者双方がもつもの(利息付定期預金), ハ 債務者だけがもつもの(無利息消費貸借)などが考えられるが, 民法は, 最後の場合が最も普通であると考えて, 期限の利益は債務者のために存在するものと推定している〔民136①〕。

2 放棄　期限の利益は, 利益をもつ当事者が自由に放棄できるが, 相手方にも利益がある場合(上記ロ)には, 放棄は放棄によって相手方が受ける損害を賠償しなければならない〔民136②〕。例えば, 銀行は定期預金の満期までの利息をつければ期限前に弁済することができる。

3 喪失　債務者の破産, 債務者による担保の毀滅等, 債務者の信用がなくなった場合には, 債務者は法律上当然に期限の利益を失い〔民137〕, 直ちに債務の履行をしなければならない。当事者間の特約で法定の事由以外の事由('強制執行'を受けたときなど)によっても期限の利益を失う旨を定めることは, 実際上よく行われており, そのような定めを期限の利益喪失約款と呼ぶ。

危険犯　保護'法益'の侵害の危険を要件とする犯罪。危殆(たい)犯ということもある。'侵害犯'に対する概念である。具体的危険犯と抽象的危険犯に分けられる。具体的危険犯とは, 法文上, 具体的な危険の発生が要件として規定されているもの(自己所有非現住建造物等放火罪〔刑109②但〕, 建造物等以外放火罪〔刑110〕, 往来危険罪〔刑125〕等)をいい, 抽象的危険犯とは, 一般的・抽象的に危険な行為が規定されて

危険負担　**1 意義**　売買のような*双務契約*では、それぞれの債務が互いに対価関係にあるので、一方の債務が債務者の責めに帰することのできない理由で滅失又は損傷した場合に、他方の債務をどうするかというのが危険負担の問題である。例えば、家屋の売買契約が締結され、まだ引渡しが終わっていない間に、隣家の失火によって類焼してしまったという場合に、買主はそれでも代金を支払わなければならないかという問題である。もし売主の失火ならば、売主の責めに帰せられる理由による*履行不能*として、買主は*損害賠償*を請求すればよい。しかし、売主に責任のない履行不能の場合には、損失(危険)を売主・買主のどちらが負担するのかが問題になる。

2 債権者主義と債務者主義　民法は、家屋売買のような、*特定物*に関する物権の設定又は移転を目的とする契約では、債権者、つまり買主が危険を負担し、代金を支払うべきだとし(債権者主義)〔民旧534〕、それ以外の双務契約では、債務者が負担すべきことにしていた(債務者主義)〔民旧536〕。したがって、例えば、交通機関の延着で演奏できなくなったピアニストは演奏料を請求できない。しかし、当事者の特約によって危険を負担する者を決めることができる。なお、特定物の危険負担における債権者主義はローマ法以来の古い歴史をもつものであるが、取引の常識に適さず、公平に反するという批判が強く、特約によって排除される場合が少なくない。学説も、民法旧534条の適用を目的物の引渡し後に制限するなどの解釈をしてきたが、*債権法改正*により債権者主義は廃止された〔民旧534削除〕。あわせて、債務者主義の下での危険の移転に関するルールが売買の節に新設された〔民567①〕。

3 解除と危険負担　債権法改正では、債務者の帰責事由なしに履行が不能になった場合にも解除ができることとされた〔民542〕。その結果、従来、危険負担により消滅するとされていた反対債務の消滅には解除が必要となる。ただし、当事者双方に帰責事由がない場合には、債権者は解除をしなくても反対債務の履行を拒絶することはできる〔民536①〕。

危険物　**1**　一般に、人の生命、身体及び財産、場合によっては環境に対して危害を及ぼすおそれのある物をいう。法令上統一した定義は存在せず、その範囲は各種規制により異なる。消防法は、発火又は燃焼しやすい物質等による火災を予防する観点から、酸化性固体、可燃性固体等の六類を列挙し、指定数量以上のものの貯蔵方法等に関する規制を設けている〔消防2⑦、危険物令、危険物船舶運送及び貯蔵規則〔昭和32運30〕〕。船舶に積載された物品に関しては、海上火災を防止する趣旨から、原油、液化石油ガス等の引火性の物質に限定するもの〔海洋汚染3⑯、海洋汚染令1の8〕と、より広く、高圧ガス、毒物類、放射性物質、腐食性物質等までを対象に含めるものがある〔危険物船舶運送及び貯蔵規則2〕。また法令によっては、銃砲等の凶器〔航空86、航空則194〕、細菌兵器、化学兵器等〔国民保護103①、国民保護令28〕も危険物となりうる。

2　危険物を運搬する行為は、法令によって禁止される場合のほか〔航空86、危険物船舶運送及び貯蔵規則7、旅客自動車運送事業運輸規則〔昭和31運44〕14等〕、貯蔵設備、包装、積載、表示等に関し行政上の規制に服する。危険物の運送を委託する*荷送人*は、*運送人*への引渡し前に、安全な運送に必要な情報(危険物であること、品名・性質等)を通知しなければならず、通知を怠ったことにより運送人に損害が生じた場合(船体や積荷の損傷など)は、その損害を賠償する責任を負う〔商572、民415①・709〕。運送人は、危害のおそれ等に応じて、運送契約の相手方である荷送人に賠償責任を負うことなく無害化等の処分をすることができる〔国際海運6、標準貨物自動車運送約款28等〕。

危険有害業務　*労働基準法*により、満18歳に満たない者(年少者)、妊娠中の女性及び出産後1年を経過しない女性(妊産婦)について就業が禁止されている危険又は有害な業務〔労基62・64の3、年少者労働基準規則〔昭和29労13〕8、女性労働基準規則〔昭和61労3〕2・3〕。年少者及び母性保護のための措置である。　⇨女性労働'⇨年少労働'

企行(企て)　違法な事態の実現を目的とした一切の行為。犯罪の既遂ばかりでなく、*未遂*及び実行に接着した*予備*を含む。昭和22年の刑法改正(法124)前の73条は、天皇に対して危害を加えようとした者を、実害発生いかんを問わず死刑に処するものとしていた。また、現行法では、公務員の違法争議行為を企てる行為が独立罪とされている〔国公110①⑯、地公61④〕。　⇨共謀・そそのかし・あおり・企て'

記号式投票　あらかじめ投票用紙に印刷された候補者(*比例代表*制の場合は、*政党*等)のうち、投票しようとする候補者の氏名(比例代表制の場合は、政党等の名称)に○印又は×印等の記号を記載することによって行う投票方

法。候補者名あるいは政党名を自書する投票に比較すると、投票の効力判定が容易であり、開票事務が簡単で、*投票の秘密'保持の点でも勝るという長所があるとされてきた。日本では、*地方公共団体の議会'の議員及び長の選挙について特に条例で定めた場合〔公選46の2〕及び最高裁判所裁判官の*国民審査'〔裁審15〕にこの方法が用いられている。　⇨電子投票'

気候変動に関する国際連合枠組条約　1992年5月9日に国際連合総会で作成。国際連合環境開発会議(「地球サミット」)で署名のために開放され、1994年3月21日に発効した。日本は1994年に批准した(平成6条6)。気候変動及びその悪影響が人類共通の関心事であることを確認、*国家主権'の原則を踏まえつつ、現在・将来の気候系保護を目的とする。先進国には、温室効果ガス削減のための政策実施義務を課し、開発途上国には、排出防止の資金及び援助の供与を規定する枠組条約である。その具体化のため、1997年に、2012年までに達成されるべき温室効果ガスの排出削減目標値等を定めた京都議定書が採択され(2005年発効)、日本は、2002年に受諾書を寄託し、これに沿った削減目標を決定した。大排出国ではアメリカが不参加、中国も途上国として別扱いとなる。先進国でも、日本を始め目標を達成せず、2020年末までの第2約束期間が設けられたものの、日本は参加していない。2015年には、先進国・途上国の区別なく、全ての締約国が温室効果ガス排出削減の取組に参加することを定める*パリ協定'が2020年以降の枠組みとして採択された(2016年発効(平成28条16))。

旗　国　船舶の*国籍'が属する国。公海上の船舶に対しては、旗国が排他的管轄権をもち、*公海'の秩序維持は、原則として旗国の管轄権行使により図られる。緩やかな国籍付与の条件をもつ国の国籍を取得して、厳格な船舶の安全基準や船員の*労働条件'の適用を免れようとする「便宜置籍」が問題となっている。国際法は、旗国と船舶との間に「真正な関係」の存在を要求し、旗国に、行政上・技術上・社会上の事項について有効な管轄権行使・規制を義務付ける〔海洋法約91①・94、公海約5①〕。

旗国主義　ある国の法の属地的適用の範囲が、その国の船舶・航空機内にも及ぶ、という考え方。日本の刑法の場所的適用範囲については、*属地主義'が原則であり〔刑1〕、*国外犯'への適用は例外である〔刑2〜4の2〕。属地主義の意味するところは、刑法を、「日本国内において罪を犯したすべての者に適用する」〔刑1①〕だけではなく、「日本国外にある日本船舶又は日本航空機内において罪を犯した者についても、前項と同様とする」〔刑1②〕、つまり「すべての者に適用する」こととされ、ここに旗国主義がとられている(⇨国内犯')。日本船舶とは、「日本国民ノ所有ニ属スル」等、船舶法1条各号所定の要件を備えた船舶であり(最決昭和58・10・26刑集37・8・1228)、日本航空機とは、国際民間航空条約17条の「航空機は、登録を受けた国の国籍を有する」との定めに基づき、航空法3条〜9条の定めに従って登録を受け、日本の国籍を取得した航空機である。

旗国法　国際私法上、船舶や航空機など可動物に関する各種の法律問題に適用される法。航空機や車両の場合は登録国法ということが多い。船舶や航空機は、いずれかの国において登録され〔船舶5〕、これによりその*国籍'を取得し〔航空3の2〕、その国の国旗を掲げることが認められる〔船舶2・6・7〕ことが背景となっている。船舶や航空機は常時移動するため、その所在地を確定することが困難であり、また確定できたとしても、*公海'やその上空のような法のない場所であることがあるので、国際私法上、船舶・航空機やその積荷を巡る物権について、旗国法・登録地法が*準拠法'とされている。船上・機内での不法行為の準拠法も旗国法とされる。しかし、現在の海運業の実態では、船舶登録国と旗国とが分離することがあり、またパナマ・リベリア船のような便宜置籍船のあることから、旗国法を絶対的なものとして扱うことには批判がある(⇨法律回避)。また、自動車の所有権について、運行の用に供しうる状態にあれば利用の本拠地の法によるが、運行の用に供しない状態で取引の対象となっている場合には現実の所在地法によるとした判例がある(最判平成14・10・29民集56・8・1964)。

起債(地方公共団体の)　*地方公共団体'が地方債を発行し又は長期借入金を借り入れること。起債は、原則として、公営企業に要する経費の財源あるいは出資金・貸付金等の財源とする場合等に限って認められ、予算で目的等を定めなければならず、総務大臣又は都道府県知事との事前協議が必要である〔自治230、地財5〜5の4〕。　⇨地方債'

起　算　⇨起算'(巻末・基本法令用語)

擬似外国会社　日本に本店を置き、又は日本において事業を行うことを主たる目的とする*外国会社'。このような会社にも法人格は認められるが、日本において取引を継続してすることができない〔会社821①〕。これに違反して取

ぎじきかん

引をした者は、相手方に対し、外国会社と連帯して当該取引により生じた債務を弁済する責任を負い〔会社821②〕、過料に処せられる〔会社979②〕。主として日本で事業を行うことを目的としながら、日本法の適用を回避するために外国法に準拠して設立された会社を規制する趣旨である。

議事機関　*議決機関'のこと。憲法がこの語を用いている〔憲93〕。

儀式婚主義　⇨*事実婚主義'

擬似社員　⇨*自称社員'

期　日　I　民事訴訟法上、裁判所と当事者その他の訴訟関係人とが会合して、訴訟に関する行為をするために定められた時間をいう。その目的に従い、口頭弁論期日・証拠調べ期日・弁論準備手続期日・*進行協議期日'・和解の期日などと呼ばれる。*直接主義'及び口頭主義の要請から審理は期日を中心に進められる。裁判所の手続の期日は、*職権進行主義'の反映として、裁判長が、一般に*休日'を原則として避けつつ、指定する〔民訴93①②〕。期日の呼出しは、電子*呼出状'の*送達'、当該事件について出頭した者に対する期日の告知〔民訴94①〕、その他の方法によってなされる〔民訴94③〕。期日は目的たる事項の完了により終了するが、目的事項に着手しつつ未了の場合、期日は続行され、期日を開始しつつ、目的事項に着手しなかった場合、期日は延期される。期日開始前にその指定の裁判を取り消し、別の期日を指定すること（期日の変更）は、一定の要件が満たされた場合にのみ許される〔民訴93③④〕。　⇨簡易呼出し'

II　刑事訴訟法上も、同一の意味で用いられ、*公判期日'や*勾留理由開示'期日等がその例である。公判期日は裁判長が定める〔刑訴273①〕が、その変更には、裁判所の*決定'によらなければならない等厳格な手続を必要とする〔刑訴276〕。

期日間整理手続　⇨公判前整理手続'　⇨公判準備'

期日の呼出し　⇨簡易呼出し'　⇨期日'

期日前投票　⇨不在者投票'

議事日程　一般に*合議体'の審議事項の予定プログラムをいう。国会については、開議の日時、議院の会議に付する案件及びその順序の予定をいう〔衆規109、参規86〕。各議院の議事日程はそれぞれ議長が定め、議場における報告〔国会55〕は省略して、あらかじめ公報で各議員に通知する〔衆先例217号、参先例223号〕。議事日程の順序の変更・追加は、議院の議決によら

なければならない〔衆規112、参規88〕。

議事妨害　議会において少数派が、反対する議案が採決によって可決されないように、審議が円滑に進むのを様々な手段で妨害すること。アメリカでは、長時間演説に代表される議事妨害が少数派の有効な戦術として利用されており、フィリバスター（英filibuster）と呼ばれている。日本の国会では、かつては、議案の表決の先決問題となる常任委員長解任決議案、内閣不信任決議案などを提出し、これらの先決問題の表決の記名投票の際、牛の歩みのようにゆっくりと時間をかけて登壇し投票する、「牛歩戦術」が行われたが、近時はあまり行われない。近時の日本の国会では、審議拒否や先決問題の提出、長時間演説といった手法がとられる。しかし、*質疑'又は討論終局の*動議'〔衆規140～142、参規48・111・120、衆先例301・302号〕によって、多数派はいつでも少数派の発言を封ずることができるため、長時間演説は、有効な議事妨害の手段ではない。与野党が激しく対立する法案について、与党は、議事妨害に対抗して法案の採決を強行する、「強行採決」を行うことがある。

擬似発起人　*定款'に*発起人'として*署名'していないが、*目論見書（もくろみしょ）'、株式募集の広告その他株式募集に関する文書に自分の氏名及び*会社の設立'を賛助する旨を記載することを承諾した者。設立賛助者ともいう。法律上、発起人かどうかは定款に発起人として署名したか（*電磁的記録'で署名に代わるものも含まれる）どうかという形式的な基準で決められる〔会社26①〕から、上記の者は、発起人といえないが、その外観上、株式引受人等が発起人と誤信しやすいし、そのような誤信を生じさせることにつき、本人にも責任があるので、発起人と同一の責任を負わされる〔会社103④〕。もっとも、発起人としての職務権限をもつ者ではないから、任務懈怠（けたい）による責任を負うことはなく、財産価額不足額塡補責任〔会社52〕、会社不成立の場合の責任〔会社56〕及び出資履行が仮装された場合の支払義務〔会社103②〕を負うことになる。

寄宿舎　*使用者'が*労働者'に提供する共同生活の施設。事業に附属する寄宿舎については、*労働基準法'第10章が、使用者に対し、労働者の私生活の自由の尊重〔労基94①〕、寄宿舎規則の作成・届出〔労基95①〕等を定めている。

記述的構成要件要素　⇨規範的構成要件要素'　⇨主観的構成要件要素'

技術的保護手段・技術的利用制限手段

'著作物'その他のコンテンツを複製したり，視聴したりすることを制御するための技術的手段のことをいう。このような技術的手段には，大きく分けて複製の制御に係るコピー・プロテクション(コントロール)技術と視聴の制御に係るアクセス・コントロール技術がある。また，技術特性からみると，信号付加型の CGMS(英 Copy Generation Management System)や SCMS(英 Serial Copy Management System)のほか，暗号型の CSS(英 Content Scramble System) や AACS(英 Advanced Access Content System)などがある。著作権法では 2 条 1 項 20 号でコピー・プロテクションを念頭に置いて「技術的保護手段」を，同項 21 号でアクセス・コントロールを念頭に置いて「技術的利用制限手段」を定義している。これらの技術的手段を回避する装置等の製造・販売その他の行為は，著作権法により規制されている。また，'不正競争防止法'においても，一定の行為が同法 2 条 1 項で不正競争行為とされて規制されており，同条 8 項では「技術的制限手段」が定義されている〔著作 2 ①⑳㉑・30 ①②・113 ⑥⑦・120 の 2 ①②③，不正競争 2 ①⑰⑱⑧・19 ⑩⑪・21 ③④〕。

技術的利用制限手段 ⇨技術的保護手段・技術的利用制限手段'

基準財政収入額 各'地方公共団体'の財政力を合理的に測定するために，当該地方公共団体について地方交付税法に定める一定の方式によって算定した額〔交付税 2 ④〕。'基準財政需要額'とともに普通交付税の額の算定の基礎となる。基準財政収入額は，基準税率をもって算定した法定普通税等の収入見込額等と基準率をもって算定した交付金〔国有資産等所在市町村交付金法(昭和 31 法 82)14 ①・2 ①〕の収入見込額の合算額とする〔交付税 14〕。 ⇨地方交付税'

基準財政需要額 各'地方公共団体'の財政需要を合理的に測定するために，当該地方公共団体について地方交付税法に定める一定の方式によって算定した額〔交付税 2 ③〕。'基準財政収入額'とともに普通交付税の額の算定の基礎となる。基準財政需要額は，経費の種類(例えば，市町村の小学校費)ごとに，測定単位(児童数・学級数・学校数)の数値に補正(密度・態容・寒冷度等)係数を乗じて補正したものを，当該測定単位ごとの単位費用に乗じて得た額を当該地方公共団体について合算した額とする〔交付税 11〜13〕。'地方交付税'の本来の目的は，地方公共団体の財源の均衡化を図り，一定の行政水準を維持することにより，'地方自治の本旨'の実現に資することにあるが〔交付税 1〕，単位費用・補正係数等の定め方によっては，国の政策を地方において実現する手段となる可能性もある。

基 準 日 ⇨株主名簿の基準日'

偽 証 罪 1 意義 法律によって'宣誓'した'証人'が，虚偽の陳述(供述)をする罪。刑法 169 条。3 月以上 10 年以下の拘禁刑に処せられる。広義には，虚偽鑑定等罪〔刑 171〕を含む。国家的'法益'である国の審判作用を害する罪である。法律による宣誓とは，宣誓する根拠が法律又は法律により委任された命令において定められていることをいい，民事・刑事の訴訟手続に限らず，非訟事件手続〔非訟 10 等〕や公務員懲戒手続〔国公 91 ③等〕などにおける証人についても，本罪が成立する。ただし，特定の手続について特別法で偽証を罰する特別規定を置いているとき〔議院証言 6 ①等〕は，一般法である本条の適用は排除される。なお，証人に対して偽証罪の制裁のあることを告げなければならない場合がある〔民訴規 112 ⑤，刑訴規 120 等〕。また，宣誓無資格者〔民訴 201 ②，刑訴 155〕に対し誤って宣誓させても，法律により宣誓した証人とはいえないから本罪は成立しないが，'証言拒絶権'をもつ者〔刑訴 146〜149，民訴 196〜200〕であっても，一旦宣誓の上虚偽の陳述をすれば本罪が成立する。

2 虚偽の陳述 「虚偽の陳述」の意義については，陳述の内容が客観的真実に合致するかどうかを標準とする客観説と，証人自身の記憶に反するかどうかを標準とし，たまたま客観的真実に合致しても本罪の成立を妨げないとする主観説(通説)との争いがある。判例は，一貫して主観説をとっている(大判大正 3・4・29 刑録 20・654)。本罪は抽象的'危険犯'であり，判例によれば虚偽の陳述が裁判等の結果に影響を及ぼすものであるかどうかは本罪の成否に影響しない(大判明治 43・10・21 刑集 16・1714)。

3 共犯関係 刑事被告人が自己の被告事件について他人を'教唆'して偽証させたときは，偽証教唆になるというのが判例である(最決昭和 28・10・19 刑集 7・10・1945)。

4 自白による刑の減免 裁判確定前又は懲戒処分前に'自白'すれば，刑を減軽又は免除できる〔刑 170〕。

騎 乗 手 形 ⇨馴合(なれあい)手形'

議 事 録 会議体の議事の経過の要領及びその結果を記載した記録。

Ⅰ 私法上は，'株式会社'の'創立総会'，'株主総会'，'種類株主総会'，'取締役会'などについて法務省令で定めるところにより作成することが要求される書面又は'電磁的記録'〔会社 81

きすい

①・318①・325・369③・393②・412③・561等〕。株主総会の議事録は10年間本社に、謄本(電磁的記録を含む)は5年間支店に備え置かれ、'株主'、裁判所の許可を得た'親会社'社員及び会社債権者の閲覧・謄写に供される〔会社318②〜⑤〕。取締役会の議事録には出席した'取締役'・'監査役'が署名(電子署名を含む)し〔会社369③④〕、10年間本店に備え置かれ、株主、裁判所の許可を得た親会社株主・会社債権者の閲覧・謄写に供される〔会社371②〕。なお、'監査役設置会社'、'監査等委員会設置会社'又は'指名委員会等設置会社'の株主が取締役会議事録を閲覧・謄写するには、裁判所の許可を要する〔会社371③〕。取締役会の議事録には、決議に参加した取締役で議事録に異議をとどめなかった者は、その決議に賛成したものと推定され〔会社369⑤〕、任務懈怠(けたい)の推定等の特殊な効果が認められる場合がある〔会社423③③等〕。

Ⅱ 公法上も、'合議体'の機関に、その会議の記録の作成・公開等を法律で要求している場合がある。国会両議院〔憲57②、衆規15章、参規10章〕及び'地方公共団体の議会'〔自治123〕がその例である。 ⇨会議録(議会の)'

既　遂　'犯罪'の'構成要件'が完全に充足され、犯罪が完成したことをいう。実質犯については、所定の結果(具体的・'危険犯'については'法益'侵害の具体的危険)の発生をまって既遂となる。 ⇨未遂'

規正・規制・規整　⇨規正・規制・規整'(巻末・基本法令用語)

擬　制　ある事実('法律要件')Ａを、法律的処理の便宜から、それとは異なる事実Ｂと同じものとして取り扱い、Ｂに認められた'法律効果'をＡの場合にも発生させようとすること。'失踪宣告'を受けた者を死亡したとみなし〔民31〕、窃盗罪について電気を'財物'とみなす〔刑245〕などがその例である。立法技術上、擬制は法文の簡略化を目的として用いられることが多いが、裁判の理由や学説で用いられる場合(法人擬制説など)には、その説得性を増大する機能をもつ。 ⇨推定する・みなす(看做す)'(巻末・基本法令用語)

規制改革　⇨規制緩和'

規制緩和　ディレギュレーション(英 de-regulation)の訳語。**1 意義**　広義では、私人に対する国や地方公共団体等による公的規制を軽減又は撤廃すること。狭義には、民商法や刑法等による一般的規制とは別に、個別具体的な経済政策又は社会政策の観点から、特定の行為・事業分野等に対して課される公的規制を軽減・撤廃すること。後者の狭義の規制を、特定の産業政策・経済政策に基づく経済的規制と、公害・環境問題への対応、生命・健康・安全や青少年保護など広く社会の安全・秩序維持を目的とする社会的規制とに分けるのが通例である。**2 対象**　規制緩和が1960年代からアメリカで主張され出した当初は、電気通信・電力などの'公益事業'や、運輸事業、金融・証券・保険事業などの規制産業、すなわち特定の商品・サービスに関する価格・品質水準の決定、当該事業の開始・継続・終了、設備投資計画などの経営の重要事項について広く各種の規制が加えられる産業が対象とされた。遅れて日本でも同様の規制緩和の動きが始まり、その対象も上記の規制産業のほか、土地取引、農林漁業、商業等ほとんどあらゆる分野・諸活動に及んだ。また、緩和されるべき規制手段も、許認可のような法的制限に限られず、例えば'行政指導'や'補助金'などの積極的な助成等にも及んでいる。更には、'事業者'自身や'事業者団体'などによる自主規制も、不当な「民民規制」であって緩和すべきであるとする主張も行われた。 ⇨独占禁止法の適用除外'

3 規制緩和の理由　規制緩和の理由としては、規制産業やその他の部分的規制を受ける産業において、技術革新により競争原理が有効に機能する事業分野が生まれ又は拡大したこと、規制によるよりも競争による資源の最適配分の方が有効・適切だという認識が広まったこと、規制のコスト(直接的な費用のみならず、規制による企業の効率化へのインセンティブの抑制、「族議員」や規制行政庁と被規制企業の間の不明朗な癒着の危険性)への批判などがある。したがって、個別分野ごとの公的規制を緩和・撤廃し、'独占禁止法'による競争秩序の維持を目指すべきであるという主張が強まり、独占禁止法の適用除外分野の縮減も進められた。

4 規制緩和の具体的な形態・方法　緩和すべき規制としては、事前規制としての事業開始・参入規制、価格規制、サービス内容・品質規制、保安規制、事業者間の取引規制などがあり、規制緩和の法的形態としては、'認可'・'許可'を'届出'や民間団体による認定等に緩和し、又は事後規制や非規制とすること、料金規制において幅運賃制や上限価格制の採用などの代替的方法、規制行政庁による情報独占に代わり、情報公開による社会的監視を導入することなどがある。また、公社形態をとっていた日本電信電話公社・日本国有鉄道などのように、規制緩和と同時に'民営化'が行われることもある。

5 規制改革, 共同規制 1990年頃から, 行き過ぎた規制緩和による社会的弊害を是正すべきだという議論が強まり, 政府も規制緩和に代えて規制改革という用語を用いるようになった。更に近年, インターネット上のコンテンツ規制などにつき, 明確なルールを作るのが困難などの理由で, 自主規制のもつ柔軟性等の利点と政府規制がもつ確実性等の利点を組み合わせる規制手法として, 共同規制が一部で採用されるようになる。

規制行政 行政の分類の1つであり, 国民の権利・自由を制限する行政活動をいう。国民・市民に便益を与える行政活動である'給付行政'と対比するのが一般的である。この分類は, 様々な行政活動を大まかに領域として捉えるもので, 目的が消極的か積極的か, 手段が権力的か非権力的かという分類とは必ずしも一致しない。なお, 学問上の'警察'は消極目的の規制行政に相当する。

規制区域 ⇨'国土利用計画法'
規制産業 ⇨'規制緩和' ⇨'経済法'

擬制自白 '民事訴訟'の当事者が, '口頭弁論'又は'弁論準備手続'において, 相手方の主張事実を争うことを明らかにせず, かつ'弁論の全趣旨'からも争ったと認められない場合に, その事実を自白したものとみなすこと〔民訴159①・170⑤〕。事実が主張されたが応答しない者は, 争う意思がないと考えられるので, 自白を擬制したのである。擬制自白は弁論主義の下でのみ認められる〔人訴19①参照〕。裁判所は, 裁判上の自白同様, 擬制自白が成立した事実に拘束される。当事者者もこれを証明する必要はない〔民訴179〕。主張事実を争うとは, それを'否認'することであるが, '不知の陳述'も否認として取り扱われる〔民訴159②〕。争ったか否かは, '口頭弁論の一体性'から'事実審'の口頭弁論終結時点を基準として判断される。当事者が口頭弁論期日等に欠席して, 弁論を行わなかったと認められる場合にも, 擬制自白が成立する〔民訴159③本文〕。ただし, 欠席当事者が'公示送達'で呼出しを受けている場合には, 擬制自白は成立しない〔民訴159③但〕。⇨'自白' ⇨'弁論主義'

既成条件 昨日ロンドンが雨天であったら傘を与えるというように, 条件付'法律行為'が成立するとき, 既に'条件'となる事実が確定している場合の条件をいう。条件とは将来発生するかどうか不確実な事実にかかっている場合だけを指すのであるから, 既成条件は, この意味では条件ではないと解されている。既成条件つきの法律行為で, 条件が既に成就している場合(ロンドンが雨天であった場合)に, それが'停止条件'ならば法律行為は無条件のものとなり, '解除条件'ならば'無効'である。既に条件が不成就に確定している場合(ロンドンが晴天であった場合)には, その逆である〔民131〕。

擬制商人 ⇨'商人'
擬制侵害 ⇨'間接侵害'

規制のサンドボックス制度 2018年に生産性向上特別措置法により創設され, 2021年に'産業競争力強化法'に移管された制度。新技術の実用化や新規のビジネスモデルを実施することが, 現行法による規制のために困難である場合, 新技術や新規のビジネスモデルの社会実装に向けて, 規制官庁の認定を受ければ, 既存の規制の適用を受けることなく安んじて実証を行うことを認め, 実証により得られた情報・資料を活用できるようにすることにより, 規制改革を促進することを目的とする。

帰責事由 民法は, 物の滅失・損傷〔民191・567・599・621〕, '債務不履行'〔民415・543〕, 債務の'履行不能'〔民413の2・536〕, 契約不適合〔民562・563〕, 賃貸物の修繕〔民606〕, '雇用'契約・'請負'契約・'委任'契約の中途終了〔民624の2・634・648〕等の場面において, 一定の者に「責めに帰すべき事由」があったか否かによって, 異なる法律関係を定めている。この「責めに帰すべき事由」を帰責事由という。

キセル乗車 交通機関の不正利用行為。AB間及びCD間の乗車券でAからDまで乗車し, BC間の料金を免脱する行為。'詐欺'罪〔刑246〕又は電子計算機使用詐欺罪〔刑246の2〕の成否及びその構成が問題となる。'改正刑法草案'は「無賃乗車」を詐欺罪よりも軽く処罰する規定を新設していた〔刑法草案339②〕。

基線 '領海'・'接続水域'・'排他的経済水域'・'大陸棚'等の幅を測定するための基点となる線。通常基線, 直線基線及び群島基線がある。通常基線は, 沿岸国公認の大縮尺海図上の海岸の低潮線をいう〔海洋法約5〕。また, 直線基線は, 海岸線が著しく曲折している又は海岸に沿って至近距離に一連の島がある場所に用いられる基線で, 海岸線の突出部又は島等の適当な地点を結ぶ直線をいう〔海洋法約7〕。群島基線は, 群島国家に用いられる基線で, 群島の最も外側の島及び常に水面上にある礁の最も外側の点を結ぶ直線である〔海洋法約47〕(⇨'群島国家')。日本は, 海域によって通常基線又は直線基線を採用している。⇨'内水'

起訴 刑事訴訟法上, '公訴'の提起のこ

ぎそう

と。民事訴訟法でも、講学上、*訴え'の提起を起訴と呼ぶことがある（例：*二重起訴の禁止'、*不起訴の合意'）。

偽　装　*景品表示法'上の偽装については、*不当表示'をみよ。

寄　蔵　⇨*盗品等保管罪'

偽　造　*通貨偽造罪'・*文書偽造罪'・*有価証券偽造罪'・*印章'偽造罪、すなわち、取引の安全に対する罪としての偽造罪〔刑2編16～19章〕の*構成要件'的行為としての偽造と、*証拠隠滅罪'〔刑104〕としての偽造とに大別される（⇨*有形偽造・無形偽造'）。なお、各種偽造罪において、客体が*電磁的記録'の場合は、構成要件的行為を記述する用語として、「不正作出」が用いられる。**1 偽造罪における偽造**　作成権限のない者による客体の作出（有形偽造）をいう。通貨偽造罪の場合は、権限なく真正の通貨に似た外観のものを製作することをいい、文書偽造罪・有価証券偽造罪の場合は、権限なく他人名義の文書・有価証券を作成すること（*作成名義'の冒用）をいう。印章偽造罪については、権限なく他人の印影を物体上に表示することがこれに当たることについて異論はないが、印鑑自体（印顆（いんか））、印形の偽造もこれに含まれるかについては、同罪にいう印章の意義と関連して争われている。各偽造罪における偽造の方法については、何ら制約はない。しかし、偽造といえるためには、一般人をして真正なものと誤認させる程度の外観を作り出すことが必要である。**2 偽造と変造**　偽造が、新たに所定の客体を作り出すことであるのに対し、*変造'とは、既存の客体に、その同一性を失わない範囲で権限なく、変更を加えることをいう。通貨の場合、権限なく真正の通貨に加工して通貨に似た外観のものを作成することであり、文書・有価証券の場合は、権限なく真正に成立した文書・有価証券に変更・改ざんを加えることである。ただし、客体の本質的部分に変更を加え、既存のものと同一性を欠くものを作出した場合は、偽造となる。**3 証拠偽造罪における偽造**　実在しない証拠を実在するかのように新たに作出することをいう。文書である証拠を偽造する場合、文書偽造罪と異なり、作成権限の有無を問わない。したがって、内容虚偽の文書を作成することも証拠の偽造に当たる。

偽装請負　請負人が注文者と請負契約等を締結し、その雇用する*労働者'を注文者の事業場に派遣し、注文者が当該労働者に直接具体的な指揮命令をして作業を行わせている場合をいう。偽装請負は、*請負'の法形式をとっていても、注文者と労働者との間に雇用契約が締結されていないのであれば、法的には労働者派遣に当たる。請負事業と派遣事業を区分するために、行政は「労働者派遣事業と請負により行われる事業との区分に関する基準」（昭和61労告37）を定めている。注文者が*労働者派遣法'や同法により適用される法律の規定の適用を免れる目的で請負等の名目で契約を締結し労働者派遣の役務の提供を受けた場合、*労働契約'の*申込み'をしたものとみなされる〔労派遣40の6①⑤〕。

偽装解散　会社が*解散'を装いつつ、新会社の設立等により事業を事実上継続すること。真正の解散とは異なり、それが反労働組合的な動機に基づく場合には、新旧両社間に同一性が認められる限り、*支配介入'の*不当労働行為'が成立すると解されている。

偽装心中　追死する意がないのに、あるものと誤認させて、相手に自殺させること。判例は、自殺者の意思は真意に沿わない重大な瑕疵（か）あるものであり、誤認させて自殺させた者には*殺人罪'が成立するとしている（最判昭和33・11・21刑集12・15・3519）。これに対しては、自殺意思がある以上、動機に*錯誤'があっても*自殺関与罪'・*承諾殺人'罪が成立するにすぎないとする反対説が有力に主張されている。

偽造手形（小切手）　⇨*手形の偽造'

起訴議決　⇨*検察審査会'

規　則　日本における成文法の法形式で「規則」と呼ばれるものには、次がある。イ *議院規則'〔憲58②〕（衆議院規則、参議院規則）。ロ *最高裁判所規則'〔憲77①〕と下級裁判所が制定する規則〔憲77③〕。ハ 院の規則（会計検査院規則〔会検38〕、*人事院規則'〔国公16〕）。ニ 府・省の*外局'である、各種*行政委員会'の規則〔行組13①〕（中央労働委員会規則〔労組26〕など）。ホ 地方公共団体の規則（長が制定）〔自治15〕。ヘ 地方公共団体の*委員会'の規則〔自治138の4②〕（教育委員会規則〔教育行政15①〕、人事委員会規則・公平委員会規則〔地公8⑤〕など）。ハ～ヘは法律で各制定権者に授権された、*命令'の一種である。また、ハニヘは各*独立行政機関'が専門的・技術的又は中立的任務を遂行する上で必要な*準立法的権能'の行使である。規則の効力は一般に法律に劣るが、イロについては、それぞれの所管事項について法律に優先するとの見解もある。⇨*規程'（巻末・基本法令用語）

貴族院　1 イギリス議会の*上院'。世襲

貴族・一代貴族・聖職議員・法官議員で構成される。イギリスでは、既に13世紀に、貴族のほかに騎士・市民も召集され初期議会を形成しているが、14世紀頃から、貴族と騎士・市民とが分かれて会議を開くようになり、貴族院と庶民院が誕生する。20世紀に入り、予算・法律案の議決権についての*下院'の優越が決定的となり(1911年・1949年の国会法)、世襲貴族は当然に貴族院議員となる特権を失って(1999年の貴族院法)、イギリス議会に範を求めていた英連邦諸国を始めとする各国の貴族院型の上院は、いずれも廃止されるか、あるいは著しく弱い院となってしまった。

2 *帝国議会'の上院。*皇族'、*華族'及び勅任議員で組織された〔明憲34〕。皇族及び華族の公侯爵は世襲・終身議員、伯子男爵は互選・任期7年、勅任議員のうち、勅選議員は終身、また帝国学士院会員と多額納税者は、任期7年の議員を互選する。貴族院の組織を定める貴族院令(明治22勅11。昭和22勅4により廃止)は、その改正増補に貴族院の議決を要する勅令という特殊な法形式であった。貴族院は、現行憲法の施行とともに廃止された。

羈束(きそく)行為　行政活動に対する法律の拘束の程度に着目した用語法として、行政活動が法律に定められた要件や効果の規定によって一義的に規律され、行政活動が法律規定を執行するにすぎない場合に、その行政活動を羈束行為と呼んできた。羈束行為は、*裁量行為'との対比で用いられた概念であり、裁量行為は、法律が要件や効果の面で行政機関に自由な判断の余地を許容したものである。羈束行為の具体例としては、都道府県公安委員会が古物営業の許可を審査する場合に、拘禁刑以上の刑に処せられ、刑の執行を終わった日から起算して5年を経過しない者には許可をしてはならない旨の規定を挙げることができる〔古物4②〕。この事例では、要件及び効果に関する法律の規律は一義的であり、公安委員会は当該要件を満たした者に対して、不許可処分をするほかはない。羈束行為の場合には、要件面でも効果面でも法律の規定は一義的であることから、それに行政活動が反したか否かの判断は容易であるため、羈束行為を巡って法律解釈において争いとなることは少ない。

羈束(きそく)裁量　⇨自由裁量・法規裁量'

帰属主義　*国際課税'において、*外国法人'の*恒久的施設'に帰属する所得に対して課税する考え方。平成26年度の税制改正(法10)で国内税法上採用された〔法税138等〕。従来は、国内に恒久的施設があれば全ての*国内源泉所得'に課税していた(全所得主義・総合主義)。この改正と同時に、恒久的施設帰属所得について*外国税額控除'が認められた。また、同一法人の内部取引から原則として損益を認識する方式に改められた。非居住者についても同様の改正がされた。

帰属所得　⇨インピューテッド・インカム'

規則制定権(裁判所の)　⇨最高裁判所規則'

羈束(きそく)力　一旦言い渡された*判決'又は告知された*決定'・*命令'は、これらの裁判を行った裁判所を拘束し、裁判所はその下した裁判を撤回し、変更することができなくなる。これを羈束力、又は判決の自己拘束力・自縛性と呼ぶ。当該裁判に対する拘束力であるという点で、既判力と区別される。この結果、その裁判に不服のある当事者は、*上訴'又は*再審'手続によらなければその取消しを求めることができない。ただし、判決についても、*判決の更正'〔民訴257〕、判決の訂正〔刑訴415〕、*判決の変更'〔民訴256〕が認められており、また民事訴訟の決定・命令については*再度の考案'〔民訴333〕、刑事訴訟の決定については更正〔刑訴423②〕が一般的に認められているほか、*訴訟指揮'に関する決定・命令には羈束力はないとされる〔民訴120〕。なお、羈束力の語は、*差戻し'の裁判が差戻し後の下級審裁判所を拘束する〔民訴325③〕、*移送'の裁判が移送を受けた裁判所を拘束する〔民訴22①〕など、同一手続内で他の裁判所の判断を拘束する効力を意味するものとしても用いられている。

基礎控除　*所得税'や*相続税'等を算定する上で、原則として全ての*納税者'に認められる控除のこと〔所税86, 相続15等〕。所得税では*所得控除'の1つであり、最低生活費相当部分が担税力をもたないことなどを考慮するものとされる。高額所得者については所得増加に応じて控除額が逓減し、最終的に消失する消失控除(圉vanishing exemption)の仕組みが採用されている。

基礎自治体　⇨基礎的地方公共団体'

起訴状　*検察官'が*公訴'提起の際に裁判所に提出する書面。裁判所に対し、*審判'の対象を特定して提示し、*被告人'に対し、攻撃の内容を告知して防御権の行使を全うさせる機能をもつ。現行刑事訴訟法は、公訴の提起は必ず起訴状の提出によることとし、厳格な*要式行為'とした〔刑訴256①〕。起訴状には、氏名そ

きそじよう

の他被告人を特定するに足りる事項，*公訴事実'，罪名を記載しなければならない〔刑訴256②〕。公訴事実は訴因を明示して記載される〔刑訴256③前〕。訴因は，可能な限り*罪となるべき事実'を特定して記載しなければならない〔刑訴256③後〕。特定が十分でない場合には，検察官の釈明が求められ，それでも不十分なときは，無効として公訴は*棄却'される〔刑訴338④〕。罪名は適用すべき*罰条'を示して記載する〔刑訴256④本文〕。罰条は，訴因の記載の補助的意味をもつものなので，記載に誤りがあっても被告人の防御に実質的な不利益を生ずるおそれがない限り，公訴提起の効力に影響を及ぼさない〔刑訴256④但〕。裁判所は，起訴状の謄本を遅滞なく被告人に送達する〔刑訴271①〕。公訴提起の日から2カ月以内に送達されない場合には，起訴は遡って無効となり〔刑訴271②〕，公訴は棄却される〔刑訴339①Ⅰ〕。 ⇨起訴状一本主義' ⇨訴因' ⇨訴因変更' ⇨個人特定事項の秘匿措置'

起訴状一本主義 *公訴'提起の際，*起訴状'のみを提出する方式。旧刑事訴訟法（大正11法75。昭和23法131により全改）時代には，捜査で収集し整理された一件記録を起訴状と一緒に提出していた。しかし，種々の弊害を生んだので，それへの反省から採用された。起訴状に，裁判官に事件について予断を生じさせるおそれのある他の書類などを添付したりその内容を引用することを禁じ〔刑訴256⑥〕，裁判官に白紙の状態で第1回*公判期日'に臨ませることによって，公平な裁判所〔憲37①〕を担保し，更に，*公判'運営の主導権を当事者に与え，糾問(きゅうもん)的性格を一掃した。これに違反した公訴は不適法として*棄却'される〔刑訴338④〕。 ⇨予断排除の原則'

起訴前の和解 民事訴訟の対象となりうる紛争について，当事者双方は起訴（訴え提起）前に*簡易裁判所'に*和解'の申立てをすることができる〔民訴275〕。裁判上の和解の一種で，訴訟上の和解に対する。*訴訟係属'前にむしろ訴訟を予防するためになされるので，即決和解，訴訟防止の（ための）和解，訴え提起前の和解ともいう。和解が成立すればこれを電子*調書'に記録する〔民訴規169〕。電子調書の記録は*確定判決'と同一の効力を有する〔民訴267〕（⇨和解調書'）。その性質については，訴訟上の和解と同様に学説の対立がある。当事者双方が出頭したが和解が成立しない場合に，双方から申立てがあると訴訟に移行する〔民訴275②〕。 ⇨裁判上の和解'

基礎的地方公共団体 *都道府県'と*市町村'との関係において，市町村を基礎的地方公共団体という。これに対して都道府県を包括的地方公共団体ないし広域的地方公共団体ということがある〔自治2⑤〕。都道府県及び市町村はいずれも*普通地方公共団体'として，相互に同等・同格のものであるが，その基礎となる地域・住民について，都道府県は市町村を包括するものである〔自治5②・6②・10①〕ため，相互の間において機能の分担関係を明らかにする必要がある。まず，*地方公共団体の事務'は，住民の生活と密接な関係があるため，第1次的には身近な市町村が処理するものとし，都道府県は，広域にわたるもの，市町村に関する連絡調整に関するもの及び一般の市町村が処理することが不適当であると認められる程度の規模・性質のものを処理するものとしている〔自治2③⑤〕。なお，都と*特別区'との関係においては，いずれを基礎的地方公共団体として位置付けるかについて議論があったが，平成10年の地方自治法改正（法54）により，特別区が基礎的地方公共団体であることが明定された〔自治281の2②〕。近時は，実務・学説において基礎自治体という語も用いられる。

起訴独占主義 *公訴'提起の権能を*検察官'だけに認める主義。*起訴便宜主義'の下で起訴・不起訴を公正かつ統一的に行うという利点があるが，検察官の独善を招く危険もある。現行刑事訴訟法は原則としてこの主義を採用しつつ〔刑訴247〕，*準起訴手続'〔刑訴262〕，*検察審査会'制度を設けて一定の例外を認め，その弊害の防止を図っている。

基礎年金 昭和61年4月1日施行の年金改革で導入された，国民年金の強制加入被保険者を対象とする年金〔国年7〕。*国民年金法'に基づいて支給される。下記の3種類があり，受給開始以前の報酬額・所得額に比例しない定額制の年金である。財源は，第1号被保険者（⇨強制加入被保険者'）の納付する保険料，*厚生年金保険'と各*共済組合'が負担する*基礎年金拠出金'及び*国庫'負担である。**1 老齢基礎年金** 保険料納付済期間又は保険料免除期間をもち，両期間を合算した期間が10年以上である者が65歳に達したときに支給される〔国年26〕。年金の額〔国年27～27の5〕は，平成17年度からは，消費の実態等を考慮した高齢者2人世帯の平均的な生活費を基礎に，名目手取り賃金の変動率及び年金受給者数の動向を考慮して決められている。
2 障害基礎年金 保険料納付済期間と保険料免

除期間とを合算した期間が被保険者期間の3分の2以上ある*被保険者'又は60歳以上65歳未満の被保険者であった者が，傷病の結果，その傷病の初診日から起算して1年6カ月経過した日(その期間内に傷病が治ったときはその日)に1級又は2級の障害等級に該当する程度の障害の状態にあるとき受けることができる〔国年30〕。障害等級1級の者に支給される年金は，2級の者に支給されるもの(老齢基礎年金と同額)の2割5分増しである〔国年33〕。受給権者に扶養する18歳に達する日以降の最初の3月31日までの間にある子又は一定程度の障害のある20歳未満の未婚の子があるときは，子の数に応じた加算がある〔国年33の2〕。

3 **遺族基礎年金** イ 保険料納付済期間と保険料免除期間とを合算した期間が被保険者期間の3分の2以上である被保険者又は60歳以上65歳未満の被保険者であった者，ロ 老齢基礎年金の受給権者又はその受給資格を有する者が死亡したときに，死者が扶養していた配偶者(18歳に達する日以降の最初の3月31日までの間にある未婚の子又は一定程度の障害のあるときは20歳未満の未婚の子と生計を同じくすることを要する)又は同じ要件を満たす子に支給される〔国年37・37の2〕。基本的な年金額は老齢基礎年金と同額である〔国年38〕。配偶者に支給する年金には，子の数に応じた加算がある〔国年39〕。
⇨国民年金'

基礎年金拠出金 *厚生年金保険'及び各*共済組合'が，毎年度，それぞれの*被保険者'(*国民年金'の第2号被保険者)とその被扶養配偶者(同第3号被保険者)(⇨強制加入被保険者')について国民年金制度が支給する*基礎年金'の給付の費用に充てるために，各々負担額付する国民年金への拠出金〔国年94の2〕。その額は，国民年金の被保険者総数に対するそれぞれの被保険者とその被扶養配偶者の総数の比率を当該年度の基礎年金の給付費用に乗じた額とされている〔国年94の3〕。この額の2分の1を*国庫'が負担する〔厚年80①，国公共済99④②等〕。この拠出金の制度がある結果，厚生年金保険の被保険者とその被扶養配偶者は国民年金*保険料'を負担することを要しない〔国年94の6〕。

基礎年金番号 ⇨強制加入被保険者'

起訴陪審 英米法系における国民の司法参加制度の1つで，一般人の集団が正式起訴を決定する制度。12人以上23人以下の陪審員から成り，12人の賛成で起訴が決められる。構成員が多いので，12人ないしそれ以下で構成される審理陪審(*小陪審')と対比して大陪審(因 grand jury)とも呼ばれる。ただし，今日では，イギリスでは廃止され，アメリカでも半数以上の州では必要とされていない。日本の*検察審査会'は，この制度を参考にして作られた。 ⇨陪審制(度)'

起訴便宜主義 有罪判決の見込みがある場合でも，*検察官'の裁量により*起訴猶予'処分として訴追しないことを認める法制。これに対し検察官の裁量を否定し，有罪判決の見込みがあれば必ず起訴しなければならないとする法制を起訴法定主義という。日本では明治時代から実務上，起訴便宜主義が慣行的に行われ，旧刑事訴訟法(大正11法75。昭和23法131により全改)がこれを明文化し〔旧刑訴279〕，現行法はそれを引き継いだ〔刑訴248〕。 ⇨訴追裁量'

基礎法学 *実定法'学の基礎をなす法学の諸分野の総称で，*法哲学'，*法社会学'，*法史学'，*比較法学'などを指す。*法解釈学'が実践的要素を含むのに対し，理論的であることを特色とする。日本で作られた概念で，法学を哲学・社会学・歴史学など，他の学問領域と関連付けて視野を広めるという学問的意義をもつとされる。 ⇨法学'

起訴法定主義 ⇨起訴便宜主義'

起訴命令 *保全命令'を発合した裁判所は，債務者の申立てにより，債権者に対して，2週間以上の相当と認める期間内に，*本案訴訟'の提起又はその係属を証明する書面等を提出すべきことを，命じなければならない〔民保37①②〕。刑事保全の付随性の現れであり，債権者が期間内に上記の書面等を提出しなかった場合，債務者の申立てにより，保全命令は取り消される(保全取消し)〔民保37③〕。

起訴猶予 *検察官'の事件処理において，有罪判決の見込みがあるにもかかわらず，訴追の必要がないとして不起訴にする処分。犯人の性格，年齢，境遇，犯罪の軽重，情状，犯罪後の情況を総合考慮して決定される〔刑訴248〕。明治時代からの実務慣行を旧刑事訴訟法(大正11法75。昭和23法131により全改)が立法化し〔旧刑訴279〕，現行法もこれを引き継いだ。刑事裁判のもつラベリング作用(犯罪者というレッテルを貼ってしまうこと)を防止しつつ効率的な事件処理ができるという利点をもつ反面，捜査の過度な精密化，濫用の危険性などが問題とされ，特別予防的色彩の強かった従来の運用から*一般予防'的考慮を重視して，裁量の幅を狭めるべきだという提案もある。 ⇨訴追裁量'

きそんふて

⇨起訴便宜主義' ⇨不起訴処分'

既存不適格 適法に建築された建築物又は適法に工事が開始された(建築工事中の)建築物が、その後の法令改正や都市計画変更(用途変更、異なる地域区域の指定など)により新規定に不適合となった場合、当該建築物を既存不適格(建築物)という。建築時に適法であった建築物を、新規定との不適合を理由に違反建築物として扱うとすれば、建築物所有者の信頼を損なうことから、不利益な新規定の遡及適用を回避する趣旨で、建築基準法は、原則として新規定の適用除外を定めた〔建基3②〕。遡及適用を避ける目的では、法令の附則に経過規定を設ける立法例が多く見られるが、建築基準法は新規定の適用除外で対応した。既存不適格建築物は、将来、増改築、大規模修繕や大規模模様替えの際に、新規定に適合させることが原則として求められる〔建基3③③〕。

期待可能性 違法な行為をした行為者に、具体的な事情の下で、違法な行為をしないで、他の適法な行為をすることを期待することが可能であること。このような期待可能性がなければ、行為者を違法な行為について非難することはできず、行為者の*責任は否定される。期待可能性がないことは、*責任阻却事由'である。実定法規として、例えば、盗犯等防止法(*盗犯等ノ防止及処分ニ関スル法律')1条2項は、期待可能性の不存在による責任阻却を定めたものであると解される。また、刑法36条2項(*過剰防衛')、37条1項但書(*過剰避難')について、その刑の減免の根拠を、期待可能性の減少による責任減少に求める見解が存在する。通説は、明文の規定がない場合にも、一般に期待可能性の不存在が責任阻却事由となる、すなわち、期待可能性の不存在は、*超法規的責任阻却事由'であると解する。最高裁判所も、このことを肯定したかにもみえた(最判昭和31・12・11刑集10・12・1605)が、諸判例は、「いまだ期待可能性の理論を肯定又は否定する判断を示したものとは認められない」と述べるにとどまった(最判昭和33・7・10刑集12・11・2471)。期待可能性の判断について、行為者を基準とする説と、当該事情の下に置かれた平均人(通常人・一般人)を基準とする説等がある。

期待権 将来一定の事実が発生すれば一定の法律上の利益を受けられるであろうという期待をもつことができる地位。例えば、相続人は、被相続人に死亡という事実が発生すれば遺産の一部又は全部を承継できるであろうという期待を法律上もつことができるから、その地位(相続権)は期待権である。また、入学すれば時計をもらうという契約(*停止条件'つきの贈与契約)をした者は、入学すれば時計を取得できるから、*条件付権利'という期待権をもつわけである。期待権の法律上の保護は期待権の種類によって異なるが、期待権の一種である条件付権利の保護は比較的大きい〔民128・129参照〕。

議題提案権 ⇨株主提案権'

危殆(きたい)犯 ⇨危険犯'

寄託 1 意義 当事者の一方(寄託者)がある物を保管することを相手方(*受寄者)に*委託'し、相手方がこれを*承諾'することによって、その効力を生じる*契約'〔民657〕。*諾成契約'であり、寄託者は、受寄者が寄託物を受け取るまで、契約の*解除をすることができる〔民657の2①前〕。この場合において、受寄者は、その契約の解除によって*損害を受けたときは、寄託者に対し、その賠償を請求することができる〔民657の2①後〕。また、民法上、無償を原則とする〔民665・648①〕が、手荷物一時預りのように、有償の特約をすることは差し支えない。前者は無償・片務契約であり、後者は有償・双務契約である。なお、無報酬の受寄者は、寄託物を受け取るまで、契約の解除をすることができる〔民657の2②本文〕。ただし、書面による寄託については、解除は認められない〔民657の2②但〕。また、有償寄託と書面による無償寄託の場合において、寄託物を受け取るべき時期を経過したにもかかわらず、寄託者が寄託物を引き渡さないときは、受寄者は、相当の期間を定めてその引渡しの*催告'をした上で、契約の解除をすることができる〔民657の2③〕。寄託者が寄託物を引き渡さず、解除もしない場合に、受寄者がいつまでも契約に拘束されるのは、妥当でないからである。このほか、特殊の寄託として、*混合寄託'(多くの人から同種の物を預かり、同種・同量の目的物を返還すれば足りる寄託)・*消費寄託'〔民666〕がある。

2 受寄者の義務 受寄者は目的物を保管する義務を負うが、その注意義務の程度は、有償寄託の場合には、*善良な管理者の注意'であり〔民400〕、無償寄託の場合には、*自己の財産に対するのと同一の注意'で足りる〔民659〕。そのほか、受寄者は原則として次の義務を負う。受寄物を使用し又は*第三者'をしてこれを保管させない義務〔民658①②〕、受寄物につき権利を主張する者が現れた場合にこれを寄託者に通知する義務〔民660〕、寄託終了の際受寄物を返還する義務〔民662・663参照〕などである。なお、受任者と同様の義務も負う〔民665・646・647〕(⇨委任')。

3 寄託者の義務 寄託者は，報酬の特約がある場合には報酬を支払わなければならない。また，寄託物の性質又は瑕疵(かし)によって受寄者が受けた損害を賠償する義務を負う〔民661〕。そのほか，委任者と同様の義務をも負う〔民665・649・650①②〕。

4 終了 特有の終了原因は*'告知'である。すなわち，寄託者は目的物の返還時期を定めた場合でも，いつでも返還を請求することができる〔民662〕。受寄者は，返還時期の定めがないときにはいつでも返還することができる〔民663①〕が，返還時期の定めがあるときには，やむをえない事由があるときにだけ期限前に返還できる〔民663②〕。

5 商法上の寄託 *'商人'がその*'営業'の範囲内において寄託を受けた場合には，報酬を受けないときであっても，善良な管理者の注意をもって，寄託物を保管しなければならないとされ〔商595〕，場屋(じょうおく)営業者の受寄物についての責任の加重等〔商596～598〕が規定されているほか，*'倉庫営業'について特別の規定が設けられている〔商599～617〕。 ⇨商事寄託'

北大西洋条約機構 英 North Atlantic Treaty Organization；略称 NATO(*ナトー) **1 成立** 1949年に発効した北大西洋条約を基礎とする西側の集団的防衛のための国際組織。原加盟国はアメリカ，カナダ，イギリス，フランス，オランダ，ベルギー，ルクセンブルク，ノルウェー，デンマーク，アイスランド，ポルトガル，イタリアの12カ国。1952年にギリシャ，トルコ，1955年に西ドイツ，1982年にスペインが加わり，冷戦終結後は1999年にポーランド，チェコ，ハンガリー，2004年にブルガリア等東欧7カ国，2009年にクロアチア，アルバニア，2017年にモンテネグロ，2020年に北マケドニア，2023年にフィンランド，2024年にスウェーデンが加盟し現在の加盟国は32カ国。第二次大戦後の東西対立の中で生まれたものだったが，1991年には冷戦終結に対応して新戦略が発表され(その後1999年，2010年，2022年に改定)，現在ではテロリズムや核・化学兵器の拡散等も新たな安全保障上の脅威として対応が図られている。

2 目的 北大西洋条約は前文及び14カ条から成るが，主要目的は5条に規定されており，締約国は，ヨーロッパ又は北アメリカにおける締約国の1又は2以上に対する武力攻撃を全締約国に対する攻撃とみなし，*'国際連合憲章'51条の認める個別的又は集団的自衛権を行使して被攻撃国を援助することとされる。2001年のアメリカの同時多発テロ事件に対して初めて5条が発動された。 ⇨自衛権'

3 組織 最高機関は全加盟国代表によって構成される北大西洋理事会だが，核計画グループも，その責任の範囲内で同理事会と同じ権限を有する。これらの下に，事務総長・事務局，軍事委員会，諮問的性格の各種委員会がある。なお，条約上の機関〔北大西洋条約9〕である防衛委員会は理事会に吸収されている。

議長 1 国会の各議院又は*'地方公共団体の議会'において，その秩序を保持し，議事を整理し，事務を監督し，院内又は議会を代表する者〔国会19，自治104〕。議員の中から選挙される〔憲58①，自治103〕。

2 国家安全保障会議議長〔安保会議4〕のように，*'合議制'の*'行政機関'の長を呼ぶ場合がある。

記帳義務 正確な帳簿・記録なしには公平な課税は望みえないために，*'租税法'においては，記帳義務が重要な意味をもつ。昭和59年の税制改正(法4・法5)で，納税環境整備の一環として，*'事業所得'等を生ずべき業務を行う個人で，前々年分の事業所得等の合計額が一定額を超える者は，総収入金額及び*'必要経費'に関する事項の簡易な方法により記録し，かつ，当該帳簿(これらの業務に関して作成し，又は受領した書類を含む)を一定期間保存しなければならないとされた〔所税232〕。また，法人も同様に，帳簿の備付け，記帳，帳簿(取引に関して作成し又は受領した書類及び決算に関して作成した書類を含む)の保存義務を負っている〔法税150の2〕。更に，消費税法58条を参照。なお，*'青色申告'者は，所得税の場合も法人税の場合も，これとは別の記帳義務を負っている〔所税148，法税126〕。

規程 ⇨規程'(巻末・基本法令用語)

議定科目 ⇨予算の部・款・項・目・節'

既得権 既に獲得されている権利。自然法学や国際法学においては，権利の本質や権利の尊重を基礎付けるものとされる。国際私法秩序の安定を維持するという目標達成のためには，一国で適法に取得された権利が他国でも尊重されることが望ましいと考えられ，国際私法上，既得権を尊重しようとする理論が提唱されて，イギリスの*'ダイシー'，アメリカのビール(Joseph Beale, 1861～1943)は国際私法の基礎理論としてこの既得権理論を主張したが，現在ではほとんど支持されていない。もっとも，既得権の尊重という考え方は，*'外国判決の承認・執行'などの局面では考慮されている。

議により・議に基づいて・議に付し ⇨議

ぎのうけん

により・議に基づいて・議に付し'〔巻末・基本法令用語〕

技能検定 実技と学科の試験により労働者の職業上の能力を公的に判定し，合格者には技能士の名称を認める制度〔能開44～50〕。厚生労働大臣が，政令で定める職種ごとに，厚生労働省令で定める等級に区分して行う。 ⇨職業能力開発'

技能実習制度 ⇨外国人労働者'

技能者養成 職業能力が備わるように労働者を訓練すること。事業主が行う職業能力開発促進の措置〔能開8～14〕について，*労働基準法'には訓練に名を借りた酷使などの弊害排除のほか*職業訓練'のための特例が定められる〔労基69～73〕。国及び都道府県も各種の職業能力開発促進の措置をとることとされる〔能開14の2～15の6〕。 ⇨職業能力開発'

希薄化防止条項 *新株予約権'や*取得請求権付株式'の価値は，新株予約権の目的又は取得請求権の対価となっている株式の価値が下落することによって減少する。希薄化防止条項とは，*株式の分割'など発行会社が財務上の理由から行う行為によって株価が下落し，そのため，新株予約権者などが不利益を被ることを防止するために定められる。具体的には，新株予約権の内容として，株式の分割などによって増加した*発行済株式総数'などを考慮して，新株予約権を行使する際の払込価額が減少する旨などが定められる〔会社236①②〕。

規　範 英語 norm の語源であるラテン語の norma は「物差し」を意味し，転じて是非善悪判断の基準をいう。通常，「～すべし」「～すべからず」という形で表現されるが，「～してよい」（禁止されていない，許される），「～する権利がある」などの形をとることもある。その起源や違反への制裁によって，道徳規範，宗教規範，習俗規範，法規範などに分類される。規範の分類や相互関係は文化によって異なり，例えば伝統的中国では礼と法という区別が行われた。規範は事実と区別されることが多いが，規範と価値，規範と動機付けの関係も同様に問題を含んでいる。 ⇨法'

規範的構成要件要素 *構成要件'要素のうちその認識のために規範的な判断を要するもの。わいせつ物頒布等罪〔刑175〕にいう「*わいせつ」，*窃盗罪'〔刑235〕等にいう「他人の」など。これに対して，そのような判断を要しないものを記述的構成要件要素という。もっとも，記述的構成要件要素とされる「人」〔刑199など〕の意義についても，その始期や終期について解釈上の争いがあり（⇨殺人罪'），両者の区別は相対的なものである。規範の構成要件要素について*故意'を認めるためには，その社会的意味の認識（「わいせつ」物であれば「いやらしい」物であることの認識）が行為者に必要とされている。 ⇨意味の認識' ⇨法律の錯誤' ⇨主観的構成要件要素'

規範的効力（労働協約の） *労働協約'に定める*労働条件'その他の労働者の待遇に関する基準（規範的部分）に違反する*労働契約'の部分を無効とし（強行的効力），無効となった部分は協約基準によるべきこととする（直律的効力）とともに，労働契約に定めがない場合も同様とする効力〔労組16〕。法規範と同じような効力を協約に認めることから，広くこのように呼び習わされる。基準の合理性を指標に，労働契約の条項が協約基準を下回る場合だけでなく，これを上回る場合も協約基準に反しえないとした判例がある（最判平成9・3・27判時1607・131〈朝日火災海上保険事件〉）。 ⇨有利原則'

規範的責任論 *責任'とは，他の適法な行為をすることができた場合に，違法な行為をするべきではなかったという規範的評価であるとする理論。責任は，行為者が（評価規範と決定規範から成る）法規範（そのうちの決定規範）に従うことができた場合に認めることができ，*故意'及び*過失'という心理的事実があるだけでは足りないとする。*期待可能性'の思想・理論を基礎として，確立されるに至った。

規範的部分 ⇨規範的効力（労働協約の）' ⇨労働協約'

規範統制訴訟 1 意義　法律・命令・条例など，一般的・抽象的な規範の適法性を審査する訴訟をいう。具体的な権利義務に関する訴訟事件に付随して，これに適用される法令の合憲性又は適法性を裁判所が審査することを具体的規範統制といい，一般的な法令の効力を直接的に審査対象とすることを抽象的規範統制というが，規範統制訴訟とは，一般に後者のための訴訟を指す。

2 日本の場合　日本では，個人の具体的な権利義務に関する争いでなければ*法律上の争訟'〔裁3〕とはされず，したがって，抽象的規範統制訴訟は認められない。ただ，形式的には命令・条例のような一般的規範であっても，個人の具体的権利義務に直接的な影響を与えるものについては，これを行政処分に準じて扱い，*抗告訴訟'の対象とすることがある。これに対し，ドイツの行政裁判制度においては，ラント(Land)の行政権が定立する命令等についての抽象的規

範統制訴訟(abstrakte Normenkontrollverfahren)が認められており，規範を違法・無効とする判決には対世的効力があるとされている。

既判力　I　民事訴訟法　1 意義　裁判が確定した場合に生じる，そこで判断された事項に訴訟手続上当事者も裁判所も拘束されるという効果。実体的確定力ともいう。この結果，同一事項が再び訴訟上問題となったとしても，既判力の及ぶ範囲では，当事者及び裁判所は，先の判断と矛盾する主張，裁判をすることは許されなくなる。
2 既判力の生ずる裁判　全ての裁判に既判力が生じるわけではない。確定した*終局判決'は全て，外国判決も民事訴訟法118条の要件を満たす場合には既判力をもつ。*決定'，*命令'の場合，実体的な権利関係についてした裁判(代替執行の費用支払決定など)に限り，既判力が生じる。裁判以外でも，*仲裁人'のした*仲裁判断'〔仲裁47〕は既判力をもつ。*請求の放棄・認諾'，*和解'を記録した電子調書も「確定判決と同一の効力を有する」とされている〔民訴267①〕が，既判力を有するか否かについては争いがある。
3 範囲　既判力は，判決であれば，審理の終結時，すなわち*口頭弁論'終結時の権利・法律関係の存否を確定する(標準時・時的限界)。判決においては，裁判所の判断した事項のうち，*主文'に包含される判断についてのみ既判力が生じる〔民訴114①〕(客観的範囲・物的限界)。本案判決においては，*訴訟物'についての判断のみに生じることを意味する。被告が訴訟上主張した*相殺'についての判断を例外として〔民訴114②〕，*判決理由'中の判断に既判力は生じることはないが，この点については議論があり(⇨争点効)，*信義則'に基づき理由中の判断に拘束力を認める裁判例もある。既判力は原則として当事者に限って及び，当事者以外の第三者を拘束することはない(主観的範囲・人的限界)。これにも例外があり，第三者に既判力が拡張される場合が認められている(⇨既判力の拡張')。
4 その他　既判力の存否は，*職権調査事項'であり，これを看過して判決をした場合には，*上訴'・*再審'理由となる〔民訴338①⑩〕。
　II　刑事訴訟法上，有罪・無罪の*実体判決'及び*免訴'の判決が形式的に確定(裁判の確定)すると，実体的確定力を生じ，その内部的効果としては，事件の内容が確定し，*執行力'が生じ，外部的効果としては，同一事件について再起訴を許さない効果が生じる。この両方の効果あるいは特に外部的効果を既判力と呼ぶ。⇨

一事不再理'　⇨実体的確定力'　⇨形式的確定力'　⇨確定判決'

既判力の拡張　1 意義　*既判力'は，原則として，当事者のみを拘束するが，例外的に当事者以外の第三者をも拘束することがある。この場合を既判力の拡張と呼ぶ。法律上明文の規定がある場合に認められるが，いずれも，紛争解決の実効性を確保するのに不可欠であるために認められたものと考えられている。
2 第三者　イ　*口頭弁論'終結後に，当事者等の地位を承継した者〔民訴115①③〕。*一般承継'であると*特定承継'であるとを問わないが，いかなる場合に特定承継があったといえるかについては議論がある。ロ　当事者のために請求の目的物を所持する者。*受寄者'がこの例である〔民訴115①④〕。ハ　他人のために訴訟追行がされた場合の他人。訴訟担当の場合の利益帰属主体を指す〔民訴115①②〕。ニ　*当事者参加'〔民訴47〕，及び*訴訟引受け'後の*訴訟脱退'の場合の脱退者〔民訴48〕。脱退者は，訴訟追行を残存当事者に一任したとみられるからである。ホ　一般の第三者。*人事訴訟'や法人の決議に関する訴訟のように，争われている法律関係が広く第三者の利益に関係し，かつ画一的な処理を必要とする性質を既判力の及ぶ者を第三者に及ぼしている〔人訴24①，会社838，一般法人273 等〕。この場合，訴訟への関与なく既判力を受ける第三者の保護が問題となっている。

既判力の双面性　*既判力'が，その及ぶ者相互間ではその利益にも不利益にも作用すること。既判力の効果は，勝訴者に有利に働くのが通常であるが，不利に作用することがある。この性質を既判力の双面性と呼ぶ。例えば，所有権確認訴訟で勝訴した原告は，その後相手方からその所有物の瑕疵に基づく損害の賠償を請求された場合に，所有者ではないと主張することはできない。

既判力の抵触　確定した2個の判決が，その*既判力'の生じた判断に関して，相互に矛盾している状態。後に確定した判決の*再審'事由となる〔民訴338①⑩〕。ただし，後の判決が再審で取り消されるまでは，後の判決が尊重されるものとされている。

忌避　⇨除斥・忌避・回避'

寄附　とりわけ，国・地方公共団体，公益法人又は社寺に金品を贈与することをいい，中でも，政党や政治家に対する寄附を*政治献金'といい，政治献金は*政治資金規正法'の対象となっている。*八幡製鉄政治献金事件'判決(最大判昭和45・6・24民集24・6・625)は，災害救

きふきんぜ

援資金の寄附，地域社会への財産上の奉仕，各種福祉事業への資金面での協力など，会社に，社会通念上，期待ないし要請されるものは，会社が当然になしうるものであり，そのような活動は企業体としての円滑な発展を図る上に相当の価値と効果を認めることもできるから，寄附は，間接ではあっても，目的遂行の上に必要なのであり，会社の権利能力の範囲内の行為であるとし，また，会社による政治資金の寄附は，客観的，抽象的に観察して，会社の社会的役割を果たすためになされたものと認められる限りにおいては，会社の*定款'所定の目的の範囲内の行為であるとしている。また，「法人等による寄附の不当な勧誘の防止等に関する法律」(不当寄附勧誘防止法)〔令和 4 法 105〕は法人等による不当な寄附の勧誘を禁止するとともに，法人等に対する行政上の措置等を定めることによって勧誘を受ける者の保護を図ろうとしている。消費者契約にあたる場合には消費者契約法に基づいて寄附の意思表示を取り消せるほか，不当寄附勧誘防止法も一定の場合に取消しを認めている〔寄附不当勧誘 1・8〕。

寄附金税制 法人が，金銭その他の資産又は経済的な利益の贈与又は無償の供与を行った場合，一定の金額までしか*損金'に算入できない制度〔法税 37〕。普通法人における寄附金の損金算入限度額は，イ 当該事業年度終了の時における資本金の額及び資本準備金の額の合計額を 12 で除し，これに当該事業年度の月数を乗じて計算した金額の 0.25％に相当する金額と，ロ 当該事業年度の所得の金額の 2.5％に相当する金額との合計額の 4 分の 1 に相当する金額とされている〔法税令 73 ①Ⅰ〕。損金算入が制限される理由は，寄附金の中に，費用性のあるものとそうでないものが混在しているからである。すなわち，寄附金としての各支出において，両者の性質を明確に区別することが困難であるため，法定の算式に基づく損金算入限度額を決めているのである(大阪高判昭和 35・12・6 行裁 11・12・3298)。ただし，国や地方公共団体あるいは公益を目的とする事業を行う特定の法人又は団体に対する寄附金は，政策的配慮から，その全額が損金に算入できることになっている〔法税 37③〕。

寄附行為 平成 18 年の民法改正(法 50)前の，*財団法人'を設立する行為についての呼称。また財団法人の根本規則のことも寄附行為と呼ぶことがある。*一般社団法人及び一般財団法人に関する法律'の制定により，*社団法人'の場合と同様に，前者を*設立行為'(あるいは単に設立)，後者を*定款'と呼ぶように改められた〔一般法人 152 以下参照〕。私立学校法などの特別法に基づく法人を設立する場合等に，寄附行為という呼称が残っている〔私学 30 ①等〕。

器物損壊罪 文書・*電磁的記録'・建造物・艦船以外の*財物'を損壊・傷害する罪。刑法 261 条。3 年以下の拘禁刑又は 30 万円以下の罰金・科料に処せられる。*親告罪'である〔刑 264〕。境界標の損壊も，*境界損壊罪'〔刑 262 の 2〕が成立しないときは本罪を成立させることがある。土地もまた本罪の客体である。判例は，雨戸又は板戸のように毀損せずに建造物から取り外せるものは本罪の客体であるが，それ以外の天井板などの損壊や，建造物の一部の破壊は，たとえ重大な損害を与えなくても，建造物損壊罪〔刑 260〕になるとする(大判大正 8・5・13 刑録 25・632 等)。損壊とは，必ずしも物理的に破壊することに限らず，物をその用法に従って使用することを事実上不可能にする行為をいい，飲食店の食器に放尿することも本罪に当たるというのが判例である(大判明治 42・4・16 刑録 15・452)。傷害とは，動物の毀棄であり，殺傷も含まれる。池に飼ってある鯉を流出させることも物の傷害であるとするのが判例である(大判明治 42・4・27 刑録 17・197)。 ⇨毀棄' ⇨損壊' ⇨公用文書毀棄罪'

基本権 ドイツでフランクフルト憲法草案以来，憲法上保障された諸権利(Grundrechte)を指す用語。*基本的人権'を狭く前国家的な*自由権'と捉える場合には，基本権と基本的人権は一致しないことになるが，両者を同義で用いる場合も多い。

基本小切手 *振出し'という基本的小切手行為により作成された*小切手'。全小切手関係は，振出しによって作成される小切手を基礎としてその上に発展するので，基本小切手の方式は厳格に法定され〔小 1〕，これを欠けば，法定された場合を除き，小切手は無効となる〔小 2〕。⇨基本手形'

基本債権・支分債権 例えば，賃料を月額 10 万円(月末払)とする賃貸借契約が結ばれた場合には，この債権関係は，毎月末に 10 万円を請求できるという包括的・抽象的な 1 個の債権(基本債権)と，単位期間ごとに発生し毎月末に弁済期に達する個々の具体的な債権(支分債権)とに分けて考えることができる。同様の例は，利息債権，俸給(賃金)債権，年金債権などにみられる。未発生の支分債権は基本債権が消滅すれば以後は発生せず，基本債権が譲渡されると支分債権もこれに伴って移転する。これに対し

て，既に発生した支分債権は基本債権から独立した存在となり，基本債権が譲渡されても当然には移転せず，基本債権が消滅しても消滅しない。

基本手当 *'雇用保険法'上の*'求職者給付'の一種であり〔雇保10②Ⅰ〕，同法上の*'失業等給付'のうち最も主要な給付である。廃止された失業保険法(昭和22法146)上の失業保険金に相当する。受給資格者は，離職の日以前2年間に被保険者期間が通算して12カ月以上であった一般被保険者である〔雇保13①〕。なお，*'期間の定めのある労働契約'の期間が満了し，かつ，当該労働契約の更新がないことにより離職した者やその他正当な理由により自己都合退職した者(特定理由離職者)〔雇保13③〕及び倒産や解雇により離職を余儀なくされた者(特定受給資格者)〔雇保23〕は，離職の日以前1年間に被保険者期間が通算して6カ月以上あれば受給資格者となる〔雇保13②〕。受給資格者が，*'公共職業安定所'において，*'失業'していることについての認定(失業の認定)を受けることにより〔雇保15〕，離職日の翌日から起算する一定の期間内において〔雇保20〕，年齢と勤続年数に応じて定められる日数〔雇保22〕につき支給されるが，給付日数は一定の事由がある場合には延長される〔雇保23〜27〕。その日額は，賃金日額〔雇保17・18〕の50〜80%(60〜64歳については45〜80%)であり，賃金が低いほど高い率となる〔雇保16①〕。

基本手形 *'裏書'・引受け(⇨手形引受け)等の*'手形行為'(附属的手形行為)がなされるべき基礎となる*'振出し'により作成された*'手形'。全手形関係は，振出しという基本的手形行為によって作成される手形を基礎としてその上に発展するので，この手形を基本手形という。基本手形は直接には振出しの内容をなすが，同時に，その上になされる他の全ての手形行為の内容をなすものであるので，基本手形の方式は厳格に法定され，手形上の権利の内容と関係当事者とを確定するために絶対的記載事項の記載を必要とし〔手1・75〕，これを欠くときは，法定された場合を除き，原則として手形としての効力を生じず〔手2・76〕，その上になされる裏書・引受け等の全ての手形行為は無効となる。基本手形にはこのほか，一定の任意的記載事項を記載することができる〔手4・5・11②・15・22等〕。

基本的商行為 *'商人'概念を定める基礎となる*'商行為'で，自己の名をもって反復継続することによって商人となるような商行為をいう〔商4①〕。*'補助的商行為'に対する概念で，*'絶対的商行為'と*'営業的商行為'とから成る。

基本的人権 **1 意義** 人がただ人間であるがゆえに当然に有する権利。単に人権(英 human rights, 仏 droits de l'homme, 独 Menschenrechte)という場合もあり，*'基本権'と同義で用いられる場合も多い。

2 歴史 基本的人権の観念は，*'自然権'思想や社会契約説(論)(⇨契約説)の影響を受けて，市民革命とともに成立した。イギリスの*'権利章典'(1689)は*'マグナ・カルタ'以来の中世的・身分的発想を払拭していないが，バージニア権利章典(1776)に代表されるアメリカ諸州の*'権利宣言'，*'フランス人権宣言'(1789)によって，人権思想が確立した。*'明治憲法'下の日本では，*'臣民'の権利〔明憲2章〕は'法律の留保'の下に置かれ，また，*'法実証主義'の影響下で前国家的な人権の観念が採用されていなかった(⇨外見的立憲主義')。日本国憲法は基本的人権を「人類の多年にわたる自由獲得の努力の成果」〔憲97〕と位置付け，「この憲法が国民に保障する基本的人権は，侵すことのできない永久の権利として，現在及び将来の国民に与へられる」〔憲11〕とする。

3 特徴 基本的人権の観念は次の3つを特徴とする。イ 固有性：人権は国家や憲法によって与えられたものではなく，人間であることにより当然に有するものである。ロ 不可侵性：人権は，原則として，*'公権力'によって侵されない(「侵すことのできない永久の権利」〔憲11・97〕)。ただし，基本的人権といえども絶対無制限のものではなく，主に他者の人権との関係で一定の限界を有する(⇨公共の福祉)〔憲12・13〕。ハ 普遍性：人権は，人種・性・身分などの区別に関係なく，人間であることに基づいて当然に享有できる権利である(「国民は，すべての基本的人権の享有を妨げられない」〔憲11〕)。

4 内容 近代初期の*'人権宣言'では，人権の前国家的性格が強調され，*'財産権'と*'自由権'だけが人権として理解された(国家からの自由)。その後，自由権を実効的に保障するために*'参政権'(国家への自由)や個人の生存を確保するために*'社会権'(国家による自由)もまた基本的人権に含まれるとされた。今日では，国家賠償請求権〔憲17〕・*'刑事補償'請求権〔憲40〕のような，憲法が国民に保障する諸権利をも基本的人権に含めて捉えるのが一般的である。

5 根拠 基本的人権の根拠としては，かつては*'自然法'が挙げられたが，今日では「人間の固有の尊厳」や「個人の尊厳」〔憲13〕に言及され

きほんほう

ることが多い（⇨'個人主義'）。*ロールズ'の「正義論」以来、人権の道徳理論的基礎付けが深められている。道徳理論的に基礎付けられた人権が憲法によって実定法的に保障されていると考えるのではなく、「平等な配慮と尊重を求める権利」（*ドゥオーキン'）を「切札としての人権」と捉えて、「憲法上の権利」と区別する見解もある。

基本法 1 憲法と同義に用いられることがある。例えば、*ドイツ憲法'の正式の名称が「ドイツ連邦共和国基本法」であるのは、その一例。
2 特定の行政分野における基本政策あるいは基本方針を宣明するために制定される法律を指すことがある。*教育基本法'・*原子力基本法'・*土地基本法'・*環境基本法'・こども基本法などがその例。教育基本法のように、主として教育の理念あるいは基本方針を定める法律のほか、原子力基本法・土地基本法・環境基本法・こども基本法のように、それに加えて財政措置や関係行政機関（原子力委員会・原子力規制委員会・国土審議会・中央環境審議会・公害対策会議・こども家庭庁等）の設置などを定める場合もある。

機密の事務を取り扱う者 秘書その他、その職務が企業の経営者や*管理監督者'の活動と一体不可分で、厳格な労働時間管理になじまない者をいう。*労働基準法'の*労働時間'・*休憩'・*休日'に関する規定が適用されない〔労基41②〕。ただし、深夜割増賃金及び*年次有給休暇'に関する規定は適用される。

機密を侵す罪（合衆国軍隊の） *刑事特別法'6条の罪。「合衆国軍隊の機密」（合衆国軍隊についての防衛に関する所定事項〔刑特別表①〕、編制・装備に関する所定事項〔刑特別表②〕、運輸・通信に関する所定事項〔刑特別表③〕、及びこれらの事項に係る文書・図画（がが）・物件で、公になっていないもの）を、「合衆国軍隊の安全を害すべき用途に供する目的」又は「不当な方法」で「探知」・「収集」する行為と、「合衆国軍隊の機密で、通常不当な方法によらなければ探知し、又は収集することができないようなものを他人に漏ら」す行為（漏示）を、それぞれ10年以下の*拘禁刑'に処し〔刑特6①②〕、いずれも*未遂'、及び*陰謀'・*独立教唆'・*煽動'（せんどう）'を罰する〔刑特6③・7〕。

義　務 規範の課す拘束。「～すべし」という規範は「～する義務」を課し、「～すべからず」という規範は「～しない義務」を課する。その起源や違反への制裁によって、道徳義務、宗教義務、習俗義務、法義務などに分類される。義務違反の制裁としては、良心の呵責（かしゃく）などの内面的制裁、不評判、*村八分'などの社会的制裁、除名・破門などの組織的制裁、刑罰や強制執行などの物理的制裁などが区別される。法義務を物理的制裁との関連で定義しようとする説が法の強制説、社会的制裁を重視する説の代表的なものが*生ける法'論である。法違反にも内面的制裁があるか否かも議論される。　⇨規範'　⇨強制'　⇨法'

義務確認訴訟（公法上の） 行政庁に作為又は不作為（⇨*作為・不作為'）の義務があることの確認を求める訴訟。*義務付け訴訟'の一形態。その許容性について、直ちに法的な解決が可能なほどに争いが熟していれば、処分前に義務を確認することも司法権の範囲内であるとする肯定説と、それは司法権の第1次的判断権を侵すとみる否定説とが対立していた。平成16年の*行政事件訴訟法'改正〔法84〕で2類型の義務付け訴訟が法定されたが、なお法定外抗告訴訟として義務確認訴訟を観念する余地がある。

義務教育 1 意義　保護者がその子に就学させる義務を負う教育。しかし、その原理的意義及び制度内容は時代や国によって相当に異なる。*明治憲法'下では、臣民に天皇*大権'〔明憲9〕に基づく教育を受ける義務が課されることを意味した。日本国憲法は、まず国民のひとしく*教育を受ける権利'を規定し〔憲26①〕、その保障手段の1つとして、子供に普通教育を受けさせる保護者の義務を定め〔憲26②前〕、あわせて義務教育の無償制を重視している〔憲26②後〕。
2 範囲　義務教育年限は戦後に6年から9年に延長され〔教基5①、学教17〕、就学義務は6・3制の学制に即して、学年を区切りとして満6歳から12歳までの学齢児童及び満15歳までの学齢生徒について定められ、特別支援学校の小・中学部も義務教育となっている〔学教17①②〕。病弱等の場合はこの義務は猶予・免除されることがある〔学教18〕。
3 行政上の措置　保護者である親権者又は後見人の就学義務違反には罰則がある〔学教144〕が、相当の期間学校を欠席し、学校における集団の生活に関する心理的負担等により就学困難な児童（不登校児童生徒）に対する必要な支援を講ずることを国等の責務とする「義務教育の段階における普通教育に相当する教育の機会の確保等に関する法律」（平成28法105）が制定された。経済的には、市町村等による就学援助〔学教19〕のほか、国の生活保護中の教育扶助〔生活保護

ぎむづけ

13〕などの支援がある。また，当初は国公立学校の授業料無償〔平成18法120による改正前の教基4②〕。なお教基5④，学教6但〕が規定されるのにとどまっていたが，昭和38年に，国公私立にわたる「義務教育諸学校の教科用図書の無償措置に関する法律」（法182）が制定されるに至った。このような義務教育の外的条件の整備を超えて，国が教育内容の規制をもすることができるかは大いに争われた。昭和29年に，教育を利用した特定の政党等の支持・反対をする教育の*教唆'・*煽動（せんどう）'を禁ずる「義務教育諸学校における教育の政治的中立の確保に関する臨時措置法」（法157）が立法された（⇨教育の政治的中立'）。

義務付け訴訟 **1 意義** *行政事件訴訟法'上の*抗告訴訟'の一類型で，一定の行政*処分'又は*裁決'をすべき旨を行政庁に命ずることを求める訴訟をいう〔行訴3⑥〕。かつての行政事件訴訟法は抗告訴訟として法定していなかったため，*無名抗告訴訟'としての適法性が判例・学説上の争点であった。当時は，行政庁の第1次的判断権を侵害する等の理由から全面的に否定する説，行政事件訴訟法が取消訴訟中心主義を採用していることから*取消訴訟'を補完する限りにおいて認める説，取消訴訟の存在とはかかわりなく許容する説等があったが，平成16年の行政事件訴訟法改正（法84）が，抗告訴訟の一類型として法定化した。同時に，仮の救済制度として，*仮の義務付け'が制度化されている〔行訴37の5〕。

2 要件 イ 行政庁の職権でなされる一定の処分をするよう求めるもの（非申請型・直接型）〔行訴3⑥①〕と，ロ 法令に基づく私人の申請又は審査請求等に対し，(i)処分又は裁決がされない場合や(ii)却下・棄却する処分又は裁決がされた場合に，申請等を認容する一定の処分をするよう求めるもの（申請型）〔行訴3⑥②〕がある。イの*訴訟要件'は，a 一定の処分がされないことにより重大な損害を生ずるおそれがあること，b その損害を避けるため他に適当な方法がないこと〔行訴37の2①〕，c 一定の処分を求めるにつき法律上の利益を有する者による訴えであること（*原告適格'）〔行訴37の2③〕であり，本案勝訴要件は，行政庁がその処分をすべきことがその処分の根拠法令の規定から明らかであるか，又は，行政庁がその処分をしないことがその裁量権の範囲を超え若しくはその濫用となると認められること〔行訴37の2⑤〕である。ロの訴訟要件は，(i)と(ii)のいずれを争うのかで異なる。(i)の場合は，a 法令に基づく申請等に対し相当の期間内に何らの処分又は裁決がされないこと〔行訴37の3①Ⅰ〕，b 法令に基づく申請等をした者による訴えであること〔行訴37の3②〕，c 当該原告が当該*不作為の違法確認の訴え'〔行訴3⑤〕を適法に併合提起していること〔行訴37の3③Ⅰ〕である。(ii)の場合は，a 法令に基づく申請等を拒否する処分又は裁決がなされか，かつ，それらがα取り消されるべきものか，又は，β無効若しくは不存在であること〔行訴37の3①②〕，b 法令に基づく申請等をした者による訴えであること〔行訴37の3②〕，c 当該原告が，当該拒否処分又は裁決につき，αの場合はその取消訴訟〔行訴3②③〕を，βの場合はその*無効等確認の訴え'〔行訴3④〕を，それぞれ適法に併合提起していること〔行訴37の3③②〕である。ロの本案勝訴要件は，行政庁がその処分又は裁決をすることがその処分又は裁決の根拠法令の規定から明らかであるか，行政庁がその処分又は裁決をしないことがその裁量権の範囲を超え若しくはその濫用となると認められることである〔行訴37の3⑤〕。併合提起された訴訟に係る請求に理由があることは，条文上は本案勝訴要件として定められているが，(ii)aの点からすれば訴訟要件であり，この点を満たさないについて裁判所は*却下'する判決を下している。

⇨行政事件訴訟'　⇨不作為訴訟'

義務付け・枠付け **1 意味** 国が，*地方公共団体'に対して，一定の課題に対処すべく一定の活動を義務付け，活動の方法や手続，判断基準について枠付けを行うことをいう（地方分権改革推進法（平成18法111。平成22・4・1失効）5条1項は，両者を「事務の実施又はその方法の義務付け」としている）。国の立法権による地方自治の制限としての義務付け・枠付けには，第1次地方分権改革（⇨地方分権'）の手が及ばず，2008年からの第2次地方分権改革でその見直しが図られた。

2 見直しの実施 地方分権改革推進委員会は，*自治事務'に関する法令による義務付け・枠付けのうち，条例の制定余地を認めていないものを対象に見直し作業を行い，482法律中の4076条項について，その廃止ないし*条例'による基準設定等の許容を求めた。そのうち，施設・公物等の設置管理の基準については，法令による枠付けにつき，その強度により，従うべき基準・標準・参酌すべき基準に3分類し，前二者の設定は特に限定する旨勧告した。勧告に沿って，また，平成26年からは，地方公共団体からの提案募集方式によって，第1次〜第13次の

ぎむてきさ

「地域の自主性及び自立性を高めるための改革の推進を図るための関係法律の整備に関する法律」(平成 23～令和 5 年)が制定され、地方への権限移譲とあわせ、義務付け・枠付け及び必置規制の見直しが進められている。
3 課題 同改革では、義務付け・枠付け見直しの基本原則も*閣議決定'されたが(平成 24 年 11 月 30 日)、法定はされておらず、省令・*告示'での義務付けがなお可能なことや*法定受託事務'に関する改革と併せ、分権の今後の課題である。

義務的裁判管轄権 ⇨国際裁判'
義務的事務 ⇨必要事務'
義務的団交事項 ⇨団体交渉' ⇨団体交渉権'
義務的保釈 ⇨保釈'
義務の衝突 行為者に複数の義務が課され、一方を履行すれば他方に違反せざるをえない状況をいう。守秘義務を負う薬剤師〔刑 134〕が刑事訴訟の公判において'証人'として証言の義務を負う〔刑訴 161〕場合などがその例である。多くは法律自体が義務衝突を解決する方法を規定している(例えば医師には*証言拒絶権'がある〔刑訴 149〕)。定めがない場合には、より重い義務を履行するためにより軽い義務に違反しても違法ではないと解される。 ⇨義務'

義 務 費 1 *明治憲法'で認めていた観念で、*国債'の元利償還・損害賠償金などの法律上政府の義務に属する*歳出'をいう。明治憲法は、これと法律費(議員歳費・恩給年金などの法律の結果による歳出)及び既定費(憲法上の大権に基づく歳出)とを他の歳出から区別し、それらを議会の自由な*予算議定権'の外に置いた〔明憲 67〕ので、義務費・法律費といった観念を設ける実益があった。現行憲法にはそうした規定はないから、予算議定権に対する制約に服するかどうかを分ける意味で、憲法上、義務費・法律費という観念を用いることはできない。
2 ただ現在でも、旧来の義務費に相当する経費について、法律上一定の効果が与えられることはある。例えば、内閣は、「法律上…国の義務に属する経費」の不足を補うため、*追加予算(*補正予算)を作成して国会に提出することができる〔財 29①〕。また、*地方公共団体の長'は、議会が「法令により負担する経費…その他の普通地方公共団体の義務に属する経費」を削除・減額する議決をしたときは、再議に付すことを要し、また再議の結果も同じときは、議会の議決にかかわらず、その経費を支出することができる〔自治 177 ①②②〕。ここにおいては、義務費の観念が実際的な意味をもつことになる。

義務履行確保(行政上の) 行政法規又はこれに基づく*行政行為'によって国民に課された義務の履行の確保。かかる義務履行確保の制度としては、イ 裁判所の助力によらず、行政機関が自力執行する*行政上の強制執行'(これには、*行政代執行法'等に基づく*代執行'、*国税徴収法'等に基づく*行政上の強制徴収'、ごく例外的に認められている*直接強制'と*執行罰'がある)、ロ 義務違反がなされた場合に制裁を課すことにより間接的に義務履行を促す*行政罰'(これには、刑法上の刑罰を科す*行政刑罰'と*過料'を科す行政上の*秩序罰'がある)という伝統的な制度のほかに、ハ 義務不履行事実の*公表'、*課徴金'の賦課、許認可や水道・電気等のサービスの給付拒否といった手段も挙げられる。更に、ニ 一般の民事上の強制執行制度が、行政上の義務履行確保の手段として用いられうるかについては、行政上の強制執行が認められていない場合には可能とする説が有力であるが、判例は否定している(最判平成 14・7・9 民集 56・6・1134)。 ⇨実効性確保(行政上の)'

記 名 押 印 書類等に作成者の責任を明らかにするなどのため氏名を記載し、*印章'を押すこと〔例:行審 50①、戸籍 64①、商 546①・601 等〕。記名捺印(なついん)という用語も使われている〔例:手附 82、小附 67 等〕。記名は、自署を必要とせず、何らかの方法(ゴム印・印刷・タイプ等)で行為者の名称を記すことである。署名は行為者の名称を手書きしなければならないが、記名押印は手書きの必要がない代わりに、印章を押すことが必要である。記名押印は他人が代行しても差し支えない。*手形法'・*小切手法'上の署名は、「記名押印」又は「記名捺印」で代えることができる〔手附 82、小附 67〕。

記 名 株 式 *株主名簿'上に*株式'を取得した者の氏名や住所が記載又は記録されている株式をいう。従来日本の商法では、このような記載を要しない無記名株式(口座簿が会社の管理下になく、会社は株主が誰であるかを知ることができない)の制度も認められていたが、実際にはほとんど利用実態がなかったために、平成 2 年の商法改正(法 64)によって無記名株式の制度が廃法された。会社と株主の法律関係は、株券の発行の有無にかかわらず、株主名簿の記載又は記録によって確定させることができ、現行会社法上、株式は全て記名株式である。

記名式裏書 被裏書人を記載してされた*裏書'〔民 520 の 3、手 13①・77①①、小 16①、抵証 15②〕。*白地(はくち)式裏書'に対する。例えば、

ぎゃくそう

*譲渡裏書'について「表記の金額をA殿又はその指図人にお支払い下さい」というように裏書文句と被裏書人とを記載して裏書人が*署名'する。

記名式持参人払小切手　「A殿又は持参人に」というように，特定人を*受取人'として記載した上に，「又は持参人に」という文字又はそれと同じ意味をもつ文言を記載した*小切手'。*持参人払式小切手'ともいう〔小5②〕。

記名式所持人払債権　債権者を指名する記載がされている*有価証券'であって，その所持人に*弁済'をすべき旨が付記されている*証券的債権'の１つ。譲渡には，証券の交付を要する〔民520の13〕。証券の所持人は，適法な権利者と推定され〔民520の14〕，悪意又は*重過失'がない限り，証券の占有を喪失した者に対して返還義務を負わない〔民520の15〕。受取人として「A殿又は持参人に」という意味の文言を記載した小切手(⇒記名式持参人払小切手')がその例であるが，小切手については*手形法'・*小切手法'が適用される。所持人に対する債務の履行で免責される旅客の手荷物引換証，劇場の携帯品預証などの*免責証券'が記名式所持人払債権に含まれるかについては学説上争いがあるが，否定説が有力である。

記名式所持人払証券　「A殿又は持参人に支払う」というように特定人を権利者として記載した上に証券の所持人も権利者とする旨を記載した*有価証券'〔民520の13〕。*資格授与的効力'，抗弁の制限及び*善意取得'が認められる〔民520の14〜520の16参照〕。この方式の小切手は無記名証券と同一の効力を認められる〔小5②〕が，この方式の手形は無効である〔手1⑥・2①・75⑤・76①〕。⇨*無記名証券'

記名社債　*社債原簿'に社債権者の氏名(名称)・住所が記載された*社債'〔会社681④〕。*無記名社債'に対するもの。記名社債を表章する*債券'を記名債券という。日本では社債は通常，無記名式であり，記名社債はほとんど発行されない。記名社債の譲渡は，社債券を発行する旨の定めがある場合には*意思表示'と債券の交付によってされるが〔会社687〕，社債券を発行しない場合には意思表示による。社債原簿の*名義書換'がないと，会社その他の第三者に対抗できない〔会社688①〕。このように，記名社債にあっては，記名株式における*株主名簿'と同様に，社債原簿が重要な役割を果たす。記名社債についても社債原簿管理人の制度を採用できる〔会社683〕。別段の定め〔会社676⑦〕がない限り，社債券が発行されている社債の社債権者は，記名社債を無記名社債に，また無記名社債を記名社債にすることを請求できる〔会社698〕。

記名証券　特定の者が証券上の権利者として記載されている*有価証券'。記名証券上の権利を*裏書'によって譲渡することができず，債権譲渡の方式に従い，かつ，その効力をもってのみ譲渡することができ〔民520①参照〕，この点で*指図証券'と異なる。*手形'・*小切手'などの指図証券も，特に裏書禁止文句が記載されたとき(*裏書禁止手形(小切手)')は，記名証券となる〔商606，手11②・77，小14②〕。指図証券や*無記名証券'の場合とは異なり，抗弁の制限〔民520の6・520の16・520の20，手17，小22〕や*善意取得'〔民520の5・520の15・520の20，手16②，小21等〕(⇨即時取得)など流通保護のための制度は認められない。この証券上の権利の譲渡は，一般に債権譲渡の方式及び効力をもってなされるだけでなく(⇨債権譲渡)，証券の引渡しも必要とされるため，有価証券と解する説があるが，異論もある。公示催告手続による*除権決定'を得ることができる〔民520の19②〕。⇨人的抗弁'

記名投票　投票用紙に投票人の氏名を記載する投票。公開投票の１つ。*無記名投票'に対するもの。選挙法では*秘密投票'が公理されており，記名投票は認められない〔憲15④，公選46④〕。国会では，*議案'の採決は起立の方法(起立表決)によるのを例としているが，出席議員の５分の１以上の要求があるとき〔憲57③参照〕その他所定の場合には，記名投票によるべきものとされている〔衆規151・152，参規137・138。なお，衆規18，参規20参照〕。

記名捺印（ナツイン）　⇨記名押印'

欺　罔（ギモウ）　⇨欺く行為'

規約型企業年金　⇨確定給付企業年金'

逆為替　⇨買為替'

逆指値（ギャクサシネ）**注文**　相場が委託時の相場よりも騰貴して自己の*指値'以上になったときに直ちに買い付け，又は下落して指値以下になったときに直ちに売り付ける旨の売買の委託。常識に反する注文であるが，証券市場などでは相場の波に乗ったものとして玄人筋によってなされることがある。しかし，逆指値注文は相場の騰落を激化させるために，*金融商品取引法'では政令に定めるところに違反して行ってはならないとされる〔金商162①②。政令は未制定〕。違反には罰則の定めがある〔金商208の2②〕。

逆　送　*家庭裁判所'が，拘禁刑以上の刑に当たる罪を犯した少年について調査した結果，罪質・*情状'に照らして刑事処分相当として，

ぎゃくたい

事件を*'検察官'に送致すること〔少20〕。検送とも呼ばれる。平成12年の少年法改正〔法142〕により、逆送可能年齢が14歳に引き下げられるとともに、犯行時16歳以上の少年の重大犯罪については原則として逆送が義務付けられた。更に、令和3年の少年法改正〔法47〕により、18歳以上20歳未満の*'特定少年'については、*'罰金'以下の刑に当たる罪の事件でも逆送が可能となっただけでなく、原則逆送事件の範囲も拡大された。⇨少年法'

虐　待　⇨高齢者虐待'　⇨児童虐待'　⇨障害者虐待'

客体の錯誤　加害行為の客体の同一性について*'錯誤'があった場合。例えば、AをAを殺すつもりでAらしい人物を殺害したところ、実は人違いでBであったときなど。現に行為者の意図した通りの結果が発生した。ただ、その客体に対し攻撃を加えた動機に人違いなどの錯誤があっただけであるから、*'法定的符合説'ではもちろん、*'具体的符合説'によっても、発生した結果（Bの死亡）についての*'故意'は否定されない。

逆探知　現に通話中の電話の相手方の発信元（電話番号）を探索すること。身の代金目的の誘拐で犯人が脅迫電話をかけてきた場合などに使われる。*'捜査機関'が被害者の承諾を得て、日本電信電話株式会社等の職員に依頼して行うのが通例であるが、憲法上の通信の秘密〔憲21②〕、電気通信事業法の職員の守秘義務〔電通事4・179〕との関係で適法性が問題となる。従来、重大犯罪の現行犯という性格をもつため、逮捕に必要な限度では、*'プライバシー'ないし*'通信の秘密'は制限を受けるという理由で適法とする意見が大勢を占めてきた（内閣法制局回答（昭和38・12・9）も同旨）。学説では、正当防衛ないし緊急避難的状況の存在を根拠にする見解も有力である。

却　下　⇨棄却・却下'

客観主義　⇨主観主義・客観主義'

客観訴訟　講学上、個人の権利利益の保護を目的とする一般の訴訟を主観訴訟というのに対し、法規の適用の客観的適正を保障して公益を保護するための訴訟を客観訴訟という。*'法律上の争訟'〔裁3〕には該当せず、出訴権が憲法上当然に認められるわけではない。*'行政事件訴訟'〔行訴2〕のうち、*'民衆訴訟'〔行訴5〕と*'機関訴訟'〔行訴6〕がこれに当たり、法律が特に認める場合に限り、法律に定める者だけが提起することができると定めている〔行訴42〕。

客観的違法論　刑法上違法性に関する理論の1つ。⇨主観的違法・客観的違法'　⇨違法性'

客観的帰属（論）　刑法上、*'因果関係'の存在を認めるべきかにつき*'条件説'を採用した場合には、行為者が責任を負わなければならない損害の範囲があまりにも拡張してしまう。そこで、日本の従来の通説である*'相当因果関係'説（ないし法的因果関係論）は、因果関係の内容を限定することでこれを制限している。一方、ドイツの通説であり、日本でも有力に主張されている客観的帰属（論）は、因果関係とは別の要件を導入することでこれを制限しようとする。その要件の具体的な内容としては、一般に、「法的に許されない危険の創出」、「法的に許されない危険の実現」及び「構成要件の射程」の3つが掲げられ、更に、その内部でも、「危険減少・増加」や「規範の保護目的」、「自己危殆（き）化への関与」などの様々な下位の基準が主張されている。もっとも、この客観的帰属（論）という概念は、*'故意'犯と*'過失犯'に共通する客観的構成要件の意味に用いられることもあり、その場合には、相当因果関係説も客観的帰属（論）の一例にすぎなくなることに注意すべきである。

客観的商行為　⇨絶対的商行為'

客観的処罰条件　行為について処罰するために必要とされる条件。例えば、事前収賄罪〔刑197②〕において、公務員となったこと、詐欺破産罪〔破265①〕において、破産手続開始の決定が確定したこと、詐欺更生罪〔会更266①〕において、更生手続開始の決定が確定したこと等である。通説は、犯罪の成否とは関係なく、これが客観的に存在すれば足り、これについて行為者に認識（*'故意'）があることは必要ないとする。しかし、これも犯罪成立の要件であり、*'構成要件'要素であることを否定することはできず、少なくとも行為者に予見可能性（*'過失'）があることは必要であるとする見解が主張されている。

キャッシュ・アウト　⇨特別支配株主の株式等売渡請求'

キャピタル・ゲイン　英 capital gain　販売用ではない土地建物や投資用の*'有価証券'など、所有資産の値上がりによる増加益（値上がり益）のことであり、値下がり損はキャピタル・ロス（capital loss）という。*'所得税'では、原則としてその資産の譲渡時まで待って*'譲渡所得'として課税されるが〔所税33①〕、このような譲渡時に生じる譲渡所得自体をキャピタル・ゲインということもある。資産の値上がり益につき毎年課税せず、譲渡時まで待って課税すること（実現主義）の背景には、資産の値上がり益を毎年

評価することが難しく、また納税者が納税資金を調達することが困難であることがある。また、所得税では、長期間に生じた値上がり益が譲渡時にまとめて課税され、高い*累進税率'が適用されること(束ね効果)を緩和するため、5年超保有された資産については2分の1課税の対象になる〔所税22②②・33③②〕。ただし、特に土地や株式については、様々な政策的配慮から、租税特別措置法により特例が多く定められている。法人税でも、値上がり益や値下がり損については、資産が取引によって譲渡されるときに課税されることが原則であり〔法税22②③〕、毎期評価損益として益金・損金に算入することは原則として認められず、一定の場合のみ毎期末の時価評価による益金・損金算入が認められる〔法税25①・33①・61③等〕。

キャラクター 漫画、アニメ、小説などに登場する人物等の名称、容姿、性格、姿態、役柄等の特徴。漫画の登場人物のイラストは美術の*著作物'に当たるが、登場人物のキャラクターは、アイデアに過ぎず、それ自体は美術の著作物として保護されない(最判平成9・7・17民集51・6・2714)。

キャリア権 ⇨勤労権' ⇨職業生活'

休 暇 Ⅰ 公務員が、各庁の長又はその委任を受けた者の承認を経て、正規の勤務時間中に勤務しない期間のこと。一般職国家公務員については、年次休暇、病気休暇、介護休暇、特別休暇及び介護時間が認められている。特別休暇とは、選挙権の行使、結婚、出産、交通機関の事故その他の特別の事由により職員が勤務しないことが相当である場合として人事院規則で定める場合における休暇である〔勤務時間法16・19〕。

Ⅱ 労働法上は、*労働者'に本来労働する義務がありながら、これを免れる日をいう。*労働基準法'上の休暇には、*年次有給休暇'〔労基39〕と、生理日の就業が著しく困難な女性に認められる*生理日の休暇'〔労基68〕とがある。前者は有給である。同様のものとして、休業(*産前産後の休業'・*育児休業'・*介護休業'・子の看護休業)がある。また、企業ごとに労働者の病気や慶弔など特別の事由があるときに認める休暇(病気休暇・忌引休暇・結婚休暇)もある。

休会(国会の) 国会が、*会期'中、両議院一致の議決でその活動を停止することをいう〔国会15①〕。他方、各議院は独自に議案の都合その他の事由により、議院を休会することもでき、これを議院の休会と呼ぶが、その期間は10日以内に限られる〔国会15④、衆規22の2①〕。

国会制度の初期には、年末年始や、内閣総理大臣の指名後の新内閣の準備等のため、国会の休会又は議院の休会の議決が行われた。しかし、現在では、これらの理由が生じても、各党の申合せで、議決なしに休会の状態にしておく扱いとなっている。この休会の状態は、議決による休会と区別して、自然休会と呼ばれる〔衆先例9号、参先例29号〕。

旧慣使用 *地方自治法'上の制度であって、市町村住民の中で、当該市町村の*公有財産'につき旧来の慣行により使用権をもっていた者の地位を保護しようとするもの。旧慣使用を変更したり、廃止するときは、市町村議会の議決を必要とし、新たに使用しようとする者は、議会の議決を経た市町村長の許可を受けなければならない〔自治238の6〕。後者の場合、市町村は新たな使用者から加入金を、また、使用者から使用料を徴収することができる〔自治226〕。この制度は、使用権者が当該市町村の住民であることを要件としているので、いわゆる*入会(いりあい)権'の問題ではなく、また、当該財産が市町村有の場合であるので、*財産区'制度とも異なる。旧慣使用林野については、農林業上の利用を増進するため、旧慣使用及び入会林野整備が定められている〔入会林野〕。 ⇨加入金' ⇨使用料'

旧々民事訴訟法 ⇨明治民事訴訟法'

休業給付 *通勤災害'に対する*労働者災害補償保険法'上の*保険給付'の一種〔労災21②・22の2〕。給付内容は*業務災害'の場合の休業補償給付と同一である。 ⇨休業補償給付'

休業手当 *労働基準法'上、「使用者の責に帰すべき事由」による休業期間について使用者が労働者に対して支払を義務付けられる手当。その額は*平均賃金'の100分の60以上〔労基26〕。休業手当の未払に対して、裁判所は*労働者'の請求により同一額の付加金の支払を命じることができる〔労基114〕。「使用者の責に帰すべき事由」は、民法上の「債権者の責めに帰すべき事由」〔民536②〕よりも広く、不可抗力を除く使用者側に起因する経営上の障害を含むと解されている。

休業補償給付 *業務災害'に対する*労働者災害補償保険法'上の*保険給付'の一種〔労災12の8⑧②・14〕。労働者が業務上の負傷又は疾病による療養のために働くことができずその期間賃金を受けていない場合に4日目から支給される。額は1日につき*給付基礎日額'〔労災8・8の2〕の100分の60にスライド率を乗じたものであるが、一定の場合には年齢階層別に定めら

きゆうけい

れている最低・最高の限度額が適用される。⇒'傷病補償年金' ⇒'休業給付'

休 憩 1意義　労働者が使用者の拘束の下にある「拘束時間」内で，労働者が労働する義務を負わず，労働からの解放を保障された時間をいう。⇒'労働時間'

2 法定休憩時間　使用者は，労働時間が6時間を超える場合には少なくとも45分，8時間を超える場合には少なくとも1時間の休憩時間を労働時間の途中に与えなければならない〔労基34①〕。

3 自由利用　使用者は休憩時間を労働者に自由に利用させなければならない〔労基34③〕。ただし，事業場内の規律保持などに必要な制限は認められ，また，警察官や乳児院の職員等には例外がある〔労基則33〕。

4 一斉休憩　休憩時間は一斉に与えられなければならないが，労働者の過半数で組織される労働組合等との書面による協定があれば例外が認められる〔労基34②〕。

5 例外　農業・水産業・畜産業等に従事する者，*管理監督者'・*機密の事務を取り扱う者'，*監視断続労働'に従事する者には休憩時間を与えなくてもよく〔労基41〕，運送業・商業・通信業等で，公衆の不便を避けるために必要なものなどについては，その必要で避けることのできない限度で例外が認められている〔労基40，労基則31～33〕。

求 刑　*証拠調べ'が終わった後，*検察官'が事実及び法律の適用について意見の陳述(*論告')〔刑訴293〕をする際，*宣告刑'の種類・量について述べる意見のこと。裁判所は拘束されないが，*量刑'にあたり参考にしており，量刑の不均衡を生じさせないことに役立っている。被害者参加人等が意見を述べることもある〔刑訴316の38①〕。

旧刑事訴訟法　⇒'刑事訴訟法'

旧 刑 法　明治13年(1880)7月17日太政官(だじょうかん)布告36号として公布，明治15年1月1日から施行され，明治41年10月1日，現行刑法の施行により失効した刑法典(ただし，刑法施行法(明治41法29)25条1項により一部の規定〔旧刑233～236〕は失効していない)。明治初頭の日本の近代化への要請から，*ボアソナード'の起草になる近代的刑法草案を*制定法'化したもので，フランス刑法の影響が強い。

旧 憲 法　⇒'大日本帝国憲法'

救 済 命 令　*不当労働行為'の救済申立事件について*労働委員会'が発する*命令'。狭義には申立てを認容して使用者に不当労働行為の是正を命じるものをいう。行政*処分'又は*裁決'〔行訴3②③〕である。裁判所の判決と異なり，不当労働行為を救済するに必要な限度で労働委員会に裁量権限が認められている。当事者は中央労働委員会に対する再審査申立て，又は命令取消しの行政訴訟を提起できるが，受訴裁判所は判決確定までの間*緊急命令'を発することができる〔労組27の20〕。

休止(訴訟手続の)　⇒'訴訟手続の休止'

急 施 事 件　⇒'緊急事件'

休 日　I　仕事を一般的に休む日をいうが，各種の法令〔民訴93②等〕で「一般の休日」と呼ばれているのは，イ 日曜日，ロ 国民の祝日に関する法律の定める休日〔祝日2・3〕，ハ 正月の2, 3日目や盆・彼岸など社会的慣行として休む日のうちイロに当たらない日，の3種である。それ以外に，例えば，金融機関における土曜日〔銀行15①，銀行令5①③〕など，個別の法令によって定められている休日がある。

II　公的機関の執務を原則として行わず閉庁される日。国の行政機関及び裁判所に関しては，日曜日，土曜日，国民の祝日に関する法律に規定する休日〔祝日3〕，1月2日・3日，12月29日～31日がこれに当たり，国の行政庁に対する申請・届出等や司法行政に関する事項についての裁判所に対する申立て，届出等については，法定の期間をもって定められた期限がここでいう休日に当たるときは，原則として当該休日の翌日をもってその期限とみなす〔行政機関の休日に関する法律，裁判所の休日に関する法律〕。訴訟法上の*期間'についても，その末日がこれらの休日に当たるときは，期間はその翌日をもって満了し〔民訴95③〕，又はこれを期間に算入しない〔刑訴55③〕。民事訴訟においては，やむをえない場合を除き，一般の休日に期日を指定することができず〔民訴93②〕，執行官はその職務を行うことができない〔民執8〕など，特定の行為をすることが禁止されている。

III　労働法上は，*労働者'が*労働契約'上，労働する義務を負わない日をいう。*労働基準法'上，*使用者'は労働者に少なくとも毎週1回休日を与えなければならない。ただし，4週間を通じ4日以上の休日を与えてもよいとされ，*変形労働時間制'に対応した変形週休制が認められている〔労基35〕。労働基準法上の休日とは別に企業ごとに国民の祝日(国民の祝日に関する法律)や会社の創立記念日，*メーデー'などを休日と定めることがある。休日は一斉に与える必要はないし，法律には特定が求められていないが，特定しておくことが望ましい。特定し

きゅうしょ

た場合にも，所定の手続に従い，週休制の原則の範囲内で*休日振替'が認められる。なお，休日に労働者を働かせた場合には，使用者は3割5分以上の*割増賃金'を支払わなければならない〔労基37，割賃令〕。

休日振替　*就業規則'等であらかじめ定まっている*休日'(法定休日と法定外休日)を他の日に振り替えること。振り替えられた休日を振替休日という。事前の振替の場合，契約上の根拠(就業規則の規定や個別合意等)があり，法定休日について週休1日制の原則〔労基35〕の範囲で他の休日を指定して行われるなら，*三六(さぶろく)協定'や休日*割増賃金'〔労基37①〕の問題は生じない。それに対して事後に代休を付与して行われる休日振替の場合，契約上の根拠が必要であるとともに，労働した休日について休日割増賃金の支払が必要となる。

休日労働　*労働基準法'上の*休日'に行われる労働をいう。*時間外労働'と同様，*三六(さぶろく)協定'の締結・届出がなされている場合〔労基36〕，災害等による臨時の必要があり労働基準監督署長の許可を受けた場合，及び公務員について公務のため臨時の必要のある場合〔労基33〕に許され，通常の*賃金'の3割5分以上の*割増賃金'を支払わなければならない〔労基37，割賃令〕。休日労働が8時間超となっても割増率は3割5分のままだが，深夜労働となった場合は6割増(3割5分+2割5分)となる。適法に*休日振替'が行われた場合は，休日労働が行われたことにはならない。

休止満了　'審理の現状に基づく判決' ⇨'訴訟手続の休止'

吸収一罪　⇨'包括一罪'
吸収合併　⇨'合併'
吸収関係　⇨'法条競合'
吸収分割　⇨'会社分割'
吸収分割無効の訴え　⇨'会社の組織に関する訴え' ⇨'会社分割'

求償権　一般的には，一定の法律上の理由に基づき，特定の者に対して自分の財産の被った減少分の返還を求める権利をいう。いろいろな場合があるが，他人の債務を弁済した者が，その他人に対してもつ返還請求権を指すことが多い。例えば，連帯債務者又は保証人の1人が債務を弁済し他の連帯債務者又は主たる債務者がそれによって債務を免れたときに，その分について返還を求める場合などである〔民442・445・459～465・460②〕。そのほかに他人の行為によって損害賠償義務を負担させられた者が一定の要件の下にその他人に対して返還を請求する

権利〔民476・715③・717③等。なお，国賠1②参照〕や，債務の弁済によって*不当利得'を生じた場合の返還請求権〔民481②・707②〕などについても民法典では求償という語が用いられている。

旧商法　ドイツ人*レースラー'の起草したレースラー草案に基づき制定された最初の商法典(明治23法32)。3編1064カ条から成り，明治23年(1890)に公布され，翌24年1月1日から施行の予定であったが，*法典論争'の結果施行が延期された。その主な理由は，*ボアソナード'草案に基づくフランス法系の民法との体系的整合性と日本の商慣習の軽視にあった。その一部だけが明治26年7月1日，残りの規定は明治31年7月1日から1年足らずの間施行されたが，明治32年6月に現行商法が施行されたため，破産編を除き全部廃止され，更に大正11年1月1日から(旧)破産法が施行された結果，破産編も廃止された。

休職　Ⅰ　公務員に対する分限処分の一種で，*職員'としての身分又は官職を保有させながら，一定期間，職務に従事させないことをいう〔国公80④前，人規〈11-4〉4①〕。イ　心身の故障のため長期の休養を必要とする場合，ロ　刑事事件に関し起訴された場合(起訴休職)，ハ　その他，*国家公務員'については*人事院規則'で，*地方公務員'については*条例'で，それぞれ定める場合に，本人の意に反して休職とすることができる〔国公75①・79，地公27②・28②③〕。国家公務員についての休職期間は，上記ロの場合は事件が裁判所に係属している期間であり，その他の場合は3年を超えない範囲で*任命権者'が個別に定める〔国公80④，人規〈11-4〉5〕。休職者は，休職期間中，給与法令の定めに従って給与を受けることがある〔国公80④後，給与法23〕。休職事由が消滅したときは当然に復職する〔国公80③，人規〈11-4〉6〕。*特別職'の国家公務員にも，上記とほぼ同様の休職制度が用意されているものがある〔自衛43・44等〕。地方公務員についての休職期間等は条例で定める〔地公28③〕。公務員の意に基づく休職(依願休職)については法律に規定がないため，その可否が問題となりうる。　⇨'職(公務員の)'　⇨'不利益処分'　⇨'身分保障'

Ⅱ　病気休職，事故欠勤休職等，*労働者'につき労務に従事させることが不能又は不適当な事由が生じた場合に，*使用者'がその労働者に労務提供を免除又は禁止すること。内容や要件は各企業が*就業規則'等で多様な定めを置く。

求職者給付　*雇用保険'における*失業等給付'の一種〔雇保10①〕。一般被保険者につい

きゅうしょ

ては、*基本手当'、技能習得手当、寄宿手当及び*傷病手当'の4つ〔雇保10②・13〜37〕、*高年齢被保険者'については*高年齢求職者給付金'〔雇保37の2〜37の4〕、短期雇用特例被保険者については特例一時金〔雇保38〜40〕、日雇労働被保険者については日雇労働求職者給付金〔雇保42〜56の2〕とされている〔雇保10③〕。

求職者支援法 平成23年法律47号。正式には「職業訓練の実施等による特定求職者の就職の支援に関する法律」という。特定求職者(*雇用保険法'の*失業等給付'を受給できない求職者で支援措置の必要を*公共職業安定所'長が認めたもの〔求職者支援2〕)に、*職業訓練'の実施、当該職業訓練を受けることを容易にするための給付金の支給その他の就職に関する支援措置を講じて、就職を促進し、職業及び生活の安定に資することを目的とする法律〔求職者支援1〕。職業訓練期間中には職業訓練受講給付金が支給される〔求職者支援7〕。

休戦 *戦争'の過程で、一時戦闘行為を中止する状態(行為)、あるいはその旨の合意。一切の戦闘地域にわたる一般的休戦と特定の地域だけに限った地方的休戦とがある。ハーグ陸戦規則では、全般的休戦と部分的休戦とを区別する〔陸戦規則37〕。停戦ともいう。*平和条約'が結ばれないまま、休戦が事実上戦争の終了となることも多い。

休息 *休憩'より広い概念で、自宅で休む時間、*休日'、*年次有給休暇'などで休む場合も含まれる〔憲27②〕。一般には、休憩・休日・年次有給休暇が問題であるが、船員の場合、航行中は休息中も船舶にとどまるところから特別の規制がある〔船員64〕。⇨勤務間インターバル'

宮廷費 *皇室費'の一種〔皇経3〕。内廷諸費以外の宮廷諸費に充てられる費用〔皇経5〕。宮廷費は、宮内庁の経理に属する公金であって、この点で、*内廷費'・*皇族費'と異なる〔皇経4②・6⑧〕。

旧派 ⇨新派・旧派'

救貧法 貧困のため生活困窮に陥っている人々に対して、*生存権'に基づき受給権を付与する国家扶助法(*生活保護法')が成立する以前に、国家が恩恵的な救済を行うことを目的として制定された法の総称。貧民法ともいう。イギリスの救貧法(1601)及び新救貧法(1834)が、その*社会保障'の発展につながるものとして、特に有名である。日本における救貧法としては、恤救(じゅっきゅう)規則(明治7太達162。昭和4法39により廃止)、及び救護法(昭和4法39)、母子保護法(昭和12法19)、医療保護法(昭和16法36)、軍事扶助法(大正6法1)(以上の法律は旧生活保護法(昭和21法17)制定により廃止)などが主なものである。

給付 広い意味では、*請求権'の目的となる義務者の行為を指すが、普通には、債権の目的となる債務者の行為を指す。債権は、例えば売主が目的物を引き渡したり、被用者が労務を提供するなどのように債務者の行為を介して実現されるが、債権の目的となるこのような債務者の行為を給付という。このような給付に対する相手方の給付(上記の例では、買主の代金の支払、雇主の賃金の支払)を*反対給付'という。給付は、その性質に応じて、作為給付(積極的に一定の行為をすること)と不作為給付(一定の行為をしないこと)、可分給付(分割して実現できる給付)と不可分給付(分割できない給付)、特定給付(給付があらかじめ特定しているもの)と不特定給付(種類・品等・数量などによって指定された給付)、継続的給付と一時的給付、などに分類されるが、そのような分類をする法律上の実益については、それぞれ*作為債務・不作為債務'、*可分債務・可分債務'、*不可分債務・不可分債務'、*特定物・不特定物'、*継続的債権関係'をみよ。

給付基礎日額 *労働者災害補償保険'の現金給付の算定基礎となる額であり、*労働基準法'12条の*平均賃金'にほぼ相当するが、最低保障額があるなどの点で異なる〔労災8〜8の5〕。年金給付たる*保険給付'については、年度ごとの賃金水準の変動に応じて給付基礎日額を算定する完全自動賃金*スライド制'がとられており、また*休業(補償)給付'については、賃金水準が10％を超えて変動した場合に、その変動率に応じて給付基礎日額が改定される。このほか、療養開始後1年6カ月を経過した者の休業(補償)給付及び年金たる保険給付に係る給付基礎日額について、年齢階層別に最低限度額と最高限度額が設けられている。

給付義務・付随義務・保護義務 契約から生じる中心的な義務で、双務契約(⇨双務契約・片務契約')にあっては、*反対給付'と対価的な関係にあるものを給付義務という。売買契約における目的物の所有権を買主に移転する義務や、買主の代金支払義務のように、与える債務が給付義務の典型であるが、建物を建築する債務などの、なす債務であってもよい。これに対して付随義務は、給付義務の実現を準備・配達・補助する関係にある義務をいう。売主が目的物の使用方法を説明する義務、目的物の引渡しに際

きゅうみん

して目的物を毀損しないように注意する義務などがこれに当たる。給付義務の不履行に対する債権者の救済手段としては、*損害賠償'だけでなく、現実履行の請求や契約の解除がある。これに対して付随義務の違反は、その契約及び取引上の社会通念に照らして軽微であるときは、解除は認められず〔民541但〕、その救済手段としては損害賠償が中心となる。しかし、両者の区別は相対的である。なお、このほかに、債権者・債務者の双方が互いに相手方の生命・身体・所有権などを侵害しないように注意すべき義務を保護義務と称して、給付義務・付随義務から区別することがある（売主が目的物の搬入に際して買主の家具を毀損した場合、デパートの買物客が店内で転倒した場合など）。保護義務違反は、損害賠償請求の根拠として主張される。付随義務や保護義務は、契約当事者が契約に際しては意識して合意していないことが多く、その意味で*信義則'上の義務ともいわれる。⇨与える債務・なす債務'

給付行政 1 概念 行政活動の分類として、国家が財貨やサービスを提供する活動を給付行政と呼び、*規制行政'と対比した概念である。第一次大戦後、各国で、国家が市場の生み出した社会問題の解決等のために積極的に給付活動を行うようになった（*社会国家'、*福祉国家'）。ドイツの公法学者であったフォルストホフ（Ernst Forsthoff, 1902～74）が「給付主体としての行政」を1938年に発刊して以来、給付行政の語が広まった。交通や道路、河川、下水道などの都市基盤を整備する場合や、社会保障のために社会保険給付や在宅サービスを提供する場合、産業育成の目的で補助金の支給や利子補給を行う場合など、給付行政は広い範囲にわたり認められる。

2 行為形式と授権の要否 給付の提供は、契約で行われる場合もあれば、大量処理を必要とするときに法律関係を簡明にする目的で、行政行為（例えば、*許可'）によって支給される場合もみられる。給付活動を行う場合に、あらかじめ法律の根拠が必要であるかが、長らく争われてきた（*法律の留保'）。伝統的な侵害留保説によれば法律の根拠は不要であるが、社会保障給付に法律の根拠を養成する社会留保説や重要な制度決定に法律の授権を要求する本質性理論（重要事項留保説）によれば、議会の授権が必要である。

3 行政手続と訴訟手続 給付行政においても、給付の支給基準が明確にされているなど*適正手続'が求められる。例えば、処分の形式で支給が行われる場合には、支給条件等が審査基準として設定、公表されていること、不支給決定について理由が提示されることが必要である〔行手5・8〕。不支給決定に対しては、*取消訴訟'や（申請型）*義務付け訴訟'を用いて争うことが可能である。

給付事由 ⇨保険事故'

給付の訴え 原告の*請求'が、被告に対し給付請求権を主張しこれに対応した*給付'を被告に命じる判決（*給付判決）を裁判所に要求することを内容とする*訴え'。*確認の訴え'、*形成の訴え'と並ぶ訴えの3類型の1つ。この訴えを認容する判決が給付判決であり、確定した給付判決は原告の被告に対する給付請求権の存在を確認する*既判力'と*執行力'とを有する。給付の訴えは、*口頭弁論'終結時に既に*履行期'の到来した給付請求権を主張する現在の給付の訴えと、将来に履行期の到来する給付請求権をあらかじめ主張する*将来の給付の訴え'とに分かれる。前者は原則として当然に給付の*訴えの利益'が認められるが、後者には「あらかじめその請求をする必要」〔民訴135〕という特別の訴えの利益が要求される。原告は、求める給付の内容を*請求の趣旨'において表示する必要があるが、給付の内容は、*実体法'が給付請求権を認めている限り、金銭の支払、特定物の明渡し・引渡し、移転・抹消登記申請等の意思表示、建築工事の差止めなど何であっても差し支えない。

給付判決 *給付の訴え'に対して、原告の請求を認容する判決。裁判所が原告の主張する給付請求権の存在を認める場合に、被告に対する給付命令（被告は原告に金100万円を支払えとか、家屋を明け渡せという命令文）を判決*主文'に掲げてする。*確認判決'・*形成判決'に対する。確定したか又は*仮執行'宣言の付された給付判決は、*債務名義'として*強制執行'の基礎になる〔民執22〕。この効果を判決の効力とみて*執行力'と呼ぶ。また、被告に対する給付請求権の存在に係る*既判力'が生じる。給付判決のこの2つの効力の相互関係をどう理解するかは、給付の訴えにおける*訴訟物'の把握にも影響する（⇨新訴訟物理論'）。

給付命令 ⇨給付判決'

牛歩戦術 ⇨議事妨害'

休眠会社の整理 長期間*登記'の変更のない*株式会社'は既に事業を廃止し実体のなくなった休眠会社である蓋然性が高く、このような会社を放置しておくことは登記の信頼性を害し登記事務の非効率を招く。そこで昭和49年改

きゅうみん

正(法21)商法により，最後の登記後5年を経過している会社が，まだ事業を廃止していない旨の届出をすべき旨の法務大臣の*公告'があったにもかかわらず公告の日から2カ月以内に届出又は登記をしなければ，解散会社とみなされることとなった。会社法は，*監査等委員会設置会社'・*指名委員会等設置会社'以外の*非公開会社'の*取締役'の任期を*定款'で10年に伸長できるものとしたこと等に鑑み〔会社332②〕，最後の登記後12年を経過した株式会社を対象に，上述した手続により公告の日から2カ月の期間満了時に解散したものとみなすこととした〔会社472①〕。この場合には，職権により解散の登記がなされる〔商登72〕。なお，みなし解散の登記後3年以内に限り*株主総会'の*特別決議'により*会社の継続'が可能である〔会社473〕。

旧民事訴訟法 明治23年法律29号として制定された*明治民事訴訟法'のうち，大正15年(1926)に当時の最新の立法であるオーストリア民事訴訟法(1895年制定)を参考として全面的に改正され(法61)，昭和4年から施行された1〜5編(*判決手続'の部分)を指す。大正民事訴訟法ともいう。第二次大戦後は，部分的に英米法の影響を受けて，*交互尋問'制度の導入，*職権証拠調べ'の廃止などの改正がなされ(昭和23法149)，更に*手形訴訟'・*小切手訴訟'の制度が5編ノ2として追加された(昭和39法135)。

旧民法 フランスの法学者*ボアソナード'らによって明治12年(1879)から10年の歳月を費やして起草され，明治23年に公布された日本最初の民法典(法28・法98)。フランス民法典を基礎にして，当時までのフランスの判例・学説及びボアソナード自身の考え方をも盛り込んで起草されたもので，財産・財産取得・債権担保・証拠・人事の5編から成る。ただし，人事編(家族法)と財産取得編の一部(相続法等)は日本人起草委員によって起草された。同法典は，明治26年から施行されることになっていたが，ナショナリズム的感情とイギリス法派・フランス法派の対立などから，反対論が生じ，とりわけ家族に関する部分が日本の風俗習慣(醇風美俗(じゅんぷうびぞく))に合わないとの強い反対論を生じ(民法典論争)，結局，一度も実施されることなく廃止され，これに代わって現行民法典が制定された。現行民法典は，発表されたばかりの*ドイツ民法'第1次草案を始め各国の民法典を参照して作られたが，旧民法典が出発点となっている。その意味で，旧民法典は現行民法を理解するための重要な資料である。 ⇨民法' ⇨法典論争'

求問権 ⇨釈明権'

糺問(きゅうもん)主義 元々は，裁判官と検察官あるいはこれに相当する訴追主体との分離がなく，裁判官が自ら手続を開始し，審理判決する刑事裁判の方式を意味した。*弾劾主義'に対する語。糺問主義に対する否定的評価に基づいて*不告不理の原則'が生まれ，訴追者と被告人とが相対立する三面構造が作り出された。今日では糺問主義ないし糺問的という観念は，自白追及的な*捜査'のやり方や，*職権主義'に傾いた*公判'の運営を批判する形容詞として用いられることが多くなっている。

糺問(きゅうもん)的捜査観 弾劾的捜査観と対立する伝統的な捜査観の呼称。捜査は，*捜査機関'が被疑者を取り調べることを中心とする手続で，各種の強制処分もそのために認められているという考え方をいう。これは，確かに捜査の現実を反映しているが，日本国憲法の下で構築された自由主義的な刑事手続の理念にはふさわしくないところから，学説は「弾劾的」「糺問的」という一対の評価的用語によって，新旧の捜査観の違いを鋭く示そうとしている。 ⇨捜査' ⇨弾劾的捜査観'

給与 国又は地方公共団体の職員の俸給及び諸手当の総称。職員の給与は，その職務と責任に応じるものでなければならない〔国公62，地公24①〕。すなわち，公務員の給与は，公務遂行のために提供する労働に対して支給される反対給付であり，法律に基づいて支給されるべきものである〔国公62〜65〕。給与支給の基本法として，*一般職の職員の給与に関する法律'がある。*特別職'の職員については，「特別職の職員の給与に関する法律」(昭和24法252)により，また，国会職員・裁判官・検察官・防衛省職員等については，それぞれ別の法律で定められている。地方公務員の給与については，条例主義がとられ，給与に関する条例で定める事項が*地方公務員法'に規定されている〔地公25〕。 ⇨歳費' ⇨俸給' ⇨給料'

給与所得 所得税法上の各種所得の1つで，俸給，給料，賃金，歳費及び賞与並びにこれらの性質を有する*給与'に係る*所得'をいう〔所税28①〕。勤労性所得の一種である点で資産性所得の*利子所得'や*配当所得'などと異なり，非独立的・従属的労働の対価と性質付けられる点で独立的に営まれる事業から生じる*事業所得'などと異なる。また退職時に支払われる給与(退職金)は，*退職所得'として，給与所得とは区別して取り扱われる。給与所得には，基本給や残業代といった役務提供の対価である金銭

のほか，勤労者としての地位に基づき雇用主から支給される家族手当・住宅手当や，低い賃料で貸し与えられる社宅・社員旅行等の経済的利益も含まれる。このような経済的利益はフリンジ・ベネフィット(英 fringe benefit)と呼ばれるが，通勤手当のように明文の規定〔所得9①5〕により非課税とされているもののほか，通達により実務上課税されていないものも多い。給与所得の金額は，原則として給与等の収入金額から*給与所得控除'額を控除した残額であるが〔所得28②〕，多額の通動費や資格取得費など特定支出が生じた場合には，一定の範囲内で更に控除できる(特定支出控除〔所得57の2〕)。給与所得は原則として*源泉徴収'の対象となるが，給与所得者の税額の過不足をその年最後の給与において給与支払者が清算する年末調整〔所得190〕により確定申告や税額の追加納付を要しない給与所得者も非常に多い。

給与所得控除 *給与所得'の金額の算定上，収入金額から控除が認められる金額のこと〔所税28②③〕。収入金額に応じ，最低65万円から一定の上限額まで認められる。従来その性質は，イ *必要経費'の概算控除，ロ 勤労者としての担税力の低さの調整，ハ 給与所得の捕捉率が他の所得より高いこと，ニ *源泉徴収'による早期納付に係る金利調整にあるとされたが，判例は概算控除である点を重視した(最大判昭和60・3・27民集39・2・247)。平成24年の改正(法16)では，給与所得控除の性質を勤務費用の概算経費控除と他の所得との負担調整措置の2つと捉え，それぞれの要素が給与所得控除の半分ずつを構成するものとし，特定支出額が給与所得控除の半分(概算経費控除部分)を超過した場合に，超過部分を特定支出控除の対象とするものとされた〔所税57の2①〕。

給与所得者等再生 *民事再生'の特則として，個人債務者の再生のために規定された簡略な手続の1つ〔民再239以下〕。*小規模個人再生'の申立てが可能な債務者のうち，定期的な収入を得る見込みがあり，かつ，その変動幅が小さいと見まれるものは，給与所得者等再生を申し立てることができる。給与所得者等再生においては，*再生計画'中の弁済総額が，債務者の可処分所得の2年分以上とされるが〔民再241②7〕，再生計画案の決議は不要とされる。

給料 *賃金'と同義に用いられることが多い〔労基11〕が，法律上は次の意味がある。
1 継続的雇用関係に立つ*使用人'に対する報酬，又は家族的労務者としての使用人に対する報酬〔民308〕。

2 *地方公共団体の長'及びその補助機関である職員(専門委員を除く)その他，一定の職員に対して支給する*給与'のうち，諸手当等を除外した基本給，すなわち，国家公務員の場合の*俸給'に相当するものをいう。給料の額及びその支給方法は，*条例'で定めなければならない〔自治204，地公25〕。
3 *船員'に対して支払われる報酬のうち基本なる固定給〔船員4〕。

業(とする) ⇨業(とする)'(巻末・基本法令用語)

教育委員会 **1 性格** 教育に関する事務を管理執行するために，都道府県・市町村・*特別区'及び地方公共団体の*一部事務組合'に置かれる*行政委員会'〔教育行政2，自治180の5①1・180の8〕。教育における地方自治，教育行政の一般行政からの独立などの原理を体現する。アメリカにおける board of education, school boards がモデルとされている。「地方教育行政の組織及び運営に関する法律」(昭和31法162)の平成26年改正(法76)により抜本的な制度改革がなされた。

2 組織 **イ 委員構成**：委員会は，教育長及び4人の委員をもって組織する〔教育行政3本文〕。ただし，都道府県，市，及び都道府県若しくは市が加入する一部事務組合の教育委員会にあっては教育長及び5人以上の委員，町村又は町村のみが加入する一部事務組合の教育委員会は教育長及び2人以上の委員でも組織することができる〔教育行政3但〕。教育長は常勤で任期3年〔教育行政11④・5①〕，委員は非常勤で任期4年〔教育行政12②・5①〕である。以前は委員長が委員会を代表し，それとは別に教育長が置かれていたが，平成26年の制度改革により，教育長に一本化された〔教育行政13①〕。新制度の下では，教育長が会議を招集する〔教育行政14①〕。委員は，当該*地方公共団体の長'の被選挙権を有する者で，教育・学術・文化に関し識見を有するもののうちから，地方公共団体の長が議会の同意を得て任命する〔教育行政4②〕。**ロ 教育長**：平成26年の改革前は，教育委員会の執行長官兼専門的助言者であり，教育委員会によって当該教育委員会の委員である者のうちから任命されていた。それが，平成26年の改革により，当該地方公共団体の長の被選挙権を有する者で，人格が高潔で，教育行政に関し識見を有するもののうちから，地方公共団体の長が議会の同意を得て，任命されることとされた〔教育行政4①〕。教育長は地方教育行政の担い手としての重要な責任を自覚するよう求められている〔教育行政

きょういく

11⑧〕が，その教育長を地方公共団体の長の任命にかからしめたところに平成26年改革の眼目がある。ハ 事務局：教育委員会は独自の事務局をもつ〔教育行政17〕。そこに所属する指導主事及び社会教育主事は，学校教育又は社会教育に関し専門的な指導助言を行う〔教育行政18③，社教9の3①〕。ニ 教育委員の準公選：教育委員会の委員については，昭和23～31年の時期には，住民による*公選'の制度が実施されていたが，その後委員は，地方公共団体の長が議会の同意の下に任命することとされた〔教育行政4②〕。かかる現行法を前提とした上で，委員の任命に際し*住民投票'を行うなどの形で，公選制の趣旨を生かそうとする制度が，教育委員会の準公選である。*条例'で一時期それを採用した例として，東京都中野区が挙げられる。

[図：教育委員会の組織]

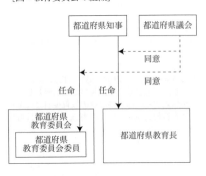

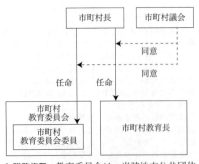

3 職務権限 教育委員会は，当該地方公共団体が処理する教育に関する事務を管理・執行し，その所管する大学及び幼保連携型認定こども園以外の公立学校を所管する〔教育行政21・32〕。その所管に属する学校等の基本的事項は教育委員会規則(学校管理規則と称される)で定めることになっている〔教育行政33①〕。教育委員会と地方公共団体の長は，それぞれ分担する事務を法令，条例，規則等に基づいて管理，執行しなければならない〔教育行政24〕とされているが，平成26年の改革により，両者で構成される総合教育会議を設けることになった〔教育行政1の4〕。教育委員会は，その権限に属する事務に関して協議する必要があると思料するときは，地方公共団体の長に対し，総合教育会議の招集を求めることができる〔教育行政1の4④〕。

教育基本法 平成18年法律120号。旧教育基本法(昭和22法25)は，前年制定の日本国憲法の精神にのっとり，教育の目的を明示し，教育の基本を確立するために制定された〔旧教基前文〕。後の両院における*教育勅語'の失効決議により，戦前法制からの根本的転換を企図するものであることが明確となった。教育を受ける権利〔憲26①〕を貫徹するために，教育の機会均等と経済的に修学困難な者に奨学の方法を講ずる義務とを定め〔旧教基3。教基4参照〕，また義務教育について規定することで〔旧教基4。教基5参照〕，子女に普通教育を受けさせる国民の義務〔憲26②〕を具体化した。更に，「個人の尊厳を重んじ，真理と平和を希求する人間の育成」〔旧教基前文〕という観点から，政治教育の尊重〔旧教基8。教基14参照〕や宗教教育〔旧教基9。教基15参照〕についても規定した。その後半世紀を超えてそのまま維持されたが，平成18年に至って大きく改められた。新法は，教育の目的〔教基1〕を「人格の完成を目指し，平和で民主的な国家及び社会の形成者として必要な資質を備えた心身ともに健康な国民の育成を期す」と定めた後に，教育の目標〔教基2〕として，幅広い知識と教養の修得，豊かな情操と道徳心の涵養(かんよう)，自主・自律の精神の錬磨，社会形成への主体的な参画，環境保全に寄与する態度の養成，伝統と文化を育んできたわが国と郷土を愛する態度の涵養などを掲げ，更に1カ条を起こして生涯学習の理念をうたった〔教基3〕。本法は，このように憲法の基本的理念を具体化する法律であるところから，教育憲法とも称される。

教育訓練休暇 職業人としての資質の向上その他職業に関する教育訓練を受ける*労働者'に対して与えられる有給教育訓練休暇，長期教育訓練休暇，再就職準備休暇その他の休暇〔能開10の4①[1]〕。*労働基準法'上の*年次有給休暇'とは別に〔能開10の4②③〕，事業主による職業能力開発促進措置の主要なものの1つとして奨励されている。

きょういく

教育訓練給付 *雇用保険法'における*失業等給付'の一種〔雇保10①〕。労働者が自ら職業に関する教育訓練を受けた場合に必要な給付を行うことによって，その生活と雇用の安定を図ること等を目的とする。雇用保険の*被保険者'等が，厚生労働大臣指定の教育訓練を受け，それを修了した場合，一定の受給要件を満たすときに，教育訓練給付金として支給される〔雇保10⑤・60の2①②③〕。給付金の額は，受給者が当該教育訓練受講のために支払った費用(省令で定める範囲内のもの)を算定基礎として，一般教育訓練〔雇保則101の2の7①〕の場合はその2割，特定一般教育訓練〔雇保則101の2の7①の2〕の場合は4割，業務独占資格・名称独占資格の取得を訓練目標とする養成施設の課程や専門職大学院等の専門実践教育訓練〔雇保則101の2の7②〕の場合は5割，専門実践教育訓練を修了し，同訓練に係る資格を取得等して，一般被保険者等として雇用された者等〔雇保則101の2の7③〕の場合は7割である(上限がある)〔雇保60の2④〕。

教育刑主義 刑罰の目的は，犯罪者の社会復帰のための教育にあるとする見解。*目的刑主義'の一種ではあるが，知・情・意を備えた社会的人間の形成を目指すため，功利的な改善刑主義に比して人道主義的福祉国家思想の色彩が濃い。この教育目的のゆえに，処遇の個別化，*不定期刑'の必要性が主張される。リスト(Franz von Liszt, 1851～1919)門下のリープマン(Moritz Liepmann, 1869～1928)によって唱えられ，日本では，牧野英一(1878～1970)，正木亮(1892～1971)によって強く推進された。

教育権 1意義 憲法上は，国民の教育の自由としての教育人権・教育基本権を本旨とするが，*教育を受ける権利'の略称としても語られる。教育法制上では，国民の教育に関する人権の総称である用法も存するが，主に教育内容決定権能を指し，それが親や教師個人という国民が主体であれば教育人権であるほか，学校機関の教育権限であることがあり，国・文部科学大臣や*教育委員会'が主体となれば教育権力ともなる。なお，いずれにせよ今日の教育権については，子供の人権とりわけ*学習権'を保障する義務性が大いに問われている。
2 親・国民の教育権 親の教育権は，元来親権の一環として民法820条に規定されてきたが，学校教育との関わりを主にして国際的確認がなされており，それは憲法上の「親の教育の自由」と連なっている。1948年*世界人権宣言'26条3項による親の教育種類選択権(宗教教育の自由等)，1989年*児童の権利に関する条約'5条・18条1項による子供の発達に責任をもつ親の指導権，最高裁判所の*旭川学テ事件'判決(最大判昭和51・5・21刑集30・5・615)における，子供の学習権に対応する「親の教育の自由」，など。それらが学校教育への父母参加権としていかにありうるかが，日本では学校慣習法の課題をなしている。また広く国民の教育権としては，私立学校教育の自由が存するほか，教科書裁判で国民の教科書作成・出版の自由が問われている。
3 教師の教育権 戦前の学校教育に対する教育行政支配を反省して*教育基本法'16条1項が教育への「不当な支配」を禁じており，そこで保障された学校教師の教育自治権には，学校機関の権限としての部面〔学教37⑪〕も存するが，人間的主体性に立つ国民の教育の自由としての部面がありうる。最高裁判所の学力テスト事件判決でも，小・中・高等学校「教師の教授の自由」が一定範囲で憲法23条*学問の自由'に含まれることを肯認している。同時に教師の教育権に伴う子供の権利保障の責任は重い。
4 国家の教育権の問題 *明治憲法'下には天皇*大権'の一部に教育権力(圏 Erziehungsgewalt)が存したが，戦後においても国の側は，議会民主制に essentially国家の教育権を唱えてきた。最高裁判所の旭川学テ事件判決は，国民の教育人権を前提にして一定程度に国の教育内容決定権を肯定する折衷説を採用し，全面的な国家教育権説を退けている。ここで国家の教育権力と国民の教育人権をひとしく「教育権」と語ることの疑問も生ずる。
⇨教育の自由'

教育公務員特例法 昭和24年法律1号。
1 趣旨 教育公務員の職務と責任の特殊性に基づき，*地方公務員法'に対する人事上の特例を定めた法律。
2 具体的内容 イ 教育公務員とその身分：教育公務員とは，法律に定める公立の*学校'(「国立大学法人法等の施行に伴う関係法律の整備等に関する法律」(平成15法117)による改正前は国立学校)の学長・校長・教員及び部局長並びに*教育委員会'の専門的教育職員(指導主事・社会教育主事)〔教公特2⑤〕をいう〔教公特2①〕。
ロ 大学教育公務員の人事に関する自治：学長の採用のための選考は，評議会(評議会を置かない大学では教授会)の議に基づき，評議会が行う〔教公特3②〕。学部長の採用のための選考は，当該学部の教授会の議に基づき，学長が行う〔教公特3③〕。学部長以外の部局長の採用のための選考は，評議会の議に基づき，学長が行

きょういく

う〔教公特3④〕。教員の採用及び昇任のための選考は、教授会の議に基づき、学長が行う〔教公特3⑤〕。それぞれ任用は学長の申出に基づいて、任命権者が行う〔教公特10〕。教員の分限免職・懲戒処分は評議会の審査の結果に基づくことを要する〔教公特5・9・10〕。これらは戦前における*大学の自治'の慣行を踏まえながら、日本国憲法23条を具体化したものである。ハ 他の教育公務員の特例:指導主事及び社会教育主事の採用・昇任は、教育長が選考によって行う〔教公特15〕。このうち指導主事については、当初存在した特別の免許状制度が廃止されたため、特色を減じた。大学以外の公立学校の教員につき、任用選考・休職・研修・服務に関する若干の特例規定があるが、転任や不利益処分に関する明文の保障規定はない。他方、本法の改正は往々教員の権利制限や義務付加を内容とするため論議を呼んできた(昭和29年の改正(法156)による公立学校教員の政治的行為制限の強化〔教公特18〕、昭和63年の改正(法70)による初任者研修の新設〔教公特23〕、平成28年の改正(法87)による教員研修計画制度の導入〔教公特22の4〕、令和4年の改正(法40)による研修等に関する記録の作成〔教公特22の5〕及び資質の向上に関する指導助言〔教公特22の6〕に係る規定の追加など)。

教育長 ⇒教育委員会'

教育勅語 *大日本帝国憲法'発布の翌年(1890)10月30日に発せられた「教育ニ関スル勅語」。井上毅や元田永孚らが起草したもので、「忠義」と「孝行」を一本化した「忠孝」を臣民の道徳の核心に据え、それによって日本国民がまとまってきたことを「国体ノ精華」とたたえ、この勅語に列記されている徳目を身につけて「皇運ヲ扶翼」すべきことを教育の根本方針とした。この勅語それ自体は法規ではなかったが、各学校にその謄本が交付され、学校行事等では奉読・暗唱が行われ、「修身」の教科を通じても子どもたちに注入された。日本国憲法制定後、憲法の精神に反するのではないかとして問題視され、国会の衆参両院の決議でその失効が確認された(昭和23・6・19)。

教育の機会均等 1 意義 全ての国民が、能力に応じて、ひとしく教育を受ける機会を保障されるという法原理。*教育を受ける権利'の一内容をなし、*法の下の平等'〔憲14①〕の教育面における現れでもある。
2 内容 その具体的内容は、教育上の差別の禁止(イ)と機会均等を促進する積極的制度の整備(ロ〜ヘ)に大別される。イ 教育上の差別の禁止:*教育基本法'4条1項は、能力以外に「人種、信条、性別、社会的身分、経済的地位又は門地によって、教育上差別されない」と定めているが、ここに憲法14条には列挙されていない「経済的地位」が明示的に挙げられているのは、各家庭の経済的水準が教育を受ける機会に与える影響の大きさを顧慮してのことである。ロ 普通教育を受けさせる義務と*義務教育'における無償制:普通教育とは、長年にわたり小学校・中学校の教育を指し、それが義務教育と観念されてきたため、授業料の不徴収や教科書等の無償措置は義務教育段階までと限定されてきた。しかし、幼稚園通園や高等学校進学が一般的になってくると、それらも普通教育=義務教育の範疇に含めて考えるべきだという見解も有力になる。この見解に従えば、義務教育無償の対象も拡大することになる。ちなみに、現段階では、「高等学校等就学支援金の支給に関する法律(平成22法18)」が存在する。また、新たに不登校児童・生徒や夜間学校に対する支援を義務付ける「義務教育の段階における普通教育に相当する教育の機会の確保等に関する法律(平成28法105)」が制定された。ハ 修学支援制度:生活保護の一内容である教育扶助を別にして、市町村等の就学援助〔学教19〕や*子ども・子育て支援法'があるほか、高等教育に及ぶものとして独立行政法人日本学生支援機構法(平成15法94)に基づく奨学金制度(貸与型と給付型)がある。ニ 私学助成:私立学校は、公教育に質量ともに大きな協力をしているが、日本では授業料収入に依拠する割合が高いという現実に鑑み、私学助成〔私学132、私学助成〕が教育の機会の均等化に重要な役割を果たしている。ホ 特別支援教育:特別支援学校〔学教72〕は障害児に学校教育の機会を保障する。この領域では特に、教育の内容と方法を機械的に平等にするのではなく、子どもの意思や能力の発達の必要性、発達の仕方に応じた教育がなされるべきであるという見解が有力になっている。ヘ 社会教育・生涯学習の振興:社会教育〔基12〕は、学校教育と並んで生涯学習の見地から重視されている〔生涯学習の振興のための施策の推進体制等の整備に関する法律(平成2法71)〕。

教育の自由 狭い意味では教育する自由、広い意味では教育に関する自由をそれぞれ指す。ここで教育という場合、広くは大学教育や社会教育も含むが、普通、子供の教育を指す。教育の自由は、歴史的には、私学の開設・運営の自由や、親の学校選択・家庭教育の自由を中心にして語られてきた。しかし、近年では、それら

きょうえき

とともに、あるいは、それら以上に、教師や教科書執筆者の側の自由が主張されるようになってきた。そして、国家は教育内容に不当に介入してはならないという趣旨で、国民の教育権と同義で、国民の教育の自由という言葉が使われたりもしている。その対極にあるのは、国家は教育内容に大幅に介入する権限をもつとする「国家の教育権」説である。また、この説と「国民の教育権」説を折衷した見解もある。具体的には、*教科書検定'や*学習指導要領'などが、議論の対象になっている。なお、以上とは別に、「教育の自由化」論が唱えられることもある。⇨教育権' ⇨教育を受ける権利' ⇨学問の自由'

教育の政治的中立　公教育法の原理の1つである教育の政治的中立性は、政治的党派の不当な影響からの独立としての教育内容の中立性と、公権力からの独立としての教育行政の中立という2つの側面を有していると解される。しかし、この用語が、実定法上、「義務教育諸学校における教育の政治的中立の確保に関する臨時措置法」(昭和29法157)において初めて登場したときから、その概念はあいまいであった。というのは、この法律は一方で平成18年全面改正以前の「教育基本法(昭和22法25)の精神に基き、義務教育諸学校における教育を党派的勢力の不当な影響又は支配から守り、もつて義務教育の政治的中立を確保するとともに、これに従事する教育職員の自主性を擁護することを目的とする」〔教育中立旧1〕と定めると同時に、教育職員が教育を利用し、団体としての活動を通して児童・生徒に対して特定の政党等を支持・反対する活動を禁じ、禁止行為の教唆・煽動(せんどう)には「1年以下の懲役又は3万円以下の罰金」を科していた〔教育中立旧3・旧4〕からである。前者の「教育を党派的勢力の不当な影響又は支配から守」ることが、戦前の学校教育における特定の政治思想の強制を反省することに重点を置き、後者の教育職員の団体活動と連携した教育活動を通じての*政治的活動'の禁止が教育職員による*教育の自由'の制限に向けられていることは確かである。しかし、そうであったとしても、両者ともに「教育の政治的中立」の要請に適うことは間違いなかろう。問題はまさに、このあいまいな概念が現実政治と学校教育の中でどのように機能し、運用されてきたかにある。こうした視点からは、公立学校の教育公務員の政治活動の制限を一般の地方公務員より強めて国家公務員の例による〔教公特18〕こととしたり、教職員団体の政治的活動に刑罰を科したり〔教育中立3・4〕、「政治的行為」に関する人事院規則による制限の適用範囲を教育職員にまで拡大したり〔人規〈14-7〉1〕する法制が後者の側に軸足を置いてきたことは事実であり、そのことを法制面で明白に追認したのが*教育基本法'の全面改正(平成18法120)であった。

教育を受ける権利　**1 意義**　国民が国家に対し教育に対する積極的配慮を要求できる*基本的人権'。日本国憲法26条1項は、「すべて国民は、法律の定めるところにより、その能力に応じて、ひとしく教育を受ける権利を有する」と規定している。これは第二次大戦後の世界的な憲法・国際規約の動向にそうもので、*世界人権宣言'26条1項1文が「すべて人は、教育を受ける権利を有する」と宣言している。それが*社会権'であることに異論はないが、その保障理由については、民主政治の基盤である*公民'的能力の確保を重視する説と、国民に労働・生活能力を保障する趣旨であるとみる説とがあったが、教育法理論の発展に基づき、後者の説を拡充した*学習権'という理解が判例となっている(最大判昭和51・5・21刑集30・5・615〈旭川学テ事件〉)(⇨旭川学テ事件')。
2 内容　第1に、教育制度面に関しては、*教育の機会均等'を目指し、*義務教育'とその無償制〔憲26②〕、平等な学校制度〔学教〕、奨学制度〔教基4③〕などが保障される。障害児教育の整備も重要であり、また、成人の生涯学習の振興もその一翼をなす。第2に、教育を受ける権利が教育内容面の保障を含むかについては、かねて世界人権宣言が、「教育は、人格の完全な発展並びに人権及び基本的自由の尊重の強化を目的としなければならない」、「親は、子に与える教育の種類を選択する優先的権利を有する」と表明していたが〔人権宣言26②前③〕、上記の最高裁判所判例で子どもの学習権保障に関わる国の教育内容決定権が一定程度に認められ、それが*教育の自由'を前提とした教育条件整備〔教基16〕の域を越え出ないかどうかが問題となる。

共 益 権　⇨株式'
共益債権　*民事再生'手続・*会社更生手続'において、手続によらずに随時*優先弁済'される請求権〔民再121①②・119・49④⑤・50②・120等、会更132①②・127・61④⑤・62②・128・130等〕。*破産法'上の*財団債権'に対応する。

共 益 費　同一の債務者に対する各債権者に共通の利益のために要した費用。ある債権者が、債務者の財産の保存、清算、配当のために費やした費用(例えば、債権の*時効の更新'、債務者の財産の換価・取立て・財産目録の調製等

きょうかい

の費用)は，他の債権者にも共通の利益になる費用なので，*先取(さきどり)特権'('一般の先取特権')として，他の債権者に優先して弁済を受けることができることとした〔民306・307〕。

教誨(きょうかい)　受刑者その他の*刑事施設'収容者に対して行う，徳性の育成を目指す教育活動。宗教教誨と一般教誨が，監獄法(明治41法28)では認められていた。前者は*信教の自由'を確保するとともに健全な宗教的精神の涵養(かんよう)を図ろうとするもので，後者はその他の説法等の教育活動をいう。平成18年施行の*刑事収容施設法'においても，刑事施設の長の，被収容者に対する宗教教誨を受ける機会を設ける義務について定めている〔刑事収容68〕。宗教教誨として教誨師(民間の篤志の宗教家)による宗教上の説話，宗教行事，読経等が行われている。

境界確定の訴え　隣接する土地の境界線について争いがある場合に，判決によって境界線を確定することを求める訴え。筆界確定の訴え〔不登147・148〕又は経界確定の訴えともいう。確定の対象を*一筆(いっぴつ)'の土地と一筆の土地との境界線，すなわち*地番'の境界であるとし，*請求棄却'はありえず境界不明の場合も裁判所の裁量で確定でき，原告による主張や境界線の主張も不要とする一方，裁判所は当事者の*申立て'に拘束されず，*上訴'審では*不利益変更の禁止'の原則も適用されないとするのが通説・判例(最判昭和38・10・15民集17・9・1220等)である。これによれば，原告と被告の土地所有権の範囲については*既判力'は及ばない。しかし，このような考えは当事者の通常の意思に沿わないとして，地番の境界と*所有権'の範囲の双方，又は所有権の範囲のみを確定の対象とみる見解もある。なお，平成17年，通説を前提に，不動産登記法で*筆界特定'の手続が導入され〔不登123〜150〕，この訴訟との関係についても定められた〔不登147・148〕。⇨形式的形成訴訟'

協会管掌健康保険　⇨健康保険'
協会けんぽ　⇨全国健康保険協会'
境界損壊罪　境界標を損壊・移動・除去し，又はその他の方法をもって，権利者を異にする土地の境界を認識することを不可能にする罪。刑法262条の2。5年以下の拘禁刑又は50万円以下の罰金に処せられる。戦後頻発した土地の不法占拠を取り締まるために昭和35年の刑法改正(法83)で，*不動産侵奪罪'〔刑235の2〕とともに新設された。境界標とは，土地の境界を明示する標識をいい，工作物(くいなど)であると自然物(立木など)であるとを問わない。境界標が自己の所有物であるときも本罪が成立するかは，説が分かれている。行為の結果，土地の境界が，他の方法によらなければ認識できなくなったことを必要とし，この結果の発生しないときは，せいぜい境界標に対する*器物損壊罪'〔刑261〕が成立するにとどまる(最判昭和43・6・28刑集22・6・569)。その意味で本罪は毀棄罪の一類型であるが，*文書偽造罪'的な性質を有する。なお，隣地のとり込みのために行われたときは，むしろ不動産侵奪罪が成立する。⇨毀棄'・損壊'

境界変更　1 概念　*地方公共団体'の区域の変更で，地方公共団体の廃止又は新設を生じない場合をいう。法人格の変動を生じない点で*廃置分合'と異なる。
2 手続　境界変更手続は，原則的には廃置分合の手続と同じである〔自治6・7〕。ただし，*都道府県'の境界にわたって*市町村'の境界変更があったとき，及び従来地方公共団体の区域に属しなかった地域を市町村の区域に編入したときは，都道府県の境界もおのずから変更される〔自治6②〕。また，都道府県の境界にわたる市町村の境界の変更は，関係地方公共団体の申請に基づいて総務大臣が定める〔自治7③〕。更に，*公有水面'だけに係る市町村の境界変更は，関係市町村の同意を得て都道府県知事が当該都道府県議会の議決を経て定め，また，これが都道府県の境界にわたる場合には関係地方公共団体の同意を得て総務大臣が定める〔自治9の3①②〕。いずれの場合も，境界変更の処分は総務大臣の告示によって効力を生ずる〔自治7⑦⑧〕。

教会法　1 教会内規範　「教会の有する法」(🔲 ius ecclesiae)としての教会法は，教会内の法関係を規律する規範の総体を指し，その本質に着目するならば，教会概念を法的に記述したものと捉えられ，法源に着目するならば，教会により定立されるもの(🔲 ius mere ecclesiasticum)のほか，神法(🔲 ius divinum positivum)，慣習法等から成る。「教会の有する法」のうち，カトリック教会法は*カノン法'(🔲 ius canonicum)と呼ばれる(ただし，近代プロテスタント教会法学においては，カトリック教会固有の法規範を教皇により定立されたものに限定し，これをカノン法と区別することがある)。
2 国家(間)規範　これに対し「教会に関する法」(🔲 ius ecclesiasticum)は，本来「教会の有する法」の意であったが，近世に入り，プロテスタント教会が法規範の重要な部分を領邦君主の定立に負うことから，次第に世俗権力が教会に関して定立する法規範を指すようになった。今

日，多くの国々では，「教会に関する法」は教会に関する国家法を指す(ただし，ドイツでは，教会に関する国家法は国家教会法(圖 Staatskirchenrecht)と呼ばれ，「教会法」(圖 Kirchenrecht)は「教会の有する法」を指す)。教会に関係する重要な法規範としては，これらのほか，国家と教会の間で締結される政教協約(羅 concordatum)がある。

教科書検定　**1 制度の概要**　*学校教育法' 34条(及び70条・82条による準用)は，小・中・高等学校における検定済み教科書の使用義務を定めているが，検定制度の内容を定めた法律の規定は存在せず，文部省令(教科用図書検定規則(平成元文20))と文部科学省告示[義務教育諸学校教科用図書検定基準(平成29告105)，高等学校教科用図書検定基準(平成30文告174)]等によって運営されている。審査に際しては，*学習指導要領'に示された教科及び学年，分野又は領域の「目標」に従い，「内容」及び「内容の取扱い」に示された事項を過不足なく取り上げていること，また，図書の内容がその学年の児童・生徒の心身の発達段階に適応しており，その能力からみて程度が高すぎたり，低すぎたりするところがないことがチェックされる。
2 教科書検定と裁量権　教科書検定の裁量性について，判例は，学術的・教育的な専門技術的判断であるから，文部大臣(当時。今なら文部科学大臣)の合理的な裁量に委ねられるが，教科用図書検定調査審議会の判断過程に看過し難い過誤があるときには，裁量権の範囲を逸脱し，違法となるとしている(最判平成5・3・16民集47・5・3483)。
3 教科書検定と「検閲」禁止の関係　教科書検定の検閲[憲21②]該当性につき，第2次家永教科書訴訟の杉本判決(東京地判昭45・7・17行集21・7別冊1)は，執筆者の思想内容の審査にわたらない限り検閲に当たらないとしつつ，当該事案では思想内容の審査に及んでいるから検閲に該当すると判断した。その後，家永教科書訴訟の一連の判決は，一般図書としての出版まで禁じられるわけではないことを主たる根拠として検閲該当性を否定している。これに対しては，教科書という自己の欲する独自の表現形式で思想を表明することも表現の自由の内実だとする批判的主張もあるが，この主張に従うと，教科書検定制度それ自体の根拠が失われ，教科書にふさわしく著された一般用図書の中から選択的に採用するという制度(いくつかの国・地域で実施)が採用されることになろう。　⇨家永教科書裁判'

恐喝罪　人を恐喝して，*財物'ないし財産上の利益を不法に得又は他人に得させる罪。刑法249条。10年以下の拘禁刑に処せられ，*未遂'も罰せられる[刑250]。*脅迫'を用いて，財物等を処分行為により交付させる交付罪であり，脅迫の程度が反抗を抑圧する程度に至れば，奪取罪である*強盗罪'[236]が成立する(⇨喝取')。交付させる財物等につき権利を有していても，許された権利行使の限界を超えれば，脅迫罪ではなく恐喝罪が成立しうるというのが判例である(最判昭和30・10・14刑集9・11・2173)。⇨権利の実行と恐喝'

凶器　人の生命・身体に害を加えるのに用いられる器具類。刑法208条の2，*暴力行為等処罰ニ関スル法律'1条，*盗犯等ノ防止及処分ニ関スル法律'1条1項2号，*破壊活動防止法'40条3号などにおいて，*構成要件'要素とされている。銃砲・刀剣類などの本来の殺傷用具(性質上の凶器)のほか，使いようによっては凶器たりうる用法上の凶器も含まれる。ただし，刑法208条の2における凶器の意義につき，判例は，同罪の公共危険罪的性格から，共同加害目的でそれを準備して集合するにおいて，社会通念上人をして危険感を抱かせるものであることを要求する(最決昭和45・12・3刑集24・13・1707，最判昭和47・3・14刑集26・2・187)。⇨凶器準備集合罪'

協議　法令上，合議の意味で使われており，次のような場合がある。イ　行政機関相互の間の合議を指す場合。当該事項について行政機関が行為をするときに，その事項が他の機関の権限に関連するために合議を行う場合[国財12，河4③・5②・11，道19，都計23等]や，地方公共団体の機関のある行為を行うときにその行為につき国の行政機関と合議を行う場合[自治245②](⇨国の関与')などがある。これらの協議は，行政の総合性を確保するためなど，行政部門相互の調整のために行われるものである。この語が用いられる場合，行政機関相互の対等性が含意されている。また，法令上「同意」とは区別されるが，実際の運用上は合意の必要がある。ロ　公共的な事業を行う者が土地を収用したり使用したりする場合等に，その範囲，損失補償等について当事者間で行われる合議を指す場合[収用116①，電事128①，道運69等]。ハ　合議制機関における合議を指す場合[職安53等]。ニ　私人間の合議を指す場合[民225②・258①・262③等]。

協議・合意(刑事手続における)　*検察官'と*被疑者'・*被告人'側との協議に基づき，被

きょうぎじ

疑者・被告人が他人の犯罪事実を明らかにするための協力を行い、これに対して検察官が恩典を与えることを合意すること。取調べ以外の方法で、より容易に*供述証拠'を得られるようにする等の目的で、平成28年の刑事訴訟法改正(法54)により導入された制度である。本制度の対象犯罪は、一定の財政経済関係犯罪及び薬物銃器犯罪に限定される〔刑訴350の2②〕。合意のための協議は、原則として検察官と被疑者・被告人及び*弁護人'との間で行われる〔刑訴350の4〕。合意しうる行為の内容は、被疑者・被告人が、捜査機関の取調べに際して他人の犯罪事実を明らかにするため真実の供述をすること、他人の刑事事件で証人尋問を受ける場合に真実の供述をすること等であり、検察官は、*不起訴処分'、特定の*訴因'・*罰条'での*起訴'、*略式命令'請求、特定の*求刑'等である〔刑訴350の2①〕。このうち、恩典付与の対象は、他人の犯罪事実についての協力行為に限られ(捜査・公判協力型)、自己の犯罪事実を認め又は有罪の陳述をすることに対する恩典付与(自己負罪型)の制度は、導入が見送られた。本制度に対しては、自己が恩典を受けるために他人の犯罪について虚偽供述をする、いわゆる巻き込みの危険の問題が指摘されおり、それへの対処として、協議・合意への弁護人の必要的関与〔刑訴350の3・350の4〕、当該他人の刑事裁判での合意内容書面の取調べ請求義務〔刑訴350の8・350の9〕、虚偽供述に対する罰則〔刑訴350の15〕が定められている。 ⇒刑事免責'

凶器準備集合罪 2人以上の者が、他人の生命・身体・財産に対し共同して害を加える目的で集合した場合に、*凶器'を準備し、又は凶器の準備があることを知って集合する罪。刑法208条の2第1項。2年以下の拘禁刑又は30万円以下の罰金に処せられる。凶器を準備し又は準備のあることを知って人を集合させた者については、凶器準備結集罪(3年以下の拘禁刑)〔刑208の2②〕が成立する。暴力集団が現実の殺傷行為や放火・器物損壊等の行為に出る前に、未然に規制・検挙しようという治安対策的見地から昭和33年の改正(法107)によって新設された罪である。個人の生命・身体・財産に対する*予備'罪的性格と公共的な社会生活の平穏を侵害する*公共危険罪'的性格の双方を有するが、判例は後者を重視している。このため、集合から目的とした犯罪、例えば傷害行為へと発展した場合でも、集合という状態が継続する限り本罪は継続して成立するとされ(最決昭和45・12・3刑集24・13・1707〈清水谷公園乱闘事件〉)(*継続犯')、

また、本罪と傷害罪とは*併合罪'の関係にあるとされている。他方、本罪が公共危険罪であることから、凶器の意義についても、社会通念上他人をして危険感を抱かせるに足りるものであるかという見地から判断され(前掲最決昭和45・12・3)、発進できる状態のダンプカーは、直ちに人を殺傷する用具として利用される外観を呈していたとはいえないから凶器に当たらないとされた(最判昭和47・3・14刑集26・2・187)。

協議の確認 *土地収用法'上の手続。*事業認定'後に用地買収交渉が成立した場合に、事業を円滑に施行できるように、任意収用に収用と同一の効果を付与しようとするもの。*起業者'と土地所有者及び関係人の全員との間に、土地の全部又は一部について権利の取得・消滅に関する協議が成立したときは、事業認定の告示の日以後収用又は使用の裁決申請前に限り、起業者は協議当事者の同意を得て、収用委員会に協議の確認を申請することができる。確認があったときは、同時に権利取得裁決と明渡裁決があったものとみなされる〔収用116〜121〕。

協議約款 *労働協約'などで*使用者'が、一定事項の実施につき、あらかじめ*労働組合'と協議すべきことを定めた条項。*解雇'など人事に関するもの(例:解雇協議約款)、事業の閉鎖、その他重要な*労働条件'の変更などに関するものがある。協議のみならず同意を要するとするものもある(例:解雇同意約款)が、いずれの場合も使用者は誠意をもって協議しなければならず、労働組合は同意権(協議権)を濫用してはならない。この条項に違反した解雇などは無効と解するのが通説である。

供給規程 電気・ガス・水道等の*公益事業'において、料金等の供給条件を定めるもの。これを定めて主務大臣の*認可'を受けることが、各事業法で事業者に要求されている〔電気18、ガス48、水道14〕。電気では「託送供給等約款」、ガスでは「託送供給約款」。認可に際しては、定額又は定率による料金の明定、責任に関する事項及び費用負担の額・方法の明定、並びに不当な差別的取扱いの排除の3つが共通の要件として審査される。料金決定に係る要件は適正原価・適正利潤の原則を基本とすることで一致していたが、電気事業法に関しては、令和2年の改正(法49)により、経済産業大臣の承認を受けた「収入の見通し」を超えない額の収入を算定の基礎とすることに改まった〔電気18③①〕。主務大臣には、供給規程に対する公益上の命令処分権がある〔電気19、ガス50、水道38〕。

供給義務 電気・水道・ガス等、国民の

日常生活又は工業に重大な影響をもつ必需物資の供給事業の事業者が、その供給区域内において、正当な理由がなければ、国民に対して、当該事業に係る物資の供給を拒んではならない義務。電気事業法(昭和39法170)〔電気17・27の10〕、水道法(昭和32法177)〔水道15①②〕、工業用水道事業法(昭和33法84)〔工水事16①〕、ガス事業法(昭和29法51)〔ガス47①〕等がこれを定めている。供給義務に違反した者に対しては罰則の適用がある〔電気117②，水道53③④，工水事28③，ガス195②〕。

競業避止義務 Ⅰ 一定の者が、自己又は*第三者'のために、営業者の営業又は会社の事業の部類に属する取引をすることを避ける義務。商法・会社法は、営業譲渡人〔商16〕及び事業を譲渡した会社〔会社21〕、*支配人'〔商23、会社12〕、*代理商'〔商28、会社17〕、並びに*持分会社'の業務執行社員〔会社594〕の競業避止義務を定めている。また、*株式会社'の*取締役'又は*執行役'が、会社の事業の部類に属する取引をするときは、*取締役会設置会社'では*取締役会'の承認、その他の株式会社では*株主総会'の承認を得ることを要する〔会社356①①・365①・419②〕。これに違反して取引をした取締役又は執行役は、株式会社に対する任務懈怠(けたい)責任〔会社423①〕を問われる。その際、当該取引によって取締役、執行役又は第三者が得た利益の額は、任務懈怠によって会社に生じた損害の額と推定される〔会社423②〕。

Ⅱ *労働者'が在職中ないし*退職'後に*使用者'と競争関係に立つ営業を自ら行ったり、同業他社に雇用されうる義務。使用者の*営業秘密'保持や顧客確保等の目的を有する。特に、退職労働者についてその*職業選択の自由'〔憲22①〕との関係で、そうした義務を負わせることが許されるかどうかが問題となってきた。下級審判例は、退職労働者への義務付けについて、在職中とは異なり、原則として*労働契約'や*就業規則'での定め(特約)があって初めて可能であるとしつつ、義務付けの期間・範囲(地域・職種)を必要最小限度に留めることやー定の代償措置を求めるなどで義務付けを限定的にしか認めない傾向にある。また、競業避止義務違反に対して損害賠償や差止めの請求以外に*退職金'の減額、不払が許されるかについては、退職金規程でその旨の定め、対象労働者の競業制限の必要性、制限の範囲(期間、地域)、競業行為の態様(背信性)等を考慮して判断されている(退職金規程に基づく退職金の半額カットを有効とした判例に、最判昭和52・8・9労経速958・25〈三晃社事件〉)。なお、競業避止の特約がない場合でも、退職者が前使用者の社員を引き抜いたりその取引先と取引を始めたことにつき、その営業秘密を用いたり、信用をおとしめる等の不当な方法を用いれば、社会通念上自由競争の範囲を逸脱した不法行為となるとされている(最判平成22・3・25労判1005・5〈三佳テック事件〉)。

協議離縁 養子縁組の当事者が協議によって縁組を解消すること。協議上の*離縁'。その原因を問わず、当事者の合意がある限り、戸籍上の届出により効力を生ずる〔民811・812・739〕。ただし、*養子'が15歳未満のときは、養子の離縁後にその*法定代理人'となる者が、養子に代わって養親と協議する〔民811②〕(⇨*代諾離縁')。養親が夫婦であり養子が未成年であるときには、原則として、夫婦がともに離縁しなければならない〔民811の2〕。また、養親の死亡後は、養子は、家庭裁判所の許可を受けて、単独で離縁できる〔民811⑥〕。協議離縁の無効・取消しは、*協議離婚'の場合と同様である〔民812〕。

協議離婚 夫婦の合意によってされる婚姻解消の方法で、協議上の離婚とも呼ぶ。かつて欧米諸国では、裁判上の離婚だけを認め、協議離婚を許さない立法例が多かったが、日本の民法は当初からこれを認める〔民763〕。要件は、当事者の*意思能力'の存在、離婚の合意及び戸籍上の届出〔民764〕だけで、特別の*離婚原因'はなくてもよい。ただし、当事者間に未成年の子のあるときは親権者を定めて〔民819①〕届け出なければ、離婚届は受理されない〔民765①〕。この届出が上記要件を満たしていなくても、受理されたときは有効である〔民765②〕。当事者間に合意のないまま一方的な届出による離婚は無効である。また、*詐欺'・*強迫'によるときは、離婚を取り消すことができ〔民764・747〕、その取消判決には*遡及効'がある〔民764・748参照〕。 ⇨離婚'

行刑累進処遇令 昭和8年司法省令35号。「刑事施設及び受刑者の処遇等に関する法律の施行に伴う関係省令の整備に関する省令」(平成18法務58)1条によって廃止された。古くは、累進処遇が*自由刑'執行の基本とされ、日本においても、この省令に基づき施行されてきたが、その実効性に疑問がもたれるようになり、監獄法改正とともに廃止され、制限の緩和及び優遇措置〔刑事収容89・90〕に解消された。

教護院 ⇨児童自立支援施設'
強行規定 ⇨強行法規・任意法規'
強行規範(国際法上の) いかなる逸脱も許

きょうこう

されない*一般国際法'の規範〔条約法約53〕。ユ(一)ス・コーゲンス(圀 ius cogens)ともいう。強行規範を変更又は終了させることができるのは，強行規範だけであり，締結時に強行規範に抵触する*条約'は無効である〔条約法約53〕。また，締結後に条約と抵触する強行規範が出現した場合には，その条約は終了する〔条約法約64〕。伝統的には，一般国際法は*国際慣習法'として存在し，任意規範にとどまるとされた。しかし，*武力行使'の違法化，国際的な人道観念の発達などの要因によって，強行規範の存在が認識されるようになり，*条約法に関するウィーン条約'がこれを正式に認知した。この認知は，一面で国際社会の法支配の進歩を意味するが，他面で条約関係の安定性を損なうおそれをもつ。そこで，条約法条約は，その当事国間の強行規範に関する紛争については，まず*国際連合憲章'33条に定める調停等の手段によって解決を図り，12カ月以内に解決されない場合には*国際司法裁判所'に一方的に付託することができると規定した〔条約法約66〕。条約関係の安定性を確保するとともに，強行規範の内容の確認を最終的には裁判所に委ねるという趣旨である。同条約の審議過程では，*侵略'・*海賊行為'の禁止などが強行規範とされた。国際司法裁判所もジェノサイド(⇨ジェノサイド条約')・*拷問'の禁止を強行規範と認定している。*国際連合国際法委員会'は2022年に強行規範の認定と法的帰結に関する結論をまとめ，以上に加えて人道に対する罪，人種差別及び*アパルトヘイト'並びに奴隷の禁止，*国際人道法'の基本規則及び*自決権'を例示列挙している。

強行採決　⇨議事妨害'

強行規範の効力(労働協約の)　⇨規範的効力(労働協約の)'

強行的適用法規　⇨強行法規の特別連結'

強行適用法規の特別連結　⇨強行法規の特別連結'

強行法規・任意法規　**1 意義**　法律の規定には，当事者がそれと異なる特約をしても，特約が*無効'となるような規定もあれば，特約が優先し排除されてしまう規定もある。前者を強行法規(又は強行規定)といい，後者を任意法規(又は任意規定)という〔民91参照〕。

2 強行法規　強行法規は*公の秩序'に関するものであるから，公法上の規定の多くが強行法規であるが，単なる取締法規(⇨取締規定')違反(例えば，公安委員会の許可を受けないで風俗営業を営んだ場合)の特約は無効ではない(罰則は適用される)。もっとも，どのような規定が強行法規であり，どのような規定が取締法規であるかは，具体的な規定ごとに，その趣旨などを考えながら判断していかなければならない。私法上の規定でも，身分法の規定や，物権(例：民177)，会社など，*第三者'の利害に関係する規定は強行法規である。

3 任意法規　任意法規に当たるのは，当事者の合理的意思解釈のために置かれている契約法上の規定の多くである(*解釈規定・補充規定')。しかし，具体的に，ある規定が任意規定かどうかを判断することは必ずしも容易ではない。法律上，その規定に反する特約が無効とされている場合〔例：借地借家9・21・37〕は強行法規であることが明らかであるが，そうでない場合には，結局はその規定の趣旨を判断して定めるほかないとされている。

強行法規の特別連結　公益性の特に強い強行法規(絶対的強行法規。強行的適用法規，国際的強行法規ともいう(圀 overriding mandatory rules))は，通常の準拠法の定めに優先して適用されるということ。国際私法上，*契約'の*準拠法'については，当事者による準拠法の指定が認められている(*当事者自治の原則')〔法適用7〕。しかし，実質法上，契約法の分野であっても，禁輸措置を定める法律のように，政治的，社会的，経済的秩序の維持を目的とする法規が現れてきたことにより，国際私法上の当事者自治の原則を無制限に認めると，これらの一定の強行法規の潜脱を図る危険が顕著となってきた。これに対しては，契約の準拠法を客観的に連結する議論も提唱されたが，予見可能性を害することなどから広く受け入れられるまでにはならなかった。そこで，当事者自治の原則は認めた上で，上記のような懸念については，強行法規の特別連結で対処するという立場が，今日国際的に一般化している。これは，事案と一定の関係がある法秩序の公益を強く反映している法規であり，かつ，妥当意思(圀 Geltungswillen)がある場合(すなわち，その法規の適用されるべき事案であるとされている場合)には，法廷地の*公序'に反しない限り，契約の一般の準拠法とは別に，その強行法規を特別に事案に連結(適用)するものである。ドイツの国際私法学者であるヴェングラー(Wilhelm Wengler, 1907〜95)が，1941年の論文で提唱した理論であり，その後，その基本的な考え方は，ヨーロッパ共同体の「契約債務の準拠法に関する条約」(1980署名，1991発効)7条，「信託の準拠法及び承認に関する条約」(1985署名，1992発効)16条などの*ハーグ国際私法会議'による条約，スイス国際私法

18条・19条などで採用されて広まった。日本では，雇用契約の準拠法のいかんにかかわらず，属地的に限定された効力を有する公序としての労働法は適用されると判断した裁判例があり(東京地決昭和40・4・26判時408・14)，学説上も肯定説が多数となっている。ただし，法廷地でも契約準拠法でもない第三国の強行法規の特別連結については，明文の規定がない日本では否定的な見解が多数説である。もっとも，契約準拠法中の公序良俗や債務不履行の帰責事由の解釈・適用において，第三国の強行法規のあることを事実として考慮した裁判例があり(東京高判平成12・2・9判時1749・157参照)，学説上もこれを認める見解が一般的である。なお，国際通貨基金協定(昭和53法4)8条2項(b)は，加盟国通貨に関する為替契約であってその加盟国の為替規制に違反するものは，いずれの国においても強制力を有しないと定めている。消費者契約及び労働契約については，消費者の場合は自己の常居所地法中の，労働者の場合は労働契約に最も密接に関係する地の法中の，特定の強行規定を適用すべき旨の意思を事業者・使用者に対して表示したときには，その契約の準拠法が異なる法であっても，その強行規定が適用される旨の特則があるが〔法適用11・12〕，これらの規定により適用されるのは通常の強行規定であり，少なくとも日本の絶対的強行法規(強行的適用法規・国際的強行法規)はそのような意思表示がなくてもその適用範囲に入る限り，適用されるべきものである。

教　唆　人に*犯罪'を実行する意思を生じさせること。刑法61条1項は，人を教唆して犯罪を実行させた者には，*正犯'の刑を科すると規定する(もっとも，拘留又は科料のみに処すべき罪の教唆者は，特別の規定〔軽犯3〕がなければ，処罰されない〔刑64〕)。この教唆犯の成立には，教唆行為によって，被教唆者に犯罪を実行する意思が生じ，その犯罪が実行されることが必要である。教唆犯は，*故意'犯であるから，*過失'による教唆は，不可罰である。*過失犯'に対する教唆については，教唆には，人に犯罪を実行する決意を生じさせることが必要であり，認められないという見解に対して，教唆は，客観的には*構成要件'に該当する行為を遂行する意思を生じさせることで足りるとして，これも教唆に当たりうるとする見解もある。もっとも，結果的加重犯に対する教唆犯については，判例・通説はその成立を肯定する(大判大正13・4・29刑集3・387，人を教唆して暴行を加えさせ，暴行の結果他人の身体を傷害し死亡さ

せた場合について，傷害致死の教唆犯の成立を認める。同2項は，教唆者を教唆する間接教唆をした者にも，同様に，正犯の刑を科することを規定する。間接教唆者を教唆する再間接教唆をした者についても，判例は，教唆者を教唆した者も教唆者にほかならないから，これを教唆した者も同条項にいう教唆者を教唆した者に当たるとして，処罰することを肯定する(大判大正11・3・1刑集1・99)。*未遂'の教唆(初めから未遂に終わらせる意思で人に犯罪の実行を教唆すること)については，*アジャン・プロヴォカトゥール'参照。

共　済　法律の規定に基づく共済，又はある地方自治体，ある企業，ある労働組合，学校，地縁団体の中で，若しくは1000人以下の者を相手方として行う生命保険又は損害保険に類似した保障又は補償事業〔保険業2①②〕をいう。法律の規定に基づくものには，農業協同組合法(昭和22法132)，水産業協同組合法(昭和23法242)，消費生活協同組合法(昭和23法200)，中小企業等協同組合法(昭和24法181)，PTA・青少年教育団体共済法(平成22法42)等に基づくもののほか，農業保険法(昭和22法185)，漁業災害補償法(昭和39法158)，小規模企業共済法(昭和40法102)，中小企業倒産防止共済法(昭和52法84)，*中小企業退職金共済法'，独立行政法人日本スポーツ振興センター法(平成14法162)，中小事業主が行う事業に従事する者等の労働災害等に係る共済事業に関する法律(令和3法80)などの特別法による共済がある。平成17年5月の保険業法改正(法38)により，法律の規定に基づくもの及び保険業の免許等が不要とされる場合〔保険業2①②〕を除き，改正前に共済と呼ばれていたものは，保険業の免許を受けるか，少額短期保険業の登録を受けることが要求されることとなった。　⇒少額短期保険'

共済組合　日本の*社会保険'を担う組織の1つで，イ　国の各省庁等を単位としてその職員で組織する20の国家公務員共済組合〔国公共済〕，ロ　各都道府県職員，公立学校等職員，都道府県警察職員，指定都市職員並びに市町村職員で組織する各種地方公務員共済組合〔地公共済〕，ハ　日本私立学校振興・共済事業団〔日本私立学校振興・共済事業団法(平成9法48)，私立学校教職員共済法(昭和28法245)〕がある。組合員たる職員の負担する掛金と国や地方公共団体等の負担金・保険料・掛金を財源とし，組合員とその家族のための医療給付を支給する短期給付を行う(ただし，ロの一部を除く)。イにあっては国家公務員共済組合連合会〔国公共済21〕，ロの

きょうさん

うち指定都市職員及び市町村職員については全国市町村職員共済組合連合会〔地公共済27〕とともに、長期給付たる組合員に関する厚生年金保険の事務の実施機関でもある。また、上記各連合会とともに、退職等年金給付の業務及び平成27年9月末までに退職等した組合員に関し、被用者年金制度一元化法(平成24法63)による改正前の長期給付(*基礎年金'に上積みされる退職・障害・遺族の3種類の共済年金)の業務等を行っている。
⇒厚生年金保険'

協　賛　*大日本帝国憲法'上の用語で、*帝国議会'が法律の制定や予算の定立等に際して事前に与える同意のこと〔明憲5・37・64①等〕。事後に与える承諾(明憲8②・64②)と区別される。この言葉が選ばれたのは、*統治権'を総攬(そうらん)する天皇の立法権や財政権行使に対して、帝国議会は参与するという建前をとらざるをえなかったゆえである。ただし、同憲法5条よりもむしろ37条を重視して解釈するならば、「協賛」は、議会を天皇の立法権に対する単なる補助者扱いにしたのではなく、法律の制定には「協賛」が必要とされていたことのほうに重点があるといえる。

教　示　**1 意義**　*行政庁'が利害関係人に対し一定の情報を提供すること。法律知識が不十分なために国民が救済の機会を失うことがないよう、行政手続や行政不服申立、行政事件訴訟の利用を容易にする趣旨で設けられている。
2 行政手続法上の教示　*行政手続法'は、行政庁に対し、*不利益処分'に係る*聴聞'を通知する書面において、イ 聴聞の期日に出頭して意見を述べ、証拠書類等を提出し、又は、聴聞の期日への出頭に代えて陳述書及び証拠書類等を提出できること、ロ 聴聞が終結する時までの間、当該不利益処分の原因となる事実を証する資料の閲覧を請求できることを、教示しなければならないとする〔行手15②〕。
3 行政不服審査法上の教示　*行政不服審査法'は、行政庁に対し、イ *審査請求'その他の不服申立て(行政不服審査法によらないものを含む)をすることができる*処分'を書面でする場合に、処分の相手方に対し、不服申立てをすることができる旨、不服申立てをすべき行政庁、不服申立ての期間を〔行審82①〕、ロ 利害関係人から不服申立てにつき教示を求められた場合に、不服申立ての可否、不服申立てをすべき行政庁、不服申立期間を〔行審82②〕、それぞれ教示しなければならないとする。同法は、行政庁が教示を怠ったり誤った場合についての救済規定を置いている〔行審22・55・83、行訴14③〕。なお、*再調査の請求'(⇒異議申立て')についての決定や、審査請求についての裁決等に対する不服申立てに係る教示についても定める〔行審50③・60②〕。
4 行政事件訴訟法上の教示　*行政事件訴訟法'は、行政庁に対し、イ *取消訴訟'を提起することができる処分又は*裁決'を書面でする場合に、その相手方に対し、当該処分又は裁決に係る取消訴訟の被告と*出訴期間'、法律に*不服申立前置'の定めがあるときはその旨を〔行訴46①〕、ロ 処分についての審査請求に対する裁決に対してのみ取消訴訟を提起することができる旨(*裁決主義')の定めが法律にある処分を書面でする場合に、その相手方に対し、法律にかかる定めがある旨を〔行訴46②〕、ハ 法令の規定により形式的*当事者訴訟'〔行訴4前〕を提起できる処分又は裁決を書面でする場合に、その相手方に対し、当該訴訟の被告と出訴期間を〔行訴46③〕、それぞれ教示しなければならないとする。行政事件訴訟法における教示制度は、平成16年の行政事件訴訟法改正(法84)により設けられたが、同法は、行政不服審査法とは異なり、利害関係人から教示を求められた場合の手続や、行政庁が教示を怠ったり誤った場合の救済手続を定めていない。

供述拒否権　*証人'及び*被疑者'・*被告人'が質問に対し供述することを拒むことができる権利。主たる対象は、自己が刑事訴追を受け又は*有罪判決'を受けるおそれのある事項で、これは黙秘権(自己負罪拒否特権)の対象でもある〔憲38①〕。証人は、ほかに、近親者が刑事訴追を受けるおそれがある場合や、一定の業務上の秘密に係る事項について証言を拒むことができる〔民訴196・197、刑訴146~149〕。これに対し、刑事訴訟法上、被疑者・被告人は全ての質問に対し一切の供述を拒むことができる〔刑訴198②・311①〕。捜査機関や裁判長には、被疑者・被告人に対し、この権利を告知することが義務付けられている〔刑訴198②・291③〕。⇒黙秘権'
⇒証言拒絶権'

供述書　上申書や被害届など、供述者自らがその供述内容を記載した書面。

供述証拠・非供述証拠　内容に沿う事実の存在を*証明'するために用いられる供述を供述証拠という。口頭であると文書であるとを問わない。また言葉に代わる動作であってもよい。例えば、犯人は誰ですかと問われて被告人を指さすことも供述である。それ以外のものが非供述証拠である。供述証拠・非供述証拠の区別は、*伝聞法則'の適用の有無との関係で、特に重要

である。供述は，供述過程，すなわち出来事を知覚・記憶し，記憶を再現して叙述するというプロセスを経て，行われる。そのため，知覚，記憶，叙述の各段階について，誤びゅうの危険性を伴う。伝聞法則は，供述者を'反対尋問'にさらすことで，判決裁判所にこの誤びゅうの危険性を適切に評価させようとするものであるから，供述証拠のみに伝聞法則が適用される。犯行の状況等を録音，撮影したいわゆる現場録音，現場写真（フィルム，ビデオテープを含む）が供述証拠であるか対立があり非供述証拠説が有力だが，判例は現場写真を非供述証拠とした（最決昭和59・12・21刑集38・12・3071）。なお，人的証拠・物的証拠の区別（⇨証拠方法'）と必ずしも一致しない。

供述調書 捜査機関が'被疑者'や'参考人'を取り調べたときにその供述を録取した書面〔刑訴198③・223②〕。警察官が録取する供述調書については'犯罪捜査規範'に定めがある〔捜査規範177〜182〕。検察官，司法警察職員が録取したものはそれぞれ「検面調書」，「員面調書」（検察官面前調書，司法警察員面前調書の略称）と呼ばれる。

供述録取書 第三者が供述者から聞いた供述の内容を記録して作成した書面。'被疑者'や'参考人'の'供述調書'〔刑訴198③・223②〕がその典型。供述者の署名押印があるものは一定の要件の下で証拠にできる〔刑訴321①・322①〕。

教授の自由 ⇨学問の自由'

共　助　Ⅰ　同一の指揮監督権に服しない'行政機関'の間における協力援助の関係。海上保安庁法がこの語を用いている〔海保5⑱⑲・3章〕が，その他，援助〔警60，消防28③，水防22，税通141〕，応援〔災害基67・68・72・74〜74の4，消組39，水防23〕，協力〔警59，災害基3③，消組42①，職安10，少院18〕，嘱託〔税通154②③〕，引継ぎ〔税徴182②③〕，連絡〔行組2②〕等，種々の用語が使われている。地方公共団体間の事務の委託〔自治252の14〕，'事務の代替執行'〔自治252の16の2〕，職員の派遣〔自治252の17〕も，広義の共助に当たる。

Ⅱ　訴訟法上の共助については，'司法共助'をみよ。

Ⅲ　'国際司法共助'については，その項をみよ。

行　政　**1 実質的意義**　国家機能の中から'立法'と'司法'を除いた残部の作用をいう。これは控除説と呼ばれる考え方である。正確ではあるが，積極的に内容を語っていない点で物足りなさを残した説明である。これに対し，行政機能を積極的に定義しようとする見解もみられたが，支持を得るに至っていない。行政の定義を，その活動内容に即して定義付けることの困難は，1つには，行政活動の内容が時代によって変化する点に起因している。例えば，かつては鉄道事業は公共性が高く国の事務であるとされたのに対し，民営化が行われるといった具合である。こうした事象は，各国でみられるところである。時々の立法者が行政活動として実施する旨を決断すれば行政活動になる点で，行政活動の範囲は政策的意図に依拠しており，具体的に境界線を示すことは困難である（これが，控除説を支えてきた事情である）。

2 形式的意義　他方で，活動を担う主体に着目して，行政を定義する見解がみられる（これを主体説という）。具体的には，国であれば各府省が実施する作用に着目し，地方レベルでは，地方公共団体の実施する活動に着目する見解である。行政主体や行政機関によって担われている行政活動を指して，形式的意義の行政という。行政法教科書は，今日では，こうした観点から説明を行うものが多い。形式的意義の行政といった見方では，行政主体や行政機関が行う活動を広く視野に収めることになるため，例えば，'内閣'が制定する政令や大臣が制定する省令などは立法機能を営むものであるが，行政活動に含まれる（'委任立法'）。同様に，大臣が審査請求に対して下す'裁決'などは，司法機能に類似した作用であるが，行政活動に含まれる。もっとも，主体説に立つ場合であっても，現代社会では，ひとり国や地方公共団体が公共的任務を行っているわけではなく，他の主体（特に民間主体）が実施する場合も多くみられる点には留意を要する（NPOによる活動が代表例であり，その活動領域を広げつつある）。

強　制　一般に，本人の意思にかかわらず科せられる力の行使をいうが，刑法上の'脅迫'や民法上の'強迫'のように，不正な害悪の告知によって自由な意思決定を妨げることを含む場合も多い。後者においては，いかなる影響力の行使が強制とみなされるべきかが重要な問題となる。'法と道徳'の相違は，'イェーリング'が「法的強制なき法規は自己矛盾である」と書いたように，法が国家権力による強制，特に制裁を伴うのに対し，道徳がそうでないという点に求められることが多く，特に'法実証主義'者の一部はこの点を重視する。しかし法の中には'訓示規定'や'努力義務'や'任意法規'のように強制を伴わないものもあり，また強制とは無関係に自発的に遵守されることも多い。法におけ

ぎょうせい

る強制の必要性・重要性は法哲学の大きな争点である。

行政委員会　アメリカで発達した'独立規制委員会'をモデルにして, 第二次大戦後日本に導入された合議制の行政庁。占領政策の下で, 行政の民主化を主たる目的としてかなりの数の行政委員会が設けられたが, 後に廃止されたものも少なくない。アメリカの連邦通信委員会をモデルにした電波監理委員会が電波監理審議会に改組されたのがその例である。行政委員会の一般的な特色は以下の点にある。イ 国の行政委員会は'内閣'又は'大臣'の, '地方公共団体'の行政委員会は長の所轄の下にあるが(ただし, '会計検査院'は内閣から独立している), 具体的な職権行使については独立性が認められること, ロ それと密接に関係するが委員の身分が保障されていること, ハ '準立法的権能'〔行組13, 自治138の4②〕及び'準司法的権能'を有することである。行政委員会が設けられる理由は様々であるが, 専門技術的知識が要求されること(例: *公正取引委員会'), 対立する利害の調整を必要とすること(例: *労働委員会'), 政治的中立性が要求されること(例: *教育委員会', *公安委員会', *選挙管理委員会')等が重視されている。国においては, 内閣府又は各省の'外局'として置かれているもののほか, 内閣の所轄の下に置かれている人事院がある。会計検査院も一般に行政機関と解されており, 行政委員会の一種といえる。地方公共団体に必ず置かなければならない行政委員会については, *地方自治法'に規定がある〔自治180の5①～③〕。

行政改革　1 概説　行政の制度上・運営上の問題点を解決するために行われる施策。主として行政学上の概念であるが, 必ずしもその意味は明確ではない。政治・経済・技術・国際関係等の行政環境が変化することにより, 行政組織のあり方, 権限ないし事務配分, 地方自治, 財政, 公務員, 行政手続等の制度改革が必要であると意識される例は, 歴史的にも国際的にも普遍的にみられる。日本では, 昭和37年池田内閣のときに設置され, 昭和39年に行政手続など16項目の答申を提出した臨時行政調査会(第1次臨調)以来, 行政改革という言葉が用いられている。かつては行政整理ともいわれ, また, 財政改革と区別する場合には, 両者を合わせて行財政改革という。

2 臨調・行革審　昭和56年設置の第2次臨時行政調査会は, 補助金, 許認可等の整理・合理化, 3公社の民営化などの答申を昭和58年3月までに提出した。日本国有鉄道の分割民営化については国鉄再建監理委員会が設置された。その他の答申の実現のため, 昭和58年5月から平成5年10月まで臨時行政改革推進審議会(行革審)が3次にわたって活動し, 内閣機能の強化, 地方分権及び規制緩和の推進などをとり上げたほか, 第3次行革審の成果として平成5年に'行政手続法'が制定された。

3 行政改革委員会　平成6年から平成9年まで設置されていた行政改革委員会は, 主として規制緩和及び情報公開法制定(⇒情報公開制度')に関して調査審議した。

4 地方分権・中央省庁等改革　地方分権に関しては, 平成7年に制定された地方分権推進法(法96。平成13・7・3失効)に基づき, 地方分権推進委員会の勧告と政府による地方分権推進計画の作成が順次行われた。他方, 平成8年に設置された行政改革会議は, 21世紀における国家機能のあり方, それを踏まえた中央省庁再編のあり方, '独立行政法人'の創設その他行政機能の減量(アウトソーシング)のあり方, 内閣機能の強化のための具体的方策等について審議し, 平成9年12月に最終報告を作成した。これに基づいて, 中央省庁等改革基本法が制定された(平成10法103)。その後膨大な法律の整備を経て, 新たな地方自治制度が平成12年4月1日から, 新たな中央省庁体制が平成13年1月6日から施行されている。

5 特殊法人改革等　平成13年に制定された特殊法人等改革基本法(法58。附2により平成18・3・31失効)に基づき, 内閣に特殊法人等改革推進本部が設置され, 特殊法人等の廃止・民営化等及び独立行政法人の設立等が進められた。また, 平成18年には「簡素で効率的な政府を実現するための行政改革の推進に関する法律」(法47)が制定され, 内閣に設置された行政改革推進本部によって, 政策金融改革, 独立行政法人の見直し, '特別会計'改革などを含めた総合的な改革の推進が図られた。

⇒規制緩和'　⇒地方分権'

行政解釈　行政組織内部における公定解釈をいう。行政に関する法律の条文について行政解釈が出されると, 行政機関や職員はこれに拘束され, これに基づいて行政実務が行われる。しかし, 行政解釈が裁判で争われた場合に, 裁判所はこれに拘束されない。行政解釈は内閣法制局などの意見として出される場合もあれば, 法律を所管する府省の'通達'で示されるほか, 大臣の国会答弁などで表明されることもある。

行政介入請求権　行政権限の行使を請求する権利。ドイツにおける警察介入請求権がルー

きょうせい

ツで，例えば，違法建築の除却命令ないしその代執行を隣人が求める場合のように，第三者に対する規制権限の行使を求めるものを想定するのが通例である。不作為に関わる国家賠償及び*義務付け訴訟'において，*反射的利益'論，*便宜主義'と関連して論じられてきた。

行政学 行政を対象とする社会科学の科目の1つであり，現実の行政活動や組織がどのようになっているのかという分析や叙述に主眼を置いた科目である。主に，政治学の研究者によって構築されてきている。統一的な行政学は形成されておらず，研究者の視点なり研究スタイルに応じて，複数の行政学が存在するのが現状である。経済分析や財政分析を基礎とした行政学もあれば，官僚制研究に主眼を置いた政治学的行政学もある(⇨官僚制)。また，公務員の心理面に着目した心理学的行政学，執行過程の実証分析を主眼とした社会学的行政学，費用効果といった視点から行政活動を分析する経営学的行政学など，極めて多彩である。行政に関わる法令の解釈に重点を置き，かくあるべしといった規範学として行政法学が確立したこととの対比でいえば，行政学は現実の行政活動や公務員の実態を隣接諸科学の知見を総動員して解明するものであり，行政に関する*法社会学'といった性格を有している。行政学や行政法学，財政学等は，かつては(例えばヨーロッパでは)絶対王制時代の君主を補佐する官僚のための官房学の一部を構成していたが，その後，専門分化が進み，各々が独立の科目として発展を遂げたのである。今日では，細分化を乗り越えた総合的な取組が不可欠であり，行政学の知見を踏まえた憲法学なり，行政法学が望まれている。

行政各部 内閣'の統轄の下に国家行政組織を構成し*行政事務'を分掌する機関の全体。実質的には行政作用を行う場合であっても，形式的に立法権や司法権に属する機関は含まれない。*内閣総理大臣'は，'閣議'にかけて決定した方針に基づいて行政各部を指揮監督する〔憲65・72，内6〕。また，内閣総理大臣は，行政各部の処分又は命令を中止せしめ，内閣の処置をまつことができる〔内8〕。内閣行政各部という表現が用いられることもある〔国会39〕。

共生型サービス 高齢者と障害者・障害児が同一の事業所でサービスを受けやすくするため，介護保険法等の平成29年改正(法52)により導入された特例。*障害児通所支援'又は*障害福祉サービス'(*居宅介護'，*重度訪問介護'，*生活介護'，*自立訓練'，*短期入所'に限る)の指定を受けた事業者が，*介護保険'の*訪問介護'，*通所介護'又は*短期入所生活介護'の指定を受けようとする場合，障害福祉の指定基準を満たしていることによって指定を受けることができる。逆の場合も同様である〔介保72の2，障害総合支援41の2，児福21の5の17等〕。障害者が65歳に達した後も従来利用してきた事業者のサービスの利用を継続でき，地域の実情に応じたサービス提供体制の整備や人材確保が可能となるといった効果が期待されている。

強制加入被保険者 1年金制度 イ *国民年金'の*基礎年金'制度の強制加入被保険者は，a 日本国内に住所を有する20歳以上60歳未満の者で，第2号・第3号被保険者でない者(第1号被保険者という)，b *厚生年金保険'の被保険者(第2号被保険者という)，c 第2号被保険者の配偶者であって主として当該被保険者の収入により生計を維持する者(被扶養配偶者)のうち20歳以上60歳未満の者(第3号被保険者という)である〔国年7〕。被保険者の異動の把握や，年金支給事務の効率化のために，20歳以上60歳未満の国民には基礎年金番号が与えられている。ロ 厚生年金保険の強制加入被保険者は，強制適用事業所(常時5人以上の従業員を使用する法が列挙する事業を行う事業所・事務所，常時従業員を使用する国，地方公共団体又は法人の事業所・事務所，及び船舶をいう)で使用される70歳未満の者である〔厚年6・9〕。ハ 共済組合が行う長期給付たる退職等年金給付の場合は，各共済組合の組織単位である官庁等の職員が組合員たる強制加入被保険者である〔国公共済37等〕。

2 医療保険 イ *健康保険'の強制加入被保険者は，強制適用事業所(*船舶保険'の適用を受ける船舶を除き，厚生年金保険のそれと同じ)に使用される者である〔健保3①〕。ロ 都道府県が市町村とともに行う*国民健康保険'の場合は，健康保険等の被保険者などでない，当該都道府県の区域内に住所を有する者が強制加入被保険者である〔国健保5・6〕。ハ *国民健康保険組合'が行う国民健康保険では，組合員及びその世帯に属する者が強制加入被保険者となる〔国健保19〕。ニ 共済組合については，上記1のイと同様である(以上のイ〜ニでは，後期高齢者医療の被保険者を除く)。ホ 後期高齢者医療の被保険者は，後期高齢者医療広域連合の区域内に住所を有する，a 75歳以上の者，b 65歳以上75歳未満の者であって一定程度の障害の状態にある旨の認定を受けた者である〔高齢医療50・51〕。

3 介護保険 市町村・特別区の区域内に住所を有する65歳以上の者(第1号被保険者という)

ぎょうせい

と，40歳以上65歳未満の医療保険加入者(健康保険，国民健康保険及び共済組合等の被保険者・組合員と被扶養者。これを第2号被保険者という)が強制加入被保険者である〔介保9〕。
4 雇用保険 '雇用保険'の適用事業(暫定任意適用事業〔雇保附2〕を除く，労働者が雇用される事業をいう〔雇保5①〕)で雇用される労働者であって，適用除外となる者〔雇保6〕を除く者が強制加入被保険者である〔雇保4①〕。

行政科目 ⇨予算の部・款・項・目・節'
強制換価手続 債務者の任意の履行のない場合に，*公権力'の介入によって強制的に履行を実現させる手続のことで，*滞納処分'(その例による処分を含む)，*強制執行'，*担保権の実行としての競売'，*企業担保権'の実行手続及び*破産'手続をいう〔税通2⑩，税徴2⑫〕。

行政監察 ⇨行政評価'
行政官庁 国の意思を決定し，それを外部に表示する権限を有する*行政機関'。行政庁のうち国の機関であるもの。*内閣'，*会計検査院'，*人事院'及び*内閣府'・*省'・*庁'の長並びに*委員会'のほか，*内部部局'の長や*地方支分部局'の長に行政官庁としての性格が与えられることがある。 ⇨行政庁'

強制管理 1 意義 *強制競売'と並ぶ*不動産'に対する*金銭執行'の一種〔民執43①〕。不動産を売却し，その交換価値をもって債権者に満足を与えるのではなく，*天然果実'や*法定果実'など不動産から生じる収益をもって債権者に満足を与えることを特徴とする。債権者は，強制競売か強制管理かのいずれかを選択することもでき，また，両者を併用することも許される。なお，平成15年の*民事執行法'改正(法134)により，担保権実行の方法の1つとして，強制管理に類似する*担保不動産収益執行'が設けられた〔民執180②〕。
2 効力 執行裁判所の強制管理開始決定に基づいて*差押え'の効力が生じ〔民執93①〕，同時に*管理人'が選任される〔民執94〕。債務者は，収益の処分を禁止され，管理人に不動産の管理並びに収益の収取及び換価をする権限が与えられる〔民執95①〕。また，*配当'受領資格は，強制管理又は担保不動産収益執行の申立てをなした差押債権者，強制管理の方法による仮差押えの執行の申立てをした仮差押債権者，及び配当要求債権者に認められるが〔民執107④〕，配当要求の資格は，*執行力のある債務名義の正本'をもつ債権者と，登記を有する又は文書等により証明した*一般の先取(さきどり)特権者'とに限られる〔民執105①〕。

行政管理 行政が合理的かつ効率的に遂行されるように，組織ないし態勢を維持・改善すること。行政学上の用語で，企画(計画)，連絡調整，財務，人事，組織作りなどの機能がある。国の行政に関しては総務省に行政管理局が置かれている。

行政機関 行政，すなわち国の行政事務又は*自治行政'の事務を担当する機関。行政官庁法理論上の行政機関概念と*国家行政組織法'上の行政機関概念とがあり，両者は異なる。後者については，*国の行政機関'をみよ。前者の行政官庁法理論上の行政機関は，その職責の違いによって，*行政庁'，*補助機関'，*諮問機関'，*執行機関'等に区別される。 ⇨独任制' ⇨合議制・合議体'

行政機関が行う政策の評価に関する法律 ⇨政策評価'
行政機関による法令適用事前確認手続 ⇨ノーアクションレター'
行政機関の保有する個人情報の保護に関する法律 ⇨個人情報の保護'
行政機関の保有する情報の公開に関する法律 ⇨情報公開制度'

行政規則 行政機関の定立する一般的規範のうち，*法規'たる性質を有しないもの。行政命令あるいは行政規程と呼ぶこともある。行政機関の判断基準を定めた*審査基準'・*処分基準'〔行手2⑧ロハ〕，公共施設の利用規則(*営造物規則')，*補助金'の交付規則・要綱，*行政指導'の基準を定めた*行政指導指針'〔行手2⑧ニ〕などがその例。行政規則は，行政組織等の内部関係にしか効果は及ばないので，法律の根拠なくして制定することができ，一般国民との関係では裁判規範として作用することもない。ただし，特段の理由なく*通達'等の内部基準に反した処分がなされたり，永年通用していた通達を突然改めて国民に不利な取扱いがなされたりするような場合には，平等原則や信頼保護の原則等を媒介として，当該措置が違法と評価される場合がありうると考えられている。この限りでは，行政規則の外部化ということがいわれる。

強制起訴制度 ⇨検察審査会'
行政規程 ⇨行政規則'
行政客体 行政活動の相手方となる法主体。自然人，法人を含み，私人ともいわれる。行政権が帰属する法人である*行政主体'と対比される。行政という概念を中心にしてみた場合の位置付けであり，行政法関係において私人が様々な権利を有すること，行政過程において私

人に主体的役割が期待されることに注意が必要であるとされている。なお，行政主体として現れることの多い地方公共団体その他の公共団体が，国との関係で行政客体となることがあるとされる。

行政救済 行政活動が違法又は不当に行われた場合に，私人はその是正を求めることができるほか，当該活動によって生じた損害又は損失の塡補を請求することが可能である。こうした制度を広く行政救済，それに関する法を行政救済法と呼ぶ。行政救済は，行政活動の是正を求める*行政争訟'と行政活動によって生じた損失の補塡を求める*国家補償'の2つの分野から構成される。行政争訟には，行政機関に不服を申し立てて，簡易迅速な手続で行政機関が裁断を下す行政不服申立制度が存在する（*行政不服審査法'が一般法である）。行政不服申立てでは，行政活動の合法性問題に加え，当不当の問題も審査される。他方，裁判所が紛争の裁断を下す行政訴訟の仕組みも存在し，行政事件訴訟法が規定を置く。国家補償の領域では，違法な行政活動によって権利や利益が侵害された場合の制度として，国家賠償が存在し，国家賠償法が規律を置く（⇒国の不法行為責任'）。他方，道路事業用地取得の目的で私人の土地が収用される場合のように，適法活動によって私人の*財産権'が奪われたり，その使用が制限される場合に，金銭で補償する*損失補償'の仕組みが存在する。損失補償に関する統一的法典は存在せず，個別法が損失補償規定を置いている。最高裁判所の判例によれば，損失補償規定が法律に置かれていない場合であっても，憲法29条3項に基づいて損失補償を請求することが認められている（最大判昭和43・11・27刑集22・12・1402）。

行政強制 1 意義 行政機関が，行政上の目的を達するために人の身体又は財産に実力を加え，もって行政上必要な状態を実現する作用。行政強制には，*行政上の強制執行'と行政上の*即時強制'の2種がある。
2 特徴 近代の法治国家においては，人の身体又は財産に対する実力行使は，その公正を期するために，裁判判決に基づき，その執行として許されるのが原則であるが，行政強制は司法判断を経ずに行政権が自らの判断に基づいて実力を行使するものである。したがって，行政強制は，濫用の危険を避けるために，法律の定める要件に従い，その厳重な制約の下に実施される。
3 実定法の規定 戦前の日本には，行政強制の根拠法として*行政執行法'（明治33法84。昭和23法43により廃止）があり，行政上の強制執行の手段として*代執行'・*執行罰'・*直接強制'の3種を，即時強制の手段として*検束・仮領置・家宅の立入り・強制診断・居住制限・土地物件の使用処分など広範かつ強力な強制措置を定めていた。しかし，これらの措置の中には濫用されたものが少なくなかったので，戦後は行政執行法は廃止され，行政強制はより限定的に認められることになった。現在，行政上の強制執行に関する一般法として，*行政代執行法'があり，金銭債権の強制徴収について汎用的な法律として*国税徴収法'がある。行政上の即時強制の一般法はないが，*警察官職務執行法'は，保護・避難等の即時強制を定めた典型的な法律である。

行政区 法人格をもつ自治区に対して，行政事務処理の便宜のために設けられる*行政区画'のこと。かつて*特別市'の制度の下で，市長の権限に属する事務を分掌するために置かれる'区'を指す語として用いられた。現行法上は，*指定都市'の区〔自治252の20〕及び総合区〔自治252の20の2〕がこれに当たる。指定都市の区・総合区は，東京都における*特別区'とは異なり，独立の法人格をもった*地方公共団体'ではなく，議会をもたないが，（総合）区長・副区長（任意）・区会計管理者・区選挙管理委員会が置かれる〔自治252の20，自治令174の43～174の49〕。総合区には，議会の同意を得て選任される特別職の総合区長が置かれる〔自治252の20の2③～⑤〕。

行政区画 *行政機関'の権限が地域によって限界付けられている場合の，その地域のこと。*指定都市'における*行政区'もこの一種である。*地方公共団体'の区域とは異なる概念であり，実際上にも必ずしも一致しない。各省設置法における地方支分部局の所管区域がその例。

行政計画 1 概念 行政活動の目標とそれを実現するための手段を定めたもの。行政主体ないし行政機関が定めるものをいうのが通例であるが，立法機関が策定するものを含める理解もある。行政上の計画ともいう。
2 背景 行政活動が計画的に行われるべきことはほぼ自明のことであり，法律や予算もそれを担保する機能を有してきたが，行政の計画化ないし計画行政が論じられるようになった背景には行政の科学化ないし行政学の行政管理論の発達がある。
3 計画法 行政法学上，行政計画が注目される背景には，計画の策定ないし計画的な判断に基づく行政決定を要求する一群の法律の成立がある。古典的なものとして，*都市計画法'，土地区画整理法（昭和29法119），土地改良法（昭和24

ぎょうせい

法195）等（*地域地区制，各種事業計画，換地計画等）が挙げられるほか，*国土形成計画法'，*国土利用計画法'，首都圏整備法（昭和31法83），都市緑地法（昭和48法72），新住宅市街地開発法（昭和38法134）などの法律が続々と制定されて現在に至っている。ただ，行政計画の多くは具体的な法律上の根拠をもたないものである。

4 分類 行政学上は様々な分類があり，対象となる行政分野ごとに土地利用計画，福祉計画，経済計画など，期間別に短期計画，中期計画，長期計画，地域別に全国計画，地方計画など，具体性の度合いで大綱計画，詳細計画などがあり，効果別には拘束的，非拘束的の2区分のほか，指針的，誘導的，実行的の3区分がある。最後の効果別の分類が行政法学上の問題に最も密接に関連する。

5 法的性格 行政計画の法的性格は計画ごとに一様ではなく，都市計画上の地域指定や土地区画整理事業計画のように私人に対して権利制限的効果をもつものもあれば，単なる行政内部の訓令的性格を有するにすぎないものもある。なお，昭和50年代までは前者についても行政計画を行政処分など具体的な行政活動の基準を定めるものとみて処分性を否定するのが判例の傾向であったが，その後は肯定例も積み重なってきている（最大判平成20・9・10民集62・8・2029）。

6 計画裁量 計画は将来予測という要素を含み，また，様々な利害を総合的に衡量して策定するものであることから，計画策定権限を有する者には，一般に，広い裁量が認められるとされる。

7 計画の変更 計画は見直しを当然予想していることから，その変更は原則として許容される。ただ，一定の要件の下では計画が維持されることを信頼した私人の利益を保護すべきものとされる。この場合の行政側の責任を計画担保責任という。

行政警察 講学上の*警察'を，*司法警察'と対比する意味で，広義の行政警察という。講学上の警察は，直接社会一般の利益を目的として行われる作用であり，命令強制を手段とする観念である。講学上の警察は種々の観点から分類されるが，司法警察が刑事司法権発動のための補助作用である犯罪の*捜査'及び*被疑者'の*逮捕'を指すのに対して，広義の行政警察はそれ以外の警察作用である。広義の行政警察は，他の行政作用と関連なく行われる*保安警察'と，他の行政作用に関連して行われる狭義の行政警察に分かれる。後者は，更に，*営業警察'・衛生警察・交通警察などに区分される。*明治憲法'下では警察機関が広範な行政警察事務（建築，衛生，営業，産業等）の取締権限を有していたが，日本国憲法の下でとられた警察の解体を目指した占領政策により，一般行政機関も行政警察事務を分担することとなった。これを警察権の分散という。

強制競売 *強制管理'と並ぶ*不動産'に対する*金銭執行'の一種〔民執43①〕。不動産の交換価値をもって債権者に満足を与えるために，目的不動産を差し押さえ，売却し，その売却代金を債権者に*配当'する。反面，差押え後であっても，目的物についての債務者の使用収益権能は原則として奪われない〔民執46②〕。配当受領資格を認められるのは，差押債権者，*配当要求'債権者，仮差押債権者，及び売却により消滅する担保権を有する債権者である〔民執87①〕。代金納付によって所有権を取得した買受人は，買受不動産の引渡しを求めるために，*引渡命令'を申し立てることができる〔民執83〕。

行政刑罰 行政法上の義務違反に対して科される刑法に刑名のある刑罰（拘禁刑，罰金，拘留，科料，没収）。構成要件の定め方によって，法令上の義務違反を直ちに処罰の対象とする直罰型〔例えば，大気汚染33の2①Ⅰ〕と，是正命令等の行政行為による義務賦課をし，これに違反したことを処罰の対象とする間接罰型〔例えば，大気汚染33の2①Ⅱ〕が区別される。原則として，刑法総則が適用され〔刑8〕，裁判所が刑事訴訟法の定めに従って科刑する。行政刑罰は通常の刑罰とは異なり，行政上の義務違反に対して取締りの実効性を確保する見地から科されるので，法人も処罰の対象とされたり，違反行為者のみならずその使用者にも科刑される（*両罰規定'）などの特別規定が設けられることがある〔道交123〕。 ⇨行政罰' ⇨行政犯'

行政刑法 行政目的達成の必要に由来する各種の刑罰法規を包括する概念。狭義の刑法に対する*特別刑法'の一種。いわゆる*法定犯'・*行政犯'を主な対象とする。行政刑法には，一般の刑法に対する例外を広く認めるのが相当であるとする見解がかつては唱えられたが，今日では，行政刑法も実質的意味の刑法である以上，刑法としての性質に相違はないとする見解が有力である。 ⇨行政刑罰'

行政契約 **1 概念** 狭義では*行政主体'と私人の間の契約をいう。行政の活動類型のうち，行政*処分'及び*行政強制'を権力的手段，*行政指導'及び行政契約を非権力的手段として対置することがある。行政契約には*契約自由の原則'が妥当せず，解除権が制限されるなど，何らかの点で民商法上の契約とは異なる性格を

有するものと捉えられている。伝統的な'公法・私法'の二元論においては，公法上の契約のみが行政法学の対象とされていた。これに対し，行政主体が当事者となる契約を広く捉えるため，行政契約という概念が唱えられた。もっとも，その具体的範囲，法的性質の理論付けについてはまだ定説がない。広義においては，地方公共団体が他の地方公共団体の区域に公の施設を設置する場合の協議〔自治244の3〕など行政主体相互間の契約，更には私人相互間の契約の一部を含む。なお，フランスでは，'公役務'のために締結される契約で，行政法により規律され，行政裁判所の管轄に属するものが行政契約と呼ばれる。

2 伝統的議論 公法・私法の区別における権力説の立場からは，行政主体と私人の間に成立しうる契約は私法上の契約に限られる(私経済的関係)とされることがある。その場合には，公法上の契約という観念は行政主体間の契約等に限定されることになる。公法上の契約を認める立場としては，公務員の任命を挙げる説がかつてあったほか，電気・ガス等のいわゆる特許企業者と市町村の間に結ばれる，いわゆる報償契約をするのが通例であった。

3 現在の議論 これに対し，昭和40年代以降の行政法学の関心は，水道法上の給水義務や公営住宅の利用関係など給付行政上の問題，公害防止協定などの規制行政上の問題，政府契約など調達行政上の問題，民間企業への事務の委託など行政組織法上の問題などであり，公法・私法という枠を離れて具体的な法律関係ごとに検討しようとしている。

行政権 国家統治権の1つである。憲法65条により，'内閣'に帰属される'統治権'の一部であり，'立法権'，'司法権'との対比で用いられる。また，行政機能を果たす組織全体を指して，行政府と同じ意味で用いられることもある。

行政検視 ⇨'検視'

行政行為 **1 意義** '行政庁'の行為のうち，ある特定の性質を備えたものを総称する学問上の概念。行政処分あるいは'処分'と呼ばれることも多く，その例は実定法にもみられる〔自治242の2，行訴3②，行審1②，行手2②〕。広狭様々に用いられてきたが，通常は，行政庁が，法令に基づき，公権力の行使として，国民に対し，具体的規律を行う法的行為の意味で用いられる。したがって，行政庁の行為でも，抽象的規範の定立にとどまる'法規命令'のような立法行為，'行政指導'や工事などの法効果を生じない'事実行為'，一般国民に対する効果を有さない'訓令'・'通達'などの'行政規則'，公権力の行使たる属性をもたない国有財産の貸付け等の'行政契約'などは，これから除外される。上記のような性質を備えた行政行為は，例えば課税処分，建築確認，違法建築物の除却命令，料理飲食業・旅館業等多くの営業の許可及びその取消し，土地収用裁決など様々な行政分野に横断的にみいだすことができ，いわば民法上の'法律行為'に相当する行政法総論の中核概念として位置付けられている。なお，公権力の行使たる実質を有しないにもかかわらず，行政行為に対する不服の訴えである'抗告訴訟'の対象とされる行為を形式的行政行為あるいは形式的行政処分と呼ぶことがある。

2 特徴 行政行為は，一般的抽象的法令の定めを個別事例において具体化して，国民の具体的権利義務の変動をもたらす行為であるから，まず法令に基づき法令に適合してなされなければならない。次に，行政目的の早期実現と法的安定性の維持のために，'行政事件訴訟法'，'行政不服審査法'等による特別な争訟手段が設定されており，原則としてこれらの手続によってのみその効力を争うことができる(取消争訟手続の排他性，すなわち公定力)。そしてこれらの争訟手続には短期の争訟提起期間が設けられている(不可争力)。更に一定の行政行為には(自力)執行力と不可変更力という特殊な効力も付与されている(⇨'行政行為の効力')。行政行為によって生じた損害の賠償責任は'国家賠償法'の定めるところによる。

3 分類 行政行為は，様々な見地から分類することができるが，内容的には，図示されるような分類が伝統的になされてきた。しかし，この分類には各種の問題点が指摘されている。

[図：行政行為の内容による分類]

行政行為の瑕疵(か) ⇨'瑕疵(か)ある行政行

ぎょうせい

行政行為の瑕疵(かし)の治癒　⇨瑕疵(かし)ある行政行為'

行政行為の効力　有効に成立した*行政行為'は, その内容に応じた法効果を生じさせるほか, 次のような効力を伴うとされている。

1 拘束力　行政行為が, その内容に応じて, 行政庁及び相手方その他の関係者を拘束する効力。

2 公定力　行政行為は, たとえ違法であっても, 無効と認められる場合でない限り, 権限ある行政庁又は裁判所が取り消すまでは, 一応効力のあるものとして, 相手方はもちろん行政庁, 裁判所, その他の第三者もその効力を承認しなければならないという効力。例えば, 違法な課税処分に基づく過納の場合, 課税処分が無効でない限り, 納税者は, 直ちに国家に対して*不当利得'の返還を請求できず, まず違法な課税処分を行政庁又は裁判所に取り消してもらわねばならない。このような公定力は, かつては行政行為が法律に基づく公権力の行使であることによって当然に認められる効力であると考えられてきたが, 今日では, *行政事件訴訟法'等の実定法が, 行政行為の効力を覆滅させる特殊な争訟手続を法定したことの反映として, それ以外の争訟手続では行政行為の効力を争えないこと(取消争訟手続の排他性)を意味するにすぎないと解されている。

3 執行力　行政権が, 行政行為の内容を, 裁判所の強制執行手続によらずに自力で実現することができる効力。自力執行力ともいう。この効力も, 以前は, 国民に一定の義務を課す行政行為に本来的に内在する効力であると考えられてきたが, 今日ではそれを根拠付ける個別法律(例えば*行政代執行法'や*国税徴収法'等)が必要であると解されている。　⇨行政上の強制執行'

4 不可争力　行政行為の効力を争う特別な争訟手続には短期の争訟提起期間が定められており(例えば, *取消訴訟'のそれは, 行政行為がなされたことを知った日から6カ月以内〔行訴14①〕), その期間を経過した後は, もはや効力を争えなくなるという効力。形式的確定力ともいう。

5 不可変更力　*行政上の不服申立て'に対する*裁決'等の争訟裁断的行政行為等には, 行政庁が職権で取消し・撤回・変更をなしえないという効力が発生するとされている。これを行政行為の不可変更力あるいは実質的確定力若しくは単に確定力と呼ぶ。なお, 授益的行政行為の取消し・撤回が制限される場合も不可変更力の効果に含める見解もあり(⇨行政行為の取消し'⇨行政行為の撤回'), 他方, 処分庁のみならず他の行政庁, 裁判所も, 当該行政行為の取消し・変更のみならず, それに反する行為一般をなしえない場合に限って, それを, 実質的確定力と捉える見解もある。

行政行為の撤回　**1 意義**　*瑕疵(かし)'なく成立した*行政行為'について, 後発的事情を理由にその行政行為の効力を将来に向かって消滅させること。撤回は, 新たな行政行為によってなされるが, この撤回行為のことも撤回という。風俗営業の許可を適法に受けた業者が法令違反の行為をしたため, 許可を取り消す〔風俗26〕等がその例。撤回は, 当初から瑕疵がある行政行為の効力を遡及的に失わせる取消し'と観念を異にするが, 法令上は「取消し」の語が用いられるのが通例である。なお, 撤回権者は, 当該行政行為を行った処分庁のみである。

2 根拠と限界　撤回については, 関係法令にその根拠規定が設けられている場合が多いが, 一般には具体的な根拠規定がなくとも行政庁は撤回権を行使できると解されている(個別法の根拠が必要とする反対説もある)。ただ当初の行政行為が相手方に権利・利益を付与するものである場合には, 撤回は自由ではなく, 撤回の必要が相手方の責めに帰すべき事由によって生じた場合, 行為の要件事実が事後的に消滅した場合, あるいは相手方の同意のある場合に可能であるほか, 公益上の理由で撤回をするときは, 撤回によって生ずる不利益に対し相当の補償をする場合に認められるとするのが一般的な見解である。法律上もこのことを定めている例がある〔河76①, 鉱業53の2〕。なお, *行政手続法'では, 許認可等を取り消す(撤回する)*不利益処分'をしようとするとき, *聴聞'を義務付けている〔行手13①1イ〕。

行政行為の取消し　**1 意義**　一応有効に成立した*行政行為'を, その成立に*瑕疵(かし)'のあることを理由に, その効力を初めに遡って失わせること。なお, 無効の行政行為も, これを形式的に取り消すことがあるが, その実質は無効の宣言であり, 理論上は取消しと区別される(⇨行政行為の無効')。また, 法令上「取消し」の語は, 瑕疵なく成立した行政行為を, 後発的に生じた事由によってその効果を存続させることが公益上適切でない場合に, 処分庁がその効力を将来に向かって失わせることを指して用いられることが多いが, その法的性質は撤回であって, 取消しとは性質を異にする(⇨行政

行為の撤回')。
2 種類 行政行為の取消しには，行政行為の相手方等の私人が，*行政不服審査法'，*行政事件訴訟法'又はその他の個別法の定める争訟手続に基づいて取消しを申し立てた場合に，その裁断機関(処分庁その他の行政機関，あるいは裁判所)が取り消す場合(争訟取消し)と，私人からの法的請求によらず，処分庁又はその上級庁が自発的に取り消す場合(職権取消し)の2つがある。なお，上級庁が監督権の行使として当然に職権取消権を有するかについて学説は分かれている。
3 職権取消権の限界 瑕疵ある，すなわち違法若しくは不当な行政行為は，本来ありうべからざるものであるから，その根拠を何に求めるにせよ，職権取消しには個別の法律の根拠を要しない点で学説は一致している。しかし，合法性・合目的性を回復するためには，行政庁はいかなる場合でも職権取消しをなしうるわけではなく，法的安定性や私人の信頼保護の見地から一定の制限が加えられると考えられている。まず，*行政上の不服申立て'に対する*裁決'等の争訟裁断行為等は，不可変更力(⇒行政行為の効力')を有するとされ，行政庁による取消し・変更は許されない。更に，相手方に対する授益的な行政行為は，基本的に，取消しによって生ずる相手方の不利益と取り消さないことによって生ずる公益上の不利益とを比較衡量して後者が前者を上回るときに職権取消しが認められるとするのが通説・判例である(最判令和3・6・4民集75・7・2963)。

行政行為の附款　⇒附款'
行政行為の不存在　*行政行為'がその成立要件を全く欠き，行政行為の外観を備えていないとき，あるいは行政機関の内部的意思決定があるだけで，いまだ外部に表示されていないとき，これらの場合に，行政行為は不存在であるという。行政行為としての効果を当初から生ぜず，*行政事件訴訟法'の定める*無効等確認の訴え'の対象となりうる，という点で*行政行為の無効'と同一であり，今日では無効と不存在を区別する実益はほとんどないといわれている。
行政行為の無効　外見的には*行政行為'として存在するにもかかわらず(この意味で*行政行為の不存在'とは異なるとされる)，その成立に一定の*瑕疵(か)'があるために，権限ある機関の取消しをまたず当初から当該行政行為の内容に適合する法効果を生じえないこと。したがって，無効の行政行為は，取り消しうべき行政行為(⇒瑕疵ある行政行為')と異なり公定力(⇒行政行為の効力')を有せず，裁判所は*取消訴訟'以外の訴訟(*無効確認訴訟'・*争点訴訟'等)においても当該行政行為の無効を認定できる。いかなる瑕疵があれば行政行為が無効となるかについては学説は必ずしも一致していないが，通説・判例は「重大かつ明白な瑕疵」を行政行為の無効原因としており(最判昭和31・7・18民集10・7・890)，これを重大明白説という。しかし，行政行為が有効であることを信頼する第三者の保護の必要性がないような場合には瑕疵が重大であるだけでも無効とされることもあり(最判昭和48・4・26民集27・3・629)，瑕疵の明白性の要件の要否については具体的事案に即した検討を必要としよう。

行政国家　ヨーロッパ大陸の行政法にみられたように，実定法上，私法とは区別される公法の体系を構築して，私法事件を扱う司法裁判所とは別系統の行政裁判所を設置して行政事件を管轄させる国家を指して，行政国家と呼ばれた。これは，*司法国家'と対比した用語法である。これに対し，国家機能の中で，行政権が計画機能を発揮し，*給付行政'を展開するなど積極的に市民社会に働きかけることを通じて，行政権の比重や役割が立法権や司法権に比べて著しく増大した国家(やかかる国家現象)を指して，行政国家(ないし行政国家現象)と呼ぶ用語法が存在する。

強制採血　⇒身体検査'
行政財産　**1 意義**　*国有財産法'上の用語で，*国有財産'のうち，官庁の建物や国立博物館などのように，直接に公の目的の用に供し，又は供するものと決定したものを行政財産という。*普通財産'に対する用語である〔国財3〕。*地方自治法'も行政財産と普通財産の区別を採用して，*公有財産'のうちで「普通地方公共団体において公用又は公共用に供し，又は供することと決定した財産」を行政財産と定義している〔自治238③④〕。したがって，行政財産は，国又は*地方公共団体'の*自有公物'に相当する。
2 管理　国有財産法上の行政財産は，*公用財産'，*公共用財産'，*皇室用財産'及び森林経営用財産(⇒企業用財産')の4種に区別され〔国財3②〕，各省各庁の長がその所管に属するものを管理しなければならないこととされている〔国財5〕。その処分等については，貸付け，交換等が禁止され(ただし，土地について，その用途又は目的を妨げない限度において，国が地方公共団体等と1棟の建物を区分して所有するためにこれらの者に当該土地等を貸し付ける等は許される)，また，目的外の使用又は収益は，その用途

きょうせい

又は目的を妨げない限度において許可することができることとされている(この場合、*借地借家法'の規定の適用は排除される)〔国財18〕。地方自治法上の行政財産についても、その管理及び処分に関し、ほぼ同様に、原則として、貸し付け、交換し、売り払い、譲与し、出資の目的とし、若しくは信託し、又は私権を設定することができないとされる等の規制が存在する〔自治238の4〕。なお、個別法において、これらの例外が規定される場合もある〔民活公共施設69、港湾54の3~55の2等〕。

強制採尿 覚醒剤の自己使用罪については、尿検査が最も確実な証拠として利用されるが、尿を任意に提出しない*被疑者'については、カテーテル(導尿管)を尿道に挿入して行う強制採尿が必要となる。最高裁判所は、イ 強制採尿も最終的手段としては許される、ロ それには捜索差押令状によるべきであるが、「医師をして医学的に相当と認められる方法により行わせ(る)」旨の条件の記載が不可欠であるとする(最決昭和55・10・23刑集34・5・300)。在宅被疑者を採尿令状により採尿場所へ強制的に連行することは、学説上反対もあったが、判例は、許されるとした(最決平成6・9・16刑集48・6・420)。

行政裁判 1 意義 広い意味では、*行政事件'一般に関する裁判について、裁判所が訴訟手続に従って行う裁判をいう。しかし、一般には、行政事件を*民事事件'と区別し、これを*司法裁判所'とは系統を異にする行政裁判所が行う裁判をいう。この意味での行政裁判制度は、歴史的には三権分立(⇒権力分立主義')の原理に基づき、*行政権'を*司法権'の干渉から免れさせることを目的として、フランス、ドイツなど、大陸法系諸国で採用された。このような行政裁判所をもつ国家を*行政国家'と呼ぶことがある。これに対し、英米法系の諸国は、行政裁判所をもたず、行政事件も司法裁判所が管轄するので、*司法国家'と呼ばれることがある。

2 日本の場合 *明治憲法'は行政裁判制度を採用し〔明憲61〕、これを受けて、行政裁判法(明治23法48)が制定されていた。この行政裁判所は、司法権ではなく行政権に属していたところ、現行憲法は、「すべて司法権は、最高裁判所及び法律の定めるところにより設置する下級裁判所に属」し〔憲76①〕、特別裁判所の設置はできず、行政機関が終審として裁判を行うことができないと定めたため〔憲76②〕、裁判所法により行政裁判法が廃止され〔憲附②〕、これにより行政裁判所も廃止されて、行政事件を含めた一切の*法律上の争訟'の裁判は、司法裁判所の管轄するところとなった。
⇒行政裁判所' ⇒行政訴訟' ⇒行政事件訴訟'

強制裁判管轄権 ⇒国際裁判'

行政裁判所 1 意義 *行政事件'の裁判をするために設けられた、*司法裁判所'とは系統を異にする*特別裁判所'をいう。フランス、ドイツなどヨーロッパの大陸法系国家で設置されている。日本では、*明治憲法'61条が行政裁判所の設置を規定していたが、現行憲法は、行政裁判所のような特別裁判所の設置を認めていないため〔憲76①②〕、行政事件を含めた一切の*法律上の争訟'の裁判は司法裁判所の管轄となる。 ⇒行政裁判' ⇒行政訴訟'

2 行政裁判所の長所と短所 行政裁判所は、行政につき専門的な知識をもつ裁判官で構成されるから、複雑で技術的な行政事件の審理に適するという利点をもつ。しかし、ある事件の*司法管轄'が、行政裁判所と司法裁判所のいずれであるのか、明確ではないこともあるため、裁判制度が複雑になるという欠点がある。 ⇒権限裁判所'

行政裁量 ⇒裁量行為'
行政作用法 ⇒行政法'
強制参加 ⇒職権訴訟参加'

行政事件 1 意義 *行政庁'の公権力の行使に関する不服の訴訟その他公法上の法律関係に関する訴訟事件をいう。*民事事件'・*刑事事件'と並ぶ概念で、特に私法上の権利関係に関する訴訟(民事事件)との区別が重要である。なお、日本では、*国家賠償法'に基づく損害賠償請求に関する訴訟事件は民事事件とされ、行政事件には含まれない。

2 民事事件との区別の実益 戦前の日本のように、行政裁判制度をとる国家では、民事事件は*司法裁判所'が管轄し、行政事件は*行政裁判所'が管轄するので、民事事件と行政事件との区別は、*裁判管轄'の決定にあたって重要である。日本の現行法は、行政事件も含めた一切の*法律上の争訟'の裁判を司法裁判所の管轄としているので〔憲76①②〕、両者の区別は、裁判管轄を決定する上ではその意味を失っている。しかし、民事事件は民事訴訟法に従って審理されるのに対し、行政事件には*行政事件訴訟法'の適用があるので〔行訴1〕、なお、訴訟手続の上で両者を区別する意義がある。
⇒行政裁判' ⇒行政訴訟'

行政事件訴訟 *行政庁'の権限行使に対する国民の不服、その他行政法規の適用にかかわる紛争を処理する裁判手続。国民相互の法律関

係が争われる通常の民事訴訟との異質性を考慮して、特に*行政事件訴訟法'が制定されている。ただし、同法に定めがない事項については、民事訴訟の例によるものとされる〔行訴7〕。同法2条によれば、行政事件訴訟には、*抗告訴訟'、*当事者訴訟'、*民衆訴訟'及び*機関訴訟'の種類がある。なお、行政事件訴訟は、国の利害に関係のある訴訟として法務大臣が意見陳述権をもつ〔法務大臣権限4〕。

行政事件訴訟特例法 昭和23年法律81号。
1 意義 現行の*行政事件訴訟法'の前身法律として、*行政事件訴訟'の手続につき、行政事件訴訟が民事訴訟の一類型であるという前提の下で、民事訴訟法の「特例」として定められた法律。
2 内容 この法律は、行政事件の審理は原則として民事訴訟法によるとの建前をとりつつ、行政事件の審理手続につき必要最小限の特例を定めていた。すなわち、行政事件訴訟を、違法処分の取消し又は変更に係る訴訟とその他の公法上の権利関係に関する訴訟とに二分し、前者について、訴願前置(⇨訴願前置主義)、被告及びその変更、管轄裁判所、*出訴期間'、*関連請求'、職権による*訴訟参加'、*職権証拠調べ'、*執行停止'、*内閣総理大臣の異議'、*事情判決'、判決の拘束力などに関する規定を、後者については、職権による訴訟参加、職権証拠調べに関する規定を、それぞれ置いていた。
3 廃止 この法律は、戦後、新しい行政事件訴訟の審理に関する中心的な手続法として一定の役割を果たしたが、内容的には不適切な点が多く、解釈上の疑義も少なくなかったため、昭和37年に現行の行政事件訴訟法が制定されたのに伴い廃止された〔行訴附2〕。

行政事件訴訟法 昭和37年法律139号。
1 意義 *行政事件訴訟'に関する一般法〔行訴1〕。現行憲法の下では、*行政事件'の裁判も*司法裁判所'の管轄に属することになるが〔憲76①②〕、そのような憲法的前提の下でも、行政事件は公益に関わる点で通常の*民事事件'とは性質を異にすることから、その特質に適合する訴訟手続を定める。同法の前身である*行政事件訴訟特例法'が、行政事件訴訟と民事訴訟は基本的には同じ性質という前提の下、民事訴訟法の特別法であることを示すために「特例法」とされていたのに対して、行政事件訴訟法という名称は、行政事件訴訟が民事訴訟とは別個の訴訟であるという認識に基づく。この法律に定めがない事項について、「民事訴訟法の定めるところによる」〔行政事件訴訟特例法1〕とせず、「民事訴訟の例による」〔行訴7〕という定めぶりがなされたのも同趣旨である。なお、*国家賠償法'に基づく損害賠償請求の訴えは、民事訴訟法の定める手続に従う。
2 内容 行政事件訴訟法は、行政事件訴訟の類型として、*抗告訴訟'・*当事者訴訟'・*民衆訴訟'及び*機関訴訟'の4種を掲げ〔行訴2〜6〕、このうち、最も典型的な行政事件訴訟ともいえる抗告訴訟〔行訴3〕について、特に*取消訴訟'〔行訴3②③〕を中心に、行政事件の審理に適した手続規定を整備し、*原告適格'、被告適格、管轄裁判所、*関連請求'、*出訴期間'、*訴訟参加'、釈明処分の特則、*職権証拠調べ'、*執行停止'と*内閣総理大臣の異議'、*事情判決'、判決の効力等に関する定めを置く〔行訴8〜35〕。⇨行政争訟' ⇨行政訴訟'

強制執行 Ⅰ 私法 **1 意義** 国家権力の行使として執行機関が、私法上の*請求権'の強制的実現を図る手続。*執行機関'としては、*執行官'及び執行裁判所(少額訴訟債権執行においては、裁判所書記官〔民執167の2①〕)がある。権利の実現のための手段として*自力救済'が否定され、権利者は、執行機関に対して強制執行の申立てをすることによって、その権利を実現することができる。この申立ての前提として、実現されるべき権利の存在を確証する文書等、すなわち*債務名義'が要求される。更に、執行機関が執行を実施するにあたっては、原則として、債務名義の効力を公証する*執行文'が必要とされる〔民執25〕。執行文の付された債務名義の正本は、*執行力のある債務名義の正本'(執行正本)と呼ばれる。なお、担保権の実行も、機能としては強制執行に類似するが〔民執188・192・194参照〕、債務名義を前提としないという差異がある〔民執181①・190①・193①参照〕。
2 種類 強制執行の種類としては、まず、実現されるべき請求権の性質によって、*金銭執行'と非金銭執行とが区分される。金銭執行の中では、執行目的物の種類によって、不動産執行、船舶執行、動産執行、債権・その他の財産権に対する執行とが区分される。金銭執行は、原則として*直接強制'の方法によって行われるのに対して、非金銭執行については、請求権の性質に従って、直接強制、*代替執行'〔民執171〕、*間接強制'〔民執172〕などの方法がとられる。また*意思表示義務の執行'については、判決の確定などにより意思表示が擬制される〔民執177〕。⇨物の引渡・明渡義務の強制執行' ⇨子の引渡しの強制執行'

Ⅱ *行政上の強制執行'については、その項

きょうせい

をみよ。

強制執行関係売却妨害罪　⇨強制執行妨害罪'

行政執行法　*明治憲法'下における*行政強制'に関する一般法(明治33法84)。イ *即時強制'の手段として，救護を要する者や公安を害するおそれのある者に対する*検束'，危険物件の仮領置，家宅への立入り，売淫常習者等の強制診断，伝染病患者の居住制限，土地物件の使用処分等の措置を，ロ *行政上の強制執行'の手段として，*代執行'，*執行罰'，*直接強制'の諸手段を，一般的に定めていた。概括的な要件の下に強い権力的措置が認められており，特にイの手段は濫用されることもあったため，日本国憲法制定後，同法は廃止され(昭和23法43)，即時強制は，限定的な要件の下に*警察官職務執行法'等の諸法に定められ，行政上の強制執行の一般的手段としては代執行のみを定める*行政代執行法'に取って代わられた。

強制執行妨害罪　1 意義　*強制執行'を妨害する目的で，その対象となる財産を隠匿等し，強制執行を妨害することで成立する罪。本罪は，平成23年に改正された(法74)。これは同年当時の執行妨害に適正に対処するためのものであり，旧規定下の強制執行妨害罪(並びに*競売等妨害罪'と*談合罪')に比べて処罰範囲が拡張され，法定刑もより重いものとされた(3年以下の拘禁刑若しくは250万円以下の罰金。併科も可能)。改正法により，以下の犯罪が整備された。
2 強制執行妨害目的財産損壊罪〔刑96の2〕 旧規定下の強制執行妨害罪につき，判例は，強制執行が債権実現のための法益であることから，同罪の主たる保護法益を債権者の債権保護に求め，現実に強制執行を受けるおそれのある客観的な状況で本条所定の行為がなされなければ同罪は成立しないと解していた(最判昭和35・6・24刑集14・8・1103)。改正後の本罪でも，この理解が基本的には妥当するが，国家的法益(である強制執行の公正な進行及び実現)に対する罪の性格も，より鮮明になった。主観的要件としては「強制執行を妨害する目的」が規定され〔刑96の2柱〕，強制執行対象財産の譲渡ないし債務負担の第三者による仮装と，強制執行対象財産の現状改変，価格減損行為等も処罰され〔刑96の2①②〕，不利益な条件でなされた金銭執行対象財産の真実譲渡等の行為者とその相手方も処罰される〔刑96の2③・柱後〕。隠匿とは，強制執行の対象である財産の発見を不能又は困難にする行為(例えば，他人名義での金銭の預金)，損壊とは，財産の物理的損壊等によりその価値を減少させ

る行為をいう。
3 強制執行行為妨害罪〔刑96の3〕 不動産占有者の確認等を行う執行官等を*偽計'又は*威力'を用いて妨害する行為〔刑96の3①〕と，債権者等による強制執行の申立てをさせない目的等で申立権者又はその代理人に対して*暴行'又は*脅迫'を加える行為を処罰する〔刑96の3②〕。
4 強制執行関係売却妨害罪〔刑96の4〕 偽計又は威力を用いて，強制執行において行われ又は行われるべき売却の公正を害すべき行為を処罰する。従来の談合罪による処罰範囲から，対象物件の売却を目的とする手続の公正を阻害すべき類型を取り出して，処罰するものである。公契約を締結するための*競売'又は*入札'に係る談合類型は，公契約関係競売等妨害罪〔刑96の6〕として処罰される。
5 加重封印等破棄罪〔刑96の5〕 報酬を得る目的で，他人の債務に関して刑法96〜96条の4に規定された強制執行妨害罪を犯した者を，5年以下の拘禁刑若しくは500万円以下の罰金(併科可能)で処罰する。

行政執行法人　独立行政法人通則法に定める3種類の*独立行政法人'の1つ。国民生活及び社会経済の安定等の公共上の見地から実施が必要であるが，国が自ら主体となって直接に実施する必要まではない事務・事業のうち，国の行政事務と密接に関連して行われる国の指示その他国の相当な関与の下，正確かつ確実に執行する目的でこの法律及び個別法で設置される〔独法2①④〕。現在は，国立公文書館，統計センター，造幣局，国立印刷局を含め7つの法人が設置されている。その職員は*一般職'に属する*国家公務員'である〔行執労2②〕が，他の一般職国家公務員と民間企業労働者の中間に位置するものとして，その職員の労働関係は，一般職公務員の*労働基本権'に対する制約を緩める特則を定める*行政執行法人の労働関係に関する法律'の適用を受ける。⇨公務員の労働関係'

行政執行法人の労働関係に関する法律　昭和23年法律257号。*行政執行法人'〔独行法2④〕の職員(一般職国家公務員)の*労働基本権'の特則を定める法律。本法は，これまで，適用対象となる事業体の改組等で法令名がたびたび変更されてきた。昭和23年に日本国有鉄道と日本専売公社の2公社を適用対象として公共企業体労働関係法が制定され(法257)，昭和27年の改正(法288)で，日本電信電話公社を加えた3公社と5現業(郵便等・国有林野・印刷・造幣・アルコール専売の各国営企業)を適用対象とした公共企業体等労働関係法となった。昭和61

年には，3公社の*民営化'とアルコール専売事業の他事業への吸収による廃止により，4現業のみを適用対象とする国営企業労働関係法に改められた〔法93〕。更に，平成11年の特定独立行政法人制度の創設に伴い，これを適用対象に加える改正〔法104〕により「国営企業及び特定独立行政法人の労働関係に関する法律」となり，平成14年に，公社化された郵政事業を加えて「特定独立行政法人等の労働関係に関する法律」に改称された〔法98〕。その後，平成24年に，改組により国営企業が消滅したことで，特定独立行政法人のみを適用対象とする「特定独立行政法人の労働関係に関する法律」となり〔法42〕，平成26年には，特定独立行政法人制度が行政執行法人制度に改められ本法となった〔法67〕。本法の内容は，これまで基本的に変更はなく，*労働組合'の*オープン・ショップ制〔行執労4①〕（⇒ショップ制），*団体交渉'の対象事項からの行政執行法人の*管理運営事項'の除外〔行執労8〕，*争議行為'の禁止と違反職員の*解雇'〔行執労17・18〕の点で*国家公務員法'に類似の取扱いがなされるが，*労働協約'の締結〔行執労8〕，労働紛争の調整と*不当労働行為'の審査に中央労働委員会があたること〔行執労3・19・25～35〕等で民間企業に類似の取扱いがなされる。
⇒地方公営企業等の労働関係に関する法律'

強制実施権　⇒裁定実施権'

行政指導　1 概念　*行政機関'が，一定の行政目的を達成するため，法律上の拘束力を有しない手段により，特定の者に一定の作為・不作為を求めること。元来は法令用語ではないため，学問的に固まった定義もなく，具体的にどのようなものが該当するかについても争いが生じやすかったが，*行政手続法'では，行政機関がその任務又は所掌事務の範囲内において一定の行政目的を実現するため特定の者に一定の作為又は不作為を求める指導，勧告，助言その他の行為であって処分に該当しないものと定義されている〔行手2⑥〕。

2 分類　行政指導には，法律上勧告等の用語でそれをなしうることが規定されているものもあるが，多くは特別の法律の根拠なく，当該行政機関の任務ないし所掌事務の範囲内で行われている。また，行政処分をなす権限を背景に行われるものもあれば，独立して行われるものもある。機能面からの分類としては，規制的・調整的・助成的の3区分が通例である。

3 問題点　行政指導が主として問題とされるのは，法令上定められている以上の規制を私人が事実上甘受しなければならず，不透明で救済が困難である点である。そのほか，監督官庁と業界の癒着により，一般消費者等の利益が害されることがあるとされる。

4 統制　まず，法律の根拠について，一律に要求するもの，規制的行政指導につき要求するもの，独自の規制目的達成のためのものに限って要求するものなど，様々な学説があるが，いずれも支配的なものとはなっていない。判例法上，法律の根拠は不要とされる一方で，あくまでも任意の措置であることから，行政指導に従わないことを理由とする不利益な扱いは違法とされる傾向が認められる（最判昭和60・7・16民集39・5・989）。行政手続法では，判例法上の実体法的な限界を明文化する〔行手32～34〕とともに，手続的な統制を重視し，相手方に対して当該行政指導の趣旨・内容・責任者を明確に示すべきものとし，その点を記載した書面の交付を求められたときは，特別の支障がない限り応じる義務を負わせている〔行手35〕。また，同一の行政目的を実現するため一定の条件に該当する複数の者に対し行政指導を行おうとするときは，あらかじめ*行政指導指針'を定め，特別の支障のない限り公表すべきものとしている〔行手36〕。平成26年の改正〔法70〕により，許認可等をする権限又は許認可等に基づく処分をする権限の行使し得る根拠の明示，行政指導の中止等の求め，法律に基づく行政指導の求め〔行手35②・36の2・36の3〕の規定が追加された。

行政指導指針　同一の行政目的を実現するため，一定の条件に該当する複数の者に対して*行政指導'をしようとする場合に，これらの行政指導に共通してその内容となるべきものをいう〔行手2⑧ニ〕。このような場合，行政機関は，あらかじめ，事案に応じ，行政指導指針を定めるとともに，行政上特別の支障がない限り，これを公表しなければならない〔行手36〕。行政指導指針は「命令等」に当たるので〔行手2⑧〕，行政手続法6章（意見公募手続等）の規定が適用される。

行政事務　内閣法上は，国が行政権の発動として行う全ての事務をいう〔内3参照〕が，平成11年改正〔法87〕前の*地方自治法'においては，*公共事務'，委任事務と並ぶ*地方公共団体の事務'の種類であった。その内容は，警察規制，環境関係規制など，住民等の権利を制限し義務を賦課するという，権力的な手法を伴う事務である。戦前にはこうした事務は，国の事務ないし*機関委任事務'として実施されていたが，昭和22年の改正〔法169〕で，地方公共団体の事務としても実施できることになった。平成

ぎょうせい

11年改正で地方公共団体の事務が再編された結果、行政事務という事務の種類はなくなったが、改正前と同じく地方公共団体は自らの事務として、権利を制限し義務を課すことができ、その際には、法令に特別の定めがある場合以外は条例に根拠を置かなければならない〔自治14②〕。 ⇨'自治事務' ⇨'固有事務・委任事務'

行政事務配分 1 意義 一般的に、行政主体相互間において各行政主体が担当・処理する事務の範囲を明確にすることをいうが、日本では、特に国と'地方公共団体'の間で、それぞれが責任をもって処理する行政事務の範囲を明確にし、できるだけ多くの事務を国から地方公共団体に再配分することを指す。

2 現状と問題点 憲法及び'地方自治法'は'地方自治の本旨'を実現するため、地方における行政は、広く権力的な事務をも含めて、原則として'地方公共団体の事務'として自主的に処理する建前をとっていたが、具体的な事務配分は個々の法令により定められていたので、実際上は法令の特別の定めによって国の事務とされるものが極めて多く、この憲法及び地方自治法の建前は実現されていなかった。その理由には、中央官庁のセクショナリズム、地方自治に対する不信感などがあったが、このような事態は、地方自治の本旨に沿わないばかりか、地方における総合的・能率的行政をも妨げていた。そこで、できるだけ多くの事務を地方公共団体に再配分するのが望ましいという考えが、'シャウプ勧告'、昭和25年・26年の地方行政調査委員会議の勧告を始めとして、幾度となく示されたが、なかなか実現しなかった。しかし、平成元年の臨時行政改革推進審議会の答申に基づく立法措置(平成3号79)により、国から地方への権限移譲につき多少の進展がみられた。更に、平成11年の「地方分権の推進を図るための関係法律の整備等に関する法律」(法87)による地方自治法改正で、従来の国の'機関委任事務'制度自体が廃止され、その事務は、原則として'自治事務'又は'法定受託事務'になり、行政事務配分に大きな変化が生じた。また、平成26年以降「地域の自主性及び自立性を高めるための改革の推進を図るための関係法律の整備に関する法律」で、国から地方公共団体への事務・権限の移譲を行うため、法律が改正された。なお、事務配分の問題は、都道府県と市町村、都と特別区の間においても存在する〔自治2⑤⑥・281参照〕。

行政主体 1 概念 行政権が帰属する法人をいう。'行政客体'に対応する概念で、'公法人'の概念とほぼ一致する。行政主体と行政客体の関係を規律するものが行政作用法であるとされる。国及び地方公共団体が行政主体に当たることは問題がないが、それ以外の法人については議論を生じることが少なくない。なお、構成要素たる行政機関のうち行政主体のためにその意思を決定しこれを外部に表示するものを'行政庁'という。

2 問題点 '国民主権'、基本的人権ないし福祉国家の理念からみて、国家の統治権の観念の下で行政を国家が人民を管理する作用と捉える古典的発想には問題があるとする論者は、行政過程における私人の主体的地位を強調するとともに、行政主体を、行政という作用を担当する機関が帰属する法主体、あるいは行政を行う権利と義務をもち、自己の名において行政を行う団体(法人)と説明している。後者は、民法上の権利主体の概念を転用するものであろう。

行政上の確約 ⇨'確約(行政上の)'
行政上の勧告 ⇨'行政指導'
行政上の義務履行確保 ⇨'義務履行確保(行政上の)'

行政上の強制執行 1 意義 行政上の義務の不履行に対し、行政機関が、将来に向かい、実力をもって、その義務を履行させ又はその履行があったのと同一の状態を実現する作用。違法建築物の強制的取壊し、租税の強制徴収等がその例。行政権の自力執行である点で、民事上の強制執行と異なり、将来に向かい義務の履行を強制する点で、過去の義務違反の制裁としての'行政罰'と区別され、具体的に賦課された義務の不履行を前提とする点で、それを前提としない'即時強制'と区別される。

2 実定法の規定 一般法として、代替的作為義務の'代執行'につき'行政代執行法'、金銭給付義務につき'国税徴収法'の定める'滞納処分'制度があるほか、個々の法律中にその定めがある。'行政執行法'(明治33法84。昭和23法43により廃止)は、行政上の強制執行の手段として、代執行・'執行罰'・'直接強制'の3種を認めていたが、行政代執行法は代執行のみを定めている。その結果、後二者は一般的な強制執行方法としては認められていない。

行政上の強制徴収 1 意義 国又は公共団体が、公法上の金銭債権の内容を、裁判判決に基づくことなく、'滞納処分'の手続により、自ら強制的に実現することをいう。国税に関する債権は、'国税通則法'と'国税徴収法'の定めに従って強制徴収される。地方税については、'地方税法'に若干の定めがあるほかは、各税ご

とに，国税徴収法に規定する滞納処分の例によるものとされている〔地税68⑥・71の19⑥等〕。その他の公法上の金銭債権についても，個々の法律に，国税滞納処分（又は地方税滞納処分）の例により強制徴収ができる旨の定めがあることが多い〔代執6①，国年95，接種19①，自治231の3③，児福56⑤～⑦〕。

2 手続 国税滞納処分の基本的な手続は，国税通則法と国税徴収法に規定されている。それによると，強制徴収は，国税債務の不履行がある場合に，イ 納税の告知〔税通36〕，ロ 租税納付の督促〔税通37〕，ハ 財産の差押え〔税徴47～81〕，ニ 財産の換価〔税徴89～127〕，ホ 換価代金等の配当〔税徴128～135〕といった手順を経て実施される。国税滞納処分に不服のある者は，＊行政不服審査法'に基づく＊審査請求'〔税通75〕（＊再調査の請求'（⇨異議申立て'）を前置することもできる）に対する裁決を経た後に，＊取消訴訟'を提起することができる〔税通114・115〕。地方税滞納処分に不服がある者は，行政不服審査法に基づく審査請求〔地税19〕に対する裁決を経た後に，取消訴訟を提起することができる〔地税19の12〕。 ⇨不服申立前置'

行政上の苦情処理 ⇨苦情処理（行政上の）'

行政上の不服申立て **1 意義** ＊行政庁'の処分その他＊公権力'の行使，あるいは，その不行使等について，行政庁（当該行政庁のことも，他の行政庁のこともある）に不服を申し立て，審査を求める行為の総称。＊行政争訟'のうち＊行政機関'に対してなされるもの。

2 種類 最も通常のは，＊行政不服審査法'に基づく不服申立てである。同法は，処分その他公権力の行使に関する不服申立ての一般法であり〔行審1②〕，＊審査請求'・＊再調査の請求'・＊再審査請求'という3種の不服申立てを用意する〔行審2～6〕。特殊な行政の行為については，特別の法律によって特殊な不服申立ての手続が認められる場合があり，こうした特殊な不服申立てして，行政不服審査法上のそれと区別して，異議の申出〔公選24・202①，自治74の2④等〕，審査の申立て〔公選202②，自治74の2⑦等〕，＊裁決の申請'〔自治255の4〕，再検査の申立て〔植物防疫法（昭和25法151）36②〕等の名称が付されている。

3 特色 行政上の不服申立ては，訴訟よりは簡易迅速に問題が処理されるという利点があるほか，処分又は不作為について，その違法だけでなく不当をも争うことができ，この点に司法手続に対する特徴が認められる。

行政上の不法行為責任 ⇨国の不法行為責任'

矯正処遇 ⇨刑事収容施設法'
強制処分 ⇨強制捜査'
行政処分 ⇨行政行為' ⇨処分（行政法上の）'

強制処分法定主義 捜査において強制の処分は，法律に特別の定めのある場合でなければ用いることができないこと〔刑訴197①但〕。旧刑事訴訟法（大正11法75）にも同様の規定があり，当時，捜査機関は例外的にのみ強制処分を行う制度に対応していた。現在では，憲法の手続法定原則〔憲31〕の下で，＊罪刑法定主義'と同様に，対象者の重要な権利・自由を侵害・制約する強制処分の内容と手続を，あらかじめ国会の＊制定法'で定めておかなければならない趣旨であるとの理解が有力である。逮捕，差押え，捜索など既存の強制処分は全て法定され，原則として＊令状主義'の規制を受けているが，処分の実行に対する裁判官の令状による規制とは別個独立の立法者による強制処分に対する規制である。 ⇨捜査' ⇨強制捜査'

行政審判 行政審判は，＊行政委員会'又はそれに準じた行政機関が準司法手続などにより行う審判作用であり，学問上の用語である。行政審判には，行政機関に対する不服申立てとして，個別法の規定に従い，独立性を保障された行政機関が対審構造の下で不服の処理を行うものがある。鉱業権設定申請に対する処分に不服のある者が公害等調整委員会に対して行う裁定申請〔鉱業133〕，国家公務員の不利益処分について，＊人事院'が審査請求の審査に当たる手続がその例である〔国公90①〕。なお，＊独占禁止法'において，＊排除措置命令'や課徴金納付命令にかかる手続では＊公正取引委員会'による審判手続が採用され，行政審判の代表例であったが，平成25年独禁法改正（法100）で審判手続は廃止され，＊抗告訴訟'によることとされた。上記のほか，行政審判には，行政決定の事前手続として利用されるものがある。総務大臣が放送免許の取消し等の不利益処分を行う場合に〔電波76④〕，電波監理審議会に諮問し，同審議会が準司法的手続で意見聴取を行う場合がこれに当たる〔電波99の11①③・99の12①〕。 ⇨準司法手続'

強制性交等罪 ⇨不同意性交等罪'

強制捜査 ＊逮捕'・＊勾留'・＊押収'・＊捜索'・＊検証'などの強制処分を用いて行われる＊捜査'。＊任意捜査'と対置される概念である。強制処分の定義には争いがあるが，一般には，

ぎょうせい

個人の意思を制圧して身体・住居・財産等に制約を加える行為(最決昭和51・3・16刑集30・2・187参照)とか，個人の意思を制圧して憲法の保障する重要な法的利益を侵害する処分(最大判平成29・3・15刑集71・3・13参照)，相手方の明示又は黙示の意思に反して重要な権利・利益を実質的に侵害・制約する処分などと定義される。有形力の行使を伴うか否かが基準となるのではない。したがって，有形力の行使を伴っていても強制処分に当たらない場合がある反面，相手方の*プライバシー'や*人格権'を一方的に侵害する行為は，有形力の行使を伴わなくても強制処分に当たりうる(*通信傍受'など)。強制処分は，*令状主義'〔憲33・35〕及び*強制処分法定主義'〔刑訴197①但〕による規制を受ける。

行政争訟 1 意義 一般に，行政事件の当事者からの申立てに基づいて国家機関がこれを審理し裁断する手続のうち，民事訴訟手続を除くものをいう。*行政機関'に対して審査を求める行政上の不服申立て(*審査請求'・*再調査の請求'・*再審査請求'など)等と，裁判所に提起する*行政事件訴訟'との両者を含めて行政争訟と呼ぶことが多いが，行政事件訴訟を除外し，行政上の不服申立てだけを行政争訟と呼ぶ場合もある。なお，日本では，*国家賠償法'に基づく損害賠償請求の訴えは，行政争訟に含まれない。

2 行政上の不服申立てと行政事件訴訟の比較 行政事件訴訟は，裁判所が厳格な訴訟手続に従って事件を審理するのに対し，行政上の不服申立ては，行政機関が簡略な手続で事件を処理する。結果の客観的公正を確保するには行政事件訴訟が勝っているが，比較的低廉な費用で，簡易迅速に紛争の解決を図るには，行政上の不服申立てが優れている。また，行政事件訴訟の審理対象は法律問題に限られ，裁量問題については審査に制約があるのに対し〔行訴30〕，行政上の不服申立てでは，法律問題に限らず行政庁の裁量権行使の当不当についても審査ができるという利点がある。

⇨行政事件' ⇨行政上の不服申立て' ⇨行政不服審査法' ⇨行政審判' ⇨行政訴訟'

行政相談委員 行政についての国民の苦情の相談に応じる民間人。行政上の苦情処理に寄与する。行政相談委員法に基づき，国の行政機関等の業務に関する苦情の相談に応じて申出人に必要な助言をし，行政機関等に苦情を通知し，その結果を申出人に通知するなどの業務を総務大臣から委嘱されている〔行相委2〕。公務員ではなく国からの報酬はないが，費用の支給，総

務大臣の指導の規定がある〔行相委8・7〕。 ⇨苦情処理(行政上の)'

行政組織 *行政権'の組織。国家行政組織と自治行政組織に大別されるが，国や地方公共団体の事務を私人等に委任して行われる行政の組織(委任行政組織)を加えて3つに分類されることもある。広義では，行政組織の人的要素たる*公務員'と物的要素たる*公物'を含む。国家行政組織は，旧憲法下では官制大権により勅令の形式で定められた〔明憲10〕が，現行憲法下では，その基本的部分は，内閣法，内閣府設置法，*国家行政組織法'，各省庁の設置法などの法律で定められている。

行政組織法 *行政組織'に関する法規範。国家行政組織については，内閣法，内閣府設置法，*国家行政組織法'，各省庁の設置法などがあり，自治行政組織については，*地方自治法'を始めとして，地方公営企業法，*地方教育行政の組織及び運営に関する法律'，消防組織法等がある。広義で用いるときは，公務員法や公物法も含まれる。第二次大戦後の日本では，効率的な行政事務の遂行と並んで行政の民主的統制が行政組織法の基本理念になっている。そのため，国家行政組織は，内閣の統轄の下に，内閣府及びデジタル庁の組織とともに，明確な範囲の所掌事務と権限を有する行政機関の全体によって系統的に構成され，相互に連絡を図り，一体として行政機能を発揮するものとされている〔行組1・2〕。同様に地方公共団体の長は，当該地方公共団体を統轄し〔自治147〕，*地方公共団体の長'の下でヒエラルヒーをなし，指揮監督系統を構成している。ただし，*行政委員会'については，一般に職権行使の独立性が認められている。

行政訴訟 1 意義 厳格な意味としては，*行政事件'につき，*司法裁判所'とは異なる系統に属する*行政裁判所'が裁判する訴訟のことをいう。フランスやドイツなど大陸法系の諸国で発達した制度である。日本でも，*明治憲法'はこの制度を採用していた〔明憲61〕。しかし，現行憲法の下では，行政裁判所が廃止され，行政事件の裁判も民事・刑事の裁判と同様に司法裁判所が管轄することとなったため，上記の意味での行政訴訟はもはや存在しない。もっとも，行政事件の訴訟手続に関しては，*行政事件訴訟法'において民事訴訟とは種々の異なった取扱いが認められている。そのため，今日では，同法の定める*行政事件訴訟'〔行訴2〕を指して行政訴訟と呼ぶことが多い。なお，日本では，*国家賠償法'に基づく損害賠償請求の訴えは，

行政訴訟に含まれない。　⇨行政裁判'　⇨行政争訟'

2 特色　行政訴訟の手続については，行政訴訟を提起できる事項(行政訴訟事項)の限定，出訴期間の制限，職権審理主義の採用など，通常の民事訴訟手続にはない種々の特色が認められるのが通例である。

行政訴訟の出訴期間　⇨出訴期間(行政訴訟の)'

強制措置　*国際連合憲章'7章の集団的安全保障遂行のための措置を指す。国際連合憲章上は，安全保障理事会による「平和に対する脅威，平和の破壊又は侵略行為」の存在の決定の後，停戦・撤退等の暫定措置の要請[国連憲章40]を経て，「国際の平和及び安全を維持し又は回復するために」[国連憲章39]，非軍事的(強制)措置[国連憲章41]又は軍事的(強制)措置[国連憲章42]がとられることとなる。前者の非軍事的措置(*経済制裁)は，「経済関係及び鉄道，航海，航空，郵便，電信，無線通信その他の運輸通信の手段の全部又は一部の中断並びに外交関係の断絶を含むことができる」[国連憲章41]ものであり，南ローデシア問題，湾岸危機，北朝鮮による核実験等において発動された。加盟国を拘束する措置である。後者の軍事的措置の発動には，憲章43条の特別協定の締結を前提とすると解され，この意味で憲章42条が本来予定した*国際連合軍'は結成されたことはない。ただし，安全保障理事会は加盟国に対して，朝鮮戦争では軍事的措置を勧告し(1950)，また湾岸危機では軍事的措置をとる権限を与えた(1990)。憲章53条では，安全保障理事会の許可の下に*地域的取極(とりきめ)'・地域的機関による強制行動を予定している。

行政代執行法　昭和23年法律43号。*行政上の強制執行'の手段として代執行の要件及び手続を定めた行政上の*義務履行確保'の一般法。旧法たる*行政執行法'は，代執行の他に*執行罰'と*直接強制'の手段も一般的に定めていたが，執行罰は実効性に乏しく，直接強制は人の身体や財産に対して直接的な実力行使を加える措置であり一般的な要件の下で執行手段として定めるべきではないと考えられ，行政代執行法は，行政上の強制執行の手段として代執行のみを定めた。　⇨代執行'

行政大臣　内閣の構成員である国務大臣としての地位と観念的に区別された内閣に置かれる機関の長としての内閣総理大臣[内25，内閣府6，内閣法制局設置法(昭和27法252)7，安保会議13，復興庁設置法(平成23法125)6]及び各省大臣[行組5]のこと。現行法上は*主任の大臣'[内3①，行組5①]と呼ばれている。　⇨主務大臣'

強制仲裁　*労働争議'(労使紛争)が当事者間で自主的に解決されない場合に，第三者機関が職権で仲裁手続を開始し，仲裁裁定により紛争を終結させる仕組み[行執労33，地公等労15]。労使自治の原則からして例外的であり，一般私企業においては強制仲裁は行われない。　⇨仲裁'

行政庁　国又は公共団体の意思を決定し，これを外部に表示する権限を有する*行政機関'。国の行政庁のことを*行政官庁'ということがある。行政庁の中には，府・省・庁の長や*地方公共団体の長'のように*独任制'のものと，内閣，*会計検査院'，*行政委員会'のように*合議制'のものとがある。特定の法人又はその機関が特定の法令の適用上行政庁とみなされる場合がある(例：弁護56)。行政庁の権限には，所掌事務による限界(⇨普通官庁・特別官庁)，権限の及ぶ地理的範囲による地域的限界(⇨中央官庁・地方官庁')，権限の及ぶ人的範囲による対人的限界，権限行使の形式による形式的限界がある。また，委任(⇨権限の委任')，代理のほか，*代決'，*専決'などの方式で行政庁の権限の全部又は一部が他の行政機関によって行使されることがある。

行政調査　**1 概念**　行政機関が一定の行政目的の達成に必要な情報を得るためにする主体的活動をいう。主として論じられてきたのは，行政処分など個別の行政決定をするためのものである。

2 種類　法律上は，質問・検査[銀行25]，立入り[医薬69]，報告要求[食品衛生28①]，収去[食品衛生28①]などと表現されており，その形態には様々なものがある。行政調査には，これに応じる義務がない任意調査と，応じる義務がある強制調査があり，後者は，刑事罰等で担保された間接強制調査と，実力行使が認められる直接強制調査に分けられる。

3 問題点　行政調査の法的問題点としての手続保障が注目された最初の領域は税務調査であった。判例上は，日本国憲法35条・38条が行政手続にも適用される余地を認めつつ，*所得税法'上の質問・検査には，その目的，態様，必要性に照らして適用がないとし(最大判昭和47・11・22刑集26・9・554〈川崎民商事件〉)，また，質問・検査の範囲・程度・時期・場所等の実施の細目については一定の限度で税務職員の合理的な選択に委ねられ，事前の告知等を要件とするものでない(最決昭和48・7・10刑集27・7・1205〈荒

きょうせい

川民商事件〕とされた。

4 課題 これらの事件を検討する中で、*デュー・プロセス・オブ・ロー*ないし*令状主義*、刑事罰と実力行使の問題などの検討が進んだ。行政調査のうち、戦前の*臨検*など実力行使が認められるものは、従来*即時強制*として、行政強制制度の中で論じられてきた。その後行政調査一般を別の角度から1つの制度として捉えるのが通例となったが、明確な定義はされておらず、法的規律の解明もなお課題が残っている。
⇒*犯則調査*

強制徴収 ⇒*行政上の強制徴収*

強制調停 Ⅰ 調停手続の開始、あるいは調停案の作成を当事者の意思にかかわらず行う方式。手続の開始に関しては、*職権調停*や*調停前置主義*が強制調停としての性質をもっているし、調停案に関しては、*調停に代わる裁判*がこの性質をもっている。しかし、いずれの場合であっても、調停の内容を受け入れるかどうかについては、当事者の意思が尊重される〔民調18④、家事286⑤〕。

Ⅱ *労働争議*（労使紛争）が当事者間で解決されない場合に、労働自治の原則からすると例外的に、第三者機関が職権で調停手続を開始し、調停案を提示することで紛争を終結させようとする仕組み〔労調18、行執労27、地公等労14〕。ただし、労使ともに調停案自体を受諾する義務はない。
⇒*調停*

行政庁の訴訟参加 現代行政では、*処分*に至るまでの過程で処分庁以外の行政庁が関与することが多いが、*取消訴訟*で被告となるのは処分庁の属する国又は公共団体である。しかし、処分庁以外の行政庁を訴訟に関与させれば、*証拠資料*が豊富になり、より適正な審理を期待できる場合があると考えられる。そこで*行政事件訴訟法*23条は、裁判所は、必要性を認めるときは、当事者若しくはその行政庁の申立てにより又は職権で、決定をもってその行政庁を訴訟に参加させることができるとしている。

強制貯蓄の禁止 *労働契約*に付随して貯蓄の契約をさせ、又は貯蓄金を管理する契約は禁止される〔労基18①〕。労働者の足止めを防止する趣旨から、禁止されるのは強制的な貯蓄又は貯蓄金管理であり、任意貯蓄（社内預金）は、一定の要件の下に認められる〔労基18②〜⑦、労基則5の2〜6の3〕。

行政手続条例 *地方公共団体*の行政機関の活動の手順を規律する条例をいう。現在制定されている行政手続条例の大半は、*行政手続法*46条の要請に応えて同法3条3項によって適用除外とされた*行政指導*及び命令等並びに条例等に根拠を有する処分及び届出について、法と同様の規律をなすにとどまるが、行政指導について法と若干異なる規律をなすもの、法が適用される処分について付加的な規律をなすもの、法に定めのない事項について定めを置くものもある。

行政手続における特定の個人を識別するための番号の利用等に関する法律 ⇒*マイナンバー法*

行政手続法 **1 概念** *行政機関*の活動の手順を規律する法。内容を規律する行政実体法と対置されるが、その限界は必ずしも明確ではない。なお、行政活動に関わる手続であっても、裁判所による統制の手続は行政訴訟法として捉えられる（⇒*行政事件訴訟法*）。広い意味での行政手続は、各種の行政決定に至るプロセス全てを含むが、行政法学上は、行政組織内部にとどまるものより、外部的効果を有する行政決定に関わるもののほうがより強い関心の対象となる。後者の意味での行政手続は、行政決定がなされるまでの手続たる事前手続（狭義の行政手続）と、第1次的な行政決定の後、それに対する不服申立て等に基づいて、更にそれを見直す行政決定に至る手続たる事後手続に分けられる。事後手続についての一般法として*行政不服審査法*がある。

2 立法化 オーストリア、アメリカ等に続き、久しく実体法重視とされてきたドイツ、フランスにおいても1970年代以降行政手続法の法典化の傾向がみられ、日本においても、平成5年11月に「行政手続法」（法88）が成立した。同法は、*処分*、*行政指導*及び届出に関する手続に関し、共通する事項を定めることによって、行政運営における公正の確保と透明性の向上を図り、国民の権利利益の保護に資することを目的として制定されたもので、*申請*に対する処分について、*審査基準*、*標準処理期間*、理由の提示（⇒処分理由の提示）等を定め、不利益処分については、意見陳述のための手続として、*聴聞*及び*弁明の機会*の付与に関する規定を置くとともに、*処分基準*、理由の提示等を定め、更に、行政指導の一般原則・方式を初めて明文化している。なお、古典的な行政手続分野としての行政強制手続についての一般的な法律として、*行政代執行法*及び*国税徴収法*がある。

3 オンライン化 平成14年に「行政手続等における情報通信の技術の利用に関する法律」（法

151)(いわゆる行政手続オンライン化法)が制定され、申請等、処分通知等をオンラインで行う可能性が開かれた。なお、その後本法は令和元年改正で「情報通信技術を活用した行政の推進等に関する法律」(いわゆるデジタル手続法)に改称された。

4 平成17年改正 命令等制定手続が導入された(法73)。対象となるのは、*法規命令'のほか、審査基準、処分基準及び*行政指導指針'である。手続の中核は「意見公募手続」であり、平成11年の閣議決定によって「規制の設定又は改廃に係る意見提出手続」として実績を積んだ*パブリックコメント'手続と同様である。

5 平成26年改正 行政不服審査制度の改革と同時に、権限濫用型行政指導、行政指導の中止等の求め及び処分等の求めに関する規定〔行手35②・36の2・36の3〕が追加された(法70)。

6 行政審判 電波監理審議会等が行う*準司法的手続'によってなされる決定を*行政審判'と呼ぶことがある。
⇨行政手続条例'

強制投票 一般の有権者に、選挙その他の投票に際しても、投票を法的に義務付け、正当な理由がないのに棄権する者に制裁を科する制度。棄権の自由を認める*自由投票'(任意投票)に対する概念で、投票することは公務との考えに立脚し、低い投票率の防止策として行われる。

行政取極(とりきめ) 日本において、国際条約のうち、国会の承認を経る必要がなく、内閣の権限である外交関係の処理〔憲73②〕として締結されるものの呼称。イ 法律事項、ロ 財政事項又はハ 政治的に重要であって*批准'を発効要件とする国際条約(国会承認条約)は、国会の承認を必要とするために、行政取極として処理することができないとされてきた(憲法上の条約〔憲73③但〕)(政府統一見解(昭和49・2・20衆議院外務委員会答弁))。行政取極の国際法上の効力は国会承認条約と同一である。 ⇨条約'

強制認知 子、その直系卑属又はこれらの者の*法定代理人'から、父又は母に対して裁判上請求する認知〔民787〕。 ⇨認知'

行政罰 **1 意義** 行政法上の義務違反行為に対して、一般統治権に基づいて、一般私人に制裁として科せられる罰。*行政刑罰'と行政上の*秩序罰'の2種がある。

2 特質 行政罰は、その処罰の威嚇によって義務者に心理的圧迫を加え、間接的に行政法上の義務の履行を確保することを目的とするが、その制度の趣旨は過去の義務違反に対する制裁にあるので、将来における義務の履行を強制する手段である*執行罰'と区別される。また、一般統治権に基づき一般私人に科される制裁である点で、特別の監督権に基づいて行われる公務員等に対する*懲戒'罰と異なる。

3 根拠 *罪刑法定主義'の原則は行政罰についても妥当する〔憲31・39〕。法律により行政罰規定の定立を命令に委任することができる〔憲73⑥〕が、白紙委任は許されず、処罰の対象となる行為の種類・性質・限度を具体的に定めて委任しなければならない。地方公共団体の条例についても一定の範囲内で罰則を設けることが認められている〔憲94,自治14③・15②〕。

4 処罰手続 行政刑罰を科するには刑事訴訟手続によるが、例外的処理制度として*道路交通法'125条以下に基づく*交通反則金制度'、*国税通則法'157条以下及び*関税法'146条以下の定める*通告処分'制度がある。行政上の秩序罰については、法律に基づくものは非訟事件手続法119条以下により地方裁判所が科し、条例・規則に基づくものは地方自治法255条の3により長が行政処分によって納付を命ずる。

行政犯 **1 意義** 狭義では、*行政刑罰'を科される非行を、広義では行政刑罰と行政上の*秩序罰'とを合わせた*行政罰'を科される非行を指す。いずれも一般の刑事犯に対する観念。

2 刑事犯との区別 伝統的に行政法学では、刑事犯(自然犯)と行政犯(法定犯)の区別が強調され、刑事犯は、行為それ自体が法規をまたずに反道義性・反社会性を有するものであるのに対し、行政犯は、法規の定める行政上の命令・禁止に違反することにより初めて反道義性・反社会性を帯びるものである、とされている。この区別から行政犯については刑法総則の適用について特殊性を認めるべきことが主張されたが、現在では、行政犯についても刑法総則の適用があることを前提として、各種の特別規定(法人も合わせての両罰規定〔例:所税243,収用145,労組31〕、共謀・そそのかし・あおり等の処罰〔例:国公110①⑯,地公61④〕等)が存在するものと考えられている。 ⇨自然犯・法定犯'

強制被保険者 ⇨強制加入被保険者'
行政評価・監視 ⇨行政評価等'
行政評価等 総務省は、各府省及びデジタル庁の政策について、総務省が統一的若しくは総合的な評価(統一性評価,総合性評価)を行い、又は政策評価の客観的かつ厳格な実施を担保するための評価(客観性担保評価)を行う〔総務省4①⑩〕。また、総務省は、各行政機関の業務の実施状況の評価(当該行政機関の政策についての評価を除く)及び監視を行う〔総務省4①⑪〕。こ

ぎょうせい

行政不服審査法　平成26年法律68号。
1 意義　行政庁の*処分*その他公権力の行使に関する不服申立てについての一般法〔行審1②〕。簡易迅速な手続による国民の権利利益の救済を図るとともに、行政の適正な運営を確保することを目的として〔行審1①〕、昭和37年法律160号により、*訴願法*に代えて制定された。これにより、かつての不備・不統一な行政上の不服申立制度が大きく改められた。その後、公正性や使いやすさの向上、救済手段の充実・拡大の観点から、平成26年に全部改正されて今に至る。
2 内容　行政不服審査法は、不服申立事項について、訴願法とは異なり、*列記主義*ではなく、一般概括主義を採用して、処分及びその不作為であれば、限定列挙された場合〔行審7〕を除き、同法に基づく不服申立てができるものとした。また、不服申立ての種類を*審査請求*・*再調査の請求*・*再審査請求*の3種類に統一し〔行審2～6〕、それぞれについての審理手続を整備している。更に、*教示*の制度を導入し〔行審82〕、国民が行政上の不服申立制度を利用しやすいように配慮している。

⇨*異議申立て*　⇨*行政上の不服申立て*

行政法　**1 意義**　行政権の組織及び作用に関する法である。議会制定法である法律及び条例は、行政機関が公共的な任務を円滑かつ確実に遂行できるように権限を授権するとともに、他方で、私人の権利保護を目的として、行政権限の行使に法的制約を課している。こうした目的から、議会が制定した法律や条例に基づいて行政活動が行われることが、行政法の基本原則とされている(*法律による行政の原理*、法治主義)。行政活動が憲法や法令に反してであれ、私人の権利や自由を侵害した場合には、私人は裁判所等を利用して行政活動の是正や損害の填補を求めることで、実効的な権利救済を得ることができる(行政救済制度)。
2 特色　行政法は、行政主体と私人との関係のほか、行政主体相互の法律関係も扱う(2つの法律関係を、以下では、行政法関係と呼ぶ)。行政法関係の特色として、第1に、私人の意思に反してでも行政機関は権限を行使することができるなど、民法等ではみられない権力的活動が可能とされている。過去に権力的活動が濫用された反省から、そうした活動の名宛人である私人の権利や自由を保護することが重視されてきた。行政法が、防御権の体系であると呼ばれるゆえんである。第2に、行政機関の行使する権限は市民の委託を受けて法律の授権に基づき行使されるものであるから、行政活動に関して行政機関は私人に対して説明する責務を負う。この点で、行政法は説明責任の法体系である。第3に、私人を行政活動の客体として捉えるのではなく、行政活動の企画や実施に私人の参加を図るとか合意形成を重視することが重視されるようになり、私人のもつ経験や知恵を活用して、行政と私人で協働して行政運営を進めていくといった行政スタイルが進展している(公私協働)。
3 行政法の3分野　行政法は、3つの分野から成り立つ。イ 1つは、行政権が市民に働きかける場合を念頭に置いて、行政活動の発動要件や効果などについて規律する行政作用法と呼ばれる分野である。ロ 2つは、行政活動の結果、私人の権利や利益に侵害を与えた場合などを念頭に置いて、行政活動の是正を図り、又は、市民の損害を填補する分野である。これを行政救済法という。ハ 3つは、行政組織の編成や、行政機関相互の法律関係を規律する*行政組織法*である。行政作用法を総合的かつ統一的に規律する一般的法典は存在しない。イ 行政作用は、伝統的には、建築基準法、食品衛生法など個別行政分野を対象とした数多くの法律によって規律されてきた。他方、行政各分野を広く対象とした行政通則法が発展してきた。行政文書の開示等を規定した「行政機関の保有する情報の公開に関する法律」、行政活動を行う場合の手順を定めた*行政手続法*は、現代行政法の基幹をなす行政適則法である。ロ 行政救済法では、*行政不服審査法*、*行政事件訴訟法*、*国家賠償法*などが中心となる法律である。ハ 行政組織法では、内閣法、内閣府設置法、*国家行政組織法*、*地方自治法*などが代表例である。
4 行政活動の多様化　行政活動には、市民の活動を規制する*規制行政*が存在する。この他に、行政が市民に給付を行う*給付行政*が年々拡大してきた。給付活動の進展とともに、国家活動の中で行政権の占める比重が著しく大きなものとなっている(⇨*行政国家*)。現代では、拡大した行政活動の範囲について見直しを求める視点が重視され(行政の守備範囲論)、膨張する行政予算をいかにして削減するかが議論され、行政主体が独占してきた活動を私人に開放して民間の自由な活動に期待する*民営化*などが進め

られてきた。同時に、行政活動の無駄を省き効率化を図る'行政改革'が課題となっている。行政法は、長らく、国内公法であるといわれてきた。しかし、条約を国内で実施するために国内行政法をどのように制定又は改正するかといった問題や、国際的機関で取り決められた事項が国内行政機関の基準として機能している場合に、いかに取り決め内容に民主的統制を働かせるかなど、新たな問題が生起しており、国際行政法といった法分野が急速に発展している。

行政法上の差止訴訟　⇒差止訴訟(行政法上の)'

行政法上の処分　⇒処分(行政法上の)'

行政法上の不確定概念　⇒不確定概念(行政法上の)'

行政法上の便宜主義　⇒便宜主義(行政法上の)'

行政法上の無効確認訴訟　⇒無効確認訴訟(行政法上の)'

行政命令　⇒行政規則'

強制履行　債務の本来の内容を債務者の意思にかかわらず実現すること。その方法としては、'直接強制'、'代替執行'、'間接強制'などがある。　⇒強制執行'

行政立法　行政機関によって定立された一般的抽象的な定め。このうち、国民の権利義務に関わる'法規'たる性質を有するものを'法規命令'といい、政令、内閣官房令、内閣府令、省令、会計検査院規則、人事院規則、地方公共団体の長や教育委員会等の規則などがその例。これに対して、法規の性質をもたない'訓令'、'通達'などは'行政規則'と呼ばれる。後者の行政規則は、原則として行政組織等の内部関係にしか効果が及ばず、一般国民との関係では裁判上の基準ともならないので、行政立法の一種と位置付けるべきではないとする見解も有力である。また、地方公共団体の条例も行政立法に含める見解があるが、条例は、地方議会により、法律の委任によらず直接憲法から与えられた立法権限〔憲94〕に基づいて制定されることも多いので、行政立法とみるべきではない。行政作用の複雑化・専門技術化に伴い、行政立法の果たす役割はますます重要性を増している。

強制労働　使用者は、「暴行、脅迫、監禁その他精神又は身体の自由を不当に拘束する手段によつて、労働者の意思に反して労働を強制」してはならない〔労基5〕。過去の労働関係にはこの弊害が多く、'国際労働機関'の条約(ILO29号条約(昭和7条10)・ILO105号条約(令和4条9))でも取り上げられ禁止されている。

日本でも'労働基準法'がこれを明文で禁止している。労働基準法5条違反には、同法上最も重い刑罰が科せられる〔労基117〕。

強制わいせつ罪　⇒不同意わいせつ罪'

業績連動報酬　'株式会社'の'取締役'や'執行役'等に対して、一定期間における利益や売上げ、あるいは一定時点における株価など、会社の業績を示す指標を基準として定められる報酬のこと。'指名委員会等設置会社'以外の株式会社の取締役については、'定款'又は'株主総会'によって額の算定方法を定めることにより支給できるほか〔会社361①②〕、定款又は株主総会では報酬の確定限度額を定め〔会社361①①〕、その限度内において'取締役会'で具体的な報酬額の算定方法を定めて支給することも可能である。指名委員会等設置会社の取締役及び執行役については、'報酬委員会'で個人別の業績連動報酬の内容を定める必要がある〔会社404③〕。なお、税務上は、業務執行役員を対象とした業績連動給与は、一定の要件を満たす場合のみ、'損金'算入が認められる〔法税34①③、法税令69〕。

競　争　**1 意義**　'独占禁止法'上、競争には2つの意味がある。1つは、複数の経済主体(商品・役務を供給する者及び供給を受ける者、典型的には売手及び買手)が、相互に他を排しながら取引の機会を得ることを最終目的として、経済活動における意思決定を行うことをいう。このような意思決定は、価格・生産量・設備投資・研究開発など様々な次元でみられる。これは競争の行動としての側面である。もう1つは、競い合いを通じて、社会全体として、生産効率の向上、資源の適正な配分、技術革新、私的経済力の抑止等の経済成果がもたらされるということである。これは、競争を機能の側面で捉えたものである。独占禁止法が「公正且つ自由な競争を促進」〔独禁1〕するという場合、それはこのような競い合いや競争の機能を維持・促進することを意味している。

2 範囲　独占禁止法には、競争に関する定義規定がある〔独禁2④〕が、これは、'事業者'間の競い合いの関係について定めたものであり、一定の場合〔独禁2⑨①⑥へ・13②〕に競争関係の範囲を決定するという役割を果たすにすぎない。競争関係は、複数の事業者が共通の顧客に対して売手として競争している場合(売手間競争)と、買手として競争している場合(買手間競争)の両方を含む。また、現実に販売・購入している場合だけでなく、事業活動の施設や態様に重要な変更を加えなくても共通の顧客に対し販売・購

きょうそう

入する能力を有する場合(潜在的競争)も含まれる。

競争契約 *'契約'を結ぶことを希望する多数の者の間で競争させ、そのうち契約当事者にとって最も有利な条件を提供する者を相手方として締結する契約。*'会計法'では、国が売買・貸借・請負その他の契約をする場合においては、原則として*'公告'して競争に付さなければならないものとする〔会計29の3①〕。国の締結する契約をできるだけ公正かつ有利にさせるためである。競争は、特に必要のある場合には競り売りによるが、原則としては*'入札'の方法によらなければならない〔会計29の5①〕。入札に加わる者を限定しない場合を*'一般競争契約'といい、これを限定する場合を*'指名競争契約'という〔予会令70~98〕。法令の特に認めた場合〔会計29の3③~⑤、予会令94~99の6〕を除いては一般競争契約によらなければならない。*'地方自治法'上も、地方公共団体が締結する契約につき、会計法と類似の規定が置かれている〔自治234、自治令167~167の14〕。

競争の実質的制限 1 意義 *'独占禁止法'の多くの規定〔独禁2⑤⑥・8①・10①・13①・14・15①・15の2①・15の3①・16①〕には、「一定の取引分野における競争を実質的に制限すること(又は「することとなる場合」)」が要件として用いられており、これは*'競争'に与える悪影響の程度を示す要件(効果要件)である(他の効果要件として「公正な競争を阻害するおそれ」がある〔独禁2⑨〕)。「一定の取引分野」とは市場を指し、競争の実質的制限とは、市場が有する競争機能を損なうことをいう(最判平成24・2・20民集66・2・796〈多摩談合(新井組)事件〉)。市場において自由な競争が行われることによって、価格・費用の低減や数量の増大といった効率化や、適正な資源配分や技術革新等の経済成果がもたらされるという競争の機能が自動的に働くが、この機能を人為的に損なうことを意味する。市場をコントロールするという意味で「市場支配」といい、競争に勝ち続けることで市場支配できる力を持つに至ることもありうるため、独占禁止法では、市場支配力の存在それ自体を非難するのではなく、各規定に定める行為類型に該当する行為により、それまで有していなかった市場支配力を形成したり、既に有している市場支配力を維持したり、強化したりする場合が問題とされる。つまり、正常な競争によらない「市場支配力の形成、維持ないし強化」が、競争の実質的制限とされている(最判平成22・12・17民集64・8・2067〈NTT東日本事件〉)。市場支配力は、価格支配力を中心に理解されることが多いが、もう1つ別に競争排除力という概念も提唱されている。価格支配力とは、「特定の*'事業者'または事業者集団が、その意思で、ある程度自由に、価格、品質、数量、その他各の条件を左右すること」(東京高判昭和26・9・19高民4・14・497〈東宝・スバル事件〉)であり、価格や関連する条件を支配する力である。競争排除力とは、競争を排除し市場の開放性を妨げる力をいう。市場の開放性が妨げられている状態は、競争が機能しない重要な徴表であるが、競争排除力がそれ自体で競争の実質的制限という要件を構成するのか、競争が排除されたことにより市場価格への影響力が生じた場合に競争の実質的制限が認められるのかについて学説は一致していない。判例は、競争の実質的制限を価格支配力の形成・維持・強化を基本として捉えてきたから、基本的に後者の立場をとっている。

2 判断方法 競争の実質的制限の認定は、価格や数量などを左右する力に着目することが多いため、行為者の規模・市場占拠率、当該市場における競争の程度、競争者との関係、供給余力、輸入、効率化の可能性などを考慮しながら、個々の具体的な行為との関係で個別的になされる。ただし、ハードコアカルテルの場合には、簡易・迅速に認定される。 ⇨カルテル' ⇨不当な取引制限' ⇨私的独占' ⇨企業結合の制限'

競争の導入による公共サービスの改革に関する法律 ⇨公共サービス改革'

競争法 ⇨経済法'

鏡像理論 判決国が*'国際裁判管轄'を有していたかという、*'外国判決の承認'要件としての間接管轄〔民訴118①〕の判断基準は、日本で訴えについてこれから裁判を行う際に日本の裁判所が国際裁判管轄を有しているかという直接管轄と間接管轄が表裏一体の関係にあるため、直接管轄の判断基準(財産関係事件については〔民訴3の2〕以下)と同一であるとの立場のこと。同一説ともいう。これにつき判例は、「基本的に我が国の民訴法の定める国際裁判管轄に関する規定に準拠しつつ、個々の事案における具体的事情に即して、外国裁判所の判決を我が国が承認するのが適当か否かという観点から、条理に照らして判断すべき」と判示している(最判平成26・4・24民集68・4・329)。これを鏡像理論に立つと理解する見解も有力であるが、間接管轄の判断基準は直接管轄とは厳格に一致しなくてもよいとする非同一説を採用したとする見解が多数である。もっとも、同一説でも非同一説

も、まずは日本の直接管轄に関する基準に照らして判断する点では変わりなく、また、日本においては直接管轄の基準自体に個別事案の事情を考慮した調整の余地があるので〔民訴3の9〕、いずれの立場によっても間接管轄の判断において個別調整が行われる点に違いはない。

供 託 **1 意義と種類** 法令の規定により、金銭や物品等を供託又は一定の者に*寄託'すること。供託をする場合は、イ 弁済のための供託(弁済供託)〔民494〜498、商582①・583〕、ロ 後の支払を確保するなど担保のための供託(担保供託)〔民366③・461②、民訴76・405等〕、ハ 民事執行の目的たる金銭又は換価代金を当事者に交付するための供託(執行供託)〔民執91・108等〕、ニ 保管のための供託(保管供託)〔商527〕、ホ その他選挙の際に立候補者がする供託(特殊供託)〔公選92〕など特殊の目的のための供託(特殊供託)などがある。供託の方法・手続等は、供託法(明治32法15)及び供託規則(昭和34法務2)に定められている。

2 供託の要件と効果 弁済供託は、イ 弁済を提供した場合において、債権者が受領を拒んだとき、又はロ 債権者が弁済を受領することができないとき、又はハ 弁済者の*過失'なく弁済者が債権者を確知することができないときに、これをすることができる〔民494、商582①・583も参照〕。担保供託や保管供託などその他の供託については、個別的に要件が定められている。弁済供託の効果は、債務者をして債務を免れさせること(債務が消滅すること)である。他方、債権者は、供託所又は供託物保管者に対して供託物の交付を請求する権利を取得する。

3 供託所 金銭・*有価証券'については、法務局若しくは地方法務局、又はその支局若しくは法務大臣の指定する出張所であり、その他の物品は、法務大臣の指定する倉庫業者又は銀行である〔民495①、供1・5①〕。これらによっても供託所が定まらない場合には、裁判所に請求して供託所を指定してもらう、又は供託物保管者を選任してもらうことができる〔民495②〕。

共通だが差異のある責任 ⇨*国際環境法'

共 通 法 *明治憲法'時代の日本では、本土の領域であった内地・朝鮮・台湾などについて異なる法律が施行されていたので、それらの法律間の適用関係を定めるという*準国際私法'の問題が存在した。共通法は、この問題を解決するため、事項ごとに*準拠法'を定めた法律である(大正7法39)。外地が消滅したことによって、共通法は事実上失効している。

共通本国法 当事者に共通する国籍の法。*扶養義務の準拠法に関する法律'で採用されている〔扶養準拠法2①但・3①〕。当事者が有する国籍のうち共通するものがあれば、それだけで*準拠法'としての資格が与えられる。日本とフランスの*重国籍'者とドイツとフランスの重国籍者の場合、フランス法が共通本国法となる。*不統一法国'の国籍を有する者については、準拠法の特定が必要となるため、同法7条で本国法を決定した後、その一致を判断するとされている。なお、共通本国法とは異なり、同一本国法とは、各当事者について本国法を1つに特定した上で、それが一致するときをいう。同一本国法は、婚姻や親子間の法律関係の準拠法の決定の際に採用されている〔法適用25・26①・27本文・32〕。 ⇨*本国法'*同一本国法'

協 定 I 行政法上は、*行政主体'と*行政客体'、行政客体相互間、行政主体相互間の合意であって、当事者が共同して特定の行政目的の達成を目指すことを意識しているものをいう。厳密な法的概念ではなく、*行政契約'の観念と重なり合う部分もある。制定法上の定めがあるものとしては、*建築基準法'上の建築協定〔建基4章〕、都市緑地法上の緑地協定〔都市緑地5章〕がある。これらは、行政客体相互間の協定に対世効を与えるために、行政庁の認可・公告という仕組みを採用している。制定法上の定めのないものには様々なものがあるが、公害防止協定のほか、環境保全協定、宅地開発協定、市民の森設置協定、街づくり協定など地域整備ないし土地利用に係るものが多く、地方公共団体の*要綱行政'とも密接な関係にある。地方公共団体相互間で結ばれるものとしては、広域消防のための協定などがあり、広域行政を処理するための方式のうち緩やかなものとして選択されている。

II 特別清算の手続において、*清算'遂行のために、協定債権〔会社515③〕の減免・期限の猶予等の権利変更を定めるもの〔会社564〕。清算株式会社は、*債権者集会'に対し、協定の申出をすることができ〔会社563〕、法定の多数決〔会社567〕及び裁判所の認可の決定〔会社569〕を経て成立する〔会社570・571〕。協定の見込みあるいは協定実行の見込みがないときには、裁判所は職権で*破産'手続開始の決定をする〔会社574①ⅠⅡ〕。 ⇨*特別清算'

III 国際法上は、*条約'をみよ。

協 定 憲 法 ⇨*協約憲法'

共同意思主体説 *共謀共同正犯'の根拠付けを試みる学説の1つ。2人以上の者が犯罪遂行の謀議を遂げたときは、犯罪遂行のための共

きょうどう

同意思主体が成立し，共謀者のある者の実行は，共同意思主体の実行と認められるから，共謀者は実行しない者も含めて全員'正犯'としての責任を負うとする。草野豹一郎(1886〜1951)が提唱し，判例にも強い影響を与えた(大判昭和11・5・28刑集15・715)が，共同意思主体の責任を個々の構成員が代わって負担するという点で団体責任を肯定するものであるとして，個人責任の原則に反するなどと批判された。

共同運送 ⇨相次運送'
共同海損 1 **意義・効果** '船長'が船舶及び積荷等について生じた共同の危険を免れるために，船舶又は積荷等についてした処分によって生じた損害及び費用をいう〔商808〕。海上危険に遭遇した場合に，船舶又は積荷等の一部の犠牲において自力で全体の利益を保存するための処分(例えば積荷の放棄，船舶の乗上げ)を認め，そのような処分によって生じた損害を船舶・積荷等についての各利害関係人に分担させることで，リスク分散を実現すると同時に，船舶・積荷等全体のために最適な行為をとるインセンティブを船長に与えることを目的とする〔商809〜812〕。郵便物は分担しない〔郵便9〕。実務上は，約定により，商法ではなく'ヨーク・アントワープ規則'が適用される。
2 **成立要件** 共同海損の成立には，船舶及び積荷等に共通の切迫した危険があり，船舶又は積荷等について'故意'・異常の処分があって損害又は費用を生じ，船舶又は積荷等が残存していることが必要である。
3 **精算** 共同海損の精算を行う者についての定めはないが，実際には専門の共同海損精算人に任される。
4 **船舶先取(さきどり)特権** 共同海損分担請求権には'船舶先取特権'が認められる〔商842〕。

共同株式移転 ⇨株式移転'
共同規制 ⇨規制緩和'
協同組合 中小事業者又は消費者が協同してその経済的・社会的地位の向上を図るために組織する団体。日本では明治33年の産業組合法(法34。昭和23法200により廃止)によりその近代法制化がみられ，特に第二次大戦後，協同主義・民主主義が強調されて，消費生活協同組合法，水産業協同組合法，中小企業等協同組合法，農業協同組合法に基づき，各種の協同組合が設立された。協同組合の一般的特徴として，イ 小規模の事業者又は消費者の相互扶助を目的とすること，ロ 任意設立であること，ハ 組合員の加入・脱退が自由であること，ニ 議決権及び選挙権は出資口数にかかわらず1組合員1票であること，ホ 剰余金の配当は組合事業の利用分量に応ずることを原則とし，出資額に応じて配当するときは限度があること，ヘ 特定の政党のための利用の禁止などが挙げられる〔中協5, 生協2等参照〕。'独占禁止法'は，上記イ〜ホにほぼ相当する要件を備えた組合を同法の適用除外とし〔独禁22〕，各協同組合法においても，一定の要件を満たす組合について独占禁止法のこの要件を備えたものとみなすとされている〔中協7①, 農協8, 水協7〕。 ⇨消費生活協同組合'⇨中小企業等協同組合'⇨労働者協同組合'

共同市場のためのヨーロッパ特許に関する条約 ⇨ヨーロッパ共同体特許条約'
共同室 ⇨雑居制'
共同所有 複数人が同一の物を同時に所有している状態をいう。単独所有と対比される。民法は，共同所有について，'共有'という法形式を用意している〔民249〜264〕。しかし，このほかに，'総有'と'合有'とを認める考え方が有力である。判例は，'入会(いりあい)権'は入会団体に総有的に帰属し(最判昭和41・11・25民集20・9・1921)，また，'権利能力なき社団'の財産はその構成員に総有的に帰属する(最判昭和32・11・14民集11・12・1943〈品川白煉瓦(れんが)事件〉)とする。また，民法は，'組合財産'を組合員の共有であると規定し〔民668〕，'共同相続'財産も共同相続人の共有であると規定する〔民898〕が，組合財産及び共同相続財産は合有であるとする学説もある。

共同親権 ⇨親権'
協同進行主義 ⇨職権進行主義'
共同新設分割 ⇨会社分割'
共同生活援助 ⇨グループホーム'
共同正犯 1 **意義** 2人以上の者が共同して犯罪を実行すること。全員が'正犯'として罰せられる〔刑60〕。もし共同正犯関係が認められない'同時犯'であれば，各自が自己の行為により生じさせた結果だけに責任を負うのであるが，共同正犯では，各自が自らの行為により生じさせた事実についてだけでなく，他の共同正犯者が生じさせた事実についても，自己が生じさせたと同じように責任を問われる。その意味では共同正犯は一種の共同責任を認めたもののようであるが，あくまでも各自の共同意思に基づく結果に対する因果的寄与が責任の根拠となっていることに注意する必要がある。
2 **共同の実行** 共同正犯成立には，主観的には，共同加功の意思を，客観的には，共同実行の事実を必要とする。共同実行については，各自が

実行の少なくとも一部を分担することを必要とするとの見解がかつて学説上有力であったが、自ら実行を分担しない者でも、共謀に加わる等共同意思を形成し犯罪遂行に重要な因果的寄与を果たした者は、共同実行者とみることができる。なお、判例は、共謀の上共謀者のある者が共同意思に基づいて実行したときは、他の共謀者も共同正犯とする(最大判昭和33・5・28刑集12・8・1718)(⇨共謀共同正犯')。
3 共同加功の意思 相互に協力して犯罪を実現する意思をいう。この共同の意思は、実行前に形成されることが多いが、実行の現場で形成されること(現場共謀)、あるいは1人が実行の一部を終わり、残余の部分の実行中に形成されることもある。後の場合を承継的共同正犯といい、その成否については争いがある(⇨承継的共犯')。一方だけに加功の意思がある場合、例えばAがBと格闘中CがAに加担する意思でBを殴打したがAはその事実を知らなかった場合(いわゆる片面的共同正犯')、相互の意思連絡を欠くので、共同正犯が成立するかには争いがある。また、*過失犯'については共同加功の意思がないので共同正犯は成立しないとするのがかつての見解であったが、判例は、共同正犯を肯定するようになり(最判昭和28・1・23刑集7・1・30、最決平成28・7・12刑集70・6・411)、学説でもこれを肯定する見解が有力となっている(⇨過失の共犯')。

共同絶交 ⇨村八分'

共同相続 2人以上の*相続人'が共同して*相続'する相続形態。単独相続に対するもの。第二次大戦後、*家督相続'は廃止され、現行民法は近代相続法の流れに従い、個人の尊厳と男女の本質的平等の原則〔憲14・24〕にのっとり、共同相続制度を採用した。特に相続人である子は、長男女を問わず均分に相続する(⇨均分相続')。共同相続では*相続財産'が相続人各人に分割される〔民906~914〕が、分割まで各相続人は*相続分'に応じて相続財産を*共有'(学説上*合有'と解する説もある)する〔民898〕。⇨遺産分割'

共同訴訟 1つの民事訴訟手続に数人の原告又は被告が関与している訴訟形態。**1 発生の態様** *訴えの主観的併合'、数人による*訴訟承継'、*訴訟係属'中の第三者による*共同訴訟参加'、裁判所による弁論の併合(⇨弁論の分離・併合')などがなされることによって生じる。**2 要件** 共同訴訟が許されるためには、訴えの主観的併合要件〔民訴38〕が必要である。数人を共同被告とする場合には、請求相互間に密接な関連がある場合に併合請求の管轄が認められる〔民訴7・38〕。*請求の併合'を伴う場合には、更に請求の客観的併合要件〔民訴136〕の充足も必要になる。**3 種類** 訴訟追行上、イ *共同訴訟人'が相互に独立の関係にある*通常共同訴訟'、ロ 訴訟の目的を合一に確定するため訴えの共同提起が必要な*必要的共同訴訟'、ハ 各共同被告に対する権利関係が法律上並存しない場合に弁論と裁判を分離しないで審理・判決をなすことの原告の申出に基づいて成立する*同時審判中出共同訴訟'〔民訴41〕の3種類がある。イハには、訴訟追行に関して共同訴訟人独立の原則〔民訴39〕が適用されるのに対し、ロではその適用が制限され、共同訴訟人間の審判の合一確定を図っている〔民訴40〕。

共同訴訟参加 訴訟の目的が当事者の一方と第三者との間で合一確定を要する場合に、その第三者が*訴訟係属'中に原告又は被告の*共同訴訟人'として参加すること〔民訴52〕。この参加により*類似必要的共同訴訟'が成立する。この参加の要件としては、当事者間の訴訟の*判決の効力'が第三者にも及び、かつ、第三者が訴え又は訴えられる適格(*当事者適格')を有することが必要である。例えば、ある株主が提起した株主総会決議取消しの訴えに他の株主が原告の共同訴訟人として参加する場合、債権者代位訴訟を提起した代位債権者と債務者が共同で訴訟を追行する場合などがこれに当たる。

共同訴訟的補助参加 当事者間の*判決の効力'が第三者に及ぶ場合に、その第三者がする*補助参加'。明文の規定によるものではなく、解釈上の概念である。例えば、破産管財人の訴訟に破産者が参加し、遺言執行者の訴訟に相続人が参加する場合や、会社訴訟〔会社838〕、*人事訴訟'〔人訴24①〕、*行政訴訟'〔行訴32〕などで判決の効力を受ける第三者が補助参加する場合〔人訴15①〕である。判決の効力が*参加人'に不利益に及ぶ場合がありうるので、通常の補助参加と異なり、*必要的共同訴訟'人に準じた手続上の地位が解釈上認められる(最判昭和40・6・24民集19・4・1001)。特に*当事者適格'がないため*共同訴訟参加'ができない場合に実益がある。

共同訴訟人 1つの訴訟手続において共同に訴え又は訴えられた当事者をいう。その訴訟上の地位は、*共同訴訟'の種類によって異なる。

共同訴訟人独立の原則 *通常共同訴訟'において、共同訴訟人の1人の*訴訟行為'又はこれに対する相手方の訴訟行為が他の共同訴訟人に影響しない〔民訴39〕ことをいう。共同訴訟人

きょうどう

は各自に'請求の放棄・認諾'，'和解'ができるし，'自白'の拘束力もその者の訴訟についてだけ生じる。共同訴訟人の1人につき'中断'・'中止'の事由が生じても，他の共同訴訟人に影響しない。'上訴'による確定遮断及び'移審'の効力は上訴をし又はされた者についてだけ生じる。このため訴訟の進行・判決が区々となる結果を生じる。'必要的共同訴訟'においては，合一確定が要求される限度で，この原則は制限・修正されている〔民訴40参照〕。

共同体特許条約 ⇨ヨーロッパ共同体特許条約'

共同体論 ⇨コミュニタリアニズム'

共同著作物 2人以上の者が共同して創作した'著作物'であって，各人の寄与部分を分離して個別的に利用できないもの〔著作2①⑫〕。歌詞と楽曲のように，本来は一体的に創作されながら，分離可能なものは，結合著作物と呼ばれ，共同著作物と区別される。共同著作物の'著作権'は，最終に死亡した著作者の死後70年を経過するまで存続する〔著作51②〕。共同著作物の著作者人格権は，著作者全員の合意によらなければ，行使することができない〔著作64①〕。共同著作物の著作権その他'共有'に係る著作権（共有著作権）については，各共有者は，他の共有者の同意を得なければ，その'持分'を譲渡し，又は'質権'の対象とすることはできない〔著作65①〕。共有著作権は，その共有者全員の合意によらなければ，行使することができない〔著作65②〕。差止請求権及び損害賠償請求権，不当利得返還請求権については，単独で行使可能である〔著作117〕。

共同抵当 1 意義 同一の債権の'担保'として数個の不動産の上に設定された'抵当権'。総括抵当ともいう。登記上は，共同担保である旨の登記及び共同担保目録によって公示される〔不登83②〕。共同抵当では各抵当不動産がそれぞれ債権の全額を担保しているので債権者に有利であり，実際にも広く行われる。

2 共同抵当の代価の配当 共同抵当においては，債権者の権利行使の仕方によって，各抵当不動産上の後順位抵当権者の利害が大きく影響される。そこで，後順位抵当権者相互間の利害を調整する必要がある。イ 不動産の代価を同時に配当するときは，各不動産は，その価格に応じて債権の負担を分け，ロ また抵当権者が任意の不動産を選択して'競売'したときは，抵当権者はその代金から債権全部の弁済を受けることができるが，その不動産の後順位抵当権者は，上記の負担部分を超える分については他の不動産について共同抵当権者に'代位'することができるものとされている〔民392・393〕。例えば，時価3000万円の甲地と2000万円の乙地の上にAが被担保債権3000万円の1番抵当をもち，甲地の上にBが1000万円の2番抵当をもっている場合に，甲・乙両地が同時に競売されるとき（同時配当）には，Aは甲地から1800万円，乙地から1200万円，Bは甲地の残額1200万円のうちから1000万円の配当を受け，ロ Aが甲地のみを競売したとき（異時配当）には，Aは全額の配当を受け，Bは同時配当の場合の上記の1200万円を限度として，乙地が競売されたときに'優先弁済'を主張することができる。

3 根(ね)抵当権の特則 根抵当権については，その設定の登記と同時に共同担保である旨の登記をした場合に限って上記の共同抵当に関する規定が適用される〔民398の16〕が，その前提として，共同根抵当に係る根抵当権の極度額，その担保する債権の範囲及び債務者は，全ての不動産について同一であることを必要とする〔民398の17①参照〕。⇨根抵当権'

共同根(ね)抵当 ⇨共同抵当'

共同被告人 '被告人'を異にする数個の刑事事件が併合審理された場合の数人の被告人。数人の被告人が1通の'起訴状'で起訴される場合もあれば，弁論の併合の手続〔刑訴313①〕により併合される場合もある。共犯者その他犯罪事実が重なり合う被告人については，'立証'の共通，'事実(の)認定'や'量刑'の統一など併合審理の利点がある。しかし，被告人の防御が相反する等，被告人の権利保護のため必要があるときは，弁論を分離しなければならない〔刑訴313②，刑訴規210〕（⇨弁論の分離・併合'）。

共同不法行為 1 意義 イ 例えば，数人が共謀して暴行を働いた場合や，石油コンビナートを構成する複数の工場の排煙が合して被害を与えた場合のように，その数人あるいはその複数の工場が，一定要件の下に各自が全損害について〔連帯して〕責任を負う'不法行為'〔民719①前〕。狭義の共同不法行為などと呼ばれる。各自につき独立の不法行為〔民709〕が競合してなされた場合（競合的不法行為）についても，判例は共同不法行為としているが（例えば，最判平成13・3・13民集55・2・328。交通事故と医療事故がいずれも死亡という不可分の結果を招来し，個別的に相当因果関係を有する場合），共同不法行為の場合には，次述のように各自の個別的因果関係の要件が緩和される。ロ また，例えば，数人が同じ方向に石を投げ，そのどれかが他人の家の窓に当たってこれを壊した場合のように，複数の

者が各自単独で被害者の損害を惹起し得る行為を行い，そのうち誰が損害を加えたかを知ることができない場合(択一的競合の場合)も同様とされている〔民719①後〕。加害者不明の共同不法行為などと呼ばれる。

2 要件 イの場合につき，かつての通説は，各人の行為がそれぞれ独立に不法行為の要件を満たし，かつ，それらの行為に関連共同性のあることが必要であるが，主観的共同性については不要であり客観的共同性で足りるとしていた。これに対して，最近の学説は，下級審裁判例(津地四日市支部判昭和47・7・24判時672・30〔四日市ぜんそく事件〕など多くの大気汚染裁判例)を踏まえて，各自の不法行為の要件の中で*因果関係'については，関連共同性があれば個別的因果関係の要件は不要あるいは推定されるとし，その代わりに関連共同性については絞りをかけて，主観的共同性を要求するか(主観的関連共同性説)，あるいは客観的共同でもよいがより緊密な関連共同性(「強い関連共同性」など)が必要(主観・客観併用説)とするか，更に主観的要素と客観的要素の総合的判断によるべき(総合判断説)などの説を主張している。
ロは，被害者保護を図るため，公益的観点から，因果関係の立証責任を転換し，行為者は，自らの行為との間に因果関係がないことを立証しない限り，連帯して損害の全部について責任を負う趣旨の規定とされる。この場合，被害者によって特定された複数の行為者のほかに被害者の損害をそれのみで惹起し得る行為をした者が存在しないことが要件とされる(通説，最判令和3・5・17民集75・5・1359)。そうすると，複数の行為が競合し累積して損害が発生した建設石綿建材被害事件のような場合(寄与度不明の場合)はどうなるか。前記最高裁は，被災原告らが本件で特定した3種の石綿建材を長期間直接取り扱い，それらの建材が原告らの建設現場に相当回数到達し(市場占有率が考慮される)，原告らが被った本件3種の建材の石綿粉じんばく露量は各自のばく露量全体の3分の1程度であった，という事実の下で，719条1項後段が適用される場合との均衡を図って(同条項の類推適用)，本件各メーカーは，各原告の損害の3分の1について連帯して*損害賠償'責任を負う(集団的寄与度責任などと呼ばれる)，と判示した。

3 効果 共同不法行為者は連帯して全部賠償の責任を負い，賠償を支払った者は他の共同不法行為者にその負担割合に応じて求償できる。

共同謀議 2人以上の者が犯罪行為の共同遂行について合意すること，及び合意が存続している状態をいう。共謀又は通謀ともいう。共謀者は，共謀者のある者が共謀に基づき実行したときは，*共謀共同正犯'の理論により正犯としての責任を負う。共謀の成立には，共謀者全員が一堂に会して協議し合意に達することは必要でなく，共謀者相互に面識がなくても，他の者を介して互いに意思を連絡し氏名不詳者と共同して犯罪を実行する意思が互いに形成されれば共謀が成立する。いわゆる順次共謀である。なお，英米法には，必ずしも犯罪にならない*不法行為'の共謀を独立に処罰する共謀罪(*コンスピラシー')という犯罪が存在する。わが*国家公務員法'〔国公110①⑯〕，*地方公務員法'〔地公61④〕は，違法ではあるがそれ自体は不可罰の公務員の争議行為の共謀を独立罪としているが，公務員の*労働基本権'の尊重の趣旨から，制限解釈が問題とされてきた。 ⇒共謀・そそのかし・あおり・企て'

共同保証 同一の主たる債務について数人が*保証債務'を負担するもの。共同保証は，イ 共同保証人が通常の保証債務を負う場合，ロ 連帯保証人である場合，ハ 共同保証人間に全額弁済の特約のある場合とに分けられ，ハの場合を保証連帯という。共同保証が単独保証と異なるのは，次の2点においてである。すなわち，まず，共同保証人は，別々の保証契約によって保証人となった場合でも，原則として*分別の利益'をもつ〔民456〕。ただし，主たる債務が不可分のとき，保証人間に連帯関係があるとき(保証連帯)，共同保証人の各自が債務者と連帯関係にあるとき(*連帯保証')には，分別の利益をもたない。次に弁済した共同保証人の1人は，主たる債務者だけでなく他の共同保証人に対しても求償できる。共同保証人間の求償権の範囲は，保証人が分別の利益をもつ場合とそうでない場合とで異なる。すなわち，保証人が分別の利益をもたない場合には，*連帯債務'の規定〔民442~444〕が準用されるのに対し〔民465①〕，分別の利益をもつ場合においては委託のない保証に関する規定〔民462〕が準用される〔民465②〕。なお，「保証債務」に掲げた〔表：通常の保証・保証連帯・連帯保証の比較〕を参照せよ。

京都議定書 ⇒気候変動に関する国際連合枠組条約'

京都府学連デモ事件 ⇒私生活上の自由'⇒写真撮影' ⇒肖像権'

競　売 ⇒けいばい'

脅　迫 **1 意義** 人に恐怖心を生じさせるに足りる害悪を加える旨を，言語，書面又は動

きょうはく

作等によって通告すること。加害の通告は，明確に文書で通知し，あるいは凶器を示すなどの動作でする場合のほか，先日付けの出火見舞状を送るように，将来の放火の予告と受け取れる黙示の方法でも足りる。加害は，通告者本人がするものに限らず，第三者の加害行為の通告であっても，通告者がその者に影響を及ぼす地位にあるか，又はその旨装うときには，脅迫ということができる。しかし，単なる警告や嫌がらせは脅迫ではない。また，恐怖心を抱くまでには至らない威圧的言動は，*威迫'にすぎない。

2 脅迫・強要罪 通告される本人又は親族の生命・身体・自由・名誉・財産に対し害を加える旨告知して人を脅迫したときは，脅迫罪が成立し〔刑 222〕，同上の手段によって人に義務のないことを行わせあるいは人の権利行使を妨害するときは，*強要罪'が成立する〔刑 223〕。また，団体若しくは多衆の威力を示す等の手段で人を脅迫したときは*暴力行為等処罰ニ関スル法律'1条により加重処罰される。

3 各罪と脅迫の程度 脅迫は，上記のほか，多くの犯罪の構成要素とされるが，その罪の性質に応じ，程度を異にする。例えば，*強盗罪'の要件としての脅迫は，被害者の反抗を抑圧するのに足りることを必要とし，*恐喝罪'において用いられる脅迫はその程度に至らないものであることを必要とする。

強　迫 他人に害悪を示して恐怖(畏怖)心を生じさせ，その人の自由な意思決定を妨げる違法な行為。害悪の告知自体が法律又は*公序良俗'に反する場合は明らかに違法性があるが，そうでない場合(例えば，相手方の悪事を告訴・告発する旨を告知すること)には脅迫の方法と目的を相関的に考察し違法性を判断することになる。強迫の効果は，イ 強迫されて*意思表示'をした者がそれを取り消すことができることである〔民 96 ①・747〕。*詐欺'の場合と違ってその*取消し'は*善意'の*第三者'にも対抗できる。ロ 強迫によって受けた損害は*不法行為'として賠償させることができる〔民 709〕。強迫の刑法上の責任については，*脅迫'をみよ。

共罰的事後行為 ある犯罪の完成後に行われた行為(事後行為)のうち，犯罪*構成要件'を充足するにもかかわらず，別罪を構成することなく，先行する罪に吸収され，*罪数'評価上一罪として併せて処罰(共罰)されるもの。典型的には，*状態犯'(例：*窃盗罪')の事後行為のうち，先行して実現された構成要件の予定する*法益'侵害状態に包括して評価すべき行為(例：窃取した財物を損壊する行為)が挙げられる。元来は*不可罰的事後行為'と呼ばれ，*法条競合'のうちの吸収関係と解されてきたが，共罰的事後行為と呼ぶときには，*包括一罪'のうちの吸収一罪と解される。判例は，*横領罪'の事後行為(*抵当権'設定行為後の所有権移転行為)につき不可罰的とする立場(最判昭和31・6・26刑集10・6・874)を変更し，後行する横領行為のみの処罰は認めたが(最大判平成15・4・23刑集57・4・467)，両方の横領行為が起訴された場合の罪数問題(包括一罪か*併合罪'か)には答えていない。

共　犯 1 概念 2人以上の者が犯罪の実現に関与する場合をいう。騒乱罪〔刑106〕のような多衆犯(*集団犯罪')や贈収賄罪のような対向犯を*必要的共犯'と呼ぶ。それに対して，単独正犯を予想している*構成要件'の充足に2人以上の者が関与する場合を任意的共犯という。*殺人罪'の共犯や*窃盗罪'の共犯がこれに当たる。任意的共犯は，更に*共同正犯'，*教唆'犯，*幇助(ほうじょ)'犯に分かれる。一般には，後二者を特に共同正犯から区別して狭義の共犯と呼び，共同正犯を含む場合を広義の共犯と呼ぶ。共犯に関する犯罪共同説では，共犯は，2人以上の者が特定の犯罪を共同することであり，行為共同説では，行為を共同することによって，各自の犯罪を実現することであると解され成立範囲に影響する(⇒犯罪共同説・行為共同説)。

2 共犯の処罰根拠等 共犯の処罰根拠については，*惹起(じゃっき)説'(因果的共犯論)が支配的な見解であるが，共同正犯については，それがどこまで妥当するか自体に議論がある。また，狭義の共犯の処罰形態につき，*共犯独立性説'と*共犯従属性説'の対立がある。この対立は，刑罰縮小事由説と刑罰拡張事由説の対立に結び付くとされてきた(⇒拡張的正犯概念')。現在では，共犯従属性説・刑罰拡張事由説が通説・判例(大判大正6・7・5刑録23・787)である。

共犯からの離脱 *共犯者'も，自己の共犯行為と*因果関係'を欠く*法益'侵害結果については*責任'を問われない。すなわち，自己の共犯行為と結果との間の因果関係(物理的因果性及び心理的因果性)を切断すれば，共犯関係から離脱する。その後，他の共犯者の行為により法益侵害が生じても，その結果について共犯としての責任を負わない。この事態は，共謀(結果惹起(じゃっき)に向けた因果関係を形成しようとする共犯者との意思連絡)が解消された場合にも(結果に対する心理的因果性が欠如するために)生じる。そこで，共犯からの離脱は，共謀関係の解消と呼ぶこともできる。共犯からの離脱が

きょうはん

肯定される範囲は、他の共犯者がどこまでの行為を行っていたかを踏まえつつ、結果に対する自らの因果的寄与を解消したか否かを個別的に検討して判断するしかない。例えば、他の共犯者が目的とされた犯罪の実行に着手する前に離脱すれば、離脱者には何の罪責も生じないこともあるが、既に結果惹起に向けた因果的寄与をしていた場合には、当該因果性を除去しない限り、離脱は認められない(最決平成21・6・30刑集63・5・475)。他の共犯者が実行に着手したが既遂に至る前に離脱すれば、離脱者には未遂の限度で罪責が生じる。この場合、離脱が離脱者自身の意思による場合には中止犯となる(共犯の中止)。

共犯者の自白 *共犯'者が*被告人'も関与したとされる犯罪について*自白'するとともに、被告人の犯罪への関与を認める供述。供述の任意性に疑問がない場合でも、この種の供述には、犯罪に関与していない第三者を引っ張り込み、あるいは犯罪に関与した者に犯罪の主たる責任を負わせて、自己の責任を転嫁・軽減させようとする危険性があるので、信用性の判断が極めて困難である。そのため、本人の自白と同様〔憲38③、刑訴319②〕、共犯者の自白だけでは否認する被告人を有罪にはできず*補強証拠'が必要だとする主張がなされている。判例(最大判昭和33・5・28刑集12・8・1718)・多数説は共犯者の自白に補強証拠は要求されないとする。ただし、*証拠能力'を認めるためには、共犯者に対する*反対尋問'がなされているか伝聞例外に該当するものでなければならない(⇒伝聞証拠')。共犯者の自白は本人の自白の補強証拠にできる。共犯者の自白は、客観的事実に符合する部分があっても、供述の各部分が共犯者にとり利益であるか否かが複雑に錯そうし、また信用性が認められれば決定的な証拠となりがちなので、信用性の慎重な判断が必要である。なお、平成28年の改正により、刑事免責を与えて共犯者の供述を得て、別人の刑事裁判で証拠に利用することが可能となった〔刑訴157の2・157の3〕(⇒協議・合意(刑事手続における)')。

共犯従属性説 **1 概念** 共犯行為はそれだけでは処罰されず、少なくとも*正犯'の犯罪の実行をまって初めて処罰が可能となると考える共犯理論。通説・判例(大判大正6・7・5刑録23・787)である。*共犯独立性説'に対立する。⇒共犯'

2 根拠 共犯従属性説の根拠は、客観主義理論、特に*構成要件'による限定性を重視する理論の帰結であって、*教唆'・幇助(ほうじょ)(⇒幇助犯')に当たる行為は、それだけでは決して構成要件を充足するものではないから(限縮的正犯概念⇒拡張的正犯概念')、独立処罰の可能性はなく、構成要件実現者である正犯の存在をまって、これに加担したことについての罪責を問題とするのが相当であるという考え方である。

3 従属性の内容・程度 実行、要素、罪名の3種の従属性があるとされ、そのうち要素従属性に関して、正犯の犯罪性がどの程度に達したならば共犯を問題とするのが相当であるかについて、従来から、4つの形態が考えられるとされている。イ 最小限従属形態：正犯は、構成要件に該当しさえすれば、*違法'・有責でなくてよいとする。ロ *制限従属形態'：正犯の行為が、構成要件に該当し、かつ違法であれば足り、有責であることを必要としないとする。ハ 極端従属形態：正犯の行為が、構成要件に該当し、違法かつ有責であることを必要とするとする。ニ 誇張従属形態：正犯は、構成要件該当の違法・有責行為に出た上、処罰条件までをも具備しなければならないとする。学説上は、制限従属形態をとる説が多数であるが、近時は最小限従属形態をとる見解も有力である。

共犯独立性説 *共犯'は、*正犯'の成立とは無関係に、共犯自体が危険性を外部に表示したとして、その犯罪性のゆえに処罰されうると考える共犯理論。*共犯従属性説'に対立し、特に*新派刑法学'の立場から強力に唱えられた。共犯独立性説では、*教唆'・幇助(ほうじょ)(⇒幇助犯')行為自体でその者の社会的危険性は完全に表現されているから、正犯の実行をまたずに*社会防衛'の処置が必要であるとする。共犯論として、これをとる見解はほぼ存在しないが、特別法上は、多数の独立共犯規定がある。

共犯と身分 **1 意義** 犯罪の中には、犯人が特定の身分を有することを要件とする犯罪がある(*収賄罪'における公務員)。それらの罪について、その身分を持たないものが加功した場合に、それを共犯とすることができるか、かつ何罪の共犯となるか問題となる。例えば、公務員の夫と非公務員である妻とが共同して*賄賂'を受け取った場合、収賄罪の*共同正犯'としえないかといった問題である。刑法65条は、身分があることによって成立する真正身分犯に非身分者が加功したときは、非身分者もその共犯とし〔刑65①〕、他方で、身分のある者には刑を重く、あるいは軽くするものとされている罪、すなわち不真正身分犯に身分のない者が加功したときは、非身分者には通常の刑を科すとしている〔刑65②〕。

きょうはん

2 適用例 判例上、上の例では、65条1項により夫妻が収賄罪の共同正犯とされる。それに対して、営利目的を有する者と有しない者が麻薬を輸入した場合、65条2項により、前者は重い営利目的輸入罪が成立し、後者は営利目的のない軽い輸入罪の成立(あるいは科刑)にとどまる(最判昭和42・3・7刑集21・2・417)。やや特殊な例として、業務上横領罪に、業務上の占有を有しない者が加功した場合には、その者には65条1項により業務上横領罪が成立し、65条2項により、刑は単純横領罪の限度にとどまる。

3 身分の適条 ある身分が65条1項が適用される身分であるか、2項が適用される身分であるかは個別に解釈を要するが、その解釈については、条文上の規定形式を重視する考え方と、身分の違法・責任という法的性質を重視する考え方が対立している。罪名や帰結、その説明方法において違いが生じる。

共犯の錯誤 *共犯*関係にある行為者間において、一部の行為者によって実現された行為・結果が他の行為者の意思内容と一致しない場合のこと。具体的に問題となるのは、イ *共同正犯*〔刑60〕において、共同意思の内容とは異なった行為・結果が一部の行為者によって実現された場合、ロ *教唆犯*〔刑61〕・*幇助(ほうじょ)犯*〔刑62〕において、教唆意思・幇助意思の内容とは異なった行為・結果が*正犯*者によって実現された場合。イの例として、窃盗の共同意思であったにもかかわらず、共犯者の1人が強盗罪を犯したような場合、ロの例として、窃盗の教唆意思・幇助意思であったにもかかわらず、正犯者が強盗罪を犯したような場合(なお、これらの具体例のように、実現された行為・結果が意思内容を超過するような場合のことを共犯過剰と呼ぶこともある)。共犯の錯誤が存在する場合には、一部の行為者によって実現された意思内容とは異なる行為・結果について、他の行為者に対しても責任を問いうるかが問題になる。この点について、判例は、基本的に構成要件の重なり合う範囲で責任を認めている(最判昭和25・7・11刑集4・7・1261)。そのため、上記の共犯過剰の事例の場合には、窃盗罪の範囲で責任が問われることになる(最判昭和23・5・1刑集2・5・435)。なお、以上イ・ロのほかに、ハ *間接正犯*をも含めた各共犯形式相互間の不一致も、共犯の*錯誤*と呼ばれる(例えば、間接正犯として事情を知らない他人を利用しようとしたところ、その他人が事情を了解した上で行動したため、結果として教唆犯に相応することになった場合など)。

共犯の中止 ⇨共犯からの離脱'
共 謀 ⇨共同謀議'
共謀・そそのかし・あおり・企て **1 総説** 共謀・そそのかし・あおり・企ては、いずれも、*違法行為*の実行以前の段階の行為である。*国家公務員法*110条1項16号、*地方公務員法*61条4号は、公務員の*争議行為*の一般的禁止〔国公98②、地公37①〕に対応する刑事上の罰則として、公務員の*同盟罷業*その他の違法争議行為の遂行を共謀し、そそのかし、あおり又はこれらの行為を企てた者を3年以下の拘禁刑又は100万円以下の罰金に処することにしている。このように法が違法争議行為の実行それ自体を不処罰とし、その前段階の行為のみを処罰の対象としているのは、後者が違法行為に原動力を与えるものとして前者に比べその社会的責任が重いと解されることによる。なお、職員で争議行為を行い、又はその遂行の共謀・そそのかし・あおり又は企て行為をした者は、任命上又は雇用上の権利をもって国・地方公共団体に対抗できなくなり〔国公98③、地公37②〕、懲戒処分の対象となる。

2 意義 イ「共謀」とは、職員が同盟罷業等の違法行為の共同遂行の合意を形成することをいう。ロ「そそのかし」は、*教唆*であって、違法行為を実行させる目的で、他人に対し、実行の決意を新たに生じさせるおそれのある慫慂(しょうよう)行為をすることをいい、相手方がそれにより違法行為を実行する決意を生ずることまでは必要としない。ハ「あおり」は*煽動(せんどう)*で、違法行為を実行させる目的で、文書・*図画(ずが)*・言動等により、他人に対してその行為を実行させる決意を生じさせ、又は既に生じている決意を助長させるような刺激を与えることをいう。したがって、あおりには、教唆に当たるものと、精神的幇助(ほうじょ)(⇨幇助犯')に当たるものが含まれる。教唆であるあおりと、そそのかしの区別については、あおりは、主として感情に訴えるアジテーションの場合、そそのかしは、主として理性に訴える慫慂・説得の場合に適用されるのが妥当であるとする見解が有力である。ニ「企て」は、現実に違法行為が行われなかったが、違法争議行為、怠業的行為を実現させる目的をもってその実現に向けた行為をすること、あるいは違法争議行為の共謀等を試みたが成功しなかったことで、*未遂*及び未遂に接着した予備を含む(⇨企行(企て)')。

3 労働基本権との関係 公務員の争議行為は法律上禁止されている〔国公98②、地公37①〕が、公務員法の罰則〔国公110①⑯、地公61④〕をこれ

に形式的に当てはめると，職場放棄等の合意に基づき争議行為に参加した者については一共謀の遂行を共謀し，争議行為の実行を*労働組合員'に指令又は伝達したり，労働組合員を激励する等の行為を行った者についてはそそのかし又はあおりの罪が，争議行為を企画・決定する等の行為を行った者については企ての罪がそれぞれ成立し，関与者の大部分が処罰される結果となる。このような結果は，その限りにおいて，憲法に定める*争議権'を含む*労働基本権'の保障〔憲28〕を制約することになるが，判例は，公務員の地位の特殊性と職務の公共性に鑑みるときは，公務員の労働基本権に対しやむをえない程度の制限を加えることには十分合理的な理由があり，あおり等の行為を処罰することにも十分合理性があるとする(*全農林警職法事件')。

共謀関係の解消 ⇨共犯からの離脱'

共謀共同正犯 1 意義 2人以上の者が犯罪の遂行を共謀し，そのうちのある者が共同の意思に基づいて実行したとき，自ら実行しなかった他の共謀者も全員*共同正犯'となる場合を共謀共同正犯という。共謀とは，犯罪を共同で遂行しようという意思を合致させる謀議又はその結果成立した合意をいう(⇨共同謀議')。判例は，大審院以来，共謀共同正犯を肯定している(大判昭和11・5・28刑集15・715等)。これに対し，かつて，学説の多数は，共同正犯には実行の分担が不可欠の要件であるとする立場から，共謀共同正犯を否認し，共謀者は*教唆'又は幫助(ほう)(⇨幫助犯')にとどまるとしていたが，共謀共同正犯を認める見解が現在では一般的になっている。

2 理論的根拠 共謀共同正犯の根拠付けを試みる理論として，*共同意思主体説'は，2人以上で犯罪遂行の合意ができたときに，そこに犯罪遂行を目的とする共同意思主体が成立し，共謀者のある者の実行は共同意思主体の実行と認められるから，その責任は共同意思主体の構成者全員が負うとするが，この論拠に対しては団体責任的構成であるとの批判が強い。現在まで，*間接正犯'類似説，*行為支配説'，実質的正犯論などの諸説が共謀共同正犯を正当化する理論として主張されてきた。なお，*改正刑法草案'27条2項は，共謀共同正犯を立法化しようとしていた。

共謀罪 何らかの犯罪に係る共謀を，それ自体として犯罪とする類型である。例えば，英米法における*コンスピラシー'(conspiracy)では，2人以上の者が犯罪の実行を合意すること，合意した者のいずれかが合意に係る徴表的行為(overt act)をすること(これは，未遂罪における実行の着手以前の行為であってもよい)で，犯罪が成立する。かねて日本の法律には，共謀罪として整理されるものは，ほとんど存在しなかった(例外的に，内乱陰謀罪〔刑78〕，私戦陰謀罪〔刑93〕は，共謀を処罰する類型といえる)。「国際的な組織犯罪の防止に関する国際連合条約」(後の平成29条21)は，同条約締約国に対して，重大犯罪の共謀等の処罰化を義務付けた。そこで日本政府は，*組織的な犯罪の処罰及び犯罪収益の規制等に関する法律'を改正し，一定の重大な犯罪に係る共謀(団体の活動として，当該犯罪を実行するために組織により行われる行為の遂行に係る共謀)を処罰する類型を提案した。そして平成29年には同法が改正され，テロ等準備罪〔組織犯罪6の2〕が新設された。同罪は イ 組織的犯罪集団が，ロ 重大な犯罪を計画し，ハ その計画を実行するために準備行為をした場合に成立する。重大犯罪の結果が発生する前に成立する点に，本罪の特徴がある。

共謀の射程 *共同正犯'において，共謀に基づいて結果が発生したと評価できる関係のことをいう。共同正犯が，自らが直接生じさせていない結果についても刑事責任を負うのは，共謀によって互いの犯意を強化し，実行分担者の行為に心理的な因果性を及ぼしているからである。したがって，何らかの共謀を遂げた場合であっても，実行分担者が共謀内容とは無関係に，独自の意思決定によって結果を発生させたと評価される場合には，共謀の射程が及ばず，共謀のみに関与した者は共同正犯としての罪責を負わない。もっとも，犯行計画が現場の状況などで変更されることは十分にありうるから，事前の共謀内容と異なった犯行が行われたとしても，それが共謀から生じうる事態であれば，なお共謀の射程は及ぶことになる。判例(最判平成6・12・6刑集48・8・509)は，複数人で正当防衛行為を共同実行したところ，相手の不正の侵害が終了した後も，一部の関与者によって追撃行為が継続された事件について，追撃行為に関する新たな共謀が成立した場合でなければ，他の関与者は追撃行為について共同正犯の罪責を負わない旨を判示している。本判決は，正当防衛行為に関する共謀の射程は，その後の追撃行為には及ばないとして，追撃行為に関する新たな共謀を要求したものと解されている。

業務監査 *取締役'・*執行役'・*会計参与'の職務執行に関する監督。会計に関する監査である*会計監査'に対する概念。イ 取締役・*取締役会'による業務監査：取締役会を設置し

ぎょうむき

ない*株式会社'では，他の取締役が株主とともに直接，取締役の業務を監督する。*取締役会設置会社'では，取締役会が業務執行を監督する〔会社362②②④⑥〕。*大会社'においては取締役の職務の執行が法令・*定款'に適合することを確保するための体制その他，会社の業務の適正を確保するために必要なものとして法務省令で定める体制(内部統制体制)を構築・運営しなければならず〔会社348③④④・362④⑥⑤，会社則98・100〕(⇒内部統制)，それに基づき業務監査がなされる。ロ *監査役'・*監査役会'による業務監査：会社・子会社の業務執行機関の構成員や*使用人'は監査役の欠格事由とされ〔会社335②〕，監査役・監査役会は，業務執行から独立して会計監査人とともに業務執行の監督を行う〔会社381①〕。ただし，*非公開会社'(*監査役会設置会社'と*会計監査人設置会社'を除く)は，定款の定めにより，監査役の業務監査を会計監査に限定することができる〔会社389①〕。取締役相互又は取締役会による業務監査が業務執行の適法性及び妥当性の双方に及ぶのに対し，監査役・監査役会による監査は妥当性には及ばないと理念的に解されてきたが，実務上は業務執行の不当性も監査役による業務監査の対象にされている。ハ *監査等委員会設置会社'の場合：取締役会は，定款の規定に基づく取締役会決議により業務執行の決定を取締役に大幅に委任でき，*監査等委員会'と協力しつつ業務執行に対する監督を行う〔会社399の13①②〕。監査等委員会は，主として，取締役会が設置する内部統制部門を通じて業務執行を監督する〔会社399の2③①・399の13①①〕。ニ *指名委員会等設置会社'の場合：取締役会は，業務執行の決定を執行役に大幅に委任でき，*監査委員会'を中心とする3委員会と協力しつつ業務執行に対する監督の役割を担う〔会社416①②〕。監査委員会は，取締役会が設置する内部統制部門を通じて職務執行を監査する〔会社404②①・416①①ホ〕。なお，監査等委員会と監査委員会の業務監査が妥当性に及ぶかどうかは議論が分かれるが，及ぶとする見解が有力である。

業務起因性　　⇒業務災害'

業務災害　　*労働基準法'上の災害補償の原因となる事由であり，*通勤災害'とともに*労働者災害補償保険法'上の*保険事故'とされる事由である。業務災害に対して補償がなされるのは，*使用者'の支配下において労働の提供を行う*労働者'に生じた災害は，原則として使用者の責任であるとの考えに基づく。業務災害は「労働者の業務上の負傷，疾病，障害又は死亡」と定義される〔労災7①①〕が，ここにいう「業務上」とは労働基準法上の「業務上」〔労基75・77・79・80〕と同義である〔労災12の8②〕。いかなる災害が「業務上」のものであるかは裁判例，裁決例(*労働保険審査会')，行政解釈による。業務上とされるためには，問題の傷病，障害，死亡が業務に起因して発生したこと(業務起因性)が必要である。ここにいう「業務」とは，*労働契約'上，労働者が使用者の支配下にあることをいい，必ずしも具体的な作業に従事していることは要求されない。この意味の観念的な業務との間に*相当因果関係'が認められれば，業務起因性は認められる。この考え方に沿って，行政解釈は，災害(発生状況を時間的に特定できる突発的な出来事)を原因とする傷病につき，業務と災害，災害と傷病，という2段階の因果関係に分解し，この2つの因果関係が存在すれば，業務起因性が認められるという考え方を採用する。そして，業務と災害との因果関係については，当該災害が，事業場内で*労働時間'中に発生した場合，事業場内で労働時間外に発生した場合，事業場外で使用者の支配下にあるときに発生した場合に分けて，認定基準を設定している。例えば，災害が事業場内で労働時間中に発生したときや，出張中に発生したときは，労働者側の業務逸脱行為，恣意的行為，私的行為等がない限り，業務との因果関係が肯定される。これに対して，事業場内で労働時間外に行われたり，事業場外で行われる運動会等の会社行事への参加中に発生した災害の場合は，使用者の業務命令があったり，参加の強制が認められるときに限り，業務との因果関係が肯定される。次に，災害と傷病との因果関係は，医学上の経験則に照らして，存否を判断する。負傷の場合は，通常は問題なく災害との因果関係は肯定される。他方，疾病については，とりわけ災害によらない進行性疾病の業務起因性の証明が容易でないことに鑑み，労働基準法施行規則別表1の2(35条関係)のリストに基づいて業務起因性を判断することとしている。　⇒業務上の疾病'　⇒複数業務要因災害'

業務災害給付　　*業務災害'に対する*労働者災害補償保険法'上の*保険給付'〔労災12の8〜20〕。医療の現物給付である*療養補償給付'のほか，現金給付である*休業補償給付'，*障害補償給付'，*遺族補償給付'，*葬祭料'，*傷病補償年金'，*介護補償給付'の7種類がある。　⇒通勤災害給付'

業務・財産調査検査役　　⇒検査役'

業務執行　　*法人'や*組合'などの団体に

おいて，その事業に関する諸般の事務を決定し，又はその決定を執行すること。*定款変更'・*解散'など団体の存立・構成に関する基礎的事項は，単なる業務執行の対象ではない。業務執行には内部的業務執行と対外的業務執行とがあり，後者は団体と第三者との間に法律関係が生じる面からみれば*代表'である。団体を代表する者は，同時に内部的業務執行の*権限'をもつが，内部の業務執行だけを担当し，代表権限をもたない者もある。例えば，*取締役会設置会社'である*株式会社'では，業務執行についての意思決定機関である*取締役会'と〔会社362②④〕，執行行為を行う*代表取締役'・*業務執行取締役'とが分化し〔会社363①・2⑮イ参照〕，取締役会の構成員である*取締役'は当然には業務執行の権限をもたない。*社外取締役'・*社外監査役'の要件〔会社2⑮⑯〕や*監査役'の職務権限の範囲について，非業務執行性が求められる。⇨会社代表'

業務執行社員 *持分会社'において，業務執行の権限を有する社員。持分会社の社員は，*有限責任社員'か*無限責任社員'かを問わず，*定款'に別段の定めがある場合を除き，業務執行権を有し〔会社590①〕，代表権も有する〔会社599①〕。社員が2人以上いるときは，社員の過半数をもって業務を決定するのが原則であるが〔会社590②〕，その執行行為と常務に属する業務の決定・執行は，各社員が単独で行うことができる〔会社590③〕。定款で業務執行社員を定めたときは，業務執行社員には善管注意義務と*忠実義務'が課されるほか〔会社593①②⑤〕，競業行為や利益相反取引については個別の規整がある〔会社594・595〕。法人を業務執行社員とすることも可能である〔会社598①〕。その場合には，当該法人は，当該職務を行うべき者を選任し，その者の氏名・住所を他の社員に通知しなければならず，当該者については，業務執行社員に係る規定が準用される〔会社598②〕。

業務執行取締役 イ *代表取締役'，ロ 代表取締役以外の*取締役'であって*取締役会'決議によって*取締役会設置会社'の業務を執行する取締役として*選定'された者，及びハ 会社の業務を執行したその他の取締役（代表取締役から一部の業務執行行為を委任された取締役など）のこと〔会社2⑮イ・363①〕。

業務上過失 業務上必要な注意を怠った場合に認められる*過失'の加重類型。失火・激発物破裂〔刑117の2〕，過失致死傷〔刑211〕について規定されている。この趣旨については，本来，社会的な地位である業務として反復して行われる行為について認められる過失であり，重大な過失を類型化したものだとする見解などいくつかの理解が主張されている。「業務」は判例により拡張され（最判昭33・4・18刑集12・6・1090等），失火については，火気の安全に配慮すべき社会生活上の地位をいうとされる。過失致死傷については，社会生活上の地位に基づく反復継続して行う行為であって生命身体に危険な行為をいうほか危険防止を義務内容とする業務も含むとされる。また，かつては，自動車運転はほぼそれ自体が業務であるとされてきたが，これについては*自動車運転致死傷行為処罰法'上の過失運転致死傷罪〔自動車運転致死傷5〕が適用されることになった。

業務上の疾病 業務に起因して生じた疾病。*労働基準法'上の災害補償の事由であり*労働者災害補償保険法'上の保険事故とされる一種である*業務災害'の一種。業務上の疾病の範囲は労働基準法施行規則別表1の2（35条関係）及びそれに基づく告示に示されている。これらは，突発的な事故による負傷又は有害作用によって疾病に至る災害性疾病と，有害な作用を長期にわたって徐々に被ったことによる職業性疾病に分けられる。後者（又は前者の一部を含めて）は職業病と俗称されることがある。上記別表1の2において，職業と疾病との関係が具体的に記述されている1号〜9号及び中央労働基準審議会の議を経て厚生労働大臣の指定する疾病〔労基則別表1の2⑩〕については，当該条件を満たす業務に従事していたとの事実をもって疾病との因果関係が推定されるが，「その他業務に起因することの明らかな疾病」〔労基則別表1の2⑪〕については，業務と疾病との因果関係の推定はなされないため，同疾病を業務上の事由によるものと申し立てる場合には，請求人たる労働者側が，業務と疾病との因果関係を医学的側面を含めて立証する必要がある。

業務の正常な運営を阻害する行為 ⇨争議行為'

業務妨害罪 虚偽の風説を流布し，又は偽計若しくは威力を用いて人の業務を妨害する罪。刑法233条・234条。3年以下の拘禁刑又は50万円以下の罰金に処せられる。業務とは，経済活動を典型とする，人の社会生活上の地位に基づき継続して行う活動である。娯楽や家事のような個人的活動は含まない。判例は本罪を*危険犯'と解しており，業務妨害というためには，具体的に営業が阻害され，収益が減少したなどの実害を生ずる必要はないとする（ただし，学説からはこの点に異論があり，本罪を*侵害犯'

ぎょうむめ

と解する見解が有力である）。なお、昭和62年の改正（法52）により、電子計算機等の損壊による業務妨害罪〔刑234の2〕が、加重類型として新設された。 ⇨威力業務妨害罪' ⇨偽計' ⇨威力' ⇨コンピューター犯罪'

業務命令　⇨指揮命令権'

協約憲法　君主と国民の代表者との合意によって制定される憲法。協定憲法ともいう。*君主主権'の思想と*国民主権'の思想との妥協の所産で、いわば*欽定（きんてい）憲法'と*民定憲法'との中間に位置するものといえる。国王ルイ＝フィリップ（Louis-Philippe, 1773〜1850）と議会との合意による1830年のフランス憲法がこれに属する。なお、「憲法」に掲げた［表：憲法の分類］をみよ。

協約能力　*労働協約〔労組14〜18〕締結の前提である協約の権利・義務の帰属主体となる能力、すなわち、協約の当事者となることができる資格ないし地位のこと。*労働組合'、*使用者'、*使用者団体'に認められる私法上の一般的な*権利能力'を基礎とするが、団体的労働関係法の観点から別途、協約の締結に関して要求される特別な協約能力。通常の契約にはない特別の効力（*規範的効力'、*一般的拘束力'）が協約に認められることに対応して問題となる。

共　有　**1 意義**　複数人が同一の物を同時に所有する場合の原則的法形式。民法は、共有が成立した場合の主として共有者相互間の法律関係と、共有物を分割し共有を終了させる場合の法律関係について規定している。どのような場合に共有が成立するかについて、民法は、*組合財産'が組合員の共有となり〔民668〕、*共同相続'財産が共同相続人の共有である〔民898〕と規定し、また、動産の*付合'〔民244〕と*混和'〔民245〕に関して、共有になる場合について定めを置き、更に、境界線上の界標などについては共有と推定をしている〔民229〕。区分所有建物の*共用部分'も区分所有者の共有である〔建物区分11〕。

2 法律関係　同一の物を同時に所有する複数人を共有者、複数人に同時に所有される物を共有物と呼ぶ。共有者は、共有物について、各自権利を有する。この権利を*持分'又は*持分権'と呼ぶ。各共有者は、単独で自由に、持分を譲渡することができ、また、持分に担保権を設定することができる。持分が譲渡されると、共有者の交替が生ずる。各共有者は、単独で自由に、*共有物分割の訴え'を裁判所に提起することができる〔民256〕。すなわち、各共有者は、単独で共有を終了させることができる。

3 例外　境界線の界標などの共有については、共有物分割の訴えは認められず〔民257〕、組合財産の共有については、持分の処分の効力は制限され、また、清算前の組合財産の分割は認められない〔民676〕。

4 令和3年民法改正　令和3年（2021）には、いわゆる*所有者不明土地'問題に対応するために、民法及び不動産登記法の改正等の立法が行われた。共有の法律関係を明確化するため、そして、土地の共有者の一部が不明である、又は、その所在が不明である場合に共有物の管理・処分等が円滑に進められない事態に対応するために、民法の共有に関する規定も改正された。

⇨共同所有'　準共有'

共有物分割の訴え　*共有'者間で共有物の分割について協議が調わない場合又は協議をすることができない場合に、裁判所に分割の方法を決めてもらうことを求めて共有者が提起する訴え〔民258〕。*形式的形成訴訟'の一種である。なお、共有物の全部又はその持分が*相続財産'に属する場合に、共同相続人間で*遺産分割'をすべきときは、相続開始後10年間は、共有物分割の訴えを提起することはできない〔民258の2〕。

供　与　刑法典においては贈賄罪〔刑198〕、第三者供賄罪〔刑197の2〕の構成要件該当行為であり、*収受'に対応する概念である。すなわち、賄賂を公務員に収受させることをいう。供与は、各種の法令が規定する特別法上の贈収賄罪においても構成要件該当行為とされている。また、贈収賄以外にも、構成要件該当行為として供与を規定する法令は存在し、例えば、株主等の権利の行使に関する利益供与罪〔会社970〕などがその1つである。*公職選挙法'は、公の選挙に際し、選挙権の行使又は選挙運動の報酬として利益を供与する行為について、買収罪を規定する〔公選221①13〕。なお、公職選挙法では、供与させる目的をもって選挙運動者に対し金銭若しくは物品を交付する行為、選挙運動者がその交付を受ける行為も処罰の対象とされている〔公選221①5〕。

供用開始　⇨公用開始行為'

供用関連瑕疵（かし）　公の*営造物'の供用に関連して周辺住民に対し及ぼされる騒音・振動等の損害について、*国家賠償法'2条の設置・管理の瑕疵（かし）に基づく責任が成立する場合の「瑕疵」の類型を供用関連瑕疵と呼ぶことがある。同条の典型例は、道路上の穴ぼこ・落石等による事故、河川堤防の決壊等にみられる「瑕疵」類型（物的性状瑕疵ともいわれる）であっ

が，現在では，空港，道路等の公の営造物が，航空機の発着，自動車の通行などに供用されることに関連して，周辺に及ぼされる騒音，振動，大気汚染等の損害（広義の*事業損失'に含まれる）についても，同条が適用される場合が多くなっている。 ⇨国家補償'

強要罪 本人あるいはその親族の生命・身体・自由・名誉・財産に対して害を加える旨を告げて*脅迫'，又は*暴行'（親族を除く）を用いて，人に義務のないことをさせ又は人が権利を行使するのを妨害する罪。刑法223条。3年以下の拘禁刑。未遂罪も処罰される。「人に義務のないことをさせる」とは，例えば，無理に辞表や謝罪文を書かせるとか，理由なく労役を強制することをいう。また，人が権利を行使するのを妨害するとは，例えば，訴訟の提起や子弟の就学を妨害し，あるいは選挙の投票をさせない等の行為をいう。本罪の義務・権利を法律上のものに限るべきかについては争いがあり，それは，法的義務はないが，社会生活上行うことが相当であると考えられる行為を強制する場合に本罪が成立するか等の問題に関係する。なお，文言は「義務のないこと」であるが，判例は，人に義務の履行を求める場合であっても，その手段として脅迫が用いられ，その脅迫が社会通念上受忍すべき限度を超える場合には，強要罪が成立すると解している〔最判令和5・9・11刑集77・6・181〕。なお，強要の手段として人質をとる行為については，「人質による強要行為等の処罰に関する法律」がある。 ⇨人質強要'

供用廃止行為 ⇨公用廃止行為'

共用部分（建物の） 区分所有法は，区分所有建物を，*区分所有権'の目的となる*専有部分'と，それ以外の共用部分とに分けて規律している。共用部分とは，イ 専有部分以外の建物の部分（例：廊下，階段，エレベーター），ロ 専有部分に属しない建物の附属物（例：電気の配線，ガス・水道の配管），ハ 規約により共用部分とされた附属の建物（例：建物外に設けられた貯水槽，塵芥(じんかい)焼却炉）から構成される〔建物区分2④・4〕。共用部分は，区分所有者全員の*共有'に属する〔建物区分11〕。区分所有者は，共用部分について*持分'を有するが，その持分の処分は専有部分の処分に従い，しかも，法律に別段の定めがある場合を除き，その持分は専有部分と分離して処分することができない〔建物区分15〕。また，区分所有者は，*共有物分割の訴え'を提起することができない。共用部分の使用・変更・管理については，民法の共有の規定と異なる内容の規定が置かれている〔建物区分12～19〕。

共和制 1 概念 *君主'をもたない政治形態。*君主制'，貴族制に対する。共和政体ともいう。*主権'の所在は人民に求められ，人民の選挙した代表が政権を担当し，*元首'は，通常，*大統領'である。歴史的には君主制が絶対制的であるのに対抗して，民主的な概念として成立したが，後に*絶対君主制'が打倒され，君主制の下でも民主主義が実現できるようになると，君主制と共和制を区別する意味が少なくなった。その後，従来の議会共和制のほかにソビエト共和制・人民共和制が区別された時期がある。この両者は共和制としての一般的性質は同一であるが，前者が資本主義的社会の政治体制であるのに対し，後者が勤労人民の支配を基本とする政治体制であるといわれた。しかし，1990年代初頭に，ソ連，東欧の社会主義政治体制が崩壊したので，その後は社会主義モデルの国は減少し，中国，キューバ，北朝鮮などに残っているだけである。

2 日本の制度 日本は，現行憲法が*天皇主権'を否定し，*国民主権'を明確に宣言しているので，共和制をとっていると解する説もあるが，他方，*象徴天皇制'という独特な機構も認められているから，*立憲君主制'と議会共和制の妥協形態と考えるのが妥当である。

許可 I 法律が一律に禁止した活動について，市民の申請に基づいて審査し，個別に禁止を解除する行政活動であり，行政行為の一種である。許可は学問上の用語であり，法令上は許可以外にも様々な文言が用いられている。許可の例として，飲食店の営業許可を挙げることができる〔食品衛生55①〕。当該営業は，本来，営業の自由の行使として私人は自由に行うことが可能である。しかし，不衛生な営業により食中毒等が発生して，客の生命や身体を損なう事態が発生した場合には，事後の損害賠償等では救済できないことが想定される。また，個別の損害発生をまって，その賠償を個人に要求させる仕組みは，社会全体としてみた場合に有用ではない。そこで，行政機関が私人の活動を事前に審査し，こうした紛争が発生することを予防する仕組みが創設されたのである。当該営業を無許可で行った場合には罰則の適用が予定されている〔食品衛生82〕。もっとも，無許可営業の下でなされた契約の*法律効果'までは否定されず，無許可営業であっても飲食代金の請求は可能である。許可に似た仕組みとして，*届出'がある。届出の場合には，私人が事前に行政機関に届け出れば，営業活動等を行うことができる

きよかこう

点，届出制では許可のような事前審査の過程が存在しない点で，許可との違いを指摘することができる。

Ⅱ 民法上，許可という語は，*法定代理人'が未成年者に営業を許す場合に用いられている〔民6・823・857〕。これは行政法上の意味での許可ではなく，未成年者の個々の*法律行為'についての*同意'と同じ性質をもつものと解されている。しかし，民法でも裁判所が与える許可〔民13③・798等〕は，行政法上の意味での許可と解される。

許可抗告 原裁判（決定・命令）をした高等裁判所が，当事者の申立てにより，原裁判について最高裁判所の判例等と相反する判断がある場合，その他の法令の解釈に関する重要な事項を含むと認められる場合に，抗告を許可したときに限り，最高裁判所への抗告を可能とする手続〔民訴337〕。*旧民事訴訟法'では，最高裁判所に対する抗告は，憲法違反を理由とする*特別抗告'〔旧民訴419の2，民訴336〕の場合に限られていた。現行法では，決定及び命令の方式による高等裁判所の判断内容が裁判所ごとに異なることを防ぎ，最高裁判所の負担増を避けつつ，法令解釈の統一を図ることを目的として新設され，成果を上げている。⇨抗告'

許可主義（法人設立の） *法人'を設立するのに，主務官庁の個別的な許可を必要とする制度。法人格の付与について，主務官庁の裁量に基づく許可を要件とする点において，*特許主義'〔日銀6〕よりは緩やかであるが，認可主義〔私学23，医療44〕や，認証主義〔非営利活動10〕，*準則主義'〔会社26〕よりは厳格である。日本では，平成18年改正（法50）前の民法で，公益法人の設立に許可主義を採用していた〔民旧34〕。しかし，法人設立が簡便でなく，また公益性の判断基準が不明確であるなどの批判から，公益法人は，準則主義により設立された一般社団法人・一般財団法人〔一般法人22・163〕が，公益法人としての認定を受ける〔公益法人4〕という方式に変わり，許可主義は廃された。

虚偽公文書作成罪 権限のある*公務員'がその職務に関し，行使の目的（⇨目的犯'）で，内容虚偽の文書を作成し又は既存の公文書の内容を虚偽のものに変更する罪。刑法156条。本条の文書には天皇文書が含まれる。*印章'又は*署名'のある公文書につき1年以上10年以下の拘禁刑（ただし，天皇の文書の場合，無期又は3年以上の拘禁刑），それ以外のものにつき3年以下の拘禁刑又は20万円以下の罰金に処せられる。ここで虚偽とは，内容が真実に反することをいう。本罪は，（公文書を作成する権限を有する公務員でなければ犯すことのできない，という意味での）*身分犯'である。本罪の*間接正犯'の成否について，判例は，補助機関である公務員が作成権限のある上司を利用した場合にはこれを肯定し（最判昭32・10・4刑集11・10・2464），非公務員の虚偽の申立てによる場合にはこれを否定した（最判昭27・12・25刑集6・12・1387）。⇨虚偽文書'

虚偽告訴罪 1 意義 人に刑事処分又は公法上の懲戒処分を受けさせる目的で，捜査機関などの相当官署に対し虚偽の*告訴'，*告発'その他の申告をする罪。平成7年の刑法の平易化前は誣告（ぶこく）罪と呼ばれていた。刑法172条。3月以上10年以下の拘禁刑に処せられる。

2 罪質・保護法益 本罪の保護*法益'は，主として国家の刑事司法作用（又は懲戒作用）であるが，副次的に個人の利益又は自由であるとする見解が多数説である。これによれば，虚偽の申告をすることにつき，相手方（被申告人）の同意がある場合（同意申告）も，誤った国家作用を発動させる危険があるがゆえに，本罪の成立は肯定される。判例もこの結論を承認する（大判大正元・12・20刑録18・1566）。これに対して，一般に，刑事（懲戒）処分を受けさせる相手方としての「人」は他人を意味し，行為者自身を含まないとして，自己に処分を受けさせる虚偽申告を処罰の対象外と解する解釈が異論なく承認されていることからすると，主たる法益を国家作用と解する多数説は妥当ではなく，本罪の保護法益は，主として，又は専ら個人の利益・自由であるとする有力説も主張されている。これによれば，同意申告の場合，個人の利益・自由を害する危険がないから本罪の成立を否定すべきことになる。

3 虚偽の申告 「虚偽」とは，客観的真実に反することをいう。本罪の主観的要件（*故意'）を認めるためには，申告事実の虚偽性の認識が必要であるが，それが未必的なものでもよいかについては見解の対立がある。「申告」は自発的な行為であることを要し，捜査機関の取調べを受けて虚偽の供述を行った場合はこれに当たらない。本罪は，相当官署に申告が到達したとき*既遂'となる。*自白'が刑の任意的減免事由になることは，*偽証罪'の場合と同じである〔刑173〕。

虚偽の又は誤認を生じさせる原産地表示の防止に関するマドリッド協定 ⇨マドリッド協定'

虚偽表示 民法上，相手方と通じて真意

でないことを知りながらする'意思表示'をいう。通謀虚偽表示ともいい，'仮装行為'の一種である。Aがその債権者の差押えを免れるため，Bと通謀して自己の所有する不動産をBに売ったことにし，その登記名義をAからBに移転する場合などがその例である。効果としては，イ 当事者間の効力は'無効'である〔民94①〕。すなわち，上記の例の売主AはB所有名義の登記の抹消をBに請求できる。ロ しかし，この無効は'善意'の'第三者'に対抗できない〔民94②〕。すなわち，Bに対する債権に基づきその不動産を差し押さえた善意の債権者や，Bからその不動産を善意で買った者に対して，A・Bは虚偽表示である売買の無効を主張することができない。したがって，民法94条2項は，登記を信頼した者を保護する機能を果たしており，判例も広く同条を類推適用して取引の安全を図っている(最判昭和45・7・24民集24・7・1116等)。

虚偽文書 **1 意義** 正当な作成権限をもつ者が作成した文書であって，内容が真実に反するもの。虚偽文書を作成することを無形偽造という。無形偽造が処罰されるのは，公務員が虚偽公文書を作成した場合〔刑156〕，医師が公務所に提出用の診断書等に虚偽の記載をした場合〔刑160〕，更に特殊なものとして間接無形偽造ともいわれる公務員に虚偽の申立てをして公正証書の原本又はその'電磁的記録'に真実に反する記載・記録をさせ又は旅券等に真実に反する記載をさせた場合〔刑157〕に限られる。一般の私文書については，虚偽文書の作成は不可罰である。 ⇨虚偽公文書作成罪' '公正証書原本不実記載罪' ⇨コンピューター犯罪'
2 代理資格の冒用 '代理'('代表')資格を冒用して作成した文書，つまり代理権がないのに代理人と僭称(せんしょう)して作成した文書が，虚偽文書か偽造文書かについて問題がある。判例は，代理資格を冒用した文書の'作成名義'人は本人であるから，有形偽造になるとし(最決昭和45・9・4刑集24・10・1319)，学説も結論的にこれを支持するものが多い。

⇨有形偽造・無形偽造'
漁 業 権 ⇨入漁権'
漁 業 水 域 沿岸国が漁業資源の配分や操業活動の規制について排他的管轄権を行使できる水域。19世紀以来，'領海'の幅の拡大主張を阻まれた沿岸国が，特定の魚種に対する排他的管轄権の主張を試みたが，その後1960年の国際連合海洋法会議以来，12海里の漁業水域を設定する国家実践が定着した。1970年代には200海里に至る漁業水域の設定が相次いだが，'国際連合海洋法条約'においては，漁業水域は排他的経済水域の制度に吸収された。ただし，同条約批准まで日本は，昭和52年の漁業水域に関する暫定措置法(法31)により，一部海域を除いて200海里漁業水域を設定していた。 ⇨排他的経済水域'

極東委員会 第二次大戦直後，実質的にはアメリカ単独による対日占領が開始されたが，それを連合国が統制するために，1945年12月末，モスクワでの米英ソ3国外相会議で，翌年2月26日，ワシントンに設置されることが合意された対日占領管理に関する最高政策決定機関。同時に東京には対日理事会が置かれた。議決において拒否権の認められたアメリカ，ソ連，イギリス，中国の4カ国のほかにフランス，オランダ，オーストラリア，ニュージーランド，カナダ，インド，フィリピンの計11カ国によって構成され(後にパキスタン，ビルマ追加)，降伏条件の履行に関する政策決定，連合国最高司令官に対する指令，緊急事項についてアメリカ政府の発出する中間指令に対する事後審査などを任務としたが，米ソの対立が激化するや，事実上機能停止状態に陥り，'日本国との平和条約'の発効とともに解散した。連合国総司令部(GHQ)が1946年2月上旬に日本国憲法の草案を慌ただしく起草したのは，極東委員会発足によるアメリカ以外の連合国，特にソ連の介入を嫌ったからである。

極東国際軍事裁判所 英 International Military Tribunal for the Far East 第二次大戦における日本の重大な戦争犯罪人を裁くために，1946年1月19日の極東国際軍事裁判所条例に基づき，東京に設置された裁判所。これによる裁判を東京裁判という。1948年11月12日に判決が下され，通常の'戦争犯罪'のほかに，平和に対する罪，人道に対する罪が適用され，全員が有罪とされた。 ⇨国際軍事裁判所'

極 度 額 ⇨根(ね)抵当権' ⇨根(ね)保証'
御 璽(ぎょじ) ⇨御名(ぎょめい)・御璽'
居住移転の自由 個人がその居住地の選択や変更にあたり，'公権力'の介入を受けることのない自由。精神病患者の隔離などの直接的制約が主に問題の対象となるが，住民登録の拒否や固定資産税の増加による間接的制約が問題とされる余地もありうる。憲法22条1項は'職業選択の自由'と並んで居住移転の自由を保障するが，これは身分に応じて職業及び居住地が固定化されていた封建制が打破され，職業選択の自由と居住移転の自由が同時に実現された，という歴史的経緯によるものである。居住移転の

きよじゆう

自由は性質上はむしろ*人身の自由'に近く、また、地域社会とのコミュニケーションの前提条件となるという意味では精神的自由（⇨経済的自由権・精神的自由権）とも関係する。したがって、22条1項が述べている*公共の福祉'は、職業選択の自由の制約原理としては*政策的制約'を含むが、居住移転の自由の制約原理としては*内在的制約'のみを意味するという見解が有力に唱えられている。なお、海外旅行の自由は22条2項の海外移住の自由に含めて捉えられている。

居住権　家屋の居住者が継続して居住できる権利。学説上主張された概念であるが、その目的は、特に、家屋の賃借人や所有者が死亡した場合に、それまで利用について直接契約関係の当事者でなかった内縁の妻などが居住できなくなるおそれがあるので、これらの者にも居住権という社会法的権利があるとして、居住者の保護を図ろうとしたものである。そして居住権の根拠は、*生存権'〔憲25〕にあるとされ、*借地借家法'が家屋の賃借人を保護しているのは、居住権の1つの表れであるとされている。なお、上述した建物賃借人死亡の際の内縁の妻など、相続人以外の同居人の居住権については、昭和41年の旧*借家法'の改正（法93）によって、ほかに相続人がいない限り保護されることになり、借地借家法に引き継がれている〔借地借家36〕。他方、平成30年の民法改正（法72）により、相続人についても、居住者保護の観点から*配偶者居住権'〔民1028・1029〕、配偶者短期居住権〔民1037〕が設けられた。

居住用財産の買換え　10年以上居住の用に供していた財産を譲渡し、一定の期間内に別の居住用財産（買換資産）を取得した場合に、譲渡した財産の*譲渡所得'課税を将来に繰り延べる制度〔租特36の2〕。原則として、譲渡した財産の*取得価額'を買換資産が引き継ぐ〔租特36の4〕。住宅・不動産の流動化、ライフステージに応じた住替えの促進を目的とする。

居 所　I　*住所'がないとき又は不明のときに、住所とみなされ、住所について認められるのと同じ*法律効果'が与えられる場所をいう〔民23①〕。人が継続して住んでいるが、住所ほど場所との結び付きが密接ではない場所であると説明されている。日本に住所をもたない者についても、居所が住所とみなされる〔民23②〕。

II　国際私法上の居所については、*居所地法'をみよ。

挙 証　⇨主張・立証'

挙 証 責 任　I　民事訴訟法　1意義　裁判所が判決をするには、*証明'の対象となる事項を確定しなければならないが、裁判官の能力や当事者の努力にも限界がある以上、裁判所がある事実について存否いずれにも確定できないこともありうる。このような場合にも判決を可能にするために、その事実の存在又は不存在を*擬制'して*法律効果'の発生又は不発生を判断するものとされるが、その結果、当事者の一方が被る不利益を挙証責任という。立証責任、証明責任ということもある。このように、挙証責任は、*要証事実'の存否について、裁判所が確信を抱くに至らない、真偽不明の場合（ノン・リケット（羅non liquet））を処理するための概念であるから、*訴訟資料'の提出について*弁論主義'・*職権探知'主義のいずれを採用しても問題になる。挙証責任は、最初から当事者のどちらか一方が負担することに決まっており、訴訟の途中で転換することはない。

2 分配　各*主要事実'についてどちらの当事者が挙証責任を負うかの定めを挙証責任の分配という。通説（法律要件分類説）によれば、挙証責任の分配は*実体法'の*法律要件'の定め方と法条適用の論理的順序から定まる。すなわち、権利の発生・変更・消滅を主張する当事者が、それぞれの法律効果を規定する法条の*要件事実'について挙証責任を負う。これに対しては、反対説から、*証拠'との距離、立証の難易、経験上の蓋然性といった実質的考慮にも基づいて分配するべきだとの批判が加えられている。

3 転換　一般規定により一方の当事者が挙証責任を負う場合に、特別規定によって反対事実につき相手方に挙証責任を負わせることを挙証責任の転換という。例えば、*不法行為'に基づく損害賠償請求では、民法709条により原告が被告の*過失'に当たる事実の挙証責任を負うが、自動車事故による損害賠償請求では、*自動車損害賠償保障法'3条但書により被告が無過失について挙証責任を負う。

II　刑事訴訟では、*疑わしきは被告人の利益に'の原則が妥当するので、挙証責任は、原則として全て検察官が負担する。被告人への分配の問題（挙証責任の転換）はごく例外的にしか生じない。その例として、*同時傷害'〔刑207〕、名誉毀損の*事実の証明'〔刑230の2〕、*人の健康に係る公害犯罪の処罰に関する法律'の推定規定〔公害犯罪5〕などがある。これらの例外規定の効果も争われている。　⇨推定'　⇨合理的疑いを超える証明'

居所指定権　一般に、他人の*居所'を指定する権利をいい、日本の民法上は、親権者及び

未成年*後見人'が子の居所を定める権利だけが定められている〔民822・857〕。この権利は、子の監護教育を全うするために認められ、したがって、その目的実現のため、子の利益のために行使されなければならない〔民820・821参照〕。⇨親権'

居所地法 当事者の居所がある地の法。国際私法上、親子間の法律関係について子の*常居所地法'が適用されるべき場合〔法適用32〕や、無国籍者の*本国法'の代用として常居所地法によるべき場合〔法適用38②〕に、*常居所'が不明であるときに、代用として*準拠法'とされる〔法適用39本文〕。ただし、同じく常居所地法によるべき場合であっても、婚姻の効力の場合〔法適用25〕のように*段階的連結'の場合には、常居所はないままとして次順位の段階に移行し、居所地法を代用とはしない〔法適用39但〕。居所の決定基準は、無居所・重居所が予定されていないことからすれば、国際私法独自にいずれかの地に１つの居所を認定すればよく、また、複数の地に居所といえそうな関係があるような場合には、その中で最も密接に関係する地に居所があるものと扱うことになる。

拒絶証書 1 意義 *手形'・*小切手'の*遡求権'の保全に必要な行為、例えば*支払呈示期間'内に手形・小切手を呈示したこと、及びその支払が拒絶されたことなどを証明するための*公正証書'。遡求権行使の形式的要件である。遡求権保全の要件である事実は、遡求義務者以外の者のところで発生し、しかもその事実の有無について遡求義務者や所持人は重大な利害関係を有するので、その証明は拒絶証書によるものとされている〔手44①、小39Ⅰ等〕。ただし、*破産'による遡求の場合には破産決定書又は記録事項証明書の提出で足り〔手44⑥・77①④〕、小切手の場合には、*支払人'又は手形交換所の宣言による証明も認められる〔小39②③〕。

2 種類 証明しなければならない事実に応じ、拒絶証書には*支払拒絶証書'〔手44・77①④、小39Ⅰ・55②〕・*引受拒絶証書'〔手44〕・*日付拒絶証書'〔手25②・78②〕・第二呈示拒絶証書〔手24①〕・参加引受拒絶証書〔手56②〕・参加支払拒絶証書〔手60・77①⑤〕・複本返還拒絶証書〔手66②〕及び原本返還拒絶証書〔手68②・77①⑥〕がある。

3 作成方式・内容 その作成に関する事項を定めた拒絶証書令、手形法附則84条、小切手法附則70条により、*公証人'又は*執行官'が、手形・小切手又は*附箋'に、裏面の記載事項に接続して法定事項を記載すること等により作成する。

4 拒絶証書作成の免除 手形・小切手の義務者は、支払拒絶証書及び引受拒絶証書の作成を免除することができる。⇨拒絶証書作成の免除'

拒絶証書作成の免除 *手形'・*小切手'上の義務者が*遡求権'の保全・行使の形式的要件である*拒絶証書'の作成を免除すること〔手46・77①④、小42〕。これにより所持人にとって面倒な手続が省かれるだけでなく、遡求義務者にとっても拒絶証書の作成費用の負担を免れ〔手46③(3文)・77①④、小42③参照〕、あるいは*支払拒絶'又は*引受拒絶'の事実の公表を避けることができる等の利益がある。為替手形の*振出人'が免除の記載をしたときは、全署名者に対してその効力が及ぶ〔手46③(1文)〕が、*裏書人'又は*保証人'が記載したときは、その効力はその者以外には及ばない〔手46③(2文)〕。日本においては、拒絶証書作成の免除の文句を手形・小切手用紙に印刷したものが大部分である。拒絶証書の作成が免除されても、手形・小切手の呈示及び遡求の通知義務は免除されない〔手46②・77①④、小42②〕。

居宅介護 *障害者総合支援法'による*障害福祉サービス'の一種〔障害総合支援5②〕。障害者・障害児に対し、居宅において介護、家事、相談助言その他の生活全般にわたる援助を供与すること〔障害総合支援5②、障害総合支援則１の3〕。⇨介護給付費'

居宅介護サービス費 *介護保険'によって支給される介護給付の１つ〔介保40Ⅰ〕。要介護認定(⇨要介護状態')を受けた*被保険者'が、都道府県知事の指定する居宅サービス事業者から居宅サービスを受けたときに、当該サービスに要した費用について支給される〔介保41①〕。支給額は、原則として、厚生労働大臣が定める基準により算定したサービス費用(短期入所生活介護等については、食事の提供等の日常生活に要する費用を除く)の額の9割であるが〔介保41④〕、所得の額が政令で定める額以上の第１号被保険者については、その所得額に応じて8割又は7割である〔介保49の2①Ⅰ・②〕。

居宅介護等事業 ⇨老人居宅介護等事業'
許諾実施権 ⇨実施権(特許の)'
居宅生活支援事業 ⇨老人居宅生活支援事業'

居中(きょちゅう)調停 ⇨国際調停'

寄与度 損害発生につき、加害者の行為のみならず他の原因も関与した場合に、各原因の関与した程度をいう。加害者の行為が寄与している限度でのみ責任を負えばよい(寄与度に

きよどうは

応じた責任)とか，他の原因の寄与している分を加害者の賠償責任から減額する(寄与度減責)，という使い方がされる。他の原因が寄与している場合には，生じた損害全ての賠償を加害者に負担させることは衡平ではない場合があるので，寄与度に応じた責任にとどめられたり，寄与度減責がなされたりする。しかし，競合する他の原因には，*第三者'の行為，被害者自身の行為，自然力，被害者の特性(*素因')などがあり，それぞれ別個の考慮を要する。

挙動犯　*構成要件'において行為だけを要素とする*犯罪'。*結果犯'に対する。(単純)行為犯ともいう。*住居侵入罪'〔刑130〕，*偽証罪'〔刑169〕等が例示される。しかし，行為と同時に，*法益'侵害又はその危険という結果は発生する。

拒否権　I　国法上，広義では，立法府・行政府の行為の成立を阻止する国家機関の権能。通常は，議会の議決した法律を，行政府(君主又は大統領)が裁可・承認を拒否することによって，その成立を阻止できる権限を指す。決定的な場合と暫定的な場合(停止的拒否権，すなわち議会の再議決によって破られることがある)とがある。日本には，国のレベルではこのような拒否権の制度はないが，地方公共団体では*地方公共団体の長'が，地方議会の議決を*再議'に付する権限をもっており，これは一種の拒否権である。この場合，一般的拒否権と特別拒否権とがある〔自治176・177〕。

II　国際法上，*国際組織'の決定が，特定加盟国の同意投票を必要条件として，多数決によってなされる場合の，その特定加盟国の権限のこと。*国際連合'の安全保障理事会の表決における拒否権が最も典型的な例。安全保障理事会では，手続事項以外の実質事項は，常任理事国(アメリカ，イギリス，ロシア，フランス，中国の5大国)の同意投票を含めて，9理事国の賛成で決定される〔国連憲章27③〕。したがって，常任理事国が1国でも反対すれば決定が成立しない。また手続事項か非手続事項かの決定の際にも拒否権を行使できる。表決の対象となる事項が手続事項か否かが問題になる場合は拒否権を2度行使できることになり，これを二重拒否権という。安全保障理事会の拒否権は，国際問題の処理には大国の一致が不可欠であるという理由によるが，*主権平等'の観点から批判も強い。⇨国際連合総会強化決議'

拒否権付種類株式　1 内容　拒否権付種類株式とは，会社法108条1項8号の定めがある*種類株式'をいう。*定款'で定められた*株主総会'などの決議事項〔会社108②⑧イ〕については，拒否権付種類株式の株主から構成される種類株主総会の承認がない限り，株主総会決議等の効力が発生しない〔会社323〕。
2 利用方法　第1に，ベンチャー・キャピタルなどが，出資先企業に対して一定の影響力を確保するために利用することが考えられる。拒否権付種類株式を利用することで，法定種類株主総会の決議が要求される事項(重要な財産を処分する際の*取締役会'決議〔会社362④①〕など)についても，種類株主総会の決議を要求することが可能となる。第2に，敵対的企業買収防衛措置として，*取締役'の選解任に関する株主総会決議などについての拒否権付種類株式を，現経営陣に友好的な第三者に発行することも考えられる。後者の目的で利用される拒否権付種類株式は，黄金株と呼ばれることがある。
⇨種類株主総会'

寄与分　*共同相続'人中のある者が，被相続人の事業に関する労務の提供や療養看護等，被相続人の財産の維持又は増加について特別の寄与をしながら生存中にその対価ないし補償を得ていなかった場合に，その者の相続分算定にあたって寄与に応じた増加を認める民法上の制度〔民904の2〕。昭和55年の民法改正(法51)によって創設された。特別受益の持戻し制度〔民903〕と並んで，具体的相続分の算定にあたって共同相続人間の公平を図るための制度である。寄与分の額は相続人間の協議で定めるが，協議が調わないときは家庭裁判所が決定する。寄与分を控除したものを*相続財産'とみなして，相続分を算出し，寄与者の相続分算定に寄与分を加える。寄与分制度の限界とされている点は，寄与者が相続人でなかった場合は対象とならないこと，及び寄与分は相続財産から*遺贈'を控除した額を超えることができないので，被相続人が全財産を遺贈した場合には寄与分がないことである。なお平成30年の民法改正(法72)によって，相続人ではない親族に特別寄与料の請求権が認められた〔民1050〕。　⇨相続分'

御名（ぎょめい）**・御璽**（ぎょじ）　御名とは*天皇'の名の尊称を，御璽とは天皇の印章を，それぞれいう。御璽と類似のものに*国璽'（こくじ）がある。かつては公文式（こうぶんしき）(明治19勅1。明治40勅6により廃止)，*公式令'が御名・御璽を用いなければならない場合を規定していた。日本国憲法下では公式令の廃止(昭和22政4)後，現在に至るまで，御名・御璽を用いる場合について定めた法律はなく，慣習によって使用されている。文

書で行われる天皇の*国事に関する行為'(例えば、衆議院の*解散'*詔書'、*内閣総理大臣'の*任命'の辞令)には天皇が自ら*署名'し御璽を押すが、*官報'ではそのことを指して御名御璽と表記している。御名・御璽の偽造及び不正使用は、一般の*公印'偽造等よりも重い刑罰が科される〔刑164〕。御璽は宮内庁が保管する〔宮内庁法(昭和22法70)1②〕。

距離制限 既存業者からの一定の離隔を新たな営業許可の要件とすること。最高裁判所は、公衆浴場の距離制限〔公衆浴場法(昭和23法139)2②③〕につき、従来もこれを合憲としていた(最大判昭和30・1・26刑集9・1・89)が、その後の判決ではこれを積極目的の規制と捉え、著しい不合理の明白性という小売市場事件判決(最大判昭和47・11・22刑集26・9・586)の基準を採用して、やはり合憲とした(最判平成元・1・20刑集43・1・1)。他方、薬局の距離制限〔薬事法旧(昭和50法37改正前の)6②④〕は、*エル・アール・エー(LRA)の基準'に照らして違憲とされている(最大判昭和50・4・30民集29・4・572〈薬事法距離制限違憲判決〉)。

ギールケ Gierke, Otto Friedrich von(1841～1921) ドイツの法学者。ローマ法的な法理論を批判し、ドイツ固有法の研究を重視した。ライフワークである「ドイツ団体法」(全4巻、1868～1913)のほか、「ドイツ私法」(全3巻、1895～1917)の大著がある。

記録命令付差押え *裁判所'又は*捜査機関'が、*電磁的記録'(データ)を保管する者その他電磁的記録を利用する権限を有する者に命じて必要な電磁的記録を別の記録媒体(各種の記録メディア。裁判所又は捜査機関が用意する場合と相手方が用意することがある)に記録させ、又は印刷させた上、当該別の記録媒体を差し押さえる強制処分である〔刑訴99の2・218②〕(捜査機関による無令状の処分は許されていない〔刑訴220①②参照〕)。暗号化されたデータを復号し、あるいは複数のメディアに散在するデータを寄せ集めた上で、記録させることもできる。刑事訴訟法上の*差押え'は有体物を対象とするが、データの入手はそれが保存されたメディアの差押えによることになるが、情報処理の高度化に伴いデータが複数の遠隔サーバー等に分散保存されていることが増えているためにこれによりがたい場合があるし、複雑なコンピューターシステムを捜査機関等が自ら操作することは時に困難である。また、大容量のサーバー等の差押えは企業等の業務遂行に支障を来し、被疑事件と関係のないデータが大量に捜査機関

の目に触れるなどの弊害も伴う。この処分はこれらの問題に対処すべく平成23年の刑事訴訟法改正(法74)により新設された。ただし、記録や印刷の正確性を確保する手段を欠くため、相手方の協力を期待しうるときに用いられる(命令には従うべきであるが、従わなくても制裁はない)。なお、この処分と併せて、差押えの代替的執行方法としての複写等〔刑訴110の2・222①〕も認められた。これは、差押えを実施すべき場合において、現場における判断により、メディアの差押えに代えてそこに記録されたデータを他のメディアに複写し(元のメディアにデータが残る)、印刷(プリントアウト)し、若しくは移転し(コピーの作成と同時に元のメディアからデータを消去する)、又は処分を受ける者に複写させ、印刷させ、若しくは移転させた上で、当該他のメディアを差し押さえるものである。記録命令付差押えとの違いは、イ 令状による場合は差押令状の上で有体物としてのメディアを特定しなければならないこと(記録命令付差押えの令状では、メディアではなくデータを特定する〔刑訴107①・219①〕)、ロ データの移転が許されること、ハ 代替的執行方法によるべき旨を令状に記載する必要がないこと、捜査機関による無令状の差押えについても認められること〔刑訴222①〕である。

金額債権 ⇨金銭債権'

金額責任主義 *船舶所有者'の責任制限制度の1つで、*船主'の責任を事故ごとに定めて、債権を発生させた船舶のトン数に応じて、物に関する損害と人に関する損害について一定の割合で算出された金額に責任を制限するもの。1957年の「海上航行船舶の所有者の責任の制限に関する国際条約」(昭和51条5。昭和58外告199により失効)、「1976年の海事債権についての責任の制限に関する条約」(昭和61条9)やイギリス法・フランス法・ドイツ法・北欧法などのとる立場。日本も1957年条約への加入とそれに伴う*船主責任制限法'の制定以来、この主義をとっている。 ⇨船主責任制限'

金額有限責任 ⇨人的有限責任'
金価値約款 ⇨金約款'
金貨約款 ⇨金約款'

緊急管轄 通常の*国際裁判管轄'ルールによれば、日本の裁判所が国際裁判管轄を有しない事件であるが、日本からみて管轄を有すると考えられる外国裁判所で裁判を行うことが戦乱や災害等のために著しく困難か又は不可能である場合に、裁判拒否を避ける目的で、例外的に日本の裁判所に認められる管轄のこと。憲法

きんきゅう

32条の裁判を受ける権利を根拠に,規定が存せずとも緊急管轄を認めざるをえない場合があることは広く認識されており,判例でも緊急管轄を認めたとみられるものがある(最判平成8・6・24民集50・7・1451)。民事訴訟法には明文の規定は存在しないが,人事訴訟法には緊急管轄を定めたともいえる条文がある〔人訴3の2⑦〕。比較法的には,スイス,ベルギー,オランダ,オーストリア,ポルトガル,カナダのケベック州等で明文規定が設けられているほか,明文規定がなくとも,解釈論としてこれを認めるフランス,ドイツのような例もある。それらの国々の立法例や判例において,緊急管轄を認める際の要件としては,イ 外国における手続の遂行が不可能又は不相当であること,かつロ 事案と法廷地法秩序との間に十分な関連性があることが挙げられている。

緊急裁決 「公共用地の取得に関する特別措置法」(昭和36法150)7条の規定による特定公共事業の認定を受けた*起業者'は,収用委員会に対し,緊急裁決を申し立てることができる。緊急裁決においては,*損失補償'に関する事項でまだ審理を尽くしていないものがある場合においても,明渡裁決をすることができる(まだ権利取得裁決がされていないときは権利取得裁決及び明渡裁決),概算見積りによる仮補償金等が定められる〔用地取得特措20~29〕。緊急裁決は,公共の利害に特に重大な関係があり,緊急に施行することを要する事業に必要な土地等を取得するため,明渡裁決が遅延することによって事業の施行に支障を及ぼすおそれがある場合に限り認められるものである〔用地取得特措1・7・20〕。事業の緊急性から,「補償なければ収用なし」の事前補償の原則を緩和しているが,判例は憲法29条3項に違反するとはいえないとしている(最判平成15・12・4判時1848・66)。収用委員会は,緊急裁決の後も引き続き審理して,遅滞なく補償裁決をしなければならない〔用地取得特措30〕。 ⇨補償裁決'

緊急事件 *地方議会'の*臨時会'に付議する事件は,*地方公共団体の長'があらかじめ*告示'しておかなければならないが,緊急を要するため,臨時会の開会中にあらかじめの告示をすることなく付議できる事件のこと。平成18年改正(法53)で「急施」から「緊急」に用語が改められた〔自治102④~⑥。なお,自治101⑤⑥〕。改正前は,急施事件と呼ばれた。なお,*議決事件'について急を要し,議会を招集する時間的余裕がないときに,長の*専決処分'が認められることがある〔自治179〕。

緊急事態 戦争・内乱・大規模な災害などによって治安や秩序の維持に緊急な危険が生じている状態。緊急事態に対処するための特別の措置として,普通,憲法上,大統領独裁・内閣独裁・*戒厳'制度等の緊急権制度が考えられている。日本国憲法は,それらは濫用の危険が多いと考えて認めなかった。憲法上は参議院の*緊急集会'制度が設けられており〔憲54②但③〕,自然災害や原子力災害,武力攻撃事態等,新型インフルエンザまん延といった緊急事態の分野ごとに,個別の立法措置により対応してきている。また,*内閣官房'には内閣危機管理監が置かれており〔内15〕,緊急事態が発生した場合の初動対応等を担っている。これらの緊急事態について,内閣官房が内閣官房副長官補(事態対処・危機管理担当)の下,国民の生命,身体又は財産に重大な被害が生じ,又は生じるおそれがある緊急事態への対処に関連する重要施策などの企画及び立案並びに総合調整を行う〔内15・12②〕。1 警察法によれば,内閣総理大臣は,大規模な災害・騒乱その他の緊急事態に際して,治安維持のため特に必要があると認めるときは,*国家公安委員会'の勧告に基づき,全国又は一部の区域につき緊急事態の布告を発することができるとされている〔警71①〕。これについては,*緊急事態の特別措置'をみよ。
2 自衛隊法によれば,内閣総理大臣は,間接侵略その他の緊急事態に際して,一般の警察力では治安を維持することができないと認められる場合に,自衛隊の全部又は一部の出動を命ずることができるとされている〔自衛78①〕。これについては*治安出動'をみよ。また,自衛隊又は米軍の施設,区域内において大規模な殺傷,施設破壊が予測される際に,自衛隊の部隊の警護出動が認められる〔自衛81の2①〕。部隊は,やむをえない場合は,施設の外部でも検問,検査,武器の使用等ができる〔自衛91の2④〕。
3 武力攻撃事態対処法(武力攻撃事態等及び存立危機事態における我が国の平和と独立並びに国及び国民の安全の確保に関する法律(平成15法79))や国民保護法(武力攻撃事態等における国民の保護のための措置に関する法律(平成16法112))は,住民の避難,救援,災害防止などの緊急対処措置の権限を広く認めた。
4 災害対策基本法は非常災害が発生した場合には,一定の条件の下に内閣総理大臣が災害緊急事態の布告を発することができるとしている〔災害基105〕。
5 原子力災害について,原子力災害対策特別措置法(平成11法156)に基づき,原子力事故が発

生した場合の避難や屋内退避指示などの対策がなされる〔原災対策15以下〕。
6 新型インフルエンザ等は、厚生労働省所管の「感染症の予防及び感染症の患者に対する医療に関する法律」（平成10法114）のほか、内閣官房所管の新型インフルエンザ等対策特別措置法（平成24法31）に基づき、対策がなされる。新型コロナウイルス感染症対応の経験を踏まえ、次の感染症危機に備えるため、内閣官房に内閣感染症危機管理統括庁を設置して司令塔機能を担わせることとした〔内15の2〕。 ⇨国家緊急権'

緊急事態の特別措置 **1 意義** 大規模な災害又は騒乱その他の緊急事態に際して、治安維持のために内閣総理大臣その他の機関がとる一定の警察的措置のこと。*警察法'がこれを定める。 ⇨緊急事態'
2 手続と内容 緊急事態に際して、内閣総理大臣は*国家公安委員会'の勧告に基づき、全国又は一部の区域について緊急事態の布告を発することができ〔警71①〕、この場合、内閣総理大臣は一時的に*警察'を統制し、緊急事態を収拾するため必要な限度において、警察庁長官を直接に指揮監督し〔警72〕、また、警察庁長官は、布告が発せられたときは、布告区域を管轄する都道府県警察の警視総監又は警察本部長に対し、管区警察局長は布告区域を管轄する府県警察の警察本部長に対し、必要な命令をし、又は指揮をする等〔警73〕、諸種の例外的措置が認められている。
3 国会の承認 内閣総理大臣は、布告を発した場合には、これを発した日から20日以内に国会に付議して、その承認を求めなければならない。国会閉会中又は衆議院解散中の場合は、その後最初に召集される国会に諮ることとなる。国会で不承認議決のあったとき、国会が布告の廃止を議決したとき又は布告の必要がなくなったときは、内閣総理大臣は速やかに当該布告を廃止しなければならない〔警74〕。
4 その他 自衛隊の*治安出動'も緊急事態の際の特別措置の一種といえる。

緊急執行（逮捕状・勾引状等の）　*逮捕状'・*勾引状'・*勾留状'の執行は、*被告人'・*被疑者'に直接にこれを示してするのが原則である〔刑訴73①②・201①〕。しかし、当該被疑者等が目前にいるのに、その官憲が令状を所持しておらず、令状をとりにいく時間的余裕がない場合もありえ、そのような場合に、犯罪事実の要旨及び令状が発せられていることを告げてその執行を行うことをいう。ただし、令状は、執行後できる限り速やかに示さなければならない〔刑訴73③・201②。なお、刑訴98②〕。

緊急質問　議院における*質問'は、書面でするのが原則であり〔国会74②〕、これを一般質問と呼ぶのに対し、緊急を要するときに、議院の議決により口頭でなされる質問のこと〔国会76〕。この手続は、当該議員から緊急質問の*動議'が提出され、議長によって議院運営委員会に諮られ、そこで緊急やむをえないものと認められたものに限り、更に議院の承認議決を受けて行われる。また、これに対する答弁があった場合、質問者は重ねて質問できるが、その発言は都合3回を限度とする〔衆先例428～430号、参先例387～390号〕。

緊急集会（参議院の）　衆議院が*解散'されてから*総選挙'により新しい衆議院が成立して特別会が召集されるまでの間に、国に緊急の必要が生じたとき、内閣の求めにより行われる参議院の集会〔憲54②〕。緊急集会の召集は内閣によって行われるが、国に緊急の必要が生じたときとは、国家の非常事態に限られず、国会の議決を必要とする国政上重要な問題であれば、解散前に予測できたものでもかまわない。緊急集会でとられた措置は、臨時のものであって、次の国会開会の後10日以内に、衆議院の同意がない場合には、その効力を失う〔憲54③〕。緊急集会中の参議院議員は、会期中の国会議員と同じ特典をもつ〔国会100〕（⇨免責特権（国会議員の）' ⇨不逮捕特権（国会議員の）'）。

緊急逮捕　憲法は、*現行犯逮捕'の場合を除き、令状による*逮捕'を要求する〔憲33〕が、刑事訴訟法は、急速を要する場合にまず*被疑者'を逮捕し、事後的に令状を求めるという緊急逮捕の手続を認めている〔刑訴210①〕。要件は、*死刑'又は無期若しくは長期3年以上の*拘禁刑'に当たる罪を犯したと疑うに足りる十分な理由がある場合で、急速を要し、裁判官の逮捕状を求めることができないことである。要求される犯罪の嫌疑の程度は*通常逮捕'の場合よりも高い。逮捕に際し、犯罪の嫌疑が十分であることと急速を要することを告げなければならない。逮捕後、直ちに裁判官に逮捕状を求める手続をしなければならず、逮捕状が発せられないときは、直ちに釈放しなければならない。裁判官は、逮捕時の緊急逮捕要件の存否と審査時の通常逮捕の要件の存否を審査する。緊急逮捕は憲法に違反するとする見解もあるが、通説・判例（最大判昭和30・12・14刑集9・13・2760）は合憲性を認めている。なお、逮捕された後の身柄の取扱いについては、「逮捕」に掲げた〔図：警察による逮捕の場合の身柄の拘束関係〕

きんきゆう

緊急調整 *公益事業'における*争議行為'，又は，主要産業における争議行為によって国民経済又は国民生活が著しく脅かされるおそれが現実にある場合に，内閣総理大臣が中央労働委員会の意見を聞いてその争議行為を50日間停止させ，その間に中央労働委員会がその労働争議の調整を行う制度のこと〔労調35の2・35の3・38〕。⇨労働争議の調整'

緊急勅令 *大日本帝国憲法'下において，天皇が，公共の安全を保持し，又はその災厄を避けるため緊急の必要があり，かつ帝国議会閉会の場合に，法律に代わるものとして発布する*勅令'〔明憲8〕，及び同様の条件下で，政府に財政上必要な処分をなさしめるために発布される勅令〔明憲70〕のこと。どちらも次の会期で議会の承諾を得ることが要求され，前者は，承諾が得られなかった場合には，将来に向かって効力を失うことになっていた。この緊急勅令の制度は，政府が，天皇の権威を背景に，議会の意向を無視して自らに都合のよい法律を作るときなどに悪用された。昭和3年の*治安維持法'改正（勅129）はそのよい例である。⇨緊急命令'

緊急避難 Ⅰ 刑法 1 意義 自己又は他人の生命・身体・自由・財産その他の*法益'に対する差し迫った危険を避けるためにほかに方法がない場合に，やむをえず他人の法益を害する行為。保全しようとした法益が害される法益と同等か，より優位にあるとき（法益権衡）には，*違法性'が阻却され，罪とならない〔刑37①本文〕。もっとも，不処罰の根拠については，違法性阻却のほか，責任阻却説や，優越する法益を保全するための緊急避難（例えば，水がめに落ちた子供を救うため水がめを破壊する場合）は*違法性阻却事由'であるが，対等の法益を害するとき（例えば，2人のうち1人しか助からないという条件の下で自己が生き延びるため他人の生命を害する場合）は，違法であるが*責任'が阻却されるとする二分説もある。なお，二分説には，生命対生命，身体対身体の衝突が問題となる場合だけを責任阻却事由であるとする考え方もある。
2 正当防衛との比較 緊急避難は，*正当防衛'のように，不正の侵害を排除して権利（法益）を防衛するものではなく，現に生じている危難により被る損害を危難の原因について帰責性のない他人に転嫁するものであるから（攻撃的緊急避難），手段の限定が厳しくなり，法益の衝突と，ほかに避ける方法がないこと（補充性の原則）の要件が課される。これに対して，危難の危険源に対して避難行為を行う場合には，法益権衡を緩める見解も有力である（防御的緊急避難）。法益権衡のみを満たさない場合が，典型的な*過剰避難'であって，情状により刑を減軽し又は免除することができる〔刑37①但〕。業務上特別の義務ある者（例：警察官・消防吏員・船員）には緊急避難は許されない〔刑37②〕。⇨誤想防衛・誤想避難'

Ⅱ 民法上，*不法行為'責任を阻却する事由。例えば，他人の犬に襲われたので，これを棒で殴って傷つけた場合などのように，急迫の危難を避けるため，やむをえずした損壊行為が緊急避難である。一定の条件の下に違法性（違法性を不法行為責任の独立の要件としない学説によると，*過失'あるいは不法行為責任）が阻却され不法行為とならない。緊急避難として違法性が阻却されるためには，刑法におけるのと異なり，危難が他人の「物」から生じた場合でなければならず，人の行為については認められない。また，危難を避けるためにした損壊行為は危難の原因となった「その物」に向けられたものでなければならず，他の物の損壊までは許されない〔民720②〕。⇨正当防衛'

Ⅲ 国家の本質的利益に対して重大かつ急迫した危険が存在し，他国に対して負う国際義務に違反することがそれを守る唯一の手段である場合に，当該義務違反から生ずる違法性が阻却されるとする法理。濫用の危険が高いため，国家の不可欠の利益に対する重大かつ急迫の危険が存在すること，代替手段がないこと，相手国の不可欠な利益を重大に侵害しないこと，緊急事態の発生に自ら寄与していないことが求められる。今日では国際慣習法上も認められるとの見解が一般的である。

緊急命令 Ⅰ 国家的な緊急時に際して，公共の秩序・安全の保持のために，行政府が立法府に諮らずに独自に発する*命令'で，法律に代わる効力をもつものをいう。19世紀のドイツ諸邦で認められ，*明治憲法'もこれに倣い*緊急勅令'の制度を定めていたが，そのような*外見的立憲主義'の下でのみならず，*ワイマール憲法'も大統領の緊急命令の制度を定めていた〔ワイマール憲法48〕。臨時措置として認められるこの制度が濫用されると，議会政治や権力分立制（⇨権力分立主義'）は形骸化する。現行憲法は，行政権によるこの種の命令を認めず，緊急事態に対処する制度としては参議院の*緊急集会'を認めるのみである。

Ⅱ *不当労働行為'の*救済命令'は交付の日から効力が発生する〔労組27の12④〕が，命令違

反に対する制裁は命令の確定ないし命令を支持する判決の確定後のものについてのみ発動される〔労組32・28〕。そこで、命令の実効性を確保するため、*使用者*により取消訴訟が提起された場合について、*受訴裁判所*は、*労働委員会*の申立てにより、決定をもって、使用者に対して、判決の確定に至るまでの間、命令の全部又は一部に従うべき旨の命令（緊急命令）を発することができることとされている〔労組27の20〕。使用者がこの命令に違反したときは、*過料*の制裁を受ける〔労組32〕。緊急命令を発するための実体的要件としては、暫定的に命令の履行を強制する必要性（直ちに履行させなければならない差し迫った事情）があること、及び、受訴裁判所が手続過程に現れた疎明資料から救済命令の適法性について重大な疑義を抱かないことが挙げられている（東京高決昭和54・8・9労民30・4・826〈吉野石膏事件〉）。

緊急輸入制限　⇒セーフガード（条項）*

金　券　表示された金額に対応する価値を法律上当然にもつものと認められる証券。金銭の代用となる証券で、郵便切手や*収入印紙*等がその例である。*有価証券*のように財産権を表章するものではなく、証券そのものが表示に対応する価値をもつものと認められ、したがって、証券が滅失すればその価値も当然に消滅し、公示催告手続による*除権決定*も認められない。

金　庫　Ⅰ　現金を収蔵する施設又は容器を指す用法もある〔税徴142③〕が、会計法規上、一般に、国又は地方公共団体の現金*出納*の事務を取り扱う機関をいう。この取扱いの態様に応じて、国又は地方公共団体が自ら現金出納にあたる固有金庫制、特定の金融機関に出納事務を委ねる委託金庫制、特定の金融機関に委ねるとともに収納した現金をそこに対する預金とする預金制の3つが区別される。*国庫*事務は早くから日本銀行への預金制をとっており〔会計34〕、地方公共団体も、昭和38年の財務会計制度の改正（法99）によって預金制に統一された〔自治235〕。⇒国庫金*

Ⅱ　社会・経済政策的な融資を行うための特殊な企業形態。農林中央金庫（農林中金）と商工組合中央金庫（商工中金）とがある。かつてはともに政府と民間の共同出資による事業体であったが、農林中金は昭和61年の改革（⇒民営化*）により全額民間所有に移行し、商工中金は、株式会社商工組合中央金庫法によって、中小企業に対する金融機能の根幹を維持しつつ、*株式会社*形態に移行し、更に同法令和5年改正で政府保有株式の全部処分を実施することが定め られた。両金庫とも、法律により出資者が*協同組合*等に限定されており、営利経済団体の出資は認められない。その協同組織的性格から、融資先も原則として所属団体とその構成員に限られている（ただし、業務範囲は次第に規制緩和されている）。上記の金庫とは別に、地域ごとに協同組織により設立される金融機関として、*労働金庫*・信用金庫〔信金〕、信用組合がある。

禁　錮　令和4年の法改正まで、刑法の規定していた*主刑*の1つ〔刑旧（令和4法67改正前の）9〕で、*自由刑*の一種（⇒刑*）であった。*刑事施設*に*拘置*して執行した〔刑旧13〕が、*懲役*と異なり所定の作業（刑務作業）を科されなかった。しかし、申出により作業に従事することが許された〔刑事収容93〕。当時、禁錮受刑者の多くはこの作業についていた。有期禁錮と無期禁錮とがあり、有期は1月以上20年以下であったが、加重するときは30年まで、減軽するときは1月未満にすることができた〔刑旧13①・14〕（⇒有期刑*　⇒無期刑*）。名誉拘禁的性格を有し、一定の非破廉恥（はれんち）の動機による犯罪（*確信犯*、政治犯）、又は*過失犯*に対して科されるのが原則となっており、刑期が同一の懲役刑よりも、軽い刑として扱われた〔刑旧10〕（⇒破廉恥罪*）。しかし、この点は、刑事政策上の妥当性を欠くと批判され、自由刑単一化論が主張されてきた。令和4年の法改正により、懲役及び禁錮は廃止され、拘禁刑に単一化された。⇒拘禁刑*

銀　行　**1 意義**　銀行取引、すなわち、預金その他の方法によって受入した金銭又は*有価証券*を他人の需要に供する*媒介*行為を業として行う者のこと。銀行取引は*営業的商行為*であり、営業としてするは、商法上、*商人*である〔商502⑧・4①〕。

2 種類　銀行には、次の種類がある。イ　普通銀行：*銀行法*の規制を受ける銀行で、預金の受入れ（受信業務）と資金の貸付け又は*手形割引*（与信業務）とを併せ行い、又は*為替取引*をすることを業とするもの〔銀行2②〕。銀行法4条1項の内閣総理大臣の免許を受けて銀行業を営む者である〔銀行2①〕。ロ　長期信用銀行：預金の受入れに代えて*債券*を発行して設備資金又は長期運転資金に関する貸付けを主たる営業とする銀行〔長銀4①・6〕で、長期信用銀行法によって内閣総理大臣の免許を受けたもの〔長銀2・4〕。平成18年4月以降、該当銀行は存在しない。ハ　信託銀行：信託業（⇒信託業法*）と銀行業とを兼営する銀行。昭和18年から両者を兼営することが許されるようになった〔信託兼営〕。

ぎんこうぎ

3 日本政策投資銀行 株式会社日本政策投資銀行法(平成19法85)により規定され、出資と融資を一体的に行う手法その他高度な金融上の手法を用いた業務を営むことにより長期の事業資金に係る投融資機能の根幹を維持し、もって長期の事業資金を必要とする者に対する資金供給の円滑化及び金融機能の高度化に寄与することを目的とする。「簡素で効率的な政府を実現するための行政改革の推進に関する法律」に基づき、平成20年に旧日本政策投資銀行を解散して新たに設立された。

4 小切手法上の銀行 '小切手法'3条にいう銀行には、上記のもののほか、信用協同組合・商工組合中央金庫・信用金庫・農業協同組合・農林中央金庫・'労働金庫'等の預金取扱金融機関が含まれる〔小59、銀行同視施設〕。

銀行業 ⇒銀行' ⇒銀行法'

銀行業と証券業の分離 昭和23年制定(法25)の証券取引法は、'銀行'、保険会社等が証券業を営むことを禁止した。預金者や保険契約者を証券業から生じるリスクから保護するための規定であり、アメリカのグラス・スティーガル法(Glass-Steagall Act)(1933年銀行法改正法)に倣ったものであった。この銀行業と証券業の分離は、日本の資本市場の育成に役立った。その後、1980年代に金融の証券化が進むと、銀行と証券の相互参入を認める議論が優勢となり、証券取引法の平成4年改正(法87)では子会社を通じた相互参入が認められ、平成10年改正(法107)では'持株会社'傘下の会社を通じた相互参入が認められた。'金融商品取引法'も、銀行、協同組織金融機関その他政令で定める金融機関〔金商令1の9〕は、有価証券関連業又は'投資運用業'を行ってはならないと定め〔金商33①〕、金融機関本体による証券業を禁止している。ただし、上記のように'子会社'やグループ会社による証券業への参入が認められるほか、金融機関本体においても、投資目的で行う'有価証券'の売買、信託契約に基づいて顧客の計算で行う有価証券の売買、及び顧客の書面による注文を証券会社に取り次ぐ行為をすることができ、更に登録を受ければ、公共債の引受けや販売、証券化商品の組成や販売、有価証券の'私募'の取扱い、'投資信託'の窓口販売、有価証券店頭'デリバティブ'取引といった一定の有価証券関連業をすることができる〔金商33②・33の2〕。この登録を受けた金融機関を登録金融機関という。

銀行子会社 ⇒証券子会社'

銀行信用状 ⇒商業信用状'

均等待遇(労働者の) '労働契約法'は、'労働契約'の一原則として、労使は、就業の実態に応じて均衡を考慮しつつ締結、変更すべきものとしている〔労契3②〕。この均衡考慮という考え方は、特に正規・非正規の'労働条件'格差について問題とされるようになり、不合理な待遇の相違の禁止が明文化されるに至った。労働契約法平成24年改正で創設された旧20条を引き継いだ'パート有期労働法'8条は、短時間・有期雇用労働者の基本給、賞与などの個々の待遇について、通常の労働者(正社員)の職務内容、職務内容と配置の変更範囲、その他の事情を、当該待遇の性質・目的に照らして考慮し、不合理と認められる相違を設けてはならないと定める。均衡待遇とは、違いに応じた均衡のとれた処遇(最判平成30・6・1民集72・2・88〈ハマキョウレックス事件〉)を求める原則であり、同一に取り扱わなければ違法となる差別的取扱いの禁止('均等待遇')とは区別される。ここで禁止されるのは、あくまでも「不合理な」相違であり、合理とも不合理ともいえない待遇の相違は、違法とはならない。もっとも、何が不合理な相違かの判断は容易でない。この規制は強行的規範であるが、契約内容を直接規律する補充的効力は認められず、合理的な補充規範がほかにない限り'不法行為'責任を生じるにとどまる。'労働者派遣法'においても派遣先の通常の労働者との均衡待遇を定める規制がある〔労派遣30の3〕。⇒均等待遇(労働者の)'

銀行代理業 '銀行法'により定義・規制されている業の1つであり、'銀行'のために次のイからハに掲げる行為のいずれかを行う営業をいう〔銀行2⑭〕。イ 預金又は定期積金等の受入れを内容とする契約の締結の代理又は媒介、ロ 資金の貸付け又は手形の割引を内容とする契約の締結の代理又は媒介、ハ '為替取引'を内容とする契約の締結の代理又は媒介。銀行代理業は、内閣総理大臣の許可を受けた者でなければ、営むことができない〔銀行52の36①〕。銀行法は、銀行代理業者に対する規制・監督のみならず、その所属銀行や銀行代理業再委託者向けの規律(例えば所属銀行等の賠償責任)も定めている。

銀行取引停止処分 電子交換所として運営されている手形交換所を通じて'支払呈示'された'手形'・'小切手'が不渡りとなった場合に、電子交換所規則に基づき、'約束手形'・小切手の'振出人'又は'為替手形'の'引受人'に対してなされる取引停止処分。不渡処分ともいわれる。交換持出手形・小切手が、支払義務者の信用に関する事由(資金不足・取引関係不存在など)に

よって不渡りとなった場合には，電子交換所に不渡届が提出される。これに対して支払義務者は異議申立てをすることができるが，これを取り消す手続をとらない限り，電子交換所は支払義務者を不渡報告に掲載して参加銀行に通知する。当該不渡届に係る手形の交換日から6カ月以内の日を交換日とする手形・小切手について不渡届が提出されたときは，その者は取引停止処分を受ける。この処分は当該交換所参加銀行を拘束し，処分を受けた者と取引停止処分日から2年間，債権保全のための貸出しを除き当座勘定及び貸出しの取引をすることが禁止されるので，債務者にとって大きな制裁となる。店内交換手形も銀行取引停止処分の対象とされる。手形信用制度の維持という公益的目的のための制度であり，*独占禁止法'8条5号に反しないと解されている。

銀行引受手形 銀行が'引受人'として引受け(⇨手形引受け')をしている*為替手形'。銀行が引受人としての責任を負うので支払が確実であり，*手形割引'の対象として最も安全である。

銀行法 昭和56年法律59号。銀行の業務の公共性に鑑み，信用の維持，預金者の保護，金融の円滑を目的として〔銀行1①〕，銀行の免許・業務等に係る監督・規制を定めた法律。明治23年(1890)の銀行条例(法72)，昭和2年(1927)の旧銀行法(法21)を受けて，昭和56年に，旧法を全部改正し，新たに制定された普通銀行の根拠法規である。銀行法上，銀行とは内閣総理大臣の免許を受けて銀行業を営む者をいう〔銀行2①〕。ここで銀行業とは，預金又は定期積金の受入れと資金の貸付け又は手形の割引とを併せ行うこと，又は*為替取引'を行うことをいい〔銀行2②〕，これを銀行の固有業務という。銀行は，このほかに債務の保証・両替その他多くの付随業務を営むことができ〔銀行10②〕，更に，銀行業務の遂行を妨げない限度において，他業として公共債等に係る証券業務を本体で営むことができる〔銀行11，金商33②〕。また，平成4年の改正(法87)により，銀行は*証券子会社'・信託銀行子会社を通じて一般的に証券業務に参入する道が開かれたが，その後，平成10年改正(法107)により，子会社の業務範囲は更に保険会社等にも及ぶこととなった〔銀行16の2①⑤〕。銀行法は，銀行の公共性の観点から銀行業につき免許制を採用する〔銀行4〕ほか，銀行の営業(休日・営業時間・営業所等)，経理(企業情報の開示・自己資本比率規制・大口信用供与規制等)，合併・事業譲渡規制，その他内閣総理大臣の監督等につき定めを置いている。⇨銀行'

銀行渡小切手 ⇨線引小切手'
金庫株 ⇨自己株式'
金庫制 ⇨国庫'

斤先掘(きんさきぼり)契約 鉱業権者が鉱物の採掘に関する権利を主として*賃貸借'の形式により*第三者'に与えて鉱業を実施させる契約。慣行として行われてきたが，旧鉱業法(明治38法45)は，鉱業経営の経済的重要性とその危険性から，鉱業は鉱業権者自身又はその監督に服する者が実施しなければならないとする主義をとり，この主義に反する斤先掘契約は，判例上*強行法規'違反として*無効'とされた(大判大正8・9・15民録25・1633等)。しかし，残鉱や薄層の採掘方法として便宜なので，現行鉱業法(昭和25法289)はこれを厳重な国家的監督の下に制度化し，租鉱権として規定した〔鉱業6・13〕。

禁止 ⇨下命'
禁治産者 ⇨きんちさんしゃ'

禁止の錯誤 自己の行為が法律上許されないのに許されたものと誤解すること。一般に，*違法性の錯誤'(*法律の錯誤')と同義に解されている。ただし，*誤想防衛・誤想避難'は，*事実の錯誤'ではあるが，*構成要件'の錯誤ではなく，禁止の錯誤であり，原則として*故意'を阻却しないと解する立場もある(厳格責任説)。

金種債権 ⇨金銭債権'
銀証分離 ⇨銀行業と証券業の分離'

近親婚 *親等'の近い親族間の*婚姻'。民法では，イ *直系血族'間，ロ 3親等内の傍系血族間(ただし，*養子'と*養方(ようかた)'の傍系血族間は除く)，ハ 直系*姻族'間の婚姻は禁止される〔民734・735〕。例えば，おじ・おばとおい・めいの間の婚姻はロに当たるから許されず，嫁としゅうととはハに当たり婚姻できない。この婚姻障害は直系姻族関係及び養親子関係が*離婚'又は*離縁'によって終了した後でもなくならない〔民735・736〕。誤って近親婚が成立した場合は，当事者，親族又は検察官の請求により裁判所が取り消す〔民744〕。いわゆる優生学上又は倫理上の理由によるものとされてきたが，近時の学説は前者の不明確性を指摘する。

禁制物 ⇨融通物・不融通物'

金銭 財貨の交換の媒介物として法律により一定の価格を与えられた*物'。金銭は純粋に価値を表すものであるから，物とはいっても*集合物'や*主物・従物'の観念は存在しない。また，金銭には個性がないから，他人に*占有'を奪われた金銭に対しては，奪われたその金銭

きんせんさ

を返すことを内容とする物権的返還請求権は成立せず，債権的返還請求権しか成立しない。そして，占有していることが常にその所有権をもっていることになり，'即時取得'の規定〔民192～194〕の適用はないと解されている。更に金銭については'間接占有'を認める余地もない。以上のような通説的見解に対して，占有を奪われた金銭について物権的な価値返還請求権なるものを認める説も有力である。 ⇨金銭債権'

金銭債権 Ⅰ 民法 1 意義・種類 広義では金銭の給付を目的とする債権をいうが，通常は一定額の金銭の給付を目的とする債権(金額債権)をいう。金額債権のほか次の種類がある。イ 特定の金銭(例えば，古銭展示会に陳列するための特定の金貨・封金)の給付を目的とする債権は，特定金銭債権と呼ばれるが，純然たる特定債権であり，金銭債権としての特色を全くもたない。ロ 特定の種類の金銭の一定量の給付を目的とするものを金種債権という。そのうち，例えば，収集の目的で明治30年発行の10円金貨5枚の引渡しを目的とする債権は，純然たる'種類債権'であるが，例えば，1万円の金額の給付を目的とするが，100円硬貨でその支払をするという場合は，その貨幣による支払が法律の改正で不能になったときには，別種の貨幣で支払うというのが，通常，当事者の意思であるので，このような債権は金額債権と同様の性質をもつ。

2 特質 イ 特約がなければ，各種の通貨(強制通用力ある貨幣ないし銀行券)をもって支払うことができる〔民402①〕(例えば，1万円・5000円などいずれの紙幣でも払うこともできる)。ロ 貨幣価値が下落してもそれを顧慮する必要はない(⇨金約款' '事情変更の原則' ⇨スライド条項')。ハ '履行遅滞'の場合には債務者は履行遅滞が'不可抗力'によるものであることを証明しても免責されず〔民419③〕，債権者は損害の証明をする必要がない〔民419②〕(⇨モラトリアム')。また，損害賠償の額は，'法定利率'(約定利率の方が高ければ約定利率)による〔民419①〕。なお，'債権法改正'によって，法定利率は変動制になったので〔民404〕，債務者が遅滞の責任を負った最初の時点の法定利率が基準とされる〔民419①〕。ニ このほか金銭債権から生じる'利息'の規制に関しては，債務者保護のために，'利息制限法'，'出資の受入れ，預り金及び金利等の取締りに関する法律'，質屋営業法，'貸金業法'などが制定されている。

Ⅱ 国際私法上，債権準拠法所属国の貨幣以外によって債権額が表示されている場合，'モ

ラトリアム'，'金約款'禁止等との関係で問題が生ずる。貨幣は発行国法によって発行されるものであるから，貨幣自体に関する公法上の問題，すなわち，本位制とその変更，平価の変更，兌換(換)停止，通貨の種類とその変更等の問題は専ら発行国法により規律される。他方，貨幣の支払によって金銭債権につき免責の効果が発生するので，この局面では，債権準拠法との関係も無視できない。第一次大戦後のドイツの通貨下落による混乱を契機として大きな問題となった。現在でも，通貨を巡る法律問題は十分に整理されていない。

金銭執行 '金銭債権'の実現を目的とする'強制執行'。執行目的物の種類によって，不動産執行，船舶執行，動産執行，債権・その他の財産権に対する執行とに区分される。

金銭出資 金銭をもって行う出資をいう。'財産出資'の一種で，'現物出資'に対する。'物的会社'である'株式会社'では，出資は金銭出資が原則とされる。現物出資と異なり，目的物を過大に評価するというような危険はないので，その手続は現物出資ほど厳格ではないが，資本充実の原則の立場から，'発起人'は引受け後遅滞なく，また募集株式の'引受人'は発起人が定めた払込期日又は払込期間中に出資の全額の払込みを行うことが要求され〔会社34①・63①〕(⇨株金全額払込主義')，設立時取締役等は出資の履行が完了していることを調査する義務を負っている〔会社46①③・93①③〕。

金銭証券 一定額の金銭の給付を目的とする権利又は権原を表章する'有価証券'。'債権証券'の一種で，'手形'・'小切手'・'社債'券・'国債'証券等がこれに属する。

金銭信託 広義では，'信託財産'として金銭を'信託'すること(金銭の信託)。狭義では，金銭を信託財産として信託し，信託期間中は株式や社債などで運用するが，信託終了のときには金銭で受益者に交付するものを金銭信託という。

金銭納付の裁判 民事訴訟法上，上訴人が訴訟の完結を遅滞させる目的だけで'上訴'を提起したものであると認められる場合に，その上訴の棄却に際して，判決主文(⇨主文')で上訴人に上訴提起の手数料として納付すべき金額の10倍以下の額の金銭納付を命ずる裁判〔民訴303・313・331〕。金銭納付命令ともいう。上訴権濫用に対する制裁方法として認められたものである。'控訴審'が行った金銭納付の裁判については，'上告審'による変更の可能性がある〔民訴303③④〕。

きんむかん

金銭賠償 損害を金銭に評価して，その金銭を支払わせるという*損害賠償'の方法。例えば，失火によって家屋を焼失させた*不法行為'者は，その家屋を金銭に評価した金額（この場合は不法行為時の交換価格であるのが普通）を支払わなければならない。これに対して，不法行為者がその家屋と同様の家屋を建てて被害者に返さなければならないという損害賠償の方法が*原状回復'である。日本の民法は，金銭賠償を原則としている〔民417・722①〕。

金銭分配請求権 ⇨現物配当'

近代的意味の憲法 ⇨憲法'

近 代 派 ⇨新派・旧派' ⇨新派刑法学'

禁治産者 *制限能力者'制度に改められる前の用語で，*心神喪失'の常況にあるために家庭裁判所により禁治産宣告を受けた者をいう。制限能力者制度における*成年被後見人'にほぼ対応する。

欽定(きんてい)憲法 君主によって制定された憲法。*民定憲法'に対する。*君主主権'の思想に基づくもので，*絶対君主制'の下で制定された憲法にこの例が多い。1814年のフランス憲法，19世紀のドイツ諸君主国の憲法，*大日本帝国憲法'がこれに属する。なお，「憲法」に掲げた〔表：憲法の分類〕をみよ。 ⇨協約憲法'

均等待遇(労働者の) 多くの労働法規において，労働者の差別的取扱いが禁止されている。具体的には，使用者は，労働者の国籍，信条又は社会的身分を理由として，*賃金'，*労働時間'その他の*労働条件'(*解雇'も含まれる)について，差別的取扱いを禁止される〔労基3〕。また，事業主は，労働者の募集・採用について性別に関わりなく均等な機会を与えなければならず，配置，昇進，降格，教育訓練，福利厚生，退職勧奨，定年，解雇，契約の更新について，性別を理由として差別的取扱いをしてはならない〔雇均5・6〕。更に，職務内容等について通常の労働者（いわゆる正社員）と同視すべき短時間・有期雇用労働者については，短時間・有期雇用労働者であることを理由として，基本給，賞与その他の待遇について差別的取扱いをしてはならない〔短時有期9〕。障害者に対しては，募集・採用について障害者でない者と均等な機会を与えなければならず，賃金の決定，教育訓練の実施，福利厚生施設の利用その他の待遇について，労働者が障害者であることを理由として，障害者でない者と不当な差別的取扱いをしてはならない〔障害雇用34・35〕。いずれも，憲法上の平等原則〔憲14①〕を労働関係において保障しようとするものである。なお，均等待遇は異なる取扱いを禁じる原則であり，相違の不合理性を問題とする均衡待遇とは区別される。 ⇨均衡待遇(労働者の)'

均 等 法 ⇨男女雇用機会均等法'

均 等 論 *特許権'(*実用新案権')の効力の範囲は，*特許請求の範囲'（クレーム(囚claim)）に基づいて確定される〔特許70，新案26〕。均等論とは，この特許請求の範囲の文言通りのもの以外の製品や方法をも特許権の効力の範囲に含めるために用いられる理論である。特許請求の範囲の文言と異なる部分があっても，均等論の適用が認められる限り，*特許法'上はいまだ技術的範囲内にあると解釈され，特許権の効力が及ぶこととなる。判例によれば，クレームの構成と被疑侵害物件とで異なる部分が，特許発明の本質的部分ではなく，それを置換しても同一の作用効果を奏するものであって，この置換に当該発明の属する技術の分野における通常の知識を有する者（当業者）が侵害時点で容易に想到しうる場合に，均等論の適用が認められるとされている。ただし，被疑侵害物件が，出願時における公知技術と同一又は当業者が容易に推考できたものでないこと，被疑侵害物件が特許発明の特許出願手続において特許請求の範囲から意識的に除外されたものに当たるなどの特段の事情のないことが必要である(最判平成10・2・24民集52・1・113〈ボールスプライン事件〉)。

均 等 割 地方団体内に住所を有し又は事務所・事業所等を有する個人及び法人に対して均等額で課される*住民税'をいう〔地税23①Ⅰ・24Ⅰ・292①Ⅰ・294①〕。地方公共団体から受ける利益に応ずる課税の意味をもつ。個人については単一(*道府県民税'又*市町村民税')の標準*税率'，法人については資本等の金額に応じた標準税率が定められている〔地税38・52・310・312〕。

禁 反 言 ⇨エストッペル'

均分相続 *相続人'が共同して*相続財産'を承継する場合に，相続人間で平等に分割する相続形態をいう。民法旧規定（昭和22法222改正前）の長子単独相続と異なり，現行民法は個人の尊厳，男女平等の原則〔憲14・24〕にのっとり，*共同相続'の原則を採用し，かつ配偶者の*相続分'を除く他の共同相続人の間では原則として相続分を均等とする均分相続制を採用した〔民900Ⅳ〕。配偶者のほかは子が共同相続人となるのが普通なので，これを諸子均分相続ともいう。

勤務間インターバル 前日の終業時刻と翌日の始業時刻の間に一定時間の継続した*休息'

きんむじょ

時間を確保すること。*労働者'の生活時間・睡眠時間の確保や，健康の保持，仕事と生活の調和(⇨ワーク・ライフ・バランス')を図るために有効である。「労働基準法第36条第1項の協定で定める労働時間の延長及び休日の労働について留意すべき事項等に関する指針」(平成30厚労告323)8条は，労使当事者が，限度時間〔労基36③④〕を超えて労働させる労働者に対し，健康福祉確保措置として協定することが望ましい選択肢の1つとして挙げた。また，高度プロフェッショナル制度〔労基41の2〕の導入に際し，*労使委員会'の5分の4以上の多数決及び行政官庁への届出を行い，*就業規則'その他これに準ずるもので定めるべき選択的措置のうちの1つとされており〔労基41の2①⑤イ〕，行政通知(平成31・3・25基発0325第1号)は「労働者ごとに始業から24時間を経過するまでに11時間以上の継続した休息時間を確保し，かつ，新労基法第37条第4項に規定する時刻の間において労働させる回数を1箇月について4回以内とすること」と具体化している。この措置は，上記の選択的措置として選択されなかった場合，健康福祉確保措置の選択肢の1つとされる。「労働時間等の設定の改善に関する特別措置法」2条1項では勤務間インターバルの導入が努力義務の対象とされている。

勤務条件に関する行政措置の要求 職員の利益を保全するための*国家公務員法'上の制度の1つ。単に措置要求ともいう。職員は俸給・給料その他あらゆる勤務条件に関し，*人事院'に対して，人事院若しくは内閣総理大臣又はその職員の所轄庁の長(外務公務員にあっては，外務人事審議会〔外公17，外公令1の4〕)により，適当な行政上の措置が行われることを要求することができる。人事院は，行政措置の要求を受理したときは，必要と認める調査，口頭審理その他の事実審査を行い，また，事案の性質により，適当と認めるときは，苦情審査委員会を設置してその事案の審査を行わせ，事案の審査を終了したときは，速やかに事案を判定し，何らかの措置をすることを必要と認めたときは，自らこれを実行し，その他の事項については，内閣総理大臣又はその職員の所轄庁の長に対し，その実行を勧告しなければならない〔国公86〜88，人規〈13-2〉〕。行政措置の要求は，法律の制定改廃の要求を含まない。また，当事者間に争いのある事項だけについて要求ができる。なお，地方公務員についても勤務条件に関する措置の要求と呼ばれる同様の制度がある〔地公46〜48〕。

勤務評定 国，地方公共団体の職員の人事の公正な基礎とするために，職員の執務について任命権者が定期的に勤務成績を評定し，これを記録する制度。任命権者は，勤務評定の結果に応じた措置を講じなければならないとされていたが，評価項目が明示されないこと，上司からの一方的な評価で結果を知らされないこと，人事管理に十分に活用されず年功序列的な給与処遇になっていることなどの問題が指摘されていた。そのため，国家公務員の勤務評定制度は，平成19年の国家公務員法改正(法108)により，地方公務員の勤務評定制度は，平成26年の地方公務員法改正(法34)により廃止され，新たな*人事評価'制度に移行することになった。

金約款 Ⅰ 民法上，*金銭債権'が貨幣価値の下落によって損失を被ることを防ぐために付される約款。金貨が流通している場合に債権額10万円を10万円の金貨で支払うことを約束したり(金貨約款)〔民402①②〕，金貨流通の有無にかかわらず，契約当時の債権額に相当する金の量(○○グラム)を評価し，弁済時にもそれと同等の金に相当する通貨で返済するというような約束である(金価値約款)。日本では*公序良俗'に反しない限り有効であるが，アメリカでは大恐慌の後，1934年からその効力が否定されたものの，1977年から再び有効となった。現在，国際間の貸借では，貨幣価値の変動に対しては為替ヘッジで対処するのが通常である。国内の債権について金約款が使われることはほとんどない。

Ⅱ 国際契約においても，為替レートの変動，インフレなどによる貨幣価値の変動のリスクが問題となり，特に兌換(だか)性の保障が失われた第一次大戦後，管理通貨制が行われるようになると，金約款が広く利用されるようになった。しかし，それは自国通貨の強制通用力を制限することになるという理由から，フランスのようにこれを禁止する国も出てきた。そこで，国際私法上，この金約款の効力をいかなる*準拠法'によって決定するかが問題となった。貨幣準拠法説，履行地法説，債権準拠法説が唱えられている。

金融エー・ディー・アール(ADR) 金融分野における裁判外紛争解決制度(Alternative Dispute Resolution)のこと。金融ADRは，金融機関と利用者間の紛争を，裁判外において，中立・公正に，迅速に，低コストで解決しようとするものであり，平成21年の改正*金融商品取引法'(法58)により整備された。金融ADRで中心的な役割を担うのが，行政庁により指定された指定紛争解決機関であり，現時点では，イ 生

命保険協会, ロ 全国銀行協会, ハ 信託協会, ニ 日本損害保険協会, ホ 保険オンブズマン, ヘ 日本少額短期保険協会, ト 日本貸金業協会, チ 証券・金融商品あっせん相談センター, が, これに当たる。金融 ADR の実効性を確保するために, 指定紛争解決機関が存在する業態の金融機関は, 当該指定紛争解決機関との間で手続実施基本契約を締結しなければならず, 金融機関側には苦情処理・紛争解決手続応諾義務, 資料提出義務, 特別調停案受諾義務などが課されている〔金商 37 の 7・156 の 44 等〕。指定紛争解決機関が存在しない業態もあるが, かかる業態の金融機関は, 苦情処理・紛争解決のための措置を講じなければならない。その一例として, 東京三弁護士会の金融 ADR を利用する業態もある。

金融機関の破綻処理　**1 意義と経緯**　*預金'等を取り扱う金融機関の破綻は, 預金者等のみならず, 信用秩序に混乱をもたらし, 経済全体に多大な悪影響を及ぼしうる。金融機関の破綻によりこうした事態が生じないよう, 日本では 1971 年に*預金保険法'(昭和 46 法 34)が制定され, 預金保険の業務を担う*預金保険機構'が設立された。その後, 1997 年の北海道拓殖銀行等の破綻により日本の金融システムは危機的状況に陥ったことから,「金融機能の再生のための緊急措置に関する法律」(平成 10 法 132)や「金融機能の早期健全化のための緊急措置に関する法律」(平成 10 法 143)を経て, 2000 年に預金保険法が改正され(平成 12 法 93), 金融整理管財人や承継銀行制度のほか, 金融危機対応措置が строго化されることとなった。更に, 2008 年の世界金融危機では, 銀行にかかわらず金融システム上重要な金融機関の破綻が金融市場等を通じて実体経済に多大な悪影響を及ぼしうることが明らかになったことから, 国際的な議論を経て, 2013 年に預金保険法が改正され(平成 25 法 45), 金融システムの安定を図るための金融機関等の資産及び負債の秩序ある処理に関する措置(金融機関等の秩序ある処理)が導入されることとなった。
2 預金保険制度　預金等を取り扱う金融機関(預金保険法における金融機関の定義については預金保険法 2 条 1 項参照)が預金保険機構に保険料を納付し, *保険事故'(預金等の払戻しの停止等)が発生したときは, 預金保険機構が当該保険事故に係る預金者等に一定額の保険金を支払うことにより預金者等を保護する制度のことである〔預金保険 53 等〕。決済用預金の保護額は全額となっているが, 一般預金等(有利息型普通預金や定期預金等)の保護額は合算して元本 1000 万円までとその利息等(1000 万円を超える部分は破綻金融機関の財産状況次第)となっている。このように預金等の一定額しか保護の対象とならないことを広義のペイオフという。そのうち, 預金保険機構が預金者等に保険金を支払うものを「保険金支払方式」(狭義のペイオフ)〔預金保険 3 章 3 節〕)という。これに対し, 破綻した金融機関の事業を救済金融機関が承継し, 預金保険機構が救済金融機関に資金援助を行う方式を「資金援助方式」〔預金保険 3 章 4 節〕という。2010 年に破綻した日本振興銀行(金融整理管財人として預金保険機構が選任された。金融整理管財人による管理については預金保険法 5 章参照)では資金援助方式が採用され, 広義のペイオフが実施された。
3 金融危機対応措置　*内閣総理大臣'は, 次のイロハの措置が講ぜられなければ,「我が国又は当該金融機関が業務を行っている地域の信用秩序の維持に極めて重大な支障が生ずるおそれがあると認めるとき」は, 金融危機対応会議の議を経て, イ 金融機関(ロに掲げる金融機関を除く)の*自己資本'の充実のための預金保険機構による株式等の引受け等(資本増強), ロ 破綻金融機関又は債務超過の金融機関を対象とした保険金支払コストを超える額の資金援助(預金等の全額保護), ハ 破綻金融機関に該当する銀行等で債務超過のものを対象とした預金保険機構による全株式の取得(特別危機管理), といった措置を講ずる必要がある旨の認定を行うことができる〔預金保険 102 ①〕。この仕組みは, 不良債権型の金融危機の経験から構築されたものである。
4 金融機関等の秩序ある処理　内閣総理大臣は, 次のイロの措置が講ぜられなければ,「我が国の金融市場その他の金融システムの著しい混乱が生ずるおそれがあると認めるとき」は, 金融危機対応会議の議を経て, イ 債務超過でない金融機関等(預金取扱金融機関だけでなく保険会社や証券会社などを含む)について預金保険機構による特別監視及び資金の貸付け等又は特定株式等の引受け等, ロ 債務超過等である金融機関等について預金保険機構による特別監視及び特定資金援助, といった措置を講ずる必要がある旨の認定を行うことができる〔預金保険 126 の 2 ①〕。この仕組みは, 市場型の金融危機の経験から構築されたものである。

金融先物取引法　⇨金融商品取引法'
金融サービス仲介業　*金融サービス'の提供及び利用環境の整備等に関する法律'において定義・規制されている業であり, 具体的には,

きんゆうさ

預金等媒介業務，保険媒介業務，有価証券等仲介業務又は貸金業貸付媒介業務のいずれかを業として行うことをいう〔金融サービス11①〕。金融サービス仲介業は，内閣総理大臣の登録を受けた者でなければ，行うことができない〔金融サービス12〕。業態ごとの縦割りで規律されていた既存の仲介業とは異なり，金融サービス仲介業は，1つの登録をすることで，銀行・証券・保険・貸金全ての分野のサービスを，利用者にワンストップで仲介することを可能とするものである。利用者が様々な金融サービスの中から自らに適したものを選択しやすくするために，令和2年の「金融商品の販売等に関する法律」の改正で導入された（同改正により法律の名称も「金融サービスの提供に関する法律」に改称された。その後，令和5年改正により法律名が「金融サービスの提供及び利用環境の整備等に関する法律」に改称された）。金融サービス仲介業者については，様々な金融サービスを取り扱えるようにするために特定の金融機関への所属を求めない代わりに，顧客に対し高度に専門的な説明を必要とする金融サービスの取扱いを制限したり〔金融サービス11②～⑤〕，保証金の供託義務〔金融サービス22〕などの規制を設けることで，利用者保護を図ろうとしている。

金融サービスの提供及び利用環境の整備等に関する法律 平成12年法律101号。金融商品の販売・勧誘について横断的な法制の整備を図るべく，「金融商品の販売等に関する法律」との題名で制定。*預金'，保険契約，*有価証券'，*デリバティブ*などの金融商品の販売等に際し，販売業者の顧客に対する説明義務を明確化し〔金融サービス4〕，その違反について無過失の損害賠償責任・損害額の推定規定を定め〔金融サービス6・7〕，勧誘の適正確保に務める旨〔金融サービス9〕等を規定した。平成18年改正（法66）では，説明義務の対象に取引の仕組みのうち重要な部分等を加え，断定的判断の提供等の禁止規定を新設し〔金融サービス5〕，*金融商品取引業'に対応して対象商品・取引等の範囲を拡大した。令和2年改正（法50）により「金融サービスの提供に関する法律」と題名改正し，*金融サービス仲介業'を創設して，従来各業法に基づく許可や登録が必要であった仲介業について，1つの登録により銀行・証券・保険・貸金業の仲介業務を可能とし〔金融サービス12〕，また特定の金融機関への所属を不要とした〔金融サービス11〕。業者の行為規制として，顧客の求めに応じての手数料等の開示，顧客情報の適正な取扱い，利用者財産の預託の禁止，指定紛争解決機関との契約締結義務等を定めている〔金融サービス25②・26・27・28〕。令和5年改正（法79）により題名改正し，金融サービスの利用環境を整備等すべく，政府に，国民の安定的資産形成を支援する施策の総合的な推進に関する基本方針の策定を求め〔金融サービス82～85〕，また適切な金融サービスの利用等に資する金融・経済知識の習得とその活用能力の育成を図るため，金融経済教育推進機構の設置・組織・業務等とその監督〔金融サービス86～135〕について規定するなどしている。

金融商品 ⇨有価証券'

金融商品債務引受業 金融商品取引業者，登録金融機関又は*証券金融会社'（金融商品債務引受業対象業者）を相手方として，金融商品債務引受業対象業者が行う*有価証券'の売買，*デリバティブ'取引等（対象取引）に基づく債務を引受け，更改その他の方法により負担することを業として行うこと〔金商2㉘〕。平成18年改正（法65）前の証券取引法（現*金融商品取引法'）の有価証券債務引受業に相当する。内閣総理大臣の免許制に服し〔金商156の2〕，金融商品取引所の清算機能を担う業務である。免許の申請・審査基準・拒否等につき規定がある〔金商156の3～156の5〕。*金融商品取引所'も内閣総理大臣の承認を受けて行うことができる〔金商156の19〕。⇨金融商品取引清算機関'

金融商品市場 *有価証券'の売買又は市場*デリバティブ'取引を行う市場のこと〔金商2⑭〕。このうち，*金融商品取引所'が開設する金融商品市場を取引所金融商品市場という〔金商2⑰〕。認可*金融商品取引業協会'が非上場有価証券について開設する市場を店頭売買有価証券市場という〔金商67②〕。その他，協会員が自己の計算において売買その他の取引の勧誘を行うことを禁じられていない有価証券（*取扱有価証券'〔金商67の18④〕）の市場もあり，これにも*不公正取引規制'の適用がある。

金融商品仲介業者 第1種*金融商品取引業'・*投資運用業'を行う金融商品取引業者や，登録金融機関の委託を受けて，これらのために，*有価証券'の売買の媒介，取引所金融商品市場等における有価証券の売買・市場デリバティブ取引等の委託の媒介，*有価証券の募集'等の取扱い，又は投資顧問契約・*投資一任契約'の締結の媒介のいずれかを行う業者〔金商2⑫〕。登録制〔金商66〕。販売チャネルの拡充・多様化のために導入された証券仲介業者制度を引き継いだもの。委託をする金融商品取引業者等を所属金融商品取引業者等といい〔金商66の2

①④〕、金融商品仲介業者に対して監督を行い、金融商品仲介業者が顧客に与えた損害を賠償する責任を負う〔金商66の24〕。「金融サービスの提供及び利用環境の整備等に関する法律」上の金融サービス仲介業者(⇨金融サービス仲介業')は、1つの登録により多様な仲介業務を行うことができ〔金融サービス17②～⑤〕、所属制が採用されていない点等で、金融商品仲介業者とは異なる。

金融商品取引業 *金融商品取引法'施行前は、証券会社、先物取引業者、投資顧問業者など金融商品取引に関わる業者に対しては、証券取引法・金融先物取引法(昭和63法77。平成18法66により廃止)・*投資信託投資法人法'など個別の法律によって縦割型業者規制がなされていたが、金融商品取引法はこうした縦割規制をできるだけ横断化するために金融商品取引業〔金商2⑧〕という包括的な概念を新たに導入し、金融商品取引業者が多くの投資サービス業務を本業として行うことができるようにした。金融商品取引業は、その取扱商品や業務内容によって、第1種金融商品取引業〔金商28①〕、第2種金融商品取引業〔金商28②〕、*投資助言・代理業'〔金商28③〕、*投資運用業'〔金商28④〕の4種類に分類され、それぞれ参入要件や兼業範囲に差を設け、業に応じた規定を設けている。金融商品取引業者は、内閣総理大臣への登録が必要である〔金商29〕。証券取引法は、一定の行為を営業として行うものを証券業と定義して規制していたが、金融商品取引法は、一定の行為を業として(反復継続して)行えばよく、営利目的で行うことは「金融商品取引業」の要件とはされていない。顧客の利益の保護のための体制整備義務〔金商36・36の2〕や取引態様の事前明示義務〔金商37の2〕、情報提供義務〔金商37の3〕など様々な義務を課しているほか、*損失補塡'等の禁止〔金商39①〕・*適合性ルール'〔金商40〕など種々の行為を規制することにより、資本市場の機能の確保及び投資者の保護を図っている。

金融商品取引業協会 *金融商品取引法'が創設した金融商品取引業者の*自主規制機関'。金融商品取引業者が内閣総理大臣の認可を受けて設立する法人である認可金融商品取引業協会(認可協会)〔金商67①・67の2①②〕と、金融商品取引業者が一般社団法人として設立した後に内閣総理大臣の認定を受ける認定金融商品取引業協会(認定協会)〔金商78①〕とがある。認可協会は、店頭売買有価証券市場の開設〔金商67②〕や自主規制規則の制定等を権限とし、かつては*店頭市場'を開設し、自主規制規則として公正慣習規則や統一慣習規則等を定めてきた証券取引法上の証券業協会に相当する。いずれの協会も、規則の制定、法令・自主規制規則の違反等があった会員への制裁、苦情の解決、紛争のあっせん、行政からの委託による*外務員'に関する事務機能の法定化等を行い、自主規制機能の横断化が図られている。

金融商品取引業等に関する内閣府令 平成19年内閣府令52号。昭和40年に、証券取引法上、「証券会社の健全性の準則等に関する大蔵省令」(健全性省令と呼ばれていた)として制定され、その後「証券会社の行為規制等に関する内閣府令」(行為規制府令と呼ばれていた)に題名改正されたが、*金融商品取引法'への改正に伴い、標記の内閣府令に改められた。この府令は、証券取引法42条の証券会社及びその役職員の禁止行為を定める規定〔金商38に相当〕を根拠としていた。この府令の禁止行為は昭和40年以降大幅に増大してきたが、これに違反しても行政処分のみで刑事罰を伴わないため、ある意味では証券会社不正の非刑罰法規化をもたらしてきたともいえる。従来は、「証券会社の行為規制等に関する内閣府令」とは別に、「証券会社に関する内閣府令」が存在し、証券会社の登録、財務、業務規制を定めていたが、金融商品取引法の下では、この両者を一体化させ、*金融商品取引業'全般に関する内閣府令として再構成された。他方で、金融商品取引業を名宛人としない、*内部者取引'等に関する不正等について規定されていたいくつかの内閣府令も、「有価証券の取引等の規制に関する内閣府令」(平成19内59)に一本化されている。

金融商品取引業府令 ⇨金融商品取引業等に関する内閣府令'

金融商品取引所 有価証券の売買又は市場*デリバティブ取引を行う市場(*金融商品市場')を開設するために内閣総理大臣による免許を受けた、金融商品会員制法人又は*株式会社'〔金商2⑯・80〕。証券会社等の専門業者のみが参加する金融商品市場に顧客からの*有価証券'やデリバティブ取引の注文を集めて執行されれば、取引は円滑に執行され、価格は効率的に決定されるようになる。企業が*有価証券の募集'によって一般の投資者から資金を調達するときには、取得した有価証券を売却できる市場が必要であり、また、資金調達の条件は、既に同種の有価証券が上場されていれば、その市場価格を参考に決定される。このように金融商品市場の開設・運営は投資者の保護と企業の資金調達

きんゆうし

にとって極めて重要であるため、'金融商品取引法'は、金融商品市場を開設する金融商品取引所の組織を定め、これに規制を加えることによって、金融商品取引の円滑な執行と効率的な価格形成を確保している。金融商品会員制法人とは、金融商品取引業者と登録金融機関（⇨'銀行業と証券業の分離'）を会員として、金融商品取引法の規定に従って設立された法人であり〔金商88〜91〕、その開設する金融商品市場の取引資格は、原則として会員に限定される〔金商111①〕。ただし、会員以外の金融商品取引業者、取引所取引許可業者、及び登録金融機関に取引資格を与えることができる〔金商112〕。株式会社金融商品取引所は、会社法の規定に従って設立された株式会社であり、業務規程の定めるところにより、金融商品取引業者、取引所取引許可業者、及び登録金融機関を取引参加者とすることができる〔金商113〕。金融商品取引所は、市場における売買のルールを定め、市場で不公正な取引が行われないように会員又は取引参加者の取引を監視し、違反者に制裁を加えるとともに、'上場規程'や'企業行動規範'を定めて上場会社の規制を行う'自主規制機関'である。金融商品取引所による自主規制の特徴は、それが法令に根拠を置くことにある。金融商品取引所の'定款'・業務規程を変更するには内閣総理大臣の認可が必要であり〔金商149①〕、その他の規則は内閣総理大臣へ届け出る必要がある〔金商149②〕。これらの規定の内容が不適切である場合、内閣総理大臣は変更を命ずることができ〔金商153〕、その他、金融商品取引所が自主規制を適切に執行しなかったときは、金融商品取引所自身が行政処分の対象となる〔金商152①①〕。

金融商品取引所持株会社　株式会社金融商品取引所を'子会社'とする'株式会社'であって、その設立等について内閣総理大臣の認可を受けているもの〔金商2⑱〕。'持株会社'組織を活用し、取引所の株式を保有することにより取引所間の連携が可能になり、総合取引所の開設など市場間競争の下で取引所の経営戦略を多様化することができる点にメリットがある。株式会社金融商品取引所と同様、厳しい認可審査基準〔金商106の12〕、株式保有規制〔金商106の14〜106の22〕があり、グループ経営管理義務を負い、専業制〔金商106の23①②〕。

金融商品取引清算機関　「証券決済制度等の改革による証券市場の整備のための関係法律の整備等に関する法律」（平成14法65）による証券取引法の改正で設けられた統一的な清算機関（証券クリアリング機構）。'金融商品取引法'により証券取引清算機関から金融商品取引清算機関となった。内閣総理大臣の免許又は承認を受け金融商品債務引受業を行う者によって業務が遂行される〔金商2㉙・156の2・156の19①〕。金融商品取引清算機関は、原則として、金融商品債務引受業等及びこれに附帯する業務のほか、他の業務を行うことはできない〔金商156の6②〕。金融商品取引清算機関の役職員等は、業務に関して知りえた秘密の漏えい・盗用、知りえた情報の目的外利用を禁止され〔金商156の8〕、特定の清算参加者に対する不当な差別的取扱いは禁止される〔金商156の9〕。内閣総理大臣は、金融商品取引清算機関に対し、金融商品債務引受業の適正かつ確実な遂行のため必要があると認めるときは、報告等を徴取し、立入検査等を行い、業務改善等を命じ、免許を取り消す等の監督権限を有している〔金商156の15〜156の17〕。⇨金融商品債務引受業'

金融商品取引責任準備金　金融商品取引業者又は登録金融機関が、'有価証券'の売買その他の取引又は'デリバティブ'取引等の取引の量に応じ、内閣府令で定めるところにより積み立てなければならない準備金〔金商46の5①・48の3①、金商業175・189〕。旧証券取引法（現'金融商品取引法'）上の証券取引責任準備金に相当する。これらの取引等に関して生じた事故による損失の補塡に充てる場合その他内閣府令で定める場合のほか、使用してはならない〔金商46の5②・48の3②〕。

金融商品取引の不当勧誘　⇨不当勧誘（金融商品取引の）'

金融商品取引法　昭和23年法律25号。
1 目的と沿革　企業内容等の開示の制度を整備するとともに、'金融商品取引業'を行う者に関し必要な事項を定め、'金融商品取引所'の適切な運営を確保すること等により、'有価証券'の発行及び金融商品等の取引等を公正にし、有価証券の流通を円滑にするほか、資本市場の機能の十全な発揮による金融商品等の公正な価格形成を図り、もって国民経済の健全な発展及び投資者の保護に資することを目的とする法律〔金商1〕。アメリカの連邦法であり発行市場を規制する1933年証券法（Securities Act）、及び流通市場及び証券業者を規制する1934年証券取引所法（Securities and Exchange Act）を参考に、昭和23年に「証券取引法」として制定された。企業内容等の開示とは、投資者の投資判断に資するために有価証券の発行者等に企業情報を強制的に開示させる'ディスクロージャー'（情報

きんろうけ

開示)のことであり，それまでの日本にはなかった理念であった。証券取引法は，金融の分野を*銀行'・*保険'・証券に分けた場合の証券に関する取引(証券市場)や業者(証券会社)を規律する法律であった。その後，幾次の改正を経て平成18年に，外国証券業者に関する法律(昭和46法5)，有価証券に係る投資顧問業の規制等に関する法律(昭和61法74)，抵当証券業の規制等に関する法律(昭和62法114)，金融先物取引法(昭和63法77)を統合し，投資信託及び投資法人に関する法律(昭和26法198)の一部を取り込んで改正され(法65)，法律の名称が「金融商品取引法」に変更された。法律名称の変更は，有価証券関連以外のものを含む多様な*デリバティブ'を規制対象に取り込んだ結果，有価証券とデリバティブ取引を包括する語として「金融商品」(Financial Instruments)の語を用いたためである。金融商品取引法の目的は国民経済の健全な発展及び投資者の保護にあると規定されているが〔金商1〕，その意義については，投資者の保護を重視する学説，企業の資金調達時に資本市場を通じて効率的な資源配分を行う目的を重視する学説，資本市場の機能の維持を重視する学説等に分かれている。

2 内容と特徴 金融商品取引法の内容は，ディスクロージャー，*不公正取引規制'，市場インフラの整備，及び業者規制に大別される。ディスクロージャー制度としては，*有価証券の募集'の際に，有価証券の発行者に*有価証券届出書'等を提出させて，投資者の投資判断に役立てる発行開示，上場会社の株券のように一般の投資者の投資対象となっている有価証券の発行者に*有価証券報告書'等を提出させて，発行者の事業や財務に関する情報を公表させる継続開示制度，上場会社の株券等を市場外で一斉に買い付ける*公開買付け'の際に，買付者に公開買付届出書等を提出させて，買付け対象を保有する株主や一般の投資者の投資判断に役立てる公開買付けの規制，上場会社の株券等の5%超の保有者に保有目的等の情報開示を求める*大量保有報告制度'等がある。ディスクロージャーの規制は，単に情報開示を強制するだけでなく，開示された情報を投資者が適切に判断できるよう確保する取引規制や投資者を平等に取り扱う規制を含んでいる。不公正取引規制としては，未公表情報に基づく有価証券の売買等を禁止する*内部者取引'(インサイダー取引)の規制，有価証券の市場価格を人為的に操作する行為を禁止する*相場操縦'の規制，証券取引から生じた損失を顧客に補塡する行為を禁止する*損失補塡'の規制等がある。市場インフラの整備としては，金融商品取引所，*金融商品取引清算機関'，*金融商品取引業協会'，*金融エー・ディー・アール(ADR)'，*投資者保護基金'の各制度の整備がある。業者規制の対象となる業者は金融商品取引業者が中心であるが，これには証券会社，ファンド業者，*投資信託'の委託者，投資一任業者，投資顧問，*クラウド・ファンディング'の仲介者といった多様な者が含まれ，金融商品取引業者以外に，*金融商品仲介業者'，*投資法人'，信用格付業者，高速取引行為者も規制の対象となる。業者規制の中には，金融商品取引業者の行為規制のように，市場における不公正な取引を防止するものや顧客に対する忠実義務を具体化したものが含まれており，それらは不公正取引規制と位置付けることもできる。金融商品取引法の特徴として，業者を登録制としてこれに行為規制を適用し，違反者を行政処分の対象とする行政規制，規制に違反する取引の効力や損害賠償責任を定める私法規定，違反者に刑事罰を科す刑法規定といった多様な規制手法を用いていることが挙げられる。また，上場企業，業者，及び投資者を名宛人とする一定の規制については，違反者から利得相当額を剝奪する*課徴金'制度が設けられており，*証券取引等監視委員会'による法執行が活発に行われている点にも金融商品取引法の特徴をみいだすことができる。

金融所得一体課税 ⇨二元的所得税'

金融庁 預金者，保険契約者，*有価証券'の投資者等を保護するとともに，金融の円滑を図るため，銀行業，保険業，金融商品取引業その他の金融業を営む者等の検査その他の監督をすることを主たる任務とする，内閣府の*外局'として設置された機関〔金融庁設置法(平成10法130)2~4〕。証券取引等監視委員会は金融庁に置かれた委員会である。 ⇨証券取引等監視委員会'

金融の証券化 ⇨セキュリタイゼーション'

金融派生商品 ⇨デリバティブ'

勤労権 **1 意義** 勤労権(労働権ともいう)は，異なった2つの意味で用いられる。第1に，労働の意思と能力のある者が，国に対して，自己に適した労働の機会を与えることを要求できる権利，という意味で用いられ(完全な意味での勤労権)，第2に，労働の意思と能力のある者が，就職できない場合に，国に対して，自己に適した労働の機会を与えることを要求し，それが不可能なときは，相当の生活費を要求でき

きんろうし

る権利、という意味で用いられる(限定的な意味での勤労権)。アメリカにおける労働権は、労働の自由を個人の権利として保障しようとする自由権的勤労権ともいうべきもので、異なる概念である。

2 日本における勤労権 憲法27条1項が定める「勤労の権利」は、上記のいずれの意味でもなく、限定的な意味での勤労権の思想を根底にしながら、国民が自主的に完全就業できるよう、また、それが不可能な場合は国が就業の機会を与え、あるいは生活確保のための資金の給付をするよう努力することが国の政治的責任であることを宣言したものである。したがって、個々の国民が国に対して就労させるように請求することができる具体性のある権利をもつわけではない。
勤労権保障の趣旨は、'労働施策総合推進法'、'職業安定法'、'雇用保険法'、'職業能力開発促進法'などの具体的立法政策に反映されている。職業キャリア尊重との関わりで勤労権を再認識する説(キャリア権説)等も出てきている。

3 勤労の義務 憲法27条1項が定める勤労の義務も、国民に具体的な'労働義務'を課するものでなく、勤労権の保障と対応して、国民が勤労の実現に努めなければならないという精神的規定である。この趣旨も上記諸立法に反映されている。憲法27条の規定は、'労働組合法'の制定に関連して憲法に挿入されたものといわれている。

勤労者 他人の指揮命令下において労務を提供し、賃金その他の報酬を受ける者。'労働者'とほぼ同義であるが、日本国憲法はこの語を用いる〔憲28〕。 ⇨勤労権'

勤労者財産形成促進法 昭和46年法律92号。'勤労者'の計画的な財産形成を促進して生活の安定を図ること等を目的とする法律〔財形1〕。勤労者の貯蓄に関して、勤労者財産形成貯蓄契約・勤労者財産形成年金貯蓄契約・勤労者財産形成住宅貯蓄契約などの措置〔財形6〜7の3〕と、これに関係する勤労者財産形成基金の設立・管理〔財形7の4〜7の31〕、課税特例〔財形8〕、独立行政法人勤労者退職金共済機構を通じての融資措置〔財形9〕などを定める。

勤労の義務 ⇨勤労権'
勤労の権利 ⇨勤労権'

く

区 地方制度上、区には、自治権をもつ法人である自治区と、行政事務処理の便宜のために設けられた行政区画である'行政区'とがある。現行法上、前者の例として'特別区'と'財産区'があり、後者の例として'指定都市'の区と総合区、及び住民参加の要素を加味した制度としての地域自治区〔自治202の4〕(平成16年改正(法57)で導入)がある。古くは明治4年(1871)の戸籍法(太告170。明治31法12により廃止)上に行政区としての区が、明治11年の郡区町村編成法(太告17。明治23法36により廃止)では都市部に自治区としての区が置かれた。なお、その他の用例としては、'選挙区'〔公選12〕・海区〔漁業62・136〕・'土地改良区'〔土地改良5〕等がある。

空券 運送品又は寄託物を受け取っていないのに発行された'船荷証券'又は'倉荷証券'のこと。このような証券につき、'要因証券'性を重視して、原因を欠くから証券は無効であり、この場合の証券所持人の救済は'不法行為'によるほかないと解する立場と、'文言(もん)証券'性を重視して、要因性は証券に原因の記載を必要とするにすぎないから有効であり、'運送人'等は証券記載の物品の引渡しができなければ'債務不履行'の責任を負うと解する立場とが対立している。

空港公害訴訟 空港の周辺住民が、空港に離着陸する航空機による騒音・振動・排ガスにより身体的・精神的被害、生活妨害(⇨ニューサンス')等を被ったと主張し、空港の設置者である国を被告として、夜間の空港使用の差止めや、被害の過去及び将来に係る損害賠償の支払を求める訴訟がしばしば提起されている。'大阪空港訴訟'では、第一審・第二審が原告住民らの請求を基本的に認容したのに対し、最高裁判所は、差止請求については、国の空港管理権は航空行政権と不可分一体に行使されるべきものであることを理由に、民事上の請求としては不適法とし、過去の損害賠償請求のみを認めた(最大判昭56・12・16民集35・10・1369)。その後、各地で空港公害訴訟が提起されているが、過去の被害に対する損害賠償については、'国家賠償法'2条を適用して、設置・管理の瑕疵(か)('供用関連

瑕疵')が肯定される場合が多い。更に、最判平成28・12・8民集70・8・1833(第4次厚木基地訴訟)では、自衛隊機の運航の差止請求について、法定差止訴訟として適法としたため、*行政訴訟'(法定抗告訴訟)による救済の途が明確になった。

偶然の輸贏(しゅえい／ゆえい) ⇨賭博'

偶然防衛 客観的には*正当防衛'の要件を全て充足する事実がありながらも、行為者がそれを認識せずに行為した結果、たまたま正当防衛の効果が発生した場合をいう。行為者が相手方に拳銃を発砲して殺害したところ、実は偶然にも相手方も行為者を殺害しようとして拳銃を構えていたような場合(不正の侵害の認識の欠如)が典型例として挙げられるが、正当防衛のいずれの要件の認識が欠ける場合であっても論理的に相違はないと考えられる。この場合に正当防衛の成立を肯定するべきか否か、更に正当防衛を否定した場合に既遂犯成立を認めるか、未遂犯の限度にとどめるかに関して学説は対立しており、違法性における行為無価値論・結果無価値論の対立(⇨違法性')、あるいは*未遂'犯に関する理解に反映する問題領域である。この問題は、正当防衛において防衛の意思が必要かという形で議論されることもあり、判例は大審院以来、防衛意思必要説に立脚している(大判昭11・12・7刑集15・1561)。この立場からは、偶然防衛には防衛の意思が欠けることから、正当防衛の成立が否定されることになる。

空中権 ⇨区分地上権'

偶発事象 *財務諸表'あるいは*計算関係書類'の作成日において存在する、利益又は損失が発生する可能性について不確実性が存在する状況であり、その不確実性が、将来事象の発生により又は発生しないことが確定することにより、解消されるものをいう。例えば、係争中の訴訟や行政処分(課税処分を含む)、製品保証、債務保証、買戻特約付きの売買などがある。会社法上は追記事項の1つとして、*会計監査報告'は計算関係書類に係る*監査報告'に記載されることがあり〔会社計算126①⑥②②・122①④〕、*金融商品取引法'上も、公認会計士又は監査法人の監査報告書に記載されることがある〔監査証明4①①へ⑨〕。

苦役 憲法18条は、*人身の自由'保障の一環として、「何人も…犯罪に因る処罰の場合を除いては、その意に反する苦役に服させられない」と規定している。ここで苦役とは、肉体的・精神的な苦痛を伴う労役をいう。第二次大戦当時の国民徴用や*徴兵制'は、憲法9条の

問題を一応度外視しても憲法18条に違反すると考えられている。本条の保障も*公共の福祉'のための制限に服する。災害救助法7条の医師等の従事義務がその例である。また、自衛隊法103条は、*防衛出動'時に、医療・運輸・建設業の関係者に従事義務を課している。なお、私人による苦役の強制は、*強制労働'として禁止されており〔労基5〕、特に児童の酷使は、本条のほかに、憲法27条3項、*児童福祉法'34条によって禁止されている。

区画整理 ⇨土地区画整理事業'

区議会 *区'に置かれる議決機関。イ *特別区'には、特別区議会を置く。原則として市議会に関する規定が適用される〔自治283〕。ロ *財産区'には、通常は区議会を設けないが、その属する市町村等と利害が相反するなど特に必要があるときには、市区町村の条例により議会を設けることができる。これには、町村議会に関する規定が準用される〔自治295・296〕。ハ *行政区'にすぎない*指定都市'の区〔自治252の20〕・総合区〔自治252の20の2〕や地域自治区〔自治202の4〕には、議会は存在しない。

区検察庁 簡易裁判所に対応して置かれる検察庁〔検察2〕。⇨検察庁'

苦情処理(行政上の) 私人に苦情や不満が存在する場合に、これに基づいて行政機関が適切な措置を講じて、行政運営の適正を図ること。*行政上の不服申立て'も苦情処理の性格を有するが、行政上の苦情処理という場合には、行政上の不服申立てを除く多様な制度を対象に用いられてきた。苦情処理では、行政機関に応答義務を課すことまでを一般に要求されていない。苦情処理は法的効果の生ずる争訟処理に限定しておらず、行政機関が事実上、是正を図る趣旨で設けられたものが多い。苦情処理には、*行政相談委員'(行政相談委員法)、*人権擁護委員'(人権擁護委員法)、公害苦情相談員(*公害紛争処理法')のように法律に基づくもののほか、地方公共団体のレベルでは、独自にオンブズパーソン制度を創設するところもみられる。 ⇨オンブズマン'

苦情処理手続 *労働協約'の解釈適用を巡る紛争を解決するための協約上の手続(第三者による*仲裁'を最終段階とする)として、アメリカで発達をみた(英 grievance procedure)。日本の労働協約も、労働者の*労働条件'その他の処遇に関する不平不満を処理するための機関として、苦情処理委員会(一般に労使同数の委員で構成)の設置を定めることが多いが、実際にはあまり利用されておらず、*労働協議制'等が

ぐたいてき

これを代行する傾向にある。なお、*男女雇用機会均等法*や*パート有期労働法*は、労働者からの苦情の申出を受けたときは苦情処理機関の活用を図る等の自主的な解決努力を事業主に求めている〔雇均15、短時有期22〕。また、*労働者派遣法*も苦情の処理に言及する〔労派遣26①⑦・40①等〕。

具体的過失　その人の具体的注意能力に応じて要求される注意義務（*自己の財産に対するのと同一の注意*）を欠く過失。*抽象的過失*に対する概念。注意義務を軽減する場合に用いられる。　⇨過失'

具体的危険（危殆(きたい))犯　⇨危険犯'
具体的事実の錯誤　⇨事実の錯誤'
具体的訴権説　⇨権利保護請求権説'
具体的妥当性　⇨法的安定性'
具体的納期限　⇨納期限(租税の)'

具体的符合説　刑法上、*故意*の成否を左右する*事実の錯誤*に関する学説の1つで、*法定的符合説*、*抽象的符合説*と区別される見解。故意における認識の対象は、特定の人、特定の物というように具体化されることを必要とするとの立場から、Aを狙って銃を発砲したところ、近くにいたBに当たったというように、意図した加害の客体と異なる客体に結果が発生した*方法の錯誤*の場合には、Bについては*過失*、Aについては*未遂*で、両者の*観念的競合*となるとする。しかし、*客体の錯誤*の場合には、故意は否定されない。このため、この立場を具体的法定符合説と呼ぶ場合もある。　⇨錯誤'

区　長　1　*特別区*の区長。特別区の*執行機関*。最初は住民の直接公選によることとなっていたが、昭和27年の*地方自治法*改正(法306)で、特別区の議会が都知事の同意を得て選任することになった。その後、昭和49年の改正(法71)により、区長公選制が復活した〔自治283①・139②・17〕。多くの点で市長の地位に準ずる。
2 *指定都市*の区の区長。市長の*補助機関*であり、区に置かれる事務所の長として、職員の中から市長が任命する〔自治252の20③〕。総合区には議会の同意を得て市長が選任する*特別職*の総合区長が置かれる〔自治252の20の2③〜⑤〕。⇨行政区'・区'

クック　Coke, Sir Edward(1552〜1634)イギリスの裁判官にして法学者・政治家。コークとも呼ばれる。彼は、ステュアート王朝の絶対主義下で国王自らによる裁判や星室裁判所(Court of Star Chamber)などの大権裁判所によるコモン・ロー裁判所の権限侵害が生じたとき、それに対し人民訴訟裁判所(Court of Common Pleas)の首席裁判官として対抗し、*コモン・ロー*の優位を強調し、*法の支配*の原理を確立したので、コモン・ローのチャンピオンとたたえられる。コモン・ロー法律家と議会の連携の現れである*権利請願*(1628)の起草者といわれる。膨大な先例を探索・編纂(へんさん)して、大著「イギリス法提要」(1628〜44)を公刊し、その後のイギリス法に大きな影響を与えた。

グッドウィル　⇨のれん'
クーデター　仏 coup d'État　政治権力の保持者又は権力階級に属する者が、自らの支配を強化するためあるいは権力奪取のために、非合法的な武力の行使を行うこと。体制の基本的な原理が覆される革命と区別される。

グナイスト　Gneist, Rudolf von(1816〜95)ドイツの法律学者・政治家。学者としての彼は、イギリス憲法研究者として、また、*行政裁判所*制度の支持者として有名である。伊藤博文(1841〜1909)が*明治憲法*制定前に渡欧した際、彼の意見を聞いたことから、日本にもなじみが深い。主著に「現代イギリス憲法と行政法」(1857〜60)、「法治国とドイツ行政裁判所」(1872)などがある。

国　親(くにおや)　親の適切な監護養育を受けられない*児童*に対して、国には親に代わり必要な保護を行う責務があるとする考え方(パレンス・パトリエ思想(羅 parens patriae))。アメリカの少年裁判所の基礎をなす思想であり、日本における*少年法*の理念を論ずる際に常に言及される。

国地方係争処理委員会　国と*地方公共団体*の間の*国の関与*を巡る紛争につき、*地方公共団体の長*等からの審査の申出を受けて解決に当たる第三者機関〔自治250の7以下〕。両議院の同意を得て、総務大臣が任命する5人の委員から構成され、総務省に設置される。平成11年の*地方自治法*改正(法87)で新設された組織。委員会は、審査の結果、国の関与を違法(*自治事務*に関する関与の場合には、地方公共団体の自主性・自立性を尊重する観点から不当な場合も含む)と認める場合は、行政庁に対して必要な措置を講ずべきことを勧告する〔自治250の14〕。勧告や勧告を受けた行政庁の措置等に不服がある場合、地方公共団体の長等は、高等裁判所に行政庁を被告として提訴できる〔自治251の5以下〕。⇨自治紛争処理委員'

国等による違法確認訴訟　*地方公共団体*に対する*国の関与*の中で、国による*是正の**

要求'に対して，地方公共団体が措置を講じず，かつ*国地方係争処理委員会'・*自治紛争処理委員'に審査の申出も行わない場合，平成11年改正地方自治法（法87）の下では，当該紛争を国地方間の訴訟により解決することはできなかった。実際にそのような事例が登場したこともあって，平成24年法改正（法72）により国等による違法確認訴訟が導入された〔自治251の7・252〕。自治事務における是正の要求，*法定受託事務'における*是正の指示'それぞれに対する地方公共団体の不作為がその対象であり，審査の申出がない場合に，是正の要求・指示をした各大臣ないし都道府県の執行機関が原告となり，高等裁判所に対して，都道府県ないし市町村の行政庁を被告として，地方公共団体の不作為の違法確認を求めるものである。

国と地方の協議の場　　*地方公共団体'の国政参加，及び国・地方の政策調整に関して，従来の個別法による参加〔大気汚染5の2⑤⑥等〕や地方公共団体の長・議会の連合組織の内閣に対する意見具申権〔自治263の3〕に加えて，平成23年「国と地方の協議の場に関する法律」（法38）が制定された（協議の場は，国家行政組織法上の*附属機関'等としては位置付けられていない）。同法により国と地方の役割分担や国の政策のうち，地方自治に影響を及ぼすもの等の重要なものが国の関係大臣と地方の連合組織の協議の対象となり〔国地方協議3〕，協議の調った事項については，協議の場の構成員等に結果の尊重義務が課されている〔国地方協議8〕。⇨*地方分権'

国の関与　　1 地方公共団体に対する国の行政権による関与　　*普通地方公共団体'の事務遂行に対して，国の行政機関がどのように関与しうるかについて，*地方自治法'の平成11年改正（法87）は，従前必ずしも透明でなく，形式・内容ともにまちまちになされていた関与のあり方を改め，2編11章1節〔自治245以下〕で，関与の法定主義，基本原則，関与の類型，手続を包括的に規定した。ここで規定されたルールが適用されるのは，国ないし都道府県が行う関与のうち，普通地方公共団体が固有の資格で関与の名宛人となる場合であって，*地方公共団体'が私人と同じ立場で行う事務事業に関する関与は含まれず（それらは*行政手続法'の適用対象になる），また，国と都道府県からの支出金の交付・返還に係る関与も含まれない〔自治245〕。関与の類型としては，イ 助言又は勧告，ロ 資料の提出の要求，ハ *是正の要求'，ニ 同意，ホ 許可，認可又は承認，ヘ 指示（⇨是正の指示'），ト *代執行'，チ 地方公共団体との協議，リ その他の具体的・個別的関与（裁定的関与は除く）が規定されている〔自治245①以下〕。

2 関与の法定主義と基本原則　　国は，法律又はこれに基づく政令によらなければ関与を行うことができない〔自治245の2〕。個別法によらず，地方自治法自身が根拠規定となるものもある〔例えば，イのうち技術的なものとロについての，自治245の4〕。関与の基本原則として，関与は，目的の達成のために必要最小限度で，地方公共団体の自主性及び自立性に配慮するという*比例原則'を規定し，具体的には，できる限り*自治事務'の処理に関しては，トリによらず，*法定受託事務'についてもリを要しないようにし，自治事務については，例外的な場合を除きチニホへによらない，といった立法配慮を求めている〔自治245の3〕。

3 関与の手続と係争処理　　平成11年改正では，国の私人に対する行政活動につき透明・公正な手続を創設した行政手続法に倣って，関与行為に対する地方公共団体の書面交付請求，許認可等の基準の設定等のルールが創設され，それは個別法による関与にも適用される〔自治246以下〕。国の関与のうち，ホの拒否やハなど公権力の行使に当たるものにつき不服がある場合，地方公共団体は，*国地方係争処理委員会'（都道府県の関与の場合は，*自治紛争処理委員'）に対する審査申出とそれを経た高等裁判所への出訴により救済を求めることができる〔自治251の5以下〕。ハヘに対して審査申出がなく，地方側が自主的に措置も講じない場合，国の側は違法確認訴訟を提起できる〔自治251の7・252〕。

⇨*処理基準'　⇨*並行権限'　⇨*裁定的関与'　⇨*国等による違法確認訴訟'

国の機関　　*国の事務'を担任する機関であるが，通常は行政機関についてのみ用いる。かつては，地方公共団体の機関を国の機関として用いる機関委任事務制度が存在したが，平成11年の地方自治法改正（法87）により，この制度が廃止されたため，地方公共団体の機関が国の機関としての性格を併有する事態は解消された。⇨*国の行政機関'　⇨*機関委任事務'

国の行政機関　　国の*行政事務'を担任する国家機関。行政官庁法理論上の*行政機関'概念と*国家行政組織法'上の行政機関概念は異なることに留意しなければならない。すなわち，前者においては，*行政庁'，*補助機関'，*諮問機関'，*執行機関'等がそれぞれ行政機関として捉えられるのに対して，後者においては，これらを一体として捉えた事務分掌の単位としての官

くにのざい

署を行政機関としている。国家行政組織法においては、内閣の統轄の下における行政機関で'内閣府'及びデジタル庁以外のものを、国の行政機関と称しており〔行組1〕、それは、'省'・'委員会'及び'庁'である〔行組3②〕。そして、行政官庁としての大臣等は、行政機関の長として位置付け〔行組5・6〕、'附属機関'・'地方支分部局'は、行政機関の一部を構成するものとしている〔行組8〜9〕。事務分掌の単位としてみた国の行政機関の中には、国家行政組織法の規定の適用を受けない'会計検査院'、'人事院'、内閣府などがある。なお、'地方自治法'は、地方支分部局を国の'地方行政機関'と呼んでいる〔自治156④〕。⇨内部部局'

国の財産等についての国家承継条約　⇨国家承継'

国の指定代理人　国を当事者又は参加人とする訴訟において、国を代表する法務大臣によって'訴訟代理人'に指定された職員〔法務大臣権限2〕。'行政庁'による指定の場合がある〔法務大臣権限5〕。法令上の訴訟代理人の一例。

国の事務　平成12年4月施行の'地方分権'改革(平成11法87)以降においては、国の機関が直接に処理をする事務(直接執行事務)をいう(例：事柄の性質上から認められる度量衡の制度、法律が国の機関に配分した事務)。ただし、広義においては、「国が本来果たすべき役割」に着目して定められている'法定受託事務'〔自治2⑨①〕を含めることも考えられる。分権改革以前においては、地方公共団体の機関が管理・執行する'機関委任事務'も国の行政機関が執行する事務とともに国の事務と観念された。改革後は、狭義の「国の事務」は、大幅に縮減され、'地方自治法'上、'自治事務'と法定受託事務はともに'地方公共団体の事務'であり、法定受託事務にも例えば'条例'制定権が及ぶ。

国の不作為に対する違憲確認訴訟　憲法が立法等の一定の作為を国に命じているのに国がそれをしない場合に、その不作為が'違憲'であることの確認を求める訴訟。立法の不作為が問題となる典型的な場合は、「健康で文化的な最低限度の生活」〔憲25①〕を保障する法律が制定されていない場合である。このような場合、裁判所に出訴できるか否かによって、'生存権'が具体的権利性をもつかどうかが決まる、と論じられてきた。それ以外の一般的な立法の不作為については、'国家賠償法'1条による立法行為の違法性に基づく賠償請求として争われる。⇨立法の不作為'

国の不法行為責任　1 国の不法行為責任の法体系　公務員の不法行為によって損害を受けた私人は、国又は公共団体に対して損害賠償を求めることができる。このことは、憲法17条に明記され、実施するための法律として国家賠償法が制定されている。同法と民法によって、国の不法行為責任を問う仕組みが整備されている。'大日本帝国憲法'下においては、権力的な行政活動によって私人が損害を受けた場合には、国は責任を負わないという法理(国家無答責)が支配的であった(非権力行政については、大正5年の遊動円棒事件(大判大正5・6・1民録22・1088)において'公物'・'営造物'の設置保存の瑕疵に関して市の損害賠償責任が肯定されるなど、国や公共団体の責任は認められていた)。上記法理を克服したのが、憲法17条である。国家賠償法1条1項は、'公権力'の行使によって生じた損害の賠償責任は国又は公共団体が負うことを明記している。他方、同法2条1項は、公の営造物の設置管理の瑕疵(か)により生じた損害について国又は公共団体の賠償責任を明らかにしている。現在では、行政上の不法行為責任として、国家賠償法1条に基づく責任、同法2条に基づく責任のほか、国又は公共団体の私経済活動による民法上の不法行為責任〔民715〕が認められている。

2 国家賠償法1条による責任　公務員の「公権力の行使」に該当する活動によって私人が損害を受けた場合には、国家賠償法1条1項に基づき国又は公共団体にその賠償を請求することができ、「公権力の行使」に該当しない場合には、民法715条による。このように、公権力の行使概念が、国家賠償法と民法の適用を区別する意味をもつ。国家賠償法において、「公権力の行使」は、行政行為のような権力的活動のほか、国公立学校における教育活動、'行政指導'、'通達'なども含むものとして解釈されている(広義説)。つまり、行政事件訴訟法が定める「公権力の行使」よりも広い意味をもつ。国家賠償法上の「公権力の行使」には、純粋な経済活動、国家賠償法2条の対象である営造物の設置管理活動は含まれない。公権力の行使は、公務員の積極的な作為のみならず不作為も含むため、規制権限を行使しなかった結果として生じた損害についても、国家賠償責任が認められている。1条1項に基づく責任に関しては、国又は公共団体を被告として請求し、国又は公共団体が敗訴した場合に、加害公務員に'故意'又は'重過失'が存在するときに限って国又は公共団体が求償することができる。加害公務員を被告として被害者が国家賠償を請求することを、最高裁判所は認

めていない(最判昭和30・4・19民集9・5・534)。この点が、民法715条と比較した場合の国家賠償責任の最大の特色である。1条責任を認める上では、公務員の故意・*過失'が要件とされるなど、*過失責任主義'が採用されており、違法無過失の行政活動について救済できないため、*無過失責任法'を認める立法例(刑事訴訟法、予防接種法など)がみられるほか、解釈論として、過失の客観化や過失の推定を通じて救済範囲拡大が試みられている。故意・過失の他に、行政活動が法律の定める発動要件に違反しているかなど違法性が審査され、これが肯定されなければならない。この審査を二元的に行う見解が学説には多い(公権力発動要件欠如説)。これに対して、裁判例では、加害公務員が職務上遵守すべき法的義務に反していたかといった一元的審査を行うものが多い(職務行為基準説)。

3 1条責任と取消訴訟 違法な営業許可取消処分が発動された場合に、処分の名宛人は、*取消訴訟'を利用するほか、国家賠償法1条責任を追及することができる。取消訴訟は当該処分の効力を否認することによって行政活動の是正を目的としたものである。これに対し、国家賠償請求訴訟は当該処分の効力には影響を及ぼさないが、当該処分によってもたらされた損害の填補を目的としている点で、取消訴訟とは目的や効力を異にする。また、国家賠償請求は処分の違法性に加え、加害公務員の故意又は過失を立証することも必要とするなど、要件も異なる。このように、取消訴訟と国家賠償請求訴訟は別個の制度であることから、私人はその利用について、一方の利用でも、両方の利用でも自由に選択することが可能である(最判昭和36・4・21民集15・4・850)。

4 国家賠償法2条による責任 2条1項にいう公の営造物として、河川や道路が代表例である。2条の責任は、公の営造物が通常有すべき安全性を備えていたかといった基準により判断される(最判昭和45・8・20民集24・9・1268)。公の営造物で損害が生じた場合には、当該営造物が通例の用法に従って利用されていることが重要であり、予期しない用法によって損害が生じた場合には2条の責任は否定される。2条1項でいう管理は、法律に基づき国又は公共団体が管理している場合のほか、事実上管理している場合も含めて広く解釈されている(最判昭和59・11・29民集38・11・1260)。

⇨国家賠償法'

国の利害に関係のある訴訟についての法務大臣の権限等に関する法律 昭和22年法律194号。国の利害に関係のある訴訟での法務大臣等の関与について定めた法律で、法務大臣権限法と略称される。本法によれば、国を当事者又は参加人とする訴訟では、法務大臣が国を代表する。法務大臣は、所部の職員を指定して訴訟を行わせることができる。行政庁が所管ないし監督する事務に係る訴訟では、法務大臣は、必要であれば、当該行政庁の意見を聴いて、行政庁職員を代理人に指定することができる。以上の場合、弁護士を訴訟代理人に選任することも差し支えない。国の利害又は公共の福祉に重大な関係のある訴訟では、法務大臣は、裁判所の許可を得て、意見を述べることができる。行政庁の処分又は裁決に係る国を被告とする訴訟又は当該行政庁を当事者又は参加人とする訴訟〔行訴11・23参照〕では、行政庁は、所部の職員を指定して訴訟を行わせることができ、法務大臣の指揮を受ける。地方公共団体を被告とする、又は地方公共団体の行政庁を当事者とする第1号法定受託事務に関する訴訟が提起された場合、当該地方公共団体は、直ちに法務大臣にその旨を報告しなければならない。法務大臣は、国の利害を考慮して必要があると認めるときは、当該*地方公共団体の長'と協議して、所部の職員で当該指定するもの又は訴訟代理人に選任する弁護士にその訴訟を行わせることができる。*独立行政法人'又はその行政庁を当事者とする訴訟が提起された場合についても同様の規定がある〔法務大臣権限6の3〕。地方公共団体、独立行政法人及び特定の公法人は、その事務に関する訴訟について、法務大臣にその所部の職員を代理人として指定するよう要求することができ

虞犯(ぐはん)少年 一定の事由があって、その性格又は環境に照らして、将来、罪を犯し、又は刑罰法令に触れる行為をするおそれのある少年〔少3①③〕。ただし、*特定少年'は除外される。少65①〕。*家庭裁判所'の*審判'に付される。 ⇨少年' ⇨非行少年'

区分所有権 1棟の*建物'に構造上区分された数個の部分で独立して住居、店舗、事務所又は倉庫その他建物としての用途に供することができるものがあるときは、その各部分は、それぞれ*所有権'の目的とすることができる〔建物区分1〕。区分所有権とは、上記の建物の部分を目的とする所有権のことをいう〔建物区分2①〕。例えば、分譲マンションの各戸を目的とする所有権が区分所有権に当たる。「建物の区分所有等に関する法律」(区分所有法)の趣旨は、建物及び土地を巡る区分所有者の権利関係を明

くぶんしょ

確にし、*公示*を可能にするとともに、区分所有者らに団体的な規律を及ぼすことにある。区分所有建物は、*専有部分*と*共用部分*とに分けられる。専有部分とは、区分所有権の目的である建物の部分をいう〔建物区分 2 ③〕。共用部分とは、専有部分以外の建物の部分や専有部分に属しない建物の附属物等のことである〔建物区分 2 ④〕。区分所有権を有する者を、区分所有者といい〔建物区分 2 ②〕、区分所有者は、区分所有法の定めに従って、建物・敷地・附属施設の管理を行うための団体を構成し、集会を開き、規約を定め、管理者を置くことができる〔建物区分 3〕。

区分所有建物の復旧・建替え 区分所有建物が損壊、老朽化したなどの理由で、復旧・建替えが必要な場合に、民法の共有の規定に従って〔民 251 参照〕区分所有者全員の同意を要求すると、復旧、建替えが実質上困難となる。そこで区分所有法は、区分所有者集会の特別多数決で建替えを可能とし〔建物区分 62 ①〕、建物の一部が滅失した場合には、その滅失の程度に応じて、各区分所有者あるいは区分所有者集会の特別多数決によって、復旧を可能としている〔建物区分 61 ①⑤〕。なお、建替え決議後の実際の建替えについては、「マンションの建替え等の円滑化に関する法律」により、マンション建替組合の設立など一連の手続が定められている。なお、大規模災害に被災した区分所有建物については「被災区分所有建物の再建等に関する特別措置法」(平成 7 法 43) がある。 ⇨区分所有権'

区分所有法 ⇨区分所有権'

区分地上権 地下又は空間に上下の範囲を定め工作物を所有するために設定された*地上権*〔民 269 の 2〕。地下鉄や高架線にみられるように、土地利用が立体化してくると、地下や空間の利用が必要になる。地上権や賃借権によって利用すると、これらの権利は不必要な地表の利用をも含むので不経済であり、土地の合理的利用という観点からも望ましくない。そこで地表から離れた地下の部分あるいは空中の部分だけを区分して利用する権利の必要が感じられるようになり、昭和 41 年の民法改正 (法 93) で地上権の章に新設された。部分地上権・地下権・空中権ということもある。建物の所有を目的とする区分地上権については、*借地借家法*の適用がある。

熊本水俣(みなまた)病事件 ⇨4 大公害裁判' ⇨疫学的証明'

組 合 **1 意義** 数人が金銭その他の財産・労務などの出資をして、共同の事業を営む

ことを約する*契約*〔民 667～688〕。有償・双務契約であるとされるが、組合員の 1 人が出資義務を履行しないからといって、他の組合員が*同時履行の抗弁権*〔民 533〕を主張して自己の出捐(しゅつえん)を拒むことを認めるのは妥当でないため、*債権法改正*によって、533 条の適用除外を定める明文の規定が置かれた〔民 667 の 2 ①〕。

2 民法上の組合の例 建物の区分所有者 (⇨区分所有権') の間や*船舶共有者*〔商 693～700〕の間には、一種の民法上の組合関係があるものと考えられ、会社設立の*発起人*の間にも組合関係があるとされる (⇨発起人組合')。これに対して商法上の*匿名組合*は、出資者は単に企業者の営む事業から生ずる利益の配当にあずかるだけであるから、組合員全員が事業を「共同」に営む民法上の組合とはいえない。

3 法人格 特別法上の組合 (*労働組合'・*協同組合'・*共済組合'・*公共組合*等) と異なり、民法上の組合には法人格がない。そこで、組合の対外的な*法律行為*は組合員全員の名において、組合員全員が共同して、又は一部の組合員が全員を代理して行われる。なお、判例は組合に訴訟当事者能力〔民訴 29〕を認めている (最判昭和 37・12・18 民集 16・12・2422)。また、*組合財産*は総組合員の*共有* (*合有*) に属するものとされている〔民 668〕が、組合債務については、組合財産だけではなく各組合員も個人的責任を負う。

組合課税 民法上の*組合*に対する所得課税の方法をいう。*有限責任事業組合*にも、この課税方法が適用される。組合課税の基本は、組合の活動により得られた所得について、組合ではなく組合員が*納税義務者*となるということである。すなわち、組合の損益は、組合員への分配等がなくても、直接に組合員に帰属することになる。日本の所得税法・法人税法には、組合課税についての明文規定はなく、通達に若干の規定が置かれているにすぎない。

組合管掌健康保険 ⇨健康保険'

組合財産 民法上の*組合*の財産。組合がその目的を達するためには財産を必要とするから、組合員は出資をする〔民 667〕。しかし、組合は法人格をもたないので、組合財産の帰属関係が問題になる。民法は、「総組合員の共有に属する」とする〔民 668〕が、組合の共同目的のために、組合員は*持分*を自由に処分できないものとされ〔民 676 ①〕、また、組合の清算前に財産の分割請求ができないとされている〔民 676 ③〕ので、学説は、これを通常の*共有*と区別して*合有*であるとする。つまり、組合員の間に共

同目的のための人的な結合関係があるので，たまたまある物を共同に所有している通常の共有と違って，権利者個々人の処分の自由が制限されるわけである。このように組合財産は，組合員個人の財産と独立した存在としての性格をもっているので，組合員の債権者は組合財産に対して権利を行使できない〔民677〕。しかし，組合が負う債務については，組合財産が*責任財産'となるばかりでなく，組合員個人も持分に応じた責任を直接に負う〔民675②〕。 ⇒労働組合財産'

組込方式 ⇒有価証券届出書'

組物の意匠 組物(同時に使用される2以上の物品，建築物又は画像であって経済産業省令で定めるもの)を構成する物品，建築物又は画像に係る意匠であって，組物全体として統一性があるものを組物の意匠という。権利行使は「組物の意匠」全体としてのみ行使できる〔意匠8〕。システムデザイン(特定目的に供される複数の物品群について，それらの自由な組合せを考慮しながら全体的な統一感をもたせるように行うデザイン)の増加を考慮して，平成10年意匠法改正(法51)では，組物を構成する物品，建築物又は画像に係る各意匠が登録要件を具備していなくても登録を受けることができるようになった。また，*部分意匠'も登録できるようになった。

雲右衛門事件 民法709条(平成16法147改正前)の「権利侵害」の解釈が問題となり，これを狭く解釈した大審院判決(大判大正3・7・4刑録20・1360)。有名な浪曲師桃中軒雲右衛門の浪曲をレコードに吹き込んで*著作権'の登録を受けた者がこれをXに譲渡した。Xは同じレコードを発売したが，Yが同じレコードを権限なく複製販売したので，*著作権法'違反の刑事事件に附帯して，XがYに損害賠償を求めた事件。原審はXの請求を認めたが，大審院は，音楽的著作物として著作権が成立するためには，その音楽が先人未発の新たな旋律を包含し，その創意に係る新旋律が一種の定型をなすことを必要とするとし，他方，浪曲のように「比較的音階曲節ニ乏シキ低級音楽ニアリテハ」機に臨み変に応じて瞬間創作をするのを常とするが，その旋律は常に必ずしも一定するものではないから，これについては著作権は成立しないとした。そして浪曲について著作権が成立しない以上，そのレコードを複製しても，Xの著作権を侵害したことにならないとして原判決を破棄し，Xの請求を棄却(自判)した。しかし，本判決に対しては，浪曲のレコードに著作権が成立しないとした点でも，「権利侵害」の権利を狭く解釈した点でも，学説から批判がなされた。その後の大学湯事件の判決は，法律上権利と名付けられていないものであっても，保護に値する利益の侵害があれば*不法行為'が成立すると判示し，雲右衛門事件の考え方を変更した。 ⇒大学湯事件'

クラウド・ファンディング 英Crowd funding 資金需要者と資金提供者をインターネット経由で結び付け，多数の者から少額ずつ資金を集める手法。クラウド・ファンディングには，イ 寄附型，ロ 購入型，ハ 投資型などがある。投資型とは，資金提供者が資金需要者の株式やファンド持分などを取得するタイプのものであるが，株式やファンド持分は，*金融商品取引法'上の*有価証券'であるため，こうした投資型のクラウド・ファンディングを取り扱う業者には，金融商品取引法上の業者規制が適用される。平成26年の改正金融商品取引法(法44)は，新規・成長企業に対するリスクマネーの供給促進という観点から，少額の投資型クラウド・ファンディングを取り扱う業者の参入要件を緩和しつつ，詐欺的な行為を防ぐための措置を講じた。具体的には，ネット経由で行われる非上場の株式やファンド持分の募集の取扱い又は私募の取扱いであって，少額要件を満たすものなどを，第1種少額電子募集取扱業務〔株式や*電子記録移転権利'に該当するファンド持分の場合。金商29の4の2⑩〕，第2種少額電子募集取扱業務〔電子記録移転権利以外のファンド持分の場合。金商29の4の3④〕と規定し，その登録に必要な最低資本金額を引き下げるなどの措置を講じることとした。他方で，投資型クラウド・ファンディングを取り扱う業者に対して，発行者の事業内容のチェックやネットを通じた適切な情報提供を義務付けるなどの措置も講じられている〔金商29の4①Ⅰへ・33の5①Ⅴ・35の3・43の5等〕。

倉敷料 ⇒倉庫営業'

グラス・スティーガル法 ⇒銀行業と証券業の分離'

クラスター弾に関する条約 ⇒軍縮'

クラス・ボーティング ⇒種類株主の取締役等の選解任権' ⇒取締役の選任'

倉荷証券 **1 意義** *倉庫営業'者が，寄託者の請求により発行する，寄託物返還請求権を表章する*有価証券'(⇨単券主義)。
2 性質・効力 イ *要式証券'である〔商601〕。ただし要式性の程度は緩やかに解されている。
ロ *法律上当然の指図証券'である〔商606〕。

くらふとゆ

ハ *文言証券'性を有する〔商604〕。他方で，倉荷証券が表章する寄託物返還請求権は倉庫寄託契約が前提となっており，*要因証券'である。ニ *受戻証券'であって，証券と引換えでなければ寄託物の返還を請求できない〔商613〕。ホ 寄託物の処分は倉荷証券をもってしなければならず（*処分証券'性）〔商605〕，証券の引渡しには，寄託物に関する権利の取得につき，寄託物の引渡しと同一の効力がある（*物権的効力'）〔商607〕。

クラフト・ユニオン ⇨職業別労働組合'

グラント・バック 図 grant back 特許の実施許諾において，許諾者（ライセンサー）である*特許権者が被許諾者（ライセンシー）である実施権者に対して，実施許諾契約後にライセンシーが関連する*発明'をなした場合に，この新たな発明に関する権利をライセンサーに譲渡するか，あるいは当該権利につきライセンサーに実施許諾を与えるように義務付けること。このような条項が挿入されることにより，ライセンサーの実施許諾意欲が促進され，また，非排他的な実施権がグラント・バックの対象とされる場合には，ライセンサーとライセンシー間で新たな競争が行われることも期待できる。他方，グラント・バックにより，権利そのものの譲渡や排他的な実施権の付与が義務付けられる場合などには，ライセンサーの独占力が強化されることに加えて，ライセンシーの研究開発意欲が阻害されるため，競争阻害効果が大きく，*独占禁止法'上の*不公正な取引方法'に該当するおそれがある。不公正な取引方法に該当するかどうかの判断にあたっては，ライセンシーが当該特許に関しライセンスを受ける必要性のほか，グラント・バックの対象が被許諾発明の改良発明であるかどうかということや，ライセンサーに付与される権利の性質やその期間などの諸点が顧慮されよう。

繰上償還 発行会社が，*社債'の償還期限前に社債の全部又は一部を償還すること。発行会社に有利な時期に行われるのが通常であるため，社債契約において社債の金額より高い償還金額を定める割増償還条項が付されることが多い。

繰上請求 納付すべき税額の確定した国税について，その*納期限'を繰り上げて納付を請求すること。*国税通則法'38条は，納税者の資力薄弱，国外移転，租税忌避等，国税の徴収を困難にさせる事実又は国税の保全を必要にさせる事実を列挙し，そのような事実のある場合でしかも納期限までに完納されないと認められるときは繰上請求をすることができる旨を規定している。この場合，請求に係る期限までに納付されないときは，*督促'を必要としないで直ちに*滞納処分'をすることができる〔税通40，税徴47①②括弧〕。*地方税法'の定める繰上徴収〔地税13の2〕も同じ制度である。なお，これに類似する制度に繰上保全差押えがあり，同様の条件の下に，納税義務は成立した〔税通15②〕が，いまだに確定していない国税について，確定すると見込まれる税額の範囲内で徴収が認められている〔税通38③④〕。

繰上徴収 ⇨繰上請求'
繰上当選 ⇨繰上補充'
繰上投票 島その他交通不便の地で，投票当日に開票管理者の下に投票箱を送致できない状況にあるとき，一般の投票期日の前に投票期日を繰り上げて行われる投票〔公選56〕。繰上投票を決定するのは，その選挙に関する事務を管理する*選挙管理委員会'である。

繰上補充 当選人又は議員若しくはその他の被選公務員が欠けたとき，*再選挙'や*補欠選挙'を行う手間と費用を省くため，次点者又は*比例代表'選挙における名簿の次順位登載者で補充する制度。繰上当選ともいう。*公職選挙法'は，当選人が欠けた場合の繰上補充〔公選97・97の2〕と，一旦有効に議員又は長の身分を取得した者が欠けた場合の繰上補充〔公選112〕を定めている。衆議院及び参議院の比例代表選出議員については，その選挙が政党選挙であることを考慮して，欠員が生じた時期を問わず，繰上補充を認めている〔公選112②～④・95の2〕。参議院（選挙区選出）議員及び*地方公共団体の議会'の議員については，選挙の選出から3ヵ月以内に欠員が生じたとき又は同点者でくじの結果当選人とならなかった者があるときに限って繰上補充できる〔公選112⑤・95〕。衆議院（小選挙区選出）議員の欠員が生じた場合及び*地方公共団体の長'が欠けた場合は，同点者でくじの結果当選者とならなかった者があるときしか繰上補充はできない〔公選112①⑥・95②〕。

繰上保全差押え ⇨繰上請求'

繰越欠損金 内国法人が，*欠損金'の生じた事業年度に*青色申告'書である*確定申告'書を提出し，かつその後において連続して確定申告書を提出している場合，各事業年度開始の日前10年以内に開始した各事業年度において生じた欠損金額を繰り越して，当該各事業年度の*損金'の額に算入することが認められている〔法税57①⑩・58①〕。ただし，中小法人以外の法人は所得の50％が控除限度額とされている。

また，一定の適格合併等の場合には，被合併法人等の有する未処理欠損金額を合併法人等に引き継ぐことができる〔法税57②〕。

繰越明許費　＊会計年度独立の原則'に対する例外の1つ。＊歳出'予算の経費のうち，その性質上又は予算成立後の事由により，年度内に支出を終わらない見込みのあるものについて，あらかじめ国会の議決を経て翌年度に繰り越して使用することができる経費を指す〔財14の3〕。＊地方自治法'も同じ制度を認めている〔自治213〕。⇨予算の繰越し'

繰延資産　**1 概念**　代価の支払が完了し又は支払義務が確定し，これに対応する役務の提供を受けたにもかかわらず，その効果が将来にわたって発現するものと期待される費用であって，企業が経過的に＊貸借対照表'の資産の部に記載するもの。このような費用を次期以降の期間に配分して処理することを可能にするために認められているが，繰延資産に計上するかどうかは会社の任意である。会社法上は，一般に公正妥当と認められる企業会計の基準その他の慣行をしん酌して繰延資産として計上することが適当であると認められるものは繰延資産に計上することができるが〔会社計算74③⑤〕，「繰延資産の部に計上した額」は分配可能額の算定上減じるべき額〔会社461②⑥〕の算定にあたって用いられている〔会社計算158①〕。

2 繰延資産とされるもの　企業会計基準委員会実務対応報告19号「繰延資産の会計処理に関する当面の取扱い」の下では，株式交付費，社債発行費等(新株予約権の発行に係る費用を含む)，創立費，開業費及び開発費が繰延資産として取り扱われているところ，＊有価証券報告書'提出会社ではない会社においては，平成18年改正前商法施行規則の下で繰延資産に計上することが認められていた試験研究費及び社債発行差金を繰延資産に計上することができる。

イ　株式交付費：新株の発行又は＊自己株式の処分'に係る費用。株式交付費は，原則として，支出時に費用として処理するが，企業規模の拡大のためにする資金調達など(組織再編の対価として株式を交付する場合を含む)に係る株式交付費については，繰延資産に計上することができる。ただし，繰延資産に計上した場合には，＊株式交付'のときから3年以内のその効果の及ぶ期間にわたって，定額法により償却をしなければならない。

ロ　社債発行費等：＊社債'又は＊新株予約権'の発行に係る費用。社債発行費は，原則として，支出時に費用として処理するが，繰延資産に計上することができる。繰延資産に計上した場合には，社債の償還までの期間にわたり利息法により償却をしなければならないのが原則であるが，継続適用を条件として，定額法により償却することができる。新株予約権発行費用も原則として，支出時に費用(＊営業外費用')として処理するが，資金調達などの財務活動(組織再編の対価として新株予約権を交付する場合を含む)に係るものは繰延資産に計上することができる。繰延資産に計上した場合には，新株予約権の発行のときから，3年以内のその効果の及ぶ期間にわたって，定額法により償却をしなければならない。

ハ　創立費：会社の負担に帰すべき＊設立費用'。創立費は，原則として，支出時に費用として処理するが，創立費を繰延資産に計上することもできる。繰延資産に計上した場合には，会社の成立のときから5年以内のその効果の及ぶ期間にわたって，定額法により償却をしなければならない。

ニ　＊開業費'は，原則として，支出時に費用として処理するが，開業費を繰延資産に計上することができる。繰延資産に計上した場合には，開業のときから5年以内のその効果の及ぶ期間にわたって，定額法により償却をしなければならない。

ホ　開発費：新技術又は新経営組織の採用，資源の開発，市場の開拓等のために特別に支出した費用，生産能率の向上又は生産計画の変更等により，設備の大規模な配置替えを行った場合等の費用をいう。開発費は，原則として，支出時に費用として処理するが，一般に公正妥当と認められる企業会計の基準に別段の定めがある場合を除き，開発費を繰延資産に計上することができる。繰延資産に計上した場合には，支出の時から5年以内のその効果の及ぶ期間にわたって，定額法その他の合理的な方法により規則的に償却しなければならない。

ヘ　試験研究費：新製品又は新技術の研究のために特別に支出した費用をいう。試験研究費は，原則として，支出時に費用として処理するが，「研究開発費等に係る会計基準」が適用される会社以外の会社においては，繰延資産に計上することができる。他方「研究開発費等に係る会計基準」によれば，研究開発費については，発生時に費用として処理しなければならず，繰延資産に計上することはできない。繰延資産に計上した場合には，支出の時から5年以内のその効果の及ぶ期間にわたって，定額法その他の合理的な方法により規則的に償却しなければなら

くりのべし

ない。

ト 社債発行差金：社債権者に償還すべき金額の総額が社債の募集によって得た実額を超えるときの差額をいう。繰延資産に計上した場合には、社債償還の期限内に、合理的な方法により継続的に償却しなければならない。

繰延審査制度 ⇨出願審査請求制度'

繰延税金資産・繰延税金負債 ＊'貸借対照表'及び連結貸借対照表に計上されている資産及び負債の金額と、課税所得計算上の資産及び負債の金額との差額を一時差異という。一時差異には、その一時差異が解消するときにその期の課税所得を減額する効果を持つもの(将来減算一時差異)と、その一時差異が解消するときにその期の課税所得を増額する効果を持つもの(将来加算一時差異)とがあるが、将来加算一時差異に対応する税金の額が繰延税金負債〔会社計算75 ②②ホ、財務規51・52 ①⑥〕であり、将来減算一時差異と将来の課税所得と相殺可能な＊'繰越欠損金'等とに対応する税金の額が繰延税金資産〔会社計算74 ③④ホ、財務規31 ⑤・32 ①⑬〕である。

繰延投票 天災その他避けることのできない事故のため、告示された期日に、投票所を開設できない場合又は選挙人が投票のため行く場合に、更に別の期日を定めて行われる投票〔公選57・125〕。繰延投票の事由は、その選挙に関する事務を管理する＊選挙管理委員会'が認定する。

繰延ヘッジ損益 ヘッジ会計において、ヘッジ対象に係る損益が認識されるまで資産又は負債として繰り延べられる、＊時価評価'されているヘッジ手段に係る損益又は評価差額。ヘッジ会計とは、企業が行っているヘッジ取引の効果を会計に反映するため、ヘッジ手段に係る損益とヘッジ対象に係る損益を同一の会計期間に認識する会計処理をいう。ヘッジ対象は価格変動、金利変動及び為替変動による損失の可能性がある資産(将来の取引により確実に発生すると見込まれるものを含む)若しくは負債(将来の取引により確実に発生すると見込まれるものを含む)又は＊デリバティブ'取引であり、ヘッジ手段とは、そのような資産若しくは負債又はデリバティブ取引に係る価格変動、金利変動及び為替変動による損失の可能性を減殺することを目的とし、かつ、当該可能性を減殺すると客観的に認められる取引である。

クーリング・オフ 英 cooling-off(period) ある一定の状況の下で＊契約'を締結した者に、法定期間内に限り、契約を解消することを認める制度。熟慮期間・再考期間などと訳されることもある。1960年代の初頭にイギリスで始められた制度であるが、日本では、昭和47年の＊'割賦販売法'の改正(法72)に際して導入された〔現在では割販35の3の10～35の3の12〕。その後、＊特定商取引に関する法律'や宅地建物取引業法、＊'保険業法'などにも取り入れられている〔特定商取引9・9の2・15の3・24・40・48・58・58の14、宅建業37の2、保険業309、預託取引8、ゴルフ場等に係る会員契約の適正化に関する法律(平成4法53)12参照〕。法定期間内ならば理由のいかんにかかわらず行使できる権利であるとされているが、その趣旨は、適正な情報なしに、あるいは、強引に勧められて熟慮せずに契約を締結した者に、自分のした決定に対して再考する機会を与えようというところにある。消費者紛争の解決手段として、非常に重要な機能を果たしているといわれているが、上記のような特別法によって認められている制度であり、消費者契約一般に適用があるわけではない。なお、民法の一般原則との関係で、一旦成立した契約を理由なしに覆すということをいかに説明するかという難問がある。

グリーンシート銘柄 ⇨取扱有価証券'
クリーン・スレート ⇨国家承継'
クリーン・ハンズの原則 衡平法裁判所の救済を受けようという者は汚れなき手をもって来なければならない、というイギリス法の原則であるが、自ら不法に関与した者には裁判所の救済を与えないという基本理念は、日本の＊'不法原因給付'〔民708〕の場合に給付者の返還請求を認めないという考え方と軌を一にしている。

グリーンメーラー ⇨売主追加請求権'
グループ通算制度 ＊連結納税制度'の廃止に伴って導入された制度であり、完全支配関係にあるグループ企業間において、一定の損益の通算を可能とする。各法人はそれぞれ個別に申告を行う点が、連結納税制度とは大きく異なる。連結納税制度では、連結親法人が連結グループを1つの納税単位とし、一体として計算した連結所得金額及び連結法人税額を申告していた。これに対して、グループ通算制度においては、その適用を受ける通算グループ内の各通算法人を納税単位として、その各通算法人が個別に法税法74条1項等に基づいて法人税額の計算及び申告を行うことになる。グループ通算制度の適用対象となる法人は、内国法人である親法人と、その親法人による完全支配関係〔法税2 ⑫の7の⑥〕にある全ての子法人(外国法人等を除く)である。制度の適用を受けるためには、これら親法人及び子法人の全てが国税庁長官の承

認を受けなければならない〔法税64の9①〕。通算法人は，他の通算法人の各事業年度の*法人税'(その通算法人と当該他の通算法人との間に通算完全支配関係がある期間内に納税義務が成立したものに限る)について，連帯納付責任を負う〔法税152①〕。連結納税制度と同様に，想定される租税回避に個別に対応する規定だけでなく，包括的ないし一般的な*租税回避'否認規定〔法税132の3〕が置かれている。

グループ法人税制 平成22年の改正で導入された税制。対象となるのは，主として完全支配関係〔法税2 12の7 6〕があるグループ法人間の取引である。主な内容としては，イ 完全支配関係がある内国法人間で一定の資産(譲渡損益調整資産)を譲渡した場合，当該資産に係る譲渡損益の計上を繰り延べるとともに，譲受法人において当該資産の売却や償却等の事由が生じたとき又は譲渡法人と譲受法人との間で完全支配関係がなくなったとき等に，その繰り延べた譲渡損益を計上する〔法税61の11〕，ロ 完全支配関係がある内国法人間の寄附について，受領した法人において全額益金不算入，支出した法人において全額損金不算入とする〔法税25の2・37②〕といったものがある。*グループ通算制度'や旧*連結納税制度'が納税者の選択により適用される制度であるのに対して，グループ法人税制は強制的に適用されるところが大きく異なる。

グループホーム 1 *介護保険'において，*地域密着型サービス'の一種である認知症対応型共同生活介護を行う住居。要介護者であって認知症である者(認知症の原因となる疾患が急性状態にある者を除く)が共同生活を営む住居であり，入浴，排せつ，食事等の介護その他の日常生活上の世話及び機能訓練を提供するものをいう〔介保8⑳〕。*老人福祉法'では，認知症対応型老人共同生活援助事業(⇨老人居宅生活支援事業')として保障される〔老福5の2⑥〕。第2種*社会福祉事業'である〔社福2③⑧〕。
2 *障害者総合支援法'において，*障害福祉サービス'の一種である共同生活援助を行う住居。障害者が共同生活を営む住居であり，主として夜間において，相談，介護その他の日常生活上の援助を提供するとともに，居宅での自立した日常生活への移行を希望する入居者に対し，居宅生活への移行及び移行後の定着に関する相談等の援助を行うものをいう〔障害総合支援5⑧〕。平成24年改正(法51)により，従前のケアホーム(共同生活介護)がグループホームに一元化された。令和4年改正(法104)により，1人暮らし等に向けた支援が支援内容として明確化された。第2種社会福祉事業である〔社福2③4の2〕。⇨訓練等給付費'

クレジットカード 英 credit card あらかじめ信用供与契約がなされていることを示すカード。自社割賦によるもの，*信用購入あっせん'によるものなどがあるが，いずれの場合にも，それを提示することによって信用供与が受けられる。その上に融資機能を有するものもある(現金自動支払機で使用可能なものもある)。百貨店系・銀行系・信販系のものがあるが，全体としては著しい発展をみている。法的には，*割賦販売法'の「カード等」〔割賦2①②〕に当たり，同法の適用を受ける。すなわち，クレジットカードによる取引には，取引条件の表示義務〔割賦3〕，書面交付義務〔割賦4〕が課されるほか，信用購入あっせん方式の場合(実際にはこれが多い)には，*抗弁の接続'が認められている。なお，ほかに，クレジットカードについては，手形・小切手などと同様，不正使用に関わる諸問題が存在する。更に，債務過剰の問題は*消費者信用'一般に関わる問題であるが，その弊害はカード利用によって増幅されている。また，利用場面の多様化，とりわけネット取引の増加に伴い，クレジットカード番号の管理〔割賦35の16~35の17の5〕が重要な問題となっている。⇨債務引受け'

クレジット・デフォルト・スワップ(CDS)
英 Credit Default Swap **1 意義** 信用リスクを対象にした*デリバティブ'取引の1つ。例えば，R社の社債を保有するAが，R社の信用リスクをヘッジするために，金融機関Bとクレジット・デフォルト・スワップ(CDS)を締結したとする(すなわち，Aがプロテクションの買手，Bがプロテクションの売手となる。なお，CDSの契約書は，国際スワップ・デリバティブ協会(ISDA)のマスター契約や用語定義集などに準拠して作成されるのが通例である)。このCDSにより，AはBに対し保証料に相当する額を支払う代わりに，仮にR社において債務不履行・破産・債務の条件変更などの事由(クレジット・イベント)が発生した場合には，Aは損失額に相当する金額をBから受け取ることになる。CDSにより，Aは信用リスクをヘッジすることが可能になり，Bは投資の選択肢を広げることが可能になる。また，CDSの価格が公開されれば，企業等の信用力に関する透明性を向上させることもできる。現在，日本取引所グループのホームページでは，投資適格を有する日本国内企業のCDS取引を指標化したMarkit

ぐれーぞー

iTraxx Japan の価格(スプレッド)情報が公表されている。

2 店頭デリバティブ規制改革 想定を超える形で多数のクレジット・イベントが発生すると，プロテクションの売手は大きな損失を被る。仮にプロテクションの売手が破綻し，約定した金額をプロテクションの買手に支払えないとなると，今度は買手側に損失が生じる。CDS 等の店頭デリバティブ取引の全容が不透明であれば，リスクがどのような形で市場参加者に伝播(でんぱ)していくのか予測できず，不安は金融市場全体に及びうる。2008 年の世界金融危機では，まさにこうしたことが問題となった。そこで，2010 年の改正*金融商品取引法'(平成 22 法 32)は，国際的な議論を踏まえて，店頭デリバティブ取引の決済の安定性・透明性を向上させるべく，一定の店頭デリバティブ取引等について清算機関の利用を義務付けることや，取引情報保存・報告制度を創設するなどの措置を講じている〔金商 156 の 62〜156 の 84 等〕。また，2012 年の改正金融商品取引法(平成 24 法 86)は，一定の店頭デリバティブ取引を行う場合における電子取引システムの使用義務付け〔金商 40 の 7〕などの措置を講じている。

グレーゾーン金利　⇨貸金業法'
クレーム　⇨特許請求の範囲'
クロス・エグザミネーション　⇨反対尋問'
クローズド・エンド・モーゲッジ　⇨オープン・エンド・モーゲッジ'
クローズド・ショップ　⇨ショップ制'
グロティウス　Grotius, Hugo(1583〜1645)「国際法の父」と呼ばれるオランダの法学者。主に*自然法'に基づいて国際法を体系的に基礎付けた。著作としては，*正戦論'の立場から*戦争'を禁止・制限すべきことを説いた「戦争と平和の法」(1625)が最も有名で，多数の版を重ねるとともに諸国語に翻訳された。そのほかに，正戦論の立場から船舶の捕獲の問題を論じた「捕獲法論」(1604〜05 執筆, 1868 公刊)(なお，*公海'の自由を説いた「自由海論」(1609)はこの一部を刊行したもの)などの著作がある。

グローマー拒否　⇨存否応答拒否'
企　て　⇨企行(企て)'　⇨共謀・そそのかし・あおり・企て'

郡　市の区域以外の区域について認められる地理的名称。郡制(明治 23 法 36)により郡は府県と町村の間の*地方公共団体'とされたが，大正 12 年(1923)の郡制の廃止〔郡制廃止ニ関スル法律(大正 10 法 63)〕，大正 15 年の郡長制度の廃止(法 73)の後，単なる地理的名称となった。現在は，選挙区を画する基準や，行政機関や裁判所の管轄区域の単位としての意味がある。郡の区域の新設・廃止・変更・名称の変更は，知事が都道府県議会の議決を経て行う。総務大臣への届出義務がある〔自治 259 ①〕。

訓　告　I　公務員の非違に対する上司の指導監督措置の一種。*懲戒'処分のような法的効果を有しないので法律の根拠に基づかずに行われている。*国家公務員法'，*地方公務員法'上の*不利益処分'に当たらない。

II　*使用者'が，従業員の企業秩序違反への制裁として，直接には不利益を伴わない形で将来を戒めるために行う最も軽い態様の*懲戒'処分。*公務員'の場合と同様に，懲戒処分に至らない単なる指導監督上の措置に留める例も多い。

訓示規定　公の機関に義務を課している法令の規定で，これに違反しても，行為の効力には別段の影響がない場合に，その規定を指す法律学上の観念。これに対する観念は，*効力規定'で，これに違反する行為は，無効又は取り消すことができるものとされる。ある規定が訓示規定かどうかは，規定の文言だけでは必ずしも明白ではない場合が少なくない。結局，法の趣旨・目的やその規定の実質的な狙いなどを照らし合わせて判断するほかはない。

軍事的(強制)措置　⇨強制措置'
軍事目標主義　文民たる住民と戦闘員，民生物と軍事目標を常に区別し，攻撃対象を軍事目標に限定する武力紛争時の兵器使用・攻撃手段に関する基本原則の 1 つ〔ジュネーヴ追加議定書 I 48 等〕。文民たる住民や民生物の保護を目的とする。無差別爆撃は禁じられる。慣習国際法の地位を獲得していると考えられる。

君　主　君主の概念は歴史的なもので，その標識は必ずしも明確ではないが，対外的に国家を代表し，統治の重要な部分(少なくとも*行政権')を担任する世襲的な独任機関で(⇨独任制)，国の*象徴'としての役割をもつものと定義される。*絶対君主制'の下では君主の権力は強大であるが，それはやがて市民革命を経て徐々に制限され象徴の要素の強い立憲君主に移行する。君主の地位の継承方法によって，更に血統による世襲君主と選挙君主に分かれる。⇨君主制'

軍　縮　軍備縮小の略語で，現有の軍備を減少させることを意味する。軍備の完全な撤廃を意味するものではなく，軍備の保有量の上限を定める軍備制限や，軍備競争の制限のための軍備管理などとは区別される概念である。1899

年と1907年のハーグ平和会議では，軍縮に関する条約作成が失敗に終わり，第一次大戦後*国際連盟'の下での軍縮の試みはほとんど成果がなく，連盟の外で1922年のワシントン条約〔海軍軍備制限ニ関スル条約（大正12条2）〕と1930年のロンドン条約〔1930年「ロンドン」海軍条約（昭和6条1）〕により主要国の海軍の軍縮が一応実現した。第二次大戦後は，*核拡散防止条約'や「細菌兵器（生物兵器）及び毒素兵器の開発，生産及び貯蔵の禁止並びに廃棄に関する条約」（昭和57条6）などが採択される一方，1970年代以降米ソ両国間で戦略攻撃兵器制限諸条約(SALT諸条約)や中距離核戦力(INF)廃棄条約(1987)等が結ばれた。その後，対人地雷禁止条約（平成10条15）やクラスター弾に関する条約（平成22条5）など，特定の兵器を規制する条約も発効した。

君主主権 **1 意義** *主権'が*君主'にあること。元々，主権論は，ローマ法王や神聖ローマ帝国皇帝に対抗して，強力な封建領主が自己に固有の権威を主張するように発達した理論であるから，当初は主権と君主主権は同義であった。その後，これに対抗して，*国民主権'や*人民主権'が主張されるようになって，これと区別するために君主主権といわれるようになった。近代になると，市民革命の嵐を乗り越えた君主でも，統治の実権は失い，名目的にのみ主権者と扱われるようになった例が多い。

2 日本の君主主権 *明治憲法'は君主主権の憲法であった。しかし，日本は第二次大戦に敗北して*無条件降伏'し，*天皇'は主権を失った。その後，日本国憲法の象徴天皇は，国民主権原理の下に置かれた。 ⇨象徴天皇制' ⇨天皇制'

君主制 **1 意義** ただ1人の*君主'が統治する国家形態。*共和制'・貴族制と区別される。統治の実権の所在によって，*絶対君主制'，制限君主制，*立憲君主制'に分けられ，地位の継承の方法によって，世襲君主制，選挙君主制に分けられる。中世末期社会では，封建領主の中の最強のものが貴族階級の没落とブルジョアジーの勃興を背景に多元的な政治世界を統合して近世絶対君主制を作り上げた。これは，しかし，資本主義の発展に伴い足かせになり，市民革命によって共和制に代わり，あるいは統治の実権を失った立憲君主制に移行した。

2 日本の君主制 江戸時代の将軍は君主と考えられていた。大政奉還，明治維新以降には*天皇'が君主となった。*明治憲法'については，立憲君主制と理解しようとする*美濃部達吉'らの立憲学派と，絶対的な権威と権限を認めようとする*穂積八束'，上杉慎吉(1878〜1929)らの神権学派が対立したが，結局は神権学派が政治的な勝利を収めた。日本国憲法の*象徴天皇制'は国外では君主制と扱われているが，憲法理論上は君主制ではないとする理解が有力である。

軍政 ⇨統帥権'

軍隊 **1 意義** 一般に陸海空軍などの正規軍を指すが，国際法上は戦時において交戦者(*戦闘員)により構成される集団の全てを指す。軍隊が交戦者の資格をもつためには，国際法上一定の条件を満たす必要があり，*ハーグ陸戦規則'1条の列挙する，イ 責任者による統率，ロ 制服等の着用，ハ 兵器の公然携帯，ニ 戦争法の遵守の4つの要件を満たせば交戦者となるから，正規の陸海空軍のほか，民兵・義勇兵のような不正規軍も国内でどう呼ぶか（義勇兵・自衛隊）とは無関係に軍隊となる。*ゲリラ'などは上記の要件全てを満たさないが，軍隊として公認の方向にある。現代における軍隊の主要任務は国家の防衛にあるが，対外政策遂行の強力な後ろ盾となり，また国内治安の維持，災害の救援・復興などにも従事する。

2 歴史 原始社会では老幼婦女子を含む全てが戦闘員であったが，国家の成立とともに職業的軍隊・傭兵が出現し，10世紀頃には騎兵を中心とした世襲的・職業的軍隊となった。しかし，フランス革命を転機として，ヨーロッパでは国民に基礎を置く国民軍が生まれ精強な戦闘力を発揮するようになった(1793年にフランスで徴兵令)。英米では平時は大規模な陸軍を必要とせず，原則として志願兵によっていた。第一次・第二次大戦を経て，兵器の進歩とともに軍隊も大きな変革を遂げつつあるが，敵軍事力の破壊という単一的目的から，戦略攻撃・ゲリラ作用など多様な形態をもつに至っている。

3 日本における軍隊 古くから天皇が統率したが，後に世襲的職業軍人である武士の手に移り，明治維新によって再び天皇の統帥するところとなった(⇨統帥権)。欧米の制度と兵器・技術・戦術を導入し，明治6年(1873)に*徴兵制'を施行した〔徴兵令(太政官無号)〕。陸軍は最初フランス，そしてドイツ，海軍は最初オランダ，次いでイギリスに範をとった。日中戦争から太平洋戦争に突入して完敗し，敗戦とともに日本の軍隊は解体された。政府の解釈では，現在の自衛隊は*戦力'に当たらないとされているが，国内法の位置付けとは関係なくなされる国際法上の評価としては，一般に軍隊に当たると解釈される。 ⇨自衛隊'

群島国家 全体が1又は2以上の群島から成る国家。フィリピン，インドネシア，フィジー，モーリシャス，パプアニューギニアがその例。国民的・政治的・経済的・社会的・文化的な一体性を確保することを目的として，群島の最も外側の島を結んで直線基線すなわち群島基線(⇨基線')を引くことが主張された。この群島基線に囲まれた水域を群島水域という。*国際連合海洋法条約'は，厳格な要件の下に群島基線を引くことを認め，これにより囲まれる群島水域に群島国家の*主権'が及ぶとするとともに，群島国家の義務等を定めている〔海洋法約46〜54〕。⇨内水(国際法上の)'

軍備管理 ⇨軍縮'
軍備縮小 ⇨軍縮'

君臨すれど統治せず 1 *君主'が国政上，実質的な支配権をもたず，単に国家の*元首'として尊厳を保っているにすぎない場合に，「君臨すれど統治せず」(The King reigns but does not govern.)といわれる。イギリスの国王の地位について，政治的観点からみてこのようにいわれ，イギリスは，「王冠をつけた民主国」(Crowned Democracy)といわれている。
2 君臨しかつ統治する(reign and govern)国王親政を支えた*王権神授説'は，ピューリタン革命(1642〜60)及び名誉革命(1688)の過程で敗れ去り，政治的な*議会主権'が確立した。法律上は，立法権は「議会における国王」(King in parliament)にあり，行政権は「枢密院における国王」(King in Council)が行使するとされるが，その地位は象徴的であって，名目化している。
3 日本国憲法の*天皇'は*象徴'であって「統治」しないのは異論がない。「君臨」していると解するか，していないと解するかは，争いがある。

訓令 上級官庁が下級官庁の権限行使を指揮するために発する命令。*国家行政組織法'14条2項は，訓令と*通達'を使い分けて規定している。両者は相排斥する概念ではなく，同義で使われることが多いが，実質的意味の訓令が文書によって示達された場合，これを通達ということもある。なお，上司が部下の公務員の職務に関して発する*職務命令'〔国公98①〕とは，理論上区別される。訓令は，行政組織内部における規律にとどまり，法規の性質をもたないのが原則なので，訓令違反の行為は，職務上の義務違反となるだけで，国民に対する関係では，直ちに違法とはならない。

訓練等給付費 *障害者総合支援法'による*自立支援給付'の一種〔障害総合支援6〕。障害者又は障害児の保護者からの申請を受けて，市町村が支給の要否を決定する〔障害総合支援19・20〕。*障害福祉サービス'のうち，*自立訓練'，就労選択支援，*就労移行支援'，*就労継続支援'，就労定着支援，自立生活援助及び共同生活援助(⇨グループホーム')が支給対象となる(就労定着支援及び自立生活援助は平成28年改正(法65)により，就労選択支援は令和4年改正(法104)により新設)〔障害総合支援28②〕。支給決定障害者等が，都道府県知事による指定を受けた事業者・施設から障害福祉サービスを受けたとき，市町村は，当該サービスに要した費用(食費，居住費その他の日常生活に要する費用等を除く)について訓練等給付費を支給する〔障害総合支援29①〕。支給額は，サービスに通常要する費用について主務大臣(内閣総理大臣及び厚生労働大臣)が定める基準により算定した額から，支給決定障害者等の家計の負担能力等を斟酌(しんしゃく)して定める利用者負担を控除した額である〔障害総合支援29③〕。市町村は，支給決定障害者等が事業者等に支払うべきサービスの費用を，訓練等給付費の支給額の限度内で，当該障害者等に代わり事業者等に支払うことができる。この仕組みを代理受領といい，代理受領が行われたときは，訓練等給付費の支給があったものとみなされる〔障害総合支援29④⑤〕。

け

ケアハウス　⇨'軽費老人ホーム'

刑　**1 意義**　刑罰のこと。刑法では刑罰を意味する語として刑を用いている〔刑1編2章等〕。刑罰とは，*犯罪'に対する法律上の効果として行為者に科せられる*法益'の剥奪(制裁)を内容とした処分をいう。もっとも，事業主処罰規定により*法人'に対して科せられる刑罰は，法人の犯罪能力を否定する立場からは，犯罪を行った行為者でないものに刑罰を科せられる場合であるということになる。また，第三者所有物の没収(⇨*第三者没収')のように犯罪行為主体と刑罰受忍主体とが一致しないこともある。**2 種類**　図を参照せよ。

[図：刑の種類]

```
生命刑(*死刑')
*自由刑'┌無期又は有期(1月以上20年以下)
         │の拘置‥‥‥‥‥‥‥‥‥‥*拘禁刑'┐
         │1日以上30日未満の拘置              ├*主刑'
         └‥‥‥‥‥‥‥‥‥‥‥‥‥*拘留'┘〔刑9〕
*財産刑'┌罰金'
         │科料'
         └没収'‥‥‥‥‥‥‥‥‥‥‥‥‥付加刑
                                                〔刑9〕
```

(注) *身体刑'や*名誉刑'は日本の現行法にはない。

契　印　1個又は一連の書類が数葉又は数個の書類から成る場合に，その確認のために，そのつづり目又は継ぎ目にかけて印章を押す行為，又はその印影〔民規6②，戸則2〕。分離した書類相互の関連を証する割印とは異なる〔民施6①，ただし公証54〕。

経営権　*使用者'が企業の運営に関してもっている権利の総称。例えば，経営合理化，雇入れ・解雇や配置転換に関する権利などが，これに含まれる。しかし，経営権という1個の独立した権利が存在するという考えには疑問が多い。経営権という言葉は，使用者が経営に対してもっている所有権などから派生するもろもろの権利を総称して，第二次大戦直後の労働組合の*経営参加'の大幅な要求などに対抗するために，使用者団体によって政策的に唱え出されたものである。

経営参加　*団体交渉'と並ぶ産業民主主義の一形態。労働者がその代表を通して企業の意思決定に参加することをいう。狭義には労働者重役制(*取締役会'又は*監査役会'への労働者代表の参加，日本では少数)を指していうこともあるが，広義には*労使協議制'や*従業員持株制度'等を含む(団体交渉をこれに含める見解もある)。株主重視の傾向が強まる中，*労働組合'にも株主として発言権を強化しようとする動きや，組合のチェック機能を活用した*コーポレート・ガバナンス'を志向する動きがみられる。

経営者確認書　*有価証券報告書'等の記載内容が金融商品取引法令に基づき適正であることを上場会社等の代表者等が確認した旨を記載し，内閣総理大臣に提出する書類〔金商24の4の2〕。不実記載を防止するための制度。

経営の委任　ある企業が他の企業にその事業の経営を*委任'すること。企業合同の一形態である。経営が受任者の計算でされる固有の経営委任(実質的には事業の賃貸借と異ならない)と，委任者の計算でされる経営管理とがある。事業主体が借主である事業の賃貸借と異なり，いずれの経営の委任も名義上の事業主体は委任者である。*株式会社'の事業全部の経営委任の締結，変更又は解約には*株主総会'の*特別決議'を必要とし，反対株主に*株式買取請求権'が認められる〔会社467①④・309②⑪・469・470〕。また，経営の受任は*独占禁止法'による制限を受ける〔独禁16①④・17〕。

経営判断の原則　*取締役'が経営判断を行うに際しては広い裁量が認められるべきであり，仮にその判断が*株式会社'に損害をもたらす結果となったとしても，判断の過程，内容に著しく不合理な点がない限り，取締役は*善管注意義務'〔会社330，民644〕違反ないし*忠実義務'〔会社355〕違反による責任を負わないという原則のこと(最判平成22・7・15判時2091・90，東京地判平成16・9・28判時1886・111等)。経営の専門家でない裁判所が後知恵で取締役の責任を問うことは経営を萎縮させ，かえって会社・株主の利益にならないおそれがあることから，このような原則が支持されている。アメリカの判例法理である Business judgment rule を参考にしているが，アメリカでは，経営判断の過程面(必要な情報収集を行ったかどうかなど)と内容面とを峻別(しゅんべつ)し，裁判所は前者の合理性のみを審査し後者の合理性については立ち入らないのを原則とするのに対し，日本では必ずしもこのような峻別はせず，裁判所は判断内容の合理性に

けいかいか

ついても審査を行う点に，相違があるといわれている。

経界確定の訴え　⇨'境界確定の訴え'
経過規定　⇨'経過措置'(巻末・基本法令用語)
計画アセスメント　⇨'環境影響評価'
計画行政　⇨'行政計画'
計画審理　一般的には，適正かつ迅速な審理の実現のために，訴訟手続をあらかじめ立てた計画に沿って遂行することを意味する。平成15年の民事訴訟法改正(法108)では，手続の計画的進行は裁判所及び当事者の責務とされ〔民訴147の2〕，更にいわゆる複雑事件について，争点整理及び*証拠調べ，判決言渡しの時期や*攻撃防御方法'提出期間などに関して，裁判所は具体的な審理の計画を定めなければならないものとする〔民訴147の3等〕。
計画担保責任　⇨'行政計画'
計画年休　⇨'年次有給休暇'
軽過失　注意義務違反の小さな過失(*善良な管理者の注意'〔民400・644・852等〕を多少なりとも欠く過失)。*重過失'に対する概念で，普通は過失(例：民709)というと，軽過失を意味する。　⇨'過失'
軽課税国　⇨'タックス・ヘイブン'
経過措置　⇨'経過措置'(巻末・基本法令用語)
刑　期　*自由刑'(*拘禁刑'・*拘留')の執行すべき期間。裁判確定の日から進行し満了日の午後12時に終了する。*拘禁'されていなかった場合は拘禁された日が起算点となり，拘禁されなかった日数は刑期に算入されない〔刑23〕。
経験(法)則　経験から帰納された事物に関する知識や法則。実験則ともいう。我々は，四季の推移について，自動車の運転について，物価の高低について，人間の老化について，その他百般の事象について大量の経験的知識をもっており，これを拠り所にして物事を判断している。この経験的知識から個人差を除去して一般化したものが経験則である。訴訟手続における*事実(の)認定'は，*証拠'により〔刑訴317〕，証拠の評価は裁判官の自由な判断に任されるのである〔刑訴318，民訴247〕が，「自由」といってもそれは経験則に従ったものでなければならず，経験則に違反した判断は，上訴審で原判決を取り消し又は破棄する理由となる。また，経験則の認定や適用の誤りは，*上告理由'となることがある。経験則には，日常生活の常識的な思惟(ｲ)法則から科学上の極めて専門的な知識・法則に至るまでのものがあるが，専門的な経験則のときは*鑑定'でそれを確かめる必要がある。また，経験則は事実ではないから，民事訴訟でも*自白'の対象にならない。

傾向経営　民間企業において特定の政治的又は宗教的な主義主張等と不可分に結び付いた事業を行う態様の経営をいい，傾向企業(傾向事業)とも呼ばれる。憲法の人権規定の*私人間効力'との関係で，日本国憲法14条，*労働基準法'3条にもかかわらず，事業目的と本質的に不可分である特定のイデオロギーについて，従業員に承認，支持を求めることが客観的に妥当といえるかどうかが問題となる(大阪地判昭和44・12・26労民20・6・1806〈日中旅行社事件〉)。

傾向犯　行為者の主観的傾向が，*主観的違法要素'として犯罪の成立に必要とされる犯罪をいう。例えば，判例上かつては，*不同意わいせつ'罪〔刑176〕につき，*暴行'，*脅迫'等をもって相手方の性器に触れたとしても，その目的が報復，治療等の場合は同罪は成立せず，行為者が性欲を刺激し又は満足させる意図であったことが必要とされていた。現在では，同罪は被害者の性的自由を保護法益とするものであるから，その意に反して客観的に*わいせつ'な行為がなされれば足りるとされ，性的意図を必須とする点は，判例変更され否定された(最大判平成29・11・29刑集71・9・467)。

警護出動　⇨'緊急事態'
軽　罪　⇨'重罪・軽罪'
経済安全保障推進法　令和4年法律43号。正式には「経済施策を一体的に講ずることによる安全保障の確保の推進に関する法律」という。国際情勢の複雑化，社会経済構造の変化等に伴い，安全保障の裾野が経済分野に急速に拡大する中で，経済面から国家・国民の安全を確保するための取組を強化・推進するための法律として制定された。安全保障の確保に関する経済施策を総合的かつ効果的に推進するための基本方針の策定，及び，喫緊の課題に対応するため，ｲ 重要物資の安定的供給の確保，ﾛ 社会基盤役務の安定的提供の確保，ﾊ 先端的な重要技術の開発支援，ﾆ 特許出願の非公開に関する4つの制度の創設を内容とする。基本方針では，経済施策を一体的に講ずることによる安全保障の確保の推進に関し必要な基本事項を定めるが〔経済安保2〕，本法による規制措置は，安全保障を確保するため合理的に必要と認められる限度において行われなければならない〔経済安保5〕。また4つの制度では，それぞれ具体的に以下の措置が導入された。ｲ 国民の生存に必要不可欠又は広く国民生活・経済活動が依拠する物資

けいざいほ

を特定重要物資として指定し、主務大臣が認定した供給確保計画に基づき、備蓄等の必要な措置、報告徴収及び立入検査又は事業者への調査、低金利融資を含む公的支援を行う。ロ エネルギー、通信・放送、運輸、郵便、金融等の幅広い事業を特定社会基盤事業として指定し、同役務に供される重要設備の導入・委託に関して日本の外部から行われる妨害行為を防止するための事前審査〔経済安保52〕、勧告・命令〔経済安保55〕等を行う。ハ 重要な先端技術を特定重要技術として指定し、資金支援や人材育成等の措置を行う。ニ 安全保障上の懸念が大きい発明に係る情報の流出を防止するための保全指定、外国出願禁止、及び、損失補償等の措置を行う。

経済開発協定　⇨国家契約'
経済関係罰則ノ整備ニ関スル法律　昭和19年法律4号。経済統制法規に散在していた企業役職員の贈収賄罪等の規定を整備したもの。独占的公益事業を営む私企業等(現在では貸家組合・農業会等のみが適用対象とされている)の役職員の*収賄罪'等の罰則を定めている。

経済協力開発機構　囲 Organization for Economic Cooperation and Development；略称 OECD 第二次大戦後、ヨーロッパ復興計画(マーシャル・プラン)の受入機関として組織されたヨーロッパ経済協力機構(囲 Organization for European Economic Cooperation；略称 OEEC)を拡大改組して1961年に設立された国際組織。OEEC 加盟のヨーロッパの18カ国とアメリカ、カナダが原加盟国である。日本は1964年に加盟した(昭和39条7)。当初の設立目的は加盟国の協力による経済成長と貿易拡大及び開発途上国援助の促進と調整であったが、最近ではエネルギー、環境、教育、消費者保護、国際課税など広範囲の問題についても積極的に取り組んでいる。加盟国の大半が高所得国であり、先進国クラブの別名がある。全加盟国で構成される理事会(年1回の閣僚理事会と常駐代表会議から成る)、理事会を補佐する執行委員会、事務局(パリ)、各種政策分野をカバーする約30の委員会が置かれ、調査研究、審査、協議を行っている。

経済社会理事会　⇨国際連合'
経済制裁　ある国家による国際法違反に対する反応(広義には、不当な行為に対するものも含む)として他の国家によってとられる、前者の国家(被制裁国)に何らかの経済的害悪を与える措置。輸出入禁止、資産凍結・没収、航空機乗入禁止、経済援助禁止などの措置から成る。後者の国家(制裁国)の単独の決定に基づく措置の場合もあれば(例：*在テヘラン・アメリカ大使館員人質事件'における対イラン制裁、ウクライナ侵略に対する対ロシア制裁)、*国際連合'を始めとする*国際組織'の決議に基づいて措置が実施される場合もある。国際連合憲章7章においては、「平和に対する脅威、平和の破壊又は侵略行為」から「国際の平和及び安全を維持し又は回復する」ための手段の1つとして、非軍事的強制措置が予定されている〔国連憲章39・41〕。白人少数支配政権による一方的独立を原因とする対南ローデシア制裁、イラクのクウェート侵攻を原因とする対イラク制裁、パンナム機爆破事件を原因とする対リビア制裁、核実験を理由とする対北朝鮮制裁などにおいて、安全保障理事会決議に基づく拘束力ある決定がなされたが、このほかに、総会決議に基づいて措置が勧告されたこともある。　⇨強制措置'

経済団体連合会　労働問題を含む経済界が直面する諸問題について、経済界の意見を取りまとめ、その実現を図るための働きかけ等を行う、日本の代表的企業及び主要な業種別全国団体等により構成される総合経済団体たる経営者の組織。正式名称は一般社団法人日本経済団体連合会であり、通常、経団連と略称される。現在の経団連は、昭和21年設立の経済団体連合会(経団連)と昭和23年設立の日本経営者団体連盟(日経連)が平成14年5月に統合して発足したものである。統合した団体の一方である日経連は、労働問題を専門的に取り扱う経営者団体として、*春闘'その他について見解を発表するなど、労働問題について大きな影響力をもってきた。

経済的規制　⇨規制緩和'　⇨経済法'　⇨政策的制約'
経済的、社会的及び文化的権利に関する国際規約　⇨国際人権規約'
経済的自由権・精神的自由権　人権保障を内容に応じて分類する場合、経済活動の自由に関する*職業選択の自由'、及び*財産権'保障は、合わせて経済的自由権と呼ばれ、精神活動の自由に関する*思想及び良心の自由'、*信教の自由'、*表現の自由'並びに*学問の自由'は、合わせて精神的自由権と呼ばれる。*奴隷的拘束'の禁止や*適正手続'の保障などから成る*人身の自由'は、精神的自由権と関わりが深いが、範ちゅうとしては区別される。　⇨二重の基準'

経済法　1 概念　経済法という概念は、沿革的には、第一次大戦後のドイツの経済統制立法等を統一的に説明するために用いられた概念である。19世紀末頃から資本主義経済の高

けいざいれ

度化と独占化の進行に伴い，市場経済秩序が自律的に経済的・社会的調和を図るという機能を果たすことが困難になったことに対応し，特に第一次大戦後，国家が景気回復・経済成長・重要産業分野の支援等の各種経済政策を積極的に展開するために多種多様な諸法を制定するようになり，それらを経済法と総称する学説が現れた。しかし，その概念及び範囲については，今日に至るまで定説がない。日本でも，*独占禁止法'や各種の経済的規制に関する諸法を統一的に説明するために，多くの学説が唱えられた。すなわち，経済法を，経済的従属関係を前提とする法であるとする見解，*労働法'などの*社会法'も，権利主体間の具体的不平等に着目して*市民法'原理を修正するものであるから，経済法も社会法に属するという見解，市民法の規制と対比して，国家による市場経済への直接的介入という，法的規制の機能を重視する見解などである。今日では，独占禁止法が維持・促進する「公正かつ自由な競争」秩序が国民経済全体の秩序を形成することから，これを経済法の基礎とし，他の個別的な対象(特定の産業分野や中小企業など)に関する各種の経済的規制も，競争秩序の基礎の上に展開されるものと捉え，経済法に含める考え方が支配的である。
2 諸類型 経済法は，市場経済体制を前提に，自由放任型，統制経済型，競争秩序維持型に分けられる。これら以外に社会主義国等においては，中央集権的な中央指導経済体制が採用されることもある。前記した今日の支配的な経済法概念は，現在の多くの資本主義国家で採用されている競争秩序維持型の経済法についてのものである。競争秩序維持型に属する経済法の中でも，公企業を重視する混合経済体制，*協同組合'を重視する協同主義(コーポラティズム)など多くの差異がある。
3 特色・内容 競争秩序維持型の経済法は，市場経済に対する国家の権力的介入を排除するという市民法における*私的自治の原則'を修正するものであり，その目的・効果は自由競争による場合と異なる成果を導くことにある。これに含まれるものとして，第1に，「公正かつ自由な競争」の維持・促進を図るため，独占禁止法やその補助立法(競争法と総称される)による規制がいわば間接的方法によってなされる。価格や生産数量・販売数量などを直接規制するのではないことから，間接(的)規制とも呼ばれる。第2に，規制産業を典型として，特定の商品・役務等に限って，それらの価格や数量，品質等を直接規制することも少なくない。経済的規制のみ

ならず社会的規制についても，他の商品・役務等との競争に対し影響を与え，また需要者(特に消費者)の利益を損なうおそれがあるので，一般的な競争秩序との整合性が問題になり，*独占禁止法の適用除外'規定等を設ける場合に一定の制限が課される等の措置がとられる。第3に，国・地方自治体が，自ら又はそれらの出資・融資によって設立される*公企業'や特別法に基づいて設立した法人(*特殊法人')等を通じて，先端産業，地場産業など特定地域に特有の産業，住宅供給，道路・港湾・空港等のインフラ事業等の経済的活動を行うことがある。また，国・地方自治体が私企業に対し，*補助金'や税の減免等により事業者を支援することも多く行われる。これは，それぞれの公的目的を実現するために国民経済・地域経済に一定の影響を与えようとするものであり，そのための根拠法や当該事業に係る法律を総称して給付行政法と呼ぶことができる。

経済連携協定　⇨自由貿易協定'

警察　**1 現行制定法上の概念**　*警察法'は2条1項で，警察の責務を「個人の生命，身体及び財産の保護に任じ，犯罪の予防，鎮圧及び捜査，被疑者の逮捕，交通の取締その他公共の安全と秩序の維持に当ること」と定めている。制定法上の概念としては，この責務に該当するものが作用としての警察，その責務の遂行にあたるものとして同法に定められたものが組織としての警察ということになる。ただ，個別の法律によって，2条1項に該当しない責務を組織としての警察に遂行させること，逆に，それに該当する責務を個別の法律によって警察以外の機関に割り当てることは可能であると解される。なお，警察の責務の大半が，犯罪の捜査，被疑者の逮捕など，刑事訴訟法の系列に属する*司法警察'であり，行政法学上の警察たる*行政警察'(広義)とは異なることに注意が必要である。
2 学問上の概念　行政法学上の警察概念は，歴史的に変遷してきているが，日本の制定法に最初に採用された警察概念は，フランス，ドイツの自由主義的法治国家思想を背景としたものであるとされている。すなわち，行政警察規則(明治8太達29. 失効)1条は「行政警察ノ趣意タル人民ノ凶害ヲ予防シ安寧ヲ保全スルニアリ」と定め，公共の安全秩序を維持するために，一般統治権に基づき，人民に命令強制し，その自由を制限する作用を想定していたとされる。この作用としての警察概念は，目的の消極性と手段の権力性を要素としており，積極的に国民生活の福祉を図る保育作用，国民経済を規制する

統制作用，国の財力取得のためにする財政作用と異なるとされ，また非権力的手段による場合は含まれないとされてきた。

3 学問上の警察概念の意義 学問上の警察概念は，国家作用をできる限り消極目的に限定すること，警察法の諸原則，とりわけ*警察権の限界'という議論により，警察概念に該当する行政作用に対する法的拘束を導くことを目的としていたとされるが，今日ではその意義を疑問視する立場が有力である。現代国家において積極目的をもつ行政活動の重要性が否定できないこと，消極目的と積極目的を明確に分けることが困難な領域が増大していること，憲法上の原則との関係で，かつて警察権の限界として説かれたものと行政活動一般に対する法的拘束との関係が明確でないことなどの指摘があるほか，警察概念の歴史的理解にも疑問があるとするものもある。

4 警察の組織 現行の警察組織は，戦後の改革の結果，戦前のそれと比較して，地方分権化，民主化という配慮がなされたものとなっている。すなわち，現行警察法は，市町村自治体警察を原則としていた旧警察法(昭和22法196)ほど徹底してはいないものの，*都道府県警察'を基本としており，警察事務の大半は地方分権改革前から*団体委任事務'と解されていた。また，行政委員会の一種たる*国家公安委員会'，*都道府県公安委員会'が*警察庁'，都道府県警察を管理するものとされている。図を参照せよ。

5 警察権の分散 戦後の改革のもう1つの特徴は，組織としての警察が担当する任務が限定された結果，戦前の警察が担当した責務が多くの行政機関に分散されたことである。すなわち，講学上の行政警察(狭義)のうち，警察の責務とされているのは道路交通の取締りに限られている。なお，かつて衛生警察，交通警察，産業警察，労働警察等と呼ばれた分野で，現在は消極目的に限られない規制が行われていることから，警察権の分散という現象を，より一般的な行政機関の専門分化，いわゆる内務省の分解過程と捉える見方もある。

6 特別の警察組織 学問上の*高等警察'に関わるものとして，*破壊活動防止法'に基づいて置かれている，公安審査委員会，公安調査庁，公安調査局及び公安調査事務所がある。その他，特別の警察組織として，海上保安庁，入国管理局及び入国者収容所，消防組織・水防組織等が挙げられるのが通例である。

警察下命 *警察'上の目的のために，国民に対してされる*作為・不作為'，給付・受忍を命ずる*行政行為'。違法建築物の除却命令

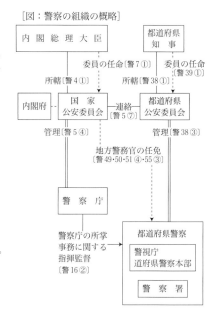

[図：警察の組織の概略]

[建基9①]，営業停止処分[風俗26①]などがその例。警察下命の実効性を担保するために，その違反に対しては法律により刑事制裁が定められることが多い(⇒行政刑罰')。また，*行政代執行法'の要件が満たされるときには，*代執行'も可能である。　⇒下命'

警察官 **1 意義** 上官の指揮監督を受け，*警察法'2条に定める*警察'の責務を遂行するため警察の事務を執行する[警63]国家公務員及び地方公務員。その階級は，警視総監・警視監・警視長・警視正・警視・警部・警部補・巡査部長・巡査とし，都道府県警察に属する警察官であっても警視正以上の階級のものは全て一般職の国家公務員とされ，特に地方警務官と呼ぶ[警62・55・56]。警察官はまた，それぞれ，他の法律又は*国家公安委員会'若しくは*都道府県公安委員会'の定めるところにより，*司法警察職員'として職務を行うが，この場合巡査部長以上は司法警察員，巡査は司法巡査という[刑訴189①，刑訴に基づく司警職規1①]。皇宮護衛官の階級も警察官のそれに準ずる[警69①]が，皇宮護衛官は警察職員ではあるが警察官ではない。

2 職務 都道府県警察の警察官は，当該都道府県の管轄区域内で職権を行うのが原則であるが，

けいさつか

現行犯人の逮捕に関する職権行使，移動警察に関する職権行使，広域組織犯罪等に関する権限行使，*緊急事態'の布告が発せられたときの職権行使などについては，例外が定められている〔警64〜66・60③・60の2・60の3・61・61の2・61の3・73②③〕。警察官の職務執行を規制する法律として，別に*警察官職務執行法'がある。

警察官職務執行法　昭和23年法律136号。
1 目的及び範囲　昭和23年制定時には警察官等職務執行法という題名であり，「警察官及び警察吏員」(警察官等)に適用されたが，昭和29年法改正(法163)により「警察官」に適用される法律となった。警察官がその職権職務を忠実に遂行するために必要な手段を定めることを目的とする〔警職1①〕。この法律の全部又は一部は，海上保安官・自衛官・麻薬取締官・皇宮護衛官等の職務の執行についても準用されている〔海保20，自衛89・92②③・93①④・94①・96③，麻薬54⑧，警69⑤〕。
2 内容　戦前には警察官の職権職務を規律する法律はなかった。この法律は，警察官の職権行使の根拠を定めるとともに，日本国憲法が掲げる基本的人権の尊重の下，比例原則を明文化して職権行使を規律する。この法律によって警察官に認められている職務執行の手段は，質問，保護，避難等の措置，犯罪の予防及び制止，立入り，武器の使用等であるが，濫用が戒められ，これらの手段は「必要な最小の限度」において用いられなければならないとされる〔警職1②〕。これらの手段の要件・内容については，それぞれ相当に詳細かつ慎重に規定されている。いわゆる職務質問は，刑事訴訟に関する法律の規定によらない限り，身柄の拘束，強制的連行，答弁の強要は許されず〔警職2③〕，身体について凶器を所持しているかどうかを調べること(いわゆる身体捜検)も，刑事訴訟に関する法律によって逮捕されている者についてだけ強制できる〔警職2④〕。また，保護は24時間を超えてはならず，引き続き保護するには簡易裁判所の許可状がなければならない〔警職3〕。更に犯罪の予防のための警告と制止との要件が著しく異なり〔警職5〕，武器の使用については，特に厳しい制約がある〔警職7〕。

警察急状権　⇨警察緊急権'

警察強制　公共の安全と秩序を維持する目的(警察目的)で，人の身体又は財産に実力を加えて，公共の安全と秩序に必要な状態を実現する行政作用。*警察'上の義務の違反者に対し義務履行を強制するために行う警察上の強制執行(⇨行政上の強制執行')と，義務違反を前提とせず人の身体又は財産に直接に実力を行使する*即時強制'の2種がある。前者の一般法として*行政代執行法'があり，後者の典型的な根拠法として*警察官職務執行法'がある。

警察許可　公共の秩序を維持する目的で一定の活動を禁止した上で，私人の申請を審査して，個別に禁止を解除し，当該活動を適法に行うことができるように自由を回復する行為。ここでいう警察は，犯罪の予防や捜査を行う警察組織を指すものではなく，社会公共の安全・秩序を維持する目的で行われる規制的行政活動を広く指す。したがって，公衆衛生の観点から飲食店営業を禁止して解除する飲食店営業許可のほか，風俗営業許可，自動車運転免許も警察許可である。　⇨許可'

警察緊急権　目前急迫の障害・危険が存する警察上の緊急の必要により発動される警察強制権。警察急状権ともいう。警察緊急権の発動は，必ず実定法上の根拠を要する。現行法には，緊急時における土地等の使用・処分〔消防29，災害基64①，河22①等〕，相手方の抵抗を抑止する際の武器使用〔警職7〕等の例がある。前者は警察責任を有しない者に対して発せられ，後者は抵抗の抑止にとどまらず相手方に危害を生じさせるおそれがある場合を許容することから，警察責任の原則及び警察比例の原則の例外であり，*警察権の限界'を超えた警察権の発動と解する説がある一方で，警察権の限界を構成する原則を排除するものではなく，その限界を超える行為の違法性が阻却されることがあるにすぎないとする説がある。

警察権の限界　**1 意義及び根拠**　警察権の発動は法令に基づき，かつ，それに従ってなされなければならないが，警察権の発動を授権する法令は，その発動の要件・対象・内容などを必ずしも一義的・確定的に定めていない場合が多く，また，一義的に定めることは立法技術上不可能でもある。そこで，これらの点に関する規定が多義的・不確定的概念をもって定められている場合には，一見，行政庁の自由裁量権が与えられているようであるが，学説は，そのときでも一定の*条理'上の限界があることを近代法治国の原理から導き出してきた。もっとも，この法治国原理に立つ条理上の限界は，今日，現行憲法の下では，個人の尊重と公共の福祉を規定した憲法13条などからして，むしろ実定法上の限界とみるのが妥当であるという考え方が支配的である。この限界を超える警察権の発動は，警察権の濫用であり，違法となる。
2 内容　警察権の限界論は，以下の4つの原則

によって構成されている。イ　**警察消極目的の原則**：警察は、公共の安全と秩序を維持し、社会上の障害の防止及び危険の除去を目的とする作用であり、積極的に社会公共の福祉を増進するために警察上の規制を加えてはならない。ロ　**警察公共の原則**：警察権は、公共の安全と秩序の維持のためにだけ発動することができ、この目的に直接関係のない私生活(私生活自由の原則)・私住所(私住所自由の原則)及び民事関係(民事関係自由の原則)には干渉することができない。ハ　**警察責任の原則**：警察権は、公共の安全と秩序の障害又はその危険について責任をもつ者に対してだけ発動できる。ニ　**警察比例の原則**：個人の「自由と財産」を侵害から保護するために、過度の警察権力の行使を抑止しようとする原則。警察権の行使は、社会上の障害が単に発生的であるというだけでなく、ある程度以上の社会上の障害・危険の存在を前提としなければならない。この意味で、警察権限の発動自体に関わる原則であるが、手段原則としても用いられる。警察権の行使が許容される場合、選択可能な複数の手段が考えられるならば、相手方にとって「最も侵害的でない手段」「必要最小限度の手段」を選択しなければならない。手段原則が明文化されているものとして、警察官職務執行法1条2項がある。

警察公共の原則　　　⇨警察権の限界'

警　察　国　家　近代法治国家思想により、法治国家の前段階として位置付けられた*絶対君主制'国家の内政面をいう。警察には治安維持的な作用のみならず、積極的な福利増進の作用も含まれ、また、君主は法的な拘束を受けず、人民には法的な救済が認められなかったとされる。しかし現在では、このような歴史的理解を疑問視するものも多い。なお、政治的な文脈で、強大な警察組織によって人権とりわけ思想を抑圧する体制を指すものとして用いられることもある。

警察消極目的の原則　　　⇨警察権の限界'
警察責任の原則　　　⇨警察権の限界'

警　察　庁　*警察法'により設置された*警察'に関する国の予算、国の公安に係る警察運営、警察行政の調整、監察その他の事務を行う国家機関で、*国家公安委員会'の管理の下に置かれている。直接の警察事務は、自治体警察である*都道府県警察'が担当する〔警15・16②・17。ただしサイバー事案への広域対応につき令和4法6による警察法改正も参照〕。長は警察庁長官といい、国家公安委員会が内閣総理大臣の承認を得て任命する〔警16①〕。

警　察　罰　警察上の義務に違反する行為に対し、一般統治権に基づき、制裁として科す罰。警察上の義務は行政上の義務の一種であり、警察罰は*行政罰'の一種である。警察罰の種類としては、刑罰、*過料'、そして*道路交通法'違反事件の反則金(交通反則金制度)の別がある。警察罰は原則として*法律'によって定められなければならないが、*法律の委任'による*命令'が定める場合や*地方公共団体'の*条例'が定める場合もある〔自治14①②〕。古くは警察上の義務違反に対する罪を*違警罪'といい、旧刑法(明治13太告36)に違警罪の定めがあったが、明治40年刑法(法45)は違警罪を定めなかった。刑法ではなく警察犯処罰令(明治41内務省令16)が違警罪に相当する内容を定め、そして手続法として違警罪即決例(明治18太告31)があった。違警罪即決例は警察署長又はその代理人である*官吏'が刑罰である*科料'、*拘留'を行政処分の形式で科すことができる制度であった。しかしそのような手続法は日本国憲法下では認められないものであり、裁判所法施行法(昭和22法60)1条により廃止され、警察犯処罰令も昭和23年5月1日に廃止された。

警察比例の原則　　　⇨警察権の限界'
警察便宜主義　　　⇨便宜主義(行政法上の)'

警　察　法　**1　制定法たる警察法**　警察法という名称を有する法律としては、戦後の改革の一環として制定された旧警察法(昭和22法196)と、それを全部改正した現行警察法(昭和29法162)がある。これらは、いずれも警察組織法ともいうべきもので、*警察'の一般的な責務のほか、警察の組織に関する定めをしており、形式的意義の警察法といわれることがある。旧警察法は、戦前の中央集権的な統一国家警察とは対照的に、英米的な発想で「国民に属する民主的権威の組織を確立する目的」〔旧警前文〕をもって制定され、市町村自治体警察を原則とし、国家地方警察によって補完していた。これに対し、現行警察法は、*都道府県警察'を置いているものの、国が一定の指揮監督権や人事権を有していることから、真の自治体警察とはいえないとの指摘がある。

2　法領域としての警察法　これに対し、行政法学上は、様々な行政活動の中で一定の性質を有するものに適用される法理を想定して警察法と呼ぶのが通例であった。これは、実質的意義の警察法とも呼ばれ、学問上の概念である作用としての警察に、それを担当する組織のいかんにかかわらず適用される*警察権の限界'論をその主要な内容としている。これらはドイツ理論の強

けいさつよ

い影響の下で説かれてきたものであるが，現在ではその有用性につき疑問があるとされている。

警察予備隊 現在の*自衛隊'の前身で，ポツダム政令(⇨ポツダム命令')の警察予備隊令(昭和25政260。昭和27法265により廃止)により設けられた国の警察隊。**1 成立** 昭和25年6月25日，朝鮮戦争が勃発するや，日本に進駐していた米軍の大部分が朝鮮戦線に移動したため，それに代わるものとして，同年7月8日の総司令部の指示に基づいて，「わが国の平和と秩序を維持し，公共の福祉を保障するのに必要な限度内で，国家地方警察及び自治体警察の警察力を補う」という目的で設置された。定員は7万5000人。

2 性格 総理府の機関で，治安維持の必要がある場合に，内閣総理大臣の命令を受けて行動するものとされた。その組織・編成・装備などをみると，警察以上の実力をもち，そのため日本国憲法9条にいう*戦力'に該当するのではないかとして，当時大いに論議され，*警察予備隊違憲訴訟'まで起こされたが，それでもまだ，それは戦争を目的とするものでなく，国内の治安維持にあたる警察の補充力と考えられる余地があった。しかし，その後，実力・装備が増強され，保安隊に改編されるに至って(昭和27・10・15)，戦力に近づいたといえよう。

警察予備隊違憲訴訟 *自衛隊'の前身である*警察予備隊'の設置及び維持に関し，日本社会党を代表して鈴木茂三郎が原告となり，昭和26年4月1日以降に被告(国)がなした一切の行為の無効確認を求めて，直接，最高裁判所に出訴した事件。争点は，実体法的に，イ 警察予備隊が日本国憲法9条に違反するか，手続法的に，ロ 裁判所が具体的な事件から離れて抽象的に法令の合憲性を審査できるか，ハ 最高裁判所が憲法裁判所として第一審裁判管轄権を有するかであった。最高裁判所大法廷は，昭和27年10月8日，ロにつき，日本の現行制度では消極的に解すべきこと，ハにつき，憲法81条の解釈として最高裁判所が固有の権限として抽象的な違憲審査権を有しないこと，また違憲審査権を排他的に有するわけではないことを述べて本訴を不適法却下とし，イ については言及しなかった(最大判昭和27・10・8民集6・9・783)。⇨規範統制訴訟' ⇨憲法裁判所'

計算関係書類 会社の成立の日における*貸借対照表'，各事業年度に係る*計算書類'及びその附属明細書，*臨時計算書類'及び*連結計算書類'をいう〔会社計算2③③〕。その他の言語をもって表示することが不当でない場合を除き，計算関係書類は，日本語をもって表示する〔会社計算57②〕。

計算書類 *株式会社'の場合は，その成立の日における*貸借対照表'，各事業年度に係る貸借対照表，*損益計算書'，*株主資本等変動計算書'及び個別注記表〔会社435①②，会社計算59①〕。*合同会社'の場合は，その成立の日における貸借対照表，各事業年度に係る貸借対照表，損益計算書，社員資本等変動計算書及び個別注記表〔会社617①②，会社計算71①②〕。*合名会社'・*合資会社'の場合は，その成立の日における貸借対照表，各事業年度に係る貸借対照表並びに会社が作成すると定めたときは損益計算書，社員資本等変動計算書及び個別注記表〔会社617①②，会社計算71①①〕。⇨注記表'

計算書類附属明細書 *株式会社'が*計算書類'とともに作成しなければならない各事業年度に係る書類であって，株式会社の*貸借対照表'，*損益計算書'，*株主資本等変動計算書'及び個別注記表の内容を補足する重要な事項を表示するもの〔会社計算117〕。

刑事学 広義においては犯罪学と刑事政策学を包含するが，狭義においては犯罪学自体を指す。普通，イギリス，アメリカにおいては広義に，ドイツにおいては狭義に用いられている。⇨犯罪学' ⇨刑事政策'

刑事確定訴訟記録法 昭和62年法律64号。刑事訴訟法53条4項に基づいて制定された訴訟記録の保管，保存及び閲覧に関する法律。具体的には，刑事確定訴訟記録の保管・閲覧制度のほか，*再審'手続のための記録保存制度，刑事参考記録の保存制度，学術研究のための記録閲覧制度，検察官の処分に対する不服申立てについて規定する。判例は，同法の閲覧請求権は憲法上の権利ではないとするが(最決平成2・2・16判時1340・145)，訴訟記録の公開は憲法82条の公開原則に由来することを根拠に，同法の閲覧制限事由の広さを問題視する見解もある。

形式競売 *民事執行'における*競売'は，一般に，特定の債務者所有財産を換価し，その代金をもって一定の債権者の満足に充てることを目的とするのであるが，これを直接の目的としない競売を指す。形式的競売とも呼ばれる。*留置権'による競売，及び，民法，商法その他の法律による換価のための競売〔民258③，商524①，会社234等〕がこれに当たり，*担保権の実行としての競売'の例によると規定される〔民執195〕。このうち留置権による競売を除いたものを狭義の形式(的)競売と呼ぶこともある。

形式婚主義 *婚姻'の成立に一定の形式を

けいしきは

要求する立法主義。社会習俗的に婚姻の事実関係にあるものを直ちに婚姻と認める*事実婚主義'と対立する。宗教的形式(儀式など)を要求する宗教婚主義と、届出などの法律的手続を要件とする*法律婚主義'とがあり、日本の民法は法律婚主義(届出を要件とするので届出婚主義と呼ばれることもある)を採用する〔民739〕。

形式的違法論　　⇨*違法性'
形式的意味の憲法　　⇨*憲法'
形式的確定力　　*上訴期間'の徒過などにより、通常の不服申立手段(*異議の申立て'を含み、*再審'・*特別上訴'は別)をもっては、*裁判'がその訴訟手続の中でもはや手続的・形式的に取り消される可能性のなくなったことを、裁判の確あるいは形式的確定力の発生という。形式的確定力を生じた判決の内容について実体的に生ずる*既判力'を*実体的確定力'という。　⇨*確定判決'
形式的形成訴訟　　形成要件が具体的に法定されていない形成訴訟(⇨形成の訴え')で、*共有物分割の訴え'〔民258〕、*境界確定の訴え'、*父を定める訴え'〔民773〕などがその例。形成要件が法定されていないため、裁判は法律の適用というよりも裁判所の裁量的判断により行われるもので、行政処分又は*非訟事件'の実質を有するものといえるが、当事者間の私的利益が鋭く対立する争いであるため、*口頭弁論'及び判決の形式を借りて解決するものという意味で、形式的形成訴訟と呼ばれる。形式的形成訴訟では、例えば境界確定の訴えにおいて、裁判所は原告主張の境界線よりも原告に有利な境界線を定めることができ、*控訴'裁判所は附帯控訴(⇨*附帯上訴')がなくとも第一審の定めた境界線より控訴人に不利な境界線を定めることができる、とされるように、訴訟上の請求が観念されないため、裁判所は原告の申立ての範囲に拘束されず、*不利益変更の禁止'の原則も適用されない。また、形成要件が存在しないので、*要件事実'又は*主要事実'及びその証明責任(⇨*挙証責任')を観念することはできず、証明責任を理由とする*請求棄却'判決はありえないし、要件事実又は主要事実についての概念である*弁論主義'の適用もないと解されている。

形式的競売　　⇨*形式競売'
形式的資格　　⇨資格授与的効力'
形式的証拠力　　⇨*形式的証明力'
形式的証拠力　　立証の対象となる文書の記載内容が立証者の主張する特定人(作成名義人)の意思等を表現するものと認められること。形式的証拠力ともいわれる。*実質的証明力'に対する。　⇨文書の

証明力'　⇨文書成立の真正'
形式的審査主義・実質的審査主義　　登記官が*登記'の申請につき審査を行うにあたり、どのような範囲の審査権限を有するかという問題に対する2つの対照的な考え方が、形式的審査主義と実質的審査主義である。形式的審査主義は、登記の申請が一定の形式的要件を備えるかどうかのみを審査する権限を有するとし、実質的審査主義は、更に申請された登記が実体的権利関係と一致しているかどうかをも審査する権限を有するとする。日本では、*不動産登記'のうち、権利に関する登記につき形式的審査主義をとり〔不登25〕、*商業登記'についても、形式的審査主義をとったと理解されている〔商登24参照〕。もっとも、権利に関する登記について登記原因証明情報の提供が必要とされること〔不登61〕を考えると、登記官の審査は実体の事項にも及ぶ。そこで、登記官の審査が形式的であるとされることの意味については、どのような事項に審査が及ぶかという問題と、どのような審査資料を用いて審査がされるかという問題を分け、更に考究される必要がある。

形式的真実主義・実体的真実主義　　裁判における*事実認定'について、当事者間に争いのない事実は(たとえ真実に反していても)そのまま真実として扱い、また、争いのある事実についても、当事者の立証の優劣で真実かどうかを判断すればよい、とする立場を形式的真実主義、当事者の*主張・立証'に任せずあくまで客観的な真実の追求を本旨とし、裁判所の納得がいくまで職権で証拠を収集してでも真実の究明を図る必要がある、とする立場を実体的真実主義という。通常の民事訴訟が*弁論主義'を採用しているのは、形式的真実主義の現れとみられる。これに対し、*職権探知'主義をとる*人事訴訟'や国家の刑罰権の確定を目的とする刑事訴訟においては、実体的真実主義が強調されている(*実体的真実主義'もみよ)。しかし、刑事手続においても、人権保障の必要、デュー・プロセスの要請から、真実の究明には限界がある。また、アメリカ法における*有罪の答弁'制度のように、刑事裁判でも当事者の処分権を認めることがある。　⇨デュー・プロセス・オブ・ロー'
形式的当事者訴訟　　⇨当事者訴訟'
形式的法治国家　　⇨法治国家'
形　式　犯　　保護*法益'の侵害又は侵害の危険を要件とする実質犯に対する概念。行政取締法規違反の罪がこれに当たるものとして挙げられる。保護法益の侵害又は侵害の危険を要件としない犯罪であるとの理解に対しては、何らの

けいしきほ

法益侵害の危険もないのに犯罪の成立を認めることは妥当でないことから，抽象的な危険ともいえない軽度の間接的な危険を要件とする犯罪であるとの理解が示されている。

形式法 ⇨訴訟法'

刑事事件 裁判所が刑罰法令の適用実現に関する事件を取り扱う場合の総称。*第一審'，*控訴審'，*上告審'，*略式手続'等，刑罰権の存否について直接に判断する訴訟事件のほか，令状請求，*保釈'の請求，*仮還付'の裁判の請求，逃亡'犯罪人引渡し'の審査請求など，派生的ないし周辺的な事件も含まれる。

刑事施設 *拘禁刑'・*拘留'の刑に処せられた者，逮捕後に留置された*被疑者'，*勾留'された被疑者・*被告人'，死刑確定者，その他法令で定める者を収容し，これらの者に対し必要な処遇を行う施設〔刑事収容3〕。なお，法に定められた一定の場合を除き，これらの者を，刑事施設に収容することに代えて，都道府県警察の留置施設に留置することができる〔刑事収容15①〕。行政官署としての刑事施設は，*刑務所'・*少年刑務所'・*拘置所'に分かれる。

刑事収容施設法 平成17年法律第50号。正式名称は，「刑事収容施設及び被収容者等の処遇に関する法律」である。刑事収容施設とは，*刑事施設，留置施設及び海上保安留置施設を指す〔刑事収容1〕。**1 制定に至る経緯** 本法の成立まで，日本の行刑に関する基本法は，明治41年制定の監獄法であった。昭和55年，法制審議会が，「監獄法の改正の骨子となる要綱」を答申し，これを元に，刑事施設法案が作成され，警察の留置場に関する規律を定めた留置施設法案とともに国会に提出されたが，成立に至らなかった。本法は，同要綱を基本としつつも，平成15年の行刑改革会議による提言，平成18年の「未決拘禁者の処遇等に関する有識者会議」の提言の内容をも取り込み，刑事施設と留置施設の両方を対象とする形で制定されたものである。
2 法律の概要 本法は，各施設の収容対象者の種別や，刑事施設視察委員会及び留置施設視察委員会の組織と権限等を定めた，刑事収容施設の管理運営に関する部分と，その被収容者の処遇を定めた部分とから成る。被収容者の処遇については，受刑者，未決拘禁者，死刑確定者等の，それぞれの地位に応じて，処遇の原則と内容が規定されると同時に，面会，通信等の権利制限の要件，不服申立て制度等が定められている。受刑者の処遇は，その原則が，改善更生と社会復帰にあることが明記され〔刑事収容30〕，そのために，*刑務作業'，改善指導，教科指導から成る矯正処遇を義務付けるとともに，開放処遇や，外部通勤，外出・外泊等の外部社会との接触を拡大する制度が設けられている。

刑事政策 *犯罪'を防止するための国家及び地方自治体による政策活動。広義の刑事政策学は，犯罪の原因を探究し，その対策を研究する学問領域を指すため，広義の*刑事学'とほぼ重なり合うといえる。また，広く犯罪の減少に役立つ施策は全て包含するとすると，「よい社会政策は最良の刑事政策である」といわれるように，貧困を減少させる経済政策，弱者を助ける福祉政策，適応を増進させる教育政策等も全て含まれることになる。狭義では犯罪防止を直接目的とする施策を指し，犯罪・非行者の処遇制度・防犯活動等を内容とする。自由社会においては，いかなる制度が犯罪防止に有効かという検討とともに，いかなる手段が許容されるかの検討が重要となる。

刑事責任 ⇨責任'

刑事責任年齢 刑事責任を負担するに至る年齢。刑法は，14歳未満の者を刑事責任年齢に達しない者と規定している〔刑41〕。刑事責任年齢に達しない者は刑事未成年者と呼ばれることがある。なお，少年法は，14歳以上20歳未満の者に対しては，原則として*保護処分'を科することにしている〔少24〕。⇨少年法'

刑事訴訟規則 昭和23年最高裁判所規則32号。最高裁判所が，憲法77条に基づき刑事訴訟について制定した*規則'。刑事訴訟法の枠内で，手続的細則を定めている。刑事実務を規律する上で重要な役割を果たしており，また，法律の改正を受けて現実の需要に応じ，手続の合理化・近代化を推進するのに役立ってきた。例えば，*集中審理'実現のための諸規定〔刑訴規178の2以下〕，*交互尋問'方式に関する諸規定〔刑訴規199の2〜199の14〕などが顕著な例である。近年では，刑事訴訟法の大規模な改正を受けて，これに対応する規則改正も活発に行われている。

刑事訴訟法 **1 意義** 刑事手続を規律する法規の全体を指すこともあるが，普通は昭和23年法律131号として公布された同名の法典のことをいう。刑事手続に関する法規は，国家と国民（特に被告人・被疑者）との間の緊張した対立関係を規律するものなので，統治構造の変化に敏感な対応を示すことが多い。日本国憲法の施行に伴って，旧刑事訴訟法（大正11法75）が全部改正を受け，*当事者主義'を著しく強化したいわゆる「新刑訴」となったのもその適例である。

けいじめん

2 沿革 明治維新の後, 西欧法の継受が始まり, まず明治13年(1880)に*'治罪法'が制定された。治罪法は, 明治23年, 大日本帝国憲法の施行に伴って旧々刑事訴訟法(法96)に移行したが, ここまではフランス法を主なモデルとしていた。しかし, その後の改正過程ではドイツ法への関心が高まり, 上記大正11年(1922)の旧刑事訴訟法に至った。

3 現行法の特色 現行法は, 日本国憲法を媒介として, *'黙秘権', *'弁護人'選任権, *'令状主義', *'自白法則', *'伝聞法則', *'二重の危険'の禁止など, いくつかの基本原理をアメリカ法から取り入れた。しかし, フランス法あるいはドイツ法の影響も強く残存しており, また綿密な*'捜査', *'起訴便宜主義'の活用など日本法独自の特色も, 特に運用面において顕著である。刑事訴訟法は, 制定後, 令和5年までに56回の改正を経ているが, そのうち*'簡易公判手続'〔刑訴291の2〕, 控訴審における新証拠の取調べ〔刑訴382の2〕の規定などを新設した昭和28年改正, 被害者の保護に配慮した平成12年改正, *'公判前整理手続'及び*'即決裁判手続'の新設, *'証拠開示'手続の整備, 被疑者国選弁護の新設等を定めた平成16年改正, 公訴時効制度を変更した同年改正, 犯罪被害者等が刑事裁判に参加する制度等を定めた平成19年改正, *'取調べの録音・録画', *'協議・合意'制度の導入などを定めた平成28年改正などが重要である。附属法規あるいは関連法規として「裁判員の参加する刑事裁判に関する法律」, *'刑事訴訟規則', 刑事補償法, *'犯罪捜査のための通信傍受に関する法律', *'少年法'等がある。

警視庁 東京都警察の本部。都*'公安委員会'の管理の下に都警察の事務をつかさどる〔警47〕。道府県警察の本部長に当たる職として警視総監が置かれ, 警視庁の事務を統括する〔警48〕。

刑事特別法 「日本国とアメリカ合衆国との間の相互協力及び安全保障条約第6条に基づく施設及び区域並びに日本国における合衆国軍隊の地位に関する協定の実施に伴う刑事特別法」(昭和27法138)の略称。いわゆる旧安保条約下の制定時から新安保条約の締結を受けた昭和35年改正(法102)までの題名は「日本国とアメリカ合衆国との間の安全保障条約第3条に基く行政協定に伴う刑事特別法」。安保協定17条の*'裁判権'に係る定めにのっとり, 3章で, 合衆国軍隊の施設・区域内の逮捕等の拘束処分は, 原則として, 合衆国軍隊の権限ある者の同意を得て, 又はその者に嘱託して行う〔刑特10〕等, 特別の刑事手続を定める。また, 安保協定23条の安全確保措置に係る定めにのっとり, 2章で, 施設・区域侵入〔刑特2〕, 証拠隠滅等〔刑特3〕, 偽証等〔刑特4〕, 軍用物損壊〔刑特5〕, 機密侵害〔刑特6〕(⇨機密を侵す罪(合衆国軍隊の)')等, 特別の罪を定める。⇨砂川事件(判決)'

刑事犯 ⇨自然犯・法定犯'

刑事被疑者弁護援助制度 弁護士に弁護を依頼する資力のない刑事*'被疑者'のために, *'弁護士会'の委託を受けた日本司法支援センター(⇨総合法律支援法')が弁護士費用を補助する仕組み。*'当番弁護士'制度と連動して行われている。⇨国選弁護人'

刑事補償 1 意義 *'無罪'の裁判を受けた者〔刑補1〕, 又は*'免訴'若しくは*'公訴棄却'の裁判を受けたが, もし免訴若しくは公訴棄却の事由がなかったならば, 無罪の裁判を受けたであろうという充分な理由のある者〔刑補25①〕が, 未決の*'拘留・拘禁'を受けたとき, 又は*'刑の執行'若しくは*'死刑'のための*'拘置'を受けたときなどに, 国に対してその補償を請求することをいう。刑事補償法が規定する。

2 内容 補償の請求は, 無罪・免訴等の裁判が確定した日から3年以内に, その裁判をした裁判所に請求しなければならない〔刑補6・7・25〕。本人のほか相続人も請求をすることができる〔刑補2・25②〕。死刑の場合は, 3000万円以内で補償し, 抑留・拘禁, *'拘禁刑'・*'拘留'・拘置の場合は, 原則として, その日数に応じて, 1日1000円以上1万2500円以下の割合で補償することになる〔刑補4〕。*'国家賠償法'その他により*'損害賠償'を請求することが可能なときは, これを妨げないが, 同一原因によって既に賠償を受けているときは, その差額が補償されるにとどまる〔刑補5〕。なお, 少年保護事件で非行事実が認められなかった場合の補償については, 「少年の保護事件に係る補償に関する法律」が定めている。⇨被疑者補償規程'

刑事未成年者 ⇨未成年者'

刑事免責 I 供述者の刑事訴追ないし刑事責任を免除することにより自己負罪拒否特権を消滅させて, その者の犯罪に係る証言・供述を義務付ける制度。これに基づき共犯者(特に犯罪の主謀者やより重要な関与者)の訴追・処罰を確保しようとするものである。訴追免除, イミュニティ(英 immunity)ともいう。アメリカの刑事法において用いられてきたが, 日本法には明文の規定がなかった。*'ロッキード事件'の際, アメリカ在住の贈賄側関与者が, *'尋問'に応じる条件として日本で訴追されない確

げいしよう

約を求め，不起訴の宣明が行われたため，その適法性が争われた。最高裁判所は，憲法が刑事免責制度の導入を否定しているとは解されないものの，現行刑事訴訟法はこれを採用していないので，不起訴宣明により得られた尋問調書の*証拠能力*は否定すべきであると判断した（最大判平成7・2・22刑集49・2・1）。その後，新たな刑事司法制度の構築を期した法改正（平成28法54）により具体的要件・手続を定めた制度が導入されている〔刑訴157の2・157の3〕。

Ⅱ 労働者が使用者に*団体交渉*を要求したり，*同盟罷業*に際して，*ピケッティング*を行ったり，又は座込みなどをする行為は，本来ならば，*強要罪*や*威力業務妨害罪*や*不退去罪*などに当たるが，これらの行為が*労働組合*の行為として正当なものであれば，労働者は刑事上の責任を問われることがない〔労組1②〕。このことを刑事上の免責（刑事免責）という。刑事上の免責の基本的根拠は，憲法28条によって労働者の*労働基本権*が保障された点にあるが，その形式的な理由付けについては，これらの行為には*構成要件*該当性がないからとするものと，*違法性*が阻却されるからとするものとがある（⇒違法性阻却事由）。また，違法性阻却説には，これらの行為は憲法28条による権利行使であり，「法令」による行為として違法性が阻却される〔刑35〕とするものと，「正当な業務」による行為として違法性が阻却される〔刑35〕とするものと，社会的相当行為として違法性が阻却されるとするものとがある。なお，刑事上の免責について規定している*労働組合法*1条2項は，*民事免責*を規定した同法8条とともに，憲法28条の保障する労働基本権を具体化したものであり，確認的規定と解されている。

芸娼妓(げいしようぎ)契約 女子に芸妓又は娼妓の稼業をさせることを目的とする契約。以前には*人身売買*として行われたが，いわゆる娼妓解放令（明治5太告295。明治31法11により廃止）により禁止された。しかし，その後も，高額の*前借金*を女子又はその親権者が受け取り，一定期間の就労契約を結んだ上，就労期間中芸娼妓の稼ぎは前借金に充当すること，就労期間内の就労不履行の場合には高額の*違約金*を支払うことなどを契約して就労を強制し，近代法的形式をとりながら，実質は人身売買と変わらない行為が行われた。判例は，就労契約・債務弁済契約・違約金契約を*公序良俗*違反として*無効*と解しながらも前借金契約は純然たる消費貸借として有効と解してきた（大判大正10・9・29民録27・1774等）が，現在の判例は，これらを全て無効と解している（最判昭和30・10・7民集9・11・1616）。

経常損益 *損益計算書*の区分で，毎期継続的に生ずるような損益をいう。*会社計算規則*では，*営業損益*金額に営業外収益及び営業外費用を加減して得た額を経常損益金額といい，プラスならば経常利益金額，マイナスならば経常損失金額として表示することになる〔会社計算91〕。

継親子 夫婦の一方の子とその子の実親でない他方との間の関係を指す。民法旧規定（昭和22法222改正前）は，先妻の子と後妻との間に継親子という関係を認め，実の親子と同一の法定親子関係が生ずるとしていた〔民旧728〕が，現行民法はこうした特別の関係を認めない。両者は単に*姻族*1親等（⇒親等）の間柄にすぎないから，相互に相続権はなく，*親権*も生じない。ただ婚姻障害となる〔民735〕ほか，特別の事情がある場合には相互に*扶養義務*を生ずるだけである〔民877②〕。再婚が増えている今日，学説には，一定の法的規律を求めるものもある。

形成権 権利者の一方的な*意思表示*で法律関係の変動を生じさせる地位。例えば，制限能力・詐欺・強迫などの下で意思表示をした場合に，一定の者（取消権者）は，相手方の同意を得ることなしに*取消し*という意思表示をすることができ〔民5②・96〕，その意思表示があれば，それだけで*法律行為*が遡って*無効*になるという法律関係の変動をもたらすから〔民121〕，取消権は形成権の一種である。解除権もその1つである。*請求権*とは異なるものであるが，法律が請求権という語を使っていても形成権と解されている場合がある。代金減額請求権〔民563〕，*建物買取請求権*〔借地借家13〕，*造作買取請求権*〔借地借家33〕，*地代・家賃増減請求権*〔借地借家11・32〕，遺留分侵害額請求権〔民1046〕などがそれである。形成権の行使は裁判外の意思表示ですれば足りるのが原則であるが，法律関係の変動をもたらすには裁判所の判決によらねばならないとされている場合がある（*詐害行為取消権*・離婚請求権など）。

形成訴訟 ⇒形成の訴え

形成的行政行為 国民の権利，権利能力又は私人相互の法律関係を形成，変更，消滅する行政行為である。例えば，法人の設立認可，外国人の帰化の許可，*公有水面*埋立免許，公務員の*任命*などを指す。*命令的行政行為*に対比して用いられてきた。

形成的裁判 ⇨確認的裁判・形成的裁判'

形成の訴え 1 意義　法定の原因に基づく特定の法律関係の変動を判決によって宣言することを求める*訴え'。例えば、離婚原因事実の存在を主張し、「原告と被告とを離婚する」旨の判決を求める離婚の訴え〔民770〕はその例。形成訴訟、創設の訴え又は権利変更の訴えともいわれ、*給付の訴え'又は*確認の訴え'に対する。私法上の法律関係の変動は、一般に、その*要件事実'が発生すれば当然に生じ、その変動があったか否かについて争いがあれば、変動の結果である法律関係の存否を確認の訴えにおいて又は給付の訴えの先決問題として主張すれば足りる。しかし、それでは、法律関係に変動があったかどうかが関係人に明確になるとは限らないうえ、給付の訴えを通じてこれを判断してもらうとしても、先決問題についての判断に*既判力'は生じない〔民訴114①〕し、仮にそれについて*中間確認の訴え'〔民訴145〕が許されるとしても、争いを生じた者の間で個別的に決められることになる〔民訴115〕。そこで、関係人間で法律関係の変動を画一的に明確にしておく必要のある場合には、変動の要件に当たる事実が生じても直ちに法律関係が変動するとせず、その要件事実の存在を訴えをもって主張させ、その存在を認める判決の確定をまって初めて変動が生じるとする必要がある。法はどのような場合に誰がこの種の訴えを提起できるかを個別的に定めている〔民775・787・802・803・814, 会社828・831・833等〕。これらの規定に基づく訴えが形成の訴えであり、法律関係の変動を宣言する原告勝訴の判決が*形成判決'である。形成判決は、法律関係を変動させる*形成力'のほかに、*形成権'(形成要件又は形成原因ともいう)の存在につき既判力を有するとするのが通説である。形成の訴えの*請求棄却'判決は形成権の不存在を既判力により確認する判決である。

2 種類　形成の訴えは、実体法上の法律関係の変動を目的とするもののほかに、執行判決を求める訴え〔民執24〕のように、訴訟上の法律関係の変動を目的とするもの(訴訟法上の形成訴訟)がある。また、形成の訴えではあるが、*境界確定の訴え'、*父を定める訴え'〔民773〕などのように、法律関係の変動のための形成要件が法定されていない特殊なものがある(⇨形式的形成訴訟')。

3 訴えの利益　法律がある訴えを形成の訴えと定めたことは、形成判決の確定がなければ何人も法律関係が変動したことを主張しえないことを意味するから、法律によって形成の訴えの*原告適格'を認められている者が提起した形成の訴えは、その他の*訴訟要件'が満たされる限り当然に*訴えの利益'が認められるのが原則である。しかし、形成の訴えの係属中に形成判決により達成しようとする目的が判決によらずに達成されたり、その達成が事実上又は法律上不可能になるなど、事情の変更により形成判決をするのが無意味となった場合には、例外的に訴えの利益がなくなることがある。例えば、重婚において後婚の取消しの訴えが提起された後に後婚が離婚により解消した場合、ある年の5月1日のメーデー集会のための皇居前広場使用許可申請の不許可処分の*取消訴訟'の係属中に、5月1日が経過した場合などがそれである。

形成判決　*形成の訴え'につき請求を認容する場合の判決であり、その*主文'で法律関係の変動を宣言する。創設判決又は権利変更判決ともいう。例えば、離婚を宣言したり、株主総会の決議の取消しを宣言する判決などがその例である。形成判決が確定したとき(⇨確定判決')に、そこに宣言された法律関係の変動が生ずるが、このことを形成判決の効力とみて形成力という。形成判決は、形成原因(形成要件又は*形成権')の存在を確定する作用をもつが、通説は、この判断に*既判力'が生じるとしている。⇨形成力(判決の)'

形成力(判決の)　法律関係の変動を生じさせる*形成判決'の効力。形成力は、形成判決が確定したときに生じる。*既判力'や*執行力'と異なり、一般に、形成力には訴訟当事者以外の者に及ぶ対世的効力が内在し、その結果として第三者も形成の効果を争えなくなるとされるが、対世的効力は、法に明文の規定があるときにその効果として生じるのであり、形成力に内在するものではないとの考えもある。

係争物に関する仮処分　⇨仮処分'

継続会　*株主総会'や*社員総会'が時間不足その他の事由で議事を中断し、後日続行する旨を決議した場合において、その後日に開催される総会。継続会は同一の総会の延長にすぎないから、改めて招集手続を行う必要はない〔会社317, 一般法人56〕。*創立総会'、*特別清算'の*債権者集会'、*社債権者集会'及び*会社更生手続'における関係人集会等についても同様である〔会社80・560・730, 会更198〕。⇨延会'

継続開示会社　*有価証券報告書'の提出を義務付けられている*有価証券'の発行者〔金商24①〕。上場有価証券の発行者、店頭売買有価証券の発行者、募集又は売出しを行った有価証券の発行者、及び株券の所有者が1000人以上

けいぞくき

である株式会社〔金商24①Ⅰ〜Ⅳ，金商令3・3の6⑥Ⅰ〕等がこれに当たる。この第4の基準を外形基準といい，有価証券の所有者数が多ければ取引のために*ディスクロージャー'による保護を必要とする投資者がいることを開示義務の根拠とする。ただし，公募・売出しを行った発行者は，当該有価証券の所有者数が25名未満となったとき，又は当該有価証券の所有者数が5事業年度の末日に連続して300名未満となったとき，外形基準に該当する発行者が，資本金額が5億円未満となったとき，又は事業年度の末日に所有者数が300名未満となったときに，内閣総理大臣の承認を受けて有価証券報告書の提出義務を免れることができる〔金商24①但，金商令3の5②・3の6③・4②Ⅲ，企業開示16②〕。有価証券報告書の提出義務を負う発行者は，*半期報告書'，*臨時報告書'等の継続開示書類の提出義務を負うことになるため〔金商24の5①④〕，継続開示会社と呼ばれる。

継続企業価値　倒産法においては，債務者の事業を継続するものとして評定された，債務者財産の価額をいう〔民再規56①但参照〕。債務超過の存否，事業譲渡の対価の相当性，計画弁済総額の合理性等の判定において意義をもつ。

継続企業の前提　会社が将来にわたって事業を継続するとの前提。会計学においては，主要な3つの会計公準の1つとして位置付けられている。そして，とりわけ，資産の評価基準としての取得原価基準，*のれん'や*繰延資産'の計上，法的債務性を有しない負債性引当金の計上などは，継続企業の前提があってはじめて合理性を有するものである。したがって，経営者の対応及び経営計画によっては，合理的期間(少なくとも，計算書類・連結計算書類の対象となっている事業年度・連結会計年度の末日の翌日から1年間)にわたり，会社・企業集団が事業活動を継続できるというのでなければ，継続企業の前提は成立しないと考えられる。その場合には「継続企業の前提が成立しないこと」を前提として「貸借対照表'等を作成する必要がある(典型的には*清算'中の会社)，継続企業の前提に重要な疑義を抱かせるような事象又は状況があるにすぎない場合には，継続企業の前提に基づいて*計算関係書類'を作成するため，*会計監査人設置会社'には継続企業の前提に関する注記が要求される〔会社計算98①Ⅰ・100〕。*金融商品取引法'の下でも注記が要求されている(例えば，財務規8の27，連結財務規15の22)。

継続雇用制度　雇用する高年齢者(55歳以上〔高年1〕)が希望すれば，*定年'後も引き続き雇用する制度。*高年齢者等の雇用の安定等に関する法律'(昭和46法68)は，定年制を定める事業主に対して，まず，定年が60歳を下回ることを原則として禁止する〔高年8〕。そして，60歳から65歳までの継続雇用制度の導入のほか，定年の引上げ，定年の定めの廃止のいずれかを高年齢者雇用確保措置として講じて65歳までの安定した雇用の確保を図るよう義務付ける〔高年9①〕。*老齢年金'の支給開始年齢の65歳への引上げに対応する趣旨である。本制度については，平成16年の導入(法103)当初は，事業場の労働者の過半数代表との*労使協定'で基準を定めて継続雇用対象者を選別できるとされたが，平成24年に年金受給年齢前の希望者全員を対象者とするよう改められた(法78)。また，本制度には，雇用主のグループ企業等(特殊関係事業主)における雇用確保も含まれ〔高年9②〕，*有期雇用'や短時間勤務(⇨パートタイマー')等の雇用形態への変更による継続雇用も許される。令和3年4月から，高年齢者雇用確保措置に，起業，社会貢献事業を支援する創業支援等措置を加えた高年齢者就業確保措置が新設され(令和2法14)，65歳から70歳までの雇用・就業機会の確保が事業主の努力義務とされた〔高年10の2〕。

継続審査　日本の国会は，原則として，*会期'中に限って活動能力をもつ。会期と会期との間では，国会の意思の継続性がないため，会議中に議決に至らなかった案件は後会に継続しないとする，*会期不継続'の原則がとられる〔国会68本文〕。しかし，この会期不継続の原則の例外として，*委員会'は，議院の議決により特に付託された案件を閉会中も審査することができ〔国会47②〕，この閉会中審査した案件は，後会に継続する〔国会68但〕。このように，閉会中に案件を継続して審査，調査することを，参議院では，継続審査と呼ぶ。衆議院では，閉会中審査と呼ぶ。地方議会にも同様の制度がある〔自治109⑧〕。

継続性の原則　企業会計は，その処理の原則及び手続を各*会計年度'にわたって継続して適用し，みだりに変更してはならないとする原則〔会計原則第1⑤参照〕。これは，1つの会計事実について2つ以上の会計処理の原則又は手続の選択適用が認められている場合に意義を有する。*会社計算規則'上，会計方針を変更したときは，重要性の乏しいものを除き，重要な会計方針の変更に関する注記をしなければならない〔会社計算98①③・102の2〕。*財務諸表規則'も，一般原則として継続性の原則を要求する〔財務

けいのじこ

規8の2①③]ほか，会計基準等の改正等に伴う場合とそれ以外の場合とに分けて，会計方針の変更を行った場合には，その変更の内容などを注記することを求めている〔財務規8の3・8の3の2〕。

継続追跡権 ⇨追跡権'

継続的債権関係 毎月一定量の材料を納品するなどの継続的な供給契約や，*賃貸借'・*雇用'などのように，ある期間継続する契約関係。ある物を売買するなどの一時的債権関係に対するものであり，次のような特色がある。すなわち，継続的債権関係にあっては，当事者間に長期にわたる交渉関係が生ずるので，一時的債権関係よりも一層当事者間の信頼関係(*信義誠実の原則')が強調される。その結果，信義則の適用である*事情変更の原則'が比較的容易に主張されるほか，契約の*解除'について，契約期間中に1回の*債務不履行'があっても，通常の*履行遅滞'による契約解除〔民541本文〕を認めるのは妥当ではなく，当事者間の信頼関係を破壊するような行為があって初めて契約関係を終了させるのが妥当であると説かれている。また，継続的債権関係では，契約解除の効果〔民545〕を遡及させたのでは清算関係が複雑になるので，その効果は将来に向かってだけ生ずるとされている〔民620等〕。そこで，*遡及効'のある通常の解除と区別して，*解約'又は*告知'などと呼んでいる。

継続的保証 ⇨根(ホ)保証'

継続犯 実行行為・*法益'侵害結果との関係で区別される犯罪の種別で，*即成犯'及び*状態犯'と対比される。継続犯は，犯罪が*既遂'に達した後も実行行為・侵害結果が継続する間，犯罪が続いているとみられるものをいう。監禁罪〔刑220〕や各種の所持罪〔例：銃刀所持3①〕などがこれに当たる。したがって，犯罪の継続している間いずれの時点をとっても既遂であり，その間はいつでも*幇助(ほう)犯'・*共同正犯'が成立し，一方，*公訴時効'の起算点や新旧両法の適用法令などの場合の適用法令などではなく，犯罪終了の時が基準となる。

継続費 1 意義 *予算'の内容の1つで，数年度にわたる継続的な事業の経費についてあらかじめ一括して国会の議決を経ることにより，複数年度にわたって債務負担権限と支出権限を付与する制度である。形式上，歳入歳出予算と区別されている〔財16〕が，その実質は複数年度の歳出予算であり，*予算単年度主義'〔憲86〕の例外をなす。*明治憲法'は継続費の制度を明文で認めていた〔明憲68〕が，現行憲法には何らの規定もない。そのため，かつてこれを否認する趣旨かどうかが争われたが，その採否は立法政策の問題と考えられ，昭和27年の*財政法'，*会計法'等の改正(法4)で制度化された〔財14の2。地方公共団体につき，自治212〕。

2 具体的内容・効果 継続費は，工事・製造その他の事業で完成までに数年度を要するものについて，特に必要がある場合に認められる〔財14の2①〕。近年では専ら防衛省の護衛艦・潜水艦の建造に用いられている。継続費は，歳出予算と同様に，その支出に関係のある部局等の組織の別に区分し，その部局等内においては項に区分する必要があるが，更に各項ごとにその総額及び年割額を示すとともに，その必要理由も明記しなくてはならない〔財25〕。継続費の総額の範囲内であれば随時に債務負担を行いうるのに対し，支出権限は各会計年度の年割額の範囲内に限定される。ただし逓次繰越しの制度〔財43の2〕がある。国会の予算審議権を確保する観点から，継続費による支出は，原則として議決された会計年度以後5カ年度に限り認められ，更に国会は，次年度以降の予算審議に際して，既決の継続費につき重ねて審議することもできる〔財14の2②④〕。 ⇨国庫債務負担行為'

携帯手荷物 *旅客運送契約'において，旅客が*運送人'に引き渡さずに自身で携帯する手荷物。持込手荷物ともいう。運送人が保管しているわけではないため，その滅失・損傷については，旅客が運送人の*故意'又は*過失'を証明した場合に限り，運送人に損害賠償責任が生じる〔商593〕。危険物等の持込みについては制限がある〔鉄運23〜25ノ2，道運28等〕。 ⇨託送手荷物'

経団連 ⇨経済団体連合会'

刑の時効 刑(死刑を除く)の言渡しを受け，それが確定した後，刑の執行を受けることなく一定期間が経過したことにより，刑の執行を免除する制度〔刑31・32〕。公訴の時効〔刑訴250〜255〕とは区別しなければならない。刑の時効の期間は，刑の言渡しが確定した後，無期の拘禁刑は30年，有期の拘禁刑は，10年以上のものは20年，3年以上10年未満のものは10年，3年未満のものは5年，罰金は3年，拘留・科料・没収は1年である〔刑32〕。刑の時効は，法令により*刑の執行'を猶予し又はこれを停止した期間内は進行せず〔刑33〕，拘禁刑・拘留につき刑の言渡しを受けた者を執行のために拘束したとき，罰金・科料・没収につき執行行為がされたときは中断される〔刑34〕。 ⇨公訴(の)時効'

けいのしつ

刑の執行 刑を言い渡す判決〔刑訴333①〕が確定したときに（⇨'確定判決'）、その判決の内容を実現させること。刑の執行は、*検察官'が書面で指揮して行う〔刑訴472・473〕。*死刑'は、法務大臣の命令を経て、刑事施設内で絞首して執行する〔刑訴475、刑11①〕。*自由刑'は、刑事施設に拘置して執行する〔刑12②・16〕。*財産刑'は、検察官の命令によって、強制執行手続により執行する〔刑訴490〕。刑の執行を巡る争いについては、解釈の申立て〔刑訴501〕、*異議の申立て'〔刑訴502〕などが認められている。　⇨'執行指揮'　⇨'刑の執行停止'

刑の執行停止　*死刑'の言渡しを受けた者が'心神喪失'の状態にあるとき、及び女子であって懐胎しているときは、法務大臣の命令によって執行を停止する〔刑訴479〕。*自由刑'の言渡しを受けた者が心神喪失の状態にあるときは、*検察官'の指揮によって執行を停止し〔刑訴480〕、また、健康状態、高齢その他の事由によっても執行を停止することができる〔刑訴482〕。なお、*再審'請求には刑の執行停止の効力はないが、検察官は刑の執行を停止することができる〔刑訴442〕。再審開始決定をした裁判所も同様である〔刑訴448〕。　⇨'刑の執行'

刑の執行の免除　有罪判決で確定した*刑の執行'だけを免除すること。*刑の時効'完成〔刑31〕、*恩赦'による刑の執行の免除〔恩赦8〕、及び外国で受刑した罪についての裁判上の言渡し〔刑5〕の効果として生ずる。*刑の免除'と異なり、刑に処せられたものであり、かつ、*前科'も抹消されない。

刑の執行猶予　⇨'執行猶予'

刑の消滅　⇨'前科抹消'

刑の廃止　国家が、法令の改廃により、従来処罰されていた行為を不可罰とすること。犯罪後の法令により刑が廃止されたときは、*免訴'の判決をしなければならない〔刑訴337②〕。

刑の併科　2個以上の刑罰を併せて適用することをいう。数罪を犯した者に対して、各罪に相当する刑罰を併せて適用する場合のほか、1罪に対して2種の*主刑'を科する場合、例えば、*拘禁刑'と*罰金'とを併科する場合〔刑256②〕がある。数罪を犯した者に対する刑の適用については*併合罪'の制度があるが、刑法は、*自由刑'は併科しないが、*財産刑'は併科することを本則とし〔刑46①但②但・48・49・53〕、*死刑'・無期拘禁刑は他の刑を吸収し〔刑46〕、有期拘禁刑は加重することにしている〔刑47〕。

刑の免除　有罪であるが*刑'は科する

こと。判決で言い渡されるが〔刑訴334〕、刑法上その言渡しが必要な場合〔刑43但・80・93・228の3・244①・251・255・257①〕と裁量的な場合〔刑36②・37①但・105・113但・170・171・173・201〕が規定されており、一般に酌量によって行うことはできない。刑の免除は犯罪の不成立や*刑の執行の免除'〔刑5・31、恩赦8〕と区別する必要がある。刑の免除の言渡しに法的不利益が伴うことはほとんどないが、確定後2年でその言渡しの効果は失われるとされる〔刑34の2②〕。

刑の量定　1 定義　*処断刑'の範囲内で、具体的に*宣告刑'を決定することをいう。量刑ともいう。

2 基準　刑法中に直接の規定はないが、*起訴猶予'の基準〔刑訴248〕は重要な目安となっている。*改正刑法準備草案'47条、*改正刑法草案'48条は、刑の量は行為者の*責任'に応じなければならないとしながらも、他方では、それは法秩序の維持に必要な限度を超えてはならず、*死刑'の適用は特に慎重でなければならないという基本的態度を表明しながら、行為者の年齢・性格・経歴及び環境、犯罪の動機・方法・結果・社会的影響、犯罪後の態度を十分考慮し、犯罪抑制・犯人改善更生に役立つことを目的としなければならないと規定している。*道義的責任論'と*社会的責任論'を融和させようという努力の結晶ともいえよう。

3 量刑不当　量刑が不当に重すぎ、あるいは軽すぎるときは、*上訴'により是正される〔刑訴381・397・411②〕。

競売　買受希望者に買受の申出をさせ、最高価の申出をした者に承諾を与える売却の方法。特に、*期日'に口頭で買受申出をさせ、その額を競り上げさせる方法（競り売り）〔民執50〕をいう（⇨'入札'）。*民事執行法'上は、目的物を差し押さえて売却し、売却代金を債権者に弁済する手続を指す場合（⇨'不動産競売'）と、担保権の実行手続（⇨'担保権の実行としての競売'）及び*形式競売'の手続を指す場合〔民執1〕（⇨'任意競売'）がある。

競売等妨害罪　⇨'強制執行妨害罪'　⇨'公契約関係競売等妨害罪'

刑罰　⇨'刑'

刑罰不遡及の原則　1 意義　行為時に*犯罪'でなかった行為は、その後の法律で、その類型の行為が犯罪とされても、遡って処罰されることはないという原則。*罪刑法定主義'の内容で、憲法39条の明示するところである。事後法の禁止、遡及処罰の禁止ともいう。この原則は、*法の支配'の基本的要素の1つであると

いわれるが、ニュールンベルク裁判(*国際軍事裁判所')、東京裁判(*極東国際軍事裁判所')から常設の*国際刑事裁判所'の設立(2002)への流れの中で、人道に対する罪、侵略犯罪については、重大な例外が設けられている。

2 刑の変更 行為後に刑を加重する方向で刑が変更された場合には、裁判時の罰則を適用することは実質的にも刑罰不遡及の原則に違反することから、行為時の軽い罰則を適用するのは当然である。これに対して、刑を減軽する方向の刑の変更がなされた場合には、遡及処罰禁止の問題が生ずるわけではないが、裁判時法主義の観点から、裁判時の軽い罰則が適用されることになる〔刑6〕。

3 刑の廃止 犯罪後の法令により刑が廃止され、かつ犯罪であった行為が犯罪でなくなったときは、刑事訴訟法337条2号により*免訴'の判決をする。

4 適用の限界 判例は、行為時に存在している法に関する公権的解釈(⇨法の解釈')であり、*法源'それ自体ではないから、行為当時の判例の法解釈によれば不可罰とされる行為を、その後、判例を変更して処罰することは、刑罰不遡及の原則に違反しない(最判平成8・11・18刑集50・10・745)。また、*公訴時効'は刑罰の内容を規定するものではないから、行為後に公訴時効を廃止又は公訴時効期間を延長して被告人を処罰することも、同原則に違反しない(最判平成27・12・3刑集69・8・815)。

軽犯罪法 昭和23年法律39号。*拘留'又は*科料'に当たる軽微な秩序違反行為を犯罪として罰する法律。*旧刑法'中の違警罪、それに続く警察犯処罰令(明治41内16)の後身である。同令が労働運動や思想犯の取締りに濫用された経緯に鑑み、濫用のおそれのないように規定の上で配慮するとともに、濫用を戒める総則的規定を置いている〔軽犯4〕。

経費の繰越し ⇨予算の繰越し'

景 表 法 ⇨景品表示法'

軽費老人ホーム *老人福祉法'に基づき設置される*老人福祉施設'の一種〔老福5の3〕。無料又は低額な料金で、老人を入所させ、食事の提供その他日常生活上必要な便宜を供与することを目的とする〔老福20の6〕。第1種*社会福祉事業'である〔社福2②③〕。高齢等のため独立した生活に不安のある者を対象とするA型(食事提供あり)及びB型(食事提供なし)、並びに身体機能の低下等により自立した日常生活を営むことに不安がある者で、家族による援助を受けることが困難な者を入所させるケアハウスの3類型があったが、今後はケアハウスに一元化される。*介護保険'では、入居定員数により特定施設又は地域密着型特定施設(⇨地域密着型サービス')に位置付けられ、提供される介護サービスは特定施設入居者生活介護又は地域密着型特定施設入居者生活介護として*居宅介護サービス費'又は地域密着型介護サービス費の支給対象となる〔介保8⑪⑫・41・42の2, 介保則15〕。

景品表示法 昭和37年法律134号。正式名称は、「不当景品類及び不当表示防止法」。商品・役務の取引に関する不当な景品類の提供と一般消費者に対する不当表示を規制する(⇨不当景品類' ⇨不当表示')。不当な景品類・表示による顧客の誘引を防止し、一般消費者による自主的かつ合理的な選択を阻害するおそれがある行為の制限・禁止を定めることにより、一般消費者の利益を保護することを目的とする〔景表1〕。景品表示法は、昭和37年(1962)に*独占禁止法'の特例法として制定・施行されたが、平成21年(2009)に*公正取引委員会'から消費者庁に本法が移管された際に、目的規定が現在のように改正され、4条・5条等においても「一般消費者による自主的かつ合理的な選択」の確保が明記された。事業者は、自ら販売する商品・役務について景品類の提供・表示を適正に管理するために必要な体制整備その他の必要な措置を講じなければならず、内閣総理大臣は、当該事業者に対し必要な指導・助言、勧告を行うことができる〔景表22〜24〕。*事業者'・*事業者団体'が内閣総理大臣及び公正取引委員会の認定を受けて、自主的に不当な景品類・表示の規制を行う(公正競争規約)ことも可能である〔景表36〕。内閣総理大臣は、過大な景品類・不当表示の違反行為があるときは、当該行為の差止めその他必要な事項を命ずる(措置命令)ことができる〔景表7〕。内閣総理大臣は、景品表示法による権限を消費者庁長官に委任しており、消費者庁長官は、その権限の一部を公正取引委員会、都道府県知事等に再委任している〔景表38〕。消費者契約法が定める適格消費者団体に、不特定かつ多数の一般消費者に対する不当表示に対する差止請求権が付与されている〔景表34〕。不当表示を防止するための課徴金制度〔景表8〕、違反行為の自主申告による課徴金減額制度〔景表9〕、被害回復を促進する観点から自主返金による課徴金減額制度がある〔景表10・11〕。不当表示の疑いのある表示を迅速に改善するため、措置命令・課徴金納付命令を受けないことで事業者の自主的な取組を促す*確約手続'が導入された〔景表26〜33〕。

けいひんる

景品類 ⇨不当景品類'

刑　法　**1 総説**　どのような行為が*犯罪'となり、また犯罪に対してどのような刑罰が科せられるかを定めた法律。犯罪の予防や犯罪への応報のために設けられるもので、国家の刑罰権の根拠と限界を定めている。広い意味では、犯罪と刑罰を定めるあらゆる法律を指し、刑法典(明治40法45)のほか、各種特別刑法(例えば*暴力行為等処罰ニ関スル法律')や、諸法令中の罰則規定〔例えば会社960〕も含まれる。それに対し、狭い意味では、刑法典のみを意味する。刑法典においては、第1編の「総則」において犯罪と刑罰に関する共通ルールを統一的に規定し、第2編の「罪」において個別の犯罪を定めている。その総則規定は、特に定めがない限り、他の法律の罰則についても等しく適用される。

2 現行法の特色　現行法は、明治13年(1880)、フランスから招かれた*ボアソナード'により起草された*旧刑法'を、約20年間の数次にわたる断続的な全面改正の作業を経て、全部改正したものである。旧刑法と比べ、犯罪類型の決め方が包括的で大まかであること、未遂犯(⇨未遂)も既遂犯と同じ刑で処罰できることにしたこと、*刑の量定'について裁判官の裁量権を大幅に拡充したこと、*執行猶予'制度・*仮釈放'制度の要件を緩和し拡充したことなど、*主観主義'の性格を強めつつ*刑事政策'の要請に応えようとする、当時としては世界的にみても画期的な立法であった。刑法が、制定後100年余を経過し、その間しばしば全面改正の機運がもち上がりながら今日に至るまで部分的改正を受けるだけで現行法として存続しているのは、規定が大まかで、解釈・運用の幅が広かったことに負うところが大きいとされている。しかし、近時は、グローバル化、デジタル化、社会の価値観の変化に応じた改正が頻繁に行われている。

3 改正　部分改正としては、昭和16年(法61)には瀆職(とくしょく)罪の強化、強制執行妨害罪'・*談合罪'などの新設、昭和22年(法124)には皇室に対する罪、姦通(かんつう)罪の廃止など新憲法施行に伴う応急的改正と、執行猶予の要件緩和、*前科抹消'などの刑事政策的規定の改正、昭和33年(法107)には*あっせん収賄'罪・*証人威迫罪'・*凶器準備集合罪'の新設、昭和35年(法83)には*不動産侵奪罪'の新設、昭和39年(法124)には*身の代金目的拐取罪'の新設など、昭和43年(法61)には*業務上過失致死傷罪の刑の引上げ、昭和55年(法30)には*贈賄罪の刑の引上げ、昭和62年(法52)には*コンピューター犯罪'に対処するための部分改正、平成3年(法31)には*罰金'刑を全面的に引き上げるための改正、平成7年(法91)には表記の平易化、尊属加重規定の削除、瘖唖(いんあ)者の行為に関する規定の削除を内容とする改正、平成13年には*支払用カード電磁的記録に関する罪'(法97)、*危険運転致死傷罪'(法138)の新設、平成15年(法122)には*国外犯'に関し、日本国民以外の者に適用する規定の新設が行われた。平成16年(法156)には刑法総則において、有期の懲役・禁錮の上限が20年に、有期刑を加重する場合の上限が30年に引き上げられ、各則においては、凶悪犯罪(殺人、傷害、強姦(ごうかん)(当時)等)についての法定刑の見直しと集団強姦罪〔刑法178の2〕等の新設、平成17年(法66)には人身売買罪〔226の2〕、被略取者等所在国外移送罪〔刑226の3〕の新設を含む人身の自由に対する罪の罰則整備が行われた。平成18年(法36)には*公務執行妨害罪'及び*窃盗罪'への選択刑としての罰金刑の導入、平成19年(法54)には自動車運転過失致死傷の新設〔刑旧211②〕等が行われた。平成23年(法74)には*強制執行妨害罪'の拡充〔刑96の2〜96の5〕、コンピューターウイルス作成等の罪の新設〔刑168の2〜168の3〕(法74)、平成25年には刑の一部執行猶予〔刑27の2〕の導入(法49)、及び危険運転致死傷罪・自動車運転過失致死傷罪を拡充の上、刑法から削除する改正(法86)が行われた。平成28年(法54)には犯人蔵匿等の罪の法定刑引上げ、平成29年には贈賄罪の国外犯に関する改正(法67)、及び強姦罪を強制性交等罪へ改めその法定刑を引き上げる等の*性犯罪'の第1次大幅改正(法72)、平成30年(法72)には放火等の自己物の特例〔刑115〕等に*配偶者居住権'を含める改正、令和4年(法67)には懲役と禁錮を*拘禁刑'に統一するほか執行猶予の要件緩和や*侮辱罪'の法定刑の引上げに関する改正、令和5年には*逃走罪'等の主体の拡張等(法28)、及び性犯罪の手段や年齢に関する要件を改め、*わいせつ目的面会要求等罪'を新設する性犯罪の第2次大幅改正(法66)が行われた。制定以来、累計35回の部分改正が行われている。

4 全面改正作業　刑法典の全面改正作業は、大正年間以来引き続き行われ、昭和15年には*改正刑法仮案'が作成されたが、戦争のため一時中断された。戦後に至り、昭和36年に*改正刑法準備草案'、昭和49年には*改正刑法草案'が公表されたが、*保安処分'の導入等で論議を呼び、全面改正は実現しなかった。

刑法改正予備草案　泉二新熊(1876〜1947)を中心とした司法省刑法改正原案起草委員会により、昭和2年に作成された改正刑法草案。総

則122カ条、各則237カ条の詳細なもの。当時のドイツ刑法草案の影響が強くみられるとされる。⇨改正刑法仮案'

刑務作業 刑事施設において受刑者に行わせる労務。従来、*懲役'受刑者には作業が義務付けられ、*禁錮'受刑者と*拘留'受刑者は、申出により作業に従事することとされていたが、令和4年の刑法改正により、懲役と禁錮が'拘禁刑'に単一化され、拘禁刑又は拘留に処された者には、改善更生を図るため、必要な作業を行わせ、又は必要な指導を行うことができるものとされた〔刑12③・16②〕。これにより、作業は、制裁として苦痛を与えるものではなく、改善更生のための手段であることが刑法上も明確にされた。作業は、刑事施設内で行うのが大部分であるが、構外作業場で行うものもあり、更に、受刑者を職員の同行なしに、刑事施設の外の事業所に通勤させて行うものもある〔刑事収容96〕。なお、作業に従事したときは、*作業報奨金'が支給される。

刑務所 主として*拘禁刑'・*拘留'の刑に処せられた者(受刑者)を収容し、必要な処遇を行う*刑事施設'。

契約 I 私人間の契約 **1 意義** 互いに対立する複数の*意思表示'(例えば売買で売りたい・買いたいという意思表示)の合致によって成立する*法律行為'。同じく意思表示を要素とする法律行為であっても、遺言のような*単独行為'は1つの意思表示によって成立するのに対し、契約は2つ以上の意思表示の合致を必要とする。また、組合契約における「一定の事業を行う」のように複数の意思表示から成るが、意思表示が同じ方向に向けられているのは、売買における「売る」「買う」というように、意思表示が対立する一般の契約と区別されて*合同行為'と呼ばれることもある。もっとも、契約と合同行為を区別する意味は、複数の意思表示のうちの1つが効力を生じない場合に、残りの意思表示だけで予定した*法律効果'が生ずるかどうかという点にあるが、これは具体的な法律行為ごとに決定すれば足りするので合同行為の観念を否定しようとする説もある。契約は先にされた意思表示(*申込み')に対して後の意思表示(*承諾')がされ、両者が合致すれば原則として成立する。なお、同時にされた意思表示の合致(*交叉(こう)申込み')や意思の実現〔民527〕によっても契約は成立する。

2 機能 商品交換を基礎とする資本主義経済社会では、個人の自由が前提とされ、人を拘束するのは自らの意思であると考えられ(⇨私的自治の原則')、各人は意思の合致がある限り、自由な契約を締結できるとされた(⇨契約自由の原則')。今日では普通、契約といえば、*債権'関係を発生させる債権契約を指す〔民3編2章〕が、*物権'の創設、*身分権'の発生などを目的とする物権契約・身分契約など、広く意思の合致による法律関係の形成が認められている。

3 種類 民法債権編には、13種の典型契約(*有名契約')が規定されている〔民3編2章〕が、これに規定されていない契約(*無名契約')も少なくない(⇨混合契約')。これらの契約は、その法的性質によって、*有償契約・無償契約'、*双務契約・片務契約'、*諾成契約'・*要物契約'などに分類される。

II 国際私法 **1 国際契約(国際取引)** 貿易取引を巡る諸契約、合弁・技術提携契約、国際金融関係の諸契約など、契約は国際的関係においても重要な機能をもつ。しかし、統一法条約(⇨統一法')は、一部の法領域について、かつ、一部の国々の間に存在するだけであり、しかも裁判制度は原則として分立しているため、これに多くを期待することはできない。そこで、運送・保険・金融などの分野では、標準契約書式や*援用可能統一規則'などが業界団体などにより作成されており、その利用により国際契約紛争の発生を予防する自主的努力が払われている。しかし、大部分の国際契約では、国際私法による*準拠法'の決定・適用という処理がなされている。

2 国際私法による準拠法の決定 契約準拠法の決定については、主観主義と客観主義の対立がある。日本は、前者を採用しており〔法適用7〕、これを*当事者自治の原則'という。この準拠法は、成立及び効力に関する広い問題に適用される。当事者による準拠法選択がない場合には、*最密接関係地法'による〔法適用8①〕。そして、原則として、契約において特徴的な給付を当事者の一方のみが行うものであるときには、その給付を行う当事者の*常居所地法'が、また、不動産を目的とする契約については不動産所在地法が、それぞれ最密接関係地法と推定される〔法適用8②③〕。例えば、動産の売買契約・賃貸借契約では売主・貸主、請負契約では請負人、それぞれの常居所地法が最密接関係地法であると推定されるが、個々の事情により推定は覆されることがありうる。なお、当事者は、契約の準拠法を事後的に変更することができ、その効果を遡及させることもできるが、契約の*方式'については変更前の法が成立に適用される法とされ〔法適用10①〕、また、変更の結果、*第三者'の権

けいやくき

利を害することになるときはその変更をその第三者には対抗することができない〔法適用 9〕。消費者契約及び'労働契約'については特別があり〔法適用 11・12〕、また、国際私法によって定まる準拠法に加えて、強行適用法規の特別連結がありうる。⇨特徴的給付の理論' '強行法規の特別連結' '消費者契約の準拠法' ⇨労働契約の準拠法'

Ⅲ 行政法上の契約については、'行政契約'をみよ。

契約強制 ⇨締約強制'

契約財産制 ⇨夫婦財産契約' ⇨夫婦財産制'

契約社員 ⇨雇用形態'

契約自由の原則 1 意義 個人の契約関係は、契約当事者の自由な意思によって決定されるのであって、国家はこれに干渉せずこれを尊重しなければならないという近代私法の原則。'契約'を締結するかどうかについての自由(締約の自由)、どのような相手方と契約をするかについての自由(相手方選択の自由)、どのような内容の契約をするかについての自由(内容の自由)、どのような方式による契約をするかの自由(方式の自由)がその内容であるとされる。'債権法改正'によって明文化された〔民 521・522 ②〕。⇨私的自治の原則'

2 機能 契約自由の原則は、私的所有権の絶対性、'過失責任主義'と並んで、近代資本主義経済社会における商品交換の自由を保障する基本的原理と考えられていた。しかし、資本主義が高度化するにつれて、個人意思の尊重は、結局、独占的な企業による社会の支配を意味することになり、契約自由の原則に対する反省・批判が強まり、今日では新たな基礎付けが求められたり、対抗原理が提示されるに至っている。

3 経済的弱者の保護 '労働契約'において、契約自由の名の下に実はもてる者のもっていない者への支配が行われていることから、国家は、両者の実質的平等を回復するために労働諸立法をもって介入している。'借地借家法'・'農地法'などに定める賃貸借契約に対する国家の介入〔借地借家 9・21・37、農地 18〕もまた不動産の需給のアンバランスに由来する賃貸人・賃借人間の実質的平等を図ろうとするものである。今日では消費者保護が重要な課題となっており、情報・交渉力格差に着目した規律がなされている〔消費契約 1〕。

4 大量的取引 資本制取引の大量化現象は、運送契約や保険契約などのような契約の画一化をもたらし、契約の一方当事者は他方(企業)の定める'約款'に拘束されるようになる(附合契約)。このように今日の契約には、当事者それぞれの自由な意思によってその内容が決定されているとはいえないものも多くなっており、特に'定型約款'については、債権法改正において特別が設けられるに至った〔民 548 の 2~548 の 4〕。

5 締約強制など 内容の自由だけではなく、公益に関係のある事業などにおいては締約の自由が否定され(⇨締約強制)、また、'小作'契約においては契約の書面を作ることが要求される〔農地 21〕など、契約の自由は次第に各方面において制限されてきている。

契約条約 ⇨立法条約'

契約説 社会や国家の成立の根拠を人々の契約に求める説。民約説ともいう。統治契約と社会契約の 2 種に分けられる。1 統治契約 統治契約は中世的契約観念で、封建的身分秩序を前提として上下の統治関係だけを正統化するにすぎない。この意味で、統治契約は'主権'しか作り出さないといえる。

2 社会契約 社会契約説は平等な諸個人を前提とし、個人はそれぞれ作為の主体、契約主体であって、国家・社会は目的として、それらの諸個人の作為するすなわち契約によって作り出される。このような論理構造をもつ社会契約説は、本質的に個人主義であり、'身分から契約へ'という中世から近代への社会観に対応する。したがって、それは伝統的権威に'正統性'の根拠を求め、階層的身分秩序を自然秩序として固定しようとする中世的権力構造と対立し、資本主義の成立と自立的市民社会の形成を背景に、市民革命の理論として機能した。代表的な思想家は、フーカー(Richard Hooker, 1554~1600)、アルトジウス(Johannes Althusius, 1557~1638)、'ホッブズ'、'ロック'、プーフェンドルフ(Samuel Freiherr von Pufendorf, 1632~94)、スピノザ(Baruch de Spinoza, 1632~77)、'ルソー'らであるが、社会契約説の内容は個々の思想家によってかなり異なっている。この思想はメイフラワー誓約(1620)や'アメリカ独立宣言'(1776)などに強い影響を与えた"が、なお、契約という歴史的事実の不存在、「契約は守られなければならない」という前提の根拠、子孫拘束の根拠などに対し批判が向けられている。

契約締結上の過失 '契約'は、その履行が原始的に不能な場合には'無効'とされ、したがって、当事者間には何らの債権債務関係が存在しないという前提の下で('債権法改正'により民法 412 条の 2 第 2 項が設けられたため、今日ではこの前提は成り立たない)、一方当事者が

*過失'によってその*原始的不能'を知らなかったために契約締結の準備を進めて相手方に損害を与えたという場合には、相手方が契約が有効であると信じたことによって被った損失、いわゆる*信頼利益'を賠償するのが公平に適すると考えられてきた。この考え方によれば、例えば、倉庫にある商品が盗まれていたにもかかわらず、売主がその存否を確かめずに売ろうとし、買主がその商品買入れの準備のために、保管場所を賃借りし、賃料を支払ったというような場合には、買主はその賃料相当額の賠償を請求できる。法律に規定はなかったが、学説には、*信義誠実の原則'〔民1②〕を手がかりにして、契約が無効であっても、過失ある当事者は、一種の契約上の責任として信頼利益を賠償するのが妥当であると解するものがあった。なお、一方当事者による契約交渉の不当な中断や、契約は成立したが契約締結前の不適切な行為(虚偽情報の提供など)によって相手方が損害を被った場合にも、この理論を適用して解決しようという説も主張されている。

契約不適合(責任) ⇨瑕疵(⤴)'・瑕疵(⤴)担保責任' ⇨担保責任'

経理上の援助 *使用者'が*労働組合'の運営のための費用を負担すること(経費援助ともいう)。経理上の援助は、労働組合の自主性確保の観点から*支配介入'の*不当労働行為'として禁止され〔労組7③〕、援助を受ける組合は*労働組合法'上の労働組合とは認められない〔労組2②本文〕。ただし、就業時間中の労使の交渉・協議に要する時間についての賃金の支払等一定のものは、例外として経理上の援助に当たらないとされている〔労組2②但・7③但〕。

経 歴 詐 称 *労働者'が採用に際し、自己の学歴・職歴等いわゆる履歴を偽ること。重要な経歴を偽った場合には、*解雇'事由になる。更に、*懲戒解雇'をすることができるかどうかについては学説に否定説があるが、裁判例はこれを認めたものもある(東京地決昭和30・3・31労民6・2・164〈東光電気大崎工場事件〉)。

系 列 **1 定義と関係の基礎** 企業系列とも呼ばれる。厳密な定義はないが、広義には、複数の企業間の固定的・継続的な結合関係ないし取引関係を指す。関係の基礎になる手段は、株式保有、役員兼任・派遣等、資金の融資、あるいは単なる継続的取引関係など様々である。**2 企業集団** このうち、多数の企業間の株式保有・役員兼任などの企業組織上の結合(固い結合又は企業集中とも呼ばれる)によって形成される企業集団は、旧財閥の流れをくむ大企業が構成メンバーとしてほぼ対等の(「ヨコ」の)結合関係にある企業集団と、大企業がその*子会社'・*関連会社'などを支配し「タテ」の結合関係を形成する独立系企業集団とに分かれる。後者の企業集団は、多くの場合、後述の系列取引によって結ばれている。これらはいずれも、独占禁止法旧9条の持株会社禁止に触れない形で展開されていたが、1980年代に欧米諸国から、日本の閉鎖的取引慣行を象徴し、非関税障壁として機能していると批判された。前者の旧財閥系企業集団はその後の長期不況、金融再編の中で、次第に解体され又は結束力を弱めている。*独占禁止法'上は、株式保有・役員兼任等が企業結合の制限に当たらない限り違法ではない。ただし、取引関係については、次の3で述べるように*不公正な取引方法'に当たる場合もある。**3 系列取引** 系列取引は、上記の企業集団に属する企業間の取引を指すこともあるが、正確には、企業間が固い結合によって結び付いているかどうかを問わず、企業間の取引関係においてリーダー企業の組織的な方針の下で固定的・継続的に行われる取引を指す。流通(販売)系列や生産(下請)系列などに典型的にみられるように、取引上、優越的地位にある企業が、自己の販売政策や生産政策を実現するために、系列下の多くの企業を組織化し、取引条件などを一方的に決定するなど支配することが特徴である。それらが取引上の*優越的地位の濫用'や、不当な*拘束条件付取引'、*排他条件付取引'あるいは不当な*取引拒絶'などに当たる場合は、不公正な取引方法として禁止の対象となる。他方で、このような系列は、効率的な日本的経営方法の1つであるとの議論もある。この系列取引も上記の企業集団と同様に、閉鎖的取引慣行として批判されたが、近年その多くは結束力を弱めている。

⇨株式保有の制限' ⇨役員兼任の制限' ⇨企業結合の制限' ⇨相互取引'

ゲヴェーレ 独 Gewere **1 通説** 通説によれば、ゲヴェーレとは*ゲルマン法'上の*占有'である。しかし、*ローマ法'の*ポッセッシオー'や近代法の占有が*本権'とは独立にそれ自体法的保護を受けるのに対して、ゲヴェーレにあっては、物の占有(事実的支配)は*物権'(本権)の表象・表現形式であり、本権と不即不離の関係にある。こうして、ゲルマン法においては、およそ物の事実的支配を離れては物権は存在しないとされ、このように理解されたゲヴェーレの概念は、ゲルマン物権法の基本概念とされてきた。

けじょう

2 原義 こうした通説は19世紀ドイツの法学者たち（ゲルマニステン）によって形成されたが、近年、史料に即した見直しの必要性が指摘されている。例えば、通説が重要な素材とした法書「ザクセンシュピーゲル」（圏 Sachsenspiegel）（1221〜35成立）において、ゲヴェーレの語は、法廷譲渡されたアイゲン（圏 Eigen）（自由世襲地）及び授与されたレーン（圏 Lehen）（封）（ともに適法な占有には何らかの*権原'を必要とした）を中心に用いられており、動産・小作地・代々世襲されているアイゲンについては現れない。つまり「ザクセンシュピーゲル」に現れるゲヴェーレの原義は、占有でなく、占有のための権原を賦与すること）であったと考えられる。このような意味でのゲヴェーレの出現や*教会法'との関係や、「ザクセンシュピーゲル」以後の変遷など、今後の検討にまつ問題は多い。

毛 上（けじょう）　土地の地盤上の天然物を、地盤と区別していう語（例：山林原野の草木）。通常は、地盤と同一の法律的処理に従う。

ケース貸し　市場（いちば）やデパートなどが、店舗内の売場や商品陳列ケースを、鮮魚商や洋品商などの業者に貸し与えて営業させること。このような場合に、*借地借家法'上の建物賃借人の保護規定が適用されるかどうかが問題になる。売場の配置指定、売上金の収納がデパート側に属し、店員の制服もデパートの従業員と同じであるなど、デパートの指揮・監督権が強い場合には、判例は、借主の場所的占有の独立性がないとして、旧*借家法'の適用を否定してきた（最判昭和30・2・18民集9・2・179）。

ケース・メソッド　圏 case method　アメリカの法学教育方法。19世紀にハーバード法科大学院教授のラングデル（Christopher Columbus Langdell, 1826〜1906）によって創始された。講義方式ではなく、学生にあらかじめ判例（ケース）を読ませ、教師が学生を指名して、事案の要約、争点、判旨、他の判例との異同などを質問しながら、多くの学生を議論に参加させ、法的思考方法を体得させようとする方式である。科目や教師によって、実際の細かいやり方は違っているが、アメリカの法学教育方法の主流となった。ほかに、プロブレム・メソッド（圏 problem method）といって、設例の検討・議論を通じて問題解決能力を高める教育も工夫されている。

削 る　⇒削除・削る'（巻末・基本法令用語）
懈 怠（けたい）　⇒かいたい'
結果回避可能性　*結果犯'の*構成要件'は、結果の発生を必要とするが、結果の仮定的な回避が、様々な局面で問題となる。イ 行為と結果の条件関係につき（⇒因果関係）、「あれなければこれなし（圖 conditio sine qua non）」公式の充足を要求するときの、その仮定的な関係。ロ *過失'結果犯の成立要件として（⇒過失'）、*注意義務'を履行すれば結果が発生しなかったであろうという仮定的な事実を要求するときの（大判昭和4・4・11新聞3006・15〈京踏切事件〉、最判平成15・1・24判時1806・157〈黄色点滅信号事件〉等）、その仮定的な事実。ハ *不作為犯'の成立要件として（⇒不真正不作為犯）、*作為義務'を履行すれば結果発生を阻止できたであろうという仮定的な事実を要求するときの（最決平成元・12・15刑集43・13・879〈十中八九事件〉等）、その仮定的な事実。それぞれ、仮定上、いかなる行為を代置し、いかなる結果の、いかなる程度の回避可能性を問うのか、といった点の論定が求められる。

結果回避義務　⇒過失'　⇒過失犯'
欠格条項　⇒欠格条項'（巻末・基本法令用語）

結果責任　I　一般の用語では、行為のいきさつを問わず生じた結果に対して負う責任を指すが、私法上は、歴史的に*過失責任主義'成立以前の、加害者が*故意'・*過失'の有無にかかわらず、損害発生の結果に対して賠償責任を負った時代の責任をいうことが少なくない。*無過失責任'と同様の結果になるが、後者が過失責任主義を克服する考え方を指すのに対して、前者は、普通、過失責任主義成立以前の段階を指すのに用いる。

II　刑法上、*故意'・*過失'を要件とせず害悪を発生させるだけの理由で刑罰を科せられること。近代刑法は結果責任を排斥する。結果的加重犯について重い結果に関し過失さえも不要であるとの見解（判例（最判昭和32・2・26刑集11・2・906等））をとるときには、その限りで結果責任が認められているという批判もある（⇒結果的加重犯'）。また、*両罰規定'に基づく業務主体の責任について、現在は否定されているが、かつて支配的であった転嫁責任との説をとるときは、これも結果責任の一種である。

結果地説　⇒国内犯'
結果的加重犯　1意義　ある基本的な犯罪から、行為者の意図しない、より重い結果が発生したとき、その基本となる犯罪よりも加重された刑で処罰される罪。例えば、*傷害'罪〔刑204〕を犯したところ（基本犯）、その負傷が原因で被害者が死亡したときは（加重結果）、*傷害致死罪'〔刑205〕として刑が加重される。刑法

124条2項・126条3項・181条・196条・213条・219条・240条なども同様である。通常は、基本犯と加重結果とが「よって」の連結句で結ばれている。

2 責任主義との関係 結果的加重犯は、意図せず発生した重い結果を理由として重い刑を科する点で*結果責任'であり、*故意'・*過失'がある場合だけを罰するという*責任主義'に反しはしないかという観点から、重い結果についての過失を必要とするという考え方が学説では多数である。しかし、判例においては基本犯の*実行行為'等と結果との間に*因果関係'があれば足りるとされている。

結果発生地法 *不法行為'の加害行為の結果が発生した地の法。事故後の入院費用などの経済的損失のような不法行為の派生的・二次的損害は被害者の本店所在地や*常居所'地で発生するが、結果発生地とは、物理的損害や精神的損害のような直接的な法益侵害の結果が発生した地をいう。国際私法上、不法行為の準拠法とされる。ただし、その地での結果の発生が通常予見することができないものであるときは、結果発生地法に代わり、*加害行為地法'が準拠法とされる〔法適用17〕。なお、ここでの予見可能性の対象は、民法等で通常問題とされる結果の発生自体ではなく、実際に結果が発生した地において結果が発生しうるかという場所的要素であるので、注意が必要である。

結果犯 犯罪成立の要件として、行為(⇨行為論')のほかに*法益'侵害又はその危険等の結果の発生を必要とするもの。実害犯又は*侵害犯'ともいう。*挙動犯'に対する。*殺人罪'・*窃盗罪'・*放火罪'など多くの犯罪に属する。結果犯では、行為と結果の間の*因果関係'が必要であり、これが欠ければ*未遂'にとどまる。

結果無価値 ⇨違法性'

結果予見義務 ⇨過失犯'

欠 陥 *製造物責任'を発生させる要件の1つ。製造物責任法2条2項によれば、「当該製造物の特性、その通常予見される使用形態、その製造業者等が当該製造物を引き渡した時期その他の当該製造物に係る事情を考慮して、当該製造物が通常有すべき安全性を欠いていることをいう」と定義されている。*不法行為'責任の要件として要求される*過失'が行為者の*注意義務'違反として構成されるのに対して、欠陥は行為者に着目した概念ではなく、物に着目した客観的概念である。講学上、欠陥を設計上の欠陥(製品の設計自体が安全性を欠く不適切

けつぎ

な場合)、製造上の欠陥(設計通りに作られなかった不良品)、警告上の欠陥(薬品などに不可避的に伴う危険性を適切に警告しなかった場合)に分類する考えが有力である。なお、自動車などの製造物が走行中に発火・焼失したというだけでは欠陥があるとはいえず、自動車のどこに欠陥があったかの特定が必要であるという見解と、製品が事故を起こせば、どこに欠陥があるかを特定しないでも「通常有すべき安全性を欠く」として欠陥を認定できるという考えが、対立している。

決 議 *合議体'の構成員がその合議体の意思を決定する行為又は決定された事項。

Ⅰ 私法 **1 意義** 一般社団法人の*社員総会'〔一般法人35〜59〕、*株主総会'〔会社295〜320〕、*社債権者集会'〔会社715〜742〕、*債権者集会'〔破135〜143、民再114〜116〕及び関係人集会(会更114〜116)の決議など合議体によりなされる意思決定であり、その法的性質は*合同行為'とされる。

2 決議事項 イ 一般社団法人:理事会設置一般社団法人の社員総会の決議事項は*一般社団法人及び一般財団法人に関する法律'(一般法人法)に規定する事項及び*定款'で定めた事項に限られる〔一般法人35②〕。これに対し、非理事会設置一般社団法人の社員総会の権限には制約がなく、一般法人法に規定する事項及び一般社団法人の組織、運営、管理その他一般社団法人には一切の事項について決議できる〔一般法人35①〕。ロ *株式会社':*取締役会設置会社'の株主総会は、会社法に規定する事項及び定款で定めた事項に限り決議できる〔会社295②〕。これに対し、非取締役会設置会社の株主総会は、株式会社に関する一切の事項について決議できる〔会社295①〕。ハ 社債権者集会:会社法に規定する事項及び社債権者の利害に関する事項について決議できる〔会社716〕。

3 決議方法 イ 社員総会:総社員の*議決権'の過半数を有する社員が出席して、その議決権の過半数をもって行い〔一般法人49①〕、社員は各1個の議決権を有する〔一般法人48①〕。決議方法及び議決権について定款に別段の定めを置くことができる。社員の除名や*定款変更'など基礎的変更等に関わる事項については、総社員の半数以上であって総社員の議決権の3分の2以上の多数を要する〔一般法人49①②〕。ロ **株主総会**:*普通決議'〔会社309①〕、*特別決議'〔会社309②〕に加え、*特殊決議'がある。議決権は、一株一議決権が原則である〔会社308①〕。ハ 社債権者集会:議決権は、各社債権者の有する社

けつぎとり

債の金額の合計額に応じる〔会社723①〕。出席した議決権者の議決権の過半数をもって行うのが原則であるが〔会社724①〕，元利金の減免や支払猶予等社債権者の利害に重大な影響を及ぼす事項については，議決権者の議決権総額の5分の1以上で，かつ，出席した議決権の総額の3分の2以上の議決権を有する者の同意を要する〔会社724②〕。いずれの場合にも，*議決権の代理行使'，書面投票・*電子投票'が可能である。

4 決議の効力　合議体の全構成員を拘束し〔会社734②〕，社員総会・株主総会の決議は*理事'・*取締役'等の業務執行者をも拘束する〔一般法人83，会社355・419②〕。社債権者集会の決議は，裁判所の認可により効力を生じる〔会社734①〕。社員総会・株主総会決議については，瑕疵(かし)を争う訴えについて規整されている〔一般法人265・266，会社830・831〕。

Ⅱ　国会の各議院，地方議会又はその他の合議体が，*議決'という形式で行う希望その他の意思の表明。合議体の意思決定行為として，決議と議決を特に区別することなく用いている場合（例えば，*国会法'52条2項に「…決議により秘密会とする」とあるのは「…議決により…」と同義）もあるが，一般に法律上の権限の行使としての意思表示（法律案の議決など）を除いたものを決議と称し，法的効果はないのが普通である（例えば感謝決議）。ただし，内閣の*不信任決議'〔憲69〕のように，特に一定の法的効果を伴わせているものもある。

決議取消しの訴え　⇨会社の組織に関する訴え'

決議不存在確認の訴え　⇨会社の組織に関する訴え'

決議無効確認の訴え　⇨会社の組織に関する訴え'

結合企業　一般的には，*カルテル'，トラスト，コンツェルン等の結合関係にある企業をいう。株式所有関係，*役員'構成，取引・融資関係，その他業務提携・*事業の賃貸借'・委任などの重要な契約に基づく関係により結合した企業をいう。結合企業において，支配従属の関係が存在する場合には，*従属会社'の株主・債権者保護の必要が生ずる。また結合企業は財産的・経済的に一体とみることができ，そのような場合には，企業結合関係の開示及び*関連当事者'との取引の開示とともに〔会社則120①⑤⑦②・122①①，会社計算98①⑮・112〕，一定の場合には*連結計算書類'の作成が必要となる。そして*株式会社'では*監査役'等の監査を実効あらしめるため，*子会社'調査権が監査役に

与えられている〔会社374③・381③・389⑤・396③・399の3②・405②〕。また，*取締役・会社間の取引'〔会社356①②③・365〕，*競業避止義務'〔会社356①①・365〕，*利益供与の禁止'〔会社120〕などとの関連でも結合企業間では問題が生じうる。*株式の相互保有'規制も結合企業に対する規制といえる。更に，一定の場合には，完全親会社の株主が完全子会社の取締役等の責任を追及する訴えを提起することができ（*多重代表訴訟'），*取締役会'の決議等によって決定する*内部統制'システム等には企業集団の業務の適正を確保するために必要な体制が含まれている。

結合著作物　⇨共同著作物'

結合犯　それぞれ独立して犯罪となる複数の行為に区分できる一連の行為を結合して，1個の犯罪として構成する場合をいう。例えば，*強盗罪'は，*暴行'・*脅迫'とそれによる盗取との結合犯であり，暴行罪・脅迫罪・*窃盗罪'に分割されることはない。強盗殺人罪は，強盗罪と*殺人罪'の結合犯の場合も含む。結合犯は単純な1罪であって*牽連(けんれん)犯'ではない。

結婚　習俗的な意味では，男女が共同生活を営み，社会的な1つの単位を成立させる行為を結婚という。法律用語としては，結婚のことを*婚姻'という〔憲24①，民731～771〕が，後者は，更に，既に成立した男女の共同生活関係そのものを指称することもある〔民760・772等〕。

結婚退職制　労働者の結婚を理由として労働契約を解約する制度。一般に女性労働者を対象としてきた。*労働協約'・*就業規則'・個別の*労働契約'（合意）に基づくもの，あるいは慣行として成立しているものであれ，いずれも*公序良俗'に反して無効であり〔民90〕，*男女雇用機会均等法'違反となりうる〔雇均9〕。

決算　**1 意義**　広く，企業の一定期間における収支・損益等の実績を明らかにし確定することをいう用例もあるが，*財政法'では，国や地方公共団体の一*会計年度'の収入支出の実績を示す確定的計数又はその文書をいう。国会の議決によって成立した*予算'と収支実績と対比し，予算の執行実績を明らかにする意味をもつ。これには*一般会計'の*歳入・歳出'の実績を示す総決算と，*特別会計'の実績を示す特別会計決算とがある。予算制度が財務処理についての事前統制を目的とするのに対し，決算はその事後統制に仕える制度である。

2 手続・内容・効果　国の場合，まず各省各庁の長が，その所掌に係る歳入歳出の各決算報告書及び債務に関する計算書を財務大臣に送付し，

これらを基礎として財務大臣が歳入歳出の決算を作成する〔財37・38①〕。その場合，収納済歳入額や支出済歳出額などとともに，歳入歳出の予算額を示し，しかも歳入歳出予算と同一の区分によることを要求される〔財38②〕。これは予算との比較を通じて事後統制の実を上げるためである。作成された決算は，翌年度の11月末日までに内閣から*会計検査院に送付され，その検査・確認を経た後，会計検査院の検査報告とともに，翌年度の通常国会に内閣から提出される〔憲90①，財39・40〕。なお，決算の確定は，会計検査院による確認〔会検21〕ではなく，内閣が会計検査院に送付する旨の閣議決定により生じる。国会への決算の提出は各議院別々に行われ，その取扱いは，両議院の合意を要する議案の審議・議決という形をとっていない。したがって，決算の議決は法的効果をもたず，専ら内閣の責任を問う政治的効果のみをもつにとどまる。なお，*公庫'等の政府関係機関の決算報告書は，主務大臣から財務大臣・内閣・会計検査院・国会という順に提出・送付され〔政策金融公庫44~46〕，また*地方公共団体'の決算は，出納閉鎖後3カ月以内に会計管理者から首長に提出された後，*監査委員'の審査を経て議会の認定に付される〔自治233・96①③〕。

決算貸借対照表 *商人'については各営業年度，会社については各事業年度(いずれも原則として1年を超えることはできない〔商則7③，会社計算59②〕)に係る貸借対照表であって，各営業年度・各事業年度の末日における商人・会社の財産の状況を示す計算書類である。*通常貸借対照表'の一種。当該営業年度・事業年度に係る会計帳簿に基づき作成しなければならない〔商則7②，会社計算59③〕。 ⇨貸借対照表'

決算短信 上場会社が作成し記者クラブ等において決算発表を行う際に配布する書類で，決算における重要項目を*金融商品取引所'の定めた様式(ひな型)に従って記載したもの。元来，報道機関を通じて投資家へ決算情報を伝達する手段であったが，適時開示(⇨ディスクロージャー')に関する電子化の進展により，*有価証券報告書'等の提出以前に確定した決算情報を*機関投資家'等広い範囲の投資家に直接伝達するための手段としても機能してきた。令和5年改正金融商品取引法(法79)により*四半期報告書'が廃止されて，第1・第3四半期の開示書類が四半期決算短信に一本化されたことに伴い，各証券取引所は，有価証券上場規程等を改正して，四半期決算短信の開示事項を若干追加し，公認会計士等の期中レビューに関する規程を整備するなどしている。なお，各証券取引所は，決算短信・四半期決算短信の記載要領等や参考様式を公表して，各社の公表形式の共通化を図っている。

結社の自由 **1 概念** 共通の目的をもつ多数人が，永続的に集団を形成する自由をいう。永続的な集合である点において，一時的なそれである集会と区別される(⇨集会の自由')。人間が集団を形成するのはいかなる社会でもみられる普遍的現象であるが，19世紀末以来，*政党'・*労働組合'・*法人'・企業家連合などの集団が形成されており，それを保障するところにこの規定の意義がある。

2 国法上の規定 日本国憲法は，21条1項で結社の自由を保障しているが，労働組合に関しては別に28条の規定があり，宗教的な結社には20条が適用される。政党に関しては明文の規定を欠くが，当然21条が適用されると解する。結社の自由を直接に制限する法律として，*破壊活動防止法'がある。 ⇨団体規制法'

結社の自由及び団結権の保護に関する条約(第87号) 1948年*国際労働機関'(ILO)の第31回総会で採択された条約。ILO87号条約と通称する。労働者及び使用者の団体及びその連合体の設立，それへの加入の自由を保障する。団体には，規約を作り，完全な自由の下にその代表者を選び，管理・活動を決めることができ，行政機関はこれらの権利を制限したり，その合法的な行使を妨げたり，活動を停止させたりしてはならないことを規定している。日本は1965年批准(昭和40条7)。

結審 訴訟において*口頭弁論'を終結することを，審理の終了という意味で，習慣的に結審と呼んでいる。

欠席判決・対席判決 民事訴訟において欠席判決とは，当事者の一方が*口頭弁論'*期日'に欠席した場合に，欠席の直接の効果として出席当事者の*主張'だけに基づいて言い渡される，欠席当事者に不利な内容の判決をいう。これに対して対席判決とは，当事者双方の主張に基づいて下される判決をいう。*明治民事訴訟法'は欠席判決の制度を定め〔明民訴246~265〕，原告が欠席の場合は*訴えの却下'，被告が欠席の場合は原告の主張事実の*自白'を擬制し請求認容の判決を下すものとし，これらに対して欠席当事者が*不服申立て'(故障の申立て)をすることを許していた。*旧民事訴訟法'は欠席判決の制度を廃止し，当事者の一方が欠席しても，場合により，その提出した*準備書面'を*陳述'したものとみなし〔旧民訴138・358〕，また，出席当事

けつせんと

者の主張事実について自白を擬制する可能性を認めるにすぎず〔旧民訴140③〕、それまでの弁論を考慮して対席判決をすることとした。現行民事訴訟法の規定もこれを引き継いだものである〔民訴158・277・159③〕。刑事訴訟においては、現行法上、一定の軽微な事件を除き被告人の出頭がなければ*公判'及び判決の宣告ができず〔刑訴286〕、欠席判決は許されていない。 ⇨審理の現状に基づく判決'

決選投票 選挙において、*当選人'となるのに必要な一定数を得票した者がない場合に、その上位得票者2人につき、そのいずれかを当選人と決めるために行う投票。その多数を得た者が当選人となる。内閣総理大臣の指名〔衆規18③、参規20③〕、衆議院及び参議院の議長の選挙〔衆規8②、参規9〕等において認められる。

血族 生理的に血筋のつながる血縁者をいうが、法律上は、養親子のように法律上血縁者と同様に扱われる者も血族(法定血族)という。民法上、6親等までの血族が親族に入るとされている〔民725〕。なお、*親等'に掲げた〔図:親族関係〕を参照せよ。 ⇨自然血族・法定血族' ⇨直系血族・傍系血族' ⇨親族' ⇨姻族'

欠損金 各事業年度の*損金'の額が*益金'の額を超える場合、当該超える金額のことを欠損金額という〔法税2⑲〕。本来、法人税の負担は、法人の設立から解散までの全ての年度を通じた益金と損金を基準に計算されるべきである。しかし、財政上あるいは執行上それは現実的でないため、実際には、1年間という課税期間を区切って、課税・徴収を行っている。したがって、一定の条件を満たす場合、欠損金は次年度に繰り越すか(⇨繰越欠損金')、あるいは前年度に繰り戻して、前後の年度に生じた利益との通算が認められている〔法税57・80。ただし、租特66の12参照〕。

決定 ⇨更正・決定' ⇨判決・決定・命令'

血統主義 *出生'による*国籍'の取得に関する立法主義の1つで、親が自国民であることを要件に、子に国籍を付与する主義。この主義はヨーロッパなど旧大陸の諸国でとられている。自国領域内での出生により国籍を付与する*生地主義'に対するものである。日本では、父が日本人であることを要件とする父系優先血統主義がとられていたが、*女子差別撤廃条約'の批准に伴い、同条約9条2項の義務の履行として、昭和59年に国籍法を改正し(法45)、父又は母が日本人であればよいという父母両系(血統)主義を採用した〔国籍2①〕。

月賦販売 売買代金を分割して、毎月定期的に支払うことを約束して売買すること。割賦販売には、年払い、週払い、日払いなどいろいろな場合があるが、実際には月賦の事例が最も多い。一定の商品(指定商品)等の月賦販売には*割賦販売法'の適用がある。 ⇨割賦販売'

結約書 *仲立人'が、自己のした*媒介'が奏効して当事者間に契約が成立した場合に各当事者に交付しなければならない証拠書類。各当事者の氏名又は名称・契約年月日及び契約の要領(目的物の名称・種類・数量・品質、履行の時期・方法・場所、支払条件等契約内容の要点)を記載して仲立人が*署名'又は*記名押印'することが必要とされる〔商546①。なお、商548〕。契約が直ちに履行されない場合には、交付した結約書に各当事者の署名又は記名押印を求めて、それを各相手方に交付する必要があり、当事者の一方が結約書を受領せず、又はこれに署名若しくは記名押印を拒否したときは、相手方にその旨通知しなければならない〔商546②③〕。仕切書・締約書ともいう。

ゲマイネス・レヒト 圀 gemeines Recht *普通法'のドイツ語。イングランドやフランスと違って中央集権的裁判所の形成が遅れたドイツ中世においても、個別的には普通法の影響が認められつつ、1495年に創設されたドイツの中央裁判所である帝国最高法院(圀 Reichskammergericht)は手続を普通法訴訟手続に倣って定め、また実体法レベルでも普通法の補充的適用を規定した。ここでの普通法は、実務的経験が乏しかったことから中世イタリアで発展した学識法そのものであったといわれ、この点が学者の優位というイングランドやフランスと異なるドイツの特徴となっている。18世紀後半以降ドイツの各領邦で法典化が進み、また19世紀にはナポレオンの支配を受けてフランス民法典がドイツ西部で導入されたのに伴い、実務のレベルではゲマイネス・レヒトの重要性は減退したが、学問のレベルではむしろ増大した。ドイツ内の諸国・諸地域で異なる実定法を比較する基準として、また国や地域を越えて活躍する法曹養成のための教育内容として有用であった。この点では、現代アメリカの*リステイトメント'と類似の機能を果たしていたといえよう。その成果は、民法に関しては*パンデクテン法学'に結実した。

ゲリマンダリング 圀 gerrymandering 特定の政党又は候補者に特に有利になるように*選挙区'の区域を定めること。1812年、ゲリィ(Elbridge Gerry, 1744~1814)がアメリカ・マサチ

ューセッツ州知事のときに、自派の民主共和党(現在の民主党の前身)に有利になるように成立させた上院議員選挙区改正法の選挙区が「さんしょううお」(英salamander)に似た奇妙な形をしていたことから、いわれ始めた言葉。ジェリマンダリングともいわれる。

ゲリラ 英独 guerrilla　正規軍によらない交戦行為、更には交戦法規(⇒'国際人道法')の規制外で行われる行為、又はそれを行う集団。ときに外国の侵入軍に抗する場合に限って称される。*敵対行為'は正規軍によるものだけに限ってきた伝統的な*戦時国際法'においては違法とされ、第二次大戦後1949年の*ジュネーヴ四条約'でも、組織的抵抗運動団体(レジスタンス)を正規軍と同じ条件の下でのみ認めた〔ジュネーヴ捕虜約4〕が、1977年の*ジュネーヴ四条約の追加議定書'では、*戦闘員'の条件は大幅に緩和されたばかりでなく、*捕虜'として人道的待遇を受ける権利は、交戦法規の遵守に関わりがないとされている〔ジュネーヴ追加議定書Ⅰ44〕。これは、解放戦争(⇒民族解放団体')の評価に基づいており、ゲリラ戦士の人権保護、ないしは、ゲリラの適法化の動きであるが、一方で、武力紛争における戦闘員(交戦者)と*文民'との区別を曖昧にして、伝統的な人道主義確保の手段が失われる危惧もある。

ケルゼン Kelsen, Hans(1881〜1973)　オーストリアの公法学者。ウィーン、ケルン各大学教授。ナチスに追われてスイス滞在後渡米し、カリフォルニア大学バークリー校教授となる。存在と当為、認識と価値判断、法と道徳などを峻別する二元論的基礎とする一方、法学においては国際法と国内法、公法と私法、立法と執行、司法と行政などの伝統的二元論を批判し、法命題の概念を基礎として世界の法秩序を統一的体系の中で把握する一元論的法理論を築いた。伝統的法学を認識と価値判断の混交物として批判し、純粋に認識的な「規範科学としての法学」を樹立しようとした(⇒純粋法学')。政治思想においては、*価値相対主義'によって民主主義を基礎付け、*自然法'論やマルクス主義・ファシズムを批判した。国法学や国際法学の著作もある。実践者としては1920年のオーストリア憲法を起草、同憲法に基づく憲法裁判所判事を務めた。横田喜三郎(1896〜1993)、*宮沢俊義、鵜飼信成(1906〜87)ら、日本の学界への影響も大きい。主著「純粋法学」(1934、第2版1960)。

ゲルマン法　英 germanic law　独 germanisches Recht　**1 意義**　継受された*ローマ法'との対比で、ドイツ固有法及びその諸原理を指すのに用いられた概念。18世紀以来、ドイツ固有法学者(ゲルマニステン)は、古代ローマの著述家、中世の法史料、近世・近代の固有法源等から、普通ドイツ法を理論的に構成することに努めたが、19世紀のロマン主義とナショナリズムの影響下で、それは超歴史的に、ドイツ民族と同視されたゲルマン民族に固有の法・法原理を体現するものと考えられた。この「ゲルマン法」の概念は、当時のローマ法学を批判し、様々な法政策的主張を正当化するためにも用いられたため、その特徴とされるものには、当時のローマ法学の諸観念の反転像としての性格を有するものも多い。法生活への人民の参加、法・権利の共同体関係的性格の強調、信頼に対する強度の保護、権利行使の内在的制限、物権法の中心的概念としての*ゲヴェーレ'、保護的支配権としてのムント(独 Munt)等がそれである。

2 問題点　ナチズムによる「濫用」への反省や、一般史学・考古学など隣接学問分野の研究の展開を背景に、「ゲルマン法」概念に対しては、近年、様々な疑問が提起されている。「ゲルマン人」を一義的に定義することは困難で、そのように総称される諸部族集団の間に、どの程度共通の法や習俗が存在したかも明らかではない。また、雑多な史料から「ゲルマン法」を再構成する手法がはらむ難点も認識され、そうした手法自体が学問史的研究の対象となりつつある。

県　⇒都道府県'

原因関係(手形の)　⇒手形の原因関係'

原因者負担　*公用負担'の一種。例えば、道路の修繕を必要ならしめる原因となる水道・ガス・下水道・電気・地下鉄等の工事をなす者に、道路工事の必要を生じさせた限度において課せられる負担。負担の内容は、金銭給付義務が通例であって、これを原因者負担金と呼ぶ〔道58、河67等〕。⇒負担金'

原因説　⇒因果関係'

原因において自由な行為　自己を責任無能力(又は*限定責任能力')の状態に陥れ(このような行為を原因行為という)、その状態で行為を行い、結果を生じさせる(このような行為を結果行為という)こと。又は、このような場合について、行為者に完全な*責任'を問う(刑法39条を適用しない)ための理論。伝統的な理解は、*実行行為'の時点において*責任能力'が存在しなければならないとする立場を堅持し、*間接正犯'の場合と同様に、責任無能力となった自己を道具として利用する原因行為が実行行

げんいんは

為であるとする（間接正犯類似説という）が，自己を限定責任能力の状態に陥れただけでは，自己を道具にしたとはいえないという批判がある。これに対し，あくまでも結果行為が実行行為であるとして，実行行為と責任能力が同時に存在する必要はなく，責任能力は，行為の最終的意思決定の時点に存在すれば足りるとする見解（責任モデルという）や，*未遂'犯の成立に必要な危険は，原因行為について認められる必要はなく，相当な危険が認められる原因行為が実行行為であるとして，それと結果行為・結果の間に*因果関係'があり，原因行為の時点に責任能力があれば足りるとする見解（間接正犯類似説とともに構成要件モデルという）等が主張されてきた。判例は，「原因において自由な行為」自体は認めている（最決昭和28・12・24刑集7・13・2646。最決昭和43・2・27刑集22・2・67参照）が，どのような理論構成によるものかは必ずしも明らかではない。

原因判決　民事訴訟において，*請求'の金額・数量と原因の双方に争いがある場合に，裁判所がまずその原因について審理してその存在を認める判決をいう。*中間判決'の一種である（民訴245後）。例えば*不法行為'を理由とする*損害賠償'請求訴訟において，損害額の審理を後回しにして，まず不法行為の成立要件（*過失'・*因果関係'など）の存否につき審理をし，その存在を認める判決をするのがこれに当たる。これに対し，裁判所が原因の存在を否定する場合は，*請求棄却'の*終局判決'となる。

検　疫　1概念　感染症の発生及びまん延を防止するため，人体・動植物・輸送機関などについて，感染症の病原体の保有又は付着の有無を検査し，必要があれば，隔離・消毒・廃棄その他の強制措置をとること。
2 人に対する検疫　人の感染症に関する検疫としては，国内に常在しない感染症の病原体が船舶又は航空機を介して国内に侵入することを防止するための検疫法（昭和26法201）に基づく入国検疫がある。
3 動植物に対する検疫　動物の伝染性疾病については，家畜伝染病予防法（昭和26法166）及び狂犬病予防法（昭和25法247）に基づく輸出入検疫〔家畜伝染病予防法36〜46の4，狂犬病予防法7〕がある。植物については，植物防疫法（昭和25法151）が国内に存在しない，若しくは国内の一部に存在する病害虫の侵入・まん延防止を図るための国際植物検疫〔植物防疫法5の2〜11〕・国内植物検疫〔植物防疫法12〜16の8〕，国内に存在する病害虫の除去を図るための国内防除〔植物防疫法22〜33〕を定めている。令和4年改正により法律目的に有害動植物の発生の予防が追加され，発生予防を含めた防除に関する農業者への勧告，命令等の措置の導入〔植物防疫法24の2・24の3〕，植物防疫官の検査等に係る対象・権限の強化〔植物防疫法4〕が図られた。

検　閲　1意義　公の機関が，国民の表現行為の内容や思想を強権的に調査することをいう。発表以前に行われるもの（事前検閲）と発表後に行われるもの（事後検閲）とがある。前者は国民の声を直接封じるものであり，*民主主義'の基礎をなす思想表現の自由の侵害となる。事後検閲は，事前検閲に比較して，弊害が少ないようにみえるが，実際上は隠微な形で事前検閲が行われるような事態を生みやすい。憲法21条2項は，一切の検閲を禁じている。
2 判例　税関検査訴訟に関する最高裁判所判例は，検閲とは「行政権が主体となって，思想内容等の表現物を対象とし，その全部又は一部の発表の禁止を目的として，対象とされる一定の表現物につき網羅的一般的に，発表前にその内容を審査した上，不適当と認めるものの発表を禁止することを，その特質として備えるもの」と定義した（最大判昭和59・12・12刑集38・12・1308）。これに対して，行政権以外の国家機関による検査が自由になったこと，発表前の検査に限ったこと，網羅的一般的な検査に限ったことなど，不当に狭く定義したと批判する意見がある。⇨税関検閲'

嫌煙権　他人の吸うたばこの煙にさらされるのを嫌う（かかる煙を被らない）*権利'。嫌煙権の主張は，素朴な生活上の要求にとどまらず，憲法上の人権ないし私法上の*人格権'としての意味をもちうる場合があり，嫌煙権の主張に基づき，電車に禁煙車両の設置を求める訴訟（東京地判昭和62・3・27判時1226・33）や，市職員から庁舎内の禁煙を求める訴訟（山口地岩国支判平成4・7・16判時1429・32）などが提起された。⇨健康増進法'

厳格故意説　⇨故意説・責任説'
厳格責任説　⇨故意説・責任説'
厳格な合理性の基準　いわゆる*二重の基準'論で対置される厳格な審査基準と緩やかな審査基準の中間に位置する基準であり，中間審査基準と呼ばれることもある。単なる合理性の基準よりは立ち入った司法審査を要求するものであり，アメリカ合衆国では平等保護条項において，立法目的が重要な政府目的に役立ち，手段が目的達成に実質的に関連するかという審査基準として展開された。日本では，平等原則に

げんかしょ

とどまらず，表現の自由の内容中立的規制，経済的自由の消極規制，更に社会権の領域でも，上記基準を用いて'立法裁量'を限定していくべきであるとする見解が，有力に唱えられている。

厳格な証明・自由な証明 *証拠能力'のある*証拠'に基づき法定の証拠調手続を行って証明する場合が厳格な証明であり，証拠能力は証拠調手続のいずれか又は双方に関して法律の定めによらなくてもよい場合の証明が自由な証明である。 ⇨証明・疎明'

Ⅰ 元々はドイツ刑事訴訟法学の用語であるStrengbeweis, Freibeweisに由来する概念。厳格な証明を必要とする範囲については，学説上争いがあるが，少なくとも，手続要件に関する訴訟法上の事実は対象外とするのが通説・判例である。自由な証明の対象であっても全く自由な方式による証明が許されるわけではなく，法の趣旨に即した限界があると解するのが通説である。

Ⅱ 民事訴訟法でも現在ではこのような概念の区別が行われるようになってきたが，刑事訴訟とは異なり元々*証拠能力'の制限がほとんどないので，自由な証明の意義は専ら証拠調手続から解放される点にある。ただ，自由な証明もあくまで証明ではあるので，疎明とは異なり，裁判官が確信を得た状態になることが必要である。本案請求の当否を理由付ける*事実(の)認定'については，常に厳格な証明が必要であるが，その他の事実については，その重要性等を考慮して厳格な証明によるか，自由な証明によるかが決せられる。一般に，*判決手続'でも*職権調査事項'に該当する事実については自由な証明で足りるし，*決定'手続での事実認定も自由な証明によることが許される(*家事審判'手続等における*事実の調査'はその一例である〔家事56・58，人訴33・34，非訟49，民調12の10〕)。

厳格な審査基準 ⇨二重の基準'

幻覚犯 法律上犯罪とならない行為を，犯罪になると誤信して行われる行為。錯覚犯・誤想犯ともいう。例えば，姦通(かんつう)行為を犯罪と誤解しているような場合である。幻覚犯は犯罪ではない。しかし，*不能犯'とも異なる。行為者の認識した結果が実現しても犯罪とならないのが幻覚犯であり，行為者の認識した結果が実現しないために犯罪とならないのが不能犯である。 ⇨事実の欠缺(けんけつ)'

原価主義 資産に取得価額又は製作価額を付すというものであって，*資産評価'の基準の1つである。原価基準又は原価法ともいう。このほかに資産評価の基準としては*時価主義'・*低価主義'・時価以下主義がある。資産について，会社及び*商人'は原則として取得価額を会計帳簿に付さなければならないものとされている〔会社計算5①，商則5①〕。もっとも，会社計算規則及び商法施行規則は多くの例外を定めており，また一般に公正妥当と認められる(企業)会計の慣行に従って，取得価額以外の価格を付さなければならないと解されることがある〔会社431，商19①〕。

減価償却 1意義 費用配分の原則に基づいて固定資産の取得原価をその耐用期間における各*事業年度'に配分すること〔会社計算5②〕，実際には*固定資産'の取得原価から残存価額(固定資産の耐用期間満了時において予想される当該資産の売却価格又は利用価格から解体，撤去，処分等の費用を控除した金額の見積額)を控除した額を，耐用期間の各事業年度に配分すること。減価償却の最も重要な目的は，適正な費用配分を行うことによって，毎期の損益計算を正確なものとすることである。減価償却は一定の減価償却方法に従い，計画的，規則的に実施される。土地のような非償却資産を別とすると，有形固定資産は物質的原因又は機能的原因によって減価し，*無形固定資産'も機能的原因によって減価し，又は，法律上の権利が消滅する(若しくは法律上の保護がなくなる)ことに対応するものである。物質的減価は，利用又は時の経過による固定資産の磨滅損耗を原因とするものであり，機能的減価は，物質的にはいまだ使用に耐えるが，外的事情により固定資産が陳腐化し，又は不適応化したことを原因とするものである。減価が主として時の経過を原因として生ずる場合には，期間を配分基準とし，減価が主として固定資産の利用に比例して生ずる場合には，生産高・利用高を配分基準とするのが合理的である。期間を配分基準とする方法としては，定額法，定率法，級数法，償却基金法や年金法があるが，実務上は定額法又は定率法が用いられるのが一般的である。生産高比例法が生産高・利用高を配分基準とする方法の典型例である。

2 注記 会社法上，固定資産の減価償却の方法は重要な会計方針に係る事項として個別注記表及び連結注記表の内容とされ〔会社計算101①②〕，*金融商品取引法'上も重要な会計方針の注記として記載される〔財務規8の2の3等〕。

3 表示 各有形固定資産に対する減価償却累計額は，各有形固定資産の項目に対する控除項目として，減価償却累計額の項目をもって表示すること(間接法。ただし，減価償却累計額を有

げんかしょ

形固定資産に対する控除項目として一括して表示することも許容される）も，当該各有形固定資産の金額から直接控除し，その控除残高を当該各有形固定資産の金額として表示すること（直接法）もできる〔会社計算79〕。これに対して，各無形固定資産に対する減価償却累計額は，当該各無形固定資産の金額から直接控除し，その控除残高を当該各無形固定資産の金額として表示しなければならない（直接法）〔会社計算81〕。なお，資産に係る減価償却累計額を直接控除した場合（直接法）における各資産の資産項目別の減価償却累計額を個別注記表又は連結注記表の内容としなければならない〔会社計算103③〕。金融商品取引法上も，無形固定資産について減価償却累計額の注記が要求されない点を除くと，同様である〔財務規25・26・30〕。

4 税制 税法上も，減価償却は，期間損益を適正に計算する観点から，固定資産の取得価額を使用期間にわたって費用配分するものとして定められている〔所税49, 法税31〕。ただし，税法においては，減価償却をどのような手続によって実施するかによって，課税所得に大きな相違が生じることになるため，減価償却の方法やその基礎となる取得価額，耐用年数，残存価額等について，詳細な定めを置いている〔所税令120〜136の2, 法税令48〜63の2〕。平成19年度の税制改正（政82・83）により，残存価額は1円（備忘価額）でよいことにされた。 ⇨減価償却資産

減価償却資産 *固定資産'のうち使用や時間の経過によって価値が減耗し，その*減価償却'額が，*必要経費'あるいは*損金'に算入されるものをいう。建物・機械・船舶・車両等がこれに属する〔所税2①⑲, 法税2②〕。

原価法 ⇨原価主義'

建 議 1 *明治憲法'下で，*帝国議会'の各議院が法律又はその他の事件につきその意見や希望を政府に申し述べること〔明憲40〕。建議をとるか否かは政府の裁量に係るものとし，採択されなかったものは，同一*会期'中には再び建議することは許されない。現行憲法は，議院の権能を一般的に強化することによって，この権限を不要と考えたためか，認めていない。

2 各種の*諮問機関'が，諮問に応じて意見を提出する答申とは別に，行政機関に対して自発的に意見を申し述べること。ただし，相手方を法的に拘束する力をもたない点では答申と同様である。例えば，*検察審査会'の検察事務改善に関する建議〔検審2①②・42〕，私立学校審議会や社会資本整備審議会の都道府県知事などへの建議〔私学8②, 道79②〕など。

減 給 Ⅰ 公務員に対する*懲戒'処分の一種で，*俸給'又は*給料'の支給額を，現に決定されている額から一部減ずるものをいう〔国公82①, 地公29①, 自衛46①等〕。*一般職'の*国家公務員'の場合は，1年以下の期間，俸給月額の5分の1以下に相当する額を減ずるものとされる〔人規<12-0>3, 自衛47④〕。地方公務員の場合，減給の額等は条例で定める〔地公29④〕。現に決定されている俸給又は給料の額自体を引き下げる*分限'処分としての*降給'とは異なる。 ⇨不利益処分' *身分保障'

Ⅱ 私企業の*労働者'に対する*懲戒'処分としての減給については，*労働基準法'に制限がある。1回の額が*平均賃金'の1日分の半額，総額が1賃金支払期の*賃金'の総額の10分の1を超えてはならない〔労基91〕。

検 挙 警察で認知（被害の届出，*告訴'・*告発'その他の端緒により犯罪の発生を確認すること）した犯罪について被疑者を特定し，送致・送付又は*微罪処分'に必要な*捜査'を遂げること〔犯罪統計細則（昭和46警察庁訓16）2⑸〕。

兼 業 ⇨副業・兼業'

現 業 企業経営等の非権力的な行政事務のこと。それに携わる職員は現業職員と呼ばれる。*地方公営企業'・特定地方独立行政法人〔地独行法2②〕の職員及び単純労務職員には，*地方公営企業等の労働関係に関する法律'が適用され，労働組合結成権のほか，団体交渉権・労働協約締結権が認められている。国では，かつては，郵政，印刷，造幣，アルコール専売，国有林野が5現業と呼ばれていた。最後に現業として残っていた国有林野についても，平成25年4月1日より，国有林野事業特別会計は廃止され，国営企業ではなくなった。こうして，国には現業は存在しなくなり，国有林野事業職員の労務・給与の特例も廃止された。

現況調査 *不動産競売'手続において，*不動産'の売却準備のために執行裁判所が*執行官'に命ずる調査〔民執57〕。不動産の形状，*占有'関係など，物件の価値を適正に評価するための情報を収集するものであり，その結果は現況調査報告書〔民執規29〕にまとめられ，不動産の評価書〔民執規30〕，*物件明細書'とともに一般の閲覧に供される。

現金主義 ⇨収益の計上基準'

減 刑 *恩赦'の一種で，*確定判決'による刑を減軽し，又は*刑の執行'を減軽するもの。政令により罪又は刑の種類を定め，これに該当

けんげんの

する者に一律に適用する政令減刑(一般減刑ともいう。例えば, 死刑の言渡しを受けた者に適用する等)と, 特定の者に対して行う特別減刑とがある。刑の執行の減軽は, (政令に特別の定めのある場合を除いて)特別減刑の場合にだけ行われる〔恩赦6・7①②〕。刑の全部の*執行猶予'の言渡しを受けてまだ猶予期間を経過しない者に対しては, 刑の減軽のみが行われ, これとともに猶予期間を短縮することができる〔恩赦7③〕。刑の一部の執行猶予の言渡しを受けてまだ猶予期間を経過しない者に対しては, 執行が猶予されなかった部分の期間の刑の執行の減軽も行われうる〔恩赦7④〕。刑の減軽の例としては, 死刑を無期拘禁刑に変更し, あるいは有期拘禁刑の刑期を短縮する(例えば, 10年を8年に短縮する)等がある。刑の執行の減軽は, 刑期はそのままにして, 一定期間の刑の執行を免除するものである。特別減刑は, 中央更生保護審査会の申出に基づき*内閣'がこれを行う〔恩赦12, 憲73⑦〕。

減　軽　⇨*酌量減軽'　⇨法律上の減免'

欠　缺(けんけつ)　⇨法の欠缺(けんけつ)'

権　限　I　国又は公共団体の機関の権限とは, 当該機関の行為が, 国又は公共団体の行為としての法的効力を発生させる範囲のこと。裁判所について用いられる管轄の概念(⇨裁判管轄')にほぼ対応する。権限には, 事項的, 地域的, 対人的限界がある。組織規範により与えられた所掌事務の範囲内の事項についても侵害処分を行うためには, 具体的な権限規範の存在が必要であり, 権限行使の方法を定めた作用規範が存在する場合には, それに従わなければならない。

II　*私法'上, ある法律関係を成立させ又は消滅させることができる地位のことをいう。特に, *代理人'が代理行為を行う場合のように, 自らのした*法律行為'の効果を他人に帰属させることができる地位を指して,「権限」ということが多い。例えば, *不在者'の財産管理人の権限〔民25・28〕, 代理人・復代理人の権限〔民99・103・106・110〕, 所有者不明土地管理人の権限〔民264の5〕, 管理不全土地管理人の権限〔民264の10・264の11〕等がある(⇨管理人')。また, 特定の行為を行う権限として, 処分の権限〔民152・602〕, *弁済'を受領する権限〔民478〕等の用例がある。

権　原　ある*法律行為'又は*事実行為'をすることを正当とする法律上の原因。例えば, 他人の土地に工作物を設置する権原は, *地上権・賃借権等である。もっとも, *占有'は, 占有することを正当とする権利(本権)に基づかないときであっても, 占有・*占有権'として保護される。そこで, 占有権原は, 一般に, 占有することを正当とするかどうかを問わず, 占有するに至った全ての原因を含むものとされている。正当な占有権原を, 占有正権原という。

権限疑義の裁定　2以上の行政機関の間に生じた*権限'についての争い又は疑い(*権限争議', 主管争議)は各機関の共通の直接上級機関が決定する。省内の機関相互の権限争議の場合は, 最終的には, その省の*主任の大臣'によって決定され, 各主任の大臣の間の権限疑義については, 内閣総理大臣が閣議にかけてこれを裁定する〔内7。なお, 自治138の3③参照〕。⇨機関争議'

権限裁判所　フランスのように行政事件の解決を司法裁判所とは別系統の*行政裁判所'に委ねている国で, ある案件がいずれの裁判所の管轄に属するかについて争いが生じた場合に決着をつける機関として設けられた裁判所。日本でも*明治憲法'時代に創設が予定されていた〔行政裁判法(明治23法48。昭和22法59により廃止)20②〕が, 結局未設置に終わった。

権限争議　1　行政裁判制度の下で生ずる*行政権'と*司法権'との*権限'の抵触に関する争い。同一事項について両者が自己の権限を主張する積極的権限争議と両者が自己の権限を否定する消極的権限争議がある。この争議を解決するために特に*権限裁判所'が設けられることがある。

2　2以上の行政機関の間に生じた権限についての争い。*機関争議'又は主管争議ということもある。⇨権限疑義の裁定'

権限の委任　*行政庁'がその*権限'の一部を他の*行政機関'に委任すること。法令用語としては,「委任」〔自治153〕,「分掌」〔国財9①②, 物品管理8④〕,「取り扱わせる」〔予会令140④〕,「行なわせる」〔国公21〕などがある。権限の委任を受ける行政機関(受任機関)は当該行政庁の補助機関・下級機関であることが通例。権限の委任があったときは, その委任庁はその委任事項を処理する権限を失い, 受任機関が, その権限を自己の権限として, 自己の名と責任において行使する。法の定める権限を対外的にも変更する一種の事務再配分なので法の明示の根拠を必要とする〔例:自治153①〕。権限の委任は, *権限の代理'と異なり, また内部的委任と呼ばれる*専決'・*代決'とも異なる。

権限の代理　行政庁の権限の全部又は一部を, 他の行政機関が代理行使すること。法令用

けんこうか

語としては、「代理」〔自治152, 地公10③〕、「代行」〔国公11③〕、「職務を行う」〔内9・10〕などがある。*権限の委任'と異なり、権限そのものが委譲されるのではなく、代理者は被代理庁の名においてその権限を行使し、その行為は被代理庁の行為としての効果を生ずる。権限の代理のうち、法定の事実の発生に基づいて、法律上当然に代理関係の生ずる場合を*法定代理'という。法定代理には、代理者が法の規定によって定まっている場合(狭義の法定代理)〔国公11③〕と一定の者により指定される場合(指定代理)〔内9・10, 自治152②〕とがある。また、被代理庁の授権によって代理関係が生ずる場合を授権代理という。権限の代理は、外部に対して行政庁の代理者であることを明示して(例:内閣総理大臣臨時代理・事務代理・代行など)行われる点で、*専決'・*代決'と異なる。

健康管理時間 高度プロフェッショナル制度の対象業務に従事する対象労働者の健康管理を行うために把握する、当該対象労働者が事業場内にいた時間と事業場外において労働した時間との合計の時間〔労基41の2①③〕。健康管理時間が1週間当たり40時間を超えた場合におけるその超えた時間について1月当たり100時間を超える対象労働者に対し、医師による面接指導を行わなければならない〔労安衛66の8の4, 労安衛則52の7の4〕。

健康診断 事業者は、*労働安全衛生法'により、労働者に対し、雇入れ時及び1年以内ごとに1回、定期的に、法所定の項目について医師による健康診断を実施すべき義務を負う。事業主は、健康診断の結果を記録し、医師の意見を聴取し、それを勘案して必要がある場合には、就業場所の変更、作業の転換、*労働時間'の短縮等の適切な措置を講じる義務を負う。特に*時間外労働'が長時間にわたる労働者に対しては、医師による面接指導を行った上で、職務内容の変更、有給休暇の付与を含む適切な措置を講じなければならない〔労安衛66~66の9, 労安衛則43~52の8〕。

健康増進法 平成14年法律103号。急速な高齢化の進展及び疾病構造の変化に伴い、国民の健康増進の重要性が著しく増大していることから、国民の健康増進の総合的な推進に関し、基本的事項を定め、国民の栄養改善等、国民の健康の増進のための措置を講じ、もって国民保健の向上を図ることを目的とする〔健康増進1〕。厚生労働大臣による基本方針、都道府県・市町村による健康増進計画に基づく施策のほか、健康増進の推進を図るための国民健康・栄養調査等の実施も定める〔健康増進7・8・10〕。また、受動喫煙防止のための取組も定められていたところ、平成30年の改正により、多数の者が利用する施設において、施設の類型ごとに喫煙できる場所のルールが明確化され、例えば学校・病院・行政機関の庁舎等(第1種施設)においては、喫煙禁止場所での喫煙が禁じられる〔健康増進28⑤・29①〕。 ⇒嫌煙権'

現行犯逮捕 現行犯人は、誰でも、*逮捕状'なしに逮捕することができる〔憲33, 刑訴213〕。現行犯人は、真犯人であることが逮捕者にとって明白であって無実の者を不当に拘束するおそれがないので、*令状主義'の例外とされる。私人が現行犯人を*逮捕'したときは、直ちにこれを*検察官'又は*司法警察職員'に引き渡さなければならない〔刑訴214〕。捜査機関が現行犯逮捕をしたとき及び現行犯人を受け取ったときから以降の手続は、通常逮捕の場合と同じである〔刑訴216〕。現行犯人とは、逮捕者の目の前で罪を行った者、又は罪を行い終わったところを逮捕者に目撃された者をいう〔刑訴212①〕。更に、法は、準現行犯という概念を認め、罪を行い終わってから間がないと明らかに認められる者について、令状なしに逮捕できることにしている〔刑訴212②〕。なお、逮捕された後の身柄の取扱いについては、「逮捕」に掲げた[図:警察による逮捕の場合の身柄の拘束関係]を参照せよ。 ⇒準現行犯' ⇒通常逮捕' ⇒緊急逮捕'

健康保険 広義では、*被保険者'及びその被扶養者の疾病、負傷、死亡又は出産の際に*保険給付'を支給する、*社会保険'制度の1つを指す。医療保険ともいう。*健康保険法'、*国民健康保険法'等によってその内容が定められている。狭義では健康保険法に基づく社会保険制度をいう。被保険者すなわち労働者及びその被扶養者の業務災害以外の疾病、負傷、死亡又は出産に対して、*療養の給付'や*傷病手当金'、*出産手当金'等を支給する〔健保52・127〕。*保険者'は、全国健康保険協会と*健康保険組合'である〔健保4〕。前者を協会管掌健康保険、後者を総称して組合管掌健康保険という。*保険料'は事業主及び被保険者が折半して負担するのが原則であるが、健康保険組合にあっては規約によりその負担割合を変更することができる〔健保162〕。

健康保険組合 *健康保険'の*保険者'の1つ〔健保4〕。厚生労働大臣の認可又は命令により、一定数以上の*被保険者'を有する事業所で、

事業主及び当該事業所で使用される被保険者・'任意継続被保険者'を組合員として設立される法人で〔健保8～30〕，組合員である被保険者の健康保険を管掌する〔健保6〕。'健康保険法'に定める法定給付を支給するほか，財政状態等を勘案して組合規約により'付加給付'を支給することができる〔健保53〕。また，40歳以上の組合員及びその被扶養者に対して特定健康診査及び特定保健指導を行う〔高齢医療20～31〕。組合員である事業主及び被保険者が負担する'保険料'を徴収する〔健保155～167〕。その際，規約によって事業主の保険料負担割合を変更することができる〔健保162〕。報告の徴収，事業・財産の状況の検査等の行政的監督に服する〔健保28・29〕。

健康保険組合連合会 '健康保険組合'が構成員となって，厚生労働大臣の認可を受けて設立する法人〔健保184～188〕。高額療養費や財政窮迫組合に対する財政負担軽減のための交付金事業を行う。

健康保険法 大正11年法律70号。日本最初の'社会保険'制度である健康保険を定める法律。労働者の業務外の事由を対象とする'保険給付'等について規定する。平成14年に，給付内容等の変更のほか，条文を整理し，平仮名・口語体にする改正が行われた（法102）。 ⇨健康保険'

原 告 民事訴訟（'行政事件訴訟'を含む）において，裁判所に訴えを提起した訴訟上の当事者の第一審における呼び名。 ⇨訴訟上の当事者' ⇨被告'

原告適格 '行政事件訴訟法'9条1項は，'取消訴訟'を提起できる者を「取消しを求めるにつき法律上の利益を有する者」に限っているので，特に'処分'の名宛人以外の者について法律上の利益の存否が問題となる。判例は，法律の規定が個人の権利利益を公益と区別して保護していれば原告適格ありとする「法律上保護された利益説」に従う（最判昭53・3・14民集32・2・211〈ジュース事件〉）が，学説では，事実上の利益でも法的な保護に値すれば原告適格の基礎として評価する「法的保護に値する利益説」が有力である。その後の判例は，処分の根拠規定に明文の定めがなくても，関連法規の関連規定も含めた法体系を考慮して，個別的利益を保護しているかを判断すべきであるとし（最判昭60・12・17判時1179・56〈伊達火力発電所訴訟〉，最判平成元・2・17民集43・2・56〈新潟空港事件〉），また，原告が被る被害の性質をも考慮し，処分根拠法規の趣旨を判断すべきものとしている（最判平成4・9・22民集46・6・571〈もんじゅ原発訴訟〉）。

平成16年の行政事件訴訟法改正（法84）で，9条2項として，裁判所が法律上の利益の有無を判断する際の指針規定が置かれたが，それは上記最高裁判例の趣旨を集約したものとみることができる。

言語上の提供 ⇨口頭の提供'
言語著作物 ⇨著作物'
減債基金 ⇨減債積立金'
現在建造物 ⇨現住建造物・現在建造物'
減債積立金 '社債の償還'に充てる目的で積み立てられた任意積立金。社債償還準備金又は減債基金といわれることもある。これを積み立てることが，社債契約で会社の義務となっている場合があり，この場合は会社が任意に積み立てるものではないが，'法定準備金'ではないので，任意積立金の一種である。

現在の給付の訴え ⇨給付の訴え'
現在の心理状態の供述 供述当時における供述者の心理状態（精神状態に限らず，感情・意図・認識・計画などの内心の状態を含む）を示す供述。精神状態の供述ともいう。'要証事実'が供述当時の供述者の心理状態であれば，供述証拠（⇨供述証拠・非供述証拠'）となる。当該供述が公判外のものであれば'伝聞証拠'となるはずだが，非伝聞説が多数説である。知覚・記憶の誤りが問題にならず，真摯性などは原供述者の'反対尋問'によらなくとも検証可能であること，当該供述が最良証拠であることなどを理由とする。こうした考えに基づき，共謀過程での発言や犯行計画メモが非伝聞とされることがある。

検索の抗弁権 債権者が'保証人'に債務の履行を求めた場合，保証人は，まず主たる債務者の財産について執行せよと抗弁することができる〔民453〕。これを検索の抗弁権という。まず主たる債務者に対して催告せよと抗弁する'催告の抗弁権'とともに'保証債務'の補充性から生ずる。したがって主たる債務者と連帯して責任を負っている'連帯保証'人はこれらの抗弁権をもたない〔民454〕。検索の抗弁権を行使するためには，保証人が主たる債務者に弁済の資力があること（ただし，完済の資力があることを必要としない），主たる債務者の財産が執行の容易なものであることを証明しなければならない。抗弁権が行使されると，債権者は，まず主たる債務者の財産について執行しなければ，保証人に対して請求することができない。そして，債権者がその執行を怠ったために主たる債務者から弁済を受けられなくなった部分については，保証人はその義務を免れる〔民455〕。

けんさつか

検察官　1 役割　公益の代表者として訴訟手続に関与することを主たる任務とする公務員。刑事事件について、*捜査'〔検察6〕と*公訴'を行い、裁判所に法の正当な適用を請求し、更に裁判の執行を監督することが、その最も大きな役割である。そのほかにも裁判所の職権に属する事項につき裁判所に通知を求め、あるいは意見を述べる権限を認められている〔検察4〕。*人事訴訟'のように民事裁判で検察官が当事者となる場合もある。*少年審判'にも関与することがある〔少22の2〕。
2 種類　検察官には、検事のほかに副検事、*検事長'、次長検事、*検事総長'の5種類がある〔検察3〕。⇒検事正'
3 地位　検察官は検察庁に属する。検察官は行政官であり、上司の指揮監督を受ける〔検察7～10〕。しかし、司法に関する事務を委ねられているために、他の国家公務員より厚い身分保障を受ける〔検察25〕。また、公訴の提起など訴訟上の行為は、検察庁としてではなく、個々の検察官の名で行う。
⇒検察庁'　⇒検察官同一体の原則'　⇒指揮権(法務大臣の)'

検察官送致　刑事手続において、*司法警察職員'に逮捕された*被疑者'、書類及び*証拠物'、事件を検察官に送ること。送検ともいう。司法警察職員が捜査をしたときは、検察官の事件処理のため速やかに書類及び証拠物とともに事件を送検するのが原則である〔刑訴246本文〕(⇒微罪処分')。司法警察職員が被疑者を逮捕した場合には、法定の制限時間(48時間)内にその身柄と書類及び証拠物を送検する〔刑訴203・211・216〕。これを身柄送致という。なお、*少年'被疑者の場合は、まず家庭裁判所に送致されるが〔少41〕、家庭裁判所が刑事処分相当と判断した事件を、決定で検察官に送ることを検察官送致(⇒逆送)という〔少20〕。⇒検察官'　⇒逮捕'　⇒家庭裁判所送致'

検察官適格審査会　*検察官'が心身の故障などの事由により執務に適さないかどうかを審査する機関。国会議員・最高裁判所判事・日本弁護士連合会会長及び学識経験者から選任された委員により構成し、全検察官に対する3年ごとの定時審査のほか職権又は法務大臣の請求により随時審査を行う〔検察23〕。

検察官同一体の原則　*検察官'たちが職務を行う際に、一体となって活動し、また外部からそのようにみなされること。検察官は各自が自らの名で職務を行うが、行政官であるから、上命下服の関係に置かれる〔検察7～10〕。したがって上司は、個々の検察官から自らへ事務を引き取り、又は他の検察官へ移転することができる〔検察12〕。ある検察官が裁判所など外部に対して行った手続上の行為は、事件の担当検察官が交代しても効力を失わない。　⇒指揮権(法務大臣の)'

検察事務官　*検察庁'に置かれる職員の一種。上官の命を受けて検察庁の事務をつかさどるほか、*検察官'を補佐し、又はその指揮を受けて犯罪の捜査を行う〔検察27, 刑訴191②〕。刑事訴訟法上は、*被疑者の取調べ'〔刑訴198①〕、令状による*被疑者'の*逮捕'〔刑訴199①〕・*捜索'・*差押え'〔刑訴218①〕などの権限を与えられている。検察官不足に対処するため当分の間、法務大臣が、*区検察庁'の検察官の行うべき事務をその庁の検察事務官に取り扱わせることも認められている〔検察附2〕。

検察審査会　*検察官'の*公訴権'の実行に関し民意を反映させてその適正化を図るために作られた制度〔検審1①〕。衆議院議員の選挙権を有する18歳以上の者の中からくじで選ばれた11人の審査員で組織される〔検審4〕。検察事務の改善に関する建議を行うこともあるが、主たる役割は、検察官の*不起訴処分'の当否の審査にある〔検審2〕。審査の結果、「不起訴相当」「不起訴不当」「起訴相当」の議決を行う〔検審39の5〕。「不起訴不当」「起訴相当」の議決があった事件については検察官が事件処理を再考するが〔検審41〕、後者の事件について再度不起訴処分をしたときは、当該検察審査会は再審査を行わなければならず〔検審41の2〕、そこで改めて起訴相当と認め、8人以上の多数で「起訴すべき旨」の議決(起訴議決)がなされると〔検審41の6〕、裁判所によって指定された弁護士が、起訴議決に係る事件について、公訴の提起及びその維持に当たることになる〔検審41の9・41の10〕(強制起訴制度)。　⇒訴追裁量'

検察庁　*検察官'の行う事務を統括する官署〔検察1①〕。*国家行政組織法'8条の3、法務省設置法(平成11法93)14条及び検察庁法によって、法務省に置かれる特別の機関である。各裁判所に対応して置かれ、*最高検察庁'・*高等検察庁'・*地方検察庁'・*区検察庁'の4種類がある〔検察1②〕。

検査役　*株式会社'の設立手続、*現物出資'、*財産引受け'、業務・財産の状況又は*株主総会'の手続等法定の事項の調査を職務権限とする臨時的機関。*発起人'・*取締役'の処置の適否及び計算の正否の調査に当たるが、その範囲は選任される各場合によって異なる(⇒総

会検査役')。発起人・取締役・少数株主・*清算人・*監査役・債権者等の申立て又は職権により、裁判所が選任する場合〔会社33・207・284・306・325・358〕と、*創立総会'又は株主総会・*種類株主総会'で選任する場合〔会社94・316・325〕とがある。員数・資格についての制限はないが、職務の性質上、取締役・監査役や*支配人'その他の*使用人'は検査役になることができない。裁判所により選任された検査役は、必要な調査を行い、その結果を裁判所に報告し、裁判所は必要があれば、一定の決定や命令を行う。会社との関係は*準委任'関係であるが、裁判所が選任した検査役の報酬決定権は裁判所にある。検査の費用・報酬は会社が負担する。

検 視 司法検視と行政検視がある。司法検視は、死亡が犯罪によるものではないと断定できない死体について、五官の作用によりその状況を見分することをいう。*検察官'の権限だが、*司法警察員'等に代行させることが多い〔刑訴229〕。要急処分のため、令状なしに住居等に立ち入ることができるとされるが、異論もある。臓器移植に関連した検視の規定がある〔臓器移植7〕。行政検視は、犯罪の疑いがないことが明らかな死体について、公衆衛生や身元の確認等の行政目的から、警察官が現場に臨んで見分することをいう〔戸92①等。なお、医師21、軽犯1⑱等〕。

検 事 ⇨検察官'
減 資 ⇨資本金額の減少'
原始取得・承継取得 ある権利を他人の権利に基づかないで取得するのが原始取得である(新しい権利の取得であるから、制限や負担が前主の下でついていたとしても、これを承継しない)。これに対して他人の権利に基づいて権利を取得するのが承継取得である(前主の下での負担を承継する)。原始取得の例としては、*無主物先占'・*時効'取得などがあり、承継取得には、売買・相続などのように他人の権利をそのまま承継する場合(移転的承継)と、例えば、*地役権'の設定のように前主の権利の一部を取得する場合(設定的取得)がある。

検 事 正 地方検察庁に1人置かれ、管内の検察庁の職員を指揮監督する検事の職名〔検察9〕。⇨検察官'

検 事 総 長 *最高検察庁'の長であり、全ての*検察庁'の職員を指揮監督する検察官〔検察7①〕。⇨検察官'

検 事 長 *高等検察庁'の長である検察官〔検察8〕。⇨検察官' ⇨検察庁'

現実の提供 *弁済の提供'の原則形態であり、弁済者が、債務の本旨に従った給付を、債権者が受領しさえすればよい状態に置き、その受領を求めることをいう〔民493本文〕。⇨口頭の提供'

現実の引渡し *占有権'の譲渡方法の1つとされるもの。例えば、売買契約により目的物を現実に引き渡す場合のように、合意と物の現実的支配の移転によって占有権の移転を行う方法のこと。単に引渡しともいう〔民182①〕。占有権の譲渡方法には、現実の引渡しのほかに、3つの方法が認められている〔民182②～184〕。*引渡し'に掲げた〔表:引渡しの態様〕をみよ。

現 実 売 買 自動販売機で物を買ったり、店頭で品物を買う場合のように、契約成立と同時に*物'が買主に引き渡され、代金が売主に支払われる*売買'。売買の合意と目的物の移転とが同時に行われるので、通常の売買のように売主・買主の債務が成立しないようにみえ、債権契約としての売買に関する民法の規定〔民555〕が適用されるかどうかが問題となる。例えば、売主は目的物の所有権を移転する債務を負っていないのであるから、目的物に瑕疵(き)(契約不適合)があっても完全な物を給付する債務を負わないのかという形で論議され、物権契約であるとする説と、やはり売買の合意が先行して債務を負っているとする債権契約説が対立しているが、物権契約説もこの場合の売主の担保責任の規定の適用を認めるので、両説の差異は実際には大きくない。

原 始 定 款 会社の設立に際し、*公証人'の認証を受ける対象となる*定款'をいう。*発起人'が作成した定款は公証人の認証を受けなければ、その効力を生じない〔会社30①〕。認証は定款内容の適法性・明確性を確保し、後日の紛争を防止するために行われ、発起人が認証後の定款を変更することは原則としてできない〔会社30①・33⑨・37①②〕。会社成立後、必要に応じて*定款変更'が行われるが、特にこのような定款変更の場合に、変更された定款に対して、設立当初の定款を、原始定款と呼ぶ。

原始的不能・後発的不能 債権の成立時(債権が法律行為によって成立する場合にはその法律行為成立時)以前に債権の履行が不能なことが確定していることを原始的不能、成立後に不能となることを後発的不能という。例えば、ある特定の家屋の売買契約で、契約する前日にその家屋が焼失した場合が原始的不能であり、契約した後に焼失した場合が後発的不能である。後発的不能は発生した債権の効力を左右せず、不能が債務者の責めに帰すべき事由に基づくと

げんじほう

きには履行不能による*損害賠償*[民415]・契約解除[民542①Ⅰ]の問題となり，責めに帰することのできない事由に基づくときには債務は消滅して，*双務契約*では*危険負担*[民536]の問題となる。これに対して原始的不能の場合には債権はそもそも成立せず，そのような債権を目的とする法律行為は*無効*であるとされ，後発的不能の場合の処遇と峻別されていた。例えば原始的不能について債務者の*契約締結上の過失*を問題として責任を追及できる場合であっても信頼利益賠償に限定されるとされた。この区別は一時期のドイツ民法学の影響下に採用され通説化したものであるが，ドイツでも債務法の改正によりこの区別はなくなった(改正後のドイツ民法275条参照)。日本法も，少なくとも損害賠償に関してはこの区別は克服されている[民412の2②]。

限時法 **1 意義** 一定の有効期間を定めて制定された法令。時限法ともいう。一時の事態に対して立法された法令も限時法(実質的限時法)と呼ぶ説もあるが，法令自体に有効期間が定められていないときは臨時法と呼び，限時法と区別するのが妥当である。
2 廃止後の処罰の可否 ドイツ刑法は，限時法について明文で失効後の罰則適用の追及効を認めているが[ドイツ刑法2④]，日本の刑法にはこのような規定はない。そこで，限時法の罰則の有効期間中に行われた行為について，罰則失効後においても，なお処罰できるか，争いがある。従来は，規定がなくてもドイツ刑法と同様に解することができるとする説が強かったが，その後，当該法規が明文で廃止後の処罰を肯定していない限り廃止後の処罰を認めてはならないとする説が有力になってきている。
3 白地刑罰法規の改廃 *白地刑罰法規*の内容を定めた他の法令・告示の改廃があった場合も，限時法の問題として論じられることがあるが，当該罰則自体が廃止されていないのであれば，限時法とは別の問題である。

元 首 主として対外的に国を代表する資格をもつ国家機関。元首の資格をもつといえるためには，外国と*条約*を結ぶ権能や外交使節の任免，*全権委任状*・信任状の発行などの権限をもつことが必要であると考えられている。誰が元首に当たるかは国によって異なるが，通常は，君主国では*君主*，共和国では*大統領*がこれに当たる。日本の場合，*明治憲法*は，明文の定めで天皇を元首としていた[明憲4]が，現行憲法はこの点について規定を欠いているため，誰が元首であるかについては学説上争いがある。イ 天皇は国の*象徴*であり[憲1]，かつ*国事に関する行為*を行う[憲7]ことを根拠として，天皇が元首であるとする説，ロ 上記の条約締結権等は*内閣*にあるから，内閣又はその長である*内閣総理大臣*が元首であるとする説，ハ 元首は存在しないとする説などがある。

現住建造物・現在建造物 **1 意義** 現実に人が住居として使用する建造物(現住建造物)，あるいは人が現在する建造物(現在建造物)をいう。刑法108条の*放火罪*の客体である。人の住居として使用されているときは，人が現在することを必要としないし，人が現在するときには，人の住居に使用されていることを必要としない。人が住居に使用し，かつ現在する場合を含むことはいうまでもない。ここでいう「人」とは放火犯人以外の者を指す。したがって，犯人のみが居住する建造物は現住・現在建造物に当たらない。
2 現住建造物 住居として使用されているというためには，人の起臥(きが)寝食の場所として日常使用されていることが必要であり(大判大正2・12・24刑録19・1517)，宿直室がある校舎などもこれに当たる。現に人の住居として使用されている必要があるから，シーズンオフで閉鎖中の別荘などはこれに当たらないと解するのが有力であるが，ごく一時的に利用されていなくても，住居としての使用形態に変更がなければ，現住性は失われない(最決平成9・10・21刑集51・9・755参照)。なお，複数の建造物が接合された複合建造物において，その一部にのみ現住性・現在性が認められる場合であっても，物理的・機能的一体性が認められるときには，全体が1個の現住・現在建造物と評価される(最決平成元・7・14刑集43・7・641〈平安神宮事件〉)。

限縮的正犯概念 ⇨*拡張的正犯概念*

検 証 物，場所又は人について，その存在や状態等を五官の作用により認識する処分をいう。

Ⅰ 刑事訴訟法上，検証は裁判所・裁判官・*捜査機関*が行う。*公判期日*における*証拠物*の取調べも性質は検証だが，裁判所による検証は公判廷外で行われるのが通常である[刑訴128]。まず，裁判所の検証には令状を必要とせず，物の破壊等必要な処分をすることができる[刑訴129]。当事者に立会権がある[刑訴142・113]。人の住居等での夜間検証は，住居主等の承諾が必要である[刑訴130]。検証の結果は，*検証調書*に記載され(公判廷における検証は公判調書に記載される[刑訴規44①Ⅲ])，これが*公判*の*証拠*となる[刑訴321②]。裁判官によ

けんしよく

る検証も同一の取扱いがなされる〔刑訴142・125・179〕。一方，捜査機関による検証は，憲法により〔憲35〕，原則として令状が必要である〔刑訴218①〕が，逮捕の現場での検証や身柄拘束された*被疑者'の一定の身体の検査には必要でない〔刑訴220①・218③〕。検証の方法等は裁判所のそれとほぼ同じだが，当事者の立会権はない〔刑訴222〕。任意処分として検証と同様の処分を行うことがあり，*実況見分'という。捜査機関の作成した検証調書は*伝聞証拠'であるが，比較的緩やかな要件で許容され〔刑訴321③〕，実況見分調書も同一要件で許容するのが判例である（最判昭和35・9・8刑集14・11・1437）。なお，人の身体の検査も検証であるが，法は特別の定めを置いている（⇨身体検査'）。　⇨通信傍受'
II 民事訴訟上，検証は裁判所あるいは受命・受託裁判官が行う。検証手続は，*書証'の手続に大部分準ずる〔民訴232①〕。検証の申出は，検証の目的となるもの（検証物）を表示して行う〔民訴規150〕。当事者が正当な事由がないのに検証を拒否したり，妨害したりする場合には検証物に関する相手方の主張を真実と認めることができるし〔民訴232①・224〕，第三者が提示命令に従わないときには*過料'の制裁を受ける〔民訴232②〕。検証の結果については，裁判所書記官が*検証調書'を作成する〔民訴規67①⑤〕。この調書は，通常の場合，写真や録画を電子化した*電磁的記録'を活用して作成される〔民訴規69〕。なお，訴訟関係を明瞭にするために，釈明処分（⇨釈明権'）の１つの方法として，検証が行われることがある〔民訴151①⑤〕。

原状回復　一般的には，ある事実が生じなかったならば，本来存在したであろう法律上又は事実上の状態（原状）に戻すことを意味する。
I 民法上は，特に次の２つの場合との関連において用いられることが多い。イ 契約が解消された場合に，契約締結以前の法律上の状態に復帰させること。例えば，契約に基づいて給付された物を各当事者が返還する場合である。契約の各当事者は，契約取消の効果として〔民121の2〕，あるいは，契約*解除'の効果として〔民545①〕，原状回復義務を負うものとされる。ロ *損害賠償'の方法として，*金銭賠償'に対する意味で用いられ，損害が発生する以前の状態に復帰させること。例えば，他人の物を壊した者に対してその物の修繕をさせる場合である。民法上は，金銭賠償が原則である〔民417・722①〕が，名誉毀損の場合の*謝罪広告'は原状回復の一種と解されており〔民723〕，また，不正競争行為による損害賠償及び鉱害賠償では，原状回復が認められている〔不正競争14，鉱業111〕。
II 国際法上，違法行為と責任（⇨国際責任'）に対する事後救済の基本原則をなす（PCIJ判1928・9・13 Series A No.17・4〈ホルジョウ工場事件〉参照）。国家責任条文35条は，「国際違法行為に対して責任を負う国は，原状回復，すなわち違法行為が行われる前に存在した状態を回復する義務を負う」と規定する。

懸賞広告　特定の行為をすることを指定し，それをした者に一定の報酬を与える旨を，広告によって表示すること〔民529～532〕。例えば，新聞に広告して，「迷い犬を連れて来てくれた者に５万円差し上げます」などと表示することである。民法はこれを*契約'の章に規定するので，懸賞広告をすることが契約の*申込み'に当たり，指定した行為の完了がその*承諾'であると考えているようであるが，そうとすると，広告の存在（申込み）をたまたま知らずに犬を見つけて知らせても賞金をもらえないことになる。そこで，学説の多くは，申込みの性質をもつ懸賞広告もあるが，一方的な債務の負担の意思表示（単独行為）と解釈するのが原則であるとしていた。この点につき，*債権法改正'では，「その行為をした者がその広告を知っていたかどうかにかかわらず」という文言が追加されたため，実際上の不都合は解消されている〔民529〕。なお，数人が指定行為を完了したときは，原則として最初に行為を完了した者に報酬が与えられる〔民531〕。期間を定めて広告しない限り〔民529の2〕，行為を完了する者がない間は，前の広告と同一の方法で広告を撤回することができる〔民529の3・530〕。　⇨優等懸賞広告'

検証調書　検証の結果を記載した書面。⇨検証'

検証令状　*捜査機関'に対し検証を許可した裁判官の令状。　⇨検証'

兼職　⇨副業・兼業'

兼職禁止　1 *一般職'の国家公務員は，*職務専念義務'を課せられ，法令の定める場合を除き，官職を兼ねることを禁止されている〔国公101〕ほか，職務の公正又は政治的中立性を保持する観点からも兼職が禁止されている〔国公102③・103①〕。国会議員・地方公共団体の議員及び長等についても兼職禁止規定がある〔憲48，国会39，自治92・141〕。また，兼職禁止に抵触することを防止するための措置も種々ある〔国公108，公選89・103，国公102②等〕。　⇨併任'
2 会社の役員の兼職禁止については，*役員兼任の制限'をみよ。

げんしよぶ

原処分主義　*処分'に対する審査請求を*棄却'する裁決が下されたとき、*処分の取消しの訴え'と*裁決の取消しの訴え'のいずれを提起するも原則として自由であるが、処分の違法を争いたいのであれば処分の取消しの訴えを提起すべしという原則〔行訴10②〕(⇨裁決主義')。修正裁決の場合にいずれの取消しを求めるべきかについては見解の対立があるが、最高裁判所は、公務員の懲戒処分の事例で原処分説をとった(最判昭和62・4・21民集41・3・309)。

原子力　⇨核原料物質、核燃料物質及び原子炉の規制に関する法律'

原子力基本法　昭和30年法律186号。原子力の研究・開発・利用を推進し、エネルギー資源の確保、学術の進歩、産業の振興、地球温暖化防止を図るための基本法〔原基1〕。原子力に関する外国の法律の中には原子力の軍事利用目的からの規制(例えば、核燃料等の国有、秘密保持等)を行うものもあるが、この法律では、原子力の研究・開発・利用の基本方針として、平和目的・民主・自主・公開が制定当初から掲げられており(民主・自主・公開は、原子力平和利用3原則とも呼ばれる)、後に安全確保が追加された〔原基2〕。以上のほか、この法律は、原子力規制委員会、原子力防災会議及び原子力委員会〔原基3の2〜6〕、原子力の開発機関〔原基7〕、原子力に関する鉱物の開発取得〔原基8〜11〕、核燃料物質の管理〔原基12・13〕、原子炉の管理〔原基14〜16の2〕、特許発明等に対する措置〔原基17〜19〕、放射線による障害の防止〔原基20〕、補償〔原基21〕につき基本事項を定めている。

原子力協定　核物質や原子炉等の主要な原子力関連資機材、又はその技術を他国に移転するに際して、移転先国においてこれらが軍事転用されないよう法的保証を取り付けるため、供給国と受領国との間で締結される*条約'をいう。核物質及び関連資機材・技術の輸出管理については、原子力供給国グループ(NSG)が供給国側が参照すべきガイドラインを策定しているが、同内容を踏まえた協定を締結することによって受領国に法的義務を課すことが眼目である。通常、移転された核物質・資機材・技術等は平和的目的以外で使用してはならないこと、*国際原子力機関'(IAEA)による包括的保障措置(査察)を適用すること、核物質や原子力施設において一定の防護措置を確保すること、供給国による事前の同意なしに第三国への再移転を行わないこと、受領国が協定に違反した場合には、供給国は原子力協力を停止し、核物質・機材等の返還を要求する権利を有すること等が定められる。また、受領国における核物質の濃縮・再処理の制限や禁止が定められることもある。日本は、1955年に締結された日米原子力協定を皮切りに原子力技術や燃料用核物質を輸入し、使用済み核燃料を海外で再処理することを目的に、英仏、カナダ、豪州等との間に受領国として原子力協定を締結してきたが、2010年以降は、原子力発電所を輸出するため、ベトナム、ヨルダン、UAE、トルコ等の新興国との間で供給国の立場に立って協定を締結する例も増えている。

原子力損害賠償責任　原子炉の運転等による原子力損害について原子力事業者が負う損害賠償責任〔原賠2章・2②〕。原子炉の運転等による原子力損害の賠償については、*過失責任主義'に基づく*不法行為'責任の一般原則〔民709〕によると、被害者が*過失'を立証しなければならないなど、被害者が救済を得るために大きな困難がある。そこで、昭和36年に「原子力損害の賠償に関する法律」が制定された(法147)。同法は、原子力事業者に*無過失責任'を負わせ、ただ、被害が異常に巨大な天災地変又は社会的動乱によって生じた場合にだけ、免責する〔原賠3①〕。また、損害賠償の支払を単純化するため、賠償の窓口を一化し、原子力事業者だけに責任を負わせ、その他の者には負わせないこととした(責任の集中)〔原賠4〕。以上のことを可能にするために、原子力事業者は、損害賠償措置(原子力損害賠償責任保険など)を講じなければならないとされる〔原賠6〜7の2〕。また、国も一定の場合には援助措置を行い〔原賠16〕、他方、免責規定の適用があれば、必要な措置を講ずる〔原賠17〕。また、紛争の円滑かつ迅速な解決を行うため、原子力損害賠償紛争審査会を設置した〔原賠18〕。福島第一原発事故後に原子力損害賠償支援機構法が制定されたが(平成23法94)(平成26年に「原子力損害賠償・廃炉等支援機構法」に改称)、この支援機構は16条の具体化である。「原子力損害の賠償に関する法律」は、平成30年に改正され(法90)、原子力事業者が迅速に仮払いを実施することを促すための、国による仮払い資金の貸付制度の創設〔原賠17の3〜17の9・23〕などが行われた。

原子炉等規制法　⇨核原料物質、核燃料物質及び原子炉の規制に関する法律'

県　税　⇨国税・地方税'

譴　責(けんせき)　*懲戒'処分のうち最も軽い、義務違反に対し警告し将来を戒める処分。

建設機械抵当　建設機械抵当法に基づき、建設機械に*抵当権'を設定する制度、又は、設定された抵当権のこと。*動産'の*占有'を担保

けんちくき

権者に移転せずに，当該動産に担保権を設定することができる*動産抵当'の一種。建設機械に抵当権を設定するためには，当該建設機械につき所有権保存登記〔建抵3①〕がされている必要がある〔建抵5〕。登記された建設機械の*所有権'及び抵当権の得喪及び変更は，建設機械登記簿に登記をしなければ，*第三者'に対抗することができない〔建抵7①〕。

源泉徴収 ある支払が行われる場合，その支払者に対して支払額の一定額を徴収（天引き）させ，国に納付させる*所得税法'上の制度である〔所税181～223〕。本来の納税義務者以外の第三者に税額を徴収納付させる徴収納付制度の1つであり，能率的かつ確実な税収の確保のために採用されている。所得税の税収の多く（令和4年度決算で8割超）は，源泉徴収によるものである。源泉徴収の対象となるのは，国内で支払われる利子・配当・給与・退職手当等・公的年金等・一定の報酬や料金などであり，これらの支払をする者は，徴収した所得税を翌月10日までに国に納付しなければならない〔所税181①・183①・199等〕。源泉徴収義務の対象たる支払をなす者を源泉徴収義務者といい，その支払を受領する者は本来の納税義務者又は源泉納税義務者と呼ばれる。源泉徴収は正しく行われたものの源泉徴収税額が結果的に本来の納税義務者の税額よりも多い場合，本来の納税義務者は，*確定申告'により源泉徴収税額の還付（⇨還付金'）を受けることを原則とする〔所税120・122〕。しかし，源泉徴収義務者が源泉徴収を行わない，又は過少な源泉徴収しか行わなかった場合には，税務署長は源泉徴収義務者から不足の源泉徴収税額を徴収し〔所税221〕，本来の納税義務者からは徴収しない。この場合，源泉徴収義務者には不納付*加算税'・重加算税が課される〔税通67・68③〕。逆に，源泉徴収義務者が違法に過大な源泉徴収を行った場合，本来の納税義務者は源泉徴収義務者に対し過大に徴収された金額の支払を求めることができるのみで，確定申告により過大源泉徴収税額の還付を受けることはできないというのが，判例の立場である〔最判平4・2・18民集46・2・77〕。地方税法上の徴収納付は*特別徴収'と呼ばれ，個人*住民税'などで採用されている〔地税1①⑨・42①・321の3①等〕。

源泉分離課税 特定の所得について，総合課税をせずに，他の所得と分離して一定の税率による*源泉徴収'だけで課税関係を終了させる制度。*利子所得'〔租特3・3の3〕，*配当所得'〔租特8の2・8の3〕等について採用されている。な

お，日本に*恒久的施設'を有しない非居住者・*外国法人'の投資所得に関しても，源泉分離課税が重要な役割を果たしている。　⇨分離課税'

検　送　⇨逆送'
建造物侵入罪　⇨住居侵入罪'
検　束　行政機関が人を警察署など一定の場所に*引致'し，一時*留置'すること。行政上の*即時強制'の一種。旧法たる*行政執行法'は，泥酔者の救護を要する者の保護検束と公安を害するおそれのある者に対する予防検束を一般的に定めていたが，これらが濫用されることがあったため，現行の*警察官職務執行法'は予防検束を認めず，保護検束も「保護」という名称に変更し厳格な要件の下で限定的に定めている〔警職3〕。　⇨保護検束'　⇨予防検束'

現存利益　契約を取り消した*未成年者'や*善意占有者'などが物や金銭の返還義務を負うとき，取得した全ての利益を返還させること〔民704参照〕は不適当なので，費消，滅失毀損した分は差し引いて，現に利益を受けている限度で返還すればよいとした〔民32②・191・702③，民121の2②③等〕。「利益の存する限度」というときもある〔民703〕。生活費に使用した分も，他の支出を免れているので，現存利益になる。

建築確認　一定の建築物の建築計画について，法令に適合するものであることを確認する行為。一定の建築物の建築主は，工事に着手する前に，建築計画が当該建築物の敷地，構造及び建築設備に関する法律，これに基づく命令・条例の規定に適合するものであることについて，確認の申請書を提出して，建築主事等の確認を受けなければならない〔建基6・6の2・6の3〕。都市計画区域内においては，*用途地域'の指定に応じて課せられた建築規制に基づいて，建築確認がなされる〔建基3章〕。建築主事等の行う建築確認は，建築計画の法令適合性を公権的に判断確定する*準法律行為的行政行為'であって，用途地域内で原則的に禁止されている建築物の建築を認める許可〔建基48〕とは，性質を異にする。なお，平成10年から，建築確認や検査等の業務は民間開放され，指定された確認検査機関〔建基77の18〕によっても建築確認が実施されるようになった〔建基6の2〕。平成18年には，耐震構造偽装事件を受けて，一定の高さ以上の建築物については，知事又は指定構造計算適合性判定機関による構造計算適合性判定を義務付ける改正〔法92〕がなされた〔現建基6の3〕。

建築基準法　昭和25年法律201号。建築物の敷地・構造・設備及び用途に関する最低の基準を定めて，国民の生命・健康・財産の保護

けんちくち

を図り，公共の福祉の増進に資することを目的とする法律。大正 8 年(1919)の市街地建築物法(法 37)に代わり，制定されたもので，建築規制法体系の中で一般法の地位を占めるとともに，都市環境の維持のための'地域地区制'に基づく具体的な建築制限の内容について定める'都市計画法'に並ぶ都市計画に関する基本法。建築物の建築等に関わる申請，確認，検査，違反建築物に対する措置について，一般的に定め，建築主事・建築監視員・建築協定・指定資格検定機関(その他指定確認検査機関・指定構造計算適合性判定機関・指定認定機関・指定性能評価機関等)・建築基準適合判定資格者の登録・建築審査会などについての規定を置く。都市計画地域においては，都市計画法に定める地域地区における建築物の制限のほか，建ぺい率・容積率・高さ制限などが規定されている。一定建築物及び都市計画区域内における建築物の建築には，その計画の法令適合性について建築主事等の確認('建築確認')を受ける必要があり，違反建築物等については，特定行政庁が一定の是正措置を命ずることができる。 ⇨用途地域'

建築著作物　　⇨著作物'

顕著な事実　　真実であることが間違いない事実であり，知られている範囲の広狭に応じて，'公知の事実'と'裁判所に顕著な事実'とがある。民事訴訟において，これらの事実は証明を要しない(民訴 179)。

限定合憲解釈　　⇨合憲解釈のアプローチ'

限定種類債権　　⇨制限種類債権'

限定承認　　1 意義　'相続人'が'相続'によって得た財産を責任の限度として被相続人の債務及び'遺贈'の義務を負担することを留保した上で，'相続の承認'をすること(民 922〜937)。'単純承認'に対する。'相続財産'が明らかに負債超過の場合は，'相続放棄'をすれば足りるが，負債超過のおそれがあるという程度の場合には，限定承認をすれば，'清算'の結果，積極財産が残れば，これを取得できるので有利である。

2 方法　限定承認をするには，自己のため相続の開始を知った時から 3 カ月以内に，'財産目録'を作成して家庭裁判所へ申述書を提出しなければならない(民 924)。財産目録への記載を故意に脱漏すると，単純承認とみなされる(民 921 ③)。相続人が数人あるときは，全員でしなければならない(民 923)。

3 清算手続　限定承認をすると，相続財産について清算が開始される。まず相続人のうちから相続財産清算人が選任され(民 936)，一定の期間を定めて'相続債権者'及び'受遺者'に対し除斥の公告をする(民 927)。そしてその期間経過後に，期間内に申し出た債権者，同受遺者の順で弁済していって(民 929〜931)，なお残余財産があれば期間経過後に申し出た債権者と受遺者に弁済し(民 935)，更に残余財産があれば相続人間で分配する。清算手続の結果，完済されない債権が残っても，相続人の'固有財産'は'強制執行'を受けない。ただし，任意弁済は有効である。なお，換価を必要とするものは必ず'民事執行法'による競売の方法をとらなければならないが，相続人は，家庭裁判所の選任した鑑定人の評価に従い，その価額を弁済して，これを自分の手元に留保することができる(民 932)。

4 撤回・取消し　限定承認を'撤回'することは許されないが，制限能力・'錯誤'・'詐欺'・'強迫'などに基づく取消しは短期時効の下に認められる。その際，その旨を家庭裁判所に申述しなければならない(民 919)。

限定責任能力　　'責任能力'が減弱している状態をいう。責任能力と責任無能力の中間に位置するもので，刑法は，'心神耗弱(こうじゃく)'者'(刑 39 ②)を限定責任能力者とし，刑を減軽することにしている。

現に利益を受ける限度　　⇨現存利益'

検　認　　'遺言書'の保管者が相続開始後遅滞なく提出した遺言書について家庭裁判所がその存在及び内容の確認をする，遺言書の一種の保全手続をいう(民 1004)。'遺言'の効力を判定するものではない。検認を経ないと過料の制裁はある(民 1005)が，遺言の効力に影響はない。公正証書遺言及び法務局に保管されている自筆証書遺言は検認が不要である。

原爆判決　　アメリカの投下した原爆の被害者である原告らが，アメリカによる原爆投下は国際法上違法であるが，'日本国との平和条約'19 条(a)により日本はアメリカに対する賠償請求権を放棄していたため，国に対して'国家賠償法'及び日本国憲法 29 条に基づき補償を請求した事件。判決は，アメリカによる原爆投下の国際法上の違法性を認めたが，原告は日本国に対して補償を請求する法的権利はないとしてその請求を退けた(東京地判昭和 38・12・7 下民 14・12・2435〈下田事件〉)。原告が上訴せず，同判決は一審で確定した。

現場助勢　　'傷害'罪'(刑 204)又は'傷害致死罪'(刑 205)が行われるにあたり，現場においてその勢いを助けること。刑法 206 条により 1 年以下の拘禁刑，又は 10 万円以下の罰金若しくは科料に処せられる。勢いを助けるとは，言

語又は動作で支援を送ることである。いわゆる野次馬の行為がこれで処罰されることはいうまでもないが，精神的加功による*幇助(ほうじょ)犯'が成立する場合にも，これを特に軽く処罰するのが本条の趣旨であるかどうかについては争いがある。判例は，通常の幇助犯の成立を認める（大判昭和2・3・28刑集6・118）。

原発訴訟 ⇨核原料物質，核燃料物質及原子炉の規制に関する法律'

現場不在証明 ⇨アリバイ'

減　歩 ⇨土地区画整理事業'

元　物　収益として*果実'を生じる*物'。*天然果実'である牛乳を産出する乳牛，*法定果実'である家賃を生む家屋がその例〔民89参照〕。　⇨元本'

現物給付 ⇨療養の給付'

現物給与　*賃金'を通貨以外の物品，例えば会社の製品などで支払うこと。トラック・システム（英truck system），実物賃金ともいう。法令若しくは*労働協約'に特別の定めがある場合を除き，原則*労働基準法'の定める通貨払原則に反するものとして禁止されている〔労基24①〕。なお，現物給与も*最低賃金'・*失業等給付'・*平均賃金'などの計算に反映される〔最賃5，雇保4⑤，労基則2等〕。　⇨賃金の通貨払い'

現物出資　**1 意義**　金銭以外の*財産'（*動産'，*不動産'，*債権'，*有価証券'，*知的財産権'，事業等）による*出資'をいう。*株式会社'においては，*金銭出資'を原則とするが，現物出資もその必要上認められている。ただ，現物出資を自由に認めると，目的物の過大評価により他の*株主'や会社債権者を害するおそれがあるため，会社法は，現物出資を厳格に規制している。株式会社の設立に際しては，現物出資は*発起人'のみに認められ〔会社34①・63①参照〕，また*変態設立事項'として*定款'に記載又は記録することが要求され〔会社28①〕，裁判所の選任する*検査役'の調査を受けなければならない〔会社33〕。更に，設立時取締役及び設立時監査役（*監査役設置会社'の場合）の調査が反映される〔会社46①②〕。会社成立後の*募集株式の発行等'及び*新株予約権'の行使の場合にも現物出資が認められるが〔会社199①③・236①③〕，同じく検査役の調査が要求される〔会社207・284〕。もっとも，検査役の調査は，現物出資財産の価額が一定額以下の少額の場合，市場価格のある有価証券で定款に定められた価額が市場価格を超えない場合，又は現物出資についての事項が相当であることにつき，弁護士等の一定の専門家の証明を受けた場合には，免除される〔会社33⑩・207⑨②～④・284⑨②～④〕，募集株式の発行等の場合及び新株予約権の行使の場合には更に，当該募集株式の引受人に割り当てられる株式の数若しくは新株予約権者が交付を受ける株式の総数が*発行済株式総数'の10分の1を超えない場合，又は現物出資財産が株式会社に対する金銭債権であって，当該金銭債権について定められた価額が当該金銭債権に係る負債の帳簿価額を超えない場合にも，調査は免除される〔会社207⑨①⑤・284⑨①⑤〕。ただし，上記の免除における弁護士等の証明に関しては，現物出資の対象たる財産が不動産の場合には，不動産鑑定士の鑑定評価も併せて必要とされる〔会社207⑨④括弧・284⑨④括弧〕。
2 税制　現物出資は，出資資産に対する含み損益を実現させる行為であるため，出資者側において当該実現損益に対する課税がありうる〔所税33，法税22②〕。出資者が受領する株式の取得価額は，出資した資産の時価である。含み損益に対して課税を受けることによって，時価相当額を払い込んだことになるからである〔所税令109①⑥，法税令119①②〕。ただし，適格現物出資に該当した場合は，帳簿価額における取引が行われたとして，出資側の課税が繰り延べられる〔法税62の4①〕。*適格'・非適格にかかわらず，出資を受け入れた法人の側では，資本等取引に該当するため課税はない〔法税22⑤〕。　⇨組織再編税制'

現物配当　**1 意義**　*株式会社'の行う*剰余金の配当'〔会社453〕であって，配当財産が金銭以外の財産であるもの。換金方法の難易が株主により異なる等の問題があることから，株主に対して金銭分配請求権（当該配当財産に代えて金銭を交付することを株式会社に対して請求する権利）を与える場合を除き〔会社454④①・459①④〕，*株主総会'の*特別決議'を要する〔会社309②⑩〕。
2 税制　含み損益のある資産が現物として配当された場合，当該含み損益の額が，配当を行った法人の*益金'の額又は*損金'の額に算入される〔法税22②③〕。株主については，受領した現物の時価に基づいて配当課税が行われる〔所税24・36・92，法税22②・23〕。ただし，平成22年改正（法6）により導入された適格現物分配に該当する場合は，この限りではない〔法税62の5③④〕。

現物分割・価値分割　共有物の分割方法。共有物の分割方法としては土地を*分筆'して分割するように，現物分割が原則であるが，共有物を売却して価額を分けたり，共有物が多

けんぽう

数ある場合には、持分の割合に応じて分ける方法がとられ、これを価値分割という〔民258参照〕。'遺産分割'においては、いずれか適当な方法がとられる〔民906〕。⇨共有'

憲　法 **1 意義** 憲法の意味は多義的であるが、次の3つが重要である。イ　形式的意味の憲法：憲法という名称の成文の法典（憲法典）。ロ　実質的（固有の）意味の憲法：国家の統治の基本を定めた法。この意味の憲法はいかなる時代のいかなる国家にも存在する。ハ　立憲的（近代的）意味の憲法：国家権力の専断的行使を制限し、広く国民の権利を保障するという*立憲主義'の思想に基づく憲法。*フランス人権宣言'(1789)16条が「権利の保障が確保されず、権力の分立が定められていない社会は、すべて憲法をもつものではない」という場合がこれにあたる。今日単に「憲法」という場合、この意味の憲法を指す。日本国憲法は、イロハいずれの意味の「憲法」でもある。

2 憲法の政治性 憲法は国政のあり方を対象とする法規範であるから、他の法以上に政治との関わりが深い。その意味で憲法は法（規範）的なものと政治的なものとの統合の上に存する。しかし、憲法の政治性を過度に強調して、現実の政治に対する憲法の拘束力を弱めることは、立憲主義を没却せしめることになる点にも注意が必要である。

3 規範としての特質 立憲的意味の憲法の特質として、次の3つが挙げられる。イ　自由の基礎法：憲法は自由の法秩序であり、統治機構に関する規範も人権規範に奉仕するものとして存在する。ロ　制限規範：憲法は国家機関の構成と権限及びその行使の手続を定める授権規範であるが、同時に国家権力を限界付けることで、国民の自由を保障する。ハ　*最高法規'：憲法は一国の国内法秩序の頂点に位置して、法律以下の法体系の統一性を担保し、違憲の法令の効力を否認する。

4 分類 表を参照せよ。

5 潮流 近代憲法の掲げる重要な諸原則には、国民の政治参加、*権力分立主義'、*基本的人権'の尊重があるが、これらの原則はそれぞれの国と時代に応じて、様々な制度的形態をとる。基本的人権条項については、*ワイマール憲法'以来20世紀の多くの憲法が*福祉国家'の思想を加味する傾向がみられる。ロシア社会主義連邦ソビエト共和国憲法(1918)を嚆矢(こうし)とする社会主義的憲法は東西冷戦終結後に変革を余儀なくされ、ロシア・東欧諸国は相次いで自由主義的憲法を採用した。ほかに現代憲法の潮流と

[表：憲法の分類]

分類の視点	種　類	例
文書（法典）化の有無	*成文憲法'（成典憲法）	ほとんどの国の憲法
	*不文憲法'（不成典憲法）	イギリス憲法
改正の難易度	*硬性憲法'	大部分の成文憲法
	*軟性憲法'	1814年フランス憲法 1848年イタリア憲法
制定主体	*欽定(きんてい)憲法'	大日本帝国憲法 1814年フランス憲法
	*民定憲法'	アメリカ諸州の憲法 1946年フランス憲法
	*協約憲法'	1830年フランス憲法
	*条約憲法'	1871年ドイツ帝国憲法 1787年アメリカ合衆国憲法

して、アジア、アフリカ諸国にみられる民族主義型の諸憲法がある。世界史の上に現れた主な諸国憲法（人権宣言を含む）の系譜の概要は表の通りである。⇨日本国憲法'

憲法異議 憲法異議（独 Verfassungsbeschwerde）とは、*ドイツ憲法'に基づき認められた制度で、公権力によって自己の基本権又は同法で規定された一定の権利を侵害された者〔ドイツ憲法93①4a〕、及び法律によって同法28条で規定された自治権を侵害された市町村・市町村組合〔ドイツ憲法93①4b〕が提起する訴訟方法である。憲法訴願ともいう。原則として、裁判上の救済を尽くした後でないと提起できない。具体的規範統制（⇨規範統制訴訟'）に属する。⇨憲法裁判'

憲法院　⇨フランス憲法'

憲法改正 **1 意義** *成文憲法'の条項について、修正・削除・追加などの変更を加えること。これらは自ら定める手続に従って行われる合法的変更であり、その他の憲法の変動、例えば、*憲法の変遷'、憲法の破棄（個別的ケースにつき憲法の条項はそのままにして、その条項に反する措置を例外的にとること）、憲法の停止（ある憲法条項の効力を一時的に停止すること）などとは区別される。

2 改正の手続・限界 憲法は、規定の仕方が一般的・抽象的であるから、普通の社会変動には十分耐えるように作られているわけであるが、それでも現実の要求に応じて修正を必要とするこ

けんぽうぎ

[表：主要国憲法の系譜（概要）]

イギリス	フランス	ドイツ		アメリカ	ソ連・ロシア	その他
1215年 *マグナ・カルタ'	1789年フランス人権宣言	1848年フランクフルト憲法草案		1776年(6月)バージニア憲法	1918年(1月)ソビエト人権宣言	1791年ポーランド憲法
1628年 *権利請願'	1791年91年憲法	(1850年プロイセン憲法)		〃 (7月) *アメリカ独立宣言'	〃 (7月)ロシア社会主義連邦ソビエト共和国憲法(レーニン憲法)	1814年ノルウェー王国憲法
1653年政体書	1793年ジャコバン憲法	1871年ドイツ帝国憲法(*ビスマルク憲法')		〃 (9月)ペンシルバニア憲法		1815年オランダ王国憲法
1679年人身保護法	1795年95年憲法(共和暦3年憲法)	1919年ドイツ共和国憲法(ワイマール憲法)		1787年 *アメリカ合衆国憲法'		1831年ベルギー王国憲法
1689年 *権利章典'	1799年統領憲法	1949年ドイツ連邦共和国基本法(西ドイツ憲法)	1949年ドイツ民主共和国憲法	(1791年アメリカ合衆国憲法修正)	1924年ソビエト社会主義共和国連邦憲法	1874年スイス連邦憲法
1701年王位継承法	1804年第一帝政憲法		1968年 〃 (東ドイツ憲法)	(以下の憲法修正は省略)	1936年ソ連憲法(スターリン憲法)	1917年メキシコ合衆国憲法
1911年議会法	1814年憲章(王政復古憲法)	(1990年東西ドイツ統一)			1977年77年憲法(ブレジネフ憲法)	1947年イタリア共和国憲法
2005年憲法改革法	1830年七月王政憲章	⇨ドイツ憲法'			(1991年ソ連解体→独立国家共同体(CIS)成立)	1949年インド憲法
	1848年第二共和政憲法				(1993年ロシア憲法)	1972年朝鮮民主主義人民共和国社会主義憲法
	1852年第二帝政憲法				⇨ロシア憲法'	1980年大韓民国憲法
	1875年第三共和政憲法					1982年中華人民共和国憲法
	1946年第四共和政憲法					
	1958年第五共和政憲法(ド・ゴール憲法)					
	⇨フランス憲法'					

とがある。その際，改正を慎重にさせるため，一般に法律改正手続より丁重な手続が必要とされ（⇨硬性憲法'），議会の特別多数決又は国民参加（*イニシアティブ'や*国民投票'）を要件とする。また，改正を憲法全体に及ぼすことができるか，それとも法理上一定の限界があるかについては学説上争いがある。改正の限界を憲法に明記してあるものもあるが，そうでない場合に限界があるとする説は，憲法の基本原理を改正することは許されないとしている。例えば，日本国憲法では，*国民主権'・永久平和・人権尊重主義の本質を失わせるような改正はできないとする。

3 日本の憲法改正 *明治憲法'では，憲法改正は天皇によって発議され，帝国議会各院でそれぞれ3分の2以上の出席と出席議員の3分の2以上の多数の賛成が必要とされた〔明憲73〕。現行憲法では，発議と承認の2段階に分かれ，発議は国会各議院の総議員の3分の2以上の賛成によってされ，承認は国民投票により多数決によってされる〔憲96①〕。憲法改正が成立すれば，天皇がこれを国民の名において公布する〔憲7①・96②〕。日本では，憲法改正はまだ一度も行われたことがない。平成19年(2007)5月，「日本国憲法の改正手続に関する法律」(法51)が成立，平成22年に施行されている。 ⇨国民投票法'

憲法慣習 憲法典には書かれていないが，憲法に関係した事項につき長期にわたり反復され，形成されてきた実例で，国民又は国家によって一種の規範としての価値を認められたもの。慣習憲法ともいう。ここには，憲法本来の意味を発展させるものから憲法規範に反するものまでが含まれるが，*硬性憲法'が存在する場合に，それに抵触しない限りでその存在が認められるとの指摘もある。*憲法の変遷'，*憲法習律'の観念と密接に関連し，その法的価値につき，学説上議論がある。

憲法義解（ぎかい/ぎげ） 大日本帝国憲法制定・公布の明治22年(1889)に，伊藤博文(1841～1909)の名で公刊された*大日本帝国憲法'並びに旧*皇室典範'に関する逐条解説書。正式の書名は「帝国憲法皇室典範義解」。実際は，伊藤の下で憲法及び皇室典範の起草に重要な役割を演じ，後に法制局長官をも務めた井上毅(1843～95)が執筆したものに，他の起草関係者・学者・

けんぽうさ

官吏などが共同審査によって若干の修正を加えたものである。政府公定の解説書とするか否かで意見が割れ、結局、伊藤の私著の体裁をとったが、半官的性格をもっていることは疑いなく、大日本帝国憲法解釈の重要参考資料である。

憲法裁判 憲法の解釈に関する見解の相違と疑義を裁判手続で解決する手続で、'憲法保障'の一類型。最も広く捉えると、'大臣訴追制度'や機関争訟（⇨機関訴訟・機関争訟'）、憲法訴願（⇨憲法異議'）、連邦制における'連邦'と支分国又は支分国間の訴訟などを含むが、より狭くは、裁判所による法令の合憲性審査を指す。最狭義には、司法裁判所による具体的事件の解決に付随して行われる'違憲審査権'（⇨付随的違憲審査制'）と対比して、特別の憲法裁判所による、私的権利義務を巡る争いの解決とは独立に、法令の合憲性を審査する手続のことを指す。この抽象的違憲審査制は第一次大戦後のオーストリアを始めとして、ドイツ憲法、イタリア・南米諸国、更に冷戦崩壊後の東欧諸国の憲法でも採用されている。この手続には、違憲の提訴権者を国家機関や議会少数派に限るほか、裁判所の職権による審判手続、違憲判決の一般的効力などの特徴がある。もっとも、抽象的違憲審査制と付随的違憲審査制も実際の運用ではともに憲法保障の役割を果たしており、両者の違いは相対化しているとの指摘もある。⇨憲法裁判所' ⇨憲法訴訟' ⇨違憲判決の効力'

憲法裁判所 '憲法裁判'を行うために設置される裁判所。第一次大戦後のドイツやオーストリアで設置された国事裁判所がその原型であるが、第二次大戦後に'憲法保障'の重要性が意識されるに伴い、多くの国で憲法裁判所が設置された。例えば、ドイツの連邦憲法裁判所は機関争訟（⇨機関訴訟・機関争訟'）や憲法訴願（⇨憲法異議'）、連邦制に関係する訴訟などの広汎な管轄を有しているが、核心となるのは具体的権利義務を巡る争いの解決とは独立に、法令の合憲性を審査する手続である。裁判官の選任や手続、組織について他の裁判所とは異なる、特別の規制が置かれることが多い。日本の'最高裁判所'が、'通常裁判所'のほかに憲法裁判所としての性格をも有するかは争いがあるが、支配的な見解は、法令審査権が「司法」の章に規定されている〔憲81〕こと、憲法裁判所としての詳しい規制が憲法上みられないことを理由に、日本国憲法は'付随的違憲審査制'を採用していると解する。判例も同旨とみられる（⇨警察予備隊違憲訴訟'）。

憲法習律 '成文憲法'をもたないイギリスで、裁判所によって適用される不文の憲法規範（rules of the constitution）に対して、裁判所によっては強制されないが、憲法の運用に携わる人々によって義務的なものとして受容されている行為規範（conventions of the constitution）をいう。例えば、'議院内閣制'における議会と内閣との関係を律するのがそれに当たり、イギリスの政治はこの憲法習律によって規律されるところが大きい。したがって、憲法典に違反するとされる事実の反復ないし継続をも含む'憲法慣習'の概念とは区別されなければならない。

憲法制定権力 **1 意義** 憲法を制定する権力（仏 pouvoir constituant）。制憲権ともいう。憲法によって組織された権力（仏 pouvoir constitué）と区別される。すなわち、前者は、憲法そのものを基礎付け、憲法上の諸機関に権限を付与する権力、したがって、論理的に憲法の制定に先立って政治的・社会的事実として存在する権力であるのに対して、後者は、憲法上の権限であり、例えば、国会が法律を制定する権限などを意味する。憲法制定権力論はフランス革命当時、'シィエイエス'によって説かれ、アンシャン・レジームを覆す思想的根拠となり、後に'シュミット'によって理論的に展開され、憲法改正権の限界を基礎付けた。

2 制憲権の限界 制憲権は、憲法上は'主権'として規定される〔憲前文〕から、'国民主権'というのは、制憲権が国民にあるという意味である。したがって、主権の存在を変更することは制憲権が変更することを意味する。制憲権には内在的な制約があると考えられており、近代憲法の根本規範、例えば、人間価値の尊厳というような普遍的原則を踏みにじる秩序の創設は、制憲権の発動ではない。それはあらわな事実力による憲法の破壊にほかならない。

3 制憲権と憲法改正 憲法は規範的な安定性を要請する。この安定性を前提としながらも、成文憲法は一般に政治的変革の必要に対応するため、'憲法改正'の手続を定めている。これに対し、制憲権は合法的な憲法改正手続によることなく憲法に変更を加え、新しい憲法を生み出す場合に発動される。

憲法訴願 ⇨憲法異議'

憲法訴訟 **1 意義** 一般的に、憲法問題が争点となる訴訟をいう。日本の現行実定法及び判例・通説は、独立の訴訟形態としての憲法訴訟を認めていない（'付随的違憲審査制'をとる）ので、形式的には、民事訴訟・刑事訴訟・行政訴訟の形態をとるが、裁判所による憲法判

の重要性に鑑み、ここに特有の理論を探求する憲法訴訟論が、学説・判例において展開されている。⇨憲法裁判'

2 内容 憲法訴訟論は、おおまかに、イ 法令審査権(⇨違憲審査権')のあり方(司法哲学)に関する理論、ロ 憲法上の価値の判断方法・手続技術に関する理論、ハ 憲法上の価値の判断基準に関する理論、ニ 憲法判断の結論の出し方及びその効力に関する理論に分類される。イに関係する問題として、*司法消極主義・司法積極主義'、司法審査の正当性、司法部による政策形成、*合憲性の推定'など、ロに関係する問題として、司法判断適合性の下位概念である*事件性'・*当事者適格'・*ライプネス'と*ムートネス'・*統治行為'等のほかに、*憲法判断回避の原則'、*合憲解釈のアプローチ'、文面審査・適用審査、*立法事実'など、ハに関係する問題として、*二重の基準'、*合理性の基準'、*エル・アール・エー(LRA)の基準'、*明白かつ現在の危険'、*利益衡量論'、*事前抑制'、*過度の広汎性のゆえに無効の理論'、*漠然性のゆえに無効の理論'など、ニに関係する問題として、*法令違憲・適用違憲'、*運用違憲'、*違憲判決の効力'、*事情判決'、違憲警告判決、宣言判決などがそれぞれあるが、2つ以上の領域にわたる問題も多く、相互に密接な関連性を有する。

憲法調査会 **1 内閣における憲法調査会** 憲法調査会法(昭和31法140。昭和40法116により廃止)により内閣に置かれた調査会。日本の独立と朝鮮戦争を機に盛んとなった憲法改正論に促されて、憲法改正問題に関する各種の意見を調査審議するために設けられた。護憲政党で進歩的学者の多くが参加を拒否したまま、高柳賢三会長の下で調査が進められた。最終的には多数決による答申内容の決定が避けられ、各種意見が併記されたために、当初予想されたように改憲論一色とはならず、むしろ憲法制定の経過を明らかにした点は評価される。昭和32~39年の7年間の活動の成果は、浩瀚(こうかん)な最終報告書にまとめられ、内閣と国会に提出された。

2 国会における憲法調査会 平成12年1月、日本国憲法について広範かつ総合的に調査を行うことを目的に、衆参両院に設置された調査会。各々独立に、参考人質疑や公聴会、海外派遣、委員の自由討論を通じて、幅広い調査活動を行い、平成17年4月に各院の議長に報告書を提出した。平成19年8月、憲法審査会の設置に伴い、廃止された。

憲法適合的解釈 法令に違憲的に適用される部分がないことを前提に、当該法令を憲法上の要請を考慮して解釈した上で具体的事件に適用すること。最高法規である憲法をも考慮した法令の体系的解釈の一種である。広い意味での合憲解釈のアプローチに含まれるが、通常の解釈をすれば法令に違憲的に適用される部分があると考えられる場合に、法令の適用範囲を限定する解釈を採用することで当該法令の効力を維持する手法である合憲限定解釈とは、構造が異なる。もっとも裁判所が現実に行った法令の解釈が、憲法適合的解釈と合憲限定解釈のいずれに該当するかの判断は微妙なことも多い。最高裁判所が憲法適合的解釈を行ったと考えられる例として、*国家公務員法'が禁止・処罰する*公務員の政治的行為'について、公務員の職務の遂行的政治的中立性を損なうおそれが実質的に認められるものをのみをいうとした上で、同行為の禁止・処罰が憲法に違反しないと判断した、*堀越事件'判決(最判平成24・12・7刑集66・12・1337)がある。⇨法の解釈'

憲法と条約 *条約'は本来*国際法'の存在形式であるが、これに国内法としての効力を認める国が多い。日本国憲法は、日本国が締結した条約は誠実に遵守する旨を定めている〔憲98②〕が、憲法と条約の国内法的効力の優劣が議論されている。条約優位説は国際協調主義〔憲前文・98②〕を論拠とし、憲法優位説は憲法の*最高法規'性〔憲98①〕を論拠とする。最高裁判所は、*日米安全保障条約'(1960改定前)について、高度の政治性を有することを理由に、一見、極めて明白に違憲無効であると認められない限りは司法審査になじまないと判示している(⇨砂川事件(判決)')が、これは憲法優位説を前提に、*統治行為'論を採用したものとみられる。学説上も憲法優位説が多数であるが、*ポツダム宣言'や*日本国との平和条約'のような国家形成的な基本条約については、国内法上も憲法に優越する効力を認める見解もある。

憲法の停止 ⇨憲法改正'
憲法の破棄 ⇨憲法改正'
憲法の番人 憲法の*最高法規'性を法律などの下位の法規範や違憲な実力行使などから守る役割を負った機関を憲法の番人ということがある。*ワイマール憲法'時代に大統領を憲法の番人とする*シュミット'と、それを批判した*ケルゼン'の論争は有名である。今日、違憲審査制を採用している憲法の下では、裁判所が憲法の番人に当たるとするのが一般的である。しかし、憲法の尊重・擁護義務を負う公務員や主権者たる国民もまた番人といえるし、フランスの現在の憲法(⇨フランス憲法')のように大統

けんぽうの

領を憲法遵守の番人(監視者)とするものもある。 ⇨憲法保障'

憲法の変遷 **1 意義** 慣行や国家の諸機関の公権的解釈(⇨法の解釈')などを通じて、憲法の条項の意味が変更され、かつ、それが長い期間にわたって継続したため、変更された意味が憲法の正しい解釈であると一般に認められるようになること。ドイツ公法学('イェリネック'ら)で論じられた概念である。憲法の条項の文字はそのままであるという点で、'憲法改正'と区別され、他方、変化が慣行・'先例'・判決などによって行われるという点で、非合法な憲法の破壊などとも区別される。
2 変遷を認める理由 慣行による無意識な変化はもちろんのこと、憲法制定時の予想を超えた事態や必要が生じたときに、内閣や議会の多数党あるいは裁判所が、従来と異なった解釈・運用を行うことを頭から否定することはできない。憲法の変遷は、特に改正手続の厳重な'硬性憲法'について生ずることが多い。しかし、従来と異なる憲法の解釈・運用が一時的に支配的であっても、反対論が強くて国民の法意識に支持されず、永続的な規範的意味の変化を伴わないときは、変遷があったとはいえない。
3 変遷の限界 憲法変遷の理論は、違憲の事実を正当化・合法化するための手段として用いられやすい。そのため、この理論は認められないと批判する説もある。憲法の変遷は、本来その社会的必要があるならば、原則として憲法改正手続によって正規に改正されなくてはならない。そこで、変遷があったといわれる場合でも、それを確認する目的で正式の改正が行われることが望ましい。日本国憲法の下で具体的に問題となるケースは、戦争の放棄を規定した憲法9条に対する憲法の変遷の有無であろう。

憲法の変動 ⇨憲法改正'

憲法判断回避の原則 憲法判断回避とは、憲法問題が争点となった事件において、裁判所が憲法判断を下さずに判決を出すことをいう。回避の局面には、'訴訟判決'の場合、イ '事件性'の要件を満たさないとして訴えを却下するとき、'本案判決'の場合、ロ 憲法上の争点を提起する'当事者適格'がないとするとき、ハ 当該争点が'統治行為'・執政裁量であるとするとき、ニ 法律解釈のレベルで結論を出すとき、ホ '合憲解釈のアプローチ'をとるときなどがある。憲法判断回避の原則とは、司法哲学としての司法消極主義に導かれて、憲法判断が回避できるときは、できる限り回避すべきだとする裁判所の裁量権行使の準則である。ニの例として、'恵庭

(えに)事件'札幌地方裁判所判決が有名である。
⇨司法消極主義・司法積極主義' ⇨ブランダイス・ルール'

憲法附属法 形式上は通常の法律であるが、内容上は実質的意味の憲法を含んだ法律を指す概念。日本国憲法は、その実施のためには、'皇室典範'・'公職選挙法'・'内閣法'・'国会法'・'国家行政組織法'・'財政法'・'地方自治法'など、国の統治に関する様々な法律を必要としており(この中には、憲法が明示的に一定事項の規律を法律に委託する場合と、そうではない場合が含まれる)、憲法とこれらの法律はしばしば一体的に機能するため、その内容は憲法の現実の機能態様に重要な影響を与える。比較法的には、フランス第五共和制憲法の下での組織法律のように、このような場合に用いられるべき特別な法形式を用意し、これに通常法律よりも厳格な制定手続を要求しつつ、憲法院による内容的統制を予定する例などもあるが、日本国憲法はこうした考え方を採っていない。憲法附属法は通常法律であるため憲法よりも改正が容易であり、1990年代から2000年代の諸改革(政治改革・国会改革・中央省庁再編・司法制度改革・分権改革)にみられるように、憲法附属法の改正によって実質的意味の憲法を変動させるという改革手法がしばしば用いられる。

憲法保障 **1 意義** 憲法を侵害や違反から守り、憲法秩序の存続と安定を保つこと。'成文憲法'は自らが定めた憲法秩序を維持するため、憲法保障のための制度を設けるのが例である。古い例では、1831年にザクセン憲法が「憲法の保障」と称する1章を設けて、憲法保障の諸制度の体系化を試みている。
2 憲法保障制度の類型 'イェリネック'による、イ 社会的保障、ロ 政治的保障、ハ 法的保障、'ケルゼン'による、イ 予防的保障、ロ 匡正(きょうせい)的保障、ビュルドー(Georges Burdeau, 1905～88)による、イ 組織的保障、ロ 未組織的保障などが知られているが、イェリネック説を発展的に再編すれば、次のように分けられる。すなわち、イ 宣言的保障(憲法への忠誠の宣誓、憲法擁護の義務)、ロ 統治機構上の保障(権力分立制、'両院制'、'議院内閣制'、'司法権の独立')、ハ 法的保障(立法的保障―'憲法改正'の特別規定、執行的保障、裁判的保障)、ニ 社会的保障(世論、国民的抵抗)である。このうち、保障制度の中心と目されるのは、'憲法の番人'である裁判所による保障のそれである。
3 裁判的保障 これには、イ '憲法裁判所'によるもの(ドイツ、オーストリア、イタリア等)、

ロ *通常裁判所'内に特別の組織を設けるもの(スイス等)，ハ 通常裁判所の法令審査権(⇨違憲審査権')によるもの(アメリカ，日本等)の諸タイプがあるが，立法・行政の諸機関による憲法違反の行為に対しては，裁判手続を通じて，公正・厳格な判断を下すことができると考えられている。

4 最後の番人 実質的な憲法保障の目的は，制度だけで果たすことができるものではない。立憲諸制度の運営の良否は，結局，国民の憲法意識の強弱によって決定されるから，憲法保障の王道の行き着くところは国民であるといわなければならない。

憲法優位説 ⇨憲法と条約'

原本・副本・謄本・正本・抄本 **1 原本** 一定事項を表示するため確定的なものとして作られた*文書'をいい，謄本・抄本等の基になる文書。原本には通例として一定の法的効力が付与され，一般に作成者の*署名'*押印'がある〔民訴規旧(令和6年改正前の)157，公証旧(令和5法53改正前の)39 ③等〕。*民事判決原本'〔民訴旧(令和4法48改正前の)252〕，*公正証書'原本〔公証旧(令和5法53改正前の)42・44〕等がその例であったが，書面から*電磁的記録'への移行に伴って法令上「原本」の語が使われなくなる傾向がみられる〔民訴(令和4法48改正後の)253，公証(令和5法53改正後の)42等〕(電磁的記録の場合に果たしてどのように原本を観念するかについては議論がありうる)。原本は通常は1通であるが，作成者が欲すれば同一内容の原本を数通作成することもできる。民事訴訟において，数通の原本のうち裁判所の記録に編綴(ﾃｲ)するものとは別に*送達'に用いられるものを副本と呼ぶ〔民訴規40・58①等〕。なお，*手形の原本・謄本・複本'についてはその項をみよ。

2 謄本 原本の内容を同一文字符号により全部写したもので，原本の内容を証明するために作られる書面をいい，*戸籍謄本'〔戸10〕などがその例。公務員が職務上作成し，原本と相違ない旨を証明すると，認証謄本となる。刑事訴訟法上は，謄本は原本の存在及び同一性が認められれば，原本と同一の*証拠能力'が認められ，*認証'の有無は関係がない。

3 正本 謄本の一形式であるが，特に権限ある者が原本に基づいて作成し，外部においては原本と同一の効力をもって通用するものをいう。原本は法律の規定上一定の場所に保存されるが，その効力を他の場所で発揮させる必要がある場合(*強制執行'など)に，正本が利害関係人に付与される〔例：公証(令和5法53改正後の)44①[], 民執25〕(*債務名義'が電磁的記録である場合の強制執行につき，*民事執行法'(令和5法53改正後の)25条括弧書参照)。

4 抄本 原本の一部を抜き写したもの。戸籍抄本〔戸10〕・*訴訟記録'の抄本〔民訴91③，刑訴46〕などがその例。原本のうち必要な部分の証明のために作成される。

県民税 ⇨道府県民税'

件　名 ⇨題名・件名'(巻末・基本法令用語)

顕名主義 **1 意義** *代理'が効果を生ずるためには，ある人(*代理人')のした*意思表示'の効果がその者以外の人(本人)に直接帰属するということが分かるようにしなければならないという原則。民法はこれを本人のためにすることを示して行為することを必要とすると表現している〔民99〕。A 代理人 B という名で*法律行為'をする場合がその典型的なものであるが，例えばA出張所主任Bというように，周囲の事情からBがAの代理人であることが明らかにされていればよいと考えられている。そうでない場合には，原則として，代理人自身の行為とみなされ，代理人にその効果が帰属する〔民100本文〕。

2 商法による修正 *商行為'の代理については非顕名主義がとられている〔商504本文〕。大量的継続的取引を常とする商行為においては，いちいち本人の名を示すことが煩雑であり，相手方としても営業主の存在とその補助者による活動を知っている場合が多く，しかも取引の目的物は代替性があり当事者の個性はあまり問題にならないからなどと説かれている。ただし，相手方が，本人のためにした行為であることを知らなかった場合には，代理人に対して請求することが認められている〔商504但〕。もっとも，立法論的には広く商行為の代理につき非顕名主義をとる必要がないという批判が多い。なお，手形その他の商業証券上の行為は，証券上に代理関係が記載されない限り，行為者が代理意思を有していても行為者自身が本人と扱われ，顕名主義がとられる。

券面額 *民事執行法'上，*差押え'の対象となる金銭債権の名目額を指す。券面額のある債権のみが転付命令の対象となり，転付命令の確定によって，券面額をもって差押債権者に対する弁済がなされたものとみなされる〔民執159・160〕。⇨転付命令'

検証調書 ⇨供述調書'

権　利 相手方(他人)に対して，ある*作為・不作為'を求めることのできる権能。権利の意味を一般的に述べることは極めて難しいが，

けんりいて

イ 一定の社会集団内の構成員にとって、利益あるいは価値と観念される事態の存在、ロ その利益あるいは価値の配分を巡って紛争が生じた場合には、紛争当事者以外の者の判定によって紛争が解決されなければならないという社会的要請及び社会的期待の存在、ハ その判定が、正当性をもつ客観的な基準にのっとって行われるという観念の存在の3つを要素として成立すると考えられる。権利の語が同時に法や正義を意味している（ラテン語の ius、フランス語の droit、ドイツ語の Recht）のは、このためである。イにおける社会集団が国家と呼ばれ、ロの判定が強制力を伴う紛争解決機構により行われるようになって裁判と呼ばれ、ハの基準が法律と呼ばれるようになった段階においては、権利とは法律によって保護される利益と観念される。このような観念が成立した以降では、権利は、法律によって保護される利益というにとどまらず、その保護のいろいろな態様を体系的・論理的に説明し処理するための法技術概念として構成されている。この意味での権利は、*公権・*私権、*物権・*債権、*財産権・*身分権、*形成権、*請求権、実体権、*訴権'等に分類さる。 ⇨権利濫用'

権利移転的効力 1 意義 *裏書'の本質的効力であって、裏書によって*指図証券'上の権利が裏書人から被裏書人に移転する効力〔民520の2、手14①・77①Ⅰ、小17①〕のこと。一般の*債権譲渡'の場合には、それを債務者その他の*第三者'に対抗するためには、譲渡人から債務者への通知又は債務者からの承諾がなければならず、更に、債務者以外の第三者に対抗するには*確定日付'ある通知又は承諾が必要である〔民467〕のに対し、指図証券の裏書による譲渡の場合には、裏書人が証券上に裏書の記載をして証券を被裏書人に交付すればよいので、手続が簡単である。その上、裏書による場合には、被裏書人に*善意取得'が認められ〔民520の5、手16②、小21〕、また抗弁を制限する効力が認められるので〔民520の6、手17・77①Ⅰ、小22〕、一般の債権譲渡の場合〔民468〕より効力が強い。なお、*資格授与的効力'・*担保的効力'を参照せよ。

2 内容 裏書によって移転されるのは、証券に表章されている一切の権利であって、手形・小切手の場合は、*約束手形'の*振出人'や*為替手形'の*引受人'に対する権利だけでなく、約束手形の裏書人、為替手形及び小切手の振出人、裏書人に対する*遡求権'、手形保証人、小切手保証人に対する権利も移転する。しかし、裏書人が前者に対してもつ原因関係（⇨手形の原因関係'）上の権利や*手形上の権利'に付随するにすぎない*質権'等は、裏書の効力としては移転しない。

権利外観理論 真実に反する外観が存在する場合に、その外観を作出した者は、外観を信頼してある行為をなした者に対し外観に基づく責任を負うべきであるという理論。外観主義ともいう。ドイツ法における Rechtsscheintheorie（レヒツシャイン（法外観）の理論）に由来するものであって、英米法における*エストッペル'（禁反言）と機能的に類似している。一般的には、外観作出者には外観の作出について帰責事由があり、外観を信頼した者は*善意'かつ無過失であることが要求される。外観に対する信頼を保護することによって、取引の安全（⇨動的安全・静的安全'）と迅速性に資することを目的とする。したがって、特に商事法の領域で重要な役割を果たす。民法でも、*意思表示'の*表示主義'に関する規定〔民93・94②・民95④、民96③〕、*表見代理'の規定〔民109・110・112〕など、権利外観理論に基づく規定があるが、商法では、この理論に基づく規定が極めて多い。例えば、不実登記の*公信力'〔商9②、会社908②〕、名板貸人（⇨名板貸し'）の責任〔商14、会社9〕、*商号'を続用する営業譲受人・事業譲受会社の責任〔商17、会社22〕、営業譲受人・事業譲受会社の債務引受広告による責任〔商18、会社23〕、*表見支配人'の行為についての営業主の責任〔商24、会社13〕、*持分会社'における*自称社員'の責任〔会社588・589〕、*退社'登記前なる退社員の責任〔会社586・612〕、設立賛助者の責任〔会社103④〕、*表見代表取締役'の行為についての会社の責任〔会社354〕などであり、*有価証券'の文言性あるいは証券的効力〔商604・760・769②〕もその表れである。また、例えば*手形法'の領域においては、取引の安全を保護するために、*手形行為'が有効に成立していない場合にも手形所持人を保護するための理論として広く用いるべきであるとの主張が有力に唱えられている。もっとも、この理論の安易な拡張に対しては、要件が不明確である等の批判もある。

権利確定主義 *所得税'における収入金額の計上時期に関する基準。現実の収入がなくても、その原因となる権利が確定した時点で収入金額を計上する考え方のこと。所得税法36条1項の「収入すべき金額」という文言の解釈から導かれる。*信用取引'の発展や納税者による恣意的な計上時期操作防止を背景とする発生主義の一種である。しかし*利息制限法'に違反す

けんりじは

る過大な利息の受領のように，現実収入に対する私法上の権利が考えられないような場合などには，収入に対する現実の管理支配を重視する管理支配基準が適用される。判例(最判平成5・11・25民集47・9・5278)は，法人税においても，権利確定主義を益金の計上時期の原則とする〔法税22②④〕。

権利株 1意義 株式引受人(⇨*株式の引受け')の地位のこと。*株式の申込み'に対して会社から*株式の割当て'がなされることによって生ずる。
2 譲渡の効力 権利株の譲渡は会社に対して効力を生じないと規定されている〔会社63②〕。その趣旨は，*株券'発行ないし*株主名簿'の作成に関する会社の事務手続上の便宜のためである。この趣旨に鑑み，その譲渡が会社に対して「効力を有しない」とするのは行き過ぎで，会社に「対抗することができない」とすれば十分であると解するのが一般である。株券発行前の株式譲渡も，株券発行会社に対し，その効力を生じないとされているが〔会社128②〕，その趣旨も同様である。このような会社としては，当初の株式引受人を相手に株券発行ないし株主名簿作成の事務を取り扱えばよいことになる。

権利金 土地・家屋の賃借権の設定や譲渡に際して，賃借人の側から地主・家主に対して支払われる金銭。権利金の授受は，特に都市部で広くみられる慣行であるが，昭和61年末に失効した*地代家賃統制令'では，権利金を受領することが禁じられていた。権利金は，社会的な慣行に由来するだけに，その法律的性質は多様である。大別して，イ 居住や営業に便利であるという場所的利益に対する対価，ロ 毎月支払われる賃料の一部の一括前払い，ハ 賃借権の譲渡・転貸に対する事前の承諾料〔民612参照〕，などの法的性格をもつものがあるといわれている。そのいずれであるかは，結局，具体的な契約の内容から判断するほかない。敷金と異なって，契約が終了しても返還されることはないとされてきたが，近年では，中途解約の場合には，一部返還すべきであるともいわれる。⇨敷金'

権利拘束   ⇨訴訟係属'

権利抗弁・事実抗弁 1総説 ともに実体法上の*抗弁'の1つ。実体法上の抗弁とは，民事訴訟において，原告の請求を排斥するため，原告主張の権利の発生を妨げ，又は発生した権利を消滅させる根拠となる実体法上の要件に該当する事実を主張し，ないしはそれにより発生した権利を行使する(権利抗弁の場合)ことをいう。*妨訴抗弁'など訴訟上の抗弁に対する。その事実について被告が証明責任を負う点で，原告が証明責任を負う事実を否定する*否認'とは異なる。
2 事実抗弁 *弁済'，*消滅時効'，*虚偽表示'など，その事実を主張するだけで原告主張の権利の存在を否定するに足りるものをいう。
3 権利抗弁 原告主張の権利の消滅・排除が被告の権利行使の*意思表示'にかかっている場合に，その権利行使を抗弁として主張すること。取消権(⇨取消し')や*相殺($\text{\tiny}$)権'などの*形成権'の行使が典型であるが，*同時履行の抗弁権'など実体法上の抗弁権もこれに属する。この場合，被告は単に権利の発生要件事実だけではなく，その行使の意思表示があったことも*陳述'しなければならない。

権利質 民法に規定された*質権'の一種で，物ではなく，*財産権'を目的とする〔民362①〕。権利質の典型は，債権を目的とする*債権質'〔民364〕であるが，それ以外にも，*地上権'，*永小作権'といった*用益物権'を目的とするもの，*特許権'，*著作権'といった*知的財産権'を目的とするもの，*株式'，*社債'といった*有価証券'を目的とするもの等がある。なお，財産権であっても，鉱業権や漁業権のように，法律上質権を設定することができないものもある〔鉱業13，漁業79〕。権利質においては，*動産質'や*不動産質'が有する留置的効力は観念しえない場合が多いが(⇨留置権)，券面のある有価証券に質権を設定する場合には，質権者に証券を交付する必要がある〔民520の7・520の17・520の19・520の20〕。

権利執行 *債権'その他の財産権に対する*金銭執行'。*債権執行'〔民執143〕，その他の財産権に対する強制執行〔民執167〕，少額訴訟債権執行〔民執167の2〕が含まれる。

権利(の)実行と恐喝 借金の返済を求めるなど，権利行使の目的で，恐喝的な手段を用いた場合，それが社会生活上容認される範囲内であれば罪にならない。その範囲を超える手段が用いられた場合においては，権利行使としては正当で手段が不法であるにすぎないとして*脅迫'罪の成立のみを問題とする見解と，目的・手段を総合して*恐喝罪'の成立を認める見解が対立している。判例(最判昭和30・10・14刑集9・11・2173)は後者の立場をとるものと解されている。

権利失効の原則   ⇨権利の失効(の原則)'

権利自白 民事訴訟法上，相手方の主張する自己に不利な権利や*法律効果'の存否を認

けんりしゃ

める*陳述'、*請求'の存否自体を認める*請求の放棄・認諾'や事実を認める*自白'に対する。例えば、所有権に基づく返還請求で原告の所有権を認める被告の陳述など。権利自白がされると、相手方はその権利・法律関係を基礎付ける事実の*主張・立証'を要しない。一般に裁判所はそれに拘束されないとされるが、当事者の法的理解を前提に一定の拘束力を認める見解も有力となっている。

権利者排除意思 ⇨不法領得の意思'
権利主張参加 ⇨独立当事者参加'
権利証 ⇨登記済証'

権利章典 1 憲法において、個人の権利自由を宣言保障している諸規定のこと。*権利宣言'と同義。

2 1688年の名誉革命によって、1689年にイギリス議会において制定された法律の名称。イギリスでは、*マグナ・カルタ'や*権利請願'と並ぶ最も重要な憲法的法律である。内容は、イギリス議会がオレンジ公ウィリアム(William III, 1650〜1702)をオランダから迎立した際に、国王も否定することのできない議会の諸権利を規定したものである。これによれば、国王は、議会の同意なしには、法律の効力を停止したり、法律の適用を免除したり、常備軍を設置したり、課税したりすることができないことになっている。更に、国民の*請願'権、議会における議員の*免責特権'、*人身の自由'に関する諸規定も含まれている。

3 権利章典の考え方は、その後広く影響力をもち、アメリカの権利章典、フランスの権利宣言に強い影響を与えた。

権利侵害 *不法行為'〔民709〕の成立要件の1つ。立法者は、「権利侵害」にいう「権利」とは広い意味だと考えていたが、判例は初めこれを厳格に解釈し、権利という名の付いたものに対する侵害でなければ不法行為が成立しないかのような態度を示した(⇨雲右衛門事件')。しかし、このような態度は不法行為の成立を極めて狭く限定することになるので、批判を浴びた。そこで、判例は、その後この態度を改め、法規違反の行為によって法律上の保護に値する利益を侵害すれば不法行為責任が生じると解するに至った(⇨大学湯事件')。学説もまたこの判例を支持した。このように709条の被侵害利益が権利又は法律上保護される利益であることは判例・学説上異論のないところであったので、平成16年の民法改正(法147)の際、このような条文(「他人の権利又は法律上保護された利益を侵害した者は…」)に改められた。なお、大学湯事件判決を契機に、権利侵害とは*違法性'の徴表だとし、これを違法性に読み替える学説が現れて通説となった(違法性説)。しかし、その後、違法性への読替えは権利侵害の権利の意味を拡大することでその役割を終えたとし、違法性説を否定する学説が現れて有力な立場となっている。前記の民法改正は、この議論の帰趨($\frac{8 \pi}{5 \pi}$)に影響を与えるものではない、と一般に理解されている。

権利請願 1628年、イギリスにおいて*王権神授説'に基づき*主権'の優位を主張するチャールズ1世(Charles I, 1600〜49)に対して、人民の憲法上の権利を主張するために、イギリス議会下院の有力者たちが作成した国王への請願書のこと。*クック'が起草したといわれている。下院の圧力によって貴族院をも同意させた上、国王に提出して、ついに署名させることに成功した。その主な内容は、国王が議会の承認なしに租税を賦課し、又は財産を徴収することを禁止し、また、*人身の自由'を保障させようとしたことにある。それは絶対王制の打倒と*議会主権'の確立の第一歩を意味し、*イギリス憲法'の重要な一部をなす。また、国王の至上権の主張に対して、中世の*法の支配'の原則によりながら王権の制限を試みたものとして、*コモン・ロー'の発展史上からも重視される。

権利宣言 1 概念 一般的には、人間の権利及び自由を宣言し保障する憲法上の一群の規定を指す。近代諸国家の*成文憲法'には原則としてこのような諸規定が含まれている。歴史的には18世紀末のアメリカ諸州憲法や1791年の*フランス憲法'以後、このような人権宣言を成文憲法に規定するようになった。 ⇨権利章典'

2 宣言内容の歴史的発展 権利宣言に当たる諸規定の内容は歴史的に大きな変化を遂げている。市民革命が達成された直後においては信仰の自由、所有権・*表現の自由'等の*自由権'規定が大部分を占めていた。しかし、その後、*参政権'がそれに加えられ、更に労働者階級が出現し、政治の舞台に登場してきた結果、自由権や参政権の範囲が拡大しただけではなく、労働権(⇨勤労権')や*生存権'のようないわゆる*社会権'も権利宣言に含まれるようになった。このような新しい内容をもった権利宣言は、1919年の*ワイマール憲法'に初めて現れた。日本国憲法3章においても、やはり自由権・参政権から社会権を含む極めて広範囲の権利宣言が規定されている。

3 国際的な権利宣言・条約 第二次大戦後に、人

権の国際的な保障の構想が前進し、*世界人権宣言'(1948)、*国際人権規約'(1966)などの国際的な権利宣言や条約が作られ、各国に大きな法的及び政治的な影響を与えた。

権利争議 法令や*労働協約'が定める権利義務の存否や範囲の解釈・適用を巡る*労働争議'。*団体交渉'や*争議行為'を通して当事者間で解決することができるが、*利益争議'とは異なり、法律問題として裁判所で解決することもできる。

権利能力 1 意義 私法上の*権利'及び義務の帰属主体となることができる資格。私法上の法律関係は権利義務を単位として構成されているから、法律関係の構成単位といってもよい。法的人格ともいう。具体的には、自由・生命・身体などの法律上の保護を請求することができる資格、*財産権'を取得し、処分できる地位の保障を請求する資格、法律上承認された家族関係の一員となる資格などを内容とする。私法上の法律関係は、財産権の取得・処分を中心に展開されるから、法技術的にいえば、権利能力とは、独立の*責任財産'を確立し保障するという意味をもつ。2 権利能力者の範囲 歴史的にみれば、生きている人間が全て権利能力をもつとは限らなかったが、近代の法の発展によって全ての人間が権利能力を認められることになり、民法は、それを前提として、*出生'を権利能力の始期とする〔民3①〕。しかし一方で出生前でも例外的に認められる個別的権利能力があり〔例:民721〕、他方、*外国人'については特定の権利の享有が制限されることがある〔民3②〕。権利能力が全ての人間に認められると、財産権を取得・処分する能力が社会生活上劣っているとみられる人を保護するための行為能力の制度が独立分化してくることになる。人間(*自然人')以外で権利能力を認める法技術として、*法人'の制度がある。
⇨行為能力'

権利能力なき社団 1 意義 実質的には*社団法人'と同様の実態をもちながら法人格のない団体。同好クラブなどの公益又は営利を目的としない、いわゆる中間的目的をもった団体は、法制上*法人'となることができなかった。平成13年に中間法人法(法49。平成18法50により廃止)が制定されたことによって、このような団体も法人となることができるようになり、その趣旨は平成18年制定の*一般社団法人及び一般財団法人に関する法律'に受け継がれたが、それ以前には権利能力なき社団として扱う必要があった。また、法人格を取得できる団体でも、例えば設立中であるなどの理由で、まだ法人格をもっていないこともある。このような場合にも権利能力なき社団が生ずる。2 法律的性質 判例によれば、権利能力なき社団として認められるためには、イ 団体としての組織があること、ロ 多数決の原則により内部の意思決定が行われること、ハ 構成員の変更にもかかわらず団体が存続すること、ニ 代表の方法や総会の運営、財産管理など団体としての主要な点が確定していることが必要である(最判昭和39・10・15民集18・8・1671)。また権利能力なき社団の財産はその全構成員に*総有'的に帰属するとされるため、構成員は当該社団を脱退しても持分の払戻しを受けることはできない(最判昭和32・11・14民集11・12・1943ほか)が、権利能力なき社団がその名義で負う債務について、構成員各自が個人的に責任を負うことはない(最判昭和48・10・9民集27・9・1129)。このように、権利能力なき社団は、構成員の固有財産から独立して積極財産及び消極財産(⇨財産')の主体となりうるのであり、訴訟における*当事者能力'も認められている〔民訴29〕。しかし、*不動産登記'を社団名義で行うことはできず、構成員あるいは*第三者'の名義により行うことになる。3 学説上の扱い 学説における権利能力なき社団の考え方は変遷しており、かつては*組合'の規定を適用すべきであるとされていたが、その後、社団と組合を峻別(しゅんべつ)する立場から、できるだけ社団法人の規定を類推適用すべきであるとする解釈が主流となった。現在では、組合と社団の差異は相対的なものであるとして、問題ごとに法的性質を考える立場が有力である。例えば、権利能力なき社団の構成員に有限責任が認められるには、その団体がどのような要件を備える必要があるかという観点から議論がされており、ある団体が権利能力なき社団であれば組合ではないから民法675条2項の適用が一律にないというふうには考えない。
⇨権利能力'

権利の瑕疵(かし)による担保責任 ⇨追奪担保'

権利の失効(の原則) 権利者が長期間にわたって*権利'を行使しないため、権利行使の相手方となる者も権利者が権利を行使しないであろうと期待し、その結果、権利行使が*信義誠実の原則'に反すると認められるようになった状態、又は、その行使は許されないという考え方。*消滅時効'に類似するが、関係者の期待や信頼を具体的に検討して個別的・具体的に適用され

けんりのす

る点で異なる。判例はこの原則を一般論として認めたことがある(最判昭和30・11・22民集9・12・1781)が，これを適用して権利行使を否定したものは見当たらない。

権利の推定 *法律上の推定'の対象となる事項が事実ではなく，権利又は法律関係の存否である場合をいう。占有によって適法な権利が*推定'される〔民188〕のが典型であり，ほかにも共有の推定の規定〔民229・762②〕などがある。推定された権利関係を援用する当事者はその権利関係の発生原因事実を*主張・立証'する必要がないのに対し，相手方は推定を覆すためには，当該権利関係の発生原因事実全ての不存在又は消滅原因事実を*本証'として証明しなければならない。

権利変換 *都市再開発法'による第1種市街地再開発事業における手法で，土地の高度利用を図る見地から，土地と建物とを一体として権利の変換(立体換地)を行うもので，*公用権利変換'(広義)の一種。再開発事業の施行区域内の土地について，多数者の所有地を合筆(ｶﾞｯ)して旧土地所有者の*共有'とし，その土地を敷地として建築される新建築物(施設建築物)について，その所有を目的とする*地上権'を設定するものである〔都開87・88〕。

権利変更の訴え ⇨形成の訴え'

権利保護請求権説 私人が国家に対して裁判権の行使による権利の保護を求める*公権'である権利保護請求権をもつとする学説。19世紀後半のドイツにおいて，*ラーバント'の公権論の示唆の下に，ヴァッハ(Adolf Wach, 1843～1926)によって提唱され，ヘルヴィッヒ(Konrad Hellwig, 1856～1913)らによる支持を通じて有力な学説となり，日本の民事訴訟法学に多大な影響を与えたが，その後本案判決請求権説等により批判され，次第にその支持を失った。この説によると，権利保護請求権は，その求める保護の態様又は*裁判権'の作用に応じて，訴権・強制執行請求権・保全請求権・破産請求権等に現れる。これらのうち訴権の認められる要件を権利保護要件といい，これには，イ 自分の主張通りに実体上の権利関係の存在又は不存在が認められることのほか，ロ 当事者の訴訟追行権(⇨当事者適格')，権利保護の資格及び*権利保護の利益'などが含まれ，どれを欠いても請求が*棄却'されると説かれる。この説は訴権を勝訴判決を請求できる権利と考えるので，具体的訴権説とも呼ばれる。 ⇨訴権' ⇨訴訟要件'

権利保護の資格 ⇨権利保護の利益'

権利保護の利益 *訴訟上の請求'について判決を得るための法律上の利益あるいは必要性。権利保護の必要ともいわれる。*確認の訴え'における*確認の利益'や*将来の給付の訴え'におけるあらかじめ請求をする必要〔民訴135〕などがこれに当たるが，広義では，権利保護の資格，すなわち，原告の請求が判決により保護を受けるに値するものであることを含む意味でも用い，*訴えの利益'とも呼ばれる。権利保護の資格及び権利保護の利益は，*権利保護請求権説'が確立した概念である。権利保護請求権説では，権利保護の資格及び利益が，*訴訟物'たる実体的権利義務の存否と並んで勝訴判決取得の要件とされ，これを欠くときには*請求棄却'判決をするものとされた。現在では，これらを欠くときも訴え*却下'判決を下すとするのが通説である。

権利保護要件 ⇨権利保護請求権説'

権利保釈 *保釈'の請求があったときに必ず保釈を許さなければならない場合をいう〔刑訴89〕。必要的保釈，当然保釈ともいう。法は，建前としては，権利保釈を原則とする。しかし，法定刑の重い罪や*常習犯'など*逃亡'の可能性が極めて強い場合，*罪証隠滅'のおそれがあるときなどは例外とされる(特にこの点については，「保釈」をみよ)から，実際には大幅に例外が認められる。また，*拘禁刑'以上の*実刑'に処する判決の宣告があった後は，権利保釈の規定は適用されない〔刑訴344〕。

権力関係 国や地方公共団体等の*行政主体'による決定が，法律規定に基づき私人に対して優越する場合や私人の一定の活動を事実上禁止する場合について，かかる法律関係を権力関係と呼ぶ。私人相互の対等な法律関係である私法関係では，私的自治が認められ(⇨私的自治の原則')，権利の発生・変更・消滅等が私人の自由な意思表示に基づくことと対比した用語法である。権力関係には，税の分野における更正決定や土地収用などのように，相手方の意思に反してでも，行政主体が一方的に法律関係を形成，変更，消滅することができる場合が存在する。また，私人の経済活動に対し規制を行い，一定の活動を禁止する場合も含まれる。なお，特殊な原因に基づき形成され，特定範囲の者に対する(法治主義原則が適用されない)特殊な従属関係として，かつては*特別権力関係'が論じられた。

権力分立主義 **1 意義** 国家作用を立法・司法・行政(又は執行)の三権に分け，各々を担当する機関を分離独立させ，相互に牽制(ｹﾝ)させて，人民の*政治的自由'を保障しようとする

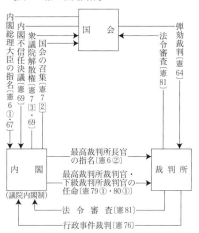

[図：三権の相関関係]

自由主義的な統治組織原理。これを補完するために、権限の一部を三権以外の機関に担わせることがある。また、二院制議会や各省庁による*行政権'の分担管理、また、三審制の裁判など、三権の各々の内部で更に権力を分立させることもある。

2 歴史 権力分立主義は、*ロック'、*モンテスキュー'らによって唱導されたが、近代の市民的自由主義及び国民参政の要請に応じたため、各国の政治組織に広く採用された。第一次大戦後、諸国の*独裁制'の台頭はこの原理を動揺させたが、現代の憲法にほとんど共通かつ不可欠の内容とされている。

3 諸類型 通常、*立法権'は*議会'が、*司法権'は*裁判所'が、行政権は君主・大統領等の*行政機関'が行うが、歴史的に発達した制度であるから、その具体的な現れは各国同一ではない。例えば、アメリカ型の*大統領制'はほとんど完全な三権分立を認めるが、イギリス型の*議院内閣制'はむしろ立法・行政の融合を示す。また、大陸法系の諸国では*行政裁判'制度により行政権の司法権からの独立を強調するのに対し、英米法系の諸国は、これを認めない。

4 日本の場合 *明治憲法'も一応三権分立を認めたが、天皇が統治権を総攬(そうらん)した〔明憲4〕ため、それは不徹底なものであった。現行憲法は、立法権は*国会'に〔憲41〕、行政権は*内閣'に〔憲65〕、司法権は裁判所に〔憲76〕分属させるが、議院内閣制〔憲66・69〕及び裁判所の法令審査権(⇨違憲審査権')を認めており、イギリス、アメリカの中間の形態をとるといってよかろう。なお、明治憲法は行政裁判を認めたが、現行憲法は"終審"としてのそれを認めない〔憲76〕。

権利濫用　1意義 ある人の行為が、一応*権利'の行使に当たるが、その行為が行われた具体的な状況と実際の結果とに照らしてみると、権利の行使として法律上認めることが妥当でないと判断されることをいう。歴史的には、権利行使の自由が特に強く観念されたことから生ずる妥当でない結果を修正する意味をもつ。民法は権利の濫用は許さない旨を規定する〔民1③〕。

2 要件 どういう場合が権利濫用となるかは、具体的な場合によって異なる。すなわち、イ 権利行使が加害の意思あるいは目的をもつ場合には、権利濫用の成立が極めて容易に認められる。しかし、ロ それだけではなく、当該権利のもつ社会的意義・目的、権利濫用と解した場合に権利行使した者の受ける不利益、正当な権利行使と解した場合に相手方の受ける不利益、その不利益を防止する手段、不利益の及ぼす影響の範囲など、種々の要素を比較衡量して権利濫用の有無を判断しなければならないと解されている。

3 効果 権利濫用の効果は、イ 当該権利に基づく請求が棄却され、ロ *不法行為'として損害賠償の責任を負うことであり、ハ 当該権利が解除権などの*形成権'である場合には、それを行使しても効果が生じないことである。また、ニ *親権'のような特殊な権利については、権利そのものが奪われる〔民834〕。
⇨宇奈月温泉事件' ⇨信義誠実の原則'

牽連(けんれん)破産 一旦開始された*民事再生'・会社更生・*特別清算'が失敗した場合に、倒産処理の後始末のためにこれらに引き続いて開始される破産手続〔民再250、会更252、会社574〕。

牽連(けんれん)犯 2個以上のそれぞれに独立の"犯罪"構成要件'を充足させる行為があって、それらが手段・目的又は原因・結果の関係にある場合をいう〔刑54①後〕。牽連犯は*科刑上一罪'として、観念的競合と同様、最も重い刑によって処断される(⇨観念的競合')。例えば、住居侵入と窃盗、文書偽造と同行使(更に詐欺)などがこれに当たる。ただし、単に手段・目的の関係等にあれば認められるわけではなく、監禁を手段として恐喝を行っても併合罪である(最判平成17・4・14刑集59・3・283)。牽連関係の存否の決定については、手段あるいは結果の関係にあるのが類型的に経験上通常と認められること

げんろんの

が必要であるとする客観説が，現在では一般的であり（通説・判例（最判昭和32・7・18刑集11・7・1861）），抑制的に運用されている。また，本規定の趣旨を違法・責任のいずれに引き付けて説明するかに関しては争いがある。

言論の自由 広い意味では，個人がその思想又は意見を発表する自由。表現の自由ともいう。思想発表の最も有力な手段は印刷・出版であったため，実際には*出版の自由'がその中心とされてきた。狭い意味では，口頭による表現行為の自由をいう。演説・音楽・映画・ラジオ・テレビ等による思想発表の自由もこれに含まれる。事実を発表する行為は，思想表現の一部たりうるし，意見交換の前提であるので，これに含まれるが，報道機関が行うとき，特にこれを*報道の自由'と呼ぶ。伝統的な*自由権'の1つであるが，民主政治の基礎として重要な意味をもつ。*明治憲法'もこれを保障した〔明憲29〕が，現行憲法もこれを保障している〔憲21〕。 ⇨表現の自由'

こ

後(ご) ⇨以後・後'（巻末・基本法令用語）

故 意 Ⅰ 刑法 **1 意義** 罪を犯す意思をいう。刑法は，故意のない行為は原則として処罰しない〔刑38①〕。故意とは，罪となる事実（構成要件該当事実及び違法阻却事由を基礎付ける事実の不存在）を認識し，かつその実現を意図するか，少なくとも認容する場合をいうとするのが多数説（おそらく判例も）である（⇨認容説'），他に犯罪事実の認識だけで足りるとする認識説，積極的意欲を必要とする意思説がある。犯罪事実発生の意欲はなく，ただ認容したにとどまる場合を未必の故意といい，故意が認められるものの，*認識のある過失'との区別が問題となる（⇨未必の故意' ⇨確定的故意' ⇨概括的故意'）。故意の内容としては，構成要件に関連する事実を，その意味の認識を有しつつ認識することが必要となる。なお，*錯誤'によって犯罪事実の認識を欠くときは，故意は阻却される。また，故意には違法性の認識は必要でないとされている〔刑38③〕（最判昭和25・11・28刑集4・12・2463）が，この点については見解が分かれている（⇨違法性の意識'）。

2 体系的地位 故意は，従来は，*責任'形式あるいは責任要素とされ，責任非難を根拠付ける要素とされていたが，近時は，これを行為の要素，あるいは*主観的構成要件要素'と解する見解が多数である。その場合，*違法性阻却事由'に関する責任故意を別途要求する見解も多い。

Ⅱ 私法上は，自分の行為から一定の結果が生じることを認識しながら，あえてその行為をする心理状態。*過失'とともに*不法行為'を成立させる要件の1つ〔民709〕。故意と過失の区別に関しては，前者が認識又は予見した結果をあえて作り出す，あるいは容認するという心理状態であるのに対し，後者は認識可能性ないし予見可能性を前提にした注意義務（結果回避義務）の違反とされるが，不法行為の成立に関しては区別の実益はない，というのが一般の学説である。これに対して，近時，責任の根拠に違いがあるとして故意による不法行為と過失による不法行為とをはっきり分けようとする学説が現れている。不法行為の効果に関しては，一般

の学説においても，慰謝料の算定，*過失相殺(*そうさい)'割合の決定などにおいて，両者に違いが出てくることがある。

故意ある道具　犯罪実現のために利用される，*故意'をもって行為を行う者。目的なき故意ある道具(偽造の認識はあるが，行使の目的がなく，通貨を偽造するような者)や，身分なき故意ある道具(公務員から利用されて，事情を知って*賄賂'を受け取る非公務員のような者)を利用した者に*間接正犯'が成立するかが議論される。ほかに，故意で*構成要件'に該当する違法な行為を直接行う者を*幇助(ほうじょ)犯'として(これを故意ある幇助的道具という)，これを利用する者を間接正犯とすることができるか否かも問題とされる。前者の者には正犯意思がなく，後者の者には正犯意思がある場合に，これを肯定する立場もありうる。

故意説・責任説　**1 意義**　故意犯の成立について，*違法性の意識'(又はその可能性)が必要か否かについて争いがあるが，違法性の意識(又はその可能性)を*故意'の要素とする見解を故意説と呼ぶ。これに対して，違法性の意識の可能性を故意，*過失'とは別個独立の*責任'要素とする見解が責任説である。**2 学説の対立**　故意説の内部においては，更に厳格故意説と制限故意説の対立がある。前者は違法性の意識を故意の要素とする見解であり，後者は違法性の意識の可能性があれば足りるとする見解である。責任説についても，厳格責任説と制限責任説の対立があるが，違法性の意識の可能性を(故意，過失とは別個独立の)責任要素とする点においては，両説は共通している。両者が対立するのは*違法性阻却事由'の錯誤の問題である。厳格責任説はこれを*違法性の錯誤'の問題として理解するため，原則として故意犯の成立を認めつつ，誤信について相当理由がある場合に限り，違法性の意識の可能性が欠けるとして，責任の阻却を認める。これに対し，制限責任説の立場からは，違法性阻却事由の錯誤も*事実の錯誤'となり，故意が阻却される(*過失犯'が成立する可能性がある)。

故意と過失の限界　⇨未必の故意'

故意否認　旧破産法(大正 11 法 71)における，破産者が，破産宣告の前に，*破産債権'者を害することを知ってした行為を対象とする*否認権'の類型〔旧破 72 ①〕。

故意免責　⇨保険事故'

雇員(こいん)・傭人(ようにん)　戦前においては，私法上の雇用契約に基づいて国又は地方公共団体に勤務していた者を指し，任命によって公法上の勤務関係に立つ*官吏'・*公吏'と区別されていた。戦後も，権力的意思形成に携わる職員を官吏と称し，それとの関係で，定型的・日常的な業務に従事する職員を雇員と，肉体的な単純労務を行う職員を傭人(傭員)と称して区別することはあった。地方自治法では，吏員と「その他の職員」とを区別して，後者については雇員又は傭人に当たる職名が設けられていたが，平成 18 年の法改正(法 53)で上記の区別は廃止され，一律に「職員」とされた。また，社会保険・職業安定関係の国家公務員として都道府県に地方事務官のほかに雇員・傭人を置く旨が定められていたが〔自治施規程旧 70 ①②〕，これは平成 11 年の「地方分権の推進を図るための関係法律の整備等に関する法律」(法 87)で廃止された。なお，*地方公務員法'は，一般職公務員である*単純労務者'に関して特例の余地を認めている〔地公 57〕。

ゴーイング・プライベート　⇨レバレッジド・バイアウト'　⇨マネジメント・バイアウト'

講　**1 意義**　元々農漁村の人々が社寺の参詣などのために会合を開いて少額の金品を積み立てていくことを目的とする共同体をいうが，次第に金融を目的とする講が多くなり，現在では講といえば金融を目的とする無尽講あるいは頼母子(たのもし)講を意味する。無尽講では，加入者(講員)が定期的に催される集会(講会)で，口数に応じた少額の金銭を払い込み，それを抽選や入札などの方法で決定された少数の者に交付して金融を与える。講会はこのようにして，順次，講員全員が金融を受けるまで開かれる。**2 性質**　講の法律的性質については争いがあるが，民法上の*組合'類似のものとするものが多い。しかし，既に金融を得た者(既取口)とそうでない者(未取口)との利害が相反することが少なくないので，通説・判例(最判昭和 42・3・31 民集 21・2・492，最判昭和 42・4・18 民集 21・3・659)は，講世話人の選任・掛戻金の取立方法・講の解散など，未取口講員の利害に密接に関係する事項については，組合の場合〔民 670・670 の 2・672〕と異なり，未取口講員の決定があればよいとしている。また，講元といわれる者が講員を募集して金融を行う場合には，講元が営業として各講員との間に消費貸借契約を結ぶことになり，組合的性格はない。この形態の営業無尽は，銀行などの金融を得られない庶民の零細金融機関としての機能を営んでいるが，講元の掛金持ち逃げなどの弊害も多かったので，無尽業法によって規制されている。

こう

項 ⇨'款・項・目'（巻末・基本法令用語）⇨'条・項・号'（巻末・基本法令用語）

号 ⇨'条・項・号'（巻末・基本法令用語）

考 案 ⇨'実用新案権'

公安委員会 *'警察法'が，民主的で政治的に中立な警察の管理運営のために設けた機関で，*'行政委員会'の一種。国に*'国家公安委員会'，各都道府県に*'都道府県公安委員会'，更に北海道に方面公安委員会が置かれている〔警4・38・46〕。

公安条例 1 沿革 公共の秩序保持のために，国民の集会・集団行進・集団示威運動を規制する*'条例'。戦前は大衆運動の取締りのため，*'治安警察法'が存在したが，戦後廃止された（昭和20勅638）。戦後，昭和23年から25年にかけてアメリカの例に倣って，多くの*公共団体'が公安条例を制定した。その後整理されたが，現在も東京都や大阪市等，相当数がこれをもっている。

2 内容 この条例は，集会等を事前に規制する*'行政警察'法規である。規制の態様としては事前の届出を義務付けるものと許可を必要とするものと2つのタイプがあるが，実体的な差異は少ない。*'公安委員会'は集会等に対して，公共の秩序保持のために必要最小限の条件を付することができるが，実際の運用では，これは相当に活用されており，デモ行進の路線変更等の条件が付される場合も多い。また，公安条例は，条例違反の集会等の主催者・指導者・*'煽動（せん）'者の処罰を定めている。警察は，違法な集団行動に対しては，機動隊の実力によって整理を行い違法行為の継続を防止する一方，中心的なリーダーを逮捕して集団の活動力を低下させることができる。

3 憲法上の問題点 公安条例は，国民の*'表現の自由'・*'集会の自由'の規制を内容とするため，当初から，*'治安立法'として批判されてきた。憲法21条に鑑み，表現の自由・集会の自由の規制は，必要最小限にとどめなければならないが，学説の中には，公安条例の規制がその限度を超えるもので，憲法に違反するとするものもある。下級審判例では違憲とするものも少なくなかった。しかし，最高裁判所は，昭和35年に合憲判決を出した（最大判昭和35・7・20刑集14・9・1243〈東京都公安条例事件〉）。その後も，判例はこれを合憲と判断し続けている（最大判昭和50・9・10刑集29・8・489〈徳島市公安条例事件〉等）。

⇨'集団示威運動の自由'

行 為 ⇨'行為論'

皇 位 *'天皇'の地位をいう。皇位は，世襲制で，国会の議決した*'皇室典範'の定めるところによる〔憲2〕。現在の皇室典範では，皇位は，皇統に属する男系の男子が継承する〔典1〕。天皇が崩じたときは，皇嗣が直ちに皇位につく（*'即位'）〔典4〕。皇位の継承があったときは，即位の礼が行われる〔典24〕。女子及び女系に皇位継承権が認められていないのは違憲ではないかという議論もある。 ⇨'皇位継承'

合意解除 契約当事者が，合意により，契約を締結しなかったと同様の効果を生じさせること。原状回復義務が生ずる点では*'法定解除権'を行使した場合と変わらないが，その効果が当事者の合意によって生ずるという点で，解除権者の*'単独行為'によってされる法定解除と異なっている。解除契約ともいう。 ⇨'解除'

合意解約 例えば，家主と借家人が合意によって借家関係を将来に向けて解消するというように，当事者双方の合意により*'継続的債権関係'を*'解約'すること。当事者の合意によるものであるから，自由に契約関係を解消できるのが原則であるが，農地賃貸借の合意解約の自由は制限されている〔農地18〕。

合意管轄 ⇨'管轄の合意'

行為期間 *'期間'には，訴訟手続の迅速・明確を図るため，一定の行為をその間にさせるという趣旨のものと，当事者その他の関係人の利益を保護するために一定期間の猶予を置く趣旨のものとがあり〔民訴112①②等〕，前者を行為期間，後者を*'猶予期間'又は中間期間と呼ぶ。行為期間には，当事者その他の関係人の*'訴訟行為'に関するもの（*'固有期間'〔民訴34①・137①・162①・285・342①等〕）と，裁判所その他の裁判機関の訴訟行為に関するもの（*'職務期間'〔民訴251①，民訴規159①等〕）がある。固有期間中になすべき行為をしない場合，当該行為の失権その他の不利益な取扱いを受けることになるのに対して，職務期間中になすべき行為をしなくても，期間満了後の行為が違法とされることはなく，訓示的な意味を有するにとどまると解されている。その結果，民事訴訟法96条と97条の適用があるのは固有期間に限られる。

広域行政 1つの*'地方公共団体'では処理の困難な広域的事務を協力・共同して行う行政活動をいう。社会や経済の発展に伴い広域的な行政需要は市町村段階でも都道府県段階でも増加する一方である。広域行政のための対応策としては，関係地方公共団体の合併（⇨'市町村合併'），*'事務の共同処理'方式の活用，定住自立圏など各種圏域の設定，広域計画の策定（⇨

広域連合')などがある。特に，都道府県の区域を超えるものとしては*'道州制'などが提案されてきた。

行為規制府令 ⇨金融商品取引業等に関する内閣府令'

広域的地方公共団体 ⇨基礎的地方公共団体'

行為規範 ⇨裁判規範'

行為共同説 ⇨犯罪共同説・行為共同説'

広域連合 *'地方公共団体の組合'の1つで，平成6年の*'地方自治法'改正(法48)により新たに創設された。*'一部事務組合'などと同じく，*'広域行政'の要請に対処するための制度〔自治284①・291の2～291の13〕。関係地方公共団体が協議により規約を定めて設置する。一部事務組合と異なるのは，都道府県・市町村及び特別区が共同で設置できること，国等に対し権限の委任を要請できること，住民の*'直接請求'制度があること，一定の拘束性をもつ広域計画を策定する義務があることなどである。

行為・計算の否認(同族会社の) ⇨同族会社'

皇位継承 *'天皇'たる地位(*'皇位')に，法的に予定された継承者(皇嗣)がつくこと(*'即位')。この皇位継承について，現行憲法は世襲原則と国会の議決する*'皇室典範'への委任だけを定め〔憲2〕，これを受けて制定された皇室典範によれば，皇統に属する男系男子で，長系主義による皇位継承資格最優先者が，天皇が崩じたとき，直ちに即位する〔典1～4〕と定められているが，平成天皇は例外的に高齢を理由に生前退位し，現天皇が即位した。皇位継承があったときは，即位の礼を行い〔典24〕，皇位とともに伝わるべき由緒ある物(いわゆる三種の神器)は，皇嗣がこれを受け〔典経7〕，また元号も改められる〔元号②〕。ただ，この皇位継承制度は，皇位継承資格を有する皇族男子が安定的に確保されることを前提とするが，平成中期に，その前提を脅かす事態が出来して，皇位継承問題への関心が高まった。しかし，悠仁親王が誕生(平成18年(2006))すると，議論はひとまず鎮静化したが，男子皇族不在の場合の天皇制存続問題自体が解消されたわけではなく，この点を巡って議論は続けられている。菅義偉内閣(2020～2021)の下で設置された有識者会議の報告書によれば，イ 内親王や女王が婚姻後も皇族の身分を保持し，場合によっては女性天皇・女系天皇を可とすべく皇室典範を改正するか，ロ 皇統に属する男系男子天皇制を維持しつつ，そのための具体的方策として，現行皇室典範では皇族に認められていない養子縁組を可能とし，かつて皇籍を離脱した旧宮家からその養子を迎えて継承資格を有する皇族と認める，の2案が有力とされる。

行為支配説 *'構成要件'該当事実を実現するに際して中心的役割を果たした者は，結果発生に至る事実経過を支配しており，*'正犯'として評価されるとする刑法の学説である。ドイツの学説の影響を受けて，日本の学説においても正犯性の基準として有力に主張されている。この見解によれば，強制や錯誤によって被利用者の行為を介して結果を実現する者は，その意思を支配しているといえることから(意思支配)，*'間接正犯'の成立が認められる。また，*'共同正犯'についても，犯罪実現にとって不可欠な寄与を分担することによって，「その者の寄与がなければ全体の計画が実現しえない」という意味で事実経過を支配していること(機能的行為支配)が正犯性の基準とされることになる。

合意書面 *'検察官'及び*'被告人'又は*'弁護人'が合意の上，文書の内容又は*'公判期日'に出頭すれば供述することが予想されるその供述の内容を書面に記載して裁判所に提出したもの。その文書又は供述すべき者を取り調べなくても，その書面を*'証拠'とすることができる〔刑訴327〕。裁判員裁判での活用も想定されている〔刑訴規198の2〕。

行為税 ⇨人税・物税・行為税'

行為責任 個々の行為を非難の対象とする*'責任'。適法な行為を選択することができる意思の自由があったのに，違法な行為を選択したことを非難することができることに責任を肯定する見解(*'道義的責任論'や，刑法上の責任は，道義的責任ではなく，法的責任であるとする法的責任論)において，その基礎とされる。*'性格責任'に対する。そして，責任非難の対象となるのは，個々の行為であるとする考え方を行為責任論という(行為は意思に基づいて行われるという意味において，行為責任は，意思責任ともいい，行為責任論は，意思責任論ともいう)。

行為地説 ⇨国内犯'

行為地法 行為のなされた地の法。国際私法上，行為能力〔法適用4②〕，法律行為の方式〔法適用10②・34②〕，*'婚姻'の方式〔法適用24②〕などの*'準拠法'として認められている(婚姻の場合は挙行地という)。また，*'不法行為'の結果発生地について予見可能性がなかった場合には，*'加害行為地法'が適用される〔法適用17但〕。なお，方式について，*'隔地的法律行為'の場合

こういどう

の行為地決定については，その項参照。

好意同乗 他人の運転する自動車に好意かつ無償で同乗させてもらうこと。自動車事故が生じた場合に，このような同乗者が運転者ないし運行供用者(⇨自動車損害賠償保障法')に対して，*損害賠償'請求権を有するか，生じた全損害の賠償を請求しうるか，が問題となる。外国には，ドイツのように好意同乗者に対する責任を制限するところもある。日本の裁判例も，*過失相殺'の規定の類推適用や*信義則'などで損害賠償額を減額するものがある。

合意に相当する審判 *人事訴訟'事件(離婚・離縁の訴えを除く)を対象とする*家事調停'手続において，申立ての趣旨の通りの*審判'を受けることにつき合意が成立し，これが正当と認められる場合に，当該合意を内容としてする審判〔家事277〕。*確定判決'と同一の効力を有する〔家事281〕。*身分関係の変動をもたらす*裁判'であり判決事項であるが，紛争性がなく客観的真実との合致が認められることを要件として，簡易な処理を可能としている。

行為能力 1 意義 *法律行為'を単独で有効にすることができる法律上の地位あるいは資格をいう。近代の法制は，全ての人間(*自然人')に*権利能力'を認め〔民3①〕，かつ*私的自治の原則'の上に成り立っているから，全ての人間は取引活動をするに足りるだけの精神的能力(*意思能力')を備える者であることが要請される。しかし，実際の社会生活では，嬰児(えいじ)のように意思能力をもたないか，多少とも精神的能力の劣る者が存在することは否定できないので，これらの者にも権利能力を認める以上，これらの者を取引上保護する必要がある。意思能力をもたない者(意思無能力者)のした法律行為は*無効'とされるから〔民3の2〕，意思無能力者の保護は図られているといえるが，意思能力の有無は，行為者ごとに個別的・具体的に判断しなければならず，その立証は困難な場合がある。そこで，取引をする能力が劣る者を一定の形式的な基準で画一的に定め，行為当時に具体的に意思能力があったかどうかを問わず，一律に法律行為を取り消すことができるものとして，これらの者を保護することとした〔民4～21〕。なお，行為能力のない者は，行為無能力者と呼ばれてきたが，制限能力者制度に改められたことに伴い，制限能力者と呼ばれることになった。*未成年者'，*成年被後見人'，*被保佐人'，*被補助人'が制限能力者とされている。　⇨制限能力者'

2 適用範囲　行為能力の規定は，財産上の法律行為についてだけ適用があり，身分上の行為については常に適用されないと解されている〔民780・738・764・799・812・962参照〕。また，財産上の行為であっても，団体の設立行為や*有価証券'，*約款'による取引行為については，行為能力規定を適用し，これらの行為について制限能力者の関与があれば直ちに取り消すことができるものとすると，多くの人の権利関係に影響を与えるので，その適用を制限する必要があると説かれることが多い。行為能力の制度は，財産のある者の保護には役立つが，賃金を得て生計を立てる場合には，かえって弊害を伴うことがあるので，立法上，配慮が加えられている〔労基56～64等〕。　⇨訴訟能力'　⇨責任能力'

3 法人の行為能力　法人についても権利能力のほかに行為能力が問題にされるが，この概念によって自然人と同じ意味での行為能力が問題にされているわけではない。これは，法人自体の行為が認められるという立場に立って唱えられた概念であり，法人の本質をどのように解するかという問題に関連する。現在では*代表'である自然人の行為のほかに，法人自体の行為を観念する必要がないという立場が有力である。⇨法人'

行為無価値　⇨違法性'
行為無能力者　⇨行為能力'

行為論　犯罪とは行為であるとの前提から，犯罪の成立要件の1つとして，刑法的評価の対象となる行為とは何かを巡る議論。従来は，意思に基づく身体の動静とする有意的行為論が通説であった(無意識による反射や絶対強制下の動静が除かれる)。これに対して，行為者の主観を重視し，行為とは一定の目的追求活動であるとする目的的行為論が一時有力となったが，現在では行為論自体あまり重要視されなくなってきている。他方で，複数の行為が行われた場合にどこまで「一連の行為」として包括評価が可能かということが犯罪論の各所で問題となっている。　⇨目的的行為論'

勾引　*被告人'・*被疑者'・*証人'・身体検査を受ける者等を一定場所に*引致'し*抑留'する裁判及びその執行〔刑訴58・68・135・152・220④〕，民訴194〕。勾引状を発して行う〔刑訴62〕。勾引した被告人は，24時間，*刑事施設'等に*留置'できる〔刑訴59・75〕。

公印　刑法上，広く*公務所'又は*公務員'の使用する印章・*署名'をいい，その*偽造'，及び偽造公印の使用又は公印の不正使用は，私人の印章(私印)の偽造，及びその使用あるいは不正使用に比べて重く処罰されている(⇨印

章')。刑法は，公印のうちでも，公記号に関する行為を，他よりも軽く処罰している〔刑165・166〕。

公営企業 ⇨地方公営企業'
公益財団法人 ⇨公益法人'
公益事業 Ⅰ 運輸，郵便・信書便・電気通信，水道・電気・ガスの供給，医療又は公衆衛生の事業であって公衆の日常生活に欠くことのできないもの〔労調8①〕を指す。公益事業の*労働争議'には，特別な規制が適用される〔労調37等〕。

Ⅱ 経済法上の公益事業については，*規制緩和'をみよ。

公益社団法人 ⇨公益法人'
公益信託・私益信託 通常の*信託'においては，受託者は特定の受益者のために信託財産の管理執行を行うが，一定の要件の下で，特定の受益者のいない信託の設定も許されており，これを受益者の定めのない信託(目的信託)という〔信託258～261〕。目的信託のうち，学術振興，福祉向上その他不特定多数の者の利益の増進を目的とする事務(公益事務)を行うことのみを目的とするものを，公益信託という〔公益信託2〕。公益信託は行政庁の認可を要し〔公益信託6〕，その監督に服するが〔公益信託28～32〕，通常の目的信託のような存続期間の制限〔信託259〕がない。従来は公益信託の許可と監督は主務官庁ごとに行われていたが，令和6年の公益信託法改正により，認可基準が一元化された。公益信託以外の信託を，広く私益信託という。

公益通報 *労働者'や*役員'(法人の取締役や理事等)が，不正な目的なく，役務提供先である事業者について通報対象事実(所定の犯罪行為及び*過料'の対象となる行為)が発生し，又はまさに発生しようとしている旨を通報すること〔公益通報2〕。公益通報者保護法は，公益通報をした労働者や役員に対する解雇，降格，減給，退職金の不支給その他不利益な取扱いを禁止し〔公益通報3～5〕，公益通報をした者への損害賠償を制限する〔公益通報7〕ほか，公益通報を受けた事業者による通報対象事実の調査等〔公益通報11〕について定める。公益通報の通報先は，事業者内部，行政機関，外部の第三者があるが，公益通報が保護されるための要件は，この順に厳格になっている〔公益通報3①②③〕。公益通報者保護法は，企業不祥事が内部告発で明るみに出たことが相次いだことをきっかけに平成16年(2004)に制定されたが(法122)，同法制定前には内部告発者を不利益取扱いから保護する判例法理が確立していた。それによれば，内部告発が，イ 真実であるか，又は真実と信ずべき相当の理由があったか，ロ その目的の公益性，ハ その手段や態様の相当性を総合考慮して，正当なものとして法的保護に値するかが検討されている。判例法理は，公益通報者保護法によってもその適用を妨げられない〔公益通報8〕ので，現在も重要な役割を果たしている。

公益法人 学術・技芸・慈善・祭祀(ㄣし)・宗教などの公益を目的とし，営利を目的としない*法人'〔民33②〕。しかし，付随的に営利行為を行うことは差し支えない。公益法人は，日本相撲協会のように*財団法人'として設立することもできれば，日本赤十字社のように*社団法人'として設立することも可能である。公益法人は税法その他で保護を与えられる。公益目的事業を行う一般社団法人・一般財団法人は行政庁の認定により，公益法人たる地位を取得する〔公益法人4〕。その他，私立学校法，宗教法人法などの特別の法律の適用を受けて認可ないし認証によって設立されるものもある。外国の公益法人は日本では原則として*権利能力'を認められない〔民35〕。

公益法人等 公益法人等は，収益事業から生じた所得に対してのみ課税される〔法税4①〕。公益法人等とは，*法人税法'別表第2に規定される法人であり，次の3つに分類できる。すなわち，公益社団法人及び公益財団法人，非営利型の一般社団法人及び一般財団法人，これら以外の公益法人等である〔法税2⑥〕。平成20年12月1日から施行された公益法人制度改革3法〔一般法人，公益法人，一般法人整備法〕への対応が平成20年の法人税法改正(法23)であり，その内容は，イ 公益法人等への課税方法とロ 寄附金の優遇等に大別される。前者は，公益ないし非営利的な活動を行う法人そのものへの課税ルールであり，後者は公益的活動を行う法人へ寄附をした者への控除枠を拡充する制度である。

公役務 フランス行政法体系の基礎をなす概念。フランスの*権限裁判所'は，有名なブランコ判決(1873)において，子供が国営煙草工場の運搬車にひかれた事件での損害賠償請求訴訟は，公役務に係る事件ゆえに行政裁判所の管轄に属するとした。それまでは権力行為と管理行為の区別が管轄判定の基準とされていたが，同判決以降20世紀初頭に至って，権力的色彩を落とした社会的作用としての公役務がこれにとって代わった。

公演権 ⇨演奏権' ⇨上演権'
公課 ⇨公租公課'

こうかい

公海 *内水'・*領海'・*排他的経済水域・群島水域（⇨群島国家'）を除いた海洋をいう〔海洋法約86。なお，公海約1〕。公海には公海自由の原則が適用され，次のイ，ロの2つの意味がある。イ　公海は万民共有物であり，いかなる国も公海を領有したり属地的な管轄権を行使することはできず，ロ　公海では国際法に従って，いかなる国も使用の自由を享受できる〔海洋法約87・89，公海約2〕。*国際連合海洋法条約'は，使用の自由の具体的内容として，航行，上空飛行，海底電線・海底パイプラインの敷設，人工島その他の施設の建設，漁獲，科学的調査を挙げている。これらの使用の自由は，他の国の利益に合理的な考慮を払って行使されなければならない。公海上では，*海賊行為'〔海洋法約105，公海約19〕など国際法上の根拠がある場合を除けば，船舶の国籍を基準として，その船舶の*旗国'のみが管轄権を行使できる〔海洋法約91・92，公海約5・6〕。公海上の船舶に他国が行使する警察権には，船舶の国籍確認を目的とする近接権，*臨検'の権利がある。臨検は，海賊・奴隷取引・公海からの無許可放送等に関して行われうる〔海洋法約110〕。公海上の船舶の衝突に際する刑事裁判権は，船舶の旗国にある〔海洋法約97，公海約11〕。20世紀以降，公海の使用の自由について特に多数国間条約の採択を通じて，漁業・航行の国際法規による制限が課されており，また，海洋汚染の防止のためには旗国の義務が強化され，更には沿岸国管轄権の公海での行使が図られている。資源保存のための海洋保護区を条約で設定する例があり，公海の自由との関係が議論されている。また，特に便宜置籍船の場合に，旗国が適切な規制を行わないため，旗国主義への例外として，他国による公海上の船舶への乗船検査なども，条約により規定されるようになっている。2023年6月19日に，「国家管轄権外区域の海洋生物多様性の保全及び持続可能な利用に関する協定」が採決された。

更改　**1 意義**　契約によって従前の債務に代えて，新たな債務を発生させること〔民513〕。債務（旧債務＝旧債権）の消滅原因の1つである。しかし，旧債務の消滅と新債務の成立とは1個の契約の内容として相互に他を条件づけているので，旧債務が消滅しないときには新債務は成立せず，新債務が成立しないときには旧債務は消滅しない。また，更改においては，新しい債務が発生し，いわば債務の切替えが行われるだけであるから，現実に給付が行われることによって初めて債務が消滅する*代物弁済'とは区別される。**2 民法の予定する更改とその修正**　民法は，*ローマ法'の沿革に従って，債務の要素（発生原因・内容・債権者・債務者）を変更するものを更改としている〔民513〕が，債権者の変更・債務者の変更は，今日では，それぞれローマ法にはなかった*債権譲渡'及び*債務引受け'の制度によるのが原則である。債権譲渡・債務引受け（特に併存的債務引受け）では，債権の同一性が保たれ，旧債務についての担保権などが存続するのが原則であり，債権者は債権の同一性が失われる更改よりもこれらの制度を利用することを望むであろうから〔なお，民518参照〕，この面での更改の存在意義は希薄になっている。免責的債務引受けによる担保の移転については，特別の規定が設けられている〔民472の4〕。

公害　**1 意義**　主として事業活動（私企業活動や公共事業など）に伴って生ずる環境の汚染や破壊により周囲の人々の健康や生活環境が損なわれること。公害の代わりに環境汚染や環境破壊という言葉が用いられることも多い。公害の私的側面は，英米法上の*ニューサンス'，ドイツ法上の*インミッション'，フランス法上の近隣妨害に相当する。*公害対策基本法'は，事業活動その他の人の活動に伴って生ずる相当範囲にわたる大気汚染・水質汚濁・土壌汚染・騒音・振動・地盤沈下・悪臭によって，人の健康又は生活環境に係る被害が生ずることをいうと定義し〔公害基2①〕，環境基本法に基本的に受け継がれた〔環境基2③〕（これを典型7公害などと呼ぶ）。このほか，カネミ油症事件のように食品に有害物質が混入して被害が発生した場合を食品公害，サリドマイドやキノホルムなど薬品による副作用被害＊薬害訴訟'）を薬品公害などと呼ぶこともある。**2 公害の発生と激化**　日本では既に明治時代の半ばに企業活動によって足尾銅山鉱毒事件や別子銅山煙害事件などの深刻な農業被害が引き起こされたが，富国強兵策の前に公害対策は無視された。戦後はまず，都市の工業の復旧によって煙害が問題になったが，本格的には，昭和30年代に始まる工業化政策により，例えば，水俣病やイタイイタイ病，四日市ぜん息などの深刻な被害が各地に発生し，高度経済成長政策によって公害がますます深刻化した。このような公害問題に対して，まず，被害者の運動が起こり，訴訟が提起され，また，各地で反公害の住民運動が盛り上がるに至って，政府も本格的に公害法を整備するようになった。**3 公害の防止と法**　戦後まず，都市の公害問題に

対して法的措置をとるようになったのは，自治体の条例である(東京，大阪，神奈川の公害防止条例)。国の対応はかなり立ち遅れたが，東京都江戸川区の製紙工場から排出された廃水によって漁業被害を受けた漁民が工場になだれ込み，大乱闘になった事件(浦安漁民騒動)を契機として，昭和33年にいわゆる水質2法(公共用水域の水質の保全に関する法律(法181。昭和45法138により廃止)，工場排水等の規制に関する法律(法182。昭和45法138により廃止))が，また四日市などの新産都市の大気汚染問題などが深刻となって，昭和37年に「ばい煙の排出の規制等に関する法律」(法146)が制定された。しかし，これらの法律によって規制を受けたのは指定地域における一定の施設に限られ，しかもその規制基準が必ずしも厳しくなかったので，各地の環境は少しもよくならなかった。そこで，公害を恐れる住民の反公害の市民運動が激しくなり，産業立地政策にも支障を来すようになったため，政府も昭和42年に公害対策基本法を制定し，総合的な公害対策に乗り出すこととなった。翌43年*大気汚染防止法*を制定して「ばい煙の排出の規制等に関する法律」を廃止し，昭和45年の公害国会で公害対策基本法が改正(法132)され(経済調和条項の削除)，同時に数多くの公害法(*水質汚濁防止法*など公害14法と呼ばれた)が改正あるいは制定された。また，翌46年には環境庁が設置され，昭和47年には自然環境保全法(法85)が制定されて，公害対策基本法と自然環境保全法を頂点とする環境法の体系ができ上がった。その後，地球環境問題の深刻化に伴って，地球環境問題をも視野に入れた環境法の必要性が認識され，平成5年に，環境保全についての理念と施策の基本を定める*環境基本法*が制定された。公害対策基本法は環境基本法の中に吸収された結果廃止された。環境基本法体系の下でも，その後，「ダイオキシン類対策特別措置法」(平成11法105)や土壌汚染対策法(平成14法53)など公害に係る重要な法律が制定されている。 ⇨環境法*

4 公害防止と費用負担 公害の防止は公害を出す事業者の費用負担でなされなければならない(汚染者負担の原則)。公的事業による公害防止事業(緑地帯の設置，客土事業，浚渫(しゅんせつ)など)についても原則は同様だが，公害防止事業費事業者負担法(昭和45法133)は，長期間の公害の蓄積で費用が膨大になること(客土事業など)や他にも受益者がいること(緑地帯など)を考慮し，一定の割合を定めた。

5 公害被害者の司法上の救済 公害被害者が裁判所に訴えて損害賠償を求めた例として，4大公害裁判がある。新潟水俣病訴訟，富山のイタイイタイ病訴訟，四日市公害訴訟，熊本水俣病訴訟がそれである。これらは全て一応原告の勝訴に終わったが，公害被害者の救済問題はその後も全面解決に至らず，大気汚染(西淀川公害訴訟，川崎公害訴訟，水島公害訴訟，尼崎公害訴訟，名古屋南部公害訴訟，東京大気汚染公害訴訟など)・水俣病(熊本水俣病訴訟，新潟水俣病訴訟，東京水俣病訴訟，関西水俣病訴訟など)についても，なおたくさんの訴訟が提起され，大気汚染裁判は第一審判決で被害者の請求が一定程度認められた後，ほとんどが和解により終了した。これに対して，水俣病訴訟については，被告企業の責任は確定したものの，国と県の責任について，これを認める一審判決と否定する判決とが分かれた後，平成8年，多くの被害者について政治決着が図られた。しかし，水俣病関西訴訟はその後も継続し，平成16年に最高裁判所は国と熊本県の責任を認めた(最判平成16・10・15民集58・7・1802)。またその後，平成25年に最高裁判所は，水俣病について，裁判所による個別の認定の余地を認め，感覚障害のみの水俣病が存在しうるとした(最判平成25・4・16民集67・4・1115)。公害の差止めを求める訴訟も少なくない(*大阪空港訴訟*，東海道新幹線訴訟や多くの大気汚染訴訟)が，裁判所は，人格権の侵害に基づいて請求の認否を判断し(尼崎公害訴訟，名古屋南部公害訴訟では，道路公害を理由とする差止請求が一部認容された)，環境権については*差止請求権*の根拠として認めていない。 ⇨大公害裁判*

6 公害紛争処理と被害者救済制度 行政による公害紛争処理制度として，中央に公害等調整委員会，各地に公害審査会(都道府県に置くことができる)があり，あっせん，調停，仲裁，裁定(公害等調整委員会のみ)による解決が可能である〔公害紛争〕。また，公害被害者に各種の補償費と医療費等を支給するため，昭和48年に公害健康被害補償法を制定し，大気汚染被害者を中心に被害者救済事業を行っていたが，昭和62年に同法及び同法施行令を改正し(法律名を*公害健康被害の補償等に関する法律*に改称)，翌年大気汚染に関わる地域指定(第1種地域)が全面解除され，それ以降新たな大気汚染公害被害者は認定されないこととなった。平成18年には，かつて建築物に多用された*アスベスト(石綿)*による被害者に医療費等を支給する「石綿による健康被害の救済に関する法律」(法4)が制定された。

こうかいが

公開会社 '株式会社'のうち，その発行する株式の少なくとも一部の種類が'譲渡制限株式'ではないものをいう〔会社2⑤〕。いわゆる上場会社とは異なる。公開会社であるか否かにより適用される規律は異なる〔会社327等〕。⇨'非公開会社'

公開買付け（株券等の）　**1 意義と適用範囲**　上場会社の'株主'が支配権を取得し又は強化するために，あるいは上場会社自身が'自己株式'を取得するために，取引所'金融商品市場'外において不特定多数の株主に新聞広告等で勧誘を行い，'株券'等を一斉に買い付ける行為，又はそのような市場外買付けに適用される'金融商品取引法'上の手続〔金商27の2⑥〕。アメリカではテンダー・オファー（英 tender offer），イギリスではテークオーバー・ビッド（英 takeover bid）と呼ばれ，日本ではTOB（ティー・オー・ビー）とも呼ばれる。公開買付けは敵対的買収の手段として用いられるほか，友好的な買収において，'合併'，'株式交換'等の組織再編行為の前段階として，組織再編行為に必要な対象会社の議決権（3分の2超）を取得するために用いられることが多い（⇨企業買収）。公開買付けは，通常，市場価格にプレミアムを付した価格で行われ，株主が情報を吟味せずに株券を提供してしまうおそれがあるため，買付けの目的，買付者の状況等の情報を買付者に開示させて，公開買付けに直面した株主の適切な投資判断を確保するとともに，株主を平等に取り扱うよう求めることが，公開買付規制の基本的な目的である。日本では，公開買付規制は昭和46年改正（法4）で導入され，平成2年改正（法43）と平成18年改正（法65）により適用範囲が拡大された。規制の対象となる'有価証券'は，'継続開示会社'の発行する株券・'新株予約権証券'・新株予約権付社債券，及び上場投資法人の投資証券（株券等）である〔金商27の2①，金商令6①〕。公開買付けの手続によらなければならない主な場合は，第1に，多数（60日間で10人超）の者から株券等を買い付けて，買付け後の株券等所有割合（潜在的な議決権を含む議決権割合）が5%を超える場合である〔金商27の2①Ⅰ，金商令6の2③〕。第2に，著しく少数の者（60日間で10人以下）から買い付けて，買付け後の株券等所有割合が3分の1を超える場合である〔金商27の2①Ⅱ，金商令6の2③〕。これは，市場外における株券等の相対（あいたい）取引により議決権の3分の1超を支配する株主が出現する場合に公開買付けを強制して，一般の応募株主からも株券等を取得させてプレミアムを分配する規制であり，3分の1ルールと呼ばれる。これらに対し，市場内で株券等を買い付けて議決権の3分の1超を取得する行為は日本では放任されていたが，令和6年に，市場内買付けを禁止し公開買付けを強制する法改正が行われた（法32）。

2 手続　公開買付けを行おうとする買付者は，公開買付開始公告を行い，内閣総理大臣に公開買付届出書を提出する〔金商27の3〕。公開買付届出書には，公開買付けの条件，買付者の状況，対象会社の状況等を記載する。一定数の株券等の応募がなければ株券等を一切買い付けないという最低買付株数の設定や一定割合（たとえば議決権の51%）までしか買い付けないという最高買付株数の設定は認められるが，株券等所有割合が3分の2以上となる最高買付株数の設定は認められない〔金商27の13④，金商令14の2の2〕。これは，対象会社の株券等の全部を取得しない部分的公開買付けが株券等所有割合が3分の2に至らない範囲で許容されていることを意味する。応募株主の平等取扱いのため，買付価格は均一の条件でなければならず〔金商27の2③，金商令8③〕，公開買付期間中に公開買付けによらないで株券等を買い付ける別途買付けは禁止されている〔金商27の5〕。公開買付期間は20営業日から60営業日の範囲内で買付者が定める〔金商27の2②，金商令8①〕。対象会社は，株主に応募を勧める，応募しないことを勧めるといった意見を記載した意見表明報告書を10営業日以内に内閣総理大臣に提出しなければならず〔金商27の10①，金商令13の2①〕，この意見表明報告書に買付者に対する質問を記載したときは，買付者は5営業日以内に対質問回答報告書を内閣総理大臣に提出しなければならない〔金商27の10⑪，金商令13の2②〕。これらの報告書は'エディネット（EDINET）'を通じて公開され，虚偽記載があれば刑事罰が科せられる〔金商197①②③〕。買付者と応募株主との間ではいったん株券等の売買契約が締結されるが，応募株主は買付期間中にはいつでも売買契約を解除することができる〔金商27の12〕。これに対し買付者が公開買付け自体を撤回することは，'相場操縦'防止の観点から厳しく制限されている〔金商27の11〕。公開買付期間が満了すると，株券等の受渡しと代金の支払いが行われるが，買付者はこれらの事務を金融商品取引業者又は'銀行'等に行わせなければならない〔金商27の2④〕。最高買付株数を超える数の応募があったときは，株主の平等取扱いのため，応募議決権数に応じた按分比例の方式で取得する株券等を決定する〔金商27の13⑤〕。ただし，買付者の株

券等所有割合が3分の2以上となる買付けを行うときは、最高買付株数を設定することができず、応募された株券等の全部を買い付けなければならない〔金商27の13④、金商令14の2の2〕。公開買付け後に会社に残存する少数株主を保護するための規制であり、全部買付義務と呼ばれている。買付者は、公開買付期間の末日の翌日に公開買付けの結果を新聞社・放送局等に公開する形で公表し〔金商27の13①、金商令9の4〕、内閣総理大臣に公開買付報告書を提出する〔金商27の13②〕。

公害健康被害の補償等に関する法律 昭和48年法律111号(制定時の名称は公害健康被害補償法)。大気汚染や水俣病の患者など公害健康被害者を救済するために制定された法律〔公害補償1〕。公健法と略称される。大気汚染地域に関わる第1種地域と水俣病やイタイイタイ病など原因物質が特定している場合に関する第2種地域とがある〔公害補償2〕。補償の仕組みは、著しい大気の汚染や水質の汚濁が発生し、それによる疾病が多発している地域を政令で指定し(指定地域)、その地域から公害被害者の申請があると、公害健康被害認定審査会が指定疾病に当たるかどうかの認定の判断を行い〔公害補償4～6〕、認定されると療養費や補償費等の補償給付が行われることになる〔公害補償3・19～43〕。第1種地域では、補償給付の財源は、事業者による硫黄酸化物の排出量に応じた汚染負荷量賦課金と、移動発生源である自動車の寄与分については自動車重量税からの交付金によって賄われる〔公害補償47～61・附9〕。また、第2種地域では、原因物質排出者が拠出することになる〔公害補償62〕が、実際には、被害者との協定に基づき原因者から直接支払われている。本法制定後昭和62年頃までの間に、第1種地域の大気汚染に関わる指定地域は41地域、認定患者数は約10万人に達した。その後大気汚染の主要な原因である硫黄酸化物が改善されたとの理由で、翌63年3月以降指定地域を全面解除し、新たな認定をやめると同時に、本法を改正(昭和62法97。このとき「公害健康被害の補償等に関する法律」に改称)して公害健康被害を予防するための事業を加えた。しかし、窒素酸化物や浮遊粒子状物質による大気汚染が改善されていなかったことから、このような措置には反対の意見も強かった。

公開原則 ⇨一般公開(主義)' ⇨公開(審理)主義'

公害罪法 ⇨人の健康に係る公害犯罪の処罰に関する法律'

効果意思 一定の*法律効果'の発生を欲する意思。一定の物を買おうとする意思などがその例。*意思表示'をする者(表意者)の内心の意思(真意・内心的効果意思)は外部からは知ることができないので、ここで意思というのは*表示行為'から推定される意思(表示上の効果意思)をいう。*法律行為'の効果は、表示上の効果意思によって決定されるのが原則である(*私的自治の原則')。ただ、表示された意思と内心の意思とが食い違うとき(例えば、*心裡(しんり)留保')には、場合によっては法律効果が否定されることもある。⇨意思主義・表示主義'

公開(審理)主義 I 訴訟の管理及び*裁判'を一般公衆が傍聴できる状態において行う原則。一般公開主義・衆公開主義・裁判の公開ともいう。秘密裁判を排斥し、司法の公正とそれに対する国民の信頼を保持するためのものであり、憲法は、裁判の対審及び判決は公開の法廷で行うとして、この原則を明言する〔憲82①〕。*公の秩序・善良の風俗'を害するおそれがある場合は、裁判官の全員一致の決定により、例外的に対審(民事訴訟では*口頭弁論'、刑事訴訟では*公判期日'の手続)の公開を停止することができる〔憲82②本文。人訴22①、特許105の7①、不正競争13①も参照〕。ただし、政治犯罪、出版に関する犯罪又は*基本的人権'が問題となっている事件については、およそ公開を停止できないし〔憲82②但〕、*判決の言渡し'は、常に公開しなければならない〔裁70〕。

II 民事訴訟では、憲法上の要請に応えて、判決の言渡しのほか*受訴裁判所'の面前における口頭弁論について公開主義がとられ〔民訴規66①⑥参照〕、その違反は*絶対的上告理由'となる〔民訴312②⑤〕。

III 刑事訴訟において、公開が必要とされるのは、被告事件についての審判手続の中心となる*公判期日'の手続〔憲37①、刑訴282①〕、*勾留理由開示'〔憲34、刑訴83①〕、及び*執行猶予'の裁量的取消しについての口頭弁論〔刑訴349の2②、刑訴規222の9⑤〕の手続である。公判期日の手続が公開の原則に違反した場合は、*絶対的控訴理由'となる〔刑訴377③〕。*公判準備'や*勾留質問'のような付随的な手続は公開されない。*準起訴手続'や*再審'の請求についての審理手続に関しても、公開の保障はない。

公害対策基本法 公害対策の基本的事項を定める法律で、事業者や国・地方公共団体の公害防止に関する責務を明らかにして、公害対策の総合的推進を図り、国民の健康の保護と生活環境を保全することを目的として〔公害基1〕、

こうかいて

公害の激しかった時代の昭和42年に制定された〔法132〕。その後平成5年に環境基本法が新たに制定されたことにより，廃止された。しかし，本法が定めた公害に対する施策は，「公害」の定義（大気汚染・水質汚濁・土壌の汚染・騒音・振動・地盤の沈下及び悪臭）〔公害基2①，環境基2③〕，*環境基準'の設定〔公害基9，環境基16〕，公害防止計画の作成〔公害基19，環境基17〕，公害紛争の処理及び被害の救済〔公害基21，環境基31〕（⇨公害紛争処理法'・*公害健康被害の補償等に関する法律'）など，原則的に環境基本法に受け継がれている。 ⇨環境基本法' ⇨公害'

公開停止 法廷における審理の傍聴を公衆に対し一時的に禁止すること。*受訴裁判所'の裁判官全員一致の意見で，審理の公開が公の秩序又は善良の風俗（⇨公の秩序・善良の風俗'）を害するおそれがあると認めた場合に限られる。*判決の言渡し'及び一定の事件については絶対に公開を停止できない〔憲82②，裁70〕。⇨公開（審理）主義'

公害等調整委員会 土地調整委員会に代わって，昭和47年，公害等調整委員会設置法（法52）により総理府の外局として設置された委員会（現在は総務省の外局）〔公害調委2〕。*公害'に係る紛争の迅速かつ適正な解決を図るとともに，鉱業，採石業又は砂利採取業と一般公益等との調整を図ることをその主たる任務としている〔公害調委3〕。この委員会の主たる所掌事務は，イ *公害紛争処理法'の定めるところにより，あっせん，調停，仲裁及び裁定を行うこと，ロ 鉱業法その他の法律及び「鉱業等に係る土地利用の調整手続等に関する法律」の定めるところにより鉱区禁止区域の指定，鉱業権の設定に関する不服の裁定等を行うこと，ハ 都道府県知事が拒否した事業認定につき国土交通大臣に申請が行われたときに意見を述べること，国土交通大臣の事業認定に関する処分又は収用委員会の裁決についての審査請求について意見を述べること，である〔公害調委4〕。なお，都道府県は，条例で定めるところにより，都道府県公害審査会を置くことができる〔公害紛争13〕。

公開投票 ⇨秘密投票'
公開の聴聞 ⇨聴聞'

鉱害賠償 鉱山活動から生ずる損害の賠償については，民法の過失責任の原則〔民709〕（⇨過失責任主義'）による場合には，被害者が加害者の*過失'を立証することが困難などの理由から，被害者の救済は容易でない。そこで，かつて鉱山からの公害や陥没事故が問題になったときに旧鉱業法（明治38法45）に*無過失責任'の規定が導入され（昭和14法23），これが現行鉱業法（昭和25法289）に受け継がれた。同法によると，鉱物の掘採のための土地の掘削や，坑水・廃水の放流などによって他人に損害を与えたときには，鉱業権者又は租鉱権者は過失の有無にかかわらず責任を負う〔鉱業109①〕。また，賠償方法については*金銭賠償'のほか，一定条件の下に*原状回復'も認められている〔鉱業111②〕。そのほか，賠償についての基準〔鉱業112①〕・*賠償額の予定'〔鉱業114①〕・*供託'〔鉱業117～121〕・*和解'の仲介〔鉱業122～125〕などの制度が設けられている。富山県神通川のイタイイタイ病に関する損害賠償訴訟や宮崎県土呂久（<small>どろく</small>）のひ素中毒に関する損害賠償訴訟においては，鉱山排水や排煙による被害であるとして同法が適用された。

公害犯罪処罰法 ⇨人の健康に係る公害犯罪の処罰に関する法律'

公害紛争処理法 昭和45年法律108号。
1 制定の背景 *公害'に係る紛争は，広い地域の多数者が被害を受ける社会問題であり，健康や生命への影響が甚大で早期の救済を要する。しかし，公害発生源や因果関係の立証は私人には困難であるから，公害紛争の処理を通常の民事訴訟に委ねたのでは，公正な解決を期すことができない。そこで，昭和42年制定の*公害対策基本法'は，公害紛争の処理制度を確立するために必要な措置を講ずることを政府に義務付けた〔公害基21。なお，環境基31参照〕。これを受けて制定されたのが，公害紛争処理法である。
2 組織と管轄 *国家行政組織法'3条に基づく総務省の外局として*公害等調整委員会'〔公害紛争3〕が中央に置かれ，重大事件や航空機や新幹線の騒音に係る広域事件を処理している〔公害紛争24①〕。都道府県レベルの事件は，都道府県公害審査会〔公害紛争13〕が扱う。県際事件は，都道府県連合公害審査会〔公害紛争20〕が設置されなければ，公害等調整委員会に委ねられる。
3 紛争解決の手段 *あっせん'と*調停'は，ともに当事者の合意による解決であるが，前者の方が手続が簡易である。合意の成立は，民法上の*和解'であり，*執行力'はない。*仲裁'は，仲裁委員会の判断に解決を委ねるものであり，確定判決と同一の効力を有する〔公害紛争41，仲裁47①〕。裁定は，裁判類似の作用ではあるが，訴訟に比べて弾力的な手続運用が可能であり，専門知識を生かした的確な判断が期待できる。損害賠償責任の有無・範囲を決める責任裁定〔公害紛争42の12～42の26の2〕と因果関係を解明する

ための原因裁定〔公害紛争42の27〜42の33〕とがある。なお、裁定を行うのは公害等調整委員会のみである。

公害防止協定 ＊'公害'の発生源となりうる活動を行う事業者と自治体あるいは付近住民との間で、公害防止のための措置や立入り調査権(⇨立入検査')等を取り決めたもの。形式は、協定書、覚書等様々である。法律や条例よりも厳しい内容を含むことが多いため、例外的にのみ許容されるものとする見解がある。その法的性質に関しては、紳士協定説、私法契約説、行政(公法)契約説及び(公害・環境法上の)特殊契約説がある。紳士協定説は、企業が一方的に負担を負う片務性を重視していると考えられる。契約とみる説はいずれも、協定の各条項のうちで、法的拘束力を認めうるだけの具体性のあるもののみを契約と捉えている。企業と自治体との協定が遵守されていない場合に住民の訴えを可能にすべく、＊'第三者のためにする契約'とか＊'債権者代位権'の行使といった構成が試みられているが、成功したとはいえない(札幌地判昭和55・10・14判時988・37〔伊達火力発電所訴訟〕参照)。

航海傭船(ようせん) ⇨傭船(ようせん)契約'

降　格 ＊'職能資格制度'における資格区分・等級区分の引下げや、企業内における役職位(部長、課長等)の引下げを意味するが、法的には使用者の＊'人事権'に基づくものと＊'懲戒権'に基づくものに分けられる。人事権に基づく降格のうち、職能資格制度における資格等級の引下げは、一度獲得された職務遂行能力が事後に失われることは本来予定されておらず、賃金減額も伴うため、＊'労働契約'上の明示的な根拠が必要であると解されている。これに対して、役職位の引下げ(部長から課長にするなど)は、労働契約上の根拠がなくても行いうると解されている。懲戒処分としての降格(降職)は、資格等級の引下げも役職位の引下げも、懲戒権に関する司法審査の枠組みに服する。

高額医療合算介護サービス費 ⇨高額介護合算療養費'

高額介護合算療養費 ＊'健康保険'等においで、前年の8月1日から当年の7月31日までの間に、ある世帯が、＊'療養の給付'について支払った＊'一部負担金'の額又は＊'保険外併用療養費'・＊'療養費'・訪問看護療養費・＊'家族療養費'・家族訪問看護療養費等が支給される療養(食事療養及び生活療養を除く)につき支払った額(いずれも＊'高額療養費'が支給される場合にはその額を除く)、並びに＊'介護保険'の居宅サービス等及び介護予防サービス等について支払った利用者負担額(高額介護サービス費・高額介護予防サービス費が支給される場合にはその額を除く)の合算額が著しく高額で、療養に必要な費用の負担の家計に与える影響と療養に要した費用の額を考慮して政令で定める支給要件を満たす場合に、当該療養の給付等の支給を受けた者に対して、その申請に基づき支給される＊'保険給付'〔健保115の2・147の2、国健保57の3、国公共済60の3、地公共済62の3等。なお健保令43の2〜43の4等〕。健康保険等の＊'保険者'から、政令で定める額を超える金額を支払う形で、介護保険法の定める高額医療合算介護サービス費・高額医療合算介護予防サービス費〔介保51の2・61の2〕とともに支給される。当該世帯が支払った上記合算額のうち、療養の給付等に係る一部負担金等の比率に相当する部分についての給付が高額介護合算療養費であり、介護サービス・介護予防サービスに係る利用者負担額の比率に相当する部分についての給付が高額医療合算介護サービス費・高額医療合算介護予防サービス費である。健康保険等の＊'被保険者'世帯に介護保険受給者がいるときに、健康保険等及び介護保険の一部負担金等が著しく高額になる場合に負担を軽減するために、高額医療合算介護サービス費・高額医療合算介護予防サービス費とともに、平成20年に創設された。

高額療養費 ＊'健康保険'等において、ある暦月に、1人又は同一世帯が＊'療養の給付'について支払った＊'一部負担金'の額又は＊'保険外併用療養費'・＊'療養費'・訪問看護療養費・＊'家族療養費'・家族訪問看護療養費等として支給される療養(食事療養及び生活療養を除く)につき支払った額が著しく高額で、療養に必要な費用の負担の家計への影響と療養に要した費用の額を考慮して政令で定める支給要件を満たす場合に、当該療養の給付等の支給を受けた者に対して支給される＊'保険給付'〔健保115・147、国健保57の2、国公共済60の2、地公共済62の2等。なお、健保令41等〕。医療技術の高度化による一部負担金等の高額化に対応するため、昭和47年に創設された。元来は、＊'被保険者'からの請求により、事後的に支給する金銭給付であったが、窓口での高額の一部負担金の支払負担の軽減を図るとともに請求漏れや保険医療機関での一部負担金等の未払問題に対処するために、入院及び外来診療について、健康保険等の保険者が直接保険医療機関に支払う方式(現物給付化)となっている(70歳未満の者及び70歳以上で住民税非課税世帯の者又は現役並みで一定額以下の年収の者はあらかじめ＊'保険者'の認定を受ける必要が

こうかさい

効果裁量 ⇨要件裁量・効果裁量'

効果法 🔲 lex causae 問題となる法律関係の*準拠法'そのもののこと。例えば、胎児の相続権や損害賠償請求権の有無を、その胎児の*権利能力'の問題としてその*本国法'によるのではなく、相続や不法行為の準拠法による場合、効果法によるといわれる。*法律行為'の成立の準拠法に対して用いられる効力の準拠法のことではないことに注意が必要である。

効果理論 ⇨域外適用' ⇨国家管轄権'

交　換 例えば、当事者の一方が他方に土地の所有権を移転し、他方が家屋の所有権を移転する場合のように、当事者が互いに金銭以外の財産権の移転を約することによって成立する*契約'〔民586①〕。有償・双務・諾成・不要式の契約である。交換の効力については、交換も有償契約であるため、*売買'の規定が準用される〔民559〕。これにより、当事者は売主と同様の義務を負う(担保責任を負うことが重要である)。なお、当事者の一方が他の権利とともに金銭所有権を移転する場合を補足金付交換というが、その場合の金銭については売買の代金に関する規定が準用される〔民586②〕。

交換公文 公文(書簡)の交換によって国家間の合意を表明するもので、国際法上の*条約'の一形式〔条約法約13〕。交換された公文そのものを交換公文ということもある。簡略形式による条約の代表的なもの。主に、国家間の技術的性質の強い合意の場合に利用される。通常は議会の承認を必要としない。

強姦(ごうかん)罪 ⇨不同意性交等罪'

交換的正義 ⇨正義'

交換分合 土地の利用を増進するため、土地所有権その他の権利を、交換・分割・合併すること。土地改良法は、農用地に関する*土地改良事業'の手法の1つとして、農用地に関する権利並びにその農用地の利用上必要な土地に関する権利、農業用施設に関する権利及び水の使用に関する権利について、農業委員会・*土地改良区・農業協同組合等又は市町村が、権利の交換・分割・合併等の交換分合を行うことを認めている〔土地改良2②⑥・3章〕。

公企業 1 意義 伝統的学説によれば、公企業概念は主体・目的・性質という3要素で構成され、公企業とは、直接、社会公共の福祉を維持増進するために、国・地方公共団体その他これに準ずる行政主体が自らの責任で営む非権力的事業、及び特許企業である。公企業は学問上の概念であって、学説によりその内容は様々であるが、1970年代以降、生活必需性と独占性を概念要素とする公共企業説が有力になった。1980年代から*民営化'が進展し、かつて行政主体であったものが完全民営化されたものも多い。また、参入の*規制緩和'も進み、かつて公企業概念が盛んに論じられた時代とは法的基盤が異なっているため、現代では公企業として論じられる機会は極めて少なくなった。

2 特殊性 公企業は、その主体が国又は公共団体であることから、その開設・廃止・組織・会計経理等に私企業と異なる特色がみられる。また、*公用負担'特権や経済上・刑罰上その他の特別の保護が与えられ、その利用関係についても、利用者に対する公開・平等性の保障、契約締結の強制等様々の法令上の特色が認められる。⇨公企業の特許'

3 営造物との関係 ここでいう営造物とは、国又は公共団体等の行政主体が公の目的に供用する人的手段及び物的手段の総合体である。公企業と営造物は、国や公共団体が一定の行政目的を遂行するための一定の統一体である点で共通しているが、営造物が静的な施設に着目して立てられた概念であるのに対して、公企業はその施設により営まれる動的な企業活動に着目して立てられた概念である点において異なっている。

公企業の特許 電気事業やガス事業の許可などは、伝統的に事業者に対して経営権を付与する行為と考えられており、公企業の特許という概念で説明される。*明治憲法'下では、国家の独占的経営権を前提として、それを事業者に付与するという構成がとられていたが、現行憲法下では国家独占という観念は容れ難いとして批判されてきた。今日では、公企業の許可もまた、料理飲食店の営業許可等と同様、一般的禁止を解除する行為であり、ただ事業の特質に配慮して、他の営業許可にはみられない規定が置かれているにすぎないという説明がなされるようになっている。例えば、許可に際しての需要適合の要求・工作物の過剰状態回避、廃業の許可制、供給義務、行政庁の業務方法改善命令等の定めが、電気事業法やガス事業法の特色である。また、料金等の供給条件については、公正な内容と平等な取扱いを確保するために、*供給規程'を定めて主務大臣の認可を受けるものとされている。

後期高齢者医療制度 老人保健法(昭和57法80)の平成18年改正(同改正で「高齢者の医療の確保に関する法律」に改称)により、老人保健制度に代わって平成20年4月1日から設けられた。老人保健法では市町村が保健事業を行

っていたのに対して，後期高齢者医療制度では，医療保険であることを明確に打ち出し，高齢者の疾病，負傷又は死亡に関して必要な給付を行う〔高齢医療47〕。都道府県の全ての市町村が加入する*広域連合'を保険者とし，この広域連合の区域内に住所を有する75歳以上の者と一定の障害のある65歳以上の者を*被保険者'とする〔高齢医療48・50〕。後期高齢者医療制度の財源の半分は，国，都道府県及び市町村の定率負担金と国の調整交付金から成る〔高齢医療93〜100〕。残りの約4割は医療保険の*保険者'が負担する後期高齢者支援金〔高齢医療118・119〕が充てられ，被保険者の支払う*保険料'の財源に占める割合は1割程度である。保険料は，所得に応じて負担する所得割(応能割)と被保険者均等割(応益分)に基づき，広域連合毎に定められる。保険料の軽減制度があるほか，*介護保険'と同様，普通徴収と*特別徴収'の方法が用いられる〔高齢医療110・111〕。患者の一部負担割合は，所得に応じて1割，2割及び3割とされる〔高齢医療67〕。 ⇨前期高齢者'

抗議スト 特定の要求を出さず，*使用者'の措置等に対する抗議のために行われるストライキ(*同盟罷業')。

合議制・合議体 複数人の意思を総合して，意思決定を行う制度又は組織体。議会・裁判所(裁判官の合議体〔裁9・18・26〕)・*内閣'などいずれも合議体である。行政官庁は，一般に独任制であるが，慎重・公正・中立な判断を図る等の特別の必要がある場合，合議体の形態をとるものがある(例：各種の*行政委員会'・*人事院'・*会計検査院')。 ⇨独任制'

合議制・単独制 裁判機関としての*裁判所'の構成には合議制と単独制(一人制)がある。前者は複数の裁判官で構成される場合と，後者は1人の裁判官のみで構成される場合を指す。合議制の場合，裁判所を構成する裁判官の1人が*裁判長'となる〔裁9③・18②・26③・31の4③〕。*最高裁判所'は合議制であり，15人の裁判官全員で構成される大法廷と5人の裁判官で構成される小法廷とがある〔裁9，最事規2〕。*高等裁判所'も合議制であり，通常，3人の裁判官で構成されるが〔裁18〕，5人となることもある〔民訴310の2，独禁87等〕。*地方裁判所'は，原則として単独制であるが〔裁26①〕，3人又は5人の裁判官の合議制がとられることもある〔裁26②③，民訴269〕。*家庭裁判所'も，原則として単独制であるが〔裁31の4①〕，3人の裁判官の合議制がとられることもある〔裁31の4②③〕。*簡易裁判所'は常に単独制である〔裁35〕。

合議制における裁判は，裁判所を構成する裁判官全員の評議を経て，過半数の意見によってなされるが〔裁75〜77〕，*訴訟指揮'権の一部は裁判長が行使し〔民訴93①・108・148・149・202等〕，法定の事項を受命裁判官と呼ばれる合議体構成員の一部に委任することもある〔民訴171・176の2・195等〕。単独制の利点は，裁判の迅速と*訴訟経済'の要請に合致し，かつ裁判官の責任を明確にすることができるところにあり，他方，合議制の利点は，個人の主観的偏向を予防し，慎重な裁判を期待できるところにある。

合議体 ⇨合議制・合議制'
広義の執行力 ⇨執行力'
降給 公務員に対する*分限'処分の一種で，*職員'の俸給表又は給料表上の地位を*俸給'又は*給料'の額が低いものに変更することで，現に決定されている俸給又は給料の額自体を引き下げるものをいう。*一般職'の国家公務員'は，*人事院規則'の定める事由に該当しない限り降給されない〔国公75②〕。平成21年に制定された人事院規則11-10は，降給には，*降格'(職員の意に反して当該職員の職務の級を同一の俸給表の下位の職務の級に変更すること)と降号(職員の意に反して当該職員の号俸を同一の職務の級の下位の号俸に変更すること)があるとして，それぞれの事由を定める〔人規11-10⟨3〜5〕。管理監督職が*転任'により降格となった場合〔国公81の2①〕も降給とされる〔人規⟨11-10⟩3〕。一般職の地方公務員についても，条例に定めがなければ降給はできない〔地公27②〕。俸給又は給料の支給額を一部減ずる懲戒処分としての*減給'〔国公82①，地公29①〕とは異なる。 ⇨不利益処分' ⇨身分保障'

恒久的施設 所得課税において*外国法人'又は非居住者が国内に有する支店，工場，代理人，建設作業地，その他事業を行う一定の場所をいう〔所税2，法税2〕。*租税条約'にいうパーマネント・エスタブリッシュメント(英 permanent establishment)の邦訳に当たる。恒久的施設の形態により申告ないし源泉課税等の課税の方法が異なってくる。なお，*事業所得'については「恒久的施設がなければ課税なし」という租税条約上の原則があり，日本においても概ね採用されているといえる。

公共企業体 ⇨パブリック・コーポレーション'

公共危険罪 **1 定義** 公共の危険の発生を必要とする犯罪。*騒乱罪'〔刑106〕・*放火罪'〔刑108〜118〕・出水罪〔刑119〜123〕・*往来妨害罪'〔刑124〜129〕・あへん煙に関する罪〔刑136〜

こうきょう

141〕・飲料水に関する罪〔刑142〜147〕がこれに当たる。　⇨危険犯'

2 公共の危険　不特定又は多数人の生命・身体・財産を侵害する可能性のある状態をいう。危険の内実は犯罪類型により異なる(例えば，放火罪は火力による危険であり，出水罪は水力による危険である)。

3 具体的危険と抽象的危険　上記のような「公共の危険」が具体的に発生することを明文で要求するのが具体的危険犯であり，刑法109条2項・110条・116条2項・120条・122条・125条などがこれに当たる。これに対し，法文上，一般的に公共の危険を発生させる可能性が大きい行為の遂行が犯罪成立要件とされ，ゆえに，特に具体的危険の発生を必要としないのが抽象的危険犯であって，刑法108条・109条1項・116条1項・119条などがこれに当たる。

4 特色　公共危険罪の特色は，実害犯に対する危険犯の特色と同じ性質のものと考えてよい。特に数個の行為を行ったが1個の公共の危険しか招来しないときは，単純一罪である点に注意する必要がある。

公共組合　公の行政を行うことを存在目的として設立された，土地の区域を基礎としない公法上の*社団法人。*土地改良区'・水害予防組合・土地区画整理組合・*健康保険組合'・*国民健康保険組合'・農業共済組合などがその例である。地域団体でない点で*地方公共団体'と異なる。また，公の行政を行うことを存在目的とする点で私法上の社団法人と異なる。公共組合の行う事業については直接の受益者が限られるから，一般の行政と区別し，関係者による費用負担とその自治的な管理に委ねるのが適当とされる。ただ，その目的の公共性のために，法律によって，設立及び解散に対する国家の関与，組合員の加入強制，特別の権利，組合の業務に対する国家の特別監督の制度がある。各種産業の改良・発達，同業者の利益の実現・増進などの目的のために設立されている各種協同組合(農業協同組合・水産業協同組合等)は，任意団体である点で公共組合とみるのは妥当ではない。

鉱業財団　⇨鉱業抵当'

公共サービス改革　*行政主体'の事業実施を，官民競争入札(市場化テスト)や民間競争入札の手続を経て，民間事業者に委託できるようにした改革をいう。平成18年制定の「競争の導入による公共サービスの改革に関する法律」(法51)で実施された。閣議や*地方公共団体の長'の決定により作成された方針で選定された公共サービス〔公共サービス改革2④〕につき，官民競争入札や民間競争入札の手続で民間事業者が落札した場合〔公共サービス改革13①・17〕，国・地方公共団体等は，当該入札対象公共サービスの実施を委託するため，その事業者(公共サービス実施民間事業者〔公共サービス改革2⑧〕)と契約を締結するものとされている〔公共サービス改革20・23〕。　⇨公務員'　⇨委託'

公共事業　社会公共の福祉を維持増進する事業。公益事業ともいう。一般には，行政主体によって行われるか私人によって行われるかを問わない。この意味での公共事業は，特に法律に個別的に列挙されることによって，当該公共の利益となる事業の実施のために必要なときには，土地を収用又は使用することが認められている〔収用2〕。ときには，国又は地方公共団体等が行う公共の利益のための事業に限定されてこの語が用いられることもある。また，国の予算上「公共事業費」という場合〔財4〕の公共事業は，国の直轄又は補助によって施工する河川・道路・砂防・港湾・開拓等の公共的土木工事及び一定の営繕工事を意味する。いずれにしても，これら公共事業の展開とその規制は現代国家の主要な任務の1つとなっており，その特質と限界は，憲法25条・14条などの精神との関連で注目される。　⇨公益事業'

公共施設　⇨営造物'

公共施設等運営権　「民間資金等の活用による公共施設等の整備等の促進に関する法律」(平成11法117)の平成23年改正(法57)により，公共施設等運営権(コンセッション)制度が創設された。利用料金の徴収を行う公共施設等について，民間事業者に設定する公共施設等運営権を独立した財産権とすることで，*抵当権'の設定等が可能となり，資金調達が円滑化され，より自由度の高い事業運営が可能となる。公共施設等運営権は，物権とみなされ，不動産に関する規定が準用される〔民活公共施設24〕。

公共事務　かつては，*地方公共団体'の本来の目的に属する事務〔自治旧2②〕で，自治事務＝団体事務の一種を表す*地方自治法'上の用語であったが，平成11年の改正(法87)で廃止された。

公共職業安定所　*職業紹介'，職業指導，*雇用保険'その他*職業安定法'の目的を達成するのに必要な事項を処理するために国が設置する機関で，無料で公共に奉仕すべきもの〔職安8〕。厚生労働大臣の管轄に属し，*労働施策総合推進法'，*労働者派遣法'，*高年齢者等の雇用の安定等に関する法律'などの雇用政策を巡

る法令に関係する事務を広く所掌する。愛称はハローワーク。職安，安定所などとも略称。

公共職業能力開発施設 労働者が段階的かつ体系的に職業に必要な技能・知識を修得できるよう国又は地方自治体が設置する施設。職業能力開発短期大学校，職業能力開発大学校，職業能力開発校，職業能力開発促進センター，障害者職業能力開発校があり〔能開16〕，普通職業訓練と高度職業訓練がなされる〔能開19〕。これらに該当しない場合，一部を除き，名称使用の制限がある〔能開17・25〕。

工業所有権 '知的財産権'のうち，'特許権'や'商標権'など，産業上利用される知的財産の保護を目的とした権利の総称をいう。「工業所有権」という言葉は'工業所有権の保護に関するパリ条約'に由来する言葉であるが，パリ条約では，「工業所有権(囚 propriété industrielle)」の語は，商業・農業・採取業をも対象とする形で最広義に解釈すべきものと解されており，日本においても，工業に限らず，広く産業上利用される知的財産を保護する権利のことと理解されている。最近では，産業財産権と呼ばれることが多い。工業所有権は，狭義には，特許権，'実用新案権'，'意匠権'，商標権といった所有権的な保護が認められる権利を指すが，広義には，産業上利用される知的財産の保護を目的とした権利という意味で，営業秘密の保護など'不正競争防止法'上の請求権をも含むものと解されている。'著作権'は文化的な所産を保護する権利であるため，工業所有権には含まれない。

工業所有権の保護に関するパリ条約 '工業所有権'(産業財産権)の保護に関する国際条約。ウィーン及びパリの万国博覧会における議論を基礎とし，1883年にパリで締結され，6回の改正がなされている。当初の締約国は11カ国，日本は1899年に加盟した。同盟国の国民は内国民と同一の保護や救済を与えられる，いわゆる'内国民待遇'を基礎としている〔工業所有権約2〕。特許出願等の'優先権'〔工業所有権約4〕，不実施による特許の取消，強制実施権の制限〔工業所有権約5〕，外国において登録された商標の登録の義務〔工業所有権約6の5〕，国際博覧会出品物の仮保護〔工業所有権約11〕などの規定がある。日本では，条約の国内的効力，国内適用可能性があるものとされている。紛争解決については国際司法裁判所に付託できる〔工業所有権約28〕。'トリップス(TRIPs)協定'において，WTO加盟国は条約上の規定を遵守すべきことが定められている〔TRIPs 2①〕。

公共信託 公共の利益を目的とする'信託'。私益信託に対する概念であり，公益信託ともいう。不特定多数の者の利益を目的とする信託で，その信託が直接社会全体の利益になることを必要とする。公益信託ニ関スル法律が，公益信託についての規定を置いている。なお，イギリスで始められた自然環境，歴史的・文化的遺産の保護・保存のためのナショナル・トラスト(national trust)運動は，日本において，通常，公共信託と訳されている。 ⇒公益信託・私益信託'

公共団体 国の下に国からその存立の目的を与えられた法人。'公法人'又は公法上の法人と同義。実定法上は公共団体の語が用いられることが多いが，公法人の語を用いる例もある〔商2〕。公共団体の行う行政のことを'自治行政'と呼ぶこともあるが，その内容も一律ではない。現在，日本における公共団体は，その目的・組織・権能等によって，'地方公共団体'・'公共組合'(土地改良区・水害予防組合等)及び'営造物法人'の3種に分かれる。'国家賠償法'1条にいう公共団体は，同条の公権力の行使を委ねられた団体を全て含む。したがって，例えば，弁護士に対する懲戒権を行使する弁護士会も，そこでいう公共団体に当たる。なお，似て異なる概念として，「公共的団体」〔自治96①⑭・157・291の8②〕がある。

鉱業抵当 鉱業抵当法に基づき，鉱業財団を目的として'抵当権'を設定する制度，又は，設定された抵当権のことをいう。'財団抵当'の一種であり，鉱業財団抵当ともいう。鉱業財団は，採掘権者が有する鉱業権，土地・工作物，地上権・賃借権，機械・器具等によって組成される〔鉱抵2〕。

公共の福祉 **1 条文** 日本国憲法の人権保障は'法律の留保'に服してはいないが，かといって法律上の制約が一切許されていないわけではない。憲法は人権保障の冒頭で「公共の福祉のためにこれを利用する責任」〔憲12〕や「公共の福祉に反しない限り，立法その他の国政の上で，最大の尊重」〔憲13〕を謳い，人権の制約原理として「公共の福祉」の概念を用いている。また，'経済的自由権'の保障規定である22条・29条は特に「公共の福祉」を制約原理として明示している。そこで立法者は「公共の福祉」を具体化する制約立法を制定することができるのであるが，理論的に「公共の福祉」概念を確定することが必要となるのである。

2 学説 学説は早くから「公共の福祉」を「人権相互の矛盾衝突を調整するための実質的公平の原理」('宮沢俊義)と捉えてきた。すなわち同

こうきよう

概念をあくまで他者の人権との調和を図るための調整原理であって，他者の人権とは無関係の社会公共の利益や国家的利益とは異なるものと解してきたのである。更に学説は同概念を，*自由権'を各人に平等に保障するために自由権に対する必要最小限度の規制を認める原理としての「自由国家的公共の福祉」と，*基本的人権'の実質的な保障のために経済的自由権に対する必要な限度での規制を認める原理としての「社会国家的公共の福祉」とに二分すべきものとしてきた。この区別は*内在的制約'と*政策的制約'との区別，及び*二重の基準'の考え方にほぼ対応し，今日でも支持されている。

3 判例 判例はかつては，人権制約立法を合憲とする場合の理由付けとして，「公共の福祉」の概念を多用していた。食糧緊急措置令〔昭和21勅86。平成6法113により廃止〕の"煽動(せんどう)"処罰についての最高裁判所大法廷判決(最大判昭和24・5・18刑集3・6・839)や*わいせつ文書'頒布罪〔刑175〕についての*チャタレイ事件'最高裁判所大法廷判決，更に公衆浴場の開業許可制についての最高裁判所大法廷判決(最大判昭和30・1・26刑集9・1・89)などである。しかしその後は，営業の自由については積極規制・消極規制二分論が判例上打ち出され，また*表現の自由'については内容的規制と内容中立的な時・場所・方法の規制とを区別する方向が示唆される(戸別訪問禁止合憲について，最判昭和56・6・15刑集35・4・205)。

公共法人 *法人税法'上の観念で，*法人税'を納める義務のない*法人'である〔法税4②〕。いかなる法人が公共法人に属するかは法律に具体的に列挙されている〔法税2⑤・別表1〕。*公庫'・*国立大学法人'・*公共組合'・*事業団'・*公社'・*独立行政法人'等が挙がっている。法律は公共法人の基準を必ずしも明記していないが，ほぼその共通性として考えられることは，イ 公共性の強い事業を行う法人で政府又は地方公共団体が行わなければならないような仕事を代行していると認められること，ロ 各事業年度の利益及び残余財産が特定の個人又は法人の利益において使われることがないこと，ハ その資本又は基金が国又は地方公共団体の拠出によっていることなどである。*所得税法'も，具体的に列挙しながら，公共法人については，それが支払を受ける利子等・配当等，給付補填金，利息，利益，差益，利益の分配について所得税を課さないものとしている〔所税11①・別表1〕。

公共用財産 *国有財産法'上の用語で，*行政財産'のうち，国において直接公共の用に供し，又は供するものと決定したものをいう〔国財3②②〕。*地方自治法'上の行政財産についても，同趣旨の概念を認めることができるが，法律の文言上「公共用財産」の語は用いられていない〔自治238④参照〕。公衆の共同の利用に供される点に特色がある。講学上の*公共用物'にほぼ相当し，公園・道路・河川などその例である。公共用財産には，例えば道路について*道路法'があるように，特別法で規律されるものが多い。公園又は広場として公共の用に供される公共用財産について，その用途を廃止し，変更し又は公共用財産以外の行政財産にしようとするときは，原則として，国会の議決が必要である〔国財13①〕。

公共用物 *公物'のうち，道路・河川・公園・港湾等のように，直接一般公衆の共同使用に供されるものをいう。*公用物'に対する観念で，公物の供用される目的の差異により，公物は，公共用物と公用物に区別される。公共用物は，その公共的性格が明瞭で，公物としての特色が顕著に認められ，その成立の手続においても公用物とは差異がみられる。*国有財産法'又は*地方自治法'にいう*公共用財産'はこれに相当する〔国財3②②，自治238④〕。

公共料金 国民の生活にとって必需的なサービスである等の理由で，国や地方公共団体等が，消費者が支払う料金や価格の水準の決定や改定に直接関わる場合があり，これらを総称して公共料金という。国会や政府(各省大臣等)が決定するものとして，社会保険診療報酬，介護報酬，国立学校授業料などがあり，*認可制度'・*届出'制度をとるものとしては，郵便料金，電気料金，都市ガス料金，鉄道運賃，乗合バス運賃，高速道路料金，国内航空運賃などがある(これらの一部のみ規制されていることが多い)。地方公共団体が決定するものとしては，公営水道料金，公立学校授業料，公衆浴場入浴料などがある。公共料金については，受益者負担の原則，総括原価方式等による公的規制が行われてきたが，近年，上に挙げた事業分野の多くで規制緩和がなされ，料金規制の多くは撤廃又は緩和されている。 ⇒規制緩和'

公金 国，地方公共団体がその目的を達成するための作用を行うにあたって用いる金銭をいい，*公の財産'の一部である。国の公金は*国庫金'ともいう。公金の管理・支出については，公金の性質上，憲法89条を始めとした個別の法令において，厳格な制度が設けられている。すなわち，国については*会計法'，*予算執行職

員等の責任に関する法律'等に所要の定めがされており、また、地方公共団体については、*地方自治法'2編9章に同様の定めがあるほか、特別な制度として、*住民監査請求'及び*住民訴訟'の規定〔自治242・242の2〕、私人の公金取扱いの制限及び職員の賠償責任についての規定が設けられている〔自治243・243の2の8〕。

拘　禁　⇨抑留・拘禁'

拘　禁　刑　刑法の規定する主刑の1つ〔刑9〕で、*自由刑'の一種(⇨刑')。令和4年の法改正によって、現行法制定時から維持されてきた懲役及び禁錮が廃止され、単一の拘禁刑が創設された。*刑事施設'に*拘置'し〔刑12②〕、改善更生を図るために必要な作業を行わせ、又は必要な指導を行うことができる〔刑12③〕。*刑務作業'は、従来のように、懲役と禁錮という刑の種類による形式的に振り分けられるのではなく、受刑者の改善更生及び円滑な社会復帰を推進する観点から、個々の受刑者の特性に応じて、刑務作業と指導を柔軟に組み合わせて配分されることになる。*刑事収容施設法'、更生保護法(平成19法88)等の関連行刑法もこの方向で同時に改正された〔刑事収容93、更生49①・65の3・88の2等〕。学説の中には、刑務作業と指導を、従来の懲役刑における刑務作業と同じく刑罰の内容として捉える見解も見られるが、法改正の趣旨及び歴史的経緯に鑑みれば、刑罰に付随する人道的・福祉的措置と解されることになる。⇨懲役'　⇨禁錮'

合　区　参議院議員選挙区選挙について、投票価値の平等に関する最高裁判所判決(最大判平成24・10・17民集66・10・3357、最大判平成26・11・26民集68・9・1363)を受け(⇨定数不均衡(訴訟)')、その是正のため、2つの都道府県の区域を1つの*選挙区'とする選挙区等の改正が行われたことをいう(平成27法60)〔公選別表第3〕。鳥取県・島根県、徳島県・高知県が合区の対象となったが、これらの県で低い投票率となったことなどから、その後の選挙制度見直しにおいて、人口減少県の民意を国政に届ける声も高まっていることを踏まえ、*比例代表'選挙において、定数増と併せ、*政党'等が優先的に*当選人'となるべき候補者を定めることができる制度(特定枠制度)が導入された(平成30法75)〔公選86の3①〕。

航 空 運 送　航空機により旅客・貨物の空中運送を行うこと。陸上運送又は*海上運送'に対するもので、運送する区域による区別である。わが商法は、航空運送については、航空法2条1項に規定する航空機による物品又は旅客の運送をいうと規定する〔商569④〕。国際航空運送については、「国際航空運送についてのある規則の統一に関する条約」(昭和28条17)(いわゆる*ワルソー条約')により、航空運送人の責任が定められていたが、時代の進展にあわせるべく3つの改正議定書が成立する等、その規制は複雑化していた。その状況を抜本的に改め、現代化を図る*モントリオール条約'が1999年に成立し、日本も加入したので、国際航空運送は、モントリオール条約の規制を受けることになる。航空運送事業に対する行政的監督は、航空法に定められている。

航空運送状　英 Air Waybill；略称 AWB　航空貨物運送において発行される書面又はこれに相当する記録〔航運約4〕。*モントリオール条約'では、*荷送人'が原本3通を発行するものとされているが〔航運約7〕、実際には航空会社、航空フォワーダー等の*運送人'が作成・交付する。航空フォワーダーによるものを、特にHouse AWBという。運送契約の締結、貨物の引受け及び運送の条件に関する記載につき、推定的証拠力(⇨証明力')が与えられるものの〔航運約11〕、受戻証券性、提示証券性、譲渡可能性等の*有価証券'としての性質は認められない。実務では、国際航空運送協会(IATA)作成の統一書式と裏面約款〔IATA 決議600b〕が広く普及している。国内の航空運送においては、貨物運送状と呼ばれる。　⇨海上運送状'　⇨船荷証券'　⇨送り状'

航空機抵当　航空機抵当法に基づき、航空機に*抵当権'を設定する制度、又は、設定された抵当権のことをいう。*動産'の*占有'を担保権者に移転せずに、当該動産に担保権を設定することができる*動産抵当'の一種。飛行機及び回転翼航空機で航空法2章の規定による登録を受けた航空機は、抵当権の目的とすることができる〔航抵3〕。抵当権の得喪及び変更についての*対抗要件'は、航空機登録原簿に国土交通大臣が行う登録を受けることにより備える〔航抵5〕。

航空機の強取等の処罰に関する法律　**1 意義**　昭和45年法律68号。いわゆる*ハイジャック'行為に対処するための法律。昭和45年3月31日に起きた「よど号ハイジャック事件」を契機とするものであるが、「航空機の不法な奪取の防止に関する条約」(昭和46条19)の要請に対応する目的をも有するものである。航空機に対する強盗の加重類型という形式をとるが、罪質としては、むしろ「航空の危険を生じさせる行為等の処罰に関する法律」とともに、多数人

こうくうき

の生命，身体，自由等を保護法益とする*公共危険罪*である。

2 犯罪類型　*暴行*若しくは*脅迫*を用い，又はその他の方法により人を抵抗不能の状態に陥れて，航行中の航空機を強取し，又はほしいままにその運航を支配した者は，無期又は7年以上の拘禁刑に処せられる〔航空強取1〕。航空機強取は強盗の加重類型であるため*不法領得の意思*を必要とするが，ハイジャック行為には，単に指定地点まで航行させることのみを目的とし，航空機について不法領得の意思を欠く場合もあるため，後段の運航支配罪が設けられている。これらの罪は，機内にいる犯人が実行する場合のみでなく，機外から威嚇発砲などの強制力を及ぼして航空機を支配し強制着陸させる場合なども含んでいる。未遂，予備を罰する〔航空強取1②・3〕。1条の罪を犯し，よって人を死亡させた者は，死刑又は無期拘禁刑に処せられる〔航空強取2〕。*偽計*又は*威力*を用いて航行中の航空機の針路を変更させ，その他その正常な運航を阻害した者は，1年以上10年以下の拘禁刑に処せられる〔航空強取4〕。

航空協定　民間航空輸送に関して二国間で締結される条約の総称。世界で5000近くあるとされ，最も数の多い二国間条約である。日本は60の協定を締結している。国際民間航空条約〔昭和28条21〕は空域の基本原則と航空の安全について規定するが（⇒国際民間航空機関），国際民間航空輸送の経済的側面は航空協定によって規律されている。*世界貿易機関*のサービス貿易一般協定（GATS）の航空運送サービスに関する附属書でも航空輸送の中心をなす運輸権についてはGATSは適用されないと規定する。航空協定は輸送力条項に応じて，イ 輸送力事後審査型の協定，ロ 輸送力事前決定型の協定，ハ 輸送力自由決定型の協定に大別される。イは第二次大戦後最初の航空協定である1946年の米英航空協定（バミューダⅠ）をモデルとし，1952年の「日本国とアメリカ合衆国との間の民間航空運送協定」〔昭和28条19〕（日米航空協定）もこれに該当する。途上国が締結してきた協定はロが多い。ハはオープンスカイ協定と呼ばれ，アメリカは1990年代から同協定の締結を各国に求め，日本も2010年にオープンスカイ協定の了解覚書をアメリカと締結した。

公契約関係競売等妨害罪　偽計又は威力を用いて，公の競売又は入札で契約を締結するためのものの公正を害するような行為をする罪〔刑96の6①〕。3年以下の拘禁刑若しくは250万円以下の罰金又はその併科に処せられる。例えば，公共工事の入札において特定の入札予定者に予定価格を漏らす行為は本罪の偽計にあたる。偽計又は威力を用いて公の競売又は入札の公正を害する行為は，競売等妨害罪〔刑旧（平成23年改正前の）96の3①〕として処罰されていたが，平成23年改正（法74）によって，本罪と強制執行関係売却妨害罪〔刑96の4〕に別して規定された。　⇒強制執行妨害罪

攻撃防御方法　民事訴訟において，当事者が*本案*の*申立て*を理由付けるためにする事実上・法律上の*陳述*及び*証拠*の申出〔民訴45①・63・156・157・245等〕。原告（又は申立人）側の提出するのが攻撃方法，被告（又は被申立人）側の提出するのが防御方法である。*訴訟上の請求*を理由付ける事実の*主張*・*再抗弁*などが前者に属し，請求を理由付ける事実の*否認*・*抗弁*などが後者に属する。攻撃防御方法の提出時期については，現行民事訴訟法は*適時提出主義*を原則とし〔民訴156〕，これに基づいて攻撃防御方法の提出について若干の制限を加えている〔民訴157・157の2・162・167・174・178・301等〕。

公　権　**1 意義と内容**　伝統的な見解によれば，国や地方公共団体のような統治主体と私人の関係を権利義務の関係と捉えた上で，国等が私人に対してもつ権利（例えば，収用権や租税徴収権など）を国家的公権，私人が国等に対して有する権利（*自由権*や受益的権利など）を個人的公権と呼ぶ用語法が見られた。

2 個人的公権の法的性質　公権や公義務は，私法関係における権利や義務とは異なる特質を有すると一般的に論じられた。伝統的な見解（公権論）は公権を私権と対比して説明することから明らかなように，公法と私法の二元論に立脚したものである。公権のうち，特に個人的公権は，民法上の権利とは異なり，放棄や相続ができないとか，差押えが禁止されている，自力執行権を有するなど，その特殊性が強調されてきた。しかし，公権論は実定法上の根拠に立脚して論じられたものではなく，そこで説かれた特殊性には現行法に適合しない内容が含まれている。したがって，現在では，公権論や公権といった概念は，行政法の教科書において，解釈論として有用な概念としては位置付けられていない。

後　見　**1 意義**　*制限能力者*の保護のための制度で，*未成年者*に*親権者*がいないか又は親権者が財産管理権をもたない場合に，未成年者を監護教育し又はその財産を管理するもの

〔民838①〕と，後見開始の審判があったときに，*成年被後見人'の生活，療養看護及び財産の管理に関する事務を行うもの〔民838②〕との2つがある(⇨成年後見')．

2 機関 後見の機関としては，執行機関である後見人のほか，後見人の監督機関として*後見監督人'及び*家庭裁判所'がある(後見人の選任については，*後見人'をみよ)．後見監督人は常置の機関ではないが，未成年後見の場合に最後に親権を行う者が*遺言'で指定すれば後見監督人が置かれる〔民848〕．必要があれば家庭裁判所がこれを選任することもある〔民849〕．

3 後見の内容 後見人は，被後見人の財産を管理し，財産に関する*法律行為'について被後見人を代表するが〔民859〕，*利益相反行為'は禁じられている〔民860・826〕．財産管理のため，後見人は被後見人の財産を調査し，*財産目録'を作成し〔民853〕，任務終了のときはその管理の計算をしなければならない〔民870〕．そのほか，被後見人が未成年者で親権者がないときは，親権者と同じ身上監護権(⇨親権')をもち〔民857〕，被後見人が成年者であるときは，その意思を尊重し，かつ，その心身の状態及び生活の状況に配慮しなければならない〔民858〕．

4 監督 後見人は後見監督人及び家庭裁判所の監督に服し〔民863〕，特に不動産及び重要財産の処分等については，後見監督人があるときはその同意が必要であり〔民864〕，また，成年後見人の行う居住用不動産の処分については，家庭裁判所の許可が必要である〔民859の3〕．そのほか，後見人との利益相反行為について，後見監督人がいないときは*特別代理人'が選任される〔民860・826〕．後見人に不正な行為や著しい不行跡その他後見の任務に適しない事由があるときは，家庭裁判所は審判でこれを解任することができる〔民846〕．

高　権　⇨統治権'

合憲解釈のアプローチ　法令の規定に複数の解釈が可能であるとき，憲法に合致した解釈をとる手法．広義に解釈すれば違憲となるが，狭義に解釈すれば合憲であるとき，後者の解釈が合憲限定解釈となる．合憲限定解釈をとれば，*過度の広汎性のゆえに無効の理論'が適用される可能性の法令を救済することになる．政治部門との無用な軋轢(あつれき)を回避するために有効な手法だが，逆に解釈による実質的な法改正につながるため日本国憲法41条に抵触するおそれがある．公務員の労働基本権制限立法について，最高裁判所は，*全逓東京中郵事件'においてこの手法を用いたが，*全農林警職法事件'に

おいてこれを否定した．そのほかに，*運用違憲'の方法もこのアプローチに属する．

後見監督人　*後見人'を監督する機関で，最後に親権を行う者が*遺言'で後見監督人を指定した場合(指定後見監督人)〔民848〕のほかは，必要に応じ，家庭裁判所が，被後見人，その*親族'若しくは後見人の請求により又は職権で，これを選任することができる(選定後見監督人)〔民849〕．後見人の場合よりも更に厳しい欠格事由がある〔民852・847・850〕．その職務権限は，後見人の事務の監督，後見人が欠けた場合に後任者を就任させる手続をとること，急迫の場合に必要な処分をすること，及び後見人の*利益相反行為'につき被後見人を代表することである〔民851〕．

黄犬契約　yellow-dog contract 英の和訳．*労働組合'に加入しないこと，又は労働組合から脱退することを雇用条件とする契約．典型的な反組合的行為の1つ．日本の*労働組合法'は，これを*不当労働行為'として禁止している〔労組7①〕．

合憲限定解釈　⇨合憲解釈のアプローチ'
合憲性の推定　*国会'の制定した法律には一応の正当性が認められ，裁判所がそれを違憲とするにあたっては慎重に対処しなければならないという理念を，法律家に理解しやすい言葉で表明したもの．ここでいう「推定」は，訴訟法理論上の厳密な意味での*事実認定'及び*挙証責任'とは無関係の*憲法訴訟'独自の概念である．そこでは，*二重の基準'と結合させて，経済的自由権の規制立法に関しては，その違憲を主張する私人の側が違憲とするに足りる説得的な根拠を提出しなければならないが，精神的自由権の規制立法に関しては，公権力の側が合憲とするに足りる説得的な根拠を提出しなければならないと説かれている(⇨経済的自由権・精神的自由権'　⇨立法事実')．いずれにしても，これは*法律問題'であり，最終的には裁判官の判断に委ねられる．通説は憲法訴訟論の基本的準則とするが，判例は上記の意味での二重の基準論は採用していない．

公権的解釈　⇨法の解釈'
後見登記　保佐及び補助を含む*成年後見'に関する登記及び*任意後見契約'登記〔後見登1以下〕．プライバシー保護の観点から，戸籍とは別個の登記制度となっている．後見等の開始の審判，任意後見契約の存在・発効(任意後見監督人の選任)等が記録される．*登記事項証明書'の交付を請求できるのは，本人(*成年被後見人'等)，成年後見人等，本人の*配偶者'又

こうけんに

は4親等内の親族及びその代理人に限られる。また、後見登記等ファイルに記録がないときは、その旨の登記事項証明書が交付される。

後見人 後見の事務〔民853～869〕を行う者。*未成年者'の後見人は、*親権'を行う者がない場合には、未成年者の身上監護〔民857〕と財産管理〔民859〕を行い、親権者が財産管理権をもたない場合〔民835〕には、未成年者の財産管理だけを行う。また、後見開始の審判がなされた者の後見人は、*成年被後見人'の財産管理などを行う。未成年後見の場合には、最後に親権を行う者が*遺言'で後見人を指定することができるが(指定後見人)、その指定がないとき又は*成年後見'の場合には、家庭裁判所は被後見人、その親族その他の利害関係人の請求により又は職権で後見人を選任する(選定後見人)〔民839～841・843〕。一定の欠格事由がある者は後見人になれない〔民847〕。後見人は、*後見監督人'及び家庭裁判所の監督に服する〔民863〕ほか、不正な行為、著しい不行跡その他後見の任務に適しない事由があると、家庭裁判所によって解任される〔民846〕。 ⇨後見'

公健法 ⇨公害健康被害の補償等に関する法律'

公権力 国家ないし公共団体が私人に対して命令し強制する権限(ないし権能)をいう。大陸法系の公法学において、公権論や*公法・私法'の区別論で重要な役割を演じた。現行法上は、一方で*行政手続法'2条2号、*行政不服審査法'1条、*行政事件訴訟法'3条に、また、他方では*国家賠償法'1条に、それぞれ「公権力の行使」という表現で用いられている。前者は主として行政処分に限定されるが、後者には*行政指導'や国公立の学校教育等の非権力的行政作用が含まれると解するのが通例である。

公権力行使等地方公務員 ⇨当然の法理'

公庫 国家の経済・社会政策を実現するために設けられた特別の組織形態。政府の全額出資になる*特殊法人'で、資金の貸付けや債務の保証業務を業務内容とし、民間の金融機関の行う金融業務を補完している。現在公庫の名称をもつものは、沖縄振興開発金融公庫、日本政策金融公庫のみである。沖縄振興開発金融公庫の組織運営は理事長中心主義であり、理事長が公庫を代表し業務を総理するが、主務大臣の監督を受ける。役員として理事長のほか、副理事長、理事及び監事が置かれる。他方、日本政策金融公庫は*株式会社'形態をとり、*取締役会'が置かれるが、主務大臣の監督は受ける。いずれの公庫の場合も、役員及び職員は、刑法及びその他の罰則の適用については、法令により公務に従事する職員とみなされる。 ⇨金庫' ⇨公社'

公告 ある事項を広く一般に知らせることを意味するが、その目的・効果・方法は法律によってまちまちである。イ 目的：利害関係人が広範囲又は不特定であるとき、これらの者に対して権利行使又は異議申出の機会を与えるためのものであることが最も多い〔民240・927、会社499、民執規55・115等〕が、単に一定の事項を社会に公示するためのもの〔商法24の2②、収用23等〕、所在不明者に対する通知手段とするためのもの〔民訴規4③等〕などもある。ロ 効果：公告に対して適当な手続をとらない場合に失権等の不利益を被らせるものが多いが、*公示方法'の意味をもつものもある〔企業担保27①参照〕。ハ 方法：官報への掲載を要求するもの〔会社449②、破10①等、なお、刑訴499①〕、裁判所・市町村役場の掲示板への掲示〔民執規4①・36②等〕、一定の公報への掲載〔特許66③等〕がある。 ⇨会社の公告' ⇨電子公告'

抗告 I 民事訴訟法 **1 意義** 判決以外の裁判である決定及び命令に対する*上訴'方法(⇨判決・決定・命令)。*終局判決'に対する上訴である*控訴'・*上告'に対する。中間的な裁判である決定・命令は、終局判決に対する上訴の中で判断を受ける〔民訴283〕が、本案との関係が密接ではない派生的な事項に関する争いについて早急に決着をつけることが妥当な場合、及び終局判決に対する上訴では争う機会がない場合に、これらの決定・命令に対する独立した簡易な上訴手続を認めるものである。*非訟事件'における終局的な決定に対する上訴も抗告によることになる〔非訟66、家事85〕。

2 種類 不服申立て期間の有無によって*通常抗告'と*即時抗告'、*審級'を基準として最初の抗告と*再抗告'とに区別される。*特別抗告'は確定後の不服申立てで、本来の上訴ではない。また、原裁判所たる高等裁判所の許可に基づく最高裁判所に対する抗告として、*許可抗告'がある。

3 手続 抗告は、法律が認めた場合に限り、不服ある決定・命令に対して許される〔民訴328等〕。ただし、一般的には抗告が許される場合であっても、不服申立てが禁止されている裁判、抗告以外の不服申立てが認められている裁判、最高裁判所・高等裁判所の裁判に対しては認められない。もっとも、高等裁判所の決定・命令に対する許可抗告〔民訴337〕は別である。抗告は、口頭又は書面で、原裁判所に提起する〔民訴

331，民訴規1)。原裁判所は*再度の考案'をすることができる〔民訴333〕。抗告審の手続は，決定手続によるが，その他*控訴審'及び*上告審'の手続の規定が一般的に準用される〔民訴331〕。

Ⅱ 刑事訴訟法上，裁判所の決定に対する上訴。 **1 種類** 最高裁判所に対する申立てである*特別抗告'と，それ以外の*一般抗告'とに分かれる。一般抗告の中には，申立期間が短く限られた*即時抗告'と，それ以外の*通常抗告'とがある。即時抗告の対象となる決定は，それぞれの根拠条文にその旨が明示されている〔刑訴419〕。通常抗告は，*勾留'・*保釈'・*押収'又は押収物の*還付'に関する決定及び*鑑定留置'に関する決定に対して申し立てることができるほか，*終局裁判'に対する上訴の中で適法性を争う機会がない性質の決定で即時抗告の対象にもされていないもの(例えば*付審判請求'を棄却する決定)に対して申し立てることができる〔刑訴419・420〕。高等裁判所の決定に対しては一般抗告はできないが，それに代えて*異議の申立て'が許される〔刑訴428〕。特別抗告は，他の不服申立手段のない決定・命令を対象とする。

［図：抗告の分類］

抗告 ─┬─ 一般抗告 ─┬─ 通常抗告
　　　└─ 特別抗告　└─ 即時抗告

2 手続と裁判 抗告をするには，申立書を原裁判所に提出する。原裁判所は，抗告に理由があると認めるときは原決定を更正する。それ以外の場合は，申立てから3日以内に，申立書に意見書を添えて抗告裁判所に送る〔刑訴423〕。即時抗告以外の抗告は，原裁判の執行を停止する効力をもたないが，原裁判所又は抗告裁判所は，決定で原裁判の執行を停止することができる〔刑訴424〕。抗告が無効又は理由がないときは，決定で棄却される。抗告に理由があるときは，決定で原裁判を取り消し，必要があれば更に裁判をする〔刑訴426〕。抗告裁判所の決定に対しては，一般抗告(*再抗告')はできない〔刑訴427〕。 ⇒準抗告'

Ⅲ *少年審判'における*保護処分'の決定に対しては，少年の側から抗告の申立てができる〔少32〕。なお，検察官関与事件では，検察官は一定の理由で抗告受理の申立てができる〔少32の4〕。

抗告訴訟 **1 意義** *行政事件訴訟法'が定める*行政事件訴訟'の類型〔行訴2〕の1つで，*行政庁'の*公権力'の行使に関する不服の訴訟をいう〔行訴3①〕。かつては，*処分'又は*裁決'の*取消訴訟'だけを指す意味で用いられていたが，昭和37年制定の行政事件訴訟法(法139)は，取消訴訟に限らず，行政庁の公権力の行使又は不行使から生じる違法状態を除去し，権利利益の違法な侵害を排除することを目的とする一切の訴訟を抗告訴訟とする。行政事件訴訟の類型中，最も主要なものである。

2 種類 行政事件訴訟法は，抗告訴訟の具体的形式として，*処分の取消しの訴え'・*裁決の取消しの訴え'・*無効等確認の訴え'・*不作為の違法確認の訴え'・義務付けの訴え(⇒義務付け訴訟')・差止めの訴え(⇒差止訴訟')の6種を挙げる〔行訴3②〜⑦〕。このうち，義務付けの訴えと差止めの訴えは，平成16年の行政事件訴訟法改正(法84)により追加された。なお，同法は，抗告訴訟をこの6種(法定抗告訴訟)に限定する趣旨ではない。これら以外の形態の訴えでも，行政庁の公権力の行使に関する不服の訴えに該当するものであれば，抗告訴訟として成立する可能性がある。法定抗告訴訟以外の抗告訴訟は*無名抗告訴訟'(あるいは法定外抗告訴訟)というが，具体的にどのような訴えが適法とされるかは，判例・学説の発展に委ねられている。

交互計算 **1 意義** *商人'間又は商人・非商人間に平常取引をする場合に，一定の期間内の取引から生ずる債権債務の総額につき*相殺(さうさい)'をし，その残額を支払うことを約する契約〔商529〕。運送業者間，銀行間，銀行・顧客間等，相互に債権債務関係が発生するような場合に，取引のつど支払をすることは煩雑であり，特に隔地者間の場合には送金の手数・費用・危険などの不利益も少なくないので，このような不利益を避け，資金の無用な固定化を避けるために創造された技術的制度である。

2 期間・計算に組み入れられる債権 交互計算期間は，当事者間で任意に定められるが，特約がなければ6カ月であり〔商531〕，対象となる債権は，原則的に*金銭債権'に限られ，特約のない限り，取引上生ずる一切の金銭債権に及ぶ。

3 不可分の原則 交互計算期間中に当事者間の取引から生じた債権債務は，全て計算に組み入れられて独立性を失い，したがって，当事者は，各個の債権を行使したり，各別に譲渡・質入れ・*差押え'をすることができず，期間中，*時効'の進行・債務者遅滞(⇒履行遅滞')を生じない(交互計算不可分の原則)。ただし，*手形'その他の商業証券から生じた債権債務を交互計算に組み入れた場合に証券の債務者が弁済をしなかったときは，当事者は，その債務に関する項目を交互計算から除外できる〔商530〕。

4 残額債権 交互計算期間が満了したときは，債権債務の総額について一括相殺が行われ，残

こうごじん

額債権が確定・成立するが、これは当事者の一方が債権債務の各項目と差引残額を記載して提出した計算書の承認によって行われる（更改的効力）。計算上の錯誤・脱漏の場合を除いて、承認後は異議を述べることができない〔商532〕。

5 段階的交互計算 銀行取引で行われる債権発生のつど順次決済されて1つの残額債権に置き換える段階的交互計算・残額交互計算が商法上の交互計算の一種かどうかについては議論がある。*デリバティブ'取引などで用いられるオブリゲーション・ネッティングと呼ばれる取決めも、一種の段階的交互計算であると解する説がある。

交互尋問 *証人尋問'の方式の1つ。最初にその*証人'の取調べを申し出た当事者による*尋問'（*主尋問'）、次に相手方当事者による尋問（*反対尋問'）、再び主尋問をした当事者の尋問（*再主尋問'）、また相手方当事者の尋問（再反対尋問）…というように、当事者双方が交互に証人を尋問する方式。交叉（さ）尋問ともいう。*当事者主義'を証人尋問の方式にも反映させ、その主導権を裁判所でなく当事者に委ねるものである。

Ⅰ 日本では、昭和23年の*旧民事訴訟法'改正（法149）により、英米法に倣い、民事訴訟において交互尋問の方式が初めて採用された。現行法もこれを維持しており、その規律によれば、主尋問・反対尋問・再主尋問までは当事者の権利とされるが、再反対尋問以降の尋問には*裁判長'の許可を必要とする〔民訴202①、民訴規113①②〕。これらに基づく当事者による尋問の終了後に、裁判長が尋問（⇨補充尋問）を行う原則であるが、裁判長は、適当と認める場合には当事者の意見を聴いて尋問の順序を変更することができ〔民訴202②〕、更に必要と認めたときには、当事者による尋問の途中に介入して自ら証人を尋問することもできる〔民訴規113③〕（介入尋問）。尋問順序の変更につき、当事者は*異議'を述べることができ、異議に対しては裁判所が決定で裁判する〔民訴202③、民訴規117〕。

Ⅱ 刑事訴訟では、旧刑事訴訟法（大正11法75）が*職権主義'の訴訟手続を前提としていて当事者が交互尋問に習熟していなかったこと、全ての事件に*弁護人'がついているわけではないことから、現行刑事訴訟法は、原則として裁判長や裁判官がまず尋問し、次いで当事者が尋問する方式を規定した〔刑訴304①〕。しかし、同時に*起訴状一本主義'を採用したため、事前に捜査資料に接することができなくなった裁判所は、当事者から相当詳細な尋問事項書〔刑訴規106①〕が提出されても、的確な証人尋問は困難であるので、実際には交互尋問が早期に一般化した。そのため、昭和32年の刑事訴訟規則の改正（最高裁規1）により、交互尋問に関する詳細な規定が設けられた〔刑訴規199の2〜199の7〕。再主尋問までが当事者の権利とされ、それ以降の尋問は裁判長の許可による〔刑訴規199の2②〕。　⇨誘導尋問'

公　債 広義では、国又は地方公共団体の債務一般を意味することもあるが、通常は、狭義に、国又は地方公共団体の償還期限が年度を超える長期債務のうち、*消費貸借'による借入金でないもの、すなわち*有価証券'形態のものを指す意味で用いられる〔財4等〕。国のそれを*国債'といい、地方公共団体のそれを*地方債'というが、借入金を含んだ意味で地方債の語が用いられる例もある〔自治230、地財5等〕。なお、法令上、公債のうち有価証券としての国債又は地方債については、多くの場合、国債証券又は地方債証券の語が用いられる〔金商2①等〕が、公債証書の語を用いる例もある〔刑162①〕。

交際費等 交際費、接待費、機密費その他の費用で、法人が、得意先、仕入先その他事業に関係のある者に対する接待、供応、慰安、贈答等のために支出するものをいう〔租特61の4⑥〕。その支出を無制限に認めることは法人の濫費を増大させ、資本蓄積を阻害することにもなるので、資本金額が1億円を超える法人については接待飲食費の額の2分の1までしか*損金'算入を認めない等の規制を置いている〔租特61の4①〕。また、令和2年改正によって、資本金が100億円超の法人は、一切の損金算入が認められなくなった〔租特61の4〕。

口座管理機関 株主や社債権者等（加入者）が*株式'・*社債'等の振替を行うための口座を開設する者（証券会社や銀行等）。口座管理機関は振替口座簿に加入者の持株数などを記載し、上位機関である振替機関に設けた振替口座を通して振替を実行する。　⇨社債、株式等の振替に関する法律'　⇨口座振替機関'

工作物責任 **1 意義** 塀が崩れて通行人がけがをした場合のように、土地の工作物の設置又は保存の瑕疵（か）によって損害が生じた場合には、その工作物の占有者又は所有者が賠償しなければならない〔民717①〕。これを工作物責任という。占有者については損害発生を防止するのに必要な注意を払ったことが証明されると免責されるので*過失'の証明責任が転換された責任ということになる。占有者が責任を負わない場合には所有者が免責事項がない*無過失責

任'を負う。これは、*危険責任'の考え方に基礎付けられており、危険の多い工作物の所有者に特別重い責任を課したものだとされている。
2 適用 本条は、家屋・塀・橋・トンネル・ダム・ガスタンク・電柱・電線など、土地の工作物に関する事故に適用されるが、判例は、踏切の保安設備(最判昭和46・4・23民集25・3・351)や炭車の巻上げ用ワイヤロープ(最判昭和37・4・26民集16・4・975)のような、必ずしも建造物といえないような施設についても、これを土地の工作物と解して本条の適用範囲を拡張する傾向にある。なお、道路・河川その他の公の*営造物'については*国家賠償法'〔国賠2〕が適用される。
3 要件 土地の工作物で設置又は保存の瑕疵があって損害が発生することである。瑕疵とは、その物がその種類に応じて本来備えているべき性状や設備を欠いていること(安全性の欠如)であるが、設備の機能からみた安全性の欠如も含まれると解されている。

交叉(ξ)尋問 ⇨交互尋問'
口座振替機関 *株式'・*社債'等の振替業を行う者であり、証券保管振替機構、及び国債の振替を行う日本銀行が*振替機関'である。証券会社等は基準日(⇨株主名簿の基準日)における株主名や株式数などを振替機関に通知し、振替機関は発行会社に株主名や株式数を通知する(⇨総株主通知)。振替機関は権利者の権利移転を口座管理機関名義の振替口座簿上の振替により行う。 ⇨社債,株式等の振替に関する法律' ⇨口座管理機関'

交叉(ξ)申込み *申込み'に対応した*承諾'がされるのではなく、たまたま当事者双方が互いに内容の一致した申込みをすること。この場合でも当事者の意思は合致しているといえるから、民法に規定はないが、契約が成立すると解されている。契約成立の時期は最後の申込みが相手方に到達したときである〔民97①〕。

行 使 **1意義** 刑法148条から168条までの*偽造'罪の重要な要素をなす概念で、真正でないものを真正なものとして使用することをいう。偽造罪においては、行使の目的をもって種々の客体を偽造する行為(⇨目的犯')、あるいは偽造客体を行使する行為によって、犯罪が成立する。*印章'偽造罪では「使用」という言葉が用いられている場合もある〔刑164②・165②等〕が、その意味は行使と同じである。また、印章偽造罪では、偽造印章に限らず、他人の印章を無権限で行使する行為も処罰されている〔刑164〜168〕。全ての偽造罪を通じて、客体はそれ自体が他人に呈示されることが必要であり、単なる写しの呈示であったり、また、その内容を口頭で伝えたりするのでは足りない。なお、行使の相手方を限定すべきかについては、学説の対立がある。
2 偽造通貨・有価証券の行使 *通貨偽造罪'においては、真正な通貨として流通に置くことが必要であり、自己の資産状態に関して他人を欺くために偽造通貨をみせるだけの行為は行使とはいえない。これに対して、*有価証券偽造罪'においては、流通に置くことは必要でなく、偽造手形を示して割引を依頼する行為はもちろん、自己の管理する財産の浪費を隠蔽するため、偽造手形を他人に示す行為も行使に当たるというのが判例である(大判昭和13・12・6刑集17・907)。変造されたテレホンカードをカード式公衆電話機に挿入して使用する行為も行使に当たるとしたものもある(最決平成3・4・5刑集45・4・171)が、学説には反対も多い。通貨偽造罪・有価証券偽造罪においては、他人に交付する行使以前の行為も処罰される〔刑148②・149②・152・163〕。
3 偽造文書等の行使 *文書偽造罪'・印章偽造罪においては、客体が単に真正なものとして使用されれば足り、それは*文書・印章の本来の用法に従ったものである必要はないとされている。例えば、判例は、父親を満足させるため、偽造の卒業証書を父親に呈示するのも偽造文書行使罪に当たるとする(最決昭和42・3・30刑集21・2・447)。

公 示 一定の事柄を周知させるため、公衆が知ることのできる状態に置くこと。天皇が*詔書'によって行う総選挙の施行の公示〔憲7④, 公選31④⑤・32③〕のように、公の機関の発表について用いられる場合的、一般旅客定期航路事業者の運送約款・運賃等の公示〔海運9〕のように、公衆を対象とする事業等において私人が行う発表について用いられる場合がある。公示は、法令上義務付けられ、*法律効果'発生の要件とされるのが普通である。

合資会社 **1意義** *無限責任社員'と*有限責任社員'の2種類の社員から成る*持分会社'〔会社576③〕。無限責任社員は*合名会社'の社員と同様で、会社の債務について会社債権者に対して連帯して直接無限の責任を負う〔会社580①〕。他方,有限責任社員は会社債務について会社債権者に対して、連帯して直接責任を負うが、*出資'の価額を限度とする有限責任を負うにすぎない〔会社580②〕。社員は、原則として会社の業務執行権・代表権を有する〔会社590①・599①〕。業務執行権を有しない社員も*監視権'をもつが〔会社592〕、*競業避止義務'は

こうしきよ

負わない〔会社594①参照〕。有限責任社員が業務執行権を有しない場合には、経済的には、無限責任社員が経営する事業に有限責任社員が資本を提供し、事業から生ずる利益の分配にあずかるものであり、機能的には*匿名組合'〔商535〜542〕に類似し、沿革的にも共通の起源をもつとされる。合資会社は*社団法人'であるが、社員間の個人的信頼を基礎とするものであって人的会社に属する。

2 設立・出資 設立手続は合名会社と同様であるが、有限責任社員が存在するため、登記事項が異なっている〔会社913〕。つまり各社員の責任の有限・無限などを登記することが必要となる。

3 財産関係 無限責任社員の責任は、合名会社の社員のそれと同様である。有限責任社員は会社債務について会社債権者に対して、連帯して直接責任を負うが、会社に対する出資の価額を限度とする〔会社580②〕。なお、有限責任社員の出資は財産出資のみに限られる〔会社576①⑥括弧〕。出資の価額は、単に内部的出資義務であるのみならず、有限責任社員の会社に対する財産的参与の度合いを示すものであり、内部的出資・外部的責任の共通の限度をなし、一方の履行は他の負担をそれだけ軽減させる関係に立つ。責任の限度は出資の履行により減縮し〔会社580②括弧〕、責任に基づく弁済は出資の限度を軽減することになる。ただし、内部的に出資を減少することは自由であるが、出資を減少しても本店所在地におけるその登記以前の債務に関しては、従前の出資の価額による責任を負い〔会社583②〕、また利益額を超えて配当した額は責任限度額の計算にあたって加算する〔会社623②〕。

4 社員の変動 *定款'に別段の定めがある場合を除き、無限責任社員は、その個性が重視されるから、*持分の譲渡'には社員全員の承諾が必要である〔会社585①〕。有限責任社員も、その個性を全く無視することはできないが、業務執行権を有しない場合には、業務執行社員全員の同意によって持分を譲渡することができる〔会社585②〕。なお、社員の死亡は、定款に別段の定めがある場合を除き、*退社'事由とされる〔会社607①③②・608①〕。退社により、無限責任社員がいなくなると*合同会社'に、有限責任社員がいなくなると合名会社に、それぞれなる〔会社639〕。なお、合名会社・合同会社・*株式会社'との差異については、*会社'に掲げた〔表:会社の比較〕をみよ。

公私協働 ⇨行政法'

公式令 *明治憲法'の下で、法令及び予算の公布の方式や国書・条約批准書その他の天皇の文書による行為の様式の基準等を定めていた*勅令'(明治40勅6)。公文式(こうぶんしき)(明治19勅1)の廃止に伴って制定されたもの。公式令は、昭和22年(1947)5月2日限りで廃止され(政4)、現行憲法の下では、これに相当する法律は、制定されていない。なお、令和5年(2023)には「官報の発行に関する法律」が成立している。

公示催告 ⇨除権決定'

公示送達 所定の事項を、不特定多数の者が閲覧することができる状態に置く措置〔その具体的方法については民訴規46〕をとるとともに、当該事項が記載された書面を裁判所の掲示場に掲示し、又は裁判所に設置された電子計算機を通じて閲覧できる状態に置く措置をとることによってする送達方法〔民訴111〕。ここでいう所定の事項とは、書類の公示送達の場合には、*裁判所書記官'が*送達'すべき書類を保管し、いつでも受送達者に交付すべきことを、*電磁的記録'の公示送達の場合には、裁判所書記官が、いつでも受送達者に対して出力した書面を交付し、又は*電子情報処理組織による送達'をすべきことを指す。公示送達は、受送達者の住居所その他送達すべき場所が知れない場合(電子情報処理組織による送達ができる場合は除く)、付郵便送達〔民訴107〕(⇨書留郵便等に付する送達')ができない場合、外国においてすべき書類の送達について*嘱託送達'〔民訴108〕をすることができない場合等に許される〔民訴110①〕。公示送達は、原則として、民事訴訟法111条の措置を開始した日から2週間(外国ですべき送達の場合は6週間)の経過により効力を生ずるが、同一当事者に対する2回目以降の公示送達は、措置の翌日に効力を生ずる〔民訴112〕。刑事訴訟法は公示送達を認めていない〔刑訴54〕。

皇 室 **1 意義** *天皇'と*皇族'をまとめて呼ぶ総称〔憲8・88〕。*明治憲法'下では、天皇を中心として、天皇・皇族の全体が一種の「家」をなし、皇族は、家長である天皇の監督の下に立っていた。しかし、現行憲法の下では、このような法的制度はとられていない。

2 憲法上の原則 明治憲法の下では、皇室に関する事柄は、皇室自ら処理し、議会は、これに関与することができなかった(俗に皇室自律主義と呼ばれた)。これに対して現行憲法は、皇室に関する事柄については、国会が関与できることとした。すなわち、*皇室典範'は、国会の制定する法律であり〔憲2〕、皇室に関するその他の重要な事柄も法律で定めることとなった。また、皇室関係の経済については、国会の関

与・統制の下に置かれている。すなわち、憲法8条は、皇室への財産の授受等は国会の議決に基づかなければならないと定め、また、88条は、「すべて皇室の費用は、予算に計上して国会の議決を経なければならない」と規定している。皇室に関する国家事務(明治憲法の下では、宮務と呼ばれ、政府の所管の外に置かれていた)は、内閣府に置かれている宮内庁がつかさどる。また、皇室関係の重要事項を審議するため、*皇室会議'〔典28～37〕及び*皇室経済会議'〔皇経8～11〕が置かれている。

皇室会議 *皇室'に関する重要な事項の決定にあたる合議制の国の機関。*皇室典範'によって設けられている〔典28～37〕。議員10人(皇族2人、衆議院・参議院の議長・副議長、内閣総理大臣、宮内庁長官、最高裁判所の長官・裁判官1人)で組織され〔典28②〕、内閣総理大臣である議員が議長となる〔典29〕。皇位継承の順序の変更〔典3〕、立后及び皇族男子の婚姻〔典10〕、皇族の身分の離脱〔典11・13・14②〕、*摂政'の設置〔典16②〕・順序の変更〔典18〕・廃止〔典20〕等を決定する権限を与えられている機関で、単なる諮問機関ではない。なお、皇室経済の関係については、別に*皇室経済会議'が設けられている。

皇室経済会議 皇室経済に関する重要な事項の審議にあたる合議制の国の機関。皇室経済法によって設けられている〔皇経8～11〕。皇室経済会議は、議員8人(衆議院・参議院の議長・副議長、内閣総理大臣、財務大臣、宮内庁長官、会計検査院長)で組織され〔皇経8〕、内閣総理大臣である議員が議長となる〔皇経11①〕。皇室経済会議は、*皇族'が独立の生計を営むことの認定〔皇経6②〕、皇族がその身分を離れる際に支出する一時金額による*皇族費'の金額の決定〔皇経6⑦〕、*内廷費'・皇族費の定額の変更の必要を認める旨の意見の提出〔皇経4③・6⑨〕を主要な職務としている。なお、皇室の経済以外の重要な事項に関与する機関としては、別に*皇室会議'がある。

皇室典範 昭和22年法律3号。日本国憲法2条に基づいて制定された法律で、同年5月3日、憲法と同時に施行された。*皇位継承'〔典1章〕、*皇族'〔典2章〕、*摂政'〔典3章〕、成年・敬称・*即位'の礼・大喪の礼・皇統譜・陵墓〔典4章〕、*皇室会議'〔典5章〕について規定している。*明治憲法'時代の皇室典範(明治22勅定、昭和22廃止)は、明治憲法と並ぶ形式的効力をもつ法典で、その改正は、皇室の家長である*天皇'が自ら行い、帝国議会は、関与できないものとされていた〔明憲74①〕。しかし日本国憲法下の皇室典範は、名称が憲法で定められている点を別にすると、通常の法律と別に異なるところはなく、国会は、自由にこれを改正することができる。平成天皇の退位と今上天皇の即位については、皇位継承原因を天皇の崩御とする皇室典範4条を改正するのではなく、その特例を定める「天皇の退位等に関する皇室典範特例法」(平成29法63)が制定された。なお、皇室関係の経済の基準については、皇室典範とは別に、皇室経済法がある。

皇室費 国の*予算'に計上する*皇室'の費用をいう。全て皇室の費用は、予算に計上して国会の議決を経なければならない〔憲88〕。ちなみに、*明治憲法'の下では、皇室の経費は、「現在ノ定額ニ依(よ)リ毎年国庫ヨリ之(これ)ヲ支出シ将来増額ヲ要スル場合ヲ除ク外帝国議会ノ協賛ヲ要セス」とされていた〔明憲66〕。現行憲法の下では、皇室費に関する事項は、皇室経済法に定められている。皇室費は、*内廷費'・*宮廷費'・*皇族費'に分かれる〔皇経3〕。これらの皇室費は毎年支出されるが、皇族費の中には、一時金額を支出されるものもある〔皇経4～6〕。

皇室用財産 *国有財産法'にいう*行政財産'の一種で、「国に於て皇室の用に供し、又は供するものと決定したもの」をいう〔国財3②③〕。*明治憲法'下で天皇及び皇族の所有していた膨大な財産を皇室財産といい、これには、身の回りの品・愛用品などのほかに、御料地、株券などの収入源たる財産、皇室の使用する財産が含まれていたが、公産・私産の区別はなかった。現行憲法の施行とともに、純然たる私産を除く皇室財産は全て、「国に属する」とされ〔憲88〕、このうち、憲法・皇室経済法施行の際に現に皇室の使用していたもの〔皇経附②〕を中心に、皇室の用に供されるものを皇室用財産として、*国有財産'に編入された他の皇室財産と区別することになった。皇居・東宮御所・御用邸・陵墓・離宮・正倉院などが、ここにいう皇室用財産に当たる。「皇室用財産とする目的で寄附若しくは交換により財産を取得し、又は皇室用財産以外の国有財産を皇室用財産としようとするとき」は、原則として国会の議決を経なければならない〔国財13②〕。

公示による意思表示 相手方のある*意思表示'をする者が、その相手方が誰であるか、又は相手方の所在がどこであるかを知ることができない場合に有効な意思表示をする便法として民法の認めた制度。*公示送達'に関する規定に従い、裁判所の掲示場に掲示し、掲示した旨を

こうじのげ

官報に掲載して行う。意思表示は、最後に掲載をした日から2週間を経過した時に相手方に到達したものとみなされる〔民98〕。

公示の原則　1 意義　*物権'などの排他的な権利の変動は、外部から認識できる方法(*公示方法')を伴わなければならないとする原則。その趣旨は、権利変動を知らない*第三者'が、それ以前の権利関係を前提として取引を行うことを防ぐことにある。

2 不動産物権変動の公示　*不動産'物権変動については*登記'〔民177〕が公示方法である。しかし、*物権変動'に際して、その*公示'が義務付けられているわけではない。日本法においては、登記が、不動産物権変動を第三者に対抗するための要件(*対抗要件')として位置付けられており、物権変動の当事者には、対抗要件すなわち公示方法を備えようとするインセンティブが働く。このインセンティブによって、公示の原則が支えられている。ただし、相続のように、当事者に*不動産登記'を備えるインセンティブが働かない場面があり、不動産物権変動の公示が不十分な状態となっていることから、2024年4月より、*相続登記'が義務化されている〔不登76の2〕。

3 動産物権変動の公示　*動産'物権変動については*引渡し'〔民178〕が公示方法であり、不動産と同様に対抗要件主義がとられている。動産債権譲渡特例法上の動産譲渡登記は、民法178条の引渡しとみなされる〔動産債権譲渡特3①〕。しかし、判例上、民法178条の引渡しには、*占有改定'〔民183〕のように外観上の変化を伴わないものも含まれるため、動産物権変動の公示は徹底されていない。このことによって第三者の取引の安全が害されることがないよう、動産については、*即時取得'〔民192〕の制度がある。なお、自動車、船舶、航空機等の一定の動産については、登記・登録が物権変動の対抗要件とされている。

4 債権譲渡の公示　*債権'は排他的な権利ではないが、一旦成立した債権の譲渡(⇨債権譲渡')その他の処分(質入れ等)については、二重に譲渡・処分することができないという意味において排他的である。そこで、*指名債権'の譲渡については、第三者の取引の安全を害することがないよう、*確定日付'のある*通知'又は*承諾'が第三者対抗要件とされている〔民467〕。ここでは、譲渡された債権の債務者が、インフォメーションセンターとして、権利変動の公示の役割を担っている。なお、動産債権譲渡特例法上の債権譲渡登記がされたときは、第三者との関係では、民法467条に規定された確定日付ある証書による通知があったものとみなされる〔動産債権譲渡特4①〕。

孔子廟(こうしびょう)訴訟　沖縄県那覇市の市長が市の管理する都市公園内に儒教の祖である孔子を祭った久米至聖廟なる施設を所有する一般社団法人久米崇聖会に対して同施設の敷地の使用料を全額免除した行為が憲法の*政教分離の原則'に違反するとして、市の住民である原告が地方自治法242条の2第1項3号に基づき、市長を相手取り、使用料の返還を請求しないことが違法に財産の管理を怠るものであることの確認を求めた*住民訴訟'。従来の政教分離訴訟の大部分が神社神道に関するものであったのに対して、儒教にかかわる訴訟である点に特徴がある。差戻し後の第一審判決(那覇地判平成30・4・13判自454・40)、第二審判決(福岡高那覇支部判平成31・4・18判自454・26)、上告審判決(最大判令和3・2・24民集75・2・29)は、いずれも本件免除を違憲無効と判断したが、下級審各判決が本件免除は憲法89条・20条1項後段に違反するとともに、20条3項にも違反するとしたのに対し、上告審判決は憲法20条3項違反をいうのみで、89条・20条1項後段違反の有無を判断する必要はないとした点が注目される。本件訴訟の*補助参加人'である久米崇聖会は一般社団法人であって宗教団体ではないが、その所有になる本件施設について上告審判決は、その宗教性を肯定し、本件免除は参加人が本件施設を利用した宗教的活動を行うことを容易にするものであるなどとして、憲法20条3項違反の判断を導いた。この判示は、概ね空知太(そらちぶと)神社事件判決の判断枠組みを踏襲するものであるが、本件訴訟は事案を異にするものであり、政教分離原則違反としたことが妥当であったかどうか議論を呼ぶものとなっている。

公示方法　*公示の原則'を実現するための手段。物権などの排他的な権利の変動について、外部から認識することを可能とする。不動産の*物権変動'の*公示'方法としては、*不動産登記'制度が設けられ、動産の物権変動の公示方法としては、*占有'の移転(*引渡し')が公示方法とされているとともに、公示方法として動産譲渡登記制度が設けられている。未登記*立木(りゅうぼく)'、未分離*果実'については、判例で*明認方法'が公示方法として認められている(大判大9・2・19民録26・142)。また、*債権譲渡'・質入れについては通知・承諾〔民467・364〕が公示方法であるとともに、公示方法として債権譲渡登記制度が設けられている。　⇨登記'

公示保全処分　⇨売却のための保全処分'

公社　国家的事業を営むために政府の全額出資で設立された*特殊法人'。かつて日本電信電話公社，日本専売公社及び日本国有鉄道の3公社が存在したが，昭和60年以降の*民営化'により，いずれも*特殊会社'に組織変更された。なお郵便事業は制度創設以来，国の独占で郵政省において実施されていたが，平成14年に日本郵政公社法(法97)が成立して公社化された。しかし，これも平成17年に郵政民営化法(法97)及び関連諸法律により民営化された。　⇨地方公社'

公社債　広く一般公衆に対する起債を指し，*国債'・*地方債'・特殊債(政府保証債・財投機関債など)・*社債'(金融債・転換社債型新株予約権付社債なども含む)などの総称。また，その債権を表章する*債券'である。広義の*公債'といえるが，通常，国・地方公共団体が発行する国債・地方債を公債(狭義の公債)と称し，社債をこれに対立させて理解しているため，これらを合わせて公社債という。

公衆送信権　著作物を公衆送信することに関する著作者の排他的権利〔著作23①〕。*著作権'の支分権の1つ。公衆送信とは，公衆によって直接受信されることを目的として無線通信又は有線電気通信の送信を行うことをいう〔著作2①7の2〕。具体的には，放送，有線放送，自動公衆送信から成る。放送とは，公衆によって同一の内容の送信が同時に受信されることを目的として行う無線通信の送信であり〔著作2①8〕，有線放送とは，公衆によって同一の内容の送信が同時に受信されることを目的として行う有線電気通信の送信である〔著作2①9の2〕。また，自動公衆送信とは，公衆からの求めに応じ自動的に行う送信(いわゆるインタラクティブ送信)で有線・無線の双方を含む〔著作2①9の4〕。自動公衆送信にあっては，送信を可能化する行為(⇨送信可能化権')も*著作権法'23条に定める公衆送信権に含まれる〔著作23①括弧〕。なお，インタラクティブ送信に関しては，昭和61年の著作権法改正(法64)で有線送信権が新設されたが，当時は無線のインタラクティブ送信というものが存在しなかったこともあり，無線によるものについては明文の規定は置かれず「放送」に含まれるものとして扱われ，公衆への送信に関する概念は極めて入り組んだ分かりにくいものとなっていた。公衆送信という概念は，その後の情報伝達技術の発達により，有線と無線を区別する合理性が失われたことに鑑み，平成9年改正(法86)により，新たに設けられた概念である。従来用いられてきた有線送信という用語は，昭和61年改正(法64)附則3項を除いて，もはや用いられないこととなった。

公衆訴追主義　⇨私人訴追主義'
口述権　⇨著作権'
合手的共有　⇨合有'

公序(国際私法上の)　**1 意義**　国際私法による*準拠法'の指定は，具体的な外国法の内容を考慮せず*連結点'を通じてされる。したがって，個々の事件において国際私法規定により指定された準拠外国法を適用すると，日本の*公序良俗'に反する結果が生じる場合が出てくる。このような場合に，その準拠外国法の適用を排除することを定めた規則が国際私法上の公序則である〔法適用42〕。公序法(仏 lois d'ordre public)，留保条項(条款)(独 Vorbehaltsklausel)などとも呼ばれる。*フランス民法'3条1項の公序及び安寧に関する規則はフランス領域内の全ての人を拘束すると定める立法形式もある。なお，*不法行為'の要件・効果〔法適用22〕のように，特定の事項につき内国法の適用を規定するものを特別留保条項という。　⇨公の秩序・善良の風俗'

2 公序則の発動基準　公序の内容については，特定の国の立場を離れた普遍的な立場で決定すべしとする説もあるが，日本の基準に基づく観念と解するのが通説である。民法90条又は92条に規定される公序よりは狭く，日本として譲歩できない中核の法観念であるとされる。また，適用対象は外国法の内容自体ではなく，その外国法の具体的事案への適用結果である。その結果，公序則を発動して準拠外国法を排除するか否かは，事案が内国とどの程度関係しているのかという内国関連性と，適用結果が日本法の適用結果とどの程度異なるかという異常性とを総合的に考慮して決定すべきものとされている。判例上，公序違反とされたものとして，離婚を禁止するフィリピン法の適用結果(東京地判昭和56・2・27判時1010・85)，養子を1名に限る中国法の適用結果(神戸家審平成7・5・10家月47・12・58)，日本での行為の差止等を命ずることになるアメリカ特許法の適用結果(最判平成14・9・26民集56・7・1551)などがある。

3 事後処理　公序則により外国法の適用が排除された後の処理について，判例上は日本法を適用するものが多い(最判昭和52・3・31民集31・2・365，最判昭和59・7・20民集38・8・1051)が，学説上は，適用結果を覆すという判断が既になされている以上，そのような補充をするまでもなく，事後処理についての結論は出ているとの見解が

こうしよう

公　証　特定の事実や法律関係の存否を公に証明する行為。具体的には，選挙人名簿への登録〔公選22〕や土地台帳への登録，各種証明書の発行などがある。かつては，行政行為の一種とする見解が有力であった。しかし，最高裁判所は，公証行為であっても，国民の権利義務を形成し，あるいはその範囲を確認する性質をもたないものは行政行為に当たらない旨を判示した〔最判昭和39・1・24民集18・1・113〕。公証された事項は，反証のない限り公の証拠力（⇨'証明力'）を持つ。

工場財団　⇨'工場抵当'

工場抵当　1 意義　工場抵当法に基づき，工場に属する*不動産*又は工場財団に*抵当権*を設定する制度，又は，設定された抵当権のことをいう。工場財団に抵当権が設定される場合は，*財団抵当*の一種であり，工場財団抵当ともいう。

2 財団を組成しない工場抵当　工場の所有者が工場に属する*土地*又は*建物*を目的として抵当権を設定する場合，その抵当権の効力は，土地又は建物に備え付けた機械，器具，その他工場の用に供する物（工場供用物）に及ぶ〔工抵2〕。工場供用物は，抵当権設定登記の際の登記事項とされており〔工抵3①〕，目録によって*公示*される〔工抵3②〕。

3 工場財団抵当　工場の所有者は，抵当権の目的とするため，1つ又は複数の工場について工場財団を組成することができる〔工抵8①〕。工場財団は，工場に属する土地及び工作物，機械・器具，*地上権*・賃借権等によって組成される〔工抵11〕。工場財団を組成するものは，工場財団設定の際の登記事項とされており〔工抵21①④〕，目録によって公示される〔工抵21②〕。

公証人　当事者等の嘱託により*法律行為*その他私権に関する事実について*公正証書*を作成し，また私署証書や*定款*などに*認証*を与える権限をもつ者〔公証1〕。公証人法がその任免・所属，監督・懲戒，職務内容等について規律している。法務大臣が任命し，法務局又は地方法務局に所属し〔公証10・11〕，法務大臣の監督下に置かれる〔公証74・81〕。執務は，公証人が所属する機関の管轄区域内に限られ，かつ，公証人役場で行われる〔公証17・18〕。

工場法　初期の労働保護立法は，人道的な見地から，工場で劣悪な条件で働く年少者や女性を保護するために設けられた工場法であった。工場法は，その実効性の確保を，工場監督制度によっている点に特徴がある。最初の工場法はイギリスで1802年に制定された。日本では明治44年（1911）に制定され〔法46〕，女性・年少者の最長労働時間の規制，一般職工の災害扶助制度，工場監督制度などが設けられた。第二次大戦後，*労働基準法*の制定に伴い廃止された。

公　職　公的な性格をもつ*職*の総称。各法令によって，その意味するところは同一でない。例えば*公職選挙法*における公職とは，衆議院議員，参議院議員，地方公共団体の議会の議員及び長の職をいう〔公選3〕。*国家公務員法*は，職員が公選による公職の候補者となることを禁止している〔国公102②〕が，公選による公職は，公職選挙法上の公職である〔人規⟨14-5⟩〕。また，「公職に関する就職禁止，退職等に関する勅令」（昭和22勅1。昭和27法94により廃止）における公職はその範囲が最も広く，「国会の議員，官庁の職員，地方公共団体の職員及び議会の議員並びに特定の会社，協会，報道機関その他の団体の特定の職員の職等」を指すものとしていた〔公職に関する就職禁止，退職等に関する勅令2〕（⇨'公職追放'）。

公職選挙法　昭和25年法律100号。1 意義　憲法は，公務員の選挙について，成年者による*普通選挙*〔憲15③〕・*平等選挙*〔憲14①・44〕・*秘密投票*〔憲15④〕を保障し，地方公共団体の機関の選挙は*直接選挙*によること〔憲93〕を定めているが，選挙区，投票の方法その他選挙に関する事項は法律によって定めることとしている〔憲47参照〕。これらの憲法の規定を受けて，*衆議院議員*，*参議院議員*並びに*地方公共団体の議会*の議員及び長の選挙について，その選挙権・被選挙権，選挙区，選挙人名簿，投票・開票の手続，選挙運動，争訟及び罰則等を定めたのがこの法律である。従来，選挙の種別ごとに別々の法律で規定していたのを，昭和25年に統一したもの。地方公共団体には，*普通地方公共団体*（都道府県・市町村）のほか*特別地方公共団体*も含まれ，したがって，*特別区*の議会の議員の選挙，*地方公共団体の組合*の選挙及び*財産区*の議会の議員の選挙等〔公選266〜268〕についても本法の適用がある。ただし，これらはいずれも*公選*によるものであって，公の選挙であっても，特別の地位にある者を選挙人とする選挙（例：衆参各議院の役員の選挙）には本法の適用はない。

2 準用　公職選挙法の規定は，その適用のない公務員の選挙，また，選挙以外の投票手続にも，技術的に適用することが望ましいものがあり，これらについて多かれ少なかれ準用されている。

前者の例としては、水害予防組合の組合会議員の選挙〔水害予防18〕等への準用があり、後者の例としては、最高裁判所裁判官の*国民審査'〔裁審〕、一の地方公共団体にだけ適用される特別法に対する住民の賛否の投票〔自治261・262〕、地方公共団体の議会の解散並びに地方公共団体の議会の議員及び長の解職の可否を決める*住民投票'〔自治76・80・81・85〕等への準用がある。

公職追放 第二次大戦後の占領政策の一環として、下記の覚書該当者を*公職'から排除した制度。昭和21年1月4日付連合国最高司令官覚書「好ましくない人物の公職よりの除去に関する覚書」及び「ある種の政党・協会・結社その他の団体の廃止に関する総司令部覚書」、同年10月22日付「教育制度運営の基本方針に関する総司令部覚書」及び同年10月30日付「教員及び教育関係官吏の調査・適格審査及び証明に関する総司令部覚書」等に基づく「就職禁止、退官、退職等ニ関スル件」(昭和21勅109)ほか一連の公職追放令が制定された。当初の勅令は、「公職に関する就職禁止、退職等に関する勅令」(昭和22勅1)により全部改正され、その適用を受けた被指定者は約20万人に達した。昭和26年6月以後、追放解除が行われ、昭和27年4月、対日平和条約発効とともに公職追放令も廃止され、覚書該当指定は全て効力を失った。

公職にある者等のあっせん行為による利得等の処罰に関する法律 平成12年法律130号。
1 意義 政治家等が公務員等に口利きをすることの見返りとして報酬を得ることを処罰する、いわゆる「あっせん利得罪」を創設した。あっせん利得処罰法と略称される。立法趣旨は、公職にある者の政治活動の廉潔性を保持し、これによって国民の信頼を得ることにあるとされている。刑法197条の4にはあっせん収賄罪が規定されているが、同罪は請託とあっせん先の公務員による不正な職務行為が成立要件とされ、処罰範囲は限定的である。これに対し、あっせん利得罪は、行為主体が政治家等に限定されるものの、あっせん先公務員の不正な職務行為が要件とされていない点に大きな特色がある。⇨あっせん収賄'
2 内容 1条は「衆議院議員、参議院議員又は地方公共団体の議会の議員若しくは長(以下「公職にある者」という。)が、国若しくは地方公共団体が締結する売買、貸借、請負その他の契約又は特定の者に対する行政庁の処分に関し、請託を受けて、その権限に基づく影響力を行使して公務員にその職務上の行為をさせるように、又はさせないようにあっせんをすること又はしたことにつき、その報酬として財産上の利益を収受したときは、3年以下の拘禁刑に処する」とし、「公職者あっせん利得罪」を規定している。また、2条は、国会議員の公設秘書〔国会132〕が議員の権限に基づく影響力を行使して同様の行為をする場合を2年以下の拘禁刑で処罰する「公設秘書あっせん利得罪」を規定していたが、平成14年の改正(法91)により私設秘書も含めることとされた。なお、公務員のほかに、国又は地方公共団体が資本金の2分の1以上を出資している法人(公団、公社、特殊法人、第三セクターなど)の役員・職員もあっせん行為の対象とされている〔あっせん利得1②・2②〕。いずれの罪も*国外犯'を罰する〔あっせん利得5〕。更に、収受した財産上の利益についての必要的*没収'・*追徴'が規定され〔あっせん利得3〕、また、*収賄罪'における*贈賄罪'に対応するものとして、財産上の利益を供与する行為(利益供与罪)を、1年以下の拘禁刑又は250万円以下の罰金に処する旨が規定されている〔あっせん利得4〕。

公職の候補者 *公職選挙法'による選挙(衆議院議員、参議院議員及び地方公共団体の議会の議員・長の選挙)において、*当選人'となるのに必要な資格。*被選挙権'をもつ者等が適法な届出をすることにより取得する〔公選86〜86の4、政資3④〕。候補者でない者に投じられた票は無効である〔公選68①②〕。⇨立候補'

公序良俗 ⇨公の秩序・善良の風俗'

更新 *契約'の存続期間が満了したときに、その契約を更に継続させること。当事者の契約によって更新をするのが通常であるが、法律の規定によって更新され(*法定更新')、あるいは更新を推定されることもある(黙示の更新〔民619〕)ことがある。特に、借地・借家関係では賃借人保護のために、賃借人から更新の請求があった場合には賃貸人は自分で使用するなどの*正当事由'がない限り更新を拒絶できないものとされ〔借地借家5①・6・26①・28、農地18〕、また賃借人から更新請求がなくても、一定の事情がある場合には当然に更新されるとする〔借地借家5②③・26②③、農地17〕(⇨借地借家法')。*口頭弁論の更新'、*公判手続の更新'、*時効の更新'、*自動更新(労働協約の)'については、それぞれをみよ。

更新権(弁論の) ⇨続審' ⇨控訴審手続'

公信の原則 **1 意義** 実際には権利が存在しないのに権利が存在すると思われるような外形的事実(*公示')がある場合に、その外形を信頼し、権利があると信じて取引をした者を保護

こうしんり

するために、その者のためにその権利が存在するものとみなす原則。例えば、他人の動産を単に*占有'するにすぎない者(借主)からその動産を買った者は、無権利者から買い受けたことになり、本来なら*所有権'を取得する余地はないのであるが、占有しているという外形を信頼し所有者と誤信して買ったときは、買主は完全に所有権を取得することができるというような場合である。*公示の原則'を更に一歩進めて、その公示に*公信力'を認め*善意'の*第三者'を保護しようとするものであり、公示の原則と並ぶ近代物権法における基本原則である。

2 公信の原則が認められる範囲 公信の原則は、真実の権利者の犠牲において認められるものであるから、真実の権利者と善意の第三者とのいずれをより保護するかによってその適用範囲も異なる。まず、最も問題となる*不動産登記'においては、ドイツ及びスイスでは*公信力が認められるが、日本では、フランス法と同じように、登記に公信力は認められない。したがって、登記上の権利者が真実の権利者と違っている場合に登記を信頼して取引をしても、原則として第三者は保護されない。ただし、判例は、一定の場合に、民法94条2項を類推適用することによって、不実登記を信頼した第三者を保護するに至っており〔最判昭和45・7・24民集24・7・1116等〕、不完全ではあるが、登記に一種の公信力を認めている。これに対し、動産については、その流動性に鑑み、その占有に公信力を認め、動産の占有者を所有者と誤信して取引した者は権利を即時に取得するものとし〔民192〜194〕(⇨即時取得')、更に、流動性が高く、第三者保護が一層要請される手形・小切手等の*有価証券'についてはより一層強い公信の原則が適用される〔民520の5・520の15・520の20,会社131②,手16②,小21〕。

公信力 *登記'・*占有'等の権利関係の存在を推断させる外形的事実はあるが、真実にはこれに相応する権利関係が存在しない場合に、その外形を信頼して取引をした者に対し、真実に権利関係が存在した場合と同様に権利取得を認める効力。民法は、*動産の占有には公信力を認め、所有権者でない単なる占有者を所有者と信じて取引をした者について*即時取得'の制度を認めているが〔民192〜194〕、*不動産'の登記には公信力を認めていないので、不実登記を信頼して取引をしても、原則として*第三者'は保護されない。 ⇨公信の原則'

公 水 河川や運河の流水のように、公の目的に供用される水。公共的利用を確保し、公共的統制を行う必要があるところから、公法的規制に服する点で、私水とは区別される。自家用井水・泉水のように、特定の場所に停滞して他に流出しないものは、私水として専ら民法の原則による。公水については、*公物'として管理され、私人の独占的排他的利用は制限される。*河川法'においては、河川の流水について、私権の成立を否定し、流水を占用する場合には、河川管理者の占用許可を必要としている〔河2②・23〕。 ⇨水法'

更正・決定 *申告納税方式'による*国税'について、納税申告義務違反がある場合に税務署長が租税法律に従って正しく*納税義務'を確定するために行う課税処分。納税申告義務違反が過少申告又は過大申告である場合に行われるのが更正であり〔税通24〕、無申告である場合に行われるのが決定である〔税通25〕。過少申告に対する更正を増額更正といい、過大申告に対する更正を減額更正という。更正・決定には原則として法定申告期限から5年の除斥期間が定められており〔税通70①Ⅰ・71①〕、その期間内であれば、一旦された更正・決定に過誤があるときは繰り返し更正をすることが認められている〔税通26〕。その更正を*再更正'という。 ⇨納税申告' ⇨推計課税' ⇨賦課決定'

更生会社 更生裁判所〔会更2④〕に更生事件〔会更2③〕が係属している*株式会社'であって、会社更生手続開始の決定がされたものである〔会更2⑦〕。開始決定前は、開始前会社と呼ばれる〔会更2⑥〕。

更生管財人 *会社更生手続'において、会社の事業の経営や財産の管理処分〔会更72①〕、更生計画の作成〔会更184①〕・遂行〔会更209〕等を行う機関である〔会更67〜82〕。破産手続における*破産管財人'に対応する。裁判所により選任され〔会更42・67〕、役員等責任の査定の申立て〔会更99・100〕、*否認権'の行使〔会更95①〕、*更生債権'等の調査及び確定への関与〔会更145・146・151等〕、会社の財産関係の訴訟の追行〔会更74〕等をなしうる。

公正競争規約 ⇨景品表示法'
更生計画 ⇨会社更生手続'
更正決定 ⇨判決の更正'

更正権 *訴訟代理人'が*口頭弁論'でした事実に関する*陳述'を当事者が取消し又は訂正できる権能〔民訴57〕。「当事者の更正権」ともいう。遅滞なく行使することが必要である。法律の専門家として委任した訴訟代理人の法律上の陳述については、当事者は更正できない。*補佐人'が口頭弁論でした法律上・事実上の陳

述を当事者又は訴訟代理人が取り消し又は訂正できる〔民訴60③〕のと異なる。

硬性憲法　通常の法律の改正手続よりも丁重な手続によらなければ改正できない*成文憲法'。*軟性憲法'に対する語で，この区別はブライス(James Bryce, 1838〜1922)によって指摘された。成文憲法では，それが定める政治的諸原理を固定化したいという要請をもつから，いきおい*憲法改正'に対して厳格な態度をとる。そのため近代諸国の憲法は，原則として硬性憲法である。硬性憲法は，安易な政策的考慮で軽率に改正できないという効果をもつが，その反面，改正手続をあまり難しくすると，将来の国民の意思に即応できないという欠陥をもつことになり，かえって憲法無視を招くことになりかねない。日本国憲法も硬性憲法である〔憲96①〕。なお，「憲法」に掲げた〔表：憲法の分類〕をみよ。

合成行為　多数人の*意思表示'が集まって1個の意思が形成され，その意思によってなされる行為。選挙，*直接請求'，合議体の議決等がその例。多数の意思表示を構成要素とするが，個々の意思表示がそれ自体として独立の存在をもたない点で，*合同行為'と異なる。合成行為が有効に成立するためには，一定数の投票，署名，同意等，法定の形式による法定数の意思の合致が必要とされるのが通例である。

公正衡平待遇　*投資保護協定'に規定される投資受入国の義務の一種。投資受入国が協定締約国である投資本国から受け入れた投資家の投資資産について，「公正かつ衡平な(英 fair and equitable)」待遇を与えなければならないことを義務付ける。何が「公正かつ衡平な」待遇に当たるかについては，*国際慣習法'上国家が外国人に供与しなければならない最低基準を指すという立場と，国際慣習法上の最低基準以上の待遇を含むという立場がある。いずれの立場をとるかは個々の投資保護協定の規定に照らして判断されることになる。前者の場合，恣意的で不公正な受入国の行為や法の適正な手続の欠如が公正衡平待遇義務違反と認定されることが多い。

更生債権　*更生会社'に対し更生手続開始前の原因に基づいて生じた財産上の*請求権'〔会更2⑧〕。原則として個別的な弁済・権利行使が禁止される〔会更47①・50①。なお，例外：会更47②〜⑤〕。⇨会社更生手続'

公正証書　1 本来は公務員がその権限内において適法に作成する一切の証書をいい〔民施5参照〕，したがって*公文書'と同義である。しかし，普通は*公証人'が公証人法等の法令に従って*法律行為'その他私権に関する事実について作成した証書を指すことが多い。公証人の作成した文書又は*電磁的記録'は，強度の*証明力'を有する〔民訴228②，公証2・53〕。また，一定の要件を具備した公正証書は，*執行力'をもつものとされており，特に*執行証書'と呼称されている〔民執22⑤〕。
2 民法関係で公正証書の作成が義務付けられているものとして，*事業用定期借地権'の設定契約〔借地借家23③〕，*任意後見契約'〔任意後見3〕がある。また，「事業のために負担した貸金等債務を主たる債務とする保証契約」又は「主たる債務の範囲に事業のために負担する貸金等債務が含まれる根保証契約」について保証人になる者が個人である場合や，これらの「保証人の主たる債務者に対する求償権」について個人保証がされる場合には，あらかじめ公正証書による意思確認をしておくことを原則とする〔民465の6〜465の8〕。一方，*遺言'は，その内容を公正証書で作成することもできる(公正証書遺言〔民969〕)が，自筆証書遺言〔民968〕や秘密証書遺言〔民970〕などの方式もある。なお，協議離婚の際などの年金分割の請求手続では，分割の合意を証する添付書類として，公正証書で作成した合意書の謄本や，私署証書で作成した合意書に公証人の認証を受けたものなどが用いられる〔厚年78の2③〕。

公正証書遺言　⇨遺言書'

公正証書原本不実記載罪　*公務員'に対し虚偽の申立てをして，権利・義務に関する公正証書の原本又はその*電磁的記録'に真実に反する記載・記録をさせ，又は免状・鑑札・旅券に真実に反する記載をさせる罪。刑法157条。原本等の真実に反する記載は，5年以下の拘禁刑又は50万円以下の罰金，免状等の真実に反する記載は，1年以下の拘禁刑又は20万円以下の罰金に処せられ，未遂も罰せられる。本罪の性格は，*虚偽公文書作成罪'〔刑156〕の*間接正犯'の特殊な場合を独立罪としたものと解するのが一般である。したがって，当該公務員が虚偽の申立てであることを知らないが本則でなければならない。公務員と申立人との間に共謀関係が存在すれば，むしろ虚偽公文書作成罪の*共同正犯'が成立する。単に情を知ったにすぎない場合には，公務員が実質的審査権限をもつかどうかで結論を異にし，形式的審査しかできなければ，申立人について単純に本罪が成立するにとどまる。本罪にいう公正証書とは，登記簿・戸籍簿・住民票等であり，免状・鑑札とは，

こうせいだ

運転免許証・狩猟免状・犬の鑑札などである。なお，判例は，かつて'中間省略登記'が本罪に当たるとしていた（大判大正8・12・23刑録25・1491）が，現在では，この判例は，事実上変更になったものと解されている。

公正妥当な会計処理の基準 法人の各'事業年度'の所得の金額の計算の基礎となる収益及び原価・費用・損失の額は，「一般に公正妥当と認められる会計処理の基準」に従って計算される〔法税22④〕。このように，'法人税法'は，企業利益を前提として，それに租税法上の修正を加えて課税所得の算定を行うこととしている。

更生担保権 会社更生手続開始前の原因に基づく'更生会社'又は第三者に対する財産上の'請求権'で，手続開始当時更生会社の財産上に存する担保権で担保された範囲のもの〔会更2⑩〕。担保権ではなく被担保債権を指す。個別的弁済・権利行使が禁じられ〔会更47①・2⑫・50①〕，更生計画において'更生債権'よりも優先的に扱われる〔会更168③・199②2〕。⇨会社更生手続'

更正登記 ⇨更正の登記'

公正取引委員会 **1 組織** 内閣府の外局として内閣総理大臣の所轄に属し，独占禁止政策を中心とした競争政策を担う行政機関。'行政委員会'としては最も歴史が古く，昭和22年に設置された。公正取引委員会を組織する委員長と4人の委員は国会の同意を得て内閣総理大臣により任命されるが，委員長と委員には職権行使の独立性が認められ，5年の任期中は内閣総理大臣の罷免権さえも制約される〔独禁28～31〕。そのため，内閣の指揮監督に服するという憲法上の原則〔憲65・72〕との関係が問題となるが，内閣が人事・予算権を有することなどから，合憲とする見解が定着している。また，委員会による議決は合議によって行われ，意思決定の中立性を確保する観点から非公開となっている〔独禁65・66〕。公正取引委員会には，'国家公務員'によって組織する事務総局（地方事務所を含む）が置かれている〔独禁35・35の2〕。

2 調査権限 公正取引委員会は，'独占禁止法'の執行を中心任務とする〔独禁27の2〕。事件の調査においては，営業所等への立入検査，書類等の提出命令，事件関係人等への報告命令等の'行政調査'〔独禁47〕のほか，裁判官の許可状による臨検，捜索，差押え等の'犯則調査'〔独禁12章〕を行うことができる。また，企業活動の実態等を調査するための一般的な調査権限ももつ〔独禁40〕。これらは罰則付の強制権限であるため，'比例原則'を踏まえて強制力のない任意調査が選択されることも少なくない。事件の調査結果から犯罪として'告発'するかの判断は，公正取引委員会の裁量に委ねられており（東京高判平成5・5・21高刑46・2・108），この告発がなければ検察官は'公訴'を提起することができない（専属告発）〔独禁74・96①〕。

3 公取委中心主義 独占禁止法の運用機関として，公正取引委員会にはルール形成の中心的役割が期待されている。例えば，複雑かつ流動的な取引社会に即応した規制基準の設定・変更を行わせるため，公正取引委員会には'不公正な取引方法'を'告示'によって指定する権限が与えられている〔独禁2⑨6・72〕。また，'差止請求権'〔独禁24〕や無過失'損害賠償'制度〔独禁25・26〕に基づく訴訟において，裁判所は，独占禁止法の適用や違反行為による損害額について公正取引委員会に意見を求めることができる〔独禁79・84〕。その他，公取委中心主義は，国会に対する意見提出権〔独禁44②〕，専属告発〔独禁96①〕，'国の利害に関係のある訴訟についての法務大臣の権限等に関する法律'の適用除外〔独禁88〕等にもみいだすことができる。なお，準司法的権能の役割を担ってきた'行政審判'は，平成25年改正（法100）により廃止された。

4 その他の権限 企業結合に係る認可や届出の受理を担うなどの独占禁止法上の権限があるほか，公正取引委員会は独占禁止法以外の法律に基づく権限も有する。主なものとして，イ 下請代金の支払遅延等を行った'事業者'に対し，速やかに利息を付して支払うなどの措置を勧告すること〔下請4・7〕，ロ 入札談合の教唆や幇助（ほうじょ）等の関与行為があった官公署等に対し，これを排除するための改善措置を要求すること〔入札談合2⑤・3〕，ハ フリーランスに対する報酬の減額等をした業務委託事業者に対し，速やかに減額分を支払うなどの措置を勧告・命令すること〔フリーランス3～5・8・9〕，ニ 内閣総理大臣とともに，景品類・表示について事業者団体等が設定する規約（公正競争規約）を公正な競争を確保する観点等から認定すること〔景表36〕，ホ 保険業法，輸出入取引法等における独占禁止法の適用除外に係る認可や届出の受理を担うこと等が挙げられる。

厚生年金 ⇨厚生年金保険'

厚生年金基金 '企業年金'を支給するための制度の1つで，'厚生年金保険'の業務の一部を代行して，加入員又は加入員であった者に'老齢年金'を支給するために，'厚生年金保険法'に基づいて設立される法人〔厚年旧（厚年等改正法（平成25法63）による削除前の）106～148〕。深

厚生年金保険　**1 意義**　日本の*社会保険'の1つで、*厚生年金保険法'に基づき、民間企業の労働者と国・地方公共団体等の公務員等を*被保険者'(⇨強制加入被保険者)として、以下に挙げる厚生年金を支給する公的な*年金制度'。管掌するのは政府であるが〔厚2〕、民間企業の労働者については厚生労働大臣〔厚2の5①〕。主要な事務は日本年金機構に委任・委託(厚年100の4・100の10)、国・地方公共団体の公務員等については共済組合等〔厚年2の5①②〜④〕が実施機関となる。昭和60年の法改正(法34)により、厚生年金は*国民年金法'に基づく基礎年金に上積みされる年金となった。被保険者とその事業主が負担する*保険料'を財源とし、修正*積立方式'で運営されている。保険料は被保険者本人とその被扶養配偶者の基礎年金分も含むため、実施機関は*基礎年金拠出金'を負担する〔国年94の2②、厚年80①、国公共済99④②、地公共済113④②等〕(ただし、その2分の1は*国庫'が負担〔国年85①①〕)。⇨基礎年金'

2 老齢厚生年金　被保険者であった者で保険料納付済期間と保険料免除期間とを合計した期間が10年以上ある者が65歳に達したときに支給される〔厚42〕。被保険者期間の計算の基礎となる各月の*標準報酬'月額と*標準賞与'額(再評価をしたもの)の平均額の1000分の5.481に被保険者期間の月数を乗じて算出される額を基本額とする報酬比例年金である〔厚43〕。受給権者には、これに加えて老齢基礎年金も支給される。ただし、上記要件を満たす1年以上の被保険者期間のある者(*共済組合'等の組合員等である者及び組合員等であった者を除く)には、61歳以上の生年月日に応じて定められた年齢到達時から65歳到達前まで、本人が希望すれば、特別支給として老齢厚生年金を受給でき(いわゆる「部分年金」)〔厚年附8〕、また、老齢基礎年金の減額繰上げ支給も受けることができる〔国年法改正法(平成6法95)附27〕。この部分年金たる報酬比例年金も、在職中の場合は減額される〔厚年附11〕。この部分年金は、イ その支給開始年齢は男性並びに共済組合等の組合員等である女性及び組合員等であった女性は平成25年から、女性(共済組合等の組合員等である者及び組合員等であった者を除く)は平成30年から段階的に引き上げられており、ロ 最終的には、男性並びに共済組合等の組合員等である女性及び組合員等であった女性については令和7年に、女性(共済組合等の組合員等である者及び組合員等であった者を除く)については令和12年に廃止される〔厚年附8の2〕。部分年金に代わり、60歳以上の者は老齢厚生年金の繰上げ支給を受けることができる〔厚年附7の3〕。

3 障害厚生年金　保険料納付済期間と保険料免除期間とを合算した期間が*国民年金'の被保険者期間の3分の2以上ある被保険者が、傷病の結果、その傷病の初診日から起算して1年6カ月を経過した日(その期間内に傷病が治ったときはその日)に1級から3級の障害等級に該当する程度の障害の状態にあるとき等に支給される報酬比例年金である〔厚年47〕。障害等級2級及び3級に該当する者の年金の基本額は、老齢厚生年金と同じ方法で計算され、障害等級1級の者の年金はその額の2割5分増しである〔厚年50〕。障害等級1級及び2級の受給権者には障害基礎年金も支給される。障害等級3級よりも軽度ではあるが厚生年金保険法施行令(昭和29政110)の別表2に定める程度の障害の状態にある者には、老齢厚生年金と同じ方法で算出された額の2倍に相当する障害手当金が支給される〔厚年55・57〕。

4 遺族厚生年金　イ 国民年金の被保険者期間を有し、かつ保険料納付済期間と保険料免除期間とを合算した期間が当該被保険者期間の3分の2以上である被保険者が死亡した場合、ロ イと同じ要件を満たす被保険者であった者が、被保険者資格喪失後に、被保険者資格喪失前の傷病が原因で当該傷病の初診日から5年経過前に死亡した場合、ハ 障害基礎年金も受給している障害厚生年金の受給権者が死亡した場合、ニ 老齢厚生年金の受給権者又はその受給資格を満たす者(いずれも保険料納付済期間と保険料免除期間とを合算した期間が25年以上あることが必要)が死亡した場合に、死亡した者が扶養していた配偶者等の遺族に支給される〔厚年58・59〕。基本的な年金額は老齢厚生年金の4分の3である〔厚年60①〕。イ又はニの場合、受給権者が子と生計を同じくする配偶者、又は子であるときは遺族基礎年金も支給される。

厚生年金保険法　昭和29年法律115号。日本の*年金制度'の1つである厚生年金保険を定める法律。労働者の老齢・障害・死亡に関する*保険給付'等について規定する。⇨厚生年金保険'

こうせいの

更正の請求　納税者が自己の*納税申告'を過大申告と判断した場合等において納税者が税務署長に減額更正を請求すること〔税通23〕。納税者が納税申告に係る*課税標準'等又は税額等(更正がされた場合は更正による増減額後の金額)に過大の過誤があると判断した場合に法定申告期限から5年間行うことができる更正の請求〔税通23①〕は、通常の更正の請求と呼ばれる。法定申告期限後に生じたやむをえない理由により納税申告又は決定に係る課税標準等又は税額等に過大の過誤が生じたと判断した場合にその理由の発生後所定の期間行うことができる更正の請求〔税通23②、所法152、法税81等〕は、特別の更正の請求又は後発的理由による更正の請求と呼ばれる(その所定期間の満了日が法定申告期限から5年以内に到来する場合は通常の更正の請求である〔税通23②柱括弧〕)。税務署長は、更正の請求に理由があると判断したときは減額更正をしなければならないが、理由がないと判断したときはその旨を請求者に通知しなければならない〔税通23④〕。この通知は争訟で争うことができる〔税通75①・115①参照〕。なお、納税申告の錯誤無効の余地が判例(最判昭和39・10・22民集18・8・1762)で認められているが、それ以外の場合には過大申告の是正は更正の請求によらなければならないことを、更正の請求の原則的排他性という。

更正の登記　A・B両名が共同相続したのにAの単独名義の*相続登記'がなされた場合のように、なされた*登記'について錯誤又は遺漏があり、そのために登記と実体関係の間に原始的な不一致がある場合に、この不一致を解消するため既存の登記の一部を訂正補充する登記〔不登2⑯、また商登132・133参照〕。原始的な不一致を解消する点で、後発的な不一致を解消するための変更の登記〔不登2⑮、商登1の2②等〕と異なる。

合成物　各構成部分が個性を失わないが、結合して単一の権利の客体となっている物(例：家屋、宝石入り指輪)。*集合物'と異なり、各構成部分が個性を失っている単一物と同様に、法律上1個の物としてだけ扱われる〔民243参照〕。

更生保護　⇨社会内処遇'　⇨更生保護事業法'

更生保護事業法　平成7年法律86号。更生保護事業に関する基本事項を定める法律。同法によって、更生緊急保護法(昭和25法203)は廃止された。更生保護事業は、犯罪を行った者及び非行のある少年の改善更生に必要な保護(宿泊場所の供与、医療・就職の援助、金品の供与・貸与、生活相談等々)を行う事業で、犯罪者の再犯防止や社会復帰のために重要な意義を有している。同法は、更生緊急保護法の下で更生保護事業を営んできた更生保護会に代えて、更生保護法人制度を設けている。

構成要件　1意義　犯罪行為を特徴付ける定型(類型)である。可罰的行為の輪郭を明らかにし、犯罪と犯罪でない行為とを一応の判断として選別するカタログとしての機能を果たす。ベーリング(Ernst Beling, 1866～1932)により創始された、構成要件該当性を犯罪論の基点とする犯罪構成要件理論によって、それ以前の、犯罪を単に外部的要素(行為・結果)と心理的要素(*故意'・*過失')に分ける理論に比べ、犯罪論の飛躍的な進歩がもたらされた。ただし、構成要件の機能として、*罪刑法定主義'機能、故意規制機能、犯罪個別化機能、違法推定機能のいずれを重視するかによって、構成要件の内容は変わりうるため、論者により様々な見解がある。2 構成要件と違法性との関係　構成要件を、違法性と切り離された純粋な行為類型とする説(ベーリング)、違法性と関係し、違法性の認識根拠であるとする説(マイヤー(Max Ernst Mayer, 1875～1923))、違法性の存在根拠であり、違法類型であるとする説(メッガー(Edmund Mezger, 1884～1962))、違法かつ有責行為類型であるとする説(小野清一郎(1891～1986))が対立している。1つ目の説を除き、構成要件に該当する行為は原則として違法である旨が推定される(⇨違法性')。

3 構成要件要素　構成要件に属するもの(犯罪の類型化に機能するもの)は、従前は、原則として、行為・結果などの外形的・客観的事実であるとされてきたが、近時は、故意を含めて広く*主観的構成要件要素'の存在を肯定する見解が多数となっている。更に構成要件要素の性質につき、*規範的構成要件要素'をみよ。

構成要件の欠缺(けっけつ)　⇨事実の欠缺(けっけつ)

公設弁護人　専ら資力のない者の刑事*弁護人'として働く職種。*国選弁護人'と役割は共通しているが、自営弁護士が事件ごとに選任されるのではなく、一定額の給与を保証された常勤の職である点に特色がある。アメリカ合衆国などで置かれている。日本では法テラス(⇨総合法律支援法')のスタッフ弁護士が、これに近い。

口銭　⇨コミッション'

公選　一般国民による*選挙'。民衆選挙又は公衆選挙のこと。選挙よりは狭い観念で、

特定の地位にある者又は特定の組織に属する者によって行われる選挙(例えば、国会各議院の役員の選挙)はこれに含まれない。衆議院議員及び参議院議員の選挙、地方公共団体の議会の議員及び長の選挙は公選でなければならない。公選は、憲法上成年者による*普通選挙*であることを要求されている選挙でもある〔憲15③〕。⇨公職選挙法'

公 然 刑法においては、不特定又は多数の者が知ることができる状態をいう(最判昭和36・10・13刑集15・9・1586)。刑法230条は公然と事実を摘示して人の名誉を毀損する行為を、231条は公然と人を侮辱する行為を処罰する。近年社会問題になっている、瞬時に不特定多数人に拡散するインターネット上の誹謗中傷にも公然性が認められることになる。*名誉毀損罪'の判例には、特定少数の者に事実を摘示した場合でも、不特定又は多数人に伝播する可能性がある場合に公然性を認めたものがある(伝播性の理論)(最判昭和34・5・7刑集13・5・641)。

交戦権 日本国憲法9条2項は「国の交戦権」を認めないとしている。政府見解によれば、憲法9条は自衛のための必要最小限度の「武力の行使」は許容しているので、この「交戦権」の行使には当たらない。国際法上、「交戦権」の用例は少ないが、戦争に対する権利(圖 ius ad bellum)に対応すると考えられる。伝統的に認められてきた国家の戦争に対する権利は、戦争の違法化によって一般には禁止されていると考えられるが、特に自衛権との関係では問題が残る。なお、交戦権の有無にかかわらず、事実として生じた戦争・武力紛争を規律するために守るべき法(圖 ius in bello)が妥当することに変わりはない。

交戦団体 政府を転覆したり、本国から分離する目的で政府と争闘する一国内の反徒の団体。承認を受けた場合、国際法上の交戦者の資格が認められる。交戦団体の承認は、外国によるものと、本国によるものとがあり、それによって、*中立'関係、反徒の行為による外国人の損害に対する責任などにつき、*戦争'に準ずる法律関係が生ずる。1861年にイギリスがアメリカ南北戦争における南軍を交戦団体として承認した例があるが、慣行は少ない。また、現在の*国際人道法'上は、承認の有無に関わりなく、その適用が求められている。⇨国際人道法'

交戦法規 ⇨国際人道法'

公然わいせつ罪 刑法174条の罪。「公然と*わいせつ'な行為をした」場合に成立する(6月以下の拘禁刑若しくは30万円以下の罰金又は拘留若しくは科料。昭和22年改正(法124)前は科料のみ)。「公然」は、不特定又は多数の人が認識できる状態を指す(最決昭和32・5・22刑集11・5・1526)。本罪のわいせつ行為は、社会的*法益'としての最低限度の性道徳に悖(もと)る行為を指し、個人の性的自由を保護法益とする*不同意わいせつ罪'〔刑176〕のそれと異なり、例えば接吻(せっぷん)行為を含まない。他方、両罪に当たるわいせつ行為を、公然と、*暴行'を用いるなどして行った場合、両罪は*観念的競合'となる(大判明治43・11・17刑録16・2010)。ストリップショーの類いも本罪を構成すると解されているが(最判昭和25・11・21刑集4・11・2355、最判昭和25・12・19刑集4・12・2577等)、わいせつな映画の上映が(刑の重い)わいせつ物陳列罪〔刑175①前〕(⇨わいせつ物頒布等の罪')に当たることとの均衡から同罪を構成するとみる説もある。

公 訴 フランス刑事訴訟法の action publique に由来する術語。*治罪法'から旧刑事訴訟法(大正11法75)まで、わが国の刑事訴訟法には、犯罪の被害者が刑事手続において民事上の損害賠償を求める私訴の制度が存在し(⇨私訴' ⇨附帯私訴')、私訴に対する言葉として、公の立場でなされる刑事の訴えを指して、公訴の語が用いられた。私訴の制度が廃止された現行法では、「公訴」と称する理由が幾分不鮮明になったが、引き続き同じ意味の語として用いられている。公訴は、*検察官'が行うものとされ〔刑訴247〕(⇨国家訴追主義' ⇨起訴独占主義')、検察官は、管轄裁判所に*起訴状'を提出して、被告事件の審判を請求する〔刑訴256〕。⇨起訴'

控 訴 *第一審'の*終局判決'に対する第2の*事実審'への*上訴'。控訴提起の効果として、原判決の確定が妨止され(*確定遮断効'・*停止の効力')、事件は控訴裁判所に*移審'する。

I 民事訴訟では、地方裁判所が第一審のときは高等裁判所が、簡易裁判所が第一審のときは地方裁判所が控訴裁判所となる〔裁16①・24③〕。*中間判決'や決定・命令などの中間的裁判(⇨判決・決定・命令')に対しては独立して控訴することはできない。しかし、中間的裁判も、*不服申立て'のできない裁判及び*抗告'により不服申立てをすることができる裁判を除き、控訴の際に控訴審の判断を受ける〔民訴283〕。控訴の提起は、控訴期間(電子判決書又は電子調書の送達後2週間〔民訴285〕)内に、控訴状を原裁判所に提出して行わなければならない〔民訴286①〕。⇨控訴権'

II 刑事訴訟における控訴も、第一審の判決

こうぞうき

に対する上訴であるが，控訴裁判所となるのは，刑事については常に高等裁判所である〔刑訴372，裁16①〕。控訴申立人は，申立書を提出するほか〔刑訴374〕，必ず'控訴趣意書'を提出して，申立理由を明らかにしなければならない〔刑訴376〕。申立理由は，法律問題(*法令適用の誤り'・*訴訟手続の法令違反')のほか，事実に関するもの(*事実誤認'・*量刑不当'など)を含む〔刑訴377〜382・383。ただし，*即決裁判手続'でされた判決に対する控訴について，刑訴403の2〕。控訴審の性格付け(いわゆる控訴審の構造)については論議が多く(⇨'事後審'・'覆審'・'続審')，特に*裁判員制度'の導入後は，裁判員が参加した事実認定・量刑判断に対する審査のあり方が注目されたが，最高裁判所は，第一審に裁判員が参加したか否かに関わりなく，刑事訴訟法が定める控訴審の性格は「原則として事後審」であるとし，事実誤認の審査は，第一審判決の事実認定が「論理則，経験則等に照らして不合理といえるか」という観点から行うべきであることを明らかにした(最判平成24・2・13刑集66・4・482)。

構造規制 ⇨'企業分割'
控訴期間 ⇨'上訴期間'
公訴棄却 刑事訴訟において，手続上の理由(*訴訟条件'あるいは公訴提起要件の不充足)により，*実体判決'に至る前に手続を打ち切る形式裁判の一種(ほかに*免訴'及び*管轄違い'がある)。*裁判権'の欠如，同一裁判所への二重訴訟，公訴提起の手続の無効などの場合は，判決で公訴を棄却し〔刑訴338〕，*起訴状'謄本不'送達'，*公訴の取消し'，被告人の死亡，別個の裁判所への二重起訴などの場合は，決定で公訴を棄却する〔刑訴339①〕(⇨'判決・決定・命令')。*親告罪'における告訴を欠いた起訴，家庭裁判所を経由しない*少年'の起訴などは，「公訴提起の手続の無効」が認められる場合である。

控訴棄却 I 民事訴訟法上，*控訴'又は附帯控訴(⇨'附帯上訴')による*不服申立て'を理由なしとして原判決を維持する裁判〔民訴302〕。⇨'控訴審手続'

II 刑事訴訟における控訴棄却には，*第一審'裁判所が決定でする場合(控訴権消滅〔刑訴375〕)，控訴審裁判所が決定でする場合(方式違反・控訴権消滅〔刑訴385〕，*控訴趣意書'の瑕疵(か)〔刑訴386〕)，及び判決でする場合(方式違反・控訴権消滅〔刑訴395〕・控訴理由なし〔刑訴396〕)の3通りがある。実際上，圧倒的に多いのは刑事訴訟法396条による控訴棄却である。

皇族 皇后・太皇太后・皇太后・親王・親王妃・内親王・王・王妃・女王をいう〔典5〕。*'天皇'は含まれない。なお，上皇・上皇后は，「天皇の退位等に関する皇室典範特例法」(平成29法63)により，皇族の例によるとされる。天皇が国の*象徴'であり*皇位'が世襲のものであることに伴い〔憲1・2〕，天皇に近い身分関係にある者については，一定の特別な取扱いをすることが要請される。このため皇族は，*皇位継承'・婚姻・養子・皇統譜などの身分上の事項について，一般国民とは異なる特別の扱いを受ける〔典1〜4章〕。また，財産の授受の点で特別の制限を受ける一方〔憲8〕，皇族としての品位保持又は日常の費用に充てるため，国庫から一定の年額が支出される〔皇経4・6〕。*明治憲法'下では，皇族は日本臣民とは異なる身分とされ，通常の国法ではなく特殊な皇室法の系統が適用された。日本国憲法の下では，皇族も*基本的人権'の享有主体であり，ただ上記の要請により，通常の国民とは異なる制約を受けるにすぎないと解するのが有力である。

拘束時間 ⇨'労働時間'
拘束条件付取引 取引の相手方が更に次の段階で行う取引，その他相手方の事業活動を不当に拘束する条件を付けて，当該相手方と取引すること。*不公正な取引方法'として*独占禁止法'により禁止されている〔独禁2⑨⑥ニ・19，不公正告⑫〕。拘束があるというためには，事業活動の制限が契約上の義務となっていることは必要でなく，それに従わない場合に，経済上何らかの不利益を伴うことにより現実にその実効性が確保されていれば足りる(最判昭和50・7・10民集29・6・888〈和光堂再販事件〉)。実効性確保手段として，取引拒絶の脅し，リベートの操作がある。具体的な拘束の対象には，取引価格，取引地域，取引相手，取引方法などがある。特に，自己の供給する商品の再販売価格ないし再々販売価格を拘束する行為は*再販売価格維持行為'〔独禁2⑨④〕として，また相手方が競争者と取引しないことを条件として当該相手方と取引する行為は*排他条件付取引'〔独禁2⑨⑥ニ・19，不公正告⑪〕として，それぞれ独立の行為類型とされている。取引(販売)地域の拘束，取引相手(販売先)の拘束の代表的なものとしてテリトリー制，一店一帳合(ちょうあい)制がある。拘束条件付取引は，取引の相手方の事業活動を制限する行為であるから，この点に不当性(公正競争阻害性)を求める考え方もあるが，一般的な見解は，制限を通じて市場全体の自由競争秩序が阻害されるおそれがあるか否かという観点から不当性を判断するという立場をとる。

高速取引行為 *金融商品取引法'で定義・規制されている行為であり，大要すると，*有価証券'の売買等であって，当該行為を行うことについての判断が電子情報処理組織により自動的に行われ，かつ，当該判断に基づく売買等を行うために必要な情報の*金融商品取引所'等に対する伝達が，情報通信技術を利用する方法であって，当該伝達に通常要する時間を短縮するための方法として内閣府令で定める方法を用いて行われるものをいう〔金商2㊶，金商定義26〕。コンピューターやコロケーションサービスを利用してマイクロ秒のような超短時間で証券取引が行われることになる。こうした高速取引行為は，市場に流動性を供給しているとの指摘もある一方で，市場の安定性や価格形成を阻害するおそれなども指摘された。そこで，平成29年の金融商品取引法改正により，高速取引を行う者に対し登録制が導入されたほか，体制整備やリスク管理，当局への情報提供などの枠組みが整備された〔金商3章の4参照〕。

皇族費 国の*予算'に計上する*皇室費'の一種〔皇経3〕で，一定の*皇族'に対して支給されるもの〔皇経6〕。皇族費には，次の3種類がある。イ 品位保持の資に充てるために，年額により毎年支出されるもの，ロ 初めて独立の生計を営む際に支出される一時金額，ハ 皇族の身分を離れる際に支出される一時金額。皇族費として支出されたものは，御手元金（おてもときん）となり，宮内庁の経理に属する公金とはされない〔皇経6⑧〕。皇族費については，所得税は課されない〔所税9①⑫〕。

拘束名簿式 ⇨比例代表'
拘束力（行政行為の） ⇨行政行為の効力'
公 訴 権 *公訴'を提起し追行する*検察官'の権能。主として講学上の用語であるが，恩赦法3条2号，検察審査会法1条1項などにもこの語が用いられている。古くは刑罰権の実行権能として刑罰請求権と同義に解されていたが，今では訴訟上の権能として理解されている。一般的に公訴を提起することができる権能を抽象的公訴権，具体的事件について有罪判決を請求することができる権能を具体的公訴権と呼ぶ。後者は訴訟が適法であるための要件が備わっていることと同義で，裁判所が有罪・無罪の返答をすることができることに対応するので，現在では実体判決請求権と呼ばれるのが普通である。

控 訴 権 *控訴'によって，*第一審'判決に対する不服の当否について*控訴審'の審判を求める権能。*上訴権'の一種で，控訴の適法要件を満たした場合に認められる。**1 控訴権の発生** 原則として，第一審判決によって不利益を受けた当事者に生ずる。第一審における*本案'の申立ての全部又は一部が排斥された場合に認められるのが原則である。*判決理由'中の判断に不服があっても，結果的に勝訴していれば控訴の利益はないが，例外的に，予備的*相殺（そうさい）'の抗弁'で勝訴した被告は，第一審判決が確定すると，*自働債権'の不存在の判断に*既判力'が生じるという不利益を受けるので〔民訴114②〕，控訴の利益がある。**2 控訴権発生の障害** 控訴権は*不控訴の合意'〔民訴281①但〕によってその発生を妨げられる。**3 控訴権の消滅** 控訴権の放棄〔民訴284〕・控訴期間〔民訴285〕の徒過によって控訴権は消滅する。ただし，控訴権者は自己の控訴権を失っても，相手方の控訴に対して附帯控訴（⇨附帯上訴'）をすることができる〔民訴293〕。

公訴権濫用論 1 意義 一見，*公訴'の適法要件を備えているようにみえても，実質的には不当・不公正な公訴提起といえるとき，これを公訴権の濫用と捉え，*訴訟条件'なしとして形式裁判で公訴を退けることを肯定する主張。起訴によってもたらされる手続上の負担から被告人を解放すること，検察官の訴追裁量に対し司法的抑制を及ぼすこと，被告人に実体審理の前に起訴の適法性を争う機会を与え実質的な当事者対等を確保することなどを狙いとする。通常は，イ 有罪の見込みなき起訴，ロ 訴追裁量を逸脱した起訴，ハ 違法な捜査に基づく起訴の3つの類型を対象として論じられる。主として公安労働事件を中心に弁護人の法廷活動において主張され，昭和30年代後半から判例・学説において大きな論争点となった。⇨訴追裁量'
2 判例・学説の対応 最高裁判所は，上記ロの類型について，公訴が無効となる場合を一般論として認めるものの「それはたとえば公訴の提起自体が職務犯罪を構成するような極限的な場合に限られる」（最決昭和55・12・17刑集34・7・672〈チッソ川本事件〉）として，その適用範囲を極度に限定している。また，上記ハの類型についても，捜査手続の違法が「必ずしも公訴提起の効力を当然に失わせるものでない」（最判昭和44・12・5刑集23・12・1583）と消極的である。公訴権濫用論に対しては，その適用のための審査が捜査の長大化・糺問（きゅうもん）化を招くおそれ，*予断排除の原則'との抵触，証拠調手続の重複などの弊害を伴うことが指摘されてきた。したがって，学説も判例の消極的な態度には批判的であるものの，適用範囲や審理方法に一定の制限を加えるべきだと主張するものが多い。

こうそこう

公租公課 国又は*公共団体'により賦課される公の負担の総称。大体において公租は国税及び地方税(⇨*国税・地方税')を意味し，公課は租税以外の公の金銭負担，例えば*負担金'・*分担金'・*使用料'・*手数料'・*公共組合'の組合費等を指す〔税徴2⑤〕。

控訴裁判所 ⇨控訴審'

公訴(の)時効 犯罪終了後，一定の期間が経過することにより，*公訴権'が消滅し，その後の起訴が許されなくなる制度。時効完成後の起訴に対しては，*免訴'の判決で手続が打ち切られる〔刑訴337[4]〕。制度の存在理由については，時間の経過に伴う証拠の散逸による審理の困難(訴訟法説)，刑罰を加える必要性の低下(実体法説)などが挙げられる。時効は，犯罪行為が終わった時から進行し〔刑訴253①〕，所定の事由があると，進行を停止する(公訴の提起〔刑訴254〕，在外及び逃避〔刑訴255〕)。時効期間の長短は，法定刑の重さによる〔刑訴250②〕。ただし，平成22年の法改正(法26)で人を死亡させた罪について，また，令和5年の法改正(法66)で*性犯罪'について，それぞれ特則的規定が設けられた(前者では，死刑に当たる罪について公訴時効廃止，拘禁刑に当たる罪について時効期間延長〔刑訴250①〕。後者では，所定の罪について時効期間延長，被害者が犯罪行為終了時18歳未満の場合には更に所定期間の延長〔刑訴250③④〕)。

公訴事実 *起訴状'に訴因として記載される犯罪事実。旧刑事訴訟法(大正11法75)では訴因制度がなかったため，これが*審判'の対象と考えられており，したがって，公訴事実を同一にする範囲で*訴訟係属'が生じ，判決の*既判力'も及ぶと考えられていた。更に，この考え方では，公訴事実の内容を，検察官の主張を超えた，手続の背景にある実体や嫌疑として捉えていた。しかし，今日の通説は，現行刑事訴訟法の*当事者主義'的性質に照らし，訴因を審判の対象と考える。この場合，同法256条にいう公訴事実は，検察官が訴因として主張している事実にすぎず，同法312条1項の「公訴事実の同一性」は，訴因変更の限界を画する機能概念であり，実在性をもたない観念として捉えられている。訴因が審判対象であるとしても，訴因変更が許される限度で実体審理を受ける危険が及ぶので，*一事不再理'の効力は公訴事実の同一性の範囲で発生するというのが一般的な理解である。⇨訴因' ⇨訴因変更' ⇨公訴事実の同一性'

公訴事実の同一性 訴因変更の可能な事実の限界〔刑訴312①〕。1回の刑事訴訟で解決すべき事実の範囲を意味する。通説によれば，訴因変更が許される範囲で実体審理の危険が及ぶので，*一事不再理'の効力が及ぶ限界にもなる。審判の対象に関する公訴事実説は，この範囲に属する全ての事実に審判権が及び，それは1つの実体であると考えるのに対して，通説である訴因対象説では，公訴事実の同一性は，訴因変更の限界を画する機能概念として捉える。広義の同一性を公訴事実の単一性と同一性(狭義)に分けて論じることがある。このうち単一性の基準は*罪数'論上の一罪性に解消されるという理解が有力である。同一性の基準としては，基本的事実同一説(判例)，罪質同一説，*構成要件'共通説，社会的嫌疑同一説，訴因比較説，訴問関心同一説，総合評価説などの諸説が主張されている。⇨訴因変更' ⇨公訴事実' ⇨訴因'

控訴趣意書 刑事訴訟法上，*控訴'申立人が，申立ての理由を明らかにするため，控訴裁判所に差し出す書面〔刑訴376〕。法定の控訴理由(*法令適用の誤り'，*訴訟手続の法令違反'，*量刑不当'，*事実誤認'など)の1つ又は2つ以上を記載し，裁判所が指定する期日までに提出しなければならない。⇨控訴審手続'

控訴審 *第一審'判決に対する*上訴'を審判する*第二審'の裁判所(控訴裁判所)又はその裁判手続をいう。刑事訴訟においては，高等裁判所が控訴審となる〔裁16①〕，民事訴訟においては，地方裁判所が第一審であるときは高等裁判所が，簡易裁判所が第一審であるときは地方裁判所が控訴審である〔裁16①・24③〕。第2の*事実審'として，第一審裁判における事実認定及び法律判断の当否についての審理判断を行うが，その審理方式には，*覆審'・*続審'・*事後審'の各主義がある。⇨控訴審手続'

控訴審手続 I 民事訴訟法 1 総説 *控訴審'は第2の*事実審'として，*第一審'判決に対する不服の当否を*審判'する。単なる原判決の事後審査ではなく，第一審の審理を基礎としつつ，新たな資料の提出も認めて審理を続行し新たに判断を下す続審主義を採用している(⇨続審')。控訴審手続には，原則として地方裁判所の第一審手続に関する規定が準用される〔民訴297〕。

2 審判の範囲 弁論の対象及び原判決を変更しうる範囲は，*控訴'又は附帯控訴(⇨附帯上訴')による当事者の*不服申立て'の範囲に限定される〔民訴296①・304〕。ただし，上訴の不可分(⇨*上訴の不可分')によって，*確定遮断効'及び*移審'の効力は原判決の全部にわたって生じてい

るので、当事者は控訴審の*'口頭弁論'終結時までに審判の範囲を拡張することができる(⇨不利益変更の禁止')。

3 口頭弁論の手続・更新権 控訴審の口頭弁論は第一審の口頭弁論の続行として行われ、第一審における*'訴訟行為'及び*'弁論準備手続'等の終結の効果は控訴審においても効力を持続する〔民訴298〕。ただし、当事者は第一審における口頭弁論の結果を*'陳述'しなければならない〔民訴296②〕(⇨口頭弁論の更新')。第一審で提出しなかった*'攻撃防御方法'を提出することもでき、これを弁論の更新権という。

4 第一審及び控訴審の裁判 第一審裁判所は、不適法でその不備を*'補正'することができないことが明らかな控訴(例:控訴期間〔民訴285〕経過後の控訴)を却下できる〔民訴287〕。また、事件が控訴審に移審すると、控訴裁判所は、呼出費用の予納がないことを理由とする控訴却下決定〔民訴291〕、控訴を不適法とする控訴却下判決〔民訴290〕、控訴又は附帯控訴を理由なしとする控訴棄却判決〔民訴302〕、又は控訴を認容する判決をなす。控訴を認容する場合、原判決を取り消して*'自判'するのが原則であるが、これ以外にも、事件を原裁判所に差し戻す*'差戻判決'〔民訴307・308〕、及び管轄裁判所に*'移送'する移送判決〔民訴309〕をする場合がある。

II 刑事訴訟では、控訴審の手続は、控訴申立人の提出した*'控訴趣意書'に基づいて進められる。裁判所は、控訴趣意書に記載されている事項については、必ず調査しなければならない〔刑訴392①〕。控訴趣意書に記載されていない事項であっても、法定の控訴理由に当たる事由については、*'職権調査'も許される〔刑訴392②〕。裁判所は、調査のために必要があれば、事実の取調べをすることができる。調査は、*'公判期日'外にも行われる(例:原審の訴訟記録の検討)が、公判期日には、検察官及び弁護人が控訴趣意書に基づいて弁論する〔刑訴389〕。被告人の出頭は原則として必要でない〔刑訴390〕。控訴審は原判決の当否の批判という法的な視点からの手続であるから、被告人のための*'弁論'も法律の専門家である弁護人に一任される〔刑訴387・388〕。もっとも、公判期日に被告人を召喚することは必要である〔刑訴409参照〕。そのほか、控訴審の手続には*'第一審'の*'公判'に関する規定が原則として準用される〔刑訴404〕。終局裁判としては*'控訴棄却'又は原判決破棄(差戻し(⇨破棄判決')・*'移送'・*'自判')のどちらかになる。 ⇨事後審' ⇨続審'

控訴人 *'控訴'を提起した者。*'第一審'の*'当事者'のほか、当事者の承継人として受継決定を受けた者、*'当事者参加'することのできる第三者〔民訴47・52〕が控訴人となることができる。

公訴の取消し *'公訴'は、第一審の判決があるまでは、取り消すことができる〔刑訴257〕。公訴の取消しは、検察官の権限であり、裁判所又は被告人の同意を求める必要はない。これは、*'起訴便宜主義'〔刑訴248〕がとられていることと制度上一貫している。ただし、実務では、*'起訴猶予'は大幅に活用されているのに対し、公訴の取消しはごく控え目にしか行われていない。検察官が公訴を取り消したときは、裁判所は、決定で公訴を棄却する〔刑訴339①③〕。一旦公訴を取り消し*'公訴棄却決定が確定した後、同一事件を再度起訴することも許されるが、それには制限があり、新たに重要な証拠を発見した場合でなければならない〔刑訴340。なお、刑訴338②〕。

控訴の取下げ ⇨上訴の取下げ'

公訴不可分の原則 *'公訴'が提起されると、その事件の全体に公訴の効力が及ぶとする原則。旧刑事訴訟法の時代、検察官の公訴提起を受けた裁判所は、起訴状に表示された「犯罪事実」と事件の同一性を失わない範囲で真実を探求し、それに基づいて審判を行う権限と責務を有すると考えられた。それゆえ、一罪の一部を示してなされた公訴の効力は、一罪の他の部分を含むその全体に及ぶとされ、裁判所の審判も、一罪の全体に及んだ。*'訴因'制度が採用された現行法の下でも、公訴の効力は、起訴状記載の訴因からみて*'公訴事実の同一性'を害しない範囲の事実全体に及ぶとして、この原則を認め、そこから、*'公訴時効'の停止〔刑訴254①〕や*'二重起訴の禁止'〔刑訴338③・339①⑤〕の範囲を導く見解も存在する。しかし、これに対しては、公訴の効力の本体は審判の請求であり、審判の範囲は訴因に限定されるから、公訴の効力も訴因にしか及ばないとして公訴不可分の原則の存在を否定し、時効や二重起訴については、実定法が特に認めた効果であると説明する見解も有力である。

交替制 *'労働者'を2つ以上のグループに分けて交替で労働させる制度。1日24時間を2つ(早番・遅番)あるいは3つ(早番・中番・遅番)のグループに区分するのが一般的である。18歳未満の者は*'深夜業'が禁止されている〔労基61①本文〕が、交替制によって使用する16歳以上の男性についてはこの限りでない〔労基61①但〕。また事業全体で交替制をとっている場

こうだん

合には，行政官庁の許可を得れば，上記の深夜業禁止規制が若干緩和される〔労基61③〕。

公団 公共的事業を遂行するために設立された'特殊法人'。'営造物法人'として類型化される。日本道路公団等の民営化により，現在は存在しない。かつての日本道路公団は，政府の全額出資を原則としていたが，首都高速道路公団のように政府と地方公共団体の共同出資になるものもあった。いずれも私企業による運営を期待し難い事業を営んでおり，そこに公団の特色があった。

後段 ⇨前段・中段・後段'(巻末・基本法令用語)

拘置 刑法では，刑の確定した者を'刑事施設'に'拘禁'することをいう〔刑11②・12②・16①〕。刑事施設の中で'未決勾留'を中心に行うものを'拘置所'と呼んでいる。刑事訴訟法には，拘置の語はなく，'勾留'という言葉がある。

拘置所 主として未決拘禁者及び死刑確定者を収容し，必要な処遇を行う'刑事施設'。

公知の事実 通常の知識経験をもつ不特定多数の一般人がその存否につき疑いを挟まない程度に知れ渡っている具体的事実。典型的には，歴史上の事件・天災地変等が，これに該当する。公知であるか否かは，時と場所によって異なる。

Ⅰ 民事訴訟法上，公知の事実は，'裁判所に顕著な事実'(職務上顕著な事実)と並んで，'証拠調べ'を経ないで裁判の基礎('証拠資料')になりうること〔民訴179〕から，不要証事実といわれている。

Ⅱ 刑事訴訟では，明文で規定されていないが，学説・判例(最判昭和31・5・17刑集10・5・685)上，公知の事実は証明不要とされている。暦日，歴史上の事実など確実な証拠を容易に利用しうる場合を含むとする見解もある。

公聴会 国又は公共団体の機関がその権限に属する事項の決定に際して，利害関係者や学識経験者等の意見を口頭で意見聴取する機会を指す。議会の委員会で予算等の重要な議案の審議にあたり開催される公聴会が存在する〔国会51，自治109⑤・115の2等〕。このほかにも，法律上は，省令の策定・改廃時〔電波99の12②・99の11①①〕，一般処分発令時〔独禁71，森林32②〕，行政計画案の作成時〔都計16①〕，申請処分時などに，公聴会の開催を規定するものが見られる。公聴会の開催を行政機関の裁量に委ねる立法例も存在するが(上記の都市計画法の場合など)，利害関係者に公聴会開催請求権を認めるものも少なくない〔収用23①〕。公聴会の開催については，形式化・儀式化しているという批判が見られたことから，多くの参加者を見込めるように開催時刻，開催場所に配慮するほか，(ワークショップ方式などを採用して質問をしやすく，参加を通じて市民も学習できるような)開催方法について工夫をする取組が進められている。行政手続法10条は，申請に対する処分について申請者以外の者に対する公聴会の開催等を努力義務として規定しており，例えば公益事業の料金認可などで消費者の意見を聴取する手続として活用されることが望まれる。

工賃 '家内労働'において支払われる報酬。'賃金'に比べて低廉になりがちで，また，支払の保障も十分でないため，家内労働法は，工賃の家内労働手帳への記入〔家労3〕，1カ月以内に通貨で全額を支払うこと〔家労6〕，最低工賃(家内労働法上の手続に従って家内労働者の工賃の最低額として設定されるもの。通常の労働者に関する'最低賃金'に当たる)の決定〔家労8〕について規定している。

交通切符制 '道路交通法'違反事件を迅速に処理するため，警察の捜査・検察官の起訴・裁判所の裁判という刑事手続の基本線を維持しながら，書類を簡略化し，一連の切符(「道路交通法違反事件迅速処理のための共用書式」)で済むようにした制度。昭和38年1月以来実施されている。'交通反則金制度'による告知書〔道交126①②〕とは区別しなければならない。

交通検問 ⇨自動車検問'

交通事件即決裁判手続 '道路交通法'違反事件の簡易迅速な処理のため，交通事件即決裁判法(昭和29法113)により設けられた特別手続。最近の実務では，この手続は使われていない。

交通反則金制度 '道路交通法'違反の罪のうち比較的軽微な'形式犯'に対する制裁として，警視総監又は道府県警察本部長が通告した反則金を違反者に納付させ，反則金を納付した者については刑事訴追を免ずる制度。実質上は，従前，略式命令(⇨略式手続・略式命令')あるいは'交通事件即決裁判手続'により科せられていた罰金刑に代えて，簡略な行政上の手続で実質上罰金と同等の財産的不利益を違反行為の制裁として科すもの。反則金制度の対象となる反則行為は，スピード違反・駐車違反・信号無視などの比較的軽微な違反行為であるが，無免許・酒気帯びなどを伴うもの，及び交通事故を生じたなどの場合には，除外される〔道交125〕。反則者は，警視総監又は道府県警察本部長から反則金の納付の告知を受けたときは，反則金を納

付することにより，刑事訴追を免れる〔道交128〕。反則金を所定の期間内に納付しなかったときは，通常の刑事事件として処理される。

公定力(行政行為の) ⇨行政行為の効力'
公的規制 ⇨規制緩和'
公的年金 ⇨年金制度'
公的扶助 国等の公的機関が主体となって，一般租税を財源に，金銭，医療，住宅給付等を行う制度をいう。*社会保険'のある国では，社会保険でカバーされない生活困窮者を主たる対象者とし，社会保険を補足する機能を果たすことが多い。日本では生活保護がこれに該当する。 ⇨生活保護'

公的弁護制度 刑事責任を追及される当事者である*被疑者'・*被告人'が資力がないなどの理由で自ら*弁護人'を選任することができない場合に，国又はその他の団体が弁護士による援助を提供する制度。日本の現行制度では*国選弁護人'がその典型である。外国には*公設弁護人'制度もみられる。 ⇨弁護人依頼権' ⇨法律扶助' ⇨総合法律支援法'

公 道 行政主体が，行政の作用として，一般交通の用に供する*公物'たる道路。私物としての道路である*私道'に対する観念。*道路法'による道路が主な例で，*都市計画法'・土地区画整理法により行政庁が築造して一般交通の用に供する道路も，公道の一種と考えられる。公道は，公物(*公共用物')であるため，その公共的性格に鑑み，公法上の特殊の規律に服するが，私道であっても，必要に応じ，公法的規制が及ぼされる場合がある。*道路交通法'上の道路は，公道に限らず，広く一般交通の用に供する私道も含む。

合同会社 1 意義 構成員全員の*有限責任'とほぼ完全な定款自治による組織設計の自由とを兼ね備えた会社形態として，平成17年に会社法で導入された。日本版LLC(圏 Limited Liability Company)とも呼ばれる。*持分会社'の1つとして，*合名会社'及び*合資会社'と共通に適用すべき規律については，同一の規定が適用される。

2 社員の権利・義務 出資は，金銭その他の財産のみに限られる〔会社576①⑥〕。全額払込主義〔会社578〕がとられ，社員は間接有限責任のみを負う。その他，*剰余金'の処分の制限等，会社債権者保護の制度は，基本的に，*株式会社'と同様になっている。*会計監査人'監査の必要はない。出資比率に応じない利益及び議決権等の分配も可能である〔会社622①・590②・591〕。*計算書類'の作成義務〔会社617②〕，債権者・社員の計算書類の閲覧・謄写請求権が定められているが〔会社625・618〕，決算公告の義務はない。社員は，やむをえない事由があるときは，*定款'の定めにかかわらず，いつでも退社することができる〔会社606③〕。退社員に対して払い戻す金銭等の額が剰余金の額を超える場合であっても，*債権者保護手続'(帳簿上の純資産額を超えて払い戻す場合には，*清算'手続に準じた手続)を経て，払戻しを行わなくてはならない〔会社635〕。社員には持分譲渡による投下資本の回収は保証されていないが，退社の自由が認められていることによって，塡補されている。

3 意思決定・業務執行 内部関係については，株式会社的規律ではなく，組合的規律が適用され，原則として全員一致で会社のあり方が決まるが，決議要件は定款自治に委ねられている〔会社585①②(持分の譲渡)・594①(競業の承認)・637(定款変更)・781①(組織変更)・793①・802①・813①(合併・分割)〕。社員は，原則として，業務を執行する権限を有するが〔会社590①〕，定款で，業務執行社員を定めることができる〔会社591〕。社員以外の者に業務執行を委ねることはできないが，社員は法人でもよく，法人業務執行社員も認められる〔会社598〕。業務執行社員は，合同会社に対して，*善管注意義務'〔会社593①〕及び*忠実義務'〔会社593②〕を負い，株式会社の代表訴訟と同様の制度がある〔会社602〕。また，業務執行社員は，第三者に対して，株式会社の*取締役'〔会社429〕と同様の責任を負う〔会社597〕。

4 組織変更等 株式会社への*組織変更'には，原則として，社員全員の同意が要求されているが，定款で別段の定めを置くことが可能である〔会社781①〕。また，株式会社が，*株主'全員の同意により合同会社に組織変更する手続も認められた〔会社776①〕。いずれも債権者保護手続が要求される〔会社781②・779〕。*合併'・*会社分割'・*株式交換'を行うことも可能であるが，合同会社を完全子会社とする株式交換と，合同会社が当事者となる株式移転は，認められていない〔会社2③③②・767・770・772〕。

5 税制 合同会社については，平成18年の税制改正における課税上の扱いが注目されていた。アメリカのLLCの場合，全構成員が有限責任であるにもかかわらず，当事者がパートナーシップと同様の課税方法(パススルー課税方式)を選択できるため，利益や損失を直接に構成員へ帰属させ，エンティティ段階での課税を回避することが可能である。しかし，日本の場合，*無限責任社員'の存する合名会社・合資会社でさ

ごうとうき

え，法人段階で課税を受けるのであるから，*有限責任社員'のみで構成される合同会社には，*法人税'の納税義務を負わせるべきとの意見が強く，結局，普通法人として課税されることになった。なお，ニューヨーク州法によって設立されたLLCの損失が，その構成員である日本の投資家に帰属するかどうかが争われた事例では，日本法の適用上，当該LLCを法人として扱ったため，構成員への損失の帰属は認められなかった（東京高判平成19・10・10訟務月報54・10・2516）。

強盗・強制性交等罪　⇨強盗・不同意性交等罪'

高等警察　国家組織の根本を危うくする行為を除去するための*警察'作用。政治結社等の取締りを内容とする*政治警察'や特定の思想の取締りを内容とする思想警察のこと。戦前の日本には，*治安警察法'，出版法（明治26法15。昭和24法95により廃止），新聞紙法（明治42法41。昭和24法95により廃止）などを基礎として，この種の警察作用が行われた。このうち，特に，社会主義運動，労働運動，農民運動などの左翼の政治運動や，右翼の国家主義運動などを取締まるのが特別高等警察（特高）であった。戦後，連合国の指令（昭和20・10・4）によって特別高等警察は解散された。現在では，公安調査庁の行う*破壊活動防止法'の事務が一種の高等警察である。

高等検察庁　*高等裁判所'に対応して置かれる検察庁（検察2）。全国に8庁がある。その長は*検事長'である（検察8）。　⇨検察庁'

合同行為　数人が共通の権利義務の変動を目的として共同してする*法律行為'。*単独行為'及び*契約'と並ぶ法律行為の一態様。複数の*意思表示'から成り立っている点で，単独行為と異なり，意思表示の向けられる方向が同じである点で，相対立する意思表示から成り立つ契約と異なると説かれることが多い。通常，*社団法人'の設立行為・総会決議が合同行為の例とされる。合同行為においては1個の意思表示が*無効'となっても，残る他の意思表示によってその共通の目的である権利義務の変動を生じさせることができ，この点で契約と区別する意味があると説かれているが，合同行為の概念を立てる実益を疑う学説もある。

強盗強姦（ごうかん）罪　⇨強盗・不同意性交等罪'

強盗罪　**1 定義**　相手方の反抗を抑圧するに足りる程度の*暴行'・*脅迫'を用いて*財物'を強取する，あるいは，同様の方法で自己又は他人に不法の利益を得させる罪。刑法236条。5年以上の有期拘禁刑。ほかに，人を昏酔（こんすい）させてその財物を盗取する*昏酔強盗'〔刑239〕，窃盗犯人が，取得した財物を取り返されることを防ぐために，あるいは逮捕を免れるためないし罪跡を湮滅するために暴行・脅迫を加える*事後強盗'〔刑238〕も，強盗として扱われる。**2 罪質**　財産罪の一種である（⇨財産犯）が，身体・自由に対する罪の面をも有する。*未遂'〔刑243〕・*予備'〔刑237〕も処罰される。*強盗致死傷罪'〔刑240〕・*強盗・不同意性交等罪'〔刑241〕は特に重刑が科され，これらの罪についても未遂処罰規定〔刑243〕。ただし，刑241については特則あり〕が設けられている。**3 強取**　暴行・脅迫が相手の反抗を抑圧する程度に強度でなければならない。そして，相手が，そのために意思決定の自由を奪われ，財物を手放したり，支払請求断念のやむなきに至ったりする必要がある。この程度に達せず，相手方の交付行為によりこのような結果が生じた場合は，*恐喝罪'の*喝取'が問題となるにとどまる。

高等裁判所　*下級裁判所'の中の最上位の裁判所〔裁2・15～22〕。高等裁判所は，イ *地方裁判所'の第一審*判決'，*家庭裁判所'の判決及び*簡易裁判所'の刑事に関する判決に対する*控訴'，ロ 地方裁判所及び家庭裁判所の*決定'及び*命令'並びに簡易裁判所の刑事に関する決定及び命令に対する*抗告'，ハ 刑事に関するものを除いて，地方裁判所の第二審判決及び簡易裁判所の判決に対する*上告'，ニ *内乱罪'に関する訴訟の第一審，その他法律で定められる事件，などについて*裁判権'をもつ〔裁16・17〕。なお，東京高等裁判所にだけ特別の*管轄'が認められている事件がある〔民訴6③，特許178，新案47，海難審判44等〕。高等裁判所での審判は原則として3人の合議体で行う〔裁18〕。高等裁判所は東京・大阪・名古屋・広島・福岡・仙台・札幌・高松の8カ所に設置されており，その支部は金沢・岡山・松江・宮崎・那覇・秋田に置かれている。なお，*審級'に掲げた〔表：訴訟事件の審級〕をみよ。

口頭（審理）主義　訴訟審理の方式として，当事者及び裁判所の*訴訟行為'，特に*弁論'・*証拠調べ'を口頭でしなければならないとする原則。*書面（審理）主義'に対する。

Ⅰ 民事訴訟は，*必要的口頭弁論'として口頭主義を原則とする〔民訴87 ①本文〕が，訴えの提起などの重要な訴訟行為については書面を要求し，補充的に書面主義を採用している。また，*決定'手続や*上訴'手続などで一部書面審理が

許されている〔民訴87①但・319〕。
　Ⅱ　刑事訴訟法上，判決は*口頭弁論'に基づくことを原則とするが，決定・命令は口頭弁論を必要としない〔刑訴43①②〕(⇨判決・決定・命令')。この口頭弁論は，当事者の弁論だけでなく，裁判所の*訴訟指揮'，*証拠調べ'，*裁判'などを含む手続全体を意味するが，弁論及び証拠調べ以外の訴訟行為については，確実を期すため書面が要求されるものもある。なお，判決をするのに口頭弁論を経ることを要しない場合がある〔刑訴408・416〕。
　Ⅲ　行政事件の場合，*行政事件訴訟'に関しては，*行政事件訴訟法'に特に定めがないので，民事訴訟法の例によることになる。不服申立て(⇨行政上の不服申立て')に関しては，審査請求書，弁明書及び反論書といった書面の提出によって審理手続が進行する〔行審19・29・30〕が(⇨書面(審理)主義')，審査請求人又は参加人の申立てがあった場合は，申立人に口頭で意見を述べる機会を与えなければならない〔行審31〕。*行政審判'では，審理の場所に出頭して意見を述べる機会を当事者に与えているものが多い〔金商184①，公害紛争42の14，労安規41の6②等〕。*行政手続法'においては，不利益処分'を行う際に意見陳述のための手続を義務付けているが，許認可の取消し等の不利益処分においてとられる*聴聞'手続においては，口頭審理が原則とされている〔行手20〕。聴聞手続においては，当事者又は参加人は，聴聞の期日に出頭して，意見を述べ，証拠書類等を提出し，行政庁の職員に対し質問を発する等の機会が付与される〔行手20②〕。なお，聴聞の期日における審理は，原則として非公開とされている〔行手20⑥〕。

　合同責任　1　意義　各*手形'(*小切手')債務者が手形(小切手)所持人に対して負う責任〔手47・77①④，小43〕。
　2　連帯債務との比較　手形(小切手)上の権利者は債務者中の誰に対してでも，同時又は順次に支払を請求することができ〔手47②④・77①④，小43，民436参照〕，債務者の1人の*弁済'が他の債務者(手形・小切手の場合は弁済した者の後者の債務に限られる)に対する所持人の権利を消滅させる点では*連帯債務'と類似する。しかし，イ　連帯債務には負担部分があり，その1人が反対債権をもっていた場合，その債務者の負担部分の限度で他の債務者も履行を拒絶できる〔民439②〕のに対し，合同責任においては，各債務者間に負担部分がないから，そのような効果が生じない点，ロ　債務者の1人につき弁済・*更改'・*相殺*(ｿｳｻｲ)・*混同'等の債務消滅の事由が生じた場合に，連帯債務においては，他の全ての債務者のために債務が消滅する〔民438・439①・440〕のに対し，合同責任においては，その債務者の後者の債務は消滅するが，その前者の債務は消滅しない〔手47③・77①④，小43③〕点で異なる。
　3　共同振出人・裏書人の責任の性質　共同*振出人'あるいは共同*裏書人'相互間の債務が連帯債務か合同債務かが争われているが，合同債務と解する見解が有力である。

　強盗致死傷罪　「強盗」すなわち強盗犯人が人を傷害し，又は死亡させた場合に成立する罪。刑法240条。無期又は6年以上の拘禁刑，死亡させた場合は死刑又は無期拘禁刑に処せられる。判例によれば，強盗の機会に行われた*暴行'その他によって死傷の結果が生じれば，本罪が成立する。「強盗」には，*昏酔*(ｺﾝｽｲ)強盗'・*事後強盗'も含まれる。更に，本罪は，死傷結果について*故意'をもっていた場合をも含む。本罪の*未遂'〔刑243〕は，強盗の点が未遂の場合ではなく，死傷の結果が生じれば，強盗は未遂であっても本罪は既遂となる。殺意があり，殺人の点が未遂の場合には，本罪の未遂が成立する(大連判大正11・12・22刑集1・815)。しかし，多数説によれば，傷害の故意で暴行がなされ，傷害の点が未遂となった場合には，強盗罪が成立するにすぎない。　⇨強盗罪'　⇨準強盗罪'

　口頭の提供　*弁済の提供'のうち，弁済者が給付の準備ができたことを債権者に通知して，受領(協力)を求めること〔民493但〕。言語上の提供ともいう。弁済の提供と評価されるためには，*現実の提供'を行うことが原則として必要である。しかし，債権者があらかじめ受領を拒んでいるか債務の履行に債権者の行為を要するときには，例外的に口頭の提供をすれば足りる。

　強盗・不同意性交等罪　*強盗罪'(又はその未遂)と*不同意性交等罪'(又はその未遂)が同一の機会に行われた場合に成立する罪。刑法241条1項。無期又は7年以上の拘禁刑に処せられる。平成29年改正前の本条(強盗強姦*(ｺﾞｳｶﾝ)罪)は，強盗犯人が女子を強姦した場合に限って成立し，強姦後に強盗の意思を生じて*財物'を強取した場合は，強盗罪と強姦罪の*併合罪'にすぎないとされていた(最判昭和24・12・24刑集3・12・2114)。しかし，両者の先後関係は重要ではなく，不均衡を生じているのではないかという問題意識から，平成29年刑法改正によって強制性交等罪が新設された際，両者の先後関係を問わないこととされた。その後，令和5年刑法改正により，強制性交等罪の成立要件を改

こうとうべ

めた不同意性交等罪が新設されたことに伴い、本条の罪の成立要件も、強制性交等に代わり、不同意性交等を含むものに改められている。本罪は、これを構成する強盗罪・不同意性交等罪がいずれも*未遂*の場合でも、既遂犯として成立することから、未遂犯となる場合が存在しない。したがって、刑法43条の未遂減免の適用もないが、刑法241条2項は、強盗罪と不同意性交等罪の両方が未遂であり、かつ、人を死傷させていない場合には、刑の任意的減軽が可能である旨を規定している。その趣旨は、両罪が未遂にとどまるがゆえに、*法益*侵害の程度が必ずしも重大とはいえないためとされている。更に、本条2項が適用される場合のうち、行為者が、強盗罪・不同意性交等罪のいずれかを、自己の意思により中止したときは、*中止未遂*が成立する場合と同様に、刑の必要的減免が定められている〔刑241②但〕。強盗・不同意性交等いずれかの行為により人を死亡させたとき（殺意がある場合を含む）は、刑が加重され、死刑又は無期拘禁刑に処せられる〔刑241③〕。　⇨*性犯罪*

口頭弁論　1意義　狭義では、民事訴訟において、*受訴裁判所*の面前で口頭で行われる当事者の弁論〔民訴87①・161〕。広義では、これと結合してなされる裁判所の*訴訟指揮*・*証拠調べ*・裁判の言渡しなどをも含む手続の全体〔民訴148①・160、民訴規66・67〕。なお、刑事訴訟では、*公判期日*において当事者を含む関係人が*陳述*する場合を指す〔刑訴43〕。
2種類　裁判をするのに口頭弁論を経ることが必要か否かにより*必要的口頭弁論*と任意的口頭弁論の区別がされ〔民訴87①〕、また、弁論の目的により*本質的口頭弁論*と*準備的口頭弁論*〔民訴164①〕とが区別される。
3実施　口頭弁論は*裁判長*が指定する*期日*にその指揮の下に行われる〔民訴93①・148〕。口頭弁論はウェブ会議の方式によって実施することもできる〔民訴87の2〕。裁判をするに熟したときは裁判所は口頭弁論を終結するが、必要と認めれば再開できる〔民訴153〕。
　⇨*弁論*

口頭弁論調書　⇨*調書*

口頭弁論の一体性　*口頭弁論*が数回の*期日*にわたって行われても一体をなすということ（弁論一体性の原則）。これによれば、*弁論*や*証拠調べ*はどの期日で行われても同一の効果をもつので、後の期日では前回の期日までの弁論を前提として続行すればよく、弁論の更新は不要であるし、*攻撃防御方法*の提出についても原則として時機の制限を受けないことになる。ただし、*訴訟指揮*の一環としてなされる弁論の制限〔民訴152〕や、*適時提出主義*〔民訴156〕、時機に後れた攻撃防御方法等の却下〔民訴157・157の2〕、*準備書面*等の提出期間の定め〔民訴162・301〕などにより相当の制限が加えられている。

口頭弁論の更新　民事訴訟において、*受訴裁判所*を構成する裁判官に変動があった場合に、*直接審理主義*の要請から従前の*口頭弁論*をやり直すこと。刑事訴訟における*公判手続の更新*に相当する。審理途中の裁判官の交代の場合と*上訴*による*移審*の場合がある。ただ、現行民事訴訟法は現実にやり直す代わりに、当事者が従前の口頭弁論の結果を*陳述*すれば足りるとする〔民訴249②・296②〕。ただし、単独裁判官の交代等の場合には、当事者からの申出があれば、従前尋問した証人につき*再尋問*がなされる〔民訴249③〕。

合同労組　⇨*地域一般労働組合*

高度プロフェッショナル制度　⇨*ホワイトカラー・エグゼンプション*

坑内労働　地表下での労働。鉱山に多い。次の点で特殊な取扱いを受ける。イ　18歳未満の者のほか、妊娠中や坑内労働に従事しない旨を申し出た産後1年を経過しない女性は全面的に禁止され、それ以外の女性も、一定の業務につき禁止される〔労基63・64の2〕。ロ　*労働時間*は入坑から出坑までの時間となり、*休憩*時間も労働時間に算入される（坑口計算制）〔労基38②本文〕。ハ　一斉休憩及び休憩時間自由利用の原則の適用がない〔労基38②但〕。

降任　*職員*を現在の*職*より下位の職に*任用*すること。*一般職*の職員は法律・人事院規則又は条例に定める事由による場合でなければ、その意に反して降任されることはない〔国公75①・78、人規〈11-4〉7～10、地公27②・28①③〕。*特別職*の公務員についても、同様の制度が定められている場合がある〔防42〕。なお、令和3年法律61号により、国家公務員について、60歳に達した管理監督職の職員を管理監督職以外の官職に降任又は*降給*を伴う*転任*（以下「降任等」という）（役降り）をする管理監督勤務上限年齢制（いわゆる役職定年制）が導入された。役職定年に達した者は、*退職*したり、定年前再任用を選択したりする場合以外は、原則として、非管理職ポストに降任等をされる。役職定年を理由とする降任等は、職員の意に反した*分限*処分であるが、法定の事由によるものであるので、処分説明書の交付対象外とされ

ている〔国公89〕。地方公務員についても役職定年制が導入されたが，役職定年に達したことを理由として降任等が行われる場合，同様に不利益処分に関する説明書の交付はなされない〔地公49①但〕。

公認会計士　1 意義・業務・資格　公認会計士名簿に公認会計士として登録されている者をいう〔会計士17〕。公認会計士は，他人の求めに応じ，報酬を得て，財務書類(*財産目録'・*貸借対照表'・*損益計算書'その他の財務に関する書類)の監査又は証明をすることを業とする(会計士2①・1の3①)。公認会計士はこのほか，公認会計士の名称を用いて，他人の求めに応じ報酬を得て，財務書類の調製，財務に関する調査・立案・相談に応ずることを業とすることができる〔会計士2②〕。*金融商品取引所'への*上場'会社等については，公認会計士又は監査法人による*監査証明'が強制されている〔金商193の2〕。また，会社法上，*会計監査人'は公認会計士又は監査法人でなければならないが〔会社337①〕，資本金5億円以上又は負債の合計金額が200億円以上の*株式会社'(大会社〔会社2⑥〕)，*監査等委員会設置会社'及び*指名委員会等設置会社'は会計監査人を置かなければならない〔会社327⑤・328〕。それ以外の会社では会計監査人の設置は任意である。*会計監査人設置会社'では会計監査人による計算関係書類の監査を受けなければならない〔会社396①・436②〕。公認会計士の資格及び業務等については公認会計士法によって規制されているが，公認会計士になるには，原則として，公認会計士試験に合格し，3年以上の業務補助等を行い，かつ実務補習を修了し，内閣総理大臣の確認を受けた上で，公認会計士名簿に登録を受けなければならない〔会計士3・17〕。なお，外国において公認会計士の資格に相当する資格を有し，かつ，会計に関連する日本の法令につき相当の知識を有する者は，内閣総理大臣による資格承認と外国公認会計士名簿への登録を受けて公認会計士の業務を行うことができる〔会計士16の2①〕。
2 監査法人　昭和30年代の終わり頃，公認会計士が虚偽の監査証明をしていた事実があったので，公認会計士の独立性の強化を主な狙いとして，5人以上の公認会計士を社員とする監査法人の制度が昭和41年の改正(法85)で新設された〔会計士5章の2〕。その後，長期不況の影響もあり粉飾決算をする上場会社も増え，これに大規模の監査法人が関与したことが明るみに出たことを契機に，平成19年に公認会計士法が大きく改正された(法99)。監査法人の業務管理体制の整備を徹底し〔会計士34の13〕，業務の品質管理の強化〔会計士34の13②③〕，業務の透明性の確保〔会計士28の4・34の16の3〕，監査人の独立性の強化のための規定が整備された〔会計士1の2・34の2の2②・34の11の4等〕。また，課徴金制度を導入し〔会計士31の2・34の21の2〕，*有限責任'組織形態の監査法人が認められた〔会計士1の3③・34の3②・34の7③⑤等〕。更に，令和4年改正(法41)により，公認会計士又は監査法人であっても，上場会社等に係る財務書類の監査又は証明に関する特則が定められ，上場会社等監査人名簿への登録を受けなければ上場会社等の財務書類について監査証明を行ってはならないこととされた〔会計士34の34の2〕。

公認会計士の監査証明　⇨監査証明(公認会計士の)'

高年齢求職者給付金　*雇用保険'における65歳以上の*被保険者'である*高年齢被保険者'が失業した場合に支給される，*基本手当'日額の30日分から50日分に相当する一時金〔雇保10③・37の2〜37の4〕。一般被保険者の*求職者給付'のうち，基本手当に対応する。

高年齢雇用継続給付　*雇用保険法'に基づく*雇用継続給付'の一種〔雇保10⑥Ⅰ〕。65歳までの雇用継続の援助促進を目的とする。一定の被保険者期間を有する60歳以上65歳未満の労働者について，各月に支払われた賃金の額が60歳時点又は離職時の賃金額の75%未満となる場合に，支払賃金額の15%(令和7年4月1日からは10%)を上限として支給される。*基本手当'を受給せずに雇用を継続する者に対する「高年齢雇用継続基本給付金」〔雇保61〕と基本手当を受給した後再就職した者に対する「高年齢再就職給付金」〔雇保61の2〕の2つの給付から成る。

高年齢者就業確保措置　⇨継続雇用制度'⇨定年制'

高年齢者等の雇用の安定等に関する法律　昭和46年法律68号。「中高年齢者等の雇用の促進に関する特別措置法」が昭和61年に題名を含めて抜本改正され(法43)，高年齢者の安定した雇用確保，高齢退職者の就業機会の確保などに向けて，より体系的で強力な施策が盛り込まれた法律。*定年'年齢が60歳を下回らないようにすべき義務〔高年8〕と65歳までの雇用確保措置を講ずべき義務〔高年9〕，70歳までの就業機会を確保する努力義務〔高年10の2・10の3〕，国による求人開拓や求人者への援助措置〔高年12〜14〕，事業主による再就職援助〔高年15〕，高年齢者の雇用機会の増大に資する措置を講ずる

こうねんれ

事業主又は事業主団体への給付金支給〔高年49①①〕，'シルバー人材センター'等の組織・業務〔高年37〜48〕などを定める。

高年齢被保険者 '雇用保険'における65歳以上の'被保険者'であり，'短期雇用特例被保険者'又は'日雇労働被保険者'に該当しない者〔雇保37の2①〕。'求職者給付'は，'高年齢求職者給付金'という一時金となる〔雇保10③・37の2〕。その額は，'被保険者'であった期間が1年以上の場合には被保険期間として計算された離職前6カ月間に支払われた賃金の50日分，1年未満の場合には同30日分とされ〔雇保37の4〕，1回限りの支給となる。

公　売　　⇨滞納処分（租税の）'

後発的不能　⇨原始的不能・後発的不能'

公　判　**1 意義**　刑事訴訟法上，'公訴'の提起以降，訴訟が終結するまでの一切の訴訟手続を，広義において公判という。刑事訴訟法の2編3章は「公判」と題して，'起訴状'謄本の送達に始まり'第一審'の'終局裁判'に至る主要な手続に関して規定を設けている。このうち，'公判期日'における事件の審理手続，すなわち'公判手続'を，狭義の公判と呼ぶ。

2 刑事訴訟における公判の役割　公判の役割は，裁判所に起訴された具体的事件について，犯罪事実の存否を判断し（⇨事実（の）認定'），これを認めるときは，更に，刑罰の種類・量を確定する（⇨刑の量定'）ことにある。刑事手続の果たすべき目的の中心を担う部分といってよい（⇨公判中心主義'）。このような刑罰権の存否に関する判断をするには必ず公判を経ることを要し，かつ，原則として公判以外の手続に基づくことができない（略式手続はその例外）。

3 公判審理の特色　現行刑事訴訟法の公判を特色付けるものは，'当事者主義'（当事者追行主義）と'証拠'に対する厳格な規制である。公判手続は，'検察官'が起訴状において主張する公訴事実（⇨訴因'）を証明すべく証拠を提出し，これに対し'被告人'・'弁護人'が反証するという，当事者双方の攻撃・防御を中心に進展する。犯罪事実を認定する証拠については，許容できるものとそうでないものを区別し，'証拠能力'のない証拠を，事実認定の資料として用いることは許されない（⇨証拠法'　⇨伝聞証拠'　⇨証拠禁止'）。

公判期日　刑事訴訟法上，公開の法廷で審理を行う期日（極めて例外的に非公開となる場合もある（⇨公開停止'）。'裁判長'が指定する〔刑訴273①〕。公判期日には'被告人'を'召喚'し，かつ，'検察官'・'弁護人'等に期日を通知しなければならない〔刑訴273②③〕。審理に2日以上を要する事件については，できる限り，連日開廷し，継続して審理を行うことが要請されている〔刑訴281の6〕（⇨集中審理'）。なお，一旦定めた公判期日はみだりに変更できず，変更は裁判所の決定による〔刑訴276・277〕。

公判準備　広義では，刑事訴訟法上'公判手続'の準備として行われる'公判期日'外の活動全般をいう。イ 裁判所又は裁判長・裁判官による'起訴状'謄本の送達〔刑訴271〕，公判期日の指定・通知・被告人等の'召喚'〔刑訴273〕などの手続，ロ 事件の争点や'証拠'の整理を目的とした第1回公判期日前の公判前整理手続〔刑訴316の2〜316の27〕や第1回公判期日以降の期日間整理手続〔刑訴316の28〕，ハ 裁判所の証拠収集活動である公判期日外・裁判所外の'証人尋問'〔刑訴281・158〕・'検証'〔刑訴128〕・'押収'・'捜索'〔刑訴99〜102〕などの全てが含まれる。狭義ではハのみを意味する〔刑訴303・321参照〕。⇨公判前整理手続'

公判前整理手続　刑事裁判において，充実した公判審理を継続的・計画的かつ迅速に行うため，第1回'公判期日'前に事件の争点と証拠を整理する手続。刑事訴訟法制定の際には欠落していた公判前の準備手続を新設したものである（平成16法62）〔刑訴316の2〜316の32〕。公判審理を担当する裁判所が，両当事者の請求により，又は職権で，決定で事件をこの手続に付する。'弁護人'の関与が必要的である〔刑訴316の4〕。'被告人'は出頭することができ，また裁判所はその出頭を求めることができる〔刑訴316の9〕。当事者の主張の交換を通じて争点を明確化し，証明予定事実とこれを立証する証拠をあらかじめ画定し〔刑訴316の5・316の13・316の17・316の21・316の22〕，具体的な審理計画を策定する。その前提として，被告人側の防御準備にとって必要・重要と認められる検察官手持ち証拠の段階的開示制度が盛り込まれている（類型証拠開示〔刑訴316の15〕，主張関連証拠開示〔刑訴316の20〕，裁判所による裁定〔刑訴316の25〜316の27〕）。分かりやすい審理が要請される裁判員裁判対象事件では必要的に実施され〔裁判員49〕，その他，争いのある複雑な事案等で用いられている。制度の実効性確保のため，この手続終了後の'証拠調べ'請求は，原則として許されない〔刑訴316の32〕。手続は非公開であるが，その結果は公判期日に顕出され，検察官・弁護人の冒頭陳述が行われる。なお，同様の目的で第1回公判期日後に「期日間整理手続」を行うことができる〔刑訴316の28〕。

公判中心主義　刑事事件の審理は裁判所の*公判'手続を主な舞台として行われるべきだとする考え方。とりわけ*捜査'手続との関係で、公判審理が、単に捜査の結果を確認し、それに追従する場としてではなく、捜査とは独立の事実解明の場として実質的に機能すべきだとする理念を意味する。現行刑事訴訟法が、*起訴状一本主義'を採用して、*起訴'に際し検察官から裁判所へ捜査資料が引き継がれることを防止し〔刑訴256⑥〕、また、*伝聞法則'を採用して、公判外で採取された供述証拠(捜査機関の作成した捜査書類等を含む)を公判において証拠として使用することを原則として禁止している〔刑訴320①〕のは、公判中心主義の理念の実現に資するものである。

公判調書　*公判期日'の訴訟手続のうち審判に関する重要事項を記載した*調書'〔刑訴48〕。*裁判所書記官'が作成・署名押印し、裁判長が認印する〔刑訴規46〕。当事者はこれを閲覧し〔刑訴40・49・270〕、その正確性について異議を申し立てることができる〔刑訴51〕。*公判手続'で公判調書に記載されたものは調書のみによって証明することができる〔刑訴52〕。

公判廷　*公判手続'を行う法廷。公判廷は、*裁判官'及び*裁判所書記官'が列席し、*検察官'が出席して開かれる〔刑訴282〕。法廷は、裁判所の庁舎内に設置されているが、例外的な場合、裁判所以外の場所で公判を開くこともできる〔裁69〕。

公判廷の自白　当該裁判所の*公判廷'における被告人の*自白'。*補強証拠'なしの自白のみに基づく*有罪判決'を禁じた憲法38条3項の自白に公判廷の自白は含まれないとするのが判例の立場である(最大判昭和23・7・29刑集2・9・1012)。任意性があること、虚偽の自白は*弁護人'が質問により直ちに訂正しうること、供述態度を観察できること、裁判所は*心証'が得られるまで質問できることを理由とする。しかし、学説の反対も多い。刑事訴訟法は、公判廷の自白であると否とを問わず、補強証拠を要求している〔刑訴319②〕。なお、この問題は、*アレインメント'の制度採用の合憲性と関連して論じられてもいる。

公判手続　刑事訴訟における*公判期日'の審理手続をいう。*公判廷'で行われ、原則として手続は公開され(⇨公開(審理)主義')、口頭で行われる(⇨口頭(審理)主義')。手続は、*冒頭手続'、*証拠調べ'、*弁論'、*判決'の4つの段階に分かれる。内容は、被告事件の審判のための手続に限られ、例えば、公判期日に*勾留理由開示'手続を行っても〔刑訴83〕、それは公判手続には当たらない。*被告人'は、訴訟の当事者として関与し(⇨当事者主義')、公判手続に出頭する権利と義務を有する。公判手続は被告人が出頭しなければ行うことができないのが原則である〔刑訴286〕が、軽微事件については出頭義務が免除されることがあり〔刑訴284・285〕、また、法人の場合は、代理人を出頭させることができる〔刑訴283〕。なお、被告人の出頭拒否や退廷の場合などにも、一定の要件の下に被告人欠席のまま公判手続を行うことができる旨の規定がある〔刑訴286の2・341〕。*弁護人'は、*必要的弁護'事件のほかは必ずしも出頭を要しない〔刑訴289〕。　⇨公判'

公判手続の更新　刑事訴訟において、手続の断続が生じた場合に、*公判手続'をやり直すこと。審理の途中で裁判官が交代したときが代表例である〔刑訴315〕。ほかに、*被告人'の*心神喪失'による公判手続の停止後、これを再開するときや、長期間不開廷の場合も更新の問題を生ずる〔刑訴規213〕。また、*簡易公判手続'による決定が取り消されたときも更新を要する〔刑訴315の2〕。手続は、*検察官'による*公訴事実'要旨の陳述、*弁護人'・被告人の陳述の機会の付与、*公判調書'や証拠書類・証拠物による更新前の*公判期日'における*証拠調べ'の結果の取調べなどから成る〔刑訴規213の2〕。実際は、関係人の同意の下に簡略化されることが多い。　⇨口頭弁論の更新'

公判手続の停止　*被告人'が*心神喪失'の状態にあるときや、被告人・重要証人が病気のため出頭できないときに、法定の事由がある場合に、審理の手続を停止すること〔刑訴314〕。なお、訴因変更の場合につき、刑訴312⑦。裁判所が*検察官'・*弁護人'の意見を聴き、また医師の意見を聴いた上で停止の決定を行う。

公判陪審　⇨小陪審'

合筆　⇨がっぴつ'

公表　一般的には、情報を広く不特定多数の人々が知りうる状態に置くこと(行政計画の公表など)。特に、行政上の義務の不履行や指示・勧告等の*行政指導'に対する不服従があった場合に、その者の氏名や事実を公に周知させ、これへの社会的非難によって間接的に義務履行ないし服従を促す、行政上の手段として用いられることも多い。経済規制関係の法令〔国土利用26、国民生活安定緊急措置法(昭和48法121)6③・7②等〕や各地の条例に多くみられる。このような法令・指導の違反事実の公表は、違法・不当な行為を行った者への制裁という側面

とともに，国民・消費者への情報提供という意味をも有しており，この両面に鑑みて，公表について法律・条例の根拠の要否が議論されている。なお，違法な公表に対しては，信用毀損を理由とする損害賠償が判例上認められている（東京地判昭和54・3・12判時919・23，東京高判平成15・5・21判時1835・77）。また，＊行政手続条例'の中には，公表前に相手方に意見を述べる機会を与える旨明記している例も少なくない。

公表権 ⇨著作者人格権'
公　布 ⇨公布'（巻末・基本法令用語） ⇨公布文'
幸福追求権 憲法13条後段にいう「生命，自由及び幸福追求に対する国民の権利」を略したもの。それは，15条以下のいわば個別的＊基本権'条項の中に明文上（又は解釈論的にみて）含まれていないような新しい権利・自由（例えば，＊プライバシー'の権利）を導出する役割をもつ具体的権利である。ただ，幸福追求権条項から導きうる権利の範囲いかん（自由権的なものに限られるか，また人権的価値の高いものに限られるか）については，争いがある。

交付罪 ⇨財産罪'
交付税 ⇨地方交付税'
交付送達 送達を受けるべき者に書類を交付することによってする＊送達'〔民訴102の2〕。その確実性から原則的な送達方法とされる。交付送達は原則として住所等でなされるが〔民訴103①〕，就業場所〔民訴103②〕，送達実施機関と出会った場所〔民訴105。出会送達〕，裁判所〔民訴102。裁判所書記官送達〕での送達が認められることもある。なお，送達を受けるべき者に対して書類を直接手渡すのではない＊補充送達'及び＊差置(さしおき)送達'〔民訴106〕も交付送達の一種である。

公　物 **1意義** 国又は地方公共団体等の行政主体により，直接，公の目的に供用される個々の有体物をいう。道路・河川・公園・港湾のように直接公衆の共同使用に供される＊公共用物'と，官公署・官公立学校の建物・敷地のように国又は公共団体自身の公用に供される＊公用物'の両者を含む。私物に対する観念で，国公有財産でも，単に収益を目的とする＊普通財産'はここでいう公物ではない。
2成立と消滅 公物の成立・消滅の要件は，公共用物と公用物とで異なる。前者は，一般公衆の利用に供されるべき形体的要素を備えていること及びその公の目的に供する旨の行政主体の意思的行為（＊公用開始行為'）によって成立する（ただし，＊自然公物'については，意思的行為は必要としない）が，後者は，行政主体において，一定の設備を整え，事実上，その使用を開始することによって足りる。消滅についても，公共用物は，その形体的要素を喪失し，又は行政主体が公用を廃止する意思表示（＊公用廃止行為'）を行った場合に消滅し，公用物は，単にその使用を廃止することによって，公物としての性質を失う。 ⇨予定公物'
3特色 公物は，直接，公の目的に供用されるため，その目的を達成させる必要上，私物と異なった法律上の扱いがなされることが多くみられる。具体的にどの範囲に私法の適用が除外され，特殊的法的規律が適用されるかは，個別の公物に関する実定法の定めによる。すなわち，公物については，私権の目的とすることができないとされることがあり〔河2②〕，また，その目的を妨げるような私権の行使を制限され〔道4等〕，処分等を制限される〔国財18，自治238の4〕などの規定が定められている。公物が公物のままで＊取得時効'・＊収用'・＊強制執行'の対象となりうるかについては，学説上，見解が分かれているが，最高裁判所は，取得時効につき，公物の黙示的公用廃止を認めることによって，実質的な時効取得を容認している（最判昭和51・12・24民集30・11・1104）。
4管理 公物の存立を維持し，これを公の目的に供用し，できるだけ完全にその本来の目的を達成させるためにする作用を公物の管理という。＊道路法'，＊河川法'等の各公物法は，公物管理権者及び具体的な公物管理に関し定めているが，公物の管理の内容としては，公物の維持・保管，障害の防止・除去，公物の使用関係の規制等種々の作用が含まれる。 ⇨公物管理権'
5公物の使用関係 その法的形態によって，一般使用，許可使用，特許使用に分けるのが通説である。イ　一般使用は，自由使用・普通使用ともいわれ，道路の通行，公園の散歩のように，一般公衆が，公共用物をその本来の目的に応じて自由に使用する関係をいう。ロ　許可使用は，公共用物の使用が公共の安全・秩序に障害を与えるのを防止し，又は多数人の使用関係を調整するために，一般的には自由な使用を制限しておき，一定の出願に基づき，その使用を許可する場合である。ハ　特許使用は，一般人には許されない特別の使用をする権利（道路上の電柱設置，河川でのダム建設等）を特定人のために設定する場合で，公物使用権（公物占用権）の特許という。

公物管理権 ＊公物'の存立を維持し，これを公の目的に供用し，できるだけ完全にその本

来の目的を達成させるために行政主体が有する権能。作用の形式としては、抽象的規律(公物管理規則)の定立や、具体的処分の場合がある。公物管理権の性質については、各公物本来の目的を達成させるために、各公物法の定めるところにより、一定の公物管理者に与えられる特殊の包括的権能と解するのが一般的である。*道路法'・*河川法'・海岸法等の個別の公物法において、公物管理権を行使する公物管理者及び具体的な公物管理の作用についての規定が置かれている。公物管理権の内容としては、イ 公物の範囲の指定(河川区域、道路区域の指定等)、ロ 公物の維持・保管及びそれに必要な*公用負担'特権、ハ 公物の目的に対する障害の防止及び除去、ニ 公物の使用関係の規制(道路の占用許可及びこれに伴う占用料の徴収等)が一般的に挙げられる。　⇨*公物警察'

公物警察　一般警察権の発動として、*公物'の安全を保持し、公物の公共使用の秩序を維持するためにする作用。公物の使用が、社会公共の安全と秩序に影響を及ぼす場合には、その限度において、公物も警察権の対象となる。道路の通行の安全を保ち、その秩序の維持を図るため交通の規制をするのがその例である。1つの公物について、公物警察権と*公物管理権'とが競合する場合もみられるが、公物管理権は、公物管理者が公物の目的を全うするために有する包括的権能であるため、両者は、その目的を異にし、権限発動の範囲、違反に対する制裁・強制方法が異なる。

公物制限　私人が所有する特定の財産に対して、それが公益上必要なものであるために課される制限の一種。イ *私有公物'に課せられる各種の制限、例えば、公道の敷地が私有地である場合に、当該敷地に対する私権の制限。ロ 国宝・重要文化財・保安林等公益上保存を必要とする物に対する私権の制限、例えば、重要文化財の現状変更や輸出の制限、保安林の伐採の制限。ハ 特許企業の用に供されている物に対する制限、例えば、電気事業者の設備の譲渡の制限などがその例である。　⇨*負担制限'

公布文　既に国法として成立している憲法改正、法律、政令及び条約を公表して、一般国民がその正文を知ることのできるようにし、効力を発生せしめることを公布というが、公布の際、当該法令の前に置かれる「○○法(又は政令・条約)をここに公布する」という文章のこと。公布の方式を定める法は日本国憲法制定後長い間制定されてこなかったので、公布文の書式や*官報'への掲載による公布等、公布に関わる事柄は、慣行として、*明治憲法'下の*公式令'が定めていた方式に準拠して行われてきたが、令和5年になってようやく「官報の発行に関する法律」が制定された(法85)。なお、公布は天皇の*国事に関する行為'〔憲7①〕なので、公布文には*御名(ぎょめい)・御璽(ぎょじ)'と内閣総理大臣の*副署'とが必要である。公布文は法令の一部をなすものではない。

交付要求　滞納者の財産につき既に他の原因による*強制換価手続'がされている場合に、税務署長又は地方公共団体の徴収吏員からその強制換価手続の執行機関に対し、その換価代金から滞納税額への配当を要求する行為で、交付要求書の交付をもって行う〔税徴82①、地税68④等〕。*強制執行'における*配当要求'に相当する。滞納者に他に適当な財産があるときは交付要求はできず〔税徴83〕、また一定の場合には交付要求を解除しなければならない〔税徴84〕。

公文書・私文書　*公務所'(国又は地方公共団体などが設ける機関)又は*公務員'が職務上作成する文書を公文書といい、それ以外の*文書'を私文書又は私署証書という。

Ⅰ　民事訴訟法上、両者については、まず*文書成立の真正'が推定される要件に差がある〔民訴228②④〕。そのほか、文書提出義務に関して主に公文書を念頭に置いた定めがある〔民訴220④ロ・223③〜⑤〕が、適用範囲が公文書の定義と一致するわけではないため、この場面では*公務文書'の概念を用いることが多い。　⇨文書提出義務'

Ⅱ　刑法上、*文書偽造罪'の客体として、公文書・私文書の区別は極めて重要である。例えば、公文書は*無形偽造'も罰するが私文書については原則として無形偽造を罰しないなど、公文書に対する保護が特に厚い。**1 公文書**　公務所又は公務員が、その名義で職務権限に基づいて所定の形式に従って作成する文書と定義される。公務員の作成した文書であっても、公務員の退職届書のようにその職務執行に関して作成されたものでない文書は、公文書ではない。また、郵便小為替証書などは、*有価証券'であって、偽造罪の関係では公文書ではない。更に文書形態をもたず一種の符号にとどまるときは、公記号である。もっとも、郵便局の消印は、形式は簡略化されてはいるが郵便物の受付の事実を証明するための文書(省略文書)とするのが判例である(大判昭3・10・9刑集7・683)。

2 私文書　公文書以外の一切の文書。単なる文学書などでの表現も、権利、義務、若しくは事

こうぶんし

実証明に関するものである限り，刑法上の文書となり，私文書に該当しうる〔刑159〕。他方で，有価証券は私文書から除かれる。外国の公務所・公務員の作成した文書は，刑法の適用上は私文書にすぎない。なお，私文書に公務員の証明文言が付された場合(例えば公証人が私文書を認証した場合)などには，公文書との複合文書になる。

3 公用文書・私用文書　文書毀棄罪〔刑258・259〕の客体としての区別であって，公文書・私文書の区別に対応しない。私文書であっても公務所の用に供するため公務所に保管されているものは公用文書である。

公文書偽造罪　*'行使'の目的(⇨'目的犯')で，*'公務所'又は*'公務員の作成する'文書'・*'図画(㊞)'(⇨'公文書)を*'偽造'又は*'変造'する罪。刑法155条。公務所等の*'印章'又は*'署名'(記名で足りる)の有無によって，刑に軽重がある。印章・署名のある場合は1年以上10年以下の拘禁刑，ない場合は3年以下の拘禁刑又は20万円以下の罰金に処せられる。偽造公文書を行使した者は，同一の刑で処罰される〔刑158〕。天皇文書も公文書の一種であるが，*'詔書'等の偽造については詔書偽造罪〔刑154〕の定めがある。実在しない公務所・公務員の名義で作成した場合でも，一般人に，実在する公務所・公務員の作成する文書と誤信させる外観をもつものであれば，公文書の偽造である。一方，真正な公務員であっても，その職務権限に属さない文書を作成することは公文書の偽造となる。事実上作成事務を担当するにすぎない補助公務員については，内容虚偽の公文書を作成すれば公文書偽造罪が成立するが，内容の正確性を確保するなどの一定の基本的条件に従う限りは偽造にならないとするのが判例である(最判昭和51・5・6刑集30・4・591)。また，判例は，写真コピーによる内容虚偽の公文書の「写し」の作成につき，コピーは原本と同様の機能と信用性をもつとして，有印公文書偽造罪の成立を認めた(最判昭和51・4・30刑集30・3・453。ファクシミリ送信による公文書の「写し」の作出につき同旨，広島高岡山支部判平成8・5・22判時1572・150)。しかし，学説では，コピー，ファクシミリはあくまでも写しであって原本ではないとする批判的見解が有力である。　⇨'虚偽公文書作成罪'

公文書公開　⇨'情報公開制度'

公文書等の管理に関する法律　平成21年法律66号。本法の特色は，以下の点にある。イ　従前は，現用文書の管理については総務省，歴史公文書等の管理については内閣府が中心的役割を担ってきたが，本法附則による内閣府設置法改正により，文書管理に関する事務が内閣府に一元化され，公文書等のライフサイクル全体を視野に入れた管理が可能になった。ロ　現用の行政文書の統一的管理ルール，すなわち，分類基準，保存期間基準，行政文書ファイル管理簿の記載事項を法令のレベルで規定することとされた。行政文書管理規則は行政機関の長が作成するが〔公文書管理10①〕，統一ルールの下で作成するため，不合理な不統一は解消された。ハ　レコード・スケジュール制度が導入された。すなわち，行政機関の長は，行政文書ファイル等について，保存期間の満了前のできる限り早い時期に，保存期間が満了したときに，国立公文書館等への移管又は廃棄のいずれの措置をとるかを定めなければならず〔同5⑤〕，保存期間が満了したときは，この定めに基づき，国立公文書館等への移管又は廃棄を義務付けられることになった〔同8①〕。ニ　内閣府の長たる内閣総理大臣によるコンプライアンスの確保措置が整備された〔同9・31〕。ホ　外部有識者や専門家の知見を可能な限り活用する仕組みが整備された。すなわち，内閣府に公文書管理委員会が置かれ，統一管理ルールに関する政令案がこの委員会に諮問され〔同29〕，内閣総理大臣が行政文書管理規則案に同意する場合〔同10③〕，特定歴史公文書等の廃棄に同意する場合〔同25〕，国立公文書館等の利用等規則案に同意する場合〔同27③〕，勧告をしようとする場合〔同31〕も，公文書管理委員会に諮問される〔同29②③〕。ヘ　*'独立行政法人'等の法人文書の管理についても，行政文書の管理に準じた規律が図られることになり〔同3章〕，更に，独立行政法人等の文書も国立公文書館等への移管対象となった〔同11④〕。ト　国立公文書館等へ移管された特定歴史公文書等の利用を促進するための措置が講じられ，利用請求に対する処分又は不作為について不服がある者は，国立公文書館等の長に審査請求をすることができ〔同21①〕，審査請求があったときは，原則として，公文書管理委員会に諮問することが義務付けられた〔同21④〕。

衡平　一般的な規範である法をそのまま適用することが妥当でない場合，それを具体的な事案に即して修正する原理。アリストテレス(Aristoteles, B.C.384～322)が「ニコマコス倫理学」の中でエピエイケイアの名で定式化したもので，古代*'ローマ法'の法務官法，イギリスの衡平法はそれを制度化した。*'国際司法裁判所'では，当事者が合意すれば'衡平と善'に基づいて裁判することができる〔国際裁38②〕。

公平委員会 1 *人事院'に設置され,職員の意に反する*不利益処分'及び*懲戒'処分に関する審査請求を審理する委員会。事件ごとに設置される。人事官及び事務総局の職員の中から指名される3名又は5名の公平委員から成る〔人規〈13-1〉19・21〕。公平委員会は,事案を審理し調書を作成するが,事案の判定は,人事院が行う〔人規〈13-1〉20本文〕。
2 *人事委員会'を置かない市町村,*特別区'及び*地方公共団体の組合'に条例で設置され,職員の勤務条件に関する措置の要求(⇨勤務条件に関する行政措置の要求')に対する審査・判定及び必要な措置を行い,職員に対する不利益処分についての審査請求に対する裁決を行う機関。議会の同意を得て*地方公共団体の長'が選任する3人の委員から成る〔地公7②③・8②・9の2①②〕。

衡平と善 Ⅰ 国際司法裁判所規程(昭和29条2)38条は裁判準則を規定するが,1項は条約・慣習・*法の一般原則'・判決及び学説を適用すること,2項は,当事者の合意がある場合には「衡平及び善に基いて」裁判が行われることを規定している。*国際仲裁裁判'においては,法に従う以外に,衡平と善に従って裁判することが認められる例も少なくない。衡平と善は,裁判官個人の主観ではなく具体的正義であるとされるが,学者によってもその意味については見解が一致しているとはいえず,また,「衡平」と「善」の区別も必ずしも明らかではなく,裁判官の裁量が広く働くことは否定できない。国際司法裁判所規程の解釈としては,裁判で適用できる実定国際法規が存在していても,当事国の合意がある場合は衡平と善を適用できるといえる。近年,海域の境界画定や資源配分の原則として「衡平の原則」が国際法規といわれるが,これが実定国際法の範囲で考えられる原則であるならば,「衡平及び善」と混同されないように,実定国際法としての具体的な定式化が必要である。

Ⅱ *国際商事仲裁'において,*仲裁人'は法を適用して判断を行うのが原則であるが(仲裁38①②参照),紛争の性質・内容,当事者間の関係いかんによっては,法の厳格な適用でなく,専門的知見を備えた仲裁人の柔軟で具体的妥当性を重視した判断の方が紛争解決に資することがある。そこで,当事者双方の明示的な求めがあるときには,仲裁人が「衡平と善」による判断を行うことが許されている〔仲裁38③〕。衡平と善は,具体的事実に適した具体的正義の原則をいい,*条理'や「法の一般原則」に近い概念であるとされる。

公平な裁判所 *裁判'は,法を基準とした第三者の判断による紛争の解決手段である。したがって,*裁判所'が対立する当事者の双方に対して公平であることは,裁判制度そのものに当然に含まれる要請である。そのため憲法は,*裁判官'の独立と身分の保障を定めている〔憲76③・78〕。また,民事及び刑事の*訴訟法'は,事件について特別な利害関係をもつ裁判官が裁判を担当することを防いで裁判所の公平性を保つために,*除斥・忌避・回避'の制度を定めている〔民訴23・24,民訴規12,刑訴20・21,刑訴規13〕。また裁判員(⇨裁判員制度')についても不適格事由を定めている〔裁判員17・18〕。とりわけ刑事事件について,憲法は,公平な裁判所の裁判を受けることを被告人の権利として保障している〔憲37①〕。刑事訴訟法はこの要請を実現するために,主張・立証を当事者に委ねて裁判官を中立的な判断者とする*当事者主義'の手続を採用している。*起訴状一本主義'や*訴因'の制度などが,その表れである。

公平負担の原則 租税負担が国民の間に担税力(英ability to pay)に応じて公平に配分されるべきことを要求する*租税法'上の原則。この原則は,主として,担税力の尺度として何を用いるべきかという局面において議論される。一般的には,担税力の尺度としては*所得'が最も優れているといわれている。確かに,ある課税年度内における納税者間の公平を達成するためには,所得は優れた基準である。しかし,生涯負担の公平という見地からは,消費のほうが優れた基準であるとして,いわゆる支出税を支持する議論も有力に存在する。公平負担の原則は,課税における平等取扱いの原則(国民が租税法律関係において平等に扱われるべきであるとする原則。同様の経済的状況にある者に対しては同様の課税が,異なる経済的状況にある者に対しては異なる課税がなされるべきことが要求される)と並んで,租税公平主義の一内容をなす。その根拠は,憲法14条1項にみいだすことができる。租税公平主義は,*租税法律主義'と並ぶ租税法上の基本原則である。

衡平法 ⇨コモン・ロー'
抗弁 民事訴訟において,原告の*請求'を排斥するため,被告が原告の権利主張・事実主張を単に否定・*否認'するのではなく,自らが証明責任(⇨挙証責任')を負う事実による別個の事項を主張すること。防御方法の1つ(⇨攻撃防御方法')。抗弁には,請求を排斥するため実体法上の事項を主張する実体法上の抗弁と,

ごうべんけ

実体法上の事項とは関係しない訴訟上の抗弁とがある。前者は更に権利抗弁と事実抗弁に区別され（⇨'権利抗弁・事実抗弁'）、後者には*妨訴抗弁'・*証拠抗弁'などが含まれる。

合弁契約　⇨'株主間契約'

抗弁権　相手方の*請求権'の行使に対し、その請求権の効力の発生を阻止し請求を拒絶することのできる他方当事者の地位。*同時履行の抗弁権'〔民533〕、*催告の抗弁権'・*検索の抗弁権'〔民455〕などがその例である。請求権と反対に、権利が現状維持的・防御的な形で現れる場合を指す。抗弁権の行使によって請求権の行使は阻止されるが、その効果は一時的であって一定の条件が満たされれば阻止できなくなる。阻止の内容は個々の抗弁権によって異なる。なお、取消権などの*形成権'が抗弁権として機能するときにその形成権の行使について期間制限があれば、その期間経過後は抗弁権としても行使できなくなる。例えば、*制限能力者'が*法律行為'をして5年以内に取消しの意思表示をしないと、取消権は時効により消滅し〔民126前〕、それ以後相手方が履行を請求してくれば拒絶することはできない。しかし、抗弁権は現状維持という機能をもつものであるから、期間の経過によって行使できなくなると、結果的に現状変更を認めることになり、請求権において*消滅時効'制度が現状維持的機能を果たしているのと比べて妥当でないという考え方もある。このように抗弁権は期間制限に服すべきでないということを抗弁権の永久性と呼ぶ。

抗弁の制限　⇨'人的抗弁'

抗弁の接続　通常は*第三者'には対抗できない抗弁を、一定の場合に認めること。例えば、単純な*割賦販売'により商品を購入した場合、商品に*瑕疵（かし）'（契約不適合）があれば、買主は売主に対して代金支払を拒むことができる。しかし、購入者が信販会社から信用供与を受けている場合（例えばクレジットカードでの購入）には、第三者たる信販会社の支払請求に対して、このような抗弁を対抗できるかという問題が生じる。*割賦販売法'は、*信用購入あっせん'の場合についての抗弁の接続を認めている〔割賦30の4・35の3の19〕。

公募　⇨'有価証券の募集'

公法・私法　**1 一般的用語法**　法の大まかな分類として公法・私法という場合には、憲法、行政法を公法、民法、商法を私法の典型とし、更に、刑法、刑事訴訟法、民事訴訟法、国際法を公法に加えるのが通例である。この分類は、国家機関ないし行政機関が関わるものが公法、国民ないし市民相互の関係を規律するものが私法という考え方である。

2 歴史　法の分類としての公法と私法は古くはローマ法の時代から認められるともいわれるが、現在問題とされている区別の出発点は、いわゆる国家と市民社会の分化が生じたとされる19世紀ヨーロッパ大陸諸国におけるそれである。自由主義思想ないし個人主義思想を背景として、国家の活動を制約するものとしての憲法、私的自治・自由平等を指導原理とする民法を中核として、公法と私法は性質及び適用される事象を異にする独立した体系として観念され、また、両者を適用する裁判所も二元的に構成される傾向がみられた。しかし、両大戦を経て国家の活動が増大し、かつ弱者保護等の見地が強調されるようになると、公法・私法の峻別（しゅんべつ）の基盤が失われ、理論上も区別が次第に困難になり、更には区別の意義に疑問が呈されるようになった。

3 行政法上の意義　行政法学においては、とりわけ公法・私法の区別が重視されてきた。その理由は、学問領域を画定するため、及び具体的な事象に適用される規律を確定するためであった。行政機関の活動につき民法・商法が適用される場合があるということは比較的早くから承認されたため、前者の問題は、行政機関の活動についての法的規律のうちどの範囲を行政法と呼ぶか（例えば、行政に関する国内公法をいうなど）、という問題にすぎないといえるが、後者の問題は実益があるとされてきた。

4 区別の基準　様々な公法と私法の区別の基準のうち、最も有力な2つは、支配服従の関係か自由平等の関係かを問題にする権力説と、公益に関わるか私益に関わるかを問題にする利益説である。前者は*公権力'の観念を中核とするドイツで、後者は*公役務'の観念を中核とするフランスで久しく支配的であったが、日本では、その両者を組み合わせて、行政主体が私人に対して法的に優越する意思をもって臨む場合たる権力関係と、特に公益上の理由によって私人間に妥当する法原則が適用される場合である管理関係を公法関係であるとする説が戦後通説的見解となった。*行政事件訴訟法'4条はこのような考え方を背景として「公法上の法律関係」という言葉を用いている。

5 批判説　戦後の改革で*行政裁判所'が廃止されたこともあって、一時期公法・私法の区別に批判的な学説が支配的になったが、その後、公法と私法の区別を認めつつ、公法規範による行政活動の統制機能を重視する学説もみられるよ

うになっている。
　公法関係　　⇨公法・私法'
　公法上の義務確認訴訟　　⇨義務確認訴訟（公法上の）'
　公法上の契約　　⇨行政契約'
　公法上の時効　　⇨時効'
　公法上の法律関係に関する訴訟　　⇨当事者訴訟'
　公法人　1 概念　国家の下に特定の国家目的のために設立された法人。*私法人'に対する観念で，公法上の法人ないし*公共団体'ともいう。広義においては国，地方公共団体も公法人であるが，通常は国の分身としてイメージされるそれ以外のものをいう。国，地方公共団体が様々な事務を処理するのに対し，公法人は特定の事務を担当する点に特色がある。
2 性質　公法人は，国の意思により設立され，法律により目的が定められ，国の特別な監督に服し，解散の自由がないと説明されてきた。また，その目的に必要な限度で行政権が付与されることがあり，*行政主体'の一種とされる。しかし，現在ではこのような一般的な説明が適切かどうかは疑問とされている。地方公共団体の分身とイメージすべきもの（*地方公社'，*港務局'等）が出現したことは別として，*公法・私法'の区別自体に疑問があるほか，公法人に当たるとされるものにつき，一律にその従業員が公務員法上の公務員になるとか，その決定が当然に行政処分となるとはいえないからである。
3 種類　日本においては，社団法人たる*公共組合'と財団法人たる*営造物法人'に 2 区分するのが通例であるが，社団，財団，*営造物'の 3 区分もある。制定法上の用語では，各種組合のほか，*公庫'，事業団等がある。なお，類似の概念として，*独立行政法人'，*特殊法人'，政府関係法人，*公共法人'〔法税 4 ②〕がある。
　合法性　法，特に*実定法'に適合していること。しばしば「形式的合法性」として，「実質的正当性」「具体的妥当性」，また「正統性」と対比されることがある。　⇨正統性'
　攻防対象　刑事訴訟の*上訴'審で，当事者間の争いが続いているため，それについて裁判所が判断を加えることが可能な犯罪事実をいう。例えば，*第一審'で*科刑上一罪'の一部が有罪，残りが無罪と判断されたのに対して，被告人だけが控訴をした場合，一審で無罪とされた事実は攻防対象から外れているので，控訴裁判所が有罪に変えることはできないとされる。*控訴審'における*職権調査'〔刑訴 392 ②〕の範囲を限定した判例（最大決昭和 46・3・24 刑集 25・2・293〈新島ミサイル事件〉）から生じた概念である。
　公法的訴権説　　⇨訴権'
　後法優位の原則　同一法形式間では「後法は前法を廃する」（🏛 Lex posterior derogat legi priori.）という原則。憲法と法律，法律と命令のような異なる法形式間では妥当しない。また「特別法優位の原則」と抵触するときは，一般法の後法は特別法の前法を廃さない（⇨一般法・特別法'）。ヨーロッパ中世法など，「祖先は子孫より偉大で，祖先の法は子孫の法に優先する」として，「前法優位の原則」がとられる社会もあり，イギリス法の「判例不変更（stare decisis）の原則」は，判例法における前法優位の原則ともいえる。
　公僕　現行憲法の下における*公務員'の本質及び立場を表す語。英語のパブリック・サーバント（public servant）に当たる。日本国憲法上には*全体の奉仕者'と表現されている〔憲 15 ②〕。*国民主権'の原理の帰結として，国民の信託を受け国民のために国政に従事する者であることを意味する。公僕である公務員は戦前の天皇の*官吏'のような支配者としての官僚であってはならない。
　候補者制度　選挙で，候補者として届け出た者だけが*当選人'となることができるとする制度。したがって候補者として届け出なかった者に対する投票は無効となる〔公選 68 ①②〕。日本では，大正 14 年（1925），衆議院議員選挙について初めてこの制度が採用された。現在，*公職選挙法'による選挙は全て候補者制度によっている。
　公募増資　　⇨募集株式の発行等'　⇨有価証券の募集'
　公募増資インサイダー取引　　⇨内部者取引'
　公民・公民権　国又は地方公共団体の公務に参与する地位における国民を公民という。公民は，法律学上の概念として用いられる場合と法令上の用語として用いられる場合がある。公民としての資格・権利は，公民権と呼ばれる〔労基 7 参照〕。なお，かつての*市制・町村制'では，住民のうち一定の資格をもつ者を公民とし，公民に限り，その市町村の公務に参与する権利義務をもっていた。しかし，日本国憲法の下では，このような公民制は，*法の下の平等'に反するために廃止された。
　公民権　　⇨公民・公民権'
　公民権行使の保障　使用者は，労働者が*労働時間'中に*選挙権'その他*公民'としての権利を行使し，又は国会議員等に就任するなど

こうむいん

公の職務を執行するために必要な時間を請求したときは拒んではならない〔労基7〕。その間の賃金の支払までは義務付けられておらず、また、公務の執行のため業務に支障を来すときは、解雇することが認められる場合もある。

公務員 1 日本国憲法上の概念　一般的には、国又は地方公共団体等の公務を担当する者を広く指す。選任方法のいかんや、立法・行政・司法のどの部に属するかを問わない。法律上の名称が'官吏'や'吏員'であっても、公務員とほぼ同義とされる。以上の意味における公務員について、日本国憲法は、*国民主権'主義の下、*明治憲法'下における天皇の官吏とは異なり、公務員の選定罷免は国民固有の権利であること〔憲15①〕、公務員は*全体の奉仕者'であって一部の奉仕者ではないことを宣言し〔憲15②〕、公務員に憲法を尊重し擁護する義務を課す〔憲99〕。⇨公務員の勤務関係'

2 個別の法律上の公務員　イ *国家公務員法'・*地方公務員法'における公務員は、憲法上の公務員概念から国会議員等を除外した概念である。ロ *国家賠償法'における公務員は、「国又は公共団体の公権力の行使」を担当する者の意味で〔国賠1①〕、公務員法上の公務員に限られない。ハ 刑法における公務員は、「国又は地方公共団体の職員その他法令により公務に従事する議員、委員その他の職員」であり〔刑7〕、賄賂罪・公務執行妨害罪等の*構成要件'における公務員はこの意味であるところ、国家・地方公務員法上の公務員でも*単純労務者'等は除かれると解されている。その他の法律で「法令により公務に従事する職員とみなす」と定められている者は、公務員法上の公務員ではなくても、刑法上の公務員として扱われる（みなし公務員）。公共サービス実施民間事業者（⇨公共サービス改革'）〔公共サービス改革25②〕、日本銀行職員〔日銀30〕、*準起訴手続'における指定弁護士〔刑訴268③〕等である。

公務員制度改革　公務員制度改革は、制度運用の改革も含めていわれることもあるが、ここでは、法制度改正による改革のうち主要なものに焦点を絞る。1 平成19年法改正による改革　平成9年の行政改革会議最終報告を踏まえた中央省庁等改革基本法は、国家公務員制度改革の検討課題として、イ 能力・実績等に応じた人事管理の徹底、ロ 退職管理の適正化等〔省庁改革基48〕、及び、ハ 中央人事行政機関の機能の見直し〔省庁改革基49〕を挙げ（簡素で効率的な政府を実現するための行政改革の推進に関する法律63条も参照）、イロが、平成19年の*国家公務員法'等改正（法108）に取り入れられた。

2 平成26年法改正による改革　平成20年の国家公務員制度改革基本法（法68）は、改革の基本方針として、イに加え、ニ 国家戦略スタッフ・政務スタッフの設置、ホ 幹部人事の一元管理、ヘ 政官接触の制限、ト 多様な人材の登用、チ 官民人材交流の推進、リ 国際競争力の高い人材の確保育成、ヌ 職員の倫理の確立及び信賞必罰の徹底、ル '内閣人事局'の設置、ヲ 自律的労使関係制度の措置等を挙げ、ニホチルヲが平成26年の国家公務員法等改正（法22）により、チは「国と民間企業との間の人事交流に関する法律」の改正で、それぞれ実現した。地方公務員制度については、同年の*地方公務員法'等改正（法34）がイロを制度化している。

公務員の勤務関係　1 意義　*公務員'の勤務をめぐる法律関係の総称。公務員法が規律する身分・労働関係の法的性質は、私企業の労働者の雇用関係との比較において問題とされる。

2 学説・判例　*明治憲法'の下での官吏関係は、法治主義が妥当せず、裁判による救済が及ばない公法上の*特別権力関係'とされ、その点で私法上の雇用契約関係と区別されてきた。現在では、公務員の身分・労働関係は法律・人事院規則・条例・規則で詳細に規律されており（勤務条件法定主義・勤務条件条例主義）、公務員に対する不利益処分は*取消訴訟'の対象となる処分〔行訴3②〕（⇨処分（行政法上の)'）であることが法定されているため〔国公90・92の2、地公49の2・51の2〕（処分以外の人事作用についても、*法律上の争訟'性が肯定されれば、その効力を実質的*当事者訴訟'〔行訴4⑧〕等で争いうることは当然視されている）、特別権力関係説は現行公務員法制と整合しない。今日の学説は、公法上の勤務関係説と労働契約関係説に分かれているところ、最高裁判所は前者の説に立つものと理解されている（最判昭和49・7・19民集28・5・897）。⇨公務員の労働関係'

公務員の権利・義務　*公務員'は、国民（具体的にはその代表者としての政府）に対し、公務員法その他の法令の定めにより、次のような権利・義務をもつ。1 公務員の権利　職務上の権利として、まず、*身分保障'に関する権利〔国公75①、人規(11-4)、地公27②〕があり、法定の事由による場合のほかは、その意に反して、*降任'・*休職'・*免職'されない。これら*不利益処分'については、権利保障のための手続が定められている〔国公89〜92の2、人規(13-1)、地公49〜51の2〕。また、*勤務条件に関する行政措置の要求'の権利がある〔国公86〜88、人規(13-2)、

地公46〜48]。次に，財産上の権利として，*給与'[国公62，給与法，地公24①]，退職年金等(長期給付)[国公107，地公43②]，国公共済，地公共済，恩給]，保健給付等(短期給付)[国公共済，地公共済]，公務傷病に対する補償[国家公務員災害補償法(昭和26法191)，地方公務員災害補償法(昭和42法121)]，職務上の実費弁償[国家公務員等の旅費に関する法律(昭和25法114)]等を受ける権利がある。

2 公務員の義務 公務員は，憲法15条2項に基づき，*全体の奉仕者'として公共の利益のために勤務するという一般的義務(誠実の義務)[国公96①，地公30](⇨'宣誓')を負う。そのほか，職務遂行上の義務(職務執行・*職務専念義務')[国公101，地公35]及び法令と上司の命令に従う義務[国公98①，地公32](⇨服従義務(公務員の))，*秘密を守る義務'[国公100①・109⑫，地公34①・60②]及び品位と信用を保つ義務[国公99，地公33](⇨'信用失墜行為')がある。特定秘密の保護に関する法律により，特定秘密の漏えいに対しては，通常の秘密よりも重い罰則が科される。なお，公務員は，*労働基本権'に関し制限あるいは特別の取扱いを受け[国公98②③，地公37](⇨'意思行為'，'職員団体')，所定の政治的行為を禁止され[国公102，地公36](⇨公務員の政治的行為')，また，営利企業及び非営利事業との関係について制限を受けている[国公103・104，地公38①本文](⇨'私企業からの隔離(公務員の)')。

公務員の私企業からの隔離 ⇨私企業からの隔離(公務員の)'

公務員の職 ⇨'職(公務員の)'

公務員の職務 ⇨'職務(公務員の)'

公務員の尋問 *公務員'又は公務員であった者を民事訴訟あるいは刑事訴訟において*証人'として職務上の秘密について尋問をする場合には，裁判所はその監督官庁の承認・承諾を受けなければならないとされている[民訴191，刑訴144・145]。この場合，監督官庁は，民事訴訟法では，公共の利益を害し，又は職務の遂行に著しい支障を生じるおそれがある場合[民訴191②]，刑事訴訟法では，国の重大な利益を害する場合[刑訴144但・145②]を除いては，承認・承諾を拒むことができない。公務員の*秘密を守る義務'[国公100②③，地公34②③参照]と関連する。 ⇨'証人尋問' '証言拒絶権'

公務員の政治的行為 **1 政治的行為の制限** 公務員の政治的中立性の確保を目的として，公務員法その他の法令は，公務員の政治的行為を制限する規定を設けている[国公102，地公36，公選89・90・136〜137，自衛61，国会職員法(昭和22法85)20の2，裁52①，警10③・42③，独禁37①，教育行政11⑥等]。*国家公務員法'102条によれば，職員は，政党又は政治的目的のために寄附金その他の利益を求め，若しくは受領し，又は何らの方法をもってするを問わず，これらの行為に関与し，あるいは選挙権の行使を除くほか，*人事院規則'で定める政治的行為を禁止され，また，公選による*公職の候補者'，政党その他の政治的団体の役員・政治的顧問その他これらと同様な役割をもつ構成員となることを禁止されている。

2 政治的行為の意義 政治的行為については，昭和24年人事院規則14-7(政治的行為)及び*地方公務員法'36条にそれぞれ定められている。これらの規定には公職の選挙において特定の候補者を支持し又はこれに反対すること，特定の内閣を支持し又は反対すること，国又は公の機関で決定した政策の実施を妨害すること等の政治的目的をもって，職名・職権又はその他の公私の影響力を利用すること，多数人の行進その他の示威運動を企画・組織・指導・援助すること等の政治的行為が列挙されている。

3 罰則 国家公務員は，政治的行為の制限違反の場合は，3年以下の拘禁刑又は100万円以下の罰金に処せられる[国公110①⑱]。地方公務員について罰則はない。

⇨'政治的活動'

公務員の選考 ⇨選考(公務員の)'

公務員の服従義務 ⇨服従義務(公務員の)'

公務員の労働関係 *公務員'の労働関係については，本来的に民間企業の労働者のそれと同一か否かについて見解の対立があるが，それが公共の利益に奉仕することを前提とする労働関係であるとの特殊性を有することから，民間企業の労働関係とは異なる特別の法規制を部分的，全面的に受け，これが公務員労働法の領域を形作っている。*国家公務員法'，*地方公務員法'，*人事院規則'，*行政執行法人の労働関係に関する法律'，*地方公営企業等の労働関係に関する法律'等の一部ないし全部がこれに属する。公務員の労働関係に対する特別の法規制として特に問題とされてきたのは，日本国憲法28条が公務員を含む全ての勤労者に対して保障していると解される*労働基本権'に対する制約である。なお，表をみよ。非現業職といわれる，表の「一般職国家公務員・一般職地方公務員(下記を除く)」の労働基本権に対する制約については，政府において，制約の緩和による自

こうむきよ

[表：公務員の労働関係]

公務員の職種 \ 労働基本権	団結権	団体交渉権	(労働協約締結権)	争議権	不利益取扱いの禁止
警察職員，防衛省職員，消防職員，刑事施設職員，海上保安庁職員	×〔国公108の2⑤，地公52⑤，自衛64①〕	〔左に同じ〕	〔左に同じ〕	×〔国公98②，地公37①，自衛64②③〕	
一般職国家公務員，一般職地方公務員(下記を除く)	○(注1)〔国公108の2③，地公52③〕	△(注2)〔国公108の5①③，地公55①③〕	×〔国公108の5②，地公55②〕	×〔国公98②，地公37①〕	○(注3)〔国公108の7，地公56〕
行政執行法人職員(一般職国家公務員) 地方公営企業及び特定地方独立行政法人の各職員(一般職地方公務員)	○〔行執労4①，地公等労5〕	△(注2)〔行執労8，地公等労7〕	○〔行執労8，地公等労7〕	×〔行執労17①，地公等労11①〕	○(注4)〔行執労3，地公等労4〕

(注1) 管理職員等とこれ以外の職員とは，同一団体を組織することができない。
(注2) 職員の給与・勤務時間その他の勤務条件については交渉することができるが，国，地方公共団体の事務の管理・運営，行政執行法人ないし地方公営企業等の管理・運営に関する事項は対象とすることができない。
(注3) 職員団体の構成員であること，これを結成しようとしたこと，これに加入したこと又は職員団体における正当な行為をしたことのために不利益取扱いを受けない。
(注4) 労働組合法が定める不当労働行為救済制度その他の制度の適用を基本的に受ける。

律的労使関係制度の構築方針が打ち出され，それまで否定されてきた団体(労働)協約締結権を伴う*団体交渉'の対象事項・当事者・手続，団体協約の効力及び*不当労働行為'事件の審査等の制度化や，*人事院'・*人事院勧告'制度の廃止等の改革案が平成23年以降法案化されたが，成立をみていない。⇨公務員の勤務関係'

港務局 港湾の管理のために港湾法に基づいて設立される公法上の法人〔港湾5〕。港湾の地元関係地方公共団体が，単独で又は共同して，定款を定め，国土交通大臣又は都道府県知事の認可を受けて設立する。国及び地方公共団体以外の者も設立を求めることができる〔港湾4〕。港湾施設の建設改良の計画，維持管理，船舶に対する給水等の役務提供，船舶乗組員又は港湾労働者の福祉厚生施設の設置管理等，港湾に必要な多様な業務を行う〔港湾12〕団体であって，小型の統治団体的な性質をもつ。*営造物法人'の一種としてよく例に挙げられる。

公務執行妨害罪 1 意義 *公務員'が職務を執行するにあたり，これに対して*暴行'・*脅迫'を加えることによって成立する犯罪。公務の適正かつ円滑な遂行の保護を目的とする。刑法はこのような犯罪として，狭義の公務執行妨害罪〔刑95①〕，*職務強要罪'〔刑95②〕(ともに3年以下の拘禁刑又は50万円以下の罰金)，*封印破棄罪'〔刑96〕(3年以下の拘禁刑若しくは250万円以下の罰金又はその併科)を規定しているが，広義には，*強制執行妨害罪'，*競売妨害罪'・*談合罪'をも含めて，刑法2編5章の犯罪をいう。

2 職務 狭義の公務執行妨害罪の対象となる職務は，必ずしも権力的・強制的性格をもった行為に限られず，公務員が公務として行う全ての職務行為を含むとするのが通説・判例(最判昭和53・6・29刑集32・4・816〈長田電報局事件〉等)であるが，*業務妨害罪'の保護を受ける私企業的公務は包含すべきでないとする見解もある。職務行為は適法なものでなければならないとされているが，その判断基準については見解が分かれている(⇨公務の適法性')。

3 暴行・脅迫 暴行・脅迫は公務員の職務の執行を妨害するに足りる程度のものでなければならない(最判昭和33・9・30刑集12・13・3151)が，現実に妨害の結果の生ずることは必要でない(抽象的*危険犯')。暴行は公務員に向けられたものであれば足りる。丸めた紙を顔面付近に突きつけてその先端を触れさせる程度の行為も暴行に当たるとしたものがみられる(最判平成元・3・9刑集43・3・95)が，直接公務員の身体に対して有形力が行使されず，物又は第三者に加えられた有形力が当該公務員に物理的に影響を与えるにすぎない場合(間接暴行)についても本罪の成立を認めるのが従来からの判例の態度である(最判昭和33・10・14刑集12・14・3264，最判昭和41・3・24刑集20・3・129)。

公務所 国又は゛公共団体゛により設けられた，゛公務員゛が職務を行う所をいう〔刑7②〕。建物や場所ではなく，機関を指す〔刑法草案11参照〕。刑法上，種々の゛構成要件゛の内容をなす〔刑155・160・161の2②・165・166・242・258〕。

公務の適法性 1 適法性の必要 狭義の゛公務執行妨害罪゛〔刑95①〕において保護を受ける゛公務員゛の職務行為が違法なものであってはならないということは，通説・判例(大判大正7・5・14刑録24・605)の原則的に認めるところである。しかし，法の保護に値する職務行為といいうるためにはどの程度まで適法性を備えなければならないかについては，問題が多い。

2 法令上の根拠 職務行為は法令に窮極的な根拠をもたなくてはならないが，必ずしも具体的・明示的にその行為が規定されていることは必要でない。しかし，国民の自由に制約を及ぼす行為のときには，法律に特別の規定がなければならない。例えば，警察官の写真撮影行為などは，゛肖像権゛との関係で，警察の一般の職務〔警2〕，あるいは゛任意捜査゛〔刑訴189②〕として保護するのが相当であるかどうか議論がある。

3 根拠法令の違反がある場合 職務行為に根拠法令の違反があったときが問題となる。軽微な形式的・手続的瑕疵(か)の場合には公務の保護相当性は失われず，本罪との関係ではなお適法性を認めるべきであるが，逮捕状の呈示〔刑訴201〕等の国民の権利との関係で重大と考えられる方式に違反したときは否定すべきであるとするのが一般的な見解である。

4 適法性の判断基準 当該公務員が職権発動の前提事実を誤認していた場合については，裁判所が客観的に判断するのが妥当であるとする客観説，当該公務員が適法と信じたかどうかによって決めるのが妥当であるとする主観説，行為時点における一般人の判断によるのが妥当であるとする折衷説が対立している。判例はかつて主観説をとったことがあったが，その後は客観説に傾き(最決昭和41・4・14判時449・64)，学説もこの説が有力である。

5 違法性の誤認 行為者が適法な公務を違法と誤信して妨害したとき，゛故意゛を阻却するかどうかについても争いがある。学説には，行為者がたとえ恣意的に違法と判断したとしても故意がないとする説もあるが，゛法律の錯誤゛として，故意を阻却しないとするのが通説・判例(大判昭和7・3・24刑集11・296)である。

公務秘密文書 ⇨公務文書

公務文書 ゛公務員゛又は公務員であった者が，その職務に関し保管し又は所持する文書。平成13年の民事訴訟法改正(法96)により民事訴訟における一般的゛文書提出義務゛の対象となった。公務文書についても私人の所持する文書と同様の場合に提出義務を免除されるが，それと同時に，公務員の証言拒絶事由〔民訴197①①〕と平仄(ひょうそく)を合わせる形で公務秘密文書も提出義務除外文書とされた。公務秘密文書とは，公務員の職務上の秘密に関する文書で，その提出により公共の利益を害し，又は公務の遂行に著しい支障を生ずるおそれがあるものを指す〔民訴220④ロ〕。裁判所は公務秘密文書性を判断するにあたって監督官庁の意見を聴かなければならない〔民訴223③〕。最終的な判断は裁判所に委ねられるが，監督官庁から高度の公益に関する秘密が記載されているとの意見が出された場合，相当な理由が存する限り，裁判所は監督官庁の意見を尊重しなければならない〔民訴223④〕。なお，以上の審査過程では゛インカメラ手続゛を利用することができる〔民訴223⑥〕。

合名会社 1 意義 ゛無限責任社員゛のみによって構成される会社をいう。社員の全員が，会社債務につき会社債権者に対して連帯して直接無限の責任を負う〔会社580①〕と同時に，各社員が会社の業務を執行し〔会社590①〕，会社を代表する権限を有する〔会社599①〕。資本的結合より人的結合の面が強く現れ，社員の個性が強く反映する人的会社の典型である。

2 設立・出資 社員が相互に信頼する少数の者にすぎない上，無限責任を負うことから債権者保護の必要も少ないために，合名会社の設立手続は著しく簡略化されている。すなわち，社員となろうとする者が゛定款゛を作り〔会社576①②〕，設立登記〔会社912〕をすることにより会社が成立する〔会社579〕。社員の出資についても，゛財産出資゛のほか，゛労務出資゛・゛信用出資゛が認められている〔会社576①⑥括弧参照〕。法人も社員となることができる〔会社576①④・598〕。

3 会社の財産関係 社員は利益配当請求権を有する反面〔会社621①〕，損失を分担する義務を負う〔会社622〕。会社財産だけでは会社債務が完済できないか，又は会社財産に対する強制執行が功を奏しなかった場合には，社員は連帯して弁済しなくてはならない〔会社580①〕。他方社員の債権者は，社員の゛持分゛を差し押さえて゛退社゛させ〔会社609〕，払い戻された持分から自己の債権の満足を得ることができる。このように合名会社においては，会社財産と社員の財産との峻別(しゅんべつ)は貫徹されていない。

4 業務執行・代表 合名会社の社員の責任が重大であることに鑑み，各社員は，定款により別段

ごうもん

の定めをしない限り、当然に会社の'業務執行'権をもち、定款の定め又は定款の定めに基づく社員の互選がなければ、各業務執行社員は代表権をもつ〔会社590①・599③〕。定款によって業務執行から除かれた社員も、会社の業務及び財産の状況を検査する権利('監視権')を有する〔会社592〕。業務執行権を有する社員は、'競業避止義務'を負う〔会社594①〕。

5 社員の変動 社員の信用が重視されるため、社員の'入社'及び社員の交替('持分の譲渡')には、定款に別段の定めがある場合を除き、総社員の同意が必要である〔会社585①④〕。他方、社員の投下資本の回収を保障すべく、一方的に退社を申し入れ(退社の自由)〔会社606〕、持分を払い戻してもらう権利が保障されており〔会社611①本文〕、また、法定退社の規定〔会社607〕や社員の'除名'の制度が設けられている〔会社859〕。

6 その他 '定款変更'には、定款に別段の定めがある場合を除き、総社員の同意が必要である〔会社637〕。会社の'清算'については、社員が対外的に責任を負い、かつ対内的には相互の信頼があるため、法定清算のほか任意清算の方法が許されている〔会社668〜671〕。なお、'合資会社'・'合同会社'・'株式会社'との差異については、'会社'に掲げた[表：会社の比較]をみよ。

拷　問 刑事事件の被疑者や被告人に対し、'自白'を強要して'暴行'を加えること。日本では明治12年(1879)の'太政官(だじょうかん)布告'で拷問は制度的には廃止された(太告42)が、実際には、警察官や憲兵による拷問がしばしば行われ、小林多喜二事件(昭和8)のように死に至ることもあった。現行憲法は「絶対にこれを禁ずる」〔憲36〕と強調しており、拷問を行った特別公務員は刑法195条で罰せられるほか、拷問によって得られた証拠の'証拠能力'は否定されている〔憲38②、刑訴319①参照〕。拷問は世界各地でも行われていたので、国際的にこれを禁止する動きが活発で、今日では、拷問禁止は確立した国際的なルールといえる。'国際連合'は「拷問及びその他の残虐な、非人道的な若しくは品位を傷つける取扱い又は刑罰を禁止する条約」(拷問等禁止条約)を1984年に採択し(1987発効)、日本は1999年に批准した(平成11条6)。

合　有 **1 意義** '共同所有'の一形態。合手的共有ともいう。各共同所有者は'持分権'を有するが、共同目的のために複数人が結合していることから、一定の制約が加えられている。合有の目的物について各共同所有者が有する権利を、'持分'又は持分権と呼ぶ。合有において、

持分の処分は制約され、また、各共同所有者は目的物の分割を請求することができない。この2点で'共有'と異なる。

2 具体例 民法には、合有についての規定がなく、'組合財産'や'共同相続'財産についても共有という用語が用いられている。しかし、学説にはこれらを合有と解する見解があり、組合財産や共同相続財産に属する債権債務を合有債権債務であるとして、分割を否定する。しかし、判例は、組合財産や共同相続財産を共有であるとする(最判昭和33・7・22民集12・12・1805、最判昭和30・5・31民集9・6・793)。'受託者'が2人以上ある信託においては、'信託財産'は、受託者の合有となる〔信託79〕。

公有会社　　⇨パブリック・コーポレーション'

公有公物　　⇨国有公物・公有公物・私公物'

公有財産 **1 意義・種類** 広義では'地方公共団体'が所有する一切の財産を指すが、'地方自治法'上の財産は、公有財産、物品及び債権並びに基金に分類され〔自治237①〕、そこでは、'国有財産法'上の'国有財産'と同様に、'不動産'、船舶等の重要な'動産'、'地上権'、'特許権'、株式、社債等による権利等が公有財産とされる〔自治238①〕。地方自治法にいう公有財産は、更に、行政財産と普通財産とに分類され〔自治238③〕、前者は、'普通地方公共団体'において公用又は公共用に供し、又は供することと決定した財産をいい、後者は、行政財産以外の一切の公有財産をいう〔自治238④〕。⇨行政財産'⇨普通財産'

2 管理・処分 公有財産については、その効率的運用を図るため、その取得又は管理に関し、長に総合調整権が付与され〔自治238の2〕、更に、公有財産に関する事務に従事する職員の行為に制限が付されている〔自治238の3〕。行政財産と普通財産は、その性質の違いに照らし、国有財産についてと同様に、その管理・処分に関する法規制の態様を異にする。

公有水面 **1 概念** 河・海・湖・沼その他の公共の用に供する水流又は水面で国の所有に属するもの〔公水1①〕。

2 法的性格 公有水面は'公共用物'として、その目的を達するのに必要な限度において公法上の種々の制約に服し、私権の設定・行使が妨げられることがある〔公水、河、港湾、漁港及び漁場の整備等に関する法律(昭和25法137)等参照〕。反面、私人に慣習に基づく使用・収益権が認められる場合が少なくない。

3 公有水面の埋立 公有水面の埋立て(干拓を含む)をしようとする者は、都道府県知事(政令指定都市の区域内においては当該指定都市の長)の免許を受けなければならない。都道府県知事は、出願があった場合、地元の市町村長の意見を徴する〔公水2〕。政令で定める一定の場合には国土交通大臣の認可が必要であり、50haを超える埋立て及び環境保全上特別の配慮を要する埋立について国土交通大臣が認可をしようとするときは、環境大臣の意見を求めなければならない〔公水47,公水令32・32の2〕。免許は、国土利用上適正かつ合理的であること、環境保全及び災害防止について十分配慮されたものであることなどの免許基準を満たさなければならない。また、工事施行区域内の公有水面に関し権利を有する者がいるときには、漁業権者等に補償の利益が損害の程度を著しく超過するとき、又は埋立てが法令により土地の収用等ができる事業のために必要なときに限って許される〔公水4・47〕(*環境影響評価'の対象事業となる〔環境影響評価2②①ト③〕)。

4 公有水面と境界変更 公有水面のみに係る市町村の*境界変更、争論があるときの境界決定、公有水面の埋立てによる造成地の市町村への帰属については、迅速に境界を明らかにするために、*地方自治法'上の通常の境界変更・境界確定等〔自治7・9〕とは異なり、関係市町村の申請を必要とせず、都道府県がより積極的に関与する手続が設けられている〔自治9の3・9の4〕。この場合地方自治法9条も重畳的に適用され、同条に定める関係市町村の調停申請権や出訴権は排除されない(最判平成10・11・10判自185・18)。

公用開始行為 いわゆる*公共用物'について、これを一般公衆の利用に供することを表示する行政主体の行為。公共用物が成立するためには、一般公衆の利用に供することができる形体的要素を備えるとともに、これをその目的に供する旨の行政主体の意思的行為が必要とされる。*道路法'にいう「供用開始」が、ここでいう公用開始行為に当たり、道路管理者は道路の供用を開始しようとする場合には、その旨を公示しなければならない〔道18〕。なお、公共用物であっても、*自然公物'の場合には、公用開始行為は必要とされない。 ⇒公物'

公用換地 土地の利用を増進するために、*土地区画整理事業'又は*土地改良事業'を行うにあたり、その目的を達成するため、地区内の土地所有権その他の権利に関し、権利者の意思によらず、強制的に従前の土地に関する権利を消滅させ、これに代わって、整理・改良後の土地を従前の土地とみなすことによって従前地に存在した権利に相当する権利を取得させること。*公用権利変換'(広義)の一種。土地区画整理法及び土地改良法に一般的な定めがあり、公用換地の本体である処分を換地処分といい〔区画整理103,土地改良54〕、公用換地において、従前の土地に代えて交付される土地のことを換地という〔区画整理89,土地改良53〕。換地処分に至る手続としては、換地計画、*仮換地(カリカンチ)'の指定等があり、換地は、従前の土地と照応するものでなければならず(照応原則)、不均衡がある場合又は換地が定められない場合には金銭によって清算する(清算金)。その他、「大都市地域における住宅及び住宅地の供給の促進に関する特別措置法」(昭和50法67)による、特定土地区画整理事業及び住宅街区整理事業においても、公用換地の手法が用いられている。

公用権利変換 土地の合理的な利用を増進するため、一定地区内の土地の区画、形質を変更し、土地に関する所有権その他の権利を権利者の意思にかかわらず強制的に直接変換すること。従前の権利者は従来の権利を失い、それに相当する別の土地・建物などに関する権利を新たに取得する。*公用負担'の一種ではあるが、従前権利の目的であった土地の代わりに新たに別の土地を取得させることをもって本則としているため、土地等の取得に際し金銭補償を原則とする*公用収用'及び単なる権利の制限にとどまる*公用制限'とは区別される。*土地区画整理事業'や*土地改良事業'で用いられる*公用換地'や、第1種都市再開発事業に用いられる狭義の*権利変換(狭義の公用権利変換)'がある。

公用財産 *国有財産法'上の用語で、*行政財産'のうち、国において国の事務・事業又は職員の住居の用に供し、又は供すると決定したものをいう〔国財3②①〕。*地方自治法'上の行政財産についても、同趣旨の概念を認めることができるが、法律上の文言としては用いられていない〔自治238④参照〕。講学上の*公用物'にほぼ相当し、官公庁の庁舎、公務員宿舎などがその例である。

公用収用 **1 概念** 特定の*公共事業'の用に供するためにする特定の財産権の強制的取得。公用徴収ともいう。物的*公用負担'の一種で、土地収用がその代表的な例である。特定の公共事業のためにするものである点において財政上の目的のためにする徴税、警察上の見地からする*没収'等と区別され、財産権の強制的取得である点で、売買等による任意的取得、財産

こうようし

権の制限である*公用制限'と区別される。

2 要件 財産権の強制的取得である公用収用には、法律の根拠を必要とするほか、正当な補償がなされなければならない〔憲29③〕。公用収用により公共事業の主体は、権利者の意思いかんにかかわらず、財産権を原始的に取得する。被収用者には一定の要件の下で*買受権'が認められる。 ⇨損失補償' ⇨正当な補償'

3 根拠法 公用収用に関する一般法として*土地収用法'があり、緊急の施行を必要とする特定公共事業に係る土地等の収用について特例を定めた「公用地の取得に関する特別措置法」があるが、そのほかにも個々の法令で公用収用の根拠を定めたものが多い〔鉱業105～108〕。特に広く都市計画事業〔都計4⑥⑦⑮〕について土地の収用が認められている〔都計69。ただし、区画整理3の4②、都開6②〕。

公用使用 *公用制限'の一種。特定の公共事業のために特定の土地等の財産を強制的に使用すること。一時的使用と継続的使用とがある。検査・測量・工事等のための土地への一時立入り、非常災害時の土地物件の一時使用などの一時的使用権は、通常、簡易な手続・処分によって設定されるのに対し、継続的使用権は、私権に対する重大な制限であるため、*公用収用'と同様の手続によって設定され、またそれによって生ずる損失を補償しなければならない(ただし、「所有者不明土地の利用の円滑化等に関する特別措置法」(平成30法49)は、地域福利増進事業〔所有者不明土地2③〕を実施する者が、都道府県知事の裁定により、特定所有者不明土地〔所有者不明土地2②〕に係る土地使用権等を取得できる特別の手続〔所有者不明土地10～15〕を定めている)。

公用制限 物的*公用負担'の一種。特定の公共事業の必要を満たすために特定の財産権に加えられる公法上の制限。財産権に対する単なる制限にとどまる点で、*公用収用'・*公用換地'とは区別される。沿道区域に指定された土地に加えられる制限、保安林に対する制限、重要文化財に関する現状変更等の制限などがある。土地に対する公用制限は、*公用地役'とも呼ばれる。公用制限の内容には、*公用使用'とそれ以外の公用制限があり、公用制限の結果、損害が及ぼされた場合には、*損失補償'の対象となる場合がある〔文化財43⑤等〕。 ⇨公物制限' ⇨負担制限'

公用地役 特定の*公共事業'の必要を満たすために特定の土地に加えられる公法上の物権的制限。*公用制限'のうち土地を対象とするものを特にこのように呼ぶことがある。私有土地を*公道'敷地に提供した場合に、一定範囲で私権の行使が制限されるのがその例である。

公用徴収 ⇨公用収用'

公用廃止行為 いわゆる*公共用物'について、以後その物を公用に供することをやめる旨を表示する公物管理者(⇨公物管理権)の意思的行為。公用用物が*公物'としての機能を失い、当該公物を公共の用に供する必要がなくなった場合に、公物としての性質を喪失させる行為で、供用廃止行為ともいう。公用廃止によって、その物に対する公法上の制限が排除される。裁判所は、公物の取得時効との関係で、黙示の公用廃止の観念を認めている(最判昭51・12・24民集30・11・1104)。

公用負担 **1 概念** 特定の*公共事業'の必要又は物の管理等の特定の公的事務の必要を満たすために、法律・条例の根拠に基づいて、私人に課される負担の総称。その目的の点において、警察上の負担・財政上の負担等と区別され、また、合意ではなく法律・条例に根拠を有する点において、契約に基づく負担と区別される。

2 種類 公用負担は、その内容からみて、人的公用負担と物的公用負担とに分かれる。人的公用負担は、特定の人が特定の公共事業等のために必要な作為・不作為又は給付の義務を負担することであり、*負担金'・*分担金'・*夫役(ぶや)現品'等がその例である。物的公用負担は、特定の財産権が特定の公共事業にとって必要であるために、その財産権に固着して課される負担であり、*公用制限'・*公用収用'・*公用権利変換'等がその例である。物的公用負担は、特定の財産権に、直接、物権的変動を生じさせるものであり、また、物の主体が変更すれば義務者もおのずから変更する点に、人的公用負担との違いがある。

3 問題点 元々公用負担は、講学上の概念であるが、性質の異なる種々雑多なものが含まれ、積極的内容をもった統一的な法理を発見することは困難である。面的広がりを有する用地取得の登場、土地利用規制の目的の多様化・複雑化等により、目的たる公共事業等の特定性、負担の偶然性が失われる傾向があり、概念自体の存在意義が問われている。

公用物 *公物'のうち、官公署の敷地・建物、官公立学校の校舎・敷地、職員の官舎・公舎等のような直接国又は公共団体の使用にのものをいう。*公共用物'に対する観念。*国有財産法'又は*地方自治法'にいう*公用財

産'は，これに相当する〔国財3②1，自治238④〕。
　公用文書　　⇨'公文書・私文書'
　公用文書毀棄罪　　*公務所'の用に供する文書又は*電磁的記録'を毀棄する罪。刑法258条。3月以上7年以下の拘禁刑に処せられる。広義の毀棄罪の一種であるが，刑法は，他の*財物'と区別して文書の毀棄を重く処罰し，その中でも公用文書毀棄を私用文書毀棄より更に重く罰している。「公務所の用に供する文書」，すなわち公用文書とは，*公文書偽造罪'〔刑155〜158〕の対象となる公文書と同じではなく，公務所において使用の目的で保管する文書をいい，このようなものである限り，作成方法に欠陥ないし違法のある文書(最判昭57・6・24刑集36・5・646)，未完成の文書(最判昭52・7・14刑集31・4・713)，私文書もまた公用文書である。「公務所の用に供する電磁的記録」とは，公務所が使用し，又は使用のため保管中の電磁的記録をいい，公務所外部に置かれているものであっても公務所の管理・支配下にある自動車登録ファイル等も含む。毀棄とは，文書の効用を滅失又は減少させる一切の行為をいい，記載事項を一部抹消する行為(大判大正11・1・27刑集1・16)，印紙を剝離する行為(大判明治44・8・15刑録17・1488)，隠匿をも含む。　⇨毀棄'　損壊'　器物損壊罪'
　後裏書　　⇨期限後裏書'
　公　吏　　*明治憲法'下において国の場合の*官吏'に相当する者として，地方公共団体に勤務した者。公法上の勤務者であって，私法上の*雇員(こいん)'・傭人(ようにん)'と区別された。しかし現行法は一般にこの語を用いず〔例：刑訴239②〕，これに代えて吏員の語を用いることがある〔憲93②，行手3①⑥〕。しかし，吏員という用語も，地方公共団体の職員という用語に置き換えられる傾向にある〔例：自治172①(平成18法53による改正参照)〕。　⇨吏員'
　合理化カルテル　　技術の向上，品質の改善，原価の引下げ，能率の増進，その他経営の合理化を図るために行われる*カルテル'。かつては*独占禁止法'その他の法律によって独占禁止法の適用除外が多く認められていたが，現在ではそれらのほとんどが廃止されている(なお，「酒税の保全及び酒類業組合等に関する法律」93条などに残されている)。　⇨独占禁止法の適用除外'
　小売市場事件　　⇨距離制限'　⇨合理性の基準'　⇨職業選択の自由'　⇨政策的制約'
　功利主義法学　　功用(英 utility)を法の規範的基礎とする*法思想'。功利主義は啓蒙期のベッカリーア(Cesare Bonesana Marchese di Beccaria, 1738〜94)やヒューム(David Hume, 1711〜76)の思想にもその先駆をみいだすことができるが，イギリスの*ベンタム'とその後継者たち(ミル父子(James Mill, 1773〜1836. John Stuart Mill, 1806〜73)ら)によって大成された。法と経済学にもその発想が受け継がれるなど，英米法思想上重要であるが，フォイエルバッハ(Paul Johann Anselm von Feuerbach, 1775〜1833)の刑法理論やドイツの利益法学も広い意味ではこの潮流に属する。個人主義的功利主義は個人の幸福追求権という自然権思想と結び付きうるが，集団主義的功利主義は集団のための個人の犠牲を正当化し，ベンタムの「最大多数の最大幸福」という定式もそのように解されることがある。また，「最大幸福」の認定権を少数者がもっと専制支配の理論ともなる。幸福の内容と測定可能性を巡っても論議がある。
　合理性の基準　　裁判所が憲法上の権利を規制する法令等の合憲性を審査する基準の1つ。この基準は規制の目的について正当な目的を促進するものか否かを，手段について著しく不合理であることが明白でないか否かを，目的と手段との関係について合理的関連性があるか否かを審査する。この基準の下では違憲判断は明白に不合理な場合にのみに限定されることになる(これを明白性の原則という)。アメリカの判例理論では，精神的自由権の規制には厳格な基準が，経済的自由権の規制には緩やかな基準がそれぞれ適用される一般的傾向がみられる(⇨二重の基準')。これに対して，日本の判例理論は緩やかな基準について独自の展開がなされ，経済的自由の規制を更に2分してそのうち消極目的の規制には*厳格な合理性の基準'，すなわち目的については重要な目的を推進するものか否かを，手段については*エル・アール・エー(LRA)の基準'で，目的と手段については実質的関連性があるかが審査され(最大判昭50・4・30民集29・4・572〈薬事法距離制限違憲判決〉)，積極目的・財政目的の規制には立法裁量を大幅に認める合理性の基準が用いられている(最大判昭47・11・22刑集26・9・586〈小売市場事件〉，最判平成4・12・15民集46・9・2829〈酒類販売免許制事件〉)。
　合理的疑いを超える証明　　公訴犯罪事実について*被告人'を有罪とするために要求される証明の水準。英米法の概念であり，ドイツ法では「確実性に接着する蓋然性」といわれる。刑事裁判における証明水準の高さを表す。判例は，「刑事裁判における有罪の認定に当たっては，

ごうりてき

合理的な疑いを差し挟む余地のない程度の立証が必要である」とした上で，更に，「合理的な疑いを差し挟む余地がない」というのは，「反対事実が存在する疑いを全く残さない場合をいうものではなく，抽象的な可能性としては反対事実が存在するとの疑いをいれる余地があっても，健全な社会常識に照らして，その疑いに合理性がないと一般的に判断される場合には，有罪認定を可能とする趣旨」であるとする(最判平成19・10・16刑集61・7・677〈TATP殺人未遂事件〉)。*直接証拠'による事実認定の場合だけでなく，*情況証拠'による場合も同様である(最判平22・4・27刑集64・3・233)。

合理的配慮 主に障害者の機会や待遇を平等に確保するために，障害者が社会の中で直面する困難・障壁を取り除く，必要かつ適当な変更及び調整(措置)であり，過重な負担にならない範囲でその提供が求められるもの。reasonable accommodationの訳語。合理的配慮の内容は個別的かつ多様であり，本人の意向を尊重しつつ，対話を通じて確定することが予定される。アメリカでは，他国に先駆け，1990年に包括的な障害者差別禁止法として制定された「障害をもつアメリカ人法(ADA)」に合理的配慮規定が盛り込まれた。ADAは，諸外国の立法に影響を与え，2006年に国連で採択された「障害者の権利に関する条約」(平成26年条1)5条は，締約国に，障害を理由とする差別を禁止することと合理的配慮の提供を確保するための全ての適当な措置をとることを義務付けている。日本では，同条約の批准に向けた対応として，平成23年の*障害者基本法'改正，平成25年の「障害を理由とする差別の解消の推進に関する法律」(障害者差別解消法)制定(法65)及び*障害者の雇用の促進等に関する法律'(障害者雇用促進法)改正が行われ，障害(者であること)を理由とする差別禁止規定と合理的配慮規定が導入されている〔障害基4②，障害者差別解消7・8，障害雇用36の2・36の3〕。民間事業者による合理的配慮の提供については，障害者雇用促進法は分野を別とすれば，当初，努力義務として規定されていたが，令和3年の障害者差別解消法改正により，義務規定に引き上げられている〔障害者差別解消8②〕。

勾　留 1 意義・目的　*被告人'又は*被疑者'を*拘禁'する刑事手続上の強制処分(裁判及びその執行)。*未決勾留'ともいう。刑の一種である*拘留'とは異なる。審判及び刑の執行のために被告人等の身柄を確保し，裁判における真実の発見のため*証拠'に不当な影響を及ぼさないよう被告人等を証拠から隔離することを目的とする。

2 要件　被告人・被疑者が罪を犯したと疑うに足りる相当な理由(犯罪の嫌疑)があり，かつ，住居不定，*罪証隠滅'又は*逃亡'のおそれがあること(勾留の理由)である〔刑訴60①〕。また，一定範囲の軽い罪については，住居不定の場合にだけ勾留ができる〔刑訴60③〕。なお，勾留の理由があっても，事案が極めて軽微な場合，罪証隠滅のおそれはあるがその現実的可能性が低い場合(最決平成26・11・17判時2245・124)など勾留の必要(性)がないと認められるときには勾留は許されない。

3 手続・期間　被疑者の勾留は，検察官の請求により裁判官が行う〔刑訴207〕。勾留期間は勾留の請求をした日から10日で，やむをえないときは最大限10日(内乱罪等は15日)の延長が許される〔刑訴208・208の2〕。被告人の勾留は，裁判所が職権で行う〔刑訴60①〕。勾留期間は，公訴の提起があった日から2カ月で，特に必要があれば1カ月ごとに更新できる。ただし，罪証隠滅のおそれ等の特別の理由がなければ，更新は1回に限られる〔刑訴60②〕。勾留の要件がなくなったときや勾留が不当に長くなったときには勾留を取り消さなければならない〔刑訴87・91〕。勾留日数は，一定の場合には法律上当然に〔刑訴495〕，その他の場合には裁判所の裁量により〔刑21〕，本刑に通算される。なお，*逮捕'に掲げた[図:警察による逮捕の場合の身柄の拘束関係]を参照せよ。　⇨勾留質問　⇨勾留理由開示'　⇨保釈'　⇨勾留の執行停止'　⇨事件単位の原則'　⇨個人特定事項の秘匿措置'

拘　留 刑法の規定する*主刑'の1つ〔刑9〕で，*拘禁刑'とともに*自由刑'の一種であるが，*財産刑'である*罰金'よりも軽い刑とされる〔刑10〕(⇨刑)。1日以上30日未満の期間，刑事施設(通常は刑事施設の代用としての警察留置施設)に*拘置'する〔刑16①〕。所定の作業(刑務作業)は科されない。*軽犯罪法'では*科料'の選択刑であり，刑法典の中では，公然わいせつ罪〔刑174〕，暴行罪〔刑208〕，侮辱罪〔刑231〕の選択刑としてのみそれぞれ規定されているが，現状ではほとんど適用されていない。被疑者又は被告人に対する強制処分である*勾留'(*未決勾留'ともいう)と混同してはならない。

勾留期間の延長 被疑者の勾留期間を延長すること〔刑訴208・208の2〕。その期間は当初の期間と合わせて最大限25日である。　⇨勾留'

勾留質問 裁判所(裁判官)は，被告人

(被疑者)を*勾留'する前に被告人(被疑者)に対し被告事件(被疑事件)を告げて、その*陳述'を聞かなければならない〔刑訴61・207, 憲34〕。この手続を勾留質問という。非公開で行われる。この際、*弁護人依頼権'などの告知も行う〔刑訴77〕。

勾留状 被告人又は被疑者を*勾留'する旨の裁判を記載した*裁判書'。令状の一種〔刑訴64・207〕。

勾留の執行停止 裁判所(裁判官)が適当と認める場合に、*勾留'の裁判の執行を停止すること〔刑訴95・207。なお、刑訴98・167の2〕。*保釈'と異なり、保証金を納める必要はない。適当と認める条件を付することができる〔刑訴95①〕。執行停止の期間は指定・延長・短縮できる〔刑訴95②~⑤〕。期間満了時に出頭しないときは、2年以下の拘禁刑に処せられる〔刑訴95の2・95の3・208の3・208の4〕。*被告人'・*被疑者'の*逃亡'を防止するため必要があるときは、その住居、労働又は通学の状況、身分関係等の事項について報告を命ずることができる〔刑訴95の4・207〕。逃亡・*罪証隠滅'のおそれがあるとき、被害者等の身体等に害を加えるなどの行為をしたとき、正当な理由がなく命じられた報告をせず又は虚偽の報告をしたとき、住居の制限その他裁判官の定めた条件に違反したときは、勾留の執行停止を取り消すことができる〔刑訴96①・207〕。勾留の執行停止を取り消され、検察官から出頭を命ぜられたが出頭しないときは、2年以下の拘禁刑に処せられる〔刑訴98の2・98の3・208の5〕。 ⇨監督者'

勾留理由開示 *勾留'中の*被告人'(*被疑者)、その*弁護人'、その他被告人(被疑者)と一定の関係にある者の請求により、被告人(被疑者)及び弁護人の出席する公開の法廷で裁判所(裁判官)が勾留の理由を告げる手続〔刑訴82~86・207〕。憲法34条を受けたものである。被告人等はその期日に意見を述べることができる。開示するのは、勾留の原因となった*公訴事実'(*被疑事実)及び勾留時に存在した刑事訴訟法60条1項各号所定の事由で足りるとするのが実務であるが、開示当時に存在する事由も、また、勾留の必要も含むとする見解も有力である。

考慮期間 ⇨引受考慮期間'

効力規定 ときには*取締規定'に、また、ときには*訓示規定'に対置される観念。それぞれの項をみよ。

効力を有する ⇨なお効力を有する・なお従前の例による'(巻末・基本法令用語)

高齢者虐待 高齢者に対する暴行、減食・放置、暴言、わいせつ行為、財産の不当な処分等をいい、高齢者の養護者によるものと*老人福祉施設'等の従事者によるものの双方を含む〔高齢虐待2〕。「高齢者虐待の防止、高齢者の養護者に対する支援等に関する法律」(平成17法124)が、虐待を受けた高齢者に対する保護や養護者に対する支援等について定める。高齢者虐待の発見者は市町村への通報義務を負う〔高齢虐待7・21〕。養護者による虐待に対し、市町村は、高齢者の一時保護のため*老人福祉法'の規定による*福祉の措置'を講ずる他、*成年後見'の審判の請求や立入調査、養護者の面会制限を行うことができる〔高齢虐待9・11・13〕。施設等の従事者による虐待に対しては、老人福祉法又は介護保険法の規定による監督権限が行使される〔高齢虐待24〕。

高齢者の医療の確保に関する法律 ⇨後期高齢者医療制度' ⇨前期高齢者'

講和条約 ⇨平和条約'

港湾労働法 昭和63年法律40号。荷役作業その他の港湾運送に関わる港湾労働の特性に応じた対策を定める法律。港湾労働者の雇用の改善や能力の開発・向上などに関する措置を講ずることで、港湾運送に必要な労働力の確保、港湾労働者の雇用の安定その他福祉の増進などを図ることを目的とする〔港労1〕。

超える ⇨超える'(巻末・基本法令用語)

子会社 Ⅰ 1 定義 会社がその総株主の議決権の過半数を有する*株式会社'など、会社がその経営を支配している法人として法務省令で定めるものをいう〔会社2③〕。会社がその経営を支配している法人とは、会社によって財務及び事業の方針の決定を支配されている会社〔会社則3①〕。財務及び事業の方針の決定を支配されているか否かは、*親会社'の場合と同じ基準によって判断される〔会社則3③〕。会社等には、会社、外国会社、組合(外国における組合に相当するものを含む)、その他これらに準ずる事業体が含まれる〔会社則2③②〕。したがって、日本の会社法に基づき設立された株式会社(A)が、外国会社(B)の財務及び事業の方針の決定を支配している場合、BはAの子会社となる。一方、会社でないAが会社等であるBの「財務及び事業の方針の決定を支配している」場合、BはAの子会社ではない。しかし、BはAの子会社等になる〔会社2③の2ロ〕。

2 子会社に関する規定 *利益供与の禁止'は、株式会社が子会社の計算において行う財産上の利益の供与にも及ぶ〔会社120①括弧〕。子会社が親会社の株式を取得することは、原則として禁

こがいしゃ

止される〔会社135〕。株式会社の検査役や監査役等の調査権限は、子会社にも及ぶ〔会社358④・374③・381③・389⑤・396③・399の3②・405②・530②〕。株式会社が‘連結計算書類’を作成する場合、原則として、全ての子会社が連結対象となる〔会社444①、会社計算63〕。
　Ⅱ　‘金融商品取引法’上、‘連結財務諸表’を作成するに際して、連結対象となる会社。支配力基準という実質基準によっている〔財務規8③〕。

子会社調査権　会社法において‘親会社’の機関などが‘子会社’を調査する権利。子会社の事業や業務及び財産の状況は親会社自身の経営にとっても大きな影響を与えるため、このような権利が法定されている。イ　‘監査役’(ロに当てはまるものを除く)、‘監査等委員会’が選定する‘監査等委員’及び‘監査委員会’が選定する‘監査委員’は、職務を行うために必要があるときは子会社に対して事業の報告を求めたり、子会社の業務及び財産の状況を調査したりできる〔会社381③・399の3②・405②〕。ただし、子会社は正当な理由があるときはこの報告や調査を拒むことができる〔会社381④・399の3③・405③〕。ロ　‘会計参与’、定款により監査の範囲を会計に関するものに限定された監査役、‘会計監査人’は、職務を行うために必要があるときは、子会社に対し会計に関する報告を求めたり、業務財産状況を調査したりできる〔会社374③・389⑤・396③〕。ただし、子会社は正当な理由があるときはこの報告や調査を拒むことができる〔会社374④・389⑥・396④〕。ハ　業務の執行に関する‘検査役’・‘監督委員’・調査委員も、子会社の業務財産調査権を有する〔会社358④・530②・534〕。

小切手　‘振出人’が‘支払人’である銀行に宛てて一定金額の支払を委託する一覧払いの‘有価証券’。‘金銭証券’・‘要式証券’・‘文言(もん)証券’・抽象証券(⇨無因証券)’であって、しかも‘支払委託’を本質とするため、法律的性質は‘為替手形’と類似しているが、経済的機能は異なる。すなわち、小切手は、日常多くの金銭の支払をする者が、現金支払の煩雑さと危険を避けるため、あらかじめ銀行に資金を預けておき、この資金から銀行に支払をさせるために用いられるものであり、専ら支払の手段として用いられる点で、為替手形が主として送金又は代金取立ての手段として用いられるのと異なる。小切手は、現金の支払に代わるものであるので、常に一覧払いとされ、かつ、‘呈示期間’も短い〔小28・29〕。もっとも呈示期間後も振出人が支払委託を取り消さない限り、通常は支払われる〔小32②〕が、呈示期間経過後に呈示した場合には、支払を拒絶されても、前者に‘遡求’することはできない。また、その信用証券化を防ぐため、支払人の引受け・‘裏書’・‘保証’を禁止し〔小4・15③・25〕、その代わりに‘支払保証’を認めて〔小53〜58〕、引受禁止の趣旨に反しない程度で支払の確実性を図っている。その結果として、‘参加引受け’・‘参加支払’・‘謄本’の制度及び‘引受拒絶’による遡求は認められない。支払の簡易迅速性を図るために、記名式のほかに、無記名式や選択無記名式のものも認められ、時効期間も短い〔小5・51〕。また、支払の確実性を図るために、支払人の資格を銀行に限り、かつ、‘振出し’につき資金(⇨小切手資金)及び‘小切手契約’の存在を要求し〔小3〕、呈示期間内に支払の委託を取り消すことを禁止している〔小32〕。そのほか、盗難紛失に備えて、‘線引小切手’制度がある〔小37・38〕。政府の施策として電子手形・小切手への移行が掲げられ、2026年度末までに手形とともに小切手の電子交換所における交換枚数をゼロにすることを目指し金融界・産業界・関係省庁が連携して自主行動計画を策定・実施している。

小切手関係　⇨手形(小切手)関係’
小切手金額　⇨手形(小切手)金額’
小切手契約　‘小切手’の‘振出人’が‘支払人’である銀行との間に締結する、小切手の呈示に応じて振出人の資金から小切手の支払をすることを委託する契約。支払事務を‘委任’するものであるから、委任契約の性質を有し、‘第三者のためにする契約’ではないと解されている。小切手関係とは区別された実質関係上の契約である。この契約の結果、支払人である銀行は、約定の条件に従って振り出された小切手について支払義務を負い、正当な理由なく支払を拒絶したときは、振出人に対して‘債務不履行’の責任を負う。支払人である銀行は、そのままでは小切手所持人に対する関係において支払義務を負うものではないが、法は、小切手の支払を確保し、その信用を高めるため、‘支払保証’の制度を設け〔小53〕、一定の条件の下に支払義務を負うこととしている。また、小切手の‘振出し’には、振出人が支払人の下に処分できる資金(⇨小切手資金)を有し、かつ、小切手契約が小切手の呈示のとき存在することを要求し、これに違反するときは過料に処せられる〔小3・附71〕。しかし、小切手資金及び小切手契約が存在しないで振り出された小切手は無効とはならず、小切手所持人は‘支払拒絶’を証明すれば

小切手行為 ⇨ '手形(小切手)行為'

小切手資金 *小切手'の支払に充てるために*振出人'が*支払人'である銀行に準備しておく資金。*当座預金'契約における当座預金残高,当座貸越契約(⇨当座貸越し')における当座貸越限度額がこれに当たる。小切手の支払を確実にするため,小切手の*支払呈示'のときに*小切手契約'とともに小切手資金が存在することが要求され〔小3〕,これに違反した場合には,振出人は過料に処せられる〔小附71〕。しかし,小切手契約又は資金が存しない場合にも,振り出された小切手は有効である〔小3但〕。 ⇨過振(かぶ)り'

小切手訴訟 *小切手'による金銭の支払の請求及びこれに附帯する*法定利率'による*損害賠償'の請求のための*特別訴訟手続'〔民訴367〕。手形訴訟の手続が準用される。⇨手形訴訟'

小切手当事者 ⇨ '手形(小切手)当事者'

小切手ニ関シ統一法ヲ制定スル条約 ⇨手形(小切手)法統一条約'

小切手の時効 *小切手'上の権利の*消滅時効'のこと。その時効期間は短く,所持人の*振出人'・*裏書人'などに対する*遡求権'は*呈示期間'経過後6カ月,遡求義務を果たした者が*再遡求'する場合には,その者が小切手を受け戻した日又はその者が訴えを受けた日から6カ月である〔小51〕。 ⇨手形の時効'

小切手法 実質的には*小切手'に特有な私法的法規の全体を意味し,形式的には「小切手法」(昭和8法57)を意味する。前者は小切手に適用される一般私法的規定(民事小切手法)と,小切手に固有な私法的規定,すなわち狭義の小切手法とに分かれる。狭義の小切手法には,「小切手法」のほか,附属法令として「小切手法ノ適用ニ付銀行ト同視スベキ人又ハ施設ヲ定ムルノ件」,「拒絶証書令」,「小切手ノ呈示期間ノ特例ニ関スル件」(昭和8勅317)などがある。現行の小切手法は,1931年のジュネーヴ小切手法統一条約(⇨手形(小切手)法統一条約')を批准〔小切手ニ関シ統一法ヲ制定スル条約(昭和8条7)〕した結果,それまでは商法4編「手形」に*為替手形'・*約束手形'とともに制定されていたのを廃止して〔小附64〕制定されたもので,統一条約第2附属書の留保事項を利用して若干の規定(*支払保証'や*線引小切手'等)を設けたほかは,小切手法統一条約の規定と全く同じである。

小切手法統一条約 ⇨ '手形(小切手)法統一条約'

小切手保証 ⇨ '手形(小切手)保証'

小切手文句 ⇨ '手形(小切手)文句'

小切手要件 ⇨ '手形(小切手)要件'

顧客口座 *社債,株式等の振替に関する法律'に基づく振替制度は,振替機関の下に*口座管理機関'〔社債株式振替44①〕が自己又は顧客のために口座を開設し,その下に他の口座管理機関が口座を開設することにより多層構造をとることを可能としている。振替機関及び口座管理機関は,振替制度により譲渡・質入れがなされる株式等に関する権利の帰属を明らかにするため,*振替口座簿'を備える〔社債株式振替12③・45②〕。口座簿の記載が株式の権利移転・質権設定の効力発生要件である〔社債株式振替140・141〕。顧客口座とは,下位機関である口座管理機関が振替機関又は他の口座管理機関の下に開設する振替口座簿のうち,当該口座管理機関の加入者又は更にその下位機関の加入者が権利を有する株式等を記載・記録する口座である〔社債株式振替68②②・129②②等〕。下位機関である口座管理機関が上位機関の下に開設する振替口座簿のうち当該下位の口座管理機関自身が有する権利を記載・記録する自己口座にも対する〔社債株式振替68②①・129②①等〕。振替株式を例にとると,顧客口座に記載・記録される事項は,イ 加入者の氏名・名称及び住所,ロ 発行者の商号・振替株式の種類(発行者が*種類株式発行会社'の場合),ハ 銘柄ごとの数,及びニ その他政令で定める事項である〔社債株式振替129④〕。振替機関の自己の口座の保有欄(質権欄)に増加の記載・記録を受けることは,権利の譲渡・質入れの効力要件である。顧客口座への記載・記録により,加入者は当該株式等について権利者であると推定される〔社債株式振替143等〕。口座に記載された投資家の権利を社債等に対する権利それ自体として構成する,いわゆる直接方式が採用されている。振替口座簿の記載には権利帰属の推定効がある〔社債株式振替143〕。

顧客誘引 不当に競争者の顧客を自己と取引するように誘引すること。*不公正な取引方法'の1つとして,*独占禁止法'によって禁止される〔独禁2⑨⑥ハ・19〕。この中には,イ 商品・役務の内容等について実際のもの又は競争者のものよりも著しく優良・有利であると顧客に誤認させることにより競争者の顧客を自己と取引するように不当に誘引する欺まん的顧客誘引〔不公告⑧〕と,ロ 正常な商慣習に照らして不当な利益をもって競争者の顧客を自己と取引

こきんほう

するように誘引する，不当な利益による顧客誘引〔不公正告⑨〕がある（＊損失補塡）。ここでいう不当性（公正競争阻害性）とは，競争手段の不公正さであり，良質廉価な商品・役務による競い合いという能率競争の理念から逸脱し，顧客の適正かつ自由な商品選択を歪めることを非難する。欺まん的顧客誘引の代表が＊不当表示であり，不当な利益による顧客誘引のそれは＊不当景品類である。ともに＊景品表示法でも規制される。

雇均法　⇨男女雇用機会均等法

コーク　⇨クック

国営公費事業　⇨官営公費事業

国外犯　刑法は，日本国内で行われた犯罪及び日本国外にある日本船舶・日本航空機内で行われた犯罪を罰するのを原則としている（＊属地主義）〔刑1〕。国内と国外の区別の基準は，行為，結果，中間経由地のいずれかが国内に生じれば国内犯とされ，そうでない場合が国外犯となる（遍在説）。しかし，国外犯の場合でも，刑法によって，以下の5つの場合は処罰される。イ 日本国民の国外犯を罰する場合で，日本国民は外国にいても日本の最低限の法秩序を守る義務があるとの立場（属人主義）〔刑3〕から，刑法3条所定の罪が国外で犯されたものも罰する。ロ 自国民保護の見地から，日本国内において日本国民に対して行われた生命・身体に対する重大犯罪については外国人を罰する〔刑3の2〕。ハ 日本国公務員の国外における職務犯罪を処罰する〔刑4〕。ニ 日本人・＊外国人を問わず，国外で行われた日本国の利益を害する一定の犯罪を処罰する〔刑2〕。ホ 以上の4つの場合のほか，日本国が条約上処罰の義務を負う場合には，日本人・外国人を問わず，国外において日本の刑法典各則の罪を犯した場合を処罰する〔刑4の2〕。ハニはいずれも，日本の国家利益の保護を目的とする保護主義に立脚する。ホは，条約の要請により昭和62年の改正（法52）で新設されたものであり，世界主義等に立脚するものである。

国債　**1 意義**　一般的には，国が＊歳入の不足を補うために金銭を借り入れることによって負う一切の債務。その年度中の歳入の一時的不足を補うためであるか，次年度にわたる歳入の不足を補うためであるかによって，短期国債と長期国債とに区別される。前者の中には財務省証券・一時借入金・融通証券等がある。また後者の中には，＊消費貸借形態によるものと＊有価証券形態によるものとがあり，前者の形態のものを借入金といい，後者の形態のものを狭義の国債という。財政法は，狭義の国債のことを公債と呼んでいる〔財4～6〕が，「特別会計に関する法律」においては，短期国債と長期国債を広く含んだ意味で国債の語が用いられている。

2 法令上の制限　国債の発行については，憲法85条により，国会の議決が求められるが，更に＊財政法は，赤字補塡の財源としての公債を禁止し，公共事業費・出資金及び貸付金の財源としてだけ，国会の議決の範囲内で公債を発行できるものとし，かつ原則として日本銀行の引受けによる公債発行を禁止している〔財4・5〕。しかし，実際には，国の財政収支が著しく不均衡な状況にあることから，＊一般会計の歳出の財源に充てるために，特例公債の発行が認められている〔公債発行特〕。なお，国債を発行する場合の利率，償還期限等の発行条件については，国債ニ関スル法律（明治39法34）で定められている。⇨公債　⇨地方債

国際違法行為　⇨国際責任

国際運河　人工的に陸地の中に可航水路を掘削した運河のうち，特に＊公海と公海を連絡して交通の要路に当たるもの。＊国際河川・＊国際海峡と並んで国際水路の1つ。当該国の＊内水に含まれるので，沿岸国は外国船舶の＊無害通航権を認める義務を当然に負うわけではない。そのため，沿岸国と外国との条約によって外国船舶の自由通航が認められる（運河の国際化）。この種の国際運河としては，スエズ運河，＊パナマ運河，キール運河の3つがある。

国際海峡　＊国際連合海洋法条約によれば，＊公海又は＊排他的経済水域の一部分と公海又は排他的経済水域の他の部分における国際航行に使用されている海峡である〔海洋法約37〕。＊国際運河・＊国際河川と並んで国際水路の1つ。＊領海を構成しているにもかかわらず，国際海峡では，通常の領海に認められる＊無害通航権よりも沿岸国の管轄権の行使が限定される＊通過通航権が，軍艦も含む全ての船舶のみならず，全ての航空機に対しても与えられる〔海洋法約38〕。ただし，公海又は排他的経済水域の一部分と他の国の領海との間にある海峡や特定の地理的状況にある海峡については，通常の無害通航の制度が適用される〔海洋法約45〕。国際連合海洋法条約では，領海の幅を12海里まで拡大することが認められており〔海洋法約3〕，3海里の領海の場合には公海として軍艦も含めて自由航行が認められていた海域が，新たに領海となることによる不利益を恐れた先進国の主張が，国際海峡の制度に反映されたと

いえる。 ⇨コルフ海峡事件'

国際会計基準　国際会計基準審議会(英 International Accounting Standards Board；略称 IASB)から公表される会計基準。かつては国際会計基準委員会(英 International Accounting Standards Committee；略称 IASC)が国際会計基準(英 International Accounting Standards；略称 IAS)を策定・公表していたが，2001年4月に IASC が IASB に改組され，以後 IASB が公表した国際財務報告基準(英 International Financial Reporting Standards；略称 IFRS)と IAS の総称を国際会計基準と呼ぶことが多い。IASB はイギリス所在の民間団体であるが，IASC の IAS と IASB の IFRS につき順次見直し・改訂を行い，更には新基準の策定等の作業を行っている。2005年1月から EU 域内企業の連結財務諸表の作成原則となり域外国にも同レベルの会計基準を要求したことや，アメリカでの IFRS 導入の動きなどを背景に，日本でも*連結財務諸表'作成基準の1つである「指定国際会計基準」「修正国際基準」(連結財規1①③, 1の2, 1の3, 312〜315, 財務規1①③)として金融庁長官の告示を条件にその準拠が認められるところとなっている。

国際海上物品運送条約　⇨ロッテルダム・ルール'

国際海上物品運送法　昭和32年法律172号。*船荷証券統一条約'を批准し，国内法化するために制定された法律。船舶による物品運送で，船積港又は陸揚港が本邦外にあるもの(*傭船(ようせん)契約'であると*個品運送契約'であるとを問わない)に適用される〔国際海運1。なお，国際海運12参照〕。海上運送人の責任を強行法的に確立するとともに，責任の限度を法定し，航海上の*過失'等につき免責する〔国際海運3〕。なお，上記条約の1979年改正議定書の批准に伴う平成4年の改正(法69)により，*船荷証券'の効力強化，*運送人'の責任限度額の引上げ〔国際海運9〕などがなされるとともに，運送品に関する損害賠償〔国際海運8〕，損害賠償の額・責任の限度の特例〔国際海運10〕及び運送人等の*不法行為'責任〔国際海運16〕に関する規定が新設された。また平成30年商法改正(法29)にあわせ規定が一部改正された。

国際海底機構　英 International Seabed Authority　*国際連合海洋法条約'により，人類全体のために，深海底における活動を組織・管理するものとして設立された国際組織〔海洋法約137・156・157〕。国際海底機構は，全ての条約当事国で構成する総会，地理的配分その他の多様な利益を各々代表する36ヵ国から成る理事会，事務局をもつ。エンタープライズは，国際海底機構に直属する機関で，深海底の採鉱等を行う事業体である〔海洋法約170〕。 ⇨深海底'

国際課税　国際取引に関する所得課税の原則は，大まかにいって，居住者・内国法人の所得に対しては，その源泉がどこにあるかを問わずその全てを課税の対象として課税がなされる(全世界所得主義)。他方，非居住者・外国法人の所得に対しては，その得た*国内源泉所得'についてのみ課税がなされる〔所税5②④・7①③⑤, 法税4③・8〕。しかし，このような方式の下では国際的*二重課税'が発生するので，居住者・内国法人の国外源泉所得に対して外国で課された外国税額について*外国税額控除'が認められている〔所税95, 法税69〕。また，国際的二重課税を排除する方法としては，外国税額を*必要経費'*損金'に算入する方法も選択的に認められている〔所税46, 法税41〕。なお，フランス等においては，居住者・内国法人の国外事業所得を*免税'とすることにより国際的二重課税を排除するという方式が採用されている。もっとも，このように，国内法上様々な方式を採用しても国際的二重課税を完全に排除することは困難である。そこで，*租税条約'が結ばれることになる。また，近年は，特に，*タックス・ヘイブン'や移転価格(⇨移転価格税制')といった国際的*租税回避'の問題も，その重要性を増している。

国際河川　複数の国の領域を貫流し，あるいはその国境をなし，海との連絡がある河川で，沿岸国間で，あるいは非沿岸国も含めて条約を締結し，諸国の船舶に自由航行を認めたもの。*国際運河'・*国際海峡'と並んで国際水路の1つ。通商振興の目的で，*内水'である河川の自由通航を条約で認める例は古くよりあったが，19世紀に入ってその数が増えた。ライン川，ダニューブ川等個々の河川ごとに条約が結ばれてきたが，1921年に「国際的利害関係を有する可航水路の制度に関する条約」(バルセロナ条約)が結ばれ，この種の河川に適用される一般原則を定めた。

国際環境法　**1 意義**　環境問題を規律する*条約'・*慣習法'・原則等の総体。特定国間の越境汚染を巡る国際紛争はかねてより存在したが，1972年ストックホルム国際連合人間環境会議における人間環境宣言の採択を契機に，地球全体の環境保護を共通利益と捉える考え方が生成したといわれる。その後，国際協力の必要性が高まる一方で，開発の権利との両立を主張す

こくさいか

る途上国の立場をどのように勘案すべきかが新たな争点となり，1992年には，「環境と開発に関する国際連合会議(英 United Nations Conference on Environment and Development；略称 UNCED)が開催され，環境保護を開発過程の不可分の一部となす*持続可能な開発'(英 sustainable development)の達成，地球環境の悪化への従来の寄与度及び対処能力の差に照らした途上国の特殊な要請への配慮(共通だが差異のある責任)等を盛り込んだ「環境と開発に関するリオ宣言」及び「アジェンダ21」が採択された。
2 内容　国際環境法は，環境損害の防止及び被害救済に関する法規と環境危険を予防する法規(⇨予防原則')に分けられる。国家は，自国内の活動が国境を越えて重大な悪影響を及ぼすリスクがある場合には，環境損害の防止の観点から関係国への事前通報・協議，環境影響評価の実施といった一定の手続的義務を負う。発生したばい煙等による越境汚染に対しては，領域管理責任等の法理を通して原因発生国の国家責任追及(⇨国際責任')によって被害国の救済が図られる(⇨トレイル熔鉱所事件')。他方で，フロンガスのように不特定多数の汚染源の累積的効果により回復困難な形で地球全体の環境を悪化することが危惧される場合については，国際連合環境計画(英 United Nations Environment Programme；略称 UNEP)等を中心に，環境危険を事前に予防するための多数国間条約の整備が目指された。これらの条約においては，目的や一般的な原則についてのみ定める枠組条約を作成し，具体的な規制内容や基準については締約国間の会議(⇨締約国会議')で採択する議定書で科学的知見の発展に即して随時に設定，修正する方式がとられる例がある。「オゾン層の保護のためのウィーン条約」(昭和63条8)と「オゾン層を破壊する物質に関するモントリオール議定書」(昭和63条9)や，*気候変動に関する国際連合枠組条約'と同京都議定書はその代表的な例である。

国際慣習法　*条約'と並んで国際法の重要な形式的法源の1つである。慣習国際法ともいう。国際社会では，伝統的には国際法の重要な法規は，国際慣習法の形態で成立してきた。国際司法裁判所規程(昭和29条2)は，「法として認められた一般慣行の証拠としての国際慣習」を裁判準則としている〔国際裁38①b〕。国際慣習法の要件としては，諸国の一般慣行とこれを国際法と認める法的確信の2つを求めることが一般的である。もっとも，一般慣行の成立を認めるための基準(当該慣行の継続時間・それに従う国の数など)について定説を求めることは困難であるし，国際関係の緊密化や迅速化を反映して，一般慣行の要件を極めて緩やかに解したり，更にはこれを要件としない学説まである。また，法的確信についても，国際法は国家の合意から成るという合意原則に対して，合意とは異なる本質を求めて「当該慣行が法であるべき」という意識と解する説などがあるが，その意義は学説上一定していない。多数国間条約網が発展する以前は，条約が特別国際法であるのに対して，国際慣習法は一般国際法として重視されてきた。現在ではそのような意義は減少し，むしろ多数国間条約が条約当事国以外の国をも拘束する一般国際法であることを根拠付けるために，条約にいう国際法規が国際慣習法として成立したともいわれることも多い。これにとどまらず，国際連合総会決議のような国際文書に国際法上の効力を認めるための根拠にも，国際慣習法が用いられることがある。こうした理論状況の中では，国際慣習法の要件論が，ますます混乱するおそれがある。　⇨一般国際法'

国際関心事項　*国際連合'の実践過程を通じて発展してきた概念で，*国際連合憲章'の国内問題不干渉の原則[国連憲章2⑦](⇨干渉')の存在にもかかわらず，国際連合の諸機関が，加盟国のある種の国内的事態に関して必要な措置をとるための正当化根拠として援用されてきた。憲章中に一般的規定はあるが加盟国が具体的な義務を負っているか否かが不明確だった人権や*自決権'に関する事項，国際の平和と安全に対する脅威を構成する事項等が，国連の初期の実践過程でしばしばこれに該当すると主張された。

国際機関　⇨国際組織'
国際機構　⇨国際組織'

国際行政連合　19世紀中葉に起源をもち，各国の行政の調整を目的とする多数国間条約体制のこと。国際電信連合(1865)，*万国郵便連合'(1874)，国際度量衡連合(1875)等の例があり，*国際連合'の下で*専門機関'に組み込まれたものが多い。産業革命は，運輸・通信等の分野での国際的調整を不可避とし，各国は多数国間会議を開いて条約を結び，また，条約の定期的な見直しを行った。条約の執行・管理，会議の準備などの附属的な事務のために，国際事務局が常設された。国際事務局の監督を行う委員会が設けられることもあった。これらが全体として，国際行政連合を構成する。現在の*国際組織'の前身。

国際軍事裁判所　英 International Military Tribunal　第二次大戦におけるヨーロッパ枢軸

国の重大な戦争犯罪人を裁くために，1945年8月8日の国際軍事裁判所設立のための米英仏ソ4国協定とそれに附属する国際軍事裁判所条例に基づき，ニュールンベルクに設置された裁判所。これによる裁判をニュールンベルク裁判という。平和に対する罪，人道に対する罪と通常の*戦争犯罪'の3つの罪に関連して1945年10月に24人のドイツ人が起訴されて，審理の結果，1946年9月30日・10月1日に判決が下された。判決の結果無罪とされたのは3名のみで，12名が絞首刑とされた。　⇨極東国際軍事裁判所'

国際刑事警察機構　圏 International Criminal Police Organization; 略称 ICPO 又は Interpol(インターポール)　刑事警察の国際的共助機関。ICPO憲章(前身たる1923年創設の国際刑事警察委員会が1956年に採択)に基づき，加盟国刑事警察間の相互協力の確保・推進及び犯罪の予防・鎮圧のための制度の確立・発展を目的とする。本部はフランスに置かれ，2023年現在，加盟国(地域)は195に及ぶ。総会，執行委員会，事務総局，国家中央事務局(加盟各国単位に設置。日本は*警察庁'等)の機関から成る。国際犯罪捜査のための具体的協力活動には，専用通信網等を活用した犯罪関連情報の交換・被疑者の国際手配，捜査官派遣への関与等がある。また，加盟国間の捜査技術協力に関する情報収集・提供も重要な活動である。

国際刑事裁判所　1 固有名詞としての国際刑事裁判所(圏 International Criminal Court; 略称 ICC)は，「国際社会全体の関心事である最も重大な犯罪」を対象とし，1998年に設立が合意され(国際刑事裁判所に関するローマ規程)，2002年に発足した常設の国際組織を指す。集団殺害犯罪，人道に対する犯罪，戦争犯罪及び侵略犯罪について管轄権をもつ〔国際刑裁5〕。当初，定義と管轄権行使の条件が未確定であった侵略犯罪は，2010年改正により，30カ国の批准・受諾により管轄権行使ができることになった。裁判所の管轄権は，締約国による付託，国連安全保障理事会の検察官への付託又は検察官の捜査着手によって行使可能になる〔国際刑裁13〕。対象犯罪について国が捜査・訴追等を行わない場合に限って，裁判所は事件を受理する(補完性の原則(圏 complementarity))〔国際刑裁17〕。裁判所は，イ 裁判所長会議，ロ 上訴裁判部門，第一審裁判部門及び予審裁判部門，ハ 検察局，ニ 書記局によって構成される〔国際刑裁34〕。所在地はオランダのハーグ。2024年1月1日時点で124カ国が加入。日本の加入は2007年〔なお，国際刑事裁判所に対する協力等に関する法律(平成19法37)参照〕。ウガンダ，コンゴ民主共和国，中央アフリカ共和国の事態が2004年に裁判所に付託されて以来アフリカを中心に多くの事態が対象となっており，2016年にはジョージアの事態がアフリカ以外で初めて捜査対象となった。2012年3月に最初の終局判決が出された(ICC判2012・3・14〈ルバンガ事件〉)。
2 普通名詞としては，個人の犯した国際法上の犯罪を裁くための国際裁判所一般のこと。第二次大戦におけるドイツ又は日本の戦争指導者等を平和に対する罪・通常の戦争犯罪・人道に対する罪(⇨戦争犯罪')として裁いた*国際軍事裁判所'又は*極東国際軍事裁判所'が著名な例である。冷戦終結後は，旧ユーゴスラビア及びルワンダにおける*国際人道法'上重大な違反を犯した個人を裁く国際裁判所(1993年設置の旧ユーゴ国際刑事裁判所及び1994年設置のルワンダ国際刑事裁判所)が安保理決議に基づき臨時に設置され，その経験が現在の国際刑事裁判所に引き継がれた。

⇨国際犯罪'

国際契約　⇨契約'
国際結婚　⇨婚姻'　⇨離婚'
国際原子力機関　圏 International Atomic Energy Agency; 略称 IAEA　1956年10月に採択された，国際原子力機関憲章(1957・7・29発効)に基づき設立された原子力の平和利用を援助・促進し，原子力の軍事目的への転用を防止するための国際組織。日本は原加盟国である〔昭和32条14〕。*国際連合'との間で連携協定を締結していないため，その*専門機関'ではないが，実質的には国際連合と密接に協力して活動している。総会・理事会・事務局のほか，専門家で構成される科学諮問委員会・保障措置技術委員会などから成る。本部はウィーン。

国際航空運送についてのある規則の統一に関する条約　⇨モントリオール条約'　⇨ワルソー条約'

国際公法　⇨国際法'
国際公務員　*国際連合'事務局を始め，*国際組織'の事務局を構成する職員。事務局の長である事務局長とその他の職員から成る。構成・地位等に関して，国際連合をモデルにする例が多い。普通は，事務局長，更には次長が，その国際組織の総会若しくは理事会又はその双方の決議によって任命され，その他の職員は事務局長が任命する。国際公務員は，個人の資格で雇用され，独立性をもち，出身国の指示を受けない。職務の独立性を確保するために，機能的に制限された一定の特権・免除を享有する。

こくさいさ

任務は，通常，事務的職務であるが，国際連合事務総長のように政治的役割を期待されることも増えている。様々な考え方を事務局に反映し，また加盟国間の公平性を確保するために，できる限り全ての加盟国から公平に採用されるのが望ましいとされる。

国際最低課税額に対する法人税　各国が法人税を切り下げる租税競争に対抗して，2021年10月に国際的合意がなされ，その一環として，軽課税国に最低15％で課税することを促す措置を有志国がそれぞれの国内法で講ずることとされた。これを受けて日本の国内法として令和5年に創設されたのが，国際最低課税額に対する法人税である。特定多国籍企業グループの構成会社等の所在地国における国別実効税率が15％を下回る場合，同グループに属する内国法人に対して，15％に達するまで上乗せ課税を行う〔法税82以下〕。

⇨租税競争'　⇨タックス・ヘイブン'　⇨法人税'

国際裁判　国際裁判所による国際紛争の解決をいう。国際紛争の平和的解決の一形態であり，第三者が関与する紛争解決手段のうち，審査・仲介・調停といった非裁判的手段とは区別される（⇨国際調停'）。*国際仲裁裁判'と国際司法裁判とに大別される。前者は，紛争発生ごとに当事国の合意に基づいて裁判官が選任され裁判所が設置されるのに対して（⇨常設仲裁裁判所'），後者は，裁判所が常設され裁判官があらかじめ選任されている。*国際司法裁判所'，国際海洋法裁判所等がこれに該当する。国際裁判は，一般に合意管轄を前提とするが，*選択条項'受諾宣言を行った当事国間や裁判付託条項のある条約の締約国間では強制裁判管轄権（義務的裁判管轄権）が設定されうる。国際裁判の当事者は原則として国家である。国際裁判が審理の対象とするいわゆる法律的紛争の範囲に関しては，イ　国際法上の規則のある紛争，ロ　政治的に重要でない紛争，ハ　法又は法的事実の相違に関する紛争のいずれを指すかについて議論があるが，国際司法裁判所自身は，ある紛争が安全保障理事会に付託されていること自体は裁判所の管轄を拒否する理由にはならないと判示している。裁判準則は国際法であるが，当事者が合意すれば*衡平と善'によることも可能である。判決は拘束力を有するが，仲裁裁判においては，勧告的効力の裁定を発するよう当事国が付託合意することもある。判決のほか，*勧告的意見'や*仮保全措置'が出されることもある。

国際裁判管轄　一国の裁判所が裁判をなしうる権限。国際法上認められる国家の*裁判権'の範囲内において，原則として各国が国内法で定めている。一般管轄ということもある。各国法の内容は異なるため，アメリカ合衆国の*ロング・アーム法'のように，他国からは国際裁判管轄を認める範囲が広すぎると批判されているルールもある。日本では国際裁判管轄について，一般の民事訴訟事件については民事訴訟法〔民訴3の2～3の12〕が，人事訴訟事件については人事訴訟法〔人訴3の2～3の5〕が，家事事件については*家事事件手続法'〔家事3の2～3の15〕が，それぞれ規定を置いている。これらの規定では，管轄権という用語が国際裁判管轄を意味するものとして用いられている。イ　民事訴訟法では，全ての事件類型について被告の*住所'等が日本国内にある場合に国際裁判管轄が認められる〔民訴3の2〕ほか，個別の訴訟類型ごとに国際裁判管轄が認められる場合〔民訴3の3〕，消費者契約等に関する国際裁判管轄〔民訴3の4〕，管轄権の専属〔民訴3の5〕，併合請求の管轄権〔民訴3の6〕，管轄権の合意〔民訴3の7〕（⇨管轄の合意'）などについて規定されている。そしてこれらの規定により国際裁判管轄が認められる場合であっても，特別の事情がある場合にはその訴えの全部又は一部を却下できるとされている〔民訴3の9〕。ロ　人事訴訟法では，人事に関する訴えについて国際裁判管轄を認める根拠を個別に列挙する規定〔人訴3の2〕の中に，特別の事情があると認められるとき〔人訴3の2⑦〕というものがあり，他方，特別の事情がある場合の訴えの却下についても規定されている〔人訴3の5〕。ハ　家事事件手続法では，各審判事件ごとにどのような場合に国際裁判管轄を認めるかを定めた規定〔家事3の2～3の12〕の後に家事調停事件に関する国際裁判管轄についての規定〔家事3の13〕が置かれ，全ての場合に共通に，特別の事情がある場合の申立ての却下についても規定されている〔家事3の14〕。ニ　その他，*保全命令'事件〔民保11〕，*失踪宣告'〔法適用6〕，*後見'開始の審判等〔法適用5〕，倒産手続開始の申立て〔破4，民再4，会更4〕，難破物除去損害賠償請求〔油賠48〕については個別に国際裁判管轄規定が置かれている。ホ　また，日本が批准している条約にも国際裁判管轄について規定しているものがある〔航運約33・46，油による汚染損害についての民事責任に関する国際条約9，燃料油による汚染損害についての民事責任に関する国際条約9〕。国際裁判管轄が，自国で裁判を行うか否かについて問題となる場合を直接的一般管轄（直

こくさいし

接管轄）といい、*外国判決の承認・執行'の要件として判決国である外国が有するか否かが問題となる場合を意味する間接的一般管轄（間接管轄）と区別される。間接管轄の有無についても判決国ではなく承認国である日本の基準により判断するが、直接管轄と間接管轄とで判断基準が同一か否かについては見解が分かれる。判例は、人事に関する訴え以外の訴えにおける間接管轄の有無について、直接管轄とは若干異なる基準を提示している（最判平成 26・4・24 民集 68・4・329）。

国際財務報告基準　⇨国際会計基準'
国際私法　現在、国際社会においては、国家や州単位に法秩序が形成されている。国際私法とは、国際結婚、国際取引のように、複数の法秩序に関係をもつ私法的生活関係が発生した場合、このような渉外的法律関係について、それに適用されるべき*準拠法'を決定することを任務とする法律学の一部門である。そこでは複数の法秩序が自らの法の適用を主張して対立する外見を呈するところから、抵触法又は衝突法ともいわれる。英語でも private international law のほか、conflict of laws と呼ばれている。法規の性質としては、直接に権利義務や法律関係についての結論を導き出す実質法が直接規範であるのに対して、国際私法は法の適用関係を定める間接規範である。*法適用通則法'が中心的法源であるが、他に*手形法'附則 88 条以下、*小切手法'附則 76 条以下、*遺言の方式の準拠法に関する法律'、*扶養義務の準拠法に関する法律'などがある。以上のような法の抵触の問題のほか、講学上広義には、*外人法'、*準国際私法'、*国際民事訴訟法'などの問題をも含めて、この語が用いられることもある。

国際司法共助　狭義では、裁判所が外国裁判所との間で裁判事務について互いに必要な補助をすること。裁判権の行使は主権の発動であるから、外国における送達〔民訴 108 参照〕や外国における証拠調べ〔民訴 184 参照〕は、相手国の同意がなければすることができない。そこで、民事事件に関して、日本は、*民事訴訟手続に関する条約'及び「民事又は商事に関する裁判上及び裁判外の文書の外国における送達及び告知に関する条約（*送達条約'）」を批准している。その実施に伴う国内法として「民事訴訟手続に関する条約等の実施に伴う民事訴訟手続の特例等に関する法律」（昭和 45 法 115）を制定し、条約加盟国との関係はこれによる。それ以外の国との関係では、二国間取決めや外国からの司法共助の依頼にこたえる内国手続として、「外国裁判所ノ嘱託ニ因ル共助法」（明治 38 法 63）を制定している。なお、「国際的な司法活動の協力」と広義に捉える立場からは外国判決の執行なども、更に「司法手続の円滑な実施を目的として行われる国際的な協力」と最広義に捉える立場からは「国際的な子の奪取の民事上の側面に関する条約」に代表される国際協力なども、国際司法共助の問題とされる。刑事事件については、外国裁判所ノ嘱託ニ因ル共助法の適用があるほか、捜査協力、犯罪人引渡などに関する内国手続のため、逃亡犯罪人引渡法、国際捜査共助等に関する法律がある。また、いくつかの国との間で犯罪人引渡などについての二国間の条約や取決めが締結されている。

国際司法裁判　⇨国際裁判'
国際司法裁判所　圏 International Court of Justice；略称 ICJ　**1 意義**　*国際連合'の「主要な司法機関」〔国連憲章 92〕であり、*常設国際司法裁判所'を実質的に引き継ぐ形で、1946 年以来、オランダのハーグに設置されている国際裁判機関。　⇨国際裁判'

2 組織　裁判所の基本事項は国際司法裁判所規程（昭和 29 条 2。なお、国際連合加盟により国際連合憲章及び国際司法裁判所規程（昭和 31 条 26））、細則は裁判所規則において定められている。国際連合加盟国は当然に国際司法裁判所規程の当事国となる〔国連憲章 93 ①〕。裁判官は、異なる国籍を有する 15 名が〔国際裁 3〕、国際連合総会及び安全保障理事会の選挙によって選出される〔国際裁 8・10〕。裁判官は個人的資格において選出され〔国際裁 2〕、裁判官全体のうちに「世界の主要文明形態及び主要法系」が代表されなければならない〔国際裁 9〕。日本からは、田中耕太郎（1890～1974）、小田滋（1924～　）、小和田恆（1932～　）、岩沢雄司（1954～　）が選出された。*国籍裁判官'制度があり、また、小法廷が設置されることもある〔国際裁 26・29〕。

3 管轄　国のみが、裁判所に係属する事件の当事者となることができる〔国際裁 34 ①〕。裁判所の管轄権は、紛争両当事国間の紛争付託合意（コンプロミー（囚 compromis））がある場合や、紛争両当事国が裁判付託条項を含む二国間・多数国間条約の締結国である場合や*選択条項'受諾宣言を行っていた場合には、一方当事国の提訴によって強制裁判管轄権（義務的裁判管轄権）が設定される。

4 判決の効果　判決は、終結とし、上訴を許さない〔国際裁 60〕。判決不履行に対しては、他方当事国は安全保障理事会に訴えることができる〔国連憲章 94 ②〕。

こくさいし

5 その他　本案判決に先立って，管轄権判決や*仮保全措置'が出されることがあり，また，国際連合総会，安全保障理事会，*専門機関'等は*勧告的意見'を裁判所に要請できる〔国連憲章96〕。裁判所の公用語はフランス語及び英語である〔国際裁 39 ①〕。

国際私法上の公序　⇨公序(国際私法上の)'

国際自由労連　⇨国際労働組合総連合'

国際受刑者移送法　平成 14 年法律 66 号。外国で裁判を受け，*自由刑'を宣告され服役している受刑者を，当該国(裁判国)から，その母国に移送して刑を執行させる(母国を執行国とする)ことを，国際受刑者移送という。本法は，これに関する法律である。ヨーロッパ評議会は「刑を言い渡された者の移送に関する条約」(1985 年発効)により，国際受刑者移送を認めた。日本も同条約を締結し〔平成 15 条 1〕，その国内担保法として，平成 14 年に本法が制定された。本法は受入移送〔国際受刑移送 2 ⑤。日本が執行国となるための移送〕と送出移送〔国際受刑移送 2 ⑥。裁判国としての日本からの移送〕を規定する。いずれの場合も，受刑者の移送への同意，裁判国及び執行国の合意，双罰性(裁判国において犯罪とされた行為が執行国においても犯罪を構成すること)が要件となる。受刑者の同意が確認されると〔国際受刑移送 6・32〕，法務大臣はその他の移送要件の具備及び移送実施の相当性を判断する〔国際受刑移送 7・34〕。受入移送の場合には，法務大臣は，移送要件の具備につき東京地方裁判所に審査請求をする必要もある〔国際受刑移送 8〕。執行国としての日本において当該受刑者の身体の自由を剥奪すること〔国際受刑移送 21〕の当否を判断するためである。　⇨受刑者移送制度'

国際出願　⇨特許協力条約'

国際商慣習法　⇨レックス・メルカトリア'

国際商業会議所　英 International Chamber of Commerce；略称 ICC　1919 年にヨーロッパ各国の商業会議所を構成員として発足した民間の団体。パリに本部を置き，日本を含む 130 カ国以上の国内委員会等及び会員企業・団体により構成されている。*インコタームズ'，信用状統一規則(⇨商業信用状')などの作成による取引実務の統一，*国際商事仲裁'の運営による取引紛争の解決などを通じて，国際取引の円滑化のために活発な活動をしている。*国際連合'の経済社会理事会の協議団体とされている〔国連憲章 71 参照〕。

国際商事仲裁　国際取引に関する紛争を対象とする*仲裁'をいう。訴訟と比べて，非公開の柔軟・迅速な手続の下で当事者双方にとって中立的な専門家による解決が得られるほか，日本を含む多数の国が*外国仲裁判断の承認及び執行に関する条約'(ニューヨーク条約)の締約国であることから，諸国における仲裁判断の執行が容易であるなどの長所がある。*国際商業会議所'などの常設仲裁機関においてその仲裁手続規則に従って行われる機関仲裁と，個別に選任された仲裁人の下で当事者が合意した手続に従って行われる個別仲裁(アドホック仲裁)の方法がある。*国際連合国際商取引法委員会'(UNCITRAL)は，個別仲裁のためのモデル仲裁規則として「UNCITRAL 仲裁規則」(1976)を作成し，2010 年改正規則で手続促進や暫定措置の許可等の規定を充実させ，2021 年には迅速仲裁規則を追加した。また，仲裁の活用促進のため，各国の仲裁法のモデルとなる「国際商事仲裁に関する UNCITRAL モデル法」(1985)を作成し，2006 年一部改正では仲裁合意の書面性の緩和や仲裁廷の暫定措置に関する規定を充実させた。日本の「仲裁法」は，1985 年モデル法に準拠したものであり，仲裁地が日本である場合の仲裁手続(国際商事仲裁だけでなく国内仲裁も含む)と，仲裁手続に関して日本の裁判所が行う手続を定めており〔仲裁 1〕，令和 5 年仲裁法改正によって 2006 年改正モデル法に準拠した内容となった。仲裁廷は，法(*レックス・メルカトリア'などの非国家法を含む)に基づいて判断するのが原則であるが，当事者双方の明示の求めがある場合には*衡平と善'によることもできる〔仲裁 38〕。

国際商事調停　国際的な民商事紛争についての当事者間の協議に第三者が*調停'人として参加し，仲介や和解案の提示などを通じて，当事者間の*和解'による紛争解決を目指すもの。*仲裁判断'には裁判所の判決と同一の効力が与えられるのに対し，調停は和解交渉にすぎず，たとえ調停手続を行う合意があっても，いつでも一方当事者は調停手続を終了することができ，また，和解がうまく成立してもそれは新たな契約でしかなく，その違反に対しては訴訟などを再度行う必要がある。とはいえ，調停の結果として和解合意が成立した場合には，訴訟や仲裁で黒白を争うよりは短時間で安い費用により，両当事者にとって満足度が高い結論を得ることができるというメリットがある。2018 年には一定の条件の下で和解合意の執行を可能にするため，*調停による国際的な和解合意に関する

国際連合条約'が採択され，日本もこれに加入している。

国際人権規約　国際人権保障の根幹をなす条約。「経済的，社会的及び文化的権利に関する国際規約」(社会権規約又はA規約)，「市民的及び政治的権利に関する国際規約」(自由権規約又はB規約)，「市民的及び政治的権利に関する国際規約の選択議定書」(通称・第一選択議定書)，「死刑の廃止を目指す市民的及び政治的権利に関する国際規約の第二選択議定書」(通称・死刑廃止条約)及び「経済的，社会的及び文化的権利に関する国際規約の選択議定書(社会権規約選択議定書)」から成る。両規約及び第一選択議定書は，1966年12月16日に*国際連合'第21回総会で採択され，社会権規約は1976年1月3日，自由権規約及び第一選択議定書は同年3月23日に発効した。第二選択議定書は1989年12月15日に国際連合第44回総会で採択され，1991年7月11日に発効した。また，社会権規約選択議定書は2008年12月10日に国際連合第63回総会で採択され，2013年5月5日に発効した。日本は1979年に両規約を批准した(昭和54年6・条7)が，3つの選択議定書には加わっていない。*世界人権宣言'で定式化された国際人権の内容を更に精緻(ち)化して(⇨自決(人民の)')，国家が負うべき義務の明確化を図ったもので，社会権規約は主に社会権に関わり主としてその漸進(ぜん)的達成を目指すのに対して，自由権規約は，伝統的な自由権を定め，当事国に立法措置を含む即時の実施を義務付ける。実施措置に関しては，自由権規約では報告制度に加えて，自由権規約委員会(囲 Human Rights Committee)による当事国からの他の当事国の義務不履行の通報受理とその審議を認め(それを認める旨の両当事者による事前の宣言が必要)，更に第一選択議定書では自由権規約の違反についての*個人'による通報手続を用意している。他方社会権規約では当初当事国からの報告制度に重点を置いていたが，同規約選択議定書は第一選択議定書と同様の個人による通報手続などを定めている。

国際人権法　国際法のうち人権を規律する法の総体で，各種の人権条約や関連する慣習国際法，各種決議等から成る。宗教的少数者保護，ILO諸条約(⇨国際労働条約')における労働者の権利保護などが先駆的で，第二次大戦以降は多くの条約が締結され発達した。基幹的な文書とされるのは1948年*世界人権宣言'(総会決議217(III))及びその後継として2つに分けて採択された1966年社会権規約及び自由権規約である(⇨国際人権規約')。これらの地理的に普遍的で内容が一般的な国際文書に加えて，1965年*人種差別撤廃条約'のような主題別の条約，1950年ヨーロッパ人権条約のような地域条約，更に1993年ウィーン宣言及び行動計画などの各種決議等が国際人権法を構成する。条約が国家報告制度，国家通報制度，個人通報制度などの履行確保措置を規定することもあるし，人権外交や人道的介入などにみられるように武力行使や経済制裁など国際法一般の履行措置によって実現が図られることもある。2000年代から人権の主流化と呼ばれる現象が指摘されるようになり，外交的保護や裁判権免除など国際法規範一般に人権規範の影響がみられるようになっており，これは国際人権法自体とは区別されるもののその影響力の強さを示している。

国際人道法　戦争に関わる法は，戦争開始ないし武力行使の権利及びその条件に関する規範(囲 ius ad bellum)と戦争・武力紛争中に遵守すべき規範(囲 ius in bello)に大別される。国際人道法の呼称は後者に属し，武力紛争時の傷病者，文民，捕虜などの人道的処遇を定める法の総体を指す。古くは戦時国際法(戦争法)のうちの交戦法規と呼称されたもの，戦争違法化後に武力紛争法と呼称されたものと大まかには対応し，赤十字国際委員会を中心にジュネーヴ追加議定書が議論されるようになった1960年代から用いられるようになった。武力紛争時の法規群は，武器使用の制限・攻撃手段の規制に着目する法規(ハーグ法)と傷病者・捕虜・文民等の保護に着目する法規(ジュネーヴ法)に分けるのが一般的だが，国際人道法は後者を中心としつつ前者のうち人道的考慮を問題にするより広い規範を指すことが多い。国際人道法の中核は，1949年に作成された，前記の傷病者等の保護を図る*ジュネーヴ四条約'である。1977年に作成された2つの議定書(⇨ジュネーヴ四条約の追加議定書')は，ジュネーヴ四条約を補完し，1つには国際武力紛争における害敵手段の規制を含めた傷病者等の一層の保護(追加議定書I)を，また，1つには非国際的武力紛争への国際人道法の適用を図ろうとした(追加議定書II)。戦争が一般的に違法化された今日においても，依然武力紛争は多発しており，また，サイバー攻撃等の新技術の登場にも対応しなくてはならず，国際人道法の必要性は失われることはない。

国際水路　⇨国際運河'　⇨国際海峡'　⇨国際河川'

国際責任　1 定義　国際法主体による国際違法行為により生じる国際法上の責任。

こくさいそ

2 主体 国家のみを国際法主体とする伝統的国際法の下では、国家のみが国際責任の主体と考えられ、国際責任とは国際法上の国家責任の問題と考えられてきたが、今日では*国際組織'や一定の場合に*個人'が国際責任の主体となることが認められている。

3 要件 国際責任の成立要件とされるのは、国際違法行為(国際法上の違法行為)の存在であるが、このような国際違法行為は、国際法上の義務の違反・不履行という客観的要因と、行為者と責任主体(国家・国際組織等)との間の責任帰属関係の存在という主観的要因の2つによって構成される。そのほかに、故意・過失の存在という要件が必要とされるか否かについて、*国際連合国際法委員会'が2001年に採択した「国際違法行為に対する国の責任」に関する条文草案では、これを不要とする客観責任主義がとられた〔国家責任条文2〕。また、法益侵害又は損害発生を国際責任の成立要件とすべきか否かも争われてきたが、今日では、法益侵害は国際違法行為の内容の中に含まれるものと考え、これを国際責任の独立した成立要件としては挙げず、ただし、国際責任の追及又は請求提起のための要件と考える立場が有力である。

4 解除 国際責任が成立した場合、その責任主体はそこから生じた一切の結果を可能な限り排除すべき義務を負い、この義務を果たすことによって国際責任は解除される。したがって、その責任解除の方法としては原状回復が原則であるが、それが不可能又は困難である場合には金銭賠償や満足などの方法がとられる〔国家責任条文34~37〕。

5 性質 従来、国際責任は、債務不履行や不法行為といった国内法上の*民事責任'に類似する性質を有するものと一般に理解されてきた。しかし、特に第二次大戦後、平和に対する罪や人道に対する罪といった新たな法概念に基づいて、国家以外に個人の国際法上の責任が*国際犯罪'として裁かれ(⇨国際軍事裁判所'・極東国際軍事裁判所')、2002年にはこのための常設の*国際刑事裁判所'を設立する国際刑事裁判所規程が発効した。

国際捜査共助等に関する法律 昭和55年法律69号。外国から犯罪捜査に関する協力要請があった場合に、国内で必要な措置をとることを可能にする制度の整備を目的として制定された法律。逆に日本から外国に要請する際には、この制度がその前提たる*相互主義'の保証になる。ただし、日本が外国に協力を求める場合の手続はこの法律の問題ではなく、外国の要請により当該外国の刑事事件捜査に必要な証拠を提供すること、並びに*国際刑事警察機構'に資料・情報提供等の協力をすることをその内容とする。証拠収集活動は、検察官又は司法警察員が、原則として刑事訴訟法の規定に従って行い、裁判官の令状を得て捜索・差押え等の強制処分をすることや裁判官に証人尋問を請求することができる。収集された証拠は、法務大臣から外務大臣を経て要請国へ送付されるが、政治犯罪に関する場合、相互主義の保証や双方可罰性の要件を欠く場合等、共助することができない制限も設けられている。平成16年に、共助について条約がある場合の特例や受刑者証人移送制度に関する規定の整備が行われ(法89)、法律の題名は「国際捜査共助法」から「国際捜査共助等に関する法律」に変更された。

国際組織 **1 意義** 国際組織(英 international organization)とは、政府間国際組織(英 intergovernmental organization)のことをいう〔条約法約2①(i)〕。講学上は国際機構とも呼ばれ、日本の法令上は国際機関という名称が用いられる。国家によって構成され、かつ組織としての実体をもつことが要件である。通常、国際組織は、国家間の条約によって設立され、恒久的な事務局をもち、かつ国際法上の法人格をもつ。

2 分類 国際組織は種々の角度から分類できる。イ 国際組織の責任及び加盟国が、世界的な広がりをもつか、地域的に限定されるかというもの。前者を普遍的国際組織(例:*国際連合'・*専門機関')、後者を地域的国際組織(例:ヨーロッパ連合'・*米州機構')と呼ぶ。ロ 国際組織の任務が一般的か専門的かというもの。前者を一般的国際組織(例:国際連合)、後者を専門的国際組織(例:専門機関)と呼ぶ。ハ そのほか、加盟国の権能を肩代わりすることを目的とする超国家的国際組織(例:ヨーロッパ連合)と加盟国間の協力を目的とする協力的国際組織(例:*経済協力開発機構')という分類などがある。

3 法的性格 国際法上、一般の国際組織は、国家のように幅広い権限をもたないが、設立文書に明示的に規定された権限以外にも国際組織の目的を遂行するのに必要な権限(黙示的権限)をもつ。また、国際組織を一般的に規律する国際法への関心も高まり、国際組織の行為を規律するための一般条約、具体的には「普遍的国際機関との関連における国家代表に関するウィーン条約」(1975)、「国と国際機関との間又は国際機関相互の間の条約についての法に関するウィーン条約」(1986)、「『国際組織の責任』に関する条

文」(2011)が採択されたが，いずれも未発効である。

国際訴訟競合 外国の裁判所に係属している事件と重複する内容を有する訴訟が自国の裁判所に提起されること。国際二重訴訟ともいう。外国で損害賠償請求訴訟の被告とされた者が原告として日本で債務不存在確認請求訴訟を起こした例もある。2011年の民事訴訟法改正時に国際訴訟競合に関する明文規定を設けることが検討されたが，最終的には断念され，この問題は従来通り解釈に委ねられることとなった。国際訴訟競合については，一定の場合にはその規制の必要性を説く立場が有力である。どのように規制するかについては，イ 先行する外国訴訟で将来下される判決が日本において承認可能か否かを検討し，日本での承認が予測されることを要件に，日本の管轄を否定する（訴えの利益を欠くとする）見解，又はロ 外国での同一又は関連する訴訟の係属を日本の国際裁判管轄を例外的に否定すべき特別の事情がある場合として，日本での訴えを却下すべきとする〔民訴3の9〕見解がある。ロの見解を採用した判例がある（最判平成28・3・10民集70・3・846，知財高判平成29・12・25）。

国際仲裁裁判 国際紛争の平和的解決手段のうち，国際司法裁判とともに*国際裁判'を構成するもの。紛争発生ごとに紛争当事国の付託合意に基づいて裁判官が選任され裁判所が設置される点で，裁判所が常置され裁判官があらかじめ選任されている国際司法裁判と異なる（⇨常設仲裁裁判所'）。第一次大戦後に*常設国際司法裁判所'が設置されるまでは，国際裁判は国際仲裁裁判を意味した。仲裁裁判への付託は原則として任意であるが，紛争両当事国が仲裁裁判付託条項を有する条約の締約国である場合には，一方当事国の提訴によって強制裁判管轄権（義務的裁判管轄権）が設定される。裁判準則は当事国の合意によるが，国際法のほか，*衡平と善'による場合もある。判決は拘束力を有するが，勧告的効力の裁定を発するよう当事国が付託合意することもある。判決の効力が*国際司法裁判所'において争われたこともある。国際仲裁裁判は国家間の紛争処理を行うが，広義では国家と国家以外の当事者（企業）との仲裁（投資仲裁など）を含めることがある。その他，国際仲裁には企業間の*国際商事仲裁'がある。

国際調停 国際紛争の平和的解決手段（非裁判的手段）の1つであり，個人的資格で選出された通常奇数の委員から成る国際調停委員会による調停を指す。委員会は事実審査の後，解決案を提示するが，一般には，当事国を拘束するものではない。国際調停への付託は，二国間・多数国間条約においてあらかじめ予定されることもある。なお，広義では周旋（紛争の内容に立ち入らずに会場提供等の便宜を図ること）や仲介（居中(きょちゅう)）調停ともいい，第三国や国際組織が譲歩を促したり解決案を提示したりすること）も国際調停に含まれる。

国際通貨基金 英 International Monetary Fund；略称IMF *国際連合'の*専門機関'の1つで，第二次大戦後の世界経済の基本的枠組みを検討した1944年7月の連合国通貨金融会議（ブレトン・ウッズ会議）で成立した国際通貨基金協定(1945・12・27発効)に基づき，*国際復興開発銀行'とともに設立された国際組織。1947年に業務を開始した。日本は1952年に加盟した（昭和27条13。なお，現在の協定は平成28条3）。総務会・理事会・専務理事等から成る。本部はワシントン。通貨に関する国際協力と為替の安定・自由化を通じて国際貿易の均衡のとれた発展を図ることを目指す。そのために，経常収支が悪化した加盟国への融資や，加盟国の為替政策の監視等の業務を行っている。

国際手形(小切手)法 *手形'(*小切手')に関する国際的に適用される法律。1930年・1931年に，*手形(小切手)法統一条約'(ジュネーヴ条約)が成立し，また，それとともに，抵触法の解決のための「為替手形及約束手形ニ関シ法律ノ或(あるいは)牴触(ていしょく)ヲ解決スル為(ため)ノ条約」及び「小切手ニ関シ法律ノ或牴触ヲ解決スル為ノ条約」が成立した。日本はそのいずれも批准し（昭和8条5・条8），前者の内容は*手形法'及び*小切手法'本則に，後者の内容は附則中に規定されている〔手附88〜94，小附76〜81〕。それらの内容は，上記の条約を批准した国では原則として同じものであり，それらの国において共通に適用される。もっとも，英米法系の諸国は上記の条約を批准しておらず，これを批准している諸国（*大陸法'系諸国といわれている）と英米法系諸国との間で，手形法の分裂が生じている。このような分裂の解消を目指し，*国際連合国際商取引法委員会'において条約案の作成作業が行われ，1988年に国際連合で「国際為替手形及び国際約束手形に関する条約」として採択され成立した。同条約は，国際取引の決済手段として利用される手形のうち，振出人が同条約の適用がある旨を手形面上に明らかにしたものについて適用されるものである〔国際為替手形及び国際約束手形に関する条約1①②〕。もっとも，まだ条約の発効に必要な数の国の批准がなされて

こくさいて

おらず，発効していない。

国際的強行法規　　⇨強行法規の特別連結'

国際的な協力の下に規制薬物に係る不正行為を助長する行為等の防止を図るための麻薬及び向精神薬取締法等の特例等に関する法律　⇨麻薬特例法'

国際的な子の奪取の民事上の側面に関する条約　国境を越えて奪い去られた子を速やかに元の国に戻す仕組みを作り，ひいては国際的な子の奪取の発生を抑止することを重要な目的として作成された多国間条約。1980年に*ハーグ国際私法会議'の外交会期で採択され，1983年に発効して以来，多くの締約国を獲得してきている。日本は，2013年に同条約に加盟し，「国際的な子の奪取の民事上の側面に関する条約の実施に関する法律」（ハーグ条約実施法）（平成25法48）を整備した。本条約は，子の奪取の発生自体が子の利益に対する重大な侵害であるとして，国際社会は奪取を抑止することを目指すべきであり，不法に奪取又は留置されている子を常居所地国に迅速に返還するとともに，奪取された側の親と子との面会交流を確保することを目的としている〔子奪取約1〕。それゆえ，一方の親が不法に子を常居所地国から奪取した場合，各締約国に設置された中央当局の援助の下で，子を常居所地国に返還するという仕組みが採用されている〔子奪取約7〕。各締約国の中央当局は，自国内に奪取された子がいる場合，任意に子を常居所地国に返還する方法を模索し〔子奪取約10〕，それがうまくいかない場合には，その国の司法機関（場合によっては行政機関）が返還命令を出す〔子奪取約12〕。返還命令を出すにあたり，監護権に関する判断は行ってはならないとされる〔子奪取約19〕。監護権を巡る裁判は子の常居所地国の裁判所でなされるべきであり，迅速に子を元の国に戻すことこそが重要であると考えられているからである。本条約に基づき締約国の中央当局に子の返還援助申請ができるのは，不法な侵害の直前に子（16歳未満）が締約国に常居所を有していた場合である〔子奪取約4〕。この場合の「不法な連れ去り」又は「不法な留置」とは，常居所地国法により監護権を有する者の監護権を侵害していること，及び，連れ去り又は留置の時にその監護権が現実に行使されていたか，又は連れ去りや留置がなければ現実に行使されていたであろう場合をいう〔子奪取約3〕。また，申立人による子の返還が認められない返還拒否事由として，イ 子を監護していた者が子の連れ去り若しくは留置の時に現実に監護権を行使していなかったこと又は申立人が連れ去り若しくは留置の前にこれに同意若しくはその後にこれを黙認したこと，ロ 子の返還が子の心身に害悪を及ぼすこと又は他の耐え難い状態に子が置かれることとなる重大な危険があること，ハ 子が常居所地国に返還されることを拒んでおり，子の年齢及び成熟度に照らして子の意見を考慮することが適当であること，である〔子奪取約13〕。子の返還命令が発令されたり，*和解'や*調停'において子の返還を合意したにもかかわらず，相手方が子を返還しない場合には，*民事執行法'の特則として，ハーグ条約実施法で，子の返還の執行手続が定められている（⇨子の引渡しの強制執行'）。同法では，間接強制前置主義がとられており，2013年の同法制定時は，*間接強制'に代わり代替執行を行う場合，子が相手方とともにいることが要件とされていた。しかし，執行不能に終わる例も多かったことから，2019年に同法は改正され，間接強制前置主義に例外が設けられ，間接強制をしても債務者が子の返還に応じる見込みがない場合，又は債務者による監護が子の生命又は身体の安全等に悪影響を及ぼすような不適切なものである場合は，直ちに子の返還の代替執行が可能となった。また，代替執行を行う場合には，子と相手方の同時存在の要件が廃止され，申立人が執行現場に出頭することによって，解放実施が可能となった。

国際的判決調和　各国で，同一の事案には同一の法的評価がなされること。国際的私法交通の安全確保を任務とする国際私法（広義）の最も重要な法目的の1つである。国際私法は，*準拠法'の決定・適用により，外国裁判所と同じ法の適用を確保し，自国の国際裁判管轄の適正な画定により外国裁判所との訴訟競合を避け，外国判決の承認制度によって国際的な跛行(はこう)的法律関係の発生を防止するなどの方法で，国際的な法的安定性の実現を目指している。

国際電気通信連合　囲 International Telecommunication Union；略称 ITU　　*国際連合'の*専門機関'の1つで，電気通信の良好な発展を目的とする国際組織。国際電信連合（1865設立。日本は1879加入）と国際無線電信連合（1906設立。日本は1913加入）が1932年に合体して国際電気通信連合となった（日本は成立と同時に加入）。現在の組織は，1992年に採択された国際電気通信連合憲章（ITU憲章）及び国際電気通信連合条約（ITU条約）（1994・7・1発効。その後，憲章，条約とも数次にわたって改正）によって大幅に改編された。本部はジュネーヴ。無線周波数規制，電気通信の標準化，電気通信開発の推進（開発

途上国援助)が主要な任務である。
　国際倒産　渉外的要素を含む倒産処理手続のこと。かつて日本は厳格な*属地主義'を採用して、日本の倒産の効力は外国に及ばず、外国の倒産の効力は日本に及ばないとされていたが、普及主義に基づく大幅な法改正(平成12法128)と、「外国倒産処理手続の承認援助に関する法律」(平成12法129)の制定がなされた。国際倒産においては、第1に、内国倒産処理手続においては、まず倒産事件の*国際裁判管轄'が問題となる。債務者の*営業所'や財産などが日本にあれば、日本の国際裁判管轄が認められる〔破4, 民再4, 会更4〕。また、日本の倒産処理手続は対外的効力を有するとされている〔破34①, 民再38①, 会更72①〕。その結果、債権者が外国で抜け駆け的に満足を得ることは許されず、配当・弁済調整を行うことが定められている〔破201④, 民再89②, 会更137②〕。更に、日本の倒産処理手続と並行して外国でも手続が行われている場合に、手続間の協力を図るため、*外国管財人'との協力や相互の手続参加を定める規定が設けられている〔破11章, 民再11章, 会更10章〕。第2に、*外国倒産処理手続の承認援助'手続については、外国管財人等が日本の裁判所に対しその承認を申し立て、承認の決定があった時からの一定の援助の処分をする仕組みとなっている。その要件は、その外国に債務者の営業所等があること、その外国の手続の効力が日本に及ぶとされていること、援助の処分をすることが*公序'に反しないことなどである〔外国倒産17・21〕。援助の内容は日本での他の裁判手続の中止命令、日本での業務・財産の処分等の禁止命令、債務者の日本国内財産の国外持出し許可などである〔外国倒産25以下〕。第3に、倒産処理上登場する諸問題の*準拠法'が問題となる。日本で行われる倒産手続については、手続法上の問題は、原則として、*法廷地法'としての日本法が適用される。しかし、*別除権'、*相殺(そうさい)権'、*否認権'などの倒産実体法上の諸問題についての準拠法についてはなお議論がある。

　国際取引　　⇨契約'
　国際二重起訴　⇨国際訴訟競合'
　国際破産　　⇨国際倒産'
　国際犯罪　個人の国際犯罪と国家の国際犯罪とに分かれる。**1 個人の国際犯罪**　各国国内法共通の犯罪であって渉外的要素を有するもの(例：殺人犯が国外に逃亡)と、国際社会の一般法益を害する国際法違反の犯罪とに分かれる。前者については、*犯罪人引渡し'や*司法共助'の形で国際協力が図られる。後者の犯罪の例としては、古くから*海賊行為'が人類共通の敵として国際犯罪とみなされ、また、諸国家の言動や多数国間条約により、*ハイジャック'、航空機爆破、ジェノサイド(⇨ジェノサイド条約)、*アパルトヘイト'、人質拘留、*戦争犯罪'等が国際犯罪とみなされている。国際犯罪の多くについては普遍主義に基づく国家管轄権の行使が認められ、また、国際犯罪に対処する特定の条約において犯罪者所在地国に「引渡しか訴追・処罰か」の選択義務が課されることもある。1998年には「国際刑事裁判所に関するローマ規程」(平成19条6)が採択され、集団殺害罪、人道に対する罪、戦争犯罪、侵略の罪を犯した個人は、*国際刑事裁判所'において裁かれる途が開かれた。

　2 国家の国際犯罪　国際社会の基本的利益の保護のため必要不可欠な国際的義務の国家による違反行為である。*国際連合国際法委員会'が作成した国家責任条文では、侵略、植民地支配、奴隷制・ジェノサイド・アパルトヘイト、大量環境汚染を、通常の国際法違反(国際不法行為)とは異なる「国際犯罪」の例として挙げていた〔国家責任条文旧草案第1部19②③〕が、国家の国際犯罪概念自体について反対論が強く、新条文では削除されている。
　⇨国際責任'

　国際標準主義　国家がその領域内において*外国人'に与えるべき保護の水準・内容に関し、一定の国際的な標準が存在することを主張する説。文明国標準主義と称されることもある。国内標準主義(各国は外国人の処遇を国内法に基づいて自由に決定でき、国際法上は自国民と同等の処遇が求められるにとどまるとする。内外人平等主義とも称される)がこれに対立する。前者は主に先進国、後者は主に開発途上国によって唱えられている。いずれをとるかによって、外国人の処遇に関して国家が国際法上負う責任の範囲・内容に違いが生じる。　⇨国際責任'

　国際複合運送条約　国際的な*複合運送契約'についての*運送人'の責任原則・*運送証券'の効力等を定める、1980年に*国際連合貿易開発会議'主催の外交会議で採択された条約。正式には「物品の国際複合運送に関する国際連合条約」という。2024年7月1日現在未発効。全体として、*ハンブルク・ルール'(国際連合海上物品運送条約)に倣っており、複合運送に固有の、運送品についての損害発生区間と責任原則との関係については、その発生区間のいかんを問わず、責任発生要件・責任限度額を画一的に定める方式(ユニフォーム・システム)を原則と

こくさいふ

して採用している〔国際複合運送条約 16・18〕。ただ，責任限度額については，海上・内水区間を含む場合(1包・1単位当たり 920SDR 又は 1kg 当たり 2.75SDR のいずれか高い額)とそれを含まない場合(1kg 当たり 8.33SDR)とを区別して規定し，更にこれより高い額の責任限度額を定める強行法(例えば*ワルソー条約')が適用されるときは，その額によるとする方式(変形ネットワーク・システム)をとっている〔国際複合運送条約 19〕。

国際復興開発銀行 英 International Bank for Reconstruction and Development；略称 IBRD *国際連合'の*専門機関'の1つで，第二次大戦後の世界経済の基本的枠組みを検討した 1944年7月の連合国通貨金融会議(ブレトン・ウッズ会議)で成立した国際復興開発銀行協定(1945・12・27発効)に基づいて，*国際通貨基金'とともに設立された国際組織。通称，世界銀行。1946 年に業務を開始した。日本は 1952 年に加盟し(昭和 27 条 14)，新幹線，高速道路やダム等の建設に際して融資を受け，1990 年 7 月に完済した。総務会・理事会・総裁等から成る。本部はワシントン。当初は各国の戦後復興のための融資業務が主体であったが，1960 年代以降は途上国に対する開発援助の融資を主に行っている。途上国民間企業の育成を任務とする国際金融公社(英 International Finance Corporation；略称 IFC，1956 年設立)，途上国向け無利子の開発融資を任務とする国際開発協会(英 International Development Association；略称 IDA，1960 年設立)等とともに世界銀行グループを構成する。1993 年には，融資プロジェクトで悪影響を受けたとする私人の申立てを受け，審査する内部機関としてインスペクション・パネルを設置した。

国際物品売買契約に関する国際連合条約 *国際連合国際商取引法委員会'が作成し，1980 年の外交会議(ウィーン)で採択された国際物品売買契約に関する私法統一条約。CISG (Convention on International Sale of Goods 英の略)やウィーン売買条約と略称される。1988 年 1 月 1 日発効。100 カ国近くが締約国となっている。2009 年 8 月 1 日より日本について効力を生じている。CISG については，*国際海上物品運送法'のような国内立法を行うことなく，条約が直接に適用される。この分野での統一法の作成は，1930 年代から*ユニドロワ'で開始され，1964 年に「国際物品売買契約についての統一法に関する条約」，「国際物品売買契約の成立についての統一法に関する条約」の2つの条約が作成された(1972 発効)。しかし，それらの条約は大陸法を基礎とし，理論に傾きすぎて複雑であるため，締約国は少なかった。そこで，より多くの国の参加を得て国際連合国際商取引法委員会で新たな作業がなされ，*アメリカ統一商事法典'2編を参考に，実際的なアプローチによるこの条約が作成された。全4部，101 カ条で構成され，契約の成立，売主・買主の義務，危険の移転，契約違反に対する救済等について規定している。CISG が適用されるのは，国際的な物品売買契約であり，かつ，売買契約の当事者の営業所所在地国がいずれも CISG の締約国であるか，当事者の営業所が締約国に所在しない場合であっても，法廷地の国際私法の準則によればいずれかの締約国の法の適用が導かれる場合である〔国際売買約 1 (1)〕。CISG は任意法規であり，当事者は任意に CISG の適用を排除したり，CISG と異なる内容の合意をすることができる〔国際売買約 6〕。実務においては，契約書において CISG の適用を排除する合意をしておくことが少なくない。

国際紛争の平和的解決 ⇨国際裁判' ⇨国際仲裁裁判' ⇨国際調停'

国際紛争平和的処理条約 1899 年の第1回ハーグ平和会議で締結され(明治 33 勅無号)，1907 年の第 2 回会議で改正され今日に至る国際紛争の平和的処理に関する包括的な条約(明治 45 条 1)。前文と 97 カ条から成り，周旋・居中(きょちゅう)調停(⇨国際調停)，国際審査委員会，*国際仲裁裁判'といった紛争の平和的解決の諸手段につき規定し，また，*常設仲裁裁判所'が本条約に基づいて設置された。

国際平和共同対処事態 ⇨国際平和支援法' ⇨平和安全法制'

国際平和支援法 平成 27 年法律 77 号。本法は，集団的自衛権の行使を容認するための法整備の一環として，既存の関連法律 10 本の一括改正(法 76)とともに，唯一，新法として制定されたものであり，正式には「国際平和共同対処事態に際して我が国が実施する諸外国の軍隊等に対する協力支援活動等に関する法律」という。そこにいう「国際平和共同対処事態」とは，「国際社会の平和及び安全を脅かす事態であって，その脅威を除去するために国際社会が国際連合憲章の目的に従い共同して対処する活動を行い，かつ，我が国が国際社会の一員としてこれに主体的かつ積極的に寄与する必要があるもの」をいい，そのような事態に際して，「当該活動を行う諸外国の軍隊等に対する協力支援活動等を行うことにより，国際社会の平和及び安全の確保に資することを目的とする」〔国際平和支

援1〕。そして、「諸外国の軍隊等」や「協力支援活動等」の用語については3条1項で定義がなされ、それによれば、「諸外国の軍隊等」とは、国連の総会又は安保理の決議が存在する場合において、「国際社会の平和及び安全を脅かす事態」に対処するための活動を行う「外国の軍隊その他これに類する組織」とされ、「協力支援活動」とは、「諸外国の軍隊等に対する物品及び役務の提供であって、我が国が実施するもの」とされている。また、「協力支援活動等」の「対応措置」をとる際の基本原則としては、「武力による威嚇又は武力の行使に当たるものであってはならない」等が定められている〔国際平和支援2〕。

国際法 **1 意義・名称** かつては、国家間の合意に基づいて、専ら国家間の関係を規定する法とされたが、今日では、国家以外に、国際組織や個人等に対する規律も含み、それらを主体として含む「国際社会の法」として広く観念されている。全体を規律する包括的な法典はなく、多数の条約や国際慣習法から成る規範の集合体である。*国際私法'と区別して国際公法ともいわれるが、国際法という名称が一般的である。ホィートン(Henry Wheaton, 1785～1848)が著書 Elements of International Law(1836)が、1864年に中国で「万国公法」と訳出され、慶応元年(1865)に日本でそれが翻刻され、以来この名称で呼ばれてきたが、明治14年(1881)に東京大学で箕作麟祥(1846～97)が「国際法」の名でこれを講義し、「国際法」の名称が定着した。

2 国内法との対比・関係 国内法が対象とする国内社会と異なり、国際社会は中央集権的な統治主体をもたない分権社会であり、組織的な法の定立手続や一般に強制管轄権を有する裁判所も存在しない。他方、国際法は国際社会の行為規範として広範な局面で機能しており、拘束力ある国際連合安全保障理事会決議や強制管轄受諾宣言に基づく国際司法裁判所による裁判など強制的契機もあり、法的性質を有することは確かである。国際法と国内法の関係については、一般に一元論と二元論が対立するが、実務的にはその対立に深入りせず、国際平面と国内平面を別に把握して齟齬(そご)のあるときに両者の調整を図るべく対処している。また、グローバリゼーションの深化によって両者が一層密接に絡み合う現象も生まれ、特にヨーロッパ地域のように立憲的多元主義が主張される状況もある。

3 法源・対象 国家間の合意である*条約'と、国家慣行に法意識が加わって形成される*国際慣習法'の形が代表的な存在形態である。不文の部分も多いが、特に国際法の漸進的発展や法典化が着目されるようになってからは、条約、特に*立法条約'の発達等で、成文をもって論じられることが多くなった。国際組織の議決(国際連合総会決議など)も、諸国の法意識の反映として、国際法の内容をみる有力な手がかりとなる。対象も、人類の活動分野の多様化に伴い拡大している。空間的には地上のみならず空や*宇宙'空間、海洋でも海面から*大陸棚'や*深海底'に内容を広げている。かつて国際法を二分していた*戦時国際法'と平時国際法のうち重点は後者に移り、経済・人権・犯罪・環境など、生活領域の様々な対象を規律するようになっている。そうした個別分野について例えば国際経済法や*国際人権法'のような呼称が用いられるが、これらは基本的に国際法の下位分類である。

4 法構造の変化と持続 国際組織が国家と並んで権利・義務の主体となっている(⇨国際組織')。また、個人が司法機関・準司法機関で国際法の権利を行使する現象も見られたり(⇨個人(国際法上の)')、企業やCSO(NGO)が規範形成や実効性確保の重要な主体として注目されるようになっており、国家内部の主体についても可視化されるようになっている。国家の主権性は相対化し、また、*国際連合'を中心とする国際組織やその他の非国家主体の国際的活動の活発化によって、国際社会が共同体化しているといえる。他方、主権国家は依然として基本枠組みを構成し、武力紛争など主権性が強く現れる局面もある。

⇨一般国際法' ⇨強行規範(国際法上の)'
⇨国内的効力(国際法の)' ⇨国内適用(国際法の)'

国際法上の個人　⇨個人(国際法上の)'
国際法上の占領　⇨占領(国際法上の)'
国際法上の内水　⇨内水(国際法上の)'
国際法の国内的効力　⇨国内的効力(国際法の)'
国際法の国内適用　⇨国内適用(国際法の)'
国際法の漸進的発達　⇨国際立法'
国際法の直接適用可能性　⇨国内適用(国際法の)'
国際法の法典化　⇨国際立法'

国際捕獲審検所　国 International Prize Court 1907年のハーグ平和会議で採択された「国際捕獲審検所の設立に関する条約」に基づき、各交戦国の捕獲審検所の上訴機関として設置が予定された国際的な裁判所。戦時に交戦国の軍艦が海上で行う*拿捕(だほ)'の合法性は当該拿捕国の国内機関たる捕獲審検所により判定されるが、その決定に不服のある中立国と中立国の私人及

こくさいほ

び敵国の私人が国際捕獲審検所に上訴してこれを争いうることが予定された。しかし、実体的な海上捕獲法に関する合意(1909年のロンドン宣言(海戦法規に関する宣言))が成立しなかったために、上記条約は批准を得られず、国際捕獲審検所は実現しなかった。

国際捕鯨取締条約 ⇨'捕鯨事件'

国際民間航空機関 英 International Civil Aviation Organization；略称 ICAO(イカオ) *'国際連合'の*'専門機関'の1つで、民間の国際航空の安全な発達、航空機の設計・運航技術の奨励、航空路・空港・航空保安施設の発達の奨励等を目的とする国際組織。1944年12月7日にシカゴで開かれた国際民間航空会議で採択され、1947年4月4日に発効した国際民間航空条約(シカゴ条約)に基づき発足した。日本は1953年に加入した(昭和28条21)。総会・理事会・事務局等から成り、本部はモントリオール。国際民間航空条約の附属書として国際民間航空の安全と能率化のため国際標準と勧告方式を採択するほか、1955年の*'ワルソー条約'改正議定書(ハーグ議定書)(昭和42条11)、*'モントリオール条約'等の空法関連多数国間条約の作成等を行う。

国際民事訴訟法 渉外的性質をもつ訴訟事件の手続法的事項に適用される法規範の総称。条約で規律されている事項もあるが、基本的性質は国内法である。渉外事件において固有に問題となる事項としては、*'国際裁判管轄'、*'国際訴訟競合'、*'国際司法共助'、*'外国判決の承認・執行'などがある。その他、*'国際商事仲裁'、*'国際商事調停'、*'国際倒産'などの事項も含まれうるが、これらを含めるときは特に国際民事手続法ということもある。手続は*'法廷地法'によるという一般原則が認められており、手続が日本で行われる限り、日本の手続法が適用されるが、手続法の中で、外国法の適用が予定されていることもある〔民訴33・184②〕。

国際約束 ⇨'条約'

国際油濁補償基金 英 International Oil Pollution Compensation Fund；略称 IOPCF　1971年の「油による汚染損害の補償のための国際基金の設立に関する国際条約」(基金条約)(昭和53条18)に基づいて1978年11月に設立された国際基金。1969年の「油による汚染損害についての民事責任に関する国際条約」(昭和51条9)を補完し、同条約によって賠償されないタンカーによる汚染損害について、被害者への補償を行うための国際基金であり、その原資は、海上輸送された油を加盟国において受け取った者の拠出金による。国際油濁補償基金は、ロンドンに本部を置き、組織は総会・理事会・事務局により構成されている。基金条約を改正する1992年議定書(平成7条19)の発効に伴い、1996年5月に同議定書に基づく基金が設立された(1992年基金。これに対して1971年条約に基づく基金は以後1971年基金と呼ばれていた)。更に1992年基金による補償額を超える損害に対する補償を目的とする2003年追加議定書(平成17条5)の発効により、追加基金が設立された(2005年3月)。1971年基金条約は2002年5月の失効後も従前の事故に対する補償のため存続していたが、2014年12月、全ての事故への補償を終え、清算が完了することにより消滅した。

国際立法 広義には、*'条約'たると*'国際慣習法'たるとを問わず、国際法の新たな規則の定立の総称。狭義には、国内法上の*'立法'の場合と同じく、一般的な拘束力をもつ国際法の規則を意図的・作為的に定立する行為を指す(⇨'立法条約')。一般的な拘束力をもつ国際法規則の多くは慣習法の形態で存在しており、国際立法は、こうした慣習法の規則を条約の形態(法典化条約)で成文化する場合(国際法の法典化)を指すことが多い。ほかに、いまだ国際法が規律していない事項や慣習法が十分に発達していない事項について条約を策定する場合もあり(国際法の漸進的発達)、これも国際立法に含まれる。19世紀の後半以来、特に交戦法規(⇨国際人道法')、*'中立'法規や国際紛争処理の分野で国際立法が盛んになり、20世紀に入ってからは、*'国籍'等他の分野でも試みられるようになった。第二次大戦後は*'国際連合国際法委員会'を始めとして、国際組織や国際会議を通じて様々な国際立法が行われており、20世紀は「国際立法の世紀」と称されることがある。⇨一般国際法'

国際礼譲 I　国家間の相互関係を円滑にしている、一般的に行われている礼儀・便宜・好意等の総称。仮にこれらが規則的に行われており国際慣習化していても、国際法とは区別される。国際法に違反すれば、違法行為に対する国際法上の責任が発生するが、国際礼譲に違反しても、相手国の同様の国際礼譲違反を被ったり、道徳的・政治的不利益を被ることはあっても、国際法上の責任が発生することはない。例として、国家代表に対する敬称、海上で遭遇した外国軍艦への儀礼、外国の新元首就任に際しての祝詞等。

II　国際私法学説上、17世紀のオランダの学

者フーベル(Ulrik Huber, 1636〜94)は, 属地的な法の適用とともに, 一国で適用された法の効力は, 他国及び他国民の権利を害さない限り礼譲に基づき承認されるとした。この国際礼譲に基づく*既得権'の尊重という考え方は, 当初は法的義務とされていたが, その後は法的拘束力のない儀礼とされていった。ストーリー(Joseph Story, 1779〜1845)の「法律抵触論」(1834)などを通じて, 英米の国際私法に大きな影響を与え, 現在でも, 外国法適用, *外国判決の承認'等に関する指針の1つとして国際礼譲に言及されることがある。

国際連携平和安全活動 ⇨国際連合平和維持活動等に対する協力に関する法律'

国際連合 英 The United Nations ; 略称 UN **1 成立・発展** 1945年4月25日から6月26日までサンフランシスコで開かれた連合国の会議(サンフランシスコ会議)によって採択された*国際連合憲章'に基づき, 同年10月24日に成立した。51の連合国を原加盟国とし, その後, 第二次大戦の中立国や戦後の独立国を加え, 特に1960年にはアフリカの17の独立国が加盟し, 更に1991年のソ連解体などに伴ってその数を増し, 2024年1月1日現在, 193カ国に達している。日本は, *日本国との平和条約'の発効と日ソ国交回復の後, 1956年の総会に加盟した(昭和31条26)。
2 機関・権限 主要機関に, 総会, 安全保障理事会, 経済社会理事会, 信託統治理事会, 国際司法裁判所, 事務局の6機関がある[国連憲章7]。そのほかに, 2006年に総会の補助機関として創設された人権理事会のほか多数の下部機関が置かれ, 連携協定で結び付いている*専門機関'等とともに,「国際連合ファミリー」を形成している。本部はニューヨーク。イ 国際の平和及び安全の維持に主要な責任を負う安全保障理事会[国連憲章5章]は, 15の加盟国から構成され, そのうち中国, フランス, ロシア, イギリス, アメリカは常任理事国であり, 他の10の非常任理事国は総会によって選出される[国連憲章23①]。常任理事国は, 実質事項について*拒否権'をもつ[国連憲章27③]。安全保障理事会は全加盟国を拘束する決定を下すことができる[国連憲章25]。ロ 総会[国連憲章4章]は, 全加盟国で構成され, 広く憲章の範囲内の事項を討議し, 勧告する[国連憲章9・10]。各構成国は一個の投票権をもち, その表決は多数決でなされる[国連憲章18]が拘束力はない。安全保障理事会が拒否権で動けないときには, 総会がその機能を補うこととされてきた(⇨国際連合総会強化決議')。ハ 経済社会理事会[国連憲章10章]は, 総会によって選出される54の加盟国で構成され, 経済的・社会的・文化的分野等に関する研究・報告・発議及びこれらの事項に関する総会・加盟国・専門機関への勧告などを行う[国連憲章61・62]。理事会の下に9つの機能委員会と5つの地域経済委員会を置く。ニ 信託統治理事会[国連憲章13章]は, 1994年10月1日までに全ての信託統治地域が独立を達成したため活動を休止している。ホ *国際司法裁判所'[国連憲章14章]については, その項をみよ。ヘ 事務局[国連憲章15章]は, 1人の事務総長とその他の職員から成り, 事務総長は安全保障理事会の勧告に基づいて総会が任命する[国連憲章97]。事務局は, 会議の準備・整理等の固有の任務に加えて, 事務総長のもつ平和維持に関する任務[国連憲章99]等の政治的権限を補佐する。ト 2006年に総会の補助機関として同会決議によって創設された人権理事会は, 総会によって選出される47の加盟国によって構成され, 人権侵害に取り組み, それに対応する勧告を行う。全加盟国の人権状況を定期的に審査する普遍的定期審査制度が創設された。
3 目的 国際の平和及び安全の維持と経済的・社会的国際協力を2大目的とする[国連憲章1]。平和及び安全の維持は, 集団的安全保障を通じてなされ(⇨安全保障'), *戦争'を含めた*武力行使'の禁止と, 平和に対する脅威, 平和の破壊, 侵略行為の存在を決定した後になされる軍事的・非軍事的*強制措置'を内容としている[国連憲章7章]。それに必要な兵力や便宜は, 加盟国が特別協定により提供するとされる[国連憲章43]が, 特別協定は現実には締結されていない(⇨国際連合軍')。実際の活動では, 武力衝突に対して*休戦'が勧告され, その監視に, 関係国の同意を得て, 事務総長に編成を委ねられた軍隊等が派遣される*国際連合平和維持活動'の形をとるほか, 安保理決議により加盟国に対して武力行使を「許可」することによることが多い。
4 成果と将来 安全保障の面では, 第二次大戦中に構想されたことから, *軍縮'の軽視, 集団的安全保障への過度の依存, 敵国条項の存在などの問題があり, 他方, 国際協力の面では, 総合的体制の用意がないなど, 不十分な点も多い。しかし, 経済協力, 国際立法, 人権の尊重, 民族自決の展開など, 国際協力の面では憲章の予想を超えた成果がある。安全保障の面でも, 平和維持活動の実績に加えて, 憲章7章の下の措置が, 安全保障理事会の「許可」を通して行わ

こくさいれ

[図：国際連合の機構]

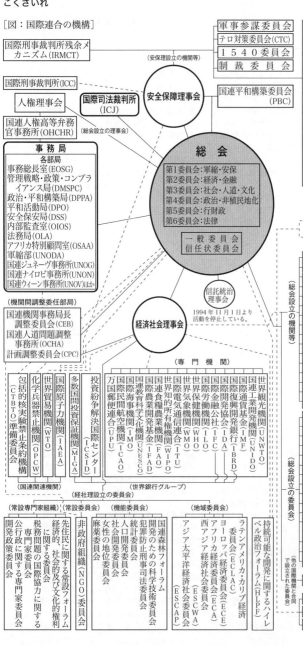

れるようになった。事務局機構の肥大化や，加盟国の分担金滞納による財政困難などの問題があるが，安全保障理事会の改組など，憲章の改正を要するような問題も論じられるようになってきている。

国際連合安全保障理事会　⇨国際連合'
国際連合海上物品運送条約　⇨ハンブルク・ルール'

国際連合海洋法条約　正式には「海洋法に関する国際連合条約」という。**1 意義・成立経緯**　1958年の第1次国際連合海洋法会議において採択された海洋に関する4つのジュネーヴ海洋法条約(領海及び接続水域に関する条約(1964・9・10発効。日本は昭和43条11)・公海に関する条約(1962・9・30発効。日本は昭和43条10)・漁業及び公海の生物資源の保存に関する条約(1966・3・20発効。日本は未加入)・大陸棚に関する条約(1964・6・10発効。日本は未加入))を踏まえ，更に新たな海洋制度を加えて海洋に関する国際法規を統合した条約。1967年の国際連合総会においてマルタ提案(⇨'人類の共同の財産')を基に海底平和利用決議が採択されるとともに海底平和利用委員会が設立され，1968年に国家管轄権以遠の海底及び海床の平和的利用の研究が開始された。深海底制度に関する海底平和利用委員会の審議と1970年の国際連合総会における「深海底を律する原則宣言」(総会決議2749(XXV))の採択を経て，1973年から第11会期に及ぶ1982年までの第3次国際連合海洋法会議において1982年4月30日に採択され，同年12月10日にジャマイカのモンテゴ・ベイで作成・署名開放された。1994年11月16日発効。日本は1983年2月7日に署名，1996年6月20日に批准書を寄託(平成8条6)，同年7月20日より当事国となった。**2 内容及び特徴**　前文及び320カ条と9つの附属書から成るが，本文は17の部から構成されており，その主な内容は，*'領海'及び*'接続水域'，国際航行に使用される海峡(⇨'国際海峡')，*'群島国家'，*'排他的経済水域'，*'大陸棚'，*'公海'，島の制度，閉鎖海又は半閉鎖海，内陸国の海に対する出入の権利及び通過の自由，*'深海底'，海洋環境の保護及び保全，海洋の科学的調査，海洋技術の開発及び移転，紛争の解決(海洋法約2部〜15部)などである。排他的経済水域制度や深海底制度が本条約によって新たに採択され，海洋が伝統的には領海と公海に空間的に二分されていたのに対して，海洋の重層的で機能的な分割が促進された。また，海洋環境の保護や海洋資源の保存に関する規定が充実して，更

に公海の使用に対する国際的な規制が強められた。排他的経済水域制度を始めとして，本条約の個別の内容が条約を離れても，*'国際慣習法'になっているともされている。本条約の解釈又は適用に関する紛争は，本条約が詳細に規定する解決手続に従う。紛争解決機関としては，紛争の友好的な解決のために調停委員会が予定され，紛争の拘束力を伴う解決を行う機関には*'国際司法裁判所'に加えて国際海洋法裁判所・海底紛争裁判部・仲裁裁判所・特別仲裁裁判所が予定されている。本条約当事国は，条約の規定する事項や当事国の意思で除外できる事項に関する紛争については，拘束力のある解決を義務付けられない。それ以外の紛争については，紛争当事国のいずれかの一方的な要請により拘束力を伴う解決を伴う機関のいずれかに付託しうる。

国際連合環境計画　⇨国際環境法'
国際連合教育科学文化機関　🔲 United Nations Educational, Scientific and Cultural Organization；略称 UNESCO(ユネスコ)　*'国際連合'の*'専門機関'の1つで，教育・科学・文化に関して国際協力を促進し，それによって世界の平和と安全に貢献することを目的とする国際組織。1945年11月に国際連合教育科学文化機関憲章(ユネスコ憲章)が採択され，1946年11月に発足した。総会・執行理事会・事務局から成る。本部はパリ。日本は1951年に加入した(昭和26条4)。

国際連合軍　*'国際連合憲章'は，国際社会の平和と安全を維持するための制度として集団的安全保障体制を規定し，その中核をなすものとして，憲章42条に基づく侵略国に対する軍事的措置(⇨'強制措置')を予定する。その場合，これを実際に行うのが憲章43条の特別協定に基づいて国際連合加盟国が提供する兵員によって構成される軍隊であり，これが憲章が本来予定していた国際連合軍であった。しかし，このような形での国際連合軍は，憲章43条の特別協定が締結されていないため，今日に至るまで結成されていない。1950年6月，朝鮮戦争に際していわゆる朝鮮国際連合軍が現地に派遣されたが，これは安全保障理事会の勧告に基づくもので，国際連合憲章が規定する国際連合軍ではない。また，国際連合平和維持活動に従事する軍隊も国際連合軍と呼ばれることがあるが，これは本来強制措置を目的とするものでなく，通常は紛争当事国間の合意を前提として現地に派遣されていた。しかし，国際連合イラク・クウェート監視団のように，憲章7章によって派

こくさいれ

遣されるものも登場するようになった。また，旧ユーゴスラビアやソマリアなどで，平和維持活動とともに，安全保障理事会の決議に沿う行動をとるなど，事実上，国際連合軍としての機能を果たす場合もみられた。 ⇨国際連合平和維持活動'

国際連合憲章　国際連合の基礎をなす条約。モスクワ会議(1943年10月)，ダンバートン・オークス会議(1944年8〜10月)，ヤルタ会談(1945年2月)を経て，サンフランシスコ会議(1945年4〜6月)によって採択された(1945・6・26署名，同10・24発効)。日本は1956年に加入した(昭和31条26)。前文及び19章111ヵ条から成る。憲章の改正は，3分の2の加盟国による改正案議決と，常任理事国(⇨拒否権*)を含む3分の2の加盟国による*批准*によって，全加盟国に対して効力を生ずる〔国連憲章108〕。現在まで本質に関わる改正は行われていない。 ⇨国際連合'

国際連合憲章に従った諸国間の友好関係及び協力についての国際法の原則に関する宣言 ⇨友好関係原則宣言'

国際連合国際商取引法委員会　圀 United Nations Commission on International Trade Law；略称 UNCITRAL(アンシトラル)　国際商取引法の漸進的調和及び統一を促進する目的で設けられた委員会で，国際連合総会の補助機関の1つである。60ヵ国によって構成されており，各構成国の任期は6年である(3年ごとに半数改選)。国際物品売買については1974年に「物品の国際的売買における時効に関する条約」，1980年に*国際物品売買契約に関する国際連合条約*が，国際手形の分野では，1988年に「国際為替手形及び国際約束手形に関する条約」が，それぞれ採択された。*国際倒産*や*国際商事仲裁*，国際振込の分野でも，モデル法が作成されている。このほかに，国際海運立法，工業化のための契約に関する標準条項・標準契約などが審議されている。

国際連合国際法委員会　圀 International Law Commission of the United Nations；略称 ILC　*国際連合憲章*13条1aが規定する「国際法の漸進的発達及び法典化を奨励すること」を任務とし，1947年11月21日に国際連合総会が設立した総会の補助機関。現在では国際法に有能な34名の委員によって構成される。1949年の第1会期で14の研究課題を選んだが，この中から，海洋法・外交関係・条約法などの分野で条約が成立した。2023年現在は，政府職員の外国の刑事管轄権からの免除，国家責任に関する国家承継，法の一般原則，国際法に関する海面上昇，国際組織が当事国である紛争の解決，海賊及び海上武装強盗の予防と抑制，国際法規則の同定の補助手段，法的拘束力のない国際合意等の諸課題に取り組んでいる。 ⇨国際立法'

国際連合事務総長　⇨国際連合'

国際連合人権委員会　⇨国際連合人権理事会'

国際連合人権理事会　圀 United Nations Human Rights Council　2006年3月15日に国際連合総会が採択した「人権理事会」決議(総会決議60/251)により，ジュネーブに設置された総会の下部機関。その前身である国際連合人権委員会は，国際連合の経済社会理事会の下部機関として，*世界人権宣言*，*国際人権規約*等の起草や世界各地の具体的な人権状況の調査に携わってきたが，国連による人権問題への対処能力を強化するために，人権理事会へと改組された。理事会は総会によって選挙される47ヵ国で構成されるが，総会の3分の2の多数により，重大な人権侵害を行った国の理事国資格を停止することができる(2022年4月7日，総会は，ウクライナでの「重大かつ組織的な人権侵害」を理由にロシアの理事国資格を停止する決議を採択)。主な任務としては，人権と基本的自由の保護・促進及びそのための加盟国への勧告，大規模かつ組織的な侵害を含む人権侵害状況への対処及び勧告，人権分野の協議・技術協力・人権教育等，人権分野の国際法の発展のための勧告，各国の人権状況の普遍的・定期的なレビュー，総会への年次報告書の提出等がある。

国際連合先住民族権利宣言　⇨先住民'

国際連合総会　⇨国際連合'

国際連合総会強化決議　1950年11月3日，*国際連合*第5回総会で採択された決議(総会決議377(V))。「平和のための結集(統合)」決議とも呼ばれる。朝鮮戦争時の東西対決を背景に成立したもので，安全保障理事会が*拒否権*のために平和維持機能を果たせない場合の総会による平和に対する脅威等の認定，*強制措置*の勧告，総会が会期中でない場合の緊急特別会期の招集などを内容とする。2022年2月のロシアによるウクライナ侵攻に際し，安保理の要請に基づき招集された緊急特別会期で，総会は，ロシアによるウクライナへの「*侵略*」を非難し，ウクライナに対する武力行使の即時停止やその軍隊の即時・無条件撤退などを求める決議(総会決議ES-11/1)を採択している。

国際連合損害賠償請求事件　1948年に*国際連合*のパレスチナ派遣職員ベルナドッテ伯爵らがエルサレムで殺傷されたことをきっかけ

として，国際連合の損害賠償請求能力の有無が問題にされた事件。国際連合総会は*国際司法裁判所'に'*勧告的意見'を請求した(ICJ 意見 1949・4・11 Reports 1949・174)。勧告的意見は，国際連合の国際法人格及び損害賠償請求能力を肯定し，その後*国際組織'の法人格が一般的に肯定される端緒となるなど，国際組織の法的構造の解明に重要な寄与をした。

国際連合大学 圏 United Nations University；略称 UNU　1972 年の国際連合総会で設立が決定され(総会決議 2951(XXVII))，1973 年の国際連合大学憲章(総会決議 3081(XXVIII))に基づき，1974 年 12 月に開設された国際連合総会の補助機関。本部は東京。当初は，研究プロジェクトやセミナー等を運営するのみで学生をもたなかったが，2010 年からサスティナビリティと平和研究の大学院コースを正式に開設した。

国際連合難民高等弁務官　圏 United Nations High Commissioner for Refugees；略称 UNHCR　第二次大戦中に流出したヨーロッパの*難民'の救済を目的として，1950 年 12 月に国際連合総会決議 428(V)によって設立され，翌 51 年 1 月から活動を開始した'国際連合'総会の補助機関。事務所の本部はジュネーヴ。そのほかに世界各地に現地事務所を置いている。存続期間が 5 年ごとに更新されてきたが，2003 年 12 月の国際連合総会決議により恒久組織となった。創設以来ヨーロッパに限らず全世界の多数の難民に対する救援活動を行ってきた。設立文書が規定する基本的な任務は難民に避難先での雇用や教育などの保護を与えることだが，本国への自発的帰国や第三国への定住の援助も行う。その活動に対して 1954 年と 1981 年にノーベル平和賞が授与された。

国際連合の特権及び免除に関する条約　*国際連合憲章'104 条・105 条に基づき，*国際連合'と本部所在地国間で結ばれる本部協定とともに，国際連合の目的達成に必要な，機構の法律行為能力，財産・通信に関する特権・免除，加盟国の代表者・国際連合の職員及び専門家の特権・免除，国際連合通行証などを一般的に規定した条約。1946 年 2 月 13 日に国際連合第 1 回総会で採択され，同年 9 月 17 日に発効した。日本は 1963 年 4 月 18 日に加入した(昭和 38 条 12)。現在日本に所在する*国際連合大学'等の国際連合の補助機関の特権・免除等も本条約によって規律される。

国際連合平和維持活動　圏 Peace-Keeping Operations；略称 PKO　**1 伝統的 PKO**　紛争当事者(主として国家)間における停戦合意の成立後，安全保障理事会又は総会の決議に基づき各加盟国が提供した軍の要員が*国際連合'の権威と指揮の下で，停戦や軍の撤退等の監視等を行う活動。非武装又は軽武装の軍将校から成る軍事監視団による停戦・休戦協定の監視及び監督活動と，防衛用軽火器を装備した部隊編成から成る平和維持軍による停戦・休戦の維持及び敵対行為の再発防止活動とから成る。イ 派遣国だけでなく受入国及び紛争当事者の同意を前提とし(同意原則)，ロ その活動は特定の当事者に対する強制的なものではなく，また特定国の政策からの独立性が強調され(中立・公平原則)，ハ 武器の使用は自衛のためにのみ認められる(自衛を超える武力の不行使原則)とされてきた。**2 第 2 世代の PKO**　冷戦終結以降，平和維持活動は，国内紛争に関して紛争当事者間で合意された紛争の包括的解決の実現を支援する任務を付与されることとなった。紛争の最終的な解決に関与しようとする点に特徴がある。このことは任務の著しい拡大(従来からの停戦や武装解除の監視以外に，住民投票の監視，選挙の準備と監視，暫定行政事務，人権保護，現地警察の訓練，難民の帰還促進・再定住，地雷処理，道路・水路の修復など経済的・社会的インフラの整備など)をもたらした。基本原則及び設立根拠については，基本的に伝統的 PKO と異ならない。**3 第 3 世代の PKO**　*国際連合憲章'7 章の下で設置され，武力の行使を含む手段を用いることによって，紛争当事者の 1 又はそれ以上が，一旦合意された和平合意を遵守するよう導くことを目的とするもの。冷戦終結以降，国連への期待の高まりの中で，平和維持活動を効果的なものとするために強制力の行使を必要とするという見解が主張されるようになった。こうした見解は，ブトロス・ガリ国連事務総長(当時)によって示され，ソマリア(第 2 次国際連合ソマリア活動：UNOSOM II(1993～95))や旧ユーゴスラビア(国際連合保護軍：UNPROFOR(1992～95))への国連の介入の際に実際に行われたが，それらが失敗に終わったことに伴い一旦は伝統的諸原則への回帰が強調された。しかしその後の再検討を経て，1990 年代末以降の国連 PKO のほとんどは憲章 7 章に基づく行動を認めた安保理決議に依拠して活動している。第 3 世代の PKO に関しては伝統的基本原則が一定の修正を受けている。イ 当事者の同意に関しては，「主要な」紛争当事者の同意を得ることが重要だとされている。ロ 和平合意の違反があった場合，違反当事者に対して合意の遵守を説得し，必要ならば強制すべきという立場に立つ。伝統

こくさいれ

的PKOに関する中立・公平原則を修正するものである。ハ PKO部隊に抑止力が期待され、狭義の自衛を超える武力行使が授権され、実際に行使される。ただし、憲章7章で当初予定されていた国連軍を形成するものでも、大規模な強制行動を行うのでもなく、その目的は和平合意の遵守へと誘導することである。

4 国際連合憲章上の根拠　平和維持活動は、国際連合憲章上の明文の規定を根拠にするものではないが、*国際司法裁判所'は、その合法性を黙示的権限の法理等によって認めた(ICJ意見1962・7・20 Reports 1962・151〈ある種の国際連合の経費事件〉)。冷戦後のPKOについては憲章7章の下で設置されているため法的根拠に問題はない。

5 日本の平和維持活動参加　日本のPKO参加(人的協力)は、1988年の国際連合アフガニスタン・パキスタン仲介ミッション(UNGOMAP (1988～90))への参加(1988～89)を嚆矢(こうし)とするが、本格的な参加は、1992年の*国際連合平和維持活動等に対する協力に関する法律'(ピー・ケー・オー(PKO)協力法)の成立以降のことである(同法に基づく最初の参加は、第2次国際連合アンゴラ検証団(UNAVEM II (1991～95))への派遣(1992))。同法は、イ 紛争当事者間の停戦合意の存在、ロ PKOの実施とそれへの日本の参加に対する受入国・紛争当事者の同意の存在、ハ PKOの中立性の維持、ニ 以上が満たされなくなった場合の撤収、ホ 要員の生命等の防衛のために必要な最低限度の武器使用、を原則としている(PKO参加5原則)。武器使用に関しては、同法制定当初は自己又は自己とともにいる他の隊員の生命身体防護のための武器使用のみが認められたが、2001年の改正(平成13法157)によって、その職務を行うに伴い自己の管理の下に入った者(他国のPKO要員や国際機関及びNGO職員を含む)の生命身体防護のほか、武器等の防護のための武器使用が認められることとなった。また2015年9月の改正(法76)により、加えて宿営地や住民等の安全確保及び緊急の要請に基づく他国のPKO要員等の生命身体防護(いわゆる駆け付け警護)のための武器使用も認められた。PKO協力法は、日本が参加できるPKOを、伝統的PKO及び第2世代のPKOとした上で、受入国及び紛争当事者の同意を日本のPKO参加に対しても求め(ロ)、狭義の場合にのみ武器使用を認め(ホ)など更に限定するものである。なお、日本は同法に基づいて延べ13の国連平和維持活動に要員を派遣した(2024年1月現在)。

⇨国際連合軍'

国際連合平和維持活動等に対する協力に関する法律　平成4年法律79号。国際連合平和維持活動、人道的な国際救援活動及び国際的な選挙監視活動に対し適切かつ迅速な協力を行うため、国際平和協力業務実施計画及び同実施要領の策定手続、国際平和協力隊の設置等についても定め、日本が*国際連合'を中心とした国際平和のための努力に積極的に寄与することを目的として制定された〔国連平和維持1〕。ピー・ケー・オー(PKO)協力法と略称される。平成27年改正で、国際連携平和安全活動が新たに追加され〔国連平和維持3[2]の定義〕、国連統括の下で行われる活動でなくても、PKO参加5原則を満たした上で、国際機関や当該活動が行われる地域の属する国からの要請に基づき、2以上の国の連携により実施される活動が新設された。国際平和協力本部は内閣府に置かれ、内閣総理大臣が本部長となる〔国連平和維持4・5〕。実施計画は、*閣議決定'で定められるが、*自衛隊'の部隊等が行う国際平和協力業務〔国連平和維持3[5]〕であって、武装解除などに携わる平和維持隊(いわゆるPKF(圏 Peace-Keeping Force))の本体参加や本体と不可分の後方支援等(本法3条5号イ～トに掲げるもの又はこれに類するものとして同号ナの政令で定めるもの。いわゆる本体業務)については、国会の事前承認、更に、2年後に継続承認を得ることが要求されている〔国連平和維持6〕。小型武器の保有・貸与〔国連平和維持23・24〕、武器の使用〔国連平和維持25〕の規定が置かれている。湾岸戦争を契機に国際協力の必要性が強く認識され、本法が制定されたが、日本国憲法9条に照らしての違憲性の問題が、国会審議・世論で論議の的になったため、附則において、自衛隊の部隊等が行うPKFの本体業務については凍結されていた。平成13年改正(法157)によって上記凍結が解除され、あわせて国際平和協力業務に従事する自衛官の武器使用を「その職務を行うに伴い自己の管理の下に入った者の生命又は身体を防護するため」〔国連平和維持25〕に拡大する改正が行われた。そして平成27年には宿営地や住民等の安全確保及び緊急の要請に基づく他国のPKO要員等の生命身体防護(いわゆる駆け付け警護)のための武器使用を認める〔国連平和維持26〕改正(法76)が行われた。　⇨国際連合平和維持活動'

国際連合貿易開発会議　圏 United Nations Conference on Trade and Development；略称 UNCTAD(アンクタッド)　開発途上国の貿易と開発に関するあらゆる問題を検討し、南北問

題の解決を図ることを目指して1964年に設立された*国際連合'総会の補助機関。4年に1回開催される総会，執行機関である貿易開発理事会(🇪 Trade and Development Board；略称TDB)，常設の事務局(ジュネーヴ)が置かれている。1960年代には，一次産品に関する国際商品協定，一般特恵制度，先進国のGNPの1％を開発途上国に援助する，という3大方針を打ち出し，一定の成果を上げた。1970年代に入って，*新国際経済秩序'の実現を強く打ち出して先進諸国との対決姿勢を強めた。1990年代以降は途上国が*世界貿易機関'を軸とする自由主義的な世界貿易体制に積極的に参加するようになったため，設立当初の存在意義は薄れてきたが，なお途上国の開発のための調査研究や政策立案などに大きな役割を果たしており，財政危機への対応策の立案や国際投資，技術協力にも活動を広げている。

国際連盟 🇪 League of Nations　国際平和の確保と国際協力の促進を目的とし，*ヴェルサイユ講和条約'その他第一次大戦の*平和条約'のそれぞれ第1編を構成する国際連盟規約に基づいて形成された国際組織(1920・1・10成立)。主要な機関は総会・理事会・事務局。ほかに独立の司法機関が予定され〔国際連盟規約14〕，後に*常設国際司法裁判所'として設立された。アメリカ大統領ウィルソン(Thomas Woodrow Wilson, 1856〜1924)の強い指導力の下，アメリカ，イギリス，フランスが中心になり形成された。アメリカは終始加盟せず，主要国では，ドイツが1926年に常任理事国として加盟したが，1933年ナチ政権とともに脱退，同年加盟のソ連も，1939年に除名された。日本は発足当時から，イギリス，フランス，イタリアとともに常任理事国として参加したが，1933年3月27日に，「満洲事変」での審議を不服として，脱退通告(2年後発効)を行った。*国際連合'成立後ほどなく解散し(1946・4・19)，ジュネーヴの本部は国際連合ヨーロッパ本部(ジュネーヴ事務局ともいう)となった。集団的安全保障を採用した最初の試みであり，その経験は国際連合に受け継がれた。紛争の平和的解決，経済制裁を中心とする強制措置〔国際連盟規約16〕，*軍縮'を大きな柱とした。いくつかの紛争を現実に解決したが，大国全てが同時に参加した時期はなく，中心となったイギリス，フランスも規約遵守の意図に乏しく，第二次大戦を阻止できなかった。ただし，安全保障の面では沈滞した末期においても，経済・社会活動での成果にみるべきものがあり，その成果は第二次大戦後に引き継がれている。

国際連盟規約 ⇨国際連盟'
国際労働勧告 ⇨国際労働条約'
国際労働機関 🇪 International Labour Organization；略称ILO　国際連盟と並んで，第一次大戦後の*ヴェルサイユ講和条約'13編労働に基づいて1919年に設立された国際組織。*労働条件'の改善により社会正義を実現し，世界平和に貢献することを目的とし，*国際労働条約'・勧告を総会で採択し，開発協力，調査，資料の収集と紹介，地域活動等広範な活動を行っている。第二次大戦後は*国際労働機関憲章'に基づく国際組織となり，また，*国際連合'の*専門機関'の1つとなった。総会・理事会・事務局から成るが，前二者は通常の政府代表以外に使用者代表及び労働者代表の三者によって構成されている。本部はジュネーヴ。日本は1919年の設立当初からの原加盟国であったが，1938年に脱退を通告(1940年に発効)，第二次大戦後の1951年に再加盟した(昭和27条1)。主要な任務である国際労働基準の策定に関しては，総会が条約案及び勧告を採択して加盟国にその採用を促し，理事会や総会がその履行を監視する。

国際労働機関憲章 *国際労働機関'(ILO)の目的・組織・活動に関する基本文書。*ヴェルサイユ講和条約'13編労働が，ILOの基本文書となっていたが，1945年の第27回総会で改正が加えられ，正式に国際労働機関憲章と呼称されるに至り，1946年の第29回総会でフィラデルフィア宣言(1944年の第26回総会で採択)を憲章の附属書とする改正がなされた。日本は1951年に再加盟した(昭和27条1)。

国際労働組合総連合 🇪 International Trade Union Confederation；略称ITUC　2006年11月に国際自由労連(ICFTU)と国際労連(WCL)がいずれの国際労働組合組織にも加盟していなかった8つの組織とともに結成。2022年12月現在，167の国・地域の337組織(約1億9038万人の組合員)が加盟する国際労働運動を代表する組織。連合も一括加盟。

国際労働条約 *国際労働機関'(ILO)総会が採択する条約で，一般的な労働基本権に関わるもの(結社の自由，強制労働の廃止，平等待遇)から，狭義の労働基準(労働安全衛生，労働時間，賃金など)や特定の経済活動(船員，移住労働者など)に関するものなど幅広い領域を網羅している。通常ILO条約と呼ばれ，同時に補完的に採択される勧告(国際労働勧告)とともに国際労働基準を構成する。2023年9月末現在191の条約と，条約を修正・補足する6の議定書が採択されており，日本の批准数は50。加盟

こくさいろ

国は批准した条約について実施及びそれに関する報告義務があり〔ILO憲章22〕、義務違反について憲章上の申立て〔ILO憲章24〕や苦情〔ILO憲章26〕手続が整備されているとともに、独立した監視機構である条約勧告適用専門家委員会や総会の下に設置される基準適用委員会の共同作業によって、定期的・恒常的な実施監視が行われている。条約の批准に際しては留保をしない慣行があり、批准撤回には制限がある。

国際労連　⇨国際労働組合総連合'

告　示　公の機関が、必要な事項を*公示'する行為又はその行為の形式〔行組14①、自治7⑦・74⑤・101⑦等、公選18③等〕。告示は、国の機関にあっては*官報'〔官報3②・4①〕、地方公共団体の機関にあっては公報に掲載する方法によって行われるのが通例である。告示の形式でなされる行為は、*法規命令'、*行政規則'、*一般処分'、*事実行為'など様々の性質のものを含んでおり、その法的性質は個別的に判定されねばならない。

国　璽(こくじ)　日本国の*印章'で、「大日本国璽」という印章である。国璽の使用については、かつて公文式(こうぶんしき)(明治19勅1。明治40勅6により廃止)〔公文式16〕・*公式令〔公式令13・19〕に定めがあった。しかし、現行憲法下での、公式令の廃止(昭和22政4)後現在に至るまで、国璽の用い方について定めた法律はない。実際には、*天皇'による栄典の授与のうち、勲章の勲記に押しきたりである。*御璽(ぎょじ)'と同じように、偽造等の不正使用は、一般の公文書偽造よりも重く処罰される〔刑164〕。国璽は、宮内庁が保管する〔宮内庁法(昭和22法70)1②〕。

国事行為　⇨国事に関する行為'

国事に関する行為　*天皇'が国の機関として行う行為で、「国事行為」ともいう。国事行為は内閣総理大臣・最高裁判所長官の任命〔憲6〕のほか、憲法7条に列挙されたものに限られ、天皇はこの国事行為を行う以外の権能を有しない〔憲4①〕。全ての国事行為には*内閣'の*助言と承認'を必要とし、内閣がその責任を負う〔憲3〕。国事行為の多くは性質上形式的儀礼的なものであるが、国会の*召集'や衆議院の*解散'〔憲7②③〕は本来的には*国政に関する権能'でないかどうかは、見解の対立がある。天皇は、法律の定めるところにより、国事行為を委任することができる〔憲4②〕とされ、「国事行為の臨時代行に関する法律」が制定されている。*摂政'が置かれたときは、摂政は、天皇の名で国事行為を行う〔憲5〕。

国税・地方税　**1 意義と種類**　租税の分類の一種で、一般には国が賦課・徴収する租税を国税といい、*地方公共団体'が賦課・徴収する租税を地方税という。ただし、*国税通則法'〔税通2①〕及び*国税徴収法'〔税徴2①〕は、国が課する租税から*関税'、とん税、特別とん税、森林環境税及び特別法人事業税を除いたものを、それぞれ国税と呼んでいる。地方税は、更に道府県税と市町村税とに分かれる〔地税1①④〕。国税及び地方税としてどのような租税があるかは、*租税'に掲げた[表：租税体系一覧]を参照せよ。

2 根拠法令　国税は、各税法(*所得税法'、*法人税法'など)のほか、一般法としての国税通則法、国税徴収法、並びに各政令・省令に基づいて賦課・徴収される。地方税については、一般的準則(枠)を定める統一法典として*地方税法'があり、それに基づいて各地方公共団体ごとに税務条例を定めて、その賦課・徴収を行っている。

3 税源配分　戦前においては、*中央集権'主義の支配の下で、重要な租税がほとんど全部国税とされていたばかりでなく、地方公共団体は若干の雑税を除いては独立の税源をもたず、地方税は国税の附加税として賦課・徴収されていた。これに対し、第二次大戦後、"シャウプ勧告"に基づく税制改革の結果、附加税主義は廃止され、地方公共団体にも十分とはいえないが相当に独立税源が与えられてきたが、平成11年の「地方分権の推進を図るための関係法律の整備等に関する法律」(平成11法87)(いわゆる地方分権一括法)により、地方団体の課税権が相当に強化され、更に平成18年に三位一体の改革の一環として、所得税から住民税への大幅な税源移譲が行われた。*地方分権'の推進のために、税源の地方への移譲が今日でも問題となっている。他方で、近年、地方法人課税の偏在是正という観点から、地方税を国税(地方法人税、特別法人事業税等)に切り替えて、*地方交付税'の原資や*譲与税'にするといった動きがある。⇨独立税・附加税'

4 地方税の種類　道府県税と市町村税の種類は、地方税法4条及び5条に列挙されているが、道府県及び市町村はそこに列挙されているもののほかに別に税目を起こして*普通税'及び*目的税'を課すことができる〔地税4③⑥・5③⑦〕。これを法定外普通税及び法定外目的税(両者合わせて法定外税)という。東京都及び特別区も、それぞれ都税及び特別区税を賦課・徴収するが、その種類及び内容は、道府県税及び市町村税に準じながらも若干の相違がある〔地税1②・734～739〕。

5 その他 国が国税として賦課・徴収し地方公共団体に交付又は譲与するものに地方交付税と譲与税がある。

国税滞納処分 ⇨滞納処分(租税の)'

国政調査権 **1 概要** 国政に関して調査を行う議院の権能。憲法62条は、両議院が各々国政に関する調査を行い、これに関して証人の出頭や記録の提出を要求できる旨を定める。*明治憲法'には国政調査権の規定はなく、議会の調査権限に制約が大きかったのに対して、日本国憲法は証言や記録の提出を求める強制権を議院に与え、調査権限を大幅に強化した。その行使については、国会法が調査のための議員の派遣〔国会103〕、内閣・官公署その他に対する報告・記録の提出要求〔国会104〕などにつき、また「議院における証人の宣誓及び証言等に関する法律」が証人の出頭・証言につき具体的な定めを置いている。

2 性質 国政調査権の範囲を画定するにあたってその法的性質のいかんが争われる。独立権能説は、国会が*国権の最高機関'であることに基づき、国権の統括のために独立に付与された権能と解するのに対して、補助的権能説は、立法や行政監督など議院に与えられた個別の諸権能を実効的に行使するための補助的な権能と解する。後者がより強く支持されている。

3 限界 第1に、補助的権能説に立てばそもそも議院の権能と無関係な事柄には調査権は及ばない(ただし国会の権能は広汎であるため、その範囲はほぼ国政全般にわたると解される)。第2に、権力分立の見地からは司法権や行政権との関係で、また第3に基本的人権との関係で一定の限界が存在するものと解されるが、具体的な限界画定を巡っては種々の争いがある。

国税徴収の例 *国税徴収法'の定める*滞納処分'制度を包括的に他の同種の事項に当てはめようとする場合に用いられる表現〔健保183等〕。「国税徴収法に規定する滞納処分の例」〔地税68⑥〕、「国税滞納処分の例」〔代執6①等〕等の表現も用いられる。

国税徴収法 昭和34年法律147号。*国税'の徴収に関する基本法で、国税の*滞納処分'の場合における国税債権と他の債権(特に私債権)との優先劣後に関する規定と、国税滞納処分の手続に関する規定とが、主要な内容をなす。本法の規定する滞納処分の手続は、地方税はもとより〔地税68⑥等〕、多くの公法上の金銭債権の徴収に準用されているから〔健保180④、代執6①等〕、本法は公法上の金銭債権の強制徴収に関する基本法であるといえる。

国税通則法 昭和37年法律66号。*国税'に関する基本的事項及び共通的事項について定めた法律。日本の*租税法'が多数の単行法から成っているため、規定が不備・不統一な上、租税法律関係を巡って各種の疑義が生じていたので、これに対処するため制定された。平成23年改正で個別租税法の質問検査に関する規定を統合し吸収した。平成29年改正で国税犯則取締法を廃止し犯則調査(いわゆる査察)に関する内容を取り込んだ。

国政に関する権能 国家意思の決定又は決定に実質的な影響を与えるような行為を行う権能。*天皇'は、憲法の定める*国事に関する行為'のみを行い、国政に関する権能を有しない〔憲4①〕から、天皇は国の政治に実質的な影響を与えることは許されず、法律でそのような権能を認めることもできない。国事行為は本来的に形式的儀礼的であり国政に関する権能はないとする見解と、もとは国政に関する権能であるが他の国家機関が行為内容を実質的に決定することで、形式的儀礼的となる場合が含まれるとする見解が、特に*衆議院'の*解散'〔憲7③〕を巡って対立している。また、国会の開会式等での天皇の「おことば」が、国政に関する権能との関係で問題とされることもある。なお、天皇が*基本的人権'の享有主体であるとしても、国政に関する権能を有しないことからして、*参政権'は有しないと解される。

国税の優先権 ⇨租税優先権'
国税犯則取締法 ⇨国税通則法'

国税不服審判所 *国税'に関する法律に基づく処分に対する*審査請求'について裁決を行う機関で、国税庁に置かれる〔税通78①〕。長は国税不服審判所長で、国税庁長官が財務大臣の承認を受けて任命する〔税通78②〕。国税不服審判所には、本部のほかに、各国税局の管轄区域ごとに支部が置かれており〔税通78③〕、東京国税不服審判所、大阪国税不服審判所というように呼ばれる。国税不服審判所には、国税審判官及び国税副審判官が置かれる〔税通79①〕。国税不服審判所は、従来の協議団の制度に代えて、昭和45年の*国税通則法'の一部改正(法8)によって設置されたもので、同年5月1日から発足した。審査請求の要件、審理及び裁決については、国税通則法87条~103条に規定がある。なお、次ページの図を参照せよ。

国 籍 **1 意義** 国家の所属員としての資格。自然人のほかにも、船舶〔船舶5〕、航空機〔航空3の2〕などについて擬制的に用いられる。国民たる資格は法律で定められるものとされ

こくせきけ

[図：国税不服審判所の機構]（前ページの「**国税不服審判所**」）

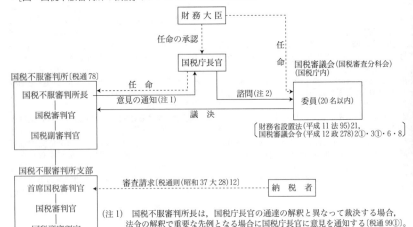

(注1) 国税不服審判所長は、国税庁長官の通達の解釈と異なって裁決する場合、法令の解釈で重要な先例となる場合に国税庁長官に意見を通知する〔税通99①〕。
(注2) 国税不服審判所長と共同して諮問する〔税通99②〕。

〔憲10〕、国籍法（昭和25法147）が制定されている。

2 国籍の得喪 国籍の取得原因としては、出生〔国籍2〕、*認知'〔国籍3〕、帰化〔国籍4～10〕、再取得〔国籍17〕の4つがある。出生によるものは、原則として父母両系(血統)主義が採用され、*生地主義'で補充されている。帰化は、普通帰化〔国籍5〕、簡易帰化〔国籍6～8〕、大帰化〔国籍9〕に分けられる。国籍の喪失原因としては、自己の志望による外国国籍の取得〔国籍11①〕、外国国籍の選択〔国籍11②〕、国籍の不留保〔国籍12〕、離脱〔国籍13①〕、国籍選択の懈怠(けたい)〔国籍15③〕、国籍喪失宣告〔国籍16〕の6つがある。このほか、領土の変更、国家の分離・独立など、国際法上の原因によるものもある。

3 国籍の選択 外国国籍を有する日本国民は、重国籍となった時が18歳以前のときは20歳に達するまでに、その時が18歳に達した後であるときはその時から2年以内に、国籍を選択し、重国籍の解消に努めなければならない〔国籍14〕。

⇒**重国籍**' ⇒**無国籍**'

国籍継続の原則 ⇒**外交的保護**'

国籍裁判官 *国際司法裁判所'の裁判官のうち、訴訟当事国の国籍を有する裁判官をいう。国籍裁判官は当該事件について出席する権利を有する〔国際裁31①〕。当事国の一方のみが国籍裁判官を有する場合には、他方当事国が、また、両当事国とも国籍裁判官を有しない場合には、双方がそれぞれに、特任裁判官を選任することができる〔国際裁31②③〕。特任裁判官には自国籍の者に限らず他国籍の者も選任することができる。

国籍法違憲訴訟 平成20年法律88号による改正前の国籍法3条1項は「父母の婚姻及びその認知により嫡出子たる身分を取得した子で20歳未満のもの」に届出による日本国籍の取得を認めていた。この事件は、法律上の婚姻関係にない日本人父と在留期間を超過して日本に在留していたフィリピン人母との間に生まれた未成年の子が、出生後に日本人父から認知を受けたことを理由に法務大臣宛てに国籍取得届を提出したが認められなかったため、「父母の婚姻」を要件とする国籍法3条1項の規定は憲法14条1項に違反するなどと主張して国籍を有することの確認を求めて出訴したものである。第一審判決(東京地判平成17・4・13判時1890・27)は、「父母の婚姻」は内縁関係を含む趣旨に解すべきであるとし、規定の「嫡出」の部分を一部無効として請求を認容したが、第二審判決(東京高判平成18・2・28家月58・6・47)は、そのような拡張ないし類推解釈は許されないとして国籍の取得を否定し控訴を棄却した。最高裁判所大法廷は、国籍法3条1項が生後認知子の間に準正の有無で届出による国籍取得の可否に関する区別を生じさせていることを憲法14条1項に違反するとし、国籍法3条1項の準正要件の部分を除いた同項所定の要件が満たされる場合には届出による国籍取得が認められると判示した(最

大判平成20・6・4民集62・6・1367)。画期的な判断には違いないが、直ちに国籍取得を認めたことに対しては司法権の範囲を逸脱しているのではないかとの批判も寄せられた。

国籍唯一の原則　　⇨重国籍'

国選弁護人　　裁判所又は裁判官が選任する*弁護人'。選任者の点で*私選弁護人'と異なるが、弁護人としての役割は同じである。*被告人'は貧困などの理由で弁護人を選任できないとき、裁判所に弁護人の選任を請求する権利がある〔憲37③、刑訴36〕。*必要的弁護'事件で弁護人がいないとき又は出廷しないときには、裁判長は職権で弁護人を付さなければならない〔刑訴289〕。また、被告人が未成年者又は高齢者であるなどの事情で、弁護人の援助が必要と判断される場合には、裁判所の職権で弁護人を付すことができる〔刑訴37・290〕。国選弁護人は、*弁護士'でなければならない〔刑訴38①〕。実際には、日本司法支援センター(⇨総合法律支援法')が契約した弁護士の中から候補者を指名して裁判所に通知する。国選弁護人は、国に対して旅費や報酬を請求することができる〔刑訴38②〕。これらの費用は、*訴訟費用'の一部となるので、判決によって被告人に負担が命じられる場合がある〔刑訴181①〕。制定時の刑事訴訟法では、*被疑者'には国選弁護人制度が適用されていなかった。しかし、*司法制度改革審議会'の意見書が、被疑者にも国選弁護人制度を及ぼすことを提案したのを受けて、平成18年から*勾留'された被疑者にも罪名による一定の範囲で国選弁護人が選任されることとなった〔刑訴37の2・37の4〕。その後、適用範囲の罪名は拡大され、更に平成28年の改正により、全ての罪名の事件にまで広げられた。　⇨弁護人'　⇨公設弁護人'　⇨総合法律支援法'

告訴　　犯罪の被害者その他の告訴権者〔刑訴230〜234〕が*捜査機関'に対し犯罪事実を申告し、犯人の処罰を求める意思表示。単なる犯罪事実の申告は被害届であって、告訴ではない。*捜査'の端緒となり、*親告罪'においては*訴訟条件'となる〔刑訴338④〕。親告罪の告訴については期間の限定がある〔刑訴235・236〕。告訴又は告訴の取消しは書面又は口頭で*検察官'又は*司法警察員'にする〔刑訴241・243〕。*公訴'の提起があるまでは告訴を取り消すことができるが、取消しをした者が再度告訴することはできない〔刑訴237〕。　⇨告発'　⇨準起訴手続'　⇨付審判請求'

国体　　**1 意義**　国体の概念は、江戸時代後期の国学者が、西欧列強の東アジア進出によ

る民族の危機に直面する中で、日本の民族的優位性を意味するものとして用い始めた。国学の極めて心情的な天皇絶対主義の産物であり、明治維新の達成後は、文明開化による西欧文化の侵入を嫌う保守派の思想的なよりどころとなった。

2 国体論争　国体の概念を憲法学に導入したのは*穂積八束'、上杉慎吉(1878〜1929)らの神権学派である。この学派の主張では、国体は*主権'の所在を示す概念であり、君主国体、共和国体などに分類される。一方、主権の行使の形態が*政体'であり、立憲政体、専制政体に分けられる。これに対して立憲学派の*美濃部達吉'は、国体は歴史的・倫理的な概念で、憲法で問題なのは国家の最高機関が何者かで決まる政体の区分であると主張した。大正時代には両学説の間で国体論争が起こり、美濃部説が優勢のうちに終息した。しかし、昭和初期の*ファシズム'勃興期には、美濃部説が国体明徴運動の攻撃の的となり、国家の手で禁止され、美濃部自身もテロリストに襲撃された。

3 第二次大戦後の国体　日本の降伏、連合国総司令部(GHQ)による支配、「国体の変革」を禁圧していた*治安維持法'の廃止、新憲法の成立などにより、*天皇主権'の国体が変更されたかが論争になった。不変更論に立つ尾高朝雄(1899〜1956)、和辻哲郎(1889〜1960)が、それぞれ変更論の*宮沢俊義'、*佐々木惣一'と論争したが、中でも宮沢俊義の*八月革命説'が優勢であった。

告　知　　解約のこと。このほか、告知は、*通知'の意味(例えば、告知義務)や、*下命'行為の意味(納税の告知)で用いられることもある。　⇨解約'

告知義務　　**1 意義**　保険契約において、*保険者'が危険の測定に必要な情報を得るため、*保険契約者'又は*被保険者'が保険者が告知を求めた事項について保険者に告げる義務〔保険4・37・66〕をいう。保険者が告知書(質問表)を作成し、告知義務者がこれに回答する形で履行される。

2 趣旨　危険の測定に必要な情報は保険契約者又は被保険者が有していることが一般であるため、どのような情報が危険の測定に必要であるかを知る保険者が告知書を作成し、告知義務者の告知に依拠して危険を測定することを可能にすることで、保険者自身が必要事項を調査する場合に比べて*保険料'の算定を効率的に行うことを可能にするための制度である。

3 違反の効果　告知義務の制度は、情報を保有する告知義務者の正確な告知を前提とする制度

こくちとち

であり，不正確な告知がなされれば保険者が正しく危険を測定することができない。そこで，告知義務者の*故意'又は*重過失'による告知義務違反に対して保険者は将来に向かっての解除権を有し，告知義務違反の事実と保険事故発生との間に*因果関係'がなかった場合を除き，保険者は保険事故発生後に解除をした場合でも免責を得ることができるものとすることで，告知義務者に正確な告知を行わせることとしている。もっとも，保険者が事実を知り又は不知が*過失'による場合，*保険媒介者'の告知妨害により告知義務違反がなされた場合には解除権が阻却される〔損害保険につき保険 28・31。生命保険につき保険 55・59，傷害疾病定額保険につき保険 84・88〕。

告知と聴聞　行政処分等を行う前に，その相手方その他の関係人に予告をし，意見を述べる機会を与えること。*事前手続'の最も基本的な原則とされ，そのルーツは英米法の notice and hearing である。日本では戦後取り入れられるようになったが，憲法上の根拠付けやその具体的内容については争いがあり，個別の法律で定めていても，その用語等は不統一であった。*行政手続法'で，*不利益処分'に際しての意見陳述のための手続として，*聴聞'と*弁明の機会'の付与という2つのタイプが示され，同時に制定された「行政手続法の施行に伴う関係法律の整備に関する法律」（平成5法89）と相まって体系的な整理がなされた。

国土形成計画法　昭和25年法律205号。国土の自然的条件を考慮して，経済・社会・文化等に関する施策の総合的見地から国土の利用，整備，保全を推進するため，国土形成計画の策定その他の措置を講ずることにより，国土利用計画法による措置と相まって，現在及び将来の国民が安心して豊かな生活を営むことができる経済社会の実現に寄与することを目的として制定された法律。前身の国土総合開発法の下では，時代に応じた国土政策の基本的方向を示す計画として，昭和37年の全総，昭和44年の新全総，昭和52年の三全総，昭和62年の四全総，平成10年の五全総と，累次の全国総合開発計画が策定され，戦後の国土政策のもととなっていた。その後，同法は社会経済情勢の大きな変化を踏まえて改正され（平成17法89），開発基調・量的拡大を志向してきた全総に代えて，新たな国土形成計画を策定する国土形成計画法と改称された。国土形成計画は，国による明確な国土及び国民生活の姿を示す「全国計画」とブロック単位の地方ごとに国と都道府県等が適切に役割分担しながら，相互に連携・協力して策定する「広域地方計画」の2つの計画から構成される。同法に基づき，平成20年に，成熟社会にふさわしい国土形成を目指す第1次国土形成計画（全国計画）が策定され，更に平成27年には「対流促進型国土」の形成を基本コンセプトとする第2次国土形成計画（全国計画），令和5年には「新時代に地域力をつなぐ国土」を目指し，「シームレスな拠点連結型国土」の構築を掲げた第3次国土形成計画（全国計画）が決定され，概ね10年間の国土づくりの戦略が策定されている。

国土利用計画法　昭和49年法律92号。国土利用計画の策定に関し必要な事項について定めるとともに，土地利用基本計画の作成，土地取引の規制に関する措置その他土地利用を調整するための措置を講ずることにより，総合的かつ計画的な国土の利用を図ることを目的とする法律。国土利用計画として，全国計画，都道府県計画，市町村計画の3種類を挙げ，更に都道府県が定める土地利用基本計画（都市地域・農業地域・森林地域・自然公園地域・自然保全地域及び土地利用の調整等に関する事項を定める）等について規定するほか，本法では，土地の投機的取引・地価高騰による弊害を除去し，適正かつ合理的な土地利用の確保を図るため，土地取引の規制に関する措置が定められている。すなわち，イ　投機的取引により地価の急上昇がみられる区域についての規制区域の指定〔国土利用12〕，及び当該区域内の土地売買の許可制〔国土利用14〕，ロ　一定規模以上の土地の売買契約の事後的届出義務〔国土利用23〕，届出に係る予定対価の額が著しく適正を欠き，あるいは土地の利用目的が土地利用目的に不適切な場合などにおける勧告〔国土利用24〕，勧告に従わなかった場合の公表〔国土利用26〕，ハ　地価が相当程度以上上昇の地域について，都道府県知事による注視区域の指定〔国土利用27の3〕，注視区域における一定規模以上の土地売買の事前届出義務〔国土利用27の4〕，ニ　地価急騰の地域について，都道府県知事による監視区域の指定〔国土利用27の5〕，監視区域における事前届出を要する土地面積に関する特例等〔国土利用27の7〕の規定が置かれている。

国内源泉所得　国内に源泉のある*所得'として*所得税法'・*法人税法'に列挙された所得〔所税161，法税138〕。非居住者・*外国法人'は，その有する国内源泉所得に対してのみ課税される〔所税5②④・7①③⑤，法税4③・8〕。 ⇨ソース・ルール' ⇨国際課税'

国内的救済の原則　1　意義　外国で自国民がその身体や財産を侵害され，損害を被った場

合に，当該国に対して国家が*外交的保護'を行使して救済を求めるためには，当該国民が在留国において利用することができる国内的救済手段を尽くしていなければならないという*国際慣習法'上の原則。

2 法的性格 通説はこれを，外交的保護を行使し，在留国の*国際責任'を追及するための手続的要件を定めたものと解する。しかし，国内的救済を尽くしても十分な救済が得られない場合に初めて在留国の国際責任が追及される点を捉えて，これを国際責任成立の実体的要件と解する説もある。

3 内容 尽くすべき国内的救済の内容は主に司法的救済手段である。ただし，上級審でも救済を得られる見込みが極めて小さい場合などには審級を尽くしている必要はないとされる。実効的な救済手段がない場合，例えば当該事件について管轄権のある裁判所がなかったり，裁判所に独立性がなかったり，司法手続が不当に遅延する場合などには，救済手段を尽くさなくてもよいとされる。また，*国家契約'等で紛争解決手続として*仲裁'が予定されている場合は，仲裁の完了で要件は満たされ，更に国内的救済手続に訴える必要はない。

4 人権保護手続上の意味 最近では，国際法上保護されている人権を侵害された個人又はその関係者が国際的な救済機関(例えば，人権委員会・人権裁判所等)に訴えを受理してもらうためには，当該個人が利用することのできる国内的救済手段を尽くしていることが要求され，国内的救済の原則が新たな発展をみせている。自由権規約(⇨国際人権規約')の人権委員会への提訴手続や*ヨーロッパ人権条約'のヨーロッパ人権裁判所への提訴手続等において採用されている。

国内的効力(国際法の) 国際法が国内で法としての力をもつこと。国際法の国内的効力は，各国の国内法が決める。国際法が当然に国内的効力をもたないことは，*二元論'だけでなく穏健な*一元論'も認めるに至っている(⇨国際法')。*国際慣習法'は，ほとんどの国で国内的効力をもつことが承認されている。これに対して，*条約'の国内的効力は国によって異なる。条約が批准・公布されれば国内的効力を得る自動的受容の国(アメリカ，日本など)，条約締結を承認する法律に基づき条約の国内的効力を得る承認法受容の国(ドイツ，イタリア，フランスなどヨーロッパの多くの国)，条約は批准されても国内的効力を得ず，個々に立法により受容されなければならない個別的受容の国(イギリス，旧イギリス植民地諸国，スカンジナビア諸国など)がある。日本では前二者を一般的受容，個別的受容を変型ということが多い。国際法の国内的効力は，国内適用可能性(⇨国内適用(国際法の)')や国内的序列(⇨憲法と条約')とは区別される。

国内適用(国際法の) *国際法'を国内で適用すること。国際法を直接適用するには，国際法が*国内的効力'をもつだけでなく，それ以上の措置なしに直接適用されうるという意味の直接適用可能性(自動執行性ともいわれる)をもつことが必要とされる。直接適用可能性は，*条約'だけでなく*国際慣習法'など他の形式の国際法についても問題になり，国際法の国内における効力や序列と同じように国内法が決定する問題というべきだが，決定基準は諸国において大体共通している。直接適用可能性は，当事国や立法者の意思によって排除されうる。そうでない限り，明確性が重要な基準とされる。また，憲法が狭義の法律で定めることを求めている事項に関する国際規範は，直接適用されえない。国内法を国際法に適合するように解釈することを国際法の間接適用と呼ぶことが多くなっている。国際法は，国内的効力をもたなくても国内法の解釈基準とされることはある。

国内犯 「日本国内において罪を犯した」者及び「日本国外にある日本船舶又は日本航空機内において罪を犯した者」は，国内犯として「すべての者」が，刑法の適用を受ける〔刑1〕。刑法は，属地的な適用を基本とし(⇨属地主義'⇨旗国主義')，*国外犯'への適用は，刑法2〜4条の2所定の例外に限られる。「罪を犯した」場所(犯罪地)については，行為の行われた場所を基準とする考え方(行為地説)や結果の生じた場所を基準とする考え方(結果地説)があるが，通説は，*構成要件'該当事実の一部でも発生した場所であれば全て犯罪地とする考え方(遍在説)をとる。遍在説からは，日本国内(日本船舶内・日本航空機内を含む)において，結果発生，つまり構成要件該当事実の終点が認められれば(行為地が国外でも)国内犯であり，*実行行為'，つまり構成要件該当事実の起点が認められれば(結果地が国外でも)国内犯である(大判明治44・6・16刑録17・1202)。*共謀共同正犯'の場合，国内で*共同謀議'が認められれば(実行行為・結果発生の場所が国外でも)国内犯であり(東京地判昭和56・3・30刑月13・3・299，仙台地気仙沼支部判平成3・7・25判タ789・275)，*教唆'・*幇助(ほう)犯'の場合，国内で教唆・幇助行為が行われれば(正犯行為の場所が国外でも)国内犯であり，国内で正犯行為が行われれば(教唆・幇助行為

こくないひ

の場所が国外でも）国内犯である（最決平成6・12・9刑集48・8・576）。

国内標準主義　⇨国際標準主義'

国内優先権　*特許'を受けようとする者が、自らが行った先の出願の内容に改良を加えて出願した場合、先の出願に含まれる部分については、先の出願の日又は時に出願されたものとして扱われることを主張できる権利〔特許41〕。ただし、1年以内にこの権利を主張して出願する必要がある。*工業所有権の保護に関するパリ条約'で認められる*優先権'と区別するために、国内優先権と呼ばれる。出願実務では、基本的な発明をまず出願し、これに改良を加えた発明の出願をすることが多く、このような行動に支障が出ないように設けられた権利である。国内優先権を主張するためには、その旨及び先の出願の表示を記載した書面を特許出願と同時に特許庁長官に提出する必要がある。国内優先権の主張により、先の出願は取り下げたものとみなされる〔特許42①〕。なお、「1年以内にされた」という要件については平成26年*特許法'改正(法36)で正当な理由による期限徒過に対する救済が規定されている。

告　発　犯人及び告訴権者以外の者が*捜査機関'に対し犯罪事実を申告し、犯人の処罰を求める意思表示。告訴と異なり誰でもできる〔刑訴239①〕。公務員は告発の義務を負う場合がある〔刑訴239②〕。一般には*捜査'の端緒にすぎないが、*訴訟条件'とされる場合もある(*独占禁止法'上の罪について*公正取引委員会'の告発〔独禁96〕)。手続は告訴の場合と同様である〔刑訴241・243〕。　⇨告訴'　準起訴手続'　⇨付審判請求'

国法学　1意義　ドイツ語のStaatsrechtslehreの訳語。英米で政治学(politics)が発達したのと対照的に、ドイツでは国家学(Staatslehre)が発達した。後進資本主義国であるドイツでは、国家の果たす役割が巨大であり、政治現象が、上からの支配現象として把握されたからである。この国家学が、*イェリネック'によって典型的に体系化されたように、国家社会学と国法学とに分かれる。国家社会学が、国家の存在理由・目的・発生及び消滅などを研究するのに対し、国法学は、国家を法学的に考察するものであり、具体的には、国家の法的性格、*主権'の所在、国家形態論、統治諸機関の権限分配等を扱う。国法学は、法治主義の思想の下で、支配権を独占した主権国家が行う人民の支配を法的に抑制しようとする立場で発達したが、そこでの国家と人民の関係は、なお、国家によ

る人民の支配が基本とされていたという限界性がある。国法学は、第二次大戦後には、*国民主権'(*人民主権')原理の下で、人民による国家の支配と人権保障を基礎に考察する近代憲法学にとって代わられた。　⇨国家'

2 日本の国法学と憲法学　日本の憲法学は、*明治憲法'がドイツの考え方によったこともあって、圧倒的にドイツ国法学の影響下にあった。しかし、大正デモクラシーを経ると国家機関による統治のほかに、*政党'や*組合'が関わる「政治」があることが関心をひき、吉野作造(1878～1933)、蠟山政道(1895～1970)らは、これも含めて考察する政治学を形成した。第二次大戦後には、近代憲法学が再建され、大学における国法学講座の内容も比較憲法学に変わった。

国　民　*国家'の所属員で、その国の*国籍'をもつ者を指すが、個人の統合体として国民いう場合もある。国民が国家権力に服従する地位は、*臣民'又は*人民'(英subject)と呼ばれることがある〔明憲18、旧典50参照〕。国民が国政に参与する地位は、*公民'又は市民(英citizen)と呼ばれる〔労基7参照〕。法令上「国民」という用語が用いられている場合、一般に日本国民を指す趣旨である〔例：憲前文1段・7・11～14①・15①・25①・26・27①・30・96、教基1・3・4①・5①〕が、日本国民以外の者を排除する趣旨ではないとみられる場合もないではない。日本国民の要件は、法律で定めることとされ〔憲10〕、現在、この要件は、国籍法によって定められている。

国民健康保険　健康保険法の適用を受けない短時間労働者あるいは*健康保険'や各*共済組合'などのいわゆる職域保険に加入していない自営業者などを対象にした、*国民健康保険法'に基づく*社会保険'制度。市町村(特別区を含む)が*保険者'となり〔国健保3①〕、適用除外者〔国健保6〕以外の区域内に住所を有する者を*被保険者'として*保険給付'を行うことを原則とするため〔国健保5〕、地域保険ともいう。平成30年度から市町村とともに都道府県が保険者とされ、財政運営の責任主体となり、国民健康保険運営の中心的な役割を担う。また併せて、低所得者対策など財政支援の拡充が図られた(平成27法31)。同種の事業又は業務に従事する者を組合員として組織される*国民健康保険組合'が保険者となることもできる〔国健保3②・13〕。*保険料'は市町村条例、組合規約によって定められるが、市町村にはこれに代わる*国民健康保険税'の徴収も認められている〔国健保76・81・18⑧〕。なお、*傷病手当金'の支給は任意給付であ

る〔国健保58②〕。

国民健康保険組合 *国民健康保険'の*保険者'の1つで〔国健保3②〕,当該組合の主たる事務所の所在地の都道府県知事の認可により,一定の地区内で同種の事業又は業務に従事する者を組合員として組織される法人〔国健保13・14・17〕。組合員の範囲,組合員の加入・脱退あるいは*保険料'に関する事項等は規約の定めるところによる〔国健保18〕。

国民健康保険税 市町村の法定目的税の一種〔地税5⑥⑤〕で,市町村が都道府県に納付する国民健康保険事業費納付金の納付に要する費用等に充てるため,*被保険者'である世帯主に対して課する地方税〔地税703の4①〕。課税額は基礎課税額,後期高齢者支援金等課税額及び介護納付金課税額の合計額である〔地税703の4②〕。市町村には保険料方式との選択が認められている〔国健保76①〕。条例の定めについては,保険税方式(仙台高秋田支部判昭和57・7・23行裁33・7・1616)でも保険料方式(最大判平成18・3・1民集60・2・587)でも*租税法律主義'との関係が争われたことがある。

国民健康保険団体連合会 *国民健康保険'の*保険者'が会員となって,各都道府県を単位に知事の認可を受けて設立する法人〔国健保83・84〕。*国民健康保険法'に基づく*診療報酬'の審査と支払を担当する。*社会保険診療報酬支払基金'と同様に,上記審査を行う国民健康保険診療報酬審査委員会が置かれる〔国健保87〕。また,市町村や後期高齢者医療広域連合の委託を受けて,*介護保険'の*居宅介護サービス費',*障害者総合支援法'に基づく*介護給付費'あるいは*療養の給付'等の審査と支払を担当する〔介保176①,障害総合支援96の2,高齢医療70④〕。上記審査を行うために,介護給付費等審査委員会や後期高齢者医療診療報酬審査委員会が置かれる〔介保179,高齢医療126〕。更に,診療報酬の適正な請求に資する支援その他の取組を行うよう努めなければならず〔国健保85の2〕,介護サービスの質の向上に関する調査,介護サービス事業者等に対する指導及び助言も行う〔介保176①③〕。

国民健康保険法 昭和33年法律192号。日本の*社会保険'制度の1つである国民健康保険を定める法律。*健康保険'の*被保険者'・各*共済組合'の組合員等の適用除外者〔国健保6〕以外の住民を対象とする*保険給付'(健康保険等に準ずる)等について規定する。 ⇨国民健康保険'

国 民 主 権 1 概念 国の政治のあり方を終局的に決定する力(*主権)が一般国民にあるという原理。日本国憲法前文で,「日本国民は…ここに主権が国民に存することを宣言し」としているのは,この原理を表している。国民主権という以上,国家のあらゆる活動は結局は国民の意思に基づくことが必要であるが,それは*代表民主制'の下では国民の*選挙権'の行使によって確保される。
2 沿革 国民主権概念は歴史的には,近代ヨーロッパの市民革命において*君主主権'に対抗する概念としてブルジョアジーによって主張されたもので,*人民主権'と同義であると解される傾向がある。しかし,人民主権が主権の行使者として常に個々の実体的人民を想定するのに対して,国民主権は抽象的・一般的な国民という観念に主権を帰属させており,両者は区別されなければならない。この区別を特に意識して使う場合には,国民主権をナシオン主権,人民主権をプープル主権と呼ぶこともある。
3 現代の国民主権論 19世紀以降の議会制民主主義の発達の中で,国民主権は,次第に,実在する民意の忠実な反映,つまり人民主権論的に理解されるようになった。今日では,古典的な国民主権論は克服されている。日本国憲法は国民主権を唱えているが,それには人民主権論的な内容も混在していて,半人民主権として理解されることに注意すべきである。

国 民 審 査 *直接民主制'の制度の1つ。広義には国民が直接に法律・*公務員'などを審査する制度一般を,狭義には日本国憲法が採用する,*最高裁判所裁判官'に対する国民審査制度を指す。*最高裁判所'の裁判官の任命は,その任命後の最初の*総選挙'の際に国民審査に付し,その後10年を経た後行われる総選挙のときに更に行い,その後も同様とする〔憲79②〕。投票者の多数が*罷免'を可とするときは,その裁判官は罷免される〔憲79③〕。この制度は,国民の公務員選定・罷免権〔憲15①〕の1つの現れで,*内閣'による任命〔憲79①〕(長官の場合は指名〔憲6②〕)の事後審査と,不適格の裁判官の*リコール'の2側面の性格をもつ。最高裁判所裁判官国民審査法(昭和22法136)が具体的な定めを置いており,最高裁判所は,積極的に罷免を可とする投票以外は罷免を可とするものではないとして扱う投票方式を合憲とする一方(最大判昭和27・2・20民集6・2・122),在外国民に投票を認めないことは違憲と判断し(最大判令和4・5・25民集76・4・711),令和4年には在外国民の投票を認める法改正がなされた。この制度はアメリカのミズーリ州など若干の州で行われて

こくみんだ

いた制度に倣って導入されたが、国民審査によって罷免された裁判官は1人もおらず、しかも罷免を可とする投票は否とする投票の10%前後であり、この制度の意義を疑う議論もある。

国民代表 **1 定義** 議会及び議会における代表者は自分の選出母体である一定の地域・階層・利益の代弁者であってはならず、全国民の一体的利益の代表者でなければならないという観念。
2 意義及びイデオロギー性 近代議会の前身である身分制議会では、議員は各身分の代表であり、選出母体の訓令に法的に拘束される命令委任であった。これに対し、近代議会では、議員は国民代表として、自己の良心のみに基づき、自由な討論によって統一的国家意思を形成することが期待され、命令委任は禁止されて、議員が発言・表決について法的に責任を問われない、自由委任の原則がとられた。国民の一体的利益の存在を前提としており、興隆期ブルジョアジーの予定調和の論理を根底にもつオプティミズムを反映している。また、これは、'人民主権'的な論理を排除することでもあった。そのため、19世紀以後、労働者階級が登場するようになると、一体的・国民的利益という前提が崩れて、この観念は理念通りに機能できなくなり、ブルジョアジーの階級的支配を隠蔽するイデオロギーとして機能するという批判もされた。'政党'その他の利益団体の代表も登場するようになり、国民代表の観念の再検討が迫られて、より人民主権論に近い'半代表'や、'社会学的代表'などが唱えられた。

国民投票 **1 概念** '直接民主制'の1つで、レファレンダム(国 referendum)・人民投票・一般投票ともいう。議員その他の公務員の選挙以外の事項に関して、国民一般が投票を行って提案の可否を決する憲法上の制度である。通常、領土の併合・変更について帰属を決定する場合や、新しい支配者が権力の正統性を獲得する場合を、特に'プレビシット'といって国民投票から区別するが、両者に厳密な区別はない。
2 日本の制度 現行憲法は、'憲法改正'の場合にこれを認めている〔憲96①〕(⇨国民投票法')。間接民主制を原則とする日本国憲法の下では、それ以外については国民投票制度を導入するにしても、決定に拘束力のない諮問的なもののみが憲法上許されると解されている。国民投票が、公務員を退職させる目的をもつ場合は、特に'リコール'と呼ばれる。リコール制は、政治と国民の意思とを接着させる意味で注目される制度であるが、他方、濫用される場合には政治を著しく阻害するので、制度としても就任後一定期間のリコール禁止等の措置を講ずるものが多い〔自治84・88等〕。

国民投票法 平成19年法律51号。正式名称は「日本国憲法の改正手続に関する法律」であり、憲法96条に基づき行う憲法改正の手続につき、国会の発議から国民投票までの手続を定めた法律。平成19年5月に成立し公布されたが、施行は3年後(平成22年5月18日)とされた。なお、国会が発議するまでの国会における手続は、国会法で定めている〔国会68の2〜68の6〕。国民投票法の主な内容は、国民投票の期日(発議後60日から180日の間で国会が決めた日〔憲改2〕)、投票権者(満18歳以上の日本人〔憲改3〕)、国民投票広報協議会の設置(各院から会派比例で各10名を選んで構成し、国民投票に関する周知の任にあたる〔憲改11以下〕)、国民投票運動の規制(改正案の賛否の運動につき、公務員や教育者の地位利用、政党や団体による放送・広告などの規制を定めている〔憲改100以下〕)等である。法案審議の過程で、最低投票率制度を導入すべきか、公務員による運動を自由化すべきか、国民投票制度を憲法改正以外にも利用できるようにすべきかなどが争点となったが、参議院による附帯決議により、法施行に向けて更に検討することにされた。平成26年6月の改正(法75)により、公務員による運動については、公務員個人の勧誘運動等は認めるが、団体による組織的な勧誘運動等については更に検討を続けることとされた。また、令和3年6月の改正(法76)により投票所の増設、期日前投票の弾力化などの改正が行われたが、放送やインターネットなどを通じての有料広告の規制(CM規制)については、資金力の差から生じる不平等を是正するために必要な制限を設けるかどうかで一致できず、同改正法附則4条で施行後3年を目途に検討し必要な措置をとることにしている。

国民年金 日本の'社会保険'の1つで、'国民年金法'に基づく政府管掌の'年金制度'。元々は自営業者等を加入者として創設されたが、昭和60年の法改正(法34)によって、全国民を対象として、基礎年金を支給する制度となった(このほか、第1号被保険者(⇨強制加入被保険者')に基礎年金に上乗せする付加年金、寡婦年金及び死亡一時金も支給する)。第1号被保険者負担の'保険料'('賦課方式'による)、'厚生年金保険'の実施者たる政府と各'共済組合'が負担する'基礎年金拠出金'及び'国庫'負担を財源として運営される。 ⇨基礎年金' ⇨保険料の

免除・納付猶予'

国民年金基金 *国民年金'の第1号被保険者(自営業者等)(⇨強制加入被保険者')を対象として，老齢基礎年金に上積みする*老齢年金'，及び加入員や加入員であった者の死亡に関し一時金を支給するために，*国民年金法'に基づいて設立される法人〔国年 115・117〕。地域型国民年金基金と職能型国民年金基金の2種類がある〔国年 115の2〕。地域型基金は，都道府県に1つ，当該都道府県内に居住する 1000 人以上の第1号被保険者を加入員として設立される〔国年 116①・118の2・119④〕。職能型基金は，同種の事業又は業務につき全国を通じて1つ，当該事業・業務に従事する 3000 人以上の第1号被保険者を加入員として設立される〔国年 116②・118の2・119⑤〕。基金は，加入員から掛金を徴収し〔国年 134〕，それを積み立てて〔国年 131の2〕運用し〔国年 132〕，その支給する年金の財源とする。基金が支給する老齢年金は，加入員の基金加入期間についての付加年金相当額を超えることを要し，一時金は 8500 円を上回らねばならない〔国年 130〕。

国民年金法 昭和 34 年法律 141 号。日本の*年金制度'の1つである国民年金を定める法律。国民の老齢・障害・死亡に関する*保険給付'等について規定する。 ⇨国民年金'

国民発案 ⇨イニシアティブ'

国 務 *明治憲法'下では，*統治権'に属する事務のうち，統帥・皇室事務を除いたものを指した。日本国憲法は，*内閣'が「国務を総理する」〔憲 73①〕，*内閣総理大臣'が一般国務について国会に報告する〔憲 72〕と定めるが，これは国政のうち立法・司法を除く内閣の権能に属する事務を指すと解されてきた。立法・司法権の行使が支障なく行われるよう，国の政治全体が調和を保って円滑に進行するよう配慮することを「国務の総理」と理解する見解も有力である。なお，広く国家の事務一般を指す〔憲 98①〕場合もある。 ⇨行政'

国務請求権 国家の積極的な作為を要求する権利。国務請求権又は*受益権'ともいう。国家に対する請求権である点で*社会権'と共通するが，社会権が*社会国家'の思想に基づくのに対し，国務請求権は*自由国家'の思想の延長線上で，*基本権'を確保するための基本権として，古くから*自由権'と相伴って保障されてきた。日本国憲法が定める国務請求権には，*請願'権〔憲 16〕，国又は公共団体に対する賠償請求権〔憲 17〕，*裁判を受ける権利'〔憲 32〕，*刑事補償'請求権〔憲 40〕がある。

国務大臣 1 意義 広義では*内閣'の構成員(閣僚)全てを，狭義では*内閣総理大臣'以外の閣僚を指す。
2 任免 狭義の国務大臣は内閣総理大臣によって任命され，内閣の統一性を確保するため内閣総理大臣によって任意に*罷免'される〔憲 68〕。任免については天皇の*認証'を要する〔憲 7⑤〕。国務大臣の過半数は*国会議員'でなければならず〔憲 68①但〕，また全員が*文民'でなければならない〔憲 66②〕。国務大臣の数は 14 名(ただし復興庁及び国際博覧会推進本部の設置期間中は 16 名)以内であるが，3 名まで増員可能である〔内 2②〕。国務大臣はその在任中，内閣総理大臣の同意がなければ訴追されない〔憲 75〕。
3 権限 国務大臣は，内閣の構成員として*閣議'に参加し，案件を内閣総理大臣に提出して閣議を求めることができる〔内 4③〕。各国務大臣は，*主任の大臣'として行政事務を分担管理するが，*無任所大臣'が存することを妨げない〔内 3〕。内閣総理大臣は，内閣の重要政策に関して行政各部の統一を図るために，内閣府に*特命担当大臣'を置くことができ，その場合には国務大臣をもって充てる〔内閣府 9〕。

国 有 化 ⇨収用'

国有公物・公有公物・私有公物 *公物'の区別の一種で，公物の所有権が国に属するか，*地方公共団体'に属するか，それとも私人に属するかによる区別である。国有公物は，国が自らの財産を自ら公用に供する場合と，地方公共団体が国から何らかの*権原'を取得して公用に供する場合とがある。公有公物は，当該地方公共団体が自ら公用に供する場合と，国又は他の地方公共団体が権原を取得して公用に供する場合とがある。私有公物は，国が権原を取得して公用に供する場合と，地方公共団体が権原を取得して公用に供する場合とに分かれる。*行政主体'が何らの権原なく他人の所有する物を公物として公用に供しても，それは原則として無効であると解されている。 ⇨自有公物・他有公物'

国 有 財 産 1 意義及びその管理法 広義では国が所有する一切の財産を指すが，狭義では*国有財産法'により管理の対象とされる財産，すなわち，広義の国有財産のうち，*不動産'，船舶等の重要な*動産'，*地上権'，*特許権'，株式・社債等による権利等を意味する〔国財 2〕。なお，国が所有する財産で国有財産法の管理の対象とされないもの，すなわち，現金，物品及び債権については，それぞれ，*会計法'，物品管理法及び「国の債権の管理等に関する法律」

こくゆうざ

により、その管理に関し必要な事項が規定されている。また、地方公共団体が所有する財産は公有財産といい、*地方自治法'に基本的な定めがある〔自治237～238の7〕(⇨公有財産)。

2 狭義の国有財産の分類 狭義の国有財産は、行政目的に供されるか否かによって*行政財産'と*普通財産'に分類され、前者は、更に、その供される用途によって*公用財産'、*公共用財産'、*皇室用財産'及び森林経営用財産に分類される〔国財3〕。

3 管理・処分 行政財産と普通財産は、その性質の違いに照らし、その管理・処分に関する規律の態様を異にする。すなわち、行政財産と普通財産を通じて、国有財産の総括をする機関は財務大臣である〔国財7〕が、行政財産については、管理の機関は各省各庁の長とされ〔国財5〕、処分等については、貸付け、交換が禁止された(ただし、土地について、その用途又は目的を妨げない限度において、国が地方公共団体等と1棟の建物を区分して所有するためこれらの者に当該土地等を貸し付ける等は許される)、また、目的外の使用又は収益は、その用途又は目的を妨げない限度において許可することができることとされている(この場合、*借地借家法'の規定の適用は排除される)〔国財18〕。他方、普通財産については、管理及び処分の機関は財務大臣とされ〔国財6〕、処分等については、原則として、貸付け、交換等が許される(ただし、出資の目的とすることについては、法律で特別の定めをした場合に限って認められる)とした上で〔国財20〕、貸付け、交換、譲与、信託及び売払いの各々について、適正を確保する観点から所要の規定が設けられている〔国財21～31〕。更に、国有財産特別措置法(昭和27法219)により、普通財産の管理処分に関する特例措置が定められている。このほか、狭義の国有財産の全体について、特別な境界確定の手続、台帳の整備に関する規定などが設けられている〔国財3章の2・4章〕。

国有財産法 昭和23年法律73号。*国有財産'の管理のために制定された法律。これに相当する法令の沿革としては、官有財産管理規則(明治23勅275)、同規則に代わって制定された旧国有財産法(大正10法43)がある。本法は、国有財産の取得、維持、保存及び運用並びに処分について規定するが、これらの事項についての一般法と位置付けられ〔国財1参照〕、種々の必要から、現行法上、「国有林野の管理経営に関する法律」(昭和26法246)、国有財産特別措置法(昭和27法219)等、本法に対する特別法が多

数存している。また、国有財産の機能の管理については、道路法、河川法等の個別法によるところが大きい。

国有地入会(いりあい) 明治初年の地所官民有区分の方針に基づき、山林原野も官有か民有かの区分が行われた(明治8年の地租改正事務局達乙3号)。そこでは、旧幕府・藩主などの領主が村持(むらもち)であることを定めたか、村持であることについて近隣の郡村によって公然と認められた山林原野は、村持として村の所有が認められたが、村落民が単に自然生の草木を伐採していたにすぎない山林原野については、村に地盤の所有が認められなかった。そのため、多くの山林原野が官有地に編入され、その場合に*入会権'は消滅しないのかどうかが問題となった。大審院は、国有地上に入会権は存在しないとして、国有地入会を否定していた(大判大正4・3・16民録21・328)、最高裁判所は、官有地に編入された土地上に村民の明確な入会慣行がある地域では、国有地に入会権の存続を認める見解を示した(最判昭和48・3・13民集27・2・271)。

国立大学法人 国立大学法人法(平成15法112)に基づく、国立大学設置を目的とした法人。同法別表1に定める国立大学ごとに、同法に定める国立大学法人として法人格が個別に与えられ、国立大学を設置し運営するための法人である。これは従来、国(文部科学省)の内部組織であった国立大学を大学ごとに法人化し、各大学が自主的・自律的に大学運営を行うことによって、日本の高等教育及び学術研究の水準の向上と均衡ある発展を図るために制度化されたものである。また、国立大学法人と並んで、「大学における学術研究の発展に資するために設置される大学の共同利用の研究所」(「大学共同利用機関」)を設置することを目的として法人化された大学共同利用機関法人も、同時に法人化がなされている〔国大法人2③④〕。国立大学法人には政府の出資がなされ、その運営組織としては、学長、監事、理事のほか外部有識者の参加も制度化された経営協議会〔国大法人20〕が設置され、教育研究評議会〔国大法人21〕とともに、大学運営の責任を担う。また大学の運営は、6年ごとに文部科学大臣によって提示される中期目標〔国大法人30〕に従い各国立大学法人が策定した中期計画を基に行い、第三者機関(国立大学法人評価委員会〔国大法人9〕、独立行政法人大学評価・学位授与機構)によって評価、チェックされる。中期計画については、文部科学大臣による認可、公表が義務付けられている〔国大法人31〕。平成28年には、国際的な競争力を高める

ため，出資対象範囲の拡大や報酬基準等の特例を可能とする指定国立大学法人制度が創設された。更に，令和5年の改正で，理事が7人以上の国立大学法人のうち，収入及び支出の額，収容定員の総数，教職員の数を考慮して事業の規模が特に大きいものとして政令で指定するものは特定国立大学法人とし，特定国立大学法人には運営方針会議を設置することとされた。

国 連 ⇨'国際連合'

互恵取引 ⇨'相互取引'

試みの使用期間 ⇨'試用期間'

小 作 他人が所有する農地を耕作すること。物権である*永小作権'と債権である賃借小作権とがある。*農地法'は，小作関係の安定を図るために，権利の設定・移転〔農地3〕について規制するが，特に賃借小作については，農地の引渡しに対抗力を与え〔農地16〕，賃貸借の解約等について制限を設ける〔農地18〕など，賃借人を保護している。また，賃借小作については契約関係を明確にするため，契約を文書化することになっている〔農地21〕。

小作地 ⇨'自作地・小作地'

小作農 ⇨'自作農・小作農'

小作料 他人の農地を耕作する対価のうち，*永小作権'の対価〔民270〕をいう。*農地法'は，以前は小作料につき規制をしていたが，現在では，小作料が経済事情の変動などにより不相当となったときに，当事者が将来に向けての増減請求権を認めるだけである〔農地20〕。

故 殺 あらかじめ謀ること(予謀)なく，*故意'をもって人を殺すこと。例えば，挑発されて突然殺意を生じて人を殺すような場合をいう。旧刑法では，フランスを始め多くの外国立法例にあるように，殺人罪について*謀殺'〔旧刑292〕と故殺〔旧刑294〕とを区別し，故殺は謀殺より一段軽い罪としていたが，現行刑法ではこの区別を廃止した。現行刑法では法定刑の幅が広くなったこと，予謀の有無だけで罪の軽重に差等を設けることが必ずしも合理的とはいえないことによる。

児島惟謙 (1837〜1908) *大津事件'で*司法権の独立'のためにたたかった当時の大審院長。宇和島藩士金子惟彬の次子として生まれ，幕末に尊王討幕運動に参加し，維新後は新潟県御用掛を経て，明治4年(1871)に司法省出仕，明治24年に大審院長に任ぜられた。大津事件は，当時東洋の一小国であった日本にとっては国家の浮沈に関わる大事件で，ロシアの報復を恐れた政府は，法を曲げて犯人を死刑に処するようにと強く司法部に干渉した。児島は，法の尊厳と裁判の独立を守ることこそ国家の自主性を確保する道であることを説いて，これを退け，結局，被告人は法に照らして無期徒刑に処せられた。しかし児島は，その翌年政府によって報復され，花札賭博をやったとして*弾劾'を受け，引責辞職した。明治27年以降，貴族院議員，衆議院議員を歴任した。

戸 主 民法旧規定で定められていた家族制度における家の長〔民旧(昭和22法222改正前の)732〜764〕。家には必ず戸主がいなければならず，戸主の地位は*家督相続'だけによって承継された。戸主には，家の統率者・支配者として強大な権能(戸主権)が与えられており，家族の居所指定権，家族の入家・去家の同意権，家族の婚姻等についての同意権，その他離籍権・復籍拒絶権などの諸権能をもつとともに，祖先の祭祀(さいし)と家産(家に属する財産)の独占的支配権をもっていた。この制度は，個人の独立と平等という日本国憲法の原則〔憲24〕に反するとして廃止された。 ⇨'家'

小商人 *商人'のうち*営業'の規模が特に小さいもの。営業のために使用する財産の価額が法務省令で定める一定額以下の商人をいう〔商7括弧，商則3〕。小商人も商人ではあるが，商法の規定のうち，*商業登記'や*商業帳簿'に関する規定等，同法7条所定のものは適用がない。これらの規定を適用すると，小規模な商人にとっては義務が重く，また，煩雑であるためである。なお，*会社'はいかに小規模でも小商人とはならない。

故障の申立て ⇨'欠席判決・対席判決'

互助義務 民法730条は，*直系血族'及び同居の*親族'が互いに扶(たす)け合わなければならないと規定する。これを互助義務又は扶け合い義務という。この規定は，戦後の民法改正(昭和22法222)の際に，家制度の廃止を憂える保守派の抵抗によって置かれたものといわれているが，*同居義務'〔民752・822〕や*扶養義務'〔民877〜881〕は別に規定されており，この規定を置く法律上の意味はないといわれる。

個人(国際法上の) 今日では，各種の*条約'や*国際慣習法'を通じて，個人の権利義務が直接に定められる機会が増えている。しかしその場合でも，*通商航海条約'で認められる外国における個人の居住や営業の自由のように，単に締結国間に権利義務関係を生じさせるにすぎず，個人が，本国の*外交的保護'によってしか侵害に対する救済を受けえない場合には，個人に国際法主体性が認められたことにはならない。個人の国際法主体性が認められるには，これら

こじんかし

の権利義務を実現するための国際的な救済・訴追手続が備わっていることが必要である。そうした手続としては，*国際裁判'における個人の当事者適格の付与，*国際組織'の機関への個人の申立権の承認（⇨国際人権規約' ⇨ヨーロッパ人権条約'），*国際刑事裁判所'や条約で管轄権を付与された国内裁判所における個人の国際刑事責任の追及（⇨ジェノサイド条約'）などがあり，こうした意味での個人の国際法主体性は，徐々に拡大される傾向にある。

個人貸金等根(な)保証契約 ⇨根(な)担保'
⇨根(な)保証' *保証債務'

個人主義 1 概念 人間は常に共同生活を営むものであるが，*全体主義'が共同体全体の発展に価値を認め，個人の価値を全体への献身に求めるのに対し，個人主義は，共同体内部での個人の多様な発展に窮極の価値を認める。政治共同体が諸個人の安全と財産を守るために形成されたとする社会契約説（*契約説'），個人は生まれながらにして自由をもち*基本的人権'をもつとする人権尊重主義などが個人主義を背景とすることは明らかであるが，*民主主義'もまた個人主義との密接な関連のうちに形成された思想であり，個人主義と民主主義を切り離すことはできない。
2 利己主義との関係 個人主義は，他方で，共同体内部で自己だけに価値をみいだす利己主義とも異なる。個人主義もまた自己主張の哲学であるが，しかし，それは他者への平等な尊重を前提とする。したがって，個人主義は平等思想の裏付けとなるし，諸個人の実質的平等を確保するための原理である*公共の福祉'理論も個人主義に立脚して考えるのが妥当である。
3 日本法の個人主義 日本国憲法は前文や第3章を通じて，個人主義を1つの重要な原理として採用しており，条文上もそれを明らかにしている〔憲13・24〕。民法もまた家族共同体内での個人主義を採用し，*旧民法'の家制度は大幅に改められた。刑法は既に以前から，個人主義を原理としている。また，個人主義といえども，社会で共同生活を営む以上，共通利益の増進に関心をもつ場合が多い。近代の民主主義は，個人原理と衝突せずに共通利益（市民的公共性）を実現する道を，民主主義的な自己決定に求めた。社会に最低限の秩序が必要ならば，他律よりも自律のほうが個人主義に与える影響が少ないのである。しかし，日本では，こうした自律の伝統が少なく，個人主義の主張はしばしば単なる利己主義と混同される。

個人情報の保護 国や地方公共団体あるいは民間企業に収集・蓄積される個人に関する情報の保護を図ろうとする考え方。巨大データベースなどコンピューターを用いた情報管理の進行に伴い，*プライバシー'の権利の発展である「自分に関する情報をコントロールする権利」（自己情報コントロール権）を具体化するものとして重要性が意識されるようになった。保護の仕組みとして，個人情報の管理機関に対して個人情報の収集・利用や第三者への提供の制限，情報の安全性・正確性の確保の義務付けを行うとともに，自己情報の開示請求権，訂正請求権などを個人に保障する。日本では地方公共団体の条例による保護が先行した。国レベルでも昭和63年に，「行政機関の保有する電子計算機処理に係る個人情報の保護に関する法律」（法95）が制定されたが，この法律は，平成15年に，行政機関の保有する全ての個人情報を対象とし，保護制度を拡充した「行政機関の保有する個人情報の保護に関する法律」（法58）により全部改正された。また，同年，民間の個人情報取扱事業者の義務等について規定した「個人情報の保護に関する法律」（個人情報保護法）も成立した（法57）。その後，地方公共団体間の個人情報取扱いの差異が問題視されるようになり，令和3年に「個人情報の保護に関する法律」が，国と地方の個人情報に関する規律を統一化する規定を含む内容へと大きく改正された（法37）。これに伴い，「行政機関の保有する個人情報の保護に関する法律」は廃止された。

個人情報保護法 ⇨個人情報の保護'
個人通報制度 ⇨国際人権法'
個人特定事項の秘匿措置 刑事手続において*性犯罪'等の犯罪被害者等〔刑訴201の2①・271の2①が定める事件の被害者のほか，刑訴201の2①②・271の2①②が定める被害者以外の者を含む〕の情報を保護するため，その個人特定事項（氏名及び住居その他の個人を特定させることとなる事項〔刑訴201の2〕）を*被疑者'・*被告人'に明らかにしないことを可能とする措置。令和5年の刑事訴訟法改正（法28）で導入された。イ *起訴状'における秘匿措置（被告人に対し，起訴状謄本に代えて，被害者等の個人特定事項の記載がない起訴状抄本等を*送達'する等〔刑訴271の2～271の5〕）と，ロ *逮捕'・*勾留'手続における秘匿措置（被疑者を逮捕・勾留するにあたり，*逮捕状'・*勾留状'に代えて，被害者等の個人特定事項の記載がない逮捕状抄本・勾留状抄本等を被疑者に示す等〔刑訴201の2・207の2・207の3〕）とを柱とし，イの措置がとられた場合には，訴訟書類・*証拠物'等の閲覧・謄写〔刑

訴40〕、*裁判書'等の謄本等の交付請求〔刑訴46〕、取調請求証拠の*証拠開示'等〔刑訴299①〕の手続でも、被害者等の個人特定事項を秘匿できる仕組みとされている〔前二者につき刑訴271の6、後者につき刑訴299の4。他に、刑訴271の8等〕。

個人根(ね)保証契約　⇨根(ね)担保'　⇨根(ね)保証'　⇨保証債務'

コ ー ズ　⇨カウサ'

戸 籍　**1 意義**　人の親族法上の身分関係を公証する制度。戸籍は、市町村の区域内に*本籍'を定める一の夫婦及びこれと*氏(うじ)'を同じくする未婚の子ごとに編製する〔戸6〕。この点で個人別登録制度ではない。

2 戸籍に記載する事項　戸籍には本籍を記載し、また、戸籍内の各人について、イ 氏名(振り仮名)、ロ 出生年月日、ハ 入籍の原因・年月日、ニ 実父母の氏名・続柄、ホ 夫婦については夫又は妻である旨等を記載する〔戸13〕。戸籍への記載は届出等によって行う〔戸15〕。届出は書面又は口頭で行うことができる〔戸27〕。

3 戸籍事務　市区町村長が戸籍に関する事務を管掌する〔戸1・4〕。戸籍を帳簿につづったものを戸籍簿といい、その正本を市役所・町村役場に備え、副本を法務局・地方法務局において保存する〔戸7・8〕。なお、平成6年の戸籍法改正(法67)により、法務大臣の指定する市町村は、戸籍事務をコンピューター・システムによって取り扱うことができるようになった〔戸6章〕。

4 国籍との関係　戸籍制度は、戸籍に記載される資格を有する者を日本国籍を有する者に限り、かつ、日本国籍を有する者を全て戸籍に記載する建前に立つ。　⇨国籍'　⇨住民基本台帳法'

戸 籍 抄 本　⇨戸籍謄本・戸籍抄本'

戸籍謄本・戸籍抄本　*戸籍'の記載の全部を謄写したものを戸籍謄本、戸籍のうち請求者の指定した部分だけを抜き写したものを戸籍抄本という。戸籍に記載されている者又はその配偶者・直系尊属・直系卑属(⇨尊属・卑属')は、戸籍謄本・戸籍抄本又は戸籍に記載した事項に関する証明書の交付を請求することができるが、市町村長は請求が不当な目的による
ことが明らかなときは、請求を拒むことができる〔戸10〕。なお、平成6年の戸籍法改正(法67)により、戸籍事務をコンピューター・システムにより行う市町村は、戸籍謄本・戸籍抄本に代えて記録事項を証明した書面を交付することになった〔戸120〕。

誤想過剰防衛・避難　*正当防衛'・*緊急避難'状況(急迫不正の侵害・現在の危難)〔刑36①・37①本文〕に当たる事実の存在を誤信して行った防衛・避難行為のうち(⇨誤想防衛・誤想避難')、仮にその事実が存在しても*過剰防衛'・*過剰避難'〔刑36②・37①但〕に当たるもの。過剰性を基礎付ける事実の認識があれば*故意'犯が成立するが、責任減少により刑の裁量的減免を認めると解されている(最決昭和62・3・26刑集41・2・182〔英国騎士道事件〕)。

誤 想 犯　⇨幻覚犯'

誤想防衛・誤想避難　**1 定義**　正当防衛・緊急避難の客観的要件を具備していると誤信して、防衛・避難行為に出たところ、実は、何ら正当防衛・緊急避難の要件である急迫不正の侵害あるいは危難が実在しなかったとき等をいう。錯覚防衛・錯覚避難ともいう。暗夜、突然人に突き当たったので、強盗だと信じて防衛行為に出て負傷させたところ、その人は実は強盗ではなく、ただの通行人であったような場合、誤想防衛ということになる。

2 錯誤の性質　誤想防衛・誤想避難が、故意を阻却する*事実の錯誤'か、阻却しない*法律の錯誤'かが問題となる。正当防衛・緊急避難の前提となる客観的事実、例えば、急迫不正の侵害がないのにあると誤信した場合であるから、事実の錯誤の一種であり、*故意'を阻却し、誤想につき*過失'があれば過失犯が成立しうるとするのが多数説・判例である。他方、自己の行為を許されたものと誤信したという点から、*違法性の錯誤'(*禁止の錯誤')であって、相当な理由がない限り故意を免れることはできないと解する説も有力である(厳格責任説)。
⇨正当防衛'　⇨緊急避難'

誇 大 広 告　⇨不当表示'

国 家　**1 定義**　国家の定義は多種多様であるが、通常は*領土'・*国民'・*統治権'の3要素に注目し、領土を基礎とし国民によって組織される統治団体として定義される。いずれの定義においても、国家の支配の*正統性'をいかに理解するかが問題となる。ドイツ国学学では、概していえば国家がそれ自体としてもつ精神的権威と倫理的価値が正統性の根拠として強調され、*国家主権'説が完成された。他方、多元的国家論では国家の精神的権威は否定され、社会的利益のための特殊な組織と観念され、主権論もまた大幅に変更される。

2 国家論の態様　国家の本質論については古来様々なものがある。起源に関しては*契約説'・実力説に大別されるが、機能や目的については、論者の専門的立場から、今までに生物学的・哲学的・社会学的・経済学的・政治学的・法学的な観点から観察されてきた。それは、自己保存

こつかい

説・治安維持説・文化助成説・福祉実現説などであるが，法学的国家論としては，権利客体説・権利主体説・法関係説・法秩序説がある。
3 国家の歴史と形態 国家の歴史はいくつかの段階に区別され，その時代に対応して国家はある形態をとる。その歴史と形態の関係からいろいろ区分されるが，普通次のように考えられている。古代における奴隷制国家，中世における農奴制封建国家，近代における資本主義国家，20世紀に登場する社会主義国家である。他方，法学的観点からは，*君主制'と*共和制'，*民主制'と専主制，単一国家と*連邦'などの分類がされる。
4 実定法上の国家 各種の実定法の中で国家が登場するとき，その機能は多様な意味をもつ。統治権の主体(警察法規等)のほか，財産権侵害の主体(税法)，経済秩序の保護者(経済法)，生存配慮の主体(生活保障法)，サービス機関(教育法)，あっせん・調停者(労働法)などから，私人と同列の訴訟当事者(民事訴訟法)に至るその多様な性格は，今日の国家が担っている多面的な任務をよく反映しており，今日，国家の定義が困難になっている理由の1つである。
5 現代 20世紀末のグローバル化を受け近代国家の終焉(しゅうえん)が主張されたが，近年ではイギリスのEU離脱のような逆方向の動き，更に国家内部で価値観を巡る深刻な分断がみられる。またマスメディア等で民主主義国家に対立するものとして，権威主義国家という政治学用語が用いられている。それは，国の最高指導者を中国のように国民が選べない，あるいはロシアのように自由で公正な選挙が保障されていない国家をいう。

国　会　一般的意味では，国民の代表者から構成され，国政に参与する権能をもつ国の会議体を指し，*議会'とほぼ同義に用いられる。実定法上は，日本国憲法第4章が定める日本国の議会を指す。憲法はこれが*国権の最高機関'であり国の*唯一の立法機関'であること〔憲41〕，*衆議院'・*参議院'の両院から構成されること〔憲42〕，その議員が全国民の代表として選挙で選ばれることなどを定める〔憲43①〕。その権限は，立法権のほか，憲法改正の発議，内閣総理大臣の指名，予算の議決など財政監督，条約の承認，その他行政一般に対する統制など極めて広汎にわたる。

国 会 議 員　国会の議員。日本国憲法の下では，*両議院制'に基づく*衆議院議員'と*参議院議員'の2種に分かれ，ともに全国民の代表として選挙で選ばれるものと定められる〔憲43①〕。議員定数〔憲43②〕や議員及び選挙人の資格〔憲44〕，選挙に関する事項〔憲47〕は法律に委ねられ，*公職選挙法'がこれを規定している。憲法は国会議員の地位に関して，*歳費'の支給〔憲49〕，*不逮捕特権'〔憲50〕，*免責特権'〔憲51〕を保障し，その職権行使の独立性を確保しようとする。

[表：衆議院議員と参議院議員の比較]

	衆議院議員	参議院議員
任期	4年(解散の場合を除く)〔憲45〕	6年。3年ごとに半数改選〔憲46〕
定数	465人(うち289人は小選挙区選出議員，176人は比例代表選出議員)〔憲43②，公選4①〕	248人(うち100人は比例代表選出議員，148人は選挙区選出議員)〔憲43②，公選4②〕
選挙権	満18年以上の者〔公選9①〕	左に同じ
被選挙権	満25年以上の者〔憲44，公選10①Ⅰ〕	満30年以上の者〔憲44，公選10①2〕
選挙区	小選挙区選出議員は全国289の小選挙区。比例代表(拘束名簿式)選出議員は全国を11区域(ブロック)に分割した選挙区(各選挙区に176議席を人口に比例して配分)〔公選13①②〕	比例代表(非拘束名簿式)選出議員は全国1区。選挙区選出議員は都道府県を基礎的単位としつつ，2つの県を区域とする選挙区2つを含んだ計45選挙区〔公選12②・14〕

国会議員の資産公開　⇨資産公開(国会議員の)'
国会承認条約　⇨行政取極(とりきめ)'
国会単独立法の原則　⇨唯一の立法機関'
国会中心立法の原則　⇨唯一の立法機関'

国 会 法　昭和22年法律79号。*国会'についての基本的事項を規定する法律。国会の召集や会期・休会，議院の役員や委員会，議事手続，議員の地位や内部紀律，懲罰など広汎な内容を対象とする。憲法は両議院の内部組織や運営については，各議院が議長その他の役員を選任するほか〔憲58①〕，会議その他の手続や内部の規律に関しても各議院が規則制定権を有する旨を規定する〔憲58②〕。ところが実際には国会法が法律の形式で制定され，その規律範囲が両議院相互の関係や政府との関係のみでなく各議院の内部事項にまで及ぶことになった。ここから，国会法と*議院規則'が内容的に抵触した際にそのいずれが優位するのかが理論上争われ

る。法律優位説が通説であるが，議院自律権の意義を重視し，憲法が'衆議院の優越(優位)'の及ぶ法律ではなく議院規則にその内部事項を委ねている趣旨を重くみる規則優位説も有力に主張される。

国家学 ⇨国法学'

国家管轄権 一定の範囲の人・物・事実に対して国家が自国の国内法令を適用して行使する諸権限のことをいう。国内法令を適用して規律する立法(規律)管轄権，具体的な事案を審理し司法判断を下す司法管轄権，逮捕・捜査・押収・強制執行等の物理的な強制措置によって国内法を執行する執行管轄権の3種類に分類される。国家は領土的主体であることから，外国国家や外国公務員に対して一定の免除を付与する義務を負う場合を除き，自国領域内においては国家管轄権を原則として行使しうる。他方，自国領域外で生じた行為・事実に対して権限を行使する'域外適用'は，第1に，執行管轄権については，関係国の具体的合意がある場合や公海上での海賊取締りといった国際法上特に認められる場合を除き，原則として禁止される。第2に，条約で明示的に定められた場合のほか，領域外で行われた行為についてどこまで立法管轄権を及ぼし，また，これらの事柄に関して自国内で司法管轄権の行使をなしうるかについては議論がある。多くの国家においては，問題となる行為が自国領域内で行われたか('属地主義')，当該行為の実質的効果が自国領域内で意図的に発生せしめられているか(効果理論)，問題となる行為が自国民によって行われたか(積極的属人主義)，当該行為によって自国民が被害を受けたか(消極的属人主義)，問題となる行為によって自国の国家的法益が侵害されたか(保護主義)等の要因に基づいて，管轄権行使の基準を定めている。これらの諸要因の法的位置付けについては，ローチュス号事件判決(PCIJ 判1927・9・7 Series A No.10・4)以来，国際法によって禁止されない範囲内で各国が政策判断に基づいて設定した自国の基準として理解する立場と，自国との実質的連関や真正な関係が存在する場合に管轄権行使が認められるという国際法の一般原則を具体化したものとして把握する立場が対峙(ᵗᵃⁱʲⁱ)し，現在でも管轄権の構造をいかに捉えるべきかについては見解の一致をみていない。なお，テロ行為等の諸国の共通利益を害する犯罪については，被疑者の身柄が所在する国家に対して自国法令を適用し訴追するか訴追意思を有する所定の関係国に引き渡すかのいずれかを行う義務(aut dedere, aut iudicare 圏の義務)

を条約によって課すという方法で普遍主義に基づく管轄権行使が義務付けられる例もある。

国家行政組織法 **1 実質的意義** 国家行政組織に関する法のことを指す。'国の行政機関'の設置・組織及び権限に関する定めの全体。'内閣'については内閣法，'会計検査院'については会計検査院法，内閣府については内閣府設置法，'人事院'については'国家公務員法'等それぞれ特別の法律が定めているが，内閣の統轄の下にある行政機関で内閣府以外のものについては，国家行政組織法及び各省の設置法その他の法源がある。

2 形式的意義 国家行政組織法(昭和23法120)のことを指す。国家行政組織に関しては，旧憲法下では官制大権〔明憲10〕により定められており，現行憲法下で過渡的立法として行政官庁法(昭和22法69)が存在したが，これに代わって制定された。国家行政組織法は，内閣の統轄の下における行政機関で内閣府以外の行政機関の組織の基準を定める。同法によれば，国家行政組織は，内閣の統轄の下に，内閣府及びデジタル庁の組織とともに，任務及びこれを達成するために必要となる明確な範囲の所掌事務を有する行政機関の全体によって系統的に構成される〔行組2①〕。内閣の統轄の下における行政機関で内閣府以外の行政機関は，'省'・'委員会'・'庁'とし〔行組3〕，それぞれ，'内部部局'〔行組7〕，'審議会'等合議制の機関・施設等機関・特別の機関に分類される'附属機関'〔行組8〜8の3〕，'地方支分部局'〔行組9〕が置かれる。その他，同法は行政機関の長(大臣・委員長及び長官)の権限について所要の定めを置いている〔行組10〜15の2〕。

国家緊急権 戦争・内乱・天変地異その他によって国家そのものが危急存亡の危機に直面したときには，政府が，通常時には遵守すべき憲法その他の法的制約から解き放たれて，国家の安全・秩序を維持するために必要な措置をとることができる権限。このような非常事態ないし'緊急事態'に際しては，執行権への権力集中，人権保障規定の効力の一時的停止などがとられることが多い。例外的な措置を講ずる政府の権限の要件や範囲などが，'戒厳'やマーシャル・ロー(圏 martial law)などの緊急権制度としてあらかじめ実定憲法によって定められている場合とそうでない場合とがあるが，いずれにしても国家あっての法という思想に基づいている点は異なる。現行憲法は緊急事態に関して参議院の'緊急集会'の制度しか規定しておらず〔憲54②③〕，緊急権については沈黙しているが，法

こつかけい

律レベルで，警察法6章，自衛隊法78条1項，災害対策基本法9章に緊急事態に関する定めが置かれている。ただし，これらは一定の法的制約に服しているので本来の緊急権制度とは異なる。近年生じた新型コロナウイルス感染症対策においても，「感染症の予防及び感染症の患者に対する医療に関する法律」（平成10法114）等に基づき，政府の緊急対処方針として，患者の強制隔離や各種営業の自由の制限，マスク着用義務などの特別措置が講じられた。こうした事態の発生を奇貨として緊急権制度を創設する憲法改正の必要性を論じる声もあったが，法律上の定めで十分に対応可能なものである。

国家契約　1意義　国家又は*公企業*が外国の私人又は私企業と締結する契約であって，*公役務*の*特許*，地下資源の開発，その他施設の建設や役務の提供を内容とするもの。コンセッション（契約）（英concession），経済開発協定ともいわれる。

2 法的性格　その法的性格に関しては，イ 通常の私人間の国際契約と変わらないとする説，ロ 当事者が法的に対等ではないこと，内容が公役務の行使に関わること等を理由に，国内法上の*行政契約*であるとする説，ハ 国際法秩序に法的拘束力の基礎を置く契約，あるいは準国際協定であるとする説が唱えられて対立している。この対立は，国家契約を国家又は公企業の側が一方的に改廃することの可否，また，その合法性を判断する法のレベル・内容，紛争解決手続の選択等の問題にも連動しており，実務上も重大な意義を有する。先進国は国家契約の一方的改廃に伴う外国人の財産権侵害に関して国内の改廃に伴う外国人の財産権侵害に関して国家の*国際責任*を問題にする。他方，社会主義国や開発途上国は国際責任の成立を認めない基本姿勢を崩していない。1980年代以降急増した二国間の*投資保護協定*では，締約国が国家契約に基づいて負う義務の遵守を規定するものがある（義務遵守条項）。この場合，締約国の国家契約違反は義務遵守条項違反として投資保護協定上の紛争解決手続の対象となるという説もある。　⇨天然資源に対する永久的主権*

国家公安委員会　国の公安に係る警察運営をつかさどり，警察教養・警察通信・情報技術の解析・犯罪鑑識・犯罪統計及び警察装備に関する事項を統轄し，並びに警察行政に関する調整を行うことを任務とする国の中央警察管理機関で，内閣総理大臣の所轄の下に置かれ，委員長及び5人の委員をもって組織される〔警4・5①〕。委員長は国務大臣をもって充て〔警6①〕，委員は任命前5年間警察又は検察の職務を行う職業的公務員の前歴のない者のうちから，内閣総理大臣が両議院の同意を得て任命する〔警7①〕。ただし，そのうち3人以上が同一政党に属することとなってはいけない〔警7⑤・9③④〕。5年の任期で身分保障がある〔警8・9⑤〕。国家公安委員会は，上記任務を遂行するため，一定事務について*警察庁*を管理する〔警5④・17〕ほか，警察庁長官等その他警視正以上の警察官の任免権〔警16①・49①・50①・55③〕，*緊急事態*の布告の勧告権及び内閣総理大臣の職権行使についての助言義務〔警71①・75〕，並びにその権限に属する事務に関し，法令の特別の委任に基づいて国家公安委員会規則の制定権をもつ〔警12〕。なお，都道府県には，*都道府県公安委員会*が置かれるが，国家公安委員会は，これと常に密接な連絡を保たなければならない〔警38①・5⑦〕。なお，*警察*に掲げた〔図：警察の組織の概略〕を参照せよ。　⇨公安委員会*

国家行為理論　一国がその領域内において行った公的措置について，他の国はその当否の判断を差し控え，有効であることを前提とするという原則（英act of state doctrine）。外国国家行為理論ともいわれる。内政不干渉と領土主権の尊重に基礎を置くものであるが，国際法上の義務ではなく，*国際礼譲*であると説明されている。また，政治問題への司法権の抑制であるとも説明される。主としてアメリカで発展した理論であり，キューバの国有化措置の効力に関する判例が有名であるが（Banco Nacional de Cuba v. Sabbatino, 376 U.S. 398(1964)），日本でも，イランの国有化措置の対象とされた石油の日本の会社が輸入した際，日本の港で国有化前の所有者から処分禁止の仮処分が申し立てられた事件において，この理論の適用とも読める判断を示した裁判例がある（東京高判昭28・9・11高民6・11・702）。この理論は主権免除に似た機能を有するが，裁判所の管轄権を否定するものではないなどの点で異なる。

国家公務員　国家公務員の概念は，一般には，国に雇われて公務に従事する者と解してよいが，*国家公務員法*上の国家公務員の概念は，憲法73条4号にいう*官吏*とほぼ同義であって，国会議員は含まれない。他方，国家公務員法は，戦前の官吏と*雇員(こ̆ん)・傭人(よ̆にん)*との区別を廃止し，*単純労務者*をも含めて，等しく国家公務員とした。ただし，国家公務員を*一般職*の国家公務員と*特別職*の国家公務員に分け，前者にだけ国家公務員法が適用されることとしている〔国公2④前〕。具体的にある職が国家公務員の職に属するかどうか，一般職

に属するか特別職に属するかが問題になるときには、*人事院'が決定権をもつ〔国公2④後〕。⇨'職(公務員の)'

国家公務員法 昭和22年法律120号。
1 意義 *明治憲法'下の*官吏'に関する諸勅令に代えて、官吏に関する基準〔憲73④〕を定めた法律。*国家公務員'の勤務関係に関する基本法典である。改正は多いが、とりわけ昭和23年の*連合国最高司令官の書簡'に基づく改正(法222)と、昭和40年の*結社の自由及び団結権の保護に関する条約(第87号)'批准に伴う改正(法69)とが重要である。近時では、平成19年の改正(法108)が*人事評価'制度の導入と退職管理の適正化を定め、平成26年の改正(法22)が幹部人事の一元化等を定め、令和3年の改正(法61)が定年引上げを定めた。 ⇨'公務員制度改革' ⇨'定年(停年)'
2 内容 *一般職'の国家公務員に適用される基準として〔国公2④〕、任免・給与のほか、人事評価・*分限'・*懲戒'・保障・*服務'・退職管理・*職員団体'等の制度を規定する〔国公3章〕。一般職国家公務員に広く適用される一般法である〔国公2④・1⑤〕が、法律や*人事院規則'による特例の余地を認めている〔国公附4〕。特例立法としては、外務公務員法・検察庁法・*行政執行法人の労働関係に関する法律'・「一般職の任期付き職員の採用及び給与の特例に関する法律」等がある。 ⇨'職(公務員の)' ⇨'任期付職員'
3 性質 旧官吏関係勅令と異なり、公務員の服務違反に対する刑事罰則〔国公4章〕を定める*行政刑罰'でもある。また、中央の独立人事行政機関として*人事院'を設け、具体的な定めの多くを人事院規則に委ねる点で*授権法'的性格も有している。

国家公務員倫理法 平成11年法律129号。*国家公務員'の不祥事を防止することを目的として制定された法律。一定の禁止行為等を政令(国家公務員倫理規程)で定める〔国公倫理5〕こととしたほか、本省課長補佐級以上の職員〔国公倫理2②〕には、事業者等から5000円以上の贈与等を受けた場合における贈与等報告書の提出を〔国公倫理6〕、本省審議官級以上の職員〔国公倫理2④〕には、株取引等報告書と所得等報告書の提出を〔国公倫理7・8〕、それぞれ義務付ける。何人も、贈与等報告書のうち1件につき2万円を超える部分の閲覧を請求することができる〔国公倫理9②〕。同法に違反した国家公務員は、*懲戒'処分の対象となる〔国公82①1〕。

国家主義 ⇨'全体主義'
国家主権 1 *主権'と同義。 2 主権は、国民でも君主でもなく、独立した人格としての*国家'に存在するとする説。19世紀のドイツにおいて、*君主主権'論と*国民主権'論との対立の妥協の産物として形成された主権理論であり、最も典型的には、*イェリネック'の*国家法人説'にみられる。資本主義の未発達によるブルジョアジーの弱さと封建諸勢力の残存という条件の下で先進資本主義国に対抗して近代化を推進しなければならなかったというドイツの歴史的事情から生まれたもので、君主とか人民という実体的概念を離れた抽象的な国家という概念に主権を帰属させることによって、君主と人民との現実的対立を観念的に止揚する役割を果たしたのである。このように、国家主権論は、市民革命の不十分性を隠蔽することを内容とする理論であったが、日本においては、なお、*美濃部達吉'の*天皇機関説'にみられるように、*天皇主権'説に対抗して、相対的に立憲主義的機能を果たしたことも注意されなければならない。

国家承継 一定の領域の統治が一国(先行国)から他国(承継国)に引き継がれた場合に、先行国の法的地位(条約上の権利義務、財産、債務、住民の国籍など)が承継国にどのように引き継がれるかという問題。国家の法秩序は国家領域と不可分であり、その移転に伴って承継国に包括的に承継されるという立場と、国家の法秩序は本来承継不可能であり、承継国の意思いかんに関わりなく、先行国の法秩序は国家領域の移転と同時にその範囲で当然に消滅するという立場(クリーン・スレート)とが対立してきた。こうした対立に加え国家承継には統一的な国家慣行が成立せず、問題は個別的に条約や関係国の国内法で処理されてきた。こうした状況の中で第二次大戦後、国家承継に関する多数国間条約が作成された(1978年の「条約についての国家承継条約」、1983年の「国の財産等についての国家承継条約」)。しかし、これらはいずれも既存の国際慣習法を忠実に法典化したものではなく、先進国の多くは両条約ともあまりに植民地からの独立国に有利であるとして反対し、独立を達成した途上国も条約の批准に消極的だったため、条約承継条約は1996年に発効したものの当事国は少なく(23カ国)、財産等承継条約は必要な批准国数(15カ国)を満たしておらず現在まで未発効である。これらの条約が国際慣習法化しているともいえない。国家承継の問題は個別的に当事国間で処理されているのが実際である。

国家承認 ⇨'承認'

こつかせき

国家責任 ⇨国際責任'
国家責任条文 ⇨国際責任'
国家総動員法 昭和12年に始まった日中全面戦争に総力を挙げて取り組むため,翌13年に成立をみた戦時統制法(法55)で,政府は*勅令'によって人的・物的資源を統制運用する広範な権限を認められた。昭和16年の改正(法19)により統制権限は一層強化され,第二次大戦終結に至るまで,この法律に基づき多くの戦時動員令が発せられた。昭和20年12月廃止(法44)。

国家訴追主義 *検察官'などの国家機関が*公訴'を提起し,これを維持する主義。*私人訴追主義'に対する。私人訴追主義と*糾問(きゅうもん)主義'を止揚した主義として,フランス刑事訴訟法(1808)以後,大陸法系の訴訟法で採用されている。日本の刑事訴訟法もこの主義をとる〔刑訴247〕。

国家と他の国家の国民との間の投資紛争の解決に関する条約 ⇨投資紛争解決条約'

国家の経済的権利義務憲章 1974年12月12日に*国際連合'第29回総会で採択された決議(総会決議3281(XXIX))。諸国家の経済的権利義務憲章ともいわれる。1973年の第1次オイル・ショックを契機に開発途上国の経済ナショナリズムが高揚する中で採択された。1974年5月の国際連合第6回特別総会で採択された*新国際経済秩序'の樹立に関する宣言及び行動計画の内容を更に発展させ,国有化に際して国有化国の国内法に照らした妥当な補償でよいとした点,*天然資源に対する永久的主権'を再確認した点など,開発途上国の主張を網羅的に盛り込んだ。先進国の多くは決議の採択にあたって反対ないし棄権に回った。

国家賠償法 昭和22年法律125号。**1 意義** 国又は公共団体の*損害賠償'責任に関する一般法。日本国憲法17条は,*明治憲法'下で認められていなかった*公権力'の行使に基づく損害の賠償責任を認め,その具体的要件については法律の定めるところに譲っている。そこで制定されたのが本法である。**2 内容 イ** 公権力の行使に基づく責任:公権力の行使にあたる公務員が,その職務を行うにつ いて,*故意'・*過失'によって違法に他人に損害を加えたとき,国又は公共団体が損害賠償責任を負い〔国賠1①〕,他方,公務員個人については,直接被害者に対して責任を負わず(最判昭和30・4・19民集9・5・534),故意又は*重過失'の存する場合にだけ,国又は公共団体が当該公務員に対して*求償権'を行使できる〔国賠1②〕。**ロ** 営造物責任:道路・河川その他の公の*営造物'の設置・管理に瑕疵(かし)があったために他人に損害が生じたときに,国又は公共団体が賠償責任を負う〔国賠2①〕。民法717条の土地工作物の設置・保存の瑕疵に基づく損害賠償責任に対応するものであるが,占有者免責は認められておらず,一種の*無過失責任'が規定されている。**ハ** その他:施設の管理者と費用負担者が異なる場合等の賠償責任者に関する規定〔国賠3〕,外国人に関する相互保証主義を定める規定〔国賠6〕が置かれている。また,本法の規定によるほか消滅時効・過失相殺(そうさい)等については民法の規定が適用され〔国賠4〕,他方,民法以外の他の法律に別段の規定があるときは,その定めによる〔国賠5〕。他の法律の例:自賠,刑補〕。⇨国の不法行為責任'

国家報告制度 ⇨国際人権'
国家法人説 1 概念 *国家'を法学上は*統治権'をもつ*法人'とみる学説。19世紀ドイツにおいて,アルブレヒト(Wilhelm Eduard Albrecht, 1800〜76),ゲルバー(Karl Friedrich Wilhelm von Gerber, 1823〜91),*イェリネック'らによって説かれた。彼らは,*王権神授説'に対抗するとともに,*国民主権'の原理にたった社会契約説(⇨契約説')にも反対し,国家に国家であるがゆえの権威を承認した。主権論としての*国家主権'説に対応する。**2 歴史的意義** この理論は,その発生当初は,ドイツに伝統的な古い国家理論に対する批判原理として意味があったが,19世紀末から20世紀前半にかけての歴史の発展は,この理論の国民主権説との相違を際立たせるようになった。そのためこの理論は,ドイツの*立憲君主制'を守る役割を担ったと評価されている。日本では,*美濃部達吉'の*天皇機関説'が著名であるが,当時の状況の下では,この説も神権説的国家論に対抗する役割を担うことができた。そのために,第二次大戦後もこの説を批判する発想が弱く,憲法は国民主権主義に転換したのに今なお憲法理論に大きな影響を与えている。

国家補償 行政作用によって市民に損害が及ぼされた場合に,その損害に対してなされる金銭的補塡を総称したもの。伝統的には,適法行為に基づく*損失補償'(狭義の国家補償)と*不法行為'に基づく*損害賠償'の2分類に区分されており,前者は,適法な国家作用によって合法的に損失を生じた場合に,当該損失(*特別の犠牲')を全体の負担において補塡するものであるのに対し〔憲29③〕,後者は,違法な国家作用によって不法な損害を生じた場合の行政上の

不法行為責任であり、日本国憲法17条に基づき制定された*国家賠償法'によって、*公権力'の行使による損害については公務員の*故意'・*過失'を要件として責任が定められている。損失補償は、団体主義的思想を基底として社会的公平負担主義の実現を目指して構成されたものであるのに対し、損害賠償は、近代個人主義的思想を基底として、道義的責任主義・過失責任主義を基に構築されたものであるため、両者はその出発点を異にし、別個の法制度として存在し、したがって、損害賠償・損失補償のいずれによっても救済がなされない国家補償の谷間の領域が生じることとなる。「国家補償」として広く捉える意義は、この谷間の領域につき、国家作用の適法・違法の区別にかかわらず、被害を及ぼす結果を生ぜしめた場合にその損害(損失)を補填しようとするもので、結果責任に基づく国家補償として位置付けられる。
⇨国の不法行為責任'

国家無答責 ⇨国の不法行為責任'

国家免除 国家が外国の国内裁判所において、自ら原告となって訴えを提起することはあっても、同意なくして被告として外国の裁判管轄権に服することは免れることをいう。国家免除は、国家主権(⇨主権')・*主権平等'の結果であるとされる。国家及びその公有財産等に対して、国家免除が認められる。国家免除の適用範囲について、かつては絶対免除主義が適用され、多少の例外を除いて広範に免除が認められたが、現在では相対(又は制限)免除主義に基づいて、国家が私法上の経済的・商業的活動等を行う場合には免除を適用しないとする立場が有力である。国連国家免除条約(未発効。日本は平成21・6・10国会承認)も、相対免除主義を採用している。わが国では平成18年7月21日のパキスタン貸金請求事件判決で、絶対免除主義から相対免除主義への明示的な判例変更を行った(最判平成18・7・21民集60・6・2542)。商業的取引の認定については、行為の目的に依拠する行為目的説と、行為の性質に依拠する行為性質説という2つの考え方があるが、国連国家免除条約は妥協としてその両方を取り入れる規定を置いた〔2②〕。なお、裁判権免除が国家によって放棄された場合であっても、当然に強制執行についての免除も放棄されたと解することはできないと一般的には考えられている。国内法としては、国連国家免除条約に準拠した「外国等に対する我が国の民事裁判権に関する法律」(平成21法24)が、国家免除の範囲と外国国家を当事者とする訴訟手続の特例を定めている。同様な

制度として、海上で外国公船や軍艦は、沿岸国の執行権行使を免除される。

国家連合 複数の国家が条約を基礎として結合し、統一体を構成していることをいう。国家連合の構成国は国際法上の独立の法人格を保持し、国家連合は条約に基づいて部分的に権限を移譲される限りで、共同して国際法上の主権を行使する。国家連合より結合の程度が大きい*連邦'の場合には、原則として連邦が統一的な国際法上の法人格を有し、その内部関係は、国内法上の関係とされる。国家連合の例としては、1778~87年のアメリカ、1815~66年のドイツ、1815~48年のスイス等。

国境税調整 *消費税'(間接税)において国際二重課税を排除するため、輸出品について既に納付した税額を還付する仕組み。一般に今日では、物品が消費される仕向(しむけ)地において課税され、物品が製造される源泉地(原産地)では免税とされることが原則とされつつあり、輸出される物品については税額が還付される。⇨仕向地原則'

国教分離の原則 ⇨政教分離の原則'

国権 *国家'権力。国家の統治権又は国家の統一的な意思の力を意味する〔憲9・41参照〕。⇨統治権'

国憲 1 国家の根本法すなわち憲法と同義。特に*成文憲法'を指す言葉として、明治の初年から*大日本帝国憲法'の制定に至るまでは、「憲法」より盛んに用いられた。

2 元老院で起草された憲法草案の題名。明治6年(1873)に左院に国憲編纂掛(へんさんがかり)が設けられていたが、左院廃止に伴って設置された元老院が、明治9年に天皇の命に基づき憲法起草に着手し、明治11年に9篇91条から成る「日本国憲按(あん)」を作成したが、再議に付され、明治13年にようやく9篇86条から成る「国憲」が上奏された。これは、主として1831年のベルギー憲法と1850年のプロイセン憲法を範としたもので、岩倉具視(1825~83)や伊藤博文(1841~1909)らの考えていた以上に*立憲主義'的要素が強く、国情に合わないものとして採用されるに至らなかった。

国権の最高機関 日本国憲法41条が*国会'の基本的地位を定める際に用いる語。*明治憲法'下の帝国議会が天皇に対する協賛機関と規定されたのに対し、日本国憲法下の国会は主権者たる国民によって直接選挙され、立法権など国政の中心的権能を担う。「国権の最高機関」とは国会のこのような地位を指す表現であるが、具体的な法的帰結を導かない単なる政治的美称

こつこ

と解するのが通説である。ただし、国政全般を統括する権能を国会に付与する規定と理解する反対説も主張される。

国　庫　1 財産権の主体として国家をみたときの表現。その歴史的な用法は、*警察国家'思想の下、法の規制を受けない*公権力'の主体としての国家の人格と対比する形で唱えられたもので、財産権の主体として活動する国家の人格が特に国庫と呼ばれ、私法の適用を受けると解された。しかし、*法治国家'思想が確立し、国家のあらゆる活動が裁判的統制に服するようになると、そうした用法は意味を失う。現在、国庫の語を用いた法令は多い〔憲49、民239②・959、一般法人239③、刑訴499③等〕が、いずれも単に財産権の主体としての国家を便宜上呼称するにすぎない。したがって、同じ側面を表すのに、端的に「国」の語が用いられることも多い〔憲17・85・88、会計34②〕。
2 国に属する現金や*有価証券'等の経理が行われる制度・組織を指す(⇨国庫金')。国庫のあり方としては金庫制と預金制とがあるが、日本では旧会計法(大正10法42)以来、日本銀行を預金先とする預金制を採用している〔会計34〕。⇨金庫'

国 庫 金　*国庫'に属する現金の総称。歳入金・歳出金のほか、政府が保管する歳入歳出外現金・預託金を含む(⇨歳入・歳出')。国庫金の取扱いは日本銀行に統一され(国庫統一主義)、日本銀行が受け入れた国庫金は、国の預金という形をとる(預金制)。　⇨金庫'

国庫債務負担行為　1 意義　法律・歳出予算・*継続費'と並び、国会の議決により国庫に金銭給付その他の内容とする債務を負担する権限を付与する〔憲85〕形式の１つであり〔財15〕、*予算'の一要素をなす〔財16〕。歳出予算や継続費が、対象とする年度における債務負担権限と支出権限の両方を付与するものであるのに対して、当年度における債務負担権限のみを付与する点に特徴がある。当年度に契約を締結し、契約が履行された次年度以降に経費の支出が行われる場合や、債務保証のように次年度以降にわたる債務を負担するものの必ずしも経費支出を伴わない場合を典型とする。*予算単年度主義'に例外を設けて長期の事業の円滑な執行を図るための制度であり、*明治憲法'の*予算外国庫負担契約〔明憲62③〕に相当する。政府の判断による債務負担は、将来の*予算議定権'を制約することになるため、国会の議決が要件とされる。なお、債務負担行為に起因する将来の年度における支出にあたっては、改めて歳出予算に計上し、支出権限の付与を受ける必要がある。
2 手続・効果　財政法上は、イ 予算をもって、事項・債務負担内容を特定するもの(特定議決による国庫債務負担行為)〔財15①〕と、ロ 当該年度において災害復旧その他、国が債務の負担を行う緊急の必要がある場合に備えて上限額のみを定めたもの(非特定議決による国庫債務負担行為)〔財15②〕の２つの形式がある。イについては、事項ごとに、行為の必要性、行為をなす年度、債務負担の限度額を明らかにし、また、行為に基づいて支出をなすべき年度、年限又は年割額を示す必要があり〔財26〕、「丁号国庫債務負担行為」として議決予算の一部とされている〔財16〕。なお、ここにいう「事項」は必ずしも歳出予算の項と一致しない。ロについては予算総則において限度額を議決した上で、実際に使用した場合には、次の*常会'に報告しなければならない〔財15④〕。いずれの形式についても、債務負担行為をなす権限は、予算議決の年度限りのものである。これに対して債務負担に基づく支出の年限は原則として５カ年度以内とされるが、国会の議決により年限を延長することや、特別の法律であらかじめ長期の年限を許容する等の例外が認められている〔財15③〕。

国庫剰余金　⇨剰余金'

小繋(こつなぎ)事件　*入会(いりあい)権'の存否を巡って争われた事件。岩手県二戸郡の小繋部落にある約2000町歩(約1983ha)の山林は個人の所有名義となっていたが、地域住民は昔からそこに立ち入り、建築用材・薪炭・肥料・飼料・くるみなどを採取していた。この山林は名義上の所有者から他に売却されたが、大正４年(1915)の大火後、建築用の材木を伐採するため山林に立ち入った住民と買主との間に紛争が生じ、以後半世紀にわたって入会権の存否を巡って争われることになった。昭和28年(1953)10月、仙台高等裁判所の職権調停によって住民の入会権が放棄され、昭和30年7月28日、調停による訴訟終了の判決があった。しかし、その後も住民は、調停が一部の者によって住民不知の間にされたから無効であるとして山林に立ち入り伐木運搬などをしたので、森林窃盗〔森林197〕により起訴された。この刑事事件が小繋事件として知られているものである。最高裁判所は、仙台高等裁判所の調停及び判決を有効とし、原審の有罪判決を支持した(最判昭和41・1・28刑時434・2)。

コップ(COP)　⇨締約国会議'

固 定 資 産　I 資産のうち*流動資産'でないもの。受取手形、売掛金、前払金等の当該

企業の主目的たる営業取引により発生した債権は、流動資産に属するものとされるのが原則であるが、これらの債権のうち、*破産債権'、*再生債権'、*更生債権'及びこれに準ずる債権で1年以内に回収されないことが明らかなものは、固定資産に属する(正常営業循環基準)。また、当該企業の主目的たる営業取引により発生した債権以外の資産については、現金化若しくは費用化する又は現金化若しくは費用化すると予想される時期が決算日1年を超えるものを固定資産とする。ただし、*繰延税金資産'、*有価証券'のうち子会社株式・関連会社株式は固定資産とされる。固定資産は有形固定資産、*無形固定資産'及び*投資その他の資産'に区分される。有形固定資産は1年を超えて事業のために使用するために保有する資産のうち物理的実体を有するものをいい、土地、建物、車両、機械装置、備品などが含まれる。無形固定資産とは1年を超えて利用される、物理的実体を有しない資産であり、特許権や借地権などの法律上の権利のほか、ソフトウェア、*のれん'(営業権)などが含まれる。有形固定資産(土地などの非償却資産を除く)については減価償却が、無形固定資産についても償却が行われる。投資その他の資産は有形固定資産でも無形固定資産でもない固定資産であり、1年以内に現金化されない満期保有目的債券・その他有価証券、関係会社株式(売買目的有価証券にあたるものを除く)、出資金、長期貸付金、繰延税金資産などが含まれる〔会計計算74③②③④、財務規22・27・31、連結財務規22〕。

Ⅱ 租税法上、土地(土地の上に存する権利を含む)、*減価償却資産'・*電話加入権'及びこれらの資産に準ずる資産をいう〔所令2①⑱、所税令5、法税2㉒、法税令12〕。なお、固定資産税の課税の対象である固定資産の意義については、*固定資産税'をみよ。

固定資産課税台帳 *固定資産'の状況、その価格等を明らかにするため市町村に備えられる固定資産の帳簿〔地税380①〕。登記簿に登記された土地・建物の価格等を転載した土地課税台帳・家屋課税台帳、登記されていない土地・建物に関する土地補充課税台帳・家屋補充課税台帳、及び償却資産課税台帳がある〔地税341・381〕。*固定資産税'はこの課税台帳に登録されたところに従って課税される(台帳課税主義)。固定資産課税台帳は、一定の者の閲覧に供される〔地税382の2〕。

固定資産税 *固定資産'(土地・家屋及び*償却資産')に対して課される租税で、*財産税'の性質をもつ。市町村税である〔地税341〜441〕が、*特別区'の存する区域については、特別区ではなく都の租税とされている〔地税734①〕。なお、大規模償却資産については、都道府県と市町村が税源を分け合い、都道府県も固定資産税を課する〔地税349の4・740〜747〕。*納税義務者'は、基準日(毎年1月1日)の固定資産の所有者である〔地税343①〕が、土地及び家屋については登記名義人が所有者とみなされる〔地税343②〕。基準日における固定資産の価額を*課税標準'として、比例税率で課税される。土地及び建物については、総務大臣の定める*固定資産の評価基準'に基づくが、課税標準は3年間据え置かれることになっている〔地税349〕。なお、地価の高騰とその後の下落に伴い、固定資産の評価額を公示価格の70%をめどに調整するものとされてきている一方、下落の著しい土地については毎年見直すものとする特例が認められるに至った。もっとも、評価により急激に負担が増加することのないように、負担調整措置を設けている〔地税附17の2等〕。

固定資産の評価基準 総務大臣の告示する*固定資産'の評価基準並びに評価の実施の方法及び手続〔地税388〕。*固定資産税'は市町村税であり、その価格を定めるための評価は市町村長の権限に属する〔地税410〕が、評価の適正と負担の均衡を全国的に統一するため、総務大臣により評価基準が定められ〔固定資産評価基準(昭和38自治省告158)〕、市町村長はそれに基づいて固定資産の評価を行わなければならない〔地税403〕。

固定主義・膨張主義 いずれも*破産財団'の構成ないし基準時に関する立法主義であり、とりわけ個人*破産'の場合を念頭に置いて、破産者が破産手続開始の時において有する財産のみをもって破産財団とする建前を固定主義、破産者が破産手続中に新たに取得する財産(新得財産)をも破産財団に取り込む建前を膨張主義という。日本の*破産法'は固定主義を採用する〔破34①〕。そこでは、新得財産は自由財産となり、破産者の経済生活の再生に用いられる。

固定負債 負債のうち*流動負債'でないもの。支払手形、買掛金、前受金等の当該企業の主目的たる営業取引により発生した債務は、流動負債に属するものとされる。当該企業の主目的たる営業取引により発生した債務以外の負債については、支払期限が決算日1年を超えるものが固定負債とされる〔会社計算75②②、財務規51〜51の4、連結財務規36〕。なお、繰延税金負債は固定負債とされる〔会社計算75②②ホ、財

こてんは

務規51，連結財務規36〕。

古典派 ⇨'新派'・'旧派'

誤導尋問 ⇨'誘導尋問'

子ども・子育て支援法 平成24年法律65号。幼児期の学校教育・保育，地域の子ども・子育て支援を総合的に推進するために成立した子ども・子育て関連3法の1つ。この法律に基づき'認定こども園'・幼稚園・・'保育所'に共通の財政支援の仕組みである施設型給付（⇨施設型給付費），及び，小規模保育等への地域型保育給付（⇨地域型保育事業）が創設された。平成27年4月より本格施行。待機児童解消等を目的として平成28年改正（法22）では企業主導型保育事業への助成が創設され〔子育て支援59の2〕，平成30年改正（法12）では，一般事業主から徴収している拠出金の率の引上げや対象事業が拡大された〔子育て支援66の3・69①・70②〕。また，令和元年改正（法7）では，子育てを行う家庭の経済的負担の軽減を図るため，認可外保育施設等の利用料にかかる施設等利用給付が創設され〔子育て支援30の2以下〕，特定教育・保育施設と併せて利用者負担が軽減された。令和4年改正（法76）により，こども家庭庁の設置に伴う権限の移管が反映されている〔子育て支援27④等〕。

子ども手当 ⇨'児童手当'

この限りでない ⇨'この限りでない'（巻末・基本法令用語）

この場合において(は) ⇨'この場合において(は)'（巻末・基本法令用語）

子の引渡し ⇨'幼児の引渡し'

子の引渡しの強制執行 子の引渡しを命じる'家事審判'や審判前の保全処分〔家事105以下・157①３・175〕などに基づく，子の引渡しを実現するための'強制執行'の手続であり，イ 執行裁判所が決定により'執行官'に子の引渡しを実施させる方法（直接的な強制執行の方法）とロ '間接強制'の方法のいずれかにより行う〔民執174①〕。イの方法においては，執行官が債務者による子の監護を解くために必要な行為をすることで子の引渡しを実現する〔民執175〕。

故買 ⇨'盗品等有償譲受け罪'

後配(ごはい)株 ⇨'劣後株'

5パーセント・ルール ⇨'大量保有報告制度'

コピー・プロテクション ⇨'技術的保護手段・技術的利用制限手段'

個品運送契約 個々の運送品を目的とする'海上運送'である'物品運送契約'〔商737①〕。定期船による物品運送契約は，この形態で行わ

れ，船舶の個性は問題とされない。外航船の場合には'国際海上物品運送法'が適用され，内航船には商法が適用される。集団の取引として行われることから，'船荷証券'の裏面に印刷された普通契約条款（⇨'約款'）が広く利用されている。

個別意見(最高裁判所裁判官の) '最高裁判所'の裁判においては'裁判書'に各裁判官の意見を表示しなければならない〔裁11〕が，多数意見と異なる個々の裁判官の意見を個別意見という。個別意見には，多数意見に加わった裁判官が更に意見を付加する「補足意見」，結論において多数意見と同じであるが理由付けを異にする裁判官が表示する「意見」，結論・理由ともに多数意見と異なる裁判官が表示する「反対意見」の3種類がある。最高裁判所についてのみ裁判官の個別意見の表示が求められるのは，最高裁判所が憲法を含む法の解釈・適用に関する最終的判定権を有することに鑑み，裁判官の間に意見の対立があればそれを公示することによって裁判の微妙な内容を一般に伝えることができ，'国民審査'のための資料を提供することになるとともに，裁判官にとっては，その職責をより十分に果たすことにもなるとの考慮に基づいている。

個別恩赦 ⇨'特赦'

個別株主通知 振替機関が，'社債，株式等の振替に関する法律'に基づき，少数株主権等を行使しようとする加入者に係る'振替口座簿'の記録事項を発行会社に対して通知するもの〔社債株式振替154〕。少数株主権等とは，基準日制度に基づき基準日株主に行使が認められる以外の全ての株主権をいう〔社債株式振替147④〕。少数株主権等を行使しようとする加入者は，口座管理機関を通じて，振替機関から発行会社に対して，個別株主通知の申出をすることにより，個別株主通知が行われる。個別株主通知は，少数株主権等を行使する際に自己が株主であることを会社に対抗するための要件である（最決平成22・12・7民集64・8・2003）。少数株主権等の行使が，振替口座簿の記載・記録に基づくのは，移転の時期が口座簿上明確であること，株式の流通関係と対会社関係とを分断しない方が制度が簡明であるのに対し，会社の側も'株主名簿'に反映されていない，振替口座簿に記載・記録された情報を入手する方法があるので不都合も小さいことによる〔社債株式振替277〕。

個別尋問 民事訴訟法上，同じ'期日'に数人の'証人'を'尋問'する場合，各証人を隔離して（後行の証人は法廷外で待機する）別々に行

う尋問方式。隔離尋問ともいう。数人の証人がある場合の原則的な尋問方式である。ただし、必要があるときは、次に取り調べる証人を在廷させたり〔民訴規120〕、証人相互又は証人と当事者本人の間の*対質'を命ずることができる〔民訴規118〕。これらの例外的な措置は、証人の記憶喚起に資するとか、*集中証拠調べ'〔民訴182〕を推進する上で相当とみられる場合などに用いられる。刑事訴訟法も同じく個別尋問を基本とする〔刑訴規123・124〕。

個別注記表 ⇨注記表'

個別的効力説・一般的効力説 ⇨違憲判決の効力'

個別的執行 個々の債権実現のために、債務者の個々の財産に対して行われる執行。*包括的執行'である*破産'に対して、*強制執行'は、個別的執行としての性格をもつ。

個別的労働関係 労働者の労務の提供に関する法律関係を労働関係といい、このうち、労働者の団体的な行動を介在させることなく、直接的に労働者個々人と使用者との間に存在する労働関係を個別的労働関係という。いわゆる雇用関係はその中心をなす。*集団的労働関係'に対置する概念。個別的労働関係にあっては、労働者と使用者とは実質的に交渉力が対等でないために、実質的な平等を確保するため、*労働基準法'等を通じて、国家が直接的に介入することになる。この領域に関する法には、労働保護法と労働契約法とがある。前者の労働保護法に分類されるものとして労働基準法等があり、履行確保は、行政による指導、勧告、罰則等の公法的措置による。後者は、*労働契約法'に成文化されているものと判例法理によって形成される成文化に至っていないものとがあるが、履行確保のための公法的措置は特に用意されず、紛争解決システムの利用によって対応することが予定されている。⇨個別労働関係紛争の解決の促進に関する法律'

戸別訪問 選挙において、投票を得る、得させる、あるいは得させまいする目的で、各戸を戸別に訪問すること。*公職選挙法'は、選挙運動において何人もこの戸別訪問をすることを禁止し、これに罰則を与える〔公選138・239①③〕。この禁止の歴史は古く、大正14年(1925)の普通選挙制の導入に遡る。戸別訪問が腐敗の温床になりやすいことなどが理由として挙げられるが、表現の自由の違憲な制約であるとする批判も強い。判例は合憲説を採る〔最判昭和56・7・21刑集35・5・568等〕。

個別労働関係紛争 *労働組合'などの集団が当事者となるのではなく、個々の労働者が当事者となって争う形の労働紛争。労働組合などが当事者又は関係者となる集団的労働紛争と対置される紛争類型。⇨労働審判法'⇨個別労働関係紛争の解決の促進に関する法律'⇨労働争議の調整'

個別労働関係紛争の解決の促進に関する法律 平成13年法律112号。*労働条件'などの労働関係に関する事項について、個々の労働者と事業主との紛争(募集及び採用を巡る求職者と事業主との間の紛争を含む)を迅速かつ適正に解決するために、行政によるあっせん手続などの仕組みを提供する法律。当事者による紛争の自主的解決を促すため、都道府県労働局長は、労働関係の事項などについて、当事者への情報提供や相談にのるなどの援助を行う〔個別労紛3〕。このほかに、都道府県労働局や労働基準監督署、大都市の駅ビルなどに総合労働センターが設けられている。また、都道府県労働局長は当事者の双方又は一方から、イ 紛争解決の援助を求められたときには、当事者に助言又は指導をすることができ〔個別労労4①〕、ロ あっせんの申請があった場合には、*紛争調整委員会'にあっせんを行わせる〔個別労紛5①〕。事業主は、この法律に基づく援助を求めたこと又はあっせんを申請したことを理由として、その労働者に対して*解雇'その他の不利益取扱いをしてはならない〔個別労紛4③・5②〕。なお、都道府県労働委員会(⇨労働委員会')も、都道府県知事の委任を受けて、個別労働関係紛争の解決に必要な上記のサービスを提供でき、現在44の道府県労働委員会で行われている〔個別労紛20①参照〕。

コベナンツ(社債の) 英covenants 貸付人と借入人の間で、貸付人の与信管理を適切に行い、その債権を保全するために、借入人の信用力に悪影響を及ぼしうる行為を特定し、当該行為について借入人に一定の義務を課すこと等を定める条項。イ 借入人の所定の行為について、事前に貸付人に通知することや事前に貸付人の承諾を必要とする条項、ロ *財務制限条項'、及びハ 期限の利益喪失事由や財務情報等についての報告・情報提供義務を課す条項の3つに大別される。イの例としては、ネガティブ・プレッジ条項(⇨ネガティブ・プレッジ・クローズ')、チェンジ・オブ・コントロール条項、*合併'・*会社分割'・*株式交換'・*株式移転'・*株式交付'・重要な資産譲渡等を制限する条項、主たる事業の継続・維持を義務付ける条項などが挙げられる。ロの例としては、純資産額維持条

項や自己資本比率維持条項がある。これらの条項の違反に対しては，当然に借入人の債務の弁済期が到来する(当然喪失事由)か，又は，貸付人の請求により同様の効果がもたらされる(請求喪失事由)旨が定められるのが通常である。

コーポレート・ガバナンス 英corporate governance　コーポレート・ガバナンスは企業統治ともいわれ，企業活動とりわけ経営者の行動を律する枠組みをいう。すなわち，よいコーポレート・ガバナンスは，会社経営を実効的に監視し，会社経営者に適正に経営するモチベーションを与え，経営資源の効率的な活用を促進するというような観点から，会社の企業価値を向上させる基盤となる。会社法は，*株式会社'の機関構成，*株主総会'及び株主の権利・代表訴訟の原告適格などについて一定のルールを設けることによって，一定のレベルのコーポレート・ガバナンスを確保することを目指すとともに，事業報告〔会社則117〜126〕や計算書類等〔会社計算58〜120の3〕，株主総会*参考書類'〔会社則73〜94〕における開示や株主総会における説明義務〔会社314〕等を通じて，会社(経営者)がコーポレート・ガバナンスのために適切な方策を講じるように動機付けている。このような動機を与えることは，*金融商品取引法'の下で，*有価証券報告書'等にコーポレート・ガバナンスの状況の記載が求められている〔企業開示3号様式1部の第4・4等〕趣旨の1つでもあり，また，東京証券取引所がコーポレート・ガバナンスに関する報告書の作成・開示を要求し〔東証有価証券上場規程419〕，とりわけ，「コーポレートガバナンス・コード」の各原則を実施しない理由及び「コーポレートガバナンス・コード」の各原則に基づく開示を求めているのも，同様の趣旨によるものである〔東証有価証券上場規程436の3，東証有価証券上場規程施行規則415〕。

コマーシャル・スピーチ　⇨営利的言論'

コマーシャル・ペーパー 英commercial paper；略称CP　信用力のある企業が，短期資金の調達のためオープン市場で発行する無担保の*有価証券'。日本では，金利自由化・無担保化の進展，海外諸国での市場開設の動き，ユーロ市場の発展等を背景に，1987年に導入された。発行には原則としてバックアップ・ラインの設定又は金融機関の保証が要求される。CPは，元々旧証券取引法(現*金融商品取引法')上の有価証券とはされておらず，銀行が海外CPを取り扱ってきた経緯から特殊な約束手形と位置付けられ，1981年に証券会社の兼業業務とされたことで，証券会社も扱えるようになった。平成4年(1992)の改正(法87)でCPは証券取引法上の有価証券とされた〔金商2①⑮，金商定義2〕。更に，平成13年制定の「短期社債等の振替に関する法律」(法75)は，CPの無券面化のためにその法的位置付けを見直して短期社債とし，平成14年の同法改正(法65．題名も「社債等の振替に関する法律」に変更。現在は*社債，株式等の振替に関する法律')後もこれを引き継いでいる〔社債株式振替66①〕。

コミッション 英commission　*問屋(とんや)営業'において，*問屋'が，その*取次'をしたことの結果につき，特約の有無を問わず，当然に委託者に請求することのできる報酬のこと〔商512・502Ⅱ・561〕。口銭・委託手数料ともいう。*介入権'を行使して自ら売買の相手方となって委託を実行した場合にも，これを請求することができる。

コミットメント・ライン契約　⇨特定融資枠契約'

コミュニタリアニズム 英communitarianism　現代アメリカで，個人主義的な*リベラリズム'を批判して登場した思想。共同体論ともいう。社会や国家を個人的目的の手段とする社会契約説(⇨契約説')などに対し，コミュニティそのものの価値を強調し，人間は特定のコミュニティの中で人格を形成する存在であるとする。代表者はマッキンタイア(Alasdair C. MacIntyre, 1929〜)，サンデル(Michael J. Sandel, 1953〜)など。

コミュニティ・サービス・オーダー　⇨社会奉仕命令'

コミュニティ・ユニオン　⇨地域一般労働組合'

コモン・ロー 英common law　様々な意味で用いられるが，広義には，*ローマ法'・*カノン法'・現代*大陸法'と区別して，アングロ・サクソン系の諸国において妥当しているイギリス法体系をいう。この場合は英米法とほぼ同義である。しかし，英米でコモン・ローというときは，立法府によって新しく定立された制定法体系に対して，判例法の形で蓄積されてきた*慣習法'体系を指すのが普通である。また，宗教裁判所法と区別して，世俗法一般を指すこともあり，狭義には，世俗慣習法体系のうちで，大法官裁判所で発達してきた*エクイティ'(衡平法)の法理(その代表的なものは信託法理)に対して，王座裁判所などの通常の裁判所によって発展させられた法理を意味することも少なくない。最後の用語例について付言すれば，1873年以降イギリスにおいては裁判所が統一された

が，それぞれの裁判所で発達してきた諸法理は現在でもなお固有の特色を残しており，コモン・ローは，内容的には厳格で融通性がなく，手続の面でも陪審による審理があるなどの特徴をもっている。

互　有　境界線上にある囲障（塀・柵）などの工作物が*共有'である場合には，民法の共有の規定が適用される〔民229〕が，各共有者は分割を請求することはできない〔民257〕。これを共有と区別する意味で互有といっている。　⇨*相隣関係'

固有概念　⇨借用概念'

固有期間　当事者の*訴訟行為'に関する*行為期間'（*猶予期間'については論議がある）。この固有期間の*懈怠（けたい）'は失権を招くのが原則である。

固有金庫制　⇨金庫'

固　有　権　団体の構成員が有している多数決でも奪うことのできない権利。*株式会社'についていえば，*定款変更'又は*株主総会'の*決議'でも奪うことができない*株主'の権利であって，それが何かについては見解が分かれている（固有権論）。株主は*剰余金の配当'を受けることを当然に期待しており，したがって，*剰余金配当請求権'は一般に固有権と認められている。もっとも，*分配可能額'があれば，必ず配当しなければならないわけではなく，剰余金を次期以降に繰り越すこと等が許されないわけではない。剰余金配当請求権と*残余財産分配請求権'の両方全部を与えない定款の定めは無効とされている〔会社105②〕。*議決権'も多数決原理の前提であるから法定の場合以外に奪うことができず，*株式'の自由譲渡性も，法律上の制限又は法律で認められている株式の譲渡制限以外には奪うことができない。いずれにしても，固有権とされるものは，現在では，実定法上，具体的法規又はその解釈によって解決すればよく，固有権論の意義はそれほど大きくはないとされている。

固　有　財　産　例えば，ある者が財産を相続したり，財産の信託を受けた場合，そこには，その取得者が本来もっていた財産と，*相続財産'あるいは*信託財産'という２つの財産のグループが存在することになる。後者は，特別に管理され，あるいは清算されるなど，特定の目的のためにその取得者が本来もっていた財産と区別して管理されることがあるので，相続人や受託者などが本来もっていた財産を，相続財産あるいは信託財産などから区別して，固有財産と呼ぶ。

固有財産におけるのと同一の注意　民法が相続人の注意義務の程度を表すために用いた概念〔民918・926①・944①〕。"*自己の財産に対するのと同一の注意'〔民413・659〕，「自己の財産におけるのと同一の注意」〔民940①〕，「自己のためにするのと同一の注意」〔民827〕というのと同じである。ただ相続においては，相続財産を相続人の*固有財産'とは別個に管理することが義務付けられる場合があり，そのような場面で「固有財産におけるのと同一の注意」という言葉が用いられている。

固有事務・委任事務　都道府県・市町村等の*地方公共団体'がその存立・維持のために行う事務を固有事務，国又は他の*公共団体'からの委任を受けて行う事務を委任事務という。これらの概念は19世紀のドイツなどで発展したもので，現行法上の概念ではなく，歴史的意義を有するにすぎない。したがって，この両事務を，それぞれ*自治事務'と*法定受託事務'と一律に当てはめることはできない。沿革的には，委任事務が国の事務として指揮監督を受けるのに対して，固有事務にあっては国の監督権は限定されること，固有事務は非権力的な事務であるとされてきたことが特徴である。

固有の意味の憲法　⇨憲法'

固有の訴えの客観的併合　⇨請求の併合'

固有の商人　⇨商人'

固有必要的共同訴訟　訴訟の目的が全員につき合一に確定されなければならないため関係者全員が共同して訴え又は訴えられる必要があるとされる*共同訴訟'〔民訴40〕の一形態（⇨必要的共同訴訟'）。関係者全員がそろわない場合には，*当事者適格'を欠く訴えとして却下される。*訴訟物'たる権利又は法律関係について数人が共同でのみ管理・処分ができる場合や，他人間の法律関係の変動を生じさせることを目的とする形成訴訟（⇨形成の訴え'）又は変動を生じさせると同程度に重大な影響を与える確認訴訟（⇨確認の訴え'）がこれに当たる。前者の例として，*共有物分割の訴え'〔民258〕，数人の*選定当事者'による訴え〔民訴30〕などが，また，後者の例として，*第三者'が提起する婚姻の無効・取消しの訴え〔人訴12②〕，*取締役'解任の訴え〔会社854①・855〕などが挙げられる。*入会（いりあい）権'あるいは分割前の*相続財産'など，共同所有に属する財産に関する訴訟については争いがある。最高裁判所は，土地の所有者が地上建物の共同相続人に対してその収去と土地明渡しを求める訴えについては，必要的共同訴訟でないとしている（最判昭和43・3・15民集22・3・607）。

これに対し、共同所有者が第三者に対して係争地につき入会権確認の訴えを提起した場合については、必要的共同訴訟の成立を肯定している（最判昭和41・11・25民集20・9・1921）。もっとも、土地の共有者のうちに提訴に同調しない者がいるときは、その者を被告として訴えを提起することができるとされている（最判平成11・11・9民集53・8・1421、最判平成20・7・17民集62・7・1994）。

雇用 　当事者の一方（労務者）が他方（使用者）のために労務に服し、これに対して使用者が報酬を支払うことを互いに約束する*契約'〔民623〕。*委任'・*請負'と同じく労務を供給する契約の一種であるが、労務提供者に大幅な裁量権が与えられておらず、使用者の指揮に従う点で委任と異なり、仕事の完成が要素となっている請負とも区別される。使用者・労務者の法律関係は、現代社会では極めて重要な関係であるが、民法の雇用に関する規定〔民623～631〕は、今日ほとんど意味を失った。民法の規定は使用者と労務者の対等な立場を前提とし、その成立と消滅とについて若干の規定を置き、後は両当事者の合意に委ねたのであるが、実際には、両者の間に存在する経済的・社会的実力の大きな差は、労務者に不利な契約内容をもたらした。そこで労務者の生存権の確保のために国家がこれに干渉するようになり、当事者間の関係には労働法的規制が加えられて（特に*労働基準法'・*労働契約法'）〔憲27参照〕、民法の雇用の規定は、僅かに同居の親族だけを使用する事業と*家事使用人'〔労基116②参照〕などに適用されるにとどまる。

雇用安定事業 　*雇用保険'によって行われる2事業の1つで、雇用保険料のうち2事業に充てるべき部分（使用者のみが負担）を財源として、*失業'の予防や雇用機会の増大等の雇用の安定を図るための事業〔雇保62・68〕。景気変動や産業構造の変化などによって事業活動縮小を余儀なくされたとき等に支給される雇用調整助成金を始めとする各種助成金の事業主（使用者）への支給などが行われている。　⇨能力開発事業'

雇用関係給付金 　失業の予防、雇用構造の改善、能力の開発、労働者の福祉の増進などを積極的に進めることを目的として事業主等に支給される各種の助成金等の総称。求職者への*失業等給付'〔雇保10〕のほか、事業主への*雇用安定事業'による助成〔雇保62〕、*能力開発事業'による助成〔能開15の3、雇保63〕がある。例えば、雇用安定事業における雇用調整助成金、労働移動支援助成金、地域雇用開発助成金など〔雇保則102の2～118の3〕、多数ある。

雇用機会均等法 　⇨男女雇用機会均等法'

御用組合 　*使用者'の*支配介入'を受けて自主性をもたない労働者の団体。*労働組合法'上の*労働組合'〔労組2〕とは認められず、*労働協約'の締結能力もない。　⇨不当労働行為'　⇨協約能力'　⇨労働組合の資格審査'

雇用継続給付 　*雇用保険法'における*失業等給付'の一種〔雇保10①〕。高齢者と介護休業取得者の雇用の継続を援助促進し、失業を未然に防ぐことを目的とするもので、*高年齢雇用継続給付'（高年齢雇用継続基本給付金と高年齢再就職給付金）及び*介護休業給付'の2種類3制度から成る〔雇保10⑥〕。

雇用形態 　雇用期間の定め、*労働時間'の長さ、労務提供の相手方などの違いから分類された雇用関係のあり方をいう。大きくは正規雇用と非正規雇用に分けられる。イ 正規雇用は、*労働者'が*期間の定めのない労働契約'を結んで、雇用主のためにフルタイムで働く形態であり、この形態の下にある労働者は正規雇用労働者又は正社員と呼ばれる。正規雇用労働者は、雇用が長期間継続することが予定され、おおむね年齢に従って*賃金'が上昇し、企業の福利厚生制度に加入しているなどの特色を有している。これに対して、ロ 非正規雇用は非典型雇用とも呼ばれ、雇用期間の定めがあったり（⇨有期雇用'）、1日又は1週当たりの労働時間が正規雇用労働者と比較して短かったり、又は、雇用主とは異なる第三者（派遣先）のために労務を提供するなどの点で正規雇用と異なっている。この形態の下にある労働者は非正規雇用労働者と呼ばれ、*パートタイマー'、アルバイト、期間工、契約社員（契約労働者）、嘱託、*派遣労働者'などがある。非正規雇用労働者は、一般的にいえば、正規雇用労働者のように長期間の継続雇用が予定されず雇用が不安定であったり、ボーナス（*賞与'）、*退職金'がないなど待遇面で正規雇用労働者より劣っている場合が少なくない。そこで平成24年、正規雇用労働者と非正規雇用労働者の不合理な待遇の格差を解消するために労働契約法20条が新設された。その後平成30年働き方改革関連法により、同条は*パート有期労働法'8条に吸収され、同時に労働者派遣法30条の3が新設された（⇨均衡待遇（労働者の）'　⇨労働者派遣法'）。

雇用政策 　労働力の円滑な需給調整、*職業生活'の全期間における職業の安定などの政策目標を実現するための行政手段の総称である。雇用に関係する政策は、公共事業による有

効需要の拡大など広い範囲に及ぶが，一般的には，求職・求人のマッチング，労働者の職業能力開発，失業予防，再就職支援，就職困難者の雇用促進など労働者の雇用に直接に関連する政策のみを指す。具体的には，雇用保険2事業(*雇用保険法'62条所定の雇用安定事業及び63条所定の能力開発事業)として展開されているものが多い。

雇用対策法　⇨労働施策総合推進法'

雇用調整　経済の展開，景気変動，事業活動の動向などに応じて雇用の量を調整する措置。広義では国や地方自治体による労働力需給調整に関する対策及び企業による事業展開に応じた雇用量の拡大と縮小を含むが，通常は企業が不況や事業活動の再編・縮小を理由に従業員数を削減する狭義の意味で用いられる。雇用調整の手段には，*時間外労働'の削減，配置転換(⇨配転')・*出向'・*転籍'，新規採用停止，任意退職の促進，*パートタイマー'・*臨時工'の雇止め，一時帰休，*整理解雇'などがある。

雇用調整助成金　⇨雇用関係給付金'

雇用の分野における男女の均等な機会及び待遇の確保等に関する法律　⇨男女雇用機会均等法'

雇用保険　*雇用保険法'に基づき，失業者に*保険給付'として*失業等給付'〔雇保10〕及び*育児休業給付'〔雇保61の6〜61の9〕を行うとともに，総合的な雇用政策を実施するための*雇用安定事業'等を行うことを目的とする政府管掌の*社会保険'(*労働保険')制度〔雇保1〜3〕。*失業'が発生した場合，労働者とその家族の生活を不安定にし，深刻な社会経済問題を生むおそれがあるため，これに対処する失業給付を行ってきた失業保険制度を更に拡充・整備し，就職促進，失業の予防，雇用状態の是正，雇用機会の増大，能力の開発・向上，労働者の福祉の増進などに向けたより積極的な措置をする〔雇保1〕。失業等給付には*基本手当'等の*求職者給付'や*就職促進給付'〔雇保13〜60〕のほか，60歳から65歳までの高年齢者や介護休業者の*雇用継続給付'，*教育訓練給付'の制度も設けられている〔雇保60の2〜61の5〕。小規模の農林水産事業等を除く，労働者を雇用する全事業を強制適用事業として〔雇保5・附2〕，雇用保険料のうち，使用者と労働者が半々で負担する分と，*国庫負担を財源に失業等給付等の支給を行い(国庫負担のない給付もある)，使用者のみが負担する保険料分を財源として雇用安定事業・*能力開発事業'(*求職者支援法'事業を除く)を行っている〔雇保62・63・66〜68。国庫負担のある給付金もある〕。

雇用保険審査官　⇨労働保険審査官'

雇用保険法　昭和49年法律116号。日本の雇用保険制度を定める法律。廃止された失業保険法(昭和22法146)に代わるもの。　⇨雇用保険'

雇用類似就業者　*請負'など*労働契約'以外の契約のもとで雇用類似の働き方をする者。フリーランス又は独立請負業者と呼ばれる場合もある。雇用類似就業者については，契約の締結・変更・終了に関するルールの明確化，報酬の支払確保と報酬額の適正化，安全衛生などの就業環境の整備，発注者からのハラスメントの防止，仕事が原因で負傷・死亡した場合等のセーフティネットなどが課題とされていた。フリーランスの保護について，2023年成立の「特定受託事業者に係る取引の適正化等に関する法律」(令和5法25)は，業務委託の相手方であって，イ 個人であって従業員を使用しないもの又は，ロ 法人であってイの代表者以外に他の*役員'がなく，かつ従業員を使用しないもの，のいずれかに該当する事業者を「特定受託事業者」と定義し〔フリーランス2①〕，その取引の適正化のために，業務委託時の取引条件の明示〔フリーランス3〕，給付受領後の支払期日の上限〔フリーランス4〕，発注事業者の遵守事項を定め〔フリーランス5〕，また，就業環境整備のため，特定受託事業者の育児・介護等における両立配慮〔フリーランス13〕，ハラスメント防止〔フリーランス14〕，解約の事前予告等〔フリーランス16〕を，発注事業者に義務付けている。

コール・オプション　⇨オプション取引'

コルフ海峡事件　1946年10月22日に，アルバニア領海内のコルフ海峡でイギリス駆逐艦が機雷に触れて大破し，同年11月12日・13日にイギリスは同海峡の掃海を強行した。*国際司法裁判所'は，本案判決において，イ 触雷に関してアルバニアは国際法上の責任があり賠償義務を負い，ロ イギリス軍艦は，国際航行に利用される国際航路であるコルフ海峡で無害通航をなしうるが，イギリス軍艦による掃海行動は*無害通航権'の行使には当たらず，違法な*干渉'でありアルバニアに対する主権侵害である，と判断した(ICJ判1949・4・9 Reports 1949・4)。

コルレス先　⇨外国為替'

婚　姻　Ⅰ 男女が*結婚'すること，及び結婚している状態をいう法律用語。**1 成立** 日本の民法は*法律婚主義'をとり，婚姻の成立には実質的要件と形式的要件とを必要とする。イ 実質的要件としては，当事者が自由な意思

こんいんの

に基づき婚姻を合意すること，両者が婚姻適齢（18歳）にあり〔民731〕，*重婚〔民732〕，*近親婚等〔民734〜736〕でないことなどがある。ロ 形式的要件は，戸籍法上の届出をすることである〔民739，戸74〕。イの要件の中での婚姻の意思を欠く場合とロの届出を欠く場合は，婚姻は無効であり，その他のイの実質的要件を欠く場合は，裁判上取り消すことのできる婚姻となる〔民742〜747〕。取消判決は*遡及効'をもたないので，離婚判決とあまり違わない〔民748①〕。なお，届出だけを欠く状態を*内縁'という。

2 効果　夫婦は婚姻の際に定めるところに従い夫又は妻の氏を称する〔民750〕。夫婦は互いに，*貞操義務'，同居して協力扶助する義務を負い（⇒同居義務')〔民752〕，資産・収入その他の事情に応じ婚姻費用を分担する〔民760〕。夫婦の財産は，婚姻前に*夫婦財産契約'を締結し登記した場合を除き，各自自己の財産を所有管理し，所属不明のものは夫婦の*共有'と推定される〔民762〕（⇒法定財産制'）。*日常家事債務'は*連帯責任'となる〔民761〕。そのほか，夫婦の一方が死亡すると，他方が相続人となる〔民890〕等の効果がある。

3 解消　婚姻は婚姻要件の欠缺(けんけつ)による取消し，当事者の一方の死亡及び*離婚'によって解消する。

Ⅱ　国際私法上，国際結婚を巡る問題は次のような局面（*単位法律関係'）に分けてそれぞれ*準拠法'が定められている。1 実質的成立要件　婚姻年齢，*重婚'の禁止のような婚姻が有効に成立するために要求される実質的要件は，各当事者の*本国法'による〔法適用24①〕。無効・取消しなど要件欠缺(けんけつ)の効果もこの準拠法による。

2 形式的成立要件　儀式の挙行，国家機関への届出のような婚姻が有効に成立するために要求される*方式'は，婚姻挙行地法〔法適用24②〕又は当事者の一方の本国法〔法適用24③本文〕による。*外交婚'が認められるのは，本国法の要件を具備している場合である。ただし，当事者の一方が日本人で，日本で婚姻する場合には，相手方の本国法によることはできず，挙行地法たる日本法によらなければならない〔法適用24③但〕。

3 婚姻の身分的効力　*同居義務'，*貞操義務'のような婚姻から生ずる夫婦間の権利義務は，*段階的連結'により準拠法が決定される〔法適用25〕。すなわち，夫婦の本国法が同一であるときは，その法により，それがない場合に夫婦の*常居所地法'が同一であればその法による。そのいずれの法もないときは夫婦に最も密接な関係のある地の法による（⇒最密接関係地法'）。*日常家事債務'の連帯責任については，婚姻の身分的効力の問題の１つと解する説と財産的効力の問題〔法適用26〕と解する説とに分かれている。夫婦間の扶養義務の準拠法は，*扶養義務の準拠法に関する法律'により定まる〔扶養準拠法1〕。なお，準拠法次第では妻が無能力となるか否かが問題となるところ，行為能力の問題による（⇒夫婦財産制）。ただし，妻を無能力とする外国法の適用結果は*公序'違反とされる。

4 婚姻の財産的効力　夫婦間の財産関係については，*法定財産制'であれ，契約財産制であれ，段階的連結〔法適用26①〕又は*当事者自治の原則'〔法適用26②〕により定まる準拠法のいずれかによる（⇒夫婦財産制）。外国法による夫婦財産制については，国内での取引の安全の保護が問題となる〔法適用26③④〕（⇒内国取引保護規定'）。

婚姻の自由　*婚姻'とは法律婚を意味し，制度を前提とする婚姻の自由につき最高裁判所は，憲法24条1項の「趣旨に照らし，十分尊重に値する」として，憲法上の権利より一段階下の保護と位置付けた（最大判平成27・12・16民集69・8・2427〔再婚禁止期間一部違憲判決〕）。なお事実婚の自由は憲法13条の*自己決定権'により保障される。婚姻の自由につき民法などが一定の制約を課しているが，*重婚'の禁止，*近親婚'の制限，*未成年者'の婚姻の制限などは合理的なものと考えられている。他方，女性にのみ6カ月の*再婚禁止期間'を定めた民法旧733条1項は，父性の推定の重複回避に必要な100日を超える部分はもはや合理性がないとして平等違反とされ（上記判決），100日に短縮された（平成28法71）。更に嫡出推定（⇒摘出子'）の改正に伴い再婚禁止期間は廃止された（令和4法102）。また婚姻適齢につき女性を男性と同じ18歳に引き上げる改正（平成30法59）がなされた。*同性婚'を認めない現行法の合憲性が争われている。

婚姻予約　文字通りには*婚約'を意味するが，判例法上は，*内縁'関係を指すものとして用いられてきた。これは，判例が，挙式して結婚生活に入りながら*戸籍'上の届出をしていない夫婦の一方が共同生活を不当に破棄した場合に，それを婚姻予約の不履行と構成して他方当事者の保護を図ろうとしたことによる（大連判大正4・1・26民録21・49）。その後，内縁関係を捉える用語としては，*準婚'の概念が形成されている。婚姻予約は方式を必要としない*諾成

契約'であるが，財産法上の*予約'と異なって当事者の意思に反して履行を強制することは許されず，単に不履行に対する損害賠償責任を生ずるにとどまる。

婚外子　⇨嫡出でない子'

混合寄託　複数の寄託者から保管を依頼された油類や穀物，証券など同種・同等の代替物を，混合・融和させて保管する*寄託'の形態。*混和'した寄託物は，寄託者との個別の所有関係を離れ，寄託者全員による*共有'物となる。受寄者は，寄託者からの返還請求があれば，預かったのと同種・同量の物を，他の寄託者の同意なしに返還できる〔民665の2〕。寄託者が特定の寄託物の所有権を維持していない点で*消費寄託'に似るが，受寄者に消費する権限がない点ではむしろ通常の寄託に近い。

混合契約　顧客から注文を受けて，ある機械の部品を製作し，毎月納品するというように，売買と請負という*典型契約'が結合した*契約'がある。このように2つ以上の典型契約の内容が混合されたり，ある典型契約の要素と他の*無名契約'の要素とが混入したりしている契約を混合契約又は混成契約という。ある典型契約の規定をそのまま適用できないが，当事者間の社会関係・取引慣行・契約全体の目的などから判断して適用法規を決めていくのが妥当であると解されてきた。

混合惹起（じゃっき）説　⇨惹起（じゃっき）説'
混合種類債権　⇨制限種類債権'
混合診療　⇨保険外併用療養費'
混合的包括一罪　⇨包括一罪'

混合法　英 mixed legal system, mixed jurisdiction, hybrid law, trans-systemic law　1 狭義では，*シヴィル・ロー'（大陸法）と*コモン・ロー'（英米法）の双方を基礎として形成され，両法の特徴を相当程度併せもつ法をいう。スコットランド，南アフリカ，ケベック，ルイジアナ等が典型例とされる。多くは，植民地において，宗主国の交代を通じ法的混合が生じた。狭義混合法が1つのカテゴリーとして認識されるようになったのは20世紀初頭で，上記法域相互を結び付ける研究が開始された。帝国主義下では植民地を統治するための法的研究として，植民地独立に際してはその法的アイデンティティの探求として，また多くの地域では，影響力の逓減するシヴィル・ローを維持・擁護する立場から混合法研究が進められた。1990年代には新たな研究関心が生まれ，ヨーロッパ統合の過程で，シヴィル・ローとコモン・ローの間の法の*ハーモナイゼーション'が課題とされると，

両法の混合の歴史的経験が具体的に参照されるようになった。この新潮流は，南アフリカでのローマ法（*ローマン・ダッチ・ロー'）教授として出発したドイツ人ラインハルト・ツィマーマン（Reinhard Zimmermann, 1952～　）によって牽引（けんいん）された。
2 広義では，あらゆる法の混合を対象として用いられる。法の混合という現象を的確に捉えられなかった従来の法系論を根本から批判し，この観念に基づいて世界の法の新たな分類が試みられている。*法の継受'も参照。

婚氏続称　⇨復氏（ふくうじ）'

昏酔（こんすい）強盗　人を昏酔させてその*財物'を盗る行為。刑法239条。強盗と同じに扱われる。*準強盗罪'の一種。薬品などで被害者の反抗を不能にする点で，*暴行'・*脅迫'を用いて被害者の反抗を不能にする行為と同視すべきものとされる。昏酔強盗犯人が人を死傷させたときは，*強盗致死傷罪'〔刑240〕が適用される。*未遂'も罰せられる〔刑243〕。　⇨強盗罪'

コンスピラシー　英 conspiracy　英米法上の*共謀罪'。不法な行為をすること等についての2人以上の合意をいい，*コモン・ロー'上は，合意があれば，実行の有無にかかわりなく独立に犯罪となる（⇨共同謀議）。日本では特別法に類似の規定がある（公務員の違法争議行為遂行の共謀を処罰する規定〔国公110①⑯，地公61④〕のほか，組織犯罪の計画につき準備行為を条件に処罰する規定〔組織犯罪6の2〕）。⇨共謀・そそのかし・あおり・企て'

コンセッション　⇨国家契約'　⇨公共施設等運営権'

混蔵寄託　⇨混合寄託'

混同　債権者の地位と債務者の地位とのように相対立する2つの法律的地位が同一人に帰することをいう。この2つの地位を併存しておく意味がない場合には法律的地位の一方は消滅する。民法は物権及び債権の消滅原因としてこれを規定する〔民179・520〕。例えば，抵当権が抵当不動産を譲り受けてその所有権者となった場合，金銭債務者がその債権者を相続した場合などに混同を生じ，前者では抵当権は消滅し，後者では債務が消滅する。しかし，消滅する権利が*第三者'の権利の目的となっている場合には存続させておく意味があるから，消滅しない〔民179①但・520但等〕。手形や小切手についても特別の規定〔手11③・77①Ⅰ，小14③〕がある。

コントロールド・デリバリー　英 controlled delivery　薬物や拳銃等の不正取引が行われ

こんぴゅー

る場合に，取締当局がその事情を知りながら，直ちに検挙せず，薬物等の運搬を監視，追跡して，その不正取引に関与する人物，組織を特定する捜査手法。監視付移転ともいう。薬物規制の国際的協力を目的とする「麻薬及び向精神薬の不正取引の防止に関する国際連合条約」(麻薬新条約)(平成4条6)の批准に伴い，*麻薬特例法'が上陸ないし通関につき特例を定め，この手法の実施が可能になった。この捜査手法には，貨物をそのままにして運搬させる方法(ライブ・コントロールド・デリバリー)，貨物から対象物を抜き取り又は他の物と置き換える方法(クリーン・コントロールド・デリバリー)がある。後者の場合，抜取り後の貨物を規制対象物として輸入し，譲り渡し，譲り受け，所持した者について，処罰規定がある〔麻薬特8，銃刀所持31の17。いわゆる「として罪」〕。

コンピューター犯罪　**1 意義**　広義ではコンピューターに関連した犯罪や反社会的行為を意味するが，狭義では昭和62年の刑法改正(法52)により新設されたコンピューター関連の犯罪をいう。以下では，後者について記述する。
2 文書犯罪　可読性可視性がない*電磁的記録'については，かつてその文書性につき争いがあったため，昭和62年の刑法改正は，電磁的記録を定義する〔刑7の2〕とともに，電磁的記録不正作出・供用罪〔刑161の2〕を置いた。同条によれば，人の事務処理を誤らせる目的をもってその事務処理の用に供する権利，義務又は事実証明に関する電磁的記録を不正に作出する行為が処罰される〔刑161の2①〕。また，同条により，公電磁的記録の不正作出が加重的に処罰される〔刑161の2②〕ほか，不正に作出された電磁的記録の供用行為及びその未遂も処罰される〔刑161の2③④〕。この改正に関連して，公正証書原本不実記載〔刑157①〕，偽造公文書行使〔刑158①〕，文書毀棄〔刑258・259〕にも所要の改正が加えられた。　⇨文書'
3 業務妨害罪　金融，交通その他多くの社会生活の領域において，業務の処理がコンピューターに大きく依存することとなったことに鑑み，電子計算機損壊等業務妨害罪が置かれている。同罪は，コンピューターシステムへの物的加害行為による業務妨害を，結果の重大性を考慮して，*業務妨害罪'の加重類型として処罰する〔刑234の2〕。
4 詐欺罪　銀行業務等におけるコンピューターの不正利用による不法利得を処罰するため電子計算機使用詐欺罪〔刑246の2〕が置かれている。例えば，銀行のオペレーターが架空の入金データを入力した場合，人の判断作用が介在せず*欺く行為'，*錯誤'という要件が欠如するため詐欺利得罪〔刑246②〕は成立しえない。本条前段はこのような類型を処罰しようとするものである。本条後段は，例えばプリペイドカードを偽造し，その不正使用によってサービス利用や債務免脱などの不法な利得を得る行為に対処するものである。
⇨不正指令電磁的記録に関する罪'　⇨サイバー犯罪'　⇨不正アクセス行為の禁止等に関する法律'

コンプライアンス　⇨内部統制'

コンプライ・オア・エクスプレイン・ルール
1 意義　「遵守せよ，そうでなければ，説明せよ(comply or explain)」という内容の規制方式のこと。例えば，「上場会社は独立社外取締役を2名以上選任すべきである」という規範をコンプライ・オア・エクスプレイン方式で定めた場合，上場会社は，原則としてこの規範を遵守すべきことになるが，遵守しない理由を説明(開示)すれば，当該規範の不遵守も規制上は許されることになる。不遵守理由の説明が受け入れられるか否かは，説明の受け手(株主・投資者等)の判断に委ねられる。
2 沿革　コンプライ・オア・エクスプレイン方式は，1990年代にイギリスで開始された*コーポレート・ガバナンス'改革の中で採用された方式であり，現在ではイギリスのみならず世界各国で採用されている。例えば，イギリスには，上場会社が守るべき規範を定めた英国コーポレート・ガバナンス・コード(The UK Corporate Governance Code)があり，上場会社は当該コードについてコンプライ・オア・エクスプレインを行うことを上場規則(Listing Rules)により義務付けられている。こうしたイギリス等の制度を参考にして，日本でも2015年に「コーポレートガバナンス・コード」が公表され，その実施にあたってはコンプライ・オア・エクスプレイン方式が採用されている。*スチュワードシップ・コード'などにおいても，本方式が採用されている。近時のコーポレート・ガバナンス論などにおいては，ハード・ローと*ソフト・ロー'をうまく組み合わせることが重要であるといわれているが，本方式を採用するコードはソフト・ローの1つであると位置付けられている。
3 特徴　コンプライ・オア・エクスプレイン方式の最大の長所は，高い水準の規範を原則という形で提示しつつ，個別事情を踏まえた対応を可能にする点にある。本方式で重要なのは，第1に，遵守すべき規範(原則)の内容が適切なも

のであること，第2に，不遵守理由の説明の受け手が適切に行動することである。説明の受手が，説明の内容に関心をもたず，何の行動もとらないとか，不遵守というだけで直ちにマイナス評価するなどの行動をとった場合，コンプライ・オア・エクスプレイン方式の長所がかなり失われることになる。本方式がうまく機能するためには，コンプライ・オア・エクスプレインをする側のみならず，エクスプレインを評価する側の行動も重要になる。

コンプロミー ⇨国際司法裁判所'

婚約 将来*婚姻'することの約束。身分法上の契約で，当事者に*意思能力'があれば有効に成立する。*結納(ゆいのう)'その他慣行的儀式を伴う必要はない。判例は男女が誠心誠意をもって将来夫婦となることを約束すれば足りるとしている（大判昭和6・2・20新聞3240・4）。約束であるから複数の婚約が同時に成立している場合もある。婚約に基づいて婚姻を強制することはできないが，婚約の不当破棄に対しては，*慰謝料'などの損害賠償請求が認められる。また，婚約が破棄されれば，一般に，結納の返還請求も認められる。 ⇨婚姻予約'

混和 所有権取得の一態様。所有者の異なった物が混じり合って識別できなくなること。穀物などの固形物，酒類などの流動物などで生ずる。主たる物の所有者が所有権を取得し，主従の区別ができないときは*共有'になる〔民245・243・244〕。これにより損失を受けた者は*不当利得'の返還を求めることができる〔民248〕。なお，*付合'・*加工'との関係については，*添付'に掲げた［表：添付の種類］をみよ。

さ

裁可 *明治憲法'下において，帝国議会が議決(協賛)した法律案又は予算を承認する天皇の行為。法律又は予算は，この天皇の承認の行為によって確定的に成立した〔明憲6参照〕。天皇が*統治権'の総攬(そうらん)者であったこと〔明憲4〕の1つの現れである。そのほか，天皇を*輔弼(ほひつ)'する機関が提出した案に対する天皇の承認も，一般に裁可と呼ばれていた。現行憲法の下においては，国会の議決によって法律又は予算は確定的に成立する〔憲59①〕のであって，天皇に裁可権はない。 ⇨認証'

在外国民審査権訴訟 *在外選挙権訴訟'大法廷判決(最大判平成17・9・14民集59・7・2087)を受けて公職選挙法が改正され，国政選挙に関しては，在外国民も選挙権の行使が可能となったが，その時点では地方選挙と最高裁判所裁判官の*国民審査'は改正の対象外とされた。そこで在外国民に国民審査の投票を認めないのは違憲であるとして地位確認や違法確認の訴えが提起されるに至った。そのうち平成29年10月施行の国民審査に係る訴訟について，第一審判決(東京地判令和元・5・28判時2420・35)が地位確認・違法確認の訴えをいずれも*法律上の争訟'に当たらないとして不適法却下したのに反し，第二審判決(東京高判令和2・6・25判時2460・37)は，地位確認の訴えは確認の利益を欠き不適法としたものの，違法確認の訴えについては，公法上の法律関係の確認に関する訴えとして適法であるとし，国民審査法が在外国民の審査権行使を一切認めずこれを制限していることは憲法15条1項・79条2項・3項に違反するとして請求を認容した。最高裁判所大法廷は，地位確認の訴えについては請求を棄却すべきとしたものの，訴えそのものは公法上の法律関係の確認に関する訴えとして認められるとし，また，違法確認の訴えについては，第二審と同様に，これを公法上の法律関係の確認に関する訴えとして適法と認め，国民審査法が在外国民に審査権の行使を全く認めていないことは違憲であるから，在外国民に次回の国民審査において審査権を行使させないことは違法であるとして，訴えを認容した(最大判令和4・5・25民集76・4・711)。

ざいがいせ

在外選挙権訴訟　海外に居住する日本国民は平成10年の公職選挙法の改正（法47）前にはおよそ国政選挙における選挙権の行使が認められていなかった。これを不服とした在外国民が、かかる法の定めが違憲違法〔憲14①・15①③・43・44等違反〕であることの確認と立法不作為の違法を理由とする国家賠償を求めるとともに、改正後も衆議院小選挙区選出議員選挙及び参議院選挙区選出議員選挙における選挙権の行使が制限されたことが違憲違法であることの確認と、予備的にこれらの選挙において選挙権を行使する権利を有することの確認を求めた事件。第一審判決（東京地判平成11・10・28判時1705・50）、第二審判決（東京高判平成12・11・8判タ1088・133）ともに、国家賠償請求を棄却し、各確認請求は法律上の争訟に当たらないとして却下した。これに対して最高裁判所大法廷は、改正前及び改正後の公職選挙法による在外国民の選挙権の全部又は一部の制限を憲法15条1項・3項、43条1項、44条但書に違反すると判示するとともに、立法不作為の違法を理由とする国家賠償請求を認容し、予備的確認請求に係る訴えについてもこれを適法と認め、かつ、在外国民が次回の衆議院小選挙区・参議院選挙区選出議員選挙において在外選挙人名簿に登録されることに基づいて投票することができる地位にあることを確認した（最大判平成17・9・14民集59・7・2087）。この大法廷判決は種々の点で画期的な意義を有するものであるが、選挙権の制限に関する事案を超えてその射程がどこまで及ぶかはなお不透明なところを残している。のちに、在外国民の最高裁判所裁判官国民審査権に関しては、選挙権と同様に保障されるべきことが明らかにされた（最大判令和4・5・25民集76・4・711〈*在外国民審査権訴訟*〉）。

在外選挙人名簿　⇨永久選挙人名簿'　⇨選挙人名簿'

在外投票　外国に居住する日本人にも*選挙権*の行使を可能にするため、平成10年の*公職選挙法*改正（法47）で設けられた制度〔公選49の2〕。以前は、成人の日本国民が憲法上保障されている選挙権を行使するには、*選挙人名簿*に登録されることが必要であったが、選挙人名簿は市町村の住民基本台帳を基礎に作成されているため、市町村から転出すると名簿から抹消され選挙権を行使できなくなっていた。そこで、新たに制定した在外投票制度の下では、在外選挙人名簿を作成し、そこに登録された者に選挙権の行使ができることにし、一定の居住要件を満たす外国居住日本人は、最終住所地の市町村*選挙管理委員会*に在外選挙人名簿の登録を申請できることにした〔公選30の4・30の5〕。当初は、当分の間衆議院・参議院の比例代表選挙（⇨比例代表選出議員'）に限っていたが、平成17年の最高裁大法廷判決（最大判平成17・9・14民集59・7・2087）により、衆議院の小選挙区、参議院の地方区の選挙で投票を認めないのは憲法に反すると判示されたので、平成18年の法改正（法62）によりこれらの選挙でも投票できることになった。また、*最高裁判所裁判官*の*国民審査*についても在外日本人に審査の投票を認めないのは違憲であるとされた（最大判令和4・5・25民集76・4・711）ので、最高裁判所裁判官国民審査法の改正（令和4法86）がなされた。投票は在外公館に出向いて行うか、あるいは、郵便等により送付して行うことができる〔公選49の2〕。なお憲法改正の*国民投票法*は最初から在外日本人に投票権を与えている〔憲改33以下〕。

再議　国会の場合、その議決は最終的である〔ただし、憲95〕のに対して、*地方議会*の議決は、*地方公共団体の長*によって再度議会の議決に付することが認められている（長の付再議権という）。*条例*又は予算に関する議決等に関して異議のある場合（一般的付再議）、議会の議決等が権限を超え、法令・会議規則に違反すると認める場合、議決が義務的経費を削減・減額した場合等（特別付再議）がある〔自治176・177〕。戦前においては、知事等に特別付再議のほか議決の取消権や予算の原案執行権があったが、戦後*首長制*による地方自治組織制度の下で、長と議会との間の意見の対立を調整する方法として一般的付再議が導入された。平成24年の法改正（法72）により、再議の対象と要件が整序された。

最恵国待遇・内国民待遇　**1 意義**　条約当事国の国民が他の当事国において通商・航海・入国・居住・営業・課税等に関して与えられる待遇の水準・内容に関する基準。伝統的に、二国間の*通商航海条約*によって規定されてきたが、多数国間条約で規定されることもある（⇨世界貿易機関）。

2 最恵国待遇　条約当事国の一方が、その領域内で第三国の国民に与える最も有利な待遇を他の当事国の国民に保証することをいう。かつては、当事国の一方にのみ片務的に最恵国待遇を要求する例もあった（1858年（安政5）の日米修好通商条約等）が、近年は姿を消した。最も有利な待遇を与えた第三国が供与した見返りと同等のものを相手国にも要求する方式（条件付最

恵国待遇)が，かつては支配的であったが，20世紀に入ってからは見返りを要求しない無条件最恵国待遇が主流となった。*ガット(GATT)'は1条で最恵国待遇を規定した。世界貿易機関のサービス貿易一般協定(GATS)2条，貿易関連知的所有権協定(*トリップス(TRIPs)協定')4条も最恵国待遇を規定している。

3 **内国民待遇** 条約当事国の一方が，その領域内で自国民に与えると同等の待遇を他の当事国の国民に保証することをいう。通商条約では相互主義に基づいて与えられることが多い。ガットは貿易自由化推進のため，3条で輸入産品に対する内国税その他の内国課徴金，輸入産品の国内販売や輸送・分配・使用等に関する法令等の適用について内国民待遇を定めた。

歳計剰余金 ⇨剰余金'

罪刑法定主義 1 行為のときに，その行為を犯罪とし，刑罰を科する旨を定めた成文の法律がなければ，その行為を処罰することはできないとする原則。フランス革命の*人権宣言'，*アメリカ独立宣言'，三権分立の思想等に基づき，刑罰権の恣意的行使から国民の人権を保障することを目的とする。国民の行為自由のため刑罰は事前告知が必要であるとする自由主義的基礎と，何を処罰するかは民主的コントロールを受けた立法権により定められるべきであるとする民主主義的基礎から根拠付けられる。*世界人権宣言'にも採用され，近代国家の刑法の基本原則をなしている。フォイエルバッハ(Paul Johann Anselm von Feuerbach, 1775〜1833)も，*心理強制説'の立場からこの原則を根拠付けた。日本でも，明治13年(1880)の*旧刑法'以来この原則を採用し，現行憲法も，法の適正手続の保障〔憲31〕，事後法による処罰の禁止〔憲39〕等の条項により，罪刑法定主義を確認している。

2 罪刑法定主義の原則から，刑法上，イ 成文法主義，すなわち*慣習法'を直接処罰の根拠としてはならない，ロ *刑罰不遡及の原則'，ハ 類推解釈，特に犯罪者に不利益な類推解釈の禁止，ニ 明確性の原則，すなわち処罰の対象となる行為が法文上明確でなければならない，ホ 絶対的不定期刑(⇨不定期刑')の禁止，の各原則が派生する。

裁　決 行政庁が*法律上の争訟'を裁断する行為を一般に裁決というが，*行政不服審査法'は，*審査請求'又は*再審査請求'に対する裁断だけを裁決とする。同法上の裁決には，却下・棄却・認容の3種があり〔行審45〜49・64・65〕，いずれも書面で行い，理由を付さなければならない〔行審50①・60①〕。これらの裁決も*行政行為'の一種であるが，争訟手続に従って行われる紛争解決のためのものであるから，不可変更力のほか，関係行政庁に対する拘束力など*行政事件訴訟'の判決に類似した効力が認められる。なお，*行政事件訴訟法'は，*再調査の請求'に対する決定等(⇨判決・決定・命令')も含めて単に裁決とする〔行訴3③〕。 ⇨行政上の不服申立て' ⇨行政行為の効力' ⇨裁決の取消しの訴え' ⇨裁決の申請'

裁決主義 *処分'に対して不服申立てをして裁決が下されたとき，*処分の取消しの訴え'と*裁決の取消しの訴え'のいずれを提起するも自由であり，ただ処分の瑕疵(かし)を争いたいときは前者を提起すべしというのが原則〔行訴10②〕(⇨原処分主義')であるが，法律によっては，裁決の取消しの訴えのみを認めているもの〔例：電波96の2〕があり，これを裁決主義という。その場合，裁決の取消しの訴えで原処分の瑕疵を主張することは差し支えない。

裁決の申請 1 **意義** 公法上の法律関係の存在又は形成につき争い又は疑いがある場合に，当事者が権限のある行政庁に対し裁断を求める行為をいう。行政機関に対する*始審的争訟'の提起を総称するといってよい。

2 **実定法上の用語** 裁決の申請は理論上の概念であり，実定法上は「裁定の申請」〔公害紛争42の12・42の17，漁業100・166・167〕，「決定の申請」〔鉱業47〕，「裁決の申請」〔収用39〕，*審決の申請'〔自治255の4〕など様々な用語が用いられている。裁決の申請の審理手続に関する一般的規定は存在せず，個々の法律の定めによるところ，審理について当事者の意見聴取〔鉱業47④〕や，利害関係人が参画できる制度〔公害紛争42の30②③，収用43〕を整備するものがある。

裁決の取消しの訴え *処分'について*審査請求'その他の不服申立てをし，それに対してなされた裁決，決定その他の行為に不服がある場合において，その取消しを求める訴え〔行訴3③〕。 ⇨処分の取消しの訴え' ⇨原処分主義' ⇨裁決主義'

債　券 1 **意義** *金銭債権'を表章した*有価証券'。公社債の総称であり，大別して，公共債，民間債及び円建外債(サムライ債)に分かれる。公共債は，政府が発行する*国債'，都道府県や市町村などの地方公共団体が発行する*地方債'，及び特殊会社や独立行政法人などの政府関係機関が発行する政府関係機関債に分類される。民間債は，普通社債，金融債及び資産担保証券から成る。金融債は，信金中央金庫・農

さいけん

林中央金庫・商工組合中央金庫が発行する金庫債と銀行債から成る。'資産の流動化に関する法律'に基づく特定社債券など証券化商品はABS(圏 Asset Backed Securities)と呼ばれる。なお、発行地を基準とした区分として、国内で発行される国内債と、国外で発行される外債とがある。

2 社債券の発行と関連法規 社債券の発行を例にとると、会社法制定前は、全額払込み後においてだけ許されていたが〔商旧(平成17法87改正前の)306①〕、会社法にはそのような制約はない。社債券の記載事項は法定されている〔会社697①、担信26〕。社債券の種類には記名式と無記名式とがあり(⇒'記名社債'・'無記名社債')、募集事項による制約がない限り〔会社676⑦〕、相互転換が認められる〔会社698〕。日本で発行される社債券はほとんどが無記名式である。無記名社債で社債券が発行されるときは、社債券の交付により譲渡・質入れの効力が生じるとともに、会社その他の'第三者'への'対抗要件'となる〔会社687・688③〕。'社債、株式等の振替に関する法律'における振替社債の場合には、債券を発行することができない〔社債株式振替67①〕。譲渡・質入れの効力要件・対抗要件は口座の記載であり〔社債株式振替73〕、'善意取得'と同様の法的効果が認められる〔社債株式振替77〕。社債券及び振替社債は、'金融商品取引法'上の一項有価証券であるから〔金商2①〕、'有価証券の募集'に該当する公募債の場合には金融商品取引法上の開示規制の適用を受ける。

債 権 1意義 特定人(債権者)が特定人(債務者)に対して一定の'給付'を請求し、債務者の給付を受領しその利益のもつ利益ないし価値を自己に帰属させること(給付のもつ利益ないし価値を自己に帰属させること)が法認されている地位(権利)をいう。給付は、積極的な行為(作為)、例えば金銭の支払、目的物の引渡し、仕事の完成、労働への従事等を内容とすることが多いが、消極的な行為(不作為)、例えば一定期間、騒音を出さないとか競業をしないといった内容のこともある(⇒'作為債務・不作為債務')。債権に対応する債務者の地位(義務)を'債務'という。債権の発生原因としては、'契約'が最も重要であるが、'不法行為'もまた今日においては重要である(その他、'事務管理'・'不当利得'も債権の発生原因である)。

2 物権との対比 債権は物権とともに'財産権'の中の主要なものである。物権が、権利者が財貨(有体物を目的とすることが原則)を現在直接に(他人の行為を介在させることなく)支配しそれによって利益を排他的に享受することのでき

る権利であるのに対し、債権は、他人(債務者)の行為を介して将来、財貨を獲得し、又は経済的利益を享受することを可能とするものであり、優先的な効力をもたない(⇒'債権者平等の原則')。物権が人と財貨との関係であるのに対し、債権は人と人との関係であると構成されている。物権は有体物に対する支配可能性を内容とするところから'支配権'、債権は債務者に対する給付(行為)の請求とこれに応ずる債務者の行為(給付を実現する行為(給付行為))によって実現されるところから'請求権'という呼び名でその特徴が表されている。 ⇒'物権'

3 債権の効力 債務者に対する関係において次のような権能が認められる。イ 給付保持力：債権者は債務者の給付を受領し保持する法律上の原因〔民703参照〕である。ロ 請求力：債権者は債務者に対して裁判上又は裁判外で給付を請求することができる。なお、'自然債務'をみよ。ハ 掴取(かくしゅ)力：当初からの金銭債権だけでなく、それ以外の債権も不履行の場合には損害賠償債権という金銭債権に転化することにより、究極的には債務者の'一般財産'('責任財産')に対する'強制執行'によって実現されることになる。これを実体法的にみれば、債権は債務者の一般財産への潜在的支配力を有しており、それが執行を通じて実現されるとみることができる。債務者財産に対するこのような抽象的・潜在的支配力を掴取力と呼んでいる。

4 責任財産の保全 債権の満足を究極的に保障する債務者の責任財産を保全するため、債権者には'債権者代位権'・'詐害行為取消権'の制度が用意されている。

債権管理回収業に関する特別措置法 平成10年法律126号。サービサー法と略称される。金融機関等の不良債権処理が喫緊の課題となっていた状況を背景に、'弁護士法'の特例として'弁護士又は弁護士法人以外の者が特定金銭債権〔債権回収2〕の管理・回収を行うことができるようにするとともに、債権管理回収業を営む債権回収会社(サービサー)について必要な規制を行い、その業務の適正な運営の確保を図るために制定された法律〔債権回収1〕。債権回収に従来しばしば暴力団等が関与した実情から、債権回収業務への反社会的勢力の関与を排除すべく手続規制、行為規制を設けた。債権回収会社の最低資本金を5億円とし、常務に従事する'取締役'として弁護士の関与を要求し〔債権回収5①④〕、債権回収業務の国民経済的重要性から専業義務を課した〔債権回収12〕。対象となる特定金銭債権は、立法当初金融機関等が有する貸

付債権を中心としたが、その後の改正で拡大され、債権流動化に関する制度の一翼を担っている。

債権行為 ⇨物権行為・債権行為'

再検査の申立て ⇨行政上の不服申立て'

債権質 民法に規定された*質権'の一種、*権利質'〔民362①〕の1つであり、債権を目的とする〔民364〕。債権質の設定は、*動産質'や*不動産質'と同様、質権設定者と質権者との間の合意(質権設定契約)による。*対抗要件'具備には、*債権譲渡'と同様、イ 質権設定者が*第三債務者'に対して質権の設定を通知するか、又はロ 第三債務者が質権の設定を承諾するかが必要とされている〔民364〕。債権質権者は、質権の目的である債権を直接に取り立てることができる〔民366①〕。なお、債権質は、債権を担保の目的とする点で、債権譲渡担保と同様の機能を果たすことから、担保法制の改正に向けた議論の中では、債権譲渡担保について新たに置かれる規律を債権質についても及ぼすことが検討されている。

債権執行 *金銭債権'の実現を目的とする*民事執行'のうち、債務者が第三者(これを*第三債務者'という)に対して有する債権(例えば預金債権、給料債権)を対象として、これを差し押さえ換価することにより執行債権の満足に充てる手続をいう〔民執143〜167・193〕。⇨取立訴訟' ⇨転付命令'

債権者委員会 *破産法'では、*破産債権'者の意見を*破産手続'に反映させるための機関。破産債権者が任意に組織した委員会で、法定の要件を具備するものとして裁判所が手続関与を承認した場合に設置される〔破144〜147〕。*民事再生'においても同様〔民再117〜118の3〕。*会社更生手続'では、*更生債権'者委員会、*更生担保権'者委員会及び株主委員会がある〔会更117〜121〕。

債権者異議手続 ⇨債権者保護手続'

債権者集会 I 会社法上は、*株式会社'の*特別清算'において、会社債権者の総意を決定する債権者団体の決議機関を指す。会社法制定前(平成17法87改正前の)商法の下では、*清算人'は書類提出及び意見陳述のため必ず債権者集会を招集すべきものとされていたが、債権者との個別和解により*清算'を遂行する事案では招集が省略されることがあったため、例外的に招集しない場合が認められた〔会社562但〕。特別清算を行うために必要がある場合において、清算株式会社又は少数協定債権者が事前に裁判所に届出をした上で招集し〔会社546・547・552②〕、裁判所が指揮する〔会社552①〕。法定決議事項は、*監査委員'制度及びこれに代わる債権者集会決議制度の廃止により、担保権等を有する債権者の意見聴取〔会社559〕、*協定'条件の可決・変更〔会社567・572〕、及び延期・続行〔会社560〕に限定された。各債権者は、*別除権'のある債権額を除き議決権をもつが、具体的な議決権の許否及びその額は清算株式会社が決定する〔会社548②〜④〕。決議要件は、原則として出席債権者の過半数で、かつ、出席者の議決権総額の過半数であるが〔会社554①〕、協定の可否の決議要件は議決権総額の3分の2以上と加重されている〔会社567①〕。決議の成立を容易にするため、会社法により4分の3以上の同意から3分の2以上へと引き下げられた。協定に関する決議は、裁判所の認可を効力要件とする〔会社570〕。*議決権の代理行使'〔会社555〕、*議決権の不統一行使'〔会社558〕、出席しない債権者による書面・*電磁的方法'による*議決権'行使が認められる〔会社556・557〕。

II *破産法'上は、破産債権者の意思を手続遂行に反映させるための破産債権者の集会をいう〔破135〜143〕。旧破産法(大正11法71)におけるのとは異なり、開催は必要的ではない。財産状況報告〔破31①②・158〕、*破産管財人'の任務終了の報告〔破88③〕、異時廃止決定の際の債権者の意見聴取〔破217①〕のために開催することができるほか、破産管財人等の申立てにより招集される〔破135〕。法定の決議事項は、破産者等への説明の要求〔破40・230・244の6〕及び破産管財人に対する*破産財団'の状況の報告の要求〔破159〕のみである。*民事再生法'上は、*再生計画'案の決議等を行うための*再生債権'者の集会をいう〔民再114〜116・169・172の3・126〕。

債権者主義 ⇨危険負担'

債権者代位権 **1 意義** 債権者が債権の十分な弁済を確保するため、債務者が*第三者'に対してもつ権利を行使しない場合に債務者に代わってその権利を行使する権利〔民423〜423の7〕。例えば、AがBに対して貸金債権をもっており、BはCに対する売掛代金債権以外には財産がなく、しかも、Bがその債権の取立てをしないで放置したままにしておくと、Aは貸金債権の弁済を受けられなくなる。このような場合にAがBに代わってCに対する代金債権を行使する権利が債権者代位権である。もっとも、こういう場合には債権者代位権によらなくても、AはBに対する*債務名義'に基づいて、BのCに対する債権を取り立てればよいから、債権者代位権はそれほど大きな意味をもたないように

さいけんし

みえるが、2に述べるように、特定債権保全のためにも債権者代位権を行使することが認められているので、実際上、この点で重要な機能を果たしている。'間接訴権'、代位訴権ともいい、'詐害行為取消権'と同様に、債務者以外の者に法律的効果を及ぼすので債権の対外的効力ともいわれる。

2 要件 債権者の債権保全に必要であること〔民423①〕、被保全債権が金銭債権の場合は、債務者の一般財産が債務を弁済するには不足していること(無資力)、被保全債権の弁済期が到来していること〔民423②〕が必要である。判例は、不動産賃借人が不法占拠者に明渡しを請求するために、賃貸人に代位して賃貸人のもつ物権的妨害排除請求権を行使できるとする(最判昭和29・9・24民集8・9・1658)など、特定債権保全のためにも代位権を行使することを認めてきた。また、土地がAからB、BからCに売られ、AからBへの移転が未登記のときにAに対するBの登記請求権をCが代位してAに移転登記を請求できるとされていたところ(大判明治43・7・6民録16・537)、このことは、'債権法改正'により明文化された〔民423の7〕。これらの場合は無資力要件は不要である。なお、債務者の一身に専属する権利(例:人格権侵害に基づく慰謝料請求権)及び差押禁止債権(例:給与債権の一定部分)は代位行使できない〔民423①但〕。また、被保全債権が強制力を欠くときは債権者代位権を行使できない〔民423③〕。

3 行使の方法等 詐害行為取消権と異なり、裁判上でも裁判外でも代位権を行使することができる。裁判上代位権を行使する場合、4に述べるように、債権者代位訴訟の判決の効力は債務者にも及ぶため、債権者は、訴訟を提起した場合、遅滞なく債務者に対し訴訟告知をしなければならない〔民423の6〕。代位権行使の内容として、被代位権利の目的が可分である場合、債権者が被代位権利を行使できる範囲は、自己の債権額に限定される〔民423の2〕。被代位権利が財産権の移転を目的とする場合には、債権者は債務者への移転を求めるにすぎないのが原則だが、金銭の支払又は動産の引渡しのように受領を必要とする権利に関しては、債権者自身に対してするよう求めることができ〔民423の3〕、金銭支払の場合、債権者は、事実上の優先弁済を受けることになる。なお、相手方は、債務者に対する抗弁権を代位債権者にも対抗できる〔民423の4〕。

4 行使の効果 代位権行使によっても債務者の処分権限はなくならず、相手方も被代位権利について、債務者に対し履行することができる〔民423の5〕。代位の効果は債務者の'責任財産'に帰属し、債権者が代位権行使によって得た判決の効力('既判力')は債務者に及ぶ〔民訴115①②〕。

債権者代位訴訟 ⇨第三者の訴訟担当
債権者遅滞 ⇨受領遅滞'
債権者取消権 ⇨詐害行為取消権'
債権者平等の原則 **1 意義** 例えば、債務者Aに対して、債権者B・C・Dが、それぞれ300万円・200万円・100万円の債権をもっている場合において、債務者Aに300万円の'責任財産'しかないときには、'破産'又は'強制執行'手続において、B・C・Dは、債権発生原因が('売買'、'消費貸借'、'不法行為'など)何であるか、債権がいつ発生したかにかかわりなく、平等に、すなわち、債権額に応じて按分(あんぶん)比例的に満足を受ける(上記の例では、B150万円・C100万円・D50万円)。このように債権者を取り扱うルールを、債権者平等の原則という。債権には排他性がなく、同一内容の給付を求める債権(例:同一の特定物の引渡債権)相互間においても、債権成立の時間の前後を問うことなくそれらの債権は平等の効力をもって並存し、互いに他の債権に優先をあらそわない。債権者平等の原則は、このような債権の排他性の欠如からの帰結である。 ⇨債権'

2 無資力危険の回避方法 債務者が無資力となって債権が十分満足されない危険に対しては、債権者は、契約により、債務者や'第三者'に担保物権を設定させたり、保証人を立てさせることで自衛することができる。こうした自衛措置が期待できない場合を中心に、法律は、種々の政策的理由から、ある種の債権に対して特別の優先弁済権を認めている(法定担保物権としての各種の'先取(さきどり)特権'、'留置権')。 ⇨優先弁済'

債権者保護手続 '資本金額の減少'、準備金額の減少、'合併'、'会社分割'、'株式交換'、'株式移転'、'株式交付'、及び'合名会社'又は'合資会社'の任意清算('清算')の場合に、会社債権者を保護するための制度〔会社449・627・670・789・799・810・816の8〕。債権者異議手続ともいう。例えば、'株式会社'の合併('簡易合併'を除く)の場合は、まず、会社は、その債権者に対して、合併に異議があるならば一定期間(異議申立期間。1カ月を下ってはならない)〔会社939①Ⅰ・789②・799②〕に異議を述べるべき旨を官報で'公告'し、かつ、会社に知られている債権者には個別に'催告'する。債権者が異議を

述べたときは，合併をしても債権者を害するおそれがない場合(そのことについては会社側に立証責任があると解される)を除いて，会社は債務の弁済，相当の担保の提供又は相当の財産の信託をすることを要する〔会社789⑤・740〕。債権者が異議申立期間内に異議を述べなかったときは，合併を承認したものとみなされる〔会社789④・799④〕。もっとも，会社が上記の公告を，官報のほか，公告をする方法として*定款'に定めた時事に関する事項を記載する日刊新聞紙〔会社939①②〕又は*電子公告'〔会社939①③〕でしたときは，債権者に対する各別の催告はしないでよい〔会社789③・799③〕。ただし，会社分割の場合は，不法行為債権者に対しては，各別の催告を省略できないものとされている〔会社789③〕。各別の催告を受けなかった債権者には，分割会社と承継会社の双方が分割会社の債務の弁済の責に任ずる〔会社764②③〕。

債権証券　*債権'を表章する*有価証券'。*物権証券'・*社員権証券'に対比される。債権証券は，その債権が一定額の金銭の給付を目的とするものか，又は物の引渡しの請求を内容とするかによって，*金銭証券'と物品証券とに分かれる。金銭証券には*手形'・*小切手'・*債券'等があり，物品証券には*倉庫証券'・*船荷証券'・商品券等がある。なお，倉庫証券・船荷証券等は，その引渡しに物の引渡しと同一の効力があるので，*物権的有価証券'ともいわれる。商法，会社法，*手形法'，*小切手法'などに典型的な有価証券についての規定が設けられているほか，*債権法改正'により，民法に有価証券に関する通則的な規定が設けられた〔民520の2～520の20〕。　⇨引受証券

債権譲渡　**1 意義・沿革**　*契約'によって，A(債権者)のB(債務者)に対する債権を同一性を変えないでC(債権譲受人)に移転し，CのBに対する債権とすることをいう。*ローマ法'は債権を高度に特定的・個人的関係とし，債権の同一性を維持しながら債権者を変更することを認めなかった(⇨更改)。しかし，近代の法制度は債権を1個の財産とみて，単に債権譲渡の可能性を認めるだけでなく〔民466①〕，その取引流通の安全促進に努めている。判例上，現に発生していない債権(将来債権)の譲渡も可能であるとされ(最判平成11・1・29民集53・1・151)，*債権法改正'によりこのことが明文化された〔民467①〕。債権譲渡は，債権の移転を合意するAC間の契約(*処分行為')によって生じるが，このような契約がなされる原因は売買・贈与・譲渡担保・債権取立委任など(原因行為ないし債権行為)様々である。両者の関係は，物権変動における物権行為と債権行為の関係に類似する(⇨物権行為・債権行為')。
2 対抗要件　債権譲渡の*対抗要件'には，イ　債務者(B)に対する関係で誰が債権の譲受人であるのか(BがAとCのうちいずれを相手にして債務を弁済すればよいのか)を決定する対抗要件と，ロ　債務者以外の*第三者'に対する関係で，誰が債権の譲受人であるのか(AがCとDに債権を二重譲渡したときにはCとDのいずれが譲受人であるのか)を決定する対抗要件の2つがある。ロは物権取引においても問題になるが，イは債権譲渡に特有の問題である。
3 民法上の対抗要件　イ　債務者に対する関係での対抗要件は，Bに対するAの通知又はBの承諾〔民467①〕である。B は，対抗要件具備時までにAに対して生じた事由をCに主張できる〔民468①〕。ロ　対第三者の対抗要件は通知又は承諾が*確定日付'のある証書(例：*公正証書'・内容証明郵便など)でされることである〔民467②〕。確定日付が要求されるのは，例えばAとCが共謀して，債権譲渡の日をDが譲渡を受けた日よりも遡らせてDを害するのを防ぐためである。
4 特別法上の対抗要件　債権の流動化の要請に応えるために，「動産及び債権の譲渡の対抗要件に関する民法の特例等に関する法律」(動産債権譲渡特例法)(平成10法104)は，法人がする債権譲渡について，債権譲渡登記ファイルに債権譲渡登記をすることで第三者に対する対抗要件を具備するものとした。ただし，債権譲渡登記をしただけでは債務者に対する対抗要件を具備したことにはならず，債務者に対して債権譲渡を主張するためには，債権譲渡登記の内容を記載した登記事項証明書を債務者に交付するか，債務者の承諾を得なければならない。なお，この特例法によって債務者不特定の将来債権についても対第三者対抗要件を具備することができるようになり，債権の譲渡担保において利用されている。
5 有価証券の場合　債権法改正により，従来の*証券的債権'の概念は廃棄され，*有価証券'に関する通則的な規定が民法に新たに置かれた〔民520の2～520の20〕(⇨有価証券')。

債権譲渡担保　⇨譲渡担保'
債権侵害　**1 意義**　例えば，債務者が引き渡すことになっている目的物を*第三者'が損傷したり，債務者である出演者を第三者が監禁して出演させなかった場合のように，債権の目的の実現が妨げられること。債務者による債権

の侵害は*債務不履行'の問題となるが，第三者による債権の侵害については，それが*不法行為'となるかどうかの問題を生じる。

2 第三者による債権侵害と不法行為　かつての判例・学説は，債権が*相対権'であることを理由に，第三者による債権侵害を不法行為と認めなかった。しかし，後に判例は，全ての権利には不可侵性があることを理由に，債権であろうとそのる侵害は不法行為になると判示し(大判大正4・3・10刑録21・279)，以後この考え方が判例・通説となるに至った。

3 要件　債権侵害は，以下の3つの類型に分けて考えられてきた。イ 例えば受領権者としての外観を有する者が*善意'・無過失で弁済を受けた場合(当該表見受領権者への弁済は有効とされ，債権は消滅する)のように，債権の帰属を侵害した場合には，第三者に*過失'があれば不法行為となる。ロ 例えば，債権の目的物を第三者が損壊した場合のように，債権の給付に対する侵害で債権が消滅する場合(出演者の監禁の場合もこの類型)にも，第三者に過失があれば不法行為となる。ハ 例えば，物権や債権の二重譲渡のように，給付に対する侵害であって債権が消滅しない場合には，債務者に対する債権(履行不能になっていれば損害賠償請求権)があるから，第三者の不法行為が成立するためには*故意'(共謀など)が必要であると考えられている。このような従来の通説的考え方は違法性相関関係説に基づくものと思われるが，近年，類型の立て方や故意・過失の要件について，債権保護の考え方の違い(債権をより強く保護すべきとする考え方)や，違法性説をとるかどうかの考え方の違いをも反映して，様々な異論が提起されている。債権侵害の類型に応じて具体的に考える傾向が有力である。

債権の効力　⇨物権的効力・債権的効力'

債権の準占有者　「自己のためにする意思をもって財産権の行使をする」〔民205〕者のうち，債権を行使する者を指す。しかし，*債権法改正'によって，「債権の準占有者に対する弁済」が「受領権者としての外観を有する者に対する弁済」(⇨表見的受領権者')に変わったので〔民478〕，この表現はほとんど使われなくなった。

債権法改正　20世紀末から21世紀初頭にかけて，取引の現代化・国際化に対応すべく，民法の債権法部分の改正が世界各国において試みられるようになった。2001年にドイツで債務法現代化法が成立したのに続いて，2015年にはフランスでも債務法改正のための立法(オルドナンスという法形式による)が実現した。日本でも1990年代後半から同様の立法の必要性が説かれるようになり，2000年代後半にはいくつかの立法提案がなされた。これを受けて，2009年(平成21)には*法制審議会'に民法(債権関係)部会が設けられて，具体的な改正作業が始まった。2015年(平成27)には同審議会が答申した改正要綱を踏まえて，国会に法案が提出され，2017年(平成29)に成立した(法44)。改正の対象となったのは，主として，債権編のうち*事務管理'・*不当利得'・*不法行為'を除く部分と総則編のうち*法律行為'・*時効'に関する部分であったので，「債権法改正」という呼称は必ずしも適切ではないが，世界的な趨勢(すうせい)を考えるならば，あながち不当な呼称ともいえない。日本において最終的に提案された改正は，*定型約款'に関するものなどを除くと，その大部分が技術的な整備に関わるものである。しかし，債権法の改正作業を通じて，広い範囲での見直しが行われ，様々な課題が明らかにされたことの意義は小さくない。　⇨民法改正'

最高価買受申出人・次順位買受申出人　*不動産競売'の売却(⇨競売'　⇨入札')において最も高額の買受申出をした者を最高価買受申出人という。次いで高額の買受申出をした者であって，所定の要件の下で，最高価買受申出人に対する*売却許可決定'が代金不納付により失効する場合〔民執80①前〕には自己の買受申出につき売却を許可すべき旨の申出をした者を，次順位買受申出人という〔民執67〕。

再考期間　⇨クーリング・オフ'

最高検察庁　*最高裁判所'に対応して置かれる検察庁〔検察2〕。その長として*検事総長'が置かれる〔検察7①〕。　⇨検察庁'

再抗告　民事訴訟法上，最初の*抗告'についてなされた抗告審の決定に対する*法律審'への抗告。再抗告の理由は憲法違反又は決定に影響を及ぼすことが明らかな法令違反である〔民訴330〕。なお，高等裁判所が抗告審であるときに最高裁判所に再抗告をすることはできない〔裁7②〕。刑事訴訟法では，再抗告は認められていない〔刑訴427〕。*少年法'にも，再抗告と呼ばれる制度があるが，その実質は*特別抗告'に近い〔少35〕。

最高裁判所　*司法権'を担当する国家の最高機関。日本国憲法により直接に設置を認められ，*裁判所法'により東京都に置かれる〔裁6〕。形式的には*明治憲法'時代の*大審院'に対応するが，それに比べ，はるかに高い地位と強い権限が与えられている。**1 構成**　最高裁判所裁判官

と14名の最高裁判所判事により構成される〔裁5〕。長官は内閣の指名に基づいて天皇が任命し，各裁判官は内閣が任命する〔憲6②・79①，裁39①～③〕。任命について内閣の専断を防止するため，任命後初めて行われる*総選挙'の際に，*国民審査'に付される〔憲79②～④，裁39④，裁審〕。最高裁判所の審判や裁判は，大法廷又は小法廷で行われる〔裁9〕。大法廷で行う裁判は，違憲問題の判断と最高裁判所の判例変更などである〔裁10〕。 ⇨大法廷・小法廷'
2 権限 唯一の*終審'裁判所として，*上告'及び*特別抗告'について裁判権をもつほか，司法権の最高機関として，規則制定権，下級裁判所裁判官の指名権，司法行政監督権をもち，更に法令審査権(⇨違憲審査権')をもつ〔憲77・80・81，裁7・80〕。なお，*審級'に掲げた〔表：訴訟事件の審級〕をみよ。
3 機構改革問題 昭和27年(1952)頃から，未済事件の増加による審判遅延に関連して，*憲法裁判所'的性格のものと一般上告裁判所的性格のものとに機構を分けてはどうかなどの議論がされた。昭和29年に裁判官会議は基本的意見を決定し，更に*法制審議会'が各種意見を調整して，それに基づき政府は，昭和32年，第26回国会に裁判所法改正案を提出したが，結局は成立しなかった。

　最高裁判所規則 **1 意義** *最高裁判所'が憲法で認められた規則制定権〔憲77〕に基づいて制定する*規則'。裁判所規則ともいう。最高裁判所が規則制定の権限をもつのは，訴訟に関する手続，弁護士・*裁判所'の内部規律及び司法事務処理に関する事項についてである〔憲77①〕が，これらの事項については，*国会'よりも*司法'の運営に明るい裁判所に任す方が実際的であるし，また，より妥当な定めができるはずであり，ひいては*司法権'の自主性の強化に役立つとの考えに基づいたものである。最高裁判所は*下級裁判所'に関する規則を定める権限を下級裁判所に委任することができる〔憲77③〕。また，*検察官'は最高裁判所規則に従わなければならない〔憲77②〕。
2 規則と法律との関係 *法律'と規則とが抵触した場合には，国会を*唯一の立法機関'とする憲法の建前から〔憲41〕，国会の制定した法律が優先されると解されている。
3 主な規則 現在，最高裁判所規則のうち重要なものには，*民事訴訟規則'，民事執行規則(昭和54最高裁規5)，民事保全規則(平成2最高裁規3)，*刑事訴訟規則'，家事事件手続規則(平成24最高裁規8)，民事調停規則(昭和26最高裁規8)，破産規則(平成16最高裁規14)，少年審判規則(昭和23最高裁規33)，法廷等の秩序維持に関する規則(昭和27最高裁規20)，最高裁判所裁判事務処理規則(昭和22最高裁規6)，下級裁判所事務処理規則(昭和23最高裁規16)などがある。

　最高裁判所裁判官 *最高裁判所'を構成するその長である裁判官(最高裁判所長官。1人)とその他の裁判官(14人)の総称。長官は，*内閣'の指名に基づいて*天皇'が任命し〔憲6②，裁39①〕，その他の裁判官は，内閣が任命し天皇が*認証'する〔憲79①，裁39②③〕。任命資格は，40歳以上の，識見の高い法律の素養のある者とされているだけであるが，うち少なくとも10人は裁判官・検察官・弁護士・大学の法律学の教授等の法律家の中から選ばれる〔裁41〕。なお，裁判官の構成は，裁判官出身者，弁護士出身者，及び検察官・行政官・大学教授その他の学識経験者各グループにおおむね5名ずつという一応の慣行がある。任期はないが，任命後の最初の*総選挙'の時及びその後10年を経た後初めて行われる総選挙の際に*国民審査'に付され，その後も同様とする〔憲79②～④，裁39④，裁審〕。報酬は，長官が内閣総理大臣と同額，その他の裁判官が一般の国務大臣と同額とする慣行になっている。定年は70歳〔憲79⑤，裁50〕。

　最高裁判所裁判官国民審査 ⇨国民審査'
　最高裁判所裁判官の個別意見 ⇨個別意見(最高裁判所裁判官の)'
　最高裁判所長官 ⇨最高裁判所裁判官'
　最高裁判所判事 *最高裁判所'の長以外の最高裁判所裁判官の官名。 ⇨最高裁判所裁判官'

　再更正 課税処分の一種で，一旦された*更正'・決定'に係る*課税標準'等又は税額等に過誤がある場合にその過誤を是正するためにされる更正〔税通26〕。期間制限〔税通70①・71①〕内であれば繰り返し行うことができるが，いずれの更正も再更正である〔税通26見出し参照〕。更正・決定と再更正との関係〔税通29①②〕に関する判例の立場は，増額再更正については，これにより更正・決定が吸収され改めて全体として確定し直されるとする吸収消滅説(最判昭42・9・19民集21・7・1828等)，減額再更正については，減額の範囲を超える部分に係る更正・決定はこれとは別個独立に併存するとする併存説(一部取消説。最判昭56・4・24民集35・3・672)である。

　再抗弁 民事訴訟上，被告の提出する実体上の*抗弁'に対して，原告がそれによる*法律効果'の発生を妨げあるいはその消滅をもた

らす事実を主張すること。再抗弁事実の証明責任（⇨'挙証責任'）は原告にある。例えば、'消滅時効'の抗弁に対する完成猶予事由の主張は再抗弁である。　⇨'権利抗弁・事実抗弁'　⇨'再々抗弁'

最高法規　1つの法秩序において頂点に位置する法規範の総体、特に一国の国内法秩序においては憲法を指す。日本国憲法は自ら最高法規であることを宣言し、憲法に違反する法令の効力を否認する〔憲98①〕。最高法規としての憲法は、下位の法形式である法律よりも制定改廃が困難である〔憲96①〕（⇨'憲法改正'　⇨'硬性憲法'）ことは当然であるが、憲法と条約の効力の優劣については争いがある（⇨'憲法と条約'）。憲法の最高法規性の実質的な根拠は、憲法が'基本的人権'の保障を目的とすること〔憲97〕にある。

催告　イ 債務者に対して債務の履行を請求したり、ロ '制限能力者'や'無権代理'人の行為を'追認'するかどうか確答せよと求めたりするなど、相手方に対して一定の行為を要求すること。相手方が催告に応じないときに、一定の'法律効果'が生ずるという点に意味がある。催告に一定の法律効果が結び付けられている例は少なくないが、例えば、イの場合には、'時効の完成猶予'〔民150〕、'履行遅滞'〔民412③・591①〕、'解除'権の発生〔民541〕という効果が生じ、ロの場合には、追認又は取消しあるいは追認を拒絶したものとみなされている〔民20・114〕。

催告の抗弁権　債権者が'保証人'に債務の履行を求めた場合、保証人はまず主たる債務者に履行を'催告'せよと抗弁することができる〔民452本文〕。これを催告の抗弁という。保証債務の補充性（⇨'保証債務'）から生ずる。したがって、主たる債務者と連帯して責任を負うものとされている'連帯保証'人はこの抗弁権をもたない〔民454〕。保証人が催告の抗弁権を行使すると、債権者は主たる債務者に対して履行の催告をしない限り保証人に対して請求することができないが、この催告は裁判外のものであっても差し支えないから、債権者は形式的に履行を促しておけばよく、催告の抗弁権の効果は甚だ弱い。もっとも、保証人からの催告の抗弁権の行使があったにもかかわらず債権者が主たる債務者への催告を怠ると、そのために主たる債務者から弁済を受けられなくなった部分については保証人はその責任を免れる〔民455〕。なお、保証人は、主たる債務者が'破産'手続開始の決定を受けたとき、主たる債務者の行方が知れないとき〔民452但〕には、催告の抗弁権をもたない。　⇨'検索の抗弁権'

再雇用特別措置　妊娠、出産、育児又は介護を理由として退職した者で、その退職の際に就業が可能となったときに再雇用されることを希望する旨を申し出ていたものには、労働者の募集又は'採用'にあたって特別の配慮をする措置。事業主の努力義務になっている〔育介27〕。

再婚禁止期間　女性が前婚の解消又は取消しの日以後、再婚することができない一定の期間。待婚期間ともいわれた。民法上この期間は6カ月とされていた〔民旧（平成28法71改正前の）733①〕が、これを一部違憲とする判決（最大判平成27・12・16民集69・8・2427）を受けて、100日に短縮された〔民旧（令和4法102改正前の）733①〕。これは、もしその期間内の再婚を認めると、後に生まれた子について、先夫と後夫がともに父親であるという推定を受け〔民772②〕、どちらの子か分からなくなるのでこれを予防するためであった（⇨'嫡出子'）。しかし、女性に対してのみ再婚禁止期間を設けるのは性差別に当たり違憲とする意見があった。令和4年改正では、女性が再婚した場合における父性推定の重複を避ける規定が設けられ〔民772③④〕、再婚禁止期間の規定は削除された。

再々抗弁　原告が主張する'再抗弁'に対し、被告が更にこれを争うために提出する'抗弁'。再々抗弁事実については被告が証明責任（⇨'挙証責任'）を負う。例えば、'消滅時効'の抗弁についての'強制執行'による'時効の完成猶予'の再抗弁に対し、その申立ての取下げの事実の主張は再々抗弁に当たる。　⇨'権利抗弁・事実抗弁'

財産　広い意味では、人間の経済的欲望を満足させるための有形・無形の諸手段をいう。ある権利主体に属する各種の'財産権'を総称する意味でも用いられる。私法上は、一定の目的の下に結合し独立の責任財産としての性格をもつ財産権の総体を指すことが多い。この意味での財産の範囲は、個々の法律によって異なり、積極財産（資産）だけを指すと解されている場合もあれば〔民306・668等〕、消極財産（負債）をも含むと解されている場合もある〔民25・896等〕。　⇨'特別財産'

財産開示手続　'強制執行'等の申立ての準備のために行われる'債務者の財産状況の調査'のうち、執行裁判所が債務者にその財産に関する情報の開示を命ずる手続をいう。'執行力のある債務名義の正本'や'一般の先取（さきどり）特権'を証明する文書等を有する債権者の申立てにより〔民執197①②〕、執行裁判所が財産開示手続

を実施する旨の決定をする。債務者等の開示義務者は、財産開示期日に出頭し、債務者の財産について陳述する義務を負い〔民執199①〕、義務違反に対しては*拘禁刑*を含む刑罰が科される〔民執213①⑤〕。

財産価額填補責任 1 意義 *株式会社*において、*現物出資*及び*財産引受け*の目的財産の価額は*変態設立事項*として*定款*に記載されるが〔会社28①②〕、株式会社が成立した時において、出資された財産等の価額が著しく不足した場合に*発起人*及び設立時取締役に課され、連帯して不足額を支払う責任〔会社52①〕。募集株式や*新株予約権*行使の場合の現物出資についても同様に、当該議案を提案したなど所定の*取締役*・*執行役*に対して連帯して不足額を支払う責任が課される〔会社213①・286①〕。
2 会社設立 *発起設立*では、*検査役*の調査を経た場合、又は注意を怠らなかったことを立証した場合には、現物出資者又は財産引受けの譲渡人である場合を除き免責される〔会社52②〕。*募集設立*の場合には、発起人・設立時取締役は無過失の財産価額填補責任を負う〔会社103①〕。募集に応じた者の保護等の観点から責任を強化したものである。
3 募集株式の発行等 募集株式の引受人の募集に関する職務を行った*業務執行取締役*、現物出資財産の価額の決定に関する総会決議において議案を提出した取締役、当該価額の決定に関する*取締役会*決議において議案を提出した取締役等は、検査役の調査を経た場合、又は、注意を怠らなかったことを証明した場合を除き、不足額の支払義務を負う〔会社213①〕。なお、当該取締役・執行役が現物出資者である場合には、無過失の財産価額填補責任を負う〔会社212①②〕。新株予約権行使の場合も同様である〔会社286①②〕。
4 証明をした専門家の責任 弁護士等専門家として価額の相当性につき証明をした者も、注意を怠らなかったことを証明した場合を除き、連帯して責任を負う〔会社52③・213③④・286③④〕。
5 計算 この義務の履行により支払われた額は*その他資本剰余金*に計上される〔会社計算21〕。

財産管理人 ⇒管理人*

財産区 *特別地方公共団体*の一種。市町村及び*特別区*の一部で財産をもち若しくは*公の施設*を設けているもの。*市制・町村制*の施行当時からあるものと、*市町村合併*の際に設けられたものとがある。そのもっている財産や公の施設の管理又は処分の権限だけをもつ。包括する*地方公共団体*と利害が対立するなど、特に必要がある場合には議決機関として財産区の議会又は総会を設けることができ、また、簡素な審議機関として財産区管理会の設置が認められる〔自治294〜297〕。

財産刑 財産の剥奪を内容とする刑罰(⇒*刑*)。現行法上、*罰金*・*科料*がある。*没収*は*付加刑*であるが、財産刑に数えることもある。罰金・科料については、これを完納しえない場合について*労役場留置*という換刑処分が設けられている〔刑18〕。特別法上は、犯罪収益等を対象とし、より包括的な没収(*追徴*も)が規定されることもある〔組織犯罪13等〕。

財産権 経済的取引の客体を目的とする権利の総称。日本国憲法は、近代憲法の例に倣い、これを不可侵の権利として保障するが、同時にその内容は*公共の福祉*に適合するように法律で定められるものとする〔憲29①②〕。これは、近代初頭のような私有財産を天賦不可侵の権利とする考え方ではなく、私有財産には社会的な制約があるという考え方をとっているといえよう(⇒財産権の不可侵*)。なお、財産権は私権の分類の観点からは、*人格権*や*身分権*に対立する意味で用いられる。一般的には、*物権*・*債権*・*知的財産権*がこれに属する主なものであるが、民法典で財産権という語が用いられている場合〔民163・166②・205・264・362①・424②〕に、それがどのような具体的な権利を含むかは、それぞれの法規の趣旨・目的に応じて判断しなければならない。

財産権上の請求(訴え)・非財産権上の請求(訴え) 民事訴訟法上、経済的利益を目的とする権利又は法律関係に関する請求(訴え)か否かの区別であり、義務履行地の裁判籍〔民訴5①〕の適用可能性、訴額(⇒訴訟物の価額*)の算定〔民訴8、民訴費4〕、及び*仮執行*宣言の可能性〔民訴259①〕の判断に意味がある。財産権上の請求には貸金返還請求等のみならず、金銭に見積もることができない債権〔民399〕に係る請求(例えば騒音差止請求)も含まれる。非財産権上の請求には、離婚等の身分関係の請求、幼児の引渡し請求、株主総会決議取消し等社団関係の請求等が含まれる。

財産権の不可侵 1 意義 権利者私人による*私有財産*の自由な管理処分の権能が国家により侵害されたり取り上げられたりしてはならない、という考え方。
2 沿革 *フランス人権宣言*17条は「所有は、神聖かつ不可侵の権利」であるとしたが、同様の規定は近代立憲主義の諸憲法にもみられ、*明治憲法*27条1項も所有権の不可侵をうた

ざいさんざ

っていた。この理念は営業の自由ないし*私的自治の原則'と相まって、19世紀を通じて産業資本主義の展開を法的に支えたといえるが、20世紀に至り*ワイマール憲法'は*社会国家'という新しい国家理念に立ち*生存権'を保障するとともに、「所有権は義務を伴う。その行使は同時に公共の福祉に役立つものであるべきである」〔ワイマール憲法153③〕と定め、現代憲法が*財産権'の絶対性から脱却する先駆けとなった。
3 解釈上の問題 日本国憲法29条も1項で「財産権は、これを侵してはならない」とするが、同時に2項では立法者が*公共の福祉'の実現の観点から財産権の内容を規定しうることを定めている。2項においては、*内在的制約'はもとより、社会的不公正を是正するために経済的強者の財産権を制約する*政策的制約'もまた許されていると解されている。それでは1項は立法者を全く拘束するものでないのかといえば、通説は同項を個々の財産権の保障規定であるのみならず私有財産制度の保障という*制度的保障'でもあると捉え、立法者の内容規定権限といえども私有財産制度の本質的部分を侵害することは許されないとする。

財産罪 ⇨財産犯'

財産出資 企業に対する出資としては、金銭等の財産による出資のほかに*労務出資'や*信用出資'があるが、これらの出資形態のうち金銭その他の財産を目的とする出資をいう。多くの企業においてはこの財産出資が基本的な出資形態である。*持分会社'の*無限責任社員'には財産出資のほかに労務出資及び信用出資も認められる〔会社576①⑥参照〕が、持分会社の*有限責任社員'や*株式会社'の株主には財産出資しか認められない〔会社576①⑤括弧・208①②・63①・34①・27④〕。しかも株主による財産出資については*金銭出資'が原則であり、不動産等の*現物出資'については、不当な評価を防ぎ、出資の履行を確保し、他の株主及び債権者を保護するため、厳重な規制がなされている〔会社28①・33・46①①・207・284〕。なお、会社以外の企業形態のうち、民法上の組合においては財産出資のほかに労務出資〔民667②〕や信用出資も認められるが、*匿名組合'や*協同組合'においては財産出資しか認められていない〔商536②、中協10・29〕。

財産税 財産の所有という事実に対して課される租税。ある人の財産の全体を対象として課されるもの(一般財産税)と、特定種類の財産を対象として課されるもの(個別財産税)とがある。前者は第二次大戦直後に課されたことがあり、後者としては*固定資産税'や*相続税'・*贈与税'が考えられる。財産税には、財産のもつ収益力を対象とした収益税(⇨収得税')の性質を有するとされるものもある。

財産的損害 他の自動車に追突された結果、自動車を壊されたり、負傷して働けなくなって一定期間収入を得られなかったりする場合などのように、財産上受けた不利益。*精神的損害'に対する語で、ともに*損害賠償'の対象となる〔民709~711参照〕。財産的損害の賠償を請求するには、一定の基準により金銭に評価して、損害の事実ばかりでなく、その金額も立証しなければならない〔ただし民訴248〕。この点で、裁判官の自由裁量によって決定される精神的損害の賠償と異なっている。

財産犯 **1 意義** 財産を侵害する犯罪の総称。財産罪ともいう。刑法上、2編36~40章所定の犯罪類型が、これに当たる。
2 侵害の客体(どのような財産を侵害する行為が罪となるか)に応じた分類 まず、イ *財物'を行為客体とするもの(財物罪)と、ロ 財産上の利益を行為客体とするもの(利益罪・利得罪)に分かれる。刑法上、*窃盗罪'〔刑235〕・*横領罪'〔刑252~254〕・*盗品等に関する罪'〔刑256〕・*毀棄'隠匿の罪〔刑258~263〕では、イの類型しかないが、*強盗罪'〔刑236〕・*詐欺'罪〔刑249〕・*恐喝罪'〔刑249〕では、各条の1項にイの類型が置かれ、2項にロの類型が置かれる(2項犯罪)。*背任罪'〔刑247〕は、「財産上の損害を加えた」場合に成立する罪であり、イロ双方にわたる罪である。
3 侵害の態様(財産をどのように侵害する行為が罪となるか)に応じた分類 まず、イ 当該財産を侵害する行為であれば罪となるもの(毀棄罪)と、ロ 侵害した当該財産の効用を取得しようとする行為であって初めて罪となるもの(領得罪⇨不法領得の意思')に分かれる。刑法上、イが2編40章に置かれ、ロは、当該財産の*占有'の移転を伴わないもの(非移転罪・横領罪)と、それを伴うもの(移転罪・奪取罪)に分かれて、前者が2編38章に置かれ、後者は、占有移転が相手方の意思に基づくもの(交付罪)と、それに基づかないもの(盗取罪)に分かれて、交付罪が2編37章に置かれ、盗取罪が2編36章に置かれる。なお、表を参照せよ。

財産引受け **1 意義** *株式会社'の成立前に、*発起人'が、会社の成立を条件として、成立後の会社のために、特定の財産を譲り受けることを約する契約。*開業準備行為'に該当する。財産の過大評価により資本の充実・維持を害す

[表：財産犯の分類]

```
┌領得罪┬移転罪┬盗取罪〔刑2編36章〕┬窃盗罪〔刑235〕……………………………………………財物のみ
│   (奪取罪)│         │        └*不動産侵奪罪'〔刑235の2〕………昭和35年新設(法83)
│      │         └強盗罪〔刑236〕 ┐
│      └交付罪〔刑2編37章〕┬詐欺罪〔刑246〕├財物罪(1項)と利益罪(2項)を並置する規定
│               └恐喝罪〔刑249〕 ┘形式
├非移転罪(横領罪)〔刑2編38章〕………………………………………財物のみ(不動産は財物に含まれる)
├盗品等に関する罪〔刑2編39章〕…………財物のみ(本犯による財物領得に対する*事後従犯'・利益
│                   関与行為が罪となる点で、領得罪的な性質を間接的に有す
│                   る。間接領得罪)
├毀棄罪〔刑2編40章〕……………………………財物のみ(財物の種類に応じて罪を書き分ける規定形式)
└背任罪〔刑247〕…………………………………財物罪・利益罪双方にわたる(本人に財産上の損害を加える
                    だけで罪となりうる点で、毀棄罪的な性質を併有する。全
                    体財産に対する罪)
```

る危険があるという点で*現物出資'と同じ危険があり、これを放置すると現物出資の潜脱方法として利用されるおそれがあるので、現物出資と同様の規制が加えられている。なお、財産引受けに関する規制を免れるために、会社成立後の一定期間内に事業用財産を取得する行為を規制するものとして、*事後設立'に関しても規制がなされている(なお、「発起人」の権限との関係については、その項をみよ)。

2 規制の内容 現物出資の場合と同様に、*定款'に記載しなければその効力が認められず〔会社28①②〕、かつ、原則として裁判所の選任する*検査役'の調査を受ける必要がある〔会社33〕が、例外として、財産の価額が500万円以下の場合、市場価格のある*有価証券'であって定款に定めた価額がその市場価格を超えない場合、及び定款に定めた価額が相当であることにつき弁護士等の証明(不動産の場合には更に不動産鑑定士の鑑定評価を受けることを要する)を受けた場合には、検査役の調査を要しないものとされている〔会社33⑩〕。調査の結果、不当と認められた場合には、*定款変更'の手続がとられる〔会社33⑦～⑩〕。

3 追認の可否 財産引受けを定款に記載せず、したがって検査役の調査を受けなかった場合に、会社の成立後に*追認'することができるかについて、財産引受けにつき厳重な規制をした法の趣旨が没却されるとしてこれを認めないのが通説・判例(最判昭和42・9・26民集21・7・1870)であるが、事後設立〔会社467①⑤〕の要件を満たせば追認が認められるとする見解も有力である。

財産分与請求権 **1 意義** *離婚'した男女の一方が、他方に対して財産の分与を求める権利をいう〔民768・771〕。離婚の財産的効果として生ずる。その性質は、夫婦が婚姻中に協力して蓄積した財産を清算するものであるが、その

ほか離婚後の経済的弱者(通常は妻)に対する*扶養料'や離婚有責者の他方に対する*慰謝料'も含むと解する説が多い。

2 財産分与の方法 財産分与の内容については、当事者の協議によって定めるが、協議が調わないときは家庭裁判所が一切の事情を考慮して、財産分与の可否・額・方法などを定める。その際、重要な基準となるのは、婚姻の継続した期間の長短、職業、財産形成に対する貢献の程度、生活の状況や将来の生活の見通しなどである(貢献の程度については、2分の1と推定するという考え方が広がりつつある)。財産分与の請求は、離婚後2年以内にしなければならない〔民768②〕。離婚訴訟の中で財産分与を請求することもできる〔人訴32①〕。

3 内縁 *内縁'解消の場合にも、離婚に準じて、財産分与の請求を認める傾向にある(⇨準婚)。

財産分離 **1 意義** *相続'が開始した場合に、*相続債権者'、*受遺者'、又は*相続人'の固有の債権者が、*相続財産'又は相続人の*固有財産'から優先的に弁済を受けられるように、両財産を分離して相続財産の清算を行う制度〔民941～950〕。*限定承認'が相続人を保護するため財産の分離を図るのに対し、財産分離の制度は相続債権者と相続人の債権者の間の公平を図ることを目的とする。

2 手続 財産分離は、相続開始後3カ月以内又はその後でも両財産が混合しない間に、債権者又は受遺者から*家庭裁判所'に請求して行う〔民941・950〕。請求者が誰であるかによって2種のものがある。**イ** 相続債権者又は受遺者の請求によるもの〔民941〕。相続人の固有財産が債務超過のとき、相続財産が相続人の固有の債権者に対する責任財産に組み込まれるのを防止して、相続債権者や受遺者の利益を確保しようとする場合に用いられる。**ロ** 相続人の債権者

ざいさんほ

の請求によるもの〔民950〕。相続財産が債務超過のとき，相続人の資産状態の悪化を防ぎ，相続人の固有の債権者が不利益を被らないようにする場合に用いられる。

3 効果 いずれの場合も，家庭裁判所の財産分離を命ずる審判によって，相続財産について清算手続が開始され，債権者及び受遺者はその債権額の割合に応じて弁済を受けるが，相続債権者と受遺者の間では前者が優先する〔民947・931〕。これらの者が相続財産から全部の弁済を受けることができなかったときは，相続人の固有財産から弁済を求めることができるが，この場合には相続人の固有の債権者に劣後することになる〔民948・950②〕。

財産法 私法のうち財産の帰属及びその移動に関する法規を財産法という。民法の物権法・債権法及び商法は財産法の主要なものである。とりわけ民法では，その2編及び3編で，所有及び契約という財産法の基本となる枠組みを規律している。しばしば財産法は*家族法*と対比される。家族法は財産面(例えば，夫婦財産制や相続)だけでなく，財産以外の側面(例えば，夫婦が同居するか，*氏(うじ)*をどうするか)も規律する点が，経済的な関係を規律する財産法との主な違いである。

財産目録 一定の時点において，法人が保有する全ての資産(土地，建物，現預金，貸付金など)と全ての負債(借入金など)について，その区分，種類ごとに一覧にし，法人の財産状況を明らかにしたもの。財産目録には，法人が保有するすべての資産及び負債を具体的にその種類，数量，価額を付して記載するため，*貸借対照表*の明細表としての役割を果たす。かつて，商法は，財産目録を作成した上で，貸借対照表は財産目録を要約して*商人*の財産の状況を表示するものであると位置付けていたが〔昭和49年改正前商33・281参照〕，損益計算を重視する考え方の採用に伴い，昭和49年商法改正により財産目録を作成することは商法上は要求されなくなった。他方，平成18年改正前民法51条は(公益)法人について財産目録の作成を要求していたし，現在でも，*特定非営利活動法人*，公益認定を受けた法人，*社会福祉法人*，学校法人，*宗教法人*などには作成義務が課されている〔非営利活動28，公益法人21，社福45の34，私学107，宗法25〕。

祭祀(さいし)の承継 系譜・祭具・墳墓など祖先の祭祀に必要な用具の所有権は，一般の財産相続から切り離して，慣習に従って祖先の祭祀を主宰する者が単独で承継する〔民897〕。祖先の祭祀を主宰する者は，被相続人が指定したときはその者があたり，指定のないときは慣習により，慣習が明らかでないときは*家庭裁判所*が定める。日本の従来の慣習を認めたもので法律の規定による特別の承継である。*離婚*〔民769・771〕，生存配偶者の*復氏(ふくうじ)*〔民751②〕，*離縁*〔民817〕，婚姻・縁組の取消し〔民749・808②〕などの場合にも行われる。

最終弁論 刑事訴訟においては，*証拠調べ*が終わった後，検察官が行う*論告*に対抗して，*被告人*及び*弁護人*が最終の意見*陳述*をする〔刑訴293②，刑訴規211〕。弁護人のこの陳述を最終弁論という。最終弁論の内容は，*公訴事実*に関する主張，*情状*論，法律の解釈適用に関する主張等である。

再主尋問 ⇨再尋問'
歳　　出 ⇨歳入・歳出'
歳出予算 ⇨予算'

罪証隠滅 刑事訴訟法上，*証拠*に不当な影響を与えることをいう。罪証とは犯罪事実の存否や*量刑*に影響する事実に関する証拠である。罪証隠滅の態様には，*証拠物*の毀損・隠匿，共犯者との通謀，*証人*に対する威迫などがある。罪証隠滅のおそれは，*勾留*〔刑訴60①②〕，*接見*交通の制限〔刑訴81〕，必要的保釈(⇨*権利保釈*)からの除外〔刑訴89④〕，*保釈*又は勾留執行停止の取消し〔刑訴96①③〕の事由となる。

再上告 民事訴訟法上，高等裁判所が*上告審*としてした*終局判決*に対し，憲法違反を理由として最高裁判所に提起する*上告*〔民訴327〕。本来の*上訴*ではなく，非常の不服申立方法である。通常，*特別上告*と呼ばれる。

罪状認否 刑事訴訟法上，*被告人*は，*冒頭手続*において，被告事件について*陳述*する機会を与えられる〔刑訴291⑤〕が，その際，*公訴事実*を認めるかどうかを述べることが多い。これを罪状認否という。なお，被告人が有罪である旨を陳述したときは，*簡易公判手続*によることができる〔刑訴291の2〕。

再　審 *確定判決*に再審事由に当たる重大な瑕疵(かし)がある場合に，この再審事由を主張して確定判決の取消しと事件の再審理を求める非常の*不服申立て*及びその審判。*法的安定性*の要請から確定判決には*既判力*が生じ，その取消し・変更は原則として許されないが，確定判決に重大な瑕疵がある場合にもなおこの建前を厳格に貫くときは，かえって具体的正義にもとり，また司法の威信をも損なうことになる。そこで，特に重大な瑕疵を再審事由として

法定し，これがある場合には確定判決の取消しとその事件の再審理を許すことにしている。

Ⅰ 民事訴訟法 **1 総説** 再審を申し立てるには*訴え'の形式によらなければならない〔民訴338①〕(再審の訴え)。これに対し，*即時抗告'をもって不服申立てをすることのできる決定・命令(⇨*判決・決定・命令')が確定した後に，これに対して再審事由があるときは，訴えの形式によらず，再審の申立てをすることができる〔民訴349〕。これを*準再審'という。
2 再審手続 再審の訴えは，民事訴訟法338条に列挙された再審事由を主張する場合に限って許される。再審原告は，原則として，確定判決の当事者で全部又は一部敗訴した者である。詐害判決によって権利を害された第三者も，特定の場合には再審の訴えを提起しうる(第三者の再審の訴え)〔会社853，行訴34〕。再審の訴えは，原則として，法定の出訴期間内に提起しなければならず〔民訴342①②〕，例外:民訴342③〕，再審の対象となる確定判決をした裁判所の*専属管轄'に属する〔民訴340①〕。再審事由の存在が認められれば，裁判所は再審開始決定をなし〔民訴346〕，その確定をまって本案についての審理を行い〔民訴348①〕，原判決を不当とすれば，それを取り消した上で，改めて判決がなされる〔民訴348③〕。

Ⅱ 刑事訴訟法 **1 総説** 判決の確定後に主として*事実認定'の誤りが発見されたことを理由として行われる。再審は確定判決を対象とする点で，*上訴'とは区別され*非常救済手続'の一種とされる。現行法では憲法39条による*一事不再理'の保障の結果，再審は有罪判決を受けた者の利益のためにだけ認められるので，冤罪(えんざい)者を救済するための制度である。
2 要件 再審請求の根拠となりうる理由は，条文に列挙されている〔刑訴435・436〕。最も頻繁に援用されるのは，有罪判決を受けた者に対し無罪を言い渡すか又はより軽い罪を認めるべき「明らかな*証拠'をあらたに発見した」〔刑訴435⑥〕という理由である。この要件は，1970年代まで非常に限定的に適用されていた。しかし*白鳥事件'の判例が，有罪認定に対して合理的な疑いのあることを示せば「明らかな証拠」に当たると判断して以来，やや緩やかに適用されるようになった。その後，*財田川(さいたがわ)事件'・*免田事件'などのように，死刑判決の事件でも再審が認められる事例が出ている。近年では，*足利事件'・*布川事件'・*袴田(はかまだ)事件'などが再審によって無罪となっている。
3 手続 再審の請求権者は，有罪判決を受けた者又はそれと一定の関係のある者及び検察官である〔刑訴439〕。再審請求の期間は限定されない〔刑訴441〕が，請求が'棄却'された後は，何人も同じ理由での請求はできない〔刑訴447②〕。再審の請求に対して，裁判所が法定の再審理由があると認めた場合には，再審開始が決定され〔刑訴448〕，更に判決確定前の*審級'に従って*公判手続'が行われ〔刑訴451〕，改めて判決が言い渡される。元の判決より被告人に不利な判決はできない〔刑訴452〕(⇨*不利益変更の禁止')。

Ⅲ 行政法 **1 意義** *行政事件訴訟法'は，同法上の*取消訴訟'について，第三者の再審の訴えの制度を定める〔行訴34〕。*行政庁'の*処分'又は*裁決'を取り消す判決は第三者に対しても効力を有する〔行訴32①〕ため，訴外の第三者が取消判決によって権利を失うことがありうることから(Aに対する営業の許可がBの提起した取消訴訟で取り消された場合等)，こうした第三者の救済を目的として制度化された。
2 要件 第三者の再審の訴えを提起できるものは，取消判決により権利を害された第三者で，自己の責めに帰することができない理由により訴訟に参加できなかったため，判決に影響を及ぼすべき攻撃又は防御の方法を提出できなかったものに限られる〔行訴34①〕。確定判決を知った日から30日以内に提起しなければならず〔行訴34②〕，また，判決確定の日から1年を経過したときは提起することができない〔行訴34④〕。
3 行政審判の再審 *行政審判'の*審決'等にも再審の制度が見られる。例えば，特許*審判'の確定審決に対する再審〔特許171〜176〕，*国家公務員'*不利益処分'につき提起された*審査請求'への*人事院'判定に対する再審〔人規〈13-1〉74〜80〕等である。

再審抗告 ⇨*準再審'
再審査請求 **1 意義** *行政不服審査法'上の不服申立ての一種で，処分についての*審査請求'の*裁決'に不服のある者が，更に不服を申し立てるものをいう〔行審6①〕。
2 手続等 法律に再審査請求をすることができる旨の規定がある場合に限り申し立てることができる〔行審6①〕。再審査請求期間は，裁決があったことを知った日の翌日から起算して1月以内が原則である〔行審62〕。再審査請求に対する再審査庁の判断は裁決でなされる〔行審64・65〕。なお，*行政事件訴訟法'は，審査請求その他の不服申立てを合わせて単に審査請求としており，その他の不服申立てには，*再調査の請求'(⇨*異議申立て')とともに再審査請求も含まれる〔行訴3③〕。

⇨'行政上の不服申立て' ⇨'裁決の取消しの訴え'

再尋問 *'交互尋問'において，*'反対尋問'後に*'主尋問'者が再びする*'尋問'〔民訴規113①③，刑訴規199の2①③〕。再主尋問とも呼ばれている。反対尋問により減殺された主尋問の効果を回復するためのもので，反対尋問に現れた事項及びこれに関連する事項について行われる〔民訴規114①③，刑訴規199の7①〕。

罪　数　犯罪の数が1個か数個かということ。これを決めるのに，行為の数，犯人の意思・目的あるいは結果又は*'法益'などをそれぞれ唯一の標準とする説もあるが，近時は，これらを総合して犯罪定型から決定する*'構成要件'標準説が有力である。これによれば，構成要件を1回充足する事実があれば1罪であり，2回充足すれば2罪であるということになる。なお，罪数論は実体的な処罰の問題であるだけでなく，手続的にも，事件の単複，*'既判力'などの点で重要な意味をもっている。　⇨'法条競合'　⇨'包括一罪'　⇨'科刑上一罪'　⇨'併合罪'

財　政　**1意義**　統治団体（国・地方公共団体）がその存立を維持し，その目的を達成するために必要な財貨を入手し，使用し又は管理する各種の活動を総称する観念。大別すると，*'租税'の賦課・徴収のように，財貨を調達するために命令や強制を行う財政権力作用と，財貨を管理し支出の調整を行う財政管理作用とに分かれる。財政の作用は，権力分立の原理（⇨'権力分立主義'）による国家作用の分類を前提にすると，*'行政権'の中に含まれることになるが，行政府のみならず，立法府・司法府も一定の財政的な裏付けがなければ活動できないので，財政はあらゆる国家活動の経済的な基礎をなす。また*'福祉国家'思想の下では，財政は資源の適正な配分，公正な所得再分配及び経済安定と適度な成長の実現という機能をもつべきであるとされる。

2 基本原則　財政は国民生活と密接な関係をもち，元来，議会制度も*'立憲主義'もそのあり方（特に課税）を巡って成立したものであった。そのため近代国家では，財政立憲主義・財政民主主義が強調される。日本国憲法もこの理念に立って，まず国会議決に基づく財政処理の一般原則（財政国会中心主義）〔憲83〕を明らかにした上で，収入の面における*'租税法律主義'〔憲84〕，債務負担を含めた支出の面における国会議決主義〔憲85〕及び*'予算'制度・*'決算'制度〔憲86・90〕などの具体的な原則を示すとともに，財政状況の国会・国民への報告を義務付けている〔憲91〕。

その下で，各種の*'租税法'が財政権力作用を規律し，*'財政法'・*'会計法'その他の法令が財政管理作用のあり方を定めている。

再生管財人　*'民事再生'において，*'再生債務者'の業務を遂行し，財産の管理・処分を行う機関〔民再66〕。法人の再生債務者について，その財産の管理・処分が失当であるとき，その他事業の再生のために特に必要となる場合，管理命令に基づいて選任される〔民再64①②〕。実定法上は単に管財人という。　⇨'破産管財人'　⇨'更生管財人'

財政関税　⇨'関税'

再生計画　*'民事再生'において，*'再生債権'者の権利を変更（典型的には減免猶予）する条項などを定めた計画〔民再2③〕。株式会社である再生債務者については，法定の要件の下で，一定の会社組織法上の措置を定めることもできる〔民再154③④〕。再生計画は，*'再生債務者'と再生債権者間の権利関係を適切に調整し，再生債務者の事業又は経済生活の再生を図るための核心的手段と位置付けられる〔民再1〕。　⇨'会社更生手続'　⇨'住宅資金特別条項'

再生債権　*'民事再生'において，再生債務者に対して再生手続開始前の原因に基づいて生じた財産上の請求権〔民再84①〕で，*'再生計画'において権利変更の対象となるべきもの〔民再154①Ⅰ・156〕をいう。再生債権は，再生手続が開始された後は，原則として，再生計画の定めるところによらなければ弁済を受けることができないし，再生債務者は弁済その他これを消滅させる行為（免除を除く）をすることができない〔民再85①〕。例外につき，民再85②⑤〕。　⇨'再生債務者'

財政財産　⇨'普通財産'

再生債務者　*'民事再生法'による再生手続において再生する対象としての債務者。法上，経済的に窮境にある債務者であって，その者について，再生手続開始の申立てがされ，再生手続開始の決定がされ，又は*'再生計画'が遂行されているものと定義されている〔民再2①〕。なお，民事再生法では，「再生債務者等」と表現される場合がある〔例えば，法人の再生事件について，民再142①〕。これは，再生手続において管財人（⇨'再生管財人'）が選任されていない場合には再生債務者を意味し，管財人が選任されている場合では管財人を意味する〔民再2②〕。

財政専売　⇨'専売'

再生手続　⇨'民事再生'

財政投融資　毎*'会計年度'に作成される国の財政投融資計画に基づいてなされる投資又は

ざいたくふ

融資をいう。従来は，郵便貯金や年金などから預託を受けた財務省資金運用部の資金が，自動的に*特殊法人'等に流れる仕組みがとられていたが，融資基準が緩やかであり，事業の肥大や非効率を招いているとの批判を受けて，平成13年度からは，*特殊会社'，*独立行政法人'等は財投機関債を市場で発行して自力で資金を調達する仕組みに改められた。財投機関債だけで不足する資金は，財務省が財投債という国債を発行して補うこととされている。財政投融資計画は，その規模や重要性から「第二の予算」とも呼ばれ，予算とともに国会に提出することが義務付けられている〔財政投融資資金の長期運用に対する特別措置に関する法律(昭和48法7)5〕。

財政法 1 実質的意味では，*財政'に関する法規又はその総体をいう。*租税法'又は*地方財政法'を含む場合もある(広義)が，特に*予算'・*決算'，財産管理その他の国の財政活動を規律する基本的な法規を指すことが多い(狭義)。財政法規を含む法令として，憲法7章，形式的意味の財政法，*会計法'，*予算決算及び会計令'，*国有財産法'などがある。
2 形式的には昭和22年法律34号「財政法」を指す。財政処理の基本法として，財政総則，会計区分，予算の内容・手続・効力，決算手続などの基本的な諸準則を定める。

在籍出向 ⇨出向'

再選挙 *当選人'がない場合又は不足した場合等で，当選人の*繰上補充'等の方法で補充できないときに，これを補充するために行う選挙〔公選109・110〕。選挙の全部若しくは一部が無効になっても当選人が死亡若しくは被選挙権を失ったりしたため，有効に議員の身分を取得する者がないか又は不足したりした場合に行う選挙である点で，有効に議員の身分を取得した者が後発的理由で職を失ったときその欠員を補充するため行う*補欠選挙'と区別される。

再遡求 *遡求'義務を履行した者が，更に自己の前者に対して遡求すること〔手47③・49・77①④，小43③・45〕。遡求義務の履行は，*手形'・*小切手'と引換えにされ〔手50①・77①④，小46①〕，手形・小切手の受戻しによって遡求義務者は再び手形・小切手上の権利者となるから，その前者に対して再遡求できる。なお，*拒絶証書作成の免除'がされていないときは，遡求に際して*拒絶証書'の交付を受けておく〔手50①・77①④，小46①〕必要がある。再遡求権の時効は6月である〔手70③・77①⑧，小51②〕(⇨手形の時効')。

罪体 原語のコーパス・デリクティ(圏corpus delicti)は，殺人死体，焼損家屋，盗品などの犯罪によって生じた結果(英body of the crime)を意味する言葉であったが，今日では，外形的な犯罪行為(犯罪事実のうち犯意等の主観的要素を除く部分)を意味する言葉として用いるのが一般的である。更に日本の裁判実務では，情状立証と対置させ，犯罪事実に関する立証の意味でも，「罪体の立証」という言葉が用いられている。

再代襲 ⇨代襲相続'

財田川(さいたがわ)事件 昭和25年(1950)香川県財田村の1人暮らしの男性が包丁で刺殺され，現金を奪われたという強盗殺人事件。犯人として起訴されたTが，その捜査段階での*自白'，Tのズボンに付着していた微量血痕等の*証拠'により，*死刑'判決を言い渡され，昭和32年確定した。Tが申し立てた第2次*再審'請求に対して，最高裁判所は，刑事訴訟法435条6号の「無罪を言い渡すべき明らかな証拠」であるかどうかの判断にあたっては，*確定判決'が認定した犯罪事実の不存在が確実であるとの*心証'は必要なく，確定判決の*事実(の)認定'の正当性についての疑いが合理的であるかどうかを判断すれば足りるとして，請求棄却の決定を破棄差し戻した(最決昭和51・10・12刑集30・9・1673)。これにより，再審開始決定がなされ，Tに対する再審公判での*無罪'判決(高松地判昭和59・3・12判時1107・13)が昭和59年3月26日確定した。

在宅介護支援センター ⇨老人介護支援センター'

在宅勤務 事業場へ通勤する代わりに，自宅を仕事場にする勤務形態。テレワークとも呼ぶ。遠隔地勤務は，電子機器(パソコン，タブレット，スマートフォンなど)と高速通信回線を用いて実現される。日本での普及はなかなか進まなかったが，2020年からのコロナ禍で急速に広まった。電子機器を用いての文書・情報処理・オンライン会議，自宅を拠点とする直行直帰の営業員などがある。自営型テレワークともいわれる，雇用関係でない*請負'形態の在宅ワーク(就労)の場合も多い。記憶媒体を介した文書処理(例えば，紙の原稿に従って入力作業を行い，USBメモリ等に保存すること)の在宅就労には，家内労働法が適用されることがある(⇨家内労働')。

在宅福祉 高齢者・障害者等に対し，住み慣れた家庭や地域での生活の維持を支援するために提供される各種の福祉サービスの総称。ホームヘルプ・サービス，デイサービス，ショ

ざいだん

ートステイが中核となる。1980年代以降，行財政改革やノーマライゼーションの思想を背景に導入が進み，平成2年の老人福祉法等の改正（法58）により福祉各法に居宅生活支援事業として明確に位置付けられた。*老人福祉法'では*老人居宅生活支援事業'〔老福5の2①〕，介護保険法では居宅サービス〔介保8①〕（⇨居宅介護サービス費'）及び一部の*地域密着型サービス'〔介保8⑭〕がこれに当たる。　⇨障害福祉サービス'⇨障害児通所支援'

財　団　一定の目的のために結合された財産の集団をいう。財団は，次の2つの種類に大別される。イ *抵当権'の目的とするために設定される工場財団を始めとする各種の財団（⇨財団抵当'）や*破産財団'のように，*第三者'の権利の目的とし，あるいは第三者の権利を保護するために所有者の他の財産から区別するために構成されたもの。ロ *財団法人'のように，一定の目的をもっている財産を個人の権利に属せないで，独立のものとして運用するために認められたもの。

財団債権　*破産財団'から*破産債権'に優先して，かつ破産手続によらずに随時弁済を受けられる債権〔破2⑦・151〕。手続費用や財団管理費用等の破産債権者の共同の利益のために必要な費用及び租税債権・労働債権の一部等が含まれる〔破148・149・150・54②・55②・56②・144④・168①②②①③，民再252⑥，会更254⑥，会社574④〕。　⇨共益債権'

財団抵当　**1 意義**　*財団'を目的として*抵当権'を設定する制度，又は，設定された抵当権のことをいう。民法上，抵当権の目的となるのは，個別の*不動産'だけである。しかし，企業金融を促進する観点から，企業収益の源泉となる有機的一体としての複数の財産を目的として担保権を設定する必要があり，いくつかの*特別法'において，財団を組成し，その財団を目的として抵当権を設定することが認められている。それぞれの法律によって異なるが，財団を組成する財産には，*土地'，*建物'等の不動産，機械，器具等の*動産'，*地上権'，賃借権，*工業所有権'，鉱業権等の権利がある。財団抵当の*公示'のために，特別の登記・登録制度があり，財団を組成する財産の内容を示す目録が作成される。

2 種類　財団抵当には，イ 工場抵当法に基づく工場財団抵当，ロ 鉱業抵当法に基づく鉱業財団抵当，ハ 鉄道抵当法に基づく鉄道財団抵当，ニ 軌道ノ抵当ニ関スル法律に基づく軌道財団抵当，ホ 運河法に基づく運河財団抵当，ヘ 漁業財団抵当法に基づく漁業財団抵当，ト 港湾運送事業法に基づく港湾運送事業財団抵当，チ 道路交通事業抵当法に基づく道路交通事業財団抵当，リ 観光施設財団抵当法に基づく観光施設財団抵当がある。このうち，イ，ロ，ヘ～リにおいては，財団は1個の不動産とみなされ〔工抵14①等〕，ハ～ホにおいては，財団は1個の物とみなされる〔鉄抵2③等〕。財団抵当には，その目的が目録に記載された財産に限定されるという難点があり，これを補う制度として，*企業担保権'の制度がある。また，担保法制の改正に向けた議論の中で，事業担保の制度の創設が検討されている。

財団法人　一定目的のために提供された財産を運営するために作られる法人。人の集団を前提として法人格を与えた*社団法人'に対する。財団法人は，社団法人のように構成員（社員）の存在を予定しないため，*社員総会'がない。このため，意思決定機関として3人以上の評議員から成る評議員会，理事会を設置し，また監査機関としての監事を設置することが義務付けられている〔一般法人170①・173③・197〕。財団法人は*一般社団法人及び一般財団法人に関する法律'の適用を受けるもののほか，私立学校法，宗教法人法などの特別法によっても設立される。　⇨法人'

再　致　⇨反致'

再調査の請求　**1 意義**　*行政不服審査法'上の不服申立ての一種で，処分庁に不服を申し立てるものをいう〔行審5①〕。平成26年改正の行政不服審査法（法68）によって新設された。改正前同法（昭和39法160）における異議申立てに類似するが，再調査の請求ができるのは，処分庁以外の行政庁に*審査請求'ができる*処分'についてであって，再調査の請求ができる旨の定めが法律にある場合〔関税89，税通75①イ・81～86，公害補償106①等〕に限られる点〔行審5①〕で異なる。

2 手続等　再調査の請求期間は，処分があったことを知った日の翌日から起算して3月以内が原則である〔行審54〕。再調査の請求に対する判断は処分庁の*決定'（⇨判決・決定・命令'）でなされる〔行審58～60〕。審査請求にあたり再調査の請求を前置するか否かは申立人の選択に委ねられるが〔行審5①〕，前置した場合は，原則として，再調査の請求についての決定を経た後でなければ審査請求をすることができない〔行審5②〕。なお，*行政事件訴訟法'は，審査請求その他の不服申立てを合わせて単に審査請求としており，その他の不服申立てには，*再審査請求'

とともに再調査の請求が含まれる。また，同法は，*裁決'と決定を合わせて単に裁決とする〔行訴3③〕。 ⇨異議申立て' ⇨行政上の不服申立て' ⇨裁決の取消しの訴え'

在庁略式 *被疑者'・*被告人'を検察庁に待たせたまま，裁判所に*略式命令'を請求して命令の発付を受け，裁判所でのその謄本送達までを1日で済ませる*略式手続'の迅速な運用方法。この場合，*仮納付'命令〔刑訴348〕付きの略式命令を得て，被告人に罰金額を仮納付させてから帰宅させる例が多い。

裁定期間・法定期間 *期間'のうち，裁判機関が事案ごとに裁量によりその長さを定めるものを裁定期間といい，法律により長さが定まっているものを法定期間という。裁定期間には裁判所が定めるもの〔民訴34①・75⑤・132の6①・141・291等〕，裁判長が定めるもの〔民訴137①・156の2・162①・301①等〕，裁判官が定めるもの〔民訴171②・176の2②等〕，裁判所書記官が定めるもの〔民訴137の2，民訴規25①〕があり，期間を定める裁判において始期を定めなかったときは，期間は，その裁判が効力を生じた時から進行を始める〔民訴95②〕。法定期間は更に不変期間〔民訴285・313・332等〕と，それ以外の通常期間に分類される(⇨不変期間・通常期間')。

裁定許諾制度 ⇨著作権'

裁定合議事件 地方裁判所又は家庭裁判所において，裁量的な決定に基づいて，単独体ではなく合議体で取り扱われる事件〔裁26②①・31の4②①〕。法定合議事件(地方裁判所及び家庭裁判所が取り扱う事件のうち，合議体で取り扱うべき旨が法律で定められている事件〔裁26②②～④・31の4②②〕)ではないが，事案が複雑で1人の裁判官だけでは審理や判決に困難を伴うものについて行われる。 ⇨合議制・単独制'

最低工賃 ⇨工賃' ⇨最低賃金'

裁定実施権 法定の裁定手続により強制的に設定される*通常実施権'。強制実施権とも称されている。日本では，**イ** 特許発明が3年以上不実施の場合〔特許83。なお，新案21〕，**ロ** 特許発明が*利用発明'等である場合〔特許92。なお，新案22，意匠33〕，**ハ** 特許発明の実施が公共の利益のため特に必要な場合〔特許93。なお，新案23〕の3種に限られる。その手続は，当該特許権者又は専用実施権者と協議をし，協議不成立又は不調のとき，**イロ**の場合は特許庁長官，**ハ**の場合は経済産業大臣に裁定を請求することができる。なお，工業所有権審議会の意見聴取が必要的であり，また通常実施権を設定すべき旨の裁定においては，通常実施権を設定すべき範囲

のほか，対価の額・支払方法・支払時期を定めなければならない旨の規定などが設けられている〔特許84～91の2・92⑦・93③。なお，新案21③・22⑦，意匠33⑦〕。裁定の対価の額等について不服の場合には裁判所へ提訴することができる〔特許183・184。なお，新案48，意匠60〕。

最低資本金制度 **1 意義** *物的会社'について，*資本金の額'の最低限度額を法定する制度。社員が間接*有限責任'を負うにすぎないことに鑑み，会社に一定額以上の責任財産を保有させること，及び存続が期待できないような泡沫(ほう)会社の濫立を防ぐことを目的とする。更に*株式会社'に関する法規制が本来予定していない多数の中小企業には株式会社形態をとらせないことも狙っている。
2 内容 日本では，平成2年商法改正(法64)前は，株式会社については最低資本金の定めはなく，有限会社について10万円とされていたにとどまっていたが，平成2年の改正により，株式会社の資本金は1000万円以上〔商旧(平成17法87改正前)168の4〕，有限会社の資本金は300万円以上〔有(平成17法87により廃止)9〕でなければならないとされた。しかし，会社法ではこのような定めは廃止された。もっとも，*銀行法'，*保険業法'，*金融商品取引法'など一定の業法は最低資本金制度を定めている。
3 他の諸国の例 外国においても最低資本金制度を採用することが少なくないし(ドイツ，フランス，イギリス，イタリア，アメリカの一部の州等)，EU指令2017/1132も，公開有限責任会社について最低資本金を定めている。ただし，株式・社債を公募できる物的会社を対象とするものが少なくない上，そのような会社と非公募会社とでは最低資本金を異ならせることが多い(フランス，イギリス等)。

在廷証人 当事者が*証人尋問'を申し出る際に既に同行し，採用決定があると呼出手続を省略して*尋問'することができる*証人'〔刑訴規113②参照〕をいう。申出時点では同行しないが，尋問を実施する際には同行する約束を得ておく場合を含めたものを同行証人と呼ぶため，在廷証人は同行証人の一種といえる。*疎明'・少額訴訟(⇨少額訴訟手続')における証明の場合など*証拠方法'が即時に取り調べることができるものに限られるとき〔民訴188・371〕は，主に在廷証人が証人尋問の対象となる。他の場合でも，呼出手続を省略できるなどの利点から，実務上は可能な限り同行証人又は在廷証人とする扱いが好まれている〔民訴規109参照〕。

最低賃金 *使用者'がそれ以下の額では

さいていて

*労働者'を雇用してはならないという*賃金'についての最低基準額。*労働協約'などで定められることもあるが, 多くの国では最低賃金法を制定しており, 狭い意味ではこれによる賃金をいう。日本の最低賃金法は, 最低賃金の決定手続だけを定めている。当初は使用者間の協定(業者間協定方式)を中心とするものであったが, その後の改正(昭和43法90)で厚生労働大臣又は都道府県労働局長が最低賃金審議会の調査審議を求め, これを尊重して決定する職権方式〔最賃10・15。なお船員につき, 最賃35〕が中心になっている。審議会方式による最低賃金には, 都道府県ごとに一律に最低賃金額を決定する「地域別最低賃金」と, 労使の申出に基づき, それを上回る範囲で決定される「産業別最低賃金」がある。使用者は最低賃金の適用を受ける労働者に対し最低賃金額以上の賃金を支払わなければならず, それ以下の賃金を定めた*労働契約'は無効とされ, 最低賃金と同様の定めをしたものとみなされる〔最賃4〕。なお, 家内労働法に定める手続に従って設定される*家内労働者'の工賃の最低額を最低工賃〔家労8〕といい, これは通常の労働者に関する最低賃金に相当する。平成19年の最低賃金法改正(法129)により, イ 生活保護給付と整合的な地域別最低賃金の水準の実現〔最賃9③〕, ロ *派遣労働者'については, 派遣先の最低賃金が適用されること〔最賃13・18〕, ハ 労働協約に基づく最低賃金決定方式の廃止, ニ 産業別最低賃金を「特定最低賃金」と改称し〔最賃2章3節〕, 民事的効力のみ有するとすること〔最賃5章参照〕が定められた。

裁定的関与 *地方公共団体'が私人に対して行った処分に対する, 私人の不服申立てにつき, 国の機関(市町村の処分の場合には都道府県知事が行うものも含む)が審査, 裁決する制度〔自治255の2, 建基95等〕における国・都道府県の関与のこと。*地方自治法'において地方の自主性・自立性尊重の観点で規律の対象となる*国の関与'からは除外されている〔自治245③〕。私人が出訴する場合の裁定的関与の一般的前置主義は平成11年の地方自治法改正(法87)で廃止され, 平成26年の行政不服審査法改正に伴う改正(法69)で, 裁定的関与を存置する規定の数も縮減したが, *法定受託事務'に係る処分についてはなお存置されている〔自治255の2〕。裁定について地方公共団体の側で不服がある場合の出訴権は法定されていない。

最低労働年齢 *労働基準法'は, *児童'を, 満15歳に達した日以後の最初の3月31日が終了するまでは, 労働者として使用してはならないとしている〔労基56①〕。これを最低労働年齢という。例外として, 特定の事業に係る職業で児童の健康及び福祉に有害でなく, 労働が軽易なものについては, 満13歳以上の児童を労働基準監督署長の許可を受けて, 修学時間外に労働させることができる。映画の製作, 演劇については13歳未満の児童についても同様である〔労基56②〕。

在テヘラン・アメリカ大使館員人質事件
1979年11月4日, イランの首都テヘランのアメリカ大使館をイランの民衆が占拠し, 大使館員を人質拘留した事件。イランのホメイニ政権は, これを容認し, 過去におけるアメリカのイランに対する搾取・干渉への反応であるとの態度をとった。アメリカは対イラン*経済制裁'を発動し, 更に人質救出軍事行動を試みた。アメリカの提訴に応じて, *国際司法裁判所'はイランの国際法違反と人質即時解放を判示した(ICJ判1980・5・24 Reports 1980・3)。アルジェリアの仲介により, アルジェ合意に基づいて人質は1981年1月20日に解放された。

再転相続 *相続'が開始して*相続人'が承認も放棄もしないで死亡した場合, 更に相続が開始し, 第1の相続の承認・放棄の権利が第2の相続に含まれて承継するが, この第2の相続を再転相続と呼ぶ。第1の相続の熟慮期間は, 第2の相続の熟慮期間まで延長される〔民916〕。再転相続人は, 2つの相続についてそれぞれ承認・放棄の選択権をもつが, これらの選択権は全く独立して行使されうるものではなく, 第2の相続について放棄をした場合は第1の相続の選択権を行使することはできない。 ⇨*相続の承認' ⇨*相続放棄' ⇨*代襲相続'

再伝聞 伝聞証拠である供述の中に更に含まれる*伝聞供述'。各種*供述録取書'も厳密には再伝聞だが, 法は供述者の署名押印等を条件に単純な伝聞として扱う〔刑訴321①〕。通常の伝聞よりも危険でありまた明確な許容規定もないが, 通説・判例(最判昭和32・1・22刑集11・1・103)は, 伝聞のそれぞれの過程が伝聞例外の要件を備えていれば, 証拠となしうるとする。これに対し, 再伝聞の場合には原供述の存在を確かめえないことを理由に, 原供述者が原供述を肯定確認した場合等に限り*証拠能力'を認めるべきだとする説も有力である。 ⇨*伝聞証拠'

再度の考案 I 民事訴訟法上, 決定・命令(⇨*判決・決定・命令')に対して*抗告'が提起された場合, 原裁判をした裁判所又は裁判長が, 自ら抗告の当否を審査して, 原裁判を変更することのできる制度〔民訴333〕。裁判の*羈束

(ﾋﾎｳ)力'の例外をなすが，これによって，上級審の負担を軽減し，原裁判に対する不服に迅速な救済を与えることができる。

Ⅱ　刑事訴訟法上は，*抗告'の申立書を原裁判所に提出することが要求され，再度の考案の機会が保障されている〔刑訴423〕。

歳入・歳出　一*会計年度'における国及び地方公共団体の一切の収入を歳入，一切の支出を歳出という〔財2④，自治210〕。支出とは，いろいろな財政需要を満たすための現金の支払を指し，その支払の財源となる現金の収納が収入である〔財2①〕。したがって，専ら*国庫'の資金繰りのためになされる財務省証券(⇨*国債')の発行・償還は，財源ではなく〔財7②〕，収入・支出に含まれない。供託金や入札・契約保証金など，財政需要を満たすためではなく単に一時保管するにすぎない金銭の受払いも同様である。これらは歳入歳出外現金と呼ばれる〔自治235の4②〕。国や地方公共団体の会計は現金主義によっており，収入・支出には，他の財産の処分・取得又は債務の負担・償還などに伴うものも含まれる〔財2②③〕。

歳入予算　⇨*予算'
採尿令状　⇨*強制採尿'
再売買の予約　*売買'に際して，売主が将来目的物を再び買い戻す旨を*予約'すること。売主の予約完結の意思表示だけで，相手方の承諾なしに再売買が成立する*売買の一方の予約'〔民556〕の形をとるのが通常である。貸主が買主となって貸金相当額を代金として支払い，借主はその貸金の元利相当額を再売買代金として再売買をする旨を予約する形式で行われ，買戻しと同じく貸金の*担保'の機能を営んでいる。しかし，不動産については民法上の買戻しの制度〔民579～585〕は要件が厳格なので，再売買の予約の方がよく使われる。目的物が不動産である場合には，予約完結権を*仮登記'すれば*第三者'に対抗できる。なお，担保目的で使われる場合には一定の期間内に予約完結権を行使すべきことが定められるのが通常であり，この期間を経過すると売主は予約完結権を失い，売買目的物は確定的に買主のものになる。目的物の時価が貸金額を上回る場合には，*譲渡担保'の場合と同様に，買主に清算義務を認めるべきかが議論されている。　⇨買戻し'

サイバー犯罪　コンピューター技術や電気通信技術を悪用した犯罪の総称。ハイテク犯罪ともいう。コンピューター等の電子情報処理システムの普及に伴い，これに関連する不正行為に適切に対処すべく，昭和62年に刑法の一部改正(法52)が行われた(⇨コンピューター犯罪')。その後も，コンピューター・ネットワークを利用した犯罪の多様化と，電気通信に関する秩序そのものの維持を図る必要性の高まりを受け，平成11年に*児童買春，児童ポルノに係る行為等の規制及び処罰並びに児童の保護等に関する法律'や*不正アクセス行為の禁止等に関する法律'が制定され，平成13年に刑法の一部改正(法97)が行われ(⇨支払用カード電磁的記録に関する罪')，平成15年に「インターネット異性紹介事業を利用して児童を誘引する行為の規制等に関する法律」(出会い系サイト規制法)(法83)が制定された。また，コンピューター・ネットワークの利用による越境犯罪の容易化・深刻化を受け，様々な国際的な取組が行われ，平成13年にヨーロッパ議会会で採択された「サイバー犯罪に関する条約」(サイバー犯罪条約)は，サイバー犯罪から社会を保護することを目的として，コンピューター・システムに対する違法なアクセス等，一定の行為の犯罪化，コンピューター・データの迅速な保全等に係る刑事手続の整備，*犯罪人引渡し'等に関する国際協力等につき定める。日本も同条約に署名し，平成23年の「情報処理の高度化等に対処するための刑法等の一部を改正する法律」(法74)の成立を受け，平成24年に同条約を批准した(平成24条7)。同法は，イ　*不正指令電磁的記録に関する罪'〔刑2編19章の2〕の新設，ロ　*わいせつ物頒布等の罪'〔175〕の*構成要件'の拡充，ハ　電子計算機損壊等業務妨害の罪の*未遂'処罰規定〔刑234の2②〕の新設(⇨業務妨害罪')等を定める。その後，平成26年に，サイバーセキュリティ関連施策の制度的基礎としてサイバーセキュリティ基本法(法104)が制定され，同法の平成28年改正(法31)では，対策の抜本的強化を図るため，国が行う監視・調査等の対象範囲が拡大されるなどし，平成30年改正(法91)では，官民連携の強化を図るため，サイバーセキュリティ協議会が創設されるなどした。更に，*警察法'の令和4年改正(法6)では，重大サイバー事案に対処するための警察活動に係る規定の整備，サイバー警察局の設置等がなされた。

再犯　広義では初回以降更に罪を犯すことをいうが，狭義では刑法に規定する再犯を指す。前者については，再犯防止に関する基本法である「再犯防止等の推進に関する法律」(平成28法104)において，再犯防止に関する施策につき，その基本理念とともに，国及び地方公共団体の責任や，再犯防止施策の基本事項等が定められている。後者については，*拘禁刑'に処せ

さいばん

られた者がその執行を終わり又は執行の免除のあった日から5年以内に更に罪を犯し有期拘禁刑に処するときは再犯とされ，その罪の*法定刑'の長期の2倍以下で処断するとされる〔刑56①・57〕。*死刑'に処せられた者がその刑の減免があったときにも，再犯例の適用について拘禁刑に処せられたものとみなされる〔刑56②〕。

裁判 1 **意義** 実質的意義においては，現実の争訟を解決する目的でされる*公権'的な法的判断の表示をいうが，形式的意義においては，そのうちで，司法機関としての裁判所又は裁判官がする法的な行為(*訴訟行為')という形で行うものを指す。したがって広義では，行政機関のする裁判ということもあり，特許審判(⇨審判')・*海難審判'などがそれに当たる。もっとも，「行政機関は，終審として裁判を行ふことができない」〔憲76②後〕から，それらについても裁判所による司法審査の道が開かれていなければならない。

2 **種類** 裁判所が訴訟行為としてする裁判は民事裁判・刑事裁判に大別され，前者には*家事審判'その他*非訟事件'手続で行われる審判なども含まれる。裁判の形式からして，*判決・決定・命令'の区別があり，手続上の役割から，事件を終結させる*終局裁判'とそうでない中間的裁判の区別があり，対象からして，*本案'の裁判とその他の付随事項に関する裁判，若しくは事件の実体を判断するかどうかで，実体的裁判と形式的裁判の区別がある。なお，*確認的裁判・形成的裁判'をみよ。

3 **手続** 合議体によるときは評議により裁判の内容が定められる。これに基づいて*裁判書'を作成し，当事者に対して告知することにより裁判が成立・発効する。その具体的手続は類型・場合に応じ異なる。

4 **効力** 裁判は*事実行為'ではなく観念的な*法律効果'を目指す*法律行為'であるから，当然一定の効力をもつが，その内容は場合に応じ異なる。 ⇨覊束(きそく)力' 既判力' ⇨執行力' ⇨形成力(判決の)' ⇨評決'

裁判員制度 *司法制度改革審議会'の提言した，一般国民が刑事訴訟手続に参加する制度。「裁判員の参加する刑事裁判に関する法律」により導入された。選挙人名簿から無作為抽出した者から具体的事件ごとに選任される「裁判員」6名が，職業裁判官3名とともに合議体を構成して刑事事件の審判を行う。裁判官と裁判員は基本的に対等の権限を有し，ともに評議し，事実の認定，法令の適用及び刑の量定を行う。ただし，法令の解釈と訴訟手続に関する判断は，裁判官のみで行う。*法定刑'の重い重大犯罪が対象となり，*公訴事実'に対する*被告人'の認否を問わず実施され，被告人が裁判員の関与する裁判体の裁判を辞退することは認められない。なお，裁判員が関与した*第一審'判決に対しては，*事実誤認'又は*量刑不当'等を理由とする*控訴'が認められ，控訴審は従前通り職業裁判官により行われる。

裁判外の和解 裁判外において当事者間で行われる民法上の和解契約〔民695〕。裁判上の和解に対する概念である。裁判上の和解と異なり，*確定判決'と同一の効力をもたず，訴訟終了の効果も生じない。ただし，執行証書等を作ることにより，*債務名義'にすることはできる。また，特定和解等に執行決定を得て債務名義にすることができる。裁判外の和解の一条項として，*訴えの取下げ'(訴え取下契約)に関する条項が含まれることがある。 ⇨和解' 示談' ⇨裁判上の和解' ⇨執行証書'

裁判外紛争解決手続 ⇨エー・ディー・アール(ADR)'

裁判官 1 **意義** *裁判権'及び*司法行政'権の行使を担当することを職務とする*裁判所'の職員。その種類としては，最高裁判所長官，最高裁判所判事，高等裁判所長官，判事，判事補，及び簡易裁判所判事の6つがある〔裁5①②〕。*国家公務員法'上は*特別職'である〔国公2③⑬〕。最高裁判所長官は，内閣の指名に基づいて天皇によって*任命'され〔憲6②，裁39①〕，最高裁判所判事は，内閣によって任命され，天皇によって*認証'される〔憲79①，裁39②③〕。その他の裁判官は，最高裁判所の指名した者の名簿に基づいて，内閣が任命する〔憲80①，裁40①〕。ただし，高等裁判所長官の任免については，天皇の認証が必要とされる〔裁40②〕。

2 **身分保障** 裁判官は，良心に従い，独立してその職権を行うことが要求され，憲法及び法律にのみ拘束される〔憲76③〕。したがって，裁判官には*身分保障'が与えられ，憲法上一定の手続によって*罷免'される場合を除いては，その意思に反して，任期中に免官，転官，転所，停職，又は報酬の減額を受けることはない〔憲78・79⑥・80②，裁48〕。

裁判官会議 裁判所の*司法行政'事務を議する機関。簡易裁判所以外の各裁判所に置かれ，所属裁判官全員(ただし，地方裁判所・家庭裁判所では原則として判事補を除く〔判事補1〕)で構成され，裁判所の長が会議の議長となる〔裁12・20・29・31の5〕。

裁判管轄 I **訴訟法** 1 **意義** 国内に

ある多数の裁判所間での*裁判権'(民事裁判権・行政裁判権・刑事裁判権・非訟裁判権)の分掌の定め。単に*管轄'ともいう。裁判管轄は、特定の裁判所からみれば、その行使できる裁判権の範囲(管轄権)の問題であり、特定の事件又は人からいえば、どの裁判所がそれを行使するか(管轄裁判所)の問題である。管轄は官署としての裁判所ごとに定められるもので、同一裁判所内での事務分配の定めと区別しなければならない。支部や出張所は独立の裁判所ではないから管轄は本庁と共通である。

2 種類 管轄は裁判権分掌の標準により、裁判権の異なる作用をどの裁判所の職分にするかという*職分管轄'(職務管轄)、事件の性質による*事物管轄'、場所的関係による*土地管轄'に分かれる。また、管轄の定めの根拠により、民事事件では、*法定管轄'〔民訴4〜7〕・裁定(指定)管轄〔民訴10・16〜22〕・合意管轄'(⇨管轄の合意')〔民訴11〕・*応訴管轄'〔民訴12〕の区別があり、管轄の定めの強行性という点から*専属管轄'と*任意管轄'に分かれる。*刑事事件'では、合意管轄は認められず、管轄の移転〔刑訴17・18〕、関連事件の管轄〔刑訴3〜9〕が認められている。なお、管轄の存否に関する訴訟法上の取扱いについては、*管轄'をみよ。

Ⅱ 国際私法上の裁判管轄については、*国際裁判管轄'をみよ。

裁判官訴追委員会 裁判官*弾劾裁判所'に対して*弾劾'裁判権の発動を求める機関。衆参両議院各10人の委員によって構成される〔国会126、裁弾5①〕。裁判官について*罷免'の事由があると考える者は、何人も、訴追委員会に対して訴追を求めることができる〔裁弾15①〕。訴追の議決には、出席訴追委員の3分の2以上の賛成が必要とされる〔裁弾10②但〕。

裁判官弾劾裁判所 ⇨弾劾裁判所'

裁判官分限法 昭和22年法律127号。*裁判官'の免官及び*懲戒'について定める。免官は、回復の困難な心身の故障のため執務不能と裁判された場合、及び本人が願い出た場合に行われ〔裁限1①〕、職務上の義務違反等に対する懲戒は、*戒告'又は1万円以下の*過料'がある〔裁限2〕。これに対して、裁判官の*罷免'は、*弾劾'手続による。

裁判規範 人の社会生活における行為を規律の対象とする行為規範(社会規範)は、政府機関によるその効力の保障を獲得することにより法規範となる(⇨規範')。裁判規範は、裁判所が行う裁判を規律の対象とするという意味で法規範たる行為規範に含まれるが、通常は、法規範の果たす機能のうち裁判所以外の政府機関・一般人の日常の行為規範の側面を行為規範と呼び、裁判所による紛争解決規準の側面を裁判規範と呼ぶ。法規範の外観を呈していても、裁判の基準となりえないという意味で、裁判規範ではないとされるものに、国会の内部規律に関する規範(⇨統治行為')、*プログラム規定'などがある。日本国憲法*前文'の裁判規範性については見解が分かれている。

裁 判 権 **1意義** 一国の*裁判所'が特定の事件又は人に対して行使できる国家*統治権'の一部である権限。*司法権'と同義であるが、司法権の及ぶ事件又は人との関係を問題にするときには、裁判権というのが普通である。一国の各裁判所を一体とみて、他の官庁や外国の裁判所に対する関係での権限である点で、抽象的管轄権といい、各裁判所に配分された裁判権行使の権限である通常の管轄権と異なる(⇨管轄')。裁判権はその機能によって、*民事裁判権'・行政裁判権・刑事裁判権・非訟裁判権(⇨非訟事件')に分類されるが、いずれの場合も日本で行われる訴訟その他の事件について関係人を服させることができる。

2範囲 日本の現行制度では通常の裁判所と別系統の*特別裁判所'や*行政裁判所'は認められない〔憲76〕、国内の官庁との権限の分掌はあまり問題にならない。外国国家の私法的ないし業務管理的行為は日本の民事裁判権から免除されない(外国等に対する我が国の民事裁判権に関する法律)。治外法権をもつ者には駐在国の裁判権は及ばない(⇨外交特権')。条約上適法に駐留する外国軍隊の所属員も同様である。国内法上は*天皇'が刑事裁判権〔典21参照〕及び民事裁判権(最判平成元・11・20民集43・10・1160)に服さないと解されるのが唯一の例外である。なお、民事事件について、どこの国の裁判所が裁判権を行使するかは、*国際民事訴訟法'上の問題である(⇨裁判管轄' ⇨国際裁判管轄')。

裁判権免除 ⇨国家免除'

裁 判 所 *裁判権'(*司法権')を行使する国家機関〔憲76〕。具体的事件について公権的な法律判断を下す権限をもつ国家の裁判機関である。裁判所の語は、各個の事件について裁判権を行使する*合議制'又は単独制の*裁判官'を指すのに用いられる場合と、*裁判所書記官'・裁判所事務官・*執行官'などの職員をも含む官署としての意味に用いられる場合とがある。前者がいわゆる狭義の裁判所と呼ばれるもので、訴訟法上の意味での裁判所である。後者は広義の

さいばんし

裁判所で'裁判所法'で用いられている。広義の裁判所には，'最高裁判所'と'高等裁判所'・'地方裁判所'・'家庭裁判所'・'簡易裁判所'などの'下級裁判所'とがある〔裁1・2〕。特別の事件や人を裁判の対象とする'特別裁判所'や'行政裁判所'の設置は許されない〔憲76②〕。裁判所に関する基本法として裁判所法がある。なお，立法・司法・行政三権の相互関係については，'権力分立主義'に掲げた［図：三権の相関関係］をみよ。

裁判書 「さいばんがき」と呼ぶことが多い。Ⅰ 本来は，'裁判'の内容が記載された文書を指すが，民事訴訟法上は，'電磁的記録'として作成するものとされ〔民訴252①・122〕，裁判の形式に応じて電子判決書，電子決定書，電子命令書と呼ばれる。これらの電磁的記録には，'主文'，事実，理由，当事者，裁判所等が記録される〔民訴252①・122〕。'判決の言渡し'は原則として電子判決書に基づいてする〔民訴252．例外：民訴254①〕。決定・命令の告知は，電子決定書・電子命令書に基づかずにすることができるが，'口頭弁論'を開いて言い渡す場合に関しては議論がある。なお，電子判決書に記載された情報については，作成主体を明示し，改変が行われていないことを確認するための措置を講じなければならない。 ⇨判決書'

Ⅱ 刑事訴訟法上，'裁判'を記載した文書をいう。裁判をするときは裁判書を作成しなければならないが，決定・命令(⇨'判決・決定・命令')をするときは，'調書'に記載させることでこれに代えることができる〔刑訴規53〕。判決の場合も，地方裁判所・家庭裁判所・簡易裁判所では，'上訴'の申立てがなく，また宣告の日から14日以内に謄本の請求がないときは，調書に記載させることで裁判書に代えることができる〔刑訴規219〕('調書判決')。裁判書は，'裁判官'が作成し，署名押印するのが原則である〔刑訴規54・55〕。記載事項も定められている〔刑訴規56〕。 ⇨個人特定事項の秘匿措置'

裁判上顕著な事実 ⇨裁判所に顕著な事実'

裁判上の減軽 ⇨酌量減軽'
裁判上の自白 ⇨自白'
裁判上の相殺（そうさい） ⇨相殺（そうさい）の抗弁'
裁判上の離婚 ⇨離婚'
裁判上の和解 裁判所においてなされる'和解'。'訴訟係属中'にされる'訴訟上の和解'と簡易裁判所における'起訴前の和解'とがある。裁判上の和解に係る電子調書は'確定判決'と同一の効力を有する〔民訴267①〕。

裁判所規則 ⇨最高裁判所規則'

裁判所書記官 各裁判所において，'調書'の作成，訴訟の進行管理，'訴訟記録'の保管・'送達'・公証等の事務を所管する機関あるいはこれに従事する'特別職'の職員〔裁60①②，国公2③⒀〕。'訴訟費用'額の確定〔民訴71〕，'支払督促'の発付〔民訴382〕なども書記官の権限に属する。書記官は固有の権限をもつ裁判所の機関であって，単なる裁判官の補助者ではない〔裁60⑤〕。'除斥・忌避・回避'の制度も準用される〔民訴27，民訴規13，刑訴26，刑訴規15〕。

裁判所調査官 最高裁判所，高等裁判所及び地方裁判所に置かれる'特別職'の職員で，'裁判官'の命を受けて，事件(地方裁判所では工業所有権・租税事件に限る)の審理及び裁判に関して必要な調査を行うことを職務とする〔裁57，国公2③⒀〕。その任免は最高裁判所が行う〔裁判官以外の裁判所職員の任免等に関する規則(昭和25最高裁規4)2⑤〕。なお，家庭裁判所には家庭裁判所調査官が置かれる〔裁61の2〕。

裁判所に顕著な事実 広義では，'公知の事実'と，裁判所がその職務上の経験に基づいて，その存否について確信をもっている事実(裁判所に特に顕著な事実)とが含まれるが，狭義では，後者だけを指す。後者の例は，当該裁判所が以前にした判決内容，破産手続開始の決定〔破30〕，後見開始の審判〔民7〕などである。

Ⅰ 民事訴訟では，この種の事実は不'要証事実'である〔民訴179〕。'証拠'によらないで事実を確定させても，裁判所の判断の公正さが疑われることがないことによる。しかし，当事者は，裁判所に顕著にみえる事実が真実に反すると思うときには，この事実につき'反証'を挙げて覆すことは許される。

Ⅱ 刑事訴訟では，狭義でのみ用い，判例は'証明'不要とする(最判昭和30・9・13刑集9・10・2059)が，これは公知の事実に準ずる事案であった。裁判上顕著な事実ともいう。一般に知られているとは限らないので，裁判に対する当事者及び国民の納得を理由に，多数説は証明を要求する。

裁判所の規則制定権 ⇨最高裁判所規則'
裁判所侮辱 ⇨法廷侮辱'

裁判所法 昭和22年法律59号。日本国憲法に基づき'最高裁判所'及び'下級裁判所'に関して定められた基本的な法律〔裁1〕。従前の裁判所構成法(明治23法6)に代わるもので，総則・最高裁判所・下級裁判所・裁判所の職員及び'司法修習生'・裁判事務の取扱い・'司法行政'・裁判所の経費の7編から成る。

裁判所傍聴規則 昭和27年最高裁判所規則21号。裁判の傍聴に関して，裁判長は必要に応じて傍聴券の発行，*傍聴人'の被服・所持品の検査などをすることができ，傍聴人は裁判長の命令に従い静粛にすることなど，法廷の秩序を維持するための規則を定めている。かつては，法廷で傍聴人がメモをとることは，裁判長が個別に許可した場合を除き，原則的に禁止されていたが，*法廷メモ訴訟'を契機として，法廷において傍聴人がメモをとることは原則として自由にできるようになった。なお，明文の規定はないが，法廷での写真撮影・録音は，裁判所の許可がない限りできない。裁判長は法廷の秩序を維持するため相当な処分をすることができる〔裁71，刑訴288②，法廷秩序〕ので，公正で円滑な訴訟の運営を妨げるおそれがある場合には，例外的に傍聴人のメモをとる行為を制限することができる。　⇨法廷警察権'　⇨法廷等の秩序維持に関する法律'

裁判籍 1意義　民事訴訟法上，事件に密接に関係する地点であり，そこを管轄区域に含む裁判所に第一審の*土地管轄'を発生させる原因となるものをいう。

2分類　以下の区別がある。イ　普通裁判籍・特別裁判籍：前者は事件の内容や種類を問わずに一般的に認められるものであり，当事者間の公平の考慮から被告の業務・生活の根拠地に認められる〔民訴4〕。後者は，特定の内容や種類の事件について普通裁判籍と競合して又はその例外として(*専属管轄')認められるものであり，事件の内容や種類に応じた連結地点に認められ，更に独立裁判籍と関連裁判籍とに分かれる。ロ　独立裁判籍・関連裁判籍：前者は，他の事件とは無関係にその事件に本来認められるものであり〔民訴5・6・6の2〕，後者は他の事件との関連から生ずるものである〔民訴7・47・145・146等〕。ハ　人的裁判籍・物的裁判籍：前者は事件の当事者(特に被告)との関係から認められるものであり〔民訴4・5③⑤⑥等〕，後者は*訴訟物'たる権利関係との関係から認められるものである〔民訴5①②⑦等〕。

裁判長　*合議制'の裁判所を代表する*裁判官'。最高裁判所大法廷では長官が，小法廷では，長官が出席する場合には長官が，その他の場合には，各小法廷で定める裁判官が裁判長となる〔裁9③，最事規3・8〕。下級裁判所では，支部又は部の事務を総括する裁判官などが裁判長となる〔下事規5②〕。判事補(⇨判事・判事補')が原則として裁判長になれない〔裁27②，判事補1の2②〕。裁判長は，*訴訟指揮'〔民訴148，刑訴294〕，評議の整理〔裁75②〕，*裁判'の言渡し〔民訴規155，刑訴規35〕などを行い，法廷警察(⇨法廷警察権')を行う〔裁71～72，刑訴288②〕。また，急速を要する場合には1人で一定の処分をする権能も与えられている〔刑訴69〕。単独制の裁判官は裁判長の権限をも併せ行う。

裁判の確定　⇨確定判決'　⇨既判力'　⇨形式的確定力'

裁判の公開　⇨公開(審理)主義'

裁判の成立　*裁判'の意思表示的内容が成立すること。裁判機関内部で成立する内部的成立(単独裁判官のときは*裁判書'作成により，合議体では評議により成立する)と，裁判の告知によって成立する外部的成立とがある。裁判は，外部的成立以後は，原則として*上訴'の方法によらなければ是正できない。

裁判の脱漏　裁判所が終局判決の主文で判断すべき事項の一部について裁判することを漏らし，無意識に一部判決をしてしまった場合をいう。脱漏した部分はなおその裁判所に係属するから〔民訴258①〕，裁判所はその部分につきいつでも職権で終局判決をしなければならない。これを*追加判決'という。*訴訟費用'の負担の裁判を脱漏したときは，裁判所は，申立てにより又は職権で，決定の形式により，訴訟費用の負担の裁判をする〔民訴258②〕。

裁判の評決　⇨評決'

裁判の傍聴　公開された法廷で，公衆が裁判手続を直接に見聞すること。公開主義の結果，*公開停止'が決定された場合を除いて，原則として誰でも自由に裁判を傍聴することができる。ただし，傍聴人席の数に対して希望者が多いときには，傍聴券の発行などの方法で人数が制限されることがある。特定の傍聴人の存在が，*証人'などの供述の妨げになると判断された場合，一時的に退廷させられることがある〔刑訴規202，民訴規121〕。　⇨公開(審理)主義'　⇨傍聴人'

再販売価格維持行為　自己の供給する商品を購入する相手方の当該商品の販売価格(再販売価格という)を決めてこれを維持させ，あるいは相手方の当該商品の販売価格の自由な決定を拘束する行為。違反行為者自ら再販売価格を拘束する場合〔独禁2⑨④イ〕だけでなく，第三者である「相手方」に再販売価格維持行為をさせる場合〔独禁2⑨④ロ〕も含む。「自己の供給する商品を購入する『相手方』」・「相手方の販売する『当該商品を購入する事業者』」には，直接の取引の相手方だけでなく，間接の取引の相手方も含む。再販売価格維持行為(再販という)は，

さいばんひ

'不公正な取引方法'として'独占禁止法'により禁止される'拘束条件付取引'の一類型である〔独禁2⑨④・19〕。再販は、相手方の自由な価格決定を拘束する行為であり、複数の取引相手との間で実効性をもって行われている限り、それによって市場全体における販売業者間の価格競争が制限されるから、原則として公正競争阻害性が認められる(最判昭和50・7・10民集29・6・888〈和光堂再販事件〉)。ただし、「正当な理由」がある場合には例外的に違法とはならない。'流通・取引慣行ガイドライン'によれば、「正当な理由」は、再販によって実際に競争促進効果が生じてブランド間競争が促進され、それによって当該商品の需要が増大し、消費者の利益の増進が図られ、当該競争促進効果が、再販以外のより競争制限的でない他の方法によっては生じえないものである場合において、必要な範囲及び必要な期間に限り、認められる。再販を繰り返し行えば、課徴金が課される〔独禁20の5〕。役務の料金を拘束する場合などは、独占禁止法2条9項4号に該当せず、拘束条件付取引〔独禁2⑨⑥ニ・19, 不公告⑫〕が適用される。再販には、独占禁止法上、2種類の適用除外制度がある〔独禁23〕。第1は、一定の要件の下に'公正取引委員会'が指定した商品に限って例外的に再販が許容される(指定再販)〔独禁23①〜③〕。平成9年以降公正取引委員会が指定した商品はなく、現在この制度の下で再販が容認される商品はない。第2は、著作物について再販を認める(法定再販)〔独禁23④〕。立法理由は、著作物再販適用除外制度が導入された昭和28年当時に存在した定価販売の慣行を追認する趣旨とされ、書籍、雑誌、新聞、レコード盤と、レコード盤と機能・効用が同一である音楽用テープ、音楽用CDの6品目だけが、独占禁止法23条4項にいう「著作物」とされる。指定再販及び法定再販は、一般消費者の利益を不当に害することとなる場合、販売業者が生産者の意に反して行う場合〔独禁23①但〕、一定の団体(例えば生協)が相手方である場合〔独禁23⑤〕には、独占禁止法の適用は除外されず、再販を行えば原則として違法となる。　⇨独占禁止法の適用除外'

裁判批判　訴訟の当事者以外の者とりわけ法律の専門家でない者が、裁判所の'事実認定'など特定の事件の裁判内容を批判すること。旧憲法時代には、刑事裁判の批判には制約があったが〔出版法(明治26法15。昭和24法95により廃止)16等〕、'言論の自由'を保障した現行憲法の下ではしばしばその例がみられ、広津和郎(1891〜1968)による'松川事件'の有罪判決に対する批判などがよく知られている。裁判批判に対しては、裁判の公正を害するおそれがあるという反対論もあった。しかし、現在では言論による真摯な裁判批判は'表現の自由'に含まれるという理解が一般的である。

裁判費用　訴訟費用の裁判の対象となる訴訟費用は、当事者が裁判所を通じて'国庫'に納付する費用と当事者が裁判所以外の者に自ら支払う費用とで構成されるが、前者の費用を裁判費用といい、後者の費用を当事者費用という。裁判費用は、裁判所に対する各種申立ての際に納める'手数料'とそれ以外の原因に基づいて納付する費用(立替金)から成る。手数料は、電子情報処理組織を使用する方法により行うことができる申立てに関しては、原則として、最高裁判所規則で定めるところにより〔民訴費規4の2〕、現金をもって納めることが要求され〔民訴費8①〕、納付がなければ申立ては不適法となる〔民訴費6〕。手数料以外の費用は、当事者による予納又は当事者からの償還があることを前提として、裁判所が現金で支出する費用であり、'証拠調べ'に要する費用等がこれに当たる。裁判所は、当事者にこれらの費用の概算額の予納を命じなければならず、当事者が従わないときは、裁判所はその行為を実施しないことができる〔民訴費12①③〕。ただし、'訴訟上の救助'の決定がある場合は、当事者は裁判費用の支払を猶予される〔民訴83①⑪〕。　⇨訴訟費用'

裁判を受ける権利　1 意義　憲法が保障する'基本的人権'の1つ〔憲32〕。政治権力から独立した'公平な裁判所'に対して、全ての者が平等に権利・自由の救済を求めることができ、かつそれは国の機関によって'裁判'を受ける権利をいう。ここにいう裁判は、'民事事件'・'刑事事件'・'行政事件'(一切の'法律上の争訟'〔裁3〕)の裁判を意味し、また紛争解決にふさわしい手続保障又は被告人の人権保障を伴うものでなければならない。裁判所が、訴訟法で定める管轄権を有する具体的な裁判所を意味するか否かについて争いがあるが、判例は消極説をとっている(最大判昭和24・3・23刑集3・3・352)。
2 内容　民事事件・行政事件において、この権利は、'国務請求権'ないし'受益権'の一種として、適法な訴えのあった場合には必ず裁判を行うべき義務を裁判所に課し、裁判の拒絶を禁止する。ただし、'出訴期間'の短縮、'審級'制限、'訴えの利益'の事後消滅の問題はいずれも裁判の拒絶ではないとされている。また、この権利は、'自由権'の一種として、裁判所の裁判によるのでなければ民事事件において義務を確立さ

れない権利，刑事事件において刑罰を科せられない権利を意味する。*略式手続・略式命令'，*通告処分'の制度は，この権利を侵すものではないとされている。平成21年に施行された「裁判員の参加する刑事裁判に関する法律」は，一定の事件につき原則として3名の裁判官と6名の裁判員で構成される裁判所で裁判を行うとしている〔裁判員2②〕。この制度につき，最高裁判所は，「裁判官ノ裁判ヲ受クルノ権利」とする*明治憲法'24条とは異なり，憲法32条・37条1項が裁判所における裁判を受ける権利を保障していることなどを理由に合憲とした(最大判平成23・11・16刑集65・8・1285)。

⇨*訴権'　⇨*非訟事件'　⇨*迅速な裁判'　⇨*公開(審理)主義'　⇨*デュー・プロセス・オブ・ロー'

歳費　国会議員に支給される給与〔憲49〕。一般職の国家公務員の最高の給与額より少なくない額とされ〔国会35〕，その額及び支給方法は他の給付と併せて，「国会議員の歳費，旅費及び手当等に関する法律」(昭和22法80)に規定されている。歳費の返納は*公職選挙法'の禁ずる国庫への寄附に当たると解されている〔公選199の2〕。議員に給与を支給するようになったのは，選挙民層が拡大し，議員の職務を職業と認めるようになって以降のこと(イギリスでは20世紀に入ってから)であり，中世の身分制議会では等族がその経費を負担した。議員が選出母体の代理人から国民代表へと変わった後も，無報酬の名誉職とする時期が続き，国庫からの給付は旅費等実費弁償金に限られていた。

財物　**1 意義**　*財産犯'の行為客体を指し示す概念。財産犯は，財物を客体とする財物罪と，財産上の利益を客体とする利益罪(利得罪)に分かれる。法文上，*窃盗罪'〔刑235〕・*強盗罪'〔刑236①〕・*詐欺'罪〔刑246①〕・*恐喝'罪〔刑249①〕では「財物」が，*横領罪'〔刑252〜254〕・*盗品等に関する罪'〔刑256〕・*毀棄'隠匿の罪〔刑258〜263〕では「*物'」が客体とされるが，「財物」と「物」は同義である。
2 有体物に限るか　民法上，物とは，有体物(固体・液体・気体のいずれか)をいう〔民85〕。刑法上，無体物は財物に含まれないとする解釈が有力だが(有体物説)，無体物のうち電気は，移転罪(奪取罪)との関係では，財物とみなされる〔刑245・251〕(⇨*電気窃盗')。他方，無体物でも(電気はもとより)管理可能なものは財物に含まれるとする解釈もあるが(管理可能性説)，同説からは，電気以外のエネルギーの扱いは見解が分かれ，*ノウハウ'等の情報の類いは物理的な管理可能性を欠くことから財物に含まれないとされる(⇨*産業スパイ')。
3 不動産を含むか　民法上，物には，*動産'と*不動産'がある〔民86〕。刑法上，不動産は，窃盗罪との関係では，*窃取'できないため客体になりえず，財物に含まれない(⇨*不動産侵奪罪')。詐欺罪・恐喝罪・横領罪との関係では，財物に含まれる(通説)。強盗罪との関係では，見解が分かれる。
4 財産的有価値性　刑法上保護に値する財産的価値(客観的交換価値又は主観的使用価値)がないものは，財物とはいえない。

再保険　*保険者'が*保険契約'(元受保険)によって引き受けた責任の全部又は一部を他の保険者に保険させることを目的とする*保険'。保険会社1社だけで負担しきれないほどの多額の保険を引き受けた場合，あるいは*地震保険'のように1社だけでは危険の分散が不十分な場合などに，再保険を付すことで，保険会社の負う危険を更に分散する作用をもつ。元受保険が何であるか(火災保険や*海上保険'など)を問わず，再保険は*責任保険'の一種である。私営保険として営まれるほか，公営保険として行われることもある〔地震保険3〕。

最密接関係地法　現在の国際私法の方法論を提唱した*サヴィニー'は，法律関係の本拠(独Sitz)を探すのが国際私法の役割であり，本拠の法を*準拠法'とするとした。この本拠を今日では最密接関係地と呼んでいる。国際私法立法では，*単位法律関係'ごとに，そのような地を指し示す*連結点'を採用することになる。例えば，*相続'について被相続人の本国の連結点とされ，*本国法'が準拠法とされるのは，相続については本国法が最密接関係地法であるという立法的決断の表れである〔法適用36〕。しかし，常にこのような簡明な決断ができるとは限らない。*婚姻'の効力〔法適用25〕，*夫婦財産制'〔法適用26①〕及び*離婚'〔法適用27本文〕における*段階的連結'では，*同一本国法'及び同一*常居所地法'がいずれもない場合の最終段階にて，夫婦に最も密接に関係のある地の法によるとされている。これは，そのような状況において最密接関係地を指し示す連結点を設定することをあきらめ，原則に戻って個別的に判断していくこととしたものである。また，債権契約の準拠法について，当事者による準拠法指定を認めているのは〔法適用7〕(⇨*当事者自治の原則')，多様な契約について一般的に最密接関係地を指し示す客観的な連結点は存在しないと考えられているからであり，また当事者による準拠法指定が

さいむ

ない場合は最密接関係地法によると定めているのは〔法適用8②〕，原則に戻って個別的に判断するほかないと考えられたからである。

債　務　債権に対応する概念で，債権を債務者の側から表現したもの。すなわち，債権者に対して一定の行為(*給付')を行う義務をいう。　⇨*債権'

債務拘留　⇨*人的執行・物的執行'
債務者主義　⇨*危険負担'
債務者遅滞　⇨*履行遅滞'

債務者の財産状況の調査　*強制執行'や*一般の先取(さきどり)特権'の実行の申立てをする準備のために，債務者の財産に関する情報を取得するための執行裁判所における手続。イ　債務者に開示を命ずる*財産開示手続'と，ロ　債務者以外の第三者に情報の提供を命ずる第三者からの情報取得手続がある。ロの手続として，登記所(東京法務局)から不動産に関する情報を取得する手続〔民執205〕，市区町村や厚生年金を扱う機関から給与債権(勤務先)に関する情報を取得する手続〔民執206〕，*銀行'等から預貯金債権等に関する情報を取得する手続〔民執207①1〕，*振替機関'及び*口座管理機関'(証券会社や銀行など)から振替社債等(上場株式など)に関する情報を取得する手続〔民執207①2〕が設けられている。

財務諸表　*金融商品取引法'の規定により提出される財務計算に関する書類のうち，*貸借対照表'，*損益計算書'，*株主資本等変動計算書'，キャッシュ・フロー計算書，及び附属明細表を財務諸表という〔財務規1①〕。財務諸表の用語・様式及び作成方法については財務諸表規則が定めるところのほか，一般に公正妥当と認められる企業会計の基準に従わなければならない〔財務規1①〕。公正妥当な企業会計の基準としては，企業会計審議会の企業会計原則及び企業会計基準委員会(ASBJ)の企業会計の基準が指定されているが〔財務規1②③，平成21金融庁告70〕，これらに限られるものではない。
⇨*財務諸表規則'　⇨*中間財務諸表'　⇨*連結財務諸表'

財務諸表規則　昭和38年大蔵省令59号。
1　意義・内容　「財務諸表等の用語，様式及び作成方法に関する規則」の略称で，*金融商品取引法'193条に基づいて制定されたもの。金融商品取引法の規定に基づいて提出される書類中の*財務諸表'(*貸借対照表'，*損益計算書'，*株主資本等変動計算書'，キャッシュ・フロー計算書，附属明細表)については，この規則に定める用語・様式及び作成方法によって作成されなければならない。財務諸表規則は内閣総理大臣が「一般に公正妥当であると認められるところに従って」内閣府令で定めるとされている〔金商193〕。財務諸表の作成基準として，真実性の原則，明瞭性の原則，*継続性の原則'が表明され〔財務規8の2①〕，この規則に定めのない事項については，「一般に公正妥当と認められる企業会計の基準」に従うものとされている〔財務規1①〕。

2　会社法との関係　会社法上，*株式会社'の会計は，「一般に公正妥当と認められる企業会計の慣行に従うもの」とされている〔会社431〕。財務諸表規則は，「一般に公正妥当であると認められるところ」に従って定められた内閣府令であるから，財務諸表規則に定められている事柄は，通常，会社法上の「一般に公正妥当と認められる企業会計の慣行」の内容と認められると考えられる。また，企業会計原則も制定当時から，当時の証券取引法にとっては遵守されるべき慣行とされてきたため，その多くは会社法上の「一般に公正妥当と認められる企業会計の慣行」の内容となりうる。他方で，財務諸表規則は，この規則で定めること以外については「一般に公正妥当と認められる企業会計の基準に従う」〔財務規1①〕として，慣行と基準を区別して規定しているようにみえる。しかし，財務諸表規則自体が上述のように「一般に公正妥当であると認められるところ」という曖昧な表現に基づいて制定されているため，そうした語義にこだわることの意味は少ないともいえよう。公認会計士協会の実務指針のようなものを基準とみることもできるが，慣行とみることもできる。会社計算規則3条は「この省令の用語の解釈及び規定の適用に関しては，一般に公正妥当と認められる企業会計の基準その他の企業会計の慣行をしん酌しなければならない」と規定しており，株式会社以外の会社をも含む定めとなっている。　⇨*一般に公正妥当と認められる(企業)会計の慣行'

財務制限条項　貸付人と借入人の間で，借入人の財務状態を早期に察知し，一定限度で保全するために締結される条項。例えば，純資産，経常損益，各種財務比率などの一定の財務条件を維持すること，格付機関による一定の格付けを維持することを借入人に課す条項などである。通常は，財務制限条項に違反すれば，貸付人の請求により*期限の利益'を喪失する効果が定められる。　⇨*コベナンツ(社債の)'

債務超過　消極財産(負債)の合計額が積極財産(資産)の評価額の合計を上回る状態。存

立中の*'合名会社'・*'合資会社'を除く*'法人'及び*'相続財産'・*'信託財産'の破産原因である〔破16・223・244の3。なお、一般法人215①、会社484①・510②・656①、民再21①、会更17①Ⅰ〕。⇨*'支払不能'

債務的効力(労働協約の)　*'労働協約'が締結当事者間(*'労働組合'と*'使用者'・*'使用者団体')の合意に基づいて成立することから認められる私法上の*'契約'とほぼ共通する法的効力。協約全体につき、遵守し履行すべき実行義務、*'争議行為'を回避すべき*'平和義務'などが及ぶほか、労使関係規定(チェック・オフ、在籍専従などの便宜供与、争議手続条項など)のほとんどが債務的効力の対象となる。このように*'規範的効力'が及ばず債務的効力のみが認められる協約部分を債務的部分と呼ぶ。

債務的部分　⇨*'債務的効力(労働協約の)'⇨*'労働協約'

債務の履行の見込み　*'株式会社'が*'持分会社'に組織変更する場合〔会社則180③〕、異議を述べることができる債権者が存在するときは、*'合併'、*'会社分割'、*'株式交換'・*'株式移転'・*'株式交付'における当事会社である既存の株式会社は〔会社則182①⑤・183⑥・184①⑤・191⑥・192⑦・193⑤・204⑥・205⑦・206⑤・213の2⑥〕、企業再編行為の効力が生ずる日以後において、法務省令の定める所定の債務につき、その履行の見込みに関する事項について事前に開示しなければならない。会社法制定前(平成17法87改正前)の商法の下では会社分割につき「債務ノ履行ノ見込アルコト」を記載すべきこととされていたため債務の履行の見込みがないことが会社分割の無効事由になるとする見解が有力であったが、会社法の下では無効事由ではないと一般に解されている。

債務引受け　**1意義**　イ 狭義では、B(旧債務者)のA(債権者)に対する債務をC(引受人)が引き受けてAに対する債務者となり、Bがこれにより債務を免れる契約(免責的債務引受け)〔民472①〕をいう。ロ このほかに、Bの債務を存続させながら新たにCが債務を負う併存的債務引受け(重畳的債務引受けともいう)〔民470〕がある。ハ 更に、債務引受けではないが、これに類似するものとして、Cが*'第三者'として弁済をする義務をBに対して負うだけでAC間には債権債務関係を生じない*'履行の引受け'がある。民法には、債務引受け、履行の引受けに関する規定はなかったが、通説・判例(大判大正10・5・9民録27・899)はこれらを認めてきた。*'債権法改正'により、併存的債務引受け〔民470・471〕及び免責的債務引受け〔民472〜472の4〕について規定が新設された。

2機能　債務を他人が肩代わりすることで返済に行き詰まっている債務者の再生が図られるほか、*'営業譲渡'において従前の取引関係を譲受人に円滑に移転するのに役立つ。また、クレジットカードによる取引では、カード所持人の物品購入等の代金債務をカード会社が債務引受けし、売主に弁済した後に所持人から取り立てる法律構成がとられている。

3要件　イ 債務が移転可能であり、引受人によって履行が可能なものであることが必要である。ロ このほかに、当事者間の合意が必要である。免責的債務引受けは、ABC3者の契約でできるのは当然であるが、AC間の契約でもできる〔民472②〕。後者の場合には債権者AからBに免責的債務引受けの契約をしたことを通知した時から効力が生じる〔民472②後〕。BC間の契約でできるかは議論されてきたが、債権法改正によって、債権者AがCに対して承諾することで効力が生じると規定されることになった〔民472③〕。債務引受けの効力には、遡及効はなく、承諾の時に生じる。併存的債務引受けは、ABC3者の契約でできるほか、BCの契約でできるが、債権者Aが承諾した時にその効力を生じる〔民470③〕。この場合にはBCの契約は第三者Aのための契約とされ、その規律に従う〔民470④〕。ACの契約でもできるが〔民470②〕、CがAに弁済してBに求償することは第三者弁済に類似するので、利害関係のない第三者CはBの意思に反して弁済できない〔民474②〕。

4効果　イ 免責的債務引受けでは、債務は同一性を失うことなく、BからCに移転し、Bは債務を免れる。したがって、旧債務者BがAにもっていた抗弁権(債務の不存在、*'同時履行の抗弁権'など)は、全てCに引き継がれる〔民472の2〕。Bの債務を担保する担保権も原則として移転するが〔民472の4〕、保証・物上保証は、*'保証人'・*'物上保証人'の同意なしには移転しない〔民472の4①但〕。ロ 併存的債務引受けでは、元の債務者Bと引受人Cの両方が債務者となり、両者は連帯債務者となる〔民470①〕。Bの債務のために設定された担保権は、Cの債務までは担保しない。

5 法律の規定により生じる債務引受け　営業譲渡の譲受人が譲渡人の商号を続用する場合、又は譲渡人の営業により生じた債務を引き受ける旨広告した場合には、併存的債務引受けが生じるものとされる〔商17・18①〕。

債務不履行　**1意義**　家屋の売主が不注意

さいむめい

で火事を起こしてその家屋を焼失させてしまった場合や、借金した者が期日がきても返済しない場合のように、債務を負う者が、その債務を負うことによって当然期待される履行をしないこと、すなわち、債務の本旨に従った履行をしないこと〔民415〕。何が債務の本旨に従った履行であるかは、法律の規定、契約の趣旨、取引慣行等を基準として判断しなければならない。債務不履行には、*履行不能・*履行遅滞・*不完全履行'(積極的債権侵害)の3つの類型があると解されてきた。もっとも、このような類型化は*ドイツ民法'に倣った(ただし、債務法改正後のドイツ民法280条参照)ものであり、日本民法では必要でないという説も有力である。
2 効果　債務不履行の主な効果は、一定の要件の下に*損害賠償'請求権が生じることであるが、ほかにも種々の効果が認められている。イ 債務の履行が可能であるのに、債務者がその履行をしないときは、債権者は原則として債務者に対してその履行を請求することができ〔民412の2①〕、更に債務者が任意にその履行をしないときは裁判所に対して*強制履行'を請求することができる〔民414〕。債務の履行が不能のときは、もちろん履行及び強制履行を請求できないが、履行不能が債務者の責めに帰すべき事由に基づく場合には、ロの問題になり、責めに帰することのできない事由に基づく場合には、債権は消滅し、それが双務契約から生じている場合には*危険負担'の問題を生じる。ロ 債務の本旨に従わない履行が債務者の責めに帰すべき事由に基づくときには、債権者は損害賠償を請求できる。すなわち、履行不能等の場合には、本来の履行に代わる損害賠償、すなわち*填補賠償'を請求することができる〔民415②〕。これに対して履行遅滞の場合等、履行請求が可能な場合には、本来の給付の請求に併せて*遅延賠償'を請求できる。不完全履行の場合には*追完'可能であれば、履行遅滞に準じた効果が生じ、追完が不可能な場合には履行不能に準じて取り扱われる。責めに帰すべき事由とは、契約その他の債務発生原因及び取引上の社会通念に照らして決せられるが〔民415①但書参照〕、一般に債務者に*故意'・*過失'のあることを指し、*履行補助者'の故意・過失もこれに含まれると解されている。債務者には履行する義務があるから、履行できなかったことが、自己の責めに帰することのできない事由によることを債務者が立証しなければならない。損害賠償の範囲は民法416条が規定する(⇒*相当因果関係')。ただ、金銭債務の不履行においては、債務者は*不可抗

力'をもって不履行の責めを免れることはできず、損害賠償額は*法定利率'又は約定利率のいずれか高いほうを基準として算定される〔民419〕。ハ 債務が契約から生じたものであるときは、債権者は一定の要件の下に契約の*解除'をすることができる〔民541・542〕。

債務名義　*請求権'の存在及び内容を公証する文書又は*電磁的記録'で、それに基づく*強制執行'が法律上認められているもの。請求権の存否内容についての判断から*執行機関'を解放するという機能をもつ。強制執行は、*執行文'の付された債務名義の*正本'に基づいて実施されるのが原則である〔民執25〕。債務名義の種類としては、*確定判決'〔民執22①〕のほか、*仮執行'宣言を付した各種裁判〔民執22②3の2 3の3〕、*抗告'によらなければ不服を申し立てることができない裁判〔民執22③〕、訴訟費用負担額の決定など執行力が認められる裁判所書記官の処分〔民執22④4の2〕、執行証書〔民執22⑤〕、確定した執行判決のある外国判決〔民執22⑥〕、確定した執行決定のある*仲裁判断'等〔民執22⑥の2 6の3 6の4 6の5〕(⇒執行判決・執行決定')、*裁判上の和解'調書など確定判決と同一の効力を有するもの〔民執22⑦〕がある。

罪　名　⇒起訴状'

採　用　I　*昇任'、*転任'、*配置換'、*降任'と並ぶ公務員の*任用'の一方式(人規8-12)6①参照)。従来職員でなかった者を新たにある*職'(官職)に任命すること。一般職や一部の*特別職'の職員については、採用は競争試験を原則とするが例外的に*選考'によることができる〔国公36、教公特3・11・15、地公17の2、自衛35〕。なお、公務員の採用内定の通知は、法令上の根拠を有するわけではなく、採用発令の手続を支障なく行うための準備行為としてなされる事実上の行為にすぎないから、採用内定の取消し自体は処分に当たらないとするのが判例の立場である(最判昭和57・5・27民集36・5・777)。
II　*労働者'との*労働契約'の締結行為を*使用者'側から表現したもの。労働の受入れも契約の一種として*契約自由の原則'の保障を受け、使用者の採用も、どの労働者をどれだけどのような*労働条件'で採用するか等を決定する自由として保障される。採用そのものについては、*労働基準法'の*均等待遇'の原則〔労基3〕の適用がないなど、その自由が広く保障されると解されてきた(*三菱樹脂事件')。ただし、女性、高齢者、障害者、*派遣労働者'等について採用の自由に対する立法規制がなされている〔雇均5、労働施策推進9、高年9・10の2、障害雇用10・34・

38・43, 労派遣40の6］。また，労働者一般の採用に関連した規制は，労働基準法や*労働契約法'にも存在している〔労基14～18, 労契3①～③・4〕。新規学卒者の採用においては，使用者の募集(*申込みの誘引(誘因)')，労働者の応募(*申込み')の過程を経て使用者による内定(*承諾')の手続がとられるのが一般である。内定については，一般に，始期付(入社日を就労時期の始期又は労働契約の効力の始期とする)で，かつ解約権留保付(内定取消事由が発生すれば解約できる)の特殊な労働契約がすでに成立するとされている(最判昭和54・7・20民集33・5・582〈大日本印刷事件〉，最判昭和55・5・30民集34・3・464〈電電公社近畿電通局事件〉)(⇨留保解約権')。したがって，使用者による内定取消には，客観的に合理的で社会通念上相当として是認できる事由の存在が求められる。

在留資格 外国人が日本に入国・在留するについて，日本で行うことのできる活動又は日本に在留することのできる身分若しくは地位。*出入国管理及び難民認定法'は，外国人はいずれかの在留資格が付与されて初めて入国・在留が認められ，当該在留資格に定められた活動ができるものとしている〔入管2の2〕。外国人の入国・在留目的の多様化に対応して，在留資格の種類・範囲の見直しがなされてきている。日本で行うことのできる活動は，別表1で，外交，公用，高度専門職，経営・管理，法律・会計業務，興行，技能，特定技能，留学，研修などに類型化され，日本において有する身分又は地位は，別表2で，永住者，日本人の配偶者等などに類型化されている。在留資格は，原則として5年以内の期限つきで与えられ，在留期間の更新〔入管21〕については，法務大臣に広範な裁量権が認められている(最大判昭和53・10・4民集32・7・1223〈マクリーン事件〉)。また，不法滞在により*退去強制'がなされる事案が多数みられる。

裁量棄却 *株主総会'の*決議'に手続上の瑕疵(か)がある場合，具体的には，株主総会の*招集'手続又は決議方法が法令若しくは*定款'に違反し，又は著しく不公正であるときは，当該決議は，本来，*株主'等の提起した株主総会決議取消しの訴え(⇨会社の組織に関する訴え')によって取り消されるべきものである〔会社831①⒈〕。しかし，招集手続又は決議方法の法令・定款違反という瑕疵が存在する場合にも，イ その違反する事実が重大でなく，かつロ 決議に影響を及ぼさないときは，裁判所は，当該決議取消しの請求を棄却することが認められる〔会社831②〕。いわゆる裁量棄却という制度であり，濫訴防止の趣旨で設けられたものである。また実質的にも，そのような軽微な手続上の瑕疵があるにすぎない場合(例えば，株主でない者に総会の*招集通知'を発したため同人が総会に出席して決議に参加したが，同人の票数を除外しても当該決議が成立したと認められる場合)には，株主の利益が害されたとはいえないからである。裁量棄却が認められるためには，上記イ及びロの要件を満たす必要があり，違反の事実が重大であれば，決議の結果への影響の有無を問わず，決議は取り消されなければならない(最判昭和46・3・18民集25・2・183)。

裁量基準 行政機関が，裁量権行使のために行政内部で設定した基準。裁量決定の公正さを担保し，適正手続の要請に適合するよう，行政機関は裁量基準をあらかじめ設定し，できるだけそれを公開することが求められる。*行政手続法'では，*申請'に対する処分については，*審査基準'を定め，それを公にしておくことが行政庁に義務付けられ〔行手5〕，また，*不利益処分'については，*処分基準'を定め，公にするよう努力義務が課せられている〔行手12〕。これらの審査基準・処分基準は，裁量基準の性質を有することが多い。

裁量権収縮 **1 意義** 行政機関に認められた裁量権の範囲が，具体的状況に応じて収縮すること。通常は，行政庁が自己の裁量判断に委ねられた権限を行使しないとき，社会的危険が極限に達しているような場合には，その裁量の幅がゼロまで収縮して権限行使義務が発生するという「裁量権のゼロ収縮」を指す。**2 要件** 国家賠償責任に関する判例の中には，危険防止のための法令上の規制権限の不行使に関し，イ 生命・身体・健康等に対する差し迫った危険があり，ロ 行政庁がその危険の切迫を知り，又は容易に知りうべき状況にあり，ハ 行政庁の権限行使による結果発生回避が可能であり，ニ 被害者の側での危険回避が不可能若しくは困難であり，ホ 被害者が行政庁の権限行使を期待することに相当性があったこと，などの要件の下，行政庁の不作為の違法を認めて，損害賠償請求を認容する事例がみられる(東京地判昭和53・8・3判時899・48〈東京スモン事件〉等)。⇨不作為による国家賠償責任'

裁量権の限界 **1 意義** 行政庁の裁量権は，たとえその行使を誤っても不当であるにとどまり，裁判所の審査権は及ばないが，裁量権の踰越(ゆえつ)・濫用にわたる場合には，裁判所が審査しうる違法の問題を生ずる〔行訴30〕。裁量権の

さいりよう

踰越とは, 法の許容した裁量の枠を超えることを意味し, 濫用とは形式的には法の認める枠内であっても法の本来の目的に反して裁量権を行使することをいうが, 判例は両者を一体的に裁量権の限界として捉えている。

2 基準 裁量権の限界に該当し, 違法と評価される場合として, イ 事実誤認(要件事実が全く欠けているのに*行政行為'をする場合等), ロ 目的違反(根拠法規の予定しない目的のために行政行為をする場合等), ハ 動機の不正(不正な動機に基づく裁量権の行使等), ニ 平等原則・*比例原則'・信義則違反がある。このほか, ホ 他事考慮(本来考慮すべきでない事項を考慮に入れる等), 要考慮事項の考慮不尽などの判断過程上の考慮事項に関する過誤も挙げられる。

裁量権の踰越(ゆえつ)・濫用 ⇨裁量権の限界'

裁量行為 **1 意義** 行政機関が決定を行う際に一定の判断の余地が認められており, そうした判断が裁判所によっても尊重される場合に, 行政機関は裁量権をもつといい, 当該活動のことを裁量行為という。'羈束(きそく)行為'との対比で用いられてきた。裁量行為は, 当初, 行政行為に関して論じられてきた。しかし, 上記の意味の裁量権が認められるのは行政行為に限定されず, *政令'・内閣府令・*省令'や*規則'の制定, *通達'の発出, *行政契約'の締結, *行政指導', *行政計画'の策定など, 行政活動の広い範囲にわたって, 裁量行為は認められる。

2 根拠 裁量行為が認められる趣旨は, 議会があらかじめ一的に規律し尽くすのではなく, 専門知識を有した行政機関が, 個別事例の特性に応じて判断することが適切であるという立法者の授権に基づく。都市計画のように多様な要素を投入して計画を策定すべき場合, 原子力発電所の設置のように, 最新の科学技術上の知見を前提として将来予測に基づく政策判断がなされるべき場合, 公務員の*懲戒'処分のように, 庁内の事情に通暁し, 職員の指揮監督の衝にあたる者の判断にまかせるべき場合等など, 裁量行為が肯定される実質的根拠は様々であり, 裁量行為の存否及び範囲の確定は, 当該行為を定めた法律の個別解釈問題である。

3 分類 かつては, 裁量行為の類型区分として, 羈束裁量(又は法規裁量)と自由裁量(又は便宜裁量)の区別が語られた(⇨自由裁量・法規裁量')。しかし, 羈束裁量が法律等により拘束される度合いの高い裁量行為を指すのに対し, 裁量の幅が広いものを自由裁量と呼ぶ用語法は, 相対的区別を示すにすぎず, かかる区別が法律解釈上もたらす意義は乏しい。むしろ, 裁判の場では裁量行為であっても逸脱や濫用が認められる場合には違法と評価されることから〔行訴30〕, 逸脱や濫用と評価される裁量行為はいかなるものかといった視点が重視されている。事実誤認, 平等原則や信頼保護原則等への違反, 他事考慮などが認められる場合には, 裁量権行使に逸脱濫用があったとして裁量行為の違法を説く裁判例が確立している。

⇨裁量権の限界'

最良執行方針 金融商品取引業者・登録金融機関が, *有価証券'の売買・**デリバティブ'取引に関する顧客の注文について, 最良の取引条件で執行するために定めた方針・方法のこと〔金商40の2〕。市場間競争の下で, 投資者のニーズに即した市場への注文執行や取引を行うことが業者の最良執行義務となるが, *金融商品取引法'では業者に最良執行方針等の作成・公表・投資家への情報提供を定め, 有価証券等取引の注文につきこれに従った執行義務を課す。

裁量統制 行政庁の裁量権行使を, それが適正になされるべく統制すること。主に裁判所による司法統制が問題とされている。伝統的には, 裁量を, 裁判所の完全な審査に服する法規裁量と行政庁の最終的な判断権が認められる自由裁量に区分する基準を巡ってこの問題が論じられてきたが(⇨自由裁量・法規裁量'), 今日ではこのような二分法は支持されなくなり, 一体としての*裁量権の限界'が, 裁量権の踰越(ゆえつ)と濫用〔行訴30〕の統制として論じられている。行政の裁量判断の内容が高度に政治的・専門技術的なものになってくると, 裁判所の実体的統制の困難が意識され, 裁量判断過程や方法の統制(他事考慮や要考慮事項の考慮不尽など)あるいは判断内容とは別の判断形成の手続の統制(*裁量基準'の適正な設定・運用, *聴聞'・*弁明の機会'の付与, 理由の提示(⇨処分理由の提示')等の手続の適正な履行)が重きをもつことになる。また, 裁量統制論は, 今日では裁量権限不行使の統制にも及んできており, *裁量権収縮'論や裁量権の消極的濫用論がそれである。

裁量保釈 ⇨保釈'

裁量労働 裁量労働には, 専門業務型と企画業務型の2種類がある。専門業務型は, 業務の性質上その遂行の方法を大幅に*労働者'の裁量に委ねる必要があるため, *使用者'が具体的な指示をすることが困難なものとして厚生労働省令で定める業務(研究開発やデザイナー等)で, 業務の遂行の手段及び時間配分の決定等に関し, 当該対象業務に従事する労働者に対し使

用者が具体的な指示をしないものにつき, *労使協定'を締結することで, 適用対象労働者の*労働時間'は, 実労働時間と関係なく, 労使協定で定めた時間となる制度である〔労基38の3〕。企画業務型は, 事業の運営に関する事項についての企画, 立案, 調査及び分析の業務であって, 当該業務の性質上これを適切に遂行するにはその遂行の方法を大幅に労働者の裁量に委ねる必要があるため, 当該業務の遂行の手段及び時間配分の決定等に関し使用者が具体的な指示をしないこととする業務につき, *労使委員会'の委員の5分の4以上の決議により, 適用対象労働者の労働時間は, 実労働時間と関係なく, 決議された時間となる制度である。令和5年労働基準法施行規則改正により, 専門業務型にも, 企画業務型と同様, 労働者の個別同意が必要とされ, 両制度の接近もみられる。

サヴィニー Savigny, Friedrich Karl von(1779〜1861) ヨーロッパを代表する19世紀前半の法学者。法を歴史的に理解し, 近代民事法体系を構築することに力を尽くした。10歳のときにフランス革命が勃発, 若いときから*カント'に端を発する観念論哲学の生成過程に大きな関心を抱き, また関連してロマン派の文芸にもゲーテの著作にも親しんだ。マールブルク大学で法学を学び刑法学の研究で博士論文を執筆した後, 1803年に「占有の法」を執筆し, これがフーゴ(Gustav Hugo, 1764〜1844)ら重要な法学者たちに高く評価された。1804年以降, 形式的にはマールブルク大学法学部に講師として籍を置きつつも講義は行わず, ヨーロッパ各地の重要図書館を巡る旅行に出かけ, ヨーロッパ法学史上の重要な文献の渉猟に着手した。1808年にランズフート大学で教授に就任。1810年よりフンボルト理念に燃える新設のベルリーン大学へ転任し, 近代的歴史学の手法で古代ローマを研究したニーブーァ(Barthold Georg Niebuhr, 1776〜1831)に出会った。同大学には1848年まで勤める。その間, プロイセン司法大臣などの行政的要職にも就き, いくつかの立法作業にも関与した。が, 彼の知的本籍は学的営為にある。1814年の*法典論争'に際しては法典編纂(さん)反対の論陣を張るが, 政治的な立場表明にとどまらず, *歴史法学'の考え方に基づく, 一種の慣習法的法形成論を提示したことが重要である。社会の現実と法概念との密接な関連を重視し, これを理論と実践の統合という形で目指したが, それはやがて, 法関係論と法制度論との有機的な関連付けによって1つの達成を見た。社会と法との連動性を容認するからこそ, 政治とほど近い公法学を遠ざけて, 実体法としての私法学の体系を学問的・脱政治的に構築した。その際, 帝政期ローマの古典法学が脱政治的に共和政時代の法生活との連続性を保ったことがヒントにされた。成果の重要なところは, 未完の名作「現代ローマ法体系」(全8巻, 1840〜49)及び「債権法」(全2巻, 1851〜52)に示されている。ヨーロッパにおけるローマ法学の伝統に初めて本格的に研究の鍬(くわ)を入れた「中世におけるローマ法の歴史」(全7巻, 1815〜31)も, 未完だがその後の研究の基礎となっている。

詐害会社分割 会社債権者を害する目的で行われる*会社分割'のことをいう。会社は, 会社分割によって, 全部又は一部の債権者に対する債務を, 吸収分割承継会社又は新設分割設立会社に承継させることができる。会社は承継の対象となる債務と対象とならない債務を選択できる。吸収分割株式会社及び新設分割株式会社における*債権者保護手続'は, 人的分割の場合を除き, 承継の対象となる債務の債権者についてしか存在しない〔会社789①②・810①②〕。承継の対象とならない債務の債権者(以下, 「残存債権者」という)は, 債務が承継の対象とならないことについて不服を申し立てることはできない。しかし, 会社分割によって会社から移転する資産や会社が取得する対価の内容によっては, 残存債権者の利益が害される可能性がある。詐害会社分割は, 特に残存債権者の利益を害することを目的として行われる。そのため, 詐害会社分割は, *詐害行為取消権'によって取り消される可能性がある(最判平成24・10・12民集66・10・3311)。これに加えて, 平成26年会社法改正(法90)によって, 会社が残存債権者を害することを知って会社分割をした場合, 残存債権者は, 吸収分割承継会社又は新設分割設立会社に対して, 承継した財産の価額を限度として債務の履行を請求できるようになった〔会社759④・764④〕。ただし, 会社分割を行った会社について倒産手続が開始された場合, 残存債権者は債務の履行を請求できない〔会社759⑦・764⑦〕。

詐害行為 ⇒詐害行為取消権' ・否認権'

詐害行為取消権 1意義 債権者が債権の弁済を確保するために, 債務者のした財産減少行為(詐害行為)を取り消す権利〔民424〜426〕。債権者取消権・廃罷訴権ともいわれる。債権者は債務者の財産に対して直接に権利をもつ者ではないから債務者の財産管理に干渉できないのが原則であるが, 例えば, 債務者が自己の財産状態が悪化して弁済の資力を失った状態でその

さがいじぎ

財産を他人に贈与した場合には，債権者は自己の債権の引当てとなっている財産（*責任財産'）が減少していくのを傍観する必要はなく，詐害行為取消権によって，減少した財産を債務者の手元に取り戻すことができる。*破産法'上の*否認権'と類似した制度であり，要件や行使の方法・効果等において一定の共通性がみられる。

2 要件 イ 債務者が行ったのが財産上の行為であること〔民424②〕。したがって，例えば，離婚による財産分与は，原則として詐害行為にはならない（最判昭58・12・19民集37・10・1532）。ロ その行為の結果，債務者の一般財産が減少し債権を弁済するのに足りなくなること。債務負担行為や贈与だけでなく，相当価格での財産の売却，一部の債権者への担保の供与，過大な代物弁済等も詐害行為となりうる。これらについては，特別が定められている〔民424の2〜424の4〕。ハ 取消債権者が*金銭債権'を有すること。もっとも，不動産の引渡しや登記の移転を目的とする債権のような特定物債権であっても，最終的には損害賠償債権に変じうるものである以上，債務者が目的物を処分することにより無資力となった場合には，債権者はその処分行為を取り消すことができる（最大判昭和36・7・19民集15・7・1875）。なお，取消債権者の債権は，詐害行為前の原因に基づいて生じた債権でなければならない〔民424③〕。また，当該債権が強制力を欠くときは，詐害行為取消請求は認められない〔民424④〕。ニ 債務者・受益者が行為当時に債権者を害することを知っていたこと〔民424①〕。受益者に対して詐害行為取消請求をすることができる場合において，債権者（及びその者以前の全ての転得者）が転得当時に債務者がした行為が債権者を害することを知っていたときは，当該転得者に対して詐害行為取消請求をすることもできる〔民424の5〕。

3 行使の方法等 取消権は，裁判上行使しなければならない〔民424①〕。請求の相手方に関し，判例は受益者又は転得者を被告とするとしており（大連判明治44・3・24民録17・117），*債権法改正'で明文化されるに至った〔民424の7①〕，4に述べるように債務者にも判決の効力が及ぶため，その手続保障のために，債権者は，債務者に対しても，遅滞なく訴訟告知をしなければならないとされた〔民424の7②〕。請求の内容としては，債権者は，受益者又は転得者に対し，詐害行為の取消しとともに，詐害行為によって移転した財産の返還を請求でき，財産の返還が困難である場合には，その価額の償還を請求できる〔民424の6〕。債務者がした詐害行為の目的が可分である場合，債権者が取消しを請求できる範囲は，自己の債権額に限定される〔民424の8〕。財産の返還の請求に際しては，債権者は債務者への返還を請求しうるにすぎないのが原則だが，金銭の支払若しくは動産の引渡し又はそれらに代わる価額償還は，債権者自身に対してするよう請求することができ〔民424の9〕，金銭支払や価額償還の場合，債権者は，事実上の優先弁済を受けることになる。なお，詐害行為取消請求の出訴期間は，債務者が債権者を害することを知って詐害行為をしたことを債権者が知った時から2年及び詐害行為の時から10年に制限される〔民426〕。

4 行使の効果 詐害行為取消しの効果は，過去に遡って生ずる（最判平成30・12・14民集72・6・1101）。判例（前掲・大連判明治44・3・24）では，詐害行為取消請求を認容する確定判決の効力は，被告たる受益者又は転得者との関係においてのみ生じるとされていたが（相対的取消し），理論的問題点が指摘され，債権法改正により，債務者及びその全ての債権者にも及ぶものと改められた〔民425〕。なお，これにより，受益者に対する詐害行為取消請求が認容されたときは，債務者と受益者の間でも行為の効力が否定されることとなるところ，詐害行為が財産処分行為の場合には，受益者は債務者に対し財産取得のためにした反対給付の返還又はそれに代わる価額償還を請求でき〔民425の2〕，債務消滅行為の場合には，受益者は，債務者から受けた給付の返還又はそれに代わる価額償還をすれば，債務者に対する債権を回復する〔民425の3〕。それに対し，転得者に対する詐害行為取消請求が認容されたときは，転得者とその前主（受益者や当該転得者の前に位置する転得者）の間には取消しの効果が及ばないが，転得者の不利益を回避するため，受益者に対する詐害行為取消請求が認容されたならば受益者が取得又は回復することとなる上述の権利（反対給付返還請求権又は価額償還請求権，債務者に対する債権）を転得者は行使することができる〔民425の4〕。

［図：詐害行為取消権の当事者］

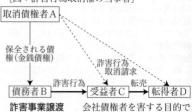

詐害事業譲渡 会社債権者を害する目的で

行われる*事業の譲渡'のことをいう。事業の譲渡は*会社分割'と異なり取引行為にすぎないので、会社が事業に属する債務を相手方に移転するためには*債務引受け'を行わなければならない。免責的債務引受けによる場合には、移転の対象となる債務の債権者の同意が必要となる。移転により不利益を被ると考える債権者は、免責的債務引受けに同意しなければよい。これに対して、移転の対象とならない債務の債権者(以下「残存債権者」という)は、債務が移転の対象とならないことについて不服を申し立てることはできない。しかし、事業の譲渡によって会社から移転する資産や会社が取得する対価の内容によっては、残存債権者の利益が害される可能性がある。詐害事業譲渡は、特に残存債権者の利益を害するために行われる。そのため、詐害事業譲渡は*詐害行為取消権'によって取り消される可能性がある。これに加えて、平成26年会社法改正(法90)によって、会社が残存債権者を害することを知って事業の譲渡をした場合、残存債権者は、譲渡の相手方である会社又は*商人'に対して、承継した財産の価額を限度として債務の履行を請求できるようになった〔会社23の2①・24①、商18の2①〕。ただし、譲渡人である会社について倒産手続が開始された場合、残存債権者は債務の履行を請求できない〔会社23の2③、商18の2③〕。

詐害設立 *株式会社'の設立に際し、財産状態の悪化している株式引受人が自己の財産を出資した結果、引受人個人の債権者を害する現象。*現物出資'の目的物が過小評価されたため割り当てられた株式が過少である場合など、出資額に比して引き受けられた株式の価値が小さい場合に問題となる。個別の出資行為及び株式引受けは*詐害行為取消権'〔民424〕や*破産法'上の*否認'〔破160〕による取消しの対象になり、引受人の責任財産の回復がなされうる一方、設立そのものは取り消せないものと考えられている。また、*持分会社'の詐害設立については、会社法上、社員の個別の債権者による設立の取消しの訴えが認められている〔会社832②〕。

詐害判決 ⇨確定判決の騙取'
詐害防止参加 ⇨独立当事者参加'
差額支払責任 *募集株式の発行等'の際に、イ *取締役'等と通謀して著しく不公正な払込金額で募集株式を引き受けた者の、公正な払込金額との差額に相当する金額〔会社212①一〕、又はロ *現物出資'の場合に給付した現物出資財産の価額が募集事項に定められた価額に著しく不足する場合の当該不足額〔会社212①二〕を、募集株式の引受人が会社に対して支払うべき義務。株主代表訴訟(⇨責任追及等の訴え')が認められる〔会社847①〕。またロの場合にはそれに関与した取締役等も当該不足額について責任を負う〔会社213①〕。

詐欺 人を*欺く行為'により*錯誤'に陥れ、財物を交付させたり、*瑕疵(かし)ある意思表示'を行わせたりすることをいう。

I 刑法上、人を欺く行為により錯誤に陥れ、その錯誤を利用して、相手方から財物を交付させ、これを取得する財物詐欺罪〔刑246①〕と、同様の手段により、財産上不法の利益を得又は他人に得させる利益詐欺罪〔刑246②〕とに分かれる。ともに10年以下の拘禁刑。前者を詐欺取財罪ないし1項詐欺罪、後者を詐欺利得罪ないし2項詐欺罪と呼ぶことがある。後者においては、錯誤に陥った者が*債務'の免除などの意思表示を行い、そのために債務者である行為者が、一時、債務の弁済を免れたといえるような関係が必要であるとされている。この場合の意思表示や1項詐欺における被害者による財物の交付行為を、被害者の処分行為と呼んでいる。なお、昭和62年の改正(法52)で、電子計算機使用詐欺罪の規定〔刑246の2〕が新設された。⇨コンピューター犯罪'

II 民法上、他人を欺いて*錯誤'に陥らせる違法な行為をいう。積極的に虚偽の事実を述べることだけでなく、他人が錯誤に陥っており又は陥ることを知りながら真実を告げないこともまた欺罔(ぎもう)行為となる。しかし、積極的な欺罔行為でもその欺罔の程度が軽微な場合(例：小売商が自己の商品を褒めること)には違法性がないことがある。詐欺により*意思表示'をした者はそれを取り消すことができる〔民96①〕、その*取消し'を*善意'かつ無過失の*第三者'には対抗できない〔民96③〕。第三者が詐欺を行った場合、相手方がその事実について*悪意'又は有*過失'のときに限って意思表示を取り消すことができる〔民96②〕。また、詐欺によって受けた損害は*不法行為'として賠償させることができる〔民709〕。なお、詐欺による意思表示は*動機の錯誤'を伴うから、1つの意思表示が錯誤と詐欺との両方の要件を満たすことがある。通説は、表意者は錯誤による取消しと詐欺による取消しのいずれかを選択して主張することができると解している。

先入先出法 ⇨棚卸資産'
先買(さきがい)権 一般に、売買の場合において特殊な関係にある者が他の者に優先して買い受けることができる権利。行政法上、*公共事業'

さきものと

の施行に伴い土地等の先買いの制度が認められている。イ 大規模な公共事業の施行に際して、事業に必要な土地を事業施行前に取得することを認めることを、広く用地の先行取得又は用地の先買いという。ロ *都市計画法*は、都市計画事業の事業施行地内の土地等の投機的売買を防止し、地価を安定させ、事業の円滑な遂行を目的とするため、施行地内の土地等が第三者に有償譲渡されようとする場合に事業施行者たる地方公共団体等がこれを先に買い取ることを認めている〔都計67・52の3・57〕。狭義ではこれを先買いという。ハ 事業施行後、一定の事由に基づき、特定の者が優先的に土地等を譲り受ける権利については、*買受権*をみよ。

詐欺禁止規定 ⇨不公正取引規制(金融商品取引法における)

先取(さきどり)特権 1 意義 民法に規定された法定担保物権の1つ。法律に規定された一定の債権を有する債権者は、法律に基づき当然に先取特権を取得し、当該債権について*優先弁済*を受けることができる〔民303〕。先取特権の趣旨には、イ 社会的弱者の保護、ロ 債権者間の実質的公平、ハ 当事者の合理的意思の推測(債権者の合理的期待の保護)等、様々なものがある。なお、特別法に規定された先取特権もある〔借地借家12、商802・842、建物区分7、農動産4、立木特権1等〕。

2 種類 先取特権には、大きく分けて2種類がある。債務者の総財産を目的とする*一般の先取特権*〔民306〕及び特定の財産を目的とする特別の先取特権である。特別の先取特権には、債務者が所有する特定の*動産*を目的とする*動産の先取特権*〔民311〕及び特定の*不動産*を目的とする*不動産の先取特権*〔民325〕の2種類がある。民法には、先取特権によって保護される被担保債権の種類に応じて、一般の先取特権として4種類、動産の先取特権として8種類、不動産の先取特権として3種類が規定されている。詳細は、表を参照せよ。

3 性質・特徴 先取特権には、*不可分性*〔民305・296〕、*付従性*、*随伴性*がある。また、先取特権は、目的物の売却、賃貸、滅失又は損傷によって債務者が受けるべき金銭その他の物に対しても、行使することができる〔民304〕(*物上代位*)。先取特権者は、原則として目的物を*占有*しない(これを非占有担保という)。また、先取特権を*第三者*に対抗するために何らかの*対抗要件*を備える必要がないことから、先取特権は*公示*のない*担保物権*である(ただし、不動産の先取特権が効力を有するためには、民法の規定に従って*登記*を備える必要がある〔民337・338①・340〕)。

4 実行・順位 先取特権は、*民事執行法*に規定された手続に則って実行される〔民執180・190・193〕。複数の先取特権が競合した場合(表を参照せよ)及び先取特権と他の担保物権とが競合した場合の優先弁済の順位は、民法に規定されている。同一の動産につき、先取特権と動産質権とが競合する場合、動産質権は、動産の先取特権の第1順位と同順位となる〔民334①〕。同一の不動産につき、先取特権と*抵当権*とが競合する場合、原則として登記の順によって優先順位が決定される〔民177〕。ただし、不動産保存の先取特権及び不動産工事の先取特権は、抵当権の登記より前に抵当権の登記がされていたとしても、抵当権に優先する〔民339〕。不動産の先取特権と不動産質権とが競合する場合は、抵当権の場合と同様である〔民361〕。なお、担保法制の改正に向けた議論の中では、新たに規定される動産譲渡担保権は、*質権*と同様に、動産先取特権の第1順位と同順位とすることが検討されている。

先日付(さきひづけ)小切手 実際の*振出日*よりも将来の日を振出日として記載した*小切手*。例えば、4月1日に、4月15日を振出日として振り出された小切手のこと。振出し当時は資金がなくても振出日付の日までにはその準備ができる見込みがあるときに利用されるが、振出日付まで*支払呈示*をすることができないとすると、小切手は支払呈示があったときに支払われるという一覧払性〔小28①〕と矛盾するので、法は振出しの日付前でも支払呈示をすることができるものとしている〔小28②〕。この場合でも、*支払呈示期間*は振出日付から計算されるので、支払呈示期間が伸長されることになる。

先物取引 1 意義 当事者が将来の一定の時期に現物の受渡しと対価の授受(これを現引き・現受渡しと呼ぶことがある)又はその時点における「約定数値」と「現実数値」との差に基づいて算出される金銭の授受を約束する売買取引であって、その間に当該売買取引の目的物につき反対売買(転売又は買戻し)をすることによって差金の授受を行って決済(契約関係の結了)をすることができるものをいう〔金商2㉑①②①②㉓、商取2③〕。清算取引・定期取引・差金取引・フューチャーズ(英 futures)ともいわれる。広義では、当事者間で将来の受渡しを条件に現時点の予測に基づく将来価格をもって現物の売買契約を相対(あいたい)で行う先渡し取引(フ

[表：民法に規定されている先取特権一覧]

種類			条文	被担保債権	目的物	順位 複数の一般の先取特権が競合する場合，複数の動産の先取特権が競合する場合，複数の不動産先取特権が競合する場合	一般の先取特権と特別の先取特権とが競合する場合〔329②〕
一般の先取特権		共益費用	307	債権者の共同利益のための費用	総財産	1	特別の先取特権に後れる。ただし，その利益を受けた全ての債権者に対して優先する効力をもつ
		雇用関係	308	雇用関係に基づき生じた債権	総財産	2	〔329①・306〕
		子の監護費用	308の2	308の2に列挙された定期金のうち子の監護に要する費用として相当な額	総財産	3	
		葬式費用	309	債務者のための又は債務者が扶養親族のために債務者がした葬式費用	総財産	4	特別の先取特権に後れる
		日用品供給	310	債務者又は扶養同居親族及び家事使用人の最後の6カ月分の飲食料品・燃料及び電気の供給	総財産	5	
特別の先取特権	動産の先取特権	不動産賃貸	312〜316	不動産の賃料ほか賃貸借関係から生じた賃借人の債務	賃借地，建物の動産，土地の果実	1	一般の先取特権に先立つ
		旅館宿泊	317	宿泊客の宿泊料及び飲食料	旅館に在る手荷物	1	
		運輸	318	旅客又は荷物の運送賃・付随費用	運送人の占有する荷物	1	
		動産保存	320	動産の保存費，動産に関する権利の保存等に要した費用	その動産	2	
		動産売買	321	動産の代価及びその利息	その動産	3	〔330〕
		種苗肥料供給	322	種苗又は肥料の代価及びその利息	その種苗又は肥料を用いた後1年内に生じた土地の果実等	3	
		農業労務	323	最後の1年間の賃金	労務によって生じた果実	3	
		工業労務	324	最後の3カ月間の賃金	労務によって生じた製作物	3	
	不動産の先取特権	不動産保存	326	不動産の保存費	その不動産	1	
		不動産工事	327	工事の設計・施工・監理をする者のした不動産の工事費用	その不動産	2	〔331・325〕
		不動産売買	328	不動産の代価及びその利息	その不動産	3	

さぎょうし

ォーワード取引(英 forward))を「先物」ということもある。公設の商品市場又は証券市場において先物取引の対象となるものは,*商品先物取引法'上の商品〔商取2①〕・商品指数〔商取2②〕,それらのオプション,*金融商品取引法'上の金融商品〔金商2㉔〕・金融指標〔金商2㉕〕である。

2 機能 先物取引は,契約が結了する前に反対売買を行い差金の授受により契約関係からの離脱を許容する点に特徴がある。そして,その先物契約上の地位(ポジション)は売買代金よりも少額で設定される証拠金(取引証拠金)の預託をもって取得することができ(証拠金取引,レバレッジ(てこ)),買方にあっては売買代金の全額に相当する資金がなくても買付けをすることができ,他方,売方にあっても実際に商品を保有していなくても売付けをすることができる点で,投機性が高い。そのため価格変動等に基づく多大な取引損が発生する危険も大きい。しかし,経済的には,仮需給を価格に取り込むことによる将来価格の発見機能,在庫調整機能,また価格変動リスクを回避するヘッジ機能(保険機能)などがあり,資本主義・自由主義経済にとっては不可欠のものである。先物取引の経済的機能を発揮させる必要性とレバレッジによる大きな損失が発生する危険性への対処とのバランスが法規制上の課題とされてきた。現行法上,何人も無制限に先物市場を開設することは認められておらず,違法な市場における先物類似取引をすることも禁じられる。例えば商品先物取引法においては,何人も商品又は商品指数(これに類似する指数を含む)について先物取引に類似する取引をするための施設(取引所金融商品市場を除く)を開設してはならず,何人もそのような施設において先物取引に類似する取引をしてはならないとされている〔商取6〕。もっとも,一定の条件の下に商品市場類似施設の開設禁止の適用除外が認められている〔商取331以下〕。一般の投資者を入れない仲間市場の開設を許容する趣旨である。金融商品取引市場の場合は開設に免許を要し〔金商80①〕,何人も無免許市場での市場デリバティブ取引(⇒デリバティブ*)が禁じられている〔金商167の3②〕。

3 取引参加資格 商品市場又は金融商品市場での先物取引に係る売買取引は法令及び各取引所の業務規程等に従って行われ,取引所の取引参加者・会員(会員制取引所の場合)に限って参加することができるのが原則である〔金商111,商取97。なお,金商112・113〕。それ以外の者は,取引参加者・会員に委託して参加する。未決済の売買約定(建玉(たてぎょく))については日々*値洗い'がなされ,相場の動向いかんでは追加の取引証拠金の徴収がなされたり,反対売買による手仕舞いがなされたりする。先物取引の委託者保護のために各法令・取引所の自主規制等は様々な規定を置いているが,先物取引の高度な投機性から一定の資産を持つ者のみに取引への参加を認め,不適格な委託者の参入には慎重な姿勢をとっている。

作業所閉鎖 ロックアウト(英 lockout)を意味する法令上の用語〔労調7,行執労17②,地公等労11②〕。*使用者'が集団的に労務の受領を拒否する点で,*労働者'が集団的に労務の提供を拒否する*同盟罷業'(ストライキ)と対をなす。判例は,労働者の*争議行為'に対する対抗防衛手段としてのみこれを認める(最判昭和50・4・25民集29・4・481〈丸島水門事件〉)。

作業報奨金 *刑務作業'に従事した者に対して支給される報酬〔刑事収容98〕。労働の対価としての賃金ではなく,勤労意欲の促進を図るための奨励金や,釈放後の更生に役立たせる更生資金としての性格を有するものである。実際の支給額はかなり低いためその増額が問題とされ,賃金制を導入すべきとする意見もある。

作為・不作為 例えば,物を引き渡すとか,住居に侵入するとか,競業するなどのような人の積極的な挙動(すること)を作為といい,騒音を出さないとか,住居に侵入しないとか,競業しないなどのような人の消極的な挙動(しないこと)を不作為という。前者,すなわち積極的な給付をする債務を作為債務といい,後者,すなわち消極的な給付を内容とする債務を不作為債務という(⇒作為債務・不作為債務')。民法上両者は強制履行の方法を異にする点で区別する実益がある〔民414,民執171①・172①〕。

作為義務
1 意義 一定の*構成要件'的結果発生を防止すべき法律上の義務をいい,不真正不作為犯の成立要件の1つである。この義務は単に倫理的・道徳的なものでは足りず,法的な義務,すなわち違反したとき法律上の不利益を受忍しなければならないだけのものでなければならない。

2 作為義務の発生根拠 一般には,法令〔民820,877等〕,契約・*事務管理'(看護人が病人を看護する契約上の義務を負う場合等),行為者の先行行為(自動車で他人をひき生命の危険を招致した場合の救助義務等)等により結果を防止することが義務付けられているとき,作為義務が認められるとされる。

3 作為義務の体系的地位 かつては,作為義務を,

不真正不作為犯の違法要素とみる説が通説的見解であったが，今日では，これを構成要件要素とみる説，すなわち，作為義務を負う保障人(保証人)的地位にある行為者の不作為だけが構成要件を実現すると主張する説(保障人説)が有力である。
⇨不真正不作為犯'

作為債務・不作為債務 給付内容が，仕事の完成・家屋の明渡し・労働への従事・講演など積極的な行為である債務を作為債務といい，競業をしないとか，建築をしないなど消極的な行為(不作為)を給付内容とする債務を不作為債務という。これには，他人の行為(例:債権者の執行)を忍容する場合をも含む。債務者自身による給付を必要としない代替的作為債務は*代替執行'による強制執行が可能であるが，不代替的作為債務や不作為債務は間接強制のみが可能である〔民414，民執171・172〕。また，不作為債務では，不作為の状態が続いていれば債権は満足されているので，違反行為による債務不履行があるまでは*消滅時効'は進行しないと解されている。

作 為 犯 身体の積極的動作(作為)として類型化された犯罪。不作為犯と対比される。例えば「殺した」と規定する殺人罪。刑法の規定する犯罪は大部分作為の規定形式をとる。しかし，作為犯の*構成要件'は，不作為によって充足されることもある。これを，*不真正不作為犯'と呼ぶ。 ⇨不作為犯'

錯 誤 Ⅰ 私法 **1 意義** 人の認識したところと認識の対象である事実が一致しないこと。現行民法は，*意思表示'に対応する意思を欠く錯誤と，当事者が*法律行為'の基礎とした事情についてのその認識が真実に反する錯誤という，性質の異なる認識の誤りを並べて意思表示の取消原因と扱っており〔民95①〕，錯誤という語自体の定義にはこだわっていない。なお，*債権法改正'以前は，錯誤という語に*意思の不存在'の意味を込めるなど，定義に混乱が見られた。このため今でも*消費者契約法'は，錯誤という語を用いず，誤認という表現を用いている〔消費契約4①②〕。
2 態様 イ 表示上の錯誤:誤記・誤談。10ポンドと書こうとして10ドルと書くのが例。ロ 内容の錯誤:ポンドとドルを同価値と誤解して10ドルのつもりで10ポンドと書くのが例。ハ 動機(縁由)の錯誤:鉄道敷設予定地と誤信してそうでない土地を高価で買うのが例(⇨動機の錯誤')。伝統的には，イとロの錯誤では表意者が意思表示の意味について認識を誤り，意思表示に対応する意思を欠くことになるのに対して，ハはそうではないという違いがあるとしていた。もっとも，それぞれの境界がはっきりしないなど，必ずしも区別が明確でない。そこで現行法は，意思の不存在の錯誤(意思表示の意味を誤ったことから表示錯誤という論者もいる)と，基礎事情の錯誤(法律行為に関する事実認識を誤ったことから事実錯誤という論者もいる)という新たな類型を採用する。
3 要件 債権法改正前は，法律行為の要素に錯誤があることと，表意者に重大な過失(⇨重過失')がないことのみが要件とされていたが〔民旧95〕，特に要素の錯誤の意味を巡り判例の展開があり，学説上も様々な議論があった。債権法改正により，従来の判例法理を基本的に維持する方向で，新たな要件がまとめられた。イ 意思表示が，法律行為の目的及び取引上の社会通念に照らして重要な錯誤に基づくものであること〔民95①柱〕。従来の判例は，法律行為の要素の錯誤について，錯誤が意思表示の内容に関し，かつ通常人の判断を規準として，もしその錯誤がなかったら表意者はその意思表示をしなかったであろうと認められることをいうとされている(通説・判例(大判大正5・7・5民録22・1325等))。これは要するに，重要な錯誤に基づいて意思表示がなされたことを要件としていると解されるので，こうした要件が設けられた。ロ 錯誤が意思の不存在の錯誤か〔民95①Ⅰ〕，あるいは基礎事情の錯誤〔民95①②〕に当たること。これについては2で説明した。
ハ 基礎事情の錯誤について，その事情が法律行為の基礎とされていることが表示されていること〔民95②〕。動機の錯誤についての従来の判例法理を踏襲する要件である。もっとも判例法理に対する評価にも学説の対立があり，「表示されていた」という文言にはあえて解釈の余地を残す含みがある。ニ 表意者に重大な過失がなかったこと〔民95③〕。重大な過失とは，表意者の職業，行為の種類・目的等に応じ普通にしなければならない注意を著しく欠くことであり，株式売買を業とする者が会社の*定款'を調査しないのがその例とされる(大判大正6・11・8民録23・1758)。ホ ただし，表意者に重大な過失がある場合でも，相手方が表意者に錯誤があることを知っていたり，相手方も同一の錯誤に陥っていたりする場合には，表意者を保護してよいと考えられるため，債権法改正でその趣旨が加えられた〔民95③①②〕。
4 効果 錯誤による意思表示は表意者又はその代理人若しくは承継人に限り，取り消すことが

できる〔民95①・120②〕。債権法改正前は、法律行為の要素の錯誤は、意思の不存在の一類型であるという考え方から、意思表示は*無効'とされていたが〔民旧95〕、判例・通説は以前から、意思表示の相手方は錯誤による無効を主張できないと解するなど(最判昭和40・9・10民集19・6・1512)、取消しに近い扱いを認めてきた。

5 適用範囲 イ 婚姻及び縁組については民法95条の適用はなく、特別の条文がある〔民742①・802①〕。ロ 一般社会が行為の外形を信頼して敏速に取引をし、その上に多くの利害関係が築き上げられる行為には錯誤取消しの主張が制限される〔例：会社51②・102⑥・211②(株式の引受け)〕。ハ「電子消費者契約に関する民法の特例に関する法律」(平成13法95)は、消費者と*事業者'との間の*電子契約'について、民法95条3項の適用範囲を限定する〔電子契約特3〕。

Ⅱ 刑法上、錯誤は、イ 犯罪事実に関する錯誤、すなわち行為者の認識した事実と発生した事実が食い違った場合(⇨*事実の錯誤')と、ロ 事実自体は認識しつつも、行為が、刑罰法規に触れ法律上許されないのに許されたものと誤解したとき(*違法性の錯誤'・*禁止の錯誤'・*法律の錯誤')とに二分できる。「事実の錯誤」は、後述の符合が認められない限りは、原則として*故意'を阻却し、「違法性の錯誤」は、相当の理由がない限りは、原則として罪責を否定しない。**1 事実の錯誤** 事実の錯誤は、その錯誤により行為者が犯罪*構成要件'事実の認識を欠くことになるときは、故意を阻却する。ただし、行為者の認識した事実と実際に発生した事実との間に若干の食い違いがあっても、いずれも同じ犯罪構成要件事実に属するときには、故意は阻却されないとする*法定的符合説'が支配的見解かつ判例である(⇨*客体の錯誤' ⇨*方法の錯誤' ⇨*具体的符合説')。

2 違法性の錯誤 違法性の錯誤は、自己の行為が法律上許されないものであることを知らなかったことに帰するので、違法性の意識を欠いた場合として、故意を阻却しない(刑38③)(判例(最判昭和25・11・28刑集4・12・2463等)も同様)。ただし、学説では、自己の行為を許されるものと誤信したことについて相当の理由があったときは、故意あるいは責任を阻却するとの見解が多数である(⇨*違法性の意識' ⇨*故意説・責任説')。判例もそのような立場への接近を示している。

3 両錯誤の区別 違法性の錯誤のうち、特に*あてはめの錯誤'については、典型例は別として、事実の錯誤との区別が難しい場合がある。1つは、構成要件の概念のうち、例えば「わいせつ」〔刑175参照〕のように、裁判官の価値判断によって初めてその内容が明らかとなる、いわゆる*規範的構成要件要素'についてのあてはめの錯誤、例えば、自分の著書はわいせつ文書ではないと思ったというような場合に、事実の錯誤であるか、違法性の錯誤にすぎないあてはめの錯誤であるかの区別は限界線が明確ではない。もう1つは、刑罰法規の前提となるような他の法規の解釈・適用を誤った場合にも、その区別は明確ではない。例えば、鑑札のない犬は無主犬とみなして撲殺するという規則を、無鑑札の犬は無主物だという意味に誤解して隣家の無鑑札の犬を殺したときは、動物傷害罪〔刑261〕の前提である「他人の」(動)物殺害の認識を欠くから事実の錯誤であるが、鑑札のない犬は他人の所有犬でも殺して構わないと誤解したというのであれば、自己の行為が許されたと誤信しただけであり、違法性の錯誤であるあてはめの錯誤である(最判昭和26・8・17刑集5・9・1789参照)。
⇨*因果関係の錯誤' ⇨*共犯の錯誤'

削除・削る ⇨*削除・削る'(巻末・基本法令用語)

作成名義 刑法上、*文書'に表示された思想の主体の名義をいう。現実の作成者と必ずしも一致しないことがある。文書偽造罪における*偽造'は、作成名義を偽ることであるから、作成名義人の存在しないものは文書ではない。しかし、文書に名義が明示されていることは必要ではない。自然人のほか、*法人'、*権利能力なき社団'も名義人となることができる。実在しない公務所・公務員・私人の作成名義であっても、一般人をして真正な文書と誤信させるようなものであるときは、文書偽造罪は成立する。なお、作成名義の観念に代えて裁可名義の観念を用いる説もある。 ⇨*文書偽造罪' ⇨*虚偽文書'

佐々木惣一 (1878～1965) 憲法・行政法学者。明治36年(1903)、京都帝国大学卒業。同大学で憲法・行政法を講じ、東京帝国大学の*美濃部達吉'と並んで、公法学界で長らく指導的地位を占めた。昭和8年(1933)の*滝川事件'(京大)で*学問の自由'を守るために政府の弾圧に抗議して辞職したことは有名で、のち立命館大学学長を務めたが、第二次大戦後、内大臣府の委嘱を受けて憲法改正草案(いわゆる佐々木私案)を作ったこともよく知られている。精緻で客観的な論理主義を貫く憲法解釈の体系を樹立し、その主著に「日本行政法原論」(明治43)、「日本憲法要論」(昭和5)、「日本国憲法論」(昭和

査　察　　⇨国税通則法'

　差置(さしおき)送達　　正当な理由なしに*送達'の受領が拒まれるときに，送達場所に書類を差し置く方法で行われる送達〔民訴106③〕。　⇨交付送達'

　差押え　広義では，特定の有体物又は権利について，国家権力によって強制的に拘束すること。

　Ⅰ　債権者が債務者所有の特定の財産に対して*金銭執行'ないし担保執行をするにあたり，*執行機関'があらかじめ当該財産の処分権能を債務者から剝奪し，その旨を公示すること。差押えによって*民事執行'手続は開始し，差押えごとに手続が観念される。差押えの具体的な方式は，対象財産の性質に応じて執行手続を用意している*民事執行法'において，それぞれ異なる規定が設けられている〔民執45・114・123・145等〕。

　Ⅱ　刑事手続においては，押収の一方法〔刑訴99①・218等〕。物に対する他人の*占有'を排除して占有を取得する点で，任意に提出された物の占有を取得する*領置'と異なる。裁判所が*公判廷'外でする場合は（司法警察職員等が執行する〔刑訴108〕），及び*捜査機関'が捜査のためにする場合には，憲法上の令状である差押(許可)状を必要とする〔憲35，刑訴106・218〕。ただし，*逮捕'に伴ってその現場でする差押えには令状を必要としない〔刑訴220〕。実務では令状は，捜索と併せて捜索差押(許可)状として発付するのが通常である(⇨捜索')。　⇨押収'　⇨押収令状'　⇨記録命令付差押え'

　Ⅲ　行政法では，租税の滞納処分の1段階としての差押えがあり，*国税徴収法'が規定しているが，これについては，*滞納処分(租税の)'をみよ。なお，公法上の金銭債権の強制的実現のため，滞納処分の例によるとされている場合が多い。これらの場合の差押えは，行政上の義務の強制としての性質をもつから，一般的には憲法35条の適用はないが，適用される場合もあると解されている〔最大判昭和47・11・22刑集26・9・554(川崎民商事件)〕。国税犯則事件の調査のための差押え〔税通132，関税121〕は，刑事手続と密接に関連するため，憲法の趣旨に従い裁判官の許可状が必要とされている。

　差押禁止　金銭債権の*強制執行'を受ける債務者の有する財産のうち一定のものについて，金銭債権の強制執行の目的物として差し押さえることを禁止すること。*民事執行法'は，一定の動産，一定の債権の*差押え'を禁止した上で〔民執131・152〕，具体的な事情に応じて執行裁判所が差押禁止の範囲を変更できるようにしている〔民執132・153〕。民事執行法の他，種々の個別法も一定の財産の差押えを禁止している〔例：生活保護58，高齢医療62，国年24，国健保67，労基83②，自賠18，自然災害義援金に係る差押禁止等に関する法律3〕。差押禁止の根拠は，債務者やその家族の最低限の生活保障，職業・生業の維持等の文化的・社会政策的配慮に求められる。差押えの目的物が差押えの禁止されている財産であるか否かは，*執行機関'が職権で調査する。差押禁止に違反した差押えは通説によれば有効であるが，執行債務者などは*執行抗告'〔民執10〕あるいは*執行異議'〔民執11〕によって差押えの取消しを求めることができる。差押禁止財産は，*破産'手続においては，原則として，*破産財団'に組み込まれず，*自由財産'となる〔破34③②〕。なお，国税滞納処分においても，*民事執行'と同様の趣旨から，一定の財産について差押えが禁止されている〔税徴75～78〕。

　差押禁止財産　　⇨滞納処分(租税の)'
　差押(許可)状　　⇨押収令状'

　差押命令　　*金銭執行'ないし担保執行は*差押え'によって手続が開始されるが，*債権執行'においては観念上の存在でしかない債権につき差押えを公示する方法として，執行裁判所によって差押命令が発せられる。これが債務者及び*第三債務者'に送達され，第三債務者への送達時に差押えの効力が生ずる〔民執145〕。これに対し，債権であっても*有価証券'に化体しているものは動産執行の対象となり〔民執122①〕，差押命令ではなく*執行官'による*占有'によってç差押えの効力が生ずる。もっとも券面発行が予定されない振替社債等については差押命令が発せられる〔民執規150の2以下〕。

　サーシオレーライ　　⇨上告受理申立て'

　指　図　1　A(指図人)がB(被指図人)に対して，Aの計算において*第三者'C(受取人)に金銭や物を給付する権限を与えるとともに，受取人Cに対し被指図人Bから自らの名において給付を受ける権限を与える行為。その結果，Aは，Cに対する給付義務を負っている場合に，三者間の決済が指図によりBのCに対する給付だけで済み簡易化される。*支払指図'・*荷渡(にわたし)指図書'等がこれに当たり，また為替手形・小切手の*振出し'の本質を指図と解する説が有力である。もっとも，日本の民法・商法には指図に関して直接定めた規定は存在しない。

2　証券上の記載によりある者を権利者として指定する行為。*指図証券'・指図禁止手形などの

さしずきん

指図はこの意味であり、指図証券の*裏書*には指図が含まれている〔民520の2、手11①、小14①〕。

指図禁止手形(小切手)　⇨裏書禁止手形(小切手)'

指図禁止文句　*裏書*による譲渡をしてはならない意味を示す文句。裏書禁止文句ともいう。この文句のある手形・小切手は、*債権譲渡*の方式によりその効力だけをもって譲渡することができる〔手11②・77①、小14②〕。⇨裏書禁止手形(小切手)'　*裏書禁止裏書*

指図債権　債権者Aが債務者Bに対し、Cを新権利者として指定(指図)することによって譲渡できる債権。指定されたC又はCが更に指定する者を明らかにする必要から、指図債権の成立・行使は必ず証書を伴うのであり、証券の面からみた場合はこれを*指図証券*という。以前は民法上の指図債権の譲渡は当事者の*意思表示*だけにより行われ、*裏書*・交付は*対抗要件*にすぎないとされていたが、*債権法改正*によって*有価証券*法理に則した規定に改正され〔民520の2〜520の12〕、商法と統一的な扱いがされるようになった。⇨証券的債権'

指図証券　特定の者又はその者により指定された者を権利者とする旨(*指図文句*)が証券上に記載されている*有価証券*。平成29年民法改正(⇨債権法改正')により、無記名証券、記名式所持人払証券、及びそれら以外の記名証券とともに第3編(債権)第1章(総則)第7節(有価証券)第1款(指図証券)において規律される。*裏書*の連続のある指図証券の所持人に資格授与的効力や*善意取得*の法的効果が認められ、抗弁も制限される〔民520の4〜520の6〕。権利者が証券上に次の権利者を指定(*指図*)する記載(指図文句)は、通常、証券の裏面になされ(裏書)、指図証券は裏書交付によって譲渡・質入れすることができる〔民520の2・520の7〕。このように証券上に指図文句が記載されている固有の指図証券のほかに、記名式すなわち特定の者が権利者として証券上に記載されているだけで指図文句の記載がないものでも、法の規定によって当然に指図証券とされるものがあり、これを*法律上当然の指図証券*という。*手形*・*小切手*・*倉荷証券*・*船荷証券*・*複合運送証券*・*抵当証券*〔手11①・77①①、小14①、商606・762・769②、国際海運15、抵証15①〕等がこれに属する。なお、指図証券は裏書以外の方法、例えば*債権譲渡*の方法によっても譲渡可能であると解されている。

指図による占有移転　*占有権*の譲渡方法の1つとされるもの。例えば、Aが自己の所有する商品(甲)をBの倉庫に預けたまま、Cに甲を譲渡する場合において、AがB(*占有代理人*)に対し、以後Cのために甲を占有することを命じ、Cがこれを承諾したときは、Cは、占有権を取得する〔民184〕。Aが一旦Bから甲の返還を受けてCに*現実の引渡し*をした上で、CがBに甲を預ける手間を省くことができる。この引渡しにより、Cは*間接占有*を取得し、動産物権譲渡の*対抗要件*〔民178〕を備える。「引渡し」に掲げた〔表：引渡しの態様〕をみよ。

指図文句　証券に記載された特定の者又はその者により権利者として指定された他の者(指図人)を権利者とする旨の文言。*振出人*が「A殿又はその指図人にお支払いします」と記載した*約束手形*の「その指図人」という文言、又は*裏書人*が「A殿又はその指図人にお支払い下さい」と記載した場合の「その指図人に」という文言が指図文句である。このような記載のあるものが*指図証券*であるが、指図文句がなくても法の規定により当然に指図証券と認められるものもある(⇨法律上当然の指図証券')。

差止請求権　**1 意義**　他人の違法な行為により、利益又は権利を侵害されるおそれがある者が、その行為をやめるように請求する権利。事後的救済の手段としての*損害賠償*請求権に対し、事前の救済を目的とする権利。
2 種類　損害賠償請求による事後救済が原則であり、差止請求は、通常、個別立法によって認められる。イ　*知的財産権*の分野では、権利者に、権利侵害行為の停止・予防を請求する権利が認められている〔特許100、著作112、新案27、意匠37、商標36、半導体22、種苗33〕。不正な商号使用、*不正競争*によって営業上の利益を侵害されるおそれがある者にも、同様の請求権が認められている〔会社8②、商12②、不正競争3〕。ロ　*独占禁止法*では、*不公正な取引方法*〔独禁2⑨・19〕により利益を侵害される者に、著しい損害が生じ又は生ずるおそれがある場合は、その侵害の停止・予防を請求する権利が認められている〔独禁24〕。また、不特定多数の消費者に対して*不当表示*、不実告知等を行うおそれがあるときは、適格消費者団体〔消費契約2④〕に、その行為の停止・予防を請求する権利が認められている〔景表34、食品表示11、消費契約12、特定商取引5章の3〕(⇨消費者団体訴訟')。ハ　会社法では、*取締役*(*指名委員会等設置会社*を除く)、*執行役*(指名委員会等設置会社の場合)又は*清算人*の法令・定款違反行為により、会

社に著しい損害が生ずるおそれがある場合(株主が請求する場合には、*監査役設置会社'、指名委員会等設置会社又は*監査等委員会設置会社'では回復することができない損害が生じるおそれがある場合〔会社360③〕)に、株主(公開会社の場合は6カ月前より引き続き株式を有していることを要する)・*監査役'(監査役設置会社の場合)・*監査委員'(指名委員会等設置会社の場合)・*監査等委員'(監査等委員会設置会社の場合)に、当該取締役等に当該行為をやめることを請求する権利が認められている〔会社360・422・385①・399の6・407①・482④〕。更に、株主には、会社が法令・定款に違反して又は著しく不公正な方法により*株式'・*新株予約権'を発行し又は*自己株式'を処分すること、法令・定款に違反して*全部取得条項付種類株式'を取得し又は株式を併合すること、法令・定款に違反して(略式組織再編行為の場合には、対価が著しく不当な場合であるときにも)吸収合併・吸収分割・*株式交換'・新設合併・新設分割・*株式移転'・*株式交付'(簡易組織再編行為にあたる場合を除く)を行うことにより自身が不利益を受けるおそれがある場合にも同様の請求権が認められている〔会社210・247・171の3・182の3・784の2・796の2・805の2・816の5〕。株主及び新株予約権者は売渡請求が法令に違反し、通知・公告の規定に違反し、又は対価が著しく不当なことにより自身が不利益を受けるおそれがある場合にも、売渡株式等の取得をやめることを請求することができる〔会社179の7〕。 ニ 民法には、差止めを認める規定は存在しないが、解釈により差止請求が認められている。差止めの根拠については、特定の権利の効力としてこれを認める見解や、損害賠償と並ぶ*不法行為'の効果としてこれを認める見解等が主張されている。判例は、差止め一般の根拠や要件を示すのではなく、生活妨害(最判平成7・7・7民集49・7・2599等)(⇨ニューサンス')、名誉毀損(最大判昭和61・6・11民集40・4・872等)、プライバシー侵害(最判令和4・6・24民集76・5・1170等)など、事案類型に応じて規律を形成している。

差止訴訟(行政法上の)　　自己に不利益な*処分'がなされることが予想されるとき、それを事前に阻止するために提起する訴訟。予防的差止訴訟ともいう。直接不作為の義務付けを求めるものや、行政庁が処分権限を有しないことの確認を求めるものなどが考えられる。昭和37年制定の*行政事件訴訟法'はこのような訴訟形態を明定しなかったので、*無名抗告訴訟'としての許容性が問題となったが、これを完全に否定する見解はみられなかった。許容条件については争いがあり、事後の訴訟では有効な救済が得られないときに限り例外的・補充的に差止訴訟を認める補充説と、紛争の成熟性が高まっていればよいとする独自説に大別された。補充説では、争いが成熟していることのほかに、事後の救済をまっていては回復し難い損害を生じることが要求された。最高裁判所は、長野勤評事件判決(最判昭和47・11・30民集26・9・1746)で、事前の救済を認めないことを著しく不相当とする特段の事情が存することを要求したが、要件として厳しすぎるとの批判があった。平成16年の行政事件訴訟法改正(法84)に際して差止訴訟が法定され〔行訴3⑦〕、一定の処分又は裁決がされることにより重大な損害を生ずるおそれがある場合に限り提起できるものとされた〔行訴37の4①〕。　⇨仮の差止め'

指　値　　委託者が*問屋(とんや)'に指定した売買価格。これを一任する成行(なりゆき)売買に対して、売買価格を指定して行うことを指値売買という。指値は単なる希望価格の申出ではなく、その価格未満では販売せず、又はそれを超過する価格では買入れをしないという拘束価格の指示である。問屋は委託者の指図に従う義務があり〔商552②、民643〕、指値に従わない売買については、委託者はその結果の引受けを否認できる。ただし、指値より安く売り、又は高く買い入れても、その差額を問屋が自分で負担するときは、その売買は、委託者に対して効力を生ずる〔商554〕。⇨逆指値注文'

指値注文　　顧客が金融商品取引業者に売買価格を指定して注文すること。この場合、金融商品取引業者は、買いの場合には*指値'以下で、売りの場合には指値以上で売買する。顧客は自分の希望通りの売買ができるので安心である反面、僅かな値段差で売買のチャンスを逃すという欠点がある。　⇨逆指値注文'

差戻し　　上級審で原判決を取り消し又は破棄した場合において、改めて弁論をする必要がある場合に、審理をやり直させるため事件を改めて*第一審'又は*控訴審'に送り返すこと。

Ⅰ　民事訴訟法上、控訴審での差戻しには、*必要的差戻し'〔民訴307〕と*任意的差戻し'〔民訴308①〕とがある。*上告審'での差戻しには、原判決を破棄して原審に差し戻す場合〔民訴325①②〕と、原判決を破棄して第一審判決をも取り消し、事件を第一審に差し戻す場合〔民訴313・307・308①〕とがある。

Ⅱ　刑事訴訟法でも、控訴審又は上告審で原

さしもどし

判決を破棄したときは、*自判'又は*移送'する場合のほかは、事件を原裁判所又は第一審裁判所に差し戻さなければならない〔刑訴398・400・413〕。
⇨破棄判決'　⇨差戻判決'

差戻判決　上級審で原判決を取り消し又は*破棄'した場合に、審理をやり直させるため事件を改めて*第一審'又は*控訴審'に送り返す旨の判決。差戻判決は、*終局判決'とされている。したがって、控訴審の差戻判決に対しては*上告'ができる。⇨差戻し'

詐取　人を欺いて*錯誤'に陥らせ、その錯誤を利用して、相手方から財物や財産上の利益を取得することをいう。平成7年の刑法の平易化前には、刑法246条1項が「人ヲ欺罔シテ財物ヲ騙取シタル者」と規定していたため騙取（へんしゅ）という用語が使われていたが、平易化後は騙取に代わって使用されるようになっている講学上の用語である。*窃盗罪'〔刑235〕における「窃取」、*強盗罪'〔刑236〕における「強取」、*恐喝罪'〔刑249〕における「喝取」と並んで使用されている。⇨窃取'　喝取'

詐術（制限能力者の）　制限能力者のした*法律行為'は、制限能力者側においてこれを取り消すことができるのが原則である〔民5②・9・13④・17④〕が、制限能力者が行為能力者であることを取引の相手方に信じさせるために何らかの術策を用いたときはその行為を取り消すことができない〔民21〕（⇨制限能力者'）。このような場合には、制限能力者の保護よりも相手方を保護して、取引の安全を図る必要があるからである。その術策を詐術という。問題は、どういう行為が詐術に当たるかということであり、具体的な事情ごとに制限能力者の保護と相手方の保護とのいずれを優先させるのが妥当であるかを判断していかなければならない。判例は詐術の成立する範囲を広く認める傾向にあり、行為能力者と誤信させるために偽造文書（変造の戸籍謄本など）を用いるなど積極的な術策を用いた場合に限られず、また、制限能力者であることを黙秘しただけでは詐術に当たらないけれども、他の言動と相まって行為能力者と誤信させた場合には黙秘も詐術に当たるとする（最判昭和44・2・13民集23・2・291）。制限能力者といってもこれまで判例上その詐術が問題になったもののほとんどは、*被保佐人'である。

撮影罪　*性的な姿態を撮影する行為等の処罰及び押収物に記録された性的な姿態の影像に係る電磁的記録の消去等に関する法律'2条(性的姿態等撮影)の罪の略称。同法は、刑法の令和5年改正(法66)と合わせて制定された(法67)（⇨性犯罪'）。同法において性的姿態等とは、性的な部位、身に着けている下着、*わいせつ'な行為・性交等がされている間の人の姿をいう。正当な理由がないのにひそかに性的姿態等を撮影する行為(盗撮)のほか、*不同意わいせつ罪'〔刑176〕及び*不同意性交等罪'〔刑177〕と同様の手段的状況下で性的姿態等を撮影する行為を罰する。盗撮行為は、各都道府県の*迷惑防止条例'の禁止行為や、*児童買春、児童ポルノに係る行為等の規制及び処罰並びに児童の保護等に関する法律'のひそかに児童ポルノを製造する罪〔児童買春7⑤〕に当たる場合もあるが、より一般的な犯罪化・重罰化が図られた。

錯覚犯　⇨幻覚犯'

錯覚防衛・錯覚避難　⇨誤想防衛・誤想避難'

雑居制　*刑務所'において受刑者を1室に複数収容する拘禁形態をいう。*刑事収容施設法'では、「雑居拘禁」という観念に代わって、「共同室」という用語が用いられている。受刑者相互の接触が社会性の涵養（かんよう）に役に立つほか、管理上便利で作業をさせる上でも能率よく、施設建築の経済性の点でも優れているとされて、古くから多用されてきた拘禁形態であるが、悪風感染やプライバシーの欠如といった問題点も指摘されている。⇨独居制'

雑所得　*所得税法'上の各種所得の1つで、*利子所得'、*配当所得'、不動産所得、*事業所得'、*給与所得'、*退職所得'、山林所得、*譲渡所得'及び*一時所得'のいずれにも該当しない*所得'のこと〔所税35①〕。公的年金等や著述家・作家以外の人が受ける原稿料等にあたる。雑所得の金額は、公的年金等の収入金額から公的年金等控除額を控除した金額と、その他の雑所得の総収入金額から*必要経費'を控除した金額の合計額である〔所税35②〕。

殺人罪　1 意義　*故意'に他人を殺す罪。刑法は、殺人の罪として、殺人罪〔刑199〕、殺人予備罪〔刑201〕、自殺関与罪、同意殺人罪〔刑202〕を規定している。殺人予備罪以外は*未遂'も処罰される〔刑203〕。
2 客体　「人」である。行為者以外の自然人を意味する。その始期については、身体の一部が母体から露出した時であるとする一部露出説が通説・判例(大判大正8・12・13刑集25・1367)である（⇨出生'）。生命があれば「人」であり、生存能力の有無を問わない。終期については、従来は、脈拍及び呼吸の不可逆的停止と瞳孔散大という3徴候によって判断してきたが、その後、脳死

説(⇨脳死')が有力になり，特に臓器移植との関係で対立がみられた。*臓器の移植に関する法律'が規定する手続に従わない心臓移植等の臓器移植と殺人罪の成否については，なお問題が残っている。

3 行為 人を「殺」すことである。人の死に対して原因力を与えるものであれば，その方法・手段を問わない。故意(殺意)を必要とし，故意がなければ，人を死亡させても，*傷害致死罪'〔刑205〕などの*結果的加重犯'や過失致死罪〔刑210〕などの*過失犯'が成立しうるにとどまる。なお，現行刑法は，多くの立法例にみられるような*謀殺'・*故殺'の区別を認めない。*被害者の同意'があれば，同意殺人(*嘱託殺人'，*承諾殺人')になる〔刑202〕。

雑 則 ⇨総則・通則・雑則・補則・罰則'(巻末・基本法令用語)

雑損控除 *所得税法'の定める*所得控除'の1つで，災害等により生活に通常必要な住宅や家財などに被った損失による担税力の減少を考慮するものとされる。自己又は自己と生計を一にする配偶者その他の親族の有する生活に通常必要な資産につき，災害・盗難・横領により損失が生じた場合，イ その損失の金額から総所得金額等の10分の1を控除した金額か，ロ 住宅取壊費用のような災害に直接関連してなした支出(災害関連支出)の金額から5万円を控除した金額の，いずれか大きい金額が総所得金額等から控除される〔所税72①〕。控除できなかった損失の金額は，雑損として後の年度に繰り越して控除できる(雑損失の繰越控除)〔所税2①㉖・71〕。個人に対する*住民税'の*所得割'にも同様の雑損控除がある〔地税34①①・314の2①〕。なお，事業用資産についての災害等による損失は，雑損控除の対象にならず，*必要経費'に算入される〔所税51〕。

査 定 ⇨損害賠償請求権の査定' ⇨予算の編成'

サティスファクション ⇨満足'

サービサー法 ⇨債権管理回収業に関する特別措置法'

サービス貿易一般協定 ⇨世界貿易機関'

サービス・マーク 英 service mark 業として役務を提供し，又は証明する者がその役務について使用をする標章〔商標2①②〕。役務商標。*商標法'上，商標として登録され保護されるのは，商品について使用する標章に限られていたが，平成3年の商標法改正(法65)によりサービス・マーク登録制度が導入され，運送・金融・飲食業などのサービス事業者がサービス(役務)を提供するにあたり使用する標章(サービス・マーク)も商標として登録・保護されることとなった。サービス・マークの保護の仕組みは，商品に使用する商品商標と同一である。なお，平成18年商標法改正(法55)により，これまで商品商標と役務商標のはざまで保護が受けにくかった，小売業者，卸売業者などの使用するマークについてサービス・マークとしての登録を認める小売等役務商標制度が導入され〔商標2②〕，例えば，スーパーマーケットのショッピングカートや店員の制服に付される商標などの登録も可能となった。

サブプライム・ローン ⇨ドッド・フランク法'

三六(さぶろく)協定 1 意義 時間外労働又は休日労働に関する労使間の協定で，*労働基準法'36条に規定されているところから，三六協定と呼ばれる。時間外協定又は残業協定と呼ばれるものは法内残業も対象とするが，三六協定は労働基準法上の最長*労働時間'を超えて行われる労働と法定の*休日'に行われる労働についての協定を意味する。

2 要件 使用者は法定の労働時間を超え又は法定の休日に労働させるためには，当該事業場の労働者の過半数で組織する*労働組合'，このような組合がない場合は労働者の過半数を代表する者との書面による協定を行い，これを労働基準監督署長に届け出なければならない〔労使委員会による協定代替決議につき，労基38の4⑤〕。

3 内容 協定には，時間外労働・休日労働が必要とされる具体的事由，業務の種類，労働者の数，及び延長する時間・労働させる休日について規定し，有効期間を定めなければならない〔労基則16〕。

4 効力 この協定を締結し労働基準監督署長に届け出た使用者が，*就業規則'に，当該協定の範囲内で一定の業務上の事由があれば*労働契約'上の労働時間を延長して労働者を労働させることができる旨定めているときは，労働者は，当該規定が合理的である限り，その定めに従い労働契約上の労働時間を超えて労働をする義務を負う〈最判平成3・11・28民集45・8・1270〔日立製作所事件〕〉。学説には異論もある)。最高裁判所は，このような就業規則の規定の合理性を，三六協定において時間外労働につきその時間を限定し，所定の事由を必要としていることから，肯定している。

5 協定の締結拒否 三六協定がない場合又はその有効期間満了にあたり，協定の締結を拒否することは労働組合又は労働者の自由である。時

さべつ

6 時間外労働の限界 時間外労働の延長の限界については，労働省告示(平成4労告70)により目安が示され，平成10年には労働基準法改正(法112)により厚生労働大臣が基準を設定することとされていたが，平成30年労働基準法改正(法71)により，三六協定における時間外労働の時間数について限度時間が設けられ，1カ月45時間，1年360時間(3カ月を超える*変形労働時間制'の場合は42時間，320時間)とされた〔労基36③④〕。限度時間を超える時間外労働は，臨時的にその必要がある場合につき，三六協定において，イ 時間外・休日労働の1カ月の時間数(100時間未満)，ロ 時間外労働の1年の時間数(720時間以下)，ハ 限度時間を超える月数(1年のうち6カ月以内)，ニ 限度時間を超えて労働させる事由，健康福祉確保措置，割増賃金率，手続について定めることにより認められる〔労基36⑤②⑤，労基則17①④〜⑦〕。上記特別協定の締結いかんにかかわらず適用される時間外労働及び休日労働の上限もあり，単月で100時間未満，複数月の平均で80時間以下とされる〔労基36⑥②③〕。研究開発業務は限度時間の適用から除外される〔労基36⑪〕。
⇨*時間外労働'　⇨*休日労働'

差別　不合理に他者と異なる扱いをすること。憲法14条1項にいわれる「差別」や，*労働基準法'3条にいわれる「差別的取扱」などがそれに当たる。前者は，別異取扱いの中でも合理的な理由のあるもの(しばしば合理的差別といわれている)まで，ここにいわれる差別は別異取扱いと言い換えたほうがよかろう)まで禁止しているわけではない。なお，法学以外の分野では，差別という語は，扱いを伴わない場合(差別意識など)も含めた形で，また偏見に基づくものを中心として，用いられる傾向にある。
⇨*間接差別'　⇨*信条による差別'　⇨*年齢差別禁止'　⇨*均等待遇(労働者の)'　⇨*法の下の平等'

差別対価　不当に地域又は相手方により同一の商品・役務について価格に差をつけて取引(販売又は購入)することをいう。*不公正な取引方法'の不当な差別的取扱い及び不当な対価取引の一類型として，*独占禁止法'により禁止される〔独禁2②②・19・2⑥イロ，不公正告③〕。取引の現実においては，地域ごとの需給状況や，相手方との取引の内容の違いに応じて，同一の商品であっても取引価格に差が生じうるが，独占禁止法ではこのような通常の競争の過程で起こる差別対価は問題とせず，それが不当な場合(公正競争阻害性がある場合)に禁止される。例えば，有力な*事業者'が，自己の競争者を市場から駆逐する目的をもって差別対価を行う場合(例えば，特定の地域での廉売，競争者と取引しない顧客に対する低価格販売)である。そのほか，他の独占禁止法違反を達成するための手段として差別対価が用いられる場合が問題になりうる。独占禁止法2条9項2号に違反する行為を繰り返した場合は課徴金が課される〔独禁20の3〕。

差別待遇　⇨*不当労働行為'
差別的行使条件付新株予約権　⇨*買収防衛策'

差別的取扱い　Ⅰ　不当に，ある*事業者'に対し取引条件又は実施について有利な又は不利な取扱いをすること。*不公正な取引方法'の1つとして*独占禁止法'により禁止される〔独禁2⑥イ・19，不公正告④〕。取引条件のうち取引価格については*差別対価'として別個の規定が置かれている〔独禁2⑨②，不公正告③〕。また，不当な差別的取扱いの特殊な形態として，*事業者団体'・共同行為からの事業者の不当な排斥，事業者団体内部・共同行為での不当な差別も不公正な取引方法と共同行為とされている〔不公正告⑤〕。差別的取扱いが不当と評価される場合は，差別対価の場合と同様に，それが自由な競争を減殺する効果をもつ場合，又は他の独占禁止法違反行為の実効性確保手段となっている場合である。

Ⅱ　労働者の差別的取扱いについては，*均等待遇(労働者の)'をみよ。

サボタージュ　因仏sabotage　労働者が労働は続けながらも積極・消極に作業能率を下げあるいはこれを妨害すること。沿革的には19世紀末，非公然の作業妨害活動をフランス労働総同盟が包括的にサボタージュ(木靴(サボ)を使うこと)と呼んだことから発している。日本でいう怠業あるいは*怠業的行為'〔労調7，地公等労11①，国公98②③，地公37，行執労17①〕は，暴力の行使を伴わない消極的なサボタージュに当たる。なお，サボタージュを怠業と同義に用いることがある。　⇨*怠業'　⇨*違法(順法)闘争'

妨げない　⇨*妨げない'(巻末・基本法令用語)

サモンズ　英summons　アメリカの内国歳入庁により，納税者に対して，納税義務の確定のため必要な帳簿書類その他の資料の提出を命ずる召喚状。納税者は指定された期日及び

場所に当該資料を持参して提示しなければならない。これに従わない場合には罰則が科される。

更　地（さら）　地上に建物のない宅地のこと。地上に建物が存在しないと、買い受けた土地の利用に制約がないので、更地は建物が存在するときよりかなり高価に取引されるのが実情である。そこで売買や*抵当権'の設定、実行等に際して更地かどうかが重要になる。

サリン等による人身被害の防止に関する法律　平成7年法律78号。サリン等の有毒ガスを用いた無差別テロを禁止・処罰するための法律。松本サリン事件、地下鉄サリン事件を契機として制定された。サリン等の製造、所持等を禁止するとともに〔サリン3〕、これを発散させて公共の危険を生じさせる行為等を処罰し〔サリン5〕、発散による被害が生じた場合の措置を定めている〔サリン4〕。

猿払（さるふつ）**事件**　昭和42年の衆議院議員選挙に際して、郵便局の職員が勤務時間外に選挙用ポスターを掲示するなどの*選挙運動'を行ったところ、*国家公務員法'102条、昭和24年人事院規則14-7(政治的行為)違反に問われた刑事事件。第一審は、処罰根拠法令につき*適用違憲'の判断を下し、被告人を無罪とした。この無罪の結論は、控訴審でも支持された。これに対して、最高裁判所は、公務員の政治活動の制限(及びそれに関わる刑罰)につき、「その禁止が、公務員の職種・職務権限、勤務時間の内外、国の施設の利用の有無等を区別することなく、あるいは行政の中立的運営を直接、具体的に損う行為のみに限定されていないとしても」、全面的に合憲であるとした(最大判昭和49・11・6刑集28・9・393)。この大法廷判決はその後も維持されているが、'堀越事件'に関する最判平成24・12・7刑集66・12・1337では、職員による機関紙配布行為は、「管理職的地位になく、その職務の内容や権限に裁量の余地のない公務員によって、職務と全く無関係に」職員団体の活動としてでなく行われたことに鑑み、「公務員の職務の遂行の政治的中立性を損なうおそれが実質的に認められるものとはいえ」ず、「本件罰則規定の構成要件に該当しない」として無罪判決が言い渡されている。　⇨公務員の政治的行為'　⇨政治的活動'

サレイユ　Saleilles, Sébastien Félix Raymond (1855〜1912)　フランスの科学学派を代表する民法学者・比較法学者。従来の注釈中心の法解釈を批判し、社会の変化に対応した解釈の必要を説いた。附合契約論や無過失責任論で知られる。

さんかさし

参　加　I　手形の*遡求'原因が生じたときに、ある者(*参加人')がその遡求を阻止するために*手形関係'に加入する行為。参加は特定の遡求義務者(*被参加人')のために行われるため、原則として誰のために参加するのかを明らかにすることを要する。本来の引受けに代わる引受けか、本来の支払に代わる支払かによって、*参加引受け'と*参加支払'とに分かれる〔手55〜63・77①⑤〕。

II　民事訴訟法上の参加については、*訴訟参加'をみよ。

産科医療補償制度　分娩(ぶんべん)に関連して重度脳性麻痺(まひ)を発症した子供とその家族への損害保険会社を介した補償と、原因分析、再発防止情報の提供等とを行う仕組み。分娩機関が運営組織である日本医療機能評価機構に掛金を支払う。　⇨出産育児一時金'

三角合併　*合併'において、存続会社が消滅会社の株主に対して、存続会社自身の*株式'ではなく、存続会社の*親会社'(*関係会社')の株式を交付する方法をいう。会社法において、対価の柔軟化〔会社749①②・751①③・758④・760⑤・768②・770①③〕が一般的に認められたことにより、三角合併が可能となった。子会社による親会社株式の取得は、一般的には、禁止されているが〔会社135①、会社則3④〕、例外的に、三角合併の対価として使用するための取得は認められ〔会社800①〕、三角合併の効力発生日までその保有が認められる〔会社800②本文〕。

三角詐欺　詐欺罪〔刑246〕が成立する場合において、*欺く行為'の相手方と被害者が異なる場合をいう。その要件に関しては、被害者が処分行為者であるとして、欺く行為の相手方の意思に支配されて処分行為を行うことを要するとする見解と、欺く行為の相手方が処分行為者であるとして、被害者の財産を処分しうる地位にあることを要するとする見解がある。三角詐欺の代表的なものとしては*訴訟詐欺'があり、クレジットカードの不正使用についても三角詐欺とする見解が有力である。　⇨詐欺'

参加差押え　滞納国税が*差押え'の要件を満たしている場合において、滞納者の特定財産につき*滞納処分'による差押えが既にされているときに、税務署長から通常の*交付要求'に代えてされる特殊な交付要求〔税徴86①〕。進行中の滞納処分による差押えが継続している限りは交付要求の効力しかもたないが、その差押えが解除されたときには当初に遡って差押えとしての効力を生ずる〔税徴87〕。*地方税法'上も同様で

さんかしは

ある〔地税68⑤等〕。差押先着手主義の下で順位の確保を目的とする制度である。

参加支払 *為替手形*・*約束手形*において，*引受拒絶*・*支払拒絶*など満期の前後を問わず*遡求*原因が生じたとき，主たる債務者(為替手形の*引受人*，約束手形の*振出人*)以外の者が遡求義務者のうちの特定の者(被参加人)のためにする支払〔手59〜63・55③・77①⑤〕。参加支払があると，*被参加人*の後者(その保証人も含む)は遡求義務を免れるが，参加支払人は所持人から手形の交付を受けて被参加人及びその者の手形上の債務者に対して*手形上の権利*を行使することができる〔手63①②〕。手形所持人は，支払地に住所を有する参加引受人又は*予備支払人*(参加引受る者としてあらかじめ手形上に指定された者)がいるときは，これらの者に対して参加支払を求めることを要し，これら以外の者が参加支払を申し出たときにも所持人はこれを拒むことができない。それに反すると，予備支払人を記載した者又は被参加人及びこれらの後者に対する遡求権を失うことになる〔手60・61〕。 ⇨参加引受け'

参加承継 係属中の訴訟の*訴訟物*又はその基礎となる権利義務を譲り受けた者が積極的に*訴訟参加*により従来の当事者の訴訟を承継すること〔民訴49・51〕。*引受承継*に対する。 ⇨訴訟承継'

参加的効力 *補助参加人*又は*訴訟告知*を受けた者に対して生じる*確定判決*の効力。民事訴訟法46条は，一定の要件の下で補助参加人に対しても*裁判*が効力を有することを定めている〔訴訟告知を受けた者については，民訴53④〕が，判例(最判昭和45・10・22民集24・11・1583)・通説は，この効力を，*既判力*ではなく，参加的効力と説明する。この効力は，*被参加人*(訴訟告知者を含む。以下同じ)が敗訴した場合に，補助参加人(被告知者を含む。以下同じ)と被参加人の間で，判決の判断と矛盾する主張を禁止するもので(ただし，参加的効力は，当事者の援用をまって取り上げられる)，判決の主文に包含された*訴訟物*たる権利関係の存否についての判断だけでなく，判決の理由中の判断にも効力が及ぶとされる。その根拠は，補助参加人は被参加人と共同して争った，あるいは，争うことができた以上，被参加人が敗訴した場合の敗訴責任を共同で分担すべきであるという衡平の理念(信義則)であると理解されている。

参加的優先株 ⇨優先株'

参加人 Ⅰ 手形の*参加引受け*又は*参加支払*をする者。狭義では，そのうち参加する者として手形上にあらかじめ指定された*予備支払人*を除いた者をいう。参加人には，*為替手形*の*引受人*，*約束手形*の*振出人*を除き誰でもなれる〔手55③・77①⑤〕。

Ⅱ 民事訴訟法上の参加人については，*訴訟参加*をみよ。

参加引受け *為替手形*の所持人が*引受拒絶*などにより満期前に*遡求*原因が生じたとき，*支払人*以外の者(支払人も支払人としてでなければよい)が遡求義務者のうちのある者(*被参加人*)のために，その者と同一の義務を負担する*手形行為*〔手56〜58・55③〕。参加引受けがあると，手形所持人は，被参加人及びその後者に対しては，本来の引受けが行われた場合と同様に満期前の遡求をすることができない〔手56③後〕。 ⇨参加支払'

参議院 *衆議院*とともに国会を構成する一院〔憲42〕。全国民を代表する選挙された議員で組織される〔憲43①〕(⇨参議院議員)点では衆議院と異なるところはないが，権能においていくつかの点で衆議院に劣る(⇨衆議院の優越(優位)')。他方，衆議院の*解散*中に国に緊急の必要が生じたとき，国会の権能を代行するという重要な権能が与えられている〔憲54〕。 ⇨緊急集会(参議院の)'

参議院議員 *参議院*を組織する議員。*衆議院議員*と同じく，全国民を代表する選挙された議員でなければならない〔憲43①〕。定数は248人とし，そのうち，100人を*比例代表選出議員*，148人を*選挙区選出議員*とする〔憲43②，公選4②〕。任期は6年であり，3年ごとにその半数を改選する〔憲46〕。被選挙権の年齢要件は満30年以上〔公選10①②〕で，衆議院議員より高い。そのほか，選挙に関する事項〔憲47〕は，*公職選挙法*に定められている。なお，両議員の任期等の比較については，*国会議員*に掲げた[表:衆議院議員と参議院議員の比較]を参照せよ。

参議院規則 ⇨議院規則'

参議院議長 会議の議事日程を決定し〔国会55〕，議事を整理し〔国会61〕，秩序を保持する〔国会116〜118の2〕ほか，議院内部の警察権を行使する〔国会114〕。事務監督権，議院代表権をもつ。副議長とともに，皇室会議，皇室経済会議の議員となる〔典28，皇経8〕。衆議院議長と同等の待遇を受ける。 ⇨議長' ⇨衆議院議長'

参議院の緊急集会 ⇨緊急集会(参議院の)'

残　業　⇨'時間外労働'

産業医　常時50人以上の*'労働者'を使用する事業場においては、事業者は医師の中から産業医を選任し、労働者の健康管理その他に関する事項を行わせなければならない〔労安衛13、労安衛令5、労安衛則13〜15の2〕。

産業競争力強化法　平成25年法律98号。日本経済を再興すべく、産業競争力を強化するため、規制の特例措置の整備や産業活動における新陳代謝の活性化を促進するための措置等を設ける。同法制定に伴い廃止された「産業活力の再生及び産業活動の革新に関する特別措置法」(平成11法131)を、必要な見直しをした上で継承。特に、主務大臣の認定を受けた計画による事業再編について、会社法で要求される*'検査役'の調査や*'株主総会'の*'特別決議'を不要とする等の支援措置がとられる〔産競26〜32〕。また、一定の要件を満たす上場会社について、場所の定めのない株主総会(バーチャルオンリー株主総会)の開催を認める(⇨バーチャル株主総会)〔産競66〕。

残業協定　⇨'三六(サブロク)協定'

残業拒否闘争　所定*'労働時間'における労働は行いつつ、所定労働時間外に行われる労働(残業)を拒否する*'争議行為'。*'遵法(順法)闘争'の一種であり、*'三六(サブロク)協定'の締結あるいは更新を拒否する場合と三六協定締結後の残業命令を拒否する場合とがあるが、前者は争議行為とはいえない。なお、個人が個別に残業を拒否する場合については、「三六協定」を参照せよ。

産業財産権　⇨'工業所有権'

産業スパイ　企業の技術や経営上の重要な情報で、公開されていないもの、例えば、*'ノウハウ'あるいはコンピューターのプログラム、企業経営上の意思決定などを探知・漏示する行為をいう。企業間の過当競争の激化とともに、この種の行為が頻繁に行われるようになったが、現行刑法では、これらの「情報」は、書面や磁気媒体などに化体されている場合に*'財物'として法的保護を受ける(保管者以外の者がもち出せば窃盗、保管担当者がもち出せば横領の罪に問われる)にとどまり、無形の情報自体の探知あるいは漏示は、場合により背任罪に当たりうるだけで、原則として刑法上の罪にはならない。昭和49年に公表された法制審議会の*'改正刑法草案'318条は、企業の役員又は従業者が、正当な理由がないのに、企業の生産方法その他の技術に関する秘密を第三者に漏らしたときは、3年以下の懲役又は50万円以下の罰金に処する旨を規定した。しかし、この案に対しては、

企業の不当な価格操作を助け、あるいは欠陥商品その他企業災害の責任追及を困難にする等、消費者の利益を害し、また、企業に関する取材を妨げ、*'報道の自由'を害するもとになる等の観点から、強い反対論も出され、今日まで実現するに至っていない。*'不正競争防止法'では、平成5年の改正(法47)で*差止請求権'〔不正競争3〕、*'損害賠償'請求権〔不正競争4〕が導入されたが、更に平成15年改正(法46)において営業秘密侵害罪が新設され、その後平成17年改正(法75)、平成18年改正(法55)、平成21年改正(法30)、平成27年改正(法54)により、営業秘密の取得・開示・使用等に係る処罰の拡充・加重が行われている〔不正競争21・22〕。

産業別労働組合　同一の産業の労働者が結成する*'労働組合'。産別組合と略称する。日本では*'企業別労働組合'が大多数であり、産業別労働組合は全日本海員組合など少数の例外を除き、同一産業の企業別労働組合の結成する産業別連合体である。欧米ではかつて職種ごとに結成される*'職業別労働組合'が支配的であったが、企業所属のいかんにかかわりなく一産業に属する労働者が個人加盟によって結成する産業別労働組合が現在は有力である。

三　権　分　立　⇨'権力分立主義'

参考書類　*'書面による議決権行使'・*'電磁的方法による議決権行使'が行われる会社の*'創立総会'、*'株主総会'及び*'種類株主総会'等の招集通知に添付される、*'議決権'の行使について参考となるべき事項を記載した書面〔会社70①・71①・301①・302①・325〕。法務省令で定めるところにより作成され、例えば、株主総会*参考書類'には、総株主の議決権の数や議案等常に記載を要する一般的記載事項のほか、会社提案の場合と株主提案の場合に分けて議案の内容に応じて記載事項が定められている〔会社則73〜94〕。書面による議決権行使が常に認められる*'社債権者集会'においては〔会社726①〕、知れている社債権者に対し*'議決権行使書面'とともに参考書類が添付される〔会社721①〕。*'特別清算'における*'債権者集会'においても同様である〔会社550①〕。令和元年会社法改正により、株主総会参考書類は電子提供措置の対象とされた〔会社325の2①〕。　⇨'電子提供制度'

参　考　人　Ⅰ　国会において、*'委員会'の審査又は調査のため必要があるとき、求めに応じて委員会に出頭して意見を述べる者。委員会が、学識経験者その他一般国民から直接意見を聴く場合の1つ。委員会は、*'公聴会'を開

さんしやく

いて公述人の意見を聴くこと〔国会51〕，また，*証人'を喚問して証言させることができるが，いずれも手続が複雑又は厳格すぎるため，従来から委員会の議決による参考人制度が，*先例'で認められていた。現在はこれが明文で規定〔衆規85の2，参規186〕されており，実際上もこの方法による場合が多くなっている。参考人は，証人とは異なり，これを拒むことができる。また，参考人には証人に準じて旅費・日当が支給される〔国会106〕。 ⇨政府参考人'

II 刑事訴訟法上，犯罪捜査のため*捜査機関'から取調べを受ける*被疑者'以外の者をいう。例えば，犯罪の被害者，目撃者等がこれに当たる。捜査機関は参考人の*任意出頭'を求め，取調べを行うことができるが，出頭・供述を強制することはできない。供述は調書に録取される〔刑訴223〕。なお，犯罪捜査に不可欠の知識を有すると明らかに認められる参考人が出頭・供述を拒む場合等には，検察官は裁判官にその者の*証人尋問'を請求し，*証人'として供述を求める手続を用いることができる〔刑訴226～228〕。

参酌・斟酌（しんしゃく） ⇨参酌・斟酌(しんしゃく)'〔巻末・基本法令用語〕

3 条機関 *国家行政組織法'3条により設置される*国の行政機関'。同条は，「行政組織のため置かれる国の行政機関は，省，委員会及び庁」とし，具体的な機関名は，同法別表1に掲げられている（これ以外に内閣府設置法に基づく*内閣府'がある）。この機関それ自体として国家意思を決定し外部に表示するので，各機関の法的性質に共通性は乏しい。なお，委員会などの名称をもつ行政機関には，この3条に基づく行政機関（3条機関）と，8条に基づきこれらの内部に置かれる諮問的，調査的な機関（8条機関）の2種類がある。

参照方式 ⇨有価証券届出書'
三審制 ⇨審級'
参審制 一般人から選ばれた参審員と職業裁判官が合議体を構成して裁判する制度。司法への国民参加という点で*陪審制'と共通するが，陪審が事実問題の判定に限り裁判官とは別個・独立の機能を果たすのに対し，参審制は素人が職業裁判官と同格の立場で審理・判決に関与する点に特色がある。主としてドイツ等ヨーロッパ大陸法圏で発達した。日本では，*海難審判'における参審員〔海難審判14〕，*家事審判'における参与員〔家事40〕の制度がこれに類似するが，民事・刑事の訴訟で採用されたことはなかった。*裁判員制度'は，これと類似する点が多い。

参政権 国民が政治に参加する権利。*基本的人権'の1つで，具体的には，*選挙権'・*被選挙権'，*公務員'になる権利・公務員を*罷免'する権利などがこれに属するが，選挙権がその代表的なものである。古くは，参政権は基本的人権に属さないとされたが，公務員の任免権を国民が留保することによって，人権の保障が実質的に裏付けられるので，やがて参政権は人権を確保するための不可欠の権利とされ，その一種になった。この意を体し，日本国憲法は，国民の公務員選定・罷免権を規定している〔憲15①〕が，全ての公務員を実際に選定・罷免することは不可能なので，国会議員及び地方公共団体の長と議員の選定権〔憲43・93②〕，最高裁判所裁判官の*国民審査'〔憲79②〕，地方公共団体の長と議員などの*解職請求'〔自治80・81〕を認め，他の公務員は議会若しくは行政府によって選ばれることにしている。これらの法律で定められた参政権行使の制度のほかに，国民が政治に参与する方法として，*表現の自由'に裏付けされた大衆運動や市民運動などの非制度的な政治運動の方法もある。

産前産後の休業 *労働基準法'により，使用者は女性労働者の母体保護のために，産前6週間（多胎妊娠の場合は14週間），産後8週間の休業を付与すべき義務を負う〔労基65〕。産前休業は女性の請求によるが，産後休業は就業禁止期間である（ただし産後6週間経過後は女性の請求と医師の許可があれば就業可能）。休業期間及びその後30日間は*解雇'が禁止され〔労基19〕，この休業の請求や申請を理由とする解雇その他の不利益取扱いは禁止される〔雇均9③〕。休業期間中の賃金は*労働契約'や*就業規則'，*労働協約'の定めによるが，社会保険による所得保障制度がある。 ⇨出産手当金'

残存主権 ⇨潜在主権'
残存物代位 *保険代位'の一種であり，全損（*被保険利益'全ての滅失）のときに*保険金額'の全部を支払った*保険者'は，*被保険者'が*保険の目的物'に対して有していた所有権その他の物権を取得する制度である〔保険24〕。利得禁止原則を守りつつ残存物の価額評価を回避し迅速な保険給付をすることが，制度の存在理由である。残存物に公法上の除去義務が課されたり，残存物を原因とする*損害賠償'などの義務や経済的負担も保険者に移転する場合に，代位により保険者が不利益を受けることを回避するため，権利取得の意思表示をしない限り代位権を放棄したり，被保険者に費用負担を求める約

款規定を設けているのが通例である。
　残高照合通知書　日本証券業協会が定める規則に従って, 金融商品取引業者が, 顧客から預託を受けている金銭及び*有価証券'の一定時期における残高を顧客に報告する書面のこと。顧客に対して金銭又は有価証券の預託の残高を知らせるとともに, 金融商品取引業者による事故の防止を目的とする。
　三段階審査　圖 Drei-Schritt-Prüfung　基本権への制約が正当化されるか否かを判断する論証枠組み。防御権としての基本権を対象に, 「配分原理」を理論的な基礎として, ドイツで展開されてきた。違憲審査を分節化して, 憲法判断の過程を秩序付けるところに特徴があり, 次の3つの段階に区切って判断する。イ 国家の措置が基本権の保障する領域に関わるか(保護領域), ロ その措置が基本権の制約といえるか(介入), ハ 基本権の制約が正当化されるか(正当化)。ハは形式的正当化と実質的正当化の2点についてなされ, 前者に関わる代表的要請として*法律の留保'原則が挙げられる。後者は目的と手段の両観点について正当性が問われ, 手段の正当性は*比例原則'により判断される。なお, 今日, 比例原則を用いて違憲審査をすることは, ドイツだけでなく外国や国際裁判所で一般的となっているが, その際にイロを合わせた段階とハの二段階の審査として理解されることが多い。

　暫定真実　⇨推定'
　暫定措置　⇨仮保全措置'
　暫定予算　**1 意義**　ある*会計年度'が始まってもなお当該年度の*本予算'(当初予算)が成立していない場合に, 本予算が成立するまでの一定期間のために作成される*予算'案又は国会で議決された予算をいう。一会計年度中の支出及び債務負担は, 本来, 国会によるその年度の本予算の議決があって初めて行うことができる〔憲85〕が, 事情によっては前年度の末日までに本予算の議決が行われないという事態が起こる。予算の不成立の場合に備えて, *明治憲法'はいわゆる前年度予算施行制(施行予算制度)を定めていた〔明憲71〕が, 現行憲法には何らの規定もない。そこで*財政法'により, 国会議決の原則〔憲83〕を生かしつつ定められたのが, 暫定予算の制度である〔財30。地方公共団体・政府関係機関につき, 自治218②③, 政策金融公庫36〕。
2 内容・手続・効果　内閣は, 本予算の年度内成立の見込みがないとき, 一定期間(その長さは一定しない)の需要を満たす予算案を作成して国会に提出することができる〔財30①〕。暫定予算案の内容について特段の制限はない。ただ, 国会における速やかな審議・議決を容易にするために, 当面の国政運営を阻害しない程度の必要最低限のものであることが求められ, 新しい施策のための経費は計上されないことになる。議定手続は本予算案の場合と同じであるが, その性質上, 後に本予算が成立したときは失効し, 暫定予算に基づく支出や債務負担は本予算によるものとみなされる〔財30②〕。ただ, 暫定予算も国会の議決を必要とするので, 場合によってはそれすら成立しないまま次の会計年度が始まるという異例の事態(いわゆる予算の空白)も生じる。実際にも過去何度かそうした事態が起こっており, 法的な整備が必要とされている。

　三読会　議会における議案審議の方法の1つで, 委員会審議ではなく本会議の審議に重点を置く方法であり, 委員会中心主義に対する。法案に関しては, 第一読会ではその朗読・趣旨説明と質疑応答がなされ, 第二読会では法案を付託された委員会の審査報告を受けて, その逐条審議がなされ, 第三読会では法案全体の可否につき最終的に審議・決定がなされる。この方法はイギリスにその源はあるが, 日本では*帝国議会'において採用されていた〔議院法(明治22法2。昭和22法79により廃止)27〕。しかし, 戦後の*国会'は, アメリカの影響を受けて, 委員会中心主義をとっている。　⇨委員会'

　残念事件　慰謝料の相続性につき原則的にこれを否定しつつ請求の意思表示があれば相続の対象になるとし,「残念残念」は請求の意思表示になりうると判示した大審院判決(大判昭和2・5・30新聞2702・5)。事件は, 交通事故で重傷を負って病院に担ぎ込まれた者が,「残念残念」と叫びながら死亡し, その相続人が慰謝料請求権を相続したとして加害者にその支払を求めたものである。原審が慰謝料の請求を認めなかったのに対して, 大審院はこれを破棄差し戻し, 次のように判示した。すなわち, *不法行為'により身体を傷害され, これにより苦痛を被った場合における慰謝料請求権は, 被害者の死亡とともに消滅し, 相続人であってもこれを承継しないのが原則であるが, ただ被害者が請求の意思を表示した場合には, 移転性をもつことになるところ, 本件で,「残念残念」と叫びながら死亡したのは特段の事情がない限り請求の意思表示と解釈できるのに, 原審が請求の意思表示でないとしたのは理由不備の違法がある(差戻し後の原審判決も, 再上告判決も結局原告側を勝訴させた)。本判決は, 請求の意思

さんびゃく

表示をしない限り慰謝料請求権は相続されないという立場に立っているが、そのため、どういう場合に請求の意思表示があるのかが問題になり、後に、「悔しい」「向こうが悪い」といったのは請求の意思表示になるが、「助けてくれ」といっただけでは請求したことにならない、という奇妙な判例を生み出すことになった。学説はこれを批判したが、後に最高裁判所は判例を変更し、被害者が生前に請求の意思表示をしなくても、慰謝料請求権は当然に相続されると判示するに至った(最大判昭和42・11・1民集21・9・2249)。 ⇨慰謝料'

300日問題 *離婚'後300日以内に生まれた子は、前夫との生物学上の父子関係がなくても、再婚後の出生を含めて前夫の*嫡出子'と推定された〔令和4年改正(法102)前の民法772〕や、それに伴う戸籍事務により、そのままでは、そのような出生届しかできないために、出生届のない無戸籍の子が生じていることなどの問題。戸籍窓口は形式的審査しかできないため、前夫の子ではない形の出生届をするには、イ(前記民法改正前は前夫にのみ認められた)*嫡出否認の訴え'〔民774・777〕や、ロ(前夫の子を懐胎する可能性がないことが外観上明白であるために推定が及ばない場合における)前夫に対する親子関係不存在確認の訴え〔人訴2[2]〕などの裁判手続(上記イロとも*調停'が前置される)により、前夫との父子関係が否定される必要があるが、離婚の経緯などから、前夫を当事者とするこのような手続がとられにくい実情がある。そこで、法務省の*通達'(平成19・5・7民一第1007号民事局長通達)により、離婚後に懐胎したが300日以内に生まれた場合には、医師が作成した「懐胎時期に関する証明書」を添付することで、母の非嫡出子(⇨嫡出でない子')又は後婚の嫡出子としての出生届ができることになった。また、最高裁判所は、判例理論(最判昭和44・5・29民集23・6・1064参照)に基づき、前記ロの調停が可能な場合には、生物学上の父との認知調停の手続によることも可能である旨を広報した。前記民法改正により、再婚後に生まれた子が後夫の子と推定される〔民772③〕一方、嫡出否認権が子や母にも認められる〔民774①③〕など、一定範囲で立法的対応がされた。

サンフランシスコ平和条約　⇨日本国との平和条約'

3分の1ルール　⇨公開買付け(株券等の)'

産別組合　⇨産業別労働組合'

三民主義　**1 成立過程**　孫文(1866〜1925)によって説かれた中国国民党の政治指導理念。三民主義とは民族主義・民権主義・民生主義のことであるが、この三者は相互に有機的関連をもった一体的なものとして主張されている。孫文が1905年に「中国革命同盟会」を組織した時に初めて明確に提示され、その後、民国革命の進展に伴って内容が明確化されし、1924年、国共合作による国民党改組の際最終的に確定された。
2 内容　民族主義は最初は満州人支配に対する漢人の革命という種族主義的傾向が強かったが、辛亥(しんがい)革命(1911)以後、対内的には国内諸民族の平等、対外的には帝国主義列強からの独立を内容とする近代的主権国家確立の主張となった。民権主義は政権と治権の均衡として現れ、政権は人民に、治権は政府に属するとされた。民生主義は地権の平均及び資本の節制によって地価の抑制と大資本の専制を防止しようとする一種の国家社会主義的社会政策の実施を主張するものであった。
3 三民主義の発展　三民主義は、孫文の個人的思想であるにとどまらず、中国国民の民族的願望の集約された表現といってよい内容をもっている。国民党による革命運動が前進するにつれて、三民主義は大衆の中に深く浸透し、国民党の北伐(1926〜28)以後は経典化されるようになった。また、孫文の死後、三民主義の解釈を巡って様々な対立が発生したが、その最も革命的な内容は、中国共産党の毛沢東(1893〜1976)の新民主主義へと受け継がれ発展したといわれている。

三面契約　債権者・債務者・引受人間での債務引受契約(⇨債務引受け)'や、販売業者・顧客・信販会社間での*信用購入あっせん'契約、債権者・債務者・代理受領権者での担保目的での*代理受領'契約のように、立場の異なる3当事者間で一定の経済目的を達成するために成立する契約。単純な2当事者間の契約と異なり、複合的な契約関係全体の仕組みや機能に対する経済的・法的評価が互いの影響関係を考える上で重要となる。なお、*第三者のためにする契約'は、2当事者間の契約の効力を第三者に及ぼすにすぎず、厳密には三面契約とはいえない。

参与機関　*行政官庁'の意思決定に参与する権限をもつ機関。行政庁の意思はその議決に基づくことを必要とし、法的にその議決に拘束される。総務省附属機関である電波監理審議会〔電波99の2〕がその例。形式上*諮問機関'である関税等不服審査会〔関税91、関税等不服審査会令(平成12政277)〕・運輸審議会〔国土交通省設置法(平成11法100)15〜26〕なども、実質上、参与機関の役割を果たしている。

残余財産分配請求権　会社又は*組合'の*清算'において，社員・組合員が残余財産の分配を請求する権利。組合及び*持分会社'の場合には，各組合員又は各社員の*出資'の価額に応じて〔民 688 ③，会社 666。会社の場合には異なる*定款'の定めが許される〕，*株式会社'の場合には，各*株主'の有する*株式'数に応じて請求できる〔会社 504 ③〕。なお，株式会社では定款の定めにより残余財産分配についての*優先株'が認められる。会社 108 ①②〕。

し

市　⇨*市町村'
次　⇨*前・次'（巻末・基本法令用語）

シー・アイ・エス・ジー（CISG）　⇨*国際物品売買契約に関する国際連合条約'

シー・アイ・エフ（CIF）**条件**　⇨*シー・ピー・ティー'（CPT）条件'

死因処分・生前処分　行為者の死亡によって効力が生ずる*法律行為'を死因処分あるいは死後処分といい（*遺言'，*死因贈与'など），生前に効力を生ずる法律行為を生前処分という。

死因贈与　贈与者の死亡によって効力を生ずる一種の*停止条件'付贈与。遺贈が*単独行為'であるのに対し，死因贈与は贈与*契約'である。死因贈与は，死後の財産処分に関し，かつ，贈与者の死亡を効力発生要件とする点で遺贈と共通するところがあるので，その効果については遺贈の効力に関する規定〔民 991〜1003・1031〜1042〕が準用される〔民 554〕。しかし，死因贈与は契約であるから，能力や意思表示の瑕疵（か）については，一般の*法律行為'の有効要件に従い，方式についても遺言のような厳格な方式を必要としないと解されている。　⇨*遺贈'

シヴィル・ロー　英 civil law　この語は多義的であり，大様以下のような意味をもつ。イ　古代ローマの*市民法'（羅 ius civile）の意。人的適用範囲の観点からローマ市民相互間だけに通用する法として，ローマ市民以外の人々との間を規律する万民法（羅 ius gentium）との対比で用いられる。また法形成の観点から，市民法が十二表法，祖先からの慣習法，民会立法及び解釈から成るのに対して，法務官などの職権によって形成された名誉法（羅 ius honorarium）との対比でも用いられる。ロ　*ローマ法'（Roman law）の意。用例として，ユスティニアヌス（Iustinianus Ⅰ, 482 頃〜565）帝「ローマ法大全」（羅 Corpus Iuris Civilis），オックスフォード，ケンブリッジ大学のローマ法欽定講座教授（Regius Professor of Civil Law）。ハ　*大陸法'の意。ローマ法を淵源として，その影響を強く受けたヨーロッパ大陸諸国の法を意味し，英米法（Anglo-American law）ないしコモン・ローとの対比で用いられる。ニ　民事法の意。公法（public law），

しえいえす

刑法(criminal law)との対比で用いられる。ホ 国内法の意。*国際法'(international law), *自然法'(natural law)との対比で用いられる。ヘ 通常法, 一般法の意。軍法(military law)との対比で用いられる。ト 世俗法の意。*教会法'(ecclesiastical law)との対比で用いられる。

シエイエス Sieyès, Emmanuel Joseph(1748〜1836) フランスの政治家で, 革命時の理論的指導者の1人であった。シーエスとも呼ばれる。1789年の*フランス人権宣言', 1791年, 1795年そして1799年の各憲法の制定に関与した。その著書「第三身分とは何か」(1789)で提示された憲法理論は, 今日の憲法理論にも大きな影響を与えた。特に, 代表制論, 憲法制定権力論そして違憲審査論は重要である。 ⇨憲法制定権力'

自衛官合祀(ごうし)事件 殉職した自衛官の妻が, 国及び隊友会(自衛官OBの団体)を相手どり, 国が隊友会の合祀申請(護国神社の祭神となるための申請)に関与したのは, 憲法の政教分離原則に反し, ひいては彼女の宗教的*人格権'を侵害したとして, *慰謝料'請求を行った事件。山口地方裁判所, 広島高等裁判所は請求を認容したが, 最高裁判所は原審を破棄し, 原告の主張を退けた(最大判昭和63・6・1民集42・5・277)。最高裁判所は事実認定の段階で, 合祀申請は県隊友会の単独行為で, 国は事務的に協力しただけであったと認定し, 憲法論の部分では, 「意図, 目的も, 合祀実現により自衛隊員の社会的地位の向上と士気の高揚を図ることにあったと推認され」「(宗教)を援助, 助長, 促進し, 又は他の宗教に圧迫, 干渉を加えるような効果をもつものと一般人から評価される行為とは認め難い」と述べ, 目的効果基準を用いて協力行為の違憲性を否定した。 ⇨政教分離の原則' ⇨目的効果基準'

自衛権 一般には国際法上の武力不行使原則〔国連憲章2④〕及び集団的安全保障体制〔国連憲章7章〕に対する例外と理解され, 国連加盟国の「固有の権利」とされる〔国連憲章51〕。個別的自衛権と*集団的自衛権'とから成る。個別的自衛権の発動要件は武力攻撃の発生とされるが, 個別的自衛権については争いがある。その他の要件として, 必要性及び均衡性の要件と安全保障理事会への報告義務とがある。1837年の*カロライン号事件'が最初の例とされるが, 戦争に訴えることが国家に許されていた当時における「自衛権」の位置付けは現代におけるそれとは大きく異なる。19世紀当時の自衛権については, 緊急避難とする理解に加え, 治安措置型自衛権と位置付ける見解もある。武力不行使原則の例外としての自衛権は戦間期の戦争違法化過程で登場した。個別的自衛権の発動要件については, 武力攻撃に至らない武力行使も含まれるとの見解もあるが, *国際司法裁判所'は*ニカラグア事件'において, 自衛権の発動要件は武力攻撃に限られ, それに至らない武力行使に対しては「均衡性ある対抗措置」をとることが認められるとした。「均衡性ある対抗措置」に武力行使が含まれるかにつき, 国際司法裁判所は明らかにしていない。2001年9月11日のアメリカにおける同時多発テロ以来, テロリズムに対する自衛権の可否及び条件について, 実行及び理論の面から問題になっている。

自衛隊 日本の平和と独立を守り, 国の安全を保つため, 日本を防衛することを主たる任務とする組織。自衛隊法では, 防衛省本省の*内部部局', 防衛大学校などを含めている〔自衛2①〕が, 狭義においては, 合わせて20数万人の自衛官〔防衛6〕を有する実力部隊たる陸上自衛隊, 海上自衛隊, 航空自衛隊を指す。自衛隊は実質的には軍隊であるとして, 日本国憲法9条との関係が問題とされてきている。その前身たる, *警察予備隊'及び海上警備隊, それらが改称した保安隊及び警備隊は, 国内の治安維持のための組織とされていた。*文民統制の原則'から, 自衛隊の最高の指揮監督権は内閣総理大臣が有し〔自衛7〕, 自衛隊の隊務を統括するのは防衛大臣であるが, 大臣の部隊等に対する指揮監督は, 各幕僚長を通じて行われる〔自衛8〕。自衛隊の活動領域については, いわゆる専守防衛論により日本及びその周辺が想定されてきたが, 1991年の湾岸戦争を契機に自衛隊ないし自衛官の海外派遣が議論され, 平成4年に制定された*国際連合平和維持活動等に対する協力に関する法律'によって, 自衛隊の部隊等が行う国際平和協力業務について定められるに至った。その後, 平成11年に周辺事態法が成立して以来*有事法制'が整備され, また, 平成15年以降は, イラクなど海外への派遣が行われてきた。そして, 平成27年には, 自衛隊法の改正を含む*平和安全法制'関連2法(法76, 法77)が成立し, 自衛隊の活動範囲を大幅に拡大する可能性が開かれた。

ジェイ・ディー・アール(JDR) ⇨預託証券'

自益権 ⇨株式'

私益信託 ⇨公益信託・私益信託'

自益信託・他益信託 *信託'において, 委託者が自ら受益者となるものを自益信託という。

自分の老後の生活のために信託を設定するような場合である。これに対して第三者のための信託を他益信託という。障害をもつ子のために親や親類などが信託を設定するいわゆる特定贈与信託や遺言信託はその例である。元々信託は，委託者が自分の死後における家族の生活のために友人を受託者として設定をするなど，他益信託から発展したとされるが，日本では投資を目的とした自益信託が一般的である。両者は，*法律効果'の上でそれほど大きな差はないが，自益信託は専ら委託者の利益のために設定されるから，委託者はいつでも信託契約を解除できる点で，他益信託と異なっている〔信託164①参照〕。

シーエス ⇨シエイエス'
シー・エス・アール(CSR) ⇨企業の社会的責任'
ジェノサイド条約 正式には「集団殺害罪の防止及び処罰に関する条約」という。1948年12月9日，*国際連合'第3回総会において全会一致で採択され，1951年1月12日に発効した。日本は未加入。国民的，人種的，民族的又は宗教的な集団の全部又は一部を破壊する意図をもって行われる集団殺害(ジェノサイド(genocide))を国際法上の犯罪とし〔ジェノサイド約2〕(⇨国際犯罪')，行為者個人をその身分に関わりなく処罰しようとする〔ジェノサイド約4〕。行為地の国内裁判所のほか，*国際刑事裁判所'による管轄権も定められている〔ジェノサイド約6〕。国際刑事裁判所は1998年に設置を定める国際刑事裁判所規程が採択され(2002年7月1日発効)，2006年には裁判手続を開始した。
ジェノサイド条約に対する留保事件 *ジェノサイド条約'の批准書又は加入書に付されたいくつかの留保に対して異議が提起され，国際連合会がその留保国の取扱について，*国際司法裁判所'に*勧告的意見'を求めたのが本件である。裁判所は，当該留保が*条約'の目的と両立する限り留保国を当事国とみなしうること，ただし留保異議国は留保国を当事国とみなさなくてもよいこと等の意見を示した(ICJ意見1951・5・28 Reports 1951・15)。従来，条約の留保については他の全ての当事国の受諾を要するとの主張(全員一致原則)が唱えられたが，ジェノサイド条約のような多数国間条約では，条約の目的との両立性が満たされれば足りるとの原則(両立性原則)が妥当することを明らかにした。*条約法に関するウィーン条約'の留保に関する規律〔条約法約19～23〕は，この見解を基にして作成された。 ⇨留保'

ジェリマンダリング ⇨ゲリマンダリング'
市街化区域・市街化調整区域 ⇨都市計画法'
時価以下主義 ⇨資産評価'
資格株 *取締役'・*監査役'の資格要件として有しなければならない*株式'のこと。*定款'で，取締役・監査役の資格を*株主'に限る旨を定めることを認める法制の下では，定款で一定数以上の株式を有することを取締役・監査役となるための要件として定めることがある。昭和25年の商法改正(法167)以降，定款をもってしても，取締役又は監査役が株主であることを要する旨を定めることができないとされているので〔会社331②・335〕。もっとも*公開会社'でないものにおいてはこの限りでない〕(広い範囲から適材を求めるためと説明されている)，定款で資格株の定めをすることは許されない。
資格授与的効力 **1 意義** 権利者としての資格が与えられること，すなわち権利者と推定される効力が生じること。*有価証券'一般に妥当する効力である。*無記名証券'と*記名式所持人払証券'については，その所持人は証券上の権利を適法に有するものと推定される〔民520の14・520の20〕。*指図証券'については，*裏書人'が*裏書'をして当該証券を被裏書人に交付すれば，裏書の権利移転的効力によって証券上の権利が被裏書人に移転するので，証券の記載上被裏書人になっている者が裏書の連続した証券を所持しているときは，その者が権利者と推定される〔民520の4，手16①・77①Ⅰ，小19〕。裏書の資格授与的効力は，*譲渡裏書'だけでなく，*取立裏書'又は*質入裏書'にも認められ，その被裏書人はそれぞれ，取立権授与又は*質権'設定を受けたものと推定される。なお，*手形法'・*小切手法'においては条文上は適法の所持人と「看做(ﾐﾅ)ス」と規定されているが，それは適法の所持人すなわち権利者と推定するという意味だと一般に解されている。
2 効果 この効力が認められる証券の所持人は，自己の権利を証明しなくても当然に権利を行使することができ，また，所持人を権利者と信じて証券を譲り受け又は支払った者は*悪意'・*重過失'がない限りその証券を*善意取得し'〔民520の5・520の15・520の20，手16②・77①Ⅰ，小21〕(⇨有価証券の善意取得')，又は債務者が免責される〔民520の10・520の18・520の20，手40③・77①Ⅲ，小35〕。なお，有価証券を喪失した場合には，公示催告手続による*除権決定'を得ることにより，形式的資格を回復できる〔非訟

しかくそう

114〜118〕。

資格争訟　現に議員である者の資格の有無に関する争訟。国会議員の資格争訟の裁判権は各議院に与えられており〔憲55本文〕、その手続は*国会法'〔国会111〜113〕及び*議院規則'〔衆規14章、参規15章〕に定められている。訴えの提起は、資格について問題がある議員の所属する議院の議員が行い、まず衆議院では懲罰委員会〔衆規92⒄〕、参議院では資格争訟特別委員会〔参規193の2〕で審査した後、議院の会議で審議し、その議決によって判決する。資格のないことを議決するには、出席議員の3分の2以上の多数によることを必要とする〔憲55但〕。議院の行った議決について、司法裁判所に訴えて救済を求めることはできないと解されている。なお、地方議会議員の資格の有無は、*公職選挙法'11条・11条の2・252条又は政治資金規正法28条の規定に該当する場合を除くほか、各議会が決定する〔自治127〕。

資格当事者　一定の資格があることから、他人間の権利・法律関係について、自己の名で民事訴訟手続の当事者となる者〔民訴58②③・115①②・124①⑤等参照〕。*破産管財人'〔破80〕、*船長'〔商803②〕がその例。　⇨第三者の訴訟担当'

時価主義　Ⅰ　資産・負債に計算書類・財務諸表作成の基準時点の時価を付すものである。資産の評価基準には、このほかに*原価主義'・*低価主義'・時価以下主義がある。*清算'・*破産'、会社更生の場合の*財産目録'・*貸借対照表'については時価主義による。他方、昭和37年商法改正(法82)後は、継続企業については*評価益'を計上することは不合理であるとして、各営業年度に係る計算書類作成にあたっては時価主義は認められてこなかった。ただし、*国際会計基準'は時価主義を重視しており、日本もこれへの対応が急務とされ、特に短期的な変動、市場間の格差等を利用して利益を得る金融取引又はその対象となる金融財産につき時価を付すべきであるという主張がなされ、平成11年商法改正(法125)で、市場価格のある*金銭債権'・*社債'その他の*債権'・*株式'には時価を付すことができるとされ〔商旧285の4③・285の5②・285の6②〕、平成14年にはこれらの規定は*商法施行規則'に移された〔商則旧(平成18法務12改正前の)30〜32〕。会社法の下では、子会社及び関連会社の株式並びに満期保有目的の債券を除き、「市場価格のある資産」には時価を付すことができるとされており〔会社計算5⑥②〕、「金融商品に関する会計基準」(企業会計基準10号)及び「棚卸資産の評価に関する会計基準」(企業会計基準9号)は一定の資産に時価を付すことを求めている。　⇨資産評価'

Ⅱ　*会社更生手続'上、*更生担保権'の基礎となる担保目的物の評価基準〔会更2⑩〕及び会社財産全体の評価基準〔会更83②〕を指す。現行会社更生法によって、それ以前の*継続企業価値'に代えて採用された。　⇨会社更生法'

時価情報　*貸借対照表'の作成時点における資産又は負債の時価の情報。正味実現可能価額、再調達価額、割引現在価額などがある。伝統的に*原価主義'を採用する財務会計において、相場が変動する*有価証券'(特に投資目的有価証券)や*デリバティブ'といった金融商品の現状(時価情報)について注記により補うだけでなく、*財務諸表'本体から適切に把握できるようにするために、1999年に当時の企業会計審議会より「金融商品に係る会計基準」が公表され(現行企業会計基準10号)、時価法が資産評価方法の1つとして金融商品取引法会計において認められるに至った〔連結財務規1②③、財務規1②③〕。2019年には企業会計基準委員会から「時価の算定に関する会計基準」(企業会計基準30号)とともに「時価の算定に関する会計基準の適用指針」(企業会計基準適用指針31号)が公表され、金融商品の時価情報の算定などに関する詳細なガイダンスも提供されている。会社法においても、同様の趣旨から、著しく低下した時価の回復が見込まれる場合を除いて資産に時価を付すことが強制されるだけでなく〔会社計算5③⑪〕、会社の会計方針として定めれば市場価格ある資産等につき時価を付すことができるものとされている〔会社計算5⑥〕。その他、合併会計において消滅会社から承継する資産・負債の評価につき*パーチェス法'によることが原則とされているが、これは効力発生時点における時価による資産等の再評価を求めるものであり、また*会社更生手続'開始時にも更生財産につき時価評価が求められている〔会更83②〕。

時価発行　*株式'の時価を払込金額としてなされる新株発行。時価より低い価額で新株を発行し、又は*自己株式'を処分するとき、株式の時価が下落するので、株主に募集株式の割当てを受ける権利を与えて新株を発行する場合(この場合は株式の時価が下落しても既存の株主は損失を被らない)を除いては、既存の株主に経済的損失を与えないために、原則として時価発行によらなければならない。株主以外の*第三者'に(既存の株主に募集株式の割当てを受ける権利を与えないで)時価よりも低い払込

金額で新株を発行する場合には、「特に有利な金額」にあたり、*株主総会'の*特別決議'を要する〔会社199③・200②〕。かつては株主に募集株式の割当てを受ける権利を与えて額面発行するのが通常であったが、現在では、株主に募集株式の割当てを受ける権利を与えないで、時価発行を行って資金調達するのが主流である。もっとも、近時では株主に対する*新株予約権の無償割当て'の事例（ライツ・イシュー）もみられるようになっている。

時価評価　資産又は負債の時価を市場価格のある資産又は負債などに付すことをいう〔会社計算5⑥・6②〕。市場価格とは取引所の相場に限らず、随時、売買・換金等を行うことができる取引システムにおいて形成された取引価格、気配又は指標その他の相場に基づく価額を含む。これは、金融商品については時価が企業の財務活動の実態を適切に反映するものと考えられるからであるが、同時に、「金融商品に関する会計基準」（企業会計基準10号）が国際的な会計基準の発展等を踏まえて、満期保有*債券'や*子会社'・*関連会社'株式を除き、市場価格のある金融資産を時価で評価することを要求し、また、*デリバティブ'取引から生じた正味の債権債務を時価で評価することを要求していることとの調和を図ったものである。明文上、時価評価することは強制されていないが、*一般に公正妥当と認められる（企業）会計の慣行'を斟酌（しんしゃく）する結果〔会社431、会社計算3参照〕、強制される場合があると解されている。なお、*その他有価証券評価差額金'や*土地再評価差額金'に相当する額は*分配可能額'を増加させない。

自家保険　リスク・ファイナンスの一方法で、企業が*保険'に頼らず自ら将来の支出に備えて毎年の収益の中から準備金を積み立てることをいう。資金に余裕がある大きな企業が*保険料'の掛け捨てを避けるために利用する。事故が予測を超えて発生すると困るので、企業が自家保険として準備した資金の額を超える支出をもたらす事故の発生に備えて、その超過部分を保険につけることもある。自分の会社の危険を専属子会社として負担させるために設立したキャプティブ保険会社は、自家保険の究極の形である。

次官　事務次官のことを意味する。かつては、政務次官と事務次官を併称することもあったが、政務次官の職は廃止された（平成11法116）。*内閣府'の事務次官は、内閣官房長官及び*特命担当大臣'を助け府務を整理し、内閣府（宮内庁、大臣委員会等、金融庁、消費者庁、こども家庭庁を除く）の各部局及び機関の事務を監督〔内閣府15〕する。省の事務次官は、長である大臣を助け、省務を整理し、各部局及び機関の事務を監督する〔行組18①②〕。*国家公務員法'上は、*一般職'の国家公務員であり、任免権者は、各府省の長である内閣総理大臣・各省大臣である。任命権者は、幹部候補者名簿〔国公61の2②〕に記載されている者であって、選考又は人事評価等に基づき、次官についての適性を有すると認められる者を任命する〔国公61の3①②〕。任免にあたっては、あらかじめ内閣総理大臣及び内閣官房長官に協議しなければならない〔国公61の4①〕。

時間外協定　⇨三六（さぶろく）協定'

時間外労働　*労働基準法'で定められた*労働時間'〔労基32・40〕を超えて行われる労働。時間外労働が許されるのは、イ 災害その他避けることのできない事由によって又は公務のために臨時の必要がある場合〔労基33〕、ロ *三六（さぶろく）協定'の締結・届出がなされている場合〔労基36〕である。なお、三六協定には時間外労働の限度時間を定めなければならない。この限度時間は、1年単位*変形労働時間制'を除いて、1カ月について45時間、1年について360時間である〔労基36③④〕。ただし、「通常予見することのできない業務量の大幅な増加等」に対応するための特別条項が認められている〔労基36⑤〕。*坑内労働'その他の有害業務については、時間外労働は1日2時間に制限されており〔労基36⑥〕、年少者については認められていない〔労基60⑴〕。また、小学校未就学児の養育あるいは家族介護をする*労働者'については、1カ月及び1年の時間外労働の上限規制がある〔育介17・18〕。時間外労働に対しては2割5分以上の、また休日労働に対しては3割5分以上の、*割増賃金'を支払わなければならず、月60時間超の時間には同5割増以上となる〔労基37、割賃令〕。*就業規則'・*労働協約'で定められた労働時間を超え法定労働時間の枠内で行われる時間外労働（法内残業）については、三六協定の締結を必要とせず、また、割増賃金の支払も義務付けられていない。しかし就業規則等により同様の割増手当の支払が行われる場合が少なくない。　⇨休日労働'　⇨三六協定'

時間外割増賃金　⇨割増賃金'

次官通達　事務次官（⇨次官'）が、各部局及び機関の事務を監督するために発する*通達'。

始期・終期　*法律行為'の効力を発生させ

しきかんと

たり，法律行為の効果として生ずる債務の履行を請求できるようになる期限を始期〔民135①〕，効力を消滅させる期限を終期〔民135②〕という。「来年4月1日から家屋を賃貸する」「今年の12月末日に借金を返す」という場合の4月1日，12月末日などが前者の例，「10年間扶養料として月3万円与える」という場合の10年の末日などが後者の例である。　⇨期限'

指揮監督権　1 意義　指揮とは，上級機関が下級機関に対し，その所掌事務について，方針・基準・手続・計画などを命令することであり，監督とは，下級機関の行為を監視し，その行為の合法性及び合目的性を保障する作用を意味する。
2 内閣総理大臣の指揮監督権　内閣総理大臣は，*閣議'にかけて決定した方針に基づいて，*行政各部'を指揮監督する〔憲72，内6〕。この指揮監督権は，内閣の一体性と行政の統一性を保障するものであって，これを裏付けるために，更に内閣総理大臣は，行政各部の処分又は命令に対する*中止権'をもつ〔内8〕。
3 行政機関相互の関係における指揮監督権　上級機関の下級機関に対する指揮監督（権限監督）の権限は，行政主体の意思の統一的実現を図るために認められるもので，原則として法律上の根拠を必要としない〔行組14②参照〕。この指揮監督権の内容としては，監視権・許認可権・訓令権・取消停止権・*権限争議'の裁定権などがある。ただし，取消停止権は指揮監督権の中に当然には含まれないとする説もある。行政機関相互の間における指揮監督権の実効性を担保するものとして最終的には各大臣などの公務員罷免権〔国公82・84・55，なお，地公29・6参照〕，又は内閣総理大臣の国務大臣罷免権〔憲68②〕などがある。　⇨統督'　⇨統轄'

私企業からの隔離（公務員の）　1 意義　公務員の*職務専念義務'と信用を保つ義務の履行を確保し，職務を誠実公正に遂行させるため，公務員が私企業（特に営利企業）を営み又はこれに関係することを制限する制度。
2 営利企業に関して　公務員は，商業・工業又は金融業その他営利を目的とする私企業を営むことを目的とする会社その他の団体の役員・顧問若しくは評議員の職を兼ね，又は自ら営利企業を営んではならない〔国公103①，地公38①本文〕。ただし，所轄庁の長の申出により人事院の承諾を得た場合を除く〔国公103②〕。
3 その他の事業　営利企業以外の事業又は事務の場合でも，職員が報酬を得て事業の団体の役員等の職を兼ねたり，その他いかなる事業に従事し，又は事務を行うにも，内閣総理大臣及びその職員の所轄庁の長の許可を必要とする〔国公104，職員の兼業の許可に関する政令（昭和41政15）〕。

敷金　1 意義　不動産，特に家屋の賃借人が，賃料その他の債務を担保するために，契約成立の際，あらかじめ賃貸人に交付する金銭〔民316・619〕。敷金は，権利金と異なって，賃貸借契約が終了する場合には，賃借人に債務の未払がない限り返還されるが〔民622の2①〕，その法律的性質を巡って争いがある。敷金返還請求権を質入れする*債権質'であるという説もあるが，判例（最判昭和48・2・2民集27・1・80等）は，*停止条件'付返還債務を伴う金銭所有権の移転であるとしていた。前者によれば，契約終了時に未払債務があると，担保物権不可分の原則（⇨不可分性(担保物権の)'）により，まず債務の支払をして初めて敷金を返還してもらえるのに対し，後者によれば，未払債務を敷金から差し引き残額を返せと請求できることになるが，*債権法改正'により，この請求は認められないことが明文化された〔民622の2②〕。しかし，いずれにせよ，賃借人は，賃貸借契約存続中に敷金を未払債務に充当せよと主張することはできない。
2 効果　学説は，賃借物の返還と敷金の返還とは同時履行の関係に立つという。また，新家主が賃貸借契約を承継する場合には敷金返還債務も承継される〔借地借家31①参照〕，賃貸借終了の際，賃借人は新家主に対して敷金返還を請求できるというのが判例（最判昭和44・7・17民集23・8・1610）であったが，これらは債権法改正により明文化された〔民605の2④〕。目的物の返還時に敷金が存在する限度において賃料債権はその充当により当然消滅するとする判例（最判平成14・3・28民集56・3・689）や敷金の一部の不返還を約する敷引特約は特段の事情のない限り消費者契約法10条により*無効'となるとする判例（最判平成23・3・24民集65・2・903）も現れており，賃貸借における敷金への関心は高まっている。　⇨権利金'

指揮権（法務大臣の）　法務大臣が，検察事務及び犯罪捜査に関し，*検察官'を一般に指揮監督する権限をいう。法務大臣について，他の行政機関と異なり，特にその指揮権が問題になるのは，検察官の職務権限が，通常の行政官に比べると，*司法権'の行使に密接な関係をもち，*司法権の独立'に類似した要請が働くからである。しかし，検察官も行政機構の一部には違いないから，当然*内閣'のコントロールの下にあ

る。このジレンマを解決するために，法務大臣の指揮権は，個々の事件の取調べ又は処分については，'*検事総長'を通じてだけ行使できるものとされ，その他の検察官に対する直接の指揮権は否定されている〔検察14但〕。昭和29年の造船疑獄事件では，時の犬養健法務大臣が，佐藤栄作自由党幹事長の逮捕を延期させるため，検事総長に対し指揮権を発動したが，世論の批判を浴び，その翌日に辞任した。

私擬憲法 私人の作る憲法草案。明治藩閥政府の憲法制定の動きに対抗して，'*自由民権運動'諸派によって明治13年(1880)頃及び明治20年頃に作られたものを，特にそう呼んだ。君主制的議会主義をとる交詢社(こうじゅん)の私擬憲法案から，国民の権利を多く規定する五日市憲法草案，更に一院制議会・抵抗権を規定する急進的な植木枝盛(1857〜92)の日本国国憲按(あん)(東洋大日本国国憲按ともいう)まで，20あまりある。また，第二次大戦後，政府の憲法改正草案が発表されるまでの間にも，憲法研究会ほか各政治団体によって作られたことがあり，更に日本国憲法に対する改正議論の出現に伴って作られた例もあるが，これらについて私擬憲法と称することはほとんどない。

色彩の商標 ⇨色の商標'
時季指定権 ⇨年次有給休暇'

識別力(商標の) 自己の商品又は役務に商標を用いることによって，自己の商品・役務と他の商品・役務とを識別することが可能となる場合に，当該商標のもつこのような識別を可能とする能力のことをいう。商標登録要件の1つ。かつては特別顕著性とも呼ばれていた。今日では，出所表示機能や出所識別機能の語がほぼ同じ意味で用いられることも多い。識別力が認められるためには，特定の事業者である自己を認識させることまでは必要ではない。識別力は長年の使用によっても生じる〔商標3②〕。その判断時は登録査定時である。'*商標法'は，商品又は役務の普通名称，商品の産地・品質・原材料等や役務の提供場所等の記述的表示及びありふれた氏又は名称等を，普通に用いられる方法で表示する標章のみから成る商標，並びに商品又は役務についての'*慣用商標'及び極めて簡単で，かつ，ありふれた標章だけから成る商標など，需要者が何人かの業務に係る商品又は役務であることを認識することができない商標を，識別力がなく商標登録を受けることができないものとして掲げている〔商標3①〕。

時季変更権 ⇨年次有給休暇'
指揮命令権 労務指揮権ともいう。'*労働契約'によって，使用者は労働者に対して労務請求権を獲得するが，具体的に労働者が提供すべき労務の内容は，労働契約で特定されている場合を除き，使用者が指揮命令権を行使することによって具体化される。労働者は，使用者の指揮命令権に従って労務を提供する義務を負う。また，指揮命令権の行使に基づく具体的な指示は，通常，業務命令と呼ばれている。指揮命令権の定義等について一般的に定めた規定はないが，労働者派遣は，自己の雇用する労働者を，当該雇用関係の下に，かつ，他人の指揮命令を受けて，当該他人のために労働に従事させることと定義されている〔労派遣2①〕。労働契約で特定された内容については，使用者は指揮命令権の行使によって一方的に変更することはできない。例えば，勤務地又は職種が労働契約上限定されている場合には，使用者は，労働者の同意を得ることなく，一方的に配転を命じることはできない('*東亜ペイント事件')。また，使用者の指揮命令権の行使が許される場合であっても，使用者は指揮命令権を濫用してはならない。例えば，組合ベルトの着用が就業規則の服装規定に違反することを理由として，就業規則を一字一句書き写す命令をすることは，労働者の人格権を不当に侵害する不法行為となる(最判平成8・2・23労判690・12〈JR東日本〔本荘保線区〕事件〉)。

自救行為 Ⅰ 権利が侵害された場合，法律上の手続によらないで自らの実力で権利を救済・実現する行為。民事では，普通，自力救済という。 ⇨自力救済'

Ⅱ 刑法上，法律上の手続によらず実力で権利の救済，被害の回復を図る行為。自力救済ともいう。例えば，弁済しない債務者を脅して弁済させる，盗品を犯人から奪還する等の行為をいう。既に不正な侵害行為が終了した後の被害回復であり，'*正当防衛'〔刑36〕の要件を満たさないため，'*緊急避難'の要件を満たさない限り，正当とはされず，自力救済禁止の原則が妥当する。ただし，学説・判例は，自救行為を，程度が限定された範囲内で(例えば，窃盗被害者が被害物件を所持している犯人から相当な手段でその物件をとり返す場合)一種の'*超法規的違法阻却事由'とするか，あるいは刑法35条の'*正当行為'の一種として違法性が阻却される可能性を認めている。

事業協同組合 ⇨中小企業等協同組合'
事業支配力過度集中 '*独占禁止法'の目的の1つとして，事業支配力が過度に集中することを防止することが挙げられており〔独禁1〕，

じぎょうし

これを受けて同法の成立以来，戦前の財閥についての歴史的経験を踏まえ，*持株会社'は原則禁止とされてきた。しかし，平成14年改正(法47)によって，持株会社形態に限らず，他の会社の株式を所有することにより事業支配力が過度に集中することとなる会社の設立あるいは既存の会社がそれに転化することが禁止されることとなった〔独禁9〕。事業支配力過度集中とは，会社の総合的事業規模が相当数の事業分野にわたって著しく大きい場合，これらの会社の資金取引に起因する他の*事業者'に対する影響力が著しく大きい場合，又はこれらの会社が相互に関連性のある相当数の事業分野においてそれぞれ有力な地位を占めている場合で，国民経済に大きな影響を及ぼし，公正かつ自由な競争の促進の妨げとなることをいう〔独禁9③〕。 ⇒株式保有の制限'

事業者 I *消費者契約法'上の消費者契約は，消費者と事業者との間の契約と定義され〔消費契約2③〕，そこでの事業者は，法人その他の団体，あるいは事業として又は事業のために契約の当事者となる個人をいう〔消費契約2②〕。事業者に当たらない個人が消費者であり〔消費契約2①〕，事業者概念は同法の適用範囲との関係で重要である。事業とは，同種の行為を反復継続して行うことを指し，非営利や公益的な行為も広く含まれるが，従業員の労働行為のように，自己の危険と計算によらず他人の指揮命令に服するものは含まれない。そうすると，従業員と雇用主との間で締結される*労働契約'は，前述の消費者契約の定義に当てはまり，労働法との抵触が生じてしまう。これを避けるため，消費者契約法は労働契約を適用除外とする〔消費契約48〕。事業者のうち，その他の団体とは，民法上の*組合'や*権利能力なき社団'・財団がこれに当たる。

II 事業者とは商業，工業，金融業その他の事業を行う者をいう〔独禁2①〕。ここでいう事業は，「なんらかの経済的利益の供給に対応し反対給付を反復継続して受ける経済活動を指し，その主体の法的性格を問うところではない」(最判平成元・12・14民集43・12・2078〈都営芝浦と畜場事件〉)。事業者は*事業者団体'や会社などと並ぶ*独占禁止法'の名宛人であり，同法の重要な概念の1つである。独占禁止法は，競争を促進するために経済活動を広く規制する法律であるから，事業者の概念も広く捉えられている。国や地方公共団体も，上記の経済活動を行っている限りで事業者に該当する(上記最高裁判決)。また，医師，建築士，弁護士などの専門職業も，

上記経済活動を行っている限りで事業者に該当し，実際にそれら専門職業の団体に独占禁止法を適用した例は多い。かつては，それら専門職業は，高度の専門的知識・技能を要することから，個人の資質が評価され競争になじまず，また公共性が強いとして，事業者の範囲から除外する見解もみられた。しかし現在では，これら専門職業にも競争原理の適用は可能であり，また必要と考えられている。

事業者団体 1 概念 *事業者'としての共通の利益を増進することを主たる目的とする2以上の事業者の結合体又はその連合体をいう〔独禁2②〕。社団・*財団'・*組合'等，結合の形態は問わない。ただし，事業者の結合体であっても，共同販売会社などのように，資本又は構成事業者の出資を有し，営利を目的として事業を営むことを主たる目的とし，かつ現にその事業を営んでいるものは，事業者とみなされる。
2 規制の目的 戦前において事業者団体が経済統制(*カルテル'的統制)の中枢的機能を果たしたこと，組織としての事業者団体は，事業者のカルテルよりも容易に競争制限をもたらしうること，団体としての強い地位を利用して構成事業者や他の事業者を不当に圧迫する力を有していることなどから，*独占禁止法'は，事業者のほかに事業者団体の行為についても規制する方法を採用している。
3 禁止行為 禁止される行為類型は次の5つである〔独禁8①〜⑤〕。イ *一定の取引分野'における*競争の実質的制限'，ロ 特定の国際協定・契約の締結，ハ 一定の事業分野における現在又は将来の事業者の数の制限，ニ 構成事業者の機能又は活動の不当な制限，ホ 事業者に対する*不公正な取引方法'の勧奨。

事業場外労働 外回り営業や*在宅勤務'など事業場の外で勤務すること。事業場外労働において，全部又は一部について事業場外で業務に従事した場合において，当該業務に係る*労働時間'の算定が困難な場合に，実際の労働時間と関係なく一定の時間働いたものとみなされる。事業場外で勤務しているとしても，*使用者'の具体的指揮監督が及ぶ場合には，労働時間の算定が可能であるので，*みなし労働時間制'の適用はない。みなされる時間は，原則として所定労働時間であるが〔労基38の2①本文〕，当該業務を遂行するために通常所定労働時間を超えて労働することが必要となる場合には，通常の状態で当該業務を遂行するために客観的に必要とされる時間となる〔労基38の2①但〕。ただし，*労使協定'を締結している場合には，労

使協定で定める時間がここでいう当該業務の遂行に通常必要とされる労働時間とみなされる〔労基38の2②〕。

事業場単位の一般的拘束力 ⇨一般的拘束力(労働協約の)'
事業譲渡 ⇨事業の譲渡'
事業場附属寄宿舎 ⇨寄宿舎'
事業所税 都市環境の整備及び改善に関わる事業に要する費用に充てるため、*指定都市'等により課される*目的税'である〔地税701の30〕。事業所等において事業を行う個人や法人を*納税義務者'とし〔地税701の32・701の33〕、事業所床面積(資産割)及び従業員給与総額(従業者割)等を*課税標準'として課される〔地税701の40〕。
事業所得 *所得税法'上の各種所得の1つで、農業、漁業、製造業、卸売業、小売業、サービス業その他対価を得て継続的に行う事業から生ずる所得をいう〔所税27①〕。基本的に資産勤労結合所得の性質を有する。ある活動が事業所得を生む事業に該当するかどうかは、自己の計算と危険に基づいて独立的に営まれているかどうか、営利性・有償性を有するか、反覆継続性を有するか、更に社会的地位や設備・労力などの諸要素を総合的に勘案して判断される。事業に至らない小規模な活動からの所得は*雑所得'とされる場合が多い。事業所得の金額は、事業所得に係る総収入金額から*必要経費'を控除した金額である〔所税27②〕。
事業税 個人及び法人の事業に対して、都道府県により課される収益税〔地税72の2〕(⇨収得税')。個人事業税の対象となる事業は*地方税法'により列挙されており〔地税72の2⑧〜⑩〕、事業の区分に応じて標準税率が定められている〔地税72の49の17〕。個人事業税の*課税標準'は、前年中における個人の事業の所得である〔地税72の49の11〕。法人事業税の課税標準は、*外形標準課税'が平成16年度より採用されたことにより、当該法人の資本金等の額及び業種に応じて、各事業年度の付加価値額、資本金等の額、所得又は収入金額とされている〔地税72の12〕。また、税収の都市部への偏在を是正するため、平成20年には法人事業税の一部が*国税'である地方法人特別税に切り替えられ、その税収は都道府県に譲与されることとなった。令和元年には、同税は廃止されたが、新たに法人事業税の一部が国税である特別法人事業税に切り替えられ、その税収は都道府県に譲与されることとなった。
事業専従者 ⇨専従者控除'

事業全部の譲受け 会社が他の会社の事業の全部を譲り受けること。事業全部の譲受けは*合併'に近い形態なので、原則として、譲受会社では*株主総会'の*特別決議'によることを要する〔会社467①③・309②⑪〕。もっとも、*簡易合併'に準じて、株主総会特別決議によることを要しない*簡易な事業の譲受け'の制度が設けられている。他方、会社が事業を譲渡する場合については、その全部のみならず重要な一部の譲渡を株主総会の特別決議によることを要する〔会社467①①②・309②⑪〕(⇨事業の譲渡')。
事業損失 広義には、道路・鉄道等の*公共事業'が施行されることによって近傍地(周辺住民)に与える損失をいう。同じ意味で、起業損失の語が用いられることもある。イ 当該土地及び残地以外の(したがって通常は被収用者以外の第三者の)土地について生じる損失については、特別の場合(みぞかき補償〔収用93,道70等〕)のほかは補償の一般的な定めはない。ロ *土地収用法'上、同一の土地所有者に属する一団の土地の一部が収用される場合に残地に生ずる被収用者に対する損失については、残地補償〔収用74〕の定めがあるが、当該収用に起因する損失(これを事業損失に対する概念として、収用損失という)のみならず、被収用地が事業の用に供されることに起因する損失をも補償すべきものであるか否かについては争いがある。ハ 事業の施行により周辺地に及ぼされる騒音・臭気・日陰・受信障害などの事業損失については、土地収用法では取り上げておらず、「公共用地の取得に伴う損失補償基準要綱」(昭和37・6・29閣議決定)及びその施行についての閣議了解において、損失補償の問題ではなく、社会生活上受忍すべき範囲を超える場合には、*損害賠償'として、あらかじめ賠償すること(その発生が確実に予見される場合)は差し支えないとしている。空港・鉄道・道路等の周辺住民が継続的に被っている騒音等の被害については、*国家賠償法'2条の請求事例(*供用関連瑕疵(⑺))として訴訟が提起されている。 ⇨損失補償' ⇨損失補償基準'
事業体課税 1 事業体の選択 ビジネスをどのような事業体(エンティティ)によって行うのかは、当事者の自由であるが、事業形態の選択によって、課税上の扱いは異なってくる。それらは、事業体そのものだけでなく、事業体の構成員までを含めた全体としての租税負担及び課税のタイミングに関係する問題である。ここでは、代表的な事業体である*法人'、民法上の*組合'及び特定目的会社(SPC)(⇨資産の流動

じぎょうに

化に関する法律')等について説明する。
2 法人の場合　法人課税の特色として、イ 事業体レベルで課税を受ける(すなわち、*法人税'の*納税義務'を負う)、ロ 構成員である株主段階でも課税される(2段階課税)、ハ 事業体からの利益の分配が、構成員の段階で「配当」と性質決定される、ニ 損失の分配はできないという4つを挙げることができる。そして、上に示した2段階課税の調整(法人税と*所得税'の統合)の方法として、現行法は配当税額控除方式をとっている〔所税92〕。
3 組合及び特定目的会社等の場合　民法上の組合は、法人税の納税義務を負うことはなく、組合が損益を稼得した時点で、その損益が構成員たる各組合員に割り振られ、各組合員の段階で課税される〔所得税基本通達36・37共-19〕。その際、組合が現金等による現実の分配を行ったかどうかは関係がない。特定目的会社及び*投資法人'は、利益の90%超を配当した場合、配当部分に関する法人税が課せられない〔租特67の14・67の15〕。つまり、統合の方法でいえば、支払配当損金算入方式を採用しているのである。なお、*信託法'が改正されたことに伴い、平成19年の改正(法6)において信託に関する課税ルールが整備された。　⇨信託課税'

事業認定　ある具体的な事業が土地等を収用又は使用できる事業であることを認定する行政処分。*起業者'の申請により国土交通大臣又は都道府県知事が行う〔収用16〜30の2〕。事業が収用適格事業〔収用3〕に関するものであることに加えて、起業者の事業遂行の意思・能力、事業計画が土地の適正かつ合理的な利用に寄与すること、土地の収用・使用の公益上の必要性が要件とされている〔収用20〕。事業認定の告示によって、起業者は、*土地収用法'に定める手続をとることによって起業地内の土地を収用・使用しうる地位を取得することになる。具体的には収用又は使用の裁決の申請権〔収用39〕などが付与される。また、補償金の額について、事業認定告示時の土地価格を基準としてそれ以降の地価変動は考慮せず物価変動のみを考慮するものとされている(価格固定制)〔収用71・72〕。平成13年の改正(法103)により、事前説明会開催〔収用15の14〕、公聴会開催〔収用23〕、審議会等の意見聴取〔収用25の2〕、事業認定理由の公表〔収用26①〕が義務付けられた。事業認定は、認定の告示後1年以内に起業者が収用又は使用の裁決の申請をしなかったとき、又は告示後4年以内に明渡裁決の申請をしなかったときなどに失効する〔収用29〕。なお、収用30④・34の5・34

の6〕。なお、他の法律に基づく処分で、土地収用法による事業認定とみなされるものがある〔用地取得特措12、都計69・70、土地使用特措14①、鉱業107②、採石37②〕。

事業年度　Ⅰ *法人税'等の、法人に対する各種の租税の*課税標準'を算定する際の期間的単位。具体的には、営業年度その他これに準ずる期間で、法令に定めるもの又は法人の*定款'、*寄附行為'等に定めるものをいう。事業年度は、最長1年を超えることはできない〔法税13①〕。

Ⅱ 会社等の損益を算定する単位となる期間〔会社435②等〕。事業年度は、必ずしも暦年と一致する必要はなく、また、会社法はその長さに制限を設けていないが、各事業年度に係る計算書類の作成に係る期間は原則として1年を超えることができないため〔会社計算59②・71②〕、実務上は1年を超えない。1月1日又は4月1日から1年とするものが多いが、半年とすることも、3月とすることもできる。通常は、*定款'等で定められる〔農協28①Ⅲ、水協32①Ⅲ、中協33①②等〕。ただし、一定の事業を行う会社について、1暦年1事業年度を法定している例もある〔金商46、保険業109、銀行17〕。

事業の譲渡　*株式会社'が事業を取引行為として他に譲渡する行為をいう。会社法は、平成17年改正前商法の営業譲渡の用語を事業の譲渡と改めた。これは、*商人'は*商号'1個ごとに1つの*営業'を営むものとされていることとの関係から、1個の商号しか持ちえない会社が行うものの総体は営業と区別して事業と呼ぶことにしたという、用語の整理に過ぎず、規制の実質に変更はない。譲渡の対象が事業の全部又は重要な一部であるときは、*株主総会'の*特別決議'によりその契約の承認を受けなければならない〔会社467①①②・309②①〕。ただし、後述するように、*特別支配会社'に対する譲渡を除く〕。その決議がない譲渡契約は、原則として、無効である。また、反対株主に*株式買取請求権'が認められる〔会社469・470〕。事業譲渡においては、事業を構成する債務・契約上の地位等を移転しようとすれば、個別にその債権者・契約相手方の同意を要する。事業譲渡に係る契約の相手方が特別支配会社〔会社則136〕の場合には、譲渡会社において、株主総会による承認を要しない(略式事業譲渡〔会社468①〕)。なお、会社法は、会社法の総則〔会社21以下〕において、主に事業の譲渡に関する取引先関係を規律する規定を置いているが、上述した467条における規律と21条以下における規律の関係について、従

来より，議論がみられる。 ⇨事業の譲受け等の制限' ⇨詐害事業譲渡' ⇨営業譲渡'

事業の賃貸借 事業を他人に賃貸し，賃借人が自己の名前で，かつ，自己の計算で使用・収益をし，賃貸人にその賃借料を支払う契約。*株式会社'では，事業全部の賃貸には原則として*株主総会'の*特別決議'が必要であり〔会社467①④・309②⑪。例外：会社468〕，更に，反対株主には*株式買取請求権'が認められている〔会社469〕。他方，事業の賃貸は*取締役会'の決議によって行うことができる。なお，*会社更生法'，*独占禁止法'では事業譲渡についてと同様の規制が事業賃貸についても課せられている〔会更174⑥，独禁16①③〕。 ⇨事業の譲渡'

事業の譲受け等の制限 他の会社の事業の譲受け，事業上の固定資産の譲受け，事業の賃借，事業の経営の受任及び事業上の損益共通契約は，合併と同様の強固な結合関係が形成されるため，他の企業結合の手段と同一の基準で，独占禁止法による規制がなされる〔独禁16〕。なお，事業の譲受け，事業上の固定資産の譲受け，事業の賃借，事業の経営の受任にあっては，全部の譲受け等だけでなく，「重要部分」の譲受け等も規制対象となる。「重要部分」の意味については，共同新設分割又は吸収分割によって事業の重要部分を分割する場合におけるそれと同様である。 ⇨企業結合の制限' ⇨会社分割'

事業報告 ある事業年度に係る*株式会社'の状況に関する重要な事項(計算書類及びの附属明細書並びに連結計算書類の内容となる事項を除く)を内容とする報告書(書面又は*電磁的記録')であって，株式会社が法務省令の定めるところにより各事業年度に作成しなければならないもの〔会社435②〕。その内容とすべき事項等は法務省令で定められている〔会社則117〜133〕。まず会社の状況に関する重要な事項，取締役の職務の執行が法令及び*定款'に適合することを確保するための体制その他株式会社の業務並びに当該株式会社及びその子会社から成る企業集団の業務の適正を確保するために必要なものとして法務省令で定める体制の整備についての決定又は決議があるときは，その決定又は決議の内容の概要及び当該体制の運用状況の概要，会社の財務及び事業の方針の決定を支配する者のあり方に関する基本方針を定めているときは基本方針の概要及び取組等に関する事項，特定完全子会社に関する事項及び個別注記表において注記を要する会社とその親会社等との間の取引に関する事項である〔会社則118〕。更に，*公開会社'の特則として，株式会社の現況に関

じぎようよ

する事項〔会社則119①・120〕，会社*役員'に関する事項〔会社則119②・121。社外役員につき会社則124〕及び，株式に関する事項〔会社則119③・122〕，*新株予約権'等に関する事項〔会社則119④・123〕を内容とすることが求められ，また，社外役員を設けた会社の特則〔会社則124。その主な活動状況につき会社則124④，報酬の総額につき会社則124⑥〕，*会計参与'設置会社の特則〔会社則125〕及び*会計監査人設置会社'の特則〔会社則126〕が定められ，事業報告の附属明細書についても規定されている〔会社則128〕。事業報告及びその附属明細書は*計算書類'〔会社435②括弧〕には含まれず，したがって，会計監査人設置会社においても*会計監査人'の監査の対象にはならず，*監査役'又は*監査役会'，*監査等委員会設置会社'においては*監査等委員会'，*指名委員会等設置会社'においては*監査委員会'の監査の対象となる〔会社436①②②，会社則129①②・130②②・131①②〕。*取締役会設置会社'では，監査役等の監査を受けた事業報告及びその附属明細書は，*取締役会'の承認を受け〔会社436③〕，事業報告は定時*株主総会'に提出又は提供され〔会社438①①〕，その内容は定時株主総会で報告される〔会社438③〕。

事業用資産の買換え 個人又は法人が有する特定の土地や建物などの事業用資産(譲渡資産)を譲渡して，一定の期間内に所定の事業用資産(買換資産)を取得した場合，譲渡資産の譲渡益に対する課税を将来に繰り延べる制度〔租特37〜37の3・65の7・65の8〕。設備更新時の課税を抑制することにより，土地を有効利用し，産業設備更新による合理化促進・工場移転などによる企業基盤の強化拡充(企業の退出や誘致の促進)等を図ることを目的とする。

事業用定期借地権 事業用建物の所有を目的とし，一定の存続期間を定めて更新を認めない*定期借地権'。*借地借家法'では，一般の借地権の存続期間は30年とされ，更に*正当事由'がない限り更新される〔借地借家3・5〜7〕。しかし，平成3年の借地借家法の制定の際に，専ら事業用の建物の所有を目的とする場合には，10年以上20年以下の存続期間で更新できない事業用借地権を認める規定を新設した〔借地借家旧24①〕。事業用に借地する借地人の場合には，貸主に対して特に不利な立場にはない，と考えられたからである。その後，土地利用形態の多様化に対応するため，平成19年の借地借家法改正(法132)で，存続期間の上限が引き上げられた(10年以上50年未満)〔借地借家23①②〕。事業用定期借地権は*公正証書'によって

しきりしょ

設定しなければならない〔借地借家23③〕。

仕切書 ⇨結約書'

資金 国の財政関係の法令では，1*会計年度'内に消費しつくすことのない意思で特定の目的・用途にあてるために保有される金銭をいう。財政上必要な経費は，その必要に応じ，随時国民から徴収しなければならないから，特定の目的のために資金を保有することは，原則として許されないが，国が事業を経営する場合その他特別の事由のある場合には，法律で定める場合に限り，資金を保有することができる〔財44〕。地方自治関係法令においては，ここでいう資金に相当するものを*基金'と称している〔自治241①参照〕。なお，*会計法'17～21条，及び*地方自治法'241条1項などで用いられる「資金」の語は，利用に供するために保有する金銭，容易に現金化できる預金等の財産の意味であり，企業会計の用語に近い。

資金関係 *為替手形'又は*小切手'の*支払人'が手形・小切手の引受け又は支払をする際に存在する実質的な法律関係。資金関係は*振出人'と支払人との間に存するのが通常であるが，小切手の場合のように支払人と*第三者'との間に存することもある。資金関係が存在するためには，振出人が支払人の下にあらかじめ資金を供給(預金)していたり債権をもっていたりしていて，手形(小切手)の支払を委託するのが通常であるが，支払人が支払をした後に振出人から補償を受ける旨の約定(⇨当座貸越し')がなされることもあり，この場合の資金関係を特に補償関係という。資金関係は手形(小切手)の実質関係(⇨手形の原因関係')に属し，*手形(小切手)関係'とは別個独立のものなので，支払人が資金関係上において支払義務を負担していても，所持人に対し手形(小切手)上支払義務を当然に負担するものではない。また資金関係がないのになされた手形(小切手)の振出し・引受けも有効である〔小3但〕。もっとも小切手の場合には，振出人は過料に処せられる〔小附71〕(⇨過ύ料(ζ)')。なお，為替手形の*引受人'又は*約束手形'の振出人とその*支払担当者'との間にも資金関係が存在し，上記のことが当てはまる。

資金管理団体 *公職の候補者'が自己のために政治資金の拠出を受けるべき*政治団体'として指定し，*選挙管理委員会'又は総務大臣に届け出たもの。平成6年の*政治資金規正法'改正(法4)により規定が設けられた。候補者は自己が代表者である政治団体のうち1つに限り資金管理団体に指定できる〔政資19〕。企業や労働組合等の団体が資金管理団体に対し寄附することは，平成11年の法改正(法159)により禁止されるに至った〔政資21①〕。

資金洗浄 ⇨マネー・ローンダリング'

死刑 **1意義** 生命を奪う刑罰(生命刑)。刑法の規定する*主刑'の1つ〔刑9〕(⇨刑')。刑事施設内で絞首して執行する〔刑11〕。法務大臣の命令(判決確定の日から6カ月以内にされるのが原則)後，5日以内に執行される〔刑訴475・476〕。現在，内乱罪の首謀者〔刑77〕，外患誘致〔刑81〕，外患援助〔刑82〕，現住建造物放火〔刑108〕，激発物破裂〔刑117〕，現住建造物浸害〔刑119〕，汽車転覆致死〔刑126・127〕，水道毒物混入致死〔刑146〕，殺人〔刑199〕，強盗致死〔刑240〕，強盗不同意性交致死〔刑241〕，爆発物使用〔爆発1〕，航空機強取致死〔航空強取2〕，航空機墜落・破壊致死〔航空危険2③〕，人質殺害〔人質4〕などに死刑が法定されている。

2合憲性 死刑は憲法36条の残虐な刑罰に当たり，個人尊重の原則〔憲13〕にももとるという違憲論があるが，最高裁判所は合憲であるとしている(最大判昭和23・3・12刑集2・3・191)。

3適用基準 最高裁判所は，「犯行の罪質，動機，態様ことに殺害の手段方法の執拗(ξ)性・残虐性，結果の重大性ことに殺害された被害者の数，遺族の被害感情，社会的影響，犯人の年齢，前科，犯行後の情状等各般の情状を併せ考察したとき，その罪責が誠に重大であつて，罪刑の均衡の見地からも一般予防の見地からも極刑がやむをえないと認められる場合」には，死刑の選択も許される，として，その適用基準を明らかにしている(最判昭和58・7・8刑集37・6・609)。⇨死刑廃止論'

死刑廃止条約 ⇨国際人権規約'

死刑廃止論 **1意義** *死刑'を法律上認めることを否定する主張。広義においては，死刑を廃止する主張全てをいうが，狭義においては，死刑を規定した法律に関する違憲論と，立法論的主張としての死刑廃止論とは区別しなければならない。

2論拠 死刑廃止論者として有名なのは，モア(Sir Thomas More, 1478～1535)，ベッカリーア(Cesare Bonesana Marchese di Beccaria, 1738～94)，リープマン(Moritz Liepmann, 1869～1928)らである。死刑廃止論には人道主義的見地と刑事政策的見地とがある。前者は，死刑は非人道的で非文化的かつ野蛮な刑罰であるとし，後者は，死刑には，誤判の場合に救済回復の道はなく，被害者救済のためにも逆効果であるとする。そして，死刑には，存置論者の考えるような威

嚇力もないとする。
3 将来の展望 2021年12月現在，あらゆる犯罪に対して死刑を廃止している国は，108カ国に及び，主要国でもイギリス，ドイツ，フランス，イタリアなどは全面的に死刑を廃止している。日本でも，1989年に国際連合で死刑廃止条約(⇨国際人権規約')が採択されて以来，これを批准し死刑を廃止すべきだとする運動が盛んとなっている。これに対し，死刑廃止を可能にする社会的基盤が具体的に築かれなければ，死刑廃止論を直ちに取り入れ，死刑廃止を実現することは困難であるとする見解も有力である。2019年の内閣府の世論調査では，廃止9.0％，存置80.8％で，廃止反対の理由としては，「死刑を廃止すれば，被害を受けた人やその家族の気持ちがおさまらない」，「凶悪な犯罪は命をもって償うべきだ」というのが上位を占めている。　⇨終身刑'

自決権(人民の)　**1 自決権の確立**　人民が自らの政治的地位を自由に決定し，その経済的，社会的及び文化的発展を自由に追求する権利。人民の自決権は，古くは啓蒙(けいもう)期自然法思想にまでその起源を遡るとされ，第二次大戦後では，*国際連合憲章'が*国際連合'の目的の1つとして「人民の同権及び自決の原則の尊重」(国連憲章1②)を掲げている。しかし，それが単なる政治的・道義的原則を超えて法的権利としても確立するのは，その後の国際連合の実行を通じてであるといわれている。その嚆矢(こうし)となったのが，1960年に採択された*植民地独立付与宣言'であり，同宣言の履行確保のために設けられた特別委員会の活発な活動を通じて，植民地人民の政治的独立を実現するための具体的措置がとられてきた。1966年には*国際人権規約'が採択され，拘束力ある条約によって自決権が確認され〔人権A規約1，人権B規約1〕，また，1970年の*友好関係原則宣言'では，国際法の基本原則の1つとして位置付けられ，その内容についてのより詳細な規定が置かれた。加えて*国際司法裁判所'も自決権の権利性を前提とするような判断を示している(1995年の東ティモール事件判決(ICJ判1995・6・30 Reports 1995・90)，2004年のパレスチナの壁に関する勧告的意見(ICJ意見2004・7・9 Reports 2004・136))。
2 自決権の展開　このように植民地人民の独立の権利としての民族自決権は，今日，その具体的内容の細部になお不明な点を残すとはいえ，法的権利として広く承認されるに至っている。そして植民地の政治的独立がほぼ達成された現在，自決権の他の側面としての「経済的自決権」(⇨天然資源に対する永久的主権'　⇨国家の経済的権利義務憲章')の内容や，自決主体としての「人民」に，独立国家内部の*少数民族'や先住民までをも含むか，含むとして，その内容は国家内部での自治の獲得といった「内的自決権」にとどまるのか，それとも分離独立の権利としての「外的自決権」にまで及ぶのかといった点に問題の焦点が移行してきている。　⇨民族解放団体'

私権　ある権利主体が私法上もつ権利の総称。公法上の権利すなわち*公権'に対する語であるが，公法と私法との区別が明確でないのに対応して，私権一般の定義や，どのような権利がそれに属するかについては必ずしも明らかでない。普通，相互に対等・平等な権利主体間の権利であって財産と身分に関する権利が私権と呼ばれ，また，私権は，その享有自体については万人に平等に保障されているのに対して〔民3〕，公権は必ずしもそうでない(選挙権・被選挙権の場合など)という点で特色があると説かれている。私権の内容及び行使は*公共の福祉'に合致し，*信義誠実の原則'に従わなければならず，その濫用は許されない〔民1〕(⇨権利濫用')。私権の保護は裁判所や警察などの国家権力によって保障されている。私権は，*絶対権・相対権'，*財産権'・*身分権'，*支配権'・*請求権'・*形成権'・*抗弁権'などに分類されて説明される。

試験観察　*家庭裁判所'が，少年に対する*保護処分'を決定するため必要があるとき，相当の期間家庭裁判所調査官の観察に付することをいう〔少25①〕。家庭裁判所は，この観察と併せて，イ 遵守事項を定めてその履行を命ずること，ロ 条件を付けて保護者に引き渡すこと，ハ 適当な施設，団体又は個人に補導を委託すること，ができる〔少25②〕。本来，保護処分を有効に決定するための制度であるが，観察期間中の少年の態度によっては，要保護性が消滅したとして不処分の決定〔少23②〕がなされることも多い。　⇨補導委託'

事件性　裁判所は，一切の*法律上の争訟'の裁判，その他法律で特に定める権限を有する〔裁3①〕が，裏からいえば，それ以外の権限は有しないことになるので，法律上の争訟の存在は，裁判所の*裁判権'行使の一般的な前提要件となる。この要件を事件性又は争訟性の要件という。この表現は，アメリカ合衆国司法部の権限を定める*アメリカ合衆国憲法'3条の事件(cases)・争訟(controversies)に由来する。この要件の具体的な内容は，紛争が，イ 具体的・

じけんたん

現実的であること、ロ 当事者の権利義務又は法律関係の存否に関係すること、ハ 法の適用によって終局的に解決できることである。日本の*憲法保障'は*通常裁判所'が担い、国家行為の合憲性の判断も事件性の要件の充足が前提となるので、事件性の要件は*憲法訴訟'において重要な意義を有するが、事件性の要件が憲法で規定された*司法'の本質的要素であるか否かについては争いがある。

事件単位の原則　*逮捕'・*勾留'の要件・効果は個別の*被疑事実'を基準として判断されるとの原則。以下、勾留について述べる。勾留の要件・手続は、被疑事実を単位にして定められているから〔刑訴60①・61・64①・207①〕、その効果も*勾留状'に記載された事実についてのみ及ぶ。したがって、勾留の理由とされていない*余罪'を直接の根拠にして、*勾留期間の延長'〔刑訴208②〕、接見の禁止〔刑訴81〕などを認めることはできない。その一方、*被疑者'に複数の被疑事実があるときは、二重勾留（各事実による勾留の併存）が生じうる。その点から、勾留は被疑者を単位に考えるべきであるとする人単位説も主張されるが、各事実ごとに定められた手続の厳格さを損なうおそれがあり、ほとんど支持されていない。

試験売買　健康器具・食品の「お試し期間」のように、商品を試験・試味した上で買主の意にかなえば買うという約束の*売買'。試味売買ともいう。買主は、買うかどうかの最終決定権を留保しているので、このような売買の法律的性質が問題になる。多数説は買主の是認を*停止条件'とする売買であるとするが、*売買の一方の予約'〔民556〕であると解する説もある。しかし、両説の間に実際上の点ではそれほど違いはない。試用期間の徒過について民法556条2項を適用するか類推するかの相違がある程度である。

時限法　⇨*限時法'

自己宛小切手　*振出人'が自己を*支払人'として振り出した*小切手'〔小6③〕。小切手の支払人は銀行に限られるので〔小3〕、自己宛小切手は銀行が振出人兼支払人である。自己宛小切手には、ある銀行店舗が自店舗を支払人として振り出す場合と、同じ銀行の他店舗を支払人として振り出す場合とがあり、前者を預金小切手（略して預手（$\frac{\text{よ}}{\text{て}}$））といい、後者は送金小切手の1つである（送金小切手には、他の銀行を支払人とする場合もある）。預金小切手は、銀行が振出人として*遡求'義務を負うので、信用が高く、現金に代わる支払手段として利用され、

また、当座勘定取引先の振り出した小切手の*支払保証'に代えて発行されることもある。

自己宛手形　*振出人'が自己を*支払人'として振り出した*為替手形'。明文でこのような手形を振り出すことが認められている〔手3②〕。振出人が他地にある自己の*営業所'に支払を委託するためなどに用いられ、また自己宛手形に引受けされると*約束手形'の*振出し'と実質的には同じ効果をもつ。

施行・適用　⇨*施行・適用'（巻末・基本法令用語）

時　効　Ｉ　私法　**1意義**　一定の事実状態（例えば、他人の土地を所有の意思をもって占有するという状態、あるいは債権者が債権を行使しないという状態）が法定期間継続した場合に、その事実状態が真実の権利関係に合致するかどうかを問わないで、権利の取得や消滅という*法律効果'を認める制度をいう。権利取得の効果を認めるのが*取得時効'、権利消滅の効果を認めるのが*消滅時効'である。　⇨*時効の更新'　⇨*時効の完成猶予'　⇨*除斥期間'

2 時効制度の根拠あるいは存在理由　時効制度の根拠については多くの議論がある。一般には、イ 長年継続した事実状態を法が尊重してその上に築かれた社会の法律関係の安定を図ること、ロ 長期間の経過で真実の権利関係の立証が困難になるのを救うこと、ハ 権利の上に眠る者は保護する必要がないこと、などの理由が挙げられている。ただ、いずれか1つだけで統一的に説明することはできず、問題ごとにイ〜ハの組合せや重点の置かれ方は異なっている。また、取得時効・消滅時効を区別して考えるべきだとする説も有力である。時効の効果は確定的・絶対的ではなく、時効によって利益を受ける者の援用・放棄によって左右されることも問題の把握を困難にしている（⇨*時効の援用'）。

3 時効の遡及効　時効の効力はその起算日に遡る〔民144〕（⇨*遡及効'）。その結果、時効期間中の*果実'は取得時効によって所有権を取得した者に帰属し、時効により債務を免れた者は、その間の利息や遅延損害金を支払う必要がない。

Ⅱ　行政主体と私人との法律関係においても時効制度の適用が認められている。行政法関係では、個別法で消滅時効期間を定める例が多い〔税通72①, 恩給5, 国公共済111〕。民法の時効期間と行政法令の定める時効期間が異なる事例に関して、従来、民法の時効規定の適用や、特別規定の適用範囲が議論されてきた。例えば、自衛隊員が勤務中の事故で死亡した事例で、損害

賠償請求権を公法上のものとして会計法30条(同様の規定は地方自治法236条1項にもある)が適用されると解釈すれば消滅時効は5年である一方，最高裁判所は，*'安全配慮義務'違反を理由とする債務不履行責任であると理論構成することにより，当時の民法に基づき消滅時効を10年と解釈した(最判昭和50・2・25民集29・2・143)。また，国家賠償法1条1項に基づく責任に関して消滅時効は3年とかつては解されたた〔国賠4，民拒724〕。最判昭和43・6・27訟務月報14・9・1003参照〕，債務不履行による上記理論構成は不法行為の理論構成よりも時効期間の解釈として被害者に有利なものであった。しかし，*'債権法改正'により，生命・身体に対する侵害で生じた損害賠償請求権に関して，不法行為であれ〔民724の2・724①〕，債務不履行であれ〔民166①Ⅰ〕権利を行使できることを知ったときから5年と改められたため，上記のように安全配慮義務違反に基づく債務不履行責任として理論構成する意義は時効期間の面では失われた。このほか，公物(道路や水路など)に関して，民法162条の定める取得時効が成立するかという問題が議論されてきた。最高裁判所は，黙示的公用廃止という解釈を用いて，公物の取得時効を認めた(最判昭和51・12・24民集30・11・1104)。

Ⅲ　刑事法上の時効については，*'刑の時効'，*'公訴(の)時効'をみよ。

自己受手形(小切手)　⇨自己指図手形(小切手)'

時効の援用　**1 意義**　*'時効'によって利益を受ける者が，時効の利益を受ける意思を表示すること。裁判所は，時効によって利益を受ける当事者が時効を援用しない以上は，たとえ訴訟に現れた事実から時効が完成したことが明らかな場合でも，時効を根拠にして裁判をすることができない〔民145〕。法は時効の援用及び時効利益の放棄〔民146〕の自由を認めることによって，時効の利益を受けないで真実の権利関係を認めようとする者の意思を尊重したものと解されている。時効援用の意味については考え方が分かれているが，時効期間の経過によって生じた権利の得喪を確定するものであるとする理解(不確定効果説)が判例・多数説である。

2 援用することができる者(援用権者)　判例は，時効によって直接に利益を受ける者のみが時効を援用することができるとし，当初はその範囲を，時効によって権利を取得する者(占有者)又は義務を免れる者(債務者・連帯債務者，保証人・連帯保証人)に限っていた。しかし，その後，次第に範囲を拡大し，*'物上保証人'(最判昭和

43・9・26民集22・9・2002)，抵当不動産の*'第三取得者'(最判昭和48・12・14民集27・11・1586)，*'仮登記担保'権の設定された不動産の第三取得者(最判昭和60・11・26民集39・7・1701)，売買予約の*'仮登記'に後れる'抵当権'者(最判平成2・6・5民集44・4・599)等につき債務の*'消滅時効'を援用することができるとしている。これに対して，土地が時効取得された場合の地上建物の賃借人(最判昭和44・7・15民集23・8・1520)や先順位抵当権の被担保債権が時効消滅した場合の後順位抵当権者(最判平成11・10・21民集53・7・1190)は間接的な利益しか受けないとして援用権が否定されている。*'債権法改正'は，消滅時効の場合の援用権者を「権利の消滅について正当な利益を有する者」と表現し，上記の判例にある保証人・物上保証人・第三取得者をその例示として明記した〔民145〕。

時効の完成猶予　天災事変など*'時効'完成の間際になって権利者の権利行使に困難な事情がある場合に，時効期間の延長を認めて，一定の期間，時効の完成を延ばすこと。*'債権法改正'は，裁判上の請求等で権利が確定することなく更新事由(改正前規定の中断事由に対応)が終了した場合，強制執行等の更新事由が取下げや取消しにより終了した場合，仮差押え・仮処分の場合，催告の場合，権利について協議を行う旨の書面による合意があった場合〔民147～151〕を追加し，停止を完成猶予という名称に改めた。完成猶予は更新とは異なり，既に進行した時効期間は維持され，完成猶予の事由の終了後一定期間(6カ月〔民147～151・158～160の各場合〕又は3カ月〔民161の場合〕)たてば時効が完成する。　⇨時効の更新'

時効の更新　**1 意義**　*'時効'の基礎となる事実状態(例：所有者らしい状態，債務が存在しないような状態)と相いれない一定の事実(例：所有者から占有者に対する*'訴え'の提起，債務者に対する債権者の訴えの提起)が生じた場合に，既に経過した時効期間を無意味とすること。更新事由が終了した時から新たに時効期間が進行を開始する〔民147②・148②本文〕。*'債権法改正'は，改正前の時効の中断の事由を限定した上で，中断を更新という名称に変えた〔民147②・148②・152〕。

2 更新事由　民法は*'取得時効'と*'消滅時効'に共通の更新事由として，権利確定や強制執行等による権利行使の場合に限定し，それ以外を完成猶予としている(⇨時効の完成猶予')。時効の更新は当事者及びその承継人の間においてのみその効力をもつ〔民153〕。なお，取得時効に

じこうのち

特有の中断事由(これを自然中断という)として占有の喪失がある〔民164〕が, この中断の語は改正後も維持されている。

時効の中断　⇨時効の更新'
時効の停止　⇨時効の完成猶予'
施行法・施行令・施行規則　⇨施行法・施行令・施行規則'(巻末・基本法用語)

自己株式　**1 意義**　会社法上, 自己株式とは「株式会社が有する自己の株式をいう」と定義されているが〔会社113④〕, 厳密には, 会社が自己の株式を取得した場合の当該株式が自己株式である。会社が自己株式を取得することは, かつては社団法理上許されないのは当然であると考えられていたが, 現在では株式をその財産的側面から捉えて, 自己株式もそれ自体1つの独立した財産であり, その流通過程の中で会社自身が取得し, 保有することもできると解されるに至っている。

2 会社による取得・保有の許容　会社による自己株式の取得は, 従来は資本充実の原則や'株主平等の原則'に反したり, 会社支配の歪曲化を招き, かつ株式の不公正取引を生ぜしめるおそれがあり, このため弊害予防という政策的観点から, その取得は, 例外的に許容される一定の場合を除いて, 原則として禁止されてきた。しかし, 平成13年商法改正(法72)は, 証券取引法(現'金融商品取引法')上の不公正取引に対する規制強化や自己株式の取得に対して財源規制や手続的規制を行うことによって, 上記弊害に対処することができ, かつ会社による自己株式の取得・保有の必要性が存在することから, 自己株式取得の原則的禁止を撤廃し, 自己株式の取得・保有(金庫株)及び保有'自己株式の処分'を認めることとなった。現行会社法もこの立場を引き継ぎ, 一定の規制の下に自己株式の取得・保有・処分を認めるとともに, 取得が認められる場合を具体的に列挙している〔会社155〕。⇨自己の株式の取得'　違法配当・自己株式取得'

3 株主との合意による自己株式の有償取得　会社法155条により自己株式の取得が認められる場合のうち, 特定の場合ではなく, 会社が種々の目的のために一般的に自己株式を取得しうる場合として, 会社が株主との合意により有償で取得することが認められている〔会社155③〕。この取得については, 会社法156〜165条に手続が定められており, また特定の株主から有償取得する場合については, '株主総会'の'特別決議'を要する等特別な規制がなされている〔会社160〜164・309②②〕。

4 自己株式の地位と処分　'株式会社'は取得した自己株式を保有することができ, また保有している自己株式を処分することができる。会社法は, 自己株式の処分については, '募集株式の発行等'として株式の発行手続と同様の手続によることを定めている〔会社199①〕。これは会社による保有株式の処分は, 会社による新株発行と同様の効果をもたらすからである。また, 会社法は上記の一般的な自己株式の処分とは別に, 個別的な処分の場合として, 株主による一定の権利行使, 会社の一定の行為又は企業再編等に際して会社が対価等として自己株式を交付する場合を認めている〔会社108②⑤ロ⑥ロ・171①Ⅰイ・185・194③・282①・749①②イ・758④イ・768①②イ・774の3③③〕。そのほかに, 会社は保有する自己株式については, 消却することもできる〔会社178①〕(⇨株式の消却')。会社が保有し, 必要に応じて処分しうる自己株式を金庫株と呼ぶが, これらの会社保有の自己株式については, 会社は'議決権'やその他の共益権を行使することはできず, かつ'剰余金配当請求権'も有しない〔会社308②・453括弧〕。また会社は, 自己株式に対しては株式無償割当て及び募集株式の割当てをすることはできない〔会社186②・202②括弧〕。もっとも, '株式の併合'〔会社180〕又は'株式の分割'〔会社183〕の場合における自己株式の取扱いについては, 定めはないが, 会社の裁量により自己株式を対象に含めることもできるとする見解が有力である。

5 会社計算上の自己株式　会社の計算における自己株式の扱いとしては, 会社が保有する自己株式は'貸借対照表'上の株主資本(純資産の部)からの控除項目とされている〔会社計算76②⑤〕。また, 剰余金の分配可能額の計算においては, 自己株式の帳簿価額は控除項目とされている〔会社461②③〕。

自己株式の取得　⇨自己の株式の取得'
自己株式の処分　会社が保有する'自己株式'を会社以外の'第三者'に交付する行為。市場売却の方式は, '内部者取引'や'相場操縦'等, 不公正な取引が行われる可能性を否定できないことから認められない。自己株式の処分は, それが株式発行規制の脱法になる危険を防止するため, 法が特に処分方法〔会社108②⑤ロ・749等〕を認める場合を除き, 株式の募集手続〔会社199①〕を経てなすことを要する(「株式の交付」概念は, 株式の発行と自己株式の処分を含む)。会社が株式を発行する場合と自己株式を処分する場合とは, いずれも新たに会社から株式を受領する者が存することとなる点で変わりはな

からである。手続違反の処分についても、株式を発行する場合に準じる〔会社210・212・828①③②③・834③・841〕。

事後規制 ⇨規制緩和'

自国民不引渡しの原則 *犯罪人引渡し'の制度に基づいて引き渡される逃亡犯罪人は引渡しを請求する国か第三国の国民に限られ、引渡しを求められた国の国民である犯罪人は引き渡されないとする原則。大陸法系諸国は一般にこの原則を採用しているが、英米法系諸国は犯罪人処罰の管轄権について*属地主義'をとっており、自国民であっても引き渡す。日本の逃亡犯罪人引渡法は、引渡条約に別段の定めがない限り、自国民を引き渡してはならないと規定する〔犯人引渡2⑨〕。

自己契約 Aから不動産売却の代理権を与えられたBが、自ら買主となってAB間に売買契約を成立させる場合のように、同一人が契約当事者の一方の代理人としての資格と、他方当事者自身の資格とを使い分けて契約を締結すること。例えば安い価格で売買するなど、本人Aの利益を害する危険が大きいので、自己契約は原則として禁止され、*無権代理'となり〔民108①〕Aに効果を帰属させない。しかし、債務の履行は既に確定している債権債務関係の決済にすぎず、AB間に新たな利害関係を生じてAの利益を害するということもないので、無権代理とされていない。また本人があらかじめ許諾した場合にも無権代理とされない〔民108①但〕。学説・判例も自己契約の禁止を緩和する傾向にある。自己契約が無権代理とされる場合無権代理一般の法的処理に従う。したがって、本人が追認すれば有効となる〔民113①〕。自己契約の禁止は*任意代理・法定代理'のいずれにも適用される。もっとも、親権者や後見人については、利益相反行為の禁止として特別の規定が置かれ〔民826・860〕、法人の代表についても特別の規定がある〔一般法人84①②③・197、会社356①②③②・365・595〕。⇨双方代理' ⇨利益相反行為'

自己決定権 (他人に害を及ぼさない限り)自己の判断に基づき好きなことをなしうるという権利。人格的自律権とも呼ばれる。*法哲学'、民法、刑法などの領域でも議論されており、患者の自己決定権はその代表例である。しかし、このような文脈における自己決定権は、必ずしも憲法上の人権であるとは限らない。憲法上の人権としての自己決定権は、原則として、*幸福追求権'条項〔憲13〕により根拠付けられうる。そのうち、専ら1人の個人に関わるものとして、

身なり、自己傷害・自殺、治療拒否などの自由がある。第三者の力を借りて1個人が行うものとして、ポルノ鑑賞、*人工妊娠中絶'、*安楽死'などの自由がある。同意した2人の個人を主体とするものとしては、*結婚'・*離婚'や同性愛行為などの自由がある。そのほかに、憲法論を扱った裁判事件となったものとして、自己消費目的で酒を造る自由が挙げられる(なお、最判平成元・12・14刑集43・13・841)。これらの自己決定権は、合理的な制約に服しうる(「*公共の福祉'に反しない限り」で認められる)。

自己拘束力(判決の) ⇨羈束(?₁?)力'

事後強盗 窃盗犯人が、盗取した*財物'を取り返されるのを防ぐために、あるいは逮捕を免れるためないしは罪跡を隠滅するために*暴行'・*脅迫'を加える罪。刑法238条。強盗と同じに扱われる。*準強盗罪'の一種。窃盗犯人が*未遂'の段階で、逮捕を免れあるいは罪跡を隠滅するため、追跡者に暴行・脅迫を加えたときは、強盗未遂として扱われる〔刑243〕。なお、事後強盗の犯人が人を死傷させると*強盗致死傷罪'〔刑240〕が適用される。

自己指図手形(小切手) *振出人'が自己を*受取人'として振り出した*手形'(*小切手')。自己受手形(小切手)ともいう。*為替手形'と小切手については明文の規定により認められており〔手3①、小6①〕、規定はないが*約束手形'についても認める見解が有力である。*裏書'をして割引(⇨手形割引')を受けるためなどに用いられる。自己指図小切手は、振出人が自らの*当座預金'を引き出すためなどに用いられる。

自己資本 総資本(負債と純資産の合計)のうち、*他人資本'、すなわち*社債'、長期・短期借入金などの負債を除いた部分。会計学上の概念であって、会社法上の*資本金の額'とは異なる。具体的には、資産と負債との差額であって、*株式会社'では、*貸借対照表'上、純資産の部にその構成が示されている〔会社計算76①①②、財務規59〕。

自己借地権 自分の所有する土地の上にもつ*借地権'。民法では、同一の土地の上の*所有権'と*制限物権'(地上権など)が同一人に帰属すれば、制限物権は*混同'によって消滅し〔民179〕、また、債権と債務が同一人に帰属する場合も、その債権は混同によって消滅する〔民520〕。したがって、自分が所有する土地の上の建物だけを抵当に入れる場合に、あらかじめその建物に借地権を設定しておいてから借地権付建物に*抵当権'をつけるわけにいかない。民法は*法定地上権'〔民388〕を規定してこの問題を

じごじゆう

解決しようとしているが，抵当権設定当時に建物が存在していないと法定地上権は成立しない。そこで更地(ěĕ)にあらかじめ自己借地権を設定しておいて，後に建てる建物の使用権限を確保するなど自己借地権の必要性が説かれていた。また，分譲マンションなどの*区分所有権'に関して，土地所有者がマンションのために土地使用権を設定し，自分もマンションの一部の区分所有者になるためには，自己借地権を認めて借地権の共有を認めるべきだとする要望が強かった。*借地借家法'は，このうち，後者についてのみ規定し，「他の者と共に有することとなるときに限り，借地権設定者が自らその借地権を有することを妨げない」〔借地借家15①〕とした。

事後従犯　*正犯'の*実行行為'終了後に，犯人の利益のためにする幇助(ニょ)的・庇護(ホʦ)的行為（⇨幇助犯'）。英米法では，*重罪'についてこれが広く事後従犯として処罰されるが，日本の刑法では正犯の犯行終了後には共犯関係が成立しないから（⇨継続犯'），*盗品等に関する罪'・*犯人蔵匿罪'・*証拠隠滅罪'のように独立の犯罪とされている場合にだけ処罰できる。ただし，詐欺罪や輸入罪の「終了」時点には議論がある。

自己使用文書　専ら文書の所持者自身又はその組織内部においてのみ使用する目的で作成され，およそ外部の者に開示することを予定していない文書。自己利用文書ともいう。*旧民事訴訟法'下では*文書提出義務'の範囲を画するための解釈上の概念であったが，現行民事訴訟法下では文書提出義務が除外されるための明文上の事由の1つとされた〔民訴220④ニ〕。個人の日記や備忘メモなどがこれに典型的に当たるとされるが，会社内部で用いられる社内文書については争いがある。判例は，金融機関の貸出稟議(ﾘﾝ)書については，特段の事情がない限り自己使用文書に当たるとしたが（最決平成11・11・12民集53・8・1787），金融機関の本部から営業店長等に宛てて出された社内通達文書については，自己使用文書に当たらないとした（最決平成18・2・17民集60・2・496）。

自己情報コントロール権　⇨プライバシー'　⇨個人情報の保護'

死後処分　⇨死因処分・生前処分'

事後審　上訴審が原判決を対象として原審の資料だけに基づいてその当否を審査するという構造をもつ場合，これを事後審（又は審査審）という。日本の民事訴訟の控訴審については，事後審ではなく，続審がとられている。現行刑事訴訟法上の控訴審は，*公訴事実'の存否を直接の対象として第一審の審理を継続する続審ではなく，まして第一審の審理を初めからやり直す*覆審'でもなく，基本的に事後審であると考えるのが通説であるが，運用の実際はそう単純ではない（⇨続審'）。法律も，原判決以後に生じた事実や，原審で提出されなかった*証拠'もある程度まで許容し〔刑訴382の2・393等〕，事後審としての性格を緩和している。事後審には*事実問題・法律問題'の双方を審査するものと，法律問題の審査を本来の任務とするものとがあり，刑事訴訟法の控訴審は前者であり，民事・刑事の*上告審'は後者である。　⇨控訴審手続'

自己新株予約権　会社自身が発行した*新株予約権'であって，その発行後，会社が取得したものをいう。*株式会社'は，自己新株予約権を行使することができず〔会社280⑥〕，消却するか〔会社276①〕，処分しなければ，自己新株予約権は行使期間の経過により消滅する。自己の株式の取得及び処分と異なり，自己新株予約権の取得及び処分については，会社法上は財源規制も手続規制も定められていない。*貸借対照表'には，自己新株予約権の額を控除した純額で新株予約権の額を計上するのが原則であるが，自己新株予約権に係る項目を控除項目として区分して表示することもできる〔会社計算76⑧〕。

自己信託　自己の有する財産の管理又は処分等を自らすべき旨の意思表示を*公正証書'等によって行う信託〔信託3③〕。信託宣言ともいう。詐害目的で行われるおそれがあるため，*強制執行'等につき特別の規定があるほか〔信託23②〕，目的信託では自己信託は認められない〔信託258①〕。受益権を多数の者（50名〔信託業法施行令（平成16政427）15の2①〕）が取得できる場合，*信託業法'による登録等の規制が適用される〔信託業50の2〕。

自己責任の原則　各人は，自己の行為についてだけ責任を負い，他人の行為については責任を負わないという近代法の原則。*過失責任主義'とともに，個人の活動の自由を保障する機能を営んでいる。しかし，自己責任の原則は必ずしも絶対的なものではない。民法上，例えば，親権者は子の行為について，使用者は被用者の行為について，責任を負うことがあるが，自己責任の原則からいえば，それは親権者あるいは使用者の監督上の*過失'に基づくのであって，自己責任の原則を否定するものではないことになる。なお，例えば*使用者責任'は，今日，代位責任と考えるのが通説であり，その根拠は*報償責任'主義にある。その限りで自己責任の

じこのざい

原則は狭められている。
　事後設立　**1 意義**　*株式会社'が，その成立前から存在する財産で事業のために継続して使用するものを純資産額の5分の1を超える対価をもって会社成立後2年以内に取得する契約。事後設立には，*財産引受け'に対する規制の潜脱を防ぐために，*株主総会'の*特別決議'が必要とされる〔会社467①⑤・309②⑪〕。事後設立の規制は，*発起設立'又は*募集設立'の方法により設立された場合のみに適用され〔会社467①⑤括弧〕，新設合併，新設分割及び*株式移転'の場合には適用されない。
2 税制　かつて適格組織再編成（⇨組織再編税制'）の1つとされていた適格事後設立は，平成22年改正（法6）において*グループ法人税制'〔法税61の11〕が導入されたことに伴い廃止された。

　自己取引　⇨取締役・会社間の取引'
⇨取締役の利益相反取引'

　自己の株式の取得　**1 意義**　会社がその計算において自社の発行した株式を取得すること。平成13年6月商法改正（法80）（いわゆる金庫株の解禁）からの流れを引き継ぎ，会社法の下で広く自己の株式の取得及び保有が認められるが，会社財産の流出を伴い，株主間の公平を害するおそれがある等の問題に対処するため，取得手続・取得方法・財源の規制が置かれている。また，証券市場の信頼性が損なわれないようにするため，証券規制が適用される。
2 取得事由と手続・方法　「株主との合意による取得」〔会社155③〕とそれ以外の「特殊な取得」〔会社155各号（③を除く）〕。後者については，法令・*定款'の定め等，それぞれの取得に応じた手続に従う（例えば，*取得請求権付株式'〔会社155④〕，*取得条項付株式'〔会社155①〕参照）。前者の「株主との合意による取得〔会社156～165〕」は，一般的に株式を取得できる場合である。*株主総会'（臨時株主総会も可）の授権決議〔会社156①，総会の授権決議の特例として会社459①・163・165〕に基づき取得を決定する場合〔会社157〕，市場取引・*公開買付け'（市場取引等）以外の方法として，株主全員に売却の機会を与えるための手続〔会社157～160（ミニ公開買付け）〕が設けられる〔なお，会社163（子会社からの取得），会社165（市場取引等）（取得手続規定の適用除外）〕。まず，株主全員から譲渡しの申込みを受ける手続を設け〔会社157～159〕，次に，その特則を設け，特定株主からのみ取得する場合〔会社160①・309②②〕，*市場価格のある株式'で一定の要件を満たすとき〔会社161，会社則30〕及び相続人等から*譲渡制限株式'を取得するとき

〔会社162〕を除き，他の株主（*種類株式発行会社'では取得する*種類株式'の株主のみ）は，特定の株主に自己を加えたものを議案とすることを請求できる〔会社160②③。なお，会社164①（事前の排除）②（定款変更での排除）〕。株主全員に申込みの機会を与えて行う自己の株式の取得は，その対象が上場株券等であると公開買付け規制の対象となるが，特定株主からの取得はその規制対象から除外されており〔金商27の22の2①①〕，確実に特定の株主から予定株式数を取得することが可能になる。
3 財源規制等　合意による取得では，必ず，*分配可能額'の範囲内という財源規制がかかるが〔会社461，会社計算156～158，会社462（取締役等の支払義務）〕，特殊な取得では，会社が組織再編行為によりやむをえず取得する場合〔例：会社155⑩～⑫〕等を考慮して財源規制のかからない場合がある。業務執行者の期末の塡補責任〔会社465〕についてもほぼ同様のことがいえる。
4 証券規制　発行者は会社法156条1項の決議後各月ごとに自己株券買付状況報告書を内閣総理大臣に提出し，公衆の縦覧に供しなければならない〔金商24の6・25①⑨，企業開示19の3〕。また，会社による自己の株式の取得は株価を上昇させる効果をもため，*相場操縦'行為を防止するため，自己の株式の買付けにあたり遵守すべき要件（発注できる業者の数，発注時間，発注価格，買付注文数量等）が定められている〔金商162の2，証券取引規制17～23〕。更に，会社による自己の株式の取得の決定は重要事実に該当し〔金商166②①ニ〕，個別具体的な自己の株式の取得はインサイダー取引規制に該当する。そこで，株主総会決議〔会社156①〕を事前に公表する等の適用除外〔金商166⑥④の2〕（ただし，相手方の売付けは除外されない）のほか，自己の株式の取得権限を外部委託することにより，インサイダー取引規制の違反を回避する方法が用いられる。
5 税制　自己の株式の取得により，株主が交付を受けた金銭の価額が，法人の資本金等の額のうち，その交付の基因となった株式に対応する部分の金額を超えるときは，当該超える部分の金額が，*剰余金の配当'とみなされる〔所税25①⑤，法税24①⑤〕。また，上記「対応する部分の金額」より，株主における当該自己株式の取得価額が小さい場合，株主は，*みなし配当'課税だけでなく，株式譲渡益課税も受けることになる〔租特37の10③⑤，法税61の2①〕。
　⇨違法配当・自己株式取得'
　自己の財産におけるのと同一の注意　⇨自

じこのざい

己の財産に対するのと同一の注意'

自己の財産に対するのと同一の注意　ある者についての契約上の*債務不履行'や不法行為上の*過失'の有無を判断する際に、その者に要求される*注意義務'の程度を表す用語。*善良な管理者の注意'が課されることが通常であるが(例えば特定物引渡債務に関する民法400条や共有物の使用に関する249条3項など)、*受領遅滞'後や無償寄託契約の場合には、注意義務が軽減され、自己の財産に対するのと同一の注意で足りるとされている〔民413・659〕。「自己の財産におけるのと同一の注意」〔民940〕、「自己のためにするのと同一の注意」〔民827〕、「*固有財産におけるのと同一の注意'」〔民918〕という言葉も用いられる。

自己のためにするのと同一の注意　⇨自己の財産に対するのと同一の注意'

自己の物に対する犯罪　*窃盗罪'〔刑235〕・*不動産侵奪罪'〔刑235の2〕・*強盗罪'〔刑236①〕では、「自己の*財物'であっても、他人が*占有'し、又は*公務所'の命令により他人が看守するもの」は「他人の財物」とみなされる〔刑242〕。*詐欺'罪〔刑246①〕・*恐喝罪'〔刑249①〕でも同じ〔刑251〕。では、いかなる「他人の占有」があれば「他人の財物」とみなされるか。大審院は、「占有者カ適法ニ其占有權ヲ以テ所有者ニ対抗シ得ル場合ニ限」ると解し(大判大正7・9・25刑録24・1219〈恩給証書担保事件〉)、他人の*権原'による占有、つまり適法な原因に基づきその物を占有する権利のある者の占有を、「他人の財物」とみなす条件とした(⇨本権説')。しかし、最高裁判所は、移転罪(奪取罪)の本件財物罪の規定により「その*所持'者が法律上正当にこれを所持する権限を有するかどうかを問わず物の所持という事実上の状態それ自体が独立の法益として保護され」ると解し、判例を変更した(最判昭和34・8・28刑集13・10・2906〈年金証書担保事件〉)。こうした考え方を、占有説(所持説)という。ただし、学説上は、他人による「物の所持という事実上の状態」さえあれば、例えば窃盗犯人が所持する窃取物や、借主が返還時期を過ぎても返還せずに所持する借用物も、常にその「他人の財物」として(所有者・貸主からも)保護されるのは行き過ぎと考え、「一応理由のある占有」あるいは「平穏な占有」であることを要求する見方が強い。

自己売買業務　一般に代理・取次・媒介といった形態をとらず、自己の計算で商品等を買い取り、これを自己のリスクで他に販売することを目的とする業務をいうが、*金融商品取引法'上は、顧客の委託によらず、自己の計算で*有価証券'の売買、市場*デリバティブ'取引又は外国市場デリバティブ取引を行う金融商品取引業務をいう〔金商2⑧①〕。ディーリング業務ともいう。金融商品取引業者の健全経営や投資家保護の観点から、金融商品取引業者や登録金融機関が自己の計算で行う有価証券の売買取引を内閣府令で制限することが認められている〔金商161①、証券取引規制9〕。組織的な市場が存在する場合に、ディーリング業務はブローカー業務(取次業務)に従たる存在であるが、相対(あいたい)取引市場(ディーラー市場)ではディーリング業務が主役となる。

自己負罪型司法取引　⇨答弁取引'

自己負罪拒否特権　⇨黙秘権'

事後法の禁止　⇨刑罰不遡及の原則'

自己矛盾供述　供述者の、*公判準備'又は*公判期日'での供述と異なる公判廷外の供述。裁判官面前調書中のものは*公判'で単に異なる供述がなされたとき、検察官面前調書中のものはそれと相反するか実質的に異なる供述が公判でなされ、公判廷外の供述を信用すべき特別の情況が存在するときに、それぞれ*伝聞法則'の例外として、*証拠能力'が認められるが、公判期日等での供述より前の供述に限る〔刑訴321①①②〕。多数説は前の供述について公判期日等での十分な*反対尋問'の機会が必要とする。このような条件を満たさなくても、*弾劾証拠'として使用することはできる〔刑訴328〕。

自己利用文書　⇨自己使用文書'

自作地・小作地　平成21年改正前*農地法'においては、自作地とは耕作者自らが所有して耕作している農地であり、小作地とは耕作者が賃貸借など所有権以外の*権原'に基づいて耕作している農地をいうとされていた〔農地旧2②〕。国以外の者は、住所のある市町村の区域外に小作地を所有できないものとされ、また、同一区域内にある農地であっても一定面積を超える小作地を所有することはできないものとされた〔農地旧6①〕。上記の制限を超える小作地は買収処分を受ける〔農地旧8〜14〕という点に、この概念の区別の実益があったが、平成21年改正により小作地の所有制限は撤廃された。

自作農・小作農　平成21年改正前*農地法'は、自作地又は自作採草放牧地で耕作・養畜に従事する個人を自作農と呼び、小作地又は小作採草放牧地で耕作等を営む個人を小作農と呼んでいた〔農地旧2④〕。農地法は自作農の創設・育成を目的としていたため〔農地旧1〕、国が買収した小作地や未墾地等は、自作農として精

進する見込みのある者に売り渡すことになっていたが，〔農地旧36①・64〕，平成21年改正により，目的規定自体が改正されるに至り，区別の実益は乏しくなった。　⇨自作地・小作地'

自作農創設特別措置法　戦後の農地改革において，自作農創設の根拠となった法律(昭和21法43)。第1次農地改革が不徹底であったことから，本法が制定され，不在地主の所有農地と一定規模を超える在村地主の小作地は，政府によって強制的に買収され，小作人であった者に売り渡された。その結果，それまで広範に存在していた小作農のほぼ全部が自作農となった。この第2次農地改革完了後の昭和27年に本法の内容は*農地法'に整理統合され(法230)，本法は廃止された。

自　殺　自ら自己の生命を断つこと。近年，自殺者数が高い水準で推移していることから，自殺対策基本法(平成18法85)等による自殺対策の推進が図られている。自殺自体は犯罪にならないが，人を*教唆'又は幇助(ほうじょ)(⇨幇助犯')して自殺させた者は，*自殺関与罪'として，6月以上7年以下の拘禁刑に処せられる〔刑202〕。自殺関与罪と*殺人罪'の境界は明確なものではなく，自殺が真意に添わない重大な瑕疵(かし)のある意思に基づくものであるようなときは，自殺を唆した者が殺人罪〔刑199〕に問われることがある(最判昭和33・11・21刑集12・15・3519参照)。　⇨偽装心中'

自殺関与罪　人を教唆又は幇助(ほうじょ)して自殺させる罪。刑法202条。6月以上7年以下の拘禁刑に処せられる。自殺自体は犯罪を構成しないので，それへの関与行為が特別の規定によって処罰される根拠が問題となり，様々な見解が主張される。*未遂'を罰する〔刑203〕が，教唆したときに本罪の*実行の着手'があるとする説と，自殺者が自殺行為に着手したことを必要とする説が対立している。なお，刑法202条では，自殺関与罪とともに，殺人について被害者に同意がある嘱託・承諾殺人罪(同意殺人罪)が規定されている。自殺関与と同意殺人の区別が問題となりうるが，202条において両者の法定刑に差異はないため，議論に実益はない。　⇨偽装心中'　*嘱託殺人'　*承諾殺人'

資産金融型証券　特定の*金銭債権'その他の資産が有するキャッシュ・フローを証券の利払い等のキャッシュ・フローに転換することで，資本市場から資金調達を目的に仕組まれた証券。企業全体の信用で資金調達を行う企業金融に対し，特定の資産の信用のみを所有者から切り離して資金調達を行うため，資産金融といわれる。*金融商品取引法'上，*特定有価証券'のうちで資産金融型証券に相当するものを資産流動化証券と呼んでいる〔特定有価証券1③〕。いわゆる資産担保証券(⇨資産の流動化に関する法律')は，ここでいう資産金融型証券の一種である。　⇨セキュリタイゼーション'

資産公開(国会議員の)　第2次中曽根内閣(昭和59)以来，閣僚については事実上その資産公開がなされてきたが，*国会議員'一般については行われなかった。しかし，政治不信を解消し，政治倫理の確立を期し，民主政治の健全な発達に資するため，平成4年に「政治倫理の確立のための国会議員の資産等の公開等に関する法律」(法100)が制定された。国会議員は，その任期開始の日において有する資産等の報告書(資産等報告書)を，その日から100日を経過する日までに，その属する議院の議長に提出しなければならず，報告書には土地・建物・預貯金・有価証券等が記載されるが，それらは家族分も含む閣僚のそれと異なり，本人が有するものに限られる〔資産公開2①〕。また，国会議員は，その任期開始日後毎年新たに有することとなった資産等であって12月31日において有するものについて，資産等補充報告書を，その翌年の4月1日から30日までの間に，その属する議院の議長に提出しなければならない〔資産公開2②〕。更に，所得等報告書や関連会社等報告書の提出の義務もある〔資産公開3・4〕。ただし，これらの義務不履行あるいは虚偽記載につき，罰則による制裁はなく，各議院の政治倫理審査会の審査の対象となるにとどまる。なお，*地方公共団体'における議員の資産等の公開については，*条例'により国会議員のそれに準じた必要な措置が講じられている〔資産公開7〕。

持参債務・取立債務　**1 意義**　給付の目的物(物又は金銭)を債務者が債権者の住所に持参して引き渡す形で履行しなければならない債務を持参債務といい，債権者が債務者の住所に来て目的物の引渡しを受ける債務を取立債務という。持参債務とするか取立債務とするかは，当事者の合意によって定めることができる。こうした合意のない場合，民法は，持参債務を原則としている〔民484①後〕。ただ，*特定物'の引渡し(債権発生時にその物が存在した場所〔民484①前〕)，引渡しと同時になされる売買代金の支払(引渡しの場所〔民574〕)，受寄物の返還(保管場所〔民664〕)や*商行為'による場合(*営業所'が住所より優先〔商516〕)には特別の規定がある。**2 効果の差異**　持参債務か取立債務かによって，債務者の行う提供の仕方に差がある。前者であ

しさんたん

れば、債務者は原則として*現実の提供'をしなければ*債務不履行'責任を免れないが、後者であれば、*口頭の提供'で足りる〔民493〕。また、種類債務においては、特定〔民401②〕の時点が異なることに注意する必要がある。
⇨送付債務'

資産担保証券 ⇨資産の流動化に関する法律'

持参人払式小切手 特定人を権利者(受取人)として指定せず、持参人に支払われる旨を記載した*小切手'。*手形'〔受取人の記載が必要。手1⑥・2・75⑤・76①〕と異なり、持参人払式小切手が認められる〔小5①③〕。その小切手の所持人は権利者としての形式的資格が認められ、また、その譲渡・質入れは小切手の交付だけによって行われ、それにより*善意取得'や抗弁の制限も認められる〔小21・22〕。この小切手に*裏書'をしても指図式小切手に変わるものではなく依然として交付だけによって権利を譲渡することができるが、裏書をした者は*担保責任'を負う〔小20〕。実際には、記名式小切手〔受取人を記載した小切手。小5①①〕よりも、持参人払式小切手の方が多く用いられる。*記名式持参人払小切手'及び*無記名式小切手'も持参人払式小切手とみなされる〔小5②③〕。

持参人払証券 特定人を権利者として指定せず、持参人を権利者とする旨を記載した証券。*無記名証券'の一種。*小切手'・*倉荷証券'・*船荷証券'などではこの方式の証券の効力が認められる〔小5①③〕が、*手形'ではこの方式のものは無効である〔手1⑥・2①・75⑤・76①〕。この証券は、所持(持参)人に権利者としての形式的資格が認められ、また、その譲渡・質入れは証券の交付だけで行われ、それにより*善意取得'や抗弁の制限が認められる〔民520の20、小21〕。*記名式所持人払証券'には無記名証券と同一の効力が認められる〔民520の13〜520の18・520の20、小5②〕。

資産の流動化に関する法律 平成10年法律105号。1 意義・沿革 当初は「特定目的会社による特定資産の流動化に関する法律」(略称SPC法)といい、特定目的会社(Special Purpose Company；SPC)を使って、特定資産(指名金銭債権と不動産及びそれらの信託受益権)から資本市場で取引される金融商品を作り出す仕組み(*セキュリタイゼーション')を定めた法律。平成12年に「資産の流動化に関する法律」と題名改正され、流動化の対象資産を不動産を含む財産権一般に拡大し、特定目的会社に関する規制を簡素・合理化したほか、*信託'を利用した資産流動化の仕組み(特定目的信託)を創設するなどの大幅な改正(法97)が加えられた。これを受けて、リース・クレジット債権の小口化販売事業に関する「特定債権等に係る事業の規制に関する法律」(平成4法77)は平成16年に廃止された。平成23年の改正(法49)では、資産流動化計画の変更に係る規制の緩和、資産の取得・資金の借入れに係る規制の見直し、イスラーム金融に係る規定の整備が行われている。
2 概要 流動化対象資産の原保有者(オリジネーター)が、SPCに特定資産を譲渡し、SPCはこの資産を裏付けに優先出資証券や特定社債等の*有価証券'(資産担保証券)を発行する。他方、特定資産の管理・処分は信託会社等に委託され、その収益から証券保有者である投資家に利払・配当又は償還がなされる。SPCの業務開始は、当初登録制とされたが、平成12年改正で届出制〔資産流動化4〕に移行した。資産流動化計画の策定やその他の情報の社員への提供〔資産流動化5・103〜105〕、兼業禁止や資金の借入制限、特定資産の処分等の制限、余資運用の制限〔資産流動化195・210・211・213・214〕等が規定されている。

資産評価 1 意義と法規制 企業会計上、一定の時点において、*会計帳簿'ひいては*貸借対照表'上、資産に付すべき価額を決定すること。近時の会計学では資産の測定と表現される。昭和37年改正(法82)前商法には、財産計算の観点から、*商人'(会社を含む)一般に適用される総則に時価以下主義を原則とし、営業用固定資産については取得原価主義を許容する規定〔商旧34〕が設けられていたほかは、*株式会社'について営業用固定資産及び市場の相場のある*有価証券'につき時価以下主義を定める規定〔商旧285〕が設けられているにとどまっていた。しかし、損益計算を重視する「企業会計原則」が取得原価主義に基づく会計原則を定め、それが会計慣行とも一致していたことから、昭和37年改正により、株式会社及び有限会社における資産評価についての商法及び有限会社法の規律は取得原価主義を基礎とするものに改められた。平成11年改正によって一定の金融資産について時価による評価を認めることとされた後、平成14年改正により、実質的な内容の変更を加えることなく、*商法施行規則'に資産評価に関する規定が移された。会社法は、会社の会計は*一般に公正妥当と認められる(企業)会計の慣行'に従うものとすると定め〔会社431・614。平成17年改正(法87)後商19①も同旨〕、具体的な規定は設けられていない。*会社計算規則'

には株式会社における資産の評価について一般に公正妥当と認められる企業会計の慣行を明らかにする規定が設けられているが〔会社計算5〕、会社計算規則が定めるものは一般に公正妥当と認められる企業会計の慣行の一部にすぎない。
2 評価方法 資産評価の方法としては、(取得)*原価主義'、*時価主義'、時価以下主義、*低価主義'などがある。(取得)原価主義は損益計算重視の観点から採用され、取得価額又は製作価額を資産に付すものであり、他方、時価主義は財産計算の観点から採用され、計算書類作成の基準時における時価を資産に付すものであるといわれてきた。時価以下主義は計算書類作成の基準時における時価又はそれより低い額を資産に付すものであり、低価主義は取得価額若しくは製作価額(又は帳簿価額)と計算書類作成の基準時における時価とのいずれか低い額を資産に付すものであり、いずれも、保守主義的な発想に基づくものである。
3 評価基準 継続企業の前提が成立する場合の評価基準は、原則として原価主義に基づくものであるが、*有価証券報告書'提出会社などについては*棚卸資産'につき低価法が適用される一方で、一定の金融資産やトレーディング目的保有の棚卸資産については時価主義に基づく評価基準が適用される。有価証券報告書提出会社などではない会社・商人についても、棚卸資産や取引所の相場のある有価証券などについてその時価が原価よりも著しく下落したときは時価を付さなければならないし、低価法によることができる〔会計原則第三貸借対照表原則五〕(⇨通常貸借対照表)。他方、営業の終了又は会社の清算・破産・会社更生の際に作成する貸借対照表や財産目録は時価主義に基づいて作成される。例えば、*会社更生手続'における評定は、更生手続開始の時における時価による(会更83②)(⇨非常貸借対照表)。*合併'又は*会社分割'の場合においていわゆる*パーチェス法'を適用すべきときには、吸収合併存続会社、新設合併設立会社、吸収分割承継会社又は新設分割設立会社が消滅会社又は分割会社から承継する権利義務に係る資産・負債は時価で評価される。

指　示 指示の語は、様々な場面で用いられる。**1 行政機関が一般私人に対して行う指示** このような指示が法令で規定されている場合、それが*行政行為'としてそれ自体で相手方に作為又は不作為の義務を生じさせるもの(*下命'・禁止)か、そうではなく一種の勧告にとどまるものであるかは、しばしば微妙である〔例：河77、生活安全6・7等〕。

2 上級行政機関が下級行政機関に対して行う指示 これは、一般に*指揮監督権'の行使として行われる。
3 国の行政機関が地方公共団体に対して行う指示 地方公共団体に対する*国の関与'の一類型。助言・勧告とは異なり、指示に係る措置をとるべく相手方地方公共団体を義務付ける効力を有する。この指示をするには法律の定めが必要であり(関与法定主義)、そのような定めをすることは、*法定受託事務'に関しては広く認められるが、*自治事務'に関しては原則として避けるべきものとされている〔自治245①ヘ・245の2・245の3⑥〕。なお、令和6年(2024)の地方自治法改正(法65)で、大規模災害や感染症まん延等の国民の安全に重大な影響を及ぼす事態への対処(自治事務に属するものを含む)に必要な指示が他の法律により可能とされていない場合の、いわゆる国の補充的指示権の規定が設けられた〔自治252の26の5〕。これは、上記の一般ルールに対する特例として位置付けられている。
⇨是正の指示'　⇨代執行'

指示権(内閣総理大臣の)　**1** *明治憲法'の下で内閣総理大臣が各省大臣に対して必要な指示をする権限を有するかを検討した。明治憲法上、内閣総理大臣は、「同僚中の首位」にすぎず、各大臣に対する指揮命令の権限をもたなかった〔明憲55①〕。しかし、第二次大戦中に内閣の統合化のために内閣総理大臣の権限強化が必要とされ、「国家総動員法等ノ施行ノ統轄ニ関スル件」(昭和14勅672)及び戦時行政職権特例(昭和18勅133)により、指示権が認められた。このうち、後者は、行政大臣としての各省大臣の職務に対して法律上の拘束力を有するものとされた。**2 現行法**では、内閣総理大臣が*閣議'を経ないでも行政各部に対し指導助言等の指示を与える権限を有することにつき、憲法及び内閣法(昭和22法5)においては明文の規定はないが、解釈上認められている(最大判平成7・2・22刑集49・2・1〈ロッキード事件丸紅ルート〉)。
⇨指揮監督権'

事 実 行 為　Ⅰ　人の意思に基づかないで*法律効果'を発生させる行為。例えば、*加工'は、加工という法律効果を発生させる意思で行為することは必要でなく、民法の定める一定の要件〔民246〕に当てはまる行為をすればそれだけで加工という効果が生ずるのであるから、事実行為とされる。*事務管理'・*遺失物'の拾得・*埋蔵物発見'は、事実行為とされることが多いが、これらの効果を生ずるには、他人のためにする意思〔民697〕や所有の意思〔民239〕など

じじつこう

の意思的要素を必要とするものがあるので、それらを事実行為に含めない学者もいる。事実行為は*法律行為'に対するものとして分類されることが多いが、この概念を立てる実益は民法の*意思表示'に関する規定が適用される範囲を明確にすることにある。

Ⅱ 行政機関の活動であって法律上の効果を有しないものを、事実上の行為ないし事実行為という。公共工事等の物理作用や*行政指導'等の精神作用などがその例である。*行政不服審査法'の「処分」は、公権力の行使に当たる事実上の行為を含んでいる〔行審46・47・59〕が、*行政手続法'上は、同法の適用される*不利益処分'には含まれない〔行手2④イ〕。

事 実 抗 弁　⇨権利抗弁・事実抗弁'

事 実 誤 認　裁判の基礎となった事実の認定が誤っていることをいう。刑事訴訟では、判決に影響を及ぼすことが明らかな事実の誤認は、*控訴'の理由とされる〔刑訴382〕。この場合の「事実」の範囲は、犯罪事実、刑の加重減免の根拠となる事実などの実体法上の事実で、訴訟法上の事実や、単なる情状事実はこれに含まれない。重大な事実誤認は、上告審においても*職権破棄'理由とされており〔刑訴411③〕、最高裁判所が判断した著名事件では、この規定によったものが少なくない(例: *松川事件'・八海事件(最判昭和43・10・25刑集22・11・961))。

事実婚主義　社会の慣習上*婚姻'と認められる事実関係(事実婚)を直ちに法律上の婚姻と認める立法主義。例えば、同居の事実や習俗上の儀式などによって社会的に承認されている婚姻を法律上も認めるというもの。このうち、後者は、儀式婚主義と呼ばれることもある。婚姻の成立に一定の形式を要件とする*形式婚主義'(特に*法律婚主義')に対する。日本の民法は婚姻の成立に*戸籍'上の届出を要求するため〔民739、戸74〕、社会的には夫婦であるといえるのに、届出未了のため法律上の夫婦と認められない、いわゆる*内縁'の状態を生ずることがある。事実婚主義を採用すれば、この問題を生じないが、他方、婚姻の成立した時期が必ずしも明確でない場合が生じたり、*近親婚'などの法定の規準に適合しない婚姻の成立する機会が多くなるので好ましくないとされてきた。

事実上の推定　1 意義　ある事実Xの存在が*証明'されれば、これに伴って*要証事実'Yの存在が相当高度の蓋然性をもって判断される関係にあるとき、XY間には事実上の推定が働く。例えば、宝石盗難事件の発生したホテルで、事件直後に隣室の客がその宝石をスーツケース

の奥にしまい込んでいた事実が証明されたとすれば、彼が窃取したのだという推定が可能であろう。裁判の実際では、多数の*間接証拠'あるいは*情況証拠'から事実上の推定を繰り返すことによって*心証'を形成し、主要事実の存否の確定に至ることも多い。この場合、心証形成の仕方は一応裁判官の自由である(⇨自由心証主義')。しかし、それは*経験(法)則'に合致した合理的なものでなければならない。なお、利用される経験則が高度の蓋然性を有する際の事実上の推定は一応の推定ともいわれ、その推定を覆す反証は*間接反証'と呼ばれることがある。

2 法律上の推定との関係　事実上の推定と区別されるものに*法律上の推定'がある。これは、X事実が立証されたときに、Y事実の存在が推定されるという効果において事実上の推定と似ているが、推定が法律に規定され、かつ、Y事実の不存在を証明しない限りY事実の存在が認定される(Y事実の挙証責任が転換される)点、及びXY間の関連が高度のものとは限らない点で差異がある。検察官が全面的な*挙証責任'を負うことを原則とする刑事訴訟では、法律上の推定はまれである。また、法律上の推定が定められていても、それが挙証責任の転換まで意味するかどうかには争いがある場合もある。なお、推定の一般的意義については、*推定'、*推定する・みなす(看做す)'(巻末・基本法令用語)を参照せよ。

事実審・法律審　*訴訟事件'の事実問題と法律問題を併せて審理する審級を事実審という(⇨事実問題・法律問題')。これに対し、事実審のした裁判につき、その*法令違反'の有無だけを審理する審級を法律審という。

Ⅰ 民事訴訟では、*第一審'と*控訴審'が事実審であり、*上告審'は法律審である。*職権調査事項'を除き、*事実(の)認定'は事実審の専権で、その誤りの主張は上告理由とならず、また、事実審が適法に確定した事実は法律審を拘束する〔民訴321①〕。また、判決の*既判力'も当該訴訟の事実審の*口頭弁論'終結時を基準とする〔民訴115①③参照〕。

Ⅱ 刑事訴訟では、*第一審'は当然に事実審であり、*控訴審'は*事実誤認'・*量刑不当'のような事実問題を審理する場合に事実審となる。*上告審'は法律審であるが、職権では事実問題を判断することもできる〔刑訴411〕。

⇨審級'

事実たる慣習　一般には、民法92条にいう慣習が「事実たる慣習」と呼ばれる。これに対して、*法適用通則法'3条によって法律と同一の効力を認められた慣習は「慣習法」として

事実たる慣習よりも規範性が強いとされてきた。しかし民法92条によれば、'任意法規'と異なった慣習が存在し、'法律行為'の当事者がこれによる意思をもっていたと認められる場合には、法律行為はこの慣習に従って解釈され(慣習の解釈的機能と呼ばれる)、また、法律行為の当事者の権利義務が慣習によって補充される(慣習の補充的機能と呼ばれる)。この「慣習による意思」の要件は、当該慣習には従わないという意思表示がなされない限り認められるとするのが判例法であり、その際に当事者が当該慣習の存在を知っていたことも必要でない(大判大正3・10・27民録20・818、ただし大判大正10・6・2民録27・1038)。92条の要件をこのように広く解すると、事実たる慣習が任意法規に優先することになり、任意規定との優劣について法適用通則法3条における「慣習法」の取扱いとの整合性をどう図るかが問題となる。学説には事実たる慣習と慣習法との区別そのものを妥当でないとする立場も有力に主張されている。 ⇨慣習法'

事実的契約関係　電車・バスへの乗車や有料駐車場の利用、ガス・電気の供給と利用など、一定の客観的事実行為の存在を前提にして、合意による契約締結の有無を問うことなく、契約があったと同様の処理を認める考え方で、ドイツのハウプト(Günter Haupt)によって提唱された。当初は、イ 契約の準備行為・'好意同乗'などの社会的接触、ロ 設立が無効であった事実上の会社との雇用関係、ハ 電気・ガス・水道・公共交通などの社会的給付などの領域で適用の可能性が論じられたが、専らハを中心とする「社会類型的容態」における適用の可否に議論が集中している。ドイツには有料駐車場に関して事実的契約関係を認めた判例も存在するが、日本では判例上正面から認められるに至ってはいない。事実的契約関係を認めた場合、契約当事者の'行為能力'や'錯誤'を問題とする必要がないこと、損害の立証などの点でメリットがあるとされるが、意思を介さない規範的根拠付けの弱さや、伝統的な契約理論や不当利得法による処理で足りるのかとして、その理論的必要性に疑問も呈されている。

事実(の)認定　裁判は、原則、まず事実を証拠により認定し、これに法を適用して行われる(法的三段論法)。実務では、事実認定の結果が裁判の結論に大きく影響する。その意味で、事実の適正な認定は裁判における極めて重要な課題である。

 I　民事訴訟における事実の認定は、'弁論主義'と'職権探知'主義で異なる。原則たる弁論主義の下では、裁判上自白された事実(⇨自白')及び'顕著な事実'以外の事実(⇨要証事実')について証拠による認定が要求される〔民訴179〕。そこでは、事実の認定に用いる証拠は、当事者が提出したものに限定される。これに反して、職権探知主義の下では、裁判所は、裁判上の自白に拘束されないし、かつ職権で'証拠調べ'を行うことができる。いずれの下でも事実の認定は裁判官の自由'心証'によるが、民事訴訟では、証拠調べの結果だけでなく、'弁論の全趣旨'も'証拠原因'になる〔民訴247〕。適法に認定された事実は'法律審'である'上告審'を拘束する〔民訴321①〕。

 II　刑事訴訟においては事実の認定のために厳格な証明方式が定められている(⇨厳格な証明・自由な証明)。また、刑事訴訟において、論理則・経験則等に照らして不合理な事実認定は、'事実誤認'の控訴理由〔刑訴382〕となる(最判平成24・2・13刑集66・4・482)。更に、重大な事実の誤認は上告審における職権破棄理由〔刑訴411③〕にもなる。

事実の欠缺(けっけつ)　'構成要件'上要求されている主体、方法、状況、客体などが欠けることを根拠として、犯罪の成立を否定する学説で、構成要件の欠缺ともいわれる。具体的には、イ 構成要件が一定の'身分'を必要とするときにその身分を欠く場合(例えば、公務員でない者が刑法197条の賄賂を収受すること)、ロ 構成要件該当行為が一定の手段を必要とするときにその手段を欠く場合(例えば、凶器の準備なしに多数人が集合して208条の2の'凶器準備集合罪'にはならない)、ハ 構成要件該当行為が一定の状況下に行われることを必要とするときにその状況を欠く場合(例えば、火災が生じていないのに114条の消火用の物を隠匿すること)、ニ 構成要件上、行為が一定の客体に対して行われることを必要とするときにその客体を欠く場合(例えば、殺害しようとした相手が既に死亡していた場合)などが挙げられる。もっとも、現在の学説においては、これらの場合であっても、構成要件が実現された客観的危険性が認められる場合には、未遂犯の成立を認める理解が一般的である(未遂犯の処罰規定が存しない犯罪類型については、不可罰となることは当然である)。

事実の錯誤　**1 意義**　'構成要件'に該当する客観的事実に関して、行為者の認識した事実と実際に発生した事実とが食い違うこと、すなわち、'錯誤'があること。'違法性の錯誤'に対

じじつのじ

する(両錯誤の区別については「錯誤」をみよ)。錯誤により犯罪事実の認識を欠くことになるときは*故意'は阻却されるが, 行為者の認識した犯罪事実と異なる犯罪事実が生じたときに, その発生した犯罪事実について故意を認めることができるかどうかが問題となる。A罪を犯す意思でA罪を実現したが, 初め意図したのと異なる客体に結果が生じた場合のように, 同一構成要件内での錯誤を具体的事実の錯誤, A罪を犯す意思でB罪の結果を生じた場合のように, 構成要件を異にする事実の錯誤を抽象的事実の錯誤という。それぞれについて, *客体の錯誤'・*方法の錯誤'・*因果関係の錯誤'がある。

2 主要な理論 事実の錯誤の解決については, *具体的符合説'・*法定的符合説'・*抽象的符合説'の諸説が対立するが, 法定的符合説が通説・判例(最判昭53・7・28刑集32・5・1068等)である。この説によれば, Cを殺す目的でDを殺した場合のように, 認識した事実と発生した結果がともに同一の構成要件に属するときは, 発生した事実についての故意は阻却されず, 殺人罪が成立する。なお, 抽象的事実の錯誤については, 軽い罪を犯す意思で重い罪に当たる事実を生じさせたときは, 刑法38条2項により重い罪の故意犯として罰することはできない。軽い罪の故意犯を認めることができるかどうかは, 法定的符合説によれば, 重い罪と軽い罪の構成要件を解釈し, その罪質が同一で構成要件的に重なり合う部分がある場合に限り故意を認める。例えば, 窃盗[刑235]と遺失物等横領[刑254]のように, 他人に属する財物の不法領得という点で重なり合うときは, 軽い後者の限度で故意を認める。

事実の自白 ⇨自白'

事実の証明 **1 意義** 名誉毀損罪[刑230]は, 死者に対する場合以外は, 摘示された事実の真否にかかわりなく成立する。しかし, 真実を述べる権利の保障は, 憲法21条の*言論の自由'の要請である。刑法230条の2は, 個人の*名誉'の保護と言論の自由の保障との調和を図って昭和22年の改正(法124)で新設された規定であり, 一定の要件を課した上で, 被告人が事実の真実性を立証した場合に(⇨挙証責任'), 名誉毀損罪の可罰性を阻却する旨を定めている。

2 可罰性阻却の要件 刑法230条の2は, イ 摘示された事実の公共性, ロ 目的の公益性, ハ 真実性の証明の3要件を規定している。ただし, 公訴提起前の犯罪行為, 公務員又は公選による公務員の候補に関する事実については要件が緩和されており, 前者についてはイの要件が当然に満たされているものと解され, 後者についてはイロの要件は不要であるとされている[刑230の2②③]。もっとも, 後者の特例は, 公務員に対する国民の自由な批判を保障し, それによって公務員に国民全体の奉仕者であるにふさわしい資質を備えさせることを目的としたものであるから, たとえ真実であっても, 公務と無関係な身体上の障害などの事実の摘示は許されないというのが通説・判例(最判昭和28・12・15刑集7・12・2436)である。

3 真実性証明の法的性格 真実性の証明の法的性格については, イ 客観的処罰阻却事由と解する説, ロ *違法性阻却事由'と解する説, ハ *構成要件'該当性阻却事由と解する説などが主張されている。これらの見解の違いは, 以下に述べるような場合について, 議論の実益を生ずる。

4 事実の真実性に関する錯誤 行為者が事実の真実性を誤信した場合, あるいは真実性の証明をなしえなかった場合, イ説によると, 真実性の錯誤は*故意'の成否とは無関係であり, 可罰性は阻却されない。判例はかつてはこの立場を採用していた(最判昭和34・5・7刑集13・5・641)。これに対して, ロ説のうち, a 正当化事由に関する錯誤は故意を阻却するとする立場からは, 真実性の誤信は可罰性を阻却するとされる。b 正当化事由に関する錯誤は責任のみを阻却するとする立場, 及び, ハ説の立場からは, 真実性の誤信が相当性を有していた場合にのみ, 可罰性の阻却が認められる(⇨事実の錯誤' ⇨法律の錯誤' ⇨故意説・責任説' ⇨禁止の錯誤' ⇨違法性の意識')。最高裁判所はこの立場から, 従来の判例を変更して, 確実な資料, 根拠に基づいて真実性を誤信した場合は故意を阻却し, 名誉毀損罪は成立しないとの見解を示した(最大判昭和44・6・25刑集23・7・975)。学説においては, 以上のような議論にかかわりなく, *表現の自由'の保障(憲21), あるいは一般正当化事由[刑35]を根拠として名誉毀損行為の正当化を認める見解も有力である。

5 侮辱罪との関係 侮辱罪の保護法益を名誉毀損罪のそれとは別の主観的な名誉感情と解する学説によれば, 本条で名誉毀損罪の成立が阻却されても, 侮辱罪による処罰は妨げられないことになるが, 両者の*法益'をともに社会的評価と解する通説・判例(大判昭和8・9・6刑集12・1590)の立場からは, 侮辱罪の成立も阻却されることになる。 ⇨侮辱罪' ⇨名誉毀損罪'

事実の調査 非訟事件手続や家事事件手続における資料の収集方法のうち民事訴訟法所定の手続による*証拠調べ'を除くもの[非訟49①,

家事56①〕。自由な証明の例とされるが，当事者の言い分を聴く陳述聴取や審問も，現行法上の概念としては全てこれに含まれることになる。その方法や手続については基本的に法定されないが，*家事事件手続法'は，家庭裁判所調査官による事実の調査等に関する規定〔家事58以下〕を有しており，家庭裁判所調査官による事実の調査は，実務上も広く活用されている。*非訟事件手続法'や家事事件手続法では，事件類型に応じて，当事者の審問期日への相手方の立会権〔家事69〕や事実の調査をしたことの当事者等への通知〔非訟52，家事63・70〕などの手続的な配慮がされている。 ⇨厳格な証明・自由な証明'

事実の取調べ 刑事訴訟法上，裁判所又は裁判官が，適宜な方法で情報を収集し，事実の存否を認識することを事実の取調べという。厳格な法規に基づいて*公判期日'に行われる*証拠調べ'とは区別される。事実の取調べをすることができるのは，*決定'又は*命令'をするについて必要がある場合〔刑訴43③〕，控訴理由の調査をするについて必要がある場合〔刑訴393①〕などである。*受命裁判官'又は*受託裁判官'によることもある〔刑訴265②・393③・445参照〕。

事実問題・法律問題 *訴訟事件'の審理は，事実を確定する作業と確定した事実に法規を適用する作業から成る。前者を事実問題といい，後者を法律問題という。

Ⅰ 民事訴訟法においては，事実問題は*事実審'の専権に属し，*上告審'でこれを争うことはできない〔民訴321①〕。この点で両者の区別は重要である。更に，事件の実体に関する事実問題が*弁論主義'の適用を受けるのに対し，法律問題は*職権調査事項'に属する点でも，両者は区別される。

Ⅱ 行政法上，事実問題及び法律問題の両語が対比的に用いられるのは，主として*行政審判'における審決の取消しが求められた場合に，裁判所の審査がどこまで及ぶかを論ずる場合である。行政審判につき明文で*実質的証拠法則'が採用されているときは，裁判所は，法律問題についてはもちろん審査するが，事実問題に関しては，裁判所の審査が，行政審判における事実認定の基礎となった合理的な証拠の有無に限定されると説明されている。

使　者 他人が決定した*法律行為'を単に伝達又は伝達を完成する者をいう。自ら意思決定をする*代理人'と区別する意味で用いられる。代理人と使者とを区別する実益は，使者においては本人の*意思能力'や*行為能力'が問題になるのに対し，代理では本人の能力の有無は問題にならないこと，また，意思の不存在・錯誤・詐欺・強迫の有無が，使者では本人を基準として判断されるのに対し，代理では代理人を基準として判断される〔民101①〕ことにある。しかし，具体的な場合に使者と代理人とを区別するのは困難なことが少なくない。

死者の名誉毀損 刑法は死者の*名誉'を毀損する行為を処罰しているが，通常の*名誉毀損罪'と異なり，虚偽の事実の摘示による行為に限っている〔刑230②〕。本罪の保護*法益'については，遺族の死者に対する敬けん的感情であるとする説，あるいは，死者の遺族・家族の名誉であるとする説もあるが，日本の通説は，死者の名誉そのものであるとしている。本罪は*親告罪'であり〔刑232〕，死者の親族又は子孫が告訴権者とされている〔刑訴233〕。

自　首 犯罪事実又は犯人が誰であるかが*捜査機関'に発覚する前に，犯人が自ら進んで捜査官に対し犯罪事実を申告し，その処分を求める意思表示をすること。取調べや*職務質問'に対して犯罪事実を供述したときは自首ではない。刑法上は刑の任意的減軽理由となる〔刑42①〕が，特別の規定があるときには必要的免刑事由となる〔刑80・93但，爆発111〕。刑事訴訟法上は*捜査'の端緒となり，*検察官'か司法警察員(⇨司法警察職員)でなければ受理できない〔刑訴245・241①〕。書面でも口頭でもよく，口頭の場合には自首調書が作られることになる〔刑訴245・241②〕。しかし，このような訴訟法上適式な手続が踏まれていなくても，実質的な要件を満たせば刑法上の自首に当たる。

自主規制機関 **1　意義** 自分たちで自分たちを律する規範(自主規制)の制定・執行を行う機関。法律により自主規制機関制度が定められているものと，そうでないものが存在する。自主規制は，現場に近い団体が法令よりもきめ細かく，機動的に，高い水準の規制を構成員に課すことを可能にする一方で，自主規制の内容が構成員に甘いものになるおそれもある。それゆえ，法令(ハードロー)と自主規制(ソフトロー)をうまく組み合わせることが重要になる。例えば，日本の上場会社の企業統治の仕組みは，法令(会社法や*金融商品取引法'など)だけでなく，自主規制(証券取引所の有価証券上場規程に定められている*企業行動規範'など)により定められている。自主規制による企業行動の規律付けが近時重視されるようになったのは，現行の会社法が資本市場を利用する公開会社に十分に対応できておらず，自主規制が会社法の代替機能を果たすことを求められたという事情もある。

じしゆきせ

2 自主規制機関の例 金融商品取引法上の自主規制機関として、まず、認可金融商品取引業協会(例：日本証券業協会)と認定金融商品取引業協会(例：投資信託協会、日本投資顧問業協会、金融先物取引業協会、第2種金融商品取引業協会、日本暗号資産取引業協会、日本STO協会。なお日本暗号資産取引業協会は「資金決済に関する法律」(資金決済法)に基づく認定資金決済事業者協会でもある)がある。前者は金融商品取引法自体に設立根拠がある自主規制機関であるのに対して、後者は一般社団法人として設立された団体のうち金融商品取引法の要件を満たすことにより自主規制機関として認定されるものである。いずれの協会も「有価証券の売買その他の取引及びデリバティブ取引等を公正かつ円滑にし、並びに金融商品取引業の健全な発展及び投資者の保護に資することを目的」〔金商67①・78①Ⅰ〕として、規則の制定・執行等を行う点は同じである。次に、金融商品取引所(例：東京証券取引所、大阪取引所、札幌証券取引所、名古屋証券取引所、福岡証券取引所、東京金融取引所)は、「取引所金融商品市場における有価証券の売買及び市場デリバティブ取引を公正にし、並びに投資者を保護するため、自主規制業務を適切に行わなければならない」とされている〔金商84①〕(ここでいう「自主規制業務」とは上場審査・管理、売買審査、考査等のことである〔金商84②〕)。自主規制業務の独立性を高める仕組みとして、自主規制法人制度や自主規制委員会制度がある。

自主規制法人 *金融商品取引所'、*金融商品取引所持株会社'又は*親商品取引所等(金融商品取引所を子会社とする商品取引所等)'が設立することができ〔金商102の3〕、金融商品取引所の委託を受けて*金融商品取引法'上の自主規制業務を行う法人〔金商102の2・102の18〕。認可制〔金商102の14〕。上場審査・上場管理・売買審査等の自主規制業務〔金商84②、金融取引所7〕は、金融商品市場の公正な価格形成を確保するために金融商品取引所にとって極めて重要な機能であり、その機能が阻害されないよう独立性・中立性の高い存在が担うこととされた。金融商品取引所等の株式が自市場に上場された場合に想定される、自主規制業務の形骸化を防止する側面もある。自主規制業務の独立性を確保するために、外部理事の役割が重視され〔金商102の23・102の30①〕、任期制・厳格な解任要件がとられる〔金商102の25〕。自主規制法人による情報の入手等を担保するために、理事の委託金融商品取引所の取締役会・理事会への出席・意見陳述権〔金商102の26〕、委託金融商品取引所による報告義務・理事会の報告請求権〔金商102の34〕があり、委託金融商品取引所の一部の規則の変更・廃止には同意権が認められる〔金商102の32〕。

自主条例 ⇨条例'

自主占有・他主占有 所有の意思をもってする*占有'を、自主占有という。そうでない占有を、他主占有という。占有者に所有権原が認められる必要はない。*無効'な売買における買主であっても、その占有は、権原の性質上、自主占有である。他方で、賃借人・地上権者・質権者等の占有は、権原の性質上、他主占有である。両者の区別は、*所有権'の*取得時効'〔民162〕・*無主物先占'〔民239①〕などで意味がある。「占有」に掲げた〔表：占有の分類〕をみよ。

支出負担行為 *歳出'予算、*継続費'又は*国庫債務負担行為'に基づいて行われる、国の支出の原因となる契約その他の行為をいう〔財34の2①〕。債務負担段階での予算統制を確保するために昭和24年改正で設けられた制度であり、国費の支出を伴う契約の締結や*補助金'の交付決定を典型とするが、予算執行統制の統一性の観点から、*俸給'・*年金'の支出決定など、およそ国の経費支出の原因となる行為を全て含む。支出負担行為の手続的統制については、*財政法'〔財34の2〕、*会計法'〔会計10～13の5〕、*予算決算及び会計令'〔予令18の2～18の7〕のほか、支出負担行為等取扱規則(昭和27大18)に詳しく定められている。

自手犯 自らの直接的行為によって*構成要件'を実現しなければ*正犯'とならない犯罪。したがって、*間接正犯'及び構成要件の一部実現による*共同正犯'は成立しない。*偽証罪'等がこれに当たるとされるが、争いもあり、犯罪とは*法益'侵害の結果又はその危険を含む以上、その実現は間接的にも可能であるとして、この概念を否定する見解もある。

自主立法権 ⇨自治立法・自治立法権'

自 助 ⇨自力救済'

市場価格のある株式 その株式について市場において形成されている取引価格、気配又は指標その他の相場があるもの。*株式会社'が特定の株主から*自己株式'を取得する場合であっても、取得する株式が市場価格のある株式で、その株式1株を取得するのと引換えに交付する金銭等の額がその株式1株の市場価格として法務省令で定める方法により算定されるもの〔会社則30〕を超えないときには、他の株主は自己を売主として追加することを請求できない〔会

社 161〕。また、*公開会社'において，*取締役会'の決議によって募集株式の募集事項を定める場合に，市場価格のある株式を引き受ける者の募集をするときは，募集株式の払込金額又はその算定方法に代えて，公正な価額による払込を実現するために適当な払込金額の決定の方法を定めることができる〔会社 201 ②〕。更に，*現物出資'等財産のうち市場価格の*有価証券'について*定款'に記載され，又は記録された価額がその有価証券の市場価格として法務省令で定める方法により算定されるもの〔会社則 6・43・59〕を超えない場合には*検査役'の調査を要しない〔会社 33 ⑩②・207 ⑨③・284 ⑨③〕。

市場化テスト　　⇨公共サービス改革'
市場区分　東京，名古屋の各証券取引所(*金融商品取引所')には，市場区分が設けられている。東京証券取引所では，プライム・スタンダード・グロースの各市場について，流動性，ガバナンス，経営成績・財政状態等の上場基準が各々定められている。従来の市場第一部・第二部，マザーズ，JASDAQ は廃止された。
事情裁決　　⇨事情判決'
市場支配力　　⇨競争の実質的制限'
自称社員　*持分会社'において社員でないにもかかわらず，*第三者'に自己を社員と誤認させる行為をした者。擬似社員ともいう。誤認に基づき持分会社と取引をした第三者との関係では，その保護のため，*無限責任社員'であると誤認させる行為をしたときは無限責任社員と同一の責任を負い，*有限責任社員'であると誤認させる行為をしたときは誤認させた責任の範囲内で責任を負う〔会社 589〕。禁反言（⇨エストッペル')あるいは*権利外観理論'に基づく規定である。自己を無限責任社員と誤認させる行為をした有限責任社員(*自称無限責任社員')〔会社 588〕を含めて自称社員ということもある。
市場集中規制　　⇨企業結合の制限'
市場集中原則　証券取引所等の取引所取引における売買取引の委託を受けた証券会社等は，注文を市場に取り次ぐことを要し，市場外で取引を行ってはならないとの原則。市場における公正な価格形成は多数の投資判断を1ヵ所に集め，そこで競争的な取引が行われるものであるところから要請された原則。市場集中原則は，価格形成の透明性・市場監視の容易さ等の長所を有しているが，市場外の大口取引，電子取引の重要性が高まり，また共通の商品を複数の取引所に上場することで取引所間の競争を促す等，いわゆる市場間競争のメリットを強調する観点から，現在ではこの原則は廃棄され，代わりに

金融商品取引業者の最良執行義務(⇨最良執行方針')が定められている。
至上条項　　⇨至上約款'
自招侵害・危難　**1 自招侵害**　防衛行為者（あるいは被侵害者）が暴行，侮辱などによって，相手方の急迫不正の侵害を自ら招いた事例をいう。自招防衛，挑発防衛ということもある。自招行為段階で相手方が侵害行為に出ることについて意図又は予見があったかによって，意図的挑発，故意的挑発，過失的挑発などの分類をすることもある。自招侵害に関する明文の規定は存しないが，この場合の*正当防衛'の成否について，学説では活発な議論が展開されている。自招侵害の一定の類型については正当防衛の成立を否定・制限するのが一般的な理解であるが，防衛行為それ自体については正当防衛の成立を認めつつ，自招行為が防衛行為を介して*法益'侵害結果を発生させたとして，自招行為を処罰対象とする見解（原因において違法な行為の理論）も有力に主張されている。判例（最決平成20・5・20 刑集 62・6・1786）は，被告人が被害者を不正に殴打した直後において，被害者による殴打行為が行われたため，被告人が反撃として暴行を加えた事件について，被告人の反撃行為は「何らかの反撃行為に出ることが正当とされる状況における行為とはいえない」として正当防衛の成立を否定している。判例の立場については，被告人が侵害を自ら不正に招いたという客観的な事実から正当防衛が成立する状況を否定したものであり，自招行為段階の主観面を考慮していないという理解が一般的である。
2 自招危難　避難行為者が自らの先行行為によって，自己又は第三者に対する現在の危難を招致した事例をいう。例えばバスの運転手が自らの前方不注視によって歩行者の生命に対する危険を招き，歩行者の生命を救うための唯一の手段として急ブレーキを作動させ，バスの乗客を負傷させた場合などである。この場合に*緊急避難'の成立を認めるべきかについても，自招侵害と同様の議論が展開されている。学説では，危難を自招した場合には，その法益保護の必要性が減少するという理解が有力であるが，このような理解は，自らに対する危難を招致した場合には妥当するとしても，無関係の第三者に対する危難を招いた場合には当てはまらないことになる。大審院の判例には，一般論として，行為者が有責な行為により危難を自ら招いた場合には，社会通念上，「やむを得ずにした行為」に当たらないとして，緊急避難の適用が排除される旨を判示したものがある（大判大正 13・12・

じじようは

12刑集3・867)。

事情判決 1 意義 *取消訴訟'で争われている*処分'又は*裁決'が違法であるが、これを取り消すと公益に著しい障害があると認められる場合に、裁判所は請求を棄却することができる〔行訴31〕。この判決を事情判決という。例えば、水力発電のための河川の占用許可が違法であるが、これを取り消して原状回復をさせると、大規模な公共的工事の結果が無に帰してしまうとして請求を棄却する判決がその例である。*行政不服審査法'にも、これに類似した事情裁決の制度がある〔行審45③〕。

2 要件等 事情判決は、処分又は裁決が違法であるが、これを取り消すと公の利益に著しい障害を生ずる場合に、原告の受ける損害の程度、その損害の賠償又は防止の程度及び方法その他一切の事情を考慮した上、処分又は裁決を取り消すことが*公共の福祉'に適合しないと認められるときに限り下すことができる。この場合には、判決の主文で、処分又は裁決が違法である旨を宣言しなければならない〔行訴31①〕。裁判所は*終局判決'前に*中間判決'をもって処分又は裁決の違法を宣言することもできる〔行訴31②〕。これによって、当事者に損害賠償の方法等を考慮させる趣旨である。

市場閉鎖効果 ⇨*排他条件付取引'

事情変更の原則 *契約'(国際法では*条約')はその時の社会的事情を基礎とし、それを前提として締結されるものであるから、その社会的事情に変化があれば契約の内容はそれに応じて変更されなければならないという原則。私法上及び国際法で問題とされる。

I 私法上は、契約締結後の経済事情の重大な変動に際して、*信義誠実の原則'の適用の1つとして契約の消滅あるいは契約内容の変更を認める原則のこと。第一次大戦後のドイツにおいて急激なインフレに当面して判例・学説が発展させた法理である。契約は守られなければならないが、契約当時全く予見できなかったような社会事情の変動が後に当事者の責めに帰することのできないような原因で生じ、しかも、それが重大であるという場合に、当事者になお契約上の債務の履行を迫ることは著しく衡平に反する。したがって、信義則を適用して、当事者に契約の解除又は将来に向けて契約内容の改定(例えば*賃料'増額)を請求することを認めるというのがこの原則の内容である。日本の民法では、若干の規定〔民609・610〕が、このような考え方を基礎にしている〔なお、民587の2③・628・678②・683等参照〕。また、*借地借家法'11条・

32条はこの原則を認めたものであるといわれる。

II 国際法上、条約を締結したときの事情に重大な変更が生じたときは、条約の有効性の前提条件が失われ、当事国は一方的に条約を終了させることができるとする原則。*条約法に関するウィーン条約'は、この原則を当事国による条約の終了を条約からの脱退の根拠として位置付けるとともに、その援用にあたっては、根本的変化を当事国が予見しえず、変化した事情の存在が当事国の同意の不可欠の基礎をなしており、かつ当該変化が条約上の義務の範囲を根本的に変更するものであることを要求する〔条約法約62①〕。ただし、国境を確立する条約、及び事情の根本的変化が援用当事国の国際的な義務違反に由来する場合には、この原則は適用されない〔条約法約62②〕。なお、国際社会の公権的な決定機関の不存在から、この原則の濫用が危ぶまれていたが、本原則の適用を巡る紛争は、紛争当事国の調停手続への一方的付託を可能にして濫用を防止しようとした〔条約法約66(b)・65①③〕。*国際司法裁判所'は、漁業管轄権事件(管轄権判決)において、条約法に関するウィーン条約62条の規定が一般国際法であることを認定した(ICJ判1973・2・2 Reports 1973・3)。

自招防衛 ⇨自招侵害・危難'

自称無限責任社員 *合資会社'の*有限責任社員'で、*第三者'に自己を*無限責任社員'と誤認させるような行為をした者。*自称社員'の場合と同様に、誤認に基づき合資会社と取引をした第三者に対しては、その保護のため、無限責任社員と同一の責任を負う〔会社588①〕。また、合資会社又は*合同会社'の有限責任社員が自己の責任の限度を誤認させるような行為をしたときも、同様に、誤認させた責任の範囲内で責任を負う〔会社588②〕。

至上約款 Paramount Clause 英の訳語。至上条項ともいう。*船荷証券'や*傭船(ようせん)'契約'等に組み込まれ、ヘーグ・ヴィスビー・ルールのような国際条約やそれを立法化した法令の内容が証券や契約に取り込まれていること、証券や契約の規定内容が国際条約等と抵触する場合には後者が優先すること等を規定するものである。これにより、法統一のためにされた国際条約等が適用されない場合であっても、その内容が契約の内容となることを通じて当事者の権利義務を規律することを実現する狙いがある。

市場類似施設 *金融商品取引法'上の*金融商品市場'に類似する施設。金融商品市場は、

内閣総理大臣の免許を受けた者でなければ開設できず,例外的に,認可'金融商品取引業協会'が開設する店頭売買有価証券市場と認可を受けた金融商品取引業者が行う私設取引システム(*ピー・ティー・エス(PTS)')が許容されている〔金商2⑧⑩・30①・80①〕。これら以外の市場類似施設での売買等は禁止される〔金商167の3〕。同様の規制は,*商品先物取引法'にも設けられている〔商場6・331〜348〕。

辞職 ⇨解雇' ⇨退職'

自助売却 債務者が給付義務を免れるために自ら弁済の目的物を*競売'すること。**1 民法上の自助売却** 債務者が*供託'によって給付義務を免れることができる場合に〔民494〕,目的物が供託に適さないか,滅失損傷のおそれがあるか,又は過分の保存費用を必要とするときに限り,裁判所の許可を得て自らこれを競売し,その代金を供託することができる〔民497〕。**2 商法上の自助売却** *商人'間の*商事売買'において,買主の目的物の受取拒絶・受取不能の場合に相当の期間を定めて*催告'した後に(「損傷その他の事由による価格の低落のおそれがある物」については催告も不要)これを競売すること〔商524①②〕。競売後の売主は,その代価を供託しなければならないが,代金債権の弁済期が到来していれば,代価の全部又は一部を代金に充当できる〔商524③〕。同種の制度は*問屋(とんや)営業'〔商556〕・*運送営業'〔商582・583・592〕・*倉庫営業'〔商615〕・*海上運送'〔商742,国際海運15〕等にもある。

私人間効力(人権の) 憲法の人権規定が私人間の法的関係に対してもつ効力。第三者効力ともいう。憲法が直接適用されるのは*公権力'と私人の関係であり,人権の性質上当然私人と私人の間にも適用されると解される規定(*奴隷的拘束'及び*苦役'からの自由〔憲18〕,家族生活における個人の尊厳と両性の平等〔憲24〕(⇨家族生活に関する基本権'),*労働基本権'〔憲27・28〕)を除いて,私人間には適用されないとするのが通説である。私人間の関係は,*私的自治の原則'に委ね,憲法は介入しないというのが近代憲法の考え方であった。しかし,現代では,大企業・労働組合などの社会集団が社会的な力を濫用して私人の人権を制約するという問題が生じてきたため,私人間においても人権を保護することが必要となった。そこで,憲法規定を直接私人間にも適用すべきだという直接適用説も唱えられたが,通説は,憲法が公権力を規制するものであるという*立憲主義'の基本原理を曖昧化することを恐れて直接適用説にはくみせず,私人間を規律するのは法律であるという原則に立って,法律の中に存在する一般規定を利用し,そこに人権規定を読み込んで間接的に憲法の人権保障を適用していこうという間接適用説をとっている。一般規定として通常用いられるのは,民法90条の*公序良俗'規定である。公序良俗の中に人権保障を読み込み,不当に人権を制約するような*法律行為'を公序良俗違反で無効とすることによって人権を保護していくのである。判例は,私人間への適用には極めて慎重な態度をとっており,無適用説に近い立場にもみえるが,基本的には間接適用を認めていると通説は解している(⇨三菱樹脂事件')。他方,*事実行為'による人権制約に対しては民法90条は適用しえないので,民法709条の*不法行為'の規定の適用を検討し,それが適用できない場合には,アメリカの判例理論で展開されている*ステイト・アクションの法理'の利用も主張されている。

私人訴追主義 刑事訴追の権限を私人に認める主義。私人のうち*被害者'に限定する場合を被害者訴追主義,そのように限定しない場合を公衆訴追主義という。ただし,公衆訴追主義の語は,民衆・国民の中から選ばれた者で構成される機関(大陪審など ⇨起訴陪審')による場合を指して,私人訴追主義と並列的に用いられることもある。日本では私人訴追主義はとられていない(*国家訴追主義')〔刑訴247〕。⇨起訴独占主義' ⇨検察審査会' *私訴'

始審的争訟・覆審的争訟 *行政争訟'の分類の一方法。当事者間の法律関係について争いがある場合に,一方が他方を相手どって行政庁又は裁判所に裁断を求めるものを,最初から争訟の手続によって決定するところに着眼して,始審的争訟と呼ぶ。*当事者訴訟'がこれに該当する。これに対し一度国家機関が下した有権的判断を覆すために提起される争訟を覆審的争訟といい,*行政上の不服申立て'や*取消訴訟'がその例である。

私人の公法行為 私人が国や地方公共団体等との関係において積極的に行う行為のうち,伝統的に公法関係に属するものを指して,私人の公法行為と呼ぶ用語法が存在する。その内容は多様であり,イ 私人が選挙権を行使する場合や直接請求を行う場合のほか,ロ *不服申立て'や*行政訴訟'を提起する場合,更には,ハ 許可申請や*届出・願の提出,*同意'の付与なども含む。このうち,私人が国や公共団体に対して行う許可申請や届出などに関して,書面主義の妥当する*要式行為'であるのか,*到達主義'

じしんばい

が適用されるのか，民法に定める*錯誤'が成立するのか，公務員の退職届の撤回はいつまで認められるのかといった解釈問題が論じられてきた。民法の適用を前提に，行政法関係の特殊性に応じて修正を図るなど，個別に判断することが求められている。

地震売買 民法では，土地の賃貸借は，登記がない限りその不動産について物権を取得した*第三者'に対抗できないことになっている〔民605〕。しかし，賃貸人には登記義務がないので，賃借権を登記する実例は少なかった。そこで，日露戦争後の地価騰貴の際に，地代値上げのために，賃貸土地を仮装的に第三者に譲渡する賃貸人が現れ，借地人は，新地主に対して，土地を明け渡すか，地代値上げをのむほかないという事態が頻繁に起こった。このような売買は，地震と同様に，借地上の建物の存立を危うくするので地震売買と呼ばれた。*建物保護ニ関スル法律'は，その弊害を除くために制定され，借地人が借地上の建物に登記をすれば第三者に*借地権'を対抗できるとした〔旧建物保護1。借地借家10参照〕。

地震保険 火災保険約款では地震・噴火・津波によって生じた火災による損害を免責事由としているため（⇨地震免責条項'），関東大震災(1923)や新潟地震(1964)などの場合に火災保険は罹災(りさい)者救済策としては役に立たなかった。そこで地震保険の創設に対する社会的要望が高まり，昭和41年から「地震保険に関する法律」(法73)と地震再保険特別会計法(法74。平成19法23により廃止。特会28参照)が施行されることにより，地震保険が実現した。この保険には，当初はいろいろ細かい制約が付いていたが，次第にその制約が緩和されてきた。現在でも保険の対象は住宅及び生活用動産に限られている。*保険事故'は地震・噴火を原因とする火災・損壊・埋没・流失による建物・家財の「全損」に限られていたが，現在では半損，一部損もカバーされるように改定された。この保険は単独で契約することはできず，住宅総合保険などの住宅用の火災保険を主契約として結んだ者がこれに附帯して契約する。地震損害の巨大性に対処するため政府が*再保険'をすることによって，保険金の支払の確実性を担保している〔地震保険3〕。なお，1回の地震について支払われる保険金の総額の限度が政令で定められており〔地震保険令4〕，支払うべき保険金の総額がこの限度額(2023年現在12兆円)を超える場合には保険金が削減される〔地震保険4〕。

地震保険料控除 *所得税法'の定める*所得控除'の1つで，地震災害による損失への備えとして地震保険加入を促進することを目的とする。自己又は自己と生計を一にする配偶者その他の親族の有する常住家屋や生活用動産につき，地震・津波等を原因とする火災や損壊等による損害を塡補する保険や共済契約等が対象であり，その保険料・掛金は，5万円を限度として*総所得金額'等から控除される〔所税77〕。個人に対する*住民税'の*所得割'にも類似の制度がある〔地税34①⑤の3・314の2①⑤の3〕。

地震免責条項 地震による損害について*保険者'を免責し，*保険金'の支払をしないことを定める火災保険上の*免責約款'。この有効性については頻繁に争われるが，通常の危険を標準として算定された*保険料'では，このような異常原因による巨大な損害をカバーしきれないし，さりとて保険料を割高にすると，地震保険の必要を感じない一般の加入者に無用の犠牲をしいることになるので，判例(大判大正15・6・12民集5・495)・学説上も有効とされている。したがって，地震災害の補償を希望する人は，火災保険とは別に地震保険を付けなければならない（⇨地震保険'　⇨再保険'）。

私　水　⇨公水'

システミック・リスク　⇨金融機関の破綻処理'　⇨ドッド・フランク法'

市制・町村制 *府県制'などと並ぶ*明治憲法'時代の地方制度の基本法律。市制及町村制(明治21法1)は，明治憲法の制定とこれに基づく国会開設に先行して制定された。この法律は*地方公共団体'としての市・町村を対象としたもので，地方における行政事務と警察事務の執行のためには地方官官制(明治19勅54)が別に定められた。明治44年には市制(法68)と町村制(法69)に分けられ，その後もしばしば改正（例：大正期における男子の普通選挙制採用や昭和初期の地方分権の強化など）を受けている。昭和22年に*地方自治法'の制定に伴い廃止〔自治附2〕。

私生活上の自由 個人の私生活を侵害されない自由。*プライバシー'権とほぼ同義であるが，公権力との関係では，判例はむしろこの語を用いている。警察官によるデモ隊員の写真撮影が問題になった事件で，最高裁判所は，「国民の私生活上の自由」が憲法13条によって保障され，その1つとして「みだりにその容ぼう・姿態を撮影されない自由」があるとした(最大判昭和44・12・24刑集23・12・1625〈京都府学連デモ事件〉)。判例では，こうしたいわゆる「肖像権」のほか，みだりに指紋押捺(おうなつ)を強制されない自

由や，自己情報をみだりに第三者に開示されない自由も私生活上の自由に含まれるとされている。

私生子 '嫡出でない子'の俗称。かつては，嫡出でない子を，その母との関係から私生子と呼び，父から認知された私生子を，その父との関係で庶子と呼んだが，現在は，子は，'嫡出子'と嫡出でない子(非嫡出子)だけに分類される。

次世代育成支援対策推進法 平成15年法律120号。急速な少子化の進行を踏まえ子育て支援等を目的として制定された。当初，有効期限が2015年3月31日までであったが，2035年3月31日まで延長されている。地方公共団体及び事業主は，国が定めた行動計画策定指針に則し，労働者の仕事と子育ての両立のための行動計画を策定し，都道府県労働局に届け出る必要がある。策定・届出は，従業員101人以上の企業においては義務，100人以下の企業においては努力義務とされている。一般事業主については，行動計画の目標を達成したことに加え，男性の*育児休業'等の取得率に関する基準など，厚生労働省令が定める基準を満たした場合には，厚生労働大臣による認定(くるみん認定)を受けることができ，この認定を受けた企業の証である「くるみんマーク」を自社の広告などに表示することができる。2022年4月1日より，従来のくるみん認定基準を満たすと「トライくるみんマーク」が付与されることとなった。また，従前から存在していたくるみんの認定基準及び次世代育成支援対策の実施の状況が優良であることを審査する特例認定基準は，それぞれが引上げの方向に改正され，それぞれを満たすと「くるみんマーク」と「プラチナくるみんマーク」が付与されることとなった。

施設介護サービス費 '介護保険'によって支給される介護給付の1つ〔介護40⑨〕。要介護認定(⇨要介護状態')を受けた'被保険者'が，'介護保険施設'で施設サービスを受けたときに，当該サービス等に要した費用について支給される〔介保48①〕。支給額は，原則として，当該施設の所在する地域等を勘案して算定されるサービスに要する平均的な費用(食事の提供に要する費用，居住に要する費用その他の日常生活に要する費用として厚生労働省令で定めるものを除く)を勘案して厚生労働大臣が定める基準により算定したサービス費用の額の9割であるが〔介保48②〕，所得の額が政令で定める額以上の第1号被保険者については，その所得額に応じて8割又は7割である〔介保49の2①⑤・②〕。

施設型給付費 市町村より確認を受けた特定教育・保育施設である'認定こども園'，幼稚園，'保育所'〔子育て支援31〕で，小学校就学前の教育・保育給付認定子どもが支給認定教育・保育を受けた場合に市町村が教育・保育給付認定保護者に支給する給付〔子育て支援27〕。教育・保育に要する費用から利用者負担を控除した額となる〔子育て支援27③〕。市町村は保護者に代わり施設に直接支払う'代理受領'もできる〔子育て支援27⑤⑥〕。なお，私立保育所については市町村が保育の実施義務を担うことにより，施設型給付ではなく委託費が支給される〔児福24〕。

施設管理権 企業秩序を維持するため使用者に認められた企業の物的施設に対する管理権。具体的には，当該施設の利用目的を限定し，目的外の利用を禁止する形で行使されることが多い。企業施設を利用したビラ貼り等の'労働組合活動'との関係が最大の争点を形成。かつては，受忍義務説('団結権'や'団体行動権'の保障を根拠に，'労働組合'による一定範囲の施設利用に関しては，使用者にこれを受忍する義務があるとする見解)と，違法性阻却説(使用者の禁止に反する施設の利用は原則として許されないが，業務に支障を来さない場合には違法性が阻却されるとする見解)が対立していたが，判例はそのいずれにも与せず，労働組合による企業施設の利用にも使用者の許諾は必要であり，許諾を得ずに当該施設を利用して組合活動を行うことは，その利用を認めないことが権利の濫用とされるような特段の事情がある場合を除き，その正当性を欠くとした(最判昭和54・10・30民集33・6・647(国鉄札幌駅ビラ貼り事件))。

事前運動 立候補届出前に行われる'選挙運動'〔公選129〕。選挙運動を各候補者に平等に行わせるため，事前運動は禁止され，その違反は処罰される〔公選239①Ⅰ〕。立候補準備行為又は選挙運動の準備行為にとどまるものは事前運動とはならない。立候補予定の公務員等が職務上の機会を利用して挨拶し又は氏名を表示した文書図画を掲示頒布することも事前運動とみなされる〔公選239の2〕。

事前規制 ⇨規制緩和'
自然休会 ⇨休会(国会の)'
自然血族・法定血族 自然血族は，生物学的に血筋のつながる者(血縁)をいい，'出生'という自然的事実によって生ずるのが原則である。ただ，法律上夫婦でない男女の間に生まれた非嫡出子(⇨嫡出でない子')については，父が'認知'して初めて父及びその親族との間に法律上の血族関係が生ずる〔民779〕。判例は，かつて

しぜんけん

母に対しても母の認知がなければ血族関係は生じないとした(大判大正10・12・9民録27・2100)が、その後分娩(ﾌﾞﾝﾍﾞﾝ)(出産)の事実があれば母子関係は明白であるとして、認知を必要としないと判示した(最判昭37・4・27民集16・7・1247)。自然血族関係は当事者の死亡によって終了する。これに対して、法定血族関係は、生物学的に血のつながりはないが、法律上血族関係があると擬制される者をいう。準血族ともいう。現行民法上は養親及びその血族と養子の関係だけが認められている〔民727〕。

自然権 1意義 人間が人間であること自体によって有すると観念される*権利'。近代*自然法'思想に基礎をもち、国家に先立ち、国家によっても侵されない超実定法的な権利であると考えられた。日本の*自由民権運動'の時期には天賦人権論と訳された。

2歴史的沿革 歴史的には、中世自然法思想にその淵源(ｴﾝｹﾞﾝ)をもち、ヨーロッパの17,18世紀の市民革命期において、客観的社会秩序に先行する権利として主張され、旧秩序に対する批判概念として機能することによって、市民革命の思想的根拠を提供した。自然権の具体的内容は歴史的に変化しているが、基本的には自然状態における自己保存の権利(*ホッブズ')や財産所有権(*ロック')がそれであり、国家はこれらを守るために作られたものであるとし、国家によるこれらの権利の侵犯に対しては国民に*抵抗権'があり、それも自然権に含まれるとされた。自然権の考え方は、アメリカのバージニア権利章典(1776)や、*フランス人権宣言'(1789)に取り入れられている。

自然公物・人工公物 *公物'としての実体の成立過程の差異による種別。河川・海浜・湖沼のように、自然の状態で既に公の用に供することができる実体を備えたものを自然公物といい、道路や公園のように、行政主体において人工を加え、かつ、これを公の用に供することによって初めて公物となるものを人工公物という。自然公物の成立については、*公用開始行為'が必要とされないため、私有地が自然の変化に基づき海底に埋没し、あるいは、河川の流水区域となるなどの場合には、当該土地は、当然に公物としての性格を取得することになる。

自然債務 債務者が任意に*履行'すれば有効な*弁済'となり、債務者は*給付'したものを*不当利得'として債権者から取り戻すことはできないが、債権者から裁判所に訴えて履行を求めることはできない債務をいう。消滅時効にかかった債務がその例である。これに対して、労務給付のように本来的給付の強制実現を求めることができなくても、*損害賠償'(その強制実現)を訴求できる場合は自然債務ではない。なお、訴求して*給付判決'をもらうことまではできるが、*強制執行'ができない債務を「責任のない債務」という。自然債務とこれとを合わせて「不完全債務」と呼んだり、更に不完全債務の意味で自然債務という言葉を使うこともある。自然債務の観念は、元々ローマ法において訴権(圞 actio)を伴わない債務が広範に認められ自然債務(圞 naturalis obligatio)と呼ばれたことに始まる。*フランス民法'・*旧民法'は自然債務概念を認めていたが、現行民法では*ドイツ民法'と同じく自然債務の規定を設けていないので、自然債務概念を用いることの有用性について、学説上争われている。

事前照会 政府全体では行政機関による法令適用事前確認手続(いわゆる日本版*ノーアクションレター'制度)が実施されているが、国税庁は事務運営指針(*通達')で、アメリカの制度(圏 private letter ruling)をも参考にして、特定の納税者の個別事情に係る事前照会も含め税務上の取扱いに関する事前照会に対する文書回答手続を定め、納税者の予測可能性・*法的安定性'の確保に努めている。事前照会の特殊な形態として、*移転価格税制'〔租特66の4等〕に関する事前確認(事務運営指針)等がある。

自然人 *法人'に対する語で、権利義務の主体である個人のこと。近代法では全ての自然人が*出生'から死亡に至るまで完全な権利能力を認められている〔民3①〕。なお、例外的に、外国人の権利能力が制限されることもあり〔民3②〕、また、出生前の胎児に権利能力が認められることがある〔民721・886〕。⇨胎児'⇨外国人'

事前手続 行政手続のうち第1次的な行政決定に至る手続をいう。行政の活動類型に応じ、行政立法手続、処分手続、行政強制手続、計画策定手続などにおいて問題となり、その内容は権利保護、参加などの要素のいずれを重視するかにより様々である。平成5年に制定された*行政手続法'によって、*処分'、*行政指導'及び*届出'に関する手続規定が整備され、とりわけ、処分手続における意見陳述のための手続(*聴聞'、*弁明の機会'の付与)、文書閲覧、*審査基準'・*処分基準'、理由の提示(⇨処分理由の提示')などの制度が定められた。ほかには、*諮問手続'があり、また、*平成17年の行政手続法改正(法73)によって命令等制定手続が定められた。

自然の権利　⇨ 環境権'

自然犯・法定犯　**1 意義**　自然犯とは，犯罪のうち，その反社会性，実質的不法性が社会規範からみて自明とされるものをいい，殺人・放火・強窃盗などの刑法上の罪がこれに当たる。刑事犯ともいう。法定犯とは，国家法により特に命令禁止されたことによりその命令禁止に違反する行為が初めて実質的に不法とされる行為（例えば，自動車の左側通行が法により決められたことにより，右側通行が違法となる）で，行政取締法規の罰則がこれに属する。*行政犯'ともいう。

2 法定犯と刑法の原則　法定犯は，行政目的実現のための間接強制手段として刑罰を用いる場合であるから，違法に対する倫理的非難として刑罰を科する通常の自然犯とは，犯罪の成立要件，特に*責任'性について特別な扱いをするのが相当であるとする説が，かつては公法学者によって有力に唱えられた。しかし，現在では，行政目的達成の手段とはいえ，刑罰を用いる以上は責任主義など刑法の一般原則に従わなければならないとする見解が一般的である。

3 両者の限界　自然犯と法定犯との限界は明確ではない。戦中・戦後の経済統制時代には，ヤミ民事犯'などの統制違反行為が，またその後は*脱税犯'などは，自然犯的性格を強くし，法定犯の自然犯化ということがいわれた。しかし，逆に，自然犯とされている犯罪にも，社会の変動により，社会規範上，実質的違法性を失ったものは，法定犯的性格のものに転化することが考えられる。

私選弁護人　*被告人'・*被疑者'又はその法定代理人・配偶者などが選任した弁護人〔刑訴30〕。*国選弁護人'に対する。　⇨ 弁護人'

自然法　法概念に関する主張として，法実証主義と対照的に，法と道徳との間に何らかの必然的な連関性があるとする思想をいう。このような法概念は，無意識的には法の歴史と同じくらい昔からあった。だが典型的な自然法論は，正義と道徳について人間の本性から導き出される普遍的・客観的な内容が存在しており，この自然法と大きく衝突する実定法は法としての資格を欠くとする思想である。その中でも近代以前の古典的な自然法は，世界の秩序の中に理性によって認識されうるとするもので，アリストテレス（Aristoteles, B.C.384〜322），ストア派の哲学者たち，キケロー（Cicero, B.C.106〜43），トマス・アクィナス（Thomas Aquinas, 1225頃〜74）などによって主張された。現代でもトマス主義法哲学はカトリックの世界では有力である。

これに対して近代の自然法論はより世俗的・経験的な発想による自然権論を基礎とすることが多く，*グロティウス'，プーフェンドルフ（Samuel Freiherr von Pufendorf, 1632〜94），*ロック'などによって説かれ，近代の人権宣言の思想的源流になった。現代でも上記以外に，「第二の自然」としての習慣を基礎とする可変的自然法論，法に内在する手続的な道徳である「合法性の諸原理」を指摘するフラー（Lon L. Fuller, 1902〜78）の法理論，法を政治道徳の一部とみなす*ドゥオーキン'の「統一性としての法」理論など，自然法論に分類できる理論は多い。現代の代表的な法実証主義者の*ハート'も近代的自然法論の発想を受けて，いかなる社会でも存続のためには「自然法の最小限の内容」を備えていなければならないと主張している。東洋においては，法と道徳が西洋におけるように不可分のものとみなされることが少なかったために，法概念論においては法実証主義的発想が強かったが，普遍的に正しい社会秩序という観念は儒家・道家を通じてみいだされる。自然法論は倫理学における価値実在論と結び付くことが多いが，法概念論としての自然法論は倫理学とは独立した主張であるから，価値非実在論とも両立しうる。　⇨ 法実証主義'

事前抑制　表現行為がなされるに先立ち*公権力'が行う表現の抑制。表現が市場に登場する前の規制であり事後的な制裁より強い抑止的効果をもち，濫用のおそれも大きいことから，その典型である*検閲'は，憲法21条2項で絶対的に禁止されている。事前抑制には，行政機関による検閲のほか，裁判所による事前の差止めなども含まれるが，これらの措置も憲法21条1項によって原則として禁止されると解されている（⇨ 北方ジャーナル事件'）。

私訴　🇫🇷 action civile　犯罪の*被害者'が損害賠償の訴えを提起すると，同時に刑事事件としても訴追が開始される制度。検察官による公訴の提起を前提条件としない点で，*附帯私訴'と異なる。*私人訴追主義'の一態様である。日本では，行われていない。　⇨ 公訴'

思想及び良心の自由　**1 意義**　人間の内面的な精神活動の自由。その内容が倫理的性格をもつ場合を良心の自由と呼び，それ以外の場合を思想の自由と呼ぶが，憲法19条の趣旨が内心の自由の保障にあると解する立場からは，思想と良心を厳密に区別する実益はなく，一体として内心の精神作用を保障したものと解される。19条は，一般的に全ての内面的な精神活動の自由を保障しているが，その内容が宗教に関する

しそうしん

場合が*'信教の自由'(憲20)であり，その内容が学問研究に関する場合が*'学問の自由'(憲23)である。更に，それは，その外部的表現保障である*'表現の自由'と表裏一体の関係を保ち，結局，思想及び良心の自由は，これらの自由権の前提となる人権である。*'明治憲法'下では，*'治安維持法'などにより，特定の思想が弾圧された。

2 保障範囲 「思想及び良心」とは，ものの考え方に関わる精神作用であり，単なる事実の知・不知一般には含まれない。それを前提として，保障範囲について，主義・信条・世界観など人格の核心をなすものと解する狭義説と，事物に関する是非弁別まで含む内心一般と解する広義説がある。

3 侵害態様の類型 侵害態様の類型として従来，特定の思想の強制のほか，イ 内心を理由とする不利益処遇と，ロ 内心の告白の強制や内心の探知が示されてきた。ロは，しばしばイの前提となることから，侵害に当たると解され，*'沈黙の自由'が保障されている。沈黙の自由は，表現しない自由として21条によっても保障されるが，思想・良心についての沈黙は，19条により絶対的に保障される。イの例としては，占領期における軍国主義者の*'公職追放'や*'レッド・パージ'等がある。ロの例としては，踏絵等がある。更に，近年では，ハ 内心に反する行為の強制も議論されている。規制の目的が，特定の思想・良心をもつよう，あるいはもたないようにすることであるならば，明らかに思想・良心の自由の侵害となる。問題は，一般的には正当と認められ義務付けられた行為が，特定の思想・良心の持ち主にとっては受け入れ難い場合である。その典型が，西欧で議論されてきた*'良心的兵役拒否'であり，信仰だけでなく，真摯な世俗的良心に基づく拒否も認められている。また，洗脳のように，そもそも思想・良心の自由な形成を妨げることも，思想・良心の自由等の侵害となりうる。

4 合憲性の判断枠組み 思想及び良心の自由は内心にとどまる限り絶対的に保障されるが，3のハの類型の場合は，他者の権利利益等と調整する必要があり，絶対的保障は貫徹されない。しかし，思想及び良心の自由は，内面的精神活動の自由であり，あらゆる人権の基礎であること，外面的精神活動の自由としての表現の自由が厚く保障されるべきこととの均衡からしてもその制限には慎重な審査が必要である。

5 判例 名誉毀損に対する救済方法としての*'謝罪広告'の強制の合憲性を巡り争われた最高裁判決において，思想・良心の保障範囲につき，田中補足意見は狭義説を，藤田・垂水反対意見は広義説を示したが，多数意見は明示せず，「単に事態の真相を告白し陳謝の意を表明するに止まる程度のもの」については合憲と判断している(最大判昭和31・7・4民集10・7・785)。また東京都の公立学校の卒業式等の式典で教職員に起立斉唱を命じる，東京都教育委員会の通達に基づく学校長の職務命令を拒否した事件について最高裁判所は，起立斉唱行為は「一般的，客観的に見ても，国旗及び国歌に対する敬意の表明の要素を含む行為」であり，職務命令により個人の歴史観等に反する行為を求められることから，思想及び良心の自由に対する「間接的な制約となる面がある」としたが，総合較量により合憲と判断した(最判平成23・5・30民集65・4・1780)。もっとも，最高裁判所は，職務命令違反の懲戒処分について，減給処分以上の選択は，相当性を基礎付ける具体的な事情を要するとして，慎重な審査を求めている(最判平成24・1・16判時2147・127)。

思想・信条の自由 ⇨思想及び良心の自由'

思想の自由市場 社会で各個人が自由に意見表明を行い相互に競争し合うことによって真理に到達できるという考え方で，*'表現の自由'を支える論拠の1つとなっている。ミルトン(John Milton, 1608〜74)の主張などのほか，アメリカ合衆国最高裁判所判事*'ホームズ'の「真理の最良のテストは，市場における競争の中で，自らを受け入れさせる力をその思想がもっているかどうかである」という言葉が知られている。問題は，真理とは何か，真理が勝利する保障はあるか，本当に自由な競争市場が存在するかである。

持続可能な開発 天然資源の開発と利用において，将来世代の需要を害することなく現在の世代が自らの需要を充たすべきことを意味する。環境と開発に関するリオ宣言(1992)第4原則をはじめ，*'気候変動に関する国際連合枠組条約'(1992)3条4項や*'生物の多様性に関する条約'(1992)6条等でも認められ，一般国際法上の原則だとする仲裁判決もある(ベルギー・オランダ仲裁裁判所判決2005・5・24〈鉄のライン川事件〉)。世代間衡平の考え方(リオ宣言第3原則)を基礎とし，その内容や適用基準を含む規範的意義は明確ではないが，開発と環境保護の不可分性を強調しこれらの統合を要請する(統合原則。上記仲裁のほか，国際司法裁判所パルプミル事件(ICJ命令2006・7・13 Reports 2006・113, ICJ判2010・4・20 Reports 2010・14))。 ⇨国際環

境法'　⇨エスディージーズ(SDGs)'

死体　Ⅰ　民法上の死体の法的性質について，戦前の判例は，死体が*所有権'の目的となることを認めるが，埋葬管理や祭祀(さいし)供養のために認められているにすぎず，他の財産とは異なる特殊な制限に服するとしている。その後の判例や立法では，死亡した者の身体の一部について，他の財産とは異なる性質を認めるものがある。遺骨について，判例は，「慣習に従つて祭祀を主宰すべき者」に帰属するとしている〔最判平成元・7・18家月41・10・128〕。*臓器の移植に関する法律'では，死体から臓器を摘出するための要件として，「死亡した者が生存中に当該臓器を移植術に使用されるために提供する意思を書面により表示している場合」〔臓器移植6①〕に，一定の要件が満たされると臓器摘出が可能とされている。このように，同法では死亡した者の生前の意思を尊重するための仕組みが用意されている。

Ⅱ　刑法上，死体を損壊・遺棄・領得する行為は190条により処罰される。死者に対する崇敬の感情を保護する趣旨である。

地代(ちだい)　民法の規定では，地上権者が定期に支払う土地使用の対価のこと〔民266〕。地上権設定の要件ではないから地代を払うかなどは当事者間の約定で決められる〔不登78②参照〕。実務上は地上権の対価だけではなく，宅地の賃貸借の対価である賃料も地代と呼ぶことがある〔借地借家11・12参照〕。また俗に*小作料'も地代という。

地代(ちだい)**・家賃増減請求権**　**1 意義**　不動産賃貸借の*賃料'や地上権の*地代'を，当事者の一方の意思表示で増額又は減額することを請求する権利。賃料増減請求権ともいう。*形成権'と解されている。契約で定められた地代・家賃は勝手に変更できないのが原則であるが，宅地・建物の利用関係の保護が強化されるに伴って，契約関係が長期にわたって存続することになり，当初の地代・家賃の定めが実情に適しなくなることがある。判例は，早くから，借地権を保護する一方，借家については，*事実たる慣習'を理由として，地主に増額請求を認めてきた。旧*借地法'12条，旧*借家法'7条は上記の判例の考え方を採用して，約定借賃が公租公課，土地・建物の価格などに比較して不相当となったときは，地主・家主に増額請求権を認め，それと同時に借地人・借家人にも減額請求権を与えた。*借地借家法'もこれらの規定を受け継いだ〔借地借家11・32〕。

2 効果　地代・家賃増減請求権は一種の形成権であるとされ，増減の意思表示と同時にその効果が発生する。しかし，具体的にいくらが相当額なのかは当事者に協議が調わない場合には裁判をしてみなければ確定しないから，増減額が確定するまでの間の賃料支払額(特に供託する場合)は分からない。裁判の結果，確定した額より少ない額を供託していたことになれば，*債務不履行'となる。この点を巡って紛争が少なくなかったので，昭和41年の旧借地法・旧借家法の改正(法93)で，借主は自ら相当と思われる額を支払い，後日増減額が確定したときに差額に利息を付して清算すれば債務不履行となることはないとされ〔旧借地12②③，旧借家7②③〕，立法的に解決をみた。借地借家法もこれらの規定を受け継いでいる〔借地借家11②③・32②③〕。

地代(ちだい)**家賃統制令**　旧勅令昭和15勅678］は，日中戦争遂行のために，物価統制政策の一環として，*地代'と家賃を統制したが，本勅令は，戦後の混乱期における住宅難対策として制定された(昭和21勅443)(昭和27年以降は法律としての効力をもつ)。これにより，地代・家賃は低い統制額に抑えられ，*権利金'の授受などが禁止された。しかし，住宅政策の変遷に伴い，公営住宅・宅地や昭和25年7月以降新築の建物・敷地などについて広い適用除外例が認められ〔地代家賃統制令23〕，実効性を失っていったが，昭和61年末に失効した。

下受運送　全部の区間にわたる運送を引き受けた*運送人'が，自らその全部を実行することなく，その一部又は全部を他の運送人に運送させる形態。ときに，他の運送人(下受運送人)による運送そのものを下受運送という。この場合，下受運送を委託した元の運送人を*元受運送'人と呼ぶ。通し運送の一形態。下受運送人は元受運送人の*履行補助者'にすぎず，*荷送人'との間に直接の法律関係はない。その意味で*相次運送'・*部分運送'と異なる。

下請負　例えば，家屋の建築を請け負った大工が，屋根ふきを瓦職人に請け負わせる場合などのように，請負人(元請人)が請け負った仕事の全部又は一部を，第三者(下請人)に更に請け負わせること。請負は仕事の完成を目的とするから，原則として下請負が許される。ただし，建設工事について建設業法は一括下請負を，あらかじめ発注者の書面等による承諾を得た場合を除いて，禁止している〔建設22〕。下請負は元請人と下請人との間の請負契約であるから，請負人が下請人を利用しても，注文者と下請人との間に直接の法律関係が生ずるわけではない。下請人の*債務不履行'については元請人が注文

したうけだ

主に対して責任を負う。 ⇨請負'

下請代金支払遅延等防止法 昭和31年法律120号。**1 立法目的** 下請代金の支払遅延などのように，下請取引において親事業者が下請事業者を抑圧する行為を防止し，下請事業者の利益を保護するための法律(下請法)〔下請代金1〕。これらの行為は，*不公正な取引方法'の1つである取引上の*優越的地位の濫用'として，*独占禁止法'により禁止される〔独禁2⑨5・19，不公正告⑬〕が，迅速かつ実効的な問題解決と適正な予防を図る必要があるため本法が制定された。

2 規制内容 本法の適用対象は，一定の資本金額・出資金額の基準に基づき形式的に定められた親事業者と下請事業者〔下請代金2⑦⑧〕の間での製造委託・修理委託・情報成果物作成委託・役務提供委託〔下請代金2①～④〕に係る取引である。本法は，親事業者に対する義務行為と禁止行為を定める。まず，親事業者には，下請代金の額や支払期日等を記載した書面等の交付〔下請代金3〕や関係書類等作成・保存〔下請代金5〕が義務付けられる。また，親事業者には，不当な受領拒否，下請代金の支払遅延，支払代金の不当な減額，不当な返品，不当な買いたたき，物の購入・役務の利用強制，報復措置〔下請代金4①〕のほか，有償支給原材料等の早期決済などにより下請事業者の利益を不当に害すること〔下請代金4②〕が禁止される。

3 規制方法 *公正取引委員会'は，親事業者に対して，減額された下請代金を支払うことなど必要な措置をとるべきことを勧告する〔下請代金7〕。本法違反行為は独占禁止法にも抵触する可能性があるが，親事業者が下請法に基づく勧告に従う場合には，公正取引委員会は，独占禁止法に基づく処分を命ずることができない〔下請代金8〕。なお，中小企業庁長官にも本法違反行為に関する調査権限が与えられており，違反行為があると認めるときは，公正取引委員会に対して適当な措置をとるよう求めることができる〔下請代金6〕。

自他商品・役務識別力 ⇨識別力(商標の)'

示 達 行政上の*指揮監督権'の行使方法の一種。所掌事務についての注意・指示等を*訓令'・*通達'等の形式で行う〔行組14②，予会令39①・41①〕。

下 に ⇨次に・下に'(巻末・基本法令用語)

示 談 例えば，交通事故による紛争を当事者間で話し合って解決する場合のように，民事上の紛争を裁判によらずに当事者間で解決する*契約'。示談の内容に互譲が含まれていれば，その法律的性質は*和解'〔民695〕である。示談は，*裁判上の和解'と異なり，訴訟を終了させる効果はなく，*攻撃防御方法'として提出できるにすぎない。なお，交通事故などの示談契約には，請求権放棄条項が入れられるのが普通であるが，示談後に後発症状が発生した場合には，請求権放棄条項の効力が問題となる。判例は，示談当時予想できなかった新たな症状が発生した場合には，示談契約の効力はそこまで及ばないと解している(最判昭和43・3・15民集22・3・587)。

質入裏書 **1 意義** *裏書人'が被裏書人に対して*質権'を設定する目的でその旨を記載してする*裏書'〔手19・77①Ⅰ〕。*小切手'には認められていない。*隠れた質入裏書'に対して，公然の質入裏書ともいう。

2 方式 通常の裏書の方式のほか，「担保のため」「質入れのため」その他質権の設定を示す文言を記載することが必要である〔手19①本文〕。

3 効力 被裏書人は*手形上の権利'に質権を取得し，質権者として*手形'から生じる一切の権利を行使することができる〔手19①本文〕。被裏書人は質権者として独立の経済的利益をもつので，*取立委任裏書'の場合と異なり，抗弁の制限〔手19②・77①Ⅰ〕や*善意取得'〔手16②・77①Ⅰ〕の保護を受ける。しかし，被裏書人は手形上の権利を取得したわけではないから，取立委任裏書をすることはできるが，*譲渡裏書'や質入裏書をすることはできない〔手19①但〕。この裏書には以上のような実質的効力に応じた*資格授与的効力'が認められている。質入裏書の*担保的効力'を肯定する見解が有力である。

質入証券 ⇨倉庫証券' *複券主義'

自治基本条例 当該*地方公共団体'の*地方自治'の基本的なあり方について定めた条例をいう。現在日本でみられる自治基本条例は，2000年以降の*地方分権'時代に地方自治のあり方を条例という法形式で宣明しようとしているもので，まちづくり基本条例も多くは同義である。また，この動きとは別に，1970年代前半に，川崎市が，アメリカのCity Charterに倣って，都市憲章条例の制定を目指したことがあり，自治基本条例の先行的な取組である。

自治行政 国家から独立した団体による行政。官治行政に対する語。*国の行政機関'による行政ではなく，国から独立した団体によって，自主的自律的に処理される行政である。通常，「自治行政」とは，「地方自治行政」を指し，一定の地域を基礎とする*地方公共団体'及び

'住民'自らが行う行政をいう。憲法の保障する'地方自治'を実現するためのものであり、現行憲法下においては統治団体である地方政府の行う一般的行政としての性格をもっている。これに対して、地方公共団体に認められる自治行政ではなく、経済その他の行政分野で設けられる職能団体による行政を自治行政と呼ぶこともある。特定の分野における行政を国家自らの手で行うのを適当としないため、利害関係を1つにする人の結合体としての公の社団すなわち'公共組合'(土地区画整理組合など)や特別法の規律の下にある私的団体(商工会議所、弁護士会など)に行わせるもので、職能自治行政、経済自治行政、機能的自治(行政)とも呼ばれる。 ⇨自治団体' ⇨独立行政法人'

自 治 区 ⇨区'

質　権 **1意義** 民法に規定された約定担保物権の一種。質権者は、被担保債権の担保として債務者又は'第三者'('物上保証人')から受け取った物を'占有'し、その物(質物)について'優先弁済'を受ける権利を有する〔民342〕。質権者は、被担保債権の弁済を受けるまで質物を留置することができ〔民347〕、これを留置の効力という(⇨'留置権')。その趣旨は、質権設定者から質物の使用・収益を奪うことで、心理的圧迫を加え、弁済を間接的に強制することにある。留置的効力に加えて、'不可分性'、'付従性'、'随伴性'、物上代位性を有する〔民350・296・304〕。

2 種類 質権には、目的となる財産の種類に応じて、'動産質'〔民352〕、'不動産質'〔民356〕、'権利質'〔民362〕の3種類がある。権利質のうち、債権を目的とする質権を'債権質'という〔民364〕。債権質以外の権利質として、'地上権'、'永小作権'といった'用益物権'を目的とするもの、'特許権'、'著作権'といった'知的財産権'を目的とするもの、'株式'、'社債'といった'有価証券'を目的とするもの等がある。

3 特徴 質権の特徴は、質権者が質物を占有することによって、留置的効力を有することにある。すなわち、動産質及び不動産質を設定するには、当事者間で質権設定契約を締結するだけではなく、質権者に質物を引き渡す必要がある〔民344〕。質権設定者が質物を'代理占有'することはできず〔民345〕、上記の引渡しには'占有改定'〔民183〕が含まれない。また、不動産質の'対抗要件'は'登記'であるが〔民177〕、動産質においては、質物の占有を継続することが対抗要件とされている〔民352〕。債権質において、引渡しは観念できないが、有価証券に質権を設定する場合には、質権者に証券を交付する必要がある〔民520の7・520の17・520の19・520の20〕。質権と同じく約定担保物権である'抵当権'が、'不動産'のみを目的する'担保物権'であるのに対して、質権は、様々な財産を目的とすることができる特徴を有する。また、抵当権者は、抵当不動産を占有せず(非占有担保)、その使用・収益権限をもたないのに対して、不動産質権者は、不動産を占有し(占有担保)、使用・収益することができる〔民356〕。

4 実行 原則として、'民事執行法'に規定された方法により質権の実行を行う〔民執180・190・193〕。ただし、動産質については、例外的に、質物を鑑定し鑑定人の評価に従って質物を弁済に充てることを裁判所に請求する、簡易な実行方法が認められている〔民354〕。また、債権質の質権者は、質権の目的である債権を直接に取り立てることができる〔民366①〕。なお、被担保債権の弁済のために質権者に質物の'所有権'を取得させる('流質')契約を、質権設定前に、又は、被担保債権の弁済期前に締結することは禁じられている〔民349〕。

自 治 権 医療保険組合や大学等においても自治権を考えることができるが(⇨大学の自治)、'地方公共団体'がその区域内においてもつ支配権、すなわち'地方自治'権と同義で使うことが多い。地方自治権の意味での自治権は、住民に対する公の支配権であることにおいて、国における'統治権'と性質を同じくする。ただし、住民が自らの事柄を決定する権利という意味もある。'明治憲法'の下では、地方自治に関して何らの規定もなく、地方公共団体は、国の一般的・後見的監督の下で、限られた範囲の非権力的な行政を担当する経済事業団体又は費用負担団体としての性格が強かった。地方自治を保障する現行憲法における地方公共団体は、広範な事務と警察等を含む権力的行政をも担当する統治団体又は権力団体としての自治権をもつことになった。憲法上の自治権保障と'地方自治法'その他の法令の規定を背景とする日本の自治権の保障は、世界的にみると決して低水準ではない。しかし、現実には'機関委任事務'制度や'補助金'制度等を通じて、地方公共団体は国の中央省庁の支配下に置かれているという理解が広く存在し、現に地域住民が地方自治を行えないことも多かった。そのため、'地方分権'の徹底を目的として平成11年の地方自治法改正(法87)では、特に機関委任事務制度の廃止、地方公共団体に対する'国の関与'の法定化〔自治245以下〕により、自治体の自由度が高められ

じちじむ

た。

自治事務 *「地方自治法」上の概念であるが、積極的定義はなく、*「地方公共団体」が処理する事務のうち、*「法定受託事務」以外のものをいう〔自治2⑧〕。かつては学問上の概念にすぎず、実務では団体事務と称されることが多かった。自治事務にあっては、「国の関与」が少なく、自治体が法令に違反しない限り自由に施策を実施できる。平成11年の改正（法87）前は、*「機関委任事務」が自治事務と対比され、その比率は、俗に都道府県レベルで機関委任事務が7〜8割、自治事務はその残り、といわれてきたが、改正法の施行（平成12年）後は、おおむねその比率が逆転し、都道府県の知事部局で自治事務が7割、法定受託事務が3割程度とされる。

自治体 ⇨「地方公共団体」⇨「地方自治体」

自治体警察 ⇨「警察法」

自治団体 自治の権能を認められた公の団体で、*「公共団体」のこと。公共団体の行う行政を広く*「自治行政」と呼ぶのもこのためである。しかしながら、同じ公共団体とはいえ、その自治の権能・性質には著しい相違がある。特に*「地方自治」を保障する現行憲法の下で統治団体としての性質をもつに至った*「地方公共団体」と、一定の事項についてだけ行政権限をもつにすぎない*「公共組合」、国家行政の一変形とみられる*「営造物法人」とは区別されなければならない。

質物 ⇨「質権」

自治紛争処理委員 イ *「地方公共団体」（及びその機関）相互の紛争の調停及び連携協約に係る処理方策の提示、ロ 市町村の事務処理に対して都道府県が行う関与に関する審査、ハ *「地方自治法」の規定による個別の審査請求等の審理〔自治255の5〕、を行うため、事件ごとに総務大臣ないし都道府県知事が3人を任命する第三者機関〔自治251以下〕。イのうちの調停及びハについては、平成11年の地方自治法改正（法87）前の自治紛争調停委員の権能を受け継いでおり、ロについては、*「国の関与」について の紛争に係る*「国地方係争処理委員会」と同様の審査・勧告権限をもつ。

質屋 物品に*「質権」を設定し、金銭を貸し付ける個人向けの金融業者。質屋は、質屋営業法により規律されており、質屋を営むためには都道府県公安委員会の許可を得る必要があるほか〔質屋2〕、様々な規制に服する。その一方、民法で禁じられている*「流質」契約が認められており、被担保債権の債務者が流質期限までに債務を弁済しないときには、質屋は、質物の*「所有権」を取得する〔質屋18〕。かつては、社会福祉事業の一環として、市町村等が、公益質屋法（昭和2法35）に基づき低利で貸付けを行う公益質屋を営むことが認められていたが、同法は平成12年に廃止された。

視聴覚的実演に関する北京条約 ⇨「著作隣接権」

市町村 **1 意義** *「都道府県」と並ぶ*「普通地方公共団体」の一種。都道府県が市町村を包括する広域的な性格をもつのに対して、市町村は*「基礎的地方公共団体」である〔自治2②③⑤〕。市と町村は、*「明治憲法」時代には別個に（*「市制・町村制」）、現在では統一的に規定されている。**2 法的性質** 市町村は憲法上、*「地方自治」を行うことを保障されていると考える説が有力である。市は人口5万以上で中心的市街地に全戸数の6割以上があり、商工業その他の都市的な業態に従事する者及びそれと同一世帯に属する者の数が全人口の6割以上であり、当該都道府県の条例で定める都市の施設その他の都市の要件を備えていなければならない。町となるためには、当該都道府県条例で定める町としての要件を具備する必要がある。町村が市に、村が町になるためには、関係市町村の申請に基づいて知事が都道府県議会の議決を経て決定する〔以上、自治8。なお、市町村合併特例7・附2①参照〕。村については特段の法的要件はない。*「地方自治法」上は、市町村の間で法的取扱いに大きな違いはない。ただし、市のうち*「指定都市」及び*「中核市」については事務配分等に関する特例がある〔自治252の19〜252の26の2〕。市町村の区域内の町は字（あざ）と並んで地理的名称にすぎない〔自治260条。なお、住居表示に関する法律（昭和37法119）5・5の2参照〕。市町村の機関には、議決機関として市町村議会、執行機関として市町村長、各種行政委員会等が置かれる。町村にあっては議会に代えて選挙権者全てによる総会を設けることができる〔自治94・95〕。市町村はその事務を処理し、自治立法権（⇨「自治立法・自治立法権」）などをもつ。東京都にあって*「都」は部分的に市の機能をもつが、その区（*「特別区」）には、原則として市に関する規定が適用される〔自治283〕。

市町村合併 **1 意義** 2以上の*「市町村」が1つの市町村に合同すること。2以上の市町村の区域の全部又は一部をもって新しい市町村を設ける新設合併の場合と、市町村の区域の全部又は一部を他の市町村に編入する吸収合併の場合とがある。**2 市町村合併促進法制** 戦後、広域合併の需要に

じちりつぼ

応えるために特別法が制定されてきた〔町村合併促進法(昭和28法258),新市町村建設促進法(昭和31法164),市の合併の特例に関する法律(昭和37法118),いずれも昭和40年廃止。市町村の合併の特例に関する法律(昭和40法6。平成17・3・31失効)〕。現行法としては,「市町村の合併の特例に関する法律」(平成16法59。同法附2①により令和12・3・31失効)がある。合併は,関係市町村の申請に基づき,都道府県議会の議決を経た後,知事が決定し,総務大臣に届け出る〔自治7①〕。上記特例法は,従来からの種々の合併促進策に加え,合併協議会設置について,直接請求制度などを導入している。 ⇨市町村の規模の適正化'

市町村議会 *市町村'の*議決機関'〔自治89～138の2〕。市町村住民の公選した市町村議会議員をもって組織する。町村は,*条例'で,議会を置かず,これに代えて,*町村総会'を設けることができる〔自治94・95〕。市町村議会の権限等は,事務局に関する部分〔自治138〕を除いて,都道府県議会の場合と同様である。 ⇨地方公共団体の議会' ⇨都道府県議会'

市町村税 ⇨国税・地方税'

市町村長 *市町村'の*執行機関'。市町村住民である選挙人が直接公選する〔憲93②〕。市町村長は,*地方公共団体'としての市町村を統轄し法的に代表する機関で,当該市町村の事務(⇨地方公共団体の事務')を管理執行し,その権限に属する事務について*規則'を制定することができる〔自治147・148・15〕。また,市町村の執行機関として一定の事務を担任する〔自治149〕ほか,区域内の公共的団体等の指揮監督〔自治157〕等の権限をもつ。日本国民で年齢25年以上の者は被選挙権を有し〔公選10①⑥・11・88～91,自治19③〕,一定の*兼職禁止'の定めがある〔自治141〕。任期は4年である〔自治140〕が,住民の*解職請求'・議会の不信任議決等によって失職することがある〔自治81・83・178〕。 ⇨不信任決議' ⇨職務執行命令訴訟'

市町村の規模の適正化 *基礎的地方公共団体'である*市町村'の自治を確立し,その組織・運営の合理化を図るために小規模市町村を統合し,人口・区域等の適正合理化を図ること。*地方自治法'は,地方公共団体の自主的な努力による規模の適正化を要求している〔自治2⑮〕が,これを推進する手段の1つとして都道府県知事が一定の手続を経て定めた市町村の*廃置分合'又は*境界変更'の計画を関係市町村に勧告できるものとしている〔自治8の2〕。合併を円滑にするため,「市町村の合併の特例に関する法律」(平成16法59。同法附2①により令和12・3・31失効)がある。 ⇨市町村合併'

市町村民税 市町村が課する*住民税'〔地税292～340〕。個人に対する市町村民税は,市町村内に住所を有する個人を納税義務者として前年の所得を基準として課する*所得割'と,住所を有する個人及び事業所等を有する個人に対して均等額で課する*均等割'とがある。法人については,法人税額を課税標準として課する法人税割と,法人の資本等の金額の多寡に区分して均等額を課する均等割とがある。市町村民税の趣旨は,*道府県民税'と同じく,住民その他地方団体と何らかの密接な関係をもつ個人及び法人に対して,その受益に応じて地方団体の経費を分担させようとするものである。

自治立法・自治立法権 **1 意義** 都道府県・市町村等の*地方公共団体'が*自治権'に基づいて法を制定すること。自主立法権ともいう。*条例'及び*規則'の制定がその典型的な例で,これら条例・規則等を自主法と総称することもある。

2 自治立法権の範囲 *明治憲法'下においても都道府県・市町村はそれぞれ自治立法権をもっていたが,元々その事務の範囲が限られていたため,規定する事項の範囲も狭く,その実効性を担保するための罰則を設けることができなかった。警察的取締り等については国の官吏である知事の定める府県令によっていた。*地方自治'を保障する現行憲法の下においては,地方公共団体の処理する事務の範囲は拡大し,併せてその権能も強化されるに至った。憲法も,地方公共団体が行政を執行する権能とともに,法律の範囲内で条例を制定する権能をもつことを明示している〔憲94〕。これを受けて*地方自治法'は,*普通地方公共団体'の事務の範囲を拡大し〔自治2②〕,その事務に関し法令に違反しない限りにおいて条例を制定できること,義務を課し,又は権利を制限するには法令に特別の定めがある場合を除いては条例で定めなければならないこと,長の権限に属する事務に関して長が規則を制定できることを定めている〔自治14・15〕。更に,その実効性を担保するため,条例においては特に刑罰による制裁を設けることができることとなった〔自治14③〕。また,平成11年改正(法87)により,長の規則と同様に条例に*過料'規定を置くことが可能となった。今日,自治立法は国における法律と並んで国法の重要な部分を構成している。

3 長以外の地方公共団体の機関の自治立法 *行政委員会'制度の採用による地方公共団体の執行

じついん

機関の多元化の結果，これら委員会においても，その権限に属する事務に関し規則等(教育委員会規則・人事委員会規則・公安委員会規則等)を制定することができるが，これは法令又は条例のほか，長の定める規則にも反することができないとされている〔自治138の4②〕。　⇨義務付け・枠付け'

実印　市区町村長にあらかじめ届け出て'印鑑証明書'の交付を受けられるようにしてある'印章'。'認印(みとめ)'と違って，1人1個に限られる。慣習上，重要な取引に用いられ，職印と同じく差押えを禁止されている〔民執131[7]，税規75①[6]〕。

実演及びレコードに関する世界知的所有権機関条約　⇨譲渡権'　⇨送信可能化権'　⇨著作隣接権'

実演家人格権　⇨著作隣接権'

実演家，レコード製作者及び放送機関の保護に関する国際条約　'著作隣接権'に関する基本的な条約であり，1961年にローマで採択された(1964年発効)。実演家，レコード製作者及び放送機関の各々に付与すべき権利内容や'内国民待遇'などの保護原則を定めている。日本は1989年に加入した(平成1条7)。実演家等保護条約，ローマ条約とも呼ばれている。隣接権条約と呼ばれることもある。

実害犯　⇨侵害犯'

失火罪　失火により，すなわち，'過失'により火災を発生させ，建造物・艦船・鉱坑その他の物を'焼損'する罪。刑法116条。50万円以下の罰金に処せられる。'現住建造物'等を焼損する場合又は他人の非現住建造物等を焼損する場合は，いわゆる抽象的'危険犯'であって，客体の焼損により直ちに犯罪が成立するが，自己所有の非現住建造物等の場合又は非建造物の場合は，いわゆる具体的危険犯であって，公共の危険が発生しなければ罰せられない。'業務上過失・重大な過失の場合は刑が重く，3年以下の拘禁刑又は150万円以下の罰金に処せられる〔刑117の2〕。　⇨公共危険罪'

失火責任　失火によって他人に損害を与えた場合の責任。日本では木造家屋が多く，失火による被害が意外に大きくなることがあるので，失火者に過大な責任を課さないように，明治期に，失火ノ責任ニ関スル法律(失火責任法)(明治32法40)が制定され，失火者は'故意'又は'重過失'がある場合にのみ責任を負うとされている(今日では建物建設状況の変化から，その適用を限定しようとする学説もある。例えば，延焼部分のみに適用するなど)。失火責任法は民法709条との関係についてのみ規定しているが，他の'不法行為'責任の場合はどうなるか。責任無能力者による失火〔民714〕について，判例は，監督義務者に失火責任法を適用し，監督義務者に重過失がなかったことを立証すれば免責される(最判平成7・1・24民集49・1・25)。'使用者責任'〔民715〕については，使用者の選任・監督ではなく被用者に適用し，被用者に重過失があった場合に使用者は責任を負うとするのが判例である(最判昭和42・6・30民集21・6・1526等)。'工作物責任'〔民717〕については，学説は分かれており，失火責任法適用説，717条適用説，失火責任法はめ込み説(設置・保存に重過失ある場合のみ責任を負う)，直接・間接失火区別説(直接失災と延焼部分を区別し後者に適用)，工作物区分説等がある。判例として，大審院判決に失火責任法はめ込み説をとったものがあるが(大判昭和7・4・11民集11・609)，その後の下級審裁判例は分かれている(717条を適用するものが有力とみられる)。

実方(じっ
ぽう)**・養方**(よう
ぽう)　'養子'からみて，自分の自然血族関係にある'親族'の側を実方と呼び〔民806・807〕，その養親を通じての親族の側を養方という〔民734〕。また，実方の語は，婚姻によって氏を改めた者からみて，その実家側を指す場合にも用いられることもある。

質疑(議院における)　議員が議題となっている案件について，委員長，少数意見の報告者，発議者又は提出者等〔参規108参照〕に疑義をただすこと。議題と関係なく内閣に事実や所信をただす質問と性格を異にするものであるが，国務大臣の演説に対する質疑は，国政の全般にわたることができる〔衆先例259～263号〕。また，俗にいう予算委員会における総括質問も質疑である。本会議では質疑と討論の段階が区別されているから〔衆規118，参規112・113〕，質疑にあたって意見を述べることはできない。　⇨質問(議院における)

失業　職がないか又はこれを失った状態。'雇用保険法'上は，'被保険者'が'離職'し，労働の意思及び能力を有するにもかかわらず職業に就くことのできない状態にあることをいう〔雇保4③〕。労働者が失業した場合，一定の条件の下に雇用保険法上の各種給付が与えられる〔雇保10〕。　⇨失業等給付'

実況見分　検証と同一内容の行為を'捜査機関'が'任意捜査'で行い，関係人の承諾を得て行うこと。捜査の実務では検証より実況見分のほうが一般的である。実況見分の結果を記載した調書の'証拠能力'も，捜査機関の作成する

＊検証調書'と同一に扱われている(最判昭和35・9・8刑集14・11・1437)。　⇨検証'

失業等給付　＊雇用保険法'における主要な事業。＊被保険者'が失業した場合にその生活の安定を図り求職活動を容易にすることを目的とする求職者給付、再就職の促進を目的とする就職促進給付、職業教育訓練修了者に対する教育訓練給付、及び高年齢者と介護休業者を対象とする雇用継続給付に大別される〔雇保10〕。　⇨求職者給付'　⇨就職促進給付'　⇨雇用継続給付'　⇨教育訓練給付'

失業の認定　⇨基本手当'

失業保険　⇨雇用保険'

実刑　＊執行猶予'の付かない＊拘禁刑'。実際に＊刑務所'に収容される刑罰を意味する。

実現主義　⇨課税の繰延べ'

実験則　⇨経験(法)則'

失権手続　＊発起設立'において、＊発起人'のうち＊出資'の履行をしていないものがある場合には、発起人は、その出資の履行をしていない発起人に対して、期日を定め、その期日までに出資の履行をしなければならない旨を、期日の2週間前までに通知しなければならず〔会社36①②〕、その通知を受けた発起人は、その期日までに出資の履行をしないときは、出資の履行により設立時発行株式の株主となる権利を失う〔会社36③〕。この手続を失権手続という。なお、平成17年改正(法87)前商法の下では、設立時募集株式の引受人についても失権手続が適用されたが、会社法の下では、引受人は払込みをしないときは当然に失権する〔会社63③〕。

失権約款　1意義　例えば、＊割賦販売'契約において、買主が1回でも代金の支払を遅滞すれば契約は当然に解除されたものとするとか、土地や家屋の賃貸借契約において、賃借人が賃料の支払を1回でも怠れば、賃貸借契約は当然に＊解除'されたものとするといった条項を置く場合がある。このように、＊債務不履行'があると債権者の意思表示なしに当然に債務者が一定の権利を失う旨を定める＊約款'を失権約款という。債務不履行を条件とする＊法律行為'である。

2 有効性　失権約款を定めることは、＊契約自由の原則'から一般的には許されるが、それによって債務者が不当な不利益を受ける可能性があるので、しばしば具体的な失権約款の有効性が問題となる。債務者にあまりにも酷な失権約款は＊公序良俗'に違反するものとして＊無効'となる〔民90〕。失権約款の定めが消費者契約の条項として定められている場合には、消費者の利益を一方的に害する条項として無効となる場合もあろう〔消費契約10〕。また、上記の割賦販売については、＊割賦販売法'が、同法の適用ある指定商品又は指定役務については20日以上の相当の期間を定めて書面で催告した上でなければ契約を解除できないものとする〔割賦5〕。更に、判例で制限される場合もあり、上記の土地や家屋の賃貸借契約については、賃料の支払の怠りが信頼関係の破壊となるに至った場合に初めて契約が解除されると解している(最判昭和51・12・17民集30・11・1036 等)。

実行　犯罪遂行の最終的・決定的段階。＊構成要件'該当の行為を行うこと。　⇨実行の着手'　⇨実行行為'

執行異議　＊民事執行'手続において、執行裁判所の執行処分で＊執行抗告'をすることができないもの、並びに、＊執行官'の執行処分及びその遅怠に対して認められる＊不服申立て'〔民執11〕。＊執行機関'の違法な執行処分に対する原則的な救済手段。少額訴訟＊債権執行'では、＊裁判所書記官'が行う執行処分に対しても認められる〔民執167の4②〕。

執行官　裁判の執行、文書の＊送達'など法律で定められた事務を行う、手数料制〔裁62④、執行官7～9・21〕、単独制の機関。＊地方裁判所'に置かれ〔裁62①〕、同名の国家公務員によって構成される。かつては、執達吏ないしは執行吏と呼ばれていたが、執行官法(昭和41法111)によって、現在の呼称に改められた。

執行機関　I　一般に、一般社団法人の理事、会社の＊取締役会'のように、＊議決機関'のした議決を執行する機関をいう。特に、＊地方自治法'上、執行機関とは、当該＊地方公共団体の長'のほか、法律に定める委員会又は委員を指す〔自治138の4〕。現行法上の定める主要な委員会又は委員は、＊教育委員会'・＊選挙管理委員会'・＊人事委員会'(又は＊公平委員会')・＊監査委員'(以上＊普通地方公共団体'に設置)・＊公安委員会'・＊労働委員会'・収用委員会・海区漁業調整委員会・内水面漁場管理委員会(以上都道府県だけ)・農業委員会・固定資産評価審査委員会(以上市町村だけ)である〔自治180の5〕。執行機関は議決機関(議会)に対する意味で用いられているが、委員会・委員の職務の性格・機能からみると、長と並ぶ単純な執行機関ではなく、＊行政委員会'的性格を強くもつことに注意する必要がある。

II　＊行政上の強制執行'又は＊即時強制'を職務とする＊行政機関'も、執行機関(あるいは執

しつこうけ

行職員)と呼ばれる。例えば、租税徴収職員、警察官等がそれである。

Ⅲ *民事執行法'上、執行手続に必要な国家の権能を行使する国家機関。*債務名義'によって実現されるべき権利の存在及び内容が明らかにされ、その権利を執行機関が実現するという原則の下では、債務名義上の権利を判定する機関と、それを実現する執行機関とが分離される。現行法上の執行機関は、原則として*執行官'又は執行裁判所である〔民執2〕。

執行決定 ⇨執行判決・執行決定'

執行権 広義では、三権分立原理の下で、法を執行する国家統治権を意味し、*立法権'、*裁判権'と区別された*行政権'を指す。憲法73条1号では、内閣は法律を誠実に執行するものとされている。広義の行政権の中で、更に、政治的な執行作用を行う執行権(狭義)と個別具体的な行政作用を行う行政権(狭義)を区別する用語法も存在する。

実行行為 犯罪*構成要件'の要素をなし、処罰の対象となる行為をいう。条文により各構成要件に規定された性質を有し、結果を惹起する現実的危険性を有する行為とされ、因果関係判断の起点となる。例えば、強盗罪〔刑236〕における*暴行'・*脅迫'行為、強取行為や、殺人罪〔刑199〕における殺人行為などである。刑法総論の問題として、実行行為の有無は、*未遂'罪の成立あるいは*共犯'の成否との関係で問題となる。すなわち、実行行為ないしそれに密接した行為が行われたといえる段階(*実行の着手')よりも以前の段階(*予備')の行為は原則として刑罰の対象とならない。それに加えて、実行の着手が認められれば、そこから結果が生じた場合、それが本人の意図した経過と異なっていても*既遂'が認められる(*早すぎた構成要件の実現'、*因果関係の錯誤')。また、自ら実行をしたかどうかを、*共同正犯'と狭義の共犯とを区別する基準とする見解もある。多数説・判例の認める*共謀共同正犯'との関係から、実行行為を唯一の基準とする考え方は一般的ではないが、実行行為を行えば原則として共同正犯となることは、広く承認されている。

執行抗告 *民事執行'の手続に関する執行裁判所の*裁判'に対して、*民事執行法'に特別の定めがある場合に限り許される*上訴'〔民執10〕。執行裁判所の執行処分で執行抗告をすることができないものに対する不服は、*執行異議'による〔民執11〕。

執行指揮 刑事手続における裁判であって、その執行を必要とするものについては、*検察官'が執行を指揮するのが原則である〔刑訴472・473〕。指揮とは、執行の開始を命令し、執行の順序を定め〔刑訴474〕、又は執行を停止する〔刑訴480・482〕などのことであり、現実の執行状況の監督を行うことではない。執行指揮という制度があるのは、執行の開始等に若干の判断を必要とするからである。なお、死刑の執行には法務大臣の命令を必要とする〔刑訴475〕。また、明文の規定により〔刑訴70①但・108①但〕、又は裁判の性質上(例えば、裁判所が押収した物の*還付'・仮還付〔刑訴123・124〕、法廷秩序維持のため発した命令〔刑訴288②〕等)、裁判所又は裁判官が指揮すべき場合がある〔刑訴472①但〕。

執行主義 ⇨物的執行主義'

執行証書 *債務名義'の1つ。金銭の一定の額の支払又はその他の代替物若しくは*有価証券'の一定の数量の給付を目的とする請求について*公証人'が作成した*公正証書'で、債務者が直ちに*強制執行'に服する旨の陳述が記載又は記録されているもの〔民執22⑤〕。

実効性確保(行政上の) 広義では、手段のいかんを問わず(例えば、*行政指導'による任意の協力の調達、*公表'等による情報提供を通じた誘導、*補助金'の支給・租税優遇措置などの経済的インセンティブや*負担金'・課税などの経済的ディスインセンティブの付与、*即時強制'などの行政自身による直接的な実現措置など)行政目的を効果的に達成することを広く意味する。狭義には、法令や条例又はこれに基づき行政庁により課された行政上の義務の履行確保手段によって行政目的の達成を確保することを意味する。後者には、*行政上の強制執行'による行政上の義務履行確保と、*行政罰'などの義務違反に対する事後的な制裁の威嚇による間接的な行政目的の達成などが含まれる。⇨義務履行確保(行政上の)'

執行正本 ⇨執行力のある債務名義の正本'

実効税率 ⇨税率'

執行停止 Ⅰ 行政法 **1意義** 行政処分に対し、*行政上の不服申立て'や*取消訴訟'等が提起されても、その執行は停止されないのが原則である(執行不停止の原則)〔行審25①、行訴25①〕。この原則を貫くと、不服申立てや訴訟提起の後に既成事実が積み重なり、事後的に*裁決'や*判決'で*処分'が取り消されても、当事者の権利利益の実効的な救済を期し難い場合が生じる。そこで、争訟の係属中、当事者の利益を保全するため、審査庁〔行審9①〕又は

裁判所は，一定の要件の下，処分の執行，手続の続行又は処分の効力を停止することができ〔行審25②③・61・66①，行訴25②〕，あるいは，停止しなければならない〔行審25④・61・66①〕。この制度を執行停止という。民事訴訟における'仮処分'に対応する仮の救済手続だが，'行政事件訴訟法'は，行政庁の行う公権力の行使に当たる行為の特殊性を考慮し，仮処分を排除した上で〔行訴44〕，執行停止制度を置いている。

2 要件等　行政事件訴訟法によれば，イ 取消訴訟〔行訴3②③〕又は'無効等確認の訴え'〔行訴3④〕を適法に提起した者による申立てがあり，ロ 処分の執行等により生ずる重大な損害を避けるため緊急の必要があると認められれば（積極要件），裁判所は，決定をもって，処分の執行等を停止することができる〔行訴25②・38③〕。ロの要件は，平成16年の行政事件訴訟法改正（法84）によって，同改正前の「回復の困難な損害」から「重大な損害」に緩和された。なお，イとロが肯定されても，ハ 処分の執行等を停止することにより'公共の福祉'に重大な影響を及ぼすおそれがあるとき，又は，ニ 本案について理由がないとみえるとき〔行訴25④〕，ホ 内閣総理大臣の異議があったとき〔行訴27①④〕（消極要件）は，執行を停止することができない。既に執行停止を決定した後に内閣総理大臣が異議を述べた場合，裁判所は同決定を取り消さなければならない〔行訴27①④〕。執行停止の申立てに対する決定に対しては，'即時抗告'をすることができる〔行訴25⑦〕。執行停止の決定が確定した後，その理由が消滅したり，その他事情が変更したときは，裁判所は，相手方の申立てにより，決定をもって執行停止決定を取り消すことができる〔行訴26〕。

⇨'抗告訴訟'　⇨'無効確認訴訟（行政法上の）'

II　民事訴訟において，'執行力'のある裁判に対して'不服申立て'がなされた場合に，裁判所が'強制執行'の停止を命ずる制度。強制執行の一時の停止とともに既にした執行処分の取消をもできる〔民訴403①，民執36〕。執行停止の要件には，イ 原裁判の取消又は変更の可能性に関するもの，ロ 執行により生ずるおそれのある損害に関するものが含まれるが，これらがともに要求されるか否か，また，それぞれの要件をいかに定めるかは，不服申立ての種類によって異なっている〔民訴403①1〜6参照〕。

実行の着手　1 意義　'未遂'犯が成立する時点であり，犯罪の'実行行為'が開始された段階と一般に解されている。未完成に終わった犯罪の中で，実行の着手以前の段階にとどまるのが'予備'であり，実行の着手の段階に至ったものが未遂である。予備を処罰するのは例外的であるから，実行の着手は，犯罪が完成する前に処罰可能な時点を定める重要な意義を有する。

2 判断基準　かつての学説においては，行為者の犯罪遂行の意思が外部に明らかに示された段階で実行の着手を認める見解もあったが（主観説），現在では客観的な基準を重視する見解（客観説）が支配的である。更に，客観説の内部において，'構成要件'該当行為（実行行為）の開始を要求する見解（形式的客観説），結果発生の具体的危険性を重視する見解（実質的客観説）の対立があるが，両者の観点をともに要求して，実行行為に密接であって，結果発生の客観的な危険性が認められる行為に着手することを要求する立場も有力である（最決平成16・3・22刑集58・3・187参照）。判例は，被害店舗に侵入した上で，現金を盗もうとして（現金がある）たばこ売場の方に向かった段階で窃盗罪の実行の着手を認めている（最決昭和40・3・9刑集19・2・69）。また，'不同意性交等罪'については，性交の目的で被害女性をダンプカーの運転席に引きずり込もうとした段階で同罪の実行の着手が認められている（最決昭和45・7・28刑集24・7・585）。

⇨主観主義・客観主義'

執　行　罰　'行政上の強制執行'の一方法。行政上の義務不履行に対し，一定の期限を定めて'過料'に処すことを予告して間接的に義務履行を促し，なお履行がない場合にこれを強制徴収するもの。義務履行のあるまで反復して科すことができ，過去の義務違反に対する制裁である'行政罰'とはその性質を異にする。かつては'行政執行法'が不作為義務，不代替的作為義務の不履行に対する一般的な強制執行の手段として定めていたが，現在これを定めているのは砂防法36条のみである。

執行判決・執行決定　当然には'執行力'が認められていない外国判決，'仲裁判断'，調停による和解合意（国際的和解合意，特定和解）について，執行できる旨を宣言する判決〔民執24〕又は決定〔仲執48，調停実施法5，裁判外紛争解決28〕。外国判決が確定していること，外国判決承認の要件が具備されていること〔民執24，民訴118〕，仲裁判断に取消事由のないこと〔仲裁46〜48〕，和解につき執行拒否事由が存在しないこと〔調停実施法5⑫，裁判外紛争解決28⑪〕を調査して下されるが，外国判決及び仲裁判断の内容の当否は審査しない（実質再審査の禁止〔民執24④〕）。その性質については，これらの判

しっこうふ

決・判断に執行力を作り出す面を捉えて訴訟上の効果を形成する形成裁判の一種と解されている。 ⇨外国判決の承認・執行'

執行不停止の原則　⇨執行停止'

執行文　*債務名義'の*執行力'の存在及び範囲を公証する文言ないし文書・記録で, 債権者が債務者に対してその債務名義により*強制執行'をすることができる場合に付与される〔民執26②〕。*執行証書'以外の債務名義については, 事件の記録の存する裁判所の*裁判所書記官'が付与し, 執行証書については, その*原本'を保存する公証人が付与する〔民執26①〕。債務名義の内容そのままの執行力を公証する単純執行文と, 債務名義の内容を補充・変更しつつ執行力を公証する特殊執行文がある。後者の例としては, 債務名義に表示された請求権について*停止条件'の成就等を確認し債務名義の執行力を公証する条件成就執行文〔民執27①〕, 債務名義に表示された当事者以外の者に債務名義の執行力が及ぶことを公証する承継執行文〔民執27②〕などがある。

執行文付与等に関する異議　*民事執行'手続において, *執行文'付与の申立てに関する処分に対して認められる不服申立手段〔民執32〕。債権者の側からする執行文付与の拒絶に対する異議と, 債務者の側からする執行文付与に対する異議がある。いずれにおいても異議の事由は執行文付与の手続的要件のほか一般要件(債務名義の有効性など)や特別要件(条件成就や承継など)の存否であり, 裁判は口頭弁論を経ることを要せず*決定'による。一審限りの救済手段ではあるが, 執行文付与の要件の存否については*既判力'で確定されるわけではないから, *執行文付与の訴え'又は*執行文付与に対する異議の訴え'において争う余地が残されている。

執行文付与に対する異議の訴え　*民事執行'手続において, 特殊*執行文'(条件成就執行文・承継執行文)が付与された場合に, その要件の存在について異議のある債務者に認められる救済手段で, その執行文の付された*債務名義'の*正本'に基づく*強制執行'の不許を求める訴えをいう〔民執34〕。債権者側の*執行文付与の訴え'に対応する。*請求異議の訴え'との関係については議論がある。

執行文付与の訴え　*民事執行'手続において, 特殊*執行文'(条件成就執行文・承継執行文)の付与を求める債権者がその特別要件(条件成就や承継など)の存在を証明するに足りる文書又は*電磁的記録'を提出できない場合に債権者に認められる救済手段で, 証明文書・記録に代わるべき判決を求める訴えをいう〔民執33〕。債務者側の*執行文付与に対する異議の訴え'に対応する。請求異議の事由(⇨請求異議の訴え)が*抗弁'として認められるかどうかについては議論がある。

執行保全手続　将来の*強制執行'を保全するための手続である*仮差押え'・*仮処分'手続の総称。*民事保全法'によって規律される。

実行未遂　*未遂'のうち, *実行行為'を終了したが結果が生じなかったものをいう。終了未遂とも呼ぶ。これに対し, 実行行為そのものが終了せずに終わったものを着手未遂(又は未終了未遂)と呼ぶ。例えば, 殺人の*故意'でピストルを発射したが外れた場合が実行未遂, ピストルを発射しようとした段階で逮捕された場合が着手未遂とされる。なお, この区別は, *中止未遂'において中止行為として何が要求されるかの判断に意味をもつとされてきた。しかし, 典型例であれば別論, 両未遂の区別は相対的であり, 実際の事案を必ずどちらかに整然と分類できるものではないことから, この区別を重要なものでないとする理解が有力化している。

執行命令　法律の規定を実施(執行)するために必要な細則を定める*命令'。実施命令と呼ばれることもある。日本国憲法は,「憲法及び法律の規定を実施するため」の*政令', すなわち執行命令の性質をもつ政令の制定を認めている〔憲73⑥〕。政令のほか, 府令・*省令'・*府'や*省'の外局である*委員会'の*規則'・会計検査院規則・*人事院規則'などの命令は, 執行命令を定めることが認められている〔内閣府7③, 行組12①・13①, 会検38, 国公16〕。実際には, これらの命令の制定文に,「○○法の規定を実施するため, この政令を制定する」と明記して, その命令が執行命令の性質をもつ旨を明らかにするのがしきたりである。また, その題名は, ○○法施行令又は施行規則と称する場合が多い。 ⇨委任命令'　⇨法律の委任'

執行役　**1 意義**　*指名委員会等設置会社'に置かれる必要的機関。*取締役会'から委任された業務執行の決定, 及び会社の業務執行を任務とし, 1人であっても数人であってもよい(会社402①・418)。執行役に対し取締役会は大幅に業務執行の決定を委任でき〔会社416④〕, かつ, 執行役の業務執行の決定方法に法規制がないため, 迅速な決定を行いうる。その氏名は登記事項である〔会社911③㉓ロ, 商登47②⑧・54①〕。

2 資格・任期　一定の欠格事由に該当しない自然人に限られ, *公開会社'でない場合を除き

*定款'によってその資格を*株主'に限定することは認められない〔会社331①・402④・402⑤〕。令和元年会社法改正により、成年被後見人・被保佐人も執行役に就任できることになった〔会社331の2・402④〕。任期は、選任後1年以内に終了する事業年度のうち最終のものに関する定時株主総会の終結後最初に招集される取締役会の終結時までであるが、定款で短縮できる〔会社402⑦〕。

3 選任・解任 取締役会により選任・解任される〔会社402②・403①〕。正当な理由なく解任されたときは、会社に対し損害賠償を請求できる〔会社403②〕。

4 権限 取締役会決議により委任を受けた会社の業務執行の決定を行い、かつ、会社の業務を執行する権限を有する〔会社418〕。執行役が複数いる場合には、取締役会決議により、*代表執行役'を選定し〔会社420①〕、各執行役の職務の分掌及び指揮命令関係その他の執行役相互の関係に関する事項を決定する〔会社416①ロハ〕。1人のときはその者が代表執行役になる(⇨代表執行役')。執行と監督を分離する趣旨から、会社の業務は原則として執行役によってのみ執行され〔会社415・416③〕、取締役会及び*監査委員会'による監督を受ける。*取締役'と執行役の兼任は妨げない〔会社402⑥〕。一般の会社においては取締役会の専決事項であるが、指名委員会等設置会社では執行役に決定を委任できる事項として、イ 重要な財産の処分・譲受け、ロ 多額の借財、ハ *自己株式'の処分・消却・子会社からの買受け、ニ *株式の分割'、ホ *所在不明株主'の株式の競売等、ヘ 書面・*電磁的方法'による総会決議権行使の許容、ト 新株発行、チ *新株予約権'・*社債'・*新株予約権付社債'の発行、リ 法定準備金の資本組入れ、ヌ *簡易合併'・*簡易会社分割'・*簡易株式交換'・*簡易株式交付'の決定等がある。指名委員会等設置会社においては、執行役に業務執行に関する意思決定を大幅に委任し、迅速かつ効率的な経営を遂行することが期待されている。各執行役は、取締役会の招集請求権〔会社417②〕及び*会社の組織に関する訴え'や株主総会決議取消しの訴えの提起権〔会社828②・831①等〕等を有する。

5 義務・責任 会社に対し職務の執行につき*善管注意義務'及び*忠実義務'を負う〔会社402③・419②・355〕。ただし、監視義務を一般的には負わない点が取締役と異なる。取締役会における職務執行に関する報告義務・説明義務、株主総会における説明義務等を負うほか、競業取引・利益相反取引についても取締役と同様の規整に従う(⇨執行役の利益相反行為' ⇨執行役・会社間の取引')。任務懈怠(けたい)により会社に生じた損害を賠償する責任を負う〔会社423①〕。責任及び免責に関する規律は取締役と同様である。

6 報酬 個人別に*報酬委員会'により決定され、*使用人'を兼務する場合にはその報酬の内容についても報酬委員会が決める〔会社404③〕。

執行役・会社間の取引 *執行役'が自ら*指名委員会等設置会社'の相手方として、又は、*第三者'を代理若しくは代表して会社との間で行う取引(自己取引)。執行役が*代表執行役'か否かを問わず、このような取引を行うには、*取締役会'の承認を要する〔会社419②〕。会社に対し*忠実義務'を負っている執行役が、その地位を利用して会社に不利益を与えるおそれがあるためである。承認を受けた取引により会社に損害が生じたときは、利益相反取引を行った執行役及び当該取引を決定した執行役は任務を怠ったものと推定されるが、自己のために取引した場合を除き、責めに帰すことができない事由によるものであることを証明すれば賠償責任を負わない〔会社423③・428①〕。会社と執行役以外の者との間の取引であっても、会社とその執行役との利益が相反する取引(間接取引)については同様の規制が適用される(⇨執行役の利益相反行為')。 ⇨取締役・会社間の取引'

執行役の自己取引 ⇨執行役・会社間の取引'

執行役の職務代行者 *執行役'の選任手続に瑕疵(かし)があり、当該執行役に職務を継続させることが適当でないなど、執行役の職務執行停止の*仮処分'がなされた場合において、その代行者として*民事保全法'上の仮の地位を定める仮処分〔民保56〕の一種として本案の裁判所により選任された者。仮処分命令に別段の定めがある場合を除き、会社の常務すなわち事業の通常の経過に伴う業務を行う権限のみを有する。権限外の行為をなすには裁判所の許可を要する。それに違反してなされた行為は無効であるが、*善意'の*第三者'には対抗できない〔会社420③・352〕。 ⇨取締役の職務代行者'

執行役の利益相反行為 *執行役'と*指名委員会等設置会社'との間に利益相反の危険のある行為。執行役の*忠実義務'に基づき、利益相反取引、競業取引及び会社の機会の奪取等が規制の対象となる。利益相反取引には、執行役が自ら会社の相手方として、又は*第三者'を代理・代表して会社との間で行う取引のみならず(⇨執行役・会社間の取引')、会社が執行役の債

しっこうゆ

務を保証する等，執行役以外の者との間で会社と執行役との利益が相反する取引(間接取引)も含まれる。競業取引とは，会社の事業の部類に属する取引である。利益相反取引及び競業取引をするには，*取締役会'の承認を受けることを要する〔会社419②〕。承認を受けた利益相反取引により会社に損害が生じたときは，会社と利益相反の関係に立つ当該執行役及び当該取引を決定した執行役は任務を怠ったものと推定されるが，自己のために取引した場合を除き，責めに帰することができない事由によるものであることを証明すれば損害賠償責任を免れる〔会社423③・428①・419②〕。執行役の一般的な忠実義務〔会社419②〕に基づき会社の機会の奪取等の利益相反行為が規整されることがある。 ⇨取締役の利益相反取引'

執行猶予 **1意義** 刑の言渡しはするが，情状によって*刑の執行'を一定期間猶予し，猶予期間を無事経過したときは刑罰権を消滅させることとする制度。

2目的 *短期自由刑'その他*実刑'に伴う弊害を防止し，猶予期間内に*再犯'をすれば刑を執行するという威嚇の下に再犯を防止し，猶予期間を無事経過したときは刑の言渡しの効果を消滅させて〔刑27〕，前科に伴う不利益をなくし更生に役立たせることを目的とする。 ⇨宣告猶予'

3沿革 英米の，刑の宣告を猶予し*保護観察'に付する*プロベーション'制度を模して，ベルギー，フランスで相次いで法制化されたもので，日本でも明治38年(1905)に特別法(刑ノ執行猶予ニ関スル法律(明70))で導入され，現行刑法に取り入れられた。

4要件 執行猶予の要件は徐々に緩和されている。現行法では，イ 前に*拘禁刑'以上の刑に処せられたことがないか，処せられてもその執行終了後又は執行の免除を受けた後5年経過しても拘禁刑以上の刑に処せられたことがない者が3年以下の拘禁刑又は50万円以下の罰金に処せられたとき，ロ 前に拘禁刑に処せられその執行猶予中の者(ただし，再度の執行猶予の言渡しを受け，保護観察に付せられた者は除く)が2年以下の拘禁刑の言渡しを受け，情状が特に軽いときには，1年以上5年以下の期間執行を猶予できるものとされている〔刑25〕。保護観察は初度目執行猶予については裁量的，再度の執行猶予については必要的に付される〔刑25の2〕。

5刑の一部の執行猶予 拘禁刑を言い渡す際に，その刑期の一部を実刑とし，残りの刑期の執行を猶予するというもの。平成25年に，刑法の一部改正(法49)及び「薬物使用等の罪を犯した者に対する刑の一部の執行猶予に関する法律」(法50)の制定により導入された制度である。施設内処遇と社会内処遇との連携によって，再犯防止と改善更生を図ることを目的とした制度である。現行の*仮釈放'も同様の趣旨の制度であるが，仮釈放の期間が残刑期間に限られることから，全体の刑期が短い場合には，有効な保護観察の期間の確保が困難になるという問題があった。そこで，刑の一部の執行を猶予し，その猶予期間中に保護観察に付することを可能にすることによって，十分な社会内処遇の期間を確保しようとしたのである。刑法の中に定められた刑の一部執行猶予制度は，いわゆる初入者，すなわち，初めて刑務所に服役することとなる者や，前刑の執行終了後5年以上経過した者を対象とするものであり，宣告刑が3年以下の拘禁刑である場合において，刑事責任の観点及び特別予防の観点から，必要性及び相当性が認められるとき，刑の一部の執行を1年以上5年以下の期間猶予することができるとしている〔刑27の2①〕。猶予期間中に保護観察に付するか否かは裁量的なものとされている〔刑27の3①〕。一方，薬物一部猶予法上の刑の一部執行猶予制度は，刑法の特別を定めたものであって，薬物使用等の罪を犯した者については，初入者に当たらない者，すなわち累犯者であっても，刑の一部の執行猶予を可能とするとともに，その猶予の期間中は必要的に保護観察に付するとしている〔薬物一部猶予3・4〕。このように，薬物使用等事犯につき特別な扱いをするのは，その対象者については，施設内処遇だけでなく，薬物の誘惑のある社会において，引き続き相応の期間にわたる保護観察を行うことがとりわけ有用であるという考慮に基づいたものである。

執行吏 ⇨執行官'

執行力 I 民事裁判などによって存在を認められた権利内容を国家機関が強制的に実現しうる効力。狭義では，*強制執行'に基づいて給付請求権を実現できる効力を指す。狭義の執行力が認められる文書又は*電磁的記録'を，*債務名義'と呼ぶ〔民執22〕。その代表例は，*給付判決'である。これに対して，判決であっても，*確認判決'や*形成判決'には，*訴訟費用'の裁判の部分を除き，狭義の執行力は認められない。広義では，強制執行以外の方法によって裁判の内容に適合する状態を実現しうる効力を含む。例えば，判決に基づいて戸籍簿や登記簿への記載を求め〔戸63・69・73・75・77・79・116，不

じっしつて

登63①)，あるいは執行不許の判決に基づいて*執行機関'に対して*執行停止'や取消しを求めること〔民執39①Ⅰ〕などがこれに当たる。したがって，広義の執行力は，確認判決や形成判決にも認められ，*仮執行'の対象ともなる〔民訴259〕。
Ⅱ 行政法上の執行力については，*行政行為の効力'をみよ。

執行力のある債務名義の正本 原則として*執行文'の付された*債務名義'の*正本'であるが，執行文を要しない債務名義ではその債務名義の正本を指す〔民執51①・25〕。*強制執行'は執行力ある債務名義の正本に基づいて実施される。略して執行正本。

実 子 親との間に生物学的な血のつながりがあると法律上認められる子を実子という。*養子'に対する語。第二次大戦後に改正(昭和22法222)された現行民法は，旧規定にあった*継親子'・嫡母(ちゃくぼ)庶子関係を認めない。養親子の場合と異なり，自然的血縁関係である実親子には，法律上親子関係を終了させる方法はない。実親子には*嫡出子'と*嫡出でない子'(非嫡出子)の区別があり，後者は父の*認知'がない限り，父子関係は成立しない。母との関係については，判例は出生の事実があれば嫡出でない子の母子関係は成立するという(最判昭37・4・27民集16・7・1247)。なお，嫡出でない子も，*準正'によって嫡出子の身分を取得できる〔民789〕。

実 施 規 定 ⇨実施規定'(巻末・基本法令用語)

実施権(特許の) *特許権'者以外の者が当該特許発明を業として実施できる権利。特許権者の意思(許諾)に基づいて成立する許諾実施権(いわゆるライセンス。約定実施権ともいう)のほか，国家の裁定により強制的に設定される*裁定実施権'と，一定の要件を満たした場合に特許権者の意思とは関係なく法律上当然に発生する*法定実施権'がある。許諾実施権には，物権的な性質の*専用実施権'〔特許77〕と，債権的な性質の*通常実施権'〔特許78〕があり，特許権者は専用実施権の設定〔特許77①〕又は通常実施権の許諾〔特許78①〕を行うことができる(仮実施権(⇨仮通常実施権' ⇨仮専用実施権')について*停止条件'としての特許権の設定の登録があった場合，専用実施権の設定・通常実施権の許諾がされたものとみなされる〔特許34の2②・34の3②。なお，新案4の2，意匠5の2〕)。これに対し，裁定実施権・法定実施権は全て通常実施権である。特許の実施権は，実施の事業とともにする場合，特許権者等の承諾を得た場合及び*相続'その他の*一般承継'の場合に限り，移転することができ〔特許77③・94①〕，また，特許権者等の承諾を得た場合に限り*質権'を設定することができる〔特許77④・94②〕が，裁定実施権については移転できる場合が限定されており〔特許77③④⑤〕，質権を設定することはできない〔特許94②〕。実用新案実施権及び意匠実施権についても，ほぼ同様の規定がある〔新案18～26，意匠27～36〕。 ⇨使用権(商標の)'

実 施 庁 各省に*外局'として置かれる庁のうち，その所掌事務が主として政策の実施に係るものである庁として*国家行政組織法'別表2に掲げるもの〔行組7⑤〕。公安調査庁，国税庁，特許庁，気象庁，及び海上保安庁がこれに当たる。他の庁との違いは，実施庁の組織編成が弾力的である〔行組7⑥〕ことにある。

実質課税の原則 *租税法'の解釈及び課税要件事実の認定について，各個別租税法の目的に従い，租税負担の公平を図るよう，それらの経済的意義及び実質に即して行うものとするという原則。実質主義とも呼ばれる。*国税通則法'の制定にあたって制度化が検討されていた見られた。現在では，租税法の目的論的解釈及び課税要件事実の認定に関する法的実質主義(私法重視の事実認定原則)の枠内でのみ，妥当性が認められているにとどまる。

実質関係(手形の) ⇨手形の原因関係'

実質行為者課税の原則 ⇨課税物件の帰属'

実 質 証 拠 *検察官'が立証しようとする犯罪事実など*要証事実'の存否を証明するために用いられる証拠。例えば，犯行を目撃した者の*証言'や*被告人'の*自白'などがこれに当たる。なお，実質証拠は独立証拠とも呼ばれ，*補助証拠'と区別される。

実質所得者課税の原則 所得という*課税物件'の帰属(人的帰属)の判定の場面における実質課税の原則の現れで，所得の人的帰属という課税要件事実の認定は，所得の享受に関する名義・形式ではなく実体・実質に即して行うものとするという原則〔所税12，法税11〕。この原則にいう実体・実質については，私法上所得を享受する権利を基準にして認定する見解(法律的帰属説)と，経済的に所得を享受する事実を基準にして認定する見解(経済的帰属説)があるが，納税者の予測可能性・*法的安定性'や公平な税務執行の可能性の保障の観点から，前者が支持されている。

実質的違法性 行為が形式的に法規範に違

じつしつて

反していることにとどまらず、実質的にも処罰するに値する内容を備えていること。*違法性'の実質については、学説上、激しい議論が展開されてきたが、*法益'侵害又はその危険性の発生に求める見解(結果無価値論)と、その行為態様が行為規範から逸脱している点に求める見解(行為無価値論)の対立がみられる(⇨違法性')。実質的違法性を重視する立場によれば、*構成要件'に該当するが実質的違法性を欠く行為については、違法性を阻却する明文の規定がない場合であっても、実質的観点から違法性を阻却する余地がある(*超法規的違法阻却事由')。更に実質的違法性の観点は、正当業務行為(⇨正当行為・正当業務行為')における業務の正当性の判断など個別の*違法性阻却事由'の解釈においても重要な判断基準となっている(最決昭和53・5・31刑集32・3・457)。

実質的意味の憲法　⇨憲法'

実質的支配者リスト制度　「商業登記所における実質的支配者情報一覧の保管等に関する規則」(令和3法務省告187)により、*株式会社'からの申出に基づいて*登記所'がその実質的支配者に関する情報を記載した書面・記録を保管し、その写しを交付・提供する制度。資金洗浄(⇨マネー・ローンダリング')・テロ資金の防止の観点から、FATF(金融活動作業部会)の勧告や金融機関の要請等に対応して新設された。実質的支配者とは、*議決権'総数の4分の1を超える議決権を直接又は間接に有していると認められる*自然人'等をいう〔同規則2②、犯罪収益移転防止11②①〕。

実質的証拠法則　**1 意義**　*準司法的手続'を経て下された審判の適否を裁判所が審査する場合に、*行政機関'のした事実認定を立証する実質的な証拠のある限り、裁判所がこれに拘束されるとする原則をいう。substantial evidence rule 囻の訳語。

2 趣旨　専門の委員から成る*行政委員会'が司法に類した慎重な手続に従い専門技術的事項についての事実認定を行った場合、必ずしも専門知識をもたない裁判所がこれを審理し直しても、公正な結果が担保できるとはいい難い。このような場合に、行政機関の事実認定を支持する合理的な証拠の認められる限り、裁判所は自ら事実認定を行うことなく、*行政庁'の事実認定を尊重するという原則である。行政手続と司法審査との関係を合理的に調整する趣旨で、アメリカの判例により形成された。

3 日本の場合　日本でも、準司法的手続を経て下される若干の処分につき採用されている〔電波99①、土地利用調整52①等〕。これによるときは、行政庁の認定した事実を立証する実質的な証拠があれば、裁判所は当該事実認定に拘束される。実質的証拠の有無は裁判所が判断するが〔電波99②、土地利用調整52②〕、事実に関する審理はこの点に限定され、裁判所は原則として新たな*証拠調べ'をすることができず、その必要があるときは、事件を行政庁に差し戻さなければならない。なお、独占禁止法における実質的証拠法則は、平成25年の同法改正(法100)によって廃止された。

実質的証明力　*証拠方法'の1つである文書の記載内容が立証事項の証明に寄与する程度をいう。*形式的証明力'に対する。　⇨文書の証明力'

実質的審査主義　⇨形式的審査主義・実質的審査主義'

実質的当事者訴訟　⇨当事者訴訟'

実質的法治国家　⇨法治国家'

実　質　法　⇨国際私法'

実質法的指定　*契約'において、特定国法の内容を当事者間の契約内容として一括して取り込むこと(囻 incorporation)。これに対し、*国際私法'上の*準拠法'指定を抵触法的指定ということもある。実質法的指定は、特定の法が準拠法であることを前提とする契約当事者間の合意内容にすぎないものであり、準拠法上の強行規定に反することはできない。これに対し抵触法的指定の場合には、それにより、仮に抵触法的指定がなされなかった場合には準拠法とされたであろう法とは異なる法が準拠法となる。したがって、仮に抵触法的指定がなされなかった場合には準拠法とされたであろう法は、その強行規定も含めて、全体として適用されないこととなる。また、実質法的指定がなされた後に当該法の内容が改正された場合、新旧いずれの法の内容が契約内容とされるかは実質法的指定の趣旨によるが、実質法的指定がなされた当時の法内容を合意内容と判断すべき場合が多いであろう。これに対し、抵触法的指定の場合には新旧いずれの法によるかは当該国法上の経過規定によることとなる。

実施命令　⇨執行命令'

失　職　*公務員'が、法律の定める欠格条項〔国公38、地公16〕に該当することで当然にその*職'を失うことをいう〔国公76、人規〈8-12〉4⑧、地公28④〕。*分限'制度の一環だが、失職に際して処分は行われず、失職した旨を知らせる人事異動通知書が交付されるにすぎない〔人規〈8-12〉53⑨〕。*地方公務員'の場合、特例を定める

条例のあることがあり，この特例に該当する場合には失職しないことがある〔地公 16〕。*'国家公務員'の場合も，人事院規則で特例を定めることはできるが〔国公 38〕，そのような人事院規則は制定されていない。 ⇨'職(公務員の)' ⇨'身分保障' ⇨'不利益処分' ⇨'処分(行政法上の)'

失踪宣告 **1 意義** *'不在者'が*'死亡'したという証拠もなく，また，*'認定死亡'として取り扱える事情もなくて生死不明のままの状態である場合，この者をいつまでも生存者として扱うとすれば，その者を巡る財産関係や身分関係が長い間放置され，関係者にとって極めて不都合である。そこで，生死不明が一定の期間(失踪期間)続くと，一定の条件の下でその不在者を死亡した者とみなし，その者を巡る法律関係を処理しようとする制度が失踪宣告である。
2 要件 失踪期間は，普通の場合(普通失踪)には 7 年，従軍・船舶の沈没など死亡の推測を高めるような危難にあった場合(特別失踪又は危難失踪)は 1 年である〔民 30〕。この期間を過ぎると利害関係人(不在者の配偶者・推定相続人・保険金受取人等)の請求によって家庭裁判所が失踪宣告をする。宣告は，家事事件手続法により一定期間の公示催告を経た後，*'審判'によって行われる〔家事 148，家事規 88・89〕。
3 効果 失踪宣告があると，普通失踪では失踪期間満了時に，特別失踪では危難の去った時に，不在者が死亡したものとみなされる〔民 31〕。その結果，婚姻が解消可能となり，相続が開始する等の効果が生ずる。失踪宣告を受けた者(失踪者)が，生存すること又は上記の時点と異なった時点で死亡したことが分かった場合には，家庭裁判所は，本人又は利害関係人の請求により宣告を取り消す審判をする。宣告が取り消されると，失踪者の死亡を前提とする*'法律効果'は全て生じなかったことになるが，それを貫くと失踪宣告に基づいて利害関係をもった者に不測の損害を与えるので，*'善意'でした*'法律行為'は，効果に変わりはなく，宣告によって財産を得た者は，現に利益を受ける限度(⇨'現存利益')で(現存する限りの財産を)返還すれば足りると定められている〔民 32〕。なお，失踪者の配偶者が善意で他の者と婚姻した後，失踪宣告が取り消された場合の前婚姻と新婚姻との関係については，判例はなく，学説は分かれているが，新婚姻の効力だけが認められ，旧婚姻は復活しないという説が有力である。

実損塡補の原則 ⇨'保険価額'
実体的確定力 Ⅰ 民事訴訟法上は，判決における判断内容が確定的なものとみなされるという性質をいい，一般に既判力と呼ばれる。
Ⅱ 伝統的な刑事訴訟法学では，実体裁判・*'免訴'裁判が確定したときに，その裁判の意思表示的内容が確定的なものとみなされる効力をいった。現在の学説では，裁判の内容的確定力の一種として説明される。
⇨'既判力' ⇨'形式的確定力'

実体的真実主義 Ⅰ *'被疑者'・*'被告人'の犯罪の有無及びその内容を正確に明らかにすることこそ，刑事手続の最も重要な目的であるとする考え方。元々は形式的真実主義と対置されていたが，現在はその実質を捉えて，むしろ被疑者・被告人などの権利保障を重視する適正手続主義と対置されることが多い。刑事訴訟法 1 条は，「事案の真相を明らかに(すること)」と「個人の基本的人権の保障」をともに目的として掲げている。しかし，これらのいずれをより重視するかによって，訴訟法の解釈・適用に違いが生じる。実体的真実主義は，前者の目的を優位に置くので，例えば違法収集証拠でも真実の発見に役立つ限り利用してもよいという結論をもたらす。反対に適正手続主義は，事実の解明が制約されても，権利保障を全うするために，このような証拠は許されないと考える。また，実体的真実の解明を保障するためには，当事者の主張と立証だけに任せるのでは足りない。そのため，実体的真実主義は，裁判所が主導権と責任をもって事実を探る*'職権主義'と結び付く。
Ⅱ 民事訴訟上は，*'形式的真実主義・実体的真実主義'をみよ。

実体的デュー・プロセス ⇨'デュー・プロセス・オブ・ロー'

実体判決 刑事訴訟法上，事件の実体について，すなわち*'公訴'提起に理由があるかどうかを判断する裁判をいう。有罪(理由あり)〔刑訴 335〕・無罪(理由なし)〔刑訴 336〕の判決がこれに当たる。事件の実体について判断する前提として，そもそも公訴提起が有効かどうかも問題になるが，公訴提起が無効であれば(⇨'訴訟条件')，*'公訴棄却'〔刑訴 338・339〕，*'管轄違い'〔刑訴 329〕の形式裁判で事件を終局させなければならない。*'免訴'の判決〔刑訴 337〕が実体判決か形式判決かについては，議論がある。民事訴訟法上，*'本案判決'を実体判決と呼ぶことがある。

実体判決請求権 ⇨'公訴権'
実体法 法律関係(権利義務，犯罪の要件と効果など)の内容を定める法。それを実現

しつたつり

する手続を定める'手続法'の対立概念。民法、商法などは民事実体法、刑法、'軽犯罪法'などは刑事実体法で、民事訴訟法、'民事執行法'などは民事手続法、刑事訴訟法などは刑事手続法である。両者の関係については、イまず実体法があり、それを実現するために裁判制度・執行制度が作られたとして、前者の名宛人は私人、後者の名宛人は裁判官であるとする立場、ロまず'訴訟法'があり、そこから実体法が分離したとし、両者とも名宛人は裁判官とする説が対立しており、'訴権'論・'訴訟物'理論・請求権競合論などの対立と連なっている。

執達吏 ⇨'執行官'

実定法 特定の社会で実効的に行われている法。'制定法'、'慣習法'などがその基本的形態である。'自然法'の対立概念で、実定法のみを法とする思想が'法実証主義'である。

質的過剰・量的過剰 '過剰防衛'の類型のうち、急迫不正の侵害に対する防衛行為が相当とされる範囲を逸脱していた場合を質的過剰という。これに対して、急迫不正の侵害が終了したにもかかわらず、更に反撃行為を継続した場合を量的過剰という。量的過剰については刑法36条2項が適用されるか、争いがあるが、全体の行為を防衛行為として一体的に評価できる限度でこれを認めるのが通説的な理解である(最決平成20・6・25刑集62・6・1859参照)。

失念株 1 意義 '剰余金の配当'の基準日又は新株発行・'株式の無償割当て'・'新株予約権'の発行・'新株予約権の無償割当て'・'株式の分割'の割当日等までに'株主名簿'の'名義書換'を失念したために、会社から剰余金配当を受けられず、又は新株の割当て等を受けられなかった'株式'のこと。

2 失念株主の地位 剰余金配当は基準日現在の名簿上の'株主'に支払われ、新株又は新株予約権等は基準日現在の名簿上の株主に与えられる〔会社124〕ので、株式の譲受人がその期日までに名義書換をしないときは、会社に対する関係でこの権利を取得するのはもはや株主でなくなっている名簿上の株主である。判例は、名義書換を失念した株式譲受人(失念株主)がした名簿上の株主に対する払込金と引換えにする新株券の引渡請求は認めていない(最判昭35・9・15民集14・11・2146)が、配当金(最判昭37・4・20民集16・4・860、東京地判昭56・6・25判時1028・106)や株式の分割(最判平成19・3・8民集61・2・479)の場合などには名簿上の株主に対する'不当利得'返還請求を認めている。そして、学説は、不当利得、'準事務管理'等を根拠に一定の

限度で失念株主の名簿上の株主に対する配当金又は新株等の引渡請求を認めている。日本証券業協会の統一慣習規則では、協会員間では、失念株主は名簿上の株主に対して一定の期間内に限り一定の基準によって算定した額を支払うことにより、配当金、新株式等の返還を請求できる旨が定められている。もっとも、この規則が当然に一般顧客を拘束するものではない。

実物賃金 ⇨'現物給与'

疾病保険 ⇨'傷害疾病定額保険契約'・⇨'傷害疾病損害保険契約'

質問(議院における) 議員が国政一般について内閣に事実又は所信をただすこと。質問は原則として文書で行い、かつ'議長'の承認が必要である〔国会74①②〕。議長の不承認について異議があれば議院に諮る〔国会74③〕。議長又は議院が承認しなかった質問について、議員の要求があればその主意書を会議録に掲載する〔国会74④〕。内閣は質問主意書を受理してから7日以内に答弁する義務がある〔国会75②〕。緊急を要するときは、議院の議決により口頭で質問できる〔国会76〕が、天災地変、騒擾(そうじょう)その他'議院運営委員会'において緊急やむをえないものと認めたものに限り許可する例である〔衆先例428・429号。なお、参先例387〜390号参照〕。⇨'質疑(議院における)'

質問検査権 税務署長が'納税申告'又は'更正の請求'の適否を判断し課税処分等をするにあたって、'課税標準'等又は税額等の計算の基礎となる事実(課税要件事実)に関する資料・情報を取得・収集するために、担当職員が納税者又は一定の関係のある者に質問し、その者の帳簿書類等('電磁的記録'を含む)の物件を検査し、又は当該物件の提示・提出を求め、提出物件の留置きをすることができる権限〔税通74の2〜74の13〕。質問検査は税務調査の一種であり、'間接強制'〔税通128②③参照〕を伴う任意調査である。平成23年度税制改正(法114)で、各個別'租税法'の関係規定が全て'国税通則法'に移され、事前通知、調査終了の際の手続等が新たに法定された。

実用新案権 実用新案の登録を受けた考案(登録実用新案)を業として独占的に実施しうる排他的な権利〔新案16・2②〕。'知的財産権'の一種で、'工業所有権'(産業財産権)の1つ。'実用新案法'によれば、考案とは自然法則を利用した技術的思想の創作をいうとされており〔新案2①〕、'特許法'にいう'発明'とほぼ同様である〔特許2①参照〕が、高度な創作であることを要しない点で異なる。また、実用新案の登録を

受けることができるのは，考案の中でも，物品の形状，構造，又は組合せに係る考案に限られるとされており〔新案3①〕，方法の発明に対応するものはない。平成5年の実用新案法の大改正（法26）により，無審査主義の原則が採用され，このような考案は，出願後，新規性や進歩性等の審査を経ることはなく登録される〔新案5・6の2・14〕。実用新案権者は，登録実用新案を業として利用する権利を専有するとともに〔新案16〕，他人に対して'専用実施権'を設定したり〔新案18〕，'通常実施権'を許諾することもできる〔新案19〕。なお，無審査主義が採用されたため，特許庁が作成した実用新案技術評価書を提示して警告をした後でなければ侵害者等に対し権利を行使することができない〔新案29の2・12〕。実用新案権の存続期間は，平成5年改正（法26）の際に出願日から6年とされたが，平成16年改正（法79）の際に出願日から10年に改められている〔新案15〕。平成16年改正（法79）により，実用新案登録出願の係属中ばかりでなく，出願から3年以内であれば，実用新案登録後も，それを基礎とした特許出願が認められるようになった〔特許46の2①〕。

実用新案実施権　⇨実施権（特許の）'
実用新案登録請求の範囲　⇨特許請求の範囲'

実用新案法　昭和34年法律123号。工業所有権（産業財産権法）の1つ。物品の形状，構造又は組合せに係る技術的思想の考案者に，一定期間考案を排他的に実施する実用新案権を付与することによって，考案の奨励を図るとともに，その実施を促進せしめ，もって産業の発達に寄与することを目的とする法律。'特許法'・'意匠法'・'商標法'の3法よりも制定は遅く，明治38年（1905）に最初の実用新案法（法21）が成立している。大正10年（1921）の旧実用新案法（法97）を経て，昭和34年制定の現行法に至る。平成5年に大改正され（法26），無審査主義の原則が導入された。平成16年改正（法79）の際に，実用新案登録に基づく特許出願制度が導入され，ひとまず簡易迅速に実用新案登録の保護を得てから，特許出願をするか否かを決定するという戦略を採用することができるようになった。この改正により，実用新案制度は，無審査制度の利便性を活かし，簡易迅速に暫定的な保護を供与する制度である点で，特許制度と異なる独自の意義があることが明らかとなった。また，平成23年改正（法63）により，特許法と同様に，冒認出願等に係る救済措置の整備〔新案17の2〕，通常実施権等の対抗制度の見直し〔新

案19③〕，再審における主張制限の導入〔新案30〕等が行われている。令和元年改正（法3）では損害賠償額算定方法の見直し〔新案29〕も行われている。　⇨実用新案権'

実労働時間　⇨労働時間'

ジー・ディー・アール（GDR）　Global Depositary Receipt 英 の略称。EDR（英 European Depositary Receipt）（欧州預託証券）ともいう。ヨーロッパの預託機関（銀行・信託会社）が，ヨーロッパ地域外の国の記名株式の預託を受けて発行する，無記名式預託証券。'エー・ディー・アール（ADR）'と同様，外国株式をヨーロッパの株式制度に合わせ，また，発行会社や金融商品取引業者の事務処理を簡単にすることを目的としている。

シー・ディー・エス（CDS）　⇨クレジット・デフォルト・スワップ'

指定買取人　⇨買取人指定請求権'

指定管轄　ある事件について，管轄裁判所が法律上若しくは事実上'裁判権'を行使することができない場合，又は裁判所の管轄区域が不明確であるため管轄裁判所が定まらない場合等に，直近の上級裁判所が指定する'管轄'〔民訴10，刑訴15・16〕。　⇨法定管轄'

指定管理者制度　⇨'公の施設'

指定市　⇨指定都市'

指定都市　'地方自治法'が市町村のうち「大都市」に関する特例として定める252条の19の規定により，政令で指定する人口50万以上の市をいう。すなわち大都市＝指定都市である。現在，大阪・名古屋・京都・横浜・神戸・北九州・札幌・川崎・福岡・広島・仙台・千葉・さいたま・静岡・堺・新潟・浜松・岡山・相模原・熊本の20市が指定されている。指定の目安は，当初おおむね100万であったが，その後徐々に切り下げられている。'大都市制度'については地方自治法の制定により'特別市'の制度が設けられていたが，実施に移されないまま昭和31年の改正（法147）により本制度が設けられた。大都市行政の合理的能率的運営を図るため，地方自治法上大都市に関する特例として，指定都市に対しては，都道府県の事務のうち社会福祉行政・保健衛生行政等市民生活に身近な事務を市に委譲し，都道府県知事の関与に関する特例を設けるほか，指定都市においては市長の権限に属する事務を分掌させるため'条例'で'区'・総合区を設けることができるなどの定めをおいている〔自治252の19〜252の21の5，自治令174の26〜174の49〕。なお，指定都市は一般に政令市とも呼ばれ，また，他の法律において

しーてぃー

指定市ということもある〔道7③、警38②〕。大都市＝指定都市に準じて一般市より大きな権限を付与されているものに、平成6年新設の中核市、平成11年新設の特例市があったが、平成26年改正〔法42〕により後者は前者の制度に統合された。　⇨中核市'　⇨特例市'

シー・ティー・ビー・ティー（CTBT）　⇨包括的核実験禁止条約'

指定法人　特別の法律において*行政庁'が特定の業務を行わせるために指定することとされている法人の実務上の総称。法律で一旦*行政事務'とされた業務を指定法人が*行政庁'に代わって、又は行政庁'とともに実施している場合と〔行手4③参照〕、当該業務はあくまで民間業務の扱いであるが、その促進を図る必要から指定法人制度が用いられている場合とがある。業務の内容は検査、試験、資格付与等であることが多いが、その範囲は拡大傾向にある。　⇨認可法人'

私的自治の原則　近代社会においては、個人はそれぞれ自由・平等であるとされているが、そのような個人を拘束し、権利義務関係を成り立たせるものは、それぞれの意思であるとする考え方。このように、法律関係形成において個人の意思を重視する考え方は、自然法学の影響を受けながら形成され、自由な商品交換を前提とする経済的自由主義が支配した初期資本主義社会によって支えられたものである。契約自由の原則はその1つの表現である。更に、遺言の自由などにおいても個人の意思が決定的なものとされているが、そのほか責任の面においても、*故意'・*過失'を*不法行為'や*債務不履行責任'の要件とする（*過失責任主義'）など、意思の要素が重んぜられている。しかし、資本主義経済が高度化するにつれて、一方では、附合契約のように契約当事者の個々の意思によらずに一方当事者の決定するところによって契約関係の内容が定められ、他方で、借地借家契約のように国家が契約内容に干渉するなど、次第に個人の意思が法律関係を決定しなくなってきている。　⇨契約自由の原則'

私的独占　**1 概念**　*事業者'が、単独又は他の事業者と通謀・結合して、他の事業者の事業活動を排除又は支配するという行為類型に該当する行為を行い、それが公共の利益に反して、*一定の取引分野'における競争の実質的制限という効果をもつ場合、私的独占となる〔独禁2⑤〕。

2 排除・支配　他の事業者の事業活動の「排除」とは、自らの市場支配力の形成、維持ないし強化という観点からみて正常な競争手段の範囲を逸脱するような人為性を有する手段によって、事業活動の継続や市場への参入を著しく困難にさせることをいう（最判平成22・12・17民集64・8・2067〈NTT東日本事件〉）。すなわち、正常な競争を通じた市場機能による淘汰ではなく、市場機能を人為的に損なう行為による排除である。かかる手段として問題となりうる行為の例として、費用割れの低価格販売、抱き合わせ販売、排他的取引、供給拒絶・差別的取扱いなどがある。他の事業者の事業活動の「支配」とは、直接又は間接に、他の事業者の意思決定を拘束し干渉することをいう。株式取得などの企業結合の手段により相手方の事業活動に干渉する場合もあるが、指示してそのとおりに行動させていた事実から「支配」を認定した例もあり、指示された事業者が協力的な場合でも「支配」と認定される可能性がある（公取委排除措置命令平成27・1・16審決集61・142〈福井県経済農業協同組合連合会事件〉）。

3 反公益性と競争の実質的制限　私的独占は、排除・支配行為が、公共の利益に反し、一定の取引分野における競争を実質的に制限する場合に成立する。一定の取引分野における競争の実質的制限は、市場における競争機能が働いていない状態をいい、排除・支配によって市場が有する競争機能を損ない、価格や数量などを人為的に左右することができる市場支配力を形成・維持・強化することをいう（価格支配力）。また、排除・支配は、事業者の独自の競争単位としての存在を否定する行為であり、それにより競争が排除され市場の開放性が妨げられる場合に競争の実質的制限の問題が生じる（競争排除力）、との考えもある（⇨競争の実質的制限'）。なお、一定の取引分野における競争の実質的制限とまではいえない場合でも、「公正な競争を阻害するおそれ」があるなら*不公正な取引方法'〔独禁19〕として規制する可能性がある。公共の利益については*不当な取引制限'をみよ。

4 違反の効果　私的独占は、*独占禁止法'により禁止されており〔独禁3〕、違反行為に対しては、*公正取引委員会'による*排除措置命令'が用意されている〔独禁7〕。更に、*課徴金'が課され〔独禁7の9〕、被害者に対する無過失損害賠償責任を生じ〔独禁25〕、刑事告発されれば罰則が適用される〔独禁89①①②〕可能性がある。また、該当する行為の私法上の効力が否定されることもある。

私的独占の禁止及び公正取引の確保に関する法律　⇨独占禁止法'

私的録音録画補償金　私的なデジタル録音・録画につき，複製者から著作権者に支払う補償金。*著作権'は私的使用のための複製（⇨複製権'）には及ばない〔著作30①〕が，平成4年の*著作権法'改正〔法106〕で，デジタル方式の録音・録画機器と記録媒体であって政令で定めるものにより，その記録媒体で政令で定めるものに録音・録画を行う者は，相当な補償金を著作権者に支払うこととなる〔著作30②，著作令1・1の2〕。権利者がこの補償金を受ける権利を直接各複製者に行使することは事実上不可能であり，指定管理団体を通じてのみ行使でき〔著作104の2①・104の3〕，その上，補償金の支払は各複製ごとに行うのではなく，その機器又は記録媒体の購入にあたり，一括の支払とすることを認めている〔著作104の4〕。また，機器等の製造・輸入業者は，その補償金の支払の請求及びその受領に協力をしなければならない〔著作104の5〕。具体的には，製造・輸入業者は，補償金を上乗せして機器等を販売し，その機器等が購入された場合にその上乗せ額を指定管理団体に支払うこととなる。

…してはならない　⇨…してはならない'（巻末・基本法令用語）

支　店　*商人'(個人商人・*会社')が1つの*営業'(事業)について複数の営業所を置く場合に，本店の指揮命令を受ける従たる営業所。支店も，一定の独立性をもち，営業(事業)活動の指揮命令を統括するという営業所としての実質を有することが必要であり，単に営業(事業)の目的たる取引や事実的行為を行うにすぎない派出所・売店・工場等は支店に当たらない。支店は，営業所として，債務の履行場所を定める基準となる〔商516〕。*株式会社'の支店の設置・廃止等は，*取締役'が2人以上ある場合には単独で決することができない〔会社348③②〕。*取締役会設置会社'では*取締役会'決議事項。会社362④④〕。会社の支店の所在場所は登記事項であるほか〔会社911③③等〕，支店における一定の書類の備置義務がある〔会社31①・318③・442②〕。⇨営業所'　*本店'

支店長　⇨支配人'

私　道　公道に対する観念で，私人が築造・維持・管理し，通行の用に供している道路。私人が自らの権原に基づいて道路として供しているため，その使用関係も私法的規律に服するが，私道が一般交通の用に供されている場合，その公共性を無視できないため，公法的規制の必要が議論されている。道路運送法により，国の特許を受けて自動車道事業者が経営する自動車道〔道運2⑧・47①〕も，同法による公法的規制は受けているが，その性質は私道の一種である。なお，*建築基準法'上，私道について道路位置指定を受けることによって，建築を適法ならしめ，当該私道に対し公道と同様の制限を及ぼす制度がとられている〔建基42〕。⇨公道'

指　導　⇨行政指導'

児　童　日本の実定法上，児童の意義は統一されていない。憲法27条3項「児童は，これを酷使してはならない」を受けた*労働基準法'では，満15歳に達した日以後最初の3月31日以前の者をいう〔労基56〕。*学校教育法'では小学校に就学させなければならない子女(満6～12歳)を学齢児童，中学に就学させなければならない子女(満12～15歳)を学齢生徒という〔学教17・18〕。*児童福祉法'，*児童買春，児童ポルノに係る行為等の規制及び処罰並びに児童の保護等に関する法律'では満18歳未満の者をいう〔児福4，児童買春2①〕。児童手当法では，18歳に達する日以後の最初の3月31日までの間にある者であって，日本国内に住所を有するもの又は留学その他の内閣府令で定める理由により日本国内に住所を有しないものをいう〔児手3①〕。児童扶養手当法(⇨児童扶養手当')では18歳に達する日以後の最初の3月31日までの間にある者又は20歳未満で政令で定める程度の障害の状態にある者をいう〔児手3①〕。*母子及び父子並びに寡婦福祉法'では20歳未満の者をいう〔母福6③〕。⇨年少労働'

自動延長・自動更新（労働協約の）　自動延長は労働協約の有効期間満了後も新協約の締結まで自動的にその効力を持続させ，また自動更新は有効期間満了に際して当事者のいずれからも改定・解約の申入れがない限り自動的に同一内容で同一期間更新させる条項。どちらも*労働協約'中に規定され，不安定な無協約状態を回避しようとする。

児童買春　⇨児童買春，児童ポルノに係る行為等の規制及び処罰並びに児童の保護等に関する法律'

児童買春，児童ポルノに係る行為等の規制及び処罰並びに児童の保護等に関する法律　平成11年法律52号。**1 意義**　通称・児童買春・児童ポルノ処罰法。性的搾取から児童を保護すべく，児童買春及び児童ポルノに係る行為の処罰を定める。保護対象たる「児童」とは，18歳未満の者をいう〔児童買春2①〕。⇨児童'　⇨未成年者'

2 児童買春の意義　児童買春とは，児童本人やその保護者，周旋者等に対して，経済的利益(対

じどうぎや

償)を供与し(又はその約束をして)当該児童に対し、性交等をすることである〔児童買春2②〕。「性交等」とは、性交に加え、性交類似行為(口腔性交、肛門性交など)、更に、性器等を触り、又は、自己のそれを触らせる行為を含む。 ⇨売春防止法'

3 児童買春に係る行為の処罰 児童買春をした場合、5年以下の拘禁刑又は300万円以下の罰金に処せられる〔児童買春4〕。このほか、その周旋、周旋目的の勧誘も処罰される〔児童買春5・6〕

4 児童ポルノの定義 児童ポルノとは、児童の性的な姿態を描写した写真などの有体物である〔児童買春2③〕。児童の性交・性交類似行為のみならず、性器に触る行為、更に、性的部位が露出・強調された裸の又は衣類の一部を着けない姿態が含まれる〔児童買春2③〕。成長記録として撮影した写真など、非性的なものは該当しない。被写体は、実在の児童であることを要し(最決令2・1・27刑集74・1・119)、例えば、AIが生成した架空の児童のCGなどは含まない。絵やCGでもよく、"電磁的記録"にかかる記録媒体(DVD、HDDなど)を含む。

5 児童ポルノに係る行為の処罰 児童ポルノを製造する行為、そして、これを社会に流通・拡散させる様々な行為が処罰される。すなわち、イ 性ची的な姿態をとらせ、あるいは、盗撮などして、児童ポルノを製造する行為〔児童買春7④⑤〕、ロ 提供と提供目的で行う製造・所持・運搬・輸入・輸出・保管〔児童買春7②③〕、ハ 不特定・多数者に提供し、又は公然陳列する行為と、そのような目的で行う製造・所持・運搬・輸入・輸出・保管〔児童買春7⑥⑦〕、更に、ニ 単純所持・保管〔児童買春7①〕が処罰される。また、ホ 国際的対処の必要性に配慮し、日本国民が外国に輸入し、外国から輸出する行為も処罰される〔児童買春7⑧〕。上述の通り、本法にいう児童ポルノは、有体物に限定されるが、ロハニの行為については、電磁的記録自体の提供・保管が処罰対象となる。よって、例えば、記録媒体を所持していない場合でも、クラウド上にデータを保存すれば、保管に該当する。法定刑は、最も重いハホが、5年以下の拘禁刑又は500万円以下の罰金(併科あり)、イロが3年以下の拘禁刑又は300万円以下の罰金、最も軽いニが1年以下の拘禁刑又は100万円以下の罰金である。 ⇨撮影罪' ⇨性的な姿態を撮影する行為等の処罰及び押収物に記録された性的な姿態の影像に係る電磁的記録の消去等に関する法律'

児童虐待 暴行、わいせつ行為、減食・放置(いわゆるネグレクト)、暴言、拒絶的な対応など児童の成長・人格形成に重大な悪影響を与えうる行為。家庭内における児童虐待の急増に対処するため平成12年に「児童虐待の防止等に関する法律」(法82)が制定され、対応措置の強化が図られた。同法は、保護者による虐待を児童虐待と定義しているが〔児童虐待2〕、より広く学校や職場における虐待を含めて用いることもある。なお、平成23年の民法改正(法61)により、児童虐待が親権喪失原因となることが明示され〔民834〕、令和4年の改正(法102)により、親権者による体罰等の禁止が定められた〔民821〕。 ⇨児童相談所'

児童憲章 憲法の精神に従い、*児童'に対する正しい観念を確立し、全ての児童の幸福を図るために定められた憲章。「児童は、人として尊ばれる。児童は、社会の一員として重んぜられる。児童は、よい環境のなかで育てられる」という総則に始まって、以下12項目の本文中にその具体的対策が列挙されている。内閣総理大臣招集の児童憲章制定会議の議を経て、昭和26年5月5日、国民全体の申合せの形で発表されたもので、法的拘束力はない。

自動公衆送信 ⇨公衆送信権' ⇨送信可能化権'

自動更新(労働協約の) ⇨自動延長・自動更新(労働協約の)'

自働債権・受働債権 *相殺(さうさい)'の場合に、相殺をする側の債権を自働債権、される側の債権を受働債権という。例えば、AがBに対し50万円の貸金債権をもち、BがAに対して80万円の売掛代金債権をもっている場合に、Aの意思表示による相殺においては貸金債権50万円が自働債権、売掛代金債権80万円が受働債権となる。

自動執行条約 ⇨国内適用(国際法の)'

自動車運転致死傷行為処罰法 平成25年法律86号。正式名称は「自動車の運転により人を死傷させる行為等の処罰に関する法律」。従来の*危険運転致死傷罪'〔刑旧208の2〕を前提にしつつ、その適用範囲を(後述する点で)広げ、これを、自動車運転過失致死傷罪〔刑旧211②〕等とともに、自動車の運転により人を死傷させる行為等として整理し、それら一連の犯罪類型を刑法典とは別の単行法の下で整理するものである。本法が、従来の危険運転致死傷罪に比べて適用範囲を広げるのは、以下の第1及び第2の危険運転から人の死傷という結果が生じた場合である。第1は、一方通行の指定がある道路での逆走等、通行禁止道路の禁止に違反した走行である〔自動車運転致死傷2⑧〕。第2は、アル

コール又は薬物の影響により，その走行中に正常な運転に支障が生じるおそれがある状態での自動車運転(当該運転の結果，当該アルコール又は薬物の影響により正常な運転が困難な状態に陥り，よって人を死傷させた場合)，及び，自動車運転に支障を及ぼすおそれのある病気として政令で指定されるもの(統合失調症，てんかん等)に罹患(りかん)している者による自動車運転(当該運転の結果，当該病気の影響により正常な運転が困難な状態に陥り，よって人を死傷させた場合)である〔自動車運転致死傷 3〕。従来，危険運転とは，正常運転が困難な状態にある者による運転であり，暴行罪にいう*暴行'に準ずる程度の人の死傷可能性があるものと解されてきた。この危険運転と比べると，第 1 ないし第 2 の危険運転が内包する人を死傷させる危険性は，運転開始時には低い。しかし，しかしながら，従来の危険運転にみられるのと同様の経過(すなわち，正常な運転が困難な状態に陥ること)により，人を死傷させた以上，第 1 ないし第 2 のものも危険運転として新たに刑罰の対象とする必要がある。本法は，こうした理解に基づくものである。これは，第 1 ないし第 2 に相当する運転により人の死傷結果が生じた際に，従来の危険運転致死傷罪では適切な法適用が困難とも思えたことに対応した措置である。以下の改正点も同様の発想に基づくものである。すなわち，第 3 に，危険運転により人を死傷させた者が，当該危険運転の証拠を隠滅等した場合には，発覚免脱罪として処罰されることになった〔自動車運転致死傷 4〕。第 4 に，無免許により危険運転をし，人を死傷させた者は，無免許運転を理由として，加重処罰されることになった〔自動車運転致死傷 6〕。本法の新設過程では，危険運転により人を死傷させた後に，その発覚を免れようとすること(例えば，飲酒運転後に，更に飲酒して，血中アルコール濃度の検査を困難にすること)，あるいは無免許者により危険運転がなされることも多いことが確認された。そこで，それらの行為をも処罰するために，第 3，第 4 の改正もなされた。第 5 にいわゆる「あおり運転」に対処するため，「車の通行を妨害する目的で，走行中の車の前方で停止し，その他これに著しく接近することとなる方法で自動車を運転する行為」が危険運転として追加された〔令和 2 法 47 による改正後の自動車運転致死傷 2⑤⑥〕。

自動車検問 警察官が一定の場所で走行中の自動車を停止させて質問を行うことをいう。イ 交通違反の予防・検挙を目的とする交通検問，ロ 不特定の犯罪一般の予防・検挙を目的とする警戒検問，ハ 特定の犯罪発生後の犯人検挙，情報収集を目的とする緊急配備検問の 3 つに分類される。このうち，ハは職務質問〔警職 2〕若しくは刑事訴訟法上の*任意捜査'〔刑訴 197〕と考えられる。また，イロのうちで不審な様子が外観上確認できる場合にも職務質問や*道路交通法'による停止〔道交 61 等〕の要件を満たす。しかし，イロにおいて，不審事由の有無にかかわらず無差別に停止を求める場合には，その法的根拠が問題となる。警戒検問について*警察官職務執行法'2 条を根拠として適法とした高等裁判所判例もあった(大阪高判昭和 38・9・6 高刑 16・7・526)。最高裁判所は，交通検問について*警察法'2 条 1 項の「交通の取締」を根拠とし，任意の形で行われ自動車の利用者の自由を不当に制約することにならない方法・態様で行われる限り，適法だとした(最決昭和 55・9・22 刑集 34・5・272)。 ⇨職務質問'

自動車税制 自動車の取得・保有・利用等の段階に着目して課せられる税の総称。*国税'としての自動車重量税〔自動車重量税法(昭和 46 法 89)〕，揮発油税〔揮発油税法(昭和 32 法 55)〕，*地方税'としての自動車取得税〔地税 113〜143〕(消費税率 10％導入時に廃止され，環境性能割〔地税 156〜177 の 6・450〜463 の 10〕が導入された)，軽油引取税〔地税 144〜144 の 60〕，自動車税〔地税 145〜177 の 24〕，軽自動車税〔地税 442〜463 の 30〕がある。

自動車損害賠償責任 ⇨自動車損害賠償保障法'

自動車損害賠償責任保険(共済) 自賠責保険(共済)ともいう。**1 意義** 自動車の*保険'には，賠償責任，人身傷害補償，搭乗者傷害及び車両の 4 種類の保険が含まれるが，中でも，自動車事故による人身損害の賠償を目的とする保険が重要である。日本では，被害者の救済を強化するため，人身損害の賠償システムが強制保険と任意保険との 2 階建てとなっている。
2 強制保険 *自動車損害賠償保障法'は，刑罰をもって自賠責保険(共済)に加入することを自動車の保有者に強制するとともに，保険に加入しないと車検が受けられないことにして無保険車が出ないようにしている〔自賠 5・9〕。*責任保険'の保険料率及び責任共済の掛金率は，効率的な経営の下における適正な原価を償う範囲内で，できる限り低いものでなければならない(ノーロス・ノープロフィット)〔自賠 25〕。この保険は被害者の損害の全部をカバーするものではなく，基本的な部分の補償を目的としている

じどうしや

ので、後遺障害による損害は4000万円、死亡による損害は3000万円、傷害による損害は120万円と最高限度額が定められている〔自賠2〕。この限度額は、物価変動や賠償水準の変化に合わせて、適宜、政令により変更される〔自賠13〕。ひき逃げなどについては、政府が立替払して、後で加害者に求償する〔自賠72・76〕(政府保障事業)。平成14年4月に政府再保険の廃止、重度の後遺障害の保険金の引上げなどが行われた。

3 任意保険 実際の賠償額が強制保険の保険金を上回る場合にその超過分の支払を目的とする任意加入の賠償責任保険があり、大多数の自動車保有者は、この上乗せ保険にも加入して被害者の救済に役立てている。

自動車損害賠償保障法 昭和30年法律97号。**1 意義** 自動車事故の激増に伴い、*過失責任主義'に基づく民法の一般原則〔民709〕によったのでは、過失の立証が困難であるなど被害者に十分な救済を与えることができないことから制定された法律(自賠法と略称)。自動車の運行供用者に*無過失責任'に近い責任を負わせる〔自賠3〕と同時に一定額について*責任保険'を強制して、被害者の救済を図っている。

2 運行供用者 責任主体の運行供用者とは、自己のために自動車を運行の用に供する者である〔自賠3〕。保有者(自動車の使用権原を有する者)〔自賠2③〕であって自己のために自動車を運行の用に供するものが典型例。無断運転者や泥棒運転者も運行供用者である。判例は、運行供用者概念を、運行支配と運行利益という基準により広く適用してきたが、近時は、自動車の危険を支配管理することができ、あるいは管理すべき立場にある者とする判例も現れている。

3 免責 運行供用者側で、イ 自己及び運転者が自動車の運行に関し注意を怠らなかったこと、ロ 被害者又は運転者以外の第三者に*故意'・*過失'があったこと、ハ 自動車に構造上の欠陥又は機能の障害がなかったこと、を証明すれば、免責される〔自賠3但〕。過失の立証責任が転換しているので*中間的責任'の1つとされる。例えば、被害者の飛び出し事故やセンターライン・オーバーの追越し事故などについて、運行供用者の免責を認める裁判例があるが、一般には無過失を証明することは極めて困難であり、実質的には無過失責任に近くなっている。

4 自動車損害賠償責任保険(自賠責保険) 本法は、責任保険を付けなければ自動車を運行の用に供することができない(強制保険)ものとして、賠償資力の確保を図り〔自賠5〕、被害者が保険会社に対し保険金額の限度で直接損害賠償の支払を請求すること(直接請求)を認めることにより〔自賠16〕、迅速確実な救済を図っている。裁判外の紛争処理機関の指定の制度があり〔自賠23の5〕、*時効の完成猶予'の規定が設けられている〔自賠23の14〕。⇨自動車損害賠償責任保険(共済)'

自動車抵当 自動車抵当法に基づき、自動車に*抵当権'を設定する制度、又は、設定された抵当権のことをいう。*動産'の*占有'を担保権者に移転せずに、当該動産に担保権を設定することができる*動産抵当'の一種。道路運送車両法(昭和26法185)による登録を受けた自動車は、抵当権の目的とすることができる〔自抵3〕。抵当権の得喪及び変更についての*対抗要件'は、道路運送車両法に規定する自動車登録ファイルに登録を受けることである〔自抵5〕。

児童自立支援施設 *児童福祉法'上の*児童福祉施設'の1つ〔児福7〕で、不良行為をし、又はするおそれのある*児童'及び家庭環境その他の環境上の理由により生活指導等を要する児童を入所・通所させて、その自立を支援することを目的とする〔児福44〕。平成9年の児童福祉法改正(法74)により、教護院が名称、内容ともに変更されたもの。*少年法'上は、*保護処分'の1つとして、*家庭裁判所'の決定による児童自立支援施設送致〔少24①②〕が認められている。

児童相談所 子どもに関する家庭その他からの相談に応じ、個々の子どもや家庭に援助を行い、子どもの福祉を図るとともに、その権利を擁護することを主たる目的として都道府県、指定都市等に設置される行政機関〔児福12①・59の4①〕。従来は、あらゆる児童家庭相談について対応することとされてきたが、児童虐待相談等(⇨児童虐待)の急増や子育て相談ニーズの増大を背景に、児童相談所の役割は専門的な知識及び技術を必要とする事例への対応や市町村の後方支援に重点化されている〔児福12③〕。基本的機能として、イ 市町村援助機能〔児福11①Ⅰ〕、ロ 相談機能〔児福11①②ロ〕、ハ 児童の一時保護機能〔児福11①②ホ・12の4・33〕、ニ 措置機能〔児福26・27(児福32の委任に基づく)〕がある。また、児童相談所長は親権喪失、親権停止若しくは管理権喪失の*審判'の請求、これらの審判取消しの請求、並びに、未成年後見人選任及び解任の請求を*家庭裁判所'に対して行うことができる〔児福33の7・33の8①・33の9〕。

児童手当 児童手当法に基づいて支給される手当。児童手当法は、*児童'〔児手3①〕の養育による支出の増加に対応するとともに児童福祉の側面から、家庭生活の安定と児童の健全

な育成及び資質の向上を目的としている〔児手1〕。全国民を対象とする単一の制度であるという特徴を有する。中学校修了前の児童を監護し、かつこれと生計を同じくする日本国内に住所を有する父・母又はその他の監護者に対し月単位で支給される〔児手4～6〕。平成21年秋の政権交代により子ども手当が創設されたものの財源確保ができず、僅か2年で廃止され、受給者や支給額を見直した児童手当に移行した。 ⇨児童扶養手当' ⇨特別児童扶養手当' ⇨子ども・子育て支援法'

児童デイサービス事業 ⇨障害児通所支援'

自動的留保 ⇨選択条項'

児童の権利に関する条約 児童(18歳未満の全ての者〔児童の権利に関する条約1〕)の権利を保障するために、国際連合総会が1989年11月20日に採択した条約。1990年9月2日発効。日本は1994年に批准した(平成6条2)。前文及び54カ条から成り、国際連合総会が採択した1948年の*世界人権宣言'、1959年の「児童の権利に関する宣言」(総会決議1386(XIV))、1966年の自由権規約24条等を受けて、締約国は詳細に規定された児童の権利を保障する義務を負う。

児童福祉施設 *児童福祉法'に基づき設置される施設で〔児福7〕、助産施設・乳児院・母子生活支援施設・*保育所'・幼保連携型*認定こども園'・児童厚生施設・*児童養護施設'・*障害児入所施設'・児童発達支援センター(⇨障害児通所支援')・児童心理治療施設・*児童自立支援施設'・児童家庭支援センター・里親支援センターをいう〔児福36～44の3〕。令和4年改正(法66)により、新たに里親支援センターが児童福祉施設として位置付けられる。国、地方公共団体その他の者が設置する〔児福35〕。従業者の員数等については内閣府令で定める基準に従い、その他の事項については同基準を参酌して都道府県条例で設備・運営の基準が定められており、基準の遵守等について都道府県知事による行政的監督が行われる〔児福45・46〕。

児童福祉法 昭和22年法律164号。全ての*児童'が適切に養育され、生活を保障され、心身の健やかな成長及び発達等を保障される権利を有すること、また、全ての国民が児童の心身ともに健やかな育成に努める義務を負い、国及び地方公共団体は児童の保護者とともに児童を心身共に健やかに育成する責任を負うことを、基本理念とする〔児福1・2〕。市町村・都道府県・*児童相談所'・*保健所'を実施機関とし〔児福10～12の6〕、身体障害児等に対する療育の指導、小児慢性特定疾病医療費の支給、結核にり患した児童に対する療育の給付〔児福2章1節〕、障害児通所給付費等の支給(⇨障害児通所支援')及び子育て支援事業の実施による居宅生活の支援〔児福2章2節〕、助産施設、*保育所'等への入所〔児福2章3節〕、障害児入所給付費等の支給(⇨障害児入所施設')〔児福2章4節〕、障害児相談支援給付費等の支給〔児福2章5節〕、要保護児童の保護措置〔児福2章6節〕などの福祉の保障を行い、また、児童の福祉を著しく阻害する一定の行為を禁止する〔児福34〕ほか、児童福祉に関わる事業及び*児童福祉施設'の開設並びにこれらに対する監督〔児福3章〕などを定める。平成28年改正(法63)により法の理念の明確化が図られた。また、令和4年改正(法66)により、児童及び妊産婦の福祉に関する包括的な支援を行うこども家庭センターの設置が市町村の努力義務とされた〔児福10の2〕。

児童扶養手当 父又は母と生計を同じくしていない児童が育成される家庭の生活の安定と自立の促進に寄与するため、その*児童'〔児扶手3①〕の心身の健やかな成長に寄与する趣旨で支給される手当〔児扶手1・2〕。その児童を監護する母又は父、あるいは母又は父がないか若しくは母又は父が監護しない場合はその児童の養育者に支給される〔児扶手4〕。 ⇨児童手当' ⇨特別児童扶養手当'

児童ポルノ ⇨児童買春、児童ポルノに係る行為等の規制及び処罰並びに児童の保護等に関する法律'

児童養護施設 *児童福祉法'に基づき設置される*児童福祉施設'の一種〔児福7①〕。乳児(満1歳に満たない者)を除いて、保護者のない*児童'、虐待されている児童、その他環境上養護を要する児童を入所させて養護し、併せて退所した者に対する相談その他の自立のための援助を行うことを目的とする〔児福41〕。第1種*社会福祉事業'である〔社福2②②〕。 ⇨保護処分'

児童労働 ⇨年少労働'

シナジーの分配 2以上の会社が*合併'や*株式交換'、*事業の譲渡'等により企業結合する場合、各当事会社の有する経営資源が協働することにより、結合後の企業価値が、結合前の各当事会社の企業価値の単純な合計よりも大きくなることをシナジー(相乗効果)という。合併等に反対する株主は、会社に対して自己の有する株式を公正な価格で買い取ることを請求することができるが〔会社469・785・797・806〕、合併等によりシナジーが生じる場合は、「公正な価

しにせ

格」には，当該シナジーの各当事会社株主への公正な分配分が含まれると解されている。

老舗　⇨'のれん'

自認　被告人が，起訴された犯罪事実について有罪を認めること。*アレインメント'の手続をもつ英米法系の刑事訴訟では，自認は*有罪の答弁'として扱われ，事実審理が省略される。しかし，日本では，*冒頭手続'における「有罪である旨の陳述」が，*簡易公判手続'を可能にするにすぎない〔刑訴291の2〕。なお，自認は，*証拠'というよりもむしろ被告人の*主張'であるが，証拠として扱うときは，*自白'と同じ制限に服する〔刑訴319③〕。

支配会社　⇨'親会社'

支配介入　*労働組合法'で*不当労働行為'として禁止されている行為の1つ〔労組7③〕。広義には，経費援助も含む。支配介入の態様には，*労働組合'の結成に対する支配介入と労働組合の運営に対する支配介入とがある。前者の例としては，組合結成への公然たる非難や不利益措置の予告，組合結成の中心人物に対する不利益措置，組合員への脱退勧奨や非組合員への不加入の働きかけ，*御用組合'の結成等がある。後者の例としては，正当な*争議行為'や組合活動に対する妨害行為，役員選挙等の組合内の内部運営への介入，組合活動の中心的人物に対する不利益措置，組合幹部の懐柔，別組合の結成や活動に対する援助等がある。支配介入の不当労働行為の成立に，使用者の支配介入の意思が必要かについては見解が分かれている。支配介入が使用者の言論によるものである場合には，*表現の自由'との関係が問題となる。支配介入に対する救済内容としては，当該行為の禁止や*ポスト・ノーティス'が一般的である。

支配株主　*株式会社'に対する議決権に基づく実質的な支配力(影響力)を有する*株主'。会社法上の親会社等〔会社2④②，会社則3の2②〕がその典型であるが，親会社等の定義に該当しなくても，会社に対して実質的な支配力(影響力)を有する株主を支配株主と呼ぶことが多い。支配株主が存在する会社においては，支配株主が自らの利益のために支配力(影響力)を行使することで，少数株主や債権者の利益が損なわれるおそれがある。支配株主と少数株主の利益相反が先鋭化する場面の1つが支配株主による*従属会社'の買収(少数派株主の締出し)(⇨少数派株主・社員の締出し')である。　⇨'親会社'

支配株主の異動を伴う募集株式の発行等

1 意義　公開会社が*募集株式の発行等'を行う場合，払込金額が募集株式の引受人にとって特に有利である場合を除き，*株主総会'決議は不要である〔会社201①〕。引受人が大量の募集株式を引き受ける場合，*取締役会'決議のみで，会社を支配する株主(以下「*支配株主'」)を生み出したり又は支配株主を変更させたりすることができる。しかし，支配株主の異動によって，会社経営に重大な変更が生じることがある。そのため，平成26年会社法改正(法90)によって，公開会社が行う支配株主の異動を伴う募集株式の発行等について，株主に対する情報開示と一定の場合に株主総会決議を要求する手続が定められた〔会社206の2〕。同様の趣旨から，公開会社が行う募集新株予約権の割当て等について類似の特則が設けられている〔会社244の2〕。

2 規制の対象　X／Yが2分の1を超える募集株式の発行等が，支配株主の異動を伴うものとして規制の対象となる。X：ある引受人(その*子会社'等を含む)が募集株式の発行等の前から有する議決権の数と募集株式を引き受けることによって新たに有することになる議決権の数の合計額。Y：募集株式の引受人の全員が，引き受けた募集株式の株主となったとした場合の総株主の議決権の数。X／Yが2分の1を超える場合のXにおける引受人を特定引受人という〔会社206の2①括弧〕。ただし，特定引受人が発行会社の*親会社'等である場合及び*株主割当て'によって募集株式の発行等が行われる場合は，規制対象から除外される〔会社206の2①但〕。特定引受人が既に発行会社の親会社等であれば，募集株式の発行等によって支配株主の異動は生じない。株主割当ての場合は，全ての株主に平等に募集株式を引き受ける権利が付与されていたので，規制の必要性が小さいと考えられている。

3 規制の内容　支配株主の異動を伴う募集株式の発行等を行おうとする会社は，払込期日又は払込期間の初日の2週間前までに，特定引受人の属性や募集株式の発行等が完了した後に特定引受人が有することになる議決権の数等を株主に通知するか公告しなければならない〔会社206の2①②，会社則42の2〕。株主は，通知又は公告の日から2週間以内に，発行会社に対して，特定引受人による募集株式の引受けに反対する旨を通知できる。反対の通知をした株主が有する議決権の数を合計すると総株主の議決権の10分の1以上となる場合，発行会社は，払込期日又は払込期間の初日の前日までに特定引受人が募集株式を引き受けることについて株主総会の承認を得なければならない〔会社206の2④〕。

株主総会の決議要件は、'役員'の選解任の場合と同じである〔会社206の2⑤〕。ただし、発行会社の財産の状況が著しく悪化している場合で募集株式の発行が事業の継続のために必要であるときは、株主総会の承認を得る必要はない〔会社206の2④但〕。

支配権 *物権'や'知的財産権'のように、権利の客体を直接に支配する権利の総称。*私権'を、その作用によって分類したものとして、*請求権'・*形成権'などと並び、学説上与えられた名称である。その侵害は常に*不法行為'となり、侵害に対して妨害排除請求権が生ずるという点で私権の一類型として考える意味がないわけではないが、これらの性質は、具体的な権利ごとに個別的に判断されるもので、ある権利を支配権であると規定したからといって、それだけで特別の*法律効果'が生ずるわけではない。

自賠責保険(共済) ⇨自動車損害賠償責任保険(共済)'

支配人 **1 意義** *商人'(個人商人・*会社')によって選任され、特定の*営業所'において、その*営業'(事業)に関する一切の裁判上・裁判外の行為をする権限を有する商業使用人〔商20・21、会社10・11〕。支配人であるかどうかは、付与された肩書ではなく、上記のような包括的代理権を有するか否かによって実質的に判断される(通説)。包括的代理権を与えられていないのに、支配人・支店長といった営業所の営業(事業)の主任者であることを示す名称を付与された者の行為は、表見支配人の問題となる(⇨表見支配人')。
2 選任・終任 支配人は商人(又はその代理人)が選任・解任する。*株式会社'において取締役が2人以上ある場合には、支配人の選任・解任は、各*取締役'に委任することはできない〔会社348③①〕(*取締役会設置会社'では'取締役会'決議事項〔会社362④③〕。*持分会社'の場合は原則として社員の過半数をもって決定〔会社591②〕)。支配人は、商人と支配人との間の法律関係を基礎付ける雇用関係の消滅によって、終任する。支配人の選任・終任は登記事項である〔商22、会社918〕(⇨商業登記')。
3 権限 支配人は、商人に代わってその営業(事業)に関する一切の裁判上又は裁判外の行為をする権限を有する〔商21②、会社11①〕。支配人の代理権が及ぶ範囲は営業所及び商号によって画される〔商登43①③④・44②②〕。支配人の代理権は、営業(事業)そのものを変更・消滅させること(*営業譲渡'・*事業の譲渡'・廃業等)には及ばない。支配人は他の商業使用人を選任・解任する権限を有するが〔商21②、会社11②〕、他の支配人を選任・解任することはできないと解される。支配人の代理権に加えた制限は*善意'の*第三者'に対抗することはできない〔商21③、会社11③〕。
4 義務 支配人は、営業避止義務〔商23①③④、会社12①③④〕及び*競業避止義務'〔商23①②、会社12①②〕を負う。これらの義務に違反する行為があってもその行為は有効であるが、商人との関係において支配人の債務不履行となる〔競業避止義務違反の損害額を推定する規定として、商23②、会社12②〕。
⇨商業使用人'

自賠法 ⇨自動車損害賠償保障法'

自 白 **I** 民事訴訟法上、相手方の主張する自己に不利益な事実を認める行為(事実の自白)をいうが、これには裁判外で相手方又は第三者に対してする裁判外の自白と、訴訟の*口頭弁論'又は*弁論準備手続'でする裁判上の自白とがある。裁判上の自白は事実に対する点で、*請求'そのものを認める請求の認諾(⇨請求の放棄・認諾')や、権利又は法律関係に対する*権利自白'と異なる。裁判上の自白があったときは、*弁論主義'の妥当する範囲内で、裁判所はそれに反する*事実認定'ができないし〔民訴179〕、当事者も、相手方が同意した場合や、その自白が*錯誤'に基づき、かつ真実に反してされた場合以外は撤回できない。なお、自白は相手方の主張に応じてなされるのが通常であるが、自ら先に不利益な事実を*陳述'して、相手方がそれを援用することによっても成立する(⇨先行自白')。また、相手方の主張事実を明らかに争わないときも自白があったものとみなされるし(⇨擬制自白')、主張事実の一部について自白がされることもある(⇨制限付自白')。

II 自己の犯罪事実の全部又は主要な部分を認める*被疑者'・*被告人'の供述。同時に阻却事由を主張するものでもよく、有罪である旨の陳述〔刑訴291の2・350の8〕のような有罪の自認〔刑訴319③〕(⇨自認')と異なる。また、一部を認めるにとどまるものや*間接事実'を認めるものは自白でなく、*不利益な事実の承認'〔刑訴322①〕に当たる。しかし、いずれの場合も任意性が*証拠'の許容要件であるから、区別はあまり重要でない。自白の時期、形式、相手方、自白時の訴訟上の地位のいかんを問わない。自白は古来より「証拠の(女)王」と呼ばれ、カール5世の刑事法典は自白又は2人以上の目撃*証人'の*証言'を*有罪判決'の要件とし、自白を得るための*拷問'も許した。その後、近代的刑事

じはくけい

訴訟法の下で自白はもはや有罪判決の要件でなく拷問も廃止されたが、自白が有罪の重要な証拠となりうることは変わりがない。そのため、*捜査機関'も自白獲得に熱心なあまり行き過ぎとなることがあり、また裁判所も自白を過大に評価することがないとはいえない。そこで、日本国憲法及び刑事訴訟法は任意の自白のみ証拠となるとする*自白法則'と自白のみでは有罪判決をなしえないとする補強法則を採用したのである〔憲38②③, 刑訴319①②〕。判例は*公判廷の自白'に憲法上補強法則の適用はないとする(最大判昭和23・7・29刑集2・9・1012)が、刑事訴訟法は適用を認めている〔刑訴319②〕。 ⇨補強証拠'

自白契約 ⇨証拠契約'

自白法則 *自白'の*証拠能力'を制限するルール。憲法は、強制、*拷問'、*脅迫'による自白、不当に長く*抑留'、拘禁された後の自白を排除し〔憲38②〕、刑事訴訟法は更に任意にされたものでない疑いのある自白を排除する〔刑訴319①〕。その根拠として従来3説が提示されてきた。任意性を欠く自白は虚偽であるおそれがあるから排除するとする虚偽排除説、供述の自由等の人権保障の担保として任意性のない自白をその真偽を問わず排除するとする人権擁護説、違法収集証拠の排除(⇨違法収集証拠排除法則')と同様に、違法に獲得されたがゆえに自白は排除されるとする違法排除説である。従来の通説は虚偽排除と人権擁護とが競合してその根拠となるとしてきた(任意性説と呼ぶ)が、違法排除説も有力である。違法排除説は任意性という*被告人'の心理への影響という類型的に判断が容易でないものを検討する必要がない点で優れるが、規定の文言から離れるという難点を伴う。*証拠物'について判例が違法収集証拠排除の法則を採用したために、条文上の自白法則とは別個に自白に対する違法収集証拠排除法則の適用も考える二元説も支持を得ている。虚偽排除説によったと理解しやすい判例が多いとされる一方、人権擁護説ないし違法排除説から理解しやすい判例、任意性説から理解しやすい判例もあるとされる。なお、任意性のあることは*検察官'が*立証'しなければならない。

自発的自白 ⇨先行自白'

支払委託 ある者が他人に宛てて*第三者'に対する金銭の支払を委託すること。*為替手形'・*小切手'は*振出人'の*支払人'に対する支払委託を内容とし〔手1②, 小1②〕、これにより支払人は振出人の計算で支払をする権限(支払権限)を、受取人は自己の名で受領する権限(受領権限)を取得する。前者は*資金関係'(実質関係)上の問題であり、当座勘定取引契約が包括的な支払委託契約に当たる。受領権限だけが手形・小切手上に表章されて流通する。

支払委託の取消し 委託者が*支払委託'の*意思表示'を後に*撤回'すること。通常は*小切手'において、*振出人'が一旦した支払委託の意思表示を後に撤回する場合に用いられる。支払委託によって、*支払人'は振出人の計算で支払をする権限(支払権限)を、受取人は自己の名において支払人から受領する権限(受領権限)を取得するが、支払委託の取消しは前者の権限を消滅させるだけで、後者の権限まで消滅させるものではないと解されている。小切手の支払委託の取消しは、*支払呈示期間'経過後においてのみ効力を生じるので〔小32①〕、支払人は支払呈示期間内はそれを無視して支払っても、その結果を振出人の計算に帰することができる。支払人が支払呈示期間内は支払委託の取消しの有無を調査することなく支払うことができるものとする趣旨である。

支払期日(手形の) ⇨満期'

支払拒絶 所持人が*支払呈示期間'内に*約束手形'の*振出人'、*為替手形'の*支払人'又は*引受人'、*小切手'の支払人に対し*手形'・小切手の適法な*支払呈示'をしたにもかかわらず、手形・小切手金額の全部又は一部の支払を拒絶されること。*遡求権'行使の実質的要件の1つである〔手43・77①④, 小39。なお、小55参照〕。支払拒絶の事実は原則として*支払拒絶証書'により証明することを要するが、*拒絶証書'の作成を免除することができる場合がある〔手46・77①④, 小42〕(⇨拒絶証書作成の免除')。

支払拒絶証書 支払のために*手形'・*小切手'を適法に呈示したのに、支払が拒絶された(被呈示者が不在の場合及び官公署に問い合わせても呈示場所が分からない場合を含む〔拒絶2①②・7②〕)ことを証明する、公証人又は執行官により作成される拒絶証書〔手44①・77①④, 小39①〕。*遡求権'を行使するためには、*引受拒絶証書'がある場合及び拒絶証書の作成が免除されている場合〔手44④・46・77①④, 小42〕を除き、これを作成する必要がある〔手53〕。ただし、手44⑥・77①④(小切手の場合には*支払拒絶宣言'でもよい〔小39②③〕)。作成期間は、一覧払い以外の手形では支払をなすべき日及びこれに次ぐ2取引日内〔手44③前〕、*一覧払手形'では引受拒絶証書の作成期間と同じであり〔手44③後〕、また、小切手では原則として*呈示期間'と一致する〔小40①。なお、小40②参照〕。

支払拒絶証書の作成は'振出人'・'裏書人'又は'保証人'が免除することができる(⇨拒絶証書作成の免除)。　⇨拒絶証書'

　支払拒絶宣言　*小切手'上の*遡求権'保全の要件の1つ。*支払人'による宣言と手形交換所(電子交換所)による宣言とがあるが,後者は利用されていない。前者は,小切手に呈示の日を表示し,かつ,日付を付して記載される〔小39②〕。後者は,適法の時期に呈示したが支払われなかった旨を証明し,かつ,日付を付して記載される〔小39③〕。原則として*呈示期間'経過前に作成することを要し〔小40①〕,日付の記載を欠くときは遡求権保全の効力は生じない。*手形'の場合には遡求権保全のためには*公正証書'により支払拒絶を証明する必要がある〔手44①〕が,小切手の支払人は銀行に限られているため銀行の信用に鑑みて支払拒絶宣言でも足りるとしたものである。

　支払指図　ある者(指図人)が*第三者'(受取人)に対して金銭の支払をなすべき旨を他人(被指図人)に指図すること。支払指図とは,被指図人に対し,自己の名をもって指図人の計算において金銭の支払をなす権限を与えるとともに,受取人に対し,自己の名をもって指図人の計算において被指図人から金銭を受領する権限を与えるものと解されている。　⇨指図'

　支払担当者　*為替手形'・*小切手'の*支払人'又は*約束手形'の*振出人'に代わって*手形'・小切手の支払をするものとして手形・小切手上に記載された者。支払担当者の記載は同時に支払担当者がその住所(*営業所')で支払うという意味を含むと解される。　⇨第三者方払手形(小切手)'

　支払地　*手形(小切手)金額'の支払がなされるべき地域。*手形(小切手)要件'であるが,記載がない場合にも,*支払人'の*肩書地'(*為替手形'・*小切手'の場合)又は*振出地'(*約束手形'の場合)の記載があれば,それが支払地とみなされる〔手1⑤・2③・75④・76③④,小1④・2②③〕。支払地はある程度の広がりをもった地域であって,判例は最小独立の行政区画(市町村,東京都では区)とする(大判大正15・5・22民集5・426)。

　支払停止　*支払不能'である旨を表示する債務者の行為。破産原因である支払不能を推定し〔破15②〕,*否認権'や*相殺'制限の基準時としての支払不能を推定するほか〔破71①③・72①③・162③,民再93①③・93の2①③・127の3③,会更49①③・49の2①③・86の3③〕,それ自体が否認権の基準時となる〔破160①②③・

164①,民再127①②③・129①,会更86①②③・88①〕。

　支払(のための)呈示(提示)　*手形'・*小切手'の所持人が,*振出人'(*約束手形'の場合)・*支払人'(*為替手形'・小切手の場合)及び*引受人'(為替手形の場合)に,手形・小切手を呈示して支払を求める行為。もしこれらの者が*支払担当者'の記載をしている場合には,その支払担当者に呈示して支払を求めることになる。手形・小切手は*呈示証券'であって,支払を求めるにはその呈示を必要とする。呈示の場所は*支払地'における被呈示者の現在の住所・*営業所',手形交換所(電子交換所),又は被呈示者が手形・小切手に第三者払いの記載(⇨第三者方払手形(小切手)')をしている場合にはその場所(*支払場所')である〔民520の8,手4・38②・77①③②,小8・31〕。呈示の時期は*満期'の定め方によって異なる(⇨支払呈示期間')。呈示期間内に支払呈示をしたのに支払が拒絶されれば(⇨支払拒絶'),*遡求権'を行使することができる〔手43・77①④,小39〕。しかし,約束手形の振出人,為替手形の引受人に対しては,この期間経過後に呈示してもよく,その場合にはこれらの者は呈示の時から遅滞に陥る〔民520の9〕。

　支払呈示期間　*手形'・*小切手'の所持人が*支払呈示'をする期間。この期間に支払呈示をしないと,所持人は前者に対する*遡求権'を失う〔手53①・77①④,小39〕。手形の支払呈示期間は,*確定日払手形'・*日付後定期払手形'又は*一覧後定期払手形'については支払をなすべき日及びこれに次ぐ2取引日内であり〔手38①・77①③〕,*一覧払手形'では振出日付から原則として1年内(*振出人'はこの期間を伸長又は短縮し,*裏書人'はこの期間を短縮することができる)である〔手34①・77①②〕。小切手の呈示期間は,*振出地'・*支払地'がともに国内の場合には,振出日付から10日間であり,それ以外の場合にもそれぞれ支払期間が定められている〔小29・附68〕。*為替手形'については,一覧後定期払手形及び*引受呈示命令手形'につき支払呈示期間のほか*引受呈示期間'がある。

　支払督促　金銭その他の代替物又は*有価証券'の一定数量の給付を目的とする請求につき,債務者にその履行を命じる裁判所書記官の処分〔民訴382〕。債権者の申立てにより,債務者を*審尋'せずに発せられる〔民訴386①〕。⇨督促手続'

　支払に代えて・支払のために　既存債務の

しはらいに

内容と異なる給付がなされた場合に，それにより既存債務が消滅するときは「支払に代えて」給付されたといい，既存債務の履行を確保するために他の給付が付加されたときは「支払のために」給付されたという。例えば，当事者の特別の合意によって既存債務の支払として手形（小切手）が授受されたときは，「支払に代えて」なされたものとして既存債務が消滅し，たとえその後に手形（小切手）が不渡りとなっても，既存債務が復活することはない。この場合の法律関係は*代物弁済'であるとするのが通説である。これに対し，既存債務の支払の方法として手形（小切手）が授受された場合には，原則として「支払のために」なされたものとされ（通説・判例（大判大正7・10・29民録24・2079）），手形（小切手）債権と既存債権とが併存する。この場合，まず手形（小切手）債権を先に行使することを要するときは「取立てのために」，いずれを先に行使してもよいときは「担保のために」手形（小切手）が授受されたという。

支払人 *為替手形'及び*小切手'を支払う者として*振出人'によって記載された者。為替手形及び小切手の必要的記載事項である〔手1③・2①，小1③・2①〕。支払人の資格は，為替手形の場合には制約がないが，小切手の場合には*銀行'に限られる〔小3〕。振出人により支払人として記載されても，支払人は何ら*手形'・小切手上の責任を負うものではないが，為替手形の場合には，その者が引き受ければ（⇨*手形引受け'），手形上の主たる債務者として，*満期'において為替手形を支払う義務を負う〔手28①〕。小切手の場合には，引受けの制度は認められないが，支払人が*支払保証'をすると，*呈示期間'経過前に小切手の呈示があった場合に支払義務を負う〔小55〕。⇨手形（小切手）当事者'

支払のために ⇨支払に代えて・支払のために'

支払場所 *手形'・*小切手'の支払がされる場所として手形・小切手上に記載された地点のこと。*支払地'内であることを要し，支払呈示期間経過後はその記載の効力を失う（最大判昭和42・11・8民集21・9・2300）。⇨第三者方払手形（小切手）'

支払不能 債務者が，支払能力を欠くために，その債務のうち弁済期にあるものにつき，一般的かつ継続的に弁済することができない状態〔破2⑪〕。客観的な状態である点で行為である支払停止とは異なり，また財産のみならず信用・労力をも総合して判断する点で*債務超過'

とは異なる。*自然人'・*法人'に共通の破産原因であり〔破15①〕，また偏頗（へんぱ）行為否認（*否認権'）や*相殺（そうさい）'制限の基準時ともなる〔破71①②・72①②・162①①等〕。⇨支払停止'

支払保証 *小切手'の*支払人'が小切手金額の支払義務を負担する小切手上の行為〔小53～58〕。支払保証をした小切手の所持人に対して支払義務を負うが，小切手には*為替手形'のような引受けが認められないので〔小4〕，償還義務者と同様，*呈示期間'経過前に*支払呈示'がなされ，そのことにつき*支払拒絶証書'又は*支払拒絶宣言'によって証明した場合にだけ認められる〔小55①②・39〕。一部の支払保証は認められない。支払保証がなされても*振出人'その他の小切手上の債務者はその責めを免れない〔小56〕。実務上は支払保証はほとんど行われず，*当座勘定規定'の定めによって，支払保証を求められた支払銀行は，これに代わり*自己宛小切手'（預手（よて））を振り出し，当座勘定からその金額を引き落とすのが通常である。

支払無担保文句 *手形'・*小切手'の支払を担保しない旨の手形・小切手上の記載。手形・小切手の*裏書人'は，この記載をすることによって支払担保責任（*支払拒絶'による*遡求'義務）を免れることができる〔手15①・77①①，小18①〕が，*為替手形'及び小切手の*振出人'はこの記載をすることはできない〔手9②，小12〕。

支払猶予 ⇨モラトリアム'

支払用カード電磁的記録に関する罪 **1 意義** 平成13年の刑法改正（法97）により新設された，*クレジットカード'などの*電磁的記録'部分の偽造に関する罪をいう。クレジットカードなどの電磁的記録を構成部分とする支払用カードは，広く支払決済手段として使用されているが，カードの磁気情報などを機械的手段によりひそかに取得し，その情報を用いてカードを偽造し，この偽造カードを使用して商品を購入・換金する等の行為が頻発するようになった。このような事態に対処するため，刑法典18章「有価証券偽造の罪」の次に18章の2「支払用カード電磁的記録に関する罪」が置かれ，163条の2～163条の5が新設された。

2 内容 人の財産上の事務処理を誤らせる目的で，その事務処理の用に供する電磁的記録であって，クレジットカードその他の代金又は料金の支払用のカードを構成するものを不正に作った者は，10年以下の拘禁刑又は100万円以下の罰金に処する。預貯金の引出用のカードを構成する電磁的記録を不正に作った者も，同様とする〔刑163の2①〕。偽造カードの供用行為〔刑

163の2②]、偽造カードの譲渡し、貸渡し、輸入行為[刑163の2③]も同様に処罰される。163条の2第1項前段の電磁的記録を構成部分とする支払用カードには、クレジットカード、プリペイドカードなどの支払決済を目的とするカードが含まれる。他方、キャッシュカードはデビット機能を有するものも含めて1項後段において別途保護の対象とされている。このような書き分けにより、支払決済の機能をもつ磁気情報カードであっても、原則としては対面的支払決済に使用されるカードが保護の対象であり、キャッシュカードに限って例外とされることが明確となった。それゆえ、貸金業者が発行するローンカードや証券カード、生保カードなどは本罪のカードに含まれない。他方、判例によれば、かつてテレホンカードの偽造は、刑法162条の有価証券偽造に当たるとされてきたが、本罪新設により、ホワイトカードに磁気情報部分のみを貼付(ﾁｮｳﾌ)した場合も含めて、プリペイドカードの偽造として本条が適用されることになる。平成13年改正は、その限りにおいて判例を変更したものといえよう。このほか、偽造カードの所持自体も5年以下の拘禁刑又は50万円以下の罰金で処罰される[刑163の3]。また、カード偽造の目的で電磁的記録の情報を不正に取得する行為(いわゆるスキミング)、情を知ってその情報を提供する行為も、3年以下の拘禁刑又は50万円以下の罰金で処罰される[刑163の4①]。不正に取得された電磁的記録の情報を保管する行為[刑163の4②]、カード偽造の目的で器械・原料を準備する行為[刑163の4③]も同様である。163条の2及び163条の4第1項の未遂も処罰される[刑163の5]。

⇨'カード犯罪'

自 判　*'上訴'審が原審判決を不当として取り消し又は破棄した場合において、自ら訴えに対して判決すること。民事で'控訴審'が第一審判決を取り消し自ら判決するのを取消自判、*'上告審'及び刑事の控訴審が原審判決を破棄して自ら判決するのを破棄自判[刑訴400]という。民事では、控訴審は事実審かつ*'続審'なので取消自判が原則であるが、民事・刑事とも上告審が破棄自判をするのは例外である[民訴326、刑訴413](⇨'事実審・法律審')。　⇨'破棄判決'

四半期報告書　平成16年(2004)から証券取引所は自主規制により上場会社に四半期の情報開示を求めていたところ、*'金融商品取引法'はこれを法定開示書類とし、上場会社又は店頭登録会社には、各四半期(事業年度を3カ月ごとに区分した各期間)終了後45日以内に四半期報告書の内閣総理大臣への提出を求めた。これに伴い、四半期報告書提出会社には、*'半期報告書'の提出は不要とされ、また第4四半期には*'有価証券報告書'を提出するため四半期報告書の提出は不要とされた。記載内容等は有価証券報告書と比べて簡素化されていたが、取引所は四半期報告書の法制化後も四半期決算短信による開示を要求していたため、開示内容に重複があり、コスト削減や効率化の観点から、令和5年(2023)改正金融商品取引法(法79)により四半期報告書は廃止された。これにより、第1四半期・第3四半期の開示は、取引所規則に基づく四半期決算短信に一本化され、従来の四半期報告書提出会社について半期報告書の提出が復活して、その公衆縦覧期間が5年間に延長される[金商24の5①・25①⑥]等の改正が行われた。

ジー・ピー・アイ・エフ(GPIF)　⇨'年金積立金管理運用独立行政法人'

ジー・ピー・エス(GPS)捜査　GPS(Global Positioning System)は、人工衛星からの電波をもとに受信端末の地球上の現在位置を計測する仕組みであり、「全地球測位システム」とも呼ばれる。同技術の発達・普及に伴い、犯罪捜査においても、例えば、イ 対象者の使用車両等に承諾なく秘かに GPS 端末を取り付け、その位置情報を検索して把握する、ロ 対象者の携帯電話、スマートフォン等に内蔵された GPS 機能を利用し、電話会社等を介してその位置情報を取得する、等の捜査手法が現れたが、処分の法的性質、法的根拠等との関係でその適法性を巡っては論議がある。最高裁判所大法廷は、個別事案の事情の下、イの手法について、「強制の処分」[刑訴197①但]に当たるとともに令状を要する処分であるとし(⇨'強制捜査'・'令状主義')、法的根拠については、「立法的な措置が講じられることが望ましい」としたが(最大判平成29・3・15刑集71・3・13)、その趣旨・射程の解釈にも諸説がある。

ジー・ピー・エス(GPS)端末装着命令　⇨'位置測定端末装着命令'

自筆証書遺言　⇨'遺言書'

シー・ピー・ティー(CPT)条件　国際的な物品売買契約に用いられる定型取引条件の1つ。Carriage Paid To の略で、日本語では運送費込みという。*'国際商業会議所'が制定した*'インコタームズ'2020によれば、売主が*'運送人'に対して物品を引き渡した時点で、物品に関する危険が買主に移転するという着地売買であるが、売主が仕向け地までの運送契約を締結し、その費用を負担する。この取引条件を用いて、商品

しひよう

の輸出国における原価に*運送賃'を加算した価格(CPT価格)により行われる物品の売買をCPT売買という。従来,海上運送による積地売買には,物品が本船に積み込まれた時点で危険が移転するというCIF条件(運賃保険料込み)又はCFR条件(運賃込み)が用いられてきたが,コンテナを利用した複合運送が普及するとともに,売主が本船への積込み以前に,内陸部のコンテナターミナル等で物品を引き渡すことが一般化したため,CPT規則が作られ,CIF条件とCFR条件は船舶のみを運送手段とする売買に用いるべきものとされた。CIF売買は相場商品などを海上運送中に転売する取引で用いられることが多く,英国の判例は,物品の現実の引渡しと並んで*船荷証券',*保険証券'及び商業送り状(*インボイス')から成る船積書類の引渡しを売主の引渡義務の対象とする。

死 票 有効投票でありながら,*当選人'の決定に寄与しなかった投票。死票に終わった選挙人の意思は,議員に代表されないことになる。もっともこのような投票も,当選者の議会での行動に影響を与えるのであるから全くの死票と解するべきではないとする見解もある。*小選挙区'制は死票が多くなる欠点をもつ。*少数代表'や*比例代表'はこの欠点を少なくしようとするもの。

シビリアン・コントロール ⇨文民統制の原則'

事物管轄 事件の種類や内容に応じて定められる*管轄'をいう。広義では*職分管轄'を含めて用いられるが,狭義には*第一審'訴訟事件に対する*裁判権'を*簡易裁判所',*地方裁判所'及び*家庭裁判所'の間で分担する定めをいう。

Ⅰ 民事訴訟では,*訴訟物の価額'が140万円を超えない請求(行政事件訴訟に係る請求を除く)は簡易裁判所に〔裁33①①〕,これ以外の請求に係る訴訟(*人事訴訟'を除く)及び不動産に関する訴訟は地方裁判所に〔裁24①〕,人事訴訟は家庭裁判所に属する〔裁31の3①②〕。ただし,高等裁判所が第一審裁判所となる場合として,公選203・204,自治245の8③⑦等〕。

Ⅱ 刑事事件については,地方裁判所が最も広い事物管轄をもつ〔裁24②〕。簡易裁判所は,罰金以下の刑に当たる罪について独占的に管轄するほか,選択刑として罰金が定められている罪及び窃盗など一部の罪について地方裁判所とともに管轄権をもつ〔裁33①②〕。家庭裁判所は,平成20年の法改正(法71)により刑事被告事件の管轄をもたなくなった。高等裁判所は,*内乱罪'のほか特別に法定された事件について独占的に第一審として管轄する〔裁16④・17〕。

支 分 権 ⇨著作権'
支 分 債 権 ⇨基本債権・支分債権'
私 文 書 ⇨公文書・私文書'

私文書偽造罪 *行使'の目的(⇨目的犯)で,他人名義の権利・義務又は事実証明に関する*文書'・*図画($\frac{}{が}$)'(私文書)を*偽造'又は*変造'する罪。刑法159条。他人の*印章'又は*署名'(記名で足りる)の有無によって,刑に軽重があり,ある場合3月以上5年以下の拘禁刑,ない場合1年以下の拘禁刑又は10万円以下の罰金に処せられる。偽造私文書を行使した者は,同一の刑で処罰される〔刑161〕。本条にいう「他人」の中に*公務所'・*公務員'は含まれない。実在する人である必要はない。権利・義務に関する文書であると,財産関係であると身分関係であるとを問わず,単に権利・義務の存否の証明となる文書も含まれる。一方,事実証明に関する文書とは,社会生活上ある程度重要な利害に関係ある事実を証明できるものでなければならないと一般に解されている。書画が真筆である旨記載した箱書きを事実証明に関する文書と認めた判例(大判昭和14・8・21刑集18・457)も,この観点から証明可能である。偽造の未遂を処罰する規定はないが,私印偽造・不正使用の罪〔刑167〕として処罰できる場合はある。なお,有価証券については,*有価証券偽造罪'がある〔刑162〕。⇨公文書・私文書'

私 募 *金融商品取引法'上,新たに発行される*有価証券'の取得の申込みの勧誘(取得勧誘)のうち,有価証券の募集に該当しないための概念を定めるものの〔金商2③〕。有価証券を私募で発行する場合,*有価証券届出書'の提出を要せず〔金商4①〕,私募後に発行者が*継続開示会社'になることもない〔金商24①③〕。第1項有価証券〔金商2③〕(金融商品取引法2条1項の有価証券又は有価証券表示権利)の私募には,少数の者(50人未満)を相手として行う少人数私募,適格機関投資家を相手方として行うプロ私募,及び*特定投資家'を相手方とし,プロ向け市場に上場する有価証券の発行の際に認められる特定投資家私募がある。第2項有価証券〔金商2③〕(金融商品取引法2条2項に列挙されたみなし有価証券)については,500人未満に勧誘する少人数私募のみがある。それぞれの私募に該当するには,有価証券の種類ごとの転売制限を満たさなければならず,*株券'や新株予約権付社債券をプロ私募又は少人数私募で発行するには,発行者が継続開示会社でないことが必

要である。日本では、プロ私募で発行された有価証券が機関投資家の間で流通することを期待して私募制度を整備したが、そのような流通市場は形成されず、私募市場も発達しなかった。私募には*ディスクロージャー'の適用はないが、証券会社が一般の投資者に私募証券を勧誘する場合には、*適合性ルール'が適用され、信義則上の説明義務も負う。発行会社と機関投資家等とを仲介する私募の取扱いに〔金商2⑧⑨〕は、第1種金融商品取引業者のほか登録金融機関がすることができる〔金商28①1・33②3ロ4イ〕。⇨'機関投資家' ⇨'有価証券の募集'

司 法 *立法'及び*行政'に対する国家作用で、法規の適用によって具体的争訟を解決することを目的とする〔裁3①参照〕。⇨'司法権'

私 法 ⇨'公法・私法'

死 亡 死亡の意義について法律上規定はないが、心臓の搏(はく)動停止、呼吸停止、瞳孔散大の3つの徴候をもって死とすると考えられてきた。しかし、人工呼吸装置の発達によりこの3つの徴候のうちで呼吸停止は必ずしも死の徴候ではないと考えられるようになり、心臓の不可逆的停止を死とするという説が有力である。しかし、心臓を始めとする臓器移植手術が可能となった結果、臓器摘出为は死とは何かを明らかにする必要が生じ、*臓器の移植に関する法律'6条は、臓器移植に関しては、脳幹を含む全脳の不可逆的機能停止(脳死)をもって死とすると定めている。死亡の*法律効果'は、*権利能力'を消滅させるほか*相続'を開始させ〔民882〕、死亡した者の権利義務は*一身専属権'を除き、全て相続人に移転する〔民896〕。また、死亡によって*婚姻'も解消可能となる。死亡した場合には、一定の者が、7日以内に診断書又は検案書を添付して死亡地の市町村長に届け出なければならない〔戸86〜93〕。なお、刑法上の死亡について、*殺人罪'をみよ。 ⇨'脳死' ⇨'認定死亡' ⇨失踪宣告'

司法委員 *簡易裁判所'の民事訴訟手続において、*訴訟上の和解'を勧めるにあたり裁判官の補助をし又は事件の審理に立ち会って意見を述べる民間人〔民訴279、民訴規172〕。司法委員を用いるか否かは事件ごとに裁判所が裁量で決定し、あらかじめ管轄地方裁判所によって選任されている者の中から指定する。

死亡一時金 ⇨'遺族年金'

司法官憲 憲法上、*逮捕'・*捜索'・*押収'に関する令状を発する権限をもつものとされている司法部の*公務員'〔憲33・35②〕。憲法は、刑事手続とりわけ*捜査'における人権の保障を司法的抑制によって全うしようとしている。憲法制定の前後には、この司法官憲に*検察官'も含まれうるという理解もあった。しかし、現在では、この司法官憲が*裁判官'だけを指すという解釈は、疑われていない。

司法共助 裁判所が裁判事務について相互に補助し合うこと〔裁79条〕。外国の裁判所との間で行われるものを*国際司法共助'という。 ⇨受託裁判官'

司法行政 *司法権'の行使機関である*裁判所'を設営・管理する行政作用。*裁判官'その他裁判所職員の任免、配置、監督、庁舎の管理、会計経理など人的及び物的側面を包含する。現行憲法の下では、*司法権の独立'を保障するため、司法行政権の多くは、*最高裁判所'以下の裁判所に帰属し〔憲77①・80・78後、裁64・80〕、*裁判官会議'の議によって行われるのが原則である〔裁12①・20①・29②・31の5〕。司法行政の監督については、最高裁判所が最高監督権者とされるが〔裁80①〕、それは*裁判権'の行使に影響を及ぼしたり、制限することはできない。

司法警察 犯罪の*捜査'を担当する*警察'の作用をいう。フランス法のpolice judiciaireの観念に由来し、国民の生命・財産の保護、公共の安全と秩序維持のための事前抑制的権力作用である*行政警察'に対する概念で、既に発生した不法の責任追及のための警察作用である。ただし、最近は両者の区別が流動化する傾向がみられる。刑事訴訟法は、司法警察の任務に服する場合の警察官等に*司法警察職員'という名称を与えている。

司法警察員 ⇨司法警察職員'

司法警察職員 司法警察員と司法巡査の総称〔刑訴39③〕。警察官は、司法警察職員として、刑事訴訟法の定める権限を行使するが〔刑訴189①〕、司法警察員と司法巡査の区分は*公安委員会'規則によって定められている。概していえば、巡査部長以上が司法警察員、巡査が司法巡査である〔刑訴に基づく司警職員規1等〕が、地方によって若干の相違もある。司法警察員は、特別司法警察職員を含めて、いわば第1次的な*捜査機関'であり〔刑訴189②〕、捜査に関して各種の権限を与えられている。第2次的な捜査機関である*検察官'とは相互協力を基本とするが〔刑訴192〕、検察官の指示や指揮に服する場合もある〔刑訴193・194〕。 ⇨特別司法警察職員'

司法権 1意義 *民事事件'、*刑事事件'、及び*行政事件'について、法規の適用に基づく解決を目的とする*司法'の作用を行う国家

しほうけん

の権能。*立法権'及び*行政権'に対する。司法権は、全て*最高裁判所'及び*下級裁判所'に帰属し〔憲76①〕，*特別裁判所'の設置は許されない〔憲76②〕。
2 範囲 司法権の範囲に含まれるためには、原則として*法律上の争訟'性が要求される〔裁3①〕。ただし、実質上は司法権の範囲に属するが、議員の*資格争訟'及び裁判官の*弾劾'については、憲法上の例外が設けられている〔憲55・64〕。また、*治外法権'など国際法上の理由や裁判権の免除(⇨*国家免除')として司法権の範囲から除外される事件もある。逆に、法律上の争訟性をもたない事件についても、法律の規定によって司法権の範囲とされることもある〔裁3①〕。⇨司法権の優越(優位)'

司法検視　⇨検視'

司法研修所　*最高裁判所'に附置され、裁判官その他の裁判所職員の研究及び修養並びに*司法修習生'の修習に関する事務を取り扱う機関〔裁14〕。事務職員のほか、前述の研究、修養及び修習を指導するために司法研修所教官が配置される〔裁55〕。

司法権の独立　**1 意義**　*裁判官'が裁判を行うにあたし、いかなる権力、いかなる人、いかなる集団からも干渉を受けず、指揮命令にも拘束されないこと。
2 保障の仕方　*司法権'の独立を確保するためには、裁判官の職権の独立(狭義の司法権の独立)と裁判官の地位の独立が保障されなければならない。前者は、裁判官がただ自己の良心に従って公平無私に裁判を行い、憲法と法律だけに拘束されることを意味する〔憲76③〕。後者は、前者の保障を徹底させるための裁判官の身分保障の制度であって、裁判により心身故障のため職務をとることができないと決定された場合、*公の弾劾'により*罷免'された場合のほかは、罷免されない〔憲78、裁48〕。また、裁判官の懲戒は、行政機関が行うことができず、*裁判官分限法'に基づく裁判による〔憲78、裁49〕。⇨弾劾'
3 歴史　司法権の独立は、沿革的には専制国家における国王の*統治権'・*行政権'からの裁判の独立に始まったものであり、したがって、一般に行政権からの独立として論じられてきた。日本でも、*明治憲法'時代に*大津事件'が起こっている。しかし、現行憲法になってからはむしろ、*国会'や司法部内での裁判干渉が問題となっている。まず昭和24年(1949)に参議院法務委員会における*国政調査権'〔憲62〕を巡って問題となったのが浦和事件であり、次いで昭和28年には吹田公判黙禱(もくとう)事件に関して、最高裁判所が各裁判官宛てに出した通達が*司法行政権'に基づく裁判干渉ではないかとの疑惑を投げた。また、昭和44年には長沼基地訴訟(*長沼事件')に関連して裁判所部内で平賀書簡問題が起こっている。

司法権の優越(優位)　*法律'及び*命令'について、上位の規範である憲法に抵触しているかどうかの審査権を裁判所に与え、*立法権'及び*行政権'に対する*司法権'の優位を認める概念。現行憲法は、アメリカ法の影響を受けて、この概念を採用し、*最高裁判所'に違憲法令審査権(⇨違憲審査権')を認めている〔憲81〕。また、*下級裁判所'にも、審査権が認められると解されている。ただし、この審査権は、あくまで*司法'の作用として認められたものであるから、具体的争訟についての判断の中でのみ行使される(最大判昭和27・10・8民集6・9・783)。⇨憲法裁判'

司法行為請求権説　⇨訴権'

司法国家　**1**　近代憲法の多くは*権力分立主義'をとるが、三権のうちで司法に優越的な地位を認める国家をいう。裁判所が違憲立法審査権(⇨違憲審査権')をもつアメリカがその典型と考えられてきた。日本も、裁判所に違憲立法審査権が与えられている〔憲81〕から、司法国家であるとみることができる。
2　*行政裁判'制度を認めない国家を指すこともある。その意味では*行政国家'に対する概念。司法国家においては、*行政事件'も一般の事件と同様に通常裁判所の管轄に属する。英米諸国は伝統的にそうであったが、第二次大戦後、日本も、戦前の*行政裁判所'を廃止し、通常裁判所が一切の法律上の争訟を裁判する〔憲76②、裁3〕から、司法国家である。

司法裁判所　*司法権'の行使にあたる*裁判所'。*行政裁判所'に対する。現行憲法は行政裁判所を認めていないことから、裁判所は全て司法裁判所である〔憲76〕。

司法支援センター　⇨総合法律支援法'

司法試験　*裁判官'、*検察官'又は*弁護士'になるために必要な学識及びその応用能力を有するかどうかを判定する国家試験〔司試1〕。これに合格すれば、*司法修習生'として司法研修所の修習を経て法曹になることができる。旧高等試験司法科試験に代わり、昭和24年に発足した。以後小改正を経て、平成16年4月の法科大学院発足に伴う大改正(平成14法138)により、平成18年から新しい制度(発足時には「新司法試験」と呼ばれていた)が始まった。旧

司法試験の終了により，新司法試験は司法試験と呼ばれるようになった。司法試験は，短答式及び論文式による筆記の方法により行われ，短答式合格者について，両方の試験の成績を総合して合否の判定をする〔司試2〕。短答式は，必要な専門的な法律知識及び法的な推論の能力を有するかどうかを判定することを目的とする。
試験科目は，新司法試験発足時には，公法系(憲法・行政法)，民事系(民法・商法・民事訴訟法)，刑事系(刑法・刑事訴訟法)であったが，平成27年実施の司法試験から，憲法，民法，刑法の3科目となった〔司試3①〕。論文式は，必要な専門的な学識並びに法的な分析，構成及び論述の能力を有するかどうかを判定することを目的とし，試験科目は，公法系，民事系，刑事系の3科目と選択科目1科目である〔司試3②〕。司法試験は，*法科大学院'を修了した者，法科大学院の最終学年に在籍し所定の単位を修得済みの者及び予備試験に合格した者に受験資格がある〔司試4①②〕。新司法試験発足時には，法科大学院修了後5年間で3回までしか受験できないという制限があったが，平成26年改正(法52)により3回という回数制限は廃止された。

司法事実　　⇨立法事実'
司法修習生　　*司法試験'に合格し最高裁判所から命ぜられて，*司法研修所'，各地の裁判所・検察庁・弁護士会で法律実務を修習する者〔裁66～68，司法修習生に関する規則(昭和23最高裁規15)5〕。1年以上の期間修習をした後試験に合格すると，判事補，検事又は弁護士になる資格を取得する〔裁43・67，検察18①①，弁護4〕。

司法巡査　　⇨司法警察職員'
司法消極主義・司法積極主義　　違憲審査権の行使の際に裁判官がもつべき司法哲学として語られる司法消極主義とは，立法機関・行政機関という政治部門の政策決定には最大限の謙譲と敬意を払うべきであるとする立場で，司法の自己抑制論ともいわれる。これと反対の立場が司法積極主義である。また，違憲審査権の行使を判断の段階から分析すれば，裁判所が憲法判断をするか否かの段階，及び憲法判断をし違憲判断をするか否かの段階に分けられ，イ 憲法判断をし，かつ違憲判断をするとき，ロ 憲法判断をし，かつ合憲判断をするとき，ハ 憲法判断をそもそもしないとき，の3通りの判断がありうる。学説においては，イロを憲法判断積極主義(そのうちイは違憲判断積極主義，ロは合憲判断積極主義)，ハを憲法判断消極主義と解する立場と，イを司法積極主義，ロハを司法消極主義と解する立場がある。

司法書士　　他人の依頼を受けて，登記若しくは供託に関する手続又はこれらに関する審査請求の手続について依頼者を代理すること，依頼者が裁判所，検察庁，法務局又は地方法務局に提出する書類等を代わって作成すること，所定の研修を受け法務大臣の認定を得た上で*簡易裁判所'における*民事訴訟'，*和解'，*支払督促'等の手続及び民事紛争で紛争の目的価額が140万円以下のものを対象とする*仲裁'事件又は*裁判外の和解'につき依頼者を代理することなどを業とする者〔司書3〕。司法書士試験に合格した者，又は所定の法律に関する知識及び実務経験を有し法務大臣から業務を行うのに必要な知識及び能力の認定を受けた者が，司法書士となる資格を有し〔司書4〕，これらの者が日本司法書士会連合会に備えた司法書士名簿に登録することで司法書士となる〔司書8〕。

私法人　　*私法'上の*法人'という意味で，公法上の法人，すなわち国・地方公共団体などの公権力をもつ法人，あるいはその設立・管理について国家の特別の統制のある法人(*公法人')に対する。公法と私法との区別が明確でなく，その実益も少ないのに対応して，現在では，ある法人が私法人かどうかを性格規定することの意味は少ないと考えられる。

司法審査　　⇨違憲審査権'
司法制度改革審議会　　平成11年7月に司法制度改革審議会設置法(平成11法68。同法附3により平成13失効)に基づき内閣の下に設置された審議会。平成13年6月に内閣に最終意見書を提出し，民事司法制度・刑事司法制度の改革，*法科大学院'を中核とした新たな法曹養成制度の整備，刑事訴訟手続への*裁判員制度'の導入その他の国民の司法参加の拡充等を提案した。

司法積極主義　　⇨司法消極主義・司法積極主義'
司法的確知　　⇨立法事実'
私法的訴権説　　⇨訴権'
司法の統制　　**1 意義**　国家権力が適正に行使されることを保障するために*司法裁判所'が行う統制をいう。司法裁判所が行政庁の公権力の行使の適法性を審査し，違法な行政処分等を是正する*行政訴訟'が，典型的な司法的統制の制度であるが，現行憲法は，国会が制定する法律の規定が憲法に適合するかどうかについても，司法裁判所に審査権限を与えている〔憲81〕。
2 特徴　国家権力の適正を保障するための統制には，国会による政治的統制，行政組織内部の監督手段による統制，世論による統制など様々

しほうとう

なものがある。司法的統制は, 立法権や行政権からの独立性を保障された裁判所が, 正式の訴訟手続に従って審理し, 最終的な判断を下すものであるから, 最も公正な結果の期待できる強力な制度とされる。ただし, *法律上の争訟'の解決という機能を通じて行われる点で一定の限界がある。

私法統一国際協会　　⇨ユニドロワ(UNIDROIT)'

司法取引　　*被疑者'・*被告人'及び*弁護人'と*検察官'とが交渉し, 刑事事件の処理について一定の合意をなすこと。アメリカで広く行われている。複数の*訴因'の一部について*有罪の答弁'を行う代わりに, 残りを審判対象から落としてもらうという形をとることもあるが, 多くは量刑に関する取引が中心となる。取引の結果を受け入れるかは裁判所が決める。事件の迅速処理に役立っていることは事実であるが, 有利な取扱いを餌に有罪答弁を強要するものだとの批判もないわけではない。いわゆる日本版司法取引については*協議・合意(刑事手続における)'を参照せよ。　　⇨答弁取引'

司法年度　　裁判事務の期間の区分。毎年1月1日に始まり, 12月31日に終わる〔下事規2〕。裁判事務の分配, あるいは裁判官の配置などは, 毎年あらかじめ定められ, 1司法年度中は原則として変更されない〔最事規4・5, 下事規6・7〕。

司法の自己抑制(自己制限)　　⇨司法消極主義・司法積極主義'

司法法　　司法制度及び*司法権'の行使に関する法規をいう。憲法のうちの司法に関する部分及び*裁判所法'・民事訴訟法・刑事訴訟法などがその典型である。

司法面接　　事情聴取による被面接者の心理的負担を緩和するとともに, 面接者の暗示・誘導によって被面接者の記憶が変化して供述の正確性が失われることを回避するために行われる面接法のこと〔圏 forensic interview〕。被面接者から自由報告を得るために緩やかに構造化されている点に特徴がある。日本では, 検察・警察・児童相談所の三者が協同して司法面接的手法を実施することがある。*捜査'段階において, *性犯罪'等の一定の犯罪被害者たる供述者について, その年齢や心身の状態その他特性に応じて十分な供述をするために必要な措置, 及び誘導をできる限り避ける等の措置を特にとられた聴取における供述とその状況を録音・録画した場合に, 公判において当該供述者に対する*証人尋問'の*主尋問'に代替して, 当該録音・録画

記録媒体を証拠として用いることができる〔刑訴321の3〕。この証拠提出の方法は, 主に司法面接的手法を念頭に置いたものである。

資　本　　⇨資本金の額'
資本維持の原則　　⇨資本金の額'
資本確定の原則　　⇨資本金の額'
資 本 金 額　　⇨資本金の額'
資本金額減少無効の訴え　　⇨会社の組織に関する訴え'

資本金額の減少　　**1意義**　資本金の額という計算上の数額を減少させることをいい, 減資ともいう。資本金額の減少のみでは会社財産の減少は生じないが, 資本金額を減少させることによって, *分配可能額'が増加し, 将来の*剰余金の配当'が可能となるという効果がある。**2手続**　イ 手続：減少する資本金の額, 減少する資本金の額の全部又は一部を*準備金'とするときはその旨及び準備金とする額, 及び, 資本金の額の減少がその効力を生ずる日を, 原則として, *株主総会'の*特別決議'によって決定しなければならない〔会社447①・309②⑨〕。ただし, 欠損填補に充てる範囲でのみ資本金額の減少をする場合には, 定時株主総会の*普通決議'によって決定することができる〔会社309②⑨括弧〕。また, *株式会社'が株式の発行と同時に資本金の額を減少する場合に, その資本金の額の減少の効力が生ずる日後の資本金の額がその日前の資本金の額を下回らないときには, *取締役'の決定(*取締役会設置会社'においては, *取締役会'の決議)によって決定することができる〔会社447③〕。他方, 会社は, その資本金等の額の減少の内容, 会社の*計算書類'に関する事項として法務省令で定めるもの及び債権者が一定の期間内に異議を述べることができる旨を*官報'で*公告'し, かつ, 時事に関する事項を掲載する日刊新聞紙に掲げてする公告又は*電子公告'を併せてする場合を除き, 知れたる債権者には各別に*催告'しなければならない。異議を申し出た債権者には(社債権者の異議申出は*社債権者集会'の決議によることを要する), 資本金額の減少がその債権者を害するおそれがない場合を除き, 弁済・担保提供・相当の財産の信託のいずれかをしなければならない〔会社449①②③⑤〕。なお, *会社更生手続'により更生計画で減資するときは, 以上の手続によらない〔会更45①③・174③・212〕。ロ 効力：資本金額の減少の効力は, 定められた資本金の額の減少がその効力を生ずる日に生ずるのが原則であるが, *債権者保護手続'が終了しない限り生じない〔会社449⑥〕。なお,

資本金額の減少について変更登記を必要とする〔会社915①・911③⑤〕。資本金額減少の無効は、資本金の額の減少の効力が生じた日から6カ月以内に、その株式会社の株主等、破産管財人又は資本金の額の減少について承認をしなかった債権者が、その株式会社を被告とする資本金額減少無効の訴えによってのみ主張することができる〔会社828①⑤②⑤・834⑤〕（⇨会社の組織に関する訴え')。

3 持分会社における資本金額の減少 イ 原則：*持分会社'は、損失の塡補のために、その資本金の額を減少することができる〔会社620①〕。ロ 合同会社の特則：*合同会社'は、出資の払戻し又は持分の払戻しのために、その資本金の額を減少することができるが、出資の払戻しのために減少する資本金の額は、出資払戻額から出資の払戻しをする日における剰余金額を控除して得た額を、持分の払戻しのために減少する資本金の額は、持分払戻額から持分の払戻しをする日における剰余金額を控除して得た額を、それぞれ、超えてはならない〔会社626〕。また、合同会社が資本金額を減少するためには、株式会社と同様の債権者保護手続を履践しなければならず〔会社627①②③⑤〕、資本金額の減少の効力は債権者保護手続が終了したときに生ずる〔会社627⑥〕。

資本金額の増加 **1 意義** 会社において資本金の額を増加すること。増資と略称される。*資本金の額'とは、*株式会社'・*合同会社'においては純資産額がそれを上回る場合でなければ株主・社員への財産分配を制限し、かつ、会社がその資本を減少するためには厳格な手続を要する会社財産の流出を制限する機能を有する数値である。*合名会社'・*合資会社'においては社員から拠出された財産の価額に相当する額の一部を表示する数値である。いずれの場合も、会社財産とは関係のない抽象的な数額である。

2 株式会社 イ 募集株式の発行：募集株式の発行手続において、出資の払込み・財産の給付がなされた場合、実際に払込み・給付がなされた額の全額を資本金の額とすることが原則である〔会社445①〕。ただし、払込み・給付額の2分の1を超えない額を資本金に組み入れず、資本準備金にすることが認められる〔会社445②③・199⑤〕。実際に出資がなされる場合には、会社の純資産が増加する。ロ *新株予約権'の行使：権利が行使された場合において、新株予約権の帳簿価額と権利行使に際し会社が払込み・給付を受けた金銭等の額を合算した上で、イの枠組みの中で新株予約権の内容の定めに基づき資本金及び資本準備金に振り替えられる〔会社236①⑤〕。ハ 合併等組織再編行為：組織再編行為により株式が発行される場合には、合併の存続会社等が株式発行と引換えに取得する財産の額（株主資本等変動額）の範囲内で増加額を決定できる。イロの場合のように、株主資本等変動額の2分の1相当額以上を存続会社等の資本金に組み入れる必要はなく、資本金の額の増加の最低限に関する規制はない。例えば、吸収合併の場合は、存続会社が株式を交付するときは資本金・準備金の額に関する事項の定めに基づき資本金の額が増加する〔会社749①②イ・753①⑥・445⑤〕。*パーチェス法'によるべき場合は、存続会社では、吸収型再編対価時価額又は吸収型再編対象財産の時価のうち、より高い信頼性をもって測定可能な時価を基礎に算定する株主資本等変動額〔会社計算35①Ⅰ〕の範囲内で合併契約により定めた額が資本金の額の増加額になる〔会社計算35②〕。吸収合併の結果、存続会社の資本金・準備金の額が合併前の当事会社の資本金・準備金の合計額より小さくなりうるため、債権者異議手続（⇨債権者保護手続')が必要であるが、その場合にあっても資本金の額は変動しない。吸収分割における資本金部分承継会社、*株式交換'における株式交換完全親会社及び*株式交付'における株式交付親会社も*会社計算規則'に従って資本金の額を増加させることができる。その規律は吸収合併の場合とほぼ同様であるが、株式交換・株式交付において債権者異議手続を行わないときは、株主資本等変動額に対価自己株式の帳簿価額を加えて得た額に株式交換割合を乗じた額から株主資本等変動額までの範囲内で株式交換契約・株式交付計画に定めた額をそれぞれ資本金と資本準備金に計上しなければならない〔会社計算39②〕。ニ 準備金・剰余金の資本組入れ：株式の発行がない場合であっても、*準備金'又は*剰余金'を減少させ、当該額だけ資本金の額を増加させることができる（準備金・剰余金の資本組入れ）〔会社448①②・450①、会社計算25①〕。新たに準備金積立ての必要が生じ又は積み立てるべき額が増加する可能性があり、かつ、欠損が生じた際の塡補のための手続が厳格になる点において、株主に対する財産分配が困難になる効果があるため、*株主総会'の*普通決議'を要する。

3 持分会社 イ 社員の出資：社員が出資の履行をした場合、*持分会社'に実際に払込み又は給付された財産の価額を基準に持分会社の資本金の額に計上するものと定めた額が増加する〔会社計算30①Ⅰ〕。株式会社のように払込み・給

しほんきん

付額の2分の1以上を資本金に組み入れねばならないという規律はない。ロ 社員に対する出資履行請求権：社員に対する出資履行請求権を資産として計上することと定めた場合には、当該債権の価額を限度に、会社が資本金の額に計上するものと定めた額が増加する〔会社計算30①②〕。ハ 合併等組織再編行為：組織再編行為により持分会社の持分が交付される場合には、合併の存続会社等が持分の交付と引換えに取得する財産の額の範囲内で資本金の額を増加させることができる。ニ '資本剰余金'の額の資本組入れ：資本剰余金を減少させ、当該額だけ資本金の額を増加させることができる〔会社計算30①③〕。
4 登記　株式会社の資本金の額は、'定款'記載事項ではないが、'登記'事項であり〔会社911③⑤〕、その変動は変更の登記を要する〔会社915①〕。持分会社の資本金の額は、合同会社についてのみ登記事項とされ〔会社914⑤〕、それを増減した場合には変更の登記を要するが〔会社915①〕、合名・合資会社では登記されない。

資本金の額　**1 意義**　会社において社員契約に基づき社員により拠出した財産の価額に相当する額の一部又は全部を表示する数額。全株主・全社員の'有限責任'が認められる'株式会社'・'合同会社'においては、会社債権者保護の必要性から、純資産額が資本金の額を上回る場合でなければ株主・社員に対し財産を分配できず、かつ、会社がその額を減少させるためには厳格な手続を要する（⇒資本金額の減少'）。資本金の額とは、抽象的な数額であって、会社財産とは無関係である。
2 機能　伝統的な資本金の額には、イ 当該額に相当する純資産を会社に確実に出資すべき資本充実の原則、ロ 資本金の額に相当する財産を会社に維持すべき資本維持の原則、ハ 厳格な資本減少手続によらずに減少することを禁止する資本不変の原則、ニ その全額が引き受けられなければ会社の設立・増資を認めない資本確定の原則があるといわれていた。しかし会社法は、資本の伝統的な意義に大きな修正を加えている。すなわち、イにつき、資本金の額は実際に拠出された財産の額に応じて決定されることを原則とする〔会社445①〕。資本充実責任の具体化であった'発起人'の払込み・引受担保責任や給付未済財産価額塡補責任は廃止された。更に、資本金の額がゼロになることも認めている〔会社計算43①等〕。ロにつき、資本金の額に'準備金'の額等を加算した額を資産総額と'自己株式'を合算した額から控除して算定された

'剰余金'から分配時点における自己株式の帳簿価額を控除することによって得られる'分配可能額'による剰余金分配規制がある。他方、会社の純資産額が300万円を下回るときは'剰余金の配当'等を制約しており〔会社458〕、資本金の額とは無関係に剰余金配当規制がなされる場面は生じている。ハについては、平成16年改正(法87)商法による'電子公告'の導入を機に、官報公告に加え所定の公告をすれば会社債権者に対する各別の催告を省略することが認められた〔会社449③〕。ニについては、昭和25年改正(法167)商法により資本金の額が'定款'記載事項でなくなるとともに募集株式の発行に'打切発行'が認められ、会社設立の局面でしか資本確定の原則が妥当しなくなっていたところ、会社法により定款所定の「出資される財産の…最低額」に達すれば会社の設立が認められることになり〔会社27④〕、一層の緩和がなされた。
3 資本金の額の算定　イ 原則：株式会社の資本金の額は、原則として、設立又は株式の発行に際して株主となる者が会社に対し払込み又は給付した財産の額である〔会社445①〕。ただし、当該額の2分の1までは資本準備金として計上できる〔会社445②③〕。昭和25年改正(法167)商法の下で、資本はこれを株式に分かつという規律の廃止により資本と株式との関係は切断され、平成13年改正(法79)商法の下で、額面株式が廃止され資本と額面総額との関係もなくなり、資本と株式の切断は更に徹底された。ロ 設立時：会社設立時の資本金の額についてみると、払込みを受けた金銭の金額、給付された金銭以外の財産の価額及び帳簿価額を付すべき財産の帳簿価額の合計額から、'設立費用'のうち設立に際し資本金又は資本準備金に計上しないと定めた額を控除した額であり、計算上マイナスになることもありうるが、その場合にはゼロとされる〔会社計算43①〕。ハ 新設合併等の場合：新設合併を例にとると、新設会社の資本金の額は、'パーチェス法'の場合には、新設合併取得会社の合併直前の帳簿上の純資産額を基礎として定まる額と、新設合併取得会社以外の消滅会社の株主に交付される新設型再編対価時価、又は新設型再編対象財産の時価を基礎として定まる額との合計額の範囲内で合併契約により定めた額である〔会社計算45①②〕。ニ '最低資本金制度'の廃止：会社法は、平成2年改正(法64)商法により導入された最低資本金制度を廃止した。もっとも、業法において最低資本金制度が採用されている例がある〔銀行5, 信託業5②②, 保険業6〕。

しまだじけ

4 持分会社の場合　社員が出資の履行をした場合、'持分会社'に実際に払込み又は給付された財産の価額を基準に持分会社が資本金の額に計上するものと定めた額が増加する〔会社計算44①①〕。株式会社のように払込み・給付額の2分の1以上を資本金として計上しなければならないという規律はない。

5 登記　株式会社・合同会社については登記事項であるが〔会社911③⑤・914⑤〕、合名・合資会社については登記事項とはされていない。

資本減少　⇨資本金額の減少'
資本充実の原則　⇨資本金の額'
資本準備金　⇨準備金'
資本剰余金　資本取引から生じた'剰余金'。会計理論上は、資本剰余金には、株主からの払込資本を表す払込剰余金のほか、贈与により発生する剰余金(資本的支出に充てた国庫補助金等)や資本修正により発生する剰余金(貨幣価値変動に伴う固定資産の評価替等)を含むという考え方もあるが、資本修正により発生する剰余金は日本の現行の制度上生ずる余地がなく、また、現在の日本においては贈与により発生する剰余金を資本剰余金とする立場はとられていないため、株主からの払込資本のうち資本金とされなかったものが資本剰余金とされている。「自己株式及び準備金の額の減少等に関する会計基準」(企業会計基準1号)は、払込資本の残高が負の値となることはあり得ない以上、払込資本の一項目として表示する'その他資本剰余金'について、負の残高を認めることは適当ではないとし、その他資本剰余金の残高が負の値となった場合には、会計期間末において、その他資本剰余金を零とし、当該負の値を'その他利益剰余金'(繰越利益剰余金)から減額するとしている。'貸借対照表'、連結貸借対照表では純資産の部の株主資本の一項目とされ〔財務規60、連結財務規43①、会社計算76②③〕、株主資本等変動計算書、連結株主資本等変動計算書では株主資本の一項目とされ〔財務規99②・様式第7号、連結財務規70②・様式第6号、会社計算96③①ハ・②ハ〕。貸借対照表・株主資本等変動計算書では、資本剰余金は資本準備金とその他資本剰余金とに分けて表示されるが〔財務規63①・99②・様式第7号、会社計算76④・96④①〕、連結貸借対照表・連結株主資本等変動計算書では資本剰余金として表示される〔連結財務規17②・様式第4号・70②・様式第6号〕。これは、分配可能額の算定上、資本準備金とその他資本剰余金とでは扱いが異なるからである。

資本増加　⇨資本金額の増加'

資本多数決　会社機関としての'株主総会'の意思決定が、頭数ではなく持株数に基づく多数決でなされること。'株式会社'では'一株一議決権の原則'〔会社308①〕が採用され、会社財産への寄与率に応じて出資者の発言権が認められる。多数の株式を所有する株主が多数の議決権をもち、会社の意思決定により大きな影響力を及ぼすことができる。決議の方法には、決議事項に応じて'普通決議'〔会社309①。なお、定足数について会社341の制約あり〕、'特別決議'〔会社309②〕、'特殊決議'〔会社309③④〕がある。会社支配のピラミッド構造や'株式の相互保有'、貸株制度の存在等により、資本多数決の効果は増幅される。多数派は思うままに決議することができるが、資本多数決は常に株主全体の利益を保障するものではなく、その濫用への対処が必要となる。総会権限に属しない事項の決議〔会社295②参照〕、強行法規に反する決議をなしえないのはもちろん、'株主平等の原則'に反する決議等もなしえないと解されている。また、多数決の原則を一応承認しつつ、これを修正するものとして'株式買取請求権'制度〔会社116・469等〕、'累積投票'制度〔会社342〕、'取締役'等の解任請求権〔会社854〕がある。一部の'種類株式'('拒否権付種類株式')〔会社108①⑧・323〕や'株主間契約'による定めも、資本多数決を修正する機能を果たしうる。

資本的支出　'固定資産'取得後に当該資産についてなした追加的支出のうち、当該資産の使用可能期間を延長させ又はその価額を増加させるもの〔所税令181、法税令132〕。修繕費が費用とされるのに対し、資本的支出は固定資産の'取得価額'に加算され、償却される〔所税令127、法税令55〕。

資本不変の原則　社員全員の責任が'有限責任'である'株式会社'と'合同会社'における資本金の額は、債権者異議手続を含む厳格な資本減少の手続を経なければ、減少させることができないという原則〔会社449・627〕。資本金の額が自由に減少されたのでは、それに伴い会社が確保すべき会社財産の額も減少するから、資本充実の原則が機能しても資本の有する会社債権者保護の機能が失われかねない。したがって、資本減少には債権者異議手続を含む特別の手続を要することにしたもの。⇨資本金の額'⇨資本金額の減少'

島田事件　昭和29年(1954)3月10日、静岡県島田市で発生した幼児の強姦(ごうかん)致傷、殺人事件。当初から容疑者の1人とされていたAは、5月24日に岐阜県下で'職務質問'を受け、

しみばいば

地元警察，その後島田市警察に'任意同行'され，事情聴取を受けた。28日に窃盗で'通常逮捕'，本件についても取り調べられ，30日に犯行を'自白'し，6月1日に本件で再逮捕，その後起訴された。起訴後Aは一貫して犯行を否認したが，最高裁判所まで争われた後，一審の'死刑'判決が確定。第4次'再審'請求により平成元年1月31日に'無罪'判決がなされ確定した（静岡地判平成元・1・31判時1316・21）。再審では，確定判決において犯行とAを直接結び付ける唯一の証拠である自白の信用性を支えていた，「秘密の暴露」と'鑑定'とが激しく争われた。

試味売買 ⇨'試験売買'

市民的及び政治的権利に関する国際規約 ⇨'国際人権規約'

市民法 イ ローマ法上，「市民法」（圏 ius civile）とは，ローマ市民に適用される'慣習法'。「万民法」（圏 ius gentium）に対比される。ロ 中世においては，「市民法大全」（ローマ法大全）（圏 Corpus Iuris Civilis）（⇨ローマ法'）に基づく法体系で'教会法'に対比される。ハ 近代においては，droit civil 囚，bürgerliches Recht 圏は「民法」を意味する。ニ また，個人主義，所有権絶対，契約自由，過失責任原則などを原理とする法体系を呼び，それを修正した'社会法'と対比されることがある。この意味での「市民法」はまた「ブルジョワ法」と呼ばれることがあったが，少なくともドイツ語では，民法・市民法・ブルジョワ法はいずれも bürgerliches Recht である。

事務官 ⇨'職（公務員の）'

事務管理 1 意義 例えば，頼まれたわけでもないのに留守中の隣人のために集金人に立替払をしてやるとか，黒煙をみつけたので戸を壊して隣家に入り消火するなどのように，法律上の義務がないのに他人のためにその事務を処理すること〔民697〕。余計なお節介であるとして管理者に特別の法律上の保護を与えない考え方（英米法）もあるが，こうした行為は本人の利益にもなるという理由で，日本の民法は，本人と管理者の間に'委任'類似の債権関係が生ずるものとしている〔民701参照〕。
2 要件 義務なく他人の事務を処理する場合には，それが本人の意思に反したり本人を不利にするものであってはならない〔民697〕。本人の意思に反したり，あるいは管理者が自分の利益のために他人の事務の管理をした場合には，その行為は'不法行為'となり，'違法性'が阻却されない。⇨準事務管理'
3 効果 事務管理が成立すると，管理者は'有益費'の償還を請求できる〔民702〕が，他方，遅滞なく本人に通知し，本人の管理が可能になるまで管理を継続する義務を負うことになる〔民699・700〕。そのほか，本人・管理者の間には，事務処理状況の報告や受取物引渡義務などについて委任の規定が準用されている〔民701〕。
4 報酬と損害補償 事務管理は頼まれもしないのにした行為であるから，管理者は報酬まで請求できない。しかし，遺失物法（平成18法73）や水難救護法（明治32法95）などは，拾得者に対して一定の報労金あるいは報酬を支払うものと規定している〔遺失28，水難24〕。これは，拾得物の届出を奨励するためであると解されている。事務管理には，人命救助に向かった者が二重に遭難したときのように，管理者が自分の'過失'によらず損害を被った場合に，委任のように損害補償を受けられる旨の規定〔民650③。なお，民701参照〕がないが，「警察官の職務に協力援助した者の災害給付に関する法律」（昭和27法245）は，一定の場合に国などが給付を行う旨を定めている。

仕向(しむけ)地原則 消費課税において，輸出される物品や国外で提供されるサービスについて，その消費がなされる仕向地に'課税権'があるとする原則。この原則の下では輸入品や国外からのサービスの提供には課税される一方，輸出品等には'免税'や税金の還付がなされる。'ガット（GATT）'を受け継いだWTO（⇨世界貿易機関'）も仕向地原則を支持するが，日本を始め'付加価値税'において一般に認められているといえる。

仕向(しむけ)地法 積荷等が輸送される目的地の法。国際私法上，'物権'関係の'準拠法'は目的物の'所在地法'による〔法適用13〕。この原則を貫くと，船舶等の積荷として，国際的な運送に付されている移動中の物は，そのときどきの現実の所在地により，その物権変動の有無や効力を判断すべきことになるが，そのような地の法は「最密接関係地法」とはいえないとされ，むしろ，仕向地法によるべきであるとされている。学説・判例（横浜地判大正7・10・29評論8諸法4）により認められているが，途中の港で差押えされて運送が中断した場合には，もはや到達することはなくなった仕向地の法によるのではなく，その現実の所在地法を適用すべきであるとされている。

事務次官 ⇨'次官'
事務の委託 ⇨'委託'
事務の監査請求 '地方自治法'の認める'直接請求'の一種。'地方公共団体'における行

政の公正かつ能率的執行を確保するため,戦後,*監査委員'の制度が創設されたが,これに対応して事務の監査について地方住民の直接請求を認めたもの。直接請求の対象は,*地方公共団体の事務'であり,したがって,*法定受託事務'の執行をも含む。直接請求の手続は,*条例の制定改廃請求'の場合と同様であるが,選挙権者総数の50分の1以上の者の*連署'をもって,その代表者から,地方公共団体の監査委員に対して事務監査の請求をすることとなっている。監査委員は,直ちに請求の要旨を公表し,請求に係る事項について監査した上で,その結果に関する報告を合議により決定し,これを請求代表者に通知し,一般に公表するとともに,当該地方公共団体の議会及び長並びに関係のある委員会・委員に提出しなければならない〔自治12②・75〕。この請求は,平成6年に新設の*広域連合'にも準用される〔自治291の6〕。 ⇨住民監査請求' ⇨住民訴訟'

事務の共同処理(地方自治法上の) **1 意義** 1つの*地方公共団体'では処理し難い事務を複数の地方公共団体が共同で処理しよう。*地方自治法'が定める事務の共同処理方式では,*特別地方公共団体'としての*地方公共団体の組合'のほか,協議会,機関・職員の共同設置,事務の委託〔自治252の2の2・252の7・252の14〕,*事務の代替執行'〔自治252の16の2〜252の16の4〕がある。これらに準ずるものとして,連携協約〔自治252の2〕,職員の派遣〔自治252の17〕,相互救済事業経営の委託〔自治263の2〕などがある。 ⇨地方公共団体の事務の委託'
2 連携協約 *普通地方公共団体'が他の普通地方公共団体と連携して事務処理をするために基本的な方針及び役割分担を定めて締結する協約で,議会の議決を要する〔自治252の2〕。
3 協議会 協議会は,普通地方公共団体がその事務の管理・執行のため,管理・執行についての連絡調整を図るため,又は広域的総合的な計画を作成するために,協議により規約を定めて設けられる。設置にあたっては,関係地方公共団体の議会の議決を要するなど手続を遵守しなければならない。管理執行協議会の場合,協議会の行為は関係地方公共団体の機関の行為と同様の効果を生ずる〔自治252の2の2〜252の6の2〕。
4 機関等の共同設置 複数の地方公共団体がそれぞれの議会の議決を経てする協議により規約を定め,共同して,議会事務局若しくは執行機関である委員会・委員若しくはその附属機関を設置し,又は執行機関の内部組織や補助職員等を設置することができる〔自治252の7〜252の

13〕。ただし,*公安委員会'の共同設置は認められないし〔自治令174の19〕,解釈上共同設置の許されない機関もある。
5 事務の委託・事務の代替執行 事務の委託〔自治252の14〜252の16〕及び平成26年改正(法42)で設けられた事務の代替執行〔自治252の16の2〜252の16の4〕も連携協約と同様に機能的には共同処理的要素をもちうる。
事務の代替執行 *地方公共団体'が,事務の一部を他の地方公共団体に管理・執行させることができる制度〔自治252の16の2〜252の16の4〕。事務の委託〔自治252の14〜252の16〕とは異なり,当該事務が委譲される効果はない。 ⇨事務の共同処理(地方自治法上の)'

事務報告 清算株式会社が法務省令で定めるところにより,各清算事務年度につき作成しなければならない報告書(書面又は*電磁的記録')の1つ〔会社494①〕。*清算'に関する事務の執行の状況に係る重要な事項をその内容とするものであって〔会社則147①〕,*株式会社'の*事業報告'におおむね相当する。定時株主総会の日の1週間前の日(*取締役'又は株主が*株主総会'の目的である事項について提案をした場合に,当該提案につき株主の全員が書面又は電磁的記録により同意の意思表示をした場合には,当該提案があった日)からその本店の所在地における清算結了の登記の時までの間,会社の本店に備え置いて,株主及び会社債権者並びに裁判所の許可を得た清算株式会社の親会社社員の閲覧,謄本又は抄本の交付等の請求に応じなければならない〔会社496〕。*監査役設置会社'においては*監査役'の監査の対象とされる〔会社495①〕。

氏 名 ⇨氏(うじ)'
指名委員会 **1 意義,組織,権限** *指名委員等設置会社'において,*監査委員会'及び*報酬委員会'とともに置かなければならない3つの委員会の1つであって,株主総会に提出される取締役(及び会計参与)の選任及び解任の議案の内容を決定する委員会〔会社404①〕。3名以上の*取締役'で組織され,その過半数は*社外取締役'でなければならない〔会社400①③〕。指名委員会を組織する取締役は,*取締役会'の決議により選定され〔会社400②〕,取締役会の内部機関としての側面を有する。しかし,*株主総会'に提出する取締役の選任及び解任に関する議案の内容については,取締役会に諮ることなく決定することができる点で,取締役会から独立している側面も有している。
2 委員会の運営等 指名委員会は取締役及び*執

しめいいい

行役'(会計参与設置会社では*会計参与'を含む)に対して指名委員会の求めた事項について説明を要求することができ〔会社411③〕、また、指名委員会を組織する取締役で指名委員会が指名する者の取締役会招集〔会社417①〕、その者の職務執行状況の取締役会における説明〔会社417③〕、職務執行の費用の請求〔会社404④〕、議事録の作成等〔会社412・413〕について規定されている。

指名委員会等設置会社　1 意義　*指名委員'・*監査委員会'・*報酬委員会'の3つの委員会(合わせて指名委員会等という)を置く*株式会社'のことであり〔会社2⑫〕、アメリカ法を参考にして平成14年商法改正(法44)により導入されたものである。当時の名称は委員会等設置会社であったが、平成17年会社法(法86)によって委員会設置会社に名称が変更された後、平成26年会社法改正(法90)によって、現在の名称に変更された。指名委員会等設置会社は、*取締役'は*業務執行'に関与せず経営の監督に専念し、業務執行は*執行役'が行うというモニタリングモデルに基づいており、特に各*委員会'の過半数を占める*社外取締役'により監督機能が発揮されることが期待されている。

2 取締役・取締役会　指名委員会等設置会社の取締役は、*株主総会'によって選任・解任され〔会社329①・339①〕、その任期は1年である〔会社332⑥〕。また、取締役の資格では原則として業務執行をすることはできないが〔会社415〕、執行役を兼任して執行役としての資格で業務執行をすることは可能である〔会社402⑥〕。ただし、*支配人'その他の*使用人'を兼任することも認められない〔会社331④〕。*取締役会'は、取締役の中から各委員会の委員を*選定'・*解職'し〔会社400②・401①〕、また執行役を選解任し〔会社402②・403①〕、執行役の中から*代表執行役'を選定・解職する〔会社420〕。このほか、経営の基本方針等の基本事項の決定と執行役等(執行役・*会計参与')の職務執行の監督を行うこととされている〔会社416〕。

3 委員会　各委員会は3人以上で組織され、そのうちの過半数を社外取締役が占めていなければならない(会社400①③)。各委員会の職務内容は以下の通りである。指名委員会は株主総会に提出する取締役・会計参与の選解任に関する議案の内容の決定〔会社404①〕。監査委員会は執行役等の職務執行の監査と*監査報告'の作成及び株主総会に提出する*会計監査人'の選解任に関する議案の内容の決定〔会社404②〕。報酬委員会は執行役等の個人別の報酬等の内容の決定〔会社404③〕。

4 執行役　執行役は取締役会により選任され〔会社402②〕、指名委員会等設置会社の業務執行を行う〔会社418〕。取締役が執行役を兼任することはできるが〔会社402⑥〕、執行役が取締役を兼ねている必要はない。

指名競争契約　*一般競争契約'に対する観念。*契約'の性質又は目的により契約締結の競争に加わる者が少数で一般競争に付する必要がない場合、一般競争に付することが不利と認められる場合、その他法令の認める場合に限り例外的に競争参加者を指定し、指定された者だけに競争させる*競争契約'のこと〔会計29の3③⑤、予令94〜98〕。普通はなるべく10人以上の参加者を指名することになっており〔予令97①〕、一定の保証金を納めさせ、原則として*入札'の方法によって競争させる〔会計29の4・29の5〕。*地方自治法'は、指名競争入札と呼び、地方公共団体の締結する契約の方法の1つとして、国とほぼ同様の場合にこれを認めている〔自治234、自治令167〕。

指名債権　債権者が特定している*債権'。*指図債権'・*無記名債権'に対する語で、これら以外の一般の債権のことをいう。指図債権・無記名債権のような*証券的債権'と異なり、その成立・行使に証書の存在を必要とせず、証書が作成されたとしても、それは、単に債権成立の証拠としての意味をもつにすぎない(例:預金通帳)。指名債権は、原則として譲渡することができる〔民466①本文〕が、債権の性質上譲渡が許されない場合(例:特定の人を扶養する債権)〔民466①但〕、公益上の理由により譲渡が禁止される場合(例:恩給11)には、譲渡性をもたない。しかし、当事者が譲渡禁止の特約をした場合については、*債権法改正'によって、預金債権を除き、原則として特約の効力は当事者間にしか及ばないことになった〔民466②〕。⇒*債権譲渡'

氏名表示権　⇒著作者人格権'

氏名冒用訴訟　他人の氏名を冒用してする訴訟。このような場合に、冒用者か被冒用者のいずれが当事者か問題となるが、当事者の確定については訴状の記載によるとする表示説が有力である。AがBと称して訴えを提起し、審理中裁判所がこれに気づいた場合、表示説によれば、原告はBであり、Bが訴えの提起を追認しない限り、訴えを却下することになる。冒用の事実が明らかになることなく判決が確定した場合には、表示説によれば、当事者である被冒用者Bに判決効が及び、その者は*再

審'の訴え〔民訴338①③〕を起こすことができる。
　締出し　⇨少数派株主・社員の締出し'
　諮問機関　*行政庁'の諮問に応じて、審議・調査等を行い、答申・意見等を述べる機関。*審議会'・協議会・調査会・会議等の名称がつけられている。内閣府設置法〔内閣府37・54〕、*国家行政組織法'〔行組8〕及び*地方自治法'〔自治138の4③・202の3①〕は、この機関が、*行政機関'(又は*執行機関')の*附属機関'として設置することを規定している。行政庁は、意思決定にあたり諮問機関の答申・意見を尊重するのは当然であるが、法的には、その内容に拘束されない。　⇨参与機関'

　諮問手続　行政機関がある決定をなすに先立って、他の機関から(法的拘束力のない)意見を聴く手続。答申等の形で意見を述べる*審議会'等の機関を*諮問機関'という。*事前手続'の一種であり、法令上の定めが行政立法手続、計画策定手続、行政処分手続などに散見されるほか、事実上のものがある。運輸審議会への諮問手続につき、諮問機関の審理過程に重大な違法があり、法が諮問を要求した趣旨に反すると認められるような瑕疵(か)があるときは、これを経てなされた処分も違法となる、とした判例がある(最判昭和50・5・29民集29・5・662〈群馬中央バス事件〉)。

　社員権　1 意義　社団を構成する社員が社団に対してもつ権利義務の総体。多様な権利義務からなるので、社員としての地位ともいう。*株主権'はその一例である。
2 内容　社員権に包含される権利は、共益権と自益権に大別される。共益権は、社団の運営に参与する権利であって、*議決権'・*少数社員権'・*持分会社'の社員の*業務執行'権などである。自益権は、社員が社団から経済的利益を受ける権利であって、*営利法人'における*剰余金配当請求権'・*残余財産分配請求権'、非営利法人における社団の施設の利用権などである。また、社員の義務としては、*出資'義務・持分会社の*業務執行社員'の善管注意義務・*忠実義務'などがある。
3 社員権論　一部の学説は、社員のもつ権利は自益権であり、共益権は自益権を取得して社員になった者が社団の機関としての資格においてもつ権限で、社団自体の利益のために行使されるべきものと解し、このように性質の異なる共益権と自益権を包含する社員権の概念を否定する。これに対し、通説・判例(最大判昭和45・7・15民集24・7・804)は、共益権は社団的制約を受けるにしても、根本において社員自身の利益の

ための権利である点において自益権と異ならないと解し、両者を包括する社員権の概念を認める。この立場では、社員権を譲渡すれば共益権も移転し、社員権に含まれる個々の権利義務の個別的処分は、既に特定した剰余金配当請求権のような具体的権利義務を除き、認められない。なお、これと同じ立場に立ちながら、社員としての地位には多様な権利が含まれ、義務さえ包含されうることから、社員権という言葉は避けたほうがよいという説もある。

　社員権証券　社員である地位(⇨社員権')を表章する*有価証券'。*物権証券'・*債権証券'と対比されるもので、団体的有価証券ともいい、*株券'がその典型的なものである。

　社員資本等変動計算書　*合同会社'が作成すべき*計算書類'の1つであり、*合名会社'又は*合資会社'が作成することができる計算書類の1つであって、1事業年度における*持分会社'の純資産の部の変動の明細を示すもの。評価・換算差額等は社員資本と区分し、社員資本は更に資本金、*資本剰余金'、*利益剰余金'の3つに区分しなければならない。資本金、資本剰余金及び利益剰余金に係る項目については、それぞれ、当期首残高、当期変動額、当期末残高を示し、当期変動額については、各変動事由ごとに当期変動額及び変動事由を明らかにしなければならない〔会社計算96②③③⑤〜⑧〕。

　社員総会　1 意義　*社団法人'の構成員である社員により構成される最高の意思決定機関。*株式会社'では*株主総会'と呼ばれる。社員たる地位に基づき当然にその構成員となる機関である点において、選任・選定を要する*取締役会'などの機関と異なる。なお、*財団法人'については、法律上、社員の存在を必要としないものとされているので、社員総会という機関はないが、機能的にみれば評議員会が社員総会に相当する決議機関である。
2 一般社団法人の社員総会　必要機関ではあるが常置ではなく、毎*事業年度'の終了後一定の時期に招集される定時総会と〔一般法人36①〕、必要に応じて随時招集される臨時総会とがある〔一般法人36②〕。権限は、理事会設置一般社団法人か否かで異なっており、理事会設置一般社団法人の場合は、*一般社団法人及び一般財団法人に関する法律'(一般法人法)に規定する事項及び定款で定めた事項に限る〔一般法人35②〕。これに対し、非理事会設置一般社団法人の場合は、総会の権限に関する制約がなく、一般法人法に規定する事項及び一般社団法人の組織、運営、管理その他一般社団法人に関する一切の事

しやいんそ

項について決議できる〔一般法人35①〕。すなわち，理事会が設置されている場合には，業務執行は原則として理事会の決定に委ねられるのに対し，理事会が設置されていない場合には，社員総会は万能機関性を有する。ただし一般社団法人の非営利性から，*剰余金'の分配を決議することはできない〔一般法人35③〕。一般社団法人法の定める社員総会の決議事項は専決事項とされ，*理事'その他の社員総会以外の機関が決定できる旨の定款の定めは無効である〔一般法人35④〕。一般社団法人の法定決議事項は，大別して法人の基礎的変更(*定款'変更，事業全部の譲渡等)，機関の構成員の選任・解任，社員の重要な利益に関する事項(社員の除名等)，理事等の専横の危険のある事項(理事等の報酬等の決定，役員等の責任の一部免除等)などである。招集は，理事会設置一般社団法人では理事会が〔一般法人38②〕，非理事会設置一般法人では理事が決定する〔一般法人38①〕。少数社員による総会招集も可能である〔一般法人37〕。定足数は総社員の*議決権'の過半数であり(任意法規)，出席社員の議決権の過半数をもって決議を行い〔一般法人49①〕，社員は定款に別段の定めがある場合を除き各1個の議決権を有する〔一般法人48①〕。社員の除名や定款変更など基礎的変更等に関わる事項については，総社員の半数以上であって総社員の議決権の3分の2以上の特別決議を要する〔一般法人49②〕。

3 持分会社の社員総会 *持分会社'においては，社員たる地位と各種機関の地位は一体であり，機関として未分化の状態である。しかし，定款の定めにより，社員総会を設け，更に*資本多数決'原則を採用することも可能である。

4 相互会社の社員総会 *相互会社'の社員は，社員としての地位と契約上の地位をあわせもつと解されているが，定款の定めにより社員総会に代えて*総代会'を設置できること〔保険業42〕，議決権が各社員につき1個であること〔保険業37〕を除き，会社法の多くの規定が準用されており，株主総会とほぼ同等の規律がなされている。

社員総代会 ⇨総代会'
社員の加入 ⇨入社'
社員の監視権 ⇨監視権(社員の)'

シャウプ勧告 アメリカのコロンビア大学教授カール・シャウプ(Carl S. Shoup, 1902～2000)を団長とする税制使節団(昭和24年の(1949)と翌25年の2回来日)が，日本の税制の改革について連合国最高司令官に提出した報告書の通称。シャウプ使節団税制報告書ともいう。昭和24年8月に提出された第1次報告書と翌25年9月に提出された第2次報告書から成る。この勧告は，日本の*国税・地方税'を通じて，根本的改革として，第1に，公平負担が租税制度の根本的原則であるという立場から，日本の税制を再検討し，所得課税を税制の中心とすべきこと，*キャピタル・ゲイン'に対して全面的に課税すべきこと，特別措置を排除すべきこと等，第2に，日本の経済再建を図るため，資産再評価，第3に，租税行政改善のため，*青色申告'制度等，第4に，地方自治の強化・発展のために，国と地方を通じての*行政事務'の再配分，を提案した。シャウプ勧告の内容は，昭和25年の税制改革に基本的に採用された(いわゆるシャウプ税制)が，日本の租税制度においては，その後，シャウプ勧告から離れる形で，各種の*租税特別措置'が採用されていった。にもかかわらず，日本の租税制度の基本的構造はシャウプ勧告に基づいていると考えられ，しかも，税制改革が論議されるたびに常にシャウプ勧告の理念が検討されるところからみて，その影響力は極めて大きい。なお，シャウプ勧告の背景に存在する租税政策論は，現在，課税の中立性を重視する新しい財政学の学説による批判にさらされている。

社会運動・政治活動(労働組合と) *労働組合'の活動は歴史的に社会運動や政治運動と密接な関連をもってきたが，現在の日本の*労働組合法'は，「主として政治運動又は社会運動を目的とするもの」を，労働組合の定義から除外している〔労組2④〕。労働組合の政治活動と組合員の政治信条等との対立が問題となることもある。

社会学的解釈 ⇨法の解釈'
社会学的国家論 ⇨デュギー'
社会学的代表 フランスの憲法・政治学者デュヴェルジェ(Maurice Duverger, 1917～2014)は代表制理論の史的展開を，*比例代表'制を契機に，法学的(仏 juridique)代表から社会学的代表(仏 représentation sociologique)への変遷と捉える。社会学的代表における代表とは，もはや委任者と受任者の法的関係ではなく，選挙において表明される世論と選挙の結果生じる議会構成との間の事実上の関係を指し，そこではこの両者の類似性の確保が問題の中心となる。この観念は，日本では，*半代表'の観念と同一視されることもある。 ⇨純粋代表'

社会学的法学 ⇨パウンド'
社外監査役 **1 趣旨** 平成5年商法改正(法62)により，それまでの日本の*監査役'の大

部分が，かつてその会社の*取締役'又は*使用人'であった者によって占められていたという実情に鑑み，*大会社'について，監査役の員数を3人以上とするとともに，そのうちの1人以上は*業務執行'体制に組み込まれていない社外者であることを要求し，客観的・第三者的立場から業務執行を監査することができるようにするという趣旨で導入された。

2 社外監査役の要件 監査役であって，イ その就任の前10年間当該*株式会社'又はその*子会社'の取締役，*会計参与'(会計参与が法人であるときは，その職務を行うべき社員)若しくは*執行役'又は*支配人'その他の使用人であったことがないこと，ロ その就任の前10年内のいずれかの時において当該株式会社又はその子会社の監査役であったことがある者であるときは，当該監査役への就任の前10年間当該株式会社又はその子会社の取締役，会計参与若しくは執行役又は支配人その他の使用人であったことがないこと，ハ 当該株式会社の親会社等(自然人であるものに限る)又は親会社等の取締役，監査役若しくは執行役若しくは支配人その他の使用人でないこと，ニ 当該株式会社の親会社等の子会社等(当該株式会社及びその子会社を除く)の*業務執行取締役'等でないこと，ホ 当該株式会社の取締役若しくは支配人その他の重要な使用人又は親会社等(自然人であるものに限る)の配偶者又は2親等内の親族でないこと，という要件を全て満たすものをいう〔会社2⑯〕。

3 人数 監査役会設置会社では監査役の半数以上が社外監査役でなければならない〔会社335③〕。

4 社外監査役を置かなかった場合の効果 社外監査役を選任しなかった場合には，*過料'の制裁があるほか，監査が*瑕疵(か)'を帯びるとする見解が有力であり，その立場からは一時社外監査役の選任〔会社346②〕も認められると解される。

社会規範 ⇒裁判規範'
社会契約説 ⇒契約説'

社会権 1 意義 個人の生存，生活の維持・発展に必要な諸条件の確保を，国家に要求する国民の権利。*基本的人権'の1つで，社会的基本権，生存権的基本権などともいう。

2 沿革 近代国家が成立した17, 18世紀の頃は，恐怖や圧制からの解放が主張され，生存に対する危害・障害を除去するよう国が配慮するものと考えられた。しかし，このような国の配慮は，今日いうところの社会権とは異なる。それは，19世紀後半から資本主義の中に発生した矛盾により，資本主義を修正して，個人の生存の維持・発展のために国が配慮するのが妥当であるという主張を源流とする。こうして，自由な個人の経済活動を前提とする*自由国家'から，経済的自由権の制限を前提とする*社会国家'への主張が，20世紀の憲法思潮となり，このような思想を取り入れて，社会権について規定した憲法が*ワイマール憲法'(1919)である。そして第一次大戦後，チェコスロバキア憲法(1920)，ポーランド憲法(1921)などに継受されたが，それが普及するのは第二次大戦後で，例として，フランス第四共和国憲法(1946)，イタリア共和国憲法(1947)などが挙げられる。

3 日本における社会権 日本国憲法は，25条以下に社会権として，*生存権'，*教育を受ける権利'，*勤労権'(労働権)，及び勤労者の*団結権'・*団体交渉権'・団体行動権(*争議権')を規定している。これらの権利，特に前3者の権利については，普通，それは国家に一定の施設・給付の提供をすることを義務付ける規定であり，それを具体化する法律によって，初めて請求権が具体化されると解されている。そのような法律として，現在，*生活保護法'，*厚生年金保険法'，*国民年金法'，*職業安定法'，*雇用保険法'などが制定されている。

社会権規約 ⇒国際人権規約'

社外工 自社においてその作業のために働く他社の労働者。*請負'契約に基づき受け入れられることが多い。他社の労働者であっても，自社が直接指揮命令をすると，労働者供給〔職安4⑧〕や労働者派遣〔労派遣2①〕に該当し，それぞれ*職業安定法'，*労働者派遣法'との抵触が問題となりうる。

社会国家 国民の生活の保障を中心的な使命とする国家。福祉国家とほぼ同義である。自由主義国家(⇒自由国家')が国家権力の目的を秩序維持に限定して社会の自由を防衛するのに対し，社会国家では，国家は積極的に社会内部の生産や分配の過程に介入する。ドイツの*ワイマール憲法'は，*社会権'を保障し，社会国家的憲法の先駆をなしたが，それは第二次大戦後の西ドイツ，日本を始め各国の憲法に深い影響を与えた。また，秩序維持以外の国家活動の拡大が*警察'のほかに広大な行政の領域を生み，*給付行政'論などの新しい行政法理論を生み出す背景となった。 ⇒福祉国家'

社会通念 社会で一般的に受け入れられている物の見方・判断。ある事実がある法的要件にあたるか否かの判断について，しばしば参考にされ，ときには決定的判断基準となる。不

しやかいて

法行為に「よって生じた」〔民709〕損害か,「婚姻を継続し難い」〔民770〕ほど重大か,防衛は「やむを得ず」〔刑37〕にした行為か,解雇が「労働者の責に帰すべき事由」〔労基20〕かなどはもとより,*占有'とか*暴行'とか*脅迫'など通常の法的要件の判断についても,社会通念の参照が必要となることがある。価値観の多元化の現代においては,ある事項について社会通念が存在するか,それは何かが問題となる。

社会的危険性 ⇨社会的責任論' ⇨新派刑法学' ⇨性格責任'

社会的規制 ⇨規制緩和' ⇨経済法'

社会的基本権 ⇨社会権'

社会的責任論 *責任'とは,反社会的性格により社会的危険性を有する行為者が,社会が自己防衛のためにとる手段を甘受すべき法的地位であるとする理論。刑罰は,犯罪者が再び犯罪を行うことを予防すること(*特別予防')が目的であるとする(目的刑論という)。意思の自由を否定し,犯罪を行為者の性格(素質)や環境によって決定されたものとみる立場(決定論という)を前提とし,犯罪を行ったことについて行為を非難することはできないとする。 ⇨新派・旧派' ⇨新派刑法学'

社会的相当性 ⇨違法性'

社会的法治国家 1 沿革 近代の*立憲主義'的法治主義と,国家の積極的活動を通じての国民福祉の実現とを調和的に実現しようとする国家原理。*法治国家'(*自由国家')と*社会国家'(*福祉国家')とは19世紀には相対立する2つの国家原理と考えられていたが,20世紀の修正資本主義は,社会主義に対抗するために,自由と繁栄の同時実現を主張するに至った。*ドイツ憲法'は明文で社会的法治国家への志向を示しているが,日本を始めとするその他の諸国も実質的には同様の立場に立っている。

2 内容 社会的法治国家は,生活窮乏の原因になっている社会的諸矛盾を,国家の積極的活動によって除去し,社会的安全を確保することを通じて,正しい社会秩序と国民の個人的な自主性と人格の発展とを確保する国家と定義される。そこでは,法治主義の原理は維持しながら,一方では*財産権'を制限し,他方では国民生活に対する国家の積極的保護(*社会保障'その他)が行われる。日本国憲法が,財産権を制限する〔憲29②③〕一方,*生存権'を規定している〔憲25〕のはその現れである。

社会的身分 日本国憲法14条・44条に用いられている言葉であるが,その意味については,説が分かれている。すなわち,これを先天的原因に基づく社会的な地位,例えば帰化人の子,犯罪人の子孫のようなものを指すとする説と,広く人が社会において継続的に占めている地位,資本家・労働者・公務員・学生などを含むとする説とがある。14条における社会的身分を不合理な差別の理由の例示と解した場合には,この両説には,大した違いはないことになる。 ⇨法の下の平等' ⇨門地'

社外取締役 1 意義 *取締役'であって,イ 当該*株式会社'又はその*子会社'の*業務執行取締役'若しくは*執行役'又は*支配人'その他の*使用人'(併せて,業務執行取締役等)でなく,かつ,その就任の前10年間当該株式会社又はその子会社の業務執行取締役等であったことがないこと,ロ その就任の前10年内のいずれかの時において当該株式会社又はその子会社の取締役,*会計参与'(会計参与が法人であるときは,その職務を行うべき社員)又は監査役であったことがある者(業務執行取締役等であったことがあるものを除く)であるときは,取締役,会計参与又は監査役への就任の前10年間当該株式会社又はその子会社の業務執行取締役等であったことがないこと,ハ 当該株式会社又はその子会社の株式会社の経営を支配している者(法人であるものを除く)として法務省令で定めるもの又は*親会社'等(親会社及び株式会社の経営を支配している者(法人であるものを除く)として法務省令で定めるもの)の取締役若しくは執行役若しくは支配人その他の使用人でないこと,ニ 当該株式会社の親会社等の子会社等(当該株式会社及びその子会社を除く)の業務執行取締役等でないこと,及び,ホ 当該株式会社の取締役若しくは執行役若しくは支配人その他の重要な使用人又は親会社等(自然人であるものに限る)の配偶者又は2親等内の親族でないこと,という要件を全て満たすものをいう〔会社2⑮〕。

2 法的取扱い イ 取締役の責任の一部免除・責任限定契約:社外取締役は*代表取締役',業務執行取締役,使用人兼務取締役のいずれにも当たらないので,社外取締役については最低責任限度額は報酬等の2年分とされている〔会社425①①ハ・426①・427①,会社則113〕。ロ *特別取締役'制度(重要な財産の処分及び譲受け並びに多額の借財〔会社362④①②〕の決定を特別取締役で組織される取締役会で行うことができるという制度〔会社373①〕)を設けることができる要件として,*取締役会設置会社'で,取締役の数が6人以上の会社であることのほか,取締役のうち1人以上が社外取締役であることが定められている〔会社373①②〕。ハ *指名委員会等設

置会社'に置かれる*指名委員会', *監査委員会'及び*報酬委員会'は, 3人以上の取締役で組織されるが, その過半数は社外取締役でなければならないものとされる〔会社400①②③〕。このような組織がとられることによって業務執行に対する監査委員会による監査及び取締役会による監督を機能させようとするものである。ニ *監査等委員会設置会社'の*監査等委員'である取締役は3人以上で, その過半数は社外取締役でなければならない〔会社331⑥〕。ホ *監査役会設置会社'のうち, *公開会社'であり, *大会社'であって, かつ*有価証券報告書'提出義務を負うものは社外取締役を置かなければならない〔会社327の2〕。
3 **独立取締役** 東京証券取引所は, 上場会社に対して, 独立*役員'を1名以上確保することを求めている。独立役員とは一般株主と利益相反が生じるおそれのない社外取締役又は社外監査役をいうとされており, 上場会社を主要な取引先とする者若しくはその業務執行者又は上場会社の主要な取引先若しくはその業務執行者であるものなどは, 社外取締役又は社外監査役に当たる場合であっても, 独立役員には当たらない。「コーポレートガバナンス・コード」では上場会社は「独立社外取締役を少なくとも2名以上選任すべきである」であるとされている。なお, アメリカを始め諸外国では, 社外取締役ではなく独立取締役という表現が用いられ, 独立性を有すると認められるかどうかに重点が置かれている。

社会内処遇 犯罪者を*刑事施設'等の矯正施設に収容せず, 一般社会の中で自律的な生活を営ませながらその改善更生を図る制度をいう。更生保護ともいい, 施設内処遇に対応する概念である。行刑の指導理念の1つである社会復帰のためには, 可能な限り犯罪者と社会との関係を断ち切ることなく処遇することが重要であるとの認識から社会内処遇の拡充が求められていた。日本においては, *執行猶予', *仮釈放'に伴う*保護観察'が社会内処遇の中心的制度であるが, 満期釈放者等に対する援助措置である更生緊急保護もこれに含まれる。

社会福祉 高齢者・児童・障害者等を対象に, *社会保険'等の所得保障制度や医療保障制度によってはカバーされない日常生活援護, 社会生活適応のための援護や介護等の提供, 施設の設置等を行う制度であり, *社会保障'の重要な一要素である。国や地方公共団体のほか, *社会福祉法人', 特定非営利活動法人や民間企業等を主体として行われる。日本の社会福祉に関する基本的な法律として, 社会福祉法(⇒社会福祉事業), *老人福祉法', *児童福祉法', *母子及び父子並びに寡婦福祉法', *身体障害者福祉法', *知的障害者福祉法', *障害者総合支援法'がある。

社会福祉協議会 *社会福祉'を目的とする事業の企画・実施, 社会福祉活動への住民参加のための援助, 社会福祉を目的とする事業に関する調査・普及・宣伝・連絡・調整・助成等を目的として, 都道府県, 市(*特別区'を含む)町村を単位として組織される団体〔社福109・110〕。*指定都市'以外の市町村の協議会は, 区域内における*社会福祉事業'又は更生保護事業の経営者の過半数が参加することを要し, 指定都市の協議会は, 区域内における地区社会福祉協議会の過半数及び社会福祉事業又は更生保護事業を経営する者の過半数が参加することを要する。都道府県の協議会は, 区域内における市町村の協議会の過半数及び社会福祉事業又は更生保護事業の経営者の過半数が参加することを要する。

社会福祉事業 *社会福祉'を目的とする事業で, 社会福祉法が法的規制の対象とする事業。第1種社会福祉事業と第2種社会福祉事業とに分かれる〔社福2①〕。第1種は, として, 社会福祉各法の定める社会福祉施設を経営する事業である〔社福2②〕。国・地方公共団体・*社会福祉法人'による経営を原則とする〔社福60〕が, それ以外の者も, 都道府県知事の許可を得て経営することができる〔社福62②〕。第2種は, 社会福祉各法による相談援助や居宅生活支援事業などを経営する事業である〔社福2③〕。経営主体の制限はないが, 国・都道府県以外の者が経営するときは都道府県知事への届出を必要とする〔社福68の2②・69〕。社会福祉事業の経営に対しては都道府県知事による行政的監督が行われる〔社福70~72〕。

社会福祉法人 *社会福祉事業'を行うことを目的として社会福祉法の規定により設立された*法人'〔社福22〕。社会福祉事業を行うほか, その経営に支障がない限りで公益事業・収益事業を行うことができる〔社福26〕。経営の原則として, 自主的な経営基盤の強化, 提供する福祉サービスの質の向上及び事業経営の透明性の確保を図ること, また, 支援を必要とする者に対し無料又は低額な料金で福祉サービスを積極的に提供するよう努めることが課されている〔社福24〕。社会福祉事業を行うに必要な資産を備えていなければならず〔社福25〕, 設立に際して*定款'を定め, 所轄庁(原則として都道府県知事)の認可を受けなければならない〔社福31〕。

しやかいふ

法令や定款の遵守について，所轄庁による報告の徴収や*立入検査，勧告，改善命令，業務停止等の行政的監督が行われる〔社福56・57〕。国・地方公共団体は，必要に応じて*補助金の支出等による助成を行うことができる〔社福58〕。

社会復帰促進等事業 労働災害被災労働者及びその遺族の福祉の増進を図ることを目的として行われる*労働者災害補償保険法上の事業〔労災2の2・29〕。平成19年3月までは労働福祉事業と呼称されていた。労働者災害補償保険の受給権者に対してその*保険給付に付加して支給される*特別支給金，療養・リハビリテーション施設の設置・運営，被災労働者とその遺族の生活援護事業，労働者の安全衛生の確保のために必要な事業のほか，賃金の支払の確保（⇨賃金の支払の確保等に関する法律）を図るための事業等を内容とする。各事業の実施に関して必要な基準は厚生労働省令により定められ，また，事業の一部は政府が出資している独立行政法人労働者健康安全機構によって行われる。

社会法 私的*所有権の絶対性，*契約自由の原則，*過失責任主義などの近代的な価値理念に基づく*市民法と対比して，市民法のもたらす社会的問題（経済的不平等など）を解決するために制定された諸法律を総称したもの。通常は，*労働法や社会保障法を指す。社会法に分類されていなくても，*借地借家法や*経済法のように社会法的性格が指摘されるものもある。

社会防衛 *犯罪に対して社会を防衛すること。刑罰の目的を社会防衛であるとする を社会防衛論という。刑罰の本質を応報ないし*一般予防であるとする古典学派の諸説に対抗して19世紀末に起こった実証主義の運動を契機とする。1948年に*国際連合が犯罪の予防と犯罪人の処遇のための社会防衛局を設けたことから，社会防衛の語が一般的になった。1949年に設立された国際社会防衛学会の初代会長となったイタリアのグラマティカ(Fillippo Gramatica, 1901〜79)の主張は，*責任と刑罰の概念をなくし危険性と社会防衛処分にとって代わらせ，予防と再社会化の体系を作ろうという極端なものであったが，フランスのアンセル(Marc Ancel, 1902〜79)は1954年に「新社会防衛論」を著し，この運動が人道主義的なものであるということを強調しつつ，社会防衛論の主張は，刑法を抹殺することでなく刑法を個人と社会の実質的な保護に適合したものにしていくことを目指すものであり，責任の概念は個人の自由という人間の奥底に潜む感情に根ざすもので再社会化の過程の原動力であるという意味で中心に据えられねばならないとする，より穏健な立場を主張した。

社会奉仕命令 拘禁刑に代えて一定期間，無報酬での社会奉仕労働を命ずることをいう。*社会内処遇の一形態として，イギリスにおいて，1972年の刑事裁判法(Criminal Justice Act)により導入された（コミュニティ・サービス・オーダー(community service order)という）。日本では，拘禁刑のもつスティグマ効果を回避するとともに，犯罪者の社会復帰を容易にする利点があるとして積極的に評価する見解もあるが，その機能や効果の点で疑問を呈する見解もある。更生保護法（平成19法88）の平成25年改正により，*保護観察の対象者に，特別遵守事項として，社会貢献活動（「善良な社会の一員としての意識の涵養(かんよう)及び規範意識の向上に資する地域社会の利益の増進に寄与する社会的活動を一定の時間行うこと」）を義務付けることが可能となった〔更生51②⑥の改正〕。これは，社会奉仕命令の一種といえるが，対象者に義務付けられる活動の内容，活動の効果等の面で，両者には違いもみられる。

社会保険 保険のメカニズムにより，社会の構成員全体又はその一部（労働者等）を強制加入の*被保険者，国等の公的機関を*保険者として，被保険者やそれと密接な関係にある者（使用者等）から集めた*保険料を財源に，傷病，死亡，老齢等の*保険事故が発生したときに，被保険者及びその家族へ医療給付や金銭給付を提供する制度をいう。1880年代のドイツ第二帝政期にビスマルク(Otto Eduard Leopold von Bismarck, 1815〜98)によって導入され，現在では各国の*社会保障制度の中核となっていることが多い。日本では，*健康保険を始めとする医療保険，*国民年金・*厚生年金保険等の年金保険，*介護保険，*労働者災害補償保険，*雇用保険が社会保険のシステムによって運営されている。

社会保険審査会 *社会保険審査官が下した決定に対する*再審査請求の事件〔健保189，厚年90，国年101等〕，及び健康保険料，厚生年金保険料などの賦課処分等についての*審査請求の事件〔健保190，厚年91等〕を取り扱う，厚生労働大臣の所轄の下に設置されている機関〔社審19〕。*社会保障に関する識見を有する，法律又は*社会保険の学識経験者の中から，両議院の同意を得て，厚生労働大臣が任命する委員長及び5人の委員によって構成される〔社審21・22〕。

社会保険審査官 厚生労働大臣，*全国健康保険協会'，*健康保険組合'等の行政庁が行った*健康保険'・*厚生年金保険'などの*被保険者'資格，*標準報酬'又は*保険給付'に関する処分及び*国民年金'の被保険者資格，給付又は保険料の賦課等に関する処分に不服のある被保険者等がなす*審査請求'の事件〔健保189，厚年90，国年101〕を取り扱うため厚生労働省の各地方厚生局に置かれる〔社審1〕。厚生労働省職員のうちから厚生労働大臣が任命する〔社審2〕。審査官の決定に対しては，*社会保険審査会'へ*再審査請求'をすることができる。

社会保険診療報酬支払基金 *健康保険法'等による*療養の給付'や*生活保護法'による*医療扶助'等の診療を担当した者から提出された診療報酬請求書等を審査し，併せて診療報酬の迅速適正な支払を行うほか，医療に要する費用の適正化に資する情報の収集・分析等の事務を行う。社会保険診療報酬支払基金法(昭和23法129)により設立された，主たる事務所を東京に置く法人。審査は，保険診療として適切妥当な診療が行われているかという観点から，診療担当者，*保険者'及び学識経験者を代表し，かつ医師等の資格を有する委員により構成される審査委員会で行われる。このほか，「高齢者の医療の確保に関する法律」に基づき，医療保険の保険者から後期高齢者支援金等を徴収し，これを後期高齢者医療広域連合に後期高齢者交付金〔高齢医療100・118①〕を，また*前期高齢者'の加入率に応じて，医療保険保険者から前期高齢者納付金を徴収し，前期高齢者の加入率の高い保険者に前期高齢者交付金〔高齢医療32～46〕を交付する。更に，介護保険法による医療保険者からの介護給付費・地域支援事業支援納付金の徴収と市町村への介護給付費交付金・地域支援事業支援交付金の交付〔介保125・126・150〕を担当する。⇨診療報酬'

社会保険料控除 *所得税法'の定める*所得控除'の1つで，社会保険料支出が一種の負担であり，強制的に徴収されることなどから設けられているとされる。自己又は自己と生計を一にする配偶者その他の親族の負担すべき社会保険料(*国民健康保険'や*国民年金'の保険料など)が，*総所得金額'等から控除される〔所税74〕。個人に対する*住民税'の*所得割'にも同様の社会保険料控除がある〔地税34①③・314の2①③〕。

社会保険労務士 社会保険労務士法2条に定める，労働保険・社会保険に関する法令に基づく申請書の作成・提出等の事務を業として行う者。社労士と略称されることもある。社会保険労務士としての資格を得るためには社会保険労務士試験に合格しなければならない〔社労士3①。ただし，例外もある〕。社会保険労務士の業務は，社会保険労務士法2条における分類に則して，1号業務(労働社会保険諸法令に基づく書類の作成や提出代行等)，2号業務(労働社会保険諸法令に基づく帳簿書類の作成)，3号業務(労働に関する事項等のコンサルティング)に分けられる〔社労士2①①～①③②③〕。1号業務と2号業務は独占業務である〔社労士27〕。紛争解決手続代理業務試験に合格した特定社会保険労務士は，*個別労働関係紛争の解決の促進に関する法律'に基づく紛争調整委員会でのあっせん，*障害者の雇用の促進等に関する法律'，*労働施策総合推進法'，*男女雇用機会均等法'，*労働者派遣法'，*育児介護休業法'，*短時間労働者及び有期雇用労働者の雇用管理の改善等に関する法律'に基づく同紛争調整委員会による調停の手続，都道府県労働委員会の行う個別労働関係紛争におけるあっせん手続など，一定の裁判外紛争解決手続における代理業務を行うことができる〔社労士2①①④～①⑥②〕。

社会保障 「社会保障」という言葉は1935年のアメリカの社会保障法制定から普及し，1942年の*ビヴァリッジ報告'の影響を強く受けて，第二次大戦後，欧米各国に定着した。国ごとに異なる社会保障概念の共通要素を総合すれば，社会保障とは，個人や世帯のみでは負担しきれない生活上のもろもろの危険(傷病による医療費支出，老齢・障害等による所得や生活能力の減少・喪失，出産・育児等による支出増等)をカバーするために，社会連帯などの思想に基づき，国などの公的機関が主体となって，社会の構成員全体から集める社会保険料や租税等を財源として金銭給付やサービスを提供する制度であるといえよう。日本では，実定法上社会保障を定義する規定は存在しないが，医療・年金といった*社会保険'，*労働者災害補償保険'・*雇用保険'，*生活保護法'による*公的扶助'，老人・障害者等にサービスを提供する*介護保険'・障害者総合支援(⇨障害者総合支援法')・*社会福祉'などが社会保障を構成すると考えられている。

社会保障協定 締結当事国間を往来する者の社会保障法上の権利・義務の*準拠法'の決定，給付の受給資格取得に必要な被保険者期間での当事国間での通算，ある当事国で取得した給付の，他の当事国への支給の承認等を定める条約をいう。これにより社会保険料の二重負担，被

しゃかいほ

保険者期間等の不足による給付の不支給や減額などの事態が回避される。旧植民地と本国間や国際的往来の盛んな欧米諸国間で締結されている。*ヨーロッパ連合'には，加盟国へ直接適用される社会保障規則(2004年883号規則)がある。日本はドイツとの間で公的年金の通算に関する協定(いわゆる「年金通算協定」)を締結したのを手始めに，イギリス・アメリカ合衆国・大韓民国・フランス・ベルギー・カナダ等との間で協定を締結している。年金の通算に関する通則法として「社会保障協定の実施に伴う厚生年金保険法等の特例等に関する法律」(平成19法104)がある。

社会保障と税の一体改革 全世代に対応する社会保障の充実と安定財源の確保，財政健全化の同時達成を目指して行われている改革のこと。少子高齢化社会への移行を背景として，消費税率の10%(地方消費税率2.2%を含む)への引上げを軸に，その税収を子供・子育て，医療・介護，年金の各分野の充実・安定化に充てることを主眼とする。消費税収の社会保障財源化や将来世代への配慮などが改革の特徴である。平成24年8月に「社会保障制度改革推進法」(法64)を含む関連8法が成立した後，これらに基づいた更なる法改正や施策の実施が行われている。全世代対応型の持続可能な社会保障制度を構築するため，内閣に全世代型社会保障構築本部が設置され，また有識者から構成された全世代型社会保障構築会議が開催されており，社会保障に関する今後の具体的な制度構築は，これらを中心に行われる。

社 会 立 法 労働者や貧しい民衆などの社会的経済的弱者の地位や生活の向上を目的とする立法ないし法令。*市民法'との対比では，*社会法'と呼ばれている(ただ，社会法という言葉は，ときに，社会集団に関する法といった意味で使われることもある)。*労働法'と*社会保障'法がその主な内容であり，また，部分的には教育法も含みうる。社会立法は，憲法の*社会権'規定の趣旨・精神を具体化したものであるといってよい，ただ，憲法の社会権規定がない時代や国においても，社会立法は存在しうる。

借 地 権 建物の所有を目的とする*地上権'又は土地の賃借権を一括して借地権という〔借地借家2①〕。*借地借家法'10条は，借地権について，地上権の登記〔民177〕や賃借権の登記〔民605〕がなくても，土地の上の建物の*保存登記'があれば*第三者'に対抗できるとしている〔旧建物保護1参照〕。この規定は，地主に登記義務のない賃借権の場合には特に重要な意味をもっている。また，借地借家法は，民法の規定〔民268②・604〕に対する特則を置き，借地権の存続期間の下限を定め〔借地借家3・24〕，広く期間の*更新'を認めた〔借地借家5・7・8〕。更に，民法上，賃借権は賃貸人の承諾がない限り譲渡・転貸できない〔民612〕が，借地借家法は，賃貸人が承諾しない場合には建物譲受人に*建物買取請求権'を認め〔借地借家14〕，その上借地権者が裁判所に対して賃貸人の承諾に代わる許可を求めることを許している〔借地借家19・20〕。このように，建物の所有を目的とする借地権には他の賃借権と異なる強い保護が与えられている。

借地借家法 平成3年法律90号。*建物保護ニ関スル法律'・*借地法'・*借家法'は，民法の特別法として，借地人・借家人の保護を図ってきた(⇒賃借権の物権化)。しかし，社会経済情勢の変化につれて，特に借地法について，借地権の存続期間の長期にわたる保障がかえって新たな借地供給を阻害しているとして，その改正を望む意見が強まった。他方で，生活の基礎をなす居住について借地人・借家人の権利を弱めるべきでないとする反対論も強かったが，立法以来根本的な見直しがなされていないこれらの法律について，実態を踏まえた検討が行われることになり，昭和60年以来改正作業が続けられた結果，平成3年新たに本法が成立した。これに伴って，建物保護ニ関スル法律・借地法・借家法は廃止されたが，新法施行以前に締結された借地契約・借家契約については，借地人や借家人に不利となる新法の規定は適用されない〔借地借家附4～14〕ので，その限度で旧法は生きている。新法における主な改正点を挙げると次の通りである。イ 借地権の存続期間は，建物の種類を問わず30年以上となり〔借地借家3〕，更新後の期間も10年(最初の更新のときは20年)となった〔借地借家4〕。ロ 借地契約の更新後に建物が滅失した場合の借地人・地主双方の解約権が新設された〔借地借家8〕。ハ 借地上の登記建物が滅失した場合の借地権の対抗力について手当てをした〔借地借家10②〕。ニ 最も大きな改正は，*定期借地権'〔借地借家22〕・*建物譲渡特約付借地権'〔借地借家24〕・*事業用定期借地権'〔借地借家23〕など契約の更新を認めない借地権を新設した点である。ホ 借家についても，定期建物賃貸借〔借地借家38〕，取壊し予定の建物の賃借借〔借地借家39〕など期限付建物賃貸借'を認めた。なお，*自己借地権'〔借地借家15〕・借地契約更新後の建物再築の許可〔借地借家18〕・借地上の建物の賃借人の保護〔借地借

しやくめい

家35〕などの規定も参照。

借地法 1 沿革・内容 明治42年(1909)の*建物保護ニ関スル法律'によって、借地人は借地上の建物の*保存登記'をすれば*第三者'に対抗できることになったが、借地契約の存続期間そのものについては、民法の規定〔民旧604,民617〕は変更されなかった。しかし、借地人の地位の安定に対する要求が一層強まったので、大正10年(1921)には、社会政策的立場から*借家法'とともに本法が制定された(法49)。その主な内容は、建物の所有を目的とする賃借権を*地上権'と一括して*借地権'と呼び〔旧借地1〕、その存続期間の延長・継続を図る〔旧借地2・4・6・7〕ことにあったが、そのほか、*建物買取請求権'〔旧借地4②・10〕や地代増減請求権〔旧借地12〕(⇨地代・家賃増減請求権')なども規定された。
2 変遷 昭和16年(1941)の改正(法55)では、それまで本法の施行区域が東京市など一部の地域であったのを全国に拡大したほか、賃貸人は*正当事由'がない限り、更新拒絶ができないとする重要な規定が追加された〔旧借地4①但・6②〕。更に、昭和41年の改正(法93)では、従来多くの紛争の原因となった借地条件の変更や増改築について、地主・借地人間の協議が調わないとき、あるいは地主が借地権の譲渡・転貸を承諾しないとき〔民612〕には、裁判所が介入することになった〔旧借地8の2・9の2・9の3・14の2～14の15〕。また、地代増減請求訴訟中の地代の支払についても規定が置かれた〔旧借地12②③〕。
3 廃止 しかし、本法による借地権の長期間の保護が、かえって借地の供給を阻害しているという批判もあり、借地法の見直しが行われた結果、平成3年(1991)に*借地借家法'が成立したが、既存の借地権の更新について新法は適用されず本法によるものとされている〔借地借家附6〕。⇨賃借権の物権化'

借　賃　⇨賃料'

釈明義務　⇨釈明権'

釈明権　I 民事訴訟法上、当事者の*訴訟行為'の趣旨・内容を明確にするため、事実上及び法律上の事項に関し、当事者の*陳述'の不明確又は不完全な点を指摘して、訂正・補充の機会を与え、また*証明'の不十分な点を指摘して更なる立証を促す裁判所の権能。かつては発問権ともいわれた。民事訴訟では*弁論主義'が妥当し、*証拠資料・訴訟資料'の提出は当事者の責任に任されるが、当事者間には事実上訴訟追行能力に格差のあること及び裁判所の法的見解や*心証'の程度に応じて必要な*主張・立証'が異なってくることに鑑み、裁判所による格差是正・情報供与の措置として釈明権が認められる。したがって、釈明権の行使は同時に裁判官の職責でもあり、釈明義務といわれる。釈明権は*裁判長'が裁判所を代表して行使するが〔民訴149①〕、*陪席裁判官'は裁判長に告げて行使できるし〔民訴149②〕、当事者も裁判長に発問を求めることが許される(求問権)〔民訴149③〕。*口頭弁論'*期日'外の釈明も可能であるが、この場合はそれによって*攻撃防御方法'に重要な変更を生じうるときはその内容を相手方に通知する必要がある〔民訴149④〕。また、本人出頭命令や、当事者のために事務を処理し又は補助する者の陳述、*検証'・鑑定命令などの釈明処分〔民訴151〕も認められている。

II 刑事訴訟においても、*裁判長'又は*陪席裁判官'は当事者に釈明を求め、又は立証を促すことができ、当事者は裁判長に発問を求めることができる〔刑訴規208〕。しかし、現行刑事訴訟法は*当事者主義'を基本とするので、釈明権の行使は必ずしも裁判所の義務ではない。他方で、民事訴訟におけるような*弁論主義'が支配せず、*職権証拠調べ'〔刑訴298②〕や*訴因変更'の命令〔刑訴312②〕が認められているので、一般的な釈明権の重要性はその分だけ低い。

III 1 意義 *行政事件訴訟'等の裁判官は、*取消訴訟'等において、職権により、一定の釈明処分をすることができる〔行訴23の2・38③・41①・45④・43①③〕。平成16年の*行政事件訴訟法'改正(法84)が、訴訟審理の充実・促進を目的として制度化した。
2 制度 裁判所は、イ *処分'又は*裁決'の内容・根拠条文・原因事実その他当該処分又は裁決の理由を明らかにする資料につき、a それらの提出を処分庁に求めること〔行訴23の2①①〕、b それら資料を処分庁以外の*行政庁'が保有している場合に、当該行政庁にそれらの送付を嘱託すること〔行訴23の2①②〕ができる。ロ 審査請求等の不服申立てに対する裁決を経た後に原処分の違法等が争われた場合であれば(⇨不服申立前置')、更に、a 当該審査請求に係る事件記録の提出を原処分庁に求めること〔行訴23の2②①〕、b それら事件記録を原処分庁以外の行政庁が保有している場合に、当該行政庁にそれらの送付を嘱託すること〔行訴23の2②②〕ができる。イの釈明は、訴訟関係を明瞭にするために必要があるときに限って認められるが、ロの釈明にはそのような限定がない。

釈明処分　⇨釈明権'

しやくやほ

借家法 *借地法'と同じく，社会政策的見地から立法されたもので，民法の賃貸借の規定では安定した地位をもたない借家人の保護を目的とする法律である〔大正10法50〕。大正10年(1921)の立法当時は施行区域が限局されていたが，昭和16年(1941)の改正(法56)の際に全国に適用されることになった。その主な内容は，イ 賃貸借そのものについて登記〔民605〕がなくても，賃借人が家屋の引渡しを受ければ，新家主などの*第三者'に賃借権を対抗できるものとし〔旧借家1〕，更に，ロ 昭和16年の改正で，解約申入れ・契約更新の拒絶には，貸主に自ら使用するなどの*正当事由'がなければならないとして〔旧借家1の2〕，借家契約の存続を図った点にある。そのほか，ハ *法定更新'〔旧借家2〕，ニ 解約申入期間の保障〔旧借家3〕，ホ 契約終了の場合の*造作買取請求権'〔旧借家5〕，ヘ 家賃増減請求権〔旧借家7〕(⇨*地代・家賃増減請求権')などが規定されている。また，昭和41年の改正(法93)では，*内縁'の妻などの*居住権'の保護規定〔旧借家7の2〕が追加されたほか，家賃増減請求訴訟中の家賃の支払について規定が置かれた〔旧借家7②③〕。しかし，借地法の見直しが行われ，平成3年(1991)に本法も統合して*借地借家法'が制定され，本法は廃止された。

借用概念 *租税法'が*課税要件'，より正確には課税要件事実としての類型的事実(法律事実)を記述するにあたって，他の法分野とりわけ私法の領域で既に一義的明確な意味内容をもって用いられている概念を借用する場合，その概念を借用概念という。これに対して，他の法分野から借用するのではなく租税法が独自に用いている概念(例えば*所得'，*必要経費')を固有概念という。借用概念の解釈については，*租税法律主義'の予測可能性'・*法的安定性'の保障の見地から，私法との統一的解釈の原則を説く統一説が通説・判例(最判昭和35・10・7民集14・12・2420，最判平成23・2・18判時2111・3等)の立場となっている。

酌量減軽 犯罪の*情状'が軽い場合に行われる刑の減軽をいう〔刑66〕。法律上の減軽と別に定められており，裁判上の減軽ともいう(⇨*法律上の減免')。法律上の減軽をしても，なお刑が重いと認められるときにも，更に裁判官の裁量で酌量減軽することが可能である〔刑67〕。具体的には，刑法68条・70条の方法による〔刑71〕。

射倖(しゃこう)契約 契約から生じる損益について，将来の不確実な事件にかからせることを内容とする*契約'。*保険契約'〔保険2①〕や*終身定期金'契約〔民689〕だけでなく，*賭博'や*富くじ'も射倖契約に当たる。賭博や富くじについては，民法上*公序良俗'違反として*無効'になり〔民90〕，刑法上も犯罪となる〔刑185～187〕。もっとも，賭博や富くじに当たるものでも，国家が一定の政策的目的から法律で許可している場合もある。競馬・競輪・宝くじなどはその例である。

社債 1 概念 会社法の規定により会社が行う割当てによって生じた会社に対する金銭債権であり，所定の募集事項の定めに従い償還されるものをいう〔会社2㉓〕。広義の*公債'の一種(ただし，公衆に対してではなく一人あるいは少数に対して社債を発行することも可能である)。*持分会社'，*特例有限会社'も社債を発行できるが，実際にはその信用が十分でないため，公衆に対する起債はほとんど*株式会社'によるものとなっている。

2 社債と株式の相違 社債は債権であるから，社債権者は*株主'と異なり，*剰余金'の有無にかかわらず，所定の条件に従い償還と利息の支払を請求する権利をもつ。また，*会社の解散'の場合には，株主は会社債務弁済後に残余財産の分配を受けるにすぎないが，社債権者は株主に優先して会社財産から弁済を受ける。このように社債は株式と基本的に異なる経済的な性質を有する。また，社債権者は株主とは異なり会社の構成員ではなく，*株主総会'に関与する権利をもたず，この意味でも社債は株式とは異なる。もっとも，現実には*剰余金の配当'は剰余金の額にかかわらず平均化される傾向があり，また，*種類株式'を用いて非参加的・累積的優先株式及び*取得条項付株式'(償還株式)とすれば，株式の経済的性質は社債に近づく。更に*議決権制限株式'とすれば一層株式は社債化する。社債も，*新株予約権付社債'などのエクイティ・リンク債や*利益参加社債'などとすることで，株式に近い経済的性質をもつこととなり，社債と株式とは相互に接近したものとして設計することができる。

⇨*社債の種類'

社債，株式等の振替に関する法律 平成13年法律75号。1 目的・沿革 取引所・資本市場において流通する*社債'・*株式'等の*有価証券'を完全にペーパーレス化し，取引の円滑化・迅速化を図るとともに確実に決済がなされるよう，*振替口座簿'の記録及び振替により当該権利の譲渡・質入れ等を行う制度について定めた法律。平成13年に，短期社債をペーパーレス化し振替制度にのせるために「短期社債等の振

替に関する法律」(法75)が制定された。平成14年に、振替社債・国債・地方債・投資法人債等をペーパーレス化し、振替制度にのせるために「社債等の振替に関する法律」に題名改正(法65)された。平成16年、「株式等の取引に係る決済の合理化を図るための社債等の振替に関する法律等の一部を改正する法律」(法88)が制定され、同法に基づき、社債等の振替に関する法律が改正され、名称も「社債、株式等の振替に関する法律」(社債株式振替法)に改められた。本法により、株式等のエクイティ証券についても完全ペーパーレス化が法制上可能となった。

なお、株券等について、かつては保管振替機関に集中保管した上でそれを現実に引き渡すことなく帳簿上の口座の振替によって株券等を移転する株券保管振替制度が存在した。株券保管振替制度は、「株券等の保管及び振替に関する法律」(昭和59法30。平成16法88により廃止)に基づくものであったが、完全ペーパーレス化を実現するものではなく、株券等の存在を前提に共有持分構成によりながら法律の規定により特別の法的効果を付与された複雑な制度であった。そのため株券保管振替制度は廃止され、本法に基づく振替制度に移行した。

2 振替制度の概要 振替制度の基本的な仕組みは共通である。以下では社債振替制度の概要を述べる(株式に固有の規律については3)。

イ *振替機関*・*口座管理機関*：振替機関の下に加入者である口座管理機関〔社債株式振替44①〕ごとに当該口座管理機関(自己口座)又はその顧客のための口座(*顧客口座*)を開設し、その下に他の口座管理機関が同様に加入者ごとに自己口座・顧客口座を開設することにより多層構造が形成される。振替機関・口座管理機関は、振替制度により譲渡・質入れがなされる社債に関する権利の帰属を明らかにするため、振替口座簿を備える〔社債株式振替12③・45②〕。

ロ 権利移転の仕組み：口座簿の記載が権利移転・質権設定の効力発生要件である〔社債株式振替73・74〕。口座に記載された投資家の権利を社債等に対する権利それ自体として構成する、いわゆる直接方式が採用されている。振替口座簿の記載には権利帰属の推定効がある〔社債株式振替76〕。ハ *善意取得*：ペーパーレス化されているため善意取得が認められるかが問題になるが、立法により認めている〔社債株式振替77〕。例えば口座管理機関が無権限で顧客Aの口座から引落記帳を行い、*第三者*Bの口座へ振替記帳された場合、*善意*・無重過失のBは当該権利を善意取得する。ニ 証券不足時の処理：超過記載をした振替機関又は口座管理機関のみが超過分を取得した上でその権利を放棄する義務を負う〔社債株式振替78～82〕。超過記載による善意取得の結果、口座に記帳された証券額が実際に発行されている証券額を上回る事態を処理するための仕組みである。超過記載を行った振替機関等は市場で証券を取得し、その権利の全部を放棄することにより口座に記帳されている総額を発行総額に等しくする義務を負う〔社債株式振替78・79〕。この義務を履行するまでの間は、発行者との関係では投資家は発行者から割合的な支払しか受けられない。その差額とこの義務の不履行により投資家に生じた損害は振替機関等が賠償する〔社債株式振替80・81〕。

ホ セーフティ・ネット：加入者保護信託制度により、振替口座簿等の記載漏れ・誤記載により加入者を加害した振替機関等について倒産手続開始決定がなされた場合、1000万円を上限として当該信託より当該機関に代わって支払いがなされる〔社債株式振替60、社債株式振替令5〕。

3 株式の場合 株主の有する権利は、共益権や*少数株主権*など公社債のようにキャッシュ・フローに対する単純な権利だけから構成されているわけではない。例えば、口座管理機関の口座に超過記載がなされ、その部分につき善意取得がなされた結果〔社債株式振替144〕、少数株主権の要件を満たしていた株主の持株比率が低下し少数株主権の要件を欠くに至る可能性がある。社債株式振替法は、第1に、超過記載をした振替機関に対し、超過した振替株式を取得しその権利を放棄する義務を課し(*無過失責任*)〔社債株式振替145・146〕、当該振替機関等がこの義務の全部を履行するまでの間は、当該機関等又はその下位機関の加入者である株主は、全体の超過数に、自己が有する当該銘柄の株式数をその振替機関等及びその下位機関の全ての加入者が有する当該銘柄の振替株式数で除した数を乗じた株式数については、会社に対抗できないものとする〔社債株式振替147①・148①〕。例えば、A口座管理機関がB社株式につき1000株と記載すべきところ1200株と誤記載し、それが善意取得された場合において、本来、加入者Xが600株、加入者Yが400株と記載されるべきであったとすると、各加入者が会社に対抗できない株式数は、加入者Xについては120株(200×(600÷1000))、加入者Yについては80株(200×(400÷1000))となる。第2に、超過記録をした振替機関等は、上記の義務の不履行によって株主に生じた損害を賠償しなければならない〔社債株式振替147②・148②〕。なお、「株券等の

しやさいか

保管及び振替に関する法律」に基づき株券保管振替制度の対象である株券を発行していた会社は、株式の振替制度の施行日を効力発生日とする、株券を発行する旨の定款の定めを廃止する定款変更決議をしたものとみなされ〔平成16法88附6①〕、2009年1月5日に一斉に株式振替制度に移行した。

社債株式振替法 ⇨社債, 株式等の振替に関する法律'

社債管理者 1 意義, 沿革, 設置の強制と例外 *無担保社債'を募集する際に、*社債'発行会社から社債の管理をすることを委託された者。社債を募集するには、各社債の金額が1億円以上である場合又は発行の相手方が少人数である場合を除いてその設置が強制される〔会社702, 会社則169〕。
2 資格 社債管理者になりうる者は、*銀行', *信託会社'又はこれに準ずる者として法務省令で定める者とされる〔会社703, 会社則170〕。
3 権限 社債管理者は、会社法上、イ 社債に係る債権の弁済を受け又は債権の実現を保全するのに必要な一切の裁判上又は裁判外の行為をする権限〔会社705〕、ロ *社債権者集会'の決議に基づく当該社債全部についてする支払猶予、責任免除、和解及び訴訟行為等に関する手続に属する一切の行為をする権限〔会社706〕、ハ イの行為をするための社債発行会社の業務・財産調査の権限を有する〔会社705④〕(これらは法定権限といわれている)。このほか、社債管理委託契約によって定められた権限(約定権限といわれている)、例えば*期限の利益'喪失約款による期限の利益喪失の意思表示をする権限、約定による調査権等も有すると解されている。
4 義務及び責任 社債管理者は、社債権者のための公平誠実義務及び社債権者に対する善管注意義務を負い〔会社704〕、また、会社法又は社債権者集会決議違反の場合の損害賠償責任及び自己の債権につき社債発行会社から担保の供与又は債務消滅に関する行為を受けた後3カ月内に社債発行会社が*社債の償還'を怠った等の場合の損害賠償責任が定められている〔会社710〕。

社債管理補助者 *社債管理者'を設置しない*無担保社債'について、*社債'の管理の補助を委託された者〔会社714の2〕。社債には社債管理者を設置しなければならないのが原則であるが〔会社702本文、なお、*担保付社債'については受託会社が社債の管理を行う〕、社債管理者の設置コストが高くなることや、担い手の確保が難しいことなどから、実務上は社債管理者を設置せずに社債を発行することが多い〔会社702但〕。

この場合、基本的には社債権者自身が社債の管理を行うこととなるが、社債の債務不履行に際して混乱が生じた事例が発生したことを踏まえて、令和元年会社法改正により、社債権者のために社債の管理を補助することを第三者に委託する制度として創設された。社債管理補助者となりうる者には、*銀行'や*信託会社'などの社債管理者となりうる者〔会社703, 会社則169〕に加えて、*弁護士'・弁護士法人が含まれる〔会社714の3, 会社則171の2〕。社債管理補助者は、法定権限として、社債権者のために、法的倒産手続への参加、*強制執行'・担保権実行手続における配当要求、及び会社の清算手続における債権の届出をする権限を有する〔会社714の4①〕。また、委託契約により法定権限以外の権限(約定権限)を付与することもできる〔会社714の4②参照〕。社債管理補助者は、公平・誠実義務及び善管注意義務を負い〔会社714の7・704〕、義務違反により社債権者に生じた損害を賠償する責任を負う〔会社714の7・710①〕。

社債券 ⇨債券'

社債権者集会 1 概念 社債権者の利害に重大な関係がある事項について、社債権者の総意を決定するため、社債権者により構成される臨時的な合議体。社債権者集会は各種類の*社債'ごとに開かれる〔会社715〕。社債権者の共同の利益を保護するとともに、多数決によって社債権者全体の意思を統一して決定を行えるようにするための制度である。
2 権限 社債権者集会が決議できる事項は、法定事項及び社債権者の利害に関係がある事項である〔会社716〕。*担保付社債'の場合には、担保の変更等についても決議する〔担付41②・42〕。
3 手続 社債権者集会は必要な場合に随時招集され〔会社717①〕(なお、社債権者全員の同意があるときは社債権者集会の決議は省略できる〔会社735の2①〕)、社債発行会社・*社債管理者'(一定の場合には*社債管理補助者')及び社債総額の10分の1以上の少数社債権者が招集者となることができる〔会社717・718〕。各社債権者はその有する当該種類の社債の金額の合計額に応じて議決権を有する〔会社723①〕。原則として出席した社債権者の議決権の過半数によって決議がなされる〔会社724①〕。なお、書面による議決権行使〔会社726〕、議決権の不統一行使〔会社728〕が認められている。また、招集者は*電磁的方法'により議決権を行使できる旨定めることができる〔会社719③・722・727, 会社令1①⑬, 会社則174・176・230〕。社債権者集会の決議があったときは、招集者は決議があった日か

ら1週間以内に，裁判所に対し，決議の認可の申立てをしなければならない〔会社732〕。裁判所の認可を受けなければ決議の効力を生じない〔会社734〕。決議は原則として，社債管理者(担保付社債の場合は受託会社)が執行する〔会社737，担信34〕。なお，社債権者集会はたびたび開くことが困難であるため，代表社債権者を選任し，決議に代わる決定を委任する便法も認められている〔会社736〕。

4 株主総会との比較 多数の者を招集して多数決で意思決定をする点で類似する。したがって招集手続などは'株主総会'の招集手続に準じて扱われる〔会社719～722〕。しかし，社債権者の団体性は株主の団体性のような広範かつ堅固なものでないから，社債権者保護の要請が強く，決議が効力を生ずるためには裁判所の認可を必要とするなど，重大な差異がある。

社債原簿 1 **意義と機能** *社債'の内容，社債権者及び社債券に関する事項を明らかにするために作成することが求められる会社の帳簿〔会社681，会社則165・166〕。ただし，短期社債については作成する必要はない(社債株式振替83②)。*電磁的記録'をもって作ることもできる。株式における*株主名簿'に対応する。*記名社債'においては，社債原簿は多数の，かつ，絶えず変動する可能性のある社債権者を会社が把握し，権利行使の機会を与えるための一定の効力をもつ点で，株主名簿に類似する〔通知・催告につき，会社126・685，譲渡の対抗要件につき，会社130・688〕。*無記名社債'の場合には，会社は社債権者を把握できないから，社債権者の氏名・住所等の記載は不要であり〔会社681[4]〕，*対抗要件'に関する効力も認められない〔会社688③〕。*社債，株式等の振替に関する法律'が適用される振替社債については，'振替口座簿'への記載・記録によって権利の帰属が定まり〔社債株式振替66〕，社債原簿には社債権者の氏名等は記載されず，譲渡の対抗要件に関する効力も認められない〔社債株式振替86の4〕。会社は社債原簿の作成，備置きその他の社債原簿に関する事務を行う社債原簿管理人を定め，当該事務を行うことを委託することができる〔会社683〕。

2 備置き・閲覧 社債発行会社は，社債原簿を本店又は社債原簿管理人の*営業所'に備え置かねばならず，社債権者・株主(社員)・債権者はその閲覧・謄写を請求することができる〔会社684，会社則167〕。電磁的記録をもって作成した場合も同様である。また，社債権者(無記名社債の社債権者を除く)は自己に関する社債原簿記載事項を記載した書面の交付又は電磁的記録の提供を請求することができる〔会社682〕。

謝罪広告 人の*名誉'・信用を毀損した者がそれを謝罪する旨の広告。*不法行為'による*損害賠償'の原則は金銭賠償である〔民722①・417〕が，例外的に，名誉毀損の場合に，裁判所は，損害賠償に代え，又は損害賠償とともに，名誉を回復するのに適当な処分を命ずることができる〔民723〕。これは不法行為に対する*原状回復'の一種であって，普通は新聞紙上に謝罪広告を載せる方法による。なお，*不正競争防止法'にも同様の規定がある〔不正競争14〕。謝罪広告は本人の意思に反して謝罪させることになるので憲法19条の良心の自由に反しないかが争われたが，通説・判例(最大判昭和31・7・4民集10・7・785)は合憲であると解している。

社債償還準備金 ⇨減債積立金'

社債のコベナンツ ⇨コベナンツ(社債の)'

社債の種類 1 **社債の多様性** 会社は様々な権利内容の*社債'を発行することができる。例えば，償還期限が特に定められていない社債(永久債)，支払不能など債務者に一定の事由が発生した場合に他の債権者に対する債務が完全に履行されない限り元利金の支払がなされない社債(劣後債)などを発行することができる。また，新株予約権付社債を始めとして，社債の価値が株式の価値と連動するように設計された社債(他社株転換社債など発行会社以外の株式の価値と連動するものもある)を発行することもできる。その他にも，引受人の募集の方法(公募債と私募債)，権利移転の方法(記名社債と無記名社債)などが異なる場合もある。

2 社債の種類 1で述べたように社債には多様なものがあるが，会社法上，社債の種類の基準となるのは以下の内容に限定されている〔会社681[1]，会社則165〕。イ 利率，ロ 償還の方法・期限，ハ 利息支払の方法・期限，ニ 社債券発行の有無，ホ 社債権者による記名式・無記名式の選択権の内容，ヘ 倒産手続に関する社債管理者の権限の内容，ト 合同発行の有無・内容，チ 社債管理者の有無・名称等，リ 社債原簿管理人の有無・名称等，ヌ *担保付社債信託法'に従って担保が付された社債であるか否か・担保の目的財産等，ル 信託社債である場合に信託を特定するために必要な事項。例えば，1で述べた永久債や劣後債は，ロハに関して種類が異なる社債である。

3 社債の種類の意味 会社は，同じ種類の社債を追加発行したり，*社債権者集会'の決議を経て既発行社債の権利内容を変更することによって，

しやさいの

ある種類の社債の数を増加させ，市場における流動性を向上させることができる（いわゆる*銘柄統合'）。社債の発行時にあらかじめ追加発行の可能性があることを定めておく必要はないし，イ～ルの内容が同じであれば，当然に同じ種類の社債として扱われることになる。社債の種類の会社法上の意味は，社債券は社債の種類ごとに発行されること〔会社697①③〕，社債権者集会は社債の種類ごとに組織される点にある〔会社715〕。

⇨*外債'　⇨*記名社債'　⇨*新株予約権付社債'　⇨*他社株転換社債'　⇨*担保付社債'　⇨*無記名社債'　⇨*無担保社債'

社債の償還　**1 意義**　起債会社が社債権者に対し負担した債務を弁済すること。*社債'は集団的・大量的な債務を想定しており，社債権者は一般公衆であることが多いため，普通の借入金の弁済と異なる規制がされている。

2 償還額・償還期限・償還方法　償還額は社債の金額を原則とするが，社債金額を超えて償還することを約してもよい（割増金付社債）。償還の方法・期限は，募集事項で定められ〔会社676④〕，*社債原簿'にも記載される〔会社681①〕。実際上は，発行後一定期間据え置き，その後一定期日まで随時償還するか，あるいは据置期間経過後，定期的に一定物分又は以上の額を抽選によって償還し，一定期日までに全部の償還を終える旨を定めることが多い。なお，起債会社はいつでも自己の社債を取得して社債を消滅させる，いわゆる買入消却をすることができる。

3 償還遅滞・社債管理者及び受託会社の権限・時効　*社債管理者'及び担保付社債の受託会社は社債償還につき，広い権限が認められている〔会社705①，担信35・43〕が，社債会社が償還を怠った場合には*社債権者集会'の決議に従って対応しなければならない〔会社706①・724①〕。償還請求権の*消滅時効'は10年である〔会社701①〕。

社債発行費　⇨*繰延資産'

社債振替制度　⇨*社債，株式等の振替に関する法律'

社債募集　**1 概念**　会社がその発行する*社債'を引き受ける者を募集すること。社債の発行は自由であるが，法は一般の公衆から大量に募集する場合を想定しているため（この反対が*私募'債），一定の制限が設けられている。

2 募集の態様　分類の仕方にいろいろあるが，代表的な分類によれば，*直接発行'と*間接発行'に分けられる。直接発行とは，起債会社が直接公衆に発行するもので，直接募集と*売出発行'があり，間接発行とは，仲介者（金融商品取引業者）を経て間接に公衆に発行する方法で，委託募集・*引受募集'・*総額引受け'がある。公募債の場合はほとんどが総額引受けで，その場合は募集社債の申込み及び割当ての手続はない〔会社679〕。

3 会社法上の募集手続　*取締役会設置会社'（*監査等委員会設置会社'・*指名委員会等設置会社'でないもの）では，募集事項その他の重要な事項〔会社則99〕は*取締役会'決議で定めなければならない〔会社362④⑤〕。それ以外の事項の決定は取締役に委任でき，いわゆる*プログラム発行'や売出発行が可能である。直接募集・委託募集・引受募集の場合に，社債の申込みをしようとする者には会社は一定事項を通知し，申込者は一定事項を記載した書面を会社に交付（会社の承諾を得れば*電磁的方法'でも可）しなければならない〔会社677〕。これに対して会社は割当てを行い，申込者は社債権者となる〔会社678・680①〕。申込者は払込みをしなければならないが，払込みが社債権者となるための要件ではない（分割払込みも認められる）〔会社676⑫，会社則162①〕。応募額が発行予定総額に至らなかった場合，実際の応募額を総額として社債が成立する（*打切発行'）のが原則であるが，かかる場合は社債全部を不成立とすることを募集事項において定めることもできる〔会社676①〕。

4 その他　イ　不特定多数の者に対して募集社債の申込みの勧誘が行われ，*金融商品取引法'上の*有価証券の募集'〔金商2③〕に当たる場合（公募債）は，*有価証券届出書'等を内閣総理大臣に提出し〔金商4・5〕，目論見書（もくろみしょ）を作成・交付しなければならない〔金商13①・15②〕。

ロ　*会社更生手続'中は，更生計画で定めれば社債の募集ができる〔会更45①⑥・167②・177・217〕。ハ　長期信用銀行その他*特殊会社'の発行する*債券'については，その発行に対する規制がなされている〔長銀8～11等〕。

⇨*社債管理者'

社債申込証　*社債募集'に際し，社債申込人が申込みに使用する書面。会社法制定前商法の下では，申込人に起債会社の内容及び社債募集の条件を知らせて申込人を保護するとともに，集団的申込みの処理の便宜のため，要求されていた〔商旧（平成17法87改正前の）301〕。会社法では社債申込証の作成は不要とされ，会社は募集社債の引受けの申込みをしようとする者に対し法定事項を通知し〔会社677①〕，申込みをする者は，法定事項を記載した書面又は会社の承諾を得て*電磁的方法'により会社に交付・提供することとされた。

写真撮影 捜査段階では、身柄拘束された被疑者の写真撮影〔刑訴218③〕以外に、*検証'や*実況見分'の一環として、あるいは捜索・差押え時に証拠物の発見状況を明らかにするために写真(動画も含む)撮影がなされたり、*証拠保全'目的で犯行状況を撮影したり、犯人との同一性を確認するために犯人ではないかと疑われる者を撮影することがある。*プライバシー'の権利、特に*肖像権'を侵害するため、人の写真撮影について論じられることが多い。判例は正当な理由のない写真撮影は憲法13条の趣旨に反し許されないとしながら(最大判昭和44・12・24刑集23・12・1625〔京都府学連デモ事件〕)、人が他人から容貌等を観察されること自体は受忍せざるをえない場所で、捜査目的を達成するため、必要な範囲において、かつ、相当な方法によって行われるときには、本人の承諾や令状なしに撮影することができるとする(最決平成20・4・15刑集62・5・1398)。公道上の写真撮影が強制処分か任意処分かが従来争われてきたが、判例は任意処分説に立つと理解できる。なお、写真撮影の法的性質は検証である(最決平成2・6・27刑集44・4・385)。

写真著作物 ⇨*著作物'

社宅 会社が従業員に供与する住宅。従業員の福利厚生の一環として供与されるものと、会社の業務上の必要性に基づき供与されるものとがある。後者の場合には、「事業の附属寄宿舎」として*労働基準法'の規制〔労基94〜96の3〕を受けることがある。前者の社宅の利用関係については、賃貸借契約として*借地借家法'の適用が認められるかどうかにつき争いがある。適用が認められるとすると、労働関係が終了しても、当然には明渡請求はできず、正当事由が必要となってくる〔借地借家28〕。

社団法人 一定目的のために結合した人の集団を基礎として作られる法人。財産の集団を前提とする*財団法人'に対する。したがって、社団法人には、構成員である社員の存在が不可欠であり〔一般法人148④〕、設立にあたってはこれらの社員が*定款'を定めなければならず、最高議決機関として*社員総会'を置くもの〔一般法人35〜59〕とされている。社団法人の中で営利を目的とするものを*会社'という。非営利の社団法人の設立、組織、運営及び管理については、民法に代わり*一般社団法人及び一般財団法人に関する法律'がその基本的規律を定めている。そのほか、*労働組合'のように特別法〔労組11〕によって設立される中間的社団法人もある。⇨法人'

社長 ⇨*代表取締役' ⇨*表見代表取締役・表見代表執行役'

惹起(じゃっき)説 刑法が、*正犯'に当たらない者についても*共犯'規定〔刑60〜65〕により拡張的に処罰することを認めている根拠は何かという問いに対し、正犯と共犯の処罰根拠は本質的に同じであり、正犯は、自己の行為により*法益'侵害を惹起したから処罰され、共犯も、自己の行為により正犯行為を介して法益侵害を惹起したから処罰される、と考える立場(通説)。因果的共犯論ともいう。異説として、共犯の処罰根拠は、他人を正犯という犯罪者に堕落させたことにある(責任共犯論)、又は正犯行為という違法行為を出現させたことにある(違法共犯論・不法共犯論)、と考える立場もあるが、前者は、共犯の従属形式として極端従属形態を必要とする帰結となり、*制限従属形態'で十分myとする通説と相容れず(⇨共犯従属性説)、そもそも両者に共通の問題として、自己の法益を侵害するよう他人に働きかける行為が共犯として処罰される(例:AがA自身の殺害をBに依頼し、Bがそれを実行したが失敗した場合、Aは*嘱託殺人'*未遂'罪の*教唆'となる)点、自ら実行すると不可罰的な行為が共犯としては可罰的となる(例:刑事事件の犯人Aが自己の事件に関する証拠の隠滅を他人Bに依頼し、Bがそれを実行した場合、Aは*証拠隠滅罪'の教唆となる)点、未遂の教唆の成立が肯定される点(⇨アジャン・プロヴォカトゥール')が指摘される。惹起説は、これらの難を免れるが、内部で、共犯処罰にとって、共犯行為による(間接的な)違法な事態の惹起(共犯不法)で足りる(純粋惹起説)か、正犯行為による違法な事態の惹起(正犯不法)をも要する(混合惹起説)か、更に論が分かれる。混合惹起説は、共犯の従属形式として制限従属形態を必要とする通説と軌を一にするが、純粋惹起説は、共犯の従属形式を帰結しない(不要とする)ため、正犯行為に*構成要件'該当性・*違法性'が欠けても共犯が成立すること(正犯なき共犯)を認める点に難がある。

社内預金 ⇨強制貯蓄の禁止'

ジャンクボンド ⇨無担保社債'

受遺者 *遺贈'を受ける者として*遺言'で指定された者。受遺者は、*相続欠格'者でない限り*相続人'であってもよく、また、*自然人'に限らず、学校その他慈善団体などの*法人'でもよいと解される。包括遺贈を受ける者(包括受遺者)は相続人と同一の法律的地位に立ち〔民990〕、遺贈の放棄も*相続放棄'の規定〔民915〕に従う。特定遺贈を受ける者(特定受遺者)

じゆういに

も，目的物件が特定・独立のものである限り，直ちに権利を取得すると解されるが，遺贈義務者に対する*意思表示'によって，いつでも遺贈を放棄することができる〔民986〕。なお，受遺者は遺言に関して利害関係をもっているので，遺言の証人や立会人になることができないと規定されている〔民974②〕。しかし，単なる立会人にもなれないとするのは行き過ぎであると主張する学説もある。

自由委任 ⇨国民代表'

収益執行 *強制執行'や担保権実行の対象となる財産の交換価値ではなく，使用価値からの収益をもって*債権'の満足を図る方法。*強制管理'及び*担保不動産収益執行'がこれに当たる。

収益税 ⇨収得税'

収益の計上基準 収益の計上基準には現金主義と発生主義の2つがあるが，今日の複雑化した経済においては*信用取引'が支配的であり，現金主義によっては企業の期間損益を適正に把握することが困難であるため，税法上は，発生主義が妥当するものとされている。更に，所得の発生については所得の実現した時点を基準とすべきであるとされ，*権利確定主義'が採用されている。具体的な実現時として，資産の販売については引渡し時，役務の提供は引渡し時又は役務提供の完了時が原則とされる。ただし，一定の場合に管理支配基準が認められている（最判昭和46・11・9民集25・8・1120）。なお，平成30年の改正において，収益の認識に関する一般的なルール〔法税22の2〕が導入された。企業会計において新たに採用された会計基準「収益認識に関する会計基準」（企業会計基準29号）に対する法人税法上の対応である。

集会の自由 **1 意義** 多数人が，共通の目的で，一定の場所に集合する自由をいう。近代憲法において例外なく保障される代表的な*自由権'の1つである。集会は，外部の人々に集会の目的を伝えることができることから，マスメディアを通じて表現しえない一般国民にとって貴重な表現の手段である。また集会は，参加者が相互に直接コミュニケートし，自分たちの考えをより発展しうるだけでなく，身体をもって場を共有することによる精神的・物理的な一体感を得ることもできる点で，独自の重要な意義をもつ。十分な資力のない一般国民の集会の自由を実質的に保障するためには，伝統的な*パブリック・フォーラム'である道路・公園の利用や，公権力が市民の集会用に設置した公共施設の利用を原則として保障することが重要である。*地方自治法'244条では，地方公共団体は「公の施設」の住民の利用について，「正当な理由」がない限り拒んではならず，また「不当な差別的取扱い」をしてはならないとされている。最高裁判所は泉佐野市民会館事件判決において，市が関西国際空港建設に反対する集会に対し市民会館の利用を拒否したことにつき，地方自治法244条を媒介させ，憲法上の集会の自由に対する制限の問題と構成した（最判平成7・3・7民集49・3・687）。*明治憲法'29条もこの権利を保障していたが，それは法律の範囲内に限定され（*法律の留保'），*治安警察法'などによって大幅に制限を受けていた。現行憲法21条1項の保障にはこのような制限はないが，いわゆる*公安条例'は，公共の安寧と秩序を維持するという理由で，これに制限を加えている。なお，公共用地上での集会には*道路交通法'その他，*営造物管理権'に基づく規制が加えられる。

2 権利の位置付け *大陸法'（とりわけドイツ法）では，集会の自由は，*結社の自由'の系として理解されていた（多数人の結合が永続的なものが結社で，一時的なものが集会である）。日本の伝統的な学説もそれに従っている。しかし，英米法（とりわけアメリカ法）では，集会の自由は，むしろ*表現の自由'の系として理解されており，民主主義社会における表現の自由の尊重の必要性は，集会の自由にも妥当すると考えられている（⇨明白かつ現在の危険'）。

3 判例 最高裁判所は前掲泉佐野市民会館事件判決において，二重の基準論の趣旨を踏まえて合憲性に関する利益衡量を厳格な基準により行うべきとして，「公の秩序をみだすおそれがある場合」という条例の文言を，「明らかな差し迫った危険の発生が具体的に予見される」場合と合憲限定解釈し，本件ではその危険があったとして適法としたものの，一般論としては集会の自由を重視する枠組みを示した。また，上尾市福祉会館事件判決は，敵対的聴衆の妨害による混乱を理由に公の施設の使用を拒否できるのは，「警察の警備等によってもなお混乱を防止することができないような特別な事情がある場合に限られる」とし，当該会館使用の不許可処分を違法と判断した（最判平成8・3・15民集50・3・549）。また，道路交通法による規制，公安条例による規制については，*集団示威運動の自由'をみよ。

修学時間 義務教育施設において公教育を受けている時間。15歳に達した日以後の最初の3月31日が終了していない者は，原則として労働者として使用してはならない〔労基56①〕が，一定の事業については，健康・福祉に有

害でなく労働が軽易であって，労働基準監督署長の許可を得れば，その前でも修学時間外には使用することが認められる〔労基56②〕。　⇨'最低労働年齢'

重加算税　過少申告加算税，無申告加算税又は不納付加算税が賦課・徴収される場合において，その国税の*'課税標準'等又は税額等の計算の基礎となるべき事実の全部又は一部を隠蔽し又は仮装（⇨'仮装行為'）し，過少申告，無申告又は不納付がその隠蔽又は仮装に基づくときに，重大な義務違反・懈怠(けたい)に対する制裁として，各*'加算税'に代えて賦課・徴収される附帯税〔税通68〕。本税の税額に対する割合は過少申告重加算税35％，無申告重加算税40％，不納付重加算税35％であり，各加算税の賦課・徴収後5年以内に仮装・隠蔽が繰り返された場合は各重加算税は10％加重される。重加算税の賦課・徴収要件は*'脱税犯'の構成要件と実際上重なり合うことが多いことから，二重処罰の禁止〔憲39〕違反が問題になるが，判例（最大判昭和33・4・30刑集12・6・938）はこれを否定している。

重過失　Ⅰ　*'注意義務'違反の程度の甚だしい*'過失'（*'善良な管理者の注意'〔民400・644・852等〕を著しく欠く過失）。重大な過失の略で，*'軽過失'に対する概念。*'不法行為'責任を生じさせる過失は原則として軽過失で足りる〔民709〕が，*'失火責任'については，重過失を必要とするものとしている〔失火ノ責任ニ関スル法律（明治32法40）〕。また，取引法の領域においては，過失（軽過失）ある者を法的保護の対象から外す規定が多いが，特に重過失ある者だけを（故意者とともに）法的保護の対象から外すものも少なくない〔民95③・698等〕。

Ⅱ　刑法上，重大な過失，すなわち*'注意義務'違反の程度の著しい場合。僅かな注意を払えば結果の予見・回避ができたことから強い非難に値し，失火・過失激発物破裂罪，過失致死傷罪では刑が加重される〔刑117の2・211〕。　⇨'過失'

従量税　⇨'従量税・従価税'
終　期　⇨'始期・終期'

衆議院　*'参議院'とともに国会を構成する一院〔憲42〕。全国民を代表する選挙された議員で組織される〔憲43①〕（⇨'衆議院議員'）。*'内閣'は国会に対して*'連帯責任'を負う〔憲66③〕（⇨'議院内閣制'）が，内閣の*'不信任決議'権は衆議院だけがもっており〔憲69〕，内閣は衆議院にその基礎がなくては存続することができない。その反面，*'解散'は衆議院にだけあって参議院にはない〔憲54〕。議員の任期も短く，参議院よ

りも国民に直結する度合いが強い〔憲45・46〕。権能においていくつかの点で参議院に優越する（⇨'衆議院の優越（優位）'）。なお，*'帝国議会'の*'下院'も衆議院といった。

衆議院議員　*'衆議院'を組織する議員。*'公選'された議員であり，全国民の代表である地位をもつ〔憲43①〕。定数は465人とし，そのうち，289人を*'小選挙区'選出議員，176人を*'比例代表選出議員'とする〔憲43②，公選4①〕。任期は4年であるが，*'解散'の場合は，その期間満了前に終了する〔憲45〕。被選挙権の年齢要件は満25年以上である〔公選10①Ⅰ〕。そのほか，選挙に関する事項〔憲47〕は，*'公職選挙法'に定められている。なお，*'国会議員'に掲げた［表：衆議院議員と参議院議員の比較］，*'普選運動'に掲げた［表：選挙（衆議院議員）制度の沿革（主要改正）］を参照せよ。　⇨'小選挙区比例代表並立制'

衆議院規則　⇨'議院規則'

衆議院議長　衆議院の秩序保持権（会議の秩序保持のほか，会期中・閉会中を問わず議院内部の警察権を行使する〔国会114〕）・議事整理権（発言時間〔国会61〕・投票時間〔衆規155の2〕の制限や，議事日程の決定〔国会55〕，議案の委員会付託〔国会56②〕等も行う）・事務監督権及び議院の代表権（内閣総理大臣の指名の奏上〔国会65②〕等国会の代表として行動する場合もある）をもつ。議院の役員〔憲58①，国会16〕の1人。任期は議員としての任期による〔国会18〕。第一院の*'議長'として，開会式を主宰する〔国会9〕。*'皇室会議'〔典28〕，*'皇室経済会議'〔皇経8〕の議員となる。内閣総理大臣の俸給と同額の*'歳費'を受ける。　⇨'参議院議長'

衆議院の解散　⇨'解散'

衆議院の優越（優位）　*'衆議院'の権能が*'参議院'のそれに優越すること。衆議院が*'予算先議権'〔憲60①〕のような手続上の優先権をもつことや，内閣*'不信任決議'権〔憲69〕を独占していることも含めていう場合もあるが，一般には，国会の権能たる両院共通の所管事項であるものについて，衆議院の意思（議決）が参議院のそれに優越することをいう。両院の意思が一致したとき，国会の意思が成立するという両院制の原則に対する例外。憲法は，法律案の議決，予算の議決，*'条約'の承認及び*'内閣総理大臣'の指名について，衆議院の優越を定めている。まず，衆議院で可決し参議院がこれと異なる議決をした法律案については，衆議院で出席議員の3分の2以上の多数で再議決したときに法律となる〔憲59②〕。次に，予算の議決，条約

しゆうきせ

の承認及び内閣総理大臣の指名については，衆議院と参議院が異なる議決をし，*両院協議会'を開いても意見が一致しないとき，又は衆議院の議決から一定期間内に参議院が議決をしないときは，衆議院の議決が国会の議決となる〔憲60②・61・67②〕。その他，法律によって両議院一致の議決又は両議院の同意によることを原則としながら，意思が一致しないときは衆議院の意思が優越すると定めている場合もある（例：会期の決定〔国会 13〕）。 ⇨両院制'

臭気選別 現場遺留品に付着した「原臭」を警察犬に覚えさせ，数個の物の中からこれと同じ臭気をもつ物を選び出させるという方法により，遺留品と検挙被疑者との結び付きを立証しようとするもの。人の体臭や犬の嗅覚機能についての科学的解明が十分とはいえない段階にあるので，採証には異論もあるが，最高裁判所は，専門的な指導手が，高い選別能力を保持している犬を使用し，臭気の採取・保管・選別の過程・方法にも不適切な点がない場合には，有罪認定の*証拠'としてよいとする（最決昭和 62・3・3 刑集 41・2・60）。'

週休制 ⇨休日'

週給制 厳密には週を単位として*賃金'を計算し，かつ，支払うという制度。計算の単位が時間又は日であっても，週に 1 回賃金が支払われる場合にも週給制ということがある。イギリスその他の国で，専ら工具についてとられた支払形態。

住居 人が居住したり日常生活を営んでいる家屋等の場所をいうのが一般であるが，各法の趣旨に即して理解されているため，画一的な意味を与えるのは困難である。

I 刑法上，住居侵入罪〔刑 130〕，*放火罪'〔刑 108〕，浸害罪〔刑 119〕の客体。人が起臥(きが)寝食，日常生活に利用している場所。旅館の客室のような一時的利用の場合でも，また，車のように建造物でなくとも住居たりうる。 ⇨住居侵入罪'

II 刑事訴訟法上，3 つの場合に問題となる。イ 手続に関する場合で，刑事訴訟法 56 条や刑事訴訟規則 62 条などにいわゆる住居は，民法上の*住所'及び*居所'と解されている。ロ *勾留'理由などにいわゆる住居不定（不詳）〔刑訴 60 ①Ⅰ等〕というときの住居は，一応民法上の住所及び居所に同じと考えてよいが，それよりやや広い。例えば，飯場に居住している者の場合，飯場自体が工事の移動に伴って転々としようとも，その者が当該特定の飯場に長期間定着しているときは定住居があるとされる。逆に，昼間は特定の事務所に毎日必ず出てくる者であっても，夜間は友人宅などを転々としている場合には住居不定とみられる。ハ 住居の不可侵〔憲 35。なお，刑訴 220 ①Ⅰ〕などという場合の住居は，人の私生活を国家権力による不当な侵害から保護するということに重点があるから，その見地からその範囲が決定される。一般の住宅，アパートの居室などはもとより，1 日だけ滞在する旅館の 1 室・店舗・大学の自治会事務室なども住居に当たる。

従業員代表 英 employee representative
1 意義 事業所又は企業を単位とする従業員の代表をいう。アメリカのように従業員代表を御用組合（英 company union）の一種と考え，これを違法視する国もあるが，ヨーロッパでは，*労働組合'とは異なる存在として，従業員代表の選出やその機関・役割等について法令に定めを設けることにより，これを法制化した国が多い。複数の従業員代表で構成されるドイツの事業所委員会（独 Betriebsrat）はその代表例といえる。
2 過半数代表 従業員代表の一類型。日本における過半数代表制は，事業場における過半数組合（労働者の過半数を組織する労働組合）又は過半数組合が存在しないときは過半数代表者（労働者の過半数を代表する者）を一方の当事者とすることにより，労働組合の存在にも配慮しているところに特徴がある。*三六(さぶろく)協定'〔労基 36〕の締結や*就業規則'の作成・変更における意見聴取〔労基 90〕はその典型。

従業員持株制度 1 意義 *株式会社'が，その従業員に会社の発行する*株式'を取得・保有させることを推進し，そのために積極的な援助する制度。本制度は，一般に従業員に自社株を取得・保有させることによって，従業員の財産形成を援助し，福利・厚生を図ることを目的とするが，会社にとっても株主安定化や会社と従業員との一体感をはぐくむ等のメリットが存在する。
2 仕組み 実施方法としては，これまで，民法上の*組合'である従業員持株会を設立した上で，会員である従業員からの拠出金及び会社から交付される奨励金を原資に，定期的に会社の株式を買い付け，従業員は，その拠出金額に応じて従業員持株会の財産に対し*持分'を有するという仕組みを採るのが一般的であった。しかし，従業員が持株会から任意に株式持分を引き出して売却することができるため，効果が限定的であることなどから，最近，アメリカの ESOP (Employee Stock Ownership Plan) と呼ばれる従業員持株制度(2020 年にはその数約 6500，加入

者数約1400万人)をモデルにした日本版ESOPを導入する企業が増加しつつある。この新しい仕組みは、2種類ある。1つは、会社を設定者とし、従業員持株会の会員である従業員を*受益者'とする*信託'(他益信託)を設定した上で、当該信託が、持株会が取得すると見込まれる数の会社の株式を予め定める取得期間中に取得し、その後、当該信託は株式を定期的に持株会に売却するという「信託スキーム」である。もう1つは、会社が一般財団法人などの*中間法人'を設立した上で、当該中間法人が会社の保証の下で融資を得て株式を取得するが、従業員は給与等から従業員持株会に対し株式購入資金を払い込み、従業員持株会は当該払込金で中間法人から株式を買い取り、各従業員の口座に持分を割り当てるという「中間法人スキーム」である。これらの仕組みのメリットとしては、信託又は中間法人(ビークルと呼ばれる)が、経営者の資質や経営の長期的要請等に精通する従業員の意思等を踏まえて、その保有する株式の議決権の行使により、ガバナンスの向上や長期的な視野に立った経営に寄与することができる一方、従業員に対し中長期的な株価上昇へのインセンティブを与えることにより、従業員の勤労意欲の向上という効果を確保することができるなどとされている。

3 会社法上の問題 これまでの従業員持株制度の運用上、いくつかの会社法上の問題点が提起されてきた。まず、従業員持株会に対し奨励金等の名目で援助を行う場合には、株主の権利行使に関する*利益供与の禁止'に触れるかが問題となる。学説の中にはこれを肯定する見解もあるが、持株会への入退会につき特段の制約がなく、取得した株式の議決権の行使について、制度上は会員である従業員の独立性が確保されており、奨励金の額も妥当な程度のものであるなどの場合には、当該援助は従業員に対する福利厚生の一環等の目的をもってしたものと認められ、株主に対する利益供与には当たらないと解する見解が多い。また、従業員持株制度の下では、会員による株式の自由な譲渡が制限され、退職時に株式を一定の金額で会社又は持株会に売り渡すことが強制されるのが通例である。判例(最判平成7・4・25集民175・91、最判平成21・2・17集民230・117)は、従業員が制度の趣旨・内容を了解した上で株式を取得した場合には、このような契約による譲渡制限は、株式の自由譲渡性を定める会社法127条に反するものではなく、*公序良俗'にも反せず有効と解しているが、譲渡価格を取得価額と同額に制限するなど、株式

保有期間の会社の留保利益を全く反映しない譲渡価格の定めの有効性に疑問を提起する学説が多い。

就業規則 **1 意義** *使用者'が職場における*労働条件'や*服務規律'等を定めた規則類のこと。会社を構成する*営業所'・工場等の事業場単位で常態として10人以上の*労働者'を使用する使用者は、事業場単位で就業規則を作成しなければならない〔労基89〕。

2 記載事項 就業規則に記載される事項には、必ず記載すべき絶対的必要記載事項〔労基89①〜③〕、制度として実施するなら記載すべき相対的必要記載事項〔労基89③の2〜⑩〕が定められているが、これら以外に、記載してもしなくてもどちらでもよい任意記載事項も含まれる。これらの記載事項を1つの規則にまとめることも、*賃金'や*退職金'等の記載事項を別の規則に定め就業規則の一部とすることも許される。また、正社員やパート労働者等の雇用形態別に作成することもできる。

3 作成・変更の手続 就業規則の作成義務を負う使用者は、就業規則の作成・変更について、イ 当該事業場の労働者の過半数で組織する*労働組合'か、そのような労働組合がない場合は労働者の過半数を代表する者の意見を聴き〔労基90①〕、ロ これを記した書面を就業規則に添付して、所轄労働基準監督署長に届け出た上で〔労基89・90②、労契11〕、ハ 従業員に社内掲示・備付け・文書交付その他法所定の方法で周知しなければならない〔労基106①、労基則52の2〕。これら意見聴取義務、届出義務、周知義務のいずれかに違反する使用者には罰則〔労基120①〕の適用があるが、就業規則の効力が生じないかについて学説の対立があった。最高裁判所は、法所定の方法〔労基則52の2〕によることを要するかについては明示していないが、就業規則の効力の発生に周知手続を要すると判示し(最判平成15・10・10判時1840・144〈フジ興産事件〉)、*労働契約法'も、*労働契約'の締結にあたり、合理的な労働条件を定める就業規則を労働者に周知させていれば、労働契約の内容はこれによると定め〔労契7〕、周知義務以外の義務への違反は就業規則の効力に影響しないことを示した。

4 作成・変更の効力 就業規則には、その定める基準に達しない労働条件を定める労働契約の部分は無効となり、無効となった部分はその定める基準によるとの強行的直律的効力が付与される〔労契12、労基93〕。この効力は、*労働協約'とは異なり、その定める基準を超える水準の労働条件を定める労働契約を無効とする効力を含ま

しゅうぎょ

ない点で最低基準効と呼ばれる。また，就業規則は，法令又は労働協約に抵触してはならず，抵触すれば労働契約に対する効力が否定される〔労基92①，労契13〕。所轄の労働基準監督署長は，抵触する就業規則の変更を使用者に命じることができる〔労基92②〕。ただし，使用者が一方的に就業規則を適用労働者に不利益に変更した場合の効力（拘束力）については訴訟において最も多く争われてきた。この効力の判断の前提となる就業規則の法的性質をどう捉えるかが問題となる。学説では，それ自体を法規範として労使を拘束するとみる法規説，就業規則の内容が労働契約の内容となることで初めて拘束するとみる契約説その他の対立があったが，いずれもその効力には否定的であった。これに対して，昭和43年の*秋北バス事件*最高裁判決以降，判例は，イ 就業規則の法的性質につき，合理的な労働条件を定める限り，労働条件はその就業規則によるとの事実たる慣習が成立しているものとして，その法的規範性が認められるに至っている〔民92参照〕との独自の解釈を示しつつ，これを前提に，ロ 使用者による就業規則の一方的不利益変更の効力については，労働者の受ける不利益の程度，労働条件の変更の必要性，変更後の就業規則の内容の相当性，労働組合との交渉の状況その他の事情を総合的に勘案して変更の合理性が肯定されれば，変更に同意しない労働者にも効力が及ぶとしてきた。これらの点は労働契約法に明文化され立法的解決が図られた〔労契6〜10〕。就業規則の最低基準効は，就業規則の一方的不利益変更に合理性が認められる事例については，使用者と労働者が特約として個別に合意した場合に限定して適用になる〔労契10但〕。

就業時間 労働時間と同義に用いられるのが普通であるが，*労働協約*や*就業規則*で定められた所定労働時間の意で用いられる場合もある。 ⇨労働時間'

従業者発明 ⇨職務発明'

就業制限 人の生命・身体・健康を保護するため，一定の*労働者*を就業させないようにすること。年少者の過重労働の禁止〔労基60・61〕，年少者・女性（妊産婦）の*危険有害業務*等の制限〔労基62・63・64の2・64の3，女性則1・2・3，年少則7・8・9〕，産後休業〔労基65②〕等がその例である。これらは専ら就業制限を受ける労働者本人（妊産婦についてはその子）の保護を目的とするものであるが，他に当該労働者とともに働く者の保護を目的とする規制もあり，*労働安全衛生法*における，一定の資格ある者のみに就業を許す就業制限や〔労安衛61，労安衛令20〕，伝染性の疾病等にかかっている者の就業禁止〔労安衛68，労安衛則61〕，「感染症の予防及び感染症の患者に対する医療に関する法律」（平成10法114）における就業制限〔感染症18〕はその例である。

就業促進手当 *雇用保険*の*就職促進給付*の1つで，*失業等給付*の受給者が*基本手当*の所定給付日数の3分の1以上を残して安定した職業に就いた場合等に支給される手当〔雇保10④①・56の3〕。

宗教の自由・信仰の自由 ⇨信教の自由'

宗教法人 宗教団体のうち*法人*となったもの。*公益法人*の一種。宗教法人法によれば，憲法で保障された*信教の自由*に基づいて，教義を広め，儀式行事を行い，その他宗教上の行為を行うことが保障されている〔宗法1②〕。また，その目的に反しない限り，自己の使用に充てるために収益事業を行うことができ〔宗法6〕，収益事業以外について免税の特典がある〔法税4①・2⑥・別表2，地税348②③〕。なお，オウム真理教に対する解散命令〔宗法81参照〕について，専ら宗教法人の世俗的側面を対象とすることなどの理由から，信教の自由に反しないとされた（最決平成8・1・30民集50・1・199〈オウム真理教解散命令事件〉）。

宗教法人課税 *宗教法人*は，*公益法人等*に当たるため，その収益事業から生ずる*所得*に対してのみ課税がなされ，しかもそれについても軽減税率が適用されてきた〔法税2⑥・66③〕。このことが一般法人との不公平をもたらしていることや，宗教法人に対する税制が，公益法人等としての設立目的にふさわしくない行為を助長しており何らかの見直しをなすべきであるとの批判がある。また，宗教法人の課税においては*信教の自由*との関係が議論されることが少なくない（例：古都保存協力税（京都市において昭和60年7月から昭和63年3月まで実施））。ペット葬祭業を法人税法2条13号の収益事業にあたるとした最高裁判決（最判平成20・9・12判時2022・11）がある。

終局裁判 当該*審級*で裁判事件の全部又は一部の処理を完結する*裁判*。*中間裁判*に対する。終局的裁判ともいう。例えば，民事訴訟法上の，訴状*却下*命令〔民訴137②〕や*終局判決*，刑事訴訟法上の，有罪'・無罪'・免訴'・*公訴棄却*'・*管轄違い*'の判決など。

終局判決 当該*審級*で訴訟事件の全部又は一部の審理を完結する*判決*。*中間判決*に対する。中間判決とは異なり，独立に*上訴*

の対象となる〔民訴281・311。ただし, 民訴356・377〕。上級審の*差戻判決'や*移送'判決も, その審級を完結するものであるから終局判決に該当する。 ⇨一部判決・全部判決'

住居権説 ⇨住居侵入罪'

住居侵入罪 **1 意義** 刑法130条前段の罪。正当な理由がないのに, イ「人の*住居'」, 又はロ「人の看守する邸宅, 建造物若しくは艦船」に, 「侵入し」た場合に成立する(3年以下の拘禁刑又は10万円以下の罰金)。*未遂'を罰する〔刑132〕。狭義の語法では, イを住居侵入罪と呼び, ロを邸宅侵入罪・建造物侵入罪・艦船侵入罪と呼ぶ。広義の語法では, 刑法130条後段の*不退去罪'と併せて住居侵入罪と呼ぶ。

2 法益 かつて, 大審院は, 本罪は, 他人の住居権の侵害を本質とし, 住居権者の意思に反して違法にその住居に侵入することにより成立するものと解し(大判大正7・12・6刑録24・1506), そこから本罪の保護法益は, 住居権者の意思に反して立ち入られない自由に求められた(住居権説)。戦前, 住居権は家長が専有すると考えられたことへの批判から, 戦後, 本罪の保護法益を, 住居の事実上の平穏に求める見解(平穏説)が台頭した。しかし, 最高裁判所は, 本罪の成否を, 住居権者(建造物等の場合は管理権者)の意思に反して立ち入ったかどうかにかからせる(最判昭58・4・8刑集37・3・215)。

3 客体 住居とは, 人の起臥(きが)寝食・日常生活に使用されている場所をいう。邸宅とは, 居住用の*建物'のうち住居以外のものをいう。建造物とは, 住居・邸宅以外の建物をいう。艦船とは, 軍艦と船舶をいう。前三者は, 建物等に附属する囲繞(いにょう)地を含む概念である。後三者は, 管理権者による看守がなければ客体にならない。

自由刑 **1 意義** 受刑者を*拘禁'してその自由を剥奪することを内容とする刑罰をいう(⇨刑')。広義には, *刑事施設'に拘禁する自由剥奪刑のほか, *旧刑法'の徒刑・流刑のような, 自由を制限し, 労働を強制する刑罰をも含む。旧刑法は, 重懲役・軽懲役, 重禁獄・軽禁獄, 重禁錮・軽禁錮の6種類の自由剥奪刑を規定していた。現行刑法は, *懲役'・*禁錮'・*拘留'の3種類を規定していたが, 令和4年の法改正により, 懲役, 禁錮が廃止され, *拘禁刑'に単一化されたため, 自由刑は拘禁刑, 拘留の2種類になった。

2 刑罰の体系中に占める位置 かつては, 生命刑である*死刑', 及び*身体刑'が主流を占めていたが, 18世紀以降になると, 人道主義の影響の下, 量的に段階を設けることができ犯罪の軽重に比例した応報刑が可能であり, 受刑者の労働力を利用することもできる, などの理由により自由刑がとって代わり始めた。日本の刑法においても, 死刑は例外的であり, 身体刑は存在しない。しかし, 今日では, 刑事政策的見地及び自由刑の過酷さを緩和する目的から, *罰金'刑及び*保護観察'制度が, 独立の刑罰あるいは処遇として用いられる範囲が拡大してきている。そのほか, 刑事政策的見地からは, イギリスやドイツなどの立法例に倣って自由刑を単一刑にすべきとの主張もなされてきた(自由刑単一化論)。その主たる論拠は, *破廉恥(はれんち)罪'・非破廉恥罪の区別に基づいて前者だけに所定の作業を科することは, 労働蔑視の思想の表れである。禁錮受刑者のほとんどが請願作業に従事しており, 禁錮と懲役の区別は形骸化している等である。 ⇨短期自由刑'

自由権 **1 意義** 国家権力の介入・干渉を排除して各人の自由を確保する権利。*基本的人権'の1つで, 自由権的基本権ともいう。

2 沿革 人間の自由に対する欲求は生まれながらの人間性に内在するもので, 人間が個人の価値を確立するため獲得した最初の権利が, この自由権であった。それゆえ自由権は長い歴史をもっており, イギリスの*権利章典'(1689), *アメリカ独立宣言'(1776), *フランス人権宣言'(1789)等の歴史を経て, 現代憲法に及んでいる。現在, 各国において程度の差, 保障の質の違いはあっても, この自由権を規定していない憲法はない。

3 自由権のカタログ 自由は人格の発展の全領域を覆い尽くすものであるから, それに関する権利の全てを憲法上に規定することは不可能である。つまり, 各国憲法に規定された自由権は歴史的由来によるものであり, いずれも経験上からくる国家権力による干渉・侵害を排除する目的で, 特に明文化されたものである。しかし, それらは普通大きく2つの種類に分けられる。第1は, 思想・良心・信仰の自由などの精神的自由と, それを基盤とする言論・集会・結社の自由などの*政治的自由'であり, 第2は, 契約・職業選択・財産権の自由などの経済的自由である。前者が民主主義の前提となり, 後者が資本主義を支える柱となっている。

4 日本の憲法における自由権 *明治憲法'・日本国憲法いずれも自由権に関する規定が設けられているが, 明治憲法の場合は, 法律の範囲内で保障するとか, 法律で定めた場合を除くほかは保障するかというように*法律の留保'つきで, しかも*緊急勅令'などによって保障が否定され

じゆうけん

るることがあった。これに対し日本国憲法では、保障の仕方が徹底し、権利の種類も拡大した。各種の自由権は、保障の対象によって、*経済的自由権'・精神的自由権'及び*人身の自由'に分類することができる。

自由権規約　⇨国際人権規約'

集合債権譲渡担保　⇨譲渡担保'

集合動産譲渡担保　⇨譲渡担保'

集合犯　*構成要件'の性質上、初めから同種(当該構成要件を充足させる)の数個の行為が行われることを予定している犯罪。集合的犯罪ともいう。*常習犯'〔刑186①〕、暴力1の3等〕・職業犯〔医師17・31①Ⅱ等〕・営業犯〔売春12等〕といわれるものがこれに属する。この場合は(単純)一罪であり、実体的にも手続的にも全体として一罪の取扱いを受ける。ただし、*確定判決'があったときは、それ以後の行為は実質的には従前からの連続とみられても別罪を構成する。集団犯(⇨集団犯罪')のことを集合犯ということもある。

私有公物　⇨国有公物・公有公物・私有公物'

集合物　個々の物が独自の存在性を失うことなく、しかも、これらの物の総体が取引上独立の権利の客体として取り扱われる場合における物の総体。法律上1個のものとしてだけ扱われる単一物・*合成物'と異なる。本来は法律上1個の財産として扱われないが、取引上の要請から特別法によりこれを1個の財団として扱う*財団抵当'の制度がある〔工抵14、鉄道抵当法(明治38法53)2等〕。この場合に集合物を組成する個々の物は、所有権の客体としての独立性を制限される〔工抵13・29・33等〕。また、当事者間の契約により倉庫内の在庫商品全てを集合物とし、それを*譲渡担保'とすることが判例上認められている(最判昭和54・2・15民集33・1・51)。集合物においては、集合物を離脱した個々の物に対しては集合物に対する権利(例えば譲渡担保権)は及ばなくなるが、新たに集合物の範囲に入ってきた個々の物に対しては当然に集合物に対する権利が及ぶ(最判平成18・7・20判夕1220・94)。なお、集合物に対する権利の移転、譲渡担保権の設定についての*対抗要件'は*占有改定'で行われるほか、動産譲渡登記によって行うことも可能である。

自有公物・他有公物　*公物'の管理権の主体とその所有権の帰属主体との関係による区別で、公物の管理権の主体が同時に所有権の主体である場合を自有公物といい、所有権の主体が管理権の主体以外である場合を他有公物という。

「公物」は、行政主体によって直接に公の目的に供用されていることに着目して立てられた概念で、その所有権の帰属は問わないため、国又は地方公共団体がその所有する財産を自ら公用に供する自有公物のほかに、国(地方公共団体)が、地方公共団体(国)又は私人の所有する財産を公用に供する「他有公物」が存在しているが、他有公物の場合、行政主体は公用開始をするためには、その前提としてあらかじめ土地等について、正当な権原を取得しておくことが必要とされる。　⇨国有公物・公有公物・私有公物'

重国籍　国籍の抵触の1つで、人が同時に複数の*国籍'を有すること、すなわち国籍の積極的抵触。出生による国籍の取得に関する*血統主義'と*生地主義'の対立、血統主義国における父母両系(血統)主義の採用、婚姻、養子などの身分変動の国籍に及ぼす効果の差異などの結果生じる。このような重国籍者の発生は、好ましくないものと考えられ、国籍唯一の原則(全ての個人が必ず1個の国籍を有し、かつ2個以上の国籍を有しないという原則)が唱えられた。このうちの無国籍の防止は今日でも一般に妥当であると認められているが〔人権宣言15①〕、重国籍の防止については、重国籍を容認する態度も各国でみられるようになってきている(ヨーロッパ評議会が1997年に作成した「国籍に関するヨーロッパ条約」14条以下など参照)。もっとも、日本の国籍法(昭和25法147)は、国籍選択制度〔国籍14～16〕、帰化要件としての国籍の喪失〔国籍5①⑤〕、外国への帰化による日本国籍の喪失〔国籍11①〕などの規定により、重国籍の発生の回避や、解消に努めている。なお、国際私法上、*本国法'が*準拠法'となる場合、重国籍者については、その国籍を有する国の中に*常居所'をもっているときはその国、その国がないときは、*最密接関係地法'が本国法とされるが、日本と外国との重国籍者については、日本法が本国法となる〔法適用38①〕。

自由国家　**1 歴史**　*自由主義'を原理とする国家。自由主義国家ともいう。個人の自由に最高の価値をみいだし、国家は、個人の自由(権)を内外からの侵害に対して防衛することにその存在根拠をもつと考えられている。ラッサール(Ferdinand Johann Lassalle, 1825～64)がこの種の国家を非難して*夜警国家'と呼んだことは有名である。しかし、歴史的現実においては典型としての自由国家が存在できないことは明白である。

2 国際社会と自由国家　国際社会では、国内の政治体制を考慮することなく、国家間の関係が結

ばれていた(内政不干渉の原則(⇨干渉))が，人権保護や*民主主義'を求める国際世論の高揚により，20世紀末には，国際社会のメンバーである国家は，国内的にも人権と民主主義を保持しなければならないと考えられるようになった。

重婚 配偶者のある者が重ねて*婚姻'すること。日本の民法のような*法律婚主義'の下では，事実上の婚姻が重なっても重婚にはならない。民法上，重婚は禁止される〔民732〕。重婚が生ずるのは，イ 誤って婚姻届が重ねて受理されたとき，ロ 離婚後再婚したところ，離婚が無効とされ又は取り消されたとき，ハ *失踪宣告'を受けた者の配偶者が再婚したところ，失踪宣告が取り消されたとき，ニ 日本で婚姻した者が，外国で外国の方式により配偶者以外の者と結婚したときなどがある。重婚は当然に無効なのではなく，後婚につき取消事由となる〔民744〕。前婚については規定はないが，*離婚原因'となると解されている。なお，重婚は犯罪(重婚罪)ともなる〔刑184〕。

重罪・軽罪 *犯罪'を罪質からみて刑及び訴訟手続の点から区別する立法例においては，重罪・軽罪・*違警罪'の3つに分けることがある。*旧刑法'はフランス刑法に倣いこの三分法を採用したが，*新派刑法学'の台頭期に成立した現行刑法はこの区別を廃止した。旧刑法下では，重罪と軽罪は，未遂犯の扱い等で差があるし，刑も，*自由刑'は刑名が異なり，罰金刑は軽罪にだけ科され，更に訴訟手続上の扱いも異なっていた。

私有財産 *私有財産制度'の下において私人の所有する*財産'のこと。憲法29条は2項で立法者が*公共の福祉'の実現の観点から財産権の内容を規定しうるとしながら，1項では個々の財産権の保障とあわせて私有財産制度の*制度的保障'を，また3項では個々の私有財産に*公用収用'などの特別犠牲を課す場合の*正当な補償'をうたい，私有財産と公共の福祉との調和を図っている。

自由財産 破産者の財産で*破産財団'に属しないもの。*差押禁止'財産，破産者が破産手続開始後に取得する財産(新得財産)等が含まれる〔破34①③②〕。なお，現金の特則について破34③①，自由財産の範囲の拡張について破34④〕。*破産管財人'の管理処分権〔破78①〕は及ばず，破産者が自由に管理・処分でき，破産者の経済的更生の基礎となる。

私有財産制度 広い意味では，財産の私有，すなわち経済的欲望を充足する諸手段について特定人の排他的な支配を保障する制度をいう。原始共産制に対して私有財産制度という場合には，この意味で用いられる。狭い意味では，全ての財産，特に土地・天然資源・生産施設等の生産手段についての私人の所有権を法律上保障する制度をいう。この意味での私有財産制度は*契約自由の原則'とともに，市場機構を作用させるために不可欠であり，市場経済を根幹とするいわゆる資本主義国家に特有の制度である。私有財産制度は国家の基本法によって保障され〔憲29参照〕，その侵害に対して刑罰その他による制裁が加えられるのが常である。しかし，生産手段の私有を貫徹することは，独占や財産の集中を招き有産階級と無産階級との対立分裂を生み出す条件の1つとなり，資源の有効な利用という点でも望ましくない。これに対応するために現代の国家の多くは私有財産制度を基本としながら，生産手段の私有に対する国家の介入を認めており，これを通じて私有の意味も変容を受けつつある。 ⇨所有権'

州際私法 ⇨準国際私法'

自由裁量・法規裁量 **1 意義** *行政行為'をなすについて，行政庁に裁量権が与えられている場合，その裁量が，何が行政目的又は公益に適するかの裁量であるときには，これを自由裁量又は便宜裁量という。これに対し，その裁量が，何が法なるかの裁量，すなわち法規の上では一義的に定められていなくとも客観的な準則が存在し，その解釈適用に関する法律判断と解せられる場合には，これを法規裁量又は羈束(きそく)裁量という。法規裁量は，一見行政庁の裁量を許容するようにみえるが，その裁量を誤ることは法規の解釈の誤りを意味し，違法の問題を生ずるので，その裁量の当否は裁判所の審理の対象となる。一方，自由裁量は，その範囲内では行政庁の最終的判断権が認められるので，裁判所の審理の対象外となる。

2 自由裁量と法規裁量の区別 いかなる場合が自由裁量であり，いかなる場合が法規裁量となるかについては，古くから学説上の対立があった。かつては，法令の文言に重点を置いて，法の規定の仕方によって区別する考え方，すなわち法が行為の要件について何も定めていないとき，又は公益上の必要というような行政の終局目的だけを示しているようなときの要件認定に自由裁量を認める要件裁量説(文言説)と，行為の性質に重きを置いて，国民に権利又は利益を付与する行為をするか否かの効果選択の裁量はこれを原則として自由裁量とし，権利又は自由を制限・剥奪する行為の裁量はこれを法規裁量とするいわゆる効果裁量説(性質説)とが対立してい

じゅうさん

た。⇨要件裁量・効果裁量'

3 区別の相対化 しかし、現在では、自由裁量についても、その踰越(ゆえつ)と濫用がある場合には違法とされるので〔行訴30〕、裁判所の審査から完全に自由な裁量というものはもはや認められず、また一方では、従来は法規裁量とされてきた不確定な*法律要件'の解釈に関しても、裁判所が行政庁の判断を尊重せざるをえない一定の裁量判断(専門技術的判断や総合的政治的価値判断)もあると考えられるようになっている。こうして、自由裁量と法規裁量の区別は、相対的なものにすぎなくなった。そこで、そもそも羈束と裁量のカテゴリカルな区別自体が困難であって、両者の区別はむしろ法の拘束の程度の問題にすぎず、機能的に、どこまで裁判所の判断に委ね、どこまで行政庁の判断を尊重するのが合理的か、というような司法審査の統制密度の問題と考える見方も唱えられるようになってきている。

従 参 加 ⇨補助参加'

衆参同時選挙 ⇨同時選挙'

修 辞 学 ⇨弁論術'

収 受 イ *賄賂'の罪〔刑 197〜198〕中の*収賄罪'〔刑 197〜197の4〕の*実行行為'(賄賂の収受・要求・約束)の1つ。賄賂を現実に取得する行為。ロ *略取誘拐'・*人身売買罪'〔刑2編33章〕中の被略取者引渡し等の罪〔刑227〕では、被害者(被拐取者・被売者)を自己の支配下に置く行為を指し、同罪は、*事後従犯'型の引渡し・収受等〔刑227①②〕、自利目的型の引渡し・収受等〔刑227③④前〕、被害者を収受した者の身代金要求〔刑227④後〕を罰する。

自 由 主 義 **1 概念** 個人の自由を尊重し、国家の干渉をできるだけ排除することが社会の発展を促すゆえんであるとする政治原理。絶対主義による、中世的自由の破壊と国民生活規制の拡大強化に対抗して、近代政治思想は、弱体化されたが依然として残存した中世的自由の伝統と、宗教改革を起点とする内面的権威の思想とに裏付けられ、国家といえども介入できない個人の領域を設定した。この思想は近代市民革命を経て政治の原理となり、特に各国の憲法典における*基本的人権'の保障と権力分立制(⇨権力分立主義')となって結実した。

2 民主主義との関係 *民主主義'は、多数者支配という形態をとるが、同時に少数者の保護をも意図する。多数派の介入できない領域の設定は自由主義の成果であって、この意味で、自由主義は民主主義の基底をなす。*議会制'は、*君主'の権力を制限しようという自由主義の要請と、多くの国民が政治に参加することを狙いとする民主主義とを連結したが、議会制が多数派独裁に陥らないためには、民主主義と自由主義との関連について、思想的にも制度的にも絶えざる検証をしなければならない。

3 日本の場合 日本国憲法は3章を中心にして国民に各種の基本的人権を認め、更に統治原理として権力分立主義を採用するなど、自由主義の採用を明確に表現している。しかし、*個人主義'・自由主義の伝統をもたない日本では、他者の自由を尊重する者だけが、自己の自由を主張できるという自由主義原理が、自己の自由だけを絶対的に主張する利己主義へと容易に変質しやすいことに注意する必要がある。

4 国際社会の自由主義 20世紀末までに、国際社会で共通に認められる価値として、自由主義も考えられるようになった。各国の国内における人権と民主主義の実情は国際社会に共通の正当な関心事であり、これが守られない国家に対しては激しい批判が浴びせられる。

自由主義国家 ⇨自由国家'

住 所 人と場所との結び付きが法律上問題となる各種の場合に、それらの法律関係を処理する標準となる場所の1つで、不在・失踪の標準〔民 25・30〕、債務履行地〔民 484、商 516〕、*裁判管轄'〔民訴4②、人訴4①、家事 128・145・148 等〕、*準拠法'の決定〔法適用 5・6 ②〕などにおいて問題となる。民法は、住所を生活の本拠である場所と一般的に規定している〔民 22〕が、これら各種の法律関係ごとに、その目的に応じて住所の概念を定めればよく、一般的・抽象的に住所の概念を立てることは無意味であるとする学説が有力である。この考え方によると、住所は法律関係に応じて複数存在することになるが、この点についての判例の態度は必ずしも明確ではない。また、住所の要件として客観的にみて生活の中心地であれば足りるのか(客観説)、それに加えて、生活の本拠とする意思が必要なのか(主観説)が争われている。学説の多くは客観説をとる。判例は古くは主観説に立っていたが(大決大正9・9・23 民録 26・1157 等)、その後、客観説に近い立場をとるに至った(最判昭和 27・4・15 民集 6・4・413)と解されている。*居所'・仮住所(当事者がある行為につき住所に代わるものとして選定した場所)は一定の場合に住所とみなされる〔民 23・24〕。法人の住所は、主たる事務所又は本店の所在地である〔一般法人 4、会社 4〕。

就職促進給付 *雇用保険'における*失業等給付'の一種〔雇保 10 ①〕。*就業促進手当'、移

転費，求職活動支援費の3種類がある〔雇保10④・56の3～60〕。

住所地法 ⇨属人法主義' ⇨本国法主義'

終　審　審級制度における最後の審級。三審制の下では第三審が終審となる。　⇨審級'

Ⅰ　民事訴訟では，上告審として*最高裁判所'〔裁7①，民訴311〕又は*高等裁判所'〔裁16③，民訴311〕が終審裁判所である。*抗告'については高等裁判所が終審となる〔裁7②・16②〕。ただし，高等裁判所の許可に基づく最高裁判所への*許可抗告'〔民訴337〕，及び違憲問題について最高裁判所の判断を受けるための*特別上訴'（*特別上告'・*特別抗告'〔民訴327・336〕)の道が認められている。

Ⅱ　刑事訴訟法では，最高裁判所が終審である〔刑訴405，裁7〕。

終身刑　日本の刑法典には終身刑の明文の規定はないが，無期刑の適用によって，事実上，*仮釈放'を許すことなく終身刑に処することが可能である。しかし死刑廃止論議においては，*死刑'の代替刑として終身刑，あるいは仮釈放のない無期刑の規定を新たに明文化する必要性が指摘されるている。これに対しては，死ぬまで刑務所に拘禁し続けるのは死刑よりも残酷で非人間的であるとの反論もなされるが，日本には死刑囚が極めて長期間にわたって*拘置所'に拘禁され続けている現実もある。一方，人道的な処遇が実施されている諸外国の*刑事施設'においては，受刑者が施設内で社会に役立つ仕事に就き，人間的に向上するような生活を送ることが可能であることを実証する様々な例が示されている。　⇨無期刑'

自由心証主義　Ⅰ　民事訴訟法上，裁判所が*証拠'に基づき*事実認定'をするにあたり，*証拠方法'の選択及び証拠の*証明力'の評価について，法律上何らの拘束も設けず裁判官の自由な判断に委ねる主義。*法定証拠主義'に対する。近代の立法例は，実体的真実をよりよく発見するため（⇨形式的真実主義・実体的真実主義)，この原則を採用しる。日本でも*明治民事訴訟法'以来この主義が採用されてきた〔民訴247〕。ただ，自由心証主義も裁判所の恣意的な事実認定を許すものではなく，*経験（法）則'や論理則に反する認定は247条違反として*上告理由'又は上告受理の理由になるとされる。また，事実の認定が可能となる*証明度'についても，自然科学的証明ではないものの，高度の蓋然性が必要とされる。ただ，それ以外では，裁判所は*証拠調べ'の結果に加えて，*弁論の全趣旨'をも考慮して自由に事実認定ができ，証拠方法や*証拠能力'に関する制限も原則として存在しない。更に，証拠評価についても，文書の形式的証拠力に関する*推定'〔民訴228②④〕を除き，やはり裁判官の自由な判断に委ねられている。

Ⅱ　刑事訴訟法も明文で自由心証主義を認めている〔刑訴318〕。かつて自由心証主義の理念は，*法定証拠主義'の束縛を打破し，裁判官の理性を信頼する近代的訴訟形態を作り出すのに貢献した。しかし，証明力の評価あるいは*事実（の）認定'は往々にして複雑困難な作業であり，判断の精度を高めるためには，誤判原因に関する実証的研究と正確な事実認定のための補助科学の知識とが裁判官を支えていなければならない。その意味において，自由心証主義は合理的心証主義ないし科学的心証主義と言い換えることもできる。なお，自由心証主義の例外として，刑事被告人は，自己に不利益な唯一の証拠が*自白'である場合には，有罪とはされない〔憲38③，刑訴319②〕（⇨補強証拠')。

終身定期金　AがBから基金を預かって運用し，Bの死後その妻Cが死亡するまで，毎月Cに扶養料を支払う旨の約束をする場合のように，当事者の一方が自己・相手方又は*第三者'の死亡するまで，定期的に金銭その他の物を相手方又は第三者に給付する*契約'〔民689～694〕。日本では，終身定期金の慣行もなく，民法に規定されても実際上ほとんど行われていない。このような問題は，むしろ*厚生年金保険'や*国民年金'保険などの*社会保険'制度によって解決が図られている。　⇨年金'

終身保険　⇨生命保険'

修正申告　納税者が一旦なした*納税申告'又は一旦受けた*更正・決定'について税額不足，過大純損失・*還付金'等の過誤があると判断した場合，それらに対する課税処分があるまで，その過誤を是正するために行うことができる納税申告〔税通19〕。この意味における修正申告は任意的修正申告であるが，質問検査の手続の一環として，調査の結果，更正決定等をすべきと認める場合，調査担当職員は，調査終了の際に，修正申告を勧奨することができることとされている〔税通74の11③前〕。例外的に，修正申告をすることが義務付けられている場合（義務的修正申告）もある〔租特28の3⑦等〕。なお，任意的修正申告については期限の定めはないが，*消滅時効'等による納税義務の消滅の時がその期限と解されている。

修正予算　*予算'の成立後に生じた事由

しゅうせん

により，予算案提出権者(内閣・地方公共団体の長)が既定の予算に追加以外の変更を加えて作成する予算案，又は所定手続で議決されたものを指す。昭和37年の改正までは，財政法上，"追加予算"と対比され区別されていたが，今日ではいずれも"本予算"(当初予算)に補正を行うものとして，"補正予算"という形式の中に統一されている〔財29，自治218①〕。修正予算案の作成及び議決の手続は，本予算の場合に準じて行われる〔財29柱〕。

周旋(国際法上の) ⇨"国際調停"

従前の例による ⇨"なお効力を有する・なお従前の例による"(巻末・基本法令用語)

従属会社 資本参加による資本的関係，"役員"の兼任や派遣等による人的関係，又は，信用供与，事業の賃貸借・経営委任等の契約関係によって，支配会社に事実上又は契約上従属している会社。支配会社の対概念。"独占禁止法"上の問題に加え，私法的には従属会社の債権者や少数派株主の利益が支配会社により侵害されやすいという問題がある。会社法上は，会社により議決権総数の過半数を所有されている"株式会社"その他の当該会社により経営を支配されている法人として法務省令で定めるものが"子会社"と定義され〔会社2③〕，会社法施行規則は，会社の財務及び事業の方針の決定を支配しているかどうかという実質基準を採用している〔会社則3〕。子会社による"親会社株式の取得"禁止〔会社135①〕，親会社・子会社から成る企業集団の業務の適正を確保する体制に関する決定〔会社348③④・362④⑥・416①①ホ〕等の規制がある。更に会社法は，イ 子会社とロ 当該会社以外の者がその経営を支配している法人として法務省令で定めるものを子会社等と定義し〔会社2③の2〕，子会社が財務及び事業の方針の決定を支配している会社並びに子会社とそれが支配している会社が財務及び事業の方針の決定を支配している会社が子会社等とされる〔会社則3の2①〕。子会社等の概念は"社外取締役"・"社外監査役"の定義等に関わる。"事業年度"の末日において会社法上の"大会社"〔会社2⑥〕であり，"金融商品取引法"上の"有価証券報告書"提出会社は，当該会社及びその子会社から成る企業集団の財産・損益の状況を示すために必要かつ適当なものとして法務省令で定める"連結計算書類"を作成しなければならない〔会社444③〕。連結計算書類は当該会社とその子会社から成るグループ企業の財産・損益の状況を示すために作成される。会社法により，連結貸借対照表上の株主資本の額が個別"貸借対照表"上のそれを下回る場合に当該差額を"分配可能額"から控除する連結配当規制に服することを，連結計算書類作成会社は選択できる〔会社461②⑥，会社計算2③⑤・158④〕。金融商品取引法は，他の会社により議決権の過半数を実質的に所有されている会社を子会社と定義し〔金商87の3③〕，支配従属関係にあるグループ企業を単一のものとみて"連結財務諸表"の作成と開示を求めている〔金商24①・25①，財務規8③，連結財務規2②〕。 ⇨"連結子会社"

従属労働 近代"市民法"の下では，契約当事者として"労働者"は本来自由であるはずが，自己の労働力を売る以外に生計の途がないことから，"使用者"との関係で"労働契約"の締結を強制されるし(経済的従属)，また，実際の労働過程でも使用者の指揮命令に服さざるをえないこと(人的従属)を指していう。"労働法"という新しい分野を独立させるためにドイツで用いられた概念である(abhängige Arbeit)。なお，労働契約を他の"労務供給契約"と区別する場合には，使用従属関係という概念が用いられる。

重大明白説 ⇨"行政行為の無効"

住宅資金特別条項 "再生債務者"が"自然人"である"民事再生"の手続において，"再生債権"者の有する住宅資金貸付債権(いわゆる住宅ローン債権)を次の通り内容変更する"再生計画"の条項をいう〔民再196④〕。変更の態様としては，期限の利益回復型，リスケジュール型，元本猶予期間併用型，合意型の4種類がある〔民再199①～④〕。住宅ローン債権を担保するため住宅とその敷地に"抵当権"が設定されているような特別条項を定めた再生計画の認可決定が確定すると，その抵当権にも再生計画の効力が及び〔民再203①〕，再生債務者は，当該条項に従った弁済を継続する限り，抵当権の実行を免れ，経済生活の再生の基盤である住宅を保持しうることになる。

住宅の品質確保の促進等に関する法律 平成11年法律81号。住宅の品質確保，住宅購入者の利益保護，住宅に係る紛争の解決を目的として制定された法律。統一的な基準による住宅性能の表示制度を設け〔住宅品質2章〕，指定機関による評価認定を行わせるほか〔住宅品質3章～5章〕，住宅紛争の処理について裁判外の紛争処理制度を規定する〔住宅品質6章〕。また，新築住宅の"請負"契約及び"売買"契約については，"瑕疵(か)担保責任"の"免責"特約を"無効"とする〔住宅品質7章〕。

住宅扶助 "生活保護法"に基づく保護の1つ〔生活保護11①③〕。家賃や家屋の補修その

他住宅の維持のために，原則として金銭給付によって行われる〔生活保護 14・33〕。金銭給付によることができないときなどには，宿所提供施設を利用させるなど現物給付により支給される〔生活保護 33 ①但②〕。

従たる権利 ⇨主物・従物'　⇨随伴性'
従たる債務 ⇨主たる債務・従たる債務'
集団殺害 ⇨ジェノサイド条約'
集団示威運動の自由　**1 憲法上の意義**　多数人が共通の目的で共通の行動を行い，自らの思想・信条等を外部に表現する自由。集会も一種の示威運動である(示威集会)。特に問題になるのは，デモンストレーション(デモ行進)である。戦前は，多衆運動と呼ばれ，*治安警察法'によって，12 時間前の許可申請義務が課せられていた〔治安警察法 4〕。現行憲法には，これを保障する明文の規定はないが，学説・判例(最大判昭和 29・11・24 刑集 8・11・1866〈新潟県公安条例事件〉等)の多くは，これを*表現の自由'の一形態と解し，憲法 21 条の保障が及ぶとしている。集団示威運動を動く集会として*集会の自由'の一種と理解する有力説もある。
2 集団示威運動の現代的意義　現在，デモ等は各地方の*公安条例'及び*道路交通法'によって規制されている〔道交 77〕。デモ等は昔から請願あるいは陳情の手段として用いられてきたが，議会主義の機能麻痺(⅕)による*直接民主制'への回帰傾向の 1 つとして，政治的なデモの意義はなお薄れていない。公共の秩序を理由としてデモ等を規制することにつき上記判決は，公共の安全に対し「明らかな差迫った危険」を及ぼすことが予見されるときに限定した。　⇨明白かつ現在の危険'

集団的安全保障　⇨安全保障'
集団的自衛権　**1 意義**　ある国が武力攻撃を受けた場合に，直接に攻撃を受けていない他国も共同して反撃に加わるための法的根拠。集団的自衛権という概念は*国際連合憲章'51 条で初めて用いられたが，その先駆というべきものは戦間期からみられる。国際連合加盟国は，集団的安全保障体制の下でも，安全保障理事会(⇨国際連合')が必要な措置をとるまでの間，「固有の権利」としてこの権利を行使できる。*ニカラグア事件'で*国際司法裁判所'は，被攻撃国からの要請が必要との判断を示した。この権利行使にあたってとられた措置は，安全保障理事会に報告されなければならず，また安全保障理事会の権能及び責任に影響を及ぼすものではない。*北大西洋条約機構'などの地域の安全保障体制は，冷戦下でも冷戦終結後でも，この権利を明文で条約化したものと解されている。
2 日本国憲法 9 条との関係　日本国憲法 9 条の下で，日本政府は，この権利について保有はするが行使は許されないとの解釈をとってきた。しかし近年，世界的規模で展開するアメリカの軍事行動と軌を一にして日米同盟の強化が図られ，そのような現実を基に，平成 26 年(2014)7 月の閣議決定で，従来の憲法解釈を変更し，9 条の下でも集団的自衛権の行使は認められるとした。この閣議決定を承ける形で，翌年 9 月，集団的自衛権行使を可能にする，いわゆる平和安全法制関連諸法が成立した。厳しい国際関係の状況が発生した際に一定の対応ができるようになるとの評価がある一方で，このような閣議決定による憲法解釈の変更は立憲主義の破壊との批判を呼んでいる。　⇨平和安全法制'

集団的労働関係　労働者の労務の提供に関する社会的な事実関係を労使関係といい，その法的形態としての労働者の労務の提供に関する法律関係は労働関係と呼ばれる。そして，このうちの，*労働組合'などの労働者団体と使用者との間に存在する関係が集団的労働関係である。*個別的労働関係'に対置する概念。団体的労働関係とも呼ぶ。集団的労働関係とそれに対応する社会的な事実関係を併せて労使関係ということもある。集団的労働関係は，労働者と使用者とは社会的・経済的立場が実質的に対等でないということを直視し，労働者の団体が労働者と使用者との実質的な平等を実現しようとすることに基因する法律関係である。したがって，労働者の団体に対して*団結権'が保障され，使用者との間で自主的に労働問題が処理されるように，国家の直接的介入は差し控えられるのが原則である。この分野に属する法の主なものは*労働組合法'，*労働関係調整法'である。

集団投資スキーム持分　⇨有価証券'
集団犯　⇨集団犯罪'
集団犯罪　**1 概念**　複数の者が集団となり一体となって犯す罪をいう。刑法上単独犯を前提として定められている罪(例えば殺人・放火・強盗)を集団的に行うときには，*共犯'の規定によって各人の罪責を論ずることになるが，初めから集団行動そのものを犯罪類型として捉えた罪(*内乱罪'・*騒乱罪'・*凶器準備集合罪'など)もある。これを集団犯・集合犯ということもある。
2 特徴　群衆心理に支配され被暗示性が強く，単独では及びもつかないような行為をたやすく敢行するなど，特に人数が多ければ多いほど破壊力を増す。しかし他面，人数が多くなればな

しゅうちし

るほど参加者個人の主体性が失われ，責任の意識が分散する。そして，刑事責任を問うについては，誰が具体的に投石・破壊などの行為をしたかということよりは，集団の破壊力を積極的に利用した者と，破壊力の道具として機能したにとどまる者とを区別することがむしろ重要である。この点は，共犯規定の適用により処理されるため主として*共同正犯*とされた者についての*情状*の判断の問題であるが，集団犯においては，首謀者・謀議参与者，指揮者，・率先助勢者・*付和随行*者等が区別され，主導的役割を果たした者に重く，従属的役割を演じた者は軽くというように，科刑上軽重が認められている〔刑77・106参照〕。

3 集団犯と共犯規定 集団犯は，それ自体において独立した犯罪類型であって，刑法総則の共犯の規定は適用されないことになる。もっとも，集団の外部にあって加担する者についても，共犯，とりわけ*教唆*・幇助(﹅﹅)(⇒*幇助犯*)，*共謀共同正犯*を認めるかどうか争いがある。

周知商標 ⇒*周知表示*

周知表示 特定人の業務に係る商品又は役務を表示するものとして需要者の間に広く認識されている表示。周知商標ともいう。国内における他人の周知商標と同一又は類似の商標で，当該他人の商品・役務と同一又は類似の商品・役務に使用するものについては，商標登録出願は拒絶される〔商標4①⑩〕。また，国内又は外国における他人の周知商標と同一又は類似の商標で，不正の目的をもって使用するものについても拒絶の対象となる〔商標4①⑲〕。誤ってこれらが登録された場合には無効理由となる〔商標46①①〕(⇒*無効審判*)ほか，*商標権*者の商標登録出願前からの日本国内における周知商標の使用者には*先使用権*が認められる〔商標32〕。このように*商標法*が周知表示の主体に対し，他人が同一又は類似の商標の登録を受けることがないなどといったいわば消極的な保護を与えているのに対し，*不正競争防止法*は周知表示の主体に，自己の周知表示と同一又は類似の商品等表示を他者が使用することを差し止めることができるなどといった積極的な保護を与えている〔不正競争2①①②③・3・4・21③①〕。

集中証拠調べ 民事訴訟において，審理の充実・促進を図るため，*証拠調べ*を集中・継続して行うこと。一般に，数人の*証人尋問*と当事者本人尋問を原則として1回の*期日*で行うことを指す。利点としては，重複尋問が避けられること，裁判官の*心証*が鮮明になること，関係者全員が共通の認識を形成することができ

るので*和解*が成立しやすいことなどが挙げられている。民事訴訟法182条は集中証拠調べの原則を規定するが，それを実現するには，十分な争点整理(⇒*争点及び証拠の整理*)と*訴訟代理人*の協力が必要であるといわれている。

集中審理 刑事訴訟において，*口頭弁論*主義の実効を上げ，かつ訴訟の促進を図るため，集中・充実した審理を行うこと。昭和30年代に第一審*公判*の充実・強化が提唱され，*交互尋問*に関する規則〔刑訴規199の2～199の14〕，事前準備に関する規則〔刑訴規178の2以下〕等の導入に支えられて，一般化した。集中審理方式では，*検察官*及び*弁護人*は，*公判期日*に先立って争点の整理，立証の準備などに努めることが求められ，また，公判期日では，*書証*の朗読ないし要旨の告知が励行されるに至った。しかし，口頭主義の徹底は必ずしも*証人*中心の審理を意味しなかったし，公判期日は，現在なお数日ないし数週の間隔をもって開かれるのが常態で，連日開廷〔刑訴281の6参照〕は例外にとどまっている。もっとも，*公判前整理手続*〔刑訴316の2以下〕による場合は，継続的，計画的かつ迅速な公判審理の遂行が図られている。

集中審理主義・併行審理主義 集中審理主義とは，*口頭弁論*・*期日*又は*公判期日*が複数回にわたる場合に，これを集中・継続して行う審理方式。継続審理主義ともいう。証拠調べにおける集中審理を*集中証拠調べ*と呼ぶ。これに対し，併行審理主義とは，同一の裁判官が複数の事件を同時併行的に審理するため，同一事件の複数期日の間に間隔が生じる審理方式をいう。民事訴訟では伝統的に併行審理主義がとられていたが，戦後集中審理主義が採用された〔旧民訴規27〕。実務の伝統は容易に変更されなかったが，現行民事訴訟法は集中証拠調べの原則を明定し〔民訴182〕，実務上もその方向が定着している。刑事訴訟については，*集中審理*をみよ。

自由投票 1 選挙において，棄権者に対し法的な制裁(罰金や公民権停止など)を加えない制度。*強制投票*に対する語。自由選挙，任意投票ともいう。
2 議会で*表決*を行う場合に，*政党*がその所属議員に対する党議による拘束を解いて，その議員の自由意思に基づいてさせる投票。

収得税 *課税物件*の種類・内容(担税力の指標)により租税を経済学上分類する場合における一分類で，人が収入(外部から流入した経済的価値)を得ているという事実に着目して

課される租税。*所得'(純所得)を対象として課される*所得税'と，収益(総所得)を対象として課される収益税とに分類される。

重度訪問介護　*障害者総合支援法'による*障害福祉サービス'の一種〔障害総合支援5①〕。重度の肢体不自由者又は重度の知的障害若しくは精神障害により行動上著しい困難を有する障害者であって，常時介護を要する者に対し，居宅又は入院先の病院等における介護，家事その他の生活全般にわたる援助，及び外出時における移動中の介護を総合的に供与すること〔障害総合支援5③，障害総合支援則1の3〜1の4の2〕。⇨介護給付費'

自由な証明　⇨厳格な証明・自由な証明'

収入印紙　*歳入'金の一定額を表章する証票で，その形式等は財務省の告示で定められている。国に納付する手数料・罰金・*科料'・*過料'・刑事追徴金・訴訟費用・*非訟事件'の費用及び*少年法'31条1項の規定により徴収する費用は印紙をもって納付することができるものとされており〔印紙をもつてする歳入金納付に関する法律(昭和23法142)1〕，租税の中にも原則として印紙で納付するもの(*印紙税')と印紙で納付できるものとがある(⇨印紙納付')。印紙をもって租税及び国の歳入金を納付するときは，原則として収入印紙によらなければならない〔印紙をもつてする歳入金納付に関する法律2〕。収入印紙は政府が発行し，郵便切手類販売所・印紙売りさばき所等において売り渡す〔印紙をもつてする歳入金納付に関する法律3①Ⅰ〕。印紙の模造は禁止され〔印紙等模造取締法(昭和22法189)〕，印紙犯罪については特別法がある〔印紙犯罪処罰法(明治42法39)〕。

自由任用　公務員の*任用'のうち，任用の要件に法的制約がなく，任命権者の自由に委ねられるものをいう。旧官吏制度には自由任用の官があったが，現行公務員法は，*一般職'の公務員の任用を能力の実証に基づくこととしており(*メリット・システム')〔国公33①，地公15〕，自由任用は*特別職'に属する政治的公務員等にみいだされるにすぎない。　⇨身分保障'

収納　国又は地方公共団体の会計における収入手続上の用語で，収入を命令する行為である徴収に対して，その執行として現金を受領する行為をいう〔会計7，予令31・32〕。その他，物件を現実に受領することを収納と呼ぶ例がある〔相税43〕。

従犯　⇨幇助(ほうじょ)犯'

修復的司法(正義)　**1 意義**　英 Restorative Justice の訳語。犯罪とは，犯人と被害者及び社会との間に生じた紛争であり，刑事司法の目的は，その紛争を除去して，法的平和を回復することにあるとする考え方。応報的司法(英 Retributive Justice)(⇨応報刑主義')の対抗軸として1990年代に登場し有力化した考え方である。刑事司法を専ら国家と犯人との関係の問題として捉えるのではなく，被害者を紛争の一方の当事者と捉えて刑事司法の中で重要な役割を担う存在として位置付け，また，刑罰を紛争解決の一手段として捉えるところに特徴がある。具体的な実践形態には種々のものがあるが，ヨーロッパ諸国やアメリカ等で行われている「犯罪者・被害者和解プログラム」がその一例である。これは，刑事手続の中で加害者と被害者が対面する場を設け，加害者が合意の内容を履行したときには，*起訴猶予'，裁判手続の打ち切り，刑の減免等の効果が伴うというものである。このほか，家族や友人も加わる「集団会議」の形態や，コミュニティのメンバーが参加する形態もある。

2 日本における展開　正規の制度としての和解プログラムは存在していない。平成16年から平成18年まで，警察のモデル・パイロット事業として，非行少年，保護者，被害者の間の対話の機会を提供する「少年対話会」が実施されたほか，いくつかの弁護士会やNPOが被害者と加害者の対話を仲介するプログラムを実施しているが，これらは，公的な事件処理と直接に結び付くようなものではない。もっとも，修復的司法をより広く，被害の修復を刑事司法の目的とするものとして捉え，加害者と被害者の対話をその必須の要素としない考え方もあり，これによれば，日本で行われている一連の被害者保護のための制度も，修復的司法の表れということができよう。

3 評価　修復的司法については，それが被害者と加害者の双方にとって利点があることは確かであるが，既存の刑罰の目的を捨象して，あらゆる犯罪を加害者と被害者の意向のみで処理するのは妥当でないとの批判もある。その限界を踏まえた上で，それを既存の制度の中でどのように取り入れていくのかが，今後の課題となろう。

重複保険　⇨ちょうふくほけん'

従物　⇨主物・従物'

周辺事態法　⇨重要影響事態法'

自由貿易協定　〔英 Free Trade Agreement；略称 FTA〕　地域的経済統合の一形態で，統合に参加する構成国間の貿易を自由化することによって域内単一市場を形成する自由貿易地域を

じゅうほう

創設するための協定を意味する。二国間のものが多いが、三国以上で締結される場合もある。近年は貿易自由化以外に投資自由化・投資保護、政府調達、人の移動、競争政策、知的財産権など広範囲の事項を盛り込む自由貿易協定が増えている。日本は自国が締結するこの種の協定を経済連携協定(EPA)と呼んでいる。自由貿易協定は締約国間の貿易自由化を進める(貿易創出効果)一方で、相対的に域外諸国との貿易を差別的に取り扱い、従来の域外国との貿易を域内国との貿易に転換させ、効率的な資源配分を損なう可能性がある(貿易転換効果)。*ガット(GATT)*及び*世界貿易機関は、貿易創出効果を最大化し、貿易転換効果を最小限に抑える自由貿易協定を最恵国待遇原則(⇨最恵国待遇・内国民待遇*)の例外として許容している。世界貿易機関の多角的貿易交渉に比べると短期間で交渉を妥結させることができ、カバーする対象も広範囲かつ柔軟に設定できることから、近年自由貿易協定は急増している。日本も2002年にシンガポールとの間で最初の経済連携協定を締結し、その後*東南アジア諸国連合(ASEAN)の構成国やメキシコ、チリ、ペルーなどとも経済連携協定を締結した。多数の国が参加する自由貿易協定である「環太平洋パートナーシップに関する包括的及び先進的な協定」(CPTPP)、「地域的な包括的経済連携(RCEP)協定」の当事国にもなっている。

自由法論 フランスのジェニー(François Gény, 1861~1959)、ドイツのカントロヴィッツ(Hermann Ulrich Kantorowicz, 1877~1940)らの主唱した*法思想。自由法運動ともいう。*制定法*万能主義や*概念法学*の前提をなす法の無欠缺(けんけつ)性の想定を批判して、非制定法的*法源*の存在を主張し、「自由な法発見」と裁判官の裁量権の拡大を主張した。*エールリッヒ*の*生ける法*を探究する*法社会学*の主張とも結び付いたが、「感情法学」という批判の対象ともなった。

秋北バス事件 *就業規則*の変更によって主任以上の地位にある従業員について55歳*定年制*(定年解雇制)が新設され、変更時に既に55歳に達していたとして*解雇*通知を受けた労働者が、就業規則の変更の無効及び雇用関係存在の確認を求めた事件。本事件は*仮処分*事件も含め計8回裁判所の判断を受けたが、最高裁判所は、イ 就業規則の法的性格、ロ 就業規則の不利益変更の効力について、先例として重要な判断を示した(最大判昭和43・12・25民集22・13・3459)。本判決は、イについて、就業規則の法的規範性を肯定したが、それが法規としてのものか、*約款*としてのものかについては学説による理解に対立がある。ロについて、就業規則の作成・変更により、既得の権利を奪い、労働者に不利益な*労働条件*を一方的に課するを原則として許されないとしつつも、就業規則が有する労働条件の統一的・画一的決定機能を重視して、変更後の規定が合理的であれば、それに同意しない労働者にも有効に適用されるとの独自の法理を示した。本事件で、55歳定年制の新設の合理性を認め、解雇を有効とした。その後の判例は、イについての学説上の対立を解消する明確な判断を示していないが、ロについてはこの判決の考え方に従いつつ合理性判断の基準を明確化してきた(最判昭和63・2・16民集42・2・60〈大曲市農協事件〉、最判平成9・2・28民集51・2・705〈第四銀行事件〉、最判平成12・9・7民集54・7・2075〈みちのく銀行事件〉等)。一連の最高裁判決の下で示された不利益変更の合意原則と合理性判断の基準とが、後の*労働契約法*に明文化された〔労契9・10〕。

住 民 **1 概念** 市町村の区域内に*住所、すなわち生活の本拠をもつ者を市町村の住民といい、同時に、その市町村を包括する都道府県の住民という〔自治10①〕。人種・国籍・性・年齢のいかん、*行為能力*の有無等を問わない。また、*自然人*であると*法人*であるとを問題としない。なお、昭和42年から住民の地位に関する記録を正確かつ統一的に行うため住民基本台帳の制度がとられている〔自治13の2、住民台帳〕。

2 住民の権利義務 一般に住民は、法律の定めるところにより、その属する*地方公共団体*の役務の提供をひとしく受ける権利をもち、その負担を分任する義務を負う〔自治10②。なお、自治223~229・244②③参照〕。

3 住民の参加権 *地方自治*を保障する現行憲法の下において、*住民自治*の原則を徹底させるため、*地方自治法*は、広く住民に地方政治に参加する道を開いている。すなわち、*外国人*、法人を除く、日本国民である住民であって一定の要件を備える者に対しては、地方公共団体の長・議会の議員を直接選挙するなど選挙に参与する権利〔憲93②、自治11〕のほか、条例の制定改廃及び事務監査の請求権〔自治12〕、議会の解散請求権及び議員・長等の解職請求権〔自治13〕など*直接請求*の権利〔自治74~88〕、*地方自治特別法*についての*住民投票*の権利〔憲95、自治261・262〕などが認められている。更に、*選挙権*の有無、自然人・法人を問わず、地方

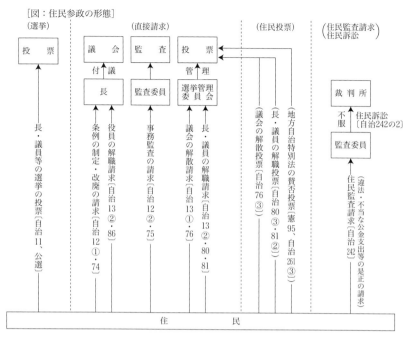

[図：住民参政の形態]

公共団体の住民には、*住民監査請求・*住民訴訟〔自治242・242の2〕の権利が認められる（以上につき、図を参照）。なお、*広域連合'にあっても住民に直接請求〔自治291の6〕等の権利が認められており、規約に定めがあれば議会の議員及び長の選挙権〔自治291の5〕ももうる。

住民監査請求　*地方公共団体'の*執行機関'又は職員による財務会計上の違法・不当な行為又は不作為によって地方公共団体、ひいては納税者としての*住民'が損失を被ることを防止し、あるいは是正するために、そのような違法・不当な行為の防止・是正・損害填補措置を請求する権利を直接住民に付与したもの。*直接請求'としての*事務の監査請求'とは異なり、住民は単独で請求することができるが、対象は財務会計上の違法・不当な行為に限られる。その際これら違法・不当な行為を証する書面を添え、*監査委員'に対し監査を求め、防止・是正措置を講ずることを請求する。監査委員は監査を行い、請求に理由があると認めるときは、当該地方公共団体の議会・長その他の執行機関又は職員に対して必要な措置を講ずることを合議により勧告し、勧告内容を公表する。勧告を受けた議会・長等は必要な措置を講じなければならない。議会は、請求に係る賠償請求権等を放棄する議決をする場合には、あらかじめ監査委員の意見を聴かなければならない。監査の結果若しくは勧告、議会・長等の措置に不服がある場合には、更に*住民訴訟'を提起することができる〔自治242・242の2〕。なお、住民の直接参政形態については、「住民」に掲げた[図：住民参政の形態]を参照せよ。

住民基本台帳法　昭和42年法律81号。
1 概要　住民登録法〔昭和26法218〕に代わって制定された*住民'に関する記録の統一的な管理を目的とする法律。住民の居住関係の公証、選挙人名簿の登録その他の住民に関する事務の処理の基礎とするとともに、住民の住所に関する届出等の簡素化と行政の合理化を図る目的で制定されている〔住民台帳1〕。平成21年に外国人住民も住民基本台帳法の適用対象に加える法改正がなされた（法77）。
2 内容　住民基本台帳は市町村（特別区を含む）に備えられ、個人又は所帯を単位とした住民票から成る。実際にはほとんどが磁気ディスクで

じゅうみん

管理されている〔住民台帳5・6〕。住民票には、住民からの届出又は職権によって、住民の氏名、出生の年月日、男女の別、世帯主に関する事項、本籍、住所等、個人番号、選挙人名簿への登録、国民健康保険・後期高齢者医療・介護保険・国民年金の被保険者資格事項、児童手当受給資格事項、住民票コード等が記載される〔住民台帳7・8〕。住民には住居等の変更をしたときに届出義務がある〔住民台帳21の4〜30〕。かつて住民基本台帳の自由な閲覧が許されていたが、プライバシー保護の観点から大幅な改正が加えられた〔昭和60法76、平成18法74〕。国又は地方公共団体以外の法人や個人は、公益性が高いと認められる活動を行うためでなければ台帳の閲覧はできない。また、平成19年に、住民票の写しの交付の請求事由も厳格化された〔住民台帳11・11の2・12〕。平成11年に、本人確認の基礎情報として活用する大改正が行われた（法133）。全ての住民に住民票コードを付し、これを全国的に活用する住民基本台帳ネットワークシステムであり、平成14年8月に稼働を始めた。'マイナンバー法'が定める個人番号は、上記住民票コードを変換して作成される〔番号2⑤〕。

自由民権運動　*'天賦人権説'・社会契約説（⇨契約説）・代議政体論など欧米の民主主義思想の影響下に、藩閥政治に抗して議会開設・民権伸長などを要求した明治前半期の政治運動。明治7年（1874）、民撰(㊟)議院設立建白書の提出に端を発し、西南戦争（1877）後には、運動主体はそれまでの不平士族から各地の豪農層や都市知識人層に広がり、民権派有志による学習会からは多くの私擬憲法案が作られた。'立憲主義'的議会政治に基づく近代的国民国家の建設を、政府と競合しつつ民権派の主導で推進しようとする動きが全国的に高揚した明治14年には、政府は集会条例（明治13太告12）などで弾圧する一方、国会開設を約束せざるをえなかった。運動の沈静化を図る政府の措置を機に、自由党・立憲改進党が結成され、以後、運動としては漸次衰退に向かった。

住民自治　地方における政治・行政を、国家の機関の手によってではなく、その地方の*'住民'又はその代表者の手によって自主的に処理するものとすること。地方政治・行政を地方住民の直接又は間接の意思によらしめるものであり、地方政治における民主主義原理の現れとみることができ、*'地方自治'のことを、「草の根民主主義」あるいは「民主主義の学校」と呼ぶこともある。*'団体自治'とともに地方自治の要素とされる。主としてイギリスにおいて発達し

た観念とされ、団体自治が法律的意味における自治と呼ばれるのに対して、政治的意味における自治と呼ばれることがある。現行憲法は、この意味での自治を*'地方自治の本旨'の一環として保障している〔憲92・93〕が、この趣旨を実現するため、更に*'地方自治法'等では*'直接請求'・*'住民監査請求'等の*'直接民主制'の手段も保障されている〔自治74〜88・242・242の2等〕。

衆民政　⇨民主制'

住民税　*'地方税'の一種で、*'地方公共団体'が、そこに住所をもつ個人、事務所又は事業所をもつ法人、その他一定の関係のある個人及び法人に対して課する租税である。*'道府県民税'及び*'市町村民税'に分かれる。東京都及び*'特別区'も、それぞれ都民税及び特別区民税を課する。住民税には'均等割'といって、均等の額で課される住民税と、'所得割'又は法人税割といって、個人の所得金額又は法人税額を基準として課される住民税とがある。加えて、個人の道府県税には、利子割、配当割、株式等譲渡所得割がある〔地税23〜71の67・292〜340〕。

住民訴訟　1 意義　*'住民'が、自己の法律上の利益と関わりなく、地方公共団体の執行機関及び職員の違法な財務会計上の行為及び不作為の是正を求めて争う訴訟〔自治242の2・242の3〕。アメリカにおける先例（納税者訴訟(taxpayers' suit)・市民訴訟(citizens' suit)）に倣って戦後採用された*'納税者訴訟'が、昭和38年の*'地方自治法'改正（法99）により整備の上、詳細に規定されたもので、新たに住民訴訟という名称を与えられた。平成14年には、後述する4号請求を中心に、*'住民監査請求'制度〔自治242〕とともに、大幅な改正がなされた（法4）。地方公共団体における違法な公金支出や財産管理（違法な財務会計上の行為）又は公金の徴収や財産管理を怠る事実は究極的には納税者である住民の負担となる。住民訴訟はこれを裁判によって是正する趣旨で設けられている。この訴訟は、自己の法律上の利益とは無関係に提起できるので、*'民衆訴訟'〔行訴5〕であり、同時に*'客観訴訟'〔行訴42〕の一種である。主観訴訟に属する*'抗告訴訟'については判例が従来は比較的厳しく*'原告適格'や処分性を判断していること、他方で公行政には公金支出や財産管理を伴うことが通常であることから、住民訴訟が違法な公行政を統制するための手段として利用される。

2 請求の手続　住民は違法又は不当な財務会計上の行為があると認めるときは、まず当該行為から1年以内に住民監査請求をすることができ

しゅうよう

る〔自治242〕(住民監査請求前置主義)。その結果又は勧告,あるいは勧告後にとられた措置に不服がある場合には,違法な行為・怠る事実に限り,監査結果の通知の日から30日以内に,訴えをもって種々の請求をすることができる(60日以内に監査又は勧告がなされない場合,及び勧告を受けても措置が講じられない場合も同様)〔自治242の2〕。

3 請求の内容 イ 違法な財務会計上の行為をしている機関又は職員に対する当該行為の差止請求(1号請求)。この請求は,当該行為を差し止めることによって人の生命又は身体に対する重大な危害の発生の防止その他公共の福祉を著しく阻害するおそれがあるときは,することができない〔自治242の2⑥〕。ロ 行政処分の取消請求又は無効確認請求(2号請求)。ハ 執行機関又は職員に対する当該怠る事実の違法確認請求(3号請求)。ニ 違法行為をした職員又は違法行為若しくは怠る事実の相手方に損害賠償請求・不当利得返還請求をすることを,*普通地方公共団体'の執行機関又は職員に対して求める請求(4号請求)。4号請求では,訴訟が確定してから,*地方公共団体の長'が原因者に損害賠償等の請求を行い,それが履行されないには,地方公共団体自身が原告となって損害賠償等の請求を改めて裁判で行わなければならない。原因者が長自身であるときは,代表*監査委員'が当該地方公共団体を代表して出訴する〔自治242の3〕。

住民投票 *地方公共団体'における*直接民主制'の一方式として設けられる制度。*代表民主制'の欠陥を補い,*住民自治'の趣旨を徹底するため,又は特別地域の住民に利害関係の深い問題について当該地域の住民の意思を反映させるため,一般の地方公共団体の長,議会の議員等の選挙のほかにも,投票の形で一定の重要事項を決定するものである。アメリカにおけるレファレンダム(*国民投票')に倣ったもの。憲法及び法律が認める住民投票には,法的効力がある。現行法上は次の5つがある。イ *直接請求'に伴う*地方自治法'上の住民投票〔自治76〜88・291の6〕。ロ *地方自治特別法'の賛否投票〔憲95,自治261・262〕。ハ 市町村合併に伴う合併協議会設置に関する住民投票〔市町村合併特4⑩①・5⑪⑮㉑〕。ニ 大都市地域における特別区設置に係る住民投票〔大都市地域における特別区の設置に関する法律7〕。以上の住民投票については,原則として,*公職選挙法'中の*普通地方公共団体'の選挙に関する規定が準用される。ホ 地方公共団体が住民投票条例等を制定して行う特定施策についての賛否の投票。近時,各地の地方公共団体で実施例がみられる(沖縄県,新潟県巻町,岐阜県御嵩町,沖縄県名護市など)。2000年以降は市町村合併の是非を問うケースが多い。これら住民投票条例による投票の結果は,法的効力をもたない場合が多く,住民世論の傾向を把握するための手段という側面がある。外国人や未成年者への投票権付与について賛否が分かれる。 ⇨住民'

収用 Ⅰ 行政法上の*公用収用'については,その項をみよ。

Ⅱ **1 国際法上の意義** 国家が私人の財産権を強制的に奪う行為。社会的,経済的な変革過程の一環として,一定のカテゴリーの私有財産を強制的に国家ないし国家機関に移転させる場合を特に国有化と呼ぶことがある。奪取された財産権は国家に帰属するのが通例だが,他の第三者に移転される場合もある。収用の対象となる財産権は,所有権だけでなく,財産に対する経営・管理権一般を意味するので,課税措置や外資規制などの政策変更により実質的に財産の経営・管理権を奪う場合(忍び寄る収用ないし間接収用と呼ばれる)も収用とみなされる。

2 要件 国際法上,外国人の財産の収用に際していかなる要件の充足が求められるかが争われてきた。先進国は,収用が公益のために行われるものであること(公益の原則),対象とされる外国人間,あるいは外国人と当該国国民との間で差別を設けないこと(無差別の原則),十分,迅速かつ実効的な補償を外国人に支払うこと(補償の原則)を,国際法上の合法性の要件として主張する。これに対して社会主義国や開発途上国は,特に補償に関して,国有化を行う国が国内法に基づいて適当な補償を支払えばよいと主張して対立した。国際法上の補償要件については1960年代以降,国連総会決議の積み重ねによって緩和が図られたが,特に1980年代以降急増した二国間の*投資保護協定'では,先進国の主張に沿った十分,迅速かつ実効的な補償の支払が規定される場合が多い。 ⇨国家の経済的権利義務憲章' ⇨天然資源に対する永久的主権'

収容 身体の拘束を命じる刑事手続上の裁判の執行として,人を*刑事施設'に拘禁すること〔刑事収容3参照〕。*保釈'の取消し・*勾留'執行停止の期間満了など*被告人'・*被疑者'について行う場合〔刑訴98〕や,死刑や*自由刑'の言渡しを受けた者について行う場合〔刑訴484〜489の2〕等がある。刑の言渡しを受けた者については,執行のために呼び出す〔刑訴484〕か,

じゅうよう

*収容状'を発してこれを行う。収容と同時に勾留や*刑の執行'が開始され，その期間が進行する。

重要影響事態 ⇨重要影響事態法' ⇨平和安全法制'

重要影響事態法 正式名称は「重要影響事態に際して我が国の平和及び安全を確保するための措置に関する法律」(平成11法60)で，従来の周辺事態法(正式には「周辺事態に際して我が国の平和及び安全を確保するための措置に関する法律」)を改正，改称したもの。前身の周辺事態法は，平成9年(1997)の「日米防衛協力のための指針」(ガイドライン)を具体化するために成立をみたガイドライン関連3法の1つ(他の2つは自衛隊法の一部改正，日米物品役務相互提供協定(ACSA)の一部改正)で，翌年に成立した「周辺事態に際して実施する船舶検査活動に関する法律」(平成12法145)を加えてガイドライン見直しに伴う法整備が完了したとされる。周辺事態法からの改正，改称は，平成27年(2015)9月に，*集団的自衛権'行使を可能にする，いわゆる平和安全法制整備法(⇨平和安全法制')が成立したときに，同時にその一部として行われた。この改正，改称は単なる字句の変更にとどまらない。「重要影響事態」とは，「そのまま放置すれば我が国に対する直接の武力攻撃に至るおそれのある事態等我が国の平和及び安全に重要な影響を与える事態」をいい，「周辺事態」から「重要影響事態」への変更により，周辺事態法の立法過程において論議を呼んだ，「周辺」事態は地理的に限定されるか否かという問題は解消されることになった。更に，周辺事態に対応するための措置として挙げられていた「後方地域支援活動」は，合衆国軍隊向けに限定されていたのに対し，改正後は「後方支援活動」として地域的限定を外され，その対象は「合衆国の軍隊及びその他の国際連合憲章の目的の達成に寄与する活動を行う外国の軍隊その他これに類する組織」〔重要影響事態3①⑫②〕に拡大されるなど，自衛隊の活動する地域及び活動対象は大幅に拡大されることになった。

収容継続 20歳に達すると*少年院'在院者は退院させる原則の例外として，20歳を過ぎても収容を継続する措置のこと。少年院長の権限で少年院送致後1年を経過していない場合は1年に至るまで収容を継続できる。また，少年院長の申請を受けた*家庭裁判所'の決定で，心身に著しい障害があり，又は犯罪的傾向が未矯正で収容継続が相当な場合は23歳まで，精神に著しい障害があり矯正教育の継続的実施が特に必要で収容継続が相当な場合は26歳まで，収容が継続されるが，決定に際しては専門家及び少年院職員の意見を聴取する必要がある〔少院137～139〕。

収用裁決 *土地収用法'上，*事業認定'の後，*起業者'の申請に基づいて収用委員会による所定の裁決手続が進められることになるが，この手続を終結させる同委員会の裁決には，裁決申請を認容する収用裁決と，申請を却下する却下裁決とがある。現行法上，収用裁決には，権利取得裁決と明渡裁決とがあり，前者は，収用する土地の区域，土地(又は土地に関する所有権以外の権利)に対する*損失補償'の額，権利取得の時期等を内容とし，後者は，その他の項目に係る損失補償の額，土地の明渡しの期限等を内容とする。収用裁決によって起業者は，それぞれの裁決に定める補償金の支払等を権利取得の時期又は明渡しの期限までにしなければならず，これがない場合，当該裁決は失効する〔収用100〕。なお，平成13年の改正(法103)により，補償金を持参して支払うほか，書留郵便等に付して発送した場合にも，期限までに払い渡されたものとみなす特例が置かれた〔収用100の2〕。収用裁決による損失補償の額に不服の当事者は，他方の当事者を相手として訴訟を提起することができ，この場合は，収用委員会を抜きにして*当事者訴訟'(「形式的当事者訴訟」という)として行われる。これに対して，損失補償以外の点を理由とする裁決自体の取消しを求める場合には，収用委員会の所属する都道府県を被告として*取消訴訟'を提起することができる。

収容状 *死刑'又は*自由刑'の言渡しを受けた者，まだ*拘禁'されていない者が，執行のための呼出しに応ぜず，又は逃亡し若しくは逃亡のおそれがあるときに，*検察官'が発する*収容'のための命令状〔刑訴484～487〕。*勾引'状と同じ効力をもつ〔刑訴488〕。拘禁の根拠は裁判所の*確定判決'にあるから，憲法33条にいう令状ではない。このほか，監置の裁判〔法廷秩序7〕の執行のために収容状が発せられることがある。

収用損失 ⇨事業損失'

縦覧 一般に自由にみることのできる行政上の書類を私人がみること，ないしそのような制度。行政機関が「縦覧に供する」と法文上は表現される。直接請求に係る署名簿の縦覧〔自治74の2②〕，固定資産課税台帳の縦覧〔地税416〕，都市計画案の縦覧〔都計17〕などがあり，不服申立てや意見書の提出の機会を提供することにより，その内容の公正さの担保や情報収集

ないし参加の機能を果たすことを目的としている。'情報公開制度'とも関連する面がある。

重利 ⇨'複利'

従量税・従価税 '租税'の分類の一種で、'課税物件'の数量を'課税標準'として課される租税を従量税といい、課税物件の価額を課税標準として課される租税を従価税という。例えば、所得税は、所得金額を課税標準とするから従価税であり、とん税は、外国貿易船の純トン数を基準とするから、典型的な従量税である。

終了未遂 ⇨'実行未遂'

就労移行支援 '障害者総合支援法'による'障害福祉サービス'の一種〔障害総合支援5①〕。就労を希望する障害者(原則として65歳未満の者)で通常の事業所に雇用されることが可能と見込まれる者、及び、通常の事業所に雇用されている障害者で一時的に支援を必要とする者に対し、一定期間にわたる生産活動等の機会の提供を通じて、就労に必要な知識及び能力の向上のために必要な訓練その他の支援を供与すること〔障害総合支援5⑭、障害総合支援則〕。 ⇨'訓練等給付費'

就労継続支援 '障害者総合支援法'による'障害福祉サービス'の一種〔障害総合支援5①〕。通常の事業所に雇用されることが困難な障害者及び通常の事業所に雇用されている障害者で一時的に支援を必要とする者に対し、就労の機会を提供するとともに、生産活動等の機会の提供を通じて、就労に必要な知識及び能力の向上のために必要な訓練その他の支援を供与すること〔障害総合支援5⑮〕。雇用契約に基づくA型(雇用型)と、雇用契約を締結しないB型(非雇用型)がある〔障害総合支援則〕。 ⇨'訓練等給付費'

就労自立給付金 生活保護から抜け出ても生活が安定せず、再び被保護者になることを防止するため、保護受給中の就労収入のうち、収入認定された金額の範囲内で、一定額を仮想的に積み立て、保護脱却時にそれを就労自立給付金として支給する〔生活保護55の4〕。安定した職業に就いたことにより、保護を必要としなくなったと認められることを、生活保護廃止直前に受給者から申請があり、生活保護を廃止することを要件に、単身世帯で10万円、多人数世帯で15万円を上限に支給される。

就労請求権 '労働者'が'使用者'に対して'労働契約'に基づき現実に就労させることを請求しうる権利。労働者が'解雇'の効力を争う場合、賃金支払請求のほかに就労請求まで認められるかという形で争われてきた。学説は肯定説・否定説及び特別の合意があるか業務の性質上不就労による技能の低下などの合理的な特段の理由があれば認められるとの折衷説、労働者のキャリア形成上の意義を尊重すべきとの説などに分かれる。リーディングケースである読売新聞社事件判決(東京高決昭和33・8・2労民9・5・831)以降の裁判例の大勢は、判断枠組みとしては折衷説に分類できる立場をとっており、具体的事案との関係で就労請求権を認めることは多くない。

収賄罪 1 意義 '公務員'がその'職務'に関して'賄賂'を収受、又は要求・約束する罪で、国家的法益に対する罪の1つ。刑法197条1項前段が基本類型で(狭義の収賄罪)、その加重類型、周辺類型が、197条~197条の4に規定されており、これらを含めたものが広義の収賄罪である。198条の'贈賄'罪と対をなす。また197条の5は、収賄罪に関する'没収'・'追徴'に関する特別規定である。

2 可罰類型 単純収賄罪〔刑197①前〕のほか、周辺類型として、事前収賄罪〔刑197②〕、事後収賄罪〔刑197の3③〕、'第三者供賄'罪〔刑197の2〕、'あっせん収賄'罪〔刑197の4〕(以上、5年以下の拘禁刑)があり、処罰範囲を明確にするため周辺類型は'請託'のあることが成立要件になっている。また、加重類型として、受託収賄罪(7年以下の拘禁刑)〔刑197①後〕、'加重収賄'罪(1年以上の有期拘禁刑)〔刑197の3①②〕がある。ほかに、特別法で、公務員とみなされて収賄罪が適用されるものも多く〔日銀30等〕、公務員以外の者の収賄を罰するもの〔会社967①・968①、破273、経済関係罰則ノ整備ニ関スル法律(昭和19法4)等〕もある。また、周辺類型として、議員、議員秘書によるあっせん行為が処罰されている〔あっせん利得1・2〕。

3 処罰根拠 公務員の職務の不可買収性を重視する考え方、公務員の職務の公正を重視する考え方も存在するが、今日では、「公務員の職務の公正とこれに対する社会一般の信頼」(最大判平成7・2・22刑集49・2・1<ロッキード事件丸紅ルート>)を重視する信頼保護を強調する考え方が一般的である。

4 賄賂の対価性・関連性 賄賂の目的物には人の需要・欲望を満たすに足りる一切の利益が含まれるが、賄賂となるためには、その利益の提供に職務との対価性が認められ、また、自身が具体的に担当している事務である必要はないが、その一般的職務権限に属する職務と関連性のあるものでなければならない。イ 職務との対価性：賄賂は過去の職務行為に対する報酬の趣旨であると、将来の職務行為に対する報酬の趣旨

じゆえきけ

であるとを問わない。上司や友人に対する餞別（せんべつ）は職務に関係するが対価性がなく、また中元、歳暮等の社交儀礼の範囲内のものであれば対価性がないが、そうした形式をとっていても職務に関し授受されたと認められる場合には、対価性があるものとして賄賂となる。ロ 職務との関連性：法令（主として作用法）を根拠として行われる職務と関連性をもつことであるが、判例は、「職務に密接な関係を有する行為」（最決昭和31・7・12刑集10・7・1058）についても職務関連性を認めており、比較的緩やかに関連性を認める傾向にある。

受益権 Ⅰ 国民が国家に対して、行為を要求し、その設備を利用し、給付を要求する権利。*基本的人権*の1つ。これには*裁判を受ける権利*〔憲32〕のような形式的*公権*と国家賠償請求権〔憲17〕のような実体的公権とがある。伝統的には受益権は*国務請求権*を指す。*社会権*もまた、国家に給付を要求する点で、受益権に属するともいえるが、国務請求権とは思想的背景が異なるので、通常は別個に扱う。受益権は、*自由権*と異なり、原則として憲法の規定を具体化する法律の規定をまって、初めて国民に具体的請求権が生じるものとされている。

Ⅱ *信託行為*に基づいて*信託*の利益を享受する地位ないし受益者の権利。親が一定の財産を受託者に信託し、受託者がその*信託財産*の運用から上がった利益を、障害をもつ子の生活費として給付する内容の信託の場合には、子が有する権利がこれに当たる。同一の信託において複数の種類の受益権を設けることもでき、例えば収益受益権と元本受益権を分けることもできる。受益者には各種の保護が図られており、特に受託者によって信託財産がその権限の範囲を超えて処分された場合に、これを取り消すことができる〔信託27〕。

受益者 利益を受ける者。*不当利得*の受益者は不当利得返還義務を負い〔民703・704〕、詐害行為取消しを前提として利益を受けた者を受益者と呼ぶ〔民424〕（⇒詐害行為取消権*）。*第三者のためにする契約*においては、その者に対して契約の当事者が給付することを約束した第三者を受益者という〔民537〕。*信託法*においては、受益権を有する者を受益者という〔信託2⑥〕。そのほか、行政法上で公の事業の施行によって特別の利益を受ける者（⇒受益者負担*）などがある。

受益者負担 人的公用負担の一種。特定の*公共事業*に必要な経費にあてるため、その事業により特別の利益を受ける者に、その利益を受ける限度において負担させるもの。金銭給付義務を通例とし、これを受益者負担金という。都市計画事業又は道路に関する工事により著しく利益を受ける者に対し、その利益を受ける限度において、その費用の一部を負担させる〔都計75〕のがその例であり、下水道事業で用いられているが、それ以外にはあまり活用されていないといわれる〔他の立法例として、道61、海岸33、ダム9、地すべり等防止法（昭和33法30）36、住改26、河70、急傾斜地災害23、津波防災45がある〕。なお、給水契約の供給条件の一部としての水道加入金や宅地開発指導要綱に基づく開発負担金等も、経済的には類似の性質をもつが、公用負担としての受益者負担とは区別される。地方公共団体の課する分担金〔自治224〕は、通常、受益者負担の性質をもつ。⇒負担金* ⇒分担金*

主観主義・客観主義 1 定義 刑法理論史上、何が*犯罪*であるかについて、その主観面、すなわち、行為者の意思・性格などを重視する立場を主観主義、その客観面、すなわち、行為・結果などを重視する立場を客観主義と呼ぶ。

2 対立の根底 主観主義と客観主義とは、刑法理論の根本的な問題である刑罰と犯罪の本質の理解に関連する。客観主義は、刑罰の本質を応報（⇒応報刑主義*）に求める*旧派*のとるところであり、主観主義は、刑罰の本質を教育改善（⇒教育刑主義*）とみる*新派*のとるところであるとされてきた。

3 犯罪論における対立 客観主義は、犯罪の実害の面を重視することから、*構成要件*の定型性を強調し、客観的違法論（⇒主観的違法・客観的違法*）に赴きやすく、*共犯*論では従属性説に結び付くのに対し、主観主義は、犯人の意思や性格を重視し、客観的行為は犯人の悪性の微表にすぎないとするから、構成要件の定型性を軽くみる傾向にあり、共犯論では独立性説に連なるとされていた。また、*実行の着手*の時期については、客観説は*法益*侵害開始時期を考えるのに対し、主観説は犯意の飛躍的な表動の時期を考えるため、主観説の方が、*未遂*の時期は早められる。なお、未遂の処罰についても、客観説では*既遂*より軽くするのが当然とされるが、主観説では既遂と区別する理由がないということになる。

4 対立の意味 現在、少なくとも、犯罪論上の客観主義・主観主義の対立は、客観主義を前提に総合されし、止揚されているといってよい。そもそも、行為者のない行為は存在することがなく、逆に、行為がなければ、行為者だけでは犯罪と

ならないのである。
主管争議 ⇨'機関争議' ⇨'権限疑義の裁定' ⇨'権限争議'
主観訴訟 ⇨'客観訴訟'
主観的違法・客観的違法 刑法上の*違法性*の理解に関する基本概念。違法とは命令規範としての法規範の違反であると解し，命令の意義を理解しそれに従う能力のある者が命令を認識し又は認識できる状況の下でこれに違反した場合だけを違法とする立場が主観的違法論である。これに対して，法規範には何が許されないかを評価する評価規範としての機能と行為者に一定の行為を命じる決定規範としての機能との2つがあり(ドイツのメッツガー(Edmund Mezger, 1884〜1962)が確立した見解)，この2つの区別を前提として違法とは評価規範たる法規範の違反であると解し，評価規範たる法規範に反する事態が生ずれば違法であるとする立場が客観的違法論である。主観的違法論では違法と*責任*の区別が困難になるため支持がなく，客観的違法論が日本の通説の基礎となっている。客観的違法論の立場でも，違法の判断に際して主観的なものを考慮することは別の問題であるから一般に排斥されてはいない。責任無能力者に襲われた者がこれを違法な攻撃として*正当防衛*が可能か(主観的違法論では*緊急避難*しかできない)等の点で差が生じる。

主観的違法要素 1意義 行為者の主観的な要素でありながら，違法性の存否，強弱に影響を与える要素で，*目的犯*における目的，*傾向犯*における主観的傾向，*表現犯*における心理的状態等がその例による。*未遂犯*における*故意*，更に故意・*過失*一般を主観的違法要素とする見解もある。*通貨偽造罪*〔刑148〕の「行使の目的」を例にとるなら，実験目的での通貨の加工は適法だが，偽造通貨行使の目的で加工するなら違法になる。「行使」という目的は，「偽造」という客観的な*構成要件*該当事実の認識たる故意を超えた主観的部分であることから，目的犯の「目的」は主観的「超過」要素とも呼ばれる(未遂犯における故意も同様であるという見解もある)。
2 違法論との関係 主観的違法論からは，*責任*を前提としない違法は存せず，主観的要素は当然に違法要素ともなるが，客観的違法論の立場では，違法は客観的要素から成り，主観的要素は主として責任の問題とされることから，主観的違法要素を認めないかが問題となる。客観的違法論では違法を法規範の評価機能の問題とするが，評価自体が客観的に行われるなら評価の対象に主観的なものが含まれてもよいとして，主観的違法要素を認める見解が多い。違法性をできるだけ客観的に把握しようとする結果無価値論(⇨違法性)の立場からは，主観的違法要素の存在を全否定する見解も主張されるが，*法益*侵害の危険性に影響を与える主観的要素については，これを主観的違法要素とする見解が有力である。
⇨主観的違法・客観的違法'

主観的違法論 刑法上，*違法性*に関する理論の1つ。この立場は責任(能力)，違法の順に判断する。 ⇨主観的違法・客観的違法'

主観的構成要件要素 *構成要件*要素には記述的要素以外に規範的要素，主観的要素が存するが，このうち犯罪行為の類型化に役立つ主観的要素のこと。*主観的違法要素*である*通貨偽造罪*〔刑148〕の「行使の目的」はその例。*故意*・*過失*については，構成要件を違法「有責」類型としてこれに当たるとする見解，構成要件は「違法」類型だが故意・過失を主観的「違法」要素としてこれに当たるとする見解等がある。これに当たるというだけでは，その要素が違法要素か責任要素かの決め手にはならない。⇨規範的構成要件要素'

主観的商行為 ⇨相対的商行為'

主観的追加的併合 第三者が自ら当事者として係属している訴訟に参加すること〔民訴52〕，あるいは*引受承継*〔民訴50・51〕などによって，係属中の訴訟当事者が新たに第三者に対する訴えを追加的に併合提起することによって，後発的に*共同訴訟*形態をとること。訴訟係属後に共同訴訟関係を成立させることを目的とし，*固有必要的共同訴訟*の場合に欠落した当事者を補完したり，両訴の経済的利益が共通の場合に手数料の追納を免れる効用があるとされる。しかし，最高裁判所は，後者の場合につき，別訴を提起して弁論の併合〔民訴152〕を裁判所に促すべきで，当然の併合形態を特別の規定なしに認めることは許されず，経済的利益が共通であっても弁論の併合を待たずに当然に旧訴訟に併合させるとの効果を認めることはできないとし，多くの学説と対立する見解を示した(最判昭和62・7・17民集41・5・1402)。学説では，関連した請求を併合審判し統一的判断をすることの長所を重視し，一定の要件の下で明文の規定がない場合にも併合審理を認めている。例えば，*保証債務*を請求された保証人が主たる債務者に求償する場合，物の追奪請求を受けた買主がその売主に対し追奪請求する場合，損害賠償を請求された運行供用者が欠陥車を製造・販売し

しゆかんて

た者に対し損害賠償を請求する場合などのように，被告からの第三者に対する請求を定立して併合審判を求める(引込型)，あるいは第三者から原告又は被告に対する請求を立て，併合審判を求める場合もあるとされる(参加型)。

主観的予備的併合　数人の原告の請求又は数人の被告に対する請求に順位を付け，主位的請求が認容されることを*解除条件'としむ予備的請求についてあらかじめ*審判'を求めるもの。実体法の見地から矛盾のない統一的な判決が求められる共同訴訟類型である。例えば，債権の譲受人が主位的原告となって債務者に請求し，もし債権譲渡が無効であれば予備的原告として譲渡人が請求する場合，代理人による契約の履行をまず主位的被告たる本人に請求し，無権代理とされる場合に備えて代理人個人を予備的被告とする場合など。このような併合形態が許されるか否かについては，*訴訟経済'及び原告の便宜を重視する肯定説と予備的被告の地位が不安定になること，上訴審における審判の統一が保てないことを理由とする否定説が対立している。判例は，原則として否定説の立場を明らかにしている(最判昭和43・3・8民集22・3・551)。主観的予備的併合に関する考え方が対立しているため，現行法は，*同時審判申出共同訴訟'を新たに規定している〔民訴41〕。

受寄者　寄託において，寄託物の保管を引き受けた者。　⇨*寄託'

授業目的公衆送信補償金　情報通信技術を活用した教育における著作物利用の円滑化を図るため，平成30年の著作権法改正(法30)により設けられた。従来，教育機関等の授業の過程において必要と認められる限度での複製〔著作35①〕や遠隔合同授業等における公衆送信〔著作35③〕は著作権者等の許諾なしに無償で行うことができたところ，これに加え，教育機関等の設置者が授業目的公衆送信補償金を支払うことで遠隔合同授業以外における公衆送信をも無許諾で行うことが可能とされた〔著作35①②〕。具体的には，設置者による補償金の支払により，教員が他人の著作物を利用して作成した教材を無許諾で生徒の端末に送信あるいは送信可能化することなどが可能とされた。ただし，生徒による購入が想定されたドリルにつきその購入の代替となるべき態様においてこれを複製したり公衆送信したりするなど，著作権者の利益を不当に害するような行為については，別途，許諾が必要とされている。補償金を受ける権利については，文化庁長官が指定する指定管理団体(全国を通じて1個に限る)のみがこれを行使することが予定され〔著作104の11〕，平成31年に「一般社団法人授業目的公衆送信補償金等管理協会(SARTRAS)」が指定された。指定管理団体は，サンプル方式による利用報告に基づき，著作物の分野毎の著作権等管理事業者等に補償金の分配を委託し，各受託団体が個別の権利者にこれを分配するものとされている。

祝　　日　⇨*休日'

縮小解釈　⇨*法の解釈'

縮小認定　*訴因'に掲げられた犯罪事実の一部を認定すること。例えば，強盗を恐喝に，殺人未遂を傷害に認定する場合である。このような場合は，*被告人'の防御が認定された事実にも及んでいると解されるので，*訴因変更'を要しない。

宿日直　企業施設の警備・監視，電話の収受などの目的で施設内で待機している勤務。多くの場合，定時の見回りや緊急事態以外は労務提供がないので，*監視断続労働'〔労基41 ③〕の一種として扱われる。なお，本務として通常業務に従事する者が付加的に宿日直を行う場合，勤務態様，回数，手当等の条件が設定される〔労基則23〕。

熟慮期間　⇨*クーリング・オフ'　⇨*引受考慮期間'

主刑・付加刑　主刑とは独立してそれだけを科することができる刑罰をいい，付加刑とは主刑に付加してのみ科することができる刑罰をいう。刑法9条は*死刑'・*拘禁刑'・*罰金'・*拘留'・*科料'を主刑とし，*没収'を付加刑としている。没収は主刑を言い渡すときだけ言い渡すことができる。なお，*刑'に掲げた[図：刑の種類]をみよ。

受　　継（じゅ
けい）　⇨*訴訟手続の受継（じゅ
けい）'

受刑者移送制度　ある国で，外国人が自由刑を言い渡された場合，又は自由刑の執行を現に受けている場合に，刑の全部ないし一部の執行を，その外国人の母国で行うことを前提に，その身柄をその国に移送する制度。二国間条約によって行われているほか，ヨーロッパでは，欧州評議会による多国間条約である「刑を言い渡された者の移送に関する条約」に加入した諸国の間で活発に行われている。この条約は，評議会のメンバー以外にも加盟を開放しており，日本も，この条約に加入した上で，その国内担保法として，平成14年に*国際受刑者移送法'を制定した。更に，平成22年にはタイ，平成26年にはブラジル，平成27年にはイラン，令和2年にはベトナムとの間でそれぞれ二国間条約が締結され，それらに対しても，同法が適用

されることになっている。受刑者移送の主たる目的は、受刑者の改善更生と円滑な社会復帰を図ることにある〔国際受刑移送1〕。移送には、外国から日本への受刑者の移送(受入移送)と、日本から外国への移送(送出移送)とがあるが、そのいずれについても、受刑者の同意が必要とされている〔国際受刑移送5・28〕。

受刑者の外出・外泊 ⇨開放的処遇'

受刑者の権利 受刑者はかつて市民としての法的保護を受けえない存在として、施設拘禁にいわゆる'特別権力関係'の理論が適用され、施設における受刑者に対する権利侵害的な措置に対する司法的救済の道がほとんどなかった。しかし、現在では、受刑者に人権保障が及ぶことは当然のことと理解され、*刑事収容施設法'1条は、受刑者等の被収容者の「人権を尊重」しつつ処遇することを明示している。同法は人権の尊重と施設内の規律維持、適切な処遇との緊張を法律の根拠に要求することで調整している。判例は、受刑者等の被拘禁者の権利の制限は収容の目的に照らして必要な限度で合理的な範囲のものにとどまるべきものとして、虐待、不当な懲罰はもちろん、新聞・図書の閲読、*信書'の発受、面会等に関して権利が侵害された場合には司法的救済の道が開かれている(最判平成18・3・23判時1929・37、最大判昭和58・6・22民集37・5・793)。また、処遇面においては、受刑者が社会復帰のための積極的な処遇を拒否できるか等の問題が受刑者の権利の問題として論じられることもある。 ⇨被拘禁者処遇最低基準規則'

主 権 Ⅰ 憲法 **1概念** 現在、次のような3つの意味に使用されている。イ ＊統治権'、＊国権'と同義。ロ 国家権力が他のいかなる力にも制約されない最高独立であること(日本国憲法前文3節にいう主権)。ハ 国家の政治のあり方を最終的に決定する力の意(日本国憲法前文1節・1条にいう主権)。

2 歴史的意義 主権という概念は、歴史上の政治勢力の対立抗争の中で、それ自身を正統化するために主張された。すなわち、絶対主義が中世の封建的多元的支配を破壊して、統一的一元的支配を確立し国民国家(英 nation-state)を形成していく過程において、絶対君主が封建諸勢力に対して自己の独立性・最高性を主張したのに始まる。フランス絶対主義のイデオローグ、ボダン(Jean Bodin, 1530〜96)は、国王の権力は絶対的恒久的の最高権力であり、単一不可分・不可譲渡の主権であると主張して、*君主主権'論を展開した。その後、*ホッブズ'が、*自然法'思想と契約論に基づき権力の'正統性'を論証することによって、主権概念に近代的な内容が与えられた。また、ブルジョアジーが、アンシャン・レジームに対抗し国民の名をもって政治の舞台に登場すると、君主主権の対立物として*国民主権'・*人民主権'が主張されるようになった。しかし、今日、国際関係が超国家的な視点から捉えられ、主権の相互的な制限への志向性がみとめられるようになると、その状況を反映して、伝統的な国家の主権の絶対性という観念に対して根本的な疑問が提起されている。

Ⅱ 国際法上、最高性、絶対性、独立性などを特徴とする*国家'が有する始原的の権力であり、国際法上、国家が有する諸権利・権限はここから派生する。これをもたない主体は国家の客観的要件を満たさず、他の国際法主体はこれをもたない。かつてその一部とされた自己保存権は、今日*自衛権'に痕跡をとどめる。行使の対象から、領域主権、対人主権などの別があり、主権だけで領域主権を意味することもある〔ポ宣⑧〕。国内法の主権の概念が転用され、国際法の理論とされた。主権国家から成る国際社会のイメージは、特に1648年ウェストファリア条約の名とともに形成されている(ただし、歴史的事実としては多様な主体が参加している)。*国家主権'の絶対性がときに国際的な無秩序の原因と考えられ、その制限が国際法の課題ともされた。特に第二次大戦以降は、武力不行使の原則、人権尊重の義務、国際環境保護の見地からの領域利用の制限、ウィーン条約法条約におけるユース・コーゲンス規定〔条約法約53〕などの規範が発達し、国家主権の絶対性は維持されていない。*国際組織'への参加も、なにがしかの主権委譲を不可避とする。特に、法的拘束力ある決議が可能な安全保障理事会をもつ*国際連合'、超国家機構といわれるヨーロッパ共同体などにつき、主権の制限が顕著である。しかし、国際組織への参加は*条約'による合意が前提であり、主権平等は国際法の基本原則であることに変わりなく〔国連憲章2①〕、主権享有主体は独立国家の増大に伴い拡大するなど、国家主権は現在でも重要な国際法上の概念であり続けている。なお「主権」ではなく、より法的な表現である*国家管轄権'の語が用いられることも多い。

授権株式 ⇨授権資本制度'

授権行為 任意代理権を生じさせる本人と代理人との間の*法律行為'。代理権授与行為ともいう。民法起草者は任意代理権は常に本人・代理人間(内部関係)の*委任'契約から生ずると考えていたようである〔民104・111②参照〕。しかし、代理権は常に委任によって生ずるとは

じゆけんし

限らず, *雇用'・*請負'・*組合'などに伴って発生することもあるとし, 代理権は本人・代理人間の内部的な権利義務関係とは別個の観念であると主張する学説が有力となり, 委任と離れて代理権の発生自体を目的とする授権行為という観念が生まれた。授権行為の性質については *無名契約'と解する説と*単独行為'と解する説があり, 前者が有力である。また, このような学説の対立は実益に乏しく, 内部関係を定める契約を離れて授権行為というものを観念する必要はないと主張する学説もある。なお, 授権の際委任状が交付されることが多いが, 必ずしも特定の方式を必要とするものではない。 ⇨任意代理・法定代理'

授権資本制度 1 意義 授権資本とは, 直接には会社法が定める*発行可能株式総数'〔会社37①・98〕のように, *株式会社'の*定款'に定められた会社が発行しうる株式総数をいい, 株式数で表されることから授権株式又はオーソライズド・キャピタル(英 authorized capital)ともいう。会社法は株式会社の設立に際して, 定款に定められた発行可能株式総数の一部を発行し, 残りの部分は会社成立後必要に応じて*取締役会'等の決議により発行することを認めており, このような制度を授権資本制度と呼んでいる。授権資本制度は, 株式発行に際して既存株主の持株比率の低下に歯止めをかけつつ機動的な資金調達を図ることを可能にする制度であるといえる。

2 授権資本制度採用の経緯 授権資本制度が採用された昭和25年商法改正(法167)前は, 会社設立に際して定款に定められた資本金に当たる株式総数の引受けがなされることが必要とされ(これを総額引受主義という), 会社成立後の増資の場合には, 定款の資本金を変更しなければならず, *定款変更'を伴う不便さがあった。もっとも株式の払込みについては, 分割払込制の下にあったことから, 追加払込みによりある程度の資金調達の機動性が図られたものともいえる。しかし, 昭和23年改正(法148)によって分割払込制が全額払込制に変更されたため, 会社資本の調達が一層不便な状況になった。このため, 昭和25年改正において, 会社資本の調達を機動的に行えるように, 上記の授権資本制度が導入された。現行会社法も基本的には, この授権資本制度を引き継いでいる〔会社37①・98・113〕。

3 授権資本制度の下での株式発行 発行可能株式総数は, 会社の*原始定款'に定める必要がある〔会社37①・98〕。イ *公開会社'がその設立に際して発行する株式(設立時発行株式)の総数は, 発行可能株式総数の4分の1以上でなければならない〔会社37③〕。新設合併, 新設分割又は*株式移転'の手続において株式会社が設立される場合にも, 設立に際しての発行可能株式総数に関する規定が適用され, 設立される会社が公開会社であれば, 設立時発行株式の総数は, 発行可能株式総数の4分の1を下ることができない〔会社814①括弧〕。発行可能株式総数の4分の1以上という制限が課されているのは, 公開会社では, *譲渡制限株式'以外の株式は, 原則として取締役会の決議だけで発行することができるため〔会社201①〕, 取締役会に対し過大な発行権限を与えないようにする趣旨である。したがって, 会社成立後においては, 会社は発行可能株式総数のうち, 上記の設立に際して発行した株式の残りの枠内の部分については, 取締役会決議により随時発行しうることになる。*指名委員会等設置会社'においては, その発行の決定を*執行役'に委任することができ〔会社416④〕, *監査等委員会設置会社'において, 取締役の過半数が社外取締役である場合には, 発行の決定を取締役に委任することができる〔会社399の13⑤〕。上記の発行可能株式総数の枠を超えて発行を行う場合には, 定款変更の手続をとり, 発行可能株式総数の枠を拡大することができるが, 増加できる発行可能株式総数は発行済株式総数の4倍を超えることはできない〔会社113③Ⅰ〕。この手続をとらず, 発行可能株式総数の枠を超えて株式発行を行った場合には, 新株発行無効原因となる。また, *株式の併合'が行われる場合には, それにより発行済株式総数が減少するため, 株式併合に関する*株主総会'の決議において株式併合の効力発生日における発行可能株式総数を定めなければならず〔会社180②④〕, 当該効力発生日に総会決議に従い発行可能株式総数に関する定款の変更をしたものとみなされる〔会社182②〕。この株主総会の決議で定める発行可能株式総数も, 株式併合の効力発生日における発行済株式総数の4倍を超えることはできない〔会社180③〕。更に, *株式の分割'の場合には, 分割後の発行済株式総数が発行可能株式総数を超えてしまうことがありうることから, 公開会社では, 取締役会の決議により定款を変更して, 発行可能株式総数を分割比率に応じて増加することができる〔会社184②〕。ロ 一方, 公開会社でない会社(*非公開会社')においては, 募集株式の発行は株主総会の*特別決議'が必要であるため〔会社199②・202③④・309②⑤〕, 取締役(会)による発行権限の濫用のおそれは少ない。このため, 設

立時発行株式の総数は，発行可能株式総数の枠内でなければならないという制約はあるものの，4分の1以上という制限はなく〔会社37①但〕，また，定款変更により増加できる発行可能株式総数についての制限もない。ただ，非公開会社が定款を変更して公開会社となる場合には，当該定款変更後の発行可能株式総数は，当該定款変更の効力発生時における発行済株式の総数の4倍を超えることはできない〔会社113③②〕。

授権代理　　⇨'権限の代理'
主権平等　　主権国家は相互に平等と考えられる。平等の意味については，法の平等な適用，実質的な権利義務の平等，国家が自らを拘束する決定に参加する平等という3つがあるとされる。*国際連合憲章'2条は行動の基本原則を規定しているが，1項で全ての加盟国の主権平等の原則を規定している。その意味するところは，イ 諸国は「法の前の平等」により対等な関係にあること，ロ 各国は完全な主権に内在する全ての権利を享受すること，ハ 国家の人格は領土保全や政治的独立と同じく尊重されること，ニ 国家は国際法上の義務を誠実に履行しなければならないことであると説明されている。国家の法的平等との関連で，*国際組織'における投票が問題になることがあるが，国際連合安全保障理事会の常任理事国の優越的地位やその他の国際組織の加重投票，出資率に応じた投票等は，平等に違反するとは考えられていない。平等は形式的な同権や同等性を必ずしも要求しないと考えられるからである。

授権法　　法律の委任を定める法律。特に，極めて包括的な法律の委任を定める法律を指す場合に，この名称が使われる。ナチスが政権を掌握する際に制定した授権法(1933)がその典型的な例である。*明治憲法'下の*国家総動員法'や「命令ノ条項違犯ニ関スル罰則ノ件」(明治23法84。昭和22法72により廃止)も，授権法の性格をもつとみられる。このような授権法は，その性格上，行政部に権力を集中するために制定される傾向にある。また，授権法に伴って，行政部の独裁体制が助長されるのが通例である。したがって，議会制民主主義の国では，一般にこのような授権法を認めようとしない。日本国憲法の下でも，このような授権法は，許されないと一般に解されている。　　⇨'法律の委任'

主権免除　　⇨'国家免除'
取効的訴訟行為・与効的訴訟行為　　民事訴訟法上の当事者の*訴訟行為'を，その手続上の意義・機能に着目して分類した講学上の概念。取効的訴訟行為とは，裁判所に対して特定の裁判その他の司法行為を要求する行為であり，裁判所が特定された行為を行って初めて手続上の効果をもつ。与効的訴訟行為とは，裁判所の行為を必要とすることなく，直接訴訟上の効果が生じるものをいう。前者には，*申立て'，*主張・立証'の各行為が含まれ，原則として求めた裁判が行われるまでは，撤回することができるとされる。後者には，*請求の放棄・認諾'，*訴えの取下げ'・*上訴の取下げ'及びそれらに対する承諾などがある。

取材源の秘匿　　⇨'取材の自由'
取材の自由　　報道機関が報道のための素材となる情報を収集する自由。最高裁判所は，国民の*知る権利'に奉仕するという観点から，*報道の自由'を憲法21条の保障の下に置くとともに，「報道のための取材の自由も，憲法21条の精神に照らし，十分尊重に値いする」という考え方をとっている(最大決昭和44・11・26刑集23・11・1490〈博多駅テレビフィルム提出命令事件〉等)。公務員に対する取材活動や，取材源の秘匿，取材フィルム・取材資料の押収拒絶等の場面で，他の利益との調整が問題になる(⇨証言拒絶権')(最決昭和53・5・31刑集32・3・457〈外務省秘密漏えい事件〉，最決平成元・1・30刑集43・1・19〈日本テレビビデオテープ差押事件〉等参照。なお，民事訴訟法197条1項3号の「職業上の秘密」を援用した取材源秘匿につき，最決平成18・10・3民集60・8・2647がある)。

趣旨規定　　⇨'目的規定・趣旨規定'(巻末・基本法令用語)

首　相　　⇨'内閣総理大臣'
首相公選論　　*内閣総理大臣'を国民が*直接選挙'で選任する，という主張。日本の*議院内閣制'の下では，内閣総理大臣の指名は国会の議決で行われるが〔憲67①〕，それが政党間あるいは政党内派閥間の駆け引きでなされるので，その地位が弱くなったり，国民の意思からの離反がみられる，といわれる。このような状況を改善し，また*国民主権'を推し進めるためとして，公選論が主張される。実現には憲法改正が必要というのが通説。

主尋問　　*交互尋問'において，当該*証人'の取調べを申し出又は請求した当事者がまず最初に行う*尋問'〔民訴202①，民訴規113①Ⅰ，刑訴304，刑訴規199の2①Ⅰ〕。主尋問は，*立証'すべき事項及びこれに関連する事項について行う〔民訴規114①Ⅰ，刑訴規199の3①〕。刑事訴訟においては，証人の供述の*証明力'を争うために必要な事項についても尋問することができ〔刑訴規199の3②〕，また，主尋問では通常

しゆぜい

証人と尋問者とは友好的関係にあり、証人が暗示に誘導されて供述する危険性が大きいので、*反対尋問'と異なり、*誘導尋問'は原則として禁止される〔刑訴規199の3③〜⑤〕。民事訴訟における誘導質問は、証人の供述を不当にゆがめるおそれがあるため、主尋問に限らず、正当な理由がある場合にのみ許される〔民訴規115②②〕。

酒　税　酒類の消費に対して課される間接*国税'。酒類の製造業者が毎月製造場から移出する酒類の数量又は酒類の輸入業者が保税地域より引き取る酒類の数量を*課税標準'として課される。その徴収を確保するため酒類の製造業者及び販売業者等は酒類免許を得なければならないものとされる〔酒税7〜21〕。

受訴裁判所　ある民事事件について*判決手続'が過去に係属した、現在係属中の、又は将来係属する各(すなわち*管轄'を有する)裁判所をいう。一般に、執行裁判所に対する。受訴裁判所は、判決手続の審理のほかに、*証拠保全'〔民訴235〕、*保全命令'事件〔民保12①〜③〕等の職務を行う。

受託会社　⇨信託会社'

受託契約準則　*金融商品取引所'や*商品取引所'が定める規程の1つ。準則の制定・変更等には各*主務大臣'の監督権限が及ぶ〔金商81②・82①①・87・155の2②①・155の3①②〕。各市場における売買取引等の受託にあたり会員等・商品先物取引業者が遵守しなければならないものであり〔金商133①、商取216〕、売買取引の受託の条件、受渡しその他の決済方法等が定められ、受託契約のモデルとしての性格を有する。同時に、受委託上の禁止行為も規定され、準則違反行為は取引所の制裁の対象となる場合がある。

受託裁判官　裁判所間の*共助'〔裁79〕として訴訟の係属している裁判所が他の裁判所に*証拠調べ'〔民訴185①・195、刑訴163〕、*和解'〔民訴89〕、被告人の*勾引'〔刑訴66〕、*押収'・*捜索'〔刑訴125〕等の受託事項の処理を嘱託した場合に、その処理に当たる裁判官。

受 託 者　広くは他人のために*法律行為'や*事実行為'をする旨の*委託'を受けた者をいうが、普通は、*信託法'上の*信託'を受けた者を指すことが多い。信託の受託者は、信託財産の主体となって受益者のために財産の管理処分を行う。

受託者責任　英米法上、一方が他方を全面的に信認する法律関係(信認的法律関係)において、信認を受けたもの(受信者)が信認したもの(信認者)に対して負う、高度の誠実義務。フィデューシャリー・デューティー(英 fiduciary duty)の訳語。生まれたばかりの子供と*親権者'、医者と患者、*弁護士'と依頼人など様々な状況がありうる。イギリスでのこの法理の原型にあっては、受信者と信認者との間で契約を締結すること自体が絶対的に禁止される。したがって、これに違反した責任は*無過失責任'であり、それによって得られた利益は無条件に返還する。しかし、こうした関係にあっても受信者が信認者のためになる契約を締結することもありうること、*取締役'と*会社'の関係のように*取締役会'の承認があれば、取締役・会社間の取引を肯定した方がよい場合もあることから、厳格な法理は状況に応じて緩和される。その場合には受信者の責任は過失責任もありうることとなり、また、得た利益も*相当因果関係'による損害賠償責任になる。また、プロの投資家のために資産運用を行う受信者の場合には、この両者の関係は単なる契約関係とみた方がよい場合もある。厳格な受託者責任の関係にあっては、受信者の誠実を外形的に証明することが求められ、それが自己執行義務、資産の分別保管義務、資産の監査・情報開示義務、分散投資義務、最良執行義務といった義務として現れる。金融庁によって公表された*スチュワードシップ・コード'は本来は受託者責任概念を前提としなければならない。なお、アメリカ法では受託者責任が証券会社の行為規制の根拠となり、あるいはインサイダー取引規制の根拠とされる場合もあり、一種の一般法理として扱われている場合もある。

主たる債務・従たる債務　1つの債務が他の債務の存在を前提とし、発生・消滅において、他の債務に従属する関係にある場合に、前者を従たる債務、後者を主たる債務という。元本債務と利息債務がこのような例として挙げられるが、これは、*基本債権・支分債権'の関係と重なる。この関係と重ならない例として民法は、*保証債務'を従たる債務、保証債務によって担保されている債務を主たる債務〔民447・448等〕と呼んでいる。

主張・立証　主張とは、当事者がその*申立て'を基礎付け、あるいは相手方の申立てを排斥するために自己に有利な*法律効果'又は事実を*陳述'すること。法律効果に関する主張を法律上の主張、事実の存否に関する主張を事実上の主張という。前者のうち*訴訟物'である法律効果に関する原告の主張を特に*請求'と呼ぶ。立証とは、事実(*弁論主義'の下では当事者間

で争いのある事実)の存否について裁判官に*心証'を得させるためにされる当事者の行為。挙証ともいわれる。法律上の主張の正当性を基礎付けるのが事実上の主張,事実上の主張のうち争いのある事実を証明するためにされるのが立証という関係にある。

首　長　一般には,*合議制'に対する*独任制'の長をいい,*地方公共団体の長'〔憲93②〕を「首長」と呼ぶ場合がある。日本国憲法は,合議制機関である*内閣'の代表者としての*内閣総理大臣'の地位を指して「首長」の語を用いている〔憲66①・72参照〕。

首 長 制　*公選'議会に対し,それから独立した公選の*首長'を置き,両者の牽制(けんせい)と均衡のうちに,妥当な政治の実現を期待する制度原理。*大統領制'ともいい,*議院内閣制'に対する。日本では地方自治体で採用されている〔憲93②〕。首長が*執行機関'で,議会が*議決機関'である。両機関は相互に独立しているが,議院内閣制の要素をも加味し,議会による首長の*不信任決議'と首長による議会の*解散'の可能性を残した〔自治178〕。

主 張 責 任　*弁論主義'がとられる民事訴訟では,*法律効果'の存否を判断するために必要な事実は,当事者が*主張'しない限り,裁判所はそれを判決の基礎とすることはできない。したがって,ある事実が主張されないとその事実が考慮されず,その結果一方の当事者は不利な判決を受けることになるが,この当事者の不利益を主張責任と呼ぶ。例えば*証人尋問'の結果弁済の事実について裁判所が*心証'を得たとしても,当事者のいずれからも主張されなければ,裁判所は弁済による債務の消滅という判断をすることができず,主張責任を負う当事者に不利な判断がされることになる。主張責任は,*主要事実'(*要件事実')に限り問題となるとするのが通説である。また,どちらの当事者が主張責任を負担するかを主張責任の分配というが,証明責任(⇒挙証責任')の分配に従うと一般に考えられている。弁論主義の下では,証明責任が問題とならない場合においても(例えば,*公知の事実',*証拠調べ'の結果心証を得た事実),当事者の主張の有無が問題となる点で,証明責任とは別個の概念として意味をもつ。

出 願 公 開　**1 意義・趣旨**　特許庁長官が出願内容を一律に公開する制度であり,特許法及び商標法に存在するものである。その趣旨は,特許出願においては,第三者が出願発明と同一の技術を重複開発又は重複出願することを防止し,商標出願においては,第三者が出願商標と同一の商標を重複出願又は使用することを防止することにある。

2 時期　特許出願の場合は,出願から1年6カ月が経過した時点であるが〔特許64①〕(ただし,出願人の請求がある場合はそれより早い時点で公開される(早期公開制度)〔特許64の2〕),商標出願の場合は,出願後速やかに公開される〔商標12の2①〕。

3 方法　特許出願の場合は,「公開特許公報」に,出願人情報,出願年月日,発明者情報,技術情報(明細書・特許請求の範囲・図面・要約書)等を掲載することにより〔特許64②〕,商標出願の場合は,「公開商標公報」に,出願人情報,出願年月日,願書に記載した商標,指定商品・役務等を掲載することにより〔商標12の2②〕行われる。

4 効果　特許出願の場合は,イ 拡大先願〔特許29の2〕,ロ 優先審査〔特許48の6〕,ハ 補償金請求〔特許65①②〕の要件となるが,商標出願の場合は出願内容を公開するという以上の特別な法的効果を有していない(商標法上の金銭的請求〔商標13の2〕は,特許法上の補償金請求とは異なり,出願公開は要件とならない)。

5 特許出願非公開制度　令和4年に成立した「経済施策を一体的に講ずることによる安全保障の確保の推進に関する法律」(法43)により,特許出願非公開制度〔経済安保65以下〕が導入された。これは,公にすることにより国家及び国民の安全を損なう事態が生じるおそれが大きい発明(機微な発明)が記載された出願について,政府の判断により,出願公開や特許査定等の手続を保留し,出願人に対して,発明の開示や実施の禁止,発明の適正な管理等の義務を課すことにより,機微な発明に関する情報の流出を防止することを目的とするものである。

出願審査請求制度　特許出願後3年以内に審査請求があった場合にのみ審査を行うという制度〔特許48の3〕。繰延審査制度とも称される。*特許権'の発生につき審査制度を採用している日本の特許法制の下では,ばく大な数の出願によって審査に遅延が生ずるという欠陥があり,これを除去するため,昭和45年の特許法改正(法91)により,*出願公開'制度とともに7年の審査請求制度が導入され,平成11年改正(法41)で3年に短縮された。何人も審査請求をすることができるが,審査請求のなかった出願は取り下げられたものとみなされる。この制度により,防衛のための出願や,出願後の技術の変化により意味を失ったものなどについては審査請求がなされず,その結果審査総数の減少,ひ

しゆつきん

出勤停止 使用者が労働者に課す懲戒処分の1つで，一定期間の出勤を禁止するもの。通常は無給である。公務員の場合は*'停職'という〔国公82①・83, 地公29①〕。*'休職'や自宅待機命令と似ているが，出勤停止は企業秩序侵害に対する制裁である点に違いがある。

出　向 出向には，雇用先企業(出向元)に在籍のまま相当長期間他企業に勤務先(出向先)を移す在籍出向と，他企業に籍も移す転籍(移籍出向)とがある。企業間の人事異動である点で同一企業内のそれに留まる配転とともに，日本の民間企業では人事管理の手段として広く行われている。出向のうち在籍出向では，出向労働者は出向先にのみ労務を提供するが，*'労働契約'関係は出向元と出向先双方との間で生じ派遣元とのみ労働契約関係が生じる点で労働者派遣と区別される。出向労働者は，労務提供に関する事項は出向先の*'就業規則'，それ以外の事項は出向元の就業規則の適用を受けるのが通例である。労働法規の適用は，実質的権限が出向元，出向先のいずれにあるかで決まる。出向を命ずるには，密接な関連企業間の日常的な出向のように配転と同視できる実態のある場合で就業規則や*'労働協約'等に出向期間や出向先の*'労働条件'等が*'労働者'の利益に配慮の上あらかじめ具体的に定められていなければ，労働者の個別の同意〔民625①〕を要する(最判平成15・4・18労判847・14〈新日本製鐵(日鐵運輸第2)事件〉)。また，出向命令権が就業規則等により根拠付けられる場合でも，その濫用は許されない〔労契14〕。⇨転籍'

出産育児一時金 *'健康保険'の*'被保険者'が出産した場合に支給される*'保険給付'〔健保101・137〕。出産費用の一部を補填することを目的とする。被保険者の被扶養者が出産した場合には，家族出産育児一時金が支給される〔健保114・144〕。*'国民健康保険'では，出産育児一時金〔国健保58①〕が，各*'共済組合'では出産費(家族出産費)〔国公共済61, 地公共済63等〕に当たる。あらかじめ申し出ることで被保険者等が出産した医療機関等に直接支給され，その分被保険者等が医療機関等へ支払うべき出産費用が減額される。給付額は，*'産科医療補償制度'の掛金分を含んでいる。

出産手当金 *'健康保険'等の*'被保険者'が，出産による休業期間中の所得保障として支給される*'保険給付'〔健保102・138, 国公共済67, 地公共済69等〕。健康保険では，被保険者が出産前42日(多胎妊娠の場合98日)より出産後56日までの間に就労しなかった期間，1日につき*'標準報酬'日額の3分の2が支給される。⇨出産育児一時金'

出産費 ⇨出産育児一時金'

出　資 1 意義　組合員又は会社・投資法人等の持分の観念される*'法人'の構成員の義務として，あるいはその構成員となるために*'組合'又は会社等の法人に対して行う一定の給付。会社又は組合の構成員であれば原則として出資義務を負うが，*'協同組合'については出資をしない非出資組合が認められている〔農協13・15, 水協19・32等〕。また，給付により取得した*'持分'を指すこともある。
2 機能　対内的には，共同事業の目的を実現するための経済的手段の提供という意義を有すると同時に，構成員間の利益及び損失の分配の算定の基礎を提供し〔民674①, 会社622①〕, *'議決権'等の共益権の算定の基礎になる場合もある〔会社308①〕。対外的には，当該組合又は法人の債権者の第1次的な引当てとなる。
3 目的　金銭を始めとする財産のほか(⇨財産出資')，組合員や*'持分会社'の*'無限責任社員'については*'労務出資'や*'信用出資'が認められる〔民667②, 会社576⑥参照〕。
4 払戻し　払戻しは金銭に評価して行うのを原則とする〔民681②, 会社624①〕。持分会社は，出資の払戻しに関する事項を*'定款'で定めることができる〔会社624②〕。会社債権の引当てが会社財産に限られる*'物的会社'においては原則として認められないか(*'株式会社'の場合)，出資の払戻しに係る規整に従って行う(*'合同会社'の場合)〔会社632〕。

出資の受入れ，預り金及び金利等の取締りに関する法律 昭和29年法律195号。出資金以上の額の払戻しを約してする不特定多数の者からの出資の受入れの禁止，業としてする預り金及び*'浮貸し'等の禁止，金銭貸借の媒介手数料の制限，高金利の処断等を定める法律。出資法又は出資取締法と略称される。出資の受入れと預り金の禁止は，昭和20年代に*'匿名組合'類似の形態を利用して一般公衆約15万人から約44億円の出資金を集め，返済不能となって社会問題化した保全経済会事件を契機とする。罰則の対象金利を年利109.5%超と規定し，その範囲内であれば利息制限法に違反しても刑事免責になるとしていたため〔出資取締5①〕，高金利を合法化するものと批判された。昭和50年代のサラ金問題に対処するため，昭和58年改正(法33)により貸金業者に関する処罰規定を追加し，上限を超過する利息の契約等を処罰の

対象としたが，その後も，貸金業者の上限金利を29.2%としたため，いわゆるグレーゾーン金利の問題が残った。その後，平成18年の貸金業法等の改正（法115）により，貸金業者の上限金利は20%に引き下げられた〔出資取締5②〕。⇨貸金業法'・'利息制限法'

出資の払戻し *持分会社'の社員は会社に対して既に出資として払込み・給付をした金銭等の払戻しを請求できる。金銭以外の財産の場合には，財産の価額に相当する金銭の払戻しを請求することもできる〔会社624〕。会社債権者保護のため，*合同会社'においては*定款変更'により出資の価額を変更する場合にのみ払戻請求が認められ，更にこの場合でも出資払戻額が剰余金額と出資の減少額とのうち少ない方の額を超える場合には，会社は払戻請求を拒める〔会社632〕。

出資法 ⇨出資の受入れ，預り金及び金利等の取締りに関する法律'

出　生　出生によって，*胎児'は*権利能力'を取得する〔民3①〕。このため，民法上は，胎児が生きて母体から出てその直後に死亡したか，それとも死んだまま母体から出たかによって相続法上異なった結果が生じ（例えば子のない夫Aが死亡した当時に妻Bの胎児であったCが，生まれた直後死亡したなら結局Aの遺産は全部Bが相続するが，死産したなら，Bと，Aの直系尊属が相続することになる〔民900参照〕），刑法上は，胎児が母体から出たかどうかによって，*堕胎罪'〔刑212～216〕になるか*殺人罪'〔刑199～203〕になるか（堕胎罪は殺人罪に比べて刑が軽い）という問題が生じるので，出生の時点を正確に定める必要がある。刑法上は，判例は胎児が母体から一部でも露出すれば出生であるとしており（大判大正8・12・13刑録25・1367）（一部露出説），民法上は，判例はないが学説は一般に全部露出したときが出生であると解している（全部露出説）。出生があったときは，14日以内に一定の届出義務者が，原則として医師等の作成した出生証明書を添付して出生地の市役所又は町村役場に届け出なければならず，期日を過ぎた場合には過料を科せられる〔戸49・51・52・137・46〕。

出所明示　⇨引用'
出生地主義　⇨生地主義'
出世払い　出世（成功）したときに返済するという約束つきの*債務'をいい，その借用証書を出世証文という。成功しないときは支払う必要がないという意味であれば，*停止条件'であるが，成功の時まで猶予され，成功しないことが確定した時に弁済期が到来するという意味であれば，不確定期限（⇨期限'）である。判例には，出世払特約付貸借を不確定期限付きと解するものが多い（大判大正4・3・24民録21・439等）が，具体的事情に即して当事者の意思を判断して決定するのが妥当である〔民127①・135①参照〕。

出訴期間（行政訴訟の）　**1 意義**　*処分'又は*裁決'に対して*行政事件訴訟'を提起することのできる期間のこと。
2 制度　*取消訴訟'の場合，他の法律に特別の定めがない限り，処分又は裁決があったことを知った日から6カ月だが，正当な理由があれば，この限りではない〔行訴14①〕。かつては3カ月の*不変期間'とされていたが，平成16年の*行政事件訴訟法'改正（法84）により改められた。なお，処分又は裁決があったことを知らなくても，処分又は裁決の日から1年を経過したときは，取消訴訟を提起できない〔行訴14②〕。この1年の期間は*除斥期間'と解される。いずれについても，*審査請求'等の不服申立てを前置した場合は，それに対する裁決等の日が期間計算の基準となる〔行訴14③〕。なお，取消訴訟のほか，形式的*当事者訴訟'〔行訴4前〕や*民衆訴訟'〔行訴5〕・*機関訴訟'〔行訴6〕についても，出訴期間が定められていることがある〔行訴40・43①，収用133②，公選203①・204，自治9⑧・9の2④・176⑦・242の2②・251の5②・251の6等〕。⇨行政上の不服申立て'　⇨不服申立前置'

出張所　住民が市役所又は町村役場に出向かずともすむように，住民の便宜を考えて，市町村長が設ける出先機関の一種である。市町村長は，条例で定めるところにより，その権限に属する事務を処理させる目的で出張所を設けることができる〔自治155①〕。出張所の位置は，住民の利用に最も便利であるように，交通の事情，他の官公署との関係等について適当な考慮を払って決めなければならない〔自治4②・155③〕。

出入国管理及び難民認定法　昭和26年政令319号。**1 沿革**　戦後，出入国は連合国最高指令官により管理されたが，昭和24年に，「出入国の管理に関する政令」（政299）が定められ，日本政府が事務を行うようになった。更に，昭和26年，ポツダム政令（⇨ポツダム命令'）として「出入国管理令」（政319）が制定され，昭和27年法律126号により法律としての効力を与えられた。昭和56年の改正（法86）により現在の名称に変更され，平成元年（法79），平成16年（法

しゅつぱん

73)，平成 17 年(法 66)，平成 18 年(法 43)，平成 21 年(法 79)，平成 26 年(法 74)，平成 28 年(法 88)，平成 30 年(法 102)，令和 5 年(法 56)に重要な改正が行われている。入管法と略称される。

2 内容 日本に入国し又は出国する全ての人(日本人及び外国人)の出入国，及び日本に在留する全ての外国人の在留の公正な管理を図るとともに，難民の認定手続を整備することを目的としている〔入管 1〕。日本人の出入国については，主として旅券法の規律するところで，本法の主たる規律は，外国人の入国審査，*在留資格'の付与，*退去強制'等にある。なお，日本に在留する外国人の管理に関しては，その居住関係及び身分関係を明らかにするための外国人登録法(昭和 27 法 125。平成 21 法 79 により廃止)に基づく外国人登録制度があったが，入管法及び *住民基本台帳法'の平成 21 年改正(法 77)により，廃止された。

3 問題点 在日韓国・朝鮮人等，在留資格を有する外国人のうちでやや特殊な性格を有する外国人については，再入国の自由や，退去強制の可否を巡り議論があったが，「日本国との平和条約に基づき日本の国籍を離脱した者等の出入国管理に関する特例法」(平成 3 法 71)では，法定特別永住者の地位を設け，退去強制，再入国等に関する特例を定めた。また，国際化及びわが国の経済発展等を背景に出入国者数が急増する中，不法就労者や偽装難民，更にはテロリストなど様々な問題が生じ，制度改革の必要性が絶えず意識されている。

出版契約　*著作物'の出版に際し著作物の著作権者(又は*複製権'等保有者)と出版者とが締結する契約〔著作 3 章〕。紙媒体の出版ばかりでなく，CD-ROM による出版やインターネット送信による電子出版に関する契約も含まれる。出版者が契約により受ける権利の内容により，出版に関する複製権等の一部譲渡，出版権の設定，独占的出版許諾，単純出版許諾等の形態に分けられる。*第三者'の出版行為に対し，複製権等の一部譲渡あるいは出版権の設定を受けた出版者は自ら差止請求，損害賠償請求等ができる。独占的出版許諾を受けた出版者は*債権者代位権'による請求権の行使がありうる。単純出版の許諾を受けた者は自ら出版できるだけであり，第三者の出版行為に異議を唱えることはできない。⇨出版権'

出版権　*著作物'を出版することに関する排他的な権利〔著作 79～88〕。出版者が著作物の著作権者(*複製権'等保有者)と出版権設定契約を結ぶことによって成立するもので〔著作 79 ①〕，著作権者との契約を前提とせず，当然に成立する*著作隣接権'とは異なる。以前，出版権は紙媒体による出版しか対象としていなかったが，デジタル化・ネットワーク化の進展に伴い，電子書籍に対応する必要が生じたため，平成 26 年*著作権法'改正(法 35)により，CD-ROM による出版やインターネット送信による電子出版についても，出版権の設定を認めることとなった。ただし，出版権の対象は文書又は図画として認識することができるものに限られ〔著作 79 ①〕，映画の録画物や音楽の録音物は対象とはならない。出版権の設定を受けた出版権者は，出版権の目的である著作物に関し，その出版権設定行為の定めるところに従い，紙媒体又は CD-ROM による出版についての複製権，インターネット送信による電子出版についての公衆送信権の，全部又は一部を専有する〔著作 80 ①〕。出版権者は，*第三者'の出版権侵害に対し差止請求権・損害賠償請求権を行使でき〔著作 112・114，民 709〕，告訴もできる〔著作 119・123〕。出版権者は当該著作物を出版する義務を負い〔著作 81〕，複製権等保有者の承諾なしに第三者に出版権の目的である著作物の複製等を許諾することはできない〔著作 80 ③〕。出版権の存続期間は設定行為で定めるところによるが，定めがない場合には最初の出版行為等のあった日から 3 年で消滅する〔著作 83〕。複製権等保有者の承諾を得た場合には出版権の全部又は一部を譲渡し，又は質権の目的とすることができる〔著作 87〕。出版権の設定・移転，出版権を目的とする質権の設定等は，登録しなければ第三者に対抗できない〔著作 88 ①〕。

出版条例　明治 2 年(1869)に制定された明治政府の出版取締りの根拠法で，出版の*検閲'・*免許'制・掲載禁止事項・罰則などを定めていた。明治 5 年(文部省達無号)・8 年(太告 135)・16 年(太告 21)・20 年(勅 76)におおむね制限強化の方向で改正がなされ，讒謗(ざんぼう)律(明治 8 太告 110)や*新聞紙条例'とともに反政府寄りの言論を弾圧するのに用いられた。明治 26 年成立の出版法(法 15。昭和 24 法 95 により廃止)に吸収された。

出版の自由　印刷物によって思想・信条などを発表する自由。*表現の自由'の古典的な形態であり，憲法によって保障されている〔憲 21〕。この権利を守るため，*検閲'は絶対的に禁止され，その他の*事前抑制'措置も原則的に禁止される。⇨言論の自由'

主登記　⇨付記登記'

受動喫煙　⇨嫌煙権'　⇨健康増進法'

しゆとくせ

受働債権 ⇨自働債権・受働債権'
受働代理 ⇨能働代理・受働代理'
取得価額 資産の取得・製造に要した金額のことをいう。'所得税'・'法人税'においては、購入代価や製造に要した費用などのほか、購入手数料などを含む〔所税令103・109・126、法税令32・54・119等〕。取得価額は、'棚卸資産'の販売に係る売上原価や'有価証券'及び'暗号資産'の譲渡原価、'減価償却'資産に係る減価償却費などの計算の基礎となる〔所税47~49、法税29・31・61の2等〕。所得税の譲渡所得の計算上は取得費と呼ばれる〔所税38①〕。

取得時効 **1 意義** 例えば、A がある土地を自分の所有地として使用している状態が一定の期間(10年又は20年)以上継続したときには、その土地が真実は A 以外の者の所有地であった場合にも、A は'所有権'を取得できる〔民162〕。このように、権利者らしい状態が一定の期間継続することによって権利取得の効果が与えられる制度を、取得時効という。取得される権利は所有権が主であるが、その他の'財産権'についても認められる〔民163〕。'身分権'については認められない。
2 要件 所有権については、イ 所有の意思による占有であること(⇨自主占有・他主占有)、ロ その占有が平穏・公然に取得されたものであること、ハ 占有の始め'善意'(自己の所有物と信ずること)かつ無過失(そう信ずることに'過失'がないこと)のときには10年、悪意又は有過失のときには20年、占有が継続すること〔民162〕。所有権以外の財産権については、自己のためにする意思でその権利を行使する状態(*準占有)が10年又は20年継続することである〔民163〕。土地に関する権利では、'地上権'・'永小作権'・'地役権'の時効取得が認められるほか、賃借権の時効取得も認められるに至っている〔最判昭和43・10・8民集22・10・2145〕。

取得条項付株式 **1 意義** 取得条項付株式とは、一定の事由が生じた場合に、'株式会社'がその株式を取得する権利を有する株式(強制取得株式)である〔会社2⑲・107①③・108①⑥〕。取得条項付とするのは、全ての株式でも一部の'種類株式'でもよい。平成17年改正前の商法では、会社が株式に係る選択権を有する場合のうち、取得の対価が現金であるものを「随意償還(買受)株式」〔商旧222①④、会社法整備法87①②・113⑤〕と呼び、それが他の種類の株式であるものを「強制転換条項付株式」〔商旧222の8~222の10、会社法整備法87④・113⑤〕と呼んで区別していたところ、取得に係る選択権の所在に従って整理し直すこととされた。
2 発行手続等 会社が取得条項付株式を発行する場合、'定款'において、イ 会社が株主に対して株式の取得を請求できる旨及び一定の事由(会社が別に定める日〔会社107②③ロ・168①〕を一定の事由とする場合はその旨)、ロ 株式の一部を取得する場合は、その旨と取得する株式の一部の決定方法、ハ 取得と引換えに交付する対価の内容(*新株予約権'・'社債'・'新株予約権付社債'・株式等以外の財産、一部の種類株式の場合、他の株式〔会社108②⑥ロ〕)・数額等又は算定方法〔会社108③、会社則20①⑤参照〕を定める〔会社108②⑥・107②③〕。対価の内容が金銭である場合が典型的な強制償還型株式であり、会社の他の株式〔未発行株式の留保〕につき、会社114②②〕である場合が強制転換条項型株式となる。既発行の株式につき当該定款の定めを設け、又は当該定款の変更をするには、通常の'定款変更'手続〔会社466・309②⑪〕のほか、その株式を有する株主全員の同意を得る必要がある〔会社110・111①〕。会社による株式の取得は、財源規制に反することはできず〔会社170⑤〕、'株券発行会社'である場合、株券の提出手続の定めがある〔会社219・220〕。
3 取得の決定・効力の発生 「一定の事由が生じた日」が定款の定めから一義的に明らかな場合、当該日に当然に取得の効力を生じ、対象株式は'自己株式'となり〔会社155①・170①〕、同時に、取得対象株式の株主は、定款の定め(対価の内容)に従い、他の株式の株主等になる〔会社170②〕。この場合、会社は、遅滞なく、当該事由が生じたことを株主・登録質権者に通知又は'公告'しなければならない〔会社170③④、社債株式振替161②〕。これに対し、会社が、'取締役会'又は'株主総会'の決議により、一定の事由が生じた日を定めうる場合、株主・登録質権者に対し、当該日の2週間前までに通知又は公告をしなければならず〔会社168、社債株式振替161②〕、また、取得条項付株式の一部を取得する場合、一定の事由の生じた日と対象株式の決定の通知(公告)から2週間を経過した日のいずれか遅い日に取得の効力が生じる〔会社170①〕。

取得条項付新株予約権 ⇨新株予約権'
取得請求権付株式 **1 意義** 取得請求権付株式とは、株主が、会社に対して株式の取得を請求できる株式である〔会社2⑱・107①②・108①⑤〕。取得請求権付とするのは、全ての株式でも一部の'種類株式'でもよい。平成17年改正前の商法では、株主が取得に係る選択権を有す

じゅにんげ

る場合のうち，取得の対価が現金であるものを「義務償還(買受)株式」〔商旧222①③④，会社法整備法87①①・113⑤〕と呼び，それが他の種類の株式であるものを「転換予約権付株式」(平成13年11月改正前の転換株式)〔商旧222の2〜222の7，会社法整備法87③・113⑤〕と呼んで区別していたところ，取得に係る選択権の所在に従って整理し直すこととされた。
2 発行手続　会社が取得請求権付株式を発行する場合，定款において，イ 株主が会社に対して株式の取得を請求できる旨，ロ 取得と引換えに交付する対価の内容(*新株予約権'・*社債'・*新株予約権付社債'・株式等以外の財産，一部の種類株式の場合，他の株式〔会社108②⑤ロ〕・数額等又は算定方法，ハ 取得を請求する期間を定める〔会社107②②・108②⑤〕。対価の内容が金銭である場合が典型的な義務償還株式型であり，他の種類の株式(上級株式を含む)である場合が転換予約権付株式型となる。他の種類の株式を対価とする場合には，取得請求期間中，未発行株式として留保が必要となる〔会社114②①〕。交付される財産の数額・算定方法等については，定款にその要綱及び当該種類株式を初めて発行する時までに*株主総会'が決定できる旨を定めうる〔会社108③，会社則20①⑤〕。
3 取得の請求・効力の発生　取得の請求は，*株券発行会社'である場合には，株券を会社に提出の上〔会社166③〕，取得請求権付株式の種類・数を明らかにしてしなければならないが〔会社166②〕，財源規制に反する請求はできない〔会社166①但〕。取得請求権は*形成権'の一種であり，請求の日に取得の効力が生じ〔会社155④(*自己株式'となる)・167①〕，株主は，同日，定款の定め(対価の内容)に従い，他の株主の株式等になる〔会社167①②〕。

受忍限度　騒音・ばい煙・日照権侵害などの*公害'や生活妨害型の*不法行為'において*違法性'を判断する方法ないし基準。これらの行為は，他人の生活を妨害し損害を与える側面とともに自己の財産的施設を用いた生産活動であるなど，権利行使の側面もある。そこで，このような生活妨害行為(⇨ニューサンス')が不法行為となるか否かの判断では行為の違法性が争点となる。古くは権利行使が*権利濫用'となる場合に違法性を帯びるとしていた。しかし，その後，被害者救済の観点から，受忍限度を超える侵害行為は違法であるという主張がされるようになった。なお，違法性の概念は民法709条には明記されていないので，*過失'の判断に受忍限度を用いる説も有力である。

主任の大臣　内閣に置かれる機関及び各省の長として行政事務を分担管理する地位における*内閣総理大臣'及びその他の国務大臣(内3・25，内閣法制局設置法(昭和27法252)7，安保会議13，復興庁設置法(平成23法125)6，デジタル庁設置法(令和3法36)6，内閣府6，行組5)。憲法74条にいう「主任の国務大臣」に当たる。'行政大臣'ともいう。行政事務を分担管理しない大臣は，*無任所大臣'と呼ばれる。　⇨国務大臣'

主任弁護人　*被告人'に2人以上の*弁護人'があるとき，その統制をとるため，そのうちの1人を主任弁護人と定めなければならない〔刑訴33・34，刑訴規19〜25〕。主任弁護人は，*通知'や*送達'について他の弁護人を代表し，他の弁護人のする申立て・質問・*陳述'等に対する同意権をもつ〔刑訴規25〕。

受任命令　⇨委任命令'

ジュネーヴ海洋法条約　⇨国際連合海洋法条約'

ジュネーヴ四条約　1949年8月12日にジュネーヴで作成され，翌50年10月21日に発効した，戦地での傷病者や捕虜・文民等の保護を目的とする4つの条約。「戦地にある軍隊の傷者及び病者の状態の改善に関する1949年8月12日のジュネーヴ条約」(第1条約)，「海上にある軍隊の傷者，病者及び難船者の状態の改善に関する1949年8月12日のジュネーヴ条約」(第2条約)，「捕虜の待遇に関する1949年8月12日のジュネーヴ条約」(第3条約)，「戦時における文民の保護に関する1949年8月12日のジュネーヴ条約」(第4条約)から成る。日本は1953年に加入した(昭和28条25・条24・条25・条26)。いわゆる*国際人道法'の重要な一部をなす。戦争犠牲者保護条約あるいは赤十字条約とも呼ばれる。1977年には，ジュネーヴ四条約を補完するために2つの追加議定書(⇨ジュネーヴ四条約の追加議定書')が採択された。

ジュネーヴ四条約の追加議定書　1949年の*ジュネーヴ四条約'を補完するものとして，1978年12月7日に発効した。「1949年8月12日のジュネーヴ諸条約に追加される国際的武力紛争の犠牲者の保護に関する議定書(追加議定書Ⅰ)」及び「1949年8月12日のジュネーヴ諸条約に追加される非国際的武力紛争の犠牲者の保護に関する議定書(追加議定書Ⅱ)」。前者は国際的武力紛争，後者は内乱等の非国際的武力紛争における戦闘員や傷病者・文民の保護，害敵手段の規制等を目的とするもので，第二次大戦後の*国際人道法'の発展の具体的成果として重要な意義をもつ。日本は，これらの追加議定

書に 2004 年に加入した(平成 16 条 12・条 13。2005 年に発効)。

守秘義務　⇨秘密を守る義務'

種苗法　平成 10 年法律 83 号。植物新品種の育成者に適正な保護を与えることにより、新品種の育成を促進することを主な目的とする。植物新品種の育成には、長期間にわたる労力と多額の経費を要する一方で、種苗は一般に容易に再生産することが可能であるために、新品種の育成者といえども再生産による模倣者との競争にさらされることとなり、適正な保護なしには投下資本の十分な回収を図ることができない。そこで、本法は、新品種の育成者又は承継人が、出願を経て品種登録を受けることにより、登録品種の植物体を種苗として、業として生産販売等する権利(育成者権)を排他的に享受することを認め〔種苗 3・5・19・20〕、育成者の保護を図ることとしている。また、植物新品種の保護を図るべき気運は国際的な動向でもあり、「植物の新品種の保護に関する国際条約」により、植物の新品種の保護のための国際同盟(🔲 Union internationale pour la protection des obtentions végétales；略称 UPOV)が成立しており、本法を擁するに至ったわが国もこれに加盟している。近時、わが国の優良品種の海外流出が大きな問題となる中、海外流出の防止や育成者権の活用しづらさの解消などを目的に、令和 2 年、本法の大改正が行われている(法 74)。

主物・従物　独立の所有権の客体としての資格を失わないで、しかも継続して他の物の経済的効用を果たすために、これと空間的に結合されている物を従物といい、結合させられた物を主物という。例えば、畳・建具は主物である家屋の従物であり、庭園の石灯籠・五重塔などは主物である土地の従物である。この区別の実益は、従物は主物の処分に従う〔民 87〕と規定されているところにあり、例えば、家屋に*抵当権'が設定されると、この規定を根拠として抵当権の効力は畳・建具に及ぶと解されている。なお賃借地上の建物に設定された抵当権が実行された場合に土地賃借権も建物の買受人に移転するのが判例であるが(最判昭和 40・5・4 民集 19・4・811)、学説は賃借権を建物の「従たる権利」であるとして、民法 87 条の類推で説明する。もっとも、このように解すると、抵当権設定後の従物には抵当権の効力が及ばないことになりそうである(大判昭和 5・12・18 民集 9・1147)が、学説では、抵当権の客体となる「不動産に付加して一体となっている物」〔民 370〕に従物が含まれると解し、設定後の従物にも抵当権の効力

を及ぼそうとするものが有力である。なお、*物'に掲げた[表：物の分類]を参照せよ。

主文　*判決'の結論の部分で、判決主文ともいい、裁判の核心をなす。

I 民事訴訟の*終局判決'の場合には、主文〔民訴 252 ①1〕で*訴えの却下'あるいは請求認容又は*請求棄却'を明らかにし、更に*訴訟費用'の裁判〔民訴 67〕・*仮執行'の宣言〔民訴 259〕・*金銭納付の裁判'〔民訴 303 ②〕もこの主文の中に掲げられる。*既判力'・*執行力'が働く範囲についても主文が基準となる〔民訴 114 ①〕が、主文の内容を確定するために*判決理由'を参照すべき場合もある。

II 刑事訴訟では、*管轄違い'・*公訴棄却'・*免訴'・*無罪'・*刑の免除'・刑の言渡し、及び*訴訟費用'の負担を主文で表示する。なお、刑の*執行猶予'、*保護観察'、*未決勾留'日数の算入、罰金を納付しない場合の*労役場留置'期間等も、判決主文において言い渡さなければならない。判決の宣告(言渡し)の際には、必ず主文を朗読しなければならない〔刑訴規 35 ②〕。

シュミット　Schmitt, Carl(1888〜1985)　ドイツの憲法・政治学者。ベルリン大学教授など。19 世紀のロマン主義的政治思想の思考形式を批判的に分析した「政治的ロマン主義」(1919)、ワイマール時代の議会制民主主義をイデオロギー批判した「現代議会主義の精神史的状況」(1923)、19 世紀的自由主義の憲法理論を体系化した「憲法理論」(1928)などで不朽の学問的評価を得ている。その政治学的憲法解釈や*制度的保障'の理論は、今日でも日本の憲法学界に大きな影響を及ぼし続けている。しかしながら、憲法学を「世俗化された神学」と捉え、憲法を「政治的決断」とみる独自の視点は、後にナチスのイデオローグへと彼を導くことになり、戦後は戦犯容疑で拘禁され、釈放後も一切の公職に復帰することはなかった。

主務官庁　当該行政事務を主管する*官庁'。事項の管轄権の有無を基準として主務官庁が決まる場合、特定の官庁を明示できない場合があるので、主務官庁の語が用いられる。主務官庁が各省大臣の場合は、特に、*主務大臣'という。

主務大臣　ある行政事務の遂行について主管権限をもつ大臣。どの大臣が主務大臣となるかは、各大臣の権限事務を定めた法律(その大臣が長となっている府又は省の設置法)によって定まる。主務大臣は複数のこともあるが、1 人のときは、その法律で、財務大臣、厚生労働大臣というように明記するのが通例。

じゆめいさ

受命裁判官　I　民事訴訟法上，'裁判長'により指名されて〔民訴規31〕，'和解'の試み〔民訴89〕，'弁論準備手続'〔民訴171〕，'書面による準備手続'〔民訴176の2〕，'証拠調べ'〔民訴185①・195〕等の特定の'訴訟行為'を，合議体に代わって(単独で)行う合議体の一員である'裁判官'。その命ぜられた行為については，'裁判所'又は裁判長と同一の権能をもつ〔民訴206，民訴規45〕のが原則であるが，合議体の監督に服する。

II　刑事訴訟においても，合議体の決定に基づいて，その構成員である裁判官に，合議体を代表して，'押収'・'捜索'の裁判〔刑訴125〕，'検証'〔刑訴142〕，'証人尋問'〔刑訴163〕，'公判前整理手続'〔刑訴316の11〕などをさせることができる。

主要株主　自己又は他人(仮設人を含む)の名義で総株主等の'議決権'の100分の10以上の議決権を保有する株主をいい〔金商163①〕，その異動は，'臨時報告書'の提出事項〔金商24の5④，企業開示19②④〕，内部者取引規制上の重要事実〔金商166②②ロ〕とされる。また主要株主は，役員と並んで自社株等の売買等の報告提出義務〔金商163〕，短期売買利益の返還義務〔金商164〕を負う。金融商品取引業者，株式会社'金融商品取引所'や'金融商品取引所持株会社'には，議決権の100分の20以上を保有する株主等に関する規制があり〔金商29の4②・32～32の4・103の2①〕，これも主要株主規制と呼ばれる。

主要事実・間接事実　I　民事訴訟法上，主要事実とは，'法律効果'の発生に直接必要な事実をいう。権利の発生・変更・消滅を定める適用法規の'法律要件'に該当する事実で，直接事実ともいう。'要件事実'と同義で用いられるが，類型的事実としての要件事実に対し，それを個別事件ごとに具体化した事実を主要事実と呼んで区別する見解もある。間接事実とは，主要事実の存否を経験則上推認させる事実をいう。徴表(徴憑(ちょうひょう))ともいう。'弁論主義'は主要事実についてのみ適用があり，'主張責任'，'自白'の対象も主要事実に限られるとするのが通説であるが，重要な間接事実も当事者の主張がない場合には判決の基礎とすることはできないとする見解もある。いずれにしても弁論主義の適用にあたっては，主要事実と間接事実を区別することが重要となる。'過失'，'正当事由'といった規範的な概念，不特定概念を用いた法律要件については，過失，正当事由そのもの，又はそれらを基礎付ける具体的事実(例えば，飲酒運転)のいずれが主要事実であるかについて議論があるが，後者の理解が一般的である。
⇨'要証事実'

II　刑事訴訟法上の主要事実については'要証事実'を，'間接事実'については，その項をみよ。

主要食糧の需給及び価格の安定に関する法律　⇨'食糧法'

需要積上げ方式　⇨ブックビルディング方式'

主要目的ルール　'募集株式の発行等'について'株主総会'の'特別決議'を原則として要しない'公開会社'において，募集株式の発行等がなされ，それが不公正発行に該当するか否かが争われる際に〔会社210②・247②〕，裁判所において採用されてきた判断枠組みのことをいう。従来の裁判例からすると，例えば，募集株式の発行等において，その発行の主要目的が株主の持株比率を低下させ，その発行を決議した'取締役'の支配的地位を維持するためであると考えられる場合には，その発行は不公正であるとされ，もし，その発行の主要目的が，資金調達のため等会社の合理的な事業目的のためであると考えられる場合には，その発行は公正であるとされる。なお，いわゆるニッポン放送事件(東京高決平成17・3・23判時1899・56)以降，敵対的'企業買収'に対する対抗措置や買収防衛策の事案が増加してきたが，そこでみられる判断枠組みが，かかる従来の主要目的ルールの単なる延長線上のものか，それとも，従来の主要目的ルールとは異なる独自の内容を有するものなのか，学説上，争いがみられる。　⇨'買収防衛策'

受理　私人の申請，届出，審査請求，請願などを行政庁が有効なものとして受け取る行為(申請書，届出書，審査請求書，請願の受理)であり，法令が受理に一定の法効果を結び付けていることがある。受理は，'準法律行為的行政行為'の一種とされてきた。なお，行政庁が申請書の受理を拒否するなどの措置を行い，'行政指導'を過剰に実施した点，申請の審査義務の発生時点を自由に決めた点の改善を図るべく，行政手続法7条は行政手続における受理概念を否定し，申請書の到達をもって審査義務の発生を認めた。

受領権者　⇨'表見的受領権者'

受領遅滞　債務を履行するのに，債務者の側で'弁済の提供'をして，債権者の側でそれを受領することが必要であるとき，債権者が弁済の受領を拒否したり，受領ができなかったりすること〔民413〕。債権者遅滞ともいう。受領遅滞は，受領拒絶や受領の不能が債

者の責めに帰すべき事由に基づかない場合でも生ずる。受領遅滞があると，債務者は，イ *供託'して債務を免れることができ，ロ 損害賠償・遅延利息の請求を受けず，担保権の実行を受けないなど，不履行から生ずる一切の責任を免れ〔民492〕，ハ 約定利息は発生せず，ニ 目的物の保管について注意義務が軽減され(自己のためにするのと同一の注意で足りる)，ホ 相手方は*同時履行の抗弁権'を失う，などの効果が生ずると解されている。なお，債権者の責めに帰すべき受領遅滞は*債務不履行'の一種であるとして，債務者が債務不履行に基づく損害賠償請求権と契約解除権とを取得すると説く有力説があるが，判例は，原則としてこれらの効果を認めない(最判昭和40・12・3民集19・9・2090。ただし，最判昭和46・12・16民集25・9・1472は信義則上の受領義務を認める。 ⇨履行遅滞'

受領能力 自分の受けた*意思表示'の意味を理解する精神能力。相手方のある意思表示は相手方に了知可能な状態になった時に効力を生じるという*到達主義'の原則の一適用として，意思表示は受領能力を欠く者に対しては到達しただけでは効力を生じない。このように，意思無能力者・*未成年者'・*成年被後見人'は受領無能力者である〔民98の2柱本文〕が，*被保佐人'は受領能力者である。受領無能力者に対しては，表意者はその意思表示の効力を主張できないが，受領無能力者からはそれを主張できる。受領無能力者の*法定代理人'が意思表示を知った後〔民98の2①〕，又は受領無能力者が受領能力を回復して意思表示を知った後〔民98の2②〕は，表意者はその効力を主張できる。

種類株式 原則として全ての株式の内容は同じである。種類株式とは，一定の事項について他の株式と内容が異なる株式である〔会社108①〕。種類株式を発行するためには*定款'の定めが必要である〔会社108②③, 会社則20〕。
⇨拒否権付種類株式' ⇨全部取得条項付種類株式' ⇨取得条項付株式' ⇨取得請求権付株式' ⇨譲渡制限株式' ⇨優先株' ⇨劣後株' ⇨株主権'

種類株式発行会社 *種類株式'について*定款'に定めがある*株式会社'〔会社2⑬〕。実際に2種類以上の株式を発行している必要はなく，定款の定めがあれば種類株式発行会社となる。

種類株主総会 ある*種類株式'の株主のみから構成される総会〔会社2⑭〕。会社法によって種類株主総会が要求される場合(法定種類株主総会)〔会社322〕と，*定款'の定めによって要求される場合(任意種類株主総会)〔会社323〕がある。 ⇨拒否権付種類株式'

種類株主の取締役等の選解任権　**1 意義**
その*種類株主総会'において*取締役'・*監査役'を選任する定めのある*種類株式'〔会社108①⑨〕を有する株主による取締役・監査役の選解任権のこと。*ベンチャー企業'や合弁企業などにおいて，株主の出資割合や企業への関与度に応じて取締役(監査役についても同様である。以下，「取締役等」という)の選解任権を付与するために用いられる。

2 対象会社，定款の定め等　この種類株式の発行は*指名委員会等設置会社'及び*公開会社'には認められない。指名委員会等設置会社において*指名委員会'が*株主総会'に提出する取締役等の選解任の議案の内容を決定する権限を有し〔会社404①〕，また公開会社に認めると，合理的根拠もなしに一部の株主で取締役等を選任してしまうという濫用のおそれがあるからである。この種類株式を発行するには，各種類の株式につき当該種類株主総会で選任できる取締役等の数等を*定款'で定めなければならない〔会社108②⑨〕。例えば，*発行済株式総数'10万株として，A種類株式5万株，B種類株式3万株，C種類株式2万株とし，A株式の株主が取締役3名，B株式の株主が2名を選任でき，C株式の株主は選任できないとすると，A，Bのみならず Cについても定款でその旨を定めることを要する。他の種類の株主との共同での選任〔会社108②⑨ロ〕，B株式が消滅された場合等の手当て〔会社108②⑨ハ参照〕等についても定めることができる。この定めがあるときは，取締役等は上記の種類株主総会において選任され(クラス・ボーティング)，一般の株主総会では選任されないが〔会社347〕，その種類株主総会の決議については株主総会の選任決議と同じ取扱いがなされる〔会社325〕。その決議で選任された取締役等の解任についても規定がある〔会社347・339①・341・854③④〕。

種類債権　**1 意義**　一定の種類に属する*物'の一定量(*不特定物')の*引渡し'を目的とする*債権'。石炭10トンとか，ビール10ダースの引渡しを目的とする債権などがその例である。個性を失い標準化された商品が大量に取引される現在の社会では重要な意味をもつ。

2 目的物の品質　通常は当事者の意思によって定まるが，*法律行為'の性質によって定まることも多い。例えば，*消費貸借'〔民587〕・*消費寄託'〔民666〕にあっては，返還しなければならない物の品質は最初受け取った物と種類・品質

しゆるいそ

等が同一でなければならない。上記のいずれによっても定まらないときには、債務者は中等の品質をもつ物を給付しなければならない〔民401①〕。

3 種類債権の特定(集中) イ 債務者が物の給付をするのに必要な行為を完了したとき(例えば、*持参債務'の場合には目的物を債権者の住所で提供したとき)、ロ 債権者から債務者が指定を与えられ、その行使として給付の目的物を指定したときに、種類債権の目的物はその物に特定する〔民401②〕。そのほか、当事者が契約によって目的物を選定したときにも特定を生じる。特定前の種類債権の債務者は、引渡前に目的物が滅失した場合に同種の代替物を他所から調達して引き渡す義務(調達義務)を負うのに対して、特定後の債務者は目的物が滅失しても調達義務を負わない。その代わり、特定種類債権の債務者と同様に目的物の保存について善管注意義務を負う〔民400〕(⇒善良な管理者の注意')。その他、特定前は目的物の*所有権'の移転は生じようがないが、特定後は目的物の所有権が移転可能となる。

⇨制限種類債権'

種類創立総会 *種類株式発行会社'である場合において、ある種類の株式の種類株主を構成員とする*種類株主総会'の決議があることを必要とする旨の定めがあるとき、設立時に当該種類の株式を発行するときに開催が要求される、当該種類の設立時発行株式の設立時種類株主の総会〔会社則2②㉓〕。いわゆる'拒否権付種類株式'〔会社108①⑧②⑧・323〕や種類株主総会単位で'取締役'の選任が認められる株式〔会社108①⑨②⑨・347〕を設立時に発行するとき、種類創立総会の決議が要求される〔会社84・90等〕。基本的に*創立総会'に関する規定が準用される〔会社86〕。

種類売買 ある銘柄の石けんの売買のように種類を指定してする売買。不特定物売買と同じ。*特定物'売買と異なり、目的物が種類によって定められ、数量・重量が指定される。特定物売買と異なり、種類売買には*瑕疵(か)担保責任'が適用されないという考えもあったが、判例は、買主が目的物を受領した後は瑕疵担保責任を適用する(最判昭和36・12・15民集15・11・2852)。*債権法改正'後の規定〔民562。契約不適合責任〕はこの考え方と整合的である。

種 類 物 ⇨特定物・不特定物'

順位的併合 ⇨予備的併合'

準 委 任 民法は、*法律行為'(例えば契約の締結)の委託と、法律行為でない事務の委託(例えば会計帳簿の検査)とを区別し、前者を委任〔民643〕、後者を準委任〔民656〕としている。しかし、準委任には委任の規定が全面的に準用されるので、両者を区別する実益はない。 ⇨委任'

準間接選挙 ⇨複選制'

循 環 取 引 売買や請負等が連鎖して最初の売主等が最終の買主等と同一になる取引のこと。介入取引(実質的な売主・買主間の希望する代金支払条件の立替与信を行うために、形式的な売買当事者が中間に入る取引)やダム取引(資金力のある仕入業者に一定期間在庫を抱えてもらい、期間満了時に売れ残った在庫を買い取ることを約す取引)など、形式的には正常な商取引としてあるいはその延長線上で行われることもあるが、売上高の架空計上や不良在庫の損失計上の回避等の不正・違法な目的のために行われることもある。循環取引の法的な紛争としては、イ 循環取引に係る契約の成立や有効性を争うもの〔民90・94・95・96等〕、ロ 循環取引に係る契約の履行を求めるもの〔民533・541等〕、ハ 循環取引に関して直接の契約関係にない当事者の不法行為責任を問うもの〔民709・715・719、会社350〕、ニ 循環取引に関与した役職員の損害賠償責任を問うもの〔会社423①・429①、民415〕、ホ 循環取引を理由とする虚偽の情報開示等に係る損害賠償責任を問うもの〔金商21・22・24の4・24の5⑤、会計士34の22(会社596)〕などがあり、このほかへ 虚偽の情報開示に基づく課徴金〔金商172の4〕・刑事責任〔金商197①①〕やト 背任罪〔刑247〕・特別背任罪〔会社960①〕などが問われる。*株式会社の経営者や幹部職員が内部統制システムを迂回する形で隠蔽工作を行った場合、発覚が遅れ、証券取引所の特設注意市場銘柄(現在は*特別注意銘柄')への指定・上場廃止や倒産に至る場合もあるため、平成25年に企業会計審議会による監査基準の改訂及び「監査における不正リスク対応基準」の設定も行われた。

準起訴手続 公務員の*職権濫用罪'〔刑193〜196、破防45、通信傍受37〕について検察官が*不起訴処分'にしたとき、*告訴'又は*告発'をした者の請求により(⇨付審判請求')、裁判所が事件を審判に付するか否かを決定する手続〔刑訴262〜266〕。裁判上の準起訴手続、付審判(請求)手続ともいう。職権濫用罪についてはその性質上、不当な不起訴処分がなされて、公務員による人権侵害が看過されるおそれがあるので、*起訴便宜主義'の運用の公正さを担保するため、現行刑事訴訟法制定時に導入された。検

じゅんこく

察官の*起訴独占主義'の例外として，事件を審判に付する旨の裁判所の決定(付審判の決定)により直ちに*公訴'提起の効果が生じる〔刑訴267〕。請求を受けた裁判所は合議体で審理を行い，事件を起訴すべきものと判断するときは付審判の決定をする〔刑訴265・266〕。その審理方式については規定が乏しく，手続の性格・構造をどのように捉えるか争いがある。なお，付審判の決定のあった事件の公判には検察官が関与せず，これに代わり指定弁護士が検察官の職務を行う〔刑訴268〕。

準強制性交等罪 ⇨不同意性交等罪'
準強制わいせつ罪 ⇨不同意わいせつ罪'
準共有 複数人が同時に所有権以外の同一の*財産権'を有する場合をいう〔民264〕。民法の*共有'の規定〔民262の2・262の3を除いた民249〜263〕が準用される。準共有が認められる主要な権利としては，*地上権'・*地役権'・*抵当権'等がある。複数人が同時に同一の債権を有し又は債務を負う場合には，民法の多数当事者の債権についての規定〔民427等〕が適用される(⇨多数当事者の債権関係')。

準拠法 *国際私法'によって，法律関係を規律すべきものとして適用される法。準拠法の決定は，*単位法律関係'ごとに*連結点'を介してなされる。例えば，動産又は不動産に関する物権は，目的物の所在地という連結点によって，準拠法が定められる〔法適用13〕(⇨所在地法')。*最密接関係地の法'を準拠法とするのが*サヴィニー'の考え方に基づく現代の国際私法の中心理念であるが，それ以外にも，取引の安全や弱者保護など様々な抵触法上の政策目的に基づいて，準拠法は定められている。 ⇨消費者契約の準拠法' *労働契約の準拠法'

準拠法条項 ⇨当事者自治の原則'
準禁治産者 平成11年改正による*制限能力者'制度導入以前の用語で，*心神耗弱(しんしんこうじゃく)'・浪費癖のため，一定の者からの請求によって，家庭裁判所から準禁治産の宣告を受けた者を指していた。制限能力者制度における*被保佐人'にほぼ対応する(ただし旧11条と異なり保佐制度は保護の対象として「浪費者」を掲げてはいない〔民11〕)。

純計予算主義 ⇨総予算主義'
準血族 ⇨自然血族・法定血族'
準現行犯 厳密には現行犯人ではないが，現行犯人とみなされ，何人でも令状なしに逮捕することができるもの。イ 犯人として追呼されているとき，ロ 盗品や明らかに犯罪に使用したと思われる凶器などを所持しているとき，ハ 身体や衣服にはっきりした犯罪の証跡があるとき(例えばシャツに血痕が付着しているとき)，ニ 誰何(すいか)されて逃走しようとするとき，のいずれかに当たる者が，罪を行い終わってから間がないと明らかに認められるときには，現行犯人とみなされる〔刑訴212②〕。間がないとはどの程度の時間的間隔をいうかは，犯罪の性質によって異なるが，特別の事情がない限り，1，2時間を限度とすべきであろう(準現行犯人と認めた事例として，最決平成8・1・29刑集50・1・1〈和光大事件〉)。 ⇨現行犯逮捕'

準強姦罪 ⇨不同意性交等罪'
準抗告 I 刑事訴訟法 **1 裁判に対する準抗告** 裁判官がした，*忌避'申立ての却下，*勾留'・*保釈'・*押収'などに関する裁判に対して，不服のある者がその取消し又は変更を求める申立てをいう〔刑訴429①〕。*勾留状'発付に対する*弁護人'の準抗告などが，その例である。簡易裁判所の裁判官がした裁判に対しては管轄地方裁判所に，その他の裁判官のした裁判に対してはその裁判官の所属する裁判所に申し立てる〔刑訴429①柱〕。申立ては書面で行い〔刑訴431〕，これについて裁判所は合議体で決定しなければならない〔刑訴429④〕。原裁判の執行停止，申立てに対する裁判の内容及び*再抗告'の禁止については，抗告に関する規定が準用される〔刑訴432〕。

2 捜査機関の処分に対する準抗告 検察官・検察事務官又は司法警察職員がした，*接見指定'又は押収(*差押え'など)若しくは押収物の還付に関する処分に不服のある者は，裁判所にその取消し又は変更を請求することができる〔刑訴430〕。これも準抗告と呼ばれ，抗告に関するいくつかの規定が準用される〔刑訴432〕。

II 民事訴訟法上，*受命裁判官'又は*受託裁判官'の裁判に対して*受訴裁判所'に*異議'を申し立てる不服申立方法〔民訴329〕。受命裁判官又は受託裁判官は受訴裁判所の授権に基づいて受訴裁判所に代わって一定の職務を行うものであることから，受命裁判官・受託裁判官の裁判に対しては直ちに上級裁判所への抗告を許さず，まず受訴裁判所に異議を申し立てることにしている。そして，受訴裁判所の異議についての*決定'に対して初めて上級審への抗告が許される。
⇨抗告'

準強盗罪 *事後強盗'〔刑238〕及び*昏酔(こんすい)強盗'〔刑239〕をいう。いずれも強盗と同じ扱いを受ける。 ⇨強盗罪'

準国際私法 一国内に，地域によって異な

じゅんこん

る法が施行されている場合，地域をまたぐ法律関係についての'準拠法'を決定することを任務とする法。州際私法とも呼ばれる。アメリカ合衆国，イギリス，ロシア等の'不統一法国'ではこのようなルールが必要となる。国際的な法の抵触に関する'国際私法'とは異なり，'国籍'を'連結点'とすることはできないが，基本的にはその他の点ではほぼ同一の原則がとられている。日本には，かつて，朝鮮，台湾，内地との間に異なる法律が施行されていたので，準国際私法として'共通法'があった。

準婚 法律上の'婚姻'に準ずる男女の共同生活関係。判例は，最初内縁を'婚姻予約'と構成し，その不当破棄に対する損害賠償請求を認めようとした（大連判大正4・1・26民録21・49）が，届出がない点を除けば法律上の婚姻と同じ関係を予約と構成することは実体にそぐわないこともあり，また，内縁にも婚姻に準ずる法的効果を認めるようになってきた（例えば，大判大正11・6・3民集1・280）ので，むしろ直接に準婚という概念で捉えるようになった（最判昭和33・4・11民集12・5・789）。準婚には，法律婚だけに認められる'氏（ｼ）'の変更〔民750〕・子の嫡出性推定〔民772〕・配偶者相続権〔民890〕などは認められない。 ⇨内縁'

準再審 民事訴訟において，'即時抗告'をもって'不服申立て'をすることのできる決定・命令（⇨判決・決定・命令'）の確定後，再審事由〔民訴338〕を主張してこの確定した決定・命令の取消しとその事件の再審理を求める非常の不服申立て〔民訴349〕。再審抗告と呼ぶ例もある。再審と異なり，訴えの方法によらず再審の申立てによって開始され，'口頭弁論'は任意的である。'非訟事件'においても，準再審が認められている〔非訟83，家事103〕。刑事訴訟には，これに相当する制度はない。 ⇨再審'

準司法的権能 第二次大戦後，アメリカ法の影響を受けて導入された'行政委員会'が行政上の法律関係に関する紛争を裁判に類似した慎重な手続で裁断する権能のこと。行政委員会が担う行政的権能や'準立法的権能'と対比した用語法である。法律が，準司法手続で認定された事実について裁判所を拘束するという'実質的証拠法則'を定めたものがある〔電波99，土地利用調整52〕。 ⇨行政審判'

準司法的手続 行政手続のうち，裁判類似のものをいう。公正取引委員会の排除措置（平成17法35改正前の）や労働委員会の不当労働行為の審査等，いわゆる'行政審判'の手続がその例とされる。元来はアメリカ行政法にいうquasi-judicial procedure の訳語。'独立規制委員会'が規制権限を行使する際の事実審型聴聞，訴追的機能と裁判的機能の分離，厳格な手続がその原型である。そのような手続を経た行政決定の司法審査においては，事実認定の尊重や審級の省略が問題となる。

準事務管理 他人の事務を自分の利益のために処理することは'事務管理'とはならず，'不法行為'あるいは'不当利得'である。しかし，他人の'著作権'を無断使用して利益を上げているような場合に，無断使用者の収益分だけ本人が損失を被っていると直ちにいえない場合が多いから，特別な推定規定等がない限り，不法行為又は不当利得を理由としてはその収益分に相当する額の賠償を求めることは容易ではない。そこで，これを準事務管理という名称で呼び，事務管理の場合と同様に，管理者の得た利益を全部吐き出させて〔民701・646参照〕，本人の保護を図ろうとする考え方がある〔ドイツ民法687〕。日本の民法には規定がないが，解釈上これを認めようとする学説もある。なお，'知的財産権'の侵害については，侵害者の上げた利益を知的財産権の受けた損害の額と推定する旨の規定が置かれており〔著作114②，特許102②，新案29②，意匠39②，商標38②〕，これによって準事務管理の効果とされているものの一部が認められている。

準消費貸借 金銭その他の物を給付する義務を負う者が，その相手方に対してそれを消費貸借の目的とすることを約する'契約'〔民588〕。改めて目的物を交付する必要はないから，消費貸借の要物性〔民587〕を緩和する結果となる。売買代金を直ちに支払わずにこれを借金とし，それに利息・担保をつける場合などがその例であって，新たに信用を授与する機能を営む。基礎とされた債務が存在しなかったとき又は'無効'であったとき（例えば，'強行法規'違反あるいは'脱法行為'として無効な債務を基礎とするとき）は，準消費貸借も効力を生じない。準消費貸借によって成立する債務と既存債務との間に同一性があるかについては議論がある。判例は，当事者の意思によって決めることができるが，原則として同一性を失わないとする（大判大正7・3・25民録24・531）。その結果，既存債務についての'抗弁権'は新債務においても主張できる（同時履行の抗弁につき，最判昭和62・2・13判時1228・84）。ただ消滅時効については新債務を標準にするのが妥当であるとする（大判大正10・9・29民録27・1707）。 ⇨消費貸借'

純粋惹起(じゃっき)説　⇨惹起(じゃっき)説'

純粋代表　近代市民革命によって確立した*国民主権'では、その主権は抽象的存在たる国民によっては行使されず、その代表を通じて初めて行使される、と考えられた。その際、国民を代表する議会・議員は国民から独立して、すなわち国民の意思に拘束されることなく国民の意思を決定できる。このような代表関係が純粋代表といわれる。結局、純粋代表制は国民の直接政治を排除し、議会の主権性をもたらした。1791年フランス憲法が採用した制度はその典型である。⇨半代表'

純粋法学　*ケルゼン'が創唱し、1920年代ウィーンを中心に栄えた法理論。ケルゼンの亡命とともに分解したが、彼自身は晩年まで自説を発展させ続け、その理論的影響は世界各国の法学界に及んでいる。その基本思想は、イ 法学も価値判断から自由な認識に従事する科学であるべきこと、ロ 法は要件と効果としての*強制'を規範的に結合した「法規範」を基本単位として成り立っており、これを法学は「法命題」として記述するが、権利・義務・責任その他の法概念は、この法命題との関係で定義されること、ハ 法は授権の体系をなしており、*国際法'の下で世界のあらゆる法は一つの体系として捉えられ、その規範的前提は「*国際慣習法'に従うべし」という仮説的根本規範であること、ニ 法の解釈・適用・執行などは、上位規範の枠内の可能性を選んで、下位規範を創造するという共通の性格をもつ作業であること、などである。発足以来多くの批判を浴びたが、特に存在と当為の二元論、根本規範の意味、経験的要素の無視などが論議の対象となっている。

準ずる・類する　⇨準ずる・類する'(巻末・基本法令用語)

準正　民法上、*婚姻'関係にない父母から生まれた子(*嫡出でない子')が*嫡出子'の身分を取得する制度。イ 父に*認知'された非嫡出子が、その父母の婚姻により、婚姻の時から嫡出子の身分を取得する場合(婚姻による準正)、ロ 認知を受けていない子が、父母の婚姻後に認知され、認知の時から嫡出子の身分を取得する場合(認知による準正)の2種がある〔民789〕。この制度には、婚姻をしないで*内縁'関係にある男女を法律婚へと促し(⇨法律婚主義')、嫡出でない子を保護する政策的な意図が含まれている。

準占有　*占有'とは、自己のためにする意思をもって*物'を所持することをいう〔民180参照〕。他方で、準占有とは、自己のためにする意思をもって*財産権'の行使をすることをいう。準占有には、占有に関する規定が準用される〔民205〕。*地役権'・*抵当権'、鉱業権・漁業権、*著作権'・*特許権'等の*知的財産権'などについて、準占有が認められる。*債権'については、1回の行使により消滅するものであっても、準占有が認められるものとされている。平成29年に民法478条の規定が改正されたため(法44)、債権の準占有は、同条の規定との関係では問題とならない。

準則主義　1 意義　*法人'の設立につき、社団の実体を形成するにあたり遵守すべき法規に従えば、当然に法人格を付与する制度〔民33〕。法人格の取得に君主や特別の立法による特許を要する*特許主義〔日銀6等〕や、行政庁の個別的な許可・認可・認証を要する*免許主義'(医療法人〔医療44①〕、学校法人〔私学23①〕、特定非営利活動法人〔非営利活動10①〕等)に対する。日本の一般社団法人・一般財団法人及び会社は準則主義によって法人格を取得する。もっとも、この方式により法人格を取得するためには*設立登記'が必要であり〔一般法人22・163、会社49・579〕、登記に際し審査がなされるが、登記官は準則によったものかどうかを形式的に審査するにすぎない〔商登17・47・24〕。

2 弊害の是正　法定の設立手続を遵守せずに設立登記がなされた場合には、設立無効の訴え(⇨会社の組織に関する訴え')により法人格が否定される〔一般法人264①Ⅰ、会社828①Ⅰ〕。更に、国家が社会的に存在を許すべきでない法人の解散を命ずる制度を設けるとともに〔一般法人261①、会社824①〕(⇨会社解散命令')、銀行や保険など特に公益性の強い事業を営む場合には、特別法により*営業免許'を要求している〔銀行4①、保険業3等〕。

純損失　⇨損益通算'

準問屋(といや)　自己の名をもって、他人の計算で、物品の販売・買入れ以外の行為をすることを業とする者。*運送取扱人'も準問屋に含まれるが、商法は別途規定している〔商559〜564〕。準問屋は*問屋'に関する規定の準用を受ける〔商558〕。⇨問屋営業'

春闘　*労働組合'が賃上げ等を要求して、春に行うスケジュール闘争。昭和30年代前半に始まり、賃金交渉に際して「春闘相場」を形成するまでになったが、デフレ経済の下で退潮を余儀なくされたほか、近年では賃上げにも政府が関与するなど、その意義は全体として小さくなっている。

準備金　1 概念　*株式会社'においては

じゅんびし

'貸借対照表'の純資産の部の株主資本の区分に計上される計算上の数額。会社法上は，資本準備金と利益準備金をいう〔会社445④〕。'法定準備金'とも呼ばれる。広義には将来見込まれる費用又は損失の発生に備えて貸借対照表の純資産の部に計上される数額であり，法定準備金のほか，'定款'又は'株主総会'の決議により積み立てられる任意準備金('任意積立金')を含む。'引当金'が将来の費用又は損失が当期以前の事象に起因し，当期以前の収益に対応して計上されるものであるのに対して，準備金は将来の収益に対応する費用又は損失に対応するものである。

2 性質 準備金は計算上の数額であり，法定準備金は分配可能額算定の基礎となる剰余金の額の計算上，控除される〔会社446①ニ〕。

3 準備金の計上 'その他利益剰余金'の配当をする場合には，当該剰余金の配当により減少する剰余金の額に10分の1を乗じて得た額を，準備金の額が資本金の額の4分の1に達するまで，利益準備金として計上しなければならない〔会社445④, 会社計算22②〕。また，'合併'等の組織再編行為の際の引継ぎ額〔会社445⑤, 会社計算36・38〕及びその他利益剰余金からの組入れ額〔会社451, 会社計算28①〕も利益準備金の額を増加させる。他方，設立又は株式の発行に際して'株主'となる者が株式会社に対して払込み又は給付をした財産の額のうち，資本金として計上しなかった額〔会社445①③〕，資本金の額を減少した額のうち資本準備金の額を増加させるものとした額〔会社447①②, 会社計算26①①〕，'その他資本剰余金'の配当〔会社451①, 会社計算26①②〕，合併等の組織再編行為の際のいわゆる合併差益等のうち合併契約等により資本準備金とするものとされた額及び引継ぎ額が資本準備金とされる。このほか，その他資本剰余金の配当をする場合には，当該剰余金の配当により減少する剰余金の額に10分の1を乗じて得た額を，準備金の額が資本金の額の4分の1に達するまで，資本準備金として計上しなければならない〔会社445④, 会社計算22①〕。資本準備金及び利益準備金は分配規制との関係で剰余金の算定上控除され，その結果分配可能額がそれだけ少なくなることから，資本準備金及び利益準備金の財源は限定列挙である。任意準備金は株主総会の決議によって計上することができる〔会社452〕。

4 準備金の額の減少 会社法上の法定準備金については，株主総会の'普通決議'によって準備金の額を減少させることができる。ただし，会社が株式の発行と同時に準備金の額を減少する場合において，当該準備金の額の減少の効力が生ずる日後の準備金の額が当該日前の準備金の額を下回らないときには'取締役'の決定('取締役会設置会社'にあっては，'取締役会'の決議)によって準備金の額を減少することができる〔会社448①③〕。なお，資本組入れ(準備金の額を減少させて資本金の額を増加すること)及び定時株主総会の決議による欠損塡補の場合を除き，準備金の額を減少する場合には債権者異議手続(⇨債権者保護手続)を経なければならない〔会社449①〕。任意準備金(任意積立金)の中には使用目的を特定して計上されるものもあるが，使用目的の特定の有無にかかわらず，株主総会の普通決議によって取り崩す(減少させる)ことができる〔会社452〕。

5 特別法上の準備金 '相互会社'は，基金(基金償却積立金を含む)の総額(定款でこれを上回る額を定めたときは，その額)に達するまでは，毎決算期に剰余金の処分として支出する金額(社員配当準備金及び社員配当平衡積立金に積み立てる金額を含む)の3/1000以上を，損失塡補準備金として積み立てなければならない〔保険業58〕。また，特別法上の引当金又は準備金とされているものの中には，企業会計原則注解(注18)が定める引当金の要件を満たし，負債の部に計上されるべきものもある。他方，特別法上の引当金又は準備金は，その計上が会社の任意ではなく，法令で定められた繰入れ及び取崩し方法に従わなければならないこと，また，特別法上の引当金又は準備金の計上が強制されている会社の業種には公益性が強く，特定の政策目的をもって特別な引当金又は準備金の計上が義務付けられているという事情があることに鑑みて，財務諸表規則54条の3及び会社計算規則119条では，負債と認められない特別法上の引当金又は準備金は，固定負債の次に別の区分を設けて表示するとしている。もっとも，財務諸表規則67条及び会社計算規則53条は，純資産の部の項目として計上することが適当であると認められるものは，純資産として計上することができると規定しており，負債ではなく，利益留保の性格を有する特別法上の引当金又は準備金については，当該特別法において，計上すべき部が特定されていない限り，純資産の部に計上することができると解されている。

準備書面 民事訴訟において，当事者が'口頭弁論'で'陳述'しようとする事項を記載し，あらかじめ裁判所に提出し，かつ，相手方当事者に直送される書面〔民訴161・162, 民訴規79〜

83の2]。相手方当事者に応答を準備する機会を与え、また裁判所の*訴訟指揮'を容易にする機能を有する。地方裁判所以上では準備書面の提出が義務付けられており〔民訴161・276〕、準備書面に記載していない事項は、相手方が在廷していないときは提出できない〔民訴161③・276③〕。*訴状'・*上訴'状の記載が準備書面を兼ねることがある〔民訴規53③・175〕。被告が提出する最初の準備書面を*答弁書'と呼ぶ〔民訴規80〕。

準必要的共同訴訟　*通常共同訴訟'のうち、共同訴訟人の各請求が同一の事実又は法律関係から生ずる場合にも、論理上合一確定が要請されるとして、必要的共同訴訟に準じて民事訴訟法40条の準用を認めるという学説上の概念。もっとも、本来通常共同訴訟である場合について、必要的共同訴訟の規定を制限的に適用しようとするものであるため、通説は、かかる概念に対して批判的である。　⇨必要的共同訴訟'

準備的口頭弁論　*争点及び証拠の整理'のために行う*口頭弁論'。口頭弁論を争点及び証拠の整理の段階と*集中証拠調べ'の段階に分けて行う場合のその第1段階の口頭弁論をいう〔民訴164～167〕。　⇨本質的口頭弁論'

準備手続　Ⅰ　刑事訴訟において、*公判準備'のためにかつて用いられていた手続。その実質的内容は、新たに導入された期日間整理手続〔刑訴316の28〕に移行した。　⇨公判前整理手続'

Ⅱ　民事訴訟についても、*旧民事訴訟法'には同名の手続があった〔旧民訴249～256〕が、現行民事訴訟法では、*弁論準備手続'に改められた。詳しくは、その項をみよ。

準袋地　⇨囲繞(いにょう)地'
準文書　⇨文書・準文書'
遵法義務　自らの属する法域の法に従うべき道徳的義務。しばしば政治的義務と呼ばれることもある。はたしてそれが存在するか、また存在するとしたらどのようにしてかは、ソクラテス(Sokrates, B.C.470(469)～399)を主人公とするプラトン(Platon, B.C.427～347)の対話篇「クリトン」以来論じられてきた古くて新しい問題である。遵法義務を正当化する議論としては、同意に基づく議論、公正あるいはフェアプレーの義務に基づく議論、共同体の一員としての地位に基づく議論、法体系の実質的な正しさに基づく議論などがある。他方、一般的な遵法義務を否定する見解は哲学的アナキズムと呼ばれる。　⇨抵抗権'　⇨正統性'

遵法(順法)闘争　法令を平常時よりも厳格に遵守して労務を遂行するタイプの争議戦術。*争議行為'が禁止されている公共部門でかつてよく用いられ、民間部門でも安全衛生法規や道路交通法規に関して行われることがあった。法の遵守は当然のこととはいえ、遵法闘争により平常時よりも作業能率が落ちて、*怠業'と同様の効果をもたらすこともある。通説は、法が客観的に要求する以上の仕方での遵守は怠業類似の争議行為とし、怠業と同様の正当性判断に服するとする。

準法律行為　Ⅰ　私法　1　意義　*法律効果'を発生させる行為のうちで何らかの意思的要素を伴うが、*法律行為'とは異なって*効果意思'は伴わない各種の行為をいう。例えば、*弁済'の*催告'は、弁済せよという意思を通知するものであるが、催告をする債権者がいくら弁済を欲していても催告だけで弁済という効果が認められるわけではなく、催告による法律効果は*時効の完成猶予'〔民150〕・*履行遅滞'〔民412③〕・解除権発生〔民541〕にとどまり、しかも、これらの効果は催告者が欲したかどうかにかかわりなく、催告をしたという事実に対して直接に法律の規定に基づいて与えられる。そこで、催告は準法律行為であるとされる。準法律行為の概念は、民法の*意思表示'に関する通則(*行為能力'・*錯誤'・*代理'等に関する規定)が適用されないと考えられる各種の行為(下記2参照)を集めて、法律行為に対する意味で与えられた名称であり、意思表示の規定の適用範囲を明らかにする点に実益がある。しかし、準法律行為のうちでも意思表示の規定を類推適用されるのが妥当であると思われるものも少なくなく、結局、適用されるかどうかは個々の準法律行為ごとに判断しなければならないと考えられている。その限りで準法律行為という概念を立てることの意味はそれほど大きなものではない。

2　種類　準法律行為は、普通、一定の意識内容を表現するもの(表現行為)とそうでないもの(非表現行為)とに分類される。前者には意思の通知〔例：民20・150等〕・観念の通知〔例：民109・467等〕・感情の表示〔例：民旧(昭和22法222改正前の)814(姦通(かんつう)の宥恕(ゆうじょ))〕、後者には、*先占'〔民239①〕・*遺失物'拾得〔民240〕・*事務管理'〔民697～702〕などがある。

Ⅱ　*行政行為'の分類方法として、民法の*法律行為'にかかる分類方法を参照して、*法律行為的行政行為'と*準法律行為的行政行為'に学問上区別されることがある。

準法律行為的行政行為　私法の分野で*法律行為'と*準法律行為'の区別があることを参考に、行政法の分野で、*行政行為'について、

じゅんよう

行為者の意思表示に基づいて効力の発生する*法律行為的行政行為'と，意思表示を要素とせずに，精神作用に法規が一定の*法律効果'を定める準法律行為的行政行為に区分する考え方が伝統的にみられた。しかし，いずれの行政行為も，法律規定の根拠に基づき効力が付与される点からすると，意思表示を基準とした上記区分自体に不明な点が少なくない。準法律行為的行政行為には，具体的には，確認，公証，通知，受理が含まれると説かれてきた。これらの内容は法的性格において異なるものを含むことから，準法律行為的行政行為として統一して論じる意義について，現在では消極的な見解が多い。

準 用　⇒準用'(巻末・基本法令用語)

準立法的権能　行政機関，特に*行政委員会'の有する権能のうち，規則の制定のように議会の権能に類似したものをいう。*公正取引委員会'や*人事院'の規則制定権がその例とされる。元来はアメリカ行政法にいう quasi-legislative power の訳語。*独立規制委員会'制度との関連が強く，*準司法的権能'と対になっている。アメリカではかつて立法権限の委任は憲法上許されないとされたことが quasi という用語の背景にあり，大陸法的な委任立法の観念とはやや異なる。

省　*国の行政機関'の一種。省の長は*大臣'である〔行組5〕。省の設置及び廃止，所掌事務の範囲は法律で定められる〔行組3②・4〕。*外局'のほか*内部部局'として*官房'・局・部・課・室等が，また*地方支分部局'その他の機関(審議会等，施設等機関，特別の機関)が置かれる〔行組7〜9〕。省から外局を除いた省の本体を本省という。現在，総務・法務・外務・財務・文部科学・厚生労働・農林水産・経済産業・国土交通・環境・防衛の11省がある。　⇒府'

章　⇒編・章・節'(巻末・基本法令用語)

条・項・号　⇒条・項・号'(巻末・基本法令用語)

上 院　*両院制'*議会'の一院で，歴史的には選出方法の上で国民とより密接な関係に立つ*下院'と対置されてきた。第1に，民選議院である下院と異なり，世襲貴族や政府任命議員から構成される*貴族院'型の上院がある(イギリスの貴族院や*明治憲法'下の貴族院など)。第2に，連邦国家において，国民全体を代表する下院と異なり，各邦(州)の代表者から構成される連邦制の上院もある。これらに加えて第3に，単一国家で両院制を維持しつつも上院を下院同様に民主化する例がみられ，ここでは選挙制度や任期などを変えることで下院と異なる民意の代表が試みられる。日本国憲法下の参議院もこれに属する。

上映権　公衆に対して*著作物'を上映する権利であり，以前は映画の著作物に固有の権利として規定されていたが，平成11年の*著作権法'改正(法77)により，全ての著作物に対して付与された(著作22の2)。動画だけでなく，静止画像の公衆への提示についても，上映権の対象になる。映写幕その他のものへの画像の投影のほか，ディスプレイ装置やPCモニターへの画像の再生などの方法による公衆への提示も含む〔著作2①⑰〕。他の地点から公衆送信されてきた画像を受信地において公衆に提示する行為は，公衆送信された著作物を受信装置により公に伝達する権利として，上映権とは別に規定されている〔著作23②〕。

承役地　甲地の所有者が*地役権'に基づいて乙地を通行する場合の乙地のように，地役権によって制限を受ける土地。　⇒要役地'

上演権　公衆に直接見せ又は聞かせる目的で上演する著作者の権利〔著作22〕。*著作権'の支分権の1つ。*演奏権'と合わせて公演権をいう。上演とは，演奏(歌唱を含む)以外の方法で著作物を演ずることをいい〔著作2①⑯〕，複製とは異なり，無形的な再生である。

場屋(じょうおく)営業　⇒場屋(じょうおく)の取引'

場屋(じょうおく)の取引　客の来集に適した物的・人的設備を備えて，利用に供する取引のこと。場屋の取引は*営業的商行為'である〔商502⑦〕。場屋営業とは場屋の取引を営業として行うものであって，ホテル・旅館・飲食店・浴場・劇場等の営業がこれに当たる。個々の取引の内容は営業の態様によって多様であり，それぞれの規制法や契約によって規律されるが，商法は，多くの人が出入りする施設に客が一定時間滞在し，その所持品について紛失・盗難の危険が少なくないことに着目して，客の所持品に関し場屋営業者に特別の責任を課している〔商596〜598〕。　⇒レセプツム責任'

傷害 1意義　刑法上，傷害罪〔刑204〜207〕や各種の致死傷罪の*構成要件'要素とされている。傷害の一般的な意義は，人の身体の生活(生理)機能を害することである。これより多少広く，頭髪を全部そり落とした場合のように身体の完全性が害される場合を含むとする説もある。いずれにしても，外傷の存在は必要でなく，単に失神させたにとどまる場合，病毒に感染させた場合，更に，心的外傷後ストレス障害(*ピー・ティー・エス・ディー(PTSD)')を与えた場合なども傷害である。しかし，致死傷罪の

傷害については若干限定を加える考えもあり，特に強盗致傷罪〔刑240前〕の場合，その法定刑が非常に重いこともあって(ただし，平成16年の改正(法156)により同罪の有期刑の下限が6年に引き下げられ，酌量減軽をしても執行猶予を付しえないという問題は解消された)，医学上は生活機能が害されたということができても，日常生活で看過されるような極めて軽微な傷は刑法上の傷害といえないとする考え方が有力である。もっとも，判例はそのような限定を認めない(最決昭和37・8・21集刑144・13，最決昭和41・9・14集刑160・733，最決平成6・3・4集刑263・101)。

2 傷害罪の故意 傷害罪〔刑204〕については，*暴行'を手段とする場合，その*故意'に特別の議論がある。通説・判例(最判昭和22・12・15刑集1・80等)は，この場合，傷害を暴行〔刑208〕の*結果的加重犯'と解し，暴行の故意だけで足りるとしている。暴行によらない傷害の場合は故意犯であるから傷害の故意が必要となる(最決平成17・3・29刑集59・2・54(音による傷害)など)。

常会(国会の) 毎年1回召集することを憲法上要請されている国会の*会期'〔憲52〕。一般に通常国会と呼ばれる。*予算'の1年制度と関連するもので，従来，毎年12月中に召集するのを常例としてきたが，平成3年の*国会法'改正(法86)により，予算の国会提出〔財27〕と合わせ，1月中に召集するのを常例とすることになった〔国会2〕。会期は150日と法定されている〔国会10〕が，両院一致の議決で1回だけ延長することができる〔国会12。なお，国会13参照〕。

障害一時金 ⇨障害給付 ⇨障害年金'
障害基礎年金 ⇨基礎年金' ⇨障害年金'
障害給付 *通勤災害'に対する*労働者災害補償保険法'上の*保険給付'の一種〔労災21③・22の3〕。障害年金と障害一時金の2種類がある。給付内容は*業務災害'の場合の障害補償給付と同一である。 ⇨障害補償給付'
障害厚生年金 ⇨厚生年金保険'
障害支援区分 障害者・障害児の障害の多様な特性その他の心身の状態に応じて必要となる標準的な支援の度合いを総合的に示すために，*障害者総合支援法'に基づき定められる区分〔障害総合支援4④〕。平成24年改正(法51)により，従前の障害程度区分の名称・定義が見直されたもの。*介護給付費'又は*訓練等給付費'の申請をした障害者につき，面接調査の結果及び医師の意見書に基づいて，市町村審査会が審査及び判定し，その結果に基づき市町村が認定する〔障害総合支援21〕。介護給付費等の支給要否決定，また支給決定がされる場合の支給量(介護給付費等を支給する*障害福祉サービス'の量)の決定に際し，市町村が勘案する要素の1つとなる〔障害総合支援22①⑦〕。区分1から6までの6段階に分かれる。

障害児通所支援 *児童福祉法'に基づく障害児の居宅生活の支援で，児童発達支援，放課後等デイサービス，居宅訪問型児童発達支援及び保育所等訪問支援をいう〔児福6の2①〕。障害児を児童発達支援センター等の施設に通わせて，又は障害児の居宅若しくは障害児が通う保育所等を訪問して，日常生活における基本的な動作の指導，知識技能の習得等の便宜を供与する〔児福6の2②~⑤〕。平成28年改正(法65)により，重度の障害等により外出が著しく困難な障害児のための居宅訪問型児童発達支援が新設され，令和4年改正(法66)により児童発達支援の類型(福祉型，医療型)が一元化された。市町村は，都道府県知事が指定する事業者から障害児通所支援を受けた障害児の保護者に対し，サービスに要した費用について障害児通所給付費を支給する〔児福21の5の3〕。保護者がやむをえない事由により障害児通所給付費の支給を受けることが著しく困難であるときは，市町村は*福祉の措置'として障害児通所支援を提供することができる〔児福21の6〕。

渉外実質法 国際私法上，専ら渉外的私法関係を規律対象とするが，準拠法指定という方法ではなく，実質的な規律内容を定めている実質法をいう。*国際物品売買契約に関する国際連合条約'，*国際海上物品運送法'などの万民法型の統一私法条約に基づくものと，外国人土地法，会社法817条以下など，日本が自発的に制定した国内法規がある。また，国際私法に優先して適用される強行適用法規(絶対的強行法規)(⇨強行法規の特別連結')と，国際私法によって日本法が準拠法と指定された場合にのみ適用される法規に分けられる。

傷害疾病損害保険契約 損害保険契約(⇨損害保険')のうち，*保険者'が人の傷害疾病によって生じる損害の塡補を約するもの〔保険2⑦〕。*保険法'は，傷害保険，疾病保険を保険給付の内容が定額給付か損害塡補かで分け，前者を*傷害疾病定額保険契約'とし，後者を傷害疾病損害保険契約として損害保険契約の一類型として規律している。医療に関する医療保険もどちらかに該当する。傷害疾病損害保険契約は保険給付の内容が損害塡補であることに着目し，損害保険契約一般に関する規律を適用することとしたものである。ただし，*人保険'であるこ

しようがい

とから，傷害疾病損害保険契約には適用されない規定〔保険9・10等〕や，傷害疾病損害保険契約の特則〔保険34・35〕もある。保険業を行う免許との関係では，傷害保険，疾病保険は保険給付の内容が定額給付か損害塡補かで区別されることなく，基本的には生命保険会社も損害保険会社も扱うことができる〔保険業3④②⑤②〕。

傷害疾病定額保険契約　＊'保険契約'のうち，＊'保険者'が人の傷害疾病に基づき一定額の金銭〔保険2①参照〕を支払うことを約するもの〔保険2⑨〕。＊'生命保険'と同様の定額保険である。一般に，傷害保険とは，人の傷害に基づき保険者が保険給付を行うものであり，疾病保険とは疾病に基づき保険者が保険給付を行うものである。実際に販売されている保険は，必ずしも傷害保険と疾病保険に分けられているわけではなく，傷害又は疾病による入院等の場合に保険給付を行うという形のものもある。このような保険を含めて，医療に関する保険は医療保険といわれることもある。＊'保険法'では，損害保険，生命保険と並べて傷害疾病定額保険契約についての規律を置いている。傷害や疾病自体を給付事由〔保険66参照〕とするものと，傷害や疾病による入院や死亡等の発生を給付事由とするものがある。また，損害保険会社が扱うものと生命保険会社が扱うもので約款の規定ぶりが違うところも多い。　⇨傷害疾病損害保険契約'

障害児入所施設　＊'児童福祉法'に基づき設置される＊'児童福祉施設'の一種で〔児福7①〕，障害児を入所させて支援を行うことを目的とする施設〔児福42〕。保護，日常生活の指導及び独立自活に必要な知識技能の付与を行う福祉型と，これらに加えて治療を提供する医療型がある。平成22年改正(法71)により，障害種別による区別が廃され一元化された。この施設に入所する障害児に対して行われる保護等の支援を，障害児入所支援という〔児福7②〕。都道府県は，都道府県知事が指定した施設に入所して障害児入所支援を受けた障害児の保護者に対し，サービスに要した費用に障害児入所給付費を支給する〔児福24の2〕。第1種＊'社会福祉事業'であり〔社福2②②〕，国・地方公共団体以外の者が設置するには都道府県知事による認可が必要である〔児福35〕。従業者の員数等については内閣府令で定める基準に従い，その他の事項については同基準を参照して都道府県条例で設備・運営の基準が定められ，基準の遵守等について都道府県知事による行政の監督が行われる〔児福45・46〕。

障害者基本法　昭和45年法律84号。全ての国民が障害の有無にかかわらず等しく基本的人権を享有する個人として尊重されるとの理念の下，全ての国民が障害の有無によって分け隔てられることなく相互に人格と個性を尊重し合いながら共生する社会を実現するため障害者の自立及び社会参加の支援等に関する施策の基本原則を定め，当該施策を総合的かつ計画的に推進することを目的とする法律〔障害基1〕。心身障害者対策基本法が，平成5年の改正(法94)で題名改正された。本法において「障害者」とは，身体障害・知的障害・精神障害等がある者であって，障害及び社会的障壁により継続的に日常生活又は社会生活に相当な制限を受ける状態にあるものをいう〔障害基2〕。何人も障害を理由とする差別その他の権利利益を侵害する行為をしてはならず，このことに違反しないよう，社会的障壁の除去を必要としている障害者が現存し，かつその実施に伴う負担が過重でないときは，その実施について必要かつ合理的な配慮がされなければならない〔障害基4〕。国と地方公共団体には障害者の自立及び社会参加支援等のための施策を総合的かつ計画的に実施する責務等〔障害基6・7〕，国民には全ての国民が障害の有無にかかわらず相互に人格と個性を尊重し合いながら共生する社会の実現に寄与する責務〔障害基8〕が課される。また，政府による障害者基本計画の策定〔障害基11〕と国会への関係年次報告〔障害基13〕，国と地方公共団体による障害者の優先雇用の施策〔障害基19〕，年金等〔障害基15〕，教育〔障害基16〕，障害者政策委員会〔障害基32～35〕などを規定する。＊'身体障害者福祉法'，＊'精神保健及び精神障害者福祉に関する法律'，＊'障害者の日常生活及び社会生活を総合的に支援するための法律'，＊'知的障害者福祉法'，＊'障害者の雇用の促進等に関する法律'，「障害者虐待の防止，障害者の養護者に対する支援等に関する法律」，「障害を理由とする差別の解消の推進に関する法律」などの関連法規と相まっての総合的施策が企図されている。

障害者虐待　障害者に対する暴行・身体拘束，わいせつ行為，暴言，減食・放置，財産の不当な処分等であって，障害者の養護者によるもの，＊'障害者支援施設'・＊'障害福祉サービス'事業等の従事者によるもの及び障害者の使用者によるものをいう〔障害虐2〕。「障害者虐待の防止，障害者の養護者に対する支援等に関する法律」(平成23法79)が，虐待を受けた障害者に対する保護や養護者に対する支援等について定める。障害者虐待の発見者は市町村への通報義務を負う〔障害虐7・16・22〕。養護者による虐

しょうがい

待に対し，市町村は，障害者の一時保護のため障害者福祉各法に基づく*福祉の措置'を講ずる他，*成年後見'の審判の請求や立入調査，養護者の面会制限を行うことができる〔障害虐待9・11・13〕。施設等の従事者や使用者による虐待に対しては，社会福祉法，*障害者総合支援法'，*労働基準法'等に基づく監督権限が行使される〔障害虐待19・26〕。

障害者雇用促進法　⇨障害者の雇用の促進等に関する法律'

障害者支援施設　障害者につき，施設入所支援を行うとともに，施設*障害福祉サービス'(*生活介護'，*自立訓練'，*就労移行支援'及び*就労継続支援'B型)を行う施設〔障害総合支援5⑪〕。施設入所支援とは，その施設に入所する障害者につき，主として夜間において，介護その他の必要な日常生活上の支援を供与することをいう〔障害総合支援5⑩〕。障害者支援施設の経営は第1種*社会福祉事業'であり〔社福2②④〕，原則として国・地方公共団体・*社会福祉法人'が経営主体となる〔社福60，障害総合支援83〕。従業者の員数等については省令で定める基準に従い，利用定員については同基準を標準として，その他の事項については同基準を参酌して，都道府県条例で設備・運営の基準が定められる。法令及び基準の遵守について都道府県知事による行政的監督が行われる〔障害総合支援84～86，社福71〕。　⇨介護給付費'　⇨訓練等給付費'

障害者自立支援法　⇨障害者の日常生活及び社会生活を総合的に支援するための法律'

障害者総合支援法　⇨障害者の日常生活及び社会生活を総合的に支援するための法律'

障害者の雇用の促進等に関する法律　昭和35年法律123号。障害者の職業安定を図ることを目的とする法律〔障害雇用1〕。本法は，雇用者の雇用義務等に基づく雇用の促進等のための措置，雇用の分野における障害者と障害者でない者との均等な機会及び待遇の確保について定める。前者について本法は，障害者雇用率制度を定め〔障害雇用43〕，障害者法定雇用率未達成の事業主は，未達成の状況に応じて算定される障害者雇用納付金を納めなければならず〔障害雇用53～55〕，他方で，その納付金を財源として，法定雇用率を超えて障害者を雇用している事業主には，その雇用状況に応じて障害者雇用調整金等の各種助成金が支給される〔障害雇用49～52〕。国・地方公共団体にも障害者雇用率は定められる〔障害雇用38〕。後者に関して本法は，事業主は，労働者の募集及び採用について，障害者に対して，障害者でない者と均等な機会を与えなければならず〔障害雇用34〕，*賃金'の決定，教育訓練の実施，福利厚生施設の利用その他の待遇について，労働者が障害者であることを理由として，障害者でない者と不当な差別的取扱いをしてはならない〔障害雇用35〕旨を定めるほか，事業主は，過重な負担とならない限り，労働者の募集及び採用にあたり障害者からの申出により当該障害者の障害の特性に配慮した必要な措置を講じなければならず〔障害雇用36の2〕，障害者である*労働者'について，その雇用する障害者である労働者の障害の特性に配慮した職務の円滑な遂行に必要な施設の整備，援助を行う者の配置その他の必要な措置を講じなければならない〔障害雇用36の3〕旨を定める。その他，本法は，公共職業安定所による求人開拓等〔障害雇用9〕や求職者への適応訓練〔障害雇用13～15〕などの職業リハビリテーションの推進〔障害雇用2章〕等を定める。

障害者の日常生活及び社会生活を総合的に支援するための法律　**1 内容**　平成17年法律123号。*障害福祉サービス'に係る給付，*地域生活支援事業'その他の支援を総合的に行い，もって障害者及び障害児の福祉の増進を図ることなどを目的とする〔障害総合支援1〕。この目的を達成するため，*介護給付費'，*訓練等給付費'，地域相談支援給付費等の支給の*自立支援給付'〔障害総合支援2章〕，地域生活支援事業の実施〔障害総合支援3章〕，障害福祉サービス事業及び*障害者支援施設'の開設並びにこれらに対する監督〔障害総合支援4章〕，市町村及び都道府県障害福祉計画の策定〔障害総合支援5章〕などについて定める。

2 意義・特徴　平成15年度から実施されていた支援費制度に代わって成立した障害者自立支援法が，平成24年改正(法51)により現在の題名に改められた。支援費制度では障害の種別及び障害者の年齢によって各障害福祉法制に分立していた給付・事業を一元化・再編し，*障害支援区分'の認定など支給決定の手続を整えた。支援費制度では除かれていた精神障害者福祉を含み，発達障害，難病にも対象を拡大している。また，地域生活支援事業及び*就労移行支援'の創設，重度障害者を対象とするサービスの制度化などがなされた。障害福祉サービスの費用に対する利用者の自己負担は，制定当初は定率負担とされたが，障害者の負担の増加が批判されたため，平成22年改正(法71)によりサービスの費用の1割を上限とする応能負担へ変更された〔障害総合支援29③②等〕。更に，65歳に達し

しょうがい

た障害者が'介護保険'の利用に移行すると利用者負担が増加する問題への対応として、平成28年改正(法65)により、介護保険の利用者負担を軽減する仕組みが設けられている〔障害総合支援76の2①②〕。

傷害致死罪 他人に'傷害'を加え、その結果その者を死亡させた罪。刑法205条。3年以上の有期拘禁刑に処せられる。傷害罪〔刑204〕の'結果的加重犯'である。判例によれば、傷害罪も'暴行'罪〔刑208〕の結果的加重犯として成立するから(最判昭和22・12・15刑集1・80等)、'故意'に暴行を加え、傷害を生じさせ、その結果、被害者が死亡したときは、暴行と死亡結果の間に'因果関係'の存在する限り、本罪が成立する。

障害手当金 ⇨厚生年金保険'

障害年金 1 '被保険者'などが、病気や事故等による負傷が原因で、その傷病について初めて医者等の診察を受けた日(初診日)から1年6カ月を経過した日(その期間内に傷病が治ったときは治った日)に、一定程度以上の障害の状態にあるときに支給される'年金給付'。国民全体をカバーする障害年金として、'国民年金'制度が障害等級1級又は2級に該当する者に支給する障害基礎年金(⇨基礎年金')がある。これに上積みされる障害年金及び障害等級3級に該当する者への障害年金として、民間労働者・公務員等を対象とする障害厚生年金がある(公務員等を対象とする、平成27年10月1日前に支給事由が生じた障害共済年金はなお存続する)。'厚生年金保険'は、障害等級3級よりも軽度の障害について、一時金(障害手当金〔厚年55〕)も支給する。
2 '労働者災害補償保険法'に基づき'通勤災害'に対して行われる'保険給付'である障害給付の1つ〔労災22の3〕。 ⇨障害給付'
3 戦傷病者戦没者遺族等援護法に基づき支給される年金〔戦傷等援護7〕。なお、一定の場合に年金に代えて障害一時金の支給とすることができる〔戦傷等援護7③〕。

障害福祉サービス '障害者総合支援法'が、'自立支援給付'によって障害者・障害児に保障するサービス。'居宅介護'、'重度訪問介護'、同行援護、行動援護、'療養介護'、'生活介護'、'短期入所'、重度障害者等包括支援、施設入所支援(⇨障害者支援施設')、'自立訓練'、就労選択支援、'就労移行支援'、'就労継続支援'、就労定着支援、自立生活援助及び共同生活援助(⇨グループホーム')を内容とする〔障害総合支援5①〕。居宅サービス及び施設サービスに分類されていた障害者福祉を、日中活動に対する支援と生活の場における居住支援とに再編し、両者を総合的に捉える概念である。平成28年改正(法65)により、地域生活の支援の強化として自立生活援助及び就労定着支援が新設され、令和4年改正(法104)により、働き方の選択を支援する就労選択支援が新設された。都道府県知事が指定する事業者・施設から受ける障害福祉サービスは、'介護給付費'又は'訓練等給付費'の支給対象となる〔障害総合支援29〕。指定を受けようとする事業者・施設は、都道府県条例で定める人員、設備及び運営に関する基準を満たさなければならない〔障害総合支援36③・38③〕。事業者等には指定を受けた後も基準を遵守したサービスの提供が義務付けられ〔障害総合支援43・44〕、基準の遵守について報告の徴収、'立入検査'、勧告・命令、指定の取消等の行政的監督が行われる〔障害総合支援48~50〕。

障害福祉年金 ⇨福祉年金'

傷害保険 ⇨傷害疾病定額保険契約'⇨傷害疾病損害保険契約'

障害補償一時金 ⇨障害補償給付'

障害補償給付 '業務災害'に対する'労働者災害補償保険法'上の'保険給付'の一種〔労災12の8①③・15〕。業務災害による傷病が治癒(症状が固定)した後もなお身体に障害が残っている場合に支給される。給付内容は障害等級表〔労災別則表1〕に照らして決定され、障害程度の高い1級から7級までは障害補償年金、8級から14級までは障害補償一時金となる。年金・一時金の額は、'給付基礎日額'〔労災8・8の3・8の4〕に障害等級に応じた所定日数を乗じた額である〔労災別表1・別表2〕。障害補償年金受給権者が希望すれば障害等級に応じて定められた一定額を'前払一時金'として受給できる。また、同人が所定日数分の額を受給する以前に死亡した場合には遺族はその差額を請求することができる〔労災附58・59〕。 ⇨障害給付'

障害補償年金 ⇨障害補償給付'

障害未遂 '未遂'のうち、犯罪の実行に着手したが外的障害によりこれを遂げなかった場合をいい〔刑43本文〕、自己の意思により犯罪をやめた'中止未遂'〔刑43但〕に対するもの。中止未遂と異なり、刑の減軽は任意的なものにとどまる。

紹介予定派遣 派遣元事業主が、職業安定法に基づく'職業紹介'を行う許可を得て、派遣期間の終了後に当該派遣労働者を派遣先に職業紹介することを予定して行う労働者派遣〔労派遣2④〕。派遣先と派遣労働者にとって、一種の

試用期間としての機能をもつ。派遣先と派遣労働者は、派遣期間終了以前に、その終了後、当該職業紹介により派遣先が派遣労働者を雇用することを合意できる。このため、一般の派遣では禁止されている派遣就業開始前の面接、履歴書の送付などが認められている〔労派遣24の3・26⑥〕。紹介予定派遣の期間は、6カ月を超えてはならない〔派遣元事業主が講ずべき措置に関する指針(平成11労告137)第2-15(一)、派遣先が講ずべき措置に関する指針(平成11労告138)第2-18(一)〕。派遣元事業主は、紹介予定派遣の対象者を登録又は雇い入れるときには、そのことをあらかじめ当該労働者に明示しなければならない〔労派遣32〕。また、派遣先が職業紹介を希望しない場合には派遣元にその旨を通知すること、及び派遣期間の制限を免れる目的でないことを要する〔派遣元指針第2-15(二)、派遣先指針第2-18(二)〕。 ⇨労働者派遣法' ⇨職業安定法'

少額訴訟手続 少額軽微な事件を簡易な手続で迅速に審判するための手続。現行民事訴訟法において導入された。請求の目的物の価額が60万円以下の金銭の支払を目的とする事件について、原告の求めがあり、被告の異議がないとき、*簡易裁判所'は、特別手続で審理する〔民訴368①・373〕。原則として、1回の期日で審理が完了することが予定され〔民訴370〕、*証拠調べ'は即時に取り調べることのできる証拠に限りすることができる〔民訴371〕。*口頭弁論'終結後直ちに判決が言い渡される〔民訴374〕。請求を認容する際しては、被告の資力等を考慮して、分割払い、支払の猶予等を定めるなどの判決をすることができる〔民訴375〕。判決に対しては、*控訴'は提起できず、判決をした裁判所に*異議の申立て'をすることのみが可能である〔民訴378〕。

少額短期保険 保険業を行うには原則として内閣総理大臣の免許を受けることが必要であるが〔保険業3①〕、少額短期保険業は、内閣総理大臣の登録を受けて行うことができる〔保険業272①〕。少額短期保険業は、*保険期間'が2年以内の所定の期間(生命保険では1年、損害保険では2年)以内であり、*保険金額'が1000万円を超えない所定の金額(死亡保険金では300万円以下、損害保険では1000万円)以内である保険のみの引受けを行う事業である〔保険業2⑰〕。平成17年改正(法38)まで*保険業法'による規制の及ばなかった、いわゆる「根拠法のない共済」につき、保険業法による監督の対象としたものである。

少額投資非課税制度 ⇨ニーサ(NISA)'

消火妨害罪 平成7年の刑法の平易化前は鎮火妨害罪と呼ばれていた。1 火災の際に、消火用の物を隠匿又は損壊し、あるいはその他の方法で消火を妨害する罪。刑法114条。1年以上10年以下の拘禁刑。火災の際でなければ、消火器などを損壊しても、単なる*器物損壊罪'である。抽象的危険犯であり、妨害行為がなされれば、現実に消火行為が妨害されたことを必要としない。なお、消防活動の妨害、望楼・火災報知機・消火栓等の損壊につき、消防法に罰則がある〔消防40・38・39〕。
2 居住者・消防団員・警察官のように、法律上の消火義務を負う者については、*不作為'による*放火罪'の成立をみる場合がある。これに反して、一般人が、公務員から消火に協力するよう要請され、これに応じないとしても、本罪ではなしに、*軽犯罪法'1条8号違反の問題となるだけである。

召喚 裁判所(裁判長、裁判官の場合もある〔刑訴69・179・228①〕)が被告人・証人・鑑定人等に対し、一定の日時に裁判所その他の場所への出頭を命ずる裁判である強制処分〔刑訴57・153・171等〕。召喚に応じないときは、*勾引'され〔刑訴58②・135・152。なお鑑定人、刑訴171〕、被告人を除き、過料・費用賠償の間接強制を受け、刑罰を科されうる〔刑訴150・151〕。召喚は召喚状によって行うが〔刑訴62〕、*期日'における口頭告知等簡易な召喚方法もある〔刑訴65②③〕。出頭義務が免除されている場合の被告人の召喚〔刑訴284・285・390・404・273②。なお、刑訴409〕は、単に出頭の機会を与える通知にすぎず、強制処分ではない。

上官 ⇨上司'

償還株式 ⇨取得条項付株式' ⇨取得請求権付株式'

償還金額 ⇨遡求金額'

償還権 *手形'・*小切手'の*遡求'義務者が遡求権者から償還請求されるのをまたずに、自ら進んで償還して手形・小切手を受け戻すことができる権利〔手50①・77①④、小46①〕。償還請求権すなわち*遡求権'とは異なる。遡求が遅くなれば、それだけ*遡求金額'が増大し〔手48①②・77①④、小44②参照〕、また、前者への*再遡求'が遅れて回収が困難となるおそれがあるため、これらの不利益を避けるために遡求義務者にこの権利が認められる。

商慣習 企業取引において自然発生的に発達した慣習。通説は*慣習法'と*事実たる慣習'〔民92〕とを区別し、前者は法規範であり、*任意法規'に反して成立せず、またその違反の

しょうかん

判決に対しては*法律問題'として*上告'できるとする。これに対し，後者は，*意思表示'の解釈資料にすぎず，任意法規に反する場合にも拘束力をもち，またその違反の判決に対し上告できないとする。商慣習は，事実たる慣習であると一般に解されている。少数説は，民法92条は*法適用通則法'3条にいう慣習の効力を認めた「法令の規定」であり，したがって，商慣習も民法92条の要件を満たす限り，法律と同一の効力をもつと解して，商慣習と商慣習法との区別を否定する。いずれにしても両者の区別は明確でないことが多い。商慣習のメリットとして，イ 規範の改廃や変更を柔軟かつ迅速に行いうる，ロ 規範の違反に対するサンクションが柔軟かつ多様であり関係当事者にとって実効的な制裁になりうる，ハ 専門家が専門的知識を活用し，その創成・解釈・適用・変更をしてきたため，合理的かつ公正な内容である場合が多いことなどが指摘される。他方，正統性・体系性・透明性の欠如，本質的に利益相反性を内在し公平性を欠くといった問題点や限界を抱えている。 ⇒商慣習法'

商慣習法 商取引に関する*慣習法'。例えば，手形要件を欠く白地(しらじ)手形の*有価証券'性は，商慣習法により認められている(大判大正15・10・18 評論16商158)。商法は，元々慣習法の形で発達し，それが成文化されたものが少なくないが，複雑多岐で技術革新の絶えない企業関係の全ての問題を，漏れなく*成文法'に盛り込むことは不可能であり，成文化することが，かえって企業取引の発展を阻害する場合もある。そのため成文法の欠陥を埋め合わせるために，次々に新しい商慣習法が発生し，また改廃されていく。商慣習法は，商法の重要な*法源'の1つであり，商法典及び商事特別法令には劣るが，民法典に優先して適用される〔商1②〕。商慣習と商慣習法との区別は実際上明確ではないことが多い。 ⇒商慣習'

償還請求 ⇒遡求'
償還請求権 ⇒遡求権'
償還の通知 ⇒遡求の通知'
焼 燬(しょうき) ⇒焼損'

試用期間 **1 意義** 正規従業員を当初から本採用にせず，試験的に一定期間働かせ，職業能力を試す期間。試みの使用期間，見習い期間ともいわれる。公務員の場合(原則として6カ月〔国公59，地公22〕)を除けば，その長さは何ら定められていないが，3カ月とする例が多い。
2 法律上の取扱い 試用期間中は，次の点で特別に扱われる。イ *解雇'に*解雇の予告'を必要としない。ただし，同一事業主に14日を超えて使用されるに至った場合はその限りでない〔労基21〕。ロ 一定の手続をすれば，*最低賃金'が減額される〔最賃7②〕。
3 法的性質 判例は，当該企業内の試用期間中の者に対する処遇の実情等を重視すべきであるとしつつ，長期雇用システム下の一般的な契約は，解約権留保付労働契約であるとする。*留保解約権'に基づく解雇は通常の解雇より広く認められるが，解約権留保の趣旨，目的に照らして，客観的に合理的な理由が存し，社会通念上相当として是認されうる場合に限定される(⇒三菱樹脂事件')。

小規模個人再生 *民事再生'の特則として個人債務者の再生のために規定された簡略な手続の1つ〔民再221～238〕。個人債務者のうち，将来において継続的に又は反復して収入を得る見込みがあり，かつ，*再生債権'の総額が5000万円を超えないものは，小規模個人再生を行うことを求めることができる。小規模個人再生においては，*再生計画'に基づく弁済総額の下限が法定されるが，弁済期間は原則3年と短く設定され，再生計画案の決議において，不同意を適式に回答しない債権者を同意したものと扱う形で，通常の民事再生より可決要件が緩和されている。 ⇒給与所得者等再生'

償却資産 *固定資産'のうち，使用や時の経過により価値の減少するもの。建物や機械・装置のような有形資産と*知的財産権'や漁業権のような無形資産がある〔所税令6，法税令13〕。 ⇒減価償却資産'

上級行政庁 同一の系統に属する下級行政庁に対し，一般的な*指揮監督権'を行使することのできる行政庁(例：税務署長に対する国税局長)。

上級審 ⇒審級'

情況証拠 間接証拠又は間接事実自体のこと。circumstantial evidence 囲の訳語。例えば，殺人罪の公判で，被告人が被害者をひどく怨んでいたという*証言'は，殺人の動機を立証し，その他の証拠と相まって公訴犯罪事実の存在を推認させるものであるから，情況証拠である。情況証拠を*供述証拠'と対置させ，殺人の動機に関する*証人'の供述は供述証拠であって，情況証拠ではないとする見解もある。直接証拠による証明も情況証拠による証明も法の要求する証明の程度は異ならない(最決平成19・10・16 刑集61・7・677)。 ⇒間接事実' ⇒直接証拠・間接証拠'

商業使用人 *商人'(個人商人・*会社'の)

*営業'(事業)活動を補助する者のうち,自ら独立の商人としてではなく,特定の商人の内部においてその指揮命令の下で,その商人を代理して対外的な活動を補助する者。商法・会社法上,商業使用人は,代理権の範囲により,支配人,ある種類又は特定の事項の委任を受けた使用人,店舗使用人という3つの類型に区別され規律されている〔商20〜26,会社10〜15〕。 ⇨支配人' ⇨使用人' ⇨店舗使用人'

商業信用状 銀行が輸入業者の代金の支払を担保することを内容とする*信用状'。銀行信用状ともいい,旅行者信用状に対する。銀行が輸入業者の開設依頼により,受益者である輸出業者に対して,信用状発行銀行を支払人とする*為替手形'を振り出す権利を与える旨,又は一定の条件(例えば,無故障*船荷証券'・*保険証券'・*送り状'・品質証明書等を付した*荷為替手形'であることなど)を履行すれば,同銀行において輸出業者の振り出す為替手形の引受け・支払をする旨を約定するもので,輸入業者から輸出業者に送付される。信用状条件に合致する書類の提示があれば,輸入業者が受け取った物品と売買契約書等に記載された物品の品質等が異なることを理由に発行銀行は信用状に基づく支払を拒めない。これにより輸出業者は,輸入業者の資力・信用を調査する必要が減じるため,国際取引において活発に利用されている。*国際商業会議所'の策定した「信用状統一規則」(商業荷為替信用状に関する統一規則及び慣例(最新版は2007年改訂版))は商業信用状の重要な*法源'である。信用状発行銀行の支払債務は,開設依頼者の受益者に対する債務からは独立したものである。商業信用状は,発行銀行が後に発行を取り消すことができるかどうかにより取消可能信用状と取消不能信用状,船荷証券などの船積書類の提供を条件として手形の引受け・支払をするかどうかにより荷付信用状と荷落(にお)ち信用状,譲渡が可能かどうかにより譲渡可能信用状と譲渡不能信用状などに分けられる。

商業帳簿 *商人'がその営業上の財産及び損益の状況を明らかにするために作成しなければならない帳簿〔商旧(平成17法87改正前の)32参照〕。*会計帳簿'及び*貸借対照表'が商業帳簿とされており,商人は,その営業のために使用する財産について,適時に,正確な商業帳簿を作成しなければならない〔商19②〕。ここで会計帳簿とは仕訳帳,総勘定元帳,現金出納帳,売上帳,仕入帳,得意先元帳,仕入先元帳,商品有高帳,支払手形帳,受取手形帳などをいう。商業帳簿は,書面又は*電磁的記録'をもって作成及び保存をすることができる〔商則4③〕。商人は,帳簿閉鎖の時から10年間,その商業帳簿及びその営業に関する重要な資料を保存しなければならないが〔商19③〕,閲覧等に供する義務はない。もっとも,裁判所は,申立てにより又は職権で,訴訟の当事者に対し,商業帳簿の全部又は一部の提出を命ずることができる〔商19④,民訴220・223。刑訴323②(伝聞証拠の例外)も参照〕。商人の会計は,*一般に公正妥当と認められる会計の慣行'に従うものとするとされており〔商19①〕,商業帳簿に関する商法施行規則の規定の適用に関しては,一般に公正妥当と認められる会計の基準その他の会計の慣行を斟酌しなければならない〔商則4②〕。もっとも,商法施行規則では,会計帳簿との関係で資産及び負債の帳簿価額〔商則5〕を定めるほか,貸借対照表の表示の原則及び作成,貸借対照表の区分について定めている。商人は,その開業時の会計帳簿に基づき開業時における貸借対照表を作成しなければならず,各営業年度に係る会計帳簿に基づき各営業年度に係る貸借対照表を作成しなければならない。各営業年度に係る貸借対照表の作成に係る期間は,その営業年度の前営業年度の末日の翌日(その営業年度の前営業年度がない場合には,開業の日)からその営業年度の末日までの期間とされ,その期間は,1年(営業年度の末日を変更する場合における変更後の最初の営業年度については,1年6カ月)を超えることができない〔商則7〕。また,貸借対照表は,資産,負債及び純資産の部に区分して表示することのみが求められている〔商則8〕。

商業手形 売買その他の現実の商取引を原因関係として振り出された*手形'。経済上の用語で,商取引の裏付けのない*融通手形'に対する。現実の商取引に裏付けられており,支払が比較的に確実なので,借入れの際担保として用いられることがある。

商業手形担保貸付け *商業手形'を担保とする貸付け。商担手貸しと略称される。例えば,AがBを受取人として振り出した手形で,BがCを被裏書人として担保のために*裏書'をし,Cから融資を受ける場合のCの貸付けをいう。金銭消費貸借契約であるから,BはCに返済義務を負う。

商業登記 **1意義** *商人'(個人商人・*会社')に関する一定事項について商業登記簿に記載してする*登記'であって,商人に関する重要な事実を公示することによって,商人の信用の維持を図り,かつ取引の安全と円滑に寄与するための制度。商業登記簿には,商号登記

しようぎょ

簿・未成年者登記簿・後見人登記簿・支配人登記簿・株式会社登記簿・合名会社登記簿・合資会社登記簿・合同会社登記簿・外国会社登記簿がある〔商登6〕。

2 登記事項及び登記手続 登記事項その他商業登記に関する実体的規定は，商法〔商11②・22等〕，会社法〔会社911・915等〕等に置かれている。登記手続の詳細は'商業登記法'及び商業登記規則が定める。商業登記は当事者の申請又は官庁の嘱託によってなされるほか〔商8，会社907，商登14・15〕。裁判所書記官の嘱託による場合の例として会社937〕(⇨'嘱託登記')，登記官の職権によってなされるものもある〔商登72等〕。登記の事務は，当事者の'営業所'の所在地を管轄する法務局等がつかさどる〔商登1の3〕。なお，インターネットを通じて登記情報を入手することが可能になったため，会社の支店所在地における登記が不要となった〔令和元年改正前会社930～932〕。

3 効力 イ 商業登記の一般的効力として，当事者は，登記すべき事項につき，登記がなければ'善意'の'第三者'に対抗することができず(消極的公示力)，登記があれば，第三者が正当な事由(災害等，登記を確認することができない客観的事由をいい，病気等の主観的事由は含まれないと解するのが通説)により知ることができなかった場合を除き，善意の第三者に対抗できる(積極的公示力)〔商9①，会社908①〕。ロ '故意'又は'過失'によって不実の事項を登記した者は，その事項が不実であることをもって善意の第三者に対抗できない〔商9②，会社908②〕。ハ ある種の登記は，それぞれ法の定める特殊な効力に結び付けられている〔会社49・612・673等〕。

商業登記法 昭和38年法律125号。'商業登記'に関する手続を規定する法律。商業登記法はかつての'非訟事件手続法'の3編5章を，商業登記の手続を合理化し，規定の不備を補うために分離し，独立の法律として規定を整備したものである。1章の2は'登記所'及び登記官について定め，2章は，商号，未成年者，後見人，'支配人'，株式会社，合名会社，合資会社，合同会社，外国会社のそれぞれに関する9種類の商業登記簿を登記所に備えるべきこと，誰でも登記事項証明書の交付を求めることなどを定める。3章は本人申請主義，書面申請主義にのっとった登記手続を定めるとともに申請の却下事由等を定める規定(通則)と各商業登記の登記事項，申請人，添付書面等を定める規定から成る。また，4章雑則では，登記官の不当処分に対する審査請求などに関して規定する。

商業用レコード ⇨レコード'
消極規制 ⇨内在的制約'
消極国家 ⇨夜警国家'
消極代理 ⇨能働代理・受働代理'
消極的確認の訴え ⇨確認の訴え'
消極的権限争議 ⇨権限争議'
消極的商号権 ⇨商号権'
消極的訴訟要件 ⇨訴訟要件' ⇨訴訟障害'
消極的損害 ⇨積極的損害・消極的損害'

常居所 人が通常居住している場所。国際私法上の'連結点'。常居所のある地の法を常居所地法という。属人法の決定基準に関する本国法主義と住所地法主義との対立を克服するためハーグ国際私法会議によって創出された概念。各国の国際私法でも採用されるようになり，日本でも，まず，ハーグ条約を国内法化した，'遺言の方式の準拠法に関する法律'及び'扶養義務の準拠法に関する法律'で用いられ，次に平成元年'法例'改正の際に，婚姻の効力〔法適用25〕，'夫婦財産制'〔法適用26〕，'離婚'〔法適用27〕，親子間の法律関係〔法適用32〕の準拠法の連結点として，また重国籍者や無国籍者の本国法の決定にあたり〔法適用38①②〕，導入された。法務省民事局長通達「法例の一部を改正する法律の施行に伴う戸籍事務の取扱いについて」(平成元年民2-3900)では，戸籍窓口での業務のため，常居所取得の要件となる居住期間につき，日本人については住民票により，外国人については在留資格に応じて，具体的に認定基準が定められている。現在では，財産法分野の連結点としても広く用いられている〔法適用8②・11・15・19・20等〕。常居所という概念は法的擬制を伴わない事実的なものとされる。単なる一時的なものでない点で居所と異なり，相当期間の居住の事実が必要とされる一方，意思を必要としない点で，住所，とりわけ英米法のドミサイルとは異なる。

常居所地法 常居所のある地の法。⇨常居所'

常勤監査役 他に常勤の仕事を有さず，毎日フルタイムで'監査役'としての仕事をすることができる監査役のことをいう。'監査役会設置会社'においては監査役の中から最低1名は'選定'しなければならない〔会社390③〕。

承継(国際法上の) ⇨国家承継'
承継取得 ⇨原始取得・承継取得'
承継的共犯 ある者(先行行為者)が犯罪の実行に着手した後その終了前に，他の者(後行行為者)がその事情を知りながら当該犯罪に関与する形態の'共犯'で，承継的共同正犯と

的幇助(ほう)犯の2つが考えられる。後行行為者は、その関与前に先行行為者が行った行為に対して因果的影響を与えていないことから、先行行為者のなした関与前の行為の結果についてまで*責任'を負わせてよいかが問題となり、犯罪の成否だけでなく、量刑にも影響する。共犯の責任について*惹起(じゃっき)説'(因果的共犯論)の立場から考える見解が有力で、判例もこれに沿った解決を原則としている(最決平成24・11・6刑集66・11・1281)。しかし、例えば、手段と結果とが密接に関連する犯罪である*詐欺'の事案について、判例は、だまされたふり作戦が開始されていたことを知らないまま、先行行為者らと共謀の上、欺罔行為と一体のものとして予定されていた行為をした後行行為者に、先行行為者のなした加功前の欺罔行為の責任を認めている(最決平成29・12・11刑集71・10・535)。

承継人 ⇨第三者'

使用権(商標の) *商標権'者以外の者が当該登録商標をその指定商品又は指定役務につき業として使用できる権利。商標権者の意思(許諾)に基づいて成立する許諾使用権(いわゆるライセンス。約定使用権ともいう)のほか、法定使用権としては以下のものがある。イ 先使用による場合〔商標32〕(⇨先使用権')、ロ *地域団体商標'についての先使用権〔商標32の2〕、ハ *無効審判'請求登録前の使用による場合(中用権)〔商標33〕、ニ 特許権等の存続期間満了後の商標を使用する場合〔商標33の2・33の3〕、ホ 再審により回復した商標権の再審請求登録前の使用による場合(後用権)〔商標60〕。使用権の基本的な性質は特許の実施権とほぼ同様であるが、商標制度が自他商品・役務の識別を旨とすることから、例えばいずれの法定使用権においても、商標権者等は使用権者に対し混同防止表示を付すべきことを請求できる旨を定めた規定〔商標32の2等〕が置かれているなどの違いがある。また、不実施の場合の*裁定実施権'〔特許83〕に対応するような裁定使用権といった制度は設けられていないが、商標登録の不使用及び不正使用に対しては商標登録取消審判の制度が設けられている〔商標50〜53の2〕。 ⇨実施権(特許の)' ⇨法定実施権'

証 言 証人の供述。経験した事実及びそれにより推測した事項〔刑訴156〕の報告を内容とする。特別の学識によって知ることができた事項を内容とするときは、鑑定証言という〔刑訴174,民訴217〕。証言の*証明力'は、自由心証〔刑訴318,民訴247〕(⇨自由心証主義')に委ねられるが、刑事訴訟法上は種々の理由から*証拠能力'の制限がある。伝聞証言〔刑訴320①,憲37②〕,証言能力のない幼児の証言などは、証拠能力が否定される。 ⇨証人' ⇨証人尋問' ⇨証言拒絶権'

条 件 狭義においては*法律行為'の効力の発生又は消滅を,将来発生するかどうか不確実な事実にかからせる*附款'。その事実そのものを条件と呼ぶこともある。例えば、「入学すれば時計をやる」という場合の「入学すれば」という附款又は「入学」という事実が条件(*停止条件')であり、「落第したら奨学金をやめる」という場合の「落第したら」という附款又は「落第」という事実が条件(*解除条件')である。講学上はしばしば、法律行為によらない権利義務の発生又は消滅が将来の発生不確実な事実にかかっている場合にも、その事実を条件と呼ぶことがある。法律行為の効力が成否不確実な事実にかかっている点で、*期限'と異なると説かれるが、具体的には、ある附款が条件であるのか期限であるのかを巡って問題となることが少なくない。判例は「将来成功の暁には支払う」といういわゆる*出世払い'証文を期限(不確定期限)と解している(大判大正4・3・24民録21・439)。法律行為に条件をつけるのは原則として当事者の自由であり、婚姻、養子縁組、相続の承認・放棄、手形行為〔手1②・12①・75②、小1②・15①〕など不安定な法律関係を認めるのが妥当でない行為については条件をつけることはできない。また、単独行為に条件をつけることも相手方の法律上の地位を不安定にするので原則として許されない〔民506参照〕。 ⇨既成条件' ⇨不法条件' ⇨随意条件'

証 券 化 ⇨セキュリタイゼーション'
証 券 会 社 ⇨金融商品取引業'
証 券 外 務 員 ⇨外務員'
証券監督者国際機構 図 International Organization of Securities Commissions;略称 IOSCO(イオスコ) 公正かつ効率的な証券市場の育成,及び証券規制の国際的な調和,監督当局間の協調等を目的に、1974年に設立されたアメリカ証券監督者協会を前身として,1983年に世界の先進国・主要国の証券監督機関が参加する形で発足した国際的な機関である。日本の金融庁を始め世界各国・州・地域等の証券監督当局や証券取引所等が参加している。

証 券 業 ⇨金融商品取引業'
証 券 業 協 会 ⇨金融商品取引業協会'
証券業と銀行業の分離 ⇨銀行業と証券業の分離'
証 言 拒 絶 権 *証人'が一定の場合に*証言'

しょうけん

を拒否することができる権利。この権利が認められるのは、証人自身又は一定の範囲の近親者が刑事訴追を受けるおそれがある場合〔民訴196, 刑訴146・147〕，公務員がその職務上の秘密につき尋問を受けた場合に監督官庁の承認・承諾がないとき〔民訴191①・197①Ⅰ，刑訴144〕，医師，弁護士，公証人，宗教職等の職業に従事する証人がその職務上の秘密について尋問を受けた場合〔民訴197①Ⅱ，刑訴149〕等である。民事訴訟では、更に広く技術又は職業上の秘密について証言拒絶権を認めている〔民訴197①Ⅲ〕。なお、監督官庁が承認を拒絶できる場合は制限されている〔民訴191②，刑訴144但〕。報道記者が報道の自由を根拠に取材源につき証言を拒絶できるか議論がある。民事の判例は、取材源は職業の秘密に当たるとしてこれを認めている（最決平成18・10・3民集60・8・2647）のに対して、刑事の判例は、これを否定している（最大判昭和27・8・6刑集6・8・974〔石井記者事件〕）。証言拒絶権を行使するには、拒絶の理由を*疎明しなければならず〔民訴198，刑訴規122〕、理由がないのに証言を拒んだときは*過料又は*罰金若しくは*拘留に処せられる〔民訴200，刑訴160・161〕。議院における証人にも刑事訴訟におけるのと同様の証言拒絶権が認められる〔議院証言4・5〕。⇨供述拒否権' ⇨黙秘権' ⇨秘密を守る義務'

証券金融会社　　*金融商品取引所'の会員等又は認可*金融商品取引業協会'の協会員に対し、信用取引等の決済に必要な金銭・*有価証券'を当該金融商品取引所等が開設する取引所金融商品市場又は店頭売買有価証券市場の決済機構を利用して貸し付けることを業務とする株式会社で、*金融商品取引法'に基づき内閣総理大臣の免許を受けたもの〔金商2㉚・156の23・156の24①〕。信用取引の健全化を図るため、その貸付の方法・条件を始め、種々の面で規制され、内閣総理大臣の監督を受けている〔金商156の25〜156の37〕。

証券クリアリング機構　　⇨金融商品取引清算機関'

証券子会社　　*銀行'が*発行済株式総数'の過半数を保有することを内閣総理大臣により認可された証券専門会社とされる金融商品取引業者〔銀行16の2①Ⅲ〕。これには海外の証券子会社も含まれる〔銀行16の2①Ⅷ〕。金融自由化の流れの中で、従来堅持してきた*銀行業と証券業の分離'政策が徐々に緩和され、平成4年の*銀行法'・*証券取引法（現*金融商品取引法'）改正（法87）により、子会社を通じた各業務の相互参入が実現した。したがって、法制上は証券会社の銀行子会社・信託銀行子会社〔金商31の4④〕も認められる。ただし、金融自由化の1つの中心をなす金融の証券化（⇨セキュリタイゼーション'）は銀行業務の証券業務への分解現象という性格を有しているため、銀行の証券子会社による証券業務への参入を中心に論じられることが多い。銀行が証券子会社を通じて証券業務を行うことにより、親銀行の健全性が損なわれ預金者が不利益を受ける可能性があること、親銀行の業務を遂行するために証券業務を犠牲にすることで投資者が不利益を受ける可能性があること、企業の資金調達面での銀行の優位を助長する可能性があること、証券会社との関係において銀行の証券子会社が競争上有利になりうること等の弊害が懸念される。そこで、かかる弊害を防止するために親銀行と証券子会社との間の取引等の制限、その他の業務隔壁（ファイア・ウォール（英 fire wall））が設けられている〔金商44の2・44の3, 金商業150・153・154〕。

条件説　　*因果関係'に関する主要な見解の1つ。行為と結果との間に、その行為がなかったならばその結果は発生しなかったであろうという条件関係があれば、刑法上の因果関係があるとする説。もろもろの条件相互の間に結果発生に対する価値的差異を認めないため、同等説、等価説とも呼ばれる。大審院以来、日本の判例はこの見解を採用していたが、条件説によるときには、*過失犯'や*結果的加重犯'において過酷な結果を生ずることがある。最高裁判所は一時相当因果関係説へ移行する兆しをみせた（最決昭和42・10・24刑集21・8・1116）（*相当因果関係'）が、その後、*客観的帰属論'に類似した理論構成を採用するものが現れている（最決平成2・11・20刑集44・8・837）。　⇨因果関係の中断'

条件付権利　　*条件'の成否が確定しない間に当事者の一方がもつ「条件が成就したら一定の利益を受けるであろう」という地位あるいは資格。*期待権'の一種。例えば、仲介した不動産売買契約が成立したら売主や買主からその報酬をもらえるという不動産仲介業者の地位などである。民法はこの地位を権利として保護し、条件付権利に対する義務者が条件付権利者の利益を害することを禁じている〔民128〕。これに違反した者は損害賠償義務を負うものと解されている。条件付権利義務については、処分・相続・保存・担保が認められる〔民129〕。また、*第三者'が条件付権利を侵害した場合には一般原則に従って*不法行為'の問題となる。なお、このほかにも条件付権利について特別の取扱い

しょうこ

が定められている場合が多い〔民930②,会社501・662,破69・70・212・214①④⑤〕。

条件付採用期間　⇨試用期間'

条件付任用　**1 意義**　*一般職'の*国家公務員'の*採用'・*昇任',及び,一般職の*地方公務員'の採用は条件付きのものとされ,その職員が,その職務において6カ月の期間を勤務し,その間,その職務を良好な成績で遂行したときに正式のものとなるのが原則である。この6カ月の期間を条件付任用(採用)の期間といい,この間の任用関係を条件付任用(採用)という〔国公59,人規〈8-12〉32,地公22〕。*特別職'の国家公務員の一部についても制度化されている〔裁判職員臨①,国会職員法(昭和22法85)4,自衛41〕。一般職のうち,国の*期間業務職員'〔人規〈8-12〉4⑬・46の2〕と地方の*会計年度任用職員'の条件付採用期間は1カ月である〔人規〈8-12〉48②,地公22の2⑦〕。　⇨職(公務員の)'　⇨任期付職員'

2 職員の身分保障　条件付任用(採用)期間中の職員は,*分限'に関する*身分保障'を受けず,また,*行政不服審査法'の適用を受けないため〔国公81①,地公29の2①〕,身分保障上の重要な例外となっている。

証券抵当　*抵当権'を証券で表章する制度,又は,証券に表章された抵当権のこと。*抵当証券'の制度は,証券抵当の一種である。

証券的債権　*債権'の成立・譲渡・行使などが原則として証券によって行われなければならない債権。証券と債権とが一体として取り扱われるところから証券に化体した債権などと呼ぶ。債権の流通を図るための制度である。*指図債権'・*無記名債権'・*記名式所持人払債権'の3種がある。そのうちの典型的なもの(例:*手形'・*小切手'・*倉荷証券'など)については商法・*手形法'・*小切手法'に詳細な規定がある。これに対して,民法にもこれらの債権の譲渡に関する規定があるが,*債権法改正'以前の規定では,証券への裏書・交付が,民法上は債権譲渡の*対抗要件'として扱われていたのに商法上は債権譲渡の効力要件とされているなど,その間には矛盾があった。しかし,債権法改正によって,民法上の証券的債権についても,有価証券法理に則して,証券の交付ないし交付と裏書を譲渡の効力要件とする規定が新設された〔民520の2〜520の20〕。　⇨債権譲渡'

証券投資信託　⇨投資信託'　⇨投資信託投資法人法'

証券取引所　⇨金融商品取引所'

証券取引等監視委員会　金融商品取引等の監視のために金融庁に設置された合議制の*委員会'〔金融庁設置法(平成10法130)6①・8〕。平成3年(1991)の*損失補塡'問題その他のいわゆる証券不祥事を機に証券市場に対する監視体制の不備が強く指摘されたことを受けて,平成4年の証券取引法(現*金融商品取引法')・金融先物取引法(昭和63法77。平成18法66により廃止)等の改正(法73)により設置されたもの。本委員会は*国家行政組織法'8条の委員会として当初は大蔵省の外局とされたものである。この委員会は,*アメリカ証券取引委員会'や日本の*公正取引委員会'・*国家公安委員会'(国家行政組織法3条の委員会)ほどの強力な独立性を十分には有していない。委員長及び委員は独立して職権を行うこととされ〔金融庁設置法9〕,*内閣総理大臣'による委員長及び2名の委員の任命には国会の同意を必要とし,その意に反して罷免されない〔金融庁設置法10・12・14〕。委員会の最も重要な職務は犯則事件として列挙された刑事罰を伴う違法行為の調査等である〔金商210,金商令45〕。犯則事件につき委員会の職員は犯則嫌疑者・参考人に対する出頭命令を発し,質問をなし,また裁判所の許可により臨検・捜索・差押えの権限を有する〔金商210・211〕。その上で,犯則の*心証'を得たときは告発をしなければならない〔金商226①〕。委員会は,その他行政処分に相当する金融商品取引業者等の禁止行為についても,内閣総理大臣より金融商品取引業者等に対する立入検査・報告徴収等の権限がかなり大幅に与えられるに至っている〔金商194の7〕。行政処分権は内閣総理大臣(金融庁長官)にあるが,委員会はこれに対し行政処分の勧告権のみを有する〔金融庁設置法20①〕。委員会は,金融庁がこの勧告に基づいてとった措置について報告を求めることができるため〔金融庁設置法20②〕,金融庁は勧告に対して尊重義務があるといわれている。その他一般的な建議権を有するが〔金融庁設置法21〕,勧告の場合の尊重義務に相当する規定はない。　⇨金融庁'

証券取引法　⇨金融商品取引法'

証　拠　**1 意義**　*要証事実'の存在又は不存在について,裁判官(刑事では裁判員も含む)が判断を下す根拠となる資料をいう。刑事訴訟法には,*事実(の)認定'は証拠による旨の明文がある〔刑訴317〕(⇨証拠裁判主義')。この場合,*厳格な証明'の対象となる事実については,証拠能力を備えた証拠について,法定の証拠調手続を踏まなければならない。

2 種別　証拠には,人的証拠と物的証拠,*供述証拠'と非供述証拠,*直接証拠'と間接証拠(*情

しょうこい

況証拠')、実質証拠と*弾劾証拠'などの区別がある。なお、ドイツ法に由来する次のような諸用法もある。イ *証拠方法'：取調べの対象である有形物（例：*証人'）。ロ *証拠資料'：取調べによって認識された無形の内容（例：証言内容）。ハ *証拠原因'：要証事実の認定の根拠になった全ての資料（民事訴訟では口のほかに、*弁論の全趣旨'も含まれる〔民訴247〕）。

3 証拠能力の制限 刑事訴訟では、*自白'は重要な証拠であるが、同時に危険な証拠でもあるので、その証拠能力及び*証明力'が制限されている〔憲38②③、刑訴319〕。また、当事者、特に被告人の*反対尋問'権を保障するため、*伝聞証拠'が排斥され〔憲37②、刑訴320〕、手続の適正を守るために*違法収集証拠排除法則'が働く。しかし、民事訴訟法では、証拠能力に関する制限は例外的である（⇨証拠能力'）。

証 拠 意 見 刑事訴訟において、相手方の証拠調べ請求又は裁判所の職権による証拠調べに対する当事者の意見〔刑訴規190②〕。例えば、*伝聞証拠'に対する「同意」など。

証拠隠滅罪 1 意義 他人の刑事事件に関する*証拠'を隠滅し又は*偽造'・*変造'し、若しくは偽造・変造した証拠を使用する罪。平成7年の刑法の平易化前は証憑湮滅（しょうひょういんめつ）罪と呼ばれていた。刑法104条。3年以下の拘禁刑又は30万円以下の罰金に処せられる。自己の刑事事件の証拠は、期待可能性の欠如を考慮して除外されている。「刑事事件」とは、被疑事件はもとより、捜査開始前のものも含まれる。証拠とは、裁判所や捜査機関が刑罰権の存否・量を判断するのに必要な一切の資料をいい、証拠物・書証などに限らず、*証人'や*参考人'などの人証を含む。

2 行為 行為は、証拠の隠滅、証拠の偽造・変造、偽変造された証拠の使用である。隠滅は、証拠を隠し、又は、その効力を滅失・減少させる全ての行為をいう。物の隠匿のみならず、証人・参考人の蔵匿・隠避なども含む。偽造は、実在しない証拠を実在するかのように新たに作り出すことをいい、人証を作出することを含むが、人・参考人が虚偽の供述を行うことが証拠の偽造に当たるかについては議論がある。判例は、*宣誓'した証人が偽証をする行為について、より重い*偽証罪'が成立し、証拠偽造罪は成立しないとする（最決昭和28・10・19刑集7・10・1945）。更に、判例は、宣誓していない証人が偽証する行為（この場合、偽証罪には該当しない）についても、同罪の成立を否定する。これに対し、参考人による虚偽供述については、学説上、虚偽供述が文書化された場合については証拠偽造罪の成立を認める見解が有力であるが、最高裁判例は、参考人として取調べを受けた者が、虚偽の供述をしても証拠偽造には当たらず、その虚偽の供述内容が書面を含む記録媒体上に記録された場合であっても、そのことだけをもって、同罪に当たるということはできないと判示した（最決平成28・3・31刑集70・3・58）。同判例は、参考人と捜査官が共謀の上虚偽内容の供述証書を創作した場合は、単に虚偽供述を記録したにとどまらず、虚偽の証拠を「新たに作り出した」といえるとして、証拠偽造罪の成立を認めている。親族が犯人のために犯した場合には刑の任意的免除が定められている〔刑105〕。犯人自身の証拠隠滅は不可罰であるが、他人を教唆して自己の刑事事件の証拠を偽造させた場合には、本罪の教唆犯が成立すると解するのが判例である（最決昭和40・9・16刑集19・6・679、最決令和5・9・13）。これに対しては正犯として*期待可能性'がないがゆえに不可罰とされている以上、それより軽い犯罪形式である共犯の場合を処罰するのは不当であるとの批判が有力である。

商　号 1 意義 例えば「株式会社有斐閣」など、*商人'が営業上、自己を表示するために用いる名称。名称であるから、商標と違って文字で書き、口で音読できるものでなければならない。文字以外の図形・紋様・記号などは、商標とすることはできるが、商号にはならない。商標が物としての商品の標識であるのに対し、商号は人格者としての商人の同一性を表す名称である。また、商人でない者の名称、例えば雅号や俳号・芸名は商号ではないし、商人でない事業者（例：*相互会社'）の名称は商号ではない〔保険業20参照〕。商人が貨物の運送・保管・取扱いなどに必要な目印として用いる*サービス・マーク'や営業標などは、商人が使用する標識ではあるが、商人自身を表す名称ではないから商号とはいえない。

2 商号の使用・選定 自然人である商人は、その氏名とは別に商号を使用してもよいし、商号を用いることなく氏名を用いて営業を行うこともできる。ところが*法人'である商人としての*会社'には氏名がないから、必ずその商号を定める必要がある〔会社27②・576①②〕。その選定は、氏名・営業の内容・営業の地名などに拘束されずに自由にすることができる〔商11〕のが原則（*商号自由の原則'）であるが、若干の例外がある。すなわち、会社は1個の商号しかもつことができず、個人商人も1営業については同様である（*商号単一の原則'）。また、会社は、商

しょうこう

号中にその種類に従い株式会社・合名会社・合資会社・合同会社の文字を用いることを要し、会社でないものはその商号中に「会社」の文字を使ってはならない〔会社6・7〕。更に特殊の事業を営む会社はその事業の内容を具体的に示す文字を商号の中に入れることが要求されている〔銀行6,保険業7,金商31の3等〕。また一般的に、他人の営業であると世人をして誤認させるような商号を用いることはできない等の制限がある〔商12,会社7・8〕(⇨名板貸し')

3 商号の保護 商号は営業の主体である商人の名称であるが、事実上は営業そのものの名称であるかのような作用をもち、取引の相手方の信用の目標となり、長年の使用によって商号そのものが経済的価値を帯びるようになる。商人の信用名声が商号の中に結晶し、商号を通して得意先の維持拡張が行われるので、このような商人の利益を守るため、他人が不正の目的でそれを冒用する場合には、差止め、及び損害賠償の請求が認められ(商号専用権)、これは登記しないでも認められる〔不正競争2①Ⅰ・3①・4〕。また、他人の誤認を防ぐため、営業を廃止する場合を除き、営業と切り離して商号だけを譲渡することはできず、譲渡の*対抗要件'としては登記が必要とされる〔商15〕(⇨商号の譲渡')。 ⇨商号権'

商行為 **1意義** 実質的には企業の活動としての*法律行為'をいい、形式的には、商法適用の条件として商法〔商501〜503〕及び会社法〔会社5〕で商行為として規定されている行為をいう。

2定め方 誰が行為をするかに関係なく、行為の客観的性質から商行為であるかどうかを決める仕方(客観主義)と、まず*商人'の概念を定めて、その商人の*営業'上の行為を商行為とする仕方(主観主義)、及び主観主義の要素に主導的地位を認めながら、客観主義との組合せで商行為の範囲を決める仕方(折衷主義)がある。

3 わが商法の決め方 折衷主義をとる。すなわち、商法においては、ある種の行為はその客観的性質によって商行為とされ(*絶対的商行為')、他のものは、それが営業としてされることにより(*営業的商行為')、又は商人が営業のためにすることにより(*附属的商行為')商行為とされる。後二者を絶対的商行為に対して*相対的商行為'とも呼ぶ。また、絶対的商行為と営業的商行為は、商人の概念を定める基礎となる意味で*基本的商行為'といい、附属的商行為は、商人概念から導かれるものとして*補助的商行為'ともいう。わが商法は絶対的商行為という、商人でないものの個別的行為に営利性をみいだすものを認め、更に限定列挙された絶対的商行為と営業的商行為とから商人概念を導き〔商4①〕、基本的商行為には該当しないが、店舗販売を業とする者及び鉱業を営む者も商人とみなす〔商4②〕構造となっている。なお、当事者の双方にとって商行為である行為を*双方的商行為'といい、一方にとってだけ商行為である行為を*一方的商行為'という。下記の商行為に関する商法の規定は、一方的商行為についても双方の当事者に商法の規定の適用があるが〔商3〕、それぞれの規定ごとに、当事者の一方又は双方が商人であることなどが個別の要件として定められていることがある〔商509・510・512・513等〕。

4 商行為編の組立て 商法は、商行為編で商行為一般についての通則〔商504〜521〕と、典型的な若干の営業についての規制を置いている。通則としては、民法の法律行為に対して商行為がもつ特色としての営利性・迅速性・集団性・非個人性等を反映する若干の特則を定める。例えば、*商事委任'(代理)〔商504〜506〕、契約の成立〔商508〜510〕、多数債務者・保証人の連帯〔商511〕、報酬・利息請求権〔商512・513〕、*流質'契約〔商515〕、債務の履行〔商516〕、*商人間の留置権'〔商521〕、といった規定がこれに当たる。

5 会社における商行為 会社法では、商法の定義とは別に、会社がその事業としてする行為及びその事業のためにする行為を商行為としている〔会社5〕。

商行為の代理の引受け 委託者である本人のために*商行為'となる行為の*代理'を引き受ける行為であり、*営業的商行為'に属し〔商502②〕、これを業として行えば*商人'となる〔商4①〕。締約代理商(⇨代理商')の行為〔商27〕がこれに当たる。*仲立'や*取次'の場合と異なり、目的となる行為は商行為に限定されているが、特にこれだけに限定する実質的理由は認められない。

商行為法主義 商法の適用範囲を明確にするのに、まず*商行為'の概念を定め、そこから*商人'の概念を導き出す立法主義。商事法主義又は客観主義ともいい、商人法主義又は主観主義に対する。取引の性質を基にして商行為かどうかを決定し、それを営業として行う者を商人と定めるから、商人でない者が行っても商行為として商法の適用を受けることになり、*絶対的商行為'が認められることになる。1807年のフランス商法は、商人を特別扱いにしないで市民を平等に取り扱うためにこの主義をとっている。取引の形態よりも取引の主体を重視し、商

しょうごう

法を企業に関する法とみる*企業法論'の立場からは、商人法主義の方が商行為法主義よりも優れていると考えられている。日本の商法は、基本的には商行為法主義をとりながら〔商4①〕、例外的に商人法主義を加味している〔商4②・503〕。⇨商人法主義'

商号権　**1 意義**　ある*商号'を適法に使用する*商人'は、これを使用するについて経済上の利益をもち、他人からその使用を妨げられない（積極的商号権・商号使用権）だけでなく、他人が同一の商号を不正に使用するのを排斥することのできる権利（消極的商号権・商号専用権）を認められる〔商12、会社8②、不正競争2①Ⅱ・3①〕。商人がその商号使用についてもつこのような法律上の地位を商号権という。

2 性質　商号権が人の氏名権と同じような*人格権'であるか、それとも*財産権'であるかについては、学説が分かれている。登記前は人格権であるとしながら登記後は財産権となるとするもの、あるいはこれを人格権としながらも登記後は財産権的性質を併有するとするものなどがあったが、現在では、登記の前後を問わず、人格権的性質を含む財産権とみる見解が有力である。現行法では、商号に対する法的保護は登記の前後を通じて本質的には変わるところはないから、登記の前後により商号権の性質を区別して考えるのは相当でない。また、商号の中に商人の長年にわたる取引上の信用・名声が化体されているため、商号そのものに経済的価値が付着してくる点において、商号が本質的に*知的財産権'に近い財産権であることが認められている。商号権はこのように財産的価値をもつので、その譲渡性も認められているが、それには原則として*営業'とともにしなければならないとされている〔商15①〕（⇨商号の譲渡）。また、商号の信用の毀損には人格権と同様の結果を生ずるため、*不正競争防止法'4条・14条は商号権の侵害に対し損害賠償のほか*謝罪広告'のような信用回復に必要な措置をも認めている〔民723参照〕。

3 内容　商号権の内容として、積極的商号権（商号使用権）と消極的商号権（商号専用権）との2つが区別される。積極的商号権は、他人の妨害を受けずに商号を使用する権利で、この権利は他人が同一商号を登記した後でも、*不正競争'の目的がないときは（例えば、登記商号より前から使用していたとき）、そのまま続けて商号を使用できることをも含む。消極的商号権は、他人が不正競争の目的をもって、同一又は類似の商号を使用することを排斥する権利である。

消極的商号権は商号を登記した場合にだけ発生するという説があったが、今日ではこの説に立つ者はいない。現行法では、他人の不当使用に対し差止請求をすることが、登記済みの場合だけでなく、未登記商号権者にも認められているからである〔商12、会社8②、不正競争2①Ⅰ〕。⇨商号登記'

商号自由主義　⇨商号真実主義'

商号自由の原則　**1 意義**　*商号'は*商人'がこれを選定するが、選定者の人名・地名・営業種目と無関係のものであってよいかどうかが問題であり、国によって立法主義が違っている。わが商法は、明治以前に氏をもたず名だけで呼ばれた商人が、自他を区別するため「屋号」を用いたが、この屋号が今日でも商号として用いられているのでこれを保護しなくてはならないという事情のほか、多年商号を中心として蓄積された得意先関係や営業の名声の維持についてもつ商人自身の利益を保護する見地から、原則として商号選定の自由を認めた〔商11〕。そこで、商人は自分の氏・氏名を用いて商号とすることができることはもちろん、氏名権の侵害にならない限り他人の姓を用いたり（三井姓でない者が三井商店という商号を使うことができる）、昔は越後で今は東京で商売をしているのに「越後屋」という商号を使うことも許される。これを商号自由の原則といい、商号真実主義に対する（⇨商号真実主義'）。

2 例外　商号自由の原則にはいくつかの例外が認められている。第1に、*会社'については商号中に会社の種類を明示しなければならず〔会社6②〕、会社でないものは商号中に会社であると誤認されるおそれのある文字を用いることができない〔会社7〕。このほか、公共的事業を目的とする会社は、商号中にその事業の内容を示すことが必要とされる〔銀行6、保険業7、金商31の3等〕。また、*不正競争'防止の観点から制限され（⇨商号権'）、更に、*商号単一の原則'からの制約もある。

商号使用権　⇨商号権'

商号真実主義　*商人'と取引をする一般大衆の側からいえば、商人の氏名・営業地・営業種目とその商人の*商号'とが一致することが望ましい。そこで、取引の相手方の信頼を裏切らない外形を作ることに重点を置いて、商号と実体との一致を要求する立場を商号真実主義といい、そうでない立場を商号自由主義という。真実主義の下では、商号と商人の氏名・名称・営業地名・営業種目等の実際との一致が要求され、他人の氏名・名称、実際の営業地と違う地名、

現に営む業種と無関係の業種名を商号の中に採用してはならないとされる。しかし，商法・会社法は商号自由の原則を採用した上で，これを修正する例外を設けるという中間的な立場をとっている〔商11, 会社6②〕。 ⇨商号自由の原則'

商号専用権 ⇨商号権'

商号単一の原則 '商人'は同一の*営業'については1個の*商号'しか使用できないという原則。個人商人が例えば米屋・ガソリンスタンド・食堂などを多角経営している場合には，各営業ごとに別の商号を使用することができるが，1営業については1商号しか認められないと解されている〔商登28②②参照〕。その限りで商号単一の原則が妥当する。取引の相手方を誤認させてはならないからである。しかし，支店があるときはその旨を示す文字を付加することはもちろん差し支えない。*会社'の場合には，商号は会社の同一性を表示する唯一の名称として，自然人の氏名と同じ性質をもっているから，数種の営業を営む場合にも単一の商号しか用いることができないとされている。つまり，会社は自然人よりも単一原則の厳格な適用を受ける。

商号登記 会社の*商号'は*定款'の絶対的記載事項の1つであり〔会社27②〕，かつ，*設立登記'事項であるから〔会社911③②・912②〕，必ず*登記'しなければならない。平成17年改正(法87)前には，商号専用権の制度が採用されていて，同一営業のため他人が登記した商号は，同市町村内においては登記できないものとされていた。これは，他人が不正競争の目的をもって同一又は類似の商号を使用することを防止するための制度であったが，会社を設立しようとする者がその規制に抵触するか否かを調査せざるをえないことになるため迅速に会社を設立することを妨げるなどの理由で，会社法制定時に廃止され，同一商号かつ*営業所'(会社の場合は本店)の所在場所が同一という登記のみを禁止することとした〔商登27〕。類似商号を用いてなされる不正競争の抑止は，不正の目的による商号の使用の禁止〔商12, 会社8〕又は不正競争防止法に基づく周知商号の保護〔不正競争2①①・3・4〕に委ねられる。

商号の譲渡 *商号権'は*財産権'の性質をもつて，これを他人に譲渡することができる。これを商号の譲渡という。商法では，商号譲渡を*営業'とともにする場合，及び営業を廃止する場合に限り認めている〔商15①〕。したがって，例えば，Aが洋品店を引き続いて営みながら，「A洋品店」の商号のみを切り離してBに譲り渡すようなことはできない。公衆がBの営業とAが引き続いて営む営業とを混同する危険があるからである。商号の譲渡は，当事者間の*意思表示'のみでその効力を生ずるが，登記した商号の譲渡は，これを登記しないと，譲渡当事者以外の*第三者'に対抗できない。すなわち，不動産*物権変動'の*対抗要件'と同じに取り扱われている〔商15②〕。 ⇨商号登記'

証拠開示 訴訟の当事者が相手方当事者に手持ちの*証拠'を閲覧・謄写等させること。ディスカバリー(英discovery)の訳語。

I 民事訴訟法は証拠開示の制度を設けていないが，アメリカ法を参考にして日本への導入を主張する立法論が存在する。もっとも*文書提出命令'の制度に関して，旧民事訴訟法下で，*文書提出義務'の範囲が判例・学説によって拡張され，それを受けて現行民事訴訟法で，所持者は所定の除外事由がない限り提出義務を負うものとされた(一般義務化)。また，*当事者照会制度'が導入され，更に平成15年の改正(法108)で訴えの提起前における証拠収集の処分等の手続が新設された。このほか，*特許法'や*独占禁止法'などには，文書提出義務を拡大する特則が設けられており〔特許105，独禁80①等〕，日本でも開示制度の部分的導入と評価できる法改正が進みつつある。

II 刑事訴訟における証拠開示は，平成16年の刑事訴訟法改正(法62)によって手続が整備され，その内容が大幅に拡充された。それ以前は，当事者が取調べを請求する証拠について相手方への開示が義務付けられる〔刑訴299①〕ほかは，明文の規定がなかった。一般に，*捜査機関'と*被告人'側との間では証拠収集の権限・能力に大きな差があるため，被告人が自己に有利な証拠を自ら収集することは容易ではない。旧刑事訴訟法(大正11法75)下では，*検察官'は*起訴'と同時に書類・証拠物を裁判所に提出する慣行があったから，*弁護人'は裁判所でこれを閲覧・謄写することができたが，*起訴状一本主義'を採用した現行法下では，裁判所での弁護人の閲覧・謄写権〔刑訴40〕は，公判前にはほとんど役立たない。そのため，弁護人は検察官に対して手持証拠の開示を求めるほかないが，検察官がこれに応じるとは限らず，とりわけ争いの激しい事件では，明文規定がないことや開示による弊害のおそれ等を理由にこれを拒み，両者の間で紛争することも少なくなかった。最高裁判所は，一定の範囲で裁判所が*訴訟指揮'権に基づき検察官に対して証拠開示命令を発しうることを認めた(最決昭和44・4・25刑集23・4・248)が，必ずしも十分なものではなく，立法に

しようこか

よる問題解決を求める声も根強くあった。そのような中で、*司法制度改革審議会'意見書は、刑事裁判の充実・迅速化のため、十分な争点整理と証拠開示の拡充が必要だとして、新たな準備手続の創設を提言し、これを受けた平成16年改正により、*公判前整理手続'が導入され、同手続の中で公判前の証拠開示の制度が整備された。そこでは、争点及び証拠を整理する手続の進行に応じて、段階的に、かつ両当事者相互に証拠開示が行われる。すなわち、まず検察官が証明予定事実の明示と請求証拠の開示〔刑訴316の13・316の14〕のほか一定類型に該当する証拠の開示を行い〔刑訴316の15〕、次に被告人側が予定主張の明示と請求証拠の開示を行い〔刑訴316の17・316の18〕、更に検察官が被告人側の主張に関連する証拠の開示を行う〔刑訴316の20〕。また、裁判所による裁定(開示命令等)の手続も設けられている〔刑訴316の25～316の27〕。なお、平成28年の刑事訴訟法改正(法54)により、検察官保管証拠の一覧表交付の規定〔刑訴316の14②～⑤〕が追加された。 ⇨個人特定事項の秘匿措置'

証拠価値 ⇨証明力'

証拠共通の原則 適法に行われた*証拠調べ'の結果は、証拠の申出をした当事者の利益になるか不利益になるかにかかわらず、*事実認定'の資料にすることができるという民事訴訟法上の原則。裁判所に、証拠調べの結果を総合的に判断させることにより、より真実に近づいた認定を可能にするものであり、*自由心証主義'〔民訴247〕の帰結である。当事者からの証拠の申出がある以上は、*弁論主義'との抵触はない。なお、*共同訴訟人'ABのうちAの申出に係る証拠調べの結果はBとその相手方Cの間に定立された請求の事実認定にも利用することができるという原則を、共同訴訟人間の証拠共通の原則と呼ぶ。裁判所による自由な*心証'形成に対する制約を排除するという点では証拠共通の原則と同趣旨のものであるが、BとCのいずれも申出をしていない証拠調べの結果はBC間の請求に係る審理に用いられるという点で、弁論主義との緊張関係が認められるという特殊性もある。

証拠禁止 手続の公正さの保持など真実発見以外の目的から、関連性と*証明力'のある*証拠'でもその使用を制限すること。刑事訴訟法が真実発見を断念して承認する証人拒絶権〔刑訴144・145〕、証言拒絶権〔刑訴146・147・149〕、押収拒絶権〔刑訴103～105〕を侵害して得られた証言や物は証拠から排除される。更に判例は、違法収集証拠(最判平成15・2・14刑集57・2・121)や規定のない刑事免責を与えて得た供述(最大判平成7・2・22刑集49・2・1)を排除し、証拠としての利用が手続的正義の観点から公正さを欠く場合の排除の可能性を認める(最判平成7・6・20刑集49・6・741)。

上 告 I 民事訴訟法上、*控訴審'の*終局判決'に対する*法律審'への*上訴'。*高等裁判所'が*第一審'裁判所である場合、及び*飛越(ひちょう)上告'の合意がある場合には、例外的に第一審の終局判決に対して直ちに上告できる〔民訴311〕。上告は、当事者の救済とともに法令の解釈適用の統一を目的とする。後者の観点からは、唯一の*最高裁判所'を上告裁判所とするのが望ましいが、現行法上は、最高裁判所と高等裁判所が上告裁判所である〔民訴311〕。ただし、判例の統一を図る必要がある場合には、上告裁判所である高等裁判所は*決定'をもって事件を最高裁判所に*移送'しなければならない〔民訴324、民訴規203〕。原判決に憲法違反又は重大な手続違反があることを理由とするときに上告をすることができる〔民訴312①②〕が、高等裁判所への上告は、原判決に影響を及ぼすことが明白な*法令違反'があることを理由としても、することができる〔民訴312③〕。

II 刑事訴訟法上、*高等裁判所'がした判決に対する*上訴'。したがって、ほとんどは控訴審判決に対する上訴となる。*最高裁判所'が管轄し、憲法違反又は判例違反を理由とする場合にだけ、権利として申し立てることができる〔刑訴405〕。ただし、これらの理由がない場合でも、最高裁判所の職権による原判決破棄の権限が認められている〔刑訴411〕ので、実際にはこの*職権破棄'を期待する上告申立てが多い。また、裁量的上訴としての上告受理申立ての制度がある。

⇨上告理由' ⇨上告審手続' ⇨上告審の裁判' ⇨上告受理申立て'

上告期間 ⇨上訴期間'

上告棄却 I 民事訴訟法上、*上告人'の主張する*上告理由'がないとして上告を排斥する裁判。原判決に上告人の主張する上告理由があっても他の理由によって原判決が正当と認められる場合には、やはり上告を棄却しなければならない〔民訴313・302②〕。

II 刑事訴訟法上、上告棄却の裁判には、*上告'の申立てが法令上の方式に違反したとき、上告権消滅後にされたとき、申立ての理由が明らかに法定の上告理由〔刑訴405〕に該当しないときなど、上告が不適法であるときに決定で下

される裁判〔刑訴414・385・386〕と，上告に理由がないときに判決で下される裁判〔刑訴408・414・396〕の2種類がある。*刑事事件'の上告は，多くは*職権破棄'〔刑訴411〕を求めるものであるため，決定で上告が棄却される例が多い。
 ⇨上告審の裁判'

上告趣意書 刑事訴訟法上，*上告'申立ての理由(控訴審判決を不服とし，*破棄'を求める理由)を明示した書面〔刑訴407〕。上告審の弁論は，上告趣意書に基づいて行い〔刑訴414・389〕，裁判所は，上告趣意書で主張された点についてだけ，調査を義務付けられる〔刑訴414・392〕。

上告受理申立て I 民事訴訟法上，最高裁判所が，当事者の申立てにより，原判決に最高裁判所の判例等と相反する判断がある事件その他の法令の解釈に関する重要な事項を含むと認められる事件について，決定で*上告審'として事件を受理することができるとする制度〔民訴318〕。*旧民事訴訟法'の下で，最高裁判所において上告事件数の増加による負担過重の状況が存在し，加えて上告理由としての*法令違反'が実質的には原審の*事実認定'に対する不服を内容とする形で用いられていたという認識を背景として，現行民事訴訟法は，最高裁判所への上告理由を，憲法違反と*絶対的上告理由'に限定し〔民訴312〕，かつ，法令違反については，裁量的に上告を制限できる上告受理申立ての制度を設けた。 ⇨上告' ⇨上告の制限'
 II 刑事訴訟では，法定の上告理由〔刑訴405〕がない場合に，法令の解釈に関する重要な事項について最高裁判所が上告審として事件を受理して審判するように求める申立て〔刑訴406・刑訴規257〕。アメリカのサーシオレーライ(certiorari)(裁量による上訴)の制度に倣い，重要な法律解釈問題についての判例形成上意味のある制度と考えられた。しかし，実際には刑事訴訟法411条による職権破棄を期待する上告が多く行われるようになったため，あまり多くは用いられていない。
 ⇨上告' ⇨上告理由'

上告状 民事訴訟において*上告'を提起するに際して原裁判所に提出しなければならない書面〔民訴314①〕。上告状には，*当事者'及び*法定代理人'，原判決の表示及びその判決に対して上告をする旨を記載しなければならない〔民訴313・286②〕。このほか，*上告理由'を記載することが求められる〔民訴規190〜193。なお，民訴315〕。 ⇨上告手続' ⇨上告理由書'

上告審 ⇨審級'

上告審手続 上告審での審判手続。
 I 民事訴訟法上，上告審手続には*控訴審手続'に関する規定が準用される〔民訴313〕。しかし，上告審が*法律審'であること，及び，現行民事訴訟法制定に伴い，最高裁判所の機能強化を目的とする改正がなされたことから，以下のような特色がある。**1 上告の提起** イ *上告状'は原裁判所に提出しなければならない〔民訴314①〕。原裁判所に*上告'の適法性を審査させることによって，上告裁判所の負担を軽減するためである。原裁判所の裁判長が上告状を点検し，その形式に不備があれば補正を命じ，応じなければ命令で上告状を却下する〔民訴314②・288・137〕。上告提起の手数料の納付がない場合にも，命令で上告状を却下する〔民訴314②・288・137の2〕。上告が不適法でその不備を補正できないことが明らかなときは，原裁判所が決定で上告を却下する〔民訴316①Ⅰ〕。ロ 上告状に*上告理由'を記載しないときは，*上告提起通知書'の送達を受けた日から50日以内に*上告理由書'を提出しなければならない〔民訴315①，民訴規194〕。期間内に上告理由書が提出されないとき，又は上告理由が所定の方式に従って記載されていないときは，原裁判所は決定で上告を却下する〔民訴316①Ⅱ〕。ハ 上告状の却下命令も上告却下決定もしないときは，原裁判所は事件を上告裁判所に送付する〔民訴規197〕。これによって，事件は上告裁判所へ*移審'する。なお，最高裁判所に対する上告については，上記の手続とは別に，*上告受理申立て'による方法がある。

2 審判の対象 法律審である上告審は，原判決の当否を専ら法律面から審査する。したがって，上告人は，不服申立ての理由として憲法違反や*法令違反'を主張しなければならない〔民訴312〕。*事実認定'については，*職権調査事項'を除き，原判決が適法に確定した事実は上告審を拘束する〔民訴321①・322〕。

3 書面審理 上告裁判所は，決定で，上告を却下又は棄却することができる〔民訴317〕。上告を理由なしとして棄却する場合には，*口頭弁論'を開かず，書面審理のみに基づいて判決をすることができる〔民訴319〕。
 II 刑事訴訟法上，上告審の手続には，ほとんど*控訴審手続'についての規定が準用される〔刑訴414〕。上訴趣意書に指摘された上訴理由の有無を中心に調査が行われるのも同じである。ただし，イ *口頭弁論'を経ないで書面審理だけによる*上告棄却'判決が認められ〔刑訴408〕，ロ 被告人を*召喚'する必要がなく〔刑訴409〕，

じょうこく

ハ 法定の*上告理由'に当たらない事項についても広く職権で原判決の当否を調査することができる〔刑訴411〕などの特別規定が設けられている。実際上、死刑事件を除けば、口頭弁論を行うのは原判決を破棄しようとする場合に限られる。

上告審の裁判　Ⅰ 民事訴訟法上、上告裁判所は、*上告'が不適法でその不備を補正することができない等の場合には、決定で上告を却下することができる〔民訴317①〕。上告裁判所が最高裁判所であるときは、上告理由が明らかに憲法違反及び*絶対的上告理由'に該当しない場合には、決定で上告を棄却することができる〔民訴317②〕。原判決の当否について書面審理を行った結果、上告に理由がないと認めるときは、上告裁判所は、*口頭弁論'を経ずに判決で棄却することができる〔民訴319〕。これに対し、上告を認容して原判決を破棄するには(⇨破棄判決)、口頭弁論を開かなければならない〔民訴87①〕。破棄後は事件を原審級へ差し戻し(⇨差戻し)又は*移送'するのが原則だが、原判決が確定した事実だけで裁判できる場合には*自判'をすることができる〔民訴325・326〕。

Ⅱ 刑事訴訟法上、上告審の裁判としては、不適法な*上告'に対する*上告棄却'決定〔刑訴414・386〕、理由のない上告に対する上告棄却判決〔刑訴408・414・396〕、及び*上告理由'又は職権破棄の理由〔刑訴411〕があるときの*破棄判決'がある。原判決を破棄するときは、原裁判所又は*第一審'裁判所に差し戻すのを原則とするが、*自判'も許される〔刑訴413〕。

上告審の職権破棄　⇨職権破棄(上告審の)'

上告提起通知書　民事訴訟において*上告'が提起されたことを当事者に通知する*電磁的記録'〔民訴規189〕。上告の提起を受けた原裁判所が上告を不適法と認めた場合を除き当事者に*送達'する。*上告状'に*上告理由'を記載しないときは、電子上告提起通知書の送達を受けた日から50日以内に*上告人'は*上告理由書'を提出しなければならない〔民訴規194〕。

上　告　人　*上告'を提起した者。原審における当事者又はその承継人などが上告人となることができる。

上告の制限　*最高裁判所'は、法令審査権(⇨違憲審査権')を有する終審裁判所〔憲81〕として、法令の解釈適用を統一する機能を果たしている。この機能を十分に果たさせるためには、多数の事件によって最高裁判所に過重な負担がかかることのないよう、*上告'の対象となる事件を重要なものに限定することが望ましい。民事訴訟法においては、最高裁判所への*上告理由'を憲法違反〔民訴312①〕及び重大な手続違反(*絶対的上告理由')〔民訴312②〕に限定し、原判決に影響を及ぼすことが明白な*法令違反'は、それが法令の解釈に関する重要な事項を含む場合に限り、*上告受理申立て'〔民訴318①〕の理由とすることによって、上告を制限している。

上告の取下げ　⇨上訴の取下げ'

上告申立書　刑事訴訟法において、*上告'を申し立てる旨の意思表示を記載した書面〔刑訴414・374〕。

上告理由　Ⅰ 民事訴訟法　1意義　*上告'が認められるための不服の理由。上告審が*法律審'であることから、憲法違反、重要な手続違反を内容とする*絶対的上告理由'、判決に影響を及ぼすことが明らかな*法令違反'に限られる〔民訴312〕。ただし、最高裁判所に対する上告については、法令違反は上告理由にならず、法令の解釈に関する重要な事項を含む場合に限って、*上告受理申立て'事由になる〔民訴318①〕。　⇨上告審手続'　⇨上告の制限'

2 法令違反の範囲　法令とは、裁判所が遵守適用すべき全ての法規を指す。*経験(法)則'は法令ではないが、その適用が著しく不当である場合には違法な*事実認定'として上告理由になる。法令違反には、法令の効力・内容を誤解する場合(法令解釈の誤り)のほか、具体的な事実が法規の*法律要件'に該当するか否かの評価を誤る場合(*法令適用の誤り')がある。

Ⅱ 刑事訴訟法　1上告申立理由　権利としての*上告'申立てが認められるのは、原判決に、イ 憲法違反若しくは憲法解釈の誤り又は、ロ 最高裁判所、大審院若しくは高等裁判所の判例への違反、がある場合に限られる〔刑訴405〕。これらの上告理由は、憲法問題についての終審裁判所としての最高裁判所の役割と法令解釈の統一性とを考慮して定められている。ただし、法定の上告理由が存在しても、それが判決に影響を及ぼさないことが明らかな場合、又は判例を変更すべき場合には、*破棄'の理由にならない〔刑訴410〕。

2 職権破棄理由　刑事訴訟法405条の上告理由がない場合でも、最高裁判所は、法令の解釈に関する重要な事項を含む事件を上告審として受理することができる〔刑訴406〕。また、上告事件について法定の上告理由がない場合でも、原判決に法令違反、重大な事実誤認、甚だしい量刑不当などがあって、そのまま維持することが著しく正義に反するときは、職権で原判決を破

棄することができる〔刑訴411〕。 ⇨上告受理申立て'

上告理由書 Ⅰ 民事訴訟法上,*上告理由'を記載した書面。上告人が*上告状'に上告理由を記載しないときは,*上告提起通知書'の*送達'を受けた日から50日以内に上告理由書を提出しなければならない〔民訴315①,民訴規194〕。この期間内に提出しないか,又は上告理由が所定の方式に従って記載されていないときは,原裁判所は決定で上告を却下する〔民訴316①②〕。 ⇨上告審手続'

Ⅱ 刑事訴訟法上は,*上告趣意書'という。その項をみよ。

証拠契約 広義では,判決の基礎をなす事実の確定方法に関する当事者間の合意をいい,狭義では特に*証拠方法'の提出に関するものをいう。広義の証拠契約にのみ該当するものの例としては,一定の事実を認め争わないことを約する自白契約,事実の確定を第三者の判定に委ねる仲裁鑑定契約,証明責任(⇨挙証責任')の分配を定める証明責任契約があり,広義・狭義いずれの証拠契約にも該当するものの例としては,一定の事実に関する証拠方法を一定のものに制限する証拠制限契約がある。証拠契約については,その有効性が問題となるが,自白契約,仲裁鑑定契約は,その対象たる事実が裁判上の*自白'の対象たりうる場合は有効と解され,証拠制限契約も,証拠提出が当事者の判断に委ねられる限りは有効と解される。証明責任契約も,証明責任が当事者間の公平を考慮して定められている以上は,有効である。他方で,既に取り調べられた証拠方法を排除する旨の合意や一定の証拠方法の証拠力(⇨証明力')を定める合意は,*自由心証主義'の制約となるので許されない。

証拠結合主義・証拠分離主義 弁論と*証拠調べの段階を分けず,*主張'とともにする*証拠'の申出や証拠調べ後の主張を許容する考え方を証拠結合主義といい,弁論と証拠調べの段階を峻別(しゅん)し,弁論の終了時に証拠判決によって争点を確定した上で,証拠調べの段階に入り,それ以後は新たな主張を許さないという考え方を証拠分離主義という。後者は*ドイツ普通法'時代に採用された制度であるが,その強力な失権の効果により,むやみに仮定的主張・仮定的抗弁(⇨予備的主張・予備的抗弁')等が提出されることになり,その整理のためにかえって訴訟遅延を招く原因となった。日本の現行民事訴訟法は前者の立場をとりつつ,必要かつ重点的な*攻撃防御方法'を適時に提出させる〔民訴156〕ことによって,審理の無駄を省くとともに,弾力的な訴訟追行を図って訴訟の遅延を防止しようとしている。裁判所が時機に後れた攻撃防御方法を却下することができるとしているのも,その趣旨に沿ったものである〔民訴157〕。

証拠決定 Ⅰ 刑事訴訟では,*証拠調べ'をする場合も,当事者の証拠調べ請求を却下する場合も,必ずその旨の決定がされる〔刑訴規190①〕。これを証拠決定という(証拠調べの決定だけを指す狭義の用法もある)。証拠決定をするについては,関係人の意見を聴かなければならない〔刑訴規190②〕。必要があれば,*証拠書類'や*証拠物'の提示を求めることもできる〔刑訴規192〕。

Ⅱ 当事者の証拠申出に対する,*証拠調べ'をするか否かについての裁判所の決定。特定の*証拠方法'について証拠調べをする旨の決定と証拠申出の却下決定とから成る。証拠決定は*訴訟指揮'についての決定であり,裁判所は証拠調べ前であればいつでも取り消すことができる〔民訴120〕。また,独立の不服申立ての対象とはならず,終局判決とともに上級審の判断を受ける。

証拠原因 訴訟において,*事実(の)認定'に関して裁判官の*心証'形成の根拠となった資料や状況。証拠原因となることができるのは,民事訴訟では,*証拠調べ'の結果(*証拠資料')及び*弁論の全趣旨'である〔民訴247〕。刑事訴訟では,前者に限られる〔刑訴317〕。

証拠抗弁 民事訴訟において当事者の一方が,相手方の証拠申出について,申出手続が違法であること又は*証拠適格,*証拠能力'若しくは証拠力(⇨証明力')がないことを理由として,裁判所にその申出の却下を求め,あるいは同様の理由で既になされた*証拠調べ'の結果の不採用を求める*陳述'。訴訟上の*抗弁'の一種である。

証拠裁判主義 *事実(の)認定'は,*証拠'によらなければならない〔刑訴317〕。これは,近代国家における裁判に共通の原理であり,*法定証拠主義'から*自由心証主義'への転換とともに,自白裁判からの決別の意義を有する。民事訴訟法もこの趣旨に解される規定をもつ〔民訴247〕。しかし,民事訴訟では*弁論主義'がとられる結果,当事者の*自白'した事実は*証明'の必要がない〔民訴179〕。これに対して,刑事訴訟では,被告人が公判廷で有罪を認めても,*証拠調べ'を省略することは許されない〔刑訴319②③・307の2〕(⇨有罪の答弁')。証拠裁判主

しょうこし

義の例外として，証拠によらず認定してよい一定の事実が認められている〔⇨'証明の必要' ⇨'公知の事実' ⇨'裁判所に顕著な事実'〕。

証拠書類 *'書証'の一種。刑事手続において，書面を*'証拠'とする場合，記載内容だけが証拠になるときを証拠書類といい，取調べの方式は，朗読で足りる〔刑訴305〕。刑事手続では，各種の調書を始め，多数の文書が作成されるのが常で，これらが証拠書類として扱われる。これに対して，その書面の記載内容と物理的存在の両方が証拠になるときは証拠物たる書面〔刑訴307〕という。 ⇨'証拠物たる書面'

証拠調べ 裁判所が，*'証拠方法'を五官の作用に基づき取り調べ，証拠資料を得る行為又はその手続。

I 民事訴訟法 イ 民事訴訟における証拠調べの方法としては*'証人尋問'〔民訴190〜206〕，*'当事者尋問'〔民訴207〜211〕，*'鑑定'〔民訴212〜218〕，*'書証'〔民訴219〜231〕，*'電磁的記録'に記録された情報の内容に係る証拠調べ〔民訴231の2・231の3〕，*'検証'〔民訴232〜233〕がある。ロ *'弁論主義'の妥当する訴訟手続においては，証拠調べは，原則として当事者の証拠申出に基づいて開始されるが〔例外：民訴3の11・14・58・207・218・228③・233・237〕，*'人事訴訟'のように全体として職権証拠調べが許容される訴訟手続もある〔人訴20，行訴24〕。ハ 証拠申出が不適式であり，又は，時機に後れており，所定の要件を満たす場合〔民訴157〕は，却下される。そうでなくても，証拠調べに不定期間の障害がある場合，証拠調べが不必要な場合には，裁判所は却下することができる。ニ 証人及び当事者の尋問は，できる限り，争点及び*'証拠'の整理が終了した後に集中して行わなければならない〔民訴182〕。審理の効率化を図るとともに，新鮮な印象に基づく裁判を可能にするための規律である。ホ 証拠調べは，*'直接主義'及び公開主義の要請から，*'受訴裁判所'が法廷内で行うのを原則とする。ただし，相当と認めるときは，裁判所外で行うことができ，その場合，*'受命裁判官'又は*'受託裁判官'に証拠調べをさせることもできる〔民訴185①〕。もっとも，証人尋問については直接主義がとりわけ重要と考えられることから裁判所外での受命裁判官又は受託裁判官による証拠調べはより限定される〔民訴195〕。なお，外国においてすべき証拠調べは，その国の管轄官庁又はその国に駐在する日本の大使，公使若しくは領事に嘱託してしなければならない〔民訴184①〕。ヘ 当事者は，証拠調べに立ち会う機会を保障されるべきであるから，

当事者は証拠調べ期日に呼び出される〔民訴94〕。もっとも，いずれの当事者も出頭しなくても証拠調べを実施することはできる〔民訴183〕。

II 刑事訴訟法上，*'公判期日'において，*'冒頭手続'が終わると証拠調べの段階になる〔刑訴292〕。証拠調べは，*'冒頭陳述'，証拠調べの範囲・順序・方法の予定，証拠調べの請求と*'証拠決定'，証拠の取調べ，証拠調べの終わった証拠の処置という順序で行われる〔刑訴296〜310〕。取調べの方式は，証拠の性質に応じ，尋問，朗読，展示等である。証拠調べには，当事者の活動が大きな要素を占め，職権証拠調べはむしろ補充的なものとされている。証拠調べを行う公判期日を証拠調期日という。なお，公判期日外の*'証人尋問'〔刑訴281〕・*'検証'〔刑訴128〕など，公判期日における証拠調べの準備的な行為も，やはり証拠調べと呼ばれる。*'公判前整理手続'に付された場合は，証拠調請求・証拠決定，証拠調べの予定等は同手続で決定される〔刑訴316の2〜316の32〕。

証拠資料・訴訟資料 証拠資料とは裁判所が*'証拠方法'を取り調べた結果得た情報をいい，例えば，*'証言'内容や文書の記載内容がこれに当たる。訴訟資料とは，広義では，訴訟の審判資料である事実の*'主張'及び*'証拠'をいう。また，狭義では，証拠資料と対比して，証拠資料を除いた部分，すなわち事実の主張だけを指す。*'弁論主義'の下では，狭義の訴訟資料と証拠資料との峻別が要請される。

証拠制限契約 ⇨'証拠契約'

証拠提出責任 英米の陪審裁判では，事実の認定は陪審の専権に属するが（⇨'陪審制(度)'），原告（検察官）は，主張する事実について，「一応の証拠（英 prima facie evidence）」を提出して争点を作り上げなければ，裁判官は陪審に対し被告勝訴（無罪）の評決を指示し，事件は陪審の実体判断を受けることはできない。検察官のこの負担を証拠提出責任という。わが国の刑事訴訟でも，*'当事者主義'化したことを考慮して，犯罪成立阻却事由や刑の減免事由については，証拠提出責任を被告人に負わせるのが妥当だとする主張がある。*'争点形成責任'とも呼ばれる。 ⇨'挙証責任'

証拠適格 ⇨'証拠能力'

証拠能力 I 刑事訴訟法上，*'証拠'の許容性（英 admissibility），すなわち証拠として公判廷で取調べをすることができる適格をいう。法文では「証拠とすることができる（ない）」という形で規定されている〔刑訴319〜328・394〕。*'要証事実'を*'証明'する力をもった証拠であっ

ても，様々な理由から証拠とすることができない場合がある。その理由のうちには，裁判官に*証明力'の評価を誤らせるおそれがあることも数えられるし(例：*反対尋問'を経ない供述)，手続の遵守その他の政策的な根拠に基づくこともある(例：令状なしに*押収'した*証拠物')。また，明文がある場合(例：任意性のない*自白'に関する刑事訴訟法319条1項)もあれば，明文をまたず排除すべき場合(例：重大な違法性のある手段によって収集された証拠)も考えられる。

Ⅱ 民事訴訟法上も同義で，*証拠方法'として用いる適格を意味し，証拠適格ともいう。*自由心証主義'を広く認める民事訴訟では原則として証拠能力の制限はなく，*伝聞証拠'なども証拠能力は認められる。ただし，法律及び*最高裁判所規則'によって例外的に制限が認められている場合〔民訴規15，民訴160④・188・352①・371等〕のほか，違法収集証拠の証拠能力については議論がある。

証拠の関連性 *証拠'が，*証明'しようとする事実との間に，証拠の存在によって事実が存在する可能性が上下するという関係があることをいう。証拠しようとする事実(証拠によって推認される事実)が，訴訟の結論に影響を与える争点(当該訴訟の主要事実)と関係していることを指す場合もある。前者の意味における関連性が全くなければ，証拠の*証明力'はゼロであり，証拠としての意味がない。そこで証拠の関連性という観念は自明かつ無用のもののようにもみえるが，実際には，具体的な証拠から窮極の*要証事実'への推認のプロセスは複雑な段階をたどることが多いので(極端な例として，シャーロック・ホームズの用いる推理を想起せよ)，個々の推認の連鎖にそれぞれ関連性があるかを考えることは有用である。また，上述の関連性を特に自然的関連性と呼び，そのほかに，*伝聞証拠'や不任意の*自白'など，法律上*証拠能力'を制限されている場合を法律的関連性の問題とする見解もある。判例には，被告人の犯人性の立証のために前科証拠を用いることを否定したものがある(最判平成24・9・7刑集66・9・907)。

証拠の標目 刑事訴訟法において，*証拠'の同一性を示す標題・種目をいう。有罪判決を言い渡すには，証拠の標目を示さなければならない〔刑訴335①〕。有罪判決に証拠説明を掲げるのは，*事実認定'が合理的な根拠に基づくことを示すためであるが，そのためには，証拠の標目を列挙すれば足り，証拠の内容や事実

との関係を示して*心証'形成過程を説明するまでの必要はない。

証拠物 Ⅰ 刑事訴訟法上は，物的証拠のうち，*証拠書類'以外のものをいう。殺人に用いた凶器，陳列したわいせつ写真などがこれである。その物理的存在の形状が証拠となるのであるから，取調べの方式は展示である〔刑訴306〕。証拠物は，*差押え'及び*提出命令'の対象となる〔刑訴99〕。 ⇨証拠物たる書面'

Ⅱ 民事訴訟法上は，*証拠方法'である*文書'及び*検証'物を包含する語として用いられる。物的証拠又は物証ともいう。

証拠物たる書面 刑事手続において，書面の記載内容とその物理的存在・形状とがともに*証拠'になる場合をいい，記載内容のみが証拠になる*証拠書類'と区別される。取調べの方式は，展示し，かつ朗読する方法による〔刑訴307〕。*文書偽造罪'における偽造文書，*名誉毀損罪'における名誉毀損の文書などは，証拠物たる書面の典型的な例である。

証拠分離主義 ⇨証拠結合主義・証拠分離主義'

証拠法 1意義 *証拠'あるいは*証明'に関する法規の体系をいう。英米法では早くから陪審裁判が普及したため，*事実認定'の素人である陪審員を適切に指導する目的で，証拠法が発達し，大きな法領域となった(⇨陪審制(度)')。法学教育においても，証拠法は独立の重要な課目として教授されている。日本でも，民事訴訟法には「証拠」と題する章があり〔旧民訴2編3章，民訴2編4章〕，これを中心に証拠法が取り扱われていたが，旧刑事訴訟法(大正11法75)では独立の節もなく，*職権主義'・*実体的真実主義'の下で影の薄い存在であった。ところが，日本国憲法に至って，*証人審問権'〔憲37②〕，*自白'の*証拠能力'及び*証明力'の制限〔憲38②③〕など，証拠法に関する重要な規定が取り入れられ，刑事訴訟法にも「証拠」と題する節が新設された〔刑訴2編3章4節〕。そこで証拠法に対する関心は急速に高まり，多数の判例も出されて，今日では刑事訴訟法の中心分野の1つとなっている。

2内容 証拠法の内容としては，各種の証拠の証拠能力及び証明力の問題が主なものであるが，そのほか，*証拠裁判主義'・*自由心証主義'などの基本原則，*証拠調べ'の方式，及び証拠調べの性質をもつ強制処分(*証人尋問'・*鑑定'・*検証')の問題がこれに属する。

証拠方法 裁判官が*事実認定'のための資料として，その五官によって取り調べること

しょうこほ

ができる有形物。人的証拠ないし人証(*証人'・*鑑定人'・*当事者'本人)と，物的証拠・証拠物ないし物証(*文書'・*検証'物)とがある。近時は，*電磁的記録'に記録された情報の証拠調べも，*書証'に準じて認められている〔民訴231の2以下〕。

証拠保全 訴訟法上，正規の*証拠調べ'の時期までまっていてはその*証拠方法'の取調べが不可能になったり困難になったりする事情のある場合に行われる証拠調手続。

I 民事訴訟法上，本来の証拠調べの時期までまっていたのでは，取調べが不能又は困難となる特定の証拠方法について，あらかじめ証拠調べをしてその結果を保全しておく手続〔民訴234〜242〕。*訴訟係属'の前後を問わず行うことができる。例えば，*証人'が重病で，本来の*証人尋問'をまっていては死亡してしまうおそれのあるときや，*文書'の廃棄・改ざん，*検証'物の現状変更等のおそれがあるときになされる。申立人は保全の必要性を*疎明して〔民訴規153〕，管轄裁判所〔民訴235〕に申し立てるが，訴訟の係属中は裁判所の職権でもできる〔民訴237〕。証拠保全の結果は，*口頭弁論'に顕出されることにより，訴訟における証拠調べの結果と同じ効力を有するが，証人については*直接主義'の要請から，当事者の申出があれば常に*再尋問'する必要がある〔民訴242〕。医療過誤訴訟の診療録などについて実際上もしばしば用いられている。なお，証拠保全手続を*証拠開示'の目的に利用するため，改ざんのおそれ等の要件の疎明の程度を緩和すべきだとする議論もある。

II 刑事訴訟法上，*被告人'・*被疑者'・*弁護人'が，第1回*公判期日'前に限り，*押収'・*捜索'・*検証'・*証人尋問'又は*鑑定'の処分を裁判官に請求できる制度〔刑訴179①〕。検察官は強力な捜査権をもち，*公判'の準備を効果的に進めることができるが，相手方の被告人あるいは弁護人は，相対的にいって無力であることを考慮して設けられた。*当事者主義'の実を上げるため現行法が設けたものであるが，あまり活用されてはいない。

証拠力 ⇒証明力'

照査手続 動産執行における事件併合の手続〔民執125②〕に相当する，旧法(*民事執行法'制定前の*旧民事訴訟法')下の手続〔旧民訴旧(昭和54法4改正前の)586②〕。

証紙 ⇒印紙納付'

上司 職務上，上級の地位にある者。公務員法上，部下公務員に対し，職務上の*指揮監督権'をもつ行政機関の職にある者〔国公98①，地公32等参照〕。上官ともいう。 ⇒服従義務(公務員の)'

商事委任 *商行為'をすることを*委任'すること。例えば，利益を得て譲渡する意思で商品を買い入れる行為は商行為である〔商501①〕が，その買入れを*第三者'に委任する場合のように商行為を委任することをいう。商事委任においては，その受任者は委任契約の本来の趣旨に反しない範囲で，委任を受けていない行為をすることができる〔商505，民644参照〕。商行為の委任による代理権は，本人の死亡によって消滅しない〔商506，民111①Ⅰ参照〕。

商事寄託 *商人'が*営業'の範囲内で*寄託'を受けること。例えば，証券会社が顧客の注文で買い付けた*有価証券'を，顧客から委託されて保管する場合のように，商人が営業に関連して物を預かったときは，保管料をとらない場合でも，商人として一般に払わなければならない注意(*善良な管理者の注意')をもってその物を保管する義務がある〔商595。なお，民659参照〕。特に場屋(じょうおく)営業者及び倉庫営業者には，それぞれ厳重な保管責任を課されている〔商596〜598・610〕(⇒場屋の取引' ⇒倉庫営業')。

商事時効 *商行為'によって生じた*債権'の*消滅時効'は，民法上の債権の*時効'期間が原則として10年であるのに対し，5年とされていた〔商旧522〕。ところが，平成29年民法改正(⇒債権法改正')により，消滅時効の起算点について，権利を行使することができる時から10年間(ただし，人の生命・身体の侵害による損害賠償請求権については20年間)という原則は維持しつつ〔民166①②・167〕，権利を行使することができることを知った時から5年間という主観的な時効期間を設け〔民166①Ⅰ〕，いずれかの期間の経過により債権が時効消滅するものとされた。商事消滅時効が5年と短縮されていた趣旨は，商取引の迅速性による法律関係の早期確定にあったが，商行為により生じた債権は客観的に権利行使できるようになった時点において，主観的にも権利行使の可能性を知りうる場合が通常であると考えられ，主観的時効期間の導入により民法の規律を適用した場合と実質的な規律は異ならないという理由から，商事時効制度は廃止された。なお，商法，*手形法'，*小切手法'には，5年よりも短い消滅時効期間を定めた規定が置かれている場合がある〔商564・586，手70，小51等〕。

商事信託 *信託'の引受けを業としてな場合(営業信託)のことを指すこともあるが，

しょうじば

信託において受託者が果たす役割の中心が信託財産の管理，保全又は処分を超える場合，あるいはそれとは異なる場合を指すとする見解が有力である。民事信託の対立概念であって，私法法理として唱えられる。この見解によれば，商事信託においては商事性を有するアレンジメントが重要であり，信託目的はマーケットの意思に従った，あるいはマーケットのニーズに適合したアレンジメントの管理及び実行であるとされる。具体的な類型として，預金型(貸付信託)，運用型(実績配当型合同運用指定金銭信託)，転換型(資産流動化・証券化)，事業型(土地信託)といった商事信託に分類される。*信託法'は民事・商事両信託をカバーしており，*自己信託'〔信託3③〕，受益証券発行信託〔信託185〕，限定責任信託〔信託2⑫〕，目的信託〔信託258①〕など商事信託の展開を容易にする制度が整備されるとともに，受益者が多数存在しうる商事信託にふさわしい集団的な利害調整の方法として受益者集会〔信託105②〕などの制度が創設された。商事信託は，*信託業法'，「金融機関の信託業務の兼営等に関する法律」や*金融商品取引法'なども密接に関わるため，これらも踏まえた体系的考察の必要性が説かれる。

商事代理　　*商行為'の*代理'のこと。イ Aの商行為の代理人BがAのためにすることを示さず非顕名で行為をしても，Bの行為の効果はAに帰属し，相手方はBがAのためにしたものであることを知らなかったときは，Bに対して請求できる〔商504〕。商取引の簡易迅速性の要請に基づき，民法の*顕名主義'の原則〔民99・100〕の例外を認めたものである。しかし，英米の代理法に由来するこの規定については，*商業使用人'のように代理関係が当然分かるような場合にはよいが，非*商人'である相手方の代理人については不合理であるという批判がある。これに対し，本人が代理権を付与したことが尊重され，顕名代理によるよりも有利な条件で商行為をなしうる等の非顕名主義の存在意義を重視する見解もある。ロ 商行為の*委任'による代理権は，本人の死亡によっては消滅せず，代理人は当然に相続人の代理人となる〔商506。なお，民111①①参照〕。そうでないと営業の断絶が生じるからである。この場合の商行為の委任による代理権とは，この規定の趣旨からみて，委任契約の目的である行為が商行為である場合ではなく，代理権を与える行為自体が商行為である場合と解されている。

商事仲裁　　*仲裁'手続のうち，商事〔商1〕に関する紛争を対象とするもの。近年は，国際取引に関する紛争を解決するための国際商事仲裁又は投資紛争を解決するための*投資仲裁'として利用される例も多い。国内における商事仲裁は，当事者の*仲裁合意'に基づいて行われる場合と法令に基づいて行われる場合とがある。仲裁合意に基づく商事仲裁を行う常設仲裁機関として，一般社団法人日本商事仲裁協会や一般社団法人日本海運集会所などが存在する。法令に基づく商事仲裁には，建設業法(昭和24法100)に基づく建設工事紛争審査会や，電気通信事業法(昭和59法86)に基づく電気通信紛争処理委員会が仲裁を行う場合などがある。なお，商事調停事件において，当事者間に書面等による合意があれば，申立てによって調停委員会が適当な調停条項を定めることができ〔民調31・24の3〕，この裁定は，書面等による合意を仲裁契約とする商事仲裁に当たると解されている。⇨国際商事仲裁'

商事売買　　*商人'間の*売買'，あるいは当事者の双方又は一方にとって*商行為'である売買。商法は，民法の売買に関する規定の適用を前提とした上で，商人間の売買(後述のようにニについては異論がある)につき，商取引の安全迅速化と売主の保護の必要から若干の特則を定めている〔商524〜528〕。イ 買主が目的物の受領を拒み，又は受領不能のときは，売主は目的物を*供託'し〔商524①〕，相当の期間を定めて催告した後，又は価格低落のおそれがある物については催告をしないで，裁判所の許可を得ることなく*自助売却'することができる〔商524①②。なお，民494〜497と対照〕。ロ 買主が目的物を受領したときは遅滞なく検査し，その種類，品質又は数量に関して契約の内容に適合しないことを発見したときは，直ちにそれについて売主に通知しなければ，買主はこれについて履行の追完請求・契約解除・代金減額・損害賠償の請求をすることができない〔商526。なお，民562〜566参照〕。ハ 契約を解除した場合又は引渡しを受けた物品が注文品と異なる場合若しくは注文文量をオーバーにする場合には，買主は売主の費用をもって目的物又は超過部分を保管又は供託し，若しくは裁判所の許可を得て*競売'しなければならない〔商527・528〕。ニ 確定期売買では，期限後相手方が直ちに履行の請求をしなければ契約を解除したものとみなされる〔商525〕(⇨定期売買')。ニについては，商人間の売買に限られず，売主又は買主のいずれか一方にとって商行為であっても適用されると解する説が有力であるが，商人間の売買にだけ適用されるとする見解もある。

しょうじひ

商事非訟事件　検査役の選任〔会社33・207・306〕, 特別清算〔会社510〜574〕などの会社法の規定による非訟事件。その手続は, 同法868条から906条の2までに規定されている。⇨非訟事件'

商事法主義　⇨商行為法主義'

商事法定利率　平成29年改正(⇨債権法改正')前商法では, *商行為'によって生じた債務に関する*法定利率'は年6分とされていた〔商旧514〕。平成29年改正前民法では, 民事法定利率が年5分であったところ, それに1分上乗せしたものであった。ところが, 平成29年改正民法により, イ 国内銀行の貸出約定金利, 中小企業事業基準金利その他の金融取引全体の状況を踏まえ年3分にするとともに, ロ 市中の金利の変動を法定利率に適切に反映させるため, 一定のルールの下に法定利率が変動する形に改められた〔民404〕。商事法定利率が民事法定利率より1分上乗せされていた理由は, 商法制定当時, 営利を主眼とする商行為に関しては欧米諸国の立法例においても民法上の法定利率に年1%を加えている場合が多かったこと, 各地の商業会議所も同様の内容を答申していたこと等によるとされる。学説上も, 商取引においては民事取引よりも金銭の需要が多く, 元本の利用により多くの収益を上げられるはずであることが挙げられていた。ところが, 市場金利に連動した民事法定利率の導入により, 商事法定利率を民事法定利率に上乗せする理由の合理的説明が難しくなり, 更に, 現実の問題としても, 情報化が進展し, 市場が発展した現在においては, 商取引であるからといって, 民法上の法定利率より高い運用利回りを得る蓋然性が高いとはいい難い。そこで, 商事法定利率は廃止された。

商事保証　*商人'Aの営業資金の借入れについてB(商人でも, 非商人でも構わない)が*保証'する場合や, 銀行が取引先のために保証する場合などのように, *主たる債務'者の*商行為'によって生じた債務の保証, 又は保証行為そのものが商行為である保証の保証。商事保証においては, 主たる債務と*保証債務'が, 別々の日に成立し, また別々の行為によって発生したときも, 反対の特約がない限り, *保証人'は主たる債務者と連帯して責任を負う〔商511②。なお, 民452・453対照〕。商人の営業債務に関する責任を厳格にして, その信用を高めるためである。なお, 主たる債務者と各保証人とが連帯関係に入るだけでなく, 保証人が数人ある場合には, 保証人間にも連帯関係が成立するので, いずれの場合にも, 催告・検索の抗弁(⇨催告の抗弁権'　⇨検索の抗弁権')は認められない〔民456・452・453参照〕。

使用者　*労働契約法'は, その使用する*労働者'に対して*賃金'を支払う者〔労契2②〕, *労働基準法'は, 事業主又は事業の経営担当者その他その事業の労働者に関する事項について, 事業主のために行為をするすべての者〔労基10〕とする。*労働組合法'については, *労働契約'上の雇用主でなくてもその労働者の基本的な*労働条件'等について雇用主と同視できる程度に現実的かつ具体的に支配, 決定できる地位にある場合には使用者に当たるとする判例がある(⇨朝日放送事件')。

使用者責任　**1 意義**　ある事業のために他人(被用者)を使用する者(使用者)は, その被用者が事業の執行について第三者に加えた損害を賠償しなければならず〔民715①本文〕, 使用者が被用者の選任・監督上相当の注意をしたか, 又は相当の注意をしても損害が生ずべきであったことを証明したときは, 免責される〔民715①但〕。使用者に代わって事業を監督する代理監督者も以上と同様である〔民715②〕。これを使用者責任という(*中間の責任')。

2 根拠　使用者責任の根拠につき, 立法者は, 使用者の選任・監督上の過失に求めていた。その意味で自己責任と捉えられていた。しかし, 今日では, 使用者は被用者を使って利益を得ていること(*報償責任'の考え方), あるいは被用者を使って事業を拡大し危険の範囲を拡げていること(*危険責任'の考え方)から, 使用者が被用者の責任を代位して責任を負う制度と理解するのが一般である。また, 危険責任や*企業責任'の考え方から, 代位責任ではなく, 使用者の直接の責任とする考え方もある。

3 適用　使用者責任の適用領域は不法行為の全般にわたるが, 法人の代表者の不法行為については, 特別の規定が置かれている〔一般法人78・197, 会社350〕。また, 公権力を行使する公務員がその職務の執行について不法行為をした場合には, *国家賠償法'1条により国又は公共団体が責任を負う。なお, 自動車事故による人身損害については*自動車損害賠償保障法'が適用されるから, 使用者責任による実益はない。

4 要件　民法715条によって使用者が被用者の不法行為について責任を負うためには, 被用者の行為が「事業の執行について」なされたものでなければならない。事業の「執行について」に当たるかどうかについて, 判例は, 会社の庶務課長が株券用紙を用いて株券を偽造した事件をきっかけとして, 行為の外観上職務の執行と

しょうしゅ

みられる場合であるとする、いわゆる外形標準説をとり、広く解するようになった〔大連判大正15・10・13民集5・785〕。最高裁判所は、より具体的に、当該行為が被用者の分掌する職務と相当の関連性を有し、被用者が使用者の名で権限外の行為を行うことが客観的に容易な状態に置かれている場合には、外形上の職務行為に該当するものと解した〔最判昭和40・11・30民集19・8・2049〕。判例は取引行為的不法行為のみならず、事実行為的不法行為にも外形標準説を適用しているが、学説は、前者には外形標準説が当てはまるが、後者には当てはまらないとし、使用者の危険の領域にあるかとか、被用者の職務上の通常の危険の範囲内にあるか、などの基準を提案している。

5 求償 使用者又は代理監督者が損害賠償を支払った場合には、これらの者は被用者に求償きる〔民715③〕。代位責任説から当然の規定であるが、使用者が危険な事業に従事させられている反面、使用者には保険による危険の分散の可能性があることなどから、これを限定していこうとするのが最近の有力な考え方であり、判例も同様である〔最判昭和51・7・8民集30・7・689〕。なお、国家賠償法は、公務員に*故意'又は重大な過失(⇨重過失')がない限り求償できないと規定している〔国賠1②〕。

使用者団体 *労働者'が*労働組合'を結成して*団体交渉'を行うのに対応して、*使用者'が結成する団体をいう。全国組織として*日本経済団体連合会'がある。使用者団体は、*労働協約'を締結し〔労組14〕、*労働委員会'の使用者委員を推薦する権利をもつ〔労組19の3②・19の12③〕。

使用者の制裁　⇨懲戒'

使用者の利益代表者　企業の役員、雇入れ・解雇・昇進・異動について直接権限をもつ監督的地位にある*労働者'、労務管理上の機密事項に接するため職務上の義務と責任が*労働組合'の組合員としての地位と抵触する監督的地位にある労働者など、*使用者の利益を代表する者。これらの者の加入する労働組合は、*労働組合法'上の労働組合でないとされる〔労組2①〕。*行政執行法人'及び*地方公営企業'・特定地方独立行政法人〔地独法2②〕の職員については、使用者の利益代表者の範囲は*労働委員会'が認定して告示する〔行執労4②、地公等労5②〕。　⇨労働組合の資格審査'

召　集　期日及び場所を指定して国会議員に集会を命ずる行為。この集会の日に*会期'が始まる〔国会14〕から、召集は国会の活動能力を

発動させる行為でもある。召集は、内閣の*助言と承認'により、天皇が*詔書'によって行う〔憲7②〕。詔書には、場所を東京としか指定しないが、議員は期日に各議院に集会しなければならない〔国会5〕。*常会'の召集詔書は、少なくとも10日前に公布しなければならない〔国会1②〕が、*臨時会'・*特別会'については、法規に定めがない〔参先例2号参照〕。　⇨開会(議会の)'

招　集　Ⅰ　合議体を成立させるために、その構成員に集合を求める行為は、法令上、一般に招集と呼ばれている。例えば、*地方公共団体の議会'〔自治101・102〕、*皇室会議'〔典33〕、社団法人の*社員総会'〔一般法人36〕、*株式会社'の*株主総会'・*取締役会'〔会社296・366〕、各協同組合の総会〔農協43の2、中協46〕等について、この例がみられる。国会については、*召集'という言葉が用いられている〔憲7②〕が、その性質は、招集と同じである。招集について定める法規は、招集権者、招集の方式・手続等を定めているのが通例であり、招集がこのような規定に反してされた合議体の意思決定は、その効力を問題とされる場合が少なくない。なお、上述のように合議体を成立させるためのものではなく、単に個々の者を呼び集める行為を招集と呼んでいる例もある〔自衛70・71〕。

Ⅱ　団体法上、ある集会・合議体の開催のために、招集権者が所定の手続に従ってその構成員の出席を求めること。例えば、*株主総会'については、招集権者・招集時期・招集方法などについて規定があり〔会社296~299〕、その違反は株主総会決議不存在確認の訴え又は株主総会決議取消しの訴え〔会社830①・831①①〕の対象になる(⇨会社の組織に関する訴え')。

使用従属関係　⇨従属労働'　⇨労働契約'

招集通知　一般社団法人の*社員総会'・理事会、*株式会社'の*株主総会'、種類株主総会、*取締役会'、*委員会'、*社債権者集会'など、合議体の開催を告げ、参加者に出席の機会と考慮する時間を与えるためになされる通知。招集権者によりなされる。株主総会を例にとると、*取締役会設置会社'では、日時・場所、目的である事項等、通知に記載すべき事項が法定されている〔会社299④・298①〕。発出時期は、*公開会社'の場合には会日の2週間前であるのに対し、公開会社以外の会社の場合には会日の1週間前に発出すれば足り、非取締役会設置会社であれば、定款の定めにより更に短縮できる〔会社299①〕。また、株主全員の同意があれば招集手続を省略できる〔会社300〕。ただし、書面投票制度又は*電磁的方法'による議決権行使制度を

じょうしゅ

採用した会社は2週間前に招集通知を発出しなければならない〔会社299①括弧・300但〕。通知の方法は，取締役会設置会社の場合には書面又は電磁的方法によるが〔会社299②②③〕，非取締役会設置会社の場合には口頭や電話でもよい〔会社299②参照〕。なお，取締役会設置会社の株主総会は，会議の目的事項として決定された事項以外の事項について原則として決議できない〔会社309⑤〕。⇨'全員出席総会'

常習犯 一定の犯罪を反復累行する習癖の発現として犯す罪。日本では一般的に常習犯に対する特別の規定を定めていないが，常習賭博〔刑186①〕，常習強窃盗〔盗犯2〕，常習暴行・傷害・脅迫・器物損壊〔暴力1の3〕等の各罪において常習性に基づく刑の加重を定めている。常習犯は，広義において職業犯と傾向犯を含む。*累犯'の危険性の高いものとして刑事政策上最大の難問を呈示するものであるが，特に後者は犯罪への性向を内的にもつものとして，*特別予防'上の措置が必要だと特に*新派'の学者等によって主張されてきた。ヨーロッパ各国においては，一般的に常習犯を*保安処分'や保安監置，刑の加重の対象とする規定をもつものが多い。日本の*改正刑法準備草案'，*改正刑法草案'〔刑法草案58・59〕は，常習累犯に対する相対的不定期刑（⇨'不定期刑'）を規定しているが，責任刑主義に基づく批判がなされている。

詔書 文書によってなされる天皇の国事行為（⇨'国事に関する行為'）の形式の1つ。現行憲法の下では，文書によってされる国事行為のうち，詔書によることが法律上明定されているのは，国会の*召集'詔書だけであって〔国会1〕，詔書についての一般的な法律の定めはない。しかし，実際には，国会の召集のほか，衆議院の*解散'及び衆議院議員の*総選挙'，参議院議員の*通常選挙'の施行の*公示'も，詔書によって行われるしきたりである。詔書には，天皇の署名（*御名（ぎょめい）'）が行われ，かつ，*御璽（ぎょじ）'が押され，更に内閣総理大臣が署名（*副署'）するしきたりである。ちなみに，*明治憲法'下では，*公式令'は，天皇の行為のうち，「皇室ノ大事ヲ宣誥（せんこう）シ及大権ノ施行ニ関スル勅旨ヲ宣誥スルハ別段ノ形式ニ依（よ）ルモノヲ除クノ外詔書ヲ以（もっ）テス」るものと定めるとともに，詔書の様式についても規定していた〔公式令1〕。

上場 *金融商品取引所'が，その開設する*金融商品市場'において売買の対象とする*有価証券'や*デリバティブ取引'の原資産・原指標となる金融商品・金融指標を決定する行為，又は*商品取引所'が，その開設する商品市場において*先物取引'の対象とする商品・商品指数を決定する行為〔金商121，商取155③④イ・156⑤④イ〕。デリバティブ取引や先物取引のための金融商品等の上場は，当該金融商品等のデリバティブ取引等を行わせる国民経済的な有用性の観点から判断される。有価証券の上場は，資金調達の必要性や売買の場を確保する必要性から各発行会社が申請し，金融商品取引所が，当該有価証券が一般の投資者の投資対象となる適格性を有しているかという観点から上場の可否を審査する。かかる審査のために金融商品取引所は上場基準を定めているが，上場基準は，上場株式数，株式の分布状況その他市場での円滑な流通を確保するための基準と，純資産の額，利益の額，配当その他有価証券の品質の確保に関する基準とから成る。上場基準は取引所が開設する金融商品市場ごとに異なる。上場させる有価証券等を決定した場合，金融商品取引所はその決定を内閣総理大臣に届け出る〔金商121〕。上場は，法形式的には，上場会社と金融商品取引所との間の上場契約の締結によるものと構成され，上場後における上場会社の取引所に対する義務等も上場契約上の義務と構成されるが，実質的には，有価証券の上場によって上場会社は取引所による自主規制の対象となるといえる。有価証券を金融商品市場における売買の対象から除外する行為を*上場廃止'といい，発行会社の申請に基づくものと，上場廃止基準に該当するために上場廃止となるものがある。金融商品取引所が上場廃止を決定したときは内閣総理大臣に届け出る〔金商126〕。上場基準や上場廃止基準の制定・改正は内閣総理大臣による認可の対象とされている〔金商149①〕。*商品先物取引法'上，上場商品又は上場商品指数は，商品取引所が1つの商品市場で取引すべきものとして*定款'で定める商品又は商品指数であり〔商取2⑦⑧〕，主務大臣の認可の下に個々に定められる。

情状 *刑の量定'や刑事訴追の要否の判断に際し考慮される諸事情をいう。犯罪事実自体とこれに関連するいわゆる犯情，及びそれ以外の諸事情との両者を含む。前者としては，犯行の動機・目的，手段・方法・態様，共犯関係，被害の軽重などがあり，後者には，犯人の性格，年齢，前科前歴の有無，生活状態など犯人の属性に係る事情や被害弁償・謝罪・示談の有無，被害者側の事情，社会事情の推移，関連法規の変動などの社会的要因も含まれる。刑法は包括的な量刑基準を示していないが，例えば，所定の*宣告刑'につき情状により刑の*執行猶予'を認め〔刑25・27の2〕，また情状に酌量すべきも

のがあるとき*酌量減軽'を可能とする〔刑 66〕。情状に関する資料については両当事者の請求又は裁判所の職権で*証拠調べ'が行われ、犯罪事実自体については*厳格な証明'を要求されるが、それ以外の情状については自由な証明で足りると解されている。なお、検察官による*起訴猶予'の判定に際しても広い意味での情状が考慮される〔刑訴 248〕。

上場基準 ⇨上場'

上場規程 *金融商品取引所'の業務規程によって、*有価証券'の上場、上場管理、上場廃止等の重要事項について定めた規程。もともと適時情報開示等を求める重要な機能を有してきたが、近時はその別添に、コーポレート・ガバナンス・コードを置くなど、会社法の代替機能を果たす場面が多くなっている。 ⇨コーポレート・ガバナンス' ⇨上場'

上場廃止 ⇨上場'

証書貸付け 銀行等が借主から借入条件等を記載した借用証書を証拠として差し入れさせて行う*貸付け'。*手形貸付け'に対する。証書貸付けは、不動産・各種財産・船舶等を担保とする貸付けや、救済融資・滞貨整理資金貸付けのように回収が長期間にわたる長期貸付けの場合に利用されることが多い。銀行が与信業務として行う貸付け取引の主流を占める。

消除主義・引受主義 *不動産競売'において、目的不動産上に差押債権者に対抗できる担保権や用益権がある場合に、売却条件として、買受人に負担のない不動産を取得させる消除主義と、負担が付着した不動産を取得させる引受主義とがある。消除主義は買受人の地位の安定に資し、高額での売却を可能にするのに対し、引受主義は優先する権利者の地位を損なわない。これらの原則は、優先する権利者が完全に補償される場合にのみ売却を認める剰余主義の採否と関連する。*民事執行法'は、*無剰余'の措置〔民執 63・188〕と配当における優先〔民執 87 ①④・85 ②〕を前提に、*抵当権'・*先取(さきどり)特権'・不用益権約のある*質権'を消滅させる〔民執 59 ①〕、*留置権'・使用収益権能のある質権〔民執 59 ④〕、用益権は引受けを原則とするが、売却により消滅する担保権に対抗できない質権や用益権(中間用益権)は売却により消滅する〔民執 59 ②〕。

証書真否確認の訴え 定款・遺言書・契約書などのような法律関係を証する書面について、その作成者と主張される人が本当にその書面を作成したものであるか(書面の成立が真正であるか)否かを判決で確定を求める訴え〔民訴 134 の 2〕。書面真否確認の訴えともいう。

この*確認の訴え'は、事実の確定を求める例外的なものであって、これが許されるのは、文書の成立の真正だけが争われており、その点が確定されさえすれば、その内容から権利関係の存否が明らかとなり、直ちに紛争の解決が得られるような場合であって、その書面に表示された法律関係の存否自体に争いがあるときは、その存否の確認を求めることになる。

商事留置権 1 意義 商法及び会社法に定められている特別の*留置権'の総称。民法上の留置権〔民 295〜302〕に対して、場合に応じてその要件を変更緩和し、債権者保護の強化によって信用取引の迅速と安全とを図るためのものである。

2 種類 次の 3 つのタイプがある。イ *商人'間の留置権〔商 521〕。*双方的商行為'である行為によって生じた債権が弁済期にあるときに、債権者が弁済を受けるまで、その債務者との間の*商行為'によって自己の占有に帰した債務者所有の物又は*有価証券'を留置する権利である(⇨商人間の留置権)。ロ *代理商'の留置権〔商 31、会社 20〕及び*問屋(とんや)'の留置権〔商 557〕。取引の*代理'・*媒介'又は*取次'によって生じた債権が弁済期にある場合に、本人又は委託者のために占有する物又は有価証券を留置する権利(⇨問屋の留置権)。ハ *運送取扱人'・*運送人'の留置権〔商 562・574・741 ②、国際海運 15〕。運送又は運送の取次によって運送品に関して生じた法定の債権について、運送品を留置する権利(⇨運送人の留置権')。

3 民法上の留置権との比較 イロの留置権は、被担保債権と留置物との牽連(けんれん)性を必要としない点で民法上の留置権と異なるが、ハの留置権は牽連性を必要とする点で民法上の留置権と同じである。また、イの留置権は、債務者所有の物又は有価証券について認められる点においても、民法上の留置権と異なる(もっとも、民法上の留置権も債務者所有の物でなければならないという少数説がある)。効力については、性質・目的に反しない限り、民法上の留置権に関する規定が適用されるが、民法上の留置権と異なり、*破産'等の場合には、*別除権'が認められ〔破 66、民再 53 ①〕、会社更生の場合には(⇨会社更生手続')、*更生担保権'とされる〔会更 2 ⑩〕。ただし*担保権消滅請求'の対象となりうる〔破 186 ①、民再 148 ①、会更 104 ①〕。

少数意見 合議体の*評決'で多数を占めた意見を多数意見といい、多数を占めなかった意見、すなわち、多数意見以外の意見を少数意見という。国会において、*委員会'で廃棄され

しようすう

た少数の意見で出席委員の10分の1以上の賛成があるものは，少数意見者が委員長報告に次いで報告することができる〔国会54①〕。この場合，少数意見者は少数意見報告書を議長に提出しなければならない〔衆規88，参規72の2〕が，この報告書は，委員会報告書とともに会議録に掲載される〔国会54③〕。 ⇨個別意見(最高裁判所裁判官の)'

少数株主権 '株式会社'において，'発行済株式総数'の一定割合以上又は総株主の議決権の一定割合以上・一定数以上を保有する株主だけが行使できる権利。1株の株主にも認められる権利である'単独株主権'に対するもの。'公開会社'では上記のような割合又は数の議決権を一定期間継続保有することが要件とされる少数株主権もある。複数の株主が共同して権利行使をする場合，各株主が有する議決権・株式の数を合算できる。'株主総会'の意思決定のイニシアティブをとったり('取締役会設置会社'における'株主提案権'〔会社303②③・305①但②〕，株主総会招集請求権〔会社297〕，'総会検査役'選任請求権〔会社306〕)，'役員'等の解任請求を行うための訴訟('取締役'，'会計参与'又は'監査役'の解任請求訴訟〔会社854〕)，会社の業務・財産状況の調査を行うことに関する権利('会計帳簿'等の閲覧・謄写請求権〔会社433①〕，業務執行に関する'検査役'選任請求権〔会社358①〕)，役員等の責任軽減への異議権〔会社426⑦〕，子会社の役員等に対する親会社株主の代表訴訟(多重代表訴訟)提起権〔会社847の3〕，'会社の解散'の申立てを行うための権利〔会社833①〕，'清算人'の解任請求権〔会社479〕等から成る。これらの権利の行使がなされると会社に対する影響が大きく，また濫用の危険性が高いため，上記のような要件を課して，少数株主権としている。なお，少数株主権は一定の要件を満たさない株主に権利行使を認めないものであるため，'株主平等の原則'に反するかという問題があるが，これは法が定めた平等原則の例外であるとされる。

少数社員権 社団において一定割合以上の'持分'を有する少数社員に認められる監督是正権。単独社員権とともに共益権に属する。少数派社員を保護するとともに，多数派社員による侵害を制し，社団の公正な利益を守るために認められる。'株式会社'における'株主総会'招集請求権・会計帳簿閲覧等請求権・検査役選任申立権などの'少数株主権'がその典型である，'相互会社'〔保険業39等〕や一般社団法人〔一般法人37①等〕においても認められている。

少 数 代 表 選挙制度の分類の1つで，多数代表の対義語。有権者の多数派のみでなく少数派にも議会への代表を可能にする制度を指す。'比例代表'制をその典型とするが，それ以外にも'大選挙区''単記投票'制(かつての日本の'中選挙区'制はその一種)などを含め様々な種類がある。

少 数 内 閣 ⇨インナー・キャビネット'

少数派株主・社員の締出し 会社法において，'株式の併合'・'全部取得条項付種類株式'を用いて，あるいは，'合併'等の対価の柔軟化〔会社749①②・751①③・758④・760⑤・768①②・770①③〕が一般的に認められたことにより，少数派株主・社員からその地位を奪うこと。例えば，多数派株主が，受け皿となる100%支配会社を設立し，それを存続会社とする交付金合併を行えば，少数派株主を現金で締め出すことが可能となる。もっとも，そこでの決議が著しく不当であれば，決議取消事由〔会社831①③〕や，ひいては，合併の差止事由〔会社784の2①・796の2①・805の2〕や合併の無効原因〔会社828①⑦②⑦〕等になりうる場合もある。スクィーズアウト(㊥squeeze out)とも呼ばれる。なお，平成26年の会社法改正(法90)により，'特別支配株主の株式等売渡請求権'〔会社179〕の制度が創設されたことから，この方法を用いて締め出すことも可能となった。

少 数 民 族 一国内において人種・言語・宗教上，その国の支配的な民族とは異なる集団に属する少数者のこと。その保護が本格化したのは第一次大戦後であって，東欧における少数民族の保護条約が多数結ばれ'国際連盟'の保証下に置かれた。第二次大戦後は，国際連合人権委員会(⇨国際連合人権理事会')の下に差別防止少数者保護委員会が設けられ，また'国際人権規約'(自由権規約)も，少数者に自己の文化の享有，宗教の信仰，言語の使用の権利を認めている〔人権B規約27〕。

常設国際司法裁判所 ㊥Permanent Court of International Justice 国際連盟規約14条に基づき，1921年にオランダのハーグに設置された国際裁判機関。'国際司法裁判所'の実質的前身であるが，常設国際司法裁判所は'国際連盟'の外に置かれたのに対して，国際司法裁判所は'国際連合'の主要な司法機関である点が異なる。日本からは，織田萬(1868～1945)，安達峰一郎(1869～1934)，長岡春一(1877～1949)が裁判官に選出された。1940年ドイツ軍のオランダ侵攻により活動を中止し，1946年に消滅した。 ⇨国際裁判'

常設仲裁裁判所 因 Permanent Court of Arbitration ＊国際紛争平和的処理条約'(1899)に基づいてオランダのハーグに設置された国際仲裁裁判所。＊国際仲裁裁判'は，通常，紛争が発生するごとに組織されるのに対して，常設化を図ったものとして注目される。もっとも，常置されたのは，裁判官名簿(この中から5人以内の裁判官を事件ごとに指名)，事務局，評議会にとどまった。第二次大戦までに24の判決が出されたが，戦後はほとんど利用されていない。ただし，裁判所の設備を利用した仲裁裁判は，しばしば行われている。常設仲裁裁判所の国別裁判官団は，＊国際司法裁判所'裁判官候補者を指名する〔国際裁4〕。

使用窃盗 他人の＊財物'の一時的な無断使用は，その他人の＊占有'を奪ったにもかかわらず，＊窃盗罪'〔刑235〕に当たらない場合があると考えられており，そうした不可罰的な無断使用を講学上「使用窃盗」と呼ぶ。大審院は，窃盗罪の成立には他人の財物につき＊不法領得の意思'を必要とするから，他人の財物を単に一時使用するために自己の＊所持'に移しても同罪に当たらない旨を判示した(大判大正9・2・4刑録26・26)。使用窃盗の不可罰性の理由は，窃盗罪の成立に(＊故意'のほかに)必要とされる不法領得の意思(大判大正4・5・21刑録21・663)のうち，権利者を排除して他人の物を自己の所有物とする意思(権利者排除意思)が欠ける点にある。永続的に所持を奪い取る意思までは必要でなく，使用後に捨てる意思や，長時間にわたり使用する意思であれば，不法領得の意思は肯認される(最判昭和26・7・13刑集5・8・1437，最決昭和55・10・30刑集34・5・357)。また，景品と交換する目的でのパチンコ玉の不正取得や，コピーする目的での秘密資料の持出しも，それにより財産的価値を奪い取る目的であることから，積極に解されている(最決昭和31・8・22刑集10・8・1260，東京地判昭和55・2・14刑月12・1=2・47)。

小選挙区 選出する議員の定数が1人である選挙区。＊大選挙区'に対するもの。英米では下院議員選挙について一貫してこれを採用しており，日本でも衆議院議員についてかつて採用していたことがある(明治22(1889)～33，大正8(1919)～14)。平成6年の＊公職選挙法'改正(法2)により導入された＊小選挙区比例代表並立制'もこれを用いる。現行の参議院(選挙区選出)議員の選挙〔公選14・別表3〕で定数2人のものは，半数改選制であるため実際上小選挙区である。なお，＊普選運動'に掲げた[表：選挙(衆議院議員)制度の沿革(主要改正)]を参照せよ。

小選挙区比例代表並立制 **1 意義** 平成6年の政治改革関連法の1つである＊公職選挙法'の一部改正法(法2)により，＊衆議院議員'の選挙について採用された制度を小選挙区比例代表並立制と呼んでいる。衆議院議員の総定数475人のうち，295人を小選挙区制(小選挙区選出議員)，180人を比例代表制(＊比例代表選出議員')により選出し(平成28年の改正(法49)により総定数465人，小選挙区289人，比例代表176人に変更)，選挙人はそれぞれの制度で1票ずつ投票することができる〔公選4①・36但〕。
2 小選挙区制 都道府県を単位に定数を配分し，そこで配分された数だけの小選挙区を各都道府県内に設けるという方法がとられる。その定数配分の方法は，当initially，各都道府県にまず1議席を与え，残りの総議席を人口比例で配分するというものであった(一人別枠方式)。しかし，平成21年の最高裁判所大法廷判決(最大判平成21・9・30民集63・7・1520)によりこの方式が違憲状態にある定数不均衡の原因となっているとの指摘がなされたため，平成24年の法改正(法95)により廃止され，最大較差が2分の1を超えないように配分することとされた。＊当選人'となるのは，各選挙区で有効投票の最多数(かつ有効投票総数の6分の1以上)を得た候補者1名である〔公選95①Ⅰ・13①〕。なお，上記政治改革関連法の1つである「衆議院議員選挙区画定審議会設置法」(平成6法3)により，新たに内閣府に同審議会が置かれ〔選挙区審1〕，当初の小選挙区の画定に関する勧告〔選挙区審附2〕及び必要があると認める小選挙区の改定に関する定期的勧告〔選挙区審2～5〕を内閣総理大臣に対して行うものとされた(⇨'定数不均衡(訴訟)')。そして，平成28年改正(法49)により旧一人別枠方式に代わる配分方法として＊アダムズ方式'が採用された。令和4年改正(法89)によりこの方式に基づく区割の改定が行われている。 ⇨小選挙区'
3 比例代表制 選挙区は，参議院の比例代表制のように全都道府県を1つの区域とせず，これを11の区域(ブロック)に分割し，各選挙区に人口比例で定数を配分する〔公選13②・別表2〕。名簿式投票で，各名簿の当選人数の決定方法としてはドント式を採用しており，この点では参議院の比例代表制と同じであるが，当選人の決定方法としては，参議院の非拘束名簿式に対し衆議院は拘束名簿式を採用している。名簿の届出が許されるためには，イ 所属する国会議員を5人以上有する＊政党'その他の＊政治団体'，

じょうせん

ロ 直近の*総選挙'又は*通常選挙'における得票総数が有効投票総数の100分の2以上である政党その他の政治団体，ハ 名簿登載者の数がその選挙区の議員定数の10分の2以上である政党その他の政治団体のいずれかに該当しなければならない〔公選86の2①〕。⇨比例代表'

4 小選挙区比例代表併用制　並立制と同じく小選挙区制と比例代表制の組合せであっても，比例代表制を基本とし，その得票結果に基づいて全議席を各政党に配分・確定した上で，その配分議席数から小選挙区制の当選人数（小選挙区制で当選した候補者は優先的に当選人）を差し引いた数だけ各政党の名簿登載上位者から順次当選人とするドイツの選挙制度は，小選挙区比例代表併用制と呼ばれ，並立制と区別される。

乗船契約　⇨雇入契約'

上　訴　裁判が確定しない間に，上級裁判所へ，その取消し又は変更を求める不服申立方法。上訴には，*控訴'・*上告'・*抗告'の3種がある。これに対し，*確定判決'の取消しを求める*再審'，同一*審級'内での不服申立方法である*異議'は上訴ではない。上訴によって，裁判の確定が妨げられる（上訴の*確定遮断効'，刑事法では*停止の効力'）とともに，事件の係属が上級審に移る（*移審'の効力）。上訴制度の目的としては，当事者の救済と法令の解釈適用の統一とが挙げられている。なお，*上告受理申立て'は確定遮断効を伴い〔民訴116②〕，受理決定があった場合には，上告があったものとみなされる〔民訴318④〕。確定遮断効を伴わない*特別上訴'は，民事訴訟法では上訴と異なる特別の不服申立てと理解されている。

肖像権　I　民法上，人は，自分の肖像（写真・絵画・彫刻など）をみだりに他人に作成・使用されたりしない人格的利益を有し，これを違法に侵害すると*不法行為'になる〔民709・710〕。この場合の人格的利益を肖像権と呼ぶ。違法性の判断は，*報道の自由'・*表現の自由'との関連上微妙な問題を生じる。判例は，裁判所の許可なく法廷内の被疑者の容貌を撮影し，週刊誌に掲載した事件につき，違法かどうかは，被撮影者の社会的地位，活動内容，撮影の場所，撮影の目的，撮影の態様，撮影の必要性等を総合考慮して，被撮影者の人格的利益の侵害が受忍の限度を超えているかどうかで判断すべきとした（最判平成17・11・10民集59・9・2428）。

II　憲法上，判例が「肖像権と称するかどうかは別として，少なくとも，警察官が，正当な理由もないのに，個人の容ぼう等を撮影する

ことは，憲法13条の趣旨に反し，許されない」としており（最大判昭和44・12・24刑集23・12・1625〈京都府学連デモ事件〉），いわゆる肖像権が憲法上の権利として認められていると解してよい。

III　刑事訴訟法上は，*写真撮影'をみよ。

上訴期間　*裁判'に対して*上訴'を申し立てることのできる*期間'。

I　民事訴訟法上，*控訴'期間・*上告'期間はともに2週間で，電子判決書等が*送達'された日から起算する〔民訴285・313〕。*即時抗告'の期間は1週間で，裁判の*告知'があった日から起算する〔民訴332〕。これらは*不変期間'である。なお，*通常抗告'については，上訴期間の定めはない。

II　刑事訴訟法上，*控訴'・*上告'の期間はともに14日間〔刑訴373・414〕，*即時抗告'の申立期間は3日〔刑訴422〕，*特別抗告'の申立期間は5日〔刑訴433②〕である。上訴期間は，上訴の告知のあった日から進行する〔刑訴358〕。したがって，*判決'については判決宣告〔刑訴342〕の日から，その他の裁判については，原則として*裁判書'の謄本が送達された日〔刑訴規34〕から進行する。初日は算入しない〔刑訴55①〕。

上 訴 権　**1 意義**　*上訴'によって，原判決に対する*不服申立て'の当否について上訴審の裁判を受けられることを，当事者の権能としてみた場合の用語。上訴の種類に対応して，*控訴権'・*上告'権・*抗告'権がある。

2 上訴権者　イ　民事訴訟法上は，原裁判に対して上訴の利益をもつ者，すなわち，原裁判によって不利益を受けた者に認められる。当事者・*補助参加人'〔民訴45参照〕は判決に対して上訴することができる。また，例えば*証人'，文書所持者は，自らの受けた決定に対して上訴（抗告）することができる〔民訴192②・223⑦〕。

ロ　刑事訴訟法上は，基本的には検察官と被告人である〔刑訴351①〕。英米法と異なり，日本法は検察官の上訴権を広く認めている。被告人の*法定代理人'・*保佐人'・*弁護人'などは，本人の明示した意思に反しない限り，被告人のために上訴をすることができる〔刑訴353～356〕。このほか，決定を受けた者（例えば*付審判請求'を棄却された請求人）は，抗告をすることができる〔刑訴352〕。

3 上訴権の消滅　*上訴期間'の徒過〔なお，民訴97参照〕のほか，*上訴の放棄'又は*上訴の取下げ'によって消滅する。⇨上訴権(の)回復'

上訴権(の)回復　刑事訴訟法上，*上訴権'者が，自己又は代人（家族・*弁護人'など）の責めに帰することのできない事由によって，*上

しょうたい

訴期間'内に*上訴'できなかったとき，請求により上訴権の復活を認める制度。この請求は，上訴不能の事由がやんだ日から上訴期間に相当する期間内に行わなければならない。請求は原裁判所に対して行い，これと同時に上訴の申立てをしなければならない〔刑訴362・363〕。請求が認められると，上訴が適法となる。

上訴(権)の放棄 1 民事訴訟法上は上訴権の放棄と呼ばれ，*上訴権'をもつ者が，これを放棄する意思表示をいう。控訴，上告，抗告のいずれについても認められる〔民訴284・313・331〕。上訴権を消滅させ，その事件についての上訴を不適法とする効果がある。

2 刑事訴訟法では*上訴'の放棄と呼ばれる。上訴権をもつ者が，これを放棄する意思表示をいう〔刑訴359・360〕。上訴権を消滅させ*裁判の確定'を早める効果がある。ただし，死刑又は無期の拘禁刑を言い渡した判決に対する上訴は放棄できない〔刑訴360の2〕。

上訴の取下げ 一旦提起された*上訴'を撤回する上訴人の*訴訟行為'。

Ⅰ 民事訴訟法上，上訴の取下げには，上訴の種類に応じ，*控訴'の取下げ〔民訴292〕・*上告'の取下げ〔民訴313〕・*抗告'の取下げ〔民訴331〕がある。上訴の取下げは，その上訴に対する*終局裁判'があるまですることができ〔民訴292①・313・331〕，被上訴人の同意を要しない。取下げにより上訴は初めからなかったことになり，上訴審手続が終了する〔民訴292②・262①・313・331〕。上訴の取下げは再び上訴をすることを妨げないが，取下げが*上訴期間'経過後にされれば，*確定遮断効'も生じなかったことになり原裁判が確定してしまうので，再上訴の余地はない。なお，上訴審の*口頭弁論'*期日'に両当事者が欠席し，又は弁論をしないで退席し，その後1カ月内に期日指定の申立てをしないときは，上訴の取下げが擬制される〔民訴292②・263・313・331〕。 ⇨*訴えの取下げ'

Ⅱ 刑事訴訟法上，検察官・被告人のように固有の*上訴権'をもつ者は，上訴を取り下げることができる〔刑訴359〕。被告人の法定代理人などが上訴を取り下げるには，本人の書面による同意が必要である〔刑訴360〕。上訴を取り下げた者は，*上訴期間'内でも上訴権を失う〔刑訴361〕。

上訴の不可分 民事訴訟法上，原裁判の一部について*上訴'を提起しても，上訴提起の効力(*確定遮断効'・*移審'の効力)は，*不服申立て'の限度にとどまらず，原裁判で判断された全部の事項に及ぶという原則。これにより，上訴人が不服を申し立てない部分も独立に確定しないため，上訴人は後から不服申立ての範囲を拡張することができるし，被上訴人は*附帯上訴'によって自己の敗訴の部分について不服を申し立てることができる〔民訴293・313〕。当事者双方に不服のない部分でも*執行力'が発生しないので，これについて上訴審で*仮執行'の宣言をする必要も生じる〔民訴294・323〕。

上訴の利益 Ⅰ 刑事訴訟法学において，*上訴'の申立人にとって救済を求める客観的な必要性をいう。このような必要性がない場合には，上訴制度の利用が認められない。例えば，*無罪'の判決は被告人にとって最も有利な裁判であるから，たとえ*判決理由'に不満があっても，被告人から上訴はできない。また，被告人が「原判決の刑は軽すぎる」と主張する場合のように，申立人にとって不利益な上訴理由は，適法な上訴理由とは認められない。検察官は法の正当な適用を求める立場にあるので，どんな裁判に対しても上訴の利益をもつとするのが通説である。

Ⅱ 民事訴訟法上は，*上訴権'をみよ。

焼損 1 意義 刑法上，*放火罪'・*失火罪'の*構成要件'要素とされている。平成7年の刑法の平易化前の規定では焼燬(しょうき)という用語が使われていた。

2 学説 火を放って，建造物その他の客体を焼損したときに放火罪は*既遂'となるのであるから，どの段階で「焼損」といえるかが問題となる。判例(大判明治43・3・4刑録16・384等)・多数説は，火が媒介物を離れて，目的物が独立に燃焼を継続するに至った状態を焼損と解する立場(*独立燃焼説')をとる。

使用貸借 友人から本を借りる場合のように，無償で他人の物を借りて使用収益した後その物を返還する*契約'〔民593〜600〕。無償である点で，賃料を支払う*賃貸借'と異なり，借りたその物を返還する点で，金銭を借りる場合のような*消費貸借'と異なる。日常よく行われるが，社会的・経済的にはそれほど重要な機能を営んでいない。使用貸借契約は，借主が目的物を受け取って初めて成立する*要物契約'であるとされてきたが〔民旧593〕，*債権法改正'により，贈与〔民549・550〕と同様，諾成契約に改められるとともに，書面によらず目的物の引渡しがない場合には解除ができることとされるに至った〔民593・593の2〕。無償であるから，貸主は，賃貸借の場合〔民606参照〕と異なり，修繕義務を負わず，借主が通常の必要費を負担するものとされている〔民595〕。更に，*借地借家法'など

じょうたい

の適用もない〔借地借家1・2〕。そこで, ある物の利用関係が有償か無償かを判断することが重要な意味をもつ場合がある。判例は, 社宅の利用関係が賃貸借であるか使用貸借であるかは契約の趣旨によるとするが, 旧*借家法*の適用を排除するものが多い。

状態犯　*即成犯*や*継続犯*と同じように, *実行行為*及び*法益侵害結果*との関係で区別される犯罪の種別。犯罪が*既遂*に達した後, 法益侵害の状態は継続するが, 犯罪としては法益侵害の結果が発生したことによって終了したと認められるものをいう。典型的な例が*窃盗罪*〔刑235〕であり, 被害者から財物の占有を取得することで成立し終了するが, 被害者の権利が侵害される状態は継続し続けている。状態犯に特徴的なのは, 事後の法益侵害の状態も*構成要件*が予定し評価し尽くしているため, その範囲内においては外見上他の構成要件に当たるようにみえる行為も別罪を構成しないことである。例えば, 窃盗後の窃取物の損壊行為は, *不可罰的事後行為*(ないし*共罰的事後行為*)とされ, 通常は独立に犯罪を構成しない。

承諾　I 民法上は, イ *申込み*の*意思表示*と合して*契約*を成立させる意思表示のこと。承諾は申込みが効力を生じてから消滅するまでの間(承諾適格)にしなければ契約を成立させることができない。すなわち, 承諾の期間を定めて申込みをした場合には, 原則としてその期間内に承諾が相手方に到達しなければならず〔民523②・524〕, 期間を定めない申込みも申込者が申込みを撤回する以前に承諾しなければならない〔民525①本文参照〕。承諾は申込みの内容と一致しなければならず, 条件を付けるなど変更を加えて承諾した場合には新たな申込みとみなされる〔民528〕。なお, 承諾については*隔地者*間では*発信主義*がとられていたが, 〔民旧526①〕, *債権法改正*により, この考え方は改められ, 一般の意思表示の場合〔民97①〕と同じく, *到達主義*によることになった。ロ そのほか, 一定の事実の*承認*・*同意*の意味で使われることもある。抵当権処分の承諾〔民377〕, 債権譲渡の承諾〔民467〕, 賃借権の譲渡・転貸についての承諾〔民612〕などがそれである。

II 刑法上は, 自己の*法益*の侵害について被害者自身が同意すること。個人的法益に対する罪ではその*違法性*が減少・消滅と解され, *承諾殺人罪*, 同意*堕胎罪*では, 承諾がない場合に比し法定刑が軽い〔刑202・213〕。法益の放棄について有効な同意があったかは, 実務上, よく争点となる。また, 当該法益の処分について適切に判断できることが前提であるため, 同意可能年齢を16歳以上としている犯罪もある〔刑176・177〕。　⇨被害者の同意*

承諾殺人　被害者の承諾を得てこれを殺す罪〔刑202〕。*未遂*も処罰される〔刑203〕。承諾は, 死の意味を理解できる者の自由な真意に出たものであることを必要とする。幼児の承諾を得た場合(大判昭9・8・27刑集13・1086)や欺罔(ぎもう)により承諾を得た場合は, 殺人罪〔刑199〕が成立しうる(⇨偽装心中*)。　⇨嘱託殺人*

承諾転質　⇨転質*

常置委員会(議院の)　議会が開会中であると閉会中であるとを問わず, 活動能力をもつ*委員会*。*明治憲法*時代からしばしば設置の要請はあったが, 国会でもこの制度は認められていない。しかし, 議院がその会議により特に付託した案件については, 委員会は閉会中も審査を行うことができる〔国会47〕ので(⇨継続審査*), その限度では現行法上の委員会が, 常置委員会に近い機能を果たしている。

象徴　抽象的・無形のものを表す具体的・有形的なもの。鳩が平和の象徴であるというのが代表例である。日本国憲法は*天皇*を「日本国の象徴であり日本国民統合の象徴」であるとする〔憲1〕。*明治憲法*下の天皇も国家の象徴としての役割を担っていたから, 天皇の象徴的性格は新旧憲法で連続していると考えられている。象徴作用は心理的・社会的なものであり法的拘束になじまないから, 象徴規定から国民の天皇崇拝義務等が導かれるわけではない。天皇は*国事に関する行為*を行う際にだけ象徴としての役割を果たすのか, 日常生活においても象徴としての振る舞いを期待されるのかどうかは, 争いがある。また, 国事行為以外の天皇の公的行為を「象徴としての行為」として正当化する見解や, 天皇の象徴性を根拠に, 天皇が刑事責任を負わないとする見解もある。判例は, 天皇が象徴であることに鑑み, 天皇に*民事裁判権*が及ばないと解している(最判平成元・11・20民集43・10・1160)。

象徴的言論　象徴的表現ともいわれ, 言葉によらず行われる表現行為。シンボリック・スピーチ(英 symbolic speech)の訳語。反戦の意思表示としての徴兵カードの焼却や返却, 国旗の焼却, 黒い腕章の着用などがその例であり, 聴衆やマスメディアの注目を集めやすいことから, 意見や思想を言語による表現以上に受け手に効果的に伝達することが可能になる。また, 言語表現が苦手な者にも利用でき, 言語では伝達困

難なメッセージを表現しうる利点もある。アメリカで1960年代後半以降注目されるようになり，その文脈や状況からみてコミュニケーションの一形態としての要素を備えた行為は，*表現の自由'の保障を受けることが判例上確立されている。象徴的言論に対する規制の合憲性審査にあたっては，規制が表現内容に関わるときは厳格審査，表現内容に直接関係ないときはより緩やかな審査がなされるが，象徴的言論においては表現内容と表現の方法・形態が不可分のため，具体的な規制がどちらの性格をもつかの判断が重要となる。

象徴天皇制 日本国憲法の成立過程で，その基本原理としての*国民主権'主義と旧来の支配勢力の*国体'護持(*神勅天皇制'存続)の要請との政治的妥協の産物として成立した，現行憲法下における*天皇制'の形態。天皇は，日本国及び日本国民統合の*象徴'であり，その地位は「主権の存する日本国民の総意に基く」とされ〔憲1〕，また，内閣の*助言と承認'によって憲法に列挙された*国事に関する行為'のみを行い，*国政に関する権能'をもたないとされる〔憲3・4・6・7〕。*明治憲法'下の，神勅に基づき(告文，憲法発布勅語，*上諭')，神聖不可侵の*元首'にして*統治権'の総攬(そうらん)者であった天皇〔明憲3・4〕と比較してみると，地位やその根拠及び権力的側面に関する相違は革命的変革ともいえるものがある(⇨八月革命説')。しかし，国家・国民の象徴機能を保持している点や国事行為にみられる儀礼的・形式的行為の主宰者という面では連続性を有しており，また通常元首的機能はという面では連続性を有しており，また通常元首的機能は，諸外国からは象徴天皇が元首にみえるということも生じている。なお，天皇制の歴史にあっては，自ら統治者であるより，実際の統治権力保持者を正当化する機能の担当者であった時代のほうが長く，その点では象徴天皇制こそ天皇制の本来的姿との見方もある。

詔勅 狭義では，*明治憲法'下の*公式令'に規定のあった*詔書'と勅書を指すが，広義では，天皇の意思(勅旨)を表示する公文書のうち*勅令'を除くものの総称。詔書は，皇室の大事及び*大権'の施行に関する勅旨を一般に公示する公文書で，勅書は，具体的な処分(特定の者に国葬を賜(たまわ)うなど)を内容とする勅旨に係る公文書をいい，宣誥(せんこう)を要しない。このほかに，*教育勅語'や軍人勅諭など公式令に規定のない勅語・勅諭を含めることもある。現行憲法下では，旧公式令に代わる法律は存在せず，慣習法上詔書は国会の*召集'，衆議院の*解散'及び天皇の国事行為の範囲に限られている。勅書

の例としては，内閣総理大臣や最高裁判所長官の任命の辞令書等が考えられる。

小党分立制 ⇨複数政党制'

譲渡裏書 *指図証券'上の権利を被裏書人に譲渡するための*裏書'。取立権限を授与する*取立委任裏書'や*質権'を設定する*質入譲書'などに対する。単に裏書というときは譲渡裏書のことを指すのが普通である。譲渡裏書の方式としては，「表記の金額をA殿又はその指図人にお支払い下さい」というように被裏書人と裏書文句を記載する*記名裏書'と，被裏書人あるいは更に裏書文句の記載を欠く*略式裏書'とがあるが，いずれも裏書人の*署名'は不可欠である。*権利移転的効力'及び*資格授与的効力'が認められる〔民520の2・520の4，手14①・16①，小17①・19〕。*手形'〔手15①〕・*小切手'〔小18〕の場合には更に*担保的効力'があるのが原則であるが，*無担保裏書'や*期限後裏書'のように担保的効力のないものもある〔手15①の「反対ノ文言」，手20〕。無担保裏書，期限後裏書及び*裏書禁止裏書'を特殊の譲渡裏書という。裏書の連続のある指図証券の取得者には，*善意取得'及び抗弁の制限の保護が与えられる〔民520の5・520の6，手16②・17，小21・22〕。

譲渡権 *著作権'を構成する支分権の1つで，著作物の複製物(原品も同様)を譲渡することに関する排他的権利〔著作26の2〕。適法な第1譲渡の後は，当該複製物について譲渡権は消尽する(権利が働かない)こととされている。*著作隣接権'者である実演家やレコード製作者にも付与されている〔著作95の2・97の2〕。1996年に採択された*著作権に関する世界知的所有権機関条約'(平成14条1)，「実演及びレコードに関する世界知的所有権機関条約」(平成14条8)に対応すべく，平成11年の著作権改正(法77)で新たに盛り込まれた権利である。

譲渡所得 *所得税法'上の各種所得の1つで，資産の譲渡から生ずる所得をいう〔所税33①〕。これは，所有資産の増加益(*キャピタル・ゲイン')を所得として，資産が所有者を離れるのを機会にそれを清算して課税するものである(最判昭和47・12・26民集26・10・2083)。譲渡所得の金額は，保有5年以内の資産に係る短期譲渡所得とそれ以外の長期譲渡所得に分け，それぞれ総収入金額から取得費・譲渡費用を控除し，更に特別控除額50万円を控除した金額である〔所税33③④〕。

譲渡制限株式 *株式会社'がその発行する全部又は一部の*株式'の内容として，譲渡による当該株式の取得につき当該会社の承認を要す

じょうとせ

る旨の*定款'の定めを設けている場合における,当該株式をいう〔会社2⑰〕。株主間の個人的な信頼関係が重視されるタイプの会社向けの制度である。会社法制定前は,譲渡制限株式は,定款による譲渡制限のある会社の発行する株式とされ,譲渡制限は,会社の発行する全ての株式について定めることが前提であった。会社法では,会社は,定款の定めにより,その発行する全部の株式の内容として譲渡制限を定めることができるほか〔会社107①①②①〕,*種類株式'の内容として譲渡制限を設けることもできる〔会社108①④②④〕。後者のように,発行する株式の一部についてのみ譲渡制限を設けた場合にも,当該会社は*公開会社'とされる〔会社2⑤〕。会社が定款で株式の譲渡制限を定めたときは,その旨を登記し〔会社911③⑦〕,また株券発行会社では,*株券'に記載しなければならない〔会社216③〕。譲渡承認の決定機関は,*取締役会設置会社'では*取締役会',それ以外の会社では*株主総会'であるが,定款で別段の定めをすること(例えば取締役会設置会社の承認機関を株主総会とすること)も認められる〔会社139①〕。

譲渡制限新株予約権 ⇨ *新株予約権'

譲渡性預金証書 英 negotiable certificate of deposit;略称 CD 又は NCD *第三者'への譲渡により資金の回収が可能な,自由金利の定期預金証書で,短期資金の調達手段の一種である。アメリカで開発された商品であるが,金利自由化の先駆けとして,国内でも1979年から都市銀行が取扱いを開始した。預金金利は当事者間で自由に決定できるが,最低発行金額・期間等の制限があった。平成4年(1992)の証券取引法(現*金融商品取引法')改正(法87)を機に,外国法人が発行するCDが証券取引法上の*有価証券'として政令指定された〔金商2①②,金商令1①〕ため,CDの売買等を業とする場合には金融商品取引業となるが,銀行等の金融機関もCDを扱うことができる〔金商33②①〕。

譲渡担保 1 意義 債務を担保するために,債務者又は*第三者'が,自己が有する*不動産',*動産',*債権',その他の*財産権'を,債権者に移転すること。形式的には,財産の帰属を移転するものであるが,その実質は担保であることから,*非典型担保'の1つに位置付けられている。債務者が債務を弁済しない場合,債権者は,譲渡担保の目的となった財産権を自己に帰属させたり(帰属清算),第三者に処分したり(処分清算)することによって,被担保債権の回収を図ることができる。その際,目的財産の価額が被担保債権額を上回る場合,債権者は,そ

の差額(*清算金')を債務者又は第三者に支払わなくてはならない(清算義務)(最判昭和46・3・25民集25・2・208)。かつては,イ 債権担保の目的で財産権を移転する「譲渡担保」と,ロ 目的物の売買契約の形式をとる「売渡担保」とが区別されていた。売渡担保においては,売買契約の代金として買主から売主に金銭が支払われ,一定期間経過後に,売主が買主に対して代金に利息等を加えた額を支払って目的物を買い戻すことが予定されており,形式的には被担保債権は存在しない。しかし,最高裁判所は,「買戻特約付売買契約の形式がとられていても…何らかの債権の担保とする目的で締結された契約は,譲渡担保契約と解するのが相当」とし,買主に清算義務を課したことから(最判平成18・2・7民集60・2・480),両者を区別する実益は失われている。

2 **不動産譲渡担保** 不動産を目的とする約定担保物権としては,民法上,債権者が*占有'を有する*質権'(*不動産質')〔民356〕及び債権者が占有を有しない*抵当権'〔民369〕が規定されているが,いずれも*民事執行法'の規定に従って実行される〔民執180〕。民事執行法上の実行手続には,時間及び費用がかかることから,私的実行が可能な不動産譲渡担保が用いられることがある。不動産譲渡担保は,判例によって規律される。不動産譲渡担保の*対抗要件'は,*登記'によって備えられる〔民177〕。*登記原因'は,譲渡担保とされる場合のほか,売買とされることもある。譲渡担保権者が有する権利は,形式的には*抵当権'*所有権'ではなくより,上述のように譲渡担保権者には清算義務が課され,また,倒産法上は*別除権'〔破65,民再53〕や*更生担保権'〔会更2⑩,最判昭和41・4・28民集20・4・900参照〕として扱われる。

3 **動産譲渡担保** 民法上,動産を目的とする約定担保物権としては,債権者に目的物の占有を移転する必要がある質権(*動産質')〔民352〕のみが規定されていたことから,債務者に占有を留めたまま担保権の設定を可能とするために,譲渡担保の手法が用いられ,判例がこれを規律している。動産譲渡担保は,譲渡担保契約によって設定され,その対抗要件は,動産の通常の譲渡と同様,*引渡し'〔民178〕である。なお,動産債権譲渡特例法3条1項により,動産譲渡登記ファイルに譲渡の登記がされた場合には,民法178条の引渡しがあったものとみなされる。動産譲渡担保のうち,目的物の種類,所在場所,量的範囲の指定その他の方法により特定された範囲に属する動産(将来において特定範囲に属

するものを含む)を一括して目的とするものを集合動産譲渡担保という。集合動産譲渡担保は、在庫商品や原材料等、個々の動産の価値は小さいものの集合体としてみれば担保価値があり、集合体の構成部分が入れ替わる場面で用いられることが想定されている。設定者には、一定の範囲で目的物を処分する権限が認められており、その一方で、目的物を補充する義務があることが特徴である。

4 債権譲渡担保 債権を目的とする約定担保物権としては、民法上、*債権質'〔民364〕が規定されているが、債権質においては、質権者が担保目的債権を直接取り立てることができる〔民366〕。他方で担保権設定者に取立権限を留保したまま債権を担保化する要請等があり、実務上、しばしば債権譲渡担保の手法が用いられ、判例によって規律されている。債権譲渡担保は、譲渡担保契約によって設定され、既に発生している債権のみならず、将来発生する債権をも目的とすることができる〔民466の6〕。債権の真正譲渡と同様、債権譲渡担保を*第三債務者'に対抗するためには、譲渡人による*通知'又は債務者による*承諾'が必要である。また、第三者に対抗するためには、*確定日付'のある証書による通知又は承諾が必要である〔民467〕。なお、動産債権譲渡特例法4条1項により、債権譲渡登記ファイルに譲渡の登記がされたときは、債務者以外の第三者との関係で、上記の確定日付のある証書による通知があったものとみなされる。債権譲渡担保のうち、発生年月日の始期及び終期並びに債権発生原因の指定その他の方法により特定された範囲に属する債権を一括して譲渡担保契約の目的とした場合を集合債権譲渡担保という。集合債権譲渡担保の設定者には、一定の範囲で債権の取立権限が認められる一方、担保価値を維持する義務が課される。

5 その他の財産を目的とする譲渡担保 譲渡担保は、財産権の帰属を移転する形式をとる担保であることから、譲渡可能な財産であれば、譲渡担保の目的となりうる。*特許権'、*商標権'、*著作権'等の*知的財産権'は、質権及び譲渡担保の目的とすることができる。特許を受ける権利のように、質権の目的となりえない知的財産権であっても、譲渡担保の目的とすることはできる。また、ゴルフ会員権のような契約上の地位も、譲渡担保の目的となると解されている。

6 譲渡担保の法制化 上記のように、これまで譲渡担保については明文の規定がなく、判例法により規律されてきたことから、法的安定性や明確性に欠ける点が問題視されてきた。そこで、動産や債権等を担保の目的として行う資金調達を拡大するといった観点から、*法制審議会'担保法制部会において、譲渡担保の法制化に向けた検討が進められている。動産、債権その他の財産(抵当権の目的とすることができる財産及びこれに関する権利を除く)を目的とする譲渡担保及び*所有権留保'について、民法の特別法を設けることが検討されており、譲渡担保権及び留保所有権の効力、順位、実行等に関して、明文の規定が置かれることになる。

衝　突　法　⇨国際私法'

使　用　人　*商人'(個人商人・*会社')の内部においてその指揮命令下にある者。従業員。*商業使用人'を指す場合もある。

昇　任　*任用'の一種〔国公35, 地公17①〕。職員を現在の職より上位の職に任命すること。昇任の方法は下位の職の在職者の競争試験によることを原則とするが、勤務実績に基づく*選考'によることもできる〔地公21の4①〕。

承　認　Ⅰ **憲法 1 意義**　国又は地方公共団体の機関が一定の行為を行うとき、事前に又は事後に必要とされる他の機関の同意をいう。
2 事例　天皇の*国事に関する行為'に対する内閣の*助言と承認'〔憲7〕、*条約'締結に対する事前又は事後の国会の承認〔憲73③〕、自衛隊の*防衛出動'に対する国会の承認〔自衛76〕、国会閉会中又は衆議院解散中の*公正取引委員会'の委員長又は委員の任命に対する両議院の事後の承認〔独禁30④〕、*地方公共団体の長'の*専決処分'に対する議会の承認〔自治179〕等がその例である。また、日本放送協会の収支予算等についての国会の承認〔放送70②〕のように、国以外の者の行為が国の機関の承認を必要とする例は、国の特別の監督に服する法人の予算・決算について多くみられる。
3 承認と行為の効力　事前に承認を必要とする行為を承認なしに行った場合の、その行為の効力については、それぞれの法令の趣旨によって解釈しなければならない。事後の承認を必要とする行為につき、その承認が得られない場合については、当該法令で定めているのが普通である。例えば、内閣総理大臣が*緊急事態'の布告を発した場合には、20日以内に国会の承認を得なければならないが、承認が得られなかったときは、その布告を廃止しなければならないとされている〔警74〕。

Ⅱ **私法上は、*時効の更新'事由としての権利の承認〔民152〕、*嫡出子'の承認〔民776〕などのように、一定の事実を認めることをいう。多くの場合には*準法律行為'の一種としての観念

しょうにん

の通知と解されているが、*意思表示'と考えられるものもある（例：*相続の承認'）。

Ⅲ 国際法　1 国家承認　イ 意義：新たな国家が成立した場合に、これに対して既存の国家が国際法主体の地位を認めることをいい、それにより特定の法的効果が伴うことになる。ロ 性質：創設的効果説は、新国家は承認により初めて国際法主体の地位が与えられるのであり、それ以前は事実上の社会集団にとどまるとする。他方、宣言的効果説は、新国家は国家要件を事実上満たした時点で事実上のみならず国際法上も法主体として存在するのであり、承認はこれを確認する行為であるとする。宣言的効果説が一般的に妥当しているが、新国家の成立形態によっては創設的効果説が妥当する場合もある（例えば、植民地であった地域が本国との闘争を通じて分離・独立するような場合）。ハ 要件：国家としての資格要件、すなわち住民、領域、統治・外交能力をもつ政府を備えた場合に国家の承認が行われるといえる。しかし、現実には新国家を承認するか否かは既存の各々の国家の裁量判断によるのであり、新国家が国家の資格要件を満たした時に既存の国家がこれを承認する国際法上の義務が成立しているといえない。なお、要件が伴わない場合に承認が行われると、これは「尚早の承認」と呼ばれ、独立闘争中の地域に尚早の承認を行えば、植民地の本国に対する内政*干渉'に当たることもある。ニ 方式：宣言・通告等により承認の意思が明示される明示的承認と、外交使節の派遣、二国間条約の締結などの行為から承認の意思が推定される黙示的承認という2種類がある。また法的効果の点から、承認の法的効果を留保して暫定的に行う「事実上の承認」と、確定的な「法律上の承認」とがあり、前者については撤回が可能と考えられている。ホ 効果：原則としては、個々の国家が個別に承認を行い、かつ、その効果は相対的であり、当該国家と被承認国間にとどまる。

2 政府承認　イ 意義：革命・*クーデター'・内戦等により既存の憲法秩序を覆して政府の交代が行われたときに、他の国家が新政府を当該国家の代表政府として認めることをいう。他方、合併・分離独立等により新国家が成立する場合には、当該国家の承認が同時にその政府の承認も含むので、政府承認の固有の問題は生じない。ロ 要件：新政権が、国家領域の大半に対して実効的支配を確立することが第1に求められる。これに加えて、新政権による民主的政治体制の採用、国際法遵守の意思と能力などを条件に加える学説も存在するが、これらの条件を根拠に、実際には、政府の承認に際しては、承認国の裁量が働く余地が大きい。それを懸念して、政府承認の制度そのものを否定する見解が有効になりつつある。すなわち、実効的支配の確立のみを基準として外交関係の継続の判断にとどめる*エストラーダ主義'の一般化である。ハ 方式・効果：国家の承認と同様である。

商人　1 概念　商法上、商人には、固有の商人と擬制商人とがある。

2 固有の商人　自己の名をもって*商行為'をすることを業とする者を固有の商人という〔商4①〕。「自己の名をもって」とは、自分が法律上権利義務の帰属主体になることをいう。権利義務の主体になりさえすればよく、その者自身が現実に営業活動をする必要はない。「業とする」とは営利の目的で同種の業務を継続的に資本的計算方法の下で行うことをいう。その目的が現実に実現されるかどうかは問わない。「商行為」には*営業的商行為'〔商502〕と*絶対的商行為'〔商501〕が含まれる。日本の商法は基本的に商行為概念から商人概念を導くので（⇒商行為法主義）、商行為を業とする者が本来の商人であるという意味で固有の商人と呼ばれる。判例は、信用協同組合や信用金庫の商人性をその協同組織としての性格から否定する（最判平成18・6・23判時1943・146、最判昭和63・10・18民集42・8・575）。

3 擬制商人　商行為をすることを業とする者ではないが、店舗その他これに類似する設備によって物品の販売をすることを業とする者、鉱業を営む者を擬制商人という〔商4②〕。商法は商行為概念から商人概念を導いているが、商行為は限定列挙されているため、経済的発展に即応できず、不都合な結果を生じる。果物屋に例をとると、他から果物を仕入れてそれを店舗で販売することを業とすれば、商行為をすることを業とする者として商人となり〔商501Ⅰ〕、商法の適用を受けるが、自分の果樹園で生産したものを店舗で販売することは列挙されていないから、それを業とする者は商人にならない。しかし、同じ店舗その他これに類似する設備で同じものを販売する者が商人になったり、そうでなかったりするのは適当ではないので、いずれも商人として商法を適用するために、商行為をすることを業としない者でも、企業的設備をもって販売をする者を商人とみなし、更に、鉱業を営む者も通常は大規模な企業的設備をもって経営されていることに着眼し、商人に関する規定を適用し、*商人法主義'に部分的に

接近している。⇨小商人'

証　人　裁判所その他の機関に対し，自己の経験から知ることのできた事実を供述することを命ぜられた第三者。その供述が*証言'である。

Ⅰ　民事訴訟法上，証人になれるのは，*当事者'・*法定代理人'などを除く第三者である(証人となった裁判官には除斥事由がある[民訴23①④])。専門的知識を有するがゆえに認識できた事実を供述する*鑑定証人'も証人であるが，そのような知識自体又はそれに基づく意見を示すのは*鑑定人'である。日本の*裁判権'に服する者は一般に出頭・宣誓・証言の義務(*証人義務')を負う[民訴190]。虚偽の証言は*偽証罪'に問われるが[刑169]，一定の場合には*証言拒絶権'が認められる。

Ⅱ　刑事訴訟法は，原則として何人も証人として尋問することができると規定する[刑訴143](⇨証人尋問)。しかし，証人適格を欠く者に対しては尋問することができない。法は公務上の秘密に関し公務員等を証人にできない場合があることを認める[刑訴144・145]。また，被告人もその*弁護人'も，当該事件の裁判官，検察官，*共同被告人'もそのままでは証人たりえないとされる。自己の体験した事実をその記憶に基づき供述する精神的能力をもたない証言無能力者も証人尋問できない。証人は*召喚'により出頭を命ぜられ，従わなければ*勾引'され，過料・費用賠償による間接強制を受け，また刑罰を科されうる[刑訴143の2・150～153]。*宣誓'無能力者を除き宣誓義務がある[刑訴154・155]。*証言拒絶権'のある場合を除き証言義務は，証言拒絶権が認められるのは，自己又は近親者が刑事訴追を受けるおそれがある場合と業務上の秘密に関する場合である[刑訴146・147・149]。宣誓・証言義務違反は過料・費用賠償による間接強制を受け，刑罰を科されうる[刑訴160・161]。なお，日本の*裁判権'に服しない者には証人としての出頭・宣誓・供述の義務を課すことはできないが，任意に証言すれば*証拠'となる。　⇨証人適格'

Ⅲ　国会の各議院は，議案等の審査及びその他国政に関する調査のため，証人を喚問し，その証言を求めることができる[憲62]。この証人喚問権は議院の権限であるが，各*議院規則'は，*委員会'にその権限を行使させることにしている[衆規53，参規182②]。その手続については，各議院規則[衆規54・257，参規182～185]に定められているが，「議院における証人の宣誓及び証言等に関する法律」は，証言義務の強制手段

を定めている。証人には，「議院に出頭する証人等の旅費及び日当に関する法律」[昭和22法81]により，旅費及び日当が支給される。

常任委員会　各議院に審議事項の有無にかかわらず常置されている*委員会'[国会40]。選挙後初めて召集される国会の会期の始めに選任され，議員の任期中その任にある委員で構成される。議員は，少なくとも1個の常任委員となる[国会42]。選任については，各会派の所属議員数が考慮される[国会46]。その種類は*国会法'で定められ，それぞれ一定の所管事項があり，それに属する*議案'・*請願'等を審査する[国会41]。現在の国会は常任委員会中心主義の国会であるといわれており，その活動を補佐するために専門の知識をもつ職員(専門員)及び調査員を置くことを認められている[国会43]。地方議会も，常任委員会を置くことができる[自治109]。

証人威迫罪　1 意義　自己若しくは他人の刑事事件に関し，その事件の捜査や審判に必要な知識をもっていると認められる者又はその親族に対し，正当な理由がなく面会を強請し又は強談(ごうだん)・威迫の行為をする罪。刑法105条の2。2年以下の拘禁刑又は30万円以下の罰金に処せられる。*お礼参り'の防止のため，昭和33年の刑法改正(法107)により暴力取締法の一環として追加された規定であり，保護*法益'は国の刑事司法作用及び，証人その他の者の安全・私生活の平穏である。

2 要件　刑事事件の意味は*証拠隠滅罪'のそれと同じであるが，同罪と異なり，自己の事件も含むと規定されている。面会の強請とは相手の意思に反して面会を要求すること，強談とは言語で，威迫とはその他の言動・態度で，相手に不安・困惑の念を生じさせることをいう。書信・電話を手段とするものを含む[最決平成19・11・13刑集61・8・743]。*強要罪'又は*脅迫'罪とは*観念的競合'になる。

承認管財人　*外国倒産処理手続の承認援助'手続において管理命令[外国倒32①]が発せられた場合に，債務者の日本国内における業務及び財産を管理するために選任される手続機関[外国倒2①⑨]。典型的な例としては，*外国管財人'[外国倒2①⑦]が日本における業務や財産に関する管理権限を得るために，承認決定後に(承認決定自体は，管理権限付与の効力をもたない)管理命令を申し立て，自らが承認管財人となるケースが挙げられる。

商人間の留置権　1 意義・効用　*双方的商行為'である行為によって生じた債権が弁済期

しょうにん

にあるときに、債権者が弁済を受けるまで、その債務者との間の*商行為*によって自己の占有に帰した債務者所有の物又は*有価証券*を留置することができる権利〔商521〕。*商事留置権*の１つ。民法上の*留置権*の要件を変更緩和し、債権者保護の強化により信用取引の円滑安全を期する。中世イタリアの商人団体の慣習法に起源をもつ。債権者は、流動する商品につきいちいち*質権*を設定変更する煩雑と*担保*の請求により相手方に不信を表明する不利とを避け、しかも債権担保の目的を達することができる。

2 民法上の留置権との比較等 被担保債権と留置物との牽連(けんれん)性を要求されない点で民法上の留置権の要件を緩和しているが、債務者所有の物又は有価証券に限り留置権を認められる点で民法上の留置権よりも窮屈である。留置の目的物は商行為によって債権者の占有に帰したものであることが必要である。特約によって留置権を排除することができる〔商521但〕。効力については性質の許す限り民法上の留置権の規定によるが、*破産*等の場合は*別除権*が認められ〔破66, 民再53①〕、会社更生の場合は*更生担保権*となる〔会更2⑩〕。なお、会更104①参照。

証人義務 *証人*となって*証人尋問*に応じる義務。民事訴訟法上、日本の*裁判権*に服する者は全て証人義務を負う〔民訴190〕。その内容は、出頭義務・*宣誓*義務・供述義務である。正当な理由なくこれに反すると、*過料*・*罰金*・*拘留*の制裁を受けるほか〔民訴192・193・200・201⑤〕、*勾引*される〔民訴194〕。⇨証言拒絶権'

証人尋問 Ⅰ 民事訴訟法上、*証人*を*証拠方法*として行う*証拠調べ*。証人尋問の申出は、尋問事項の要領を記載した尋問事項書を提出して行う〔民訴規107〕。証人は*呼出状*の*送達*により*期日*に呼び出され〔民訴規108〕、人定尋問及び*宣誓*〔民訴201〕が行われた後、尋問事項に従い*尋問*がなされる。尋問は、原則として申出をした当事者による*主尋問*、相手方による*反対尋問*、再主尋問の順で、*交互尋問*によるが〔民訴202, 民訴規113①〕、裁判官も*補充尋問*・介入尋問ができる〔民訴202①, 民訴規113③④〕。また裁判長は、上記の尋問の順序を変更することもできる〔民訴202②〕し、必要があれば、*対質*も可能である〔民訴規118〕。証人の供述は口頭によるのが原則であるが、裁判長の許可があるときには書類等を参照して供述することもできるし〔民訴規203但〕、場合によっては、尋問に代えて書面等を提出させること（書面尋問）も認められている〔民訴205・278〕。

平成19年改正により〔法95〕、犯罪被害者等の尋問において、付添いの措置〔民訴203の2〕、遮蔽の措置〔民訴203の3〕、ビデオリンクの利用〔民訴204②〕なども可能とされ、更に令和4年改正により〔法48〕、ウェブ尋問〔民訴204①③〕が一般に認められるようになった。

Ⅱ 刑事訴訟法上、裁判所の証人尋問には、*公判期日*に行われるもの〔刑訴304〕、公判期日外に裁判所内外で行われるもの〔刑訴281・158〕とがある。第1回公判期日前に当事者の請求により裁判官が行う証人尋問もある〔刑訴179・226～228〕。人定尋問（⇨人定質問'）、*宣誓*、偽証の罰・*証言拒絶権*の告知の後、個別に*証人*を*尋問*するが、必要があれば、*対質*することもできる〔刑訴規115～124〕。証人は自ら体験した事実について供述するのであって、本来意見を供述させてはならないはずであるが〔刑訴規199の13②③〕、体験した事実から推測した事項については供述させてもよい〔刑訴156①〕。公判期日における尋問は、規定上、裁判長がまず尋問し次いで当事者が尋問するのが原則であるが〔刑訴304〕、実際には*交互尋問*が一般化している。裁判員裁判では、裁判員は裁判長に告げて、証人等を尋問することができる〔裁判員56〕。なお、証人保護の観点から証人尋問に際し、証人が著しく不安・緊張を覚えるおそれがあるときには適当な者の付添いが、被告人の面前で供述すると圧迫を受け精神の平穏を著しく害されるおそれのある場合等には証人の遮蔽が認められ、更に*ビデオ・リンク方式*による尋問が認められる場合がある〔刑訴157の4～157の6〕。

証人審問権 刑事*被告人*が*証人*に対して審問する機会を十分に与えられる憲法上の権利〔憲37②前〕。*アメリカ合衆国憲法*の「被告人は自己に不利益な証人との対審を求める権利を有する」という条項〔アメリカ憲法修正6〕に由来する。刑事訴訟における被告人側の*反対尋問*権は、この権利に由来すると解されている。反対尋問の機会の欠如は*伝聞証拠*の証拠能力が原則として認められない理由の１つである。なお、憲法上、被告人は公費で自己のために強制的手続により証人を求める権利も有する〔憲37②後〕。⇨交互尋問'

少人数私募 ⇨私募'

証人適格 およそ*証人*となりうる資格又は能力。刑事訴訟法においては、法律上・理論上適格が制限される場合を除き、何人にも証人適格が認められる〔刑訴143〕。法律上の制限は、公務員が知りえた事実について、職務上の

秘密に関するものであると申立てがあり，監督官庁等の承諾が得られない場合である〔刑訴144・145〕。理論上の制限として，当該事件の裁判官，立会検察官等はその職務を離れない限り証人となりえないとされる。また，英米法は被告人の証人適格を認めるが，日本ではこれは認められない。なお，'共同被告人'も，手続を分離しない限り，証人適格はないとするのが通説・判例(東京高判昭和25・8・7高刑判特12・50)である。自己の体験した事実をその記憶に基づき供述する精神的な能力である証言能力を欠く者も証人尋問できない。

商人破産主義 '商人'についてだけ破産手続の利用資格を認める主義。'一般破産主義'に対する。フランス法系がこれをとり，日本の'旧商法'破産編もこれをとっていた。 ⇨家資分散'

商人法 ⇨レックス・メルカトリア'

商人法主義 商法の適用範囲を明確にするために，まず'商人'の概念を定め，それから'商行為'の概念を導き出す立法主義。主観主義ともいう。商行為法主義又は客観主義に対する。商法を適用するかどうかを明確にすることが必要になるが，そのための判定基準として，商法の対象となる生活主体(商人)をまず規定する方法と，商法の対象となる生活活動(商行為)をまず規定する方法とがある。前者を商人法主義，後者を商行為法主義という。商人法主義の立場では，商人概念がまず確定され，その者が営業として，あるいは営業のために行う行為が商行為として商法の対象となるから，非商人の行為は対象外となり，したがって'絶対的商行為'は否定される。商法を企業に関する法とみる立場からは行為の主体に着目する商人法主義が妥当とされ，1897年のドイツ商法はこの主義をとっている。日本の商法は，基本的には商行為法主義の立場であるといえる〔商4①・684，会社5参照〕が，擬制商人を認めるなど〔商4②・503〕，商人法主義への接近を示している。 ⇨商行為法主義'

証人保護(刑事手続における) '証人'が証言する際の精神的若しくは身体的負担を軽減し，又は捜査若しくは裁判に協力することによる報復の危険や名誉・社会生活の平穏の侵害から証人を保護することにより，証人の供述を確保するための措置。証人への付添い〔刑訴157の4〕，'証人尋問'の際の遮蔽〔刑訴157の5〕，'ビデオ・リンク方式'による証人尋問〔刑訴157の6〕，裁判所外の証人尋問〔刑訴158〕，期日外の証人尋問〔刑訴281〕，被告人の退廷〔刑訴281の2〕，'権

利保釈'の除外規定〔刑訴89⑤〕，公開法廷での証人等特定事項の秘匿〔刑訴290の3〕，'証拠開示'の際の配慮要請や特定事項の秘匿要請等〔刑訴299の2〜299の7〕，伝聞例外要件の緩和〔刑訴321の2・321の3〕等がある。

少　年 Ⅰ　'少年法'上，20歳未満の者を少年という〔少2〕。旧少年法(大正11法42)では18歳未満の者を少年としていた。刑事手続をするとき少年である者は少年法の適用を受け，'家庭裁判所'を経由しなければならず，'勾留'に代えて'観護措置'をとる〔少17・43〕などの特例がある。犯罪少年だけでなく'触法少年'・'虞犯(ぐはん)少年'も，その人格の可塑(かそ)性・未熟性のために性格の矯正及び環境の調整を目的とする'保護処分'に付することができる〔少3・24〕。刑罰を科す場合も，有期の'拘禁刑'をもって処断すべきときは，相対的不定期刑(⇨不定期刑)を科すものとされる〔少52〕。また，犯時18歳未満の者に対しては，'死刑'をもって処断すべきときは'無期刑'を科し，無期刑をもって処断すべきときであっても10年以上20年以下の拘禁刑を科すことができる〔少51・52〕。なお，18歳，19歳の'特定少年'については，特例が存在する〔少62以下〕。

Ⅱ　'児童福祉法'にいう'児童'を乳児・幼児・少年の3種類に区分した中の1つ。小学校就学の始期から満18歳に達するまでの者をいう〔児福4①③〕。

少年院 '家庭裁判所'が'保護処分'として行う少年院送致の決定〔少24①③〕を受けた者(保護処分在院者)及び'少年法'の規定〔少56③〕により少年院において刑の執行を受ける者(受刑在院者)を収容し〔少院3〕，在院者の人権を尊重しつつ，矯正教育その他の在院者の健全な育成に資する処遇を行うことで，その改善更生，円滑な社会復帰を目的とする施設〔少院1〕。旧少年院法(昭和23法169)を廃止して新たに制定された少年院法(平成26法58)は在院者の法的権利を明示し不服申立制度を整備した〔少院120・129〕。'少年'の年齢，非行傾向，心身の状況により第一種から第三種に分かれ，他に少年受刑者を収容する第四種，18，19歳の'特定少年'〔少64・66〕を収容する第五種の区別がある〔少院4〕。法務大臣が管理する施設で，2023年4月10日現在，全国に44庁(分院を含む)が設置されている。少年院における矯正教育は，人権を尊重しながらその自覚に訴え改善更生の意欲を喚起することを重視し，専門的知見を活用してその者の最善の利益を考慮して行うことが原則で〔少院15〕，生活指導，職業指導，教科指

しょうねん

導, 体育指導及び特別活動指導の5分野にわたって行われている〔少院24～29〕。また, 在院者の特性, 在院期間等に応じた矯正教育を実施するため, 在院者の類型に応じた矯正教育課程が設けられている〔少院30〕。

少年鑑別所 少年鑑別所は, 対象者(*家庭裁判所'の調査・審判, その他鑑別を受ける者)の鑑別, 在所者に対する観護処遇, 非行及び犯罪防止のための援助を行う施設〔少鑑3〕。2023年4月1日現在, 全国に52庁ある。鑑別は専門知識, 技術に基づいて行われ, 家庭裁判所の求めによる審判鑑別(収容審判鑑別〔少17①②〕, 在宅審判鑑別), 関係機関の求めによる処遇鑑別とがある〔少鑑17①〕。観護処遇は, 在所者の人権を尊重しつつ, その健全な育成を目指して行われるもので, 少年鑑別所法に詳細な定めがある〔少鑑1・19以下〕。また, 法務少年支援センターとして, 少年・保護者等からの相談, 関係機関等からの依頼に応じ, 地域支援を行っている〔少鑑131〕。

少年刑務所 本来は, *少年'の受刑者のために設けられた*刑事施設'で, 2023年4月1日現在, 全国に7庁設置されている。18, 19歳の*特定少年'を除き〔少67④〕, 26歳未満の者も収容される〔少56②〕。少年も収容されているが, 犯罪傾向の進んでいない26歳以上の者も多く収容されており, 名称と実態との齟齬が大きくなっている。なお, 16歳未満の少年は少年院でも刑を執行できる〔少56③〕。⇨少年院'

少年審判 非行があると考えられる20歳未満の者すなわち*少年'について, 非行の有無を判断し必要な処遇を決めるために, *家庭裁判所'が行う手続。その進め方は, 少年法と少年審判規則に定められている。少年を処罰することが目的ではないから, 刑事裁判とは異なる。*審判'に先立って, 裁判官が事件を調査するだけでなく, 家庭裁判所調査官が少年とその環境について調査する〔少8・9〕。その過程で必要があれば, 少年を*少年鑑別所'に収容することもある。調査の結果, 審判が不要と判断されれば, 審判不開始の決定をする〔少19①〕。審判が開始されても, 審判廷には一定の場合〔少22の2〕を除いて*検察官'は出席せず, 公開もされない〔少22②〕。ただし, 一定の場合に被害者等の傍聴を許すことがある〔少22の4①〕。少年及び保護者は, 弁護士などを付添人とすることができる〔少10〕。審判では, 少年を*保護観察', *少年院'送致などの*保護処分'に付すかどうかを決定する。刑事処分が相当であるときは事件を検察官に*逆送'する〔少20・62〕。保護処分の決定に対して, 少年の側は, *抗告'によって争うことができる〔少32〕。検察官が審判に関与した場合, 保護処分の決定又は保護処分に付さない決定に対して, 検察官による抗告受理の申立てが可能である〔少32の4〕。⇨少年法'

少 年 法 昭和23年法律168号。*非行少年'に対する*保護処分'の要否と内容を決する*少年審判'(少年の保護事件)の手続を定め, 併せて少年の刑事事件について特則を設ける法律。

1 現行少年法の特色 第二次大戦後の法改革の一環として, 旧少年法(大正11法42)の全部改正により成立した。旧法では, 行政機関である少年審判所が行っていた保護手続を, 新設された司法機関である*家庭裁判所'の権限とし, それまで検察官の判断に委ねられていた罪を犯した少年を保護処分に付すか刑事処分に付すかの決定も家庭裁判所が行うこととされた(⇨家庭裁判所送致')。また, 少年年齢を18歳から20歳未満に引き上げ, 少年の健全育成という目標で共通する*児童福祉法'との調整を図る規定を設ける。更に, 保護処分を, イ *保護観察', ロ *児童自立支援施設'又は*児童養護施設'送致, ハ *少年院'送致の3種と定め〔少24①〕, 処遇決定のための調査に際し専門知識の活用を明示し, 家庭裁判所調査官と*少年鑑別所'の制度を設けて科学的調査の機構を充実させた点も大きな特色である〔少17①〕。なお, 少年の刑事事件の特則として, 犯行時18歳未満の少年には死刑を科さないこと〔少51①〕, 成人にはない*不定期刑'を採用したこと〔少52〕, *刑の執行'は成人とは別の*少年刑務所'で行う〔少56①〕などの定めがある。

2 少年法の改正 その後少年法は様々な観点から改正が加えられている。イ 平成12年の改正(法142)により, 非行事実の認定手続を一層適正化する観点から, 少年審判手続への検察官関与制度〔少22の2〕, 弁護士国選付添人〔少22の3〕及び裁定合議制〔裁31の4〕が導入された。また, 従来送致時16歳以上に限定されていた刑事処分可能年齢を廃し〔少20①〕, 更に犯行時16歳以上の少年が*故意'の犯罪行為により被害者を死亡させた事件については, 原則として*逆送'決定をする旨の規定〔少20②〕が盛り込まれた。ロ 平成19年の改正(法68)では, 14歳未満の触法少年の事件について警察の調査権限が整備され〔少6の2～6の7〕, 14歳未満の少年の少年院送致〔少24①〕, 保護観察中の者に対する措置〔少26の4〕, 一定の重大事件につき家裁の裁量による国選付添人制度の導入〔少22の3②〕が行われた。ハ 平成20年の改正(法71)では,

少年事件の被害者に対する配慮の観点から，被害者の意見聴取〔少9の2〕，審判結果の通知〔少31の2〕，審判記録の閲覧・謄写〔少5の2〕に関する規定も導入された。更に，一定範囲の事件の被害者等に対し，原則非公開の少年審判の傍聴を許す規定〔少22の4〕や，被害者等の申出により家庭裁判所が審判の状況を説明する措置〔少22の6〕が設けられた。ニ 平成26年の改正(法23)では，国選付添人制度及び検察官関与制度の対象事件の範囲を死刑又は無期若しくは長期3年を超える懲役・禁錮に当たる罪に拡大するほか，刑事事件で少年に科す不定期刑の長期・短期の上限を引き上げて，それぞれ15年と10年とする等の改正が行われた。ホ 令和3年の改正(法47)では，選挙権年齢が満18年以上とされ，民法の定める成年年齢も18歳に引き下げられたことから，18歳及び19歳の者についての少年法の適用について新たな取扱いが定められた。18歳以上の少年を'特定少年'として，少年法の適用対象としつつ，原則逆送すべき対象事件の範囲を拡大し〔少62②〕，保護処分について虞犯(ぐはん)を対象から除外するとともに，犯情の軽重を考慮した相当な限度内とし〔少64・65①〕，刑事事件の特例に関する規定(不定期刑等)を原則として適用せず〔少67〕，起訴された場合には記事等の掲載の禁止に関する少年法の規定〔少61〕を適用しないこととした〔少68〕。

小陪審 訴訟手続に関与し事実問題につき評決をする陪審。審理陪審，公判陪審ともいう。'コモン・ロー'上，訴追を決する'起訴陪審'の員数が伝統的に23名以下とされていたのに対し，12名で構成する為，前者が大陪審，後者が小陪審(英 petty jury, petit jury)と呼ばれる。現在では12名以下の陪審も認められている。審理に立ち会い，裁判官の説示を受けて評議を行い，証拠に基づき事実を認定して有罪・無罪や賠償額の決定等につき評決(英 verdict)する。評決は原則として全員一致によるが，アメリカではこれを緩和する法域もある。 ⇒陪審制(度)'

消費寄託 銀行預金・郵便貯金などのように，受寄者が受寄物を消費することができ，これと同種・同等・同量の物を返還すればよい'寄託'。不規則寄託ともいう。民法は，消費寄託の規定を設け〔民666①〕，貸主の引渡義務〔民590〕及び借主の価額償還義務〔民592〕については，消費貸借の規定を準用することとした〔民666の2〕。また，預貯金契約については，受寄者の利益をも考慮して，受寄者(金融機関)がいつでも返還をすることができるとする〔民666③〕。

消費者 ⇒事業者'
消費者基本法 昭和43年法律78号。制定当初は「消費者保護基本法」と題されていたが，平成16年の改正(法70)の際に，法律の題名も「消費者基本法」に改められた。改正法は，消費者の権利の尊重と自立支援を基本理念として掲げた上で，消費者政策の基本事項を定める。国・地方公共団体・事業者・消費者等の責務〔消費基3～8〕。なお，政府には消費者基本計画の策定が求められている。消費基9〕を定めるほか，基本的施策として，安全の確保〔消費基11〕，消費者契約の適正化〔消費基12〕，計量・規格・表示の適正化〔消費基13～15〕，公正自由な競争の促進〔消費基16〕，啓発活動及び教育の推進〔消費基17〕，意見の反映及び透明性の確保〔消費基18〕，苦情処理及び紛争解決の促進〔消費基19〕のほか，高度情報通信社会への対応〔消費基20〕，国際的連携の確保〔消費基21〕，環境保全への配慮〔消費基22〕を掲げている。

消費者契約の準拠法 国際私法上，消費者契約の'準拠法'の決定については特則が置かれている。原則としては，当事者間で準拠法を定めること('当事者自治の原則')が認められるが〔法適用7・9〕，そのようにして定められた法が消費者の'常居所地法'でない場合には，消費者がその常居所地法上の特定の'強行法規'を適用すべき旨の意思を事業者に対して表示したときは，その強行規定も適用されることになる〔法適用11①〕。他方，当事者間で準拠法を定めていない場合には，消費者の常居所地法による〔法適用11②〕。また，各国法上，契約締結時の方式を定めることによって消費者保護を図る例が多いので，方式についての'選択的連結'を認めないことも定められている〔法適用11③～⑤〕。ただし，消費者が事業者の国に赴いて契約をした場合，消費者が相手方であることを事業者が知らず又は知らなかったことに相当の理由がある場合等には，この特則は適用されない〔法適用11⑥〕。なお，このような特則の適用とは別に，絶対的強行法規は消費者の上記の意思表示がなくても，適用されるべきときは適用されることに注意を要する。 ⇒強行法規の特別連結'

消費者契約法 平成12年法律61号。消費者・事業者間の情報の質・量，交渉力の格差を考慮し，消費者契約における不当勧誘の抑止と契約内容の適正化を目的として制定された法律。平成18年改正(法56)により，消費者の被害の発生・拡大防止のために適格消費者団体〔消費契約2④〕に'差止請求権'が付与された。不当勧誘の抑止については民法上の'詐欺'・'強迫'〔民

しょうひし

96)の特別規定としての意味をもつ。民法上の詐欺の規定を事業者による不当勧誘に適用しようとすると、*故意'の立証の困難や、また、詐欺の規定が'欺く行為'について具体的に述べていないなどの困難にぶつかる。そこで本法では事業者の不実告知、断定的判断の提供について、故意・*過失'を問わずに契約の*取消し'を認めるほか、故意による重要事実の不告知を理由とした取消しを認める〔消費契約4①②〕。強迫についての民法上の規定も、他人に害悪を示して恐怖心を生じさせることが要件とされているため、事業者のしつこい勧誘行為に適用するのは困難である。そこで本法では、事業者による不退去・監禁により消費者が「困惑」すれば取消しを認める〔消費契約4③①②〕。その後、社会生活上の経験の不足の不当な利用、加齢等による判断力低下の不当な利用などが取消原因に加えられている。消費契約4③⑤〜⑦など〕。更に、これらの延長線上に、過量販売が取消原因に加えられている〔消費契約4④〕。また、民法上は任意規定による*損害賠償'責任についての'免責'を定める特約は有効であり〔民91〕、*債務不履行'による損害賠償額の予定の特約も有効であるが〔民420〕、契約内容の適正化のため、事業者の債務不履行・*不法行為'による損害賠償責任を免除する条項〔消費契約8〕と、消費者が解除又は債務不履行により支払う損害賠償の額を予定する条項〔消費契約9〕について制限を設けるなど〔平成28年改正で、解除権放棄条項等への制限も追加。消費契約8の2・8の3〕、消費者の利益を一方的に害し、*信義則'〔民1②〕に反するような条項を*無効'とする〔消費契約10〕。適格消費者団体は、事業者等が不特定多数の消費者に対して4条1項〜4項該当行為、8条〜10条該当の契約条項を含む契約締結のための意思表示を現に行うか行うおそれがある場合には、その事業者に対して、当該行為の停止・予防に必要な措置をとることを請求することができる〔消費契約12①〜④〕。ただし、他の適格消費者団体が既に差止訴訟を提起し確定判決が存する場合には、同一の相手方に対して同一の内容の訴えを提起することはできない〔消費契約12の2①〕。また、訴えを提起するに先立ち、被告となるべき事業者等に対しあらかじめ書面で通知をすることが必要とされている〔消費契約41〕。差止請求権を行使しうる適格消費者団体になるためには、内閣総理大臣の認定を受けることが必要とされている〔消費契約13〕。なお、国民生活センターや地方公共団体は、適格消費者団体の求めに応じて、その差止請求権行使に必要な限度で、消費生活相談に関する一定の情報を提供することができる〔消費契約40〕。 ⇨消費者裁判手続特例法'

消費者裁判手続特例法 「消費者の財産的被害等の集団的な回復のための民事の裁判手続の特例に関する法律」(平成25法96)の略称。相当多数の消費者の財産的被害の集団的な回復を目的として、内閣総理大臣の認定を受けた特定適格消費者団体が主体となり、個々の消費者に代わって裁判手続を通じて金銭的な被害回復を図る制度である。その手続構造は一般に二段階型と呼ばれており、一段階目の共通義務確認訴訟では対象消費者全体と事業者との間の共通義務の存否(共通争点)を*確認判決'によって確定し、これを受けた二段階目の手続では個々の消費者の債権の有無や金額(個別争点)の確定を行う。 ⇨消費者契約法' ⇨消費者団体訴訟'

消費者信用 消費者のための信用供与。すなわち、個人が自己あるいは家庭の消費生活のために受ける信用供与。量的にも質的にも著しい発展をみている。その形態は様々であるが、販売信用と消費者金融とに大別できる。そして、それぞれに、割賦方式と非割賦方式とがある。*割賦販売'には、売主が信用供与する2当事者型と信販会社などが信用供与する3当事者型がある。アメリカのように消費者信用について統一的な規制を行っている国もあるが、日本では、特別法による規制が部分的に行われているだけであり、規制に精疎のばらつきがある。具体的には、販売信用については*割賦販売法'により、消費者金融については、*利息制限法'・*出資の受入れ、預り金及び金利等の取締りに関する法律'・*貸金業法'により規制がなされている。前者の重点は解除・違約金の制限、抗弁の対抗など契約条件の適正化に、後者の重点は金利規制に置かれている。なお、過剰融資、信用情報、取立方法なども規制されている。

消費者団体訴訟 総理大臣の認定を受けた適格消費者団体は、消費者被害の未然防止・拡大防止を図る観点から、事業者に対し、消費者契約法上の不当行為(不当勧誘行為・不当な契約条項の使用)の差止請求ができる(平成18年に*消費者契約法'に導入)。差止請求の対象は、平成20年に*景品表示法'上の不当表示、*特定商取引に関する法律'上の不当行為に拡張され(法29)、また、食品表示法上の不当表示にも及ぶこととなった。更に、*消費者裁判手続特例法'では、一定範囲の損害賠償請求につき、特定適格消費者団体が、共通義務確認訴訟と個別消費者の債権確定手続の訴訟主体となりうるものとされた。 ⇨団体訴訟'

消費税 1 昭和63年の税制改正(⇨税制改革法')により採用された*消費税法'により規定される広く消費を課税対象とした日本型の*付加価値税'。事業者について地方消費税分も含めて，売上高に10%の*税率'で課されるが，仕入れに係る税額が控除される。なお，平成9年度から，消費税額を*課税標準'とする*地方消費税'が採用され(平成6法109)，10%のうち2.2%分が地方消費税とされる。令和元年10月1日から飲食料品・新聞に軽減税率である8%(うち1.76%分が地方消費税)が適用されている。
2 物品やサービスの消費行為に担税力をみいだして課される租税の総称。消費行為そのものを課税対象として消費者を*納税義務者'とする直接消費税と，消費物品の製造者や販売者を納税義務者とする間接消費税とに区分される。前者としては，*地方税法'に入湯税〔地税701〜701の21〕等が規定されている。後者としては，消費税法のほか，酒税法(昭和28法6)，たばこ税法(昭和59法72)等がある。消費税は物品の販売価格に含められて最終的には消費者により負担されることが予定されている。これを転嫁と呼ぶ。消費税には，全ての物品やサービスを課税の対象とする一般消費税と個別消費税とがあるところ，個別消費税は特定物品等に対してのみ課税されるため消費を攪乱(かくらん)しやすいとされる。これに対し一般消費税はそのような欠点を補うことができるが，小売，卸売，製造の各段階の1つで課される単段階消費税では課税の累積が生じやすいとされ，複数の段階で課税される多段階消費税のうち前段階の税額が控除される付加価値税へ移行するのが世界的傾向である。日本の消費税もこれに当たる。なお，かつて日本では多段階消費税のうち前段階税額の控除されない取引高税が採用されたことがある〔取引高税法(昭和23法108)〕が，課税の累積が生じるため*シャウプ勧告'により廃止された(昭和24法285)。歴史的には，取引高税を発展させたものが付加価値税である。

消費生活協同組合 国民(消費者)の自発的な生活協同組織の発達を図り，それによって国民生活の安定と生活文化の向上を期することを目的として制定された消費生活協同組合法による*協同組合'。地域による組合と職域による組合があり，組合員の資格は，原則として，前者にあっては一定の地域内に住所をもつ者であり，後者にあっては一定の職域内に勤務する者である〔生協14①〕。事業は，組合員の生活に必要な物資の購入・加工・組合員への供給，協同施設・生活改善及び文化向上の事業，共済事業などである〔生協10①〕。消費生活協同組合等を組合員として消費生活協同組合連合会を設立することができる〔生協14⑤・54〕が，その事業は，組合のそれのほか，会員である組合の指導・連絡及び調整に関するものである〔生協10④〕。

消費税法 昭和63年法律108号。物品やサービスの消費に対して広く一般的に課税するため昭和63年の税制の抜本的改革(⇨税制改革法')により採用された，多段階の*消費税'である日本型の*付加価値税'を規定する。イ 事業者が事業として対価を得て行う資産の譲渡，資産の貸付け及び役務の提供，ロ 保税地域から引き取られる外国貨物を，原則として全て課税の対象とする。税率の推移は，当初3%，平成9年度から4%(*地方消費税'と合わせると5%。以下同じ)，平成26年度から6.3%(8%)〔消税29〕。令和元年10月1日から7.8%(10%)，軽減税率は6.24%(8%)。

消費貸借 1 意義・社会的機能 当事者の一方(借主)が金銭その他の代替物を相手方(貸主)から受け取り，後にこれと同種・同等・同量の物を返還することを約する*契約'〔民587〜592〕。金銭の貸借がその典型例で，資本の獲得・投下の手段として極めて重要であり，各種の特別法の規制を受けながら，担保法と結び付いて大きな作用を営んでいる。
2 法律的性質 消費貸借は*賃貸借'・*使用貸借'と違って目的物そのものを返還するのではなく，それを消費して同価値の物を返還すればよい点に特色がある。消費貸借は，ローマ法の沿革に従い，貸主が目的物を借主に交付することで成立する，すなわち，*要物契約'であるとされてきた〔民587〕。また，契約の効力としては，借主だけが返還の義務を負う*片務契約'である。しかし，日本では，まず当事者が金額・期限・利息・担保等につき合意に達したときに契約証書の作成・担保の設定を行い，その後に金銭を授受することが多く，要物性を厳密に解するとこのような金銭授受の前に作成・設定された契約証書・担保の有効性が問題となる。判例は，要物性の要求を緩和してそれらを有効とし(大決昭和8・3・6民集12・325，大判大正2・5・8民録19・312等)，学説においては，*諾成契約'によって成立する諾成的消費貸借という*無名契約'を認めてその有効性を法的に説明する立場が有力であった。これを受けて，*債権法改正'では，要物契約としての消費貸借のほかに，書面でする諾成的消費貸借も認められることになった〔民587の2〕。なお，民法は無償契約を原則として

しょうひよ

いるが，実際に行われるのは利息付きの消費貸借（殊に金銭の）がほとんどで，この場合は有償契約となり*利息制限法*等の規制がある。

商　標　⇨商標権'　⇨商標法'
証憑湮滅（しょうひょういんめつ）罪　⇨証拠隠滅罪'

商　標　権　指定商品又は指定役務について登録を受けた商標（登録商標（商標2⑤））を独占的に使用できる排他的な権利（専用権）〔商標25〕。*知的財産権*・*工業所有権*の一種で，*商標法*によって規律される。商標とは，元来*工業所有権の保護に関するパリ条約*上は事業者が自己の取り扱う商品を他人の商品と識別するために商品との関連で使用する商品標識であり，商人標識である*商号*や営業標識である営業標・社標等とは区別されていたが，営業標識の１つである*サービス・マーク*を登録制度の下で保護する国際的機運の中，日本も平成３年の改正（法65）により，これを商標法中に役務商標として規定した。また，日本では従来，文字・図形・記号・立体的形状などの視覚によって認識されるもののみを商標の構成要素（標章）と位置付けていたが，音の商標などの新しいタイプの商標の登録を認める国際的動向を踏まえ，平成26年改正（法36）により，「人の知覚によって認識することができるもののうち，文字，図形，記号，立体的形状若しくは色彩又はこれらの結合，音その他政令で定めるもの」が新たに標章として位置付けられた（具体的には，*音の商標*・*動き商標*・位置商標・ホログラム商標・色彩のみからなる商標（⇨色の商標'）の５つが新たに登録可能となった）。そして商標法は，業として商品を生産・証明・譲渡する者がその商品について使用をする標章（商品商標）と，業として役務を提供・証明する者がその役務について使用をする標章（役務商標）を，商標として定義している〔商標2①。なお，不正競争2②③〕。商標登録出願は，その商標を使用する商品・役務を指定して（指定商品・指定役務），商標ごとにしなければならない（一商標一出願）〔商標6①〕。商標権の効力は，前記の専用権（登録商標を指定商品・役務に使用する権利）〔商標25〕のほか，商標及び指定商品・役務のそれぞれについて，類似する範囲における他人の使用を侵害とみなす旨が規定されている（禁止権）〔商標37①〕（⇨類似商標'）。権利の存続期間は不使用登録商標を整理する意味で設定登録日から10年と定められているが，その更新が許される〔商標19〕。商標は，法的には自他商品・役務識別作用（⇨識別力（商標の）'）を中核とするが，経営的には出所表示機能・品質保証機能・広告宣伝機能をもち，その使用を通じて顧客の信頼を確保して商品の販売促進に寄与するものである。なお商標は，商標法による登録制度の下での保護のほかに，*不正競争防止法*によっても保護されており〔不正競争2①12等〕，これらを総称して標識法と呼ぶ。　⇨使用権（商標の）'

傷病手当　*雇用保険法*に基づく一般被保険者に対する*求職者給付*の一種。*基本手当*の受給資格者が*公共職業安定所*で求職申込みをした後，疾病又は負傷のために就職できない場合に基本手当に代えて支給される〔雇保10②④・37〕。

傷病手当金　*健康保険*等のいわゆる職域保険における*被保険者*（共済組合員）が，業務災害（公務災害）以外の傷病等の療養のために労務に服することができず賃金を得ることができない場合に支給される*保険給付*〔健保99・135，国公共済66，地公共済68等。なお，国健保58②参照〕。健康保険では，原則として１日につき，傷病手当金の支給をする前の12カ月間の標準報酬月額を平均した額の30分の１に相当する額の３分の２に相当する金額が通算して１年６月間支給される。

傷病年金　*通勤災害*に対する*労働者災害補償保険法*上の*保険給付*の一種〔労災21⑥・23〕。給付内容は*業務災害*の場合の傷病補償年金と同一である。　⇨傷病補償年金'

商標の識別力　⇨識別力（商標の）'
商標の使用権　⇨使用権（商標の）'

商　標　法　昭和34年法律127号。工業所有権法の１つ。商標を保護することにより，商標を使用する者の業務上の信用の維持を図り，もって産業の発達に寄与し，あわせて需要者の利益を保護することを目的とする法律。業務上の信用・商標の諸機能を保護客体とするいわゆる標識法である点で，人間の精神的な創造的活動の所産を保護客体とする他の工業所有権法（いわゆる創作法）とは異なるが，産業的利益の保護をその目的とする点では同一である。商標保護の制度は古くは中世の同業組合制度に端を発するが，日本の近代的制度は明治17年（1884）の商標条例（太告19）が最初で，旧商標法（大正10法99）を経て現行法に至る。現行法は従来の法制及び実務の集大成をなし，新たに商標の自由譲渡〔商標24の2〕及び使用許諾の制度〔商標30・31〕を採用した。平成３年の改正（法65）で*サービス・マーク*の登録制度（役務商標〔商標2①②〕）を導入し，平成８年の改正（法68）では，*商標法条約*への加入に伴う手続の簡素化，不使用取消審判の強化，*立体商標*の導入等を行っ

ている。平成 17 年改正(法 56)で*地域団体商標〔商標 7 の 2〕，平成 18 年改正(法 55)で小売等役務商標〔商標 2②〕が，それぞれ導入された。平成 26 年改正(法 36)により，音などの新しいタイプの商標が保護対象に加えられたほか，地域団体商標の登録主体の拡充などの措置も施された。令和 3 年改正(法 42)では「輸入」行為の解釈規定の新設〔商標 2⑦〕により海外からの模倣品流入に対する規制の強化が図られ，令和 5 年改正(法 51)では登録可能な商標の拡充が図られている〔商標 4①⑧④〕。 ⇨商標権'

商標法条約 行政官庁及び利用者の負担の軽減を目指し，各国の商標制度の手続面の簡素化及び調和を図ることを目的とする条約で，日本の加入は 1997 年(平成 9 年 2)。略称は TLT (図 Trademark Law Treaty)。その後，更なる制度の統一・簡素化のため「商標法に関するシンガポール条約」(STLT)が 2006 年に採択され，日本では 2016 年に発効している(平成 28 条 5)。

傷病補償年金 *業務災害'に対する*労働者災害補償保険法'上の*保険給付'の一種〔労災 12 の 8①⑥③・18〕。業務災害による傷病が，療養開始後 1 年 6 カ月経過しても治らず，かつ，その傷病による障害の程度が一定の傷病等級〔労災則別表 2〕に当てはまるときに支給される。傷病補償年金を受けることになった場合には*休業補償給付'は受給できない。なお，療養開始後 3 年を経過した日において傷病補償年金を受けている場合，若しくは 3 年経過後にこれを受け取ることになった場合には，その日において使用者は*労働基準法'81 条所定の打切補償を支払ったものとみなされ，当該労働者に対する解雇制限は解除される〔労災 19〕。 ⇨傷病年金'

商品外務員 商品先物取引業者又は商品先物取引仲介業者の*役員'又は*使用人'のうち，その商品先物取引業者又は商品先物取引仲介業者のために商品市場における取引の委託の勧誘等の行為〔商取 200①・240 の 11〕を行う者。被勧誘者が*悪意'でない限り，所属する商品先物取引業者らに代わって受委託等につき一切の裁判外の行為を行う権限を有するものとみなされる〔商取 202・240 の 11〕。商品先物取引業者らは*主務大臣'の行う外務員登録(日本商品先物取引協会に授権されて同協会が登録業務を行う〔商取 206・240 の 11〕)を受けた者(登録外務員〔商取 200①・240 の 11〕)以外の者(未登録外務員)に外務員の職務を行わせてはならないとも規定される〔商取 200②・240 の 11〕。

商品形態模倣 他人の商品の形態(当該商品の機能を確保するために不可欠な形態を除く)を模倣する*不正競争'行為〔不正競争 2①③〕。ここで商品の形態とは「需要者が通常の用法に従った使用に際して知覚によって認識することができる商品の外部及び内部の形状並びにその形状に結合した模様，色彩，光沢及び質感」をいい〔不正競争 2④〕，模倣するとは「他人の商品の形態に依拠して，これと実質的に同一の形態の商品を作り出す」行為である〔不正競争 2⑤〕。不正競争行為として禁止されるのは，日本国内で最初に販売された日から 3 年以内の商品形態を模倣する行為である〔不正競争 19①⑥イ〕。

商品券 ⇨前払式支払手段'
商品先物取引業者 ⇨商品取引員'
商品先物取引仲介業者 ⇨商品取引員'
商品先物取引法 昭和 25 年法律 239 号。平成 21 年改正によりそれまでの商品取引所法から名称変更がなされた。商品取引所の組織，商品市場における取引の管理等を定める点では旧法と同じであるが，「海外商品市場における先物取引の受託等に関する法律」(昭和 57 法 65)を廃止して法規制の一元化を図り，商品先物取引業者と商品先物取引仲介業者の区分，店頭商品デリバティブ市場への規制を盛り込むなど，変更された点も少なくない。総合取引所構想を実現するために平成 24 年に*金融商品取引法'等の改正がなされ，証券と商品のクリアリングの統合や金融商品取引法上の*金融商品取引所'において商品先物取引法上の「商品」の先物取引を行うことが可能となっている。

商品市場 ⇨商品先物取引法'
商品商標 ⇨商標権'
商品手形 ⇨商業手形'

商品投資に係る事業の規制に関する法律 平成 3 年法律 66 号。商品投資に係る事業を営む者について許可制度を実施し，必要な規制を行うことにより，その業務の適正な運営を確保し，商品投資に係る事業を公正かつ円滑にするとともに，投資者保護を図ることを目的とする法律〔商品投資 1〕。一般に商品ファンド法と呼ばれている。この法律でいう商品投資とは，内外の商品*先物取引'，*商品先物取引法'上の商品〔商品投資 2①①〕その他投資対象として政令指定された商品〔商品投資 2①②③〕に係る取引等を行うことをいう〔商品投資 2①〕。商品投資契約は，当事者の一方が相手方の営業のために出資を行い，相手方がその出資された財産の全部又は一部を商品投資により運用し，当該運用から生ずる利益の分配等を行うことを約する契約その他の契約をいう〔商品投資 2⑤〕。手法はかつ

しょうひん

て，商品投資契約を締結し，あるいは商品投資受益権の販売等を行う営業を商品投資販売業として，この営業をなすには許可を得ることが必要である等の規制を行っていたが，これらの規制は*金融商品取引法*に吸収され，現在は，商品投資顧問業の規制〔商品投資3～32〕のみを対象としている。

商品取引員 商品取引員の呼称は，平成21年改正前の商品取引所法においては，商品先物取引の受委託業を営む者を意味するものとして用いられていたが，この呼称は現行*商品先物取引法*においては用いられていない。かつては「商品仲買人」との呼称もあった。現行法においては「商品先物取引業者」と「商品先物取引仲介業者」に区分されて規定が設けられている。このうち，商品先物取引業者とは商品市場における取引の委託を受け又はその委託の媒介，取次，代理を行う行為などを業として行うことをいい〔商取2㉒〕，従前の商品取引員とほぼ同様の法規制に服する〔商取191～240〕。商品先物取引業者になろうとするときは*主務大臣*の*許可*を得なければならず〔商取2㉓・190①〕，その許可は6年ごとに更新しなければならない〔商取190②〕。一方，商品先物取引仲介業者は商品先物取引業者の委託を受けて当該商品先物取引業者のために商品先物取引の委託を当該商品先物取引業者に取り次ぐことを業として営むことをいい〔商取2㉘〕，商品先物取引仲介業者となろうとするときは主務大臣の*登録*を受けなければならない〔商取2㉙〕。その登録における資産要件等は商品先物取引業者に比べて軽減されているため，登録申請に際して，所属商品先物取引業者(委託を受ける商品先物取引業者)の商号又は名称を記載しなければならないとされ〔商取240の3①④〕，当該所属商品先物取引業者は，注意を怠らなかったこと等を証明しない限り，その委託を行った商品先物取引仲介業者が商品先物取引仲介業につき顧客に加えた損害を賠償する責任を負わなければならないとされる〔商取240の26〕。より資力のある商品先物取引業者により委託者を保護し，商品先物取引仲介業者に対する監督に期待するものである。商品先物取引仲介業者も6年ごとに登録を更新しなければならず〔商取240の2②〕，顧客等からの金銭等の預託の禁止〔商取240の15〕などの規制に服する。

商品取引所 公設の商品先物市場を開設・運営する法人。*商品先物取引法*に基づき*主務大臣*の設立*許可*による特別法上の法人である会員商品取引所〔商取9〕と主務大臣の許可を受け商品市場を開設する株式会社商品取引所〔商取78〕とがある〔商取2④〕。業務は商品・商品指数の*先物取引*をするために必要な市場の開設，上場商品の品質の鑑定，刊行物の発行その他これに附帯する業務に限られ〔商取3①本文〕，商品市場開設業務とその附帯業務以外の業務を行う会社以外の*子会社*をもつことはできない〔商取3の2①本文〕。しかし，主務大臣の*認可*を条件に，商品市場開設業務に関連する業務，国際協力排出削減量〔地球温暖化2⑧〕に係る取引を行う市場の開設業務，*金融商品市場*〔金商2⑭〕の開設業務，*金融商品債務引受業*等〔金商156の3①⑥〕及びこれらに附帯する業務等を行うことができる〔商取3①但・173①等〕。主務大臣は認可にあたり公益若しくは取引の公正の確保のため又は委託者の保護のため必要な最小限度の条件を付けることができる〔商取3②③〕。総合取引所構想の下で*金融商品取引法*等が改正され，商品取引所の商品市場においてのみ取引が行えた「商品」の先物取引は，金融商品取引法に基づく*金融商品取引所*においても取引をすることが可能となった〔金商2⑭の3の3・194の6・194の6の2・194の6の3，金商令1の17の2〕。

商品ファンド ファンドの総資産の全部又は一部が国内外の商品市場の貴金属・原油・農産物などの商品*先物取引*や現物取引に対する投資〔商品投資〕により合同運用される集団投資スキーム(金融商品)のこと。ファンドの設定形態によりリミティッド・パートナーシップ型，*匿名組合*型，合同運用指定金銭信託型がある。かつては*商品投資に係る事業の規制に関する法律*(商品ファンド法)(平成3法66)が商品ファンド業全般を規律していたが，*金融商品取引法*の施行により商品ファンド持分が同法の「みなし有価証券」とされ〔金商2②①⑤〕，販売業規制に関しては同法の規制に服することとなったため，現在では商品ファンド法は商品投資顧問業についてのみ規制対象としている。その販売業者(第2種金融商品取引業者)が*投資運用業*にも登録すれば，商品投資と金融商品投資との組合せなどポートフォリオの幅を広げることが可能となる。*機関投資家*などから私的に資金を集め運用するヘッジファンドは先物取引や*信用取引*などを積極的に活用し多様な投資手法を駆使して高い収益を上げようとしている。

上部団体 *単位組合*が団体として加盟する上部組織。*企業別労働組合*の産業別連合体(⇨*単産*)を指すことが多い。*労働組合法*2

条は同条の要件を満たす限り，かかる連合団体をも*労働組合'として認める(⇨労働組合連合体')。

私用文書 ⇨公文書・私文書'
条文見出し ⇨見出し'(巻末・基本法令用語)
商法 1 概念 形式的意義の商法と実質的意義の商法とに分かれる。
2 形式的意義 商法典のこと。すなわち，「商法」という名称をもった法典のこと。最初の商法典は明治23年(1890)の*レースラー'草案に基づく*旧商法'であって，その一部が施行された。明治32年に現行商法典(法48)が制定され，明治44年(法73)及び昭和13年(法72)に改正を受け，更に昭和25年(法167)にはアメリカ法の影響を受けて，*授権資本制度'及び無額面株式の制度の採用，*株主総会'の権限の縮小と*取締役会'制度の導入，取締役会及び*代表取締役'の分化，*株主'の監督是正権の強化等の改正が行われた。続いて昭和30年(法28)(株主の新株引受権に関するもの等)，昭和37年(法82)(計算規定に関するもの)，昭和41年(法83)(額面無額面株式間の転換，株式の譲渡制限等)，昭和49年(法21)(監査制度の充実)，昭和56年(法74)(*大会社'についての監査の強化，*出資'単位の切上げ，単位株制度の創設，*株主提案権'の創設，計算規定の整備等)，平成2年(法64)(*最低資本金制度'の創設等)に改正が行われた。平成5年には，監査役制度，代表訴訟，*帳簿閲覧権'について若干の改正のほか，*社債'について大幅な改正が加えられた(法62)。平成6年には自己株式取得規制の緩和のための改正がなされた(法66)。平成9年には，*ストック・オプション'制度の採用(法56)及び合併法制の合理化・簡易化のための改正(法71)等がなされた。更に，平成11年には*株式交換'・*株式移転'制度(法125)，平成12年には*会社分割'制度(法90)，平成13年には金庫株の解禁(法79)，*新株予約権'制度の創設，会社関係書類の電磁化(⇨電磁的記録・電磁的方法')(法128)，監査役制度の充実と取締役等の責任制限制度の創設(法149)，平成14年には委員会等設置会社(現在の*指名委員会等設置会社')の創設等の改正がなされた(法44)。平成17年には第2編会社が商法典から独立して会社法(法86)となり，その影響で商法の総則や商行為の規定が改正された。平成20年には第2編第10章保険が商法典から切り離され*保険法'(法56)になり，形式的意義の商法典は，大幅に縮小してきた。平成29年に民法改正(⇨債権法改正')に伴う改正が行われ(法45)，平成30年には運送法・海商法の現代化を目的とした改正がなされるとともに商法の表記が平仮名・口語体に改められた(法29)。
3 実質的意義 商法を企業そのものの生活秩序に関する法とみた場合，形式的意義の商法に規定されているものが，企業に関する法の全てを包含するものではないし，他方，商法典という独立の法典をもたない国にも，企業に関する法は何らかの形で存在する。そこで形式的意義の商法のほかに，企業に関する法としての商法という概念が必要となる。これを実質的意義の商法といい，商事条約のほか，制定法及び*商慣習法'に分けられる。制定法は更に商法典と商事特別法に分けられる。商事特別法としては，会社法，*社債，株式等の振替に関する法律'，*手形法'，*小切手法'，保険法，*担保付社債信託法'，*会社更生法'，*不正競争防止法'，*金融商品取引法'などがあり，これらは，企業関係に関与する人々の利益調整を主眼とする法規であって，私法法規を中心とするが，行政監督法規・訴訟法規・罰則等の公法的規定も付属的に含まれる。
4 適用順序 商事に関し適用される法規の適用順序については，まず商事条約が最も優先するが，次に，特別法が一般法に優先し(⇨一般法・特別法')，また，商法1条2項が民法より商慣習法を優先させているので，商事特別法・商法典・商慣習法・民事特別法・民法典・民事慣習法の順になる。なお，商慣習法が商法典の後位に置かれている点については，商慣習法の合理的・進歩的な性格に徴して，立法論的批判がある。

情報開示 ⇨ディスクロージャー'
情報公開制度 民主主義制度を正常に運営していく上で必要な行政情報の公開ないし公文書公開について定める制度。国民の*知る権利'の具体化と位置付けられることが多い。知る権利は*表現の自由'の意味の中に含まれるとされる情報収集権であるが，その積極的な権利としての側面は抽象的であるので，司法上の救済が可能な具体的請求権となるためには，法律や*条例'による制度化を必要とする。アメリカ，カナダやヨーロッパ諸国等で整備が進められてきたが，日本では，昭和50年代後半に入って，地方公共団体で情報公開条例が制定されるようになった。国レベルでは，平成11年に「行政機関の保有する情報の公開に関する法律」(法42)(通称・情報公開法)が制定され，平成13年4月より施行された。この法律は，知る権利には触れず，国民主権の理念を基礎に，政府の諸活動

しようほう

を「国民に説明する責務」の全うと「公正で民主的な行政の推進」を，目的として規定している。そこでは，何人に対しても行政文書の開示請求権を認め，原則開示の考え方をとるとともに，個人情報・法人情報や意思形成過程情報等については例外を定め，特に防衛・外交・捜査等に関わる情報については，行政機関の長の判断に相当の理由が認められる場合，不開示にできるものとした。また，第三者に関する情報の開示手続，不服申立てに対する裁決・決定に際しての情報公開・個人情報保護審査会への諮問義務も定められている。

商法施行規則 平成14年法務省令22号。商法の委任に基づく事項を定める法務省令。*小商人'，*商業帳簿'，*匿名組合'，*仲立営業'，*運送営業'等について定めている。

情報取得手続 ⇨債務者の財産状況の調査'

情報通信技術を活用した行政の推進等に関する法律 ⇨行政手続法'

小法廷 ⇨大法廷・小法廷'

情報提供義務 ⇨開示義務'

抄本 ⇨原本・副本・謄本・正本・抄本'

証明・疎明 合理的な疑いを差し挟まない程度に真実らしいとの確信を裁判官が得た状態，又はこの状態に達するように*証拠'を提出する当事者の行為を証明といい，これよりは低い一応確からしいとの推測を裁判官が得た状態，又はこの状態に達するように証拠を提出する当事者の行為を疎明という。

Ⅰ 民事訴訟では，判決の基礎となる事実については証明を必要とするが，これ以外の迅速な処理を要する事項〔例：民保13②（保全命令）〕や手続的ないし派生的事項〔例：民訴35①・44①，民訴規10③〕については，疎明で足りるとされている。疎明に用いる*証拠方法'は，迅速な処理の必要から，即時に取り調べることができるもの（例：持参文書，*在廷証人'）に限られる〔民訴188〕。なお，*旧民事訴訟法'下では疎明代用保証・宣誓が認められていたが〔旧民訴267②〕，廃止された。

Ⅱ 刑事訴訟では，特に犯罪事実の認定のためには，*合理的な疑いを超える証明'が必要であることが強調され，これは，*疑わしきは被告人の利益に'・*無罪の推定'の原則と同様，刑罰賦課には慎重を期すべきだという思想の表れといえる。疎明で足りる事項は，明文で定められている場合が多い〔刑訴19③・206①・227②等〕が，明文がなくても性質上そう解される場合もある〔刑訴278等〕。疎明のための証拠は，資料又は疎明資料と呼ばれる〔刑訴376②，刑訴規148・156等〕。

証明主題 ⇨立証事項'

証明責任 ⇨挙証責任'

証明責任契約 ⇨証拠契約'

証明度 争いのある事実の存在について裁判所がどの程度の*心証'を形成すれば，その事実を存在するものとして扱ってよいかを決定する概念。民事訴訟における証明度について，通説・判例（最判昭和50・10・24民集29・9・1417）は，通常人が疑いを差し挟まない程度の高度の蓋然性を要求している。これに対しては，証明責任（⇨挙証責任'）を負う側の証明度が相手方の証明度よりも優越していること（証拠の優越）で足りるとする見解も有力である。有力説からは，通説・判例によれば，公害訴訟や医療過誤訴訟など，証明責任を負う側の支配圏内に関連する証拠が所在しない事件類型において，証明責任の負担が過重なものになるとの批判がなされている。

証明の必要 民事訴訟では，当事者間で争いのない事実（⇨自白' ⇨擬制自白'）については*証明'を要しない〔民訴179・159①〕のと異なり，刑事訴訟では，事実を認定するためには，当事者がそれを争うかどうかにかかわらず，証拠による証明を必要とするのが原則である。ただし，刑事訴訟でも，例外的に，*公知の事実'や*法律上の推定'がなされる事実などについては証明の必要がない。なお，証明の必要の語は，訴訟の経過に応じて各当事者が敗訴を避けるため立証活動を行う必要に迫られる状態のことを指して用いられる場合もある。

証明妨害 訴訟当事者の*証明'活動を相手方当事者又は第三者が妨害することをいう。例えば，民事訴訟において，当事者が相手方の使用を妨げる目的で*証拠方法'を使用不能な状態にする場合がこれに当たる。証明妨害に対する制裁として，裁判所は相手方（挙証者）の主張を真実と認めることができると規定されている場合もある〔民訴208・224・229②④・232①〕。これ以外の場合にも証明妨害に対して制裁を科すことができると考えられているが，その根拠，要件，効果については見解が一致していない。⇨文書提出命令'

証明力 *証拠'が裁判官（刑事では裁判員も含む）の*心証'を動かす力。*証拠資料'が*証明'の対象となった事実の認定に役立つ程度。刑事訴訟法上は*証拠能力'と区別する語として用いられる。民事訴訟では証拠力又は証拠価値ともいわれている。証明力は，*証拠の関連性'

(狭義の証明力)と信用性とを総合したものであるが、その判断は裁判官の自由な判断に任され、裁判官は法の拘束を受けずに*経験(法)則'に従って合理的に証明力の大小を判断する(*自由心証主義')〔民訴247, 刑訴318, 裁判員62〕。この判断が経験則に著しく違反するときは*法令違反'と同視して民事訴訟法上の*上告理由'となる。なお, *文書の証明力'については, その項をみよ。　⇨形式的証明力'　⇨実質的証明力'

消滅時効　**1 意義**　例えば, 貸金債権の取立てができることを知りながら権利行使を怠っていて5年たってしまうと, その後に支払を求めて訴えを起こしても債務者が時効を主張すれば, 裁判所は*債権は消滅しているものとして処理しなければならない。このように, 権利不行使の状態が一定期間継続することによって権利消滅の効果を生ずる制度を消滅時効という。*所有権'以外の*財産権'について認められている。

2 時効期間　債権者が権利を行使することができることを知った時から5年, 権利を行使することができる時から10年の二重期間とされている〔民166①〕。生命又は身体の侵害による損害賠償請求権については, *債務不履行'及び*不法行為'のいずれであっても5年又は20年と長い期間を定めている〔民167・724の2〕。定期金債権や判決で確定した権利についても10年とする特則を置いている〔民168・169〕。債権又は所有以外の財産権の消滅時効期間は, 権利を行使することができる時から20年である〔民166②〕。

条約　**1 意義**　国家又は*国際組織'間において, 文書の形式により締結され, *国際法'によって規律される国際的合意〔条約法約2①(a)。なお, 国際機関条約法約2①(a)〕。条約・協定・協約・取極(とりきめ)・規約・憲章・規程・議定書等種々の名称で呼ばれ, どの名称を用いるかは当事者の任意であり, 呼称のいかんによって国際法上の効力が変わるわけではない。*条約法に関するウィーン条約'は, 国家間の条約に適用され, また「国と国際機関との間又は国際機関相互のためについての法に関するウィーン条約」(1986・3・21作成, 未発効)は, 国際組織を当事者として含む条約に適用される。前者の規定の大半は国家間の条約を規律する*一般国際法'を反映している。日本においては, 国際法上の条約は, 国際約束と呼ばれ〔外務省4④〕, 内閣が締結権を有する〔憲73③本文〕。そのうち, 締結の事前又は時宜によっては事後に国会の承認を必要とするもの〔憲73③但〕が憲法上の条約であり,

それ以外の国際約束が行政取極(とりきめ)である。両者は名称ではなく, 内容によって区別される(⇨行政取極')。憲法上の条約は公布によって〔憲7①〕, 国内法としての効力を発生する。以下では国家が条約当事者となる場合について解説する。

2 締結手続　従来は, 各国の条約締結権者(*元首'又は行政府の長であることが多い)から*全権委任状'を付与された代表者(全権委員)が条約締結のための交渉を行い, 条約文を作成して(条約文の確定のために代表者が署名(調印)する), その後に条約締結権者が批准することによって条約が効力を発生するという手続が一般的であった。条約締結を民主的にコントロールするために, 議会は条約署名後, 批准前に何らかの形で関与する必要がある。そのため, 署名国の批准は義務ではない。他方, 国際社会の相互依存関係の高まりによって多くの条約を迅速に締結する必要性が増大すると, 従来の長時間を要する条約締結手続では十分対応できない状況が生じた。そこで民主的なコントロールの必要性の高い重要な条約は従来通りの手続によるとしながら, その他の条約については, 各国代表者の署名のみ, あるいは2通以上の文書の交換(⇨交換公文')によって効力が発生するという手続がしばしばとられている。したがって, 現在では標準的な条約締結手続は存在せず, どのような手続を採用するかは条約交渉国の任意に委ねられる〔条約法約11〕。　⇨批准'

3 効力　有効に締結された条約は当事国を拘束し〔条約法約26〕, 原則として第三国に権利を与えたり, 又は義務を負わせない〔条約法約34〕。ただし, 形式上成立した条約も次の場合には無効となる。イ　条約に拘束されることへの国家の同意が, その国の基本的に重要な意義を有する条約締結権能に関する国内法の規定に明白に違反する場合〔条約法約46〕。ロ　条約に拘束されることへの国家の同意を表明する代表者が, 権限に課された特別の制限を踰越(ゆえつ)し, かつ, その制限が同意の表明に先立って他の交渉国に通告されている場合〔条約法約47〕。ハ　条約を締結する際の国家の同意の不可欠の基礎をなす事実又は事態について錯誤がある場合〔条約法約48〕。ニ　他の交渉国の詐欺行為によって条約を締結することとなった場合〔条約法約49〕。ホ　条約に拘束されることへの自国の同意が, 他の交渉国による自国の代表者の買収の結果表明されることとなった場合〔条約法約50〕。ヘ　条約に拘束されることへの国家の同意の表明が, その国の代表者に対する強制の結果なされた場合〔条約法

じょうやく

約51〕。ト　国家に対する国際法違反の武力による威嚇又は武力行使の結果，条約が締結された場合〔条約法約52〕。チ　締結した条約が一般国際法の*強行規範'に違反する場合〔条約法約53〕。ヘ〜チについては，関係国による追認も認められない〔条約法約45〕。

4 解釈　条約は，その文脈により，かつ，趣旨及び目的に照らして与えられる用語の通常の意味に従って解釈しなければならない〔条約法約31〕。ある条約規定の意味は，当該条約の目的や当該規定が含まれる規範群の全体構造と不可分であり，他方で条約目的の解明は文言や条約全体の構造によるほかはないため，文理解釈・体系的解釈・目的論的解釈の手法を統合的に利用することが想定されている。具体的に参照すべき素材としては，条約文全体，条約締結時又は事後に示された当事国間の関係合意，条約の適用につき後に生じた慣行で解釈についての当事国の合意を確定するもの，当事国間に適用される国際法の関連規則等である。条約解釈は当事国の意思の探求であり，変化する現実に即して条約締結当時に想定されていなかった発展的解釈が採用される例もあるが，通常は変化に応じた解釈をなすべきことについて当事国の合意が存在していたことがその根拠とされる。なお，以上の方法によってでは意味が不明確である場合又はその意味が不合理な結果をもたらす場合には，解釈の補足手段として条約の準備作業及び条約締結の際の事情等に依拠することができる〔条約法約32〕。

5 改正・修正　条約の改正とは条約自体の変更を，また，条約の修正とは，多数国間条約において，条約の内容を合意によって一部の当事国間で改めることをいう。条約の改正は，当事国間の合意による〔条約法約39〕。改正前の条約当事国が改正後の条約当事国とならない場合は，その国は従来通り改正前の条約による拘束を受け〔条約法約40④〕，改正前後の条約が並立的に存在するのが原則である。ただし，国際組織の設立条約に関しては，一定数の加盟国が改正条約に加わり，条約が効力を発生すれば，残りの加盟国も改正条約に拘束されるという制度をとる例が増えている〔例：国連憲章108〕。条約の修正は，2以上の当事国間でなしうるが，修正される条約が元の条約と両立すること及び他の当事国の法的地位に影響を与えないことが条件である〔条約法約41〕。

6 終了・脱退・運用停止　条約の終了により，全当事国は条約履行義務を免除される。多数国間条約からの脱退国は他の条約当事国との関係で条約履行義務を免除される〔条約法約70〕。条約の運用停止とは，条約の効力を一時的に停止させることをいい，この間，運用停止の関係にある当事国間において条約履行義務を免除される〔条約法約72〕。イ　条約に基づく場合又は全ての当事国の同意がある場合には，条約の終了・運用停止又は条約からの脱退が行われる〔条約法約54・57〕。ロ　全ての当事国が同一事項に関して後の条約を締結し，先の条約と後の条約が相いれず同時に適用することができない場合には，先の条約は終了する〔条約法約59①〕。ハ　二国間条約において，一の条約当事国が重大な条約違反を行った場合には，他の当事国は条約の終了又は運用停止を主張しうる〔条約法約60①〕。ニ　多数国間条約において，一の条約当事国が重大な条約違反を行う場合には，違反によって特に影響を受けた当事国は運用停止を主張でき，他の全ての当事国が合意するときは，当該条約は終了し若しくは運用を停止し，又は違反が条約の義務の履行の継続について全ての当事国の立場を変更するときは，違反国以外の当事国は条約の運用停止を主張できる〔条約法約60②〕。ホ　条約の実施に不可欠な対象の永久的消滅又は破壊によって条約の履行が不可能になった場合には，条約の終了・運用停止又は条約からの脱退〔条約法約61〕。ヘ　条約締結時に存在した事情であって，締結に際しての当事国の同意の不可欠の基礎をなしていたものについて根本的な変化が生じた場合には，条約の終了又は条約からの脱退の根拠となる〔条約法約62〕（⇨事情変更の原則'）。ト　一般国際法の新たな強行規範が既存の条約と抵触する場合は，その条約は終了する。

7 留保・登録　条約の*留保'・*登録'については，それぞれの項を参照せよ。

条約憲法　多数の国家(邦)が結合して連邦国家を形成するとき，その合意によって制定される憲法。新たに*連邦'を作る場合，その合意は*条約'によって作られるところから条約憲法といわれる。1787年の*アメリカ合衆国憲法'，1871年のドイツ帝国憲法(*ビスマルク憲法')にその例がみられる。なお，憲法の分類については，「憲法」に掲げた［表：憲法の分類］をみよ。

証約手付け　*契約'成立の証拠として交付される手付け。一口に手付けといっても，法律上は，いろいろな異なった性質をもつものがあるが，どのような性質の手付けであれ，契約成立の証拠となるという意味で，証約手付けでもある。⇨手付け'

条約についての国家承継条約　⇨国家承継'

条約法に関するウィーン条約　1969年5月23日にウィーンで採択された国家間の条約法に関する一般条約。ウィーン条約法条約ともいう。1980年1月27日に発効。日本は1981年に加入(昭和56条16)。現在ではその規定の大半が条約法に関する*一般国際法'を規定するものと捉えられている。なお、1986年には、本条約をモデルにして国際組織を当事者とする条約を対象とする「国と国際機関との間又は国際機関相互の間の条約についての法に関するウィーン条約」が作成された(未発効)。　⇨条約'

条約優位説　⇨憲法と条約'

上諭　*明治憲法'下の*公式令'により、憲法・*皇室典範・法令・条約など、天皇の行為として制定・改正されたものの頭書に、天皇の言葉として記された文章。明治憲法では*前文'の性質を有しているが、多くは*公布文'にすぎなかった。現行憲法の頭書にも付されている。

賞与　I　商法上の*役員賞与'については、その項をみよ。

II　通常は夏期と年末に、企業の業績や各*労働者'の上げた成果等を考慮して額を決定し、支給される報酬。一時金ともいう。支払義務等に関連して、恩恵的給付か*賃金'かが争われるが、*就業規則'等で支給条件が明らかにされている場合は賃金と解される。

III　*所得税法'上、賞与は*給与所得'として課税される〔所得28①〕。*法人税法'においては、平成18年改正(法10)後は、役員賞与や役員報酬という用語を避けて、役員の役務に対する対価を一括して役員給与と呼んでいる〔法税34①〕。　⇨役員給与'

剰余金　I　予算においては歳入と歳出は原則として同額であるが(形式的均衡予算)、決算においては剰余を生ずることが少なくない。一会計年度における収納済歳入額から支出済歳出額を差し引いた残額は、歳計剰余金と呼ばれ、歳入予算を超過した収納済歳入額(租税の自然増収、予算外の歳入額)と歳出予算のうち支出されなかった部分(不用額)に起因する。歳計剰余金は、それを生じた年度の翌年度の決算において歳入に繰り入れられる〔財41〕。歳計剰余金の中には、それを生じた年度の翌年度に繰り越された歳出予算経費の財源に充てられるべき金額〔財43②〕や租税の増収による地方交付税総額の増加額などが含まれるため、これらを控除した使途不定の金額が、純粋な意味での剰余金として把握される。これを純剰余金という。純剰余金の2分の1を下らない額は、剰余を生じた年度の翌々年度までに歳入予算に受け入れた上で、歳出予算において公債償還財源として計上しなければならない〔財6、予令19〕。なお、歳計剰余金及び純剰余金と区別すべきものとして、*明治憲法'下での国庫剰余金の概念がある。これは、前年度の歳計剰余金のうち使途未定の部分をいい、憲法の定める方法によらずに政府の判断で行われた責任支出の財源として用いられたものである。財政国会中心主義〔憲83〕に立つ現行憲法下ではこの意味での国庫剰余金を観念する余地はない。

II　会計基準上は、株主資本の額が資本金の額を上回る金額。剰余金は資本金と同様、計算上の数額である。*資本剰余金'と*利益剰余金'に区分され、資本剰余金は、資本準備金と*その他資本剰余金'とに、利益剰余金は、利益準備金と*その他利益剰余金'とに、それぞれ区分される。*株式会社'の剰余金の額は分配可能額算定の基礎となる。株式会社の剰余金の額は、イ　その他資本剰余金の額、その他利益剰余金の額、最終事業年度の末日後に*自己株式の処分'をした場合における当該自己株式の対価の額から当該自己株式の帳簿価額を控除して得た額、最終事業年度の末日後に資本金の額の減少をした場合における当該減少額(準備金とした額を除く)及び最終事業年度の末日後に準備金の額の減少をした場合における当該減少額(資本金とした額を除く)を合計した額から、ロ　最終事業年度の末日後に会社法178条1項の規定により自己株式の消却をした場合における当該自己株式の帳簿価額、最終事業年度の末日後に剰余金の配当をした場合におけるa　会社法454条1項1号の配当財産の帳簿価額の総額(会社454④①に規定する金銭分配請求権を行使した株主に割り当てた当該配当財産の帳簿価額を除く)、b　会社法454条4項1号に規定する金銭分配請求権を行使した株主に交付した金銭の額の合計額及びc　会社法456条に規定する基準未満株式の株主に支払った金銭の額の合計額のabc合計額、並びに最終事業年度の末日後に生ずる控除額〔会社計算150〕を合計した額を減じて得た額である〔会社446、会社計算149〕。

剰余金の配当　1　概念　*株式会社'(清算中の会社を除く)がその*株主'に対して会社財産を分配し、同時に*その他資本剰余金'及び／又は*その他利益剰余金'の額を減少させること。*剰余金'の処分はその資本剰余金の額又はその他利益剰余金の額を減少させることであり、剰

じょうよきん

余金の処分には損失の処理、'*任意積立金*'の積立、剰余金の資本組入れ、剰余金の準備金組入れも含まれることから〔会社452〕、剰余金の配当は剰余金の処分の一類型である。金銭以外の財産（当該会社の'*株式*'・'*社債*'・'*新株予約権*'を除く）を配当財産とすること（'*現物配当*'）もでき〔会社454①Ⅰ〕、現物配当をする場合には株主に対して金銭分配請求権（当該配当財産に代えて金銭を交付することを株式会社に対して請求する権利）を与えることができる〔会社454④Ⅰ〕。

2 分配可能額 剰余金の配当は株式会社の純資産額が300万円を下回る場合にはすることができない〔会社458〕。これは、会社法では'*最低資本金制度*'を採用しなかったことから、会社債権者保護のために設けられた規制である。また、剰余金の配当により株主に対して交付する金銭等の帳簿価額の総額は、剰余金の配当がその効力を生ずる日における分配可能額を超えてはならない〔会社461①⑧〕。分配可能額は剰余金の額並びに臨時計算書類につき'*株主総会*'又は'*取締役会*'の承認を受けた場合における臨時計算書類の損益計算書に計上された当期純損益金額（ゼロ以上の額に限る）及び臨時会計年度内に'*自己株式*'を処分した場合における当該自己株式の対価の額を合計した額から、自己株式の帳簿価額、最終事業年度の末日後に自己株式を処分した場合における当該自己株式の対価の額、臨時計算書類につき株主総会又は取締役会の承認を受けた場合における臨時計算書類の損益計算書に計上された当期純損益金額（ゼロ未満の額に限る）及び会社計算規則158条が定めるその他減ずるべき額の合計額を合計した額を減じて得た額とされる〔会社461②、会社計算156・157〕。

3 剰余金の配当の回数及び時期 剰余金の配当の回数や時期に制限はない。

4 剰余金の配当の手続 株主総会の'*普通決議*'によって、配当財産の種類（当該株式会社の株式等を除く）及び帳簿価額の総額、株主に対する配当財産の割当てに関する事項及び当該剰余金の配当がその効力を生ずる日を定めるのが原則である〔会社454①〕。しかし、現物配当の場合において株主に対して金銭分配請求権を与えないこととするときには、株主総会の'*特別決議*'によらなければならない〔会社454④・309②⑩〕。なお、'*取締役会設置会社*'は、1事業年度の途中において1回に限り取締役会の決議によって剰余金の配当（配当財産が金銭であるものに限る）をすることができる旨を'*定款*'で定めることができ、この場合には、取締役会の決議で配当に関する事項を定めることができる〔会社454⑤〕（⇒中間配当'）。また、'*会計監査人設置会社*'（'*取締役*'（'*監査等委員会設置会社*'）では、'*監査等委員*'である取締役以外の取締役）の任期の末日が選任後1年以内に終了する事業年度のうち最終のものに関する定時株主総会の終結の日後の日であるもの及び'*監査役設置会社*'であって'*監査役会設置会社*'でないものを除く）は、剰余金の配当（現物配当の場合であって株主に対して金銭分配請求権を与えないときを除く）に関する事項を取締役会が定めることができる旨を定款で定めることができる〔会社459①Ⅳ〕。この定款の定めは、最終事業年度に係る'*計算書類*'が法令及び定款に従い株式会社の財産及び損益の状況を正しく表示しているものとして法務省令で定める要件に該当する場合に限り、その効力を有するが〔会社459②〕、法務省令は、計算書類についての'*会計監査報告*'に無限定適正意見が含まれていること、この会計監査報告に係る'*監査役会*'、'*監査等委員会*'又は'*監査委員会*'の'*監査報告*'の内容として'*会計監査人*'の監査の方法又は結果を相当でないと認める意見がないこと、この会計監査報告に係る監査役会、監査等委員会又は監査委員会の監査報告に付記されている内容が会計監査人の監査の方法又は結果を相当でないと認める意見がないこと、及び、特定監査役〔会社計算124⑤〕が通知をすべき日までに監査報告の内容の通知をしなかったことによって、計算書類が監査を受けたものとみなされたものでないことを要件として定めている〔会社計算155〕。

⇒違法配当・自己株式取得'

剰余金配当請求権 '*株主*'が、その有する'*株式*'につき有する'*剰余金の配当*'を受ける権利〔会社105①Ⅰ〕。株主に剰余金の配当を受ける権利及び残余財産の分配を受ける権利の全部を与えない旨の定款の定めは、その効力を有しないとされており〔会社105②〕、株主が有する中核的な権利として位置付けられている。剰余金の配当に関する決議がなされれば剰余金の配当を受けることができるという抽象的剰余金配当請求権は株主の地位から分離して譲渡することはできず、また差押え等の対象ともならない。他方、剰余金の配当に関する決議によって、配当財産の種類及び帳簿価額の総額、株主に対する配当財産の割当てに関する事項及び当該剰余金の配当がその効力を生ずる日が確定した具体的剰余金配当請求権は、独立して譲渡することができ、また差押え等の対象となる。

剰余主義 ⇨消除主義・引受主義'

譲与税 *地方公共団体'の財源を補うために，*国税'として徴収した租税を，地方公共団体に譲与するもの。地方譲与税ともいわれる。現在は，地方揮発油譲与税，石油ガス譲与税，自動車重量譲与税，特別とん譲与税，航空機燃料譲与税，特別法人事業譲与税及び森林環境譲与税の7種が，各個別の法律により定められている。

将来効(判決) 法令を違憲とした判決は係属事件の訴訟当事者について遡及効をもつと解するのが一般的であるが，訴訟当事者にも遡及効をもたず将来の一定時期以降に違憲の効力を生じさせる判決を，将来効判決という。ただし，一般的効力説をとるか厳格な*先例'拘束性の原理をとらない限り，将来効判決は法的拘束力をもたず，将来において事実上の影響力をもつにとどまる(⇨違憲判決の効力')。

将来債権 将来発生する*債権'。主に*債権譲渡'の有効性が問題となる。最高裁判所は，譲渡の目的とされる債権が特定可能な場合には，契約締結時において債権発生の可能性が低くても債権譲渡契約は原則有効であるが，社会通念に照らして不相当な制限を譲渡人に加えたり，他の債権者に不当な不利益を課すような場合には，将来債権譲渡契約の効力が否定されるとしている(最判平成11・1・29民集53・1・151)。なお，*債権法改正'により，将来債権譲渡の有効性が確認され，譲受人は発生した債権を当然に取得するものとされた〔民466の6①②〕。

将来の給付の訴え *給付の訴え'のうち，*口頭弁論'終結時後の将来に*履行期'の到来する給付請求権をあらかじめ主張する*訴え'をいう。原則として訴えに訴えの利益が認められる現在の給付の訴えと異なり，将来の給付の訴えには「あらかじめその請求をする必要」〔民訴135〕という特別の*訴えの利益'が要求される。被告が履行期が到来しても履行しないと主張している場合，継続的給付義務につき現在の給付部分について既に不履行がある場合に将来の分を併せて請求する場合，少しでも履行がないと債務の本旨に従った履行とならない性質の給付義務の場合などに，この必要が認められる。将来の給付判決は，判決に掲げられた履行時期が到来して初めてこれに基づいて執行に着手できる〔民執27①・30①〕。将来の給付の訴えにより，将来発生することが予想される*不法行為'に基づく*損害賠償'請求をすることが許されるかについては，不法占有の場合の明渡し時までの賃料相当額の損害賠償請求は許されるが，将来の航空機騒音被害についての損害賠償請求は許されないとするのが，判例の態度である(最大判昭和56・12・16民集35・10・1369〈大阪空港訴訟〉)(⇨空港公害訴訟')。

条理 「物事の筋道」の意味。出典は「孟子」万章編。裁判事務心得(明治8太告103)3条に「民事ノ裁判ニ成文ノ法律ナキモノハ習慣ニ依(よ)リ習慣ナキモノハ条理ヲ推考シテ裁判スヘシ」とある。この規定が現在なお有効か否かは明確でないが，同様の場合につきイタリア法例3条が「法の一般原則」，スイス民法1条2項が「裁判官が仮に立法者であったら制定するであろうような準則」に従って裁判せよと規定しているのと同趣旨と解され，更にラテン語のnaturalis ratio(自然の道理)，ドイツ語のNatur der Sache(事物の本性)の意味とも解されている。

使用料 物又は権利の使用の対価として支払われる金銭をいう。実質的には同じような関係でも，借料・貸付料・借賃・地代などいろいろな言葉が使われているが，使用料の語は，*地方公共団体'の*公有財産'等の使用関係について用いられている。例えば，*旧慣使用'の使用料〔自治226〕，*行政財産'の使用又は*公の施設'の利用による使用料〔自治225〕がその例である。これらは一般には公法上の使用関係に関する使用料と考えられているが，その徴収にあたっては，法律で定める場合にだけ地方税の*滞納処分'の例によることができる〔自治231の3③〕。特定のサービスに対する対価としては，別に*手数料'の制度がある。

省令 各省大臣が，主任の*行政事務'について，法律若しくは政令を施行するため，又は法律若しくは政令の特別の委任に基づいて発する*命令'〔行組12①〕。省令には，*法律の委任'がなければ，*罰則'を設け，又は義務を課し，若しくは国民の権利を制限する規定を設けることができない〔行組12③〕。財務大臣の制定する省令は財務省令，総務大臣の制定する省令は総務省令というように，制定者である大臣の属する省の名を冠して呼ばれる。行政事務について2以上の主任の各省大臣があるときは，これらの主任の大臣が共同して省令を制定する(例：総務省・財務省令)。この種の省令は，普通，共同省令と呼ばれている。内閣府令も，法律上の性質は，省令と同じである〔内閣府7③④〕。

条例 **1意義** *地方公共団体'がその自治立法権(⇨自治立法・自治立法権)に基づいて制定する法形式の1つ。*規則'とは異なり，条例の制定改廃は*地方公共団体の議会'の議決

じょうれい

による〔自治96①Ⅰ〕。憲法は条例・規則の制定権(自治立法権)を地方公共団体に保障している〔憲94〕。憲法にいう条例には*地方自治法'の定める条例，長の規則(⇨地方公共団体の規則')及び*地方公共団体の委員会'の規則その他の規程が含まれる。条例は，法令に違反しない限りにおいて，地方自治法2条2項の事務，すなわち「地域における事務及びその他の事務で法律又はこれに基づく政令により処理することとされるもの」について定めることができる〔自治14①〕。義務を課し，又は権利を制限するためには条例を定めなければならない〔自治14②〕。条例には2年以下の拘禁刑，100万円以下の罰金等の刑罰のほか，5万円以下の過料を定めることができる〔自治14③〕。条例については，住民による*条例の制定改廃請求'が認められ，また，*地方公共団体の長'が*再議'に付することが認められるなど〔自治12・74・176〕，国の法律にはない特色がみられる。
2 委任条例　法令の授権に基づいて制定される条例を委任条例といい(例：建基40，大気汚染32，各種施行条例)，法令に基づかない自主条例と区別される。もっとも委任の要件と授権の範囲を超えた条例も自主条例とみる余地があり，常に違法であるわけではない。
3 条例制定権の限界　イ　条例の対象が*自治事務'の範囲内になければならない。かつて機関委任事務とされていた事項も，廃止された事務，国の直轄事務になったもの以外は自治事務と*法定受託事務'に分類されたが，前者は当然に，後者も事務の性質によっては条例制定が可能である。憲法が明文により「法律」によって定めるとしている財産権〔憲29②〕については，災害防止という消極的な見地から(最大判昭和38・6・26刑集17・5・521〈奈良県ため池条例事件〉)のみならず，より積極的な目的に立った条例による規制も認めるのが実務や学説のすう勢である。
ロ　条例の規定が法令に違反しないことである。国の法律が全く規制をしていない分野の条例(例：*売春防止法'制定前における同趣旨の条例)や，法律とは別の目的により規制をする条例(例：狂犬病予防法(昭和25法247)に対する飼い犬取締条例)は法令に抵触しない。これに対して，法律が存在する場合において，それと同一の趣旨でより厳しい規制をする条例(いわゆる*上乗せ条例')の適法性が問題になる。従来，法令がひとたび規制をした以上，条例によるより厳しい規制は許されないという法令先占論が主張された。現在では，公害防止，環境保護などの領域において，国の法律が*ナショナル・ミ

ニマム'を定める趣旨と解される場合には，上乗せ条例や*横出し条例'も許されるという見解が支配的になっている。更に，従来，地方公共団体内部のこととされていた事項について，その重要部分を条例に制定するなど，住民の権利保障や民主主義の充実を目的とする条例も増加している(例：情報公開条例，*自治基本条例'等)。

常例とする　⇨例とする(常例とする)'(巻末・基本法令用語)

条例による事務処理の特例　都道府県が，都道府県知事又は都道府県教育委員会の権限に属する事務の一部を，条例によって，市町村に処理させることができる制度〔自治252の17の2，教育行政55〕。事務処理の効果は，市町村に帰属する〔自治252の17の3〕。

条例の制定改廃請求　1 意義　*地方自治法'の認める*直接請求'の一種。*条例'の制定改廃は議会の議決によって行われるのを原則とする〔自治96①Ⅰ〕。ただし，自治179①が，*住民自治'の趣旨を徹底し，直接，地方住民にも条例の制定改廃の請求を認めたものである(ただし，地方税の賦課徴収並びに*分担金'・*使用料'・*手数料'の徴収に関するものを除く)〔自治12①〕。*イニシアティブ'の一種であるが，住民の投票によって条例を制定改廃するものではなく，住民に条例の制定改廃の発案権を認めるものであるにすぎない。なお，平成6年に新設の*広域連合'でも，この制度が準用される〔自治291の6〕。
2 手続　選挙権者は，その総数の50分の1以上の者の*連署'をもって，その代表者から*地方公共団体の長'に対して請求する。長は，直ちにその請求の要旨を公表し，請求を受理した日から20日以内に議会を招集し，意見を付けてこれを議会に付議しなければならない。議会は否決又は修正も自由であるが，長は，その結果を請求代表者に通知するとともに，一般に公表しなければならない〔自治74～74の4〕。

所轄　ある程度独立性をもつ機関が，形式的に他の機関の下に属する状態をいう。*人事院'が内閣の，*都道府県公安委員会'が都道府県知事の所轄の下に置かれるのがその例〔国公3①，警38①〕。所轄機関は，所轄の下にある機関に対し，法令所定の権限を行使するが，その権限は通常，人事権，予算請求権，事務に関し報告を受ける権限等であり，具体的な職権行使に対する*指揮監督権'をもたない〔独禁28，収用51②等〕。なお，所轄は，所轄警察署長〔質屋14②，古物18②〕のように，*土地管轄'又は*事物管轄'

をもつことを意味することもある。

所轄庁　一定の事項について管轄権・監督権をもつ*行政機関'〔例：私学4〕。所轄行政庁ともいう。*国家公務員法'では所轄庁の長という語が用いられているが、この場合は、*'職'が身分上所属する機関を指す〔国公100〕。

所管　ある事柄が公の機関の管轄に属する関係を示す用語。「委員会は、その所管に属する事項に関し、法律案を提出することができる」〔国会50の2①〕、「各省各庁の長の所管に属する国有財産」〔国財11〕、「所管行政」〔警21④⑥等〕などといった用い方がなされる。*'所掌'も、所管とほぼ同じ意義に用いられることがある。

書記官　⇨裁判所書記官'

職（公務員の）　**1 定義**　1人の*公務員'に割り当てられる職務と責任の一単位。

2 国家公務員の職　*国家公務員'の職（内閣総理大臣、国務大臣、各府省の副大臣、政務官、事務次官、局長、課長等々）は、憲法、法律、政令、省令、訓令等で定められる（それらの職に充てるべき職員の定員については、*'定員'をみよ）。国家公務員の職は*'一般職'と*'特別職'とに区分され、*国家公務員法'の規定は、一般職に属する全ての職に適用される半面、特別職に属する職には適用されない。国家公務員法上は、一般職に属する職を官職といい、その職を占める者を*'職員'という〔国公2①④⑤〕。

3 官と職　戦前の官吏制度においては、事務官・技官のような「官」と、上記のような具体的な「職」とが区別され、任官と*'補職'とが別個に行われていた。現行制度では、一般にその分離がなされず、*'任用'は直接に職（官職）についてされる。ただし、裁判官や検察官には、官と職の区別が維持されている〔裁39・40・47、検察3・15・16〕。また、その他の国家公務員にあっても、官に関する従来の種類及び所掌事務についてはなおその例によることとされ、事務官・技官等の分類は存続している〔行組改正法（昭和25法139）附②〕。

4 地方公務員の職　*地方公務員'の職は、*地方自治法'その他の法律、各地方公共団体の条例・規則等で定められる。都道府県の職員の職の設置については、法令に特別の定めのある場合以外は規則で定めるものとされている〔自治施規程5〕。地方公務員の職も一般職と特別職とに区分され、*'地方公務員法'の規定は一般職の職員に適用される〔地公3・4〕。⇨必置規制'

職　安　⇨公共職業安定所'

職　員　一般に公私の組織体の中で正式にある*'職'を占める者をいうが、*国家公務員法'及び*地方公務員法'は、*'一般職'に属する全ての職を占める者を職員と呼んでいる〔国公2④、地公4①〕から、この意味では一般職公務員の別名である。また、*裁判所法'（裁4編）、国会職員法（昭和22法85）などがそれぞれ*'特別職'の公務員である職員の内訳を定めている。役員と職員が区別される場合もある〔独行法18・26、国会16・26〕。なお、*船員法'も一定の*'海員'を職員と呼んでいる〔船員3〕。

職員団体　**1 意義**　国家公務員及び地方公務員である*'職員'がその勤務条件の維持改善を図ることを目的として組織する団体又はその連合体〔国公108の2①、地公52①〕。職員は当初*'労働三法'の適用を受け、*'労働組合'を組織できるものとされていたが、昭和23年12月の*国家公務員法'改正（法222）により、*'一般職'の職員には労働三法の規定の適用が排除され〔国公附6〕（ただし、地方公務員には*'労働基準法'は原則として適用される〔地公58③〕）、一般の労働組合とは異なる職員団体に関する規定が設けられた。その後、*'結社の自由及び団結権の保護に関する条約（第87号）'の批准に伴う昭和40年の国家公務員法改正（法69）により、職員団体は、職員が勤労者として組織する団体であり、また勤労者として、当局と勤務条件の維持改善を図るために交渉する団体であるということが明確に規定された。

2 結成・加入　管理職員等〔国公108の2③、地公52③〕及び警察職員・消防職員及び海上保安庁・刑事施設の職員〔国公108の2⑤、地公52⑤〕並びに自衛隊員〔自衛64①〕については制限・禁止規定があるが、一般の職員には、職員団体の結成及び加入についての自由が保障されている〔国公108の2③本文、地公52③本文〕。職員は団体の結成・加入の有無及び団体の正当な行為を遂行したことのために不利益な取扱いを受けない〔国公108の7、地公56〕。

3 登録　職員団体は、*人事院'〔国公108の3〕又は*'人事委員会'若しくは*'公平委員会'〔地公53〕に登録をすることができ、登録された団体は法人となることができる〔職員団体等に対する法人格の付与に関する法律（昭和53法80）3〕。登録される資格をもつためには、規約の作成・変更、役員の選挙等の重要な行為について、全ての構成員が平等に参加する機会をもつ直接秘密投票による全員（役員選挙については投票者）の過半数によって決定される手続が保障され、また登録だけをもって組織されていることが必要とされる〔国公108の3③④、地公53③④〕。登録された

しょくぎょ

団体は，勤務条件等に関する交渉権をもち，当局は交渉申入れに応ずる地位に立つ〔国公108の5①，地公55①〕。 ⇨公務員の労働関係'

職業安定所 ⇨公共職業安定所'

職業安定法 昭和22年法律141号。各人にその能力に適した職業に就く機会を与えることによって職業の安定を図ること等を目的とする〔職安1〕。*公共職業安定所'や民間事業等による*職業紹介'・職業指導・労働者募集・*労働者供給事業'等を規定する。本法は従前，労働の民主化，*職業選択の自由'及び*均等待遇'，職業安定行政の公共奉仕性及び民主的運営，更に科学的職業安定行政の確立という考え方に基づいてきたが，従来の民間職業紹介・募集・供給業に対する厳しい規制は，1997年に採択されたILO181号条約(*民間職業仲介事業所に関する条約)の批准(平成11年9)を受けて民間職業紹介機関を正面から位置付けた平成11年(1999)改正等により，緩和されてきた(⇨労働者派遣法')。また，個人情報保護〔職安595・51・51の2〕などの規制も導入されている。

職業訓練 職業に必要な労働者の能力を養成し，向上させ，又は，再開発するための訓練。事業主による各種の職場訓練(圏 on-the-job training)と仕事を離れての訓練(圏 off-the-job training)とがある〔能開9〕。広義には職業訓練の基礎となる能力を形成する学校教育も含むが，狭義には主として*職業能力開発促進法'による各種訓練を意味する。職業の安定と労働者の地位の向上を図るとともに，経済・社会の発展に寄与するために〔能開1〕，経済的環境等の変化による職務の内容の変化に対する労働者の適応性を増大させ，及び転職にあたっての円滑な再就職に資するよう，労働者の職業生活設計に配慮しつつ，その職業生活の全期間を通じて段階的かつ体系的に職業訓練を行うことが基本理念とされる〔能開3〕。事業主は，計画的に，労働者に企業外教育訓練，職業能力検定を受けさせたり，労働者が自ら職業教育訓練，職業能力検定を受ける機会を確保するために，有給教育訓練休暇等を付与するなどの必要な援助を行うものとされる〔能開8～10の4〕。事業主，その団体等による*認定職業訓練'〔能開13〕のほか，*公共職業能力開発施設'の行う普通職業訓練と高度職業訓練が用意されている〔能開19〕。なお，*労働基準法'は技能養成に名を借りた酷使を禁止するとともに，職業訓練に伴う特例を認める〔労基69～73〕。

職業訓練の実施等による特定求職者の就職の支援に関する法律 ⇨求職者支援法'

職業紹介 求人及び求職の申込みを受け，求人者と求職者間の雇用関係の成立をあっせんする行為をいう〔職安4①〕。*職業安定法'は職業紹介につき，*公共職業安定所'〔職安8〕のほか，有料職業紹介事業・無料職業紹介事業〔職安3章〕を予定する。ただし，公共職業安定所以外の場合，厚生労働大臣の許可又は届出を要するものとされる〔職安30・33～33の3〕ほか，一定の対象外職種が設けられている〔職安32の11〕(ネガティブ・リスト方式)。

職業生活 人が職業を営んでいく過程すなわち職業キャリアを意味する語。労働者に関してその尊重を図るため労働法令が随所で言及する〔例：労働施策推進3①，能開2④・3～4・10の3，雇均2，育介1・3，女性活躍1～4，高年3・4②，障害雇用1・3・79，労派遣25・30の2，雇保65①〕。*労働施策総合推進法'3条1項は基本理念として「職業生活の設計が適切に行われ，並びにその設計に即した能力の開発及び向上並びに転職に当たつての円滑な再就職の促進その他の措置が効果的に実施されることにより，職業生活の全期間を通じて，その職業の安定が図られるように配慮されるものとする」と掲げ，*職業能力開発促進法'3条も「労働者がその職業生活の全期間を通じてその有する能力を有効に発揮できるようにすることが，職業の安定及び労働者の地位の向上のために不可欠である」として，能力開発等が「職業生活設計に配慮しつつ，その職業生活の全期間を通じて段階的かつ体系的に行われることを基本理念とする」と規定する。職業生活を法的次元で積極的に位置付けようとする学説の試み(キャリア権など)が活発化してきている。

職業選択の自由 憲法22条1項の職業選択の自由は狭義の選択の自由にとどまらず，継続する自由をも含むものとして，営業の自由と同義であるとされている。22条1項が*公共の福祉'による制約を明言するのは，*経済的自由権'である営業の自由に対して*内在的制約'のみならず*政策的制約'をも認める趣旨であると解される。内在的制約の例としては資格免許制や反社会的な職業の禁止が，また政策的制約の例としては小売商業調整特別措置法(昭和34法155)による小売市場の開設の規制などが挙げられる。近時，規制緩和の流れを受けて，資格免許制や開業許可制による参入規制に対しては，職業選択そのものが本来有する人格的自由の規制とみなし，その合憲性を精査すべきであると説かれたりする。判例は営業規制立法の司法審査にあたっては，内在的制約(消極規制)

であるか政策的制約(積極規制)であるかという規制目的に対応して，立法上の規制手段に対する審査基準を必要最小限度の基準という厳格な基準(最大判昭和50・4・30民集29・4・572〈薬事法距離制限違憲判決〉)と，立法の広範な裁量を前提とした明白の原則という緩やかな基準(小売商業調整特別措置法の合憲性について，最大判昭和47・11・22刑集26・9・586〈小売市場事件〉)とに二分する枠組み(いわゆる規制二分論)を採用しているものと，従来学説は解してきた。しかしながら，その後の判例の動向(最判平成17・4・26判時1898・54等)から，最高裁判所がそのような枠組みを採用してきたといえるのかどうかについて疑問が提示されるに至っている。

職業的公務員　国や*地方公共団体'に*公務員'として専務的に勤務する者をいう。職業的公務員の前歴のある者は，*公安委員会'の委員の任用について制限を受ける〔警7①・39①〕。政治学・行政学で用いられるいわゆる官僚は，行政法学における職業的公務員に相当することが多い。

職業能力開発　職業に必要な各種の労働能力を身につけ，向上させること。*職業訓練'と*技能検定'を柱とする*職業能力開発促進法'は，*労働施策総合推進法'と相まった総合的かつ計画的な施策により，これを促進しようとする。失業時の給付といった消極的労働市場政策だけでなく，適切な職業能力開発や*職業紹介'により良好な雇用機会を確保し，労働市場を安定的に展開させていこうとする積極的政策を進めるのが近時の流れである。

職業能力開発計画　職業能力の開発・向上に関する計画〔能開2章〕。労働力の需給動向，*職業能力開発'の実施目標，能力開発について講じようとする施策につき，労働力の需給状況，*労働条件'，労働能率の状態等を考慮して厚生労働大臣が策定する職業能力開発基本計画〔能開5〕とこれに基づいて都道府県が策定する都道府県職業能力開発計画〔能開7〕から成る。

職業能力開発促進法　昭和44年法律64号。*労働施策総合推進法'と相まって，*職業訓練'と職業能力検定〔能開2③〕の内容の充実強化・実施の円滑化のための施策，労働者の自発的な教育訓練や能力検定等を総合的かつ計画的に講ずることで，職業に必要な労働者の能力(職業能力)の開発・向上を促進し，職業の安定と労働者の地位の向上を図ろうとする法律〔能開1〕。昭和44年に，旧職業訓練法(昭和33法133)に代わって制定された職業訓練法(法64)が，更に昭和60年の大改正(法56)により題名改正された。産業構造の変化，技術の進歩その他の経済的環境の変化による業務の内容の変化に対する労働者の適応性を増大させ，及び転職にあたっての円滑な再就職に資するよう，労働者の職業生活設計に配慮しつつ，その*職業生活'の全期間を通じて段階的かつ体系的に能力開発が行われることを基本理念とする〔能開3〕。事業主に，職業訓練と職業能力検定等に前向きに取り組み，労働者が自ら職業教育訓練と職業能力検定を受ける機会を確保するために必要な援助を行う努力義務を課すとともに，国・都道府県が関係者の自主的な努力を尊重しつつ，必要な援助等を行ったり，職業訓練や*技能検定'の実施等に努めなければならない旨を定める〔能開4〕。*職業能力開発計画'，*認定職業訓練'，多様な職業能力開発の機会確保，*公共職業能力開発施設'による訓練，職業訓練指導員，職業訓練法人，技能検定，職業能力開発協会等について規定する。

職業の自由　⇨職業選択の自由'
職業病　⇨業務上の疾病'
職業別労働組合　欧米のクラフト・ユニオン(英 craft union)のこと。職種別労働組合ともいう。同一職種は同一職業の労働者が結成する*労働組合'であり，資本主義初期の労働組合はこの組織形態がとられた。職業別労働組合はその職種の熟練労働者の利益を守ることに傾き，産業の機械化に伴う非熟練又は半熟練労働者の増大とともに力を失い，*産業別労働組合'が有力となった。現在の日本ではほとんどみられない。⇨企業別労働組合'

職種　*一般職'国家公務員の職のうち，職務の種類が類似するものの群をいう〔(平成19法108による廃止前の)職階制3⑥〕。*職階制'において職を水平的に分類するための基準で，1つの職種は，更に，職務の複雑と責任の度に応じて*職級'に分類される〔職階制11①本文〕。ただし，職階制は実施されず，一般職の*国家公務員'については，俸給表が職を分類してきたが〔給与法〕，職階制に関する法律の規定は，*国家公務員法'については平成19年の改正(法108)で，*地方公務員法'については平成26年の改正(法34)で，それぞれ削除された。⇨職(公務員の)'　⇨分類官職・非分類官職'

職種別労働組合　⇨職業別労働組合'

嘱託殺人　被害者の嘱託を受けてこれを殺す罪〔刑202〕。*未遂'も処罰される〔刑203〕。承諾殺人の承諾と同様に，嘱託は，死の意味を理解できる者の自由な真意に出たものであることを必要とする。⇨承諾殺人'

嘱託送達　*送達'の事務のうち，実施の

しょくたく

みを外部の機関に嘱託して行うこと。民事訴訟法上、外国においてすべき送達は、裁判長がその国の管轄官庁又はその国に駐在する日本の大使、公使若しくは領事に嘱託してする〔民訴108〕。

嘱託登記 裁判所その他の官公署の嘱託によってする*登記〔不登16、商登14・15〕。登記は当事者の申請又は官公署の嘱託によってすることを原則とするが、嘱託登記は法令の規定がある場合にされる。例えば、差押えの登記〔民執48〕・破産手続開始の登記〔破257・258〕、土地収用の登記〔不登118②〕。

職能資格制度 *労働者'の職務遂行能力によって資格等級への格付けを行い、その*賃金'を決定する制度。職能資格制度では、資格等級と役職がひも付けられ、役職には当該役職に対応する資格等級を満たす労働者から任じられる。労働者の能力に着目する賃金制度であるが、実際には格付けは勤続年数に応じて年功的に行われてきた。最近では、能力や成績をより重視する運用が行われたり、労働者の従事する職務により賃金を定める職務等級制度の導入も進む。

職能代表 代表についての考え方の1つ。*国民代表'を構成する際、この国民を均質で平等な諸個人から成るものと考えるか、不均質な諸集団から成るものと考えるかによって、代表の方法は異なりうる。近代民主政の基軸をなすのは前者の考え方であり、ここでは地域代表の選出方法が採用されることが多い。他方、後者の見地に立ち、国民が利害を異にする複数の職能から構成されると解する立場からは、この職能集団の代表を実現する必要性が主張されている。主に20世紀前半に諸国で議論され、例えば*ワイマール憲法'に基づくライヒ経済協議会はその制度化の一例とされる。

職場交渉 労働者が職場ごとに、その職場の長と*労働条件'・作業条件等について行う交渉。*労働組合'自体が職場闘争の方針としてこのような交渉方式をとること(この場合には、*団体交渉'の一種になる)も、職場の労働者が労働組合と無関係に行うこともあり、いずれの場合においてもその正当性が問題になる。

職場占拠 ストライキ(*同盟罷業')参加労働者が、使用者による操業を阻止し、その団結を維持するために、職場を占拠する行為。使用者の占有を完全には排除せず、使用者による操業を積極的に妨害しない職場占拠は、正当性が認められている。

植物新品種の保護 ⇨種苗法'
植物の新品種の保護に関する国際条約 ⇨種苗法'

職分管轄 *裁判権'の種々の作用をどの種類の裁判所の役割として分担させるかの定めをいう。職務管轄ともいう。*判決手続'と*強制執行'手続はそれぞれ*受訴裁判所'と執行裁判所の職分とされる。判決手続において第一審・控訴審・上告審の各*審級'を*管轄'する裁判所の定め(*審級管轄')も職分管轄の一種である。また、*起訴前の和解'〔民訴275〕、少額訴訟〔民訴368①〕は、簡易裁判所の職分とされる。

触法少年 14歳に満たないで刑罰法令に触れる行為をした少年〔少3①②〕。第1次的には*児童福祉法'による処置を行うことになっているが、都道府県知事又は児童相談所長から送致を受けたときには、*家庭裁判所'の*審判'の対象となり〔少3②〕、*少年法'上の*保護処分'〔少24①〕に付されうる。

植民地独立付与宣言 正式には「植民地諸国、諸人民に対する独立付与に関する宣言」という。1960年12月14日、アフリカの新独立国16の大量加盟が認められた*国際連合'第15回総会で採択された決議(総会決議1514(XV))。*自決権'を確認し、*国際連合憲章'では明確さを欠いていた*信託統治'・非自治地域等の独立へ向けての早急な措置を求めた点に意義がある。翌61年、本決議の履行確保のための特別委員会が設けられ、その活動を通じてその後の植民地独立に多大の影響を及ぼした。

職務(公務員の) 国・公共団体又は法人その他の団体の役員・職員又は機関が、その地位に応じて担当する当該団体の事務又はその事務を処理する任務のこと。特に公務員の職務は、法律上重要な意味をもつ〔国公62・98①、刑191・197、国賠1①等〕。 ⇨職務命令' ⇨職務専念義務'

職務管轄 ⇨職分管轄'

職務期間 *裁判所'の*訴訟行為'に関する行為期間。例えば、判決言渡しの期間〔民訴251①〕。この遵守は訓示的なものにすぎず、これに違反しても行為の効力に影響はない。 ⇨行為期間'

職務強要罪 *公務員'にある処分をさせ、若しくはさせないため、又は辞職させるために*暴行'・*脅迫'を行うことによって成立する罪。刑法95条2項。3年以下の拘禁刑又は50万円以下の罰金に処せられる。公務員の将来の職務執行に向けられた、*公務執行妨害罪'の一種である。本罪の保護法益は公務であるが、判例は、公務員の職務上の地位の安全をも含むと解し、公務員の職務権限外の行為を強要した

しょくむせ

場合にも本罪の成立を認めている(最判昭和28・1・22刑集7・1・8)。適法な処分をするよう強要し，あるいは違法な処分をやめるよう強要するなど，公務員の不法の是正を求める行為がどの程度まで職務強要罪として処罰されうるかは争いがあるが，公務員の側に重大明白な違法が存在しない限り本罪の成立を認めるのが妥当である。

職務執行者 法人が'持分会社'の'業務執行社員'である場合(⇨'法人業務執行社員')に，当該業務執行の職務を行うべく選任された自然人。その者の氏名及び住所を，当該法人は他の社員に通知しなければならない〔会社598①〕。職務執行者は業務執行社員と同一の義務・責任を負い〔会社598②〕，持分会社に対する'善管注意義務'・'忠実義務'〔会社593①②〕及び第三者に対する責任〔会社597〕を負担する。

職務執行停止 ⇨'職務代行者'
職務執行内閣 ⇨'内閣総辞職'
職務執行命令訴訟 都道府県又は市町村が'法定受託事務'の管理・執行について，法令違反の作為，不作為をしている場合において，都道府県にあっては各大臣，市町村にあっては知事が原告となって高等裁判所に出訴し，それぞれ知事又は市町村長に当該事項を行うよう求める裁判をいう〔自治245の8〕。平成11年の'地方自治法'改正(法87)(いわゆる'地方分権'改革)により，従来の'機関委任事務'に関する職務執行命令訴訟〔自治旧151の2〕が法的位置付けを変えて存続した形になっている。職務執行命令という呼称は，法律上のものではなく，条文の見出しは「代執行等」とされているので，法定受託事務代執行訴訟と称することも可能である。職務執行命令訴訟を各大臣や知事が提起できるのは，本訴訟以外の方法による是正確保が困難であり，かつ，自治体の違法行為の放置が著しく公益を害するときに限られ，手続面においては，文書により，各大臣又は知事が，それぞれ知事又は市町村長に本来の管理・執行を行うように勧告し，更に，指示をすることが必要である〔自治245の8①②⑫〕。裁判は，大臣又は知事が，それぞれ知事，市町村長に行った法所定の手続に従った指示が履行されない場合に，義務者の地元の高等裁判所に対して請求することにより開始される。当該高等裁判所は，訴えの提起から15日以内に口頭弁論を行い，大臣又は知事の請求に理由があるときは，知事又は市町村長に期限内に一定の作為を命ずる判決が下される。知事又は市町村長がこの判決に従わないときは，大臣又は知事は代わって当該事項を行うことができる〔自治245の8③〜⑧⑫〕。裁判所の裁判を介在させないで大臣などが代行する制度を定める特別法もある〔都計24④，建基17⑦⑫〕。なお，平成24年改正(法72)により導入された地方公共団体の不作為に関する国や都道府県による違法確認訴訟〔自治251の7・252〕も，間接的・機能的に職務執行命令訴訟としての意味をもつ。

職務質問 '警察官'は，何らかの罪を犯したと疑うに足る相当な理由のある者等いわゆる挙動不審者を発見した際，これを停止させて質問することができる〔警職2①〕。その場での質問が本人に不利であったり交通の妨げとなる場合には，付近の警察署等へ同行することを求めることができる〔警職2②〕。これを職務質問という。本来は犯罪の予防等を目的とする'行政警察'活動であるが，捜査の端緒となることも多く，'任意捜査'との限界は微妙である。旧憲法下の不審訊問(じんもん)とは異なり対象者の協力を前提とした任意処分であるため，身柄の拘束や意に反する連行は許されない〔警職2③〕。もっとも対象者が停止に応じない場合，肩に手をかけて引き止めたり，逃げ出した者を追跡する程度の合理的な範囲内での実力行使は判例上認められている(最決昭和29・12・27刑集8・13・2435等)。また，判例は，職務質問に伴ってなされる'所持品検査'を職務質問の付随行為として適法とした(最判昭和53・6・20刑集32・4・670〈米子銀行強盗事件〉)。

職務上の(任務による)当事者 一定の職務についていることから，他人間の権利・法律関係について，自己の名で民事訴訟手続の当事者となる者。'検察官'〔人訴12③〕，'船長'〔商803②〕がその例。 ⇨'第三者の訴訟担当'

職務専念義務 Ⅰ '公務員'の義務の一種〔国公101①前，地公35〕。公務員は，職務の遂行にあたっては，全力を挙げてこれに専念しなければならない〔国公96①，地公30〕。そのため，公務員は法定の場合を除いては，勤務時間及び職務上の注意力の全てを，その職責遂行のために用い，政府(又は当該地方公共団体)がしなければならない責めをもつ職務にのみ従事しなければならないことになっている。この義務に関連して，兼職及び重複給与の原則的禁止がある〔国公101①後。なお，国公101②参照〕。なお，'職員団体'のための専従職員は，職務専念義務を免除される〔国公108の6，地公55の2〕。 ⇨'兼職禁止' ⇨'私企業からの隔離(公務員の)' ⇨'忠誠義務'

Ⅱ '就業時間'中は職務に専念し，それと抵

しょくむだ

触する行為をしない義務。公務員には明文の規定があるが〔国公101①, 地公35〕, 民間の労働者にも職業人としての合理的な注意を払って労働する義務があるという意味で職務専念義務がある。後者は, 誠実労働義務ともいう。この義務の具体的内容については, 職務上の注意力の全てを職務遂行のために用いることを要するという見解と, *労働契約'の趣旨に従った誠実な労働の履行にとどまるとする見解がある。

職務代行者　**1 意義**　*取締役'等の職務執行停止の仮処分命令に加えて職務代行者選任の仮処分命令がされた場合に, 裁判所がその仮処分によって選任した者〔会社352・420③・483⑥・603・655⑥〕。会社法以外の法律にも例がある〔一般法人305等〕。

2 取締役選任の仮処分がされる場合　取締役選任の株主総会決議の不存在・無効確認の訴え〔会社830〕若しくは取消しの訴え〔会社831〕又は取締役解任の訴え〔会社854〕等の取締役等の地位を争う訴訟を本案として, 裁判所は, 保全の必要性があると認める場合には, 取締役等の職務執行停止の仮処分と合わせて職務代行者選任の仮処分をすることができる。仮の地位を定める仮処分〔民保23②〕の一種である。取締役等の職務執行停止及び職務代行者選任の仮処分並びにその変更・取消しは*嘱託登記'される〔会社917, 民保56〕。

3 権限　職務代行者は, 仮処分命令に別段の定め〔民保24〕がある場合を除き, 常務に属しない行為をするには, 裁判所の許可を得なければならず, 許可なき行為は無効とされるが, ただし*善意'の*第三者'には対抗できない〔会社352・603〕。

⇒執行役の職務代行者'　⇒取締役の職務代行者'

職務著作　*法人'その他使用者の従業者が職務上作成する著作物。使用者が法人である場合, 法人著作という。職務上作成される著作物のうち, 法人等の発意に基づいて作成され, 法人等の名義の下に公表される著作物は, 作成時の契約・勤務規則その他に別段の定めのない限り, 法人等がその著作物の著作者となる〔著作15①〕。コンピューター・プログラムに関しては, 特定企業の内部利用のみを目的とし公表を予定しないもの, 機器等に組み込まれ無名で公表されるもの等が多いため, 公表名義を問わず法人等が著作者となる〔著作15②〕。職務著作については, 経済的な権利としての著作権だけでなく, *著作者人格権'も著作者である法人等に帰属する。日本の*著作権法'は, 創作行為を行う自然人への保護の厚い, いわゆる大陸法系(ドイツ, フランス等)の著作権制度に分類されるが, 法人を著作者とし著作人格権までも法人に帰属するとする制度は大陸法系ではオランダと並び異例とされる。なお, 法人その他の団体名義の著作物の著作権の保護期間は, 著作物の公表後(創作後70年以内に公表されなかったときは, 創作後)70年存続する〔著作53①〕。

職務等級制度　⇒職能資格制度'

職務発明　**1 意義**　従業者, 法人の役員, 国家公務員及び地方公務員がなした*発明'。従業者発明, 被用者発明とも呼ばれる。企業における発明は重要な役割を果たしており, 発明を奨励するという*特許法'の目的からは, 単に発明という知的創作活動をなす従業者個人のみではなく, 資材, 設備, 資金その他の経済的な援助をなす使用者等の保護にも配慮した制度を設ける必要がある。わが国特許法は, 職務発明に関して以下のような規律を設けている。まず, 使用者等の業務範囲に属し, かつ, その発明をするに至った行為がその従業者等の現在又は過去の職務に属するもの(職務発明)について, 使用者等が法律上当然に無償の*法定実施権'を有するとされている〔特許35①〕。加えて, 使用者等は, 契約, 勤務規則その他により, あらかじめ特許を受ける権利を取得したり, 特許権を承継させる, あるいは, *専用実施権'等を設定するよう定めておくことができるとされている〔特許35②の反対解釈〕。使用者等が特許を受ける権利を取得する旨を定めたときは, その特許を受ける権利は, その発生時から使用者等に帰属する〔特許35③〕。他方, 職務発明以外の発明に関する上述のような契約, 勤務規則, その他の定めは無効とされている〔特許35②〕。

2 相当の利益　職務発明につき使用者等が特許を受ける権利, 特許権, 専用実施権を取得した場合, 従業者等は, 相当の利益(金銭その他の経済上の利益)を受けることができる〔特許35④〕。契約, 勤務規則その他の定めにおいてこの利益について定める場合には, 利益の内容を決定するための基準の策定に際して使用者等と従業者等との間で行われる協議の状況, 策定された当該基準の開示の状況, 利益内容の決定について行われる従業者等からの意見の聴取の状況等を考慮して, その定めたところにより利益を与えることが不合理と認められるものであってはならない〔特許35⑤〕。また, 経済産業大臣は, 産業構造審議会の意見を聴いて, 5項の規定により考慮すべき状況等に関する事項について指針を定め, 公表することになっている〔特許35⑥〕。

相当の利益について定めがない場合，又は利益の定めが5項により不合理であると認められた場合には，従業者等は，その発明により使用者等が受けるべき利益の額，その発明に関連して使用者等が行う負担，貢献及び従業者等の処遇その他の事情を考慮して定められる相当の利益〔特許35⑦〕を使用者に請求することができる（最判平成15・4・22民集57・4・477〈オリンパス光学事件〉参照）。

職務命令　*上司'が部下公務員の職務を指揮するために発する命令。上級機関の下級機関に対する*訓令'・*通達'には，職務命令が含まれている。口頭で発せられる場合もある。職務命令の有効性は次の基準で決まる。第1に，上司の発するものであること，第2に，命令が上司の権限に属し，命令を受ける部下公務員の職務に関するものであること，第3に，形式上適法な手続で発せられたものであること（以上，形式的要件），第4に，内容が憲法及び法令に違反するものでないこと（実質的要件）。職務命令の違法性が重大かつ明白な場合は，無効な命令として服従を拒否することができ，また拒否しなければならないと解されている。更に，訓令としての性質の有無に着目し，その性質を有しない職務命令については，命令を受けた公務員はそもそも全面的な適法性審査権を有するという見解が，有力になっている。

食糧法　平成6年法律113号。正式には「主要食糧の需給及び価格の安定に関する法律」という。米穀と麦を「主要食糧」と位置付け，その需給及び価格の安定を図るための法律。食糧管理法（昭和17法40。平成6法113により廃止）が，米穀の計画的生産を基礎とし，その全量を政府が買い上げ流通も管理するという配給思想に立脚していたのに対し，本法は，主要食糧の生産・流通に市場原理を導入し，事業者と消費者の取引の自由を広く認めている。特に平成15年改正（法103）以後は，政府（農林水産大臣）は米穀の需給及び価格に関し「基本指針」を策定・公表するにとどめ〔食糧4〕，減反政策を廃止し，生産出荷団体等の作成する生産調整方針を認定することとし〔食糧5〕，民間事業者の安定供給に向けた自主的な取組に対して支援を行う法人を，「米穀安定供給確保支援機構」として指定する〔食糧8〜17〕。米の流通に関しては，一定規模以上の出荷・販売を行う者に対する届出と帳簿の備付けが義務付けられ，それ以外は自由となった〔食糧47・48〕。米穀価格形成センター〔食糧18〜28〕は平成23年に解散し，現在は相対取引で価格形成がなされている。ただし，国に

じよけんけ

よる備蓄運営制度は維持し，緊急時措置が整備された〔食糧37〜40〕。

除権決定　**1 意義**　広くは，公示催告の申立てに係る権利について失権の効力を生ずる旨の裁判を指し〔非訟106〕，権利の登記・登録の抹消手続を目的とするもの〔例：不登70①〕を含むが，*記名証券'を含む手形等の*有価証券'を*無効'と宣言する裁判〔非訟118〕を指すものとして用いられることが多い〔民520の11・520の18・520の19②・520の20〕。なお，*株券'については，*株券失効制度'があるため公示催告手続の対象にはならない〔会社221〜233〕。公示催告手続ニ関スル法律（明治23法29。平成16法152により廃止）の下では，判決の形式で行われていた（除権判決），公示催告事件の実質は非訟事件であり，また，手続の迅速を図る必要があることから，現在では*非訟事件手続法'によって規律され，裁判の形式も*決定'とされている。除権決定に対しては，*上訴'は認められないが，別に法定事由のある場合に取消しの申立てをすることができる〔非訟106⑤・108〕。有価証券においては，証券と権利とが結合しており，権利の行使には証券が必要なので，権利者が証券を盗取され，又は紛失若しくは滅失した場合には，そのままでは権利を行使することができず，除権決定を得て証券と権利との結合を解いて申立人の形式的資格を回復して，権利を行使することを可能にする。

2 除権決定を得る手続　証券が盗取され又は紛失若しくは滅失した場合には，その後に*善意取得'により権利を取得している者が存在する可能性もあるので，除権決定を得るためには，公示催告手続を経なければならない。すなわち，証券を喪失しなかったならば権利を行使することができた者の申立てにより，裁判所は，公示催告手続開始の決定をし〔非訟101〕，その証券につき権利をもつ者は一定期日までに申立人の権利を争う旨の申述をして証券を提出すべき旨，及び申述をしないときは証券の無効宣言をする旨を，裁判所の掲示場に掲示するなど所定の措置をとり，かつ*官報'に掲載する〔非訟117①・102①〕。公示催告を官報に掲載した日と権利を争う旨の申述の終期までの間には，少なくとも2カ月の期間を置かなければならず〔非訟103・117②〕，権利を争う旨の申述の終期までに適法な申述がない場合には，除権決定がされる〔非訟106①・117②〕。

3 効果　証券の喪失の場合には，除権決定において証券が無効と宣言され〔非訟118①〕，権利と証券との結合を解かれる（消極的効力）。そし

じょげんと

て，申立人は，除権決定を得たことにより，形式的資格を認められ，当該有価証券の義務者に対し権利を行使することができる（積極的効力）〔非訟118②〕。しかし，当然に実質的権利者となるものではなく，真実の権利者や債務者は，除権決定を得た者の実質的権利を争うことができる。

助言と承認（内閣の）　＊'天皇'の＊'国事に関する行為'に対して＊'内閣'が与える勧告又は事後における同意。天皇の全ての国事行為には，内閣の助言と承認を必要とする〔憲3〕。助言と承認は1つの行為と捉えることが可能であり，それぞれについて別個の＊'閣議'を開く必要はないが，天皇の発意を内閣が応諾する形の閣議は認められない。天皇は助言を拒否することはできず，国事行為の結果については内閣が自ら責任を負い〔憲3〕，天皇は無答責となる。＊'国会'の＊'召集'〔憲7②〕や＊'衆議院'の＊'解散'〔憲7③〕については，内閣の助言と承認が国事行為の実質的決定権を含んでいるとする見解が，有力である。⇨輔弼（ほひつ）'

諸国家の経済的権利義務憲章　⇨国家の経済的権利義務憲章'

所在地法　物の所在する地の法。＊'国際私法'上，＊'物権'及びその他の＊'登記'をすべき権利については，その目的物の所在地法によるとされている〔法適用13〕。物権等の問題は目的物の所在地と最も密接な関係を有すると考えられること，第三者の利益あるいは所在地の公益といった観点から妥当であること，所在地法以外の法を適用することが困難な場合があること等がその理由とされる。いかなる時点の所在地法を問題にするかについては，物権等の得喪すなわち権利の成立・移転・消滅といった問題につきその原因となる事実が完成した当時〔法適用13②〕とする不変更主義が，それ以外の問題については変更主義が採用されている（⇨変更主義・不変更主義'）。したがって，ある時点の所在地法により有効に成立した物権は，その後目的物の所在地法が変更されても，新たな所在地法により事後的にその成立が否定されることはない。しかし，当該物権がいかなる内容・効力を有するかは新たな所在地法によって判断される。これを，旧所在地法により成立した物権が新所在地法上の物権に置換ないし転置されると表現する場合もある。旧所在地法により成立した物権に相当するものが新所在地法に存在しない場合には，新所在地法上は当該物権の効力を認めることはできない。しかし，その場合でも当該物権は消滅していないのであり，目的物がそのよ

うな物権を認める場所へ再度その所在地法を変更した場合には，その効力は認められることとなる。所在地の意義について判例は，目的物が有体物であるときは原則としてその物理的所在地を意味するとしつつ，自動車が広範囲な運行の用に供され物理的な所在地が変動している場合には，利用の本拠地の法を当該自動車の所在地法と解すべきとしている（最判平成14・10・29民集56・8・1964）。同様に，船舶についてその登録地法（＊'旗国法'）を所在地法とした下級審裁判例がある。ただし，＊'船舶先取'（さきどり）特権の＊'準拠法'については，物権準拠法と被担保債権の準拠法との＊'累積的連結'をすべきであるとする見解，＊'法廷地法'によるべきであるとする見解などに下級審判決・学説ともに分かれるが，物権準拠法として適用すべきものは登録地法ではなく現実の船舶所在地法とする下級審判決が存在する。また，目的物が他国への輸送の途中である場合には，目的物についての物権と物理的な所在地との関係が乏しいことから，＊'仕向（しむけ）地法'によるべきであるとされる。

所在不明株主　会社が＊'株主名簿'に記載された住所に宛てて発した通知及び＊'催告'が継続して5年間到達しない場合における＊'株主'をいう。行方不明株主ともいう。会社は，所在不明株主に対しては通知及び催告をすることを要しない〔会社196①〕。また，この株主に対する会社の義務の履行の場所は会社の住所地とされ〔会社196②〕，したがって，配当金等を株主に送付することを要しない。所在不明の登録質権者（⇨登録質'）についても同様である〔会社196③〕。もっとも，この株主・質権者の会社に対する権利は，＊'時効'又は＊'除斥期間'の経過により消滅しない限り，存続する。

庶子　⇨私生子'

所持　Ⅰ　民法上，社会観念からみて，ある人がある物を事実上支配していると認められる客観的な関係。＊'占有'の＊'体素'を構成し，占有・＊'占有権'について認められる各種の効力を発生させる基礎となる〔民180〕。

Ⅱ　刑法上，＊'占有'と同義。民法上の概念と異なり，占有の構成要素の1つではない。法文上，「所持」は刑法136条・175条2項等，「占有」は刑法242条・252条1項等で用いられる。刑法上の「占有」は，民法上のそれと異なり，他人のためにする意思では占有が認められない〔民180〕わけではなく，他方で代理人により取得すること〔民181〕（⇨代理占有'）は認められない。「所持」という語法には，こうした違いの混同を防ぐ意味もある。

諸子均分相続　⇨均分相続'
女子差別撤廃条約　正式には「女子に対するあらゆる形態の差別の撤廃に関する条約」という。1979年12月18日に*国際連合'第34回総会で採択, 1981年9月3日に発効した。日本は1985年に批准した(昭和60年条7)。政治的・経済的・社会的・文化的・市民的その他のあらゆる分野における男女平等を定め, 締結国の差別撤廃義務を定める。その履行確保のために設けられた「女子差別撤廃委員会」は, 締約国からの報告を検討し, 勧告を含む総括所見を採択する1999年10月6日には, 同条約の違反について被害者個人からの通報を受理・検討する権限を委員会に与える選択議定書が採択され, 2000年12月22日に発効した。日本は未加入。
所持説　⇨自己の物に対する犯罪'
女子に対するあらゆる形態の差別の撤廃に関する条約　⇨女子差別撤廃条約'
所持品検査　警察官が, 職務質問に付随して, 対象者の所持品を調べること。*警察官職務執行法'は, 被逮捕者の身体について凶器の所持を調べることができるとし〔警職2④〕, また, 銃砲刀剣類所持等取締法は, 対象者が銃砲等を所持している疑いのあるときは, その有無等を調べることができるとする〔銃刀所持24の2①〕が, それ以上に一般的に所持品検査を許容する明文の規定は存しない。一般に, 職務質問の相手方が質問に応じない場合に, 着衣や携帯品の外表に軽く触れ, 異常の有無を確かめること(アメリカ法では stop and frisk という)までは職務質問に付随する行為として適法と解されているが, 更に, 所持品の内容の開示要求に従わない場合に, 実力で内容を点検することの適否・限界については議論がある。最高裁判所は, 必要性, 緊急性, 相当性がある場合には, 承諾がなくても所持品検査が許されるとの立場をとり, 猟銃をもった銀行強盗事件が発生したというので緊急配備についた警察官が, 通報に基づいて停止させた者に, ボーリング・バッグの開披を繰り返し求めたが応じなかったので, 承諾のないままチャックを開けた行為を適法とする(最判昭和53・6・20刑集32・4・670〈米子銀行強盗事件〉)一方で, 覚醒剤不法所持等の疑いについて上着の内ポケットに手を入れて覚醒剤等を取り出した行為を違法としている(最判昭和53・9・7刑集32・6・1672)。⇨職務質問'
所掌　公の機関がある事務をつかさどる関係をいう。主に行政機関について用いられている。所掌する事務は「所掌事務」といわれる〔例:行組2①・4・7等〕。なお, *所管'という語も, 所掌とほぼ同じような意味に用いられることがある。

書証　Ⅰ　民事訴訟法上, 文書の記載内容である思想・意味を*証拠資料'とするための*証拠調べ'。裁判官が文書を閲読する方法で取り調べられる。書証の申出は, 文書を立証者が自ら所持する場合にはこれを提出する方法で, 相手方又は第三者が所持する場合には, その者に対する提出命令を申し立てる方法〔民訴219〕。不提出の効果については, 民訴224〕, あるいは, 任意提出を依頼する送付嘱託の申立て〔民訴226〕の方法で行われる。文書の*証拠能力'には原則として制限はない(通説・判例)が, その証拠力(⇨証明力')については, 形式的証拠力と実質的証拠力に分けて, 判断される(⇨文書の証明力)。準文書(⇨文書・準文書), 例えば図面, 写真や磁気テープのような媒体の取調べについても, 書証の手続が準用され〔民訴231〕, *電磁的記録'に記録された情報の内容の取調べも同様である〔民訴231の2〕。

Ⅱ　刑事訴訟法では, 条文には用いられていない。*証拠書類'と同義, 又はこれと*証拠物たる書面'を合わせたものとして使われる。なお, 近接した用語に, 条文には証拠書類〔刑訴299～309の3・305・310等〕, 書面〔刑訴307・320・321・322～328〕及び書類〔刑訴40・47・180・242等〕がある。

女性活躍推進法　平成27年法律64号。働く女性の職業生活における活躍を推進することを目的とする。基本原則として, 女性活躍推進が, イ　採用・昇進等の機会の積極的な提供・活用や, ロ　職業生活と家庭生活との両立に必要な環境整備等を通じて行われるべきことを定める〔女性活躍2〕。従業員100人超の一般事業主は, 事業主行動計画策定指針に則し, 女性管理職の割合等を含む自社内の女性活躍に関する状況を把握し, 改善事項について分析した上で, 行動計画を策定し, 厚生労働大臣に届け出ることを義務付けられるほか〔女性活躍8①③〕, 企業規模に応じて上記イ, ロに係る項目についての公表を義務付けられる〔女性活躍20①②〕。従業員100人以下の一般事業主は, 上記について努力義務を課される〔女性活躍8⑦・20③〕。行動計画を届け出た一般事業主において, 取組の状況が優良な場合には, 厚生労働大臣による認定・特例認定を受け, 自社の商品や広告などに認定マーク(愛称:えるぼし, プラチナえるぼし)を付すことができる〔女性活躍9・10・12・14〕。
女性差別　⇨男女同権'
女性参政権　女性のもつ*参政権', 特に,

じょせいね

'選挙権'・'被選挙権'の通称。どこの国でも当初、婦人は家庭を守るのが社会的本分であるという理由から、参政権は与えられていなかった。しかし、その社会的地位の向上とともに、特にミル (John Stuart Mill, 1806~73) の「婦人の隷従」(1869) の影響を受けて、婦人参政権論が強くなった。そして19世紀の終わり頃からこれを認める国が現れ、第二次大戦後においてはそれが世界の大勢となった。日本では、大正12年 (1923) に婦人参政同盟が組織され、第50回帝国議会 (大正14年) では婦人参政権建議案が衆議院を通過した。更に第59回帝国議会 (昭和6年) では婦人公民権案が衆議院を通過したが、貴族院で否決された。それが実現したのは昭和20年の暮れ、占領軍の指示に基づく衆議院議員選挙法 (大正14法47。昭和25法101により廃止) の改正 (法42) によってであった。日本国憲法は、参政権について性別による差別を禁じている〔憲44〕。⇒法の下の平等' ⇒制限選挙'

女性・年少者の保護　　⇒女性労働'　⇒年少労働'

女性労働　憲法は、性別による政治的、経済的、社会的関係における差別を禁止しているが〔憲14①〕、現実には、雇用における男女労働者の'労働条件'格差が著しい。そこで、'男女雇用機会均等法'は、男女の均等な機会及び待遇の確保を図るために、雇用関係の展開 (募集・採用、配置・昇進・降格、教育訓練、福利厚生、定年・退職・解雇・契約の更新等) に応じて、事業主の性別を理由とする差別的取扱いの禁止等を規定し〔雇均5・6・9〕、'労働基準法'は、女性であることを理由とする賃金の差別的取扱いを禁止している〔労基4〕。労働基準法が女性労働者に対する異別取扱いを義務付けているのは、女性労働者に固有の妊娠・出産機能に即した母性保護規定のみであり、妊産婦の'危険有害業務'の就業制限、'産前産後の休業'制度、妊産婦の'時間外労働'・'休日労働'・'深夜業'の禁止〔労基64の3・65・66〕、'坑内労働'の就業制限〔労基64の2〕、'育児時間'の保障〔労基67〕、生理日の就業禁止〔労基68〕(⇒生理日の休暇') の規制がある。なお、「女性の職業生活における活躍の推進に関する法律」(平成27法64) は、男女共同参画社会基本法 (平成11法78) の基本理念にのっとり、女性の職業生活における活躍の推進について、一定の事業主にその取組に関する行動計画の策定・届出義務〔女性活躍8・19〕、男女の採用割合や時間外労働、休日労働、賃金の差異などの女性の職業選択に資する情報公表義務を課している〔女性活躍20・21〕。

除斥・忌避・回避　1 概説　'裁判官'や'裁判所書記官'などの裁判所職員が、事件やその当事者と特殊な関係があってその事件に関与することが裁判の公正と信用からみて適当でない場合に、その事件について職務執行ができないものとする制度。

2 除斥　法定の除斥原因〔民訴23・27, 刑訴20・26〕により当然にその事件の職務執行を禁止されること。除斥原因があるときは、民事では申立又は職権で除斥の裁判をする〔民訴23②〕が、刑事ではこの場合の申立ても忌避と称し〔刑訴21〕、職権で職務執行から排除する裁判をする場合だけを除斥という〔刑訴規12〕。除斥原因がある裁判官の関与した判決に対しては'上訴'〔民訴312②②, 刑訴377②〕、民事判決の場合には更に'再審'〔民訴338①②〕が認められる ('即時抗告' により不服を申し立てることのできる決定が確定し、その決定に除斥原因ある裁判官が関与したときも'準再審'が許される〔民訴349〕)。

3 忌避　除斥原因がなくても不公正な裁判のされるおそれがある場合に、当事者から裁判官又は裁判所書記官に職務執行をさせないように申し立てること〔民訴24・27, 刑訴21・26〕。忌避申立を理由があると認める裁判によって初めて職務執行ができなくなる。なお、裁判官は自身の除斥・忌避に関する裁判に関与できない原則である〔民訴25③, 刑訴23③〕が、刑事訴訟法においては、訴訟を遅延させるだけの目的でされたことが明らかな忌避の申立て又は不適法な忌避の申立てについては例外とされる〔刑訴24〕。これは、忌避の濫発による手続の遅延を防止するためのもので、'簡易却下'手続と呼ばれる。

4 回避　裁判官又は裁判所書記官が自ら除斥又は忌避の原因があることに気づいてその事件の取扱いを避けること。民事では監督権のある裁判所〔裁80〕の許可を得なければならない〔民訴規12・13〕。刑事では忌避の申立てについて決定する裁判所〔刑訴23〕が回避の決定をすることになっている〔刑訴規13③・15〕。

5 裁判官・裁判所書記官以外の者について　民事訴訟法上の'鑑定人'、通訳人、'仲裁人'などについても忌避の制度がある〔民訴214・154③, 仲裁20・21〕ほか、'専門委員'、知的財産に関する事件における'裁判所調査官'、'執行官'、'公証人'、審判官などにも同様の除斥・忌避の制度がある〔民訴92の6・92の9, 執行官3, 公証22, 特許139以下, 商標56等〕。

除斥期間　1 意義　一定の期間内に権利を行使しないとその期間の経過によって権利が

当然に消滅する場合のその期間をいう。権利の法定存続期間ともいえるが、その期間内に訴えを提起するなどの権利行使をすれば期間経過後も権利は存続するから、厳密な意味での存続期間ではない。除斥期間については、*時効'におけるような*時効の更新'は認められないが、*時効の完成猶予'に関する規定〔民161〕は類推適用されるとする見解が多い。また、当事者の援用(⇒時効の援用')がなくても裁判所は権利消滅の効果を認めなければならない。援用権の濫用を論じる余地もない。

2 問題点 民法の条文上では除斥期間の用語は使われていない。期間制限規定のうちのどのような場合を除斥期間とみるべきかは、それぞれの場合について権利の性質や法律関係の実質を考慮して決めるほかない。イ 短期の権利行使期間制限〔例:民193・195・201・566・600①・622等〕、ロ 1つの権利について長期と短期の期間が規定されている場合の長いほうの期間〔例:民126・724・724の2・884等〕、ハ *形成権'の期間制限〔例:民126等〕などを除斥期間だと解する説が多い。もっとも、民法724条については、長期の期間を除斥期間とした判例(最判平成元・12・21民集43・12・2209)に対する批判を考慮し、*債権法改正'により、消滅時効期間であることが明記された。また、判例はハについては条文に忠実に*消滅時効'とし、形成権行使の結果生じる債権について、発生時から別途消滅時効が問題になるとしている。

処断刑 *法定刑'に刑の加重減軽〔刑72参照。なお、*科刑上一罪'の処理や刑種の選択は、この前に行う〕を加えたもの。裁判所は、処断刑の範囲内で、*刑の量定'を行い、具体的に被告人に宣告される刑(*宣告刑')を決定する。

職階制 **1 意義** *公務員'の職全体を*職務'の種類及び複雑さと責任の度に応じ体系的に分類整理する計画、あるいは、そのような職務分類の制度のこと。これにより、人の身分でなく職務内容に応じた公務員制度が可能になる。科学的人事管理の基礎としてアメリカの公務員制度で発達し、戦後日本にも、*国家公務員法'〔国公旧(平成19法108改正前の)29~32〕・*地方公務員法'〔地公旧(平成26法34改正前の)23〕によりその導入が企画された。国家公務員については法律で、地方公務員については条例で定めなければならないものとされ、また、国家公務員の場合には*人事院'が、地方公務員の場合には*人事委員会'が職階制の実施に責任を負うこととされた。

2 導入と廃止 日本では、年功序列の給与制度が定着し、科学的な職務分類の前提となる能力主義の徹底という現実条件が十分備わっていなかったことなどから、昭和25年に「国家公務員の職階制に関する法律」(法180)が制定されたが、国家公務員の職階制については、未実施のまま、平成19年の国家公務員法改正(法108)で廃止され、「国家公務員の職階制に関する法律」も廃止された。また、地方公務員の職階制については、条例で定めることとされていたが、岐阜県羽島市のように「羽島市職員の職階制に関する条例」(昭和29条例45)を定めたところもあったものの、一般には条例未制定のまま、地方公務員法改正(平成26法34)により廃止された。⇒職(公務員の)'・*職種'・*職級'・*等級(官職の)'

職級 *一般職'国家公務員の職のうち、職務の種類及び複雑と責任の度が十分分類似していると決定されたものの群をいう〔(平成19法108による廃止前の)職階制3〔4〕・7〕。*職階制'において職を垂直的に分類するための基準で、同一職級に属する職には、同一の資格要件が定められて同一の任用試験が行われ、同一の俸給表が等しく適用されるなど、人事行政において同様に取り扱われるものとされていた〔職階制3〔4〕、国公旧(平成19法108改正前の)29③、地公旧(平成26法34による改正前の)23⑤〕。職務が類似する職級の群が*職種'である〔職階制11①本文〕。ただし、職階制は実施されず、職階制に関する法律の規定は、*国家公務員法'については平成19年の改正(法108)で、*地方公務員法'については平成26年の改正(法34)で、それぞれ削除された。⇒職(公務員の)'・⇒分類官職・非分類官職'

職権主義 一般に、訴訟法上、裁判所を手続の主宰者として、その審理についての各種の権限を集中する原則をいう。

I 民事訴訟において、訴訟手続における主導権を裁判所に認める原則を総称したもの。具体的には、イ 手続の進行に関するものを*職権進行主義'、ロ 手続ないし具体的問題の審理の開始・終了に関するものを*職権調査'(主義)、ハ *訴訟資料・証拠資料の収集に関するものを*職権探知'主義という。一般の民事訴訟では、問題が当事者の私益に関することが通常なので、原則として職権主義によらず、ロの点については*処分権主義'、ハの点については*弁論主義'がとられる(⇒当事者主義')。ただ、手続の進行については、他の手続利用者の利害にも関係するので、当事者の自由には任せず、職権進行主義によっている。また、*人事訴訟'につ

しよつけん

いては，真実発見の高度の必要性があり，*判決の効力'が第三者にも拡張されるので，職権探知主義が採用されている〔人訴20〕。更に，通常の民事訴訟においても，*訴訟要件'の存否や強行規定の遵守の有無などの問題は職権調査の事項であり，*裁判権'など公益性の特に強い問題については職権探知主義による。

Ⅱ 刑事訴訟法上，*当事者主義'に対比する意味で用いられる。その具体的な現れ方には次のようなものがある。イ *公訴'が提起された以上は，事件について当事者の処分を許さず，*裁判'によってだけ事件を終結させる(不変更主義)。ロ 審判の対象・*証拠'について，当事者が請求・提出したものに限らず，裁判所が自らの判断で審理の対象を拡大し，あるいは*証拠調べ'を行う(*職権探知'主義・*職権審理主義')。ハ 訴訟の進行を当事者に任せることなく，裁判所が職権で進行させる(*職権進行主義')。職権主義という場合，これらの1つ又は全部をいうが，その各々についても程度の差があり種々の含意がある。現行刑事訴訟法は，旧法に比べて，当事者主義を前進させ，職権主義を後退させているが，当事者主義に徹しているわけではない。イの点では，検察官に*公訴の取消し'を認める(変更主義)〔刑訴257〕一方で，被告人が有罪の答弁をしても審理の省略は認めない〔刑訴291の2参照〕。ロの点では，*訴因'の制度が導入され，審判の対象が検察官の主張部分に限定されるばかりでなく〔刑訴256③⑤・312〕，*職権証拠調べ'も補充的なものとなっている〔刑訴298〕，証人尋問は*交互尋問'方式〔刑訴規199の2〕によるのが通例となっているなど，当事者主義が相当に浸透している。それでも訴因変更命令の権限が，残されている〔刑訴312②〕。ハの点では，裁判所の*訴訟指揮'権が認められている(職権進行主義)〔刑訴294〕が，当事者は*異議の申立て'をすることができ〔刑訴309②〕，この限りで，当事者主義的であるということができる〔特に，刑訴277〕。

Ⅲ *行政訴訟'においては，一般に，審理の対象となる事件が公共の利益に密接に関連することから，審理の客観的公正を期するために，審理手続に職権主義が加味されることが多い。現行の*行政事件訴訟法'は，*弁論主義'を基礎にするが，*職権証拠調べ'〔行訴24・38①・41①・43・45④〕や釈明処分の特則を定める等，職権主義の要素を取り入れて，弁論主義を部分的に修正している。同法には，職権による*移送'〔行訴12⑤・13〕や，職権による*訴訟参加'〔行訴22・23・38①・41・43〕の規定もある。 ⇨釈明権'

職権証拠調べ 裁判所が当事者の申出によることなく，職権でする*証拠調べ'をいう。

Ⅰ 民事訴訟法においては，大正15年改正(法61)により補充的な職権証拠調べが一般的に認められたが〔旧民訴261〕，同条は，*弁論主義'の徹底を企図する昭和23年改正(法149)により削除された。現行民事訴訟法も一般的な職権証拠調べは認めていない。もっとも，個別に職権証拠調べを認める規定はあり〔人訴3の11・14・186・207・218・228③・233・237〕，*鑑定'については裁判官の判断能力を補充するものであるという観点から，職権鑑定の可否について議論がある。なお，*職権探知'主義が妥当する訴訟手続では，職権証拠調べが許容される〔人訴20〕。

Ⅱ 刑事訴訟法上，裁判所は，事案の真相を明らかにするため必要であると考えるときは，職権で証拠調べをすることができる〔刑訴1・298②〕。しかし，旧刑事訴訟法と異なり*当事者主義'を採択した現行法の下では，職権証拠調べは補充的なものにとどまる。しかも職権証拠調べの決定をするには，当事者の意見も聴くべきものとされている〔刑訴規190②〕。

Ⅲ *行政事件訴訟'の審理は*弁論主義'に従って進められるが，*抗告訴訟'〔行訴3〕と*当事者訴訟'〔行訴4〕において，裁判所は，必要があると認めるときは，職権で*証拠調べ'をすることができる。ただし，当事者の公平を期するため，職権証拠調べの結果については，当事者の意見をきかなければならない〔行訴24・38①・41①，行訴43・45④も参照〕。 ⇨職権主義'

職権進行主義 訴訟手続の進行面での主導権を裁判所に認める原則。当事者進行主義に対する。

Ⅰ 民事訴訟法上，*期日'の指定・変更〔民訴93〕，*送達'〔民訴98〕は原則として職権で行うものとされ，職権進行主義が採用されているが，多数の事件を円滑・能率的に処理し，他の手続利用者に損害を与えるべきではないとの考慮に基づく。ただ，現行法は，手続の進行に当事者の同意や意見聴取を義務付ける場面も多く，協同進行主義ともいわれる。

Ⅱ 刑事訴訟法上も，職権進行主義がとられ，*公判期日'の指定〔刑訴273〕，*証拠調べ'の順序・方法などの決定〔刑訴297〕を裁判所又は裁判長の権限としている。もっとも，職権による進行はむしろ当然のことであり，また，公判の基本原理としては*職権主義'から*当事者主義'への移行が強調されるため，職権進行主義という用語はあまり用いられない。

職権審理主義 Ⅰ 民事訴訟法上，裁判所

しょつけん

が，当事者の主張をまたずに事実を探知し，また職権で'証拠調べ'を行うとの原則。現在では職権探知主義と呼ぶのが普通である。 ⇨職権探知'

II 刑事訴訟法学では，用語としてはあまり用いられない。 ⇨職権主義'

職権送達主義 *'送達'を職権で実施し，当事者の申立ても必要としない立法主義をいう。現行民事訴訟法はこれを原則とする〔民訴98〕。例外：民訴110〕。*当事者送達主義'に対する。

職権訴訟参加 *'行政事件訴訟法'は，訴訟の結果により権利を害される第三者〔行訴22〕や被告以外の行政庁〔行訴23〕の職権による*訴訟参加'を規定している。強制参加ともいう。これらの参加については，当事者及び第三者ないしは他の行政庁の申立権も認められているが，公益に関係する行政訴訟に関係者を広く参加させるという趣旨から，裁判所が職権で参加させることもできる。その場合，裁判所は，あらかじめ当事者及び当該第三者ないし他の行政庁の意見を聴かなければならない。 ⇨第三者の訴訟参加'

職権探知 裁判所がある事実の判断をするにあたり，自らその基礎資料収集の権能及び責任を負うとする原則。*職権審理主義'とも呼ばれ，*弁論主義'に対する。これによれば，裁判所は当事者の主張しない事実も顧慮でき，*自白'にも拘束されず，*職権証拠調べ'も許される。通常の民事訴訟では弁論主義が基本となるが，*裁判権'など公益に関する*訴訟要件'の判断や*人事訴訟'〔人訴20〕では，職権探知が妥当する。また，より広い概念として*職権主義'の語が一般的である。

職権調査(事項) 当事者の異議や申立てをまたずに，裁判所が一定の訴訟上の事項につき自ら進んで調査し判断すること。その対象となる事項を職権調査事項という。

I 民事訴訟法上，職権調査事項に属するのは，*抗弁'事項を除く*訴訟要件'，訴訟法上の強行規定の遵守，実体法上のそれである。当事者は合意や*責問権'の放棄によってこれらの調査を不要にできないし，また，これらに関する異議等は提出時期の制限を受けない。ただ，職権調査事項の判断の基礎資料の収集については，常に*職権探知'が妥当するとは限らない(公益性の小さい訴訟要件など)。

II 刑事訴訟法では，裁判所は広く職権調査の権限を有するが，特に*訴訟条件'については，原則として職権調査の義務があるとされている(土地管轄は例外〔刑訴331①〕)。なお，上訴審では，当事者の提出した趣意書を中心に審理が行われるが，しかし控訴理由，上告理由(及び職権破棄の理由)については，職権調査の権限が認められる〔刑訴392②・411・415〕。

職権調停 訴訟又は*審判'事件係属中に，決定により事件を*調停'手続に付すること〔民調20，家事257②・274〕。調停事件が終了するまでの間は訴訟や審判の手続が中止されるため，迅速な裁判を求める当事者の利益を考慮する必要がある〔合意要件につき民調20①但，意見聴取義務につき家事274①〕。 ⇨強制調停'

職権登記 登記官が職権によってする*登記'。登記は当事者の申請又は官公署の嘱託によってするのを原則とする〔不登16〕が，法律の定めがある場合，例外的に職権登記が認められる。例えば，不動産の表示に関する登記〔不登28〕(⇨表示に関する登記')。

職権取消し(行政行為の) ⇨行政行為の取消し'

職権破棄(上告審の) 刑事訴訟法において，法定の*上告理由'〔刑訴405〕がない場合に，裁量的に行う原判決の*破棄'をいう。上告裁判所である最高裁判所は，一定の事由があって，原判決を維持することが著しく正義に反すると認める場合には，これを破棄することができる〔刑訴411〕。一定の事由とは，イ 原判決に法令違反・甚だしい*量刑不当'・重大な*事実誤認'若しくは*再審'理由があるか又は，ロ 原判決後に*刑の廃止'・刑の変更若しくは*大赦'があったことである。刑事事件で実際に最高裁判所が原判決を破棄する場合は，大半が職権破棄の事例である。 ⇨上告審手続'

職権濫用罪 1 定義 *公務員'がその職権を濫用して私人の正当な権利を害する罪。刑法193〜196条。イ 公務員が職権を濫用して，人に義務のないことをさせ，又は権利の行使を妨害する狭義の職権濫用罪(2年以下の拘禁刑)〔刑193〕，ロ 裁判・検察・警察の職務を行う者又はこれを補助する者が職権を濫用して，人を逮捕・監禁する特別公務員職権濫用罪(6月以上10年以下の拘禁刑)〔刑194〕，ハ ロの犯罪主体又は看守者などがその職務を行うにあたり，刑事被告人・被拘禁者などに対し*暴行'・陵虐の行為をする*特別公務員暴行陵虐罪'(7年以下の拘禁刑)〔刑195〕の3種に分かれる。なお，ロハの罪を犯した結果，人を死傷させた場合は刑が加重される〔刑196〕。

2 罪質 いずれも国家機関の活動の公正を害する犯罪であり，保護法益は公務の適正な執行という国家的法益であるが，同時に，被害者とな

しよつぷせ

る個人の自由や権利という利益でもある。*収賄罪'などとともに，瀆職(とくしよく)罪を構成する。
3 特色 *国外犯'が罰せられ〔刑4〕，また，公務員の人権侵害であるため，犯罪捜査機関が不正の摘発に消極的となる可能性を考慮に入れて，付審判の手続が認められる〔刑訴262〕（⇨準起訴手続')。なお，公安調査官が，その職権を濫用して，人に義務のないことをさせ，又は権利の行使を妨害したときも，同様に罰せられる〔無差別殺人団規42，破防45〕。

ショップ制 *労働組合'と*使用者'との協定によって従業員資格を*労働組合員'資格と関連付け，当該労働組合への加入強制（*組織強制')を図る制度のこと。労働組合加入を雇入れの条件とするクローズド・ショップ（英 closed shop），雇入れ等について労働組合員を優先するプレファレンシャル・ショップ（英 preferential shop），*ユニオン・ショップ'，交渉代表に選出された労働組合への労働組合費相当額の納入を非労働組合員に義務付けるエージェンシー・ショップ（英 agency shop）などがある。組織強制がない職場をオープン・ショップ（英 open shop）と呼ぶ。アメリカやイギリスでは，組織の維持・拡大のため労働者に労働組合加入を強制させる観点から様々なショップ制が議論されてきた。日本では，企業別の組織形態を前提に，労働組合脱退者・被除名者を企業外に放逐することに組織問題の中心があり，ユニオン・ショップが通常の形態となっている。

所　得 *所得税'・*法人税'などの課税の対象としての所得の意義については，種々の考え方がある。当初は，利子・配当・賃金・地代・事業収益などのように反復的又は継続的な収入だけを所得と観念し，*譲渡所得'のような一時的・偶発的な利得をその範囲から除外する考え方が有力であったが，その後，所得を包括的に構成し，一定期間の間に人の担税力を増加させる全ての経済価値の取得を所得と観念する考え方が強くなった。前者を所得源泉説又は制限的所得概念といい，後者を純資産増加説又は包括的所得概念という。日本の*所得税法'，*法人税法'は，どちらかといえば後者の考え方によっているが，所得を収入（経済価値の流入）として捉えており，したがって，所有資産の未実現の増加益などは原則として所得の範囲から除かれているから，その包括性はその範囲で限定されている。

所得控除 *所得税法'上，*課税総所得金額'等を算定するために*総所得金額'等から控除される各種の控除の総称のこと〔所税72〜86〕。イ 基本的な最低生活費に対する課税を避けるための*基礎控除'・*配偶者控除'・*扶養控除'など，ロ 追加的に生活費がかかることを考慮する障害者控除・寡婦（寡夫）控除など，ハ 生活上の多額の損失ややむをえない支出を考慮する*雑損控除'・*医療費控除'など，ニ 政策的考慮から認められる*社会保険料控除'・*生命保険料控除'・寄附金控除などがある。個人に対する*住民税'の*所得割'にも所得控除がある〔地税34①・314の2①〕。

所得税 1 意義 広義では，*所得'に対して課される租税をいうが，日本では，*法人税'を除き，個人所得に対する租税だけを所得税という。これに関する法律としては*所得税法'がある。*基礎控除'・*扶養控除'などを通じて納税者の人的事情を考慮できること，*累進税率'の適用が可能であること等の理由により，所得税は公平負担の見地から最も適切な租税であると考えられ，日本を含め多くの先進国で税制の中心を占めてきた。

2 制度類型 所得税には，分類所得税，総合所得税及び*二元的所得税'の3つの類型がある。分類所得税は，所得をその源泉又は性質に応じて区別し，別々に課税の対象とする制度であり，総合所得税は全ての所得を1本に合算総合して課税の対象とする制度である。また，二元的所得税は所得を資本所得と労働所得に分け，前者は比例税率で，後者は累進税率で課税する制度である。分類所得税と比較して，総合所得税のほうが累進税率と結び付きやすく，所得税の歴史は，前者から後者への脱皮の歴史である。総合所得税のことを総合課税と呼ぶこともある。総合所得税の下で，特定の種類の所得を合算せず分離して課税することを*分離課税'という。

3 現行制度の概要 日本の所得税制度の概略を述べると，基本的には総合所得税であるといえる。すなわち，所得をその性質に応じて10種類に区分し，所定の方法に従って各所得の金額を算定し〔所税22〜68〕，更に損益通算及び損失の繰越控除〔所税69〜71の2〕をした後，*退職所得'及び山林所得を除く各所得は合算され（ただし，*一時所得'及び長期譲渡所得は2分の1だけが合算され，課税の対象とされる），*総所得金額'・退職所得金額・山林所得金額の3つが所得税の*課税標準'となる〔所税22〕。次いで，各種の*所得控除'（配偶者控除・扶養控除・*医療費控除'等）をして〔所税72〜87〕，*課税総所得金額'・課税退職所得金額・課税山林所得金額が算出され，これに*税率'を適用して，税

額が算出される〔所税89・90〕。*配当所得'がある場合，又は外国源泉の所得につき外国政府に所得税を納付している場合には，税額から*配当控除'〔所税92〕及び*外国税額控除'〔所税95〕をして最終的な税額が算出される。ただし，退職所得・山林所得のほか，租税特別措置法によって，*利子所得'〔租特3・3の3等〕・投資信託等の収益の分配〔租特8の2・8の3〕・上場株式に係る配当所得〔租特8の4〕・株式等に係る譲渡所得〔租特37の10・37の11〕・土地建物の譲渡による譲渡所得〔租特31・32・28の4〕等についても，分離して課税することとされている。

4 納付と徴収 給与・配当・利子等については，源泉徴収の方法でその支払の時期に所得税が徴収される〔所税181〜223〕(⇨源泉徴収)。源泉徴収の対象とならない所得については，*予定納税'といって，年度の途中において前年実績に基づき当該年度の所得税を予定的に分割納付する制度が設けられている〔所税104〜119〕。*確定申告'は，翌年の2月16日から3月15日までの間に行わなければならず，源泉徴収額及び予定納税額は，その段階で精算される〔所税120〜142〕。

所 得 税 法 昭和40年法律33号。個人居住者に対する*所得税'の納税義務を中心に，非居住者や*源泉徴収'などについて定めを置く。明治20年(1887)に初めて制定された(勅5)。かつて法人所得に対する税を含んでいたが，昭和15年(1940)に*法人税法'が制定され，*法人税'として独立した。現在の所得税法は所得を10種類に分類しつつ総合課税を行うことを原則とするが，例外として租税特別措置法が土地や株式の譲渡益などにつき*分離課税'等を定める(⇨租税特別措置)。

所得の帰属 所得課税の分野における*課税物件の帰属'で，*所得'の人的帰属と所得の年度帰属から成る。前者が*課税要件'としての帰属であり，これについては事実認定原則として*実質所得者課税の原則'が定められており〔所税12，法税11〕，後者は原則として，収入の原因となる権利の確定をもって所得の実現があったものとする*権利確定主義'(最判昭和49・3・8民集28・2・186等)，例外的に，収入の現実の管理支配をもって所得の実現があったものとする管理支配基準(最判昭和46・11・9民集25・8・1120等)によって判定される。

所 得 割 *住民税'のうち，個人の前年分の*総所得金額'等を基礎として，一定の*所得控除'等を行うことにより計算される租税をいう〔地税23①②・292①②〕。これに対して定額で定められた*均等割'の住民税がある。なお，*国民健康保険税'においても個人の総所得金額等を基準に*被保険者'に対する税額が算定される場合には所得割額と呼ばれる〔地税703の4〕。

ショートステイ ⇨短期入所' ⇨老人短期入所事業'

処 罰 条 件 ⇨客観的処罰条件'

ジョブ型雇用・メンバーシップ型雇用
*労働契約'において，労働者が従事すべき職務(例えば，書籍の編集など)が具体的に特定され合意されている場合をジョブ型雇用といい，そのような合意がなされていない場合をメンバーシップ型雇用という。労働者は，ジョブ型雇用では，契約で合意された職務についてのみ労働する義務を負うが，メンバーシップ型雇用では，企業内にある労働が一括して契約の目的となっており，労働者が従事すべき職務は使用者の命令により特定されるため(⇨配転' ⇨東亜ペイント事件')，企業内の全ての労働に従事する義務がある。伝統的な日本型雇用システム(終身雇用慣行，年功賃金制度，企業別組合という3つの特徴をもつ)は，ジョブ型雇用とされる諸外国の雇用システムとの対比で，メンバーシップ型雇用であるとされる。*労働条件明示義務'に関する2024年の改正により，勤務地や職種の限定合意の存在を明確化するため，就業場所及び従事業務だけではなく，その変更の範囲も明示が必要となった〔労基則5 ①の3〕。

処 分(行政法上の) 学問上の用語の*行政行為'(論者によっては行政処分)に相当する語。この語が用いられるときは，*行政庁'の何らかの行為が*処分の取消しの訴え'(*取消訴訟')で争うことができるものであるかどうか〔行訴3参照〕が念頭に置かれているとみてよい。行政処分と表記されるときも同様の観点が入っていることがある。行政行為の場合，概念要素として権力性が要求されるが，補助金不交付決定のように権力性のないものも，権利救済の観点から取消訴訟の対象に取り込む(形式的行政処分論)ならば，処分の方が行政行為よりもそれだけ広い概念であるといえる。ある行為が処分であるかどうかは取消訴訟の訴訟要件であるが，法令や条例，*行政計画'，行政組織の内部行為などについて処分性の有無が議論されている。裁判例は，処分であるためには，国民の権利義務ないし法律上の地位に直接具体的な法律上の影響を与えるものでなければならないという立場をとっている(最判昭和39・10・29民集18・8・1809〈東京都ごみ焼却場事件〉)。平成26年の行政手続法改正(法70)により，何人も，法令に違反

しょぶんい

する事実がある場合において，その是正のためにされるべき処分がされていないと思料するときは，当該処分をする権限を有する行政庁に対し，その旨を申し出て，当該処分をすることを求めることができることとされた〔行手36の3〕。

処分違憲 *違憲審査権'を定める日本国憲法81条は，法律・命令・規則等の法規範のみならず，処分もその対象としている。処分自体に違憲の瑕疵(かし)がある場合を処分違憲という。ここでいう処分とは，法規範の適用又は執行行為をいい，裁判所の裁判を含む(例えば，最大決昭和35・7・6民集14・9・1657〈強制調停違憲決定〉，最大判昭和37・11・28刑集16・11・1593〈第三者所有物没収違憲判決〉)法的行為のみならず，事実行為も含まれる(例えば，最大判平成9・4・2民集51・4・1673〈愛媛玉串料訴訟〉)。 ⇨法令違憲・適用違憲'

処分基準 *行政庁'が，*不利益処分'をするかどうか又はどのような不利益処分をするかについてその法令の定めに従って判断するために必要とされる基準。*行政手続法'は，行政庁が不利益処分をしようとする場合の手続として，処分基準を定め，これを公にしておくよう努めるべきことを定めている〔行手12①〕。処分基準を定めるにあたっては，当該不利益処分の性質に照らしてできる限り具体的なものとすることが併せて規定されている〔行手12②〕。*申請'に対する処分における*審査基準'とは異なり，処分基準の定めについては努力規定とされている。なお，処分基準については，処分基準の適用関係を処分理由に記載することを必要とした最判平成23・6・7民集65・4・2081や，処分基準に基づく不利益取扱いを根拠に*訴えの利益'を肯定した最判平成27・3・3民集69・2・143がある。 ⇨裁量基準'

処分禁止の仮処分 係争物に関する*仮処分'の一類型。不動産の*登記請求権'を保全するための処分禁止の仮処分は，処分禁止の*登記'をする方法により執行されるが，所有権以外の権利の設定等(例えば，*抵当権'の設定)についての登記請求権の保全を目的とする場合には，保全仮登記が併用される〔民保53〕。債権者が*本案訴訟'により*債務名義'を得，保全すべき登記請求権に係る登記をする場合に，処分禁止の登記に後れる登記が抹消されるか，保全仮登記に基づく*本登記'により登記の順位が確保される〔民保58〕。建物収去土地明渡請求権を保全するための建物の処分禁止の仮処分は，建物について処分禁止の登記をする方法により執行され〔民保55〕。債権者は，処分禁止の登記後の建物の譲渡を斟酌(しんしゃく)されずに，債務者を*被告'とする本案訴訟により債務名義を取得し，建物譲受人に対する承継執行文(⇨執行文')の付与を受けて〔民執27②〕，建物収去土地明渡しの強制執行をすることができる〔民保64〕。 ⇨当事者恒定効'

処分権主義 Ⅰ 民事訴訟法 **1 意義** 訴訟の開始，審判対象の限定，訴訟の終了を当事者の意思に委ねる原則をいう。民事訴訟の対象たる法律関係については，多くの場合，私的自治の原則が妥当することの訴訟上の反映であるが，被告に対して防御対象を明確にし，不意打ちを防止するという機能も有する。

2 内容 イ 訴訟手続は，*訴え'の提起〔民訴134〕によってのみ開始される。このことを'訴えなければ裁判なし'とも表現する。ロ 裁判所は，当事者が申し立てていない事項について，判決をすることができない〔民訴246〕。ここでいう申立事項には，*訴訟物'，判決形式，審判手続，*請求の併合'の場合の審理順序が含まれる。したがって，第1に，原告の定立する訴訟物以外の法律関係について審判をすること，原告の定立する訴訟物の量的範囲を超えた審判をすること(例えば，100万円の支払請求に対して150万円の支払を命ずる判決をすること)は許されない。他方で，申立ての範囲内で請求の一部を認容する判決をすること(例えば，100万円の支払請求に対して50万円の支払を命ずるとともにその余の請求を棄却すること)は，原告の申立ての趣旨に当然含まれていると解されるから，許される。第2に，当事者が求めた判決形式(給付・確認・形成)とは異なる形式による判決をすることは許されない。第3に，同一の訴訟物につき数種の手続が認められ，いずれによる裁判を求めるかが当事者の選択に委ねられている場合に(例えば，*手形訴訟'〔民訴350②〕と通常訴訟)，当事者の指定した手続とは異なる手続による審判をすることは許されない。第4に，請求の予備的併合の場合に，主位請求についての判決をしないまま，予備的請求について判決をすることは許されない。ハ 当事者は*訴えの取下げ'，上訴の取下げ，*請求の放棄・認諾'及び*訴訟上の和解'を行うことで，いつでも訴訟手続を終了させることができる〔民訴262①・266①・267①・292・313〕。

3 処分権主義の制限 処分権主義は，審判の対象たる法律関係が私的自治の原則に服することの訴訟上の反映であるから，審判の対象たる法律関係が私的自治の原則に服さない場合，処分権主義の一部は制約される。例えば，*人事訴訟'

では、請求の放棄・認諾、訴訟上の和解は原則としてなしえない〔人訴19②〕。例外：人訴37〕。

Ⅱ　刑事訴訟法　検察官の*公訴の取消し*の制度はある〔刑訴257〕が、被告人側の処分である*アレインメント*制度は認められていない〔刑訴319③〕。ただし、被告人の有罪である旨の陳述があれば*簡易公判手続*によることができる〔刑訴291の2〕。更に、上訴審では被告人の*上訴の取下げ*が認められている〔刑訴359〕。

処分行為　Ⅰ　イ　単なる保管の域を超えて*財産*（*財産権*）の性質や現状を変更する行為。これには、例えば立木(りゅうぼく)の伐採行為のように、財産の現状又は性質を事実において変更する事実的処分行為と、例えば家屋の売却のように、財産権の法律上の変動を生じる法律的処分行為とがある。いずれも*行為能力*や権限の範囲を規定する際に、単なる保管を目的とした*管理行為*に対する語として用いられている〔民5③・129・602・964等〕。また、ロ　売買契約のように財産権を移転するという債務を生ずるにとどまる行為（債務負担行為）に対して、所有権の移転など既存の権利を直接変動させることを目的とする行為を処分行為ということもある。*物権行為*に類似する観念である。

Ⅱ　刑法における処分行為の概念については、*詐欺*及び*恐喝罪*をみよ。

処分証券　物品の引渡請求権を表章する*有価証券*であって、その物品に関する処分（譲渡・質入れ等）は、その証券によってしなければならない有価証券。*倉荷証券*や*船荷証券*・*複合運送証券*などである〔商607・761・769②、国際海運15〕。寄託物の引渡請求権を表章する倉荷証券が発行された場合には、寄託物に関する処分は倉荷証券をもってしなければならない。　⇒引渡証券*

処分証書　証明しようとする*法律行為*が行われたことを示す*文書*。保証契約書、手形、遺言書のように、文書によって法律行為がなされることを要する場合のみならず、売買契約書のように、書面を要しない法律行為について文書によって直接行われた場合も処分証書となる。処分証書では、*文書成立の真正*が証明されれば、文書に記載される法律行為が行われたことが認定される。

処分の取消しの訴え　*行政事件訴訟法*上の抗告訴訟である*取消訴訟*の一種で、行政庁の*処分*その他*公権力*の行使に当たる行為の取消しを求める訴えをいう〔行訴3②〕。ここにいう「処分」には、講学上の*行政行為*のほか、公権力の行使として行われる*事実行為*〔旧行審2①〕等も含まれると解されている。*審査請求*その他の不服申立てに対する*裁決*・決定（⇒判決・決定・命令）等については、*裁決の取消しの訴え*〔行訴3③〕で争う。　⇒抗告訴訟*　⇒行政不服審査法*

処分理由の提示　行政*処分*について、その理由を相手方に示すこと。口頭で行う場合も含み、書面で行う場合は*理由付記*と呼ばれる。*行政手続法*では、*申請*により求められた許認可等を拒否する場合〔行手8〕と*不利益処分*をする場合〔行手14〕には、原則として、処分理由の提示が義務付けられる。示されるべき理由の程度は当該処分の性質、当該法令の趣旨・目的によって異なるが、拒否処分においては、許認可の要件ないし*審査基準*に該当する事実、不利益処分においては、根拠条項、処分要件に該当する原因たる事実、場合により更に処分基準の適用関係（最判平成23・6・7民集65・4・2081）を含むと解される。また、処分を書面でする場合には、書面で理由を示さなければならない。理由の提示は処分を行う際に同時になされなければならないが、不利益処分をすべき差し迫った必要がある場合には例外的に、処分後相当の期間内に示すことで足りる〔行手14①但②〕。

庶民院　⇒下院*

署名　Ⅰ　文書の署名。自己の作成した書類等にその責任を明らかにするために自己の氏名を記載する行為、又は記載された筆跡。記名と異なり自筆で書くことが必要であるが、私法上・裁判上は、署名に代えて*記名押印*することも認められることがある〔例：手形82、小附67、刑訴規60の2等〕。なお、他人による代書が認められる場合もある〔刑訴規61、戸則62〕。法律の要求する適式の署名を欠く文書は、原則として無効である。　⇒電子署名・電子認証*

Ⅱ　法律・政令の署名。日本国憲法74条によれば、法律及び政令には、全て主任の国務大臣が署名し、内閣総理大臣が*連署*することとなっている。この制度の趣旨は、法律・政令の執行の責任を明らかにするためであると説かれているが、条約・予算にも同じように執行の責任を明らかにする必要のあるものがあるにもかかわらず、署名が要求されていないことから（条約については、署名がされるのが慣行となっている）、この制度の趣旨は、必ずしも明確ではないものがある。

Ⅲ　住民が署名運動に応じ、*直接請求*の署名簿に自己の氏名を書くこと。*地方自治法*は一定数以上の選挙権者の*連署*を直接請求の要件としている〔自治74①等〕。市町村選挙管理委

じょめい

員会が選挙人名簿に登録された者の署名であるかを審査し，署名の効力を決定し，証明を行う〔自治74の2①〕。署名に関し異議のあるときは，関係人は争うことができる〔自治74の2④〕。成規の手続によらない署名や詐偽又は強迫に基づく署名などは無効とされる〔自治74の3①②等〕。

Ⅳ 条約の署名については，*条約'をみよ。

除名 一般に，ある組織体がその特定の構成員について，構成員としての資格を奪うことをいい，法律によってその要件は一様でなく，以下のような各種の場合がある。

Ⅰ 議会における特定の議員の資格を当人の意思に反して奪うことで，最も重い*懲罰'〔国会122④，衆規245，参規245，自治135①④〕。除名には，国会議員については各議院の出席議員の3分の2以上の多数による議決を必要とし〔憲58②〕，地方議会議員については議員の3分の2以上の者が出席し，その4分の3以上の者が同意することを必要とする〔自治135③〕。除名は被選挙資格までを失わせるものではないから，再選されれば議会は拒むことはできない〔国会123，自治136〕。

Ⅱ 民法は，*組合'において，組合員の脱退事由として，除名を定め〔民679④〕，正当な事由があり，しかも，他の組合員の一致がある場合に限り，これを認めている〔民680〕。組合契約の*解約'申入れの性格を有する。

Ⅲ *持分会社'における社員の除名事由は，*出資'義務の不履行，*競業避止義務'違反，*業務執行'又は*会社代表'についての不正行為，その他重要な義務の不履行である。除名は，裁判所の判決によって効力を生じ，*登記'を必要とする〔会社859・937①Ⅰル〕。除名の結果その社員は*退社'するが〔会社607①⑧〕，*持分'の払戻しについての計算は，除名の訴えが提起されたときの会社財産の状況を基準に行われる〔会社611②⑤〕。なお，除名事由がある場合でも，会社は，対象社員以外の社員の過半数の決議により，訴えをもって業務執行権又は代表権の喪失の宣告を請求することもできる〔会社860①〕。除名は，社員間の人的信頼関係を前提とする持分会社だけに認められ，*株式会社'では認められない。

Ⅳ このほか，各種の*協同組合'・取引所・*弁護士会'などにおいても除名の要件や手続が法律で定められている〔中協19②，農協21②，水協26②，金商87，商取43，弁護30の3①等〕。

署名運動 一般的に，特定の主張・意見について多数の者の賛成の署名を求めるための運動。一定の場合に法の規制を受けることがあ

る。1 *地方自治法'の定める*直接請求'のための署名運動にあっては，法令の定める成規の手続によらない*署名簿'を用いて署名を求めた者，署名を求めることができる期間外の時期に署名を求めた者，更に署名簿等を毀壊・奪取し，その他署名の自由を妨害した者等が処罰される〔自治74〜75，自治令91〜99〕。

2 選挙については署名運動は禁止される〔公選138の2〕。

3 公務員については政治的行為(⇒政治的活動')が禁止される結果，政治的目的のための署名運動を企画するなど，これに積極的に関与することが禁止される〔国公102①，人規〈14-7〉⑥⑨，地公36②②〕。

署名簿 *地方自治法'の定める*直接請求'に際して請求者が*連署'する名簿。請求代表者が請求代表者証明書の交付を受けてから，請求者は所定の規定に従い署名簿に署名を行う。署名簿は市町村選挙管理委員会に提出され，選挙権者の署名であることの証明を受け，縦覧に供された後，正式に請求が行われる〔自治74〜74の4，自治令91〜98の4〕。

書面決議 物理的な意味における合議体を開催せずに，書面・*電磁的記録'による意思表示に基づき決議があったものとみなす制度。*株主総会'については，*取締役'又は*株主'が株主総会の目的である事項についてなした提案であり，かつ，株主全員が当該提案について書面又は電磁的記録により同意した場合は，当該提案を可決する旨の総会決議があったものとみなされる〔会社319①〕。その結果，株主総会決議を省略することができる。*取締役会'についても，*定款'の定めにより，取締役が決議の目的事項について提案をし，かつ，取締役全員が同意したときは，*監査役'が異議を述べない限りにおいて，決議があったものとみなす旨を定款で定めることができる〔会社370〕。説明や議論に基づき決議するという合議体のプロセスを経ない集団的意思決定を認めるものであるため，厳格な要件が課されている。

書面(審理)主義 訴訟審理の方式として，当事者及び裁判所の*訴訟行為'，特に*弁論'・*証拠調べ'が書面をもってされることを必要とするとの原則。*口頭(審理)主義'に対する。

Ⅰ 民事訴訟法は口頭主義を原則とし〔民訴87①〕，書面主義は補充的に併用するにとどまる〔民訴134①・143②・145④・146④・261③・286①・314①・161〜163・205・215・278・319等〕。

Ⅱ 刑事訴訟法上も，*事実審'での判決は*口頭弁論'を必要とする〔刑訴43①〕点で，書面

審理主義を排斥することになるが，上訴審では，むしろ書面審理主義の色彩が強くなっている〔刑訴390・391・408〕。また，当事者の同意などによって書面の*証拠能力'が広く認められるため，事実上，事実審でも書面審理の色彩が強くなることがある。

Ⅲ　*行政訴訟'では民事訴訟の原則に従って口頭審理主義がとられるが，*行政不服審査法'は，*行政上の不服申立て'の審理を，審査請求書・弁明書・反論書等による書面で行うことを原則としている〔行審19・29・30〕。ただし，審査請求人又は参加人の申立てがあったときは，審理員は，申立人に口頭で意見を述べる機会を与えなければならない〔行審31①〕。*行政手続法'においては，*不利益処分'を行う際の手続として，*聴聞'と*弁明の機会'の付与を定めているが，聴聞が口頭審理を原則とするのに対し，弁明は，行政庁が口頭ですることを認めたときを除き，弁明書の提出により行うこととされており〔行手29①〕，書面審理が原則とされている。

書面真否確認の訴え　⇨証書真否確認の訴え'

書面尋問　民事訴訟において，裁判所は相当と認める場合に，当事者に*異議'がないときは，*証人'の尋問（⇨証人尋問'）に代え，書面の提出をさせることができる〔民訴205〕，またその取扱いを指す。証人の書面による尋問は，尋問を申し出た当事者の相手方の*反対尋問'権を奪うものであるため，地方裁判所以上では当事者の異議がないことを要件とするとともに，地方裁判所のみならず簡易裁判所においても，裁判所は相手方に対し，尋問に代えて提出すべき書面において回答を希望する事項を記載した書面を提出させることができるものとされている〔民訴規124①・171〕。令和4年民事訴訟法改正（法48）により，書面の提出に代えて，書面に記載すべき事項を記録した記録媒体の提出，及び記載すべき事項を電子情報処理組織を用いてファイルに記録する方法によることが認められた〔民訴205②・215②・278②〕。書面尋問は証人に限り認められており，当事者及び*鑑定人'については認められていないが，簡易裁判所の訴訟手続では，証人，当事者本人及び鑑定人について，裁判所は相当と認めるときは，その尋問又は意見の陳述に代え，書面の提出をさせることができる〔民訴278〕。もっとも*鑑定'の場合には，書面による意見陳述が原則において可能となっており〔民訴215①〕（書面による宣誓も可能〔民訴規131②〕），例外として書面による鑑定人質問を認める実益に乏しい。なお簡裁事件で鑑定人の意見陳述に代わる書面の提出が認められることの実質的意義は，鑑定人の宣誓を省略し，正式の鑑定によらず書面によって鑑定意見を提出すれば足りることにする点に残る。当事者本人については，地方裁判所以上の訴訟手続では書面尋問は認められないが，実務上利用されている*陳述書'はこれに代わる機能を果たしていると考えられる。

書面投票　⇨書面による議決権行使'

書面による議決権行使　*株主総会'に出席しない株主が書面により*議決権'を行使する制度（書面投票制度）。株主総会の招集者が書面投票を認めるかどうかを決定する〔会社298①③〕。総会の決議事項の全部につき議決権を行使できない株主を除く株主数が1000人以上である場合には，書面投票制度を強制される〔会社298②〕。書面による議決権行使制度を採用した会社は，2週間前までに招集通知を発出しなければならず〔会社299①〕，その方式も書面又は*電磁的方法'に限られ〔会社299②①③〕，招集通知に際しては株主総会*参考書類'・*議決権行使書面'を交付しなければならない〔会社301〕。株主総会の開催日の集中や株主の分散等から総会に出席しない株主に対しても総会決議に自己の意思を反映させる機会を与えるため，昭和56年に導入された。書面による議決権行使は，議決権行使書面に必要な事項を記載し，法務省令で定める時までに当該書面を会社に提供することにより行う〔会社311①，会社則66・69〕。*創立総会'及び*種類株主総会'についても，株主総会の場合と同様の書面投票制度が認められている〔会社67①③・325〕。*特別清算'における*債権者集会'及び*社債権者集会'においては常に認められる〔会社556①・726①〕。また，一般社団法人の*社員総会'についても認められる〔一般法人38①③・51〕。

書面による準備手続　民事訴訟において，当事者の出頭なしに*準備書面'の提出等，書面の交換を中心として行われる*争点及び証拠の整理'手続〔民訴175～178〕。現行民事訴訟法で新設された手続で，当事者が遠隔地に居住しているときなどに利用される。*受命裁判官'によることができ，必要があるときは書面交換のほか電話会議・ウェブ会議による協議をすることもできる。この手続終結後の*口頭弁論'*期日'では*証拠調べ'の対象事実が確認され〔民訴177〕，新たな*攻撃防御方法'を提出する当事者は遅滞理由の説明義務を負う〔民訴178〕。

書面の真否　⇨文書成立の真正'

助　役　⇨副市町村長'

しょゆうけ

所有権 **1 意義** 所有権は，社会経済的には外界の物資に対する支配をいうが，法律的には「法令の制限内において，自由にその所有物の使用，収益及び処分をする」権利をいう〔民206〕。*地上権'その他の*制限物権'が所有権の内容を一定の範囲で一時的に支配する権利であるのに対し，所有権は物を全面的に支配する*物権'で，制限物権等によって一時的に制限を受けても，それが消滅すると，当然に完全な権能を回復する。*消滅時効'にかからない〔民166②〕。近代市民社会の成立によって土地に対する複雑な封建的制約を廃止しようとしたとき，1789年の*フランス人権宣言'が所有権を神聖不可侵としたように「所有権の絶対性」がスローガンとして掲げられた。しかし，1919年の*ワイマール憲法'が「所有権は義務を伴う」と述べるように，実際には*公共の福祉'のために多くの制限が加えられている〔憲29②参照〕。今日では，消防など警察的な制限だけでなく，都市計画や環境保全の分野などで，行政法によって多くの制限が加えられている。2021年の民法改正(令和3法24)では，いわゆる所有者不明不動産問題に対応するため，所有者不明の土地・建物，管理不全の土地・建物に対して，管理命令を発することができる旨の規定〔民264の2～264の14〕が設けられた。また，従来，自由になしうると解されていた所有権の放棄についても，一定の不動産につき手続が定められた〔相続国庫帰属〕。⇒所有者不明土地'

2 範囲と内容 土地の所有権は法令の制限内において土地の上下に及ぶ〔民207〕。隣接する土地の間では所有権の内容が拡張あるいは制限される(⇒相隣関係)。また，所有権は排他的な支配権(物権)なので，所有権の円満な行使が侵害されたときは*物権的請求権'(所有権に基づく返還請求権，所有権に基づく妨害排除請求権，所有権に基づく妨害予防請求権)が生ずる。

所有権留保 **1 意義** *売買'契約の売主が，売買代金債権を担保する目的で，売買代金の完済まで，売買の目的物の*所有権'を買主に移転せず，留保することをいう。また，自動車の*割賦販売'等の場合では，信販会社等の*第三者'が，買主に代わって売主に売買代金を支払い，買主に対して有する立替金債権等の債権を担保する目的で，売買の目的物の所有権を取得し，被担保債権の完済まで，買主に所有権を移転しないことがある。これも所有権留保の一種であり，第三者所有権留保と呼ばれる。所有権留保において売主が有する権利(留保所有権)は，形式的には所有権であるが，その実質は担保であることから，所有権留保は，*譲渡担保'とともに*非典型担保'の1つに位置付けられている。

2 法的性質 留保売主が有する権利の法的性質について，イ 完全な所有権であるとする考え方，ロ 担保権にすぎないとする考え方，ハ 売主に担保目的の所有権が帰属し，買主にも物権的権利(物権的期待権)が帰属すると解する考え方がある。判例は，留保売主による*第三者異議の訴え'を認め(最判昭和49・7・18民集28・5・743)，また，所有権留保と集合動産譲渡担保との競合の場面では，代金完済までは目的物の所有権が買主に移転していないと述べ(最判平成30・12・7民集72・6・1044)，留保売主に所有権が帰属すると解しているようである。他方，買主の倒産手続において，留保所有権は*別除権'とされており(最判平成22・6・4民集64・4・1107)，担保権的な取扱いがされる場面もある。なお，担保法制の改正に向けた議論では，譲渡担保とともに，所有権留保についても，明文の規定を置くことが検討されている。

所有者抵当 自己が所有する物について，所有者自らが*抵当権'を有すること。例えば，Aが所有する甲不動産上に，Bが1番抵当権，Cが2番抵当権を有しており，Bの被担保債権が*弁済'により消滅した場合，甲不動産の所有者であるAが1番抵当権を有することになる制度を指す。日本法上は，上記の例では，Bの1番抵当権が*付従性'により消滅し，Cの2番抵当権が1番抵当権となり(順位昇進の原則)，Aが抵当権を取得することはない。日本法上，抵当不動産の所有者が当該不動産につき抵当権を有するのは，*混同'の例外の場面だけである〔民179①〕。上記の例のような所有者抵当の制度が認められると，抵当不動産の所有者は，1番抵当権の価値を利用して新たな融資を受けることができることから，金融の便宜に資するとされている。

所有者不明土地 **1** 不動産登記簿により所有者(共有者を含む。以下同じ)が直ちに判明しない，又は判明しても連絡がつかない土地。このような土地は，土地の所有者の探索に時間・費用を要するため，土地を円滑に利用することができず，また，土地の適正な管理がされない結果，周辺地域に悪影響を生じさせるおそれがある。この所有者不明土地問題と呼ばれる問題について総合的な対策を講ずるため，平成30年に，「所有者不明土地等対策の推進のための関係閣僚会議」が設置された。

2 所有者不明土地問題への対策としてされた立法措置には，次のものがある。令和2年法律12

号により改正された'土地基本法'は，所有者不明土地問題への対策としての土地の適正な利用・管理という観点から，土地所有者等の責務〔土地基6〕を定めるとともに，国・地方公共団体が施策を講ずる〔土地基13⑤〕ものとしている。所有者不明土地は，イ その発生を抑制する一方で，すでに発生している所有者不明土地については，ロ その円滑な利用・管理の確保を図り，又は所有者不明の状態を解消する必要がある〔土地基13⑤参照〕。イに対応する立法措置としては，令和3年法律24号による不動産登記法の改正や，「相続等により取得した土地所有権の国庫への帰属に関する法律」（令和3法25）の制定が，基本的なものである。また，ロに対応する立法措置としては，「所有者不明土地の利用の円滑化等に関する特別措置法」（平成30法49）の制定及び令和4年法律38号による同法の改正，令和3年法律24号による民法等の改正，令和5年法律58号による住民基本台帳法の改正などがある。そのほか，変則型登記がされた土地については，「表題部所有者不明土地の登記及び管理の適正化に関する法律」（令和1法15）の制定が，森林については，平成28年法律44号による森林法の改正や森林経営管理法（平成30法35）の制定が，農地については，平成30年法律23号及び令和4年法律56号による農業経営基盤強化促進法等の改正が，それぞれロに対応する立法措置に位置付けられる。これらの立法措置により定められた所有者不明土地に関する各ルールが適用されるのは，冒頭に掲げた一般的な定義にかかわらず，各ルールが対象とする所有者不明土地の定義〔所有者不明土2①②，所有者不明土登2①③等〕や定式〔民264の2①等〕に，問題となる土地が当てはまるときである。

3 所有者不明建物についても，その問題への対策として，所有者不明土地と共通又は類似のルール〔民262の2①・262の3①（民262の2⑤・262の3④において不動産の使用又は収益をする権利の'準共有'に準用），民264の8①，不登76の2①・76の5等〕が適用されることや，所有者不明の物一般を対象として適用されるルールが定められていること〔民251②・252②①・252の2②（民264本文において準共有に準用）〕がある。また，所有者不明化への対策として，区分所有法等の改正が予定されている。

所有と経営の分離 人的会社たる'合名会社'に典型的にみられるように，少数の機能資本家たる社員によって構成されている小規模な会社においては，出資者たる社員が直接会社経営を担当するものとされており，企業の所有と経営は一致している。これに対して，'物的会社'の典型たる'株式会社'では本来的には広範囲の層から多くの資本を集積する大規模な企業形態を予定しており，このような会社においては，その社員の大多数は会社経営には関与せずに，専ら投資による収益のみを求める無機能資本家たる'株主'によって構成されることになり，会社経営は経営専門家としての'取締役'や'執行役'に委ねられることになる。そして経営専門家による会社経営を確保するために，法制度上も株主資格と取締役資格又は執行役資格とが切り離され〔会社331②本文・402⑤本文〕，第三者機関制がとられる。会社の所有者である出資者が会社経営に直接関与せず，会社経営が出資者の資格から切り離された経営専門家に委ねられることのような状況を所有と経営の分離と呼んでいる。ただし，会社法はその規整対象としての株式会社のみならず，所有と経営が未分離な状態にある会社をも政策的に含めており，その規整内容として，株主が直接経営に関与しうる仕組みを定めている〔会社295①・331②但等〕。所有と経営が分離している株式会社とりわけ'上場'会社では，株主と経営者の間でしばしば利害対立が起こり，'エージェンシー・コスト'が発生する。経営者の株主に対するエージェンシー・コストを削減するためには，企業経営や経営者を監視する枠組みを適切に構築することが必要であるとされる（⇒コーポレート・ガバナンス'）。現代は，年金制度の発達や'投資信託'への資金流入の拡大を背景にして少数の'機関投資家'に株式保有が集中し，所有と経営の分離の前提となる株式保有の分散現象が変質している。投資先企業の会社経営における機関投資家の役割の重要性が増している（⇒スチュワードシップ・コード'）。なお，株式会社における所有と経営の分離は，上記のような制度的分離の場合を意味するだけではなく，会社経営に関心をもたない短期的・投機的志向の投資家の増大や株式所有の分散化によっても生じるため，株主の地位の弱体化とそれに伴う株主の会社に対する支配・監督機能の喪失傾向を意味する場合にも用いられることがある。しかし，このような場合は，所有と支配の分離と呼ぶほうが適切であろう。

処理基準 '地方公共団体'が'法定受託事務'を処理するにつき「よるべき基準」〔自治245の9〕として各大臣及び都道府県の'執行機関'が定めるもの。'地方自治法'の平成11年改正（法87）前は，'機関委任事務'に関して国が'通

しらじけい

達'を発したり，個別の指示を行って地方公共団体を法的にも拘束していた。処理基準は，必要最小限度のものでなければならず〔自治245の9⑤〕，法的拘束力をもつものでもない。処理基準において，新たな事務の*義務付け'や*必置規制'を定めることはできない〔自治2②・245の2〕。ただし，処理基準によらず事務を執行することが，その結果として著しく適正を欠き，公益を明らかに害する場合等には，*国の関与'としての*是正の指示'の対象となることはありうる。処理基準の定立自体は，個別具体的な関与行為ではないので，地方自治法の定める国の関与ではなく，*国地方係争処理委員会'手続の対象にはならない。処理基準をどのような形式で定立するかについて，法は定めていない。*自治事務'の処理に関する基準について地方自治法に明文の規定はなく，事務の性質上，法律ないしその委任に基づく*行政立法'によらねばならない。 ⇨処分基準' 審査基準'

白地(ぢ)刑罰法規　科する刑罰の種類・程度だけを規定し，その犯罪*構成要件'の具体的内容を他の法令あるいは行政処分に譲っている刑罰法規。白地刑法ともいわれる。例えば，刑法94条は，局外中立に関する命令の違反に対して，3年以下の拘禁刑又は50万円以下の罰金という刑罰を規定しているが，どのような行為が局外中立に関する命令違反という構成要件に当たるかは，局外中立に関する命令が発せられて初めて定まる。白地刑罰法規は行政刑罰法規にしばしばみられる。

白地(ぢ)刑法　⇨白地(ぢ)刑罰法規'

白地(ぢ)式裏書　**1 意義**　*指図証券'において被裏書人を記載しないでされる*裏書'。白地裏書・*略式裏書あるいは無記名式裏書ともいう。*記名式裏書'に対する。これには，裏書文句を記載して被裏書人欄だけを空白にしたものと，裏書文句の記載もないものとがあるが，後者の場合は，振出等の行為との混同を避けるため，*手形'・*小切手'の裏面又は*補箋'にしなければならない〔民520の3，手13②・77①①，小16②〕。

2 白地式裏書による取得者　白地式裏書による証券の取得者は，権利行使に際して自分の名称を補充してもしなくてもよい。また，権利を他人に譲渡するに際して，自己の名称を補充し，又は補充しないで裏書を続けてもよいし，直接他人の名を補充して交付してもよい。更に被裏書人白地のまま他人に交付することもできる〔民520の3，手14②・77①①，小17②〕。

3 効力　白地式裏書にも*資格授与的効力'があり，最後の裏書が白地式の証券の所持人は形式的資格者と認められ，白地式裏書に次いで他の裏書があるときは，次の裏書人は白地式裏書によって取得した者とみなされる〔手16①・77①①，小19〕。白地式裏書による譲渡の場合も，記名式裏書と同様に善意取得（⇨有価証券の善意取得'）及び抗弁の制限が認められ，また*担保的効力'が認められる。

白地(ぢ)手形(小切手)　**1 意義**　*手形行為'者が*手形要件'の全部又は一部を空白にしたまま*署名'した書面であって，その空白にした要件を後日取得者に補充させる意思で流通に置いたもの。署名者が*振出人'である場合（白地振出し）のほか*引受人'や*保証人'である場合（白地引受け・*白地保証'）もある。欠けた要件の補充が予定されている未完成な*手形'であって，要件が補充されれば有効な手形となる点で，要件を欠く*無効'な手形，すなわち*不完全手形'と異なる。手形を交付する際に，要件として手形に記載すべき事項が決まっていない場合に利用される。

2 白地手形と不完全な手形との区別　署名者が補充を委ねたかどうかを基準とする説（主観説），外形上補充を予定されている手形と認められるかどうかを標準とする説（客観説），更に，署名者が具体的に補充権を与えた場合のみならず，書面の外形上，欠けている要件が将来補充を予定されているものと認められる場合において，署名者がそのような書面であることを認識し，又は認識すべくしてこれに署名したときは，それによって当然に補充権を与えたものと認める説（折衷説）がある。

3 性質　白地手形は，欠けている要件の補充を条件とする*手形上の権利'と，補充をして上記の条件を成就させる権利（*白地補充権'）とが合わせて表章されている*商慣習法'上の*有価証券'と考えられている。

4 補充前の白地手形の効力　補充前は手形としての効力がなく，したがって，未補充のまま呈示しても，附遅滞又は*遡求権'保全の効力を生じないが，*時効の完成猶予'については，白地手形のまま訴えを提起してもその効力があるとされる（最大判昭和41・11・2民集20・9・1674）。

5 流通　白地手形は，商慣習法上，手形と同様の方法による流通が認められ，したがって，取得者には善意取得（⇨有価証券の善意取得'），抗弁の制限による保護が認められる。

6 不当補充　補充があらかじめされた合意と異なるときは，署名者はその違反につき*悪意'・*重過失'のない所持人に対しては，その違反を

主張することができない〔手10・77②〕。
7 白地小切手 以上に述べたことは*小切手にも当てはまる〔小13〕。

白地(しらじ)補充権 *白地手形(小切手)'の白地を補充する権利。単に補充権ともいう。白地手形を*不完全手形と区別するのは、前者には白地補充権が与えられている点である。補充の内容及び時期は明示的又は黙示的に限定されるが、それに違反して補充がされた場合、署名者は'悪意'・'重過失'のない所持人に対してはその違反をもって対抗することができない〔手10・77②、小13〕。白地補充権は、白地手形に表章されており、白地手形の交付によって相手方に移転する。*消滅時効'期間については、20年説〔民166②〕・10年説〔民166①②〕・5年説〔民166①Ⅰ〕・3年説〔手70①・77①⑧〕などがあり、5年説が判例(最判昭和44・2・20民集23・2・427)及び多数説であるが、補充権自体の時効を問題とせず、*手形上の権利'の時効と補充権の内容及び不当補充の効果の問題として取り扱うべきだという見解も主張されている。

白地(しらじ)保証 *白地手形(小切手)'に*保証人'として*署名'すること。既存の白地手形(小切手)に署名する場合と、自ら白地手形(小切手)を作成して署名する場合とがある。欠けた要件が補充されたときに保証人としての責任を負う。⇒商事保証'

白鳥事件 昭和27年、札幌市警察本部の白鳥警部が射殺された事件。首謀者として起訴されたMは無実を主張したが、有罪判決が確定した。Mはその後、*再審'を請求した。この請求に関して、最高裁判所は再審開始を認めなかったものの、再審請求段階においても、*疑わしきは被告人の利益に'の原則が適用されるという重要な判断を示した(最決昭和50・5・20刑集29・5・177)。白鳥決定と呼ばれるこの判例は、その後のいくつかの著名事件での再審開始のきっかけとなった。

自力救済 Ⅰ 民法上、例えば、借家人が家屋を立ち退かないので、家主が自らの実力でこれを追い出すなどのように、私人が司法手続によらず自己の権利を実現することをいう。*自救行為'ともいう。自力による権利の行使を広く認めると社会秩序が混乱するおそれがあるので、国家の権力が確立した今日では、私人の権利の実現は司法手続を通して行うのが原則で、自力救済は許されない。自力の行使に対しては*占有訴権'により*原状回復'を請求でき、また*不法行為'を理由として損害賠償責任を追及できる。しかし、例外的に、事態が急迫して公権力による救済をまついとまがなく、かつ、後になっては回復が困難な事情がある場合には自力救済が許され、その場合には不法行為責任が阻却される。

Ⅱ 国家が自己の権利を確保するため、自ら選んで措置をとること。自助ともいう。かつては国際法上の権利確保の原則的手段として*戦争'・*復仇(ふっきゅう)'などが行われていた。今日では武力不行使原則及び紛争の平和的解決原則に抵触する限りで違法とされ、戦争及び武力を伴う復仇は禁止され、武力を伴わない復仇も、対抗措置と呼ばれるようになるとともに、その機能を法の実現手法から実現促進手法へと変化させた。

Ⅲ 刑法上は、狭い意味では*自救行為'というのが通常。その項をみよ。

自力執行力 ⇒行政行為の効力'

自立訓練 *障害者総合支援法'による*障害福祉サービス'の一種〔障害総合支援5①〕。障害者につき、自立した日常生活又は社会生活を営むことができるよう、一定期間にわたり、身体機能又は生活能力の向上のために必要な訓練その他の便宜を供与すること〔障害総合支援5⑫〕。身体機能の向上に係る機能訓練と、生活能力の向上に係る生活訓練がある〔障害総合支援則6の7〕。平成30年度より、障害の区別なく両訓練とも利用可能となった。⇒訓練等給付費'

自立支援給付 *障害者総合支援法'により市町村が行う給付。障害者・障害児が、事業者・施設との契約に基づき*障害福祉サービス'を利用した場合に、要した費用に対して支給される金銭給付。*介護給付費、特例介護給付費、*訓練等給付費、特例訓練等給付費、特定障害者特別給付費、特例特定障害者特別給付費、地域相談支援給付費(⇒地域相談支援')、特例地域相談支援給付費、計画相談支援給付費、特例計画相談支援給付費、自立支援医療費、療養介護医療費、基準該当療養介護医療費、補装具費及び高額障害福祉サービス等給付費の支給から成る〔障害総合支援6〕。不正な手段により自立支援給付を受けた個人・事業者等からは不正利得を徴収すること〔障害総合支援8〕、給付に関して必要があるときは、障害者やその家族、障害福祉サービスを行う者などに対し、行政が報告の徴収・質問等を行うことができること〔障害総合支援9~11〕などの規定がある。自立支援給付の受給権には、譲渡・*担保'・*差押え'の禁止、*租税'その他の*公課'の禁止といった保護が及ぶ〔障害総合支援13・14〕。支給に係る費用の財源

しるけんり

は，国及び地方公共団体の負担により賄われる〔障害総合支援92〜95〕。

知る権利 表現媒体を通じ又は直接に，政府に関する情報を妨げられることなく享受し又は情報の提供を要求する国民の権利。**1 沿革** 国家秘密の増加したアメリカで，新聞法制の権威クロス(Harold Cross, 1890〜1959)の「国民の知る権利」(1953)以来，政府機関の情報を公開させる権利として主張され，「情報自由法」(1967)を生む原動力となった。他方，マスメディアが発達して表現の「送り手」の地位を独占し，「受け手」である一般国民との乖離(かいり)が顕著となった今日，*表現の自由'を表現の受け手の自由である知る権利を含むものとして再構成し，マスメディアの*報道の自由'・*取材の自由'を，知る権利に奉仕するものと捉える考えも有力に説かれている。**2 性格** イ *自由権'的側面：国民は，多様な思想や情報を受け取ることを，*公権力'によって妨げられない。よど号ハイジャック記事抹消事件の最高裁判所判決(最大判昭和58・6・22民集37・5・793)などで憲法上の権利として認められている。ロ *社会権'的側面：国民は，*国民主権'の理念に基づき，政府が保有する情報を積極的に公開することを求める権利を有する。それが具体的請求権となるためには，*情報公開制度'の整備が必要であり，「行政機関の保有する情報の公開に関する法律」は，知る権利に明示的には言及していないが，この整備を進展させた〔行政情報公開1参照〕。**3 マスメディアとの関係** 博多駅テレビフィルム提出命令事件の*特別抗告'に対する最高裁判所決定(最大決昭和44・11・26刑集23・11・1490)は「報道機関の報道は，民主主義社会において，国民が国政に関与するにつき，重要な判断の資料を提供し，国民の『知る権利』に奉仕する」と述べている。マスメディアに対して一般国民の「知る権利」が主張される場合には，*アクセス権'と呼ばれることが多い。

シルバー人材センター *高年齢者等の雇用の安定等に関する法律'に基づき，定年退職者その他の高年齢退職者の希望に応じた，雇用によらない臨時的かつ短期的な就業の機会等を提供する目的で設立される一般社団法人又は一般財団法人〔高年6章〕。昭和49年に東京都で高齢者事業団として発足し全国に広まった存在に法的地位を付与しようとするもの。中央の全国シルバー人材センター事業協会のほか，市町村(特別区を含む)などを単位に設置されるものがある。

指　令 1 第二次大戦後，連合国最高司令部が日本管理にあたって発した命令。命令の形式としては，一般命令・狭義の指令・覚書・書簡などがあり，狭義の指令は，占領当初に出された3つにすぎず，その後は主として覚書の形式がとられた。
2 人事院が発する指令については，*人事院指令'をみよ。

知れている債権者 債権者が誰であり，その*債権'がいかなる原因に基づくいかなる内容のものかの大体を会社が知っている債権者をいう。資本金・準備金の減少や組織再編の際に*債権者保護手続'として，かかる債権者に各別に*催告'することが要求される場合がある。係争中の債権者も含むとする判例(大判昭和7・4・30民集11・706)がある。

白　票 ⇨青票(せいひょう)'・白票(はくひょう)'

仕訳帳 ⇨会計帳簿'

人役権 特定の人の便益(収益や使用など)のために他人の物を利用する*物権'。民法の*地役権'は土地の便益のために他人の土地を利用する権利であるが，人役権は人の便益のための利用権で，ローマ法では重要な作用を営んだといわれる(*役権')。「旧民法」は規定を置いた〔旧民法財産編44〜114〕が，現行民法は認めなかった。しかし，今日も，意味があり，特別法上の利用権には人役権類似の制度があるといわれている〔森林50〜67〕。

侵害処分 ⇨不利益処分'

深海底 *大陸棚'を越える海底とその地下〔海洋法約1①(1)〕をいい，*国際連合海洋法条約'は，深海底を*人類の共同の財産'として国家の主権又は主権的権利の行使を否定し，その開発を国際海底機構が担うという深海底制度を規定している〔海洋法約11部〕。途上国は国際海底機構による直接開発を，先進国は国際海底機構に登録するか，あるいはライセンスの発給を受けた，各国家及び私人による開発を各々主張して鋭く対立した。国際連合海洋法条約は，商業的生産開始15年後に再検討会議を行うこととし，それまでは国際海底機構の機関であるエンタープライズと，国際海底機構が承認した国家や企業が並行して開発することとした〔海洋法約153・155〕。1994年国際連合海洋法条約第11部実施協定(「1982年12月10日の海洋法に関する国際連合条約第11部の実施に関する協定」)(平成8条7)は，附属書により，先進国の主張を反映した開発制度を設定した。 ⇨国際海底機構'

侵害犯 保護*法益'の現実の侵害を要件

人格権 人の生命・身体・自由・名誉・氏名・貞操・信用など人格的利益は，財産的な利益とともに，他人の侵害から保護されなければならない。これらを違法に侵害すると゛不法行為゛となる。このように法的保護の対象となる人格的利益を総称して，人格権と呼ぶ。民法は，この種の人格権として，身体・自由・名誉だけを挙げている〔民710〕が，それは例示であって，身体的人格権のほか，貞操・信用・氏名，肖像，゛プライバシー゛，自己決定などの精神的利益が人格権として広く認められつつある。人格権を侵害すると，不法行為として゛損害賠償゛責任が生じるほか，゛公害゛事件など継続的な人格権侵害の事件では，人格権に基づく差止めが認められている。

人格(的)責任論 個々の行為だけでなく，その背後にある行為者の人格にその゛責任゛の基礎を求める理論。゛行為責任゛論は，具体的な人間の把握において不十分であり，゛性格責任゛論は，非難の要素を欠くだけでなく，人格の主体的な面を無視するとした。犯罪行為は，行為者の人格の主体的現実化であるので，第1次的に着眼すべきは，行為そのものであるが，その背後にある行為者の人格も，素質・環境による重大な制約を受けながら主体的に形成されてきたもので，ある程度までは，自分自身の主体的な努力によって形成していくことのできるものであるから，第2次的には，人格形成における人格態度に対して行為者に非難を加えることができる（反面，素質・環境が人格形成を必然的に制約する面においては，非難を軽減・排除する方向に働き，よって，人格形成の過程は，責任を基礎付け強めるプラスの方向にも，排除し弱めるマイナスの方向にも意味をもつ）とする。行為責任の背後に人格形成責任を認めて，合一的に理解された両者を全体として，人格責任と呼ぶ。人格形成責任を認めることによって，常習犯について，その常習性の形成が本人の責めに帰することができるものであるときは，責任非難はそれだけ大きくなり，重い刑に値すると解する。

人格的自律権 ⇨゛自己決定権゛

新過失論 ⇨゛過失゛＊゛過失犯゛ ⇨゛不法行為゛

新株発行 ⇨゛募集株式の発行等゛

新株発行差止請求権 ⇨゛募集株式の発行等の差止め゛

新株発行費等 ⇨゛繰延資産゛

新株発行不存在確認の訴え ⇨゛会社の組織に関する訴え゛

新株発行無効の訴え ⇨゛会社の組織に関する訴え゛

新株引受権 ⇨゛募集株式の割当てを受ける権利゛

新株予約権 **1 意義・法的性質・利用例** 権利者があらかじめ定められた期間内にあらかじめ定められた価額を゛株式会社゛に払い込むことにより会社から一定数の新株の発行又は株式の移転を受けることができる権利〔会社2㉑〕。株式のコール・オプションの付与（⇨゛オプション取引゛）であり，行使期間内に権利行使価額全額を払込み又は給付することにより，権利を行使した日に株主になる権利であって〔会社282〕，その法的性質は形成権である。平成13年改正（法128）商法により，誰に対しても，新株予約権を付与できることとされ，会社法により゛取得請求権付株式゛の取得対価等として交付できるようになるなど〔会社107②②ハ③ホ等〕，その用途は更に拡大・柔軟化された。゛取締役゛・゛使用人゛に対するインセンティブ報酬たる゛ストック・オプション゛として付与されるのみならず，新株予約権無償割当て〔会社277〕を行い株主権の希釈化を防止しつつ株主割当てにより資金調達を行うライツ・イシューの手段として又は，社債発行と同時に新株予約権を発行することにより資金調達を行うための手段として用いられる。更に，゛ベンチャー企業゛等が現金支出に代えて取引先等に交付したり，敵対的゛企業買収゛に対する防衛策として株主無償割当てをしたりする等の利用方法がある。

2 発行手続 **イ** 株主割当て以外の募集新株予約権：゛公開会社゛以外の会社では，原則として゛株主総会゛の゛特別決議゛により，公開会社では有利発行に当たる場合を除き゛取締役会゛決議により，募集の都度，募集事項を決定する〔会社238①・240①〕。発行に際しては，a 目的である株式の数，b 権利行使価額，c 現物出資による行使の場合にはその旨と当該財産の内容・価額，d 行使期間，e 行使により増加する資本金・資本準備金に関する事項，f 譲渡制限新株予約権とする場合にはその旨，g 新株予約権証書を発行するときはその旨，等の新株発行の内容を定めるほか〔会社236①〕，h 数，i 金銭の払込みを要しないときはその旨，j 払込金額，k 割当日，l 金銭の払込期日を定めるときはその期日，m ゛新株予約権付社債゛のときは募集社債に関する事項，等の募集事項を定めなければならない〔会社238①〕。ただし，i 又は j が特に有利な条

しんかぶよ

件・金額であるときは，公開会社でも株主総会の特別決議を要し，取締役は株主総会でそれを必要とする理由の説明義務を負う〔会社238③〕。また，ある引受人が引き受けた募集新株予約権を行使することにより総議決権数の過半数に達する場合において，総議決権の10分の1以上の議決権を有する株主が異議を通知したときは，当該公開会社の財産状況が著しく悪化し，かつ，事業の継続に緊急の必要があるときを除き，株主総会の*普通決議*を要する〔会社244の2〕。株主総会は，委任に基づき決定できる募集新株予約権の内容及びhの上限，i，並びにi以外の場合にはjの下限について決定した上で，取締役会(非*取締役会設置会社*では取締役)に対し募集事項の決定を委任することができる〔会社239①〕。公開会社においては，有利発行に当たる場合を除き取締役会決議により募集事項を決定し，割当日の2週間前までに株主に対し決定した募集事項を通知又は*公告*しなければならない〔会社240①～③〕。ロ 株主割当てによる募集新株予約権：募集事項のほか，n 株主に割当てを受ける権利を与える旨，及びo 引受けの申込期日を，*非公開会社*は原則として株主総会の特別決議により，公開会社は取締役会決議により定める〔会社241①③〕。なお，*指名委員会等設置会社*である場合には，取締役会の決議により*執行役*に〔会社416④〕，*監査等委員会設置会社*である場合には，*定款*の定めに基づき取締役会にその決定を委任できる〔会社399の13⑥〕。ハ 新株予約権無償割当て：株主に対し無償で新株予約権を割り当てることも可能である〔会社277〕（⇨新株予約権の無償割当て'）。また，b 令和元年改正により，権利行使価額については，上場会社が取締役の報酬として発行するときは，払込み又は給付を要しないものとすることができるものとされた〔会社236③〕。

3 有利発行 上記i及びjにおいて，金銭の払込みを要しないとすること，又は払込金額が，引き受ける者に特に有利な条件・金額であるときは，常に株主総会の特別決議を要し〔会社238②・240①〕，取締役はそれを必要とする理由を総会で説明しなければならない〔会社238③〕。特に有利な条件・金額とは，新株予約権の発行時点における当該新株予約権の金銭的評価額を著しく下回る対価で発行する場合をいう。新株予約権の価値は，理論的にはa 権利行使価額，b 取得できる株式の時価，c 当該株式のボラティリティー（(予想)価額変動率），d 行使期間及びe 無リスク金利からブラック・ショールズ・モデル等のオプション評価理論を用いて算定される。会社法制定前商法の下では，取締役・従業員等に対し労務提供の対価として発行される新株予約権は新株予約権の対価としては無償と評価され有利発行に当たるとされたが，会社法は会計基準の変更に伴い，対価が見合っていれば有利発行とは解しないものとした。

4 行使 行使期間内に，新株予約権の内容・数，行使日を明らかにして行使する〔会社280①〕。

5 会社による取得 会社が任意に取得し消却するほか〔会社276。なお，会社287参照〕，発行決議において取得事由及び取得の対価等を定めた取得条項付新株予約権を発行することにより，発行会社が強制的に取得し消却することができる〔会社236①7・273～275〕。

6 消滅 新株予約権者が自己の有する新株予約権を行使することができなくなったときは，当該新株予約権は消滅する〔会社287〕。

7 違法発行に対する措置 法令・定款違反，又は著しく不公正な方法による発行により株主が不利益を受けるおそれがあるときは，株主は発行差止請求権を有する〔会社247〕（⇨新株予約権発行差止請求権'）。形成訴訟として対世効のある新株予約権発行無効の訴えも可能である〔会社828①④②④〕（⇨会社の組織に関する訴え'）。払込金額が著しく不公正である場合，現物出資された財産の価額が著しく不足する場合，及び払込み等が仮装であった場合には，新株予約権者や取締役等は特別の民事責任を負う〔会社285～286の3〕。

8 会計処理 払込金額は，権利行使の確定前は，*貸借対照表*の純資産の部の「新株予約権」の項目に計上され，権利行使により，権利行使価額と合わせて資本金及び資本準備金に振り替られ〔会社236①⑤〕，不行使が確定すると当該事業年度の利益に計上される。なお，取締役の職務執行など役務提供の対価として付与される場合には，その費用計上が義務付けられる。

⇨新株予約権の譲渡'

新株予約権買取請求権 *株式会社*の行為により新株予約権者の権利が影響を受ける場合に，新株予約権者に保護を与える必要から，会社法において導入された制度である。買取請求権が認められる場合には，譲渡制限の定めを設ける場合〔会社118①①〕，*全部取得条項付種類株式*へ転換する場合〔会社118①②〕，*組織変更*の場合〔会社777〕，組織再編行為の場合〔会社787・808〕等がある。なお，買取請求の撤回には，会社の同意が必要となる〔会社118⑧等〕。また，*新株予約権証券*が発行されている場合には，原則として，株式会社に対し，その新株予約権

証券を提出しなければならない〔会社118⑥等〕。

新株予約権原簿　新株予約権者及び*新株予約権証券・新株予約権付社債券に関する事項を明らかにするため会社法上作成を義務付けられる帳簿又は*電磁的記録'〔会社249〕。記載事項は法定されており，無記名式新株予約権証券に係るものについては証券の番号・内容・数，無記名式*新株予約権付社債券'に付された新株予約権については社債券の番号・内容・数，それ以外の新株予約権については新株予約権者の氏名・名称及び住所，内容・数，取得日，証券発行新株予約権であるときは証券番号等である〔会社249〕。原簿に記載された新株予約権者は，会社に対し，新株予約権原簿記載事項を記載した書面又は電磁的記録の交付請求権を有する〔会社250①〕。無記名式の新株予約権証券の場合を除き，会社は，新株予約権を取得した場合，又は自己新株予約権を処分した場合には，新株予約権原簿に記載・記録しなければならない〔会社259〕。新株予約権原簿の名義書換が，新株予約権の譲渡・質入れの会社その他の*第三者'への*対抗要件'であるが〔会社257①・268①〕，新株予約権証券・新株予約権付社債券の譲渡については交付が効力要件であり〔会社255①②・267④⑤〕，記名式証券の場合には会社に対抗するためには新株予約権原簿の名義書換を要する〔会社257②〕。記名式証券の譲渡を第三者に対抗するためには証券の占有を要する。これに対し，新株予約権証券・新株予約権付社債券の質入れの対抗要件は，会社・第三者ともに証券の継続占有である〔会社268②③〕。なお，振替新株予約権の譲渡・質入れには振替口座の記載・記録を要する〔社債株式振替174・175〕。名義書換手続は，証券発行新株予約権については証券の提示により〔会社260①②，会社則56②〕，それ以外の場合は，新株予約権原簿の権利者と取得者とが共同して請求する等，所定の方法による〔会社260①②，会社則56①〕。会社による新株予約権者に対する通知・*催告'は，新株予約権原簿に記載・記録された権利者の住所に宛てて発すれば，実際には到達していなくても免責される〔会社253①②〕。新株予約権原簿は，本店に備え置かれ，株主・会社債権者・親会社社員の閲覧等に供される〔会社252〕。

新株予約権証券　*新株予約権'を表章した記名式又は無記名式の*有価証券'〔会社236①⑩・249①③〕。新株予約権証券を発行する旨の新株予約権の内容の定めに基づき，新株予約権を発行する日以降に発行される〔会社236①⑩〕。そのような定めのある新株予約権を証券発行新株予約権という〔会社249③ニ〕。証券発行新株予約権者は，記名式と無記名式の間でいつでも転換を請求する権利を有するが〔会社290〕，それを制限するときは新株予約権の内容としてその旨を定めなければならない〔会社236①Ⅲ〕。新株予約権の譲渡にはこの交付を要し〔会社255①〕，その行使には証券の会社への提出を要する〔会社280②〕。その所持人は権利者と推定され〔会社258①〕，*善意取得'制度が適用される〔会社258②〕。ただし，記名式の新株予約権証券の譲渡の場合には，取得者の氏名・名称及び住所を*新株予約権原簿'に記載・記録しなければ会社に対抗できない〔会社257②〕。新株予約権証券は要式証券であり，会社の*商号'，当該新株予約権に係る証券発行新株予約権の内容・数及びその番号を記載し，代表者が署名又は記名押印しなければならない〔会社289〕。*株券'と異なり，公示催告手続の対象となる〔会社291〕。会社は，払込期日後遅滞なく新株予約権証券を発行しなければならないが，新株予約権者の請求があるときに限り発行する取扱いができる〔会社288〕。なお，*新株予約権付社債'においては，新株予約権は社債券に表章されるため，新株予約権証券は発行されない。

新株予約権付社債　*新株予約権'を付した*社債'〔会社2㉒〕。両者を分離して譲渡・質入れできない〔会社254②③・267②③〕。発行会社の株式のコール・オプション（⇒オプション取引'）を社債発行とともに付与するものであり，社債権者としては会社の業績の向上により新株予約権を行使して株主になることができ，他方発行会社としてはオプションを付与する分，社債を低利で発行できるメリットがある。社債に付される新株予約権の数は社債の金額ごとに均等でなければならない〔会社236②〕。新株予約権の行使により社債が常に消滅する形でしかその行使ができないもの〔会社280④〕が転換社債型新株予約権付社債と呼ばれ，金銭等当該社債以外の財産を出資する形で新株予約権が行使されるものが非分離型の新株予約権付社債と呼ばれる。募集には社債の募集に関する規定ではなく〔会社248〕，新株予約権の募集に関する規定が適用される〔会社238①⑥〕。転換社債型新株予約権付社債は，新株予約権の行使により株式が交付されるものであり，金銭以外の財産である当該会社の債務が出資の目的とされているから，*現物出資'の一種である*デット・エクイティ・スワップ'となり，*検査役'調査の例外の要件を満たす限りにおいて検査役の調査を要しない〔会社284⑨〕。証券が発行される場合には新

しんかぶよ

株予約権は社債券に表章され、新株予約権付社債券には、社債券の記載事項のほか、新株予約権の内容及び数が記載される〔会社292①〕。

新株予約権の譲渡 1 意義 *法律行為*によって*新株予約権*を移転すること。新株予約権は原則として自由に譲渡することができるが、*新株予約権付社債*に付された新株予約権のみを譲渡することはできない〔会社254①②〕。以下では新株予約権付社債に付されたもの以外の新株予約権の譲渡について述べる。

2 譲渡の効力要件と対抗要件 イ *新株予約権証券*を発行する旨の定めのある新株予約権(証券発行新株予約権):*自己新株予約権*以外では、(意思表示に加えて)新株予約権証券の交付が効力要件であるが〔会社255①〕、自己新株予約権の処分による譲渡では新株予約権証券の交付は効力要件ではなく、その処分後、原則として遅滞なく新株予約権証券の交付をしなければならない〔会社255①但・256①〕。記名式の新株予約権証券が発行されている場合は*新株予約権原簿*の*名義書換*が会社に対する*対抗要件*とされるが〔会社257②。第三者に対しては証券の所持で対抗できる〕、無記名式の新株予約権証券が発行されている場合は証券の所持で会社その他の第三者に対抗でき、新株予約権原簿の名義書換は対抗要件ではない〔会社257③〕。新株予約権原簿には無記名新株予約権者の氏名等は記載されない〔会社249①〕。ロ 証券発行新株予約権以外の新株予約権:振替新株予約権以外では、一般原則により意思表示が効力要件となり、会社その他の第三者に対しては新株予約権原簿の名義書換が対抗要件とされる〔会社257①〕。振替新株予約権では(意思表示に加えて)*振替口座簿*の保有欄への増加の記載によって効力を生ずる〔社債株式振替174・190〕。

3 譲渡制限 新株予約権の内容として譲渡による取得について会社の承認を要するものと定めることもできる〔会社236①⑥〕。この場合には会社の承認を得た上でないと新株予約権原簿の名義書換ができない〔会社261〕。なお、会社が譲渡を承認しない場合でも、株式の場合のように会社にその新株予約権を買い取ったり指定買取人を指定したりするよう求める制度は用意されていない。 ⇨株式の譲渡'

新株予約権の無償割当て *株式会社*が*株主*'(*種類株式発行会社*にあっては、ある種類の種類株主)に対して新たに払込みをさせないで当該株式会社の*新株予約権*の割当てをすること〔会社277〕。株主の申込みを必要とせず、各株主の有する株式(*自己株式*を除く)の数に応じて割当てがなされる〔会社278②〕。株主の有する株式の種類と異なる種類の株式を対象とする新株予約権を割り当てることも可能である。割当てに関する事項の決定は、*定款*に別段の定めがない限り、*取締役会設置会社*では取締役会決議、それ以外の会社では*株主総会*の*普通決議*によってなされる〔会社278③〕。*買収防衛策*の一環として用いられることもある。

新株予約権発行差止請求権 募集*新株予約権*の発行が法令又は*定款*に違反する場合又は著しく不公正な方法により行われる場合において、*株主*'が不利益を受けるおそれがあるときに、株主が*株式会社*に対してその発行をやめることを請求することができる権利〔会社247〕。新株予約権発行無効の訴え(⇨会社の組織に関する訴え')が株主によって新株予約権発行に対する事後の救済手段であるのに対し、新株予約権発行差止請求権は事前の救済手段となっている。新株発行差止請求権(⇨募集株式の発行等の差止め')と同様に、この請求権の行使による差止めの訴えを*本案*として*仮処分*による差止めが求められることが多い。近年では特に*買収防衛策*を導入した会社において同条の類推適用により株主が差止めを求めるケースが多く出てきている。

新株予約権発行無効の訴え ⇨会社の組織に関する訴え'

新価保険 1 意義 保険の目的の新調達価格を*保険価額*とする*保険*。中古の建物を保険につける場合、その時価が1000万円であると、その額を超える保険をつけてはならないのが原則(⇨超過保険')、この建物が焼けて同じ程度のものを再建しようとすると2000万円かかるので、保険金だけでは賄いきれないので、この場合に備えて、保険金によって従前と同じ程度の物を再調達することができるように考えられたものが新価保険である。

2 適法性 *被保険者*が受け取る保険金は、被保険者が現実に受けた損害額をオーバーし、また保険金により新品を調達すると、中古品に比べて、より大きい利益を被保険者が享受し、その耐用年数が増加するという利得が生ずるが、この程度の利得は別に不法のものとはいえないので、新価保険は適法と解されている。

3 実情 実際の*約款*では、減価割合が50%を超えるときは新価保険を認めず、また、保険金は、一応時価で支払った上で新価部分は現実に再調達した場合に改めて支払うという方法により、被保険者の利得防止を図っている。

神器 古来、*皇位*の*象徴*とされてき

た鏡，剣及び玉。俗に三種の神器といわれている。旧皇室典範(明治22勅定，昭和22廃止)は，皇嗣は，即位するとともに，「祖宗ノ神器」を承継すると定めていた〔旧皇10〕が，日本国憲法及び*皇室典範*には，神器について直接に触れた明文はない。しかし，皇室経済法は，「皇位とともに伝わるべき由緒ある物は，皇位とともに，皇嗣が，これを受ける」と定めており〔皇経7〕，神器はここにいう「由緒ある物」として，皇嗣が皇位とともにこれを受ける。

審議会 国の行政機関である*府*・*省*・*委員会*・*庁*又は*地方公共団体*の*執行機関*に附属する合議制の*諮問機関*〔内閣府37・54，行組8，自治138の4③・202の3①〕。行政上の政策立案から具体的行政行為に至るまで，行政作用の各段階で，学識経験者や利害関係人の意見を反映させるために，いわゆる審議会行政が行われている例が多い。　⇨附属機関*

新技術等実証制度　⇨規制のサンドボックス制度*

新規性(特許法上の)　特許要件の1つであり，出願発明が特許出願前に公に知られ又は知られうる状態にないことをいう。新規性のない発明は，社会の技術の豊富化に何ら寄与しないため，特許権の付与に値するものではなく，新規性のない発明に特許権を付与すると，既に出願発明と同一の技術を実施している当業者の予測可能性を害することとなり，かえって産業の発達を阻害することになりかねないため，特許権の保護が否定されている。特許法は，イ 公然知られた発明(公知発明)，ロ 公然実施をされた発明(公用発明)，ハ 頒布された刊行物に記載され，又は，電気通信回線を通じて公衆に利用可能となった発明(文献公知発明)を新規性喪失事由として規定している〔特許29①①〜③〕。もっとも，新規性喪失の例外として，a 特許を受ける権利を有する者の意に反して新規性を喪失した場合や，b 特許を受ける権利を有する者の行為に起因して新規性を喪失した場合には，当該新規性喪失日から1年以内に出願がされれば，a, bにより新規性が失われなかったものとされる〔特許30①②〕。

信義誠実の原則　I　民法1条2項に掲げられている原則で，信義則ともいう。一般に社会生活上一定の状況の下において相手方のもつであろう正当な期待に沿うように一方の行為者が行動することを意味する。典型的には契約のような，ある法律関係に基づいて特別の社会的接触関係に入った当事者間において，権利義務規範の解釈の基準ともなるが，主として，法律や契約条項に規定されている権利義務関係を，具体的な事情に応じて創造又は調整する機能を果たしている。したがって，何が信義誠実の原則であるかは，具体的事情に応じて決定しなければならない。裁判上では*権利濫用*と重複して用いられていることが多いが，信義誠実の原則は，契約当事者とか夫婦親子のように特殊な関係にある者の権利義務について適用されているのに対し，権利濫用は，そういう関係にない者，例えば，土地所有権者とその土地の上の不法占拠者との関係に適用されると解されている。

II　民事の裁判手続において，当事者は，信義に従い誠実に手続を追行すべきであるとする原則〔民訴2，非訟4，家事2〕。当事者は，その法的地位を守るために手続上様々な権能を保障されるが，その行使は，相手方の*攻撃防御方法*提出の機会の保障及び裁判所による適正・迅速な判断形成の観点から一定の制約を受けることを意味する。従来，判例上認められてきた考え方であるが，近年の立法では，これを明文で規定している。信義則の具体的な機能としては，訴訟上の権能の濫用の禁止，訴訟上の禁反言(⇨エストッペル*)，訴訟上の権能の失効，訴訟状態の不当形成の排除が挙げられる。

信義則　⇨信義誠実の原則*

審議未了　*会期*が終了するまでに*議案*の審議が終わらないこと。*委員会*の審査段階で会期が終了した場合には審査未了という。議院が議決により特に閉会中の審査を認めない限り(⇨継続審査*)，会期中に議決に至らなかった案件は会期終了とともに消滅する(会期不継続の原則〔国会68〕)。委員会で議院の会議に付するを必要としないと決定し，かつ，7日以内に議員20人以上の会議に付する要求がないとき，その議案は消滅するが，これを廃案といい〔国会56③④〕，審議未了と区別される。

審級　1 同一訴訟事件又は決定・命令事件を異なる階級の裁判所に反復審判させる*上訴*制度における裁判所間の審判の順序及び上下関係をいう。上級審とは，上訴によって開始され，不服のある原裁判の当否を審理・判断する審級である。日本の審級制度は原則として3つの審級を設ける三審制であるが，裁判所は*簡易裁判所*・*地方裁判所*・*高等裁判所*・*最高裁判所*の4階級に分かれている。*家庭裁判所*は地方裁判所と同ervisioned級である。
2 民事訴訟における*判決手続*では，*第一審*は*事物管轄*の定めによって簡易裁判所，地方裁判所又は家庭裁判所，*第二審*(*控訴審*)はこれに対応して地方裁判所又は高等裁判所，第

しんきゅう

三審(上告審)は高等裁判所又は最高裁判所である。第一審・第二審(控訴審・*抗告*審)は事実審で、第三審(上告審・再抗告*審)は法律審である(⇨事実審・法律審*)。第一審・第二審・第三審と上がっていくのが通常であるが、第二審を省略して第一審から直接第三審に上がる*飛越(ひちょう)上告*[民訴281①但参照]も認められる。

3 刑事訴訟においては、第一審が簡易裁判所の場合も、その第二審・第三審はそれぞれ高等裁判所と最高裁判所である点で民事訴訟の場合と異なる。なお、決定に対する抗告も、全て高等裁判所が管轄する[裁16②]。

4 決定・命令手続(⇨判決・決定・命令*)においては、決定・命令に対して抗告ができるが、民事事件では、簡易裁判所のした決定に対しては地方裁判所が抗告審となり[裁24④]、高等裁判所が再抗告審となる[裁16②]。高等裁判所の決定については高等裁判所が抗告審となる[裁16②]。また、家庭裁判所の決定及び命令に対しても、高等裁判所が抗告審となる[裁16②]。なお、高等裁判所の決定・命令に対しては、最高裁判所への特別抗告のほか*許可抗告*が認められる[民訴336・337]。

[表：訴訟事件の審級]

		第一審	第二審 (控訴審)	第三審 (上告審)
民事		簡易裁判所 [裁33①1]	地方裁判所 [裁24③4]	高等裁判所 [裁16③]
		地方裁判所 [裁24①]	高等裁判所 [裁16①2]	最高裁判所 [裁7①]
		家庭裁判所 [裁31の3①2]		
刑事		簡易裁判所 [裁33①2]	高等裁判所 [裁16①2]	最高裁判所 [裁7①]
		地方裁判所 [裁24②]		
		高等裁判所 [裁16④]	なし	

審級管轄 下級裁判所の裁判に対し、上級の裁判所への*不服申立て*(*上訴*)を許す場合に、これらの裁判所間の審判の順序、上下の関係についての定めをいう。例えば、簡易裁判所は第一審を、地方裁判所は第一審と控訴審を*管轄*するという場合の管轄を指す。その個別の定めについては、*審級*をみよ。民事訴訟法では*飛越(ひちょう)上告*[民訴281①但]の認められる限度では任意的であるが、それ以外は全て法定の*専属管轄*である。刑事訴訟法では常に法定され、第二審を全て高等裁判所に委ねた点が、刑事手続の特色である。

審級代理 Ⅰ 民事訴訟法上、*訴訟代理権*を*審級*ごとに授与することとする建前で、日本の民事訴訟法の採用するもの。*控訴*・*上告*の提起を*特別授権*事項とする民事訴訟法55条2項3号の規定がその根拠条文とされている。これは上級審においても同一の*訴訟代理人*を選任するかどうかを審級ごとに判断する機会を本人に与えるものである。審級代理のため、特別の委任がない限り、控訴・上告ができないだけでなく、相手方の控訴・上告に対する応訴もできないと解するのが通説・判例(最判昭和23・12・24民集2・14・500)である。しかし、応訴だけはできるとする反対説がある。

Ⅱ 刑事訴訟法上は*審級弁護*をみよ。

審級の利益 第一審・控訴審・上告審と*審級*を重ねて、裁判所の慎重な判断を求めることが許されるという当事者の利益。上訴審で初めて新しい*事実認定*が行われると、その部分については審級を重ねることができないから、審級の利益を害するおそれを生ずる。民事訴訟法上の差戻し[民訴307・308]や、控訴審で*反訴*を提起するには相手方の同意が必要とされるなどの規定[民訴300]は、この利益を考慮したものである。また、刑事訴訟では、控訴審で*訴因変更*をすることができるかという問題と関連して論じられる。

審級弁護 刑事訴訟法上、*公訴*提起後における*弁護人*の選任は*審級*ごとにしなければならず[刑訴32②]、いわゆる審級弁護の原則がとられている。これは、被告人に、*上訴*審において弁護人を選任し直す機会を与えるもので、民事訴訟における*審級代理*と同じ考え方である。被告人のための上訴そのものは、被告人の明示の意思に反しない限り、原審の弁護人もすることができる[刑訴355・356]。なお、公訴の提起前にした弁護人の選任は、第一審においても効力を有する[刑訴32①]。

信教の自由 宗教を信じ、信仰を告白し、布教活動を行う個人・団体(教会、寺院、神社)の自由。宗教の自由又は信仰の自由ともいう。人権条項の中核をなす。日本国憲法は、「信教の自由は、何人に対してもこれを保障する」[憲20①前]と規定する。特に日本では、江戸幕府によるキリスト教禁止、明治初期の廃仏毀釈、昭和期に入ってからも、*国体*(万世一系の現人神(あらひとがみ))である*天皇*が統治する法社会体制=政治宗教としての*天皇制*)に反するとされた諸宗教が弾圧されただけに、信教の自由の保障が強調されるゆえんであろう。日本国憲法下

で信教の自由の侵害が問題となった事例として，日曜日授業参観事件(東京地判昭和61・3・20行裁37・3・347)，キリスト教牧師牧会活動事件(神戸簡判昭和50・2・20刑月7・2・104)，エホバの証人剣道実技拒否事件(最判平成8・3・8民集50・3・469)(⇨エホバの証人事件')等がある。中でも，エホバの証人剣道実技拒否事件で，退学処分を行った校長の裁量の濫用ないし逸脱が認定された点が注目される。個人の信仰の核心部分と矛盾する法義務を課すことは，当該個人にとって耐え難い結果をもたらすのみならず，その信仰を抱く一群の人々を社会(学校)から排除することを意味する。そこで課される法義務の内容の公共性，結果の重大さ，代替措置の可能性等を勘案し，当該個人への法義務を免除するというのが，信教の自由の具体的意味となる(良心的兵役拒否)。なお，最高裁判所は，オウム真理教解散命令事件(最決平成8・1・30民集50・1・199)において，宗教法人法に基づく解散命令は専ら*宗教法人'の世俗的側面だけを対象としているのだから，法人格を剥奪しても，法人格を有しない宗教団体及び信者の信教の自由に介入しようとするものではないと判断している。 ⇨政教分離の原則' ⇨自衛官合祀(ごう)事件'

審　決　Ⅰ　独占禁止法　*公正取引委員会'が行う審判手続を経た後の決定(ただし，審判手続を経ない審決もある)。平成25年改正(法100)により*行政審判'は廃止され，審決もなくなった。旧法に基づく審判手続は，指定された3名の審判官の指揮の下，*対審'構造により原処分の適法性・妥当性を審理するというものである。審判手続終結後，公正取引委員会は，審判官の作成する審決案をもとに，被審人による直接陳述等を踏まえて審決を行う。審決に不服がある場合は，東京高等裁判所に審決取消訴訟を提起することができる。審決の認定事実には*実質的証拠法則'が適用され，新証拠の申出も制限される。審決を取り消す判決が確定した場合，公正取引委員会は判決の趣旨に従って改めて審決をしなければならない。
Ⅱ　特許・実用新案・意匠・商標に関するものについては*審判'をみよ。

審決の申請　*行政不服審査法'によらない特殊な*行政上の不服申立て'について用いられる名称の1つ。*地方自治法'は，地方公共団体の機関の処分により違法に権利を侵害されたとする者のする不服申立てにこの名称を用いている〔自治255の4〕。

親　権　**1意義**　未成年の子を監護教育し，その財産を管理することを内容とする親の権利義務を総称して，親権という。権利と義務の両面の性格を有するが，子の利益のための義務であり職分であることが強調される〔民820及び令和4法102改正後の民821参照〕。
2主体　親権を行う者を親権者という。父母の*婚姻'中は，父母が共同して親権者となる(共同親権)が，父母の一方が行方不明であるときなど，共同行使ができないときは，他の一方だけが親権を行う〔民818〕。父母が*離婚'するときは，父母の協議により，又は*家庭裁判所'が，父母の一方を親権者と定める〔民819〕。*嫡出でない子'(非嫡出子)の親権は，原則として母が単独で行う〔民819④〕，父が*認知'したときは，父母の協議により又は家庭裁判所が，父を単独親権者と定めることができる〔民819④⑤〕。未成年の子A に，子Bがあるときは，AのBに対する親権は，Aの親権者又は未成年後見人Cが代行する〔民833・867①〕。*養子'の親権者は養親である〔民818②〕。父母の一方が親権者である場合，子の利益のために必要があると認められるときは，家庭裁判所は，親権者を変更することができる〔民819⑥〕。令和6年の改正(法33)により，父母が婚姻中でない場合にも，父母の協議又は家庭裁判所の*審判'によって，父母の双方を親権者と定めることもできることとなった〔改正後の民819①②⑤⑦〕。同改正では，共同親権者である父母の間で特定の事項に係る親権の行使について協議が調わない場合に，家庭裁判所が父母の一方が当該事項に係る親権を行使することを定めることを可能とする手続も設けられた〔改正後の民824の2③〕。
3内容　親権の内容は，子の身上監護権と財産管理権に大別されるのが通例である。前者に属するものとしては，イ *監護教育権'〔民820〕，ロ *居所指定権'〔民822〕，ハ 職業許可権〔民823〕などがあり，後者には，財産管理権のほか，子の財産に関する*法律行為'の代表権〔民824〕を含む。父母の離婚などの場合に，親権者のほかに父母の一方又は第三者を監護者として指定〔民766・771〕することがある。その場合，子の身上監護は監護者が行い，親権者は子の財産管理だけを行うこととなる。離婚などにより父母の一方が子と同居してその監護を行う場合に，父母の他方は，監護費用(養育費)を負担する義務を負い〔民877〕，また，原則として子と面会等の交流(面会交流)をすることができる〔民766①参照〕が，これらは親の地位に基づく効果であるため，親権者でない場合にも認められる。これらの事項の具体的な内容は，父母の協議で又

じんけん

は家庭裁判所が定める〔民766①・771〕。

4 制約 親権者は、子の人格を尊重し、子の年齢及び発達の程度に配慮しなければならず、かつ、その心身の健全な発達に有害な影響を及ぼす言動をしてはならない〔民821〕。また、子の利益と相反する行為をすることができない〔民826〕（⇨'利益相反行為'）。親権の行使が困難又は不適当であって子の利益を害するときは、家庭裁判所は請求により親権又は管理権の喪失〔民834・835〕や親権の停止〔民834の2〕の審判をすることができる。やむをえない事情がある場合には、父母は家庭裁判所の許可を得て親権又は財産管理権を辞任できる〔民837〕。

5 終了 親権は、子が成年に達したとき終了し、親権者は、管理した財産の計算をしなければならないが、財産の収益は、子の養育及び財産の管理の費用に充てたものとみなされる〔民828〕。

人 権 ⇨'基本的人権'

人権及び基本的自由の保護のための条約 ⇨'ヨーロッパ人権条約'

信玄公旗掛松事件 *'権利濫用'による*'不法行為'に関する大審院判決(大判大正8・3・3民録25・356)。事件は、国鉄中央線日野春駅付近に由緒ある松樹(信玄公旗掛松)があったが、線路がこの松と僅かに2m未満のところに敷かれ、しかも、そこで汽車の入替えが行われたため、松樹は汽車のばい煙で枯死したので、松の所有者が国に対して損害賠償を求めたものである。原審判決が、煙害予防の措置を講じなかったのは権利の濫用であると判示したのに対して、国側が権利の正当な行使である以上不法行為にはならないと争った。大審院は、権利の行使であっても法律上認められた適当の範囲内でこれをすることを要するものであるから、権利行使の際故意又は過失でその適当な範囲を超越し、失当な方法を行ったため他人の権利を侵害したときは、侵害の程度において不法行為が成立すると述べ、本件で国が煙害予防の方法を施さないで煙害の生ずるに任せ、松樹を枯死させたのは、社会観念上一般に認容できる範囲を超えているとして原判決を支持した。この判決は、権利濫用について、所有権の行使であってもそれが濫用にわたるときは不法行為となることを認め、他方、公害事件に関して、*'受忍限度'論の先駆けとなった。 ⇨'公害'

親権者 ⇨'親権'

人権宣言 1 イ 一般的には、人間の権利・自由を宣言し保障する憲法上の一群の規定で、*'権利宣言'と同義。ロ 狭義では、1789年の*'フランス人権宣言'(人及び市民の権利宣言)を指すことが多い。なお、人権宣言を含む憲法については、「憲法」に掲げた[表:主要国憲法の系譜(概要)]をみよ。

2 世界人権宣言のこと。 ⇨'世界人権宣言'

人権尊重主義 1 意義 *'基本的人権'はできるだけ尊重され、国家権力の介入から保護されなければならないという憲法上の原則。*'自然法'や*'自然権'の思想の影響の下に、*'アメリカ独立宣言'(1776)や*'フランス人権宣言'(1789)を経て、近代憲法が等しく採用するところとなった。権力分立(⇨'権力分立主義')と並んで、基本的人権を保障していない国は、およそ憲法をもっているとはいえないとさえいわれる〔フランス人権宣言16〕。

2 日本国憲法の規定 現行憲法は、このような歴史的背景の下に「この憲法が国民に保障する基本的人権は、侵すことのできない永久の権利として、現在及び将来の国民に与へられる」〔憲11〕と規定し、「すべて国民は、個人として尊重される。生命、自由及び幸福追求に対する国民の権利については、公共の福祉に反しない限り、立法その他の国政の上で、最大の尊重を必要とする」〔憲13〕と規定した。人権尊重主義は、*'国民主権'主義・国際*'平和主義'と並んで、現行憲法を支える3つの基本原則の1つとなっている。*'明治憲法'における人権保障は、「法律ノ範囲内」の臣民の権利にすぎなかった〔明憲2章〕が、現行憲法は、明治憲法の*'法律の留保'のついた「臣民権利義務」規定とは質的に異なる、真正の*'権利宣言'をもつに至った〔憲3章〕。

人権デュー・デリジェンス 企業活動が引き起こす人権への負の影響を特定・防止・軽減・説明するための一連の施策であり、顕在・潜在する人権への影響の評価、当該知見に基づく実行、その反応への検証、それらの影響の情報共有等を含む。「ビジネスと人権」の関わりが注目される中で、企業も人権の保護・伸長に責任をもつとの考え方が一般化し、強調されるようになった。代表的文書として2011年「ビジネスと人権に関する指導原則」(国連人権理事会第17会期)がある。

神勅天皇制 ⇨'神勅天皇制'

人権の私人間効力 ⇨'私人間効力(人権の)'

人権擁護委員 人権擁護委員法によって各市町村に設けられた公職で、*'基本的人権'の侵犯に対する監視と救済、自由人権思想の普及高揚を目的とする〔人権擁護1・2〕。市町村長が推薦した者の中から、都道府県の弁護士会・人権擁護委員連合会の意見を聴き、法務大臣が委員

しんこくり

を委嘱する〔人権擁護6〕。委員の任期は3年で,無給〔人権擁護9・8〕。人権思想の啓蒙(ﾓｳ)・宣伝,民間における人権擁護運動の助長,人権侵犯事件の救済のための調査・情報収集と法務大臣への報告や関係機関への勧告,貧困者に対する訴訟援助などの救済方法を講ずることなどを職務とする〔人権擁護11〕。委員数は約1万4000人(2024年現在)である。平成14年(2002)第154回国会に提出された人権擁護法案は,人権擁護委員を人権委員会の下に置き,人権委員会の委嘱に応じて一般調査・救済の任務にもあてるとしたが,同法案は廃案となっている。

人権擁護法案　⇨人権擁護委員'
人権理事会　⇨国際連合人権理事会'
進行協議期日　争点整理や*証拠調べ'の進め方など,訴訟の進行に関して,裁判所と当事者が協議するための*期日'〔民訴規95〕。厳格な方式に服する*口頭弁論'期日の外で,必要に応じて打合せを行い,審理を充実させることを目的とする。裁判所が相当と認めるときは,電話会議を利用したり〔民訴規96〕,裁判所外で開くこと〔民訴規97〕も許されるが,両当事者の立会権を保障する必要がある〔民訴規95①前〕。期日の内容は,訴訟の進行に関する事項に限定され,審理の実体に入ることは予定されていない〔ただし,民訴規95②参照〕。

人工公物　⇨自然公物・人工公物'
人工授精　⇨生殖補助医療'
人工妊娠中絶　母性保護のため,胎児が母体外において生命を保続することのできない時期に,人工的に胎児及びその附属物を母体外に排出すること〔母体保護2②〕。一定の事由に該当する者に対し,本人及び配偶者の同意を得て医師会の指定する医師がこれを行う〔母体保護14〕。⇨母体保護法'

信仰の自由　⇨信教の自由'
親告罪　*公訴'の提起に*告訴'のあることを必要条件とする犯罪。親告罪であるかどうかは,当該犯罪ごとに明文で規定されている。親告罪が認められるのは,事件を公にすると逆に被害者の不利益となるおそれがあり(例:名誉毀損罪〔刑230・232〕),又は事件が軽微で被害者の望まないものまで処罰する必要がない(例:器物損壊罪〔刑261・264〕)などのためである。なお,*親族間の犯罪に関する特例'のように犯人と被害者の間に一定の関係がある場合に限って親告罪となる〔刑244②〕ものを,相対的親告罪という。親告罪について,告訴を欠く*起訴'がなされたときは,公訴提起の手続がその規定に違反したため無効であるとして公訴が*棄却'される〔刑訴338④〕。しかし,親告罪についての刑事司法作用を完全に私人等の意思に委ねるのは好ましくないから,告訴不可分の原則〔刑訴238〕・起訴後の告訴取消しの禁止〔刑訴237①〕・告訴期間の制限〔刑訴235〕などの制度が設けられている。なお,親告罪と同様のものとして,*告発'又は請求をまって受理すべき事件〔刑訴237③・238②〕がある。これらは,*国際礼譲'(外国国章損壊罪〔刑92〕―請求),行政目的の優先(*独占禁止法'違反〔独禁96〕―告発)などの種々の理由に基づく。

新国際経済秩序　開発途上国が提唱した平等・公正な国際経済秩序。途上国が主導して国連総会が採択したその内容は1974年5月の「新国際経済秩序の樹立に関する宣言」(総会決議3201(S-VI)),「新国際経済秩序の樹立に関する行動計画」(総会決議3202(S-VI)),1974年12月の*国家の経済的権利義務憲章'などに盛り込まれた。主な内容は,*天然資源に対する永久的主権',特恵制度などを通じた途上国産品の輸出拡大,*多国籍企業'に対する規制の強化,最貧国・内陸国・島嶼(ﾄｳｼｮ)国などの不利な立場にある途上国への特別の配慮などである。構想の一部は一般特恵制度などに実現したが,その後,途上国債務問題の悪化,途上国間の経済格差の拡大,冷戦終結に伴う計画経済モデルの失効と自由主義・市場経済傾向の世界的な高まりなどのため,新国際経済秩序の実現を目指す運動は頓挫した。

申告納税方式　*課税要件'の充足によって成立している*納税義務'の内容(納付しなければならない税額)を納税者が自ら計算して申告し,納付する制度。すなわち,税額が原則として納税者の申告によって確定する方式のこと〔税通16①Ⅰ〕で,*賦課課税方式'に対する観念である。日本では,第二次大戦前は専ら賦課課税方式によっていたが,戦後,アメリカの制度に倣って申告納税方式が導入され,現在では,*国税'については若干の例外を除いて一般的に申告納税方式が採用されている。地方税については,申告納税に相当するものとして申告納付の制度がある〔地税1①8〕が,法人住民税・法人事業税など若干のものに限られている。なお,申告納税方式においても,納税者が正しい申告を行わず,あるいは申告をしない場合には,税務行政庁が*更正・決定'によって納税義務を確定する権限を与えられている。⇨納税申告'

申告納付　⇨申告納税方式'
新国立劇場運営財団事件　⇨イナックスメンテナンス事件'

しんさきじ

審査基準 I *行政庁'が, *申請'により求められた許認可等をするかどうかをその法令の定めに従って判断するために定める基準。*行政手続法'は, 行政庁が申請に対する処分を行う手続として, 審査基準を定めるべきことを規定し〔行手5①〕, かつ, 審査基準を当該許認可等の性質に照らしてできる限り具体的なものとすること〔行手5②〕, 行政上特別の支障があるときを除き, 審査基準を申請の提出先とされている機関の事務所に備え付ける等の方法により, 公にしておくことを定めている〔行手5③〕。 ⇨裁量基準'

II 国際機関が国内当局の決定を審査する際に用いる基準。スタンダード・オブ・レビュー (standard of review) の訳語。*ガット (GATT)' 及び*世界貿易機構'でアメリカがパネル (小委員会) や上級委員会の審査を制約するために主張したことに由来し, *投資仲裁'でも問題になる。ヨーロッパ人権裁判所の「評価の余地」と似た概念。*捕鯨事件'で日本が主張し, *国際司法裁判所'は自ら審査基準を示した上で判決した。

審査審 ⇨事後審'

審査請求 1 意義 *行政不服審査法'上の不服申立ての一種。平成26年改正前同法 (昭和37法160) の下でのそれとは異なり〔旧行審5・6〕, 現行法は, 同法の適用が除外される場合〔行審7〕を除き, あらゆる*処分'又は不作為についてすることができるものとする〔行審2・3〕。

2 制度 審査請求を審査する行政庁 (審査庁) は, イ 法律に特別の定めがあるときは〔国公90①, 建基94①等〕当該法律の定めるところによる〔行審4〕。ロ 法律に特別の定めがないときは, a 処分庁 (処分をした行政庁)・不作為庁 (不作為に係る行政庁) に上級行政庁がない場合や, 処分庁・不作為庁が大臣又は庁の長である場合は, 当該処分庁・当該不作為庁が〔行審4①〕, b 処分庁・不作為庁の上級行政庁が庁の長である場合は当該庁の長が〔行審4②〕, c 処分庁・不作為庁の上級行政庁が大臣である場合は当該大臣が〔行審4③〕, d その他の場合は当該処分庁・当該不作為庁の最上級行政庁が〔行審4④〕, それぞれ審査庁となる。処分についての審査請求期間は, 処分があったことを知った日の翌日から起算して3カ月以内が原則である〔行審18〕。審査請求に対する審査庁の判断は*裁決'でなされる〔行審44〜53〕。なお, *行政事件訴訟法'は, 審査請求その他の不服申立て (⇨再調査の請求', ⇨再審査請求') を合わせて単に審査請求とする〔行訴3③〕。 ⇨行政上の不服申立て' ⇨裁決の取消しの訴え'

審査請求制度 ⇨出願審査請求制度'
審査請求前置 ⇨不服申立前置'
審査の申立て ⇨行政上の不服申立て'
審査未了 ⇨審議未了'

人事委員会 地方公務員のための人事機関。都道府県・*指定都市'には必ず人事委員会を, また, 人口15万以上の市・特別区には人事委員会又は公平委員会を置くものとされている〔地公7〕。委員は3人。一定の要件を備えた者のうちから議会の同意を得て, *地方公共団体の長'が選任する〔地公9の2〕。地方公務員の人事行政に関する一般的権限をもつほか, *準立法的権能' (人事委員会規則制定権) 及び*準司法的権能' (不利益処分の審査等) をもつ*行政委員会'である〔地公8〕。 ⇨人事院' ⇨公平委員会'

人事院 1 任務 *内閣'の所轄の下に設置される中央人事行政機関で, 給与その他の勤務条件の改善及び人事行政の改善に関する勧告, 採用試験 (採用試験の対象官職及び種類並びに採用試験により確保すべき人材に関する事項を除く) 及び任免 (標準職務遂行能力, 採用昇任等基本方針, 幹部職員の任用等に係る特例及び幹部候補育成課程に関する事項 (職員の任免に係る根本基準の実施につき必要な事項であって, 行政需要の変化に対応するために行う優れた人材の養成及び活用の確保に関するものを含む) に関する事項を除く), 給与 (指定職俸給表の適用を受ける職員の号俸の決定の方法並びに職務の級の定数の設定及び改定に関する事項を除く), 研修 (国民全体の奉仕者としての使命の自覚及び多角的な視点等を有する育成並びに研修の方法に関する専門的知見を活用して行う職員の効果的な育成の観点に係るものに限る), 分限, 懲戒, 苦情の処理, 職務に関する倫理の保持その他職員に関する人事行政の公正の確保及び職員の利益の保護などに関する事務をつかさどる〔国公3①②〕。

2 性格 人事院は, 3人の人事官 (うち1人を人事院総裁とする) で組織される合議制の行政機関である〔国公4①②〕。これはアメリカの*行政委員会'と同じ性格をもつ。人事院は, 内閣の所轄の下に置かれるが, 内閣に対しては次のような強い独立性をもつ。人事官は, 身分を保障され〔国公8①〕, *人事院規則'の制定権を与えられ〔国公16①〕, 内部機構管理権をもち〔国公4④・13②〕, 国会に対し直接, 報告・勧告等を提出することができ〔国公23・24・28②・95・108〕, 経費に関して特別の規定が設けられている〔国公13③④〕。人事院は, 人事行政の公正を保障

するために，平等取扱いの原則〔国公27〕を実施し，*勤務条件に関する行政措置の要求'及び*不利益処分'の審査の制度を執行する。
3 存在意義 人事院は，人事行政を政党などの政治勢力から独立して公正に掌理する機関として設けられているばかりでなく，公務員の労働基本権の制約(⇨公務員の労働関係')に対する代償措置として公務員労使関係のための公正な第三者機関の役割を果たすことが期待されている。
⇨人事院勧告'

人事院勧告 *人事院'が，国会・内閣・関係大臣その他の機関の長に対して行う勧告。法制度上，イ 勤務条件の変更に関する勧告〔国公28①・88〕，ロ 給与に関する勧告〔国公28②，給与法2③⑤〕，国家公務員の寒冷地手当に関する法律(昭和24法200)3②・4〕，ハ 人事行政改善の勧告〔国公22①〕がある。公務員の*労働基本権'に対する制約の代償措置として重要な制度であるため，法的拘束力はないが，事実上の拘束力は強いとされている。

人事院規則 *人事院'による行政立法の形式〔国公16，人規⟨1-0⟩〕。人事院は，その所掌事務について，法律を実施するため，又は法律の委任に基づいて，人事院規則を制定する。制定・改廃は*官報'で公布される〔官報3〕。その施行細目については，*人事院指令'及び人事院細則が定める。

人事院指令 *国家公務員法'に基づいて，法律を実施するため，又は*法律の委任'に基づいて，あるいは*人事院規則'を実施し，又はその他の措置を行うため，*人事院'によって発せられる指令〔国公16①③〕。通常，*訓令'としての性質をもつが，法規としての定めを内容とすることがある。

人事権 *採用'，配置，異動，人事考課，昇格，*解雇'など，使用している*労働者'の地位の変動や処遇に関する*使用者'の決定権限をいう。*経営権'と同様に使用者の当然かつ固有の権利と意識され，主張されることが多いが，使用者のこの権限は，多くの面で制限を受けている。法律による規制として，解雇制限〔労基19・20〕，*均等待遇'の原則〔労基3・4。なお，雇均5〜9参照〕，*不当労働行為'の禁止〔労組7〕などがあり，また，*労働協約'による規制として，これらについて*労働組合'と協議し，あるいはその同意を必要とするもの(人事協議・同意条項)などがある。更に，*労働契約'で職種や勤務地が限定されていれば，これが使用者の人事異動についての権限を制限する。更に，人事権

の具体的行使は権利濫用法理〔民1③，労契3⑤・14・16〕でチェックされる。

人事訴訟 人の基本的な身分関係の確認・形成を目的とする民事訴訟。*第一審'の管轄が*家庭裁判所'に属する*特別訴訟手続'の1つであり，人事訴訟法により規律される。*婚姻'関係，*親子'関係に関する事件が同法の対象とされ，通常の民事訴訟とは異なった手続原則の下で審理がされる。具体的には，真実に即し，かつ，関係人間で安定した画一的な処理を必要とするために，*専属管轄'の定めがあり〔人訴4①〕，*当事者適格'者を法定し〔人訴12・41・43・44・45〕，*訴訟能力'を拡大し〔人訴13〕，検察官の関与を認め〔人訴23〕，*処分権主義'・*弁論主義'を制限して*職権探知'主義を採用する〔人訴19・20〕とともに，*判決の効力'を対世的に拡張し(*対世的効力')〔人訴24①〕，その反面として第三者に対する手続保障を図っている〔人訴28〕。

真実義務 I 民事訴訟において，事実の*主張・立証'を真実に即してしなければならないという当事者の義務。当事者は真実に反すると自ら知りながら，事実を主張したり，相手方の主張事実を争ったり，証拠を提出したりすることが許されないことを意味する(これに対して，自らの認識する全ての事実を*弁論'に上呈することを求めるのが，完全(陳述)義務である)。ここでいう「真実」とは，客観的事実ではなく，自己の主観的事実認識(主観的真実)である。現在では，真実義務は*弁論主義'と矛盾せず，その内在的制約としての法的義務と捉え，民事訴訟法209条・230条などをその表れとする見解が有力である。ただ，義務違反の際の制裁については，違反した主張や証拠提出を不適法として斟酌(しんしゃく)しないことなどが考えられるが，実効性に欠け，甚だ微弱なものにとどまる。しかし，近時は，*訴訟代理人'たる*弁護士'の行為規範として義務の再構成を試みる見解も有力であり，今後の議論の動向が注目される。

II 刑事訴訟では，特に*弁護人'が，被告人の有罪を知りながら無罪の弁論をすることの当否という形で論じられる。そこでは，被告人の*黙秘権'，被告人の補助者としての弁護人の手続上の地位，弁護士倫理との関係が問題とされている。

真実性の原則 ⇨財務諸表規則'

人事評価 *公務員'の*勤務評定'の制度に代わり，新たに導入された人事評価制度〔国公70の2〜70の4，地公23〜23の4〕は，能力主義，実績主義を徹底するために，課長級，係長級な

しんしゃく

どの職制上の段階に応じた標準職務遂行能力〔国公34①⑤〕を定め、職員の職務上の行動等を通じて顕在化した能力の評価、職員が果たすべき職務をどの程度達成したかの業績評価を人事管理の基礎とする。従前の勤務評定と比較して、評価基準が明示されること、評価者訓練が行われること、被評価者が自分の業務遂行状況を自己申告し、評価者と被評価者が面談を行い、目標設定やフィードバックを実施し、評価結果を被評価者に開示し、今後の業務遂行にあたっての指導・助言をすること、評価に関する苦情に対応する仕組みを整備することなど、客観性、透明性を向上させた評価制度になっている。

斟 酌（しんしゃく）　⇨参酌・斟酌（しんしゃく）'
（巻末・基本法令用語）

人種隔離　⇨アパルトヘイト'

人種差別撤廃条約　正式には「あらゆる形態の人種差別の撤廃に関する国際条約」という。1965年12月21日国際連合総会で採択、1969年1月4日に発効した。日本は1995年に批准した（平成7条26。ただし、4(a)及び(b)を留保）。1950年代末の民族憎悪への最終対処として、1963年11月20日に国際連合総会が「あらゆる形態の人種差別の撤廃に関する国際連合宣言」を決議（総会決議1904(XVIII)）、それを法的に履行させるためにこの条約を作成した。締約国に人種差別撤廃の義務を課し〔人種差別撤廃約2〕、国家報告制度及び個人通報制度によって履行を図っている。国家報告審査を「建設的対話」と位置付けたのは、本条約の下で設置された委員会が新種独自である。　⇨ヘイト・スピーチ'

新種証拠　情報処理技術の発展に伴い、必ずしも紙と文字によっては構成されないが、文書と同様に思想内容を*証拠資料'とする*証拠方法'。コンピューター用磁気ディスク、光ディスク、録音テープ、ビデオテープ、マイクロフィルムなどが含まれる。これらの証拠については、旧民事訴訟法上明示の規定がなく、*証拠調べ'の方法について争いがあった。紙と文字により構成されず、直接の見読可能性がない点を重視すれば*検証'が相当となるが、証拠資料となるのがそこに含まれる思想・情報である点を重視すれば*書証'によるべきことになる。現行民事訴訟法は、録音テープ・ビデオテープ等を例示し、情報を表すために作成された物件を準文書とし、書証の規定を準用する〔民訴231〕。更に、令和4年改正は、*電磁的記録'に記録された情報（電子データ）の内容自体（デジタル証拠）を証拠調べの対象とすることを認め〔民訴231の2〕、書証の規定を準用する〔民訴231の3〕。　⇨文書・準文書'

信書　郵便法上、信書は「特定の受取人に対し、差出人の意思を表示し、又は事実を通知する文書」と定義され〔郵便4②〕、郵便物としての信書を開く等の行為や、信書の秘密を侵す行為が処罰され〔郵便77・80〕、いずれも*親告罪'ではない（⇨通信の秘密'）。刑法上、信書は、郵便物かどうかに関係なく、イ　信書開封罪〔刑133：1年以下の拘禁刑又は20万円以下の罰金〕と、ロ　信書隠匿罪〔刑263：6月以下の拘禁刑又は10万円以下の罰金若しくは科料〕の客体となり、いずれも親告罪である〔刑135・264〕。一般に、特定人から特定人に宛てて意思を伝達する*文書'をいうと解されているが、イとの関係では、伝達内容は意思に限らず単なる事実等も含めてよいか、伝達手段は狭義の文書に限らず図画（ぉが）・*電磁的記録'の媒体等も含めてよいか、といった問題がある。なお、イの客体としては「封をしてある」必要があり、ロの客体にはその必要はない。

心証　訴訟上認定すべき事実に関する裁判官の内心的判断。裁判官は、*証拠'あるいは*疎明'資料を見聞して、その*証明力'に評価を加え自己の判断を作り上げていく（⇨証明・疎明'）。この過程を心証形成という。心証形成の結果、事実の存否について確信に到達することもあれば、その段階に至らず、*挙証責任'の問題として解決するほかはない場合もある。心証形成の仕方、換言すれば証拠の証明力の評価については、原則として法的規制がなく、裁判官の合理的な判断作用に任せられている。　⇨自由心証主義'

人証　⇨証拠方法'

信条による差別　宗教上の信仰及び人生観・世界観・政治観など、いわゆる思想上の信念に基づく差別。日本国憲法14条・44条は、信条による差別待遇を禁止しているが、その理由は、民主主義の下では、いかなる宗教・思想も絶対的な価値をもつものではなく、全ての宗教及び思想は等しい価値をもつと認められる（いわゆる相対主義）からである。相対主義の社会では、宗教及び思想の違いによって、差別を認めることは、不合理な理由による差別と考えられる。これによって思想の自由・*学問の自由'が、一層徹底的に保障されることになる。この憲法の趣旨を受けて、公務員法〔国公27、地公13〕、教育法〔教基4①〕、労働法〔労基3〕上も信条による差別的取扱いが明文で禁止されている。

信書の秘密　⇨通信の秘密'

審尋　*口頭弁論'を開かずに、当事者そ

の他の関係人に，個別的に書面又は口頭で*陳述'の機会を与えること〔民訴87②・87の2②・187，民執5〕をいう。当事者に対して意見陳述の機会を与える審尋は，口頭弁論に代わる審尋と呼ばれ，参考人又は当事者本人から証拠資料としての供述を得るために行われる審尋は，証拠調べとしての審尋と呼ばれる。決定により裁判をする場合に，審尋が義務付けられている場合〔民訴50②・199①・223②，民執83③，会更22②等〕と，審尋が無用とされている場合〔民執145②〕とがある。

心神耗弱（こうじゃく）　精神の障害により，是非善悪を判断すること，あるいは判断したところに従って行動することが著しく不十分な状態をいう。一時的なもの（薬物の作用など）と継続的なもの（精神疾患・知的障害など）とがある。刑法は，これを*限定責任能力'として，その刑を減軽する〔刑39②〕。民法上は事理弁識能力が著しく不十分であれば，保佐開始の審判の原因となる〔民11〕。⇨心神喪失'　⇨責任能力'

審尋請求権　ドイツ憲法103条1項が，およそ裁判手続一般において当事者ないし関係人に与えられるべきものと定める最小限の手続的権利（独 Anspruch auf rechtliches Gehör）。審問請求権ともいう。裁判の基礎資料形成に際して意見を述べる機会の保障を中核とする。この権利の侵害は，上訴又は特別の異議申立ての理由となるほか，ドイツ連邦憲法裁判所への憲法訴願（⇨憲法異議'）の対象となりうる。日本においても，その趣旨は，弁論権など，講学上「当事者権」といわれるものに含まれると考えられるほか，憲法上の*裁判を受ける権利'〔憲32〕に含まれるとする議論もある。

心神喪失　精神の障害により，心神耗弱（こうじゃく）を超え，是非善悪を判断することができないか，又はその判断に従って行動することができない状態をいう。行為の要素を欠いている意識喪失とは違う。心神喪失には，一時的なもの（薬物の作用など）と継続的なもの（精神疾患・知的障害など）とがある。刑法は，心神喪失者を責任無能力者（⇨責任能力'）として罰しない〔刑39①〕。民法上は，事理弁識能力を欠くのが常であれば，*後見'開始の審判の原因となり〔民7〕，自己の行為の責任を弁識する能力を欠く状態にある者として，原則として*不法行為'責任も免除される〔民713〕。⇨心神耗弱（こうじゃく）'

心神喪失等の状態で重大な他害行為を行った者の医療及び観察等に関する法律　平成15年法律110号。**1 意義**　*心神喪失'等の状態で重大な犯罪に当たる行為（対象行為）を行った者（対象者）に対し，その適切な処遇を決定するための手続等を定めることにより，継続的かつ適切な医療の実施と，それに必要な観察・指導を行い，もって対象者の病状の改善，同種行為の再発防止，及び対象者の社会復帰を促進するための法律。対象行為は殺人，放火，強盗，不同意性交等（以上の未遂を含む），傷害（軽微なものを除く）の各罪である〔心神喪失処遇2①〕。対象者は，対象行為につき，イ *不起訴処分'とされた者で，検察官により，心神喪失又は*心神耗弱'であると認定された者，ロ 心神喪失を理由として無罪の判決を下され，それが確定した者，ハ 心神耗弱により刑を減軽された*有罪判決'（実刑判決を除く）が下され，それが確定した者である〔心神喪失処遇2②〕。検察官は，対象者の対象行為に係る処遇につき，地方裁判所に対して審判の開始を申し立てる。審判は，精神科医の鑑定を踏まえつつ，裁判官と精神保健審判員各1名から成る合議体で行われ，両者の意見が一致したところにより処遇内容（対象者に医療を受けさせるための入院あるいは通院等）が決定される〔心神喪失処遇6〜14〕。*精神保健及び精神障害者福祉に関する法律'による*措置入院'制度〔精神29以下〕とは異なり，処遇の決定には裁判官が関与する。入院決定（入院期間に上限はない）を受けた者は，指定入院医療機関において，また通院決定を受けた者及び指定医療機関から退院した者は，指定通院医療機関において，適切な医療等を受ける。いずれの処遇においても，対象者に対する治療の確保，その社会復帰の促進のために，保護観察所（社会復帰調整官）による観察等が付される。

2 判例　最高裁判所は，本法33条1項の申立てを受けた裁判所が，対象者に同法所定の医療を受けさせる必要を認めた場合には，本法42条1項1号又は2号の決定をしなければならず，この必要を認めながら，措置入院等の医療で足りるとする本法42条1項3号の決定をすることは許されないとしている（最決平成19・7・25刑集61・5・563）。また，最高裁判所は，対象者が妄想型統合失調症による幻覚妄想状態の中で妄想等に基づいて行為をした場合に，当該行為が本法の対象行為に該当するか否かの判断は，対象者の行為を当時の状況下で外形的，客観的に考察し，心神喪失の状態にない者が同じ行為を行ったとすれば，主観的要素を含め，対象行為を犯したと評価することができる行為と認められるか否かの観点から行うべきだと判示している（最決平成20・6・18刑集62・6・1812）。更に最高裁判所は，本法による処遇制度は憲法14条，22

じんしんの

条1項に違反するものではなく, 憲法31条の法意に反するものでもないと判断している(最決平成29・12・18刑集71・10・570)。

人身の自由 **1 意義** 身体を拘束されない自由のことで, 身体の自由ともいう。最も基本的な*自由権'の1つであり, その起源は*マグナ・カルタ'(1215)にまで遡る。*明治憲法'もこれを保障したが〔明憲23〕, 不十分であり, 種々の人権蹂躙(じゅうりん)が行われた。現行憲法は, この歴史的経験を踏まえ, 特に詳細な規定を置いている。

2 保障の範囲 *奴隷的拘束'及び*苦役'は憲法18条によって否定されている。奴隷的拘束は, 個人の尊厳に反するような, 身体の不当な拘束の極端な場合であり, 絶対的に禁止される。その趣旨を受けて, 奴隷・いわゆる監獄部屋・*強制労働'・*人身売買'等は, 刑法・*労働基準法'・*職業安定法'等によって禁止され, たとえ合意による契約という形式をとっても民法90条によって無効とされる。また, 侵害を防止する具体的手段としては, *人身保護法'による救助命令や*行政事件訴訟法'による*執行停止'がある。*徴兵制'は「意に反する苦役」に当たると解されており, 政府もそのように解している。

3 刑事手続と人身の自由 不当な刑事拘束については, 憲法が詳細な規定を置いている〔憲31・33・34・36・37①・38②等〕。

人身売買 人間を商品として売買すること。一定期間身体を拘束して労務を強制する*芸娼妓(げいしょうぎ)契約', 土木・建築業でのタコ部屋なども人身売買に当たる。人身売買は人間の尊厳を根底から覆すものであり, 人身の自由を侵害する。また, 人身売買契約は*公序良俗'に反して無効であり〔民90〕, 実際に減少していたが, 1980年代以降にアジア人に関する事例が急増した。なお, 日本は平成17年に「国際的な組織犯罪の防止に関する国際連合条約を補足する人(特に女性及び児童)の取引を防止し, 抑止し及び処罰するための議定書」(人身取引防止議定書)を国会承認し(後の平成29条22), 刑法の改正(平成17法66)で*人身売買罪'〔刑226の2〕を新設している。 ⇒人身の自由'

人身売買罪 刑法226条の2の罪。平成12年に*国際連合'で採択された「国際的な組織犯罪の防止に関する国際連合条約を補足する人(特に女性及び児童)の取引を防止し, 抑止し及び処罰するための議定書」(人身取引議定書)に基づき, 平成17年改正(法66)で, *逮捕監禁罪'・未成年者拐取罪〔刑220・224〕の刑の引上げ, 営利目的等拐取罪・国外移送目的拐取罪〔刑225・226〕の改正等と併せ, 新設された。1項で人の買受けを罰し(3月以上5年以下の拘禁刑), 2項で未成年者の買受けを罰し(3月以上7年以下の拘禁刑), 3項で営利目的等での人の買受けを罰し(1年以上10年以下の拘禁刑), 4項で人の売渡しを罰し(同前), 5項で所在国外移送目的での人の売買を罰する(2年以上の有期拘禁刑)〔刑226の3・227①③〕。*未遂'を罰する〔刑228〕。日本国民の*国外犯', 日本国民を被害者とする国外犯を罰する〔刑3⑫・3の2⑤〕。

人身保護法 昭和23年法律199号。**1 意義** 憲法34条の趣旨を具体化したもので, 不当に*人身の自由'が奪われている場合に, 裁判により迅速かつ容易にその自由を回復させることを目的とする法律。英米法上の*ヘイビアス・コーパス'の制度に倣ったものである。

2 対象 本法の保護の対象は, 広く違法な身体の拘束を受けているもの全てに及ぶ。刑事手続上の拘束には, 通常は刑事訴訟法の保護が及ぶが, 拘束が*勾留'などの手続を逸脱する場合には, 本法の保護を受ける。典型的な例としては, *出入国管理及び難民認定法'に基づく*退去強制'のための収容, *警察官職務執行法'に基づく保護などの行政処分に基づく拘束があり, また, *未成年者'の誘拐, 監獄部屋・私立精神科病院における拘束, 別居や離婚した夫婦の一方による子供の拘束など, 私人による拘束が考えられる。

3 手続 救済を求めることができるのは被拘束者本人であるが, 事柄の性質上, 広く「何人も被拘束者のために」請求できるとした〔人保2②〕。裁判所は, 請求がその要件又は必要な疎明を欠き, あるいは明白に理由のない場合においては, 請求者・被拘束者らを召喚して, 公開の法廷で審問を行い〔人保12・14〕, 請求に理由のある場合は判決で被拘束者の釈放を命じる〔人保16③〕。この判決に抵触する他の判決や決定で被拘束者に不利なものは効力を失い〔人保24〕, 釈放後の再拘束には裁判所の判決を必要とする〔人保25〕。最高裁判所は, 特に必要があると認めるときは, 下級裁判所に係属する事件が, いかなる審理の段階にあるかを問わずこれを送致させ, 自ら処理することができる〔人保22〕。更に必要な場合には, 裁判所は, 判決前に仮に釈放することができる〔人保10〕。

人身保護令状 ⇒ヘイビアス・コーパス'

申 請 許認可処分等の利益的な*行政行為'等をなすことを求める行為であって, 行政庁がそれに対して諾否の応答をすべきこととさ

れているもの〔行手2③〕。行政庁は、法令に基づく申請が到達してから処分をするまでに通常要すべき'*標準処理期間'を定めるよう努めねばならず〔行手6〕、申請の到達後は、あらかじめ定められた*審査基準〔行手5〕に基づいて遅滞なく審査を開始し、形式上の要件に適合しない申請については、速やかに*補正'を求めるか、拒否処分を行わなければならない〔行手7〕。法令に基づく申請がなされたにもかかわらず行政庁が相当の期間内に何らの応答をしないときには、申請者は、*不作為'についての*審査請求'又は*不作為の違法確認の訴え'や*義務付け訴訟'によってその是正を求めることができる〔行審3, 行訴3⑤・3⑥②・37・37の3〕。

人税・物税・行為税 *課税物件'(課税の対象)の差異による*租税'の分類で、*所得税'・*相続税'などのように、所得や財産の帰属する人の担税力に着目して課する租税を人税、*固定資産税'・*事業税'などのように、客観的に財産や収益に着目して課する租税を物税、*消費税'・*印紙税'・不動産取得税などのように、法律的又は経済的行為に課する租税を行為税という。

申請権 *申請'に対して、行政庁が、申請通りの措置であれ、その拒否であれ、何らかの適法な応答を相当の期間内になすべきことを求める申請者の権利。実体的な許可請求権などとは異なった形式的・手続的な権利である。

真正手形 ⇨商業手形'
真正な結合の原則 ⇨外交的保護'
真正不作為犯 ⇨不作為犯'
新設合併 ⇨合併'
新設分割 ⇨会社分割'

心素・体素 ある*法律要件'を構成する事実(法律事実)のうち、意思的要素を心素といい、外形的要素を体素という。例えば、占有という法律事実においては、自己のためにする意思が心素、*所持'が体素である〔民180〕。占有の場合に心素が必要であるかどうかは議論がある。 ⇨占有'

親 族 1 意義・効果 民法は6親等(⇨親等')内の*血族'・配偶者及び3親等内の*姻族'を親族であると規定している〔民725〕。親族が法律の規定に現れるのは、民法では、不適法婚や縁組の取消請求権者〔民744・805・806・807〕、親権者の変更・親権喪失などの請求権者〔民819⑥・834~836・846〕としてであり、刑法上は、犯人蔵匿・証拠隠滅・親族間の窃盗や横領・親族での盗品等の授受などで問題となる〔刑105・244・255・257〕。訴訟法上は、親族であることが*除斥'の事由となる〔民訴23①②, 刑訴20②〕。

2 親族概念への批判 親族概念をこのように一般的に規定する立法例は珍しく、民法上の多くの*法律効果'は、それぞれ親族のうち一定の範囲の者について生ずるだけであるから、法律上の意味も乏しい。例えば、扶養〔民877〕・相続〔民887〕・*近親婚'の禁止〔民734〕など、いずれも特定の範囲の親族だけが問題になる。一般に親族という概念を法律上使う場合であっても、親族の範囲はそれぞれの法律の趣旨に応じて規定すれば足り、民法725条のような規定の必要性は疑問であるとする考え方が強い。特にこの規定が*家'制度を前提とする民法旧規定をそのまま引き継いでいるだけに、単なる定義規定ではなく、その背後に家あるいは親族団体のようなものを前提としているとして非難されることもある。なお、「親等」に掲げた[図:親族関係]を参照せよ。

親族間の犯罪に関する特例 1 意義 配偶者、*直系血族'、又は同居の*親族'との間で、*窃盗罪'・*不動産侵奪罪'又はこれらの罪の*未遂'罪を犯したときは刑を免除する〔刑244①〕、その他の親族の間で犯したときは、*親告罪'とする特例〔刑244②〕。このような特例を親族相盗例ともいう。*森林窃盗'についても準用されている(最判昭和33・2・4刑集12・2・109)。詐欺・背任・恐喝・横領についても同様である〔刑251・255〕。ただし、親族でない*共犯'には適用されない〔刑244③〕。

2 立法趣旨 この特例は、法律は家庭に入らないという考えに由来する。もっとも、親族間の盗犯は、違法性・有責性が弱いことも考慮されているとの見解もある。いずれにしても、目的物の所有者・所持者の双方について、行為者との間に、このような身分関係を必要とするのが通説・判例(最決平成6・7・19刑集48・5・190)である。また、判例は、親族であっても、家庭裁判所で選任された後見人が横領をした場合には、刑法244条1項は準用されないとする(最決平成20・2・18刑集62・2・37, 最決平成24・10・9刑集66・10・981)。なお、*盗品等に関する罪'については、「親族等の間の犯罪に関する特例」により、配偶者との間、又は直系血族、同居の親族若しくはこれらの者の配偶者との間で、盗品等に関する罪を犯したときは、刑を免除する〔刑257〕。これは、親族間の犯人庇護(ひ)的な行為であって期待可能性が乏しいことを重視した規定である。

親族相盗例 ⇨親族間の犯罪に関する特例'

じんそくな

迅速な裁判 1 意義 訴訟活動を迅速に行い，一刻も早く具体的な法律の適用を可能にさせる裁判をいう。およそあらゆる種類の訴訟が，迅速な裁判を求めていることは*訴訟経済'の面からしてもいうまでもないが，特に，刑事訴訟では，国家権力対個人の関係から，*被告人'である個人の利益のためにも，裁判の迅速性が強く要請されることになる〔憲37①〕。刑事訴訟法1条が，刑罰法令を適正かつ迅速に適用実現することを通して，*公共の福祉'と個人の*基本的人権'の調和を図ろうとするのも，このためである。
2 迅速な裁判を促進する試み 日本の裁判は，諸外国に比べて遅延が甚だしいといわれたことがある（*第一審'判決まで17年9カ月を要したメーデー事件（東京高判昭和47・11・21高刑25・5・479）など）。その要因は，書面を中心とする審理がさみだれ式に行われたことによるが，多数の事件を同時並行的に受任する弁護士の営業形態もその一因といわれた。最高裁判所は高田事件判決において，被告人の迅速な裁判を受ける権利を確認した。しかし，その後，被告人が訴訟の促進を要求しなかった場合には，訴訟遅延も迅速な裁判の保障違反にならないする考えが裁判所で強調されるようになった。根本的な改革は簡単ではないが，刑事訴訟法は，数次の改正によって，いわゆる*集中審理'を取り入れ，改善が試みられている。
3 迅速化のための立法等 裁判の迅速化に関する法律は，「第一審の訴訟手続については2年以内」〔裁判迅速化2〕を目標としたが，より具体的には，刑事訴訟法の*公判前整理手続'，それを前提とした裁判員による刑事裁判制度（⇒裁判員制度'）により，裁判の迅速化を図ろうとしている。その結果，刑事では長期の未済事件は少なくなっている。
⇒高田事件'

新訴訟物理論 1 総説 *請求権'が競合する場合の*訴訟物'の広がりと特定の基準（請求の同一性）について，実体法秩序が1回の給付しか認めない場合には，複数の請求権を包含する特定の給付を求める法的地位を訴訟物とする見解。訴えをもって主張される実体法上の権利を訴訟物とする旧訴訟物理論と対立する。
2 新旧理論の対立 家屋明渡し請求の際に所有権に基づく明渡請求権と賃貸借終了に基づく明渡請求権とを主張する場合に，旧理論によれば請求の併合（*選択的併合'）となるところ，新理論によれば，特定の家屋の明渡しという原告の求める給付内容が同じであるから訴訟物は単一であり，個々の実体法上の請求権は*攻撃防御方法'にすぎないことになる。また，新理論によれば一方のみを主張して敗訴した場合には，後の訴訟におけるもう一方の主張は*既判力'〔民訴114①〕により遮断される。訴訟物論争においては，既判力の客観的範囲の拡大とこれに伴う釈明義務の増大，選択的併合という論理，請求の実体法的属性等が議論された。

身体刑 身体に対する侵害を内容とする刑罰（⇒刑）。中世・近世を通じて行われた指切り・手切り・鼻そぎ・耳そぎ等の肉刑，笞（ち）刑・杖（じょう）刑，入れ墨刑等がそれである。現在は文明諸国ではほとんどみられず，日本で行われれば，憲法の残虐な刑罰の禁止〔憲36〕に触れることになろう。

身体検査 人の身体についての*検証'〔刑訴129・218①後〕。身体を裸にすることもあるので，健康や名誉を傷つけたりしないよう注意しなければならないことを法が特に規定している〔刑訴131・222〕。裁判所は，被告人以外の者を召喚し，身体検査をすることができる〔刑訴132〕。出頭拒否や検査拒否に対して制裁等の定めもある〔刑訴133～138〕。*捜査機関'が行う場合には身体検査令状という特別の令状を必要とする〔刑訴218〕。このような検証としての身体検査のほかに，*鑑定人'・*鑑定受託者'も鑑定（処分）許可状に基づいて身体検査をすることができる〔刑訴168・225〕。検証としての身体検査は，鑑定処分としての身体検査と違って，間接強制によって目的を達成できないときに直接実力で行える〔刑訴139・222〕ことに特色がある。血液採取のようなことまで直接強制できるかどうかについては争いもあるが，鑑定処分許可状と身体検査令状を併用して強制的に採血するとするのが多数説であり，実務の運用である（強制採血）。

身体障害者手帳 身体に障害のある者が，都道府県の定める医師の診断書を添えて，居住地の都道府県知事に申請し，知事が審査して*身体障害者福祉法'の別表に掲げる障害に該当すると認めたときに，交付される手帳〔障害福祉15〕。この手帳の交付を受けることによって同法上の身体障害者とされ〔障害福祉4〕，各種の援護を受けることができる。また，*障害者総合支援法'上の障害者となり〔障害総合支援4①〕，同法による*自立支援給付'を受けることができる。本人の氏名・現住所・生年月日，障害名とその級別等が記載される〔障害福祉則5〕。障害の級別は，障害の種類別に1級から7級まで定められており，6級以上が交付対象となる〔障害

身体障害者福祉法 昭和24年法律283号。*障害者総合支援法'と相まって，身体障害者の自立と社会経済活動への参加を促進するため，援助・保護を行い，その福祉の増進を図ることを目的とする〔障害福祉1〕。市町村が援護の実施者であり，*福祉事務所'又はその長が相談・指導，情報提供等の業務を行う〔障害福祉9・9の2〕。都道府県は，身体障害者更生相談所を設置して，連絡調整や広域的・専門的な業務等を行う〔障害福祉10・11〕。*身体障害者手帳'の交付を受けた18歳以上の者〔障害福祉4〕につき，盲導犬等の貸与〔障害福祉20〕，社会参加を促進する事業〔障害福祉21〕等の援護を行うことなどを定める。*障害福祉サービス'の提供及び*障害者支援施設'への入所は原則として障害者総合支援法により行われるが，やむをえない事由により同法による給付の利用が著しく困難であるときは，市町村は本法による*福祉の措置'としてサービスの提供又は施設への入所を行う〔障害福祉18〕。

身体捜検　⇨*警察官職務執行法'
身体の自由　⇨*人身の自由'

信　託　1 **意義**　他人（受託者）をして一定の目的に従って財産の管理又は処分をさせるために，その者に財産権そのものを移転し（所有権などの移転），又はその他の処分（担保付社債信託における担保権の設定がその例）をすると〔信託2〕。相手方に経済的目的（担保）を超える権利（所有権）を与える反面，相手方は経済的目的の範囲内で権利を行使しなければならない債務を負う場合（*譲渡担保'がその例）も信託ということがあるが，通常は*信託法'にいう信託を指す。

2 **沿革・機能**　信託法にいう信託は中世イギリスに発達したもので（⇨トラスト'），今日，英米法系の国では，遺産の管理運用や，病院・大学などの公益財団の運営に信託が利用されている。わが国には日露戦争（1904～05）後の外資導入の必要性から明治38年（1905）に担保附（？）社債信託法（現*担保付社債信託法'）として信託法理が取り入れられた。その後，第一次大戦（1914～18）の前後を通じて信託会社と称する金融機関が民間の資金を集め，しばしば無知な投資家を破局に陥れたために，これを取り締まる目的で大正11年（1922）に*信託業法'が制定され（⇨信託会社'），同時に信託の実体法として信託法が制定されて信託の法律関係が明確にされた。しかし，その後も日本では，遺言信託などはそれほど発達せず，信託銀行による*金銭信託'が信託の中心となってきた。そこで，平成16年（2004）に信託業法が改正され，信託業への参入が一部緩和され，更に，平成18年の現信託法の制定（法108）により，信託実体法の規制が大幅に緩和された。

3 **法律関係**　信託は契約，遺言又は意思表示の記載・記録（⇨自己信託'）で設定される〔信託3〕。受託者は*信託財産'の移転を受け，*信託行為'の定めるところに従って，自己の名で管理・処分をして公益事業を営む（*公益信託'）か，管理・処分によって生ずる利益を定められた受益者に帰属させる（*私益信託'）。信託財産は受託者に移転されるが，受託者の個人財産とは分別され〔信託34〕，受託者はこれについて善管注意義務及び忠実義務を負う〔信託29・30〕。受託者は信託義務違反があるときは損失填補をしなければならない〔信託40〕。更に受益者は，受託者がした信託財産の違法な処分行為を取り消すこともできる〔信託27〕。信託は目的達成などの事由があるときに終了する〔信託163・164〕が，その際，信託財産は受益者などの帰属権者に帰属する〔信託182・183〕。

［図：信託の仕組み］

信託遺贈　フィデイコミッスム（🔲 fideicommissum）。*ローマ法'上の*死因処分'の1つ。被相続人が，*相続財産'や自身の有する諸利益を，仲介者を介して信託遺贈受益者に交付するもの。元来，慣習上の制度であり，遺贈とは異なり，信託遺贈受益者への交付は仲介者の信義（🔲 fides）に委ね（🔲 committere）られるのみで，法的保護の対象ではなかった。しかし，遺贈のような厳格な方式も法的制約もないため，簡便な遺贈の代替，法的制約の回避手段として活用されていた。ところが，アウグスツゥス（Augustus, B.C.63～A.D.14）帝治下で，皇帝の権威に基づき，信託遺贈の受益者に債権的保護が与えられたことが転機となり，法的保護の対象となった。以後，ローマの法学者は，死後の財産プランニングの多様なニーズを背景に，信託遺贈の領域を中心に精緻な法技術を組み立て，相続法だけでなく広く財産管理法を発展させた。信託遺贈は，次第に遺贈と融合し，ユスティニアヌス（Iustinianus Ⅰ, 482頃～565）帝によって同

しんたくが

一視されるに至る。中世になると，特に，信託遺贈の補充指定を利用して家産の受益者を連続させる家族信託遺贈が世襲財産を形成する手段として発展した。しかし，これは封建制の財産基盤を支えるものであったため，近代以降，各国で廃止された。近年，財産管理ニーズの多様化とともに信託制度への関心が高まり，(⇨信託' ⇨トラスト')ローマ法由来の信託遺贈にも関心が寄せられている。

信託会社 1 信託業につき内閣総理大臣の免許(信託業3)又は管理型信託業につき内閣総理大臣の登録〔信託業7①〕を受けた者をいう〔信託業2②〕。信託業とは，信託の引受けを行う営業をいい〔信託業2①〕，管理型信託業とは，委託者等のみの指図により信託財産の管理又は処分が行われるもの，あるいは信託財産につき保存行為又は財産の性質を変えない範囲内の利用行為若しくは改良行為のみが行われる信託をいう〔信託業2③〕。信託又は委任における受託者としての会社を受託会社というが，*担保付社債信託法'に基づく*担保付社債'に関する信託の受託者，投資信託の受託者又は貸付信託の受託者は信託会社などに限定されている。
2 担保付社債信託法に基づき，*内閣総理大臣'の免許を受けて担保付社債に関する信託事業を営む会社〔担信1・3〕。実際上は信託業法による信託会社が行うか，銀行が兼営している〔担信4〕。
3「投資信託及び投資法人に関する法律」に基づき，*投資信託'契約の受託者となる会社。信託業法に基づく信託会社又は信託業務を営む金融機関でなければならない〔投信3〕。
4 貸付信託法に基づき，貸付信託に係る信託の受託者となる会社。

信託課税 所得課税上，原則として，*信託'の受益者は*信託財産'に属する資産・負債を有するものとみなし，かつ，信託財産に帰せられる収益・費用は当該受益者の収益・費用とみなされる。ただし，集団投資信託・退職年金等信託・*法人課税信託'についてはこの限りでない〔所税13①，法税12①〕。*相続税法'上も信託に関する特例がある〔相税9の2〜9の6〕。平成19年度の税制改正で整備された。

信託業法 平成16年法律154号。旧信託法(大正11法65)は，不良信託業者の取締りと信託業務の健全な育成を図るため，旧信託法(大正11法62)と同時に制定された。新しい信託業法では，信託業は一部例外を除き免許営業とし〔信託業3・7・51・52・53〕，営業資格を*株式会社'に限定している〔信託業4〕点は旧法と同様

であるが，受託可能財産の制限が撤廃され，特許権や著作権など*知的財産権'についても受託することが可能となるなど信託財産の多様化が図られたほか，競争を促進するため，金融機関に限定されていた信託業の担い手を拡大し，金融機関以外の者も信託業に参入することが可能となった。また，新たに信託契約代理店制度・信託受益権販売業者制度が導入され，信託サービス利用者の利便性が高まった。更に，平成18年に制定された新*信託法'が，新しい信託類型として*自己信託'〔信託3③〕を認めたことに伴い，自己信託の*受益権'を多数の者が取得することができる場合には登録制としたほか，委託者や受益者の保護に支障を生ずることのない範囲内で受託者の義務等を見直した。また，平成18年の証券取引法(現*金融商品取引法')改正(法65)に伴い，市場リスクにより信託の元本について損失が生じるおそれのある信託契約については，金融商品取引法の規制が準用されることになった〔信託業24の2〕。

信託銀行 ⇨銀行'
信託銀行子会社 ⇨証券子会社'
信託行為 1 信託法上の信託行為 *信託法'上，一定の目的に従って他人(受託者)に財産の管理・処分をさせるために，その者に財産権の移転その他の処分をする*法律行為'〔信託2〕。契約による場合が普通であるが，*遺言'・*公正証書'等によってする相手方のない意思表示によることも可能である〔信託2②〕。委託者は，信託行為によって，信託の受託者と目的を定め，その目的に従った管理処分方法を，法律の許す限りで定めることができる。⇨信託'
2 信託的行為 信託行為はときに，*譲渡担保'や*隠れた取立委任裏書'のように，相手方に当面の経済的目的(例えば担保)に必要な限度を超える法律上の権利(例えば所有権)を与え，他方，相手方は経済目的の範囲でだけ権利を行使する(例えば，被担保債権の弁済期前に*第三者'に権利を譲渡しない)債務を負う場合をも指すことがある。この場合を信託的行為といって，信託法上の信託行為と区別するのが普通である。信託的行為は受託者自身の利益のためにされることが多いが，いずれにしても移転された財産は実質上委託者のものであるから，受託者の財産からの分別〔信託34〕や受託者の不法処分の際の追及権〔信託27〕などについて，できるだけ信託法を類推適用するのが妥当であるといわれている。

信託財産 *信託'された財産。受託者は，委託者の定めた目的に従って管理・処分を行う

〔信託2〕が，当初の信託財産の管理・処分等によって受託者が得た財産も当然に信託財産の一部となる〔信託16〕。信託財産は受託者の名義となるが，実質的には受益者に利益が帰するから，受託者の個人財産(固有財産)とは区別されて独立性をもつ。すなわち，信託財産は受託者の相続財産にならないとされており〔信託60②〕，受託者個人に対する債権者は信託財産に'強制執行'できない〔信託23〕。また，受託者の個人債務と信託債権とを*相殺(そうさい)'することは許されない〔信託22〕。そのほか，*所有権'以外の権利が信託財産である場合に，受託者が個人としてその権利の目的である財産を取得しても，*混同'によって前者が消滅することはない〔信託20〕。登記又は登録が*第三者'*対抗要件'とされる財産については，それが信託財産に属することが公示される〔信託14〕。

信託受益権 信託行為に基づいて受託者が受益者に対し負う債務であって，*信託財産'に係る給付をすべきものに係る債権(受益債権)及びこれを確保するために受託者等に対し一定の行為を求めることができる権利〔信託2⑦〕。性質については，通説である債権説も物権的性質を強調する有力説などがある。受益権の内容は信託行為により定まるが，制限されない権利もある〔信託92〕。性質上不可能なもの以外は譲渡及び質入れができ〔信託93・96〕，信託行為の定めにより有価証券化が可能〔信託185〕。受益債権に係る債務については，受託者は信託財産に属する財産のみをもって履行し〔信託100〕，受益債権は信託債権に劣後する〔信託101〕。

信託宣言 ⇨自己信託' ⇨トラスト'
信託的行為 ⇨信託行為'
信託的譲渡 *譲渡担保'のように，経済的目的(担保)を超えて法律上の権利(所有権)を譲渡すること。信託的行為のうちで譲渡行為を指す。 ⇨信託行為'

信託統治 *国際連盟'の*委任統治'を修正・継承した国際的統治方式の一種〔国連憲章12章〕。国際の平和と安全の促進，住民自治・独立の促進，人権尊重及び*国際連合'加盟国に対する平等待遇の確保を目的とし〔国連憲章76〕，特定の地域について，国際連合の信託を受けた国(施政権者)が，国際連合と締結した信託統治協定に基づき，国際連合の監督の下に統治を行う〔国連憲章77・79〕。旧委任統治地域と旧イタリア領ソマリランドが信託統治の下に置かれたが，その後次々に独立を達成し，最後に残った太平洋諸島の一部(ベラウ(パラオ))も，1994年10月1日に独立し，事実上，信託統治制度は消滅している。 ⇨植民地独立付与宣言'

信託統治理事会 ⇨国際連合'

信 託 法 平成18年法律108号。信託について，信託の成立・受託者の地位・*信託財産'などを規定する法律。信託制度は元々英米において発達したものであるが，大陸法系の日本でも，他人の金銭を集めてこれを運用する事業が信託会社の名称の下に行われるようになった。そこで，大正11年(1922)に*信託業法'を制定してこれを規制しようとしたが，その前提として信託とは何かを明らかにしておく必要に迫られて旧信託法(大正11法62)が制定された。平成18年(2006)に制定された現行法では，内容が詳細化するとともに，限定責任信託，*受益者'の定めのない信託など，*信託行為'によって定めうる信託が多様化した。 ⇨信託'

神勅主権 *大日本帝国憲法'における*天皇主権'の根拠を，天孫降臨の際の神勅に求める考え方。皇室の窮極の祖先神である天照大神(あまてらすおおみかみ)は，その孫・瓊瓊杵尊(ににぎのみこと)を天降らせた際に，三種の*神器'とともに，「豊葦原瑞穂国(とよあしはらのみずほのくに)はお前の治めるべき国だから，行って治めよ」との言葉を授けたとされるが，この言葉を神勅という。天孫降臨神話によれば，窮極の主権の保持者は天照大神であり，現人神(あらひとがみ)としての代々の天皇が皇祖皇宗(縮めて祖宗(そそう))より承継してきた国家統治の*大権'(*主権')は，神勅に基づくことになる。 ⇨神勅天皇制'

神勅天皇制 *大日本帝国憲法'下の*天皇制'のあり方。同憲法の告文・憲法発布勅語・*上諭'は，天皇の統治大権が皇祖皇宗から代々継承されてきたことを述べているが，その始点に据えられているのが天孫降臨の際の神勅である。これは天皇支配の正統性根拠を神の意思に求める神権主義の現れであり，その意味で神権天皇制とも呼ばれる。 ⇨神勅主権'

人定質問 刑事訴訟の第1回*公判期日'において，検察官の*起訴状'朗読に先立ち，裁判長が*被告人'に対し，人違いでないことを確かめるに足りる事項を問うこと〔刑訴規196〕。通常は氏名・本籍地・住居・年齢・職業などを尋ねる。*証人'・*鑑定人'などに対しても人違いの有無を確認する質問を行うが，この場合は人定尋問という〔刑訴規115・135・136〕。

人定尋問 ⇨人定質問'
人的会社 ⇨持分会社'
心的外傷後ストレス障害 ⇨ピー・ティー・エス・ディー(PTSD)'
人的課税除外 ⇨課税除外'

じんてきこ

人的抗弁 1 意義 *手形('*小切手')金の支払や*有価証券'上の債務の履行を請求される者が特定の者に対してだけ主張することができる抗弁。手形金の支払を請求される者が誰に対しても主張することができる*物的抗弁'に対する。人的抗弁は、更に、イ 特定の者に対して何人も主張できる抗弁(無権利の抗弁)と、ロ 特定の者に対して特定の者だけが主張しうる抗弁(狭義の人的抗弁)に分かれる。通常、人的抗弁という場合は、狭義の人的抗弁をいう。
2 狭義の人的抗弁が生じる場合 狭義の人的抗弁は、手形外の法律関係に基づいて、主として*手形の原因関係'に*瑕疵(かし)'がある場合に生じる。例えば、イ 原因関係に*取消し'事由あるいは*解除'事由がある場合、ロ 手形外の支払猶予・*免除'など、手形外の特約がある場合、あるいは ハ 手形の受戻しなしになされた手形金の支払・*相殺(そうさい)'など、*手形上の権利'の消滅・変更等で物的抗弁とされない事由がある場合に生じる。
3 人的抗弁の制限 イ 人的抗弁は人的関係の当事者間及びその者から*悪意'で譲り受けた者(⇒*悪意の抗弁')に対しては主張しうるが、それ以外の取得者に対しては主張できない。それを人的抗弁の制限又は抗弁の制限という〔民520の6・520の16・520の20、手17・77①Ⅰ、小22〕。有価証券は流通することを前提とするから、債務者が譲渡人に対してもつ抗弁を譲受人にも主張することができるとすると、手形の流通性が害されるため、抗弁の制限という制度を設けたのである。例えば、Aが売買代金支払のためにBに手形(小切手)を振り出したが、Bが売買の目的物を引き渡さないためにAがBに対して売買契約の解除権を有している場合に、AはBから手形金の請求を受けたときは解除権を行使して支払を拒むことができるが(人的抗弁)、Bがこの手形をCに譲渡してしまっているときは、Aは、CがAB間の上記の事情を知って(すなわちAを害することを知って)手形を取得したのでない限り、CにこのB手形を主張して支払を拒むことができない。ロ 人的抗弁の制限は有価証券取引の安全を保護するためのものであるから、独立の経済的利益をもたない*取立委任裏書'(*隠れた取立委任裏書'も含む)〔手18②・77①Ⅰ、小23②参照〕や*期限後裏書'の被裏書人〔手20・77①Ⅰ、小24〕には認められない。なお、記名証券には抗弁の制限は認められない〔民520の19②参照〕。
人的抗弁の制限 ⇒人的抗弁'
人的公用負担 ⇒公用負担'・受益者負担'
人的裁判籍 ⇒裁判籍'
人的執行・物的執行 債務者の身体や労働力を対象とする*強制執行'を人的執行と呼び、財産を対象とする執行を物的執行と呼ぶ。人的執行の立法例としては、債務者に身体的拘束を加え、特に非代替的作為義務の履行を強制する債務拘留などがあるが、個人の人格尊重という点から批判される。日本では、人的執行は認められていない。
人的証拠 ⇒証拠方法'
人的処罰阻却事由 ⇒一身的刑罰阻却事由'
人的責任 債務者が自己の総財産を引当て(*担保')にして負う責任。*物的責任'(物的有限責任)に対する。*人的有限責任'に対し人的無限責任を意味する。債務者は、法律上又は契約上別段の定めがない限り、人的責任を負う。⇒有限責任・無限責任'
人的担保 *保証'のように、債権者が債務者に対して有する債権を担保するために、債務者以外の*第三者'(ここでは*保証人')も*弁済'の義務を負う制度。債務について責任を負う人的範囲を拡大することにより、*債務不履行'のリスクを低減させようとする制度である点で、これを人的担保という。具体的には、保証及び*連帯保証'が、人的担保の典型である。また、*連帯債務'関係が人的担保として用いられる場合もある。特定の財産についての優先弁済権を債権者に与えることにより、債務不履行によって生じる損失を低減させようとする制度である*物的担保'と対置される。
人的分割 ⇒会社分割'
人的編成主義 ⇒物的編成主義・人的編成主義'
人的有限責任 債務の一定額を限度として債務者の財産を引当て(*担保')にする責任。量的有限責任・金額有限責任ともいう。無限責任に対する有限責任の一種であるが、更に、そのうちの物的有限責任に対する。法律又は契約で特に定めた場合に生じ、*株主'・*持分会社'の*有限責任社員'の責任〔会社104・580②〕、*免責約款'で定めた金額を限度とする営業者の損害賠償責任などがその例である。⇒有限責任・無限責任'

親 等 親族関係の遠近を表す単位。親等の計算は、直系*血族'は世代数により、傍系血族はその者から共同の始祖に遡り、そこから他の者に下るまでの世代数によって行う〔民726〕。例えば、親は1親等、兄弟は2親等、いとこは

じんどうて

[図：親族関係]

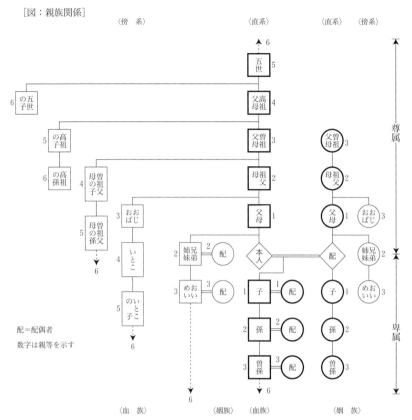

4親等である。*姻族'の親等は，配偶者から上記と同様の方法で計算する。民法上，一定の親等にある者が*親族'とされ〔民725〕，*近親婚'〔民734〕・*扶養義務'〔民877②〕・*相続'順位〔民889〕などの*法律効果'が親等を基準として発生する。また，後見開始の審判・保佐開始の審判（⇨成年後見')やその取消しの請求等は一定の親等にある者にだけ許される〔民7・10・11・14〕。なお，*配偶者'相互は，親等のない親族である。親族関係を図示する。

神道指令 連合国最高司令官の日本政府宛ての「国家神道，神社神道ニ対スル政府ノ保証，支援，保全，監督並ニ弘布ノ廃止ニ関スル件」（昭和20・12・15付覚書）をいう。神勅天皇制の支柱を取り除くとともに，政教分離の原則の源流となった。 ⇨神勅天皇制' ⇨政教分離の原則'

人道的干渉（介入） 他国における他国民に対する大規模な人権侵害を防止しあるいは止めさせるための武力行使。国際連合安全保障理事会決議に基づかない場合の合法性については1960年代以降学説上激しく争われてきたが，冷戦期において当事国が人道的干渉を法的正当化根拠として援用することはほとんどなかった。人道的干渉が改めて脚光を浴びたのは1999年の*北大西洋条約機構'（NATO）によるユーゴスラビア（現セルビア）空爆に関連してのことであり，本件については違法（武力不行使原則違反），合法（人道的干渉の権利が慣習法上認められる）といった評価に加え，国際法上は違法だが道義上正当化されるとの評価が学説上一定の支持を得た。この見解は本件の例外的性格を強調し武

じんどうに

力不使用原則を維持しようとするものだが，合法性と正当性との緊張関係を強調することになるだけでなく，当該行動の合法性を主張するNATO諸国の立場とも整合的でない。このように安保理による明示の授権がないままになされる人道的干渉の法的位置付けは現在においても明確ではなく，各実行から人道的干渉が法的に正当とされるための基準（深刻かつ大規模な人権侵害の存在，武力行使の不可欠性，均衡性など）を抽出しつつ，今後の推移を見守る必要がある。

人道に対する罪 ⇨'戦争犯罪'
人 道 法 ⇨'国際人道法'
新 得 財 産 ⇨'自由財産'
新派・旧派 ともに刑法学派の名称。1 旧派は古典派ともいわれ，18世紀末以来の自由主義的市民社会を背景に，イタリアのベッカリーア(Cesare Bonesana Marchese di Beccaria, 1738～94)，ドイツのフォイエルバッハ(Paul Johann Anselm von Feuerbach, 1775～1833)らにより唱導された。自由意思を有する理性的人間を前提として，その自由意思が現実に害悪を引き起こした場合には，道義的な非難を本質とする応報としての刑罰が加えられなければならないとする客観主義・*道義的責任論*・*応報刑主義'を主張した。歴史的には，自由主義的・社会契約論的国家観に基づき，功利主義的な一般予防を重視する「前期旧派」(19世紀前半)と国家主義的・贖罪(しょくざい)応報刑を説く「後期旧派」(19世紀後半～20世紀初頭)に分類される。日本では滝川幸辰(1891～1962)が前期，小野清一郎(1891～1986)が後期に属するとされている。
2 新派は近代派ともいわれ，19世紀後半の自然科学思想の刑法学への浸透，社会思想の高揚を背景に，ドイツのリスト(Franz von Liszt, 1851～1919)らにより主張された。自由意思，道義的責任を否定し，行為者の悪性の徴表である犯罪行為に対して，社会防衛の見地から，犯罪的性格を矯正する手段として刑罰が加えられなければならないとする*社会的責任論'・*目的刑主義'を唱えて，旧派と対立，いわゆる「学派の争い」を華々しく繰り広げた。 ⇨新派刑法学'。
⇨主観主義・客観主義'

じん肺 粉じんの吸入によって肺に生じた線維増殖性変化を主体とし，これに気道の慢性炎症性変化，気腫(きしゅ)性変化を伴った疾病。これらの病変は一般に不可逆性のもので，じん肺病変が高度に進展すると肺気腫ないし肺性心となる。*労働者災害補償保険法'の*保険事故'(*業務上の疾病')であるか否かは，疾病の状態が，じん肺法に定められている管理区分のうちのいずれに該当するかによる〔じん肺2①・4②〕。じん肺に合併した肺がん等も，業務上の疾病として扱われる〔労基則別表1の2⑤，じん肺2①②，じん肺則1〕。

新派刑法学 19世紀後半，当時急増した犯罪防止対策の必要性と，ロンブローゾ(Cesare Lombroso, 1836～1909)，フェリー(Enrico Ferri, 1856～1929)らのイタリア学派による実証学的・自然科学的犯罪人研究等を背景に，ドイツのリスト(Franz von Liszt, 1851～1919)によって展開された刑法の学派。近代派ともいう(⇨新派・旧派)。伝統的な旧派の刑法理論が根底とした自由意思論及びそれに基づく*道義的責任論'・*応報刑主義'を排斥し，犯罪は行為者の社会的危険性・悪性の必然的な結果・徴表であるとし(*犯罪徴表説')，このような危険性をもつ犯罪行為者に対しては，社会防衛の目的から刑罰が加えられなければならず(*社会的責任論'・*目的刑主義')，刑罰の内容もこれに従い犯人の改善・更生に役立つ教育刑であるとする(⇨教育刑主義')。また，犯罪徴表説をとる結果，旧派の客観主義に対して，行為者の主観面を重視する主観主義刑法学ともなる(⇨主観主義・客観主義')。日本では，牧野英一(1878～1970)によって体系化され，宮本英脩(1882～1944)，木村亀二(1897～1972)らに受け継がれた。

審 判 次のような各種の意義で用いられることがある。1 訴訟における審理及び裁判を合わせて呼ぶときに使う。とりわけ刑事訴訟においては，被告事件についての審理・裁判を指す。ただし，*審判妨害罪'〔裁73〕にいう審判は，裁判所又は裁判官の行う一切の裁判上の職務執行行為を指す。
2 *家庭裁判所'が家事事件又は少年事件についてする手続の1つ〔裁31の3①⓵③〕。*家事審判'は，*非訟事件'手続の一種であり，*少年審判'は，刑事訴訟法上の*口頭弁論'に基づいてする*決定'手続に類似する。ただし，*対審'構造をとらず，公開もされない。
3 *行政機関'の行う審判については，*行政審判'をみよ。
4 特許庁の審判官が行う*準司法的手続'。審査官が下した行政処分である査定を上位組織である審判官が取消し・変更すべきかを判断する査定系審判と，登録された権利の無効や延長登録の無効を審判請求人と権利者で争う当事者系審判に分かれる。特許庁長官が指定する3人又は5人の審判官の合議体で行われ〔特許136①，新案41，意匠52，商標56〕，その合議は，過半数に

より決する〔特許136②, 新案41, 意匠52, 商標56〕。'民事訴訟'に類似する手続ではあるが, '職権主義'を採用している〔特許150～153, 新案41, 意匠52, 商標56〕。審判は審決で終了する〔特許157, 新案41, 意匠52, 商標56〕が, '不服申立て'は, 審決取消しの訴えを東京高等裁判所の一支部たる'知的財産高等裁判所'〔知財高裁2〕に提起することができる〔特許178, 新案47, 意匠59, 商標63〕。確定審決に対しては'再審'の請求が認められている〔特許171, 新案42, 意匠53, 商標57〕。審判の種類は, 特許では, 拒絶査定不服審判〔特許121〕, 特許'無効審判'〔特許123・125〕, 存続期間延長登録無効審判〔特許125の2・125の3〕, 訂正審判〔特許126～128〕。実用新案では実用新案登録無効審判〔新案37〕のみが存在する。意匠においては拒絶査定不服審判〔意匠46〕, 補正却下決定不服審判〔意匠47〕及び意匠登録無効審判〔意匠48〕があり, 商標においては拒絶査定不服審判, 商標登録無効審判, 補正却下決定不服審判及び商標登録取消しの審判がある〔商標44～46・50～55〕。審判の主たる審理方法は, 書面によるが, 口頭によるものも存在する〔特許145①, 商標56〕。また, 令和3年の特許法等改正(法42)により, 審判長の判断により, 映像と音声の送受信により相手の状態を相互に認識しながら通話をすることができる方法によって, 当事者等が, 審判廷に出頭することなく口頭審理の期日における手続を行うことが可能となっている〔特許145⑥, 新案41, 意匠52, 商標56〕(これをオンライン出頭という)。

審判妨害罪 裁判長又は裁判官から法廷等における秩序を維持するのに必要な事項を命じられたにもかかわらず, その命令に違反して裁判所又は裁判官の職務の執行を妨害する罪〔裁73〕。職務執行を妨害したといえるためには, 単に命令に違反しただけでは足りず, 何らかの積極的行為が必要であると解されている。本罪も犯罪であるから, '法廷等の秩序維持に関する法律'による制裁手続とは異なり, 通常の刑事手続によらなければれば処罰することはできない。 ⇨法廷警察権'

新聞紙条例 明治時代の新聞取締法規。明治2年(1869)制定の新聞紙印行条例(太政官135(沙汰)), 明治6年の新聞紙発行条目(太告352)に次いで, 明治8年に讒謗(ざんぼう)律(太告110)とともに新聞紙条例(太告111)が公布され, 政府批判の言動を禁じた。その後, 治安妨害・風俗壊乱記事に対する発売頒布禁止処分などを認める一部改正を経て, 明治16年の全部改正(太告12)では制限強化が図られたが, 明治20年(勅75)・30年(法9)改正では制限緩和の方向に進み, 明治42年制定の新聞紙法(法41。昭和24法95により廃止)に継承された。

人 法 ⇨法規分類説'

人保険 人の生死傷害等人体について生ずる事故を'保険事故'とする'保険'。'物保険'に対するもの。'生命保険'のほか傷害保険や疾病保険も包含する。 ⇨傷害疾病損害保険契約' ⇨傷害疾病定額保険契約'

進歩性(特許法上の) 特許要件の1つ〔特許29②〕。進歩性の有無は, 出願時の技術水準を前提として, 公知・公用・文献公知発明〔特許29①①～③に掲記の発明〕から出願発明が容易に想到できたことを論理付けることが可能かどうかにより判断される。論理付けが可能な場合には進歩性が否定されることになる。具体的には, 公知技術の単なる寄せ集め, 公知材料の中からの最適材料の選択, 均等物による置換, 技術の具体的適用に伴う設計変更などの場合に進歩性が否定される。進歩性のない発明は当業者の通常の事業活動の中で生み出されるものであるため, '特許権'を付与してその創作を奨励する必要がなく, 進歩性のない発明に特許権を付与すると, かえって当業者の事業活動に支障を来し, 産業の発達を阻害することになるため, 特許権の保護が否定されている。

シンボリック・スピーチ ⇨象徴的言論'

臣 民 1 国家権力に服従する地位における'国民'を指す趣旨に用いられる。日本国憲法の下では, このような意味の「臣民」という用語は, 法令上, 一般に用いられていない。
2 '君主'国の国民を指す趣旨に用いられる。条約に「臣民及び人民」とある場合の臣民は, この意味である。'明治憲法'にいう臣民の語〔明憲告文・9参照〕は, おおむねこの意味であったとみられる。この場合, '天皇'及び'皇族'以外の日本人を指すのが通例であるが, 皇族が臣民に含まれる例もあった。

人 民 種々の用例がある。イ '国民'の総体を指す場合：人民投票・'人民主権'などの用語は, その例である。ロ 共和国の国民を指す場合：条約に「臣民及び人民」とある場合の人民は, この意味である。ハ 一般的に関係住民を指す趣旨に用いられることがある〔例：国連憲章73〕。ニ 広く, 国家権力に服従する地位に立つ者全般を指す場合：この場合, 国民はもちろん, 国の領域内にある'外国人'や'国籍'のない者も含む。この意味の人民は, 憲法・'行政法'の学問上の観念として用いられることが多い。なお, '明治憲法'下では, '天皇'及び'皇族'

じんみんし

以外の日本人を指す意味に用いられた例もある〔旧典50〕(⇨'臣民')。条約を別にすると、現在の法令では、人民という用語は、一般に用いられていない。

人民主権 普通は、'君主主権'に対立する概念として、国民主権と同義に用いられる。すなわち、国の政治のあり方を終局的に決定する力が人民に由来するという原理を意味する。17,18世紀ヨーロッパの市民革命において、絶対君主の'王権神授説'に対抗する思想的根拠として、ブルジョアジーの側から主張された。人民主権論の代表的思想家である'ロック'によれば、国家権力の'正統性'は人民の信託に求められ、自然状態から社会契約によって政治社会を作るに際して、国家権力は人民の自然権を保護し、人民の信託にこたえなければならないとされ、その義務に違反した場合には、人民の'抵抗権'が発動されることになる。一方'ルソー'は、政治が社会の全構成員の同意に基づいて行われるならば、結局人は自分の決定したことのみに従うことになるので、自然状態と同様に自由でありうるとの考えに基づいて、市民による直接統治を主張し、人民主権論の発展に寄与した。このような人民主権論は、近代の「人類の普遍的原理」として近代国家の共通の原則とされた(⇨国民主権')。

人民投票 ⇨国民投票' ⇨プレビシット'

人民民主主義 1 概念 第二次大戦中に現れ、戦後確立したプロレタリア独裁の特殊な形態。反'ファシズム'統一戦線に加わった諸勢力があくまで労働者階級の強力な指導の下に、連合して政権に参加することが認められた体制。主に東欧で発達したが、1980年代末期の民主革命によって廃棄された。
2 特色 東欧諸国において大戦中、民族戦線・人民戦線が作られたが、ナチスの軍事的敗北とともに新しい政権の指導勢力となり、ソ連の影響を強く受けて活動した。新しい政治組織は人民民主主義といわれに、それは議会主義を否定し、権力分立(⇨権力分立主義')ではなく人民会議を最高の権力機関とする権力形態をとり、大衆的人民戦線組織を権力基盤としている。社会主義の物質的基礎建設と農村の社会主義化への政策が基本目標になるに従い、これは、共産党の1党支配を覆い隠す機能を果たすものとなった。

審問 Ⅰ '非訟事件'の手続において、裁判所又は裁判官が口頭又は書面で当事者その他の関係人に'陳述'させること。そのために期日を開く場合もある〔借地借家54、会社870、人訴33、家事68・69・164・165・169・188等〕。⇨事実の調査'
Ⅱ 行政機関が相手方から意見を聴取する手続であり、'労働委員会'が'不当労働行為'事件の審査において意見聴取を行う手続などで用いられている〔労組27、金商57・186・187、収用63④⑤、公害紛争42の14〕。

尋問 訴訟において、'証人'又は反対当事者に対し質問を発し、強制的に返答させること〔民訴190〜211、刑訴143〜164・304〕をいう。それと異なり、任意の返答を促す発問は、質問と呼ぶ(例:'被告人質問')。

審訊請求権 ⇨審尋請求権'

深夜業 午後10時から午前5時まで(特別の地域・期間では午後11時から午前6時まで)に行われる労働で、通常の'賃金'の2割5分以上の'割増賃金'を支払わなければならない〔労基37④〕。深夜業は年少者には禁止され〔労基61〕、妊産婦及び育児・介護を行う'労働者'が深夜業禁止を請求した場合は、原則として禁止される〔労基66③、育介19・20〕。

信用開始契約 ⇨信用契約'

信用毀損罪 虚偽の風説の流布又は'偽計'により人の信用を毀損する罪〔刑233〕。本罪は、経済的な側面における人の社会的な評価を保護するもので、判例によれば、人の支払能力又は支払意思に対する社会的信頼だけでなく、販売される商品の品質に対する社会的信頼も保護している(最判平成15・3・11刑集57・3・293)。信用毀損の結果の発生は不要である。虚偽の風説の流布は虚偽と知りつつ商品の品質等について中傷的な風評を広めること、偽計は人の錯誤、不知を利用する策略をいう。

信用協同組合 ⇨中小企業等協同組合'

信用購入あっせん 顧客が信販会社など(信用購入あっせん業者と呼ばれる)の加盟店となっている販売業者(信用購入関連業者と呼ばれる)から商品を購入する際に、信販会社などが加盟店に代金を一括払いし、顧客は信販会社に分割で支払えばよいとする与信方法。当初は、割賦購入あっせんと呼ばれていた。'消費者信用'の一方法。'割賦販売法'は、カード等を用いる方式(包括方式)とカード等を用いない方式(個別方式)の双方を規律対象としており〔割賦2③④〕、通常の割賦販売を出発点としつつ、固有の立ち入った規制を行っている〔割賦30〜35の3の60〕が、固有の規制としては、'抗弁の接続'が認められている点が重要である〔割賦30の4・35の3の19〕。

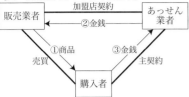
[図：信用購入あっせんの仕組み]

信用失墜行為 官職の信用を傷つけ，又は官職全体の不名誉となるような行為。公務員が，*全体の奉仕者'として公共の利益のために誠実に勤務する義務を遂行するためには，職務上・職務外の別なく高度の倫理的概念に基づく公正な行為と生活態度を要求される。公務員（公認会計士・税理士・弁護士・技術士等も同様）の信用失墜行為は，*懲戒'の原因となる〔国公 99，地公 33，会計士 26，税理士 37，弁護士 56，技術士法（昭和 58 法 25）4〕。

信用出資 共同事業のために出資者の信用を利用させることを目的とする*出資'。*財産出資'に対する。例えば，*組合'や法人の債務のための担保提供や*保証'，あるいは会社の振り出した手形の引受けや*裏書'を行うことなどを出資の目的とする。場合によっては，組合や*持分会社'に組合員や*無限責任社員'として参加し，その債務に対し無限責任を負うこと自体が信用出資と認められることもある。民法上の組合の組合員や持分会社の無限責任社員については，通説は信用出資を認める。これに対し，*有限責任社員'については出資の目的が金銭その他の財産に限定されていることから〔会社 576 ①⑥〕，認められないと解されている。利益・損失の内部的な分配基準を明確にする必要上，出資の価額又は評価の標準を*定款'に記載しなければならない〔会社 576 ①⑥〕。出資及び*持分'の払戻しは信用出資か否かを問わず金銭でなされる〔会社 611 ③・624 ①，民 681 ②〕。 ⇒労務出資'

信用状 銀行が輸入業者又は旅行者の依頼により他地にある自行の支店又は他の銀行に対して，特定の者に一定の条件の下で一定額の金銭を支払うことを委託する書面，又は特定の者が振り出した*為替手形'を一定の条件の下に自己が引受け（⇒手形引受け'）・支払をする旨を約定する書面。略称エル・シー（L／C）（ letter of credit）。輸入業者の依頼する商業信用状と，旅行者の依頼による旅行者信用状（銀行が旅行者から金銭の預託又は担保の提供を受け，旅行者振出の*手形'・*小切手'を発行銀行の計算で買い取ってもらうよう委託した書面。ただし，日本での利用はまれである）とがある。なお，信用状とともに用いられる*船荷証券'の電子化に伴い，信用状の電子化に向けたサービスも提供されるようになっている。 ⇒商業信用状'

信用取引 金融商品取引業者が顧客に買付けのための金銭や売付けのための*有価証券'を貸し付けて行う有価証券の売買その他の取引〔金商 156 の 24・161 の 2〕。金融商品取引業者は顧客の委託に従い有価証券の売買を実行するが約定日から 3 営業日までに行われる代金の決済と現物の受渡しは当該金融証券取引業者が行い，顧客との間に貸借関係が残ることになる。*証券金融会社'〔金商 156 の 24～156 の 37〕が信用取引を行う金融商品取引業者に対して必要な金銭や一定の有価証券（貸借銘柄）を貸し付けることもある（貸借取引）〔金商 156 の 24 ①〕。買い付けた有価証券や受け取った金銭について当該証券会社はこれらを顧客に対する貸付債権の担保として保有するが〔東証受託契約準則 41 ①〕，顧客は反対売買を行って貸借関係を解消することもできる。信用取引は現物価格に仮需給を取り込むことができる点で*先物取引'等と同様の機能を有するが，決済日に売付け株券と買付け代金とが相互に交付されて決済される現物取引である。信用取引には顧客の*空売り'・空買いの要素をもつが，*金融商品取引法'上の空売り規制は及ばない〔金商令 26 の 3 ⑤・26 の 4 ④，証券取引規制 11・15〕。信用取引の条件や手続等は各*金融商品取引所'の業務規程，*受託契約準則'，信用取引・貸借取引規程，*金融商品取引業協会'の公正慣習規則に定められる。このうち信用取引・貸借取引規程には，品貸料と弁済の繰延期限が業務規程と受託契約準則に従う「制度信用取引」と，顧客・金融商品取引業者間の合意に基づく「一般信用取引」の区分がある。前者では弁済期限は 6 カ月とされ，顧客はその期限内に反対売買を行って手仕舞をしなければならない。また顧客は取引日から 3 日以内に対象となる有価証券の時価に内閣総理大臣が定める所定の料率を乗じた委託保証金〔保証金 4・5・6〕を金銭又は代用有価証券で差し入れる必要があり〔金商 161 の 2〕，相場の変動により損計算が膨らんだ場合に追加保証金を差し入れなければならない場合がある。委託保証金は信用取引を行う金融商品取引業者にとっての担保として機能し，内閣総理大臣がその最低料率を調整することで過当投機を抑制することもできる。

信用保険 債務者の*債務不履行'によっ

しんようほ

て債権者が被る損害の填補のために債権者がつける*保険'。貸倒保険ともいう。なお，保険実務では，労働者の不正行為による使用者の損害をカバーするための身元保証保険のことを信用保険と呼んでいる。

信用保証協会　中小企業者等に対する金融の円滑化を図るため，信用保証協会法(昭和28法196)によって設立される*特殊法人'。中小企業者等が，銀行その他の金融機関から資金の貸付，手形の割引又は給付を受けること等により負う債務の*保証'をすることを，主な業務とする。

信用保証状　銀行が輸入業者の代金の支払を*保証'することを内容とする書面。輸出業者に輸入業者(又は特定の第三者)を支払人とする*為替手形'を振り出す権限を与え，かつ，発行銀行がこの支払を保証することを約定する。*商業信用状'と類似するが，発行銀行が輸入業者を支払人とする為替手形につき，輸入業者の支払・引受けを保証するにすぎない点で異なる。なお，信用保証状についても，信用状の場合と同様，これとともに用いられる書面が電子化されることに伴い，その電子化に向けたサービスが提供され始めている。

信頼の原則　自動車交通の発達に伴い，1960年代半ばに採用されるに至った刑事*過失'責任限定の理論。自動車運転手が，被害者ないし第三者が適切な行動をとると信頼するのが相当といえる場合には，相手方が予想外の行動に出たため死傷の結果を生じたとしても過失責任は問われないとする理論。相手の行動を信頼できる場合に限られるため，被害者が身体能力，判断能力が十分に備わっていない幼児等の場合にはほとんど適用されないが，車対車の場合は比較的広く適用されている。チーム医療による医療事故にも信頼の原則の適用例があるが，加害者側の責任を被害者に転嫁する結果に陥らないよう，判例は同理論の適用にやや慎重な傾向を示し，事故防止の仕組みが不име能な場合には同原則が適用されない例もある(最決平成19・3・26刑集61・2・131〈横浜市大患者取違え事件〉等)。同理論は新過失犯論と結び付いて主張されたが，伝統的な旧過失論によっても支持されている。両者の対立を反映して，その位置付けには対立があり，信頼の原則が適用されるのは，結果回避義務違反がない場合と理解する見解と，結果予見義務違反がない場合と理解する見解とに分かれる。⇨過失犯'

信頼の法理　*株式会社'の*取締役'は，その職務の一部を他の取締役や従業員等に*委任'

することができ，委任された者の行為については，特に疑念を差し挟むべき事情がない限り，問題がないものと信頼することができる，という法理。例えば，取締役の間で業務分担を行った場合，ある取締役の担当業務については，その内容について疑念を差し挟むべき特段の事情がない限り，他の取締役が能動的に監視・監督を行わなかったとしても，会社に対する*善管注意義務'〔会社330，民644〕又は*忠実義務'〔会社355〕違反の責任は負わないとされる(大阪地判平成12・9・20判時1721・3，東京地判平成14・4・25判時1793・140等)。信頼の原則，信頼の権利などともいう。

信頼保護　⇨動的安全・静的安全'
信頼利益　⇨履行利益・信頼利益'

心理強制説　**1 意義**　人間は快楽を追う動物であり，大きな快楽のためには小さな快楽を捨て，大きな苦痛を避けるために小さな苦痛を甘受するものであるという考え方から出発し，自己の犯罪行為を抑止する不快よりも大きな不快を刑罰として受けることを予告することによって犯罪から遠ざからせるのが刑法の役割であると説く学説。一般予防説の1つ(⇨一般予防・特別予防')で，フォイエルバッハ(Paul Johann Anselm von Feuerbach, 1775～1833)の主張した学説。
2 特色　残虐な刑罰によるみせしめの威嚇が受刑者の人格を無視したものであるという非難を受けるのに対し，この説は，刑罰は心理強制の効果を達成するための最小限のものでなければならないとしつつ，一般予防の効果を説明したものである。また，心理的強制を与えるには，犯罪と刑罰が明確に法定されていなければならないから，*罪刑法定主義'に1つの理論的基礎を与えることにもなった。

心理状態説　⇨過失'
心理状態の供述　⇨現在の心理状態の供述'

新律綱領　明治新政府は，刑罰をもって官民の規律を担保する国法を整備すべく，明治元年(1868)に仮刑律(かりけいりつ)を暫定した上で，新律の編纂(さん)に着手した。明治3年12月に府藩県などに頒布された新律綱領(第944)6巻は，主に明清律(みんしんりつ)に範をとり，親族関係など律の運用に関わる条件を示す8図のほか，名例律(めいれいりつ)，職制律，戸婚律(ここん)，賊盗律，人命律，闘殴律(とうおう)，罵詈律(ばり)，訴訟律，受贓律(じゅぞう)，詐偽律，犯奸律(はんかん)，雑犯律，捕亡律(ほぼう)，及び断獄律の14律，通計192条から成り，「綱領」の名のごとく新律の要目を示して有司

しんりやく

(ﾂｳ)の運用に備えた。明治6年に公布された改定律例(太告206)によって修訂が加えられるとともに運用の指針が律条ごとに例示され，併せて新律として用いられた。律の形式を襲用し，官吏規律に重点を置いたものであったが，国制の構造的改革に沿って官吏規律を切り離して質的に「刑法」へと接近し，明治15年1月1日，*治罪法'・*旧刑法'の施行に伴い廃止された。

心理的責任論 *責任'とは，行為に対する心理的事実としての*故意'及び*過失'であるとする理論。*責任能力'を有する者が故意又は過失により行為をすれば責任があるとして，かつて主張された。しかし，認識がある故意と認識がない過失とでは，心理的事実として共通性をもたず，過失は，認識すべきであったという点にその本質があり，また，故意又は過失により行為をしても責任を問うことができない場合があるとして，責任を法規範との関係において捉える*規範的責任論'が通説となった。

審理の現状に基づく判決 民事訴訟において，当事者の一方又は双方が*口頭弁論'*期日'に出頭せず，又は*弁論'をしないで退廷した場合に，裁判所が，審理の現状及び当事者の訴訟追行の状況を考慮して相当と認めるときになしうる*終局判決'をいう〔民訴244〕。ただし，当事者の一方が口頭弁論期日に出頭せず，又は弁論をしないで退廷した場合には，出頭した相手方の申出があるときに限りこのような判決が許される〔民訴244但〕。当事者一方の欠席に対する対処策として，出席した当事者に弁論をさせる(ただし，最初の期日における当事者一方の欠席の場合には，欠席当事者が事前に提出した*準備書面'に記載した事実を*陳述'されたものとして扱う)。欠席当事者がこの陳述を自白したものと擬制することを通じて，訴訟が裁判をするのに熟した段階に至れば，終局判決を下すことは可能である〔民訴158・159・243①〕が，現行民事訴訟法はこれに加えて，裁判所がその時点までの審理の結果に基づいて終局判決を下すことも認めた。ただ，同じ終局判決とはいえ，相手方の欠席がなければ判決はしないという状況下で判決をすることが，その時点における裁判官の*心証'等により，出頭した当事者に対し不利に働くこともあるので，出頭した当事者の申出がないと審理の現状に基づく終局判決は下すことはできないとされている。これに対し，当事者双方の欠席の場合の対処策としては，当事者が1カ月以内に期日指定を申し立てないときに*訴えの取下げ'を擬制する(休止満了という)ことも可能である〔民訴263前〕。当事者双方が結託して欠席と期日指定申立てを繰り返すことに備え，当事者双方が連続して2回期日を欠席したときも訴え取下げを擬制する〔民訴263後〕。双方欠席の場合，次回期日の指定申立てをまつか弁論を終結して審理の現状に基づく判決を下すかは受訴裁判所の裁量に委ねられるが，双方欠席の場合，裁判外で*和解'交渉が進展していることも多いから，基本的には次回期日の指定申立てをまつべきである。 ⇒自由心証主義'

審理陪審 ⇒小陪審'

審理不尽 Ⅰ 民事訴訟法上，*上告理由'の1つとして大審院時代から常用されてきた用語。裁判所が十分に*証拠調べ'を行わず又は*釈明権'の行使が十分でないなど，*事実認定'の手続を十分に尽くさない違法。*理由不備'・*理由の食違い'，法令の解釈適用の誤り，釈明義務違反と選択的に重畳的に用いられることが多い。内容が曖昧で明文の規定もないことから，多くの学説は独立の上告理由とすることに消極的だが，判例では*破棄'事由として定着している。

Ⅱ 刑事訴訟法上も，裁判所が*訴因変更'を促すべき場合にしなかったとき〔刑訴312②〕，*職権証拠調べ'を行うべき場合にしなかったとき〔刑訴298②〕，釈明義務を行使すべき場合にしなかったとき〔刑訴規208〕などに，審理不尽が認められる。厳密にいえば，審理不尽は独立の控訴理由ではなく，訴訟手続の法令違反あるいは*事実誤認'の1つの場合である。

侵略 *国際連盟'の下では，戦争を一般的に禁止した1928年の*不戦条約'の成立を契機として，「侵略」の定義が試みられたものの成功するには至らなかった(なお，1933年にソ連が周辺諸国と「侵略の定義に関する条約」を結んでいる)。*国際連合憲章'でも，「侵略行為」が*国際連合'の集団的措置発動の要件の1つとされた〔国連憲章39〕が，その定義を憲章に盛り込むことは意図的に避けられた。その後，ソ連を中心として「侵略の定義」を作成する試みが再開され，その結果，1974年の国際連合第29回総会で「侵略の定義に関する決議」(総会決議3314(XXIX))がコンセンサスで採択された。同定義は，抽象的定義方式と列挙方式とを併用して，「侵略」を国際連合憲章違反の*武力行使'と一般的に定義し〔侵略の定義1〕，この武力の先制的行使は侵略行為の一応の証拠を構成する〔侵略の定義2〕とした上で，侵略行為を構成する具体的な行為類型を列挙している〔侵略の定義3〕。国際刑事裁判所規程8条の2も「侵略犯罪」の

しんりよう

構成要素としての「侵略行為」を「他の国の主権，領土保全又は政治的独立に反する，また国際連合憲章と両立しない他の方法による，国による武力の行使をいう」と一般的に定義した上で，「侵略の定義」3条に規定された具体的な行為を列挙している。

診療報酬　広義には医師の診療行為に対して支払われる対価をいうが，'健康保険法'等における診療報酬は，療養に要する費用から*一部負担金'を控除した金額をいう。'療養の給付'を担当した*保険医療機関'等に対して，'保険者'の委託を受けた*社会保険診療報酬支払基金'等が審査・支払を行う〔健保76等〕。具体的には，「療養の給付及び公費負担医療に関する費用の請求に関する省令」（昭和51厚36)等に基づく出来高払点数単価方式によって算定される。診療行為のそれぞれに点数が定められ，その総和に1点当たり10円を乗じた額が診療報酬となる。多くの病院における急性期入院医療については，診断群分類別包括払方式が導入されている。　⇨国民健康保険団体連合会'

心裡（り^ん）留保　表示上の*効果意思'に対応した内心的意思が欠けており，かつ，表意者がそのことを知っていること。単独虚偽表示ともいう。本当は金を与える意思がないのに与えると冗談でいう場合がその例。*意思の不存在'の一場合であるが，表意者を保護する必要がないので原則として表示通りの効力を生じる〔民93①本文〕。しかし，相手方が表意者の真意でないことを知っており，又は知ることができるような場合には効力を生じない〔民93①但〕。もっとも，この*無効'は，*善意'の*第三者'には対抗できない〔民93②〕。*婚姻'・*養子縁組などの身分法上の*法律行為'は，心裡留保によっても常に無効である〔民742・802〕。ただし，会社設立又は新株発行の際の*株式の申込み'が心裡留保によって行われた場合，たとえ会社が真意を知り又は知ることができたときでも，それを理由に申込みを無効とすることはできない〔会社51①・211①・774の8①〕。

森林窃盗　森林でその産物(人工を加えたものを含む)を*窃取'する罪で，刑は3年以下の拘禁刑又は30万円以下の罰金又は情状によりこれらを併科する〔森林197・211〕。刑法の*窃盗罪'よりも*法定刑'が軽いが，これは森林産物に対する*占有'の態様の特殊性に照らして，特別規定(減軽類型)を設けたものと解される。なお，保安林の区域内で犯したときは，刑が加重される〔森林198〕。

人類の共同の財産　特定の領域とそこから得られる果実について国際社会の共有物とする考え方であり，*深海底'及び月(天体)について関係条約で規定されている。人類の共同の遺産ともいう。深海底については，1970年の国連総会決議2749(深海底原則宣言)において，深海底は人類の共同の財産であるとされ，これを受ける形で*国際連合海洋法条約'136条で「深海底及びその資源は，人類の共同の財産である」と規定された。アメリカはこの同条を含む同条約11部の深海底の諸規定に反対して同条約に加入していない。深海底開発により得られる鉱物の相当割合は，*国際海底機構'を通じて国際社会に拠出することが求められている。月(天体)については，月協定11条において「月及びその天然資源は，人類の共同の財産である」と規定されているが，同協定の当事国は僅か18であり，かつ宇宙活動国が当事国ではないため，同条は国際慣習法として確立しているとはいえない。南極については，*南極条約'4条では領土権・請求権の凍結につき規定するにとどまり，人類の共同の財産として各国が合意しているわけではない。

す

随意契約 ＊競争契約'(＊一般競争契約'又は'指名競争契約')に対する観念で，＊入札'・競り売り等の競争の方法によらずに，適当と思われる相手方と＊契約'を締結する方法。国又は地方公共団体の契約は，原則として競争契約の方法によらなければならないが，契約の性質又は目的が競争を許さない場合，緊急の必要により競争に付することができない場合，競争に付することが不利と認められる場合等に限り，随意契約によることが認められる〔会計29の3④⑤，予令99〜99の6，自治234〕。なお，租税の＊滞納処分'における差押財産の換価についても公売によるのが原則であるが，一定の要件の下に随意契約によることが認められる〔税徴109〕。

随意事務 ＊地方公共団体の事務'のうち，地方公共団体が行うかどうかを自主的に決定することができる事務。法律又はこれに基づく政令により義務として処理しなければならない必要事務〔自治2旧⑧⑨・旧別表1・旧別表2参照〕に対する観念。現在の＊自治事務'にも随意事務と必要事務がある。 ⇨必要事務'

随意条件 条件の成否が債務者の意思だけにかかっている場合のその条件。例えば，「気が向いたら債務を弁済する」というときは，随意条件を＊停止条件'とする＊法律行為'であり，＊無効'とされる〔民134〕。このような法律行為では，債権者が債務の弁済を求めて訴えても，債務者が「気が向かない」といえば効力を生じないので，当事者に法律的拘束力を生じさせる意思がないとみられるからである。これに対して，＊解除条件'付法律行為における解除条件が随意条件である場合には有効と認める学説が有力である。なお，債務者の意思ではなく，その行為にかかる事実を停止条件とする場合は単純随意条件と呼ばれ，上記の場合のように意思だけにかかる場合を純粋随意条件と呼ぶこともある。 ⇨条件'

水害訴訟 河川・海等からの洪水により，沿岸住民に浸水被害を生じしめた場合に，国home賠償を求める水害訴訟が数多く提起されてきた。＊国家賠償法'2条では，公の＊営造物'として河川を例示して，その「設置・管理の瑕疵(かし)」か

ら生ずる損害に対する行政の賠償責任を定めている。水害には，大量の降雨のために河川の堤防が決壊した場合(破堤型)や，河川の水位が堤防の高さを超え，水流が堤内地に流れ出す場合(溢水(いっすい)型)があり，それぞれ堤防の設計・計画高水流量の設定，科学技術の限界，災害時の降雨の非常態的性格(自然災害，不可抗力論)等を巡り，瑕疵の有無に関する責任論が議論されており，そのほか，被災との間の＊相当因果関係'，水害における損害論の特殊性等様々な問題がある。昭和50年代に，水害訴訟において河川管理の瑕疵を認める下級審判決が多数出されていたが，昭和59年，大東水害訴訟(改修途中の都市河川において，未改修部分から低湿地帯に浸水の被害が及ぼされた事案)の最高裁判所判決は，河川管理の特質に由来する財政的・技術的・社会的諸制約を明示するとともに，同条の瑕疵の判断基準として「同種・同規模の河川の管理の一般水準及び社会通念に照らして是認しうる安全性」を挙げ，当該事案についての国の賠償責任を否定した(最判昭和59・1・26民集38・2・53)。平成2年の多摩川水害訴訟最高裁判所判決は，多摩川における破堤型水害について，国勝訴の第二審判決を覆して，河川の管理の瑕疵を認める判決を下したが(最判平成2・12・13民集44・9・1186，差戻審である東京高判平成4・12・17判時1453・35)，その後，志登茂川水害訴訟(最判平成5・3・26判時1469・32)，長良川安八訴訟(最判平成6・10・27判時1514・28)，平作川訴訟(最判平成8・7・12民集50・7・1477)では，いずれも河川管理の瑕疵を否定している。

推計課税 課税要件事実の認定に用いる証拠資料の違いによって課税処分を分類する場合，課税処分は直接的証拠資料による実額課税と間接的証拠資料による推計課税に分類される。所得課税の分野では，帳簿書類等が直接的証拠資料であるが，それが入手できない場合でも，課税を放棄せず租税負担の公平の観点から，「財産若しくは債務の増減の状況，収入若しくは支出の状況又は生産量，販売量その他の取扱量，従業員数その他事業の規模」といった各種の間接的証拠資料により推計課税が行われる〔所税156，法税131〕。ただし，＊青色申告'に対する更正については原則として推計課税をすることはできない〔所税155①，法税130①〕。また，推計課税は，その必要性(帳簿書類の不存在・信頼性の欠如・不提示等の各場合)及び合理性が認められる場合にしか，許容されない。推計課税の合理性は一般には実額近似値課税について認められるが，具体的には純資産増減法・比率

すいさんぎ

法（実務上よく用いられるのは同業者比率法）・効率法等による推計課税は通常は合理的とされる．

水産業協同組合　⇨協同組合'

水質汚濁防止法　昭和45年法律138号．公共用水域・地下水の水質の汚濁を防止するために，工場・事業場から排出される排水を規制し，生活排水対策を実施する法律．水質規制を目的とする法律としては，昭和33年に，日本最初の公害規制法である「公共用水域の水質の保全に関する法律」（法181）と「工場排水等の規制に関する法律」（法182）が制定されたが，「指定水域」制をとったこと，水質基準や排水基準が緩かったことなどから，水質汚濁防止の効果が上がらなかったため，昭和45年に新たに本法が制定され，上記2法は廃止された．本法の主な内容は，指定水域制を廃止して，排水基準を全国一律に適用するようにしたこと，都道府県は*条例'で国の基準より厳しい排水基準（上乗せ基準）を定めることができるとしたこと〔水質汚濁3〕，排水規制を強化して基準違反がある場合には，あらかじめ改善命令などの措置をとらなくても直ちに処罰できるとしたこと〔水質汚濁12①・31①⑪〕，監視測定体制を整備したこと〔水質汚濁15～18〕などである．しかし，濃度規制による排水基準だけではなかなか効果が上がらなかったことから，昭和53年には，総量規制〔水質汚濁4の2～4の5〕が導入された（法68）．なお，私法的な損害賠償に関する規定として，昭和47年に*無過失責任'の規定が入れられた（法84）．平成元年には有害物質による地下水の汚濁等を未然に防止するための改正（法34），平成8年には汚染された地下水の浄化措置等を盛り込んだ改正（法58）が行われた．また，平成22年には排出水等の汚染状態等の測定結果の未記録等に対する罰則が創設されるとともに，汚水の流出事故時の措置が追加された（法31）．平成23年には工場・事業場における有害物質の非意図的な漏えい，床面からの地下浸透の防止を目的とする改正がなされた（法71）（なお，関連の法律として，「海洋汚染等及び海上災害の防止に関する法律」（昭和45法136），瀬戸内海環境保全特別措置法（昭和48法110），湖沼水質保全特別措置法（昭和59法61））．⇨公害'

随時提出主義　民事訴訟において，当事者が*口頭弁論'の終結に至るまで随時に*攻撃防御方法'を提出できるとする原則．*口頭弁論の一体性'に基づくもので，*旧民事訴訟法'ではこの原則がとられていた〔旧民訴137〕が，訴訟審理の遅延をもたらすため，現行民事訴訟法は*適時提出主義'を採用した〔民訴156〕．

推奨販売　金融商品取引業者が，営業方針として，現に保有している株式のうち特定の銘柄のものにつき，不特定かつ多数の投資者に対し，その買付け又は売付けを一定期間継続して一斉にかつ過度に勧誘すること〔金商38⑨，金商業117①⑰〕．推奨販売は，多額の手持株を売りさばくために，個々の投資者の資力や投資目的を無視した投資勧誘をもたらし，また，その販売を有利に行うため人為的な株価操作が行われる等弊害を伴いやすい．そこで，推奨販売は，原則として禁止され，内閣総理大臣の監督上の処分の対象となる〔金商52①⑦〕．公正な価格形成を損うおそれのある大量推奨販売行為は，刑事罰を伴う*相場操縦'規制〔金商159〕の対象となる場合がある．　⇨不当勧誘（金融商品取引の）'

スイス債務法　⇨スイス民法'

スイス民法　狭義では1907年12月10日の「スイス民法典」（獨 Schweizerisches Zivilgesetzbuch）をいい，広義では，これに1911年3月30日の「スイス債務法」（獨 Schweizerisches Obligationenrecht）を合わせたものをいう．前者は人事法・家族法・相続法・物権法の4編から成る．後者は，1881年の「スイス債務法」を「スイス民法典」に適合するよう改定し，その第5編として編入されたものだが，条文は1条から始まっており，体裁の上でも独立性を保っている．両者とも1912年1月1日から施行された．スイス債務法は，民商法を統一的に規定する点に特色をもつ（⇨民商二法統一論'）．

推定　Ⅰ　一般に使用されている推定については，*推定する・みなす（看做す）'（巻末・基本法令用語）を参照．

Ⅱ　民事訴訟法上，推定には*事実上の推定'と*法律上の推定'とがある．裁判官の*自由心証主義'の作用として*経験則'に基づき行われ，証明責任（⇨挙証責任'）を変動させないものを事実上の推定といい，法規の適用により行われ，証明責任の転換を伴うものを法律上の推定という．法律上の推定は更に2つに区別され，法律上の事実推定と法律上の権利推定がある．前者は「A事実があるときはB事実があるものと推定する」とし，B事実が他の法条の*要件事実'となっているもので〔例：民186②・772①等〕，後者は「A事実があるときはBの権利ありと推定する」と定めるものである〔例：民188・229・762②等〕．なお，事実推定の規定の中には，前提事実を定めない無条件の推定もある〔例：民186①，商503②，手29①等〕．これはある規定の要件事

実について証明責任の転換を図ることだけを目的とする立法技術であり，ただし書で規定するのと同じことになる(暫定真実と呼ばれる)。

Ⅲ　刑事訴訟法上も，推定には事実上の推定と法律上の推定とがある。このうち，事実上の推定は，裁判官の*心証'形成の過程で活用されているが，法律上の推定(推定規定)は，特別法に若干の例がみられるにとどまる〔公害犯罪5，麻薬特14〕。推定規定によって，検察官が負うべき*挙証責任'が被告人側に転換されるとすれば，*疑わしきは被告人の利益に'の大原則との関係が問題になる。　⇨*無罪の推定'

推定されない嫡出子　⇨*嫡出子'

推定する・みなす(看做す)　⇨*推定する・みなす(看做す)'(巻末・基本法令用語)

推定相続人　現状のままで*相続'が開始されれば，直ちに*相続人'となるはずの者。すなわち，法定の相続人のうち最優先順位にある者をいう。*配偶者'は他の相続人とともに常に相続人となるから〔民890〕，常に推定相続人である。先順位の相続人が出現したり，あるいは自ら*相続欠格'・*廃除'によって相続人となることのできる資格を失ったときは，推定相続人でなくなる。

推定地上権　民法施行前は*借地権'についての登記制度がなく，借地しているという事実だけで*第三者'に対抗できたが，民法施行により*登記'を必要とすることになった。しかし，*地上権'についてもほとんど登記がされず，地上権か賃借権かの紛争を多く生じた。そこで明治33年(1900)に地上権ニ関スル法律(法72)を制定し，施行の日(明治33・4・16)前からのものについては地上権と推定し〔地上権1〕，施行後1年内に登記をした場合には第三者に対抗することができるものとした〔地上権2〕。

推定的承諾　⇨*推定的同意'

推定的同意　推定的承諾ともいう。現実に*被害者の同意'が存在しないが，もし被害者がその場にいて事態を正しく認識していたら同意を与えたであろうと客観的に推定できる場合をいう。例えば，居住者不在の家の中で水道管が破裂しているのを認めた通りがかりの者が，やむをえず家に侵入して応急措置を施すような場合。このようなとき，行為が被害者の意思方向に合致している以上，利益欠缺($\frac{けん}{}$)の原理が妥当するとして，現実に被害者の同意が存在する場合と同様，違法性が阻却されることが一般的に認められている。しかし，被害者の推定的同意だけでは足りず，*緊急避難'に準ずる要件を要求する説，また，推定的同意を独立の正当化

原理として認めず，*許された危険'の法理で解決しうるとする説もある。尊厳死や移植用臓器摘出の合法化要件として患者本人の意思が不明の場合にも家族の同意で合法化を認める傾向がみられるが〔臓器移植6〕，家族の代諾をもって本人の推定的同意とすることはできない。

推定的否認　⇨*否認'　⇨*不知の陳述'

出　納　現金・物品等の受入れ及び払出しのことで，例えば，「現金出納の職務」〔会計26〕，「物品の出納」〔物品管理9〕というように用いる。*公金'をはじめとした*公の財産'の管理を慎重・公正にするため，現金及び物品の出納は，権限のある職員によって，法令に基づいてのみ行われることとされている。このうち，現金の出納保管をする職員を*出納官吏'といい〔会計38〕，物品の出納保管をする職員を物品出納官という〔物品管理9②〕。現金は，*予算決算及び会計令'及び財務大臣の定めるところによって出納し〔会計38②，予令114〕，物品は，物品管理官の命令によって出納する〔物品管理23・24〕。出納官吏がその保管に係る現金を亡失した場合において*善良な管理者の注意'義務を欠いたとき〔会計41〕，又は物品出納官が物品の管理行為について*故意'又は重大な過失(⇨*重過失')によって国に損害を与えたとき〔物品管理31①〕は，弁償の責めに任じなければならない。この場合，弁償責任は，*弁償命令'を通じて追及される。なお，*有価証券'及び*国有財産'に関しては，国の会計法令上，「出納」の語はあまり用いない〔用いる例として，会計37等〕が，地方公共団体の会計上は，現金，物品のほか有価証券についても，この用語が多く用いられている〔自治170②等〕。

出　納　官　吏　現金の出納保管をつかさどる国の職員をいう〔会計38〕。各省各庁の長又はその委任を受けた職員によって任命され〔会計39①〕，必要に応じてその事務の一部を担当する分任出納官吏又は出納官吏代理が任命され〔会計39②〕，更に出納員もその事務を取り扱うことができる〔会計40・40の2〕。出納事務の公正を期すため，現金出納の職務は*歳入'及び歳出の支出のいずれの職務とも兼ねることはできず〔会計8・26〕，その保管する現金をなくしたときは*弁償'責任を負うことがある〔会計41～45〕。　⇨*予算執行職員等の責任に関する法律'

出納責任者(選挙運動の)　*公職の候補者'の*選挙運動'に関する収入・支出の責任者。公職の候補者は，出納責任者を1人選任して*選挙管理委員会'に届け出なければならない〔公選

ずいはんせ

180〕。出納責任者は, 会計帳簿を備え, 選挙運動に関する収支の明細を記載し〔公選 185〕, 選挙管理委員会に報告しなければならない〔公選 189〕。出納責任者が一定の*選挙犯罪'を犯した場合には, 当該候補者の当選は無効とされ, 5年間*立候補'が禁止されることがある〔公選 251の2〕(⇨連座制')。

随伴性 主たる権利が移転すると, それに伴って従たる権利も移転する性質。民法 87条 2 項によれば, 従物は主物の処分に従うが (⇨主物・従物'), これを従物の随伴性と呼ぶことがある。また, *地役権'については, *要役地'の*所有権'が移転すると, 地役権もそれに伴って移転する〔民 281〕。*物的担保'においては, 被担保債権が*債権譲渡'等によって移転すると, それに伴って, 担保権も新たな債権者に帰属する。随伴性は, *付従性'等とともに, *担保物権'の通有性の 1 つに位置付けられている。ただし, *元本'確定前の*根(ネ)抵当権'には, 随伴性がない〔民 398 の 7 ①〕。*人的担保'においては, *保証'契約における主たる債務が債権譲渡等によって移転すると, *保証人'は新たな債権者に対して*保証債務'を負うことになる。

水 法 **1 意義** 広く, 水に関連する社会経済生活の秩序化のための法を指す。人間の社会経済生活と水との関係は, 極めて密接であり, 第 1 に, 水の有する効用を社会経済生活に役立てるという利水面と, 第 2 に, 水の有する破壊力から社会経済生活を守るという治水面, 第 3 に, 水に関わる環境の観点からの自然環境・水質保全の側面がある。これら 3 つの観点からの総括的な法としては*河川法'がある。また, 近時, 健全な水循環を確保するという観点から, 水循環基本法が成立した(平成 26 法 16)。

2 水に関する法律 私法分野では, 民法の相隣関係の諸規定及び用水地役権に関する規定〔民 214 〜222・285〕のほか, 民法の一般的な規定が適用され, また, 刑法では, 出水及び水利に関する罪〔刑 119〜123〕が定められている。行政関係の法律としては, 河川法のほか, 水資源開発促進法(昭和 36 法 217), 特定多目的ダム法(昭和 32 法 35), 港湾法(昭和 25 法 218), 海岸法(昭和 31 法 101), 温泉法(昭和 23 法 125), 水道法(昭和 32 法 177), 工業用水法(昭和 31 法 146), 下水道法(昭和 33 法 79), 水防法(昭和 24 法 193), 公有水面埋立法(大正 10 法 57), 漁業法(昭和 24 法 267), 水産資源保護法(昭和 26 法 313), *水質汚濁防止法', 湖沼水質保全特別措置法(昭和 59 法 61), 瀬戸内海環境保全特別措置法(昭和 48 法 110)等がある。河川法が, 一般法として, 治水・利水及び河川環境の整備保全の側面から, 河川の総合的管理を定めているほか, 特定多目的ダム法は, 発電・水道・工業用水道等の特定用途に供される多目的ダムについて, ダム使用権を創設し, 河川法の特例を定めている。水質保護の目的からは, 水質汚濁防止法が, 排水基準等を定め, 公共用水域及び地下水の水質汚濁の防止を図り, 国民の健康保護, 生活環境の保全を目指している。また, 水循環基本法では, 水が国民共有の貴重な財産で, 公共性の高いものであることがうたわれ, 水循環基本計画の策定, 水循環政策本部の設置等により, 水循環に関する施策を総合的かつ一体的に推進し, 健全な水循環を維持・回復することを目指している。

⇨公水' ⇨水利権'

水利権 広義には, *公水'であると私水であるとを問わないが, 通常は, 公水, 殊に河川の流水を一定の目的のために継続的・排他的に使用する権利をいう。用水権・流水使用権ともいい, その使用目的は, かんがい・発電・水道・流木等様々である。水利権はかつては慣行によって成立するものも多かったが, *河川法'上の河川及び準用河川においては, 河川管理者の許可(流水占用許可)によってのみ生ずることとされた〔河 23〕。河川の流水は, 公共の利用に供される*公共用物'であるため, 流水占用許可は他の利用を害さない限度で与えられるもので, この点を捉えて, 流水占用権は絶対的な権利ではなく, 相対的な権利であるといわれる(公権の相対性)。他方, 水利権は, 一種の財産権として扱われ, 取引の客体とされることもある(ただし, 河川法の下における水利権の譲渡には河川管理者の承認を必要とする〔河 34〕。なお, 特定多目的ダム法では, ダム使用権を物権とみなす旨の規定が置かれている〔ダム 20〕。 ⇨水法'

枢密院 明治 21 年(1888), 大日本帝国憲法の草案審議のために設けられ, 憲法制定後は, 「天皇ノ諮詢(しじゅん)ニ応(こた)ヘ重要ノ国務ヲ会議ス」〔明憲 56〕の憲法上の機関となる。元勲や行政練達者から勅選された, 議長・副議長各 1 人及び 24 人の枢密顧問官から成る合議体で, 会議には*国務大臣'も参加するため〔枢密院官制及事務規程(明治 21 勅 22)〕, その決定は, 事実上, 政府を制約した。

末川 博 (1892〜1977) 民法学者。京都帝国大学を卒業。大正 14 年(1925)同大学教授となり民法講座を担当したが, 昭和 8 年(1933) *滝川事件'のために辞職。第二次大戦後は立命館大学総長となる。特に*権利濫用'及び*違法

性'に関する研究で民法学の発展に貢献した。その博士論文である「権利侵害論」(昭和4)において比較法的考察を基に*不法行為'の要件としての権利侵害は違法性に置き換えられるべきであるとして不法行為による保護の範囲を拡大する理論的根拠を与えた。この考え方は「権利侵害から違法性へ」という標語としてその後の不法行為理論に大きな影響を与えた。

末弘嚴太郎　(1888〜1951)　民法・労働法学者。東京帝国大学教授を経た後,中央労働委員会の初代会長となった。大正中期頃までの民法学を支配していた条文中心の註釈法学を批判し,社会生活の中で実際に生きている法を重視することを説き,この方法によって書かれた著書「物権法(上下)」(大正10・11)は画期的な業績とされる。判例研究の重要性とその新しい方法を提唱し,労働法の研究の必要を早くから認め,中国の慣行調査を行って*法社会学'の発展に貢献するなど,各種の学問分野で業績を残した。主著に,上記のほか,「債権各論」(大正7),「労働法研究」(大正15),「民法雑記帳(正続)」(昭和15・24)などがある。

図　画　⇨とが'

スキャップ　[英]scab　*同盟罷業'への参加を拒否し同盟罷業中の職場で働き続ける*労働組合員'ないし*労働者'や,スト(ストライキ)破りのため,同盟罷業中に新たに雇い入れられた者([英]strikebreakerと同義の者)等を指す。

スクィーズアウト　⇨少数派株主・社員の締出し'

図形著作物　⇨著作物'
スタチュータの理論　⇨法規分類説'
スタンダード・オブ・レビュー　⇨審査基準'
スタンディング　⇨当事者適格'
スタンドバイ信用状　銀行が*信用状'の受益者に対して,信用状に記載された条件を充足する書類が呈示されることを条件として,支払等を行うことを約束するもの。荷為替信用状が売買取引における売買代金の回収を確実にするために用いられ,*荷為替手形'や*船荷証券'等の運送書類の呈示を支払等の条件としているのに対して,スタンドバイ信用状はより一般的に,受益者が有する債権の債務者の債務不履行のリスクに備えるために用いられ,受益者が発行者に対して債務者に債務不履行が生じたことを述べる書類等を呈示することを条件として銀行が支払等を約束するのが通常である。スタンドバイ信用状は,保証業務を禁止されていたアメリカの銀行が,信用状の仕組みを用いて保証と同様のサービスを提供することを目的として発行するようになったものである。スタンドバイ信用状については,1998年に*国際商業会議所'が国際スタンドバイ規則を作成している。

スチュワードシップ・コード　**1意義**　*機関投資家'向けの行為規範(諸原則)をまとめたものであり,元々は2010年にイギリスの財務報告評議会(FRC)が公表し,その後複数の改訂を経た「The UK Stewardship Code」のこと。そもそもスチュワードとは,執事や財産管理人などのことであり,スチュワードシップとは,スチュワードとして果たすべき責務(精神・態度)を意味する用語である。スチュワードシップは,いわゆる*受託者責任'と相通ずる要素がある概念であり(もっともスチュワードシップは高度な責務を課すものではあるが,受託者責任のように厳格な法的意義を有するものではない),他人の資産を株式等で運用する機関投資家もスチュワードシップが求められる存在であると考えられている。2008年の金融危機では,機関投資家の投資先企業に対して果たすべき役割の重要性が再確認され,それを踏まえて策定されたのが,イギリスのスチュワードシップ・コードである。
2 日本版スチュワードシップ・コード　日本でも,2014年に「「『責任ある機関投資家』の諸原則《日本版スチュワードシップ・コード》〜投資と対話を通じて企業の持続的成長を促すために〜」が公表されている。日本版スチュワードシップ・コードは,いわゆるアベノミクスにおける成長戦略の一環として策定されている。日英いずれのスチュワードシップ・コードも,投資先企業の長期的な成長を促しつつ,機関投資家の顧客・受益者の利益にもつながるような機関投資家の行為のあり方を示そうとしたものである。その後,日本版スチュワードシップ・コードは2017年に改訂,2020年に再改訂された。再改訂版では,運用戦略に応じたサステナビリティ(ESG要素を含む中長期的な持続可能性)の考慮という視点が明文で取り入れられている。

ステイト・アクションの法理　私人の行為をステイト・アクション([英]state action)(州の行為)とみなしうるときには,連邦憲法を適用しうる(みなせないときは,適用されない)という判例理論。1883年のCivil Rights Casesにおいて採用されたこの法理は,私人間における人種差別(社会的差別)を放任する結果となったが,*アメリカ合衆国憲法'の規制は,*公権力'と私人との関わり合いが密接であり,私的行為のもつ公的性格が強度になった場合には,その私的

すていむそ

行為は憲法の規制に服するステイト・アクションになるという修正が施されるようになった。最高裁判所は*三菱樹脂事件'判決において、私人間効力の問題について、民法の一般条項の解釈において憲法の趣旨を参照するという間接適用説を採用しているが、それとは別に、事件の類型によっては、*事実行為'を規制するために、ステイト・アクションの法理を認めることも可能であるという見解もある。 ⇒私人間効力(人権)'

スティムソン主義 英 Stimson Doctrine *不戦条約'に違反する手段によってもたらされたいかなる事態・条約・協定をも承認しないという考え方。不戦条約以降の戦争の違法化との関係における一種の不承認主義で、満州事変後の1932年1月に、アメリカ国務長官スティムソン(Henry Lewis Stimson, 1867〜1950)が示した。この原則は、1932年3月の国際連盟総会決議や1933年の「国の権利及び義務に関する条約」(モンテビデオ条約)11条などでも確認されたが、第二次大戦前にこの原則が*一般国際法'として確立していたかには疑問もある。

ステーブルコイン ⇒暗号資産' ⇒電子決済手段'

ステルス・マーケティング ⇒不当表示'

ストーカー規制法 平成12年法律81号。正式には「ストーカー行為等の規制等に関する法律」という。特定の者に対する恋愛感情その他の好意の感情、又はそれが満たされなかったことに対する怨恨(えんこん)の感情を充足する目的で行う行為に規制の対象を限定した点に特色がある。ストーカー行為(同一の者に反復してつきまとい等を行うこと〔ストーカー2〕)を行う者(1年以下の拘禁刑又は100万円以下の罰金)が設けられ〔ストーカー18〕、警察はストーカー行為を行う者に対して警告・禁止命令等の行政措置を講じることができる〔ストーカー4・5〕。しかし、法律で定義される「つきまとい等」〔ストーカー2〕に該当しない行為が年々増加し、これに対応するため平成28年、令和3年に法改正が行われ、規制対象が拡大された。また令和3年改正によりGPS機器等を用いた位置情報の無承諾取得等が規制されるようになった。

スト規制法 ⇒電気事業及び石炭鉱業における争議行為の方法の規制に関する法律'

スト中の賃金 ストライキ(*同盟罷業')は、*労働者'による債務履行(労務提供)の拒否であり、*使用者'は、スト参加者に対しスト中の*賃金'支払義務を負わない(いわゆる賃金カットができる)のが原則である(⇒ノーワーク・ノーペイ'の原則)。これは契約解釈の原則であり、当事者が別段の(スト中でも賃金を支払う)定めをしていれば、それによる。現在の判例(最判昭和56・9・18民集35・6・1028〈三菱重工業事件〉)及び通説は、抽象的に賃金を労働の対価たる交換的部分と生活保障部分とに二分して後者(*家族手当'等)は賃金カットできないとする見解には与せず、上記のように契約解釈に委ねている。スト不参加者については、使用者が就労させた場合、*労働契約'に基づき賃金が発生する。不参加者の就労がストにより無価値となっていないにもかかわらず使用者が就労を拒否した場合、民法536条2項に基づき不参加者は賃金請求権を失わない。不参加者の就労がストにより無価値となり、使用者が就労を拒否した場合は、判例(最判昭和62・7・17民集41・5・1350〈ノース・ウエスト航空事件〉)上、部分スト、一部ストを問わず、不参加者には、民法536条2項に基づく賃金請求権は認められないと解されている。なお、最後の場合については、*休業手当'請求権の存否も問題となる。

ストック・オプション **1 意義** 英 stock option 会社の*取締役'、*使用人'等が、将来の一定期間内に、あらかじめ定められた価額で会社からその会社の一定数の株式を取得することができる権利。この権利は、会社とその取締役又は使用人との間の契約(ストック・オプション契約)に基づいて与えられる。例えば、ストック・オプション付与の契約において、ある取締役が株式を10年間にわたって、1株1000円で1万株取得することができると定めたとすると、その後の会社の業績の向上により株価が例えば3000円に上昇した場合には、取締役はストック・オプションを行使することにより、2000万円の利益を受けることになる。そのため、ストック・オプションは取締役等の業績向上へのインセンティブとなるといわれている。アメリカで発達した制度で、日本では、議員立法による平成9年の商法改正(法56)により認められたが、平成13年商法改正(法128)では*新株予約権'の有利発行の制度にとり込まれ、会社法に引き継がれている〔会社238①②③〕。また、報酬等としてストック・オプションを付与することも想定されている〔会社361①④・409③④・425①②〕。

2 税制 報酬等として譲渡制限のついたストック・オプションが個人に付与された場合の*所得税法'上の取扱いは、原則として税制適格ストック・オプションとそれ以外(税制非適格ストック・オプション)に区別される。前者につ

き，一定の要件の下で取締役や従業員がオプションを行使した場合には，その行使時の権利行使益(取得株式時価マイナス払込金額)には課税されず〔租税29の2〕，その行使によって取得した株式を譲渡した際に株式譲渡益として課税される。税制非適格ストック・オプションで取締役等に付与されたものは，原則として行使時の権利行使益につき給与所得として課税される〔所税28①・36②，所税令84③〕。ストック・オプションを付与した法人の*法人税法'上の取扱いに関し，取締役や従業員に給与所得が生じる場合(給与等課税事由)，つまり税制非適格ストック・オプションの場合は，そのオプションの付与時の価額につき給与等課税事由発生日に費用として損金(⇨益金・損金')に算入される一方〔法税54の2①，法税令111の3③〕，給与等課税事由が生じない税制適格ストック・オプションの場合には，損金算入額はない〔法税54の2②〕。　⇨株式報酬'

ストックホルム国際連合人間環境会議　⇨国際環境法'

スト破り　⇨スキャップ'　⇨操業の自由'

ストライキ　⇨同盟罷業'　⇨争議行為'　⇨操業の自由'

砂川事件(判決)　**1 事件の概要**　昭和32年7月8日，東京調達局が都下砂川町にある米軍立川基地拡張のため測量を始めた際，基地拡張に反対するデモ隊の一部が，米軍基地の立入禁止の境界柵を壊して基地内に立ち入ったことについて，デモ隊のうち7名が*刑事特別法'違反で起訴された事件。
2 第一審判決　東京地方裁判所は，昭和34年3月30日，日本政府が米軍の駐留を許容するのは日本国憲法9条及び同前文の平和主義の趣旨に反する。したがって，刑事特別法の罰則は日本国憲法31条に違反する不合理なものであると判定し，全員無罪の判決を下した(東京地判昭和34・3・30下刑1・3・776)ことで注目された。これがいわゆる伊達判決である。これに対し検察側は直ちに最高裁判所に*跳躍上告'した。
3 最高裁判所判決　最高裁判所は，昭和34年12月16日，一方で，憲法9条は日本国が主権国としてもつ固有の*自衛権'を否定していない，同条の禁止する*戦力'はわが国が主体となって指揮権・管理権を行使できる戦力であって外国軍隊はそこにいう戦力に当たらない，したがって，米軍の駐留は憲法及び同前文の趣旨に反しないとしながら，他方で，*日米安全保障条約'のように高度の政治性をもつ条約については，一見極めて明白に違憲無効と認められない限り，その内容について違憲かどうかの法的判断を下すことはできないとして原判決を破棄し原審に差し戻した(最大判昭和34・12・16刑集13・13・3225)。*憲法と条約'との関係で，最高裁判所が*違憲審査権'の限界(統治行為論の採用)を示したものとして注目されている(⇨統治行為')。なお，砂川基地を巡る訴訟は，このほか，内閣総理大臣の土地収用法認定に対する取消訴訟，土地明渡請求訴訟，町長に対する職務執行命令訴訟などがある。
4 最高裁判所判決の後　2008年には，田中耕太郎最高裁判所長官が審理中に米国大使と砂川事件について意見交換していた資料が発見され，*司法権の独立'との関係で問題視されている。また，政府が2014年，限定された範囲での*集団的自衛権'の行使も憲法9条に違反しない旨の解釈変更を行う際には，砂川事件の最高裁判所判決が根拠の1つとされたが，この論法には学説の批判が強い。

砂川政教分離訴訟　空知太(そらちぶと)神社事件と富平神社事件の2つの訴訟事件から成る。前者では北海道砂川市が連合町内会に対し市有地を無償で神社施設の敷地としての利用に供している行為が，後者では同市が町内会に対し無償で神社施設の敷地としての利用に供していた市有地を同町内会に譲与したことが，憲法20条3項，89条等に違反するとして争われた。前者については一，二審とも違憲，後者については一，二審とも合憲と判断され，最高裁判所大法廷はいずれの事件についても各下級審の憲法判断を維持した(最大判平成22・1・20民集64・1・1，最大判平成22・1・20民集64・1・128)。ただし，この大法廷判決は，空知太神社事件については憲法89条，20条1項違反としつつ20条3項には言及せず，また，職権による検討を加え，神社施設の撤去以外に違憲状態を解消する合理的で現実的な手段がないかどうかを審理判断すべきであるとして事件を差し戻した点に特色がある(差戻し後の第二次上告審判決として，最判平成24・2・16判時2146・49参照)。また，富平神社事件共々，従来の政教分離訴訟のように行為の目的と効果に焦点を当てた判断の仕方ではなく，当該宗教的施設の性格や来歴，無償提供に至る経緯，利用の態様等，当該事件の事案に即した慎重な判断を行ったとみられる点が，いわゆる目的効果基準の適用を変更する趣旨であるのか否か，今後の政教分離訴訟の行方を占う上で注目を集めている。　⇨孔子廟(こうしびょう)訴訟'

スポイルズ・システム　圏 spoils system

すみやかに

公務員の任免を政党党派的情実によって行う政治的慣行のこと。猟官制ともいう。政党政治が早くから発達していたアメリカでは，19世紀初頭以来，政権が変更する度にほとんど全ての公務員が更迭され，選挙に勝った政党がその後を独占するという慣行が，連邦政府や州政府に浸透していた。この制度は，歴史的には，かつての絶対主義国家におけるような官僚制の出現を防止し，デモクラシーを維持するものとして一定の積極的な意味をもっていたが，現代行政の拡大・多様化や専門化が著しくなるにつれて，次第にその妥当性を失い，逆に汚職，専門的技術の欠如，行政の継続性の破壊など種々の弊害を露呈するに至った。そのため猟官制に代えて公務員の任免を，情実ではなく，資格や成績に基づいて行うところの*メリット・システム'を採用するのが妥当であるとする反対運動が起こり，1883年の連邦におけるメリット・システムの採用以後，猟官制は急速に衰え，メリット・システムが定着するに至った。しかし，政策決定を主たる任務とする政務官については，なおもスポイルズ・システムがとられている。

速やかに ⇨遅滞なく・直ちに・速やかに'(巻末・基本法令用語)

スメント Smend, Rudolf(1882～1975) ドイツの国法学者。ベルリン大学教授，ゲッティンゲン大学教授など。*イェリネック'が完成させた法実証主義的国家学は，片や*ケルゼン'の純粋法学へ，また他方では*シュミット'の決断主義へと変質を遂げたが，スメントはこれらに抗して，政治生活の動態的な統合過程としての国家を把握する「統合理論」(圀 Integrationslehre)を唱え，精神科学としての国家学の必要を説いた。いわゆるスメント学派は戦後のドイツ公法学の主流をなしている。

スモン訴訟 製薬会社が整腸剤として製造販売した「キノホルム剤」を服用した者がスモンと呼ばれる下半身麻痺(下)などの症状を伴う神経炎にかかったとして，製薬会社及び薬を認可した国に対して*不法行為'による損害賠償を請求した事件。裁判は各地で提起され大規模な*薬害訴訟'となった。裁判では製薬会社の*過失'の有無，因果関係が問題となったのみならず，国が危険な薬を規制しなかったことを理由に国の責任を肯定しうるかも争点となった。東京(東京地判昭和53・8・3判時899・48)を始め各地方裁判所の判決では企業及び国の責任が肯定された。 ⇨不作為による国家賠償責任'

スライド条項 長期にわたる建設工事請負契約などで，物価・賃金等の経済事情変動に応じ，工事代金等が不適当になった場合に，代金額・利率等の変更を要求できるものとする条項。エスカレーション条項ともいう。期間に限定のない「インフレ条項」と並ぶ事情変更の約定。

スライド制 主として*年金給付'を対象として，給付が物価や賃金との関係で一定の水準を保ち，目減りしないようにするために，給付の額を物価や賃金水準の変動に応じて改定する制度。*国民年金'，*厚生年金保険'の支給する年金については，新規裁定時の額は，総務省作成の年平均の全国消費者物価指数の変動率(物価変動率)並びに被用者年金被保険者等に係る標準報酬額等平均額の変動率及び保険料率の変動率に基づいて算定される名目手取り賃金変動率に応じて改定し〔国年27の2，厚年43の2〕，上記両年金及び各*共済組合'の既裁定の年金額は物価変動率に応じて改定するものとされるが〔国年27の3，厚年43の3等〕，平成17年度からは，特例として，新規裁定時の額は，名目手取り賃金の変動率及び年金受給者数の動向を考慮して，既裁定の年金の額は，物価変動率及び年金受給者数の動向を考慮して改定する〔国年27の4・27の5，厚年43の4・43の5等〕(⇨マクロ経済スライド')。*労働者災害補償保険'が支給する年金は，いわゆる完全自動賃金スライド制であり，給付額をスライドさせる方式ではなく，*給付基礎日額'をスライドさせる方式で行われる〔労災8の3①〕。労災保険の*休業補償給付'，*休業給付'及び*雇用保険'の*基本手当'等にもスライド制がある〔労災8の2①・14・22の2，雇保18等〕。

…することができない ⇨…することができない'(巻末・基本法令用語)

…するものとする ⇨…するものとする'(巻末・基本法令用語)

せ

姓 ⇨氏(½)'

セイ・オン・ペイ ⇨ドッド・フランク法'

税額控除 最終的な税額を算出するにあたり，*課税標準'に*税率'を適用して算出された税額から一定額を控除すること。*所得税'・*法人税'に共通の税額控除としては，*外国税額控除'がある〔所税95，法税69〕が，これは，外国に源泉のある所得について外国政府に納付した所得税・法人税の控除を認め，国際的*二重課税'を排除するためである。同様に，相続税法にも，在外財産に対する相続税額・贈与税額の控除がある〔相税20の2・21の8〕。その他，所得税における*配当控除'〔所税92〕は，法人税は配当に対する所得税の前取りであるから二重課税を排除する必要があるとの考慮に基づくものであり，法人税における所得税額控除〔法税68〕は，法人が利子・配当等につき*源泉徴収'された所得税の控除を認めるものである。また，*消費税'については，課税期間中の課税資産の譲渡等の合計額に税率を適用して得られた売上税額から，仕入れに含まれていた税額(仕入税額)を控除することとされている〔消税30〕。なお，*租税特別措置'として，産業政策や社会政策の観点から，多数の税額控除が設けられている。例えば，試験研究を行った場合の法人税額の特別控除〔租特42の4〕など。 ⇨所得控除'

性格責任 行為者の性格にその根拠が求められる*責任'。行為者が社会的の自己防衛手段を甘受すべき法的地位が責任であるとする*社会的責任論'において，その基礎とされる。*行為責任'に対する。そして，責任の根拠となるのは，行為者の性格であるとする考え方を性格責任論という。つまり，行為者の反社会的性格(社会的危険性)が，個々の行為を離れて問題とされるのではなく，犯罪行為に徴表されたときに，初めて刑罰を科することができるとされる(⇨犯罪徴表説')。

生活介護 *障害者総合支援法'による*障害福祉サービス'の一種〔障害総合支援5①〕。常時介護を要する障害者につき，主として昼間において，*障害者支援施設'その他の施設において行われる介護，家事，相談・助言その他の必要な日常生活上の支援，並びに創作的活動・生産活動の機会の提供その他の身体機能・生活能力の向上のために必要な支援を供与すること〔障害総合支援5⑦，障害総合支援則2の6〕。 ⇨介護給付費'

生活権補償 公共事業等の施行に必要な土地等の収用又は買収を受けたために従来の生活の基礎を失うことになる者が，その土地等に対する金銭による補償以外に，いわば生活権の代償として要求する補償で，生活補償・生業補償ともいう。替え地による補償，耕地・宅地の造成などの現物補償〔収用82・83・86〕のほか，「公共用地の取得に伴う損失補償基準要綱」(昭和37・6・29閣議決定)では，離職者補償，少数残存者補償について定め，また，各種の*生活再建措置'に関する規定を置く法律もみられる〔収用139の2〕。ダム建設など大規模な公共事業の増大に伴って生活権補償の必要性が認識され，金銭補償を原則とする古典的な損失補償の枠を超えた補償ではあるが，日本国憲法25条に照らして本来の補償として位置付けるべきであるとする主張がみられる。 ⇨損失補償' ⇨損失補償基準'

生活困窮者自立支援法 平成25年法律105号。生活保護の受給に至らないよう自立を支援するため，生活困窮者に対し，就労その他の自立に関する自立相談支援事業を実施し，離職により住宅を失った生活困窮者等には家賃相当の住居確保給付金(有期)を支給する。このほか，就労に必要な知識及び能力の向上のための訓練を行う就労準備支援事業，家計の状況を適切に把握することなどを支援する家計改善事業，一定の要件の下で宿泊場所や衣食の提供等を行う一時生活支援事業などを行うことができる。

生活再建措置 公共事業等の施行に必要な土地を提供した者が，そのために生活の基礎を失うことになった場合に，それらの者が受ける補償と相まって，その生活の再建を可能にさせることを目的としてなされる措置。生活の基礎を失うこととなる者は，宅地・農地等の土地の取得，住宅・店舗等の建物の取得，職業の紹介・指導・訓練等の生活再建措置の実施のあっせんを申し出，起業者は，事情の許す限り措置を講ずべき努力義務が課せられる〔収用139の2，用地取得特措47，都計74〕。これらの措置は，*生活権補償'の一環としても捉えられるが，法文上は，努力義務にとどまっており，土地の取得を円滑にするとともに，土地所有者の利益保護を目的とする政策的な措置であると解されている。 ⇨損失補償'

せいかつふ

生活扶助 *'生活保護法'における保護の1つ〔生活保護11①Ⅰ〕。被保護者の居宅において，衣食その他日常生活の需要を満たすために，世帯を単位に，原則として金銭給付によって行われる〔生活保護12・30・31〕。居宅において行うことができないとき，これによっては保護の目的を達し難いときなどは救護施設等への入所や私人の家庭への養護の委託を行うことができるが，被保護者の意に反して入所・養護を強制できるものと解釈してはならない〔生活保護30①但②〕。

生活扶助義務 ⇨生活保持義務・生活扶助義務'

生活妨害 ⇨ニューサンス'

生活保護法 昭和25年法律144号。日本国憲法25条の理念に基づき，国が生活に困窮する全ての国民に対し，その困窮の程度に応じ，必要な保護を行い，最低限度の生活を保障するとともに，その自立を助長することを目的とする法律〔生活保護1〕。保護の基準は，要保護者の年齢別，性別，世帯構成別，所在地域別その他保護の種類に応じて最低限度の生活の需要を満たすに十分で，かつ，これを超えないものという原則に基づき厚生労働大臣が定める〔生活保護8〕。保護の種類は，*'生活扶助'・*'住宅扶助'・*'医療扶助'・*'介護扶助'など8種であり，これらの扶助は単給又は併給として行われる〔生活保護11〕。実施機関は都道府県知事・市長(場合により町村長)で，保護事務は*'福祉事務所'で行い，*'民生委員'がこれに協力する〔生活保護19・22〕。 ⇨被保護者' ⇨要保護者' ⇨生活困窮者自立支援法'

生活保持義務・生活扶助義務 生活保持義務は，夫婦の*'同居義務'〔民752〕や親の子に対する*'監護教育権'〔民820〕を基盤として認められる広い意味での*'扶養義務'の一種。夫婦間及び親が未成年の子に対して負う。義務者は，相手方に対して自分の生活と同質・同程度の生活を確保しなければならない。これに対し，生活扶助義務は，それ以外の一定の親族間に認められる狭義の扶養義務〔民877〕で，扶養者の生活に余裕がある場合に，その限度で困窮している要扶養者を扶助する義務をいう。扶養の程度・内容は当事者の協議又は家庭裁判所の調停・審判によって定められる〔民879〕。 ⇨扶養請求権'

生活補償 ⇨生活権補償'

請願 1意義 国又は地方公共団体の機関に対して希望を述べること。日本国憲法で権利として認められており〔憲16〕，*'国務請求権'の一種とされる。すなわち，国民は，損害の救済，*'公務員'の*'罷免'，法律・命令・規則の制定・廃止又は改正その他の事項に関して，文書により，国会・官公署・天皇・地方議会に申し出ることができる。請願一般に関する規定は，請願法に，国会に対する請願は*'国会法'及び衆議院規則・参議院規則(⇨議院規則')に，地方議会に対する請願は*'地方自治法'に規定されている。請願を受けた機関は，それを誠実に処理すべきもの〔請願5〕とされるが，受理機関には請願を受理しなければならない義務はあっても，それに対して一定の措置をとる法的義務はない。他方，何人も請願をしたためにいかなる差別待遇も受けない〔憲16，請願6〕。

2沿革 封建社会においては，民意上達の方法として直訴があったが，これは厳罰に処せられ，その代わりに一定の条件をつけて請願が認められるようになった。イギリスの*'権利請願'(1628)が有名であるが，更に*'権利章典'(1689)において国王に対する請願権が認められたフランス革命は国王に対する請願に端を発したが，その経験を踏まえ，革命後の憲法には，請願権が規定されるようになった。議会政治の発達した現在，請願のもつ本来的意味は失われつつあるが，その機能の利用いかんによっては，議会政治に世論を注入する装置として再生する可能性がある。

税関検閲 出版物に対する税関検査の通称。輸出入される貨物や郵便物中の信書以外の物については*'関税法'により検査が行われ，検査の結果，関税法69条の11第1項7号の定める「公安又は風俗を害すべき書籍，図画，彫刻物その他の物品」又は同項8号の定める「児童ポルノ」に該当する場合には輸入してはならない貨物である旨を通知する〔関税69の11③〕こととして，実質的に輸入を禁止している。学説上は，これを*'検閲'に当たり違憲とする見解もあるが，最高裁判所は，憲法21条2項で禁止される検閲とは，行政権が主体となって思想内容等の表現物につき網羅的一般的に発表前に内容を審査し不適当なものの発表を禁止することと定義した上で，輸入禁止とされる表現物も国外では既に発表済みであること，税関検査は関税徴収手続の一環であり思想内容等それ自体の審査を目的としていないこと，健全な性的風俗の維持確保のためには水際阻止が必要なこと，などの理由を挙げて合憲とした(最大判昭和59・12・12民集38・12・1308)。また，「風俗」という文言は専ら性的風俗を意味し，「風俗を害すべき」とは「わいせつな」という意味であって，不明確ではないともしている。

正義 正義に当たる各国語(日本語の「ただしさ」,中国語の「義」,ヘブライ語のzedeq,ラテン語のjustitiaなど)は,各々独自の背景をもち,意味やニュアンスを異にしていて,正義と善,正義と*法'の関係なども一概に論じられない。一般に正義は社会*規範'の一種とされるが,プラトン(Platon, B.C.427〜347)は「徳」の一種であるとし,アリストテレス(Aristoteles, B.C.384〜322)はその徳を「心の習性」の一種だとしている。目隠しをし,秤(はかり)と剣をもったローマ神話の正義の女神ユスティティアは法廷を象徴する。正義は法や裁判の目指すべき理想で,目隠しは愛憎や私的関係からの絶縁,秤は公平,剣は判決の実力による貫徹を表しているといわれる。正義の古典的定式に「ローマ法大全」に収録されたウルピアヌス(Domitius Ulpianus, 170頃〜228)の「各人に彼のものを」があるが,「彼のもの」の内容決定という最も重要な問題が空欄になっている。アリストテレスは正義を罪と罰,あるいは契約における*給付'と*反対給付'の均等性を意味する「交換的正義」(英commutative justice)と,各人の「価値」に従っての配分を意味する「配分的正義」(英distributive justice)とに区別したと解釈されている。*ロールズ'は社会契約説(⇨*契約説')をモデルとしつつ,様々な「善」を追求する諸個人を共存させる社会全体の制度の性質として「正義」の定式化を試みた。

請 求 Ⅰ 私法上,相手方に対して一定の行為をすることを要求すること。履行の請求〔民432〕など。法文上,裁判所に対する訴えの提起〔民147①Ⅰ〕を請求ということもある。 ⇨*請求権'
 Ⅱ 民事訴訟法上は,*訴訟上の請求'と同じ。その項をみよ。

請求異議の訴え *債務名義'に表示された請求権の存在又は内容について異議のある債務者が,その債務名義による*強制執行'の不許を求めるために提起することができる訴え〔民執35〕。強制執行は,*執行文'の付された債務名義の正本又は記録事項証明書に基づいて実施されるため〔民執25本文〕,債務名義に表示された請求権が実体法上は不存在である等の場合にも強制執行がなされることがある。このような場合に,債務者が弁済,期限の猶予等を主張して*判決手続'により強制執行の排除を求めることができるのがこの訴えである。*確定判決'に対する請求異議の事由は,*既判力'の基準時との関係から,*口頭弁論'終結後に生じたものであることが必要である〔民執35②〕。異議事由が数個あるときは,債務者は,同時にこれを主張しなければならない〔民執35③・34②〕。この訴えの認容判決が確定した場合,その判決正本又は記録事項証明書の*執行機関'への提出により,強制執行は停止され〔民執39①Ⅰ〕,既にした執行処分は取り消されることになる〔民執40〕。なお,*執行証書'に無権代理の瑕疵(かし)がある場合などのように,*裁判'以外の債務名義の成立について異議のある場合にも,この訴えを提起することが認められる〔民執35①後〕。

請求棄却 民事訴訟法上,*訴え'に含まれた*訴訟上の請求'には理由が認められない旨の裁判を指す。判決の形式をもってなされる。この判決は訴えの類型(給付・確認・形成)いかんにかかわらず,常に*確認判決'の性質をもつ。 ⇨棄却・却下'

請求権 他人の行為(作為又は不作為)を請求することができる*私権'の一種。*債権'と同じ意味に用いられることが少なくないが,厳密には,請求権は*物権'や*身分権'からも生じるもので(例:*物権的請求権'・*扶養請求権'など),他人に行為を請求する権利に尽きるのに対し,債権は給付を受領し保持する権利を含む点で差異があると説かれている。元来,請求権という概念は,裁判所に訴えて保護を求める権利(*アークティオー')と離れて実体権の観念が存在しなかった*ローマ法'の権利体系を,19世紀のドイツの法律学が実体法と訴訟法の分化という視角から再構成する作業の過程で生み出されたものであり,アークティオーの実体的な側面を近代的な権利体系に翻訳したものといわれている(⇨*訴権')。この沿革からみれば,請求権は,物権・債権と同一平面にある権利ではなく,訴訟との関連を切り離しては考えられないと解される。

請求原因 民事訴訟法上,3つの意義がある。イ *訴訟物'である権利関係の発生原因となる事実で,*訴訟上の請求'の特定に必要なもの。訴えの原因ともいう。この意味での請求原因は*訴状'の必要的記載事項の1つである〔民訴134②Ⅱ・民訴規53①〕が,*請求の趣旨'だけで請求が特定されるときは記載は不要である。したがって,*新訴訟物理論'では金銭等代替物の給付請求の場合にだけ請求原因が必要となるが,旧訴訟物理論では更に特定物給付訴訟や形成訴訟(⇨形成の訴え')でも請求原因の記載を要する。ロ 請求を理由付ける事実として,原告が*主張責任'・証明責任を負う事実。通例は原告が根拠とする法規の*主要事実'である。これに対し,被告が主張責任を負う事実は*抗弁'

せいきゅう

事実と呼ばれる(⇨'挙証責任')。ハ 損害賠償請求のように数額・範囲が問題となる請求において、数額・範囲以外のあらゆる事項を一括した総称であり、*'相殺(そうさい)'や*'弁済'など被告の抗弁事実なども含む。この点についての*'中間判決'〔民訴245〕を原因判決という。

請求権代位 1 意義 *'保険代位'の一種であり、*'損害保険'において、*'保険者'が*'被保険者'に*'保険金'を支払ったとき、保険者が一定の限度で、被保険者が*'第三者'に対して有していた権利を取得することをいう〔保険25①〕。例えば、家屋が第三者の放火によって全焼した場合に、保険者は被保険者に対して保険金を支払う一方で、被保険者が放火を行った者に対して有する損害賠償請求権を取得する。
2 代位の範囲 支払われた保険金の額が損害額に不足する場合は、不足額相当の権利は被保険者のもとに残り、請求権の額から不足額を控除した額が保険者に移転する〔保険25①②〕。また、第三者の資力が不足する場合などにおいて、被保険者の権利と保険者の権利が競合する場合には、被保険者は保険者に先立って弁済を受ける権利を有する〔保険25②〕。請求権代位を利得禁止を達成できる限度で機能させ、被保険者の損害の回復を優先するため、保険法制定時にこのように規定された。

請求権の競合 1 意義 例えば賃借人が失火によって賃借家屋を焼失させてしまった場合には、家屋の所有者である賃貸人は、賃貸借契約上の*'債務不履行'(家屋返還義務の*'履行不能')を理由としてでも、あるいは*'不法行為'(*'過失'による所有権侵害)を理由としてでも賃借人に対して損害賠償を請求できる。このように、同一の事実に基づいて目的を同じくする別個の*'請求権'が併存することを請求権の競合という。
2 問題点 これが具体的に問題になるのは、併存する請求権の間に差異がある場合(例えば、賃貸人が不法行為を理由として賠償請求すれば失火ノ責任ニ関スル法律(明治32法40)により、賃借人の*'重過失'を立証しなければならないが、契約不履行を理由とすればその必要はない)に、請求権者は自己に有利なほうを主張してもよいのか、一方だけしか主張できないのか、一方だけを主張して敗訴した場合に、もう一方を主張して改めて訴えを起こせるのか(*'既判力'は及ばないのか)、という点であって、多数説・判例(大判大正6・10・20民録23・1821等)は、どちらの請求権を主張してもよいという立場(請求権競合説)に立っている。これに反対して一方(契約が存在する場合にはその不履行)だけしか主張できないと解する有力説(法条競合説・非競合説)があり、更に、*'訴訟物'理論の進展に伴い種々の考え方が主張されている。請求権の競合の問題は、上記の例のような債務不履行と不法行為の関係だけでなく、*'物権的請求権'と*'不当利得'、不当利得と不法行為、不法行為と*'表見代理'など多くの分野にわたっている。

請求の範囲 ⇨特許請求の範囲'

請求の拡張・減縮 民事訴訟法上、*'訴訟物'である権利関係を変更することなく、*'請求の趣旨'に表示された請求の分量のみを変更する場合で、請求の分量を増加させるのが請求の拡張、減少させるのが請求の減縮である。例えば、金100万円の支払を求める給付訴訟で、150万円の支払にするのが請求の拡張、50万円にするのが請求の減縮の典型であるが、引換給付を求めていたのを無条件給付の請求にすることやその逆の場合も請求の拡張・減縮に含まれる。請求の拡張・減縮は訴訟物自体を変更するものではないが、請求の趣旨に変動を来すので、*'訴えの変更'に当たる。また、判例によれば請求の減縮は訴えの一部取下げを伴うものとされている(最判昭和27・12・25民集6・12・1255)が、学説上は請求の一部放棄と解する見解も有力である。その要件・手続・効果は訴えの変更及び*'訴えの取下げ'(又は*'請求の放棄')の規定によるが、請求の趣旨のみの変更で新たな事実審理を要しないので、*'事実審'の*'口頭弁論'終結後でも可能とされる。

請求の基礎 民事訴訟法上、*'訴訟上の請求'は*'請求の趣旨'及び*'請求原因'によって一定の権利関係の主張として特定されるが、このような権利関係として構成される以前の請求の社会的な基盤ともいうべき実質的な紛争事実関係。訴えの変更が許されるためには、新請求と従前の請求との間で請求の基礎に変更のないことが必要である〔民訴143①〕。請求の基礎が同一であるとは、両請求の主要な争点が共通であり、旧請求についての*'訴訟資料'を新請求についての審理に利用しても、不意打ちにはならないような関係にある場合といえる。例えば、売買代金請求訴訟で、売買契約が無効とされる場合に備えて売買目的物の返還請求を追加する場合は請求の基礎に変更はないが、同額の金銭支払請求でもその発生原因を全く異にするものを追加する場合は請求の基礎の同一性がなく、訴えの変更は認められない。 ⇨訴えの変更'

請求の減縮 ⇨請求の拡張・減縮'

請求の趣旨 民事訴訟法上、原告が裁判所

にどのような判決を求めるかを簡潔に表示する*訴え'の結論に当たる部分。*訴状'の必要的記載事項とされる〔民訴134②[2]〕。例えば、「被告は原告に対し金100万円を支払えとの判決を求める」、「原告が別紙目録記載の土地につき所有権を有することを確認するとの判決を求める」、「原告と被告とを離婚するとの判決を求める」というように、原告が全部勝訴した場合の判決*主文'に対応した文言をとるのが通例である。請求の趣旨は、*請求原因'と相まって、*訴訟上の請求'を特定する機能をもつが、旧訴訟物理論では確認訴訟(⇨確認の訴え')の場合、*新訴訟物理論'では更に形成訴訟(⇨形成の訴え')や特定物給付訴訟の場合にも請求の趣旨の記載のみによって、被告が原告の訴訟上の請求が特定されることになる。訴状に請求の趣旨の記載を欠いていたり、それが不特定の場合は、*裁判長'が訴状の補正命令を発し(⇨訴状審査権')、なお補正がなされない場合には命令で訴状を*却下'する〔民訴137〕。

請求の追加的併合 民事訴訟においては、*訴えの変更'の一態様としての訴えの追加的変更と、*訴えの主観的併合'の一態様である訴えの*主観的追加的併合'とを意味する。いずれも、当事者又は第三者が、新たな請求と従来の請求との併合審理を求めるものであるが、訴訟を複雑にし、従来の訴えに関する審理の終結を遅らせるため、一定の条件の下でのみ認められている。また、*行政訴訟'においては、原告又は第三者が、*抗告訴訟'又はその他の訴訟の*口頭弁論'終結までに*関連請求'について併合審判を求める訴えを提起することができる〔行訴18〜20・38①・41②・43③〕。

請求の認諾 ⇨請求の放棄・認諾'

請求の併合 民事訴訟において、数個の*請求'が同一訴訟手続で審判されるべき状態にあること。*訴えの客観的併合'ともいう。各請求の*弁論'・*証拠調べ'は共通の手続で行われる。ただし、併合審理が不適当と裁判所が考える場合は、*口頭弁論'の分離を命じることができる〔民訴152①〕。また、*一部判決'がされることもありうる。請求の併合は、イ 原告が最初から1つの訴えをもって複数の請求をしたとき、ロ 原告が請求の変更により、新請求を追加したとき、ハ 被告が*反訴'を提起したとき、ニ *中間確認の訴え'が提起されたとき、ホ 裁判所が数個の弁論の併合を命じたとき(⇨弁論の分離・併合')等に生じる。イを特に、固有の訴えの客観的併合〔民訴136〕と呼び、各請求が同種の訴訟手続によることができるもの

であれば、その間に関連性がなくても許される。許容される場合には、専属管轄を除いて、併合請求の*裁判籍'が認められること〔民訴7・13〕、*訴訟物'の価額が合算されること〔民訴9①〕などの効果が生じる。請求の併合の態様には、イ *単純併合'、ロ *予備的併合'があり、ハ *選択的併合'が許されるか否かについては議論がある。

請求の変更 ⇨訴えの変更'

請求の放棄・認諾 請求の放棄とは、民事訴訟の*口頭弁論'、*弁論準備手続'又は*和解'の*期日'において、原告が自己の*訴訟上の請求'(*訴訟物')である権利主張を否定する*陳述'をすること。請求の認諾とは、上記の期日において、被告が原告の訴訟上の請求(訴訟物)である権利主張を認める陳述をすること〔民訴266①〕。なお、当事者が請求を放棄又は認諾する書面を提出したが期日に出頭しない場合に、その旨の陳述をしたものと扱われる〔民訴266②〕。これらの行為がなされた場合、裁判所書記官は、そのことを記録した電子調書を作成しファイルに記録する。訴訟手続は*終局判決'を経ずに終了し、上記のファイルの記録は*確定判決'と同一の効力をもつ〔民訴267①、人訴37①。例外:人訴19②〕。

政教分離の原則 政教分離原則とは、憲法20条3項の解釈として、「世俗的権力である国家(地方公共団体を含む。…)は、これ(宗教や信仰の問題)を公権力の彼方におき、宗教そのものに干渉すべきではないとする、国家の非宗教性ないし宗教的中立性を意味するもの」とされている(最大判昭和52・7・13民集31・4・533〈津地鎮祭事件〉)。日本国憲法制定時において、信教の自由と不可分な規定として、*アメリカ合衆国憲法'の国教禁止条項とほぼ同一の内容をもつものとして、理解されていた。昭和20年の*神道指令'、昭和21年の天皇のいわゆる人間宣言と相まって、戦前の軍国主義的国家神道の解体を目指すものであった。特に*靖国神社法案'、内閣総理大臣の公式参拝の憲法適合性について、アジア諸国をも巻き込んで深刻な対立が生じてきた。最高裁判所は、一般人の宗教的評価の見地からみて過度に政治と宗教が関わり合っているか、という点を重視する*目的効果基準'を採用し、忠魂碑・慰霊祭訴訟においては、「特定の宗教とのかかわり合いがないこと」を重視し合憲の結論を下したが(最判平成5・2・16民集47・3・1687〈箕面忠魂碑・慰霊祭訴訟〉)、県による宗教法人靖国神社等への玉串料等支出の問題に対しては、「特定の宗教団体とのかかわ

せいぎょう

り合いが否定できない」ということから公金の支出が憲法に違反するとの判断を示した(最大判平成9・4・2民集51・4・1673'愛媛玉串料訴訟')。なお，政教分離規定は最高裁判所によれば，「国家と宗教との分離を制度として保障し，もつて間接的に信教の自由を保障しようとする規定」(*津地鎮祭訴訟')である。そのこととの関係で，最高裁判所は，空知太(そらち)神社事件('砂川政教分離訴訟')(最大判平成22・1・20民集64・1・1)('孔子廟(こうし)訴訟')(最大判令和3・2・24民集75・2・29)においても同様の物差しが用いられている)において，地方公共団体が公有地を無償で宗教的施設としての用に供する行為が憲法89条及び20条1項後段に違反するとする一方，宗教的施設を利用する人々の信教の自由を損なわないよう配慮し，原審が違憲性を解消する手段についての審理判断を尽くさなかったことは違法として，差し戻している。 ⇨信教の自由'

生業補償 ⇨生活権補償'
正規労働 ⇨雇用形態'
制限君主制 ⇨立憲君主制'
制憲権 ⇨憲法制定権力'
制限故意説 ⇨故意説・責任説'
制限行為能力者 ⇨制限能力者'
制限控訴主義 *控訴審'において，*第一審'の収集した資料のみに基づいて事実認定を行い，新たな資料の提出を認めない建前。弁論の更新権を制限し，事実審理の重点を第一審に置くもので，オーストリア民事訴訟法において採用されている。控訴審で独自の資料を収集しない点で事後審主義の一種とみられ，続審主義・覆審主義と対立する。 ⇨事後審' ⇨続審' ⇨覆審'

制限従属形態 狭義の共犯('教唆'・幇助(ほうじょ))の罪が成立するには，*正犯'の行為が'構成要件'に該当する違法な行為であれば足り，有責である必要はないとするもの。共犯の従属性の程度に関する1つの形態で，最小限従属形態・極端従属形態・誇張従属形態に対立する(⇨共犯従属性説')。今日の学説では，この形態をとるのが最も有力な考え方である。例えば，13歳の少年をそそのかして窃盗を行わせた場合，この考え方では，少年は，責任無能力であり〔刑41〕，無罪であるが，構成要件に該当し，違法な窃盗の正犯といえるから，利用者は，強制等の事情があれば'間接正犯'となりうるが，そうでない場合は，'窃盗罪'の教唆犯ともなりうる。これに対して，かつて有力であった極端従属形態では，上例で，そそのかした者は間接正犯とするほかないが，そのような画一的判断は疑問視されている。それが，制限従属形態を多数説とする契機になったといってよいが，現在では最小限従属形態をとる見解も有力である。 ⇨共犯'

制限種類債権 *種類債権'のうち，種類の範囲が制限された債権(例えば，この倉庫内にある米のうち100俵を引き渡せという債権)。限定種類債権・混合種類債権ともいう。普通の種類債権では，その種類の物の取引ができる限り*履行不能'とはならないが，制限種類債権では，制限内の物の給付が不能となれば(前例では，倉庫内の米が全焼した場合)，履行不能となる点で違いがある。制限される範囲が狭いときには，*選択債権'に類似するが，給付される物の個性が重視されていない点が異なる。

税源浸食と利益移転(BEPS) *多国籍企業'の過度なタックス・プランニングによって，*法人税'の課税ベースが浸食され，実際に経済活動が行われている国から別の国に法人利益が移転すること。Base Erosion and Profit Shifting 圀の頭文字をとってBEPSという。G20とOECDはこれに対応するための15項目の行動計画を策定し，2015年に最終報告書を公表した。これを受けて，各国で国内法の改正や*租税条約'の改訂が進められた。日本でも外国子会社合算税制の見直し，*恒久的施設'の定義の見直し，*移転価格税制'の見直し，BEPS防止措置実施条約の署名と国会承認などがなされた。⇨租税回避' ⇨ベップス(BEPS)防止措置実施条約'

制限診療 ⇨療養の給付'
制限責任説 ⇨故意説・責任説'
制限選挙 狭義では，一定額の納税や財産の所有を選挙権の要件とする制度。より広義には，その他教育や信仰，人種，性別などを選挙権の要件とする制度。いずれも*普通選挙'の対義語として用いられる。近代における選挙権の拡大は，多くの国では，イ 納税又は財産による制限選挙制の導入，ロ 成年男子普通選挙制の導入(日本では大正14年(1925)），ハ 婦人参政権の導入(同・昭和20年(1945))という発展をたどっている。

制限付自白 例えば，金を貸したという相手方の主張を認めながら，しかし，既に返還したと述べる場合，このような*陳述'を制限付自白という。この陳述は，全体として相手方の主張する*法律効果'(上記の例では，賃金返還請求権)の存在を否定するものであるが，訴訟法的には，相手方が*主張責任'・立証責任を負う事実(上記の例では，消費貸借契約の成立)につ

[表：制限能力者の比較]

制限能力者の種類	要件	能力の範囲	保護者	保護者の権能	行為の効果
未成年者	18歳未満の者〔民4〕	特定の行為〔民5①但③・6〕だけ単独にすることができる	法定代理人（親権者又は後見人）〔民5①〕	同意権・代理権	同意を得ないでした行為は取り消すことができる〔民5②〕
成年被後見人	精神上の障害により事理を弁識する能力を欠く常況にあって家庭裁判所の審判を受けた者〔民7・8〕	単独にできる行為は原則としてない〔民9但参照〕	成年後見人〔民8〕	代理権だけ	常に取り消すことができる〔民9〕
被保佐人	精神上の障害により事理を弁識する能力が著しく不十分な者で家庭裁判所の審判を受けた者〔民11・12〕	特定の行為〔民13①②〕だけ単独できない	保佐人〔民12〕	原則は同意権。代理権付与の審判があれば代理権〔民876の4〕	同意又はこれに代わる許可を得ないでした行為は取り消すことができる〔民13④〕
被補助人	精神上の障害により事理を弁識する能力が不十分な者で家庭裁判所の審判を受けた者〔民15・16〕	補助人の同意を要する旨の審判を受けた特定の行為だけ単独でできない〔民17①〕	補助人〔民16〕	同意権・代理権付与の審判があれば代理権〔民876の9①〕	同意又はこれに代わる許可を得ないでした行為は取り消すことができる〔民17④〕

いて自白するとともに，その事実と両立し，自らが主張責任・立証責任を負う*抗弁'事実(上記の例では，弁済)を同時に主張しているものと理解される。自白とともに，別個の*主要事実'を主張する点で積極否認又は*理由付否認'と区別される（⇨否認'）。 ⇨自白'

制限納税義務者 ⇨納税義務者'

制限能力者 1 意義 *行為能力'が制限されている者。制限行為能力者ともいう。すなわち単独では完全な*法律行為'をすることができない者をいい，*未成年者'・*成年被後見人'・*被保佐人'，*被補助人'がこれに当たる。行為能力が制限されている者は，以前には無能力者と呼ばれ，未成年者，*禁治産者'，*準禁治産者'がこれに当たるとされていた。しかし平成11年改正前の制度については，禁治産者・準禁治産者という用語が差別的用語であること，禁治産宣告及び準禁治産宣告が戸籍に記載されるため，プライバシーの保護に欠けること，禁治産者において*取消し'の対象とする行為の範囲が広すぎ，高齢化社会に対応できないこと等の問題点が指摘されていた。そこで，差別的用語の撤廃，プライバシーの保護，自己決定の尊重等の理念に基づいて，無能力者制度は制限能力者制度に改められた（平成11法149）。具体的には，関連規定の表現の変更，補助の制度の創設，*後見登記'制度の創設等である。成年被後見人の能力の制限は最も大きく，日常生活に関する行為を除き常に取り消すことができる〔民9〕。被保佐人は日常生活に関する行為を除いた一定の行為をするときには*保佐人'の同意を得なければならない〔民13〕。被補助人の能力の制限は最も小さく，特定の法律行為について*補助人'の同意を要する旨の審判を受けた場合に限り，同意なしには当該行為をすることができない〔民17〕。未成年者は，特定の行為を除き，法定代理人の同意がなければ単独で行為できないのが原則である〔民5・6〕。なお，表を参照せよ。

2 効果 未成年者，被保佐人，被補助人が法定代理人又は保佐人，補助人の同意を得ないでした法律行為は取り消すことができ，成年被後見人は後見人の同意を得た場合であっても常に取り消すことができるのが原則である〔民5②・9・13④・17④〕。取消しの効果は絶対的で*善意'の*第三者'に対しても主張できる〔民96③・94②と対比〕。また，取消しの結果，既に履行されたものについては*不当利得'として相互に返還しなければならないが，制限能力者は善意の場合のみならず悪意であっても*現存利益'を返還すれば足りるとされ〔民121の2③後〕，一般の場合よりも厚く保護されている〔民703・704参照〕。

3 相手方の保護 法律行為を取り消すかどうかは制限能力者の自由であるから，制限能力者と取引した相手方は，不安定な状態に置かれることになる。そこで相手方は，行為者本人又は法定代理人に対し，一定期間内に当該法律行為を

せいげんの

一定の要件の下に*追認'するかどうかの確答を求めて*催告'することができ，この確答いかんによって法律行為の効力を有効か取消しかに確定させることができる〔民20〕。また，制限能力者が，能力者であることを信じさせるため*詐術'を用いたときは，取り消すことができない〔民21〕。

制限能力者の詐術　⇨詐術(制限能力者の)'

制限物権　*所有権'のように目的物を全面的に支配するのではなく，一定の限られた目的のために使用する物権。*地上権'・*永小作権'などの*用益物権'と，*質権'・*抵当権'などの*担保物権'がある。なお，*物権'に掲げた[表：物権の分類]をみよ。

制限除外主義　⇨国家免除'

正　誤　⇨正誤〕(巻末・基本法令用語)

成功報酬　通常の用法では，*弁護士'が事件の処理を成功裡(り)に終えた際に受け取る謝金のことを指す。狭義では，着手金その他の手数料を一切受け取らず，事件処理の成功の場合にだけ報酬を受けるとの約定又はそれによる報酬をいう。後者は，contingent fee 図といわれるものでアメリカで多く用いられている。日本では特に禁止されていないが，*弁護士法'28条などとの関係で，その実態によっては，狭義の成功報酬には問題が生じうる。

制裁(使用者の)　⇨懲戒'

政策的制約　20世紀に登場した*社会国家'の理念の下では，国家は*夜警国家'にとどまることなく，むしろ資本主義の高度化の下で生じる社会的不公正を是正し経済的弱者の生存を確保するために，経済市場に積極的に介入することを要請される。そこで，経済的弱者の生存権保護の観点からの外在的・政策的制約を，強者の*経済的自由権'に対して加える立法が許容されることとなる。最高裁判所大法廷判決(最大判昭和47・11・22刑集26・9・586〈小売市場事件〉)が合憲と認めた「積極規制」も同意義であるとされる。なお，政治・行政やマスコミ等では経済的規制と表記されることが多い。自由競争に対する国家の政策的介入であることから，規制緩和の流れの中で縮小・撤廃の傾向がみられる。政策的制約の代表例ともいえた「大規模小売店舗における小売業の事業活動の調整に関する法律」(大店法)(昭和48法109)は平成10年に廃止された(法91)。　⇨内在的制約'

政策評価　特定の政策について，その政策効果を把握し，必要性，効率性又は有効性などの必要な観点から評価する活動。平成10年の中央省庁等改革基本法(法103)において，国民的視点に立ち，かつ内外の社会経済情勢の変化を踏まえた客観的な政策評価機能を強化するとともに，評価の結果が政策に適切に反映されるようにすることが目指された〔省庁改革基⑥・29〕。それを受けて，「行政機関が行う政策の評価に関する法律」(平成13法86)が制定され，政策評価の基本的な制度が定められた。同法は，*国の行政機関'の政策(行政機関が，その任務又は所掌事務の範囲内において，一定の行政目的を実現するために企画及び立案をする行政上の一連の行為についての方針，方策その他これらに類するもの〔政策評価2②〕)につき，適時に，その政策効果(当該政策に基づき実施し，又は実施しようとしている行政上の一連の行為が国民生活及び社会経済に及ぼし，又は及ぼすことが見込まれる影響)を把握し，これを基礎として，必要性，効率性又は有効性の観点その他当該政策の特性に応じて必要な観点から，自ら評価するとともに，その評価の結果を当該政策に適切に反映させなければならないとしている〔政策評価3〕。　⇨行政評価等'

製作物供給契約　家具建築や注文服・注文家具製作のように，契約当事者の一方が相手方の注文に応じて自己の所有する材料で製作したものを供給することを約し，注文主がこれに対価を払うことを約して成立する*契約'。製造物供給契約・請負供給契約ともいう。注文に応じての製作は，仕事の完成を目的とする*請負'的要素を含み，製作物の供給による所有権移転は*売買'的要素も含むため，通説は請負と売買の*混合契約'と解し，特約がない場合には製作には請負の規定，供給については売買の規定を適用すべきであるとする。もっとも，今日では，土地工作物の建造は請負と解されて異論がない。*代替物'の製作供給は一般に売買と解され，不代替物の製作供給は請負と解される傾向にあるが，実質的には，前者につき注文者の*瑕疵(か)'修補請求権・解除権などは肯定されてよく，後者についても代金の支払や*果実'に関する規定〔民573〜575〕の適用がありうる。*債権法改正'後は，請負契約を前提としても，債務不履行(契約不適合)を理由として，仕事の完成の前後を問わず同様の結果に至る。

清　算　Ⅰ　*法人'や*組合'が解散した場合や設立の無効・取消しが確定した場合に，その後始末のため財産関係を整理すること。清算手続は*清算人'によって行われる。法人の清算では法人は*清算法人'に移行し，清算人は法人の現務の結了，債権の取立て，債務の弁済を行

い、残余財産を帰属権利者に引き渡す〔一般法人212〕。帰属権利者は営利社団法人たる会社の場合が社員たる*株主'であるのに対して〔会社504・505参照〕、非営利法人である一般社団法人・一般財団法人の場合は、*定款'の定め、あるいは*社員総会'又は評議員会の議決によるのが原則である〔一般法人239〕。清算法人の財産が、債務を完済するのに足りないときは、破産手続に移行する〔一般法人215〕。清算事務を終了すると、法人は消滅する。組合の清算については、清算人は、法人の場合と同様に、現務の結了、債権の取立て、債務の弁済を行い、残余財産を組合員の出資額に応じて配分する〔民688〕。信託の終了した場合にも清算が開始するが〔信託175〕、その場合は清算受託者が清算手続を行う〔信託177〕。

Ⅱ 会社の法人格の消滅を生じさせる原因である法律事実を*解散'というが、解散した場合(*合併'によって解散した場合及び*破産'手続開始の決定により解散した場合であって当該破産手続が終了していない場合を除く)、並びに、*株式会社'の場合は設立の無効の訴え又は株式移転の無効の訴えに係る請求を認容する判決が確定した場合、*持分会社'の場合は設立の無効の訴え又は設立の取消しの訴えに係る請求を認容する判決が確定した場合に、法律関係の後始末をする手続を清算という〔会社475・644〕。*特別清算'との対比で通常清算ともいう。株式会社及び*合同会社'の清算は、会社法が定める手続によらなければならないが(法定清算)、*合名会社'又は*合資会社'は、その会社が*定款'で定めた存続期間の満了、定款で定めた解散の事由の発生又は総社員の同意によって解散した場合には、定款又は総社員の同意によって、その会社の財産の処分の方法を定めることができる(任意清算)〔会社668①〕。なお、裁判所は、清算株式会社に清算の遂行に著しい支障を来すべき事情があると認めるとき又は清算株式会社の財産がその債務を完済するのに足りない状態(債務超過)の疑いがあると認めるときは、申立てにより、当該清算株式会社に対し特別清算の開始を命ずる〔会社510〕。

清算会社 会社法475条の規定により*清算'をする*株式会社'を清算株式会社といい、会社法644条の規定により清算をする*持分会社'を清算持分会社という。これらの会社は、清算の目的の範囲内において、清算が結了するまではなお存続するものとみなされる〔会社476・645〕。⇨清算法人'

生産管理 *労働組合'等の労働者団体が工場・事業場や設備資材等を接収し、*使用者'の指揮命令を排除して自ら企業経営を行う争議手段。業務管理ともいう。第二次大戦直後の一時期盛んに行われ、*争議行為'としての正当性が論じられたが、最高裁判所は一連の判決でこれを違法とした(最大判昭和25・11・15刑集4・11・2257〈山田鋼業事件〉等)。

清算金 Ⅰ 土地改良法又は土地区画整理法により、土地の*交換分合'・換地処分を行う場合に、土地の自然状況・利用状況等を総合的に勘案して、従前の土地に対し相殺(<small>さいさん</small>)することができない部分があるとき、又は換地を定めない場合などに、これを清算するために徴収し、又は交付する金銭〔土地改良53・53の2の2・54の2・54の3・89の2⑩・89の3・102・108、区画整理94・110、宅地供給83、農住組合法(昭和55法86)11〕。*都市再開発法'においても、工事完了後、価額の差額について清算金が徴収・交付される〔都開104・106〕。換地照応原則〔区画整理89①、都開77②〕にもかかわらず、現実に生ずる関係権利者間の不均衡を金銭で調整するものである。

Ⅱ *仮登記担保'において、仮登記担保権者は、清算期間が経過した時の目的物の価額がその時の被担保債権額を超えるときは、その超える額に相当する金銭(清算金)を支払わなくてはならない〔仮登記担保3①〕。清算金の支払と目的物の所有権移転登記及び*引渡し'とは同時履行の関係にある〔仮登記担保3②、民533〕。仮登記担保権設定者は、清算金が支払われるまでは、*受戻権'を行使することができる〔仮登記担保11〕。*譲渡担保'及び*所有権留保'においても、担保権者は、担保目的物の価額と被担保債権額との差額に相当する金銭(清算金)を支払わなくてはならない。なお、担保法制の改正に向けた議論では、動産譲渡担保及び所有権留保について、帰属清算方式による実行に際して支払われる清算金を帰属清算金、処分精算方式による実行に際して支払われる清算金を処分清算金と呼ぶことが検討されている。

清算参加者・非清算参加者 *金融商品取引清算機関'が金融商品債務引受業の相手方とする者を清算参加者という〔金商156の7②③〕。清算参加者になるためには、その倒産等により個別取引の決済不履行や決済システムの機能不全が生じるのを防止するために経営体制・財務基盤等につき、清算機関が業務方法書において定める要件を満たす必要があり〔金商156の7②③〕、これを満たすことができない業者が取引を清算するには、清算参加者に*有価証券等清

せいさんと

算取次ぎ'〔金商2㉗〕を委託するほかなく，この業者を非清算参加者という。商品先物取引においても同様の制度がある〔商取2⑲・174・175②③〕。

清算取引 ⇨先物取引'

清算人 I *法人'や*組合'が*清算'をする場合に，その清算手続を担当する者。非営利法人の通常の解散の場合，清算人になるのは，普通，*理事'であるが，*定款'で定められた者，あるいは*社員総会'又は評議員会で選任された者があれば，その者がなり，清算人となる者がいない場合のみ，裁判所が清算人を選任する。これに対して，裁判所の解散命令による解散に伴う清算，設立の無効取消しによる清算の場合は，裁判所が清算人を選任する〔一般法人209〕。清算人は社員総会の決議，一定の事由がある場合の評議員会の決議，重要な事由がある場合の裁判所の判断によって解任される〔一般法人210〕。清算人は清算法人の業務を執行し，清算法人を代表する者であるから〔一般法人213①・214〕，理事と同様の義務と責任を負わされている〔一般法人213④・83～85・217～219〕。組合の場合には，総組合員共同で，又は組合員が選任した者が清算人となり〔民685〕，清算手続を行う〔民686・688〕。

II 清算株式会社及び清算持分会社(任意清算による場合を除く)の業務を執行する機関であり〔会社482①・650①〕，現務の結了，債権の取立て及び債務の弁済及び残余財産の分配を行う〔会社481・649〕。清算人が2人以上ある場合には，清算株式会社又は清算持分会社の業務は，*定款'に別段の定めがある場合を除き，清算人の過半数をもって決定する〔会社482②・650②〕。*代表清算人'その他清算株式会社又は清算持分会社を代表する者を定めた場合を除き，清算人は，清算株式会社又は清算持分会社を代表し〔会社483①・655①〕，清算人が2人以上ある場合には，清算人は，各自，清算株式会社又は清算持分会社を代表する〔会社483②・655②〕。

清算人会 全ての*清算人'で組織され，清算人会設置会社の業務執行の決定，清算人の職務の執行の監督及び*代表清算人'の選定及び解職を行う機関〔会社489①②〕。清算人会は，重要な財産の処分及び譲受け，多額の借財，*支配人'その他の重要な*使用人'の選任及び解任，支店その他の重要な組織の設置・変更及び廃止，*社債'を引き受ける者の募集に関する重要な事項として法務省令で定める事項及び清算人の職務の執行が法令及び*定款'に適合することを確保するための体制その他清算株式会社の業務の適正を確保するために必要なものとして法務省令で定める体制の整備その他の重要な業務執行の決定を，清算人に委任することができない〔会社489⑥〕。他に代表清算人があるときを除き，清算人会は，清算人の中から代表清算人を選定しなければならない〔会社489③〕。清算株式会社は，定款の定めによって清算人会を置くことができ〔会社477②〕，*監査役会'を置く旨の定款の定めがある清算株式会社は，清算人会を置かなければならない〔会社477③〕。

生産物責任 ⇨製造物責任'

清算法人 *解散'した後の*清算'中の*法人'。清算の目的のためにだけ存続を認められているので，清算事務遂行に必要な範囲内で解散前の法人と同一の*権利能力'をもつにすぎない〔一般法人207〕。会社が清算法人となったときは清算株式会社・清算持株会社という〔会社476-645〕(⇨清算会社')。

政治活動 ⇨社会運動・政治活動(労働組合と)'

正式裁判 *略式命令'〔刑訴461〕を受けた者又は検察官が，略式命令に対し不服を申し立てたときに行われる通常の*公判手続'。正式裁判の請求は，略式命令の告知の日から14日以内に書面でする〔刑訴465〕。適法な請求があれば，通常の規定に従って審判がなされる〔刑訴468②〕が，*起訴状'謄本の送達は必要でない。正式裁判は略式命令に拘束されず〔刑訴468③〕，*不利益変更の禁止'の制約を受けない。正式裁判の請求により判決をしたときは，略式命令は失効する〔刑訴469〕。

正式の争訟・略式の争訟 裁判手続の公正さは，当事者に証拠を提出させて主張と反ばくの機会を与える対審構造と，完全に独立した中立の裁判官による紛争の裁断という2つの要素によって支えられているといえる。そして，これら2つの要素を兼ね備えた争訟手続を正式の争訟と呼んでいる。*行政事件訴訟'は正式の争訟であるが，*審査請求'等の*行政上の不服申立て'は，特に審判者の独立性・中立性が不完全あるいは欠如しているので，略式の争訟である。

政治警察 国家体制又は国家組織の安全に対する障害の危険を防止し，障害を除去するために行われる行政作用。*高等警察'ともいう。学問上の*保安警察'のうち，政治的な言論，出版，集会，結社，思想の取締り等がこれに当たる。戦前は，*治安維持法'等に基づいて特別高等警察(特高警察)を中心として活発に行われたが，現行憲法の下では許容されるか自体も問題となる。なお，現行法上は*破壊活動防止法'に

基づく作用がこれに当たるとされる。

政治結社 結社を分類する際の一種。一般に，政治に影響を及ぼすことを目的とする結社を指す。憲法上結社の自由が保障される〔憲21①〕ことから，その設立は自由とされ，これを包括的に規制する法律は存在しない。他方，政党その他の政治団体の選挙時の政治運動を制限する*公職選挙法'，政治団体の届出や適正な会計管理，収支報告等を義務付ける*政治資金規正法'など，個別の法律による一定の規制を受けることがある。 ⇨結社の自由' ⇨政党'

政治献金 **1 意義** 個人，会社又はその他の団体（例えば，*労働組合'等）によって，*政党'その他の*政治団体'に対してされる寄附又は*公職の候補者'の*政治活動'に関してされる寄附。*政治資金規正法'は「政治活動に関する寄附」と呼んでいる〔政資3①④・4③④。なお，公選179②〕。

2 政治献金に対する規制 政治献金は，政治資金規正法によって規制されており，その総額制限や質的制限等〔政資21〜22の9〕のほか，収支報告書の提出・公開〔政資12・20〜20の3〕などが定められている。昭和55年の改正（法107）により，従来は規制の対象に含まれていなかった公職の候補者個人に対する政治献金を規制の対象とし〔政資旧19の7〕，更に，平成6年の改正（法4）によって，これを原則として禁止した〔政資21の2〕(⇨資金管理団体')。日本では，政治献金のうち会社による献金の占める割合が大きく，常に問題となってきたが，平成6年改正（法4・法12）及び平成11年改正（法159）により，会社等の団体は，政党・*政治資金団体'以外の者に対しては政治献金をしてはならないとするなど〔政資21・21の3・22〕，会社等による政治献金の制限の強化が図られた。

3 会社法上の問題 会社法においても，会社による政党等への寄附は，*定款'の定める会社の目的との関係及び*取締役'の*忠実義務'との関係で従来から議論があったが，判例（⇨八幡製鉄政治献金事件'）及び学説の多くは，政治献金も他の寄附と同様に，社会の期待ないし要請に応えるものとして，会社が行うことが認められ，その額が会社の規模や経営実績等に応じた相応のものである限り〔政治献金の総額制限として，政資21の3①②②参照〕，取締役の忠実義務違反の問題は生じないと解してきている。

政治資金規正法 昭和23年法律194号。*政治団体'(*政党'，政党の指定する*政治資金団体'，*公職の候補者'の指定する*資金管理団体'を含む）の届出を義務付け〔政資2章・3章〕，政治団体に係る政治資金の収支を公開せしめ〔政資4章〕，更に，政治団体及び公職の候補者の政治活動に関する寄附を制限する〔政資5章〕ことによって，政党その他の政治団体及び公職の候補者の政治活動の公明と公正を確保することを目的とする法律。金銭による民主政の歪みを防ぐ上でその重要性が認められる反面，規制の有効性に関してはしばしば問題点も指摘され，法改正が比較的頻繁に行われる点に特色を有する。なお，選挙運動に関する収入・支出及び寄附については，*公職選挙法'に規定がある〔公選14章〕。

政治資金団体 *政党'が自己のために資金上の援助をする目的を有する団体として指定し，総務大臣に届け出たもの〔政資5①②・6の2〕。各政党は1つの団体のみ指定することができ，*政治資金規正法'上の*政治団体'とみなされる。

政治スト 政府等を名宛人として政治的要求の実現のため行うストライキ（*同盟罷業'）。*使用者'に対する要求貫徹のため行われるものではないため，目的面で正当性が問題となる。判例は政治ストを違法とする（最大判昭和48・4・25刑集27・4・547〈全農林警職法事件〉等）（⇨全農林警職法事件'）が，*労働者'の経済的利益に関わる立法等についての要求を掲げる経済的政治ストについては，目的面で正当性を失わないとする見解もある。

政治団体 政党その他の政治活動を行うことを目的とする団体。政治団体の結成やその活動等は本来自由〔憲21〕だが，一定の法的規制がなされることがある。例えば，政治団体が果たす役割の重要性から，その政治資金の収支の公開やその授受の規正のため*政治資金規正法'がある。それによると，政治団体とは，「政治上の主義若しくは施策を推進し，支持し，又はこれに反対すること」若しくは「特定の*公職の候補者'を推薦，支持し，又はこれに反対すること」を本来の目的とする団体，又は主として上記の活動を「組織的かつ継続的に行う」団体をいう〔政資3①〕。政治団体のうち，一定の要件に該当するものを政党といい〔政資3②，政党助成2〕，また，政党が指定する*政治資金団体'等も政治団体とみなされる〔政資5①②〕。*公職選挙法'では，政党その他の政治団体等に対し，選挙における政治活動の規制がなされている〔公選14章の3〕。 ⇨政党'

誠実義務 労働者と使用者が，互いに相手の利益に配慮する義務。*労働契約'が人的に継続的な関係であることから，*信義則'上，相手方の利益に配慮して誠実に行動することを求

せいじつこ

めるもので，使用者の'安全配慮義務'や労働者の'営業秘密'保持義務(⇨秘密保持義務)などが代表例〔労契3④参照〕。

誠実交渉義務 '団体交渉'を誠実に行うことを内容とする使用者の義務。法令には明文の根拠規定を欠くが，団体交渉義務の基本的内容をなすものとされる。単に労働組合の要求や主張を聞くにとどまる団体交渉は，当該義務を履行したものとは解されない。

誠実労働義務 ⇨職務専念義務'

政治的活動 一般に，政治に影響を及ぼす目的で行われる種々の活動を指す。実定法上統一的な定義が存在するわけではなく，個別の法律によってその一定の側面が制限されることがある。憲法が政治活動の自由を保障している〔憲21①〕ため，その合憲性については慎重な判断が必要となる。イ 国民による表現行為等を通した自由な政治的活動は，基本的人権によって保護され，その制限は一定の条件の下でのみ許容される(⇨表現の自由')。ロ 政党その他の政治団体の活動は，現行法上，政治資金や選挙との関係で一定の制約に服している('政治資金規正法'，'公職選挙法')。ハ 公務員(裁判官を含む)の政治活動は，公務の中立性の要請〔憲15②〕等の見地から現行法上制限されている〔国公102，地公36，裁52〕。公務員の政治活動が，公務の性質に基づいて一般人よりも強く制限される場合がありうる点には広範な一致が存在するが，その制限が憲法上どこまで許されるかについては様々な議論がある。判例も今までいくつかの重要な判断を示している(最大判昭和49・11・6刑集28・9・393〈'猿払'事件〉，最判平成24・12・7刑集66・12・1337〈'堀越事件'〉，最大決平成10・12・1民集52・9・1761〈寺西判事補事件〉)。ニ 学校による政治活動は，教育の中立性の見地から現行法上禁止されている〔教基14②〕。他方，高校等における生徒の選挙運動や政治的活動は，同じく中立性の見地から制限ないし禁止されているが，その是非については議論がある。⇨公務員の政治的行為'

政治的行為 ⇨政治的活動'

政治的自由 国民の「政治的自由」を明示的に保障する規定は憲法にはないが，狭義の「政治的自由」すなわち政府を批判する政治的意見の自由やデモ行進や政治集会などの政治活動の自由は，'表現の自由'に含まれると解される。表現の自由の優越的地位の一論拠として'民主主義'との結び付きがあるからである。また，このような基本的自由の享有主体は国民に限定されるべきではなく，最高裁判所大法廷判決(最大判昭和53・10・4民集32・7・1223〈マクリーン事件〉)は，原則として在留外国人にも日本国民と同様に政治活動の自由が認められるとし，また，'八幡製鉄政治献金事件'の最高裁判所大法廷判決は法人も自然人たる国民と同様に政治的行為をなす自由を有するとした。狭義の「政治的自由」には，ほかに'人身の自由'のうち，'罪刑法定主義'，'裁判を受ける権利'，令状主義'，'拷問'の禁止，公平・'迅速な裁判'，公開裁判(政治犯罪の'対審'は絶対的公開〔憲82②〕)(⇨公開(審理)主義')が必須である。なお，広義では'選挙権'などの能動的権利も含めて「政治的自由」の語が用いられる場合もある。

政治犯罪人不引渡しの原則 1 意義 '犯罪人引渡し'にあたって，国家の政治的秩序の変更，破壊を目的とした犯罪を犯した，いわゆる政治犯罪人は引渡しの対象から除外するという原則。
2 沿革 フランス革命を契機に政治犯罪の概念が成立した。それ以前は政治犯罪人も一般の犯罪人と同じく引渡しの対象とされた。史上最初に政治犯罪人不引渡しの原則を実定法化したのは1833年のベルギー犯罪人引渡法であった。以後19世紀後半にかけて多くの国がこの原則を実定法化し，19世紀末以来，政治犯罪人の引渡しを規定する条約は皆無となった。
3 法的地位 国家が政治犯罪人の引渡しを拒絶しうることについては問題がないが，国家が引渡しを拒絶する義務を負うとする点については，それが'国際慣習法'として確立しているか否かが争われている。日本では，退去強制処分の適法性が争われた尹秀吉(ユンスギル)事件において，第一審はその国際慣習法性を肯定したが，控訴審はこれを否定し，最高裁判所も控訴審判決を支持した(最判昭和51・1・26判タ334・105)。この事件は，本来政治犯罪人不引渡しの原則ではなく，'ノン・ルフルマン原則'の当否が問題とされるケースであった。この原則に関連して，テロ行為が政治目的で行われた場合の犯人の引渡しいかんが問題となる。テロ行為の取締りに関する最近の国際条約では，ハイジャック，国際的に保護される者への攻撃・誘拐・人質，爆弾の使用などを含む犯罪を政治犯罪とみなさず，引渡し犯罪と定めるようになっている。

政治問題 ⇨統治行為'

正社員 ⇨雇用形態'

正条 ⇨正条'(巻末・基本法令用語)

青少年健全育成条例 青少年の健全な保護育成を図ることを目的とする各地方公共団体の'条例'の総称。名称はまちまちで保護育成，愛

護，環境浄化等の語が用いられるが，健全育成の視点が強調されるに伴い健全育成の語を用いる条例が増えてきている。青少年の保護が規制の根拠となっていることから，その規制は広範にわたり，拡大傾向にある。地域差はあるが，おおむね，有害環境の浄化と青少年に対する直接的な有害行為の禁止を定め，具体的には，有害図書等の自動販売機による販売制限，青少年に対するみだらな性行為・わいせつ行為の禁止，深夜外出規制，有害な興行施設等への入場制限等が規制されている。インターネット上の環境整備も対象になっている。刑罰法規の明確性との関わりでは淫行の意義が，*表現の自由'との関わりでは有害図書等の自販機への収納が問題となった。いずれも合憲とされた（最大判昭和60・10・23刑集39・6・413〈福岡県青少年保護育成条例事件〉，最判平成21・3・9刑集63・3・27〈福島県青少年健全育成条例事件〉）。

青色票　⇨青票(せいひょう)・白票(はくひょう)'

生殖補助医療　自然な生殖が困難な場合に，生殖を人工的に補助するために行われる医療のことをいい，イ 人工授精，ロ 体外受精，ハ 代理出産などがある。親子の法的関係については，令和2年に成立した「生殖補助医療の提供等及びにより出生した子の親子関係に関する民法の特例に関する法律」（法76）及び民法の解釈によるが，行為規制については，上記立法では立ち入ることが見送られて，日本産科婦人科学会の自主規制に委ねられたままである。なお，第三者の精子・卵子を用いた生殖補助医療に関する新法により，子の「出自を知る権利」を一定範囲で保障する法律案提出の準備が超党派の議員連盟により進められている。イ 人工授精は，器具を用いて精子を子宮内に注入して受精させるものであり，配偶者間人工授精（AIH：Artificial Insemination by Husband）と，非配偶者間人工授精（AID：Artificial Insemination by Donor）に分かれる。AIHは，夫の精子を用いるので通常は父子関係の問題は生じないが，冷凍保存した精子を夫の死後に人工授精して生まれた子について問題になった（学会の自主規制では死後は廃棄することとされ，立法論もその方向にある）。最判平成18・9・4民集60・7・2563は，死後懐胎子と死亡した父との間には，親子関係における基本的な法律関係が生ずる余地がないとして，死後懐胎子による死後認知の訴えを退けた。AIDは，第三者の精子を用いるので父子関係が問題になるが，嫡出推定がされる〔民772〕とともに，夫の同意がある場合は夫（父）の嫡出否認権〔民774①〕が失われるという従前の解釈が明文化された〔生殖補助医療特10〕（令和4年改正（法102）で子や妻（母）に拡大された否認権〔民774①③〕も同様とされた）。ロ 体外受精は，卵巣から卵子を取り出して体外で受精させて，受精卵（胚）を子宮に戻すものであり，夫婦間で行われる場合は特に問題は生じない。第三者から提供された卵子を受精させて妻の子宮に戻した場合は母子関係が問題になるが，出産という事実により妻が法律上の母になるという従前の解釈が明文化された〔生殖補助医療特9〕。ハ 代理出産は，夫の精子を妻以外の第三者の子宮に注入する代理母（surrogate mother）と，夫婦の受精卵を妻以外の第三者の子宮に移植する場合を典型とする借り腹（host mother）に分かれる。学会の自主規制ではいずれも禁止されている（立法論もその方向にある）。　⇨代理母'

精神衛生法　⇨精神保健及び精神障害者福祉に関する法律'

精神障害　精神の障害。身体障害に対置される。*精神保健及び精神障害者福祉に関する法律'5条は，精神障害者とは統合失調症，精神作用物質による急性中毒又はその依存症，知的障害，精神病質その他の精神疾患を有する者をいう。民法上，精神上の障害により事理を弁識する能力を欠く常況にある者については，後見開始の審判を行うことができ，成年後見人をつける。その*法律行為'は取り消すことができる〔民7～9〕。その能力が著しく不十分な者については，保佐開始の審判を行うことができ，一定の法律行為をするには*保佐人'の同意が必要である〔民11～13〕。精神障害者が刑法に触れる行為を行った場合は，心神喪失者は責任無能力とされ無罪，心神耗弱者は*限定責任能力'とされ刑が減軽される〔刑39〕。しかし，精神障害者は原則として*意思能力'がないとはされず，精神障害者の治療のための入院は任意入院が原則とされている〔精神20〕。同意能力のない場合は保護者の同意による医療保護入院〔精神33〕，自傷他害のおそれのある場合には知事の命令で精神保健指定医2名以上の診断の下になされる*措置入院'〔精神29〕が認められている。心神喪失等の状態で重大な他害行為を行った者に対して，適切な処遇を行い社会復帰を図るための手続を定めた*心神喪失等の状態で重大な他害行為を行った者の医療及び観察等に関する法律'が平成15年に成立し，平成17年より施行されている。

精神状態の供述　⇨現在の心理状態の供述'

精神的自由権　⇨経済的自由権・精神的自

せいしんて

由権'

精神的損害　苦痛とか悲しみのように，精神上被った不利益。*無形的損害'ともいい，*財産的損害'に対する語である。精神的損害に対する賠償(慰謝料)は，裁判官の裁量によって決定されうる点で，一定の基準に従って金銭に評価しなければならない財産的損害の賠償と区別する実益がある。精神的損害は，生命・身体等の人格的利益が侵害された場合には当然に生ずると認められているが，財産権の侵害の場合にも生ずると認められることがある(例えば，長年生活をともにした愛犬を殺されたとき)。⇨慰謝料'

精神的満足　⇨満足'

精神保健及び精神障害者福祉に関する法律　昭和25年法律123号。精神衛生法が昭和62年改正(法98)で精神保健法となり，更にそれを平成7年に改正(法94)したもの。精神障害者の権利擁護を図りつつ，その医療・保護を行い，*障害者総合支援法'と相まって社会復帰の促進及び自立と社会経済活動への参加の促進のために必要な援助を行い，並びにその発生の予防等に努めることによって，精神障害者の福祉の増進及び国民の精神保健の向上を図ることを目的とする〔精神1〕。この目的を達成するため，都道府県による精神保健福祉センターの設置〔精神6〕，精神障害者保健福祉手帳の交付〔精神45〕，精神障害者及びその家族等に対する相談・援助〔精神47〕等の事業について定める。また，精神保健指定医，都道府県立精神科病院及びそれに代わる施設としての指定病院等，精神科の医療体制について規定した上〔精神4章〕，精神障害者の医療・保護について，任意入院，措置入院及び医療保護入院等の手続，入院者訪問支援事業並びに精神科病院における処遇等の事項を定める〔精神5章〕。令和4年に，医療保護入院の入院期間と更新制の導入〔精神33〕，入院者に対し面会交流や情報提供等を行う入院者訪問支援事業の創設〔精神35の2〕，精神科病院における虐待防止に係る規定の新設〔精神40の2〜40の8〕等，精神障害者の権利擁護の推進を図るための改正がなされた(法104)。

税制改革法　昭和63年法律107号。税制調査会の昭和63年6月15日答申に基づく税制の抜本改革(特に*消費税'の創設)の趣旨・基本理念・方針等を明らかにすること等を目的とする法律。基本法の一種であるが，仕入税額控除〔消税30〕等の解釈に援用されることもある。

成績制　⇨メリット・システム'

生前処分　⇨死因処分・生前処分'

正戦論　戦争が許されるためには正当な原因がなければならないとする理論。中世のスコラ的正戦論を踏まえつつ，*グロティウス'などにより17〜18世紀に国際法学に導入された。その後正当因を判定する者の不在という国際社会の構造認識のために崩壊したが，20世紀の戦争違法化により合法な戦争と違法な戦争とが区別されうるようになったことを「新正戦論」と呼ぶ論者もいる。⇨戦争'

製造物供給契約　⇨製作物供給契約'

製造物責任　1 意義　製造物の*欠陥'から生じた損害に対して製造者などが負う責任。生産物責任と呼ばれることもあった。あるいは，これに関する特別な責任制度。PL(圏 product liability)と略称されることも多い。
2 沿革　製造物責任に対する特別な取扱いは，まず1960年代の初頭に，アメリカの判例法による厳格責任として確立された。その後，その他の国でも，同様の措置が検討されたが，1980年代の後半以降，EC諸国での立法が相次いだ。日本では，昭和50年代の前半に，薬害・食品公害などの事件につき，判例は，高度の*注意義務を製造者に課したり，事実上*過失'を推定するなどして，被害者の救済を図ってきた(福岡地判昭和52・10・5判時866・21〈カネミ油症事件〉等)。その後，ECなどの動向を受けて立法が検討され，平成6年(1994)に製造物責任法(法85)が制定された。
3 現行制度　製造物責任法の適用対象は「製造物」(製造又は加工された動産)に限られ，責任主体たる「製造業者等」には，販売業者は原則として含まれない〔製造物2①③〕。一般不法行為法上の責任要件である「過失」に代えて「欠陥」の概念が採用されたが〔製造物3〕，欠陥の存在や*因果関係'の存在を推定する規定は置かれていない。また，製造物の欠陥が当時の科学・技術の知見によっては認識できなかったことを証明すれば，製造業者等は責任を免れるとする，いわゆる開発危険の抗弁が認められている〔製造物4①〕。

生存権　1 意義　生存又は生活のために必要な諸条件の確保を要求する権利。「生活権」という類似する言葉があるが，これが日常的な生活に関する権利であるのに対し，生存権は，人であるに値する生活に関する権利で，法的に特定された意味をもつ。社会権あるいは生存権的基本権の中心をなす権利である。⇨社会権'
2 沿革　資本主義の進展に伴って，国民の間の貧富の差が激化し，無産者の生活苦が増大するが，このような状況の下で，どのようにして全

ての国民に人間らしい生活を保障するかという問題が，20世紀の国家が当面した基本的な課題であった。生存権が人権宣言に登場してくるのは，この課題に答えるためで，その代表的な例として，*ワイマール憲法'(1919)がある。この憲法の規定が生存権の典型とされ，その後，特に第二次大戦後に，生存権思想が普及してきた。
3 日本国憲法の生存権 日本国憲法も，全て国民が健康で文化的な最低限度の生活を営む権利をもつ旨を規定する〔憲25①〕。この規定は内閣草案になく，主として社会党の主張に基づいて衆議院の審議の過程で加えられたものである。その法的性格については，イ 国民の生活を積極的に確保することに努めなければならないという国家の政治的責任を定めたにすぎないと解する立場（いわゆる*プログラム規定'説），ロ 社会保障立法などの法律を介して，国が法的にもその実現の義務を負うと解する立場，ハ 国がロの義務を怠っているときは，憲法25条を直接根拠として国に対し具体的請求ができると解する立場とがあり，ロが多数説である。生存権に関する有名な裁判として，生活保護基準について争われた*朝日訴訟'，福祉立法における併給禁止条項が争われた*堀木訴訟'などがあるが，判例は生存権の実現について広汎な立法・行政裁量を認めている。

生存権的基本権 ⇨社会権'

政　体 1 意義・モデル *国家'の組織形態・統治形態のこと。アリストテレス(Aristoteles, B.C.384〜322)は，政体を*君主制'・貴族制'・*民主制'と，そのそれぞれの堕落形態の6類型に分類し，各々の長所を結合させる「混合政体論」を展開した。
2 史的展開 このような考え方は，ヨーロッパ政治思想の1つの重要な潮流を作っており，*ロック'や*モンテスキュー'によって近代的内容を与えられ，ヨーロッパ近代デモクラシーの形成に大きな影響を与えた。しかし，民主制が正統な政体であるとのコンセンサスが一般化した現在，このような伝統的類型論は現実の政体分析には有用でなくなった。
3 日本の場合 戦前の日本において，政体の理解を巡って，*主権'の所在を基準とする分類を国体の別とし，その行使の方法を基準とするものを政体の別とする考え方（穂積・上杉説）と，このような二重区分を認めない考え方（美濃部説）との間に論争が行われた。　⇨国体'

請　託　*収賄罪'の要件の1つで，特定の*職務'行為を依頼すること。依頼の趣旨は行為を通じて黙示的に表示されるものでもよいが，依頼される職務行為はある程度具体的に特定される必要がある。請託を受けたことは，受託収賄罪として収賄罪の加重類型となるほか〔刑197①後〕，処罰範囲を限定するため事前収賄〔刑197②〕，事後収賄〔刑197の3③〕，*第三者供賄'〔刑197の2〕，*あっせん収賄'〔刑197の4〕各罪の成立要件となっている。

生地主義　*出生'による*国籍'の取得に関する立法主義の1つで，自国の領域内で出生した者に国籍を付与するもの。アメリカ合衆国等の新大陸諸国の国籍法で採用されている。出生地主義ともいう。*血統主義'に対する。日本は血統主義が原則であり，無国籍者の発生を防止するため，例外的に生地主義が認められているにすぎない〔国籍2③〕。

制　定　⇨制定'（巻末・基本法令用語）

制定文・前文　⇨前文'　⇨制定文・前文'（巻末・基本法令用語）

制定法　written law 英の訳としては成文法と同じ。statute law 英の訳としては，条文の形式をとった成文法を意味し，イスラーム法の*法源'であるコーランなどを含まない。　⇨成文法・不文法'

静的安全　⇨動的安全・静的安全'

性的姿態撮影等処罰法　⇨性的な姿態を撮影する行為等の処罰及び押収物に記録された性的な姿態の影像に係る電磁的記録の消去等に関する法律'

性的な姿態を撮影する行為等の処罰及び押収物に記録された性的な姿態の影像に係る電磁的記録の消去等に関する法律　*撮影罪'について定めるとともに，検察官が没収の対象とならない押収物を廃棄し，あるいは*電磁的記録'を消去する手続を定めている。

成典憲法　⇨成文憲法'

政　党 1 意義　一般に，共通の政治的目的をもつ多数人が組織する団体を指す。とりわけ，議会等の選挙に候補者を擁立し，政治に影響を与えようとするものを指すことが多い。この意味での政党は，基本的には*結社の自由'に基づいて設立される私的な結社である。政党は，当初は単なる事実上の存在として無視され，あるいは政治的に危険な存在として敵視されたが，次第に選挙や政治的意思形成過程で不可欠の役割を果たす存在として法によって認められてきた，とされる。政党の存在を前提とする選挙制度（*比例代表制'はその典型）や，議会の内部における会派制度などがその代表例である。政党が民主政のあり方を左右し，国の*統治機構'の働きをも大きく規定することから，これに単な

せいどうい

る私的結社を超えた公的な役割を認めようとする動きが生じる〔ドイツ・ボン基本法21，フランス第五共和制憲法4①参照〕。公的役割に伴う責任と政治的自由との両面を踏まえて，その適切な法的位置付けを発見することは重要な課題とされている。

2 日本における政党と法　日本には政党に関する事項を包括的に定める政党法は存在しないが，政治資金や選挙に関する個別の法律で政党についても一定の紀律がなされている。*政治資金規正法'及び*政党助成法'は，*政治団体'〔政資3①〕のうち，特に，*国会議員'を5人以上有するもの，又は直近の*総選挙'・*通常選挙'における得票総数が有効投票総数の100分の2以上あるものを「政党」と定義し〔政資3②，政党助成2〕，その届出・収支報告義務を定め，政治資金の公明・公正化を図ると同時に政党交付金による助成を行っている。*公職選挙法'は，衆議院及び参議院の比例代表選出議員の選挙においては，政党等が候補者名簿を届け出るものとし〔公選86の2・86の3〕，一方で，選挙の自由公正確保のため，政党等の選挙時における政治活動に制限を加えている〔公選14章の3〕。そのほか法律上，政党の存在を前提とする規定は少なくない。人事官や国家公安委員会委員が同一の政党に所属する者によって占められるのを排除しようとする*国家公務員法'〔国公5⑤〕や*警察法'〔警7⑤・9③④〕は，その例である。「国会における各会派に対する立法事務費の交付に関する法律」（昭和28法52）は，政党所属議員団である会派に立法事務費という名称の補助金を支給するものである。

性同一性障害　生物学的には性別が明らかであるにもかかわらず，心理的にはそれとは別の性別であるとの持続的な確信を持ち，かつ，自己を身体的及び社会的に他の性別に適合させようとする意思を有する状態。世界保健機関（WHO）の分類の最新版では，「性別不合」として精神障害から外れた。「性同一性障害者の性別の取扱いの特例に関する法律」（平成15法111）は，前記の状態について，その診断を的確に行うために必要な知識及び経験を有する2人以上の医師の一般に認められている医学的知見に基づき行う診断が一致している者を性同一性障害者とする。家庭裁判所は，性同一性障害者であって，イ 18歳以上であること，ロ 現に*婚姻'をしていないこと，ハ 現に未成年の子がいないことなど，同法3条1項1号～5号の全てに該当する者の請求により，性別の取扱いの変更の審判をすることができる（同項4号の生殖

不能要件について最大決令和5・10・25民集77・7・1792は憲法13条に違反するとした）。その審判を受けた者は，民法その他の法令の規定の適用については，法律に別段の定めがある場合を除き，その性別につき他の性別に変わったものとみなされる〔性同一性障害4〕。男性への変更の審判を受けた者は，女性と婚姻することができ，他人の提供した精子による人工授精（⇒生殖補助医療'）により，その妻が婚姻中に懐胎して生んだ子について，民法772条による嫡出推定を受ける（最決平成25・12・10民集67・9・1847）。一方，最判令和6・6・21は，生物学上の父に対する性別変更後に生まれた子（変更前に凍結保存した精子による）からの認知請求を認めた。

正当行為・正当業務行為　刑法35条により，「正当な業務」による行為は，たとえ刑罰法規に触れる場合でも*違法性'が阻却され処罰されない。例えば，医師の行う外科手術などの正当な治療行為，ボクシング，相撲などは，それぞれ，暴行罪・傷害罪として処罰されない。更に，この条項は業務者の特権という見地から正当「業務」行為を不可罰としたものではなく，*実質的違法性'を欠く行為は，それが業務行為として行われるかどうかを問わず，正当行為として全て違法性が阻却されることを認めたものであり，正当業務行為はその例示にすぎないと拡張的に解するのが妥当であるとされる（通説）。したがって，*正当防衛'・*緊急避難'など法定の違法性阻却事由に当たらない場合にも違法性の阻却が一般的に認められることになる。また，*超法規的違法阻却事由'を始めとして，*被害者の同意'又はその*推定的同意'に基づく行為，運動競技，治療行為，一定の要件を満たす*安楽死'等の合法性の窮極の根拠は，全て本条に求められることになるほか，本条は，全ての違法性阻却事由の総則的規定ということにもなる。⇒違法性阻却事由'

政党交付金　⇒政党助成法'

政党国家　複数の*政党'が併存することを基礎に，政党が国家意思の形成に事実上主導的な役割を果たす国家。政党制を基礎とする現代民主制国家のほとんどは政党国家といえる。日本の最高裁判所も，憲法の定める議会制民主主義は政党を無視しては到底その円滑な運用を期待できず，「政党は議会制民主主義を支える不可欠の要素」であるという（*八幡製鉄政治献金事件'）。このような国家では，議会は自由な討論に基づき決定するという本来の機能を失い，政党で既に決定されたことを記録するという機

能しかもたなくなる傾向を示す。また選挙も従来の個人本位のものから政党本位のものへと変化する。議員の人格や才能よりその所属政党が重要な要素となる。

正当事由 賃貸借契約は，一般に，期間の満了又は解約の申入れによって終了する〔民617〕が，旧*借地法'〔旧借地4〕・旧*借家法'〔旧借家1の2〕は，賃借人保護のために自己使用その他の「正当事由」がない限り，賃貸人は契約の更新を拒絶したり，解約の申入れをすることができないものと規定していた〔農地18②参照〕。これらの規定は，昭和13年の農地調整法（法67。昭和27法230により廃止）の規定を受けて，昭和16年の借地法・借家法の改正（法55・法56）に際して取り入れられたものであるが，いわゆる*一般条項'であるために，具体的に何が正当事由となるかは，裁判所の裁量に委ねられており，特に借家に関して豊富な判例が集積されている。判例には，時代の住宅事情が反映されていたが，平成3年に制定された*借地借家法'では，判例を踏まえて，貸主・借主が土地・建物の使用を必要とする事情のほか，賃貸借に関する従前の経過，土地・建物の利用状況（建物の現状），そして貸主が土地・建物の明渡しと引換えに借主に対して財産上の給付をする旨の申出（立退料の提供）を考慮して，正当事由を判断するものと規定した〔借地借家6・28〕。

政党助成法 平成6年法律5号。*政党'に対する企業・組合献金を制限する代わりに，国費による助成を行い，政治資金を巡る疑惑の発生を防止することを等を目的とする。平成6年の政治改革関連法の1つとして制定された。本法において「政党」とは，*政治団体'のうち，イ *国会議員'を5人以上有するもの，ロ イの政治団体に所属していない国会議員を有するもので，直近の*総選挙'又は*通常選挙'における得票総数が有効投票総数の100分の2以上であるもののいずれかに該当するものをいう〔政党助成2①〕。国は政党に対して議員数割・得票数割から成る政党交付金を交付する〔政党助成3〕。その交付を受けようとする政党は，名称，主たる事務所の所在地その他一定の事項を総務大臣に届け出なければならない〔政党助成5①〕。政党交付金の総額は人口に250円を乗じて得た額を基準とし，議員数割・得票数割の総額はそれぞれ2分の1相当額とする〔政党助成7〕。毎年分として各政党に交付すべき政党交付金の額は，法の定める一定の算式〔政党助成8②③〕によって算定される議員数割及び得票数割の合計額とする〔政党助成9〕。

正統性 legitimacy 圀は，元来は「合法」を意味するが，「嫡出」の意味もあり，そこから王制における王位継承者の血統の正しさの意味に用いられ，更に権力や法秩序が正当な権威に由来することを意味するに至った。法の内容の「正当性」とは区別される。民主主義思想が一般化した近代西洋においては，権力の正統性の根拠は民衆の意思に求められ，そこから民衆が権力に服従する理由を正統性と呼ぶ政治学用語が成立した。*ウェーバー'は，正統性をカリスマ的・伝統的・合法的の3類型に分類したが，それだけに限る理由はない。*大日本帝国憲法'は天照大神（あまてらすおおみかみ）の「神勅」（⇒神勅主権'）に，日本国憲法は「国民ノ自由ニ表明セル意思」〔ポ宣⑫〕に正統性根拠があり，ポツダム宣言を受諾した時に*国体'が変わったとするのが*八月革命説'である。*合法性'と正統性が分離し，合法的権力の正統性が問題とされるとき，権力の思想的基礎が動揺する。

政党内閣 *政党'を基礎として組織される*内閣'。議会，特に下院において多数を占める政党（あるいは政党の連合）を基礎に組織され，存続するが，このような政党内閣では，総理大臣を始め閣僚の大部分がその政党の所属員であるのが普通である。基礎になる政党が単一の場合に*単独内閣'，複数の場合に*連立内閣'と呼ばれる。*超然内閣'などの*官僚内閣'に対し，議会の権限の自主化・強化の要求を中心として生まれた。*明治憲法'の下では，明治31年（1898）に最初の政党内閣（隈板（わいはん）内閣）が出現し，特に大正末期から昭和初期にかけて，いわゆる大正デモクラシーの下で政党内閣が継続した。しかし，やがて軍と右翼の攻撃によって壊滅し，第二次大戦後になって復活した。日本国憲法の下では，全ての内閣は政党内閣であり，官僚内閣の存在はありえない。

正当な当事者 ⇒当事者適格'

正当な補償 **1 意義** 憲法29条3項は，「正当な補償の下に」*私有財産'を公共のために用いることができる，と定めている。*公用収用'，*公用使用'など*財産権'に特別の犠牲を課す場合に要求される*損失補償'のあり方を補償の範囲・算定額の両面について述べたものであるが，何が「正当補償」であるかについては争いがある。

2 学説 完全補償説と相当補償説とが対立する。完全補償説は，対象となる財産の市場価格に移転料や営業上の損失など*通常生ずべき損失'を加えた額が「正当な補償」であるとする。相当補償説は，「正当な補償」とは*社会国家'的基準

せいとうの

により決められる相当な額であり，財産権を取り上げあるいは制約する際の目的や社会的事情によっては，完全補償を下回る額で足りると解する。なお，有力見解は，完全補償と相当補償とを対象となる財産の性質に即して使い分け，国民がその生活を営むための日常必需財産である「小さな財産」ないし「生存財産」には完全補償を，資本主義経済の原動力となった「大きな財産」ないし「独占財産」には相当補償を，という区別を施すことを主張する。

3 判例 戦後の農地改革に際して゛自作農創設特別措置法゛が旧地主に対して認めた補償額が低廉にすぎるとして買収対価の増額が請求された事案で最高裁判所大法廷は，「正当な補償とは，その当時の経済状態において成立することを考えられる価格に基き，合理的に算出された相当な額をいう」とし(最大判昭和28・12・23民集7・13・1523)，相当補償説をとった。同最高裁判所判決は以後の一連の農地改革関連訴訟を方向付けることとなった(最大判昭和29・11・10民集8・11・2034，最大判昭和30・10・26民集9・11・1690等)。しかしながら，後に最高裁判所は゛土地収用法゛における損失補償についての判示であるが，「完全な補償，すなわち，収用の前後を通じて被収用者の財産価値を等しくならしめるような補償をなすべき」であるとし(最判昭和48・10・18民集27・9・1210)，農地改革のような特殊な事案以外ではむしろ完全補償説をとることを示唆したようにも解された。しかしながら，同判決は，同法71条が現行のいわゆる価格固定制(事業認定告示時を基準時とする。昭和42年改正により導入)へと改正される以前の事案であり，同改正71条(後掲)の合憲性が争われた事案で最判平成14・6・11民集56・5・958は，前掲昭和28年最大判を引用し，相当補償説に依拠することを明言している。

4 今日的課題 土地収用法71条から90条の4までは，「近傍類地の取引価格等を考慮して算定した事業の認定の告示の時における相当な価格」〔収用71〕に附帯的損失として移転料等の通常受ける損失を加えたものを補償の対象としているが，事業の長期化を考慮すると果たして告示時の価格が正当補償の基礎となりうるかが問題となりえ，また゛生活権補償゛の観点からは金銭補償が正当補償といいうるか，現物補償や゛生活再建措置゛こそが正当補償ではないのかという指摘もなされている。

正当の(正当な) ⇨正当の(正当な)゛(巻末・基本法令用語)

政党法 一般に，゛政党゛のみをその規律の対象とする単独の法律を政党法といい，政党の性格・任務・運営・組織などがそこに定められる。ドイツ，イタリア，フランスでは憲法上政党の役割を公認する特別な規定があり，それを根拠に制定されたドイツの政党法は有名である。それに対し，日本では，「憲法は，政党の存在を当然に予定しているもの」であり，「政党は議会制民主主義を支える不可欠の要素」とされるが(゛八幡製鉄政治献金事件゛)，憲法上政党についての特別な規定がみられない。政党法の制定については，憲法制定後まもなく政党法案が用意されたことがあり，また，平成6年の゛政党助成法゛制定の際，政党法も同時に制定すべきとの議論もあったが，いずれも見送られた。制定するとすれば，政党の設立・活動の自由や大政党と小政党の平等などに配慮することが必要となろう。 ⇨政治結社゛ ⇨政治資金規正法゛ ⇨政治的活動゛

正当防衛 **Ⅰ 刑法 1 意義** 急迫不正の侵害に対し，自己又は他人の権利を防衛するため，やむをえないでした行為で，犯罪゛構成要件゛に当たるとしても，その゛違法性゛が阻却されるため，犯罪とならない〔刑36①〕。緊急状態で認められる正当化事由の1つ。「正当防衛は歴史をもたない」ともいわれ，古くから認められている。正対正の関係にある緊急避難は厳格な要件の下で認められるが，不正対正の関係にある正当防衛は，比較的緩やかな要件の下でも認められる。防衛者に退避義務はないが，生命侵害という重大な結果を容易に回避できる場合にまで正当防衛を認めてよいかについては争いがある。正当防衛は急迫不正の侵害という緊急状況下で公的機関の法的保護を期待できないときに侵害を排除するための私人による対抗行為を例外的に許容したもので(最決平成29・4・26刑集71・4・275)，対抗行為は無制限に許容されるわけではなく，行き過ぎた場合は正当防衛とならない。また，例えば豆腐数丁を取り返すために相手を殺傷するように，あまりにも行き過ぎた行為の場合には，正当防衛・゛過剰防衛゛の余地がない。

2 要件 イ「急迫不正の侵害」とは，自己又は他人の権利に対する違法な侵害(犯罪である必要はない)が目前に迫っているか，現在継続中のことをいう。侵害が終了した場合，急迫性の要件を欠くため正当防衛はできず，゛自救行為゛としての違法性阻却が問題になるにすぎない。侵害の予期があるというだけで急迫性が否定されるわけではないが，先行事情を含む行為全般の状況に照らして評価した結果，積極的に加害す

る意思があった等の場合には急迫性が否定されている(最判昭和52・7・21刑集31・4・747, 最決平成29・4・26刑集71・4・275)。ロ 防衛者に「防衛の意思」を必要とするのが判例・通説の立場で,この立場では防衛の意思を欠く場合には,過剰防衛,誤想防衛も認められない。判例は,防衛の意思を必要としているが,防衛の意思は,攻撃の意思を伴っていてもよく,また憤激していた場合であっても認められている(最判昭和46・11・16刑集25・8・996等)。ハ やむをえない行為とは,権利侵害を排除するのに必要かつ相当な行為(「防衛行為の相当性」)を意味する。逃げることができたが逃げずに防衛した場合でも不正の侵害がある以上,防衛者には退避する義務はないから正当防衛たりうる。防衛行為は,侵害の排除に必要な合理的範囲のものにとどまる必要があるが,防衛による侵害結果の方がたまたま大きかったとしてもそれだけでは相当性は否定されない。相当性を欠き程度を超えた場合には犯罪が成立し,過剰防衛となる〔刑36②〕。 ⇨ '誤想防衛・誤想避難'

3 特則 '盗犯等ノ防止及処分ニ関スル法律'1条1項は正当防衛の特則だが,文言の解釈については争いがある。

Ⅱ 民法上, *不法行為'の成立に関して問題となる。例えば,強盗から自分の身を守るために抵抗し傷害を負わせた場合のように,他人の不法行為に対し,自己又は第三者の権利又は法律上保護される利益を防衛するためやむをえずにする加害行為〔民720①本文〕を正当防衛と呼ぶ。*違法性阻却事由'(違法性を不法行為の独立の要件と考えない新過失論では,*過失'あるいは不法行為責任の阻却事由)の1つであり,正当防衛は不法行為とならない。刑法〔刑36〕におけるのと同様,正当防衛といえるためには,当該防衛行為のほかに適切な方法がなかったこと,防衛行為が過剰にならないことが必要である。また,防衛行為は,加害者に対してされるのが普通であるが,第三者に対してされた場合であっても差し支えない。正当防衛の結果被害を受けた第三者は,最初の不法行為者に対して損害賠償を請求できる〔民720①但〕。
⇨'緊急避難'

税と社会保障の一体改革 ⇨'社会保障と税の一体改革'

制度的部分(労働協約の) ⇨'組織的部分(労働協約の)'

制度的保障 憲法の規定のうち,*基本的人権'を保障する規定と区別して,一定の制度に対して,立法によってもその核心ないし本質的内容を侵害することができない特別の保護を与えて,制度それ自体を客観的に保障しているとされるものを指す。1 沿革 *ワイマール憲法'下において*シュミット'は, *官僚制'や宗教団体, *地方公共団体'などの伝統的に形成された特権の主体たる*公法人'(制度体)を, 法律による改廃から保障する目的で, 制度的保障を唱えた。その後,私法上の法制度保障をも含むものとして, 制度的保障が用いられるようになった。

2 日本国憲法の規定 制度的保障の例として*地方自治'〔憲8章〕, *大学の自治'〔憲23〕, *婚姻'制度〔憲24〕, *私有財産'制度〔憲29〕などが挙げられている。最高裁判所は, *政教分離の原則'〔憲20①後③・89〕を制度的保障の規定と解している(⇨'津地鎮祭訴訟')。

3 評価 制度的保障は, 自由の連結的・補充的保障を提供する限りで, 人権保障に奉仕しうる。しかし制度が人権に優越し, 人権の保障をむしろ弱める機能を営むのでないのか, *法律の留保'が付されていない日本国憲法の下で, 立法に対する本質的内容の保障を目的とするこの理論の意義は限定されたものにとどまるのでないか, など疑問も多い。

成 年 ⇨'未成年者'

成年後見 最狭義では, 精神上の障害により事理弁識能力を欠く常況にある者について一定の者の請求により家庭裁判所が後見開始の審判を行うこと又はその制度〔民7, 家事39・別表1の1の項〕。広義では, 精神上の障害により事理弁識能力が著しく不十分な者について開始される保佐〔民11, 家事39・別表1の17の項〕(⇨'保佐人'), 同様の事由で同能力が不十分な者について開始される補助〔民15, 家事39・別表1の36の項〕(⇨'補助人')を含む。最広義では, 任意後見制度(⇨'任意後見契約')のほか, ホームヘルパー制度の充実や適当な*後見人'を供給する制度作りなど, 知的障害者・認知症高齢者保護の枠組み全般を意味することもある。最狭義での成年後見, 更に保佐, 補助, 任意後見の諸制度は, 平成11年の民法改正(法149)により, 禁治産・準禁治産宣告, 及び, それに基づく後見・保佐制度に代わるものとして導入された。

成年後見人 ⇨'後見人'

成年被後見人 精神上の障害により事理を弁識する能力を欠く常況にある者で, 一定の者の請求により家庭裁判所から*後見'開始の審判を受けた者〔民7・8〕。「事理を弁識する能力を欠く」常況にあるとは, 時々は回復して*意思能力'をもつ状態に戻るが, 大体において意思能

せいはん

力のない状態であることをいう。成年被後見人を保護する者として成年後見人が付されてその療養看護にあたり, その財産上の*法律行為'について代理権をもつ〔民8・838②・858・859〕。成年被後見人の*行為能力'の制限は, *制限能力者'の中で最も大きく, 日用品の購入その他日常生活に関する行為を除いて, 全ての法律行為について常に取り消すことができる〔民9〕。ただし, 婚姻・縁組・認知・遺言等は, 意思能力を回復した状態であれば, 成年被後見人が単独でもできる〔民738・799・780・962, ただし973〕。このほか, 成年被後見人は単独では訴訟行為ができない〔民訴31〕。なお,「制限能力者」に掲げた〔表：制限能力者の比較〕を参照せよ。

正　犯　各本条の(基本的)*構成要件'該当事実を実現する者, あるいは, これについて成立する*犯罪'の類型。正犯は, 構成要件該当事実について1次的に刑事責任を負うべき者, あるいは, 行為の類型であり, これに対して, *共犯'は, 2次的に刑事責任を負うべき者, あるいは, 行為の類型であるともされる。正犯には, 1人で構成要件該当事実を実現する単独正犯と, 数人が共同して構成要件該当事実を実現する*共同正犯'〔刑60〕がある。構成要件的結果の発生に何らかの条件を与えた者は, 全て本来の正犯であるとして, 正犯を拡張的に捉え(*拡張的正犯概念'), 刑法の共犯(*教唆'犯〔刑61〕, *幇助(ほうじょ)'犯〔刑62〕)規定は処罰の可能性を縮小するものである(刑罰縮小事由である)とする考え方に対し, 通説は, 正犯を制限的(限縮的)に捉え(制限的(限縮的)正犯概念), 共犯規定は, これがなければ処罰されない範囲にまで処罰を拡張するものである(刑罰拡張事由である)という考え方を基礎とする。正犯と共犯との区別について, 正犯意思(自己の犯罪を行う意思)をもって行為をする者が正犯であるとする説, 構成要件的行為(*実行行為')をする者が正犯であるとする説, 構成要件に該当する犯罪事実を支配する者が正犯であるとする説等が主張されている。

性犯罪　**1** 刑法上の性犯罪規定　個人の性的自由を害する罪の総称。刑法上の性犯罪規定は, 下記2の平成16年改正前にあっては, 2編22章「*わいせつ', 姦淫(かんいん)及び重婚の罪」中, 176条「強制わいせつ」, 177条「強姦(ごうかん)」, 178条「準強制わいせつ及び準強姦」, 及びこれらの罪の*未遂'処罰規定である179条(以上の罪は, 2人以上の者が現場で共同して犯した場合を除き*親告罪'〔刑180〕), 並びに176条から179条までの罪の*結果的加重犯'規定である181条「強制わいせつ等致死傷」から構成された(なお, 182条「淫行勧誘」は, *風俗犯'とみる説と女性の性的自己決定の自由を害する罪とみる説がある)。

2 平成16年改正(法156)　強制わいせつ罪・強姦罪の刑が引き上げられた。強姦罪・準強姦罪の結果的加重犯が, 強制わいせつ罪・準強制わいせつ罪のそれと分けて重罰化された〔刑181②〕。強姦罪の加重類型である集団強姦等罪が新設され〔刑178の2〕, その結果的加重犯も特に重罰化された〔刑181③〕。

3 平成29年改正(法72)　177条の罪の対象が, 姦淫から, 客体の性別を問わない, 性交・肛門性交・口腔性交(性交等)に広げられ, 罪名も強制性交等罪に改められた(章名中の姦淫も強制性交等に, 178条の準強姦も準強制性交等に変更)。同罪及びその結果的加重犯の刑が引き上げられ, 集団強姦等罪及びその結果的加重犯を特に重く罰する定めが削除された。監護者わいせつ及び監護者性交等罪が新設され〔刑179〕(⇒監護者わいせつ・監護者性交等罪'), 親告罪規定が削除された(なお, 未遂処罰規定は180条に移動)。

4 令和5年改正(法66)　177条の罪の対象(性交等)が拡大された。176条及び177条の罪の要件が自由な意思決定が困難な手段的状況を示す文言に修正され, 罪名も*不同意わいせつ罪'及び*不同意性交等罪'に改められた(章名中の強制性交等も不同意性交等に変更, 178条は前条に統合されて削除)。性交同意年齢が13歳から16歳に引き上げられた。16歳未満の者に対する面会要求等罪が新設された〔刑182〕(⇒わいせつ目的面会要求等罪')(なお, 淫行勧誘罪は183条に移動)。本改正と合わせて, *性的な姿態を撮影する行為等の処罰及び押収物に記録された性的な姿態の影像に係る電磁的記録の消去等に関する法律'が制定された(法67)(⇒撮影罪')。

正犯なき共犯　⇒惹起(じゃっき)説'

青票(せいひょう)・白票(はくひょう)　国会で*記名投票'によって*表決'をするときに用いられる青色の木札と白色の木札。各議員の氏名が記入されており, 問題を否とする議員は青票を, 問題を可とする議員は白票を投票箱に投入する〔衆規153〕。青色票・白色票〔参規139〕ともいう。

政　府　**1** 広義では, 立法・行政・司法の三権全てを包括した, 国の統治機関全体を指す。近代市民革命が貫徹された諸国では, 三権はいずれも, 社会・国民が創設したものと観念されるから, 総体としてのGovernment圀という観念を生んだ。
2 狭義では, 行政府を意味する。この用法は,

ドイツや日本のように、市民革命が不徹底に終わり、そのため行政権と国民代表議会とが対抗関係に立つ諸国において生じた。戦前の*明治憲法'では、国務大臣によって*輔弼(ほひつ)'されている*天皇'の意味で使われた。現行憲法下では、*内閣'又は内閣とその所轄の下にある*行政機関'の総体の意味に用いられる。

3 法令上、政府という言葉が用いられる場合、その意味は多様である〔なお、国公2⑥・98②、労調3、雇保2、職安5等参照〕。

政府委員　⇨政府参考人'

政府契約　通例、国を一方当事者とする*契約'のうち、売買契約等、国が私人と同じ立場において締結するものをいう。官府契約と呼ぶこともある。その締結にあたっては、*会計法'〔会計4章〕等の法令の定めるところによる。それによれば、政府契約については、*競争契約'それも*一般競争契約'が原則とされ〔会計29の3〕、また、競争契約にあたっては*入札'保証金等の納付が求められる〔会計29の4〕。更に、契約にあたっても、原則として契約保証金の納付が必要である〔会計29の9〕。なお、「政府契約の支払遅延防止等に関する法律」は、政府契約を「国を当事者の一方とする契約で、国以外の者のなす工事の完成若しくは作業その他の役務の給付又は物件の納入に対し国が対価の支払をなすべきもの」と定義し〔政府契約2〕、その契約書の記載内容、対価の支払方法等を規制している。従来、国、地方公共団体等が締結する契約は、講学上、公法上の契約と私法上の契約に分類され、このことを前提に、一般に政府契約は後者に属するものとして位置付けられてきた。しかしながら、*公法・私法'に関する二分論に対する疑問が呈せられる中で、行政主体を一方当事者とする契約全体を行政(上の)契約として捉え、具体的な法律関係ごとに問題を考察していこうとするのが今日の一般的な考え方といえる。⇨行政契約'

政府参考人　国会の*委員会'の審査又は調査のため必要があるとき、委員会の求めに応じて出席し、意見を述べる政府職員。平成11年に政府委員の制度が廃止され(法116)、国会において国務大臣を補佐するのは内閣官房副長官、副大臣、政務官のほかは、内閣法制局長官等一定の政府特別補佐人に限られることになったが〔国会69〕、なお技術的・細目的な側面において政府職員の補佐が必要であることを考慮して、従来からあった一般国民の意見を聴くための参考人制度を採用したもの〔衆規85の2③参照〕。

政府承認　⇨承認'

生物毒素兵器禁止条約　⇨大量破壊兵器'

生物の多様性に関する条約　生物の多様性の保全、その構成要素の持続可能な利用及び遺伝資源の利用から生ずる利益の公正かつ衡平な配分を実現することを目的として、1992年に開催された国際連合環境開発会議(⇨国際環境法')が作成した条約。1993年12月29日発効。日本は1993年受諾(平成15条9)。地球環境保護の一環としての包括的な生物の多様性の保全と持続可能な利用のための締約国の一般的な義務、及び開発途上国の義務履行のための援助措置を主な内容とする。なお、2000年にはバイオテクノロジーによって改変された生物の安全な移転、処理及び利用のために「生物の多様性に関する条約のバイオセーフティに関するカルタヘナ議定書」(平成15条7)が、2010年には遺伝資源の取得の機会及びその利用から生ずる利益の公正かつ衡平な配分に関する名古屋議定書」(平成29条10)が作成された。

政府特別補佐人　⇨政府参考人'

成文憲法　*成文法'の形式をとる憲法。*不文憲法'に対する。通常は、体系的な単一の法典(憲法典)から構成され、他の法令より強い形式的効力が認められているものをいい、より正確に成典憲法(不成典憲法がこれに対する)と呼ぶこともある。成文憲法は、旧体制を捨てて政治的・社会的変革が行われた場合に新制度を確立するために発達した憲法の形式で、18世紀末以来、諸国で採用され、イギリスを唯一の例外として、現在各国がこれをもっている。その最初の例は1776年のバージニア憲法である。その改正については特別の手続が定められているのが通例である(⇨硬性憲法')。なお、「憲法」に掲げた〔表：憲法の分類〕をみよ。

成文法・不文法　憲法・法律のように、文書の形で制定された法規範を「成文法」、*慣習法'のように文書の形をとらないものを「不文法」という。判例法(⇨判例')は、判決文そのものが法ではなく、そこに含まれている法原則が拘束力をもつ規範であり、またその原則を収録した*リステイトメント'も制定されたものでないから、不文法に分類される。*条理'、法の一般原則、*自然法'などを不文法と呼ぶ場合もあるが、それらが拘束力ある*法源'かどうかに問題がある。

正　本　⇨原本・副本・謄本・正本・抄本'

精密司法　わが国の刑事手続の運用にみられる特色を簡潔に示すために用いられる言葉。

ぜいむかい

日本の刑事手続は，綿密な*捜査'，慎重な*起訴'，詳細な*公判*審理を特徴とする。*被疑者'の取調べを中心とする綿密な捜査は，検察官に起訴・不起訴の十分な判断資料を提供し，細部にわたる*事実認定'と安定した*量刑'判断を可能にしている。また，起訴が慎重になされる結果，公判における*有罪判決'の比率は著しく高い。全ての段階を通じて，実体の真実への傾斜がみられ(⇨*実体的真実主義')，それが英米法系とは全く異なる*当事者主義'(いわゆる擬似当事者主義)を実現している。精密司法は，効率のよさという点で卓越しているが，反面，そこには，取調べの対象となる*被疑者'の地位・負担，捜査と公判のバランス等の点で，*適正手続'や*公判中心主義'の観点から吟味されるべき問題も含まれている。精密司法の行き過ぎに対しては，特に*裁判員制度'の導入を契機として，見直しの動き(精密司法から核心司法へ)も現れている。それはまず，調書の多用と結び付いた過度に詳細な公判審理のあり方に向けられたが，その後，*取調べの録音・録画'制度の創設等を経て，取調べに過度に依存した捜査のあり方にもその射程を拡大している。

税務会計 企業の課税所得，すなわち課税対象となる企業利益の算定に関する原理と技術のこと。租税会計ともいう。税務会計は，企業の利益等の測定等に関する原理・技術である企業会計と密接な関係に立つ。すなわち，*法人税法'22条4項に，各事業年度の益金及び損金(⇨益金・損金')の額は「一般に公正妥当と認められる会計処理の基準」(⇨公正妥当な会計処理の基準)に従って計算されると定められているように，別段の定めがない限り，課税所得の算定は企業会計に準拠して行われる。すなわち，税務会計は，基本的に企業会計の基礎の上に立つ。

政務官 各大臣を補佐し，特に国会との連絡という政治的職務を担当する官職。通常，国会議員の中から任命される。内閣の政治的進退と行動をともにする副大臣，大臣政務官がその例[内閣府13・14，行組16・17参照]。⇨副大臣'　⇨大臣政務官'

政務次官　⇨次官'
税務調査　⇨質問検査権'
生命刑　⇨死刑'
生命保険　1意義 生命保険契約とは，*保険契約'のうち，*保険者'が人の生存又は死亡に関し一定額の金銭を支払うこと〔保険2①参照〕を約するものである〔保険2⑧〕。このような生命保険は人の死亡等の事故の発生による損害の有無，損害の額とは関係なく契約で定めた一定の*保険金額'の支払を行う定額保険である。保険給付の内容が損害填補である*損害保険'ではないため，*被保険利益'，*保険価額'という損害に関わる観念はなく，一部保険，*超過保険'，*重複保険'，*保険代位'等の利得禁止，損害填補に関する規律も問題にならない。したがって，法律上は保険金額に制限はないが，特に高額の保険金額の生命保険は保険金殺人等の保険金の不正取得を目的として利用される危険があるので，保険者が保険を引き受ける際のチェックが重要となる。生命保険の目的は死亡等の発生に伴う経済的な需要を充足することであり，家族の生活保障，老後の生活保障，借入金の返済の保証などの目的で利用される。長期の生命保険は貯蓄的要素をもつことが多く，後述の*養老保険'，年金保険のように貯蓄的性質の強いものもある。

2 生命保険業 保険業は生命保険業と損害保険業に分けられ，それぞれにつき免許がある〔保険業3②〕。生命保険業と損害保険業を兼営することは禁止されているが〔保険業3③〕，子会社〔保険業106①。業態別子会社といわれる〕又は持株会社〔保険業271の18①〕を使った形での参入は認められている。傷害保険，疾病保険は第三分野の保険といわれ，原則としてどちらの免許でも行うことができる。なお，保険業法上，疾病による死亡につき一定額の金銭を支払う保険は第三分野ではなく，原則として生命保険業免許でのみ行うことができるが〔保険業3④①②⑤参照〕，*保険法'上はこれは*傷害疾病定額保険契約'である〔保険74②参照〕。

3 種類 代表的な生命保険として次のものがある。定期保険とは，一定の*保険期間'内に*被保険者'が死亡した場合に保険金が支払われるものであり，終身保険とは，保険期間の終期の定めがなく被保険者が死亡すれば保険金が支払われるものである。このほかに養老保険がある。また，年金保険とは，年金支払開始時まで保険料を払い込み，被保険者が生存していれば，一定期間年金を支払うものである。

生命保険募集人 *保険者'の役員若しくは*使用人'等，又は保険者の委託を受けた者若しくはその*役員'・使用人であって，保険者のために生命保険契約の締結の代理又は*媒介'をなす者〔保険業2⑲〕。生命保険の募集を行う保険者の使用人は主に保険外務員，営業職員といわれるものである。保険者の委託を受けて契約締結の代理・媒介をする者は主に生命保険代理店(⇨保険代理店')である。保険募集人は契約締

結の代理権があるかどうかを顧客に開示しなければならない〔保険業294③②〕。伝統的には実務上，生命保険募集人には契約締結の代理権は与えられていない。生命保険の引受けには，医的な危険選択の判断等が必要であり，専門の部署による判断が必要だからである。また，生命保険募集人には告知受領権もなく，大きな問題となっていたところ，*保険法'では告知妨害，不告知教唆についての規定が置かれた〔保険55②②③等〕(⇨*告知義務'　⇨*保険媒介者')。⇨*保険募集の規制'

生命保険料控除　*所得税法'の定める*所得控除'の1つで，相互扶助による生活の安定や老後への備えに対する自助努力支援などを目的とする。納税者が支払い，自己又は配偶者等を保険金・年金の受取人とする所定の*生命保険'料，介護医療保険料又は個人年金保険料の一定額につき，12万円を合計の上限額として，*総所得金額'等から控除する〔所税76〕。個人に対する*住民税'の*所得割'にも類似の制度がある〔地税34①⑤・314の2①⑤〕。

整理解雇　人員整理の手段として行われる*解雇'。企業の再構築（リストラクチャリング〔英restructuring〕）の一環として行われることが多いため，リストラ解雇と呼ばれることもある。日本の多くの企業では，定年までの雇用を保障するという終身雇用を志向しているため，不況時においても解雇は最後の手段としてできるだけ回避する傾向をみせている。そこで裁判例も，整理解雇の有効要件（判断要素）として，人員削減の必要性（人員削減が企業運営上のやむをえない措置であること），人員削減の手段として解雇を選択する必要性（配置転換（*配転'），*出向'，希望退職者の募集など解雇をできるだけ避ける努力をしていること），被解雇者選定の妥当性（客観的で合理的な選択基準の設定），整理解雇実施の手続の妥当性（労使協議の実施など）の4つを要求し，整理解雇の有効性を厳格に解している（東京高判昭和54・10・29労民30・5・1002＜東洋酸素事件＞）。

成　立　⇨成立'（巻末・基本法令用語）

税　率　税額を算出するために*課税標準'に対して適用される一定の比率。課税標準が金額ないし価額で示される従価税の場合は，通常，課税標準の百分比で定められ，課税標準が数量で示される従量税の場合は，税率は課税標準1単位につき一定の金額という方式で定められる（⇨従量税・従価税'）。納税者が実際に支払うべき租税の額は，課税標準に税率を適用して得られた税額から各種の*税額控除'を差し引いた

額である。税率は，比例税率と*累進税率'に分けられる。なお，法律上明示的に規定された表面的な税率に対して，「実効税率」という語が用いられることがある。これは，第1に，法人の所得に対する課税（*法人税'，*事業税'，法人*道府県民税'及び法人*市町村民税'）の全体としての負担率を意味するものとして用いられる。第2に，それは，様々な*租税特別措置'がないと仮定した場合における課税標準に対する実際の租税負担の割合を意味するものとして用いられる。この場合，実効税率は，本来の租税負担が租税特別措置によりどの程度軽減されているかを示す目安となる。

成立要件　⇨対抗要件'

生理日の休暇　*労働基準法'上，生理日の就業が著しく困難な女性労働者が請求したときに付与される休暇〔労基68〕。女性固有の生理機能を保護するための措置と位置付けられる。休暇日の賃金については*労働契約'や*就業規則'，*労働協約'の定めによる。

政　令　*内閣'が制定する*命令'。政令には，憲法・法律の規定を実施するためのもの〔憲73⑥〕と*法律の委任'に基づいて制定されるもの〔憲73⑥，内11参照〕とがある。前者は*執行命令'，後者は*委任命令'に属する。政令には，特にその法律の委任がある場合を除いては，罰則を設けることができず〔憲73⑥但〕，また，法律の委任がなければ，義務を課し，又は権利を制限する規定を設けることができない〔内11〕。日本国憲法は，国会を*唯一の立法機関'としていることから〔憲41〕，*明治憲法'下の*独立命令'のような政令の制定は認められない〔明憲8・9参照〕。政令は，*閣議'の決定によって成立し〔内4①〕，*天皇'が公布する〔憲7①〕。政令には，主任の国務大臣が署名し，内閣総理大臣が連署することを必要とする〔憲74〕。なお，明治憲法下の勅令で，日本国憲法の下でなお効力をもつものは，政令としての効力をもつものとされている〔日本国憲法施行の際現に効力を有する勅令の規定の効力等に関する政令（昭和22政14）参照〕。⇨勅令'

政令市　⇨指定都市'

政令指定都市　⇨指定都市'

政令201号　正式には「昭和二十三年七月二十二日附内閣総理大臣宛連合国最高司令官書簡に基く臨時措置に関する政令」。*争議行為'を行った公務員は任命又は雇用上の権利をもって対抗できないこと及び刑罰に処されることを定め，公務員の争議行為を禁止した。本政令は昭和27年に失効したが，これらの規定は，公務

員等の争議行為を禁止した昭和23年の*国家公務員法'改正(法222)，同年の公共企業体労働関係法(⇨行政執行法人の労働関係に関する法律')，昭和25年の*地方公務員法'，昭和27年の地方公営企業労働関係法に引き継がれた。

世界銀行 ⇨国際復興開発銀行'

世界人権宣言 1948年12月10日，*国際連合'第3回総会で採択された宣言(総会決議217(Ⅲ))。*国際連合憲章'は人権の尊重を国際連合の目的の1つに掲げ，加盟国の一般的な人権尊重義務を定めたが，本宣言はその内容を更に具体化したもので，個人の基本的自由のほか経済的・社会的・文化的権利をも規定する。条約ではないためそれ自体として法的拘束力を有するものではないが，その一部は国際慣習法になっているという説が有力に唱えられている。*国際人権規約'を始めとする人権関係条約の基礎となった。⇨国際連合人権理事会'

世界知的所有権機関 英 World Intellectual Property Organization; 略称 WIPO(ワイポ) *国際連合'の*専門機関'の1つで，「1967年7月14日にストックホルムで署名された世界知的所有権機関を設立する条約」に基づき，1970年に設立された国際組織。わが国は1975年に加盟した(昭和50条1)。事務局である知的所有権国際事務局は，*工業所有権の保護に関するパリ条約'の同盟事務局と*文学的及び美術的著作物の保護に関するベルヌ条約'の同盟事務局を合同した知的所有権保護合同国際事務局(仏 Bureaux internationaux réunis pour la protection de la propriété intellectuelle; 略称 BIRPI)を改組統一したもの。機関の目的は，全世界にわたって知的所有権の保護を促進し，管理に関する関係諸同盟間の協力を確保することである〔知的所有権約3〕。そのために，各国の国内法令の調和を目的とする措置の採用促進，国際協定の締結の奨励，立法に関する技術援助，情報収集，広報活動，研究などを行う〔知的所有権約4〕。機関の本部はジュネーブにある〔知的所有権約10〕。

世界の文化遺産及び自然遺産の保護に関する条約 世界の文化遺産及び自然遺産を集団的に保護するために，*国際連合教育科学文化機関'の総会が1972年11月16日に採択した条約。1975年12月17日発効。日本は1992年に受諾した(平成4条7)。本条約によって，締約国は自国領域内に存在する文化遺産・自然遺産の保護等のための措置をとる努力義務を負い〔世界遺産約5〕，また，国内的措置を補完するための国際的な協力体制が作られている〔世界遺産約8〜26〕。日本からは，白神山地，屋久島，姫路城，法隆寺地域の仏教建造物，古都京都の文化財，白川郷・五箇山の合掌造り集落，原爆ドーム，厳島神社，古都奈良の文化財，日光の社寺，琉球王国のグスク及び関連遺産群等25の世界遺産が登録されている(2024年4月現在)。

世界貿易機関 1 意義 *ガット(GATT)'のウルグアイ・ラウンドにおける合意によって成立し，1995年に発足した国際組織。World Trade Organization 英を略してダブリュー・ティー・オー(WTO)ともいう。国連*専門機関'ではない。本部はスイス・ジュネーヴ。主な機関に，閣僚会議，一般理事会，物品貿易理事会，サービス貿易理事会，TRIPs理事会，紛争解決機関，貿易政策検討機関がある。主要な貿易国は加盟している。ガットを発展的に引き継ぎ，条約規律と組織の両面からより堅固なものになった。ガットと同様，自由貿易を理念とし，無差別(*最恵国待遇'・*内国民待遇')，数量制限の禁止，関税の引下げを基本原則とする。

2 WTO設立協定 WTO設立協定(世界貿易機関を設立するマラケシュ協定(平成6条15))は組織規定のみを含み，実体規則は附属書が定める。附属書1Aは物品貿易に関する諸協定で，1994年のガット，農業協定，*衛生植物検疫措置'協定(SPS協定)，繊維協定，貿易技術的障害協定(TBT協定)，貿易関連投資措置協定，ダンピング防止協定，補助金相殺措置協定，*セーフガード'協定などから構成される。従来のガットに相当するが，大幅に拡充されている。2014年に貿易円滑化協定が，2022年に漁業補助金協定が，設立協定10条に後から追加された。附属書1Bサービス貿易一般協定(GATS)と1C貿易関連知的所有権協定(*トリップス(TRIPs)協定')は，ガットが対象としなかった分野に最恵国待遇，内国民待遇，透明性といった原則を適用した。附属書2の紛争解決了解と3の貿易政策検討制度は，協定の履行確保のための規定である。加盟国は附属書1〜3に当初から含まれる協定を全て受諾しなければならず，ガットと比べ権利義務関係が明確になった。附属書4の複数国間貿易協定(政府調達協定など)の受諾は任意。

3 特徴 経済規模にかかわらず各国1票をもつが，意思決定はガットのコンセンサス方式を引き継いでおり，投票はほとんど行われない。多角的貿易交渉によって規則の拡充を図っているが，コンセンサス方式が交渉を難しくしており，世界貿易における*自由貿易協定(FTA)の重要性は増している。貿易と非貿易関心事項(環境，労働，人権，安全保障など)との調整が重要な課題となっている。ガットで発展した紛争解決手

続を一層整備して引き継いでおり，紛争解決機関が設置するパネル(小委員会)が報告を出し，紛争解決機関が採択する。上級委員会に上訴もできる。多くの貿易紛争を扱い，最も成功した国際紛争解決制度の1つとなっている。しかし，2017年以降，アメリカは上級委の判断手法等を批判して委員選出を拒否し，上訴手続が機能停止に陥った。一部の加盟国は，この状況への対処として，パネル判断に不服がある場合には紛争解決了解25条が定める仲裁に付託することを約束する多数国間暫定上訴仲裁アレンジメントを立ち上げ，日本もこれに参加した。

世界保健機関 国 World Health Organization；略称 WHO ＊'国際連合'の＊'専門機関'の1つで，保健衛生の分野に関する国際組織。1946年7月22日にニューヨークで開かれた国際保健会議で採択され，1948年4月7日に発効した世界保健機関憲章によって設立された。日本は1951年に加入した〔昭和26条1〕。20世紀初頭に設立された公衆衛生国際事務局及び＊'国際連盟'の保健委員会の任務を継承し，保健衛生に関する国際協力の促進等をその主たる任務とする。世界保健総会・執行理事会・事務局から成る。本部はジュネーブ。新型コロナウイルスの感染拡大に関しては，2020年1月30日に「国際的に懸念される公衆衛生上の緊急事態」に認定し，国際保健規則に基づく対応をとったが，適切な対応がとれなかったのではないかという批判も強い。

赤十字条約 ⇨ジュネーヴ四条約'

責任 責任という語は非常に多義的に使われる。一般に，道徳的責任・政治的責任等に対して法律的責任という意味で使われるときは，法律上の不利益又は制裁を負わされることを広く指している。

I 民法上，様々な用法がある。1 違法な行為を行った者が，損害賠償義務を課せられることである。刑罰の科される刑事責任に対比される＊'民事責任'を指す。責任能力・免責事由（責めに帰することができない事由〔民415①〕)などの場合の責任や責の字もこの意味で使われている。「自己の責任で…することができる」という場合〔例：民105・348〕も同様で，損害が発生すればそれを賠償する義務を負うことを覚悟の上で，その行為を行うか否かは自由に判断してよい，という意味になる。

2 上記1の意味での損害賠償義務の負担〔民117・704・709等〕だけではなく，履行義務〔民117・446〕や物権的請求権に対応する義務などを負うことをも含み，義務を負うこと一般を意味

する。

3 債務の履行の最後の拠り所として債務者の財産が引当て(担保)として拘束されていることを意味し，債務と対置して用いられる。債務にはこの意味での責任が伴い，かつ債務者の全責任財産が引当てとなるのが原則であるが，例外的に，責任がない場合(責任のない債務(＊'自然債務'))や，責任が限定されている場合(＊'有限責任')，また，責任だけで債務を負担しない場合(＊'物上保証人'，抵当不動産の＊'第三取得者'など)がある。 ⇨責任財産'

II 刑事責任 **1 刑事責任** 刑罰を受けるべき法的地位。＊'民事責任'に対する概念。
2 責任 ＊'犯罪'が成立するための要件として，＊'構成要件'に該当する違法な行為が行為者に主観的に帰属すること。＊'道義的責任論'又は法的責任論によると，行為者が違法な行為をしたことに対する非難可能性である。責任の要素ないし要件として，＊'故意'・＊'過失'のほか，違法性の意識の可能性，＊'期待可能性'，＊'責任能力'がある。責任がなければ，犯罪の成立を肯定し，行為者に刑罰を科することは許されないという責任主義の原則が存在する。

責任共犯論 ⇨惹起(じゃっき)説'

責任財産 広義では，＊'強制執行'の対象として，ある請求の実現に供される財産(物又は権利)を意味する。したがって，物の引渡しや明渡しの請求の執行では，債務者の占有する当該目的物がその請求の責任財産である。狭義では，＊'金銭債権'の強制執行の場合に執行の対象となりうる財産を指すものとして用いられる。この意味での責任財産は，債務者に属する執行可能な(すなわち，法律上の＊'差押禁止'財産や一身専属的な権利を除く)全財産である。＊'一般財産'ともいう。

責任主義 責任なければ刑罰なし(＊'犯罪'とならない)という刑法上の基本原則。 ⇨責任'

責任準備金 保険会社が，毎決算期において，保険契約に基づく将来における債務の履行(保険金や給付金の支払)に備えるため積み立てなければならないもの〔保険業116①〕をいう。責任準備金は，保険料積立金，未経過保険料，払戻積立金に分けて積み立てなければならない〔保険業則69〕。危険準備金も，責任準備金に含まれるものとされている。なお，責任準備金の計算方法は算出方法書に記載することが求められており，日本では，平準純保険料式による積立方式が採用されている。 ⇨標準責任準備金'

責任説 ⇨故意説・責任説'

せきにんそ

責任阻却事由　＊'犯罪'の成立要件の1つとしての＊'責任'の成立を妨げる事由。＊'責任能力'のないこと、違法性の意識の可能性のないこと、＊'期待可能性'のないことが挙げられる。

責任追及等の訴え　1 意義　＊'株式会社'における、＊'発起人'・設立時取締役・設立時監査役（⇨設立時役員等'）・＊'取締役'・＊'会計参与'・＊'監査役'・＊'執行役'・＊'会計監査人'・＊'清算人'の会社に対する責任を追及する訴え、＊'株主'の権利行使に関する＊'利益供与の禁止'に反して利益の供与を受けた者に対して会社に対する利益の返還〔会社120③〕を求める訴え、及び、募集株式等についての通謀引受人、現物出資財産の実価が著しく不足する場合の＊'引受人'、又は出資の履行を仮装した引受人に対して会社への支払や給付〔会社102の2①・212①・213の2①・285①・286の2①〕を求める訴えのこと〔会社847①〕。株主が会社に代わって訴訟追行を行うことを認める(株主代表訴訟)等、共通の規律の下に置かれている。

2 株主代表訴訟　イ 意義：株主が＊'法定訴訟担当'者として会社のために行う責任追及等の訴え。代位訴訟ともいう。会社自身が責任追及の訴えを提起することは当然できるが、請求・提訴を判断すべき取締役・監査役（⇨会社・取締役間の訴え'）等が、同僚意識や自らの責任をも問われかねないことから、それを怠るおそれが高いという理由で認められている。原告となる株主ではなく会社への給付を求める訴えであるため、訴額（⇨訴訟物の価額'）の算定上、非財産権上の請求に係る訴えとみなされる〔会社847④〕。ロ 提訴要件：代表訴訟は、原則として（期間の経過により会社に回復することができない損害が生ずるおそれがある場合には直ちに提起できる）、株主（定款で権利を制限された単元未満株主を除く。＊'公開会社'では6カ月前から引き続き株式を有していることも必要）が会社に対して提訴請求を行ったにもかかわらず、60日以内に会社が提訴しない場合に当該株主が提起できる〔会社847①～⑤〕。ただし、不正な利益を図る目的又は会社に損害を加える目的がある場合には提訴請求ができず、したがってその場合には代表訴訟を提起しても＊'訴訟要件'を満たさないものとして＊'却下'される。提訴請求の宛先は＊'代表取締役'等の代表者であるが、取締役・執行役の責任を追及する訴えについては、＊'監査役設置会社'では監査役、＊'監査等委員会設置会社'では＊'監査等委員'、＊'指名委員会等設置会社'では＊'監査委員'となる〔会社386②Ⅰ・399の7⑤Ⅰ・408⑤Ⅰ〕。ハ 不提訴理由の通知：提訴請求を受けたにもかかわらず会社が自ら責任追及等の訴えを提起しない場合には、提訴請求を行った株主や＊'役員'等の請求があれば、会社は訴えを提起しない理由等を請求者に書面により通知しなければならない〔会社847④〕。後の訴訟で訴訟資料となりうることから、会社が訴訟請求に真摯に対応することを期待した制度である。ニ 担保提供：裁判所は、代表訴訟の提起が＊'悪意'によるものであることの＊'疎明'があった場合には、被告の申立てにより、原告株主に対して相当の担保の提供を命ずることができる〔会社847の4②③〕。濫用的な訴訟の防止を目的とする。ホ 判決の効果：勝訴・敗訴いずれであっても会社に及ぶ〔民訴115①〕。ヘ その他：＊'株式交換'等により株主でなくなった者による代表訴訟〔会社847の2〕、＊'多重代表訴訟'〔会社847の3〕、＊'訴訟係属'中の株式交換等により原告が株主でなくなった場合の原告適格の継続〔会社851〕、原告勝訴の場合の費用等の請求〔会社852①〕等の規定が置かれている。

3 訴訟参加　株主又は会社は、＊'共同訴訟人'として、又は当事者の一方を補助するため、責任追及等の訴えに係る訴訟に参加することができる〔会社849①〕。原告側への参加は＊'馴合訴訟'の防止の意味がある。被告側への参加は、代表訴訟において被告役員等に責任がないと考える会社が、被告支援のために＊'補助参加'する例が多い。取締役・執行役等の責任を追及する代表訴訟で会社が被告側に補助参加するためには、監査役設置会社では監査役、監査等委員会設置会社では監査等委員、指名委員会等設置会社では監査委員の全員の同意を得なければならない〔会社849③〕。

4 和解　責任追及等の訴えにおいても＊'和解'は可能であり、その場合、責任の免除に関する会社法の規定は適用されない〔会社850④〕。ただし、会社にとって不当な内容の和解がなされないようにするため、会社が和解の当事者でない場合には、会社の承認がなければ＊'和解調書'には＊'確定判決'と同一の効力は認められない〔会社850①～③〕。

5 再審の訴え　馴合訴訟の防止のため、責任追及等の訴えについては更に、原告・被告が共謀して訴訟の目的である会社の権利を害する目的をもって裁判所に判決をさせたときは、会社又は株主は確定した＊'終局判決'に対し再審の訴えをもって不服を申し立てることができるとされている〔会社853①〕。

　⇨取締役の責任'　⇨役員等の会社に対する損害賠償責任'

責任転質 ⇨転質'
責任投資原則 ⇨イー・エス・ジー(ESG)投資'
責任能力 I 民法上は*不法行為'責任を負担するのに要求される精神的な判断能力。自己の行為が不法な行為であって法律上の責任が生ずることを弁識するに足りるだけの判断能力をいう。これを欠くと不法行為責任が生じない〔民712・713〕。一般に精神上の障害により自己の行為の責任を弁識する能力を欠く状態にある者(平成11年改正(法149)前は心神喪失者と呼ばれた)は責任無能力者であり、*未成年者'は年齢とともに判断能力を備えていくので、おおよそ12歳前後に至るまでは責任無能力であるとみられる(裁判例の傾向)。これらの場合には、責任無能力者の監督義務者が責任を負うが、監督義務を怠らなかったことを証明した場合には免責される〔民714①〕(この立証は認められにくく*無過失責任'に近い*中間的責任')(免責の例として、最判平成27・4・9民集69・3・455)。それでは、責任能力のある未成年者の不法行為について監督者は責任を負わないか。学説は、責任能力のある未成年者の不法行為であっても、監督義務者に監督上の*過失'があり、それと未成年者の不法行為との間に*因果関係'があれば、監督者は、民法709条に基づき責任を負うと解し、判例も同旨を判示した(最判昭和49・3・22民集28・2・347)。なお、平成30年の民法改正(法59)で成年年齢は18歳に引き下げられた〔民4〕が、712条の責任については直接的な影響を及ぼさないと思われる。

II 刑法 **1 意義** 刑法上刑事責任を負担することのできる能力。刑法は、責任無能力者を掲げることにより、消極的に責任能力を捉えることにしている〔刑39・41〕。刑法39条の責任能力の判断方法としては、精神病等の生物的要素を重視する生物学的方法、是非善悪の弁別とこの弁識に従って行動を制御する能力を重視する心理学的方法、及びこの両者を併用する混合的方法がある。判例によれば、*心神喪失'とは「精神ノ障礙(しょう)ニ因リ事物ノ理非善悪ヲ弁識スルノ能力ナク又ハ此(これ)ノ弁識ニ従テ行動スル能力ナキ状態」をいい(大判昭和6・12・3刑集10・682)、混合的方法が採用され、典型的には重度の統合失調症などでは責任能力が否定されている(最判昭和53・3・24刑集32・2・408)。行為者に他行為可能性がなければ責任非難を向けえないとする理論的見地からの要請であると解するのが通説であるが、近時は、それに対して、もともとの人格に由来するかを重視している実際の判断と一致しないとの批判もある。なお、14歳未満については、条文上、画一的に責任能力が否定されている〔刑41〕。かつては瘖啞(いんあ)者についても画一的な定めがあったが、その不合理性ゆえに削除された〔刑旧40〕。 ⇨限定責任能力' ⇨刑事責任年齢'

2 体系的位置 責任能力は、*構成要件'に該当する違法な行為を前提とし、*責任'の一要素をなすものである。完全に意識を失った状態での動作とか、乳幼児の行動などは、そもそも刑法上の行為ではないから、責任能力を問題にするまでもない。また、責任能力は、*故意'・*過失'と別の犯罪成立要件として捉えるのが相当であって、故意・過失の前提条件として捉えることは妥当でない。14歳未満の少年でも、窃盗の故意をもって行為することが十分可能である。

3 責任能力(刑39)の判断 責任能力は、法律上の観念である。ゆえに裁判官は、医師又は心理学者の*鑑定'を参考資料とするにしても、その意見に拘束されるものではなく、自ら法律判断としてその判断を行う(最判昭和59・7・3刑集38・8・2783)。ただし、精神障害の有無及び程度や、それがどのように行為者の精神状態や行動に影響を及ぼしたかの有無・程度・機序は、特に鑑定に問題がない限りはその結果が重視される(最判平成20・4・25刑集62・5・1559)、その他の事情と併せて総合的に判断される(最決平成21・12・8刑集63・11・2829)。

責任のない債務 ⇨自然債務'
責任保険 1 意義 *保険契約'で定められた事故の発生により、*被保険者'が、被害者である*第三者'に対して損害賠償責任を負担することによって被る損害を塡補するための*保険'をいう。

2 特色 責任保険においては、被保険者の責任の有無及び責任額の確定について、被保険者と並んで*保険者'も重大な利害関係を有するので、被保険者が保険者に無断で責任を承認したり賠償金を支払うことが禁止される。一般の損害保険契約と比べて、2つの特徴がある。第1に、被害者救済のため、*故意'は免責事由とされるが、*重過失'は免責事由から除外される〔保険17②〕。第2に、被保険者に対して責任保険契約の保険事故に係る損害賠償請求権を有する者は、*保険給付'を請求する権利について*先取(さきどり)特権'を有する〔保険22①〕。保険金が被保険者に支払われても、被害者救済に充てられず、被害者以外の被保険者の債権者に渡る事態を防止するため、被害者に先取特権を与え、保険給付が被害者救済に充てられることを確保するもの

せきはいり

である。

3 他の法律における位置付け 責任保険は、自動車事故や'製造物責任'など各種の賠償責任の円滑な実現に役立つ保険である。そのため、損害賠償責任を伴う可能性のある行為(事業)に対しては、責任保険の付保を求める例がある。その例としては、自動車損害賠償保障法、原子力損害の賠償に関する法律、'船舶油濁等損害賠償保障法'などが挙げられる。 ⇨再保険' ⇨自動車損害賠償責任保険(共済)' ⇨原子力損害賠償責任'

惜敗率 ⇨重複立候補'

責問権 **1 意義** 民事訴訟法において、裁判所あるいは相手方の'訴訟行為'が手続法規に違反したことに対して'異議'を述べ、その効力を争う当事者の権能。責問権が重要な意味をもつのは、その放棄・喪失により手続違反の問題が解消することにある。

2 責問権の放棄・喪失 効力規定のうちでも主として当事者の利益保護のためにある任意規定の違反は、それによって不利益を受ける当事者がこれを甘受する以上、しいて無効とする必要はないから、その当事者が責問権を放棄すれば、瑕疵(か)ある行為も有効となる。また、積極的に放棄しなくとも、当事者がこのような手続違反を知り又は知ることができたにもかかわらず、遅滞なく異議を述べないときは、法は責問権が失われたものとして、後から手続違反の行為の効力を争うことができないものとしている〔民訴90〕。以上の規律によって、ある行為の有効なことを前提として進められた手続が、後から覆されるという無駄が生ずるのを防止できる。しかし、公益上絶対に遵守しなければならない強行規定(例えば、裁判所の構成・裁判官の'除斥'・'専属管轄'・'当事者能力'・'訴訟能力'・審判の公開・'不変期間'等に関する規定〔民訴312②参照〕)の違反については、責問権の放棄・喪失は認められない(⇨強行法規・任意法規')。

石油税制 石油又は石油製品に対する間接'消費税'の総称。'国税'としては、道路の'特定財源'(ただし制度上は平成21法28により一般財源化した)として製造段階で課される揮発油税〔揮発油税法(昭和32法55)〕があり、また採取者等に課される石油ガス税〔石油ガス税法(昭和40法156)〕や石油石炭税〔石油石炭税法(昭和53法25)〕がある。更に、航空機の所有者ないし使用者に対して課される航空機燃料税〔航空機燃料税法(昭和47法7)〕がある。'地方税'としては、都道府県の軽油引取税〔地税144〜144の60〕(平成21法9により一般財源化した)がある。

セキュリタイゼーション 英 securitization 金融の証券化と訳され、1980年代以降の金融の新しい流れを表す重要な概念である。広義には金融の方法が金融仲介機関の存在を必要とする間接金融(例:銀行の貸出し)から直接金融(例:証券発行)へと比重を移していく過程をも包含する、狭義には資産の証券化を意味する。それは非流動的な貸付債権(長期固定金利の住宅ローン債権など)や一般債権に信託・'格付'・保証・小口化等々の仕掛けや仕組みを施すことにより資本市場で取引されるにふさわしい金融商品を作り上げる現象であるから、法的には民商法の対象となっていた資産を'金融商品取引法'の対象となる'有価証券'に短時間で転換させる現象である。このことからこの現象は金融商品取引法上の有価証券概念の見直し、ひいては金融商品取引法の意義の見直しを促し、商品性につき周知性の低い新商品を提供することになるため'ディスクロージャー'制度・'私募'制度・監査制度等の見直しを促す大きな要因となった。証券化の語は不動産の証券化、不良債権の証券化など、あらゆる資産の流動化現象を包摂する。日本のこれに関する最初の立法はリース・クレジット債権の流動化を目的とする「特定債権等に係る事業の規制に関する法律」であった。現在は'資産の流動化に関する法律'がこれに関する主法となっている。

セクシュアル・ハラスメント 英 sexual harassment 他者の意に反する形でこれに向けて性的な言動を行うこと。略称、セクハラ。性的嫌がらせとも訳される。他者の対応次第で経済的・精神的な不利益を課す対価型と、具体的な不利益こそ課さないが不快感などを醸すことにより場の雰囲気を悪くする環境型とがある。他者の対応次第で不利益を与える場合のその程度、又は、具体的な不利益までは与えないにせよ、他者が受ける迷惑、不快感、嫌悪感の程度などによっては、'不法行為'〔民709〕に。人間集団のあるところ(地域団体、各種組織、職場、学校など)にこの種の問題が生じうる。職場での性的な言動については、'男女雇用機会均等法'が、労働者の'労働条件'に不利益を与えたり、その就業環境を害することのないように、事業主が雇用管理上の必要な措置をすべき旨を規定し〔雇均11〕、講ずべき措置を指針で示す(平成18厚労告615)。ある労働者のセクハラ行為が不法行為に該当する場合、使用者は'使用者責任'を問われうる〔民715〕し、適切な対応を怠っていれば職場環境配慮義務違反も問われうる。政治

分野では，公選による公職者や候補者について，「政治分野における男女共同参画の推進に関する法律」が，性的な言動に関する相談体制の構築等を国や地方公共団体に義務付け，政党等の政治団体にはこうした問題の発生防止等に関する努力義務を課す〔候補者男女均等9・4〕。

セクター主義 南北両極地の領有の根拠として提唱されてきた主義。極を頂点とし，2つの子午線と1つの緯線によって囲まれる扇形の区域(セクター)の領有権が特定の国に帰属することを主張する。極地の実効的支配が困難で*先占'による領有権の獲得が困難なことから，これに代わる領有の根拠として20世紀初頭以来唱えられるようになった。しかし，国際法の規則として確立しているとはいえない。1959年に採択された*南極条約'はセクター主義を肯定も否定もせず，領有権の主張を凍結した。

セグメント情報 「セグメント情報等の開示に関する会計基準」(企業会計基準17号)に準拠して作成される企業財務情報の1つであり，事業部門別や地域別などの財政状態や経営成績情報を提供する。連結情報を基礎にした*金融商品取引法'の開示規制において，事業の多角化等において連結財務情報の利用者が企業の財務状況を把握できるようにするために，事業部門などを区分単位(セグメント(英 segment))として各セグメントの売上高等の情報を提供することとしている。2010年度からは区分単位を経営上の意思決定・業績評価を行っている区分と同じくする方法(マネジメント・アプローチ)が採用されている。非財務情報開示についても企業の概況などをセグメントに区分して提供することが求められている(企業開示2号様式記載上の注意(27)～(37)・3号様式記載上の注意(7)～(17))。

是正の指示 *地方公共団体'の*法定受託事務'の処理についての*国の関与'の一類型であり，法令違反等の事務処理について，大臣ないし都道府県知事が，是正・改善のため地方公共団体が「講ずべき措置に関し」て行う指示〔自治245の7〕。*是正の要求'の場合と異なり，市町村の法定受託事務について都道府県知事は，大臣からの指示がなくとも独自の判断で指示をなしうる〔自治245の7②〕。指示に関して地方公共団体に不服がある場合，係争処理手続の対象となる。 ⇨国地方係争処理委員会' ⇨国等による違法確認訴訟'

是正の要求 *地方公共団体'による*自治事務'(及び市町村の第2号*法定受託事務')の処理が，違法，ないし著しく適正を欠き明らかに公益を害する場合に，大臣(及び都道府県知事)が当該地方公共団体に是正・改善のための措置を求めること〔自治245の5〕。*国の関与'の一類型である。法定受託事務の処理に対する*是正の指示'〔自治245の7〕とは異なり，どのような是正措置をとるかについては地方公共団体の判断に委ねられると解されている。是正の要求に不服がある場合，係争処理手続を地方公共団体は利用できる。地方公共団体が要求に従わず，なおかつ同手続も利用しない場合，国は違法確認訴訟を提起できる。 ⇨国地方係争処理委員会' ⇨国等による違法確認訴訟'

世帯 実際に同一の住居で起居し生計を同じくする者の集団を法律上1つの単位として処理する場合に，これを世帯という。例えば，*住民基本台帳法'では，原則として住民票は個人を単位として世帯ごとに編成され〔住民台帳6〕，*生活保護法'による保護の要否及び程度は世帯を単位として定められる〔生活保護10〕。世帯は複数の親族から構成されていることが常態であろうが，親族でない者が含まれている場合や，あるいは1人であっても独立した住居・生計を維持している場合には，世帯として取り扱われる。

節 ⇨編・章・節'(巻末・基本法令用語)
積極規制 ⇨政策的制約'
積極国家 ⇨福祉国家'
積極代理 ⇨能動代理・受働代理'
積極的権限争議 ⇨権限争議'
積極的債権侵害 ⇨不完全履行'
積極的差別是正措置 ⇨アファーマティブ・アクション' ⇨ポジティブ・アクション'
積極的商号権 ⇨商号権'
積極的訴訟要件 ⇨訴訟要件' ⇨訴訟障害'

積極的損害・消極的損害 交通事故で負傷して入院し，治療費や入院費，付添人の費用などを支出した場合のように，既存の財産が現実に減少するという形で受けた*損害'を，積極的損害といい，負傷期間中働けなかったために勤務先から受ける給料の支払を受けられなかった場合のように，本来増加するはずであった財産が増加しなかったという形で受けた損害を，消極的損害という。後者は*逸失利益'，得(う)べかりし利益の喪失などともいわれる。いずれも*損害賠償'の対象となり，その意味では区別する実益は少ないが，前者の立証は比較的容易で，その算定方法についても問題は少ないのに対して，後者の立証は比較的難しく，算定方法も複雑であるという差異がある。

せつきよく

積極的否認 ⇨ '否認'

接　見　刑事手続により身体の拘束を受けている者と面会すること。通信及び書類・物の授受と合わせて接見交通という。*被告人'又は*被疑者'は，*弁護人'又は弁護人となろうとする者とは，立会人なしに接見交通をすることができる〔刑訴39①〕。起訴前，すなわち被疑者の場合に限り，捜査のため必要がある場合に*検察官'等が接見の日時・場所などを指定することもできる〔刑訴39③〕が，その運用を巡り*捜査機関'と弁護人との間で争いを生じることもある。判例は，被疑者が現在する施設に接見に適した場所がない状況において，弁護人又は弁護人となろうとする者が即時の接見を求め，その必要が認められるときに，捜査に顕著な支障が生じる場合でない限り，秘密交通権が十分保障されない態様での短時間の面会接見に弁護人等が同意した場合には，検察官その実現のために特別な配慮をすべき義務があるとした(最判平成17・4・19民集59・3・563)。弁護人以外の者も，裁判所によって接見等が禁止〔刑訴81〕されていない限り，法令〔刑事収容115〜118・134〜136〕の範囲内で被告人・被疑者と接見交通できる〔刑訴80〕。⇨'接見交通権'　'接見指定'

設権行為 ⇨ '特許'

接見交通権　身体の拘束を受けている*被告人'又は*被疑者'が，外部の人と面会し，また，書類や物の授受をする権利。「身体の拘束を受けている」とは，*逮捕'・*勾留'，他事件による*刑の執行'など，刑事手続に基づいて自由を拘束されている状態を指す。接見交通権は，弁護人(弁護人となろうとする者を含む)に対するものが特に重要で，刑事訴訟法は，立会人なしの接見交通を許している〔刑訴39①〕(秘密交通権とも呼ばれる)。この場合，被告人等の逃亡や罪証の隠滅を防ぎ，又は戒護に支障を生ずる物(自殺や施設の破壊に供しうる器具薬品など)の授受を防止するため，法令により必要な措置を規定することができる〔刑訴39②〕。被疑者と弁護人の間の接見内容を，捜査機関が被疑者からどこまで聴取できるかが争われることもある。被告人・被疑者との接見交通は，弁護人にとっても重要な権利であり，固有権の1つに数えられる(⇨'弁護人')。しかし，公訴提起前の段階では，捜査権の行使との間に合理的調整を図らなければならないとされ，*捜査機関'による日時・場所等の指定が認められている〔刑訴39③〕が，指定の要件や内容が争われることもある(⇨接見指定)。なお，勾留されている被告人は，弁護人以外の者に対しても，法令(*刑事収容施設法')など)の範囲内で，接見交通権を有する〔刑訴80〕。もっとも，この権利は制限される場合もある〔刑訴81〕。制限の内容は，接見禁止，書類等の検閲又は授受の禁止などで，裁判所(又は裁判官〔刑訴280参照〕)がこれを命ずる。

接見指定　*検察官'，*検察事務官'又は*司法警察職員'は，*被疑者'と*弁護人'(弁護人となろうとする者を含む)との*接見'交通につき，'捜査'のため必要があるときは，その日時，場所及び時間を指定することができる〔刑訴39③〕。法は，更に指定が被疑者の「防禦(ぼうぎょ)の準備をする権利」を不当に制限するようなものであってはならないと規定して，捜査側と弁護側との調和を図ろうとしているが，実際にはその調和はかなり困難で，自由な接見交通を求める弁護士会と，捜査活動への悪影響を恐れてこれを制限しようとする検察・警察との間で争いや話合いが続いてきた。弁護士が接見を不当に妨げられたとして国家賠償を請求する事件も相当数に上り，その流れの中で最高裁判所は，*接見交通権'は「刑事手続上最も重要な基本的権利に属する」という判断を示した(最判昭和53・7・10民集32・5・820〈杉山事件〉)。また，指定の要件としての捜査の必要についても，「捜査の中断による支障が顕著な場合」としたが，それが具体的にはどういう場合であるかについて争われた(最判平成3・5・10民集45・5・919〈浅井事件〉参照)。指定の方式としては，指定権者である検察官等が，被疑者を収容している拘置所や警察署の長に対して，当該被疑者については接見交通の日時等を指定することがある旨の通知を発しておき，その後必要に応じ具体的な指定をする方法がとられており，電話等による迅速な指定方法も活用されて，かつて面会切符制と俗称されたような捜査優先のやり方は改善された。なお，接見指定制度の合憲性も争われてきたが，最高裁判所は合憲との判断を示した(最大判平成11・3・24民集53・3・514)。

設権証券　証券に表章する権利がその証券の作成によって初めて発生する*有価証券'。設権的有価証券ともいい，*手形'・*小切手'がその適例である。手形・小切手が売買等の既存の原因関係(⇨'手形の原因関係')に基づいて交付されたときでも，手形・小切手に表章される権利自体は，このような既存の原因関係上の権利ではなく，手形・小切手の作成自体によって初めて発生する。これに対して，*株券'に表章される*株主権'は，証券の作成前に成立している株主権を証券に表章するにすぎないので，設権証券ではない。*倉荷証券'・*船荷証券'・*複

合運送証券'等が設権証券かどうかについては意見が分かれている。

設権的有価証券　　⇨設権証券'

窃取　*窃盗罪'〔刑235〕の*実行行為'。大審院は「物ニ対スル他人ノ*所持ヲ侵シ其意ニ反シテ窃(ひそか)ニ之ヲ自己ノ所持ニ移ス」行為と定式化したが(大判大正4・3・18刑録21・309), このうち「窃ニ」(人に知られずに)という措辞は無用とされる。窃取行為の認定上, 客観的に必要なのは, イ 他人の*占有'下にある*財物'を, ロ その他人の意思に基づかずに, ハ 自己(又は第三者)の占有下に移す, という3点であり, 主観的に必要なのは, ニ *不法領得の意思'である(大判大正4・5・21刑録21・663)。イハは, 窃盗罪を移転罪(奪取罪)として特徴付けるもの(⇨横領罪'), ロは, 同罪を盗取罪として特徴付けるもの(⇨強盗罪'　*詐取'　⇨喝取'), ニは, 同罪を領得罪として特徴付けるものである(⇨財産犯')。ハは, 窃盗罪の*既遂'時期に関わり, 要は自己(又は第三者)の事実的支配下に入るまでは*未遂'にとどまるが, その具体的判断は, 財物の大きさや場所的状況等による。

接受　外国より派遣された外交使節・*外交使節団'を公式に受け入れること。一般に, 外交使節は派遣国の*元首'の発する信任状を被派遣国の元首に提出し, 受理されることで正式に接受されたとみなされ, 職務を開始する。現行憲法は, 元首に関する定めをもたないが, 外交使節の接受は天皇の*国事に関する行為'の1つとされている〔憲7⑨〕。もっとも, 天皇による接受は事実上の行為で法的意味をもたないとする説も有力である。

摂政　*天皇'の代理機関。摂政の設置については, *皇室典範'の定めるところによるとされ, 摂政は, 天皇の名で天皇の*国事に関する行為'を行う〔憲5〕。皇室典範は, 摂政を置く場合, 摂政の就任の順序, 摂政の特典等について定めている〔典3章〕。摂政が置かれるのは, 天皇が未成年(18歳未満〔典22〕)の場合又は天皇が「精神若しくは身体の重患又は重大な事故により, 国事に関する行為をみずからすることができない」場合である〔典16〕。摂政は, 成年に達した皇族が一定の順序で就任することになっており〔典17〕, 在任中は訴追されない特典が認められている〔典21〕。

節税　通常の*課税要件'規定の定める租税負担を軽減し又は排除する特別の課税要件規定(課税減免規定)。例えば, 通常の*減価償却'規定〔法税31〕に対する特別の減価償却規定〔租特42の6等〕)の適用を受けることによる, 租税負担の適法かつ妥当な(当該規定の趣旨・目的に適合した)軽減又は排除。租税節約ともいう。*租税回避'及び脱税(租税逋脱(ほだつ))(⇨脱税犯')と区別されるが, 私法上の選択可能性の利用により異常な法形式を選択して課税減免規定の要件を充足させることによる租税回避との区別は, 実際上は必ずしも明確でないこともある。

接続水域　*領海'に接続する一定範囲の*公海'海域で, 沿岸国が警察・関税・衛生等の国内法の履行を確保するために, 一定の権限を行使することのできる海域〔海洋法約33。なお, 領海約24〕。1958年の領海及び接続水域に関する条約は, その幅員を*基線'から12海里以内と定めたが, *国際連合海洋法条約'は, 領海の幅を12海里以内としたことに伴って, 接続水域を基線から24海里以内に拡張した。禁酒法時代にアメリカが密輸入取締りのために同海域を設定したのが有名な例。接続水域からの*追跡権'は, 接続水域の設定による保護法益の侵害があった場合にのみ許される〔海洋法約111 ①, 公海約23 ①〕。

絶対君主制　君主が*統治権'を独占する*君主制'。専制君主制ともいい, 君主の権能を法にしようとも制限しようとする制限君主制に対する。歴史的には近世ヨーロッパにおいて, 中世の多元的・重層的支配構造を一元化し近代国家成立の前提条件を作り出す機能を果たした。中世政治思想によれば, 法は王の上位にあるものとされ, 王といえどもこの法(内容は身分的諸特権)に違反すれば, 臣下の服従義務は解除され, 暴君として放伐されることになっていた。しかし, 13〜15世紀頃, 商業ブルジョアジーの国民的な統一市場形成の要求を背景として, 国王が没落しつつある貴族階級との闘争に勝利し, 君主権を絶対化して, 自由に封建的諸権利を破壊するようになった。「朕(ちん)は国家なり」(ルイ14世(Louis XIV, 1638〜1715))という言葉は絶対君主制の本質を最もよく示している。しかし, 絶対君主制は資本主義の発展とともに桎梏(しっこく)と化し, ブルジョア革命によって打倒される運命をたどった。

絶対権・相対権　権利を支配していることについての法律上の主張が権利者以外の誰に対してでもできる種類の権利を絶対権, 特定の人に対してしか主張できない権利を相対権という。一般に, *物権'・*知的財産権'・*人格権'などが, 絶対権の典型であり, *債権'が相対権の典型であるとされる。例えば, 所有権を主張して妨害排除を請求することは所有権を侵害している者全てに対してできるから所有権は絶対権である

ぜつたいし

が，債権は債務者に対してのみ主張でき，原則として，債務者以外の*第三者'には主張できないから相対権であるとされる。この区別は，主として第三者の債権侵害が*不法行為'となるかどうか，債権には妨害排除請求権が認められるかどうかという問題を巡って論議されたものであるが，判例は，第三者の債権侵害も不法行為となることを認め（大判大正 4・3・10 刑録 21・279），債権にも一定の要件の下に妨害排除請求権を認めているので（最判昭和 28・12・18 民集 7・12・1515），絶対権と相対権との区別は曖昧になっている。 ⇨債権侵害'

絶対主義 ⇨全体主義'

絶対的強行法規 ⇨強行法規の特別連結'

絶対的控訴理由 刑事訴訟法上，*控訴'理由の中で，その理由となる事実があれば，判決への具体的影響の有無を問わず当然原判決を*破棄'しなければならないものをいう〔刑訴 377・378・397〕。*除斥'原因のある裁判官が判決に関与したこと，判決に理由を付していないことなどが，その例である。

絶対的商行為 1 意義 行為自体の客観的性質によって*商行為'とされる行為。行為自体に営利性が強いことから，行為の主体が*商人'かどうかを問わず，また*営業'としてなされたかどうか（⇨営業的商行為'）に関係なく商行為とされる。客観的商行為ともいい，*相対的商行為'と対比される。商法は，投機購買及びその実行売却，投機売却及びその実行購買（⇨投機売買'），取引所においてする取引，並びに手形その他の商業証券に関する行為を絶対的商行為とする〔商 501〕。

2 問題点 理論的にみて，商法を企業に関する法と理解する立場（⇨企業法論'）からは，企業取引と認められない個別的な行為，すなわち，商人でない者の 1 回限りの行為も商行為として商法の適用を認めるのは適当でないという批判がなされている。また，取引所における取引資格者は，別途法令で定められており〔商取 15 ②・31 ①・82 ②，金商 2 ⑧・29・91・102 の 2〕，これを絶対的商行為と認める実益に乏しい。

絶対的上告理由 I 民事訴訟法上，*上告理由'のうち，原判決に影響を及ぼすか否かを問うことなく上告理由となるもので，法律に列挙された重大な手続法違反の事由がこれに当たる〔民訴 312 ②〕。高等裁判所に対する上告では，原判決の*法令違反'も，その違反が判決の*主文'における判断に影響を及ぼすことが明らかな場合に限り，上告理由となる〔民訴 312 ③〕。相対的上告理由'。

II 刑事訴訟法上，*上告理由'は憲法違反・判例違反に限られており，常に上告理由〔刑訴 405〕となる。ただ，判決に影響を及ぼさないことが明らかなときなど，原判決が*破棄'されない場合はある〔刑訴 410〕。

絶対的定期行為 ⇨定期行為'

絶対的不定期刑 ⇨不定期刑'

絶対的不能 *未遂'と*不能犯'を区別する基準の 1 つとして唱えられた概念で，相対的不能と区別される。結果発生が絶対的に不能ならば，未遂ではなく，不能犯であるという。しかし，およそ未遂は，科学的見地からは，ある意味，絶対的に不能だったともいえ，絶対的不能と相対的不能の区別は困難かつ曖昧であるという批判を受けている。とはいえ，何らかの基準で不能犯を未遂と区別し，それを不可罰とする姿勢は学説・判例ともに一貫している。

絶対免除主義 ⇨国家免除'

窃盗罪 1 意義 刑法 235 条の罪。「他人の*財物'を」（客体）「*窃取'した」（行為）場合に成立する。法定刑は，10 年以下の拘禁刑又は 50 万円以下の罰金（平成 18 年改正（法 36）により，比較的軽い類型の事案に対処すべく選択刑として罰金が加えられた）。*未遂'を罰する〔刑 243〕。

2 客体 無体物でも「電気」は「財物」とみなされる〔刑 245〕（⇨電気窃盗'）。「自己の財物」でも「他人が*占有'し，又は*公務所'の命令により他人が看守するもの」は「他人の財物」とみなされる〔刑 242〕（⇨自己の物に対する犯罪'）。*不動産は，他人との関係では客体にならない（⇨不動産侵奪罪'）。

3 行為 他人の占有下にある財物を，その他人の意思に基づかずに，自己又は第三者の占有下に移した時点で*既遂'となる。行為の時点で，*故意'と*不法領得の意思'を要する。

4 特例 *配偶者'等の*親族'間で本罪・その未遂罪が犯された場合は，*親族間の犯罪に関する特例〔刑 244〕の適用がある。

説明義務 I 取引に入るに先立って交渉の相手方に対して，あるいは，取引関係にある相手方に対して，一定の事項を説明する義務〔金融サービス 4，宅建業 35〕。単に情報を提供するにとどまらず，一定の理解を得ることが求められる点で，*表示義務'や情報提供義務（⇨開示義務'）とは異なる。特別法の規定がなくても義務が認められる場合もある。この場合，契約成立後であればその責任は契約責任にほかならないが，契約成立前の義務違反によって契約を締結したという場合には，その責任は*不法行

為'責任であると解することになる(最判平成23・4・22民集65・3・1405)。

Ⅱ *取締役'(*清算人')・*監査役'・*執行役'・*会計参与'が，*株主総会'において*株主'の求めた事項につき説明する義務〔会社314〕。株主の質問権と表裏をなす。株主の質問に対して説明義務を負わないのは，その事項が会議の目的たる事項(報告事項を含む)に関しないとき，説明をすることにより株主共同の利益を著しく害するとき，説明をなすにつき調査を要するとき，説明をすることにより*株式会社'その他の者の権利を侵害することとなるとき，当該株主総会において株主が実質的に同一の事項について繰り返し説明を求めるとき，その他正当な事由があるときである〔会社則71〕。しかし，株主が会日より相当の期間前に総会で説明を求めるべき事項を通知したときや必要な調査が著しく容易であるときは，調査を要することを理由としては説明を拒むことができない。説明義務が果たされない場合は，決議方法が法令に違反することとなり，決議取消しの事由があることになる〔会社831①[1]〕。

説明責務 一定の関係に基づいて他者のために財産や事業を管理する者が，当該他者に対する責任の一環として，その管理の状況をまかさず正確に知らせるべき責務。アカウンタビリティ(図 accountability)。*情報公開制度'においては，従来からアメリカ等でいわれているところをも踏まえつつ，制度の目的を，*国民主権'の理念にのっとり，政府ないし*独立行政法人'等の有する「その諸活動を国民に説明する責務」が全うされるようにすることにあるとされている〔行政情報公開1等〕。

絶滅のおそれのある野生動植物の種の国際取引に関する条約 ⇨ワシントン野生動植物取引規制条約'

設 立 ⇨会社の設立'

設 立 強 制 法律又は行政庁の命令によって組合などの設立を強制すること。その団体の事務の公益性が強く，国家的な行政事務をも担当するものとみなされる場合に立法政策上認められる。法律上設立が強制されているものとして，国家公務員共済組合〔国公共済3①〕，地方公務員共済組合〔地公共済3①〕などがある。

設 立 行 為 法人格を取得するためにされる*法人'の設立に関する*法律行為'。その内容と性質に関しては法人の種類によって異なり，学説上も争いがある。会社では定款の作成及び*株式会社'では更に*発起人'の*株式の引受け'がその内容をなし，その性質についても契約説・単独行為説・合同行為説等があるが，判例(大判昭和7・4・19民集11・837)・通説は合同行為と解している。なお，株式会社における設立時募集株式の申込人の株式引受けは，既に存在する*設立中の会社'への加入行為にすぎないと解される。 ⇨会社の設立'

設立賛助者　　⇨擬似発起人'
設立時委員　　⇨設立時役員等'
設立時会計監査人　⇨設立時役員等'
設立時会計参与　⇨設立時役員等'
設立時監査役　⇨設立時役員等'
設立時執行役　⇨設立時役員等'
設立時代表取締役　⇨設立時役員等'
設立時取締役　⇨設立時役員等'

設立時役員等 *発起人'(*発起設立'の場合)又は*創立総会'(*募集設立'の場合)は，一定の機関の設置が強制される場合〔会社327・328〕を除き，機関設計自由の原則に従い〔会社326②〕，設立時取締役〔会社則2②[11]〕(*監査等委員会設置会社'の場合には，設立時監査等委員〔会社則2②[12]〕である設立時取締役とそれ以外の設立時取締役)，設立時会計参与〔会社則2②[14]〕，設立時監査役〔会社則2②[15]〕，設立時会計監査人〔会社則2②[16]〕(以上，設立時役員等〔会社39④〕)を選任しなければならない〔会社38・88〕。設立時取締役は，設立時代表取締役(*指名委員会等設置会社'を除く*取締役会設置会社'の場合)・設立時委員・設立時執行役・設立時代表執行役(指名委員会等設置会社の場合)を選定しなければならない〔会社47・48〕。設立後の*役員'等の名称に「設立時」を付加するのは，各々設立に際して役員等となる者であり，設立後の役員等の権限との違いを明確にする趣旨である(設立時会計参与・設立時会計監査人には設立前の権限なし)。*株式会社'の設立に関する事務(本店所在地場所・*株主名簿'管理人の決定等)は，原則として発起人が行い，設立時取締役・設立時監査役は，設立手続の法令・定款違反の有無等を調査し〔会社46①・93①〕，発起人への通知(発起設立の場合〔会社46②〕)や創立総会への報告(募集設立の場合〔会社93②〕)を通して，会社設立前における発起人に対する監督機関としての役割を果たす。なお，設立登記の申請は，設立時代表取締役・設立時代表執行役によってなされる〔商登47①〕。

設立準拠法 *法人'が設立される際に準拠した法。国際私法上，法人設立の有効性，消滅のほか，内部機関相互の関係，機関の決議の効力等の内部関係に関する*準拠法'とされる。*外国会社'が日本で取引を継続して行おうとす

せつりつち

るときには，日本における代表者を定めて*登記'しなければならないが，「外国会社の設立の準拠法」も登記事項とされている〔会社 933 ②①〕。また，*外人法'における内外法人の区別の基準として用いられることもある。 ⇨外国法人'

設立中の会社　発起人の*定款'作成から*設立登記'によって成立するまでの未完成の会社。設立後の会社の前身で，いわばその胎児ともいえるもの。自らが会社として成立することを目的とする*権利能力なき社団'であり，発起人はその執行機関であると解される（⇨発起人'）。会社は複雑な設立手続を経て，次第に社団としての実体を形成していくわけであるが，この発展する実体を法律的にも承認して設立中の会社の概念を認め，設立中の会社と成立後の会社は同一の存在であるとして（同一性説），設立中の会社の全ての関係が成立後の会社に帰属すると説く考え方である。

設立登記（法人の）　*法人'の成立の際，法人の目的・名称・主たる事務所等の法定事項を公示するため，一定期間内に主たる事務所及び従たる事務所の所在地でされる*登記'。*会社'の場合は*商業登記'の一種である。主たる事務所の所在地における登記は，一般社団法人・一般財団法人，会社及び各種*協同組合'等にあってはその成立要件である〔一般法人 22・163, 会社 49, 中協 30 等〕。なお，*株式会社'の設立登記には，*株式の引受け'の取消しの制限〔会社 51 ②〕，*発起人'及び会社成立当時の*取締役'の資本充実責任の発生〔会社 52〕，*権利株'譲渡制限の解除〔会社 35・50 ②〕，及び*株券'の発行〔会社 215 ①〕などの付随的効果が規定されている。 ⇨会社の設立'

設立取消しの訴え（会社の）　⇨会社の組織に関する訴え'

設立廃止　⇨創立総会（会社の）'

設立費用　*株式会社'の*発起人'が*会社の設立'中に会社設立のために支出した費用。創立費ともいう。設立事務所の賃借料，*株式'の募集広告費，*創立総会'の会場の賃借料等。*開業費'を含まない。この費用を無制限に会社の負担に帰すべきものとすると，不当な支出により会社の財産的基礎を危うくする危険があるので，これを原則として*変態設立事項'として，*定款'に記載し〔会社 28 ④〕，裁判所の選任する*検査役'の調査等の特別の手続を要求している〔会社 33〕。例外として，定款の認証の手数料，株式*払込取扱機関'に支払うべき手数料及び報酬，検査役の報酬〔会社 33 ③〕並びに*設立登記'の登録免許税は定款に記載しなくても当然に会社に負担させることができる〔会社 28 ④, 会社則 5〕。

設立無効の訴え（会社の）　⇨会社の組織に関する訴え'

ゼネスト　ゼネラル・ストライキ（英 general strike）の略称。多数の労働者が，産業横断的に，一定の地域全体ないしは全国的規模で行う*同盟罷業'。政治的目的をもったものが多いが，必ずしもそうしたものに限られない。外国では 1926 年のイギリス炭坑夫支援スト，日本では事前に中止が指令されたが，1947 年の 2・1 ストが有名である。

ゼネラル・ストライキ　⇨ゼネスト'

ゼネラル・モーゲッジ　英 general mortgage　特別法によって設立された*株式会社'の発行する*社債'に付された*担保'で，社債権者が他の債権者に優先して会社財産から*弁済'を受けるもの。この社債は，*担保付社債信託法'にいう*担保付社債'ではない。一般担保付社債ともいわれ，略してゼネモ又はゼネモ債と呼ぶ。この優先弁済権は*先取（さきどり）特権'であり，その順位は民法の規定による一般の先取特権に次ぐものとされている〔電電 9 等〕。なお，会社の総財産を社債権の担保とする点で，企業担保法による企業担保に類似するが，後者の方が規定が整備されている。

セーフガード（条項）　I　急激な輸入増加によって重大な損害を被った特定の国内産業を救済するため，当該産品に対する関税譲許を撤回・修正して関税を引き上げたり，輸入数量制限を実施することを認める制度。緊急輸入制限とも呼ばれる。*ガット（GATT）'19 条は，所定の条件の下で締約国にセーフガードの発動を認めた。*世界貿易機関'のセーフガード協定はセーフガードの発動要件や運用の手続要件を明確化するとともに，特定国を対象とする輸出自主規制を原則として禁止した。最近の*自由貿易協定'では締約国からの輸入だけを対象とする特別セーフガードの発動を認めるものがある。

II　国際私法においては，認知による非嫡出親子関係の成立及び養子縁組の成立に関する準拠法について，子の本国法の累積適用を定めている規定。これらの趣旨が，子の利益の保護のためであるとされているため，このように呼ばれる。認知による非嫡出親子関係の準拠法については，認知をできるだけ容易に認めることが子の利益に資するとの考えに基づき，子の出生当時又は認知当時の親の本国法，認知当時の子の本国法の 3 つの法に選択的連結がなされてい

る。このままでは，たとえ子の本国法上，認知に子の同意が必要とされていても〔民782参照〕，親の本国法にそのような要件がなければ認知が成立するが，子の利益の観点から問題があると考えられた。そこで，子の本国法上，子又は第三者の承諾又は同意があることが認知の要件であるときは，その要件も備えなければならない〔法適用29①後②後〕。また，養子縁組の成立については，原則として養親の本国法が準拠法とされているが〔法適用31①前〕，養子となるべき者の本国法によれば，その者若しくは第三者の承諾若しくは同意又は公的機関の許可その他の処分があることが要件とされているときは，これらの要件も備えなければならない〔法適用31①後〕。養親の一定年齢以上の嫡出子の同意のように，養子保護のための制度であるかが疑わしい場合について，上記の第三者に該当するかについて争いがある。

責めに帰すべき事由 ⇨帰責事由'
競 り 売 り ⇨競売(競売)' ⇨入札'
前 ⇨以前・前'(巻末・基本法令用語)
前 ・ 次 ⇨前・次'(巻末・基本法令用語)
善意・悪意 ある事情を知らないことを，善意といい，知っていることを悪意という。道徳的な意味での善悪を意味するのではない。例えば，民法94条2項の「善意の第三者」とは，AB間の取引が*虚偽表示'によるものであることを知らない第三者という意味である。もっとも，例外的に悪意という語が，他人を害する意思で用いられることもある〔民509Ⅰ・770①②・814①Ⅰ〕。ある事情の存否について疑いを抱いただけでは知っているとはいえず，悪意にならないと解されている。善意であるか悪意であるかによって*法律効果'が異なってくる場合は私法上極めて多い〔民192・703・704等〕。

善意取得 Ⅰ 動産の善意取得については，*即時取得'をみよ。*善意'の取得者を保護する制度であるためにこの名がある。

Ⅱ 手形・小切手，株券及びその他の有価証券の善意取得については，*有価証券の善意取得'をみよ。

善意占有・悪意占有 *本権'がないにもかかわらず，あると誤信してする*占有'を，善意占有という。本権がないことを知って，又はその有無について疑いをもってする占有を，悪意占有という。占有者は，善意で占有をするものと*推定'される〔民186①〕。本権の訴えにおいて敗訴したときは，訴えの提起の時から悪意の占有者とみなされる〔民189②〕。善意占有と悪意占有との区別は，*所有権'の*取得時効'〔民

162〕，*果実'取得権〔民189①・190①〕などについて意味がある。「占有」に掲げた[表：占有の分類]をみよ。

船 員 *船員法'上は，現に船舶に乗り組み船内労務に服する労働者である*船長'，*海員'に加え，船舶に乗り組むため雇用されているが現に船内で使用されていない者である予備船員を含む概念〔船員1①〕。*海商法'上の船員概念は，予備船員を含まない一方で，一時的に船舶の運航に従事する水先人を含むなど，これと必ずしも一致しない。*労働法'の規制上，船員は陸上の労働者とは異なった取扱いがなされていることが多い。 ⇨海上労働'

全員出席総会 招集権者による法定の招集手続を経ることなく開催された*株主総会'又は*社員総会'。株主総会はその総会において*議決権'を行使できる全ての株主が出席したときは，有効に成立する。 ⇨招集通知'

船員職業安定法 昭和23年法律130号。戦前の船員職業紹介法(大正11法38)に代置し，*船員'の職業紹介，職業指導，募集，労務供給事業などを規定する法律。陸上労働者についての*職業安定法'に相当する。政府以外による職業紹介は一定の条件を満たした場合にのみ国土交通大臣の許可を得てできるものとし〔船員職安34〕，派遣労働にも厳しい条件が課される〔船員職安54～94〕。

船 員 法 昭和22年法律100号。*海上労働'の特性に応じて*船員'の労働関係を規制する法律。*労働基準法'の規定の一部は船員の労働関係についても適用があるが〔船員6，労基116〕，船員法が各種の労働者保護規定を置くほか，*船長'の職務・権限などの固有の問題も扱っている。なお，*労働組合法'・*労働関係調整法'は船員にも適用があるが，外国の港にあるときや船舶に危険が及ぶときの*争議行為'制限がある〔船員30〕。

船 員 保 険 船員保険法(昭和14法73)により規定される，*船員'又はその被扶養者の職務外の疾病，負傷，死亡，出産に関して保険給付を行うとともに，労災保険による保険給付と併せて船員の職務上の事由又は通勤による傷病等に関して保険給付を行う制度。

前 科 法律用語ではないが*確定判決'で刑の言渡しを受けたことをいう。法令の定めによるものではないが，裁判所と市町村役場に具備された犯罪人名簿に登録される。一定の場合は，法律上*執行猶予'の欠格事由〔刑25〕，*累犯'加重の事由〔刑56〕となり，その他各種の法律〔国公38Ⅰ，裁46Ⅰ，検察20Ⅰ，弁護7Ⅰ，公選

せんかくしょ

252 等〕によって資格制限の事由となる。 ⇨'前科抹消'

尖閣諸島　八重山・宮古両列島の北，台湾の北東の東シナ海に散在する小島と岩礁(現在は無人)の総称。第二次大戦後のアメリカの施政から 1972 年に返還され，沖縄県に属する。1969 年，国際連合アジア極東経済委員会により，この海域の天然資源が明らかにされて以来，中国(台湾を含めて)から，領有権が主張されている。2008 年中国公船の尖閣諸島領海内への侵入, 2010 年の中国漁船衝突事件など近時になって領有権を巡る対立が再燃しており，特に 2012 年に，それまで私有地であった同島を日本政府が買い上げたことを契機に対立が激化し，日中両国間の最重要外交問題の 1 つとなっている。

全額払込制　⇨'株金全額払込主義'

船価責任主義　*船舶所有者'('船主')の責任制限制度の一態様。船主は原則として航海の終わりにおける海産の価額を限度として人的責任を負担し，これを免れようとすれば，海産を*委付'して一般債権者のために選定された受託者に移転しなければならないとする立法主義。⇨'船主責任制限'

前科抹消　刑の言渡しの効果を消滅させること。いわゆる*前科'は，各種の法律により資格制限を受け一定の職業につけないなど，更生の障害となる場合があるため，昭和 22 年の改正(法 124)により刑の消滅の規定〔刑 34 の 2〕が設けられ，執行終了又は免除後一定期間(*拘禁刑'以上は 10 年，罰金以下は 5 年，*刑の免除'は 2 年)を罰金以上の刑に処せられることなく経過したとき，その抹消が認められ，刑が消滅するとされた。法律上の復権ともいわれる。

先願主義　権利付与に際して出願が競合する場合に，最先の出願者に*特許権'を付与する考え方をいう。日本の知的財産法は，先願主義に基づき，同一の対象について先願がある場合には，後願を拒絶することとしている〔特許 39 ①，新案 7 ①，意匠 9 ①，商標 8 ①〕。先願主義を採用して，早期の出願を促し，出願内容を公開することが産業の発達に資すると考えられることから，現在では，わが国を始め全ての国で先願主義が採用されるに至っている。先後願の判断は出願日を基準に行われる。同日出願の場合, *実用新案法'では全ての者の出願が拒絶されるが〔新案 7 ②〕，*特許法'・*意匠法'・*商標法'では協議により権利者を決定する。特許法・意匠法では協議が成立しない場合には全ての者の出願が拒絶されるが，商標法では，協議が成立しない場合には，くじにより権利者を決定する〔特許 39 ②，意匠 9 ②，商標 8 ④⑤〕。

善管注意　⇨'善良な管理者の注意'

善管注意義務(役員の)　*株式会社'と*役員'との関係は*委任'に関する規定に従うため〔会社 330〕，役員はその職務を遂行するにつき，*善良な管理者の注意'をもってする義務を負う〔民 644〕。すなわち，役員は，その地位と状況にある者に通常期待される程度の*注意義務'を負う。通説的理解によれば，役員の会社に対する*損害賠償'責任〔会社 423 ①〕は*債務不履行'責任であり，善管注意義務の違反は役員が会社に対して負う債務の*不完全履行'として位置付けられる。損害賠償責任については更に*帰責事由'の有無，ひいては役員の*過失'の有無が問題となるが，*抽象的過失'は善良な管理者の注意を欠くことであるから，債務不履行の判断と過失の判断は表裏の関係にあるようにみえ，この両者の関係の理解を巡って様々な議論がある。なお，*取締役'及び*執行役'については，更にいわゆる*忠実義務'を定めた規定があり〔会社 355・419 ②〕，善管注意義務との関係が問題となる。

前期高齢者　一般的に，65 歳以上 75 歳未満の者を前期高齢者，75 歳以上の者を後期高齢者という。老人保健法(昭和 57 法 80)の平成 18 年改正(同改正で「高齢者の医療の確保に関する法律」に改称)により退職者医療制度が廃止され，65 歳以上 75 歳未満の前期高齢者は，国民健康保険における退職被保険者ではなく，単なる*被保険者'とされた。上記改正による退職者医療制度の廃止，前期高齢者に係る費用負担の調整及び*後期高齢者医療制度'の創設に伴い，医療保険の*保険者'は，前期高齢者交付金と後期高齢者支援金を負担することとなった。前期高齢者交付金は，保険者間の前期高齢者の加入者数に応じて負担の不均衡を調整する〔高齢医療 32～46〕。後期高齢者支援金は，保険者ごとに実施される糖尿病その他政令で定める生活習慣病に関する健康診査(特定健診査)の達成状況等に応じて，100 分の 90 から 110 の範囲で増減する〔高齢医療 118～123〕。

選挙　公職の担当者を多数人の投票によって選出する行為。いかなる公職が誰によって選挙されるかは，国や時代によって異なりうる。立憲体制において広く共有されているのは，議会の議員を国民が選挙する仕組みであり，日本国憲法もこれを採用する〔憲 43 ①〕。行政権の長を国民が直接公選したり(大統領制や首相公選制)，裁判官を公選する仕組みも諸外国には存在するが，日本では用いられない。地方自治

せんきよく

では，首長や議会の住民による公選などが問題となる〔憲93②〕。選挙の仕組みは政治的自由や国民主権といった国の原理と密接な関係をもつため，その基本原則は憲法で保障されることが多い。日本国憲法の下では，*普通選挙'〔憲15③〕，*平等選挙'〔憲14①・44〕，自由選挙，秘密選挙〔憲15④〕，*直接選挙'がこれに当たるとされる。

選挙運動　特定の選挙において，特定の候補者の当選を目的としてされる行為で，投票を得又は得させるために必要かつ有利な一切のもの。*公職選挙法'は，その公正を確保するため，選挙運動の期間〔公選129〕，選挙事務所〔公選130～134〕，選挙運動を行う人〔公選135～137の3〕，選挙運動の方法〔公選138～178の3〕及びその費用〔公選14章〕等について制限規定を置くとともに（なお平成25年からインターネットを利用した選挙運動が解禁されている〔公選142の3～142の7〕），新聞広告〔公選149〕，政見放送〔公選150〕，経歴放送〔公選151〕及び選挙公報の発行〔公選167〕等について，国又は地方公共団体が便宜を与えることにしている（⇒選挙公営'）。選挙運動は特定の候補者の当選を目的とする行為であって，*政党'その他の*政治団体'が，その政策の普及宣伝，党勢拡張，政治啓発等を行う政治活動とは異なる（⇒政治的活動'）。しかし，選挙運動期間中及び選挙当日における政治活動は，一定の制限を受ける〔公選14章の3〕。⇒出納責任者(選挙運動の)'　⇒選挙運動総括主宰者'

選挙運動総括主宰者　特定の候補者を当選させる目的で，*選挙運動'の行われる全地域にわたって，ある期間継続して選挙運動に関する事務を総括指揮した者。総括主宰者であるかどうかは実態により判断されるのであって，*出納責任者'のように選任届出がされるわけではない〔公選180～184参照〕。総括主宰者の*選挙犯罪'は刑が加重されている〔公選221③②・222③・223③・223の2②〕ばかりでなく，当選人'に対しても，当選無効及び5年間の*立候補'禁止が課される〔公選251の2〕（⇒連座制'）。

選挙運動の出納責任者　⇒出納責任者(選挙運動の)'

選挙関係訴訟　選挙訴訟〔公選203・204〕・当選訴訟〔公選207・208〕並びに*選挙運動総括主宰者'・*出納責任者'等の*選挙犯罪'による当選の効力'と*立候補'資格に関する訴訟及び当選無効と立候補禁止に関する訴訟〔公選210・211〕。これらの訴訟は高等裁判所の*専属管轄'とされ〔公選217〕，*公職選挙法'に定める場合のほか，*行政事件訴訟法'の規定が準用(公職選挙法210条1項の場合を除く)される〔公選219〕。選挙訴訟は公益的性格をもつものであるため，裁判所は公益の代表者として検察官を立ち会わせることができる〔公選218〕。選挙訴訟については，他の裁判の順序にかかわらず速やかに裁判し，その判決は，事件受理後100日以内に行わなければならないとの*訓示規定'がある〔公選213〕。⇒選挙争訟・選挙訴訟'　⇒当選争訟・当選訴訟'

選挙管理委員会　**1 意義と組織**　*選挙'に関する事務及びそれに関係する事務を管理する合議制の*執行機関'〔自治180の5・186〕。都道府県及び市町村に設置される〔自治181①〕。それぞれ任期4年の委員4人をもって組織する〔自治181②・183〕。委員は，選挙権をもつ者の中から，各普通公共団体の議会によって選挙される〔自治182①〕が，その中の2人が同時に同一の*政党'その他の団体に属する者であってはならない〔自治182⑤〕。

2 権限　都道府県の選挙管理委員会は，衆議院(小選挙区選出)議員・参議院(選挙区選出)議員，都道府県の議会の議員又は都道府県知事の選挙に関する事務を，市町村の選挙管理委員会は，市町村の議会の議員又は市町村長の選挙に関する事務を管理する〔公選5〕。また，選挙管理委員会は，地方公共団体の議会の議員及び長の選挙についての異議の申出及び審査の申立てについて決定・裁決する〔公選202・205・206・209〕ほか，*条例の制定改廃請求'〔自治74～74の3〕，地方議会の解散の請求〔自治76・77〕，地方公共団体の長及び議員の解職の請求〔自治80～82〕，一の地方公共団体にだけ適用される特別法の*住民投票'〔自治261〕等の事務も管理する。なお，衆議院又は参議院の比例代表選出議員の選挙等に関する事務については，総務省の特別機関〔総務省22①〕である中央選挙管理会〔公選5・5の2〕が管理する。

選挙区　全ての*選挙人'をいくつかの選挙人団に区分する標準となる地域。*立候補'から*当選人'の決定まで，選挙の手続は，この地域を単位として行われる。選挙区は，そこから1人の議員を選出するか2人以上の議員を選出するかによって*小選挙区'と*大選挙区'に区別される。選挙区をどのように定めるかは政治的に重大な意味をもつから，選挙区は法律で定めることとされている〔憲47，公選12～16〕。*衆議院議員'の選挙区は，その総定数465人のうち，小選挙区選出議員289人については小選挙区を採用し，*比例代表選出議員'176人については

せんきよく

全都道府県を11の区域(ブロック)に分割した選挙区を採用している〔公選4①・13①②・別表1・別表2〕(⇨'小選挙区比例代表並立制')。過去においては，1区3〜5人を選出する大選挙区(*'中選挙区'と呼ばれていた)を採用していた期間が長かったが，小選挙区(明治22(1889)〜33，大正8(1919)〜14)や府県を単位とする大選挙区(明治33〜大正8，昭和20〜22)を採用していたこともある。*'参議院議員'の選挙は，その総定数248人のうち，比例代表選出議員100人については全都道府県の区域を通じたものとし，選挙区選出議員148人については各都道府県を区域とする選挙区を採用している〔公選4②・12②・14・別表3〕。都道府県議会議員の選挙区は市町村を単位として条例で定め，市町村議会議員の選挙では特に必要があるときは条例で選挙区を定めることができる。ただし，指定都市については区の区域をもって選挙区とする〔公選15〕。 ⇨'ゲリマンダリング'

選挙区選出議員 広義には，選挙区(衆議院小選挙区，参議院選挙区)から選出された議員を指し，比例代表選出議員に対する名称であるが，狭義には，*'参議院議員'のうち，各都道府県を単位とする*'選挙区'から選出された議員〔公選4①②・13①・14①・別表1・3〕をいう。参議院選挙区選出議員については，昭和57年の*'公職選挙法'改正(法81)前は，全国(区)選出議員に対して地方(区)選出議員と呼ばれていたが，全国区制に代わって*'比例代表'制が採用されたことに対応して，名称が変更された。 ⇨'比例代表選出議員'

選挙権 選挙人として*'選挙'に参加し，*'投票'する権利。国民主権の下で国民が国政に参加する方法として，公務員の選挙は中心的な地位を占める。このため憲法は，公務員を選定し罷免する権利を国民固有の権利として保障する〔憲15①〕。もっとも，この選挙権の行使の具体的内容は選挙制度がいかに形成されるかに依存するところ，憲法はこれを基本的に立法に委ねている〔憲44・47〕。他方で憲法は，この選挙制度の形成の際に遵守されるべき基本原則(*'普通選挙'，*'平等選挙'，秘密選挙など)を定めており，これに対する抵触は違憲の問題を生じる。この選挙制度の下で選挙人となり選挙で投票する権利は，原則として制限されてはならず，その制限にはやむをえないと認められる事由がなければならないと解されている(最大判平成17・9・14民集59・7・2087)。*'公職選挙法'は，この憲法の委託を受け〔憲44〕，選挙権の積極的要件・消極的要件に関する定めを置いている〔公選9・11〕。

選挙公営 *'選挙運動'の公正を確保するため，国又は地方公共団体が，自動車の使用，葉書ビラ等の頒布，ポスターの掲示，新聞広告，政見・経歴放送，演説会等につき，その費用を負担するなど各種の便宜を与える制度〔公選141〜143・149〜151・164・167等〕。大正14年(1925)以来，次第に拡大されている。

選挙争訟・選挙訴訟 1 選挙争訟 選挙の効力に関する異議の申出〔公選202①〕・審査の申立て〔公選202②〕及び訴訟〔公選203・204〕の総称。選挙の規定に違反することがあり，それが選挙の結果に異動を及ぼすおそれがある場合に限って，*'選挙管理委員会'又は裁判所は，選挙の全部又は一部の無効を決定し，裁決し又は判決する〔公選205〕。
2 選挙訴訟 選挙の効力に関する訴訟。選挙無効訴訟ということもある。*'民衆訴訟'の一種であり〔行訴5・42・43〕，高等裁判所の*'専属管轄'とされている〔公選217〕。
⇨'選挙関係訴訟'

選挙訴訟 ⇨'選挙争訟・選挙訴訟'

選挙人 *'選挙'に参加することができる者。選挙人となるための資格を*'選挙権'という。選挙人の氏名を登録し，公証する制度に*'選挙人名簿'がある。

選挙人名簿 *'選挙人'の資格を公証する目的で作られる選挙人の氏名を登録した名簿。この名簿に登録されていない者は投票できない〔公選42①〕が，登録された者でも，その資格のない者又は選挙当日に選挙権のない者は投票することができない〔公選42②・43〕。選挙人名簿には，選挙のつど作成される随時主義と据置主義，また，職権により又は申告により調製するもの等の区別がある。現行の*'永久選挙人名簿'は，職権登録・永久据置主義の名簿である。なお，市町村選挙管理委員会が国内有権者の選挙人名簿とは別に調製保管する在外選挙人名簿は本人の申請により作成される永久据置名簿である〔公選30の2〜30の15〕。この永久選挙人名簿は，国の選挙・地方の選挙を問わず*'公職選挙法'の適用される全ての選挙に使用される〔公選19①〕ほか，*'地方自治法'による*'住民投票'や最高裁判所裁判官の*'国民審査'等についても使用される。選挙人名簿の調製保管は，市町村選挙管理委員会が当たる〔公選19②〕。

選挙犯罪 選挙の自由・公正を直接又は間接に侵害するため，*'公職選挙法'によって刑罰の対象とされている行為〔公選16章〕。買収・利害誘導罪〔公選221〜223〕，選挙の自由妨害

〔公選225・226〕のような*自然犯'的選挙犯罪と呼ぶことができるものと，*事前運動'・*戸別訪問'等*選挙運動'に関する種々の制限違反〔公選239〜246〕あるいは選挙費用や寄附に関する制限違反〔公選247・248〕のような*行政犯'的選挙犯罪と呼ぶことのできるものとがある。これを犯した者は，刑罰に処せられるほか，一定期間，*選挙権'・*被選挙権'が停止されることがあり〔公選252〕，また，*当選人'又は*選挙運動総括主宰者'・*出納責任者'，組織的選挙運動管理者等若しくは当選人と一定関係にある公務員等が選挙犯罪により刑に処せられると，当該当選人の当選が無効となり，更に，5〜10年間*立候補'が禁止されることがある〔公選251〜251の4〕。

選挙無効訴訟　⇨選挙争訟・選挙訴訟'

専決　*補助機関'が内部的委任を受けて*行政庁'の名において決定(決裁)を行うこと。対外的には行政庁の決定として表示される点で*権限の委任'や*権限の代理'とは異なる。専決規程で専決事項と専決権者を規定するのが通例である。*代決'とほぼ同義であるが，代決は，行政庁が不在の場合等行政庁自身が決定できない事情に行われるのに対して，専決は，そうした事情の有無にかかわらず，あらかじめ補助機関に内部的委任がなされた事項について行われる。

専決処分　本来，*地方公共団体の議会'が議決又は決定しなければならない事項を，特定の場合に，その*地方公共団体の長'が代わって処理すること。議会が成立しないとき，長において議決すべき事件について特に緊急を要するため議会を招集する時間的余裕がないことが明らかであると認めるときなど，必要な議決が得られない場合に緊急的手段として認められる場合〔自治179〕(緊急専決処分)と，議会の権限に属する軽易な事項で議会の委任に基づいて認められる場合〔自治180〕(委任専決処分)とがある。いずれも事後に議会に報告することを要するが，前者の場合には，議会の承認を得なければならない〔自治179③〕。平成24年の*地方自治法'改正(法72)により，副知事，副市町村長の選任，平成26年の同法改正(法42)により，指定都市の総合区長の選任を専決処分で行うことが否定され〔自治179①但〕，また，議会が条例の制定若しくは改廃又は予算に関する処置に係る専決処分を承認しなかった場合には，長に条例改正案の提出，予算の提出等の必要な措置を講じ議会に報告することが義務付けられた〔自治179④〕。

先決問題　I　行政法　**1 意義**　訴訟*本案'において請求の当否を判断するための前提として決定することを必要とする問題のことをいう。特に*行政裁判'と司法裁判とを分離する制度の下では，民事又は刑事の裁判を行う司法裁判所が，本案の解決の前提として決定しなければならない行政法規の適用に関する問題を，先決問題の名で呼ぶことが多い。この意味での先決問題の取扱い方としては，*司法裁判所'が本案の審理を中止して先決問題について権限のある*行政庁'又は*行政裁判所'の判断をまつ方法(フランス)と，原則として*本案訴訟'の係属する裁判所が先決問題をも審理決定する方法(ドイツ)とに分かれる。戦前の日本は後者の方式によっていた。

2 現行法上の意義　日本の現行憲法は，*特別裁判所'の設置を禁止し〔憲76①②〕，これを受けて行政裁判所が廃止されたため〔裁附②〕，上記の意味での先決問題の扱い方を論ずる必要はない。本案の解決の前提として行政処分の効力が問題となる*民事訴訟'(*争点訴訟')では，当該訴訟の係属する裁判所が処分の効力の有無についても同一の手続内で審理する。この場合は，処分の効力の有無(処分が無効かどうか)を審査する限度で，*行政事件訴訟法'の定めの一部が準用される〔行訴45①④〕。なお，当該行政処分の瑕疵(か)が取り消すことのできるものにとどまるときは，これを民事訴訟における先決問題として主張することは許されず，当該瑕疵を主張したい当事者は，当該行政処分の*取消訴訟'を別途提起しなければならない。他方，同じ*行政事件訴訟'でも，公法上の法律関係を争う実質的*当事者訴訟'〔行訴4後〕において，本案の解決の前提として行政処分の効力が問題となることがある。

⇨抗告訴訟'　⇨無効等確認の訴え'

II　国際私法上，ある問題(本問題)について*準拠法'を適用する過程で，別の*単位法律関係'に含まれる他の問題についての判断が必要となる場合の当該他の問題。例えば，相続事件において，相続人の範囲の問題は本問題であり相続準拠法によることになるが，その準拠法上，配偶者や子に相続権が認められている場合に，婚姻や親子関係が有効に成立していたかという問題が先決問題である。かつては，先決問題は，本問題の準拠法の適用段階で生じることであるので，本問題の準拠法によるとの説や，本問題の準拠法所属国国際私法によるとの説があった(準拠法説，準拠法所属国国際私法説)。本問題に従属して準拠法を定めることから，従属連結説とも呼ばれる。しかし，単位法律関係ごとに準拠法を定めるという国際私法のモザイク的構

ぜんけんい

造上，先決問題として問題とされるときも法廷地国際私法により，独立して準拠法を定めるべきであるとの見解が通説であり（法廷地国際私法説），判例はこの立場を採用している（最判平成12・1・27民集54・1・1）。これは本問題とは独立して準拠法を定めるという趣旨から，独立連結説とも呼ばれ，結局，先決問題という問題の存在を否定する立場である。なお，両説の折衷説も唱えられているが，理論上の難点があるほか，両者を使い分ける基準が不明確であるとの批判がある。

全権委任状　国の権限ある当局の発給する文書であって，条約文の交渉・採択・確定，条約の締結，条約に関する他の行為のために国の代表を指名するものをいう〔条約法約2①(c)〕。元首，政府の長，外務大臣，*外交使節団'の長等は，職務の性質により，全権委任状の提示は不要となる〔条約法約7②〕。

全件送致主義　捜査機関である司法警察員・検察官が，*少年'の被疑事件について犯罪の嫌疑があるものと思料するときは，全て*家庭裁判所'に送致する立場のこと〔少41・42〕。ほとんどの少年事件は，専ら家庭裁判所が，少年の保護の観点から検討を加えて，少年を*保護処分'に付するか，刑事処分が相当かを判断し決定するという，少年の保護を重視する*少年法'の基本的立場を反映したもの。成人なら，*起訴猶予'処分や*微罪処分'として捜査機関限りで処理されるような事件の場合にも，*要保護性'のある場合には，家庭裁判所に送致されることになる。ただし，事実が軽微で，犯罪の動機，少年の性格等から判断して刑事処分・保護処分が明らかに不要と認められる事件については，書面で毎月一括して送致する簡易送致の制度があり〔捜査規範214〕，また警察による一定の処遇（少年サポートセンターの活動）が行われており，全件送致主義は事実上緩和されている。

選考（公務員の）　一般には，公務員の*採用'・*昇任'の場合における競争試験以外の勤務成績その他の能力の実証に基づく試験をいう。*一般職'の公務員の採用及び昇任は*メリット・システム'の建前から競争試験によることを原則とするが，*人事院'又は*人事委員会'が認める例外的場合には，選考によることができる〔国公36，地公17の2〕。公立学校の学長・部局長・校長の採用及び教員の採用・昇任は選考によることが法定されている〔教公特3①・11〕。以上と異なり，一般的に要求されている資格要件を緩和してあるいは形式的にはこの資格要件を要求せずに任用する場合における選考もある

〔裁45，検察18②，公証13の2等〕。

先行自白　当事者の一方が自ら先に自己に不利益な事実を*陳述'し，相手方がそれを援用したときは裁判上の*自白'が成立するが，この場合の陳述をいう。自発的自白ともいう。ただし，相手方の援用の前に撤回することは自由で，その場合は自白の効力は生じない。

善行保証　犯罪者を有罪認定後，一定期間善行を保つことの誓約書をとって釈放する制度。イギリスの*コモン・ロー'上の慣行で，*再犯'防止の目的で用いられたが，微罪事件の場合は刑罰に代えてこれを適用することが認められており，後の*宣告猶予'制度の先駆となった。日本では，*改正刑法仮案'において，*保安処分'の一種として取り入れられたことがある。

全国区　⇨比例代表選出議員'

宣告刑　裁判で現実に宣告される刑。認定された事実に該当する法条の*法定刑'の中から刑の種類を選択し〔刑69〕，それに*再犯'加重，法律上の減軽（⇨法律上の減免'），*併合罪'加重，*酌量減軽'の順に加減を行い*処断刑'を定め，その範囲内で*刑の量定'が行われる〔刑72〕。*自由刑'の場合，その刑期が定まっているものを定期刑，不定期のものを*不定期刑'という。

全国健康保険協会　*健康保険組合'の組合員でない*健康保険'の*被保険者'の保険（全国健康保険協会管掌健康保険（協会けんぽ））を管掌する法人〔健保5①・7の2①・7の3〕。その管掌する被保険者に係る健康保険の保険給付及び*日雇特例被保険者'に係る保険給付に係る事務，「高齢者の医療の確保に関する法律」20条の規定による特定健康診査及び同法24条の規定による特定保健指導の実施や健康教育・健康相談等の保健事業，被保険者等の療養のための資金の貸付等の福祉事業等の業務を行う〔健保7の2②③〕。また，その管掌する被保険者に関する健康保険の保険料率を都道府県単位で決定する〔健保160①〕。この保険料率の決定は，厚生労働大臣の認可を得て告示されることで効力を生じる〔健保160⑧⑨〕。

全国選出議員　⇨比例代表選出議員'

宣告猶予　刑事被告人に対し，一定の期間有罪宣告又は刑の宣告を留保し，その期間を無事経過したときには，その者を刑事責任から放免する制度。イギリスで発祥し，アメリカで，*保護観察'制度と結び付き，猶予中保護観察を付する形で発達し，大陸法の執行猶予制の起源ともなった。日本では，宣告猶予制度採用の方針が大正15年(1926)の刑法改正綱領によって打ち出され，*改正刑法準備草案'〔改正刑法準備

草案1編11章〕も採用していたが，*改正刑法草案'では宣告猶予は採用しなかった。 ⇨執行猶予'

全国労働組合総連合 共産党系の労組ナショナルセンター，組合員約46万人(2023年現在)。1989年11月発足。全労連と略称。統一労組懇(統一戦線促進労働組合懇談会，1974年結成)がその前身。*日本労働組合総連合会'と路線を異にする組織としては最も大きい。

全国労働組合連絡協議会 旧社会党左派系労組(都労連など)の全国的連絡協議組織，組合員約8万人(2023年現在)。1989年12月発足。全労協と略称。*日本労働組合総連合会'に反対するとともに，*全国労働組合総連合'とも一線を画している。

戦後補償 戦争や武力紛争のときの行為によって生じた損害を事後に賠償・補償すること。必ずしも同じ射程ではないが，戦後賠償，戦後責任とも表現される。その先駆は1919年の*ヴェルサイユ講和条約'(8編)で，賠償の根拠を連合国及びその国民に対する損害・被害にみいだしている〔ヴェルサイユ講和条約231〕。第二次大戦後の日本は連合国側の大部分の国と1951年に『日本国との平和条約』(昭和27条5)を締結し，14条(b)及び19条(a)によって相互に請求権を放棄した。同条約に参加しなかった国とも同様の枠組みを構築した(台湾(1952年日華平和条約(昭和27条10))，ソ連(1956年*日ソ共同宣言'(昭和31条20))，韓国(1965年日韓請求権協定(昭和40条27))，中国(1972年*日中共同声明')，北朝鮮(2002年日朝平壌宣言))。他方で，これらが国家間協定であるために，個人の請求権の存否，行使の可否については議論が残され(代表的には1963年原爆判決(東京地判昭和38・12・7下民14・12・2435))，現在も「慰安婦」問題や「徴用工」問題などが争われている。

潜在主権 一国の領域の一部において外国が*統治権'を行使する場合に，なおその国がその領域に関しもつ権利。外国が統治をやめた場合に，その国の統治権が回復されること，その国が，特に制限のない限りその領域の処分を行うことができることが，その権利の内容である。日本では，アメリカ占領時代の沖縄に関してこれが使われ，潜在主権の実体は，主権の中から立法・司法・行政といった施政権をアメリカに委ねた残りのもの，すなわち，領土の処分権とされた。言い換えれば施政権者であるアメリカも，日本政府の同意がない限り沖縄を独立させたり，自国に併合したり，第三国に譲渡したりすることはできないとされた。このような語意からすれば，潜在主権より残存主権の方が，用語としては適当であろう。

潜在無効投票 *選挙権'のない者の*投票'又は不正な投票であって，本来無効な投票として候補者の得票に加えてはならないものであるが，その無効原因が投票の面に現れておらず，したがって，その投票がどの候補者に帰属したかを判断することができないもの。*公職選挙法'では，各開票区ごとに，各候補者及び名簿届出政党等の得票数から，潜在無効投票をその得票数に応じて按分(あんぶん)して得た数をそれぞれ差し引くことにしている〔公選209の2〕。 ⇨無効投票'

潜在有効投票 有効に*投票'することができる資格をもち，しかも投票の意思があったにもかかわらず，選挙事務関係者の違法な拒絶等のため投票されなかった票。実際には投票がなかったのであるから，どの候補者に投票されたかは判断できない。その取扱いについては法の規定がない。*潜在無効投票'に関する規定〔公選209の2〕に準じて処理するのが妥当であるとする判例がある(福岡高判昭和27・11・28行裁3・7・1517)が，その潜在有効投票数を次点者の得票数に加算し，その数と同数又はそれ以下の得票数の*当選人'の当選を取り消すのが妥当であるという説もある。

戦時禁制品 戦時に*中立'国民が交戦国に供給するのを他方の交戦国が海上で捕獲し没収できる物品。中立国にはこれを黙認する義務がある。絶対的禁制品と相対的禁制品(条件付禁制品)に分かれ，前者は兵器・弾薬等の性質上専ら戦争に使用される物品，後者は食糧・燃料等の戦争にも平和的目的にも使用できる物品を指し，その他は自由品となる。1909年のロンドン宣言(海戦法規に関する宣言)に，上記3種の物品が例示されている〔ロンドン宣言2章〕。武力紛争や国際連合の*強制措置'に際しても，事実上この概念が用いられるものとみられる。

戦時国際法 *戦争'状態に適用される国際法。第二次大戦前までは，平時国際法とともに国際法を二分していた。交戦国相互間に関する法規(狭義の戦時国際法)と，交戦国と中立国との関係に関する中立法規(⇨中立')とによって構成される。戦争状態発生とともに，交戦当事国とは戦時国際法，第三国とは中立法の関係に入る。交戦法規(⇨国際人道法')・*捕虜'の地位・*占領'法規・*休戦'などが論じられる。戦争の違法化に伴い，一切の戦時国際法が効力を失うという「戦争法の白紙理論」も唱えられたが，集団的安全保障体制内の軍事的*強制措置'

ぜんじせい

や'自衛権'行使の状況から，戦争類似の状況の発生を免れず，少なくとも人道確保の必要は認められるため，かつて戦時国際法と呼ばれた規則は，相当部分が武力紛争法や'国際人道法'と呼び替えられつつも，実際には現在も妥当している。⇨国際法'

善時制（善時法） 受刑者の刑務所内の善行により一定日数，*刑期'又は*仮釈放'資格取得期間を短縮する制度。1817年にニューヨーク州で初めて認められた。刑の厳しさを緩和し，作業能率を上げ，改善を助け，刑務所内の規律維持に資そうとするものであるが，規律偏重の弊害が指摘されている。日本では，戦時下の行刑で実施されたことがあるが，今日，その制度はない。

戦時復仇（ふっきゅう） 交戦法規（⇨国際人道法'）違反の中止や救正を求めるために行われる法逸脱の行為。平時国際法についての復仇ないし平時復仇と区別される。明文で禁止されている場合もある〔武力紛争の際の文化財の保護に関する条約（平成19年条10）4④，ジュネーヴ捕虜約13，ジュネーヴ文民約33，ジュネーヴ追加議定書Ⅰ20・51⑥・52①〕。⇨対抗措置'　⇨報復'

前借金 1 広義　*雇用'契約あるいは*労働契約'締結の際又はその後に労働者又は親権者などが使用者から借り入れ，将来の賃金によって弁済することを約束する金銭。労働者の足止めや低賃金の弊害を伴うため*労働基準法'は*前借金相殺（そうさい）の禁止'を規定している〔労基17・119①〕。ただし，住宅建設資金の貸付けなど労働することを条件とするものでない貸付金については，差し支えないものとされている。
2 狭義　*芸娼妓（げいしょうぎ）契約'の締結の際に抱え主から借り入れ，将来の稼ぎにより弁済することを約束する金銭をいう。実質的には人身売買の代金であり，芸娼妓稼業を強制する機能をもっていたにもかかわらず，最初，判例は芸娼妓稼働契約及び債務弁済契約と可分であるとして有効と解していた（大判大正10・9・29民録27・1774等）。現在，最高裁判所は，両者は相互に不可分であって稼働契約も*公序良俗'違反による*無効'はひいては契約全部の無効を来すとし，前借金契約をも無効と解している（最判昭和30・10・7民集9・11・1616）。

前借金相殺（そうさい）の禁止 *労働契約'に基づき将来において生ずる*賃金'債権を引当てにして，労働者が使用者から借金することを前借金という。かつての日本では，使用者が労働者の窮迫状態につけ込んで前借金を渡して劣悪な条件で労働契約を締結し，他方で，労働関係の開始後に賃金から前借金を差し引いて貸金の回収を図るということが行われた。そのため賃金が低下し，労働者の生活が不安定になるという弊害を生じたので，*労働基準法'は「前借金その他労働することを条件とする前貸の債権と賃金を相殺してはならない」〔労基17〕と規定して，前借金債権と賃金債権の相殺を禁止した（前借金それ自体は禁止されていない）。

船主 海上企業者たる*船舶所有者'の略称。すなわち，船舶を所有し，それを*商行為'をなす目的をもって航海の用に供する者をいう。したがって*商人'である〔商4①〕。*船舶共有者'も含まれる。船主は自己の企業上の債務につき無限責任を負うのが原則であるが，*船主責任制限法'に基づき一定の責任については*有限責任'を認められる。

専従者控除 納税者と生計を一にする配偶者その他の親族（家族従業員）が，その納税者の営む不動産所得，*事業所得'又は山林所得を生ずべき事業に従事したことなどによりその事業から対価の支払を受けても，不動産所得等の計算上，その対価について*必要経費'としての控除は認められない〔所税56〕。これは家族内での所得分割による税負担軽減を防止するための措置であるが，*法人成り'事業との均衡や*青色申告'奨励といった観点から，専ら事業に従事する家族従業員につき，不動産所得等の計算上，一定の範囲での必要経費控除を認めている。これを専従者控除という〔所税57〕。青色申告者については，実際に支払った給与額のうち，他の類似事業者の給与支給状況等に照らして相当な金額が控除でき，それ以外の者（白色申告者）は，イ 配偶者86万円・それ以外の親族50万円，ロ 不動産所得等の金額を専従者数プラス1で割った金額の，いずれか低い額が控除できる。

専従職員 ⇨労働組合専従者'

先住民 英 indigenous peoples　一定の土地に他の民族に先んじて居住する少数民族ないしそれに属する個人。先住民族の定義に合意はなく，*国際連合'では，先住性，歴史的連続性，文化的独自性，被支配性，及び自己認識を要素とする実用定義が用いられている。先住性の特徴によって土地に対する権利などが特別に問題となる。2007年9月に国際連合先住民族権利宣言（総会決議61/295）が採択されたが，条約化には至っていない。

船主責任制限 1 意義・種類　海運業保護のために*船舶所有者'（*船主'）に認められた*有限責任'の制度。船主に有限責任を認めることは，各国に共通であるが，その態様はいろい

ろあり，日本の商法は，船主は海産(船舶や*運送賃'，船主の損害賠償請求権・報酬請求権)を*委付'して責任を免れることができる委付主義(⇨免責委付')を採用していた[商旧(昭和50法94改正前の)690]が，1957年の「海上航行船舶の所有者の責任の制限に関する国際条約」(昭和51条5)を批准して*船主責任制限法'を制定し，船主等が一定金額で責任を制限することができる*金額責任主義'を採用した(これら以外の方式として，*物的執行主義'(海産執行主義・執行主義ともいう)・*船価責任主義'・*選択委付主義'等がある)。なお，同法は，「1976年の海事債権についての責任の制限に関する条約」(昭和61条9)の批准により，責任限度額の引上げ等の改正がなされた(昭和57法54。なお，1957年の条約は昭和58外告199により失効)。その後，金額を引き上げる1996年改正議定書が採択された(2006年8月1日わが国について発効(平成18条4))。なお1996年改正議定書の限度額は，簡易改正手続により2012年4月に引き上げられた。同改正は2015年6月日本について発効し，これに伴い船主責任制限法が改正された(平成27法19)。

2 特殊な場合 原子力船の船主の原子力事故についての責任の制限につき，「原子力船運航者の責任に関する条約」が1962年に，タンカー船主の油濁事故責任の制限につき，1969年に「油による汚染損害についての民事責任に関する国際条約」(昭和51条9)が成立しており(1992年に改正議定書成立)，後者については，日本も加入し，*船舶油濁等損害賠償保障法'を制定している。

船主責任制限法 ⇨船舶の所有者等の責任の制限に関する法律'

先取特権 ⇨さきどりとっけん'

先使用権 他人の知的財産権の保護が発生する以前からその権利の対象となる知的財産を先んじて独立に使用していた第三者が，他人の知的財産権の発生後も当該知的財産を継続して使用することを可能とするために，当該第三者に認められる法律上の使用権をいう。先使用権は，権利者と第三者との衡平の観点から，知的財産各法において一般に認められる権利である。例えば，*特許法'では，他人の特許発明の内容を知らないで，その特許出願の前から同一内容の発明を実施又は実施の準備をしていた者は，実施又は準備をしている発明及び事業の目的の範囲内において，無償の*通常実施権'を取得するとされている[特許79]。*実用新案法'及び*意匠法'においても，同趣旨の先使用権が認

められている[新案26，意匠29参照]。また，*商標法'では，他人の商標登録出願前から*不正競争'の目的なく出願商標と同一又は類似の商標を商標出願に係る指定商品・役務と同一又は類似の商品・役務に使用した結果，他人の商標登録出願の際，現に当該商標を自己の業務に係る商品又は役務を表示するものとして周知にした者は，当該商標を当該商品・役務に使用することについて無償の*通常使用権'を取得するとされる[商標32①]。*不正競争防止法'においても，他人の商品等表示が周知となる以前から，他人の商品等表示と同一又は類似の商品等表示を使用する者が不正競争の目的なく当該商品等表示を使用する場合には，同法の適用除外が認められる[不正競争19①④]。もっとも，商標権者及び不正競争防止法上の商品等表示主体は，先使用権者と自己の商品等が混同されることを防止するために，先使用権者に対して適当な表示を付すべきことを請求することができる[商標32②，不正競争19②③]。

僭称(せんしょう)相続人 ⇨表見相続人'

宣誓 訴訟手続において，供述の真実性を保障する目的で，刑罰の制裁の下に，真実を述べることを誓わせる制度。

I 民事訴訟法上，*証人'・*当事者'・*法定代理人'・*鑑定人'等が*陳述'をし，また通訳人が通訳をする際，それぞれ，良心に従って真実を述べ，何事も隠さず，また，何事も付け加えないこと，又は良心に従って誠実に鑑定・通訳することを宣誓する[民訴201①・207①・216・154③，民訴規112・127・131]。適法に宣誓した上，虚偽の陳述・鑑定・通訳をすれば，*偽証罪'・虚偽鑑定等罪が成立する[刑169～171]。ただし，当事者又は法定代理人の場合には宣誓させるかは裁判所の裁量により，また宣誓の上，虚偽の陳述をした場合も*過料'の制裁があるにすぎない[民訴209・211]。

II 刑事訴訟法上，*証人'[刑訴154]，*鑑定人'[刑訴166]，通訳人及び翻訳人[刑訴178]が，良心に従い真実を述べ又は誠実に鑑定・通訳・翻訳する旨の誓約をすること。証人については，宣誓無能力の場合[刑訴155]を除き，宣誓させなければならない。宣誓を欠いた供述は*証拠'とならない。宣誓は*尋問'の前に，宣誓書によって行い[刑訴規117・118①]，尋問後に宣誓がなされた供述は証拠とならないと解されている。宣誓したにもかかわらず，真実に反する供述をしたときは，刑法上の*偽証罪'になる[刑169～171]。宣誓を拒否すると，過料・費用賠償による間接強制を受け，刑罰を科せられうる[刑訴

せんせいき

160・161]。なお、裁判員、補充裁判員は法令に従い公平誠実にその職務を行うことを誓う旨の宣誓を行うが、宣誓しなければ解任事由となり、また過料が科される〔裁判員39②・41①Ⅰ・112③]。

Ⅲ *行政組織法'上、公務員がその服務にあたり、憲法・法令及び上司の職務上の命令に従い、不偏不党かつ公正に職務の遂行にあたる旨誓うこと〔国公6・97、地公31、職員の服務の宣誓に関する政令(昭和41政14)、人規<2-0>、警3]。

宣誓供述書 アメリカ法上のaffidavitの訳語。書面化され、更に'宣誓'又は確約によって真実であることが確認された、事実に関する任意の供述。宣誓をさせる権限のある者の面前でなされる。供述者が一方的に作成した、*反対尋問'を伴わない供述である点で、証言録取書(英 deposition)とは区別される。日本の宣誓認証私署証書〔公証53①〕も、これに近い。

専制君主制　⇨絶対君主制'
全世界所得主義　⇨国際課税'

先　占　いずれの国の領有にも属していない地域(無主地という。文字通り無主(無人)の土地である必要はない)に対してある国が支配を及ぼし、その領域に編入すること。国際法上の領域取得権原の1つ。先占が有効と認められる要件としては、対象が国際法上の無主地であること、国家が領有の意思を示しかつ実効的な占有を行うことが挙げられる。　⇨領土'

宣　戦　一国が他国に対して*戦争'を宣言すること。戦争宣言又は開戦宣言ともいう。理由を付して行われる。戦争状態を成立せしめ、*戦時国際法'の適用が始まる。1907年の開戦ニ関スル条約(明治45条3)は戦争開始の要件の1つとした〔開戦ニ関スル条約1〕が、*国際慣習法'上は必ずしも証明されない。戦争が違法化されるに及び、宣戦は*侵略'の証拠とされることがある〔侵略の定義に関する条約(1933)2参照〕が、国際連合総会が1974年に採択した「侵略の定義に関する決議」(総会決議3314(XXIX))では、これを問題にしていない。

戦　争　兵力による国家間闘争が一般的な意味であり、伝統的に*戦時国際法'が適用される状態を指してきた。しかし、戦争の違法化に伴って「戦争」の語は避けられる傾向にあり、また事実上の武力衝突を含めて規制が求められたことから、武力紛争などと言い換えられている。日常的に使われている語だが、法学の概念としては曖昧である。政府軍と反政府軍との*内戦'、占領軍に対する現地住民のレジスタンス、*強制措置'の実施も、広くは戦争に含まれえ、関連する国際法の規制下に入る。伝統的に国際法は戦争の規制を重要な課題とし、「国際法の父」と俗称される*グロティウス'の主著も「戦争と平和の法」(1625)である。戦争の違法化は、*国際連合憲章'2条4項などに明示的に認められるが、他方で、*自衛権'は是認され〔国連憲章51〕、強制措置を伴う集団的安全保障も制度化されており〔国連憲章42以下〕、*国際連合'の勧告・許可に裏付けられた朝鮮戦争、*湾岸戦争'などの例がある。

戦争犠牲者保護条約　⇨ジュネーヴ四条約'
戦 争 宣 言　⇨宣戦'
戦争と平和の法　⇨グロティウス'

戦争の放棄　**1 国際法及び諸国憲法**　古くは*フランス憲法'(1791)の「フランス国民は、征服の目的をもって、いかなる戦争を行うことも放棄し、またいかなる国民の自由に対しても、決して武力を行使しない」〔フランス革命憲法6編冒頭〕や、ブラジル憲法(1891)にみられる。*不戦条約'(1928)により「戦争の違法化」の潮流が国際社会で明確になって以降、スペイン憲法(1931)、フィリピン憲法(1935)、フランス憲法(1946)、ドイツのボン基本法(1949)(⇨ドイツ憲法')など多くの憲法で採用された。不戦条約や諸憲法が放棄したのは*侵略'戦争に限られ、自衛戦争・制裁戦争まで放棄したものではないとされる。

2 日本国憲法　日本国憲法は「戦争の放棄」を1つの章とし〔憲2章〕、「国権の発動たる戦争」「武力による威嚇」「武力の行使」(⇨武力行使')の放棄を定める〔憲9〕。自衛戦争は憲法上否定されていないとする少数説に対し、憲法9条は自衛戦争を含め一切の戦争を放棄したとするのが通説である。その理由については、自衛戦争を9条1項で放棄したと考える見解と、9条1項は侵略戦争を放棄したにとどまるが、2項が一切の*武力'の保持を禁止し*交戦権'を否認した結果、自衛戦争をも否定したとする見解に分かれるが、後者が多数説である。他方、政府は、憲法9条は個別的自衛権の発動として*自衛権'が武力を行使することを禁じていないが、他国に加えられた武力攻撃を阻止することを内容としている*集団的自衛権'の行使は許されないと説いてきた。以上のような議論状況の下で、これまで、*国際連合平和維持活動'への自衛隊の参加、周辺事態法の後方地域支援活動、テロ対策特別措置法(平成13法113。平成19・11・2失効)の協力支援活動、補給支援特別措置法(平成20法1。平成22・1・16失効)の補給支援活動など

が憲法上許されるかが争われてきた。しかし，2014年に政府は，限定された範囲での集団的自衛権の行使も憲法9条に違反しない旨の解釈変更を行い，それを受けて2015年には，存立危機事態における自衛隊の武力行使を可能とする平和安全法制の整備が行われた。 ⇨有事法制' ⇨平和安全法制'

戦争犯罪 戦争に際して行われた国際法上の違法行為で，行為者が相手方当事国に捕えられた場合に処罰されるものを指す。従来から戦争犯罪に当たるとされてきたのは，国際法上禁止された武器(毒ガス等)の使用，捕虜の虐待や略奪などの戦争法規又は戦争慣例の違反であった(通常の戦争犯罪)。第二次大戦後のドイツと日本の戦争犯罪人を裁くための*国際軍事裁判所'と*極東国際軍事裁判所'では，これに加えて「平和に対する罪」と「人道に対する罪」の２つが新たに戦争犯罪に加えられた。平和に対する罪とは侵略戦争の計画・謀議から実行までが含まれ，人道に対する罪とは，一般人民に対する殺人・せん滅・奴隷化・強制的移送等の非人道的行為や政治的・人種的・宗教理由による迫害を意味する。2002年7月に発効した*国際刑事裁判所'規程では，集団殺害罪，人道に対する罪，侵略の罪と並んで，(狭義の)戦争犯罪が国際刑事裁判所の管轄権の対象として詳細に規定された〔国際刑裁5①(c)・8〕。

戦争抛棄(ほう)ニ関スル条約 ⇨不戦条約'

専属管轄(専属裁判籍) 民事訴訟法上，裁判の適正迅速など特に強度の公益的要求に基づいて特定の裁判所にのみ*管轄'を認めその他の管轄を排除する趣旨の管轄をいい，*任意管轄'に対する。*職分管轄'及び専属である旨を法律が明示した*事物管轄'，*土地管轄'が専属管轄となる。合意管轄(⇨管轄の合意')及び*応訴管轄'は認められない〔民訴13〕。専属管轄違反は*職権調査事項'であり，*控訴'・*上告'理由となるが〔民訴299①但・312②③〕，*再審'事由とはならない(なお，民事訴訟以外の手続における専属管轄として，人訴4，民執19，民保6，破6，民再6，会更6等)。

全　損 ⇨分損'

全体主義 *個人主義'に反対し，個人を超えた全体に価値の根拠を認める主義。政治的には，*自由主義'・*民主主義'に反対する絶対主義・独裁主義・国家主義・*ファシズム'と同義。殊にドイツのナチスの主義を意味する語として使われた。旧ソ連の政治体制の原理も，反自由主義的であるという意味で，全体主義と呼ばれていた。

全体の奉仕者 日本国憲法が「すべて公務員は，全体の奉仕者であつて，一部の奉仕者ではない」〔憲15②〕と規定してから，現行法上，公務員の本質及び地位を表す観念として広く用いられている。その諸要素及び具体的な表れとみられるものは，イ 主権者である国民から国政を信託された者として国民全体に奉仕しなければならないことであり〔憲前文〕，これが公務員法上服務の根本基準とされている〔国公96①・82①③，地公30，教公特1〕。これは歴史的には*明治憲法'下における天皇の官吏からの転換を意味する。ロ 一政党政派の奉仕者ではなく政治的中立性を保たなければならないことを意味し，一方では政治的行為の制限を受ける理由とされる〔地公36⑤〕が，他方では政党内閣制の下で公務員の*身分保障'を要請することとなる。ハ 公務員の使用者が政府等により代表される国民・住民の全体であることが規定され〔国公98②，地公37①〕，これとの関係で*争議行為の制限・禁止'が定められている。 ⇨公務員' ⇨公僕'

選択委付主義 *船舶所有者'(*船主')の責任制限制度の一態様。選択主義ともいう。委付主義(⇨免責委付)と*船価責任主義'との選択を認め，船主の責任は*無限責任'を原則としながら，船主の選択により，海産の*委付'又は船価の提供等により責任を免れさせるもの。旧ソ連海上航行法がとっていた立法主義である。⇨船主責任制限'

選択管轄(選択的裁判籍) 競合する複数の管轄裁判所を原告が選択できる場合の*管轄'をいう。

選択債権 数個の給付の中からの選択によって内容が定まる*債権'〔民406〕。内容の異なる3冊の書物のうちのいずれか1冊を給付するという債務に対応する債権がその例である。数個の給付がそれぞれの個性を重視されている点で*種類債権'と異なり，数個の給付がそれぞれ対等である点で*任意債権'と異なる。選択債権は数個の給付の中の1つを選択しなければ債務を履行することができない。選択は，イ 選択権者(通常は債務者〔民406～409参照〕)による選択，ロ 給付の不能〔民410〕により生じる。選択には遡及効がある〔民411〕から，債権発生の時から特定物債権として取り扱われる。

選択主義 ⇨選択委付主義'

選択条項 *国際裁判'においては，一般に紛争両当事国の合意を管轄権の前提とするが，あらかじめ裁判所の管轄を義務的であると宣言していた国家間では，強制裁判管轄権(義務的

せんたくて

裁判管轄権)が設定される。このような宣言を可能とする条約中の規定を選択条項(又は任意条項)といい，その宣言を選択条項受諾宣言という。国際司法裁判所規程(昭和29条2)では，36条2項が選択条項に該当する。宣言は，無条件で行うことも一定の*留保や期限を付して行うことも可能である〔国際裁36③〕。紛争当事国の一方が宣言をして留保を付している場合には，他方当事国も，相互主義によって前者の国家の留保を援用できる。受諾する裁判義務の範囲(特に国内問題の留保について)を受諾国の判断に委ねる自動的留保がなされることもある。日本は1958年に宣言をしたが，2007年及び2015年に留保を改訂し，不意打ち防止に対応し，また海洋生物資源紛争を除外した。

選択的適用　⇨選択的連結'

選択的併合　同じ目的をもつ請求権が競合する場合(⇨'請求権の競合')に，いずれか1つが認容されることを残りの請求の審判申立ての*解除条件として各請求の審判を申し立てるという*請求の併合'形態。択一的併合ともいう。いずれか1つが認容されれば目的を達するという原告の意思及び紛争の実態から導かれる。裁判所はいずれか1つを認容すれば残りの請求について審判しないことになるが，原告を敗訴させるには，全部の請求につき審理し*請求棄却'の結論に達しなければならない。旧訴訟物理論をとりつつ複数の認容判決を避けるための観念であり(⇨新訴訟物理論')，これに対して新訴訟物理論によれば請求権が競合していてもそれらの目的が同じならば*訴訟物'は1つであり請求の併合ではないから，選択的併合を認める必要はなくなる。また新訴訟物理論の立場から，審判申立ての確定性を欠く，どの請求から審理・判断してもよいというのは訴訟物ではなく複数の*攻撃防御方法'であることを認めるものである，と批判されている。

選択的連結　*国際私法'上，1つの*単位法律関係'について複数の*連結点'を置き，いずれの連結点により指定されるか*準拠法'のいずれかの定める要件を満たせばその成立を認め，又はそれらの準拠法のいずれかにより認められる効力を認める連結手法。適用される準拠法に着目した場合には選択的適用といわれる。択一的連結・択一的適用という表現が用いられることもある。ある法律関係の成立又は効力の発生が容易となることから，そのような政策的理由がある場合にとられるものである。日本の国際私法においては，様々な*法律行為'の*方式'〔法適用10・24②③・34，遺言準拠法2〕，嫡出親子関係

の成立〔法適用28〕，*認知'〔法適用29①②〕，*準正'〔法適用30①〕についてこの連結手法が採用されている。

前段・中段・後段　⇨前段・中段・後段'(巻末・基本法令用語)

前段階税額控除方式　⇨付加価値税'

専断的治療行為　患者の有効な同意を得ないで行われた治療行為(⇨インフォームド・コンセント')。身体的侵襲を伴う治療行為は，*傷害'の罪〔刑204〕の*構成要件'に該当する場合でも，患者の有効な同意の存在が認められれば*違法性'が阻却されるが(⇨被害者の同意'　⇨違法性阻却事由')，それが認められない専断的治療行為については，*緊急避難'〔刑37①本文〕の成立可能性のほか，正当業務行為〔刑35〕や*正当行為')や*推定的同意'の肯認の余地が議論の対象となる。

船　長　**1 意義**　特定の船舶に乗り組み，船舶の指揮者として，かつ，*船舶所有者'(*船主')の*代理人'として法定範囲の代理権をもつほか〔商708〕，公法上の職務権限をもつ者〔船員7〜19・22〜29〕。船長もまた*船員'である。

2 選任・解任等　選任・解任者は船舶所有者〔商715参照〕のほか，船舶賃借人(⇨傭船(ようせん)契約')・船舶管理人(船舶共有の場合)もその権限を有すると解される。病気その他やむをえない事由により自ら船舶を指揮することができないときは，船長は，職務代行者を選任することができる〔商709〕。船舶所有者との関係は一般的な*雇用'契約であり，船長としての乗船にあたり代理権が授与される。船長を含む船舶職員となる資格については「船舶職員及び小型船舶操縦者法」(昭和26法149)が定める。

3 権限　船長の代理権は法定されており，これに加えた制限を*善意'の*第三者'に対抗できない〔商708〕。船籍港内では船舶所有者により与えられた権限のみ行使できるものと解されるが，船籍港外では，特定船舶につき，航海に必要な一切の裁判上・裁判外の行為をする権限がある〔商708①〕。ただし，*船舶抵当権'の設定及び借財は制限され〔商708①②〕，また，特定の場合には，*積荷処分権'が認められる〔商711・712〕。

4 代行船長　船長が死亡した場合等で他人を選任しないときは，運航に従事する海員がその職掌の順位に従って船長の職務を行う(代行船長)〔船員20〕が，この者は船長ではない。

選　定　*代表取締役'，*常勤監査役'，*指名委員会等設置会社'の各委員会の委員，*代表執行役'，*代表清算人'などの地位を有しない者に対してその地位を付与すること。会社

ぜんのうり

法上，既にある地位を有する者(例えば*取締役')から選んで更に地位(例えば代表取締役)を付与する場合に用いられる。 ⇨解職'

全通東京中郵事件 昭和33年の春闘において全通信労働組合の幹部らが，東京中央郵便局従業員らに勤務時間内の職場大会への参加を呼び掛け職場を離脱させた行為が，郵便法(昭和22法165)79条1項郵便物不取扱罪の*教唆'に当たるとして起訴された事件。第一審無罪，第二審はこれを破棄差戻しとしたが，最高裁判所大法廷は次のように述べ，破棄差戻しとした(最大判昭41・10・26刑集20・8・901)。イ 公務員又はそれに準じる者に対しても*労働基本権'の保障は及び，ただ当該権利が私企業労働者と異なる制約を内包しているにとどまる。ロ *争議行為'が*労働組合法'1条1項の目的を達成するためのものであり，かつ単なる罷業，*怠業'という不作為が存在するにとどまり，暴力の行使その他の不当性を伴わない場合には，民事制裁のみで足り，刑事制裁の対象とはならない。本件最高裁判所判決は公務員，公共企業体等職員の労働基本権の実効性の保障にとり画期的な意義を有するものであったが，後に全逓名古屋中郵事件の最高裁判所判決により覆された(最大判昭52・5・4刑集31・3・182)。

選定当事者 **1 意義** 共同の利益を有する多数者(選定者)の中から総員のために原告又は被告となる者として選ばれた者〔民訴30①〕。例えば，同一の交通事故による多数の被害者がその中から1人又は数人を原告として選定する場合がその例である。*任意的訴訟担当'の一種であり，選定当事者に対する*確定判決'は選定者にも効力を及ぼす〔民訴115①②，民執23①②〕。これによって訴訟を単純化することができ，また，訴訟にかかる費用や労力も節約することができる。

2 選定の要件・手続 選定当事者は共同の利益を有する多数者の中から選定することを要する。選定は，訴え提起前又は訴訟係属後にすることができる。訴訟係属後に選定した場合には，選定者は当然に訴訟から脱退する〔民訴30②〕。選定当事者による訴訟が進行中に，共同の利益を有する訴外の第三者が自己のために当該選定当事者を選定すること(追加的選定)も可能である〔民訴30③〕。この場合，選定当事者である原告は被告に対し請求の追加をすることができ，また，選定当事者である被告に対して原告はその選定者に係る請求の追加をすることができる〔民訴144〕。

煽 動(せんどう) 特定の行為を実行させる目的で，文書・図画(とが)，言動を用いて，人に，その行為を実行する決意を生じさせ又は既に生じている決意を助長させるような勢いのある刺激を与えること〔破防4②参照〕。「あおり」も煽動と同義と考えられている〔国公110①⑯等〕。煽動が罪となる場合としては，*破壊活動防止法'38条～40条，爆発物取締罰則4条，*刑事特別法'7条，*国税通則法'126条，*公職選挙法'234条，*特定秘密保護法'25条等がある。*教唆'や(精神的)幇助(ほうじょ)は特定の者に対してなされるが他方，煽動は対象者の特定を要しない。 ⇨共謀・そそのかし・あおり・企て'

戦 闘 員 国際法上は，イ 国際法によって禁じられない方法を用いて敵を攻撃し(*敵対行為'に参加し)，ロ 敵からの攻撃を受け，ハ 敵に捕まったときに，*捕虜'としての待遇を受ける資格をもった者のこと。古くは，*軍隊'を正規軍と不正規軍に分け，正規軍については，戦闘に直接従事する者を戦闘員とし，従事しない者(軍医・補給兵・看護兵等)を非戦闘員とした〔陸戦規則3〕。また，不正規軍については，武器の公然携行等一定の条件を満たす民兵・義勇兵(及び組織的抵抗運動団体(レジスタンス)の構成員，群民蜂起の構成員を戦闘員とした〔陸戦規則1・2〕。正規軍における戦闘員と非戦闘員の区別の相対化及び*民族解放団体'による不正規軍の*ゲリラ'戦の一般化という傾向に対応して，1977年の*ジュネーヴ四条約の追加議定書'は，従来の正規軍・不正規軍を含めて軍隊と観念し，不正規軍の構成員に正規軍の場合と同じ戦闘員資格を認め，また，軍隊の構成員を，衛生要員と宗教要員を除き，全て戦闘員と位置付ける〔ジュネーヴ追加議定書Ⅰ43〕。 ⇨文民'

選任(取締役の) ⇨取締役の選任'

先 任 権 seniority 英 の訳語。勤続年数の長さに応じて従業員に与えられる優越的な地位。*レイオフ'の順位(英 first in last out)や昇進順，有給休暇等の割当てに際しその決め手となる。アメリカにおける*労働協約'上の制度として発展をみた。

全農林警職法事件 全農林労組幹部が昭和33年に*警察官職務執行法'の改正に反対する勤務時間内の抗議行動を慫慂(しょうよう)したことが公務員の違法な*争議行為'の*あおり'行為に当たるとして，*国家公務員法'110条1項違反で起訴された刑事事件。第一審無罪，第二審有罪を受けて，最高裁判所大法廷は次のように述べ，上告を棄却した(最大判昭48・4・25刑集27・4・547)。イ 公務員の*労働基本権'に対して必要や

せんばい

むをえない限度の制限を加えることは憲法28条に違反せず許される。ロ 公務員の勤務条件は，議会制民主主義の手続にのっとって決められなければならない。ハ 法は争議行為等の制約に見合う*代償措置*として*身分保障*や*人事院*の制度を設けている。ニ あおり行為の処罰規定を，最高裁判所判決(最大判昭和44・4・2刑集23・5・685〈全司法仙台事件〉)のように「二重のしぼり論」によって限定解釈することは憲法31条に反する疑いすらあり同最高裁判所判決は変更を免れない。この全農林警職法事件判決は，*全逓東京中郵事件*の最高裁判所判決以降の判例の流れを一変させ，以後公務員の労働運動に多大な影響を与えた。

専売 国が特定の物品の販売を独占すること。国が財政収入を得ることを目的とする専売を，財政専売という。販売を独占し，独占価格を維持することにより，国の収入を図ることを主な目的とする。時として，販売のほかに，原料の生産・加工・製造等をも独占することがあるが，それは専売の概念の必要的な要素ではない。原料の生産から販売までの全過程を独占する場合を完全専売(全部専売)，販売等一部だけを独占する場合を一部専売という。一部専売の場合でも，販売独占の目的を達成する必要から，その他の過程に対しても監督取締りを加えるのが通例である。国が，これらの事業の経営を独占し，他の者にその事業の経営を禁止し，又は事業の侵害を防止する権能を専売権という。日本では，従来たばこが専売の代表的品目であったが，昭和59年にたばこ専売制度は廃止され，国税である*たばこ税*と地方税である都道府県たばこ税及び市町村たばこ税によって国及び地方公共団体の収入確保が図られることとなった。また，塩とアルコールについては，それぞれ塩事業法(平成8法39)，アルコール事業法(平成12法36)の施行に伴い，専売制度は廃止された。現在では，あへんについて専売制度が採用されている〔あへん29〜35〕が，財政目的ではなく取締目的によるものであり，財政専売ではない。

先買権 ⇨さきがいけん

専売店制 ⇨排他条件付取引

船舶共有者 広義には船舶を*共有*している者をいい，狭義には船舶を共有して共同に*商行為*をする目的で船舶を航海の用に供する者をいう。共同企業形態として*組合*関係を伴うことが想定され〔商696①参照〕，船舶利用に関する事項の決定及び費用分担・損益分配は*持分*(船舶股分($\frac{こ}{ぶん}$))の価格を標準として行われる〔商692・693〕。持分の譲渡は原則として自由である〔商696①〕。外部に対する船舶共有者の代理人として船舶管理人を選任する〔商697①〕。現在の日本において，船舶共有の制度が積極的に利用されるのは，担保の目的など特殊な目的のある場合が通常である。⇨持分買取請求権 ⇨持分先買($\frac{せん}{ばい}$)権

船舶検査法 ⇨重要影響事態法

船舶先取($\frac{さき}{どり}$)特権 船舶に関する特定の債権〔商842，船主責任制限95①，油賠55①〕につき，その船舶及び属具に対して認められる特殊の*先取特権*で，性質は民法上の先取特権〔民2編8章〕と同じである。担保の原因をなす債権，すなわち船舶所有者の債権者の共同の利益のために生じた債権，責任制限の対抗を受ける債権，諸税・雇用契約上の債権等につき認められ，他の先取特権・*船舶抵当権*に優先する〔商844・848，船主責任制限95③，油賠55③〕。船舶先取特権相互間の順位も法定されている〔商843，船主責任制限95②③，油賠55②③〕。これらの認められる債権の範囲・順位を国際的に統一するため，1926年に「海上先取特権及海上抵当権についてのある規則の統一に関する国際条約」が，1967年に「海上先取特権及び抵当権についてのある規則の統一に関する国際条約」が成立していた。なお，1993年に「船舶の先取特権及び抵当権に関する国際条約」が成立し，2004年9月5日に発効した。

船舶衝突 1 法的規制 船舶の衝突は海上(水上)固有の*不法行為*の一場合であり，その技術的性格から，商法は，それによって生じた損害賠償関係について特別規定を置く〔商797〕が，自足的な規律ではなく不法行為の一般原則も適用される。なお，渉外関係には，いわゆる*船舶衝突条約*の適用がある。商法の規定は，公用船を除く航海船に適用される〔商684，船舶附35〕が，航海船と内水船の衝突にも類推適用又は準用を認めるのが妥当であるとするのが有力説であり，更に解釈上公船にも適用するのが妥当であるとする説もある。なお，船舶の衝突を防止するために船舶の航行の方法を規制する海上衝突予防法(昭和52法62)がある。
2 責任・損害賠償請求権 双方の船舶の*過失*によって衝突し，両者の過失の軽重が判別できないときは，その衝突によって生じた損害は各船舶の所有者が平分して負担するものと定められている〔商788〕。この場合，各*船主*の分担額の差引きをし，受取勘定になる船主が相手方に対し残額について請求するが，この点について，衝突という不法行為は1個であり，これから生

ずる損害も一団としてみて、いずれか一方の船主にだけ1個の損害賠償請求権が発生するとする見解(単一責任)と、各々相手方に対して分担しなければならない割合に応じて独立の損害賠償請求権をもち、それを相殺(そうさい)する(交叉(こうさ)責任)と解する立場とがある。船舶の衝突によって生じた損害賠償請求権には*船舶先取(さきどり)特権'が認められ〔商842①、船主責任制限95〕、財産損害については2年の*短期消滅時効'が適用される〔商789〕。

船舶衝突条約 *船舶衝突'の際の損害賠償に関する規定の統一を目的として、*万国海法会'の努力により、1910年にブラッセル海事法外交会議で採択された「船舶衝突ニ付(つき)テノ規定ノ統一ニ関スル条約」のこと。日本も批准している(大正3条1)が、商法にはまだその内容が取り入れられていないため、この条約は日本船舶と外国船舶及び外国船舶同士の衝突にだけ適用され、国内関係には商法の規定が適用される。なお、1952年には、船舶衝突民事裁判管轄条約と船舶衝突刑事裁判管轄条約とが採択され、1955年に発効した。

船舶衝突ニ付(つき)テノ規定ノ統一ニ関スル条約 ⇨船舶衝突条約'

船舶所有者 広義には、船舶の所有権をもつ者をいい、狭義には、船舶を所有し、かつ、それを*商行為'をする目的をもって航海の用に供する者を意味する。*船主'ともいう。*海商法'では、原則として狭義の意味でこの用語を用いている〔船舶の定義に関する商684①参照。例外:商703②〕。船舶を共同で所有している場合は、特に船舶共有者という。 ⇨船舶共有者'・⇨船主責任制限'

船舶賃貸借 **1意義** 広義には、他人の船舶を賃借することをいうが、狭義には、他人の船舶を賃借して*商行為'をする目的で、船舶を航海の用に供することをいい、*海商法'上は後者の意味で使われる〔商702参照〕。*傭船(ようせん)契約'と船舶賃貸借とは、船舶の占有、すなわち*船長'の選任監督権の移転の有無により区別され、その権限が*船主'に留保されていれば、船舶賃貸借でないと解される。なお、船舶賃貸借人を裸傭船(はだかようせん)者と呼ぶこともある。

2 法的規制 船舶賃貸借人は賃借船舶をもって海上企業を営む者であり、船舶の利用に関する事項については、商法上、*第三者'に対し船主と同一の権利義務をもつ者として取り扱われる〔商703①〕。また、船舶賃貸借人の船舶の利用によって生じた*船舶先取(さきどり)特権'は、*船舶所有者'に対しても効力を生ずる〔商703②〕。国際

船舶の賃貸借については国土交通大臣への届出を必要とする〔海運44の2〕。登記船については、船舶賃貸借の*登記'が認められ、登記後は、それ以後に例えばその船舶を買い受けた者のようにその船舶について物権を取得した者にも、賃借権を対抗できる〔商701〕。

船舶抵当権 *登記'された船舶を目的とする*抵当権'。*船舶先取(さきどり)特権'には劣後する〔商848①〕が、一般の*先取特権'との関係では、動産の先取特権において第1順位が与えられる〔商848②〕。効力は属具に及ぶ〔商847②〕ほか、順位・効力・*物上代位'・消滅などは不動産の抵当権と変わらない〔商847③〕(⇨抵当権)。船舶を担保とする海事金融のために利用されている。船舶先取特権との順位関係等を国際的に統一するため、1926年に「海上先取特権及び海上抵当権についてのある規則の統一に関する国際条約」が、1967年に「海上先取特権及び抵当権についてのある規則の統一に関する国際条約」が成立していた。なお、1993年に「船舶の先取特権及び抵当権に関する国際条約」が成立し、2004年9月5日に発効した。

船 舶 登 記 船舶登記簿に船舶の名称など一定の事項を*登記'すること。船籍港の所在地を管轄する法務局・地方法務局、その支局・出張所を管轄登記所とする〔船令4①〕。総トン数20トン以上の日本船舶につき、所有権の保存・移転〔商686・687〕、賃借権〔商701〕、*抵当権'〔商847①〕等の私法的権利状態を明らかにするためのものである。なお、船舶の国籍(⇨旗国)の証明のためには、まず登記をした船舶に*登録'をするものとされており、この点で船舶登記は公法的目的をもつ登録の制度と結び付いている〔商686、船舶5・5の2・20・24〕。手続は船舶登記規則(平成17法務27)による。

船舶に対する民事執行 船舶は民法上*動産'だが、*船舶登記'による権利得喪の公示が予定されており〔商686・848〕、資産価値も大きい点で*不動産'と類似する。そのため、船舶に対する民事執行手続は不動産の*強制競売'、又は*担保不動産競売'の手続に準ずる扱いとなっている〔民執112〜121・189〕。ただし、船舶国籍証書の提出・引渡しや船舶の保管、あるいは*差押え'後の航行許可など、船舶特有の問題に関していくつか特別な規定が設けられている。

船舶の国籍 ⇨旗国'

船舶の所有者等の責任の制限に関する法律 昭和50年法律94号。**1 規制の対象と背景** 1957年の「海上航行船舶の所有者の責任の制限に関する国際条約」(船主責任制限条約)(昭和

せんぱくゆ

51条5。日本国について昭和59・5・20失効)の批准により、それを国内法化するために制定された。船主責任制限法と略称される。*旧商法'の採用していた*委付'主義を廃棄し、金額責任主義により船主等の責任限度額を定めるとともに、債権者の権利の実効的満足のために基金の形成及びその配分手続を規定する。1976年の「海事債権についての責任の制限に関する条約」(海事債権責任制限条約)(昭和61年9月)の批准を受けて、昭和57年に責任限度額の引上げ等の改正がなされた(法54)。1996年の海事債権責任制限条約を改正する議定書の締結により、平成17年に責任限度額の引上げ及び旅客の損害に関する債権についての責任の制限を撤廃する等の改正がなされた(法58)。2012年に1996年議定書が改正され責任限度額が引き上げられたのを受け、平成27年に改正がされた(法19)。

2 責任制限の根拠 船主等の責任が制限される理由については、古くから認められているという沿革的理由、船舶により危険性の大きい航海を行う海運業を保護する必要性、*船主'は*船長'その他の船員の行為につき*無過失責任'という重い責任を課されていることなどが挙げられている。

3 概要 船主・救助者・船長等は、*故意'又は損害発生のおそれがあることを認識しながら行った自己の無謀な行為により生じた損害に関するものでない限り、航海に関して生じた人損・物損に基づく債務を船舶ごと事故ごとに制限できる。責任限度額は船舶のトン数に応じて決まる。船主等は責任制限手続開始の申立てをし、開始決定が下されると制限債権者は届出期間内に制限債権を届け出る。その内容や責任債権に該当するかどうか等の調査を経て、期日内に異議の出されなかった届出債権は確定する。異議のあった届出債権については裁判所が査定の裁判をする。その後、手続開始決定と同時に裁判所により選任された管理人が遅滞なく基金を制限債権者に配当し、手続が終了する。

⇨船主責任制限'

船舶油濁等損害賠償保障法 昭和50年法律95号。タンカーから流出・排出された原油・重油等の油により海上・海岸等で油濁損害(防除費用を含む)が生じた場合の*船舶所有者'の責任及び油濁損害の賠償・補償について定める法律。1969年の「油による汚染損害についての民事責任に関する国際条約」(昭和51年9号)の加入及び1971年の「油による汚染損害の補償のための国際基金の設立に関する国際条約(1969年の油による汚染損害についての民事責任に関する国際条約の補足)」(昭和53年18)の受諾に伴い、国内的実施のため制定された。登録タンカー所有者への責任集中〔油賠2Ⅲ・3④〕、*無過失責任'〔油賠3①〕、責任制限〔油賠6〕、強制保険(保障契約)〔油賠13〜21〕及び*国際油濁補償基金'による損害補償〔油賠22〜27〕等で定める。その後、民事責任条約・基金条約を改正する1992年議定書及び2003年の追加基金議定書への加入(各々1994年、2004年)に伴い改正されている(平成6法53、平成15法64)。本法は成立当初、油濁損害賠償保障法という名称であったが、平成16年の法改正(法37)により、タンカーのみならず一般船舶からの燃料油の流出等による油濁損害についての損害賠償責任や保障契約に関する規定が加えられ、船舶油濁損害賠償保障法に改められた。更に2020年に「2001年の燃料油による汚染損害についての民事責任に関する国際条約」(バンカー条約)及び「2007年の難破物の除去に関するナイロビ国際条約」(難破物除去ナイロビ条約)に加入したこと(令和2条8・条9)に伴う改正により、本法のカバーする範囲が広がったことに伴い、船舶油濁等損害賠償保障法と再度名称が変更された(令和1法18)。

先発明主義 *先願主義'の対立概念であり、同一発明について複数の出願があった場合に、先に*発明'した者に*特許権'を付与する考え方をいう。最先の発明者に特許を付与することにより、発明を奨励することを意図したものである。しかし、先発明の立証・審査は一般に困難であり、しかも、先発明主義を採用すると、出願者に一旦認められた権利が先発明者の事後的な出願により否定されることになるなど、権利者の地位が不安定なものとなるおそれがある。その一方で、発明はその内容が公開されて初めて産業の発達に寄与することになるから、先願主義を採用し、出願を奨励することが産業の発達に資するとも考えられる。かつてアメリカは先発明主義を採用していたが、2011年の法改正により基本的に先願主義(first inventor-to-file system)に移行したため、現在では全ての国が先願主義を採用するに至っている。

線引小切手 1 意義 *小切手'の*振出人'又は所持人が小切手の表面に2本の平行線を引いた小切手〔小37・38〕。横線(おうせん)小切手、又は銀行渡小切手ともいう。小切手の盗難・紛失等の場合に、不正の所持人が支払を受ける危険を防止するための制度。

2 効果 イ 支払の制限:線引小切手には、一般線引小切手と特定線引小切手の2種がある。一

般線引小切手は，2本の平行線内に何ら指定をしないか，又は「銀行」若しくはこれと同じ意味の文字を記載したものであって，*支払人'が銀行又は支払人の取引先に対してしか支払うことができない〔小37③前・38①〕。特定線引小切手は2本の平行線内に銀行(被指定銀行)の名称を記載したものであって，支払人が被指定銀行に対してだけ，また，被指定銀行が支払人であるときは自己の取引先に対してしか支払うことができない〔小37③後・38②〕。特定線引きを一般線引きに変更することはできず，また*線引きの抹消'をすることはできない〔小37④⑤〕。
ロ 譲渡・取立委任の受けることの制限：線引小切手は，支払人の支払うことのできる相手方を，銀行(特定線引小切手の場合は被指定銀行)又は支払人の取引先に制限することによって，不正の所持人が支払を受けられないようにし，少なくとも誰が支払を受けたかをたどっていけるようにしたものである。素性の分からない者が銀行を通して支払人から支払を受けることのないように，銀行は，自己の取引先又は他の銀行からだけ線引小切手を取得し，又は取立委任を受けることができる〔小38③〕。
3 違反の効果　以上の定めを遵守しなかった支払人又は銀行は，そのために生じた損害を賠償する責任を負う〔小38⑤〕。

　線引きの抹消　*線引小切手'の線引きを抹消すること。線引きの抹消は認められず，仮に抹消しても抹消しなかったものとみなされる〔小37⑤〕。線引小切手の不正な所持人(拾得した者や窃取した者など)が線引きを抹消することによって，その支払を受けることを防ぐためである。同様の趣旨から，特定線引小切手を一般線引小切手に変更することも許されない〔小37④〕。

　全部改正・一部改正　⇒全部改正・一部改正'(巻末・基本法令用語)

　全部事務組合　*地方公共団体の組合'の1つ。町村が特別の必要がある場合に，その事務の全部を共同処理するために設けるものであった〔自治旧284⑤・旧291の14〕。しかし，近時の利用例はなく，平成23年法改正(法35)で，役場事務組合とともに制度が廃止された。

　全部取得条項付種類株式　1 意義　会社がその種類の株式の全部を強制的に取得することができる内容の*種類株式'〔会社171・108①⑦〕。「債務超過」や「正当な理由」は明文の要件でなく，あらかじめ取得事由を定めることを要しない。更生手続・再生手続以外で，総株主の同意によらずに「100％減資」(全*株式の消却'+新

ぜんぶしゅ

株発行による総株主の入替え)を行う制度として当初は構想されたが，実際にはMBOを実現するため，第一段階の公開買付けに続く完全子会社化(締出し)の手段として利用される例が多い。無償取得は総株主の入替え，有償取得は既発行株式の内容変更のために利用できる。会社は，取得した株式を消却することも*募集株式の発行等'の手続により処分することもできる。
2 要件　*定款'で，イ 取得対価の価額の決定方法，ロ 取得に関する総会決議ができる条件があるときはその条件を定めねばならず〔会社108②⑦③，会社則20①⑦〕，*定款変更'により，既存株式の内容を変更して全部取得条項付種類株式とする場合〔会社466・309②⑪〕には，定款変更の手続のほか，*種類株主総会'の決議〔会社111②・324②①〕を要する。実際に取得するには，*取締役'が取得を必要とする理由を説明の上〔会社171③〕，総会の*特別決議'により〔会社309②③〕，イ 取得対価の内容・数額・算定方法，ロ 株主への取得対価の割当てに関する事項，ハ 取得日を決定することを要する〔会社171①〕。取得対価は無償のこともありうるが，有償取得(金銭等を交付する場合)には財源規制がかかる〔会社461①④〕。なお，特定募集について，会社計算158⑤〕。
3 効力の発生　会社は，取得日に全部取得条項付種類株式の全部を取得し〔会社173①〕，株主は，同日に*株主総会'の決議による定めに従い，他の株式の株主等になる〔会社173②〕。なお，取得後の事後開示手続と株主等による書類等の閲覧等請求につき，会社173の2①〜③〕。
4 株主の救済　定款変更に対しては，*株式買取請求権'・*新株予約権買取請求権'〔会社116①②・118①②〕が認められる。全部取得条項付種類株式の取得は，実務上，多数の株主の地位を失わせるキャッシュ・アウトの手段として用いられることが多く，株主の権利に大きな影響を及ぼすこととなる。そこで，組織再編の場合と同程度に株主への情報開示を充実させる観点から，当該取得に際して開催される株主総会の前に行われる事前開示手続及び取得後に行われる事後開示手続〔会社171の2・173の2〕，また事前の救済手段として，株主による全部取得条項付種類株式の取得の差止請求の制度〔会社171の3〕が設けられ，更に取得価格の決定の申立て〔会社172①・868①・870②④〕が認められる。なお，平成26年会社法改正後は，キャッシュ・アウトの手段として，*株式の併合'〔会社180以下〕あるいは*特別支配株主の株式等売渡請求'〔会社179以下〕が多く用いられている。

ぜんぶはん

全部判決 ⇨'一部判決・全部判決'
全部保険 ⇨'保険価額'
全部又は一部が海上運送による国際物品運送契約に関する国際連合条約 ⇨ロッテルダム・ルール'

前文 法令の条項の前に置かれる文章。法令の趣旨・目的・基本原則を厳粛に宣言するのが例である。したがって，基本的事項を定めた法律に前文が置かれることが多い。日本国憲法・'教育基本法'などにこれがある。前文は，必ずしも具体的な法規を定めたものではないが，その法令の一部をなすから，各条項の解釈の基準を示す意味をもち，その改正は，憲法又は法律の改正手続を経なければならない。日本国憲法の前文が'裁判規範'としての性格を有するかについては学説上の争いがある。制定文・'公布文'は前文と区別されることに注意。　⇨制定文・前文'(巻末・基本法令用語)

専門委員 専門的知見を要する訴訟において裁判官を補助する非常勤裁判所職員。知的財産権関係訴訟や医事関係訴訟などの訴訟において，争点整理，'証拠調べ'，'和解'などの手続に関与し，裁判官に対して必要な知見を提供することによって適正かつ迅速な審理の実現に寄与することを目的とする制度〔民訴92の2以下〕。証拠方法でない点において，'鑑定'とは異なる。

専門員 ⇨'常任委員会'

専門機関 経済，社会，文化等の専門技術的な特定分野の国際協力の推進を目的とする国際組織で，'国際連合'と協定を結んで連携関係を有するもの〔国連憲章57・63〕。専門機関との連携には，国際連合総会及びその権威の下で経済社会理事会があたる〔国連憲章60〕。現存する専門機関は，'国際労働機関'，'国際連合教育科学文化機関'，'国際通貨基金'など15(世界銀行グループ全体を1とカウント)。ほかに，既に任務を終えて1952年に解散したものとして国際難民機関(⇨'国際連合難民高等弁務官')，未成立に終わったものとして国際貿易機関(⇨'ガット(GATT)')がある。また，'国際原子力機関'は，国際連合総会・経済社会理事会と並んで安全保障理事会とも関係をもち，そのために専門機関の地位はもたないが，専門機関と一括して扱われることも多い。なお，「国際連合」に掲げた[図：国際連合の機構]を参照せよ。

占　有　Ⅰ　民法　1 意義・効果 自分が利益を受ける意思(民法の表現では，「自己のためにする意思」)をもって'物'を現実に支配している事実状態('所持')をいう〔民180〕(⇨'準占有')。この事実状態に対して，民法は'占有訴権'を始め，種々の'法律効果'を与えている(⇨'占有権')。例えば，賃借した土地上に家を建てて住んでいる者は，敷地を占有しているわけであるから，隣地に建築中の家の材木が無断でその敷地内に運び込まれた場合には，占有訴権を行使して材木の排除を請求することができる。

2 要件 占有が成立するには，所持という外形的事実(体素)のほかに，「自己のためにする意思」という心理的要素(心素)を必要とする(⇨'心素・体素')。この意思の要素を重視すれば，論理的には，外形的事実は変わらないのに，占有が成立したり，しなかったりするという結果が生ずることになるが，学説・判例は，「自己のためにする意思」を極めて広く解する傾向にあり，郵便受箱を設置した者は投入された物について占有をもち，無償で物を保管する者も「自己のためにする意思」をもつと解している。この考え方によっても'意思能力'の存在は必要とされるから，例えば，'法定代理人'のいない(法定代理人がいれば間接占有を取得できる)意思無能力者については占有は成立せず，したがって，この者が物を奪われた場合でも占有訴権が成立しないことになる。そこで，このような結果を不当であるとして，占有の意思要素は沿革の産物にすぎないから解釈上これを無視することを主張する学説も有力である。

3 占有概念の観念化 占有の要件である所持とは，社会通念上物を支配していることを意味し，現実的・物理的に物を支配することではない。上記1の例でいえば，賃借人は，外出しても家屋とその敷地の占有を失うことはないし，家屋が焼失した場合でも敷地の占有を失わない。占有の概念が，このように観念化することから，'直接占有・間接占有'，'占有補助者'，'占有改定'，'簡易の引渡し'という概念が生まれる。

4 占有の態様 一般に，表のように分類されている。

Ⅱ　刑法　**1 意義** 民法上のそれと異なり，他人のためにする意思では占有が認められない〔民180〕わけではなく，他方で代理人により取得すること〔民181〕(⇨'代理占有')は認められない。混同を防ぐべく'所持'という語を用いることもある。刑法上の占有概念は，'財物'に対する事実的支配に重きを置くものだが，対象物が実力的支配内に存在することで足り，現実の握持・監視を要しない(大判大正13・3・11刑集3・203)。実力的支配内とは，「占有者の支配力の及ぶ場所」を指し(最判昭和32・11・8刑集11・12・3061)，その判断は，客観的に該者が支配力を及ぼしうる時間的・場所的範囲と，主観的な

[表：占有の分類]

種　類	意　味	区別の実益	備　考
自主占有 他主占有	占有権原の客観的性質による区別	取得時効〔民162〕、無主物先占〔民239〕、占有者の責任〔民191〕	
善意占有 悪意占有	占有すべき本権の有無の知・不知による区別	取得時効、果実の取得〔民189・190〕、占有者の責任、費用償還請求〔民196〕、即時取得〔民192〕	善意は推定〔民186〕
過失ある占有 過失のない占有	本権があると誤信する場合にその誤信があることについて過失があるかどうかによる区別。善意占有についてだけ問題となる	取得時効、即時取得	民法186条による推定はない
瑕疵(かし)ある占有 瑕疵のない占有	強暴・隠秘・悪意・過失を伴う占有であるかどうかによる区別	取得時効、果実の取得〔民190〕、即時取得	平穏・公然は推定される〔民186〕
直接占有 間接占有	現実に物を支配しているかどうかによる区別。現実に物を支配していなくても、支配している者と一定の関係にある者は、間接占有をもつ	占有の効果〔民180～204〕を現実の物の支配者以外の者についても及ぼす点に意味がある	
自己占有 代理占有	本人が占有するか、代理人が占有するかによる区別。直接占有・間接占有と同じ		

該者の対象物に対する支配意思を、併せ考慮して行われる。

2 機能 他人の占有物か否かは、該物の不法な領得行為が*窃盗罪'〔刑235〕か*遺失物横領罪'〔刑254〕かを分ける。置き忘れられた物に関する判断は難しい。他人の占有物か(*委託'に基づく)自己の占有物かは、該物の不法な領得行為が窃盗罪〔刑235〕か*横領罪'〔刑252・253〕かを分ける。*占有補助者'の所持に関する判断は難しい。

3 相対性 横領罪との関係では、占有とは、事実上、法律上、物に対する支配力を有する状態をいう(大判大正4・4・9刑録21・457)。対象物に対する事実的支配はなくても該物を法律的に有効に処分できる者(例：不動産の登記簿上の所有名義人)の不法な領得行為(例：二重売買)を、同罪で捕捉するためである。

占有移転禁止の仮処分 係争物に関する*仮処分'の一類型。将来の*物の引渡・明渡義務の強制執行'の保全を目的とし、債務者に対し、目的物の占有移転を禁止し、*執行官'への*引渡し'を命じること、及び、執行官に目的物の保管と公示をさせることを内容とする〔民保25の2①〕。執行官による保管の態様により、債務者に使用を許す類型、執行官が自ら保管す

る類型、債権者に使用を許す類型がある。目的物が不動産であって、債務者の特定を困難とする特別の事情があるときは、債務者を特定しないで仮処分命令を発することができ、仮処分の執行において目的物の占有を解かれた者が債務者となる〔民保25の2①②・54の2〕。債権者は、仮処分の執行後の占有移転を顧慮されずに、債務者を*被告'とする*本案訴訟'により*債務名義'を取得し、仮処分の執行について*悪意'の占有取得者及び承継による占有取得者に対する承継執行文(⇒執行文')の付与を受けて〔民執27②〕、強制執行をすることができる〔民保62〕。⇒当事者恒定効'

占有回収の訴え　　⇒占有訴権'

占有改定　*占有権'の譲渡の一方法〔民183〕。例えば、Aが物をBに売ったが、引き続きその物を賃借したい場合に、*占有'が物の現実的支配を常に伴わなければならないとするなら、Aはその物を一旦Bに引き渡し、改めてBからそれの*引渡し'を受けて賃借しなければBは対抗力のある所有権を取得できない。AB間で2度引渡しをするこのような手間を省略して、AはBにその物を渡さずに、それ以後Bのために占有する旨の*意思表示'(Aは直接占有者となる)だけで占有権が観念的にAからBに譲

せんゆうき

渡されたと認められる場合があり，これを占有改定という。*譲渡担保'を設定する場合に用いられる。占有改定による譲渡は，譲渡前と外形的事実には全く変化がないから，*即時取得'の要件に関連して論じられることが多い。なお，「引渡し」に掲げた[表：引渡しの態様]を参照せよ。

占有機関　　⇨占有補助者'

占有権　　民法は，占有権という物権を定めている[民2編2章]。*占有'とは，自己のためにする意思をもって物を*所持'することをいう[民180参照]。所持が占有の体素であり，自己のためにする意思が占有の心素である(⇨心素・体素')。民法によれば，占有から占有権が生じ[民180]，占有権について各種の効力が認められるものと構成される。占有者は，この各種の効力によって，所有権や賃借権等の*本権'を有するかどうかにかかわらず，保護される。占有権は，仮の権利であるともいわれる。学説上は，各種の効力のうち，*占有訴権'は，占有権を根拠とするものの，それ以外の効力は，占有を根拠とすると構成する見解や，占有権という権利を認めず，各種の効力は，占有訴権を含め，占有を根拠とすると構成する見解が主張されている。

占有すべき権利(権限)　　⇨本権'
占有正権原　　⇨権原'
占　有　説　　⇨本権説'　⇨自己の物に対する犯罪'

占有訴権　　1 意義　*占有'・*占有権'が侵害され，又はその侵害のおそれがある場合において，占有者が侵害者又は侵害のおそれを生じさせている者に対し，その侵害又は侵害のおそれを除去することを請求する権利[民197～202]。訴権とあるのは，沿革に基づくものであり，実体法上の請求権(占有保護請求権)である。この請求権を行使する訴えを，占有の訴えという。*占有補助者'は，占有訴権の原告と被告とのいずれにもならない。

2 存在理由　占有者は，占有訴権により，*所有権'や賃借権等の*本権'を有するかどうかにかかわらず，保護される。占有訴権の存在理由は，次の3つの観点から説明されている。第1は，*自力救済'を禁止することによって社会秩序を維持することであり，第2は，本権があることの証明をしなくてよいとすることによって本権を保護することであり，第3は，第三者による侵害又は侵害のおそれを除去することを認めることによって物の債権的利用権を保護することである。もっとも，社会秩序の保持・本権の保

護・物の債権的利用権の保護は，他の制度等によっても図ることができることなどを理由として，いずれも，占有訴権を正当化する理由としては十分なものではないとする批判がある。

3 種類　占有の訴えには，イ 占有保持の訴え[民198]，ロ 占有保全の訴え[民199]，ハ 占有回収の訴え[民200]の3種がある。占有者は，占有の侵奪(ハ)以外の方法によってその占有を妨害されたときは，イにより妨害の停止を，その占有を妨害されるおそれがあるときは，ロにより妨害の予防を，その占有を奪われたときは，ハにより物の返還を，それぞれ請求することができる。*物権的請求権'と比較すると，イは，妨害排除請求権，ロは，妨害予防請求権，ハは，返還請求権に対応する。イハの請求の内容は，妨害の停止又は物の返還と*損害賠償'(*故意'又は*過失'が必要[民709])との双方である。ロの請求の内容は，妨害の予防と損害賠償の担保(故意又は過失は不要)とのいずれか一方である。イロハについては，期間制限がある[民201]。

4 本権の訴え又は主張との関係　イ 本権者と占有者とが同一人であるケースとして，Aが所有し，占有する甲土地について，Bが建物を建築しようとしているとする。この場合には，AがBに対し，所有権に基づく妨害予防請求に係る訴えを提起することも，占有保全の訴えを提起することも，認められる。一方の訴えで負けても，他方の訴えを提起することができる[民202①]。ロ 本権者と占有者とが別人であるケースとして，Aが本権に基づかずに占有する甲土地について，Bが建物を建築しようとしているとする。この場合において，AがBに対し，占有保全の訴えを提起したときは，Bが甲土地の所有権をもっていることを理由としてその請求を拒むことは，認められない[民202②]。もっとも，判例によれば，Bが*反訴'として所有権に基づく返還請求に係る訴えを提起することは，認められる(最判昭和40・3・4民集19・2・197)。

占有代理人　　代理占有が認められる場合において，本人のために*所持'をする者。民法181条の「代理人」である。例えば，賃借人は賃貸人の，また，地上権者は地上権設定者の，それぞれ占有代理人である。もっとも，*法律行為'について用いられる*代理'の概念[民1編5章3節]を占有について用いるのは，誤解を招きやすい。そこで，占有代理人の占有は，*直接占有'として説明されることが多くなっている。⇨代理占有'

占有の訴え　　⇨占有訴権'

専有部分(建物の)　　区分所有法は，区分所

せんりよく

有建物を，'区分所有権'の目的となる専有部分と，それ以外の'共用部分'とに分けて規律している。1棟の建物に構造上区分された数個の部分で独立して住居・店舗・事務所又は倉庫その他建物としての用途に供することができ，その各部分は，区分所有権の目的とすることができる〔建物区分1〕。専有部分とは，その区分所有権の目的である建物の部分をいう〔建物区分2③〕。専有部分を含む建物の管理・使用についての区分所有者相互間の事項は，規約によって定めることができる〔建物区分30〕。

占有保持の訴え ⇨占有訴権'
占有補助者 本人が他人を介して占有する場合において，'占有代理人'とは異なり，他人に'所持'について独立した地位が認められないときに，その他人を占有補助者という。これと異なり，前記の場合において，他人が所持を有するものの，自己のためにする意思を有しないときに，その他人を占有補助者というとする考え方もある。本人の'使用人'として家屋に居住する者や法人の代表機関が，占有補助者の例である。'占有'・'占有権'について認められる各種の効力は，占有補助者ではなく，本人に生ずる。占有補助者は，占有機関ともいう。
占有保全の訴え ⇨占有訴権'
占有離脱物横領罪 ⇨遺失物横領罪'
専用実施権 設定行為で定めた(時間・場所・内容等に関する制約の)範囲内で，特許発明・登録実用新案・登録意匠またはこれに類似する意匠を，業として独占的に実施しうる排他的な権利〔特許77，新案18，意匠27〕。許諾実施権の1つ('仮専用実施権'を経て設定されたものとみなされる場合〔特許34の2②〕を含む)。'通常実施権'に対する語で，物権的権利であるとされている。したがって，'特許権'者等が専用実施権を設定したときは，設定の範囲内で重ねて専用実施権を設定することはできず，また自らその範囲で実施することもできない〔特許68但，新案16但，意匠23但〕。なお，通常実施権の許諾後に専用実施権を設定することは認められている〔参照，特許99，新案19③，意匠28③〕。専用実施権は，一定の要件を満たせば移転〔特許77③〕及び質権の設定・通常実施権の許諾〔特許77④〕が可能であるが，権利の設定・移転・変更・消滅などについては，特許原簿に登録しなければ効力を生じない〔特許98①②③，意匠18③，意匠27④〕。権利侵害に対しては，専用実施権者は特許権者と同様の地位に立つ〔特許100〜106，新案27〜30，意匠37〜41〕。⇨実施権(特許の)'

専用使用権 商標権者が設定する使用権の1つであり，設定行為で定められた範囲内において，指定商品又は指定役務について登録商標を独占的・排他的に使用する権原をいう〔商標30①②〕。専用使用権は，'通常使用権'とは異なり，無権原の第三者が専用使用権の設定範囲内で登録商標を使用し，又は商標法37条所定の行為を行った場合には，専用使用権の侵害を理由として自己の名において第三者に対して差止請求及び損害賠償請求を行うことができる〔商標36，民709〕。

占領(国際法上の) 他国の領域を事実上自己の権力の下に置くこと。戦時において交戦行為の過程で行われる戦時占領・軍事占領と，平時に行われる平時占領・保障占領とに分かれる。前者における占領軍の権限や住民の権利などについては，'ハーグ陸戦規則'〔陸戦規則28・43〜56〕及び「戦時における文民の保護に関する1949年8月12日のジュネーヴ条約」〔ジュネーヴ文民約47〜78〕に詳細な規定がある。平時占領・保障占領については，固有の法規はないが，戦時占領の法規が準用される('ポツダム宣言'受諾に基づく日本の占領など)。

善良な管理者の注意 '過失'の前提として要求される'注意義務'の程度を表す用語。過失の前提となる注意義務には，行為者の具体的な注意能力に関係なく，一般に，行為者の属する職業や社会的地位に応じて通常期待されている程度の抽象的・一般的な注意義務と，当該行為者の注意能力に応じた具体的・個別的な注意義務とがある。前者は「善良な管理者の注意」又はこれを略して善管注意といい〔民400・644等〕(あるいは「善良な家父の注意」などともいう)，後者を'自己の財産に対するのと同一の注意'という〔民659等〕。通常は善良な管理者の注意が要求されており，これを欠くと，過失(抽象的軽過失)があるものとして，'債務不履行'責任の免責が認められず，又は'不法行為'責任などの効果が生じる。⇨善管注意義務(役員の)'

善良の風俗 ⇨公の秩序・善良の風俗'
戦　力 1 意義 戦争遂行力，つまり対外的な戦闘を行う手段となる一切の力を指す。しかし，「陸海空軍その他の戦力」〔憲9②〕という言葉を巡り，戦力の意義について，その時々の政治状況に応じて様々な論議が交わされてきた。イ その範囲を広く解し，何らかの形で戦争に役立つ全ての力が含まれるとする説。この説によると，警察力，飛行機・飛行場及びその製造工業，原子力研究など，いざというとき戦争目的に役立つものは全て戦力に含まれる。憲法制

せんれい

定当初において有力な説であった。ロ 戦争を遂行する目的と機能をもつ組織的な武力又は軍事力を指すとする説。この説では警察力と戦力とをはっきり区別し、イの説の戦力の定義から平時用のものは除かれる。この学説をとるものが多い。ハ 近代戦争遂行能力を備えた実力を指すとする説。この説によれば、相当高度の組織と装備をもつものでないと戦力にはならない。かつての政府の考え方がこれで、戦力と警察力の間にもう1つの実力(自衛力)があり、*自衛隊'がそれに当たるから戦力ではないとした。ニ 自衛に必要な最小限度の実力を超えるものが戦力であるとする説。現在の政府の立場であり、自衛隊は、この意味での戦力には当たらないとされる。

2 駐留軍と戦力 日本国に駐留する外国軍隊が戦力に含まれるかどうかが問題となる。砂川事件判決では、戦力とは日本固有の戦力を指すとして、米軍はこれに該当しないと判示されている。 ⇨砂川事件(判決)'

先　例　以前にあった例で、同種の事例の規準となるもの。慣行・慣習と異なり、1回だけの例も先例となる。裁判の先例(*判例)は、イギリスにおいては19世紀中頃から絶対的な拘束力をもち、より上級の裁判所の判例がより下級の裁判所を拘束するのみならず、自らの判例を変更することもできなかった(先例拘束性の原理)が、1966年に変更を認めるようになった。日本の場合、判例違反が民事訴訟では*上告受理申立て'理由となり〔民訴318①〕、刑事訴訟では*上告理由'となる〔刑訴405②③〕。また、判例変更は大法廷による必要がある〔裁10③〕ほか、判例は将来の同種の事件処理に事実上の影響力をもつにすぎない。議会の先例は、イギリスにおいては重要な意味をもち、成文の議事規則は、先例の変更・補充の意味をもつにすぎない。日本の国会においても、成文規定のない場合は先例に従って事案は処理されている。その他の司法部・行政部内における実務処理についても、成文規定のない場合は、先例が事実上の拘束力をもっている。

全労協　⇨全国労働組合連絡協議会'
全労連　⇨全国労働組合総連合'

そ

素　因　他人の*不法行為'により生命・身体に被害を受けた者が元々有していた健康状態。これも原因の1つとなって損害を発生させ、又は拡大させた場合に、この健康状態を加害者の責任の有無・範囲を判断する際に考慮するのが衡平に合致するという考え方が主張されている。判例でも*過失相殺(かしつそうさい)'の規定を類推適用して素因を考慮して賠償額を軽減するものがある(最判昭和63・4・21民集42・4・243)。身体的素因と精神的素因があり、考慮に際しては区別が必要である。

訴　因　*検察官'が*起訴状'において、審判を請求する犯罪事実を表示したもの。起訴状の必要的記載事項である〔刑訴256②③〕。訴因制度は旧刑事訴訟法(大正11法75)では存在せず、訴因の*当事者主義'化に伴い、英米の「カウント」(count)に倣って、現行刑事訴訟法で導入された。通説は、刑事訴訟における審判の対象と考えており、訴因を逸脱して事実を認定した場合には「審判の請求を受けない事件について判決をした」ものとして*絶対的控訴理由'〔刑訴378③〕となるとする。訴因の本質は、あくまで検察官による犯罪事実の「主張」であって、旧法下で考えられたように、手続の背景にある「実体」や客観的な「嫌疑」ではないことに注意すべきである。当事者の攻撃・防御の対象なので、犯罪の日時、場所、方法をもってできる限り特定して明示しなくてはならない〔刑訴256③〕。もっとも、起訴の時点で完全無欠な設定をすることは不可能なので、2つの訴因を択一的(A又はB)、予備的(Aからざれば B)に記載することが許され〔刑訴256⑤〕、また、審理の途中で、*公訴事実の同一性'の範囲内で訴因を変更することもできる〔刑訴312①〕。 ⇨訴因変更' *公訴事実'

訴因変更　訴因は審理の範囲を画するものであるから、手続の全体を通じて明確に特定されていなければならない。しかし、起訴後の変更を一切許さないとすると、手続が硬直化し、検察官、被告人双方にとって不利益を生じる。そこで法は検察官に公訴事実の同一性の範囲内で訴因を追加、撤回、変更する権能を認めた〔刑

訴312①〕。裁判所は職権により訴因変更命令を出せる〔刑訴312②〕が，その本質は*釈明権'の行使なので，原則として，命令の義務があるとまではいえず，また，命令には形成力はないとされる。　⇨訴因'　⇨公訴事実の同一性'

増員選挙　市町村議会について，議員の任期の途中で議員の定数を増加した場合に行われる選挙〔公選113②〕。*地方公共団体の議会'の議員の定数の変更は*一般選挙'の場合しか行えないのを原則とする〔自治90②・91②〕が，著しい人口の増減のあった場合には，任期途中の定数増減を認めている〔自治90③・91③〕。増員選挙によって選出された議員の任期は，一般選挙で選ばれた議員の任期満了の日までである〔自治93②，公選260②〕。

憎悪表現　⇨ヘイト・スピーチ'

騒音規制法　昭和43年法律98号。工場騒音・建設騒音・自動車騒音を規制する法律。騒音の防止については，かつて，地方公共団体が*条例'で規制していた例が多かったが，昭和42年に*公害対策基本法'が制定されたので，それに基づいて本法が制定された。本法は最初，自動車騒音を規制の対象とせず，工場騒音と建設騒音だけを規制した。工場騒音については，市街地区を対象として地域指定をして，そこにおける規制基準を定め〔騒音規制4〕，特定の工場施設の設置変更の届出をさせ〔騒音規制6〜8〕，それに対する計画変更勧告〔騒音規制9〕，改善勧告〔騒音規制12①〕，改善命令〔騒音規制12②〕などを定めた。また，建設騒音については，住宅専用地域など，上記の指定地域のうちの更に限定された区域で特定建設作業を行う場合に，その届出をさせること〔騒音規制14〕などを主な内容としていた。しかし，騒音問題が深刻になってきたので昭和45年に一部改正が行われ(法135)，規制実施地域の限定を除いた〔騒音規制3①〕。更に，自動車騒音を規制するために許容限度を設けてそれが確保されるよう措置するものとし，一定の場合には市町村長が都道府県公安委員会に対し*道路交通法'上の措置をとるよう要請するものとした〔騒音規制16・17〕。なお，航空機騒音対策については，「公共用飛行場周辺における航空機騒音による障害の防止等に関する法律」，「特定空港周辺航空機騒音対策特別措置法」がある。　⇨公害'

総会　団体の構成員から成る合議体をいう。その団体の最高の意思決定機関で，代表的なものは*株式会社'の*株主総会'，一般社団法人の*社員総会'，特別法上の*組合'の総会などである。なお，*総代会'は総会とは異なる。

総会検査役　*株主総会'の招集手続及びその決議方法を調査させるために裁判所により選任される会社の臨時的機関〔会社306〕。会社又は総*株主'の*議決権'の100分の1(*定款'の定めにより引き下げることができる)以上に当たる議決権を(*公開会社'である*取締役会設置会社'では6カ月前より引き続き)有する株主の請求により選任される。検査役は，調査の結果を書面又は*電磁的記録'により裁判所に報告する。調査対象の総会決議に取消事由又は不存在事由があると裁判所が判断し，是正措置を講じさせる必要があるときは*取締役'に対し，総会の招集などを命ずることができる。

総会屋　⇨会社荒し'

総額引受け　*社債募集'の一態様で，特定人が，起債会社との契約によって，*社債'総額を包括的に引き受ける場合をいう。これによって起債会社は直ちに資金を入手でき，引受人は，取得した社債を機をみて公衆に売り出してよい。*間接発行'に属する。公募債の場合はほとんどこの形態がとられる。当初から転売目的があればこの引受けは*金融商品取引法'上の引受けに該当し〔金商2⑧⑥〕，原則として有価証券関連業を行う金融商品取引業者(証券会社)が引受人となる〔金商36の4②〕。総額引受けについては，社債の申込み・割当てについての会社法上の規定〔会社677・678〕の適用はない〔会社679〕。

総額引受主義　⇨創立主義'　⇨授権資本制度'

総括　事務の運営を総合的に締めくくり，まとめる意味の用語として法令上用いられるのが通例である。「所掌事務の一部を総括整理する職」〔行組18④〕，司法行政事務について「最高裁判所長官が」総括する〔裁12①〕などは，その例である。統轄・統括・統理なども，総括と似た意味の用語であるが，総括は，これら3つの用語に比べると，上部から圧力を加える響きが弱い印象の用語である。

総括主宰者　⇨選挙運動総括主宰者'
総括抵当　⇨共同抵当'

総株主通知　振替株式制度の下で，振替株式の株主・登録株式質権者として会社に対し権利行使すべき者を確定するために会社が基準日を定めた場合や事業年度を1年とする会社において事業年度の開始日から6カ月を経過したときなど所定の場合において，*振替機関'が会社に対して行う，*振替口座簿'に記載された当該日の株主・登録質権者の氏名・名称，住所，振替株式の銘柄・数等の所定の事項に関する通知〔社債株式振替151〕。振替機関の下位機関は，そ

そうかんじ

の直近の上位機関に対し，自己又はその下位機関の加入者に関する事項の報告義務を課されており〔社債株式振替151⑥〕，それに基づき振替機関は発行会社に総株主通知を行う。総株主通知を受けた会社は，通知された事項を'株主名簿'に記載・記録し〔社債株式振替152①〕，基準日等所定の日において株主名簿の名義書換がなされたものとみなされる〔社債株式振替152①〕。株券保管振替制度における実質株主名簿と異なり，完全ペーパーレス化された振替株式制度の下では，振替口座簿に記載された加入者は株主であり，かつ，振替口座簿の外に株主が存在しないため，総株主通知により直接株主名簿が調製される。 ⇨社債，株式等の振替に関する法律'

総勘定元帳 ⇨会計帳簿'

争　議 ⇨労働争議'

争議協定 ⇨争議条項'

争議権　労働者が'労働条件'などを維持・改善するために使用者に対して'同盟罷業'(ストライキ)その他の'争議行為'を行う権利。憲法の保障する'労働基本権'の１つで，'労働組合活動'とともに団体行動権の一内容〔憲28〕。憲法は勤労者すなわち労働者に争議権を保障しているが，'労働組合'などの労働者の団体も争議権を有する。憲法の保障する争議権の性質について，'団結権'の性質についてと同様に，これを'自由権'とみる学説もあるが，単なる自由権ではなく，より積極的な意味をもつものとみる学説が多数である。争議権の内容として，労働者はストライキなどの基本的争議行為のほかに，'ピケッティング'などの補強的争議行為をすることができる。これらの争議行為が正当なものであれば，'刑事免責'・'民事免責'が認められる〔労組1②・8〕。また，正当な争議行為をした者に対する'解雇'その他の不利益取扱いも禁止される〔労組7①〕。しかし，'国家公務員'・'地方公務員'，'行政執行法人'・'地方公営企業'・特定地方独立行政法人〔地独行法2②〕の職員は争議行為が禁止されており〔国公98②，地公37①，行執労17，地公等労11〕，これを行った者は解雇される〔国公98③，地公37②，行労労18，地公等労12〕。私企業の使用者には'作業所閉鎖'(ロックアウト)という対抗防衛的な争議行為を行う権利が最高裁判例(最判昭和50・4・25民集29・4・481〈丸島水門事件〉)により認められている。

争議行為　**１意義**　一般的には，'集団的労働関係'の当事者がその主張を貫徹することを目的として行う行為及びそれに対抗する行為で，業務の正常な運営を阻害する属性をもつものをいう〔労調7参照〕。'同盟罷業'が代表的であるほか，'怠業'，'ボイコット'，'ピケッティング'，'職場占拠'，'生産管理'，'遵法(順法)闘争'，'残業拒否闘争'，休暇闘争，'作業所閉鎖'などの多様な行為が含まれうる。ただし，ある行為が争議行為に該当するかが問われる法的問題は，２に挙げる争議権による争議行為の保護のほか，使用者の争議行為に対する保護，法律や'労働協約'による'争議行為の制限・禁止'，'労働関係調整法'上の'労働争議'〔労調6〕への該当性など多様であり，争議行為の意義は，厳密にはこうした法的問題の類型ごとに考察する必要がある。

２争議権による争議行為の保護　'労働組合'による正当な争議行為には，'刑事免責'，'民事免責'などの保護が与えられる(⇨争議権)。争議行為の正当性は，行為の主体，目的，開始時期・手続，手段・態様に照らして個別具体的に判断される。ここでの争議行為の意義は，主として'労働組合活動'との区別を巡って問題となり，学説は，集団的な業務阻害行為と捉える立場，集団的な労務不提供を中核とする行為と捉える立場などに分かれる。判例の立場は後者に近い。

争議行為と第三者　'労働組合'の'争議行為'によって'使用者'以外の第三者(使用者の取引先など)が被った損害の賠償を巡る問題。労働組合・'労働組合員'は正当な争議行為の場合，第三者に対しても損害賠償責任を負わないが，争議行為が正当性を欠く場合の扱いや，使用者の第三者に対する損害賠償責任については，判例・学説ともに見解が分かれている。 ⇨民事免責'

争議行為の制限・禁止　'争議権'も国民全体の利益・生命の安全等の要請から法律による制約を受ける。まず，公務員は'争議行為'を全面的に禁止され〔国公98②，地公37①，行執労17①，地公等労11①等〕，'行政執行法人'や'地方公営企業'等は'作業所閉鎖'を禁止される〔行執労17②，地公等労11②〕。次に，'労働関係調整法'では，安全保持施設の維持運行を停止・妨害する争議行為〔労調36〕及び受諾された'調停案'の解釈履行に関する見解を求めている間の争議行為〔労調26④〕が禁止されるほか，緊急調整の決定があった場合における一定期間の争議行為の禁止等が定められている(⇨争議行為の予告'，⇨緊急調整')〔労調37・38〕。電気事業・石炭鉱業(⇨電気事業及び石炭鉱業における争議行為の方法の規制に関する法律')及び船舶(⇨船員法')についても，一定の態様の争議行為が禁止される〔スト規制2・3，船員30〕。争議行為はまた，

*労働協約'締結の効果として(⇨平和義務')又は当事者間の合意により制限・禁止されることがある(⇨争議条項').

争議行為の予告　*争議行為'の実施主体が,争議行為をしようとしていることを*集団的労働関係'の相手方や関係行政機関に事前に通知すること。*公益事業'〔労調8〕における争議行為については*労働委員会'等への予告が法律上義務付けられている〔労調37①〕。争議行為一般について,相手方への予告を欠くことは争議行為の正当性を否定する根拠となりうる(⇨抜き打ちスト')。また,争議条項上の予告義務の違反に対しては*債務不履行'責任が生じうる。

早期公開制度　⇨出願公開'

争議条項　*争議行為'の実施に関する事項を定める*労働協約'条項。*平和条項'の定め,*予告'に関する定め,争議行為参加者の範囲の予め,*スキャブ'禁止条項の定めなどがある。争議条項を含む*集団的労働関係'の当事者間における争議行為の実施に関する取決め全般を指す場合は,争議協定と呼ぶ。⇨債務的効力(労働協約の)'

争議団　十分に整備された内部機構をもたない労働者の団体で,その多くは特定の紛争のために組織される一時的な性格のものである。通常,*労働組合'の要件を満たさないが,通説はこの場合も憲法28条による保護を肯定するほか,*労働関係調整法'上の争議調整手続の主体〔労調6〕にもなりうるとされる。

臓器の移植に関する法律　平成9年法律104号。移植医療の適正な実施を目的として,臓器移植の基本理念を示し,臓器(人の心臓,肺,肝臓,腎臓,その他厚生労働省令で定める内臓及び眼球)の移植のための死体からの臓器摘出に必要な事項を定め,また,臓器売買等の行為を禁止等する法律〔臓器移植1・5〕。死者の臓器の提供意思の尊重,人道的精神に基づく臓器の提供,臓器移植を受ける機会の公平を基本理念とするが〔臓器移植2〕,平成21年改正(法83)で,生前の意思が不明で遺族が書面で承諾する場合の臓器提供(子どもからの臓器提供も可能),親族への優先提供の意思表示が可能になり〔臓器移植6①②・6の2〕,同法の立場はやや変化している。同法は,本人や家族の意思確認,移植のための脳死判定を慎重,確実にする手続を定め,医師による「死体(脳死した者の身体を含む…)」からの臓器の摘出を認めているが〔臓器移植6〕,*検視'等の犯罪捜査に関する手続が必要な場合には手続終了前の臓器摘出は禁止されている〔臓器移植7〕。臓器売買等の行為を処罰し,国民の*国外犯'も処罰されている〔臓器移植11・20〕。脳死は全脳死(脳幹を含む全脳の機能の不可逆的停止)と定義されているが〔臓器移植6②〕,「死体」に含まれる「脳死した者の身体」は生者の身体と死者の身体との両様の理解が可能であるため,脳死が人の死かについての本法の立場はなお明確ではなく,また,脳死判定の実施が本人及び家族の意思に委ねられている点は〔臓器移植6③〕,人の法律上の死を相対化するという問題を残す。本法の存在意義は倫理的問題をほとんどはらまない,人工臓器の開発,iPS細胞を使った医療の発達の影響を受ける。また,臓器移植には広義には生体肝移植のように生体の臓器を摘出して移植する場合も含まれるから,(脳)死体からの臓器摘出を対象とする本法は,臓器移植の全ての場合をカバーしてはいない。生体からの移植については,提供者の同意があることや正当な治療目的であること等によって傷害罪〔刑204〕の*違法性'が阻却されるかが問題となる。　⇨脳死'　⇨死亡'

操業の自由　労働者の*争議行為'に対抗して使用者が操業を継続する自由。判例はこれを認め,操業継続に必要な業務も*威力業務妨害罪'により保護されるとする(最決昭和53・11・15刑集32・8・1855(山陽電気軌道事件))。なお,争議中working労働組合員ではない管理職等によって継続されるケースが多いが,スト破り(*スキャブ')の雇入れを制限禁止するスキャブ禁止協定が労使間に存在する場合には,使用者はこれに拘束され,違反したときは協約違反の責めを負うことになる。

送金為替　⇨売為替'
総計予算主義　⇨総予算主義'
総決算　⇨決算'
送検　⇨検察官送致'
総合課税　⇨所得税'　⇨分離課税'
総合区　⇨行政区'　⇨区'
総合取引所　⇨金融商品取引所'　⇨商品取引所'

総合法律支援法　平成16年法律74号。民事・刑事を問わず,あまねく全国において,紛争の法的解決に必要な情報やサービスの提供が受けられる社会の実現を基本理念として制定された法律。この法律に基づいて日本司法支援センター(愛称:法テラス)が設立された。その主要な業務は,情報提供,民事法律扶助,国選弁護,司法過疎対策,犯罪被害者支援,及び災害対応にわたっている〔法律支援30①〕。これらに加えて,2023年の「特定不法行為等に係る被害者の迅速かつ円滑な救済に資するための日本司

そうこえい

法支援センターの業務の特例並びに宗教法人による財産の処分及び管理の特例に関する法律」(令和5法89)により，特殊な宗教法人による被害者の支援も役割の1つとなった。 ⇨法律扶助' ⇨国選弁護人' ⇨公的弁護制度' ⇨被害者(犯罪の)'

倉庫営業 1意義 他人のために物品を倉庫にて保管する営業のこと〔商599〕。保管，すなわち*寄託'の引受けは*営業的商行為'である〔商502⑩〕。倉庫営業者が倉庫における保管を引き受ける契約を倉庫寄託契約という。倉庫営業は公共的な性格を有しており，倉庫の適正な運営や*倉荷証券'の円滑な流通を確保するため，倉庫業法による規律を受ける。

2 義務 イ 倉庫営業者は，*善良な管理者の注意'をもって寄託物を保管すべき義務を負う〔商595〕。寄託者の承諾，又はやむを得ない事由があるときでなければ，第三者に保管させることはできない〔民658②〕。ロ 寄託者又は倉庫証券所持人の請求に応じて，寄託物の点検，見本の摘出，又は寄託物の保存に必要な処分に応じる義務がある〔商609〕。また，寄託物につき権利を主張する第三者による訴訟提起等があった場合には，寄託者に通知する義務を負う〔民660〕。ハ 倉庫営業者は，寄託者の請求に従い，倉荷証券を交付しなければならない〔商600〕。ニ 倉庫営業者は，寄託者の請求(倉荷証券が発行されている場合は倉荷証券との引換え)により，寄託物を返還する義務を負う〔民662，商613〕。倉庫営業者は特約がなければ入庫の日から6カ月間は寄託物の引取りを請求できないのが原則である〔商612〕。ホ 倉庫営業者は無過失を証明しない限り寄託物の滅失・損傷につき損害賠償責任を負う〔商610〕。倉庫営業者の損害賠償責任の短期の消滅につき，特別な規定がある〔商616・617〕。

3 権利 イ 倉庫営業者は報酬・立替金・費用の支払を請求できる〔商512・611, 民665・650〕。倉庫営業者の報酬を保管料又は倉敷料(くらしきりょう)という。ロ 報酬請求権・費用償還請求権に関し，*留置権'〔商521, 民295〕及び動産保存の*先取(さきどり)特権'〔民311④・320〕を有する。ハ 寄託者の引取拒絶等の場合には，*商人'間売買の売主の*供託'・競売権の規定が準用される〔商615・524〕。

相互会社 相互保険を行うための，*保険契約者'を社員とする社団(⇨社団法人')であり，*保険業法'に基づいて設立されたもの〔保険業2⑤〕。*法人'である〔保険業18〕。相互会社は相互保険を行うことを目的とするので，営利目的で*商行為'を行うことを業とする*商人'〔商4〕ではないが，相互会社の行為には商法の規定が大幅に準用される〔保険業21②, 商830〕。相互会社における*保険者'と社員である保険加入者の法律関係については，保険関係は社員関係の内容に包摂され，保険契約は存在しないとする社員関係説と，社員関係と保険契約関係が結合されているとする結合説がある。もっとも，社員関係説の根拠とされていた，保険業法上の，保険金の削減を認める規定，社員の保険関係上の債権を一般債権より劣後するものとする規定が削除され，このことにより相互会社の社員の地位を論じる実益はほとんどなくなったともいわれる。 ⇨相互保険'

相互主義 *外国人'・*外国法人'に自国法上の権利や保護を与えるため又は一定の*法律効果'を発生させるための要件として，当該外国が自国民・自国法人に対して，同様の扱いをしていることを条件とするもの。相互主義は条約により同様の扱いをすることが約束されていることを要求する条約上の相互主義，外国の国内法上同様の扱いをすることが定められていれば足りるとする国内立法上の相互主義，更に実際上同様の扱いがされていればよいという事実上の相互主義に区別される。日本では，私権の享有については原則として相互主義によらずに内国民と同じ扱いがされるが〔民3②〕(⇨内外人平等の原則')，相互主義を定める特別法として，外国人に対する国又は地方公共団体の賠償責任〔国賠6〕, 日本国内に住所等を有しない外国人の特許権の享有〔特許25〕等がある。また，外国判決の承認〔民訴118④, 家事79の2〕においては，日本の同種の判決がその外国でほぼ同等の条件で承認されることを求める相互の保証が要件とされている。公法上の相互主義の例として，「外国弁護士による法律事務の取扱い等に関する法律」12条3項1号がある。

倉庫証券 寄託者の請求により，*倉庫営業'者が発行する*有価証券'。倉庫証券には，寄託物の返還請求権を表章し寄託物の所有権移転に用いられる預り証券と，寄託物に*質権'を設定するための質入証券を1組で発行する方式(⇨複券主義')と，寄託物の返還請求権を表章する*倉荷証券'を発行し，寄託物の譲渡も質入れも1つの証券によって行う方式(⇨単券主義')がある。平成30年改正前商法はいずれの方式も認めていたが(併用主義)，実務では預り証券・質入証券の利用がなかったため，平成30年改正により預り証券・質入証券についての規定が削除され，倉庫証券に一本化されている。

相互取引 互恵取引(囡 reciprocal dealing)ともいう。典型的には，同じ*系列'に属している企業間などにおいて，自己が相手方から商品を購入していること(取引1)を梃子(㠭)として，相手方に自己又は自己の指図する企業の商品を販売すること(取引2)。2つの取引を結び付けるところに特徴があり，これが取引2に関する相手方への強制，あるいは取引1を条件として取引2をなす場合に，*独占禁止法'上の*不公正な取引方法'(*拘束条件付取引'，取引上の*優越的地位の濫用'など)に該当することがある。

相互保険 相互扶助を目的として保険加入者が団体を構成し，団体が団体構成員に保険給付を行う仕組みによる保険。相互会社により行う場合と，相互保険組合等(船主相互保険組合法(昭和25法177)に基づき日本船主責任保険組合が行う船主責任相互保険等)により行う場合がある。相互保険に対する保険制度として営利保険がある。営利保険は，収入保険料と支払保険金額の差額を利得しようという営利目的で*保険者'が保険を引き受けることによる保険である。営利保険では，保険者と保険加入者の間の保険関係は契約的である。相互保険では，保険加入者は保険者となる団体の構成員になるのであり，保険関係を法的にどのように理解するかには議論がある。　⇨相互会社'

相互保有株式 　⇨株式の相互保有'

相互保有対象議決権 　⇨株式の相互保有'

捜査 *公訴'を提起し*有罪判決'を獲得するための準備として捜査機関が行う，犯人を捜索・保全し，かつ*証拠'を収集・保全する活動。*強制捜査'と*任意捜査'とに分かれる。前者では，*逮捕'，*捜索'，*差押え'，*検証'等の強制処分が行われ，特に対象者の人権と衝突しやすいので，*強制処分法定主義'，*令状主義'その他人権擁護のための配慮がされている。この趣旨を更に徹底させようとして，*弾劾的捜査観'が主張され，捜査の構造に関する論議が深められた。なお，捜査の目的は，単なる公訴・*公判'の準備ではなく，被疑者の嫌疑の有無を明らかにし，起訴・不起訴を決定することであるという主張もされているが，捜査の独自性の強調は，結局，捜査機関の権限強化につながるとして，これに反対する見解もあり，支配的見解となるには至っていない。　⇨捜査機関'

相殺(㠭㠭) 　**1 意義**　2人の者が互いに相手に対して同種の債権をもっている場合であって，次述する*相殺適状'の要件を満たす場合には，一方から相手方に対する意思表示によってその債務を対当額で消滅させることができる〔民505①〕。これは一種の形成的効力を持つ操作であり，法定相殺と呼ばれ，相殺適状を要件としない合意相殺ないし相殺契約とは区別される。例えば，AがB銀行に50万円預金をし，BがAに対して80万円貸し付けた場合に，A又はBが相殺の意思表示をすれば，AのBに対する50万円の債権が消滅し，AのBに対する30万円の債務が残ることになる。相殺が認められるのは，まずAB双方の債権を別々に取り立てるという不便を除くためであるとされる。また相殺を認めておけば，BがAの請求に応じて支払ったのに，AがBの請求に応じないという不公平を避けることができる。更にAが*破産'した場合を考えると，相殺が認められないと，BはAに対し50万円全額支払わなければならないのに，Bの80万円の債権は債権額に応じて配当されるにとどまるが，もし相殺を認めると，50万円については，それだけで簡単に，かつ確実に他の債権者に先立って回収できることになり，相殺はBに自働債権につき受働債権額の限度で担保を認めたのと同じ機能をもつ。

2 要件　相殺ができるのは，相殺適状にあるとき，すなわち，イ 同種の債権(実際には*金銭債権'がほとんどである)が債権者・債務者間に相対立して存在し，ロ 双方の債権ともに弁済期にあるときであるが，相殺しようとする者は，相手方に対して負っている債務，すなわち相殺される債権(受働債権)についての*期限の利益'を放棄すれば相殺できるから，相殺する債権(自働債権)さえ弁済期にあれば相殺できることになる〔民505①〕(⇨自働債権・受働債権')。しかし，イ 相殺禁止の特約があるとき〔民505②〕，ロ 互いに労務を供給する債務のように，相殺をして消滅させたのでは意味のない債権，ハ 受働債権を消滅させずに現実に支払を確保する必要があるとき〔民509・510，会社208③，労基17，船員35等〕，ニ 自働債権が差押えを受けているなど処分が禁止されているとき〔民511参照〕には，相殺が許されない。

3 効果　相殺の意思表示は単独行為であり〔民506①〕，意思表示があれば，双方の債権は相殺適状の時に遡って対当額で消滅する〔民506②〕。

葬祭給付 　*通勤災害'に対する*労働者災害補償保険法'上の*保険給付'の一種〔労災21⑤・22の5，労災則18の11・18の12〕。給付内容は*業務災害'の場合の葬祭料と同一である。⇨葬祭料'

相殺(㠭㠭)**権** 　破産債権者が，*破産財団'に

そうさいせ

対して負担する債務と自己の*破産債権'とを破産手続によらずに*相殺'する権利〔破67①〕。相殺の担保的機能を尊重して、債権者平等の例外として相殺権者に優先的な満足を認めるものである。他方濫用的な相殺を防止するための相殺制限も規定されている〔破71・72〕。*民事再生'及び会社更生についても同様である〔民再92①・93・93の2、会更48①・49・49の2〕。また*特別清算'においても相殺制限が規定されている〔会社517・518〕。

相殺(そうさい)制限(破産法上の)　破産債権者は、破産手続開始後に*破産財団'に対して債務を負担し、あるいは支払不能等の危機時期に破産者に対して債務を負担した場合には、相殺できない〔破71①〕。また、破産者に対して債務を負担する者は、破産手続開始後あるいは支払不能等の危機時期に*破産債権'を取得した場合に、相殺できない〔破72①〕。いずれも、破産債権者に対する偏頗(へんぱ)的な満足の防止を趣旨とする。危機時期における債務負担・破産債権取得に基づく相殺制限は、一定の場合に解除される〔破71②・72②〕。

相殺(そうさい)適状　相殺することができる状態にあること。相殺の要件を満たしていることを意味するので、相殺の要件の問題に帰着するが、特にこう呼ばれる。相殺の効果は、相殺の意思表示をした時から遡って相殺適状の時に発生する〔民506②〕。　⇨相殺'

相殺(そうさい)の抗弁　被告が原告に対し*相殺'の*意思表示'をし、その旨(実質的には、原告の訴求債権の消滅)を*抗弁'として裁判所に陳述する行為。訴訟外で相殺の意思表示をし、それを訴訟上主張する場合と、*口頭弁論'*期日'に初めて相殺の意思表示をする場合とがあり、前者を訴訟外又は裁判外の相殺、後者を訴訟上又は裁判上の相殺という。破産債権査定決定〔破125〕のような決定手続(⇨判決・決定・命令')で主張されることもありうる。訴訟上の相殺の性質については、私法行為なのか、*訴訟行為'なのか、両者が併存するのかなど見解が分かれる。民法上は相殺の意思表示には*条件'を付すことができない〔民506①〕が、訴訟上相殺の抗弁は仮定的にもなしうる(⇨予備的主張・予備的抗弁')。訴訟上・訴訟外を問わず相殺の抗弁についての判断は、*判決理由'中でされるにもかかわらず、自働債権の不存在につき*既判力'を生ずる〔民訴114②〕。判例(最判平成10・4・30民集52・3・930)によれば、訴訟上の相殺の抗弁に対し、原告が訴訟上の相殺を再抗弁として主張することは、当事者間の法律関係を不安定にし、審理の錯雑を招くため許されない。

葬祭費　⇨埋葬料'
葬祭料　*業務災害'に対して*労働基準法'及び*労働者災害補償保険法'に基づいて支給される一時金〔労基80、労基則47②、労災12の8①⑤・17、労災則17・17の2〕。死亡した労働者の葬祭を現実に行った者に対して支払われる。労働基準法による場合は死亡労働者の*平均賃金'の60日分、労働者災害補償保険法の*保険給付'の場合は31万5000円に給付基礎日額〔労災8〕の30日分を加えた額(その額が給付基礎日額の60日分に満たない場合には、給付基礎日額の60日分)となる。　⇨葬祭給付'

捜査機関　法律で*捜査'の権限と責務とを認められたものを捜査機関といい、*検察官'・*検察事務官'と、*警察官'(一般司法警察職員)・*特別司法警察職員'を含めた*司法警察職員'とがこれに当たる。刑事訴訟法上、第1次的捜査機関は司法警察職員であり〔刑訴189〕、検察官は、第2次的捜査機関である〔検察6・27③、刑訴191〕。警察と検察の関係については、一般には相互の協力関係、事件引継ぎの関係であって、当然全ての場合に検察官が警察を指揮監督して捜査を行うものではないが、適正な限度での指示権・指揮権は検察官に留保されている〔刑訴192～194〕。　⇨検察官送致'

捜索　刑事手続において、*押収'する物又は*被疑者'・*被告人'の所在を発見するために行う強制処分〔刑訴102・126・218・220等〕。被告人その他の者の身体やその所持品の中を調べる場合(身体捜索)と、住居その他の場所に立ち入りその内外を探索する場合(家宅捜索)がある。裁判所が*公判廷'外でする場合には捜索状を必要とする〔憲35、刑訴106〕。*捜査機関'も、捜査のために捜索をすることができるが、裁判官の発する捜索(許可)状が必要である〔憲35、刑訴218〕。ただし、*逮捕'・*勾引'・*勾留'するために被疑者・被告人の捜索をするのは*逮捕状'等の効力に基づき、別に捜索状を必要としない〔刑訴126・220〕。また、逮捕に際しその現場で捜索するにも令状は必要でない〔刑訴220〕。何か犯罪の証拠があるかもしれないという理由で探検的な捜索を許す*一般令状'は、憲法の禁止するところである〔憲35。なお、刑訴102②〕(⇨令状主義')。実務では、通常、捜索差押(許可)状として、捜索する場所等と押収物の両者を令状に明記する取扱いをしている。

造作買取請求権　家主の同意を得て借家人が建物に付加した畳・建具などの造作を、借家契約の終了の際に、時価で家主に買い取らせる

権利〔借地借家33〕。民法上、借家契約が終了するときは借家人は造作を収去しなければならないことになるが〔民622・599参照〕、その不都合を除き、借家人に投下資本の回収の手段を与える目的で規定されたもの。借地における建物買取請求権〔借地借家13・14〕と同じ性質の権利である。造作とは、建物の構成部分ではないが建物に付加されて建物の便益に供される物、例えば、物干場・電気・水道施設などをいうが、判例は、老舗（しにせ）ののれん代のような無形の付加価値については買取請求権を認めない。家主が買取代金を支払わない間は、買取請求権を行使した借家人は*同時履行の抗弁権'によって造作だけでなく家屋の明渡しを拒絶できる。　⇒建物買取請求権'

　創作法　　⇒特許法'
　増　資　　⇒資本金額の増加'
　増資インサイダー取引　　⇒内部者取引'
　相次運送　　**1意義**　同一運送品につき数人の*運送人'が相次いでする運送、すなわち、数人の運送人が順次に各特定区間の運送を行うが、各運送人が1通の通し運送状又は通し*船荷証券'によって運送を順次引き継いでいくもの。共同運送又は連帯運送ともいう。数人の運送人が各々独立に特定区間の運送を引き受ける場合(*部分運送')、1人の運送人が全区間の運送を引き受け、その全部・一部の運送に他の運送人を使用する場合(*下受運送')、及び数人の運送人が共同で全区間の運送を引き受け、内部的に各担当区間を定める場合(同一運送)も相次運送といわれることがあるが、これらの場合は一般原則によって処理すればよいから、商法上特に規制の必要があるのは、上記の共同運送の場合だけである。　⇒複合運送契約'
　2 法的規制　相次運送の場合、*荷送人'・*荷受人'の保護を強化し、損害発生箇所に関する困難な*挙証責任'を免れさせるため、各運送人は、運送品の滅失・毀損・延着について連帯責任を負うとされている〔商579・国際海運15〕。ただし、これは任意規定であり、特約で特定区間についてだけ特定の運送人の責任が生ずると定めてもよい。また、後の運送人は、前の運送人に代わって*運送賃'請求権・*商事留置権'・*先取（さきどり）特権'等の権利を行使する義務を負い、もし後の運送人が前の運送人に弁済するときは、前の運送人の権利を取得する〔商579②〕。
　相次運送取扱い　　**1意義**　数人の*運送取扱人'が相次いで運送の*取次'をすること。中継運送を必要とする運送品につき発地運送取扱人が運送品発送人に対して全区間の運送の取次

を引き受け、中継地又は到着地における*中間運送取扱人'との間に、発送人の計算で自己の名をもって取次契約を締結する。発地運送取扱人が全区間の運送取次を引き受け、他の運送取扱人を自己の計算で利用する場合(*下受運送'取扱い)、又は発送人が各区間につき各別に運送取扱人を利用する場合(*部分運送'取扱い)を含まない。下受運送取扱いの場合は、他の運送取扱人を*履行補助者'として利用しているにすぎず、部分運送取扱いの場合は、数個の独立の運送取扱契約が無関係に併存するにすぎないからである。発地運送取扱人は、荷主である委託者の別段の指定がない限り自ら中間運送取扱人を選定して、これに必要事務の処理を委託する。
　2 運送取扱人相互の関係　*相次運送'取扱いの場合、中間運送取扱人(到着地運送取扱人を含む)は発地運送取扱人に代わって報酬・費用等の請求権、*商事留置権'等を行使する義務を負い、中間運送人が自己の前者(自分に対する委託者である運送取扱人)に弁済したときは、前者の権利を取得する〔564・579〕。同様に中間運送取扱人が*運送人'に弁済したときは、運送人の権利を取得する〔564・579〕。したがって、料金着払いの場合にも、中間運送取扱人によって順次決済され、到着地で最後の決済がされる。
　総辞職　　⇒内閣総辞職'
　争訟性の要件　　⇒事件性'
　総所得金額　　*所得税'の*課税標準'であり、*損益通算'を行った後、*退職所得'と山林所得を除いた、*利子所得'・*配当所得'・不動産所得・*事業所得'・*給与所得'・短期*譲渡所得'・*雑所得'の金額と、長期譲渡所得・*一時所得'の金額の2分の1の金額の合計額を指す〔所税22②〕。ここから人的控除が行われ、*課税総所得金額'が算定される。個人に対する*住民税'の*所得割'でもほぼ同様に総所得金額が算定される〔地税32②・313②〕。
　送信可能化権　　著作者及び実演家・レコード製作者・放送事業者・有線放送事業者の有する、著作物、実演・レコードを送信可能化することについての排他的権利〔著作23①・92の2・96の2・99の2・100の4〕。著作者に関しては*著作権'の支分権の1つであり、実演家・レコード製作者・放送事業者・有線放送事業者に関しては*著作隣接権'の支分権の1つ。送信可能化とは、既にネットワークに接続された自動公衆送信装置(いわゆるサーバー)に情報を記録すること、又は、情報が既に記録されている自動公衆送信装置をネットワークに接続することにより、自動公衆送信しうる状態にすることをいう〔著

作2①⑨の5)。1996年に採択された'著作権に関する世界知的所有権機関条約','実演及びレコードに関する世界知的所有権機関条約'(平成14条8)(日本については平成14年発効)に対応すべく、平成9年の'著作権法'改正(法86)で新たに盛り込まれた権利である。実演家・レコード製作者には、自動公衆送信の送信段階については権利は与えられておらず、送信可能化権のみが与えられている〔著作92の2・96の2〕。

総選挙 '衆議院議員'の任期満了又は'解散'によって行われる議員の全部を改選する選挙。憲法では、'参議院議員'の任期満了による半数改選の選挙('通常選挙')も総選挙に含めている〔憲7④〕。'公職選挙法'では、'地方公共団体の議会'の総選挙を'一般選挙'〔公選33〕といい、衆議院議員の定員の全部を改選する選挙だけを総選挙と呼んでいる〔公選31〕。任期満了による総選挙は、その任期満了の日の前30日以内に〔公選31①〕、解散による場合は、解散の日から40日以内に行う〔憲54①,公選31③〕。

想像的競合 ⇒観念の競合'

総則・通則・雑則・補則・罰則 ⇒総則・通則・雑則・補則・罰則'(巻末・基本法令用語)

相続 **1 意義** 死者の生前にもっていた財産上の権利義務を他の者が包括的に承継すること。この場合の死者を被相続人、承継する者を'相続人'、承継される包括的な財産を'相続財産'という。財産の死後処分の自由を認めるのが原則であるが(⇒遺言')、'遺留分'制度によって遺言の自由には制約がある。

2 形態 相続の中心は財産相続であるが、民法旧規定(昭和22法222改正前)における'家督相続'のような身分相続・祭祀(しし)相続・祖名相続等もある。現行法は、財産相続だけを認め、'共同相続'の原則を採用している。しかし、'祭祀の承継'という制度が残っており、家の系譜などについて祖先の祭祀を主宰する者が単独承継をすることになっている〔民897〕。

3 相続の開始 相続は被相続人の死亡だけを原因として開始する〔民882〕。かつて家督相続の開始原因とされた隠居・国籍喪失などは、現行法上相続の開始原因とはならない。被相続人が死亡すれば、これと一定の身分関係にある者を相続人として、法律上当然に相続が開始する。

4 相続人 相続人には2つの系統がある。イ 子・直系尊属・兄弟姉妹:常にこの順序で先順位の者が相続人となる〔民887・889〕。同順位の者が数人あるときは、共同して均等の割合で相続人となる〔民900④〕。なお、子・兄弟姉妹が相続開始前に死亡し、又は'相続欠格'・'廃除'によって相続の資格を失った場合に、その者に子があるときは、子がその者に代わって相続人となる〔民887②③・889②〕(⇒代襲相続')。ロ 配偶者:他の相続人とともに、常に相続人となる〔民890〕。

5 相続分 相続分は、被相続人が、各相続人の遺留分を害しない限度で、遺言によって自由に指定でき(指定相続分〔民902〕)、指定がないときは民法の規定に従う(法定相続分〔民900〕)。法定相続分は、相続人が、イ 配偶者と子のときは、配偶者2分の1、子2分の1、ロ 配偶者と直系尊属のときは、配偶者3分の2、直系尊属3分の1、ハ 配偶者と兄弟姉妹のときは、配偶者4分の3、兄弟姉妹4分の1である。⇒相続分'

6 相続の効果 相続人は自己のため相続の開始を知った時から3カ月以内に'相続の承認'・'限定承認'・'相続放棄'の意思表示をする〔民915〕。相続を承認すると、相続開始の時に遡って相続財産の権利義務を取得する〔民896〕。共同相続人があるときは、相続財産を'共有'(学説上'合有'とする説もある)し〔民898〕、'遺産分割'により相続開始の時に遡って単独所有者となる〔民909〕。

相続回復請求権 真正の'相続人'が、'表見相続人'に対し、'相続権'の確認を求め、併せて'相続財産'の返還など相続権の侵害を排除して相続権の回復を求める権利〔民884〕。この請求権は、5年の時効期間で消滅し、また、相続開始後20年を経過するとこれを行使できなくなる。民法は権利行使の期間を制限する規定を置くだけなので、相続回復請求権の性質、請求の相手方の範囲などについて争いがある。学説には、相続財産全体の一括返還請求が認められる点に、相続回復請求権の存在意義があるとするものがあるが、実務上は一括請求は認められていない。それゆえ、むしろ個々の財産の返還請求につき期間制限を設ける点にのみ意味があるとする見解もある。また、表見相続人から権利を取得した'第三者'に対する返還請求は期間制限に服さないとするのが判例の立場である(大判昭和4・4・2民集8・237)が、学説にはこれに反対するものが多い。

相続欠格 本来ならば'相続人'となる者が、法定の事由によって、法律上当然に相続資格を失うこと〔民891〕。欠格事由としては、イ 被相続人や先順位・同順位の者を殺し又は殺そうとして、処刑された場合、ロ '詐欺'・'強迫'によって、被相続人の'遺言'を妨げ又は被相続人に遺言をさせた場合、ハ 被相続人の遺言

書を偽造・変造・破棄・隠匿した場合などが挙げられる。ある者について上記欠格事由が生ずるとその者は当然かつ絶対的に'相続権'を失い，'受遺者'となることもできない〔民965〕。ただし，その効果は一身的であるから，相続欠格者の相続分については'代襲相続'をすることを妨げない。 ⇒相続人の廃除'

相 続 権 *'相続人'が'相続財産'についてもつ権利。相続開始の前後によって，その内容を異にする。すなわち，イ 相続開始前の相続権は，*'推定相続人'(現に相続が開始するとすれば相続人となる者)がもっている不確定な期待的権利にすぎないが，ロ 相続開始後の相続権は，相続が開始した結果，相続人が取得した相続財産に対する包括的な権利あるいは権利義務を含む財産上の地位を意味する。これは相続開始によって発生した確定的な権利である。

相続債権者 *'相続財産'に属する債務の債権者。すなわち被相続人の債権者で，遺産債権者ともいう。相続によって*'相続人'の債権者となるが，相続の*'限定承認'・*'財産分離'によって相続財産の清算が行われる場合には，相続開始前からの相続人の債権者に先立って，相続財産から弁済を受けることができる〔民927・942〕。また，*'受遺者'は相続債権者には含まれず，相続債権者は受遺者に優先して相続財産から弁済を受ける〔民947・931〕。

相続財産 **1 意義** 被相続人から*'相続'によって*'相続人'に承継される財産の総称。*'遺産'ともいう。被相続人の*'一身専属権'及び祭祀(さいし)物以外は，積極財産はもちろん，消極財産も含む。通常の場合，相続財産は相続人の*'固有財産'と混合してしまうが，相続の*'限定承認'，*'財産分離'，相続財産の破産等の場合は，相続人の固有財産から分離された一種の*'特別財産'として清算される。なお*'遺産分割'前の*'共同相続'財産は，相続人の*'共有'とされる〔民898〕が，学説には，これを通常の共有とは異なる*'合有'と解する説もある。
2 税法上の意義 *'相続税'の課税物件である，相続又は*'遺贈'によって取得した財産〔相税1の3〕をいう。相続財産には，動産・不動産はもとより，特許権・著作権等の無体財産権，鉱業権・漁業権等の営業上の権利等，財産権の対象となる一切の物及び権利が含まれる。また，民法上は相続又は遺贈によって取得したとはいえないが，それと実質を同じくする財産，権利ないし経済的利益が，みなし相続財産とされている〔相税3・4・7〜9〕。

相続時精算課税 ⇒相続税の精算課税'
相 続 税 *'相続'によって被相続人から相続人に移転する財産に対して課される租税で，*'財産税'の性質をもつ。制度の立て方としては，被相続人の遺産を対象とするもの(遺産税)と，相続人の取得した遺産を対象とするもの(遺産取得税)とがあり，日本は後者の制度を採用しているが，遺産がどのように分割されるかで，全体の税額がほぼ等しくなる制度を採用している点で，遺産税の要素が加味されている。納税義務者は相続又は*'遺贈'('死因贈与'を含む)によって財産を取得した者であり〔相税1の3〕，相続によって取得した財産の取得時の時価を基準として*'累進税率'で課税される〔相税11〜20の2〕。被相続人が保険料を支払っていた場合において，その死亡を保険事故として支給する生命保険金のように，相続又は遺贈によって得た財産ではないがそれと同視してよいものも，相続税の対象となる(みなし相続財産)〔相税3〜9〕。

相続税の精算課税 **1 制度の趣旨** 従来は，*'贈与税'の負担が*'相続税'よりも著しく高かったために，資産の生前贈与が妨げられていた。相続税の精算課税とは，高齢化の進展という状況や，高齢者の保有する資産の有効活用という要請を背景として，生前贈与による次世代への資産移転を円滑にするために，平成15年から導入された制度である(相続時精算課税)。
2 制度の概要 相続税の精算課税は，贈与者が満60歳以上の親であり，かつ受贈者が満18歳以上の子である*'推定相続人'(代襲相続人を含む)又は孫であるときに，受贈者の選択により適用を受けられる〔相税21の9①，租特70の2の6〕。本制度の適用を受ける旨の選択をすると，相続時まで本制度の適用が継続される。本制度の適用を受けた場合には，適用対象である贈与財産は，他の贈与財産と区別して贈与税が課される。これには110万円の*'基礎控除'〔相税21の11の2，租特70の3の2〕及び2500万円までの特別控除が適用される〔相税21の12①〕が，同じ贈与者から2回以上の贈与を受けた場合には，2回目以降の贈与に対しては特別控除のうち未利用の金額のみが適用される。これらの控除額を超える金額については，20％の税率で課税される〔相税21の13〕。本制度の選択をした受贈者は，贈与者の相続時に，それまでの贈与財産(基礎控除後の金額)と相続財産とを合算して相続税額を計算する〔相税21の15・21の16〕。ただし，過去の贈与に対して贈与税が課されていた場合には，その贈与税相当額が*'税額控除'され，

[図：法定相続分]

イ
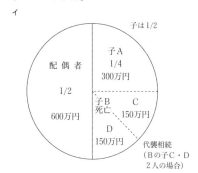

ロ 実父母のほか養父母がいる場合
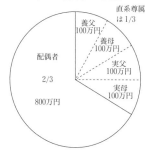

ハ
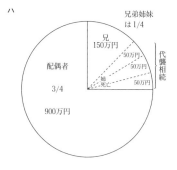

半血の兄弟姉妹がいる場合
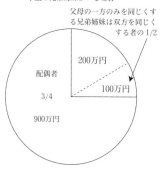

れないが，一定の期間内に制限能力や詐欺・強迫などを理由として*取消し'をすることはできる。その際，限定承認の取消しについては，*家庭裁判所'に申述しなければならない〔民919〕。

相続分 **1 意義** *共同相続'人の*相続財産'全体に対する分け前の限度。普通はその割合をいう〔例：民900〕が，数額を指すこともある〔民903〕。例えば，妻と2子が*相続人'であるとき，法定の「相続分」は妻2分の1，子は各4分の1となり，遺産総額が1200万円であれば，妻の「相続分」は600万円，子の「相続分」は各300万円であるという。いずれの場合も，相続財産の中のあの土地この家屋というような具体的財産ではなく，相続財産全体に対する持分である。相続分は，まず被相続人の指定（指定相続分）により，指定がない場合は民法の規定（法定相続分）によって定まる。
2 指定相続分 被相続人は，*遺言'で，共同相続人の各相続分を指定し，又は*第三者'に委託して指定させることができる〔民902〕。数人の共同相続人のうち一部の者の相続分だけを指定することもでき，この場合は，指定を受けない相続人の相続分は法定相続分による。相続分の指定がなされた結果，遺留分を侵害された相続人は，遺留分割合を超える相続分を指定された相続人に対して遺留分侵害額請求をすることができる（⇨遺留分'）〔民1046①括弧参照〕。
3 法定相続分 相続分の指定がないときは，民法の規定〔民900・901〕で相続分が定まる。イ 配偶者と子が相続人であるときは，配偶者の相続分は2分の1，子の相続分は2分の1。ロ 配偶者と直系尊属が相続人であるときは，配偶者の相続分は3分の2，直系尊属の相続分は3分の1。ハ 配偶者と兄弟姉妹が相続人であるときは，配偶者の相続分は4分の3，兄弟姉妹の相続分は4分の1である。子，直系尊属又は兄弟姉妹が数人あるときは，上記の相続分を各人で均分することになる（⇨均分相続'）。例えば，妻と3子が相続人であるとき，子各1人の相続分は2分の1の3分の1，すなわち6分の1となる。

そうぞくほ

父母の一方だけを共にする兄弟姉妹は父母の双方を共にする兄弟姉妹の2分の1の割合となる。*嫡出でない子'は*嫡出子'の2分の1とされていたが，この部分の規定は平成25年に削除された(法94)。なお，*代襲相続'人が数人あるときは，その各自の相続分について上記の標準に従う。図を参照せよ。

4 特別受益者の相続分 婚姻・養子縁組や独り立ちの際に被相続人から贈与を受けた相続人(特別受益者)がある場合には，被相続人が異なった意思を表示していたときを除き〔民903③④〕，相続開始の時の財産にその贈与の価額を加えたものを相続財産とみなし，それを基礎として算出した相続分から，受益額を控除した残額が，その特別受益者の相続分となる〔民903〕。

5 寄与分 被相続人の事業を手伝ったり，その療養看護をしたりして，被相続人の財産の維持・増加について特別の寄与をした相続人がある場合には，その*寄与分'を除いたものを相続財産とみなし，それを基礎として算出した相続分に寄与分を加えた額が，その者の相続分となる〔民904の2〕。

6 相続分取戻権 共同相続人の1人が*遺産分割'前にその相続分を第三者に譲渡したときは，他の共同相続人は，譲渡の通知を受けた後1カ月以内にその価額と費用とを償還して，その相続分を譲り受けることができる〔民905〕。なお，*相続放棄'の場合の相続分の計算については，その項をみよ。

相続放棄 **1 意義** *相続'が開始した後に*相続人'が相続の効果を拒否する*意思表示'〔民938〜940〕。*相続財産'が債務超過である場合には相続人が意に反して過大な債務を負わされるので，これを回避するために認められた制度である。しかし，日本の実態は，むしろ共同相続人が家業を承継する者を除いて相続を放棄し，相続財産を1人に集中することによって農業資産や経営資産その他の家産の分割散逸を防ぐために利用されている。

2 要件 相続放棄をするには，自己のため相続の開始を知った時から3カ月以内に家庭裁判所にその旨を申述しなければならない〔民938・915①〕。

3 効果 相続放棄をした者は，初めから相続人とならなかったものとみなされ〔民939〕，*共同相続'の場合は，他の相続人の*相続分'が増加する。また，相続放棄をした者については*代襲相続'は認められない〔民887〕。

4 撤回・取消し 相続放棄を*撤回'することは許されないが，一定期間内に制限能力や詐欺・強迫などを理由として*取消し'をすることはできる。その際，その旨を家庭裁判所に申述しなければならない〔民919〕。

総代会 1 *公共組合'・*協同組合'その他の組合において，組合員が多数の場合，総会をしばしば開くことが困難又は不便であるなどの理由から，法令・定款の規定により，総会に代わるものとして設けられる機関〔土地改良23，区画整理36，中協55，農協48，生協47等〕。通常，合併，解散，役員の選挙等は議決できないものとされている。

2 相互保険会社についても，*社員総会'に代わる機関を設けることができ，これを社員総代会又は単に総代会という〔保険業42〕。

相対権 ⇨絶対権・相対権'

相対的商行為 一定の主体による反復又は手段化により初めて*商行為'となる行為であり，*営業'として反復継続してされることにより商行為となる*営業的商行為'〔商502〕と，*商人'がその営業のためにすることにより初めて商行為となる*附属的商行為'〔商503①〕とから成る。*絶対的商行為'に対する概念。主観的商行為ともいう。

相対的定期行為 ⇨定期行為'

相対的不定期刑 ⇨不定期刑'

相対的離婚原因 *離婚原因'が法定されていても，具体的な事情のいかんによってなお裁判所の裁量で*離婚'を認めないことができるとされているような離婚原因をいう。民法770条1項に定める離婚原因は，それが存在する場合であっても，裁判所は一切の事情を考慮して離婚を認めないこともある〔民770②〕から，相対的離婚原因である。

相対免除主義 ⇨国家免除'

送達 イ 民事訴訟法上，法定の方式の下に訴訟上の書類又は*電磁的記録'を当事者その他の利害関係人に了知させる目的でされる行為。原則として職権で行われ(*職権送達主義')〔民訴98①〕，送達事務は，*裁判所書記官'が取り扱う〔民訴98②〕。ロ 書類の送達の実施機関は，原則として*執行官'又は郵便の業務に従事する者であるが〔民訴101〕，裁判所書記官となることもある〔民訴102〕。書類の送達の原則的な方法は，*交付送達'であるが〔民訴102の2・106〕，付郵便送達〔民訴107〕(⇨書留郵便等に付する送達')，*公示送達'〔民訴110〕が認められることもある。送達場所は，原則として，受送達者の住所，居所，営業所又は事務所であるが〔民訴103①〕，就業場所〔民訴103②〕，受送達者に出会った場所〔民訴105〕となることもある。なお，

当事者等から送達場所が届け出られたときは，送達は，その場所においてする〔民訴104〕。ハ 電磁的記録の送達は，所定の要件が充足されていれば，電子情報処理組織による送達をすることができるが，要件が充足されていなければ，送達は書面化した上で，ロと同様に行う〔民訴109の2・109〕。ニ 刑事訴訟に関する書類の送達は，公示送達に関する部分を除いて，原則的に民事訴訟に関する規定を準用して行う〔刑訴54〕。 ⇨電子情報処理組織による送達'

送達条約 正式には「民事又は商事に関する裁判上及び裁判外の文書の外国における送達及び告知に関する条約」という。*ハーグ国際私法会議'で作成され，1965年に署名，1969年に発効した条約。日本は，1970年に批准し(昭和45条7)，実施のために「民事訴訟手続に関する条約等の実施に伴う民事訴訟手続の特例等に関する法律」(昭和45法115)及び同規則(昭和45最高裁規6)を制定している。1905年及び1954年の*民事訴訟手続に関する条約'のうち，*送達'に関する部分の改正を目的とする条約で〔送達告知約22〕，送達の*国際司法共助'の簡易迅速化を図ったものである。各国の窓口となる「中央当局」の指定〔送達告知約2〕，様式モデルに従った送達要請書・送達証明書等の使用〔送達告知約3～7〕，名宛人である被告の欠席の場合の裁判の延期〔送達告知約15〕，一定の場合の不服申立権の回復〔送達告知約16〕などを規定し，手続の簡素化・迅速化による現実かつ時間的余裕のある送達の実現とともに，被告の防御権の最低限度の保障の確保を目指している。日本は郵便による直接送達を拒否する旨の宣言〔送達告知約10(a)〕をしていなかったため，特にアメリカからの送達を巡って問題が生じていたが，2018年に拒否宣言をしたため，郵便直接送達によって開始された裁判においてなされたアメリカ判決の日本での承認・執行は拒否されることになる〔民訴118②の適用上，実際の防御可能性の保障とともに条約遵守性をも要求する最判平成10・4・28民集52・3・853参照〕。

送致範囲 国際私法において，ある問題について*準拠法'が定められた場合，その準拠法体系の中で適用されるべきルールの集合であって，当該法体系の中で当該問題の準拠法として切り取られる範囲のこと。*単位法律関係'ごとに準拠法を定めるという国際私法の構造上，準拠法所属国に問題の処理が送致されたからといって，全てのルールが適用されるわけではなく，単位法律関係に対応する範囲の実質法規範だけが適用されることになる。かつて第二次法性決定論という議論があった。これは，今日では，準拠法とされた実質法の側で送致された問題に適用をするか否かを問い直すとされていた点で失当であるが〔適用すべきルールの範囲は国際私法の側で既に決定していることである〕，送致範囲の議論の明確化を促した功績がある。

総 定 員 法 ⇨定員'

争点及び証拠の整理 Ⅰ 民事訴訟において，当事者の主張が対立し訴訟の勝敗を左右する点(争点)は何か，争点につきどのような証拠調べをすべきかなどを明らかにして，*口頭弁論'による本格的な審理を能率よく行うための準備をすることをいう。争点及び証拠の整理を踏まえて口頭弁論が行われる。現行民事訴訟法は，争点及び証拠の整理が，審理の充実・促進のために重要であることから，*準備的口頭弁論'，*弁論準備手続'，*書面による準備手続'の3種類を用意し，更に，令和4年の改正により後二者の手続を拡充した〔民訴164～178〕。

Ⅱ *刑事訴訟規則'では，第1回*公判期日'前に当事者間で争点と証拠について打ち合わせることが期待されている〔刑訴規178の6〕。しかし，*予断排除の原則'を守るために，第1回公判期日前の裁判所による争点整理などができなかった〔刑訴規178の16①〕。そこで特に*裁判員制度'に対応するために，*証拠開示'を含む，より積極的な争点整理手続が必要であるという考慮から，平成16年の刑事訴訟法改正(法62)により，争点及び証拠の整理手続が導入された〔刑訴316の2～316の32〕。 ⇨公判前整理手続'

争点形成責任 刑事訴訟法上，検察官は全面的な*挙証責任'を負っているが，犯罪成立阻却事由(⇨違法性阻却事由' ⇨責任阻却事由')，刑の減免事由等については，それが実際に争点となるまでは*証明の必要'がない。証拠の提出や的確な意見陳述によってこの種の争点を形成するのは被告人側の責任である。証拠提出の負担を強調する場合は*証拠提出責任'と呼ぶ。

争 点 効 1意義 前訴において当事者が主要な争点として*主張・立証'を尽くし，かつ裁判所が実質的に判断して下したその争点についての判断に生じる通用力で，同一の争点を主要な先決問題とする後の別訴請求の審理において，その判断に反する主張・立証を許さず，これと矛盾する判断を禁止する効力をいう。民事訴訟法上，*既判力'は判決*主文'における判断にのみ生じ，*相殺(ﾁｬﾗ)の抗弁'の成否についての判断を除いて*判決理由'中の判断には生じないとされている〔民訴114〕。しかし，ある前提問題を主要な争点として争った以上は，その結

そうてんそ

果を関連する請求の当否の基礎として通用させることが当事者間では公平である，との趣旨から学説上主張された理論である。
2 具体例 AがBに対して，Bからの買受けを主張して所有権に基づく建物の明渡し請求を提起し，Bの錯誤・詐欺取消しの主張の当否が主要な争点として争われたがこれらの主張が認められずにA勝訴の判決が確定した後に，BがAに対して，売買による建物所有権移転登記の抹消請求をする場合に，Bはその理由として売買契約の錯誤・詐欺取消し（あるいは自己の建物所有権）の主張をすることは争点効により認められなくなる。
3 判例・学説 最高裁判所は上記の事案における前訴判決の建物所有権の存否の判断について争点効を否定した（最判昭和44・6・24判時569・48）。学説においては，信義則の個別化を強調する見解，これに対して信義則の分析あるいは争点効の要件化を図る見解等がある。

争点訴訟 1 概念 私法上の法律関係に関する訴訟で，行政処分の存否や効力の有無が争点となるものをいう（行訴45）。例えば，旧地主が農地買収処分の無効を理由として現在の土地所有者に対し土地所有権の確認を求める訴訟や，滞納処分の無効を理由として公売された物件の返還を求める訴訟等である。
2 性質 争点訴訟は私法上の権利関係を*訴訟物'とするから，その性質は*民事訴訟'である。その審理は基本的に民事訴訟法の定めに従って進められるが，「処分の存否又はその効力の有無」が*先決問題'として審理されるため，*行政事件訴訟法'の規定のうち，行政庁の*訴訟参加'，処分庁への出訴の通知，釈明処分の特則，*職権証拠調べ'，訴訟費用の裁判などに関する定めが準用される（行訴45①④）。

相当因果関係 I 民法 1 意義 *債務不履行'又は*不法行為'と因果関係のある*損害'のうち，賠償されなければならない範囲を表すのに用いられる語。賠償の対象となる損害は，債務不履行又は不法行為を生じさせた事実と因果関係のあるものでなければならないが（⇒損害賠償），因果関係は，Aという事実がなかったならばBという事実もなかったであろうという関係が認められれば原則として存在するから，債務不履行又は不法行為と因果関係のある損害は無限に考えられる（例えば，交通事故で負傷して入院した者が退院直前病院内で伝染病にかかって死亡した場合には，交通事故と死亡との間には因果関係が考えられることになる）。そこで，賠償されるべき損害の範囲に因果関係

を規範的に限定するために用いられるのがこの語である。
2 相当性の内容 何が相当であるかについては，種々の考え方があるが，通説・判例（大連判大正15・5・22民集5・386〈富喜丸事件〉，最判昭和48・6・7民集27・6・681）は，債務不履行に基づく損害賠償の範囲を定める民法416条が相当因果関係を定めたものであって，同条は不法行為にも類推適用されると解しているので，結局，この問題は同条の解釈に帰着する。民法416条は，「特別の事情」によって生じた損害については当事者がその事情を予見し又は予見することのできたこと（予見可能性）の立証を要求しているが，「通常生ずべき損害」については，予見可能性の立証を要求していないので，要するに損害賠償の範囲は当事者の予見可能な事情によって生じた損害の範囲に限定されることになる。通常生ずべき損害と特別の事情によって生じた損害との区別は，予見可能性の立証責任を左右する基準として意味をもつが，固定的なものではなく，個別的・具体的に決定される。

II 刑法 1 意義 条件関係の存在だけでなく，因果経過の相当性をも刑法上の因果関係の内容とする見解（⇒因果関係'）。行為者に支配不可能な異常な経過をたどって結果発生に至った場合，例えば，*結果的加重犯'において，予想外の事情の介入により偶発的に加重結果が生じた場合，あるいは行為後に別の*故意'行為が介入した場合などにも因果関係を肯定せざるをえない*条件説'の結論を制限し，行為者にとって過酷な結果となることを回避しようとしたものである（⇒因果関係の中断'）。以前は，学説の多数説であり，判例も条件説から相当因果関係説に移行しつつある（最判昭和42・10・24刑集21・8・1116）と考えられていたが，その後，行為の結果への寄与度に基づいて因果関係の有無を決する*客観的帰属論'的な論理構成を採用した判例が現れ（最決平成2・11・20刑集44・8・837），「相当因果関係説の危機」といわれる状況が現出した。現在の学説は，相当因果関係説の内部に客観的帰属の視点を取り入れる立場が主流である。この立場からは，現在の判例は，因果経過の経験的通常性ではなく，行為の危険性が結果へと現実化したことを因果関係を認める基準とする「危険現実化論」に依拠すると理解される。⇒危険の現実化'
2 相当性の判断 相当性の有無の判断のために考慮に入れられるべき事情（判断基盤）については，イ 行為者が行為時に認識・予見していた事情及び認識・予見しえた事情を判断基盤とする

主観説、ロ 行為時に存在した全ての事情及び行為後に生じた客観的に予見可能であった事情を判断基盤とする客観説、ハ 一般人が認識・予見することのできた事情及び行為者が認識・予見しあるいはしえた事情を判断基盤とする折衷説(有力説)などの見解がある。

相当(の)規定 ⇨相当(の)規定'(巻末・基本法令用語)

相当の(相当な) ⇨相当の(相当な)'(巻末・基本法令用語)

相当補償説 ⇨正当な補償'

相場操縦 不正の手段によって取引所における人為的な相場を形成しようとする行為。相場操縦は、自然の需給によって形成されるべき相場(市場価格)を人為的にゆがめ、かつ、取引所では公正な市場価格が形成されているという投資者の信頼を害する点で悪性の強い行為であり、*金融商品取引法'・*商品先物取引法'が、いずれも厳しい刑事罰をもってこれを禁じている〔金商159、商取116〕。金融商品取引法上、相場操縦は、仮装売買・馴合(なれあい)売買といった偽装取引による操作、一連の現実売買による操作、情報流布による操作、虚偽表示による操作、及び政令に違反する安定操作から成る。仮装売買は、売買取引が繁盛に行われていると誤解させるなどを目的として、権利の移転を目的としない仮装の売買取引をなすことをいい〔金商159①1~3〕、馴合売買とは相異なる買主・売主間で通謀の上でなされる仮装の売買取引をいう〔金商159①4~8〕。いずれも、かかる取引の受委託自体も独立に違法とされる〔金商159①9〕。一連の現実売買による操作は、大量の買い注文又は売り注文を主としてなすことにより相場を変動させる行為であり、他人を取引に誘い込む目的(誘引目的)をもって行った場合にのみ違法とされる〔金商159②1〕。情報流布による操作は自己又は他人の操作によって相場が変動する旨を流布する行為、虚偽表示による操作は*有価証券'の売買等を行うにつき虚偽又は誤解を生じさせる表示を故意にする行為であり、いずれも誘引目的を必要とする〔金商159②2・3〕。安定操作は相場を固定する目的で一連の売買取引又はその受委託をする行為である〔金商159③〕。相場操縦に対する刑事罰は、10年以下の拘禁刑若しくは1000万円以下の罰金、又はこれらの併科であるが〔金商197①5〕、法人に7億円以下の両罰規定が適用されるほか〔金商207①1〕、財産上の利益を得る目的でなされた相場操縦の自然人の罰金は3000万円以下と強化されている〔金商197②〕。相場操縦行為は*課徴金'の対象でもある〔金商174~174の3〕。以上は、何人に対しても適用される相場操縦の禁止規定であるが、これとは別に金融商品取引業者による作為的相場形成行為が、行政処分をなしうる禁止規定として定められている〔金商38⑨、金商業117①19⑳〕。 ⇨不公正取引規制' 推奨販売'

送付案 国会において、先議の議院から後議の議院に送られた議案〔国会83①〕。後議の議院の審議の対象は、先議の議院に提出された原案ではなく、この送付案である〔国会83②〕。 ⇨回付案' ⇨返付(議案の)'

送付債務 債権者・債務者の住所・営業所以外の場所(第三地)に目的物を送り届けるべき債務。第三地が履行場所である場合は、原則としてその場所での*現実の提供'を必要とするが、債権者の要請で債務者が好意で第三地で引き渡す場合には第三地への発送によって、債務者のなすべき行為は完了し、目的物は特定する。 ⇨持参債務・取立債務'

贓物(ぞうぶつ)罪 ⇨盗品等に関する罪'

双方審尋主義 裁判をするについて、当事者双方にその主張を述べる機会を平等に与えなければならないとする原則。当事者対等の原則ともいい、一方審尋主義に対する。民事訴訟の*判決手続'の*必要的口頭弁論'にこの原則が妥当する〔民訴87①〕が、*督促手続'や*民事保全'手続などでは一方審尋のみによって手続を進めることができる〔民訴87②・386①、民保3〕。ただし、民保23④・29参照〕。

双方代理 Ⅰ Bが一方では売主Aの代理人となり、他方では買主Cの代理人となってAC間に売買契約を成立させる場合のように、同一人が契約当事者双方のそれぞれの代理人として代理行為をすること。本人であるA又はCの一方又は双方の利益を害する危険が大きいので、民法により原則として禁止されている〔民108〕。その処理は全て*自己契約'と同じである。

Ⅱ 会社の代表者については、*株主総会'、*取締役会'あるいは他の社員の承認を要件として、双方代理の禁止規定〔民108〕は適用されない〔会社356②・365①・419②・595②〕。 ⇨取締役・会社間の取引' ⇨取締役の利益相反取引'

双方的商行為 当事者の双方にとって*商行為'である行為。*一方的商行為'に対する概念である。*商人'間の売買などはその典型であり、この場合には、もちろん双方の当事者について商法の規定が適用される。

双方未履行双務契約(破産手続における)
*破産'手続開始の時において破産者及びその相

そうむけい

手方がともにまだ*履行*を完了していない*双務契約*をいう。この双務契約について、*破産管財人*は、契約を*解除*し、又は、破産者の債務を履行して相手方の債務の履行を請求することができる〔破53①〕。解除が選択された場合、相手方は、*損害*の賠償について*破産債権*者としてその権利を行使することができる〔破54①〕。また、相手方は、破産者の受けた*反対給付*が*破産財団*中に現存するときは、その返還を請求することができ、現存しないときは、その価額について*財団債権*者としてその権利を行使することができる〔破54②〕。履行が選択された場合、相手方が有する請求権は財団債権とされる〔破148①⑦〕。*民事再生*手続及び*会社更生手続*においても同様である〔民再49、会更61〕。このような処理通則に対して、継続的給付を目的とする双務契約〔破55、民再50、会更62〕、*賃貸借*契約等〔破56、民再51、会更63〕、市場の相場がある商品の取引に係る契約〔破58、民再51、会更63〕及び*交互計算*〔破59、民再51、会更63〕については、特則が設けられている。更に、書面でする*消費貸借*の借主の破産〔民587の2③〕、*使用者*の破産〔民631〕、注文者の破産〔民642〕、*委任*者又は受任者の破産〔民653②、破57〕、組合員の破産〔民679②〕及び*保険者*の破産〔保険96〕についても特則がある。

双務契約・片務契約 売買や賃貸借のように契約当事者の双方が互いに対価的な債務を負担する契約を双務契約といい、贈与のように当事者の一方が対価的債務を負担しない契約を片務契約という。*負担付贈与*のように、債務の一方の内容が他方と対価的関係にない場合も片務契約である。双務契約は必ず*有償契約*であるが、利息付消費貸借は、*要物契約*であるために（借主の返還債務だけが残っている）、有償契約ではあるが片務契約である。双務契約においては、双方の債務が対価として互いに他を前提としているから、特約のない限り、一方の債務だけを先に給付させるのは不公平であるという理由で、*同時履行の抗弁権*が認められている〔民533〕。また、双務契約では一方の債務が当事者の責めに帰することのできない理由で消滅してしまった場合には、他の対立する給付をどうするかという*危険負担*の問題〔民536〕が生ずる。　⇨契約'

総務省 行政の基本的な制度の管理・運営を通じた行政の総合的かつ効率的な実施の確保、*地方自治の本旨*の実現及び民主政治の基盤の確立、自立的な地域社会の形成、国と地方公共団体及び地方公共団体相互間の連絡協調、情報の電磁的方式による適正・円滑な流通の確保・増進、電波の公平・能率的な利用の確保・増進、郵政事業の適正かつ確実な実施の確保などのほか、他の行政機関の所掌に属しない行政事務などを遂行することを任務とする*国の行政機関*〔総務省3〕。平成13年施行の中央省庁改革により、従前の総務庁、自治省、郵政省を統合して設置された。地方支分部局として、管区行政評価局、総合通信局、沖縄行政評価事務所及び沖縄総合通信事務所が置かれ〔総務省24〕、外局として、*公害等調整委員会*、消防庁が置かれている〔総務省30〕。

総有 *共同所有*の一形態。入会(いりあい)地の地盤が村落に属する場合のように、共同所有者は1つの団体を形成し、その構成員である各共同所有者は使用収益の権能をもつが、処分の権能は団体に属するという形の共同所有形態。各構成員は*持分権*をもたず、分割請求や*持分*の譲渡も認められない。判例は、*入会権*が入会団体の総有に属するとする（最判昭和41・11・25民集20・9・1921）ほか、*権利能力なき社団*の財産はその構成員の総有に属するとする（最判昭和32・11・14民集11・12・1943〈品川白煉瓦(れんが)事件〉等）。

贈与 **1 意義** 当事者の一方（贈与者）が自己の財産を無償で相手方（受贈者）に与える意思を表示し、相手方がそれを受諾することによって成立する*契約*〔民549〕。その法律的性質は、諾成・片務・無償・不要式の契約である。なお、贈与の中で特殊なものとして、*負担付贈与*（受贈者が負担を負う贈与）、現実贈与（契約と同時に履行される贈与）、定期贈与（定期的に履行する贈与）、*死因贈与*（贈与者の死亡によって効力を生ずる贈与）がある。

2 効力 贈与は片務契約であり、贈与者の義務のみが生じる。贈与者は受贈者に対し、約束した財産を与える義務を負う。贈与は、無償契約であるので、その拘束力は弱められている。このため、書面によらない贈与は、履行の終わらない部分について解除をすることができる〔民550〕。与えるべき財産の性質については、その財産を贈与の目的として特定した時の状態で与えることを約したものと推定される〔民551①〕。

総予算主義 全ての収入・支出を、それぞれ*歳入・歳出*として逐一*予算*に計上すべきであるとする考え方。総計予算主義ともいい、収入額からそれを得るために要した経費を控除した差額のみを予算に計上する純計予算主義と対比して用いられる。その趣旨は、歳入・歳出の全てを予算に計上することによって、予算を

そうりつそ

通して行われる議会の財政統制に資するとともに，会計検査機関(*会計検査院・・*監査委員')による検査又は監査の便宜を図り，予算執行上の責任を明らかにすることにある。総予算主義の原則は*明治憲法'下の旧会計法で既に採用されており，現行の*財政法'も，「歳入歳出は，すべて，これを予算に編入しなければならない」〔財14〕と規定してそれを明示する。したがって，全ての収入は*国庫'に歳入として収納しなければならず，全ての経費も歳出予算から支出しなければならないという統一的収支(収支統一)の原則〔会計2〕が生まれる。地方財政の会計についても，同じ趣旨から総計予算主義が採用されている〔自治210〕。

贈 与 税 個人から受けた*贈与'による財産の取得に対して課される*国税'。その目的の1つが，生前贈与による*相続税'回避の防止にあるので，相続税の補完税の性質をもつ。したがって，*相続税法'中に相続税とともに規定されている。*納税義務者'は，贈与によって財産を取得した個人である〔相税1の4〕が，*権利能力なき社団・財団'は持分の定めのない法人も，例外的に納税義務者とされることがある〔相税66〕。*課税価格'は，1暦年間に贈与により取得した財産の価額の合計額であり〔相税21の2〕，一定の財産は非課税財産とされている〔相税21の3〕。税額は，課税価格から*基礎控除'〔相税21の5〕をした残額に対し，10%から55%までの超過累進税率(⇨累進税率')〔相税21の7〕を適用することによって，算出される。なお，保険金〔相税5〕，低額譲受けによる利益〔相税7〕等は，法律的には贈与によって取得した財産とはいえないが，実質的に贈与によって取得した財産と同視しうるために，贈与によって取得した財産とみなされ(みなし贈与財産)，贈与税の対象とされる。なお，平成15年改正(法8)により，相続税との一体化が図られている(⇨相続税の精算課税')。

騒 乱 罪 1 **意義** *公共危険罪'の1つ。公共の平和，静謐(せいひつ)を*法益'とする。狭義では騒乱罪〔刑106〕を意味し，広義では*多衆不解散罪'〔刑107〕を含む。同じ集団犯である*内乱罪'との相違点としては，内乱罪は国家的法益に対する罪であり，犯罪の成立には，憲法の定める統治の基本秩序の壊乱という特定の目的，首謀者の存在が必要であるが，他方，騒乱罪は社会的法益に対する罪であり，特定の目的は不要で，首謀者が存在しない場合でも犯罪が成立する。憲法の*集会の自由'，*表現の自由'との関係で，その適用に慎重さが求められる犯罪類型として厳格に運用された結果，社会的法益も保護している*凶器準備集合罪'〔刑208の2〕が，騒乱罪の果たしていた役割の一部を代替しているという指摘もある。
2 **客観的要件** 多衆で集合して*暴行'又は*脅迫'をすること。多衆とは，同事の法益を害するに足る程度の適当な多人数であり，その判断には人数の多寡以外に凶器の所持等の要素も考慮される。暴行・脅迫は，一地方の公共の平和，静謐を害するに足りる程度であることを要するが，暴行は物に対する有形力の行使を含むので，建物の不法侵入・占拠も暴行に当たる。
3 **主観的要件** *故意'のほか，暴行が多衆の共同意思に出たものであることが必要である。多衆の共同意思とは，多衆の合同力を頼んで自ら暴行・脅迫をなす意思ないしは多衆をしてこれをなさしめる意思と，かかる暴行・脅迫に同意を表し，その合同力に加わる意思とから成る(最判昭和35・12・8刑集14・13・1818)。
4 **処罰** 首謀者，指揮者・率先助勢者，*付和随行'者で刑に差がある。
5 **その他** *破壊活動防止法'40条は，政治目的のための騒乱罪の*予備・陰謀'，*教唆'，*煽動(せんどう)'を罰している。

総 理 大 臣 ⇨内閣総理大臣'

創 立 主 義 発行予定株式総数のうち一部の引受けだけで*会社の設立'を認める主義。基本的に*定款'の作成だけで会社の成立を認めるものである。英米会社法において採用されている。未発行の株式については，会社設立後に*取締役'がその枠内で適宜発行することができる(⇨授権資本制度')。会社設立にあたり定款所定の資本金の額に相当する*株式の引受け'を要求する総額引受主義に対する。昭和25年改正(法167)商法で授権資本制度を導入し新株発行については*打切発行'を認めたが，設立の局面では，発行予定株式総数の全額の引受けを要することとし，両主義の折衷的な解決を図った。会社法は，定款で設立に際して出資される財産の価額又は最低価額を定め，その額の出資がなされることを求め，最低価額を定めた場合にはそれを下限として会社を設立することを認めている〔会社27④〕。

創立総会(会社の) 1 **株式会社設立の場合** *株式会社'の*募集設立'の場合に設立時株主によって構成される*設立中の会社'の議決機関。設立中の会社の最高の意思決定機関で，*株主総会'の前身ともいえるもの〔会社65以下〕。*出資'履行後，遅滞なく*発起人'により招集され，その決議は，出席した設立時株主の議決権の3

そうりつひ

分の2以上で、かつ引受済株式総数の過半数にあたる多数をもって行われる〔会社73①〕。その権限は発起人の創立事項の報告、'取締役'・'監査役'('監査等委員会設置会社'でも'指名委員会等設置会社'でもない会社の場合〔会社327④〕)又は'検査役'の選任、並びにそこで選任した取締役及び監査役(発起人が選任されているときは検査役を選ぶことができる)による出資及び'変態設立事項'(変態設立事項については裁判所の選任した検査役による報告に基づく)の調査報告、その報告に基づき不当な変態設立事項の変更、更に、'定款変更'又は設立廃止、そのほか設立に関し決議を必要とする事項全てに及ぶ〔会社88・93・96等〕。
2 会社更生計画による第二会社設立の場合 '会社更生手続'における更生計画による第二会社設立の場合には、創立総会の省略等の特例が認められている〔会更210・225③⑥〕。

創 立 費　⇨'設立費用'　⇨'繰延資産'
相 隣 関 係　**1 意義**　隣接する不動産の所有者相互において、ある場合には境界を越え、ある場合にはその範囲を縮小して、不動産の利用を調整し合う関係〔民209～238〕。'地上権'にも準用されており〔民267〕、'永小作権'、賃借権にも準用されるものと解されている。
2 内容　境界付近の建築等に際しての隣地使用権〔民209〕、袋地所有者等の隣地通行権〔民210～213〕(⇨'囲繞(いにょう)地')、ガス・水道水等の設備の設置等の権利〔民213の2〕、排水に関する相隣関係〔民214～222〕、境界・囲障設置等の権利〔民223～232〕、境界を越える竹木の枝根の切除に関する権利〔民233〕、境界線付近の工作物築造の制限〔民234〕、観望制限〔民235〕などである。相隣関係にある者の間では、騒音・ばい煙の侵入・日照妨害などが問題となることが多いが、これらは一定の要件の下に'不法行為'となる。⇨インミッション'　⇨'ニューサンス'

贈　賄　'賄賂'の供与又はその申込み若しくは約束をすること。'公務員'に贈賄すると、贈賄罪〔刑198〕が成立する。収賄罪に比し刑は軽い。供与、約束は、それぞれ収賄罪の収受、約束と'必要的共犯'の関係に立つ。'特別法'上、公務員以外の者に対する財産上の利益の供与、申込み、約束が処罰される例があり〔会社967②・968②〕、また、外国公務員等に対する金銭その他の利益の供与、申込み、約束も処罰されている〔不正競争18・21④④〕。

訴　額　⇨'訴訟物の価額'
訴願前置主義　'明治憲法'下では、'行政裁判所'に出訴するには、あらかじめ'訴願法'に基づく訴願手続を経なければならないこととされていた。この原則を訴願前置主義という。日本国憲法施行後、'行政事件訴訟特例法'が制定されたが、訴願前置主義は維持された。現在の'行政事件訴訟法'の下では、直接訴えを提起できるのが原則である〔行訴8〕が、個々の法律によって、事前に不服申立てを経なければならないとされていることがある。　⇨'不服申立前置'
訴 願 法　**1 意義**　かつての訴願(違法又は不当な行政処分につき行政庁に対してする不服申立て)手続に関する一般法(明治23年105)。
2 内容　訴願事項については、いわゆる'列記主義'を採用して6項目を挙げるほか、訴願裁決庁、訴願の方式、訴願期間、審理手続、執行停止、裁決の方式と効力などについて規定していた。
3 廃止　本法の制定は古く、改正も行われなかったため、日本国憲法下の行政救済法としては不備欠陥が多かった。昭和37年にこれに代わり'行政不服審査法'(法160)が制定され、その施行とともに廃止された。

遡　求　**1 意義**　'手形'・'小切手'の支払がないか、又は支払の可能性が減少したときに、手形・小切手の所持人が流通過程の上流にいる前者に対して一定金額の支払を請求すること。ただし、'無担保裏書'の'裏書人'は遡求義務を負わず〔手15①〕、'裏書禁止裏書'の裏書人は遡求義務を負う相手方が直接の被裏書人に限られる〔手15②〕。償還請求ともいう。この請求権を遡求権又は償還請求権という。
2 為替手形の場合　イ　遡求義務者は'振出人'、裏書人及びそれらの'保証人'、並びに参加引受人である〔手43〕。ロ　遡求条件は、'満期'における遡求の場合は、所持人が'支払呈示期間'内に'支払人'又は'引受人'に対して適法な'支払呈示'をしたにもかかわらず、これらの者が手形金額の全部又は一部につき支払を拒絶したこと(⇨'支払拒絶')である。満期前の遡求条件は、所持人が適法な'引受呈示'をしたにもかかわらず支払人が引受けを拒絶したこと(⇨'引受拒絶')、支払人又は引受人が満期前に'破産'の宣告を受け、若しくは支払を停止し、又はその財産に対する'強制執行'が効を奏しなかったこと、及び'引受呈示禁止手形'の振出人が破産したことである〔手43〕。これらの遡求原因である事実は破産の場合を除き'拒絶証書'によって証明しなければならないが、手形債務者は'引受拒絶証書'又は'支払拒絶証書'の作成を免除することができる〔手44・46〕(⇨'拒絶証書作成の免除')。
ハ　遡求権者が遡求義務者に請求できる金額、

すなわち*遡求金額'は法定されている〔手48〕。
ニ 遡求の方法として、所持人は遡求義務者の何人に対して請求してもよく、また、同時に数人に対して請求しても、更には一旦ある者に請求した後他の者に請求してもよい〔手47②④〕。遡求義務者は支払と引換えに手形・小切手のほか、拒絶証書、及び*受取証書'の交付を請求することができる〔手50〕。ホ 遡求義務を履行した者はその前者に対して*再遡求'することができる〔手47③・49〕。

3 約束手形の場合 遡求義務者が裏書人、その保証人及び参加引受人(*約束手形'にも参加引受人はありうる)であること、遡求原因に引受拒絶がないこと、支払呈示の相手方が振出人であること、満期前遡求の事情は振出人につき考慮されることなどを除き、*為替手形'の場合と同様である〔手77①④〕。

4 小切手の場合 遡求義務者が振出人、裏書人及びそれらの保証人であること、遡求原因は支払拒絶だけであること、拒絶証書の代用方法として*支払拒絶宣言'が認められることなどを除き、為替手形の場合と同様である〔小39〜41〕。

遡求金額 遡求権者が遡求義務者に対して請求できる金額。償還金額ともいう。所持人は*満期'に支払があったのと同じ経済的効果を得ることが必要であるから、支払を得ることができなかった*手形(小切手)金額'とその満期以後の利息及び*拒絶証書'の作成・*遡求の通知'等のための諸費用を請求できる〔手48①・77①④、小44〕が、満期前の遡求の場合には、満期までの*中間利息'を差し引いた金額を請求できる〔手48②・77①④〕。⇨遡求'

遡求権 遡求する権利。償還請求権ともいう。⇨遡求'

遡及効 *法律'や*法律要件'の効力が、法律の施行や法律要件の成立以前に遡って発生すること。過去にされた行為などに影響を及ぼし、*法的安定性'を害することになるので、原則として遡及効は認められない。法律の遡及効については、*法律不遡及の原則'がある。法律要件については、特に法律上の規定がある場合に限って遡及効が認められる。*法律行為'の*取消し'〔民121〕、*時効'〔民144〕、*選択債権'における選択〔民411〕、*遺産分割'〔民909〕などがその例である。

遡及処罰の禁止 ⇨刑罰不遡及の原則'

遡求の通知 *手形'又は*小切手'の所持人が、*支払拒絶'・*引受拒絶'による遡求権を取得した場合に、前者である遡求義務者にその旨を通知すること。この通知は順次その前者である遡求義務者に通知すること。償還の通知ともいう。遡求義務者に、あらかじめ償還資金を準備し、又は償還金額の増大を防ぐために進んで*償還権'を行使し、又は原因関係上の処置をとる機会を与えるためである。支払拒絶又は引受拒絶があった場合に、所持人はその直接の裏書人及び*為替手形'又は小切手では*振出人'に対して、呈示の日に次ぐ4取引日内に支払又は引受けの拒絶があったことを通知し、次いで通知を受けた裏書人が自己の直接の裏書人に対して、通知を受けた日に次ぐ2取引日内に前の通知者全員の名称及び宛所を示して順次通知する。この義務を怠った場合、遡求権を失うわけではないが、その前者に対して通知をしなかったことにより生じた損害の賠償義務を負う〔手45・77①④、小41〕。⇨遡求'

即 位 皇嗣が*天皇'の地位(*皇位')につくこと。*皇室典範'によると、「天皇が崩じたときは、皇嗣が、直ちに即位する」〔典4〕。ただし、今上天皇の即位は、「天皇の退位等に関する皇室典範特例法」(平成29法63)により、平成天皇の退位と合わせて行われた。皇位の継承があったときは、即位の礼が行われる〔典24〕。⇨皇位継承'

即時解雇 予告期間を置かない解雇。*労働基準法'により、解雇予告期間に代わる予告手当を支払う〔労基20②〕か、同法上の解雇予告期間の定めが適用されない場合に該当する〔労基20①但③・21〕ことが必要とされる。⇨解雇の予告'

即時確定の利益 ⇨確認の利益'

即時強制 **1 意義** 行政機関が、国民に対してあらかじめ行政上の義務を賦課することなく、即時に国民の身体や財産に実力を加えて行政上必要な状態を実現する作用。即時執行ともいう。行政上の義務の賦課行為を介在させない点において、*行政上の強制執行'と区別される。

2 具体的事例 即時強制は、国民の身体又は財産を直接実力で侵害するものであるから、法律(又は条例)の根拠に基づいて行われなければならない。比較的一般的な根拠法としては、*警察官職務執行法'があり、警察官による保護・避難等の措置、犯罪の予防及び制止、立入り、*武器の使用'等が定められている。そのほか措置入院〔精神29〕、破壊消防〔消防29〕、除去〔道交81②〕などが個別法や条例に規定されている。

即時抗告 Ⅰ 民事訴訟法上、一定の*不変期間'(抗告期間)内に提起しなければならないとされる*抗告'。明文のある場合にのみ認

そくじしつ

められ，裁判の性質上，迅速に確定させる必要のある*決定'及び*命令'に対して認められている。原則として，執行停止の効力をもつ〔民訴334①〕。即時抗告期間は，民事訴訟法〔民訴332〕では1週間，*破産法'〔破9〕，*民事再生法'〔民再9〕，*会社更生法'〔会更9〕，*非訟事件手続法'〔非訟67〕，民事調停法〔民調21〕，*家事事件手続法'〔家事86〕等では，原則として2週間である。

Ⅱ 刑事訴訟法上も，申立期間が短く限定された*抗告'をいう。即時抗告の対象となる裁判は，個々の条文にその旨が明示されている。*忌避'申立却下決定〔刑訴25〕，*公訴棄却'決定〔刑訴339②〕などがその例である。即時抗告の申立期間は3日である〔刑訴422〕。この期間及び即時抗告の申立後抗告が棄却されるまでは，原決定の執行は停止される〔刑訴425〕。その他の点では，手続は*通常抗告'と同じである。即時抗告の対象となる種類の裁判を高等裁判所がしたときには，即時抗告に代えて，*異議の申立て'ができる〔刑訴428②〕。

即時執行 ⇨即時強制'
即時取得 1意義 *所有権'その他の処分の権限をもたない単なる*動産'の占有者を，正当な権利者と*過失'なく誤信して取引をした者が，その動産について完全な権利を取得すること〔民192〕。*善意取得'ともいう。例えば，所有者でなく，単なる借主として時計を所持(占有)しているにすぎない者を過失なく所有者と信じて，その時計を買い受け又は質にとった者は，完全に所有権又は*質権'を取得するものとされる。前主の占有に*公信力'を認め，*善意'の取得者を保護することによって，流通することの多い動産についての取引の安全を図ろうとするものであり，*公信の原則'の1つの表れである。流通性の高い*手形'・*小切手'などの*有価証券'については，軽過失があっても善意取得が認められるなど，特別法によって民法よりも第三取得者の保護が一層強く図られている〔民520の5・520の15・520の20，会社131②，手16，小21，抵証40〕(⇨有価証券の善意取得')。
2要件 イ 目的物が動産であること。船舶・飛行機・自動車など登録制度がある動産については，登録を受けている目的物に関しては即時取得は成立しない(最判昭和62・4・24判時1243・24)。ロ 取引行為によって占有を始めたこと。他人の山林を自分のものであると誤信して伐採しても，事実行為による取得ではなく，伐木の即時取得は成立しない。また，有効な取引行為の存在を必要とし，制限行為能力・錯誤・詐欺・強迫を理由とする*取消し'，*公序良俗'違反等

による*無効'，*無権代理'の場合には，即時取得は成立しない。ハ 無権利者からの取得であること。通説は，処分権限のない者(質権者・執行官など)からの取得も含むとする。ニ 平穏・公然・善意・無過失に占有を始めたこと。善意・無過失とは，前主の占有を信頼した者が，前主が権利者であると無過失に誤信することである。平穏・公然・善意は*推定'される〔民186①〕(⇨占有')とともに，無過失も民法188条により推定される(最判昭和41・6・9民集20・5・1011)。ホ 取得者自ら占有を取得すること。この占有が*占有改定'〔民183〕で足りるかどうかについて，判例はこれを否定する(最判昭和35・2・11民集14・2・168等)。学説は分かれているが，占有改定は，観念的な引渡しであり，このような観念的な行為によって真実の権利者の権利を剥奪するのは適当でないとして，判例を支持するものが多い。
3効果 「即時にその動産について行使する権利」が取得される〔民192〕。具体的に問題になるのは，所有権と質権である。*先取(さきどり)特権'の即時取得については別に規定がある〔民319〕。動産賃借権の即時取得は認められない。
4盗品・遺失物等に関する特則 盗品・遺失物については即時取得の効果が制限され，被害者又は遺失者は，盗難・遺失の時から2年間，占有者に対し回復請求をすることができる〔民193〕。ただし，代価を弁償しなければならない場合がある〔民194。なお，質屋22，古物20参照〕。このとき，占有者は，目的物の使用利益を返還する必要はない(最判平成12・6・27民集54・5・1737)。

即日解雇 ⇨即時解雇'
即時犯 ⇨即成犯'
続審 *第一審'の審理を基礎としながら，*控訴審'においても新たな*訴訟資料'の提出を認めて原判決の当否を審理する控訴審の構造及びこのような*審級'。*覆審'と*事後審'とを折衷した形態。すなわち，続審制の下では，控訴審は第一審の続行審理となり，当事者の提出する新しい訴訟資料をも加えて改めて*事実認定'と法律判断を行う点で覆審的であるが，原判決の当否を審判する点では事後審的である。

Ⅰ 民事訴訟法は，控訴審について続審主義をとっている。すなわち，第一審の*口頭弁論'の結果は控訴審の口頭弁論に上程され〔民訴296②〕，第一審における*訴訟行為'は控訴審においても効力を持続する〔民訴298①〕。当事者は第一審で提出しなかった*攻撃防御方法'を提出することができる(弁論の更新権〔民訴297による民訴156の準用〕)。ただし，控訴審における攻撃

そうぞくぜ

控除しきれなかった金額は還付される。

相続税法 昭和25年法律73号。相続税及び贈与税の納税義務者や課税財産の範囲等の*課税要件'及びその申告や納付の手続を定めた法律。 ⇨相続税' ⇨贈与税'

相続登記 不動産所有権の登記名義人について*相続'が開始したときに、法定相続分の割合に応じ又は*遺産分割'の結果を踏まえてなされる相続を原因とする所有権移転の登記。*相続人'が申請義務を負い、違反には過料が課される〔不登76の2①前・164①〕。なお、*遺贈'によって*所有権'を取得した相続人又は法定相続分での登記の後の遺産分割によって同相続分を超えて所有権を取得した相続人も、同様の義務を負う〔不登76の2①後②〕。

相続人 **1意義** 被相続人の財産上の地位を包括的に承継する者。相続開始前には、法律上相続をすることができる地位にある者を指し(⇨推定相続人')、相続の開始(被相続人の死亡)によって確定する。現行法上相続人となる者は、被相続人の子・直系*尊属'・兄弟姉妹及び配偶者に限られる。 ⇨相続'

2 資格 相続人は*自然人'に限られ、相続開始の時に生存し(同時存在の原則)、*相続欠格'の事由がなく、かつ*廃除'されていないことが必要とされる。ただし、*胎児'については特則があり、まだ*権利能力'を取得していない胎児〔民3①〕も相続に関しては既に生まれたものとみなされる〔民886〕。この規定の意味については争いがあるが、出生後に相続開始時に遡って相続分を請求する趣旨(出生前に母を*法定代理人'として相続分を請求できない)であると解する説が有力である。

3 順位 配偶者を除く他の相続人には、一定の相続順位が法定され、子〔民887〕・直系尊属・兄弟姉妹〔民889〕の順で相続人となる。先順位者のあるときは、後順位者は相続人となることができない。配偶者はこれらの者とともに常に相続人となる〔民890〕。同順位者が数人ある場合には、各自の相続分は平等である〔民900④〕(⇨均分相続')。 ⇨相続分'

4 代襲相続 相続人のうち、子と兄弟姉妹については、もしそれらの者が相続開始時に死亡しているなど、相続人となれない場合には*代襲相続'が認められる〔民887②③・889②〕。

5 相続人を捜してもいない場合には、家庭裁判所は死者と特別の縁故があった者(*特別縁故者')に財産の全部又は一部を与えることができ〔民958の2〕、なお財産が残存する場合はそれは国庫に帰属する〔民959〕(⇨相続人の不存在')。

相続人等からの取得 ⇨自己の株式の取得'

相続人の廃除 *遺留分'をもつ*推定相続人'が、被相続人に対して虐待をし、若しくはこれに重大な侮辱を加えたとき、又は推定相続人にその他の著しい非行があった場合には、被相続人の請求又は被相続人の*遺言'に基づく*遺言執行者'の請求によって、*家庭裁判所'が審判で推定相続人の*相続権'を剥奪する制度〔民892・893〕。その効果は、*相続欠格'の場合と同様に一身的である(したがって、*代襲相続'が認められる)。しかし、廃除の場合には、受遺欠格とならず〔民965参照〕、また、被相続人はいつでも廃除の取消しを請求できる〔民894〕。

相続人の不存在 *相続人'がいないこと。相続人の存在が不明のときは、まず*相続財産'を一応法人とし〔民951〕、*家庭裁判所'の選任する相続財産清算人にその管理・清算を委ね〔民952〜957〕、相続人捜索の公告(6カ月以上)をして〔民952②〕、それでも相続人である者が現れないときに、相続人の不存在が確定する〔民958〕。その結果、清算後の残余財産は、被相続人と特別の縁故があった者(*特別縁故者')の請求があれば、家庭裁判所はこれらの者に財産の全部又は一部を分与し〔民958の2〕、なお残った財産は国庫に帰属する〔民959〕。

相続の承認 **1意義** *相続'が開始した後に*相続人'がする相続受諾の*意思表示'。民法は、相続の開始によって*相続財産'は当然相続人に帰属するという当然相続主義をとっている〔民896〕が、相続人が相続を望まないときもあり、特に相続財産が債務超過のときなど、相続人の意に反して過大な債務を負担させるのは不都合であるから、相続人に相続を受諾するかどうかを決定する機会を与えている(⇨相続放棄')。

2 種類 相続の承認には、イ 無限に被相続人の権利義務を承継する*単純承認'〔民920〕と、ロ 相続によって得た財産の限度でだけ被相続人の債務及び*遺贈'の義務を負担して相続する*限定承認'〔民922〕の2種がある。限定承認は、自己のために相続が開始したことを知ってから3カ月以内にしなければならない〔民915〕。単純承認については、3カ月以内に相続人の積極的な意思表示がなくても、その期間の徒過や相続財産の全部又は一部の処分や隠匿などの事実があると、これによって当然単純承認したものとみなされる〔民921〕。

3 効果 相続の承認は、*撤回'することは許さ

防御方法の提出には，時期的な制限がある。すなわち，一般的に，攻撃防御方法は訴訟の進行状況に応じて適切な時期に提出することを要し〔民訴156〕，時機に後れた攻撃防御方法は却下されることがあり〔民訴157〕，控訴審では，これらのことは，第一審からの訴訟の経過を考慮して判断されることになる。 ⇨口頭弁論の一体性'

Ⅱ 刑事訴訟法上の控訴審は，本来事後審として立案されたが，控訴審自ら事実の取調べを行うことができ〔刑訴393〕，この場合，新たな*証拠'の取調べも可能であるし，破棄自判のときは，*訴訟記録'，原裁判所・控訴裁判所において取り調べた証拠に基づいて判決する〔刑訴400〕(⇨破棄判決')。破棄後の*差戻し'・*移送'はまれで，*自判'の比率が極めて高い。この意味では現在の控訴審は，続審的に運用されているといってよい。

属人的定め 1 内容 *公開会社'ではない*株式会社'は，*定款'の定めによって，*剰余金の配当'を受ける権利・残余財産の分配を受ける権利・*株主総会'における議決権の内容について，個々の株主ごとに異なった扱いをすることができる〔会社109②〕。このような扱いは，株主が所有する株式の種類・数とは無関係に定めることができるので，属人的定めと呼ばれる。属人的定めがなされた株主が所有する株式は，*種類株主総会'などの規定の適用の際には，*種類株式'として取り扱われる〔会社109③〕。例えば，属人的定めを廃止するためには，不利益を受ける株主の種類株主総会の決議が必要となる〔会社322①Ⅰ'ロ〕。

2 利用方法 公開会社ではない株式会社では，株主間の関係が密接であったり，株主が資本出資以外の方法で会社に貢献している場合も多い。そのため，株式数以外を基準にして株主としての権利を配分する必要性が高い場合がある。属人的定めを利用して，議決権の数を1株主につき1議決権としたり，剰余金の配当を受ける権利について特定の株主を優遇することが可能である。
⇨株主平等の原則'

属人法 ⇨属人法主義'

属人法主義 国際私法上，人がどこへ赴いても，その人に関する法律問題につき，その人に固有な法として適用すること。属人主義ともいい，*属地主義'に対する。このような性質をもつ法を属人法という。属人法という考え方は，*法規分類説'における人法の観念に由来する。属人法の決定基準としては，*本国法主義'と住所地法主義とが対立している。国家の概念が明確でない時代には住所地法主義が中心であったが，19世紀に近代的国民国家が成立し，*フランス民法'3条3項の規定やマンチーニ(Pasquale Stanislao Mancini, 1817～88)の学説の影響で，大陸法系諸国において，本国法主義が広く採用された。属人法の適用範囲は，一般的には「身分及び能力」の問題とされるが，具体的には国により異なる。日本でも，かつては婚姻や親子の問題について，平成元年改正(法27)前の*法例'では夫や父の本国法によるとする本国法主義が採用されていたが，同改正により，*段階的連結'が採用され，*法適用通則法'に引き継がれた〔法適用25～27〕。また同様に，限定的な*当事者自治の原則'も導入されたため〔法適用26②〕，属人法という概念の有用性は大きく失われている。*行為能力'や*相続'・*遺言'については本人の本国法によるとされているものの〔法適用4・36・37〕，*単位法律関係'ごとに*連結点'を介して*準拠法'を定めるという現在の国際私法の体系上は，法の適用範囲という発想に基づく属人法という用語はそぐわないものとなっている。

即成犯 *法益'侵害などの*構成要件'的結果が生ずることによって犯罪が成立すると同時に終了し，かつ，その法益が消滅する犯罪。即時犯ともいい，犯罪の終了とともに公訴時効が進行する。*殺人罪'がその典型とされる。⇨継続犯' *状態犯'

属地主義 国際私法上，法の適用範囲を法が制定された領域内に限定すること。属地法主義ともいい，*属人法主義'に対する。このような性質をもつ法を属地法という。属地法という考え方は，*法規分類説'における物法の観念に由来する。封建時代においては，絶対的な法の属地性が認められていたが，徐々に緩和され，身分及び能力に関する問題は属人法によることが認められるようになった。しかし，*単位法律関係'ごとに*連結点'を介して*準拠法'を定めるという現在の国際私法の体系上は，法の適用範囲という発想に基づく属地主義という考え方はそぐわない。他方，公法については，法の適用範囲という発想で国際的な事案への適用が説明されている。すなわち，刑法・税法のような公法規定は，国家主権の発動はその領域内に限定されるとする国際法上の領土主権の考え方を基礎とし，属地的な適用が認められるのが原則である〔刑1〕。しかし，このような厳格な属地主義に固執すると実効性に問題が生ずるので，刑法の国外犯への適用〔刑2～4の2〕，外国所得

ぞくちほう

税額控除〔*所税95〕などが認められて，属地主義が修正されている。*独占禁止法'や*金融商品取引法'などの公法の*域外適用'も属地主義の限界を示すものである。

属地法　⇨属地主義'

訴権　**1 意義**　*訴え'によって裁判所の審判を受けられることを，民事訴訟制度の利用者側の権能としてみた場合に用いられる語。この権能の性質・内容を巡る論議は，訴権論といわれ，古くから民事訴訟法の基本問題とされてきた。

2 訴権に関する諸説　19世紀後半のドイツにおいて，それまで支配的であった，訴権を私権，特に*請求権'の作用とみる私法的訴権説は，法治国思想の発展により，訴権を国民の国家に対する*公権'とする公法的訴権説にとって代われた。しかし，公法の訴権説内部でも，訴権を単に訴えを提起し判決(訴え却下判決を含む)を求める権利であるとする抽象的訴権説と，実体的権利保護要件(実体権の存否)及び訴訟的権利保護要件(訴訟追行権，権利保護の資格，*権利保護の利益')とを要件とし原告の請求を認容する判決を求める権利であると捉える具体的訴権説ないし*権利保護請求権説'とが対立した。20世紀に入り，前者は無内容，勝訴判決を求める原告の権利の存在を訴訟前に想定した後者は行き過ぎとし，訴権は*訴訟要件'(訴訟追行権，権利保護の資格と利益を含む概念である)を要件とした*本案判決'(請求棄却判決を含む)を求める権利であるとする本案判決請求権説が提唱された。ドイツでは少数説であるが，日本ではこの説が有力であり，本案判決の*既判力'により紛争が解決されることに着目し，紛争解決請求権説とも呼ばれる。また，訴えの提起前に原告にいかなる判決を求める権利があるかを問う，こうした訴権論の系譜とは別に，訴権を憲法32条の*裁判を受ける権利'の一分肢とし，単に判決のみならず，訴訟手続の節々においてその具体的な状況ないし段階に応じ法律上適切な裁判所の行為を要求することができる当事者の権利と捉え，司法行為請求権説がある。他方で，訴権論争が訴訟要件の観念の精緻(せいち)化に果たした役割を評価しつつも，訴権概念は，過剰な権利意識の産物にすぎず，訴訟要件論に解体吸収されるとする訴権否定説もある。

租鉱権　⇨斤先掘(さきぼり)契約'

組織規範　国家・公共団体等の組織社会の構造・組織・機能などを定める法規範。法には，組織規範のほかに行為規範及び強制規範があり，組織規範はそれらと結合して法規範全体の秩序を作り上げている。憲法上の統治機構に関する規定，*国会法'，*公職選挙法'，*裁判所法'，内閣法，*国家行政組織法'，各省設置法，*地方自治法'その他各種の組織法制は組織規範に属する。

組織強制　広義には，*労働組合'が団結を強化し組織の維持拡大のために行う統制活動を総称するが，狭義には，*ユニオン・ショップ'などの協定を使用者と結ぶことによって行う未加入労働者に対する加入強制行為をいう。特定の労働組合への加入強制は，労働者が選択する組合に入る権利(*団結権')を侵害するとして，ユニオン・ショップ協定で他組合への加入者あるいは新たな組合の結成者を解雇することは許されないとするのが判例である(最判平成元・12・14民集43・12・2051〔三井倉庫港運事件〕)。

組織再編行為等　*組織変更'，*合併'，*会社分割'，*株式交換'及び*株式移転'を組織再編行為と講学上いうが，これらの組織再編行為と事業譲渡等(会社467①)とをあわせて組織再編行為等という。なお，*金融商品取引法'においては，合併，会社分割，株式交換及び株式移転を「組織再編成」という(金商2の3①，金商令2)。

組織再編成　⇨組織再編行為等'

組織再編税制　組織再編成が*適格'となった場合に，組織再編段階における課税を繰り延べ，更に繰越欠損金など一定の租税属性の引継ぎを認める制度〔法税57の2・62の2等〕。法人税法上，適格組織再編成となりうるのは，適格合併〔法税2 12の8〕，適格分割〔法税2 12の11〕，適格現物出資〔法税2 12の14〕，適格現物分配〔法税2 12の15〕，適格株式分配〔法税2 12の15の3〕，適格株式交換等〔法税2 12の17〕及び適格株式移転〔法税2 12の18〕である。組織再編成が適格となるためには，いわゆる企業グループ内再編成と共同事業再編成のどちらかに該当しなければならず，それぞれの場合ごとに適格要件が定められている〔法税令4の3〕。なお，企業グループ内再編成には，「完全支配関係」〔法税2 12の7の6〕のある当事者(法人)の間で行われるものと，「支配関係」〔法税2 12の7の5〕のある当事者の間で行われるものの2種類がある。ただし，適格現物分配は完全支配関係がある場合に限られる。また，組織再編成を利用した租税回避に対処するための一般的否認規定〔法税132の2〕がある。

組織的な犯罪の処罰及び犯罪収益の規制等に関する法律　平成11年法律136号。**1 制定の背景**　暴力団による薬物・銃器取引や経済活動に対する違法な関与の問題に加えて，会社組織を利用した詐欺的商法が社会問題となり，更

に，地下鉄サリン事件(1995)等の組織的犯罪の発生によって，組織的犯罪が平穏かつ健全な社会生活を害することが強く懸念されるようになっていた。また，国際的には，国境を越えた組織的犯罪に対する方策として，犯罪収益の規制などの面での国際的な協調が強く求められるようになっていた。このような背景の下で，組織的犯罪に対処するための新たな立法として制定されたのがこの法律である。

2 内容 本法は，組織的な犯罪に関する刑の加重，犯罪収益等による事業経営の支配等の処罰，犯罪収益等の隠匿・収受(いわゆる*マネー・ローンダリング')行為の処罰，犯罪収益等の*没収'・*追徴'の拡大をその内容としている。すなわち，イ 共同の目的を有する多数人の継続的結合体であって，その目的又は意思を実現する行為の全部又は一部が組織により反復して行われるものを「団体」として定義した上で〔組織犯罪2①〕，法律に掲げられた一定の犯罪が，団体の活動として，当該犯罪行為を実行するための組織により行われたとき，又は，団体の不正権益の獲得・維持・拡大を目的として行われたときは，これらの犯罪を行った者の刑を通常の場合よりも加重している〔組織犯罪3〕。組織的な殺人等の予備〔組織犯罪6〕，組織的な犯罪に係る犯人蔵匿等〔組織犯罪7〕についても，刑が加重されている。ロ 犯罪収益等を用いることにより取得した法人等の株主等の地位を利用して，法人等の事業経営を支配する目的で，その役員の選任等に影響を及ぼす行為を処罰することとしている〔組織犯罪9〕。ハ 従来，薬物犯罪収益の隠匿・収受に限られていたマネー・ローンダリング行為の処罰を，より広い範囲の犯罪収益の隠匿・収受行為に拡張している〔組織犯罪10・11〕。また，金融機関等に対して，マネー・ローンダリングの疑いのある取引を主務大臣に届け出ることを義務付けていたが〔組織犯罪旧(平成19年改正前の)54〜57〕，届出規定は，平成19年に制定された「犯罪による収益の移転防止に関する法律」(法22)に移されている。ニ 犯罪収益等の没収・追徴を拡大し，その手続を整備している〔組織犯罪13〜16〕。ホ 平成18年の改正(法86)で，本法により没収・追徴した犯罪被害財産を，一定の要件の下で，被害者に支給する制度が設けられた〔組織犯罪18の2〕。⇨被害者'

3 平成29年改正 「国際的な組織犯罪の防止に関する国際連合条約」を批准するため(平成15・6・11国会承認，後の平成29条21)，組織的な*共謀罪'及び証人等買収罪を新設し，犯罪収益の拡大を行う，本法の一部改正案が平成13年，16年及び17年に国会に提出されたが，共謀罪に対する反対が強く成立しなかった。しかし，平成29年に「テロリズム集団その他の組織的犯罪集団による実行準備行為を伴う重大犯罪遂行の計画」〔組織犯罪6の2〕の新設を含む同法の一部改正が実現している。

組織的部分(労働協約の) *労働協約'の規定のうち労使間に各種の組織・制度を設けようとする部分。制度の部分ともいう。労使協議制度が代表的。*労働条件'基準には当たらないので*規範的効力'は及ばず，*債務的効力'のみが認められる。一部に，労働条件の手続の基準と解して規範的効力を認める説や，特別な効力(実質は規範的効力)を導き出す説もある。

組織変更 **I 会社法等 1意義** *会社'・*法人'が法人格の同一性を保ちながら組織を変更して他の種類の会社・法人になること。会社法上は，*株式会社'から*持分会社'への組織変更と持分会社から株式会社への組織変更がある。*合名会社'・*合資会社'・*合同会社'間での変更は*持分会社の種類の変更'であり，*特例有限会社'の通常の株式会社への移行〔会社法整備法45・46〕は*商号'の変更であって，いずれも組織変更ではない。会社法以外では，*保険業法'と*金融商品取引法'に組織変更に関する規定がある。

2 株式会社から持分会社への組織変更 法定事項を定めた組織変更計画を作成し，総*株主'の同意を得なければならない〔会社744・776①〕。当該株式会社は組織変更計画に定められた効力発生日に持分会社となり，株主は組織変更計画の定めに従い持分会社の社員となり，*株式'に代わる対価を得る〔会社745①③④〕。株式会社が発行していた*新株予約権'は効力発生日に消滅するが〔会社745⑤〕，新株予約権者は組織変更計画の定めに従いそれに代わる金銭の交付を受けるか〔会社744①⑦⑧〕，新株予約権の買取請求をすることができる〔会社777・778〕。また，*債権者保護手続'を要し〔会社779〕，その手続が終了しなければ組織変更の効力は生じない〔会社745⑥〕。効力発生後には組織変更の*登記'を要する〔会社920〕。

3 持分会社から株式会社への組織変更 法定事項を定めた組織変更計画を作成し，原則として総社員の同意を得なければならない〔会社746・781①〕。当該持分会社は組織変更計画に定められた効力発生日に株式会社となり，社員は組織変更計画の定めに従い株式会社の株主となり，持分に代わる対価を得る〔会社747①③④〕。債権者保護手続を要し〔会社781②〕，その手続が

終了しなければ組織変更の効力は生じない〔会社747⑤〕。効力発生後には組織変更の登記を要する〔会社920〕。
4 保険業法 保険会社〔保険業2②〕である株式会社・*相互会社'間，少額短期保険業者〔保険業2⑱〕である株式会社・相互会社間での組織変更が認められている〔保険業68以下〕。
5 金融商品取引法 会員組織の社団法人である金融商品会員制法人〔金商2⑮〕のうち取引所金融商品市場〔金商2⑰〕を開設する会員金融商品取引所から，取引所金融商品市場を開設する株式会社(株式会社金融商品取引所)への組織変更が認められている〔金商101以下〕。

Ⅱ *労働組合'が，*労働組合員'の範囲を変更したり，組織形態を変更(*単位組合'(*単一組合')から*労働組合連合体'へ改組する，又はその逆，ないしは，単位労働組合が労働組合連合体に加入する，又は離脱するなど)したりすること。*労働組合財産'や*労働協約'の承継との関係で，組織変更前と後の労働組合の同一性をいかなる要件の下で認めるかが議論されている。

組織変更無効の訴え ⇨会社の組織に関する訴え'

組織法・取引法 組織法とは会社などの組織に関する法であり，取引法とは独立した主体間でなされる取引に関する法である(民法や商行為法など)。取引法については，当事者間の交渉によって全当事者に最適なアレンジメントを実現できることが多いので，法の内容の大半は*任意法規'である。ただし，情報収集・処理能力に劣る側の当事者を保護するなどの目的で強行法規が採用される場合もある(消費者法など)。組織法は，交渉に携われない者(契約外の*第三者'や*不法行為'債権者など)を保護すること，組織との間の長期的コミットメントに由来する不完備契約性の増大による機会主義的行動のリスクに対する保護を提供することでホールドアップ問題(不完備契約の下で関係特殊投資がなされると，再交渉が決裂した場合に当該投資が無駄になるという交渉力の低下を招くことになるため，関係特殊投資が社会的にみて過少になってしまうという問題)を緩和すること，及び，多数の利害関係人に対する標準書式を提供することで情報収集に係る社会的費用を節減することなどを目的として，*強行法規'が多い。なお，組織法の特徴として財産分離を挙げる学説もある。

租借地 国家が他国から借り受けた*領土'の一部。19世紀末に列強が中国から広範囲にわたって借り受けた例が有名。香港(新界)の租借のように99年もの長期間にわたったものがあり，領土の*割譲'を擬装したものだとの主張もあった。ただし，期間満了後は返還される点，租借地住民の*国籍'は変わらない点，第三国への貸与・譲渡が認められない点で割譲とは区別される。

訴訟 **1 意義** 近代国家は，私人が実力で権利回復を行うこと(⇨自力救済')を原則的に禁止したことにより，公の制度として紛争を解決する手続を設置する。その1つとして，国家の*裁判権'の行使によって，法律的に権利救済や紛争解決をするために，当事者を関与させて審理・判断する手続(制度)が訴訟である。訴訟は審判機関たる*裁判所'や当事者の行う*訴訟行為'の連鎖から成る手続であり，その具体的な内容は*訴訟法'によって規定されている。
2 分類 訴訟は，その対象となる紛争の性質や内容から，いくつかに区別される。現在の日本では，私人間の法的紛争の解決を目的とする*民事訴訟'，犯罪事実を認定し刑罰を科する手続である刑事訴訟，*公権力'の行使の適法性(行政法規の正当な適用)を確保するための*行政訴訟'がある。身分関係に関わる紛争の解決を目的とする人事訴訟は，民事訴訟に含まれる。また，講学上では，憲法問題をその対象とする*憲法訴訟'を別に観念することもある。なお，訴訟そのものとは区別されるが，裁判所が行う紛争解決手続である労働審判や犯罪被害者等の損害賠償請求に係る裁判手続についても，訴訟との連続性が確保されている〔労審22①，犯罪被害保護35①〕。
3 構造 訴訟の構造としては，紛争当事者を相対させて裁判所は判断者に徹する*弾劾主義'と，当事者に裁判所の側が糾問(きゅうもん)を加える*糾問主義'が考えられるが，現在の日本ではどの訴訟形態においても前者がとられている。また，訴訟の進行についても，当事者が訴訟の主導権をとる*当事者主義'と，裁判所の側が主導権をとる*職権主義'が考えられるが，現在の日本は，審理資料の形成については，後見的性質や公共的な性質の強い紛争を除いて，原則として当事者主義をとり，訴訟手続の進行については，職権主義をとっている。なお，現行憲法の下では，*対審'(*弁論')及び*判決'について公開原則(⇨公開(審理)主義')が妥当する〔憲82①〕。
4 近時の問題 伝統的には，訴訟は，各紛争について裁判所が法律的な判断を下すことで，その機能は満足されるとされていた。しかし近時は，紛争の多様化，態様の変化による国民の期待や

そしようき

要求の変化，また，日本の事情として指摘される「訴訟嫌い」，司法権への参加の要求などから，紛争解決制度としての訴訟において，より柔軟な運用が実現されつつある。例えば，民事訴訟における*弁論準備手続*，電話会議，ウェブ会議システムの利用や「ラウンドテーブル法廷」，刑事裁判における*被害者*参加や，行政訴訟における*オンブズマン*制度の検討などはこの現れである。訴訟と並んで，裁判所以外の機関が行う代替的紛争解決手段すなわち*エー・ディー・アール*（ADR）も，その機能を拡大しつつある。

訴　状　*訴え*を提起するに際して第一審裁判所に提出する書面〔民訴134①。簡易裁判所についての例外：民訴271・273〕。訴状には，*当事者*，*法定代理人*，*訴訟上の請求*を特定するに足りる程度に*請求の趣旨*，及び*請求原因*を記載することを要する〔民訴134②〕。更に訴状には訴訟上の請求を理由付ける事実や*証拠方法*を記載することを要し，*準備書面*を兼ねる〔民訴規53①③〕。*原告*又はその法定代理人が*記名押印*し〔民訴規2〕，*訴訟物の価額*に応じた所定の手数料を電子納付しなければならない〔民訴費4・8〕。また，訴状に一定の書類の添付が要求される場合もある〔民訴規55〕。訴状の配布を受けた*裁判長*は訴状を点検して〔民訴137①〕（⇨訴状審査権），適式な訴状であれば*被告*に*送達*する〔民訴138①〕。訴状の被告への送達により*訴訟係属*が生ずる。不適式な訴状で欠缺(けんけつ)が補正されない場合，訴状の送達ができない場合及び送達費用の予納のない場合は裁判長の命令により訴状を*却下*する〔民訴137②・138②〕。

訴訟委任　特定の*民事事件*について*訴訟代理権*を授与する*訴訟行為*。通常は，弁護士に対して行われ〔民訴54①参照〕，また民法上の*委任*契約を伴う。この場合の代理人を，訴訟委任による*訴訟代理人*と呼ぶ。訴訟代理人は代理権を書面又は*電磁的記録*で証明することを要する〔民訴規23①②〕ので，*委任状*を交付して行われるのが通例である。なお，一定の条件の下では，*司法書士*や*弁理士*も，訴訟委任による訴訟代理人となることができる〔司書3⑥，弁理士6・6の2〕。　⇨代理*　*弁護士*

訴状却下命令　⇨訴状審査権*

訴訟救助　⇨訴訟上の救助*

訴訟記録　Ⅰ　民事訴訟法　イ　裁判所及び当事者の共通の資料として利用されるために裁判所に保管されるものの総体。従来は書面として保管されていたが，令和4年改正（法48）により，原則として電子化されることとなった〔民訴132の10①・132の12①・132の13①〕。訴訟記録のうち電子化された部分を電磁的訴訟記録といい，それ以外を非電磁的訴訟記録という〔民訴91の2①・91①〕。ロ　訴訟記録の保管は裁判所書記官の職務であり〔裁60②〕，訴訟係属中は，訴訟が係属する*審級*の*裁判所書記官*が保管し，訴訟完結後は，第一審の裁判所書記官が保管する。したがって，訴訟の*移送*，*上訴*の提起，事件の*差戻し*，上級審での訴訟完結に伴い，訴訟記録の引継ぎがなされる〔民訴規9・174・185，197②等〕。ハ　誰でも，裁判所書記官に対して訴訟記録の閲覧を請求することができるのが原則であるが，*訴訟上の和解*に係る部分及び公開を禁止した口頭弁論〔憲82②，裁70〕に係る訴訟記録については，当事者及び利害関係を*疎明*した第三者に限り，閲覧を請求することができる〔民訴91①②・91の2①④〕。訴訟記録の謄写・複写，その正本・謄本・抄本の交付又は電磁的訴訟記録に記録されている事項（記録事項）を記載した書面であって裁判所書記官が当該書面の内容が記録事項と同一であることを証明したもの等の交付の請求は，当事者及び利害関係を疎明した第三者に限りすることができる〔民訴91③・91の2②③〕。訴訟記録の保存又は裁判所の執務に支障があるときは，裁判所書記官は訴訟記録の閲覧，謄写等の請求を拒むことができる〔民訴91⑤・91の2④〕。

Ⅱ　刑事訴訟法上は，裁判所に提出された訴訟関係書類（例えば*起訴状*・*証拠書類*・*勾留状*など）と*公判調書*・*裁判書*などをとじ合わせた簿冊をいう。訴訟の進行中，*検察官*〔刑訴270〕と*弁護人*〔刑訴40〕は，訴訟記録を閲覧し，謄写することができる。*被告人*は，弁護人がいないときに限り，公判調書の閲覧だけができる〔刑訴49〕。訴訟進行中，当事者以外の者は閲覧できないのが原則であるが，犯罪の被害者が損害賠償請求に必要な場合などは，裁判所の裁量により閲覧・謄写させることができる〔犯罪被害保護3〕。終結した被告事件の訴訟記録は，何人でも閲覧することができる。これは，裁判の公開原則（⇨公開（審理）主義*）を拡張したものと考えられている。ただし，裁判所や検察庁の事務に支障がある場合や，審理が*公開停止*にされた事件については，閲覧のために記録保管者である検察官の許可が必要とされている〔刑訴53〕。事件終結後の閲覧手続について詳しくは，*刑事確定訴訟記録法*に定められている。

そしようけ

訴訟経済　'訴訟'を行うについて裁判所・当事者その他関係人の労力・出費などをできるだけ軽減せよという訴訟制度の基本的要請の1つ。訴訟法規の運用にあたり、他の適正・公平の要請と調和させながら、考慮されなければならない。

訴訟係属　I　民事訴訟法上、ある事件が裁判所で訴訟中であること。'明治民事訴訟法'では権利拘束といわれた〔明民訴195〕。訴訟中であるとは、'判決手続'の対象となっている状態をいう。訴訟係属の発生時期については、原告が'訴状'を裁判所に提出した時とする説と訴状が被告に'送達'された時とする説があるが、後者が有力である。その主要な訴訟上の効果として、'二重起訴の禁止'がある〔民訴142〕が、訴訟係属を前提として、'訴訟参加'〔民訴42～52〕や'訴訟告知'〔民訴53〕が可能となり、また'関連管轄'を生じる。

II　刑事訴訟法上も同義。'公訴'提起の効果として生じる。誰についてどの範囲の事実につき、審理が行われうるかの問題となる。同一事件について2個の訴訟係属を生じたときは、その一方は'公訴棄却'の裁判で処理される〔刑訴338③・339①⑤〕。

訴訟契約　⇨訴訟に関する合意'

訴訟行為　I　民事訴訟法上、訴訟関係者の行う意思行為で、現在又は将来の訴訟の開始・進行・終了に関係のある訴訟法上の効果をもたらすものをいう。広義では、裁判機関の行為（'裁判'・'証拠調べ'等）も含むが、通常は当事者等の行為だけを指す。**1 種類**　イ　行為の性質上は、意思表示（訴え等の'申立て'）・観念の通知（事実の'陳述'など）・'意思表示'（'訴えの取下げ'・'管轄の合意'など）に分けられ、このうち意思表示たる行為を特に訴訟法律行為と呼ぶこともある。ロ　機能面からは、裁判所に働きかけて自己に有利な判決を得るための行為（申立て、'主張・立証'）と、それ以外の、裁判所の裁判を媒介とせず直接に手続上の効果を生ずる行為（訴えの取下げ・'訴訟上の和解'・管轄の合意など）とに分けることができる。**2 訴訟行為と私法行為**　訴訟行為は私法とは独立の法体系をなす民事訴訟法上の'法律要件'であるから、その方式、有効要件等の定めは、原理的には私法行為とは異なる。訴訟行為には、'訴訟能力'・'訴訟代理権'を必要とし、'条件'・'期限'を付しえないし（例外：予備的申立て、'予備的主張・予備的抗弁'）、'錯誤'・'詐欺'・'虚偽表示'などの意思表示の瑕疵(か)に関する民法の規定〔民93～96〕も適用にならない。しかし、民事訴訟は、元々私法上の争いの解決を目的とし、また、訴訟行為には多種・多様な行為が含まれるから、行為により民法の規定の類推を妥当とする場合もあり、個々の行為に即してのきめ細かい検討が必要である。

II　刑事訴訟法学上、訴訟手続を構成する行為で、訴訟法上の効果を認められるものを広く訴訟行為と呼ぶ。その中には、当事者が行うの（'証拠調べ'の請求'など）、裁判所ないし裁判官が行うもの（'判決'など）、更には第三者が行うもの（'告訴'など）が含まれる。また、'申立て'のような意思表示としての行為と、権利の告知のような'事実行為'とがある。訴訟行為を有効に行うためには、行為者に'訴訟能力'がなければならない。

訴訟行為の追完　⇨追完'
訴訟抗弁　⇨妨訴抗弁'

訴訟告知　民事訴訟の係属中に、当事者（告知者）が'訴訟参加'をすることができる第三者（被告知者）に対して、'訴訟係属'を知らせる行為〔民訴53〕。告知者は訴訟告知により第三者に訴訟追行への協力（訴訟参加）を求め、また、協力が得られずに敗訴した場合でも'参加的効力'が被告知者に及ぶことにより〔民訴53④〕、自己の法的地位を守ることができる。例えば、債権者から履行請求の訴えを提起された'保証人'は、主たる債務者に訴訟告知をしておけば、敗訴した場合の求償が容易になる。特定の第三者の利益保護の見地から訴訟告知が当事者に義務付けられる場合もある〔民423の6、会社849④〕。

訴訟詐欺　裁判所を欺いて勝訴判決を得、敗訴者から'財物'や財産上の利益を交付させる態様の'詐欺'。欺かれた者と被害者が異なる'三角詐欺'の一類型とされる。裁判所は'形式的真実主義'の下でも欺かれたといえるか、'処分行為'者は誰かが問題となる。判例は、判決手続の段階では裁判所を被詐欺者、処分行為者と考えて詐欺罪の成立を肯定するが、後に被害者の財物等を処分しうる権能、地位がある場合（'債務名義'の効力が被害者に及ぶ場合）でないと詐欺罪の成立を認めない（最判昭和45・3・26刑集24・3・55）。

訴訟参加　I　民事訴訟法上、係属する他人間の訴訟へ第三者が自己の名において'訴訟行為'をするために加入していくこと。この第三者を参加人と呼ぶ。参加の類型として、第1に、従たる当事者となる'補助参加'〔民訴42〕、及び'判決の効力'が第三者にも及ぶ場合に学説・判例（最判昭和40・6・24民集19・4・1001等）において補助参加の特殊形態として認められる

従属性の弱い'*共同訴訟的補助参加'，第2に，参加人が当事者となる場合として，原告又は被告の'共同訴訟人'として加入する*共同訴訟参加'〔民訴52〕，及び参加人が原告・被告の双方又は一方に請求を定立する*独立当事者参加'〔民訴47〕がある。原則として参加するかどうかは第三者の任意であり，*訴訟告知'〔民訴53〕によって促すことができるにとどまるが，裁判所が参加を命じうる場合もある〔人訴15①，民執157①，行訴22・38①〕。なお，*行政事件訴訟法'には行政庁の訴訟参加の制度がある〔行訴23・38①・41①・45①〕。 ⇨職権訴訟参加' '*第三者の訴訟参加'

Ⅱ 刑事訴訟では，第三者所有物の没収(⇨第三者没収)に関して，没収のおそれのある物の所有者が訴訟に参加して権利を主張することができる〔刑事事件における第三者所有物の没収手続に関する応急措置法(昭和38法138)3～6〕。

訴訟指揮 訴訟の審理が迅速，衡平に行われ，充実したものとなるように，*裁判所'又は*裁判長'が手続を主宰すること。*判決'以外の裁判所の*訴訟行為'の総称としての意味もある。*期日'の指定，期間の裁定といった審理の進行に関するもの，*弁論の分離・併合'や*移送'といった審理の整序・促進に関するもの，*口頭弁論'の指揮といった期日における訴訟行為の整理に関するもの，*釈明権'の行使といった訴訟関係を明瞭にするためのものに大きく分けられる。訴訟指揮を行う権限を訴訟指揮権という。

Ⅰ 民事訴訟における訴訟指揮は，原則として，*受訴裁判所'が行う(例:民訴151～153)。しかし，受訴裁判所が*合議体'である場合には，裁判長がその発言機関として行い〔例:民訴148・149①，民訴規113②③〕，当事者から*異議'が出されれば，裁判所がこれを*裁判'する〔例:民訴150,民訴規117〕。このほかに，裁判長自身〔例:民訴93①,137①②〕や授権の範囲内で*受命裁判官'又は*受託裁判官'も訴訟指揮を行う。訴訟指揮は，事実行為として〔例:民訴148〕，又は，*決定'・*命令'といった裁判の形式〔民訴152〕でなされる。訴訟指揮に関する決定・命令は，訴訟指揮に弾力性をもたせるため，いつでも取り消しうる〔民訴120〕。

Ⅱ 刑事訴訟における訴訟指揮権は，特別の規定のあるものを除き，包括的に裁判所の代表機関である*裁判長'に属する〔刑訴294〕。迅速機敏に合目的的な判断と処置を行うには，裁判長1人に委ねたほうが適当だからである。その権限は，極めて広範で，訴訟を秩序付け合理的に進行させるために必要な事項一切に及ぶ。ただし，当事者は，裁判長の処分に対し，異議を申し立てることができる〔刑訴309②,刑訴規205②〕(⇨異議の申立て')。裁判所に留保されている権限としては，*証拠調べ'の範囲・順序・方法の決定〔刑訴297〕，*証人尋問'の順序の変更〔刑訴304③〕，*起訴状'変更の許可・命令〔刑訴312〕，*弁論の分離・併合'・再開〔刑訴313〕等がある。

訴訟事件 *非訟事件'と並ぶ*民事事件'の類型。権利義務の存否を巡る当事者間の争いを内容とし，その終局的な解決を目的とする裁判手続については，公開など*訴訟'の基本原則が妥当する。

訴訟終了宣言判決 ⇨訴訟判決'

訴訟障害 *訴訟要件'のうち，ある事項が存在しないことを内容とするもの。消極的訴訟要件ともいわれ，ある事項が存在することを内容とする積極的訴訟要件に対する。例えば，同一の事件について別訴が係属していないこと〔民訴142〕(⇨二重起訴の禁止')や，*仲裁合意'が存在しないことなどがある。もっとも，後者は*抗弁'事項であり，被告が仲裁合意が存在する旨を主張した場合にのみ訴訟障害となる。

訴訟承継 **1 意義** 民事訴訟法上，*訴訟係属'中に*訴訟物'の基礎をなす実体関係に変動があったことにより*当事者適格'あるいは紛争の主体たる地位が当事者から第三者に移転したことに基づいて，新たに当事者となったその第三者が従前の当事者の訴訟上の地位(訴え提起の効果や訴訟法律状態)を引き継ぐこと。

2 種類 イ 当然承継：承継原因の発生により法律上当然に当事者の交代が生ずる場合。承継原因は，当事者の死亡，法人等の合併による消滅など，*訴訟手続の中断'事由から推知される〔民訴124①。ただし，民訴124②・30②〕。ロ 訴訟物の譲渡による承継：訴訟係属中に訴訟物あるいは係争物の譲渡がなされた場合，例えば，家屋収去土地明渡し請求訴訟の係属中に，原告が土地所有権を第三者に譲渡し，あるいは被告が家屋所有権を第三者に譲渡した場合の処理については立法例が分かれる。ドイツ法は，係争物の譲渡があっても従前の当事者適格をそのまま認め，*判決の効力'を係属中の承継人にも及ぼすという当事者恒定主義をとる〔ドイツ民事訴訟法265・325〕。日本の現行法は，訴訟係属中の承継人を，承継人からの*参加承継'の申出〔民訴49・51〕又は既存の当事者からの*引受承継'の申立て(引受参加ともいう)〔民訴50・51〕により当事者として訴訟に加入させて既存の当事者の訴訟

そしょうじ

上の地位を引き継がせるという訴訟承継主義をとる〔なお，民訴58・62〕。

訴訟条件　I 刑事訴訟法　1 意義　訴追を適法とし，実体審理・*実体判決*をするために必要な条件をいう。これが欠けることが判明したときには，直ちに実体審理を打ち切り，あるいは実体審理に入ることなしに，*公訴棄却*・*管轄違い*・*免訴*の形式裁判で訴訟を打ち切らなければならない〔刑訴329・337〜339〕。欠如していた訴訟条件を後から追完できるかという点については，議論がある。

2 種類　イ その存在が実体審理の要件となる積極的訴訟条件と，その不存在が実体審理の要件となる消極的訴訟条件と，ロ 一般的訴訟条件と，特殊の事件にだけ必要な特殊的訴訟条件（*親告罪*の告訴など），ハ 職権で常に調査される絶対的訴訟条件と，当事者の主張をまって初めて顧慮される相対的訴訟条件（例えば，*土地管轄*），ニ 条文に列挙された法的訴訟条件と解釈上認められる非典型的訴訟条件に，分類される。

II 民事訴訟法上は，訴訟要件という語を用いるのが通常である。　⇨訴訟要件'

訴訟状態　⇨訴訟法律状態説'

訴訟上の救助　民事訴訟法上，訴訟の準備及び追行に必要な費用を支払う資力がないか又はその支払により生活に著しい支障を生ずる者について，勝訴の見込みがないとはいえない場合に，裁判費用等の支払を猶予する制度〔民訴82〜86〕。訴訟救助ともいう。訴訟上の救助の決定は，各審級ごとに申立てにより裁判所が行う〔民訴82〕。救助決定を受けた当事者は，訴え提起に必要な手数料を納付しなくても*訴状*を受理され，*送達*や*証拠調べ*の費用を予納する必要もない。ただし，弁護士費用は，裁判所が弁護士の付添いを命じた場合〔例：民訴155②〕を除き，対象とならない〔民訴83①②参照〕。弁護士費用の立替えについては，*法律扶助*の制度が設けられている。　⇨総合法律支援法'

訴訟上の合意　⇨訴訟に関する合意'

訴訟上の請求　1 意義　民事訴訟法において，原告の被告に対する一定の権利主張とそれに基づく裁判所に対する特定の判決の要求とをいい，狭義には被告に対する権利主張のみをいう。この主張される権利関係を*訴訟物*と呼ぶ。かつて訴訟類型として*給付の訴え*だけが認められていた時代には，実体法上の*請求権*の主張が権利主張の内容となるため訴訟上の請求と呼ばれるようになったが，その後*確認の訴え*や*形成の訴え*が認められるようになって語義が転化した。単に請求ともいう。

2 機能　請求の当否を判断する裁判が*本案判決*であり，*主文*における訴訟物についての判断に*既判力*が生ずる〔民訴114〕。その判断は実体法に基づいて行われるから，法律的な判断が可能なように，請求の内容は権利又は法律関係の存否の主張でなければならないのが原則である（例外として*証書真否確認の訴え*〔民訴134の2〕等）。訴訟上の請求の内容は訴え提起の段階で*訴状*における*請求の趣旨*，*請求原因*の記載により特定しなければならない〔民訴134②〕。訴訟上の請求（訴訟物）は審判の対象の基本単位であり，*請求の併合*〔民訴136〕の有無，*訴えの変更*〔民訴143〕の有無，*二重起訴の禁止*に当たるかどうか〔民訴142〕，申立事項の範囲〔民訴246〕，既判力の客観的範囲〔民訴114①〕等の基準となるという機能を有する。訴訟上の請求の広がり，同一性の基準について訴訟物論争が行われた。　⇨新訴訟物理論'

訴訟上の相殺（そうさい）　⇨相殺（そうさい）の抗弁'

訴訟上の担保　*民事訴訟*，*民事執行*又は*民事保全*に関して，当事者の一方が自己に有利な*訴訟行為*をすることを許される場合，その結果将来において相手方に対し負担することになるかもしれない費用償還義務・損害賠償義務のために，あらかじめ供与させる*物的担保*又は*人的担保*。担保の提供方法としては，金銭又は裁判所が相当と認める有価証券を供託するほか，支払保証委託契約によることもできる〔民訴76，民訴規29，民執15①，民執規10，民保4①，民保規2〕。訴訟上の担保には次の種類がある。イ *訴訟費用*の担保〔民訴75〜80〕。ロ 民事訴訟法以外の法令が出訴につき要求する担保〔民訴81〕。ハ *仮執行*の宣言に関する担保〔民訴259〕。ニ *強制執行*の停止に関する担保〔民訴403，民執10⑥・32②・36①・38④・132③・153③〕。ホ 民事保全における担保〔民保4・14・27①・32②③・38③・39①・41④・42①〕。ヘ 各種の*保全処分*に関する担保〔民執55④・68の2①・77②・187⑤，家事115〕。これらの場合に，相手方は提供された担保について，他の債権者に先立ち弁済を受ける権利を有する〔民訴77・81・259⑥・405②，民執15②，民保4②，家事115〕。担保の取消し〔民訴79〕・変換〔民訴80〕も認められる。これらの点で，民事執行における*保証*〔民執63②・66・68の2②・117〕と異なる。

訴訟上の当事者　ある訴訟事件について，裁判所に*裁判権*の行使，特に判決を求める者（能動的当事者）及びその相手方として求められる者（受動的当事者）をいう。民事訴訟上，*第一審*では原告・被告，*控訴審*では控訴人・被

そしようだ

控訴人，*上告審'では上告人・被上告人と呼ばれる。*督促手続'，*民事執行'手続，*民事保全'手続においては債権者・債務者と呼ばれる。*判決手続'においては，当事者は原則として自己の名において自己のために訴訟を追行する地位を与えられ，判決の名宛人となる。*判決の効力'は当事者間にのみ及ぶのが原則であるが〔民訴115①①〕，例外的に第三者に及ぶ場合がある〔例：民訴115①②〜④，人訴24①，会社838，行訴32①〕。訴訟上の代理人は現実に自己の意思に基づいて訴訟を追行するが，代理人たることを示して本人に効果を帰属させるのであるから当事者となり得ない。また，当事者は必ずしも係争利益の帰属主体であるとは限らず，帰属主体のために第三者が自らの名で当事者となりうる資格を有することもある。刑事訴訟では，検察官と被告人とがその当事者である。 ⇨第三者の訴訟担当'

訴訟上の申立て ⇨申立て（訴訟上の）'
訴訟上の和解 裁判所（又は*受命裁判官'若しくは*受託裁判官'）は，訴訟がいかなる程度にあるかを問わず，訴訟上の和解を試みることができる〔民訴89①〕。訴訟上の和解として，現行民事訴訟法が，当事者が訴訟の係属中に，その主張について互いに譲歩し，*期日'において訴訟を終了させる旨を合意する従来からの手続に加えて，イ 当事者の一方の出頭が困難と認められる場合に，その当事者が，あらかじめ裁判所（又は受命裁判官若しくは受託裁判官）から示された和解条項案を受諾する旨を書面で提出し，出廷した他方当事者がその和解条項案を受諾したときは和解が調ったものとみなす手続〔民訴264①，民訴規163〕，ロ 当事者双方の出頭が困難と認められる場合に，当事者双方があらかじめ裁判所（又は受命裁判官若しくは受託裁判官）から和解が成立すべき日時を定めて提示された和解条項案を受諾する旨の書面を提出し，その日時が経過したときは，その日時に当事者間に和解が調ったものとみなす手続〔民訴264②〕，ハ 裁判所（又は受命裁判官若しくは受託裁判官）が，当事者の共同の申立てがある場合に，事件の解決のために適当な和解条項を定める手続〔民訴265，民訴規164〕，及び，ニ 裁判所外における現地和解〔民訴規32②〕の各制度を設けている。いずれも，和解内容を電子*和解調書'に記録することで，*確定判決'と同一の効力が生じる〔民訴267①〕。これら訴訟上の和解は，訴え提起前の和解（即決和解）とともに，裁判上の和解と呼ばれる。令和4年改正で，和解期日において当事者双方が現実に裁判所に行かなくても，電話会議等の方法で手続を行うことが認められた〔民訴89②〕。なお，簡易裁判所には，和解に代わる決定の手続〔民訴275の2〕もある。 ⇨和解' ⇨裁判上の和解'

訴訟資料 ⇨証拠資料・訴訟資料'
訴状審査権 民事訴訟法上，*訴状'を被告に*送達'する前に裁判長が訴状の形式を審査し，不備があれば補正又は却下を命ずる権限〔民訴137〕。審査事項は訴状の必要的記載事項〔民訴134②〕の具備である。これらに不備がある場合には期間を定めて補正を命じる（補正命令）。原告が期間内に補正をしないときには，裁判長は命令をもって訴状を*却下'する（訴状却下命令）。これに対しては*即時抗告'をすることができる。

訴訟信託 他人に*訴訟行為'をさせることを主たる目的として*財産権'を譲渡すること。主として弁護士代理の原則〔民訴54①〕を潜脱することを理由に，*信託法'はこれを禁止する〔信託10〕。弁護士法73条も参照。なお，第三者の訴訟担当（特に任意的訴訟担当）が，訴訟信託と呼ばれることもある（最大判昭和45・11・11民集24・12・1854参照）。 ⇨第三者の訴訟担当' ⇨任意的訴訟担当' ⇨当事者適格'

訴訟代理権 1 意義 訴訟追行のために与えられる代理権。特定の事件ごとに弁護士に依頼する場合のように*訴訟委任'に基づいて与えられる場合と，*支配人'の場合のように一定の地位につくことで本人の業務の一定範囲について法令上当然に与えられる包括的な代理権の一部として認められる場合とがある。前者を訴訟委任による訴訟代理人，後者を法令上の訴訟代理人という。 ⇨訴訟代理人'
2 範囲 イ 訴訟委任に基づく訴訟代理人の代理権の範囲は法定され，特に弁護士の場合にはこれを制限することはできない〔民訴55①③〕。すなわち，委任された特定の事件について訴えを提起して訴訟を追行する権限のほか，*民事執行'・*民事保全'手続，更にこれらに付随する手続を追行するために必要な*訴訟行為'をすることができる。ただし，*反訴'の提起，*訴えの取下げ'，*和解'，*請求の放棄・認諾'，*上訴'の提起（⇨審級代理）及びその取下げ等一定の重要事項については本人の*特別授権'を必要とする〔民訴55②〕。消滅原因は民法に従うのを原則とする〔民訴28〕が，民法上の委任による代理と異なり，本人の死亡，合併による消滅，一定の資格の喪失等の場合でも訴訟の続行が必要な限り訴訟代理権は消滅しないとされ〔民訴58・124②〕，*訴訟手続の中断'を避けている。訴訟代理人がいる場合の本人の地位については，*更正権'を

そしようだ

みよ。ロ 法令上の訴訟代理人は，その法令の定めるところにより，裁判上の一切の行為をすることができるのが通常であり〔会社11①，商21①・698①・708①，法務大臣権限8等〕，権限の範囲を制限することはできない。その訴訟代理権の消滅について先述の民事訴訟法58条の適用はない。

3 その他の手続上の取扱い 訴訟代理権の存在及び範囲は書面又は*電磁的記録'で証明しなければならない〔民訴規23〕。代理権を欠く代理人による，及びこれに対する訴訟行為は無効であるが，裁判所は補正を命ずることができ〔民訴59・34①〕，*追認'があれば最初から有効とされる〔民訴59・34②〕。訴訟代理権の消滅は，相手方に通知しない限り効果を生じない〔民訴59・36〕。代理権の欠缺(けんけつ)を看過してなされた判決に対しては上訴〔民訴312②④〕及び*再審'〔民訴338①③〕が可能である。

訴訟代理人 民事訴訟法上，当事者のために*訴訟行為'を代理する権限を本人の意思に基づいて与えられた代理人をいう。イ *訴訟委任'に基づく訴訟代理人と，ロ 法令上の訴訟代理人とがある。それぞれの訴訟代理権の範囲については，*訴訟代理権'をみよ。訴訟代理人は訴訟上は第三者として扱われ，判決の名宛人とはならず，*証人'となることもできる。イの訴訟代理権は特定の事件ごとの当事者の訴訟委任によって与えられる。日本では*弁護士強制'主義はとられていないから*本人訴訟'も可能であるが，地方裁判所以上においては訴訟代理人は弁護士でなければならない〔民訴54①本文〕。簡易裁判所においては，裁判所の許可を得れば弁護士でない者も訴訟代理人となることができる〔民訴54①但。ただし，司書3⑥〕。ロは，*支配人'〔会社11①，商21①〕，船舶管理人〔商698①〕，*船長'〔商708①〕等，本人の一定範囲の業務について法令上認められる包括的な代理権の一部として，事件ごとではなく一般的に訴訟代理権が認められる。その地位につけるかどうかは本人の意思によることから*任意代理'人である。このほかに，国(又は行政庁)が当事者である場合，法務大臣(又は行政庁)の指定する職員が訴訟代理人になる〔法務大臣権限2・5〕。 ⇨法定代理人'

訴訟脱退 係属中の訴訟において第三者の*訴訟参加'〔民訴49・51〕あるいは承継人への*訴訟引受け'〔民訴50・51〕があったことにより，従前の当事者の一方が訴訟追行を続ける必要がなくなった場合に，その申立てにより相手方の同意を得て訴訟から離脱し，自己を当事者とする請求の*訴訟係属'を消滅させること〔民訴48前・50③〕。その訴訟の判決は脱退者に対しても効力を有する〔民訴48後・50③〕。また，訴訟係属中に*選定当事者'が選ばれた場合には選定者は当然に訴訟から脱退する〔民訴30②〕。

訴訟担当 ⇨*第三者の訴訟担当'
訴訟地法 ⇨法廷地法'
訴訟中の訴え 既に進行している訴訟手続に併合して審判することを求める新しい訴えをいう。イ *訴訟物'の追加・変更となる場合として，*訴えの変更'，*反訴'，*中間確認の訴え'，ロ 当事者の追加・変更となる場合として，*独立当事者参加'，*共同訴訟参加'，*訴訟引受け'等がある。既存の手続を利用することで*訴訟経済'を図り，判断の矛盾を回避する利点があるが，併合の結果手続全体を混乱させないように配慮する必要があり，それぞれ提起の方式や併合の要件が定められている。裁判所は，弁論が分離されない限り元の訴えと一緒に1個の*全部判決'で裁判することになる。

訴訟追行権 ⇨当事者適格'
訴訟手続の休止 *明治民事訴訟法'においては，当事者の合意により訴訟手続の進行の停止をすることができ，また*口頭弁論'*期日'に当事者双方が欠席すると手続は当然に停止され，更に1年以内に期日指定の申立てをしない場合には*訴えの取下げ'があるものとみなした〔明民訴188〕。このような休止制度は訴訟遅延の原因となったので，大正15年(1926)改正(法61)によりこれを廃止し，*職権進行主義'を徹底した。しかし両当事者が期日に欠席した後3カ月以内に期日指定の申立てをしないときは，訴えの取下げが擬制され〔旧民訴238〕，このことを実務上なお休止満了と呼んでいた。改正後の*旧民事訴訟法'の下でも，欠席と期日指定の申立てを繰り返して訴訟を引き延ばす悪弊が絶えなかったので，現行民事訴訟法は，両当事者が口頭弁論期日若しくは*弁論準備手続'の期日に欠席した場合に訴えの取下げが擬制される(休止満了)期間を従来の3カ月から1カ月に短縮し〔民訴263前〕，両当事者が連続して2回，口頭弁論期日若しくは弁論準備手続の期日に出頭しない場合にも，訴えの取下げを擬制し〔民訴263後〕，期日の指定と欠席を繰り返す当事者の不熱心な訴訟活動に制裁を課している。口頭弁論期日に両当事者が欠席しても，裁判所は審理の現状及び当事者訴訟追行の状況を考慮して相当と認めるときは，弁論を終結して*終局判決'をすることができる(*審理の現状に基づく判決')〔民訴244〕。

訴訟手続の受継（じゅけい）　**1 意義**　中断している民事訴訟手続の続行を求める当事者の裁判所に対する申立。ただし、例えば当事者の破産手続開始により中断した*破産財団*に関する訴訟が*破産管財人*によって受継される前に破産手続が終了したときは、破産者の受継の申立をまたずに当然に受継したものとして扱われる〔破44①⑥〕。　⇨訴訟手続の中断'
2 受継申立権者及びその方式　受継申立ては、中断事由のある当事者側の新追行者〔民訴124〕が行うが、申立をしない場合には相手方も受継を申し立て〔民訴126〕、訴訟の続行を図ることができる。受継の申立ては原則として中断当時訴訟の係属する裁判所に対してするが、*終局判決*後中断した訴訟については、原裁判所に対してだけではなく、直接上訴裁判所に対しても受継の申立てができる。
3 受継申立ての効果　申立てが適法になされれば、中断が解消し、手続が再開される。申立てがあったときは、裁判所は相手方に通知しなければならない〔民訴127〕。この通知により、相手方との関係でも中断が解消される〔民訴132②〕。裁判所は職権で受継申立の適否を調査し、理由なしと認めればこれを*却下*する〔民訴128①〕。却下されたときは中断は解消されない。申立てに理由があると認めるときは、終局判決前ならば、*期日*を指定して手続の進行を図ればよい。終局判決言渡し後の中断の場合は、受継の適否にかかわらず明示の裁判をしなければならない〔民訴128②〕。受継を許す決定がなされれば、決定の告知時から中断により進行を停止していた*上訴期間*が新たに進行を始める〔民訴132②〕。

訴訟手続の続行命令　中断中の民事訴訟手続につき当事者がいずれも受継（じゅけい）の申立てをしない場合に、裁判所が職権で手続の続行を命じて、中断を解消させる決定をいう〔民訴129〕。⇨訴訟手続の中断'　⇨訴訟手続の受継'

訴訟手続の中止　**1 意義**　民事訴訟の係属中に、訴訟の進行が困難又は不適当な場合に、法律上当然に又は裁判所の*訴訟指揮*上の処置によって手続の進行が停止すること。イ　裁判所の職務執行不能による中止：天災その他の事故によって裁判所の職務執行が一般的に不能となった場合には、回復するまで訴訟手続は当然に中止される〔民訴130〕。ロ　当事者の故障による中止：当事者が急に精神病となった場合や天災等のため交通が途絶し裁判所に出頭できない場合に、申立又は職権で裁判所が中止の決定をし、取消決定によって終了する〔民訴131〕。ハ　その他の中止：他の法令上、手続の続行が中止される場合がある〔仲裁48③、会社512・515、会更24、民再39、民調20の3、特許168、実案40、意匠52、商標56〕。
2 効果　中止により*期間*の進行は止まり、既に期間が進行していた場合であっても、停止の解消後、改めて全期間が進行する〔民訴132②〕。

訴訟手続の中断　**1 意義**　民事訴訟の係属中に、一方の当事者の側に訴訟追行を不可能又は困難にする一定の事由（中断事由）が発生した場合に、新追行者が訴訟に関与できるようになるまでの間、手続の進行を停止して、訴訟の*対審*構造を維持し、当事者が手続に関与する機会を実際に保障するための制度。法定の事由によって当然に発生し、新追行者から又はこの者に対して相手方から手続の続行を申し立てる（⇨訴訟手続の受継（じゅけい））か、若しくは裁判所の*訴訟手続の続行命令*〔民訴129〕によって解消される。
2 中断事由　次の事由が法定されている。イ　当事者の消滅、自然人の死亡、法人の合併による消滅〔民訴124①①②〕。ロ　当事者の*訴訟能力*の喪失又は*法定代理人*の死亡若しくは法定代理権の消滅〔民訴124①③〕。ハ　当事者が*当事者適格*を喪失したために訴訟から当然に脱退する場合。受託者の任務終了〔民訴124①④〕、資格当事者（⇨第三者の訴訟担当'）の死亡その他の事由による資格の喪失、*選定当事者*全員の死亡その他の事由による資格喪失〔民訴124①⑤⑥〕、破産財団に関する訴訟係属中に、当事者に破産手続開始決定がなされた場合〔破44①〕、破産管財人が受継した訴訟係属中に、破産手続が終了した場合〔破44④〕。ただし、破産の場合を除いて*訴訟代理人*が選任されている場合には訴訟追行上の中絶は生じないから、中断しない〔民訴124②〕。
3 中断の効果　*必要的共同訴訟*の場合及び*独立当事者参加*の場合に当事者の1人につき中断事由が生じれば、訴訟進行の統一を期す必要があるから、全員について訴訟手続の中断を生ずる〔民訴40③・42④〕。中断により*期間*の進行は止まり〔民訴132②〕、*判決の言渡し*のほかは有効に*訴訟行為*をすることはできない〔民訴132①〕。ただし、中断中の行為については相手方の*責問権*の放棄があれば有効となる場合もある〔民訴90〕。中断解消後、改めて全期間が進行する〔民訴132②〕。

訴訟手続の停止　Ⅰ　民事訴訟の係属中に、一定の事由の発生により、訴訟手続が法律上進行できない状態になること。訴訟手続の停止に

そしようて

は，訴訟手続の中断〔民訴124〕と訴訟手続の中止〔民訴130・131〕がある。更に，その他の停止として，例えば，除斥又は忌避申立ての裁判が確定するまでの停止〔民訴26〕等がある。 ⇨'訴訟手続の中断' ⇨'訴訟手続の中止'

Ⅱ 刑事訴訟法上は，'忌避'申立てがあったとき〔刑訴規11〕，'管轄'指定・移転の請求があったとき〔刑訴規6〕，'再審'請求が競合したとき〔刑訴規285〕に訴訟手続が停止される。公判手続ばかりでなく急を要する処分を除き一切の訴訟活動が停止される。 ⇨'公判手続の停止'

訴訟手続の法令違反 Ⅰ 刑事訴訟法では，訴訟手続が法令に違反した場合を控訴理由の1つとし，また，特に重大とみられる数個の類型については判決への影響の有無をも問わないこととしている〔刑訴377・378〕(⇨'絶対的控訴理由')。その他の訴訟手続の法令違反一般については，判決への影響が明らかなものに限られる〔刑訴379〕。被告人の出頭なしに審判したとき，不法に弁護権の行使が妨げられたとき，採用した重要な証拠に証拠能力がなかったときなどは，判決への影響が認められやすい法令違反の例である。

Ⅱ 民事訴訟における手続の法令違反については，'法令違反'をみよ。

訴訟当事者能力 ⇨'当事者能力'

訴訟に関する合意 1 意義 民事訴訟法において，訴訟手続や訴訟追行の方法などに関してなされる当事者間の契約。訴訟上の合意ともいう。そのうち訴訟法上の効果を'効果意思'の内容とするものを訴訟契約と呼ぶ。

2 許容性 訴訟契約としては'管轄の合意'〔民訴11〕，'飛越(ﾋﾁｮｳ)上告'の合意〔民訴281但〕，'仲裁合意'〔仲裁15〕など，法が明文の規定により許容しているのは別として，それ以外の訴訟契約は民事訴訟の公法性及び'便宜訴訟'の禁止の要請からみて，そもそも無効とする見解もかつてあった。しかし，裁判所の職権を制約する契約は別として，'不起訴の合意'，'訴えの取下げ'の合意や不執行の合意は'処分権主義'の範囲内の行為として許容され，また，'弁論主義'がとられる訴訟では自白契約や証拠方法制限契約等(⇨'証拠契約')も許されるとする見解が通説となっている。ただし，例えば訴え取下げ契約や不起訴の合意の効力につき，許容説の下でも，単に原告は訴えを取り下げる私法上の義務を負うのみであり，被告はその義務の履行を別訴で請求することができるにすぎないとする私法契約説，私法契約説によりつつ，こうした契約が有効であれば原告の訴えは'訴えの利益'を

欠くとする説，こうした契約が有効であればその効果として当然に訴えは不適法となり又は訴訟終了の効果が生じるとする訴訟契約説とが対立している。判例は第2の説をとる(最判昭和44・10・17民集23・10・1825等)。

訴訟能力 Ⅰ 民事訴訟法 1 意義 訴訟当事者として自ら単独で有効に'訴訟行為'をなし，又は相手方や裁判所の訴訟行為を有効に受けることができる能力。一般の取引と同様に，訴訟においても自分の利益を自分だけでは十分に守れない者を一般的に保護する必要があることから，単独で訴訟追行をすることができる者を限定する制度であり，私法上の'行為能力'と同じ趣旨に基づく。民事訴訟法上，原則として私法上の行為能力に準じて取り扱われる〔民訴28〕。したがって，行為能力者は全て訴訟能力者である。

2 未成年者・成年被後見人 原則として訴訟能力はなく，'法定代理人'によらなければ訴訟行為をすることができない〔民訴31本文〕。絶対的訴訟無能力者ともいう。これらの者に法定代理人がおらず又は代理権を行使できない場合に，相手方が訴訟行為をする必要があるときには，'特別代理人'の選任を求めることができる〔民訴35①〕。例外的に，'未成年者'が独立して'法律行為'をすることができる場合にはその範囲で訴訟能力が認められる〔民訴31但，民6①，会社584，労基58・59〕。

3 被保佐人・被補助人 制限的訴訟無能力者ともいう('被補助人'は訴訟行為に'補助人'の同意が必要な場合に限る)。'保佐人'・補助人の同意があれば訴訟行為を自ら行うことができる〔民訴13①④・17①〕。ただし，相手方の提起した訴え又は'上訴'について訴訟行為をするには保佐人・補助人の同意は必要ではない〔民訴32①〕。もっとも，判決によらないで訴訟を終了させる'訴えの取下げ'，'上訴の取下げ'，'和解'，'請求の放棄・認諾'等は，保佐人・補助人の個別的同意を要する〔民訴32②〕(⇨'特別授権')。

4 人事訴訟の場合 身分上の行為はなるべく本人の意思を尊重すべきであるとの民法の建前に応じて，未成年者や'被保佐人'・被補助人は，'意思能力'がある限り訴訟能力を認められる〔人訴13①〕。なお'成年被後見人'は意思能力がある場合に限り訴訟能力が認められることになろう〔人訴13・14〕。

5 訴訟能力欠缺(ｹﾝｹﾂ)の効果 訴訟能力は個々の訴訟行為の有効要件であり，訴訟無能力者の又はこれに対する訴訟行為は'無効'である('取消し'により遡って無効となるのではない)。もっ

とも、'追認'があれば遡って有効になり〔民訴34②〕、また、裁判所は補正を命ずることができる〔民訴34①〕。訴訟能力の欠缺(㈷)を看過してなされた判決に対しては、上訴又は再審によって取消しを求めることができる〔民訴312②④・338①③。ただし、民訴312②但〕。

Ⅱ 刑事訴訟法上、訴訟手続を進める条件として被告人に必要な精神能力。被告人としての重要な利害を弁別し、それに従って相当な防御をする能力を意味する(最判平成7・2・28刑集49・2・481)。被告人がこのような能力を欠く状態すなわち'心神喪失'の状態にあるときは、原則として'公判手続の停止'をしなければならない〔刑訴314①〕。ただし、刑法の責任無能力の規定の適用がない特殊な'行政犯'については、'法定代理人'又は'特別代理人'に'訴訟行為'を代理させる〔刑訴28・29〕。なお、判例は、訴訟能力回復の見込みがなく公判手続再開の可能性がない場合、裁判所は訴訟手続を打ち切る'公訴棄却'判決をすることができるとしている(最判平成28・12・19刑集70・8・865)。

訴訟の目的 ⇨訴訟物'

訴訟判決 民事訴訟上、'訴訟要件'(又は'上訴'の要件)が欠けているために、'本案'、すなわち請求の当否について判断を与えないまま、'訴え'(又は上訴)を不適法として退ける(却下する)判決。'本案判決'に対する。門前払いの判決ともいわれる。'訴えの取下げ'の効力に争いがある場合等に、訴訟の終了を宣言する判決(訴訟終了宣言判決ないし訴訟終了判決)がされることがあるが、これも訴訟判決の一種である。 ⇨訴えの却下' ⇨棄却・却下'

訴訟引受け ⇨引受承継'

訴訟費用 Ⅰ 民事訴訟法 **1 意義** 一般には、当事者が'訴訟'を追行するのに必要な経費を指すが、民事訴訟費用等に関する法律は、そのうち一定のものに限り訴訟費用とする(形式的訴訟費用)。更に民事訴訟法61条が定める訴訟費用は、形式的訴訟費用のうち、本案に関して生じた費用に限定され、'強制執行'手続等の費用は含まれない(狭義の形式的訴訟費用)。

2 費用を負担する者 狭義の形式的訴訟費用は原則として敗訴者が負担しなければならない〔民訴61〕。ただし、勝訴した者も例外的に負担させられることがあり〔民訴62・63〕、当事者以外の関係人も費用を償還しなければならない場合もある〔民訴69・70・192・200・201⑤・216〕。

3 形式的訴訟費用の範囲 これは当事者が裁判所を通じて国庫に納付する裁判費用と、当事者が裁判所以外の者に支出する当事者費用とに分かれる。前者には各種申立ての際に納付する手数料、公告・証拠調べなどの費用が含まれ、後者には書類作成費用、当事者の旅費日当・宿泊料などが含まれる。弁護士報酬は形式的訴訟費用に含まれないのが原則であるが、裁判所が弁護士の付添いを認めた場合〔民訴155②〕の弁護士報酬はこれに含まれる。また、判例上、不法行為又は債務不履行に基づく損害賠償請求において弁護士報酬を損害に含めることができる場合があることが認められている。

4 訴訟費用の負担の裁判とその効力 狭義の形式的訴訟費用を誰に何割負担させるかを定める裁判(訴訟費用の裁判)は、'終局判決'において裁判所が職権でする〔民訴67①〕。この裁判に対する独立の'上訴'は認められない〔民訴282・313〕。本案の裁判についての上訴を受けた上級審が本案の裁判を変更する場合は原審における費用の裁判も効力を失い、上級審として改めて総費用につき裁判をする必要がある〔民訴67②〕。訴訟費用の負担の裁判では具体的な費用額が明らかにされないので、相手方の負担額を明らかにし、強制執行を可能にするためには、当事者は裁判所書記官に対して訴訟費用等の負担の額を定める処分を求める必要がある〔民訴71①〕。裁判所書記官のする費用額確定処分は相当と認める方法で告知することで効力を生じ〔民訴71④〕、それ自体で'債務名義'となる〔民執22④②〕。この処分に対しては不服を申し立てることができる〔民訴71⑤〜⑧〕。 ⇨裁判費用' ⇨訴訟上の救助'

Ⅱ 刑事訴訟法上、刑の言渡しをしたときは被告人に訴訟費用の全部又は一部を負担させるのが原則であるが、貧困な被告人に対しては負担させないことができる〔刑訴181①〕。無罪判決の場合、責任のある告訴人などに費用の負担を命じることもありうる〔刑訴183〕。訴訟費用の範囲は、「刑事訴訟費用等に関する法律」(昭和46法41)が定めており、'証人'の日当、'国選弁護人'の報酬などがこれに含まれる。訴訟費用の負担を命じられた者に資力がないときは、執行の免除を申し立てることができる〔刑訴500〕。

訴訟物 訴訟の目的ともいわれ、'訴訟上の請求'と同義に用いられることもあるが、狭義には原告が被告に対して主張する権利・法律関係をいう。原告の被告に対する訴訟物の主張と、裁判所に対するこの主張についての特定の形式の判決('確認判決'、'給付判決'、'形成判決')の要求とが訴訟上の請求あるいは'訴え'

そしようぶ

の内容となる。判決'主文'における訴訟物についての判断に'既判力'が生ずる〔民訴114①〕。訴訟物である権利関係の単複異同がどのように決められるか(請求の同一性の問題)を巡って議論がある。 ⇒新訴訟物理論'

訴訟物の価額 '訴え'によって原告が被告に対して主張する権利関係('訴訟物')について原告が有する直接の経済的利益を金銭評価した額であり、訴額ともいう。'事物管轄'〔民訴8①、裁33①Ⅰ・24Ⅰ〕及び訴えの提起等に際して納めるべき手数料の額の算定〔民訴費4①〕の基準となる。1つの訴えで複数の請求をする場合には、原則としてそれぞれの価額を合算するが、元本請求に附帯して請求される利息等の額は算入しない〔民訴9〕。非財産権上の請求及び'財産権上の請求'で訴額の算定が極めて困難なものについては、事物管轄との関係では140万円を超えるものとみなして〔民訴8②〕、地方裁判所の管轄に属するものとされ、手数料の額との関係では160万円とみなされる〔民訴費4②〕。訴額の算定は訴え提起の時点を標準としてなされる〔民訴15〕。

訴訟物の譲渡 ⇒訴訟承継'

訴訟法 訴訟を規律する法規の総称。実体法がどのような内容の裁判をしなければならないか、あるいは裁判でどのような権利義務を認めなければならないかという点を規律するのに対し、どのように裁判をするかという裁判の方法・手続を規律する法規を指す。それは、実体法の規定する権利義務についての判断を行うための手続・形式を定めるものといえるので、'手続法'とも形式法ともいわれる。訴訟の種類により、民事訴訟に関する訴訟法と刑事訴訟に関する訴訟法に区別される。前者に属する主な法規としては、民事訴訟法、'民事訴訟規則'があり、後者には刑事訴訟法、'刑事訴訟規則'がある。'行政訴訟'は、現行制度上は、民事訴訟の一部とされており、民事訴訟法によって処理されるが、事件の特殊性を考慮して'行政事件訴訟法'による例外が認められている〔行訴7〕。訴訟法は、国家による'裁判権'の行使に関する法規であるから、'公法'に属する。 ⇒訴訟' ⇒実体法'

訴訟防止のための和解 ⇒起訴前の和解'

訴訟法上の形成の訴え 形成の訴えの一種で、訴訟法上の法律関係の変動を目的とするもの。実体法上の法律関係の変動を目的とする訴えに対する。再審の訴え〔民訴338〕(ただし、確定判決の取消要求を再審の訴えの訴訟物にとり込んで、これを訴訟法上の形成の訴えと位置付けることには異論がある)、外国判決についての執行判決を求める訴え〔民執24〕などはその例。 ⇒形成の訴え'

訴訟法律関係説 '訴訟'現象を訴訟主体間に成立する訴訟上の法律関係として説明する学説。訴訟主体間の訴訟上の関係を、訴訟の対象である'実体法'上の法律関係と性質を異にする訴訟主体間の'公法'上の法律関係であるとする点が特徴である。しかし、これを認める学説の中にも、この関係を対立する当事者間に限るもの、裁判所と当事者との間にだけ認めるもの、裁判所と当事者双方及び当事者間に認めるものが対立している。もっとも、この説に対しては、発展的な訴訟の実体を説明するのに不十分であるとする'訴訟法律状態説'からの批判がある。

訴訟法律状態説 訴訟の過程は、訴訟の対象である'請求'を判決の'既判力'によって確定することを目標として進行するが、それまでの訴訟当事者間の関係は勝訴の見込み又は敗訴のおそれのある相対的な浮動状態(訴訟法律状態。また、単に訴訟状態ともいう)として捉えなければならないとする学説。訴訟の動的性格を説明するため、'訴訟法律関係説'を批判するものとして、ジェームズ・P・ゴルトシュミット(James Paul Goldschmidt, 1874～1940)によって提唱された。

訴訟要件 Ⅰ 民事訴訟法 1 意義 '本案判決'を得るために備わらなければならない条件。裁判所は訴訟要件が欠けていると認めるときは、'訴え'を不適法として'却下'する判決('訴訟判決')をする。例外として、'管轄違い'の場合は事件を管轄裁判所へ移送する〔民訴16〕。訴えが提起されて訴訟は成立し、その手続内で訴訟要件の存否も調査される関係にあるから、訴訟要件は訴訟成立要件ではない。また、現在の訴訟手続では、訴訟要件だけを調査する手続と本案を審理する手続とが段階的に区別されているわけではなく、また、本案判決をするためには本案審理の最終時点である'口頭弁論'の終結時に訴訟要件が備わっていればよいとされているので、訴訟要件は本案審理の要件ではなく、単に本案判決の要件にすぎない。もっとも、一部の訴訟要件('訴えの利益'など)については、請求に理由がないことが明らかであればその具備について審査を省略して直ちに'請求棄却'の本案判決を下してよいとの見解もあり、これによれば、そうした処理が許される訴訟要件は請求認容の本案判決の要件になる。2 各要件及びその種類 訴訟要件の主なものは、イ 訴え提起行為及び'訴状'の'送達'が適法であ

そぜいきや

ること，ロ *当事者'が実在し*当事者能力'をもつこと，ハ 被告が日本の*民事裁判権'に服し〔外国裁判権4以下〕かつ事件につき日本が管轄権〔民訴3の2以下〕をもつこと，ニ 裁判所が*管轄'をもつこと，ホ *訴訟費用'の担保を原告が提供したこと又は提供する必要がないこと〔民訴75，会社836等〕，ヘ *二重起訴の禁止'に触れないこと，*仲裁合意'のないこと，ト 訴えの利益があること，チ 当事者が*当事者適格'をもつことなどである。これらのうち，その事項の存在が要件になるものを積極的訴訟要件(イ～ホトチ)，その不存在が要件になるものを消極的訴訟要件又は*訴訟障害'(ヘ)という。また，訴訟要件の調査は職権でされるのが原則であるが(⇨職権調査(事項)')，訴訟費用担保の問題〔民訴75④〕，仲裁合意の存在〔仲裁16①〕などは，被告の主張をまって初めて調査すれば足りる*抗弁'事項であり，この被告の主張を*妨訴抗弁'と呼ぶことがある。

3 訴権論との関係 上記の訴訟要件の内容・性質は*訴権'論を通じて次第に明らかにされてきたものであり，現在では，訴権論はその役割を終えて訴訟要件論に解消されたと論じる立場もある。

Ⅱ 刑事訴訟では，訴訟条件という語を用いるのが通常である。 ⇨訴訟条件'

ソース・ルール 英 source rule 国際課税における，所得の源泉の所在地に関する法原則。非居住者・*外国法人'は，*国内源泉所得'，すなわち日本国内に源泉のある所得についてのみ納税義務を負う〔所税5②④・7①③⑤，法税4③・8〕ので，国内源泉所得の範囲を定めるソース・ルールが重要な意味をもつ。日本の*所得税法'におけるソース・ルールである161条は17種類の所得を，また*法人税法'におけるソース・ルールである138条は6種類の所得を列挙している。また，居住者・内国法人の*外国税額控除'の控除限度額は，全世界所得に対して課される*所得税'・*法人税'の税額に，全世界所得に占める国外源泉所得の割合を乗じて求められるので，この場合にも，ソース・ルールは重要な意味をもつ(所税95，法税69)。 ⇨国際課税' ⇨租税条約'

租 税 **1 意義** 国又は地方公共団体が，特別の給付に対する反対給付としてではなく，公共サービスを提供するための収入を得る目的で，法律の定めに基づき私人に課する金銭給付を租税という(⇨租税法律主義')。収入を得ることを目的としている点で，*罰金'・*科料'・*過料'・交通反則金のような制裁として科(課)される金銭給付と区別され，特別の給付に対する反対給付でない点で，*手数料'・*使用料'などと区別される。また，権力的に賦課・徴収される点で，財産収入・事業収入等と区別され，能力に応じて課され，一般経費に充てられる点で，特定の事業の経費に充てるため，その事業に関係のある者からその関係に応じて徴収される*負担金'と区別される。

2 種類 租税は*普通税・目的税'，*国税・地方税'，*直接税・間接税'，*収得税'・*財産税'・*消費税'・*流通税'，*人税・物税・行為税'というように種々の観点から分類されるが，それらについては，それぞれの項をみよ。 ⇨租税の種類'

3 現行の租税体系 現在日本にどのような租税があるかを示すと，次ページの表の通りである。

租 税 会 計 ⇨税務会計'

租 税 回 避 私法上の形成可能性・選択可能性を利用することにより，*課税要件'の充足を免れ，*租税'を回避する行為のこと。*納税義務'は，私法上の取引や行為から生ずるが，*私的自治の原則'・*契約自由の原則'の支配する私法の世界では，ある経済的効果を実現する場合に，いかなる法律形式を用いるかについて選択の余地がある。このような選択可能性を利用することにより，結果的には同一の経済的効果を実現しながらも，課税要件の充足を免れることが，租税回避である。租税回避は，私法上の形成可能性・選択可能性を利用するものである点で，租税法規の定めるところに従って税負担の軽減を図る行為である*節税'と区別され，また，課税要件の充足を免れるものである点で，課税要件の充足を秘匿する行為である脱税(⇨脱税犯')と区別される。租税回避を否認できる旨の明文の規定のない場合，その私法上の有効性は承認しながらも租税法上はその効力を否認し，本来の課税要件が充足されたものとして課税できるかどうかについては説が分かれている。 ⇨タックス・シェルター' '*税源浸食と利益移転'

租税危害犯 *租税債権'の正常な行使(納税義務の正しい確定及び履行)を阻害する危険性のゆえに可罰的とされる犯罪。*租税犯'の一種で租税秩序犯とも呼ばれるが，租税債権を直接侵害する*脱税犯'と区別される。虚偽申告犯〔消税65②③等〕，単純無申告犯〔所税241，法税160，消税66等〕，不徴収犯〔所税242③〕，検査拒否犯〔所通128②③，所徴188等〕，虚偽更正請求書提出犯〔税通128①〕等，各種の手続的義務違反が処罰の対象とされている。

租 税 客 体 ⇨課税物件'

そぜいきよ

[表：租税体系一覧]（前ページの「**租税**」）

	課税形態	普通税・目的税の区分等	租税の分類	税目
国税		普通税	収得税	所得税・法人税・地方法人税(地方交付税)・特別法人事業税(地方譲与税)・森林環境税
			財産税	相続税・贈与税・地価税(停止)・自動車重量税(一部地方譲与税)
			消費税	消費税・酒税・たばこ税・たばこ特別税・揮発油税・石油ガス税(一部地方譲与税)・石油石炭税・地方揮発油税(地方譲与税)・航空機燃料税(一部地方譲与税)・関税・国際観光旅客税
		目的税		電源開発促進税・復興特別所得税
		普通税	流通税	登録免許税・印紙税・とん税・特別とん税(地方譲与税)
地方税	都道府県税	直接課税形態(都道府県が直接課税するもの)	普通税	収得税	都道府県民税・事業税・法定外普通税
				財産税	固定資産税(大規模固定資産税)・自動車税・鉱区税・法定外普通税
				消費税	地方消費税・都道府県たばこ税・軽油引取税・ゴルフ場利用税・法定外普通税
				流通税	不動産取得税・法定外普通税
			目的税		狩猟税・水利地益税・法定外目的税
		間接課税形態(国が課税して都道府県に譲与等するもの)	交付税		所得税の一部・法人税の一部・消費税の一部・酒税の一部・地方法人税の一部
			譲与税		地方揮発油税の一部・石油ガス税の一部・自動車重量税の一部・航空機燃料税の一部・特別法人事業税・森林環境税の一部
	市町村税	直接課税形態(市町村が直接課税するもの)	普通税	収得税	市町村民税・鉱産税・法定外普通税
				財産税	固定資産税・軽自動車税・特別土地保有税(停止)・法定外普通税
				消費税	市町村たばこ税・法定外普通税
				流通税	法定外普通税
			目的税		入湯税・事業所税・都市計画税・水利地益税・共同施設税・宅地開発税・国民健康保険税・法定外目的税
		間接課税形態(国が課税して市町村に譲与等するもの)	交付税		所得税の一部・法人税の一部・消費税の一部・酒税の一部・地方法人税の一部
			譲与税		地方揮発油税の一部・石油ガス税の一部(政令市)・自動車重量税の一部・特別とん税・航空機燃料税の一部・森林環境税の一部

租税競争 各国がお互いに租税を引き下げて投資や人材を誘致する競争のこと。主権国家が分立する中で，各国が自律的に税制を組み立てると，租税競争(圀 tax competition)が生じやすい。とりわけ法人税は，可動性の高い要素を*課税物件'としているため，その傾向が顕著である。20世紀後半から，各国は法人税率を引き下げたり租税優遇措置を講じたりして，外資を呼び込もうとしてきた。これに対し，1998年にOECDはこのような「有害な税の競争」に対抗しようとしていたが，2015年には*税源浸食と利益移転(BEPS)'に対抗する15の行動につき各国の協調が呼びかけられ，更に2021年にグローバル最低税率に関する国際合意がなされ

そぜいのし

た。 ⇨国際最低課税額に対する法人税' ⇨タックス・ヘイブン'

租税国家 元来は財政学の概念であり、*私有財産制度'と貨幣経済の進展を背景に、自らは財貨の生産手段をもたず、*租税'を主要な財源とする近代国家の特徴を捉えたものである。公法学では、国家と社会の二元構造を前提に、市民には強制的な貨幣の支払すなわち租税による貢献が求められる一方で、私人の*財産権'や経済的自由は保障される、という経済的自由主義に親和的な国家形式として理解されてきた。

租税債権 国又は地方公共団体が、租税法規の定めるところに従い、納税者に対してもつ債権。租税債務あるいは*納税義務'に対する語。私法上の*債権'と異なり、自力執行権を与えられており、また、他の債権に対し一般的優先権を与えられている〔税徴 8、地税 14〕(⇨租税優先権')。

租税債務 ⇨納税義務'
租税債務者 ⇨納税義務者'
租税重課措置 ⇨租税特別措置'

租税条約 **1 意義** 国家間における*課税権'の調整(特に、国際的*二重課税'の防止)や、国際的*租税回避'の防止等を主要な目的として締結される条約のこと。国際的二重課税は、所得課税(所得税・法人税)及び資産課税(相続税・贈与税)の分野で、複数の国家が同一*納税義務者'の同一の所得・財産に対して課税することによって生ずるが、特に問題となるのは、所得課税の分野におけるそれである(⇨国際課税')。その防止は、国内的立法措置によっても可能ではあるが、*ソース・ルール'等が異なる場合には、二重課税は排除されずに残ることになる。そこで、ソース・ルール等を統一してその余地を少なくするとともに、*外国税額控除'等の国際的二重課税排除措置の方法と範囲、国際的租税回避の防止、両国間の税務協力等について定めるため、租税条約が締結される。

2 モデル条約 日本は、昭和 29 年(1954)にアメリカとの間で初めて租税条約を結んで以来、イギリス、フランス、ドイツその他の国・地域と 80 以上の租税条約を結んでいる。これらの多くは、*経済協力開発機構'(OECD)が租税条約統一のために 1977 年に発表した「所得及び資本に関するモデル二重課税条約」(英 Model Double Taxation Convention on Income and on Capital)に準拠している。この OECD モデル租税条約は、主に先進国間の租税条約のモデルとして作られたものであり、経済力の対等性等を前提としている。これに対して、先進国と発展途上国の間の租税条約のモデルとして作られたのが 1979 年の国際連合モデル租税条約である。これは、先進国と発展途上国の間の経済交流が一方向的である(例えば、投資や輸出は、主に先進国から発展途上国に対して向かう)点を考慮して、投資所得等の源泉地である発展途上国における源泉地課税を広く認め、発展途上国の利益を図ろうとするところに特色がある。

3 その他 租税条約は、両締約国が互いに相手国居住者等に対する源泉地課税を制限することを約するなど、*納税者'の負担を軽減することを目的とするものなので、国内法において認められた課税軽減を条約で奪うことはできない(この旨の定めをプリザベーション・クローズ(英 preservation clause)という)。租税条約において用いられた文言について条約上に定義がない場合は、文脈により別段解すべき場合を除いて、租税に関する国内法令における当該用語の意義と同じ意義に解される。なお、条約締結国の居住者以外の第三者が締約国内に法人を設立して当該条約の恩恵に浴しようとすることを、条約漁(あさ)り(英 treaty shopping)という。条約漁りは、近年重要性を増している国際的租税回避の一類型である。

租税滞納処分 ⇨滞納処分(租税の)'
租税秩序犯 ⇨租税危害犯'

租税特別措置 経済政策・社会政策等の一定の政策目的を達成するための手段として租税を活用するために、当該政策目的等の考慮により定められた一定の要件に該当する場合に、税制の基本原則である租税負担の公平(水平的公平)の要請をあえて犠牲にして、租税負担を減免し又は加重する税制上の特例措置。租税負担の異なる取扱いという点では特例措置と共通するが、租税類別措置は租税負担の公平(垂直的公平)の要請に基づく措置である。租税負担を減免する特例措置を租税優遇措置といい、租税負担を加重する特例措置を租税重課措置という。租税特別措置法のほか、*所得税法'・*法人税法'等の規定の中にも租税特別措置の性質をもつ措置が定められている。租税特別措置の合憲性〔特に憲 14〕は、当該措置に関する立法目的の正当性及び目的・手段の合理的関連性(比例性)に加えて、当該措置の実効性及び不公平の程度をも考慮して、審査されるべきである。立法裁量の範囲内では、「租税特別措置の適用状況の透明化等に関する法律」(平成 22 法 8)による検証が行われ、必要に応じて改廃が行われることとされている。

租税の種類 *租税'は種々の観点から分類

そぜいのの

される。主な分類を挙げると，イ 租税の賦課・徴収の主体により，国税と地方税に分類される（⇨国税・地方税'）。これは，現行憲法下では，*課税権'（租税立法権）の主体による分類とみることができる。国税が地方団体の財源とされる場合，国税は*地方交付税'又は地方譲与税（⇨譲与税'）という名称で地方団体に交付・譲与される。ロ 税収の使途の特定性の有無により，普通税と目的税に分類される（⇨普通税・目的税'）。目的税は地方税に多い〔地税5⑥⑦〕。国税では電源開発促進税や復興特別所得税が目的税である。ハ 租税負担の転嫁（に関する立法者による予定）の有無により，直接税と間接税に分類される（⇨直接税・間接税'）。国税の犯則事件との関係では直接国税と間接国税という分類がある。ニ *課税物件'の種類・内容（課税力の指標）により，*収得税'・*財産税'・*消費税'及び*流通税'に分類される。消費税はハの観点から直接消費税と間接消費税に分類される。ホ 課税物件の時間（期間又は時点）的把握の形態により，期間税と随時税に分類される。ヘ 租税における納税者の人的事情の考慮の有無・程度により，人税と物税に分類される（⇨人税・物税・行為税'）。

租税の納期限 ⇨納付（租税の）'
租税の納付 ⇨納付（租税の）'
租税の賦課・徴収 納付すべき税額（納税義務の内容）を確定することを*租税'の賦課という。租税を納税者の納付に基づいて，あるいは任意の納付のない場合には強制徴収（*滞納処分'）の方法で徴収することを，租税の徴収という。賦課の方法には，*申告納税方式'と*賦課課税方式'とがある。なお，賦課のことを確定と呼ぶことが多い。

租税犯 個々の*租税の賦課・徴収'及び納付に直接的に関連する犯罪。租税犯は*脱税犯'と*租税危害犯'に大別される。租税犯に対する立法の態度からみて，租税犯は，第二次大戦前は，*財産刑'主義・定額刑主義（裁判官による量刑の排除），刑法総則の主要規定の原則的適用除外等により，*行政犯'（法定犯）に属するとみられていたが，戦後は，*自由刑'の採用・定額刑の廃止，刑法総則規定の適用範囲の拡大・一般的適用等により，刑事犯（自然犯）に属するとされている。

租税法 1 *租税'に関する法のこと。日本では，国税については，共通事項あるいは一般事項を定めた法律として，*国税通則法'，*国税徴収法'があり，個々の国税に関する法律としては，*所得税法'，*法人税法'，*相続税法'，*消費税法'等がある。地方税については，*地方税法'という単一の法律があって，地方税についての共通事項あるいは一般事項のほか，個別の地方税について詳細な準則を定めている。⇨国税・地方税'

2 法律学の一分科としての租税法は，日本では第二次大戦後，*シャウプ勧告'の影響の下に本格的研究が始まった。租税の問題が，私人や私企業が各種の私経済上の意思決定をするにあたって重要な要因であるため，*課税要件'論を中心として急速に研究が進展した。

租税法律主義 近代税制の基本原則の1つで，*租税の賦課・徴収'は必ず法律の根拠に基づき，法律に従って行われなければならないことを意味する。近代憲法史上で叫ばれた「代表なければ課税なし」という原則の表現で，国民の財産権を保護し，法律生活の安定を図ることを目的とする。若干の近代憲法の例に倣い，*明治憲法'〔明憲62①〕及び現行憲法〔憲84〕は，租税法律主義の規定を置いている。租税法律主義の内容は，主として次の2点にあると考えられている。1 課税要件法定主義 *納税義務者'・*課税物件'・*課税標準'・*税率'等の各種の*課税要件'のほか，租税の賦課・徴収の手続は法律で定めなければならない。それらの定めを*命令'（*政令'・*省令'）に委任する場合には，委任は個別的・具体的であることを必要とし，一般的・白紙的であってはならない。*租税条約'との関係では，条約に異なる定めがある場合にはそれによる旨を法律上明記する〔所税162など〕例が多い。

2 課税要件明確主義 課税要件は明確に定められなければならず，行政権の自由裁量を認めたり不確定概念を用いたりすることは原則として許されない。ただし，負担の公平を維持するため，法はときに不確定概念を用いる場合がある。*同族会社'の行為・計算の否認の規定〔所税157，法税132等〕などは，その一例である。

⇨地方税条例主義'
租税優遇措置 ⇨租税特別措置'
租税優先権 1 意義 *租税'の*滞納処分'において，*租税債権'と他の債権との優先劣後の関係をどう定めるかは，立法政策の問題であるが，*国税徴収法'は，租税が財政需要の充足という高度の公益性をもっていることを考慮して，*国税'は納税者の総財産について，原則として，全ての公課その他の債権に先立って徴収する旨を定めており〔税徴8〕，*地方税法'も同様の規定を置いている〔地税14〕。これを，租税の一般的優先権と呼ぶが，判例は，租税の公益性

に鑑み，これを合憲としている(最大判昭和35・12・21民集14・14・3140)。ただし，昭和34年までの旧国税徴収法(明治30法21.昭和34法147により全改)の規定と比較すると，現行の国税徴収法は，私的取引の安全のため，租税の一般的優先権を相当に制限している。租税相互間及び私債権との優先劣後の関係の概要は，次の通りである。

2 租税相互間の優先劣後　国税と地方税(⇨国税・地方税')では，第二次大戦前は国税が優先するものとされていたが，現在は両者は同順位である。租税相互間では，差押先着手主義(先に差し押さえた租税が交付要求をした租税に優先)及び交付要求先着手主義(先に交付要求をした租税が後から交付要求した租税に優先)がとられている〔税徴12・13，地税14の6・14の7〕。また，*担保'を徴した租税は他の租税に優先する〔税徴14，地税14の8〕。

3 私債権との優先劣後　私法秩序の維持，私的取引の安全の見地から，被担保債権との調整に関し多くの規定が置かれている。イ　租税の法定*納期限'等以前に設定された*質権'又は*抵当権'によって担保されている私債権は，被担保財産の換価代金につき，租税に優先するものとされている〔税徴15・16，地税14の9・14の10〕。また，納税者が質権又は抵当権の設定されている財産を譲り受けた場合も，被担保債権は租税に優先する〔税徴17，地税14の11〕。逆に，納税者が租税に充てる十分な財産がない場合において，その者がその租税の法定納期限等後において登記した質権又は抵当権を設定した財産を譲渡したときは，納税者の財産につき滞納処分を執行してもなおその租税に不足するときに限り，その租税は，その質権者又は抵当権者が当該被担保財産の*強制換価手続'において，その被担保債権につき*配当'を受ける金額から，これを徴収することができる〔税徴22，地税14の16〕。ロ　各種の*先取(さきどり)特権'及び*留置権'によって保護されている債権も，租税に優先する〔税徴19～21，地税14の13～14の15〕。ハ　担保のための*仮登記'については，仮登記が租税の法定納期限等以前にされているときは，租税は，仮登記により担保される債権に劣後することとされている〔税徴23，地税14の17〕。また，ニ　一定の条件の下に納税者の租税を*譲渡担保'財産から徴収することも認められている〔税徴24，地税14の18〕。

租税類別措置　⇨租税特別措置'
そそのかし　⇨共謀・そそのかし・あおり・企て'

措置　⇨福祉の措置'
措置入院　*精神障害'者であって，医療及び保護のために入院させないとその精神障害のために自身を傷つけ又は他人に害を及ぼすおそれがあるとき，その者を都道府県知事が精神科病院又は指定病院に入院させる強制的措置を指し，措置入院，緊急措置入院(入院期間は72時間以内)の2種がある〔精神29・29の2〕。自傷他害のおそれを要求する点で，本人同意を必要とする任意入院，家族同意を必要とする医療保護入院〔精神20・33〕等と区別される。措置入院により精神障害者の人権が害されないよう，指定医の関与，急速を要する場合の手続等の慎重な入退院手続が定められているが〔精神29～29の7〕，その適切な運用にはなお課題のあることも指摘されている。なお，*麻薬及び向精神薬取締法'の，都道府県知事による麻薬・あへんの施用を繰り返すおそれの著しい麻薬中毒者に対する入院措置を指すこともある〔麻薬58の8～58の12〕。

措置法　⇨法規'
措置命令　⇨不当景品類'
措置要求　⇨勤務条件に関する行政措置の要求'

訴追裁量　日本の刑事訴訟法は，*起訴便宜主義'を採用し，*起訴猶予'とするか否かの裁量権を*検察官'に与えた〔刑訴248〕。これを訴追裁量と呼ぶ。起訴猶予によって*被疑者'を手続から解放し，刑事司法過程がもたらすラベリング作用(犯罪者というレッテルを貼ってしまうこと)を回避することを狙いとする。広範な裁量の付与は濫用的行使の危険を伴うが，日本での運用は，事実上の基準が存在することもあって安定しており，着実な成果を上げていると評価される。しかし一方で，精密な裁量権行使のために，捜査手続が長大化すること，*公判手続'が形骸化することが問題視されており，訴追裁量の本質について，犯罪者の更生手段としての*特別予防'的性格ではなく，微罪の処理方法としての*一般予防'的性格を強調すべきだとの改善提案もある。なお，濫用的な裁量権行使への抑制及び救済策として，法が*検察審査会'，*準起訴手続'の制度を用意しており，不当な起訴に対しては，解釈論上，*公訴権濫用論'の主張がある。

訴追免除　⇨刑事免責'
即決裁判手続　*執行猶予'判決の見込まれる刑事被告事件を迅速に審理判決する目的で，平成16年の法改正(法62)により導入された手続。*簡易公判手続'と似るものの，起訴時に

そつけつわ

*被疑者'の同意を得て*検察官'の申立てが必要なこと〔刑訴350の16〕，*拘禁刑'を言い渡すときには，刑の全部の執行猶予を言い渡さなければならないこと〔刑訴350の29〕などの点で異なる。適用できるのは，*法定刑'の下限が1年の拘禁刑より軽い事件に限られる〔刑訴350の16①〕。また，被告人と*弁護人'がこの手続の適用に同意していること，被告人が*罪状認否'で*訴因'について有罪を認めたことなどが必要である〔刑訴350の22〕。検察官の*冒頭陳述'は不要となる〔刑訴350の24①〕。*伝聞証拠'も原則として証拠とすることができ〔刑訴350の27〕，証拠調べの方法も簡略化できる〔刑訴350の24②〕。できるだけ早い時期の*公判期日'が指定され〔刑訴350の21〕，即日判決が原則となる〔刑訴350の28〕。判決に対しては，*事実誤認'を理由とする*控訴'や，それを理由とする*破棄'ができない〔刑訴403の2・413の2〕。このような権利制約を伴うため，弁護人の在廷が開廷の条件となる〔刑訴350の23〕。

即決和解　⇨起訴前の和解'
続行命令　⇨訴訟手続の続行命令'
ゾーニング　⇨地域地区制'
その他・その他の　⇨その他・その他の'
（巻末・基本法令用語）

その他資本剰余金　*資本剰余金'のうち資本準備金でないもの。「企業会計原則注解」（注2）は，資本剰余金は資本取引から生じた剰余金であるとしているし，昭和49年修正前企業会計原則の損益計算書原則の六は資本剰余金を「利益以外の源泉から生ずる」ものと定義していたが，「自己株式及び準備金の額の減少等に関する会計処理」（企業会計基準1号）40項は，資本剰余金を株主からの払込資本のうち資本金に含まれないものを表すとしている。すなわち，原則として，株主となる者が会社に対して払込み又は給付をしたと実質的に評価できる財産の額のうち資本金とされなかった部分が資本剰余金とされるが，これらと同視すべきものとされる，現物出資者である*発起人'が設立時の現物出資等の目的物価額不足額塡補責任を履行した額，募集株式の引受人又は新株予約権を行使した新株予約権者が差額支払責任又は目的物価額不足額塡補責任を履行した額〔会社計算21〕も資本剰余金とされている。

その他有価証券評価差額金　*財務諸表規則'67条1項1号及び*連結財務諸表'規則43条の2第1項1号にいう「その他有価証券評価差額金」である。「金融商品に関する会計基準」（企業会計基準10号）にしたがって認識される，その他*有価証券'の時価の変動によって生じた評価差額をいう。その他有価証券の評価差額に限定される点で，平成18年改正（法務12）前商法施行規則91条1項3号が定めていた「株式等評価差額金」より狭い概念であると考えられるが，例えば，その他有価証券以外の金融商品の時価の変動によって生じた評価差額のうち，当期の損益とされないものが「一般に公正妥当と認められる企業会計の基準その他の企業会計の慣行」を斟酌（しんしゃく）して，あるいは条理により，認められるということになれば，その評価差額は他の適当な名称を付した項目として表示すれば足りる〔会社計算53①参照〕。

その他利益剰余金　*利益剰余金'のうち利益準備金でないもの。利益剰余金は，損益取引によって生じた剰余金である。

ソフト・ロー　英 soft law　Ⅰ　国家権力によって*強制'（エンフォース）されていない規範で，法人を含む私人や国の行動に影響を及ぼしているもの。伝統的な法学が対象としてきた，国家が制定し強制するハード・ローに対立する概念。規範形成の主体と国家による強制の有無という2つの分類によって，イ　国家以外が形成した規範で，国家が強制しないもの（例：社会規範，企業倫理），ロ　国家が形成するが，強制はしない規範（例：法律上の努力規定），ハ　国家以外が形成し，国家が強制する規範（例：*商慣習法'，会計基準）の3種類に分けることができる。近年学問的研究が盛んになってきた。そこで論じられる問題は，具体的にどのようなソフト・ローが存在しているのか，ソフト・ローはどのようにして形成されるのか，なぜ人はソフト・ローに従うのか，ソフト・ローとハード・ローの間にはいかなる相互関係があるのか，といったものである。ソフト・ローの研究はそれ自体重要なだけでなく，制定法のようなハード・ローの研究にも貴重な示唆と知見を与える。

Ⅱ　国際司法裁判所規程（昭和29条2）は，裁判所が適用する国際法として，第1次的には，*条約'・国際慣習・*法の一般原則'を規定し，補完的に，判例・学説を規定している〔国際疏38①〕。伝統的な国際法の法源である条約・*国際慣習法'を特にハード・ローと呼ぶのに対して，形式的には国際法上の効力を否定されている国際文書をソフト・ローと呼び，これに国際法上の効力を認めることが主張されている。代表的には，国家の行動原則を定式化した国際連合総会決議が挙げられる。しかし，これらが，国際法上の効力をもつとする場合の理論的な根拠は学説によって一致してはいない。特に条約との

対比では，合意原則からの逸脱を意味するソフト・ローの主張は，国家主権原則に反するという批判もある。国際法の原則を定式化する国際文書としてこれに国際法上の効力を認めるとしても，その「効力」の意味，ソフト・ローと認められる国際文書の範囲，「効力」の根拠についての理論的枠組みが確立しているとはいえない。⇨一般国際法'

疎　明　　⇨証明・疎明'

空知太(そらちぶと)神社事件　　⇨砂川政教分離訴訟'

ソルベンシー・マージン　英solvency margin　通常の予測を超えて発生するリスクに対する支払余力をいう。ソルベンシー・マージン比率は，生命保険会社の健全性を示す指標であり〔保険業130〕，200％を下回った場合には，監督当局により早期に経営の健全性の回復を図るための措置がとられる。ソルベンシー・マージン比率(％)は，(ソルベンシー・マージン総額×100)を(リスクの合計額×0.5)で除して求める。ソルベンシー・マージンには，基金(資本金)，価格変動準備金，異常危険準備金，貸倒引当金，有価証券含み益，劣後ローンなどが含まれ，リスクの合計額には保険リスク相当額，第三分野保険の保険リスク相当額，予定利率リスク相当額，最低保証リスク相当額，資産運用リスク相当額，経営管理リスク相当額などが織り込まれる〔保険業則86～87，平成8大蔵省告示50〕。

村　　⇨市町村'

損益共通契約　事業者が他人と一定期間内における営業損益又は経常損益など事業者全体の計算に関する損益を合算し，それをあらかじめ合意した方法で当事者間で分配する旨の契約。利益共通契約ともいう。民法上の組合契約とされる。*株式会社'が締結・変更・解約する場合には，*株主総会'の*特別決議'を要し〔会社467①④〕，反対株主には*株式買取請求権'が付与され〔会社469〕，会社の基礎的変更に関わる行為として位置付けられている。この契約の締結は*独占禁止法'により制限される場合がある〔独禁16①⑤・17〕(⇨企業結合の制限')。

損益計算書　**1 概念**　企業の経営成績を明らかにするため，一会計期間に属する全ての収益とこれに対応する全ての費用とを記載して経常利益を表示し，これに*特別損益'に属する項目を加減して当期純利益(当期純損失)を表示する計算書。
2 損益計算書の作成・保存等義務　*株式会社'及び*持分会社'は，各*事業年度'に係る*会計帳簿'に基づき〔会社計算59③・71③〕当該事業年度に係る*計算書類'を作成しなければならないが，株式会社及び*合同会社'の計算書類には，損益計算書が常に含まれる〔会社435②・617②，会社計算71①②〕。株式会社・持分会社の各事業年度に係る計算書類及びその附属明細書の作成に係る期間は，当該事業年度の前事業年度の末日の翌日(当該事業年度の前事業年度がない場合には，成立の日)から当該事業年度の末日までの期間とされ，当該期間は，1年(事業年度の末日を変更する場合における変更後の最初の事業年度については，1年6カ月)を超えることができない〔会社計算59②・71②〕。株式会社・持分会社の各事業年度に係る損益計算書は*電磁的記録'をもって作成することができる〔会社435③・617③〕。株式会社・持分会社は，各事業年度に係る損益計算書を作成した時から10年間，損益計算書を保存しなければならない〔会社435④・617④〕。また，*金融商品取引法'上，*有価証券報告書'には連結損益計算書(又は連結損益及び包括利益計算書)及び損益計算書を，*半期報告書'には中間連結損益計算書(又は中間連結損益及び包括利益計算書)(上場会社以外の会社及び金融機関等の場合には，更に中間損益計算書)を，それぞれ含めなければならない。更に，*大会社'のうち，有価証券報告書提出会社は当該会社及びその*子会社'から成る企業集団の財産の状況を示すために，連結損益計算書を作成しなければならない〔会社444①，会社計算61①ロ〕。また，株式会社は，各事業年度に係る損益計算書を定時株主総会の日の1週間(*取締役会設置会社'では，2週間)前の日から5年間本店に，損益計算書の写しをその支店に(損益計算書が電磁的記録で作成されている場合であって，支店における当該電磁的記録に記録された事項を法務省令で定める方法により表示したものの閲覧の請求及び電磁的記録に記録された事項を電磁的方法であって株式会社の定めたものにより提供することの請求又はその事項を記載した書面の交付の請求に応じることを可能とするため会社の使用に係る電子計算機を電気通信回線で接続した電子情報処理組織を使用する方法であって，当該電子計算機に備えられたファイルに記録された情報の内容を電気通信回線を通じて会社の支店において使用される電子計算機に備えられたファイルに当該情報を記録するものによる措置をとっているときを除く)3年間備え置かなければならない。*株主'及び債権者は，株式会社の営業時間内はいつでも，株式会社の親会社社員は，その権利を行使するため必要があるときは裁判所の許可を得て，損益計算書の

そんえきそ

閲覧等請求をすることができる〔会社442, 会社則227〕。更に, 大会社(有価証券報告書提出会社を除く)は, 定時*株主総会*の終結後遅滞なく, 損益計算書を*公告*しなければならないが, *官報*又は時事に関する事項を掲載する日刊新聞紙に掲げて公告する場合には, 損益計算書の要旨を公告することで足りる。もっとも, 公告に代えて, 定時株主総会の終結後遅滞なく, 損益計算書の内容である情報を, 定時株主総会の終結の日後5年を経過する日までの間, 継続して*電磁的方法*により不特定多数の者が提供を受けることができる状態に置く措置をとることができる〔会社440〕。

3 様式 損益計算書の様式としては勘定式と報告式があり, 勘定式は左右に欄を設け, 借方に費用・損失及び(生じている場合には)当期純利益を, 貸方に収益・利益及び(生じている場合には)当期純損失を記載するものであり, 報告式は上から売上高, 売上原価, 販売費及び一般管理費, 営業外収益, 営業外費用, 特別利益, 特別損失の順に記載するものである。*財務諸表規則*〔財務規69②・様式第6号〕や連結財務諸表規則〔連結財務規48②・様式第5号〕などでは報告式が採用されているが, 会社法上は, いずれの様式によることもできる。もっとも, 会社計算規則も区分損益計算を要求しているため, 報告式によることが自然である。

損益相殺(そうさい) 1 意義 *債務不履行*や*不法行為*によって*損害*を受けた者が, 損害を受けたのと同じ原因により利益をも受けた場合に, その利益を損害から控除して損害賠償額を定めること。例えば生命侵害による*損害賠償*に際して, 死者の*逸失利益*を計算し, そこから, 生存していたならば支出したであろう死者自身の生計費を控除する場合がこれに当たる。このほか, 保険金・税金・香典などを逸失利益から控除すべきか否かも問題になる。

2 控除額 控除される利益の範囲は, 一般に損害発生の原因である事実と*相当因果関係*にあるものと説かれているが, 損益相殺とは, 損害賠償の額を具体的に計算する際に, どれだけの金額を控除すれば生じた損害を回復するという損害賠償の目的を達成することになるか, という考慮に基づいて決定される問題であるから, 控除される利益の範囲は, その利益をもたらした法律関係の趣旨・目的を考慮して個別的に決定されることになる。なお, 損益相殺といっても民法上の*相殺*〔民505〜512の2〕とはその機能を全く異にしていることはいうまでもない。

損益通算 *所得税*の*総所得金額*等を算定する前に, 各種所得の金額の算定上生じた損失の金額を, 他の種類の所得の金額から所定の順序で控除すること〔所税69①〕。各人の総合的な所得を把握する総合所得税の考え方に立脚するとされる。控除(通算)できる損失は, 不動産所得・*事業所得*・山林所得・*譲渡所得*から生じたもののみに限られ, 他の所得種類, 特に*雑所得*の計算上生じた損失は, 他の種類の所得と通算できない。損益通算後でもなお残る損失は純損失の金額と呼ばれ, 一定の要件の下で3年間繰越しが認められる〔所税2①㉕・70〕。生活に通常必要でない資産に係る損失につき, 損益通算上制限があるほか〔所税69②〕, *居住用財産の買換え*等の場合の譲渡損失〔租特41の5〕など, 租税特別措置法上も損益通算につき様々な特例がある。

損 壊 文書以外の物の効用を害する行為をいい, 広義の毀棄の一種である。刑法は, 建造物・艦船については建造物損壊罪〔刑260〕, それ以外の動産・土地については*器物損壊罪*〔刑261〕を規定するほか, 土地の境界標の損壊行為のうちの一定のものを*境界損壊罪*〔刑262の2〕として処罰している。判例・通説によれば, 損壊とは, 必ずしも物理的に破損する行為に限らず, 広く, 物をその用法に従って使用することを事実上不可能にする行為, あるいはその使用価値を減少させる行為をいう。労働争議の手段としてのビラ貼り行為や美観を著しく損なう公衆便所外壁への落書きも, 容易に回復できる程度を超えれば, *軽犯罪法*上の犯罪〔軽犯1 Ⅰ ㉝〕としてではなく, 建造物又は器物損壊罪になるというのが判例である(最決昭和41・6・10刑集20・5・374, 最決平成18・1・17刑集60・1・29)。⇨毀棄

損 害 *損害賠償*という*法律効果*を生じさせる要件の1つであるが, その意義を巡っては学説上に2つの立場が対立している。イ 第1の立場は, ある人にとって不利益であると観念される一定の事実そのものが損害であるとするものである(損害事実説)。それによれば, 例えば, 死亡や負傷という事実そのものが損害であると説かれる。ロ *金銭賠償*を原則とする民法の下では, 損害賠償を請求するには, これらの事実は金銭に評価されなければならないが, この金額を損害とするのが第2の立場である(差額説)。例えば, 死亡による損害は生存していたなら得たであろう給料と入院費用とであるという場合などがこの意味での損害となる。判例・通説は損害をロの意味で用いているとされる。なお, 損害は, *財産的損害*・*精神的損

害'、*積極的損害・消極的損害'、通常生ずるであろう損害・特別の事情によって生じた損害(⇨相当因果関係)などに分類される。

損害額の認定 民事訴訟において、被告に原告に対する*損害賠償'を命じるためには*損害'の額を認定(算定)する必要がある。損害額の認定は当事者の*主張・立証'に基づいてなされるが、その性質が*事実の認定'の問題であるのか、それとは異なる金銭的評価の問題であるのかについては理解が分かれる。民事訴訟法は、「損害が生じたことが認められる場合において、損害の性質上その額を立証することが極めて困難であるときは、裁判所は、口頭弁論の全趣旨及び証拠調べの結果に基づき、相当な損害額を認定することができる」〔民訴248〕という、損害賠償請求権者の主張・立証の負担を軽減する趣旨の規定を有しているが、先の理解にも関連して、その性質・適用範囲・適用の仕方等については見解が分かれる。

損害担保契約 例えば、Aが一定の事業を行うにあたって、Aがその事業に失敗するなど将来被るかもしれない損害をBが担保する旨の契約をAB間で結ぶことがある。また、AがCを雇用するにあたって、CのためAが被るかもしれない一切の損害をBが担保することを約する契約をAB間で結ぶこともある(身元引受け)。このように、ある者(A)が一定の事項又は事業などから受けるかもしれない損害を他の者(B)が塡補する契約を損害担保契約という。損害担保契約の中には、上記の例のうち、事業のための損害担保契約のように、主たる債務者に該当する者が具体的に定まらず、したがって保証との類似性がないものもあるが、身元引受けのように、主たる債務者に該当する者(C)が具体的におり、保証と類似するものもある。しかし、損害担保契約は、保証と異なり、主たる債務の存在は要件でない。例えば、身元引受けの場合に、Cがその責めに帰することができない事由でAに損害を与えた場合には、Cは債務を負わないが、担保者であるBは、なお損害担保債務を負う。 ⇨保証'

損害賠償 I 民法 1 意義 *債務不履行'・*不法行為'などの一定の事由に基づいて*損害'が生じた場合に、その損害を塡補して損害がなかったのと同じ状態にすること。損害賠償の義務は、債務不履行・不法行為という違法行為に基づいて生ずる点で、適法行為に基づいて生じた不利益を塡補する*損失補償'と区別される。

2 範囲・方法 賠償される損害は、債務不履行・不法行為などの損害賠償義務を生じさせる事実との間に*因果関係'があることが必要であり、因果関係があれば*財産的損害'であると*精神的損害'であるとを問わず、また、積極的損害であると消極的損害であるとを問わず(⇨積極的損害・消極的損害')、賠償の対象となる。因果関係のある損害のうち、どこまでの損害が賠償されるかという問題については、民法は債務不履行についてだけ規定しており〔民416〕、不法行為については規定しないが、通説・判例は不法行為についても民法416条を基準として定めるのが妥当であると解している(⇨相当因果関係')。損害賠償の方法は原則として金銭賠償であって〔民417・722①〕、*原状回復'が認められるのは例外的な場合に限られる〔民723〕(⇨謝罪広告')から、損害賠償をするには、上記の基準によって定められた範囲の損害を金銭で評価して損害額を算定するという手続を踏まなければならない。被害者に*過失'があれば、このようにして定まった賠償額は減額されうるし(⇨過失相殺(そうさい)')、また、被害者が損害を受けたのと同じ原因により利益をも受けたときには、損害からその利益を控除して賠償額が定められる(⇨損益相殺')。 ⇨賠償額の予定' ⇨損害賠償者の代位' ⇨国家賠償法'

II 犯人が被害者に損害の全部又は一部を賠償すると、起訴裁量の際又は刑の量定の際、犯人に有利な情状として考慮される。また、犯罪被害者等は、*犯罪被害者等の権利利益の保護を図るための刑事手続に付随する措置に関する法律'により、一定の場合に刑事手続の成果を損害賠償請求に利用でき、立証上の負担が大幅に軽減されている。同法により、刑事裁判所は、殺人、傷害致死、わいせつ、逮捕監禁、誘拐等の一定の犯罪については、有罪言渡し後、申立てのあった損害賠償請求について裁判できる〔犯罪被害保護24〕。

損害賠償者の代位 債権者が債権の目的である物又は権利の価額の全部の賠償を受けたときは、その物又は権利が賠償をした債務者に当然に移転することをいう〔民422〕。例えば、他人から預かった物を盗まれた場合には、預かった者は預けた者に対して寄託契約上の返還義務の不履行に基づく損害賠償責任を負わなければならないが、盗品の価額を全部賠償したときには、盗品の所有権は法律上当然に賠償した者に移転する。もし、これを認めないと、債権者は目的物に代わる全額の損害賠償を受けた上になお目的物を所有することになって、受けた損害よりも多くの利益を得るという不当な結果にな

そんがいば

るからである。民法は*債務不履行'に基づく*損害賠償'についてだけ規定しているが，多くの学説は，この制度の趣旨が損害賠償一般についても妥当するという理由で，*不法行為'の場合にも類推適用を認めている。

損害賠償請求権の査定　**1 意義**　*破産'手続・再生手続・更生手続・*特別清算'手続において，裁判所が，債務者たる法人の理事，*取締役'等の*役員'の責任に基づく*法人'の損害賠償請求権の存在・額を決定手続で簡易迅速に決定する制度〔破178・179，民再143・144，会更100・101，会社545・899〕。
2 手続　役員責任査定の決定は，*破産管財人'・*再生債務者'等(再生手続で管財人が選任されていない場合には再生債権者も)・*更生管財人'・清算株式会社の申立て又は職権に基づいてする。申立ての際には，責任の原因となる事実を*疎明'しなければならない。裁判所は，役員を*審尋'しなければならず，役員責任査定決定及び申立てを棄却する決定には理由を付さなければならない。
3 異議の訴え　役員責任査定決定に不服がある者は，決定の送達を受けた日から1カ月内にその決定の変更・取消しを求めて異議の訴えを提起することができる〔破180，民再145，会更102〕。異議の訴えがその期間内に提起されず，又は却下されたときは，役員責任査定決定は給付を命ずる*確定判決'と同一の効力を有する。査定の裁判を認可し，又は変更した判決は，*強制執行'に関しては，給付を命ずる判決と同一の効力を有し，*仮執行'宣言を付すことができる。

損害防止義務　*損害保険'において*被保険者'が損害防止に努める義務。保険がついているからといって損害の発生・拡大を放置しては*保険者'が損失を受けるから，損害保険においては*保険契約者'及び被保険者が損害を防止する義務を負うこととした〔保険13，商815②〕。無保険の場合と同じ程度に損害の防止に努め，それにもかかわらず生じた損害だけが真に保険の対象となる損害であるという考え方に立つ。保険者は，損害防止が正当に行われなかったために生じ，また拡大された損害については，損害賠償の請求ができ，これと保険金支払義務とを相殺(そうさい)して残額だけを支払えばよい。損害防止に要した費用は*保険金額'とは別に保険者が負担する〔保険23①②〕(⇨損害防止費用')。

損害防止費用　火災が発生した場合の消火の作業のために要した費用など，*保険事故'が発生したときに，それによる損害を防止するために必要又は有益であった費用。*保険契約者'及び*被保険者'は*損害防止義務'を負うが，損害防止によって*保険者'は利益を受けるから，保険者がこの費用を負担する〔保険13・23①②，商815②〕。*保険約款'によっては保険会社がこれを一定の範囲に限り負担する旨を定めている場合がある。

損害保険　**1 意義**　*保険契約'のうち，*保険者'が一定の偶然の事故(*保険事故')によって生ずることのある損害を塡補することを約するもの〔保険2⑥〕。保険者のリスク負担に対する対価として，*保険契約者'は保険事故の発生可能性に対応した*保険料'を支払う〔保険2③〕。例えば，家が火事で焼けたとき，その実際の損害額を査定した上で*保険金'が支払われるように，現実に生じた損害だけを塡補することを目的とする点で，定額保険と異なる。損害保険の例として火災保険・運送保険・*責任保険'・*信用保険'・自動車保険・海上保険'など各種の保険がある。
2 被保険利益の必要性　通説は，これを文字通り損害を塡補することを本質的内容とする契約と解し，損害を受けるおそれのある利益(*被保険利益')の存在が絶対に必要であり，この被保険利益の価額(*保険価額')が保険者の責任の最大限であって，この範囲内で*保険金額'が決められなければならないとする(⇨超過保険'・重複保険')。これに対し，被保険利益は絶対に必要というわけではなく契約の適法性を担保する手段にすぎないとする相対説も有力である。
3 効果　保険者は保険事故が発生した場合に，保険金を支払わなければならない。しかし，戦争危険や保険加入者側の*故意'・*重過失'による損害については免責され〔保険17〕(なお，*地震免責条項'を参照)，*告知義務'違反の場合には契約を解除でき〔保険28①〕，因果関係不存在の場合を除き保険金を支払う義務を負わない〔保険31②①〕。損害額を算定するときは，損害発生の地における発生時の価額によって定める〔保険18〕。保険者が保険金を支払うと，*保険代位'が認められる〔保険24・25〕。なお，保険契約者及び*被保険者'は*損害防止義務'を負う〔保険13〕。

損害保険代理店　⇨保険代理店'
損　金　⇨益金・損金'
損金経理　法人の*所得'の計算において，*損金'の額に算入するために，あらかじめ法人の確定した決算〔法税74①〕において費用又は損失として経理すること〔法税2㉕〕。*減価償却資産'の償却費〔法税31①〕，*引当金'等の内部取引〔法税52〕等について要求されている。これらの

費目については損金経理がなされない限り，*納税申告'において損金として計上することは認められない。外部取引と異なって課税上適正な経理をコントロールする必要があるため*株主総会'の手続が期待されている。

尊厳死 人としての尊厳を保った状態で死を迎えることを意味する。法律上の定義はなく，本人が希望する場合に終末期の過剰な延命措置を行わず自然な死を迎えさせることを含み，高齢社会の到来，終末期医療の発達に伴い関心が集まっている。意思を表明できない患者に対する医師の生命維持治療の中止が特に問題となる。*安楽死'と異なり，患者に耐え難い肉体的苦痛がある必要はなく，消極的安楽死と共通する問題が多いが，終末期における医師の治療義務の限界とも関係する。裁判例では，医師の生命維持治療中止の*違法性'が阻却される可能性は否定されないが，その安易な肯定には慎重である(最決平成 21・12・7 刑集 63・11・1899, 東京高判平成 19・2・28 刑集 63・11・2135)。法律で容認する国もある。刑法上，患者の自己決定に基づく死に方を選ぶ権利を重視して治療中止行為の違法性が阻却されることがあるのか，事前にした尊厳ある死を選択するという意思を記したリビング・ウィル(医 living will)は有効か等も問題となる。

損失保証 ⇨損失補塡' ⇨不当勧誘(金融商品取引の)'

損失補償 **1 意義** 適法な*公権力'の行使によって加えられた特別の犠牲に対し，公平の見地から全体の負担においてこれを調節するための財産的補償をいう。土地収用に対する損失補償，農地の強制買収の対価の支払などがその例で，適法行為に基づく財産権の侵害(むしろ，法自身が侵害を予定し又は命じている場合が多い)に対する補償である点で，*不法行為'に基づく*損害賠償'と区別される。
2 根拠 *明治憲法'は，補償に関する一般的規定を欠き〔明憲 27 ②〕，個々の法令中に補償を認める規定が存在するにすぎなかったが，現行の日本国憲法は，財産権を公共のために用いるについて，*正当な補償'を要求し〔憲 29 ③〕，損失補償制度の一般的根拠を置いた。現行実定法では，*土地収用法'を始めとして様々な法律が，損失補償規定を置いているが，法律に補償規定が欠けている場合については，憲法 29 条 3 項に基づく直接請求権発生説，違憲無効説の 2 説が存する。判例は前者をとっていると考えられている(最大判昭和 43・11・27 刑集 22・12・1402)。
3 補償の要否・内容 損失補償の要否については，当該損失が「特別の犠牲」に当たるか否かによって決定される(⇨特別の犠牲')。現代国家においては，侵害の対象・態様が多様化，複雑化しているため，補償の要否の判断が困難な状況も生じており(長期間にわたり，都市計画道路の区域内の土地に課せられた建築制限について，「特別の犠牲」に当たらないとした〔最判平成 17・11・1 判時 1928・25〕)，また，補償の内容としても，沿革的には，財産権の価値についての等価交換が原則であったが，今日では，*生活再建措置'等の新たな内容の補償が必要とされる場合が生じている。 ⇨生活権補償'
4 その他 損失補償・損害賠償の 2 つの制度の下で，概念としてはこのいずれにも属さないものについては，国家補償の谷間の問題として，古典的補償観念の拡大も考えられている。 ⇨事業損失' ⇨国家補償'

損失補償基準 適法な行政の活動によって加えられた*特別の犠牲'に対し損失補償を行う場合の具体的な補償内容・補償額の基準。各事業間の損失補償の項目・内容・手法等にばらつきがみられたため，その不統一を是正し，公共用地の取得に伴う損失補償の統一と適正化を目指すため，昭和 37 年 6 月 29 日に「公共用地の取得に伴う損失補償基準要綱」が閣議決定された。補償項目の中では，イ 精神損失，ロ 事業損失，ハ *生活権補償'などが問題になる。イ の精神損失については，先祖伝来の土地を立ち去ることに関する精神的苦痛等に対し，「謝金」等の名目で補償される例もみられたが，同要綱では，精神損失は社会生活上受忍すべきであるとして補償項目から外している。ロ のいわゆる事業損失について，同要綱では，事業施行中又は事業施行後における日陰，臭気，騒音等により生ずる損害等については，損失補償の項目としては取り上げず，社会生活上受忍すべき範囲を超える場合には，別途損害賠償の問題になる(⇨事業損失')としている。ハ の生活権補償については，同要綱では，事業の施行に伴い生活の基礎を失う者がある場合には，必要により*生活再建措置'を講ずべきであるとしている。例えば，ダム工事などの結果，生活共同体たる集落内の大部分の者が移住することにより，著しい損失を受ける少数残存者に対して与えられる補償として，少数残存者補償があり，土地の権利者に雇用されている者が職を失う場合の補償として，離職者補償が必要とされる場合がある。なお，平成 13 年の土地収用法改正(法 103)により，同要綱を基礎にして，補償基準が政令化されることになった〔収用 88 の 2〕。 ⇨損

そんしつほ

補償'

損失補塡 *有価証券'の売買その他の取引について顧客に損失が生ずることとなり，あるいはあらかじめ定めた額の利益が生じないこととなった場合に，金融商品取引業者がその全部又は一部を補塡すること〔金商39①〕。平成3年(1991)に一任勘定取引を伴う営業特金(*特定金銭信託')との関係で大問題となったいわゆる証券不祥事を機に，同年の証券取引法(現*金融商品取引法')改正(法96)により，証券会社の禁止行為とされた。同改正前から損失保証による勧誘行為は禁止されていたが，改正法は事後の損失補塡を中心に構成されているため，従来の損失保証は損失補塡の事前約束ということになった〔金商39①Ⅰ〕。ほかに損失発生後における補塡の約束〔金商39①Ⅱ〕，事後の一方的損失補塡〔金商39①Ⅲ〕と合わせて3種の行為類型が定められた。刑事罰(法人の最高罰金刑は3億円)の定めがある〔金商198の3・207①Ⅲ〕。これら損失補塡を要求した顧客も罰せられる〔金商39②・200Ⅳ〕。また，この場合，顧客又は情を知った第三者の得た財産上の利益は没収される〔金商200の2〕。なお，これら損失補塡の禁止規定は証券事故であることにつき内閣総理大臣の確認を受けている場合には適用されない〔金商39③〕。なお，損失補塡に対しては，*独占禁止法'の*不公正な取引方法'の行為類型である「不当な利益による顧客誘引」〔不公正告9〕の適用も問題となったことがある。

損傷者負担 *公用負担'の一種。特定の公の事業の施設を損傷する行為をなした者に対して課せられる。広義においては，原因者負担に含まれるため，現在では，特にこれを規定した例としては，下水道法18条があるのみである。負担の内容は，金銭給付義務が通例であって，これを損傷者負担金と呼ぶ。 ⇨原因者負担'

尊属・卑属 *血族'の中で，自分より先の世代にある者(父母・祖父母など)を尊属といい，後の世代にある者(子・孫など)を卑属という。*姻族'についてはこの区別は法律上規定されていない。法律上は主として直系尊属・直系卑属が問題となる。例えば，*相続'において，直系卑属は第1順位の相続人であり，直系尊属はこれに次ぐ〔民887・889〕。傍系の尊属(おじ・おば)や卑属(おい・めい)が問題となることは少ない〔養子について，民793〕。なお，*親等'に掲げた[図：親族関係]を参照せよ。

尊属に対する罪 明治40年(1907)制定の刑法は，*尊属'殺人〔刑旧200〕，尊属傷害致死〔刑旧205②〕，尊属遺棄〔刑旧218②〕，尊属逮捕監禁〔刑旧220②〕の4つの犯罪類型について，被害者が犯人の尊属である場合に刑を加重する規定を設けていたが，学説上は憲法14条違反との批判も強かった。最高裁判所は，当初，尊属殺人について合憲の判断を示していたが(最大判昭和25・10・25刑集4・10・2126)，昭和48年の大法廷判決(最大判昭和48・4・4刑集27・3・265)は，14対1の評決で判例を変更し憲法14条に違反し無効との判断を示した。もっとも，多数意見中の6名は，尊属殺重罰自体が封建的忠孝の倫理に基づくものであり憲法14条に違反するとしたが，他の8名は，死刑又は無期懲役という法定刑が通常の殺人に比べ著しく重く均衡を失することを理由としていた。事実，最高裁判所は，その後も尊属傷害致死については合憲性を認めていたのである(最判昭和51・2・6刑集30・1・1)。このため国会は200条を削除する改正を行わなかったが，実務上は尊属殺による起訴は行われない状態が続いていた。このような経過を経て，平成7年の刑法の平易化のための改正(法91)に際し，尊属関連の加重規定は全部削除された。その理由としては，尊属殺人については違憲状態の解消，その他の規定についてはこれとの均衡が挙げられているが，尊属加重規定が全面的に削除されている点からすれば，上記昭和48年大法廷判決の多数意見中の6名の少数意見の立場に基づくものというべきであろう。

存否応答拒否 *情報公開制度'上の用語。一定の文書開示請求に対して行政機関が当該文書の存在又は不存在を告げるだけで何らかの不開示情報を開示することになってしまう場合があり(例：特定の個人から行政機関に対してされた特定の相談についての記録の開示請求)，その場合に行政機関が当該文書の存否自体を秘するという形で開示請求を拒否することを，存否応答拒否と称する。アメリカのリーディングケースの名にちなんで「グローマー拒否」ともいう。現行法も，そのような存否応答拒否を認めている〔行政情報公開8等〕。

存立危機事態 ⇨防衛出動' ⇨平和安全法制'

た

代位 次のような種々の意味で用いられるが、「元のものに代わる」という点が共通している。イ *債権者代位権'〔民423〜423の7〕・代位訴訟〔自治242の2④〕・代位登記〔不登59⑦〕等は、他人の権利を代わって行使することを意味する。ロ 弁済者の代位〔民499・500〕（⇨代位弁済'）、損害賠償者の代位〔民422, 自賠76等〕、*共同抵当'権における次順位者の代位〔民392②〕、*保険者'の代位〔保険24・25〕などは、求償権を担保したり二重の利得を防ぐなどの目的で、他人の物や権利が移転する（権利者が代わる）ことを意味する。ハ *物上代位'〔民304・350・372。特別法上も同旨の規定が多数ある〕は、*担保物権'の目的物が滅失・損傷等した場合、その担保物権の効力が元の物に代わって発生した物や債権の上に及ぶことを意味する。

代位訴権 ⇨債権者代位権'
代位訴訟 ⇨責任追及等の訴え'

第一審 *訴訟事件'を最初に*審判'する*審級'。1 民事訴訟においては、原則として*地方裁判所'又は*簡易裁判所'である。ある事件がいずれの裁判所の管轄に属するかは*事物管轄'の定めによって決められる〔裁24①・33①Ⅰ〕。2 行政訴訟においては、原則として地方裁判所である〔裁33①Ⅰ括弧〕。3 刑事訴訟においては、*死刑'、*拘禁刑'に当たる罪の訴訟は、原則として地方裁判所に属する〔裁24②〕。ただし、*内乱罪'に関する事件は特別権限事件として〔裁16④〕*高等裁判所'に属し、罰金以下の刑に当たる罪の訴訟は簡易裁判所に専属する。*傷害'、名誉毀損など選択刑として罰金刑と拘禁刑とが定められている罪及び*盗品等に関する罪'など一部の罪については、地方裁判所と簡易裁判所が競合して管轄権を有する〔裁33①Ⅱ〕。

代位弁済 1 意義 債務者以外の者が債務者に代わって債権者に*弁済'すること。この意味では、*第三者の弁済'と同義。弁済したり担保権の実行によって権利を失った（弁済したものとみなされる）第三者は、債務者に対する求償権を取得する。その*求償権'を確保するため、法はこれらの第三者に、債権者が有していた債権や担保権を消滅させずに移転する。第三者が元の債権者の地位に代わって就くことから、これを弁済者の代位又は弁済による代位といい、代位弁済はこの意味で用いられることもある。弁済者の代位には、法定代位と任意代位とがある。

2 法定代位 弁済をするについて正当な利益をもつ者（物上保証人・抵当不動産の第三取得者・保証人・連帯債務者など）は、債権者の承諾がなくても、弁済によって当然債権者に代位する。*対抗要件'を具備する必要もない〔民500括弧〕。

3 任意代位 弁済をするについて正当な利益を有しない第三者が弁済したときも、債権者が弁済を受領したことで弁済による代位についての任意の合意があると解されるので、代位することができるが、任意代位は合意に基づく原債権の移転と解されるので、*債権譲渡'の場合に準じて対抗要件〔民467〕を具備しなければならない〔民500〕。

4 代位の効果 代位の効果、範囲及び代位者が数人ある場合の代位者相互間の関係などについては詳細な規定がある〔民501〜504〕。

大会社 最終事業年度に係る貸借対照表（会社法439条前段に規定する場合には、同条の規定により定時株主総会に報告された貸借対照表をいい、*株式会社'の成立後最初の定時株主総会までの間においては、会社成立時の貸借対照表）に資本金として計上した額が5億円以上又は負債の部に計上した額の合計額が200億円以上である株式会社〔会社2⑥〕。大会社では、*株主総会'で選任された*会計監査人'（*公認会計士'又は監査法人）による会計に関する監査が求められる〔会社328〕。また、*公開会社'であって*監査等委員会設置会社'でも*指名委員会等設置会社'でもないものは*監査役会'を置かなければならない〔会社328①〕ので、*監査役'は3人以上でなければならず、その半数以上は*社外監査役'であって、かつ、常勤の監査役を定めなければならない。以上に加えて、*貸借対照表'又はその要旨の*公告'（*電磁的方法'による公開を含む）のほか、*損益計算書'又はその要旨の公告等をしなければならない〔会社440①②〕。

対価関係（手形の） *手形の原因関係'のうち対価を伴う関係。広義では原因関係と同様に用いられる。例えば、売買契約、金銭消費貸借契約に基づいて*手形'が授受される場合には、手形の交付を受ける者が、手形を交付する者に対して売買の目的物の引渡しや金銭の交付などの対価（*反対給付'）を手形交付の前後に提供す

大学の自治 **1 意義** 大学における研究教育の自由を保障するために，大学の運営が大学の自主的な決定によって行われることで，*学問の自由'の一環として憲法 23 条により保障される（⇨制度的保障'）。教授その他の研究者の人事の自治及び施設・学生の管理の自治が主な内容であるが，これに予算管理の自治を加える学説も有力である。
2 歴史的経緯 *明治憲法'下では，明治 38 年(1905)の戸水事件，大正 2 年(1913)の沢柳事件を経て，帝国大学教官の人事について教授会自治を認める慣行が成立したが，昭和 8 年(1933)の*滝川事件'ではこの慣行に反する休職処分が行われた。その反省も踏まえ，昭和 24 年に制定された*教育公務員特例法'は，国公立大学の教官人事に大学の自治を認めた。伝統的には大学の自治の担い手は教授会ないし評議会であると考えられ，*ポポロ劇団事件'の最高裁判所判決も，学生が大学施設を利用できるのは研究者の学問の自由と大学の自治の効果にすぎない，と判断した。学説は，警備公安活動のために警察官が大学の了解なしに構内に立ち入り調査活動を行うことが大学の自治に反する，と解する。
3 現代的課題 学術研究の府である大学に社会貢献と説明責任を求める傾向が高まっている。平成 16 年(2004)に国立大学は法人化され，形式的には国からの独立性が高まったものの，自己点検・評価及び認証評価〔学教 109〕に加え，国立大学法人評価〔国大法人 9 ②〕を受けることとなり，更に運営交付金の削減が財政面から自治を脅かしている。対内的には，ガバナンス強化のため学長等への権限集中が進められ，平成 26 年には審議機関であった教授会が諮問機関とされ〔学教 93〕，国立大学法人の経営協議会の委員の過半数を学外委員が占めることとされた〔国大法人 20 ④〕。今後は，私立大学を含め，各大学における自治の伝統の良い部分を活かす運用が望まれている。

大学湯事件 民法 709 条の*権利侵害'につき，以前の判例を変更してこれを広く解釈すべきことを判示した大審院判決（大判大正 14・11・28 民集 4・670）。事件は，京都大学付近の建物を借りてそこで「大学湯」という名称で湯屋営業を営んでいた者が，賃貸借終了後，賃貸人がこの建物を別の者に貸して，「大学湯」という名称で営業することを許したことを*不法行為'として訴えたものである。原審は，「大学湯」という老舗（しにせ）は権利ではないから，その侵害は不法行為にならないと判示したが，大審院は，次のように述べて原判決を破棄差し戻した。すなわち，民法「第 709 条ハ故意又ハ過失ニ因リテ法規違反ノ行為ニ出(い)テ以(も)テ他人ヲ侵害シタルモノハ之(これ)ニ因リテ生シタル損害ヲ賠償スル責ニ任ス」という広範な意味にほかならない。侵害の対象は何々権という具体的な権利である場合もあるし，権利といえない程度の法律上保護に値する利益である場合もあると。この判決は，雲右衛門事件の判例を変更し，具体的な権利の侵害でなくても，法律上保護される利益であれば，不法行為が成立することを認めたものである。このように民法 709 条の被侵害利益が具体的な権利だけでなく法律上保護される利益を含むことは，判例・学説上異論のないところとなったので，平成 16 年の民法改正（法 147）の際，同条の文言は，「他人の権利又は法律上保護される利益を侵害した者は…」と改められた。なお，大学湯事件を契機として，その後の学説では，民法 709 条にいう権利侵害は*違法性'にほかならないと解する説が通説となった（違法性説）が，その後，民法 709 条の要件として違法性は不要であるとする考え方が有力に主張されている。前記の改正がこの議論に影響を与えるものであるかどうかが問題となるが，この改正は，条文を口語化するほか，前記のように判例・学説上異論のないところを最小限改正したものなので，影響を与えない，というのが一般の理解である。⇨雲右衛門事件'

代価弁済 *抵当権'の消滅原因の 1 つ。抵当不動産の*所有権'又は*地上権'を買い受けた*第三者'(*第三取得者')が登場しても，抵当権は存続するのが原則であるが（抵当権の追及効），第三者取得者が，抵当権者の請求に応じて，抵当権者にその代価を*弁済'したときは，抵当権は消滅する。これを代価弁済という。抵当権の実行により自らの権利を失う可能性がある第三取得者と抵当権者との調整の制度であり，被担保債権が全額弁済されていないにもかかわらず抵当権が消滅する点で，*抵当権消滅請求'の制度と共通するが，代価弁済は，抵当権者の請求によるものであるのに対して，抵当権消滅請求は，第三取得者の請求によるものである点で異なっている。

大気汚染防止法 昭和 43 年法律 97 号。大気汚染を防止するために，工場・事業場から発生するばい煙や自動車の排出ガスを規制する法律。大気汚染を規制する法律としては，昭和 37 年に「ばい煙の排出の規制等に関する法律」（法 146）が制定されたが，同法によっては，四日市を始めとする各地の大気汚染問題が解決できな

かったので、昭和43年に本法が制定され、「ばい煙の排出の規制等に関する法律」は廃止された。本法は初め、指定地域制をとり、指定地域ごとに一定の大気汚染物質（「ばい煙」）の排出基準を定めて規制していたが、その後も大気汚染が進み、自動車排出ガスによる汚染も深刻になってきたので、昭和45年(法134)、翌46年(法88)に改正され、「指定地域」制が廃止され、全国一律の排出基準が適用されるようになり〔大気汚染3〕、「ばい煙」の定義が改められ、新たにカドミウム・塩素・弗化(ふっか)水素・鉛などの有害物質（政令で定められる）が規制の対象として加えられ〔大気汚染2①〕、都道府県が国の基準より厳しい排出基準（上乗せ基準）を定めることができるようになった〔大気汚染4〕。また、自動車排出ガスに関わる許容限度が定められ、その規制が強化された。更に、昭和49年の改正(法65)により、総量規制方式が導入され、二酸化硫黄と窒素酸化物について実施されている。私法上の損害賠償の規定としては、昭和47年の改正(法84)により*無過失責任*の規定が定められた〔大気汚染25〜25の6〕。平成元年には石綿対策のための改正(法33)、平成8年にはベンゼン等の長期毒性をもつ有害大気汚染物質を規制の対象に取り込む改正が行われた(法32)。平成16年には揮発性有機化合物(VOC)の排出抑制制度が導入された(法56)。平成22年には、ばい煙量等の測定結果の未記録等に対する罰則が創設され(法31)、平成25年(法58)及び令和2年(法39)には建築物の解体等時の石綿飛散防止対策が強化された。また、平成27年には、「水銀に関する水俣条約」の締結を踏まえて、水銀等の排出の規制等に関する規定が入れられた(法41)。 ⇨公害'

待期期間 *社会保険*において*保険事故*発生後一定期間を待期期間とし、これを経過したことを給付要件とすることがある。待期期間は事故の軽重とか、受給資格の発生を確認し、また、不正給付などの保険制度の濫用を排除するためのもので、*雇用保険*の*基本手当*では7日〔雇保21〕、*労働者災害補償保険*における*休業補償給付*・*休業給付*は3日〔労災14①・22の2②〕、*健康保険*における*傷病手当金*は3日〔健保99①・135①〕等と定められている。

大気圏内、宇宙空間及び水中における核兵器実験を禁止する条約 ⇨部分核実験停止条約'

代 議 士 *明治憲法*時代に、国民に基礎をもたない*貴族院*議員に対して、国民によって選挙され、国民に代わって国政を審議する人という意味で、*衆議院議員*を俗に代議士と呼んだ。現行憲法下の国会議員は全て公選された全国民の代表であって、この意味で衆参両院の議員を区別する理由はないが、当時からの習慣で、代議士というときは衆議院議員だけを指す。

代 議 制 ⇨議会制' ⇨代表民主制'

大規模小売店舗立地法 平成10年法律91号。大規模小売店舗の施設の配置・運営方法について適切な配慮をすることにより、店舗周辺地域の生活環境の保持を図るための法律〔大店立地1〕。前身の「大規模小売店舗における小売業の事業活動の調整に関する法律」(昭和48法109)は中小小売業者の利益保護と競争制限に偏った運用がなされてきたことから、経済法的性格をなくし、周辺地域の騒音、交通渋滞等の生活環境の悪化を防止する目的に絞った本法が制定された。大規模小売店舗(小売面積1000m²超の店舗)の設置者は、新設・変更の前に店舗面積、施設の配置、運営方法等につき都道府県に届出を行い、説明会を開催しなければならない〔大店立地5〜7〕。都道府県は、地元の住民等の意見に配意し意見を述べ、設置者は対応策を提示する〔大店立地8〕。都道府県は、対応策が意見を適正に反映しておらず、周辺地域の生活環境に著しい悪影響を及ぼす事態が回避困難と認めれば、設置者に対し必要な措置を勧告できる〔大店立地9①〕。地方公共団体は、条例等によって本法の趣旨に反して地域的な需給状況を勘案した規制を行ってはならない〔大店立地13〕。

大規模訴訟 当事者が著しく多数であって、かつ、*尋問*すべき*証人*又は当事者(⇨訴訟上の当事者')が著しく多数である民事訴訟。公害訴訟、*薬害訴訟*等にその例がみられるが、その審理、とりわけ*争点及び証拠の整理*並びに*証拠調べ*に長時間を要することが多く、迅速かつ実効的な事件処理が難しいという事情があるため、民事訴訟法は、合議体(⇨合議制・単独制*)の人数を5人にすることができること〔民訴269〕、当事者の異議がないときは*受命裁判官*が証人等の尋問をすることができること〔民訴268〕など、審理の規律に関して特則を設けている。

代 休 ⇨休日振替'

怠 業 労働者の*争議行為*の一種。*同盟罷業*と異なり、一応労務の提供を続けながら作業能率を低下させるもので、使用者が*作業所閉鎖*をもって対抗することの可否などが問題となる。なお、サボタージュは機械の破壊等を含むより広い概念である。 ⇨遵法(順法)

たいぎよう

闘争' ⇨サボタージュ'

怠業的行為　政府又は地方公共団体の機関の活動能率を低下させる行為。*争議行為'の一種である*怠業'と区別されるが、公務員は争議行為だけでなく怠業的行為も禁止されている〔国公98②、地公37①、行執労17①、地公等労11①〕。

退去強制　*出入国管理及び難民認定法'に基づいて、外国人を強制的に本邦外に退去させること。法は、その要件を、密入国、資格外活動、刑事罰等の一定の事由に限定する〔入管24〕ほか、入国警備官の違反調査、収容令書による収容、入国審査官による審査、特別審理官による口頭審理、主任審査官の退去強制令書の発付、入国警備官による退去強制令書執行等の手続を詳細に定めている〔入管5章〕。

代金減額請求権　⇨瑕疵(かし)担保責任' ⇨担保責任'

体系的解釈　⇨法の解釈'

代　決　行政上の事務処理方式の一種。*行政庁'が*補助機関'に事務処理についての決定(決裁)の権限を委ねるが、外部に対する表示は行政庁の名で行われるので内部的委任とも呼ばれる。行政庁が不在の場合など直接行政庁が決定できない場合に事務処理上の便宜のためにされる。*専決'もほぼ同義であるが、行政庁の不在等の事情と関係なく行われる点で代決と異なる。

大　権　一般に*君主'の権限をいうが、*大日本帝国憲法'下の用語としては、広義には天皇の国家統治の権限全体を指し(憲法発布勅語、*上諭')、狭義には国務大臣その他の*輔弼(ほひつ)'機関の参与のみで*帝国議会'の参与なしに天皇の行使することができる個別の諸権能を指す。法律の裁可〔明憲6〕、帝国議会の召集・開会・停会及び衆議院の解散〔明憲7〕、*緊急勅令'・*独立命令'の発布〔明憲8・9〕、行政各部の*官制'制定・文武官の任免〔明憲10〕、陸海軍の統帥(⇨統帥権')・編制〔明憲11・12〕、*宣戦'・講和'・*条約'締結〔明憲13〕、*戒厳'〔明憲14〕、*栄典'〔明憲15〕、*恩赦'〔明憲16〕、*非常大権'〔明憲31〕などが大権事項とされていた。

大憲章　⇨マグナ・カルタ'

代　行　ある職を占める者に事故があるとき、又は欠けたときに、他の者が代わってその職務を行うこと。例えば、「副大臣は、…あらかじめその省の長である大臣の命を受けて大臣不在の場合その職務を代行する」〔行組16③〕の類いである。代行と似た用語に*代理'があるが、代理が法律行為についての代理を指すのが通例であるのに対し、代行は、*法律行為'だけではなく、*事実行為'をも含めて代わりに行う趣意である。なお、代行と同じ趣旨を表すのに、「職務を行う」〔内9〕又は「代理」〔自治152①〕が用いられることもある。なお、天皇の*国事に関する行為'について、「臨時代行」の制度が認められている〔国事代行2〕。この代行は、天皇の*委任'に基づく代行であって、この点で、上述の代行と性格を異にしている。

対抗措置　国際法における違法性阻却事由の1つであり、国際違法行為(国際法違反)(⇨国際責任')に対する反応としてとられる措置であって、それ自体では違法であるが、一定の要件を満たす場合にはその違法性が阻却される〔国家責任条文22〕。対抗措置は国際法違反国に義務の履行のみを促すためにのみとることができ〔国家責任条文49〕、均衡性の要件を満たさなければならない〔国家責任条文51〕。古くは復仇(ふっきゅう)と呼ばれたが、軍事的復仇は現代国際法の下では禁止され、対抗措置は非軍事的復仇にほぼ対応する。

対向犯　⇨必要的共犯'

対抗要件　**1 意義**　法律関係が*当事者'間で効力を有するための要件を満たしていても、当然には*第三者'に対する効力(*対抗力')を有さず、対抗力を有するためには別の要件を満たさなければならないとき、その要件を対抗要件という。法律関係が当事者間で効力を有するための要件である成立要件と対比される。

2 物権変動の対抗要件　*物権変動'の成立要件は、*意思表示'であり〔民176〕、不動産に関する物権の得喪・変更の対抗要件は*登記'〔民177〕、動産に関する物権の譲渡の対抗要件は*引渡し'である〔民178〕。なお、動産債権譲渡特例法3条参照。

3 債権譲渡の対抗要件　*債権'の譲渡の第三者に対する対抗要件は、*確定日付'のある証書による、債務者への通知又はその承諾である〔民467〕。ただし、債務者に対する債権の譲渡の対抗要件は、単なる債務者への通知又はその承諾で足りる。なお、動産債権譲渡特例法4条参照。また、*証券的債権'譲渡の際の*譲渡裏書'と証書の交付は効力発生要件である〔民520の2〕。⇨債権譲渡'

4 不動産賃借権の対抗要件　不動産の賃借権の対抗要件は、その後その不動産について物権を取得した者に対しては登記である〔民605〕。*借地権'の対抗要件は、土地の上に借地権者が登記されている建物を所有することであり〔借地借家10〕、建物の賃借権の対抗要件は、その後その

建物について物権を取得した者に対しては建物の引渡しである〔借地借家31〕。

5 第三者に対する対抗 ある法律関係の効力を当事者以外の第三者に及ぼすことを、対抗するという。したがって、ある法律関係が当事者間で効力を有していても、その効力を当事者以外の第三者に及ぼすことができないことを、対抗することができない(対抗することを得ず)という。対抗要件が問題となる場合のほかにも、対抗が問題となるものとして以下の例がある。イ 法人の代表理事の*代表’権に対して加えた制限は、*善意’の第三者に対抗することができない〔一般法人77⑤・197〕。ロ *心裡留保’・*虚偽表示’である意思表示が*無効’であることは、善意の第三者に対抗することができない〔民93②・94②〕。ハ *錯誤’・*詐欺’による意思表示の取消しは、善意かつ無過失の第三者に対抗することができない〔民95④・96③〕。ニ これらの例では、法律関係が当事者間で効力を有するための要件を満たしていて、原則として当然に対抗力を有し、したがって、特に別の要件を満たす必要がないため、対抗要件は問題とならない。

6 当事者間における対抗 民法の規定には、ある法律関係の効力が、その当事者に及ぶことを、法律関係を成立させる要件に関わる一方の当事者からみて、他方の当事者に対して対抗と定めることがある。例えば、イ *相殺(そうさい)’の意思表示を行った*受働債権’の債務者からみて、受働債権の債権者に対して相殺を対抗する旨の規定〔民509〜511〕、ロ *委任’の終了事由に関わる当事者からみて、委任契約の他方の当事者に対して委任の終了を対抗する旨の規定〔民655〕がある。

対抗力 ある法律関係を*当事者’以外の*第三者’に対して効力を及ぼすことができること。ある法律関係が対抗力を有するという表現が用いられる。不動産の物権の変動が対抗力を有するためには*登記’が必要であり〔民177〕、動産の物権の変動が対抗力を有するためには*引渡し’又は登記が必要である〔民178、動産債権譲渡特3〕。したがって、登記を備えず又は引渡しのない所有権の移転は、対抗力のない所有権の移転と呼ばれる。不動産の賃借権は登記により〔民605〕、*借地権’は土地の上に借地権者が登記されている建物を所有することにより〔借地借家10〕、建物の賃借権は建物の引渡しにより〔借地借家31〕対抗力を有する。法律関係が当事者間で効力を有するための要件を満たしていても当然には第三者に対する対抗力を有せず、対抗力を有するには別の要件を満たさなければならないとき、その要件を*対抗要件’という。

待婚期間 ⇨再婚禁止期間

第三債務者 債務者の債務者を指す。例えば、債権者Aと債務者Bがある場合に、Bに対して更に債務を負う者Cを、Aとの関係で第三債務者という。第三債務者の例としては、イ 債権を質入れ又は譲渡する場合〔民364・467〕、すなわち、BがCに対してもつ債権をAに質入れ又は譲渡する場合のC。ロ *債権者代位権’〔民423〜423の7〕において、Bの債権者Aが、BのCに対する債権を代位行使するときのC。ハ 債権差押えの場合〔民481・511、民執143〜167〕、例えば、売主(A)が売買代金の不払を理由として、買主(B)が銀行(C)に対して有する預金債権を差し押さえるときのC。この場合Cは、自己の債権者Bへの弁済を禁じられ〔民481、民執145①〕、差押債権者Aに支払うか〔民執155〕又は供託所に*供託’しなければならない〔民執156〕。ただし、Bに対して反対債権(例:貸付金債権)を有するときは、一定の要件の下に*相殺(そうさい)’をもってAに対抗することができる〔民511〕。

第 三 者 1 意義 ある法律関係の*当事者’以外の者が、その法律関係の第三者となる。契約を締結した当事者以外の者は、その契約の第三者である〔民545・612②・625・676〕。契約の効力は、原則として、当事者のみを拘束し、第三者には及ばないが、*第三者のためにする契約’は、この原則に対する例外である〔民537〕。

2 第三者の例 意思表示の当事者である意思表示を行う者とそれを受領する者以外の者〔民93②・94②・95④・96②③〕、物の所有権の移転の当事者である譲渡人と譲受人以外の者〔民177・178・467〕、*質権’・*抵当権’の当事者である質権設定者・抵当権設定者と質権者・抵当権者以外の者〔民352・378〕が第三者である。ただし、*物上保証人’となる者を、当事者である債権者と債務者以外の者であるとして、第三者ということもある〔民342・369〕。また、法人と理事を当事者として、理事と取引をした相手方〔一般法人77⑤〕、本人と*代理人’を当事者として、代理人と取引をした相手方〔民99②・109・110・112〕、加害者である被用者とその使用者を当事者として、被害者〔民715〕を第三者と呼ぶ例もある。しかし、当事者以外の者が全て第三者に当たるとは限らず、多くの場合は、当事者ではないがある法律関係と一定の関係にある者が第三者と呼ばれる。例えば、民法177条の第三者は、判例によれば登記の欠缺(けんけつ)を主張する正当な利益を有する者に制限されている(大連判明治41・12・

だいさんし

15民録14・1276)。
3 承継人 ある法律関係に関わる権利・義務について当事者から移転を受けた第三者を承継人という〔民120・153・187・254・380〕。権利・義務の移転が契約による場合、移転を受けた第三者を特定承継人、権利・義務の移転が*相続*・包括遺贈*・*合併*による場合、移転を受けた第三者を包括承継人という。単に承継人という場合は、特定承継人を指すことが多い。　⇨*特定承継・包括承継*

第三者異議の訴え
1 意義 *強制執行*の目的物について、所有権その他執行の排除を求めうる実体法上の権利を主張する者が、執行債権者を被告として執行の排除を求める*訴え*〔民執38〕。強制執行は、債務者の*責任財産*に対して行うべきものであるが、*執行機関*は、動産の占有、あるいは不動産の登記など責任財産の外観を基準として執行を行う。これに対して、目的物について上記のような権利を主張する*第三者*が執行の排除を求めるのが、この訴えである。同様の趣旨から、担保権の実行にも準用される〔民執194〕。
2 効果 この訴えは、特定の*債務名義*に基づく特定の目的物に対する執行を違法にするという効果を生じさせる形成訴訟(⇨形成の訴え)だとする考え方が通説である。この訴えの請求認容判決が確定すると、執行の停止・取消しの理由となる〔民執39①Ⅰ・40①〕。また、判決確定前でも、裁判所は、執行の停止・取消しを命じることができる〔民執38④〕。

第三者委任禁止条項　⇨*団体交渉権の委任*

第三者方払手形(小切手)
1 意義 *約束手形*の*振出人*、*為替手形*の*支払人*(*引受人*も含む)の住所(*営業所*)以外の第三者方で支払う旨が記載された*手形*〔手4・77②〕。他所払手形ともいう。振出人・支払人にとってその住所で支払うよりも第三者方で支払う方が都合のよい場合があるので、振出人が振出しに際し、又は支払人が引受けに際して〔手27〕、この記載をすることができる。*他地払手形の場合には必ず第三者方払いとしなければならない。
2 支払場所・支払担当者 第三者方払手形には、*支払場所*が記載されているものと、支払場所だけでなく*支払担当者*の記載も含むものとがある。支払担当者の住所及び支払場所は、*支払地*内になければならず、そうでないものは、第三者方払いの記載は*無効*になる。
3 支払呈示 *支払呈示*は、支払場所の記載があるときはその場所で支払人(振出人)に対して、支払担当者の記載を含むときはその場所で支払担当者に対してしなければならない。
4 銀行店舗が支払場所として記載された場合 実際には、支払場所として支払人(振出人)の取引先である銀行店舗が記載されることが多く、この記載は、当該銀行店舗が支払人(振出人)に代わって当該店舗で支払う支払担当者であることも示している。
5 小切手 以上のことは*小切手*についても妥当する〔小8〕。

第三者からの情報取得手続　⇨*債務者の財産状況の調査*

第三者供賄
*公務員*がその職務に関し*請託*を受け、自分以外の第三者に対し、*賄賂*を供与させ又はこれを要求若しくは約束すること。刑法197条の2で処罰される。同条は、収賄罪の処罰範囲を拡張する規定で、*脱法行為*を処罰する趣旨の規定とも理解できるが、処罰範囲を明確にするため請託が要件とされている。第三者は公務員本人の関係先であることが多い。判例は、警察署長が検挙を見逃す代償として社会事業施設や公共施設に金員を供与させたような利害関係のない第三者への供与の場合にも同罪の成立を認めるが(最判昭和29・8・20刑集8・8・1256)、学説には異論もある。

第三者効力　⇨*私人間効力(人権の)*
第三者所有物の没収　⇨*第三者没収*
第三者による債権侵害　⇨*債権侵害*
第三者の再審の訴え　⇨*再審*
第三者の訴訟参加
*行政事件訴訟法*上の*取消訴訟*の結果により権利を害される第三者があるとき、裁判所が、当事者若しくはその第三者の申立てにより又は職権で、決定をもって、その第三者を訴訟に参加させることをいう〔行訴22①〕。取消訴訟では、原則として*行政主体*が被告とされるため〔行訴11①〕、実質的な当事者が訴外に置かれることが少なくなく(Aに対する許可の取消しをBが求めている場合のAがその例)、かつ、取消判決は第三者に対しても効力を有することから〔行訴32①〕、関係する第三者の利益を保護するとともに、審理の適正を期するために制度化された。裁判所が参加の決定をするには、あらかじめ当事者及び第三者の意見をきかなければならない〔行訴22②〕。なお、自己の責めに帰することができない理由により訴訟に参加できなかった第三者は、第三者再審の訴えを提起することができる〔行訴34〕(⇨*再審*)。以上の制度の一部は、他の抗告訴訟にも準用される〔行訴38①〕。

第三者の訴訟担当　*訴訟物*である権利義

務関係の帰属主体に代わって、又はこれと並んで、第三者がその訴訟物について自己の名で当事者となって訴訟を追行する権限又は資格(*当事者適格)を有する場合をいう。単に訴訟担当ともいう。この第三者を訴訟担当者あるいは*資格当事者ともいう。訴訟担当者の受けた*判決の効力'は被担当者にも及ぶ〔民訴 115 ①②〕。当事者となる第三者からみれば他人の権利関係について当事者となりうる場合である。他人である被担当者は当事者とはならないから*代理とは異なる。訴訟担当には、権利義務主体の意思によることなく法令の定めに基づいて認められる*法定訴訟担当'と、実質的利益帰属主体である被担当者の意思に基づいて行われる*任意的訴訟担当'とがある。前者は更に、債権者代位訴訟〔民 423〕の場合のように権利の帰属主体以外の第三者が訴訟物について有する管理処分権に基づくものと、一定の人事事件における検察官〔人訴 12 ③等〕のような職務上の(任務による)訴訟担当とがある。後者は、明文のある*選定当事者〔民訴 30〕や手形の*取立委任裏書〔手 18〕以外にも、合理的必要があれば認めるというのが判例(最大判昭和 45・11・11 民集 24・12・1854 号)である。

第三者のためにする契約　**1 意義**　ある物の買主Aが、代金を売主Bにではなく第三者Cに直接支払うことを約する場合のように、契約当事者の一方(諾約者)が、第三者(受益者)に対して直接債務を負担することを契約の相手方(要約者)に約束する契約〔民 537〜539〕。第三者が直接契約上の権利を主張できる点で意味がある。例えば、売主Bが代金Cに負っていた債務を弁済するために、AB間の約束で売買代金をAからCに直接支払わせる場合などに用いられる。Cは契約時に現存あるいは特定している必要はない〔民 537 ②〕。第三者を受取人とする*生命保険'契約や、他益信託を設定する*信託'契約もこの契約の一種とされることがある。第三者を受取人とする電信送金契約がこれに当たるかどうかについては争いがあるが、判例は否定した(最判昭和 43・12・5 民集 22・13・2876)。
2 効果　Cは、直接Aに対して履行を請求できるが、その利益をCの意思に反してまで与えることは不都合なので、Cの受益の意思表示があって初めてCは権利を取得するとされている〔民 537 ③〕。もっとも、*供託'〔民 494〜498〕・信託〔信託 88 ①〕・*保険'〔保険 8・42・71〕などではCの意思表示を必要としないとされている。第三者のためにする契約はあくまでも AB 間の契約であるから、例えば、取消などの契約の有効

性や同時履行などの契約上の抗弁はA・Bについて判断され、AはCの請求に対してこれを主張できる〔民 539〕。なお、Cの権利発生後はA・Bはこれを変更・消滅させることはできない〔民 538 ①〕。

第三者の納付　*納税義務者'、*源泉徴収'義務者のように法律上租税を納付しなければならない義務を負っている者以外の者が租税を納付することをいい、民法における*第三者の弁済'〔民 474〕に相当する。法は、*国税・地方税'を通じ民法所定のような制限を付することなく、広く第三者の納付を認めている〔税通 41, 地税 20 の 6〕。そのため、例えば利害関係のない第三者も納税義務者等の意思に反して租税を納付することができる。第三者納付があったときは、納税義務者等が納付したのと全く同じ効果を生ずる。なお、納税義務者等に代わって納付した第三者が国又は地方公共団体に*代位'するためには、租税の納付につき正当な利益を有すること又は納税義務者等の同意を得たことが必要であり、しかもその租税を担保するため*抵当権'が設定されている場合に、その抵当権につき代位できるにとどまる。

第三者の弁済　債務者以外の者(第三者)が、債務者に代わって(ただし、債務者の代理人としてではなく)債務を*弁済'すること。債務の性質が第三者による弁済を許さない場合(例：作家の原稿債務)や当事者が第三者の弁済を禁止・制限する意思表示をした場合を除いて、第三者も原則として弁済ができる〔民 474 ①④〕。*債権法改正'は、代位〔民 500〕と用語を揃えた上、債権者の立場をより顧慮した。すなわち、弁済をするについて正当な利益を有する者でない第三者の弁済が債務者の意思に反する場合も、それを知らない債権者との関係では弁済は有効である〔民 474 ②〕。他方、そうした第三者の弁済が債務者の意思に反していなくても、債権者は弁済の受領を拒むことができる。ただし、債権者が、債務者の委託を受けた弁済であることを知っていれば、弁済の受領を拒むことができない〔民 474 ③〕。　⇨代位弁済'

第三者没収　被告人以外の第三者の所有物の*没収'。刑法では、没収は対象物が犯人以外の者に属さない場合に限られる〔刑 19 ②〕が、*関税法'、*麻薬及び向精神薬取締法'等では、第三者所有物の没収を認める規定がある。第三者没収は第三者の所有権を剥奪する処分であるから、個人責任の原則により、所有者がその物と犯罪との関連について有責であることを必要とする。そのため、最高裁判所は、第三者没収

だいさんし

では所有者にも手続的な保障として告知・弁解・防御の機会を与えなければ，憲法31条・29条に違反するとした(最大判昭和37・11・28刑集16・11・1593〈第三者所有物没収違憲判決〉)。この判決を受けて，「刑事事件における第三者所有物の没収手続に関する応急措置法」(昭和38法138)が制定され，第三者所有物を没収する場合には，その被告人に被告事件に参加する機会を与え，参加した第三者には没収に関し意見陳述・立証・上訴等について被告人と同様の訴訟法上の権利を付与することとされた。

第三者割当増資　株主以外の者に対して*株式の割当て'を受ける権利を与えてする募集株式の発行。第三者割当てによる募集株式の発行は，*取締役会'の決議(*公開会社'の場合。それ以外の会社の場合には*株主総会'の*特別決議〔会社199②・309②⑤〕)だけですることができるのが原則であるが，公開会社では募集事項を株主に通知又は公告することが必要である〔会社201③④〕。もっとも，払込金額が募集株式を引き受ける者に特に有利な金額である場合(有利発行の場合)には，公開会社でも，株主総会の特別決議が必要であり〔会社199③・309②⑤〕，この場合には株主に対する通知又は公告は不要である。また，公開会社でも，募集株式の発行等により*支配株主'の異動等が生ずるような場合には，株主に対する情報開示と一定の場合には株主総会の*普通決議'による承認が必要である〔会社206の2〕。　⇨支配株主の異動を伴う募集株式の発行等'　⇨募集株式の発行等'

第三取得者　*担保物権'の目的である財産について，*所有権'，*用益物権'等の権利を取得した*第三者'のこと。追及効のある担保物権においては，第三取得者が登場しても，その担保物権は存続する。すなわち，被担保債権の債務者が債務の履行を怠った場合には，担保権者は担保権を実行することができ，第三取得者はその権利を失うことになる。そのため，第三取得者は，被担保債権の第三者弁済を(⇨第三者の弁済')行うことにより正当な利益を有する。また，*代価弁済'〔民378〕及び*抵当権消滅請求'〔民379〜386〕により，*抵当権'を消滅させることができる。

第三セクター　100％公的出資の事業主体を第一セクター，100％民間出資の事業主体を第二セクターとし，官民共同出資の事業主体を第三セクターと称する場合がある。地方公共団体により地域開発等の分野で利用されている。地方公共団体の側からみれば，自らの資金不足を民間から補充できるという利点がある。組織的には会社法上の*株式会社'等であっても，その業務は公共性を帯びるので，適切な監督が重要な課題となる。

胎　児　まだ出生していない子。*権利能力'をもたない〔民3①〕から，例えば，父が殺害された時に胎児であれば，その直後に生まれたとしても，加害者に対して*不法行為'に基づく損害賠償請求権〔民711〕を取得できないことになる。このように，将来権利能力者となることが予想されるのに権利取得の可能性を否定するのは不公平であるから，民法は，一定の場合に例外的に胎児を生まれたものとみなし，これに限定的な権利能力を与えている。不法行為に基づく損害賠償請求権〔民721〕，*相続'〔民886〕，*遺贈'〔民965〕がそのような場合である。もっとも，生まれたものとみなすということの意味は，胎児が生きて生まれたときにそこで生じた権利能力が，遡って問題の時点(上例では不法行為時)に生じたものとして扱うという意味であって，胎児自体が出生前に権利能力者となるのではないと解されている(解除条件説)。したがって，上例で胎児の母が胎児のために加害者と結んだ和解契約は効力がない。　⇨出生'

ダイシー　Dicey, Albert Venn(1835〜1922) イギリスの法学者。1858年オックスフォード大学を卒業し，1882年から1909年まで同大学のヴァイナ・イギリス法講座担当教授を務めた。*議会主権'・*法の支配'を説いた「憲法序説」(1885)はイギリス憲法研究の古典と目され，「法律の抵触に関するイギリス法摘要」(1896)，「法律と世論」(1905)と併せて，これらの3著は，彼に英法史学における不滅の地位を与えた。

胎児傷害　*胎児'に*故意'又は*過失'で*傷害'を与えること。現行刑法は，胎児に対する侵害を，故意の堕胎に限って処罰しているので(⇨堕胎罪')，胎児傷害それ自体は処罰されないが，胎児の時点で受けた傷害が胎児が*人'になった後も及んでいる場合に，人に対する罪が成立するかが問題となる。胎児傷害には，胎児の段階で傷害が固定し，生まれてきた後にその結果が残っている類型と，胎児の段階で受けた傷害が，生まれてきた後も悪化していく(ついには死亡に至ることもある)類型とがある。チッソ水俣工場の排水中に含まれていた有機水銀に汚染された魚を母親が食べたことによって，母親の胎内で胎児が有機水銀による胎児性水俣病を発病し，生まれてきた子供が胎児性水俣病で死亡したという事案について，工場長等が業務上過失致死罪で起訴され，第一審の熊本地方裁判所は，同罪の成立を肯定し(熊本地判昭和

54・3・22刑月11・3・168)，第二審の福岡高等裁判所及び上告審の最高裁判所もこの結論を是認した(福岡高判昭和57・9・6高刑35・2・85，最決昭和63・2・29刑集42・2・314)(熊本水俣病事件(⇨4大公害裁判'))。しかし，各裁判所の理由付けはそれぞれ異なっており，一審が，結果が人に生じていれば過失致死罪が成立するとしたのに対して，二審は，胎児が人になった後も侵害が続いていたことを理由として挙げ，最高裁判所は，胎児傷害は母親に対する傷害であり，その結果生まれてきた人が死亡したのであるから，人を傷害して人を死亡させたものとして過失致死罪を肯定できるとした。最高裁判所の見解には，学説上批判も強いが，自動車事故による胎児傷害についても，同見解に従って，過失傷害罪の成立を認める判決(鹿児島地判平成15・9・2等)が出ている。

対 質 訴訟上，同時に数人の*証人'を在廷させて同一事項について*尋問'し，または1人の証人の証言を聞かせた上で他の証人にその真偽を確認し，また不一致な部分につき弁明討論させること。証人間で矛盾した供述のいずれを真実と認めるかの判断に必要と思われるとき，*裁判長'の裁量で行われる〔民訴規118①，刑訴規124〕。当事者相互間又は当事者と証人の間で行うこともできる〔民訴規126〕。なお，英米法では証人を被告人に対面させることをいう場合がある。

代 執 行 **1 意義** *行政上の強制執行'の一種。行政上の義務が履行されない場合に，行政庁が自ら義務者のなすべき行為をし又は第三者にこれをさせ，その費用を義務者から徴収する。
2 要件と手続 代執行に関する一般的な要件及び手続を定めた法律として，*行政代執行法'がある。それによれば，代執行は，法令又は*行政行為'によって課された，他人が代わって履行できる作為義務(代替的作為義務)の不履行のある場合で，他の手段によってはその履行を確保することが困難であり，かつその不履行を放置することが著しく公益に反すると認められる場合に行われる〔代執2〕。その手続は，まず相当の履行期限を定めた文書による戒告をした上，期限内の履行がないときは，代執行令書で代執行の時期，執行責任者及び代執行費用の概算を通知する〔代執3〕。代執行の現場に派遣される執行責任者は，身分を示す証票を携帯し，要求があればこれを呈示しなければならない〔代執4〕。代執行の費用は文書をもって納付が命じられ，納付しないと国税*滞納処分'の例により強制徴収される〔代執5・6①〕。なお，個別法でこれとは異なった代執行の要件・手続を定めていることがある〔収用102の2，建基9⑪等〕。
3 その他の代執行 行政組織内部で，上級庁が下級庁に対して行う*指揮監督権'の発動の一種に代執行がある。また，地方公共団体の*法定受託事務'につき，大臣又は知事は，関与の一種として裁判手続を経て代執行をすることができる〔自治245の8〕。

大 赦 *恩赦'の一種で，*政令'で罪の種類を定めて行われる〔恩赦2〕。内閣が決定し，天皇が認証する〔憲73⑦・7⑥〕。政令で特に定めがある場合を別にすれば，有罪の言渡しを受けた者についてはその言渡しの効力を失わせ，有罪の言渡しを受けていない者については*公訴権'を消滅させる〔恩赦3〕。*公訴'係属中の者には*免訴'が言い渡される〔刑訴337③〕。既に服役を終わった者については，言渡しに伴う種々の資格制限が消滅して*復権'の効果を生じるだけでなく，有罪の言渡しの効力を失わせるが，大赦の対象となった罪は別事件での刑の*執行猶予'の制限事由や取消事由にはならず，大赦があっても，有罪の言渡しに伴って生じていた既成の効果が変更されることはない〔恩赦11〕。大赦は国家的慶事の際等に行われる。政治情勢の変化等に伴う旧来の法律の効果を是正する安全弁としても機能しうるが，他方，政治的な濫用の可能性もあり，*刑事政策'上は望ましくないとの批判もある。 ⇨特赦'

退 社 **1 意義** 一般社団法人や*持分会社'の存続中に特定の社員の社員たる地位が絶対的に消滅すること。*持分'の譲渡や，法人の消滅に伴い社員たる地位が消滅する場合と区別される。*株式会社'では認められない。
2 退社事由 イ 任意退社：一般社団法人の社員は原則としていつでも退社でき〔一般法人28①〕，持分会社については，存続期間を*定款'で定めなかった場合若しくはある社員の終身の間会社が存続することを定款で定めたときは，6ヵ月前までに持分会社に予告することを条件に，*事業年度の終了時に，又はやむを得ない事由があればいつでも退社できる〔会社606①③〕。
ロ 法定退社：一般社団法人では，定款に定めた事由の発生，総社員の同意，死亡又は解散，除名により〔一般法人29〕，持分会社ではそれらに加え，合併(合併により当該法人である社員が消滅する場合)，破産手続開始決定及び後見開始の審判を受けたことにより退社する〔会社607①〕。ハ その他：持分会社では，持分の差押権者により事業年度の終了時に退社を6ヵ月前ま

たいしやく

でに予告された社員〔会社609①〕，*会社の継続*に同意しなかった社員〔会社642②〕，一般社団法人・持分会社に共通して，設立の無効・取消しの原因が一部の社員のみにあるとき他の社員全員の同意により法人を継続する場合における当該原因のある社員〔一般法人276①，会社845〕は退社する。

3 退社の効果 退社した社員は，社員の地位を喪失する。持分会社においては*持分の払戻し*を受ける〔会社611①〕。退社時における持分会社の財産の状況に応じて計算し，出資の種類を問わず金銭で払い戻すことができる〔会社611②③〕。会社債権者保護のため，退社した社員はその登記前に生じた会社債務を登記後2年以内は従前の責任の範囲内で弁済しなければならない〔会社612〕。*合同会社*においては，持分払戻額が剰余金額を超えるときは，債権者異議手続を経なければならない〔会社635〕（⇨債権者保護手続）。

貸借対照表 **1 概念** 企業の財政状態（財産の状況）を明らかにするため，貸借対照表日における全ての資産，負債及び純資産を記載する表。

2 貸借対照表の作成・保存等義務 *商人*にとっては*会計帳簿*と並んで*商業帳簿*とされ〔商19②〕，商人は，その開業時の会計帳簿に基づき開業時における貸借対照表を作成しなければならず，かつ，各営業年度に係る会計帳簿に基づき各営業年度に係る貸借対照表を作成しなければならない。各営業年度に係る貸借対照表の作成に係る期間は，当該営業年度の前営業年度の末日の翌日（当該営業年度の前営業年度がない場合にあっては，開業の日）から当該営業年度の末日までの期間とされ，当該期間は，1年（営業年度の末日を変更する場合における変更後の最初の営業年度については，1年6カ月）を超えることができない〔商則7〕。同様に，*株式会社*及び*持分会社*は，その成立の日における貸借対照表を作成しなければならない〔会社435①・617①〕。また，株式会社・持分会社は，各事業年度に係る会計帳簿に基づき〔会社計算59③・71③〕当該事業年度に係る*計算書類*を作成しなければならないが，計算書類には貸借対照表が含まれている〔会社435②・617②〕。株式会社・持分会社の各事業年度に係る計算書類及びその附属明細書の作成に係る期間は，当該事業年度の前事業年度の末日の翌日（当該事業年度の前事業年度がない場合にあっては，成立の日）から当該事業年度の末日までの期間とされ，当該期間は，1年（事業年度の末日を変更する場合における変更後の最初の事業年度については，1年6カ月）を超えることができない〔会社計算59②・71②〕。商人の貸借対照表及び株式会社・持分会社の各事業年度に係る貸借対照表は*電磁的記録*をもって作成することができる〔商則4③，会社435③・617③〕。商人は，帳簿閉鎖の時から10年間，株式会社・持分会社は，各事業年度に係る貸借対照表を作成した時から10年間，貸借対照表を保存しなければならない〔商19③，会社435④・617④〕。更に，*金融商品取引法*上，*有価証券報告書*には連結貸借対照表及び貸借対照表を，上場会社等（金融機関等を除く）の*半期報告書*には中間連結貸借対照表（作成していないときは中間貸借対照表）を，それ以外の会社等の半期報告書には中間連結貸借対照表及び中間貸借対照表を含めなければならない。以上に加えて，*大会社*のうち，有価証券報告書提出会社は当該会社及びその*子会社*から成る企業集団の財産の状況を示すために，連結貸借対照表を作成しなければならない〔会社444①，会社計算61①イ〕。また，株式会社は，各事業年度に係る貸借対照表を定時*株主総会*の日の1週間（*取締役会設置会社*では，2週間）前の日から5年間本店に，貸借対照表の写しをその支店に（貸借対照表が電磁的記録で作成されている場合であって，支店における当該電磁的記録に記録された事項を法務省令で定める方法により表示したものの閲覧の請求及び電磁的記録に記録された事項を*電磁的方法*であって株式会社の定めたものにより提供することの請求又はその事項を記載した書面の交付の請求に応じることを可能とするため本店の使用に係る電子計算機を電気通信回線で接続した電子情報処理組織を使用する方法であって，当該電子計算機に備えられたファイルに記録された情報の内容を電気通信回線を通じて会社の支店において使用される電子計算機に備えられたファイルに当該情報を記録するものによる措置をとっているときを除く）3年間備え置かなければならない。*株主*及び債権者は，株式会社の営業時間内は，いつでも，株式会社の*親会社*社員は，その権利を行使するため必要があるときは，裁判所の許可を得て，貸借対照表の閲覧等請求をすることができる〔会社442，会社則227〕。有価証券報告書提出会社以外の株式会社は，定時株主総会の終結後遅滞なく，貸借対照表を*公告*しなければならないが，*官報*又は時事に関する事項を掲載する日刊新聞紙に掲げて公告する場合には，貸借対照表の要旨を公告することで足りる。もっとも，公告に代えて，定時株主総会の終結

後遅滞なく，貸借対照表の内容である情報を，定時株主総会の終結の日後5年を経過する日までの間，継続して電磁的方法により不特定多数の者が提供を受けることができる状態に置く措置をとることができる〔会社440〕。
3 様式 貸借対照表の様式としては勘定式と報告式があり，勘定式では左右に欄を設け，借方に資産を，貸方に負債と純資産とを記載するものであり，報告式は上から資産，負債，純資産の順に記載するものである。*財務諸表規則*〔財務規11②・様式第5号〕や連結財務諸表規則〔連結財務規17②・様式第4号〕などでは勘定式が採用されているが，商法又は会社法上は，いずれの様式によることもできる。

貸借取引 ⇨信用取引'

代襲相続 **1 意義** *推定相続人'である子又は兄弟姉妹が，*相続'の開始以前に死亡し，又は*廃除'・*相続欠格'により*相続権'を失ったときに，その者の子が，その者に代わって相続すること〔民887②・889②〕。相続期待感情を保護するものであるとされる。*相続放棄'をした者については，代襲相続は認められない。
2 例示 例えば，被相続人には2子A・Bがあったが，Bは被相続人より先に死亡していたというときは，被相続人の死亡によりBの子C・DがBの代襲相続人として2人でBと同一の*相続分'を取得する。Aも死亡しているときは，その子EがAの相続分を代襲相続する(CDE間で平等に分割するのではない。いわゆる株分け)〔民901〕。なお，「相続分」に掲げた〔図：法定相続分〕のうち，代襲相続に係る部分参照。
3 代襲者 被相続人の子に死亡等の代襲原因が発生し，更に，代襲相続人であるその子(被相続人の孫)にも代襲原因が発生した場合には，代襲相続人についても代襲が生じる〔民887③〕。これを再代襲と呼んでいる。再代襲は，兄弟姉妹が相続人である場合には生じない〔民889②(民887③を準用しない)〕。被相続人の直系卑属でないまたは代襲権たりえないので〔民887②但〕，養子の縁組前の子は代襲しない〔民727参照〕。これに対して，被代襲者に代襲原因が発生したときに代襲者が存在していることは要求されていないので，その後，出生した被代襲者の子，被代襲者の養子になった者は代襲者となる。

対照(筆跡又は印影の) *文書成立の真正'を*立証'するための*証拠調べ'(検真)の方法の1つであり，真正を立証しようとする文書の筆跡や印影と，その文書の作成名義人とされる者の筆跡や印影を比較する方法で行われる〔民訴229〕。裁判所は，対照の用に供すべき筆跡や印

影を備える文書等の提出を命じたり，相手方当事者に文字の筆記を命じたりすることができる。相手方がこれに従わない場合には，成立の真正についての挙証者の主張を認めることができ，第三者が従わない場合には，*過料'に処せられる。

代償請求権 債務が*履行不能'となり，その履行不能と同じ原因によって債務者が利益を得たとき，債権者がその利益を債務者に対し請求できる権利。例えば，売主が買主に対して家屋を引き渡す債務を負っているとき，第三者の放火によってその家屋が焼失した場合には，売主は，その第三者に対し*不法行為'に基づく損害賠償請求権をもつことになるが，家屋の引渡しを受けられなくなった買主は，代償請求権に基づきその損害賠償請求権の移転を受けることができる〔民422の2〕。学説は公平を理由に解釈上これを認めることを主張し，判例も，売買の目的である家屋が債務者の責めに帰すべからざる事由によって焼失したため債務者が受領した保険金につき債権者に代償請求権を認めていたところ(最判昭和41・12・23民集20・10・2211)，*債権法改正'によって明文が置かれた。

代償措置 *争議行為'の禁止を始め，*公務員'に憲法28条が保障する*労働基本権'に対する立法上の制約を正当化する根拠の1つに挙げられてきた事項。具体的には，勤務条件についての詳細な規定(勤務条件法定主義)の他に，非現業*国家公務員'については，勤務条件についての*人事院'による国会・内閣への勧告・報告の義務，職員から人事院への*勤務条件に関する行政措置の要求'，不利益処分に対する*審査請求'の制度が挙げられる(最判昭和48・4・25刑集27・4・547〈全農林警職法事件〉)。非現業*地方公務員'については*人事委員会'，*公平委員会'の制度が，現業公務員については*強制仲裁'制度がそれぞれ代償措置として挙げられてきた。非現業の公務員の労働基本権に対する立法上の制約の緩和に関する政府における議論の中で，代償措置のあり方も再検討され，平成23年以降に法案化されたが成立に至っていない。 ⇨全農林警職法事件' ⇨公務員の労働関係'

大正民事訴訟法 ⇨旧民事訴訟法'

退職 一般に，労働者が自発的に又は*定年'や期間満了によりその職を退くことをいうが，労働基準法にいう*退職'〔労基22・89③等〕は，*解雇'を含め*労働契約'が終了する全ての場合を指す。公務員の場合，広義では，*失職'や*免職'も含む意味で用いられ〔恩給26①，

たいしょく

人規〈8-12〉4⑩〕，狭義では，失職及び懲戒免職の場合を除いた離職を指す〔人規〈8-12〉4⑨〕。公務員の意に基づく離職は辞職〔人規〈8-12〉4⑪・51〕又は依願退職と呼ばれる。

退職慰労金　*'株式会社'の*'取締役'・*'監査役'の退任に際して支払われる金銭等のこと。在職中の職務執行の対価として支給される限り報酬等の一種であり，*'定款'又は株主総会の決議による定めを要する〔会社361①・387①〕（最判昭和39・12・11民集18・10・2143）。もっとも，株式会社に退職慰労金の支給基準が存在し，それを株主が推知しうる状況下で，当該基準に従って退職慰労金を支払うべきものとし，具体的な金額等の決定は*'取締役会'に一任する旨の株主総会決議を行うことは許されるとするのが判例である（前掲最判昭39・12・11，最判昭和48・11・26判時722・94等）。なお，*'指名委員会等設置会社'の取締役・*'執行役'の退職慰労金については，*'報酬委員会'でその内容を定める〔会社404③〕。

退職給付引当金　*'使用人'が退職した後に退職一時金，退職年金その他これに類する財産の支給をする場合における*'事業年度'の末日において繰り入れるべき*'引当金'〔会社計算6②〕。費用の見越計上で，いわゆる負債性引当金に属する。税法上は退職給与引当金といい，一定の限度で*'必要経費'算入を認めている〔所税54，所税令153〜159〕。

退職金　*'退職'に際し労働者が使用者から受けるもので，多くは一時金であるが，高齢化の進展の中で*'企業年金'に組み替える企業も増えている。退職手当，*'退職慰労金'，功労報償金などともいわれる。通常，勤務年数，退職時の地位，退職事由等により支給額が決定される。企業規模によって，退職金額には差異があることが多く，中小零細企業では退職金のないところもある。使用者は，退職金の定めをする場合，その具体的事項（労働者の範囲，支払方法，支払時期等）を就業規則に定めなければならない〔労基89③②〕。消滅時効期間は5年となっている〔労基115〕。多くの企業が懲戒解雇や同業他社への転職の場合に退職金の減額・不支給規定を定めているが，退職金が功労報償的性格だけでなく，賃金の後払い的性格を併せ持つことを考慮し，その合理性は退職者に背信性がある場合に限られるとして，当該規定の適用を否定し，退職金の一定割合の支給を認める判断も示されている（懲戒解雇については東京高判平成15・12・11判時1853・145〈小田急電鉄事件〉，同業他社への転職については名古屋高判平成2・8・31判時1368・130〈中部日本広告社事件〉等）。

退職時等の証明　労働者が退職又は解雇される場合，その請求に基づいて，使用期間・業務の種類・地位・賃金又は退職の事由（解雇の場合にあってはその理由を含む）等について使用者が出す証明書〔労基22①〕。労働者が，解雇予告日から退職日までの間に，当該解雇の理由について証明書を請求したときには，解雇の効力発効前であっても当該解雇事由以外の事由によって退職した場合を除き，使用者は遅滞なくこれを交付しなければならない〔労基22②〕。これには，イ　労働者の請求しない事項を記入してはならないし〔労基22③〕，ロ　労働者の就業を妨害する目的で労働者の国籍・信条・社会的身分若しくは労働組合活動に関する事項又は秘密の記号を記入してはならない〔労基22④〕（*'ブラックリスト'）。*'海員'は船長に対し勤務成績証明書の交付を請求することができる〔船員51〕。

退職証明書　⇨退職時等の証明'

退職所得　*'所得税法'上の各種所得の1つで，*'退職手当'，一時*'恩給'その他の退職により一時に受ける*'給与'及びこれらの性質をもつ給与に係る所得をいう〔所税30①〕。退職所得の金額は，原則として収入金額から退職所得控除額を控除した残額の2分の1であり，かつ*'総所得金額'と分離して課税される〔所税22③・30②③〕。退職所得控除額は，勤務年数に応じて増加し，一般に給与所得控除額より高額である。以上のような退職所得に係る税負担の軽減は，退職所得が長期間就労の対価の一括後払たる性質を有し，また退職後の生活の糧であることを考慮したとされる。退職所得に該当するかどうかは，イ　勤務関係の終了，ロ　労務対価の後払，ハ　一時金としての支払，の3要件を充足するかどうかで判断される（最判昭58・9・9民集37・7・962）。社会保険制度などに基づき退職時に一時金として支払われる一定のものも，退職所得と扱われる〔所税31〕。

退職手当　⇨退職金'

対審　当事者を対立関与させて行う訴訟の本格的な審理の場面。民事訴訟では*'口頭弁論'，刑事訴訟では*'公判期日'の手続を指す。対審は原則として公開の法廷で行わなければならない〔憲82，裁70〕（⇨公開(審理)主義'）。

大臣　⇨国務大臣'

大審院　現在の*'最高裁判所'が設置されるまで存続した最上級の*'司法裁判所'〔裁判所構成法43①〕。明治8年(1875)に設置された後，明治23年の裁判所構成法（明治23法6）によって受け継がれ，昭和22年の同法の廃止まで存続した。この間，*'司法行政'権は司法卿ないし司

法大臣が掌握していたため，大審院は現在の最高裁判所と異なり，司法行政上の最高機関ではなく，*下級裁判所'に対してもその司法行政上の監督権をもたなかった〔裁判所構成法135〕。大審院には若干の民事部及び刑事部が置かれ，各部は当初7人，後には5人の判事で構成された〔裁判所構成法43②・53〕。しかし，従前の大審院の判例と異なる意見によって裁判しようとするときには*連合部'によって裁判が行われた〔裁判所構成法49〕。大審院の重要な判例は，大正10年(1921)までのものは大審院判決録に，その後のものは大審院判例集に収録されて公刊されている。

大臣助言制　1 国政上，*君主'がその権能を行使するにあたって，必ず大臣の助言に基づくことを必要とする制度。この制度は，大臣を議会の民主的統制下に置くことによって，*君主制'と*民主主義'とを調和させるところに狙いがあるが，実際には，君主の権能行使は名目化して，国政の実権は責任を負う大臣の手に移ることになる。

2 *明治憲法'では，天皇は，大臣の助言に全面的に拘束されるものでもなかった。また，統帥大権(⇨統帥権')や皇室大権については国務大臣の助言(*輔弼(ほひつ)')が及ばなかった。

対人処分　⇨対物処分'

対人地雷禁止条約　⇨軍縮'　*通常兵器'

大臣政務官　*内閣府'及び各省に置かれる官職で，大臣を助け，特定の政策及び企画に参画し，政務を処理する〔内閣府14，行組17等〕。大臣庁(法律で国務大臣をその長にあてるとされている各庁)に置かれる同様の官職を長官政務官と呼んだが，平成19年，防衛庁の防衛省への組織変更により，現在はその例はない。その任免は，大臣の申出により，内閣が行う。

大臣責任　1 大臣又はその総体としての*内閣'の政治的責任，とりわけ議会に対して負う責任で，議会の信任を失ったときは退任・総辞職する責任。*明治憲法'では，この責任は明定されず，「国務各大臣ハ天皇ヲ輔弼(ほひつ)シ其(そ)ノ責ニ任ス」〔旧憲55①〕とされ，各*国務大臣'が独立し，しかも専ら天皇に対して責任を負うものと解されていた。つまり，行政の責任者である国務大臣が，各々が天皇の信任に基づいて在職し，議会に対しては憲法上の責任は負わなかった。しかし，現行憲法では，内閣は，国会に対して連帯して責任を負い〔憲66③〕(⇨連帯責任')，衆議院の信任を失ったときは総辞職しなければならない〔憲69〕(⇨内閣総辞職')と明定している。ただし，内閣の連帯責任制の

下においても，特定の国務大臣が，個人的行為や専管事項について，単独責任を負って辞職することがある。

2 大臣に特殊な刑事的責任については，*大臣訴追制度'をみよ。

大臣訴追制度　1 制度の趣旨　大臣その他の高官の犯罪や非行に対し，特別の手続に基づいて制裁を加え又は処罰を行う制度。議会の1院が大臣の責任を追及する訴えを提起し，他院，通常裁判所又は*特別裁判所'がそれを判定するが，裁判の結果，責任があると定まれば，懲戒罰・退任・刑罰等，一定の制裁が科される。英米では，弾劾(impeachment)の制度によって，*下院'が訴追し，*上院'が判定をし制裁を科する。この制度はイギリスに始まり，多くの国の憲法に採用されたが，政治的な*大臣責任'の制度が確立されるにつれて，その実際的有用性は失われつつある。

2 現行制度　日本では，上記の意味での大臣訴追(弾劾)制度を認めず，国会は国務大臣の言動を監視し，又*質疑'によってその報告や弁明を求め，あるいは国政に関する調査を行い(⇨国政調査権')，非違が明らかになれば，特定の大臣又は内閣の不信任を議決してその退陣を要求できる(⇨不信任決議')。しかし，政治的に責任を追及するにとどまり，国会自身が，直接，法的責任を追及して内閣や閣僚を退任させることはできない。

⇨弾劾'

大臣補佐官　平成26年の国家行政組織法改正(法22)で新設された職。各省に，特に必要がある場合においては，大臣補佐官1人を置くことができ，大臣補佐官は，その省の長である大臣の命を受け，特定の政策に係るその省の長である大臣の行う企画及び立案並びに政務に関し，その省の長である大臣を補佐する。大臣補佐官の任免は，その省の長である大臣の申出により，内閣がこれを行う。また，大臣補佐官は，非常勤とすることができる〔行組17の2①～④〕。

対世的義務　|国||英| obligations erga omnes 国家が国際共同体全体に対して負う義務のこと。*国際司法裁判所'が*バルセロナ・トラクション事件'判決(1970)の傍論で用いたのをきっかけに国際法の基本概念として定着し，国家責任(⇨国際責任')条文48条(b)に取り入れられた。国際共同体全体にとって重要で二国間関係に還元されえない事項，例えば*侵略'行為禁止，集団殺害禁止(⇨ジェノサイド条約')，人種差別禁止(⇨人種差別撤廃条約')を含む人権遵守義務，人民*自決権'遵守義務などが例に挙げられる。対世

たいせいて

的義務は全ての国の関心事項であり，全ての国がその遵守に法的利益をもち違反の責任を追及できる。裁判所の管轄を認める根拠が別にあれば，直接の被害を受けていない国にも原告適格が認められる(*民衆訴訟')。特定のレジームの集団的利益を守るために設定され，国家が他の全ての"当事国"に対して負う「当事国間対世義務」(🔲 erga omnes partes，国家責任条文48条(a))とは区別されるが，これも対世的義務に含めることがある。国際司法裁判所は，拷問等禁止条約が当事国間対世義務を規定すると判示した(ICJ判2012・7・20 Reports2012・422〈引き渡すか訴追するか事件(ベルギー対セネガル)〉)(⇨引き渡すか訴追するか')。

対世的効力(判決の)　既判力，形成力といった確定判決の効力が広く第三者に及ぶこと。*人事訴訟'や*会社の組織に関する訴え'のように，訴訟の目的である法律関係が広く第三者の利害に関連し，かつそれらの者との間で画一的な確定を図る必要がある場合に認められる〔人訴24，会社838等〕。⇨既判力の拡張'　⇨形成力'

大政翼賛会　近衛文麿(1891〜1945)とその側近グループは，泥沼化した総力戦段階の戦争を背景に，軍部・官僚・既成政党・右翼などの諸政治勢力を結集して強力な政治指導部を確立しようとした。この新体制(新党)運動の所産として昭和15年(1940)10月12日に発足した官製の国民統合組織。しかし，その実態は諸勢力の寄り合い所帯でしかなく，当初意図された高度国防国家体制の中核体とはなりえなかった。昭和16年4月には，「政事結社」から単なる「公事結社」に改組され，以後，国民精神総動員運動組織として上意下達を図る行政補助機関となっていった。昭和17年4月の東条内閣の下での翼賛選挙を経て議会無力化・軍部独裁に手を貸したほか，国民生活統制機関の元締として戦争遂行に協力した。したがって，この組織の意義は，翼賛政治体制の象徴たる点にある。昭和20年6月，国民義勇隊が結成されるや，解散・消滅。

対席判決　⇨欠席判決・対席判決'

大選挙区　選出する議員の定数が2人以上の*選挙区'。定数が1人の*小選挙区'に対する概念。かつて日本で採用していた*中選挙区'制も，正しくは大選挙区'*単記投票'制である。この中選挙区制は，諸外国にほとんど例をみないもので，大選挙区'*連記投票'制が小選挙区制と同じく*多数代表'の性質をもつのに対して，*少数代表'の性質が強かった。なお，選挙制度の沿革については，*普選運動'に掲げた〔表：選挙(衆議院議員)制度の沿革(主要改正)〕を参照せよ。

体　素　⇨心素・体素'

代替執行　*強制執行'の一種〔民執171〕。代替的*作為債務'については，*執行機関'から授権を受けた債権者が，債務者に代わって債務内容を実現し，また不作為債務についても，違反の結果を除去して，それらの費用を債務者に負担させる方法により行う。なお，債権者は，代替行為の実行を*執行官'などの第三者に委ねることもできる。

代替物・不代替物　取引上その物の個性を問題とせず，同種・同等・同量の物をもって代えることができる物を代替物(例：米・金銭)といい，取引上その物の個性に着目し，その客体を任意に代えることができない物を不代替物(例：芸術品・土地)という。*特定物・不特定物'の区別に似ているが，取引当事者の具体的意思によらず，物の客観的性質による区別である点で異なる。代替物・不代替物の区別の実益は，*消費貸借'・*消費寄託'などにある〔民587・666〕。なお，*物'に掲げた〔表：物の分類〕を参照せよ。

代諾養子　*養子'となる者の代わりに*法定代理人'が承諾することによって成立する養子縁組。民法は，15歳未満の者の養子縁組の場合には，法定代理人が代わって承諾できるとする〔民797①〕。法定代理人が承諾するには，養子となる者の父母でその監護をすべき者又は親権を停止されているものが他にあるときは，その同意を得なければならない〔民797②〕。一般に*身分行為'は代理に親しまないというのが原則であるが，これに対する重大な例外である。幼児のうちから養子とすることが望ましいと考えられるため，代諾養子を認めた。この場合は，未成年者を養子とするから，*家庭裁判所'の許可が必要である〔民798〕。代諾のない縁組は無効であり〔民802①〕，監護親の同意のない縁組，裁判所の許可のない縁組は取り消すことができる〔民806の3・807〕。

代諾離縁　*養子'の*離縁'後にその*法定代理人'となる者が，養子に代わって養親との間に成立させる離縁。養子が15歳未満である場合に，養子の離縁後にその法定代理人となる者(通常は実父母)が，養子に代わって養親と協議して離縁し〔民811〕，又は離縁の訴えを提起し，あるいはその相手方となるもの〔民815〕とされる。*代諾養子'の場合と異なり，*協議離縁'の場合でも，家庭裁判所の許可を必要と

代担保 *留置権'の債務者又は目的物の所有者は，相当の*担保'を提供して，留置権の消滅を請求することができる〔民301〕が，この場合に提供される担保を代担保又は代わり担保という。留置権は，目的物と債権との間に牽連(けんれん)性があれば，その価格を問わず法律上当然に成立する*担保物権'であり，少額の債権のために高価な物について成立することが少なくない。そこで債権に見合った相当な担保を提供して，留置権を消滅させる権利を認めたものである。この場合の担保は，*物的担保'でも*人的担保'でもよい。

台帳課税主義 ⇨課税物件の帰属'

退廷命令 *法廷警察権'に基づき，法廷外への退去を命ずる*裁判長'の命令〔裁71②，刑訴288②〕。訴訟関係人や*傍聴人'が法廷における裁判所の職務の執行を妨げ，又は不当な行状をする場合に，法廷の秩序を維持するために発せられる。命令に従わない者に対しては，廷吏等の裁判所職員や警察官〔裁71の2②参照〕が直接強制力を用いて命令を執行する。*被告人'が退廷を命じられたときは，被告人が在廷しないまま審理を進めることができる〔刑訴341〕。なお，退廷命令と同時に，*法廷等の秩序維持に関する法律'3条2項により拘束命令が発せられることがある。

大店法 ⇨大規模小売店舗立地法'

対等決定の原則 *労働条件'の決定は労働者が使用者と対等な立場において行うべきという原則〔労基2①〕。労働関係においては，使用者と労働者の交渉力の違いにより，一方当事者である労働者が不利益に法律関係の内容を決定されることが多いので，このような原則が定められている。また，*労働契約'の締結についても同様のことがいえるので，労働契約は労使が対等の立場で締結すべきであるという原則も定められている〔労契3①〕。

大統領 *共和制'の国の*元首'。元首であることが憲法上明記されているもの〔イタリア憲法87①〕と明記されていないもの〔アメリカ合衆国憲法〕とがある。多く選挙によって選出されるが，フランスのように一般国民によって直接選挙されるものと，特殊な選挙団体によって選出される場合(ドイツ等)とがある。大統領の権限は国によって異なるが，大別して，自ら行政権の首長として強力な権限をもつ場合(アメリカ，フィリピン)と，議会に基礎をもつ内閣が別個に存在して，大統領は法律や条約の署名，外国使臣の接受等の形式的権限しかもたない場合とがある。前者を狭義の大統領制の大統領といい，後者が*議院内閣制'の下での大統領である。⇨大統領制'

大統領制 広義には，民選の*元首'(大統領)をもつ統治構造を指すが，それは*共和制'とほぼ同義であり格別の意味をもたない。狭義のそれは，*議院内閣制'の反対概念であり，行政府と立法府とを，相互に厳格に独立させる統治構造を指す。アメリカで典型的にみられるこの型の特質は，政府を*議会'から分離することに重点を置き，両者の共働・依存の関係を排除することにある。具体的には，大統領は実質的には国民の直接選挙によって選ばれ，行政各部の長官(大臣)も議会の意思とは無関係に大統領によって任命される。一方，議会では，大統領以下の行政府職員の出席・発言等は若干の例外を除いては認められず，法案については，大統領は*拒否権'をもつが最終的には法律化を拒否できない。大統領に議会の解散権がない反面，議会にも大統領や政府職員の解任権がない。要するに*モンテスキュー'の権力分立理論を厳格に制度化したものといえよう。⇨大統領'

大都市制度 大都市の特別の行政需要のために設けられる一般の市の特例制度で，又は一般の市とは異なった制度のこと。*地方自治法'は大都市として*指定都市'のみを取り上げている〔自治252の19以下〕が，「大都市等に関する特例」として，指定都市と，*中核市'〔自治252の22以下〕を定める。更に広義では，*都'，*特別区'の制度も挙げることができる。平成24年制定の「大都市地域における特別区の設置に関する法律」(法80)により，大都市地域において，関係市町村を廃止し特別区を設置するための手続が定められた。一般には，大都市をどう制度化するかにあたって，大都市での自治を重視する観点と，国家にとっての大都市の重要性に着目する観点とがある。

第二次納税義務者 滞納者〔税徴2⑨〕の財産につき*滞納処分'を執行してもなおその徴収すべき税額に不足すると認められる場合に，当該滞納者と一定の関係にある者〔税徴33～41，地税11の2～11の9・12の2②③・14の18③〕に対して，第二次的・補充的に当該滞納者の納税義務を負担させ，もって徴収確保を図るために，課される徴収手続上の義務を，第二次納税義務といい，この義務を課される者を，第二次納税義務者という。第二次納税義務との対比で，滞納者の納税義務を主たる納税義務と呼ぶことがあるが，第二次納税義務は，主たる納税義務に係るいわば法定保証債務の性格をもつ金銭給付

だいにしん

義務であるから，基本的には*保証債務'〔民446～465〕と同様に，主たる納税義務に対して補充性を有し〔税徴32④，地税11③〕，また，一定の範囲（少なくとも，主たる納税義務が履行・充当又は免除によって消滅する範囲）で*付従性'を有する。第二次納税義務者は，その義務の履行により主たる納税義務者に対し*求償権'を取得し行使することができる〔税徴32⑤，地税11⑤〕。

第 二 審 控訴審及び抗告審のこと。第2の*事実審'として，*第一審'の裁判（*判決・決定・命令'）に対する不服の当否を審理する。民事訴訟法上は*続審'であり，高等裁判所又は地方裁判所の*管轄'に属する〔裁16①②・24③④〕。刑事訴訟法の控訴審は*事後審'とされ，高等裁判所が管轄する〔裁16①〕。⇨審級'　⇨控訴審'

対日平和条約　⇨日本国との平和条約'

大日本帝国憲法　**1 制定**　明治22年(1889) 2月11日公布，翌23年11月29日施行〔旧憲上諭④〕された日本初の近代的な憲法典で，*神勅天皇制'国家を支えた基本法。通称，明治憲法。現行憲法が新憲法といわれるのに対して旧憲法ともいわれる。明治維新後早くから政府内外に憲法制定の動きはあったが，*自由民権運動'の高まりの中で生じた明治14年の政変で権力を掌握した岩倉具視(1825～83)や伊藤博文(1841～1909)らが，一方で，速やかな国会開設を要求していた民権派を弾圧するとともに，他方で，10年後の国会開設を約束して事態を収拾しようとしたのが，この憲法制定の直接のきっかけである。これ以後，伊藤を中心として井上毅(1843～95)，伊東巳代治(1857～1934)，金子堅太郎(1853～1942)らとモッセ（Albert Mosse, 1846～1925），*レースラー'らの外国人顧問によって，*天皇主権'を原則に，19世紀ドイツの*立憲君主制'憲法，特に1850年のプロイセン憲法を範として極秘のうちに憲法草案が作成され，明治21年*枢密院'で可決，翌22年天皇によって制定・公布された。

2 特色　政府側の*皇室'中心主義に立つ憲法構想と自由民権派の議会主義的憲法構想との妥協が，前者の圧倒的優位の下で図られたため，議会の対政府コントロール権ができる限り弱められた*外見的立憲主義'の*欽定(きんてい)憲法'である。7章76条から成るが，*立憲主義'的要素と反・非立憲主義的要素とを併せもっている。イ 立憲主義的要素としては，a *法律の留保'つきではあるが臣民の権利が保障されたこと，b 三権分立（⇨権力分立主義'）の体裁の整備，c *帝国議会'の設置による議会政治の器の用意，d 天皇

の行為に大臣の*輔弼(ほひつ)'を必要とする*大臣責任'制ないし*大臣助言制'の導入，e *司法権'の独立'などが挙げられる。ロ 反・非立憲主義的要素としては，a 万世一系の天皇の神勅（⇨神勅主権')に基づく国家統治の*大権'とそれに由来する広範かつ強大な大権事項の存在，b 二院制議会（⇨両院制）の一方に民主的性格減殺のため*貴族院'を設置したこと，c *統帥権'の独立，d 枢密院等の議会外的機関の存置，e 皇室自律主義などが挙げられる。このうち特に統帥権の独立によって，慣習法的に，軍に関する事項の実権が民主的なコントロールの全く及ばない軍令機関（参謀本部）に委ねられたことは，この憲法の末期にその死命を制することとなった。

3 運用　制定当初から明治年間は，*超然内閣'を組織する藩閥勢力と議会を活動の舞台とする政党勢力とが拮抗(きっこう)し，おおむねこの憲法制定の実が上がったとみてよい。大正期に入ると，いわゆる大正デモクラシーの高揚により，*議院内閣制'が「憲政の常道」とされ，*美濃部達吉'等の立憲主義的解釈が支配的となった。昭和も十五年戦争に突入した頃から五・一五事件や二・二六事件を経て，軍国主義・ファシズム'が有力な風潮となり，軍部が政治の表舞台へ登場するとともに議会は無力化し，立憲主義的要素は全く影を潜めることになった。昭和20年8月14日の*ポツダム宣言'受諾とその後の占領により，部分的に効力は停止されたが，占領軍主導で制定作業が進められた日本国憲法は，この憲法との法的連続性を保つことを求められ，この憲法の改正手続をもって成立したので，形式的には昭和22年5月3日の日本国憲法施行まで存続したことになる。

滞納処分（租税の）　**1 意義**　*租税'（*国税・地方税'）が滞納された場合，すなわち*納期限'までに完納されないときは，履行の催告の意味で，まず*督促'をし〔税通37〕，督促状を発した日から起算して10日を経過した日までになお完納されないとき又は法律の定める一定の要件に該当するとき〔税通40，税徴47〕は，*租税債権'の強制的実現を図るため，滞納者の財産の*差押え'とその換価を経て*配当'に終わる手続を行う。これを租税滞納処分又は滞納処分という。滞納処分は，広義では，*交付要求'・*参加差押え'なども含めて，租税債権の強制的満足のための処分の全てをいうが，狭義では，交付要求・参加差押えなどを除き，租税債権者が自らの手で行う*強制換価手続'だけをいう。ここでは，狭義のそれについて述べる。

だいひょう

2 手続 イ 差押え：滞納処分は滞納者の財産の差押えをもって始まる。超過差押え及び無益な差押えは禁止されており〔税徴48〕，また，差押えにあたっては*'第三者'の権利が尊重されなければならない〔税徴49〕。第三者の財産の差押えは原則として無効であるが，最高裁判所の判例は，差押処分としての差押えにつき民法177条の適用を認め，国は民法177条の第三者に該当する旨を判示している(最判昭和31・4・24民集10・4・417)。一定の財産は，滞納者の生活の維持その他の必要から差押えが禁止されている〔税徴75〜78〕。これを差押禁止財産という。財産の差押えをしたときは，差押調書を作成し，それが一定の財産に該当する場合には，その謄本を滞納者に交付しなければならず〔税徴54〕，質権等の目的となっている財産を差し押えたときは，質権者等に通知しなければならない〔税徴55〕。その他，差押えの手続・要件については，財産の種類に応じて個別に詳細な定めがある〔税徴56〜74〕。差押えは，処分禁止の効力をもち，滞納者が差押財産についてする差押債権者に不利益な処分は，差押債権者に対しては効力をもたない。なお，納税義務の消滅その他一定の場合には，差押えが解除される〔税徴79〜81〕。ロ 差押財産の換価：金銭・債権等を除く差押財産は換価されることになる。換価は原則として公売の方法によらなければならない〔税徴94①〕。例外的に*'随意契約'による売却〔税徴109〕及び国による買入れ〔税徴110〕も認められる。公売は，*'入札'又は競り売りのいずれかの方法で行われ〔税徴94②〕，その手続については詳細な定めがある〔税徴95〜108〕。公売の結果，最高価申込者に対して売却決定がされ〔税徴111〜114〕，その者が買受人となる。そして，買受人の買受代金の納付をもって，換価財産の所有権は買受人に移転する〔税徴115・116〕。ハ 換価代金等の配当：差押財産の売却代金，債権等の差押えにより*'第三債務者'等から給付を受けた金銭は，差押えに係る国税，交付要求を受けた国税，地方税及び*'公課'，被担保債権等に配当され〔税徴129①〕，差し押えた金銭，交付要求により交付を受けた金銭は，それぞれ差押え又は交付要求に係る国税に充当する〔税徴129②〕。ニ 換価の猶予及び滞納処分の停止：滞納者につき，その財産の換価を直ちに行うことにより，その事業の継続又は生活の維持を困難にするおそれがある等の場合には，職権による換価の猶予が認められる〔税徴151，地税15の5〕。なお，徴収権の時効は，猶予がされている間は進行しない〔税通73④，地税18の2④〕。また，滞納者につき，滞納処分を執行できる財産がないとき，滞納処分の執行によってその生活を著しく窮迫させるおそれがあるとき等には，職権による滞納処分の執行の停止が認められている〔税徴153〕。 ⇨国税徴収の例'

滞納処分免脱犯　⇨脱税犯'
大　陪　審　⇨起訴陪審'
ダイバージョン　⇨ディバージョン'
代　　　表　　*'法人'の*'理事'(機関)が振り出した手形が，法律上法人そのものが手形振出しをしたと評価される場合のように，Aの行為が法律上Bのした行為として*'法律効果'を発生させるときのAをBの代表という。法律形式上は，代理行為は本人とは別の人格である代理人の行為であり，ただその法律効果が本人に及ぶものであるのに対して，代表は法人そのものの行為と評価される点で異なるといわれる。しかし，法人の代表にも原則として民法の代理の規定の適用があり〔一般法人84②参照〕，法律上の効果の上では同じであるから代理と代表とを区別する実益はない。条文上も，親権を行う者(*'法定代理人')はその子を代表すると規定するなど，厳密な区別をしていない〔民824〕。なお，憲法43条の「全国民を代表する」とか(⇨国民代表')，*'労働組合法'19条の「使用者を代表する者…，労働者を代表する者…及び公益を代表する者」という場合の代表は，全国民・使用者・労働者の意見や利益を代表するという政治的あるいは社会的・経済的意味の代表であって，その者の行為が代表される者の行為としての効果をもつという意味ではない。 ⇨代理'

代表執行役　　*'指名委員会等設置会社'の対外的な代表権を有する必要的機関。*'執行役'が1人のときはその者が当然になり，複数のときは*'取締役会'決議により執行役の中から選定される〔会社420①〕。解職も取締役会決議による〔会社420②〕。氏名及び住所は*'登記'事項である〔会社911③㉓ハ，商登47②⑧〕。会社の業務に関する一切の裁判上及び裁判外の行為をなす権限を有し，この権限の制限は*'善意'の*'第三者'に対抗することはできない〔会社420④・⑤〕。第三者との間になした行為の効果は会社に帰属する。*'代表取締役'と同様，一時代表執行役及び職務執行停止・職務代行者の制度〔会社420③〕並びに表見代表執行役〔会社421〕の制度がある。代表執行役を欠くときは，任期の満了又は辞任により退任した代表執行役は，新たに選定された代表執行役が就任するまで代表執行役の権利義務を有する〔会社420③・401②〕。

代 表 社 員　　*'持分会社'において，*'会社

だいひよう

代表'の権限をもつ社員。持分会社の社員は，*定款'に別段の定めのない限り*業務執行社員'であり〔会社590①〕，業務執行社員は原則として代表権をもつ〔会社599①〕。ただし，他に代表社員を定めることができる〔会社599①但〕。狭義では，定款又は定款の定めに基づく社員の互選により業務執行社員の中から代表権を与られた社員をいう。代表権をもつ社員は各自単独で会社を代表する〔会社599②〕。代表権は，会社の業務に関する一切の裁判上・裁判外の行為に及び，その制限は*善意'の*第三者'に対抗できない〔会社599④⑤〕。代表社員を定めたときはその氏名又は名称は登記事項である〔会社912⑥⑦・913⑧⑨・914⑦⑧〕。なお，一定の場合には，会社は，代表権の消滅を裁判所に請求できる〔会社860〕。

代表清算人 清算株式会社又は清算持分会社を代表する*清算人'〔会社483①・655①〕。清算株式会社(清算人会設置会社を除く)は，*定款'，定款の定めに基づく清算人(裁判所が選任したものを除く)の互選又は*株主総会'の決議によって，清算人の中から代表清算人を定めることができ〔会社483③〕，*法定清算人'として*取締役'を定めていたときはその代表取締役が代表清算人となる〔会社483④〕。同様に，清算持分会社は，定款又は定款の定めに基づく清算人(裁判所が選任したものを除く)の互選によって，清算人の中から清算持分会社を代表する清算人を定めることができ〔会社655③〕，法定清算人として業務を執行する社員が清算人となる場合には，*持分会社'を代表する社員を定めていたときはその社員が清算持分会社を代表する清算人となる〔会社655④〕。裁判所は，清算人を選任する場合には，その清算人の中から代表清算人を定めることができる〔会社483⑤・655⑤〕。

代表訴訟 ⇨責任追及等の訴え'

代表取締役 1 意義 *株式会社'の業務を執行し，会社を代表する権限をもつ*取締役'。*取締役会設置会社'では必要常設の機関であるが，非取締役会設置会社においては，各取締役が代表権を有するのが原則であり，代表取締役は任意に置かれる。代表取締役の就任・退任は登記事項であり，氏名・住所が登記される〔会社911③⑭，商登47②⑩・54①〕。*指名委員会等設置会社'では置くことができず〔会社415・416③〕，*代表執行役'が置かれる。

2 選定・終任 非取締役会設置会社においては，*定款'，定款の定めに基づく取締役の互選又は株主総会の決議により定められた場合に限り当該取締役が代表取締役になる〔会社349③〕。取締役会設置会社においては，*取締役会'が取締役の中から選定しなければならない〔会社362③③〕。取締役会は解職の権限も有する〔会社362②③〕。取締役会設置会社において，定款の定めにより，代表取締役の選定・解職の権限を*株主総会'に移譲できるかについては，説が分かれる。取締役の地位を失うと，当然に代表取締役の地位を失う。代表取締役が欠けた場合又は定款所定の員数に欠員が生じた場合には，任期満了又は辞任により退任した者は新たに選任された代表取締役が就任するまでその権利義務を有するほか，裁判所は，利害関係人の申立により一時代表取締役の職務を行うべき者を選任する〔会社351①②〕。

3 権限 株主総会及び取締役会の決議を執行し，取締役会から委ねられた事項について決定し執行する。日常業務についての決定・執行権限を有するが，それは代表取締役の固有の権限であるとする説明と，取締役会から当然に委任されているものと推定されるという説明がある。業務執行の対外的側面を会社の代表というが，代表権は株式会社の業務に関する裁判上又は裁判外の行為に及ぶ〔会社349④〕。この権限の制約は*善意'の*第三者'に対抗できない〔会社349⑤〕。会社と取締役との間の訴えについては，非取締役会設置会社では株主総会が定めた者〔会社353〕，*監査役設置会社'でない取締役会設置会社では総会・取締役会が定めた者〔会社364〕，監査役設置会社では*監査役'が会社を代表する〔会社386〕。

4 代表者の行為についての責任等 会社は，代表取締役がその職務を行うについて第三者に加えた損害を賠償しなければならない〔会社350〕。代表取締役以外の取締役に社長・副社長その他会社を代表する権限を有するものと認められる名称を付したときは，会社はその者の行為につき善意の第三者に対し責任を負う〔会社354〕(⇨表見代表取締役')。

代表民主制 1 概念 権力の国民への分配を選挙・投票という選択行為に限定し，実際の権力行使は選挙によって選ばれた代表者が行うことを原則とする*民主制'。*直接民主制'に対立する概念で，間接民主制又は代議制ともいう。日本国憲法前文における，「そもそも国政は，国民の厳粛な信託によるものであつて，その権威は国民に由来し，その権力は国民の代表者がこれを行使し，その福利は国民がこれを享受する」という文章はこの原理を承認したものである。

2 代表民主制と議会 代表民主制の制度的表現の中核が*議会制*である。近代議会制は、中世の等族会議の身分的特権から一般人民の信託による権力へという原理的転換によって成立したのであり、市民的自由の保障のために法を定立する機能を*議会*(立法府)に与えている。議会の構成員は直接国民全体を代表するもの(*国民代表*)とされるが、そこには社会構造の同質性を前提とした予定調和が存在するという考え方が存在していた。

3 現代の問題状況 現在においては、代表民主制の基礎となる、有権者間での社会構造上の同質性は失われ、国民代表はかえってイデオロギー的性格を濃厚にもつようになった。そのため、代表民主制の主要な問題点は、いかにして全国民的利益を代表するものを選び出すかではなくして、社会の多元的な相対立する諸利益をいかに正確に議会に代表させるかという問題に移行している。*政党*や圧力団体の登場は代表民主制のこのような変化の具体的な現れと考えられる。

4 政治の多元化と代表民主制 現代政治は、地方化と国際化を背景に分権化の傾向を帯びる。旧来のように、国家レベルでの代表民主制が、国民の主要な利害関係の調整を専一的に担うシステムは変化し、地方政治、中央政治、国際政治の各レベルを巻き込んだ複雑な調整メカニズムができ始めた。そのうち、地方政治では、直接民主制の要素が強調される。国際政治では、今なお構成メンバーとしての国家には主権性が強く認められていて、国際機関による民主制の統治は未成熟である。

対物処分 名宛人の人的事情を考慮することなく、専ら処分の対象物件の物的事情に着目してなされる*行政行為*。建築確認、重要文化財の指定、自動車の車体検査などがその例。技能・職歴などの名宛人の事情に着目してなされる医師免許や運転免許などの対人処分の効果は一身専属的であるが、対物処分の効果は名宛人にとどまらずその承継人(対象物件の譲受人、相続人など)にも及ぶとされる。

代物弁済 債権者・債務者の間で、債務者が本来負担していた債務(例えば100万円の借金)の代わりに他の*給付*(例えば自動車)をして債務を消滅させることを契約すること〔民482〕。代物弁済が、*弁済*と同じく債権の消滅効を持つためには現実に代物を給付することが要件となるが、代物弁済契約の成立は他の給付をする債務を負担する合意だけで成立する。金銭債務を負担する者が手形や小切手を債権者に交付するのは、原則として支払のためであって債務は消滅せず、特に支払に代えてなされたときだけ代物弁済となって債務は消滅すると解されている(⇨支払に代えて・支払のために*)。条文上は代物弁済は、債務の消滅原因である弁済の一種として規定されているが、代物弁済契約は債務の消滅を目的とすることよりも、むしろ代物弁済の予約として債権担保の目的で締結されることが実際上多いといわれている。 ⇨代物弁済の予約*

代物弁済の予約 金銭債務の不履行の場合には、債務者がその財産(多くの場合は不動産)を*代物弁済*として債権者に給付することをあらかじめ約束すること。*債務不履行*によって当然に代物弁済の効果が生じる停止条件付代物弁済契約と、債権者の予約完結の意思表示によって初めて代物弁済の効果が生じる(したがって、債務者は意思表示前なら弁済により目的物を取り戻せる)狭い意味での代物弁済の予約の2種があるとされ、いずれも、債権者は目的物について*所有権移転請求権保全の*仮登記*をして、この約束を*第三者*に対抗することができる〔不登105②〕ので、かつては貸金債権の担保手段としても用いられていた。しかし、これによると債権者は不動産の所有権を取得するのであるから、その価額と貸付債権額との差額を得ることとなり債権の担保手段として不合理であると感じられるようになった。そこで差額の返還を要求する一連の最高裁判所判決(最大判昭和49・10・23民集28・7・1473等)を契機として、仮登記担保契約に関する法律(昭和53法78)が生まれ、現在では代物弁済の予約は仮登記担保の1つとしてこの法律により規制される。 ⇨仮登記担保*

対物防衛 他人の飼犬(他人の物)に襲われた場合など、その侵害を排除するため、やむなくこれを殺傷、傷害等する行為。動物の攻撃は人の侵害行為でないことから、刑法上、これに対する*正当防衛*が認められるかが問題となる。正当防衛を認める見解と*緊急避難*しか認めない見解とが対立する。後者の見解でも、その飼主に*故意*・*過失*がある場合には、飼犬の攻撃は人による侵害行為に当たるからこれに対する正当防衛が認められる。なお、対物防衛は、民法上は緊急避難に当たる〔民720②〕。

タイプフェイス 英 typeface 印刷技術によって文を構成するための手段を提供することを意図してデザインされた文字の書体。文字フォントとも呼ばれる。タイプフェイスの作成に関しては、特に多数の文字について統一的な美

たいほ

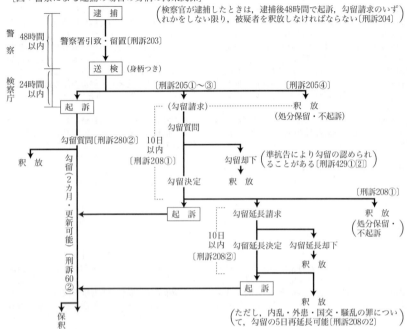

[図：警察による逮捕の場合の身柄の拘束関係]

観を有するものにしようとデザインする場合，相当の経費と労力を必要とする。この創作者を保護するため，1973年に「タイプフェイスの保護及びその国際寄託に関するウィーン協定」が作成された。この協定によれば，締約国は，特別に設けた国内寄託制度，国内の*意匠法'，あるいは，国内の*著作権法'のいずれかを選択して（重複も可），タイプフェイスの創作を保護しなければならないとされている。ただし，同協定は批准国が少なく，未発効。

逮　捕　Ⅰ　刑法上，*暴行'などの直接的な強制手段を用いてある程度継続的に人を拘束し，その場所的移動の自由を奪うこと。瞬時の拘束は暴行罪にとどまる。逮捕から引き続き監禁すると，包括して逮捕監禁罪〔刑220〕1罪となる（⇨逮捕監禁罪'）。

Ⅱ　刑事訴訟法上，*捜査機関'又は私人が*被疑者'の身体の自由を拘束し，引き続き*抑留'すること。憲法は，誰も，*司法官憲'の発する令状によらなければ逮捕されない〔憲33〕ことを保障し，刑事訴訟法も，これを受けて，現行犯逮捕〔刑訴213〕以外は逮捕は全て，令状によることを必要としている（⇨令状主義'）。ただし，緊急逮捕の制度を設け，逮捕後，直ちに令状の請求をすることを条件に，逮捕状の事前発付なしの逮捕を認めている（⇨現行犯逮捕'　⇨通常逮捕'　⇨緊急逮捕'）。なお，*司法警察職員'が逮捕した被疑者は，逮捕後48時間以内に*検察官'に送致しない限り，釈放しなければならない〔刑訴203〕。検察官が逮捕した被疑者は，48時間以内に裁判官に*勾留'を請求し又は*公訴'を提起しない限り，釈放しなければならない〔刑訴204〕。逮捕された後の身柄の扱いは，図の通りである。⇨個人特定事項の秘匿措置'

大法廷・小法廷　*最高裁判所裁判官'全員で構成する合議体を大法廷といい，*最高裁判所'の定める裁判官3人以上の員数で構成する合議体を小法廷という〔裁9〕。大法廷では最高裁判所長官が*裁判長'となり〔最事規8①〕，15人中9人以上の裁判官が出席すれば審理及び裁判ができる〔最事規7〕。法律，命令，規則又は処分が憲法に適合しないとの裁判をするには，8人以上の裁判官の意見が一致しなければならな

い〔最事規12〕。小法廷の裁判官の員数は5人で裁判官3人以上が出席すれば審理及び裁判ができる〔最事規2〕。小法廷には第一・第二・第三の3小法廷がある〔最事規1〕。裁判長は各小法廷で定める〔最事規3〕。最高裁判所の事件はまず小法廷で審理される〔最事規9①〕が，法令などの憲法違反や判例抵触などの重要な事項が問題となる場合は大法廷で審判される〔裁10，最事規9〕。

逮捕監禁罪　刑法220条の罪。「不法に人を逮捕し，又は監禁した」場合に成立する(不法*監禁')。法定刑は，3月以上7年以下の拘禁刑(平成17年改正〔法66〕により，刑の長期が5年から7年に引き上げられた(⇨人身売買罪'))。人の身体・行動の自由を拘束し，一定の場所から移動する自由を奪う罪である。*継続犯'の一種であり，移動の自由が奪われたとみるに足りる程度の時間的継続性を要する。逮捕は直接的に身体を拘束する行為を，監禁は一定の場所からの脱出を困難にする行為を指すが，人を逮捕し監禁した場合は，両者の区別なく本条に該当する(単純)一罪が成立する(最大判昭和28・6・17刑集7・6・1289)。移動の現実的自由の侵害はもとより，移動しようと思えば移動できる可能的自由の侵害も，本罪に当たる(通説)。本罪を犯し，よって人を死傷させたときは，*結果的加重犯'として「傷害の罪と比較して，重い刑により処断する」〔刑221〕。*未遂'を罰しない。

逮捕許諾請求　国会開会中に院外での現行犯罪以外の容疑で*国会議員'を逮捕する場合に，所轄裁判所又は裁判官の要求に基づき，内閣がその議員の所属する議院に逮捕の許諾を求めること〔国会33・34〕。請求を受けた議院は，*議院運営委員会'で審査した上で許諾の可否を議決する〔衆先例93号，参先例111号〕。その議決において，許諾に条件をつけることができるかどうかについては学説上争いがあるが，衆議院が期限をつけて許諾し〔衆先例95号〕，裁判所側がそれを無視したという例がある。⇨不逮捕特権(国会議員の)'

逮 捕 状　1意義　裁判官が，*捜査機関'に*被疑者'の*逮捕'の権限を認める旨の*裁判書'。*現行犯逮捕'の場合を除いて，被疑者の逮捕は，逮捕状によることを必要とする〔憲33〕。*緊急逮捕'の場合にも，逮捕後直ちに逮捕状の請求を行うことになっている〔刑訴210〕。逮捕状が，許可状か命令状かには争いもあるが，命令状とする論者も，事情が変更すれば逮捕しなくてもよいという条件付きの命令と解するので，実際の取扱いに大差はない。

2 要件等　逮捕状は，*検察官'，*司法警察員'(*公安委員会'の指定する警部以上の者)の請求を受けた裁判官が疎明資料に基づき，被疑者が罪を犯したことを疑うに足りる相当な理由があると認めるときに発付される。ただし，裁判官は，明らかに逮捕の必要がないと認めるときは，令状を発付しない〔刑訴199〕(緊急逮捕では，検察事務官，司法巡査も令状請求できる〔刑訴210①〕)。逮捕状には，逮捕の理由となっている*被疑事実'の要旨を記載し，かつ逮捕のときに被疑者に示さなければならない。急を要するときは，被疑事実の要旨及び逮捕状が発せられている旨を告げて逮捕し，その後できる限り速やかに逮捕状を示す方法(いわゆる*緊急執行')をとることができる〔刑訴200・201〕。

逮捕状・勾引状等の緊急執行　⇨緊急執行(逮捕状・勾引状等の)'

逮捕前置主義　被疑者を*勾留'するには，*逮捕'手続が先行しなければならないとする原則〔刑訴207①〕。逮捕と勾留で二重に司法審査をして人権保障を図り，また短期の逮捕をまず認めて捜査を尽くさせ，なお必要がある場合に限り長期の勾留を認める方が身柄拘束が短く済むからである。したがって，A事実で逮捕しながらB事実で勾留することはできないとするのが，実務・多数説である(A→B)。例外的に勾留段階でB事実を付加することを実務及び学説は許している(A→A+B)。なお，先行する逮捕の適法性を問題にするのが実務・学説の大勢である。

大麻草の栽培の規制に関する法律　大麻取締法を改正した「大麻草の栽培の規制に関する法律」(大麻草栽培規制法)は，大麻草から製造された医薬品の適正な活用を可能にし，他方，大麻については，大麻の有害成分であるTHC及び大麻を「麻薬」とすることで〔麻薬2①Ⅰ〕「麻薬及び向精神薬取締法」による「麻薬」として規制を加え，「大麻の濫用による保健衛生上の危害」の防止を図っている〔大麻1〕。改正前に処罰規定のなかった大麻の不正施用は麻薬施用罪〔麻薬66の2①〕として処罰される。大麻草栽培規制法は大麻草の不正栽培等の行為を罰している〔大麻24以下〕。

大麻取締法　⇨大麻草の栽培の規制に関する法律'

待　命　公務員がその地位を保持しながら，一時的に職務を担任しないという，一種の*分限'上の制度。かつて武官等にこの制度があったが，現行の外務公務員法によれば，在外公館に勤務する大使及び公使は，その在外公館に勤

だいめい

務することを免ぜられたときは、新たに在外公館に勤務することを命ぜられるまで、又は臨時に用務を処理するために外国に派遣されるまでの間、1年以内において待命となり、1年を経過すると*職'を免ぜられることになる〔外公12①②〕。待命期間中は原則として、俸給の100分の80が支給される〔外公12⑤〕。なお、上記の待命とは異なる例として、昭和28年の行政整理に際し特別待命の制度が、また、昭和29年の行政機関職員定員法(昭和24法126。昭和36法111により廃止)一部改正法(法186)の附則で臨時待命の制度が設けられたことがある。

題名・件名 ⇨題名・件名'(巻末・基本法令用語)

代用監獄 ⇨代用刑事施設'

代用刑事施設 *刑事収容施設法'は、警察の*留置施設'を*刑事施設'に代用することを認めている〔刑事収容15〕。これを代用刑事施設と呼ぶ(かつては「代用監獄」と呼ばれた)。実務上、被*勾留'者のうち*被疑者'は大体留置施設に収容する慣行が定着していることから、その存廃を巡り議論がある。存置論者は、警察署のほうが*拘置所'よりも施設数が多いため、犯行現場や関係者の居住地・勤務地に近い留置施設に勾留することができ、また被疑者の取調べにも便利であるから捜査の効率が上がり、真実の発見に資するとともに、被疑者本人を含む関係者の負担の軽減にもつながるとする。廃止論者は、被疑者が四六時中捜査官の手中に置かれるため自白の強要や防御権の侵害が生じやすく、弊害は著しいとする。存廃論いずれにも一理あるが、将来の方向としては、漸次拘置所を増設し、留置施設の使用を減少させるべきだとの見解が有力である。

貸与権 *著作物'の利用行為の1つである頒布の一態様であり、*所有権'を移転させることなく、その*占有'を移転する行為をいう。*著作権法'上、貸与には、いずれの名義又は方法をもってするかを問わず、これと同様の使用の権原を取得させる行為(例えば、買戻特約付売買や下取特約付売買)も含まれる〔著作2⑧〕。映画の著作物の著作者〔著作26〕、映画以外の著作物の著作者〔著作26の3〕、実演家〔著作95条の3①〕、レコード製作者〔著作97条の3①〕は、貸与権を有する。実演家、レコード製作者の貸与権は、最初の販売日から12ヵ月については許諾権、12カ月以降法定期間内〔著作101〕については、報酬請求権としての性質を有する〔著作95の3②③・97の3②③〕。非営利かつ無償の複製物の貸与に対しては権利が及ばない〔著作38

④・102①〕。

代理 Ⅰ 民法 **1 意義** ある人Aと一定の関係にある者Bが、AのためにCとの間で*意思表示'を行い(能働代理)、あるいは意思表示を受ける(受働代理)ことによって、その意思表示の法律効果が直接Aについて生ずるという制度〔民99〕。Aを本人、Bを代理人、Cを第三者(相手方)といい、このような効果を生じさせることができるBの地位を代理権という。⇨能働代理・受働代理' ⇨代理人'

2 機能 企業的組織体が高度に発達分化した現在の取引では、1人の者が全ての組織体の取引や活動について意思決定をすることは不可能であるから、他人に対して一定の代理権を与えてその者の専門的知識を活用して決定させ、その法律的効果だけを本人に及ぼさせるという制度が必要となる。また、近代法では全ての者に*権利能力'を認めているが、実際には自己のために財産管理や取引をする能力をもたない者やできない場合があり、これらの者のために、財産管理や取引をする者が必要となる。代理はこのような要請に応えて、私的自治を拡張又は補充する機能を果たす制度である。

3 他の制度との区別 代理は代理人自らが*法律行為'について意思決定をする点で、決定された意思表示を単に伝達又は伝達の完成をする*使者'とは異なる。また、本人のためにすることを示してなされる点で、代理は*問屋(とんや)'〔商551〕などのように他人の計算において自己の名で取引をする間接代理とも異なっている。

4 代理の認められる範囲 代理は法律行為についてだけ認められ、*事実行為'や*不法行為'については認められない。民法典は占有について*代理占有'という語を使っている〔民181等〕が、これは、上記の意味での代理ではないと解されている。本人自身の意思決定を絶対的に必要とするもの(*婚姻'など)については代理は問題とならない。身分法上の行為などは原則として代理が認められない。

5 代理における三面関係 一般に、代理の要件は、上記のABC3者間の関係として説明される。AB間の関係では代理権の存在が必要である(⇨任意代理・法定代理')。BC間の関係では、BがAのためにすることを示して(⇨顕名主義')意思表示がなされることが必要である(代理行為)。AC間では*法律効果'の帰属が問題となるが、Bに代理権がない場合には、*無権代理'・*表見代理'の問題となる。代理行為は代理人の意思表示であるから、意思表示の瑕疵(かし)などは原則として代理人について決する〔民101

①②。ただし民101③・102〕。

［図：代理における三面関係］

6 代理人の権限濫用　代理人が自己の利益を図る目的で代理行為を行っても，例えば，その代理行為が客観的には授与された代理権の範囲内においてなされるなど，代理の要件を満たしている限り，その効果が生じるはずである。しかし，代理人がその権限を濫用していることを相手方が知り，又は知ることができたであろう場合にまで，代理行為を有効とする必要はない。そこで民法107条はこれを無権代理とするが，同条立法以前の判例は，民法93条ただし書の類推適用により効力を否定していた（最判昭和42・4・20民集21・3・697）。⇨'自己契約'　⇨'双方代理'　⇨'復代理'

Ⅱ　行政法上の代理については，*権限の代理'をみよ。

Ⅲ　訴訟法上の代理については，*訴訟代理権'・*訴訟代理人'・*弁護人'・*法定代理人'をみよ。

代理懐胎　⇨代理母'

大陸棚　国際法上の大陸棚は，*国際連合海洋法条約'によると，沿岸国の*領海'を越えてその領土の自然の延長をたどって大陸縁辺部の外縁まで延びているか，又は大陸縁辺部の外縁が領海の幅を測定するための*基線'から200海里まで延びていない場合には当該基線から200海里までの海面下の区域の海底及びその下を指す〔海洋法約76①。なお，大陸棚に関する条約（1958）1〕。ただし，前者の場合には，大陸棚の限界に関する委員会への申請を含めて，同条約が規定する要件を満たすと，基線から200海里を超えて，大陸棚が認められる〔海洋法約76④～⑥〕。沿岸国は，大陸棚を探査し天然資源を開発するための主権的権利をもつ〔海洋法約77〕。大陸棚の上部水域又は上空は，*公海'又は*排他的経済水域'の制度により規律される〔海洋法約78〕。1945年にアメリカのトルーマン宣言が大陸棚に対する沿岸国の権利を主張して以来，大陸棚に関する国際法規は，大陸棚に関する条約（1958・4・29採択，1964・6・10発効）を経て，現在の国際連合海洋法条約に至った。日本は，大陸棚制度の適用のある定着資源に関する争いを主たる理由として，大陸棚に関する条約の当事国とはならなかった。国際連合海洋法条約の批准に際し，「排他的経済水域及び大陸棚に関する法律」（平成8法74）を制定した。200海里以遠の大陸棚の限界については，2008年11月12日に上記の委員会に申請し，2012年4月27日に委員会の勧告を受領した。委員会は，沖ノ鳥島が関連する九州・パラオ海嶺南部海域については勧告は行わなかったが，沖ノ鳥島が関連する四国海盆海域を含めて，計約31万km²の大陸棚延長を認める勧告を行った。

大陸法　ヨーロッパ大陸の法。英米法の対立概念。*ローマ法'の伝統を承継していることや成文法主義などを特色とし，*ゲルマン法'起源で判例法主義をとる英米法と対比される。

代理出産　⇨代理母'

代理受領　債権者(A)が，その債務者(B)の有する売掛債権等の債権について，取立ての*委任'等を受けて，Bに代わって*弁済'を受領すること。Aが受領した金銭を，AがBに対して有する債権の弁済に充てる（AがBに対して有する債権と，BがAに対して有する金銭の返還請求権とを相殺する）ことができ，担保としての機能を有する。*非典型担保'の1つと位置付けられることもある。

代理商　**1 意義**　*商人'（個人商人・*会社'）の*営業'（事業）活動を補助する者の一類型であって，特定の商人のために継続してその営業（事業）の部類に属する取引の*代理'又は*媒介'を行う者〔商27, 会社16〕。取引の代理を行う締約代理商と，取引の媒介を行う媒介代理商がある。代理商は，*商業使用人'と異なり，独立の商人である。補助する商人は1人である必要はないが，同種の営業（事業）の部類に属する取引を行う複数の商人の補助を行う場合には許可を得る必要がある〔商28, 会社17〕。代理商に当たるか否かは，名称ではなく，実体に即して判断される。代理商の具体例として損害保険代理店がある。

2 商人との間の法律関係　商人と代理商との間の法律関係は両者の間で締結される代理商契約による。代理商契約は*委任'又は準委任契約の性質を有するため，特約がない限り，委任に関する民商法の一般規定〔民644・650, 商506等〕が適用される。商法・会社法に置かれている特則には以下のものがある。イ　代理商は取引の代理又は媒介をしたときには商人に対し通知する義務を負う〔商27, 会社16〕。ロ　代理商は商人の許可を得ない限り*競業避止義務'がある〔商28, 会社17〕。ハ　代理商は特有の留置権を有する〔商

だいりせん

31，会社20〕。

3 第三者との間の法律関係　代理商が*'第三者'との間でどのような行為をする権限を有するかは代理商契約によって定まる。商法・会社法は，物品の販売又はその媒介の委託を受けた代理商が，売買に関する通知を受ける権限を有することを定めるのみである〔商29，会社18〕。

4 契約の終了　商人及び代理商は，イ　契約期間の定めがないときは2カ月の予告期間をおいて契約を解除できる〔商30①，会社19①〕。ロ　やむをえない事由があるときはいつでも契約を解除できる〔商30②，会社19②〕。

代理占有　賃借人Aが賃貸人Bの物を*'占有'している場合のように，他人(*'占有代理人')の*'所持'を通して本人が占有する関係をいう。占有者が自ら(*'占有補助者'を含む)物を所持する自己占有に対する。占有は*'意思表示'ではないから，民法がこの関係を*'法律行為'において用いられる*'代理'という語で表現している〔民181〕のは適切でないという批判もあり，この関係は*'直接占有・間接占有'という語で説明されることも少なくない。その場合には，Aは直接占有，Bが間接占有をもつという。ABともに占有の各種の効果が帰属するが，占有の態様については，第1次的に占有代理人であるAについて判断することとされる。ただし，本人が*'悪意'のときには，占有代理人が*'善意'であっても，本人は悪意占有者と解されている。

対立的犯罪　⇨必要的共犯'

代理店　商社・船会社の海外代理店や，損害保険代理店にみられるように，企業の活動範囲や製品の市場を拡張するために，*'支店'や*'営業所'を置く代わりとして設けられるもの。法的性質は名称ではなく契約の実質に即して判断される。代理商である場合も，いわゆる販売店(代理商のように取引の代理・媒介という形をとるのではなく，製造業者や商社から商品を購入し他者に転売する者)の場合もある。⇨代理商'

代理投票　*'選挙人'が心身の故障その他の理由のため自ら候補者の氏名等を記載することができない場合に，投票管理者が投票立会人の意見を聴いて選任する者に，その選挙人の指示通りの投票をさせること〔公選48，裁審26〕。*'秘密投票'の原則に基づく自書投票主義〔公選46〕の例外。

代理人　Ⅰ　代理することができる地位にある者。代理の効果は代理人にではなく本人に帰属するから，代理人が不利益を負うおそれはなく，したがって，代理人は*'意思能力'が

あれば足り，*'制限能力者'でもよいとされている〔民102本文〕。しかし，本人の意思に基づかないで生じる*'法定代理'の場合には，本人保護のために*'法定代理人'が能力者であることが前提となっていることが多い〔民833・840・846・867①。なお，民102但参照〕。代理人は自ら意思決定をする点で*'使者'と異なり，また*'代表'とも異なった観念とされている。⇨代理'

Ⅱ　訴訟上の代理人については，*'法定代理人'及び*'訴訟代理人'をみよ。

代理母　人工授精や胚(はい)の移植により，依頼者のために子を出産して，出産後に子を引き渡すことを引き受ける女性。広義には依頼者カップル以外のドナーの生殖子を利用した胚移植の場合も含めて代理母というが，通常は依頼者カップルの少なくとも男性の生殖子を利用する，次の2つの場合をいう。すなわち，カップルの受精卵を妊娠・出産する代理母(host mother)と，カップルの男性の精子を人工授精し妊娠・出産する代理母(surrogate mother)である。前者を「借り腹」型代理母ないし代理懐胎といい，この場合は母胎を培養器として利用するにすぎないため，生まれる子と代理母とに遺伝的なつながりはなく，子は遺伝上の両親に育てられる。後者の人工授精による代理母の場合，非嫡出子(⇨嫡出でない子')の母が妊娠前に養子縁組を予約する行為に相当し，代理母の遺伝子を受け継いだ子が父と養母に育てられる。日本では，まだ立法による規制は成立していないが，どちらも*'公序良俗'の観点から問題は大きく，代理母契約は無効であろう。また，国によって規制が異なるため，認められている国から認められている国へ赴いて代理母に依頼して出産してもらうという事例が起こりうる。そのため国際私法上の問題も生じる。日本では，法的には出産した女性が母となるとする解釈が判例である(最決平成19・3・23民集61・2・619)。⇨生殖補助医療'

大量推奨販売　⇨推奨販売'

大量破壊兵器　その破壊力が極めて強力・広範なものであるために軍事目標のみでなく非軍事物や非戦闘員等を大量に破壊・殺傷しうる兵器。具体的には*'通常兵器'と区別される核兵器や生物兵器・化学兵器などを指す。大量破壊兵器の製造・保有自体が*'一般国際法'上必ずしも違法とされてこなかったが，核兵器に関しては*'核拡散防止条約'等のほかに，いくつかの地域的な規制に関する条約があり(⇨非核地帯')，生物兵器・化学兵器に関しては「細菌兵器(生物兵器)及び毒素兵器の開発，生産及び貯蔵の禁

止並びに廃棄に関する条約」(1975・3・26発効。日本は昭和57条6)、*'化学兵器禁止条約'がある。

大量保有報告制度 *'株券'、*'新株予約権証券'、新株予約権付社債券等(株券等)を上場している発行者が発行する株券等を総議決権の5%を超えて保有する大量保有者に、大量保有に関する事項を記載した大量保有報告書を内閣総理大臣に提出させ、公衆の縦覧に供する制度〔金商27の23〜27の30〕。大量保有に関する情報が投資者の投資判断に重要な影響を及ぼすことから、これらの情報を投資者向けに開示させることを主目的とするが、発行者に*'買収防衛策'を検討する時間的余裕を与えたり、大量保有者が対象会社の会社関係者に株を高値で引き取らせるような不正な行為を抑止したりする効果もある。*'企業買収'のために買付けを行う者が、その目的を公表せずに対象会社の株式を買い付けることのできる割合を5%に限定するという効果もある。5%ルールとも呼ばれ、証券取引法(現*'金融商品取引法')の平成2年改正(法43)で導入され、平成18年に大きな改正がされた(法65)。大量保有報告書には、共同保有者の保有分と合算した株券等保有割合、保有目的、売買状況、取得資金に関する事項等を記載して、5%超を取得した日から5営業日以内に提出しなければならない〔金商27の23〕。株券等保有割合に1%以上の増減があった場合には、5営業日以内に変更報告書を提出しなければならず、60日以内に5%超かつ保有株券等の過半数を譲渡した場合には、譲渡した相手方及び対価についても変更報告書に記載しなければならない〔金商27の25〕。*'機関投資家'については、上場株を大量に売買していることから、発行者の支配に関する提案を行うことを目的とする場合を除き、保有割合が10%を超えない限り、月2回の簡易な特例報告制度が設けられている〔金商27の26〕。

対話者 ⇨隔地者・対話者'

他益信託 ⇨自益信託・他益信託'

高田事件 刑事*'被告人'は、法律の定める手続に従った、迅速で公平な裁判を受ける権利を有する〔憲31・37①〕。このうち、*'迅速な裁判'を保障するために、*'起訴'から*'判決'までの期間に法定制限を設けたり、権利侵害が生じた場合の救済方法を定める立法例がみられる(例:アメリカの迅速裁判法(Speedy Trial Act, 1974))。しかし、日本においては、裁判の迅速化に関する法律(平成15法107)が2年以内と規定するまでは、期間についても救済についても明文の定めを有していなかった。そこで、権利侵害をどう判定し、どのような救済を与えるかが注目されていた。最高裁判所は、1972年の高田事件判決(最大判昭和47・12・20刑集26・10・631)において、これら2点につき判断を示す機会を得た。高田事件は、1952年に名古屋市内で発生した一連の公安事件であったが、28名の被告人について第一審の名古屋地方裁判所が実に15年あまりも公判審理を中断したまま時を経過したという異常な事件であった。最高裁判所は、まず権利侵害の有無には、「遅延の原因と理由などを勘案し…諸般の情況を総合的に判断して決せられなければならない」という判定方法を採用し、救済として「免訴の言渡をするのが相当である」と判示した。しかし、被告人側が審理促進をなしたか否かを考慮要素としたため、後の事件では権利侵害があったとされることが著しく困難となった。

抱合せ販売 ある商品・役務(主たる商品)の供給にあわせて他の商品・役務(従たる商品)の購入を強制すること。*'不公正な取引方法'の1つとして、*'独占禁止法'により禁止される〔独禁2⑨⑥ハ・19、不公正告⑩〕。自己のみならず自己の指定する*'事業者'から従たる商品の購入を強制することも対象となる。主たる商品と従たる商品とは別個の商品・役務であることが必要である。抱合せ販売は、公正な競争を阻害するおそれがある場合に「不当」として規制される〔独禁2⑨⑥柱〕。抱合せ販売の公正競争阻害性は2つある。第1に、市場における自由な競争を減殺するおそれであり、主たる商品市場における有力な事業者による抱合せ販売により、従たる商品市場や主たる商品市場における自由な競争を減殺するおそれがある。第2に、競争手段としての不公正であり、買い手は従たる商品の購入を強制されるため顧客の商品選択の自由を妨げられる結果、良質廉価な商品を提供して顧客を獲得するという能率競争が侵害される。個別事件ごとに不当性の有無が検討される。

滝川事件 京都帝国大学教授滝川幸辰(1891〜1962)が、昭和7年10月の中央大学における講演「トルストイの復活と刑罰思想」を文部省から問題にされ、昭和8年4月に著書「刑法読本」及び「刑法講義」を内務省から発売禁止処分にされるとともに、同年5月25日鳩山文部大臣によって休職処分を受け、結局辞職した事件。これに対して京大法学部の教授から副手に至る全員が辞表を提出し、後に2派に分かれたが、*'佐々木惣一'、*'末川博'、恒藤恭(1888〜1967)ら6教授も辞職することになったため、京大事件とも呼ばれる。文部省では*'表現の自由'

たくいつか

にだけ関するもので学問研究の自由に触れるものではないとしていたが、滝川教授の休職は次の2点において*大学の自治*を侵害したと批判された。イ 総長の明示的具状によらずに処分を一方的にし、京都帝国大学官制(明治30 勅211)の違反がある点、ロ 沢柳事件(大正2(1913))以来京大に確立されていたはずの人事に関する教授会自治が無視されたという点である。なお滝川教授は、戦後、昭和21年に京大に復帰し、法学部長・学長を歴任した。

択一関係(法条間の)　*法条競合*の一場合といわれるもの。2つの罰条が択一的な関係に立つ場合であるとされるが、その概念内容については、必ずしも明らかでない。補充関係と同一のカテゴリーに入れる見解、択一関係というものそのものを否定する見解、交差関係と表現する見解など、種々に説が分かれている。ただ、多くの説は、これを一方が成立すれば他方は論理的に成立しない(あるいは罰条の適用について)排他的な関係にある場合であるとして、*横領罪*と*背任罪*の関係等を例に挙げる。

択一的訴因　⇨訴因'

択一的認定　刑事訴訟において、裁判所が、犯罪事実に関して甲事実か乙事実かのいずれであるかは確定できないが、そのいずれかであることは確実だという*心証*を形成したときに、有罪を認定することができるかという問題、又はその方法。犯罪の日時・場所、犯行態様等の細部については、ある程度概括的な認定をすることも許されるが、甲乙のいずれかであることにより犯罪*構成要件*が異なり、あるいは*訴因*を書き分けなければならないようなときには(例：窃盗又は盗品譲受け)、「甲又は乙」という認定をすること、あるいは甲乙のうち被告人に有利な一方を認定することは許されないというのが通説である。

択一的併合　⇨選択的併合'
択一的連結　⇨選択的連結'

諾成契約　契約当事者の合意だけで成立する*契約*。*要物契約*に対する。近代法においては、個人の意思の要素が*法律効果*の発生に重要な意味をもち、両当事者の意思が合致することが契約の拘束力を生み出すもとであると考えられている。したがって、売買・賃貸借など、ほとんどの重要な契約が諾成契約として規定されている。

諾成的消費貸借　⇨消費貸借'

託送手荷物　*旅客運送契約*において、旅客が*運送人*に引き渡して運送を委託した手荷物。運送人は、特に*運送賃*を請求しない場合にも、*物品運送契約*における運送人と同一の責任を負う〔商592①〕。託送手荷物が到達地に到着した日から1週間以内に旅客がその引渡しを請求しないときには、運送人は*供託*・*競売*権をもつ〔商592③〜⑥〕。国際航空運送の場合には条約に別の定めがある〔航運約17②③〕。⇨携帯手荷物'

諾 約 者　⇨第三者のためにする契約'
打撃の錯誤　⇨方法の錯誤'

竹島　日本と韓国との間でその領有権が争われている日本海にある無人島。隠岐島(おきのしま)の北西約158km、韓国の鬱陵(ウルルン)島の南東約88kmに位置し、面積は約21万m²。韓国名では独島(ドク)という。日露戦争中の1905年に日本政府は島根県告示によって日本領とすることを公示したが、1952年に韓国は李(リ)承晩ラインを設定し、日本漁船の立入りを禁止した区域の中に竹島を含めたため日本側が抗議し、以来その領有権に関して両国間で対立が続いている。日本は1954年、1962年、2012年に、竹島の領有権問題を*国際司法裁判所*に付託することを提案したが、韓国は拒否した。

多元的国家論　1 意義　政治と*国家*を同一視する従来の正統的な政治理論を否定し、国家は他の社会に優越して政治を独占する権力主体ではなく、団体の一種にすぎないとする理論。2 学説と背景　この理論は19世紀末以来の大衆社会の出現により、国家と社会が一元化し、政治という現象を国家の独占から解放したところに成立したもので、コール(George Douglas Howard Cole, 1889〜1959)、ラスキ(Harold Joseph Laski, 1893〜1950)、マッキーバー(Robert Morrison MacIver, 1882〜1970)ら英米の学者によって唱導された。ドイツのように、市民の自発的かつ多元的な政治参加が未発達で、政治が国家を抜きにしては語ることができないようなところに成立した観念的な国家論とは、鋭い対立をなす理論である。

3 内容　論者によって内容に多少の差異が認められるが、一般的にいえば、国家の特殊性を軽視するところから*国家主権*の絶対性が否定され、国家の倫理的優位も認められない。更に、国家は、他の諸団体と同様に自己の有限的な目的を国民に説得する必要があると同時に、諸団体に、国家のもつ機能的な特殊性(強制加盟性の団体であること、国家目的の独自性)が承認されるならば、大幅な自治権が認められる。

多国籍企業　国際法上問題になる多国籍企業とは、イ 国境を越えて活動を展開し、ロ 集権的な意思決定が本社で行われ、ハ 先進国を

背景にして経営効率性が高く、ニ 巨大な規模をもつ企業のことである。1970年代以降、多国籍企業による進出先の開発途上国の*主権'侵害などに対し国際的規制が問題となった。*国際労働機関'・*経済協力開発機構'等では、勧告的な行動指針が採択されたが、*国際連合'での作業は失敗に終わった。1990年代後半にはグローバリゼーションの観点から多国籍企業問題が再び注目を集めるようになり、経済協力開発機構では行動指針の大幅な改定が行われた。多国籍企業問題の中心的な論点は、第1に、多国籍企業に対する国家管轄権の配分のあり方と多国籍企業に即した法原則(例えば、法人格否認)の確定であり、行動指針は各国国内法による規制(例えば、*移転価格税制')を促した。第2に、*国際連合人権理事会'が採択した国際連合「ビジネスと人権に関する指導原則」(2011)にみられるように、近年では企業に*国際人権法'を尊重させることも課題の1つとなっている。

蛸(たこ)配当 ⇨違法配当・自己株式取得'

他事記載 投票用紙に候補者の氏名又は名簿届出政党等の名称・略称等法律に定められたこと以外のことを記載すること。他事記載のある投票は無効となる〔公選68①⑥②⑥③⑧〕。*投票の秘密'を守るためである。

他社株転換社債 発行会社以外の会社の株式(以下、償還対象株式という)を目的としたプット・オプション(⇨オプション取引')が組み込まれた*社債'であり、EB(圏 Exchangeable Bond)とも呼ばれている。社債発行後に、償還対象株式の株価があらかじめ定められた一定の水準を下回る場合には、償還対象株式を交付することで社債が償還される。他社株転換社債の利率が普通社債の利率よりも高いのは、他社株転換社債の社債権者が、償還対象株式のオプションの売主の立場にあることを反映しているからである。

多重代表訴訟 1 意義 ある*株式会社'の最終完全親会社等(下記3)の株主が、当該株式会社の発起人等(*発起人'、設立時取締役、設立時監査役、*取締役'、*会計参与'、*監査役'、*執行役'、*会計監査人'若しくは*清算人')の責任を追及するために提起する訴訟のことをいう。平成26年会社法改正(法90)によって新設された訴訟である。ある株式会社(P社)の発行済株式全部を他の株式会社(Q社)が保有する場合、Q社がP社の発起人等の責任を追及するために株主代表訴訟を提起できる。ところが、Q社の取締役とP社の発起人等の人的関係が密接である場合、Q社がP社の発起人等の責任を追及することを懈怠(けたい)する可能性がある。そこで、Q社の株主にP社の発起人等の責任を追及する訴え、すなわち、多重代表訴訟を提起する権限を認めることで、P社の発起人等の責任追及が懈怠されることを防止することが期待されている。

2 手続 多重代表訴訟を提起するためには、株主代表訴訟の場合と同じく、原則として、責任を追及しようとする発起人等が就任している株式会社に対して、提訴請求することが必要となる。提訴請求できる株主は、6カ月前から最終完全親会社等の総株主の*議決権'の1%以上の議決権又は*発行済株式総数'の1%以上の数の株式を継続保有していた者に限られる〔会社847の3①〕。株主代表訴訟を提起するための提訴請求ができない場合〔会社847の3①但〕に加えて、提訴請求の目的が最終完全親会社等に損害を加えることである場合と特定責任(下記4)の原因となった事実によって最終完全親会社等に損害が生じていない場合も、提訴請求をすることができない〔会社847の3①①②〕。提訴請求の対象となる発起人等の責任は、特定責任に限られる〔会社847の3①〕。

3 **最終完全親会社等** その株主が多重代表訴訟を提起できる最終完全親会社等とは、ある株式会社の完全親会社等であって、自分自身の完全親会社等を有さない株式会社をいう〔会社847の3①括弧〕。Q社がある株式会社(P社)の完全親会社等になる場合には、P社の発行済株式全部をQ社が単独で保有する場合に加えて、Q社とその完全子会社等(R)が共同で又はRのみがP社の発行済株式全部を保有する場合も含まれる〔会社847の3②〕。

4 **特定責任** ある株式会社(P社)の発起人等の責任は、その責任の原因となった事実が発生した日において、P社の最終完全親会社等及びその完全子会社等が保有するP社株式の帳簿価額が最終完全親会社等の総資産額の20%を超える場合、多重代表訴訟の対象である特定責任となる〔会社847の3④〕。責任の原因となった事実が発生した日に要件を満たせば特定責任となり、その後、P社株式の帳簿価額が最終完全親会社等の総資産額に占める割合が20%を下回っても特定責任であることに変わりはない。

多衆不解散罪 *暴行'又は*脅迫'をするため多衆が集合した場合において、権限のある公務員から解散の命令を3回以上受けたにもかかわらず、なお解散しない罪。刑法107条。首謀者は3年以下の拘禁刑、その他の者は10万円以下の罰金に処せられる。解散不応罪、不解散

たしゆせん

罪ともいう。真正*不作為犯'である。*騒乱罪'の予備段階の行為を処罰するものである。したがって、多衆は、騒乱罪を成立させるに足りる程度の人数であることを要する。また、集合した多衆が暴行・脅迫を開始して騒乱罪が成立するに至った場合には、本罪はそれに吸収される。暴行・脅迫の目的は、集合の当初から存在する必要はなく、集合後に生じたものであってもよい。解散命令の根拠は、一般に*警察官職務執行法'5条の警告・制止に求められているが、批判もある。命令は解散を促すための手段であるから、解散せよと3回連呼しても1回の命令があったにすぎず、各回の間に多衆が解散を考慮するために必要とする相当の時間がなければならない。

他主占有　⇨自主占有・他主占有'

太政官制(だじょうかん)　太政官は、慶応4年(1868)閏4月、政体書により設置されて以来、*内閣'制度の創設(明治18年12月)に伴い廃止されるまで明治政府の最高官庁であったが、その設置・廃止、名称、組織・編成、職務権限等についての定めを太政官制といい、*勅令'によった。具体的には、発足当初の7官制を改めて、復古的体裁の2官6省制を採用した明治2年(1869)7月の職員令、正院・左院・右院の3院制を導入した明治4年7月の太政官職制並ニ事務章程、左右両院や正院の廃止令(明治8年太告59、明治10年太達10)等がある。短期間の数次にわたる改革は、おおむね、太政官職のうち高位のそれ(太政大臣・左右大臣)につけずにいた藩閥代表が、権力を掌握していく過程に対応している。

太政官達(だじょうかん)　⇨太政官布告'

太政官布告(だじょうかん)　**1 意義**　明治時代初期、太政官によって公布された法令の形式。明治6年(1873)以後は、その中で官庁限り心得なければならないものを太政官達と呼び、全国一般に相達しなければならないものだけが太政官布告と呼ばれた(明治6太達254)。しかし、その後の取扱いでは、その区別は必ずしも十分に守られたとはいえず、一般国民を拘束する内容をもつ法規が太政官達によって定められたことも少なくない。

2 効力　明治18年に太政官制が廃止されて内閣制が発足し、翌19年2月には公文式の制定(勅1)により、太政官布告・達の法形式は廃止された。しかし公文式施行前に施行されていた布告・達は、後法に矛盾しない限り、その後も引き続き効力を有し、*明治憲法'の施行後もなお、「遵由ノ効力ヲ有ス」るものとされた〔明

憲76①〕。そして日本国憲法の施行後も、明治憲法の下で法律としての効力を認められたものは、その内容が憲法に反しない限り、その効力を存続すると解されている。例えば、*爆発物取締罰則'(明治17太告32)は、その例であり、最高裁判所(最大判昭和36・7・19刑集15・7・1106)は、死刑の執行方法を定めた絞罪器械図式(明治6太告65)について同様に解している。

他所払手形(小切手)　⇨第三者方払手形(小切手)'

多数意見　⇨個別意見'

多数決原理　**1 意義**　団体の意思決定や代表者の選出等をその団体の構成員の多数意見によって行うという原則。民主政治の基本原則であり、独断や専制の防止に役立つ。多数決の役割は不一致を統合して単一の決定を作り出すことにあるが、その場合、各人の主張の不一致と各人の平等の権利が前提とされる。各人の一致しない主張を内容の優劣の直接的評価によってではなく、各個人に「頭数」としての平等の資格を付与し、形式的に「頭数」を数えることによって前提を満足させながら、単一の主張を擬制的に作り出すのである。しかし、この場合でも結果的には少数の多数への服従を要求することになり、個人の平等という前提との矛盾は最終的には解決されない。このため多数決は、必ず十分な討論を前提としなければならない。

2 制限多数決制　多数決には、単純多数決と制限多数決とがあり、前者は過半数によるもので最も一般的に用いられ、後者は、3分の2とか4分の3とかの特別の多数によるもので、特に重要な問題を決定する際に用いられる。

多数代表　選挙区の多数派(多数党)に議席を独占させる選挙制度。*小選挙区'による選挙や*大選挙区'の完全*連記投票'による選挙がその典型的な例。　⇨少数代表'　⇨比例代表'

多数当事者の抗弁　⇨不貞の抗弁'

多数当事者の債権関係　同一の給付を目的とする債権関係において数人の債権者又は債務者がいる場合をいう。民法が規定するものとして、*分割債権関係'〔民427〕・*不可分債権・不可分債務'〔民428～431〕・連帯債権〔民432～435の2〕・*連帯債務'〔民436～445〕・*保証債務'〔民446～465の10〕があり、そのほかに、規定はないが、総有債権債務・合有債権債務などがある。多数当事者の債権関係という言葉は、1つの債権関係について主体が複数なることに着目したものである。このように、主体が複数であるという単なる形式的側面から、いくつかの債権関係を統一的に把握することに対しては、不可分債

務・連帯債務・保証債務などが人的担保手段であるという実質的な共通性に着目して、このような観点から、多数当事者の債権関係の領域を再整理する試みがなされている。また、民法は、分割債権関係を多数当事者の債権関係の原則的な形態であるかのように規定した〔民427〕。しかし、このように解すると、債権者は各債務者にそれぞれ分割された部分しか請求できず、債権者に不利であるので、同じく債権担保という観点から、この規定の適用領域を狭める解釈がとられている。

多数法国 ⇨'不統一法国'
扶(ふ)け合い義務 ⇨'互助義務'
堕胎罪 1 意義 *'胎児'の生命に対する罪。胎児を自然の分娩(ぶんべん)期に先立ち人為的に母体外に排出し、又はこれを母体内で殺害した場合に成立する。刑法212〜216条。イ 妊娠中の女子自ら堕胎したとき(自己堕胎。1年以下の拘禁刑)〔刑212〕、ロ 女子の嘱託を受け、又はその承諾を得て堕胎させたとき(同意堕胎。2年以下の拘禁刑、よって女子を死傷させたときは3月以上5年以下の拘禁刑)〔刑213〕、ハ 医師・助産師などが女子の嘱託を受け、又はその承諾を得て堕胎させたとき(業務上堕胎。3月以上5年以下の拘禁刑、よって女子を死傷させたときは6月以上7年以下の拘禁刑)〔刑214〕、ニ 女子の嘱託を受けず、又はその承諾を得ないで堕胎させたとき(不同意堕胎。6月以上7年以下の拘禁刑)〔刑215〕、の4種に分かれる。ニでは、*'未遂'が罰せられ、よって女子を死傷させたときは、*'結果的加重犯'として加重される(不同意堕胎致死傷。傷害の罪と比較して、重い刑により処断)〔刑216〕。
2 保護法益 保護法益は胎児の生命であるが、同意堕胎の法定刑が、不同意堕胎のそれよりも軽く、また両罪の結果的加重犯として女子の死傷が定められていることから明らかなように、母体の生命及び身体も、本罪の副次的法益である。
3 母体保護法による堕胎 *'母体保護法'14条所定の事由があるときは、*'人工妊娠中絶'としての堕胎が許されることになる。当該事由に該当するかどうかの認定がたやすく行われるのが現状で、そのため、今日、自己堕胎、同意堕胎、業務上堕胎が処罰される例は非常に少なくなっている。

闘う民主主義 *'民主主義'体制は、その価値を否認し、破壊を企てる政治思想に対しても、「開かれた」政治体制でなければならないのか。それとも、ワイマール体制の悲劇(ナチスによる蹂躙(じゅうりん))を繰り返さないためにも、反民主主義的な政治思想に対しては、その政治的言論の自由や結社の自由を奪い去るべきなのであろうか。*'ドイツ憲法'18条は、表現の自由等を「自由で民主的な基本秩序に敵対するために濫用する者は、これらの基本権を喪失する」と定め、後者すなわち「闘う民主主義」の立場を明らかにしているが、その意味は必ずしも一義的ではない。そもそも民主主義の敵対者をどのように定義付けられるのか、という問題は、民主主義とは何なのか、という本質的問いにはね返ってきてしまう。また近時では、イスラム過激派など、反民主主義的な宗教勢力も、民主主義の主要な敵対者として存在しており、民主主義を取りまく状態は、より複雑化してきている。

ただし書(但し書) ⇨'本文・ただし書(但し書)'(巻末・基本法令用語)
直ちに ⇨'遅滞なく・直ちに・速やかに'(巻末・基本法令用語)
立入り ⇨'臨検'
立入検査 1 意義 行政機関の職員が、行政法令の執行を確保するため、事務所・営業所・製造所その他の必要な場所に立ち入り、業務状況又は帳簿書類・設備その他の物件を検査すること。臨検検査ともいう〔食品衛生28等〕。近時の法律は多く立入検査という用語を使っている〔火薬43①〜③、質屋24①、医薬69①〜⑤、駐車場18①等〕。行政上の*'即時強制'の1種類と解する説に対して、具体の処分に先行する行政調査として実力の行使を認めない説がある。立入り又は*'臨検'とは必ずしも同一ではない。
2 立入検査と令状 憲法35条の*'令状主義'がこのような一般の行政手続にも及ぶかについては説が分かれている。ただ、刑事責任の追及と直接的関連をもつ臨検・捜索については裁判官の許可状を必要とする〔税通132、関税121〕が、一般の立入検査には職員の身分証の携帯・提示で足りるとしながら、その際の立入検査の権限は犯罪捜査のために認められたものと解釈してはならないとするのが現行法の例である〔風俗37③④、火薬43④⑤、医薬69⑧⑨、駐車場18②③〕ことから、立法者は、憲法の令状主義の保障を原則として刑事手続に限られたものと解しているようである。立入検査において実力の行使を許されるものと解するならば、そのような立入検査は憲法の令状主義の例外となる。

立木 ⇨'りゅうぼく'
他地払手形(小切手) *'支払地'と*'為替手形'の*'支払人'、*'約束手形'の*'振出人'の住所地とが異なる手形のこと。両者が一致する*'同地

払手形'に対する。手形が支払われる場所は支払地内になければならないから，他地払手形の場合には，第三者方払いとしなければならない。'小切手'についても同様である。　⇨第三者方払手形(小切手)'

タックス・シェルター　英 tax shelter　租税を回避，軽減するための仕組み(スキーム)。シェルターとは避難所を意味する言葉であり，租税回避だけでなく仮装行為や脱税に当たる行為をも広く含む。一種の投資商品として売買されることが多い。　⇨租税回避'

タックス・ヘイブン　英 tax haven　租税負担が日本と比して著しく低い国又は地域のこと。スイス，香港やカリブ海の諸地域(ケイマン，バハマ，バミューダ等)が代表的なものである。これを利用した国際的租税回避に対処するため，日本の内国法人・居住者が発行済株式総数又は出資総額の50％を超える株式又は出資を保有する'外国法人'で，本店又は主たる事務所の所在する国・地域において，その所得に対して課される税の負担が著しく低いものの留保所得のうち一定の部分は，課税対象留保金額として，これらの内国法人・居住者のうち当該外国法人の10％以上の持分を有するものの所得に合算される〔租特40の4～40の6・66の6～66の9〕。これを，タックス・ヘイブン対策税制と呼ぶ。

奪取罪　⇨財産犯'

脱税犯　'租税犯'のうち'租税危害犯'と区別される犯罪で，'租税債権'を直接侵害する犯罪。その中心は逋脱(ほだつ)犯(狭義の脱税犯)であるが，これは，納税者が偽りその他不正の行為により租税を免れ又はその還付を受けたことを'構成要件'とする犯罪である〔所税238①・239①，法税159①，相税68①，消税64①，地税62①等〕。その罪質は詐欺利得罪〔刑246②〕又は特別徴収義務者の場合は横領罪〔刑252〕に類する。偽りその他不正の行為の例としては二重帳簿の作成，帳簿書類への虚偽記入等がある。逋脱犯は納期限までに完納がされないときに成立する(納期説)。'消費税'については'未遂'(不正還付未遂罪)も処罰される〔消税64②〕。ほかに，平成23度税制改正(法83)で新設された申告書不提出逋脱犯〔所税238③，法税159③，相税68③，消税64⑤，地税62③等〕，一般的に禁止されている行為を許可なく行った場合における間接脱税犯〔関税111①，酒税54①〕，徴収納付税額の不納付に対する不納付犯〔所税240①，地税86①等〕，滞納処分免脱犯〔税徴187，地税69等〕がある。

脱退(労働組合からの)　'労働組合'の組合員が，自己の意思に基づいて'労働組合員'としての資格を失うこと。組合員には'脱退'の自由が認められており(最判昭50・11・28民集29・10・1634〈国労広島地本事件〉，最判平成19・2・2民集61・1・86〈東芝労働組合小向支部・東芝事件〉)，執行委員会の承認を要するといった規定等，脱退を実質的に制約する組合規約条項等は無効になる。ただし，労働組合の団結を乱し使用者に利益を与えるような目的，態様でなされた場合には，脱退の自由の濫用が認められるとする説も有力である。

脱退一時金　1　'国民年金'，'厚生年金保険'において，日本国籍を有しない'被保険者'が，帰国等によって被保険者資格・組合員資格を喪失したとき，所定の要件を満たす場合に支給される一時金〔国年附9の3の2，厚年附29等〕。
2　'厚生年金基金'，'確定給付企業年金'を実施している事業主(規約型企業年金の場合)又は企業年金基金(基金型企業年金の場合)が，その加入員・加入者が脱退した場合に，規約に基づいて支給する一時金〔厚年等改正法(平成25法63)附5①①によりなお効力を有する厚年130②，確定給付29①②・41・42〕。

脱法行為　外形的には法律によって禁止されている行為に当たらないが，禁止を免れる目的で行われ，実質的な内容が'強行法規'に違反している'法律行為'をいう。恩給の受領委任という形式でこれを担保にする契約(⇨恩給担保)が脱法行為の適例である。法律に明文のない場合でも強行法規違反として'無効'であるが，明文で脱法行為の効力を否定する例も少なくない〔例：利息3〕。しかし，何が脱法行為であるかは，法規の目的・社会の要請等を総合的に判断して決めなくてはならない。例えば，'譲渡担保'は，質権設定における'占有改定'禁止〔民349〕の規定の脱法行為のようにみえるが，社会の経済的必要を考慮して無効とされていない。

建物　'土地'の'定着物'である工作物で，'不動産'である〔民86①〕。常に土地とは別個の不動産として扱われ，特別な'登記簿'が設けられる〔不登2⑤〕。土地に置かれている建造物であっても土地に定着していなければ建物ではない。土地に定着する建造物の内部が外気と分断される状態に至ると，建物とされる可能性が出てくる。木材を組み立てて屋根を葺(ふ)いたのみでは十分でない(大判昭8・3・24民集12・490)が，屋根瓦を葺き荒壁を付け終わるならば，まだ床や天井ができていなくても建物とされてよい(大判昭10・10・1民集14・1671)。建造物の内部は人が使用可能でなければならず，登記事務上は1.5m以上の高さがあることが標準とさ

れる〔不動産登記事務取扱手続準則82(1)参照〕。建物の屋根・壁・庇(ひさし)などは建物の構成部分であり、独立の物とされない。これに対し、障子・襖(ふすま)・畳などは独立の物であり、建物の*従物'となる。民事法制上、建物を数える際の単位は「個」である〔不登2⑤参照〕。なお、建造物の物理的形状を問題とする際、「棟」で呼ぶ場面がみられる〔民230、建物区1〕。1棟の建物の部分であっても構造上区分され独立して各々の用途に供することができるものは、それ自体を1個の建物とすることができる〔建物区分1参照〕(⇨区分所有権')。反対に物理的に異なる建物のようにみえても居宅と同じ敷地にある倉庫のようなものを併せて1個の*登記記録'で扱う際、これらは登記上1個の建物として扱われる〔不登2㉓〕。

建物買取請求権　*借地権'の更新が行われないとき〔借地借家13〕、あるいは、借地上の建物を譲渡したが、地主が借地権の譲渡又は転貸の承諾をしないとき〔借地借家14〕に、借地権者又は建物譲受人が地主に借地上の建物を時価で(材木価格ではなく)買い取らせる権利。民法の規定によれば、建物の収去ができるにすぎない〔民622・599〕ので、借地人側に買取請求権を与えて、建物に投下した資本の回収を図り、借地権の譲渡、建物の転貸に承諾を与えようとしない地主に対し承諾〔民612〕を間接的に強制するという効果ももつ。*請求権'というが、借地人側の意思表示だけで売買の効果の生ずる*形成権'である。　⇨造作買取請求権'

建物譲渡特約付借地権　*借地権'を設定した日から30年以上たったら借地上の建物を土地所有者に売るという特約付きで設定した借地権のこと。平成3年制定の*借地借家法'で新たに規定された〔借地借家24〕。この特約があるときには、借地権は更新されない。土地所有者は、借地権者が建てた建物を買取り時の時価で買わなければならないが、借地権を消滅させることができる〔なお、借地借家24②参照〕。他方で、借地人は少なくとも30年は居住し、又は借地上にアパート等を建てて収益を上げることができる。

建物の合体(合棟)　広義では、数個の建物に物理的変更を加えて1個の建物とすること〔不登49〕。狭義では、区分所有建物の複数の*専有部分'の隔壁を除去などして1個の専有部分とすることを指し、これに対し複数棟の建物の間で、建物を曳行(えいこう)接着させたり、増築工事で結び付けた上で隔壁を除去するなどして、1棟の建物にすることを合棟という。従来の建物は滅失し、新しい1個の建物になると考えると、従前の建物に設定されていた*抵当権'などがどうなるかが問題となるが、不動産登記法は、複数の建物は付合し、従前の建物所有者の権利は新しい建物に対する*共有'持分となり、従前の抵当権はその共有持分の上に移行するという考えを前提に登記に関する規定を設けている〔不登令別表13申請情報欄ハニ〕。

建物の共用部分　⇨共用部分(建物の)'
建物の区分所有　⇨区分所有権'
建物の専有部分　⇨専有部分(建物の)'
建物保護ニ関スル法律　日露戦争後の地価暴騰の際盛んに行われたいわゆる*地震売買'に対し、借地人を保護するため制定された(明治42法40)。その内容は、宅地の*地上権'又は賃借権は、その*登記'〔民177・605〕がなくても、地上の建物の登記をしておけば、*第三者'に対抗できるとするものである〔旧建物保護1〕。建物の登記は、地上権者はもちろん賃借人も地主の協力なしに単独にできるから、*登記請求権'がないとされている賃借人の弱みが補われたことになる。しかし、*借地法'の見直しが行われ、平成3年に*借地借家法'が制定された際に本法の規定も同法に取り込まれ〔借地借家10〕、本法は廃止された。

多党制　⇨単独内閣'　⇨複数政党制'
棚卸資産　企業会計上の用語であるが、法律上は*所得税法'及び*法人税法'で定められている概念。法人及び事業を行う個人が営業の通常の過程において販売することを目的として保有し又は製造中にある資産、及び企業の通常の営業活動において短期間に消費することを目的として保有する資産であって、商品・製品・半製品・仕掛品・原材料・消耗品その他棚卸しをしなければならない資産をいう〔所得2①⑯、所税令3、法税2⑳、法税令10〕。棚卸資産は*流動資産'に属し、したがって*貸借対照表'上、流動資産の部に記載され〔会社計算74③[1]〕、会社法上、流動資産の評価原則に従う。通常、仕入れと販売とが大量かつ継続的に行われる資産であるため、売上原価の計算において期末在庫資産の*取得価額'を認定することが難しく、特別の評価方法が考えられている。特に広く用いられるのは先入先出法(英 first-in first-out, 略称 FIFO)である。この方法は、最初に仕入れた資産から順に販売されていったとの前提で期末棚卸資産の評価を行うもので通常の商品の流れに合致する。これとは逆に、最後に仕入れた資産から順に販売されたとみなして評価を行う後入先出法は、国際財務報告基準(IFRS)において採用

たにんしほ

することが認められないため，平成21年の改正(法13)において，単純平均法とともに，選定できる評価方法から除外された。そのほかには，総平均法，最終仕入原価法，低価法等が認められている〔所税47，所税令99〜104，法税29，法税令28〜33〕。

他人資本 企業が返済する義務を負う資金をいう。*自己資本'に対する。*社債'，借入金，支払手形等がその例である。経済学上の用語であり，*貸借対照表'においては負債の部にその構成が表示される。日本企業は，他人資本とりわけ借入金に依存する割合が大きいといわれてきた。

他人の生命の保険 *生命保険'において，*保険契約者'と*被保険者'が異なる保険。被保険者の死亡に関して保険給付を行う他人の生命の保険は被保険者の同意がなければ無効である〔保険38〕。同意がなければ，保険金取得目的の犯罪，賭博を誘発する危険があり，また，被保険者の人格権を侵害するおそれがあることから，このような規律がある。保険契約者と被保険者が異なる*傷害疾病定額保険契約'でも類似の規律がある〔保険67〕。

他人のためにする保険契約 1 意義 *損害保険'において，*保険契約者'と*被保険者'が異なる契約を，他人のためにする損害保険契約という。*生命保険'，*傷害疾病定額保険'では，保険契約者と*保険金受取人'が異なる契約を，他人のためにする生命保険契約・傷害疾病定額保険契約'という。倉庫業者が寄託者を被保険者として，受寄物につき火災保険を付ける場合や，夫が自分を被保険者として，妻子を保険金受取人として生命保険に加入する場合などがある。
2 契約の効力 *第三者のためにする契約'〔民537〕の一種であるが，第三者は受益の意思表示なしで，当然に保険契約の利益を享受する〔保険8・42・71〕。このように保険金請求権は第三者に帰属するので，第三者は契約当事者ではないので，保険料支払義務を負うのは保険契約者である。保険契約の解約権，解約返戻金請求権(⇨解約返戻金')等も保険契約者に帰属することとされている。なお，第三者が権利を取得した後に契約当事者が第三者の権利を変更，消滅させることはできないのが原則であるが〔民538〕，生命保険，傷害疾病定額保険では他人のためにする契約であっても，*保険事故'(給付事由)が発生するまでは保険金受取人の変更は自由である〔保険43①・72①〕。特に生命保険は長期の契約であることから，変更を認める必要性は大き

い。保険金受取人の変更は*保険者'に対する意思表示〔保険43②・72②〕又は遺言〔保険44①・73①〕によってすることができる。
3 保険契約者と第三者の関係 第三者のためにする契約の一般論では，要約者〔保険契約者〕と受益者〔保険金受取人等〕間の法律関係は対価関係といわれる。特に，他人のためにする生命保険では，対価関係をどのような法律関係と理解するかには議論がある。なお，保険金が遺留分侵害額の請求〔民1046〕(⇨遺留分')や特別受益の持戻し〔民903〕において考慮されるかに関して，判例は原則としてこれを否定し，対価関係に即して処理することをしていない(最判平成14・11・5民集56・8・2069，最決平成16・10・29民集58・7・1979)。

頼母子(たのもし)講 ⇨講'

たばこ税 たばこの消費に対して課される*消費税'。*国税'のたばこ税のほか〔たばこ税法(昭和59法72)〕，道府県たばこ税と市町村たばこ税とがある〔地税74・464〕。いずれも*従量税'であり，製造者が製造場より移出するたばこ等に対して課される〔たばこ税4，地税74の2・465〕。国税のたばこ税はかつての専売納付金に相当し，昭和60年にたばこ消費税として定められたが，*消費税法'の制定により従前の地方税であったたばこ消費税とともに昭和63年にたばこ税と改められた(法109)。

他物権 他人の所有物の上の物権。*制限物権'と同じ意味で用いることが多いが，*所有者抵当'が認められる場合には，制限物権は自己の物の上にも成立する(例：所有者抵当権)ので，厳密には同じでない。なお，*物権'に掲げた[表：物権の分類]をみよ。

タフト・ハートレー法 ⇨不当労働行為'

ダブリュー・エイチ・オー(WHO) ⇨世界保健機関'

ダブリュー・ティー・オー(WTO) ⇨世界貿易機関'

ダブル・スタンダード ⇨二重の基準'

ダブルトラック ⇨並行権限'

拿捕(だほ) かつては戦時に交戦国の軍艦が敵国又は第三国の船舶を海上で捕らえることを意味したが，今日では，ある国の*領海'・*内水'・*排他的経済水域'等において当該国の国内法令等に違反した外国船舶を捕らえることを一般に指す〔例：海洋法753①〕。

試し出勤 ⇨リハビリ勤務'

他有公物 ⇨自有公物・他有公物'

タリオ説 ⇨応報刑主義'

単位株制度 ⇨株式の単位'

単位組合 *労働組合規約'上，構成員が労働者個人であり，かつ，その内部に独自の活動を行いうる下部組織(支部・分会)をもたない*労働組合'をいう。したがって，支部・分会と呼称していても実質的に独立の労働組合と認められる下部組織をもつ労働組合の場合，支部・分会が単位組合で，単一組合はその上部組織である。また，連合団体である労働組合(連合会)の構成員である労働組合をいうこともある。
⇨単一組合'

単一会計主義 ⇨単一予算主義'

単一組合 *労働組合規約'上，構成員が労働者個人であり，かつ，その内部に支部・分会の下部組織を有する*労働組合'をいう。単一組合の支部・分会が，本部と別個に独自の労働組合規約をもち，独自の機関・財政をもって独自の意思決定と活動を行うものである場合，支部・分会は*単位組合'と解される場合がある。
⇨労働組合連合体'

単一刑主義 主として*懲役'，*禁錮'の区別を廃して，単一の*自由刑'に一本化する主義。懲役と禁錮の区別については，区別の基準自体に問題があるにとどまらず，禁錮はほとんど利用されなかったことから，令和4年の刑法改正(法67)により，懲役，禁錮の区別を廃止して，「刑事施設に拘置」し，改善更生のため「必要な作業を行わせ，又は必要な指導を行うことができる」*拘禁刑'に一本化され〔刑12〕，単一刑主義の実現に向かって大きな進展があった(拘留も同じ文言〔刑16〕)。拘禁刑の内容は，自由刑の目的を受刑者の改善教育に置く思想の普及に伴い，*刑務作業'に必須の要素としない自由刑の一本化を求める近年の考え方を反映した内容となっているが，過渡期であることもあり，拘禁刑についての共通の理解は確立しておらず，また，拘禁刑の名の下に多様な処遇が可能であるため，これまでの刑務作業中心の処遇の維持も当面は可能であるような規定の仕方になっている。

単一物 ⇨合成物' ⇨集合物'

単一予算主義 国や地方公共団体のあらゆる*歳入・歳出'を1つの*予算'の中に計上しようとする考え方で，単一会計主義又は会計統一の原則ともいう。一*会計年度'の予算を単一のものとすることは，財政全体の把握や収支の調整などのために便利であるだけでなく，財政に対する統制や監督を容易にするという利点もある。そこで，国や地方公共団体の収入・支出を全て包括して統一的に経理する会計制度が理想とされ，これを出発点として*一般会計'という

会計区分が生まれ，これに応じて一般会計予算という予算制度が成立する。このような単一予算主義に対する例外として，特別会計予算の制度がある。これは，特定の歳入・歳出については，事業の運営・資金の運用上，分別して経理するのが適当であるとの考え方から設けられた*特別会計'に対応する予算制度である。法律上も，単一予算主義を基本としつつ，一定の場合に特別会計の設置を認めるとの立場を示している〔財13，自治209〕。

単位法律関係 国際私法において同一の準拠法の定め方が採用されている法的問題の集合体。例えば，日本の国際私法では，相続人，相続分，相続財産の範囲などについて，いずれも被相続人の本国法が*最密接関係地法'であるとの立法的判断により，それらの法的諸問題をまとめて「相続」という単位法律関係としている〔法適用36〕。どの単位法律関係に含まれるかによって*準拠法'の定め方が決まることになるので，理論上，全ての私法上の法的問題はいずれかの単位法律関係に含まれている必要があり，また，1つの法的問題が同時に複数の単位法律関係に含まれていてはならないことになる。*法律関係の性質決定'は，ある法的問題が国際私法上のどの単位法律関係に含まれるかを判断する作業である。

弾劾 **1意義** 大統領・大臣その他の官吏・裁判官など，身分を保障された者の非行を議会が訴追し，これを*罷免'・処罰する特別の手続。起源は古くイギリスの中世にあり，その後，欧米諸国に受け継がれた。刑罰をも科することができる刑事裁判的性格のイギリス型と，その官吏の罷免だけを目的とするアメリカ型とがある。弾劾の対象となる人的範囲は，広く一般公務員に及ぶものから，狭くは大統領だけのものと様々である。また，弾劾の訴追は下院が行い，その審判を上院が行うのが諸国の例であるが，国事裁判所(ドイツの*ワイマール憲法')や高等法院(1848年のサルジニア(後にイタリア)憲法)という裁判所が審判を行う制度もある。
⇨大臣訴追制度'

2 制度 日本国憲法は，アメリカ型を採用し，*公の弾劾'という名称の下で〔憲78〕，弾劾の対象を裁判官だけとし，そして裁判機関として国会に*弾劾裁判所'を設けることにした〔憲64〕。それは両議院の議員で組織されるが，一般の弾劾制度に比べ，やや異例の方法である。弾劾裁判で罷免された裁判官は，裁判官になる資格を失い〔裁46[2]〕，資格を回復するためには，資格回復の裁判によらなければならない〔裁弾38〕。

だんがいさ

このほか*国家公務員法'で人事官に対する弾劾制度が定められている。国会が訴追し，最高裁判所が弾劾の裁判を行う〔国公8①②・9〕。 ⇨司法権の独立'

弾劾裁判所 *公の弾劾'による罷免の訴追を受けた裁判官を裁判する裁判所〔憲64・78，国会16章，裁弾〕。訴追は，国会の各議院から10人，合計20人の議員で組織される*裁判官訴追委員会'が行う〔裁弾5〕。弾劾裁判所は国会の各議院から7人，すなわち合計14人の議員で組織される〔憲64，国会125，裁弾16〕。国会から独立し，国会閉会中もその職務を行うことができる。弾劾による罷免の事由は，職務上の義務の著しい違反又は職務の甚だしい怠慢及び裁判官の威信を著しく失う非行である〔裁弾2〕。裁判の対審及び宣告は公開の法廷で行う〔裁弾26〕。罷免の裁判の宣告を受ければ裁判官は罷免される〔裁弾37〕。資格回復の裁判も認められる〔裁弾38〕。 ⇨司法権の独立' ⇨弾劾'

弾劾主義 証拠を収集し犯人を訴追する者と訴追に応じて審理判決する者とを明確に区別した三面構造（原告・被告・裁判所）の形をとる刑事手続の方式。特に近代の弾劾主義は，*糾問(きゅうもん)主義'の否定の下に生まれ，公開の審理，被告人の主体的地位の承認などを特色とする。もっとも，審理の原則を裁判所主導の*職権主義'とするか，両当事者の訴訟活動に重点を置く*当事者主義'とするかは，また別個の問題である。

弾劾証拠 犯罪事実の存否を*証明'するために用いられる*証拠'（実質証拠という）の*証明力'に影響を及ぼす事実を証明する補助証拠のうち，証明力を弱める証拠をいい，特に*証人'等の供述の証明力を減殺するための証拠をいう。証人の観察，記憶又は表現の正確性等*証言'の信用性に関する事項及び証人の利害関係，偏見，予断等証人の信用性に関する事項を攻撃して行う〔刑訴規199の6参照〕。*自己矛盾の供述'も弾劾証拠になる。判例〔最判平成18・11・7刑集60・9・561〕によれば刑事訴訟法328条で許容される弾劾証拠は*公判期日'等において供述した者の自己矛盾供述に限られる。

弾劾的捜査観 捜査手続の*当事者主義'化を強調する捜査観。捜査は，捜査機関が被疑者を取り調べるための手続であり，強制が認められるのもそのためであるとする糾問(きゅうもん)的捜査観と対置される。捜査機関は，公判の段階で，*検察官'に代表させて当事者の地位にならぶが，この当事者対立構造を重視・徹底するならば，捜査の段階でも，検察官あるいは*司法警察職員'が他方の当事者である*被疑者'に対して強制処分（逮捕・勾留・捜索・差押えなど）の権限をもつことには疑問が生じる。そこから導かれるのが弾劾的捜査観である。捜査は，捜査機関が単独で公判の準備活動をする手続にすぎず，勾留その他の強制処分は，裁判官が将来の公判に備えて実施するものであると考える。この考え方は，刑事訴訟法の解釈指針として，*接見交通権'〔刑訴39〕の拡大や*被疑者の取調べ'〔刑訴198①〕に対する受忍義務の否定などの帰結を導く。捜査機関の権限強化を抑制するのに役立つ理論として，学説の支持を集めた。もっとも，これに対しては，弾劾的捜査観の自由主義的性格に賛同しながらも，捜査を単に公判の準備として把握する点に批判をもつ立場や，弾劾的捜査観では捜査活動が困難になり，犯人の処罰が確保できなくなるとして正面からこれに反対する立場も，それぞれ有力に主張された。 ⇨捜査' ⇨糾問的捜査観'

段階的連結 国際私法における*連結政策'の1つであり，1つの法律関係について単一の*連結点'を定めるのではなく，例えば，複数の連結点により指定される法が一致する場合にはそれを*準拠法'とするが，そうでないときには別の複数の連結点によって指定される法が一致するか否かを検討するというように，順次段階を追って準拠法を決定する方法。*婚姻'の身分的効力〔法適用25〕，*夫婦財産制'〔法適用26①〕及び*離婚'〔法適用27本文〕については，第1段階として夫婦の*本国法'が一致するか否か（同一本国法），第2段階として夫婦の*常居所地法'が一致するか否か（同一常居所地法）が検討され，第3段階では，夫婦に最も密接に関係する法によるという一般原則に戻ることとされている。また，*親子'間の法律関係〔法適用32〕については，第1段階として子の本国法が父母のいずれかの本国法と一致するかが検討され，一致しないときは，第2段階として子の常居所地法によるとされている。これらの規定では，複数の要素の集中によって国際私法の目的である*最密接関係地法'を探すわけである。これらでは，第1段階では本国法が一致するか否かが決め手となるが，*重国籍'を有する当事者については〔法適用38①〕，まず，一人一人について本国法を決定してから他方の当事者の本国法と一致するか否か比べることとされている。なお，上記の段階的連結がなされる場合には，*無国籍'については本国法はないものとして次段階に進むこととされ〔法適用38②但〕，また，*反致'は認めないこととされている〔法適用41但〕

もっとも，第1段階の連結により準拠法が定まらない場合には次順位の連結に移行して準拠法を決定するという意味では，契約準拠法の決定〔法適用7・8〕なども段階的な連結方法であるが，これについては上記の説明は必ずしも当てはまらない。

堪貨能力　　⇨堪航（かんこう）能力'
短　期　　⇨長期・短期（不定期刑の）'
単記移譲式　　⇨比例代表'
短期雇用特例被保険者　　＊雇用保険法'上，季節的に雇用される者で一定の条件を満たす＊被保険者'〔雇保38〕。＊求職者給付'は＊基本手当'の日額の30日分に相当する額を限度とする特例一時金となる〔雇保39・40〕。

短期社債　　平成13年の短期社債等の振替に関する法律（法75）により導入され，平成16年に題名変更された＊社債，株式等の振替に関する法律'（社債株式振替法）により規律される，ペーパーレス化された短期の＊社債'。従前，＊約束手形'と解されていたCP（＊コマーシャル・ペーパー'）を短期の社債と位置付け，移転及び決済の円滑化・効率化のため完全無券面化を実現したもの。その定義は，イ 各社債の金額が1億円を下回らない，ロ 元本の償還について社債総額の払込みがあった日から1年未満の日とする確定期限の定めがあり，かつ，分割払の定めがない，ハ 利息の支払期限が元本の償還期限と同日である，ニ ＊担保付社債信託法'により担保が付されない，及びホ 社債株式振替法の適用がある社債である〔社債株式振替66①〕。短期社債については，会社法の社債に関する規律の特例が定められており，イ ＊新株予約権'を付与できない，ロ 社債原簿の作成をしない，ハ ＊社債権者集会'の規定の適用がない〔社債株式振替83〕。

短期自由刑　　刑期の極めて短い自由刑。日本では一般に，6月未満の自由刑を指すとされる。19世紀後半以来，短期自由刑は，威嚇にも改善にも役立たず，かえって囚人を刑務所の悪風において悪化させるとして，その廃止又は＊宣告猶予'・＊執行猶予'・＊罰金'刑等による代替が主張されてきた。しかし，短期自由刑も，その内容を改善すれば軽微な犯罪を繰り返す受刑者の改善教育に有益であるという意見も有力である。⇨自由刑'

短期消滅時効　　時効期間が債権の一般的な時効期間（5年又は10年）〔民166①〕よりも短い消滅時効。狭義では，5年より短い消滅時効期間となっているものを指す〔例えば，手70，小51等〕。その趣旨は，債権関係を短期に決済させることにある。＊債権法改正'は上記例外を除き民法の短期消滅時効の規定〔民旧170〜174〕及び商事消滅時効の規定〔商旧522〕を削除した。 ⇨消滅時効'

短期賃貸借　　植林用の山林については10年，その他の土地は5年，建物は3年，動産は6カ月以下の＊賃貸借'のこと〔民602〕。＊被保佐人'〔民13〕のように処分の権限を制限された者や，権限の定めのない代理人〔民103〕のように，能力はあるが処分権限のない者は上記の期間を超えて賃貸借契約を締結できない〔民602〕。また，短期賃貸借は，たとえ＊抵当権'設定登記後に成立したものであっても，抵当権者に損害を与えない限り抵当権者・買受人（競落人）に対抗できるものとされていたが〔民旧395〕，このような保護制度は，執行妨害のために濫用されることが多いことが指摘されていたため，平成15年改正（法134）によって廃止され，建物についてのみ6カ月の明渡猶予期間を設けることとされた〔民395〕。

単記投票　　投票用紙に候補者1人だけの氏名を記載又は記号で選択させる投票〔公選46①〕。＊連記投票'に対するもの。かつて日本で採用していた＊中選挙区'制は，＊大選挙区'で単記投票を用いていたが，これは＊少数代表'の一方法である。

短期入所　　＊障害者総合支援法'による＊障害福祉サービス'の一種〔障害総合支援5①〕。居宅においてその介護を行う者の疾病その他の理由により，＊障害者支援施設'その他の施設への短期間の入所を必要とする障害者・障害児について，当該施設に短期間の入所をさせ，介護その他の必要な支援を供与すること〔障害総合支援5⑧，障害総合支援則6〕。ショートステイともいう。⇨介護給付費'

短期入所生活介護　　＊介護保険'で介護給付・予防給付の対象となる居宅サービスの1つ〔介保41④②・53②②〕。要介護認定（⇨要介護状態'）・要支援認定（⇨要支援状態'）を受けた＊被保険者'であって，居宅（＊軽費老人ホーム'・＊有料老人ホーム'等の居室を含む）において介護を受ける者について，＊特別養護老人ホーム'や老人短期入所施設〔老人短期入所事業〕等に短期間入所させ，当該施設において入浴，排せつ，食事等の介護その他日常生活上の世話（介護予防の場合は支援）及び機能訓練を行うことをいう〔介保8⑨・8の2⑦〕。被保険者が，都道府県知事の指定を受けた居宅サービス事業者からこのサービスを受けたときは，＊居宅介護サービス費'・＊介護予防サービス費'等が支給される。

たんきばい

短期売買利益の返還義務　会社の*役員'又は*主要株主'が*金融商品取引所'に*上場'されている自社株等について、自己の計算においてその買付けをした後6カ月以内に売付けをし、又は売付けをした後6カ月以内に買付けをして利益を得た場合には、当該会社はその利益を会社に提供するよう請求することができるという制度〔金商164①〕。役員又は主要株主が自社株の短期売買をする場合には、その職務又は地位により取得した内部情報を利用する危険が極めて大きいことから、こうした内部者取引を未然に防止するために認められたものとされるが、会社が利益を請求しうる根拠として、会社役員・主要株主による自社株の短期売買行為が、会社に対する誠実義務違反となる可能性を主張する見解がある。なお、規制の実効性を確保するために、役員又は主要株主には、自社の上場株券等の売買状況を内閣総理大臣に報告することが義務付けられている〔金商163〕。⇨内部者取引'

男系主義　男子だけを通した*血族'関係の系統に特別の地位を認めることをいう。民法旧規定(昭和22法222改正前のでは*家督相続'制度で行われていたが、両性の本質的平等を旨としている日本国憲法〔憲24・14〕の下では、民法上、一般に男系主義をとる余地はないので、現在、そのような法令上の定めはない。ただ、*皇位'については、その特別の由来・性格に鑑み、男系の男子が継承することとされている〔典1〕。女系天皇を認めるべきだとの主張もある(⇨皇位継承')。

団結権　1 意義　*労働者'が*労働条件'などを維持・改善するために団結する権利のこと。憲法28条の保障する*労働基本権'の1つ。*団体交渉権'・*団体行動権'・狭義の団結権を含めて、広義に団結権ということもある。労働者が使用者に対して団結する場合に、一時的に団結するにすぎない場合(*争議団')もあるが、より有効な方法として、継続的に団結する場合(*労働組合')が通常である。憲法は労働者に団結権を保障しているが、団結した結果の団結体は、広義の団結権を有する。

2 性質　憲法の保障する団結権の性質について、*自由権'として*結社の自由'と同じにみる学説もあるが、より積極的な意味をもつものとして、すなわち、国が労働者の団結の自由を不当に侵害してはならないというだけでなく、使用者もこの団結権を不当に侵害してはならないという意味をもつとみる学説が多数である。これによれば、公序概念(⇨公の秩序・善良の風俗')を利用するまでもなく、団結権を侵害する使用者の行為は違法であり、それが*法律行為'の場合には無効である。使用者による団結権侵害に対する救済方法として、*不当労働行為'制度がある。

3 消極的団結権　憲法の保障する団結権の中に、団結する自由である積極的団結権のほかに、団結しない自由である消極的団結権を含むかということが、*ユニオン・ショップ'や労働組合選択・脱退の自由として論じられるが、消極的団結権は憲法による保障には含まれていないとしてユニオン・ショップを肯定するのが通説である。

4 団結権の制限　団結権は公務員を含む全ての労働者に保障されているが、警察職員、刑事施設職員、海上保安庁職員、消防職員、防衛省職員には法律により*労働三権'の全てが否定され、労働組合を組織し、加入することもできない〔国公108の2⑤、地公52⑤、自衛64〕。なお、公務員と労働基本権の関係については、*公務員の労働関係'を参照せよ。

単元株　会社は、その発行する*株式'について*定款'で一定の数(1000及び発行済株式総数の200分の1に当たる数を超えることができない〔会社則34〕)の株式を一単元の株式と定めることができ、これを定めた場合には、単元株式数に満たない株式については、株主が*株主総会'又は*種類株主総会'で*議決権'を有しない〔会社188①②〕。これを単元株制度という。*種類株式発行会社'では、単元株式数は、株式の種類ごとに定めなければならない〔会社188③〕。一単元の株式の数は上記の上限の制約の下では定款で自由に定め、その変更をすることができる〔会社191〕。単元株制度下では、単元未満株主は、株主総会及び種類株主総会で議決権を行使できない〔会社189①〕ほか、一定の権利(法律で列挙されている〔会社189②①～⑥〕)以外の権利については、その全部又は一部を行使することができない旨を定款で定めることができる〔会社189②柱〕。そこで、単元未満株式を有する株主(単元未満株主)は会社に対してその単元未満株式の買取りを請求し〔会社192・193〕、定款の定めにより単元未満株式売渡請求(単元未満株主がその有する単元未満株式の数と併せて単元株式数となる数の株式を売り渡すことの請求〔会社194〕)をすることができるものとされている。なお、定款の定めにより、単元未満株主は*責任追及等の訴え'を提起することを会社に対して請求できないものとすることができる〔会社189②・847①〕。

単券主義　寄託物について単一の*倉庫証券'，すなわち*倉荷証券'の発行を認め，これにより所有権の移転及び*質権'の設定の機能を営ませようとする立法主義。*複券主義'に対する。現在の日本の商法は単券主義をとる。

単元未満株主の権利　⇨単元株'

団　交　⇨団体交渉'

談 合 罪　**1 意義**　公正な価格を害する目的あるいは不正の利益を得る目的で，「談合」，すなわち，公の*競売'又は*入札'において，競売又は入札参加者が互いに通謀して，ある特定の者に落札させるため，他の者は一定の価格以下又は以上に入札しないことを協定する罪。刑法96条の6第2項。昭和16年の刑法改正(法61)により新設された。3年以下の拘禁刑若しくは250万円以下の罰金又は併科。

2 罪質　広義の*公務執行妨害罪'に属する。競争入札は，国が行う契約をできるだけ業者の自由競争を通じて形成された公正な安価で締結し，国費の負担を軽くすることを目的とするものであるが，入札者が初めから価格協定などをして価格のつり上げを図ることは，この国家利益を害することになるので，犯罪とした。競売についても，できるだけ高い価格で換価し，債権者の満足を図ることを目的としており，談合を禁ずる必要がある。

3 行為　本罪は目的犯であり，「公正な価格を害する目的」又は「不正な利益を得る目的」が必要である。本罪は所定の目的をもって談合すれば直ちに*既遂'に達し，談合の内容に従って行動することまでは必要でない。公正な価格とは，公正な自由競争によって形成されたであろう競落又は落札価格をいう(最決昭和28・12・10刑集7・12・2418)。現に入札により公正な価格が害されたり，不正の利益が得られたりする必要はない。

談 合 入 札　⇨入札談合'

堪航(かんこう)能力　船舶が安全に航海に堪える能力のことであり，船舶が航海に堪える状態に置かれ，船員の乗組み・船舶の艤装(ぎそう)及び需品の補給がされているときに，その船舶は堪航能力があるといわれる。物品運送の場合には，船倉・冷蔵室その他運送品を積載する場所を運送品の受入れ・運送・保存に適する状態に置く(堪貨能力)も堪航能力の内容とされる。*船長'は発航前にこれを検査する義務を負い〔船員8〕，外航船による物品の*運送人'は，自己又はその使用する者が発航の当時堪航能力を備えるにつき注意を怠ったことにより生じた運送品の滅失・毀損・延着につき損害賠償責任を負い，運送人はその注意が尽くされたことを証明しなければその責任を免れず，この責任を免責する特約は禁止される〔国際海運5・11①〕。なお内航船の場合には，かつては運送人が*無過失責任'を負う等，外航船と異なった規律が置かれていたが，平成30年商法改正によって外航船と同内容の規律に修正された〔商739②〕。なお1978年の*ハンブルク・ルール'では，運送人に堪航能力担保義務という特別の義務を課していない。2008年の*ロッテルダム・ルール'の下では，運送人は発航当時のみならず航海中においても継続的に堪航能力担保義務を課せられている。船舶保険においては，この能力を欠くことは*保険者'の免責となる〔商826④〕。なお，船舶安全法の定める物的な堪航施設を備えない船舶は航行の用に供することができない〔船舶安全1〕。

断行の仮処分　仮の地位を定める仮処分〔民保1・23②〕のうち，債権者(仮処分申請人)に*本案訴訟'で勝訴した場合と同様の満足を得させる仮処分を*満足的仮処分'といい，このうち，家屋明渡し仮処分等，特定物の給付請求権の実現を図る仮処分を，実務上，断行の仮処分と呼んでいる。典型的の断行の仮処分にあっては，仮処分命令の主文において仮の給付を命じ，本執行と全く同じ履行状態を生じさせる。これに対して，例えば，目的物に対する債務者の占有を解いて執行官の保管に付し，債権者にその使用を許す仮処分においては，債権者が本案訴訟で勝訴した場合に更に本執行の手続を行う必要があるため，これを断行の仮処分と区別して断行的仮処分と呼ぶこともあるが，これをも含めて断行の仮処分というのが一般的である。　⇨仮処分'

単　産　産業別に結成される労働組合の単一体又は連合体をいう。ただし，日本では第二次大戦後，その多くが企業別組合の産業別の連合体であり，単一組織ではない。多くの単産は，全国的中央組織(ナショナル・センター)に加入している。

短時間労働者及び有期雇用労働者の雇用管理の改善等に関する法律　平成5年法律76号。短時間・*有期雇用'労働者について，適正な労働条件の確保，雇用管理の改善や職業能力の開発・向上等に関する措置等を講ずることにより，その能力の有効発揮の促進と福祉の増進を図ることを目的とする法律〔短時有期1〕。略称，パート有期労働法。本法は，平成30年(2018)の働き方改革関連法(法71)により，「短時間労働者の雇用管理の改善等に関する法律」を改正したも

たんしぎよ

のであり，短時間労働者（⇨パートタイマー'）に加えて有期雇用労働者も適用対象とする。本法において「短時間労働者」とは，同一事業所の通常の労働者より，1週間の所定労働時間が短い労働者をいう〔短時有期2①〕。本法は，イ 事業主には，短時間・有期雇用労働者について，適正な*労働条件'の確保，教育訓練の実施，福利厚生の充実及び通常の労働者への転換に関する措置等を講ずることで，通常の労働者との均衡のとれた待遇の確保等に努める責務〔短時有期3①〕，ロ 事業主団体には，短時間・有期雇用労働者の雇用管理の改善等に関して，必要な助言・協力その他の援助に努める責務〔短時有期3②〕，ハ 国には，事業主等に対する必要な指導・援助等，広報その他の啓発活動，短時間・有期雇用労働者の福祉の増進を図るために必要な施策の総合的かつ効果的な推進などに努める責務〔短時有期4①〕，ニ 地方公共団体には，国の施策と相まった福祉の増進を図るために必要な施策の推進に努める責務〔短時有期4②〕を課す。本法は，事業主の労働条件に関する文書交付〔短時有期6〕，*就業規則'の作成手続〔短時有期7〕，短時間・有期雇用管理者の選任〔短時有期17〕を定める。更に本法は，事業主は短時間・有期雇用労働者の待遇は通常の労働者の待遇との間において不合理と認められる相違を設けてはならないと定め〔短時有期8〕，通常の労働者と同視すべき短時間・有期雇用労働者に対する差別的取扱いを禁止する〔短時有期9〕。賃金，教育訓練，福利厚生施設，通常の労働者への転換，事業主が講ずる措置の内容等の説明などについても規定する〔短時有期10～14〕ほか，厚生労働大臣が定める「短時間・有期雇用労働者対策基本方針」及び事業主による雇用管理の改善等の措置に関する「指針」〔短時有期5・15〕なども規定する。

短資業者 短期金融市場における仲介業者で，コール資金の貸借・仲介，手形の売買，短期国債証券等の売買，*譲渡性預金証書'の売買・仲介及び外国為替売買の仲介，外貨建コール資金貸借の仲介等を業務とする。*金融商品取引法'上，金融庁長官の指定する短資業者は金融機関とされ〔金商令1の9⑤〕，内閣総理大臣の登録を受けて，一定の*金融商品取引業'を行うことができる〔金商33の2〕。

単純承認 *相続人'が何の留保も付けずに相続の承認をすること〔民915～921〕。*限定承認'に対する。この結果，相続人は被相続人の債務についても*無限責任'を負うことになる〔民920〕。単純承認は必ずしも積極的な*意思表示'を必要とせず，自己のため相続の開始を知った後限定承認又は*相続放棄'をしないで3カ月を経過した場合や，*相続財産'を勝手に売却するなどの処分行為をするとか，これを隠匿してひそかに消費したり，悪意で*財産目録'に載せないなどの行為があったときは，単純承認をしたものとみなされる〔民921〕（法定単純承認）。⇨相続の承認

単純併合 *請求の併合'の一態様。*予備的併合'，*選択的併合'に対する。裁判所は各請求について，漏れなく判決をする必要がある。

単純労務者 *一般職'の*地方公務員'の中で単純な労務に雇用される職員で〔地公57〕，その職務と職責の特殊性から*地方公務員法'の特例を必要とする職員をいう（昭和26政25参照）。その労働関係その他身分取扱いについては，地方公営企業又は特定地方独立行政法人で雇用される者には特例として*地方公営企業等の労働関係に関する法律'及び地方公営企業法が適用となり，それ以外の者には，特例を定める法律が制定施行されるまではこれらの法律が準用される〔地公等労附5，地公企38・39〕。

男女雇用機会均等法 昭和47年法律113号。正式の法律名は「雇用の分野における男女の均等な機会及び待遇の確保等に関する法律」。均等法，雇均法とも略称される。**1 立法の目的** 本法は昭和60年に，昭和47年制定の勤労婦人福祉法の改正法（法律名も改称）として制定された。その後，平成9年に女性労働者の差別的取扱いの禁止を強化する法改正（募集・採用・配置・昇進についての男女平等取扱いの努力義務規定が男女差別禁止規定に）が行われた（法92），更に，平成18年に男女双方に対する差別的取扱いの禁止（女性差別禁止法から性差別禁止法への転換），差別禁止対象の拡充，*間接差別'の概念の導入等の大改正が行われた（法82）。本法制定から20年余を要してようやく，*法の下の平等'を保障する憲法の理念に則した雇用の分野における男女の均等な機会及び待遇の確保を図る法律の体裁が整えられた。**2 内容** イ 性別を理由とする差別禁止：募集・採用，配置・昇進・降格・教育訓練，福利厚生，職種・雇用形態の変更，退職勧奨・定年・解雇・労働契約の更新について，差別的取扱いの禁止〔雇均5・6〕。間接差別の禁止〔雇均7〕。女性労働者に対する婚姻・妊娠・出産・産休取得を理由とする解雇その他不利益取扱いの禁止〔雇均9〕。ロ *セクシュアル・ハラスメント'，マタニティ・ハラスメントの防止：職場における性的言動，妊娠・出産等に関する言動に起因する問題

に関する事業主の雇用管理上の措置義務〔雇均11・11の3〕。ハ 紛争解決・実効性確保措置：都道府県労働局長による助言・指導・勧告〔雇均17・29〕、*紛争調整委員会'による調停〔雇均18～27〕、厚生労働大臣の勧告への不服従についての公表制度〔雇均30〕がある。

男女同一賃金 女性であることを理由として、*賃金'について男性と差別的取扱いをしてはならないという原則。例えば、合理的な理由なしに男女の昇給率に差を設けたり、男性と女性に別の賃金表を適用したり、女性には*家族手当'を支給しないということなどは、この原則に違反して許されないことになる〔労基4〕。同様に、世帯主に家族手当を支給することも、世帯主として女性を認めない場合には、この原則の違反になる。男女同一賃金の原則は男女同一価値労働同一賃金の原則よりも広く、男女の労働が相違するので別々の賃金を支払う場合においても、男性であるからという理由で男性の労働者に対し*賞与'の支給などにより高額の賃金を支払うならば、男女同一賃金の原則の違反になる。日本は1967年にILO100号条約(同一価値の労働についての男女労働者に対する同一報酬に関する条約)を批准した(昭和42条15)。

男女同権 国家による差別の禁止の局面において、女性が男性と同等の権利を獲得しようという思想であったが、私人間(特に雇用)、家族内での権力の平等へと力点が移動してきた。性別による差別待遇を否認する原理。婦人参政権要求のためのスローガンとして使われ始めた言葉。女性に*参政権'が認められたのは、連合国総司令部の命令に基づいてのことであり、1945年をまたねばならなかった(⇨*女性参政権')。憲法14条は、性別に基づく差別を禁止するが、国籍法は、国籍要件として、「出生の時に父が日本国民であるとき」〔国籍旧2①〕と規定し、*男系主義'を採用していた。その是正が行われたのは、*女子差別撤廃条約'の批准を契機とするものであり、ようやく1984年になってからのことである(昭和59法45)。女性結婚退職制、若年定年制、男女別賃金体系などの労働の場における女性差別については、個々の判例によってある程度是正されてきたが、雇用機会にまでメスが及ぶのは、*男女雇用機会均等法'をまたねばならなかった。更に近年、職場等における*セクシュアル・ハラスメント'の法理が展開し、家庭内での*ドメスティック・バイオレンス'に対し、*配偶者からの暴力の防止及び被害者の保護等に関する法律'による対処が行われている。なお、最高裁判所は、婚姻関係に関する民法の規定について、女性のみに6カ月の*再婚禁止期間'〔民旧733〕を課すことのうち、100日超過部分は憲法14条1項及び24条2項に違反すると判断した(最大判平成27・12・16民集69・8・2427〈再婚禁止期間一部違憲判決〉)。これを受け、女性の再婚禁止期間を100日とする民法改正が成立し、更にその後再婚禁止期間そのものが廃止されている。

断続的労働 ⇨*監視断続労働'

団体委任事務 平成11年の*地方自治法'改正(法87)前の、*都道府県'・*市町村'等の*地方公共団体'に委任された国又は他の*公共団体'の事務をいう。改正後は、*自治事務'と*法定受託事務'が法律上の事務概念として存在しており、今日では、地方公共団体が処理することを法律上義務付けられている事務として、義務的自治事務とでも言い換えることがふさわしい(例：*都道府県警察'の設置や*国民健康保険'事業の運営など)。 ⇨*機関委任事務'

団体規制法 1 広義には、公共の安全を確保するために、それを危険に陥れるおそれのある団体に対して規制を加える法令一般を指して用いられる。

2「無差別大量殺人行為を行った団体の規制に関する法律」の略称。この法律は、*オウム新法'の別名でも呼ばれる。この法律は、次の事情による。オウム真理教(当時)に対する破壊活動防止法の団体適用申請が棄却(平成9年1月)された後、新たな団体規制立法の必要性が叫ばれ、それに対しては国民の基本的人権の制限につながりかねないとの慎重論が出された。結局、「例えばサリンを使用するなどして、無差別大量殺人行為を行った団体」〔無差別殺人団規1〕であり、しかも、その無差別大量殺人行為は、「この法律の施行の日から起算して十年以前にその行為が終わったものを除く」〔無差別殺人団規4〕、すなわち直近10年以内のものに限るという定めを置くことにより、適用対象を「オウム」に特化することで新法は成立をみた。いわば破壊活動防止法の特別版であり、規制措置としては、団体の活動状況を明らかにするための観察処分、無差別大量殺人行為の再発防止処分等が定められているが、これらの処分に関しては*行政手続法'の適用は除外されている〔無差別殺人団規33。なお、無差別殺人団規34〕。 ⇨*破壊活動防止法'

団体協約 ⇨*労働協約'

団体交渉 1 意義 *労働者'の団体が、*使用者'又は使用者の団体と、*労働条件'などに関して行う交渉(協議)のこと。団体交渉の主体は、通常は、一方において、*労働組合'であ

だんたいこ

り，他方において，使用者であるが，場合によっては，一方において，例えば*争議団'などのように，単に一時的に結成されたにすぎない労働者の団体のこともあり，他方において，*使用者団体'のこともある。

2 団体交渉拒否 使用者は，雇用する労働者の代表（労働者の加入している労働組合など）と団体交渉をしなければならず，正当な理由がなく交渉を拒否すると*不当労働行為'になる〔労組7②〕。

3 交渉事項 団体交渉の対象となる事項，すなわち，交渉事項は，交渉の相手方である使用者又は使用者団体が処分・管理権限をもつものに限られる。そして，*賃金'や*労働時間'やその他労働者の待遇に関する事項〔配置転換など〕が交渉事項になることは問題ないが，*採用'や生産計画などの会社の人事や経営に関する事項が交渉事項になるかは，学説上争いがある。

団体交渉拒否 ⇨団体交渉' ⇨不当労働行為'

団体交渉権 1 意義 *労働組合'その他の労働者の団体が，その構成員の*労働条件'などを維持・改善するために使用者と交渉する権利のこと。憲法28条は，*団結権'・*団体行動権'とともに，*団体交渉権'を労働組合その他の労働者の団体に保障している。*労働組合法'1条もこの権利を確認しており，正当な団体交渉については*刑事免責'の保護が及ぶ。

2 性質 使用者が正当な理由なく団体交渉を拒否すると*不当労働行為'になり，労働組合は*労働委員会'による救済を受けられるが，このほかに，裁判所に，*仮処分'（団体交渉応諾の仮処分）によって使用者が団体交渉に応ずることを求めることができるかは見解が分かれていた。現在では，労働組合が使用者に対し，「団体交渉を求め得る地位」の確認請求は認められるが（最判平成3・4・23労判589・6），団体交渉応諾の仮処分については否定的に解する（東京高決昭和50・9・25労民26・5・723〈新聞之新聞社事件〉）という解釈が実務上ほぼ定着しており，学説においては異論もある。

3 団体交渉権の制限 団結権が制限されている者には団体交渉権も認められないが，*行政執行法人'・*地方公営企業'の職員を除く*国家公務員'〔国公108の5〕・*地方公務員'〔地公55〕の勤務条件に関する交渉は，*労働協約'を締結する権利を含まず，団体交渉であるかどうかの争いがある。なお，公務員と*労働基本権'の関係については，*公務員の労働関係'を参照せよ。

団体交渉権の委任 *労働組合'が*団体交渉'を行う代表者の権限を代表者以外の者に*委任'すること。*労働組合法'6条がこれを認める。なお，*上部団体'等の第三者には交渉を委任しない旨を定める第三者交渉委任禁止条項の効力については争いがある（多数説は，交渉担当者の自主的制限にすぎないとしてこれを有効とする）。

団体行動権 ⇨争議権' ⇨労働組合活動'

団体自治 *法人'としての国から独立した法人格をもつ団体の存在を認め，公共的な事務をその団体の事務とし，その団体自らの機関の手により，その責任において処理すること。都道府県や市町村のような*地方公共団体'に自治権を分与するのがそれである。*住民自治'とともに*地方自治'の要素とされる。ヨーロッパ大陸諸国の地方制度において発達した観念であり，地方自治の制度的要素を表し，法律的意味における自治と呼ばれることもある。現行憲法は地方公共団体に種々の権能を付与し，この意味での団体自治を保障している〔憲94〕。地方公共団体が，その意思を形成し執行するための固有の機関（長・議会等）をもち，相当範囲の事務〔自治2参照〕を，国家機関の関与をできるだけ排除して，自主的に処理することなどがその内容として考えられる。

団体事務 ⇨自治事務'

団体商標 事業者を構成員に有する団体がその構成員に共通に使用させることを目的とする商標。商品又は役務の出所が当該団体の構成員であることを示すものであり，団体の構成員は相互の協力により当該団体商標の信用力を高めることで，地域の特産品等を通じた共同利益の増進を図るなどの団体の目的達成に資することが期待されるものである。*工業所有権の保護に関するパリ条約'は，このような団体商標の登録及び保護を各同盟国に義務付けている〔工業所有権約7の2〕。旧商標法（大正10法99）では団体商標について比較的詳細な規定が設けられていたが，現行法への改正（昭和34法127）に際し導入された*通常使用権'制度〔商標31〕によって実質的に保護できるとして一度は削除されたものの，団体商標を通常の商標と区別して登録している諸外国との国際的調和の必要性などの観点から，平成8年の改正（法68）で改めて明文化された〔商標7〕。ここで団体とは，民法上の*社団法人'及び特別法で設立された各種*組合'で法人格を有するものに限定されていたが，平成18年の改正（法55）でその範囲を拡大し，会社を除く一般社団法人も含めることとされた。なお，登録要件を緩和するなどの手当ては特に

なされていないため、実際の登録例はそれほど多くはなく、後に地域振興を目的とした*地域団体商標'が新設されるに至った。

団体責任 団体中の一員がした行為とその結果について団体の全員が（刑事法上）*責任'を負うとすること。その行為をした者が属しているのと同じ団体に属しているという理由だけで罰せられるので、*責任主義'の要請する個人責任の原則と対立する。連座・縁座などがこれに当たり、個人責任の原則が確立しない時代に広く存在していた。なお、*共犯'において、他の共犯者の行為の結果について責任を負わされるのも、一種の団体責任であるという見方もあるが、この場合は犯罪を実行した者と意思を通じたとの理由で責任を負わせるのであるから、近代刑法上の責任主義の原則以前の団体責任とは異なる。

団体訴訟 多数者の共通の利益が侵害された場合において、消費者団体や環境保護団体等がその名において提起する訴訟。消費者保護の分野では、*消費者契約法'の平成18年改正（法56）により、適格消費者団体に差止請求権が付与されている。消費者契約法に基づく適格消費者団体は、*消費者裁判手続特例法'により、内閣総理大臣の認定を受け、所定の請求について共通義務確認の訴えを提起しうる。令和4年の消費者契約法及び消費者裁判所手続特例法の改正（法59）により、消費者団体訴訟等支援法人の認定の制度が設けられた〔消費者被害回復98〕。環境保護に関しては、環境保護団体がその名で行政処分の取消し等を求める訴えを提起する例がみられるが、団体固有の利益がなければ*原告適格'は認められない。学説では、訴訟の実質から判断して団体の出訴がふさわしい場合に原告適格を肯認する見解も有力である。平成16年の*行政事件訴訟法'改正に際して団体訴訟の導入を求める声もあったが、見送られた。 ⇨消費者団体訴訟'

団体定期保険 会社が従業員を包括的に*被保険者'として契約する生命保険（この種の保険を指して団体定期保険ということもある）や、住宅ローン等の貸付けをしている金融機関が、債務者を被保険者として、死亡保険金受取人を金融機関自身として契約するような団体信用生命保険などがある。従業員を被保険者とするような団体定期保険には、従業員全員が被保険者となる全員加入型と従業員のうち希望する者のみが被保険者となる任意加入型がある。全加入型では、従業員の死亡により、遺族に支払う死亡退職金等よりもかなり高額の保険金を会社が取得することが社会問題となり、平成8年に総合福祉団体定期保険が導入され、主契約は遺族の生活保障を目的とし、死亡保険金の額は会社の死亡退職金等の額を上限とするような形になった。この保険には従業員の死亡による会社の損失を補填することを目的として、会社を保険金受取人とするヒューマン・ヴァリュー特約を付けることができる。

団体的有価証券 ⇨社員権証券'
団体的労働関係 ⇨集団的労働関係'
団体等規正令 平和主義・民主主義の健全な育成発達を期するため、政治団体の内容を一般に公開し、秘密的・軍国主義的・極端な国家主義的・暴力主義的・反民主主義的な団体の結成及び指導並びに団体及び個人のそのような行為を禁止することを目的としたポツダム政令（昭和24政64）（⇨ポツダム命令'）。主な内容は、その種の団体の結成及び指導を禁止し〔団体等規正令2〕、この種の団体及び無届出政治団体の解散権を法務総裁に与え〔団体等規正令4〕、解散団体の役員等を公職から追放し〔団体等規正令11〕、政治団体に構成員名等の詳細な届出義務を課し〔団体等規正令6・7〕、機関誌紙の提出を求めること〔団体等規正令9〕などにあった。この政令は本来は、日本の軍国主義除去のためのものであったが、占領政策の転換とともに、その刃先は左翼に向けられるようになった。国民の人権擁護の立場から、違憲の批判が強く唱えられたものである。講和後間もなく廃止され、*破壊活動防止法'に引き継がれている。 ⇨結社の自由'

団体保険 一定の集団に属する者（団体の構成員）を*被保険者'とし、団体又は団体の代表者を*保険契約者'とする保険。例えば、会社が従業員を包括的に被保険者とする*団体定期保険'や、医師、弁護士等の一定の専門職業人の団体が、その構成員の賠償責任についての*責任保険'に加入する場合などがある。*保険者'は、保険に加入する個々の団体構成員につき保険を引き受けるかどうか等の危険選択をせず、団体という人的集団を対象に危険選択をする点に特色がある。例えば、個々の構成員から告知（⇨告知義務'）を受ける場合でも、あくまで団体としての危険を判断する材料として扱われる。団体構成員が全員加入するものと任意に加入するものがある。なお、団体扱いとは、ある企業の従業員が個々に保険契約を締結するが、保険料の支払につき、その勤務先企業が保険料を取りまとめて支払う形式にするというようなものであり、団体保険とは異なる。

たんどくか

単独海損 海上航行にあたり船舶又は積荷が航海上非常の原因によって受ける*海損'(狭義の海損)のうちで，直接その損害に関与する者だけが負担するもの。狭義の海損のうち，商法808条に定める*共同海損'を除いたものが単独海損である。商法は，主なものとして，*船舶衝突'の場合の損害賠償の関係についてだけ特別の規定をしているにすぎない〔商788〜791〕。

単独株主権 *株主権'のうち，1株の*株主'でも行使できる権利をいう。*剰余金配当請求権'などの自益権のほかに，*議決権'〔会社105①③〕，株主総会決議取消訴権等の会社訴権〔会社828〜831〕，会社，取締役等の違法行為に対する差止請求権〔会社210・247・360・422・482④〕，*株主名簿'等の書類閲覧権〔会社125②・318④・371②等〕など，会社の経営に参加し，監督・是正するための共益権がある。*公開会社'では，会社の監督・是正に係る単独株主権は，濫用防止のため，議決権に継続保有要件が課される。*単元株'制度を採用している会社では，議決権及び*株主総会'に関係する権利(総会出席権等)は，単独株主権であっても，単元未満株しか所有していない株主には認められず〔会社308①但〕，単元株主にのみ認められる〔会社189①〕。ただ，適切な*コーポレート・ガバナンス'の観点から，株主総会決議取消訴権も単元未満株主には認められないと解すべきか否かについては議論がある。なお，上記の単独株主権に対して，共益権の中でも株主総会招集請求権等は少数株主権とされており，*株主提案権'については，*取締役会設置会社'では少数株主権であるが，それ以外の会社では単独株主権となっている〔会社303①②・304・305①〕。 ⇨少数株主権'

単独虚偽表示 ⇨心裡(しん)留保'

単独行為 相手方の*意思表示'と合致することを必要とせず，独立して*法律効果'を発生させる*法律行為'。*契約'及び*合同行為'に対する語。相手方のあるもの(例：*取消し'・*解除'・*追認'・*相殺(そうさい)')と，ないもの(例：*遺言'・*寄附行為')とがある。所有権の放棄のように他人の権利義務の変動を目的としない単独行為は，他人の権利を害しない範囲で自由にすることができるが，他人の権利義務の設定・変動を目的とする単独行為(例：取消し・解除など)は例外的に法律が承認する場合にだけ効果を生じる。

単独室 ⇨独居制'
単独制 ⇨合議制・単独制'
単独正犯 ⇨正犯'・間接正犯'
単独内閣 単一の*政党'を基礎とする*政党内閣'。*連立内閣'に対する。単一政党が*議会'(下院)で絶対多数を確保する場合に成立する。二党制(二大政党制)の場合(イギリス)はもちろん，多数の政党が競合する多党制(フランス，イタリア，ドイツなど)でも不可能ではない。日本国憲法の下ではいわゆる「55年体制」(1955〜93)の下で長らく単独内閣が続いた。

ダンピング ⇨不当廉売'

ダンピング課税 輸出国企業のダンピング(*不当廉売')により正常な価格より安く輸出される物品等に対して，その不当な競争力を弱めるために，日本で割増関税(不当廉売関税)が課されること〔定率8〕。この課税は，*ガット(GATT)'6条において認められている。GATT6条についての詳細は，ダンピング防止協定に定められている。

担保 債務者が債務を履行しない危険に備えて，債権者が債権の実現を確保するための手段をあらかじめ講じておくことがあり，これを担保という。民法に規定された*担保物権'がその典型であり，例えば，債権者は，担保物権の1つである*抵当権'の設定を受けることにより，債務者の債務不履行に際して，抵当不動産を換価し，その売却代金から*優先弁済'を受けることができる。担保物権のように，物(財産)の価値によって，債務不履行によって生じる損失を低減させる担保のことを，*物的担保'という。また，*保証'・*連帯保証'も，担保の一種である。債権者は，債務者の債務不履行に際して，*保証人'・連帯保証人から弁済を受けることができる。保証・連帯保証のように，債務について責任を負う人的範囲を拡大することにより，債務不履行のリスクを低減させる担保のことを*人的担保'という。なお，*契約'に基づき債務者が外形上給付を行ったが，その内容が不完全である場合に，債務者が債権者に対して責任を負うことを指して，*担保責任'という。*債権法改正'前は，売買契約等の目的物について*瑕疵(かし)'がある場合の債務者の責任を*瑕疵担保責任'と称した。債権法改正後は，目的物の種類，品質又は数量が契約内容に適合しない場合の債務者の責任を契約不適合責任と呼ぶ。一方，債務者が債権者に移転した権利が契約の内容に適合しない場合の債務者の責任については，依然として担保責任の用語が用いられる。

担保化否定条項 ⇨ネガティブ・プレッジ・クローズ'

担保権消滅請求 *破産'，*民事再生'及び*会社更生手続'における担保権の規律の1つで，その内容は各手続で異なる〔破186〜191，民再

148〜153，会更104〜112〕。最初にこの制度を導入した民事再生法においては，*再生債務者'の事業の継続にとって不可欠な財産の上に*別除権'となる担保権が存在する場合に，再生債務者等〔民再2②参照〕が当該財産の価額に相当する金銭を裁判所に納付して担保権を消滅させることができる制度を指す。納付された金銭は，消滅する担保権を有する者に配当ないし交付される。事業用資産に担保権が設定され，その被担保債権の額が目的財産の価額を超えている場合に，その被担保債権全額の弁済がなければ担保権の実行を阻止することができないとすれば，事業の継続は困難となり，また，実質的に債権者平等が害されることから，この制度は設けられた。これに対して会社更生手続では，担保権の実行は手続開始によって原則として禁止されるから〔会更50①〕，この制度の存在意義は，担保権の実行を阻止することではなく，更生計画認可前の事業譲渡や遊休資産の処分の妨げとなる担保権を消滅させることに求められる。破産手続では，任意売却の妨げとなる担保権を消滅させ，その売得金の一部を*破産財団'に組み入れることを主張する。なお，民法が規律する*抵当権消滅請求'〔民379〜386〕は，抵当不動産の流通促進のため，その第三取得者に認められる制度である。

担保権の実行としての競売　担保権者が担保権の目的物又はその*果実'を換価して被担保債権の満足を得る手続。担保権に内在する換価権に基づくものであり，*民事執行法'の定める担保権の実行としての競売手続により行われる。民事執行法が準備する換価手続は，*金銭執行'についての強制執行手続にほぼ準じるものである〔民執188・192〕が，その開始に際して*債務名義'の存在を要求していない点に特色がある。これは，民事執行法制定前の競売法〔明治31法15。昭和54法4により廃止〕の下における任意競売の実務を踏襲したものである。不動産及び債権その他の財産権を目的とする担保権の実行は，担保権の存在を証する文書等を提出したとき〔民執181・193①〕，動産を目的とする担保権の実行としての競売は，担保権者が目的動産若しくは占有者の差押承諾文書等を*執行官'に提出したとき，又は担保権の存在を証する文書等を提出して執行裁判所の許可を得たとき〔民執190〕開始されるが，これらに対しては，担保権の不存在又は消滅を主張して*執行異議'又は*執行抗告'を申し立てることができる〔民執182・191・193②〕。

担保制限条項　⇨ネガティブ・プレッジ・クローズ'

担保責任　**1 意義**　当事者が給付した目的物や権利に*瑕疵(かし)'（契約不適合）がある場合に，給付者が相手方に対して負う責任。売買・請負・利息付消費貸借などの有償契約では，当事者が給付する物は互いに対価関係にあるから，もし目的物に瑕疵があるため代価相当の価値をもたない場合には，受領者に救済を与えなければ当該契約における当事者の予期に反する。そこで，給付義務者は給付する物に瑕疵がないことを相手に担保したものとして，瑕疵について責任を負わせたのである。無償契約では給付者は原則として担保責任を負うことはない〔民551①では，特定時の状態で引渡し・移転することが契約内容になると推定している〕。**2 責任の種類**　担保責任は，瑕疵が権利について存在するか，物について存在するかによって区別される。前者は*追奪担保'とも呼ばれ，目的物の全部又は一部が他人の所有に属する場合，他人の権利によって制限を受けている場合，数量が不足な場合などがある〔民561・565はこれらをまとめて規律している〕。後者は目的物に隠れた瑕疵がある場合〔民562①では「種類，品質又は数量に関して契約の内容に適合しないものであるとき」〕で，瑕疵担保と呼ばれてきた。**3 責任の内容**　契約の解除・代金減額請求・損害賠償請求が認められる。なお，請負については瑕疵修補請求〔民旧634〕が，利息付消費貸借については引替請求〔民旧590〕が認められていたが，*債権法改正'において売買につき追完請求権が認められたため〔民562〕，利息付消費貸借，請負における特則は削除され，売買の規定の準用に委ねられた〔民559参照〕。これらの権利行使は短期の*除斥期間'にかかることが多い〔民566〕。担保責任を負わない旨の特約は有効である〔民572参照〕。

⇨瑕疵担保責任'

担保付社債　**1 意義**　社債権担保のため*物的担保'がつけられた*社債'。*無担保社債'に対するもの。具体的には*担保付社債信託法'によって定められた物上担保がつけられた社債をいう。社債に*人的担保'がつけられた保証付社債，社債権者が他の債権者に優先して会社財産から弁済を受けることができる一般担保付社債（⇨ゼネラル・モーゲッジ'）は，いわゆる担保付社債とは区別されるものであり，むしろ特殊な無担保社債ともいわれる。

2 担保設定の方法　多数の，しかも流動する社債権者に個別的に担保を提供することは実際上不可能なので，*信託'法理を利用して，起債会社

たんぽつき

と社債権者の中間に*信託会社'を置き，起債会社(委託会社)と信託会社(受託会社)間の信託契約によって，受託会社が受託者として総社債権者のため担保権を取得してこれを保存・実行し，社債権者は受益者として，債権額に応じて，担保の利益を受ける仕組みをとる〔担信36・37〕。受託会社は社債権者のために社債の管理も行う〔担信2②・35〕。

3 発行方式 担保付社債の発行については，同一の担保について社債を1回に発行する場合〔担信19参照〕と，数回に分けて社債を分割発行する場合とがある〔担信21参照〕。後者はアメリカの*オープン・エンド・モーゲッジ'に倣ったものであり，割合に多く用いられている。

4 担保の目的 担保付社債に付すことができるものは*動産質'・株式質・不動産抵当・*工場抵当'などに限定されていたが〔担信旧(平成18法109改正前の)4〕，平成18年改正により限定列挙は廃止され，より多様な担保を社債に付すことが可能となった。

担保付社債信託法 明治38年法律52号。*担保付社債'の発行及び管理について規定することを目的とする法律。かつての商法の*社債'についての規定は担保付社債にも適用はあったが，担保付社債についてはこの法律が重要な意義を有していたため，結果的に商法は*無担保社債'を対象としているかの様相を呈していた。両法の間に重複や不統一があったため，平成5年改正(法62)により商法との調整が行われた。平成17年には会社法の制定に伴う改正(法87)がなされ，更に平成18年には新*信託法'の制定に伴う改正(法109)がなされ，法文も平仮名・口語体に改められた。

担保提供命令 株主・設立時株主・債権者による*会社の組織に関する訴え'の提起，又は，株主等(株主，適格旧株主又は最終完全親会社等の株主)による*責任追及等の訴え'の提起が「悪意」によるものであることを被告が疎明した場合，裁判所は相当の担保の提供を命ずることができる(会社836・847の4②③)。原告の訴え提起が不法行為を構成する場合に，被告である*取締役'等や会社が取得する損害賠償請求権を担保するためである(東京地判平成2・5・25判時1383・139，東京地判平成10・5・25判時1660・80(不法行為責任の否定例))。また，会社法846条(敗訴原告の損害賠償責任))。責任追及等の訴えとの関連では，「悪意」とは，提訴株主等の請求に理由がなく，かつ同人がそれを知って訴えを提起した場合(不当訴訟要件)，及び，提訴株主等が代表訴訟を手段として不法不当な利得を得ようと

する場合(不法不当目的要件)を指す。会社の組織に関する訴えとの関連では，「悪意」とは，会社を困惑させる意図，すなわち嫌がらせの目的のみで訴えを提起する場合を指す。「相当の担保」の金額は，被告が損害賠償請求訴訟を提起すれば容認される額が主要な基準となり，提訴株主の悪意の態様も考慮される。会社の機関による会社の組織に関する訴えの提起は，濫用のおそれが少ないことから，担保提供は命じられない〔会社836①但〕。

担保手形 将来発生することが予想される債務の履行を担保するために振り出される*手形'。当座貸越契約(⇒当座貸越し')又は*雇用'契約などにおいて利用される。一定の限度額が定められて現実に債権が発生したとき，その限度額の範囲内において手形上の権利を行使できる。被担保債権が全く発生せず，又は発生しても，例えば交互計算によってそれが自動的に塡補されれば，*手形金額'の請求はなしえない。この抗弁を確保するために，*裏書禁止手形'〔手11②・77①Ⅰ〕とすることが多い。なお，既存債務の履行を確保するためにされた手形(⇒支払に代えて・支払のために')の意味に用いられることもある。

担保的効力 *為替手形'の*支払人'の*引受拒絶'，又は支払人若しくは*引受人'の*支払拒絶'等の場合には*振出人'及び*裏書人'に〔手9・15①・43〕，*約束手形'の振出人の支払拒絶等の場合には裏書人に〔手77①Ⅰ・15①〕，*小切手'の支払人の支払拒絶の場合には振出人及び裏書人に〔小12・39〕，所持人に対して*手形責任'，*小切手を支払う義務(*担保責任'，*遡求'義務)が生じること。*裏書'については，*権利移転的効力'及び*資格授与的効力'とともに，その効力の1つとして挙げられる。なお，この効力は，支払拒絶の場合の為替手形及び小切手の振出人の担保責任を除き，特別の記載(*無担保文句')があれば排除される〔手15①・77①Ⅰ，小18①〕(*抵当証券'〔抵40〕の裏書にも認められない)(⇒無担保裏書')。また，*裏書禁止裏書'の場合にも，直接の被裏書人の後の被裏書人に対して担保責任を負わない〔手15②・77①Ⅰ，小18②〕。

担保物権 民法に規定された*物権'の一種で，*債権'を*担保'する役割を有する。物権の中でも，物に対する全面的な支配権である*所有権'とは異なり，権利者が限られた権限のみを有する*制限物権'の一種である。制限物権の中でも，*用益物権'が物の使用・収益によって得られる価値(使用価値)を支配する物権であるのに対して，担保物権は，物を売却するなど

して得られる価値(交換価値)を支配する物権であるとされる。民法には4種類の担保物権が規定されているが、このうち、*留置権'及び*先取(さきどり)特権'は、法律の規定に基づき発生する法定担保物権である。これに対して、*質権'及び*抵当権'は、当事者の合意に基づき設定される約定担保物権である。担保権者は、担保物権によって担保される債権(被担保債権)の*債務不履行'に際して、担保目的物を売却するなどして得られた金銭から*優先弁済'を受けることができる(ただし留置権を除く)。担保物権に共通する性質(通有性)として、*不可分性'、*付従性'、*随伴性'、物上代位性がある。なお、*特別法'によって規定された担保物権として、*自動車抵当'等の*動産抵当'、工場財団抵当等の*財団抵当'、*企業担保'等がある。また、担保物権と同様の役割を果たすものとして、*譲渡担保'等の*非典型担保'がある。非典型担保との対比から、法律に規定された担保物権のことを*典型担保'と呼ぶ。

担保物権の不可分性　⇨不可分性(担保物権の)'

担保不動産競売　不動産上の担保権に基づいて、不動産を競売する手続〔民執180①〕。手続は、基本的には*強制競売'と同様である。ただし、手続の開始にあたり、*債務名義'を要せず、それに代わって、担保権の登記があること又は担保権の存在を証する書面等を提出することが要求され〔民執181①〕、また、不動産の価値を保全するために、競売開始決定前にも*保全処分'が許されている〔民執187〕などの特徴がある。なお、平成15年の*民事執行法'改正(法134)前には、(狭義の)*不動産競売'と呼ばれていた。

担保不動産収益執行　不動産上の担保権に基づいて、不動産から生ずる収益(賃料など)、を被担保債権の弁済に充てる手続〔民執180②〕。手続は、基本的には*強制管理'と同様であるが、手続の開始の要件は、*担保不動産競売'と同様に規律されている。

担保保存義務　債務者に代わって弁済をしても(⇨第三者の弁済')、債権者の担保に*代位'できるという法定代位権者の期待を保護するために(⇨代位弁済')、債権者に課された義務。債権者が、取引上の社会通念に照らして合理的な理由なしに、*故意'又は*過失'によって*担保'を喪失し、又は減少させたとき、法定代位権者は当該担保に代位できなくなったために償還を受けられなくなった限度で責任を免れる〔民504〕。金融実務では、債権者にこの義務を免除する特約が結ばれることが多く、その有効性の限度が問題になっている。

単名手形　*手形'上の債務者が1人しかいない手形。*振出人'から*受取人'に交付されただけの*約束手形'や受取人に交付された引受済みの自己宛為替手形(⇨自己宛手形')等である。*複名手形'に対する。

ち

治安維持法　**1 沿革**　大正14年法律46号として制定され、昭和3年に*緊急勅令'により一部改正〔勅129〕されたものが旧治安維持法で、昭和16年法律54号として全部改正されたのが新治安維持法である。共産主義運動を終始取締りの対象とした法律。第一次大戦後、物価騰貴・米騒動などの生活の不安を背景として、*同盟罷業'が激増し、また、ロシア革命の影響も国内に浸透してきた。これに対処するため、まず大正11年(1922)に「過激社会運動取締法案」が議会に提出されたが、*審議未了'となった。翌12年、関東大震災後の治安状態の悪化に対処するために「治安維持ノ為($\frac{1}{\text{タメ}}$)ニスル罰則ニ関スル件」(治安維持令)が緊急勅令として制定され(勅403)、これが治安維持法の先駆となった。**2 内容**　旧治安維持法は全文7カ条から成り、*国体'を変革し又は*私有財産'制度を否認することを目的とする種々の行為の処罰をその内容としたが、その後改正されて弾圧立法としての性格を強めた。新治安維持法は3章65カ条から成り、第二次大戦後「政治的民事的及宗教的自由ニ対スル制限ノ撤廃ニ関スル覚書」(昭和20・10・4)に基づいて廃止(昭和20勅575)されるまで存続した。構成要件は抽象的で手続も専断的色彩が強く、特別高等警察官(特高)組織の完備と相まって(⇨高等警察)、思想弾圧の手段として頻繁に利用された。例えば、三・一五事件(昭和3)の場合は、本法違反のかどで検挙された者は1道3府27県にわたり、480余名が起訴された。

治安警察法　**1 沿革**　*明治憲法'の下で集会・結社・多衆運動の取締りを定めていた法律(明治33法36)。その制定までは、集会条例(明治13太告12)、保安条例(明治20勅67)、集会及政社法(明治23法53)、予戒令(明治25勅11)があったが、日清戦争後に、労働問題・社会問題が本格化したため、本法が制定された。*治安維持法'とともに戦前の*治安立法'の中核として機能したが、戦後廃止された(昭和20勅638)。現在、集会や多衆運動の規制については*公安条例'があり、結社の規制については*破壊活動防止法'が制定されている。
2 内容　ドイツ(特にプロイセン)の同種の立法をモデルとしており、政事結社・集会・公事結社・屋外多衆運動の届出制〔治安警察法1~4〕、女子・教員・学生・軍人等の政事結社加入禁止〔治安警察法5〕、集会・多衆運動の解散〔治安警察法8〕、発言中止制〔治安警察法10〕などを規定していた。なお、本法17条は、労働者の*団結権'・*同盟罷業'権を著しく阻害するものであった(本条は大正15法58により削除)。⇨結社の自由'

治安出動　警察力で対処できない事態に際して、治安維持のために、*自衛隊'の全部又はその一部若しくはその部隊等が出動すること。「命令による治安出動」〔自衛78〕と「要請による治安出動」〔自衛81〕がある。前者は、間接侵略その他の*緊急事態'に際し*内閣総理大臣'の命令によって自衛隊の全部又は一部が出動することであり、後者は、都道府県知事が治安維持上重大な事態につきやむをえない必要があると認めて、*都道府県公安委員会'と協議の上、内閣総理大臣に部隊等の出動を要請した場合に、内閣総理大臣の命令によって出動することである。命令による出動の場合、内閣総理大臣は出動を命じた日から20日以内に国会の承認を得なければならず、不承認の議決があったとき又は出動の必要がなくなったときは、速やかに自衛隊の撤収を命じなければならない。要請による出動の場合は、出動の必要がなくなったときには、内閣総理大臣が自らそれを認めて、又は都道府県知事の撤収の要請を受けて、速やかに部隊などの撤収を命じることになっている。治安出動を命ぜられた自衛官の職務執行については、*警察官職務執行法'の準用などの定めがある〔自衛89~91〕。⇨防衛出動'

治安立法　**1 概念**　広義では、治安維持のため制定された立法一般を指す。警察作用法とほぼ同義である。これに対し、狭義では、主に反体制運動を対象として、国民の政治活動を権力的に取り締まる一群の法規を指す。近代化・工業化・産業化を始めた近代社会では、資本主義・社会主義の区別なく発生する現象であり、近年は開発途上国の開発独裁でも多用されている。
2 歴史　戦前の日本では、政治秩序の動揺期には必ず新しい治安立法が作られた。日清戦後の社会問題の発生期に*治安警察法'が、また、大正デモクラシーの高揚期に*治安維持法'が作られた。第二次大戦直後には、連合国総司令部の指令によって一度は治安立法の廃止が実現されたが、占領政策の転換に伴い漸次復活し、独

ちいきそう

立後も拡充強化された。治安立法的な機能を果たすことのできる法令としては，'公安条例'，'破壊活動防止法'，'秘密保護法'，自衛隊法(とりわけ，自衛78・81)などを挙げることができる。

地域一般労働組合　主として中小企業に働く'労働者'を，一定地域において職種・産業にかかわりなく組織する，個人加盟方式を基本とする'労働組合'(特定の職種・産業を組織対象とするものもある)。合同労組，コミュニティ・ユニオンなどとも称される。合同労組は，1950年代半ば，主に総評が中小企業労働者の組織化を図る方式として登場し，また，コミュニティ・ユニオンは，1980年代に入り，各地で組織されるようになったものに端を発する。日本において一般的な'企業別労働組合'とは異なり，企業の枠を超えて組織され，また，特にコミュニティ・ユニオンと呼ばれるものは，企業別労働組合による組織化が行われにくい管理職労働者(⇨管理職組合')，パートタイム労働者('パートタイマー')・派遣労働者'等のいわゆる非正規労働者(⇨雇用形態')，外国人労働者等も組織化対象としている点に特徴がある。労働相談等様々な活動を行っているが，解雇などの個別的な労使紛争に直面した労働者の加入を受け，'団体交渉'等を通じて当該個別的な労使紛争の解決を図るという，労働者にとっての「駆け込み寺」的な役割をしばしば担っている点に特徴がある。このことと関連して，近年の'不当労働行為'救済申立てや争議調整の申請は，地域一般労働組合が当事者であるものが多くを占めている。

地域型保育給付費　⇨地域型保育事業'

地域型保育事業　地域における多様な保育ニーズにきめ細かく対応するために，様々な場所，規模，提供形態で保育サービスを提供する市町村の認可事業。家庭的保育事業(保育ママ)，小規模保育事業，居宅訪問型保育事業，事業所内保育事業が含まれる〔子育て支援7⑤〕。市町村の確認を得た地域型保育事業者(「特定地域型保育事業者」という〔子育て支援43〕)が，満3歳未満の保育認定子ども〔子育て支援19③〕に保育サービスを提供した場合，市町村は地域型保育給付費を支給する〔子育て支援29①〕。　⇨子ども・子育て支援法'

地域活動支援センター　'障害者総合支援法'により設置され，障害者・障害児を通わせ，創作的活動又は生産活動の機会の提供，社会との交流の促進その他障害者等が自立した日常生活・社会生活を営むために必要な支援を供与する施設〔障害総合支援5㉘，障害支援則〕。セ

ンターでの支援の提供は，市町村'地域生活支援事業'の必須事業である〔障害総合支援77①⑨〕。センターの経営は第2種'社会福祉事業'であり〔社福2③④の2〕，国・都道府県以外の者は都道府県知事に届け出ることで事業を行うことができる〔障害総合支援79②〕。従業者の員数等については省令で定める基準に従い，利用定員については同基準を標準とし，その他の事項については同基準を参酌して，都道府県条例で設備・運営に関する基準が定められる。法令及び基準の遵守について都道府県知事による行政的監督が行われる〔障害総合支援80～82〕。

地域雇用開発促進法　昭和62年法律23号。地域による厳しい雇用失業情勢に対応し，雇用開発を中心とした総合的な地域雇用開発を講じようとする法律。国の地域雇用開発指針〔地雇開発4〕に基づき都道府県・市町村が策定する地域雇用開発計画・地域雇用創造計画〔地雇開促5・6〕について定め，これへの厚生労働大臣の同意により，雇用開発促進地域などに対して，'雇用保険'の'雇用安定事業'等による各種助成金の支給などの特別措置がなされる〔地雇開促7〕。

地域支援事業　⇨介護保険'

地域自治区　⇨区'

地域生活支援事業　'障害者総合支援法'により，地域の実情に応じて柔軟に実施されるべき事業として法定化された事業。市町村の必須事業として，イ　障害者等に関する理解を深めるための研修・啓発，ロ　障害者等の自発的活動に対する支援，ハ　障害者やその介護者等に対する相談支援，ニ　'成年後見'制度の利用に要する費用の支給，ホ　'後見'等の業務に携わる人材の育成・研修(法人後見の支援)，ヘ　手話通訳者等の派遣，日常生活用具の給付・貸与，ト　手話通訳者等の養成，チ　移動支援，リ　'地域活動支援センター'への通所による便宜の供与がある〔障害総合支援77①〕。上記ハニ及び障害者福祉各法に基づく相談支援を行う施設として，市町村は基幹相談支援センターの設置に努める〔障害総合支援77の2〕。都道府県は，上記ハヘトのうち特に専門性の高い事業及び広域的な対応が必要な事業を行うほか，相談支援者やその指導者の育成事業などを行うことができる〔障害総合支援78〕。

地域相談支援　'障害者総合支援法'に基づく相談支援の一種〔障害総合支援5⑲〕。平成22年改正(法71)により個別給付として創設された。'障害者支援施設'の入所者等，地域生活から地域生活への移行に重点的な支援を必要とする障害者に対し，住居の確保その他の地域生活に移行するための

ちいきだい

活動に関する相談, 外出時の同行, *障害福祉サービス'の体験的な利用支援などの便宜を供与する地域移行支援〔障害総合支援5②, 障害総合支援則〕と, 居宅において単身で生活する障害者, 又は家族と同居しているが当該家族の疾病等のために緊急時の支援が見込めない障害者に対し, 常時の連絡体制を確保し, 緊急時に相談その他の便宜を供与する地域定着支援〔障害総合支援5②, 障害総合支援則〕から成る。都道府県知事が指定する事業者から地域相談支援を受けた場合, その費用について地域相談支援給付費が支給される〔障害総合支援51の14〕。

地域代表　全ての選挙人を地域を基準にして区分し, それを単位として代表を選出する方法。これに対する制度には, 選挙人を職種によって区分する*職能代表'がある。地域代表は, 伝統的な, しかも今日でも最も一般的な選挙の形態である。しかし地域代表は, その選出の単位地域だけの利益代表を意味するわけではない。憲法は, 国会議員が全国民を代表する議員である旨を明記している〔憲43〕。

地域団体商標　「神戸牛」, 「高崎だるま」や「下呂温泉」などのように, 地域ブランドとして用いられることの多い, 地域の名称及び商品・役務の普通名称等から成る文字商標について, 商標の*識別力'の要件を緩和してその登録を認めたもの〔商標7の2〕。地域の特産品や役務のブランドを確立・支援して地域活性化を図るために, 平成17年改正(法56)で導入された。具体的には, 使用による識別力の獲得について規定した商標法3条2項は全国的な需要者の認識を要すると解されるところ, 7条の2第1項にいう「その商標が使用をされた結果自己又はその構成員の業務に係る商品又は役務を表示するものとして需要者の間に広く認識されているとき」については, 全国的な需要者の認識までは必要なく, 商品・役務の性質に応じて, 隣接都道府県に及ぶ程度の需要者又は一都道府県における多数の需要者の認識で足りると解されている。他方で, 権利主体の要件は*団体商標'よりも厳しくなっており, 民法上の*社団法人'は除かれ, かつ法人格を有する事業協同組合等の各種の*組合'でも加入の自由が法律上担保されるものに限られていた。これは, 当該商標の使用を欲する事業者が団体の構成員となって使用をする途が可能な限り妨げられないようにする趣旨で規定されたものである。なお近年, 商工会・商工会議所・特定非営利活動法人といった団体が新たな地域ブランドの担い手として登場したため, 平成26年改正(法36)によってこれらの者も登録を受けることが可能となった。地域ブランドの保護に関する制度としてはこのほかに, 不正使用を行政が取り締まる行政規制に基づく制度である「特定農林水産物等の名称の保護に関する法律」(平成26法84)がある。⇨地理的表示'

地域地区制　都市計画上の観点から, 市街地をその果たすべき機能と利用形態に応じて, 性格を異にするいくつかの種類の地域や地区に区分することによって, 市街地の土地利用を計画的に行おうとする制度。地域地区の指定を, 一般的に「ゾーニング」(英 zoning)という。*都市計画法'では, *用途地域'を始め, 特別用途地区, 高度地区, 特定街区, 防火地域, 景観地区, 風致地区等21種類の地域地区が定められている〔都計8〕。地域地区の指定は, 都市計画法に基づいて行われ, 各地域地区内の具体的な建築規制の内容は, 都市計画の決定の際定められるものもあるが, 主として他の法律によることが予定されており〔都計10〕, *建築基準法'〔建基48～68〕, 駐車場法〔駐車場20～20の3〕, 都市緑地法〔都市緑地14〕, 「特定空港周辺航空機騒音対策特別措置法」〔特定航空騒音5〕, 景観法〔景観61～73〕等が, 関連の地域地区についての建築規制を定めている。地域地区をその指定の目的から類別すると, イ 主に都市環境の保護・向上を図るためのもの(例：用途地域), ロ 主に都市機能の向上を図るためのもの(例：高度利用地区), ハ 都市防災を図るためのもの(例：防火地域), ニ 主に景観を維持するためのもの(例：景観地区)に大別される。

地域的一般的拘束力　⇨一般的拘束力(労働協約の)'

地域的取極(とりきめ)　*国際連合憲章'8章で規定された, *国際連合'の目的・原則に合致することを条件に認められる, 安全保障を地域的に確保するための協定〔国連憲章52〕。地域的取極(又は地域的機関)による強制行動には, *拒否権'を含む安全保障理事会の許可が条件とされる〔国連憲章53〕。ヤルタ会談において安全保障理事会の決定に拒否権が認められた結果, 強制行動が拒否権によって阻害されることが危惧されたため, サンフランシスコ会議で*集団的自衛権'の規定が設けられる〔国連憲章51〕とともに, 地域的取極の重要性は低下した。

地域包括支援センター　*介護保険'の地域支援事業を担う施設の1つ。以下の事業を実施し, 地域住民の心身の健康の保持及び生活の安定のために必要な援助を行うことにより, その保健医療の向上及び福祉の増進を包括的に支援

することを目的とする〔介保115の46①〕。イ　要支援状態・要介護状態になるおそれのある者〔介保則140の62の4参照〕の介護予防を目的として，厚生労働省令で定める基準に従って，その心身の状況，その置かれている環境その他の状況に応じて，その選択に基づき，a　対象者の居宅で日常生活上の支援を行う事業(第1号訪問事業)〔介保115の45①Ⅰイ〕，b　施設で日常生活上の支援又は機能訓練を行う事業(第1号通所事業)〔介保115の45①Ⅰロ〕，c　厚生労働省令で定める基準に従って，第1号訪問事業又は第1号通所事業と一体的に行われる場合に効果があると認められる地域における自立した日常生活の支援として厚生労働省令で定めるものを行う事業(第1号生活支援事業)〔介保115の45①Ⅰハ〕，又はd　第1号訪問事業，第1号通所事業又は第1号生活支援事業その他の適切な事業が包括的かつ効率的に提供されるよう必要な援助を行う第1号介護予防支援事業〔介保115の45①Ⅰニ〕(介護予防ケアマネジメント事業と呼ばれる。居宅要支援被保険者に係るものは除く)，ロ　被保険者の実情の把握，総合的情報の提供，関係機関との連絡調整等の総合的支援，虐待防止・権利擁護，認知症の早期発見・悪化防止の支援等の事業〔介保115の45②〕(イロを併せて「包括的支援事業」という)，及びハ　その他厚生労働省令で定める事業。市長村が設置できる〔介保115の46②〕ほか，市町村から包括的支援事業の実施の委託を受けた老人介護支援センターの設置者等があらかじめ市町村長に届け出て設置することができる〔介保115の46③・115の47①〕。

地域保険　⇨国民健康保険'

地域密着型サービス　定期巡回・随時対応型訪問介護看護〔介保8⑮〕，夜間対応型訪問介護〔介保8⑯〕，地域密着型通所介護〔介保8⑰〕，認知症対応型通所介護〔介保8⑱〕，小規模多機能型居宅介護〔介保8⑲〕，認知症対応型共同生活介護〔介保8⑳〕，地域密着型特定施設入居者生活介護〔介保8㉑〕，地域密着型介護老人福祉施設入所者生活介護〔介保8㉒〕及び複合型サービス〔介保8㉓〕をいう〔介保8⑭〕。ある市町村の行う*介護保険'の*被保険者'であって要介護認定(⇨要介護状態')を受けた者が，当該市町村の長の指定を受けた事業者(指定地域密着型サービス事業者〔介保78の2〕)から上記のサービスを受けたときには，*介護給付'の1つである地域密着型介護サービス費が支給される〔介保40③④〕。*予防給付'の1つである地域密着型介護予防サービス費の対象となるものも，地域密着型介護予防サービスという〔介保8の2⑫〕。

地役権　**1　意義と内容**　他人の土地を自己の土地の便益に供する*物権'〔民280～294〕(⇨役権')。他人の土地から引き水したり，隣地を通行したり，日照を確保するために一定の建築や植栽をしないこととするというように，甲地(*要役地')の利用価値を増すために乙地(*承役地')を利用する権利。同じく土地相互間の利用の調整を図る制度である*相隣関係'に定める強行規定に反しない限り便益の内容に制限はない〔民280但参照〕。行使形態による分類として，イ　作為地役権と不作為地役権(例：通行地役権と建築の制限による観望地役権)，ロ　継続地役権と不継続地役権(例：水管による引水地役権とくみ水のための地役権)，ハ　表現地役権と不表現地役権(例：通路を開設した通行地役権と観望地役権，地下埋設管による引水地役権)が区別される。地役権は*契約'によって設定される〔民280〕が，通路を開設した通行地役権のように，継続的に行使され，かつ，外形上認識することができるものには*取得時効'が認められている〔民283〕。

2　性質　地役権はある土地の便益のために設定される権利なので，要役地の所有権移転とともに土地に随伴して移転する(*付従性)。また，要役地又は承役地が*共有'の場合には地役権の時効取得は全員に効力を生じ〔民284〕，共有者は自己の持分につき，地役権を消滅させることができず〔民282①〕，1人による*時効の完成猶予'・*時効の更新'は全員に効力が生ずる〔民292〕(不可分性)。　⇨人役権'

チェック・オフ　⇨労働組合費'

地縁による団体　町又は字の区域など市町村内の一定の区域に住所を有する者の地縁に基づいて形成された団体(地縁による団体)で，地域的な共同活動(住民相互の連絡，環境の整備，集会施設の維持管理など良好な地域社会の維持及び形成に資するもの)を円滑に行うため市町村長の認可を受けたものは，その規約に定める目的の範囲内において，権利義務の主体となることが認められる(認可地縁団体)〔自治260の2以下。団体名での不動産登記ができる。自治260の46も参照〕。戦前・戦中期には，町内会・部落会・これらの下部組織としての隣組があったが(昭和15年の部落会町内会等整備要領(内務省訓令17)の下で，国による組織再編と指導が進められた)，第二次大戦後，占領軍の方針により昭和22年に廃止された(内務省訓令4)。しかし，その後も町内会等の地縁団体は，末端の自治組織ないし物資配給や情報伝達等における下請的

ちえんばい

な行政組織，ときには選挙活動の母体として事実上の活動を続けてきた。住民参加による自主的なコミュニティ活動として積極的に見直す動きもあり，平成3年の法改正(法24)で，このような動きを醸成する見地から，これに不動産に関わる権利義務主体性を認めた。その反面，行政組織の一部とするものではないとし，区域内の個人の加入を拒んではならない，民主的運営をし構成員に対して不当な差別的取扱いをしてはならない，特定の政党のために利用してはならないとするなどの制約を課している〔自治260の2⑥～⑨〕。令和3年の法改正(法44)により，不動産以外の権利も法人化の目的の範囲内とされ，令和4年の改正(法44)により，同一市町村内団体の合併が可能になった〔自治260の38以下〕。

遅延賠償 *債務不履行'による*損害賠償'の請求において，債務の履行が遅れたために生じた損害の賠償をいう。債務の履行に代わる賠償である*塡補賠償'に対する語である。例えば，借家契約が終了したのに借家人が家屋を返還しなければならない期日になっても返還しない場合には，家主は返還を受けていれば家賃相当額の収入を得たであろうと考えられるので，実際に返還を受けるまでの期間の家賃相当額を遅延賠償として借家人に請求できる。金銭の支払が遅れたために支払われる*遅延利息'も遅延賠償の例である。*履行遅滞'に基づく損害賠償は原則として遅延賠償である。

遅延利息 金銭債務の不履行の場合に，履行期が経過したことによって債務者が*損害賠償'として法律上当然支払わなければならない金銭。金銭債務の額に対し一定の比率に基づき遅れた期間に比例して計算されるので，利息と呼ばれるが，性質は損害賠償である。その率は*法定利率'による〔民404①〕。法定利率は年3分とされるが〔民404②〕，3年ごとに民法典の定めるところに従い法務省令によって定められる率に変更される変動制が採用されている〔民404③④⑤〕。法定利率よりも高率の*約定利息'が定めてあれば，それを基準とすることになる〔民419①〕。例えば，金銭を借りるときに，期限に返済しなければ年1割の遅延利息を支払うという契約をすれば，1割の利息を支払わなければならない〔なお，利息4参照〕。遅延利息を請求するには，損害の発生を証明する必要はなく，債務者は不可抗力を理由に支払を拒むことはできない〔民419②③〕が，実際の損害額がこれより多額でも，遅延利息だけを支払えば足りる〔例外：民669・873②後，会社582等参照〕。

治外法権 因Ex(tra)territoriality *外交官'等が接受国等の外国にあるときに，それらが在留国ではなく本国の領土にあるものと擬制して，本国の法制が及び在留国の法制が及ばない(立法管轄権も及ばない)とされたこと。かつて外交官や領事裁判権(在留国において外国人が本国領事による裁判を受ける権利)を認められた国の国民については在留国の法制が一切及ばないとされたが，現在では外交官といえども接受国の法令の下にあり(立法管轄権が及んでいる)，接受国の一定の管轄権(刑事裁判権等)が免除されるにすぎない〔外交約前文〕。このような現在の外交官等の状態も治外法権と呼ばれることがあるが，法的には不正確である。

地下権 ⇨区分地上権'

地価税 バブル期における地価高騰により土地の所有の有無による資産格差が拡大したことを背景に，土地の有利性を縮減し，更に投機的土地所有を抑制することにより地価を安定させることを目的として，平成3年度税制改正により導入された租税。平成4年1月1日より施行された。本税は，土地の資産価値に応じてその保有者に負担を求める*財産税'である。*納税義務者'は，国内に土地及び借地権等を有する個人及び法人であり〔地価税4〕，*課税物件'は，個人又は法人が1月1日午前0時(課税時期)において有する土地等である〔地価税5〕。*課税価格'は，個人又は法人が課税時期において有する土地等の価額を合計した金額であるが〔地価税16〕，高額の*基礎控除'が適用される〔地価税18〕。*税率'は，当初は0.3%であったが，平成8年度以後は0.15%に引き下げられた(平成8法17)。また，一定の公共・公益的な用途に供されている土地等，1000㎡を超えないもので個人の居住の用に供されている土地等が非課税とされている〔地価税6～8〕。なお，バブル経済の崩壊に伴い地価が著しく下落したことにより，本税は平成10年度より当分の間，執行が停止されることになった〔租特71〕。

地球温暖化対策の推進に関する法律 平成10年法律117号。温暖化対策の枠組法であり，国，地方公共団体，事業者，国民のそれぞれが取組を行う責務を定め〔地球温暖化3～6〕，政府が地球温暖化対策についての基本方針を定めるとともに，上記の各主体が自ら排出する温室効果ガスの排出抑制に関する措置を計画的に進めるための枠組みを設けた。地域地球温暖化防止活動推進センターの設置についても規定した〔地球温暖化38〕。計画としては，地球温暖化対策計画〔地球温暖化8・9〕，政府の計画〔地球温暖化

ちだいやち

20〕、地方公共団体の計画〔地球温暖化21〕、事業者の計画〔地球温暖化36〕が定められるが、事業者の計画は努力義務にとどまっている。また、平成17年改正で導入された「温室効果ガス排出量算定・報告・公表制度」が温室効果ガスを多量に排出する事業者等について毎年度その排出量を算定し事業所管大臣に報告することを義務付け、国がこれを集計・公表するものとしている〔地球温暖化26〜35〕。多量排出者が自らの排出実態を認識し、国民・排出者全般の自主的取組を促進するものである。平成20年改正では、都道府県等について、地域の計画(区域施策編)としての地方公共団体実行計画の策定を義務付けたが、令和3年改正により、市町村全般に同計画の策定の努力義務が課され、その計画の中に、再生可能エネルギーを活用した「地域脱炭素化促進事業」を検討するエリア(促進区域)を位置付けることとされた〔地球温暖化21④〜⑦〕。また、同改正では、基本理念として、*パリ協定'の目標等を法に位置付け、更に2050年脱炭素社会の実現を旨とすることを定めた〔地球温暖化2の2〕。令和6年改正では、二国間クレジット制度の法定化と体制強化〔地球温暖化57の2以下〕、「地域脱炭素化促進事業制度」の強化〔地球温暖化21⑥・22の5〕が行われた(法56)。関連法として、令和5年には、「脱炭素成長型経済構造への円滑な移行の推進に関する法律」(GX推進法)(法32)、「脱炭素社会の実現に向けた電気供給体制の確立を図るための電気事業法等の一部を改正する法律」(GX脱炭素電源法)(法44)が成立した。

治罪法 明治13年(1880)公布(太告37)、明治15年施行された刑事訴訟法典。日本がヨーロッパ法系を継受して作った体系的・包括的な刑事訴訟法としては最初のものである。*ボアソナード'の起草にかかり、フランス法の影響が特に強い。明治23年、刑事訴訟法(法96)により廃止された。

知 事　⇨都道府県知事'

地上権　**1 意義及び内容**　他人の土地において工作物又は竹木を所有するためにその土地を使用する*物権'〔民265〜269の2〕。このような土地利用権は*賃貸借'によることもでき、地上権か賃貸借かは、譲渡性の有無、期間の長短などから判断されるが(⇨推定地上権')、建物所有のための利用権では、地主が地上権より効力の弱い賃貸借を選ぶため、賃貸借が圧倒的に多い。なお、空間の地上権については、*区分地上権'をみよ。
2 賃借権との相違　*賃借権の譲渡・転貸'には賃貸人の承諾が必要とされ〔民612〕、賃貸人に*登記'義務はない(賃貸人が任意に応じたときに登記できる〔民605〕)。これに対し地上権は物権なので譲渡性があり、地主には登記義務がある。存続期間は、賃貸借では50年を超えることができないのに対し〔民604。民旧604では20年だった〕、地上権では契約により自由に設定できるが、定めのないときは裁判所が当事者の請求により20年以上50年以下の範囲内で決定する〔民268〕。民法上、両者にはこのような差異があるが、建物の所有を目的とする地上権と賃借権には、*借地借家法'が適用され、いずれも、借主が地上に登記した建物を有するときは*対抗力'があり〔借地借家10〕(⇨賃借権の物権化')、*借地権'として権利の強化が図られている〔借地借家1・2①・3〜25〕。したがって、建物の所有を目的とする土地利用権では、両者の主な差異は譲渡性の有無にすぎなくなったが、この点でも賃借権の譲渡・転貸に賃貸人の承諾が得られないときの承諾に代わる許可の裁判の制度が設けられている〔借地借家19・20〕。

地 籍　土地の位置・形質及び所有関係を明らかにする制度。土地の*登記簿'には、表題部に土地の所在地・*地番'・*地目'・地積(土地の面積)が記録され、権利部の甲区に所有権を有する者が記録され〔不登則4〕、これによって地籍が明らかになる。

地 租　徳川時代の田租を継承し、明治6年(1873)の地租改正で近代的形態をとるに至った*国税'で、土地に対してその価格を*課税標準'として課された。その根拠法は、明治17年以後は地租条例(太告7)であり、昭和6年(1931)以後は地租法(法28)であった。昭和に入ってから、地方の財源とすべきであるという意見が強くなり、それに対応して、昭和15年に地方分与税中の還付税となり、その税収は道府県に分与することとされた。次いで昭和22年に都道府県の*独立税'となり、更に、昭和25年に*シャウプ勧告'に基づき現在の*固定資産税'に吸収された。明治初期から明治中期にかけては租税収入の大きな部分を占め、農業部門の剰余価値を地租として吸い上げ、それを他の産業部門の育成のための財政支出に充てた。

遅 滞　⇨受領遅滞'・'履行遅滞'
地 代　⇨じだい'
遅滞なく・直ちに・速やかに　⇨遅滞なく・直ちに・速やかに'(巻末・基本法令用語)
地代・家賃増減請求権　⇨じだい・やちんぞうげんせいきゅうけん'
地代家賃統制令　⇨じだいやちんとうせい

ちちをさだ

れい'

父を定める訴え 女性が，出産した子が嫡出推定〔民772〕を二重に受け，どちらの男性の子か確定できないときに，子の父を確定するため，*家庭裁判所'に提起される訴え〔民773，人訴2②〕をいう。かつては*再婚禁止期間'の定めに反する再婚に適用される規定であったが，令和4年の民法改正（法102）において同期間が廃止され，*重婚'〔民732〕のため複数の父が考えられるときに適用される規定へと改められた。

秩序罰 民事上・訴訟上又は行政上の秩序維持のために*過料'という名称をもって科す金銭罰。無届・無登録・不出頭などの軽微な義務の懈怠（けたい）（*秩序犯'）に科せられる〔住民台帳50～53，収用146〕。*道路交通法'に基づく放置違反金〔道交51の4〕も，行政上の秩序罰の一種とされている。秩序罰は刑罰ではないので，刑法総則・刑事訴訟法規の適用がない。行政上の秩序罰は，この点で*行政刑罰'と区別され，また，行政上の義務違反に対して一般統治権に基づいて科される*行政罰'の一種である点で，*懲戒'罰や*行政上の強制執行'の一方法である*執行罰'と区別される。民事・行政上の秩序罰は，*非訟事件手続法'に基づく〔非訟119～122〕，訴訟法的秩序罰は各規定に基づいて裁判所が*決定'をもってこれを科す。これに対して，*地方公共団体'の条例・規則違反に対して科される過料は，当該*地方公共団体の長'が*行政行為'の形式でこれを科し〔自治149③・255の3〕，納期限内に納付されないときは，*滞納処分'の例により強制徴収する〔自治231の3③〕。

秩序犯 *秩序罰'を科される非行。行政上の秩序犯は，一般の*行政犯'に比べ，軽微な行政上の義務を怠ることであることが多いが，同種の行為であっても，一方は刑罰を科され，他方は秩序罰としての*過料'を科されることもあり，立法は必ずしも統一されていない。

知的財産権 1 総説 無体財産権ともいい，主なものとして，人間の知的創作活動の所産である創作物に対する権利の*特許権'，*実用新案権'，*意匠権'，*著作権'や，営業に関する識別標識に対する権利である*商標権'がある。その他，*半導体集積回路の回路配置に関する法律'上の回路配置権，*種苗法'上の育成者権などの権利も含まれる。知的財産権は，著作権を含む点で，*工業所有権'（産業財産権）よりも広い概念である。知的財産権の権利の客体は，*発明'，考案など，人間の観念の上に存する無体物（無体財貨）であるために，事実として占有することができないが，*特許法'等の関連諸法は，権利者の許諾なく行われるこれらの無体物（無体財貨）の利用行為を侵害行為と構成することにより，排他的な支配権を作出している。

2 保護の強化 わが国は，明治時代以来，先進国の技術を模倣して産業を発展させることに軸足を置いており，化学物質を保護する*物質特許'は昭和50年の特許法改正（法46）で，*営業秘密'の保護制度は平成2年の旧不正競争防止法（昭和9法14）改正で，*サービス・マーク'（役務商標）の登録制度は平成3年の*商標法'改正（法65）で，ようやく設けられたにすぎない。しかし，その後，矢継ぎ早に知的財産の保護強化が図られた。平成14年には知財立国というスローガンの下，知的財産基本法が制定され，平成15年には内閣に知的財産戦略本部が設置された。もっとも，知的財産法の究極の目的が，知的財産の創出ばかりでなく，その利用を促進し産業や文化の発展を図るというところにある以上，保護の強化ばかりでなく自由利用の保障にも配慮したバランスのとれた保護が必要となる。なお，国際的に知的財産権の保護の水準を一定以上のものに高めることを要求する制度として，*トリップス(TRIPS)協定'がある。 ⇨世界知的所有権機関

知的財産高等裁判所 東京高等裁判所の特別の支部として設けられた，知的財産に関する事件を専門的に取り扱う*高等裁判所'〔知財高裁2〕。2005年4月1日に，知的財産高等裁判所設置法（平成16法119）に基づき開設された。東京高等裁判所の*管轄'に属する事件のうち，イ*知的財産権'の侵害訴訟の*控訴審'〔知財高裁2①〕，ロ特許，実用新案，意匠，商標の審決取消訴訟〔知財高裁2②〕などを取り扱う。特許権，実用新案権，回路配置利用権又はプログラムの著作物についての著作者の権利に関する訴え（これを「特許権等に関する訴え」という）は，東京地方裁判所又は大阪地方裁判所が*専属管轄'を有し〔民訴6①〕，これらに対する*控訴'は知的財産高等裁判所が専属管轄を有することとなる〔民訴6③〕。また，審決等取消訴訟についても知的財産高等裁判所が専属管轄を有する〔特許178①，新案47①，意匠59①，商標63①〕。これらの専属管轄を有する事件については，5人の裁判官の合議体で審理及び裁判をすることができる〔民訴310の2，特許182の2〕。この合議体は「大合議」と呼ばれ，知的財産事件では，信頼性のあるルール形成及び判断の統一が要請されることから，その要請に応えるため2004年4月に導入されたものである。

知的障害者福祉法 昭和35年法律37号。

'障害者総合支援法'と相まって、知的障害者の自立と社会経済活動への参加を促進するため、必要な援助・保護を行い、その福祉を図ることを目的とする〔知的障害1〕。市町村が更生援護の実施者であり、'福祉事務所'又はその長が相談・指導、情報提供等の業務を行う〔知的障害9・10〕。都道府県は、知的障害者更生相談所を設置して、連絡調整や広域的・専門的な業務等を行う〔知的障害11・12〕。知的障害者に対する'障害福祉サービス'の提供及び'障害者支援施設'への入所は原則として障害者総合支援法により行われるが、やむをえない事由により同法による給付の利用が著しく困難であるときは、市町村は本法による'福祉の措置'としてサービスの提供又は施設への入所を行う〔知的障害15の4・16①②〕。また、市町村は18歳以上の知的障害者につき、必要に応じて、知的障害者福祉司等による指導や親戚への更生援護の委託の措置をとる〔知的障害16①③〕。

知的所有権の貿易関連側面に関する協定
⇨'トリップス(TRIPs)協定'

地　番　土地の特定性を示す番号。土地'登記簿'の登記事項の1つ〔不登2⑰〕。登記所は、市・区・町・村・字又はこれに準ずる地域をもって地番区域を定め、その区域ごとに起番して、土地に'一筆(いっぴつ)'ごとに地番をつける〔不登35, 不登則97・98①〕。地番は土地の位置がわかりやすい定める〔不登則98②〕。⇨'地籍'

地方官庁　⇨'中央官庁・地方官庁'

地方議会　'普通地方公共団体'である'都道府県'・'市町村'及び'特別地方公共団体'である'特別区'の議会〔自治89・283①〕を、一般に地方議会という。⇨'地方公共団体の議会'

地方議会の調査権　⇨'調査権(地方議会の)'

地方教育行政の組織及び運営に関する法律　昭和31年法律162号。教育委員会の設置、学校その他の教育機関の職員の身分取扱いその他地方公共団体における教育行政の組織及び運営の基本を定めた法律(教育行政1)。本法に先立つ教育委員会法(昭和23法170)は、教育行政権の分権化と民主化を企図し、教育委員を住民の直接選挙により選出する仕組みを置いていたが、制度の定着をみることなく本法にとって代わられた。地方教育行政法は、教育と教育行政における政治的中立性の確保を理由として、教育委員の公選制を廃止し、'地方公共団体の長'による任命制を導入した。また、平成26年には、教育長の位置付けの変更、総合教育会議の設置等を目的とする改正(法76)がなされた。⇨'教育委員会'

地方行政機関(国の)　権限の範囲が地域的に限定される'国の行政機関'。その設置は、原則として、国会の承認を経なければならない。また、設置及び運営に必要な経費は国が負担する〔自治156④〕。しかし、承認の規定については、例外も少なくない〔自治156⑤〕。

地方行政連絡会議　'広域行政'処理の一方式。広域行政の総合的な実施のためには、'地方公共団体'相互の協力と地方公共団体と国の地方行政機関との間の連絡協調が必要である。この目的のため地方行政連絡会議法によって設けられたもの〔地行会議1〕。全国を北海道・東北・関東・東海・北陸・近畿・中国・四国・九州の9ブロックに分けて都道府県及び'指定都市'をもって組織し〔地行会議2・別表〕、これらの'地方公共団体の長'のほか、財務局・地方農政局・地方整備局等の国の地方行政機関の長及び公共的団体の機関の長等を構成員とする〔地行会議4①〕。各地方における広域行政の計画・実施について必要な連絡と協議を行うことを任務とする〔地行会議3〕が、会議において協議の調った事項についても、単に構成員に尊重努力義務が課されるにとどまる〔地行会議5〕。なお、協議事項に関係のある大臣等に意見を申し出るなどの権限が認められている〔地行会議7〕。⇨'国と地方の協議の場'

地方共同法人　'地方公共団体'が共同出資して、共同利益の実現を図る法人。目的が類似する法人組織としては、'地方自治法'上の'特別地方公共団体'としての'地方公共団体の組合'があるが、地方共同法人は、特別地方公共団体ではない。その具体例としては、国も出資する'特殊法人'として設置されていた諸組織が、特殊法人改革により改組された(日本下水道事業団、地方公務員災害補償基金等)ことに加えて、事務の電子化・ネットワーク化に対応するために、地方公共団体情報システム機構、地方税共同機構が設けられた(なお、前者は、令和3年の地方公共団体情報システム機構法改正(法37)で、国・地方が共同運営する組織に再編された)。地方共同法人においては、地方三団体(全国知事会、全国市長会、全国町村会)が選任する代表等から成る意思決定機関、及び外部有識者から成る審議機関が、執行機関と別途に置かれるという組織形態がとられることが一般的である。⇨'地方公共団体の組合'

地　方　区　⇨'選挙区選出議員'
地方警務官　⇨'都道府県警察'

ちほうこう

地方公営企業 一般的には*地方公共団体*の経営する企業。狭義には地方公営企業法が適用される水道事業(簡易水道事業を除く)・工業用水道事業・軌道事業・自動車運送事業・鉄道事業・電気事業・ガス事業をいう〔地公企2①〕。地方公営企業を経営するためには、原則として事業ごとに専任の管理者を置く。管理者は、地方公営企業の日常の業務を自らの責任において執行し、業務の執行に関して当該地方公共団体を代表する〔地公企7~16〕。地方公営企業は独立した法人格はもたないが、その経理は、原則として事業ごとに特別会計を設けて行い、その経費は、一般会計等の負担するものを除いて、当該事業経営に伴う収入をもって充てなければならない。また、企業会計方式をとるほか、企業債・予算・出納・剰余金・資産・財産等について*地方自治法*及び*地方財政法*に対する特例が定められている〔地公企17~35・40〕。企業職員については、特例的扱いがされており、その労働関係については*地方公営企業等の労働関係に関する法律*の定めるところによる〔地公企15・36~39〕。地方公営企業の経営健全化については「地方公共団体の財政の健全化に関する法律」が定める〔地財健全化22~24〕。

地方公営企業等の労働関係に関する法律 昭和27年法律289号。*地方公営企業*及び特定地方独立行政法人〔地独行法2②〕の労働関係を規整する法律。職員は*労働組合*を結成し〔地公等労5①〕、*団体交渉*を行い、*労働協約*を締結することができる〔地公等労7〕が、*ユニオン・ショップ*及び*争議行為*は禁止されている〔地公等労5①・11①〕。争議の*あっせん*、*調停*、*仲裁*及び*不当労働行為*の審査は都道府県労働委員会が行う〔地公等労4・14・15・16の3〕。⇨行政執行法人の労働関係に関する法律

地方公共団体 1 意義 *都道府県*や*市町村*のように、国の領土の一部である一定の地域を基礎とし、その地域内における住民を構成員として、その地域内における行政を行うために、国の憲法・法律が定めた*自治権*を行使することを目的とする団体。かつては*地方団体*と呼ばれたが、憲法〔憲8章〕を始めとして多くの法律は「地方公共団体」の語を用いている。地方自治体又は単に自治体ともいう。ただし、後二者の表現は、以下にいう各種の地方公共団体のうち、都道府県及び市町村(それに加えて更に*特別区*)を指す意味で使われることが一般的である。*明治憲法*下の地方公共団体は、国の一般的な後見的監督の下に、限られた範囲の非権力的行政を担当する事業団体又は費用負担団体としての性格が強かった。地方自治を保障する現行憲法の下においては、警察等を含む権力的行政を始めとする広範な自治権を認められた統治団体としての性格をもつに至った。しかし、現実には、明治期以来の集権行政の弊害が多く出ていることから、地方公共団体の有する地方自治を担うため*法人*にするため*国の関与*の限定を中心とした*地方分権*改革(平成11法87)が平成12年4月より実施された。 ⇨地方自治

2 種類 *地方自治法*は、地方公共団体を*普通地方公共団体*と*特別地方公共団体*に大別する。都道府県と市町村が前者であり、特別区・*地方公共団体の組合*及び*財産区*が後者である〔自治1の3〕。憲法に自治権を保障されている地方公共団体とは、直接には、この普通地方公共団体を指す(最大判昭和38・3・27刑集17・2・121参照)。ただし、特別区は、平成10年の地方自治法改正(法54)により*基礎的地方公共団体*であることが明示され、実際には市とほぼ同一の位置付けを与えられている〔自治281の2②・283〕。

地方公共団体の委員会 1 執行機関としての委員会 地方公共団体の委員会というとき、第1次的には、地方公共団体の執行機関として設けられる委員会をいう〔自治138の4①〕。都道府県に*公安委員会*・都道府県労働委員会(⇨労働委員会)・収用委員会等、市町村に農業委員会等、両者共通に*教育委員会*・*選挙管理委員会*・*人事委員会*(又は*公平委員会*)を置かなければならない〔自治180の5①~③〕。アメリカの制度をモデルとする合議制の*行政委員会*の地方版といえる。委員会の特色としては、委員の身分保障、権限行使の独立性の保障、準立法的な権能としての規則制定権〔自治138の4②〕の付与がある。ただし、全ての委員会がこれらの特色を備えているのではない。

2 地方議会の委員会 地方公共団体には、*地方議会*に置かれる常任委員会、議会運営委員会、特別委員会がある〔自治109〕。もっとも、これらを「地方公共団体の委員会」とは呼ばないのが通例である。

地方公共団体の議会 *地方公共団体*の*住民*の代表機関であり、その議事・議決機関。*普通地方公共団体*である都道府県・市町村の議会(⇨都道府県議会・⇨市町村議会)のほか、*特別区*の議会や*地方公共団体の組合*の議会など*特別地方公共団体*に置かれる議会もある〔自治89①・283①・292〕。憲法は、地方公共団

にはその住民の直接公選する議員をもって組織する議会を置くこととしている〔憲93〕が、その趣旨が現在の都道府県・市町村に限られるのかどうかは、問題のあるところである。なお、町村では、条例で、議会を置かず、これに代えて選挙権者の総会である*町村総会'を設けることができる〔自治94・95〕。*地方自治法'は、憲法の定める*首長制'(二元(的)代表制ともいう)の下で、議会の地位の強化を図っている。すなわち、議決権・選挙権・監督権等のほか、執行機関の事務に関する説明請求権・*調査権'(いわゆる100条調査権)などが認められ、*自治事務'だけでなく*法定受託事務'についても検閲・検査し、*監査委員'に対し監査を求めることができ、また、歳出歳入予算の増額修正権など広範な権限が認められる〔自治96～100〕。更に、その自主的活動を推進するために、常任委員会や議会運営委員会を設け、事務局を強化し、また年に条例で定める回数の定例会制度ないし通年の会期制度を採用し、会期の開閉・延長等に関する自主的権限を認めている〔自治101～138の2〕。専門的事項の外部への調査付託もできる〔自治100の2〕。ただ地方公共団体の議会にあっては、住民からの*直接請求'によって議会の解散又は議員の解職を求めることができること〔自治13・76～80〕、執行機関である長に議会の違法な議決等について*再議'に付するなどの*拒否権'が認められ〔自治176・177〕、また、議会の権限に属する事項について一定の*専決処分'をする権限が認められる〔自治179・180〕などの点で、国会とは異なる。なお、議会と地方公共団体の長との関係については、*地方公共団体の長'に掲げた[図：地方公共団体の長と議会の関係]を参照せよ。

地方公共団体の議会の解散請求　⇨解散請求(地方公共団体の議会の)'

地方公共団体の起債　⇨起債(地方公共団体の)'

地方公共団体の規則　*地方公共団体の長'が制定する法形式。地方公共団体の長は、法令に違反しない限りにおいて、その権限に属する事務に関し、規則を制定することができる〔自治15①〕。規則には5万円以下の過料を定めてよい〔自治15②〕。地方公共団体の*自治立法'の一種であり、*地方議会'の定める*条例'と同じく憲法上の地方自治の保障を受ける(多数説)。条例と規則は制定手続を異にするものであって、国における法律と命令の関係のような優劣関係はない。もっとも、条例と規則の制定範囲については見解の対立がある。なお、*地方公共団

体の委員会'も法律の定めるところにより規則を制定することができる〔自治138の4②〕。

地方公共団体の協議会　⇨事務の共同処理(地方自治法上の)'

地方公共団体の組合　**1 意義**　*特別地方公共団体'の一種〔自治284～293の2〕。地方公共団体の事務の能率化並びに広域行政の処理のための共同処理方式の1つ。町村制(明治44法69。昭和22法67により廃止)施行当時から認められている。地方公共団体が、その事務の全部又は一部を共同で処理するために関係地方公共団体を構成員として設立するものであり、独立の法人格をもつ。組合には、都道府県の加入するもの、市及び特別区の加入するもので都道府県の加入しないもの、町村だけが加入するものがあり、それぞれ、都道府県、市、町村に関する規定が準用される〔自治292〕。

2 種類　地方公共団体の組合には*一部事務組合'と*広域連合'がある。かつて*全部事務組合'と*役場事務組合'の設立を認める規定があったが、平成23年の地方自治法改正(法35)で廃止された。一部事務組合は、地方公共団体の事務の共同処理方式のうちで最も多く利用されている。特に、環境衛生、厚生福祉、学校教育等の各種施設(上水道、ごみ処理、し尿処理、病院、老人福祉、学校等)の設置・管理の分野で多い。また市町村・特別区レベルでは、相互に関連する事務を共同処理するためのいわゆる複合的一部事務組合を設置できる〔自治285〕。平成6年に新設された広域連合は、都道府県・市町村・特別区が設置することができ、広域にわたる事務を総合的かつ計画的に処理するためのもので、総務大臣又は都道府県知事の許可を受けて設立できる。国等からの権限委譲の受け皿となること、広域計画が一定程度、構成地方公共団体を拘束すること、*直接請求'制度が認められることなどの特徴がある〔自治284①③・291の2～291の13〕。ただ、2000年代に入ってから、広域連合によっても広域行政は十分ではないとして、平成22年3月末まで強力に*市町村合併'が進められた。

地方公共団体の事務　**1 意義**　*地方公共団体'が自らの創意と責任において処理するものとされている事務。かつては、学問上の用語であった*自治事務'ないし団体事務のみをいったが、平成12年実施の*地方分権'改革(平成11法87)後は、自治事務も*法定受託事務'も含めて地方公共団体の事務となった〔自治2②⑧〕。*地方自治'を保障する現行憲法の下における地方公共団体は、統治団体としての性格をもち、

ちほうこう

地方における政治・行政は原則として地方公共団体の自主的に処理する事務となることが要請される。この事務の範囲の拡充が，*地方自治の本旨'の一内容として要求される。

2 種類 かつては，専ら沿革的な理由から，地方公共団体の事務は，固有事務(*公共事務')(⇨固有事務・委任事務')・*団体委任事務'及び*行政事務'の3種に大別されたが，現行法上は，自治事務と法定受託事務の区別が最も重要であり，その区別の意義は，特に，国(中央省庁)による地方公共団体の事務処理に対する関与の種類，度合いの違い〔自治245以下〕において現れる。国の利害が強い法定受託事務にあっても，地方公共団体は*条例'制定の余地があることから，両事務は多少相対化している。地方自治法は，「地域における事務」とその他の事務の区別をしているが〔自治2②〕，後者に属する事務は法律又はこれに基づく政令によらなければならず，ほとんど存在しない。市町村は基礎的な，都道府県は広域的な地方公共団体として，それぞれ総合行政を行うべきであるが，事務処理の競合は避けられなければならない〔自治1の2①・2③〜⑥〕。⇨行政事務配分'

地方公共団体の事務の委託 地方公共団体の*事務の共同処理'方式の一種。地方公共団体は議会の議決を経て協議により規約を定め，*地方公共団体の事務'の一部を他の地方公共団体に委託して，その長又は同種の委員会等に管理執行させることができる〔自治252の14〕。委託した地方公共団体は，委託した範囲で事務処理権限を失い，受託地方公共団体は自己の事務として，受託地方公共団体の条例・規則等を適用する。*事務の代替執行'では，代替執行を求めた地方公共団体の名で管理・執行が行われる〔自治252の16の2①〕点で違いがある。⇨委託'

地方公共団体の長 1 *普通地方公共団体'の長。当該普通地方公共団体を統轄し，これを代表する〔自治147〕。*都道府県知事'，*市町村長'がこれである。*明治憲法'下においては，都道府県官・府県知事は国の官吏であり，市町村長も市町村会が選挙するものであったが，現行憲法の下では，普通地方公共団体の長は住民が直接公選することとなった〔憲93〕。長は，当該地方公共団体の最高の*執行機関'として，統轄代表権をもつほか，予算の調製・執行を行うなど当該*地方公共団体の事務'を管理執行する。また，*補助機関'である職員を指揮監督し，委員会等の執行機関に対する総合調整権をもつだけでなく，区域内の公共的団体等に対する指揮監督権をもつ〔自治147〜157〕。更に，その権限に属する事務に関して*規則'を制定することができ，また，議会に対する関係において，一般的・特別的*拒否権'〔自治176・177〕や*専決処分'〔自治179・180〕をする権限をもち，議会の長に対する不信任議決に対して議会を*解散'する権限をもつ〔自治178〕。また，住民の*解職請求'によって職を失うことがある〔自治81〜83〕。

2 *特別地方公共団体'の長としては，*特別区'の*区長'〔自治283①・139②〕や*広域連合'の長〔自治291の5②〕がある。*財産区'には長は置かれず，その属する市町村等の長が執行機関となる。長と議会の関係は図の通りである。

[図：地方公共団体の長と議会の関係]

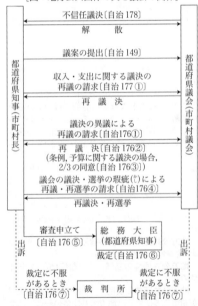

(注)1 市町村の場合は，市町村長と市町村議会の関係になり，総務大臣が都道府県知事に代わる。
 2 長と議会の関係では，上記のほかに，地方自治法98条・99条・121条・122条・125条がある。
 3 ‑‑‑‑▶は，*機関訴訟'〔行訴6〕。

地方公社 *地方公共団体'が，公共用地の買収・造成，農地開発，有料道路の経営，都市施設整備などの事業を行わせるために，出資・貸付・補助・債務保証などの方法で設立している法人で公社の名称を有するものである。

特別の法律に基づき設立する法人の具体例としては，土地開発公社(公有地の拡大の推進に関する法律)，地方道路公社(地方道路公社法)，地方住宅供給公社(地方住宅供給公社法)がある。地方公社は道路等に要する公共事業用地等を先行取得し，地方公共団体の業務運営の円滑化を図るものである。*地方公共団体の長'は，地方公社に対して一定の監督権限をもつ〔自治221③，自治令152①1，自治243の3②〕。地方公社に対しては，その密室性に批判が提起されたことを受けて，地方公社を情報公開の実施機関に含め，情報公開を図る情報公開条例がみられる。

地方交付税 *地方公共団体'間の財政調整並びにその財源保障の制度の中心をなすもの。地方交付税法に基づき，*国税'である所得税・法人税・酒税・消費税の収入額の一定割合の額によって，都道府県及び市町村がその事務を遂行することができるように国が交付する税のこと〔交付税2①・6〕。普通交付税と特別交付税の2種があり，毎年度分の交付税の総額の94%が普通交付税の総額となる〔交付税6の2〕。各地方公共団体に対して交付する普通交付税の額は，当該団体の*基準財政需要額'から*基準財政収入額'を差し引いた財源不足額であるが，各地方公共団体について算定した財源不足額の合算額が普通交付税の総額を超える場合は，その超過金額が基準財政需要額の合計額に占める割合(調整率)によって，基準財政需要額を圧縮する方法がとられている〔交付税10①②〕。他方，特別交付税は，基準財政需要額の算定方法によっては捕捉されなかった特別の財政需要などを考慮して交付される〔交付税15①〕。交付税の前身である昭和29年改正(法101)前の地方財政平衡交付金においては，財源不足額を合算したものがその総額とされていたのに対して，現行の地方交付税ではその総額が法定されている点に違いがある。国税の一定割合を地方公共団体の独立財源として交付するところから，税の名称が付けられているが，本来の意味での*租税'ではない。また，この交付税の使途は，地方公共団体がその自主財源と同様に，自主的に決定することができ，その点で，ひもつき財源である*補助金'と異なる。

地方公務員 **1 意義** *地方公共団体'及び特定地方独立行政法人の職員としての身分を有する公務員をいう〔地公2・3①，地独行法47〕。
2 適用法律 地方公務員には，*地方自治法'中の職員関係規定〔自治139〜145・161〜175・203〜207〕が適用される。地方公務員の職は*一般職'と*特別職'に分かれ，一般職の地方公務員には*地方公務員法'が適用され〔地公3・4〕，*地方公共団体の長'を始めとする特別職については地方自治法等に定めがある。一般職のうち，その職務と責任の特殊性に基づいて地方公務員法の特例を必要とするものには，特別法が定められている〔地公57〕。公立学校の教職員についての*教育公務員特例法'及び*地方教育行政の組織及び運営に関する法律'，地方公営企業等職員等についての地方公営企業法及び*地方公営企業等の労働関係に関する法律'，消防職員についての消防組織法，警察職員についての*警察法'等がその例である。なお，地方公共団体に勤務する者でも，職務の特殊性から国家公務員とされる場合がある〔警56①(地方警務官)〕。地方事務官〔自治旧附8〕もその例であったが，この制度は，*地方分権'改革(平成11法87)で廃止された。 ⇨独立行政法人'

地方公務員法 昭和25年法律261号。
1 意義 地方自治法制の一環として*地方公務員'の人事行政に関する根本基準を定める法律〔地公1〕。*地方公共団体'が大小様々であること，及び地方行政職員の身分確定が困難であったことなどから，昭和22年制定の*国家公務員法'より遅れて制定された。法改正は頻繁であるが，近時のものとしては，*特別職'非常勤職員の一部〔地公3③〕の任用と*臨時的任用〕〔地公22の3〕の要件を厳格化し，かつ，*一般職'の非常勤職への任期付任用を明確化するために*会計年度任用職員'の制度を新設した平成29年の改正(法29)，及び，*定年'引上げに関する令和3年の改正(法63)がある。
2 内容 地方公務員法の根本原理は国家公務員法とほぼ同一である。主たる違いは，次のとおり。イ 国家公務員につき*人事院規則'事項とされている事項を*条例'に委任，ロ 特別職としての非常勤職員を明定〔地公3③②③⑤〕，ハ 一般職の非常勤職員の任期付任用職員としての会計年度任用職員の制度を規定，ニ *単純労務者'についての特例の承認〔地公57〕，ホ 職員の政治的行為の制限を当該地方公共団体の区域内にとどめて緩和的に定める〔地公36②〕とともに罰則を設けていないこと，ヘ *職員団体'が当局と書面協定を締結できる旨の明記〔地公55⑨〕など。なお，国家公務員法の場合と同様〔国公附4〕，地方公務員法にも同法の特例を定める特別法がある〔教公特，教育行政，地公等労，警，消組等〕。 ⇨公務員制度改革' ⇨非常勤職員' ⇨任期付職員'

地方債 **1 意義と種類** *地方公共団体'が*歳入'の不足を補うために金銭を借り入れることによって負う*債務'。その主体によって，

ちほうざい

都道府県債・市町村債等に区別される。また、その年度中の歳入の一時的不足を補うためであるか、次年度にわたる歳入の不足を補うためであるかによって、一時借入金と狭義の地方債に分かれる。*地方自治法'及び*地方財政法'では、地方公共団体が次年度以降の収入をもって順次償還する条件で負担する債務の意味で、すなわち、年度内に償還する一時借入金〔自治235の3〕を除き、地方債証券及び借入金を含めた意味で用いられている。

2 制限 地方公共団体の歳出は、地方債以外の歳入をもってその財源とするのが原則で、一定の公営企業費・出資金・貸付金等の財源とする場合などに限って、地方債をもってその財源とすることができる〔地財5〕。地方公共団体が地方債を起こすには、*予算'の定めるところによらなければならず、更に地方債の目的・限度額・*起債'の方法・利率・償還方法も予算で定めなければならない〔自治230〕。また、地方債を起こし、並びに起債の方法及び償還の方法を変更しようとするときは、総務大臣又は都道府県知事との事前協議が必要である〔地財5の3〕。⇒公債'

地方財政法 実質的意味では、地方公共団体の*財政'に関する法規又はその全体を指すが、普通は形式的に、昭和23年法律109号「地方財政法」を意味する。*地方自治法'の財務関係規定〔自治9章〕が地方財政制度の基本を定めるのに対し、地方財政法は、地方財政の健全性を確保し*地方自治'の発達に資する目的〔地財1〕から、*地方債'の制限を含む財務処理上の基本準則〔地財2~8〕、補助金の交付、負担金の支出などを含む国と地方公共団体との経費負担の関係〔地財9~26〕、都道府県と市町村との財政関係〔地財27~30〕、内閣による地方財政状況の報告義務〔地財30の2〕などについて定めている。

地方裁判所 原則的な*第一審'裁判所として*高等裁判所'の下位に置かれている*下級裁判所'〔裁23~31〕。各都府県にそれぞれ1庁、北海道に4庁設置されている〔下裁管轄別表2〕。地方裁判所が*裁判権'をもつ事項は、イ 訴額(⇒訴訟物の価額)'が140万円を超える請求に関する民事訴訟、訴額が140万円を超えない不動産に関する民事訴訟、並びに、内乱罪及び罰金以下の刑に当たる罪に関する訴訟を除く刑事訴訟の第一審、ロ *簡易裁判所'の民事に関する*判決・決定・命令'に対する*控訴'及び*抗告'、ハ その他法律で定めた事項である〔裁24・25〕。地方裁判所での審判は原則として*単独制'で行われるが、控訴・抗告事件及び法律で合議体で審理裁判をすることが定められた事件については3人の*合議制'をとる〔裁26。例外:民訴269・269の2〕。地方裁判所を構成する裁判官には*判事'と判事補がある〔裁23〕。判事のうち1人は所長に命ぜられ、所長は全員の判事から成る*裁判官会議'の議により、*司法行政'事務を総括する〔裁29〕。

地方自治 **1 意義** 地方における政治と行政を、地域住民の意思に基づいて、国から独立した地方公共団体がその権限と責任において自主的に処理すること。国とは独立の法人格をもった地方公共団体を設けるという*団体自治'と、その事務の処理を住民の意思に基づいて行う*住民自治'の2つの要素の結合から成る。

2 地方自治の必要性 歴史的には国家の成立に先立って都市や村が存在した。国家ができて以降、地方自治のあり方が問題となる。理論的にみるならば、近代における*国民主権'国家では、民主主義が基礎となっているから、団体自治を設ける必要はないことになろう。現に、フランスでは地方自治は旧勢力を温存するものとして否定的に考えられた。しかし、一般に近代国家では、国民主権が実際にはまだ十分には実現していないことから、強大な中央集権地方に対する対抗物として地方自治が求められてきた。現代国家においても、地域的な事務を処理するめだけではなく、法律上は制度化されている国民主権を実質化するためにも、地方自治の果たす役割には大きなものがある。第二次大戦以前に地方自治を憲法で保障した国は例外的であったが、戦後は増加した。1988年にはヨーロッパ地方自治憲章が発効している。これは、民主主義を草の根から積み上げようとする目的をもち、批准国が憲法規定の中に種々の地方自治保障項を置くことを内容としている。

3 日本国憲法における地方自治 *明治憲法'には地方自治を保障する規定が置かれなかった。現行憲法は、92条で*地方自治の本旨'に基づいて地方自治制度が設けられるべきこと、93条で住民自治の諸要素、94条で団体自治の諸要素を保障し、更に95条で*地方自治特別法'に関する住民投票を定めている。戦前の地方公共団体は、非権力的な団体として、法的には各種の公共的な組合と同質的なものと理解されていた。戦後の地方公共団体は、義務を課し権利を制限する条例の制定権〔自治14②参照〕や行政執行権を得て、国と類似の一種の統治団体と理解されるに至り、地方自治の役割は飛躍的に高められた。地方自治に関連する重要な法律として、*地方自治法'、*地方財政法'、*警察法'、*地方教育行

政の組織及び運営に関する法律'などがある。

4 地方自治の現状 戦後一旦分権化された教育と警察の2大行政分野を始めとして、多くの領域で事務・権限の集権化、広域合併、地方財政の統制などが進んだため、絶えず地方自治の危機が指摘されてきた。昭和30年代後半からの新中央集権主義、昭和50年代後半からの新々中央集権主義の呼称もその象徴である。しかしながら、それは常に中央直結による利益を求める地方の要求の結果という一面も否定できない。過度の中央集権を是正するため、「地方分権の推進を図るための関係法律の整備等に関する法律」(平成11法87)に含まれていた地方自治法の改正により、地方自治充実の第1段階として地方分権改革が平成12年4月に実施された。その後、市町村の大合併が行われたが、都市部への人口集中、地方での過疎化の進行が止まらず、地方自治のあり方が論じ続けられている。 ⇨地方分権'

地方自治体 自治権をもった地方団体という意味であり、地方自治団体、自治体ともいう。法律上の用語ではない。 ⇨地方公共団体'

地方自治特別法 1つの*地方公共団体'のみに適用する特別法のこと。*地方自治'を尊重する趣旨から、1つの地方公共団体だけが、他の同種の一般の地方公共団体とは異なった法律の適用を受ける場合に、国会による立法の完結性の例外として、当該地方公共団体の*住民投票'を要求しているもの。すなわち、憲法は、一の地方公共団体のみに適用される特別法は、法律の定めるところにより、その地方公共団体の住民の投票においてその過半数の同意を得なければ、国会は、これを制定することができないものとしている〔憲95〕。住民投票の手続は*国会法'67条及び*地方自治法'261条・262条が定めている。何が具体的に地方自治特別法に該当するかは、国会の判断に委ねられているものと解されているが、都道府県の*廃置分合'についての法律〔自治6①〕は、地方自治特別法であるといえる。従来、地方自治特別法として、広島平和記念都市建設法(昭和24法219)、首都建設法(昭和25法219。昭和31法83により廃止)、旧軍港市転換法(昭和25法220)、別府国際観光温泉文化都市建設法(昭和25法221)などがあるが、昭和30年以後、住民投票の行われた例はない。

地方自治の本旨 *地方自治'の基本精神を的確に表すために設けられた総則的な言葉。地方公共団体の組織及び運営に関する事項を法律で定めるにあたって遵守すべき基準である〔憲92〕。地方における政治と行政を、国から独立した地方公共団体の手に委ね、地域住民の意思に基づいて処理するものとする原則。日本国憲法の英訳では principle of local autonomy である。*団体自治'と*住民自治'とを合わせた地方自治をできる限り完全な形で実現することを理念とするものである。

地方自治法 **1 形式的意味の地方自治法** 昭和22年法律67号。憲法の*地方自治'の規定〔憲8章〕に基づく地方自治の基本法。*地方自治の本旨'に基づいて、*地方公共団体'の区分並びに地方公共団体の組織及び運営に関する事項の大綱を定め、併せて国と地方公共団体との間の基本的関係を確立することにより、地方公共団体における民主的にして能率的な行政の確保を図るとともに、地方公共団体の健全な発達を保障することを目的とする〔自治1〕。それまでの道府県制、東京都制、*市制・町村制'等の地方の政治・行政に関する定めを統ész合したもので、憲法と同一日に施行された。
2 主要な内容 地方公共団体の長・議会の議員の直接公選、*直接請求'などの*住民'の権利の拡充、地方公共団体の自主性・自律性を強化するため地方への大幅な事務の委譲と国の権力的関与の排除、*首長制'の採用と議会の強化、*行政委員会'制度の採用による執行機関の多元化、その他、地方公共団体の行政運営の能率化・公正を図るための財務、事務共同処理に関する規定が置かれている。同法は、原則として全国の地方公共団体に規模の大小を問わず一律に適用されるという特色をもつ。
3 実質的意味の地方自治法 形式的意味の地方自治法のほか、*地方公務員法'、*地方税法'、*地方財政法'、地方公営企業法、*警察法'、*地方教育行政の組織及び運営に関する法律'などがある。地方公共団体の*条例'・規則もこれに含めることができる。

地方自治法上の事務の共同処理 ⇨事務の共同処理(地方自治法上の)'

地方支分部局 *内閣府'・*省'・*委員会'・*庁'の所掌事務を分掌させるために地方に設置される国の*出先機関'〔内閣府43~47・57,行組9〕。財務省に対する財務局、国税庁に対する国税局・税務署などがその例。各省設置法などの法律によって設置される。

地方事務官 都道府県に置かれる*国家公務員'の職に係る官の名称(⇨職(公務員の)')。正確には地方事務官と地方技官との2つがあるが、地方事務官と総称されることが多い。この制度は、都道府県知事の*機関委任事務'に国家

ちほうしよ

公務員が従事するという変則的なものであったが，平成11年の「地方分権の推進を図るための関係法律の整備等に関する法律」（法87）によって，これを国の行政機関の事務（国の直接執行）とし，それに従事する職員は当該行政機関の職員とする（そのような形で地方事務官制度を廃止する）こととされた。

地方消費税 国税である消費税の税額を*課税標準'とする都道府県の地方税〔地税4②③・72の78〕。平成6年の税制改正（法111）で創設された。消費税が採用されたのに伴い，地方財源として消費譲与税が存在していたが，従来通りの方向として，消費税負担の引上げとともに所得税・住民税の減税が行われていくと，住民税減税により地方税が縮小する一方で，消費譲与税という国からの交付金が代替することなり，地方の自主財源が減少していく懸念があったことから検討された税目である。*地方団体'のサービスに対する対価であることに課税の根拠が求められるが，他方で，地方団体の消費税では，税の負担者たる消費者の所在地（最終消費地）と税の帰属地（納税地）との不一致が生ずるという問題点が指摘されてきた。そこで現行の地方消費税では，徴収は地方団体に代わって国が行うこととし，消費税と地方消費税を合わせて国が徴収し，地方消費税については，都道府県における消費額を基準として税収の配分を行うこととしている。企業課税としての*付加価値税'は，アメリカ合衆国のミシガン州やニューハンプシャー州に例がないわけではないが，多段階の一般消費税としての地方消費税は，付加価値税として世界に例をみない税制である。 ⇨消費税'

地方譲与税 ⇨譲与税'
地 方 税 ⇨国税・地方税'
地方税条例主義 *地方団体'の*課税権'については，憲法によって直接に与えられているという説と*地方税法'によって与えられているという説とがあるが，いずれにしても地方税法は枠法ないし基準法（圖 Rahmengesetz）であって，地方団体が地方税を賦課・徴収するためには，地方税法の定めに従った税務条例を制定しなければならない。地方税については，国税について租税法律主義が妥当するのと同様に，地方税条例主義が妥当し，地方税の課税要件及び賦課・徴収の方法は条例によって定められなければならず（課税要件条例主義），その内容は明確でなければならない（課税要件明確主義）。 ⇨租税法律主義'

地 方 税 法 昭和25年法律226号。地方税について，*地方団体'の*課税権'を定めるほか，道府県及び市町村の税目や*法定外税'に関する基本的規定，地方税の賦課・徴収の手続等を規定した基本的法律。地方税に関する地方団体の条例は本法の規定する枠内において定められるものとする。 ⇨国税・地方税'

地 方 団 体 *地方公共団体'のこと。*地方税法'，地方交付税法などでは，伝統的に*道府県'（又は道府県）及び*市町村'のことを地方団体と呼んでいる〔地税1①Ⅰ，交付税2②〕。

地方独立行政法人 住民の生活，地域社会及び地域経済の安定等の公共上の見地からその地域において確実に実施されることが必要な事務・事業であって，地方公共団体が自ら実施する必要のないもののうち，民間に委ねた場合には必ずしも実施されないおそれがあるものと地方公共団体が認めるものを，効率的かつ効果的に行わせることを目的として地方公共団体が設立する法人〔地独行法2〕をいう。地方公共団体は，地方独立行政法人を設立するときは，議会の議決を経て定款を定め，総務大臣又は都道府県知事の認可を受けなければならない〔地独行法7〕。地方独立行政法人の類型としては，基本類型としての地方独立行政法人に加えて，特例のある試験研究地方独立行政法人〔地独行法67の8〕，公立大学法人〔地独行法68〕，公営企業型地方独立行政法人〔地独行法81〕，申請等関係事務処理法人〔地独行法87の3〕があり，また，国が設立する*独立行政法人'と同様，その職員が地方公務員の地位を有する特定地方独立行政法人とそれ以外の一般地方独立行政法人の区別〔地独行法2〕がある。これらの法人の業務範囲については大学運営，事業経営などの制限〔地独行法21〕があるほか，役職員の任命，地方独立行政法人評価委員会の設置〔地独行法11〕，企業会計原則の導入〔地独行法33〕，設立団体の長により示された中期目標に応じて中期計画を策定した運営〔地独行法25・26〕など，独立行政法人及び*国立大学法人'の運営の基本原則に準じた制度になっている。

地 方 分 権 *中央集権'に対する用語で，狭義では国の機関にある事務・権限を*地方公共団体'に委譲（移譲）ないし配分すること，又はそれらが行われた状態をいう。広義では，地方公共団体に対する国の関与を縮小することも意味する。日本では，現行憲法が*地方自治'を保障し〔憲8章〕，*地方自治法'，*地方財政法'等でこれを具体化しているが，現実には，*機関委任事務'や*補助金'制度等を通じて*明治憲法'体制以来の中央集権体制が続いてきたとされる。

この集権体制が政治・経済・社会の様々の分野において機能を麻痺(まひ)させ、同時に地域の自由闊達(かったつ)な自治を阻害する要因の1つになっているという認識が広まった。このため平成時代(1989〜)に入る頃から、各界で地方分権を求める声が強くなった。地方分権推進法(平成7法96。平成13・7・3失効)に基づく地方分権推進委員会が相次ぐ報告・勧告を出して、「地方分権の推進を図るための関係法律の整備等に関する法律」(いわゆる地方分権一括法)(平成11法87)が制定された。同法の中核をなす地方自治法改正は平成12年4月1日に施行され、機関委任事務制度の廃止、国家関与制度の整備を中心とする分権改革が本格的に始まった。その後も政府は全閣僚からなる地方分権改革推進本部を設け、その他の委員会や調査会の勧告・答申等を受けて地方分権改革を推進した。しかし、市町村の規模や事務量、財源移譲の問題、*住民自治'の充実などが地方分権を実質化する上で課題となっている。

地方法人税 ⇨国税・地方税'
地方法人特別税 ⇨事業税'
地 目 土地の主な用途による区分を表す名称。土地*登記簿'の登記事項の1つ〔不登2⑱〕。田・畑・宅地・塩田・鉱泉地・池沼・山林・牧場・原野など23種に区分されている〔不登則99〕。 ⇨地籍'

チャイニーズ・ウォール 英 Chinese Wall 万里の長城のことであるが、転じて*内部者取引'を防止するため会社の部門間での情報の伝達に関して堅固な障壁を設けて、特定部門からの情報を隔離することの意味に使われる。例えば、証券会社等の法人部門や引受部門が取得した企業の内部情報を営業部門に流して顧客の勧誘に使うことを未然に防止するため、人的組織の区分けや物理的な隔離を行うことなどを指す。昭和63年の証券取引法(現*金融商品取引法')改正(法75)により、内部者取引規制が導入されたのに伴い、チャイニーズ・ウォール徹底のため、証券会社・銀行・保険会社等は自主ルールによって、企業情報を一元的に管理するシステムの構築等を行っている。アメリカではチャイニーズ・ウォール政策を十分に実施していない証券会社等は、その従業員等の行った内部者取引について重い管理責任が課せられることも多い。

嫡 出 子 **1 意義と効果** 法律上の*婚姻'関係にある男女を父母として生まれた子。嫡出子は父の*氏(うじ)'を称し〔民790①〕、未成年の間は父母が共同親権を行使する〔民818〕。

2 種類 イ 妻が婚姻中に懐胎した子は、夫の子、すなわちその夫婦の嫡出子と推定される〔民772①〕(嫡出推定)。ロ 女が婚姻成立前に懐胎し婚姻成立後に生まれた子も、嫡出推定を受ける〔民772①〕。これは、嫡出推定を受けないが*戸籍'上は夫婦の子として記載されていた従前の扱い(推定されない嫡出子)が令和4年の法改正(法102)によって改められたものである(⇨300日問題)。イロは、生来の嫡出子である。懐胎時期について、婚姻成立の日から200日経過後又は婚姻終了の日から300日以内に生まれた子は、婚姻中に、婚姻成立の日から200日以内に生まれた子は、婚姻前に懐胎したものと推定される〔民772②〕。また、懐胎から出生までの間に複数の婚姻があった場合には、出生の直近の婚姻の夫の子と推定される〔民772③〕。嫡出推定は、*嫡出否認の訴え'によってすることができる〔民774〜778の2〕。ハ *嫡出でない子'も、*準正'によって嫡出子となりうる〔民789〕。ニ *養子'は、養子縁組によって、養親の法定の嫡出子となる〔民809〕。

嫡 出 推 定 ⇨嫡出子'

嫡出でない子 法律上の*婚姻'関係にない男女の間に生まれた子。非嫡出子又は婚外子ともいう、*認知'の事実があれば当然に嫡出でない子の母子関係を認める(最判昭和37・4・27民集16・7・1247)。父子関係は*認知'をまって発生する〔民779〕。嫡出でない子は、原則として、母の*氏(うじ)'を称し〔民790②〕、母の戸籍に入り〔戸18②〕、母がその*親権'者となる〔民818〕。しかし、父が子を認知したときは、認知された子は、裁判所の許可を得て父の氏を称することができ〔民791〕、また父母の協議又は審判により、父を親権者とすることができる〔民819④⑤〕。認知された非嫡出子の*相続分'は、嫡出子の相続分の2分の1であったが、このことを定めた規定〔民旧900④但〕が判例により憲法違反であるとされたのに伴い(最大決平成25・9・4民集67・6・1320(非嫡出子法定相続分差別違憲決定))、平成25年改正(法94)により平等化が図られた。

嫡出否認の訴え *嫡出子'としての推定を受ける子〔民772〕について、この推定を覆し、その子が推定される父の子でないことを主張するための訴え〔民774・775、人訴2②・4・41・42〕。子の保護と家庭の平和を守るために、嫡出の推定はこの訴えによってだけ覆すことが許される。提訴権者は、原則として母の夫又は夫であった者(再婚の場合等で父と推定されない者〔民772③参照〕を含む)、子及び母に〔民774〕限られ、提

ちやくしゆ

訴期間は，子の出生時又は子の出生を知った時から3年以内〔民777〕(子については一定の場合には21歳に達するまでの間〔民778の2②〕)に限られる。父又は母は，一度嫡出であることを承認したときは，この訴えをすることは許されない〔民776〕。請求が認容されると，子の嫡出性は否認され，父子関係は遡及的に消滅するが，子は父であった者が支出した監護費用を償還する義務を負わない〔民778の3〕。

着手未遂 *未遂'のうち，*実行行為'そのものが終了せずに終わったものをいう。*実行未遂'と区別され，*中止未遂'の成立を認める際に実益がある概念であるが，区別の実益，合理性を否定する見解も有力である。

着弾距離説 ⇨領海'

チャタレイ事件 イギリスの作家D・H・ローレンスによる小説「チャタレイ夫人の恋人」の日本語訳が*わいせつ文書'に当たるとして，翻訳者・出版者が刑法175条のわいせつ物頒布罪に問われた事件。一大文芸裁判として社会的反響を呼んだ。最高裁判所は，「芸術性と猥褻(わいせつ)性とは別異の次元に属する概念」として，同書のわいせつ性を肯定し，被告人らを有罪とした〔最大判昭和32・3・13刑集11・3・997〕。しかし，その後の判決では，文書のもつ芸術性・思想性が性的描写の刺激を緩和させる場合があることを認めるようになっている。

注意喚起制度 *金融商品取引所'が，その上場する*有価証券'又は当該有価証券の発行者等の情報に関して，投資者に対する周知を目的として，その必要があると認める場合に，投資者に対して注意喚起を行う，金融商品取引所の業務規程上の制度〔例：東証業務規程30〕。投資者の投資判断に重要な影響を及ぼすおそれのある不明確な情報が発生した場合等に行われ，かつてはこのような銘柄を開示注意銘柄と呼んでいた。

注意義務 I ある行為をするにあたって一定の注意をしなければならない負担を内容とする義務。民法上，*過失'の前提とされ，この義務に違反すると過失と評価される。注意義務は，その人が従事する職業，その人の属する地位，その人が置かれている状況に応じて普通に要求される水準の義務と，その人の個別的，具体的能力に応じて要求される水準の義務とに分けられる。前者は*善良な管理者の注意'，後者は*自己の財産に対するのと同一の注意'などと呼ばれたりする。不法行為法の領域で要求されるのは原則として前者であり，そのような義務に違反した場合の過失を*抽象的過失'という

(民法709条の*不法行為'の要件たる過失が前提とする注意義務はその例)。取引法の領域でも原則として，「善良な管理者の注意」が要求されるが，無償行為などでは「自己の財産に対するのと同一の注意」でよいとされ(無償の寄託など〔民659〕)，そのような注意義務を欠いた場合の過失を*具体的過失'という。注意義務はまた，それを著しく欠いた場合と多少なりとも欠いた場合とに分けられており，前者の場合を*重過失'，後者の場合を*軽過失'という。

II 刑法上，注意義務は，違法な結果の発生を認識・予見すべき結果予見義務と，回避可能な結果を回避するために必要な*作為・不作為'をなすべき結果回避義務の2つから成る。緊張を欠いたため，予見可能な結果の発生を予見しないこと，又は回避可能な結果の発生を回避しないことで，注意義務を尽くさず結果を発生させた場合，注意を尽くしたなら結果を避けることができたのであるから，過失犯が成立する。結果予見義務(予見可能性)と結果回避義務の関係を巡っては，学説上の鋭い見解の対立がある。⇨過失犯'

中央官庁・地方官庁 権限の範囲が全国に及ぶ*行政官庁'を中央官庁という。*内閣'・各大臣・*会計検査院'等がこれに当たる。これに対して，権限が一地方内に限定されている官庁を地方官庁という。地方官庁のうち，一般の行政事務を担当するものを普通地方官庁(従前の府県知事がその例)，特定の行政事務を担当するものを特別地方官庁(税務署長がその例)という。

中央集権 できるだけ多くの権力を中央に集中させることをいう。特に，できるだけ多くの権力を*自治権'として地方の団体に与えるという意味での地方分権との対比において，中央省庁とその機関に権力が集中していることを中央集権ということが多い。なお，1つの組織の中にあって，ピラミッドの頂点に権力を集めるのを集中，逆に下級の機関に権力の行使を委ねるのを分散という。*地方自治の本旨'を実現するためには，地方自治権の充実が必要である。*明治憲法'下においては，法律により一応地方自治権が認められていたが，極めて不完全・不徹底なものであり，中央集権の色彩が強かった。現行憲法は，特に*地方自治'に関する1章〔憲8章〕を設けて，国とは異なる団体による地方分権を保障している。*地方自治法'は地方分権を具体化する法律である。しかし，現実には中央集権の体制が強く存在していたため，平成11年の地方自治法改正(法87)などで分権改革が実

行に移された。ただ、いまだ改革は途上にあるが、その一方で、いわゆる*有事法制'、マイナンバー制度、*市町村合併'などでは新たに中央集権的な動向を指摘する見解もある。⇨地方分権'

中央省庁等改革基本法　⇨行政改革'
中央労働委員会　⇨労働委員会'
仲介(国際法上の)　⇨国際調停'
中核市　*特別区'、*指定都市'の制度と並ぶ事実上の大都市のための制度の1つ〔自治252の22〜252の26の2〕。ただし、*地方自治法'は正式には指定都市のみを大都市と称する。*政令'で指定された人口20万以上の都市をいう。地方自治法は指定都市を除く全ての市を一律に取り扱ってきたが、その後の人口較差、行財政能力の格差に鑑み、平成6年の改正(法48)で制度化に至った。中核市は、指定都市の事務のうち政令が定めるものを、処理することができる〔自治令174の49の2〜174の49の19〕。⇨大都市制度'

中間運送取扱人　数人の*運送取扱人'が相次いで運送の*取次'をする場合の第2以下の運送取扱人。運送中継地の中継運送取扱人(中継店)だけでなく、到達地運送取扱人(着扱店)を含む。これらの者とその前者である発送地運送取扱人(発扱店)又は中継運送取扱人との間には運送取次契約があるが、運送品発送人と中間運送取扱人との間には直接の法律上の関係はない。⇨相次運送取扱い'

中間確認の訴え　係属中の訴訟の当事者が*訴訟物'である権利関係の先決関係に立つ法律関係の存否の確認を、その訴訟内で求める訴え〔民訴145〕。形式としては、原告が提起するときは訴えの追加的変更(⇨訴えの変更')、被告が提起するときには*反訴'である。先決関係についての裁判所の判断は*判決理由'中で示されるだけでは*既判力'を生じないから〔民訴114①〕、先決関係について争いがある場合にはそれを訴訟物とすることによって既判力ある判断を得るための制度であり、別訴による不経済や判決の矛盾の回避という利点がある。弁論の分離(⇨弁論の分離・併合')・*一部判決'は認められない。

中間期間　⇨猶予期間'
中間最高価格　*損害賠償'の対象である財産権の目的物の価格が、損害賠償を生じさせる事実が生じた後判決があるまでの間に騰貴したり下落したりして変動することがあるが、その期間中目的物の価格が最高となったときの価格をいう。例えば、100万円の立木の売買契約がされたが、売主が立木を他に転売し、伐採されてしまったので、買主が損害賠償を請求したところ、転売後立木の価格は150万円に騰貴し、現在120万円に下落しているというときには、150万円が中間最高価格である。この場合に、買主は150万円を基準として賠償額を算定して請求すれば有利となるので、中間最高価格に基づく賠償請求がしばしば提起され、これを認めるかどうかが、学説・判例上問題となった。初期の判例は、中間最高価格による請求を認めていたが、現在の通説は、これを民法416条の予見可能性の問題として処理する(⇨相当因果関係')。判例(最判昭和37・11・16民集16・11・2280)は、債権者が中間最高価格のときに目的物を転売するなどしてその価格による利益を確実に取得すると予想された場合に限り、この請求は認められるという態度をとっている。

中間裁判　*終局裁判'に先立って終局裁判を準備するために行う裁判。判決の形式である中間裁判を*中間判決'〔民訴245〕という。

中間財務諸表　中間会計期間に係る企業の財政状態、経営成績及びキャッシュ・フローの状況を表示するために作成される*財務諸表'であって、*金融商品取引法'の下で上場会社等(金融機関等を除く)以外の会社等の*半期報告書'に含めるべきもの。中間貸借対照表、中間損益計算書及び中間株主資本等変動計算書(並びに、中間連結財務諸表を作成しない場合には中間キャッシュ・フロー計算書)から成る。中間財務諸表は、原則として年度決算に適用される会計処理の原則及び手続に準拠して作成しなければならないが、中間会計期間に係る企業の財政状態及び経営成績に関する利害関係者の判断を誤らせない限り、簡便な決算手続によることができる。中間財務諸表作成基準及び中間連結財務諸表作成基準は僅かな注記しか要求していないが、「財務諸表等の用語、様式及び作成方法に関する規則」(昭和38大59)が、中間財務諸表の用語、様式等を定めており、様々な注記を要求している。

中間搾取の排除　労働関係の成立や存続を巡って、しばしば、*第三者'がこれに介入して利益をむさぼることがあるので、*労働基準法'は「何人も、法律に基いて許される場合の外、業として他人の就業に介入して利益を得てはならない」〔労基6〕と規定して、労働関係の成立にあたってだけでなくその存続にあたっても、中間搾取が行われないように配慮している。*職業安定法'が原則として、*労働者供給事業'を禁止し〔職安44〜47〕、労働者の募集を行う者はい

ちゅうかん

かなる名義でも労働者から報酬を受けてはならないと規定し〔職安39. 使用者からの報酬は禁止されない〕，私的有料職業紹介事業を厚生労働大臣の許可制にしている〔職安30〕のも，この趣旨によるものである。 ⇨労働者派遣法'

中間省略登記 1 意義 例えば，A→B→Cと順に所有権が移転している場合に，中間のBを飛ばして，AからCに直接に所有権移転の*登記'をするように，中間の権利変動の登記を省略した登記をいう。*不動産登記'が，単に現在の権利状態にとどまらず，権利変動の内容（権利が変動した過程）をも*公示'する役割を担うことを考えると，これを安易に認めることは適当でないという問題がある。
2 効力 既になされた中間省略登記の効力のいわば事後的評価について，判例は，登記が現在の権利状態と一致していることを理由に，原則としてこれを有効とする（最判昭和35・4・21民集14・6・946）。これに対し，これから中間省略登記をしようという場面については，権利関係を調査するための資料としての登記の機能の尊重に加え，関係者に不利益を与えないようにする配慮（例えばB・C間の所有権移転の登記原因が売買である場合において，Bが登記手続との同時履行によりCの代金支払を促すことができる利益）も必要である。そこで，CがAに対し中間省略登記を請求することができるか，という登記請求権の問題について，判例は，これを原則として否定し，登記名義人及び中間者の同意があるときに限り，例外的取扱の余地があるとし（最判昭和40・9・21民集19・6・1560），更に，同意の有無にかかわらず中間省略登記の請求が認められないとする判例（最判平成22・12・16民集64・8・2050）も現れてきている。また，C・Aが共同で，売買によるA→Cの登記を求める旨の申請情報を提供してする登記申請において，添付された登記原因証明情報でA→B→Cと売買があったことが記されている場合は，両情報の齟齬（そご）を理由に申請が却下される〔不登25⑧参照〕。もっとも，*登記原因'が売買などでなく，AをBが単独で相続し，BをCが単独で相続した場合は，中間者Bの利益を害するおそれがなく，公務員の作成した情報により相続関係も確認される〔不登令別表22添付情報欄〕から，A→Cの登記が許されている。

中間申告 ⇨確定申告' ＊法人税'
中間審査基準 ⇨厳格な合理性の基準'
中間選挙人 ⇨間接選挙'
中間的責任 *過失責任主義'の下では被害者が加害者の*過失'を立証しなければ損害賠償を受けられないのが原則である。しかし，法律の中には，この過失の*挙証責任'を被害者から加害者に転換し，加害者が無過失を立証しない限り責任を免れないとするものがある。これを過失責任主義と*無過失責任'主義との中間にあるという意味で中間的責任と呼ぶ。例えば，責任無能力者の監督者の責任〔民714〕，*使用者責任'〔民715〕，工作物占有者の責任〔民717〕，*動物占有者の責任'〔民718〕などがこれに当たる。運行供用者の責任〔自賠3〕も中間的責任の一種と考えられるが，実際には，無過失の立証による免責が困難であり，無過失責任に近い。

中間配当 *取締役会設置会社'は，1事業年度の途中において1回に限り*取締役会'の決議によって*剰余金の配当'（配当財産が金銭であるものに限る）をすることができる旨を*定款'で定めることができ，この場合には，取締役会の決議で*配当'に関する事項を定めることができ〔会社454⑤〕，これを中間配当という。中間配当により株主に対して交付する金銭の帳簿価額の総額は，その中間配当がその効力を生ずる日における分配可能額を超えてはならない。会社法上，剰余金の配当の回数や時期に制限はないが，中間配当は，*株主総会'の決議によらずに配当に関する事項を決定することを，*会計監査人'の設置等を要件とすることなく，取締役会に認めるものである。

中間判決 *中間裁判'の一種。*民事訴訟'においてまだ*終局判決'をするには至らないが，独立した*攻撃防御方法'・*訴訟要件'の存在に関する争いなど中間の争いや請求の数額と原因双方に争いがある場合の*請求原因'の存在について訴訟手続の途中で判断を示すことができるときは，裁判所は，審理を整序するために，これらの事項につき中間判決をすることができる〔民訴245〕。中間判決は，当該*審級'においては裁判所自身を拘束する自己拘束力（⇨羈束（きそく）力'）を有する。中間判決に対する独立の*上訴'は認められず，終局判決に対する上訴によって上級審の判断を受けることになる〔民訴283本文〕。 ⇨原因判決'

中間法人 *公益法人'でも*営利法人'でもない法人。これまで民商法上は，法人は，公益を目的とするかあるいは営利を目的とするかいずれかの場合に限って設立できるとされていた〔民旧（平成18法50改正前の）34・35〕。そして，中間的な目的を有する*協同組合'や*労働組合'のような団体については，その社会的存在の重要性を考慮して，特別法によって法人格が認められている〔農協4，労組11等〕。これに対して，

同窓会，同好クラブなどについては従来は特別法もなく，法人格を取得する方法がなかったので，*組合'又は*権利能力なき社団'として活動するしかなかった。平成13年に成立した中間法人法（法49。平成18法50により廃止）は，「社員に共通する利益を図ることを目的とし，かつ，剰余金を社員に分配することを目的としない社団」に広く法人となる道を開いた。しかし，中間法人法に基づく中間法人と民法上の公益法人とは別類型の法人とされ，両者の間で相互に移行することは困難であったため，柔軟性を欠く制度となっていた。その後，平成18年に成立した*一般社団法人及び一般財団法人に関する法律'及び「公益社団法人及び公益財団法人の認定等に関する法律」において，民法の公益法人と中間法人法による中間法人との2本立ての制度は廃止され，両者を含めた非営利法人一般の設立を認める制度が構築された。この制度の下では，非営利目的の法人（*社団法人'，*財団法人'）は*準則主義'によって設立され，その中で公益性の認定を受けた法人は，税の優遇制度などの適用を受ける。

中間利息 将来において一定額の金銭の支払を受ける債権（例えば10年後に100万円の支払を受ける債権）の現在の価額を算定するために，その一定額から控除される利息。金銭は常に利息を生ずるものとして扱われるから，上例で，10年後の100万円は，その時に至るまでの利息を含んでいるものと考えられ，したがって，現在の価額を算定するには，100万円からその間の利息を差し引かなければならない。その利息を中間利息という。生命侵害による*逸失利益'の賠償を請求するには，将来受けるであろう逸失利益を現在において請求することになるので，中間利息を控除しなければならない。破産の場合に，期限未到来の債権の現在価額を算定するときなどにも問題となる。中間利息の計算方法としては，*ホフマン式計算法'・*ライプニッツ式計算法'などがあるが，どちらを用いてもよいというのが最高裁判所の態度である（最判昭和53・10・20民集32・7・1500）。なお，*法定利率'について変動制がとられていることに対応して，中間利息の計算方法について民法417条の2による手当がなされている。

注記表 *計算書類'の1つである個別注記表と*連結計算書類'の1つである連結注記表とがある。**1 個別注記表** *株式会社'及び*合同会社'が作成しなければならない計算書類の1つ。*合名会社'又は*合資会社'も作成することができる。イ *会計監査人設置会社'の個別注記表は，*継続企業の前提'に関する注記，重要な会計方針に係る事項に関する注記，会計方針の変更に関する注記，表示方法の変更に関する注記，会計上の見積りに関する注記，会計上の見積りの変更に関する注記，誤謬（ごびゅう）の訂正に関する注記，*貸借対照表'等に関する注記，*損益計算書'に関する注記，*株主資本等変動計算書'に関する注記，税効果会計に関する注記，*リース'により使用する固定資産に関する注記，金融商品に関する注記，賃貸等不動産に関する注記，持分法損益等に関する注記（連結計算書類作成会社を除く），*関連当事者'との取引に関する注記，1株当たり情報に関する注記，重要な後発事象に関する注記，*連結配当規制適用会社'に関する注記，収益認識に関する注記その他貸借対照表，損益計算書及び株主資本等変動計算書により会社の財産又は損益の状態を正確に判断するために必要な事項の注記に区分して表示しなければならない〔会社計算98①②③・116〕。ロ 会計監査人設置会社でない公開会社の場合は，継続企業の前提に関する注記，会計上の見積りに関する注記，会計上の見積りの変更に関する注記，持分法損益等に関する注記，及び連結配当規制適用会社に関する注記を要しない。ハ 会計監査人設置会社でなく公開会社でもない会社の場合は，重要な会計方針に係る事項に関する注記，会計方針の変更に関する注記，表示方法の変更に関する注記，誤謬の訂正に関する注記，株主資本等変動計算書に関する注記，収益認識に関する注記その他貸借対照表，損益計算書及び株主資本等変動計算書により会社の財産又は損益の状態を正確に判断するために必要な事項の注記をすれば足りる〔会社計算98②①②・116〕。ニ *持分会社'の個別注記表には，重要な会計方針に係る事項に関する注記，会社方針の変更に関する注記，表示方法の変更に関する注記，誤謬の訂正に関する注記，収益認識に関する注記その他貸借対照表，損益計算書及び社員資本等変動計算書により会社の財産又は損益の状態を正確に判断するために必要な事項の注記をすれば足りる〔会社計算98②⑤・116〕。

2 連結注記表 継続企業の前提に関する注記，連結計算書類の作成のための基本となる重要な事項に関する注記，会計方針の変更に関する注記，表示方法の変更に関する注記，会計上の見積りに関する注記，会計上の見積りの変更に関する注記，誤謬の訂正に関する注記，貸借対照表等に関する注記，連結株主資本等変動計算書に関する注記，金融商品に関する注記，賃貸等

ちゅうごく

不動産に関する注記，1株当たり情報に関する注記，重要な後発事象に関する注記，収益認識に関する注記その他連結貸借対照表，連結損益計算書及び連結株主資本等変動計算書により企業集団の財産又は損益の状態を正確に判断するために必要な事項の注記に区分して表示しなければならない〔会社計算98②④・116〕。

中国憲法 Ⅰ **歴史** 1949年9月，中国共産党の提唱に応じた諸党派・団体・地区・人民解放軍・少数民族・華僑(ホアチャオ)・愛国民主勢力の代表は，共同綱領を制定し中央人民政府を成立させ，同年10月1日，中華人民共和国が発足した。この後，土地革命の完成，社会主義経済建設の必要，1953年からの第1次5カ年計画の開始，人民大衆の社会主義的自覚の高まりを経ることによって，共同綱領を更に前進させて社会主義社会建設の目標を明確化することが必要となり，1954年9月，中華人民共和国憲法が採択された。

2 特色 憲法は中国を，労働者階級の指導する労農同盟を基礎とした'人民民主主義'国家と規定し，'民主集中制'を国家機関の原則としている。当初憲法は社会主義工業化と社会主義改造を通じて社会主義社会を建設することを宣明し，過渡期の憲法として成立したが，75年憲法以降は，既に社会主義国家が確立したものとして規定されている。

3 文化大革命と憲法 1960年代後半の文化大革命は統治の機構や諸原則に大きな変革を加えたが，1970年に至り，根本的な憲法改正作業が行われた。その改正草案は，中国を，労働者階級が中国共産党を通じて指導する労農同盟を基礎とするプロレタリア独裁の社会主義国家と規定し，資本主義的所有を否定しているが，文化大革命の過程で成立した革命委員会に国家機関としての性格を与え，更に，毛沢東(1893〜1976)，林彪(1908〜71)を元首とその後継者であると規定するなど，全体として文化大革命収拾期の過渡的性格が強かった。1975年・78年に憲法改正は実現したが，既に文化大革命批判の時期であったので，憲法が社会の変化に遅れることとなった。中国が文化大革命を全面的に否定する憲法をもつことができたのは1982年の改正によってであった。

4 改革開放と憲法 82年憲法は，文化大革命の混乱を収拾して，鄧小平(1904〜97)指導下の改革開放路線(4つの現代化：農業・工業・国防・科学技術の現代化)を支えるものとして考察された。近代'立憲主義'への接近がみられ，人権の尊重，国家機構の整備，要職者の任期制の導入，人民公社の解体などが行われ，人治に代わる法治が唱えられた。共産党の指導権も序文で言及されるにとどまった。また，経済の改革・開放の推進に伴い実情に合わなくなった部分を修正するために，1988年，93年，99年，2004年の4次にわたる改正が行われている。2018年には習近平の下で，国家主席・副主席の任期を撤廃する等の改正が行われた。

仲 裁 Ⅰ **民事訴訟法 1 意義** 私人間の紛争を'訴訟'によらずに解決する方法の1つで，当事者が第三者(*仲裁人')による紛争の解決('仲裁判断')に服することを合意し('仲裁合意')，これに基づいて進められる手続をいう。当事者間の相対的解決に任せて差し支えない通常の'民事事件'について，仲裁の利用が認められる。実際には，国際取引や建設工事を巡る紛争について利用されている。当事者の合意がなければ行われない点において訴訟と異なるが，他方，第三者の示した解決に当事者が拘束される点において，'裁判上の和解'や'調停'とも異なる。日本国内で行われる仲裁手続及び仲裁手続に関して裁判所が行う手続については，仲裁法が適用される。

2 手続 当事者の合意又は裁判所によって選任された仲裁人が，仲裁廷を構成する〔仲裁19〕。仲裁廷は，当事者間に別段の合意がない限り，仲裁判断があるまでの間，当事者の一方の申立てにより，他方に対して財産の処分その他の行為を禁止し(暫定保全措置)〔仲裁26〕，適当と認める場所で当事者，鑑定人又は第三者の陳述を聴取し，物又は文書を見分することができ〔仲裁30③〕，裁判所に対し，民事訴訟法の規定による'証拠調べ'の実施を求めることもできる〔仲裁37①〕。仲裁人の判断である仲裁判断には'確定判決'と同一の効力が与えられる〔仲裁47〕。

Ⅱ **労働法上**は，'労働委員会'中に設けられる仲裁委員会が，'労働争議'の実情を調査し，仲裁裁定をして，労働争議を解決すること。仲裁裁定は，'労働協約'と同一の効力をもち労使双方を法的に拘束する〔労調34〕。仲裁は，労使の双方から，又は労使の双方若しくは一方から労働協約の定めに基づいて，労働委員会に対し仲裁の申請がなされたときに開始される〔労調30〕。'行政執行法人'や'地方公営企業・特定地方独立行政法人'〔地独行法2②〕の労働争議においては，'強制仲裁'が認められている〔行執労33，地公等労15〕。当事者の合意などにより第三者による仲裁が行われることもある〔労調35〕。実際には，仲裁による労使紛争の解決は，民間企業ではまれである。なお，個別労働紛争に関す

る仲裁合意は当分の間, 無効とされている〔仲裁附4〕。 ⇨'労働争議の調整'

Ⅲ 商事に関する仲裁については, *'商事仲裁'をみよ。

Ⅳ 国際法上の仲裁については, *'国際仲裁裁判'をみよ。

Ⅴ 国際私法上の仲裁については, *'国際商事仲裁'をみよ。

仲裁鑑定契約 ⇨'証拠契約'

仲裁合意 当事者が, 民事上の紛争の解決を第三者である*'仲裁人'の判断に委ね, かつその判断に服する旨の合意〔仲裁2①〕。仲裁合意が有効なものとして取り扱われるためには, 当事者が対象となる民事上の紛争について*'和解'を行う権限をもっていなければならない〔仲裁15①〕。仲裁合意の存在にもかかわらず, 訴えが提起された場合には, 被告はその訴えの却下を求めることができる(仲裁合意の抗弁)〔仲裁16①〕。

仲裁適格 ⇨'仲裁付託適格性'

仲裁人 仲裁手続において, 紛争の解決の判断を委ねられた第三者。その選任は, 原則として当事者の合意によるが, 当事者の申立てに基づいて裁判所が選任することもある〔仲裁19〕。仲裁人の公正を担保するため, 裁判官と同様に*'忌避'の制度が認められている〔仲裁20・21〕。法定の事由があるとき又は当事者の合意があるときは解任され, 後任の仲裁人が選任される〔仲裁22・23①③⑤・24〕。仲裁人がその職務に関し*'賄賂'を収受するなどの行為に対しては, 刑罰が科される〔仲裁55〜57〕。

仲裁判断 *'仲裁合意'に基づいて, *'仲裁人'が当事者間の紛争を解決するために行う判断。仲裁判断をするには, 仲裁判断書を作成しなければならない。仲裁判断書には, 作成年月日及び仲裁地が記載され, 仲裁人が署名し, 写しを当事者に送付する〔仲裁41〕。仲裁判断は, 法定の事由がある場合を除き*'確定判決'と同一の効力を有し〔仲裁47〕, *'執行決定'を得れば*'債務名義'となり, *'強制執行'をすることができる〔仲裁48, 民執22⑥の2〕。仲裁手続及び仲裁判断に法定の事由があるときには, 当事者は, 裁判所に対して仲裁判断の取消しを申し立てることができる〔仲裁46〕。なお, 外国仲裁判断も, 日本が加入している*'外国仲裁判断の承認及び執行に関する条約'その他の条約に従って承認・執行される。

仲裁付託適格性 ある紛争が*'仲裁'によって解決できるか否かの問題をいう。仲裁可能性, 仲裁適格ともいう。仲裁付託適格性のない紛争を対象とする*'仲裁合意'は無効とされ〔仲裁15①〕, 仲裁判断の取消し〔仲裁46条①⑦〕や承認拒否〔仲裁47②⑧〕の事由とされる。仲裁付託適格性の有無は, 仲裁による解決を許さず国家裁判所の裁判に委ねるべき紛争であるか否かという各国の司法政策に基づき決定される。日本では, 原則として, 「当事者が和解をすることができる民事上の紛争(離婚又は離縁の紛争を除く)」に仲裁付託適格性が認められている〔仲裁15①〕。

中止(訴訟手続の) ⇨'訴訟手続の中止'

注視区域 ⇨'国土利用計画法'

中止権 *'内閣総理大臣'が, 行政各部の処分又は命令を中止させる権限。*'内閣'の一体性と行政の統一性を保障するために, 内閣の首長である内閣総理大臣に与えられた権能。ただし, 単に中止させることができるのであって, 最終的には, 行政権の最高機関である内閣の処置をまたなければならない〔内8〕。 ⇨'指揮監督権'

忠実義務 *'株式会社'のため忠実にその職務を遂行するという*'取締役'・*'執行役'の義務のこと〔会社355・419②〕。判例は, 忠実義務とは, *'善管注意義務'〔会社330, 民644〕を敷衍($\stackrel{ふ}{\text{え\ ん}}$)し, 一層明確にしたにとどまり, 善管注意義務とは別個の高度の義務を取締役に課すものではないと解している(同質説)(最大判昭和45・6・24民集24・6・625)。これに対し, 学説の中には, この義務は英米法における*'受託者'の忠実義務(duty of loyalty)を日本に取り入れたものであり, 会社の利益と自己又は*'第三者'の利益が相反したときは会社の利益を優先すべきことを内容とし, 善管注意義務とは異なる義務であると解する立場もある(異質説)。これに対し, 同質説からは, 異質説の主張する内容の義務は善管注意義務の解釈としても認めうるとの反論がなされている。なお, *'持分会社'の業務執行社員〔会社593②〕や信託の受託者〔信託30〕等についても, 同様の義務が定められている。

中止犯 ⇨'中止未遂'

中止未遂 **1 意義** *'未遂'のうち, 行為者が自己の意思により, 犯罪の*'実行行為'の継続を中止したこと又は実行行為終了後結果発生を防止する措置をとったことにより結果が生じなかったものをいう。*'障害未遂'に比しやや寛大に処遇され, 刑を必ず減軽又は免除しなければならない〔刑43但〕。中止犯ともいう。ドイツのように中止未遂を全く処罰しない国もある。**2 要件** 自己の意思により(任意性), 中止したこと(中止行為)を要する。いかなる場合に「自己の意思」によるといえるかにつき, 議論があ

ちゅうしょ

る．外部的要因に左右されたか否かで区別する見解，欲したができなかった場合が障害未遂で，できるが欲しなかった場合が中止未遂であるとするフランク(Reinhard von Frank, 1860～1934)の公式等，様々な主張があり，犯罪に関する客観主義と主観主義の対立をも反映して，学説上，鋭い対立がある〔⇨主観主義・客観主義'〕．流血に驚いたり中止したりする場合ではないが，道徳的な後悔・悔悟までは必要でない．また，中止行為は，結果発生の防止のために真摯な努力をしたことが必要で，放火後火災を通報しただけでそのまま逃走した場合は，中止未遂といえない．中止行為と犯罪結果の不発生との間に*因果関係*が認められない場合にまで中止未遂を認めてよいかについては，中止未遂の減免根拠との関係で争いがある．なお，自己の意思により中止すべく努力したが結果の発生を防止しえなかった場合は*既遂*であるから，中止「未遂」の問題ではないが(通説)，主観主義の立場から中止未遂と同様に寛大に取り扱うべきであるとの主張もあり，一時期は有力であった．

3 根拠 法律説（違法減少説，責任減少説）もあるが，障害未遂として可罰的段階に至ったにもかかわらず，事後の行為があることで寛大に扱うことを犯罪論で説明することには限界もある．そこで，政策的要請に着目し，被害防止のための後戻りの余地，*特別予防*の必要性の消滅，意識的な危険消滅を理由とする政策説も主張される．

中小企業退職金共済法　昭和34年法律160号．中小企業（イ 従業員300人以下及び資本又は出資額3億円以下，ロ 卸売業は100人以下及び1億円以下，ハ サービス業は100人以下及び5000万円以下，ニ 小売業は50人以下及び5000万円以下）〔中小退金2①〕の従業員につき相互扶助による*退職金*共済制度を定めたもの〔中小退金1〕．事業主が独立行政法人勤労者退職金共済機構と退職金共済契約(建設業など従業員の相当数が移動する特定業種では特定業種退職金共済契約)を締結し，掛金を納付することにより，従業員の退職又は死亡に際して機構から退職金が支払われる〔中小退金2③～⑤・3～5・10・14・41～44〕．

中小企業等協同組合　1 意義 中小規模の商業・工業・鉱業・運送業・サービス業その他の事業を行う者，勤労者その他の者が相互扶助の精神に基づき協同して事業を行うために必要な組織について定め，これらの者の公正な経済活動の機会を確保することを目的として制定された中小企業等協同組合法(昭和24法181)に基づく*協同組合*〔中協1〕．

2 種類・事業の内容 イ 事業協同組合・事業協小組合：生産・加工・販売・購買・保管・運送・検査その他組合員〔組合員資格については，中協7①・8①②〕の事業に関する共同事業，組合員に対する事業資金の貸付け及び組合員のためにするその借入れ，福利厚生に関する事業，教育・情報の提供に関する事業，新製品若しくは新技術の研究開発又は需要の開拓に関する事業，団体協約の締結等の全部又は一部を行うことができる〔中協9の2①〕．一定の要件を満たす事業協同組合は行政庁の認可を受けて火災共済事業を行うことができる〔中協9の7の2〕（なお，再共済を行うために全日本火災共済協同組合連合会が設立された〔中協9の9①③・26の2②参照〕）．ロ 信用協同組合：組合員〔その資格については，中協7①②・8④〕に対する資金の貸付け，組合員のためにする手形の割引，組合員の預金又は定期積金の受入れ及びこれらの事業に附帯する事業等を行う〔中協9の8①〕．ハ 協同組合連合会：上記の協同組合等を会員資格とし〔中協8⑤〕，個別的協同組合とほぼ同様の事業を行う〔中協9の9①〕．ニ 企業組合：商業・工業・鉱業・運送業・サービス業その他の事業を行う〔中協9の10〕．

中小企業等経営強化法　平成11年法律18号．制定時の題名は中小企業経営革新支援法．経済環境の変化に対応して中小企業が行う経営革新及び経営革新のための経営基盤強化を支援し，中小企業の創意ある向上発展を図るために制定された．ベンチャー企業支援立法の1つ．平成17年改正(法30)により，中小企業の創造的事業活動の促進に関する臨時措置法(平成7法47)と新事業創出促進法(平成10法152)を整理統合し，「中小企業の新たな事業活動の促進に関する法律」と題名変更して，創業・新設企業の事業活動及び異分野の中小企業の連携による新事業分野の開拓の支援，これらの活動に資する地域の事業環境の整備を目的に加え，支援の射程を拡大した．平成28年改正(法58)で再度題名を変更し，新設企業の事業活動，中小企業等の経営革新・経営力向上・先端設備等導入・事業継続力強化の支援による中小企業等の経営強化を目的とする〔中小経営強化1〕．経営革新を，事業者が新事業活動を行うことによりその経営の相当程度の向上を図ることと定義し〔中小経営強化2⑨〕，主務大臣が中小企業等の経営強化に関する基本方針を定め〔中小経営強化3〕，数値目標を含む経営革新計画の中小企業者による作成と行政庁の承認及び事業分野別の指針に基づ

く経営力向上計画の中小企業者による作成と主務大臣の認定，これらに対する支援措置の提供〔中小経営強化14・16・17・22～30〕，認定経営革新等支援機関の支援業務の拡大〔中小経営強化31〕，市町村が基本方針を基に策定する先端設備等導入促進基本計画に基づく中小企業者の先端設備等導入計画の認定とその実施の支援措置〔中小経営強化49・52〕等を定めている。令和3年改正(法70)により，経営革新計画・経営力向上計画による支援について新たな支援対象類型の創設〔中小経営強化2②4〕等が行われている。 ⇨ベンチャー企業'

中小企業における労働力の確保及び良好な雇用の機会の創出のための雇用管理の改善の促進に関する法律 平成3年法律57号。中小企業者が行う雇用管理の改善措置を促進することで，中小企業の振興と労働者の職業の安定・福祉の増進などを図ろうとする法律〔中小労確1〕。経済産業省と厚生労働省が共管し，労働力確保と雇用機会創出に係る雇用管理改善の措置につき基本指針を定める〔中小労確3〕。

抽象証券 ⇨無因証券'

抽象的違憲審査制 ⇨憲法裁判' ⇨付随的違憲審査制'

抽象的過失 その人の従事する職業，その属する社会的地位，その人が置かれた状況などに応じて普通に要求される注意(*善良な管理者の注意'(民400・644・852等))を欠く過失。*具体的過失'に対する概念。*不法行為'において過失という場合には，この抽象的過失を指す。加害者にたまたま注意能力が欠けているために，被害者に救済が与えられないことになっては，不公正な結果が生じるからである。なお，抽象的過失は，更に*軽過失'と*重過失'とに分けられる。 ⇨過失'

抽象的管轄権 ⇨裁判権'

抽象的危険(危殆(きたい))犯 ⇨危険犯'

抽象的事実の錯誤 ⇨事実の錯誤'

抽象的符合説 刑法上の*事実の錯誤'に関する学説の1つ。「重い」罪を犯す意思でその罪と*構成要件'が重ならない「軽い」罪を実現した場合(刑法38条2項の逆)，規定がないので，これに軽い罪の刑を科すのかあるいは無罪になるのかが不明である。抽象的符合説では，軽い罪(故意犯)の成立又は同罪の科刑を認める(*法定的符合説'，*具体的符合説'では構成要件の制約を重視して故意犯の成立を認めない)。例えば，人と思って発砲し飼犬を死なせた場合，抽象的符合説では，軽い*器物損壊罪'の刑が科される。*犯罪徴表説'に立ち犯人の悪性を重視する*新派刑法学'の立場から主張されたが，今日では支持者は少ない。 ⇨錯誤'

抽象的不作為命令 *労働委員会'が*不当労働行為'について発する*救済命令'の中で，「支配介入してはならない」というように，抽象的に不作為を命じる内容のものをいう。このような命令は労働委員会が一般的法規範を罰則付きで制定する結果になり，許されないのではないかということが問題となったが，現在では，「労働組合からの脱退を強制することにより支配介入してはならない」というように，ある程度の具体性があり，かつ，その行為が繰り返されるおそれがあれば差し支えないものとされている。 ⇨不作為命令'

抽象的法定符合説 ⇨法定的符合説'

忠誠義務 公務員は，国民*全体の奉仕者'として，憲法・法令及び上司の命令に忠実に従い，誠実勤勉に職務に専念する義務を負う〔憲99，国公98・101〕。公務員の忠誠義務とは，このことをいう場合もある。しかし，それとは別に，いわゆるロイヤルティ条項に基づき，国家安全保障の見地から，官職につく能力としての，憲法又はその下に成立した政府を暴力で破壊することを主張する政党その他の団体を結成せず，また，これに加入しないことを義務付けることを指すことが多い〔国公38④・76，地公16④・28④〕。 ⇨職務専念義務'

忠誠宣誓 米ソ対立の冷戦が激化し，アメリカにおいて共産主義への警戒が高まった時期に，連邦政府職員に求められた政府に対する忠誠の宣誓。1947年トルーマン(Harry Shippe Truman，1884～1972)大統領の行政命令により，共産主義者でないことや関連団体に加入していないことなどの宣誓が求められた。不忠誠な公務員を解職する手続である忠誠審査と対になる。現実には通常の労働組合活動や日常の交友関係まで問題にされるなど，*思想及び良心の自由'を侵害する場面もあった。

中選挙区 1区の定数が2人以上の選挙区を*大選挙区'というが，日本では，府県を単位とする大選挙区に対して，*衆議院議員'について，大正14年(1925)から昭和20年まで及び昭和22年から平成6年まで採用されていた，1区の定数が3～5人の選挙区を中選挙区と呼んでいた。なお，*普選運動'に掲げた[表：選挙(衆議院議員)制度の沿革(主要改正)]を参照せよ。 ⇨小選挙区比例代表並立制'

中段 ⇨前段・中段・後段'(巻末・基本法令用語)

ちゅうだん

中断(訴訟手続の) ⇨訴訟手続の中断'

中　立　*戦争'に参加しない国家の地位で、交戦国に対する公平、無援助の原則によって規定される。無差別戦争観の確立に歩をそろえて、20世紀初めまでに制度として完成した。他国の戦争によって、自由な海上通商が妨害されることを避けるための共同行動(ロシアを中心とする2度の武装中立(1780〜83、1800〜01))、1872年の*アラバマ号事件'における仲裁裁判などを通じて慣行が集積、更に、1856年のパリ宣言(海上法ノ要義ヲ確定スル宣言(明治20勅無号))、1907年のハーグ平和会議で締結された「陸戦ノ場合ニ於(お)ケル中立国及中立人ノ権利義務ニ関スル条約」「海戦ノ場合ニ於ケル中立国ノ権利義務ニ関スル条約」(明治45条5・条12)、1909年のロンドン宣言(海戦法規に関する宣言)などを通じて、中立法規の内容が明確化されていった。中立は戦争を前提に発生するところからは*戦時国際法'の関係であるが、戦争の局外にあるところからは平時の関係である。中立国は、交戦国との通商の自由維持を始めとする平時の権利を維持すると同時に、新たに避止の義務、防止の義務、及び容認(黙認)の義務を負うことになる。このような義務による中立国の犠牲から、交戦国の権利が成り立っている。2度の大戦では、中立の維持は事実上果たしえず、*国際連合憲章'等による戦争の違法化は、中立の法的前提を崩すことになった。他方、*ジュネーヴ四条約'(1949)で中立に関する諸規則は確認されている。現在に至るまで、*集団的安全保障'が国際連合憲章の規定通りに実施されておらず、事実として武力紛争が起きていることから、中立法規はなお実用的意義が残されている。同じく国際連合憲章で必ずしも予定していなかった*国際人道法'や*軍縮'の法規制の発展と比して中立法規への取組は多くないが、海上武力紛争に適用されるサンレモ・マニュアル(1994)におけるような運用上の発展もある。⇨永世中立(国)'

中立的行為　Neutrale Handlungen 圇の訳語。元来は、ある職業遂行上の通常の行為が他者による犯罪実行を容易化した場合に、その行為に*幇助(ほう)'犯の責を負わせられる限界の在り処を巡る議論(中立的行為による幇助)の、中核をなす概念である。日常的行為(圇 Alltagshandlungen)ともいう。例えば、金物屋Aが客Bにネジ回しを売り、Bがそのネジ回しで侵入窃盗を犯した場合に、Aの販売行為とBの侵入・窃盗の間の因果的結び付きは否定できないし、Aを少なくとも未必的に予見した事実さえあれば、Aを幇助犯として罰してよいか。可罰性を欠くとみるべき場合があると考えられているが、その根拠につき確立した見解はない。考え方としては、中立的行為につき幇助犯の成立要件を厳格化する方向と、幇助犯の一般的な成立要件を見直す方向がある。前者からは、*未必の故意'では足りず*確定的故意'を要する、社会的又は職業的な相当性の逸脱を要する、正犯不法との連帯を要する、利益衡量に基づく*許された危険'の超過を要する等の論がある。後者からは、幇助行為を認めるには、正犯行為に与えた現実の促進効果に対する条件関係を要する、幇助の故意を認めるには、正犯行為のある程度具体的な認識・予見を要する等の論がある。下級審判例(東京高判平成2・12・10判タ752・246、熊本地判平成6・3・15判時1514・169等)のほか、近年のウィニー(Winny)事件(最決平成23・12・19刑集65・9・1380)を契機に、理論的な関心が一層高まった。

中立保持義務　企業内に複数の*労働組合'が併存する場合(⇨併存組合')、使用者は、全ての場面で各組合に対し、その団結権を平等に承認、尊重し、中立的な態度を保持する義務を負うとされる(最判昭和60・4・23民集39・3・730〈日産自動車(計画残業)事件〉)。これを中立保持義務という。その結果、使用者が「各組合の性格、傾向や従来の運動路線等のいかんによって、一方の組合をより好ましいものとしてその組織の強化を助けたり、他方の組合の弱体化を図るような行為をしたりすること」は、中立保持義務違反となる(最判昭和62・5・8判時1247・131〈日産自動車(組合事務所)事件〉)。

庁　*府'又は*省'の*外局'として設置されるのが原則であるが、法律で*国務大臣'を長にあてることと定められている*内閣府'の*委員会'に置かれることもある〔内閣府49、行組3②〜④〕。長を長官という〔内閣府50、行組6〕。*官房'・局・部・課等の*内部部局'のほか*附属機関'・*地方支分部局'を置くことができる〔内閣府54〜57、行組7〜9〕。ほかに、内閣府設置法49条、*国家行政組織法'3条の庁ではないが、復興庁、デジタル庁、警察庁・警視庁、検察庁、原子力規制庁、内閣感染症危機管理統括庁などの名称をもつ行政機関がある。

町　⇨市町村'

懲役　令和4年の法改正で廃止されるまで、刑法の規定する*主刑'の1つ〔刑旧(令和4法67改正前の)9〕で、*自由刑'の一種(⇨刑')であった。*刑事施設'に*拘置'して所定の作業(刑務作業)に服させる〔刑旧12〕。有期懲役と無期懲

役とがあり，有期は1月以上20年以下であるが，加重するときは30年まで，減軽するときは1月未満にすることができる〔刑旧12①・14〕(⇨'有期刑' ⇨'無期刑')。懲役は，現行法上，主要な刑法犯罪に対する主たる刑罰として規定されており，*死刑'に次いで重い刑とされている〔刑旧9・10〕。所定の作業に対しては，賃金ではなく*作業報奨金'が与えられる〔刑事収容98〕。 ⇨'禁錮' '拘禁刑' '破廉恥(はれんち)罪'

懲戒 **1 意義及び性質** 特定の身分関係における紀律維持のために，一定の義務違反に対して人的な制裁を科す制度をいう。かかる制裁は懲戒罰とも呼ばれるが，刑罰とは目的及び性質を異にするので，両者の併科は可能である〔国公85〕。懲戒は多くの法領域に存在し，懲戒行為が公権力の行使〔行審1，行訴3③〕である場合とそうでない場合とがある。懲戒権の根拠及び要件，法的制裁措置である懲戒処分の裁量性及び司法審査のあり方が，しばしば論議される。 ⇨処分(行政法上の)'

2 公務員の懲戒 *一般職'の*国家公務員'・*地方公務員'については，*国家公務員法'・*地方公務員法'が，*免職'・*停職'・*減給'・*戒告'の4種類の懲戒処分をなしうるものとし〔国公82①，地公29①〕，これらの*処分'に不服がある者は，*人事院'又は*人事委員会'等に*審査請求'をすることができるとしている〔国公90，地公49の2〕。*分限'制度とともに公務員の*身分保障'機能を有しており，公正であることが求められる〔国公74①，地公27①〕。裁判官・会計検査官・公立大学の教員等については，懲戒裁判・弾劾・検査官の合議・大学管理機関の審査等の事前手続が法定されている〔憲64・78，裁49，裁限3~13，会検9，教公特9〕。一部の*特別職'国家公務員についても懲戒に関する規定がある〔自衛46，国会職員法(昭和22法85)28~32〕。国会及び地方議会の議員の懲戒は*懲罰'と呼ばれる〔国会121~124，自治134~137〕。なお，法律や条例の定めに基づかない制裁として，訓告や厳重注意といった措置がなされている。 ⇨不利益処分'

3 労働者に対する懲戒 労働関係において*使用者'が行う制裁で，職場規律を侵害した労働者に対して行われる不利益処分。戒告・*譴責(けんせき)'・減給・*降格'・出勤停止・*諭旨解雇'・*懲戒解雇'等がある。*労働基準法'には減給に関する規定があり，1回の額が平均賃金の1日分の半額を超え，総額が賃金支払期における賃金の総額の10分の1を超えてはならないとしている〔労基91〕。懲戒権の根拠・性質・範囲については古くから争いがあり，使用者は本来的に企業秩序維持のため懲戒権をもつとする見解と，*就業規則'その他に定めるなど合意に基づく場合にだけ懲戒が可能であるとする見解とに分かれているが，判例は使用者に企業秩序定立権の一環として懲戒権を認めつつ〔最判昭和54・10・30民集33・6・647〈国鉄札幌運転区事件〉），あらかじめ就業規則等に懲戒の種類及び事由を定め，それを周知していなければならないとする〔最判平成15・10・10判時1840・144〈フジ興産事件〉）。また，就業規則上の懲戒事由に該当したとしても，客観的に合理的な理由を欠き，社会通念上相当なものとして是認することができないときには，権利の濫用として無効となる〔労契15〕。*海員'に対する懲戒権は特に*船長'に属する〔船員21~24〕。

4 公証人等の懲戒 公証人・司法書士・公認会計士・税理士・弁理士・建築士・海技従事者等，特別な国家の監督に服する者については，行政官庁による懲戒が各資格法に規定されている〔公証79~81，司書47~51，会計士29~34，税理士44~48，弁理士32~36，建築士10，海難審判3・4〕。これに対し，弁護士の懲戒は，行政処分たるものも含め，所属弁護士会の自治に委ねられる〔弁護56~69。なお，外弁護83~97〕。

5 行刑・保護処分における懲戒 刑事施設の被収容者に対する懲罰〔刑事収容150~156〕，少年院の在院者に対する懲戒〔少院113~119〕がある。

6 その他の懲戒の例 一般の私人間関係においても，一定の人的紀律関係がある場合につき，懲戒が行われうることを法律が認めることがある。船長の海員に対する懲戒〔船員22~24〕，校長・教員の児童・生徒・学生に対する懲戒〔学教11〕などがその例である。

懲戒解雇 *使用者'が従業員の企業秩序違反への制裁として行う最も重い懲戒処分。通常，普通解雇と異なり*解雇の予告'も予告手当の支払もせず即時になされ，*退職金'の一部又は全部の支給がなされない場合が多い。最も重い懲戒処分で，再就職の重大な障害となる不利益を伴う。この点で普通解雇に比して，懲戒解雇権はより厳しい濫用審査に服する。無効の懲戒解雇の*意思表示'を普通解雇のそれとして有効とみなせるか否かについては，学説・判例(肯定：東京地判昭和45・6・23労民21・3・980〈日本経済新聞社事件〉等，否定：奈良地判昭和34・3・26労民10・2・142〈奈良観光バス事件〉等)の対立がある。また，懲戒解雇が有効でも，退職金の不支給が有効であるためには，退職金規程等でのその旨の定めに基づき，対象従業員のそれまでの勤続

ちょうかい

の功を減殺・抹消してしまうほどに著しく信義に反する行為があったことが求められると解するのが学説・判例(大阪高判昭和59・11・29労民35・6・641〈日本高圧瓦斯工業事件〉等)の傾向である。⇨懲戒'

懲戒権 I 民法上は，*親権者'が必要な範囲内でその子を懲戒することができる権利であり，民法旧822条に定められ，未成年*後見人'にも認められていた。平成23年の改正(法61)により子の利益のために行われなければならないことが明示されたが，令和4年改正(法102)でこれを定める条文自体が削除された。

II 労働法上の懲戒権については，*懲戒'をみよ。

懲戒主義 ⇨免責主義・懲戒主義'
懲戒罰 ⇨懲戒'
超過勤務 ⇨時間外労働'
超過差押え *金銭執行'において，差押債権者の債権及び執行費用の弁済に必要な限度を超えて動産を差し押さえること〔民執128〕や，差し押さえた債権の価額が差押債権者の債権及び執行費用の額を超える場合に他の債権を差し押さえること〔民訴146②〕はできない。

超過保険 1 意義 時価1000万円の家に2000万円の火災保険を付ける場合のように，*保険価額'(保険の目的物の価額)を超えた*保険金額'が約定された*損害保険'。損害保険は実損填補の契約であり，保険価額を超える損害が発生することはない〔保険18〕。超過保険が発生するのは，契約締結段階に，代理店が目的物の価額を誤って高く評価した場合のほか，保険期間中の保険の目的物の値上がりを見込んで締結される場合や，全部保険であったが保険期間中に保険の目的物の価額が値下がりした場合が考えられる。

2 効果 契約締結段階で*保険契約者'及び*被保険者'が超過保険であることについて善意・無重過失の場合は，保険契約者は超過部分について契約を取り消すことができる〔保険9〕が，これは上記の保険価額の誤った過大評価に対応するものである。他方，契約締結後に保険価額が著しく減少し超過保険状態となったときは，保険契約者が将来に向かって保険金額と*保険料'の減額を請求することができる〔保険10〕。これらのルールは，対価の調整という機能を有する。

長期・短期(不定期刑の) 相対的不定期刑(⇨不定期刑')を宣告する際の上限を長期といい，下限を短期という。短期は*拘禁'の最低限を示し，長期は最高限を示す。短期と長期の間で処遇の効果の度合いをみて実際の釈放時が決定される。

長期信用銀行 ⇨銀行'
超国家主義 国家を超える国際主義，又は極端な国家主義の2義があり，従前は前者の意味に用いられることが多かったが，第二次大戦後は後者の意味に用いられることが多くなった。後者のそれは，*ファシズム'と結合したナショナリズムとして成立した。その諸特徴を列挙すれば，神話等の国民的伝統の過度の強調，階級的利害対立を観念的に止揚するものとしての国民的利益の主張，国民的使命という名の下の侵略主義，国民的利益の名の下の国民の経済生活の強権的統制，国民の非合理的感情に基礎を置く反民主主義・反自由主義・反合理主義的傾向等である。戦前の日本の*天皇制'ファシズムも超国家主義の一種である。

超国家的国際組織 ⇨国際組織'

調査権(地方議会の) *普通地方公共団体'の事務について調査を行い，関係人の出頭及び証言を求め並びに記録の提出を求める地方議会の権能〔自治100〕。根拠規定の条文から100条調査権ともいう。調査権の対象から都道府県労働委員会や収用委員会などの一部の事務は除かれる〔自治100①〕。国会に認められた*国政調査権'と趣旨を同じくする。議会はこの調査権をそのつど議決をして行使する。不出頭，記録の不提出，虚偽の陳述に対しては罰則がある。議会自体に認められた権能であるから，個々の議員がこれを行使することはできない。

調査の嘱託 民事訴訟法上，裁判所が，イ *証拠調べ'として〔民訴186①〕，ロ 訴訟関係を明瞭にするための釈明処分として〔民訴151⑥〕，又は，ハ 提訴前の証拠収集処分として〔民訴132の4①②〕，必要な調査を官庁若しくは公署，外国の官庁若しくは公署又は学校，商工会議所，取引所その他の団体に嘱託すること。イロの場合，職権での実施が可能であるが，ハの場合は申立てを要する。イの嘱託に係る調査の結果を証拠とするためには，裁判所は，*口頭弁論'の期日又は*弁論準備手続'期日において，当事者に対して提示をしなければならない〔民訴186②・170②〕。ロの嘱託に係る結果の報告は，証拠資料とはならないが，*弁論の全趣旨'〔民訴247〕として斟酌(しんしゃく)されうる。ハの嘱託に係る結果の報告も，当然には証拠資料にならないが，写しを*書証'として提出することは可能である。イの調査の嘱託は簡易な*証人尋問'又は*鑑定'という性格を有することから，多数説は，嘱託を受けた団体自身が保有する情報により主観を交えることなく客観的に報告できる場合に

長子相続　長子が単独相続をする相続形態。'末子相続'に対する。長子相続の中では、長男子相続が普通で、封建制の下で広く行われた。民法旧規定(昭和22法222改正前)の'家督相続'もこれに当たる。しかし、そのほか男女を問わない初生子相続も行われた例がある。現行民法の下で'共同相続'が行われる。

徴収義務者　⇨'源泉徴収'
徴収納付義務　⇨'源泉徴収'
徴収猶予　⇨'納税の猶予'

調書　Ⅰ　民事訴訟などにおいて、訴訟手続などの経過・内容を'公証'するために作成される'公文書'。令和4年改正により、全て'電磁的記録'として作成され、電子調書と呼ばれる。民事訴訟法上の調書としては、'口頭弁論'調書(弁論調書ともいう)〔民訴160,民訴規66〜69〕、'弁論準備手続'調書〔民訴規88〕、'審尋'調書〔民訴規78〕、'和解'・'放棄'・'認諾'調書〔民訴267①〕などがある。このほか、民事執行手続〔民執規12・13〕、民事保全手続〔民保規7・8〕、破産手続〔破規4〕、民事再生手続〔民再規3〕、会社更生手続〔会更規4〕、非訟事件手続〔非訟31,非訟規19〜21〕、家事審判手続〔家事46,家事規31〜33〕、家事調停手続〔家事253,家事規126〕、民事調停手続〔民調12の5,民調規11・12〕などでも調書は作られる。調書は原則として、手続に立ち会った'裁判所書記官'が作成するが、'民事執行'の調書については'執行官'も作成する〔民執規13〕。調書の効力については、口頭弁論調書について弁論の方式に関し特別の'証明力'が認められているほか〔民訴160④〕、和解・放棄・認諾調書〔民訴267〕や'調停'調書〔民訴16①・家事268①〕には'確定判決'等と同一の効力が認められる。また、争いのない事件には、調書判決が認められる〔民訴254〕。なお、録音テープやビデオテープで調書の記録に代えることが認められる〔民訴規68〕ほか、簡易裁判所での調書〔民訴規170〕や保全命令手続・破産手続・非訟事件の調書〔民保規4,非訟31①但,家事46但〕などでは作成の省略が認められている。

Ⅱ　刑事訴訟法上、'裁判所書記官'が作成する調書〔刑訴規37〕として'公判調書'〔刑訴48〕・'証人尋問'調書〔刑訴規38〕・'検証調書'〔刑訴規41〕等があり、'捜査機関'の作成するものとして'供述調書'〔刑訴198・223〕等がある。

重畳的債務引受け　⇨'債務引受け'

調書判決　Ⅰ　民事訴訟におけるそれについては'調書'をみよ。

Ⅱ　刑事訴訟において、裁判所書記官に判決'主文'・'罪となるべき事実'の要旨・適用した'罰条'を判決宣告期日の'公判調書'の末尾に記載させ、'判決書'に代えること〔刑訴規219〕。地方裁判所・簡易裁判所においては、有罪判決宣告後に'上訴'の申立てがなく、判決書謄本の請求がないまま判決が確定した場合、手続の簡素化のため、調書判決が認められる。

調整問題　'適応問題'

超然内閣　政党・政派には影響を受けず、政党・政派から超然たる態度をとる'内閣'。議会内の政党リーダーにより形成される'政党内閣'に対し、超然内閣は官僚により形成される'官僚内閣'であるのが普通。'明治憲法'の下における初期の内閣は超然主義に基づいて形成された超然内閣であったが、大正デモクラシー期には政党内閣が一般化した。

町村制　⇨'市制・町村制'

町村総会　町村における選挙権をもつ者の総会。'普通地方公共団体'には議決機関として議会を設置することになっている〔憲93,自治89①〕が、その例外として、人口の少ない町村で選挙権をもつ者が一堂に会して会議をすることができるような場合に、町村は、'条例'で、議会を置かず、町村総会を設けることができ、これには町村議会に関する規定が準用される〔自治94・95〕。'直接民主制'の1つであるが、現在、その実例はない。　⇨'地方公共団体の議会'

調達義務　⇨'種類債権'

調停　Ⅰ　民事法　**1 意義**　'エー・ディー・アール(ADR)'の一類型。民事上の紛争の解決のために、第三者が'和解'の仲介を行い、当事者間の合意の成立を目指す手続。成立した合意自体を指すこともある。第三者に最終的な判断権限がない点で、'仲裁'と異なる。法令上、'あっせん'〔個別労調1〕や和解の仲介〔裁判外紛争解決2①〕と同義の場合もある。実務的には、第三者の評価に基づき合意形成を促す評価型と、評価を示さずに話合いを促す交渉促進型がある。裁判所での調停は、民事調停法(⇨'民事調停')(昭和26法222)、'特定債務者の調整の促進のための特定調停に関する法律'(平成11法158)、'労働審判法'、'家事事件手続法'等、行政機関での調停は、'労働関係調整法'、'公害紛争処理法'等で行われる。

2 手続・効力　裁判所の調停は、裁判官と民間の委員('調停委員'、労働審判員)で構成する委員会が調停を行う。合意が記録された電子調書には、'裁判上の和解'〔民訴16,労審29②等〕又は確定した判決ないし審判〔家事268①〕と同一の効力が認められる。委員会による成立の見込みが

ちょうてい

ない場合，裁判所は，*調停に代わる裁判'をすることができ，異議がなければ調停と同一の効力が認められる〔民調17・18，家事287〕。行政庁の調停の手続等は個別法によるが，例えば公害等調整委員会で成立した調停は，当事者間の合意としての効力を有する〔公害紛争34〕。

Ⅱ 労働法上は，*労働委員会'中に設けられる調停委員会が，*労働争議'の当事者間に介入して双方の主張を聞き，調停案を作成し，その受諾を勧告して，労働争議の解決に努力すること〔労調3章〕。*あっせん(斡旋)よりも積極的であるが，労使ともに調停案を受諾する義務を負わないので，*仲裁'よりは消極的である。調停は，労使の双方から，又は労使の双方若しくは一方から*労働協約'の定めに基づいて，労働委員会に対し調停の申請がなされたときに開始されるのが原則である〔労調18①②〕。*公益事業'などでは，労使の一方又は双方の同意なしに開始される*強制調停'が認められている〔労調18③〜⑤〕。*行政執行法人'，*地方公営企業'・特定地方独立行政法人〔地独行法2②〕についても強制調停の制度がある〔行執労27③〜⑤，地公等労14③〜⑤〕。なお，当事者間の合意などにより第三者による調停が行われることもある〔労調28〕。調停は，まれではないがあっせんと比較して利用されることが少ない。 ⇨労働争議の調整'

Ⅲ 国際法上の調停については，*国際調停'をみよ。

調停委員 裁判官(又は民事・家事調停官)とともに調停委員会を構成して，*調停'に関与するほか，他の調停事件において専門的知見に基づく意見を述べる等の事務を行う非常勤*公務員'〔民調6・8，家事247〜249〕。除斥の対象となり，職務上の守秘義務を負う〔民調9・37・38，家事16・292・293〕。*最高裁判所'が，法曹資格，専門的知識経験，又は社会的知識経験を有し，人格識見の高い40歳以上70歳未満の者から任命する〔民事調停委員及び家事調停委員規則(昭和49最高裁規5)1〕。

調停前置主義 訴えを提起する前に，まず*調停'の申立てを行うものとする原則。これに反した場合は，必ず調停に付される。地代(ちだい)借賃増額請求事件，人事訴訟事件(*合意に相当する審判'ができる事件を除く)に適用される〔民調24の2，家事257①〕。

調停に代わる裁判 当事者間の合意による*調停'成立の見込みがない場合に，裁判所が事件の解決のために相当な裁判をし，その告知を受けた日から2週間以内に当事者又は利害関係人が異議を申し立てないときは，その裁判の内容の調停が成立したと同一の効力を認める制度〔民調17・18，家事284〜287〕。民事調停では「調停に代わる決定」，家事調停では「調停に代わる審判」という。当事者が心情的な理由等で積極的には合意できないものの，裁判所の判断ならば受け入れる余地がある場合を想定し，いわば消極的な合意の成立を*擬制'する趣旨であり，*異議の申立て'により当然に失効する。なお，かつてのいわゆる*強制調停'は，調停に代わる裁判に対する*不服申立て'を*即時抗告'に限る制度であった〔金銭債務臨時調停法(昭和7法26。昭和26法222により廃止)9，戦時民事特別法(昭和17法63。昭和20法46により廃止)19②〕が，判例により違憲とされた(最大決昭和35・7・6民集14・9・1657)。

調停による国際的な和解合意に関する国際連合条約 商事紛争の解決方法としての*調停'の利用を促進するため，調停による国際的な和解合意の執行等に関する枠組みについて定める条約。シンガポール(調停)条約ともいう。*外国仲裁判断の承認及び執行に関する条約'を参考にして，*国際連合国際商取引法委員会'が作成し，シンガポールなどの批准を得て2020年に発効した。調停の定義，国際和解合意の執行義務と救済付与の拒否事由などの規定が置かれている。日本は2023年に同条約を承認し(令和5条12)(8条に従い，和解合意の当事者が条約の適用に合意した場合に適用するとの留保を付した)，国内実施法(令和5法16)を制定している。

調停離婚 ⇨離婚'

長の解職請求 ⇨解職請求'

懲罰 国会の各議院又は地方議会が，内部の秩序を乱した議員に対して行う制裁〔憲58②，国会121〜124，自治134〜137〕。戒告・陳謝・登院(地方議員の場合は出席)停止・*除名'の4種がある〔国会122，自治135〕。議員という特定の身分に伴う制裁である意味で*懲戒'と性質を同じくする。国会議員に関しては，前会期の行為〔国会121の2〕の閉会中の行為〔国会121の3〕について次の会期で懲罰に付すことができるが，地方議会議員についてのこの問題に対する判例・学説はともに説が分かれており，立法的な解決もされていない。また，国会議員の懲罰は裁判所の審査に服さないと解されている。地方会議員の場合は，除名処分については裁判所の審査に服し(最大決昭和28・1・16民集7・1・12米内山事件)，出席停止についても審査の対象となる(最大判令和2・11・25民集74・8・2229)。なお，実定法上懲罰の語を用いている例として

は、このほか刑事施設の受刑者及びその他の被収容者の懲罰〔刑事収容 150～156〕等がある。

挑発防衛 ⇨自招侵害・危難'

徴表(徴憑(ちょうひょう)) 間接事実と同義語。主要事実(要件事実)の存否を推認させる事実(情況)。⇨主要事実・間接事実'

重複起訴の禁止 ⇨二重起訴の禁止'
重複訴訟の禁止 ⇨二重訴訟の禁止'

重複保険 **1意義** 時価 2000 万円の家に, A 保険会社と 1000 万円, B 保険会社と 1500 万円の火災保険を付ける場合のように, 同一の保険の目的物につき, *被保険利益', *保険事故'及び*保険期間'を同じくする*損害保険'が数人の*保険者'と締結され, その*保険金額'の総額が*保険価額'を超過する場合の*保険'. *超過保険'の一態様である。

2効果 各保険者は, 他の保険契約の有無にかかわらず塡補すべき損害額全額を*被保険者'に支払う義務を負う〔保険 20 ①〕が, 保険給付の合計額が損害額を超えることは利得禁止原則に抵触することから, 被保険者が得られる保険金の合計額は損害額を上限とする。このとき, 保険者間では塡補損害額の合計額に対する各々の塡補損害額の比率に応じて保険金の支払を負担することになり, 各保険者の負担部分を超えて支払を行った場合(上記の通り被保険者との関係では負担部分を超えて支払う義務を負う)は, その額について全ての保険者が免責され(共同の免責), 負担部分を超える支払については, 他の保険者に求償することができる〔保険 20 ②〕。すなわち, 被保険者は, 複数の保険者に対して, 各保険者の負担部分を請求することができるだけではなく, 特定の保険者に対して, 重複保険がなかったならば請求可能な金額について請求を行い, 損害の塡補を得た上で, 超えた部分について保険者間の求償の形で, 各保険者が支払う保険金の調整を委ねることもできる。

重複立候補 *衆議院議員'の選挙は, *小選挙区比例代表並立制'の下で, *小選挙区'制と*比例代表'制の 2 種類の選挙を行うが, その際*政党'その他の*政治団体'〔公選 86 の 2 ①12〕は, 当該比例代表選出議員の選挙と同時に行われる小選挙区選出議員の選挙の候補者(当該比例代表区の区域内にある小選挙区における候補者に限る)を, 当該比例代表選出議員の選挙におけるその名簿登載者とすることができ〔公選 86 の 2 ④〕, これを重複立候補という。重複立候補者を 2 人以上名簿登載者とする場合には, それらの者の全部又は一部について当選人となるべき順位を同一のものとすることができ〔公選 86 の 2 ⑥〕, 同一とされた者相互間の順位は, 小選挙区選出議員の選挙における得票数の当該選挙区における最多得票者に係る得票数に対する割合(これを惜敗率と呼んでいる)の最も大きい者から順次に定める〔公選 95 の 2 ③〕。

徴兵制 一般国民に対して, 個人の意思のいかんにかかわらず兵役に服することを強制する制度。兵役制度の 1 つで志願兵制度に対する。国家は, 徴兵検査によって一定の水準を超える者を所定数だけ選択徴募し, 平時は一定期間教育を施した後に逐次交替させ, 戦時においては, これらを召集して編制を完成する。国民皆兵主義からみて合理的であり, 編制上便利で, 財政的に少額の経費で足りるという利点があるが, 志願兵制度に比べて技術の習熟に劣るという欠点がある。日本では明治 5 年(1872)に徴兵制がとられ〔徴兵令(明治 6 太政官無号), 兵役法(昭和 2 法 47)〕, *明治憲法'の下では, *兵役の義務'は国民の 3 大義務の 1 つとなった〔明憲 20〕。しかし, 第二次大戦の終了とともに廃止された。現行憲法の下では, 徴兵制をとることは憲法上許されないというのが一般的な考えである〔憲 9・18 参照〕。⇨良心的兵役拒否'

超法規的違法阻却事由 *正当防衛', *緊急避難'のように, 刑法の規定する違法性阻却事由〔刑 35～37〕のどれにも当たらないが, 法秩序全体の精神からみて*違法性'の阻却が認められる事情。違法性の本質を形式的な法規違反としてではなく実質的に捉える*実質的違法性'説の立場からその存在が強く主張される。その指導原理としては, *法益衡量説'(優越利益の原理)と目的説(*法益侵害が国家によって承認された正当な目的のための相当な手段である場合は違法とならない)が唱えられているが, 個々の要件については争いがある。下級審においては, *ポポロ劇団事件'・舞鶴事件などの公安労働事件で超法規的違法阻却事由の存在が認められ, 実際に無罪判決が下されたが, 最高裁判所はこれを否定し(最決昭和 39・12・3 刑集 18・10・698(舞鶴事件)等), 学説も大体において慎重な態度をとっている。超法規的違法阻却事由論の以前には, 適法行為に出ることを期待しえなかった場合に*責任'の阻却を認める, *期待可能性'論が類似の機能を営んでいた。現在は, 刑法上処罰されるためには, 当該行為が単に違法であるだけでは足りず, 諸般の事情を考慮して, 積極的に可罰性を肯定するのに足りるだけの違法性の存在が必要であるとする*可罰的違法性'の理論が通説であるが, 学説の間ではこれを一種の超法規的違法阻却事由として認めるか, *構

成要件*該当性阻却事由と認めるか争われている。⇨違法性阻却事由'

超法規的責任阻却事由 法律に定められていないが,*犯罪'の成立要件の1つとしての*責任'の成立を妨げる事由(*責任阻却事由)。*期待可能性'のないこと一般が,超法規的責任阻却事由の一例である。

帳簿閲覧権 **1 意義** *株式会社'に対し,*会計帳簿'及び資料の閲覧又は謄写を求める*株主'の権利。*親会社'の社員には*子会社'に対する帳簿閲覧権が認められる。株主がその権利を確保し又は行使するため,とりわけ株主代表訴訟などを通じて*取締役'など会社*役員'の責任を追及するための前提として重要な意義をもつ。しかし,帳簿閲覧権の行使の結果,会社の重要な情報が漏れ,事業上の不利益が会社に生じたり,業務の遂行が妨げられるなど,*会社荒し'その他株主の個人的利益のために濫用されるおそれがある。

2 要件・内容 総株主の*議決権'の100分の3以上を有する株主又は発行済株式の100分の3以上を有する株主(*定款'によるその割合の引下げが可能)が行使できる〔会社433①〕。*少数株主権'の一種である。また,会社の社員には,裁判所の許可を得て,株式会社である子会社に対する帳簿閲覧権が認められる〔会社433③〕。閲覧・謄写は請求の理由を明らかにして請求しなければならない〔会社433①後・③後〕。一定の事由があるときは会社は閲覧・謄写を拒否することができ〔会社433②〕,親会社社員については,拒否事由があるときは裁判所は許可をすることができない〔会社433④〕。閲覧・謄写の対象となるものは,会社の会計の帳簿・書類である。会計の帳簿には日記帳・仕訳帳・元帳が含まれ,これを作成する材料として使用された資料(受取証・契約書・信書など)が会計に関する資料に当たる。法人税確定申告書控・案が閲覧の対象になるかどうかについては見解が分かれている。帳簿及び資料が*電磁的記録'をもって作成されたときは,その記録された内容を紙面又は映像面に表示したものが閲覧又は謄写の対象となる〔会社433①②〕。*計算書類'・*事業報告'及びそれらの附属明細書は会計の帳簿・資料ではなく,株主であれば閲覧権を有する〔会社442③〕。

3 特例有限会社の場合・金融事業の場合 *特例有限会社'においては,総株主の議決権の10分の1以上の議決権を有する株主が閲覧権を有する〔会社法整備法26①〕。親会社社員であって当該親会社の総株主の議決権の10分の1以上を有するものにも,裁判所の許可を得て子会社帳簿閲覧権が認められている〔会社法整備法26①〕。逆に,金融事業を営む株式会社においては厳格な行政的監督があることなどから,株主の帳簿閲覧権は認められない〔銀行23等〕。

聴 聞 **1 概念** *行政機関'が決定に先立って相手方その他の関係人に意見を述べる機会を与える手続。関係人の権利利益の保護,行政決定の公正さの担保,行政の民主化などの機能は様々であり,行政処分の発布,規則制定,計画の策定など,用いられる分野によっても,重視される機能に応じてその内容が異なることが多い。広い意味での聴聞には,関係人が相互に証拠・反証を提出して事実の確定を行うもの(その典型が*行政審判')から,関係人が単に意見を述べるにとどまるものまで様々なものがある。日本には,第二次大戦後*アメリカ行政手続法'の影響の下に,個別法に*公聴会',*審問',*審判',聴聞,*弁明の機会',口頭審理などの名称で取り入れられたが,*行政手続法'は,聴聞と弁明の機会の付与という2つのタイプを示して体系的な整理を行った。

2 分類 広い意味の聴聞は,いくつかの観点から分類できる。まず,行政過程の段階からみると,事前手続としての事前聴聞と,不服申立ての段階で行われる異議(事後)聴聞に分けられる。次に,事前聴聞を行政決定のタイプによって処分聴聞(行政手続法上の聴聞)〔風俗41,道交104・104の2等〕と規則制定聴聞〔電波99の12等〕という2つに分けるのが通例である。また,この2つの内容面に着目して,事実を明らかにし,関係人からそのための証拠・反証を提出させ,かつ相互に反論の機会を与える事実審型聴聞と,利害関係人の意見を広く徴する陳述型聴聞という区別もある。なお,公開される聴聞を公開の(による)聴聞ともいう。事実審型聴聞は裁判手続の口頭弁論をモデルとするものであり,そのうちで厳格な手続をとるものは*準司法的手続'と性格づけられる。

3 行政手続法 行政手続法は,*不利益処分'のうち,相手方に対する打撃の大きな許認可の取消しなどについてのみ,聴聞を義務的なものとし,それ以外のものについては弁明の機会を付与するものとしている〔行手13〕。ここでいう聴聞では,*行政庁'が指名する職員その他政令で定める者が主宰して口頭で審理が行われ〔行手19・20〕,当事者には証拠書類等の提出〔行手20②・21①〕,文書閲覧〔行手18〕等が認められるが,審理は原則として非公開である〔行手20⑥〕。他方,弁明は原則として書面を提出してするものとさ

れている〔行手29〕。

跳躍上告　I　刑事訴訟法406条による*上告'の一種。*控訴'の対象となりうる*第一審'判決に対して，控訴を経ずに直接最高裁判所に申し立てられるもの。飛躍上告又は飛越($\overset{ひ}{\text{っ}}$)上告とも呼ぶ。法令などを違憲とした判決又は地方公共団体の条例・規則を法律に反するとした判決に対して申し立てることができる。検察官からは，地方公共団体の条例・規則を合憲又は適法とした判決に対しても申し立てることができる〔刑訴規254〕。重要な法律問題について迅速に最高裁判所の判断を求めるための制度であるが，実例は少ない。

II　民事訴訟法上は，*飛越($\overset{ひ}{\text{っ}}$)上告'というのが通例。その項をみよ。

勅書　⇨詔勅'

直接強制　I　*行政上の強制執行'の手段の一種であり，行政上の義務の不履行の場合に，義務者の身体又は財産に直接に実力を加えて義務履行がなされたのと同一の状態を実現する行政作用。*明治憲法'下の*行政執行法'5条3項は，*代執行'や*執行罰'では目的を達成し難い場合や急迫の事情がある場合には，直接強制によって義務履行を強制できることを一般的に定めていた。現行の*行政代執行法'は，これを一般的な行政上の強制執行の手段としては認めず〔代執1〕，特別の個別法令がごく例外的に定めているにとどまる(例として，学校施設の確保に関する政令(昭和24政34)21)。⇨行政強制'

II　*民事執行法'上の*強制執行'の方法の1つで，執行機関が債務者の意思にかかわらず債務の内容を直接的に実現する方法による強制執行。*代替執行'，*間接強制'に対する。執行方法として最も効果的であるため，近代法では主要な執行方法と考えられており，日本法でも，金銭債権の執行〔民執43～167の14。ただし，167の15・167の16〕はこれによるものとされ，不動産及び動産の引渡しの執行〔民執168～170〕は，これによることができる。

直接指定主義　⇨不統一法国'

直接主義　I　刑事訴訟において，判決をする裁判官はその事件の法廷での*弁論'と*証拠調べ'に自ら立ち会っていなければならないという原則。直接審理主義ともいう。裁判官が途中で交代したときに，*公判手続の更新'が必要とされる〔刑訴315〕のはこの原則の結果である。より狭い意味で証拠とするためには，判決する裁判官の面前での供述によらなければならないという原則を指すこともある。この意味での直接主義は，*伝聞証拠'を禁止する刑事訴訟法320条1項の趣旨に含まれている。

II　民事訴訟では*直接審理主義'というのが通例。その項をみよ。

直接証拠・間接証拠　I　民事訴訟において，直接証拠とは，*法律効果'の発生に直接必要な事実である*主要事実'(要件事実)の存否を直接証明する*証拠'をいう。例えば，弁済についての受領書，契約締結についての契約書や立会人等がこれに当たる。間接証拠とは，主要事実の存否を推認させる事実である*間接事実'，又は証拠の*証拠能力'や証拠力(⇨証明力')を明らかにする事実である*補助事実'の存否を証明する証拠をいう。間接証拠は，*情況証拠'ともいわれる。現場不在証明(*アリバイ')のための*証人'，証人の*証言'の信ぴょう性に影響のある事実(証人の性格・利害関係等)の存否を証明するための証拠がその例である。ある証拠が間接証拠か直接証拠かは，立証主題との関係で定まるものであるから，同じ証拠がある立証主題との関係では直接証拠となり，別の立証主題との関係では間接証拠となる場合もある。

II　刑事訴訟においても，*証拠'の分類として，*要証事実'を直接に立証する直接証拠と，*間接事実'を証明することによって間接に立証する間接証拠とに分けることが行われている。例えば，殺人罪において被告人の自白や犯行の目撃証人の供述は直接証拠，遺留された凶器の指紋や着衣の血痕は間接証拠である。近時，採証科学の発達に伴って，間接証拠の重要度は増大している。

直接審理主義　直接主義ともいう。判決をする裁判官が自ら訴訟の審理を担当する原則をいい，*間接審理主義'に対置される(⇨補充裁判官')。

I　民事訴訟では，判決をする裁判官は，自ら*口頭弁論'に関与し，当事者の口頭弁論を聴き*証拠調べ'をした者であることを要する〔民訴249①〕。裁判官が途中で交代した場合や，*控訴審'で口頭弁論を行う場合には，この原則を満たすために，当事者が新たな裁判官の前でそれまでの口頭弁論の結果を*陳述'しなければならない(*口頭弁論の更新')〔民訴249②・296②〕。

II　刑事訴訟については，*直接主義'をみよ。

直接税・間接税　*租税'の分類の一種で，法律上の*納税義務者'と実際に租税を負担する者(担税者)とが一致することが予定されている租税を直接税といい，法律上の納税義務者と担

ちょくせつ

税者とが一致せず、税負担の転嫁が予定されている租税を間接税という。例えば、*'所得税'は直接税であり、*'消費税'は間接税である。しかし、転嫁の有無は一様ではなく、この区別は必ずしも厳密なものではない。なお、サービス貿易一般協定 14 条(d)は、直接税の公平な又は効果的な賦課又は徴収を確保することを目的とする措置につき、内国民待遇の例外を認めている。

直接請求 **1 意義** 地方住民の直接参政の制度の1つ。一定数以上の選挙権者の*'連署'をもって、*'地方公共団体'の重要事項について特定の行動を請求する行為。*'地方自治'を保障する現行憲法の下において、*'代表民主制'の欠陥を補うとともに、*'住民自治'の趣旨を徹底するため、地方政治の重要事項について地方住民の意思を直接に反映させるための制度である。都道府県・市町村・*'特別区'のほか、*'広域連合'においても認められる〔自治291の6〕。
2 種類 *'地方自治法'上、条例の制定改廃請求、事務の監査請求、議会の解散請求、議員・長・その他の役職員(*'副知事'・*'副市町村長'、*'指定都市'の総合区長、選挙管理委員、*'監査委員'、*'公安委員会'の委員)の解職請求の4種が認められている〔自治12・13・74~88〕。また、他の法律に定めるものとして、*'教育委員会'の教育長と委員の解職請求の制度がある〔自治13③、教育行政8〕。
3 手続 条例の制定改廃請求並びに事務の監査請求にあっては選挙権者総数の50分の1以上の連署をもって、その他の請求にあっては選挙権者総数の3分の1以上(有権者総数が40万及び80万を超える場合には人口要件を緩和する特例がある)の連署をもって、請求代表者から請求するものとされている。
4 効果 解職請求はいわゆる*'リコール'を認めたものであり、条例の制定改廃請求は一種の*'イニシアティブ'を認めたものであるが、請求の相手機関並びに請求の効果はそれぞれの請求によって異なる。なお、住民の直接参政の形態については、*'住民'に掲げた[図:住民参政の形態]を参照せよ。
⇨'条例の制定改廃請求' ⇨'事務の監査請求' ⇨'解散請求(地方公共団体の議会の)' ⇨'解職請求'

直接正犯 ⇨'間接正犯'
直接選挙 選挙人が選挙される職に就く者を直接に選定する制度。間接選挙に対する概念。憲法93条2項が地方公共団体の長、議会の議員等について「住民が、直接これを選挙する」と定めるのは、この意味である。国会議員の選挙についても直接選挙が要求されると解されており、少なくとも衆議院議員の選挙については異論をみない。最高裁判所は、衆議院比例代表選出議員の選挙について、政党にあらかじめ候補者及び順位を定めた名簿を届出させた上で選挙人が政党に投票する点についても、また、重複立候補者が名簿に同一順位で記載された場合は小選挙区選挙の惜敗率によって比例代表選挙の当選人が決まる点についても、直接選挙に当たらないとはいえないとしている(最大判平成11・11・10民集53・8・1577)。

直接占有・間接占有 ドイツ民法上の概念〔ドイツ民法868〕。賃借人・受寄者等、他人に対して一時的に*'占有'すべき権利を有し、又は義務を負う者が有する占有を、直接占有(独 unmittelbarer Besitz)という。この場合において、その他人(賃貸人・寄託者等)が有する占有を、間接占有(独 mittelbarer Besitz)という。日本民法の自己占有・代理占有を説明するにあたっても、それぞれ直接占有・間接占有を用いて説明されることが多い(⇨'代理占有')。「占有」に掲げた[表:占有の分類]をみよ。

直接損害 *'株式会社'の役員等〔会社423①〕の*'悪意'・*'重過失'による任務懈怠(けたい)によって*'第三者'が直接に損害を被った場合のその損害をいう。任務懈怠により株式会社に損害が生じ、その結果として第三者が損害を被るわけではない点で、間接損害と区別される。会社法429条1項(*'役員等の第三者に対する損害賠償責任')にいう「損害」には、直接損害と間接損害のいずれも含まれるとするのが、判例である(最大判昭和44・11・26民集23・11・2150)。⇨'間接損害'

直接的一般管轄(直接管轄) ⇨'国際裁判管轄'

直接適用可能性(国際法の) ⇨'国内適用(国際法の)'

直接適用説・間接適用説 ⇨'私人間効力(人権の)'

直接取引 *'取締役'又は*'執行役'が、自己又は*'第三者'のために*'株式会社'と取引することをいう。*'取締役会設置会社'では*'取締役会'の、それ以外の株式会社では*'株主総会'の承認が必要である〔会社356①②・365①・419②〕。また、取引により会社に損害が生じた場合、当該取締役又は執行役、当該取引をすることを決定した取締役又は執行役、及び承認決議に賛成した取締役は、任務懈怠(けたい)が推定される〔会社423③〕。*'監査等委員会設置会社'において*'監査等委員会'の承認を受けた場合は例外。会社423

④〕。また，自己のために株式会社と取引をした取締役又は執行役は，任務懈怠が当該取締役又は執行役の責めに帰することができない事由によるものであることをもって，責任を免れることはできない〔会社428①〕。 ⇒間接取引' ⇒取締役の利益相反取引'

直接発行　社債募集の一態様。起債会社が自ら直接に公衆に対して発行手続をとる場合を指し，直接募集(起債会社が直接公衆に対して社債権者を募集する方法)と*売出発行'の2つの場合がある。*間接発行'に対するもの。なお，直接募集の意味に用いられることもある。⇒社債募集'

直接募集　⇒直接発行'

直接民主制　1 国民が国家意思の形成と執行の過程に直接に参加することを原理とする*民主制'。間接民主制・*代表民主制'に対立する概念である。
2 古代ギリシャの都市国家において直接民主制は国政の1つの典型として行われていたが，実際は奴隷制を基礎にした極めて小規模のものであった。近代においては，*主権'の不可分・不可譲渡・不可代表性を主張する*ルソー'によって直接民主制は最も明確な形で展開されたが，現実には，国家の膨大化と国務の複雑化・専門化によって直接民主制の実行可能な条件が失われ，近代国家は一般に代表民主制をとることになった。しかし，社会の利害の多元化に伴って代表民主制が十分に機能できなくなった現代国家において，代表民主制を補充するものとして再び直接民主制が主張されるようになり，制度的には，*国民投票'(レファレンダム)・国民発案(*イニシアティブ')・国民罷免(*リコール')等の直接民主制的な制度が採用されている。
3 日本国憲法は間接民主制を強調しており，直接民主制の契機は弱い。最高裁判所裁判官の*国民審査'〔憲79〕，*地方自治特別法'の*住民投票'〔憲95〕，*憲法改正'の投票〔憲96〕の諸制度にとどまる。ただし，*地方自治'は直接民主制の考え方を基礎としている。地方自治法'は*直接請求'〔自治74〜88〕を制度化しており，実際にリコール，*条例の制定改廃請求'，住民投票の事例が少なくない。

直線基線　⇒基線'

直罰　⇒行政刑罰'

直律的効力　⇒規範的効力(労働協約の)'

勅令　*明治憲法'下において，*天皇'が*大権'事項について，*帝国議会'の*協賛'を経ることなく一般性・抽象性を備えた法規を制定・公布する際に用いられた法形式の一種。*緊急勅令'〔明憲8〕・*独立命令'〔明憲9〕・*委任命令'などがそれであり，貴族院令も，その改正手続に*貴族院'の議決を必要とする点で特異ではあるが，勅令の扱いを受けてきた。しかし，皇室の事務及び軍の統帥(⇒統帥権')に関わる事項を定める天皇の命令は，根拠法が*皇室典範'であることや事柄の特殊性から，皇室令や軍令と称して他の勅令とは区別された。現行憲法は勅令を認めないので，憲法施行の際に効力をもっていた勅令のうち，法律事項を内容とするものは，経過措置として暫定的効力を認めた後失効させ，法律事項以外の内容に関わる勅令は，廃止の措置がとられない限りは，*政令'と同じ効力をもつとされた。なお，敗戦直後のいわゆる*ポツダム緊急勅令'並びにそれに基づいて発せられた*ポツダム命令'の効力は裁判で争われ，最高裁判所は，占領下にあって憲法外的な効力をもっている(最大判昭和28・7・22刑集7・7・1562)。

著作権　著作者が著作物を排他的に利用する権利。1 著作権は，著作物の利用形態に応じて，支分権の束として構成されている。著作者は，*複製権'〔著作21〕，*上演権'，*演奏権'〔著作22〕，*上映権'〔著作22の2〕，*公衆送信権'〔著作23①〕，伝達権〔著作23②〕，口述権〔著作24〕，*譲渡権'(映画の著作物を除く)〔著作26の2〕，*貸与権'(映画の著作物を除く)〔著作26の3〕，*翻案権'〔著作27〕を専有する。それに加えて，美術及び未発行の写真の著作物には展示権〔著作25〕，映画の著作物には頒布権〔著作26〕が規定されている。これらの権利はベルヌ条約に基本を有するものであるが，情報通信技術の発展に伴い，例えば令和2年改正(法48)においてリーチサイト対策〔著作113②〜④・119②④⑤・120の2③〕や侵害コンテンツのダウンロード違法化〔著作30①④・30②・119③②⑤〕(⇒違法ダウンロード')が規定されたように，随時，規定の追加が行われている。
2 著作権の制限については，個別的制限規定が置かれている〔著作30〜49〕。それらには，著作物の通常の利用のための規定，*表現の自由'や*学問の自由'との調整のための規定，公共の目的のための規定などがあり，全ての支分権を制限する規定，特定の支分権を制限する規定がある。情報通信技術の発展に伴い，平成30年(法30)には，進展するネットワーク化への対応〔著作30の4・47の4・47の5〕，教育の情報化への対応(*授業目的公衆送信補償金'など)〔著作35〕，障害者の情報アクセス機会の充実〔著作37〕，アーカイブの利活用促進〔著作31・47・67〕につき権

ちよさくけ

利制限規定の整備が行われ，令和3年(法52)には，図書館関係の権利制限の見直し(*図書館等公衆送信補償金'など)〔著作31〕，放送番組のインターネット同時配信等に係る権利処理の円滑化〔著作34①〕が図られたように，その時々の事情により法改正がなされているが，必ずしも，従来想定されなかった著作物の利用形態に応じた改正がなされてきていないという観点から，一般的制限規定(*フェア・ユース')を立法すべきであるとの意見も主張されている。
3 著作権は創作により発生し，登録等の方式は必要がない(無方式主義)〔著作17②〕。その保護期間は，著作者の死後70年とされている〔著作51〕。
4 著作権及びその支分権には，譲渡，利用許諾及び質権の設定ができる〔著作61・63・66〕。登録は第三者*対抗要件'である〔著作77〕。著作権の利用権は，*出版権'を除くほか登録をすることができないので，第三者に対抗することはできない。著作権者不明等の場合の著作物利用については，文化庁長官による裁定に基づく裁定許諾の制度がある〔著作67～70〕。
5 著作権の侵害に密接に関連する行為をみなし侵害として規定している〔著作113〕。著作権の侵害に対しては，差止請求権と損害賠償請求権がある(刑事罰も規定されている〔著作112・115・116・119・120〕)。その立証のための手続規定が設けられている〔著作114～114の8〕。

著作権等管理事業法 平成12年法律131号。著作権・著作隣接権の管理業務の適正な運営の確保を目的とする法律。著作物，実演，レコード，放送，有線放送を広く対象とし〔著作管理2〕，参入を文化庁長官への登録制に〔著作管理3〕，使用料規程を届出制に〔著作管理13〕するなど，規制緩和を図っている。この法律により，「著作権ニ関スル仲介業務ニ関スル法律」(昭和14法67)は廃止された。

著作権に関する世界知的所有権機関条約
⇨譲渡権' ⇨送信可能化権' ⇨著作権法'

著作権法 昭和45年法律48号。著作物に関し著作者の権利を保護し，著作物の公正な利用に留意しながらその保護を図り，文化の発展に寄与することを目的とする法律。日本における著作権法の立法は，明治2年(1869)の出版条例に始まる。明治20年(1887)には版権条例が制定され，明治26年(1893)には版権法が制定された。「*文学的及び美術的著作物の保護に関するベルヌ条約'」への加入のために，明治32年(1899)に旧著作権法(法39)が制定された。その後，数次の部分的改正を経て，昭和45年(1970)に全面改正され，以後，多くの改正がなされている。基本的には，ベルヌ条約，*トリップス(TRIPs)協定'，*著作権に関する世界知的所有権機関条約'，*ローマ条約'などの条約の基準を満たすものであるが，これらの条約の基準を超える保護も定めている。著作権法には，*著作隣接権'に関する規定，*著作者人格権'に関する規定を含んでいる。著作権等管理事業法などの特別法もある。

著作者人格権 著作者が享有する著作財産権(狭義の著作権〔著作21～28〕)とは別個の人格的権利〔著作17①・18～20〕。*著作権法'は，未公表の*著作物'(その*二次的著作物'を含む)を公衆に提供し，又は提示する権利(公表権)〔著作18〕，著作物の原作品か，又は著作物(その二次的著作物を含む)の公衆への提供・提示に際し，その実名・変名を著作者名として表示し，又は著作者名を表示しない権利(氏名表示権)〔著作19〕，著作物及びその題号の同一性を保持する権利(*同一性保持権')〔著作20〕を付与し，権利侵害に対しては，差止め〔著作112〕，名誉回復の措置〔著作115〕，及び*損害賠償'を請求することができ，また罰則が科される〔著作119②〕。この権利は著作権法30～49条の制限に服さず〔著作50〕，一身専属であって譲渡することができない〔著作59〕。また著作者の死後においても，著作物を公衆に提供し，又は提示する者は，著作者が存しているとしたならばその著作者人格権の侵害となるべき行為をしてはならず〔著作60〕，このような行為をする者又はするおそれがある者に対しては遺族固有の請求権が与えられる〔著作116〕。 ⇨著作権'

著作物 思想又は感情を創作的に表現したものであって，文芸・学術・美術又は音楽の範囲に属するもの〔著作2①①〕。著作物は，著作権〔著作21～28〕及び著作者人格権著作〔著作18～20〕による保護の客体となるものである。一般に，著作物性の要件は，思想又は感情を含むこと，表現したものであること，表現に創作性が認められること，文芸・学術・美術又は音楽の範囲に属する文化的な所産であることの4つに分けられると理解されている。著作物を例示すると，おおむね次の通りである〔著作10①〕。なお，著作物性の認定において次のいずれかに分類できることは必要ないが，著作物の種類によって，著作権の支分権，権利制限規定などに違いがある。**1 映画の著作物** 映画の効果に類似する視覚的又は視聴覚的効果を生じさせる方法で表現され，物に固定されている著作物を含む〔著作2③・10①⑦〕。映画の全体的形成に創

作的に寄与した者が著作者となる〔著作16〕が，著作権については映画製作者に帰属する〔著作29①〕。映画の著作物については，*譲渡権*及び*貸与権*はない〔著作26の2・26の3〕代わりに，頒布権がある〔著作26〕。媒体に記録された，いわゆるテレビゲームソフトについて，頒布権は消尽するとした裁判例がある(最判平成14・4・25民集56・4・808)。映画製作者に著作権が帰属した場合には公表を同意したものと推定される〔著作18②③〕。映画著作物の著作権は公表後70年(公表されない場合は創作後70年)であり，その著作権が消滅したときは，原作等の原著作物の当該映画著作物の利用に関する著作権も消滅する〔著作54〕。なお，映画館等での映画の撮影について，「映画の盗撮の防止に関する法律」(平成19法65)がある。
2 音楽著作物 音楽によって思想・感情が表現されている著作物〔著作10①②〕。メロディ，リズム，ハーモニーを要素とする楽曲だけでなく，楽曲と同時に利用されて音楽的に表現される歌詞も含まれる。楽劇的著作物については，音楽の著作物，言語の著作物に該当する。音楽著作物については，商業用レコードの裁定による利用が認められる〔著作69〕。
3 言語著作物 言語によって思想・感情が表現されている著作物〔著作10①①〕。口頭で行われる固定されていないものを含む。書簡や日記等も，思想・感情が創作的に表現されていれば言語著作物に該当する。なお，書籍の題号は，著作物ではないと解されている。
4 建築著作物 建築によって思想・感情が表現されている著作物〔著作10①⑤〕。実用目的のありふれた建築物は著作物にはならない。図面に従って，建築物を完成させることは，建築著作物の複製とされる〔著作2①⑮〕。建築の著作物は，建築により複製し又はその複製物を譲渡する場合のほかは，著作権が広く制限されている〔著作46②〕。
5 図形著作物 図面，図表，模型などの図形によって思想・感情を表現した著作物〔著作10①⑥〕。
6 写真著作物 写真及び写真製作方法類似の方法により表現されている著作物〔著作10①⑧〕。写真著作者は，展示権を有するが，未発行の写真の著作物に限定されている〔著作25〕。写真著作物の譲渡・展示にあたっては美術の著作物の場合とほぼ同様の特則が設けられている〔著作18②②・45・47〕。
7 美術の著作物 絵画・版画・彫刻等の美術によって思想・感情を表現した著作物〔著作10①④〕。*応用美術*の中で，美術工芸品は美術の著作物とされている〔著作2②〕が，純粋美術としての性格を有する限り，美術の著作物と解されている。未公表の原作品を譲渡した場合には著作者は展示することに同意したものと推定されている〔著作18②②〕。なお，原作品の所有者又はその同意を得た者は，それを公に展示し，またその著作物の解説又は紹介を目的とする小冊子に掲載することができる〔著作45・47〕。また，公衆の見やすい場所に恒常的に設置してある場合は，一定の場合を除き何人も自由に利用できる〔著作46〕。
8 舞踏の著作物 振付けによって思想・感情を表現した著作物〔著作10①③〕。
9 プログラムの著作物 プログラムによって表現されている著作物〔著作10①⑨〕。プログラムとは，電子計算機を機能させて一の結果を得ることができるようにこれに対する指令を組み合わせたものとして表現したものをいう〔著作2①⑩の2〕。プログラム言語，規約及び解法には保護が及ばず〔著作10③〕，法人名義の下に公表されていなくても職務著作物となる〔著作15②〕。プログラム著作物の複製物の所有者による複製又は翻案は著作権侵害とならない〔著作47の3〕。特定の電子計算機においては利用しえないプログラム著作物を当該電子計算機において利用しうるようにするため，又はより効果的に利用しうるようにするために必要な改変〔著作20②③〕は，同一性保持権の侵害とはならない。なお，プログラム著作物の著作権を侵害する行為によって作成された複製物(プログラム)を業務上使用する行為は，使用権原取得時点において情を知っていた場合に，侵害とみなされる〔著作113②〕。
⇨エー・アイ(AI)生成物

著作隣接権 **1 意義** 著作物を公衆に提示し伝達する役割を担う者に対して与えられる*著作権*類似の権利。現行*著作権法*では，実演家，レコード製作者，放送事業者及び有線放送事業者に認められている〔著作89〕。レコード製作者の録音，放送事業者・有線放送事業者の放送・有線放送は，創作的要素が全くないとはいえないが，技術的な面が強く，海賊行為等の不公正なフリーライドを防止するという側面から著作隣接権が認められた。他方，実演家の実演は著作物の創作行為に類似する点があることから，財産的権利のみならず実演家人格権が与えられている。著作隣接権者の財産的権利は著作者の権利より限定されており，報酬請求権や二次使用料請求権など排他権のない金銭的請求権にとどまるものがある。また，排他権行使の

ちょちくきん

機会を最初の利用に限定する'*ワンチャンス主義'も導入されている。なお、狭義の著作隣接権は、上記のうち、排他的財産権の与えられるもののみを指す〔著作89⑥〕。
2 権利の内容 イ 実演家は、a 人格的利益を保護する権利として実演家人格権〔著作90の2・90の3〕、b 排他的財産権として録音権・録画権〔著作91①〕、放送権・有線放送権〔著作92①〕、'*送信可能化権'〔著作92の2①〕、'*譲渡権'〔著作95の2①〕、'*貸与権'(最初の販売後1年のみ。以降は報酬請求権)〔著作95の3①〕、c 金銭的の請求権として、報酬請求権〔著作93の2②・93の3②・94の2・95の3③〕、補償金請求権〔著作94③・94の3②・102⑥〕、商業用レコードの二次使用料請求権〔著作95①〕を有する。ロ レコード製作者は、a 排他的な財産権として、レコードの'*複製権〔著作96〕、送信可能化権〔著作96の2〕、譲渡権〔著作97の2①〕、商業用レコードの貸与権(最初の販売後1年のみ。以降は報酬請求権)〔著作97の3①〕、b 金銭的の請求権として、報酬請求権〔著作97の3③〕、補償金請求権〔著作96の3②・102⑦の準用する同⑥〕、商業用レコードの二次使用料請求権〔著作97①〕を有する。ハ 放送事業者・有線放送事業者は、排他的財産権として、放送・有線放送の複製権〔著作98・100の2〕、再放送権・再有線放送権〔著作99・100の3〕、送信可能化権〔著作99の2①・100の4〕、テレビジョン放送・有線テレビジョン放送の伝達権〔著作100・100の5〕を有する。著作隣接権の保護期間は、イに関してはその実演を行った時、ロに関してはその音を最初に固定した時、ハに関してはその放送又は有線放送を行った時に始まり、イに関してはその行為が行われた日、ロに関してはその発行が行われた日の属する年の翌年から起算して70年、ハに関してはその行為が行われた日の属する年の翌年から起算して50年で満了する〔著作101〕。
3 条約 著作隣接権に関する条約として、「*実演家、レコード製作者及び放送機関の保護に関する国際条約」(ローマ条約)(1961年採択、平成1条7)、デジタル化やネットワーク化に対応する「実演及びレコードに関する世界知的所有権機関条約」(ワイポ(WIPO)実演・レコード条約)(1996年採択、平成14条8)、視聴覚的実演について「視聴覚的実演に関する北京条約」(2012年採択、令和2条1)がある。'*トリップス(TRIPs)協定'にも著作隣接権保護に関する規定が置かれている。そのほか、「許諾を得ないレコードの複製からのレコード製作者の保護に関する条約」(レコード保護条約)(1971年採択、

昭和53条17)がある。

貯蓄金(の)管理 ⇨'強制貯蓄の禁止'
直 近 ⇨'最寄り(もより・最寄)'(巻末・基本法令用語)

直系血族・傍系血族 祖父母・父母・子・孫のように、ある者を中心にして世代が上下に直線的に連なる血縁者を直系血族といい、兄弟・おじおば・いとこのようにある者と共同の始祖を介して連なる血族を傍系血族という。直系血族には、扶養〔民877〕・*相続'〔民887・889〕・*近親婚'〔民734〕などに関して多くの法律上の効果が与えられているが、傍系血族に与えられる法律上の意義は次第に少なくなってきている。兄弟姉妹について'*扶養義務'〔民877①〕と相続権〔民889〕が認められるほか、3親等内の親族間(傍系姻族も含む)には扶養義務が生ずることがあり〔民877②〕、3親等内の傍系血族間の婚姻は禁止される〔民734〕。

地理的表示 英 geographical indications；略称 GI 商品の産地を普通に用いられる方法で表示する標章のみから成る商標については、商標登録を受けることができない〔商標3①③〕。ただし、使用された結果、需要者が特定人の表示として認識するに至った場合は登録できる。ワイン又はスピリッツの原産地を特定する表示(例：ブルゴーニュ)は、その原産地を異にするワイン又はスピリッツに関しては、商品の産地について誤認が生ずるおそれがなくても、商標登録が拒絶される〔TRIPs 23、商標4①⑰〕。地理的表示は、「特定農林水産物等の名称の保護に関する法律」(地理的表示法)(平成26法84)による保護を受ける。 ⇨地域団体商標'

チリング・エフェクト ⇨'萎縮的効果'
賃上げ促進税制 企業の労働分配を促進するため、企業が給与等支払額を増加した場合に、所得税額や法人税額の算定上、増加額の一定割合を'*税額控除'する制度。1990年代以降のデフレ構造からの脱却を目指して、平成25年度税制改正で創設され、その後、制度の見直しと拡充が続いている。

鎮火妨害罪 ⇨消火妨害罪'
賃 金 1 意義 '*労働基準法'上、賃金とは名称のいかんを問わず労働の対償として使用者が労働者に支払う全てのものをいう〔労基11〕。各種手当や'*賞与'、'*退職金'も、労働の対償に当たる限り賃金となる。
2 賃金保護 労働者の生活を支える経済的基盤である賃金の重要性に鑑み、法は一定の保護措置を講じている。まず、労働基準法は、イ '*均等待遇'と'*男女同一賃金'〔労基3・4〕、ロ 使用者

による*前借金相殺（そうさい）の禁止'〔労基17〕，ハ 労働者の死亡・退職の場合の賃金支払（金品の返還）〔労基23〕，ニ 賃金支払の4原則(*賃金の通貨払い'・*賃金の直接払い'・*賃金の全額払い'・*賃金の定期払い')〔労基24。なお，民624〕，ホ *賃金の非常時払い'〔労基25〕，ヘ *出来高払制'における保障給〔労基27〕を定める（⇨減給'）。次に，*賃金の支払の確保等に関する法律'により，*未払賃金の立替払事業'〔賃確1〕等が行われる。また，民商法上の賃金債権保護として，イ *先取（さきどり）特権'〔民306・308・311・323・324〕，ロ *差押え'・*相殺'の禁止〔民執152，民510〕，ハ *破産'・*会社更生手続'上の優先取扱い〔破98・149，会更130・132〕がある。なお，*労働組合法'上，*労働組合活動'等を理由とする賃金差別は*不当労働行為'制度の保護を受ける〔労組7〕。

3 最低賃金 最低賃金法は「地域別最低賃金」と「特定最低賃金」の2種類の最低賃金を定める〔最賃2章2節・3節〕。最低賃金の定めに反する*労働契約'は無効であり，無効となった部分は最低賃金による〔労賃4②〕。 ⇨最低賃金'

賃金カット ⇨スト中の賃金'

賃金債権の差押え ⇨賃金' ⇨賃金の直接払い'

賃金債権の譲渡 ⇨賃金の直接払い'

賃金台帳 使用者が*賃金'に関し事業場ごとに調製し，賃金計算の基礎となる事項及び賃金の額などを賃金支払のつど遅滞なく記入しなければならない帳簿。各労働者別に，氏名・性別・賃金計算期間・労働日数・労働時間数・賃金額・控除額等を記入しておかなければならず〔労基108，労基則54〕，また，それを5年間(当分の間，3年間)保存しなければならない〔労基109・附143〕。

賃金の支払の確保等に関する法律 昭和51年法律34号。企業倒産の場合の*賃金'支払を確保することを目的として制定された法律で，国による*未払賃金の立替払事業'，貯蓄金（社内預金）・*退職手当'の保全措置を講ずべき事業主の義務を定める。貯蓄金の保全措置とは，労働者の委託した受入預金額の払戻債務を金融機関で保証することを約する契約の締結等をいう。退職手当についてもこれに準じた措置が努力義務とされる〔賃確3～5〕。退職労働者の未払賃金については高率(年14.6%以下で政令の定める率)の遅延利息を定める〔賃確6〕。

賃金の全額払い 賃金の支払方法に関する原則の1つ。使用者は労働者に対して賃金の全額を支払わなければならない。すなわち履行期の到来した賃金債権の一部を控除してはならない〔労基24①，船員53①〕。判例・通説は，*相殺（そうさい）'も控除の一種として禁止されると解している(最判昭和31・11・2民集10・11・1413〈関西精機事件〉，最大判昭和36・5・31民集15・5・1482〈日本勧業経済会事件〉)。ただし，この原則には次のような例外がある。イ 法令に別段の定めがある場合(*所得税法'183条～223条による*源泉徴収'等)及び事業場の労働者の過半数で組織する*労働組合'(これのないときは労働者の過半数を代表する労働者)と書面による協定(労使協定)を結んだ場合〔労基24①但〕。ロ 判例がいわゆる調整的相殺と呼んでいる過不足清算のための控除(最判昭和44・12・18民集23・12・2495〈福島県教組事件〉)と，労働者の自由な意思と認められ，かつそう認めるに足りる合理的な理由が客観的に存在する場合の賃金債権の放棄(最判昭和48・1・19民集27・1・27〈シンガー・ソーイング・メシーン事件〉)及び合意による相殺(最判平成2・11・26民集44・8・1085〈日新製鋼事件〉)。 ⇨賃金'

賃金の直接払い 賃金の支払方法に関する原則の1つ。賃金は直接に労働者に支払わなければならない〔労基24①，船員53①〕。代理受領による*中間搾取の排除'や，未成年労働者の賃金を*親権者'や*後見人'が代わりに受け取ることなどを禁止することを目的とする。ただし，本人が病気などのため*使者'によって受領することは差し支えない。賃金債権の譲渡は禁止されていないが，その場合も支払は労働者に対してしなければならない(最判昭和43・3・12民集22・3・562〈小倉電話局事件〉)。賃金債権も給付の4分の1については差し押さえることができ〔民執152〕，この場合は直接払いの例外が認められる。 ⇨賃金'

賃金の通貨払い 賃金の支払方法に関する原則の1つ。賃金は通貨すなわち強制通用力のある貨幣で支払わなければならない〔労基24①，船員53①〕。実質的には*現物給与'の禁止を意味する。ただし，法令や*労働協約'に別段の定めがある場合と，賃金の口座振込みや，厚生労働大臣の指定を受けた資金移動業者の口座への資金移動による賃金支払(賃金のデジタル払い)に限っては例外が認められている〔労基24①但，船員53①但〕。口座振込みについては，労働者の同意を得ることに加え，労働者が指定する金融機関の本人名義の預貯金口座に振り込むことなどを要件としている。賃金のデジタル払いについては，労働者の同意を得ることに加え，口座の上限額が100万円以下に設定されている〔労基則7の2〕。 ⇨賃金'

賃金の定期払い 賃金の支払方法に関する

ちんぎんの

原則の1つ。賃金は毎月1回以上，一定の期日を定めて支払わなければならない〔労基24②，船員53②〕。ただし，臨時に支払われる賃金，'賞与'その他これに準ずるもので厚生労働省令（船員については国土交通省令）で定めるものについてはこの限りでない。 ⇨賃金'

賃金の非常時払い 賃金は労務の提供が終わった後〔民624〕，一定の期日に〔労基24②〕支払われるのが原則であるが，労働者が出産・疾病・災害その他非常の場合の費用に充てるため請求したときは，使用者は支払期日前でも，既往の労働に対する賃金を支払わなければならない〔労基25〕。非常の場合とは，労働者の収入によって生計を維持する者が出産・疾病・災害を受けた場合と結婚・死亡した場合又はやむをえない事由により1週間以上にわたって帰郷する場合をいう〔労基則9〕。 ⇨賃金'

陳謝 ⇨満足'

賃借権の譲渡・転貸 1意義 例えば，宅地をAから賃借しているBが借地上の建物を第三者Cに売却して，建物の新所有者Cに借地を利用させる場合には，BからCに対して賃借権の譲渡や賃借物の転貸が行われる。賃借権の譲渡と賃借物の転貸の差異は，前者では，賃借権がBからCに移転することでBは賃貸借関係から離脱するのに対し，後者では，BとCとの間の賃貸借（転貸借）はAB間の賃貸借を基礎として成立し，AB間になお賃貸借関係が存続している点にある。Aの承諾を得てBが譲渡・転貸した場合には，CとAとの間に契約関係が存在しないが，民法は，Aを保護するために，CはAに対して直接賃料支払等の義務を負うものとしている〔民613〕。しかし，もしBが無断で譲渡・転貸した場合には，Aは直ちにAB間の契約を解除できる〔民612〕。

2 無断譲渡・転貸 不動産について特に問題とされる。不動産の賃借権は投下資本回収のために転貸の社会的要請が強いのに，一般に解約原因を厳しく制限されている賃貸人〔旧借地4，旧借家1の2，借地借家6・28〕は，賃借人がたまたま無断で'間貸し'などをした機会を捉えて民法612条2項による解除を主張することが多い。そこで判例は，賃借人保護のために，解除権の濫用などの論理で賃貸人の主張を抑えてきたが，更に当事者間の信頼関係が破壊されない限り，612条による解除を許さないとするようになった〔最判昭和28・9・25民集7・9・979〕。

3 賃借権の譲渡性 無断譲渡・転貸をしてしまった場合の救済だけではなく，より積極的に賃借権に譲渡性を付与することが主張されている。

賃貸人が不当に承諾をしない場合には，例えば借地人は借地上の建物を第三者に売却して投下資本を回収できないだけでなく，建物に'抵当権'を設定することも難しいからである。そこで旧'借地法'〔旧借地10〕，旧'借家法'〔旧借家5〕は，'建物買取請求権'・'造作買取請求権'を認めて，賃借人に投下資本を回収させ，あるいは買取りを望まない貸主を間接に強制して承諾させようとした〔現行法では借地借家14・33〕。更に，昭和41年の借地法の改正〔法93〕では裁判所が貸主の承諾に代わって許可を与える制度が置かれた〔旧借地9の2・9の3，借地借家19・20〕。しかし，借家については，なお民法612条による賃貸人の承諾が必要である。

⇨賃借権の物権化' ⇨借地借家法'

賃借権の物権化 1概念 賃借権は，立法政策によっては物権とすることも可能であるが，日本の民法は債権とした。その結果，賃借権の内容は設定契約当事者の自由な合意によって定められ，その効果は原則として当事者間だけに主張できるにすぎない。例えば，賃借の目的物が'第三者'に譲渡されると，賃借人は新所有者に対して賃借権を主張できないし，賃借権の譲渡，賃借物の転貸をするには，賃貸人の承諾を得なければならない〔民612〕。しかし，住居や店舗・田畑の賃借のように，不動産の賃貸借に賃借人の生活の全てがかかっている場合が少なくないので，賃借人の法的地位の強化が社会的要求となってきており，各国の立法は次第に不動産の賃借権を単なる債権的権利以上のものにしようとする傾向にある。これを賃借権の物権化と呼んでいるが，具体的にどのような内容をもつものか必ずしもはっきりしない。しかし，次のような内容をもつと理解するのが通常である。

2 内容 イ 対抗力の付与：民法では賃借権も登記をすれば第三者に対抗できるとされている〔民605〕が，賃貸人に登記義務はないと解されているので実際には賃借権登記の実例は少ない。そこで，特別法は特別の'対抗要件'を定めて賃借人の保護を図っている。すなわち，宅地の賃貸借では借地上の建物の'保存登記'〔借地借家10〕，借家では建物の引渡し〔借地借家31〕，農地では農地の引渡し〔農地16〕にそれぞれ対抗力を認めた。ロ 存続期間の長期化：民法は賃借権の存続期間を20年を限度としていた〔民旧604。民604は50年を限度とする〕が，旧'借地法'は期間を長期化し〔旧借地2〕，更に更新を広く認めた〔旧借地4～6〕。'借地借家法'3～8条は旧借地法の規定を受け継いだが，そのほか定期借地権

等の規定〔借地借家22〜24〕を新設した。旧*借家法'はまた期間の法定こそしなかったが、正当事由がない限り解約申入れ・更新拒絶をできないものとし〔旧借家1の2〕、借地借家法もこれを受け継いだ〔借地借家28。なお、借地借家38参照〕(⇨*正当事由)。*農地法'も厳しい解約制限を規定している〔農地18〕。ハ 譲渡性の付与：民法は貸主の承諾がない限り、賃借権の譲渡・転貸をすることができないとしているが、それでは賃借物に投下した資本の回収や担保化はできない。そこで、旧借地法は*建物買取請求権'を認め、更に裁判所が賃貸人の承諾に代わって譲渡等の許可を与えることができるものとした〔旧借地10・9の2・9の3、借地借家14・19・20〕。しかし、借家については、誰が使用者であるかによって家の傷み方が違ったりするので、譲渡性を認めていない。以上のほか、ニ 賃借権に基づく妨害排除請求権の承認(最判昭和28・12・18民集7・12・1515)も賃借権の物権化の内容とされてきたが、*債権法改正'によって対抗要件を備えた賃借権に妨害排除を認める明文の規定が設けられた〔民605の4〕。

陳述 訴訟関係者が何らかの意思や認識判断を裁判所に対して述べること。陳述のうち、*当事者'が行うもの(*証拠方法'として行うものを除く)は、*弁論'あるいは*主張'と重なり合う。

陳述書 民事訴訟において当事者その他の関係人の*陳述'を記載した*書証'。法律に明文規定はないが、*公証人'の面前で宣誓認証〔公証53〕を受ける*宣誓供述書'はその一形態である。*証人尋問'や*当事者尋問'において*主尋問'を効率よく実施するために用いられることが多いが、争点整理の目的や尋問に完全に代替する目的で利用されることもある。人証を骨抜きにする結果を生じるとの批判があるが、*集中証拠調べ'において*反対尋問'をしやすくするために不可欠の証拠開示的機能をも有し、評価は分かれている。

賃貸借 1 意義 当事者の一方(賃貸人)が他方(賃借人)に対してある物を使用収益させることを約し、賃借人がこれに対して*賃料'を支払い契約終了時に目的物を返還することを約する*契約'〔民601〕。有償・双務・諾成契約である。賃料を支払う点で*使用貸借'と区別され、借りた目的物そのものを返還する点で*消費貸借'と区別される。また、消費貸借は原則として*要物契約'とされている点〔民587・588〕で、使用貸借は*債権法改正'では諾成化されたものの目的物の受領までは解除できる点〔民593の2〕

で、賃貸借とは異なっている。今日、賃料を支払って他人の物を利用する例は極めて多い。貸衣装やレンタカーのような動産の賃貸借では比較的短期間で目的物が返還されるのに対して、借地・借家・借地のような不動産の賃貸借は長期にわたり社会的にも重要な役割を営んでいるが、民法はこれらを原則として一律に規定している。

2 民法上の不動産の賃借権 不動産の利用は、賃貸借契約によるだけではなく、土地の場合には*地上権'などの*用益物権'によることもできるが、実際には、利用者の法的地位の強い用益物権が設定されることはまれである。しかし、民法の規定によれば、賃借権の存続期間は最長期でも50年を超えることができないだけでなく〔民604では最長50年〕、存続期間の定めがない場合には当事者はいつでも解約申入れができる〔民617。なお、民618参照〕。賃借権は*登記'をすれば*第三者'に対抗できる〔民605〕が、賃貸人に登記義務はないので実際には賃借人は第三者にその地位を対抗できない(⇨*対抗力')。また、賃借人は賃貸人の承諾なしに*賃借権の譲渡・転貸'をすることはできない〔民612〕。このように賃借人の地位は著しく弱い。

3 特別法による不動産賃借権の保護 そこで、賃借人保護の必要性が叫ばれ、まず*建物保護ニ関スル法律'によって宅地賃借権に対抗力が与えられ〔旧建物保護1、借地借家10〕、旧*借地法'により、催物会場のような一時的な使用を目的とする場合(一時使用の賃貸借〔旧借地9、借地借家25〕)を除いて賃借権の存続期間が延長され〔旧借地2〜7、借地借家3〜7〕、また、賃借権に譲渡性を与える道も開かれた〔旧借地9の2〜10、借地借家19・20・14〕。しかし、長期的な借地権保護はかえって借地の供給を阻害するということから借地法の見直しが行われ、平成3年に*借地借家法'が制定された。借地借家法には、新たに特別の存続期間をもつ*定期借地権'〔借地借家22〕・*建物譲渡特約付借地権'〔借地借家24〕・*事業用定期借地権'〔借地借家23〕が規定された。旧*借家法'も一時使用の場合〔旧借家8、借地借家40〕を除き、借家権に対抗力を認め〔旧借家1〕、貸主の更新拒絶・解約申入れを制限していた〔旧借家1の2〜3の2〕。これらの規定は借地借家法に受け継がれた〔借地借家26〜29・31〕。これに対して、農地の賃貸小作の保護は、地主の反対が強かったために、実現が遅れたが、昭和13年の農地調整法(法67。昭和27法230により廃止)以来小作人の地位はやや強化され、現在の*農地法'においては、対抗力〔農地16〕、解約

ちんもくの

申入れの制限〔農地18〕などについて規定が置かれている。なお，賃料についても特別法による規制がある〔借地借家11・32〕。
⇨'賃借権の物権化'

沈黙の自由 憲法19条の規定する*思想及び良心の自由'には，そのコロラリーとして，思想・良心について沈黙する自由が含まれるとされている。裁判で争われた事例としては，*謝罪広告'の掲載義務を課すことは，この自由に反しない，というものがある（最大判昭和31・7・4民集10・7・785）。

賃　料 賃貸借契約において賃借人が支払う対価。*借地借家法'では借賃という〔借地借家11・32〕。特約がない限り後払いである〔民614〕。賃料は金銭で支払われるのが通常であるが，それ以外の物でもよい。しかし，契約によって定められた賃料は合意のない限り勝手に増減しないのが原則である〔民609・611参照〕が，借地借家法は*地代・家賃増減請求権'を規定し〔借地借家11・32〕，農地法は小作料の増減請求権を規定している〔農地20〕。

賃料増減請求権 ⇨'地代（ちだい）・家賃増減請求権'

つ

追加出資義務 会社の社員が本来なすべき*出資'とは別に追加的に出資しなければならない義務。*株式会社'の場合には，*株主'は，*株式'の引受価額又は出資の金額を限度とする間接*有限責任'を負うにすぎず〔会社104〕，このことが株式会社の本質的なものであり，したがって，株主に追加出資義務を負わせることはできない。*合同会社'の場合にも，その社員になる時までには出資全額払込又は全部給付が要求されている〔会社578・604③〕から，追加出資義務を負わせることはできない。なお，*取締役'と通じて著しく不公正な発行価額で株式を引き受けた株主は公正な価額との差額の支払義務を負うが〔会社212①Ⅰ〕，その性質については，実質的には追加出資義務であって*株主有限責任の原則'の例外とする見解もあるが，一種の*不法行為'責任であって要件及び賠償額について特別の規定を設けたものとする見解もある。

追加判決 *民事訴訟'において裁判所が*全部判決'をしたつもりであったが，実は*訴訟上の請求'全てにつきその一部については判決がされていないというとき（*裁判の脱漏'）に，なお係属しているその脱漏部分について追加的にされる判決をいう〔民訴258〕。補充判決ともいう。

追加予算 *予算'の成立後に生じた事由により，既定予算の経費に不足を生じた場合に，これに追加して作成される予算案，又は所定手続で議決されたものをいう。かつて*修正予算'と対比して法令中に用いられた観念であるが，現在ではこれとともに*補正予算'という形で統合されている〔財29，自治218①〕。国の場合，内閣が追加予算を作成することができるのは，法律上又は契約上国の義務に属する経費の不足を補う場合と，特に緊要となった経費の支出又は債務の負担を行う場合とに限られる。

追　完 Ⅰ　民法上，法律上必要な要件を備えていないため，一定の効果を生じない行為が後に要件を備えて効果を生じることをいう。民法上規定があるわけではなく，学問上の概念である。*法律行為'について用いられることが多く，*無権代理'行為の*追認'〔民116〕は追完の

1つと説かれるが，厳密な意味で法律行為でない場合でも法律の規定上追完と呼ばれることがある〔戸45等〕。また，*不完全履行'の場合に改めて完全な給付をすることも追完といい，民法典は売買契約について買主に追完請求権を認める規定を置いている〔民562〕。

Ⅱ　民事訴訟法上，訴訟行為の追完をいう。*不変期間'は，主として不服申立てに用いられており，その*懈怠(けたい)'は，とりわけ控訴・上告期間については判決の確定に重大な影響を当事者にもたらす。その一方で紛争解決の迅速性の要請から，不変期間は相対的には短く設定されている。そこで，期間の不遵守が当事者の責めに帰することができない事由によるときは，その障害事由の消滅から1週間(当事者が外国にある場合は2ヵ月)の追完期間内に懈怠した訴訟行為をすることが認められている〔民訴97①〕。これを訴訟行為の追完という。当事者の責めに帰することができない事由の典型は，自然災害による通信・交通手段の途絶等であるが，*公示送達'の方法により訴状や判決正本が送達されたため，上訴期間内に上訴を提起する余地がなかったという場合にも，同事由が認められる余地はある。

追起訴
ある事件が起訴されて*第一審'裁判所に係属中に，同一被告人の別事件を併合審理するため同一裁判所に追加起訴する。手続を節約できる長所がある反面，追起訴が順次繰り返されると，*公判'開始(及び*保釈')の時期が遅れ，迅速な審理が阻害される危険もある。

追跡権
沿岸国が，外国船舶が自国の国内法令に違反したと信ずるに足る十分な理由がある場合に，*公海'上まで当該船舶を継続して追跡できる権利〔海洋法約111，公海約23〕。*国際連合海洋法条約'によれば，追跡は，沿岸国の*内水'・*領海'・群島水域(⇨群島国家')・*接続水域'(当該接続水域の設定により保護される権利の侵害がある場合)から，更に*排他的経済水域'や*大陸棚'(安全区域を含む)で外国船舶に適用される沿岸国法令の違反がある場合には，これらの水域や区域からも開始される。追跡は，軍艦・軍用航空機その他の権限あるものにより行われる。追跡は，継続して行われなければならず，中断された場合や，外国船舶がその*旗国'又は第三国の領海に入った場合には，追跡権は消滅する。追跡の結果，沿岸国は，外国船舶に対して乗船・*臨検'・*拿捕(だほ)'，港への引致等を行える。アメリカ，カナダ間のアイム・アローン号事件においては，停船命令に従わず に逃走した密輸容疑船を意図的に撃沈したことは，過剰であり違法であるとされた(英米合同委員会決定1933・6・30(中間)，同委員会決定1935・1・5(最終))。2001年12月に，日本は，排他的経済水域上の不審船(後に外国工作船と断定を)，漁業法上の検査忌避罪〔漁業195⑥〕を根拠に，日本が事実上中国の排他的経済水域とみなす海域まで追跡し，威嚇・警告射撃を行ったが，同船は爆発して沈没した。戦時では，*封鎖'侵破の船舶を封鎖艦隊が封鎖線外の公海上まで継続追跡するこ。

追奪担保
売買の目的物に権利の*瑕疵(かし)'があった場合に，売主が負う担保責任〔民565〕は追奪担保と呼ばれることがある。物の瑕疵についての担保責任〔民562～564〕(*瑕疵担保責任')に対応する語である。この名称は，権利の瑕疵に対する責任の場合には，その瑕疵のために目的物が*第三者'によって奪われて初めて買主が売主の責任を追及できたという沿革に由来するものである。しかし，現行の民法では，目的物がまだ第三者によって奪われていなくても，権利の瑕疵を理由として売主の担保責任を追及できるから，この用語は必ずしも適切でない。権利の瑕疵による担保責任と呼ぶのが妥当であるとされる。⇨担保責任'

追徴
Ⅰ　行政法では，*公租公課'の納付義務者がその義務を履行しない場合における不足金額を徴収することを意味する講学上又は実務上の概念。マスコミ等では，増額更正及び加算税賦課決定処分等に基づき追加的に租税を賦課・徴収することを意味する言葉として用いられることもある。

Ⅱ　刑法上，*没収'できる物が没収できないとき，没収に代わり，その物の価額の納付を強制する処分。没収と異なり，刑そのものではない。犯罪による不法な利益を犯人に保持させないため，刑法19条1項3号・4号の趣旨を徹底させることを目的としている〔刑19の2〕。刑法総則の没収・追徴制度〔刑19・19の2〕は物に対する任意的な没収を認めるが，このうち，犯罪行為から生じ若しくはこれにより得た物，犯罪行為の報酬として得た物，又はこれらの物の対価としこ得た物について，その全部又は一部が没収できないときに初めて，追徴ができる。異なる内容の追徴制度もあり，収受された*賄賂'の没収・追徴を必要的なものとし，ゴルフ会員権等の債権的法律関係のように，物ではないため没収が初めから不能の場合にも追徴が認められている〔刑197の5，公選224〕。この対象から外れる収受されなかった賄賂は刑法総則の任意

ついにん

的な没収・追徴制度の対象になる。財政犯では密輸品のような犯罪構成物件の価額の追徴が認められる例もある〔関税118②〕。また、薬物犯罪、組織犯罪では、利益を含む財産の没収を認め、財産没収が不能又は不相当の場合にはその価額の追徴を認めており〔麻薬特11・13、組織犯罪16・13〕、これらの犯罪を規制する上で重要な役割を果たしている。

追　認　I　民法上、いろいろな意味で用いられる。**1 無権代理行為の追認**　*無権代理'による法律行為は本人について効果を生じないが、本人は、相手方又は無権代理人（大判昭和9・1・13新聞3665・17）に対する一方的な*意思表示'によって、本人について原則として無権代理行為時に遡って効果を生じさせることができる〔民113・116〕。この意思表示を追認という。　⇨追完'
2 無効行為の追認　*無効'の*法律行為'の効果は誰の意思によっても動かされないのが原則であるが、当事者が無効であることを知った上で追認したときは、無権代理行為の追認とは異なり、追認時に新たな行為をしたものとみなされる〔民119〕。したがって、ここでいう追認とは、当事者が無効であることを知っている当該法律行為と同じ内容の法律行為をすることを意味する。
3 取り消すことができる行為の追認　取り消すことができる行為を確定的に有効なものとする一方的な意思表示〔民122〕で、取消権の放棄を意味する。　⇨取消し'　⇨法定追認'

II　民事訴訟上、*訴訟能力'・法定代理権'・*訴訟代理権'が欠けている場合の*訴訟行為'は無効とされるが、能力を取得した本人、適法に授権を受けた代理人による追認が認められており、これらの者が追認をすれば、その訴訟行為は行為の時に遡って効力が生じる〔民訴34②・59・312②但〕。追認は、本人を害することなく、相手方や裁判所の期待にも反せず、むしろ*訴訟経済'に資するので認められている。

通貨偽造罪　行使の目的〔⇨目的犯'〕で、日本で強制通用力をもつ内国通貨（貨幣・紙幣・銀行券）を*偽造'又は*変造'する罪。刑法148条1項。無期又は3年以上の拘禁刑。刑法2編16章では、狭義の通貨偽造罪のほか、日本で流通する外国の通貨を偽造・変造する罪（2年以上の有期拘禁刑）〔刑149①〕、偽造通貨を行使し又は行使の目的で交付・輸入する罪〔刑148②・149②〕、偽造・変造された通貨を収得した後にその情を知って行使等する罪（その額面価格の3倍以下の罰金又は科料。ただし、2000円以下にすることはできない）〔刑152〕などを規定す

る。本罪の主たる保護*法益'が取引の基礎ともいえる通貨に対する公共の信用であることには異論がないが、国家主権の1つである通貨高権を保護法益の1つと考えるかどうかについては、説が分かれている。偽造の意義は、*文書偽造罪'における偽造と本質的な相違がない。ただ、通常人が不用意にこれをみれば真貨と誤認する程度に達することを必要とし、この程度に至らなければ*模造'〔通貨及証券模造取締法（明治28法28）1〕にすぎない。偽貨に相当する真貨の存在することは必要なく、偽貨の価値が真貨を超えても偽造になる。なお、外国だけで流通する外国通貨の偽造等については、特別法（「外国ニ於(て)テ流通スル貨幣紙幣銀行券証券偽造変造及模造ニ関スル法律」（明治38法66））がある。

通過通航権　国際海峡及びその上空で全ての船舶・航空機に認められる通航権〔海洋法約38〕。*国際連合海洋法条約'により初めて規定された。通過通航は、通過の目的のみのための継続的で迅速な航行及び上空飛行をいう。海峡沿岸国は、通過通航に対して航行の安全、海洋汚染、漁獲の防止などに関する法令を制定できるが、通過通航を停止することはできず〔海洋法約42〕、領海の無害通航の場合よりも沿岸国の権利が制限されている。　⇨国際海峡'　⇨無害通航権'

通　貨　法　通貨の定義、通貨の名目的な価値、通貨の切替え等、通貨に関するいくつかの問題については、債権の準拠法等ではなく、通貨発行国法によるべきであると考えられてきた。こうした通貨発行国の通貨に関する法を通貨法と呼ぶことがある。ただし、通貨を巡る問題のうちどのような問題が通貨法に委ねられるべきかについては議論がある。例えば、民法403条にみられるような代用給付権の問題（外国通貨で債権額が指定されているときに日本の通貨で弁済することができるかという問題）については、履行地法によるとの見解、債権の準拠法によるとの見解のほか、日本の民法403条は通貨に関する公法規定の性格を有する通貨法であり、債権の準拠法のいかんを問わず日本で履行される全ての外国金銭債務に適用されるといった見解等が存在する。

通　勤　災　害　*労働者災害補償保険法'上の*保険事故'とされる事由。昭和48年の改正（法85）によって*業務災害'に加えて同法の保険事故と認められた。通勤災害は「労働者の通勤による負傷、疾病、障害又は死亡」〔労災7①③〕と定義される。ここでの通勤とは、業務の性質を

有するものを除き，労働者が就業に関し住居と就業の場所との間を往復することをいうが，*副業・兼業'等のために労働者が就業の場所から別の就業の場所へと移動する間や単身赴任者が赴任先住居と帰省先住居を移動する間も通勤とみなされる〔労災 7 ②〕。通勤災害と認められるためには，合理的な経路及び方法によるものでなければならず，その経路において逸脱若しくは中断していた場合や，通勤の経路又は方法が合理的とみなされない場合などにおいては，日常生活上必要な行為であって厚生労働省令に定められている場合を除き，保険事故とは認められない〔労災 7 ③，労災則 8〕。通勤は事業主の支配圏外にある行為であるため具体的な事例における認定判断は業務災害以上に困難な面がある。給付内容は業務災害の場合とほぼ同一である。

通勤災害給付 *通勤災害'に対する'労働者災害補償保険法'上の*保険給付〔労災 7 ①③・21〕。*療養給付'，*休業給付'，*障害給付'，*遺族給付'，*葬祭給付'，*傷病年金'・*介護給付'の 7 種類がある。保険給付の内容は*業務災害給付〔労災 12 の 8 ①〕の場合とほぼ同一である。

通告処分 国税局長若しくは税務署長又は*地方団体'の長が，間接国税〔税通令 46〕のうち*申告納税方式'による間接国税以外のもの又は間接地方税〔地税令 6 の 22 の 4〕に関する犯則事件の調査により犯則の*心証'を得たときは，情状が拘禁刑に処すべきものと認めるとき等を除き，犯則者に対し，その理由を明示し，*罰金'に相当する金額等を指定の場所に納付すべき旨を書面により通告しなければならない〔税通 157 ①②，地税 22 の 28 ①②〕。これを通告処分という。通告処分は*公訴時効'停止の効果をもつが，公訴の時効は，犯則者が通告を受けた日の翌日から起算して 20 日を経過したときからその進行を始める〔税通 157 ④，地税 22 の 28 ④〕。犯則者が通告の旨を履行した場合には同一の事件について公訴を提起されることはないが〔税通 157 ⑤，地税 22 の 28 ⑤〕，当該通告を受けた日の翌日から起算して 20 日以内にその旨を履行しない場合は原則として*告発'として刑事手続に移行する〔税通 158・159，地税 22 の 29・22 の 30〕。通告処分は，刑罰類似の制裁的性格を有するが，間接税の犯則件数の多さに鑑み裁判手続・費用による犯則者及び国家の負担を考慮して，行政庁による略式の制裁手続として明治 23 年の間接国税犯則者処分法（法 86）によって初めて導入され，明治 33 年の国税犯則取締法（法 67）に受け継がれた。その後，間接税の犯則件数の大幅な減少，申告納税方式適用関税に関する通告処分の廃止（平成 17 法 22）等を受けて，平成 29 年の国税犯則取締法の廃止と*国税通則法'への編入（法 4）の際に，申告納税方式による間接国税は通告処分の対象から除外された。なお，通告処分は，犯則者に対する適正手続保障等の観点から問題とされてきたが，判例では，裁判を受ける権利〔憲 32〕を侵害するものではないとされている（最判昭和 47・4・20 民集 26・3・507）。

通じ（て） ⇨通じ（て）'（巻末・基本法令用語）

通常期間 ⇨不変期間・通常期間'

通常共同訴訟 各共同訴訟人と相手方との間の*請求'がそれぞれ別個独立であるため，個別的・相対的に解決すれば足りる*共同訴訟'の形態。*必要的共同訴訟'に対する。例えば，数人の買主に対して各自の代金の支払を請求したり，数人の被害者から同一の加害者に対して損害賠償を請求する場合などがこれに属する。通常共同訴訟においては，各共同訴訟人の訴訟関係は相互に独立無関係であり〔民訴 39〕（⇨共同訴訟人独立の原則'），裁判所は審理の便宜から必要であれば，ある共同訴訟人の訴訟についての弁論を分離し〔民訴 152 ①〕（⇨弁論の分離・併合'），*一部判決'〔民訴 243 ②〕をすることもできる。

通常決議 ⇨普通決議（株主総会の）'

通商航海条約 締約国相互間の経済交流を促進する目的で，両国国民の入国，居住，身体や財産の保護，営業活動の保証，出訴権，社会保障等，個人の権利保護に関する事項，関税その他の輸出入に関する事項，為替，船舶等の事項について取り決めた二国間条約の類型。これらの事項について締約国が相手国の国民に与える待遇の内容（*最恵国待遇・内国民待遇'等）を主に規定するが，ほかに領事関係等について規定する場合もある。長年にわたり二国間の経済交流の基本的枠組みを設定する中心的な条約として機能してきたが，1970 年代以降，民間投資に関しては別に*投資保護協定'が詳細に規定するという方式が次第に増えてきている。

通常抗告 Ⅰ 民事訴訟法においては，*抗告'のうち，抗告を提起することができる期間（抗告期間）の定め〔民訴 332〕がなく，原裁判の取消しを求める利益（⇨上訴の利益'）がある間はいつでも抗告を提起できるものこと。普通抗告とも呼ばれ，その提起には，原裁判の執行を停止する効力がない。ただし，抗告裁判所又は原裁判所は，原裁判の執行の停止その他必要な処分を命ずることができる〔民訴 334 ②〕。

つうじょう

裁判の告知を受けた日から一定の*不変期間'内にのみ抗告の提起が許され，抗告の提起に原裁判の執行を停止する効力が認められている*即時抗告'と対比される。法律で即時抗告をすることができると特に規定されていない限り，抗告は原則として，通常抗告である。

Ⅱ　刑事訴訟法上，*即時抗告'及び*特別抗告'以外の抗告をいう〔刑訴419・421〕。
⇨抗告'

通 常 国 会　　⇨常会(国会の)'

通常裁判所　　当事者の身分や事件の種類を問わず，一般的に*司法権'の行使にあたる裁判所。単に裁判所という。*特別裁判所'に対する概念であるが，*行政裁判所'に対して用いる場合もある。しかし，この場合は正確には*司法裁判所'という。日本国憲法は特別裁判所の設置は禁止しており〔憲76②〕，日本の裁判所は全て通常裁判所である。これには*最高裁判所'と*下級裁判所'(高等裁判所・地方裁判所・家庭裁判所・簡易裁判所)がある〔憲76①，裁2〕。⇨裁判所'

通常実施権　　権利者以外の者が，法律の規定により又は設定行為で定めた(時間・場所・内容等に関する制約の)範囲内で，特許発明・登録実用新案・登録意匠又はこれに類似する意匠などを業として実施できる権利〔特許78，新案19，意匠28〕。権利者の意思(許諾)に基づいて成立する(設定される)許諾実施権(いわゆるライセンス。約定実施権ともいう。*仮通常実施権'を経て許諾されたものとみなされる場合〔特許34の3②，新案4の2②，意匠5の2②〕を含む)のほか，国家の裁定により強制的に設定される*裁定実施権'と，一定の要件を満たした場合に特許権者の意思とは関係なく法律上当然に発生する*法定実施権'がある。*専用実施権'に対する語で，債権的権利(特許権者に対し，自身に差止請求権や損害賠償請求権を行使しないことを求めることができる不作為請求権)であるとされている。したがって，*特許権'者等は既存の通常実施権と同一内容の通常実施権を重ねて許諾することができ，また自ら実施をすることもできる。通常実施権は一定の要件を満たせば移転及び*質権'の設定をすることができるが，裁定実施権については移転できる場合が更に制限されており，また質権を設定することはできない〔特許94，新案24，意匠34〕。かつては通常実施権についても*対抗要件'としての登録制度が設けられていたが，平成23年改正(法63)によって廃止された。今日では，通常実施権は，その発生後に特許権等を取得した者(特許権の譲渡を受けた者など)に対しても，登録等の特別な方式を要することなく当然に効力を有するものとされている(いわゆる*当然対抗制度')〔特許99，新案19③，意匠28③〕。あくまで権利者と通常実施権者との間の債権的な効力しかもたないので，通常実施権者は原則として，侵害者に対し差止請求も損害賠償請求もできない(実施許諾に際し，権利者が第三者には実施許諾を行わない旨を約定したいわゆる独占的通常実施権については，議論がある)。

通常使用権　　商標使用権のうち，*専用使用権'を除く許諾使用権〔商標31〕及び全ての法定使用権〔商標32～33の3・60〕がこれに該当する。⇨使用権(商標の)'　⇨通常実施権'

通常生ずべき損害　　⇨相当因果関係'

通常生ずべき損失　　行政上の*損失補償'において，私人の財産権を制限する場合に必要とされる補償として，法令上「通常生ずべき損失」の補償が規定されることが多く〔道69①・75⑤，建基11①，航空49③・50①等〕(「通常受ける損失」〔収用88，森林58④〕，「通常受けるべき損失」〔道72①〕が用いられることもある)，いわゆる「通損補償」「通損規定」と呼ばれる。日本国憲法29条3項に基づき*正当な補償'が必要とされるため，財産権の制限に伴い通常生ずる損失は補償されなければならないが，具体的な「通常生ずべき損失」の範囲の確定については，地価低落説，積極的な実損補塡説，相当因果関係説，地代説，公用地役権設定説等の多様な解釈基準がとられうるため，学説・判例上争いがある。

通 常 清 算　　⇨清算'

通 常 選 挙　　*参議院議員'の任期は6年であり，3年ごとにその半数を改選する〔憲46〕，この3年ごとに行われる参議院議員の半数改選の選挙のこと。任期が終わる日の前30日以内に行うのが原則〔公選32①〕。憲法7条4号にいう*総選挙'には，この通常選挙も含まれる。

通常貸借対照表　　開業貸借対照表と*決算貸借対照表'を合わせて通常貸借対照表という。決算貸借対照表のみを指して通常貸借対照表ということもある。開業貸借対照表は，会社成立のとき又は個人商人等の開業のとき作成するものであり，その後，会社が毎*事業年度'末に，個人商人等が毎年1回一定の時期に作成するものが決算(年度・期末)貸借対照表である〔商19②，会社435①②・617①②〕。事業の継続を前提とする点で*非常貸借対照表'と異なる。資産及び負債の評価及び区分表示などについて規定が置かれている〔会社計算4～6・73～86，商則8〕(⇨

つうしんは

資産評価')。 ⇨貸借対照表'

通常逮捕 裁判官から, 事前に*逮捕状'の発付を受け, これに基づいて*被疑者'を*逮捕'すること。*法定刑'の軽微な事件については, 被疑者が住居不定である場合又は正当な理由なく*任意出頭'の求めに応じない場合に限る〔刑訴199①〕。逮捕状の請求権者は,*検察官'又は指定*司法警察員'である〔刑訴199②〕。裁判官は, 逮捕の理由及び逮捕の必要を審査して, 逮捕状を発する〔刑訴199②・200〕。逮捕状により被疑者を逮捕するには, 逮捕状を提示しなければならない〔刑訴201〕。なお, 逮捕された後の手続については「逮捕」をみよ。 ⇨現行犯逮捕' ⇨緊急逮捕'

通常兵器 核兵器や生物兵器・化学兵器などの*大量破壊兵器'以外の従来からの陸・海・空軍用の兵器の総称。通常兵器という名称自体, 大量破壊兵器とりわけ核兵器の出現後これと対比する意味で作られた言葉である。通常兵器も, その使用については人道的見地から若干の規制がある。古くは1868年のサンクト・ペテルブルク宣言が, 爆発性・燃焼性物質を詰めた発射物の使用の自由を放棄し, また, 1980年の「過度に傷害を与え又は無差別に効果を及ぼすことがあると認められる通常兵器の使用の禁止又は制限に関する条約」(昭和58条12)や1997年の対人地雷禁止条約(平成10条15)が, 地雷等の使用を禁止・制限するのが代表的な例である。しかし, その規制は限定的なものである。

通所介護 *介護保険'で介護給付の対象となる居宅サービスの1つ〔介保41④Ⅱ〕。要介護認定(⇨要介護状態')を受けた*被保険者'であって, 居宅(*軽費老人ホーム'・*有料老人ホーム'等の居室を含む)において介護を受ける者について, 老人デイサービスセンター(⇨デイサービス事業')等に通わせ, 当該施設において入浴, 排せつ, 食事等の介護その他の日常生活上の世話及び機能訓練を行うことをいう(認知症対応型通所介護に該当するものを除く)〔介保8⑦〕。被保険者が, 都道府県知事の指定を受けた居宅サービス事業者からこのサービスを受けたときは,*居宅介護サービス費'等が支給される。要支援認定を受けた被保険者については地域支援事業の1つである介護予防・日常生活支援総合事業のうちの第1号通所事業により行われる〔介保115の45①Ⅰロ〕。

通信の秘密 **1 意義** 特定人から特定人へ伝達される意思が*公権力'によって探知されないこと。*権利宣言'で保障される伝統的な自由の1つであり, *明治憲法'では「信書ノ秘密」の語を用いていた〔明憲26〕。
2 保障の内容 日本国憲法21条2項は通信の秘密を保障している。手紙・電話・電報・電子メール等の通信の秘密が公権力によって侵害されないことを意味する。発信前から受信後に至る間のいかなる時点においても, 通信の内容を調べることは許されない。通信の外形的事実(通信の有無, 宛て先など)も保護の対象となる。通信物の没収のように通信そのものを妨害する場合も, また, 盗聴のように通信そのものには妨害を与えない場合も同様である。
3 諸法の規定 現行法は, 憲法21条2項の趣旨を受けて, 通信の秘密の保持に留意している。郵便法7条・8条, 電気通信事業法3条・4条, 「民間事業者による信書の送達に関する法律」4条・5条は,*検閲'の禁止と職務上知ることのできた他人の秘密の厳守を規定している(信書開封は刑法典上の罪でもある〔刑133〕(⇨信書))。ただ例外的に, 犯罪捜査のための, 令状による信書押収〔刑訴100・222〕のほか, 刑事訴訟法81条(勾留中の被告人),*刑事収容施設法'127条等(受刑者等),*破産法'81条・82条(破産者)等の規定がある。*犯罪捜査のための通信傍受に関する法律',*プロバイダー責任制限法'は, 特定の類型に限定して公的な介入を許容している。

通信販売 カタログや新聞・雑誌・テレビ等で行う広告をみて, 郵便・電話などによって顧客が行う申込みに対して, 販売業者が商品を送付するという商品販売方法。*訪問販売'のように強引な勧誘が行われるという危険は乏しい。しかし, 現物ではなく広告に基づいて購入の意思決定を行うことを強いられるため, また巧みな宣伝広告が行われるため, 現実の商品が顧客が抱いた期待と合致しないということも少なくない。そこで,*特定商取引に関する法律'は, 郵便その他の方法によって締結される売買契約又は役務提供契約を規制対象とし〔特定商取引2②〕, 通信販売業者の行う広告等について一定の規制を行っている〔特定商取引11〜13〕。また,*クーリング・オフ'も認められている〔特定商取引15の3〕。なお, 顧客の申込みがないのに, 購入しない旨の通知か商品の返送がない限り, 購入の承諾がなされたものとみなすという条件を付けて商品を送付するという販売方法がある(ネガティブ・オプションと呼ばれる)。このような一方的な条件は顧客を拘束しないことはいうまでもないが, 特定商取引に関する法律は, 顧客は当該商品を自由に使用処分できると

つうしんぼ

している〔特定商取引59〕。

通信傍受 電話などの通信を通信当事者以外の者がひそかに受信してその内容を調べること。ワイヤタッピング(図 wiretapping)あるいは盗聴とも呼ばれる。判例は平成11年の法改正(法138)以前の刑事訴訟法の下でも、犯罪捜査目的での通信傍受が、'検証令状'によって許される場合があるとした(最決平成11・12・16刑集53・9・1327)。同年の立法は、捜査官が当事者いずれの同意も得ないで行う傍受を独自の強制処分として、一定の要件の下にこれを許した〔刑訴222の2, 通信傍受1以下〕。法定された傍受の対象は、電話・ファクシミリ・コンピューター通信などの有線又は交換設備を経由する電気通信である〔通信傍受2①〕。捜査対象となる犯罪は、数人の共謀によって実行される、殺人・身の代金目的略取・薬物犯罪などであった。平成28年の改正(法54)は、この対象犯罪を、一定の組織性を要件として、窃盗、詐欺、恐喝を含む広範囲なものに拡大した。実行以前の将来の犯罪を捜査する目的での傍受も、許される場合がある〔通信傍受3〕。通信傍受のためには、裁判官が発した傍受令状が必要である。傍受の際に、令状に記載されたもの以外の重大な犯罪の実行に関する通信を発見したとき、それについても傍受できることがある〔通信傍受15〕。傍受に関しては、刑事訴訟法に準じた不服申立手段が設けられている〔通信傍受33〕。捜査官が職務を行うにあたって電気通信の秘密を侵す罪を犯したときは、'付審判請求'制度が適用される。⇒'犯罪捜査のための通信傍受に関する法律'

通信履歴の保全要請 '捜査機関'が、'差押え'又は'記録命令付差押え'をするため必要があるときに、電気通信を行うための設備を他人の通信の用に供する事業を営む者(電話会社など)又は自己の業務のために不特定若しくは多数の者の通信を媒介することのできる電気通信を行うための設備を設置している者(LANを設置している企業や官公庁など)に対し、その業務上記録している電気通信の送信元、送信先、通信日時その他の通信履歴(ログ)の'電磁的記録'のうち必要なものを特定して、30日を超えない期間を定めてこれを消去しないよう書面で求めることをいう(期間は最長60日まで延長することができる)〔刑訴197③④〕(保全要請・期間延長について秘密保持を要請することもできる〔刑訴197⑤〕)。ログは比較的短期間で消去されることが多いため、差押え・記録命令付差押えに先行して迅速にその保全のための措置を講じる必要があることから、平成23年の刑事訴訟法改正(法74)によりその法的根拠を整備したものである。要請を受けた者は従うべきであるが、従わなくても制裁はない。

通則 ⇒総則・通則・雑則・補則・罰則(巻末・基本法令用語)

通損補償 ⇒'通常生ずべき損失'

通達 各大臣、各委員会・各庁の長がその所掌事務に関して、所管の諸機関や職員に示達する形式の一種〔内閣府7⑥, 行組14②〕。かつては'通牒(つうちょう)'という語が用いられた。法令の解釈や運用方針に関するものが多く、いわゆる'行政規則'の性質をもつ。形式上は国民や裁判所を直接拘束するものではない(最判昭和33・3・28民集12・4・624)が、法令の有権解釈として行政実務上重要な地位を占めている。⇒'訓令'

通知 I 意思又はある事実を他人に知らせること。'準法律行為'の一種である。一般に、意思の通知〔民20・150・493(催告)等〕、観念の通知〔民467(債権譲渡の通知)〕、感情の通知(表示)〔民旧(昭和22法222改正前)814(姦通の宥恕(ゆうじょ))〕に分けられる。その具体的効果は、法律の規定によって定まるが、一般的には'意思表示'及び'行為能力'に関する規定がどこまで適用されるかという観点に基づく分類である。

II 行政庁が、ある事項を、特定の又は不特定多数の人に知らせる行為。その法的性質は各法令の定めるところにより多様である。例えば、輸入禁制品に該当するとの税関長の通知は、当該貨物を適法に輸入させない効果を有し〔関税69の11③〕、行政代執行上の通知は、'代執行'を行う手続上の要件となっている〔代執3〕。

通知義務(保険の) '保険契約'の締結後に、一定の事実を'保険契約者'・'被保険者'・'保険金受取人'が'保険者'に通知する義務。保険法においては、イ 危険増加の通知義務〔保険29・56・85〕とロ 保険事故発生の通知義務〔保険14・50・79〕が定められる。イ 危険増加の通知義務は、告知事項(⇒告知義務)について内容に変更が生じたときに保険者に通知する契約上の義務であり、告知事項の内容が変化し危険が増加することで契約当初の危険に対応する保険料では増加後の危険に対して不足する場合に、保険者に割増保険料の請求権を与え、保険料を調整することで給付反対給付均等の原則を守り契約関係を維持するためのものである。義務違反は、保険者に解除権を発生させる。ロ 保険事故発生の通知義務は、'保険事故'の発生を保険者に通知する義務であり、保険者に事故原因や損害額を把握する機会を与えるものである。義務違

反の効果は，*損害保険'において保険者が通知の遅れによる損害額を保険金の額から控除できるにとどまると解されている。

通　牒（つうちょう）　行政官庁が所管の諸機関や職員に示達する形式の一種。現在では*通達'と称する〔行組14②〕。

通知預金　預入日から一定の据置期間中は払戻しをすることができず，一定期間前に通知することを条件としてその払戻しを請求できる*預金'。据置期間や通知期間は，その預金契約で定められるが，通常は据置期間7日，通知期間2日(通知した日の翌々日に引き出せる)とされる。利子は*普通預金'よりもやや高率である。多額の金銭を短期間預け入れる場合に利用されることが多い。

通　謀　⇨共同謀議'

通謀虚偽表示　⇨虚偽表示'

通　訳　裁判所の用語は日本語であるから〔裁74〕，これを理解できず，用いることができない者に対しては，意思の疎通を図り，裁判手続の適正・公正を担保し，また*傍聴人'の理解を容易にして裁判公開の趣旨に沿うため，通訳の必要がある。外国語による*陳述'はこれを日本語に通訳させなければならず，耳の聞こえない者又は口のきけない者に陳述させるときは，筆問筆答によることもできるが，通訳による場合もある〔民訴154①，刑訴175・176，刑訴規125〕。通訳をする者を，通訳人という。*鑑定人'に関する規定が準用され〔民訴154③，刑訴178〕，*宣誓'させなければならない。宣誓の上，虚偽の通訳をすると虚偽通訳の罪で処罰される〔刑171〕。なお，*国際人権規約'では，刑事上の罪の決定について，裁判所において使用される言語を無料で通訳の援助を受ける被告人の権利が認められている〔人権B規約14③(f)〕。

月 協 定　⇨宇宙'

付 添 人　⇨少年審判'

次に・下に　⇨次に・下に'(巻末・基本法令用語)

津地鎮祭訴訟　事案は，三重県津市が市立体育館の起工にあたり，公費で神官を招き，神式の地鎮祭を挙行したところ，*政教分離の原則'に反する違法支出であるとして*住民訴訟'が提起されたものである。第一審原告敗訴(津地判昭42・3・16判時483・28)。第二審名古屋高等裁判所判決は，宗教的行為か習俗的行為かという判断枠組みをとり，主宰者，式次第，一般人にとっての普遍性の有無を基準として，当該地鎮祭は宗教的行為であり憲法20条3項に反するとした(名古屋高判昭46・5・14行裁22・5・680)。最高裁判所判決は，政教分離の原則につき*制度的保障'説をとった上で，国家と宗教との完全分離は実際上不可能に近いから限定分離で足りるとし，宗教的活動に当たるか否かの基準として，当該行為の目的が宗教的意義をもち，その効果が宗教に対する援助，助長，促進，又は圧迫，干渉になるような行為であるかどうかという，いわゆる*目的効果基準'を採用し，原審を破棄し合憲判決を下した(最大判昭和52・7・13民集31・4・533)。5名の反対意見が付されている。

積 立 金　*租税法'において，商法(平成17法87改正前の)における*準備金'に相当する言葉として用いられてきた。例えば，資本積立金及び利益積立金〔法税旧2⑰⑱〕は，それぞれ商法における資本準備金及び利益準備金〔商旧288の2・288〕に相当した。しかし，平成18年改正(法10)で，法人税法上は，「資本金等の額」〔法税2⑯，法税令8〕と，「利益積立金額」〔法税2⑱，法税令9〕の概念に集約された。また，積立金の語は，国の*特別会計'においては，事業による利益を積み立てる意味で用いられ，*地方財政法'においては，将来に備えて積み立てる金額を意味することがある〔地財4の3・4の4〕。企業会計においては，企業が得た利益のうち内部留保したものをいい，*貸借対照表'の純資産の部に株主資本の一項目として計上される項目。*法定準備金'と対比されるものとして，*任意積立金'〔会社452〕を積立金というのが通常である。

積 立 方 式　*年金制度'の財政運営方法の1つ。*被保険者'の支払う*保険料'を積み立てて運用し，それを将来その被保険者が受給する年金の財源とする方法である。年金の原資はそれを受給する世代自身の負担となるので，人口構造の高齢化の影響は受けない。ばく大な積立金の運用によって年金財政の安定が図られるが，積立金が十分でないときには，*賦課方式'を加味した財政運営が行われる(修正積立方式)。また貨幣価値低下の影響を受けやすく，これを避けるために*スライド制'等を導入すれば，スライド分の原資は賦課方式で調達することになる。*厚生年金保険'は元々積立方式で運用されていたが，現在は賦課方式への移行が進んでいる。*企業年金'は積立方式である。

罪となるべき事実　検察官が*起訴状'で*訴因'明示のために特定すべき犯罪事実〔刑訴256③〕，又は*有罪判決'において，裁判所が認定した犯罪事実〔刑訴335〕。その犯罪の*構成要件'的特徴を示し，かつ犯罪事実の同一性を示

すことができる程度に具体的な事実であることを要する。罪となるべき事実の具体的な摘示のためには，犯罪の日時・場所，犯罪の主体・客体，犯罪の手段・方法，行為態様，結果の発生，因果関係などをできるだけ明確に特定しなければならない。

積荷処分権　*船長'に認められている積荷を処分する権限。イ　航海継続の必要があるときに*船主'の負担で積荷を航海の用に供する場合〔商712①〕，ロ　積荷の利害関係人のためにその利益に適する方法で処分する場合〔商711〕，ハ　違法な積荷を処分する場合〔商740〕，ニ　*共同海損'として処分する場合〔商808〕がある。

て

出会い系サイト規制法　　⇨サイバー犯罪'

出会(であい)送達　送達名宛人に出会った場所でする*送達'。一定の条件の下ですることができる〔民訴105〕。当該事件のために裁判所に出頭した者に対して，*裁判所書記官'が自らする送達もこの一種である〔民訴102〕。

ディー・アンド・オー(D&O)保険　⇨役員賠償責任保険'

ディー・イー・エス(DES)　⇨デット・エクイティ・スワップ'

定　員　一定の*行政機関'に法律上置くことができる職員数。従前は，各府省の常勤職員の定員は各府省の設置法で定められていたが，昭和44年に「行政機関の職員の定員に関する法律」(法33)(総定員法と呼ばれることが多い)が制定された。同法は，常勤職員の定員の総数の最高限度を定め〔定員1①〕，各行政機関への定員の配分は政令で定めることにしている〔定員2〕。地方公共団体の職員(臨時又は非常勤の職員を除く)の定数は条例で定める〔自治172③〕。

ディー・エー(D/A)手形　⇨荷為替手形'

ディー・エヌ・エー(DNA)分析(鑑定)　人の細胞の核内にあるDNA(デオキシリボ核酸(英 deoxyribonucleic acid))の塩基配列のうち，個体によって異なる部分(多型性)を分析して行う個人識別の方法。1985年にイギリスのジェフリーズ(Alec Jeffreys, 1950～)らが発表して以来，各種の方法が研究されている。分析対象として，人に共通な一定の塩基配列の繰り返しが存在する部分(VNTR，ミニサテライト)の繰り返し回数の個人差，あるいは特定部位の塩基配列自体の個人差などが用いられる。VNTRを分析対象とする場合，DNAの各所に存在する同種のVNTRを全て検出し，多数本のバンド・パターンを読み取るもの(マルチローカス)，DNA中の特定位置にあるVNTRのみを検出し，相同染色体からの2本のバンドを読み取るもの(シングルローカス)がある。特定部位の塩基配列自体に着目するものには，HLA型分析，ミトコンドリアDNA分析などがある。分析手法としては，DNAを制限酵素で切断する手法(RFLP法)，プライマーで挟まれた特定部分を

増幅する手法(PCR法)などが用いられる。日本でも、大学の法医学教室や科学警察研究所で開発が進められてきたが、科学警察研究所の分析法(VNTR、シングルローカスにつき、PCR法を用いるもの。対象位置としてMCT 118など)が平成元年に確立されたことにより、警察庁は、平成3年にDNA分析をこの方式に統一した上で、犯罪捜査への制度的導入を決定し、更に、平成4年、その統一的運用を図るため、通達により「DNA型鑑定の運用に関する指針」を定めた(警察庁丙鑑発8)。その後、警察庁は、平成15年8月にフラグメントアナライザーを使用した短鎖DNA型(STR型)検査法を導入し、鑑定の精度を高めるとともに、DNA型データベースを構築する基盤を整えた上で、平成16年12月、「遺留資料DNA型情報検索システム」の運用を開始し、更に、平成17年9月から「DNA型記録取扱規則」(平成17国公委規15)の施行に伴い、「DNA型記録検索システム」の運用を開始した。なお、この間、最高裁判所は、MCT-118DNA鑑定が技術を習得した者により科学的に信頼される方法で実施されたときは、証拠として許容されるとした(最決平成12・7・17刑集54・6・550)。しかし、後の*再審*で、当該鑑定そのものは証拠から排除された(宇都宮地判平成22・3・26判時2084・157〈*足利事件*〉)。一方、マルチローカス・プローブ法は、主として親子・血縁関係の解析のための実用化が進んでいる。

ティー・オー・ビー(TOB) ⇨公開買付け(株券等の)'

低価基準 ⇨低価主義'

低価主義 原価(取得価額又は製作価額)と時価のうちいずれか低いほうの価額を資産に付すものである。*資産評価*の基準としては、ほかに*原価主義*・*時価主義*・時価以下主義がある。低価主義はいわゆる保守主義の考え方によるものであり、会計理論上は時価を基準とする評価を認める点で、損益計算に徹していないと非難されることもあったが、広く行われている会計慣行であり、商法学者からは企業の安全性確保のために必ずしも不合理とはいえないとされていた。現在の一般に公正妥当と認められる企業会計の慣行としては、資産の評価基準は原価主義が原則とされているが、一定の場合には低価主義を採用することが認められる〔会社計算5⑥Ⅰ〕。低価主義による場合の時価は再調達価額をいうのか処分価額(正味売却価額)をいうのかについては見解が分かれうるが、処分価額とする説が多数説である。なお、*有価証券報告書*提出会社などが適用すべき企業会計基準9号は、通常の販売目的で保有する棚卸資産については低価主義を採用しており、原則として正味売却価額を用いることを要求している。

低価法 ⇨低価主義'

定款 1意義 法人の組織活動の根本規範〔一般法人11・153、非営利活動11、会社27・576、保険業23、資産流動化16、森林組合法(昭和53法36)42、中協27①、農協28等〕。これを記載した書面又は*電磁的方法*'により記録したファイルを定款ということもある。*特殊法人*'の根本規則も定款と呼ばれることがある〔日銀11等〕。平成18年改正(法50)前民法においては*財団法人*'の根本規則については*寄附行為*'と呼ばれていたが、定款という呼称に統一された〔一般法人152〕。

2 作成手続 法人の設立企画者である設立者・発起人・設立時社員等が作成し、書面に記載又は記録するのが原則である。法人の設立手続の出発点でもあり、初めに作成された定款を*原始定款*'という。一般財団法人については、設立者は、*遺言*'によっても設立の意思表示ができ、*遺言執行者*'が当該遺言の発効後遅滞なく定められた事項を記載した定款を作成する〔一般法人152②〕。一般社団法人・一般財団法人・株式会社等の定款は、*公証人*'の*認証*'を受けなければその効力を生じないのに対し〔一般法人13・155、会社30①〕、*持分会社*'の定款は公証人の認証を要しない。

3 記載事項 法人の目的、名称・商号、組織に関する事項その他、法人の種類に応じて法が定める絶対的記載事項の記載が要求され、その1つの記載を欠いても定款は無効とされる〔一般法人11①・153①、会社27・576〕。定款の記載事項には、記載しなくても定款の効力には影響がないが記載しなければその効力を認められない相対的記載事項(例えば*変態設立事項*〔会社28〕や株式の譲渡制限など株式の内容についての特別の定め〔会社107②〕)も法定されている。更に、これ以外の任意的記載事項は、定款に記載しなくてもその効力には影響ないが、その変更には定款変更の手続を要する〔会社29〕。一般に定款の自治が認められるが、法人の種類や類型等により制限される場合がある。

4 定款変更 定款の変更には、法定の厳格な手続が要求される(⇨定款変更')。

定款変更 法人の根本規範である*定款*'を変更すること。主たる事務所の所在地〔一般法人11①③・153①③〕・本店の所在地〔会社27③・576①③〕の行政区画の変更のように事実の

てぎきて

変更により当然に変更される場合，*持分会社*の社員の退社等に伴うみなし定款変更による場合〔会社610・639〕，*変態設立事項*を不当と認めた場合において裁判所が変更を命じる場合等があるが〔会社33⑦〕，通常は，法定の手続に従い自治的に変更される。一般社団法人では*社員総会*の*特別決議*〔一般法人146・49②④〕による。一般財団法人では目的及び評議員の選任解任の方法の変更を除き評議員会の決議によるが，定款の定めに基づき，又は裁判所の許可を得て目的・評議員の選任解任の方法についても定款変更しうる〔一般法人200〕。*株式会社*では*株主総会*の特別決議によるのが原則であるが〔会社466・309②Ⅲ〕，全株式を*譲渡制限株式*にする定款変更には特殊決議を要し（⇨特殊決議），株式の種類の追加・内容の変更などある種類の株主に損害を及ぼすおそれがある定款変更には，総会の特別決議に加え当該種類株主による*種類株主総会*決議を要する。*取得条項付株式*とする定款変更のように株主全員の同意を要する場合もある（⇨決議）。*株式の分割*に伴い発行可能株式総数を株式の分割割合に応じて増加させる定款変更は株式分割の手続により可能であり〔会社184②〕，*取締役会設置会社*では*取締役会*決議で足りる。持分会社では定款に別段の定めがない限り総社員の同意による〔会社637〕。なお，会社法は，*合名会社*・*合資会社*・*合同会社*を持分会社の種類と位置付けたため，他の種類への変更は組織変更ではなく定款変更によることになる〔会社638〕。

定義規定・略称規定　⇨定義規定・略称規定'（巻末・基本法令用語）

定期金賠償　金銭で損害を賠償する場合の方法の１つ。*逸失利益*を賠償するような場合には，将来の収入を現在の価値に換算して一時に全額を賠償する一時金賠償の方法と，毎月一定額を賠償として支払っていく定期金賠償の方法がある。被害者の安定的な生活保障のためには定期金賠償が優れているが，賠償者に資力の不安があるときには現実的な方法ではない。また，被害者に定期金賠償額が決まった後で生じた事由（扶養料喪失分を損害賠償として請求していた遺族が再婚した場合など）をどのように考慮するかについても問題がある。　⇨損害賠償'　⇨確定判決の変更を求める訴え'

定期行為　中元用贈答品の売買のように，一定の日時又は一定の期間内に履行しなければ*契約*をした目的を達することのできない性質の契約。その時期を経過すればもはや契約を存続させること自体が無意味となるから，債権者は*催告*をせずに解除できる〔民542①④〕。契約の目的物の性質上客観的に定期行為であることが定まるような場合（例えば葬儀用の花輪の注文）を絶対的定期行為，当事者の意思表示によって定期行為となる場合（例えば結婚式に着用するだけのモーニングの注文）を相対的定期行為という。定期行為であるかどうか，又はこの２種の定期行為のいずれに当たるかを決定するものは契約の解釈である。定期行為は売買の形をとることが最も多く（*定期売買*という），*商人*間の定期売買については特則がある〔商525〕。

定期借地権　50年以上の存続期間を認める代わりに*更新*等をしない旨の特約のついた*借地権*。*借地借家法*では，借地権の存続期間は30年とされ，更に*正当事由*がない限り更新される〔借地借家3・5～7〕。しかし，借地権の長期にわたる保護はかえって借地の供給を妨げかねないということから，平成３年の借地借家法の制定の際に，初めから50年以上の存続期間を定める代わりに，更新を認めず，また，*建物買取請求権*を行使しない定期借地権を新設した〔借地借家22〕。更新を認めない旨の特約は公正証書等の書面又は*電磁的方法*でしなければならない。なお，存続期間の更新を認めない*建物譲渡特約付借地権*〔借地借家24〕及び*事業用定期借地権*〔借地借家23〕も含めて広義で定期借地権ということがある。

定期借家権　期間の定めがある建物賃貸借において，*更新*のないことを特約で定めた借家権。平成11年の*借地借家法*改正（法153）で設けられた。特約は*公正証書*等の書面又はその内容を記録した*電磁的記録*によって行う必要がある。賃貸人は賃借人に対して，契約時に当該特約について記載した書面又はその内容を記録した電磁的記録を交付して説明をしなくてはならず，期間満了時には賃貸借が終了する旨の通知をしなくてはならない。また，居住用建物について，一定の場合に賃借人からの賃貸借の解約申入れを認めている〔借地借家38〕。

定期売買　花嫁衣装や歳暮用のカレンダーなどのように，一定の時期に目的物が引き渡されないと，契約の目的を達することができなくなるような売買（⇨定期行為'）。確定期売買ともいう。期限通り履行されないときは，買主は*催告*をしないで直ちに売買契約を解除できる〔民542①④〕。もっとも，*商人*間の定期売買では，迅速に取引を決済するために，民事売買とは逆に，*履行遅滞*後買主が直ちに履行を請求しないときには契約が解除されたものとみな

される〔商525〕。

定期保険　⇨生命保険'

定期傭船(ようせん)契約　*船舶所有者'が艤装(ぎそう)した船舶に船員を乗り組ませて当該船舶を一定の期間定期傭船者に利用させることを約し，定期傭船者がこれに対して傭船料を支払うことを約する契約をいう〔商704〕。通常は，船舶貸借約款，雇用・補償約款，*船長'・*船員'を傭船者の指揮に従わせる船長使用約款，船長等の交代を要求できる不満約款，費用負担に関する純傭船約款等の特殊約款を含む普通契約条款（⇨約款'）に従って契約を締結する。国際的な約款として，ボルチック国際海運協議会(BIMCO)が制定したボールタイム書式(英 Baltime-charter：1909制定，1911，1912，1920，1939，1950，1974，2001改定)，ニューヨーク物産取引所(New York Produce Exchange)が制定したプロデュース書式(英 Produce-form：1913制定，1921，1931，1946，1981，1993，2015改定)が利用され，日本では日本海運集会所制定の書式も利用されている。従来，定期傭船契約の法的性質については学説が多岐に分かれており，これを運送契約とみる説，特殊契約とみる説あるいは船舶賃貸借と労務供給契約の混合契約とみる説，類型化を試みる説等が存在したが，平成30年商法改正（法29）は，定期傭船契約を*船舶賃貸借'と明確に区別された別個の契約として規定を行い，定期傭船契約における法的問題について個別的な規定を設けるに至ったため，従来の定期傭船契約の法的性質に関する議論は立法的に解決された。

定期預金　一定期間（満期）を定め，それまでは預金の返還を原則として請求できない*預金'。普通銀行の典型的な預金の一種である。期限は，普通の定期預金の場合は，預入れ後3カ月・6カ月・1年・2年・3年・5年等の種類があり，据置期間は1年とし，3年以内の満期日を預金者が指定できる形の複利式の期日指定定期預金もある。自動継続特約が付されることもある。金利自由化の進展に伴い，市場金利連動型定期預金（スーパーMMC)・自由金利型定期預金，変動金利型定期預金等いろいろな種類の定期預金が設定されている。定期預金に対しては，通帳を交付する場合のほか，1口ごとに定期預金証書を交付する場合もある。譲渡禁止特約が付されるが，譲渡性預金(CD)の場合には，銀行が定期預金を受け入れた見返りに証書が支給され，預金者はこの証書を金融市場で転売・換金できる。

ディクリミナリゼーション　⇨非犯罪化'

ディケー　英 dike　法哲学・政治哲学等で議論される「正義論」（⇨ロールズ'）の語源的，概念的基礎となるギリシャ語。アリストテレス(Aristoteles, B.C.384〜322)「ニコマコス倫理学」5巻，とりわけ「比例的（配分的）正義」と「是正的正義」の2分類，またローマ法学者ウルピアヌス(Domitius Ulpianus, 170頃〜228)そしてユスティニアヌス法典（ローマ法大全）「法学提要」冒頭の「正義(justitia, dike 英のラテン語訳)とは，各人に各人の権利(英jus)を配分する，ぶれない不滅の決意である」が有名である。しかし，このような古典的見解の背景には，一貫して，この概念と裁判ないし訴訟との密接な関連性が存在することを見逃してはならない。ホメロス(Homerus)ではこの語は訴訟における裁判者たる長老の判断を意味し，「まっすぐな(英 ithys)」判断が最良とされる（「イーリアス」18巻「アキレウスの盾」の描写）。更にヘシオドス(Hesiodos)は，一方でディケーをゼウスの娘として神格化するとともに，他方で政治的リーダーたちの「まっすぐな」判断を賞賛し，贈物（賄賂）や偽証によって「ぶれた」判断を糾弾している（「仕事と日々」）。B.C.4世紀，アテネの裁判制度では，ディケーは広義では「裁判」ないし「訴訟」一般を意味し，狭義では訴訟の中で，殺人訴訟に代表される「私訴」，すなわち「提訴権者が本人又は一定範囲の親族に限定される」訴訟を意味する。それに対して「公訴」（グラフェー(英graphe)）は誰でも提訴しうる訴訟を意味する。そもそも，「ディケー」には，応報的，互酬性的原理が潜伏し，「ディケーを与える(英 diken didonai)」というフレーズが「罰を受ける」を意味するように，ディケーから「復讐(ふくしゅう)」的要素が払拭されることがなかった。

定型約款　*債権法改正'で一連の規定が新設された〔民3編2章1節5款〕。民法548条の2によれば，「ある特定の者が不特定多数の者を相手方として行う取引であって，その内容の全部又は一部が画一的であることがその双方にとって合理的なもの」が「定型取引」とされ，「定型取引において，契約の内容とすることを目的としてその特定の者により準備された条項の総体」が「定型約款」とされる。そして，この定型取引を行うことの合意（定型取引合意）をした者は，イ 定型約款を契約内容とする旨の合意をしたとき，又はロ 定型約款を準備した者があらかじめその定型約款を契約内容とする旨を相手方に表示していたときは，個別の条項についても合意をしたものとみなされる〔民548の2①〕。もっとも，この条項のうち，相手方の権利を制限し，又は相手方の義務を加重する条項で

あって，その定型取引の態様及びその実情並びに取引上の社会通念に照らして*信義則'に反して相手方の利益を一方的に害すると認められるものについては，合意しなかったものとみなされる〔民548の2②〕。しかし，事前開示手続は徹底されておらず，定型取引を行い，又は行おうとする定型約款準備者は，定型取引合意の前又は定型取引合意の後相当の期間内に相手方から請求があった場合には，遅滞なく，相当な方法でその定型約款の内容を示さねばならないが，定型約款準備者が既に相手方に対して定型約款を記載した書面を交付し，又はこれを記録した*電磁的記録'を提供していたときは，この限りでないと定めるにとどまる〔民548の3①〕。したがって，顧客が請求しない限り，定型約款準備者が自己の約款を契約内容とすると宣言するだけで，事前の開示や顧客側から包括的同意がない場合も，当該定型約款が契約内容となって，個別の条項についても合意したものとみなされる結果となる。これにより，内容が合理的でありさえすれば，相手方の同意の要素はほとんど不問に付される。また，定型約款の変更についても，548条の4によれば，事前に変更に関する適当な周知をしておくことにより，その変更が，イ 相手方の一般の利益に適合するとき，又はロ 契約した目的に反せず，かつ，変更の必要性，変更後の内容の相当性，変更をすることがある旨の定めの有無及び，変更に係る事情に照らして合理的なものであるときは，個別に相手方と合意することなく契約内容を変更することができ，変更後の定型約款の条項について合意があったものとみなされる。立案担当者によれば，この定型約款については，中心的条項・付随的条項の区別はないものとされており，相手方は，その変更内容の合理性を前提に，変更後の契約に拘束され，変更後の契約関係から離脱することも許されないこととなる。定型約款が不特定多数を相手方とするものであるため，多くは消費者約款が念頭に置かれているものと解されるが，およそ契約的所産としての*約款'の性格や事前の情報提供は，ほとんど否定されており，問題の大きさが指摘されている。相手方は，定型約款準備者に対して，契約内容とみなされてしまった条項の妥当を否定するには，裁判所で，その合理性を争うほかない状況に置かれる。なお，消費者約款の開示については，消費者契約法3条1項3号参照。

抵 抗 権 1 **意義** 不法な国家権力の行使に対して抵抗する人民の権利。
2 **抵抗権の思想** 抵抗権思想は，歴史的には中世の暴君放伐思想に遡る。国王といえども法を犯すことはできず，もし国王がそれを犯すならば，臣下は国王を暴君として放伐できるという暴君放伐論が，*自然法'，社会契約説（⇨契約説'）と結合して近代国家理論における抵抗権へと質的に転換した。自由な，絶対に侵すことのできない*自然権'をもった諸個人は，自然権を侵すような権力に対して反抗する権利を留保するものとされるようになった。
3 **実定化の問題点** 抵抗権を最も早く確認したものとして，*アメリカ独立宣言'(1776)，*フランス人権宣言'(1789)が挙げられる。しかし，その後，近代憲法において，抵抗権を明示したものは，第二次大戦後の西ドイツの若干の州でみられる程度で，成文化されることはほとんどなかった。この権利の性質上，成文化が困難であることや，成文化すること自体に宣言的な意味しか考えられないことなどがその主な理由であろう。

帝 国 議 会 1 **憲法上の地位** 明治14年(1881)10月の「国会開設の詔」での公約を果すために，*大日本帝国憲法'によって設けられた議会で，明治23年11月29日に第1回議会開会。憲法の文言上，天皇の立法権への*協賛'機関〔明憲5〕にすぎないとみるか，法律の制定には協賛を「要ス」〔明憲37〕に重きを置くかで，この議会に対する評価が異なってくる。実際政治の上では，前者の姿が翼賛政治体制（⇨大政翼賛会'）期に象徴的にみられ，後者の実質的立法機関性は大正デモクラシー期に最も強く現れた。また，議会の立法権に伴う*法律の留保'についていえば，議会の同意がなければ権利は制限されないという権利保障機能よりも，その定める法律をもってすれば権利を制限することができるという権利侵害的側面が目につくのは否定できない。
2 **組織** 皇族・華族・多額納税議員及び勅任された議員により組織される*貴族院'と民選議員で組織される*衆議院'とから成る*両院制'。そして，衆議院は，大正14年(1925)制定の普通選挙制を導入した衆議院議員選挙法〔法47〕以前には*制限選挙'によっていた。両院の権能は，衆議院の*予算先議権'を除いて対等であったが，衆議院の不十分ながらも民主的な性格を抑止するところに貴族院の存在意義が認められる。
3 **権能と活動** 憲法改正・法律制定への参与（立法協賛）権については，そもそも天皇*大権'によって大幅な制約を受けたほか，皇室財政へのコントロールは及ばず（皇室財産の設定，及び皇室経費の増額の場合を除き帝国議会の協賛を

要しないこと〔明憲66〕等〕，*予算'の審議・議決などの財政監督権についても権限を実際上縮小する制度が用意されていた〔明憲67・70・71〕。更に，*枢密院'・元老等が議会に対する防壁として置かれていた。なお，議院の自律権を縛るために，憲法附属法令としての議院法（明治22法2。昭和22法79により廃止）があらかじめ制定され，その改正は議会の権限を超えるとされていた。

デイサービス事業　⇨*老人デイサービス事業'　⇨*障害児通所支援'

呈示（提示）（支払のための）　⇨支払（のための）呈示（提示）'

定時株主総会　⇨株主総会'

呈示期間　支払呈示期間及び引受呈示期間のこと。前者は*約束手形'・*為替手形'及び*小切手'のいずれにも存するが，後者は為替手形にだけ存する。　⇨支払呈示期間'　⇨引受呈示期間'

停止条件　条件の一種で，*法律行為'の効果の発生が将来発生するかどうか不確実な事実にかかっている場合をいう。「入学すれば時計をやる」という場合の「入学すれば」という*附款'，あるいは「入学」という事実が停止条件である。　⇨条件'

呈示（提示）証券　証券上の権利を行使するために所持人が債務者に証券を呈示（提示）することを要する*有価証券'。*指図証券'，*記名式所持人払証券'及び*無記名証券'については，履行期が到来しても，所持人が証券を提示して請求するまでは，債務者は遅滞の責めを負わない〔民520の9・520の18・520の20〕（⇨履行遅滞'）。*記名証券'の呈示証券性については争いがあるが，証券を所持しない者は権利者と認められないので，呈示証券性を認めるべきであるという考えもある。

定時総会　毎*事業年度'の終了後一定の時期に招集される*社員総会'・*株主総会'〔一般法人36①，会社296①〕。必要に応じて随時招集される臨時総会に対する〔一般法人36②，会社296②〕。*会計監査人設置会社'以外の*株式会社'では，定時総会において*計算書類'の提供・承認がなされ，*事業報告'がなされる〔会社438〕。会計監査人設置会社では，*会計監査人'の無限定適正意見が含まれているなど計算書類が法令・*定款'に従い会社の財産・損益の状況を正しく表示しているものとして法務省令で定める要件を満たせば，計算書類についても定時総会で報告すれば足りる〔会社439, 会社計算135〕。一般社団法人の定時社員総会においても同様である〔一般法人126・127〕。なお，定時総会で，

*役員'の選任・解任，定款変更等を決議することも可能である。

停止の効力　刑事訴訟において，*上訴期間'内に*上訴'の申立てがあると，その効果として，対象となった原裁判が確定せず，原則としてその執行もできなくなる〔刑訴471〕ことをいう。ただし無罪判決の宣告による*勾留状'の失効〔刑訴345〕などのように，裁判の告知自体による効果は上訴があっても停止されない。また，*即時抗告'を除いて*抗告'には停止の効力がない〔刑訴424・432・434〕。*一部上訴'の場合は，上訴の対象とされた部分についてだけ停止の効力が生じる。　⇨確定遮断効'

提出命令　刑事訴訟法上，*差押え'の対象となる物を具体的に指定し，その提出を命ずる裁判をいう〔刑訴99③〕。命令を受けた者はこれに従うべきであるが，従わなくても制裁はない。押収の目的を達成するためには，差押えに移行することになる。この命令の権限を有するのは裁判所（及び*受命裁判官'・*受託裁判官'〔刑訴125〕，*証拠保全'の請求を受けた裁判官〔刑訴179〕）に限られ，*捜査機関'は差押えによるほかない。　⇨押収'

抵触　⇨抵触'（巻末・基本法令用語）

停職　公務員に対する*懲戒'処分の一種で，職員としての身分を保有させながら一定の期間その職務に従事させないもの〔国公82①・83②前，地公29①〕。*一般職'国家公務員の停職期間は1日以上1年以下であり〔人規〈12-0〉2〕，停職者はその期間中，原則として給与を受けることができない〔国公83②後〕。地方公務員の停職の手続及び効果は*条例'で定められる〔地公29④〕。*特別職'の公務員についても，停職制度が定められていることがある〔自衛46①・47②③等〕。　⇨職（公務員の）'　⇨不利益処分'　⇨身分保障'

抵触法　⇨国際私法'

抵触法的指定　⇨実質法的指定'

定数　1 職員等の定数　通常，ある機関に置かれる職員等の数をいう〔例：自治90・91・172③，公選4〕。*国家公務員'についての*定員'〔定員1・2，国公78④〕，裁判官についての員数〔裁5③〕と意味は異ならない。定数が決められている場合，定数を超えて職員を任命することは任命権者の義務違反となる。しかし，仮にこのような任命が行われた場合でも，その任命の効力には必ずしも影響がないとみられることもある（最判昭和39・5・27民集18・4・711）。定数・定員の改廃により，ある組織体の職員の実数が定数を超えることになった場合，任命権者

ていすうふ

は，定数を超える部分(過員)の職員を*分限*免職処分とすることができる〔国公78④，地公28①④〕。

2 議員の定数 国会議員及び*地方公共団体の議会*の議員の選挙区ごとの定数については，いわゆる定数不均衡の問題が厳しい憲法論争の的とされている。焦点は，いわゆる1票の価値と法の下の平等との関係である。この問題については，*定数不均衡(訴訟)*をみよ。

定数不均衡(訴訟) 日本国憲法47条は衆参両院議員の*選挙区*を法律事項とするが，憲法14条・15条から投票価値(「1票の重み」)の平等，すなわち有権者1人当たりの選出議員の数の均等が要求される。しかしながら，*比例代表*制によらず，*中選挙区*・*小選挙区*制をとる限り，数学的な人口比例は技術的に不可能であるし，また過密化，過疎化の進行により，定数配分当初から時間がたつにつれ選挙区間での投票価値の較差，すなわち定数不均衡は拡大する。中選挙区制の下で最大較差が1対5にも及んだ昭和47年12月の総選挙に対して選挙無効訴訟〔公選204〕が提起された事案で，最高裁大法廷は*公職選挙法*旧(昭和50法63による改正前の)別表1の定数配分規定は選挙当時全体として違憲であったとしたが，*事情判決*の法理を用いて選挙自体の効力は維持した(最大判昭和51・4・14民集30・3・223)。その後の判例は衆議院議員については1対3の較差までを合憲としたが，学説は1対2を上限とする考えが有力であった。平成6年の公職選挙法改正(法2(法10))により採用された*小選挙区比例代表並立制*の下でこの問題をどのように考えるかにつき，制度的には，平成6年の「衆議院議員選挙区画定審議会設置法」(法3)により，*国会議員*以外の者から，両議院の同意を得て，内閣総理大臣が任命する委員7人をもって組織する同審議会を設置し〔選挙区審6①②〕，必要があると認める衆議院小選挙区選出議員の選挙区の改定を内閣総理大臣に定期的に勧告するものとした〔選挙区審2~5〕。小選挙区制で採用された「一人別枠方式」は平等原則の貫徹を困難にするが，当初最高裁判所はこの点を含め，1対2を超える較差について立法裁量の範囲内とした(最大判平成11・11・10民集53・8・1441)。ところが判例は，次第に厳格な姿勢をとるようになり，最大判平成23・3・23民集65・2・755は，一人別枠方式は小選挙区制導入に伴う激変緩和策であり，もはや違憲状態に至っていると判示した(なお合理的期間内に是正がなされなかったとはいえないとして，違憲判断には至らなかっ

た)。その後，最大判平成25・11・20民集67・8・1503は，違憲状態を指摘しつつも，「司法権と立法権との関係」を強調し，国会の自助努力をまつ姿勢を強くにじませた。最大判平成27・11・25民集69・7・2035も同様の説明をした。更に，最大判平成30・12・19民集72・6・1240，最大判令和5・1・25民集77・1・1は，国会の裁量権の行使として合理性を有することから，合憲であると述べた。なお，参議院地方選出議員の選挙については，判例は人口比例以外の考慮も許されるとして広い立法裁量論により合憲判決を下してきたが，1対5.06の較差の下での平成13年7月の参議院選挙につき，合憲とする9名の多数意見のうち4名が根本的解決がなされなければ将来違憲となりうると警告して注目された判決がある(最大判平成16・1・14民集58・1・56)。その後，最大判平成24・10・17民集66・10・3357は，5.00倍の較差につき，都道府県を単位とする「現行制度の仕組み見直し」を求める踏み込んだ指摘をした。更に最大判平成26・11・26民集68・9・1363は，4.77倍の較差につき，都道府県単位の見直しを求めつつも，衆議院についての前掲平成25年判決と同様に「司法権と立法権との関係」に言及し，是正の実現に向けた取組がなされているとして，なお違憲とまではいえない，とした。平成27年の公職選挙法改正によって，*合区*を行うことにより，都道府県を各選挙区の単位とする選挙制度の仕組みが見直されるに至った。その後，最大判平成29・9・27民集71・7・1139，最大判令和5・10・18民集77・7・1654は，合憲と述べた(なお，上記令和5年判決は，国会に対し，「現行の選挙制度の仕組みの抜本的な見直しも含め，…広く国民の理解も得られるような立法的措置」が求められる，と述べている)。

ディスカバリー ⇒証拠開示*

ディスクロージャー 英 disclosure **1意義** 広義には情報開示のことであるが，狭義には，企業内容等，投資者の投資判断に資する情報を発行者等の一定の者に強制的に開示させる*金融商品取引法*上の制度を指す。*有価証券*の発行市場や流通市場において，有価証券の発行者に関する情報が開示され，情報に基づいた市場価格の形成が行われることは，企業が必要とする資金が効率的に供給され，投資者たる国民が資産を形成する上で，極めて重要である。そこで金融商品取引法は，発行市場，流通市場，*企業買収*，*公開買付け*，大量保有，委任状勧誘の各分野においてディスクロージャー制度を設けている。*金融商品取引所*が上場会社に対

し重要情報の発生のつど、迅速な開示を求めるタイムリー・ディスクロージャー(適時開示)及び*決算短信'制度は自主規制によるディスクロージャーであり、情報の選択的な開示を禁止する*フェア・ディスクロージャー・ルール'はそれらを補完するものである。正確なディスクロージャーが行われることは、投資判断の結果を投資者に負担させる自己責任原則の前提である。

2 種類　発行市場に向けた発行開示は、*有価証券の募集'又は*有価証券の売出し'を行う発行者に対し、*有価証券届出書'及び*目論見書'により発行者の財務情報や手取金の使途(調達した資金の使い道。売出しの場合は不要)等を開示させるものである。発行開示では、情報開示なしに勧誘が行われないようにし、開示された情報を投資者に理解するための期間を確保するといった取引規制も必要になる。他方、上場会社のように継続的に情報を開示している発行者については、発行開示は簡素化されている。継続開示は、流通市場で有価証券を売買する投資者の投資判断に資するための制度であり、上場会社等の*継続開示会社'に対し、*有価証券報告書'・*半期報告書'等により、事業に関する情報や財務情報を開示させる。最近では、取締役の報酬等の*コーポレート・ガバナンス'や気候変動対応等のサステナビリティに関する情報(非財務情報)の開示項目が増えている。上場会社はこれらの報告書とともに*内部統制報告書'も提出しなければならない。有価証券発行者の定期的な開示制度としては、ほかに上場会社に自己株券等の買付け状況を報告させる自己株券買付状況報告書〔金商24の6〕、上場会社の親会社等を名宛人とする親会社状況報告書〔金商24の7〕がある。外国会社が上記各種のディスクロージャーを行う場合に、一定の要件を満たせば外国基準かつ英語による報告書〔外国会社報告書、外国会社半期報告書等〕の作成が認められている〔金商24⑧・24の5⑦〕。以上が定期的なディスクロージャーであるのに対し、*臨時報告書'は、継続開示会社に投資判断にとって重要な事実が生じたときに、そのつど開示を求める制度である。企業買収に関連するディスクロージャー制度として、公開買付けの開示、*大量保有報告制度'、委任状勧誘の規制があるが、これらについては各項目を参照されたい。ディスクロージャーの各書類は内閣総理大臣に提出され、財務局、発行会社、金融商品取引所等の法定の場所で公衆の縦覧に供されるほか、一般の投資者が*エディネット(EDINET)'を通じて簡単に閲覧することができる。

3 特徴　金融商品取引法上のディスクロージャーの特徴は、情報の真実性を確保するための仕組みが整っている点にある。第1に、提出書類に対して金融庁が審査を行い、訂正命令を発する〔金商9・10・24の2〕など行政が関与する。第2に、提出書類中の財務書類については利害関係のない公認会計士又は監査法人による監査証明等を付さなければならず〔金商193の2〕、専門家によるチェックが行われる。第3に、提出書類の重要な事項について虚偽記載があったときは提出者の代表者や虚偽記載に関与した者が刑事罰に問われ〔金商197①①〕、提出者にも罰金刑が科せられる〔金商207①〕。重要な虚偽記載又は記載漏れがあったときは、発行者・上場会社や公開買付者等が*課徴金'の対象となり、国に利得相当額を支払わなければならない〔金商172の2①・172の4①〕。更に、重要な虚偽記載、記載漏れ、又は誤解を生じさせないために必要な事実の不記載があったときは、投資者は被った損害の賠償を発行者やその取締役らに請求することができる〔金商18〜21の3・24の4〕。このような民刑事の責任や課徴金による法のエンフォースメントは実際に行われている。

訂　正　⇨補正'
訂 正 審 判　⇨補正'
訂正届出書　*有価証券届出書'又は公開買付届出書(⇨公開買付け(株券等の)')の届出が効力を生ずることとなる日前に訂正を必要とする事情がある場合に、発行者又は公開買付者が内閣総理大臣に提出する書類。自発的に提出する場合〔金商7・27の8①〕と内閣総理大臣の命令により提出する場合〔金商9・10・27の8③④〕とがある。

訂正報告書　*有価証券報告書'、*半期報告書'、*内部統制報告書'、*臨時報告書'等又はその添付書類の記載事項に変更が生じた場合や、これらの書類に不備又は虚偽の記載があった場合に、提出者が内閣総理大臣に対して提出する書類〔金商7・9・10・24の2①・24の4の5①・24の5⑤〕。自発的に提出する場合と内閣総理大臣の命令により提出する場合とがある。

停　戦　⇨休戦'
ディーセント・ワーク　図 decent work　日本語で「働きがいのある人間らしい仕事」と訳される。1999年の第87回ILO総会に提出された事務局長報告の中で初めて用いられ、自由、公平、安全と人間としての尊厳の保障を条件とした、ディーセントで生産的な仕事を獲得する機会を促進することがILOの活動の主目標とされる。その実現に向けた戦略目標として、

ていそうぎ

イ 仕事の創出，ロ 社会的保護の拡充，ハ 社会対話の推進，ニ 仕事における権利の保障が設定され，横断的目標として，ジェンダー平等が掲げられている。

貞操義務 夫婦が相互に負う婚外の第三者と性関係をもたない義務。民法に明文の規定はないが，*婚姻'の最も本質的効果として生ずる義務であるとされる。夫も妻も互いに貞操義務を負い，その違反はどちらの場合も*不貞な行為'として*離婚原因'となる〔民770①Ⅰ〕。

定足数 *合議体'が議事を行い又はその意思を決定するのに必要な最小限度の出席者数又は出席者率をいう。定足数は，議事の定足数と議決の定足数に区別され，前者が欠けるときは，その合議体は議事を開くことができないし，後者が欠けるときは，その合議体は意思を決することができない。

Ⅰ 国会各議院の本会議の定足数は，総議員の3分の1〔憲56①，衆規106，参規84〕，国会の委員会の定足数は委員の半数〔国会49〕，地方議会の定足数は定数の半数である〔自治113〕が，特に重要な問題の議決については定足数が加重されることがある〔自治178③等〕。衆参両院の*先例'は，定足数算定の基礎となる総議員とは法定数のことをしている〔衆先例228号，参先例241号〕が，現在議員数とする有力な学説がある。

Ⅱ 一般社団法人においては，総社員の*議決権'の過半数が定足数である〔一般法人49①〕。社員は各1個の議決権を有するので〔一般法人48①〕，過半数の社員の出席を要するのが原則である。もっとも，定足数についても議決権についても*定款'で別段の定めを置くことができる〔一般法人49①・48①但〕。*株主総会'においては，イ *普通決議'の定足数は議決権を行使することができる株主の議決権の過半数であるが，定款で別段の定めを置くことができる〔会社309①〕。ただし，*取締役'・*監査役'・*会計参与'の選任・解任決議及び*支配株主の異動を伴う募集株式の発行等'の決議は，定款をもってしても議決権を行使できる株主の有する議決権総数の3分の1未満とすることができない〔会社244の2⑥・341〕。ロ *特別決議'の定足数も株主の議決権の過半数であるが，定款で別段の定めを置くことができるものの3分の1未満にすることはできない〔会社309②〕。ハ *特殊決議'については定足数の定めはないが，決議要件が厳格である〔会社309①④〕。*債権者集会'や*社債権者集会'についても定足数はない〔会社554・724，破138〕。再生計画案・更生計画案の決議に

ついても定足数はない〔民再172の3，会更189〕。

定着物(定著(ていちゃく)物) 継続的に土地に付着し，その状態で使用することが社会観念上その性質とされる物(例：*建物'，樹木，土地に作りつけた機械)。土地の定着物は*不動産'とされる〔民86①〕。仮植中の植木のような一時的接着物は定着物といえない。土地の定着物のうち，建物は常に独立の不動産とされ，その他の物は土地の一部として扱われる。ただし，樹木は立木(りゅうぼく)ニ関スル法律による*登記'により法律上独立の不動産として扱われる場合がある。同法による登記を経ない樹木も地盤から分離して処分することができ，*明認方法'によって*第三者'に対抗することができる。

ティー・ディー・ネット(TDnet) Timely Disclosure network 囚の略称。*金融商品取引所'の規則によって上場*有価証券'の発行者が義務付けられている適時開示(⇒ディスクロージャー')の対象となる重要情報を伝達・公開するための電子的なシステム。上場会社等はTDnetに適時開示情報を直接送信することにより開示でき，投資者はインターネットを通じて適時開示情報を閲覧することができる(適時開示情報閲覧サービス)。*フェア・ディスクロージャー・ルール'〔金商27の36④，重要情報10③〕や*内部者取引'規制〔金商166④・167④，金商令30①②～⑤，証券取引規制56〕における「公表」の要件もこれにより充足できる。

抵当権 1意義 民法に規定された約定担保物権の一種。抵当権者は，抵当権の目的である*不動産'(抵当不動産)から，被担保債権の*優先弁済'を受ける権利を有する〔民369①〕。抵当権者が抵当不動産を占有しないため，抵当権を設定した後も，抵当権設定者が抵当不動産を使用，収益を続けることができる。また，抵当権は，1つの不動産に複数設定することができる特徴を有し，その優先順位は*登記'の先後による〔民373〕。順位が先の抵当権を先順位抵当権，順位が後の抵当権を後順位抵当権と呼ぶ。先順位抵当権が被担保債権の弁済等により消滅すると，後順位抵当権の順位が繰り上がる(順位昇進の原則)。なお，抵当権には，担保物権の通有性である*不可分性'，*付従性'，*随伴性'，物上代位性がある〔民372・296・304〕。

2 客体 抵当権を設定しても目的物の*占有'が抵当権者に移転するわけではないことから，抵当権の設定を公示するためには，登記・登録等が必要である。そのため，抵当権の客体となるのは，登記・登録制度のある財産に限られている。民法上，抵当権の目的となりうるのは，不

動産，*地上権'及び*永小作権'のみである〔民369〕。特別法上は，建設機械，航空機，自動車，船舶等の*動産'を目的とする*動産抵当'や，複数の財産からなる*財団'を組成し，それを抵当権の目的とする*財団抵当'も存在する。

3 効力 抵当権の効力は，抵当不動産の付加一体物に及ぶ〔民371〕。また，抵当権の設定が登記されていれば，抵当不動産が*第三者'に譲渡された場合に，抵当権を第三者に対抗することができる〔民177〕。なお，抵当不動産を譲り受けた第三者を*第三取得者'という。また，抵当不動産が譲渡されたとしても，抵当権が消滅せず存続する効力のことを，追及効という。

4 種類 通常，抵当権の被担保債権は，特定の1つの*債権'である。このような抵当権を普通抵当権という。これに対して，一定の範囲内に属する不特定の債権を被担保債権とする抵当権も認められており，これを*根(ね)抵当権'という。根抵当権については，抵当権設定者や後順位抵当権者の保護の観点から，特別な規律が設けられている〔民398の2〜398の22〕。また，1つの被担保債権を複数の抵当権によって担保することがあり，このような制度を*共同抵当'という。1つの被担保債権を複数の根抵当権によって担保することは，共同根抵当と呼ばれるが，共同根抵当について共同抵当の規定が適用されるのは，設定と同時に共同根抵当の登記がされた場合に限られる〔民398の16〕。

5 抵当権の処分 抵当権設定後に，抵当権者の有する優先弁済権を第三者に移転したり，変更したりすることがあり，これを抵当権の処分という。抵当権の処分には，イ *転抵当'，ロ *抵当権の譲渡・放棄'，ハ *抵当権の順位の譲渡・放棄'の3種類がある〔民376①〕。また，各抵当権者の合意により，抵当権の順位を入れ替えることができ，これを*抵当権の順位の変更'という〔民374①〕。

6 実行 抵当権を実行するには，*民事執行法'に定められた手続による必要があり，その方法には，イ *担保不動産競売'，ロ *担保不動産収益執行'の2種類がある〔民執180〕。なお，抵当不動産の所有者が，抵当権者の同意を得て抵当不動産を売却し，その売却代金を被担保債権の弁済に充て，抵当権を消滅させる場合があり，これを任意売却と呼ぶ。

抵当権消滅請求 抵当不動産の*所有権'を取得した*第三取得者'が，抵当権者に対して，取得の代価又は特に指定した金額を提供して，抵当権の消滅を請求することができる制度〔民379〜386〕。*抵当権'の消滅原因の1つ。抵当権者は，提供された金額に不服がある場合には，抵当権の実行として競売を申し立てる。反対に，競売を申し立てない場合には，抵当権者が提供された金額に承諾したものとみなされる。かつては，第三取得者が抵当不動産の価額相当額を提供することで，抵当権を消滅させることができる滌除(できじょ)の制度が存在したが，第三取得者の保護に偏った制度であったことから，平成15年の民法改正で廃止され，現在の制度となった。抵当権の実行により自らの権利を失う可能性がある第三取得者と抵当権者との調整の制度であり，被担保債権が全額弁済されていないにもかかわらず抵当権が消滅する点で，*代価弁済'の制度と共通するが，代価弁済は，抵当権者の請求によるものであるのに対して，抵当権消滅請求は，第三取得者の請求によるものである点で異なっている。⇒担保権消滅請求'

抵当権に基づく妨害排除請求 *抵当権'の目的不動産に不法占拠者が存在する場合などに，当該抵当権に基づく*物権的請求権'の一内容として，立ち退き等を求める妨害排除請求権が認められるか否かが問題となる。抵当権の価値権的な性質を重視していとは認めないとする説も有力であった。最高裁判所は抵当権に基づく明渡請求について，当初これを認めないとする判断を下したが(最判平成3・3・22民集45・3・268)，後に判例変更を行いこれを認めた(最大判平成11・11・24民集53・8・1899，最判平成17・3・10民集59・2・356)。

抵当権の順位の譲渡・放棄 *転抵当'，*抵当権の譲渡・放棄'，*抵当権の順位の変更'とともに，*抵当権の処分'の一態様〔民376①後〕。後順位の抵当権者を優先させるための方法として利用されることが多い。同一不動産上に第1順位A，第2順位B，第3順位Cの各抵当権者がいる場合に，AがCに順位譲渡をすると，順位譲渡がなかったとすればAとCに配当される額の合計額から，まずCが配当を受け，残りがAに配当される。Cに対して順位放棄をしたときは，その合計額をAとCの債権額の割合で分け合うことになる。AとCの契約のみですることができ，いずれの場合もBは影響を受けない。Aの抵当権の登記への付記(*付記登記')を*対抗要件'とする〔民177〕。なお，不登則163〕が，債務者に通知し又はその承認がなければ，債務者・保証人・抵当権設定者及びその承継人には対抗することができない〔民377①〕。譲渡・放棄により順位の絶対的変動が生ずるとする説もあるが，上記のように*優先弁済権'の関係においてのみ相対的に変動が生ずるというのが通説

ていとうけ

である。なお，同一の抵当権の順位を重ねて他に処分することもできる。この場合の優劣は付記の前後により決まる〔民376②〕。また，確定前の*根(n)抵当権については，その順位の譲渡・放棄はできない〔民398の11①〕。

抵当権の順位の変更　*転抵当，*抵当権の譲渡・放棄，*抵当権の順位の譲渡・放棄'とともに，*抵当権の処分の一態様〔民374①〕。同一不動産上の数個の抵当権の順位を相互に入れ替えること。例えば，第1順位A，第2順位B，第3順位Cの各抵当権の順位をC・B・Aの順序に変更すること。昭和46年の民法改正（法99）により新たに認められた。各抵当権者（上記の例ではA・B・C3者）の合意と，利害関係人があるときはその承諾を必要とし，変更の効力は登記〔不登89，不登則164〕によって生ずる〔民374②〕。各抵当権の順位は絶対的に入れ替わり（絶対的効力），変更後の順位で当初から設定されたのと同様の状態になる。抵当権の順位の譲渡・放棄が相対的な効力しか生じないとされているのに対し，順位を全ての抵当権者に対する関係において絶対的に変更するものである点に特色がある。なお，抵当権の順位の変更は，抵当権相互間の順位を変更するにとどまり，同一不動産上の用益権，*仮登記'上の権利など担保権以外の権利に対する関係においては，変更前の順位によりその優劣が決められる。*租税債権'との優劣についても同様である〔税徴16〕。

抵当権の譲渡・放棄　*転抵当，*抵当権の順位の譲渡・放棄'，*抵当権の順位の変更'とともに，*抵当権'の処分の一態様〔民376①後〕。抵当権の順位の譲渡・放棄が後順位抵当権を優先させるために行われているのに対し，同一の債務者（設定者も含むというのが通説）に対する他の債権者で，当該不動産上に担保権をもたない者に抵当権の利益を与えるために行われる。抵当権者Aが無担保債権者Bに抵当権を譲渡したときは，譲渡がなかったとすればAに配当される額から，まずBが配当を受け，残りをAが受ける。放棄したときは，その額をA・Bの各債権額の割合で分け合う。放棄によって抵当権が絶対的に消滅するものではない。A・Bのみの契約ですることができ，Aの抵当権の登記への付記（*付記登記'）を*対抗要件'とする〔民177。なお，不登90〕が，債務者に通知し又はその承諾がなければ，債務者・保証人・抵当権設定者及びその承継人に対抗することができない〔民377①〕。譲渡・放棄により抵当権が絶対的に全部又は一部移転するのではなく，上記のように*優先弁済'権に変動が生ずるのみである。

なお，同一の抵当権を重ねて他に処分することができる。この場合には付記の前後により優劣が決まる〔民376②〕。また，確定前の*根(n)抵当権'については，この譲渡・放棄はできない〔民398の11①〕。

抵当直流(じきながれ)　*抵当権'の被担保債権の*債務不履行'に際して，*弁済'に代えて抵当不動産の*所有権'を抵当権者に移転すること，又は，抵当不動産を任意に売却して換価金を弁済に充てることを，被担保債権の弁済期前に合意すること。流(ながれ)抵当ともいう。

抵当証券　抵当証券法に基づいて発行された証券。抵当権者が，*登記所'に抵当証券の交付を申請することにより発行される〔抵証1〕。*抵当権'を証券化し，小口化することにより，抵当権者が資金を調達することができる。抵当証券の所持人は，抵当権の被担保債権の債務者から，*元本'及び*利息'の支払を受ける。債務者が被担保債権を*弁済'しない場合，抵当証券の所持人は，抵当不動産の*競売'を申し立て，競売代金から*優先弁済'を受ける〔抵証30〕。かつては，抵当証券の販売等を行う抵当証券業については「抵当証券業の規制等に関する法律」（昭和62法114）による規制がなされていたが，平成18年に証券取引法が*金融商品取引法'に改められた際に，同法は廃止された。現在，抵当証券は，金融商品取引法上の*有価証券'に該当し〔金商2①⑯〕，同法による規制を受ける。

定年(停年)　Ⅰ　1 意義　公務員のうち任期を付さずに任用された者が一定の年齢に達した場合に当然にその職を退く制度を定年制といい，その定められた一定の年齢を定年という。2 制度の導入　かつて，法律で定年制が設けられていた公務員は，裁判官（最高裁判所・簡易裁判所の裁判官は70歳，その他は65歳）〔裁50〕，検察官（一般の検察官65歳）〔検察22〕，会計検査院検査官（70歳）〔会検5③〕，公正取引委員会の委員（70歳）〔独禁30③〕，公立大学の教員（各大学により異なる）〔教公特8〕等に限られていたが（以上の定年齢は現行法上のもの），一般職の常勤公務員についても，昭和56年の*国家公務員法'・*地方公務員法'改正（法77・法92）が「定年による退職」を定め，昭和60年3月31日から施行された。この改正により国家公務員の定年退職日は原則として満60歳になった年度末の3月31日とされ，地方公務員については条例により同様の定めがなされることとなった。併せて，定年退職した公務員を任期1年で再任用する制度も設けられた〔国公旧（令和3法61改正前の）81の2～81の5，地公旧（令和3法63改正前

の〕28の2〜28の6〕。

3 定年引上げ 令和3年の国家公務員法改正(法61)は，平均寿命の伸長や少子高齢化の進展を踏まえて，定年齢を原則として65歳と定め〔国公81の6〕(令和13年までに段階的に引き上げられる〔国公附8〕)，併せて，管理監督職勤務上限年齢(60歳が基本)を超えた職員は原則として管理監督職に任用できないとする制度を導入し〔国公81の2〜81の3〕，また，定年退職者の再任用制度を廃止して，60歳以降定年前に退職した者を短時間勤務職に任期付で再任用する制度(定年前再任用短時間勤務職員制度)を新設した〔国公60の2〕。同年には自衛隊法・国会議員法・地方公務員法も改正され(法61・法62・法63)，同様の制度が導入されている(自衛41の2・44の2〜44の7，国会議員法4の2・15の2，地公22の4・28の2〜28の6)。 ⇨'任期付職員' ⇨'非常勤職員'

Ⅱ 労働法上の定年については，'定年制'をみよ。

定年制 労働者が一定の年齢に達したことを'労働契約'の終了事由ないし'解雇'事由とする制度。前者を定年退職制，後者を定年解雇制といい，両者は労働契約の終了に特段の意思表示を要するか否かに違いがある。後者には'労働基準法'上の解雇規制〔労基19・20〕の適用がある。定年制は，十分な労働能力，適格性のある労働者から年齢のみを理由に労働の機会を奪うので無効であるとの学説もあるが，日本の終身雇用制下での人事，労務管理の方法として合理性が承認されている。公務員については，公務員法の改正により，昭和60年に60歳定年制が原則実施された。これを受けて，民間労働者についても，昭和61年に'高年齢者等の雇用の安定等に関する法律'(法43)を制定して60歳定年を事業主の努力義務とし，年金受給開始年齢の65歳への段階的引上げ等に対応するために，平成2年の改正(法60)で定年後65歳までの再雇用を事業主の努力義務とした。平成6年の改正(法34)で60歳未満の定年制は原則禁止され，平成12年の改正(法60)で65歳未満の定年を定める事業主に高年齢者雇用確保措置の実施を努力義務とし，平成16年の改正(法103)で義務化した。当該措置として，65歳までの'継続雇用制度'とともに，65歳までの定年の引上げ及び定年制の廃止の選択肢が定められた〔高年9〕。更に，令和2年の改正(法14)により，事業主の努力義務として，65歳以降の労働者について，70歳までの定年引上げを含む高年齢者就業確保措置が追加された〔高年10の2〕。いずれも，日本に根付いた定年制に配慮した制度設計となっている。公務員の定年についても，公務員法の改正(令和3法61・63)により令和5年4月から令和13年4月にかけて，60歳から65歳に段階的に引き上げられる〔国公81の6②，地公28の6②〕。 ⇨'年齢差別禁止'

ディバージョン 英 diversion ダイバージョンともいう。犯罪行為を行った者を通常の刑事司法手続の過程から離脱させて処理する制度を総称し，手続を一方的に中止するだけの単純なディバージョンと，賠償，原状回復，教育等が行われることを条件として手続を中止する，介入を伴うディバージョンがある。日本の'微罪処分'や'起訴猶予'処分，'交通反則金制度'，'少年審判'による保護処分などがその例である。1960年代後半にアメリカで登場した整理の枠組みで，刑罰に伴う烙印(らくいん)的効果の回避，刑事司法機関の負担の軽減等を目的としていた。軽微な犯罪，交通事犯，青少年による犯罪だけでなく，薬物依存，アルコール依存に伴う犯罪等もその対象で，近年は，高齢者の犯罪などにも拡大してきている。ディバージョンについては，目的に相矛盾する要素が含まれている，非刑罰的な代替的措置がとられる場合にはかえって社会統制が強化されるおそれがある，恣意(しい)的・差別的運用を招く危険などの問題点も指摘されるが，他方では，福祉につなぐなどの適切な対応を伴わないと'再犯'の防止につながらないことから，福祉的機能を伴うディバージョンの重要性を説く見解もある。

ディー・ピー(D/P)手形 ⇨'荷為替手形'
ティー・ピー・ピー(TPP)協定 ⇨'環太平洋パートナーシップ(TPP)協定'
ディー・ブイ(DV)防止法 ⇨'配偶者からの暴力の防止及び被害者の保護等に関する法律'

締約強制 法律の規定によって特定の契約の締結を強制すること。契約強制ともいう。近代法においては，'契約自由の原則'の下で，各人は契約を締結するかどうかについての自由をもつとされているが('債権法改正'により民法521条1項が新設されて明文化された)，ある種の事業を独占する者にこのような自由を認めたのでは公衆に不利益をもたらすことが少なくない。そこで，電気・ガス・水道などの事業者〔電気17・27の10・27の12の10・27の14・27の28・27の31，ガス47，水道15〕や，運送業者〔道運13，海運12，鉄営6・7〕などの独占的・公益的な事業を営む者は需要に応ずる義務を負わされている。医師〔医師19①〕や公証人〔公証3〕などの公

ていやくこ

共的職務についている者にも応需義務がある。この義務に違反した場合の効果として，多くは罰則が規定されている〔例：電気117・118，道運98⑥〕が，医師法のように直接の規定を置かない場合もある。なお，テレビの受信設備をもつ者は，NHKとの間に受信契約をしなければならないとされている〔放送64①〕が，これは需要者に締約が強制されているものであり，また，特別の社会政策的観点から，借地・借家関係において*建物買取請求権'や*造作買取請求権'が認められていること〔借地借家13・14・33〕なども，締約強制の一種とみることができる。

締約国会議 多数国間環境保護条約が設置する条約の最高意思決定機関。コップ（英 Conference of the Parties；略称 COP），モップ（英 Meeting of Parties；略称 MOP）等と呼ばれる。通常は条約当事国の全代表で構成され，補助機関や事務局等を有する。手続規則や予算等に関する内部的決定を行うほか，条約改正や議定書の採択等を行う。後者につき，通常は採択された改正や議定書について個別の当事国の批准を要するが，一定期間内に異議を唱えなければ改正に同意したものとみなすオプト・アウト方式を採用し手続の簡易化を試みる例もある。更には，「オゾン層を破壊する物質に関するモントリオール議定書」（昭和63条9）のように，締約国会議による3分の2の多数決の決定が非賛成国に対しても効果をもつことを予定する例もあり，条約レジームの効率的な運営と合意を通じた正統性確保の間のバランスをどうとるべきかが議論されている。

締 約 書 ⇨結約書'
締約代理商 ⇨代理商'
提 要 方 式 ⇨インスティトゥツィオーネン方式'

廷 吏 法廷において，法廷内の秩序の維持，関係人との連絡，事件の呼上げ，開廷簿の管理等を行う裁判所職員〔裁63〕。かつては裁判所事務官に廷吏の補職がされていたが，現在では廷吏という職種はなくなり，裁判所事務官が上記の業務を行っている。

ディーリング業務 ⇨自己売買業務'
定 例 会 *普通地方公共団体'の議会において，条例で定められる回数，定期に開かれる会議〔自治102〕。東京都の特別区議会も同様である〔自治283〕。特定の案件のみを付議するために招集される*臨時会'に対する用語である。国会の*常会'に当たる。

手 貸 し ⇨手形貸付け'
手 形 **1 意義** 一定の金額の支払を目的とする*有価証券'であって，*為替手形'と*約束手形'とがあり，いずれも*手形法'によって規律されている。手形法制定前の商法典は，*小切手'も手形の一種として取り扱っていた〔商旧（昭和8法57改正前の）4編〕が，現在でも小切手を含む広い意味に用いられることがある〔商501④〕。

2 性質 *手形上の権利'は証券の作成によって初めて成立し（*設権証券'），その権利の移転・行使に証券の交付・所持を必要とするため，権利と証券との結合が最も緊密であり，そのため完全有価証券といわれる。また厳密な*要式証券'であり，その形式は*手形要件'として法定され，その1つでも欠ければ手形として無効となる〔手1・2①・75・76①〕。他方，形式さえ整っていれば，手形授受の原因関係がたとえ無効であっても，手形自体は原因関係と別に有効とされる（*無因証券'）。また手形上の権利の内容は，原則として手形の記載文言によって定められ（*文言(もん)証券'），記載された文言と異なる特約が当事者間にあるときも，手形自体の権利の内容はその影響を受けない。手形は原則として*裏書'により譲渡できる（*法律上当然の指図券'）。手形上の権利者は，原因関係を証明しなくても手形の文言に従って権利を行使することができ，手形債務者は，*手形の原因関係'上の事由によっては，手形所持人がその原因関係の直接の相手方である場合か，又はその者からの*悪意'の取得者である場合を除き，権利の行使を拒むことができない。所持人は支払又は引受けを拒絶されたときは，前者である*裏書人'等に*遡求'することができる。

3 経済的機能 手形は，その支払の確実性が高く*流通証券'として取引の安全が強く図られているので，支払手段や信用手段として経済上重要な機能を果たしている。

4 近時の動向 政府は2026年度末までに手形の利用を廃止し，電子的資金移動や*電子記録債権'などの利用により手形機能を全面的に電子化する予定である。

手形書替え（書換え） **1 意義** 既存の*手形'の支払を延期するために新手形を振り出す行為。この新手形を書替（書換）手形という。書替えに際して旧手形が回収される場合とそうでない場合とがあるが，日本では旧手形が回収されるのが通常である。

2 旧手形が回収される場合 書替えによって手形が回収された場合には，新手形は旧手形関係をその原因関係（⇨手形の原因関係）として，*支払に代えて'振り出されたものであって，旧手形は*代物弁済'によって消滅し，新手形だけが

存在する。しかし、新旧手形は実質的には同一性をもつから、旧手形について存在した*担保'は原則として新手形に移転し、また、手形*振出し'につき*株主総会'、*取締役会'等の承認〔会社356①・365①〕を必要とする場合には旧手形の振出しにつき承認を得ていれば新手形の振出しについてはその必要がない。更に、債務者が旧手形につき対抗できる抗弁は新手形についても対抗することができる。

3 旧手形が回収されない場合　手形が回収されない場合には、新手形は旧手形関係を原因関係としてその*支払のために'振り出されたものであって、旧手形と新手形とが並存し、旧手形上の債務については、支払猶予の*人的抗弁'を生じさせるにすぎない。新手形の振出しを受けた者が新旧いずれの手形で支払を請求する場合にも新旧両手形の交付が必要である。

手形貸付け　金銭*消費貸借'〔民587〕の返済を確保し、かつ、借用証書の提出に代える目的で借主から貸主(銀行)に手形(通常は*約束手形')を振り出してなされる貸付けのこと。手貸しともいい、この場合の約束手形を*単名手形'という。貸主(銀行)に借用証書が提出される*証書貸付け'に対する。*手形割引'とともに銀行の与信業務の一種である〔銀行2②[Ⅰ]〕。手形割引は*第三者'の振り出した手形(*商業手形')の売買であって、消費貸借を伴わないと一般に解されているのに対し、手形貸付けは銀行と借主との間に金銭消費貸借が存在する。なお、手形貸付けの一種とされているが、実質的には手形割引に近いものとして、*商業手形担保貸付け'(手形貸し)がある。

手形(小切手)関係　*手形'の*振出し'・*裏書'・引受け(*手形引受け')などによって生じる手形上の法律関係。手形は*無因証券'なので、*手形の原因関係'と手形関係とは区別され、手形関係は、手形授受の原因関係によって左右されることはない。手形上の権利は、手形の作成によって創設され(*設権証券')、手形上の記載によってその内容が決まる(*文言証券')。手形外の実質関係に基づく事由は、*人的抗弁'事由となるにすぎない。以上は*小切手'についても同様である。

手形(小切手)金額　支払われるべきものとして*手形'上に記載された金額。この記載は*手形要件'である。手形金額の確定性が必要とされ、「金1万円又は2万円」とか「満期」における○○(特定物)の価額」などの記載のある手形は無効である〔手1[Ⅱ]・2①・75[Ⅱ]・76①〕。ただ、金額が重複して記載され、その額が異なる場合には、法は文字及び数字で記載されているときは文字で記載した額を手形金額とし、文字で重複して記載し、又は数字で重複して記載しているときは、最小金額を手形金額とする旨を定めることによって、手形が無効となることを防いでいる〔手6・77②〕。もっとも、銀行取引においては、*当座勘定規定'において、手形金額欄記載の金額をもって手形金額にする旨を定め、*手形法'と異なる取扱いをしている。*小切手'についても同様である〔小1[Ⅱ]・2①・9〕。

手形権利能力　*手形'(*小切手')上の権利義務の主体になる、すなわち自己の名をもって*手形上の権利'を取得し、義務を負うことのできる能力。一般的な*権利能力'を有する者は、*商人'・非商人や*自然人'・*法人'等の別なく全て手形権利能力を有する。なお、法人が*定款'所定の目的の範囲外の行為に基づいて行った*手形行為'も有効であり、*手形の原因関係'上の事由により*人的抗弁'の問題になるにすぎない。

手形(小切手)行為　1 意義　*為替手形'の*振出し'・*裏書'・*手形引受け'・*手形保証'・*参加引受け'、*約束手形'の振出し・裏書及び手形保証をいう。その定義については、いろいろな見解があるが、手形上の債務発生の原因である行為である。

2 成立要件　手形の作成だけで手形債務が発生するか、それとも交付も必要か、具体的にいえば、Aが作成した手形を保管していたところ、Bが盗んで善意者Cに譲渡した場合に、Aが手形債務を負担するかについては、従来、手形理論として、華々しく議論が展開された。契約説、発行説及び創造説に分けられ、更に契約説又は発行説に外観理論を付加した権利外観説もある。契約説によれば、手形行為は手形の授受という方式によってされる契約であるから、手形債務の発生には当事者の意思によって手形が授受されることが必要とされる。したがって、Aは手形債務を負担しない。創造説は手形作成行為だけによって手形債務が発生すると解するから、Aは当然Cに支払わなければならない。発行説は、手形の作成と手形の*占有'移転(発行)によって発生すると解するから、上記の例ではAが誰かに手形の占有を移転したかどうかにより、債務を負担するかどうかが決まる。権利外観説は、契約説又は発行説を基礎にしながら、手形署名者は手形の作成によって手形債務を負担したような外観を作出して*第三者'に信頼を生じさせたことにつき帰責事由があるから、その外観作出に基づく責任を負うと解するもので、結

てがたこう

果的には創造説とほぼ一致する(⇨権利外観理論')。手形行為を債務負担行為と権利移転行為とに分ける二段階創造説によれば、前者は手形の作成によって成立する単独行為であって、手形債務を負担しそれに対応する権利を書面に結合することを目的とする行為であり、後者は手形の交付によって成立する権利の譲渡を目的とする契約と解する(⇨権利移転的効力')。

3 特性 手形行為は、*法律行為'の一種であるが、手形という書面を通じてされる*意思表示'であること(書面性、設権証券性)、実質関係から切り離された抽象性をもつこと(抽象性)、手形上の権利義務の内容は手形上の記載によって決められること(文言性)、前提である行為(例えば'振出し)に実質的理由による瑕疵(がし)があっても、それを前提とする行為(例えば*振出人'に対する保証・裏書など)は影響を受けず有効に成立すること(*手形行為独立の原則')、法定の方式を具備しなければ手形としての効力を生じないこと(要式性)などの特性がある。また、意思表示の瑕疵・欠缺(けんけつ)に関する民法の規定〔民93〜96〕の適用は制限されず、手形であることを認識し、又は認識すべくして署名すれば有効な意思表示となるとする説が有力である。

4 手形能力 *手形権利能力'は、自然人はもちろん法人ももつ。*手形行為能力'は、民法の一般原則により決められる〔民5・6・9・13・17〕が、そのうち、*被保佐人'の手形行為能力については民法に直接規定がないので見解が分かれる。手形債務負担行為は借財に当たり〔民13①②〕、*保佐人'の同意がない限り取り消すことができ、また、手形権利移転行為は動産の得喪として〔民13①③〕、それが重要であれば保佐人の同意がない限り取り消すことができると解する説もある。

5 小切手行為 *小切手'行為には、振出し・裏書・保証・*支払保証'があり、以上に述べたことが妥当する。

手形行為独立の原則 同一の手形に数個の*手形行為'がされた場合に、ある手形行為が能力の制限・*偽造'・*無権代理'などの実質的理由により*無効'になり、又は取り消されても、それを前提とする行為の債務負担の効力は影響を受けないという原則〔手7・32②・77②③〕。手形債務独立の原則ともいう。例えば、Aが振り出した手形をBからCに*裏書'したが、Aの手形行為が未成年を理由に取り消された場合、Bの裏書の効力は影響を受けず、CはBに対して*遡求権'を行使できる。理論的には、手形行為は同一の手形上にされても、それぞれ他と関係なく債務負担の結果が発生することからこの原則が導かれるが、その結果、手形取引の安全が確保される。なお、形式的要件の欠缺(けんけつ)の場合には、その手形行為を前提とする他の手形行為の形式的要件ともなっており、手形をみれば分かることから、手形行為独立の原則は適用されない。以上のことは*小切手'にも妥当する〔小10・27②〕。

手形行為能力 自己の行為により有効な*手形行為'をすることができる能力。すなわち、自己の行為により*手形上の権利'を発生・変更・消滅させることのできる能力である。*手形法'には特則がないので、民法の一般原則によって決定され、*未成年者'〔民5〕及び*成年被後見人'〔民9〕は民法の規定の適用により手形行為能力を欠く。*被保佐人'については、手形債務を負担することは「借財」として〔民13①②〕手形行為能力を欠き、また手形の譲渡は「財産に関する権利の得喪」〔民13①③〕としてそれが重要であれば手形行為能力を欠くとする見解が有力である。「借財」又は「重要な財産に関する権利の得喪」をするのに*補助人'の同意を要する旨の審判がなされた*被補助人'についても〔民17①〕、同様である。民法上*行為能力'を有する者は手形行為能力を当然に有する。手形行為能力を欠くことによる*無効'(*取消し')は、*物的抗弁'として*善意取得'者に対しても主張できる。

手形行為の代理 他人が本人を*代理'して*手形行為'をすること、すなわち、「A代理人B」というように、代理人Bが本人Aのためにすることを手形上に記載して自分の*署名'又は記名捺印(なついん)をすることをいう。*機関方式による手形行為'、すなわち、Bが直接A名義で手形上に署名又は記名捺印することをも含めていう場合がある。BにAを代理する権限がない場合を*無権代理'といい、Bが手形上の責任を負う〔手8・77②、小11〕。手形行為の無権代理の場合に*表見代理'〔民107・109・110・112〕や*追認'〔民116〕の規定の適用がある。表見代理によって保護される*第三者'の範囲につき、判例は手形行為の直接の相手方Cに限っている(最判昭和52・12・9判時879・135)が、ほとんどの学説は直接の相手方Cが*悪意'でも、Cから譲り受けたDが*善意'であればDは保護されると解している。

手形交換 銀行その他の金融機関が相互に取り立てる*手形'の証券イメージを電子交換所に送受信し、集団的な資金決済を行う制度。2022年に従来の手形交換所が廃止され、電子交

換所に移行した。電子交換所は，全国銀行協会が運営し，その手続は電子交換所規則と電子交換所規則施行細則によって定められている。手形を交換に付す参加銀行(持出銀行)は，交換に付す手形の証券イメージを電子交換所システムに登録し，交換所は送信された証券イメージに基づき証券データを作成のうえ，参加銀行が確認可能な状態に置く。参加銀行は，電子交換所システムに登録された自行宛ての手形について証券イメージと証券データを確認する。交換所は，証券データに基づき各参加銀行の受取総額と支払総額を集団的に差引計算して交換尻(じり)決済額(交換計数)を確定する。電子交換所規則において，持出銀行は，交換日に交換所において上記証券イメージと証券データを確認した参加銀行(持帰銀行)に対し，当該手形を呈示したものとみなす旨が定められている。手形交換所は，確定した交換尻決済額だけを各参加銀行が日本銀行に開設した当座勘定の入金又は引落しによって振替決済する。なお，手形のほか小切手や配当金領収証などの所定の証券が電子交換所で取り扱われる。

手形交換所　　⇨手形交換'

手形抗弁　　*手形'上の請求を受けた者がその請求を拒むために主張する事由。手形抗弁は，人的抗弁と物的抗弁に分けられ，後者は全ての所持人に主張することができるが，前者は人的関係の当事者間及びそれにつき*悪意'の取得者に対してしか主張できない〔手17・77①Ⅰ〕。以上のことは*小切手'についても妥当する〔小22〕。⇨物的抗弁'・人的抗弁'・悪意の抗弁'

手形債務独立の原則　　⇨手形行為独立の原則'

手形上の権利　　*手形'が化体する権利。*約束手形'の*振出人'又は*為替手形'の*引受人'に対する手形金支払請求権，*遡求'義務者に対する償還請求権(遡求権)，*手形保証'人に対する権利，参加引受人(⇨参加引受け')に対する権利，参加支払人(⇨参加支払')の引受人又は約束手形の振出人・*被参加人'及びその前者に対する権利などがある。手形上の権利の発生については，いわゆる手形理論として議論されている(⇨手形(小切手)行為')。手形上の権利は，手形の交付(*裏書')によって移転(譲渡)され，手形の呈示により行使される。*手形の原因関係'と*手形関係'とは経済的には目的と手段の関係に立つが，法律的には両者は分離されており，手形上の権利は原因関係から独立した抽象的・無因的権利であって，その権利の内容は証券の文言によって決定され，その行使に対して債務者が対抗できる*手形抗弁'は制限される。手形上の権利は，一般の債務消滅原因のほか，短期消滅時効〔手70・77①⑧・78①〕及び遡求権保全手続〔手44〕の欠缺(けんけつ)によって消滅する。⇨手形法上の権利'

手形訴訟　　**1 意義**　手形金の支払請求及びこれに附帯する*法定利率'による損害賠償請求のための略式訴訟〔民訴350〜366〕。*特別訴訟手続'の一種。正当な手形所持人による迅速な権利の実現を図るために設けられたものである。

2 手続　訴訟手続は通常訴訟の場合と同様であるが，*反訴'の提起は許されず*証拠方法'は原則として*書証'(及び令和4年改正後は*電磁的記録'に記録された情報の内容に係る証拠調べ)に限られ，ただ文書の真否と手形の呈示に関する事実についてだけ補充的に*当事者尋問'が認められるにすぎない〔民訴352〕。原告は，口頭弁論の終結に至るまで，被告の承諾を要しないで通常の訴訟手続に移行させる旨の申述をすることができる〔民訴353①〕。他方，*不服申立て'の方法としては，*終局判決'に対し控訴することはできないが〔民訴356〕，*異議'が認められ〔民訴357〕，その効果として，訴訟は通常手続に移行する〔民訴361〕。手形訴訟の場合に限らず，この種の請求について請求認容の判決をする場合には，裁判所は職権により必ず*仮執行'の宣言を付さなければならず，かつ，原則として担保の提供を必要としない〔民訴259②〕。仮執行の宣言を付した手形判決に対して異議の申立てがあった場合においても，裁判所は原判決の取消し・変更の原因となるべき事情について*疎明'があった場合を除き，*強制執行'の停止命令を発することはできない〔民訴403①⑤〕。なお，この種の請求に関する訴訟は，手形訴訟の場合に限らず，義務履行地のほかに支払地の裁判所に提起することができる〔民訴5①②〕。

手形(小切手)当事者　　**1 意義**　*手形'(*小切手')上の法律関係の*当事者'。狭義では，*基本手形'(*基本小切手')，すなわち*振出し'によって作成される手形(小切手)の要件として記載される必要のある者，すなわち，*約束手形'では*振出人'及び*受取人'〔手75⑦⑤〕，*為替手形'(小切手)では振出人・受取人及び*支払人'〔手1⑧⑥，小1⑥③〕(もっとも，小切手では受取人は必要的記載事項ではない〔小5〕)をいう。広義では，その後に*手形関係'(小切手関係)に参加する者，すなわち，*引受人'(為替手形だ

てがたとう

け)・*裏書人'・*保証人'(⇨手形(小切手)保証')・*予備支払人'・参加引受人(為替手形だけ)(⇨参加引受け')・参加支払人(為替手形及び約束手形だけ)(⇨参加支払')・*支払保証'人(小切手だけ)を含む。

2 当事者の兼併 為替手形及び小切手においては, 振出人と受取人とを兼ねる自己指図, 振出人と支払人とを兼ねる自己宛てのもの(⇨自己宛手形')が明文上認められている〔手3②, 小6③〕が, 約束手形については規定がないので, 振出人と受取人とを兼ねる*自己指図手形'が認められるかどうか争いがある。

3 重畳的記載・選択的記載 各手形当事者が複数でもよいことは一般に認められているが, 例えば約束手形において複数の振出人が記載された場合, それが重畳的記載なのか, すなわち, 数人の振出人の全員が支払を拒絶したときに初めて*遡求'できるのか(⇨支払拒絶'), それとも選択的記載なのか, すなわち, そのうちの1人でも支払を拒絶したら遡求することができるのかなど, 複数人を記載した意味について, それぞれの手形当事者ごとに議論がある。

手形謄本 *手形の原本・謄本・複本'

手形(小切手)の一部支払 ⇨一部支払(手形・小切手の)'

手形(小切手)の受取人 ⇨受取人(手形・小切手の)'

手形能力 *手形権利能力'と*手形行為能力'の総称。狭義では, 手形行為能力と同意義に用いられる。手形能力については*手形法'・*小切手法'には特別の規定がなく, 民法の一般原則による。

手形の偽造 無権限で他人の署名を偽り, 被偽造者が手形行為をしたかのような外観を作出すること。⇨手形の変造'

手形の原因関係 *手形授受の原因となる実質的な法律関係。手形の*振出し'・*裏書'等の*手形行為'は, 売買・消費貸借などを原因としてなされる。手形が特に「支払に代えて」授受された場合を除き,「支払のため」に授受されたものと推定されるので(⇨支払に代えて・支払のために'), 手形上の権利と原因関係上の権利とが併存し, 特に「担保のため」に授受された場合を除き, 手形上の権利を先に行使しなければならない。*手形上の権利'は手形の作成自体によって発生し(*設権証券'), 原因関係が無効又は不存在であっても手形上の権利はその影響を受けずに有効に成立して存続する(*無因証券')。手形授受の直接の相手方又は*悪意'の*第三者'に対しては, その無効あるいは不存在を*人的抗弁'として主張できるが, それ以外の者に対しては原因関係に基づく抗弁を主張することができない。例えばAがBを受取人として約束手形を振り出し, CがBから裏書譲渡を受けて所持しているが, BC間の原因関係が消滅した場合に, CがBに対して手形金の支払を請求しても拒絶されるのは当然として, Aに対して手形金の支払請求が認められるかが問題になる。手形行為は原因関係の影響を受けない(無因性)という伝統的な考え方をそのまま適用すると, Cは依然として手形上の権利者であるから, Aに対して手形金の請求をすることができることになる。このような結果は不当であるとして, 判例は, 権利濫用の法理によりCはAに請求できないとする(最大判昭和43・12・25民集22・13・3548)。

手形の原本・謄本・複本 **1 原本** *振出し'によって作成された元来の*手形'証券。手形の謄本を作成するときの基本になる。

2 謄本 手形の原本を謄写したもの。*為替手形'の原本が引受け(⇨手形引受け')のために支払人に送付されているときに, 手形の流通を可能にするための制度で, 謄本を利用して*裏書'又は*手形保証'をすることができる〔手67③〕。しかし, 謄本は単なる原本の謄写にすぎないから, 謄本だけの所持人は*手形上の権利'を行使することはできず, その行使のためには原本の保持者にその返還を請求するか, 返還を拒絶されたときは*拒絶証書'を作成して, 謄本に裏書又は保証をした者に*遡求'することができる〔手68①②〕。為替手形のほか*約束手形'についても認められる。

3 複本 1個の*手形関係'について同一内容の数通の手形が発行されている場合の各通。各通に*手形行為'者の署名がなされ, 各通が単独に手形上の権利を表章する。各通には複本であることを示すために「組1」「第1号手形」というように番号を記載することを要し, この記載を欠くときは, 各通は独立の手形とみなされる〔手64②〕。為替手形についてのみ認められ, 約束手形には認められない。

手形の資金関係 ⇨資金関係'

手形の時効 **1 意義・時効期間** *手形上の権利'の*消滅時効'のこと。手形上の権利が厳格なのでそれを緩和するため, その*時効'期間は短縮されている。すなわち, *約束手形'の*振出人'及び*為替手形'の*引受人'に対する権利は*満期'の日から3年〔手70①・77①⑧〕, 所持人が償還義務者に対してもつ権利は, *拒絶証書'の日付から, もし拒絶証書が免除されて

いるときは満期の日から1年〔手70②・77①⑧〕、償還義務を果たした*裏書人'がその前者に*再遡求'する権利は、当該裏書人が手形を受け戻した日又はその者が訴えを受けた日から6カ月〔手70③・77①⑧〕である。もっとも、約束手形の振出人、為替手形の引受人の権利が時効消滅すれば、全ての*遡求権'が消滅する。

2 時効の完成猶予・更新 *時効の完成猶予'・*時効の更新'は、その事由が生じた者に対してだけ効力を生じる〔手71・77①⑧〕。なお、時効の完成猶予には、手形の呈示を必要としないというのが通説及び判例(最大判昭和38・1・30民集17・1・99)である。

⇨*小切手の時効'
手形の実質関係 ⇨*手形の原因関係'
手形の支払期日 ⇨*満期'
手形の善意取得 ⇨*有価証券の善意取得'
手形の喪失 *手形'の滅失により物理的存在を失うこと、及び手形の紛失・盗難などによってその所持を失って所在が分からなくなることをいう。手形の毀損・*手形の抹消'によって手形の同一性を失う程度に至ったときも含む。手形においては、手形という証券と権利とが結合しているので、権利を行使するには手形の所持が必要であるが、権利者が手形を喪失した場合に、その手形の善意取得者(⇨*有価証券の善意取得')がいないにもかかわらず絶対に権利を行使することができないとするのは不当なので、公示催告手続における*除権決定'により手形を無効にした上で、形式的権利の回復を認める。以上のことは*小切手'にも妥当する。その他の指図証券、記名式所持人払証券、記名証券及び無記名証券についても同様である〔民520の11・520の12・520の18・520の19②・520の20〕。

手形の対価関係 ⇨*対価関係(手形の)'
手形の変造 **1 意義** *手形'の成立後にその内容を決定する記載事項を無権限で変更すること。変造された手形(*小切手')を変造手形(小切手)という。*手形の偽造'が手形債務者を偽るものであって特定の被偽造者に関する問題であるのに対して、手形の変造は手形債務の内容を偽るものであって、その手形に*署名'した全ての者に関係する。例えば、約束手形の振出人Aの署名を無権限でBの署名に変更すると、Bとの関係では偽造となるが、遡求義務者との関係では、遡求の条件が変わってくるから変造となる。小切手についても同様である。
2 責任 変造後の署名者は変造後の文言に従い、変造前の署名者は原文言に従って責任を負う〔手69・77①⑦、小50〕。しかし、変造前の署名者でも、変造につき帰責事由がある場合には、変造につき*悪意'・*重過失'のない手形取得者に対して変造後の文言による責任を免れないと解されている。
3 変造者 手形に署名していない変造者は民法上の*不法行為'による責任や刑事上の責任(*有価証券偽造罪')を負うが、手形上の責任は負わないと解するのが通説である。

手形の抹消 **1 意義** *手形'の記載事項を塗抹・削除・貼付(てんぷ)などの方法で抹消すること。
2 効果 イ 一旦有効に成立した*手形上の権利'は、手形の抹消という単なる物理的な事情により消滅したり、変更されたりするものではない。ロ 抹消する権限のある者が手形上の権利を消滅させ、又は変更させる意思で抹消した場合、例えば、所持人が権利を放棄する意思で抹消した場合、あるいは署名者全員の同意を得て所持人が*一覧払手形'にする意思で*満期'日を抹消した場合〔手2②・76②参照〕のように、その意思に応じて権利が消滅し、あるいは変更されることがある。ハ 権限のない者が抹消した場合には*手形の変造'になり、変造前に署名した者は変造前の文言に従って責任を負い、変造後に署名した者は変造後の文言に従って責任を負う〔手69・77①⑦〕。ニ 手形の抹消によってその同一性を害されるに至ったときは*手形の喪失'になる。また*裏書の抹消'については特別の規定がある。以上のことは*小切手'にも妥当する〔小2・50〕。

手形判決 手形訴訟における*本案判決'。 ⇨*手形訴訟'
手形引受け **1 意義** *為替手形'の*支払人'が*手形金額'の支払義務を負担する*手形行為'。*振出人'から支払人として指定されただけでは、支払人は支払義務を負担するいわれはなく、引受けをすることによって初めて支払義務を負う。支払人が*引受拒絶'をしたときは、所持人は*遡求権'を行使できる〔手43①〕。
2 方式 手形に「引受け」その他これと同じ意味をもつ文字を記載して支払人が*署名'するのが正式であるが、手形の表面に支払人が署名するだけでも引受けとみなされる(*略式引受け')〔手25①〕。
3 効力 引受けによって支払人は支払義務を負担するが、遡求義務と異なり、*約束手形'の振出人の義務と同じく、第1次的な無条件の義務である。すなわち、まず他の者に支払を求める必要がなく、*満期'になれば直接*引受人'に支払を求めることができ、所持人が遡求権保全手

続を怠っても義務を免れない〔手28〕。

4 一部引受け・不単純引受け 支払人は手形金額の一部について引き受けることも可能であり（*'一部引受け'）〔手26①但〕，この場合には，所持人はその残額について引受拒絶による遡求権を行使することができる〔手43Ⅰ・48①Ⅰ〕。また，*'基本手形'の内容を変更してされた引受けの場合（*'不単純引受け'）には，引受人は変更の文言に従って責任を負うが，遡求との関係では引受拒絶があったものとみなされ，所持人は引受拒絶による遡求権を行使することができる〔手26②〕。

手形法 実質的意義の手形法とは，*'手形'に関する法律関係を規律する私法法規の全体を意味し，形式的意義では，「手形法」（昭和7法20）として制定された法律を意味する。前者には，*'手形関係'に特有な私法法規（固有の手形法）と一般私法の規定で手形関係にも適用される私法法規（民事手形法）とがあるが，狭義では固有の手形法だけを意味する。狭義の手形法に属する法規としては，形式的意義の手形法のほか，拒絶証書令，「手形法第八十三条及び小切手法第六十九条の規定による手形交換所を指定する省令」（令和4法務39），*'慣習法'などがある。現行の手形法は，1930年ジュネーヴの「為替手形及約束手形ニ関シ統一法ヲ制定スル条約」（⇨手形（小切手）法統一条約'）を批准した〔昭和8法4〕結果，昭和13年改正（法72）前の商法第4編「手形」に代えて制定されたものである。統一条約の留保規定を利用して若干の規定〔手附85・86〕を設けたほかは，統一条約の規定と全く同じである。

手形法上の権利 *'手形法'により認められる諸権利の総称。振出人・裏書人・引受人・保証人・参加引受人等に対する手形上の権利のほか，手形の*'悪意'取得者に対する手形返還請求権〔手16②・77①Ⅰ〕，*'利得償還請求権'〔手附85〕，*'複本交付請求権'〔手64③〕，*'複本'又は*'原本'の返還請求権〔手66①・68①・77①⑥〕，*'遡求の通知'を怠った者に対する損害賠償請求権〔手45⑥・77①Ⅳ〕などを含む。狭義では，手形法により認められる諸権利から手形上の権利を除いた意味に用いられることもある。これらの権利は，手形上の権利と異なり，手形（証券）を所持することなく行使できると解されているが，利得償還請求権の行使については学説が対立している。 ⇨手形上の権利'

手形（小切手）法統一条約 手形（小切手）法に関する国際的な統一条約。1930年及び1931年にジュネーヴにおいて，「為替手形及約束手形ニ関シ統一法ヲ制定スル条約」・「小切手ニ関シ統一法ヲ制定スル条約」が成立し，日本もこれらの統一条約を批准し〔昭和8条4・条7〕，*'手形法'・*'小切手法'を制定した。この統一条約により*'大陸法'系諸国の手形（小切手）法の統一をみるに至ったが，英米法系の諸国が批准しなかったため，1972年以来，英米法系諸国の手形法との統一化を図る作業が*'国際連合国際商取引法委員会'において進められ，1988年12月9日，国際連合総会において「国際為替手形及国際約束手形に関する条約」が採択された。 ⇨国際手形（小切手）法'

手形（小切手）保証 1 意義 *'手形'（*'小切手'）上の債務を保証するための*'手形（小切手）行為'。保証の趣旨で*'裏書'・引受け（⇨手形引受け'）など他の手形行為をする*'隠れた手形保証'と区別するために，公然の手形保証ということもある。*'保証人'には，*'第三者'はもちろん，手形債務者でもなれるが，小切手の場合には*'支払人'はなれない〔手30②・77③，小25②〕。被保証人は手形債務者であれば誰でもよい。手形債務の一部についてだけ保証することも可能である〔手30①・77③，小25①〕。

2 方式 手形又はその*'補箋'に，手形・小切手上の債務者の誰のためにするか（被保証人）を表示し，かつ「保証」その他これと同一の意味をもつ文字を表示して*'署名'（*'記名押印'）するのが正式であるが，手形の表面にした単なる署名は*'振出人'のための保証とみなされる〔手31・77③，小26〕（⇨略式保証'）。

3 効力 保証人は被保証人と同一の責任を負う〔手32①・77③，小27①〕。したがって，*'裏書人'の保証人は所持人が*'遡求の条件を満たした場合にだけ責任を負い，被保証人の債務が支払・*'相殺'・*'時効'などで消滅すれば保証人の債務も消滅する。他方，手形保証独立の原則により，被保証人の手形上の債務が，方式の瑕疵（かし）を除き，他のどのような理由で瑕疵があっても，*'保証債務'の効力は妨げられない〔手32②・77③，小27②〕。したがって，例えば，*'制限能力者'である被保証人の手形上の債務が取り消されても，保証債務の効力は影響を受けない。また，民法上の保証人と異なり，*'催告の抗弁権'・*'検索の抗弁権'をもたず，所持人は被保証人に請求しないで直接保証人に請求することができる。被保証人が手形所持人に*'人的抗弁'をもつ場合に保証人がその抗弁を主張できるかどうかについて，かつての判例は手形保証独立の原則によりこれを否定した（最判昭和30・9・22民集9・10・1313）が，*'権利濫用'を理由に，手形

所持人の保証人に対する権利行使を否定しており〔最判昭和45・3・31民集24・3・182〕、多くの学説もその結論を支持している。
4 保証人の権利 保証人が手形の支払をしたときは、保証人は被保証人及びその前者に対して*手形上の権利'を取得する〔手32③・77③、小27③〕。

手形(小切手)文句 *為替手形'又は*約束手形'であることを示す文句。証券の文言中にこの文句を記載することが*手形要件'の1つであり〔手1①・75①〕、この文句の記載を欠けば手形は無効である〔手2①・76①〕。この文句は、変造をより困難にするため、表題に記載しただけでは足りず、証券の文言中に記載することが要求されている。*統一手形用紙'では、表題に「約束手形」と、また本文に「上記金額をあなたまたはあなたの指図人へこの約束手形と引替えにお支払いいたします」と支払約束文言が記載されている。為替手形と小切手の支払委託文言についても同様である〔小1①〕。

手形(小切手)要件 基本手形(小切手)の必要的記載事項。*為替手形'では為替*手形文句'等8事項、*約束手形'では約束手形文句等7事項〔手1・75〕、*小切手'では小切手文句等6事項〔小1〕が法定されている。手形(小切手)要件が1つでも欠けているときは、法によって救済される場合〔手2②〜④・76②〜④、小2②〜④〕を除き、手形(小切手)としての効力を生ぜず、その上になされた*手形(小切手)行為'は全て無効となり、この無効の主張は*物的抗弁'となる。手形(小切手)上の権利義務の内容は、証券上の記載によって決められるので(*文言(もん)証券')、その内容を決めるために必要な事項が手形(小切手)上に記載されることは絶対の要件であり、しかも、手形(小切手)は転々流通することが予定されているので、その内容は明確に記載されなければならない。そこで、手形(小切手)は厳格な*要式証券'とされているのである。 ⇒基本手形' ⇒基本小切手'

手形理論 ⇒手形(小切手)行為'
手形割引 満期'未到来の*手形'の所持人(割引依頼人)が、その手形を*第三者'(割引人)に*裏書'譲渡し、その対価として割引依頼人が*手形金額'から満期までの利息及び費用(割引料)を控除した金額を割引人から取得する行為。割引の対象となった手形を割引手形という。割引依頼人は、割引によって満期未到来の手形を直ちに現金化することができる。割引人は銀行であることが多く、手形割引は、手形貸付とともに銀行の主要な与信業務である〔銀

行2②①〕。手形割引の法的性質については、*消費貸借'とする説もあるが、手形の売買であるとするのが通説・判例〔最判昭和48・4・12金判373・6〕である。 ⇒手形貸付け'

適応問題 国際私法上、ある*単位法律関係'の*準拠法'の内容が他の単位法律関係の準拠法又は法廷地手続法と矛盾又は不調和をきたし、そのままでは全体として整合的な法的処理ができない場合に、これをどのように解決するかという問題。調整問題ともいう。一般に適応問題とされるものの中には、イ 国際私法規定の適用に順序をつければ済むもの(例えば、親子間の法律関係〔法適用32〕の準拠法により*親権者'がいないと判断された者についてだけ後見〔法適用35〕の準拠法により後見人を選任すれば、親権者と*後見人'との重複や双方の不存在ということは生じない)、ロ 単位法律関係の大きさを適切に画定すれば済むもの(例えば、土地の妨害排除請求は物権の問題であると考えれば〔法適用13〕、不法行為の準拠法の特則〔法適用20〜22〕の適用は問題にならない)、ハ 特定の準拠法上の適用されるべきルールを適切に特定すれば済むもの(例えば、実体権について外国法が適用される以上、法廷地手続法としてはできる限りその実体権の実現に奉仕すべきであり、対応が不可能であれば実体権は実現されない)があり、安易に適応問題だというべきではない。しかし、それでも、例えば、嫡出親子関係の成立については子の出生当時の夫婦の一方の本国法により*嫡出子'とされれば嫡出子とすると定めているため〔法適用28〕、離婚後一定期間内に生まれた子について、夫の本国法によれば離婚した前夫の嫡出子とされ、妻の本国法によれば、再婚した現在の夫の嫡出子とされるという事態が生じてしまう。このような場合の解決は国際私法上の条理により与えるほかない。

適格 税法上、課税に関する特別の措置を受けることができる要件を満たすこと。
適格機関投資家 ⇒機関投資家'
適格消費者団体 ⇒景品表示法' ⇒消費者契約法'

適合性ルール 金融商品取引業者等は、投資勧誘に際して、投資者の投資目的、知識、財産状態及び投資経験等に鑑みて不適合な金融商品取引を勧誘してはならないとするルール〔金商40①〕。適合性の原則ともいう。財産のない者に借金をさせて金融商品取引を行わせることなどは、このルールに反することになる。適合性ルールは市場に反映させるにふさわしい投資

てきじかい

判断を確保すべき金融商品取引業者等の責任を表すものである。このルールは，正面から金融商品取引業者等の禁止行為として位置付けられてはいないが，このルールに反することが投資家に対する*不法行為'〔民709〕を構成する可能性がある。なお，適合性ルールは投資勧誘段階での適合性を問題にするが，理論上は金融商品取引業者等の顧客に対する誠実義務の表現として，運用段階での適合性も問題となりうる。商品先物取引法にも適合性ルールが定められている〔商取215〕。⇨不当勧誘（金融商品取引の)'

適時開示　⇨ディスクロージャー'

適時開示情報閲覧サービス　⇨ティー・ディー・ネット（TDnet)'

適時提出主義　民事訴訟において*攻撃防御方法'を訴訟の進行に応じた適切な時期に提出しなければならないとする原則。現行民事訴訟法でドイツ法に倣い従来の*随時提出主義'に代え採用されたが〔民訴156〕，攻撃防御方法の同時提出を求める同時提出主義と随時提出主義との中間に立つ。適切な時期に提出されなかった攻撃防御方法は当然に失権するものではないが，場合により時機に後れたものとして却下されたり〔民訴157〕，当事者が提出遅滞の説明義務を負う〔民訴162②・167・301②等〕。⇨法定序列主義'

嫡出子　⇨ちゃくしゅつし'

滌除（てきじょ）　⇨抵当権消滅請求'

適正手続　⇨デュー・プロセス・オブ・ロー'

適正手続主義　⇨実体的真実主義'

敵対行為　敵に対する加害行為，具体的には戦闘行為を意味するが，それに付随する行為をも含む。敵対行為は，国際法上一定の資格を有する者（⇨戦闘員'）のみが行うことができ，また，国際法上許容される害敵手段によることを要する。このように敵対行為は，かつては*戦時国際法'の規制を受けたが，戦争が違法化された現在でも現実には国際的又は非国際的武力紛争の形で数多く発生しており，これらは1949年の*ジュネーヴ四条約'等の*国際人道法'の規制を受ける。

敵対的買収　⇨企業買収'／⇨買取防衛策'

出来高払制　労働した時間の長さではなく，労働者の製造した物の量・価格や売上げの額等を基準にして*賃金'を支払う制度。労働者の実質賃金が客不足や原料粗悪等の労働者の責めに帰すべきでない事由によって著しく低下するのを防止するため，*労働基準法'は，使用者が出来高払制その他の*請負'制で働く労働者に対し，

*労働時間'に対応した一定額の賃金の保障をしなければならないと定めている〔労基27〕。

適法行為・違法行為　一般的には，法秩序からみて是認されない行為，すなわち，何らかの法律上の制裁（*損害賠償'義務を負うとか*無効'又は*取消し'になるとか）を科される行為が違法行為で，その反対に，法律によって是認される行為，すなわち，法律上の制裁を科されず，各種の国家機関（裁判所など）がその行為の強制的実現に協力するような行為を適法行為という。法技術的には，*法律要件'を構成する因子（法律事実）の分類の1つをいう。この意味での適法行為は*法律行為'と*準法律行為'とをいい，違法行為は*債務不履行'と*不法行為'とをいう。

適法手続　⇨デュー・プロセス・オブ・ロー'

適用　⇨施行・適用'（巻末・基本法令用語）

適用違憲　⇨法令違憲・適用違憲'

適用除外　⇨独占禁止法の適用除外'／⇨適用除外'（巻末・基本法令用語）

適用除外有価証券　*金融商品取引法'第2章（企業内容等の開示）の規定が適用されない*有価証券'。イ　国債証券・地方債証券，ロ　特別の法律により法人の発行する債券・特別の法律により設立された法人の発行する出資証券・貸付信託の受益証券，ハ　同法2条2項の規定により有価証券とみなされる同項各号に掲げる権利（いわゆるみなし有価証券。ただし，有価証券投資事業権利等と*電子記録移転権利'を除外〔金商3③〕），ニ　政府が元本の償還と利息の支払について保証している社債券，ホ　その他政令指定がある〔金商3〕。適用除外有価証券とされる理由は，債務不履行の危険性が極めて低いことや必要な情報を開示規制の対象とすることが難しいこと（イ・ニ），別途法律により投資者保護のための規制が設けられていること（ロ），一般に流通性に乏しく情報を公衆縦覧により開示する必要性に乏しいこと（ハ）など，各々の有価証券によって異なるが，理由付けに説得力の乏しいものもあるとの指摘もみられる。

手金　⇨手付け'

テークオーバー・ビッド　⇨公開買付け（株券等の)'

出先機関　1　国の出先機関とは，狭義では，*内閣府'や*省'（*外局'を含む）がその所掌事務を分掌させるために地方に設ける*地方支分部局'のこと。広義では，地方に置かれる*審議会'・協議会・試験所・研究所等を含む。出先機関の設置は法律によって定めなければならず〔内閣府43②・57，行組9〕，駐在機関も含めて，

国の*地方行政機関'は，原則として，国会の承認がなければ設けてはならず，その設置及び運営に要する経費は国が負担しなければならない〔自治156④〕。

2 都道府県の出先機関とは，知事の権限に属する事務を分掌させるために設けられる支庁（道にあっては支庁出張所を含む）及び地方事務所〔自治155〕のことをいう場合が多い。

3 市町村の出先機関とは，市町村長の権限に属する事務を分掌させるために設けられる支所又は出張所〔自治155〕のことをいう場合が多い。

デジタルサービス税　Digital Service Tax 英 の頭文字をとってDST（ディー・エス・ティー）とも呼ばれる。国内の顧客が非居住者・外国法人からデジタルの役務提供を受け対価を支払う際，その対価に課税するもの。典型例は，*外国法人'が内国法人の製品をデジタルで広告し当該内国法人が当該外国法人に広告料を支払う，という場面での広告料に対する課税である。国際連合(UN)モデル租税条約12B条参照。OECDモデル租税条約12条が禁じている所得税の源泉徴収税に該当するか，所得税ではない税としてOECDモデル租税条約12条と同内容の租税条約下でも課すことが条約違反に当たらないか，司法判断はいまだない。日本はアメリカからの報復関税を懸念して未検討。OECD／G20で検討している第1の柱（Pillar One）では，超過収益の一部の課税権を需要国に割り当てる代わりにDSTを廃止させる予定である。

デジタル証拠　　⇒新種証拠'
デジタル手続法　　⇒行政手続法'
デジタルプラットフォーム　**1 意義**　情報通信技術を活用して多数の利用者に多種多様なデジタルサービスを提供する場を意味する。インターネット上で革新的なサービス提供の場が創出されたことにより，個人や中小企業でも地理的制約を超えて市場へアクセスできるようになるなど，多様な情報発信や商品・サービス供給の面で利用者(消費者・事業者)の便益を飛躍的に向上させている。一方，利用者と提供者を広くつなぐという機能面は，ネットワーク効果，規模の経済等の特性を通じて独占化・寡占化をもたらす。また，利用者のデータが集積し活用されることで，競争優位が維持・強化されるとともに，*個人情報の保護'の観点から*プライバシー'侵害が生じないか等の懸念がある。

2 透明化法　*競争'への懸念を受け，「特定デジタルプラットフォームの透明性及び公正性の向上に関する法律」（令和2法38）が制定された。技術革新や創意工夫を阻害しないよう国の関与や規制は必要最小限とする基本理念から，規制の大枠を法律で定めつつ，詳細を事業者の自主的かつ積極的な取組に委ねる規制手法を採用している。規制対象は政令によって分野や規模が定められ，特に取引の透明性・公正性を確保する必要が高いデジタルプラットフォームだけが指定される。指定された事業者は，取引条件等の情報開示や苦情処理・紛争解決といった体制整備が義務付けられ，毎年度，その実施状況等を報告して経済産業大臣の評価を受けなければならない。義務違反があれば勧告・命令が行われ，透明性・公正性を害する行為が*不公正な取引方法'に該当する場合は，*公正取引委員会'に措置請求され，*独占禁止法'に基づく行政処分の対象となる。

3 その他　スマートフォンの基盤システム(OS)を中心としたデジタルプラットフォームの競争環境を整備する「スマートフォンにおいて利用される特定ソフトウェアに係る競争の促進に関する法律」（令和6法58）があるほか，デジタルプラットフォームの発展・普及により深刻化した法益侵害に対応する立法や法改正として，フリーランスとの取引適正化等を目的とする「特定受託事業者に係る取引の適正化等に関する法律」（令和5法25），保護対象の拡大等を行う*知的財産権'に関する法改正，消費者被害の発生防止を目指す「取引デジタルプラットフォームを利用する消費者の利益の保護に関する法律」（令和3法32），利用者情報の外部送信規制を加える電気通信事業法の改正等がある。

デジタルマネー　　⇒電子マネー'
手数料　特定の者の利益のために事務を行う場合に，国・地方公共団体又はその機関が徴収する料金をいう。法令上の用語である。代表例として，裁判所の訴訟手続等に対する手数料，許認可や試験・検査・検定に関する手数料がある〔道交112，電波103，行政情報公開16〕。また，地方公共団体は，*地方公共団体の事務'のうち，特定の者のためにする事務について，条例の定めるところにより手数料を徴収することができる〔自治227・228①〕。手数料は，当該事務に必要な行政経費を勘案しながら，当該役務により受ける特定の者の利益を考慮して決定される。身分証明，印鑑証明，公簿の閲覧のほか，営業許可や製品検査の申請につき手数料が定められている。特定の者のための事務でない場合には，手数料の徴収はできない。　⇒使用料'

データベース著作物　データベース（英 data base）とは，「論文，数値，図形その他の情報の集合物であって，それらの情報を電子計算

てつかい

機を用いて検索することができるように体系的に構成したもの」をいう〔著作2①10の3〕。データベースであって、その情報の選択又は体系的な構成によって創作性を有するものは、著作物として著作権法上の保護を受ける〔著作12の2①〕。ただし、データーベースを構成する個々の情報に*著作権'が存在する場合、その著作権はデータベースの著作権とは別個のものとなる〔著作12の2②〕。これらの規定は、昭和61年の*著作権法'改正（法64）により設けられたものである。情報・データの配列ではなく、その体系的な構成による創作性が問題となる点で*編集著作物'と異なる。一般的には、情報を網羅的に集積した上で時系列等に従った機械的な構成を採用するデータベースは、情報の選択あるいは体系的な構成において創作性を欠くために著作物性を有しないと解されている。そのような投資の保護は著作権法ではなく*不正競争防止法'の改正によって対処すべきであるという意見や、民法の一般不法行為の問題として一定の保護を与えるべきであるという意見もある。なお、1996年3月に採択されたEC指令は、データベースが著作物となるか否かということとは無関係に、加盟国に、相当の投資がなされているデータベースの作成者に、そのコンテンツの実質的部分の抽出、再利用を禁止する権利を与えることを義務付けている。

撤　回　　I　民法上は、*意思表示'をした者がその意思表示の効果を将来に向かって消滅させること。一方的な意思表示によってされる点では*取消し'と似ているが、取消しは一定の取消原因（制限能力・*錯誤'・*詐欺'・*強迫'）のあるときに限ってでき、また、過去に遡って*法律効果'を消滅させる点で撤回と異なる。撤回は取消しと違って取消原因がなくてもできるが、既になされた意思表示によって当事者間に権利義務が生じてしまった場合には、原則としてその意思表示を撤回できない〔民407②・523①・540②・919①等〕。撤回できない場合でも、その意思表示について別に取消原因があれば取消しできるのはもちろんである〔民919②参照〕。

II　*行政行為の撤回'については、その項をみよ。

哲学的アナキズム　⇨遵法義務'　⇨ラズ'

手付け　　売買や請負などの*契約'締結の際に、買主や注文主が相手方に交付する有価物。まれには品物のことがあるが、実際には金銭が交付されるのがほとんどで、手付金・手金ともいう。*内金'という名目で手付けが交付されることもあるが、厳密にいえば、内金は単に代金・報酬などの一部前払いであるにすぎない。これに対して、手付けは、売買等に際して締結される手付契約に基づいて交付されるものであり、手付けの交付される目的に応じて特別の効力が認められている。当事者は、契約が成立したことを証するために手付けを交付することもあれば（*証約手付け'）、*債務不履行'に備えて違約罰としての手付けを交付することもある（*違約手付け'）。しかし、民法は、日本の旧来の慣行に従って、契約当事者が解除権を留保するために手付けを交付するもの（*解約手付け'）と推定している〔民557・559〕。

手付損　⇨解約手付け'

手付倍戻し　⇨解約手付け'

手続上の過誤　*法令違反'のうち、原判決の基礎となった訴訟手続において違法な処理がされた場合をいう。判決の内容となっている法律判断の誤りと区別される。手続上の過誤のうち、重大な過誤は*絶対的上告理由'〔民訴312②〕とされている。

手続的デュー・プロセス　⇨デュー・プロセス・オブ・ロー'

手続二分論　刑事手続において、犯罪事実の存否に関する*立証'段階と*量刑'のための立証段階を手続上明確に分離すべきであるとの主張。英米では、陪審による罪責認定と裁判官による量刑という形でこれを採用する。これに対し、日本やドイツ、フランス等大陸法圏では1段階の手続をとるが、二分論を唱える意見もある。その要点は、厳格な手続的規制によって認定すべき犯罪事実の立証と広範な個別的事情を考慮すべき量刑を各々の目的に応じて細化し、判断資料のこん然一体化を防ぐところにある。日本では、実務上、1つの*公判手続'内で犯罪事実の立証と*情状'立証とを区分して取り扱う運用が行われている。　⇨判決前調査'

手続法　狭義では*訴訟法'と同じ。*実体法'に対する語。広義では*行政不服審査法'の諸規定・*国税徴収法'中の手続規定等行政的な手続規定、戸籍法・不動産登記法等の民事上の手続法も含む。

鉄道財団　⇨鉄道抵当'

鉄道事業　かつては国鉄の事業に関しては日本国有鉄道法（昭和23法256）が、私鉄の事業については地方鉄道法（大正8法52）がそれぞれ規律していたが、昭和61年の国鉄分割民営化（⇨民営化'）に際して、両法が廃止され、鉄道事業全般の統一法として鉄道事業法が新たに制定された。当時鉄道事業への参入は免許制で、免許基準の1つとして、その事業の供給輸送力

が輸送需要量に対し不均衡とならないものであることが要求されていたが、平成11年の鉄道事業法改正〔法49〕で、市場原理と自己責任原則を前提とする許可制に切り替えられた。なお、鉄道の経営については、以前から鉄道営業法が統一的に適用されていたが、国鉄民営化後も一部修正を受けて存続している。同法は、鉄道営業者の各種の義務、鉄道係員の服務、旅客や公衆の義務について規定した法律である。

鉄道抵当 鉄道抵当法に基づき、鉄道財団を目的として*抵当権'を設定する制度、又は、設定された抵当権のこと。*財団抵当'の一種であり、鉄道財団抵当ともいう。鉄道財団は、鉄道線路、その他の鉄道用地、その上に存する工作物、これらに付属する器具・機械等によって組成される〔鉄法3〕。

デット・エクイティ・スワップ 英 Debt Equity Swap 会社に対する金銭債権を*現物出資'して株式を取得すること。DESと表記されることもある。債務が資本に振り替わるため、企業再建の手段等として利用される。既に弁済期が到来しており、当該金銭債権について定められた現物財産の価額が、当該金銭債権に係る負債の帳簿価額を超えない場合には、*検査役'調査は不要とされている〔会社207⑨⑤〕。募集株式の発行による変更の登記に際しては、当該金銭債権について記載された*会計帳簿'が添付書類とされる〔商登56③ニ〕。弁済期未到来の金銭債権の評価については、実質価値で評価すべきとの評価額説と名目額で評価すべきとする券面額説との対立がある。

デッドロック *閉鎖会社'における内部紛争の一形態。株主間の意見が対立し、*取締役会'又は*株主総会'において決議が成立せず、会社としての意思決定ができない状況を指す。原義は「壊れた鍵(deadlock)」で、「行詰り」と訳することもある。典型的には、合弁会社等で、2人の株主が折半出資を行っている場合に起こるが、それ以外にも、少数株主が拒否権を有している場合に生じうる。取締役会決議ないし株主総会決議の不成立は、決議の対象によって、現状維持にとどまる場合(増資等)と会社の継続が困難になる場合(取締役選任等)とがある。*株主間契約'等で定めるデッドロック対策には、中立取締役の選任や仲裁条項等、対立の解消を図るものと、株式買取(売渡)請求権や解散請求権等、合弁自体の解消方法を定めておくものとがある。会社法にデッドロック対策を置く法制度も多く、日本でも、デッドロック状況は*株主会社'の解散判決請求が認められうる場合とされ

ている〔会社833①Ⅰ〕。

手待時間 *労働者'が職場において待機しているが実際に仕事をしない時間をいう。労働者は職場に拘束され、*休憩'時間と異なり*使用者'の指揮命令から離れて自由に利用できる時間ではないから*労働時間'に算入される。ただ、実際には作業を行っていないから、手待時間がかなり長く実作業時間の少ない場合は、断続的労働(⇒監視断続労働')として行政官庁の許可を条件に労働時間規制の適用除外が認められる〔労基41③〕。

デモクラシー ⇒民主主義'
デモ行進 ⇒集団示威運動の自由'

デュギー Duguit, Léon(1859〜1928) ボルドー大学の教授で、*カレ・ド・マルベール'、*オーリウ'と並び第三共和制時代における指導的公法学者であった。徹底した社会学的実証主義に立ち、*イェリネック'の*国家法人説'に代表される伝統的なドイツ流公法理論やエスマンに代表されるフランス流の個人主義的な公法理論を、いずれも形而上(けいじじょう)学的であるとして批判・排斥した。その国家論は、社会学的国家論と呼ばれ、無制限な国家権力、自由な命令権、*主権'の存在を古典的理論を、*公役務'観念に基づき、否定した。公役務は、社会的依存関係の維持・発展をその内容として、国家すなわち被支配者に対する支配者によって保障され、規律され、抑制されねばならない活動をいう。かかる活動の行為規範が客観法であり、それは権力からではなく、社会の正義・不正義観念から自ずと生じ、国家はこの客観法に仕え、それを実定法に翻案することにその活動を限り、正当性を獲得するとされる。なお、主著には『憲法論』(1911)、『私法変遷論』(1912)及び『公法変遷論』(1913)などがある。

デュー・ディリジェンス 英 due diligence 投資家が投資を行う際や金融機関が*引受業務'を行う際等において、投資対象の価値等を適正に評価すること等を目的として、事前に行われる一連の詳細な調査のことをいう。*企業買収'や再生等の案件で行われることが多い。デュー・ディリジェンスの実施により、投資家は、投資先の状況を事前に把握することができ、例えば、企業買収においては、そこで判明した事実を基礎に買取価格や買取条件に関する交渉等が行われる。

デュー・プロセス・オブ・ロー 英 due process of law 法の適正な過程。**1 アメリカ** 連邦〔アメリカ合衆国憲法修正5〕と州〔アメリカ合衆

でらうえあ

国憲法修正14]は、法の適正な過程によらずして生命・自由・財産を奪うことを禁じている。この言葉は19世紀の中頃までは単に手続保障を意味する(手続的デュー・プロセス)と解されていたが、その後この規定は立法の内容が適正でなければならないことを意味するとされた(実体的デュー・プロセス)。この条項は1930年代まで、合衆国最高裁判所が経済的自由を規制する立法や労働者保護立法の多くを違憲と判断する際の根拠となったが、判例変更(West Coast Hotel Co. v. Parrish, 300 U.S. 379(1937))後は*精神的自由権'、刑事手続に関する人権を保障するために引用されることが多い。

2 日本 日本国憲法は「何人も、法律の定める手続によらなければ、その生命若しくは自由を奪はれ、又はその他の刑罰を科せられない」と定める〔憲31〕。この規定は*アメリカ合衆国憲法'の影響を受けており、単に刑事手続の法定だけではなく手続内容の適正、更に刑罰の実体の法定の要求(*罪刑法定主義')を含むと解される。同条が更に実体法の適正を求めるかどうかは、争いがある。

3 内容 刑事手続に関しては捜査と裁判について、憲法自らが*令状主義'を始めとする手続保障の内容を定めている〔憲33〜39〕。*告知と聴聞'を受ける権利も刑事手続の適正の一内容と解される。最高裁判所も、*関税法'118条1項が*付加刑'として定める第三者所有物の没収を、所有者に告知・弁解・防御の機会を与えていないとして、違憲であると判断した(最大判昭和37・11・28刑集16・11・1593)(⇨第三者没収')。

4 行政手続との関係 最高裁判決は、一般論として憲法35条・38条1項の定める法定手続の保障が*行政調査'にも及ぶと述べる(最大判昭和47・11・22刑集26・9・554〈川崎民商事件〉)。行政手続に保障が及ぶ場合であっても常に必ず事前の告知・弁解・防御の機会を与えることまでは必要ない(最大判平成4・7・1民集46・5・437〈成田新法事件〉)。憲法31条が行政手続に準用・類推適用されるとする見解のほか、憲法13条に適正な行政手続の保障を求める見解も有力である。 ⇨行政手続法'

デラウェア州一般会社法 デラウェア州法典8編1章(章名は「一般会社法(圀 General Corporation Law)」に規定されているアメリカデラウェア州の会社法のこと。Delaware General Corporation Lawの頭文字をとってDGCLと呼ばれることが多い。デラウェア州一般会社法に基づく判例法を含めてデラウェア州会社法と呼ばれることもある。アメリカの上場会社の多くがデラウェア州法に準拠して設立されているため、とりわけ上場会社を巡る会社法上の諸問題(例えば*買収防衛策'の適法性など)について、数多くの重要な判例法が形成されている。

デリバティブ 圀 derivatives 広義では、先物・オプション・スワップ等の対象となる金融派生商品の総称。狭義では、*金融商品取引法'が市場デリバティブ取引・店頭デリバティブ取引・外国市場デリバティブ取引として規制対象とする金融商品〔金商2㉔〕・金融指標〔金商2㉕〕をいい、デリバティブ取引はそれらの*先物取引'・*オプション取引'・スワップ取引・クレジットデリバティブをいう〔金商2⑳〜㉓〕。金融商品等の価格変動リスクのヘッジ目的や価格変動により利得を得る投機目的で行われる。少額の証拠金の差入れだけで行える証拠金取引であってレバレッジ(てこ効果)が効くが、損失が大きくなるリスクを伴う。金融商品取引法が規制対象とする市場デリバティブ取引は*金融商品取引所'で行われるものであり、国債・通貨・株価指数に係る先物取引と国債先物・金利先物・個別株・株価指数・金利先物に係るオプション取引をいう〔金商2⑳Ⅰ〕。取引参加者は清算機関又は取引所に取引証拠金を預託しなければならない〔金商119①〕。金融商品取引所は商品関連市場デリバティブ取引を行う*金融商品市場'を開設することもできる〔金商2⑧Ⅰ・117②〕。店頭デリバティブ取引は金融商品市場によらない相対(あいたい)取引であり、海外からの注文もありうることから清算集中など定めがある〔金商156の62〜156の84〕。デリバティブ取引の会計処理につき、「金融商品に関する会計基準」(企業会計基準10号)がある。 ⇨保険デリバティブ'

デリバリー・オーダー ⇨荷渡(にわたし)指図書'

テル・ケル商標 ⇨外国登録商標'

テレワーク ⇨在宅勤務'

テロ等準備罪 ⇨共謀罪'

テロリズム 圀 terrorism *国際法'上、テロリズムの確立された定義は存在しないが、特定の主張に基づき、国家に受入れを強要したり社会に恐怖を与える目的で行われる殺傷行為等をいう。国連と*国際民間航空機関'、国際海事機関等の専門機関においては、これまで、*ハイジャック'、航空機爆破、空港テロなどの航空テロをはじめとし、シージャック、核テロ、爆弾テロ、テロ資金供与などに対処するテロ防止のための条約や議定書が合計14採択されてき

た。それらの多くに共通する特徴は、犯罪の構成要件を定めて立法管轄権の整備と裁判権の設定を義務付けること、及び、テロリストの所在国に「引渡しか訴追か」の選択義務を課すことである。更に地域的機関においても種々のテロ関連条約が採択されてきた。2001年の同時多発テロの直後には、当時未発効であったテロ資金供与防止条約の中核的な内容であるテロリストの資産を凍結することを国連各加盟国に求める安保理決議1373が採択された。安保理決議による国際立法の例として注目される。国連総会においては、包括的テロ防止条約の検討が2000年からなされているが、占領地における抵抗活動や国家の正規軍の行為がテロに該当するかというテロリズムの定義をめぐる各国の対立がネックになって、採択には至っていない。

転 貸 し ⇨*賃借権の譲渡・転貸*
転 借 り ⇨*賃貸借の譲渡・転貸*
転換株式 ⇨*取得請求権付株式*
転換社債 ⇨*新株予約権付社債*
転換予約権付株式 ⇨*取得請求権付株式*

電気事業及び石炭鉱業における争議行為の方法の規制に関する法律 昭和28年法律171号。昭和27年(1952)の炭労・電産ストをきっかけに至28年、原則3年間の時限立法(存続の議決なき限り失効)として制定され、昭和31年の第25回国会において存続が議決された。電気事業においては停電ストのような供給停止又は供給阻害行為、石炭鉱業にあっては人命・鉱物資源・鉱山施設に危害を生ずる保安要員引揚げのような保安業務停廃行為を禁ずる。通常、スト規制法と略称される。

電気窃盗 電気を無断で使用する行為。盗電。*刑法*366条は、「人ノ所有物ヲ*窃取」する行為を*窃盗罪*とした。有体物ではない電流が同罪の目的物となるかどうかが争われ、大審院は、可動性と管理可能性があれば同罪の目的物となり、電流はそれらを併有するから窃取の要件を満たし、他人の*所持*する他人の電流を不法に奪取する行為が同罪に当たると解した(大判明治36・5・21刑録9・874)。こうした考え方を、管理可能性説という。現行刑法は、電気を、移転罪(奪取罪)との関係では、*財物*とみなす〔刑245・251〕。管理可能性説は、このみなし規定を確認的とみるが、電気以外のエネルギーの扱いは見解が分かれ、*ノウハウ*等の情報の類いは物理的な管理可能性を欠くことから財物に含まれないとされる。なお、実務上は、電気以外の無体物に財物性を認める例はなく(⇨*産業スパイ*)、学説上も、財物を有体物に限り、上記みなし規定を創設的とみる考え方(有体物説)が一般的である。

転 勤 ⇨*転任* ⇨*配転*

典型契約 法律にその名称・内容が規定されている契約類型。民法の契約の章には、*贈与*・*売買*・*交換*・*消費貸借*・*使用貸借*・*賃貸借*・*雇用*・*請負*・*委任*・*寄託*・*組合*・*終身定期金*・*和解*の13種類の契約類型について規定がある〔民549〜696〕。法律で名前が与えられているところから*有名契約*ともいう。*契約自由の原則*の下にある現代法では、どのような内容の契約を締結するかは当事者の自由であるが、民法は、一定の型の契約を定めて規定を置き、当事者の意思の解釈・補充をしようとしたものである。現実には終身定期金契約のように、日本ではあまり行われない典型契約もあり、他方、旅行契約やクレジット契約など新しいタイプの各種の*無名契約*が現れ、重要な社会的機能を営んでいる。なお、民法以外にも商法などの特別法の規定する*運送契約*・*保険契約*などの典型契約もある。 ⇨*混合契約*

典型担保・非典型担保 *抵当権*や*質権*のように、民法に規定された*担保物権*のことを典型担保という。*物権法定主義*によれば、法律に規定されたもの以外に当事者が新たな*物権*を創設することができないところ〔民175〕、民法上の担保物権では実務上の必要性に応えられない場合に、当事者間の合意により、債権者が*特定の財産*から*優先弁済*を受けることができるようにする仕組みが用いられることがあり、これを非典型担保という。狭義では、*財産権*を債権者に帰属させることにより優先弁済を可能とする仕組みを指し、イ 財産権の移転を予約しておくもの(権利移転予約型)として*仮登記担保*、ロ 財産権を移転するもの(権利移転型)として*譲渡担保*、ハ 財産権を留保するもの(権利留保型)として*所有権留保*がある。仮登記担保は、「仮登記担保契約に関する法律」(昭和53法78)により規律されており、また、譲渡担保及び所有権留保は、担保法制の改正に向けた議論の中で立法化されることが検討されている。このようなものをも非典型担保と呼ぶことが適切かどうかには議論の余地がある。また、広義では、*代理受領*や*振込指定*のように、*相殺*がもつ優先弁済機能を利用して、債権の担保を図る仕組みを非典型担保に含めることがある。

電子記録移転権利 *金融商品取引法*2条2項各号に掲げる権利のうち、電子的に記録さ

でんしきろ

れ移転可能な財産的価値に表示される場合(流通性その他の事情を勘案して内閣府令で定める場合を除く)における当該権利のことである〔金商2③，金商定義9の2①〕。投資型のイニシャル・コイン・オファリング(ICO)で発行される，流通性のあるデジタルトークンに表示された集団投資スキーム持分が典型例である。電子記録移転権利は"適用除外有価証券"ではなく〔金商3③ロ〕，第1項有価証券として金融商品取引法の開示規制を受けることになる〔金商2③〕。電子記録移転権利の概念は，詐欺的なICOに対する懸念の高まりなどを受け，令和元年の金融商品取引法改正で導入された。なお，電子記録移転有価証券表示権利等〔金商29の2①⑧，金商業1④⑰・6の3〕を表示するものは，「資金決済に関する法律」(資金決済法)(平成21法59)上の"暗号資産"の定義から除かれている〔資金決済2⑭但〕。

電子記録債権　電子記録債権法(平成19法102)の制定によって認められる，磁気ディスク等をもって電子債権記録機関が作成する記録原簿に電子記録をすることによって，発生，譲渡が行われる"金銭債権"。電子記録上，債権者であるとされている者が無権利者であっても，そのことを知らずに電子記録債権を譲り受けた者や，支払をしてしまった者は保護されるため，民法上の債権譲渡の方法によるよりも，安全に金銭債権を取引の対象とすることができる。

電子計算機使用詐欺　⇨コンピューター犯罪'

電子計算機損壊等業務妨害罪　⇨コンピューター犯罪'　⇨サイバー犯罪'

電子契約　"電磁的方法"により，電子計算機の映像面を介して締結される契約〔電子契約特2①参照〕。インターネット経由で締結される契約が急増し，電子契約に関連する法律が増えている。「電子消費者契約に関する民法の特例に関する法律」(平成13法95)，「電子署名及び認証業務に関する法律」(平成12法102)，「電子委任状の普及の促進に関する法律」(平成29法64)などがある。　⇨電子署名・電子認証'

電子決済手段　「資金決済に関する法律」(平成21法59)(資金決済法)で定義されている概念であり，大要すると，次に掲げるイからニのいずれかに該当するものをいう〔資金決済2⑤〕。イ　不特定の者との間で売買でき代価の弁済に使用できる電子的に記録され移転可能な財産的価値(通貨建資産に限り，"有価証券"・"電子記録債権"・"前払式支払手段"・内閣府令で定めるものを除く。この限定・除外はロでも同

じ)，ロ　不特定の者を相手方としてイに掲げるものと相互に交換できる電子的に記録され移転可能な財産的価値，ハ　特定信託受益権，ニ　内閣府令で定めるもの。"暗号資産"の定義と似ているようにも見えるが，暗号資産は通貨建資産ではないのに対し，電子決済手段は基本的には通貨建資産であることが大きな違いである(電子決済手段が全て通貨建資産というわけではなく，上記ニで通貨建資産でないものを電子決済手段に含めることもできる。資金決済法2条14項1号も参照)。通貨建資産とは，本邦通貨か外国通貨で表示される資産，又は，本邦通貨か外国通貨で債務の履行等が行われることとされている資産をいう〔資金決済2⑦〕。電子決済手段の典型例は，デジタルマネーに類似する法定通貨建てのステーブルコイン(例えば1コイン=1円というように法定通貨の価値と連動した価格で発行されて，発行価格と同額で償還を約するもの)である。電子決済手段の概念は，ステーブルコインに対する世界的な関心の高まりなどを受け，令和4年の資金決済法改正で導入された。

電子決済手段等取引業者　「資金決済に関する法律」(平成21法59)(資金決済法)において定義・規制されている業の1つである電子決済手段等取引業を行うことについて，内閣総理大臣の登録を受けた者をいう〔資金決済2⑫・62の3〕。電子決済手段等取引業とは，次のイからニに掲げる行為のいずれかを業として行うことをいう〔資金決済2⑩〕。イ　"電子決済手段"の売買又は他の電子決済手段との交換，ロ　イに掲げる行為の媒介・取次ぎ・代理，ハ　他人のために電子決済手段の管理をすること(内閣府令で定めるものを除く)，ニ　資金移動業者の委託を受けて，当該資金移動業者に代わって所定の利用者との間で"為替取引"に関する所定の行為を電子的に行うことについて合意をし，当該合意に基づき為替取引に関する債務に係る債権の額を増加・減少させること。これらのうちイロに掲げる行為を「電子決済手段の交換等」といい，ハに掲げる行為を「電子決済手段の管理」という。電子決済手段等取引業は，内閣総理大臣の登録を受けた者でなければ，行ってはならない〔資金決済62の3。特例として62の8参照〕。無登録で電子決済手段等取引業を行った者は，3年以下の拘禁刑・300万円以下の罰金の対象となる〔資金決済107⑧。両罰規定については115参照〕。資金決済法3章の2は，電子決済手段等取引業に関する登録申請書や登録拒否要件などのほかに，利用者保護等に関する措置などの各種行為規制

や監督などに関する規定を設けている。

電子決済等代行業　*銀行法'によって定義・規制されている業の1つであり，次のイロに掲げる行為(内閣府令で定める行為を除く)のいずれかを行う営業をいう〔銀行2㉑〕。イ *銀行'に預金口座を開設している預金者の委託を受けて，電子情報処理組織を使用する方法により，当該口座に係る資金を移動させる*為替取引'を行うことの当該銀行に対する指図の伝達を受け，これを当該銀行に対して伝達すること，ロ 銀行に預金又は定期積金等の口座を開設している預金者等の委託を受けて，電子情報処理組織を使用する方法により，当該銀行から当該口座に係る情報を取得し，これを当該預金者等に提供すること。こうした電子決済等代行業は，内閣総理大臣の登録を受けた者でなければ，営むことができない〔銀行52の61の2。特例として金融サービス18も参照〕。電子決済等代行業制度は，金融と技術をかけ合わせたFinTech(フィンテック)が進む中，利用者保護を確保しつつ，オープンイノベーションを促進するために設けられたものである。

展示権　美術の著作物又は未発行の写真の著作物を原作品により公に展示する権利〔著作25〕。原作品の所有者による展示には，屋外恒常設置の場合を除き，展示権は及ばない〔著作45①②〕。

電子交換所　⇨手形交換'

電子公告　*公告'方法のうち，*電磁的方法'により不特定多数の者が公告すべき内容である情報の提供を受けることができる状態に置く措置であって，電子情報処理組織を使用する方法。送信者の使用に係る電子計算機に備えられたファイルに記録された情報の内容を，電気通信回線を通じて情報の提供を受ける者の閲覧に供し，当該情報の提供を受ける者の使用に係る電子計算機に備えられたファイルに当該情報を記録する方法のうち，インターネットに接続された自動公衆送信装置を使用する方法〔会社則223〕をとる方法〔会社2㉞〕。

電子公告調査機関　*公告'を*電子公告'により行おうとする会社の求めに応じて，電子公告による公告期間中，当該公告の内容である情報が不特定多数の者に提供を受けることができる状態に置かれているかどうかについての調査を行う者として，法務省令〔電子公告規則4〕で定めるところにより，法務大臣の登録を受けたもの〔会社941〕。

電子裁判書　⇨裁判書'

電子情報処理組織による送達　*送達'すべき*電磁的記録'に記録されている事項を，裁判所の事件管理システムにアップロードし，受送達者が，その閲覧又はダウンロードをすることができる措置をとるとともに，その旨を受送達者に通知〔電子メールの送信。民訴規45の2〕する方法によってする送達〔民訴109の2①〕。受送達者が，電子情報処理組織により送達を受ける旨の届出をしている場合に限り，することができ，この方法による送達の効力は，受送達者が閲覧若しくはダウンロードした時，又は上記の通知が発せられた日から1週間を経過した時のいずれか早い時に生ずる〔民訴109の3①〕。なお，弁護士等は，電子情報処理組織により送達を受ける旨の届出を義務付けられる〔民訴132の11②〕。

電子署名・電子認証　コンピューター・ネットワーク上で電子情報作成者の本人確認を行うための技術。「電子署名及び認証業務に関する法律」(平成12法102)の想定する電子署名とは，電子情報を暗号化した者を確認し，かつ情報の改変が行われていないことを確認できる，ある種の電子情報暗号化処理を指す。こうした電子署名の利用者を電子情報作成者本人であることを，認証業務を行う機関により確認するのが電子認証である。なお，こうした技術全般を(広義の)電子認証と呼ぶことがある。

電子申告　行政の電子化に伴い，簡素で効率的な電子政府の推進が図られているが，納税申告についても平成16年度の*確定申告'より電子申告が採用され，利用者が急増している。電子申告とは，国税庁のホームページ若しくは市販のソフトを用いて申告額を計算し，それをインターネットにより送信するものである。電子申告制度の利点としては，イ 納税者の利便性，ロ 納税者の信頼，ハ 適正・公平な課税，ニ 税務行政の効率化が考えられる。アメリカ，カナダなど他の先進諸国では，パソコン通信の専用回線を利用して1990年代から電子申告が採用されており，アメリカでは当初，利用者は主として還付申告の迅速化のために用いる低所得者層に限られていた。日本でも当初は*所得税'のみであったが，*法人税'，*地方税'へと広がっている。税額計算の基礎となる証拠・添付書類の取扱いが問題であるが，申告書に添付せず，納税者が保管することを認める方向に進みつつある。*個人情報の保護'のため申告内容の暗号化が必要だが，そのために納税者が市役所等で電子証明書を取得しておく必要があるなど，今後，改善されるべき課題もある。

転質　質権者が，自らが負う債務につい

でんしちょ

て、質物を担保とすることができる制度〔民348〕。転質により、質権者は、質物の担保価値を利用して、借入れを行うことができる。民法上は、質権者は「自己の責任で」転質をすることができると規定されており、転質に際して、原質権設定者の同意は必要ない。このような転質を責任転質という。この場合、転質をしたことによって生じた損失については、不可抗力によるものであっても、原質権者がその責任を負う〔民348後〕。転質権者は、原質権の被担保債権の弁済期が到来している場合に、転質権を実行することができ、転質権の優先弁済権の範囲は、原質権の被担保債権の額に限られる。なお、転質の法的性質を巡っては、質物質入説、共同質入説等の学説が分かれている。これに対して、原質権設定者の承諾を得て転質を行う場合を、承諾転質という。承諾転質における転質権は、原質権とは独立した質権であり、転質権の行使や優先弁済権の範囲について、原質権の被担保債権の弁済期や額による制約を受けないと解されている。また、原質権が被担保債権の*弁済'等によって消滅した場合にも、転質権は消滅しないと解されている。

電子調書 ⇨調書'

電子帳簿 租税行政における情報処理の電子化が進展する中で、平成10年に「電子計算機を使用して作成する国税関係帳簿書類の保存方法等の特例に関する法律」(電子帳簿保存法)(法25)が成立し、帳簿に代わる*電磁的記録'・電子計算機出力マイクロフィルムの備付け・保存ができるものとした〔電子帳簿4・5〕。電子帳簿は、帳簿保存のためのスペースと管理に膨大な費用を要する大企業から、負担軽減のために要望されたものであった一方で、過少申告加算税5%軽減〔電算国税帳簿8④〕や青色申告特別控除〔租特25の2④〕といった推奨施策もある。また、所得税・法人税に係る電子取引を行った場合は、電子的記録の保存が義務〔電算国税帳簿7〕となっている。

電子提供制度 **1 意義** *株主総会'資料の電子提供制度のこと。*株式会社'が、株主総会資料(株主総会*参考書類'、*議決権行使書面'、*計算書類'及び*事業報告'、並びに*連結計算書類')の内容である情報をインターネット上のウェブサイトに表示する措置(電子提供措置)をとれば、*株主'に対して株主総会資料を適法に提供したものとする制度である。会社にとっては、書面に係る費用を節減することができる上、書面であることによる制約を取り去り、株主への情報提供を充実させることができるメリットが

ある。また、株主にとっては、書面による場合よりも早期に、かつ充実した情報の提供を受け、これに基づいて株主総会の議案を検討することができるメリットがある。
2 制度の目的 令和元年会社法改正により導入された。改正前は、株主総会参考書類及び議決権行使書面を*電磁的方法'により提供することが認められていたが、それには株主の個別の承諾が必要であり〔会社301②・299③〕、上場会社ではあまり利用されていなかった。また、改正前から存在した*ウェブ(Web)開示'制度は、株主の個別の承諾がなくても利用可能だったが、株主総会参考書類の内容のうち類型的に株主の関心が高いと考えられる事項等については利用できないという限界があった。そこで、インターネットを利用した株主総会資料の提供の促進を目的として導入された。
3 制度の概要 この制度の利用は定款自治に委ねられるのが原則だが〔会社325の2〕、振替株式を発行する会社は電子提供措置をとる旨を定款で定めなければならず〔社債株式振替159の2〕、それゆえ上場会社は電子提供制度の利用を義務付けられる。定款に電子提供措置をとる旨を定めており、かつ*招集通知'を書面でしなければならない会社の*取締役'は、株主総会の日の3週間前の日又は株主総会の通知を発した日のいずれか早い日(電子提供措置開始日)から株主総会の日後3カ月を経過する日までの間(電子提供措置期間)、所定の事項(電子提供措置事項)に係る情報について、継続して電子提供措置をとらなければならない〔会社325の3〕。会社は、株主に対し、株主総会の日の2週間前までに、電子提供措置事項に係る情報を掲載するウェブサイトのアドレス等を記載・記録した招集通知を発しなければならない〔会社325の4〕。ただし、電子提供措置事項を記載した書面の交付を望む株主は、会社に対し、電子提供措置事項を記載した書面の交付を請求することができる〔会社325の5〕。いわゆるデジタル・デバイドの懸念に配慮したものである。

電磁的記録・電磁的方法 **1 電磁的記録**とは、電子的方式、磁気的方式その他人の知覚によっては認識することができない方式で作られる記録であって、電子計算機による情報処理の用に供されるものをいう〔情報通信活用行政3⑦、書面保存2④、電子署名認証2①、民151④、刑7の2、民訴3の7③、著作31②②、消費契約31①、金商13⑤等〕。インターネットをはじめとする情報通信技術の発展と普及により、情報がデジタル化されるようになり、高度情報化社会に対応

するために各種の書面や文書を電子的に作成することを認めるとともに，その保存・'縦覧'・閲覧・交付・'差押え'などについてデジタル化された記録に適切に対応できるように，定義規定やその作成・保存・提供等の方法などについて定めが置かれている。

2 個別法や主務省令において，'公告'や'通知'・請求などを電磁的方法により行うことが認められている。例えば，商事法分野では，'会社'又は'株主'等が行う公告（'電子公告'），通知・請求，'議決権'行使などを一定の条件の下で電磁的方法により行うことができることを定めた上で，電磁的方法とは，電子情報処理組織を使用する方法その他の情報通信の技術を利用する方法であるとし，詳細を省令に委任する〔商539①②，会社2④等〕。会社法施行規則を例にとると，イ 送信者に係る情報が送信又は閲覧され，受信者・閲覧者の使用に係る電子計算機に備えられたファイルに当該情報を記録する方法，又はロ 電磁的記録媒体をもって調製するファイルに情報を記録したものを交付する方法とされている〔会社則222①〕。電子公告を行う場合には，イの閲覧に供する方法のうちインターネットに接続された自動公衆送信装置を使用するものによる措置に限定される〔会社則223〕。イの方法としては電子メールの送信やホームページでの閲覧等，ロの方法としてはUSBメモリやCD-ROM等の交付が挙げられる。なお，電磁的記録媒体とは，電磁的記録に係る記録媒体をいう〔会社則224〕。

3 電磁的記録について'公証人'が認証する電子公証制度や，'登記'や'供託'の申請を電子的に行うオンライン申請システムのほか，'登記所'が管理する登記情報に基づいて電子証明書を発行する電子認証制度が整備されている。'公正証書'の'原本'の作成・保存も原則として電磁的記録によりなされる。なお，消費者が行う電磁的方法により電子計算機の映像面を介して締結される電子消費者契約（⇨電子契約）の'申込み'又はその'承諾'の'意思表示'について特定の'錯誤'があった場合の民法の特例が定められている〔電子契約特〕。

電磁的記録に関する罪　⇨カード犯罪'
⇨コンピューター犯罪'　⇨サイバー犯罪'　⇨支払用カード電磁的記録に関する罪'　⇨不正指令電磁的記録に関する罪'

電磁的記録不正作出罪　⇨コンピューター犯罪'

電磁的方法　⇨電磁的記録・電磁的方法'

電磁的方法による議決権行使　　'株主総会'等に出席しない株主が'電磁的方法'により'議決権'を行使する制度（電子投票制度）。総会の招集権者がその採用を決定できる〔会社298①④〕。電磁的方法による議決権行使制度を採用した会社は，2週間前に招集通知を発出しなければならず〔会社299①〕，その方式も書面又は電磁的方法に限られ〔会社299②①③〕，招集通知に際しては株主総会'参考書類'・'議決権行使書面'を交付しなければならない〔会社302〕。電磁的方法による招集通知を承諾した株主に対しては，議決権行使書面に記載すべき事項を電磁的方法により提供しなければならない〔会社302③・325〕。それ以外の株主から会日の1週間前までに請求があった場合も同様である〔会社302④〕。議決権は，政令の定めに従い会社の承諾を得て議決権行使書面に記載すべき事項を記録した'電磁的記録'を，法務省令で定めるときまでに会社に提供することにより行使される〔会社312①〜③・325，会社令1⑦，会社則230〕。とりわけ海外の機関投資家は，時間的・物理的・費用的な理由から議決権行使を行うことが容易でないため，東京証券取引所は2004年以降電磁的方法による議決権電子行使プラット・フォームを構築し提供している。

電子投票　　電子機器を用いた'投票'を指し，情報化社会への対応や選挙事務の効率化に資する。条例によって電子投票を採用できるように，自書投票〔公選46〕の特例を定める「地方公共団体の議会の議員及び長の選挙に係る電磁的記録式投票機を用いて行う投票方法等の特例に関する法律」（平成13法147）が制定された。平成14年6月，岡山県新見市の選挙で初めて実施されたが，平成15年7月の岐阜県可児市の選挙では，投票機が法の定める条件を具備していなかったため，無効とされた（名古屋高判平成17・3・9判時1914・54）。他の'地方公共団体'でも機器の不具合などのトラブルが続き，平成28年(2016)以降，電子投票が行われた例はない。

電子認証　⇨電子署名・電子認証'
電子判決書　⇨判決書'
電子マネー　　現在のところ法令上の定義は存在しないが，広義には電子化された決済手段（当事者間の金銭債権・債務を清算するための手段を電子的なデータの形にしたもの）のことをいい，デジタルマネーともいう。イ その仕組みからみて様々な種類のものが存在しており，例えばa 発行者が存在するものとしないもの，b 発行者に対する債権を移転するために電子的なデータが利用されるものと，電子的なデータそのものに法的な価値を認めて決済手段とする

もの，c 発行者に対してのみ代価の弁済手段として利用できるものと，発行者以外にも幅広い相手方に対して利用可能なもの，d 発行者が利用者に対して直接発行するものと，仲介者を介して間接的に発行するもの，e 発行者が現金や銀行預金などを受け取り資金面で裏付けがある形で発行するもの(プリペイド式)と，資金を受け取らず資金面での裏付けがない形で発行するもの(ポストペイ式)，といった観点から区分される。ロ 法的には，a *銀行法'上の*銀行'が発行し，利用者の銀行に対する*預金'とされるもの，b 銀行以外の者が営む*為替取引'とされるもの(「資金決済に関する法律」(平成 21 法 59)(資金決済法)上の資金移動業となる)，c 資金決済法上の前払式支払手段とされるもの(発行者に対してのみ利用可能なものは自家型前払式支払手段，幅広い相手方に利用可能なものは第三者型前払式支払手段となる。なお，後者においては，発行者が管理するシステムの中で残高を譲渡する，あるいは発行者が管理するシステム外で番号等を通知することによって，利用者間でこれを電子的に移転することが可能なタイプのものもある)，d 資金決済法上の*電子決済手段'とされるもの，e 資金決済法上の*暗号資産'とされるもの，f (少額の)*クレジットカード'，などに区分され，その区分に応じて利用者保護のための規制がなされるとともに，私法的な整理も試みられている。

転職 *公務員'を，1 つの職から同位の他の職に，身分を中断することなく転ずること。裁判官のように官と職とが分離している場合〔裁 47〕は，同一官内での職の移動を意味するが，*裁判所法'は転所の語を用いる〔裁 48〕。その他の公務員については，*国家公務員法'・*地方公務員法'が，官と職を分離していないため，一般には*転任'の語が用いられ，一部の特別法が転職の語を用いるにすぎない〔行執労 8②，地公等労 7②〕。 ⇨職(公務員の)' *補職'

電子呼出状 ⇨呼出状'

転籍 *労働者が雇用される*使用者'を退職すると同時に別の使用者に雇用される形での人事異動方式。中高年に対する失業を経ない企業間移動の方策として用いられる。移籍出向とも呼ばれる。旧*労働契約'の解約と新労働契約の締結とが密接に関連しており，使用者間の了解だけでなく，労働者本人との合意も要すると解されている。同様のことは，企業組織の再編のうち，*事業の譲渡'に伴う別の使用者(譲受会社)への異動にも当てはまる。これに対し，*会社分割'〔会社 2㉙㉚〕に伴い別の使用者(承継会社等)へ異動の対象とされた労働者については，労働契約承継法が特別な措置を講じており，承継事業への主従事労働者は労働者の同意なく移籍の効果が生ずるが，それ以外の労働者は異議申出権をもつ(⇨労働契約承継法')。なお，似た形態の出向(在籍出向)の場合，元の使用者における籍(労働契約関係)が残り，復帰が前提とされるが，転籍にはこれが存在しない。 ⇨出向'

転貸 ⇨賃借権の譲渡・転貸'

転貸借 賃借人が賃借物を第三者(転借人)に使用収益させること。 ⇨賃借権の譲渡・転貸'

テンダー・オファー ⇨公開買付け(株券等の)'

転致 ⇨反致'

転抵当 抵当権者がその*抵当権'をもって他の債権の*担保'とすること〔民 376 ①前〕。*抵当権の譲渡・放棄'，*抵当権の順位の譲渡・放棄'，*抵当権の順位の変更'とともに，抵当権の処分の一態様である。これによって抵当権者は貸付資金の事前回収をしたのと同様の効果を得ることができ，資金の流動化に役立つ。抵当権者と転抵当権者の合意によって成立し，抵当権の登記への付記(*付記登記')を*対抗要件'とする〔民 177。なお，不登 90〕が，債務者に通知し又はその承諾がなければ，債務者・保証人・抵当権設定者及びその承継人には対抗することができない〔民 377 ①〕。転抵当が設定されると抵当債務の弁済は原則としてできないことになる〔民 377 ②〕。ただし，*根(ね)抵当権'を目的とする転抵当にあっては，根抵当権の確定前においては，自由に抵当債務の弁済ができる〔民 398 の 11 ②〕。なお，抵当権者が同一の抵当権を重ねて他に処分した場合には，付記の前後によって優劣が決まる〔民 376 ②〕。転抵当権者は，原抵当権の実行の要件が備わるときは，原抵当権を実行し，原抵当権の優先弁済権の限度において優先弁済の利益を受けることができる。転抵当の法的性質を巡って*転質'の場合と同様の論議がある。

店頭市場 *金融商品取引所'に*上場'されている*有価証券'以外の有価証券を金融商品取引業者の店頭で取引する市場。平成 10 年の証券取引法(現*金融商品取引法')改正(法 107)で店頭売買有価証券市場として位置付けられた〔金商 67 ②〕。店頭市場の市場性には様々な段階があり，まれに取引される有価証券を店頭で相対(あいたい)取引として売買する段階，*金融商品取引業協会'が売買値段を公表する段階，マーケ

ット・メーカーが気配相場を発表する段階などがある。従来, 店頭登録銘柄として登録された銘柄の売買を, 1976年に店頭取引における価格の平準化と流通の円滑化のために設立された日本店頭証券株式会社でのコンピューター売買につないで売買を成立させる方法がとられていたが, この市場は実態としては組織的競争市場の実質を有していたため, 当時の証券取引所で開設された市場に適用される規制がほぼ全面的に及ぶに至っていた(継続開示・*内部者取引'・*相場操縦'その他)。その後, 2004年には, この市場は店頭市場であることをやめ, ジャスダック証券取引所の業務に移管された。日本証券業協会は, 未上場株式の取引の場を管理しており, そこで取引される有価証券を*取扱有価証券'という〔金商67の18〕。

転得者 物・権利を譲り受けた者から, 更にこれを譲り受けた者をいう。民法は, 詐害行為取消し(⇨*詐害行為取消権')において, 債務者から物・権利を譲り受けた*受益者'から, 更にこれを譲り受けた者を転得者と呼び, 転得者からこれを譲り受けた者も転得者と呼ぶ〔民424・424の5〕。*破産法'上の*否認権'についての転得者〔破170〕も同趣旨である。

転任 公務員*任用'の一種で, 職員を, 現に任命されている*職'以外の職に, *昇任'又は*降任'以外の方法で任命すること〔国公34①④・35, 地公15の2①④・17①〕。職の変化がなく勤務場所又は勤務庁だけの移動を意味する「転勤」と区別される。*一般職'の*国家公務員'については, 任命権者を異にする他の職への移動である狭義の転任〔人規〈8-12〉4④〕と, 任命権者を同じくする他の職への移動である*配置換'〔人規〈8-12〉4⑤〕とに区別される。公立大学においては, 学長・教員は評議会の, 部局長は学長の, それぞれ審査によることなく一方的に転任となることはないが〔教公特4〕, 一般の公務員にはこのような保障が法定されていない。 ⇨職(公務員の)' ⇨転職' ⇨不利益処分' ⇨訴えの利益'

天然果実 物(*元物')の経済的利用法に従って収取される産出物〔民88①〕。*法定果実'に対する語。果物・牛乳などのような有機的産出物に限らず, 石切場から産出される石のように, 元物が直ちに消耗せず継続的に収取されるものも含まれる。天然果実は元物から分離する時の収取権者(元物の所有者〔民206〕・地上権者〔民265〕・永小作権者〔民270〕・不動産質権者〔民356〕等)に帰属する〔民89①〕。 ⇨果実'

天然資源に対する永久的主権 第二次大戦後に開発途上国が主に国際連合総会決議を通じて唱えるようになった権利。民族*自決権', *主権'の経済的側面として説明される。1950年代の国際連合総会決議に萌芽(ほうが)的な主張が散見されるが, 1962年の決議(総会決議1803(XVII))がこれをまとまった形で打ち出し, 1974年の*新国際経済秩序'に関する決議がその内容を一層先鋭化し, 同年の*国家の経済的権利義務憲章'で内容がほぼ固まった。天然資源を国有化する権利, 国有化に対する補償の額や支払方法を決定する権利, 国有化を巡る紛争を国内裁判所で最終的に解決する権利などを含んでいるが, 先進国はこれを国際法の規則としては認めていない。 ⇨投資保護協定'

天皇 **1 地位** 「天皇は, 日本国の象徴であり日本国民統合の象徴であつて, この地位は, 主権の存する日本国民の総意に基く」〔憲1〕。すなわち, 天皇の地位の根拠は, 日本国憲法の下ではひとえに主権者である日本国民の意思にあり(⇨国民主権'), *明治憲法'のように皇祖皇宗の意思(神勅)による〔明憲告文・発布勅語・上諭〕ものではない。天皇の地位, すなわち*皇位'が世襲制であることを受けて〔憲2〕, *皇室典範'は「皇統に属する男系の男子」の中での*皇位継承'順位を定めている〔典1・2〕(⇨男系主義')。女性天皇(女帝)が認められていないのは, 男女平等原則〔憲14①〕違反との見解もある。

2 権限 天皇は, 憲法に列挙された*国事に関する行為'〔憲6・7〕だけを行い, *国政に関する権能'をもたない〔憲4①〕。天皇の全ての国事行為には内閣の*助言と承認'が必要とされ, 内閣がその責任を負う〔憲3〕結果, 天皇は無答責となる。ちなみに, 明治憲法下の天皇は, 「国ノ元首ニシテ統治権ヲ総攬(そうらん)」するものとされ〔明憲4〕, 立法権や軍の統帥, 官制大権などの強大な権能を有していた。日本国憲法の下で天皇が実質的権限を行使しえないところから, 天皇が*元首'か, *君主'かについて議論がある。

3 天皇と人権 天皇の地位にある者も, 原則として*基本的人権'が保障されるが, 天皇の特殊な地位に鑑み, 特別の制約を受けるとするのが支配的見解である。憲法自身が認める特別の存在であることを理由として, 人権享有主体性を否定する見解もある。

天皇機関説 *穂積八束'や上杉慎吉(1878~1929)らの*天皇主権'説と対立する*大日本帝国憲法'の*立憲主義'的解釈学説。この説の代表的学者*美濃部達吉'によれば, *統治権'は国家という法人にあり, 天皇はその最高機関として他の国家機関の参与を得ながら統治権を行使す

てんのうし

ると説かれた。これは、ドイツで支配的であった*イェリネック'らの*国家法人説'に基づいて一木喜徳郎(1867〜1944)らが唱えたものを、美濃部が国家機関としての議会の役割を高める方向に発展させたもので、大正の初めには上杉との間で論争が起こったが、その後はむしろ学界の定説となり、大正デモクラシー期の*議院内閣制'の慣行に民本主義とともに理論的基礎を提供した。しかし、*ファシズム'の台頭とともに軍部・右翼から*国体'に反するものとの攻撃を受け、昭和10年、貴族院で男爵・菊池武夫から「叛逆(はんぎゃく)思想・学匪(がくひ)」と弾劾された美濃部は、国体明徴声明によってこの動きに同調した政府により告発され、著書は発売禁止処分となった(天皇機関説事件)。*君主主権'主義と*国民主権'主義の対抗関係の中で主権の所在の問題を棚上げする国家法人説は、ドイツにおいては外見的*立憲君主制'を擁護する保守的役割を果たしたが、日本ではそれすら民主的学説として非難されたのであり、ここに日独両国における民主主義の進展度の違いがうかがわれる。

天皇主権 *天皇'に*主権'、すなわち国の政治のあり方を最終的に決定する権力があることをいう。*明治憲法'は天皇主権主義の原理を採用したが、これは天皇の祖先(皇祖皇宗)に主権があることを意味し〔明憲告文・発布勅語・上諭・1・4〕、*神勅主権'と呼ばれた。日本国憲法は、国民に主権があることを明らかにし〔憲前文・1〕、天皇主権主義を否定した。なお、明治憲法下の*国家法人説'といわれる学説は、主権が法律的意義における国家に属するとの見解をとっていた。 ⇨君主主権' ⇨国家主権' ⇨国民主権'

天皇制 法律学的な天皇制の観念としては、次の3つの態様がある。**1 天皇を統治権の正統性の根拠とする政治体制** 鎌倉幕府(文治元(1185)〜元弘3(1333))・室町幕府(建武3(1336)〜天正元(1573))・徳川幕府(慶長8(1603)〜慶応3(1867))の政治体制には、いずれも*天皇'によって任命される征夷大将軍(せいいたいしょうぐん)に統治を委ねるという形式がとられたが、このような体制は、天皇を*統治権'の正統性の根拠とする政治体制としての天皇制とみられる。
2 天皇を国の君主とする政治体制 王政復古の大号令(慶応3)により、徳川幕府が廃止され、統治権が天皇の手に帰して以来、*明治憲法'の制定に至るまでの政治体制及び明治憲法の定める政治体制は、この意味での天皇制である。すなわち、そこでは、天皇は、日本の「統治権ヲ総攬(そうらん)」する*君主'であった〔明憲4・1参照〕。

3 天皇を国の象徴とする政治体制 現行憲法は、天皇を日本国及び日本国民統合の*象徴'としつつ〔憲1〕、天皇は、極めて限られた*国事に関する行為'だけを行い、「国政に関する権能を有しない」ものとしている〔憲4・6・7〕。したがって、現行憲法の定める天皇の制度は、明治憲法下の天皇の制度と違って、上記2の意味の天皇制とはいえない。しかし、現在はこの*象徴天皇制'を天皇制と呼ぶ場合が多い。
4 その他 以上のような法律学的な観念のほか、上記2・3の天皇制の*統治機構'あるいは政治的機能の特色を表す観念として、これを天皇制と呼ぶ用法もある。この用法は、いわば政治学的な観念としての天皇制といえよう。

天 引 **1 意義** *消費貸借'契約の際に、*利息'をあらかじめ計算して*元本'から控除をすること。例えば、10万円を年2割で1年間貸す場合に、あらかじめ利息2万円を差し引いて現実には8万円を授受し、1年後に10万円を返済する方法である。法律による高利の制限を免れるためによく行われた。
2 規制 *利息制限法'は、これを防ぐため、天引額が借主の現実の受領額を元本として制限利率により計算した金額を超えるときは、その超過部分は元本の支払に充てたものとみなすとしている〔利息2〕。例えば、上記の事例では、現実に授受された8万円を元本として、その制限利率である年2割〔利息1・1〕によって計算すると、1万6000円が利息の上限となる。天引額2万円は、この額を超えるから、それとの差額4000円は元本(8万円ではなく10万円)の支払に充てたものとみなされ、借主は弁済期に9万6000円を弁済すれば足りる。旧利息制限法(明治10太告66)時代には、判例は、制限外の利息又はあまりに長期間にわたる多額の利息を天引するときは要物性を満たさないという理由で、制限超過の高利の支払の効力を否定しようとしていたが、学説は、要物性ではなく暴利性(⇨暴利行為')が問題なのであるとして判例の立場に反対していた。現行の利息制限法は、天引契約においては契約通り全額につき消費貸借が成立するものとし、天引は利息の前払であると認めながら、制限利率の適用に関してだけ、上記の通り現金受領額を基準とする扱いをしたわけである。 ⇨みなし利息'

添 付 Ⅰ 民法上は、*付合'・*混和'・*加工'の総称。すなわち、所有者の異なる2個以上の物が結合して分離できなくなったとき(付合・混和)又は他人の物を加工して新たな物を生じた(加工)場合に、これを分離することは

[表:添付の種類]

種類	関連条文	結合又は加えられるもの		結合した物の所有権の帰属
付合	民242	不動産+動産		原則として不動産所有者。動産が権原によって附属させられた場合は動産の所有権は元の所有者に帰属〔民242但〕。
	民243・244	動産+動産		主たる動産の所有者。主従の区別ができないときは価格の割合に応じて共有。
混和	民243〜245	動産+動産 (固形物又は流動物)	(固形物又は流動物)	
加工	民246	動産+労力		原則として材料の所有者。例外的に加工者〔民246①但②〕。

社会経済上不都合なので1個の物とし、所有権の得喪を生じさせること。原則として、大きい方の価値を提供した者が添付の結果生じた新たな物の所有権を取得し、それによって損失を受けた者は取得者に対して*不当利得'の求償をすることができる〔民242〜248〕。添付の種類と添付後の*法律効果'等を対照して示すと、表の通りである。

Ⅱ 国際法上の領土取得権原の1つである添付については*領域権原'をみよ。

天賦人権説(論) 人は生まれながらにして平等であり、自由に生活の基礎を築き、財産を取得し、幸福を追求する権利があるという説。主として近世の啓蒙(けいもう)的自然法の立場から唱えられた一種の*自然権'理論。代表者として*ルソー'がいる。*自由権'の前国家的な論理構造を強調することによって国家権力を制限しようとする。日本では、明治初期の啓蒙思想家や自由民権思想家によって主張された。加藤弘之(1836〜1916)が『国体新論』(明治8)の中で最初に鮮明な主張を行い、明治13年(1880)・14年頃の*自由民権運動'の高揚期に、植木枝盛(1857〜92)、馬場辰猪(1850〜88)らによって、*人民主権'説・*一院制'論の思想的根拠として広く主張された。天皇制官僚へと転向した加藤弘之が、進化論に基づき天賦人権論批判を開始してから、植木・馬場らとの間にいわゆる天賦人権論争が激しくたたかわされた。しかし、天賦人権を否定した*明治憲法'が制定された後は、思想としても法律論としても公然と主張されることはなくなり、民衆の間にほとんど定着できなかった。

転付命令 *債権執行'の手続において、差押債権者の申立てに基づいて差し押さえられた債権を支払に代えて差押債権者に移転する裁判〔民執159〕。日本の*民事執行'の手続は*平等主義'をとっているが、転付命令はその例外であり、これを得た差押債権者は、他の債権者の*配当要求'を受けることなく、その債権から独占的な満足を得ることができるので、実務上、好んで用いられている。しかし、転付命令が効力を生じると〔民執159③⑤参照〕、転付命令の対象とされた債権が存在する限り、その券面額で、債権者の債権(執行債権)が弁済されたものとみなされるから〔民執160〕、*第三債務者'が無資力である場合の危険は債権者が負担することになる。 ⇨取立訴訟'

伝聞供述 *公判期日'における供述で他の者の公判期日外の供述を内容とするもの。典型的な伝聞証拠であり、*伝聞法則'により原則として証拠とすることができないが〔刑訴320〕、例外的に証拠として許容されることがある〔刑訴324〕。 ⇨伝聞証拠'

伝聞証拠 *公判期日'外で供述が生じたため、裁判所の面前における反対当事者の*反対尋問'の機会にさらされていない*供述証拠'。英米法では、伝聞証拠は原則として*証拠'にできないとする伝聞法則が採用されている。供述証拠には供述過程に固有の誤びゅうの危険性があるので、反対当事者の反対尋問によりそうした危険性を明らかにして、事実認定者に証拠の適切な評価を行わせる必要があるためである。大陸法には*直接主義'の観念が存在し類似した機能をもつが、同一ではない。伝聞証拠か否かは*要証事実'と当該供述者の知覚との関係によって決まり、供述内容の真実性の証明として用いない場合には供述証拠ではないから、伝聞法則は適用されない。例えば、名誉毀損罪における名誉毀損の言動のように供述の存在自体が要証事実である場合、被害者の脅迫的な言葉を加害者の防衛意思の証明として用いるような供述を知覚した者の心理へ及ぼした影響が要証事実の場合、証人の信用性を弾劾するために*自己矛盾の供述'を用いる場合、「私はナポレオンだ」という供述から供述者の精神異常を推認する場合等である。一般に、証拠としての必要性と信用性の情況的保障を要件として、伝聞法則

でんぶんほ

には広く例外が認められ、*証拠能力*が肯定される（伝聞例外）。憲法は被告人に*証人審問権*を保障しているので〔憲37②〕、被告人に不利な伝聞証拠は排斥されなければならず、刑事訴訟法は伝聞法則を採用しているとされる〔刑訴320〕が、一方、伝聞例外もかなり広く認められていて〔刑訴321～327〕、一部に憲法違反の主張もある。また、伝聞概念に一応含まれるものの反対尋問の機会がないことが実質的に何ら影響力をもたないために証拠能力が認められる場合を伝聞法則不適用とする説もある〔刑訴320②・321②・322①本文・326・327〕。*ビデオ・リンク方式*で録画された証人の証言を他事件で用いる場合、*性犯罪*の被害者等の録画された供述が刑事裁判で用いられる場合は伝聞証拠であるが、原供述者が公判において供述を繰り返すことの心理的精神的負担を軽減するための例外規定が設けられている〔刑訴321の2・321の3〕。

伝聞法則 ⇨伝聞証拠*

店舗使用人 商店の店員など、物品の販売・賃貸その他これらに類する行為を目的とする店舗の*使用人*。こうした店舗の使用人はその店にある商品の販売等の*代理権*を与えられているとは限らないが、そのような代理権があると客が信じるのが当然である。そこで、このような客の信頼を保護するため、その店舗にある物品の販売等をする代理権を有するものとみなされる（相手方が*悪意*であった場合を除く〔商26、会社15〕）。⇨商業使用人*

塡補賠償 *債務不履行*に基づく損害賠償において、債務が履行されたならば債権者が得たであろう利益の賠償をいう。例えば、価格1000万円の家屋の売買契約において、売主の不注意で火事を起こし家屋が全焼して引渡しができなくなった場合には、債権者である買主は家屋引渡債務が履行されたならば1000万円の利益を得たであろうと考えられるので、その賠償が、塡補賠償となる。履行に代わる賠償ともいい、遅延賠償に対する語である。*履行不能*に基づく賠償は常に塡補賠償である。*履行遅滞*に基づく賠償は原則として遅延賠償であるが、催告して解除すれば（*定期行為*の遅滞の場合は催告なしに解除できる）、塡補賠償を請求できる〔民415②〕。⇨遅延賠償*

転用物訴権 ある者Aのした契約上の給付が、契約の相手方Bのみならず、第三者Cの利益となった場合に、給付者Aが利得者Cに対してする*不当利得*の返還請求。例えば、Cの所有物を賃借していたBがこれをAに修繕させたが、Bが修繕代金を支払わないまま無資力になった場合に、Aが所有者Cに対して修繕による価値増大分を不当利得として返還請求できるか、という問題である。不当利得の問題としてその可否が議論されているが、日本の判例は一定の場合にこれを認める（最判昭和45・7・16民集24・7・909、最判平成7・9・19民集49・8・2805）。

［図：転用物訴権の当事者］

```
              賃借人B
             /      \
        賃貸借契約   修繕契約
           /          \
     所有者C ─────── 修繕業者A
          不当利得返還請求
```

電話加入権 電気通信事業法（昭和59法86）によって廃止された公衆電気通信法（昭和28法97）によれば、加入電話により公衆電気通信役務（電気通信設備を用いて他人の通信を媒介し、その他電気通信設備を他人の通信の用に供すること）の提供を受ける権利、と定義されていた〔旧公衆電気通信法31③・2③〕。その上で、公衆電気通信法は、電話加入権の譲渡等に関する規定を置いていた〔旧公衆電気通信法38～38の3〕。電気通信事業法は、公衆電気通信法による電話加入権と、その譲渡等に関する上記の規定は、電気通信事業法の施行日以後も効力を有するとした〔電通事附9〕。電話加入権を有する者は、「電話加入権質に関する臨時特例法」（昭和33法138）により、公衆電気通信法38～38条の3の規定が効力を有する間、電話加入権に*質権*を設定することができる〔電話加入権質に関する臨時特例法1〕。

電話検証 ⇨通信傍受*
電話盗聴 ⇨通信傍受*
電話傍受 ⇨通信傍受*

と

都 **1 意義** 道府県と並ぶ゛普通地方公共団体'の一種。都としては東京都が1つだけ存在するが，法律上は一般的な制度である。大都市を包括する広域的地方公共団体であるため，一般の府県とは異なる特例がいくつか認められている。

2 都区関係の歴史 ゛明治憲法'時代の区は法人格をもったものの，東京府の中にある東京市の内部団体としての性格が強かった。昭和18年の東京都制(法89)は東京府と東京市を一本化して施行された。戦後，区の自治権は大幅に拡大され，現行゛地方自治法'により゛特別地方公共団体'としての゛特別区'制度が採用され，一般の市に準ずる地位が与えられた。昭和27年の改正(法306)により区の自治権は制限されたが，昭和49年の改正(法71)などにより再び市に準ずる地位を得，平成10年の改正(法54)では，特別区が゛基礎的地方公共団体'であることが明示されるに至った〔自治281の2②〕。しかし，都は，一般に市が担当する重要な事務(例えば，上下水道事業，消防・救急，固定資産税等の徴収)をなお行っている。

3 特殊性 都知事は，都区間及び特別区相互間の調整上必要な助言・勧告をすることができる〔自治281の6〕。また，都区間及び特別区相互間の財源の均衡化等のため，特別区財政調整交付金の制度が設けられた〔自治282〕。なお，都区間及び特別区相互間の連絡調整を図るために都区協議会が設置されている〔自治282の2〕。

4 大阪都構想 大阪府下においては，府と大阪市を廃止し，代わりに大阪府を大阪都とし，都に特別区を設置する構想がある。「大都市地域における特別区の設置に関する法律」(平成24法80)は大阪都構想実現に向けた一施策であるといえる。

ドイツ憲法 **1 歴史** 1806年の神聖ローマ帝国の崩壊以来，諸領邦の分立する状態が続いたドイツでは，1848年の三月革命の結果，フランクフルト国民会議が開かれ，翌49年自由主義的憲法として知られるフランクフルト憲法が制定された。しかし，この憲法は結局実効性をもたないままに終わり，1871年プロイセンによるドイツの統一が達成されると，君主主義的色彩の濃いプロイセン憲法を基にドイツ帝国憲法(゛ビスマルク憲法')が制定されるに至った。その後，第一次大戦の敗北を経てドイツ帝国は崩壊し，1919年ドイツ共和国憲法(゛ワイマール憲法')が成立するが，この憲法は1933年ヒトラー(Adolf Hitler, 1889〜1945)が政権をとることによって有名無実化した。第二次大戦の結果敗れたドイツは，1945年連合国によって分割占領され，その後東西ドイツに分かれて再出発することになった。このうち西ドイツの憲法に当たるドイツ連邦共和国基本法(Grundgesetz für die Bundesrepublik Deutschland)(別名ボン基本法と呼ばれ，1949年5月23日公布，翌日施行)が，再統一後の現在のドイツの憲法となっている。

2 内容 現行憲法は，ワイマール憲法と共通の基礎の上に立ちながらも，ナチス独裁制の出現を防止できなかったワイマール憲法の欠点を除去しようと努力している。その特色は，イ ゛国民主権'主義をとりつつも国民表決等の゛直接民主制'には極めて消極的である。ロ 三権分立(⇒゛権力分立主義')主義をとるが，連邦大統領及び連邦総理大臣との関係において，議会中心主義を徹底している。ハ 地方分権主義をとる。ニ 国際゛平和主義'をとるが，特に゛主権'作用の国際機関への委譲を認める規定を置いている〔ドイツ憲法24①〕。ホ ゛基本権'を特に重視して，基本権規定を憲法の冒頭に置き，それを゛プログラム規定'ではなく，直接に適用される法規範として，立法，執行権及び裁判を拘束するものとしている〔ドイツ憲法1③〕。また，自由な民主的基本秩序の擁護のために基本権を濫用した者は，連邦憲法裁判所(⇒憲法裁判所')によって基本権が剥奪される旨の規定〔ドイツ憲法18〕及び連邦憲法裁判所は違憲な政党を禁止できる旨の規定〔ドイツ憲法21②〕があり，ドイツ共産党はこの規定に基づいて1956年の連邦憲法裁判所判決によって禁止された。なお，1956年3月，再軍備の必要上から「基本法補充法」によって国防立法の権限を連邦に与え，同年7月の「国防義務法」によって徴兵制度が採用された。また，1968年6月の「非常事態法」の成立によって，基本権停止と執行権独裁の可能性が開かれ，憲法政治上重大な問題として論議を呼んだ。

3 東ドイツとの再統一 旧東ドイツ地域については，1949年10月7日に「ドイツ民主共和国憲法」(東ドイツ憲法)が公布され，即日施行された。これは，当時の゛人民民主主義'の思想に基づくもので，ソ連憲法(1936年スターリン憲法)を模範としたものである。その特色は，人民民

どいつふつ

主主義的な国民主権主義、国権の最高機関としての人民議会、強度の*中央集権'主義、国際平和主義、基本権保障規定の中での、団体生活の原則及び団体生活における個人の権利への言及、社会主義的経済秩序の承認などにあった。その後、1952年の社会主義化を明確にした改正、1955年の再軍備のための改正、1962年の徴兵制施行のための改正など、数次の改正が加えられ、1968年には、実状に合わせたドイツ民主共和国社会主義憲法に改められた。その後、1972年の西ドイツとの基本条約を受けて1974年に改正された。ところが、1980年代末期に、東欧の市民革命の中で社会主義政権が崩壊し、1990年10月3日に両ドイツの再統一が実現した。再統一は、国家条約、選挙条約、統一条約の3条約で達成され、憲法的には、東ドイツの憲法が廃止され、ボン基本法が旧東ドイツ地域にも施行されることとなり、それに必要な改正が行われた。その後も、*ヨーロッパ連合'との調整、環境保護に関わる改正等、多くの改正が行われている。なお、「憲法」に掲げた[表：主要国憲法の系譜（概要）]をみよ。

ドイツ普通法　⇨ゲマイネ・レヒト'

ドイツ民事訴訟法　1877年に公布、1879年10月1日から施行されたドイツの民事訴訟法典。ドイツでは19世紀半ばから各領邦（ラント）の民事訴訟手続を統一する法典の制定を望む声が高まり、プロイセン草案(1864)、ハノーバー草案(1866)、北ドイツ草案(1870)が続いて発表され、ドイツ帝国成立後に、これらを基礎とする数次の草案を経て、裁判所構成法、刑事訴訟法及び破産法とともに1876年に帝国議会で成立した。当初の法典は、フランス法の自由主義的・*当事者主義'的色彩が濃く反映されたもので、*口頭主義'の徹底、*証拠結合主義'、*随時提出主義'、*自由心証主義'などを特色としていたが、1898年を初めとする数次の改正により、かなりの変貌を遂げている。1977年の改正（簡素化法）は、訴訟の促進を重視し、可能な限り1回の主要期日で審理を完了することを目標に、その準備のための手続の整備、裁判官の権限の強化・拡大、当事者の協力義務の強化（随時提出主義の制限、適時提出主義の導入）などを図った。また、1990年の改正（司法簡素化法）で、上訴の制限額の引上げ、少額事件の手続の簡易化、区裁判所の管轄の拡大、裁判外の紛争解決の促進などがなされた。更に、2001年の改正（民事訴訟法改正法）は、和解手続の前置、裁判所の訴訟指揮権の強化、控訴審における事実審理の制限、新たな事実の主張の原則的禁止などにより、紛争の早期解決を目指している。

ドイツ民主共和国憲法　⇨ドイツ憲法'

ドイツ民法　圏 Bürgerliches Gesetzbuch；略称BGB　1896年公布、1900年1月1日から施行されたドイツの民法典。総則・債務法・物権法・家族法・相続法の5編2385カ条から成る大法典であり、19世紀後半のドイツ民法学（⇨パンデクテン法学'）の成果である。当時の最も進歩的な法典として、諸外国の立法及び法律学に大きな影響を及ぼした。日本の民法の編纂（へんさん）にあたっても、第1草案が多く参照された。1978年以来、民法を現代化するための改正の努力が行われてきたが、直接的には消費者に対する物の品質についての責任の強化を求めるEC指令等を国内法に転換することを契機に、債務法を中心に大規模な改正がされ、2002年1月1日から施行された。

ドイツ連邦共和国基本法　⇨ドイツ憲法'

問屋（といや）　自己の名をもって他人のために物品(*有価証券'を含む)の販売又は買入れをするのを業とする者〔商551〕。*取次商'の一種であり、*商人'である〔商502 Ⅱ・4 ①〕。自己の名において*法律行為'をする点で、*媒介'という事実行為をするにすぎない*仲立人'・媒介代理商と、行為を自己の名においてする点で、本人の名において行為する締約代理商その他の*代理人'と異なり、更に、特定の商人と継続的関係に立つことを要件としない点で、*代理商'と異なる。　⇨問屋営業'

問屋（といや）**営業**　**1 意義**　自己の名義をもって他人の計算で物品(*有価証券'を含む)の販売又は買入れをする*営業'。その営業の主体を*問屋'という〔商551〕。問屋は*運送取扱人'・*準問屋'とともに*取次商'の一種である。法律的には売買の当事者として権利義務の主体となるが、経済的には委託者である他人の負担となり、問屋自身は手数料・報酬(*コミッション')を受けるにすぎない。このような行為を間接代理ということもあるが、法律上の*代理'ではなく、いわば経済上の代理である。問屋制度は、企業活動の範囲を拡大するための1つの手段であるが、委託者にとっては、進んで問屋自身の信用と営業手腕を利用し、ときに金融を受ける便益があり、問屋の相手方にとっては、委託者本人の資力や信用などの調査を必要としない利益がある。更に、特殊な取引については、公衆も問屋を利用するのが便宜であり、取引所にはこれ（例えば証券会社・*商品取引員'等）を利用するのが原則である(なお、俗にいう問屋（とんや）は卸売商であって商法上の問

屋(とんや)ではない)。問屋は、*商人'の営業を補助して報酬を受ける独立の商人である点で*仲立人'に似ているが、自ら*法律行為'の主体となる点で異なる。

2 問屋を巡る法律関係 問屋と*第三者'(売買の相手方)との関係は通常の売買の関係であり、自ら権利義務の主体となり〔商552①〕、委託者と第三者との間には直接の法律関係を生じない。問屋と委託者との関係は*委任'にほかならず、なお代理に関する規定も準用される〔商552②〕。したがって、問屋が第三者とした販売・買入の効果が直接委託者に帰属し、このことを委託者は問屋の債権者にも主張できると解する見解が有力である。問屋は委任関係に基づき受任者としての一般義務のほか、相手方の*債務不履行'の場合に自ら履行する義務〔商553〕・物品の売買の通知義務〔商557・27〕・*指値'を守る義務〔商554〕を負い、報酬請求権〔商512〕・*商事留置権'〔商557・31〕・*自助売却'の権利〔商556・524〕及び*介入権'〔商555〕をもつ。

問屋(とんや)の取戻権 物品買入れの*委託'を受けた*問屋'が、その買入物品を委託者に発送した場合に、委託者がまだ代金全額を弁済せず、かつ、到達地でその物品を受け取らない間に、委託者に対して*破産'手続開始決定・民事再生手続開始決定・*会社更生手続'開始の決定があったときは、管財人が代金全額を支払ってその物品の引渡しを請求した場合を除き、問屋がその物品を取り戻すことができる権利〔破62・64、民再52、会更64。なお破63③〕。問屋と委託者との実質関係から売主の*取戻権'と同様の権利を認めたもの。

問屋(とんや)の留置権 *問屋'につき委託者のために占有する物に対して認められる特別の*留置権'〔商557・31〕。*商事留置権'の1つ。別段の意思表示がない限り、委託者のために物品の販売又は買入れをしたことによって生じた債権が弁済期にあるときは、その弁済を受けるまで委託者のために占有する物又は*有価証券'を留置することができる。問屋の委託者には非*商人'も含まれるため、*商人間の留置権'だけでは不十分であることから認められた。被担保債権と留置物との牽連(けんれん)関係を必要とせず、*破産'等の場合は*別除権'を認められ〔破66、民再53①〕、会社更生の場合は*更生担保権'となる〔会更2⑩〕。

等 ⇨等'(巻末・基本法令用語)

同 ⇨同'(巻末・基本法令用語)

道 都府県と並ぶ広域的な*普通地方公共団体'。沿革から「道」としては北海道のみ存在する。北海道は*明治憲法'の下で府県制が施行された後も国の*行政区画'としての時期が続き、明治34年(1901)の北海道会法(法2。昭和21法27により廃止)などにより地方公共団体になった。かつては一般の府県と異なる法的扱いを受けたこともあるが、現在ではほとんど差異はない。主として地理的特質に基づき、法令に若干の特例がある〔例:警46・51〕。 ⇨府県制'

東亜ペイント事件 同居する母(71歳)・妻(保育労働者)・幼児がいる労働者が、家庭の事情を理由に2度続けて転勤を拒否して*懲戒解雇'され、その効力を争った事件。最高裁判所(最判昭和61・7・14判時1198・149)は、*労働協約'や*就業規則'に配転命令条項が存在する一方で当該労働者の勤務地が*労働契約'で限定されていなかったとの事情を前提に、使用者側には個別的同意なしの配転命令権が存在するとした上で、転勤に業務上の必要性がない場合、必要性があっても不当な動機・目的の場合、労働者に通常甘受すべき程度を著しく超えた不利益を負わせる場合などは、*権利濫用'に該当するとした。その上で、本件については、単身赴任に伴う家庭生活上の不利益は転勤に伴い通常甘受すべき程度のものであるとして、権利濫用の成立を認めず、懲戒解雇は正当とした。下級審裁判例を集大成し、配転・転勤を巡る事件の法的処理の枠組みを示した判例として知られるが、本件事案に対する処理には議論がある。専業主婦世帯が多数であった本件当時と異なり、現在は共働き世帯の方が多数となっている。制定法上も、*ワーク・ライフ・バランス'への配慮〔労契3③〕や労働者が行う育児・介護への配慮〔育介26〕が求められており、転勤命令が与える家庭生活上の不利益をどのように解釈論に反映すべきかが議論されている。 ⇨配転'

同意 一般に、他人の行為を肯定する意思を示すことをいう。ある行為が法律上完全な効力を生ずるために同意が必要とされる場合は法律上極めて多い〔憲54・95、民5・13・857但書・864、民訴261②・300等〕が、同意を得ない行為の効力(無効か取り消すことのできるものか)、あるいは同意の方法(事前にしかできないか、それとも事後でも可能か)などは、法律の規定によって異なる。民法を例にとれば、*未成年者'が、*法定代理人'の同意を得ないでした*法律行為'は取り消すことができる〔民5②〕。

同意再生 *民事再生'の特則として、簡略な手続による再生を図るために規定された制度の1つ〔民再217以下〕。全ての届出再生債権者が、書面により、*再生計画'案に同意し、か

どういしょ

つ，*再生債権'の調査・確定手続を経ないことに同意している場合に，*再生債務者'等の申立てに基づき，再生裁判所は同意再生の決定をすることができる。同意再生決定がなされると，再生債権の調査・確定手続だけでなく，*債権者集会'による再生計画案の決議も省略され，同決定が確定すれば，再生計画認可決定が確定したものとみなされる。　⇒簡易再生'

同意書面　*供述証拠'たる書面であって，*検察官'及び*被告人'が*証拠'とすることに同意したもの。その書面が作成されたときの情況を考慮し相当と認められる限りにおいて*証拠能力'をもつ〔刑訴 326 ①〕。この同意は，通常*反対尋問'権の放棄とみられるから，*伝聞証拠'でも証拠能力が付与されることになる。

同一運送　⇒相次運送'

統一交渉　個々の企業を超えて複数の企業にわたる*労働組合'(複数の企業の労働者を組織する労働組合のこともあれば，個々の企業の*企業別労働組合'の連合体のこともある)が，個々の企業の使用者とではなく，複数の企業が加入する*使用者団体'と，統一した方針と要求の下に*団体交渉'をすること。

同一性保持権　*著作権法'上認められている権利であり，著作物及びその題号を著作者の意に反して変更・切除その他の改変を受けないものとする著作者の権利〔著作 20 ①〕。*著作者人格権'の一種。著作者人格権は一身に専属し，譲渡することはできないので〔著作 59〕，著作物の原作品や複製物の所有者は，その物を譲渡・廃棄することはできても，改変することはできない。同様に，財産権たる著作権を譲り受けた者といえども，著作者の意に反する改変をなすことは許されない。しかし，著作者の意に反する改変があったとしても，やむをえないと認められる改変のほか，著作権法の定める例外に該当する場合には，同一性保持権の侵害とはならない〔著作 20 ②〕。同一性保持権は譲渡することができず，あらゆる改変を禁じ得る極めて強力な権利であることから，著作者と著作物の利用者との利害を適切に調整することが重要となる。

統一地方選挙　全国的に選挙期日を統一して行われる地方公共団体の議員及び長の選挙。公職選挙法が定める選挙期日の範囲〔公選 33 ①等〕にかかわらず，一定の範囲の地方公共団体及び長の選挙について，特例法を定めて統一される〔例：地方公共団体の議会の議員及び長の選挙期日等の臨時特例に関する法律（令和 4 法 84）〕。なお，平成 12 年改正（法 62）から，衆議院議員及び参議院議員の再選挙の一部と補欠選挙は原則として 4 月と 10 月の第 4 日曜日に統一して行うこととされたが〔公選 33 の 2 ②〕，この選挙は統一補選といわれている。　⇒同時選挙'

統一手形用紙　銀行等の金融機関を利用して手形取引を行う場合に，それを用いて*基本手形'を作成することが義務付けられている用紙。全国銀行協会連合会が昭和 40 年 10 月に協定し，同年 12 月 1 日から実施されている。手形の信用を維持するとともに，コンピューターによる処理を始めとする事務の合理化を目的とする。金融機関が，一定の調査の結果信用ありと判断した取引先に対してのみ交付しており，これによらない手形は銀行等では取り扱われない。

統一法　法は，国家間で，あるいは国によっては国内においても地域ごとに（⇒不統一法'），内容を異にしており，このような状態は，様々な不都合を生じさせることがある。そこで，国内，近隣国間，国際の各レベルで法の統一が試みられてきており，その結果成立したものを統一法という。19 世紀には，*フランス民法'の制定を出発点として，各国で国内法の統一が行われた。この国内法の統一は*アメリカ統一商事法典'の作成のように，連邦国家にとっては現代的課題でもある。19 世紀末から，ラテン・アメリカ諸国において地域的法統一が試みられるようになり，その後，スカンジナビア諸国，ヨーロッパ共同体などでも同様の試みがなされ，成果を上げている。また，*万国海法会'，*ユニドロワ'，*国際連合国際取引法委員会'などが国際レベルの法統一作業に従事している。統一法のタイプとしては，*手形（小切手）法統一条約'のように，国内事案に適用される法を含めて全面的に各国法を統一するものと，*船荷証券統一条約'，*国際物品売買契約に関する国際連合条約'，*モントリオール条約'のように，国際関係についてだけ適用される法を制定するものとがある。後者を万民法型統一法という。必ずしも全く同一の法に統一するまでもない分野では，条約ではなく，モデル法の形をとり，法の接近を図るにとどめるものもある。国際連合国際取引法委員会の作成した国際仲裁モデル法（1985 年。なお，2006 年に改正されている）はその例であり，日本の仲裁法はこのモデル法に倣って制定・改正されている。以上に対して，宗教や民族の伝統に根ざす家族法のように，各国法の立場の調整が困難又は不可能な分野もある。

同一本国法　*国際私法'上，複数の者の*本国法'が同一である場合，当該法を同一本国

法という。日本の国際私法上，'*段階的連結'の第一段階として同一本国法による場合がある〔法適用25・32〕。同一本国法の判断にあたっては，それに先立って，それぞれの者の本国法を規定に従って特定する。したがって，重国籍者については，まずその'*国籍'を有する国の法の1つをその者の本国法とした上で〔法適用38①〕，また地域的不統一法国(⇨不統一法国')の国籍を有する者については，まずその中の特定の地域の法をその者の本国法とした上で〔法適用38③〕，他の者との本国法の同一性について判断することとなる。人的不統一法国の国籍を有する者の本国法についても同様の規定が置かれている〔法適用40①〕が，学説では，人的不統一法国の国籍を有する者の本国法は当該国法であるとする見解等も存在する。 ⇨共通本国法'

同一労働同一賃金 ⇨男女同一賃金' ⇨均衡待遇(労働者の)' ⇨均等待遇(労働者の)'

同意廃止 ⇨破産廃止'

ドゥオーキン Dworkin, Ronald(1931~2013) 現代アメリカの'*法思想'家。イェール，オックスフォード，ニューヨークなどの諸大学教授を歴任。「権利論」(1977)，「法の帝国」(1986)等の著作において'*法実証主義'の裁判観に反対し，ハード・ケースにおいても唯一の正しい答えが存在し，裁判官はルールだけでなく法に内在する政治道徳の原理によっても拘束されるので判決は恣意的でないと主張する。彼はまた正義論の分野では，「平等な配慮と尊重」の観念による功利主義(⇨功利主義法学')批判や福祉国家的'*リベラリズム'の主張によっても知られる。

当 該 ⇨当該'(巻末・基本法令用語)

当該職員 ⇨当該職員'(巻末・基本法令用語)

等 価 説 ⇨条件説'

統 轄 上級者が下級者を一般的に指揮・総合調整すること。上級行政機関が下級行政機関に対する場合〔行組1・2〕と，行政機関の長が所部職員に対する場合〔内13③〕とがある。統括の語を用いることもある〔内閣府7①，行組10〕。

登 記 一定の事項を公示するために公開された公簿に記載し，又は記録することを，一般に登記という。取引関係に入ろうとする'*第三者'に対して，権利・権利関係・権利主体の内容をあらかじめ明らかにし，第三者に不測の損害を被らせないようにするための制度である。登記には一定の'*法律効果'が与えられている。例えば，不動産の権利の変動の登記は，不動産権変動を第三者に対抗するための要件とされ〔民177〕，また，会社の設立の登記は，会社設立の効力を発生させるための要件とされる〔会社49等〕。日本には，登記制度として，'*不動産登記'〔不登〕，'*立木('りゅうぼく)'登記〔立木法〕，'*船舶登記'〔船登〕，工場財団登記〔工抵〕，動産譲渡登記〔動産債権譲渡特〕，債権譲渡登記〔動産債権譲渡特〕，後見登記〔後見登記〕，夫婦財産契約登記〔外法夫婦6〕，'*商業登記'〔商登〕，法人登記〔一般法人22・163・316以下〕，外国法人登記〔外法夫婦登3〕などがある。法令によって定められた法務局・地方法務局が管轄で'*登記所'としてその登記をつかさどり，登記所には'*登記簿'が備えられる。

動 議 会議体の構成員が会議の議題とすることを求めて提議すること又はその事項。国会においては，議員が議院又は委員会の会議に提議する事項で，'*議案'以外のもの。動議の提出には，特に一定数の賛成者が要求される場合(修正の動議〔国会57・57の2・68の4〕，議員懲罰の動議〔国会121③〕，質疑終局及び討論終局の動議〔衆規140・141，参規111・120〕など)があるほか，参議院では常に1人以上の賛成者を必要とする〔参規90〕が，衆議院では一般の動議については賛成者を必要としない。

登記義務者 ⇨登記権利者・登記義務者'

登 記 記 録 **1概念** 登記は，文字その他の記号を用い，まとまりのある意味内容を表現する文書として作成される。登記について作成されるこの文書が，登記記録である。登記記録において登記されるべき事項は，登記事項と呼ばれ，また，登記記録が記録される帳簿を'*登記簿'という。この文書が書面で作成された時代は，登記記録に当たるものが登記用紙と呼ばれ，また登記事項を記すことは，記載する，と表現された。多くの登記の制度が電子化された今日において，登記の文書は，'*電磁的記録'として作成されることが多く，登記用紙と呼ぶことは適当でない。そこで，登記記録の概念が用いられ，そこに登記事項を記すことは，記録する，と表現される。どのような単位で登記記録を作成するかについては，様々な方法がある。登記される権利の目的となる物のそれぞれについて1個の登記記録を設ける方法が，'*物的編成主義'であり，ある物について数次の権利変動があったり，種類を異にする権利が存在したりするときにも，対象となる物が同じであるならば，それらは，同じ1つの登記記録に記録される。

2 不動産登記 物的編成主義が採用される登記制度の典型が不動産登記であり，一筆(いっぴつ)の土地又は1個の建物ごとに登記記録を作成する

とうきげん

〔不登2⑤〕。ある不動産について，所有権や抵当権などの権利は全て同じ登記記録に記録され，また，数次の所有権の移転がされるならば，それらも同じ登記記録に逐次に記録される。物的編成主義によるものには，ほかに，船舶の登記があり，1隻の船舶又は1隻の製造中の船舶ごとに1個の登記記録が作成される〔船登令2⑥〕。

3 動産譲渡登記・債権譲渡登記 これに対し，動産譲渡登記及び債権譲渡登記は，物的編成主義がとられず，1つの譲渡ごとに動産譲渡登記ファイル又は債権譲渡登記ファイルが作成される〔動産債権譲渡特7②・8②〕。なお，延長登記は，既にされている当該譲渡の登記記録にされる〔動産債権譲渡特9②〕。

4 法人の登記 会社など法人の登記は，法人ごとに登記記録が作成され，*株式会社'であれば，その登記記録においてその会社の*商号'・目的・役員などが記録される〔商登則1・別表5，また，一般法人登則2，組合等登記令2も参照〕。

5 後見等の登記 *後見'等の登記は，1つの後見・保佐・補助を開始する審判ごとに，また，1つの任意後見契約ごとに，1つの後見登記等ファイルの記録（登記記録）を作成する〔後見登記6〕。例えば，ある者に対し補助開始の審判がされると，1つの登記記録を起こし，そこに補助の登記をして，*被補助人'の氏名，*補助人'の氏名又は名称（補助人が法人である場合に名称が記録される）や，補助人の同意を要する行為が定められたときのその行為などが記録される〔後見登記4①〕。もしその被補助人に対し後見開始の審判がされる場合は，新しく登記記録を起こして後見の登記をする。従来の補助の登記は，補助開始の審判が取り消される〔民19①〕から，その補助に係る終了の登記がされ，その上で登記記録を閉鎖する〔後見登記9〕。終了の登記は家庭裁判所が嘱託する。家事116①，家事規77①①〕。

登記原因 *登記'の原因となる事実又は*法律行為'〔不登5②括弧〕。事実である登記原因としては相続や時効取得があり，法律行為であるものには売買・贈与・抵当権設定などである。登記には，登記原因及びその日付が記録される〔不登27①・59③〕。申請に際しては，これらを申請情報に示し〔不登3⑥〕，権利に関する登記の場合は，登記原因証明情報を添付情報として提供しなければならない〔不登61〕。例えば登記原因が贈与である場合は，贈与契約書を登記原因証明情報として，所有権移転登記が申請される。

登記権利者・登記義務者 ある*登記'をすることによって直接に登記上の利益を受ける者を登記権利者，不利益を受ける登記名義人を登記義務者という〔不登2⑫⑬〕。例えば，売買による所有権移転登記では，売主が登記義務者であり，買主が登記権利者である。反対にその所有権移転登記の抹消の登記の場合には，買主が登記義務者となり，売主が登記権利者となる。登記は，両者の共同申請によってされるのを原則とし〔不登60〕，ふつう登記権利者は登記義務者に対して*登記請求権'をもつ。

党議拘束 *政党'（会派を含む）が，所属する議員に対して，*議会'での討論や*表決'などに際して党の定めた方針に従うよう拘束をかけること。違反した場合はしばしば党による懲罰（除名なども含む）の対象とされる。議員個人の自由を制約する点で，憲法の定める自由委任の原則（⇨国民代表）との関係が問題となるが，例えば党からの除名をもって議員資格を喪失させるなど，党議拘束に法上の効果を与えることは違憲と解されている。

登記識別情報 登記名義人が登記を申請する場合において，登記名義人自らが登記申請をしていることを確認するために用いられる情報。これにより登記名義人を識別することが可能になる〔不登2④〕。登記識別情報は，「不動産…ごとに」かつ「登記名義人となった申請人ごとに」定められる〔不登則61〕。その実際の形態は，「アラビア数字その他の符号の組合せ」であり〔不登則61〕，合わせて12個のアルファベットの大文字と算用数字を組み合わせたもので定める運用がなされている。Aの所有する不動産がBに売られた場合に申請される所有権移転登記の申請に際し，Aが，従来のAの名義の所有権登記について定められていた登記識別情報を提供し〔不登22〕，この申請に基づき登記が実行されると，新しい登記名義人であるBに別の登記識別情報が通知される〔不登21〕。⇨登記済'

登記事項証明書 登記記録に記録されている事項の全部又は一部を証明する書面〔不登119①〕。*登記簿'に記録される情報は，一般に提供されることにより公開されるが，登記簿が電子的に作成されることから，それを直接に人の視覚で把握することができない。そこで，情報の提供を求める者は，手数料を納付し，書面で作成される登記事項証明書の交付を請求する。類似のものとして，登記記録に記録されている事項の概要を記載した書面である登記事項要約書がある〔不登119②〕。

当期純損益 当該事業年度（連結会計年度）の損益の状況（経営成績）を表す計算上の数額。

*経常損益'金額に特別損益金額を加減して得た税引前当期純損益金額(連結損益計算書では,税金等調整前当期純利益金額又は税金等調整前当期純損失金額)に*法人税'等の*更正・決定'等による還付税額があるときは,当該還付税額を加え,当該事業年度(連結損益計算書では,連結会計年度)に係る法人税等,法人税等調整額及び法人税等の更正・決定等による納付税額があるときは,当該納付税額を合計した額を控除したもの〔会社計算91～94〕。

登記所 *登記'を担当する官署。*不動産登記'については,法務局・地方法務局等が登記所として登記事務を管掌する〔不登6〕。登記の対象である不動産の所在地を管轄する法務局・地方法務局等が,その登記の管轄登記所となる。*商業登記'については,法務局・地方法務局等が登記所として登記事務を管掌する〔商登1の3〕。登記の対象である当事者の*営業所'の所在地を管轄する法務局・地方法務局等が,その登記の管轄登記所となる。

登記済証 かつての不動産登記制度の下において,登記官が*不動産登記'を完了したときに交付した証明書。登記官は,売買契約書などの*登記原因'を証する書面又は登記申請書の副本に,申請受付年月日・受付番号・順位番号とともに登記済みの旨を記載し,登記所の印を押捺(おう)して*登記権利者'に還付していた〔なお,不登附6③参照〕。その還付した書面を登記済証という。権利証とも呼ばれる。平成16年の不動産登記法の全部改正(法123)による現在の制度では,登記申請にあたり登記識別情報を提供する〔不登22〕。 ⇒登記識別情報'

登記請求権 1 意義 *不動産登記'の手続を請求することができる権利。共同で申請されるべき登記において,共同で申請すべき一方当事者が,他方当事者に対して登記請求権を有することがある。例えば,売買を登記原因とする所有権移転登記について,その手続に売主が任意に協力しない場合には,買主が売主に対して登記請求権を行使する。また,不実の所有権保存登記がされている場合の所有者は,その抹消を請求する登記請求権がある。登記請求権を有する者が訴訟を提起し,被告に対して登記手続をすべきことを命ずる判決が確定すると,原告は,判決によって単独で登記手続をすることができる〔不登63①〕。
2 登記請求権の発生 登記請求権が発生する原因について,判例は,まず,イ 実体的な権利の変動があったときに,それに応じた登記への協力を求める登記請求権が発生するとする。例え

ば,Aからの買主Bは,Cに転売し所有権を失った後も,売主Aに対して登記請求権を有する(最判昭和46・11・30民集25・8・1422等)。また,ロ 実体的な権利関係と登記上の権利関係とが一致しないときに,登記を実体的な権利関係に一致させるため必要となる登記への協力を求める登記請求権も認められる。例えば,所有権の移転のあった後に移転登記がある場合の,登記抹消請求権がこれである(最判昭和36・11・24民集15・10・2573等)。ハ このほか,A→B→Cと売買がなされた場合において,ABC間に*中間省略登記'の特約があるときに,その実現のための登記請求権を認める判例(大判大正8・5・16民録25・776等)もあるが,その当否や妥当範囲などについては検討の必要がある。
3 法的性質 登記請求権は,その発生原因に応じ,専ら物権的請求権としての性質を有する場合(上記2のロ)がある一方で,債権的請求権としても構成する余地のある場合(同イ)がある。

動機説 ⇒認識のある過失・認識のない過失' ⇒未必の故意'

投機貸借 賃貸する意思で動産・不動産を有償取得・賃借し,又はそのように取得・賃借したものを他に賃貸する行為〔商502①〕。例えば,貸家営業者,貸本・貸衣装・貸自動車等の損料貸営業者の行為がこれに属する。*投機売買'のうちの投機購買及びその実行行為〔商501①〕の関係と似ているが,所有権移転が問題なのではなく,物の利用が問題であり,したがって賃貸する物の有償取得のほか賃借を含む。

道義的責任論 *責任'とは,意思の自由を有する者が,適法な,すなわち,道義的な行為に出ることができたのに,その自由な意思に基づいて,違法な,すなわち,反道義的な行為に出たことについて,行為者を道義的に非難することができることであるとする理論。刑罰の本質は,犯罪に対する道義的非難としての応報であるとする(応報刑論という)。意思の自由を肯定し(意思自由論ないし非決定論という),犯罪の違法性を道義違反(あるいは社会倫理違反)と解する立場において主張される。 ⇒新派・旧派'

動機の錯誤 *意思表示'をするに至った内心上の原因(動機)に*錯誤'があること。縁由の錯誤ともいう。鉄道敷設予定地と誤信して,そうでない土地を高価で買った場合がその例。この場合には表示上の*効果意思'に対応する内心的効果意思はあるので,*意思の不存在'にはならない。民法起草者は意思の不存在による錯誤のみを顧慮する趣旨で民法旧95条を作ったが,

とうきばい

通説・判例(大判大正6・2・24民録23・284等)は、動機が表示され、意思表示又は*法律行為'の内容となっているとき(例:鉄道敷設地としての土地の売買)には、動機の錯誤も意思表示の無効をもたらすとした。*債権法改正'により、民法95条には、従来の意思の不存在による錯誤〔民95①1〕に加えて、表意者が法律行為の基礎とした事情についてのその認識が真実に反する錯誤という類型が設けられ〔民95①2〕、その事情が法律行為の基礎とされていることが表示されていれば、意思表示を取り消すことができることが定められた〔民95②〕。これは従来の動機の錯誤についての判例の立場を参考にしたものと解される。

投機売却 他人から取得する予定の動産又は*有価証券'の供給契約。まず高く売り込んでおき、後に安く買い入れて、その差額を利得することを目的とする行為である。その履行のためにする有償取得を目的とする行為(実行行為)とともに*絶対的商行為'の1つとされている〔商501 2〕。目的物に不動産が含まれないのは、不動産はその個性が重視され、かつ後に取得することが困難であることが少なくないからである。なお、目的物に製造・加工を施した上で履行してもよい。 ⇨投機売買'

投機売買 利益を得て譲り渡す意思をもってする動産・不動産又は*有価証券'の有償取得を目的とする投機購買、及び安価に目的物(この場合は投機購買と異なり不動産は含まれない)を取得し、履行することを意図して目的物を譲渡する*投機売却'、並びにそれらの実行行為を一括した総称。すなわち、まず安価に目的物を取得し、高騰後に譲渡して差額を利得する行為(投機購買及びその実行行為)、あるいは、まず高価に目的物の譲渡を約束しておいて、これを安価に他人から取得して最初の契約を履行し、その差額を利得する行為(投機売却及びその実行行為)のこと。売買差益の収受を目的とする投機的行為として営利性が強く、いわば商いの原型ともいえるものとして、非*商人'の1回限りの行為であっても*商行為'とされ、*絶対的商行為'に属する〔商501 12〕。

登記簿 1意義 *登記'が記録される帳簿。*登記所'に備えられる。不動産登記簿は、土地及び建物の登記記録を記録するものであり〔不登2 9〕、商業登記簿には、商号登記簿・未成年者登記簿・後見人登記簿・支配人登記簿・株式会社登記簿・合名会社登記簿・合資会社登記簿・合同会社登記簿・外国会社登記簿の9種がある〔商登6〕。誰でも、手数料を納付して、*登記事項証明書'・登記事項要約書の交付を請求することができる〔不登119, 商登10・11〕。このほかにも、例えば、外国法人登記簿・夫婦財産契約登記簿〔外法夫婦登3・6〕、一般社団法人登記簿・一般財団法人登記簿〔一般法人316〕、船舶登記簿〔船舶附34①, 船登令3・6〕、立木(りゅうぼく)登記簿〔立木法12〕、工場財団登記簿〔工抵18〕などがある。

2 不動産登記簿 不動産登記簿は、磁気ディスク又はこれに準ずる方法で一定の事項を確実に記録することができる物により調製する〔不登2 9〕。登記簿を構成する登記記録は、*一筆(ひとふで)'の土地又は1個の建物ごとに作成する〔不登2 5〕。1つの登記記録は、表題部と権利部からなり〔不登2 7 8〕、そのうち権利部は更に甲区と乙区に分かれる〔不登則4④〕。表題部には不動産の表示に関する事項、甲区には所有権に関する登記の登記事項、乙区には所有権以外の権利に関する登記の登記事項を記録する。 ⇨不動産登記'

等級(官職の) 本来は、*職階制'に基づき*国家公務員'の職を分類するための概念で、一般分類官職(*分類官職'のうち等級が定められた官職)は、職務の複雑と責任の度に応じて8等級に区分されるものとされていた〔人規(8-12)旧(平成21人規(8-12-7)による改正前の)5 2〕。ただし、職階制は実施されず、*一般職'の国家公務員については、俸給表に職務の級が示されている〔給与法6③〕。なお、職階制に関する法律の規定は、*国家公務員法'については平成19年の改正(法108)で、*地方公務員法'については平成26年の改正(法34)で、それぞれ削除された。 ⇨職(公務員の)' *俸給'

等級選挙 選挙人をその納税額の多少によって数個の等級に分け、各等級がそれぞれ独立に議員を選挙する制度。階級選挙ともいう。*不平等選挙'の1つ。プロイセンの三級選挙制(1849〜1918)がその例であり、選挙人を納税額の順に納税総額の3分の1に達するごとに3つの等級に分け、各等級が定数の3分の1ずつを選挙することになっていたため、少数の高額納税者の投票に大きな価値が与えられることになった。日本でも、明治21年(1888)から大正の終わり(1926)まで、市町村議会の選挙について行われた。

東京裁判 ⇨極東国際軍事裁判所'

同居義務 夫婦が同一の場所に居住して生活をともにする義務〔民752〕。夫婦間の協力義務の基本となる。居住の場所は夫婦の協議で定め、協議の調わないときは*家庭裁判所'の調

停・審判で決める〔家事244・別表2の1の項〕。一方が同居に応じないときは，同居請求をすることができるが，その*強制執行'はできない。正当な理由のない同居義務違反は，悪意の*遺棄'として*離婚原因'となる〔民770①②〕。 ⇨生活保持義務・生活扶助義務 ⇨貞操義務'

同行状 *家庭裁判所'が発する同行を求める令状。正当な理由がなく呼出しに応じない少年又は保護者に対して〔少11②〕，また保護のため緊急を要する場合その少年に対して〔少12〕発せられる。成人の*勾引'状に当たる。家庭裁判所調査官が執行するとされているが，警察官等に執行させることもできる〔少13〕。

同行証人 ⇨在廷証人'

当座貸越し 当座勘定取引に付随してなされる契約で，銀行が*当座預金'の取引先に対して，一定の限度額(極度額)まで当座預金の残高を超過して取引先の振り出した*小切手'・*手形'や*電子記録債権'等の支払をなすことをあらかじめ約する取引。銀行の与信取引の一種で，当座貸越契約として，貸越限度額，貸越しにより発生した債権の補償方法，その利息，担保(*根(ね)担保')，貸越しの中止・解約などに関する約定がなされる。

当座勘定規定 銀行と取引先の間で締結される*当座勘定取引契約'に関する法律関係，例えば，資金の受入れ，手形・小切手・*電子記録債権'等の支払，統一手形・小切手用紙の使用，免責，解約等を規律する。当座勘定取引は，民法，商法，*手形法'，*小切手法'等の規定によるほか，当座勘定規定によって規律される。

当座勘定取引契約 取引先が銀行に資金(*当座預金')を預け入れ，その銀行を*支払人'として振り出した*小切手'，その銀行を*支払場所'として振り出した*約束手形'又は引き受けた*為替手形'，又は当該当座勘定から引き落とすべき*電子記録債権'の支払を委託する契約。当座勘定取引契約には，小切手の場合には，小切手の支払を委任する契約(*小切手契約')と，*小切手資金'を預け入れる当座預金契約が含まれる。これに付随して当座貸越契約(⇨当座貸越し')が締結されることが多い。

盗撮 ⇨撮影罪' '児童買春，児童ポルノに係る行為等の規制及び処罰並びに児童の保護等に関する法律' ⇨迷惑防止条例'

当座預金 *当座勘定取引契約'において受け入れられる決済性・流動性の預金。付利は禁止されている。銀行の典型的な預金の一種で，当座預金には，現金のほか，*手形'・*小切手'・*利札(りさつ)'・郵便為替証書・*配当金領収証'その他の証券で直ちに取り立てることができるものが受け入れられる。銀行と当座勘定取引契約を結んだ取引先が，その銀行を*支払人'として振り出した小切手や，その銀行を*支払場所'として振り出した*約束手形'又は引き受けた*為替手形'，又は当該当座勘定から引き落とすべき*電子記録債権'の支払資金となる。

動産 Ⅰ 民法上，*不動産'以外の*物'をいう〔民86②〕。土地に付着する物も，仮植中の樹木など*定着物'でない物は動産である。樹木も伐採されると動産になる。みかん・桑葉・稲立毛(いねたちげ)などの未分離の*果実'は本来は樹木又は土地の一部とみられるものであるが，判例上，それが成熟して採取の時期に達したときは樹木又は土地と分離して独立の動産として取引できるものとされている(大判大正5・9・20民録22・1440等)。不動産の公示方法は登記である〔177〕が，動産は常にその場所を転々とするので事実的支配に重きを置き，*引渡し'を*対抗要件'とする〔民178〕。ただし，未分離のみかん・桑葉・稲立毛などの場合には*明認方法'が公示方法として認められている。*占有'は公示方法としては不完全なものであるので，動産物権の取引の安全を図るため，占有を信頼して取引した者は，*即時取得'の制度によって保護される〔民192〕。また，法人が所有する動産の譲渡については，動産債権譲渡特例法に基づく動産譲渡登記ができる。

Ⅱ *民事執行法'上，*強制執行'の目的物としての動産には，民法上独立の動産とはみなされない，イ 登記することができない土地の定着物，ロ 未分離の*天然果実'で1カ月以内に収穫が確実なもの，ハ *裏書'禁止の*有価証券'以外の有価証券が含まれ〔民執122〕，民法上は動産であっても，イろかい船を除く総トン数20トン以上の船舶，ロ 登録された航空機，ハ 登録自動車，ニ 登記された建設機械，ホ 登録された小型船舶は，動産執行〔民執122~142〕の対象とならず，不動産に対する*強制競売'の規定が準用される〔民執112~121，民執規74~98の2〕。

動産及び債権の譲渡の対抗要件に関する民法の特例等に関する法律 ⇨債権譲渡'

動産債権譲渡特例法 ⇨債権譲渡'

動産質 民法に規定された*質権'の一種で，*動産'を目的とするもの。その設定には，質権設定契約の締結だけではなく，質権者に質物を引き渡すことが必要である〔民344〕。質物の*占有'を継続することが*対抗要件'とされている〔民352〕。実行に際しては，*民事執行法'上

どうさんじ

の動産'競売'の方法によるのが原則であるが〔民執190〕，例外的に，質物を鑑定し，*鑑定人'の評価に従って質物を*弁済'に充てることを裁判所に請求する，簡易な実行方法が認められている〔民354〕。

動産譲渡担保　⇨譲渡担保'

倒産処理手続　裁判所が関与して倒産処理を図る諸制度を講学上倒産処理手続と呼び，この手続を規律する法を倒産法と呼ぶ。大きく清算型と再生型に分類され，前者には破産法の規律する破産，会社法の規律する特別清算の手続が，後者には民事再生法の規律する民事再生(個人再生を含む)，会社更生法の規律する会社更生の手続が含まれる。⇨会社更生手続' ⇨国際倒産' ⇨特別清算' ⇨破産' ⇨民事再生'

動産抵当　*動産'に*抵当権'を設定する制度，又は，設定された抵当権のことをいう。民法上，抵当権は*不動産'のみを目的とする*担保物権'である。したがって，動産に約定担保物権を設定するためには*質権'を用いざるを得ないが(ただし，担保法制の改正に向けた議論の中で，譲渡担保の制度の立法化が検討されている)，質権を設定するには動産の*占有'を質権者に移転しなくてはならないため〔民344・352〕，担保権設定者は動産を使用・収益することができなくなる。担保権設定者による使用・収益を維持しつつ，動産を目的とする担保物権の設定を可能とするため，*特別法'によって，動産に抵当権を設定することが認められている。動産抵当の対象となるのは，抵当権を登記・登録することができる動産に限られており，現行法上は，建設機械，航空機，自動車，船舶，農業用動産がある。なお，このうち船舶については，民法上の抵当権の規定が準用され〔商847③〕，不動産的な側面があることから，船舶抵当は動産抵当には含まれないとする見解もある。

動産の先取(とく)特権　*先取特権'のうち，債務者が所有する特定の*動産'から*優先弁済'を受けることができるものをいう。民法には，8種類の動産の先取特権が規定されている〔民311〕。8種類の詳細及び優先順位については，「先取特権」に掲げた〔表：民法に規定されている先取特権一覧〕を参照せよ。動産の先取特権には，債務者が動産を*第三取得者'に引き渡した後は，先取特権の効力が及ばなくなるという特徴がある〔民333〕。この規定の趣旨は，*公示'のない動産の先取特権の追及力を制限して第三取得者を保護し，取引の安全を図ることにある。

投資一任契約　当事者の一方が相手方から金融商品の価値等の分析に基づく投資判断の全部又は一部を一任されるとともに，当該投資判断に基づき当該相手方のため投資を行うのに必要な権限を委任されることを内容とする契約をいう〔金商2⑧12ロ〕。損失補塡の温床となったとされた取引一任勘定取引はかつて原則禁止とされていたが，*金融商品取引法'は，投資一任契約を締結しその契約に基づいて顧客の財産を運用することを第1種業又は第2種業(投資運用業〔金商2⑧12・28④〕)として認め，その登録，金融商品取引業者及び投資運用業に関する法規制〔金商37の3〜40の3・42〜42の7，金商令16の13，金商業123①13など〕に服することを求めている。

投資運用業　*金融商品取引法'上の*金融商品取引業'の1つ〔金商28④〕。金融商品の価値等の分析に基づく投資判断に基づいて*有価証券'又は*デリバティブ'取引に係る権利に対する投資として，金銭その他の財産の運用を行うことを業とすることを共通の要素とするが，イ 登録投資法人から資産運用の委託を受ける場合〔金商2⑧12イ〕，ロ *投資一任契約'に基づいて運用をする場合〔金商2⑧12ロ〕，ハ 投資信託財産の運用をする場合〔金商2⑧14〕，ニ 信託や集団投資スキームの財産を運用する場合〔金商2⑧15〕(いわゆる自己運用)がある。投資運用業を行う者として金融商品取引業者の登録を受けなければならず〔金商29〕，金融商品取引業上の金融機関は行ってはならない〔金商33①本文。信託兼営金融機関の例外につき，金商33の8①〕。登録要件として，人的構成・組織，資本金等(5000万円〔金商令15の7①④〕)について厳格な規制が置かれるが，適格投資家向け投資運用業を行う場合は緩和されている〔金商29の5①〕。投資運用に関する受託者責任として，権利者に対して忠実義務〔金商42①〕・善管注意義務〔金商42②〕を負い，自己執行義務の観点から全ての運用財産につき運用権限の全部を委託することを禁止される〔金商42の3②〕ほか，利益相反取引等の禁止〔金商42の2〕や2以上の種別の業務を行う場合等の弊害防止措置〔金商44〜44の3〕，運用状況に係る情報の提供〔金商42の7〕が義務付けられ，金銭又は有価証券の預託の受入れや貸付け等が制限されたり〔金商42の5・42の6〕，分別管理義務〔金商42の4〕を負う場合がある。なお，プロ向けファンドの財産を運用する場合には，金融イノベーションの促進を図りつつ，市場の公正性・透明性を確保するために，届出制がとられている(適格機関投資家等特例業務〔金商63①2②〕)

⇨投資ファンド'

投資顧問業　⇨金融商品取引業'

投資事業組合　*ベンチャー企業'への投資のために、アメリカのリミティッド・パートナーシップを範として案出された仕組み。元々民法上の任意*組合'として組成されていたが、平成10年に特別法として「中小企業等投資事業有限責任組合契約に関する法律」(法90)が制定された。平成16年改正(法34)により「投資事業有限責任組合契約に関する法律」と題名変更。民法上組合員(出資者)は無限責任を負うが、上記特別法に基づき、業務執行に携わらない組合員は*有限責任'組合員となる。業務の決定・執行を行う組合員(業務執行組合員)は無限責任を負い、組合の管理・投資事業に当たり、管理報酬・成功報酬を得る。投資先からの配当や株式公開等によって投資事業組合の得た利益(*キャピタル・ゲイン')は、組合員に分配されるが、組合自体に法人格はなく法人税の課税対象にはならない(パススルー課税)。

同時死亡の推定　被相続人・*相続人'という関係にある複数の者が同じ頃死亡した場合には、それらの者の死亡の先後によって相続人の範囲が異なってくることがある。例えば、Aに母B・妻C・子Dがあり、A・Dの乗った飛行機が墜落しともに死亡した場合には、AがDより先に死亡したとすれば、Aの遺産は、まずC・Dが相続し、Dの相続分を更にCが相続することになる(結局全てCが相続する)。これに対して、DがAより先に死亡したとすれば、Aの財産はB・Cが相続することになる〔民887～890・900〕。しかし、こういう場合に、死亡時期を確実に証明することは不可能に近いから、結局、先に遺産を占有してしまったほうが利益を受けることになって不都合である。そこで、民法は、死亡した者が数人ある場合に、その死亡の先後関係が明らかでないときは、同時に死亡したものと推定する旨を規定した〔民32の2〕。これを同時死亡の推定という。この推定を受ける者の間には互いに相続は起こらず、上記の例では、DはAを相続しなかったものとして扱われる。もっとも、これは推定にとどまるから、例えば、Cの側で、DがAより後に死亡したという反証を挙げて覆すことができる。⇨推定する・みなす(看做す)'(巻末・基本法令用語)

当事者　特定の法律関係又は事項についての直接の関係者。売買における売主・買主のように、契約をした当人が当事者である。当事者とその承継人以外の者は、*第三者'と呼ばれる。*訴訟上の当事者'については、その項をみよ。

当事者公開　当事者に限り、訴訟審理への立会い、記録の閲覧を許すこと。*一般公開(主義)'に対立する。*訴訟事件'においては、その*対審'構造から当然に当事者公開が保障される。公開を必要としない*弁論準備手続'について当事者双方に立会権があること〔民訴169①〕、秘密保護のため閲覧を制限される*訴訟記録'であっても当事者には閲覧権があること〔民訴92①〕。例外：民訴133の2〕は、当事者公開の要請に基づいている。これに対し、非訟事件においては、当事者公開をどの範囲で保障すべきかが立法論上の課題となる(争訟性の強い事項を対象とする場合に当事者公開を保障した規定として、家事事件手続法69条がある)。⇨公開(審理)主義'　⇨非訟事件'

当事者恒定効　*占有移転禁止の仮処分'や*処分禁止の仮処分'に認められる効力。民事訴訟における*訴訟承継'主義による原告の不利益を避けるために、これらの*仮処分'が執行されると、債権者は、*占有'や*登記'の変動を斟酌(しんしゃく)されずに、債務者を*被告'とする物の引渡請求訴訟や登記請求訴訟などの*本案訴訟'により*債務名義'を取得し、*強制執行'により引渡請求権や*登記請求権'を実現することができる〔民保58～64〕。

当事者恒定主義　⇨訴訟承継'

当事者参加　係属中の民事訴訟に当事者以外の第三者が当事者として加入すること。*独立当事者参加'〔民訴47〕と*共同訴訟参加'〔民訴52〕とがある。*補助参加'〔民訴42〕は、当事者となるわけではないので当事者参加には属しない。

当事者自治の原則　国際私法上、法律関係の当事者自らが*準拠法'を選択することができるとの原則。実質法上の私的自治(*契約自由の原則'など)と類似するが、当事者自治の原則では、当事者による選択がない場合に客観的に準拠法とされる法秩序の強行法規の制約さえ受けない点で異なる。今日国際的に、当事者自治の原則は契約法の分野でほぼ普遍的に認められているが、法定債権や家族法の分野でも認められる方向にある。契約の準拠法決定についての当事者自治については〔法適用7〕、契約は極めて多様であるため、全ての類型の契約に一般的に適切な準拠法を導き出すことのできる客観的連結点(契約締結地や履行地)を選ぶことが困難であること、また、準拠法についての予見可能性が確保され、国際取引が促進されることがその根拠とされている。契約と客観的に

とうじしや

密接に関連する法秩序の強行法規の回避を懸念して，契約準拠法についても客観的に準拠法を決定すべきだとする客観主義もかつて有力に主張されたが，そのような立場は一般化せず，当事者自治の原則を認めた上で，上記の懸念については*強行法規の特別連結*により対処することが国際的に主流となっている。他方，一定の客観的な関係がある法しか当事者は選択できないという量的制限は，日本ではその一般化は支持されていない。現実の国際取引では，契約中に準拠法を定める条項が置かれることが多く，準拠法条項と呼ばれる。しかしながら，当事者による準拠法の合意はこのような明示のものに限られず，黙示の合意でもよい。ただし，あくまで準拠法に関する現実の意思がある場合に限られ，当事者の仮定的意思を探求すべきではないとする見解が一般的である。準拠法の変更ができることについては明文の規定があり，遡及的準拠法変更も認められるが，それによって*第三者*の権利を害することになるときは，その変更をその第三者に対抗することはできない〔法適用9〕。また，法定債権についても，当事者による事後的な準拠法の変更が認められる〔法適用16・21〕。更に，*夫婦財産制*についても，夫婦による準拠法の選択が認められており，夫婦が自らの財産関係の準拠法を明確化・固定化することができるようにしている。ただし，この場合には量的制限が課されており，選択できる法は，夫婦が国籍を有する国の法など，一定の範囲に限定されている〔法適用26②〕。

当事者主義 訴訟の主導権を当事者に委ね，裁判所は中立的なアンパイアの地位に立って，両者の主張の優劣を判断する方式。

Ⅰ 民事訴訟法上，訴訟の審理手続における主導権を*当事者*に認める主義。*職権主義*に対する。通常の民事訴訟においては，審理の内容面(手続の開始・終了，訴訟対象の設定，訴訟資料の収集など)については，*処分権主義*・*弁論主義*といった当事者主義がとられているが，審理の手続面は当事者主義によらず，*職権進行主義*が妥当する。また，*人事訴訟*や，通常の民事訴訟でも*訴訟要件*など公益に関わる部分については，当事者主義が排除される場合もある。

Ⅱ 刑事訴訟法上，*実体的真実主義*を重視すると*職権主義*が基調となる。しかし，職権主義では，裁判所が積極的に真相解明を追求するため，*糾問(きゅうもん)主義*に通じる傾向をもち，被告人を単なる取調べの客体とみる方向に走ることになる。そこで，現行刑事訴訟法では，当事者主義を強調することになった。当事者主義が適切に働けば事件について対立する見方が法廷に現れるので，真実発見にも資すると考えられている。現行刑事訴訟法では，イ *訴因*の制度が採用され，審判の対象が検察官の主張の範囲内に限局され〔刑訴256・312〕，ロ *起訴状一本主義*が採用されて，裁判所は，白紙の状態で第1回*公判期日*に臨まなければならず〔刑訴256⑥〕，ハ *証拠調べ*は，当事者の請求によるのを原則とし〔刑訴298①〕，ニ *証人尋問*方式も，当事者に先に尋問させる*交互尋問*方式が実務上原則となり〔刑訴304，刑訴規199の2〕，ホ *証拠書類*・*証拠物*は当事者に朗読・提示させるなど，当事者主義を具体化している〔刑訴305〜307〕。

当事者照会制度 民事訴訟の当事者が，訴訟の係属中，相手方に対し，主張又は立証(⇒*主張・立証*)を準備するために必要な事項について，相当な期間を定めて，書面で回答するよう，書面で照会する制度をいうが，令和4年民事訴訟法改正(法48)により，相手方の承諾があれば*電磁的方法*による照会〔民訴163②〕が，また一般的に電磁的方法による回答を相手方の選択により認める照会〔民訴163①〕が認められた。当事者照会としては，イ 具体的又は個別的でない照会，ロ 相手方を侮辱し，又は困惑させる照会，ハ 既にした照会と重複する照会，ニ 意見を求める照会，ホ 相手方が回答するために不相当な費用又は時間を要する照会，ヘ 民事訴訟法196条又は197条の規定により証言を拒絶することができる事項と同様の事項についての照会はすることができない〔民訴163〕。これらに該当するか否か争いがある場合に，裁判所が判断を下す手続は用意されておらず(当事者が照会事項につき裁判所に対し*釈明権*の行使として発問を求めうるか否かは別問題〔民訴149①③〕)，許容される照会に対し回答をしない場合に，制裁が課されることもない。したがって，当事者照会が，相手方当事者からの証拠等に関する情報収集制度として期待される真価を発揮しうるか否かは，訴訟代理人たる弁護士の倫理と熱意に依存するところが大きいといえよう。訴えの提起前においても，提訴予告通知を要件として，主張又は立証の準備に必要であることが明らかな事項につき，被告となるべき者に対し照会することができる〔民訴132の2〕。

当事者進行主義 ⇒*職権進行主義*

当事者尋問 民事訴訟の当事者を*証拠方法*として，その経験した事実について*尋問*す

る*証拠調べ*〔民訴207〜211〕。本人尋問ともいう。当事者だけでなく*法定代理人*もこの対象となる。手続は*証人尋問*の手続に準ずる〔民訴210〕。他の証拠方法との関係で優劣はないが、証人と当事者の双方を尋問する場合には、証人尋問を先に実施するのが原則である〔民訴207②〕。なお、裁判所は本人又は法定代理人に出頭を命じ、釈明をさせることができる〔民訴151①・149〕が、これは当事者の主張を補充させるものであり証拠調べではないので、当事者尋問とは区別される。

当事者送達主義 *送達*の実施を当事者の申立て又は実行にかからせる立法主義。*職権送達主義*に対する。現行民事訴訟法は職権送達主義を原則とする〔民訴98①〕が、*公示送達*は原則として当事者の*申立て*に基づいて行われる〔民訴110①〕。

当事者訴訟 **1 定義** 当事者訴訟には、当事者間の法律関係を確認あるいは形成する処分又は裁決に関する訴訟で法令の規定によりその法律関係の一方を被告とするものと、公法上の法律関係に関する訴訟とがある〔行訴4〕。通常前者は形式的当事者訴訟、後者は実質的当事者訴訟と呼ばれる。
2 形式的当事者訴訟 *損失補償*関係の訴訟に例が多い。例えば、土地収用裁決の損失補償額に不服があるときは、起業者と土地所有者との間で直接争うべきものとされている〔収用133③〕。一般的説明によれば、形式的当事者訴訟は実体は公権力の行使を対象とした訴訟であるが、紛争の抜本的解決等の理由から法令上当事者訴訟として構成されるにすぎない。しかし、損失補償請求訴訟の場合、補償金額の増減のみを訴求すべきであるから、実質的当事者訴訟に近いという指摘もある。
3 実質的当事者訴訟 公務員の給与請求訴訟や懲戒免職処分の無効を前提とした地位確認の訴えなどが、これに当たるとされてきた。これらの事例では、公法と私法の区別が念頭に置かれていたが、今日では職権証拠調べ等の特則を利用すること〔行訴41①参照〕が紛争解決のために合理的であるかどうかで当事者訴訟の範囲を見定めようという考え方も有力である。更には、公法上の当事者訴訟という類型を認めることに消極的な見解もあり、*大阪空港訴訟*を契機として登場してきた当事者訴訟活用論と対立していたが、平成16年の*行政事件訴訟法*改正(法84)で4条に「公法上の法律関係に関する確認の訴え」が明記され、当事者訴訟活用の方向を示したものとして受け止められている。最高裁

判所も*確認の利益*の判定にあたって柔軟な姿勢を示した(最大判平成17・9・14民集59・7・2087、最判平成24・2・9民集66・2・183)。

当事者対等の原則 訴訟において、対立当事者の地位を平等にし、対等に攻撃・防御の機会を与える原則。
Ⅰ 刑事訴訟法上、捜査手続においてはもちろん、*公判手続*においても、完全な当事者対等を貫くことは困難である。しかし、*被疑者*・*被告人*に*黙秘権*を認め、弁護権を拡充し、また、*疑わしきは被告人の利益に*の原則により*挙証責任*を国が負うなど、当事者対等に近づくよう配慮がされている。
Ⅱ 民事訴訟では、*双方審尋主義*と同じ。その項をみよ。

当事者適格 Ⅰ 憲法 **1 意義** *憲法訴訟*における当事者適格(スタンディング(英 standing))の法理は、訴訟法理論でいえば主張の利益レベルの問題であり、訴訟当事者のどのような違憲の主張につき裁判所は判断を下すことができ、また判断を下してはならないかに関する準則である。アメリカの判例理論において形成されてきたもので、日本の憲法訴訟への導入が主張されている。最高裁判所の第三者所有物没収違憲判決(最大判昭和37・11・28刑集16・11・1593)がその先例とされる(⇒*第三者没収*)が、その後、最高裁判所はこの準則を自覚的には展開させていない。
2 内容 原則として当事者は自己に有利な結論を導く可能性のある、あらゆる法律上の主張をなしうる。しかし、第三者の権利の主張は第三者の当該権利の享有に悪影響を及ぼす可能性があるので、裁判所は判断を下してはならない。ただし、第三者自身が当該権利を主張できない事情のあるとき、又は当該権利の実現に当事者の行為が密接に関連しているときには、例外的に判断を下すことができる。また、当事者に対しては合憲的に適用される法令の他者への違憲的適用の可能性の主張に対して文面審査をなすことも、例外的に許容されている(⇒*過度の広汎性のゆえに無効の理論* ⇒*漠然性のゆえに無効の理論*)。これらの準則の背景には、*パターナリズム*を忌避する個人の自律の精神、個々の人権の性格に対する周到な配慮、司法部の権限・機能の限界に関する裁判所の自覚などがある。
Ⅱ 民事訴訟法 **1 意義** *訴訟物*である特定の権利又は法律関係について当事者として訴訟を追行し、*本案判決*を求めることができる資格をいう。その資格をもつ者の権能の面から

とうじしや

捉えて，訴訟追行権・訴訟実施権ともいい，この資格あるいは権能を有する者を正当な当事者という。誰と誰を当事者として対立関与させ，本案判決を下すのが紛争の解決に必要かつ有効・適切であるかという問題であり，当該訴訟における具体的な訴訟物との関係で個別に判断される資格である。この点で事件の内容とは無関係に定まる*当事者能力*・*訴訟能力*とは異なる。

2 当事者適格をもつ者 イ 一般の場合：*給付の訴え*及び*確認の訴え*においては勝訴判決によって保護されるべき実体的利益の帰属主体であると主張し，又は主張される者が正当な当事者となる。判決効の拡張を伴うことが多い*形成の訴え*においては，正当な当事者が法定されていることが多い〔民訴744，人訴12，会社828②・834等〕。ロ *第三者の訴訟担当*：訴訟物たる権利義務の帰属主体以外の第三者が正当な当事者とされることがある。ハ *固有必要的共同訴訟*：一定の紛争については*利害関係人*全員が当事者となる場合にのみ当事者適格が認められる。

3 訴訟上の取扱い 当事者適格は*訴訟要件*の1つであり，裁判所は職権で調査し，これを欠く場合には訴えを*却下*する。

Ⅲ 労働法上，*労働組合の当事者適格*については，その項をみよ。

当事者能力 Ⅰ 民事訴訟法上，当事者となることのできる一般的な資格。訴訟当事者能力ともいう。*訴訟物*とは無関係に一般的に判定される資格である点で，特定の訴訟物との関係で問題となる*当事者適格*とは区別される。私法上*権利能力*を有する者（*自然人*及び*法人*）は当事者能力を有する〔民訴28〕。法人でない社団又は*財団*で代表者又は管理人の定めのあるものも当事者能力を有するとされる〔民訴29〕。当事者能力の存在は*訴訟要件*の1つであり，裁判所は職権で調査し，これを欠く場合には訴えを*却下*する。

Ⅱ 刑事訴訟法上も同義。*自然人*は無論のこと，*法人*にも当事者能力がある。法人格のない団体も，犯罪能力が認められる場合には，当事者能力をもつと解される〔所税243等〕。

当事者の確定 **1 総説** 民事訴訟における*訴訟上の当事者*が誰であるかを定めること（刑事訴訟における*被告人*の特定については，その項をみよ）。当事者が誰であるかは，判決の名宛人・判決効の主観的範囲を決するとともに，*裁判籍*・*除斥*原因・*当事者能力*・*訴訟能力*・*当事者適格*・*証人*能力・*訴訟手続の

中断*・*訴訟物*の同一性などの基準ともなり，訴訟手続の全段階で重要な手続問題を決定する前提となるので，あらゆる段階において裁判所が職権によって調査・確定する必要がある。

2 確定の基準 当事者が誰であるかは，通常*訴状*の当事者欄の記載〔民訴134②①〕から明らかであるが，*氏名冒用訴訟*の場合，死者を相手方として訴えを提起した場合，法人格の否認（⇨法人格否認の法理*）が問題となるような場合などに，いかなる基準で当事者を確定するかが問題となる。確定の基準としては，訴状の記載による表示説，原告又は裁判所の意思による意思説，当事者の行動による行動説，判決を与えるのが適切と認められるか否かによる適格説，訴訟追行過程（行為規範）と終了後（評価規範）で基準を分ける規範分類説，原告と被告に当事者を特定する責任を分担させる紛争主体特定責任説などに分かれている。当事者の確定の問題領域を訴訟開始の段階に限定する考え方も主張されているが，少なくとも手続の開始時については，表示説のうち，訴状の*請求の趣旨*及び*請求原因*の記載も考慮する考え方（実質的表示説）が有力である。

当事者の更正権 ⇨更正権*

当事者の変更 **1 意義** 民事訴訟法上，*訴訟係属*中に新たな当事者が加入する場合をいう。従前の当事者と並んで当事者が加入する形態として*当事者参加*〔民訴47・52〕等があり，従前の当事者の一方と交代する形態として，実体関係の変動により*当事者適格*あるいは紛争の主体たる地位が当事者から第三者に移転したことに基づく*訴訟承継*と，任意的当事者変更がある。単に当事者の変更といえば任意的当事者変更を指す場合が多い。

2 任意的当事者変更 訴訟係属中に，原告の意思で最初の被告以外の者に*訴え*を向け変え，あるいは最初の原告以外の者が原告に代わって訴えを提起する場合をいう。当事者とすべき者を誤った場合やその一部を脱落した場合に，これを補正して訴えの当初の目的を貫徹させるために行われる。当事者の同一性を変更せずに*訴状*等における表示を訂正するのみである場合，及び同一当事者間で*訴訟上の請求*を変更する*訴えの変更*の場合はこれに当たらない。実定法上規定がないため理論構成には争いがあり，新当事者の手続保障の観点から，旧当事者による訴訟追行の結果あるいは*訴訟資料*の利用を変更後の訴訟においてどこまで認めるかが問題となる。有力な見解は，新原告による又は新被告に対する新訴の追加的併合提起と，旧原告によ

る又は旧被告に対する旧訴の取下げとの複合であり、要件・効果は訴えの提起及び取下げの規定に従って別個に判断されるとするが、変更前の訴え提起や訴訟追行の効果の利用を一定範囲で認めるべき場合があることを許容する傾向にある。なお、*行政事件訴訟法'上、*取消訴訟'において被告とすべき*行政庁'を誤った場合には被告の変更が認められる〔行訴 15〕。

当事者費用　　⇨裁判費用'

投資者保護　　*金融商品取引法'の重要な指導理念とされる概念であり、金融商品取引法 1 条は、法の目的の 1 つとして投資者の保護を掲げている。金融商品取引法の目的については、投資者の保護のみが目的であるとする説、資源の効率的配分と投資者の保護がともに目的であるとする説、資源の効率的配分という目的と投資者保護の目的が一致するとする説、資本市場の機能の維持が目的であるとする説等に分かれている。ここにいう投資者保護は消費者保護とは異なる。消費者保護では、提供される商品の品質を保証したり、消費者の選択の結果として生じた損害を賠償の対象としたりすることがある。これに対し投資者保護とは、虚偽の情報開示(⇨ディスクロージャー')と不公正取引からの保護を意味する(⇨不公正取引規制')。金融商品取引法では、*有価証券'の品質を保証せず、投資判断の結果を投資者に負担させるが(自己責任原則)、これは、そうしなければ投資者の取引を通じて情報に基づいた市場価格を形成することができないからである。反面、虚偽の情報開示から生じた投資者の損害は回復させなければ、投資者は開示情報に基づいた投資決定を行わなくなり、効率的な市場価格を形成することができなくなる。不公正取引からの保護が必要なのも、弱者である投資者に救済を与えることに主眼があるのではなく、不公正取引が放置されると市場取引に対する投資者の信頼が損なわれ、投資者の市場参加が減少し資本市場が機能しなくなるからである。

投資者保護基金　　その会員である金融商品取引業者の経営破綻により顧客資産の返還が困難であると認められる場合において、当該金融商品取引業者へ補償対象債権を有する一般顧客に対する支払その他の業務を行うこと等を目的とした、*金融商品取引法'上の認可法人〔金商 79 の 21・79 の 22 ①・79 の 30 ①〕。*有価証券'関連業を行う金融商品取引業者であって、第 1 種*金融商品取引業'を行う金融商品取引業者には加入義務があり〔金商 79 の 27 ①〕、当該業者を会員とする会員制〔金商 79 の 26 ①〕。会員である金融商品取引業者が分別管理〔金商 43 の 2・43 の 2 の 2〕を徹底すれば必ずしも必要ない制度といえるが、現行の分別管理は顧客の預託財産と同額を常に維持するものではなく、分別管理義務も必ずしも徹底されない場合があり、また金融商品取引業者の破綻処理に際して顧客財産が迅速に返還されるわけではないため、会員である金融商品取引業者の破綻処理の際のセーフティーネットとして設けられている。基金の保護対象となるのは一般顧客の顧客資産に限られ、有価証券関連デリバティブ取引と商品関連市場デリバティブ取引〔金商 33 ③〕以外の*デリバティブ'取引は除かれており〔金商 79 の 20 ①③〕、補償対象債権についての支払限度額は 1000 万円である〔金商 79 の 56 ①・79 の 57 ①③、金商令 18 の 12〕。

投資自由化協定　　⇨投資保護協定'

同時傷害　　**1 意義**　2 人以上の者が特定の相手に対し、同一機会に相互の意思連絡なくそれぞれ*暴行'を加えて*傷害'を生じさせた場合で、特定の傷害が誰の暴行によって生じたか不明なとき、又は多数ある傷害のうちのどれが誰の暴行によって生じたか不明なときをいう。刑法 207 条は、この場合、*共犯'でないのに、「共犯の例による」と規定する。それは、共犯関係がなくても、傷害についての刑事責任を全員に問うことを定めるものであり、暴行と傷害の間に必要な因果関係について、*挙証責任'を転換する趣旨であると理解されている。　⇨共同正犯'

2 挙証責任の転換　この場合は各関与者は自己の関与した傷害がその傷害を生じさせていないことの挙証責任を負うことになる。刑法の個人責任の原理及び訴訟法の*疑わしきは被告人の利益に'の原則(利益原則)からすれば、むしろ、このような場合にはいずれの犯人に対しても傷害の責任を負わせることができないはずであるが、刑法 207 条は、2 人以上が暴行を加えた事案においては、生じた傷害の原因となった暴行を特定することが困難な場合が多いことなどに鑑み、上記原則の例外を認めたものと解されている(最決平成 28・3・24 刑集 70・3・1)。関与者が生じた傷害の原因となりうる暴行を加えてすらいない場合に上記例外を認める合理性はないから、同条の適用の前提として、検察官は、行為者が加えた暴行が、当該傷害を生じさせうる危険性を有するものであることを証明する必要がある(前掲最決平成 28・3・24)。更に、同条適用の結果「共犯の例による」とされることから、検察官は、各行為者の暴行が外形的には共同実行

とうししょ

に等しいと評価できるような状況において行われたこと，すなわち，同一の機会に行われたものであることの証明を要する(前掲最決平成28・3・24)。また，判例によれば，更に致死の結果を生じた場合にも，その原因となった暴行を加えた者が不明であれば，本条により全員が*傷害致死罪'の責任を負うものとされる(最判昭和26・9・20刑集5・10・1937，前掲最決平成28・3・24)。なお，いわゆる*承継的共犯'の事案についても本条の適用が可能かについて議論があり，先行行為者は問題なく傷害の罪責を負う以上，利益原則の例外を許容する合理性に乏しいとしてこれを否定する見解も有力であるが，判例は，各行為者間に途中から共謀が成立していた事実が認められるからといって，刑法207条が適用できなくなる理由はなく，むしろ同条を適用しないと共謀関係が認められないときに同条が適用されることとの均衡も失するとして，適用を認めている(最決令和2・9・30刑集70・3・1)。

投資証券 ⇨流通証券'

投資助言・代理業 *金融商品取引法'上の*金融商品取引業'のうちの1つであって，イ 当事者の一方が相手方に対して，*有価証券'の価値等，又は金融商品の価値等の分析に基づく投資判断に関し，口頭，文書その他の方法により助言を行うことを約束し，相手方がそれに対し報酬を支払うことを約束する投資顧問契約を締結し，それに基づいて助言を行うことを業とするもの(投資助言業務〔金商28⑥〕)，又はロ 投資顧問契約又は*投資一任契約'の締結の代理又は媒介を行うことを業とするもののこと〔金商28③〕。不当な内容の投資助言に基づいて投資者の投資判断がゆがめられることを防止し，また投資助言・代理業を行う金融商品取引業者による利益相反行為等を防止するため，投資助言・代理業を行う者として金融商品取引業者の登録を受けなければならない〔金商29〕。開業にあたって営業保証金500万円を供託しなければならない〔金商31の2, 金商令15の12②〕。投資助言業務を行う場合には，受託者として顧客に対し忠実義務・善管注意義務を負い〔金商41〕，顧客との間で有価証券の売買等，金銭・有価証券の預託・貸付等を行うことが禁止される〔金商41の3〜41の5〕。金融機関も登録により行うことが可能〔金商33の2柱〕。

投資信託 **1意義** 広義には，投資者から集めた資金をまとめて投資者以外の者(専門業者)が運用し，その成果を投資者に分配する仕組み(集団投資スキーム)のうち，その媒体に信託を使うものをいう。かつては，投資信託といえば，*有価証券'を投資対象とする証券投資信託法(昭和26法198)上の証券投資信託を指したが，平成10年(法107)及びその後の法改正を経て投資対象が拡大し，スキームの組成も委託者指図型投資信託に加え，委託者非指図型が認められるようになった。投資信託・投資法人法上，投資信託はこの2つの型に限定される。投資信託・外国投資信託の受益証券は*金融商品取引法'上の有価証券とされる〔投信2①⑩〕。

2 仕組み 委託者指図型投資信託では，信託の設定が投資信託委託業者(委託者)と信託銀行(受託者)との間でなされ，信託銀行が委託者の指図に基づいて信託財産を主として有価証券や不動産その他の資産(特定資産)に投資して運用し，委託業者は信託銀行から取得した信託受益権(有価証券)を分割して投資家に販売する。委託者非指図型では，受託者である信託銀行等が複数の委託者(投資家)との間で締結した信託契約により受け入れた金銭を，合同して委託者の指図に基づかずに運用し，資産保管等も行う。

3 税制 平成19年度税制改正によって，信託財産から生ずる収益に対する所得税法のルールは，イ 受益者段階で発生時に課税するもの，ロ 受益者段階で受領時に課税するもの，ハ 信託段階で発生時に法人課税するもの，の3つに整理された。そして，投資信託のうち，証券投資信託・国内公募等投資信託・外国投資信託については，ロのルールを当てはめることとされた〔法税12①但〕。以上に対し，ロの対象となるもの以外の投資信託については，ハのルールが当てはまり，信託財産から生ずる収益は法人税の対象とされる〔法税2㉙の2・4の2〕。この法人税は受託者が納付するが，収益の分配の額が分配可能所得の90％を超えるなど所定の要件を満たす場合，収益の分配が損金(⇨益金・損金')の額に算入される〔租特68の3の2・68の3の3〕。⇨投資法人' ⇨法人課税信託' ⇨信託課税'

投資信託投資法人法 昭和26年法律198号。**1意義・沿革** 正式には「投資信託及び投資法人に関する法律」という。*信託'又は法人制度を用いて，一定の者が投資者の資金を集めて*有価証券'等に投資して集合運用し，その成果を投資者に分配する制度(運用型の集団投資スキーム)を確立し，これらを用いた資金運用の適正を確保するとともに，この制度に基づき発行される各種証券の購入者等の保護を図るため制定された法律〔投信1〕。当初の証券投資信託法が平成10年のいわゆる金融システム改革法(法107)による改正で「証券投資信託及び証券投資法人に関する法律」と題名変更されて，

従来の信託方式に加え、いわゆる*会社型投資信託'の導入、私募投資信託の導入、投資信託委託会社の参入規制・業務範囲規制の見直し等が行われ、更に平成12年の改正(法97)により*不動産投資信託'の導入や委託者非指図型投資信託制度の創設等が行われ、題名も「投資信託及び投資法人に関する法律」と改められた。近年では、平成25年改正(法45)により、投資法人の自己投資口(*株式会社'でいう株式に相当)の取得規制の緩和、ライツ・オファリングを可能とするための新投資口予約権の創設、出資総額からの控除による損失処理が認められ、併せて*金融商品取引法'により投資法人にインサイダー取引規制が導入されている。

2 契約型と会社型 集団投資の媒体(ビークル)には、信託を利用する2つの契約型(委託者指図型と委託者非指図型の投資信託)と会社型の投資法人がある。投資法人は、株式会社類似の法人で、内閣総理大臣への届出を要し、投資口を表章する投資証券や投資法人債を発行して出資を集め、資産を運用してその成果を配当や払戻し、償還に充てる。ガバナンス機構として、投資主総会、投資主総会で選任される執行役員と監督役員から成る役員会が置かれ、会計監査人の監査を受ける〔投信89・95・96・109・111・112・115の2〕。総会の決議にみなし賛成がある、投資口の払戻しが可能なオープン・エンドも認められる、投資法人段階で法人税が課されない等、株式会社と異なる特徴も多い。

3 運用対象・投資者保護 平成12年改正により運用対象に不動産その他政令で定める資産が加えられて、不動産投資信託が解禁された。また、投資証券等の勧誘には、公募のほか、特定の年金基金や大口個人投資家などを相手方とする私募(適格機関投資家私募等と一般投資家私募)も明文で許容されるに至った〔投信2⑧⑨⑩〕。不動産投資信託は、アメリカに倣って、日本でもリート(英 Real Estate Investment Trust；略称REIT)、J-REITと呼ばれて活用され、上場不動産投資法人として多くの銘柄が東京証券取引所に上場され、また私募REITの組成も活発に行われている。投資信託・投資法人の受益証券等は、金融商品取引法上の有価証券〔金商2①⑩⑪〕とされ、同法の投資者保護規定が適用される。

4 資産運用業 かつては、投資信託・投資法人の資産運用業は、投資信託委託業・投資法人資産運用業として、投資信託及び投資法人によって規制されていたが、金融商品取引法により、同法上の*金融商品取引業'の1つである*投資運用業'〔金商2⑧⑫イ⑭・28④①②〕とされ、同法の規制を受けることになった。

同時審判申出共同訴訟 複数の者に対する請求が法律上併存しない関係にある場合に、複数の者を共同被告として訴えが提起され、原告の申出があったとき成立する*共同訴訟'。その共同訴訟においては、*弁論'及び裁判の分離が禁止され、更に*上訴'審では弁論及び裁判は当然に併合される〔民訴41〕。分離によっていずれの被告との関係でも敗訴する原告の危険を回避する限度で、特別の規制がされる*通常共同訴訟'ということができる。

同時選挙 2つ以上の異なる職の選挙を同じ期日に行う場合で、投票・開票の手続が原則として合一して行われるもの〔公選12章〕。選挙経費の節約、事務手続の簡素化を目的とする制度。同じ職の目的・性格を異にする選挙を1つの選挙で行う*合併選挙'(例：参議院議員の*再選挙'と*補欠選挙')〔公選115〕とは異なる。同一地方公共団体の議会の議員の選挙と長の選挙(例：都道府県議会議員の選挙と都道府県知事の選挙)を同時に行うのを横の同時選挙〔公選119①〕、異なるレベルの地方公共団体の選挙(例：都道府県議会議員と長の選挙と市町村議会議員又は長の選挙)を同時に行うのを縦の同時選挙〔公選119②〕という。同時選挙を行うかどうかは、横の同時選挙では、当該地方公共団体の*選挙管理委員会'、また縦の同時選挙では、当該都道府県選挙管理委員会の裁量に属する〔公選119②・120・121〕。なお、在任期間を同じくする参議院(比例代表選出)議員若しくは地方公共団体の議会の議員の選挙において当選人の不足がある場合〔公選110④〕、又は在任期間を同じくする参議院議員若しくは地方公共団体の議会の議員に欠員がある場合〔公選113③〕、その当選人の不足又は欠員が一定数に達しないときは、原則として再選挙又は補欠選挙を行わないが、法が定める一定の選挙が行われるときには、それに便乗して法律上強制的に同時に再選挙又は補欠選挙を行わせることがある(便乗選挙)。また、類似のものに、衆参同日選挙(衆参同日選挙ともいう)(例：昭和55・6・22、昭和61・7・6)があるが、これは異なる2以上の選挙が単に選挙期日を同じくして行われたにすぎないもので、*公職選挙法'123条の適用はなく、ここでいう同時選挙ではない。 ⇒統一地方選挙'

投資その他の資産 有形固定資産でも*無形固定資産'でもない*固定資産'。*関係会社'株式(売買目的有価証券に該当する*株式'及び親

とうしちゆ

会社株式を除く)その他*流動資産'に属しない*有価証券',出資金,長期貸付金,前払年金費用,*繰延税金資産'のほか,流動資産,有形固定資産,無形固定資産又は*繰延資産'に属するもの以外の長期資産が含まれる〔会社計算74③④,財務規31,連結財務規22〕。なお,前払費用のうち,1年内に費用となるべきもの以外のものは,投資その他の資産に属する〔会社計算74③Ⅰカ④リ,財務規16・31⑥,連結財務規22〕。

投資仲裁 英 Investor-State Dispute Settlement;略称ISDS 投資受入国と外国投資家との紛争(投資紛争)を仲裁により解決すること,またそのために提起される仲裁手続を指す。最近の*投資保護協定'は,投資紛争の解決手段として投資受入国の国内裁判手続への付託と並んで投資仲裁への付託を挙げ,外国投資家にいずれかを選択することを認めることが多い。投資仲裁の付託先としては,投資紛争解決国際センター(ICSID)を指定する投資保護協定が多いが,そのほかに*国際連合国際商取引法委員会'の仲裁手続や*国際商業会議所'の仲裁手続等が指定される場合もある。 ⇨*投資紛争解決条約'

同時提出主義 ⇨*法定序列主義'

同時廃止 ⇨*破産廃止'

同時犯 *共犯'関係にない2人以上の者が,たまたま同一機会に同一の*構成要件'に該当する行為を行うこと。例えば,AとBが独立にC殺害を企図し,それぞれが同時に銃撃を実行した場合である。この場合,個人責任の原則に従い,各自が自己の行為から生じたものと証明された結果についてだけ単独犯としての責任を負う。上記の例で,Cが死亡したがいずれの銃撃により死亡したか不明であれば,*因果関係'の証明がなく,両名ともに殺人既遂は成立しえない(殺人未遂の限度で処罰されうる)。ただし,*同時傷害'については,共犯の例による旨の特別規定〔刑207〕がある。他方で,*過失犯'においては複数の単独正犯が成立することは通常の事態である(過失競合)。なお,刑事訴訟法上,同時犯は*関連事件'として取り扱われる〔刑訴9①②〕。

投資ファンド 複数の投資家からの出資を受けて専門家(*投資運用業'〔金商28④〕)が合同運用する集団投資スキームの1つ。その投資資金それ自体を指すこともある。*組合',*匿名組合',投資事業有限責任組合,*有限責任事業組合'などの形態をとり*投資法人'を組織して運用するファンドと,*投資信託'のような契約によるファンドがある。投資信託は一般の大衆から資金を集める投資スキームであることから別途厳格な法規制(*投資信託投資法人法')に服するが,それ以外の各種投資ファンドについても当該ファンドの持分が*金融商品取引法'上の「みなし有価証券」〔金商2②⑤⑥〕とされ,金融商品取引法の規制に服する。*デリバティブ'などあらゆる金融商品等への投資を組み合わせ,市場全体が下がった場合でもプラスの運用成績を目指し適格機関投資家等(富裕層や大口金融機関など)(⇨*機関投資家')などから*私募'形式で資金を集めて運用する投資信託型の投資ファンドは,資産価値の下落リスクをヘッジするという意味で,ヘッジファンドと呼ばれる。適格機関投資家等を相手方として行う集団投資スキーム持分に係る私募や当該私募により得た金銭等を主として*有価証券'又はデリバティブ取引に対する投資として運用する事業は,第2種金融商品取引業又は投資運用業に該当しないとして,*金融商品取引業'の登録を要しないものとされる〔金商63①〕。

投資紛争解決条約 正式名称は「国家と他の国家の国民との間の投資紛争の解決に関する条約」。投資受入国と外国投資家(企業)との間の国際投資紛争解決のために,投資紛争解決国際センター(英 International Centre for Settlement of Investment Disputes;略称ICSID)を設立し,そこで行う*調停'及び*仲裁'の規則を定めた条約。*国際復興開発銀行'の提唱により,1965年に作成され,翌66年に発効した。日本は1967年に批准した(昭和42条10)。2023年末現在,158カ国が締約国となっている。センターは,各締約国代表者から成る理事会と事務局によって組織され〔投資紛争約4・9〕,調停人名簿及び仲裁人名簿を常備している〔投資紛争約3・12~16〕。投資受入国である締約国と投資家である他の締約国国民との間で投資から直接生ずる法律上の紛争であって,両当事者がセンターに付託することについて,事前事後を問わず書面で同意している場合に〔投資紛争約25〕,いずれか一方がセンターの事務局長に書面による調停又は仲裁手続開始の請求を行うことにより開始される〔投資紛争約28・38〕。仲裁は,仲裁人は単独又は奇数とされ,仲裁人の全員が両当事者の合意により選定された場合を除き,過半数は当事者と異なる国の国民でなければならない〔投資紛争約37~39〕。仲裁判断は,当事者が合意した法,合意がない場合には,紛争当事者である締約国の法(法の抵触に関するその締約国の規則を含む)及び該当する*国際法'の規則に基づいてなされる。ただし,両当事者が合意する場合には*衡平と善'によって決定する

ことができる〔投資紛争約42〕。各締約国は仲裁判断を拘束力あるものとして承認し,執行しなければならない〔投資紛争約54〕。主として開発途上国と先進国の企業との間の紛争解決に活用され,特に1990年代後半以降,仲裁に付託される案件の数が増加している。　⇨投資仲裁'

投資法人　**1意義**　*有価証券'・不動産等に対する投資を目的とした特別の*営利法人'で,その発行する証券を投資者に取得させ,運用益を*配当'の形で投資者に分配する仕組みを有するもの。投資信託,有限責任投資事業組合とともに,いわゆる*投資ファンド'の受け皿としての法形態となっている。平成10年の証券投資信託法(昭和26法198)の改正(法107)で会社型投資信託導入の法的受け皿として認められ(これに伴って同法は「証券投資信託及び証券投資法人に関する法律」に改称された),更に平成12年改正(法97)は不動産をも対象とした(これにより更に同法の題名は「投資信託及び投資法人に関する法律」に改められた)。平成18年に制定された*金融商品取引法'(形式的には証券取引法の改正法)上,業者規制の部分は同法上の*金融商品取引業'の規制に吸収された。投資法人は,内閣総理大臣の登録を受けなければ資産運用を行ってはならず〔投信187〕,資産運用は運用会社(投資信託委託業者)に,資産の保管は資産保管会社(信託銀行等)に委託することを義務付けられている〔投信198①・208①〕。投資法人の出資者を投資主,出資の単位を投資口,投資口を表示する証券を投資証券,業務執行者を執行役員,業務執行の監督者を監督役員という。

2 税制　投資法人が支払う金銭の分配のうち利益の配当から成る部分の金額は,配当可能所得の金額の90%を超える金額を払い出しているなど所定の要件を満たす場合,当該投資法人の法人所得の算定上,損金(⇨益金・損金')の額に算入される〔租特67の15〕。　⇨投資信託'

投資保護協定　外国民間投資の奨励及び保護を目的として,締結される協定。二国間で締結されるものが多く,二国間投資協定(圀 bilateral investment treaty;略称 BIT)と呼ばれることがある。1959年に西ドイツがパキスタンとの間で締結したのが最初。1970年代以降急増し,2021年末の時点でその総数は2861に達した。このほかに,自由貿易協定その他の協定で投資の奨励及び保護に関する規定を置くものが427ある。日本も,エジプトとの投資保護協定(昭和53条1)を皮切りに,35の投資保護協定,投資章を含む14の経済連携協定(⇨自由貿易協定')を締結しているほか,多国間の投資保護協定としてエネルギー憲章条約(平成14条9)を批准している。当初は先進国が主導して開発途上国との間で締結されるのが通例であったが,最近は途上国,旧社会主義国も自国向け投資を促進するため積極的に締結するようになってきた。保護対象となる「投資」の意義,投資の待遇(*最恵国待遇・内国民待遇', *公正衡平待遇'),投資家に対する特定措置の履行要求の禁止,支払・送金・資本移転の自由の保証, *収用'・国有化に関する規定,紛争解決手続等を規定する。近年は,投資の保護だけでなく,投資の自由化(投資設立段階の内国民待遇)も規定する協定がある。従来の投資保護協定と区別する意味で投資自由化協定と呼ばれる。　⇨国家の経済的権利義務憲章'　⇨新国際経済秩序'　⇨通商航海条約'　⇨天然資源に対する永久的主権'　⇨投資仲裁'

道州制　都道府県制度の改革構想の1つ。現在の*都道府県'は経済・社会や交通・通信の発展に照らして狭くなっているとして,全国をいくつかのブロックに分け,広域行政を進めようとするもの。第28次地方制度調査会答申(平成18年)では,9・11・13のブロック分けが示された。戦前にも州庁設置案などの道州制案があった。戦後は,昭和20年代末以降しばしば財界などから提案がされている。内容の面では,現在の府県の廃止,新設の道州における公選議会の設置,長の公選制などに関して種々のバリエーションがある。道州制の実現は困難であるとして数府県の連合制を目指す考えや,これとは別に,先進国の多くで採用されている連邦制を目指す議論などもある。道州制導入の検討に資するため,「道州制特別区域における広域行政の推進に関する法律」(平成18法116)が制定され,北海道が国から事務事業の移譲やそれに伴う交付金の交付を受けている。

盗取罪　⇨財産犯'

同情スト　自らの労働関係についての要求を提起せずに,主として他社の労働者の争議を支援する目的で行われるストライキ(*同盟罷業')。他社の争議目的と自社の労働者の*労働条件'の関連性があれば正当性を認める見解と,団体交渉による解決可能性のないことから正当性を否定する見解とがある。

当初予算　⇨本予算'

同時履行の抗弁権　**1意義**　売買のような*双務契約'の当事者は,相手方が債務を提供するまでは,自分の債務を履行しないと主張することができる〔民533〕。例えば,買主の方で代金を持参するまでは目的物を引き渡さないと売

とうすいけ

主が主張する場合である。このような主張をする権利を同時履行の抗弁権という。双務契約では、互いに債務が対価関係にあるから、他方が履行しないのに一方だけを履行させるのは公平に反するという考えから認められた制度である。しかし、当事者が特約でどちらかの債務を先に履行すると決めておいた場合には、この主張は認められない。例えば、上記の例で代金は後払いという特約があるときは、売主は目的物の引渡しを拒めない。

2 抗弁権という構成 *留置権'も同様に公平という観点から認められた制度であるが、物権として'第三者'にも主張できる点で異なっている。また、同時履行の抗弁権は、抗弁権とされているだけであるから、裁判所は同時履行の利益を受ける当事者の主張・立証がない限り参酌しなくてもよい。そして、当事者が主張・立証した場合には、履行請求者(原告)の訴えが敗れるのではなく、自分の側の弁済と引換えに給付を受けられるという'引換給付判決'が与えられ、原告の一部勝訴になる。

3 効果 同時履行の抗弁権が存在する間は、債務者は相手方の履行があるまで自分の債務の履行を適法に拒めるので、期限を過ぎて債務を履行しなくても、*履行遅滞'の責任を負わず、損害賠償義務や相手方の解除権は発生しない。

4 他の法律関係への適用 同時履行の抗弁権は、公平の考慮に基づくものであるから、双務契約の場合に限らず、1つの法律関係から対立する2つの債務が生じ、それを関連的に履行させることが公平と考えられる場合にも適用される。民法は、解除による*原状回復'義務[民 546]、終身定期金契約の解除[民 692]などについて同時履行の抗弁権を認めており、また、*弁済'と受取証書の交付は同時履行の関係に立つ[民 486]。

統帥権 軍に関する事務のうち、編制・組織に関わる国務を「軍政」というのに対して、作戦・用兵を指す「軍令」系統の最高指揮権のこと。*明治憲法'下では天皇大権の1つであった[明憲 11]から、天皇の決裁を仰ぐのが建前であるが、機密を保ち迅速に対応する必要や専門的知識・能力の観点から、国務大臣の*輔弼(ほひつ)'を要する一般国務から独立し(統帥権の独立)、その発動には陸軍の参謀総長、海軍の軍令部長が参画するという*慣習法'が成立していた(帷幄(いあく)上奏)。軍部は統帥権の範囲を拡大することに熱心で、昭和5年(1930)のロンドン(海軍軍縮)条約における海軍の保有戦力限定を巡る政府の後には、当然なされるべき軍政事項への政府や議会の関与も「統帥権の干犯(かんぱん)」と

して排撃されるようになった。

同性婚 同性のカップルによる婚姻類似の関係。1989年にデンマークで登録パートナーシップ制度が導入されて以降、1994年のヨーロッパ議会の「ヨーロッパ共同体内における同性愛者の平等な権利に関する決議」にみられるように、積極的に同性カップルの関係を法的に承認しようとする動きがある。法的に同性婚を認めるということは、公的機関での登録により、相互扶助義務、財産関係、氏、相続などについて婚姻と類似した*法律効果'を認めることを意味する。また、日本では同性婚は認められていないが、外国法上成立した同性婚が国際私法上の*先決問題'となることが予想される。そのような場合、性質決定の問題として、同性婚も法的に認められた二当事者の結合関係であり、また、一夫多妻婚なども法適用通則法24条にいう婚姻に含まれることから、これを婚姻と解する見解も主張されている。これに対し、婚姻と同性婚とでは、諸国の実質法上、その要件も登録によって生じる法律効果にも相違がみられることから、当事者が登録時に有した期待を保護するため、ドイツ、ベルギー、フランスなどのように、登録パートナーシップについて登録地という連結点を新たに採用し、登録地法を準拠法とする立法例もある。外国での異性婚締結後にそれが同性婚であったことが判明し、当該同性婚の有効性が日本で問題となった事案(佐賀家審平成 11・1・7 家月 51・6・71)がある。

当選争訟・当選訴訟 **1 当選争訟** 公職選挙法は、当選の効力に関し不服がある場合に、異議の申出[公選 206 ①]、審査の申立て[公選 206 ②]、訴訟[公選 207・208]を定めているが、それらを総称して当選争訟という(⇨選挙争訟・選挙訴訟)。

2 当選訴訟 当選の効力に関する訴訟[公選 207・208]。当選無効訴訟ということもある。地方公共団体の議会の議員及び長については、全ての選挙人が原告となることができる[公選 206]のに対し、国会議員については、当選をしなかった候補者(比例代表選出議員については、名簿届出政党等を含む)しか原告になれない[公選 208 ①]。*民衆訴訟'[行訴 5・42・43]の一種であり、高等裁判所の専属管轄とされている[公選 217]。なお、*選挙運動総括主宰者'・*出納責任者'等の*選挙犯罪'による*当選無効'等に関する訴訟[公選 210・211]は、当選訴訟と区別される。⇨選挙関係訴訟

当選訴訟 ⇨当選争訟・当選訴訟'

当然対抗制度 *通常実施権'を有する者が、

とうそうざ

その発生後に'特許権','実用新案権','意匠権'等を取得した者に対して，又は，利用権を有する者が'著作権'を取得した者に対して，登録などを要せず当然にその効力を対抗できるとする制度のこと〔特許99，新案19③，意匠28③，著作63の2〕。それまでの，通常実施権の対抗には特許庁への登録を必要としていた制度を改め(平成23法63)，2012年4月に特許法，実用新案法，意匠法に導入されたが，その際，商標法への導入は見送られた。従前，登録には，多数の権利を含む場合の多大な手間とコスト，登録に際して許諾契約(ライセンス契約)の詳細な条項を開示しなければならなくなる点，登録は特許権者と実施権者が共同で申請しなければならない〔特許登18〕ところ特許権者の協力が得にくいことなどの問題があり，ほとんど利用されてこなかった。そのため，ライセンス保護の重要性の高まりを受けて当然対抗制度が導入された。従来からも，特許権を譲り受ける者は，'デュー・ディリジェンス'等による事前確認を行う実務慣行があったとされるから，これによって取引の安全が害されるおそれは大きくない。著作権法には，そもそも利用権を第三者に対抗する手段がなかったところ，ライセンス保護の必要性から，他法に遅れて2020年10月に導入された(令和2法48)。なお，当然対抗制度は，あくまで通常実施権の対抗についてのものであって，その根拠となった実施許諾契約上の債権債務関係が新たに特許権等の本権を取得した者に承継されることを定めるものではない。学説は，'賃貸借'契約と同様に，債権債務関係の全部又は一部の承継を認める立場(承継説)と，実施許諾契約に含まれる債権債務の多様性を考えると，賃貸借とは異なって承継を認めない立場(非承継説)に分かれている。この点についての裁判例はいまだない。

当選人 選挙により選挙される職に就くことが決定された者。'比例代表'選挙以外の公職選挙法上の選挙においては，'法定得票'数に達した者で，有効投票の「最多数を得た者」(「最多数」とあるが，定数が複数の場合は，得票数の多い順に定数に達するまでの者を意味すると解されている)が当選人となる〔公選95〕。衆議院比例代表選出議員の選挙においては，ドント式により各名簿届出政党の当選人数が決められた上で，名簿に記載された当選人となるべき順位に従い当選人になる〔公選95の2〕。小選挙区との'重複立候補'をした候補者のうち同一とされた者については，小選挙区選挙における惜敗率により当選人が決定される〔公選

95の2③〕。参議院比例代表選出議員の選挙においては，名簿記載者のうち得票数の最も多い者から当選人になる。ただ，平成30年にいわゆる特定枠制度が導入され(法75)，優先的に当選人となるべき候補者を名簿に記載することが認められている〔公選86の3・95の3〕。　⇨無投票当選'　⇨繰上補充'

当然の法理　'公務員'に任用されうる地位(公務就任権)については，'国籍'を要件とする明示的な法規定は存在しないにもかかわらず，国，自治体では従来，そもそも公務員は'公権力'の行使に当たりうるのであるから，'国民主権'原理の下では当然に日本国籍を保持していなければならない，として，国籍を公務就任の当然の要件とする「当然の法理」に立ってきた。ところが近時，一部自治体では専門職に限る，幹部登用はしない，などの条件つきで，定住外国人にも公務員試験の受験資格を認める方針をとるようになっている。他方で，最高裁判所は「地方公務員のうち，住民の権利義務を直接形成し，その範囲を確定するなどの公権力の行使に当たる行為を行い，若しくは普通地方公共団体の重要な施策に関する決定を行い，又はこれに参画することを職務とする」「公権力行使等地方公務員」は日本国籍保持者のみがこれに就任しうるとし，外国人が管理職として公権力を行使することは「我が国の法体系の想定するところではない」として，公権力を行使する職種の管理職については否定する立場を明らかにしている(最大判平成17・1・26民集59・1・128)。

当然保釈　⇨権利保釈'

当選無効　当選の効力を失わせること。'当選争訟'による場合や'連座制'による場合がある。

当選無効訴訟　⇨当選争訟・当選訴訟'

逃走罪　**1意義**　法令により'拘禁'されている者が拘禁状態から離脱し(自己逃走)，又はこれを離脱させる(逃走関与)罪。'未遂'も罰せられる。刑法97〜102条。なお，「法令による拘禁」に，刑事司法における拘禁作用のみならず，行政手続による拘禁作用一般を含むかについては見解の対立がある。

2自己逃走　被拘禁者が主体となる自己逃走は，法令により拘禁された者が単純に逃走する罪(単純逃走罪。3年以下の拘禁刑)〔刑97〕と，拘禁場又は拘束のための器具を損壊し若しくは看守者等に'暴行''脅迫'を加え，又は2人以上通謀して逃走する罪(加重逃走罪。3月以上5年以下の拘禁刑)〔刑98〕とがある。自己逃走は，

どうぞくが

逃走関与に比して*法定刑*が軽く、その理由は*期待可能性*の低さにあると解されている(加重逃走は手段の悪質性ゆえに法定刑が加重されている)。なお、*仮釈放*を許すことができる期間を経過した受刑者が、刑事施設長の許可を得て、外部通勤作業や外出又は外泊をした際に、所定の期間を過ぎても施設に帰着しない場合には、自己逃走と同様に、3年以下の拘禁刑に処せられる〔刑事収容293②〕。また、地震、火災その他の災害に際して一時解放された受刑者等が避難を必要とする状況がなくなった後速やかに刑事施設又は刑事施設の長が指定した場所に出頭しなかったときは、2年以下の拘禁刑に処せられる〔刑事収容83・293①〕。更に、*留置施設*、海上保安留置施設における被留置者の災害時一時解放の場合についても同様の罰則規定が置かれている〔刑事収容293③④〕。

3 逃走関与 逃走関与は、法令により拘禁された者を客体とし、これを実力で奪いとる被拘禁者奪取罪(3月以上5年以下の拘禁刑)〔刑99〕、逃走を容易にさせる行為をする逃走援助罪(3年以下の拘禁刑。ただし暴行・脅迫を加えた場合は3月以上5年以下の拘禁刑)〔刑100〕、看守又は護送の任務に当たる者が逃走させる罪(1年以上10年以下の拘禁刑)〔刑101〕の3つがある。逃走援助罪は、実質的に逃走の*教唆*・幇助(⇨幇助犯')に当たる場合を、独立の罪として処罰するものであるから、被拘禁者の自己逃走との関係で総則の*共犯*規定が適用されることはなく、本罪のみが成立する。

同族会社 Ⅰ 親族や従業員から構成される会社のように、社員間の人的関係が濃厚な会社。*持分会社*に加え、*株式会社*形態をとっている会社の中にも同族会社が極めて多い(⇨法人成り')。同族会社は閉鎖会社であることが多く、閉鎖性の維持が重要であることから、昭和41年改正(法83)商法により株式の譲渡に会社の承認を要する旨を*定款*で定めることが許容された。会社法は、同族会社に適した会社形態である有限会社制度を廃止した上で、全株式につき定款で譲渡制限をしている非公開会社について*取締役会*や*監査役*を設置しないタイプの株式会社を許容するなど、機関設計の選択肢を大幅に拡大し、同族会社のニーズと実情に応じた手当てを講じた。 ⇨非公開会社' ⇨閉鎖会社'

Ⅱ 同族会社という言葉は、会社法においては法律上の用語ではないが、*租税法*上は、株主等の3人以下並びにこれらと政令で定める特殊の関係のある個人及び法人(同族関係者)のもつ株式の総数又は出資の金額の合計額が、その会社の*発行済株式総数*又は出資金額の50%以上を占めるものを同族会社と呼ぶ〔法税2⑩、法税令4〕。日本の法人の大部分は同族会社である。同族会社においては、株主に対する高い所得税率の適用を回避するために利益を内部に留保する場合があり、また、容易かつ合法的にその会社又は株主・社員若しくはその同族関係者の租税負担の軽減を図るおそれがあるので、個人企業と同族会社との間の負担の公平を図るため、通常の*法人税*のほかに、一定額を超える内部留保について特別の課税を行うこととし(同族会社の特別税率)〔法税67〕、かつ、税務署長は一定の要件の下に同族会社の行為又は計算を否認することができる〔法税132、所税157、相税64、地税72の43〕などの特別の取扱いが定められている。前者の特別税率については、平成19年改正(法6)で、資本金又は出資金の額が1億円以下の特定同族会社が適用対象から除かれることになった。後者の、同族会社の行為・計算の否認は、同族会社又はその関係者の租税負担を不当に減少させるような行為や計算が行われた場合に、租税負担の公平を維持するために、それを否認して正常な行為や計算に引き直して更正又は決定(⇨更正・決定')を行う権限を税務署長に認めるものである。なお、否認の要件としては、経済的合理性を欠いた行為又は計算の結果として租税負担が減少すれば十分であって、*租税回避*の意図は必要ではないとされる。

到達主義 *意思表示*の効力が発生する時期を、相手方に到達した時とする立法主義。意思表示の伝達は、表白→発信→到達→相手方の了知という4つの過程をとるが、単に意思表示が表白された時点とか、相手方が現実に了知する時点で意思表示の効力が発生するとするのは、表示した者又は相手方のいずれか一方の利益に偏しすぎる。そこで、民法は、意思表示が相手方に到達すれば、相手方が了知できる状態になるから、現実に相手が了知しなくても特に相手方に不利でないとして、到達時に効力を発生させることを原則とした〔民97〕。到達というのは、例えば郵便受けに配達されるなど、客観的に相手がその意思表示を了知できる状態になることである。したがって、一定期間内に意思を表示しなければならない場合には、その期間内に意思表示が到達していなければならないことになる。なお、迅速性を必要とする場合には、例外的に発信主義をとる〔商526②等〕。その典型例は隔地者間における契約の承諾〔民旧526①〕であったが、*債権法改正*によっ

てこの規定は削除され，到達主義の原則が貫徹されることになった。 ⇨発信主義' ⇨隔地者・対話者'

統治機構 **1 意義** 近代国家が必要とする*統治権'の実現のための組織。最広義の政府(英 Government)という言葉と同義である。人権とともに憲法を構成する二大分野の１つ。⇨政府'
2 機構の原理 統治機構の構成原理は憲法によって与えられる。そこでは，*民主制'か専制制か，*君主制'か*共和制'か，権力分立か権力集中か，*個人主義'か*全体主義'か，消極国家(⇨夜警国家')か積極国家(⇨福祉国家')か，などが各々選択決定され，これら諸原理に基づいて，憲法典あるいは法律によって，各種の制度が具体的に決定される。
3 日本の統治機構 日本国憲法は，国会・内閣・裁判所を中心に統治機構を定め，*民主主義'・*地方分権'主義・*自由主義'・*権力分立主義'・*平和主義'などの諸原理を具体化している。

統治権 国土と国民を支配する権利の総体。所有権的な権利から区別された*公法'上の権利であるという意味で高権(英 Hoheit)とも呼ばれる。*主権'とか*国権'とか呼ばれることもある。領土に対する領土高権，国民に対する対人高権，国家機構の自主組織権を基本的な内容とする。*明治憲法'では，天皇が統治権の総攬(そうらん)者とされた〔明憲4〕。

統治行為 法律上の争訟に該当して裁判の対象となりうる行為であるにもかかわらず，国家統治の基本に関わるなど，高度に政治的な国家行為であることを理由に，司法審査の範囲外に置かれる行為のことを統治行為ないしは政治問題(英 political questions)という。最高裁判所の判例上認められたものとしては，安保条約の合憲性問題(*砂川事件')，衆議院の解散行為の合憲性問題(*苫米地(とまべち)判決')がある。他方，最高裁判所は議員定数不均衡問題に関しては，統治行為の主張を認めていない。統治行為を認める根拠としては，高度に政治的内容を有する統治行為は政治部門である内閣や国会の判断に委ねられ，国民に政治的責任を負わない司法権の範囲外にあるという民主主義の責任原理を重視した見解がある(内在的な制約説)。このほか，司法審査を行う場合に予測される混乱を回避する意味で裁判所が自制すべきであると説く見解が見られる(自制説)。統治行為が憲法の明文に基づくものでないことや，法治主義や違憲審査制の例外であることから，内容の曖昧な統治行為を用いずに，議院や内閣の自律権や自由裁量の問題として論ずべきとする意見など，統治行為の概念を限定して用いることを説く見解がみられる。

同地払手形(小切手) *支払地'と*為替手形'・*小切手'の*支払人'，*約束手形'の*振出人'の住所地とが同一である*手形'・*小切手'のこと〔手4・77②，小8参照〕。両者が異なる*他地払手形(小切手)'に対する。

盗聴 ⇨傍受' ⇨通信傍受'
動的安全・静的安全 法の一般原則からいえば，一旦権利を取得した者はみだりに権利を奪われることはないのが原則であるが，元々の権利者の権利を犠牲にしても取引関係に入った者を保護する必要のある場合が生ずる。前者の原則を静的安全，後者の要請を動的安全(取引の安全)という。静的安全と動的安全はしばしば衝突してその調整が必要になるが，資本主義が発達して取引が活発に行われるようになったことから，立法及び解釈の上で，動的安全に重きを置く必要性が強調されてきた(*善意取得'，*表見代理'，*意思表示'の解釈方法などの場面)。これらは，いわば権利の外観に対する信頼保護であるが(⇨権利外観理論')，学説には，*第三者'保護を権利外観で説明してしまって，元々の権利者Aの帰責性を軽くみるのはAの権利を犠牲にする根拠としては不十分だとの指摘がある。

同等説 ⇨条件説'
統督 行政機関等の長が部下の職員に対し，一般的包括的立場で指揮監督すること〔内13③，行組10，学教92③〕。 ⇨指揮監督権' ⇨統轄' ⇨所轄'

東南アジア諸国連合 英 Association of South-East Asian Nations；略称 ASEAN(アセアン)
東南アジア諸国が域内の協力・統合の推進と域外国も巻き込んだ広域協力のために形成した地域的国際組織。1967年にインドネシア，マレーシア，フィリピン，シンガポール，タイの５カ国で結成。その後，ブルネイ(1984)，ベトナム(1995)，ラオス，ミャンマー(1997)，カンボジア(1999)が加盟した。首脳会議の下に閣僚(外相)会議と経済閣僚会議が置かれ，各々年次開催される。ほかに各種の常設委員会，事務局(ジャカルタ)等。域内の経済開発のために共同歩調をとることを活動の柱に据える。2003年にASEAN共同体の創設で合意し，2009年にはこの共同体を構成する政治・安全保障，経済，社会・文化の３つの共同体を2015年に完成させるためのロードマップを発表した。このうちASEAN経済共同体(英 ASEAN Economic Com-

どうにゅう

munity；略称 AEC)の創設に向けた取組として，物品貿易協定(ATIGA，2010 年発効)や包括的投資協定(ACIA，2012 年発効)等が締結されている。広域協力に関しては，外交・安全保障分野で主要域外国との対話を継続するアセアン地域フォーラム(図 ASEAN Regional Forum；略称 ARF)等の枠組みを設けている。

導入預金 金融機関に預金等をする者が，特別の金銭上の利益を得る目的で特定の*第三者'と通じて，当該預金等を担保とすることなく金融機関にその第三者への融資又は第三者のための債務保証をさせること。導入預金及びその媒介行為は法律で禁止されている〔預金契約取締 2・3〕。

盗犯等ノ防止及処分ニ関スル法律 昭和 5年法律 9 号。盗犯等防止法と略称される。正当防衛の特則〔盗犯 1〕とともに，常習として窃盗，強盗等の罪を犯した一定の場合〔盗犯 2・3〕，及び，常習として強盗傷人，強盗・不同意性交等の罪を犯した場合〔盗犯 4〕の刑の加重を規定する。盗犯を防止しようとする場合等に，1 条 1 項は，自己又は他人の生命，身体又は貞操に対する現在の危険を排除するため犯人を殺傷したときは，刑法 36 条 1 項の防衛行為があったものと規定し，「やむを得ずにした」ことをその要件として明示していない。判例によると，現在の危険を排除する手段として相当性が必要であるが，それは，刑法 36 条 1 項における侵害に対する防衛手段としての相当性よりも緩やかなものを意味する(最決平成 6・6・30 刑集 48・4・21)。本法 1 条 2 項は，自己又は他人の生命，身体又は貞操に対する現在の危険がなくても，恐怖，驚愕，興奮又は狼狽により現場において犯人を殺傷したときは罰しないと規定している。

当番弁護士 身体を拘束された*被疑者'からの求めに応じて，*弁護士会'が速やかに*弁護士'を派遣する制度。平成 2 年に一部の地域で開始され，平成 4 年からは全国の弁護士会で始められた。法律に明記された制度ではないが，本人からの面会依頼は，弁護士会を指定した弁護人選任の申出に当たると考えられる〔刑訴 78・79〕。初回の面会は無料である。被疑者が*弁護人'としての選任を希望するが資力のない場合には，弁護士会の事業として費用を援助する場合もある。逮捕段階では適用されない*国選弁護人'制度を補う意味もある。 ⇒刑事被疑者弁護援助制度' ⇒弁護人依頼権' ⇒法律扶助'

投　票 1 選挙における*選挙人'の公務員選定の意思表示。*公職選挙法'による投票は，秘密〔憲 15 ④，公選 46 ④〕(⇒投票の秘密')，単記〔公選 46 ①〕，自書〔公選 46 ①～③〕及び選挙期日投票所投票〔公選 44〕の方法を原則とするが，*代理投票'〔公選 48〕や期日前投票・*不在者投票'〔公選 48 の 2・49〕などの例外も認められている。 ⇒電子投票'

2 一定事項に対する国民(憲法改正の*国民投票')〔憲 96〕，住民(地方自治特別法の*住民投票'，*地方公共団体の議会'の*解散'の投票，議員・長又は役員の解職の投票')〔憲 95，自治 261・76～88〕又は会議体の構成員(投票による*表決')〔衆規 152～155 の 2，参規 138～141〕の賛否の意思表示。

投票の秘密 選挙において，*投票'がどの*選挙人'によってされたかを秘密にする制度。選挙人の自由な意思の表明及び選挙の公正を確保する制度で，各国の選挙法上の公理とされ，憲法上の原則〔憲 15 ④〕とされる。投票は選挙人が記入し，自ら投票箱に投入することを原則とし〔公選 46 ①～③〕，点字投票〔公選 47〕や*代理投票'〔公選 48〕は例外的にかつ慎重な手続の下に認められる。投票用紙には投票者の氏名は書いてはならず(*無記名投票')〔公選 46 ④〕，候補者の氏名(*比例代表'制の場合は，政党等の名称又は略称)以外のことを記載した投票は無効となる〔公選 45〕，他人に記載をみられないような投票記載場所の設備〔公選令 32〕，開票区ごとに各投票所の投票を混同して開票すること〔公選 66 ②〕など，いずれも投票・開票手続において投票の秘密保持を目的とするものである。投票の秘密を侵した者は処罰され〔公選 226 ②・227・228〕，何人も(たとえそれが公権力の行使である尋問であっても)投票した被選挙人の氏名又は政党等の名称若しくは略称を陳述する義務はない〔公選 52〕。

盗品　等 *盗品等に関する罪'〔刑 39 章〕の客体。「盗品その他財産に対する罪に当たる行為によって領得された物」〔刑 256〕の略語。平成 7 年の刑法の平易化により「贓物(ぞうぶつ)」という用語が上記のように改正されたことから使用されるようになった。

盗品等に関する罪 1 総説 「盗品その他財産に対する罪に当たる行為によって領得された物」(以下，盗品等という)を，無償譲受け，運搬，保管，有償譲受け，有償処分のあっせんをする罪。平成 7 年の刑法の平易化前は贓物(ぞうぶつ)罪と呼ばれていた(⇒盗品等')。刑法 256 条。無償譲受けは 3 年以下の拘禁刑，それ以外の行為は 10 年以下の拘禁刑及び 50 万円以下の罰金

どうふけん

に処せられる。前提となる*財産犯'を本犯といい、本犯者およびその共同正犯者以外の者を主体とする。本罪の本質については、かつては本犯によって生じた違法な財産状態を維持存続させる犯罪であるとする見解(違法状態維持説)もみられたが、本犯の被害者の被害財物に対する追求権を侵害する犯罪であるとするのが、通説・判例(最判昭和23・11・9刑集2・12・1504等)である(追求権説)。なお、犯人庇護(ひご)的な性格のほかに、犯罪者に寄生して中間搾取的利得をむさぼる利欲犯的傾向が強いことを考慮し、利得の剝奪という意味から、無償譲受け以外の罪には拘禁刑のほかに罰金を併科することにしている〔刑256②〕。

2 盗品等の意義 盗品等とは、財産犯によって得られた財物である。本犯である財産犯が、*構成要件'に該当し違法であればよく、それ以外の事由で犯罪が不成立になり、あるいは現に処罰されなくてもよい。ただし、本犯の被害者が、法律上の追求権をもつ財物であることが必要である。したがって、被害物件が、民法上の*善意取得'の規定〔民192・193〕により第三者に所有権を取得されたときは、盗品性を失う〔ただし民193〕。*加工'者が盗品等に対して所有権を取得したとき〔民246〕も同様である。盗品等との交換によって得られた物も原則として盗品等ではないが、判例は、両替によって得た通貨(大判大正2・3・25刑録19・374)、小切手の支払によって得た現金(大判大正11・2・28刑集1・82)も盗品等であるとする。

3 本罪の故意 本罪の成立には、行為者が盗品等であることを認識していることを要する。その認識は、何らかの財産罪の結果得られたものであるという未必的な認識で足り、それ以上に、本犯の罪名等の具体的事実を知る必要はないというのが通説・判例(最判昭和23・3・16刑集2・3・227)である。盗品性の知情の点の立証は困難であるため、*改正刑法準備草案'は、一定の範囲で*過失犯'も処罰することにしたが〔改正刑法準備草案367〕、反対が強く、*改正刑法草案'では再び故意犯だけを処罰することとされた〔刑法草案358・359〕。

4 親族間の特例 本罪は、親族間で犯された場合は刑が免除される〔刑257〕。本条は、盗品等に関する罪の犯人と本犯の被害者が親族関係にある場合に適用されるとする見解もあるが、親族関係は盗品等に関する罪の犯人と本犯者との間に存在することが必要であるというのが通説・判例(最決昭和38・11・8刑集17・11・2357)である(⇨親族間の犯罪に関する特例')。

盗品等の有償処分あっせん罪 盗品等の法律的処分行為(売買・交換・質入れ等有償的なもの)を媒介周旋する罪〔刑256②〕。平成7年の刑法の平易化前の規定では、このような媒介周旋行為につき牙保(がほ)という用語が使われていた。本犯者から委託を受けたか否か、また、有償・無償を問わない。追求権説の立場から本罪の成立には、媒介周旋行為が行われるだけでは足りず、現実に媒介周旋行為が行われることが必要であるが、その結果として盗品等の処分行為が行われ、盗品等の移転があったことまでは必要でないというのが判例である(最判昭和23・11・9刑集2・12・1504)。その後の判例は、有償処分のあっせんが本犯の被害者に対してなされたときも、本犯を助長し誘発するおそれがあるとして本罪の成立を認めている(最決平成14・7・1刑集56・6・265)。⇨盗品等'⇨盗品等に関する罪'

盗品等保管罪 委託を受けて盗品等を保管する罪。平成7年の刑法の平易化前の規定では、このような保管行為につき寄蔵という用語が使われていた〔刑256②〕。有償・無償を問わない。貸金の担保として収受し保管する行為も盗品等の保管に当たる。保管後に盗品等であることを認識した場合は、その時点以後、本罪の成立を認めるのが判例(最決昭和50・6・12刑集29・6・365)であるが、本罪を状態犯と解する立場からの批判がある。⇨盗品等'⇨盗品等に関する罪'

盗品等無償譲受け罪 無償で盗品等の交付を受け取得する罪。3年以下の拘禁刑。他人の財産犯による利益にあずかる行為にすぎないため軽い処罰にとどまっている〔刑256①〕。約束だけでは足りず盗品等の移転が必要である。⇨盗品等'⇨盗品等に関する罪'

盗品等有償譲受け罪 盗品等を有償で取得する罪。無償取得である盗品等無償譲受け罪〔刑256①〕に比べて重く処罰される〔刑256②〕。売買・交換・債務の弁済としての取得などもこれに含まれる。平成7年の刑法の平易化前の規定では、盗品等の有償取得行為につき故買という用語が使われていた。追求権説の立場から、単に契約の成立があっただけでは足りず、盗品等が現実に授受されることを必要とするというのが、通説・判例(大判大正12・1・25刑集2・19等)である。しかし、盗品等の授受がなされた以上は、代金の支払や契約内容の具体的取決めなどがなされることは要しない。⇨盗品等'⇨盗品等に関する罪'

道府県税 ⇨国税・地方税'

どうふけん

道府県民税　道府県が課する*住民税'〔地税23〜71の67。なお，都・特別区については地税1②③参照〕。道府県内に住所を有する個人については，*均等割'と前年の*総所得金額'等を基礎とした*所得割'がある〔地税24〕。標準税率は，均等割は1000円〔地税38〕，所得割については，4％である〔地税35〕。道府県内に事務所又は事業所を有する法人に対しては，資本等の金額に応じて2万円から80万円までを標準税率とする均等割と，法人税額を*課税標準'とする法人税割とが課される〔地税24・52〕。更に*所得税'において利子所得並びに一定の配当及び株式譲渡益が*源泉分離課税'されるのに対応して，5％で課される利子割，配当割及び株式等譲渡所得割がある〔地税71の6・71の28・71の49〕。なお，個人の道府県民税は市町村により市町村民税と併せて賦課・徴収され〔地税41〕，法人の道府県民税は申告により納付される〔地税53〕。

動物管理者の責任　⇨動物占有者の責任'

動物占有者の責任　動物の占有者は，その動物が他人に加えた損害を賠償しなければならない〔民718①本文〕。特殊の*不法行為'の1つであり，*危険責任'に基礎付けるのが有力な考え方である。ただ，動物は原則として責任を負い，動物の種類・性質に従い，相当の注意をもって管理したことが立証されれば責任を免れる〔民718①但〕（⇨中間的責任'）。なお，占有者に代わって動物を管理する者も占有者と同様の責任（動物管理者の責任）を負う〔民718②〕。

当分の間　⇨当分の間'〔巻末・基本法令用語〕

答弁書　I　民事訴訟における*準備書面'の一種であり，*訴状'・上訴状（又は*上告理由書'）に対して被告又は被上訴人が，請求又は*上訴'の趣旨に対する答弁，訴状等に記載された事実に対する認否及び抗弁事実，立証を要する事由ごとの当該事実に関連する事実で重要なもの及び証拠を記載して最初に提出するもの〔民訴規80〕。裁判長が提出期間を定めることもできる〔民訴162，民訴201〕。最初の*口頭弁論'期日に被告又は被上訴人が欠席した場合には，提出された答弁書の記載事項が*陳述'されたものとみなされる〔民訴158〕。

II　刑事訴訟法上は，*控訴'及び*上告'の相手方が*控訴趣意書'・*上告趣意書'に対して出す反論の書面をいう。検察官が相手方となったときは答弁書を差し出さなければならないのに対して，被告人の場合は任意である。提出期間は控訴趣意書の謄本の送達を受けた日から7日以内〔刑訴規243〕。

III　行政上の審判手続において，当事者の一方が相手方の提出した文書又は主張に反駁（はんばく）するために提出する文書をいう。例えば，特許庁長官に裁定請求があった場合〔特許83②〕，同長官は，関係者に対し，答弁書を提出する機会を与えなければならない〔特許84。そのほか，新案39，土地利用調整29，税通93等〕。なお，行政不服審査法'は，審査請求に対して処分庁等が提出するものを弁明書とし〔行審29③〕，弁明書に対する審査請求人の反論を記載した文書を反論書とする〔行審30①〕。

答弁取引　刑事裁判において，軽い罪名への変更など検察官側の譲歩と引換えに，被告人側が罪を認める答弁をすること。自己負罪型司法取引とも呼ぶ。アメリカ合衆国では，起訴された事件の大半が，この答弁取引によって処理されている。日本では，公式には行われない。⇨有罪の答弁'　⇨司法取引'

逃亡　刑事手続において，*被告人'や*被疑者'などが刑事訴追や*刑の執行'を免れる目的で裁判所・捜査機関・執行機関に対して所在不明になること。*召喚'又は呼出しに応じないだけでは，直ちに逃亡ということはできない。審判を行い，刑を執行するためには，被告人等の身柄を確保しておく必要があるから，逃亡し又は逃走のおそれがあることは，*逮捕'〔刑訴規143の3，刑訴217〕・*勾留'〔刑訴60①③〕・*保釈'の取消し及び*保証金'の*没取'〔刑訴96①②③〕・*収容状'の発付〔刑訴485〕の理由とされる。また，勾留された被告人等との*接見'については，逃亡を防止するため接見を禁止し又は必要な措置をとることができる〔刑訴39②・81，刑訴規30〕。住居不定ないし不詳〔刑訴58Ⅰ・60Ⅰ・89Ⅵ・199①但等〕は，逃亡のおそれが極めて大きい場合の1つと解されている。なお，犯人が逃げ隠れているため*起訴状'謄本の送達ができないときは，*公訴(の)時効'は進行しない〔刑訴255①〕。国外逃亡については，*犯罪人引渡し'の制度がある。

逃亡犯罪人引渡し　⇨犯罪人引渡し'

謄本　⇨原本・副本・謄本・正本・抄本'⇨戸籍謄本・戸籍抄本'　⇨手形の原本・謄本・複本'

同盟　⇨安全保障'

透明性　一般的な語義のほか，特に，一定の業務や組織に関する情報が狭い関係者にとどまらず広く知られるようになっている状態をいう。*行政手続法'は，この語を，「行政上の意思決定について，その内容及び過程が国民にとって明らかであること」と定義した上で，行政

運営における公正の確保と併せて，そのような透明性の向上を，立法の目的として掲げている〔行手1〕。

同盟政策 ⇨ 安全保障'

同盟罷業 ストライキのこと。労務の集団的な不提供を行うという態様の*争議行為'。ストライキは憲法28条の保障する*団体行動権'の中核的な内容をなす。正当な同盟罷業については民事免責が認められる〔労組8〕し，刑事免責も認められる〔労組1②〕。また正当な同盟罷業に関与したことを理由とする不利益な取扱いは*不当労働行為'となる〔労組7①③〕。同盟罷業は，労務の不提供という消極的な態様によるもので，判例も原則としてこのような態様の争議行為の正当性を肯定している。ただし，労働組合の決定を経ないで組合員により独自に行われる*山猫スト'，使用者に処分可能ではない事項に関する要求実現を目的として行われるストライキ（*政治スト'，*同情スト'，*抗議スト'等），予告をせずにいきなり行う*抜き打ちスト'等は，それぞれ主体面，目的面，手続面から正当性が否定されることがある。また，*労働関係調整法'では，同盟罷業は*労働委員会'による争議調整の対象となる争議行為の1つとして明文で規定されている〔労調7〕。 ⇨ スト中の賃金' ゼネスト'

同様とする ⇨ 同じである・同様とする'
（巻末・基本法令用語）

登　録 Ⅰ 一定の法律事実又は法律関係を行政官庁等に備える公簿に記載・記録すること。登録には，種々の効果が付与されており，この点で第三者への*対抗力'の付与にとどまる*登記'と異なる。特許登録・意匠登録は，各権利の発生要件であり〔特許66，意匠20〕，医師登録・建築士登録は，免許の方法であり〔医師6，建築士5〕，弁護士登録・弁理士登録は，弁護士・弁理士となるための要件である〔弁護8，弁理士17〕。美術品として価値のある古式銃砲及び刀剣類の登録は，それらの物件の所持が許されるための要件であり〔銃刀所持3③⑥・14〕，選挙人名簿の登録は，*公職選挙法'による投票資格の前提要件である〔公選42〕。

Ⅱ 国際法上，国家又は*国際組織'が締結した条約を公表のために国際組織に寄託すること。秘密外交を防止する目的で，*国際連盟'で始まり，*国際連合'に引き継がれた制度。国際連合加盟国は，締結する全ての条約を，国際連合事務局に登録しなければならない〔国連憲章102①。なお，条約法約80参照〕。国際連盟規約上は，未登録条約は効力を発生しなかった〔国際連盟規約18〕が，国際連合憲章上は国際連合の機関に対して援用することができないにとどまる〔国連憲章102②〕。登録された条約は，公表のため条約集に掲載される。日本は憲法上の条約だけを登録の対象とする方針をとっている。 ⇨ 条約'

登録意匠 ⇨ 意匠権'
登録株式質 ⇨ 登録質'
登録国法 ⇨ 旗国法'

登　録　質 1 意義 法律の定める登録簿に登録する方法により成立又は*対抗要件'を備える*質権'。*知的財産権'，*株式'，*記名社債'などに対する質権のほか，*動産抵当'も登録質に含めることがある。知的財産権については登録は質権成立の要件である〔特許98①③，著作77②等〕。*社債'の質入れの場合には，その質権者の氏名又は名称及び住所を*社債原簿'に記載し，又は記録することは社債発行会社その他の*第三者'に対する対抗要件とされる〔会社693①〕。なお，社債券を発行する旨の定めのある社債の質入れは，社債券の交付が効力要件とされ，継続占有が社債発行会社その他の第三者に対する対抗要件とされる〔会社692・693②〕。振替社債につき，社債株式振替74〕。

2 株式の登録質 質権者の氏名等が*株主名簿'に記載され，又は記録された株式質〔振替株式の登録質については，社債株式振替129③④・141・152①〕。登録株式質ともいう〔会社149〕。株券発行会社において，単に株券の交付のみによってなされる*略式質'と対比される。物上代位的効力の範囲は明文で規定されているが〔会社151〕，その行使手続については，略式質の場合と異なり，差押え〔民304①但〕を要せず，以下のように規定されている。すなわち，株券発行会社の場合には，会社は株主が受ける株式に係る株券を質権者に引き渡さなければならず〔会社153〕，株券不発行会社の場合には，会社は株主が受けることができる株式について，その質権者の氏名等を株主名簿に記載し，又は記録する〔会社152〕。登録質権者は，物上代位によって引渡しを受けるものが金銭である場合には，それを受領して優先的に自己の債権の弁済に充てることができる〔会社154①〕。自己の債権の弁済期未到来の場合については，会社154②〕。

登録実用新案 ⇨ 実用新案権'
登録商標 ⇨ 商標権'

登録免許税 *流通税'の1つ。各種の*登記'，*登録'等を受けることを対象として課される〔登税2・3〕。登記により所有権等の財産権が保護され，また弁護士・医師等の登録により事業や名称の独占等の利益が得られることに着目

どうろこう

道路交通法 昭和35年法律105号。道路における危険を防止し、その他交通の安全と円滑を図ることを目的とする法律。また、交通公害等の防止に資するという目的が加えられている〔道交1〕。*警察法'によって警察の責務とされている「交通の取締」〔警2①〕について昭和22年に制定された道路交通取締法(法130)を、モータリゼーションに対応じて全部改正して制定された。都道府県公安委員会が行う、信号機・道路標識等の設置管理による交通規制、自動車及び原動機付自転車の運転免許が基本的な仕組みである。交通規制等の権限の一部は警察署長に委任され、また警察官又は交通巡視員が交通整理等にあたるものとされている〔道交5・6〕。交通違反の大量性に対応して、運転免許の取消し・停止については、違反行為につき点数制がとられ裁量権行使が定型化されている〔道交103, 道交別表2・別表3〕。また、道路交通法違反の刑事罰については、大半が*略式手続'による罰金刑となっている〔道交8章〕ほか、軽微な違反については刑事手続に移行することなく処理できるように、反則金の制度が設けられている〔道交9章〕(⇨交通反則金制度')。

道路法 1 意義 広義では、道路に関する法の全体を指すが、狭義では、道路整備に関する基本法として、昭和27年に制定された道路法(法180)を指す。道路は、広義には、一般公衆の通行の用に供される物的設備であり、行政主体が公衆の共同利用に供するため設置する*公道'と、私人が一般通行の用に供する*私道'を含む。道路は、国民経済上、極めて重要な地位を占め、今日では、その種類も多元化しており、それに伴い、法的規制も複雑化しつつある。
2 道路の種類 道路には、道路法による道路のほかに、道路運送法による自動車道、*都市計画法'に規定する道路(街路)、土地改良法に規定する農業用道路、森林法に規定する林道、鉱業法に定める鉱業用道路等がある。道路法において、道路とは、高速自動車国道・一般国道・都道府県道・市町村道の4種類のことをいう〔道3〕。
3 内容 道路法は、道路の管理として、道路管理者を定め、道路の区域の決定、供用の開始、道路の構造の原則・基準、道路の占用、道路の保全(道路の維持・修繕、道路に関する禁止行為など)等の規定を置き、更に、道路管理に関する費用負担の原則、道路管理者の監督処分、社会資本整備審議会などを定めている。
4 特色 道路の、一般公衆の通行の用に供する

という公共性に鑑み、道路法においては、道路を構成する敷地、支壁その他の物件については私権を行使できないとする私権の制限規定が置かれている〔道4〕。土地の有効利用の観点から、道路の立体的区域が新設され、道路一体建物に関する協定、道路保全立体区域等に関する規定が置かれ、私権行使の制限についても相応の規定が置かれている〔道47の17〜48〕。また、令和2年改正で、歩行者利便増進道路の指定制度が創設され、賑わいを目的とした道路空間の再編築など、占用特例や公募占用制度の創設などの新しい動きもみられている。

図 画(が) 広義の文書のうちで、象形的符号によるもの。*文書偽造罪'の関係で判例により図画とされたものは、「合法的な専売品であることを証明する意思を表示した」たばこ「光」の外箱などである(最判昭和33・4・10刑集12・5・743)。なお、美術品である絵画などは、その関係では刑法上の図画ではない。⇨文書・準文書'

とき・時・場合 ⇨とき・時・場合'(巻末・基本法令用語)

都教組事件 昭和33年東京都教育委員会の*勤務評定'規則案の制定に反対するいわゆる勤評反対闘争の手段として、都教組の幹部らが組合員に一斉に休暇届を出させ集会を開催したところ、*同盟罷業'の*あおり'行為に当たり*地方公務員法'61条4号に該当するとして起訴された事件。第一審無罪、第二審有罪。最高裁判所大法廷は、次のようないわゆる「二重のしぼり論」をとり、逆転無罪判決を下した(最大判昭和44・4・2刑集23・5・305)。イ *争議行為'の態様からいって違法性の強弱も様々であるが、本件罰条は争議行為自体の違法性が強い場合であることを前提としている。ロ あおり行為の違法性の程度も様々のものがあり、争議行為の通常随伴行為は処罰の対象とされるべきでない。本件は地方公務員の*労働基本権'にとり画期的な意義を有するものであるが、後に最高裁判所大法廷判決(最大判昭和51・5・21刑集30・5・1178〈岩教組事件〉)は、*全農林警職法事件'の最高裁判所大法廷判決を引用し、本件最高裁判所判決を変更した。

独裁主義 ⇨全体主義'

独 裁 制 1 概念 国家権力を1人の人間又は少数の集団が掌握することで、*民主主義'・*自由主義'・*法治主義'・*権力分立主義'等に対立する概念として使用されている。しかし、その具体的内容は極めて多様である。
2 種類 *シュミット'の*国法学'的分類によれ

ば，委任的独裁と主権的独裁の2つに分類される。委任的独裁とは，憲法に基づいて非常事態に応ずるための過渡的形態として独占的に権力を行使する場合を指すものであり，*ワイマール憲法'48条に定める大統領の非常事態権限はその典型的な例である。これに対して，主権的独裁とは，一種の革命独裁で，人民の直接的委任に基づき*憲法制定権力'を独占的に行使する独裁のことである。

3 社会主義と独裁 社会主義国においては，資本主義に結合した政治権力は，ブルジョア秩序独裁として把握され，社会主義権力を目指す革命独裁こそが真の民主主義であると主張された。この場合，独裁と民主主義は必ずしも対立するものとしては捉えられていない。しかし，1980年代末期には，こうしたプロレタリアート独裁を主張する社会主義国は，ソ連，東欧で次々と倒壊し，21世紀には，東アジアやキューバなど，少数の国が残るにすぎなくなった。

徳島市公安条例事件 ⇨萎縮的効果' ⇨上乗せ条例' ⇨公安条例'

特　赦 *恩赦'の一種で，有罪の言渡しを受けた特定の者に対して行われ(個別恩赦ともいう)，有罪言渡しの効力を失わせる〔恩赦4・5〕。したがって，服役中の者は釈放され，また有罪判決によって失った法令上の資格の回復(*復権')の効果を生ずる。特赦は，中央更生保護審査会の申立てがあった者に対して，*内閣'がこれを行う〔恩赦12，憲73⑦〕。

特殊会社 例えば「日本電信電話株式会社等に関する法律」(昭和59法85)に基づいて設立された日本電信電話株式会社のように，特別法に基づいて設立される法人で(⇨特殊法人')，*株式会社'形態をとるものをいう。会社法の株式会社の規定が適用されるが，設立根拠法に特別規定があればそれが優先する。公共的任務を遂行する関係で，国の保護と監督の下に置かれる。

特殊決議(株主総会の) *株主総会'の決議方法で，*特別決議'よりも更に要件の厳格な決議。*議決権'を行使できる株主の半数以上で，その議決権の3分の2以上の賛成を要する，株式の譲渡制限に関する定款変更・組織再編行為により*譲渡制限株式'等に変わる場合〔会社309③Ⅰ・107①②Ⅰ〕と，公開会社でない*株式会社'において，総株主の半数以上で総株主の議決権の4分の3以上に当たる多数の賛成を必要とする*属人的定め'を置く場合とがある〔会社309④〕。

特殊詐欺 法律上の用語ではないが，一般に，被害者に電話をかけるなどして対面することなく欺罔（ぎもう）し，指定した預金口座への振込みその他の方法により，不特定多数の者から現金等をだまし取る犯罪の総称である。平成15年頃から増加し始めた イ オレオレ詐欺，ロ 架空請求詐欺，ハ 融資保証金詐欺，ニ 還付金等詐欺の4類型を「振込め詐欺」と称してきたが，これに平成24年から増加した ホ 金融商品等取引名目詐欺，ヘ ギャンブル必勝法情報提供名目詐欺，ト 異性との交際あっせん名目詐欺，チ それ以外の特殊詐欺を加えて「特殊詐欺」と総称するようになった。これまで，被害を防止するための各種取締りや金融機関等との連携，携帯電話・預金口座等の犯行ツールの供給阻止を図るための立法，広報活動を通しての高齢者抵抗力の強化等を内容とした総合対策を推し進めた結果，振込め詐欺の認知件数は大幅に減少したが，その一方で，振込め詐欺以外の特殊詐欺による被害の増加や，振込みに代わる「現金受取型」による被害の増加といった新たな課題も浮上しており，総合対策の一層の強化が求められているところである。

特殊指定(不公正な取引方法の) ⇨不公正な取引方法'

毒樹の果実 違法に収集された*証拠'に基づいて発見ないし取得された他の証拠又は，違法な先行手続の後，それ自体としては適法な手続を経て収集された証拠(派生証拠)のこと。当該証拠の収集手続だけをみると適法な場合に，なお先行手続の違法を理由に違法収集証拠として排除されるべきかが論じられる。アメリカでは1939年の判決(Nardone v. United States, 308 U.S. 338(1939))以来のテーマである。違法の重大性の程度，及び派生証拠の排除による違法捜査防止効果の大小などを考慮して，排除の当否を決すべきだとされる。アメリカでは，「毒樹の果実」(英 fruit of the poisonous tree)に対する排除法則適用の限界として，違法収集証拠に基づく取得ではないと認めうる場合(独立入手)，及び違法な手続と当該証拠の獲得との間の因果関係が希薄な場合を挙げ，更に，違法収集証拠の助けがなくても取得できたに違いないと考えられる場合(必然的発見)にも，排除法則を適用しない方向に判例が進展している。なお，ドイツにおいても，「波及効」(独 Fernwirkung)の問題として，派生証拠の排除が論ぜられる。 ⇨違法収集証拠排除法則'

特殊法人 特別の法律に基づいて設立された法人(*独立行政法人'は除く)。そのうち*株式会社'形態をとるものは，*特殊会社'と呼

どくせんき

ばれる。そのほかに、*公庫'(沖縄振興開発金融公庫)、事業団といった組織形態があり、いずれも*営造物法人'とされる。国鉄・専売・電電の3公社は民営化され、特殊会社となった(⇨民営化')。平成15年発足の日本郵政公社も同様である。一般に特殊法人は、公共性の高い事業を遂行するため、国の強い保護と監督の下に置かれるが、実質的には国の行政機関とみることのできる特殊法人については、監督権の行使を行政の内部行為と捉える見解がある〔最判昭和53・12・8民集32・9・1617〈成田新幹線事件〉〕。

独占禁止法 **1 意義・立法目的** 昭和22年法律54号。正式には「私的独占の禁止及び公正取引の確保に関する法律」という。独禁法と略称される。この法律は、*カルテル'などの*競争'制限行為や事業活動を不当に拘束する行為を除去し、企業結合などによる過度の経済力集中を防止することによって、公正かつ自由な競争が有効に機能する条件を確保し、それを通じて、国民経済の健全な発達を図ることをその目的とする〔独禁1〕。これは、日本の経済秩序の基本を定める法律(⇨経済法')であって、競争の維持によって、価格・費用の低減や数量の増大といった効率化や資源の適正配分などの望ましい経済的成果を確保し、かつ、反独占ないし分権的経済体制の下で経済の民主化を実現し、消費者の利益を確保することを、その目的とするものである。⇨独占禁止法の適用除外'
2 実体規定の構成 *私的独占'・*不当な取引制限'・*不公正な取引方法'の禁止が、本法による規制の中心である。*合併'や株式取得などの企業結合も一定の場合に規制対象となる。イ 私的独占の禁止〔独禁3〕：市場支配力の形成・維持・強化に用いられる排除行為及び支配行為を禁止する。これを補い、かつ競争的な市場構造を確保するため、*企業結合の制限〕〔独禁9〜18〕がなされている。また、これらの規制にもかかわらず、独占的状態になった市場に対しては、*企業分割'等の措置を講じることもできる〔独禁2⑦・8の4〕。ロ 不当な取引制限の禁止〔独禁3〕：*事業者'間の共同行為による競争制限を排除するもので、これに関連して、一定の国際的協定の禁止〔独禁6〕、*事業者団体'の活動の規制〔独禁8〕の定めがある。ハ 不公正な取引方法の禁止〔独禁19〕：市場支配力の形成・維持に用いられる典型的手段を予防的に禁止することを主な狙いとしながら、公正な競争秩序の確保自体も目的とする。これを補うものとして、附属法規である*下請代金支払遅延等防止法'、*景品表示法'が制定されている。

3 実施手段 本法の運用に当たる行政機関として公正取引委員会が置かれ〔独禁27〕、違反行為に対して、同委員会が排除措置〔独禁7・8の2・17の2・20〕及び*課徴金'納付〔独禁7の2〜7の9・8の3・20の2〜20の7〕を命ずることにより、本法が実施される。あえて違反を認定せず、行為者が自ら違反被疑行為を排除するために必要な措置を策定し、これを公正取引委員会が十分かつ確実と認めることで排除措置命令・課徴金納付命令を出さない*確約手続'が導入され運用されている〔独禁48の2〜48の9〕。このほか、不公正な取引方法を除く同法の実体規定違反には、刑事告発され罰則も適用される可能性がある〔独禁89〜91・95〕。また、被害者に対する無過失損害賠償責任の定めがある〔独禁25・26〕ほか、不公正な取引方法によって利益を侵害され、又はそのおそれのある者は、当該侵害行為をなす者に対し差止請求ができる〔独禁24〕。更に、私人間の関係に対しても本法の適用があるから、本法に違反する行為の私法上の効力が否定される場合等がある。⇨公正取引委員会'⇨審決'

独占禁止法の適用除外 **1 意義** *独占禁止法'は、*競争'を有効に機能させることにより、資源の適正配分、一般消費者の利益の確保などの望ましい結果を確保することを目的としているが、これらの望ましい結果を達成するためには、ある程度の独占や競争制限を容認するのが有効である場合がある。そこで、これらの場合について、同法の適用除外が定められている。しかし、適用除外とされる場合においても、望ましい結果を確保するため、競争の維持による間接的な規制に代えて、*公正取引委員会'や主管行政庁等による、何らかの形での監督・規制がなされている。
2 適用除外の方式 独占禁止法の規定によるもの〔独禁6章〕と、特別法の規定によるもの〔中団89、輸出入取引33等〕がある。なお、従来は法律上根拠のない*行政指導'による勧告操短や設備調整などによって、事実上、独占禁止法の適用除外と同様の結果が生じることもあったが、今日では、この種の行政指導は違法行為を勧めるものとされて行われなくなっている。
3 適用除外の種類 独占禁止法の適用除外には、技術進歩の促進などの目的から法により排他性を認められている*知的財産権'の正当な行使〔独禁21〕、大企業に対抗するための消費者や弱小事業者の団結を容認する場合(*協同組合')〔独禁22、中協7〕、一定の商品品や著作物についての*再販売価格維持行為'〔独禁23〕、などにつ

いての適用除外がある。このほか，対外取引の特殊な必要から認められたものや〔輸出入取引33, 海運28, 航空110〕(⇨'輸出入取引法')，地域の経済インフラ維持の必要から認められたものもある〔バス地銀独禁特例3・9〕。

4 カルテル容認法 *カルテル'は独占禁止法によって禁止されているが，かつては，独占禁止法自体が適用除外規定(*不況カルテル', *合理化カルテル)を有し，その他数多くの適用除外立法が存在していた(これらを総称して，カルテル容認法と呼ぶこともある)。しかし，経済のグローバル化や*規制緩和'が進行する時代にはその役割を終え，1990年代にそのほとんどが廃止された。政策的に必要な場合，時限立法や定期的な見直しを必要とする特例法として立法される例がある。

5 適用除外行為の規制 ほとんどの場合について，公正取引委員会による対象商品の指定〔独禁23〕，主務大臣の認可〔生活衛生9①〕・指示，届出で足りる場合の変更・禁止命令〔輸出入取引5②〕などによる規制がされている。主務大臣の認可・指示にあたっては，多くの場合，公正取引委員会との協議・通知〔生活衛生13, 輸出入取引34〕などが必要であり，独占禁止法の趣旨・目的を大きく逸脱することを防いでいる。特定地域を対象とするカルテルの場合には，地方自治体等を含む協議会を構成して計画を策定し主務大臣の認可を受けることで，地元住民の利益に配慮している〔タクシー事業適正化8, バス地銀独禁特例10③〕。なお，これらの認可等を受けた適用除外行為についても，それが適法な適用除外の範囲を超え又は濫用された場合には，独占禁止法が適用される。近年，規制緩和の進展とともに，これらの適用除外規定の削除あるいは適用除外の範囲を狭める法改正や解釈・運用の変更がなされつつある。

独占的状態 ⇨企業分割'

督　促 *租税'が*納期限'までに*納付'されない場合にその納付を催告する行為で，*滞納処分'の前提要件である。督促は，*納税義務者'(*第二次納税義務者'に対する場合は納付催告書〔税徴32②, 地税11②〕)によって，国税の納期限から50日以内にすることになっている〔税通37②〕(地方税は20日以内〔地税66 1等〕)。督促状を発した日から起算して10日を経過した日までに租税が完納されないときは，滞納処分が開始される〔税徴40, 税徴47, 地税68①①等〕。督促は納税義務の時効更新の効力を有する〔税通73①④, 地税18の2①②〕。なお，督促は，租税以外の公法上の*金銭債権'の場合にも，強制徴収の前提として一般に行われる〔収用128④等〕(⇨'行政上の強制徴収')。

督促手続　1 意義 金銭その他の代替物又は*有価証券'の一定数量の給付を目的とする請求権について，簡易迅速に*債務名義'を与えることを目的とした手続〔民訴382〜399〕。

2 手続 手続は，債権者が上記請求権について，管轄*簡易裁判所'の*裁判所書記官'〔民訴383〕に対し*支払督促'を申し立てることによって開始する。裁判所書記官は請求に理由がないことが明らかでない限り，支払督促を発する〔民訴385〕。その際，債務者を審尋しない〔民訴386①〕。支払督促を発するには*電磁的記録'の方法によることとされ〔民訴387〕，電子支払督促の*送達'を受けた債務者は，これに対して，その裁判所書記官の所属する簡易裁判所に督促*異議の申立て'をすることができる(仮執行宣言前の督促異議〔民訴386②・390〕)。送達の日から2週間以内に督促異議の申立てがない場合には，裁判所書記官は，債権者の申立てに基づいて電子支払督促に*仮執行'の宣言を付する〔民訴391〕。仮執行宣言が付された後も仮執行宣言付電子支払督促の送達後2週間内は，債務者は督促異議の申立てができる(仮執行宣言後の督促異議〔民訴386②・393〕)。督促異議の申立てがなければ，支払督促は，*確定判決'と同一の効力を有するに至る〔民訴396〕。仮執行宣言前でも宣言後でも，適法な督促異議が申し立てられれば，手続は，通常訴訟に移行する〔民訴395〕。なお，電子情報処理組織を用いた支払督促の申立てが認められている〔民訴397〕。

特徴的給付の理論 国際私法上，契約の*準拠法'の決定において，当事者が準拠法を選択していない場合，当該契約において特徴的な給付を当事者の一方のみが行う場合，原則として，その給付を行う当事者の*常居所'地・関係事業所所在地を当該契約の最密接関係地と考える理論(英 principle of characteristic performance)。通常，特徴的な給付にとっての反対給付は金銭の支払という単純な行為であり，隔地者間の契約においては，特徴的給付を行う側の当事者の常居所において当該契約に関係する様々な作業が行われ，当該契約にとっての最密接関係地であることが多いからである。売買契約では売主，賃貸借契約では貸主，運送契約では運送人などが特徴的給付を行う当事者である。EUの「契約債務の準拠法に関するローマⅠ規則」(2008・6・17署名，7・24発効)4条，*ハーグ国際私法会議'の「国際物品売買契約の準拠法に関する条約」(1986署名，未発効)7条・8条な

とくてい

どで採用されている。日本では、*法律行為'について当事者による準拠法選択がない場合には法律行為の*最密接関係地法'によるとされ〔法適用8①〕、その他を特徴的給付の理論により推定することとされている〔法適用8②〕。なお、不動産を目的物とする法律行為については、不動産所在地法を最密接関係地法と推定する旨が定められている〔法適用8③〕。

特定遺贈　⇨遺贈'
特定技能　⇨外国人労働者'

特定金銭信託　広義で金銭の*信託'のうち、信託終了時に受益者に金銭で元本を交付するものを*金銭信託'というが、そのうちで運用方法と目的物の種類を委託者が具体的に定めるものをいう。特金と呼ばれる。株式で運用する特金は自己名義での取引と実質上変わらないが、税法上、*信託財産'で保有する*有価証券'は委託者が保有する同一銘柄有価証券と簿価を区別して評価できるため（簿価分離）、その保有する簿価の低い株式と同種の株式を特金で購入して売却しても売却時に含み益を吐き出さなくてすむことなどの利点から多く利用された。信託終了時に信託財産をそのまま受益者に交付する金銭の信託で運用計画が指定されたものを指定金銭外信託、通称ファンド・トラスト（英fund trust）といい、委託者にとって特金と同様のメリットがある。1991年のいわゆる証券不祥事の際に、運用を証券会社に一任する特金が営業特金の名の下に普及し、*損失補塡'の温床となったことから、この形態のものは禁止された。

特定子会社　*親会社'の最近事業年度に対応する期間内の売上高若しくは仕入高の総額が親会社の10％以上、上記の事業年度末日の純資産額が親会社の30％以上（親会社の負債総額が資産総額以上である場合を除く）、又は資本金の額・基金の総額・出資総額が親会社の10％以上の*子会社'〔企業開示1⑳〕をいう〔企業開示19⑩〕。特定子会社の移動については臨時報告書の提出が必要である〔金商24の5④、企業開示19②③〕。

特定個人情報　⇨マイナンバー法'

特定財源　財政上の措置として、その全部又は一部が特定事業の費用に充てられることとされている財源。使途が特定されていない財源を一般財源という。特定財源のうち租税によるものとしては、牛肉等関税・航空機燃料税・たばこ特別税・自動車重量税・石油石炭税があるほか、平成26年4月1日以降は消費税も特定財源（社会保障給付）とされ、租税以外の特定財源としては、交通反則金・日本中央競馬会納付金・電波利用料がある。租税による特定財源は、税制上使途が特定されている*目的税'とは、使途特定の法的根拠の点で区別されるが、特定事業の費用に充てられる点では実質的に目的税と異ならない。特定財源は、目的税と同じく、特定事業の財源を確保する上で財政上の実効性を有する反面、財政の統一的運営の困難化・財政の硬直化を招くおそれがあるため、その活用には慎重かつ抑制的であるべきであると考えられ、揮発油税に係る道路特定財源の廃止（平成21年度税制改正）等の見直しがされてきた。

特定債権等に係る事業の規制に関する法律　⇨資産の流動化に関する法律'

特定社会保険労務士　⇨社会保険労務士'

特定承継・包括承継　売買によってある物の所有権を取得するというように、個々の権利を承継するものを特定承継、相続人や合併会社が被相続人や合併前の会社の権利義務を包括的に承継する場合のように、他人の権利義務を*一身専属権'を除いて一括して承継することを包括承継という。後者は*一般承継'ともいわれる。

特定承継人　⇨第三者'

特定商取引に関する法律　昭和51年法律57号。訪問販売、通信販売及び電話勧誘販売に係る取引、連鎖販売取引、特定継続的役務提供に係る取引、業務提供誘引販売取引並びに訪問購入に係る取引を公正にし、購入者等一般消費者の利益保護などを図るための法律。平成12年の改正（法120）により「訪問販売等に関する法律」が現在の題名に改められた。昭和63年改正（法43）により、訪問販売及び通信販売の規制対象として、指定商品に新たに指定役務・指定権利が追加される〔特定商取引（平成20法74改正前の）2④〕とともに、いわゆるキャッチセールス等が訪問販売の定義に加えられ〔特定商取引2①②〕、*クーリング・オフ'制度の拡充などがなされた。平成8年改正（法44）では電話勧誘販売が〔特定商取引2③〕、平成11年改正（法34）では、エステティックサロン、外国語会話教室等のいわゆる特定継続的役務提供が新たに規制対象に付け加えられた〔特定商取引41～50〕。その後、平成14年（法28）・16年（法44）の改正を経て、平成20年には、これまでの指定商品・指定役務制を廃止し、原則として、全ての商品・役務を法の適用対象とするとともに、訪問販売における再勧誘の禁止・過量販売の規制の導入〔特定商取引9の2〕、行政機関の権限及び罰則の強化、訪問販売協会による訪問販売消費者救済基金の創設〔特定商取引29の2〕と会員除名規定〔特定商

取引29の3〕の創設など大幅な改正がなされた〔法74〕。また、平成24年改正〔法59〕では、新たに訪問購入を規制し、自宅に押しかけて貴金属などを強引に買い取る業者を規制することとした。平成28年改正〔法60〕では、訪問販売など消費者トラブルを生じやすい特定の取引類型を対象に事業者による不公正な勧誘行為等に対する取締りを強化〔特定商取引8の2①ほか〕するとともに、電話勧誘販売における過量販売規制が導入〔特定商取引24の2〕された。また、令和3年改正〔法72〕では、通信販売の詐欺的な定期購入商法・送り付け商法に対する規制など消費者の脆弱性につけ込む悪質商法に対する抜本的な対策が強化された。　⇨訪問販売'・通信販売'⇨連鎖販売取引'

　特定少年　18歳以上の少年。令和3年の*少年法'改正により創設された概念。特則規定がない限り、少年法の規定がそのまま適用される。*公職選挙法'の*選挙権'年齢や民法の成年年齢の引下げにより、18歳及び19歳の者は、責任ある主体として積極的な社会参加が期待される立場となる一方で、いまだ成長途上にあり、可塑(かそ)性を有する存在であることから、少年法の適用対象とした上で、その立場に応じた特別な扱いをするのが適当であるという考えによるものである。特定少年に対する特例は、主として、イ *逆送'についての特例(原則逆送対象事件の範囲の拡大など〔少62・63〕)、ロ *保護処分'についての特例(3種類の保護処分の新設と、犯情の軽重を考慮して相当な限度を超えない範囲内における処分決定〔少64〕、保護処分対象からの虞犯(ぐはん)の除外〔少65①〕)、ハ 少年の刑事事件の特例の一部の不適用〔少67〕、ニ 公判請求された場合の推知報道の禁止特例の不適用〔少68〕から成る。

　特定責任　⇨多重代表訴訟'
　特定線引小切手　⇨線引小切手'
　特定適格消費者団体　⇨消費者裁判手続特例法'
　特定投資家　*金融商品取引法'上、情報格差是正を目的とした規制を中心とする一定の開示規制・行為規制の適用が免除されるプロ投資家のこと。適格*機関投資家'、国、日本銀行、投資者保護基金を始め、特定目的会社、上場株式の発行会社、資本金5億円以上の*株式会社'、金融商品取引業者、適格機関投資家等特例業務の届出者たる法人などを指す〔金商2㉛、金商定義23〕。いわゆるプロ向け市場における取引が可能な投資家であり、特定投資家向けの*私募'〔金商2③②ロ〕・私売出し〔金商2④②ロ〕は届出を要しない。知識・経験・財産の状況から一定の情報収集・分析力や交渉力をもち、適切なリスク管理が可能なプロ投資家にとって煩雑になりうる、金融商品取引業者等の行為規制の適用が免除され〔金商45〕、この対象となる投資家には一般投資家から特定投資家に移行した者も含まれる〔金商34の3・34の4〕。一般投資家から移行するには厳格な手続規制があるが、逆の場合は業者には応諾義務がある〔金商34の2②〕。⇨プロ向け市場制度'

　特定取引所金融商品市場　⇨プロ向け市場制度'

　特定非営利活動促進法　平成10年法律7号。民間によるボランティア活動などを促進するため、特定非営利の活動を目的とする団体に法人格を与えるために制定された法律。エヌ・ピー・オー(NPO(Non-Profit Organization))法と通称される。これにより、財政、規模等の理由から*公益法人'となることが困難だった団体にも法人格が与えられることになった。特定非営利活動の内容は同法別表で限定列挙される。宗教的・政治的活動を主たる目的とする団体は認められないが、当該特定非営利活動以外の事業を行うことは許されている〔非営利活動2・5〕。事業報告書等の利害関係人による閲覧、所轄庁への提出、一般人の閲覧を認めるなど〔非営利活動28～30〕、情報公開を強化している点は、主務官庁の監督を重視する公益法人制度とは異なる点である。また、税法上も一定の優遇措置がなされている〔非営利活動70〕。

　特定非営利活動法人　*特定非営利活動促進法'の定めるところにより設立された法人で、一定の要件を満たすもの〔非営利活動2②〕。いわゆるエヌ・ピー・オー(NPO)法人である。*公益法人等'よりも容易に認証を受けられるものとされるが、税率については人格のない社団等と同じく取り扱われている〔非営利活動70①〕。更に、厳格な要件の下に国税庁長官の認定を受けた場合には、認定特定非営利活動法人〔非営利活動2③〕とされ、認定法人に寄付をした個人又は法人は、寄附金控除等を受けることができる〔租特66の11の3等〕。

　特定秘密保護法　「特定秘密の保護に関する法律」(平成25法108)の略称。日本の*安全保障'に関する情報のうち特に秘匿することが必要なものの漏洩(ろうえい)の防止を図り、もって日本及び国民の安全の確保に資することを目的とする〔特定秘密保護1〕。保護の対象となる特定秘密は、*行政機関'の長が、所定の要件を満たした情報につき〔特定秘密保護3〕、原則として5年を

とくていぶ

超えない範囲内で有効期間を定め〔特定秘密保護4〕，指定する。特定秘密は，安全保障上又はその他公益上の必要による場合，提供できる〔特定秘密保護6〜10〕。特定秘密の取扱いの業務は，行政機関の長や*国務大臣*等を除き，適性評価により特定秘密を漏らすおそれがないと認められた者でなければ，行ってはならない〔特定秘密保護11〕。罰則の適用対象は，特定秘密取扱業務に従事する者の，特定秘密を漏らす行為(漏示)及びその*未遂*と*過失*〔特定秘密保護23①③④〕等，多岐にわたり，刑も重い。なお，*秘密保護法*と略されるのは「日米相互防衛援助協定等に伴う秘密保護法」(昭和29法166)であることに注意。

特定物・不特定物 具体的な取引にあたって当事者が*物*の個性に着目して取引した物を特定物といい，そうでない物を不特定物という。例えば，「この馬」と指定して取引された場合には特定物であり，「馬100頭」として取引された場合には不特定物である。なお，不特定物を種類で指示した場合が種類物であるが，両者はほぼ同義に使われることがある〔民401〕。*代替物・不代替物*の区別に似ているが，物の性質上の区別ではなく，当事者の意思を重視した具体的取引の方法上の区別である点が異なる。特定物・不特定物の区別の実益は，主として*債権*の効力に関する〔民400・401・413①・483・484〕。「物」に掲げた[表：物の分類]を参照せよ。

特定目的会社 ⇨資産の流動化に関する法律*

特定有価証券 *金融商品取引法*上，*株券*，社債券等の企業金融型証券とは異なる性質を有する*有価証券*に係る開示事項を定めるための用語〔金商5⑤・24⑤，金商令2の13・4の2〕。具体的には，*資産の流動化に関する法律*に基づく特定社債券，*投資信託投資法人法*に基づく*投資信託*の受益証券若しくは投資証券等，及びその他の*資産金融型証券*をいう。これらでは，取引の仕組み，資産の内容，運用の状況，及び運用の状況に関する情報が投資者の投資判断にとって重要となるため，開示項目が別に定められている〔特定有価証券〕。*内部者取引*(インサイダー取引)規制の対象となる有価証券も特定有価証券と呼ぶので，注意を要する〔金商163〕。

特定融資枠契約 一定の期間及び融資の極度額の限度内において，金融機関が企業に対して将来融資を行うことを約する*消費貸借*の一方の予約のこと〔特定融資枠2〕。コミットメント・ライン(英commitment line)契約とも呼ばれる。企業は融資を受けるか否かにかかわらず金融機関に対して一定の手数料を支払い，金融機関は企業の求めに応じて融資を行う義務を負う。手数料について*利息制限法*3条・6条や*出資の受入れ，預り金及び金利等の取締りに関する法律*5条の4第4項との抵触が問題となるため，「特定融資枠契約に関する法律」は同法の特定融資枠契約について，これらの適用を除外している〔特定融資枠3〕。当初借主は，大企業に限られたが，その後，特定債権等譲受業者や特定目的会社(SPC)〔⇨資産の流動化に関する法律*〕等に拡大され，資産流動化を図る際のバックアップラインとして利用できるようになった。

特定和解 ⇨エー・ディー・アール(ADR)*

特定枠制度 ⇨合区* ⇨当選人*

独任制 *行政庁*が1人の者によって構成されている制度。合議制に対する概念。行政事務を能率的かつ統一的に処理するためには，独任制の行政庁の下にピラミッド型の補助機関その他の機関を置く方式を採用するのが原則。⇨合議制・合議体*

特別委員会 議院が特に必要があると認めた案件又は*常任委員会*の所管に属しない特定の案件を審査するために議院の議決によって置かれる*委員会*〔国会45①〕。特別委員会はその付託された案件が議院で議決されたときに消滅する〔国会45②〕。*地方公共団体の議会*は*条例*で特別委員会を置くことができる〔自治109①④〕。

特別永住者 ⇨出入国管理及び難民認定法*

特別縁故者 被相続人と特別の縁故があった者で，相続人の不存在が確定した際，請求により*家庭裁判所*から*相続財産*の分与を受けることのできる者〔民958の2①〕。被相続人の*内縁*の妻や未認知の子，事実上の養子など，被相続人と生計を同じくし，あるいは被相続人の療養看護に努めた者などがこれに該当する。相続財産の分与の請求は，相続人捜索の公告期間〔民952②〕の満了後3カ月以内にすることを必要とし〔民958の2②〕，家庭裁判所は，相当と認めれば，これらの者に清算後の相続財産の全部又は一部を分与することになる。 ⇨相続人の不存在*

特別会(国会の) *衆議院*が*解散*されたときは，40日以内に*総選挙*が行われるが，この選挙の日から30日以内に召集される国会の*会期*〔憲54①，国会1③〕。衆議院議員又は参議院議員の任期満了による選挙後に召集される

国会の会期は、*'臨時会'であって〔国会2の3〕、特別会ではない。特別会は、*'常会'と併せて召集することができる〔国会2の2〕。特別会の会期は、両議院一致の議決で定め、かつ2回まで延長できる〔国会11・12。なお、国会13参照〕。

特別会計 **1 意義** *'国庫'は、単一の法主体であり、本来、統一的な会計作用に服するが(単一会計主義)、必要に応じてその一部を分かち、会計上、一団として経理される財団的な組織体を観念することがある。このように会計作用上観念された単位を、一般会計との対比で特別会計と呼ぶ〔財13①〕。それぞれが*'予算'をもち、単一予算主義に対する例外をなす。特別の事業の運営や資金の運用は、一般会計とは別個の会計経理や予算統制になじむという考え方が背景にあり、各省各庁が所管する施策と密接な関係にある。事実、国の特別会計については全て所管大臣が定められている〔特会3ほか〕。*'財政法'は、特別会計の制度を認めると同時に、その濫立が財政の健全性や透明性を損なうことのないように、特別会計を設けることのできる場合を限定し、かつその設置は法律によるべきものとする〔財13②〕とともに、企業会計に基づく財務書類の作成と財務大臣への送付を所管大臣に義務付けている〔特会19〕。平成18年の特別会計改革の基本方針〔行革推進17~41〕を受けて、個別の特別会計法は廃止され、「特別会計に関する法律」(平成19法23)により統一的に規律されることになった。地方財政においても、条例で設ける特別会計の制度がある〔自治209〕。⇨単一予算主義'

2 種類 財政法によると、特別会計を設けることができるのは、国が特定の事業を行う場合(事業特別会計)、国が特定の資金を保有してその運用を行う場合(資金特別会計)、その他特定の歳入をもって特定の歳出に充て一般の歳入歳出と区分して経理する必要のある場合(区分経理特別会計又は単純特別会計)の3つに限られる〔財13②〕。特別会計の大部分は事業会計で、これは更に保険事業・公共事業・行政事業などの特別会計に分かれるが、廃止・統合の結果、現在、13の特別会計〔特会2〕に整理されている。多くの場合、独立採算制をとり、借入金・歳出予算の繰越し等についての財政法上の制限に対する特例が認められる〔財45、特会13・18〕が、歳入面では一般会計からの資金繰入れなどもあり〔特会6〕、特別会計が一般会計から完全に独立しているわけではない。

特別会計決算 ⇨決算'
特別会計予算 ⇨単一予算主義'

特別加入 中小事業主、一人親方、海外派遣者などに*'労働者災害補償保険'への加入を認める制度〔労災33~37、労災則46の16~46の27〕。フリーランス(⇨'雇用類似就業者')にも適用が拡大される傾向にあり、例えば2021年4月1日よりアニメーション制作作業従事者等4事業・作業、同年9月1日より原動機付自転車等を使用して行う貨物の運送事業等2事業・作業に従事する者も加入可能となった。加入には一定の要件を具備するとともに都道府県労働局長の承認が必要である。給付基礎日額は加入者の希望を考慮して定められ、*'保険料'はこの額と事業の種類によって決定される〔労保徴13~14の2〕。

特別官庁 ⇨普通官庁・特別官庁'

特別区 **1 意義** *'特別地方公共団体'の一種。都に置かれる区のこと〔自治281〕。都の制度と一体となった*'大都市制度'の1つであるが、現在は東京都の23区だけがこれである。

2 特殊性 特別区については、原則として市(⇨'市町村')に関する規定が適用され〔自治283〕、市と同様の取扱いを受ける。特別区の存する区域においては特別区が*'基礎的地方公共団体'であることも、平成10年の*'地方自治法'改正(法54)で明示されるに至った〔自治281の2②〕。ただし、大都市行政の一体性・統一性の確保等の見地から、都区間の事務配分及び相互関係、区相互の関係等の点において、市とは異なる特殊の取扱いを受ける。地方自治上、*'廃置分合'及び都区協議会に関する規定など都区間及び特別区相互間の連絡調整を図るための諸規定〔自治281の3~282の2〕が設けられている。他の法令においても、特別区のある区域の一体性を考慮した特例が設けられている〔公選266、消組26~28、地税734~739、交付税21等〕。「大都市地域における特別区の設置に関する法律」(平成24法80)により、道府県内においても、一定の実体的・手続要件を満たせば、特別区の設置が可能になった。⇨都'

特別区税 ⇨国税・地方税'
特別区民税 ⇨住民税'

特別刑法 広義では刑法典に定められた以外の刑罰法規の総体をいうが、通常は、*'自然犯'的性格の犯罪行為であって、立法の便宜その他の理由で、単行法として施行されている刑罰法規をいう。*'爆発物取締罰則'、*'暴力行為等処罰ニ関スル法律'、*'盗犯等ノ防止及処分ニ関スル法律'などがその例。

特別決議 *'社員総会'・*'株主総会'・*'総代会'・理事会・評議員会などの合議体において、

とくべつけ

*普通決議'より厳格な要件でさなれる決議。株主総会についていえば、*株主'の*議決権'の過半数(*定款'で3分の1まで引き下げることは可能)を有する株主が出席し、その議決権の3分の2以上に当たる賛成で成立する決議〔会社309②〕。会社及び株主に特に影響が大きい重要事項について、*普通決議'の要件より厳格な特別決議が要求される。法定の特別決議事項としては、イ 譲渡等承認請求に係る*譲渡制限株式'の買取り〔会社140②〕・指定買取人の指定〔会社140⑤〕、ロ 特定の株主からの株主との合意による*自己の株式の取得'〔会社156①・160①〕、ハ *全部取得条項付種類株式'の取得〔会社171①〕・相続人等に対する株式売渡しの請求〔会社175①〕、ニ *株式の併合'〔会社180②〕、ホ *非公開会社'における募集株式の募集事項の決定〔会社199②等〕・募集新株予約権の募集事項の決定〔会社238②等〕・公開会社における募集株式・新株予約権の有利発行〔会社199②・201①・238②・240①〕、ヘ *監査役'・*累積投票'で選任された*取締役'・*監査委員'の解任〔会社339①〕、ト *役員'等の損害賠償責任等の一部免除〔会社425①〕、チ *資本金額の減少'(定時総会で欠損の額を超えないものを除く)〔会社447①〕、リ 金銭分配請求権を与えない*現物配当'の決定〔会社454④〕、ヌ 定款の変更〔会社466〕、事業譲渡等〔会社467①等〕、解散〔会社471③〕・継続〔会社473〕、ル 組織再編行為〔会社783①・795①・804①・816の3①等〕がある。

特別顕著性　⇒識別力(商標の)'

特別権力関係　特別権力関係論という古い考え方に基づく概念であり、*法律による行政の原理'が適用されない特殊な包括的服従関係をいう。具体的には、国公立学校の在学関係、国公立病院の在院関係、刑務所の受刑者の在監関係、公務員の勤務関係が代表例とされた。特別権力関係は、一般国民と国との関係(一般法関係)と対比をなすものとして理解された。つまり、一般法関係であれば、法律の留保原則が妥当し、権利活動等には法律の授権が必要とされたのに対し、特別権力関係では不要とされた。また、一般法関係では、人権が保障され、権利侵害があれば侵害を受けた私人は裁判所に訴え出ることができたのに対して、特別権力関係では司法救済は否定された。このように、法律による行政の原理も司法救済も妥当しない特別権力関係は、法治主義の適用されない関係として、法治主義の例外をなしていた。しかし、特別権力関係論は法治主義と矛盾するほか、日本国憲法における基本的人権の保障や現行公務員法

における詳細な規定とも適合しない。判例でも、公立学校の生徒が退学処分を裁判で争うことは認められている。現在では、特別権力関係とされた一部の法律関係(大学など)について裁判で部分社会論が示されているが(⇒部分社会の法理')、これは当該法律関係の自律性を尊重することに特色がある点、国公立学校のみならず私立学校をも含めて判示された点で、特別権力関係論とは異なる。

特別抗告　I 民事では、*不服申立て'のできない地方裁判所・家庭裁判所・簡易裁判所の*決定'・*審判'・*命令'及び高等裁判所の決定・命令に対し*違憲'を理由として*最高裁判所'にする不服申立てを指す〔民訴336①、非訟75①、家事94①〕。違憲抗告ともいう。憲法81条の規定に沿い、通常の*上訴'によって最高裁判所の判断を受ける機会のない決定・審判・命令について最高裁判所による違憲審査の機会を保障するものである。特別抗告期間は5日の*不変期間'である〔民訴336②〕。原則として*特別上告'の規定が準用される〔民訴336③〕ほか、特別抗告の性質に反しない限り、*上告'に関する規定も準用される〔民訴327②、非訟76②、家事96②〕。特別抗告の申立ては、原裁判の執行を停止しないが、その提起があった場合、最高裁判所又は原裁判所は裁判の執行停止を命ずることができる〔民訴336③・334②、非訟76①・72①、家事95①〕。

II 刑事訴訟においても、ほかに不服申立手段のない*決定'・*命令'に対して、*最高裁判所'へ申し立てる*抗告'をいう。原裁判の憲法違反、憲法解釈の誤り又は判例違反を理由として前者に認められる〔刑訴433①・405〕。ただし、*職権破棄'に関する刑事訴訟法411条が準用されると考えられている。提起期間は5日である〔刑訴433②〕。申立ての手続、原裁判の執行を停止する裁判の可能性及び抗告に対する裁判の内容については、*一般抗告'の規定が準用される〔刑訴434〕。

特別高等警察　⇒高等警察'

特別公務員暴行陵虐罪　1 定義　裁判・検察・警察の職務を行う者(裁判官・*検察官'・*警察官'・刑務官)又はこれを補助する者(書記官・事務官など)が、その職務を行う機会に被告人、被疑者その他の者(例えば、証人・参考人など)に対し、*暴行'を加え又は虐待し辱める行為を行い、あるいは法令によって拘禁された者を看守又は護送する者が、その職務を行う機会に拘禁された者に対し、暴行を加え又は虐待し辱める行為を行う罪。刑法195条。7年以下の

拘禁刑。*'職権濫用罪'の一種。
2 陵辱・加虐 暴行以外の方法によって精神的又は身体的に苦痛を与える行為をいう。侮辱的言動を弄する，食事をさせない，用便に行かせない，わいせつな行為を行うなどがある。なお，その結果，人の死傷を招いたときは刑が加重される〔刑196〕。
3 他罪との関係 暴行罪は本罪に吸収される(⇨'法条競合')。凌辱・加虐の内容として，わいせつ・性交等の行為が行われた場合は，*'不同意わいせつ罪'・*'不同意性交等罪'と本罪との*'観念的競合'となる。　⇨'性犯罪'

特別国際法　⇨'一般国際法'

特別財産　特別の目的の下に結合された，各種の*'財産'の集合体の総称。各種の財産がある程度独立した*'責任財産'として取り扱われる場合に用いられる概念で，目的財産ともいう。*'財団法人'以外について用いられる場合が多い。*'組合財産'・*'相続財産'・*'信託財産'・*'財団抵当'の目的である各種の財団・*'破産財団'などがその例である。財団法人のように法人格が与えられれば責任財産としての独立性が完全な形で保障されるわけであるが，特別財産にあっては，そのように法人格が付与される例は極めてまれで〔民650参照〕，多くは，個々の点で責任財産としての独立性を機能的に実現するような取扱いがなされるにすぎない〔民675・676・677参照〕。

特別裁判所　特定の身分をもつ人，特定の種類の事件について，*'司法権'の行使に当たる*'裁判所'。*'通常裁判所'に対する。*'明治憲法'下の皇室裁判所や軍法会議などがこれに当たる。常設の機関だけでなく，臨時に設置されるものも含まれる。*'行政裁判所'はそれが*'司法裁判所'から独立したものである場合は，この意味での特別裁判所に含まれると解されている。現在，特別裁判所の設置は日本国憲法で禁じられている〔憲76②〕。*'家庭裁判所'や*'知的財産高等裁判所'のように特殊の種類の事件を扱う裁判所でも，*'最高裁判所'の下にある*'下級裁判所'として設置されるものは特別裁判所に入らない。

特別裁判籍　⇨'裁判籍'

特別市　昭和31年の改正〔法147〕前の*'地方自治法'に定められていた*'特別地方公共団体'。都道府県の区域外に独立して設けられるもので，都道府県と市の両方の機能をもって，大都市行政の合理的・能率的運営を確保することを目的としていた。地方自治法制定当初には，5大市(大阪・名古屋・京都・横浜・神戸)の指定が想定されていたが，これらの市を含む府県と5大市の利害対立が激しく，指定法律の制定をみないまま制度が廃止された。現在ある*'指定都市'制度はこれとは異質のものである。

特別支給金　*'業務災害'及び*'通勤災害'の被災労働者又はその遺族の援護を目的とする*'社会復帰促進等事業'の1つ〔労災29①②〕。*'労働者災害補償保険法'に基づく*'保険給付'の受給権者に対してその保険給付に付加して支給される。*'休業補償給付'又は*'休業給付'の受給者に対し1日につき*'給付基礎日額'の20%を支給する休業特別支給金のほか，一定額の一時金支給を行う障害特別支給金，遺族特別支給金，傷病特別支給金，更にはボーナス等の特別給与額をその算定の基礎とする障害特別年金，障害特別一時金，遺族特別年金，遺族特別一時金，傷病特別年金などの種類がある〔労働者災害補償保険特別支給金支給規則(昭和49労30)2等〕。

特別児童扶養手当　「特別児童扶養手当等の支給に関する法律」に基づき，精神又は身体に障害のある児童(20歳未満)の福祉の増進を図ることを目的として支給される手当〔特扶手1〕。これらの児童(障害児〔特児扶手2①〕)を監護する父・母又は養育者に支給される〔特扶手2章〕。また，重度の障害児又は著しく重度の障害者(20歳以上で，常時特別の介護を必要とする者)には，障害児福祉手当又は特別障害者手当が支給される〔特児扶手2②③・3章・3章の2〕。　⇨'児童手当'　⇨'児童扶養手当'

特別支配会社　ある*'株式会社'の総株主の議決権の10分の9(これを上回る割合を当該株式会社の定款で定めた場合にあっては，その割合)以上〔なお，産競28①(支配要件を3分の2に緩和)参照〕を，他の会社及び当該他の会社が発行済株式の全部を有する株式会社その他これに準ずるものとして法務省令で定める法人〔会社則136〕が有している場合における当該他の会社のことをいう〔会社468①〕。特別支配会社が，支配している会社との間で組織再編行為等を行うには，支配を受けている会社の側では，簡略な手続が認められ，原則として，株主総会決議は必要ではない(*'略式組織再編行為等'〔会社468①・784①本文・796①本文〕)。

特別支配株主の株式等売渡請求　**1 意義**　平成26年会社法改正〔法90〕によって新設された，キャッシュ・アウトの手法の1つである。キャッシュ・アウトとは，ある*'株式会社'の大株主が，他の株主から同意を得ることなく，現金を対価として持株を買い取ることをいう。平成26年会社法改正以前から，キャッシュ・アウトの手法として，*'全部取得条項付種類株式'の

とくべつし

取得，*株式の併合*，現金等を対価とする組織再編を利用することが可能であった。特別支配株主の株式等売渡請求は，*株主総会*決議を経ることなく，迅速にキャッシュ・アウトを行うことを可能にするために導入された。

2 対象 制度を利用できるのは特別支配株主に限られる。特別支配株主とは，特別支配株主完全子法人と合わせて，ある株式会社の総株主の議決権の90％以上を保有する者をいう〔会社179①括弧〕。特別支配株主完全子法人とは，特別支配株主となる者が，発行済株式の全部を保有する株式会社等をいう〔会社179①括弧，会社則33の4〕。特別支配株主は，株主に株式の売渡しを請求するだけではなく，新株予約権者に新株予約権の売渡しを請求することもできる〔会社179②〕。特別支配株主が株式売渡請求をする株式を発行している会社を対象会社という〔会社179②括弧〕。株式売渡請求の対象となる株式を売渡株式，その株主を売渡株主という〔会社179の2①②括弧〕。新株予約権売渡請求の対象となる新株予約権を売渡新株予約権，その権利者を売渡新株予約権者という〔会社179の2①ロ括弧〕。特別支配株主が株式売渡請求と新株予約権売渡請求の双方を行う場合，これらを合わせて株式等売渡請求という〔会社179の3①括弧〕。

3 株式等売渡請求の流れ 特別支配株主が株式等売渡請求をするためには，対象会社の承認を受けなければならない〔会社179の3①〕。株式等売渡請求を承認した対象会社は，株式等売渡請求の内容等を売渡株主等に通知するか公告しなければならない〔会社179の4①②〕。対象会社の通知又は公告が適法に行われたことによって，特別支配株主が売渡株主等に株式等売渡請求を行ったとみなされる〔会社179の4③〕。対象会社は，売渡株主等への通知又は公告のいずれか早い日から，株式等売渡請求に関する書面等の備置き等を開始しなければならない〔会社179の5〕。株式等売渡請求は一種の形成権の行使であり，株式等売渡請求がなされることによって，特別支配株主と売渡株主等の間に売買契約が成立した場合と同様の法律関係が生じる。特別支配株主は，対象会社から承認を受けた後は，対象会社の承諾を得た場合に限り，株式等売渡請求の全部又は新株予約権売渡請求のみを撤回することができる〔会社179の6①⑧〕。特別支配株主は，株式等売渡請求の内容として定めた取得日〔会社179の2①⑤〕に，売渡株式及び売渡新株予約権全部を取得する〔会社179の9①〕。対象会社は，取得日後，売渡株式等の取得に関す

る書面等の備置き等を開始しなければならない〔会社179の10〕。

4 株式等売渡請求の適正さを確保する諸制度 対象会社の*取締役*が株式等売渡請求を承認する際には，売渡株主等の利益の観点から対価の相当性や履行の見込み等を確認することが，対象会社に対する善管注意義務の内容となる。この義務に違反した取締役は，売渡株主等に対して損害賠償責任を負う可能性がある〔会社429①〕。取得日前であれば，売渡株主等は特別支配株主に対して，株式等売渡請求の対象である売渡株式等の取得をやめることを請求できる〔会社179の7〕。特別支配株主が交付する対価に不満がある売渡株主等は，裁判所に対して，売渡株式等の売買価格の決定の申立てをすることができる〔会社179の8〕。ただし，対象会社からの通知又は公告〔会社179の4①②〕の後に譲り受けた株式について，原則として，上記の申立ては認められない（最決平成29・8・30民集71・6・1000）。取得日後，売渡株主等は，売渡株式等の取得の無効の訴えを提起できる〔会社846の2〕。

特別司法警察職員 森林・鉄道その他特別の事項については，それぞれの分野の職員を法律で指定し，*司法警察職員*とすることができる〔刑訴190〕。警察官がいわゆる一般司法警察職員であるのに対して，特別司法警察職員と称される。司法警察職員等指定応急措置法（昭和23法234），及びその引用する「司法警察官吏及司法警察官吏ノ職務ヲ行フヘキ者ノ指定等ニ関スル件」（大正12勅528）で，その範囲が定められているほか，個々の法律において，麻薬取締官・麻薬取締員〔麻薬54⑤〕，労働基準監督官〔労基102等〕，船員労務官〔船員108〕，漁業監督官・漁業監督吏員〔漁業128⑤〕，海上保安官〔海保31〕，自衛隊の警務官〔自衛96〕，鉱務監督官〔鉱保49〕等が司法警察職員としての職務権限を認められている。

特別受益者 ⇒相続分*

特別授権 イ 弁護士である*訴訟代理人*の権限の範囲は法定され，これを制限することはできない〔民訴55③〕が，本人に重大な結果を生ずる一定の事項（*反訴*の提起・*訴えの取下げ*・*和解*・*請求の放棄・認諾*・*上訴の提起又は*上訴の取下げ*など）については特別に本人の授権を必要とするものとした〔民訴55②〕。ロ *被保佐人*，*被補助人*又は*後見人*その他の*法定代理人*が相手方の提起した*訴え*又は上訴につき*訴訟行為*をするには*保佐人*，保佐監督人，*補助人*，補助監督人又は*後見監督人*の同意その他の授権を必要としないとし

て，相手方の訴訟追行が妨げられないように配慮されている〔民訴32①〕が，本人に重大な結果を生ずる同様の事項については特別の授権を必要とするものとされている〔民訴32②〕。

特別上告 民事訴訟法上，*高等裁判所'が*上告審'としてした*終局判決'に対し'違憲'を理由として*最高裁判所'に対して行う*不服申立て'〔民訴327〕。違憲上告とも*再上告'ともいう。憲法81条で最高裁判所が違憲審査の終審裁判所であることから，通常の*上訴'によって最高裁判所の判断を受けられない終局判決についても特に最高裁判所による違憲審査の判断を受ける機会を保障したものである。特別上告には*上告'に関する規定が準用される〔民訴327②〕が，本来の上告ではないので，特別上告の提起には判決の確定を遮断する効力はない〔民訴116②〕。しかし，裁判所は*申立て'により，原判決に基づく強制執行の停止又は取消しの*仮処分'を命ずることができる〔民訴403①Ⅰ〕。

特別上訴 通常の不服申立方法のない裁判又はその不服申立方法が尽きた裁判に対して*違憲'を理由として*最高裁判所'に対して行う*不服申立て'である。違憲上訴ともいう。法令の違憲審査について最高裁判所を*終審'裁判所とする憲法81条の要請に基づいた制度である。民事訴訟法上の特別上訴には*特別上告'〔民訴327〕と*特別抗告'〔民訴336〕があり，刑事訴訟法上では特別抗告〔刑訴433〕だけがある。特別上訴は*確定遮断効'(刑事訴訟法では執行停止の効力(⇒停止の効力'))を伴わない点で通常の*上訴'と異なる。

特別職 **1意義** *国家公務員'及び*地方公務員'の職のうち，職務の特別な性質から，一般の公務員の職(*一般職')とは異なる法的取扱いを受ける職として*国家公務員法'・*地方公務員法'が限定列挙する職〔国公2③，人規<1-5>，地公3③〕をいう。 ⇒職(公務員の)'
2具体例 例えば，内閣総理大臣・国務大臣・副大臣・地方公共団体の長・地方議会議員といった政治的な職，就任について選挙や議会の同意を必要とする職，外交使節・防衛省職員・国会職員・裁判官その他の裁判所職員，行政執行法人や特定地方独立行政法人の役員等の職である。地方公務員法は，臨時又は非常勤の顧問や参与，非常勤の消防団員・水防団員のような非専務職も特別職とする。 ⇒自由任用' ⇒独立行政法人' ⇒職業的公務員'
3適用法律 国家公務員法・地方公務員法は一般の公務員に適用されるもので，特別職には原則として適用されない〔国公2⑤，地公4②〕。

特別職公務員については，国の「特別職の職員の給与に関する法律」(昭和24法252)を除き，一般的な規定がない。裁判官・国会職員・自衛官等については個別の法律があり〔裁，国会職員法，自衛〕，知事・市町村長等については*地方自治法'に若干の規定がある。

特別清算 **1意義** 清算株式会社について，*清算'の遂行に著しい支障を来すべき事情があり，又は債務超過の疑いがあるときに行われる清算手続〔会社510〜574・888〜902〕。*株式会社'についてだけ認められる法定清算の一種で，通常清算〔会社475〜509〕に対する。通常清算に比べて，裁判所による強制処分が認められる点，及び協定に基づく債務の弁済が認められる点に特色がある。特別清算にも，通常清算の規定が一般規定として適用されるが，多数の特別規定がある。また，悪化した財産状態に基づく倒産処理としての側面もあることから，債権者の平等に配慮した規定も設けられている〔会社517・518〕。
2手続 裁判所は，債権者・*清算人'・*監査役'・*株主'の申立てがあった場合に，特別清算開始の原因となる事由があると認めるときは，所定の場合を除いて，特別清算開始の命令をする〔会社511①・514〕。その開始により*破産'手続(開始決定前のもののみ)・*強制執行'・*保全処分'等の手続をすることはできなくなり〔会社515①②〕，裁判所は，必要があれば会社財産の保全等の処分をする〔会社540〜543〕。清算事務は，裁判所の監督の下に〔会社519〜521〕，債権者，清算株式会社及び株主に対し，公平誠実義務を負う清算人が行う〔会社523〕。債務の弁済は，債権額の割合に応ずることが必要である〔会社537①〕が，清算株式会社の申し出た協定を*債権者集会'が法定多数で可決し，裁判所が認可すれば，この協定に基づいて債務の弁済がされる〔会社563〜572〕。この協定による権利変更は，原則として協定債権者間で平等でなければならない〔会社565〕。更に債権者との個別和解による弁済も可能である。
3終了 特別清算が結了し，又はその必要がなくなれば，終結決定が行われる〔会社573〕。協定の見込み又は協定実行の見込みがないときは，裁判所は，職権で破産手続開始の決定をする〔会社574①Ⅰ②〕。

⇒協定'

特別訴訟手続 通常の訴訟手続に対して何らかの特殊性をもった訴訟手続を総称する概念。*手形訴訟'，*小切手訴訟'，少額訴訟(⇒少額訴訟手続)，*人事訴訟'，*行政訴訟'などが含まれ

とくべつそ

る。令和4年民事訴訟法改正により創設された'法定審理期間訴訟手続'〔民訴381の2以下〕もこれに属する。

特別損益 特別利益と特別損失とをいう。'経常損益'と対比されるものであることからすると，臨時的であり，かつ巨額ないし'特別利益又は特別損失とされる。特別利益には固定資産売却益，前期損益修正益，負ののれん発生益などが，特別損失には固定資産売却損，減損損失，災害による損失，前期損益修正損などが含まれるとされているが〔会社計算88②③〕，「会計方針の開示，会計上の変更及び誤謬の訂正に関する会計基準」（企業会計基準24号）の下では前期損益修正損益は計上されない。

特別代理人 I 民法上は，'親権者'と子〔民826〕，'後見人'と被後見人〔民860〕との間に利益相反の関係がある場合に（⇒'利益相反行為'），後者を'代理'させるべく裁判所によって選任される代理人。なお，'親権'を行う母がない場合に，'嫡出否認の訴え'のために裁判所によって選任される代理人についても同じ用語が用いられている〔民775②〕。

II 民事訴訟法上は，個々の訴訟又は手続のために裁判所が選任する臨時の'法定代理人'をいう。法定代理人がいないか又は代理権を行使できない場合に，訴訟無能力者のために選任される〔民35。ほかに，民訴236，民執41②③〕。

特別地方公共団体 '普通地方公共団体'に対する言葉。現在は，'特別区'・'地方公共団体の組合'・'財産区'〔自治1の3③〕及び限時法による合併特例区〔市町村合併27〕が特別地方公共団体である〔平成23年改正(法35)により，地方開発事業団は廃止〕。都道府県及び市町村の普通地方公共団体が，その構成・組織・事務・権能等において一般的性格をもつためその名称があるのに対して，特別区等はこれらの点で特別の性格であるためこの名称がある。憲法上の'自治権'等の保障は特別区について議論はあるものの，他の特別地方公共団体には原則として及ばないと解されている。

特別注意銘柄 上場会社が'有価証券報告書'等に虚偽記載をした場合や'金融商品取引所'の自主規制において定める適時開示義務や'企業行動規範'に違反した場合等であって，それが直ちに上場廃止に至らない程度の違反であった場合に，金融商品取引所が，上場会社の内部管理体制等の改善を促すとともに，投資家に対して周知する目的で，当該違反のあった上場株式を指定する制度〔東証有価証券上場規程503①等〕。指定後に提出する内部管理体制確認書

に基づき解除の可否が判断され，改善されなかった場合等には，上場廃止とされる〔東証有価証券上場規程601①⑨等〕。

特別徴収 I 地方税の徴収方法の1つで，地方税を直接に納税者に納付させるのでなく，その徴収につき便宜をもつ者（これを特別徴収義務者という）に納税者から徴収させ納入させる制度であって〔地税1①⑨〕，ゴルフ場利用税，入湯税等の直接消費税の徴収がこの方法によるものとされている〔地税82・701の3等〕ほか，給与に対する'住民税'の徴収も，原則としてこの方法によって行われる〔地税321の3〕。したがって，特別徴収は，'国税'における源泉徴収等に類似する制度である。なお，特別徴収義務者が徴収し納付しなければならない税金を，'地方税法'は納入金と呼んでいる〔地税1①⑫〕。平成31年から施行された国際観光旅客税は，国税であるが，特別徴収の対象とされている〔旅客税16・17〕。 ⇒'源泉徴収' ⇒'普通徴収'

II '社会保険'の'保険料'の徴収方法の1つ。市町村が，イ 老齢等年金給付（老齢基礎年金，老齢厚生年金等）を受ける，介護保険の第1号被保険者（⇒'介護保険'），ロ 国民健康保険の被保険者たる世帯主，ハ 後期高齢者医療の被保険者について，年金保険者（老齢等年金給付の支払をする者〔介保131，高齢医療107①。また国健保76の3①参照〕）に介護保険・国民健康保険・後期高齢者医療の保険料を徴収させ（'源泉徴収'），その徴収すべき保険料を納入させることをいう〔介保131，国健保76の3①，高齢医療107①〕。老齢等年金給付を受けない被保険者や老齢等年金給付の1年間の額が政令所定の額に満たない被保険者については，特別徴収によらずに，市町村が地方自治法231条の規定により納入の通知をすることによって保険料を徴収する（普通徴収）〔介保131，国健保76の3①，高齢医療107①〕。

特別徴収義務者 ⇒'特別徴収'

特別調整委員 '労働争議'の調停・仲裁に参与させるために置かれる三者構成の委員〔労調8の2〕。

特別土地保有税 土地の保有及び土地の取得に対して課される市町村税〔地税585～629〕。土地投機を抑制し，地価の安定を図るとともに土地の供給を促進するために昭和48年の'地方税法'の改正（法23）により創設された。イ 土地の取得に対しては，その所在する市町村により，取得者を'納税義務者'とし，土地の'取得価額'を'課税標準'として，3％の税率で課し，ロ 土地の保有に対しては，毎年1月1日を基準日と

して，取得後10年未満の土地について，その所有者に対し，その取得価額を課税標準として1.4%の税率により課される〔地税585・593〜595〕。いずれも，「同一の者」が1つの市町村内に所有・取得する土地の合計面積が一定面積に満たない場合には免税とされる〔地税595〕。更に，有効利用に供される土地その他産業対策等政策的観点から一定の用途に供される土地の非課税ないし納税義務を免除する規定がある〔地税586・601〕。平成15年の改正(法9)で，当分の間，新たな課税は行わないこととなった〔地税附31〕。

特別取締役 *指名委員会等設置会社'又は重要な業務執行の決定を*取締役'に委任することのできる*監査等委員会設置会社'以外の*取締役会設置会社'であって，取締役の数が6人以上である，かつ，1人以上の*社外取締役'のいる会社は，取締役会決議により，3人以上の取締役を特別取締役として選定できる〔会社373①〕。取締役会は，重要な財産の処分・譲受け，及び多額の借財について，特別取締役のうち議決に加わることができるものの過半数が出席し，その過半数をもって決議できる旨を定めることができる〔会社373①〕。特別取締役による議決の定めある会社は，その旨及び特別取締役・社外取締役である氏名を登記しなければならない〔会社911③㉑，商登47②⑫〕。特別取締役以外の取締役は特別取締役の決議に出席する義務はないが〔会社373②〕，*監査役'は出席義務を負う〔会社383①〕。ただし，監査役が2人以上いる場合には，監査役の互選によりそれに出席する監査役を定めることができる〔会社383①但〕。取締役の員数が多く機動的に取締役会を開催するのが困難であり，他方，社外取締役が置かれているため取締役会による監督を期待しうる会社に限り，取締役会の特殊な決議方法として認められた〔会社369①〕。平成14年改正(法44)商法特例法(正式には「株式会社の監査等に関する商法の特例に関する法律」(昭和49法22)。平成17法87により廃止)により，*大会社'・みなし大会社につき認められていた重要財産委員会制度を変容したもの。特別取締役は，決定権限を有する事項については無制限の権限を有し，決定すべき事項や金額等の限定を取締役会が付すことはできない。特別取締役による決議については，取締役・監査役による取締役会の招集請求，*書面決議'の規定等は適用されない〔会社373④・383④〕。特別取締役の互選により定められた者は，遅滞なく取締役会に特別取締役による決議の内容を報告しなければならない〔会社373③〕。

特別の犠牲 損失補償制度において，補償の要否を決する基準として，一般的にいわれるのが，当該損失が「特別の犠牲」に当たるかどうかである。すなわち，適法な*公権力'の行使によって加えられた特別の犠牲に対し，全体の公平負担の見地からこれを調節するために行う補償が損失補償である。特別の犠牲に該当するか否かの判断基準としては，侵害行為の対象が一般的か特別的かという形式的基準，及び侵害行為が財産権の本質的内容を侵害するほどの強度のものか否かという実質的基準，あるいは，警察制限(消極目的のための制限)であるか公用制限(積極目的のための制限)であるかという規制目的による基準等，学説上，様々な基準が提示されている。古典的には，土地収用に伴う土地所有権の剥奪とその対価の付与が原型であったが，現代国家においては，侵害行為の対象は財産権一般に拡大し(身体的侵害の問題も生じうる)，侵害の態様も，各種の*土地利用規制'にみられるように多様化しているため，「特別の犠牲」の意味についても，侵害行為の態様，原因，損失の程度，その時代・状況に応じた社会通念等を総合的に勘案する必要が認められる。⇨損失補償'

特別の先取特権 ⇨先取(さきどり)特権'
特別の定め 段の定め・特別の定め'(巻末・基本法令用語)

特別の事情によって生じた損害 ⇨相当因果関係'

特別背任罪 刑法は，背任罪〔刑247〕について業務者の加重規定を置いていないが，会社法960〜962条，*保険業法'322条・323条は，会社の役員等の犯す背任行為が，株主・会社債権者その他一般公衆に与える被害の重大さを考慮し，加重規定を設けた。これらの犯罪を特別背任罪という。なお，*改正刑法草案'は，業務上背任罪を新設した〔刑法草案353〕。⇨背任罪'

特別弁護人 *弁護士'ではないが裁判所の許可を得て*弁護人'に選任された者〔刑訴31②〕。簡易裁判所及び地方裁判所に限って許される。地方裁判所においては，ほかに弁護士である弁護人がいることを必要とする〔刑訴31・38。なお，刑訴387・414〕。法律以外の特定の分野につき，専門的な助言を得るために選任が認められている。その訴訟法上の権限は，地方裁判所では*主任弁護人'となることができないほかは，弁護士である弁護人とほとんど異ならない。

特別法 ⇨一般法・特別法'
特別保険約款 ⇨普通保険約款' ⇨保険約款'

特別養護老人ホーム *老人福祉法'に基づ

き設置される*老人福祉施設'の一種〔老福5の3〕。65歳以上の者で，身体上又は精神上著しい障害があるために常時の介護を必要とし，かつ，居宅においてこれを受けることが困難な者を入所させ，養護することを目的とする〔老福20の5〕。*介護保険'では，入所定員数により*介護老人福祉施設'又は地域密着型介護老人福祉施設（⇨地域密着型サービス'）に位置付けられ，提供されるサービスは地域密着型介護サービス費又は*施設介護サービス費'の支給対象となる〔介保8㉒㉗・42の2・48〕。やむをえない事由により介護保険を利用して入所することが著しく困難である者については，市町村が*福祉の措置'により入所させる〔老福11①②〕。第1種*社会福祉事業'であり〔社福2②③〕，国・地方公共団体・*社会福祉法人'が経営主体となる〔社福60，老福15〕。都道府県条例で設備・運営の基準が定められ，法令及び基準の遵守につき都道府県知事による行政的監督が行われる〔社福17〜19〕。

特別養子　幼子を養育する目的にふさわしい養子縁組として，昭和62年の民法改正（法101）により創設された養子縁組を特別養子縁組といい，その養子を特別養子と呼ぶ〔民817の2〜817の11〕。従来の養子はこれに対して，一般養子あるいは普通養子といわれる。特別養子の特徴は，家庭裁判所の審判によって縁組が成立すること，養親は夫婦に限られること，養子は原則として6歳未満であること，実父母の同意を要すること，養子と*実方(ｼﾞﾂ)'の父母等との親族関係が終了すること，離縁は審判によるが養親側から離縁請求はできないことなどである。養子の*戸籍'には，実親名は記載されず，続柄も実子と同様になるため，身分事項欄に特別養子であると記載される。実親の戸籍に出生の事実が記載されるので未婚の母の子殺しや虚偽出生届を防ぐことができないという限界，戸籍によって特別養子であるという子のプライバシーが明らかになるという弊害があるほか，実親の同意をとる手続に困難が多く，立法時に期待されたほどには利用されていない。令和元年の民法改正（法34）により，被虐待児童により広く対象を拡大するため，特別養子となる者の年齢の上限を原則6歳未満から原則15歳未満に引き上げるとともに，特別養子縁組の成立の手続を2段階に分けて養親となる者の負担を軽減する改正が行われた。　⇨藁(ﾜﾗ)の上からの養子'

特別予防　⇨一般予防・特別予防'

特別利害関係人　*株主総会'又は*取締役会'の決議に特別の利害関係を有する者のこと。取締役会では，特別利害関係人（例えば*代表取締役'解職決議の対象となっている取締役）は，決議に参加することができず〔会社369②〕，*定足数'の算定等につき取締役の数に含まれない〔会社369①〕。株主総会では，特別利害関係を有する株主の*議決権'の行使は排除されないが，その者が議決権を行使したことにより著しく不当な決議がなされたときは，その決議は取消しの対象とされる〔会社831①③〕。もっとも，会社が特定の者から自己の株式を買い受けるには，株主総会の*特別決議'を要し〔会社156①・309②②〕，その決議については売主は議決権を行使できない〔会社160④〕。*譲渡制限株式'の譲渡による取得を承認せず，会社自身が買い取るときは株主総会の特別決議を要するが〔会社140②・309②①〕，株式を譲渡しようとする株主（取得者が請求をした場合にはその取得者）も議決権を行使できない〔会社140③〕。

特別留保条項（条款）　⇨公序（国際私法上の）'

匿名組合　**1 意義**　当事者の一方が相手方の*営業'のために*出資'をし，相手方がその営業から生じる利益を分配することを約する*契約'〔商535〕。実質的には，出資者（匿名組合員）と営業をする者（営業者）との共同企業形態であるが，外部に対しては*商人'である営業者だけが権利義務の主体として現れ，匿名組合員は営業者の行為について*第三者'に対して権利義務関係に立たない〔商536④〕。商法は，営業者の*補助的商行為'として，商行為編において規律する。法律上の性質は*組合'ではなく，*合資会社'と起源を同じくする特別の契約である。

2 内部関係　匿名組合員は営業者の営業のために出資をする義務を負い（金銭その他の財産に限る）〔商535・536②〕，出資は営業者の財産に帰属する〔商536①〕。営業から生じる利益を分配することは匿名組合の要素である〔商535〕。損失の分担は通常は義務であるが，要素ではないから特約でこれを排除してもよい。損失分担といっても，現実の支払による塡補は必要とせず，出資が計算上減少するだけであり，生じた損失を後に利益を持って塡補した後でなければ利益配当を請求できない〔商538〕。匿名組合員は営業者に対し約旨に従い営業する旨を請求できるが，自ら業務を執行し，営業を代表する権利はない〔商536③〕。匿名組合員は営業者に対する業務財産状況検査権等をもつ〔商539〕。

3 外部関係　匿名組合員は第三者に対して権利義務関係に立たない〔商536④〕が，その氏名氏名を営業者の*商号'中に用い，又はその商号を

営業者の商号として用いることを許諾したときは、その使用後に生じた債務につき営業者と連帯して責任を負わなければならない〔商537〕。
4 終了 契約の一般的終了原因のほか、当事者の一方的な契約の解除・法定事由により終了する〔商540・541〕。営業者は匿名組合員に、出資の損失を差し引いた残額を返還することを要する〔商542〕。

特命担当大臣 *'内閣'の重要政策に関して行政各部の施策の統一を図るために特に必要がある場合において、*'内閣総理大臣'により、*'内閣府'に置かれる職。内閣総理大臣を助け、命を受けて内閣府の所掌事務の一部を掌理する。国務大臣をもってあてられる〔内閣府9〕。

特約店制 ⇨排他条件付取引'

特有財産 夫婦の一方が'婚姻'前からもっていた財産及び婚姻中に自分の名前で取得した財産をいう〔民762①〕。*'法定財産制'に服する限り、夫婦の一方は、自己の特有財産を自ら管理し、処分することになる。今日では、特有財産という概念には、*'共有'財産ではないという消極的な意味しかない。なお、夫婦のいずれに属するか明らかでない財産は、夫婦の共有と推定される〔民762②〕。

独立請負業者 ⇨雇用類似就業者'

独立機関 ⇨独立行政機関'

独立規制委員会 アメリカにおいて、私人の経済活動などを規制するために設けられた行政委員会のこと。independent regulatory commission 囲 の訳語。独立規制委員会及びそれによる行政手続が発達した背景には、*'アメリカ合衆国憲法'上の厳格な三権分立（⇨'権力分立主義'）の理念と現実とのギャップを解決しなければならない経済的・社会的要請があった。経済規制活動の領域では、本来立法議会が行う立法作用や裁判所の任務である司法作用に類似した権限を執行部がもたなければ、行政活動を合理的かつ迅速に行うことができなくなったのである。そこで、行政手続による規制を任務とする行政機関の地位と三権分立の原則とを調和させるために、合議制で、しかも*'大統領'から政治的に独立の地位にある独立規制委員会を設け、*'準立法的権能'（規則制定権）及び*'準司法的権能'（審決権）を行使させることとした。州際通商委員会（囲 Interstate Commerce Commission；略称 ICC）・連邦取引委員会（囲 Federal Trade Commission；略称 FTC）・*'アメリカ全国労働関係局'などがその例。第二次大戦後、日本の行政委員会のモデルになった。 ⇨行政委員会' ⇨アメリカ行政手続法'

独立教唆罪 *'教唆'行為を行っただけで教唆者を処罰する規定。通説・判例（大判昭和9・11・26 刑集13・1598 等）である*'共犯従属性説'からは、被教唆者が犯罪の実行を行わなければ教唆者を処罰できないため特別に設けられている〔例：爆発4、破防38〜41、刑特7②③、特定秘密保護25〕。

独立行政委員会 ⇨行政委員会' ⇨独立規制委員会' ⇨独立行政機関'

独立行政機関 「行政権は、内閣に属する」〔憲65〕ことから、各*'行政機関'は、原則として、直接又は間接に*'内閣'の指揮監督に服するものとされる。しかし、その権限ないし所掌事務の性格から、多かれ少なかれ上級の指揮監督機関から独立してその権限を行使する行政機関が存在する。このような行政機関を独立行政機関又は独立機関という。ここには、*'会計検査院'、*'人事院'や*'公正取引委員会'のような*'行政委員会'などが含まれる。会計検査院は、内閣に対する独立の保障が憲法上予定されたものである〔憲90〕。他方、人事院は*'国家公務員法'に基づき内閣の所轄の下に〔国公3以下〕、そしてその他の行政委員会は、内閣府設置法及び*'国家行政組織法'に基づき内閣の統轄の下にある〔内閣府49、行組3〕。このように独立行政機関とされる機関も、その職権行使の独立性の程度、予算・人事権等の規制の程度は、各機関によって異なる。設置根拠や独立性の程度いかんでは、憲法65条違反の疑問も生じるが、現行の独立行政機関については一般に合憲と解されている。 ⇨指揮監督権'

独立行政法人 1 性格 国民生活及び社会経済の安定等の公共上の見地から確実に実施されることが必要な事務及び事業であって、国が自ら主体となって直接に実施する必要のないもののうち、民間の主体に委ねた場合には必ずしも実施されないおそれがあるもの又は1つの主体に独占して行わせることが必要であるものを効率的かつ効果的に行わせることを目的として、独立行政法人通則法及び各個別法人設置法の定めるところにより設立される法人〔独行法2①〕。通則法による規律を受けない*'特殊法人'とは区別されることが通例である。なお、地方公共団体に関しては、*'地方独立行政法人'を参照。

2 分類 元々独立行政法人は、*'国の行政機関'に置かれた施設等機関〔行組8の2〕などを、組織的に切り離し自律的及び効率的な運営を行うために、独立の法人格を与えたものである。こうした経緯から、独立行政法人の中で、その業務の停滞が国民生活又は社会経済の安定に直接か

どくりつさ

つ著しい支障を及ぼすと認められるものその他当該独立行政法人の目的，業務の性質等を総合的に勘案して，その役員及び職員が国家公務員の身分を有するものを，*行政執行法人'〔独行法2④〕という。このほか，公共上の事務等のうち，その特性に照らし，一定の自主性及び自律性を発揮しつつ，中長期的な視点に立って執行することが求められる科学技術に関する試験，研究又は開発に係るものを主要な業務とする国立研究開発法人〔独行法2③〕，公共上の事務等のうち，その特性に照らし，一定の自主性及び自律性を発揮しつつ，中期的な視点に立って執行することが求められるもの(国立研究開発法人が行うものを除く)を国が中期的な期間について定める業務運営に関する目標を達成するための計画に基づき行うことにより，国民の需要に的確に対応した多様で良質なサービスの提供を通じた公共の利益の増進を推進することを目的とする中期目標管理法人〔独行法2②〕がある。

3 国の関与 独立行政法人は，国の行政機関に準じた行政体であり，組織，人事，財務，業務について国の関与を受けるが，業務の効率的かつ効果的な遂行のために，その会計は原則として企業会計原則によるものとされ〔独行法37〕，自律性，自発性及び透明性を備えた法人として設立されている。通則法の適用を受ける独立行政法人については，その業務の公共性から，業務の範囲は設立法で定められ〔独行法27〕，その業務に関する業務方法書についての主務大臣の認可が義務付けられ〔独行法28〕，主務大臣の指示する目標〔独行法29・35の4・35の9〕に基づく計画的な業務遂行(計画の作成・公表〔独行法30・31・35の5・35の10〕)が義務付けられているほか，主務大臣による実績の評価がなされる〔独行法32・35の6・35の11〕。

⇨国立大学法人'

独立裁判籍 ⇨裁判籍'
独立証拠 ⇨実質証拠'

独立税・附加税 地方税について用いられる区別で，独立税とは，*地方公共団体'(都道府県及び市町村)が独立の税源に対して独立の税目で課す租税をいい，附加税とは，地方公共団体が国又は上級地方公共団体の課す租税に付加してその税額の一定割合で課す租税をいう。附加税は，本税に対する依存性が強く，中央集権的税制の現れであり，戦前の日本は地方税につき附加税中心主義を採用していた。戦後，*シャウプ勧告'に基づき附加税は廃止され独立税主義が採用された。そして，重要な*国税'については，地方公共団体は附加税を課すことを禁止されている〔所税237，法税158，相税67〕。ただし，*住民税'のうち法人税額を*課税標準'として課される部分(法人税割)及び*地方消費税'は，附加税の実質をもっている〔地税23①③・51・292①③・314の4・72の77・72の83参照〕。

独立当事者参加 **1 意義** 係属中の民事訴訟に，第三者がその訴訟の原告・被告の双方又は一方に対して，原告の請求と関連する請求を定立して，同時に統一的な審判を求める*訴訟参加'の形態をいう〔民訴47〕。

2 参加の理由 イ 訴訟の結果によって参加人の権利が害される場合(詐害防止参加〔民訴47①前〕)。判決効が参加人に及ぶ場合に限定する見解もあるが，有力説は詐害的な訴訟追行あるいは当事者のそのような意思が客観的に認められる場合(⇨馴合(なれあい)訴訟')にこの参加形式が許されるとする。ロ 参加人が訴訟の目的たる権利関係の全部又は一部が自己に帰属すると主張する場合(権利主張参加〔民訴47①後〕)。*参加承継'〔民訴49〕の場合にもこの参加形式が用いられる。

3 手続 民事訴訟法40条を準用して三者間の審理の足並みをそろえて資料を共通にし，原告及び参加人の請求の当否を統一的に審判する。なお，従前の当事者は*訴訟脱退'〔民訴48〕をすることができる。

独立取締役 ⇨社外取締役'

独立燃焼説 **1 意義** *放火罪'・*失火罪'の既遂要件である*焼損'の意義について，火が導火材料等の媒介物を離れて燃え移り，建造物その他が独立して燃焼を継続する状態に達したことであるとする考え方。判例が採用している(大判明治43・3・4刑録16・384等)。

2 見解の対立 放火罪等が*公共危険罪'であるところから，建造物等が独立して燃焼する状態になれば，公共の危険が既に発生するとみるわけである。しかし，日本に多い木造家屋では，独立燃焼の状態は相当早い時期に認められ，その結果，放火未遂〔刑112〕については*中止未遂'を認める余地がほとんどなくなるおそれがある。そこで，火力によって建造物等の重要部分が焼失し，その物の効用が失われたときに初めて既遂を認めるのが相当ではないかという効用喪失説，効用喪失の必要はないが，重要部分が燃え上がる必要はあるという，燃え上がり説(重要部分燃焼開始説)，重要部分の燃焼開始は必要でないが，火力により目的物が毀棄罪にいう「損壊」の程度に達したことを要するとする毀棄説が唱えられている。多数説は独立燃焼説を支持しているが，独立燃焼とはそれによっ

て通常公共の危険の発生が認められる状態であることからすれば、ある程度の燃焼継続可能性が必要であり、単なる客体への着火では足りないとの指摘がある。また、耐火構造の建造物では、建物自体が独立して燃焼することは少ない(しかし、媒介物や室内の物品から有毒ガスが生ずるなどして、建造物内部の人の生命・身体に危険が生ずる)という問題がある。

独立命令 '命令'の一種で、法律から独立して制定されたものが独立命令といわれる。現在の憲法では、法律を執行するための命令(*執行命令)と法律の具体的な委任に基づく命令(*委任命令)のみが認められているが、旧憲法では、法律を媒介とせず、天皇による「公共ノ安寧秩序ヲ保持シ及臣民ノ幸福ヲ増進スル為」〔明憲9〕の独立命令や、「公共ノ安全ヲ保持シ又ハ其ノ災厄ヲ避クル為緊急ノ必要ニ由リ」法律に代わるべき勅令(*緊急勅令)も認められていた〔明憲8〕。実際、警察・教育などに関する規律の多くはこの種の命令によっていた。近代法治国家における立法の原則がこの点でゆがめられていた。 ⇨緊急命令'

独立役員 ⇨社外取締役'

特 例 ⇨特例'(巻末・基本法令用語)

特例公債 ⇨国債'

特例市 *特別区'、*指定都市'、*中核市'の制度と並ぶ*大都市制度'の1つとして*政令'で指定された人口20万以上の都市をいった。平成11年の改正(法87)で制度化され、平成26年の改正(法42)前まで地方自治法に定められていた。中核市の人口要件が20万以上の市になった〔自治252の22〕ため特例市制度自体が廃止された。

特例退職被保険者 特定*健康保険組合'の組合員であって、加入期間が20年以上あるなど一定の要件を満たす退職被保険者は、その申請により引き続き当該組合の*被保険者'となることができる。これを、特例退職被保険者という。特定健康保険組合とは、自らその組合員に対し*療養の給付'などを実施することを厚生労働大臣に認可された組合をいう〔健保附3〕。

特例有限会社 1 特色 平成17年会社法制定の際に、有限会社制度は廃止され、既存の有限会社は全て会社法施行日(平成18年5月1日)に*株式会社'として存続することとなり、その社員は株主に、その持分は株式とみなされることになった〔会社法整備法2〕。この株式会社は*商号'中に有限会社という文字を用いなければならず、これを特例有限会社という〔会社法整備法3①②〕。特例有限会社は、実質的には有限会社法(昭和13法74。平成17法87により廃止)に近い規律に服する。*定款'記載事項中、目的・商号・本店所在地はそのまま株式会社の定款記載事項とみなされ、資本の総額、出資1口の金額、社員の氏名・住所、各社員の出資の口数は記載がないものとみなされる〔会社法整備法5①〕。特例有限会社では定款で株式の譲渡による取得につき会社の承認を要する旨が定められているとみなされ、株主が取得する場合には承認をしたものとみなされる〔会社法整備法9〕。会社の機関、会社の計算、*公告'などについても旧有限会社法と同様の扱いがなされている。

2 株式会社への移行 特例有限会社は、*定款変更'により商号を株式会社の文字を用いる商号に変更するとともに、特例有限会社についての解散の登記、新商号の株式会社についての設立の登記をすることによって、通常の株式会社に移行する〔会社法整備法45・46〕。

解合(とけあ)い 相場の暴騰・暴落又は天災等により決済が不能となったときに、売方と買方とが協議して一定の条件(値段)で決済を行うこと。全ての建玉(たてぎよく)を解け合う総解合いと一部だけの一部解合いがある。

ところ ⇨ところ'(巻末・基本法令用語)

閉ざされた構成要件 ⇨開かれた構成要件'

都市計画法 昭和43年法律100号。都市計画に関する基本法。1960年代の高度経済成長に伴う人口・産業の大都市集中によって生じたスプロール等の都市問題に直面して、大正8年の旧都市計画法(法36)に代えて制定された。都市計画の内容・決定手続、*地域地区制'、*開発許可'制・建築制限等の都市計画制限、都市計画事業等の施行並びに都市計画事業制限、社会資本整備審議会等について定める。同法の主たる対象は、一体の都市として総合的に整備・開発・保全すべき区域として都道府県知事によって指定された都市計画区域である。都市計画区域は、既成市街地並びに市街化を図る区域(市街化区域)と市街化を抑制する区域(市街化調整区域)とに区分される(通称・線引き)。都市整備財源を前者に集中して市街地を計画的に整備改善する一方で、後者では開発・建築行為を抑制することが法制定当初の構想であったが、平成12年改正で、三大都市圏等を除いて、線引きするかどうかを都道府県が判断する選択制へと移行した(法73)。その他、地区計画制度の導入(昭和55法35)、市町村マスタープランの導入(平成4法82)、一定の都市計画権限の市町村への委譲・特別用途地区メニュー自由化(平成

としさいか

10法79),都市計画区域マスタープラン・自然環境配慮規定の追加・特定用途制限地域制度・準都市計画区域制度・都市計画区域外開発許可制度の創設(平成12法73),土地所有者やまちづくりNPO等による都市計画提案制度の導入・再開発促進区制度導入(平成14法85),大規模集客施設の立地規制及び公共公益施設の開発許可対象への追加・準都市計画区域指定権者の都道府県への変更・都道府県による広域的調整手続の充実(平成18法46),災害ハザードエリアにおける開発抑制・災害レッドゾーンからの移転の促進(令和2法43)などの改正がなされた。「都市化社会」から「都市型社会」を経て「縮小都市」の時代へと移行する中で,都市計画制度全体の見直しが求められているが,そのような状況変化に伴う課題の一部は,都市再生特別措置法(平成14法22)による対応が試みられている。

都市再開発法 昭和44年法律38号。市街地の計画的な再開発に関し必要な事項を定めることにより,都市における土地の合理的かつ健全な高度利用と都市機能の更新を図ることを目的とする法律。市街地再開発事業の施行者としては,地方公共団体,独立行政法人都市再生機構等のほか,第1種市街地再開発事業の場合には,施行区域内の宅地所有者・借地権者から成る市街地再開発組合による施行が認められる。市街地再開発組合には,不動産賃貸業者・商店街振興組合等の参加も認められる。第1種市街地再開発事業においては,収用方式ではなく,立体換地方式の1つである*権利変換'の手法がとられ,土地と建物とを一体として権利関係の立体的な変換調整が行われる。例えば,密集木造建築物等複数の建築物を除却した上で,その跡に1つの高層ビルを建築して,その一部が従来の権利者に与えられることとなる。昭和50年の改正(法66)により,用地買収(収用)方式をとる第2種市街地再開発事業の制度が設けられ,防災上問題のある地域等についての再開発事業に関する規定が置かれた。また,平成10年改正(法80)で,「再開発事業計画の認定」の申請制度が設けられ,民間提案による再開発事業も行われることになった。

図書館等公衆送信補償金 情報通信技術を活用した図書館資料へのアクセスの円滑化を図るため,令和3年の著作権法改正(法52)により設けられた。従来,図書館はその来館者に対し図書館資料の一部分を複写して提供することができたところ,これに加え,一定の図書館等においてはその設置者が補償金を支払うことで図書館資料の一部分をメール等により送信することが可能とされた〔著作35①②〕。ただし,正規の電子出版等の市場を阻害しないこと,データの流出防止措置を講じることなどが条件とされている。補償金を受ける権利については,文化庁長官が指定する指定管理団体(全国を通じて1個に限る)のみがこれを行使することが予定され〔著作104の10の2〕,令和4年に「一般社団法人図書館等公衆送信補償金管理協会(SARLIB)」が指定された。各図書館等は個別の送信毎に利用者から補償金を徴収のうえ指定管理団体に一括して支払いを行い,指定管理団体は送信実績をもとに各分野の権利者団体などを通じて個別の権利者や出版社にこれを分配するものとされている。

トストネット(ToSTNeT)取引 東京証券取引所が開設する立会外取引のこと。単一銘柄取引・バスケット取引(ToSTNeT-1),終値取引(ToSTNeT-2),自己株式立会外買付取引(ToSTNeT-3)の4種類の取引がある。*機関投資家'等による大口取引など,大量の売買注文を立会時間中に競争売買が行われている株式市場で執行しようとすれば,価格が乱高下して円滑な価格形成が害されるおそれがあり,投資家にとっても執行コストがかさむため,立会外のToSTNeT-1・2が用意されている。発行会社は,*自己株式'取得にあたって*内部者取引'や*相場操縦'を回避するために,事前に自己株式買付けの具体的内容を公表した上で立会外のToSTNeT-2・3で買付けが行われる。強制公開買付規制との関係では,規制の潜脱防止のため,「特定売買等」として規制対象の買付け等に含まれる〔金商27の2①③〕。 ⇒ブロックトレード'

…とする ⇨'…とする'(巻末・基本法令用語)

土地 一定の範囲の地面に一定の限界内でその空中と地中を包含させたものをいう〔民207〕。土地の*定着物'とともに*不動産'とされる〔民86①〕。地中の岩石・土砂などの土地の構成部分及び*建物'以外の定着物は,土地の一部とされるが,未採掘の鉱物〔鉱業2・3〕,稲立毛(いなたちげ),及び地下水,殊に温泉は別個独立の権利の客体となる(⇨温泉権')。また,土地は性質上無限に連続しているが,人為的に区画し,例えば,○県○町○番地というように*一筆(いっぴつ)'ごとに*地番'を付して,その個数を計算する〔不登34・35〕。土地所有者は法令の制限内で自由にその所有地の使用・収益・処分ができるとされている〔民206〕。しかし,これらの権利が社会生活の中で相互に接触する場合には,その相

互の権利内容を調整する必要があり，民法には*相隣関係*'に関する規定〔民209〜238〕が置かれているほか，更に具体的な権利行使が*権利濫用*'として制限されることが少なくない。*用益物権*'(例：*地上権*'・*永小作権*'・*地役権*'・*入会(いりあい)権*')のほか賃借権の対象となり，所有者以外の者も使用収益できる。

土地改良区　一定の地区内の*土地改良事業*'を行うことを目的として土地改良法の定めに従って設立される法人。*公共組合*'の一種とされる。従前の耕地整理組合・普通水利組合・北海道土功組合の制度を統合したもの。土地改良事業に参加する資格を有する者(所有者，権原に基づく耕作者，その他の使用収益権者〔土地改良3〕)15人以上の者が，一定の地域内の上記資格者の3分の2以上の同意(農用地造成事業等については更に農用地外資格者全員の同意)を得た上で，市町村長との協議を経て都道府県知事に設立の認可を申請し，その認可によって土地改良区は一定の地域を地区として成立する〔土地改良5〜10〕。地区内にある土地についての上記資格者は，当然その組合員となる(強制加入)〔土地改良11〕。また，定款で定めるところにより，准組合員制度を設けることができる〔土地改良15の2〕。議決機関として総会又は総代会，役員として理事及び監事を置く〔土地改良18〜35〕。土地改良区は，地区内の土地改良事業を行い〔土地改良15〕，*公用換地*'・*交換分合*'等を行うことができる。また，事業に必要な経費に充てるため，金銭・*夫役(ぶやく)現品*'を賦課徴収し〔土地改良36〕，区債を起こし，借入金の借入れをすることができる〔土地改良40〕。

土地改良事業　土地改良法(昭和24法195)に基づいて，農業生産の基盤の整備開発を図り，農業の生産性の向上・農業構造の改善等に資することを目的として行われる農用地の改良・開発・保全・集団化に関する事業〔土地改良1①〕。施行にあたって環境との調和に配慮すべきことが，平成13年改正(法82)で定められた〔土地改良1②〕。農業用用排水施設等の新設管理，区画整理，農用地の造成，埋立て・干拓などが事業の内容である。事業は必要性，技術的可能性，経済性(当該土地改良事業の全ての効用がその全ての費用を償うこと)，負担能力の妥当性などの基本的要件に適合しなければならない〔土地改良8④Ⅰ，土地改良令2〕。法的手段として権利の*交換分合*'又は*公用換地*'などが用いられる。事業は，*土地改良区*'又は土地改良区連合，国又は都道府県，農業協同組合・農業協同組合連合会又は数人の共同，市町村によって行われる。平成29年改正(法39)により，農地中間管理機構が借り入れている農地について，農業者からの申請によらず，都道府県が実施することができる新しい事業の制度が創設された〔土地改良87の3〕。令和4年改正(法9)で対象事業が追加された。

土地管轄　Ⅰ　民事訴訟法上，事件に対する同種の*裁判権*'(特に*第一審*'訴訟の審判権)の行使を所在地を異にする同種の裁判所のどれに分担させるかの定めをいう。事件の当事者又は*訴訟物*'に密接に関連する地点がどの裁判所の管轄区域内にあるかによって定まる。土地管轄の基準となるこの関連地点を*裁判籍*'といい，どの裁判籍によって定まる土地管轄かによって「何々の裁判籍」と呼ばれる〔民訴4〜7〕。
Ⅱ　刑事訴訟法上，土地管轄は，犯罪地及び被告人の住所・居所・現在地のいずれによっても生ずる〔刑訴2〕。土地管轄を誤った起訴であっても，被告人が申し立てなければ*管轄違い*'の判決はできない〔刑訴331〕。

土地基本法　平成元年法律84号。土地についての基本理念を定める法律。昭和59年頃の東京都心商業地に端を発する異常な地価上昇を契機として制定されたもので，土地の公共的性格についての認識を確認し，総合的な土地対策の確立と円滑な運営を図るのを目的とした。土地についての基本理念として，公共の福祉の優先，土地利用の適正化と計画的利用，投機的取引の抑制，価値増加利益に応じた負担の4原則が定められ，また，土地に関する基本的施策，及び国土審議会についての規定が置かれた。本法では，土地が国民のための限られた資源であり，国民の諸活動にとって不可欠の基盤であるなどの土地の特性に鑑み，土地についての公共の福祉優先の基本原則が明らかにされ，更に土地に関する基本的施策としては，土地利用計画の策定，土地の投機的取引・地価高騰による弊害を除去し，適正な地価形成に資するための土地取引の規制に関する措置等が挙げられた。令和2年改正で，人口減少社会に対応した土地政策の再構築と地籍調査の円滑化・効率化を一体的に措置するために，土地基本法の目的に，土地の適正な「管理」を追加することとし，土地所有者が土地に関する登記手続等権利関係明確化のための措置等を適切に講ずるよう努めることを規定し，また，土地の利用及び管理，土地の取引，土地の調査並びに土地に関する情報の提供に関する基本的施策その他の土地に関する施策の総合的な推進を図るための「土地基本方針」が策定されることになった。

とちくかく

土地区画整理事業　土地区画整理法(昭和29法119)に基づいて，都市計画区域内の土地について，公共施設の整備改善及び宅地の利用の増進を図るため，土地の区画形質の変更及び公共施設の新設又は変更を行う事業〔区画整理2①〕。換地計画・*仮換地'の指定・換地処分，減価補償金・清算金・権利関係の調整などを一連の内容とする*公用換地'を行い，従前の土地よりも整理改良されてはいるが狭い面積の土地を割り当てるという手法(減歩)をとることによって，道路・公園・広場等の公共施設のための用地を生み出す点にその特色がある。施行者として，個人施行者(宅地所有権者又は借地権者が1人又は数人共同して行うもの)，土地区画整理組合，公共団体(都道府県・市町村)，国土交通大臣，独立行政法人都市再生機構，地方住宅供給公社に加え，民間事業者の能力活用を目的として，平成17年改正により(法34)，地権者と民間事業者が協働で設立する区画整理会社が追加された〔区画整理3〜3の3・51の2〜51の13〕。「区画整理は都市計画の母」といわれるように，日本の都市整備において中心的な役割を果たしてきた。元々資産的土地所有と生活手段としての土地所有との矛盾を内包した制度であるが，都市化社会から都市型社会への移行と地価上昇神話の崩壊に伴い，新たな諸課題に直面している。なお，特別法による土地区画整理事業として，特定土地区画整理事業〔宅地供給10〜23〕，一体型土地区画整理事業〔宅地鉄道特措11〕，拠点整備土地区画整理事業〔地方拠点24〜29〕，被災市街地復興土地区画整理事業〔被災市街10〜18〕がある。また，いくつかの法律において土地区画整理法の特例が定められている〔都市再生105, 復興特区51, 津波防災12〜14, 災害復興15〕。

土地再評価差額金　「土地の再評価に関する法律」(平成10法34)に基づき，事業用土地の再評価を行った場合の再評価差額から再評価に係る繰延税金負債の金額を控除した金額又は再評価差額に再評価に係る"繰延税金資産"を加えた金額をいう〔土地の再評価に関する法律7②, 会社計算76⑦③〕。ここで，再評価差額とは，再評価を行った事業用土地の再評価額から当該事業用土地の再評価の直前の帳簿価額を控除した金額をいう。正の額である土地再評価差額金は*分配可能額'に反映されないが，負の額である土地再評価差額金を分配可能額算定にあたって控除しなければならない〔会社計算158③〕。

土地収用法　昭和26年法律219号。*公用事業'に必要な土地の収用・使用に関する基本法。収用・使用の要件・手続・効果並びにこれに伴う*損失補償'等について規定するもので，明治33年の旧土地収用法(法29)に代わり制定された。収用適格事業類型，*事業認定'・*収用裁決'手続，収用委員会制度，損失補償，審査請求及び訴訟の特例等を内容とする。昭和42年改正(法74)により，補償金の基準時を収用裁決時から事業認定告示時に変更する土地価格固定制が導入された。平成13年改正(法103)では，透明性向上の観点から事業認定に際しての一定の住民参加等が義務付けられた〔収用15の14・23・25の2・26①〕一方で，収用裁決手続が一部簡素化・効率化された。更に，*損失補償基準'の細目が政令事項とされ(補償基準の法令化)〔収用88の2〕，また，生活再建措置に関する規定が設けられた〔収用139の2〕。なお，「所有者不明土地の利用の円滑化等に関する特別措置法」(平成30法49)は特定所有者不明土地〔所有者不明土地2②〕について土地収用法の特例を定め，収用委員会による収用裁決に替わる都道府県知事の裁定による収用手続を設けている。他に，東日本大震災復興特別区域法(平成23法122)73条の2〜73条の4,「大規模災害からの復興に関する法律」(平成25法55)36条の2〜36条の4においても，土地収用法の特例が設けられている。

土地譲渡所得の分離課税　長期保有土地については土地の供給の促進を，短期保有土地については投機的な土地取得の抑制を図るために，昭和44年の税制改正により導入された土地*譲渡所得'に対する租税特別措置法上の措置。平成3年の税制改正で長期保有土地の譲渡所得についても課税強化が図られる等の変遷があったが，平成16年の税制改正で土地取引の促進・土地市場活性化などの観点から，税率の定率化・引下げが行われ，現在の基本的な制度が形作られている。長期保有土地等・建物等(1月1日時点で所有期間が5年を超えるもの)に係る譲渡所得については，他の所得と分離して15%の税率で課税され〔租特31①〕，優良住宅地他の造成のために土地等を譲渡した場合や，10年超保有の居住用財産を譲渡した場合などには，一定の金額につき10%の軽減税率で課税される〔租特31の2①・31の3①〕。所有期間が5年以内の短期保有土地等・建物等については，他の所得と分離して30%の税率で課税される〔租特32①〕。個人に対する*住民税'の*所得割'でも同様の分離課税がある〔地税附34④・35①⑤等〕。

土地信託　広義には，*信託財産'が土地である信託をいう。すなわち，土地所有者Aが，

委託者として土地の*所有権'を受託者Bに移転し，受託者が一定の目的に従ってこれを管理・処分する信託をいう。しかし，狭義には，イ 土地所有者Aが受託者B(現実には信託銀行が受託者になる)に土地を信託し，ロ 受託者Bがその名義で建設のための資金を資金提供者Cから借り入れ(別の金融機関からの借入れのほか信託銀行が管理している別の信託財産から貸し付けられることもある)，ハ これを資金に建設会社Dと建物建設請負契約を締結し，ニ 完成した建物を第三者Eに賃貸するなどの方法によって収益を上げ，借入資金の元利返済に充てる，という一連の手法を特に土地信託と呼ぶ。信託期間中は，土地・建物の名義は受託者Bにあるが，信託期間終了によって，土地・建物が委託者兼受益者Aに返還される。この方法によると，土地所有者は，自ら建設資金を調達する必要がなく，建物建設契約の締結，建物管理について受託者の専門的知識経験を利用することができる。しかし，計画通り収益が上がらず，借入金の返済ができなくなった場合にどうするかという問題がある。 ⇒信託'

[図：土地信託の流れと構造]

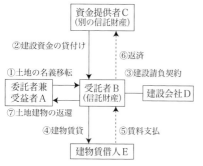

土地税制 総合的な土地政策の一環として，税法上設けられた措置の総称。租税特別措置法上に規定されていることが多い。昭和43年7月の税制調査会「土地税制のあり方についての答申」では，土地の供給及び有効利用の促進，需要(仮需要)の抑制，開発利益等の吸収の三面から税制の活用方法を検討し，*土地譲渡所得の分離課税'などが提案され，翌年に税制改正が行われた。土地税制という名称はこのあたりから一般化したといわれる。その後，平成元年の*土地基本法'の制定を踏まえ，総合的な土地政策の一環として税制のより積極的な活用が求められるようになった。土地税制は，土地の取得・保有・譲渡に対する課税に区分される。取得については登録免許税・不動産取得税・特別土地保有税(取得分)など，保有については*地価税'・*固定資産税'・*特別土地保有税'(保有分)など，譲渡については*所得税'・*住民税'などが課されるが，各税につき種々の軽減重課措置などが採用されている(地価税，特別土地保有税は課税停止中〔租特71，地税附31〕)。

土地利用規制 土地は，一般的には，これを私所有権の対象とし，その所有権の作用として，自由に使用・収益・処分することができるが，他方で，国民のための限られた資源であると同時に，国民の諸活動にとっての不可欠の基盤であるため，その公共的性格に照らして，土地利用に関しても一定の規制を受けることが多い。急激な都市化現象による都市問題の激化，都市周辺部における農地山林等の単発的開発による無秩序な市街地拡散現象によって生ずる不良住宅地の形成や公害の発生等に直面して，土地利用計画の必要性が強く認識され，昭和43年には*都市計画法'が制定され，都市の発展と農林漁業との健全な調和を狙い，市街化区域・市街化調整区域の区分，*開発許可'制度，*地域地区制'等による土地利用規制が制度化された。具体的には，市街化調整区域においては，原則として開発行為が抑制され，また，地域地区制の下で，例えば，*用途地域'による用途規制・建築物の形態規制が行われるなどの土地利用規制がなされている。

読 会 議会における*議案'の審議の段階。本会議での審議を慎重にする制度。*帝国議会'では，法律案の審議について*三読会'制を行っていた〔議院法(明治22法2。昭和22法79により廃止)27〕が，*国会'となってからは，審議の中心は*委員会'に移り，読会制は廃止された。

特 許 1 意義 国民に特別の権利や法的地位を付与したり，又は包括的な法律関係を設定する*行政行為'。設権行為ともいう。鉱業権・漁業権の設定許可・免許〔鉱業21，漁業69〕，公物占用権の許可〔道32，河23・24〕，帰化の許可〔国籍4〕，公務員の採用などがその例。電気・ガス事業等の事業許可〔電気3，ガス35〕は，伝統的に*公企業の特許'と呼ばれてきた。なお，逆に権利又は包括的な法律関係を消滅させる行為を特に剝権(はっけん)行為という。

2 特徴 特許は，名宛人に第三者に対抗しうる法律上の力を与える*形成的行政行為'の一種である。したがって，特許を受けた者は，その権利をもって，後から同一内容の特許を受けた者や行政庁に対抗しうる点で，*命令的行政行為'

とつきよき

の一種である'許可'と異なる。また，特許により独占的な事業を営む権利を得た者は，事業遂行に関して特別な義務を課され，行政庁の強力な監督に服すとされることが多い。こうした規制方法を許可制と対比して特許制と呼ぶ。

特許協力条約 各国特許庁等の協力により出願及び審査の重複を避けることを目的とする条約。略称PCT(英Patent Cooperation Treaty)。正式名称は「1970年6月19日にワシントンで作成された特許協力条約」。'特許権'は各国ごとに付与されるものであるから，特許出願も各国ごとに行わなければならないというのが'工業所有権の保護に関するパリ条約'上の原則であるが，その結果，同一の発明に関して各国特許庁で出願と審査が重複することになる。これに対して，出願が本条約に従ってなされる国際出願である場合，それが1締約国の特許庁に対して行われれば，出願人が指定する国においても国内出願としての効果が付与され，更に，国際調査及び出願人の希望による国際予備審査が国際出願に付されて各国特許庁に回される。本条約はこのような国際出願制度によって，審査遅延の解消と，各国特許庁及び出願人の負担の軽減を図ろうとしたものである。1978年発効。わが国は同年に批准書を寄託した(昭和53条13)。なお，この条約をわが国で実施するため，「特許協力条約に基づく国際出願等に関する法律」(昭和53法30)が制定された。

特許権 1 '知的財産権'の一種であり，業として特許発明を独占的，排他的に実施できる権利をいう〔特許68本文〕。特許権は，'特許法'により保護される権利であり，'発明'を保護し，発明の奨励を通じて産業の発達に寄与することを目的とすることから〔特許1〕，産業財産権('工業所有権')の一種に位置付けられ，「文化の発展」〔著作1〕に寄与することを目的とした'著作権'とは区別されている。
2 特許権の保護客体は「発明」〔特許2①〕であるが，発明が特許権の保護を受ける「特許発明」〔特許2②〕となるためには，産業上の利用可能性や'新規性'・'進歩性'〔特許29〕等の特許要件を備えることが必要である。また，特許権の保護を受けるためには，発明を完成させただけでは足りず，発明を'特許庁'に出願し，実体審査を経て，権利の設定登録を受けることが必要である〔特許36・47・66①〕。
3 特許権の効力は業として特許発明を実施する行為に及ぶが〔特許68本文〕，「実施」の意義は発明の分類〔特許2③〕ごとに異なっているため，特許権の効力も発明ごとに異なったものとなっている。すなわち，イ 物の発明に係る特許権の場合は，物の生産，使用，譲渡，貸渡し，輸出，輸入，譲渡等の申出に，ロ 方法の発明に係る特許権の場合は，方法の使用に，ハ 物を生産する方法の発明に係る特許権の場合は，方法の使用に加えて，その方法により生産した物の使用，譲渡，貸渡し，輸出，輸入，譲渡等の申出に及ぶ〔特許2③〕。特許権は，著作権とは異なり，模倣者のみならず，独自開発者にも権利行使できる絶対的な独占権である。また，特許権侵害は刑事罰の対象ともなっている〔特許196〕。特許権の存続期間は原則として出願から20年間である。例外として，a 審査の遅延等により，特許権の設定登録が出願日から5年を経過した日又は審査請求日から3年を経過した日のいずれか遅い日(基準日)以後にされた場合には，特許権の存続期間の補償を目的として〔特許67②〕，また，b「医薬品，医療機器等の品質，有効性及び安全性の確保等に関する法律」又は農薬取締法に定める処分を受けるために特許発明を実施することができなかった期間がある場合には，特許発明が実施できなかった期間(ただし5年を上限とする)の回復を目的として〔特許67④，特許令2条〕，出願により存続期間の延長が認められている。
⇨実施権(特許の)'

特許主義 '法人'を設立するのに国家等の特別の立法が必要であるとする立場。ヨーロッパにおいては，古く'株式会社'の設立について特許主義がとられた。現在，日本では，特殊銀行，'公社'，'公団'，'公庫'等の，国家にとって特に重要な関係のある'特殊法人'についてのみこの立場がとられている。 ⇨準則主義'免許主義(法人設立に関する)'

独居制 刑務所において受刑者を単独室に収容する拘禁形態をいう。'刑事収容施設法'では，「独居拘禁」という観念に代わって，「単独室」という用語が用いられている。悪風感染防止やプライバシーの保護の点で優れているが，昼夜単独室での拘禁には精神衛生上の問題も生じる。そのため，単独室と共同室のそれぞれの長所を取り入れた，昼間共同室・夜間単独室という拘禁形態が望ましいといわれている。 ⇨雑居制'

特許請求の範囲 出願人が'特許権'の付与を求める発明の範囲を記載した書類。クレーム(英claim)とも呼称される。特許請求の範囲は，願書の添付書類とされ〔特許36②〕，この記載に基づいて，特許権の効力の範囲(特許発明の技術的範囲)が確定される〔特許70〕。発明は観念

的な存在であり，その境界が極めて不明確である。そこで，特許権の外延を可能な限り明確にするために，特許請求の範囲に関する制度が設けられている。特許請求の範囲の記載については，特許を受けようとする発明が「発明の詳細な説明」〔特許36③③〕に記載したものであり〔特許36⑥①〕，かつ，特許を受けようとする発明を特定するために必要と認められる事項の全てが記載されていることが必要である〔特許36⑤〕。特許請求の範囲には，複数の請求項に区分して発明を記載することができる〔特許36⑤〕。1つの発明を複数の請求項に分けて記載することもできるし，一定の技術的関係を有する限り〔特許37〕，複数の発明を複数の請求項として記載することもできる。これを多項制といい，1つの発明を1つの項で記載しなければならないとする単項制と対置される。わが国は従来単項制を採用していたが，昭和50年の改正(法46)及び昭和62年の改正(法27)により，世界の多くの国が採用している多項制に移行し，出願人の便宜を図っている。なお，実用新案登録請求の範囲についても同様である〔新案5②⑤⑥・6〕。 ⇨ '均等論'

特許訴訟 特許に関する一切の訴訟をいう。具体的には，特許権侵害訴訟，審決取消訴訟，職務発明対価請求訴訟，*特許権'の帰属やライセンス契約を巡る訴訟などがある。このうち，審決取消訴訟は*行政事件訴訟'であり，それ以外の訴訟は*民事訴訟'である。審決取消訴訟は東京高等裁判所(*知的財産高等裁判所')の専属管轄とされ〔特許178①，知財高裁2②〕，特許権侵害訴訟の第一審は東京地方裁判所・大阪地方裁判所，控訴審は東京高等裁判所(知的財産高等裁判所)の専属管轄とされる〔民訴6①③，知財高裁2①〕。

特許庁 経済産業省の*外局'であり，特許庁長官を長とし，発明，実用新案，意匠，商標に関する事務を行うことを通じて，経済及び産業の発展を図ることを任務とする〔経済産業省設置法(平成11法99)21・22〕。具体的には，*工業所有権'に関する出願書類の方式審査，工業所有権の登録，工業所有権に関する審査，審判及び指導その他の工業所有権の保護及び利用に関する事務等を所掌する〔経済産業省設置法23〕。

特許手続上の微生物の寄託の国際的承認に関するブダペスト条約 ⇨ '微生物の寄託'

特許独立の原則 発生，無効又は消滅事由や存続期間等の点において，同一発明について各国で付与された特許権は互いに従属せず，相互に独立であるという*工業所有権の保護に関するパリ条約'上の原則〔工業所有権約4の2。なお，工業所有権約6(3)・6の5DE〕。

特許の期間延長 ⇨期間延長(特許の)'
特許の実施権 ⇨実施権(特許の)'

特許法 昭和34年法律121号。1 知的財産法の一種であり，*発明'の保護と利用を図ることにより，発明を奨励し，産業の発達に寄与することを目的とした法律である〔特許1〕。「保護対象」という観点からみると，特許法は発明という創作的成果を保護するものであるため，*著作権法'や*意匠法'などと同じく「創作法」に分類される。一方，「保護の目的」という観点からみると，特許法は「産業の発達」を目的とするものであるため，意匠法や*商標法'などと同じく工業所有権法(産業財産権法)に分類される。また，「保護の方法」という観点からみると，特許法は発明に所有権類似の物権的な権利を創設して保護を図るものであるため，「権利付与法」に分類されることになる。

2 特許法の歴史は古く，世界最古の成文特許法はベニス共和国で公布された発明者条例(1474年)であるといわれている。その後，イギリスの専売条例(1624年)，アメリカ特許法(1790年)，フランス特許法(1791年)，ドイツ特許法(1877年)などを経て徐々に近代的な特許制度が確立されるに至った。日本では，こうした欧米の特許制度を参考にして，明治4年(1871)に初めての特許法となる専売略規則(太告175)が制定されたが，同規則は，見るべき成果のないまま，翌年，施行が中止されている。その後，再び特許制度整備の必要性が認識され，明治18年に専売特許条例(太告197)が制定され，明治32年には，*工業所有権の保護に関するパリ条約'への加入を目的として特許法(旧々法)が制定された(法36)。大正10年には特許法の全面改正(旧法制定)が行われ(法96)，*先発明主義'から*先願主義'への移行などがなされた。昭和34年には再び特許法の全面改正(現行法制定)が行われ(法121)，発明の定義規定や損害賠償の特則規定が新たに導入された。

3 その後も，特許法は技術革新や社会・経済状況の変化，国際的ハーモナイゼーションの観点から，漸次，法改正が行われた。主要なものとして，昭和45年(法91)の*出願公開'制度及び*出願審査請求制度'の導入，昭和50年(法46)の*物質特許'制度の導入，昭和62年(法27)の改善多項制及び存続期間延長制度の導入，平成6年(法116)の付与後異議申立制度の創設，平成10年(法51)及び平成11年(法41)の権利侵害における民事救済及び刑事罰の強化，平成14年(法

とつきよほ

24)の間接侵害規定の拡充，平成15年(法47)の異議申立制度の廃止・'無効審判'制度への統合，平成16年(法79)の'職務発明'制度の改正及び無効の抗弁の導入，平成23年(法63)の'通常実施権'の'当然対抗制度'及び'冒認'特許権の移転登録制度の導入，平成26年(法36)の異議申立制度の復活，平成27年(法55)の職務発明制度の見直し，平成28年(法108)の'新規性'喪失の例外期間(グレース・ピリオド)の延長・期間補償のための特許権の存続期間の延長制度の導入，令和元年(法3)の査証制度の導入・損害賠償額算定方法の見直し，令和3年(法42)の第三者意見募集制度の導入などがある。

特許法上の新規性　　⇨新規性(特許法上の)'

特許法上の進歩性　　⇨進歩性(特許法上の)'

特許無効審判　　⇨無効審判'

特許明細書　　特許出願の際に願書に添付すべき書類の1つであり，発明の名称，図面の簡単な説明，発明の詳細な説明を記載した文書である〔特許36③〕。'特許権'は発明公開の代償として付与される権利であり，特許明細書は'特許請求の範囲'に記載された発明の内容を社会に伝達する技術文書として重要な意義を有することから，特許法は，明細書の記載要件を定め，明細書の発明の詳細な説明の記載は当業者が発明を実施することができる程度に明確かつ十分に記載しなければならないと規定し〔特許36④①〕，これに違反した場合には拒絶理由〔特許49④〕，無効理由〔特許123①④〕になるとしている。なお，特許発明の技術的範囲は特許請求の範囲の記載に基づいて定められるが〔特許70①〕，特許請求の範囲の用語の意義を解釈する際には，特許明細書の記載が参照される〔特許70②〕。

特　金　　⇨特定金銭信託'

独　禁　法　　⇨独占禁止法'

ドッド・フランク法　　**1 意義**　2010年にアメリカで成立した「ドッド・フランク・ウォール街改革及び消費者保護法(Dodd-Frank Wall Street Reform and Consumer Protection Act)」のこと。「ドッド」は，連邦議会上院銀行・住宅・都市問題委員会のクリストファー・ドッド委員長，「フランク」は，連邦議会下院金融サービス委員会のバーニー・フランク委員長の名前に由来する。ドッド・フランク法制定の契機となったのは，リーマン・ショックに端を発した金融危機である。アメリカでは2007年頃から信用力の低い者に対する住宅ローン(サブプライム・ローン)の不良債権化とサブプライム・ローンを対象にした証券化商品の価格下落が発生し，この影響などを受けて2008年に大手投資銀行のリーマン・ブラザーズが破綻した。リーマン破綻の影響は，アメリカ内にとどまらず全世界に伝播(でんぱ)し，国際的な金融危機を引き起こした。こうした危機に対応すべく，アメリカでは，金融機関の不良資産買取りや資本注入などの措置が講じられたが，金融システムを安定させるための基本的な制度のあり方などについても検討が行われた。その結果，「金融システムに関する説明責任及び透明性を改善することによりアメリカの金融安定を促進すること，『大きすぎて潰せない(too big to fail)』という事態を終わらせること，救済措置を終わらせることによりアメリカの納税者を保護すること，不正な金融サービス行為から消費者を保護すること，並びに，その他の目的のための法律」(ドッド・フランク法の冒頭に示された同法の正式名称(long title))として，ドッド・フランク法が制定された。

2 内容　ドッド・フランク法の主たる内容は次の通りである。イ システミック・リスクの監視等を行う金融安定監視評議会(Financial Stability Oversight Council)の設置，ロ 消費者向けの金融商品・サービスに関する規制を行う消費者金融保護局(Bureau of Consumer Financial Protection)の設置，ハ システム上重要な金融機関に対する規制・監督制度の整備，ニ 銀行による自己勘定取引の禁止やヘッジファンド等の持分所有の禁止を定めたボルカー・ルールの導入，ホ 金融の安定に対するリスクを軽減しモラルハザードを最小化するような形で金融機関の清算を行うための制度の整備，ヘ 一定の店頭デリバティブについて清算機関での清算を義務付けるなどのデリバティブ規制の強化，ト 格付機関，証券化，私募ファンドの投資助言業者などに関する規制の強化，チ セイ・オン・ペイ(Say on Pay)(役員報酬について会社を拘束しない形で株主の投票を行うこと)の義務付けなどの公開会社の'コーポレート・ガバナンス'の強化。

徒　弟　　⇨見習工'

都道府県　　**1 意義**　'市町村'を包括する広域的地方公共団体。市町村とともに'普通地方公共団体'の一種。旧憲法下における制度は不統一であり，現在の制度に至る直前には東京都制(昭和18法89)と道府県制('府県制')があった。戦後は，統一的な都道府県制度が'地方自治法'の中に置かれている〔なお，自治附2参照〕。東京都には'特別区'制度が置かれる。こ

のために都は区に対する一定の調整的権限をもつ〔自治281以下〕。平成3年の地方自治法改正(法79)により，都と道につき定められていた局・部の制度〔自治旧158〕が廃止され，道・府・県の間には法律上の特段の違いは存在しない。

2 国及び市町村との関係 戦前の都道府県は自治体としての性格が不十分であった。これに対して，現行憲法下でのそれは，完全自治体になり，一種の統治団体であると考えられている。日本国憲法8章の規定により，都道府県の存在そのものが憲法上保障されているかについては，積極・消極の両説がある。都道府県と市町村の関係は，機関委任事務制度や統制条例の制度により，上下主従の関係と観念されがちであった。平成11年の地方自治法改正(法87)は，両者を対等協力の関係と位置付けた上で，都道府県の市町村に対する関与の類型や手続を整備した〔自治245以下〕。

都道府県議会 都道府県の議決機関〔自治89〜138の2〕。都道府県住民の公選した都道府県議会議員をもって構成する。*明治憲法'下の*府県制'における府県会が，極めて限られた事項につき国又は国の官吏である知事の一般的・後見的監督の下にその権限を行使したのに対し，現行憲法下における都道府県議会は，都道府県住民の代表機関及び議決機関として，広範な権限を住民の民主的コントロールの下に行使するものとなった。すなわち，都道府県議会は，*条例'の制定改廃・予算その他重要事項に関する議決権のほか，一定の選挙権・決定権・行政監査権，知事に対する不信任議決権等をもつ。⇨地方公共団体の議会'

都道府県警察 *警察法'が同法2条に定める警察の責務に任ずるものとして，各都道府県の区域について置く組織〔警36〕。その管理は，都道府県知事の所轄の下に置かれる*都道府県公安委員会'があたり〔警38①③〕，都警察の本部として警視庁，道府県警察の本部として道府県警察本部が置かれている〔警47①〕。警視庁の長たる警視総監，道府県警察本部の長たる道府県警察本部長を始め，警視正以上の階級にある警察官は国家公安委員会が任免権を有する国家公務員とされ，これを地方警務官という〔警49①・50①・55③・56①〕。その他の職員は都道府県の公務員である〔警56②〕。都道府県警察の警察官による交通犯罪の捜査について*国家賠償法'1条の責めに任ずるのは当該都道府県であるというのが判例の立場である(最判昭和54・7・10民集33・5・481)。 ⇨警察'

都道府県公安委員会 **1 組織** *都道府県警察'の管理にあたる合議体。都道府県知事の所轄の下に各都道府県に1つずつ設置される〔警38①〕(なお，北海道については道の区域を方面に分かち，それぞれの方面本部に対応して各方面公安委員会が置かれる〔警46・51〕)。都，道，府及び指定市(⇨指定都市')を含む県にあっては，5人の委員，それ以外の県にあっては3人の委員で組織される〔警38②〕。委員は，当該都道府県の議会の議員の被選挙権を有する者で，任命前5年間に警察又は検察の職務を行う職業的公務員の前歴のない者のうちから，知事が議会の同意を得て任命するが，指定市の市長にも一定の推薦権が与えられている〔警39①〕。政治的中立性確保のため，委員の過半数が同一の政党に属してはならないとされている〔警39③・41③〜⑤〕。委員の任期は3年で，*身分保障'がある〔警40・41⑥〕。*地方自治法'上は，執行機関の1つとされ〔自治180の5②Ⅰ〕，また，住民による委員の*解職請求'が認められる〔自治13②・86〜88〕。

2 権限 都道府県公安委員会は都道府県警察を管理し，また，法律でその権限に属させられた事務をつかさどるほか，その権限に属する事務に関し，法令・条例の特別の委任に基づいて都道府県公安委員会規則を制定できる〔警16〕。また，*国家公安委員会'の権限に属する警視総監，警察本部長，その他の地方警務官の任免につき同意権，懲戒又は罷免につき勧告権を有し〔警49・50・55③④〕，警視総監又は警察本部長の権限に属するその他の職員の任免につき意見具申権，懲戒又は罷免につき勧告権を有している〔警55③④〕。

都道府県税 ⇨国税・地方税'

都道府県知事 都道府県の*執行機関'。*明治憲法'下における都道府長官・府県知事は，天皇の勅任する国の官吏であったが，現行憲法下における都道府県知事は住民が直接公選するものとなった〔憲93〕。知事は，地方公共団体としての都道府県を統轄し代表する機関で，当該都道府県の事務(⇨地方公共団体の事務')を管理執行する。その処理する事務について*規則'を制定することができる〔自治15〕。日本国民で年齢30年以上の者は被選挙権を有し〔公選10①Ⅳ・11・11の2・88〜91，自治19②〕，一定の*兼職禁止'の定めがある〔自治141・142〕。任期は4年である〔自治140〕が，住民の*解職請求'・議会の不信任議決等によって失職することがある〔自治81・83・178〕。 ⇨地方公共団体の長'

都道府県労働委員会 ⇨労働委員会'

届出 行政庁に対し，一定の事項を通知

とどけでこ

する行為であって，行政庁の諾否の応答を予定しないもの〔行手2⑦〕。それには，法令上一律に義務とされているもの〔生活保護61〕のほか，一定の法効果を発生させるための要件として求められているもの〔労基36①〕などがある。後者は，許可要件に基づく実体審査を行う許可制と対比して届出制と呼ばれる。*行政手続法'は，届出の形式上の要件に適合している場合に，当該届出が提出先とされている機関の事務所に到達したときに，当該届出をすべき手続上の義務が履行されたものとする旨の規定を置いている〔行手37〕。

届出婚主義 ⇨形式婚主義' ⇨法律婚主義'

届出不受理申出制度 婚姻届・協議離婚届・養子縁組届・協議離縁届・認知届について，届書作成後翻意した場合やその意思がないのに届け出られるおそれがある場合に，あらかじめ届出不受理申出をしておくと，届出が受理されない制度。かつては通達によって制度化されていたが，平成20年(平成19法35)から戸籍法に条文化された〔戸27の2③〕。

賭 博 **1 意義** 偶然の勝敗により*財物'や財産上の利益の得喪を争う行為。賭事(とじ)。賭博罪〔刑185〕の規定は，射幸心をあおり，正常な勤労意欲を阻害するとの見地からこれを処罰対象としている。法定刑は50万円以下の罰金又は科料。平成7年の刑法の平易化前の同条は，賭博を「偶然ノ輸贏(しょうえい)ニ関シ財物ヲ以テ博戯又ハ賭事ヲ為シタル」と規定し，上記のような意義を具体的に条文中に記載していたが，上記改正の際に「賭博をした」という簡潔な表現に改められた。ただし，財政上の見地から賭博の性質をもった行為を公認することがある(競馬・競輪などの公営賭博)。常習賭博者は刑が加重される〔刑186①。3年以下の拘禁刑〕。自ら主催者となって賭博をさせる場所を与える行為については，賭博場開張罪が成立し，常習的・職業的な賭博行為者を結合して利益を図る行為については，博徒結合罪が成立する〔刑186②。3月以上5年以下の拘禁刑〕。なお，携帯電話機のアプリケーションソフト等を用いて，いわゆるオンラインカジノ・ネットカジノを主宰することが「賭博場」の開帳に該当するかについては見解の対立があり，これを肯定する裁判例(大阪高判平成29・2・9高刑速(平29)238頁)と否定する裁判例(福岡地判平成27・10・28)がある。

2 一時の娯楽に供する物 一時の娯楽に供する物を賭ける場合は，賭博罪は成立しない〔刑185但〕。その場で消費される飲食物の類を賭ける場合などであり，日常的娯楽の範囲内であり，違法性に乏しいと考えられるからである。ただし，判例上，金銭は金額の多少を問わず一時の娯楽に供する物とは認められない。
⇨富くじ'

飛越(ひえつ)上告 I 民事訴訟法上，地方裁判所又は簡易裁判所のした*第一審'の*終局判決'に対し*控訴審'を省略して直接される'上告'。跳躍上告・飛越上告ともいう。現行法上，上告をする権利は留保するが*控訴'はしない旨のいわゆる飛越上告の合意が当事者間にある場合にだけ許される〔民訴311②・281①但〕。飛越上告が認められるのは，事件の事実関係については当事者間に争いがなく*法律問題'についてだけ争いがある場合には，直ちに上告裁判所の判断を得られることにする方が紛争の迅速かつ終局的な解決に役立つとの考慮に基づく。飛越上告の合意は不控訴の合意の一種であるが，第一審判決言渡し後に限って許される〔民訴281①但〕。また，この合意は，書面又は*電磁的記録'である必要がある〔民訴281②・11②③〕。飛越上告を受けた上告裁判所は，原判決の事実の確定が法律に違反したとの理由でこれを破棄することができない〔民訴321②〕。⇨不控訴の合意'

II 刑事訴訟法上は*跳躍上告'というのが通例。その項をみよ。

苫米地(とまべち)判決 昭和27年8月28日に行われた第3次吉田内閣による衆議院のいわゆる抜き打ち解散が違憲無効であるかどうかについて争われた事件に関する判決。当時衆議院議員であった苫米地義三が提訴したところから，この名がついた。訴訟は2つあって，衆議院解散の無効確認を直接最高裁判所に訴えたものと，解散の違憲無効を理由に衆議院議員資格の確認及び歳費の支払を求めたものとがあるが，普通，後者についていわれている。解散の合憲性については，第一審は内閣の助言がなかったという理由で違憲無効と判断し(東京地判昭和28・10・19行裁4・10・2540)，第二審は一審判決を取り消し，請求を棄却した(東京高判昭和29・9・22行裁5・9・2181)。最高裁判所は，衆議院の解散は極めて政治性の高い行為であり，その有効・無効の審査は裁判所の権限外にあるとして，上告を棄却した(最大判昭和35・6・8民集14・7・1206)。この判断については，最高裁判所が*統治行為'論を採用したものとする見解が有力である。なお，*砂川事件(判決)'を参照。

富井政章 (1858〜1935) 現行民法典の起草者の1人。民法学者。明治10年(1877)から明治16年までフランスに留学，法学博士の

学位を取得した。明治18年東京大学教授となり民法講座を担当した。後に、臨時法制審議会において指導的地位を占め、民法改正要綱の作成を担当した。主著「民法原論」(明治36〜昭和4)は起草者の見解を示すものとして重要。その学風は*梅謙次郎'に比べて体系的・思弁的であった。ドイツ法学を重視し、ドイツ法学全盛の端緒となった。刑法に関する著書もある。

富くじ **1 意義** 発売者が、あらかじめ番号札を発売して金銭その他の財物を集め、その後、抽せんその他の方法により、多数購買者中の一部に偶然の利益を取得させること。その番号札をも富くじということがある。富くじの発売(2年以下の拘禁刑又は150万円以下の罰金)・発売の取次ぎ(1年以下の拘禁刑又は100万円以下の罰金)・授受(20万円以下の罰金又は科料)は処罰される〔刑187〕。しかし、馬券、競輪券、宝くじのように、法令により許される富くじもある〔刑35〕。
2 賭博との差異 富くじ発売者は、賭金の所有権を直ちに取得し、財産を喪失する危険を負担しない点で、*賭博'と区別されるというのが一般である。

富平神社事件　　⇨砂川政教分離訴訟'
都民税　　⇨住民税'
ドメイン・ネーム　英domain name　インターネットに接続される各コンピューターにはそれぞれ固有の数字(IPアドレス)が割り当てられており、これがインターネット上の住所として機能する。しかし、これは単なる数字の羅列であるために人間には覚えにくい。そこで、これを文字に置き換えた上、ネットワーク上の位置関係を観念しうるように、その一部を地域や属性を表す文字に代替する階層構造としたものをドメイン・ネーム(ドメイン名)と呼ぶ〔不正競争2⑩も参照〕。ICANN(英Internet Corporation for Assigned Names and Numbers)の下で分散管理が行われている。例えば、末尾が.jpのドメイン名であれば、JPRS(英Japan Registry Services)が、その登録の業務を管理している。他者の商品等表示に類似するドメイン名を不正の利益を得る目的や損害を加える目的で取得・保有・使用することは、*不正競争防止法'違反行為となり、差止めや損害賠償請求の対象となる〔不正競争2①⑲〕。

ドメスティック・バイオレンス　英domestic violence　「家庭内の暴力」を意味する英語表現に由来するが、主として、夫婦や恋人同士の親密な関係における男性から女性への暴力又はこれに準ずる言動を指すために用いられる表現。ドメスティック・バイオレンス(DV)防止法と俗称される*配偶者からの暴力の防止及び被害者の保護等に関する法律'は、直接の適用の対象が配偶者(事実上婚姻関係と同様の事情にある者を含む)からの暴力に限られている反面、男性から女性へという限定は、法文上はなされていない〔配偶者暴力1〕。

ドメスティック・バイオレンス法　⇨配偶者からの暴力の防止及び被害者の保護等に関する法律'

トーラー **1 概念** 「教え」を意味するヘブライ語(Torah)。ユダヤ教聖典の概念。狭義には、創世記、出エジプト記、レビ記、民数記、申命記を1つの巻物にした「文字のトーラー」つまりモーセ五書(英Pentateuch)。広義には、その文字解釈から生まれるユダヤ教の世界観と法秩序の総合概念。ヘレニズム期のユダヤ人は*ノモス'(律法)と翻訳。
2 内容 文字のトーラーは、天地創造に始まりモーセの死に終わる歴史物語のテキストであるが、その中には、統治に関わる王・祭司の役割、神殿祭儀や戦争・農耕の仕方、殺人や盗み等の犯罪の刑罰、商取引や相続、また裁判の公平等の定めも含まれる。後の*ユダヤ法'の学者(ラビ)は、トーラーの文字に613の戒律をみいだす。彼らの解釈の伝統や実際の法慣習は、モーセ以来の「口伝」の「教え」として、文字のトーラーに並ぶ*法源'となる。しかし「口伝」の権威について古代ユダヤ教の諸派には見解の相違もあった(ヨセフス「ユダヤ古代誌」13:297)。

トライアル　　⇨アメリカ民事訴訟法'
トラスト　英trust　**1** ある者(受託者)が、特定の財産を法的には自らのものとして保有するが、これを受益者のために保有し運用する義務を負う関係をいう。イングランドのエクイティ裁判所で認められてきたもので(⇨エクイティ')、受託者が受益者に対して負う信認義務を特徴とする。典型的には、財産保有者(委託者)が受託者にトラストとして財産を移転することにより成立するが、遺言による財産の移転によっても、信託を設定することができる。また信託宣言といい、財産保有者が財産を特定の受益者のために保有する意思を宣言することによって、信託を設定することも可能である。一般的なトラストでは、受益者が特定される必要があるが、一定の慈善的目的のために設定されるチャリタブル・トラスト(慈善信託)であれば、受益者は特定されない。一般的なトラストにおいては、受託者がトラストに関わる義務違反を犯した場合に、受益者が訴えを起こしてト

とらすとれ

ラスト上の義務の遵守を図るが，チャリタブル・トラストの場合には法務総裁やこれに相当する官職にある者が訴訟適格を有する。
2 トラストの法的性格につき，受益者が受託者に対して有する受益権をいかに定義するかを巡っては，英米法諸国でも学説上争いがある。伝統的に債権として扱う説と，物権とみなす説が対立していたが，アメリカでは1920年頃の'リステイトメント'を契機に，物権説的な理解が強まった。しかし近年は，信託を契約的に理解しようとする見解も有力に主張されている。日本には，1905年'担保付社債信託法'，1922年'信託法'・'信託業法'を通じて継受された。 ⇨ '信託' '信託遺贈'

トラスト・レシート 英trust receipt 荷為替取引において，買主が銀行から運送品に関する船積書類（'運送証券'等）の引渡しを受けたことを証するとともに，銀行に対して一定の事項を約諾した証書。輸入担保荷物保管証・荷為替手形担保荷物保管証とも呼ばれ，英米の商業実務上，慣習的に発達した制度である。'商業信用状'取引の場合又は'荷為替手形'がＤ／Ｐ手形である場合，銀行は買主が手形支払資金又は手形金を支払うまでに，運送証券を担保として所持し続ける必要がある。しかし，買主にとっては運送品の転売代金で手形金を支払うことができれば有利であるし，銀行にとっても自ら運送品の倉入れ・売却等の事務をすることは面倒な面がある。そこで銀行は，買主に船積書類を引き渡して運送品の保管・売却を委ね，買主をして銀行の受託者として運送品又は売得金を保持する旨を証する証書を差し入れさせることがある。この証書がトラスト・レシートで，差入れの効果として，買主は銀行に対して，一定の場所に一定の態様で運送品を保管し，又は売却代金を銀行に払い込む義務を負う。

トラック・システム ⇨ '現物給与'

とらわれの聴衆 交通機関の車内での広告放送など，その場に居合わせた公衆が聞くことを余儀なくされる場合がある。これは音声による表現の特徴であるが，このような場合の公衆の立場を「とらわれの聴衆」（英captive audience）という。公共の広場におけるビラ貼りや集会などは'パブリック・フォーラム'であることから表現する側の自由が強調されるが，拘束された空間における音声による表現については，'表現の自由'と聞き手の「聞かない自由」との調整が問題となる。

取扱有価証券 '金融商品取引法'上，認可'金融商品取引業協会'がその規則において取引の勧誘を禁止していない非上場の株券，'新株予約権証券'等の'有価証券'のこと〔金商67の18④〕。契約締結前の情報提供の義務〔金商37の3①⑦，金商業83①②〕や不公正取引規制の一部〔金商159①括弧・163①〕等の対象。現在はフェニックス銘柄のことを指し，株主コミュニティ銘柄は除かれ，グリーンシート銘柄は2018年3月末に廃止された。

取 消 し Ⅰ **民法 1 意義** '意思表示'に欠点があるために不確定的に有効とされる'法律行為'を，法律上定められた一定の事由に基づき特定の者（取消権者）の意思表示によって遡って'無効'とすること。売買契約を，'詐欺'であるという理由で買主が取り消して代金の返還を請求するのがその例である。なお，書面によらない贈与の場合におけるように，自己の行為の効力が完全には生じていないときに，その行為がなかったものとすることは，取消しではなく'解除'である〔民550〕。
2 要件 イ 取消権が存在すること。取消権が'消滅時効'〔民126〕にかかったり，放棄された（'追認'〔民122～125〕）ときには取消権は消滅する。ロ 取消権者は，'制限能力者'本人，'錯誤'・'詐欺'・'強迫'による意思表示をした者，それらの者の代理人・承継人〔民120〕である。また'行為能力'の制限を理由とする取消しでは，同意権を有する'保佐人'にも取消権がある〔民120①〕。ハ 取消しは取消権者の単独の意思表示によってすることができ，相手方が確定している場合には，相手方に対する意思表示によってする〔民123〕。例えば，強迫を理由に売買契約を取り消すときの相手方は，強迫による意思表示の相手方であり，この者から目的物を取得した転得者ではないとされている。
3 効果 取り消された法律行為は最初から無効であったことになる〔民121〕。錯誤・詐欺による意思表示の取消し以外の場合は〔民95④・96③〕，取消権者は全ての'第三者'に対して取消しの効果を主張できる。
4 適用範囲 上記の原則は，当事者の制限能力及び意思表示の瑕疵（ｶ）に基づく場合に限られており，同じ取消しという語が用いられていても，イ 裁判所の行為による審判などの取消し〔民10・14・32等〕，ロ 無権代理行為の相手方による取消し〔民115〕，詐害行為の取消し〔民424〕，ハ 婚姻及び縁組のような身分上の行為の取消し〔民743・803〕などには適用されない。なお，「無効」に掲げた〔表：無効と取消しの典型的差異〕を参照せよ。

　Ⅱ '行政行為の取消し'については，その項

をみよ。

取り消しうべき行政行為 ⇨瑕疵(かし)ある行政行為'

取消権の留保 *行政行為'の*附款'の一種であり、行政行為の発令にあたり、行政庁が事後的に行政行為を取り消す権利を留保するものをいう。ここでいう取消権は撤回権の趣旨である。行政財産の使用許可を出すにあたり、将来、使用の必要性が生じた場合に取消しを留保するのがその例である。*行政行為の撤回'には制限の法理(撤回不自由の原則)が働くが、取消権の留保が合理的な内容のものである場合には、撤回は許容される。

取消訴訟 *行政事件訴訟法'上の*抗告訴訟'のうち、*処分の取消しの訴え'〔行訴3②〕と*裁決の取消しの訴え'〔行訴3③〕とを合わせて取消訴訟という〔行訴9①〕。*出訴期間'の制限があり、その期間内でなければ原則として提起することができない〔行訴14〕。行政事件訴訟法は、取消訴訟を中心に詳細な規定を設けており〔行訴8〜35〕、抗告訴訟の中でも、最も中心的な訴訟形式となっている。

取締規定 *国民'に対してある行為を制限し、又は禁止することを定める規定。取締規定に違反した場合には、刑罰その他の制裁を科されるのが通例である。このような制裁を伴う場合に限って、取締規定と呼ぶ学説もある。取締規定という用語は、法律学上の観念であって、問題の行為を実際に防止することを狙っているにとどまり、その制限・禁止に反してなされた行為の法律上の効力に必ずしも影響を及ぼさない趣旨の規定を指す。取締規定と対置されるのが、効力規定の観念であって、これに違反する行為は無効又は取り消すことができるものと解されている。ある規定が取締規定か効力規定か明白でない場合が少なくない。法令の趣旨・目的やその規定の実質的な狙いなどを照らし合わせて判断するほかはない。

取締役 1 株式会社の取締役 イ 総説：*株式会社'の*役員'の一種で、*取締役会設置会社'でない会社では会社の*業務執行'にあたる必要常置の機関であり、取締役会設置会社では会社の業務執行の意思決定及び取締役(*指名委員会等設置会社'では*執行役'及び取締役)の職務の執行の監督を行う機関である*取締役会'の構成員である。*自然人'に限られるほか、一定の欠格事由がある〔会社331①〕。選任・解任は原則として*株主総会'の*普通決議'により(⇨取締役の選任' ⇨取締役の解任' ⇨取締役解任の訴え')、任期は、選任後2年(*監査等委員会設置会社'の*監査等委員'以外の取締役と指名委員会等設置会社の取締役は1年)以内に終了する*事業年度'のうち最終のものに関する定時株主総会の終結の時までを原則とする。ただし、定款又は株主総会の決議によって短縮することができ(監査等委員会設置会社の監査等委員である取締役は除く)、その一方、*公開会社'でない会社(監査等委員会設置会社及び指名委員会等設置会社を除く)では、定款の定めにより上記の期間を10年まで伸長することもできる〔会社332〕。他の役員と同様に会社との関係は*委任'に関する規定に従うが〔会社330〕、義務・責任・報酬〔会社361・404③〕等について特別の定めがある(⇨競業避止義務' ⇨忠実義務' ⇨取締役・会社間の取引' ⇨取締役の責任' ⇨取締役の利益相反取引')。ロ 取締役会設置会社でない会社の取締役：業務執行権・代表権(⇨会社代表)を有する〔会社348①・349①〕。員数は1人以上で、2人以上ある場合には業務執行はその過半数をもって決定するのが原則である〔会社348②〕。代表権は各取締役が有するのが原則であるが、別に*代表取締役'を定めることができる〔会社349①〜③〕。なお、*特例有限会社'の取締役については任期等につき若干の特則がある〔会社法整備法18・21〕。ハ 取締役会設置会社の取締役：員数は3人以上で〔会社331⑤〕、取締役会の構成員として業務執行の決定及び監督に参画する。業務執行自体には、指名委員会等設置会社でない会社では代表取締役又は業務を執行する取締役として取締役会により*選定'された者(⇨業務執行取締役')、指名委員会等設置会社では執行役があたる〔会社363①・418②〕。公開会社かつ*大会社'である*監査会設置会社'で、*有価証券報告書'提出会社である会社では、1人以上は*社外取締役'でなければならない〔会社327の2〕。監査等委員会設置会社及び指名委員会等設置会社では、委員会を組織する関係上、2人以上は社外取締役でなければならない〔会社331⑥・400③参照〕。また、監査等委員会設置会社の監査等委員及び指名委員会等設置会社の*監査委員'である取締役については監査役と同様の兼任禁止規定がある。更に、指名委員会等設置会社の取締役については*支配人'その他の*使用人'との兼任はできないとされている(執行役との兼任はできる)〔会社331③④・400④・402⑥参照〕。ニ 一時取締役：法定又は定款所定の取締役の員数が欠けた場合に、一時、取締役の職務を行う者。利害関係人の申立てにより、裁判所が選任する〔会社346②〕。

2 相互会社の取締役 *相互会社'の取締役会の構

とりしまり

成員。取締役会設置会社である株式会社の取締役に準じる〔保険業51以下〕。

取締役会 **1 株式会社の取締役会** イ 意義：'取締役会設置会社'である'株式会社'の'取締役'全員によって構成される合議体で、会社の業務執行の決定を行い、取締役・'執行役'の職務の執行を監督する機関〔会社362①②・399の13①・416①〕。'公開会社'・'監査役設置会社'・'監査等委員会設置会社'・'指名委員会等設置会社'それ以外の会社では定款の定めによって置くことができる〔会社326②〕。ロ 権限：指名委員会等設置会社でない会社の取締役会は、業務執行の決定を'代表取締役'等の特定の取締役に委任することができるが、会社法に定められた事項その他の重要な業務執行の決定を委任することはできないのが原則である〔会社362④・399の13④〕。ただし、監査等委員会設置会社では、取締役の過半数が社外取締役である場合、又は定款に定めがある場合には、経営の基本方針等の一定事項を除き、その他の重要な業務執行の決定を取締役に委任することができる〔会社399の13②⑤⑥〕。また、取締役会は、会社の業務を執行する代表取締役や特定の取締役を'選定'・'解職'する権限を有し〔会社362②・363①・399の13①〕、これらの者の職務の執行を監督する。指名委員会等設置会社の取締役会は、経営の基本方針等の一定事項は必ず決定しなければならないが、その他の業務執行の決定については明文で規定されている事項を除き執行役に委任することができる〔会社416〕。その範囲は指名委員会等設置会社でない会社の原則よりも広く、一定の要件の下で監査等委員会設置会社において取締役に委任できる範囲とほぼ同じである。執行役・'代表執行役'・各委員会の委員を選任・解任若しくは選定・解職する権限を有し〔会社400②・401①・402②・403①・420①②〕、執行役及び取締役の職務の執行を監督する。指名委員会等設置会社では、'株主総会'に提出する取締役・'会計参与'の選任・解任に関する議案の内容の決定は'指名委員会'により〔会社404①〕、取締役会で決定することはできない。ハ 招集：各取締役が'招集'権を有するのが原則であるが、特定の取締役を招集権者と定めることもできる〔会社366①〕。招集権者が定められている場合であっても、各取締役は招集請求を経て招集することができる〔会社366②③〕。一定の場合には、'監査役設置会社'、監査等委員会設置会社及び指名委員会等設置会社を除く会社の株主、監査役設置会社の監査役も招集請求

を経て招集することができる〔会社367・383②③〕。監査等委員会設置会社及び指名委員会等設置会社では各委員会が委員の中から選定した者も招集権を有する〔会社399の14・417①〕。また、指名委員会等設置会社では、執行役も招集請求を経て招集することができる〔会社417②〕。招集の通知は会日の1週間前までに、各取締役・監査役設置会社の各監査役等、出席義務のある者に対して発するのが原則であるが、全員の同意があれば招集手続の省略も認められる〔会社368・376〕。ニ 決議：原則として、議決に加わることができる取締役の過半数が出席し、出席取締役の過半数をもって行う〔会社369①〕。特別の利害関係を有する取締役は議決に参加できない〔会社369②〕。定款で定めておけば実際に会議を開催して決議を行うことを省略できる制度がある〔会社370〕（⇨書面決議'）。また、一定の事項については'特別取締役'による決議の制度がある〔会社373〕。議事については'議事録'を作成しなければならない〔会社369③〕。

2 相互会社の取締役会 '相互会社'の取締役会全員によって構成される合議体で、株式会社の取締役会にほぼ準じる〔保険業53の14・53の16・53の23の3・53の30〕。

取締役・会社間の訴え ⇨会社・取締役間の訴え

取締役・会社間の取引 '取締役'が自己又は'第三者'のために'株式会社'との間でする取引。取締役自身が会社を代表する場合はもちろん、第三者が会社を代表する場合にも、取締役としての地位を利用して取引を会社に不利なものにするおそれがあるため、'取締役会設置会社'では'取締役会'の承認、それ以外の株式会社では'株主総会'の承認を要する〔会社356①②・365①〕。なお、株式会社が第三者との間で、会社と取締役の利益が相反する取引をする場合（間接取引）も、同様の規制が課される〔会社356①③・365①〕（⇨取締役の利益相反取引'）。承認を得ないで取引をした場合、当該取引は'無効'であるが、その無効は会社の側からしか主張できず、かつ会社が第三者に対して取引の無効を主張するためには、第三者が'悪意'であることを主張・立証する必要があるとするのが、判例である（最大判昭和43・12・25民集22・13・3511。最大判昭和46・10・13民集25・7・900）。逆に、承認を得た場合には取引は有効であるが、当該取引によって会社に損害が生じた場合は、取締役の任務懈怠（けたい）責任が生じうる〔会社423①〕。その際、会社と取引した取締役、会社が当該取引をすることを決定した取締役、及び取引を承

認した取締役については、任務懈怠が推定される〔会社423③〕。*監査等委員会設置会社'において*監査等委員会'の承認を受けた場合は例外。会社423④〕。更に、自己のために会社と取引をした取締役は、任務懈怠が当該取締役の責めに帰することができない事由によるものであることをもって、責任を免れることはできない〔会社428①〕。

取締役会設置会社　*取締役会'を置く*株式会社'又は会社法の規定により取締役会を置かなければならない株式会社をいう〔会社2⑦〕。株式会社は、*定款'の定めによって、取締役会を置くことができるが〔会社326②〕、*公開会社'、*監査役会設置会社'、*監査等委員会設置会社'及び*指名委員会等設置会社'は取締役会を置かなければならない〔会社327①〕。取締役会設置会社は3人以上の取締役を置かなければならず〔会社331⑤〕、監査等委員会設置会社でも指名委員会等設置会社でもない取締役会設置会社は、公開会社でも大会社でもない*会計参与'設置会社を除き、*監査役'を置かなければならない〔会社327②③〕。取締役会設置会社の*株主総会'は、会社法に規定する事項及び定款で定めた事項に限り、決議をすることができる〔会社295②〕。取締役会設置会社以外の会社においては株主総会の決議事項とされている事項であっても、取締役会設置会社においては原則として取締役会の決議事項とされているものがあること〔会社139①・140⑤・163・168①・169②・183②・186・195①・204②・243②・265①・273①・274②・278③・365①等〕、及び、市場取引等による*自己株式'の取得を取締役会の決議によって定める旨を定款で定めることができること〔会社165②〕のほか、株主の承諾を得た場合を除き、取締役会設置会社の株主総会の招集通知は書面でしなければならないこと〔会社299②〕、招集通知の発出から会日までの期間を定款の定めによって短縮できないこと〔会社299①〕、議題追加請求権及び議案の要領の通知請求権が原則として*少数株主権'であること〔会社303②・305①但〕、*議決権の不統一行使'について会社に対して株主は通知しなければならないこと〔会社313②〕などの特徴がある。

取締役解任の訴え　*株式会社'において*株主'が*取締役の解任'を請求する訴え。*取締役'の職務の執行に関し不正の行為又は法令*定款'違反の重大な事実があったにもかかわらず、当該取締役を解任する旨の議案が*株主総会'において否決されたとき(解任に*種類株主総会'の決議を必要とする旨の定款の定めがある場合に当該種類株主総会決議で否決された場合を含む)に、総会の日から30日以内に当該株式会社の*本店'の所在地を管轄する*地方裁判所'に提起することができる〔会社854・856〕。この訴えを提起する権利は*少数株主権'であり、(*公開会社'の場合は6カ月前から引き続き) イ 総株主の*議決権'の100分の3以上の議決権又はロ 発行済株式の100分の3以上の数の株式を有する株主が訴えを提起することができる(100分の3という持株割合及び6カ月という持株期間の要件はそれぞれ定款でこれを下回るものとすることができる)〔会社854①②〕。ただし、イの場合は当該取締役を解任する旨の議案について議決権を行使できない株主及び当該請求に係る取締役である株主、またロの場合は当該株式会社である株主(自己株式を保有している場合)及び当該請求に係る取締役である株主は、それぞれ100分の3という持株割合の分母には算入されず、また、この訴えを提起する権利も有さない〔会社854①〕。この訴えは、会社と解任を請求される取締役との双方を被告とすべき*固有必要的共同訴訟'である〔会社855〕(最判平成10・3・27民集52・2・661)。形成訴訟(⇨形成の訴え)であり、認容判決の確定により取締役の解任の効果が生ずる。

取締役・監査役・執行役・会計参与の説明義務　⇨説明義務'

取締役・監査役の選任に関する種類株式　⇨種類株主の取締役等の選解任権'

取締役・執行役の報酬等　**1 意義**　*取締役'や*執行役'が、職務執行の対価として会社から受け取る報酬、賞与その他の財産上の利益。

2 指名委員会等設置会社以外の株式会社における手続等　取締役の報酬等は、*定款'の定め又は*株主総会'の*普通決議'によらなければならない〔会社361①〕。会社の財務状態や取締役の実績等に比して高額又は不相当の報酬等が付与されて会社及び株主の利益が害されるおそれがあるためである。報酬等のイ 金額が確定している場合にはその額、ロ 金額が確定しない業績や株価等に連動する報酬の場合にはその算定方法、ハ 当該会社の募集株式又は募集新株予約権の場合にはその数の上限等、ニ 当該会社の募集株式又は募集新株予約権の払込みに充てるための金銭が交付されるときはそれと引換えに付与されるそれらの数の上限等、及びホ 上記イ〜ニに該当しない*非金銭報酬'の場合にはその具体的内容を決定しなければならない〔会社361①⑴〜⑹〕。更に、*株主総会'で決定又は改定する

とりしまり

場合には上記イ〜ホに係る議案が相当である理由を説明しなければならない〔会社361④〕。*監査等委員*である取締役の報酬はそれ以外の取締役と区別して定める必要がある〔会社361②〕。多くの会社では、株主総会の決議では総額のみを定め、個別の内容は*取締役会*の決議に一任することが多く、更に取締役会では*代表取締役*に再一任することが少なくない。しかし、それでは取締役の報酬体系が適正かつインセンティブの面も含め適切に設定されているのか不透明である。そこで*公開会社*かつ*大会社*である*監査役会設置会社*である*有価証券報告書*提出会社と*監査等委員会設置会社*は、取締役会で個別の報酬等の内容についての決定方針を決定し、*事業報告*において開示するものとされた〔会社361⑦〕。なお、退職慰労金は、報酬等の一種であるから、基本的に上記の規律に従う（⇨退職慰労金）。

3 指名委員会等設置会社における手続 *指名委員会等設置会社*では*報酬委員会*が取締役及び執行役の報酬を個別に決定する〔会社404③・409①〕。

4 上場会社・公開会社の場合 イ 上場会社（⇨上場）は、取締役及び執行役に対し、募集株式又は募集新株予約権の払込みをすることなくそれらを交付することができる〔会社202の2・236③〕（⇨株式報酬）。ロ 公開会社は、取締役の報酬等を事業報告において開示し、*社外取締役*のそれは別途記載しなければならない〔会社435②・437・442、会社則121④−⑤の4・122①②・124⑤⑥〕。

取締役等の責任免除・制限 ⇨役員等の賠償責任の制限・免除

取締役の解任 *株式会社*において*取締役*を解任すること。取締役の解任は、原則としてその*取締役の選任*をした*株主総会*又は*種類株主総会*の決議によっていつでもすることができる〔会社339①・347①〕。この決議は*普通決議*であり、その定足数は議決権を行使することができる株主の議決権の過半数を有する株主が出席することであり、決議要件は出席株主の議決権の過半数による〔会社341〕（ただし、*累積投票*によって選任された取締役及び*監査等委員*である取締役の解任は*特別決議*による〔会社309②⑦〕）。定款によってこの決議の定足数・決議要件を変更することもできるが、定足数を3分の1未満にすることはできず、また、決議要件を軽減することはできない〔会社341〕。解任の理由は問われないが、正当な理由なく解任された取締役は会社に対して解任によって生じた損害の賠償を請求することができる〔会社339②〕。解任決議が否決された場合には少数株主は*取締役解任の訴え*を提起することができ、これが認容された場合も取締役は解任される〔会社854〕。なお、監査等委員である取締役は、監査等委員である取締役の解任について株主総会で意見を述べることができ〔会社342の2①〕、また、*監査等委員会*が選定する監査等委員は、株主総会で監査等委員以外の取締役の解任について監査等委員会の意見を述べることができる〔会社342の2④〕。*指名委員会等設置会社*においては取締役の解任に関する議案の内容の決定権限は*指名委員会*にある〔会社404①〕。

取締役の自己取引 ⇨取締役・会社間の取引 ⇨取締役の利益相反取引

取締役の職務代行者 **1 意義** *取締役*の職務執行停止の仮処分命令に加えて職務代行者選任の仮処分命令がされた場合に、裁判所がその仮処分によって選任した者〔会社352〕。

2 職務代行者選任の仮処分がされる場合 取締役選任の*株主総会*決議の不存在・無効確認の訴え〔会社830〕若しくは取消しの訴え〔会社831〕又は取締役解任の訴え〔会社854〕を本案として、裁判所は、保全の必要性があると認める場合には、仮の地位を定める仮処分〔民保23②〕として、取締役の職務執行停止の仮処分と合わせて職務代行者選任の仮処分をすることができる。取締役の職務執行停止及び職務代行者選任の仮処分並びにその変更・取消しは*嘱託登記*される〔会社917、民保56〕。

3 権限 取締役の職務代行者は、仮処分命令に別段の定め〔民保24〕がある場合を除き、募集株式の発行や取締役解任を目的とする臨時株主総会の招集等の常務に属しない行為をするには、裁判所の許可を得なければならず、許可なき行為は無効とされるが、ただし*善意*の*第三者*には対抗できない〔会社352〕。取締役選任の株主総会決議の無効確認の訴え等の本案訴訟において被告たる会社を代表する権限が認められる。

⇨執行役の職務代行者

取締役の責任 **1 意義** *取締役*がその職務執行上、任務懈怠（かたい）により会社に損害を与えた場合〔会社423①〕及び*悪意*・*重過失*により会社以外の*第三者*に損害を与えた場合〔会社429〕に負う責任をいう。取締役は会社に対して*善管注意義務*〔会社330、民644〕及び*忠実義務*〔会社355〕を負うため、具体的な法令や*定款*に違反した場合のみならずこれらに違反した場合にも債務不履行の一般原則〔民415〕

より会社に対して責任を負い、また、第三者に対しては*不法行為*の要件〔民709〕を満たした場合に責任を負う。しかしながら、これらの一般原則では不十分であることから、取締役の任務懈怠を要件として会社に生じた損害を賠償する責任を認めるとともに、会社に対する任務懈怠について悪意・重過失がある場合に、不法行為の要件の充足を問うことなく第三者に対する特別の法定責任を認めた。

2 会社に対する責任の特則 一般的な任務懈怠責任のほか、会社に対し損害を与える可能性が高い行為については事前に予防的な規制が設けられている例(例えば、取締役が競業取引や利益相反取引を行う場合には会社の承認を必要とする〔会社356①〕)があるが、同様に、一定の類型の行為により会社に損害が生じた場合、事後的な取締役の責任についても*過失*の要件や立証責任、損害額につき特則が設けられている。利益供与の実行〔会社120④〕や自己のための利益相反取引〔会社428①〕は*無過失責任*とされるほか、利益供与に関与した取締役や利益相反取引に賛成した取締役については任務懈怠が推定される〔会社120④・423③〕(⇨*利益供与の禁止*・⇨*取締役・会社間の取引* ⇨*取締役の利益相反取引*)。また、違法な剰余金分配が行われた場合に分配を行い又は*株主総会*・*取締役会*に議案を提案した取締役は、無過失を立証しない限り分配された額について責任を負う〔会社462①②〕。更に、取締役が会社の承認を受けずに競業取引を行った場合には、それにより取締役・第三者が得た利益が会社に生じた損害額と推定される〔会社423②〕(⇨*競業避止義務*)。加えて、*現物出資財産の過小評価*の場合には*当該取締役が不足額を支払う責任を負い〔会社52①・213①・286①〕、*仮装払込み*に関与した取締役には仮装払込額を払い込む責任が課される〔会社52の2①・213の2①・286の2①〕。

3 第三者に対する責任に関する解釈問題 取締役は、その悪意・重過失により直接に第三者に損害を与えた場合(*直接損害*)だけでなく、会社に損害を与え、その結果第三者に損害を与えた場合(*間接損害*)にも責任を負う(最大判昭44・11・26民集23・11・2150)。また、取締役は、自己が直接に第三者に加害した場合のほか、他の取締役の職務執行一般に対する監視義務を負うため、その任務懈怠を自らの悪意・重過失により看過した場合にも責任を負う(前掲最大判昭44・11・26、最判昭48・5・22民集27・5・655)。

⇨*役員等の会社に対する損害賠償責任* ⇨*役員等の第三者に対する損害賠償責任* ⇨*有価証券報告書*

4 特定責任追及等の訴え 平成26年改正(法90)により、いわゆる多重代表訴訟が導入された。最終完全親会社の100分の1以上の議決権を有する株主が、その完全子会社や孫会社が一定の重要な会社である場合に、責任を追及することができる〔会社847の3〕。⇨*多重代表訴訟*

取締役の選任 *株式会社*において*取締役*を選任すること。その*種類株主総会*において取締役を選任する旨の定めのある*種類株式*〔会社108①⑨〕を発行している場合(⇨*種類株主の取締役等の選解任権*)を除き、*株主総会*の決議によって選任される〔会社329①〕。このとき*補欠取締役*を選任することもできる〔会社329③〕。取締役の選任の決議は*普通決議*であり、その定足数は議決権を行使することができる株主の議決権の過半数を有する株主が出席することであり、決議要件は出席株主の議決権の過半数による〔会社341〕。定款によってこの定足数・決議要件を変更することもできるが、定足数を3分の1未満にすることはできず、また、決議要件を軽減することはできない〔会社341〕。2人以上の取締役を選任する場合には、定款で排除されていない限り、株主は*累積投票*による選任を請求することもできる〔会社342〕。なお、*監査等委員会設置会社*では、*監査等委員*である取締役の選任に関する議案を株主総会に提出するには*監査等委員会*の同意を得なければならない〔会社344の2①〕。監査等委員会は監査等委員である取締役の選任の議題・議案の提案権も有する〔会社344の2②〕。監査等委員である取締役は、監査等委員である取締役の選任について株主総会で意見を述べることができ〔会社342の2①〕、また、監査等委員会が選定する監査等委員は、株主総会で監査等委員以外の取締役の選任について監査等委員会の意見を述べることができる〔会社342の2④〕。*指名委員会等設置会社*においては取締役の選任に関する議案の内容の決定権限は*指名委員会*にある〔会社404①〕。

取締役の利益相反取引 *取締役*が自ら会社の相手方として、又は*第三者*を代理あるいは代表して会社との間でなす取引(直接取引・取締役の自己取引ということもある)、及び取締役以外の者と会社との間でなされる取引のうち、会社と取締役の利益が相反するもの(間接取引)。その取締役が*代表取締役*であるか否か、自ら会社を代表するか否かを問わない。取締役の利益相反取引については、*取締役会設置会社*では*取締役会*の承認(それ以外の*株

とりしらべ

式会社'では'*株主総会'の承認)が必要とされている〔会社356①②③・365〕。これは当該取引によって利益を受ける取締役が会社を代表する場合はもちろん，他の取締役が会社を代表する場合でも，容易に結託して，会社の利益を害するおそれがあるからである。株主総会又は取締役会の承認を得ないでなされた取引は*無効'であるが，第三者に対する関係では，その*悪意'を立証しなければ，無効を主張できない。なお，株主総会又は取締役会の承認があっても，取引により会社に損害が生じたときは，取締役は損害賠償責任を負う〔会社423・428〕。

取調べ ⇨被疑者の取調べ'

取調べの録音・録画 広くは*捜査機関'が*被疑者'などの弁解・取調べを録取する際に，その供述及びその状況を録音・録画して記録に残すこと。現行法では一定の場合を除き，裁判員裁判対象事件や*検察官'が独自に捜査を行う事件において*逮捕'・*勾留'されている被疑者の供述等の録音・録画記録媒体のうち，検察官が*証拠調べ'請求しようとする*供述調書'・弁解録取が作成された取調べ等における供述及びその状況を記録したものは，供述の任意性を立証するために証拠調べ請求することが検察官に義務付けられている。検察官がこの記録媒体の証拠調べを請求しないときは，裁判所は決定で，供述調書等の証拠調べ請求を却下しなければならない〔刑訴301の2〕。*自白'の任意性に関する立証方法を制限することを通じて，被疑者の取調べの録音・録画を促す趣旨のものである。*郵便不正事件'を受けて，その後の平成28年刑事訴訟法改正により導入された。*被疑者の取調べ'等の録音・録画記録媒体を，任意性の立証のためのみならず，被疑者の犯人性や犯罪事実の存在を証明する*実質証拠'としても使用することができるか否かについては議論がある。また，被疑者の取調べに*弁護人'が立ち会うことについても議論がある。捜査機関等が*参考人'から事情を聴取するときは，*司法面接'的手法の下で録音・録画が行われることもある。

取立委任裏書 1 意義 *裏書人'が被裏書人に対して自己に代わって*手形上の権利'を行使する権限，すなわち代理権を与える目的で，その旨を記載してする*裏書〔手18・77①①，小23〕。取立委任を目的としながら*譲渡裏書'をする*隠れた取立委任裏書'に対して，公然の取立委任裏書ともいう。

2 方式 「回収のため」「取立てのため」「代理のため」など，単なる取立委任を示す文言を記載して裏書人が*署名'することを必要とするが，*記名式裏書'でも，*白地(ひら)式裏書'でもよい。

3 効力 *権利移転的効力'はないが，代理権授与の効力を生じ，被裏書人は，裏書人の代理人として手形から生じる一切の裁判上及び裁判外の行為(*支払呈示'・*引受呈示'・手形金受領・*拒絶証書'の作成・*訴え'の提起など)をすることができる。被裏書人は，他人に取立委任をすることもできるが，譲渡裏書をすることはできない。なお，被裏書人は，裏書人に代わって手形金を取り立てるにすぎないから，*人的抗弁'の制限の保護を受けず，債務者は，裏人に対する抗弁をもって被裏書人に対抗することができる反面，被裏書人自身に対する抗弁を主張することはできない。更に，取立委任裏書には，その効力に応じた*資格授与的効力'が認められるが，*担保的効力'はない。

取立為替 ⇨買為替'
取立債務 ⇨持参債務・取立債務'

取立訴訟 *債権執行'の手続において，債権者が差し押さえた債権の弁済を求めて*第三債務者'に対して提起する訴訟をいう〔民執157①〕。債権者が被差押債権の取立権〔民執155〕に基づいて，被差押債権の帰属主体である債務者に代わって提起する訴訟である。*第三者の訴訟担当'(*法定訴訟担当')の一種であり，その*判決の効力'は債務者に及ぶ〔民訴115①②〕というのが通説であるが，有力な反対説も存在する〔民執157③参照〕。取立訴訟の提起は他の債権者の*配当要求'を制限する効果をもつ〔民執165②〕。

取立手形 債権取立てのために振り出される*手形'。債権者が，債務者を*支払人'とし，自己又は自己の債権者である取引先を*受取人'として*為替手形'を振り出す。実際の取立ては，銀行に依頼するのが通常である。債権者が自己の債権者である取引先を受取人として為替手形を振り出した場合には，債権の取立てと自己の取引先に対する債務の*弁済'とが同時に行われることになる。

取立荷為替 隔地者間の売買における代金債権の取立てを目的とする*荷為替手形'。売主は買主を支払人とする*為替手形'を振り出して，これを取立委任のために銀行に交付し，これに添付した*運送証券'(*船荷証券'又は*複合運送証券')を手形金の支払(又は引受け)と引換えに買主に交付することを委託する。銀行は，買主から取引銀行等を通じて手形金の支払(又は引受け)を受けると，買主に手形と運送証券を引き渡し，受領した代金を売主に交付する。支払(又は引受け)がないときは，売主に手形と運送

証券を返還する。銀行は手形について公然の，又は隠れた*取立委任裏書'を受けるため，その被裏人としての権利義務を有する。また，運送証券についても売主の*代理人'としてこれを所持することになる。

取次 自己の名をもって，しかし，他人の計算において*法律行為'をひき受ける行為。*営業的商行為'の一種である〔商502Ⅲ〕。「自己の名をもって」とは，自ら法律行為の当事者として権利義務の主体となることであり，「他人の計算において」とは，取引の経済的な効果が他人に帰属することである。取次行為の目的が物品の販売・買入れのときは*問屋(とんや)'，物品の運送のときは*運送取扱人'，その他の行為のときは*準問屋'となる。取次を業とする者を*取次商'という。

取次商 *取次'を*営業'として行う*商人'〔商502Ⅲ・4①〕のこと。自己の名をもって，他人の計算で*法律行為'をすることを引き受けることが取次であり，それを業とする者が取次商である。わが商法は，*問屋(とんや)'〔商551〕・*運送取扱人'〔商559〕・*準問屋'〔商558〕の3種を認める。これらは，取次行為の目的による区別で，物品の販売又は買入れの取次を業とするものが問屋であり，物品運送の取次を業とするものが運送取扱人であり，その他の行為の取次を業とするものは準問屋である。*第三者'との関係や委託者との関係等については，共通の原則が支配し，商法は，準問屋については全体として，運送取扱人については特則がない限り，問屋に関する規定を準用している〔商558・559②〕。

トリップス(TRIPs)協定 「世界貿易機関を設立するマラケシュ協定」(平成6条15)の附属書1C「知的所有権の貿易関連側面に関する協定」(図 Agreement on Trade-Related Aspects of Intellectual Property Rights)の略称。知的財産法は貿易に関する国際的な法秩序の一部を構成するものとして取り扱われ，貿易に関する条約の一部となっている。*最恵国待遇・内国民待遇'等の基本的な保護の原則だけではなく，著作権，著作隣接権，商標，地理的表示，意匠，特許，半導体集積回路配置，非公知情報に関して，その保護の最低限の水準を設定し，加盟国に保護を義務付けている。この協定は，それ以前の国際的な保護の水準を大幅に引き上げるとともに，加盟国の協定の不遵守に対して，WTO(⇨世界貿易機関)の紛争解決手続が適用されるので，これにより規定の遵守が担保されている。

取引拒絶 不当に，ある*事業者'に対し取引を拒絶し又は取引に係る商品・役務の数量・内容を制限すること。*独占禁止法'により，*不公正な取引方法'として禁止される〔独禁2⑨⑥イ・19〕。不当な取引拒絶には，競争者が共同して行う取引拒絶〔独禁2⑨Ⅰ，不公正取①〕とその他の取引拒絶〔不公正取②〕の2つの類型がある。いずれも，行為者が直接に取引拒絶する場合と，他の事業者を通じて間接に取引拒絶する場合がある。競争者が共同して行う取引拒絶は，ボイコットとも呼ばれ，多くの場合，被拒絶者を市場から締め出すことを目的とし，かつ，集団の力を背景にすることから実効性も高いため，原則として不当である(公正競争阻害性がある)。競争者と共同して供給を拒絶するボイコットを繰り返すと課徴金が課される〔独禁20の2〕。また，ボイコットは共同して取引の相手方を制限する*不当な取引制限'(*カルテル')や排除型私的独占の手段行為ともなりうる。その他の取引拒絶には，競争者以外の事業者と共同して行う取引拒絶と単独の事業者が行う場合とを含む。単独かつ直接の取引拒絶は，事業者の契約の自由，取引先選択の自由が尊重され，不当性をもつのは，独占禁止法違法な行為の実効性確保手段として取引拒絶する場合や，市場における有力な事業者が，競争者を市場から排除するなどの独占禁止法上不当な目的を達成するための手段として取引拒絶をして，これにより被拒絶者の通常の事業活動が困難となるおそれがあるなど例外的な場合である。

取引参加者 取引所が開設する市場において取引を行う資格を有する者のこと〔金商2⑲，商取2⑯〕。会員組織の取引所では，会員が組織の構成員たる地位と取引所が開設する市場において取引を行う資格を有する者の地位の双方を有するが，会員以外の者に取引資格を与える場合には，取引参加者の概念を用いる必要がある〔金商112①〕。*株式会社'組織の取引所では，出資者たる*株主'と取引資格を有する者とは法制度上一致しないため，取引参加者の制度を設ける必要がある〔金商113①，商取82①〕。株式会社組織の取引所においては，取引所の業務規程において資格要件が定められる〔金商117①Ⅰ，商取102①Ⅰ〕。

取引時間 ⇨履行期'

取引証拠金 ⇨先物取引'・*デリバティブ'

取引上の優越的地位の濫用 ⇨優越的地位の濫用'

取引停止処分 ⇨銀行取引停止処分'

取引の安全 ⇨動的安全・静的安全'

とりひきほ

取　引　法　⇨組織法・取引法'

取 引 妨 害　競争者とその取引の相手方との取引を，契約の成立の阻止，契約の不履行の誘引その他いかなる方法をもってするかを問わず，不当に妨害すること。自己の競争者だけでなく，自己が*株主'又は*役員'である会社の競争者に対する妨害も含まれる。不公正な取引方法'の1つとして*独占禁止法'により禁止される〔独禁2⑨⑥ヘ・19，不公正告⑭〕。*競争'は，価格・品質等の手段によって競争者と顧客を奪い合うことを本質とする行為であるが，そこでは必然的に競争者の取引の奪取を伴う。不当な取引の妨害とは，正常な競争の過程での行為とは評価されない，競争者の取引活動に対する介入である。そして，それが価格・品質による能率競争をゆがめ，顧客の適切かつ自由な商品選択を妨げるおそれがあると評価されるときに，不当(公正競争阻害性がある)と判断される。そのほか，取引妨害により，価格が維持され又は競争者が排除されるような場合にも不当とされる。

取引報告書　*有価証券'の売買その他の金融商品取引契約が成立したときに，金融商品取引業者等が遅滞なく顧客に交付する報告書〔金商37の4〕。以前は売買報告書と呼ばれていたが，有価証券指数等先物取引(⇨デリバティブ)・*オプション取引'の導入により「売買」の観念が適合的でなくなったためにこの名称となった。この制度によって，顧客は自分の注文がいつどのように執行され，取引の結果その計算がどうなっているかを知ることができる。金融商品取引業者等は一般に商法上の*問屋(とんや)'としての通知義務〔商557・27〕を負っているとされるが，金融商品は価格の変動が激しいことから，顧客を保護するために，*金融商品取引法'はその作成・交付を義務付けたものである。なお，令和5年の改正により，金融商品取引業者等は，顧客のデジタル・リテラシーを踏まえた上で，書面(紙)とデジタルのどちらでも情報提供をすることが可能になった(法79)。*商品先物取引法'上，商品先物取引業者にも同様の規定がある〔商取220〕。

取引保護規定　*国際私法'上，ある*単位法律関係'につき*準拠法'を定める規定とは別に，その準拠法が行為地法と異なる場合，その地における取引の安全を確保するため，一定の要件の下に行為地法によることも認める等の扱いをする規定。例えば，人の*行為能力'はその*本国法'によるが〔法適用4①〕，その本国法によれば制限行為能力者となるべきであっても，一定の*法律行為'については，法律行為の当時全ての当事者が法を同じくする地に在った場合において，その*行為地法'によれば行為能力者となるべきときは，行為能力者とみなされる〔法適用4②〕。*代理人'のした法律行為の効果が本人に帰属するか否かを定める準拠法を条理により代理行為地法とする見解などもこの取引保護の配慮に基づくものである。なお，外国法による*夫婦財産制'については，日本においてされた法律行為及び日本に在る財産についてのみ取引保護が図られ〔法適用26③〕，その例外も定められている〔法適用26④〕。これを特に*内国取引保護規定'という。

取引誘引　⇨顧客誘引'

取 戻 権　第三者が特定の財産について*破産財団'からの返還又は引渡しその他*破産管財人'の支配の排除を求める権利。一般の取戻権と特別の取戻権とがある(なお目的物が財団中に現存しない場合の代償的取戻権〔破64〕)。前者は，例えば所有権者あるいは受寄者が目的物の返還を破産管財人に求める場合のように，特定財産が破産財団に属しないことに基づくものであり，実体法上の権利を破産手続においても確認するものにすぎない〔破62〕。後者は隔地取引の安全のために売主及び*問屋(とんや)'について*破産法'が創設したものである〔破63〕。取戻権は破産手続によらずに破産管財人に対して行使する。*民事再生法'及び*会社更生法'上も取戻権が認められる〔民再52，会更64〕。

努力義務　法律で，規制の対象者に「～するよう努めなければならない」と定められている場合における，そこで定められている義務をいう。努力義務は，その義務違反に対して罰則などの法的制裁が課されず，また私法上の効力もない。ただし，行政指導の対象となることはある。努力義務が用いられる理由は多様であるが，規制を強制するになじまない事項の場合，あるいは，強制することが時期尚早の場合に用いられることが多い。

トルーマン宣言　⇨大陸棚'

奴隷的拘束　人格を無視するような身体の拘束。憲法18条は，*人身の自由'保障の一環として，「何人も，いかなる奴隷的拘束も受けない」と規定し，これを受けて*労働基準法'は*強制労働'を禁止している〔労基5〕。奴隷制度の廃止を目的として定められた*アメリカ合衆国憲法'修正13条1項に由来するが，アメリカのような奴隷制度の経験のない日本では，法的根拠のない拘束及び拘束の態様が非人道的なものは，人格を無視するものとして否定する趣旨

である。必ずしも肉体的な苦痛を要件とするものではない。いわゆる監獄部屋や*人身売買'等は，憲法18条違反(あるいは民法90条違反)とされ，また，刑法も監禁，人身売買等を犯罪としている〔刑220等〕。　⇨人身保護法'

トレイル熔鉱所事件　カナダ領内のトレイルにある民間熔鉱所から排出される亜硫酸ガスが，アメリカ領内の農作物や森林資源に損害を与えたとして，アメリカ・カナダ間で争われた*国際仲裁裁判'事件。裁判所は，カナダの損害賠償及び損害発生防止義務を認め，同国に7万8000ドルの支払と防止措置の採用を命じた(アメリカ・カナダ仲裁裁判所判決1938・4・16(中間)，同仲裁裁判所判決1941・3・11(最終))。権利濫用・相隣関係・領土保全の原則と関係し，国際環境保護に関する*国際慣習法'の発展にとって先駆的意義をもつ。

トレード・シークレット　⇨営業秘密'

ドント式　⇨比例代表'

問　屋(とんや)　卸売商人の俗称。商法上の問屋(といや)とは異なり，自己の名で，かつ自己の計算で売買をするものであって，単に物品の流通過程において，生産者又は他の卸売商から，小売人又は他の卸売商への流通に奉仕する*商人'。その行為は，*投機売買'及びその実行行為〔商501①②〕となることも多い。　⇨問屋(とんや)営業'　⇨問屋(といや)'

な

内　⇨以内・内'(巻末・基本法令用語)

内縁　**1 意義**　社会的事実としては夫婦共同生活体の実質を備えながら，*婚姻'の届出を欠くために法律上の婚姻とは認められない男女の関係をいう。日本では，かつて嫁が家風に合うかどうか分かるまでは婚姻の届出をしないとか，親の許可しない結婚は届出ができない場合があるなど，法律上の婚姻を成立させるのに多くの障害があったので，内縁関係が広く存在していた。今日ではこれらの障害は少なくなってきたが，なお，内縁関係は珍しくない。内縁は事実状態に基づいて成立するから，この事実状態を欠くようになると内縁関係も消滅する不安定さがある。

2 判例による保護　このため，内縁を不当破棄された相手方を保護する必要から，戦前の判例は内縁を*婚姻予約'と解し，その不当破棄を予約不履行と構成して損害賠償責任を認めた(大連判大正4・1・26民録21・49)。最高裁判所は更に内縁を正面から事実上の婚姻として捉え，法律上の婚姻の効果の多くを準用するようになった(最判昭和33・4・11民集12・5・789)(⇨準婚')。*社会立法'上も内縁関係にある者を法律上の配偶者と同様に取り扱う傾向にある〔労災16の2①，健保3⑦①等〕。

3 効果　法律婚だけに認められる*氏(うじ)'の変更〔民750〕，子の嫡出性推定〔民772〕，配偶者相続権〔民890〕は，内縁には認められない。しかし，その他の婚姻の効果，例えば*同居義務'〔民752〕，*貞操義務'，婚姻費用の分担〔民760〕などが認められる。また，*相続人'の不存在の場合は，*特別縁故者'として*相続財産'の分与が認められることがある〔民958の2〕。更に，事実上夫婦と同様の関係にあった同居者として賃借権の承継〔借地借家36〕も認められている。そのほか，*財産分与請求権'〔民768〕や，内縁の夫が交通事故などで死亡したときの内縁の妻の損害賠償請求権などを認める傾向にある。

4 重婚的内縁　内縁の基礎は婚姻の事実状態であるから，このような事実状態が重複して存在するとか，あるいは他の法律婚と重複する状態(いわゆる重婚的内縁)が考えられる。この場合，

ないがいじ

当の内縁にいかなる法的保護を与えるかは問題であるが，判例は，他の事実婚又は法律婚が事実上消滅状態にあるときには，内縁としての効果を認める傾向にある（最判昭和58・4・14民集37・3・270）。

内外人平等主義　⇨国際標準主義'

内外人平等の原則　*外国人'にも日本人と平等に*権利能力'をもつことを認める立法上の主義をいう。取引の範囲が拡大し，外国人との取引が重要になると，外国人にも権利能力を認めて取引の相手として扱う必要が生じることから確立されたもので，現在多くの国は，この原則をとっている。日本の民法典もこれを定めているが，完全に平等というわけではなく，法令又は条約によって禁止又は制限されることが認められている〔民3②〕。法律による禁止又は制限の例としては，鉱業17・87，水先6①，特許25，国賠6等〕。しかし，条約による制限は，現在のところ存在しない。⇨相互主義'

内　閣　1 意義　国の*行政権'を担当する機関〔憲65〕で，*首長'である*内閣総理大臣'及びその他の*国務大臣'で組織される合議体〔憲66①〕。
2 地位・権限　*国民主権'の理念にのっとり〔憲1①〕，日本国憲法に定める職権を行う。すなわち，*天皇'の*国事に関する行為'に*助言と承認'を与え〔憲7〕，一般行政事務のほか，法律の執行と*国務'の総理を始めとする各種の事務を行い〔憲73〕，その他憲法上の権限を行使し〔例：憲54②〕，内閣総理大臣を通じて*行政各部'を指揮監督する〔憲72〕。内閣は，行政権の行使について一体として国会に対し責任を負う（⇨議院内閣制'　⇨連帯責任'）。内閣から独立して職権を行使する*独立行政機関'は，この内閣を通じた国会による行政権統制の例外に属する。*衆議院'の*不信任決議'があった場合には，内閣は，衆議院を*解散'しない限り，総辞職しなければならない（⇨内閣総辞職'）。
3 組織・活動　内閣総理大臣と国務大臣により組織される。国務大臣の過半数は*国会議員'でなければならない〔憲68①但〕。内閣は，内閣総理大臣の主宰する*閣議'によってその職権を行う〔内4〕。*行政改革'の眼目であった内閣の強化を実現するため，内閣府設置法により内閣府が設置され，内閣法の改正（平成11法88）によって，*内閣官房'が強化された。なお，*権力分立主義'に掲げた〔図：三権の相関関係〕をみよ。⇨単独内閣'　⇨政党内閣'

内閣官制　明治18年（1885）に内閣制度を設置したとき，その法的根拠は太政官達69号や内閣職権（奉勅太政大臣命令）という古い法形式であった。そこで，*明治憲法'発布（明治22年2月）と同年の12月に名実ともに新しい内閣制度に関する*勅令'（勅135）が発せられた。この勅令が内閣官制である。明治憲法には「内閣」の語すらなく，内閣が総理大臣と国務各大臣とから成る最高行政機関としての合議体であり，閣議を通じて天皇に対する*輔弼(ほひつ)'を行うこと，総理大臣は同輩者中の首席にすぎないこと等の基本事項すら内閣官制によっていた。昭和22年の内閣法（法5）により廃止された（政4）。⇨太政官制'

内閣官房　*内閣'の事務を助けるため，内閣法に基づいて内閣に置かれる機関。*閣議'事項の整理，内閣の庶務，内閣の重要政策に関する基本的な方針に関する企画立案・総合調整，閣議に係る重要事項並びに行政各部の施策の統一のための企画立案・総合調整及び内閣の重要政策に関する情報の収集調査に関する事務等をつかさどる〔内12〕。*主任の大臣'は*内閣総理大臣'である〔内25〕が，内閣官房長官がその事務を統轄する〔内13〕。補助者として副長官3人が置かれる〔内14〕ほか，内閣総理大臣補佐官5人以内を置くことができる〔内15〕。また，国家安全保障等の事務を担当する国家安全保障局〔内16〕，国家公務員の人事戦略を担当する内閣人事局〔内20〕のほか，内閣危機管理監・内閣官房副長官補・内閣広報官・内閣情報官などが置かれている〔内15・17・18・19〕。

内閣人事局　国家公務員制度改革基本法（平成20法68）で内閣官房に内閣人事局を設けるとされたことを受けて，平成26年の内閣法改正（法22）で設置された〔内20①〕。内閣人事局は，幹部職員人事の一元管理等に関する事務のほか，国家公務員制度の企画・立案に関する事務，各行政機関の人事管理に関する方針及び計画の総合調整に関する事務等を所掌する。更に，任用，採用試験及び研修については，人事院が所掌する部分を除き，内閣人事局が行う〔内20②〕。内閣人事局には，内閣人事局長を置き〔内20③〕，内閣人事局長は，内閣官房長官を助け，内閣人事局の事務を掌理するものとし，内閣総理大臣が内閣官房副長官の中から指名する者をもってあてる〔内20④〕。

内閣総辞職　内閣を組織する*内閣総理大臣'及び*国務大臣'が，全て同時にその地位を去ること。単に総辞職ともいう。イ *衆議院'で*不信任決議'案が可決されるか信任決議案が否決され10日以内に衆議院が*解散'されないとき〔憲69〕，ロ 内閣総理大臣が欠けたとき，又は

ないかくふ

衆議院議員*'総選挙'の後に初めて国会の*'召集'があったとき〔憲70〕(⇨*特別会'〔憲54①参照〕)，内閣は総辞職しなければならない。これ以外の場合にも内閣が総辞職することは可能で，実際には，そういう事例が多い。内閣が総辞職した場合には，国会は他の全ての案件に先立って，内閣総理大臣を指名する〔憲67①〕。総辞職した内閣は，新たに内閣総理大臣が任命されるまで，引き続きその職務を行う(職務執行内閣)〔憲71〕。

内閣総理大臣 *'内閣'の*'首長'〔憲66①〕であると同時に内閣府の長〔内閣府6①〕。総理大臣又は首相と略称される。**1 指名と任命** *'国会議員'の中から*'国会'で指名される〔憲67①〕。*'衆議院'と*'参議院'とが異なった指名の議決をした場合に，*'両院協議会'でも意見が一致しないときは，衆議院の基本的な方針を国会の議決とする〔憲67②〕。*'天皇'の任命〔憲6①〕は形式的なものにすぎない。総理大臣に事故のあるとき，又は欠けたときは，臨時代理(⇨*'副総理')が職務を行う〔内9〕。**2 権限** 内閣を代表し，*'行政各部'を指揮監督する〔憲72〕(⇨*'指揮監督権')。*'国務大臣'の任免権〔憲68〕，訴追同意権〔憲75〕を有するほか，*'閣議'を主宰し内閣の基本的な方針などを発議し〔内4②〕，主任大臣間の*'権限疑義の裁定'を下し〔内7〕，行政各部の処分・命令を中止させる(⇨*'中止権')〔内8〕。内閣府に係る事項についての*'主任の大臣'〔内閣府6②〕として，内閣府令を発する〔内閣府7③〕などの権限も行使する。**3 地位** *'明治憲法'の下で，首相が他の国務大臣と比べ同輩中の第一人者にすぎず弱体であったことを反省して，日本国憲法は上述のように首相の地位を高めている。*'行政改革'では首相の政治的リーダーシップの発揮が目標とされ，その結果として「内閣総理大臣の職務を直接に補佐する機能を担う」〔省庁改革基8①〕*'内閣官房'が強化された。

内閣総理大臣の異議 **1 意義** 行政処分の*'取消訴訟'の係属中に当該訴訟の原告が*'執行停止'を申し立てた場合又は裁判所が執行停止の決定をした場合〔行訴25②〕，及び，*'義務付け訴訟'・*'差止訴訟'の係属中に当該訴訟の原告が*'仮の義務付け'・*'仮の差止め'を申し立てた場合又は裁判所が仮の義務付け・仮の差止めの決定をした場合〔行訴37の5①②〕に，内閣総理大臣が裁判所に対して述べる異議のことをいう〔行訴27①・37の5④〕。この異議があったとき，裁判所は執行停止・仮の義務付け・仮の差止めをすることができず，また，既に申立てを認めた

決定をしているときは，その決定を取り消さなければならない〔行訴27④・37の5④〕。**2 制度の問題点** この制度は，裁判所が執行停止等を濫発して行政権行使の円滑を妨げることのないよう，行政の最高責任者である内閣総理大臣に異議権を留保するものである。しかし，異議の行使は，行政権による司法作用への干渉であり，かつ当事者の裁判を受ける権利を侵害するおそれがあるとして，憲法違反の疑いがあると指摘されている。これに対し，政府見解は，行政処分の執行停止等が司法権固有の作用ではなく，むしろ行政作用の本質をもつものであるから，立法政策により裁判所に与えられた執行停止等の権限が，内閣総理大臣の異議によって制約されても違憲ではないとしている。**3 手続** 内閣総理大臣はやむをえない場合でなければ異議を述べてはならない〔行訴27⑥前・37の5④〕。異議を述べるときは，処分の執行等をしなければ*'公共の福祉'に重大な影響のある旨を示した理由を付さなければならない〔行訴27②③・37の5④〕。また，異議を述べたときは，次の通常国会(⇨*'常会')において国会に報告しなければならない〔行訴27⑥後・37の5④〕。異議の行使を慎重にさせ，その濫用を防止しようとする趣旨である。

内閣総理大臣の指示権 ⇨指示権(内閣総理大臣の)'

内閣総理大臣補佐官 *'内閣官房'に，内閣総理大臣補佐官5人以内を置くこととされている〔内21①〕。内閣総理大臣補佐官は，内閣総理大臣の命を受け，国家として戦略的に推進すべき基本的な施策その他の内閣の重要政策のうち特定のものに係る内閣総理大臣の行う企画及び立案について，内閣総理大臣を補佐する〔内21②〕。内閣総理大臣は，内閣総理大臣補佐官の中から，国家安全保障に関する重要政策を担当する者を指定するとされている〔内21③〕。内閣総理大臣補佐官は，非常勤とすることができる〔内21④〕。

内閣の助言と承認 ⇨助言と承認(内閣の)'

内閣府 内閣府設置法(平成11法89)により*'内閣'に置かれる行政機関で，イ 内閣の重要政策に関する内閣の事務を助けることを任務とし，*'内閣官房'を助け，内閣の重要政策に関して行政各部の施策の統一を図るために必要となる企画立案及び総合調整に関する事務を所掌するとともに〔内閣府3①③・4①②〕，ロ *皇室'，*栄典'及び公式制度(⇨公式令')に関する事務等，*'内閣総理大臣'が分担管理する事務を所掌

ないかくふ

する〔内閣府3②・4③〕。平成13年に中央省庁改革の一環として新設された。内閣府の長は内閣総理大臣であり，内閣法にいう主任の大臣としてロの事務を分担管理する〔内閣府6〕が，内閣官房長官が内閣総理大臣を助け内閣府の事務を整理し，内閣総理大臣の命を受けて内閣府の事務を統括し，職員の服務について統督する〔内閣府8〕。内閣府は，*国家行政組織法'の適用範囲外の組織とされており〔行組1参照〕，内閣の重要政策に関して行政各部の施策の統一を図るため特に必要がある場合においては，*特命担当大臣'を置くことができ〔内閣府9〕，特別な機関として宮内庁が置かれるほか〔内閣府48〕，内閣府本府には，重要政策に関する会議として，経済財政諮問会議，総合科学技術・イノベーション会議，国家戦略特別区域諮問会議，中央防災会議及び男女共同参画会議が置かれる〔内閣府18〕。外局としては，*公正取引委員会'，*国家公安委員会'，個人情報保護委員会，カジノ管理委員会，*金融庁'，消費者庁及びこども家庭庁が置かれる〔内閣府64〕。内閣府本府には，このほかにも多数の審議会等〔内閣府37〕及び特別の機関〔内閣府40〕が置かれている。

内閣不信任決議 ⇨*不信任決議'

内閣府令 ⇨*省令'

内閣法制局・議院法制局 1 内閣法制局は，内閣の法律問題に関する補佐機関〔内12④，内閣法制局設置法(昭和27法252)〕として，閣議に付される法律案，政令案及び条約案を審査し，自ら法律案及び政令案を立案し，また，法律問題に関し内閣等に対し意見を述べ，内外及び国際法制を調査研究することを主たる職務とする〔内閣法制局設置法3〕。規模は各議院法制局とほぼ同じだが，内閣によって任命される長は内閣法制局長官と呼ばれ，特別職の公務員である〔国公2③④〕。長官は，内閣の見解として国会において意見陳述をすることがある。なお近年，長官の任命人事の政治化により，組織の内閣からの独立性が希薄になったと評されるようになった。
2 議院法制局は，議員の立法活動を補佐する，すなわち議員の法制に関する立案のために必要な事項を調査・研究し，審査し，作成するなどの支援活動をする機関として衆参両院に置かれる機関である〔国会131①，議院法制局法(昭和23法92)〕。衆議院の方にのみ設置されている法制企画調整部を除けば，いずれも，各議院の常任委員会の所管事項に対応して設置される第一部から第五部と重要な法律問題に関する例規等を調査する法制主幹の6部を有している。法制局

長以下，参事，その他の職員の定数は，2024年5月現在，衆院88名，参院76名であり，局長は*議長'の監督の下に事務を統理する。

内 局 ⇨*内部部局'

内国会社 日本の法令に準拠して設立された会社をいい，外国会社〔会社2②〕に対する概念である。内国会社と外国会社との区別を行う前提として，会社の従属法の決定をいかに行うべきかが問題となるが，*法適用通則法'には明文の規定は存しないものの，日本の国際私法の通説は大陸法系の本拠地法主義ではなく英米法系においてとられている*設立準拠法'主義をとっているものと解されており，会社法は設立準拠法主義を基に外国会社に関する特別の規定を設けている〔会社817以下〕。 ⇨外国会社'

内国税 一般に，国内の人や物に課される租税を指し，*国税'のうち，*関税'・とん税・特別とん税を除いたものを総称する。内国税には，国税通則法・国税徴収法の適用がある。これに対し，関税・とん税・特別とん税には，これら2法律の直接の適用はない。

内国取引保護規定 *国際私法'上，ある法律関係につき外国法が*準拠法'とされる場合であっても，その法律関係が自国とある程度以上の関連をを有するときは，国内における取引の安全を確保するため，自国法によることを定める規定。準拠法の決定にあたり，外国での取引の安全の確保まではせず，自国のことのみに配慮する点で国際私法のあるべき姿とされる内外法の平等な扱いに反する例外的な規定とされる。外国法を適用すべき*夫婦財産制'は，日本においてされた*法律行為'及び日本に在る財産については，*善意'の*第三者'に対抗することができず，この場合にはその第三者との関係では日本法によると定める規定〔法適用26③〕がこれに該当する。なお，これに対して，外国における取引の安全にも同様に配慮する立法政策に基づくものとして，*取引保護規定'がある〔法適用4②〕。

内国民待遇 ⇨最恵国待遇・内国民待遇'

内在的制約 *自由権'にも他人の同等の自由や個人の尊厳を損なうことの自由は含まれていないという意味での内在的限界があるが，立法によるその具体化を内在的制約若しくは消極規制という。自由主義の下では，人権制約立法は内在的制約に限られ，公安・防災などの警察規制も内在的制約として説明された。憲法12条・13条の*公共の福祉'とは，内在的制約の意味で自由権一般の制約原理をいい表したものである。弱者の生存権保護の観点からの外在的制

約と一対をなす概念である。

乃　至(ないし)　⇨から…まで'(巻末・基本法令用語)

内水(国際法上の)　*領海'の*基線'の陸地側にある全ての海域(河口・湾・港等)をいい、群島水域(⇨群島国家')は、河口・湾・港を除いて、内水には当たらない〔海洋法約8①・50〕。なお、領海約5①〕。内水では、領土と同じく沿岸国の完全な主権が及ぶ。内水では、領海とは異なり外国船舶に*無害通航権'は認められないが、直線基線の採用により新たに内水に取り込まれる海域については無害通航権が認められる〔海洋法約8②、領海約5②〕。また、海洋環境の保護のために、外国船舶に対する寄港国の特別の権限が認められている〔海洋法約218〕。海洋環境保護や違法漁業取締りのために、条約により外国船舶に対する寄港国の管轄権行使を規定する例が目立ってきている。

内政干渉　⇨干渉'

内　戦　一国内における政治的対立が武力紛争とみなされる段階にまで至ったものを指す。一国内で複数の政府がその正統性を争う場合や、一部地域が分離独立を求めて争う場合など、多様な形態がある。従来、内戦は国際法上の*戦争'ではないとされてきたが、今日では1949年の*ジュネーヴ四条約'や特に1977年の「1949年8月12日のジュネーヴ諸条約に追加される非国際的武力紛争の犠牲者の保護に関する議定書(追加議定書II)」(⇨ジュネーヴ四条約の追加議定書')などにより、いわゆる*国際人道法'の諸規則が内戦の場合にも適用されることが認められる。

名板貸し　*商人'が自己の*商号'を使い事業又は営業を行うことを他人に許諾すること。名義貸し・看板貸しともいう。たとえば、信用のある者が他人に自己の名義をもって営業させたり、*営業免許'を得た者が無免許者に自己の名を使うことを認めるというものである。自己の商号を使用して事業又は営業を行うことを他人に許諾した者は、自己を取引主体と誤認して取引した者に対して、その取引によって生じた債務の弁済につき、その他人と連帯責任を負う〔商14、会社9〕。*権利外観理論'又は禁反言の法理(⇨エストッペル')の現れである。名義貸与者の責任は、*第三者'がその者を取引主体と誤認して取引した場合に限られ、*不法行為'には及ばない。なお、営業の許可・免許等を受けた者が名板貸しをすることを明文で禁止している場合がある〔質取6、金商66の9、道運33等〕。

内　定　⇨採用'

内　廷　費　国の*予算'に計上する*皇室費'の一種〔皇経3〕で、天皇・皇后・太皇太后・皇太后・皇太子・皇太子妃・皇太孫・皇太孫妃・内廷にあるその他の*皇族'の日常の費用に充てられるもの。法律で定める定額を毎年支出するものとされている〔皇経4①〕。内廷費として支出されたものは、御手元金(おてもときん)となり、宮内庁の経理に属する公金とはされない〔皇経4②〕。内廷費には所得税は課されない〔所税9①②〕。

内部者取引　会社の役員・職員・主要株主等が、その地位又は職務によって知った会社の内部情報が未公表であることを利用して*有価証券'の売買取引を行うこと。インサイダー取引ともいう。内部者取引は一般の投資者からみて不公正な行為であり、投資者の金融商品市場に対する信頼を害することから、日本では昭和63年の証券取引法(現*金融商品取引法')改正(法75)により明文で禁止された〔金商166・167〕。内部者取引規制は、上場会社を発生源とする重要事実を知った会社関係者及び情報受領者の売買を禁止するもの〔金商166〕、公開買付者等を発生源とする公開買付け等事実(外部情報)を知った公開買付者等関係者及び情報受領者の売買を禁止するもの〔金商167〕、未公表情報の伝達や情報に基づく取引推奨を禁止するもの〔金商167の2〕に大別される。最後のものは、公募増資インサイダー取引を受けて平成25年改正(法45)により規定が追加された。売買が禁止される有価証券は、上場会社の株券等と上場*投資法人'の投資証券である。日本の規制は、構成要件の明確化のために、内部者の範囲、内部情報の範囲、公表概念、情報受領者の範囲(第1次情報受領者のみを処罰)を厳格に定義したため、適用範囲が狭すぎるという批判がある。内部情報である重要事実は個別列挙条項と包括条項によって定義されているため〔金商166②〕、ある事実が個別列挙条項に該当するか軽微基準を上回らないときは重要事実とされないという問題が生じたが、最高裁(最判平成11・2・16刑集53・2・1〈日本商事株事件〉)は当該事実が列挙事項と異なる他の面を有しているときにはこれに包括条項を適用できるとして柔軟な運用を認めた。内部者取引規制に違反して売買等を行った者に対しては罰則が適用される〔金商197の2⑬〕ほか、課徴金の対象となり内部情報公表後の株価の変動を基に計算された課徴金額を課される〔金商175①〕。内部情報の伝達者・取引推奨者も課徴金の対象とされるが〔金商175の2〕、刑事罰を科されるのは情報の伝達や取引推奨を受けた者が違法な売買等を行った場合に限定される

〔金商197の2⑭〕。内部者取引を防止するために，会社役員・主要株主による売買報告制度〔金商163〕及び*短期売買利益の返還義務*制度〔金商164〕が設けられている。

内部的委任　⇨専決*　⇨代決*

内部統制　Ⅰ　*地方自治法*上，*都道府県知事*等がその担任する事務のうち，財務に関する事務等について，その管理及び執行が法令に適合し，かつ，適正に行われることを確保するために必要な体制をいう〔自治150〕。

Ⅱ　企業において，業務の有効性及び効率性，報告の信頼性，事業活動に関わる法令等の遵守（コンプライアンス）並びに資産の保全の4つの目的が達成されているとの合理的な保証を得るために，業務に組み込まれ，組織内の全ての者によって遂行されるプロセスをいい，統制環境，リスクの評価と対応，統制活動，情報と伝達，モニタリング（監視活動）及びIT（情報技術）への対応の6つの基本的要素から構成される。*金融商品取引法*は上場会社等に対して，財務報告に係る内部統制につき*内部統制報告書*の作成を要求し，監査人による監査を受けることを要求している〔金商24の4の4①・193の2〕。会社法上，*大会社*，*指名委員会等設置会社*及び*監査等委員会設置会社*においては*取締役会*（取締役会不設置会社では*取締役*）がその整備について決定しなければならないとされている所定の体制（取締役会（指名委員会等設置会社では*執行役*）の職務の執行が法令及び定款に適合することを確保するための体制，その他*株式会社*の業務並びに当該株式会社及びその*子会社*から成る企業集団の業務の適正を確保するために必要なものとして法務省令〔会社則98・100・110の4・112〕で定める体制〔会社348③④・362④⑥⑤・399の13①ハ②・416①Ⅰホ②〕）も，内部統制体制と呼ばれる。会社法施行規則では，会社の取締役・執行役の職務の執行に係る情報の保存及び管理に関する体制，会社の損失の危険の管理に関する規程その他の体制，会社の取締役・執行役の職務の執行が効率的に行われることを確保するための体制，会社の*使用人*の職務の執行が法令及び定款に適合することを確保するための体制，会社並びにその親会社及び子会社から成る企業集団における業務の適正を確保するための体制が定められている。

内部統制報告書　上場会社等〔金商令4の2の7①〕が，当該会社の属する企業集団及び当該会社に係る財務計算に関する書類その他の情報の適正性を確保するために必要な体制（財務報告に係る内部統制）を，内閣府令で定めるところにより評価した報告書。同報告書の監査証明（内部統制監査報告書）とともに，事業年度ごとに*有価証券報告書*と併せて内閣総理大臣に提出する〔金商24の4の4①・193の2②〕。アメリカのSOX法を参考に*金融商品取引法*により導入されたが，アメリカと異なり，監査人等が財務報告に係る内部統制を直接評価する方式（ダイレクト・レポーティング）は採用していない。内部統制報告書等の用語・様式・作成方法は，「財務計算に関する書類その他の情報の適正性を確保するための体制に関する内閣府令」（平成19内62）によるほか，一般に公正妥当と認められる財務報告に係る内部統制の評価の基準等（企業会計審議会「財務報告に係る内部統制の評価及び監査の基準」）に従う〔財務計算適正体制1①②④⑤〕。

内部部局　*国の行政機関*である*府*・*省*・*庁*・*委員会*（その事務局）の本体部分に事務分担のために置かれる組織単位あるいはその全体をいう。内局ともいい，*外局*・*附属機関*・*地方支分部局*と区別される。内部部局としての官房・局・部・課・室の設置及び所掌事務の範囲は，政令で定める〔内閣府17③④，行組7④⑤〕。

内部留保　⇨積立金*
内部労働市場　⇨労働市場*
内容の錯誤　⇨錯誤*

内乱罪　憲法の定める統治の基本秩序を壊乱することを目的として暴動する罪〔刑77〜80〕。暴力革命や一地域の独立運動を目的とした暴動を処罰するものである。したがって，内閣制度の破壊を目的とした暴動は含まれるが，個々の内閣の打倒を目的とした暴動は含まれない。暴動は，少なくとも一地方の平穏を害するに足りる程度の多人数により組織的に行われることを要する。本罪の関与者は，その役割に応じて，首謀者は死刑又は無期拘禁刑，謀議参与者・群衆指揮者は無期又は3年以上の拘禁刑，その他の職務従事者は1年以上10年以下の拘禁刑，*付和随行*者・暴動参加者は3年以下の拘禁刑で処罰される。本罪は未遂（付和随行・暴動参加を除く）のほか，*予備・陰謀*も処罰され，本罪の幇助（刑62）は7年以下の拘禁刑で処罰される。以上の罪の第一審は高等裁判所が管轄する〔裁16④〕。なお，*破壊活動防止法*は，内乱の*教唆*・*煽動*行為を独立罪として処罰している〔破防38〕。

なお効力を有する・なお従前の例による　⇨なお効力を有する・なお従前の例による*（巻

末・基本法令用語〕

中川善之助 (1897〜1975)　民法学者。穂積重遠の後継者として、戦前戦後の家族法学を主導。戦後の*家族法'改正の際に*我妻栄'とともに草案立案の中心となった。家族法の独自性を主張するとともに、実態調査など社会学的なアプローチを発展させたほか、準婚理論や扶養義務二分論などを提唱した。主著「略説身分法学」(昭和5)、「身分法の基礎理論」(昭和14)、「親族法」(昭和33)、「相続法」(昭和39)のほか「民法風土記」(昭和40)などの随筆も有名。

仲　立　他人間の*法律行為'の*媒介'を引き受ける行為であり、*営業的商行為'の一種〔商502Ⅲ〕。媒介される法律行為が*商行為'であればこれを業とする者は商法上の*仲立人'〔商543〕となり、商行為以外の法律行為(例えば、非商人間の住宅・宅地の売買周旋、結婚の媒介など)であれば*民事仲立人'となる。なお、営業としてする以上、民事仲立人もまた*商人'となる〔商4①〕。

仲立営業　1 意義　他人間の*商行為'の*媒介'をすることを目的とする*営業'。その営業の主体を*仲立人'という〔商543〕。例えば旅客運送や宿泊業者の手配、*傭船(ようせん)'契約等海上運送契約の締結、*海上保険'等保険契約の締結のような場面において、適当な相手方をみいだし、相手方の信用を調査するため、その土地の事情や市場の景況に通じ専門的知識をもつ仲立営業者(旅行業者、海運仲立業者、保険仲立人等)が利用される。媒介を業とする点では媒介代理商に似ているが、一定の*商人'のために継続的関係に立つことは要件とされておらず、広く他人間の媒介を行う点で異なる。また、他人間の契約の締結に尽力する*事実行為'をするにすぎない点で、自ら*法律行為'をし、又は*代理'をする*問屋(とんや)'・*準問屋'・締約代理商等とも異なる(⇨代理商)。しかし、他人の行為を補助し、信頼忠実関係を基調として成立する点では、これらに共通する性格をもつ。媒介の対象となる行為は、他人間の商行為に限られる(商行為以外の媒介をする者を*民事仲立人'という)。

2 仲立人を巡る法律関係　仲立人と媒介行為の当事者との関係は、非法律行為的事務の委託として、*準委任'となる〔民656〕。その結果、仲立人は、受任者として媒介委託者に対して義務を負うが、そのほかに、仲立人の特殊な地位に基づいて当事者の双方に対して、見本保管義務〔商545〕、*結約書'の交付義務〔商546・548〕、*仲立人日記帳'の備置義務〔商547・548〕、当事者の氏名を黙秘した場合の履行担保責任(*介入義務')〔商549〕を負う。結約書交付後には*仲立料'を請求することができ、その仲立料は特約のない限り、両当事者の平分負担となる〔商550②〕。

仲立人　他人の間の*商行為'の*媒介'をすることを業とする者〔商543〕。*営業'として媒介を引き受けること〔商502Ⅰ〕を業とする者であるから、*商人'となる〔商4①〕。商行為以外の*法律行為'の媒介を引き受けることを業とする者を*民事仲立人'といい、これを含めて、*ブローカー'といわれることがある。　⇨仲立営業'

仲立人日記帳　*仲立人'が備えなければならない帳簿で、これに契約当事者の氏名又は名称、契約年月日及び契約の要領を記載しなければならない〔商547①・546①〕。他人間の*商行為'を記載するものであり、仲立人の*商業帳簿'ではない。各当事者の請求があれば、仲立人は、この帳簿の関係部分の謄本を交付しなければならない〔商547②〕が、自己の氏名又は名称を相手方に黙秘することを命じた当事者の氏名又は名称は謄本に記載してはならない〔商548〕。

仲立料　1 *仲立人'が、*媒介'により当事者間に契約が成立し発効した場合に、当事者に対して請求することのできる報酬のこと〔商512〕。仲立手数料ともいう。特約の有無を問わず、また契約の履行の有無を問わず請求できるが、請求できる時期は、特約がない限り、*結約書'の作成交付義務〔商546〕の履行後である〔商550①〕。仲立料には、特約がない限り、*仲立'の費用も当然に含まれると解される。仲立料は、当事者双方の平分負担を原則とし〔商550②〕、当事者間の分担特約は、それだけでは仲立人に対抗できない。

2 *戻(もどし)'手形の*手形金額'中に加えられる割引手数料のこと〔手52②〕。

長沼事件　昭和42年3月に閣議決定された第3次防衛力整備計画に基づき防衛庁は航空*自衛隊'の第3高射群施設(地対空ミサイル発射基地)を北海道長沼町に設置することを計画し、農林大臣(当時)に対し国有林の保安林指定解除の申請をした。農林大臣は、「公益上の理由」〔森林26②〕ありとして指定を解除したが、地元住民が自衛隊の違憲等を理由として、その取消しを求めた。第一審は、*平和的生存権'を基礎に*原告適格'を認め、*統治行為'論を排除した上で、自衛隊は日本国憲法9条の禁止した*戦力'に当たるから違憲であるとして処分を取り消した(札幌地判昭和48・9・7判時712・24)。控訴審は、代替施設の完備によって*訴えの利益'

は消滅したとして訴えを却下したが、防衛政策のような高度の政治判断を要する事項については、一見極めて明白に違憲・違法の場合以外は司法審査権の範囲外であるとする見解を付加した（札幌高判昭和51・8・5行裁27・8・1175）。上告審は、憲法問題に触れずに控訴審の結論を支持した（最判昭和57・9・9民集36・9・1679）。

流 質　⇨りゅうしち'

流 抵 当　⇨抵当直流(じきながれ)'

名古屋議定書　⇨生物の多様性に関する条約'

ナシオン主権　⇨国民主権'

ナショナル・トラスト　⇨公共信託'

ナショナル・ミニマム　英national minimum　もともとは、19世紀にウェッブ夫妻（Sidney Webb, 1859〜1947, Beatrice Webb, 1858〜1943）が、労働運動の目的として提案した概念である。*福祉国家'理念の普及を経て、今日ではナショナル・ミニマムとは「国家が全国民に対して保障する健康で文化的な最低限度の生活水準」〔憲25①参照〕のことと考えられている。

なす 債務　⇨与える債務・なす債務'

捺 印(なついん)　⇨押印'

ナッジ　⇨リバタリアン・パターナリズム'

名で（名をもって・名において）・名義　⇨名で（名をもって・名において）・名義'（巻末・基本法令用語）

ナトー（NATO）　⇨北大西洋条約機構'

ナポレオン法典　⇨フランス民法'

奈良県ため池条例事件　⇨条例'

並 び に　⇨及び・並びに'（巻末・基本法令用語）

馴合(なれあい)**訴訟**　*第三者'の権利を害することを目的として原告と被告が通謀してする訴訟。例えば、債務者が財産隠匿のため虚偽の権利者に訴えを提起させ、真の権利者の権利実現を妨げる場合など。第三者はこのような訴訟に介入して自己の権利を守るために自己の請求を定立して*独立当事者参加'（民訴47①前）（詐害防止参加）をすることができる。

馴合(なれあい)**手形**　2人以上の無資力者がなれ合って、商取引もないのに互いに相手方を*受取人'とする*約束手形'を振り出し、又は互いに相手方を*支払人'とする*為替手形'を振り出してそれぞれ引受けをし、これを*手形割引'その他の資金の融通を受ける手段として利用する手形。*融通手形'の一種で、騎乗手形・書合(かきあい)手形ともいう。これらの手形の*振出人'（約束手形）又は*引受人'（為替手形）が満期までに資金を調達できず所持人に損害を与えることが多い。

馴合(なれあい)**売買**　⇨相場操縦'

南 極 条 約　南極地域の領有問題の棚上げと、その平和利用・科学的調査のための枠組みを定めた条約。1959年12月1日署名、1961年6月23日発効。日本は原加盟国（昭和36条5）。2022年末現在の締約国は55。南極地域については、20世紀初頭以来の*セクター主義'に基づく主張を始めとして、多くの国が領有権を主張してきた。1957〜58年の国際地球観測年を契機にその平和利用の気運が高まり、南極地域の観測に参加した国が中心となって条約が作成された。条約は南極地域に対する一切の領有権の主張を凍結し、また条約の有効期間中の活動を領有権主張の根拠として援用することを禁じた〔南極条約4〕。平和利用、科学的調査のための枠組みとして、条約は、南極地域の軍事的利用を禁じるとともに〔南極条約1〕、締約国の指名する監視員による随時の査察の制度を設けた〔南極条約7〕。南極条約締約国の中でも、南極に基地を設ける等、積極的に科学的調査活動を実施してきている国（28カ国）は、南極条約協議国とされ、南極条約に基づき定期的に南極条約協議国会議を開き、情報の交換、国際協力の促進等について協議を行っている〔南極条約9〕。条約の有効期間は当初30年とされたが、発効後30年を経過した1991年6月23日以降も条約は有効で、締約国の要請があれば条約の運用について検討する会議が開かれることになっている〔南極条約12〕。なお、南極条約を補足するものとして、南極地域の環境とこれに依存・関連する生態系の包括的保護を目的とした「環境保護に関する南極条約議定書」（平成9条14）等がある。　⇨人類の共同の財産'

軟性憲法　通常の法律の改正手続と同じ手続で改正できる*成文憲法'。*硬性憲法'に対する語で、この区別はブライス（James Bryce, 1838〜1922）によって指摘された。1814年の*フランス憲法'、1848年のサルジニア（後にイタリア）憲法は改正手続を定めておらず、通常の法律改正手続で*憲法改正'が許されると解されていた。また、イギリスにおいては、成文の形式をとる憲法的規律は法律として定められており、したがって、それらは軟性憲法に属する。なお、「憲法」に掲げた〔表：憲法の分類〕をみよ。

何人(なんびと)**も**　⇨何人（なんびと）も'（巻末・基本法令用語）

難 病　発病の機構が明らかでなく、かつ、治療方法が確立していない希少な疾病であって、

当該疾病にかかることにより長期にわたり療養を必要とする疾病をいう〔難病1括弧〕。「難病の患者に対する医療等に関する法律」の制定により、医療費助成を法定化し、医療費助成の対象疾病・受給者数を拡大した。認定を受けた指定難病の患者に対して、特定医療費を支給する。特定医療費の支給認定を受けた場合、医療保険や介護保険による給付を優先した上で、患者の窓口負担は所得に応じて決められる自己負担上限額までとなる。

難民 人種、宗教、国籍若しくは特定の社会的集団の構成員であること又は政治的意見を理由に迫害を受けるおそれがあるという十分に理由のある恐怖を有するために、国籍国の外にいる者であって、その国籍国の保護を受けられないもの又は受けることを望まないもの及びこれらの結果として*常居所'を有していた国の外にいる無国籍者であって、その国に帰ることができないもの又は帰ることを望まないもの〔難民約1A⑵参照〕。亡命者ともいう。*国際慣習法'上、難民を受け入れこれに庇護(ひご)(⇨庇護権')を与えるか否かは受入国の裁量権内にある国内事項とされてきたが、1951年の*難民の地位に関する条約'やその適用範囲を拡大した1967年の難民の地位に関する議定書(昭和57 years 1)は、このような国家の庇護権の行使に一定の基準と条件を定め、難民の追放・送還の禁止(⇨ノン・ルフルマン原則')、身分証明書等の発給、*最恵国待遇・内国民待遇'の付与等、難民に対する積極・消極の二重の法的保護を規定している。なお、広義では、上記の難民(英 refugee)の定義に当てはまらない、戦争や自然災害から逃れてきた避難民(英 displaced person)も難民と呼ばれ、彼らに対する保護のあり方が国際的に問題となる。この分野での*国際連合難民高等弁務官'の役割は大きい。また、経済的困難から逃れてきた者も一般用語では難民と呼ばれることがある。

難民の地位に関する条約 1951年7月28日に「難民及び無国籍者の地位に関する国際連合全権会議」で採択され、1954年4月22日に発効。日本は1981年に加入した(昭和56条21)。難民を通常の*外国人'とは区別して、*相互主義'の適用を排し、庇護(ひご)(⇨庇護権')と権利の両面から保護しようとする。その時間的適用範囲を拡大した1967年の難民の地位に関する議定書(1967・10・4発効。日本は昭和57条1)とともに、難民の国際的保護のための包括的な法的枠組みをなす。 ⇨難民' ⇨国際連合難民高等弁務官'

に

新潟水俣(にいがたみなまた)病事件 ⇨4大公害裁判'
二院制 ⇨両院制'
荷受人 *物品運送契約'において、自己の名において運送品の引渡しを受ける者として指定された者。*運送取扱人'から運送品を受け取る運送品受取人は、荷受人ではないが、その受取人と運送取扱人との間には、荷受人と*運送人'との間と同様な法律関係が生ずる〔商564・581〕。荷受人は運送契約の当事者ではなく、運送品が到達地に到着する以前は、*荷送人'だけが運送契約上の権利義務をもち、荷受人には何らの権利も生じないが、運送品が到達地に到達し、又は運送品の全部が滅失すると、荷受人は運送契約による荷送人の権利を取得し、運送品の引渡しを求め、その他の指図をし、又は損害賠償請求をすることができることになる〔商581①〕。しかし、この段階では荷送人の権利も存続し、しかも、荷受人の引渡又は損害賠償請求前は荷送人の権利が優先するが、荷受人の運送品の引渡又はその損害賠償の請求後は荷送人は権利行使できなくなる〔商581②〕。荷受人の運送品受取後は、荷受人が荷送人の負担した義務(*運送賃'等の支払義務)を負担するに至る〔商581③、国際海運15〕。

荷送人 *物品運送契約'の当事者として*運送人'に対して物品の運送を委託した者。*傭船(ようせん)契約'の場合には、傭船者と呼ばれる。運送取扱いの場合には*運送取扱人'が荷送人となり、運送取扱いを委託する者は荷送人ではない。荷送人は、運送人の請求により運送状を交付することが必要であり〔商571①〕、運送契約の当事者として*船荷証券'の交付請求権・*運送品処分権'等の権利をもつ。

に係る・に関する ⇨に係る・に関する'
(巻末・基本法令用語)

ニカラグア事件 ニカラグアが、アメリカによるニカラグア反政府組織への軍事援助やニカラグアの港への機雷敷設等の軍事行動の違法性の確認、アメリカの賠償義務等の決定を*国際司法裁判所'に求めた事件。1984年4月のニカラグアの提訴を受けて、国際司法裁判所は、同年5月に*仮保全措置'命令(ICJ命令1984・5・

にがわせて

10 Reports 1984・169)，同年11月に管轄権判決(ICJ判1984・11・26 Reports 1984・392)，1986年6月に本案判決(ICJ判1986・6・27 Reports 1986・14)を下した。国際司法裁判所は，管轄権判決で，アメリカの主張を退けて管轄権を肯定した。本案判決では，ニカラグアが問題としたアメリカの一連の行為の'国際慣習法'・1956年の両国間の友好通商航海条約違反，アメリカの違法行為の中止義務，及びアメリカの賠償義務等を確認した。なお，アメリカは国際司法裁判所の管轄権を否定して本案審理に参加せず，本案判決はアメリカによって無視され，履行されることはなかった。しかし国際法上は，紛争解決手続における国際司法裁判所と安全保障理事会の関係，「法律的紛争」の意義(⇨国際裁判)，'武力行使'と武力攻撃の関係，'集団的自衛権'行使の要件等，注目すべき議論が展開された。

荷為替手形 '運送証券'('船荷証券'・'複合運送証券'等)が手形債権の担保として添付された'為替手形'。荷付手形ともいう。隔地者間の取引において代金の支払と目的物の引渡しとの同時履行を実現するために用いられる。売主は買主(又はその指定する'信用状'発行銀行)を'支払人'として為替手形を振り出し，売買目的物の引渡請求権を表章する運送証券を手形債権の担保として添付して銀行においてその割引を受け，代金を回収する。銀行は支払地の本支店又は取引銀行を通じて買主に手形を提示し，支払(又は引受け)と引換えに運送証券を交付する。支払が条件となっているものをD／P手形，引受けで足りるものをD／A手形と呼ぶ。これにより買主は売買の目的物である運送品を入手することができる。買主が支払(又は引受け)をしないときは，銀行は手形の振出人である売主に'遡求'できるほか，運送証券により運送品を処分して債権の回収に充てることができる。このように売主が銀行から割引を受ける場合を割引荷為替といい，単に代金の取立てを委託する場合を'取立荷為替'という。

荷為替手形担保荷物保管証 ⇨トラスト・レシート'

に関する ⇨に係る・に関する'(巻末・基本法令用語)

に規定する ⇨に規定する'(巻末・基本法令用語)

二元型議院内閣制 ⇨一元型議院内閣制・二元型議院内閣制'

二元的所得税 '所得'を，利子，'配当'，'キャピタル・ゲイン'などの資本所得と，給与や年金などその他所得に分け，前者には比較的低率な比例税率での課税を，後者には総合累進課税を行う'所得税'の仕組み。英 dual income tax (DIT) の訳語。1980年にデンマークの経済学者N.C. Nielsenが初めて提唱したといわれる。1990年代から北欧諸国で実際に採用が始まり，他国の所得税制にも影響を与えている。二元的所得税の根拠や利点としては，包括的所得税の執行の困難さ，資源配分の効率性の重視，他国への資本逃避(英 capital flight)への懸念，キャピタル・ゲインを含む全ての資本・金融所得を同等に取り扱うべきという考え方，法人税との統合の容易さなどが挙げられている。二元的所得税については，資本所得を軽課し，勤労所得を重課するために公平が損なわれるといった批判もあるが，'相続税'など富の移転に対する課税の強化や社会保障給付などにより対処が可能といった反論もなされている。日本においては，利子や配当，株式譲渡益など金融商品から生じる所得につき，他の所得と分離した上で，比例税率で一体として課税すべきという考え方(金融所得一体課税)があり，実際の制度もその考え方を反映しつつあるが，このような考え方は二元的所得税の影響を受けたとする見解もある。⇨'有価証券の譲渡益'

2項犯罪 ⇨'財産犯'

二国間投資協定 ⇨投資保護協定'

ニーサ(NISA) 非課税口座内の少額上場株式等に係る'配当所得'及び'譲渡所得'等の非課税措置〔租特9の8・37の14〕。少額投資非課税制度とも呼ばれる。日本に居住する個人などが，一定の金融商品取引業者等で非課税口座を開設し，その口座内で上場株式や一定の投資信託受益権などを所定の投資枠(金額)まで購入して保有している場合，その上場株式からの配当や株式譲渡に係る所得などが非課税とされる。元々金融所得課税の一体化における個人の株式市場への参加を促進するために構想されたが，家計の安定的な資産形成の支援，経済成長に必要な成長資金の供給及びデフレ脱却の後押しという観点から制度拡充の上で，2014年に開始された。イギリスのISAをモデルとし，その日本版という意味でNISA(Nippon Individual Savings Account)といわれる。

二次的著作物 既存の'著作物'を翻訳，編曲，変形，脚色，映画化，その他翻案することにより創作された著作物〔著作2①Ⅺ〕。原著作物を基に派生して創作される著作物であることから派生的著作物とも呼ばれる。二次的著作物は，原著作物とは別個の著作物として保護される。原著作者の翻案等の許諾〔著作27〕は二次的

著作物の成立要件ではない。二次的著作物に対する保護は、原著作物の著作者の権利に影響を与えることはない〔著作11〕。原著作者は二次的著作物の利用に関し二次的著作物の*著作権'者と同一の種類の権利を有し〔著作28〕、例えば、翻訳物の出版については翻訳者とともに原著作者の許諾が必要である。二次的著作物の保護期間は原著作物とは別個に計算されるのが原則である。なお、二次的著作物を基に更に改変を加えて創作された著作物は、原著作物の創作的表現をなお引き継いでいる場合には、原著作物との関係で二次的著作物と評価されることになる。

二重課税 同一の*課税物件'(課税の対象)に対して2度以上重複して課税することをいう。例えば、日本の会社のアメリカ支店の所得に対して、アメリカも日本も課税するが、これは国際的二重課税の例である。個人・法人の所得に対し、国が所得税・法人税を課し、地方公共団体が住民税を課すのは、国内における二重課税の例である。法人の所得に対して法人税を課し、法人からの配当に対して所得税を課すことを、配当二重課税ということもある。なお、国際的二重課税の排除措置が、国内法又は*租税条約'に定められている。 ⇨税額控除'

二重起訴の禁止 既に*訴訟係属'中である同一事件について、更に別個に*訴え'又は*公訴'を提起することを禁ずること。重複起訴の禁止・重複訴訟の禁止ともいう。

Ⅰ 民事訴訟法上、二重起訴は*訴訟経済'及び被告の利益に反し、また、矛盾した判決がなされるおそれもあるため禁止される〔民訴142〕。従来は*訴訟物'の同一性によって事件の同一性が判断されてきたが、訴訟物は異なるが主要な争点が共通な場合も含むとする見解も有力である。禁止に反した後訴は原則として不適法'却下'されるが、有力説によれば争点のみが共通のときは併合審理が強制されるにとどまる。なお、外国の裁判所と国内の裁判所の間での二重起訴については、*国際訴訟競合'をみよ。

Ⅱ 刑事訴訟法上、同一事件について2個以上の公訴が提起されることは、被告人にとって不当な不利益であることはもちろん、国家の立場からも有害無益であるから、二重起訴であることが判明したときは、同一裁判所であるか別異の裁判所であるかに従い、判決又は決定で公訴の一方を棄却する〔刑訴338③・339①⑤〕。これによって、同一行為について二重に処罰することも防がれる。 ⇨公訴棄却'

二重拒否権 ⇨拒否権'
二重国籍 ⇨国籍'
二重就職 ⇨副業・兼業'
二重譲渡 ⇨二重売買'
二重処罰の禁止 ⇨二重起訴の禁止' ⇨二重の危険'

二重抵当(と背任罪) 自己所有の不動産について*抵当権'設定契約をしながら、その*登記'完了前に、*第三者'との間に再び抵当権設定契約をして1番抵当の登記をし、それによって最初の抵当権者を後順位に追いやること。かつて判例は、第2の抵当権者に対する*欺く行為'により、第1の抵当権者に損害を与えたものとして、詐欺罪〔刑246〕の成立を認めていたが、後に第1の抵当権者に対する背任罪〔刑247〕を認めるようになった(最判昭和31・12・7刑集10・12・1592)。すなわち、抵当権設定者は、第1の抵当権者に協力して登記を完了する義務があるから、「他人のためにその事務を処理する者」が「その任務に背く行為」をし、抵当権の順位を下げるという財産上の損害を与えたことになるというのである。だが、抵当権設定者の上記の義務は「他人の事務」とはいえないとして、この判例を批判する学説もある。 ⇨背任罪' ⇨二重売買(と横領罪)'

二重の危険 同一の犯罪について、被告人を、二重に刑事手続による処罰の危険にさらすこと。*アメリカ合衆国憲法'修正5条は明文でこれを禁止している。大陸法では、*一事不再理'の原則があり、ほぼ同じ機能を営むが、一事不再理が、*確定判決'の効果としてその事件についての再起訴が禁止されるものと理解されているのに対し、二重の危険は、刑事手続から生ずる処罰の危険(陪審の宣誓又は答申の時に発生する)を被告人に二重に負担させてはならないとするための制度である。最高裁判所は、日本国憲法39条もこの二重の危険を禁ずる趣旨の規定であるとした。もっとも、最高裁判所は、同一事件は上級審まで継続した1個の危険であるから、無罪判決に対する検察官上訴を認めても憲法39条違反とはならないと判断しており(最大判昭和25・9・27刑集4・9・1805)、アメリカ法とは異なった考え方を示した。

二重の基準 経済的自由権の規制立法については合憲性が推定され、緩やかな審査基準が適用されるのに対して、精神的自由権の規制立法については違憲性が推定され(⇨経済的自由権・精神的自由権')、厳格な審査基準が適用されるとする考え。精神的自由権の人権価値としての「優越的地位」(⇨優越的自由')と、経済的自由権の領域における立法者の経済政策的裁量の尊重の要請及び裁判所の審査能力の不足とが

にじゆうば

相まって，この考えを基礎付けている。経済的自由権には司法消極主義，精神的自由権には司法積極主義（⇨ '司法消極主義・司法積極主義'）という合衆国最高裁判所の一般的傾向を要約したものである(double standard)が，日本の学説への影響は大きい。判例も一般論としてはこれを支持するが，具体的にはそのような判断枠組みを採用しているわけではない。すなわち判例は，営業の自由については積極・消極規制二分論をとり，消極規制立法は厳格な審査基準を適用されるべきであるとしているし，また '表現の自由' については表現内容の規制である内容規制と，専ら場所や方法に関する規制である内容中立的規制とを区別し，内容中立的規制には緩やかな審査基準を適用する傾向が指摘されている。

二重売買　一旦売った同じ物を更にほかに二重に売ること。二重譲渡ともいう。一般には不動産の二重売買が問題とされるが，動産や債権などでも問題となる場合がある。'物権変動' において '意思主義' をとる民法の立場では，売買契約の当事者の '意思表示' の合致（契約）だけで所有権が買主に移転する〔民 176〕ので，二重売買の場合にも第 1 の売買契約によって所有権は既に第 1 の買主に移転し，第 2 の売買契約の際には売主には目的物の所有権がないことになりそうである。しかし，民法は '対抗要件' 主義を採用することで，意思主義の原則から導かれる結論を制限した。すなわち，先に買い受けた者が当然に完全な権利者になるわけではなく，法律的にはいずれの売買契約も有効であるが，不動産については '登記'，動産については '引渡し' 又は登記という対抗要件を先に備えた買主が完全な権利者となり〔民 177・178，動産債権譲渡特 3〕，他方の売買は '履行不能' となる。いずれの買主もともに対抗要件を備えないときは，相互に対抗することができない。

二重売買（と横領罪）　他人に譲渡した不動産を，その '所有権' 移転 '登記' 前に '第三者' に二重譲渡する行為。現に所有権は買主に移転しているが，登記簿上，自己の所有名義になっている不動産については，当該不動産を事実上支配できる地位にあるから，刑法上は，なお譲渡者に '占有' があると解される。したがって自己の占有する他人の物を領得するものとして，委託物横領罪〔刑 252〕を成立させるというのが，通説・判例（最判昭和 34・3・13 刑集 13・3・310）である。もっとも，第 1 の譲受人に対して所有権移転の '意思表示' があったにすぎず，いまだ金銭の授受も登記に必要な書類の交付もないときには，刑法上，他人の物といえず，横領罪も成立しないとする学説も有力である。なお，業務上占有する他人の不動産にほしいままに '抵当権' を設定，登記後に売却し，所有権を移転した場合，後行行為に横領罪の成立を認めた判例がある（最大判平成 15・4・23 刑集 57・4・467）。⇨ '横領罪'

二重反致　⇨ '反致'

二重予算　'国会'・'裁判所' 及び '会計検査院' の歳出予算の見積りを，内閣が減額査定して '予算' を編成した場合には，内閣は，これら 3 機関が内閣に送付した歳出見積りの詳細を歳入歳出予算に付記するとともに，国会がこれらの機関の歳出額を修正するのに必要な財源を明記して国会に予算を提出しなければならないとされている〔財 19〕。この場合の予算を二重予算と呼ぶ。その趣旨は，国会・裁判所・会計検査院の憲法上の地位を予算面から保障することにある。なお，'人事院' についても，内閣が人事院の経費の要求書を修正する場合には，人事院の要求書は内閣により修正された要求書とともに国会に提出しなければならず〔国公 13 ④〕，上記 3 機関の場合に相当する規定が設けられている。

二大政党制　⇨ '単独内閣'・'複数政党制'

日常家事債務　夫婦が日常の '婚姻' 生活を営んでいくためには，住宅を借りたり，日用品を買い入れるなど，もろもろの '法律行為' をするが，このようにして夫婦が日常の家事に関して負担する債務を日常家事債務という。通常は，夫婦の一方が，夫婦の生活共同体を代表して法律行為を行うことが多いが，それが日常の家事活動の範囲内のものであるときは，夫婦の他方も '連帯責任' を負うことになる〔民 761〕点に意味がある。

日常生活自立支援事業　⇨ 福祉サービス利用援助事業'

日常的行為　⇨ '中立的行為'

日米安全保障条約　日本は 1951 年 9 月 8 日に署名した '日本国との平和条約'（1952・4・28 発効）によって独立を回復したが，同条約は日本が主権国として集団的安全保障取極($_{とりきめ}$)を締結することを承認していた〔平和条約 5(c)〕。日本は平和条約署名の同日，サンフランシスコにおいて「日本国とアメリカ合衆国との間の安全保障条約」（いわゆる旧安保条約）にも調印し，平和条約発効と同時にこの条約も発効した（昭和 27 条 6）。この旧安保条約は，極東地域の平和維持と日本の防衛のためアメリカが日本に駐留することを規定していたが，その片務性が問題と

されたため両国間で条約の改定交渉が行われ，1960年1月19日に新しい「日本国とアメリカ合衆国との間の相互協力及び安全保障条約」(いわゆる新安保条約)が署名され，同年6月23日に批准・発効した(昭和35条6)。新条約は，前文及び10カ条から成り，日本への武力攻撃に対する防衛義務を日米両国の双務的なものとする〔安保約5〕一方，在日米軍の行動〔安保約6〕についてのいわゆる事前協議方式〔条約第六条の実施に関する交換公文〕などが導入された。

日米航空協定 ⇨航空協定'
日米相互防衛援助協定等に伴う秘密保護法 ⇨秘密保護法'
日米地位協定 *日米安全保障条約'6条で認められた米軍による日本国内の施設・区域の使用を実現し，日本における米軍及び米軍構成員等の地位を定めるために日本とアメリカの間で締結された条約(昭和35条7)。正式名称は「日本国とアメリカ合衆国との間の相互協力及び安全保障条約第六条に基づく施設及び区域並びに日本国における合衆国軍隊の地位に関する協定」。1952年発効の旧安保条約時代に存在した日米行政協定に代わるもの。施設・区域の提供・管理・返還，日本法令の尊重義務，刑事裁判権，請求権・民事裁判権などを規定する。日米安全保障条約とともに1960年1月19日に署名され，同年6月23日に発効した。その内容は協定署名と同時に署名された合意議事録によって補完される。協定の実施に関する協議機関として合同委員会が設置され〔安保協定25①〕，日本側代表(外務省北米局長)とアメリカ側代表(在日米軍司令部副司令官の1名)で構成される。1987年には駐留経費に関する本協定24条の特則として在日米軍駐留経費負担に係る特別協定が，2015年には米軍が使用する施設・区域における環境問題に関する環境補足協定が，2017年には軍属の範囲〔安保協定1(b)〕を明確化するために軍属補足協定が締結された。

日米貿易協定 「日本国とアメリカ合衆国との間の貿易協定」の略称。2019年に署名され2020年に発効した*自由貿易協定'(令和1条10)。本協定と同時に，日米デジタル貿易協定(デジタル貿易に関する日本国とアメリカ合衆国との間の協定)(令和1条11)も締結された。両協定合意時の日米共同声明では，両協定が誠実に履行されている間，両協定の精神に反する行動をとらないことが確認され，アメリカ通商拡大法232条に基づく追加関税の賦課が回避された。本協定で日本は，*環太平洋パートナーシップ(TPP)協定'から離脱したアメリカとの間で，物品貿易の分野に限り市場アクセスの改善を約束した。焦点であった農産物に関し，日本側の関税引下げはTPP協定の内容と同水準に抑えられた。本協定の紛争解決手続としては協議のみが規定される。本協定発効後，日本が本協定附属書Iに基づく農産品*セーフガード'をアメリカ産牛肉に対して発動したことを受け，本協定に関連して作成された*交換公文'に基づく協議が日米間で行われ，牛肉セーフガードの発動条件を修正する改正議定書が2022年に署名された。

日韓基本条約 正式には「日本国と大韓民国との間の基本関係に関する条約」(昭和40条25)という。1965年6月22日に東京で正式に署名され，同年12月18日に発効した。前文及び7カ条から成る。本条約によって，日韓両国間に外交・領事関係が開設される〔日韓基本条約1〕と同時に，1910年の日韓併合以前に両国間で締結された条約の無効が確認され〔日韓基本条約2〕，更に韓国政府が朝鮮における唯一の合法的政府であることが確認された〔日韓基本条約3〕。日本は，1951年9月署名の*日本国との平和条約'により朝鮮の独立を承認した〔平和条約2(a)〕後，同年10月から本条約の締結交渉を開始したが，交渉は難航し，約14年を要してようやく本条約の署名をみた。同時に，漁業協定を始めとする4つの関係協定にも署名がなされ，日韓両国間の関係は第二次大戦終了後20年を経てようやく正常化された。他方で，日本と北朝鮮(朝鮮民主主義人民共和国)との間の関係正常化の交渉は現在も継続中である。

日 記 帳 ⇨会計帳簿'
荷付手形 ⇨荷為替手形'
日給月給 基本給を，日額を基礎に月給として定めつつ，欠勤があった場合には日割で(遅刻や早退の場合は時間単位で)*賃金'を差し引く形で計算して支払う賃金制度。

日 経 連 ⇨経済団体連合会'
日 照 権 人の社会生活上，日照を受けることは極めて重要な利益であるが，都市の高層化に伴って日照妨害のケースが多くなり，日照権の保護の要求が強まった。判例は，当初日照権の妨害を*人格権'侵害の一種と捉え，日照妨害による人格権侵害の程度が*受忍限度'を超える程度に至った場合に*不法行為'になるとして損害賠償を認め(最判昭和47・6・27民集26・5・1067)，あるいは人権侵害として差止めの対象となるものとした。しかし，今日では，日照権は独立の被保全権利とされ，当該場所の地域性や加害建物と被害建物建築の時間的前後関係な

にっすうば

どを考慮しつつ日照妨害の程度が受忍限度を超える場合には，請求を認める傾向にある。この事実から，日照権を人格権というよりは*環境権'の一種と考える立場もある。日照権はまた，*建築基準法'上，日影の規制，すなわち中高層建物の北側の斜線制限という方法で保護されている〔建基56の2〕。

日数罰金制 *罰金'を金額で言い渡さず，何日分の罰金として(例えば，「30日分の罰金に処する」というように)言い渡し，1日分の金額を犯人の資産に応じて定める制度。日割罰金ともいう。スウェーデン，ノルウェー，デンマーク，ドイツなどで採用されている。罰金は犯人の経済力によって実際の効果が違うので，その量定には犯人の経済力をも考慮するのが妥当であるが，そうすると，同じ程度の行為をしたにもかかわらず，有産者の行為の方が無産者の行為よりも罪悪性が大であるかのようにとられる。そのような印象を避けるために考案されたものである。

日ソ共同宣言 日ソ間の戦争状態を終結させ，外交関係を再開・樹立して国交を回復するための条約。1956年10月19日にモスクワで署名され，同年12月12日発効。正式には「日本国とソヴィエト社会主義共和国連邦との共同宣言」(昭和31条20)という。領土問題について日ソ間の主張が最終的に折り合わなかったために，正規の*平和条約'の締結はできなかったが，これによって，第二次大戦後の日本の国際社会復帰が完全になり，*国際連合'への加盟が実現した。前文と10項から成り，戦争状態の終結，外交関係の回復，国際連合憲章の諸原則の尊重，ソ連による日本の国際連合加入申請の支持，抑留者の即時送還，賠償請求権・戦争によって生じた諸請求権の放棄，*通商航海条約'の交渉開始，漁業条約の発効，平和条約締結後の歯舞(はぼまい)・色丹(しこたん)両島の日本への引渡しなどについて規定している。

日中共同声明 正式には「日本国政府と中華人民共和国政府の共同声明」という。1972年9月29日に北京で発出された。第二次大戦後，日本は，1952年に中華民国(台湾)政府との間で「日本国と中華民国との間の平和条約」(日華平和条約)(昭和27条10)を結び，中華人民共和国政府を中国の正統政府とは認めてこなかった。しかし，1970年代に入って，ニクソン訪中や中華人民共和国政府の*国際連合'への参加実現などの国際関係の変化を受け，1972年9月に田中首相が訪中し本声明発出に合意した。日本国政府は中華人民共和国政府が中国の唯一の合法政府であることを承認し〔日中共同声明2〕，「これまでの不正常な状態は…終了する」〔日中共同声明1〕という文言によって日中間の戦争状態の終了が確認されるとともに，両国間における外交関係の樹立が決定された〔日中共同声明4〕。また，中国側は日本に対する戦争賠償の請求の放棄も宣言した〔日中共同声明5〕。日中共同声明の発出と同時に，日本国政府は日華平和条約が終了したとの見解を出した。 ⇨日中平和友好条約'

日中平和友好条約 正式には「日本国と中華人民共和国との間の平和友好条約」(昭和53条19)という。1978年8月12日に北京で署名され，同年10月23日に発効した。1972年の*日中共同声明'により，日本国政府は中華人民共和国政府が中国の唯一の合法政府であることを承認し，両国間には外交関係が樹立されていたが，*条約'という形で両国間の友好関係を確認したもの。特に「反覇権」条項〔日中平和条約2〕や尖閣(せんかく)列島の問題などを巡って，一時条約交渉は難航した。

二当事者対立主義 *裁判権'の適正・公平な行使を担保するため，対立する利益を代表する者を手続上相対立する地位(*当事者')につかせて手続を行う原則。民事訴訟は基本的にこの原則により，1人で両当事者の地位を兼ねることはできず，一方当事者が*当事者能力'を失い，*訴訟承継'をする者がいないときは訴訟は当然に終了する。*人事訴訟'〔人訴12③参照〕・*民事執行'・*民事保全'の手続も同様で，刑事訴訟で検察官を被告人に対置させるのも，この原則の発現といえる。

二 党 制 ⇨単独内閣' ⇨複数政党制'

日本家屋税事件 *常設仲裁裁判所'で争われた日本とイギリス，フランス，ドイツ間の*国際仲裁裁判'事件。家屋税事件ともいう。明治維新前後，日本は居留地内の土地につき外国人に永代借地権を与えたが税は課していなかった。ところが不平等条約改正後，永代借地上の家屋に課税したために，相手国は借地契約の条件は土地の上の建物にも及ぶとして異議を唱えた。1902年(明治35)の仲裁契約に基づき仲裁裁判に付託され，日本が敗訴した(常設仲裁裁判所判決1905・5・22国家学会雑誌20・1・114)。その後の日本の*国際裁判'に対する消極的姿勢の一因となったと指摘されることもある。

日本管理法令 第二次大戦後の連合国による日本占領管理の根拠法及び占領目的の遂行のために発せられた諸法令をいい，管理法体系として憲法にも優越するものとされ，その威力が濫

にほんこく

用される傾向も少なくなかった。大別すると，イ 占領管理の基本法としての*'ポツダム宣言'とその正式受諾等を定める日本の降伏文書(1945・9・2)，ロ *'極東委員会'等に関するモスクワ協定(1945・12・26)，極東委員会やアメリカ政府の対日占領政策に関する基本政策や方針を表示した諸文書並びに連合国最高司令官への指令など連合国内部のもの，ハ 間接管理の方式の下で，最高司令官が指令・覚書・書簡等，各種の形式で日本国政府に伝えた連合国若しくはアメリカ側の要求(例えば「自由の指令」や財閥解体・農地改革に関する覚書，公務員の*'労働基本権'の制限を指示する書簡など)で，日本国政府又は一般国民に対し法的拘束力を有するもの，ニ それらに基づいて定められた国内法令，に分類される。 ⇨ポツダム緊急勅令' ⇨ポツダム命令' ⇨連合国最高司令官の書簡'

日本銀行法 平成9年法律89号。旧日本銀行法(昭和17法67)を全面改正したもの。旧法と同様に日本銀行の目的・業務・組織等を定めるが，日本銀行の自主性の尊重と金融政策決定過程の透明性確保が重視されている〔日銀3・5②〕。**1 日本銀行** 日本銀行は日本銀行法に基づく*'特殊法人'であり〔日銀6〕，中央銀行，*'銀行'の銀行，政府の銀行としての業務を行う〔日銀1①等〕。具体的には銀行券の発行，通貨・金融の調節，金融機関間の資金決済の円滑の確保，信用秩序の維持，外国の中央銀行等との協力，*'国庫金'の取扱いなどである。資本金は1億円で，55％以上が政府出資とされる〔日銀8〕。日本銀行の独立性を尊重する一方で，政府の経済政策の基本方針との整合性を図るため政府との十分な意思疎通が求められ〔日銀4〕，*'定款'変更等については財務大臣と内閣総理大臣の*'認可'等が要求される〔日銀11②③〕。役員は，経済又は金融に関して高い識見を有する者その他の学識経験のある者のうちから選ばれる審議委員6人，総裁1人，副総裁2人，監事3人以内，理事6人以内，参与若干人であり〔日銀21〕，総裁・副総裁・審議委員は両議院の同意を得て内閣が任命する。監事は内閣が任命し，理事と参与は委員会の推薦に基づいて財務大臣が任命する〔日銀23〕。任期は総裁・副総裁・審議委員は5年，監事・理事は4年，参与は2年〔日銀24①〕，再任することができる〔日銀24②〕。解任事由は限定される〔日銀25①〕。参与を除く役員は国会議員候補者となることなど一定の行為が禁止され〔日銀26〕，役員と職員は法令により公務に従事するとみなされる〔日銀30〕。**2 政策委員会** 総裁・副総裁・審議委員とで政策委員会が組織される〔日銀14・16〕。公定歩合の変更等の通貨・金融の調節に関する重要事項〔日銀15①②〕を決議する会議(金融政策決定会合)は定期的に招集され(年8回)，議事内容等は公表される〔日銀20〕。議決された重要事項〔日銀15①〕と業務状況は定期的に(おおむね6カ月に1回)国会に報告される〔日銀54①〕。政府代表は必要に応じこの会議に出席して意見を述べ，議案の提出や議決の延期請求をすることができるが，議決権はない〔日銀19〕。

日本経済団体連合会 ⇨経済団体連合会'

日本国憲法 *'大日本帝国憲法'(明治憲法)に代わって，昭和22年5月3日から施行されている日本の憲法典の名。**1 成立の由来** 昭和20年10月，連合国総司令部の示唆に基づいて，幣原内閣は松本烝治国務相を長とする憲法問題調査委員会を設けて，改正案を審議し，いわゆる松本案を起草したが，昭和21年2月の初め，総司令部は，これを日本民主化のために不適当なものと考え，別の憲法草案を起草して，日本政府にその採用を求めた。これがいわゆるマッカーサー草案といわれるもので，前文と本文92カ条から成り，国会を一院制とし〔マッカーサー草案41〕，*'基本的人権'以外の憲法事件で最高裁判所の下した判決を国会が再審して破棄しうる〔マッカーサー草案73〕など，現行憲法と異なる特色をもっていた。日本政府はこの草案をおおむね採用して憲法改正草案要綱を起草し，同年3月6日に発表した。この草案は，その後正式に枢密院の諮詢(しじゅん)を経て，同年6月，明治憲法73条の定めに従い帝国議会に提出され，衆議院及び貴族院で多少の修正を加えた上で可決され，再び枢密院にかけられ，天皇の裁可を経て同年11月3日に公布された。これが日本国憲法である。 ⇨八月革命説'

2 構造と特色 *'前文'及び11章103カ条から成る。明治憲法の7章76カ条に比べてかなり長いのは，明治憲法が内容をなるべく簡略にし，殊に皇室の事務や選挙に関する事項を，*'皇室典範'や普通の法律に譲る方針をとったのに対し，この憲法では，国家の根本法に関する事項は全て規定するという方針をとったからである。それは，*'国民主権'，*'戦争の放棄'，基本的人権の尊重，*'地方自治'の保障などについて規定し，明治憲法に比べて徹底した民主主義的原理を打ち出している(⇨議院内閣制' ⇨司法権の優越')。第二次大戦の終結によってもたらされた日本の政治上の変革の基本原則を明確にしたもので，これに基づいて，民事法・刑事法・行政法・労働法その他あらゆる法の分野で，

にほんこく

[表：新旧両憲法の比較]

	大日本帝国憲法(明治憲法)	日 本 国 憲 法
主　　権	万世一系の天皇にある〔1〕。	日本国民にある〔前文1段・1〕。
天　　皇	君主であり元首〔4〕。統治権の総攬(そうらん)者(大権中心主義)。	日本国の象徴、日本国民の総意に基づく〔1〕。国事行為だけで国政に関する権能はない〔4〕。
皇　　室	議会の関与を許さない(皇室自律主義をとる)。皇室典範は憲法と同じ形式的効力をもつ〔2・74①〕。	皇室典範は法律と同様の取扱い〔2参照〕。
軍　　事	天皇の統帥大権に属する〔11〕。兵役義務〔20〕。	戦争の放棄・戦力の不保持〔9〕。
基本的人権	憲法により与えられた臣民の権利(権利は法律の範囲内での保障〔2章〕で、緊急勅令等による制限がある)。	憲法以前の天賦人権。生存権的基本権も保障〔3章〕。
立　　法 (国会・議会)	議会は立法の協賛機関〔5〕。緊急勅令・独立命令が認められた〔8・9〕。	国会が唯一の立法機関〔41・59①〕。国権の最高機関〔41〕。国政調査権が認められた〔62〕。
内　　閣	大臣は天皇の輔弼(ほひつ)機関。天皇に対して責任を負う〔55〕。内閣総理大臣は、天皇により任命され、内閣の首班にすぎない。	行政権を担当する最高機関で、国会に対して責任を負う〔65・66③〕。内閣総理大臣は国会により指名され、内閣の首長である〔67〕。
司　　法	裁判所が天皇の名において行う〔57①〕。特別裁判所・行政裁判所の設置〔60・61〕。法律審査権はない。	司法権は全て司法裁判所に属する〔76①②〕。違憲法令審査権をもつ〔81〕。
財　　政	政府の権限は強大〔71・66・67〜70〕。議会の監督は著しく制限〔6章〕。	国会中心の財政〔7章〕。
地方自治	憲法上に保障規定はない。中央集権的官僚行政の一環。	地方自治制度を憲法上に保障〔8章〕。地方公共団体の長は公選〔93②〕。
憲法改正	勅令で帝国議会の議に付す〔73〕。	国会の発議と国民投票〔96②〕。
最高法規性	政務法(一般国法)・宮務法(皇室法)の二元国法体系の存在。	憲法の最高法規性の明文化〔10章〕。

根本的な変革が行われた。なお、表を参照せよ。　⇨憲法改正'　⇨憲法調査会'　⇨憲法保障'　⇨憲法の変遷'

日本国憲法の改正手続に関する法律　⇨国民投票法'

日本国政府と中華人民共和国政府の共同声明　⇨日中共同声明'

日本国とアメリカ合衆国との間の相互協力及び安全保障条約　⇨日米安全保障条約'

日本国とアメリカ合衆国との間の相互協力及び安全保障条約第六条に基づく施設及び区域並びに日本国における合衆国軍隊の地位に関する協定　⇨日米地位協定'

日本国とアメリカ合衆国との間の貿易協定　⇨日米貿易協定'

日本国とソヴィエト社会主義共和国連邦との共同宣言　⇨日ソ共同宣言'

日本国と大韓民国との間の基本関係に関する条約　⇨日韓基本条約'

日本国と中華人民共和国との間の平和友好条約　⇨日中平和友好条約'

日本国との平和条約　第二次大戦を終結せせるため、日本と連合国の間で締結された*平和条約'。対日平和条約・サンフランシスコ平和条約と略称される。1951年9月8日にサンフランシスコで署名、翌52年4月28日発効(昭和27条5)。当事国46。連合国のうち、中国は招請されず、インド、ビルマ、ユーゴスラビアは招請に応じず、ソ連、ポーランド、チェコスロバキアは出席したが条約に署名しなかった。日本の首席全権は吉田茂首相。前文及び7章27カ条から成り、議定書及び宣言が付されている。1章「平和」では、戦争状態の終了と主権の承認〔平和条約1〕を、2章「領域」では、朝鮮、台湾及び澎湖(ほうこ)諸島、千島列島及び南樺太(からふと)、*委任統治'下の太平洋諸島、南極、新南群島及び西沙(せいさ)諸島に対する日本の全ての権利、権原及び請求権の放棄〔平和条約2〕等を、3章「安全」では、日本による*国際連合憲章'2条の義

務の受諾と日本の*自衛権'の承認〔平和条約5〕及び占領の終了〔平和条約6〕を，4章「政治及び経済条項」では，二国間条約の効力〔平和条約7〕，*通商航海条約'・*航空協定'等の交渉開始や条約締結前の取扱い〔平和条約12・13〕，戦争裁判の受諾〔平和条約11〕等を，5章「請求権及び財産」では，賠償支払及び在外資産の取扱い〔平和条約14〕等を規定する。本条約後，日本は，中華民国，インド，ビルマ，インドネシアと二国間平和条約を締結し，中国(北京政府)とは*日中共同声明'，ソ連とは*日ソ共同宣言'，チェコスロバキア，ポーランドとは国交回復に関する議定書・協定，ユーゴスラビアとは書簡交換によって国交を回復した。 ⇨日米安全保障条約'

日本司法支援センター ⇨総合法律支援法'

日本弁護士連合会 *弁護士'，弁護士法人及び弁護士会を会員とし，その指導・連絡及び監督に関する事務を行う*法人'〔弁護45～50〕。日弁連と略称される。 ⇨弁護士会'

日本労働組合総連合会 日本最大の労組ナショナルセンター。組合員約682万人，組織労働者の68.6%を結集する(2023年現在)。1989年11月に全日本民間労働組合連合会と官公労連が統一して結成。連合と略称。「自由にして民主的な労働運動」の継承をうたい，*国際労働組合総連合'に加盟。「力と行動」を柱に幅広い政策・制度要求の実現を目指す。官公庁のほか*日本経済団体連合会'等とも定期会談を実施。労働政策審議会を始めとする公労使三者構成の機関にも，傘下組合の役員が労働者委員として参加する。連合総研はそのシンクタンク。

入院時食事療養費 入院時における食事の質を向上し患者ニーズの多様化に対応するため，また，入院患者と在宅患者との負担の公平を図るため，平成6年の*健康保険法'等の改正(法56)により，入院の際に提供される食事は，*療養の給付'の範囲から除かれ，入院時食事療養費の対象となった。病院又は診療所への入院及びその療養に伴う世話その他の看護と併せて行われる食事の提供を食事療養といい，これに要した費用は入院時食事療養費として，患者の自己負担額を控除した額が支給される〔健保85・130，国健保52，高齢医療74等〕。

入管法 ⇨出入国管理及び難民認定法'

入漁権 漁業権者(漁業権には定置漁業権・区画漁業権・共同漁業権の3種があり，いずれも*物権'とみなされる〔漁業60・77〕)との契約に基づいて，漁業権者のもっている区画漁業権又は共同漁業権に属する漁場においてその漁業権の内容の全部又は一部を営む権利〔漁業60⑦〕。漁業協同組合及び漁業協同組合連合会以外の者は取得することができない〔漁業97〕。物権とみなされるが，漁業権者の同意がないと他に譲渡できない〔漁業98①③〕。免許漁業原簿への登録を*第三者'に対する*対抗要件'とする〔漁業117〕。

入金証明 *裏書'不備の記名式又は指図式の*小切手'で名宛人口座に入金されたものの取立てを銀行に委任する場合に，*取立委任裏書'又は*隠れた取立委任裏書'をせずに，銀行が小切手の裏面に「この小切手は名宛人口座に入金されたものであることを証明します」と記載して交換にもち出す慣行があるが，この記載をいう〔電子交換所規則施行細則10①〕。裏書不連続のため小切手が不渡りになるのを避けるために行われる。銀行が小切手の受取人又は被裏書人より取立代理権を与えられたことを証明するための慣行的な方法である。

入　札 Ⅰ *競争契約'による場合に，競争に加わる者に文書によって契約の内容を表示させること。最も有利な内容を表示した者を相手方として契約を締結する。入札に付する旨の表示が*申込みの誘引(誘因)'に，入札が*申込み'に，落札が*承諾'を意味すると解される。口頭によって競争する競り売りと異なり，競争者は互いに他の者の表示する内容を知ることができないが，競争者が内容を慎重に定めることができる点で巨額の取引等に適する。国が締結する競争契約は原則としてこの方法により，例外的に競り売りの方法によることが認められる〔会計29の5，予令会93〕。地方公共団体の契約についても，ほぼ同様の規律がある〔自治234①②，自治令167の3〕。

Ⅱ *公権力'に基づく*強制換価手続'において買受人を決定するための手続の1つ〔民執64②・134，税徴94②〕。入札の方法は，買受希望者が買受申出額を文書に記載して買受申出を行い，最も高額の価額を記載した者を最高価買受申出人とする。入札の種類としては，所定の時間に入札を行わせる期日入札と，所定の期間内に行わせる期間入札とがある〔民執規34〕。買受申出人が口頭で買受申出額を競り上げる，競り売りと比較すると，入札の場合には，他者の買受申出及びその額を認識する機会がないので，買受申出に対する妨害が行われにくい。

入札談合 談合入札ともいう。*入札'に際し，*競争'に加わろうとする者が事前に相互に相談し，その中の一者に落札するように約束すること。複数の事業者が共同して入札の目的

にゅうさつ

である競争を消滅させるものであるから，*独占禁止法'上の*不当な取引制限'に該当する。*一定の取引分野'また拘束の相互性の解釈によって，1回の談合でも該当するか，組織的・継続的談合の場合にのみ該当するかの対立があるが，1回限りの談合を独占禁止法違反とした事例も数件ある。しかし，通常は，ある範囲の商品・役務に関し「基本合意」が形成され，それに基づいて個々の入札につき「個別調整」が行われるので，ほとんどの独占禁止法違反事件では，前者の基本合意を不当な取引制限と捉えている。国や地方公共団体のなす契約は，*会計法'29条の3第1項・*地方自治法'234条(⇒'一般競争契約')によって，原則として*競争契約'(競争入札)によらなければならないが，独占禁止法上の不当な取引制限はこれに限られず，私人のなす入札にも適用される。なお，上記のように談合入札は独占禁止法，会計法等に違反する行為であり，*公正取引委員会'による数多くの*排除措置命令'等による事件処理にもかかわらず，同様の行為がなくならないことから，国・地方公共団体・特殊法人等が行う公共工事の入札及び契約の適正化を図り，談合を抑止するために，「公共工事の入札及び契約の適正化の促進に関する法律」(平成12法127)が制定された。また，いわゆる「官製談合」と呼ばれるように，国・地方公共団体・特殊法人等の役員・職員が事業者又は事業者団体に入札談合等を行わせること(入札談合等関与行為)が広くみられることに対処するため，「入札談合等関与行為の排除及び防止並びに職員による入札等の公正を害すべき行為の処罰に関する法律」(平成14法101)が制定された。⇒'談合罪'

入札談合等関与行為の排除及び防止並びに職員による入札等の公正を害すべき行為の処罰に関する法律 ⇒'官製談合防止法'

入札妨害罪 ⇒'強制執行妨害罪' ⇒'公契約関係競売等妨害罪'

入　社　広義では，社団の構成員である社員たる地位の取得をいうが，狭義では，*持分会社'の成立後における社員としての地位の原始取得をいう。社員の加入ともいう。*持分'の譲受け又は相続による承継取得を含まない。*退社'に対する。入社しようとする者と会社との間の入社契約によって行われるが，*定款変更'になるため原則として総社員の同意を必要とする〔会社637〕。入社の効力発生は，定款変更時であるが〔会社604②〕，*合同会社'の場合には，定款変更後出資の払込み・給付を完了した時点である〔会社604③〕。入社により社員の地位を取得するが，入社前に生じた会社債務についても責任を負う〔会社605〕。

入　籍　ある者がある*戸籍'に入ること。例えば，父母の*氏(うじ)'を称する子は，出生により，父母の戸籍に入り，養子は，縁組により養親の戸籍に入る〔戸18〕。婚姻においては，原則として，夫婦について新戸籍を編製し〔戸16①〕，これは入籍と異なるが，例外的に，妻が夫の戸籍に入り，又は夫が妻の戸籍に入ることがある〔戸16①但②〕。*復籍'も入籍の一形態である。

ニューサンス　英 nuisance　ばい煙・汚水・騒音・振動などによって他人の土地の快適，利便な利用を侵害する行為。生活妨害ともいう。*不法行為'の一類型として英米法で発達してきた制度である。なお，同様の侵害行為は，大陸法系では，*インミッシオン'(ドイツ)，近隣妨害(フランス)とされる。英米法上，ニューサンスは，プライベート・ニューサンスとパブリック・ニューサンスとに分けられる。前者は私法上の不法行為であって，*差止請求権'及び*損害賠償'請求権を生じる。*過失'は必要とされない。後者は一般公衆の共通の利益の侵害であり一種の犯罪(軽罪)であるが，私人が特別損害を立証すれば，損害賠償を求めることもできる。⇒'公害' ⇒'環境権'

ニューヨーク条約　⇒'外国仲裁判断の承認及び執行に関する条約'

ニュールンベルク裁判　⇒'国際軍事裁判所'

荷渡(にわたし)指図書　**1 意義**　物品運送や倉庫寄託においては，広い意味において，物品の寄託関係があるといえるが，これらの場合に利用される，物品の保管者に対して引渡しを指図する書面。実務上，利用されるようになった書面で，法定のものではなく，荷渡依頼書・出庫指図書・デリバリー・オーダー(英 delivery order)等とも呼ばれる。商事売買において目的物の引渡しの方法として用いられるほか，国際*海上運送'では，1通の*船荷証券'が発行されている運送品を数人の買主に分割譲渡する目的で，*保証渡し'を受ける目的で利用される。

2 類型と効力　発行の形式には，イ *運送人'・倉庫営業者が，船長・倉庫係員等，自己の被用者・履行補助者に宛てて発行し，荷渡指図書の所持人に対して引渡しをするよう指図するもの，ロ 寄託者・船荷証券所持人等が，運送人・倉庫営業者に宛てて発行し，荷渡指図書の所持人に対して引渡しをするよう指図するものであって，当該運送人・倉庫営業者の副署があるもの，ハ ロと同様であるが副署がないもの，がある。

イの場合，海上運送において船荷証券が発行されていれば，船荷証券と引換えに(又は保証状を差し入れて)発行される。イロについては，物品の引渡請求権を表章する*有価証券'と解するのが多数説であるが，異論も有力である。ハについては，保管者が指図に従って引渡しをなせば免責される免責証券にすぎないと解するのが多数説である。ハの場合はもとより，イロの場合であっても，多数説は，物権的効力は認められないと解している。

任意管轄　*法定管轄'のうち*専属管轄'以外のもの。任意管轄は，当事者の便宜と公平を図る見地から定められているので，当事者の意思や態度によって修正され，合意管轄〔民訴11〕(⇨管轄の合意')・*応訴管轄'〔民訴12〕を認めることができる。*第一審'裁判所の任意管轄違反は*控訴審'では主張できない〔民訴299①〕。

任意規定　⇨強行法規・任意法規'

任意継続被保険者　*健康保険'の*被保険者'の資格を喪失した者で，資格喪失の前日までに継続して2カ月以上被保険者であった者は，資格喪失日より20日以内に申請をすることにより，引き続き2年間，所属していた健康保険の被保険者となることができる〔健保3④・37・38〕。これを任意継続被保険者という。保険料は全額被保険者の負担となる〔健保161①但〕。

任意競売　*民事執行法'の制定により廃止された競売法(明治31法15)の下における*競売'。実体法上の換価権に基づく担保権の実行手続(⇨担保権の実行としての競売')及び*形式競売'の手続を指す。

任意後見契約　委任者が，精神上の障害(認知症，精神障害等)により事理を弁識する能力が不十分な状況になった以降における自己の生活・療養看護及び財産の管理に関する事務の全部又は一部を受任者(任意後見人)に委託し，その委託に係る事務について代理権を付与する契約で，任意後見監督人が選任された時から契約の効力が生じる旨の特約が付されたもの〔任意後見2①〕。委任者の事理弁識能力の減退という状況で効力を発するため，イ 任意後見監督人による任意後見人の監督，家庭裁判所による任意後見監督人の監督，任意後見人の解任の家庭裁判所への付与によって，任意後見人の権限の適切な行使を確保すること，ロ 任意後見契約を一定の様式の*公正証書'によってさせることにより委任者の意思の明確化を図ること，ハ 任意後見監督人の選任を家庭裁判所に行わせ，効力発生時期を明確にすることなどの仕組みが定められている〔任意後見3以下〕。

任意債権　*債権'の本来の内容は1個の特定した給付であるが，債務者(例外的に債権者)が他の給付をもって本来の給付に代える権利(代用権・補充権)をもつ債権。例えば，本来は土地を給付しなければならないが，時価による金銭の支払で代えることのできる債権などがその例である。通常は契約によって生じるが，法律の規定によっても生じる〔民403・461②・723〕。他の給付は補充的地位をもつにすぎず(⇨選択債権')，本来の給付が債務者の責めに帰することのできない事由により不能となれば債権は消滅する。債権者は原則として補充権をもたないから，本来の給付だけしか請求することができない。

任意出頭　身体の拘束を受けていない*被疑者'及びその他の者が，*捜査機関'の要求に応じ，自発的に捜査機関に出頭すること。捜査機関は，犯罪捜査のため必要があるときは，被疑者の任意出頭を求め，これを取り調べ〔刑訴198①本文〕，あるいは被疑者以外の者の任意出頭を求め，これを取り調べ，又はこれに鑑定等を嘱託することができる〔刑訴223①〕。出頭要求を受けた者は，出頭を拒み，又は出頭後いつでも退去することができる〔刑訴198①但・223②〕。被疑者を出頭させる態様の1つとして*任意同行'があるが，実質的な身柄拘束として*逮捕'と同視すべき場合は，違法である。

任意種類株主総会　⇨種類株主総会'
任意準備金　⇨準備金'　⇨任意積立金'
任意条項　⇨選択条項'
任意清算　⇨清算'
任意捜査　強制処分を用いない*捜査'一般をいう。強制捜査が刑事訴訟法の個々の規定に基づかなければならないのに対し，任意捜査は，捜査の目的を達成するのに必要な限りで広く許されている〔刑訴197①〕。*犯罪捜査規範'は，捜査はなるべく任意捜査の方法によるべきだと定める〔捜査規範99〕。いわゆる任意捜査の原則である。もっとも，強制捜査と任意捜査の区別が微妙なこともある。判例は，「有形力の行使」であっても任意捜査の限界を超えない場合があるとし，ただ，必要性・緊急性などを考慮して具体的状況の下で相当なものであることを要求した(最決昭和51・3・16刑集30・2・187)。⇨強制捜査'

任意訴訟　⇨便宜訴訟'
任意代位　⇨代位弁済'
任意代理・法定代理　本人の意思に基づいて*代理'権'が生じる場合を任意代理，その代理人を任意代理人といい，本人の意思ではなく法

にんいつみ

律の規定に基づいて(例えば，*親権者'，*後見人'，不在者の財産管理人，相続財産管理人，相続財産清算人など[民818・819・839〜841・25・26・897の2②・952])代理権が生じる場合を法定代理，その代理人を法定代理人という。任意代理権は本人と代理人との間の法律行為から生じるが，民法起草者は，その*法律行為'は専ら委任契約から生じると考えて*委任'による代理(委任代理)と呼んだ[民104・111②参照]。しかし，その後の学説は，任意代理権は委任契約から生じるとは限らず，*組合'・*雇用'契約などからも発生すると考えて，これを任意代理と呼び，任意代理権を発生させる当事者の行為を*授権行為'と名付けている。任意代理と法定代理との区別は，代理人の復任権[民104〜106](⇨*復代理')と代理権の消滅[民111②]について意味がある。

任意積立金　*その他利益剰余金'のうち，法令の要求に基づくことなく，*定款'の定め，*株主総会'の剰余金処分決議[会社452]又は*取締役会'の剰余金処分決議[会社459①③]によって*積立金'とされた額。任意積立金には特定の目的が定められたもの(例えば，社債償還積立金)と特定の目的を定めないもの(例えば，別途積立金)とがある。そして，目的に沿った取崩しは，特段の定めがなければ，*取締役'の決定又は取締役会の決議によって行うことができる[会社計算153②]。他方，目的外の取崩しは定款変更又は株主総会の決議によることが原則として必要であるが，一定の場合には取締役会の決議によって行うことができる[会社459①③]。

任意提出　所有者・所持者・保管者が自己の意思に基づいて，裁判所又は捜査機関に対して*証拠物'等を提出すること[刑訴101・221]。任意提出は，占有取得に強制力を伴わないから，対象物の範囲は*差押え'ほど厳格に解されてはいない。任意提出された物は，*領置'することができる。

任意的口頭弁論　⇨*必要的口頭弁論'

任意的差戻し　民事訴訟法上，*控訴審'が*第一審'判決を不当として取り消した場合に，その裁量で事件を原裁判所に差し戻すこと[民訴308①]。訴え却下の第一審判決を取り消す場合(⇨*必要的差戻し')以外の場合でも，第一審の審理に重大な欠陥があるため，第一審から審理をやり直すのを適当と認めるときは，事件を原裁判所へ差し戻すことができる。例えば，第一審判決が請求の原因なしとして請求を棄却したため，数額の点について審理していない場合がこれに当たる。

任意的訴訟担当　第三者の訴訟担当の中で，第三者が権利又は利益の帰属主体から訴訟追行権を授与され，自己の名で訴訟を追行すること。法律上認められた場合として，*選定当事者'[民訴30]及び手形の*取立委任裏書'[手18]に基づく被裏書人の訴訟追行等を挙げることができる。一般に，任意的訴訟担当を無制限に認めるのは，弁護士代理の原則[民訴54①]に反し，*訴訟信託'の禁止[信託10]を潜脱するおそれがあるという理由から一定の要件の下でのみ適法とされる。判例は，上記のようなおそれがなく，かつ，これを認める合理的必要がある場合に適法とする。具体的には，民法上の*組合'の組合財産関係訴訟における業務執行組合員(最大判昭和45・11・11民集24・12・1854)や頼母子(たのもし)講の債権・債務関係訴訟における講元・世話人(最判昭和35・6・28民集14・8・1558)の訴訟追行は許されるとする。また，外国国家発行の円建て債券の償還請求訴訟で債券管理会社の任意的訴訟担当を許す判例(最判平成28・6・2民集70・5・1157)もある。学説上は，かつて，訴訟担当をするにつき正当な業務上の必要がある場合に認める考え方が有力であったが，現在は，訴訟の結果について利害関係をもつ場合には許すべきであるとする考え方が有力である。なお，任意的訴訟担当の場合には，訴訟担当者が当事者として受けた*判決の効力'は，実質的な権利又は利益の帰属主体に及ぶ[民訴115①②，民執23①②]。⇨*第三者の訴訟担当'　*当事者適格'

任意的当事者変更　⇨*当事者の変更'

任意同行　犯罪捜査上，*逮捕'・*勾留'されていない*被疑者'に対して，取調べのために*任意出頭'を求めることができる[刑訴198①本文]が，その方法の1つとして，捜査官が被疑者の居宅等に赴き，被疑者の同意を得て警察署等まで同行させること[刑事訴訟法上の任意同行]，又は，警察官が*職務質問'のために人を停止させた場合において，その場で質問することが本人に対して不利であり，若しくは交通の妨害になると認められるときに，質問のためその者を付近の警察署等まで同行させること(*警察官職務執行法'上の任意同行[警職2②])。いずれも任意の処分であり，本人の意思に反して警察署等に連行することは，逮捕の手続によらない限り，許されない[刑訴198①但，警職2③]。したがって，同行の態様，同行後の状況(特に取調べの状況)等から，実質上逮捕と同視すべき場合は，違法である。

任意投票　⇨*自由投票'

任意売却　⇨*抵当権'

任意法規 ⇨強行法規・任意法規'

認　可　行政庁が，*法律行為'の効力を補充して，その効力を完成させる*行政行為'をいう。実定法における用語例は一定せず，法令上は，認可の性格をもつ行為について許可の文言が用いられることがある〔農地3〕。私人の申請に応じて，行政庁が認可を付与することが一般的な仕組みである。認可としては，公共料金の許可，公共組合設立の認可，農地売買の許可，河川の流水占用権の譲渡の承認などが代表例である。認可を要する行為について認可は効力要件であることから，認可を得ていない間は，原則として当該行為の効力を生じえない〔銀行30①〜③・37①，無尽21〕。無認可は，通常は行政上の強制執行や処罰の対象にならないが，無認可に対して刑罰を規定する例も存在する〔農地3①・64Ⅰ〕。

認可資本　ドイツ株式法において認められている資本増加の一形態〔ドイツ株式法202〜206〕。genehmigtes Kapitalの訳語。ドイツでは，資本金の額が定款の記載事項であるため資本金額の増加の権限は*株主総会'にあるが，定款で定めれば，*取締役'は，授権時点の資本金額の50％以内の一定額まで払込みを伴う新株発行により資本金額を増加させることができる。資金調達を容易にするために認められた制度。取締役が資本金額を増加できるのは会社の登記又は定款変更の登記後5年以内である。新株発行事項の決定は取締役が行うが，監査役会の承認を要する。

認可法人　私人が任意に設立する*法人'ではあるが，業務の公共性等の理由により特別の法律によって主務大臣の*認可'が必要とされている法人の実務上の総称。出資の形態などを異にする様々なものが含まれ，行政運営との結び付き具合もまちまちである〔行手4②②参照〕。政府が全額出資しているようなものは実質的に*特殊法人'と異ならないが，私人の発意による設立であるがゆえに総務省の審査対象法人には該当しない。ただし，その資本金の2分の1以上が国からの出資による法人であって，国の補助に係る業務を行うものの業務は，総務省の調査の対象となる〔総務省4①⑫ハ〕。⇨指定法人'

任　官　⇨職（公務員の）'

任期付職員　**1 意義**　公務員の任用は任期を付さないのが原則であるが〔人規⟨8-12⟩42①〕，一定の法令が任期付任用を認める。

2 種類　法令に基づく任期付任用として，*臨時的任用'職員〔国公60，地公22の3〕，定年前再任用短時間勤務職員〔国公60の2，自衛41の2，国会職員法4の2，地公22の4〕，公立大学の教員〔教員任期3・4，外人教員2③〕，一定の研究公務員〔任期付研究員3〜5，自衛36の6〜36の8，地方任期付研究員3〕，外国人研究公務員〔科学技術・イノベーション創出の活性化に関する法律（平成20法63）14②〕，高度の専門的知識経験や優れた識見を有する者等〔任期付職員3，自衛36の2，地方任期付職員3・6①〕，自衛隊の陸士長等〔自衛36〜36の4〕，育児休業や配偶者同行休業請求・申請に伴う任期付採用・臨時的任用の職員〔国公育児7・23，地公育児6・18等，国家公務員の配偶者同行休業に関する法律（平成25法78）7，地公26の6⑦⑧〕，女子教職員の産前産後休業中の臨時的任用職員〔女子教職員の出産に際しての補助教職員の確保に関する法律（昭和30法125）3〕，一時的に必要な業務を担当する者〔人規⟨8-12⟩42②Ⅰ②，地方任期付職員4・5・6②〕，国の期間業務職員〔人規⟨8-12⟩4⑬・46の2〕，地方公共団体の会計年度任用職員〔地公22の2〕，民間企業の被用者の交流採用による職員〔人事交流2④・19⑤⑥〕等がある。最高裁判所によれば，これら以外についても，一定の場合に任期付任用が認められる（最判昭和38・4・2民集17・3・435）。⇨定年（停年）'　⇨会計年度任用職員'　⇨期間業務職員'　⇨非常勤職員'

認　許　Ⅰ　ある国の法によって法人格を付与された社団又は財団（すなわち*外国法人'）について，その法人格を他の国が承認すること。法人に関する*外人法'上の問題の1つである。いかなる外国法人を承認するかは，国によって異なるが，日本では一般的認許主義をとりつつ，国，国の行政区画，外国会社以外は認許しないという形式で規定している〔民35①本文〕。この結果，教育・芸術・宗教・慈善・スポーツ等を目的とする外国の公益法人等が認許されないことになり，立法論上批判もある。このほか，法律又は条約によって認許されるものもあり〔民35①但，日本国政府と国際熱帯木材機関との間の本部協定（昭和63条3）2〕，*通商航海条約'による認許などがある〔日本国とアメリカ合衆国との間の友好通商航海条約（昭和28条27）7〕。認許された外国法人は，外国人が享有することができない権利及び法律又は条約に特別の規定のあるものを除き，日本に成立する同種のものと同一の私権を有する〔民35②〕。

Ⅱ　行政法学上，*許可'と*認可'の双方の性質を同時に兼ね備えている*行政行為'を認許と称することがある。農地等の権利移動についての農業委員会の許可〔農地3①⑥・64Ⅰ〕がその例である。

にんげんか

人間環境宣言　⇨国際環境法'
人間の安全保障　医 human security　生存、生活、人々の尊厳に対する広汎かつ分野横断的な脅威を*国際連合'加盟国が確定し対処するのを助けるアプローチとされる(2012年総会決議66/290)。射程の広い考えだが、1994年に国際連合開発計画(医 United Nations Development Programme；略称 UNDP)がこの概念を提起し、人間の安全保障委員会による検討などを経つつ、この共通理解に至っている。一般に従来の国家間のみの安全保障(医 security)と対比して語られる。日本政府は外交方針の1つとして積極的に推進しており、例えば政府開発援助の基本方針でも、2003年 ODA 大綱以来、直近の 2023 年開発協力大綱に至るまで明記されている。

認識説　⇨故意'　⇨未必の故意'

認識のある過失・認識のない過失　一般に、*過失'のうち、犯罪事実特に結果発生(以下、単に結果発生)の認識が全くないときを認識のない過失、結果発生の可能性の認識があるときを認識のある過失と呼んでいる。認識のある過失と未必の故意は、行為者が結果発生を可能なものとして認識している点で共通しており、両者をどのように区別するかについて説が分かれている。通説とされてきた*認容説'からは、認識した結果発生を認容しなかった場合が、認識のある過失であるとされる。これに対して、近時有力である動機説からは、行為者が結果発生の可能性を認識しても、最終的に結果が発生しないと考えて行為に出た場合が認識のある過失であるとされる。認識のある過失も認識のない過失も、過失としてその法的効果は同じである。⇨未必の故意'

認　証　ある行為又は*文書'の成立・記載が正当な手続でされたことを公の機関が証明すること。

I　憲法上、*国務大臣'及び法律の定めるその他の官吏の任免、*全権委任状'、大公使の信任状、*大赦'、*特赦'、*減刑'、*刑の執行の免除'、*復権'、*批准'書及び法律の定めるその他の外交文書には、*天皇'の認証が必要である〔憲 7 ⑤⑥⑧〕。認証がこれらの行為又は文書の効力要件をなすかどうかについては、天皇の権能の性格に鑑み、効力に別段の影響を及ぼさないとみる見解が有力である。なお、国務大臣その他の任免について認証が行われる官吏は、俗に*認証官'と呼ばれている。その他の法分野では、一般の私署証書及び電磁的記録については、*公証人'が認証する〔公証 1・52〜62〕。公の機関の行為又は文書については、それぞれ当該機関の担当官が認証することとされている(例：戸籍書類に対する市町村長、訴訟上の書類に対する*裁判所書記官'等)。　⇨電子署名・電子認証'

II　行政庁の一定の行為について、認証という法令用語が用いられている場合がある。しかし、この種の認証は、上記 I の意義とは異なる意味で用いられている。まず、実質的には*許可'又は*認可'の性質をもつものがある。自動車特定整備事業に関する認証〔車両 78〜80〕はその例である。また、*確認'の性質をもつものもある。*宗教法人'の規則の認証〔宗法 12〜14〕は、その例である。

III　民事訴訟法上、*訴訟代理権'を証明する書面等〔民訴規 23②〕、裁判所に提出する文書〔民訴規 143①〕などについて認証が必要とされることがある。原本の認証は作成が真正であることを、謄本の認証はその内容が原本に相違していないことを、それぞれ公証するために行われる(⇨原本・副本・謄本・正本・抄本')。

認証官　その任免について*天皇'の*認証'を必要とする官職の通称。日本国憲法 7 条 5 号は、天皇の国事行為の 1 つとして「国務大臣及び法律の定めるその他の官吏の任免…を認証すること」を定めている。ここにいう認証とは、任免そのものとは異なり、他の機関の行った任免を国の*象徴'として儀式的に確認する行為にすぎない。認証官の範囲は、国務大臣のほか、個々の法律によって定められている〔憲 7 ⑤〕。内閣官房副長官〔内 14②〕、副大臣〔内閣府 13⑤、行組 16⑤〕、最高裁判所判事・高等裁判所長官〔裁 39③・40②〕、検事総長・次長検事・検事長〔検察 15①〕、会計検査院の検査官〔会検 4④〕、宮内庁長官・侍従長〔宮内庁法(昭和 22 法 70)8②・10②〕、人事官〔国公 5②〕、特命全権大使・特命全権公使〔外公 8①〕、公正取引委員会委員長〔独禁 29③〕など。なお、*会計法'上の支出負担行為認証官は、支出負担行為等の認証事務を行う職員であって、上記の認証官とは全く異なる〔会計 13 の 3〕。

認諾(請求の)　⇨請求の放棄・認諾'

認知　1 意義　*嫡出でない子'(非嫡出子)について、その父又は母との間に、意思表示又は裁判により親子関係を発生させる制度。
イ　母の認知：通常の場合、母子関係は分娩(ぶんべん)(出産)の事実によって判然としている。判例は、かつて母子関係の発生についても母の認知が必要であるとした(大判大正 10・12・9 民録 27-2100)が、その後これを変更し、分娩の事実により母子関係は当然発生し、認知は必要でないとしている(最判昭和 37・4・27 民集 16・7・1247)。

例外的に，捨て子のような場合に，母子関係を確立するために認知が必要であると解する説がある。ロ 父の認知：これとは逆に，非嫡出子と父との法律上の父子関係は，認知がなければ生じない。

2 方法 日本の民法は，任意認知のほか，客観的な親子関係の存在を裁判所が認定して行う強制認知の制度を認め，非嫡出子の保護を厚くしている。イ 任意認知：子の父（又は母）が自ら進んでする認知（子が成年の場合は，その承諾を必要とする〔民782〕）。原則として*戸籍'上の届出によって効力を生ずる〔民779・781①〕が，*遺言'によるときは，それによって効力が生じ，届出は報告的なものとなる〔民781②〕。父は*胎児'を認知することができるが，その場合には，母の承諾が必要である〔民783①〕。また父（又は母）は，子に直系卑属がある場合には，その利益のため（例えば*相続権'），たとえ子が死亡した後でも認知できる〔民783③〕。ロ 強制認知：子，その直系卑属又はこれらの*法定代理人'は，父又は母（父又は母の死亡後は3年内に検察官）を相手方として，家庭裁判所に認知を求める訴えを提起することができる〔民787，人訴2②・4・44〕。ただし，その前提として，調停を申し立てなければならない〔家事257①〕。

3 効果 認知の効力は，*第三者'の既得権を害さない限りで，子の出生の時まで遡及し〔民784，なお，民910参照〕，認知した父（又は母）と子との間に親子関係を生ずる。任意認知は，それが意思の欠缺(けんけつ)（⇨意思の不存在'）又は親子関係の客観的不存在などのために無効である場合は別として，一旦認知すると，取り消すことができない〔民785〕。認知の無効は，子や認知者などが，7年以内に限り，訴えによって主張することができる〔民786。期間の起算点は主張者の属性によって異なる〕。

認定こども園 就学前の子どもに教育・保育を一体的に提供する機能と，地域の子育てを支援する機能とを備え，イ 当該都道府県又は指定都市等の条例で定める要件に適合している旨の都道府県等の認定を受けた施設，ロ イと同様の要件に適合していることを都道府県知事又は指定都市等の長が公示した施設，及びハ 幼保連携型認定こども園をいう〔子教育保育2⑥〕。このうち，イ及びロの施設には，a 認可幼稚園が，保育が必要な子どものために，保育所的な機能を備えた幼稚園型，b 認可保育所が，保育が必要な子ども以外の子どもも受け入れるなど，幼稚園的な機能を備えた保育所型，c 幼稚園・保育所いずれの認可もない地域の教育・保育施設が，認定こども園として必要な機能を果たす地域裁量型がある。また，ハは，学校及び*児童福祉施設'としての法的位置付けを有し，満3歳以上の幼児に対する教育〔子教育保育2⑧〕及び保育を必要とする乳児・幼児に対する保育を一体的に行う〔子教育保育2⑦，児福39の2〕。

認定死亡 水難・火災・震災・航空機事故・炭坑爆発などの事変があり，死体の確認ができないで，確証はないが周囲の状況からみて，*死亡'したことが確実であるとみられる場合には，その事変の取調べをした官庁又は公署が，死亡と認定して死亡地の市町村長にその旨の報告をしなければならない〔戸89〕。この死亡の認定の制度を認定死亡という。認定死亡により，*失踪宣告'を受けなくても死亡の法律上の効果が発生する。

認定職業訓練 事業主，その団体・連合団体，職業訓練法人，中央職業能力開発協会，*労働組合'，非営利法人などが行う*職業訓練'であって，職業訓練の水準の維持向上のための基準（教科・訓練時間・設備などについて厚生労働省令で規定）に合致するとの認定を都道府県知事から受けたもの〔能開13・24・19〕。職業能力開発校，職業能力開発短期大学校，職業能力開発大学校，職業能力開発促進センターを設置できる〔能開25〕，*労働基準法'，最低賃金法上の特例が認められる〔労基70，最賃7③〕。

認定投資者保護団体 苦情解決・あっせん業務の業態横断的な取組の推進のために，*金融商品取引業協会'以外の民間団体を活用するべく導入された制度。金融商品取引業協会以外の法人（代表者又は管理人の定めのある団体を含む）が，内閣総理大臣の認定を受けて，金融商品取引業者・*金融商品仲介業者'の行う*金融商品取引'について，苦情の解決，あっせん，その他金融商品取引業の健全な発展又は投資者保護に資する業務を行う〔金商79の7①〕。認定投資者保護団体は，当該認定投資者保護団体の業務の対象となる金融商品取引業者等（対象事業者）の名簿を公衆縦覧に供し〔金商79の11〕，投資者保護指針の作成・公表に努め，その指針の遵守のために必要な措置をとるよう努める〔金商79の17①②〕。認定投資者保護団体のあっせんによる和解の成立は，*損失補塡'等の禁止規定の不適用につき，事故確認が不要な場合の1つとされる〔金商39③但，金商業119①④〕。

任務懈怠(けたい)**の責任** ⇨取締役の責任' ⇨役員等の会社に対する損害賠償責任' ⇨役員等の第三者に対する損害賠償責任'

にんめい

任命 人をある公務員の*職'につける行為。*任用'とほぼ同義。*国家公務員法'・*地方公務員法'上は、*採用'・*昇任'・*降任'・*転任'の4種の任命方法がある〔国公35、地公17①〕が、*人事院規則'では、更に、*配置換'がつけ加えられている〔人規<8-12>4⑤・6〕。任命権は、部内の上級の職員に限り委任することができる〔国公55②、地公6②〕。 ⇨委嘱'

任命権者 1 意義 *公務員'の任命権をもつものをいう。
2 種類 *明治憲法'下においては天皇に*官吏'の任官大権があった〔明憲10〕が、日本国憲法上、原理的には公務員の任命権は国民固有の権利であり〔憲15①〕、天皇は内閣総理大臣・最高裁判所長官につき形式的な任命権をもつにすぎない〔憲6〕。最高裁判所・下級裁判所の裁判官については内閣、国務大臣については内閣総理大臣が、それぞれ任命権者である〔憲79・80・68①〕。*国家公務員法'上の任命権者は、それぞれの公務員の法的所属に応じ、内閣・各大臣・会計検査院長・人事院総裁・各外局の長等である〔国公55①〕。これらの任命権者は、地方支分部局の長のような部内の上級の*国家公務員'に任命権を委任することができる〔国公55②〕。その他、法律に別段の定めがあることもある〔検25、独行法26等〕。*地方公務員法'上の任命権者は、地方公共団体の長・議会の議長・各種行政委員会・代表監査委員・警視総監・道府県警察本部長・市町村の消防長等である〔地公6①〕。これらの任命権者は、補助機関である上級の地方公務員に任命権を委任することができる〔地公6②〕。
3 権限 法律上の任命権者である者は、任命権だけでなく、*分限'・*懲戒'上の処分権を含めた職員の*休職'・*復職'・*退職'・*免職'等の人事措置一般を行う権限を有するのが通常である〔国公61・84①、地公6①〕。地方公務員法は、任命権者が*人事評価'を行うことも定める〔地公23の2①〕。

任用 個人を公務員としてある*職'につけることの総称。任命とほぼ同義。一般職国家公務員の任用はその者の受験成績・人事評価又はその他の能力の実証に基づいて行う〔国公33①〕。通常の任命の方法(これについては*任命'をみよ)によるほか、例外的な任用の方法として*臨時的任用'〔国公60、地公22の3〕と*併任'とがある。

認容説 *故意'と*過失'、特に*未必の故意'と*認識のある過失'の限界を画する概念として、結果発生の認容を挙げる見解。故意を認めるためには、結果発生の認識・予見に加えてその意思を必要とするという見解(意思説)を基礎として、結果発生の可能性を認識してこれを認容した場合に故意を認めることができるとする。認容にも様々な程度があるが、結果が発生した方が「よい」といった積極的認容だけでなく、結果が発生しても「仕方がない」、結果発生を「意に介しない」といった消極的認容も含まれるとするのが一般である。認容説が学説上通説とされてきたが、認容は情緒的な要素であって意思とは無関係である、認容という微妙な心理状態を認定することは困難である、といった批判を受けている。判例は認容説に立っていると評されることが多いが、認容を認定しないで故意を認める判決も存在しており、判例が認容を故意の不可欠の要素としているかは、明らかではない。

ぬ

抜き打ちスト　法令又は争議協定（⇨争議条項'）に定める手続あるいは予告義務に違反して抜き打ち的に行われるストライキ（*同盟罷業'）。法令違反による罰則の適用〔例：労調37・39〕又は協約違反による損害賠償の可否の問題を生じるが，*争議行為'としての正当性を失うかどうかは，その目的や結果に照らして個別具体的に判断される。　⇨争議行為の予告'

ね

値洗い　*先物取引'や株式の貸借取引等の未決済の約定（建玉（たてぎょく））について，清算機関（証券クリアリング機構）（⇨金融商品取引清算機関'）が各々の約定値段を毎日の一定の標準値段（帳入値段・清算値段等）に引き直し，その差額を清算して取引を続けること。事務の簡易化，決済不能の予防等を目的として行われる。

ネガティブ・オプション　⇨通信販売'

ネガティブ・プレッジ・クローズ　圀 negative pledge clause　借入人の所定の行為について，事前に貸付人に通知することや事前に貸付人の承諾を必要とする条項の一種であり，担保制限条項又は担保化否定条項ともいわれる。借入人が他の債務に対する担保として，又は，貸付人が複数存在するシンジケート・ローンなどの場合には一部の貸付人に対してのみ担保提供することを禁止する旨を定める条項。*無担保社債'やシンジケート・ローンの発行条件の中に定められることが多い。これに違反して担保を提供した場合には，*期限の利益'を喪失する旨の条項を伴うのが通常である。　⇨コベナンツ（社債の）'

根（ね）譲渡担保　⇨根（ね）担保'

ネズミ講　⇨無限連鎖講'・*無限連鎖講の防止に関する法律'

根（ね）担保　複数の*債権'を担保する制度。担保される債権としては，既発生の債権のみならず，将来発生する債権（*将来債権'）をも含めることができる。根担保の制度は，*人的担保'及び*物的担保'の双方に存在し，人的担保の典型として，*根保証'がある。民法には，根保証のうち，一定の範囲に属する不特定の債務を主たる債務とする保証契約であって*保証人'が*法人'でないもの（個人根保証契約）について，保証人を保護するための規定が置かれている〔民465の2～465の5〕。個人根保証契約のうち，その主たる債務の範囲に金銭の貸渡し又は*手形割引'を受けることによって負担する債務が含まれるものを個人貸金等根保証契約といい，*元本'確定期日等について，より厳しい規制が置かれている〔民465の3〕。物的担保の根担保の典型としては，根抵当の制度がある〔民398の

ねていとう

2〜398の22〕（⇨ *根抵当権'）。担保法制の改正に向けた議論の中で，根譲渡担保について，明文の規定を置くことが検討されている。

根(ね)抵当権　**1 意義**　普通の *抵当権'（普通抵当権）には， *付従性'があり，被担保債権が *弁済'されると抵当権も消滅する。しかし，継続的な取引を行う当事者間では，次々と担保すべき債権が発生するのが通常であり，そのたびに抵当権の設定及びその登記を繰り返すのは現実的ではない。そのため，実務では古くから，将来にわたって継続的に発生する多数の債権を被担保債権とする抵当権，すなわち根抵当権が用いられてきた。根抵当権は，判例によってその有効性を認められていたが，昭和46年の民法改正に際して，明文の規定が設けられた〔民398の2〜398の22〕。
2 被担保債権の範囲　根抵当権者が債務者に対して有する一切の債権を被担保債権とする根抵当権（包括根抵当）は禁じられており，被担保債権は「一定の範囲に属する不特定の債権」である〔民398の2①〕。被担保債権の範囲は，イ 債務者との特定の継続的取引契約によって生じる債権，ロ 債務者との一定の種類の取引によって生ずる債権，ハ 特定の原因に基づいて債務者との間に継続して生ずる債権，ニ *手形'・ *小切手'上の請求権，又は，ホ *電子記録債権'に限定される〔民398の2②③〕。
3 極度額　根抵当権の設定に際しては，根抵当権者が *優先弁済'を受けることができる上限額である極度額を定める必要がある〔民398の2〕。根抵当権者は，確定した *元本'並びに *利息'その他の定期金及び *債務不履行'によって生じた損害の賠償の全部について，極度額を限度として，根抵当権を行使することができ〔民398の3〕，普通抵当権に関する民法375条は適用されない。
4 特徴　元本確定前の根抵当権は，付従性を欠くため，たとえ一時点での被担保債権額がゼロになったとしても，根抵当権は消滅しない。また，元本確定前の根抵当権は， *随伴性'を欠くため，元本確定前に個々の被担保債権を譲り受けたとしても，譲受人はその債権について根抵当権を行使することができない。債務者のために又は債務者に代わって弁済し代位権を取得した者も同様である〔民398の7①〕。根抵当権独自の制度として，根抵当権の被担保債権の範囲及び債務者の変更〔民398の4〕や根抵当権の譲渡，分割及び一部譲渡〔民398の12・398の13〕等がある。 ⇨根抵当権の元本の確定'　⇨根抵当権の譲渡・一部譲渡'

根(ね)抵当権の元本の確定　 *根抵当権'は，一定の範囲に属する不特定の *債権'を担保するものであるが，イ 元本確定期日の到来〔民398の6〕，ロ 元本確定請求〔民398の19〕，又はハ 元本確定事由の発生〔民398の20〕により，被担保債権が特定され，新たに担保すべき *元本'が生じなくなることを根抵当権の元本の確定という。元本確定前の根抵当権には *付従性'がないことから，仮にその時に存在する被担保債権全てが *弁済'されたとしても根抵当権は消滅しないが，元本確定後の根抵当権（確定根抵当権）は，普通の *抵当権'と同様に付従性を有し，被担保債権全額が弁済されれば，根抵当権は消滅する。 *随伴性'についても同様であり，元本確定前の根抵当権は随伴性を欠く一方，元本確定後は，被担保債権が譲渡された場合には，根抵当権も随伴する。

根(ね)抵当権の譲渡・一部譲渡　 *元本'確定前の *根抵当権'には，普通抵当権の処分の規定は適用されず（ *転抵当'を除く）〔民398の11①〕，根抵当特有の処分方法が規定されている。イ 根抵当権の全部譲渡は，根抵当権者が，根抵当権設定者の承諾を得て行う〔民398の12①〕。譲渡後は，根抵当権は，譲渡人の有する債権を担保せず，譲受人の有する債権だけを担保する。また，ロ 根抵当権者は，その根抵当権を2個の根抵当権に分割して，その一方を譲り渡すことができる（分割譲渡）〔民398の12②〕。例えば，極度額5000万円の根抵当権を，極度額3000万円の根抵当権と2000万円の根抵当権とに分割し，前者をイの方法により譲渡する場合である。分割によって生じた2個の根抵当権は同順位となる。ハ 根抵当権の一部譲渡とは，根抵当権設定者の承諾を得て，譲渡人と譲受人との間で，元本確定前の根抵当権を *準共有'する状態を作り出すものであり，分割譲渡とは区別される〔民398の13〕。譲渡人及び譲受人はともに，根抵当権の極度額の範囲で優先弁済を受けることができる。被担保債権額の合計が極度額を超える場合には，特段の定めがない限り，その債権額の割合に応じて弁済を受ける〔民398の14①〕。

値幅制限　取引所において市場価格の急激な上昇又は下落がある場合に，取引所規則で定められた一定の値幅の範囲で取引を行わせること。取引所の業務規程等の規則に基づく措置であり，直接的には，取引所取引を行う会員・取引参加者の呼び値（市場で業者が提示する値段）に関する義務。市場における適正な価格形成の確保，市場が過熱状態にある場合の過度の投機取引の防止，投資者が不測の損害を被ることの防止，あるいは投資者による冷静な投資判

断を促すための措置といった説明がされるが、かえって適正な価格形成を害するなどの批判もある。制限値幅の限度に達した場合、上限をストップ高、下限をストップ安という。

根(ね)保証　例えば、AとBとが当座貸越契約(⇨当座貸し')や*手形割引'契約などの契約に基づいて継続的取引関係にある場合には、AB間にこれらの取引を巡って多数の債権債務が発生する。このような継続的取引関係から生ずる全ての債務を継続的に*保証'する契約(継続的保証)を根保証という。増減変動する一団の不特定の債権を被担保債権とする*根担保'の一種である。従来は判例によって規律されていたが、平成16年の民法改正(法147)により、貸金等根保証契約(被担保債権に貸金債権等を含み、かつ、保証人が法人でない場合に限る)に関する規定〔民旧465の2〜465の5〕が新設された。なお、*債権法改正'によって、これらの規律は貸金債務を含まない個人根保証契約にも適用されるもの〔民465の2・465の4〕と、貸金等債務を含む個人貸金等根保証契約にのみ適用されるもの〔民465の3〕とに分けられた(⇨保証債務')。根保証は保証の一種であるから、被担保債権(主たる債務)の存在を必要とするが、それは現実に存在するものでなくても、将来発生する可能性があれば十分であるとされる。*根抵当権'の場合と違って極度額の定めも不可欠の要素ではないが、上記の個人根保証契約に関しては、極度額の定めが必要とされており、この定めを欠く場合には、当該根保証契約は*無効'とされる〔民465の2①②〕。根保証の主なものとして、信用保証、*身元保証'、賃貸借上の保証などがあり、それぞれ保証人の保護につき特有の問題がある。

ネルソン・マンデラ・ルールズ　⇨被拘禁者処遇最低基準規則'

年　休　⇨年次有給休暇'

年　金　毎年定期的に給付される金銭。毎年の年金を発生させる*基本債権'の性質は定期金債権である。年金には、*終身定期金'・養老年金などのように契約によるものと、*老齢年金'・*遺族年金'・*障害年金'のように*厚生年金保険'や*国民年金'などの*社会保険'制度に基づくものがある。

年金課税　*年金'に係る税法上の取扱いの総称。*所得税'のほか、*相続税'や*法人税'(特に退職年金等積立金に対する法人税〔法税83〜91〕。現在は課税停止中〔租特68の5〕)などが問題となる。*所得税法'上、国民年金や厚生年金など公的年金について支払った保険料は*社会保険料控除'の対象とされ、受領した老齢年金については公的年金等に係る*雑所得'〔所税35②①〕として課税を受ける。障害年金や遺族年金は非課税である〔国年25、厚年41②等〕。私的年金については*生命保険料控除'の対象とされ、自分が掛けた個人年金を受領する場合には、その他の雑所得〔所税35②②〕として課税される。生命保険契約(故人が保険料負担)により遺族が年金を受け取る場合、年金受給権が相続税の対象となった上で〔相続3①〕、年金支給額から相続税の対象となったとされる一定額を控除した残額〔所税令185①②〕が、その他の雑所得として課税される。

年金給付　*社会保険'の*保険給付'のうち、*国民年金'・*厚生年金保険'などによって支給される年金形式の給付をいう。*被保険者'が一定年齢に達したときに支給される*老齢年金'、被保険者が一定程度の障害を負ったときに支給される*障害年金'、被保険者死亡の場合に遺族に支給される*遺族年金'がある。

年金生活者支援給付金　「年金生活者支援給付金の支給に関する法律」に基づき、*基礎年金'の受給権者であってその裁定請求をしたものが、その者の前年の所得が一定金額以下であること等の要件を満たすときに支給されるもので、老齢年金生活者支援給付金、補足的老齢年金生活者支援給付金、障害年金生活者支援給付金及び遺族年金生活者支援給付金がある〔年金支援給付1等〕。給付金の月額は給付基準額(5000円。この額は物価の変動に応じて改定される)〔年金支援給付4〕を基礎に定められている〔年金支援給付3・11・16・21〕。これらの給付金の費用は国が負担する〔年金支援給付26〕。

年金制度　老齢・障害・死亡を*保険事故'として、本人又はその遺族に*年金'を支給する制度。国等が主体となって*社会保険'方式で運営する公的年金制度(*国民年金'・*厚生年金保険')がその中心であるが、上積み給付を支給する*企業年金'や*国民年金基金'などの制度もある。そのほか、個人が保険会社等と契約して行う個人年金がある。

年金積立金管理運用独立行政法人　*厚生年金保険法'及び*国民年金法'の規定に基づき厚生労働大臣から寄託された年金積立金の管理及び運用を行うとともに、その収益を国庫に納付することにより、厚生年金保険事業及び国民年金事業の運営の安定に資することを目的とする*独立行政法人'〔年金積立金管理運用独立行政法人法(平成16法105)3参照〕。英文名称はGovernment Pension Investment Fund(略称GPIF)。日本

ねんきんほ

の公的年金制度は、基本的に、現役世代が支払う保険料で高齢者世代に年金を給付するという「世代間扶養」の仕組みとなっているが、少子高齢化が急激に進む中、こうした仕組みでは、将来世代の負担が過大なものになる。そこで、年金積立金(保険料のうち年金の支払に充てられなかったもの)を市場で運用し、その運用収入を年金給付に活用するという仕組みが講じられており、厚生労働大臣から委託された年金積立金の管理・運用を行うのがGPIFである。GPIFの運用資産額は約245兆9815億円(2023年度末時点)と巨額であり、GPIFは世界最大級の*機関投資家*でもある。GPIF自身による運用(自家運用)だけでなく、GPIFから運用委託を受けた信託銀行・金融商品取引業者による運用が行われている。年金積立金の運用は、法律上、専ら厚生年金保険及び国民年金の「被保険者の利益のために、長期的な観点から、安全かつ効率的に行う」〔厚年79の2、国年75。年金積立金管理運用独立行政法人法20②・21①も参照〕ことが要請されている。そこで、GPIFは、分散投資と、長期的な観点からの資産構成割合(基本ポートフォリオ)に基づいて、年金積立金の運用を行うこととしている。年金積立金の管理・運用は、その目的という点でも規模という点でも、証券市場及び国民生活に多大な影響を及ぼしうるものであり、とりわけ、株式投資への比率が高まっていることからも、その管理・運用のあり方(GPIF自身のガバナンスのあり方も含む)に大きな関心が集まっている。平成28年(2016)に成立したいわゆる年金改革法(法114)では、GPIFの組織等の見直し(合議制による意思決定の導入等)が図られている。

年金保険 ⇨生命保険*

年次有給休暇 労働基準法39条により*労働者*に有給で与えられる*休暇*。年休ともいう。**1 年休日数** *使用者*は、その雇入れの日から起算して6カ月間継続勤務し全労働日の8割以上出勤した労働者に、それ以降の1年間に10労働日、6カ月を超えて継続勤務する日から起算した継続勤務年数1年ごとに一定労働日を加算し、最高20日までの有給休暇を与えなければならない〔労基39①②〕。なお、*パートタイマー*については、勤務日数に応じて按分(あん)比例した日数の休暇が与えられる〔労基39③〕。**2 時季指定と変更** 労働者は、時季を指定することによって年休を請求し(時季指定権)、これに対し使用者は請求された時季に与えることが事業の正常な運営を妨げる場合には、他の時季に与えることができる(時季変更権)〔労基39⑤〕。労働者は与えられた休暇を継続して請求しても、又は分割して請求してもよい。一定の要件を満たせば、時間単位の請求も可能である〔労基39④〕。**3 計画年休** 年休日数のうち5日を超える部分については、事業場の過半数の労働者で組織する*労働組合*又は過半数の代表者との書面による協定で、有給休暇を与える時季を定め、これによって休暇を与えることができる〔労基39⑥〕。**4 使用者の時季指定による付与** 年休取得率の向上のため、年休日数が10日以上ある労働者に対し、そのうち5日について、使用者は事前に労働者の意向を聴取し、基準日から1年以内に時季を指定して付与しなければならない〔労基39⑦、労基則24の6〕。なお、前述の2、3により年休を付与した日数(5日を限度とする)については時季指定による付与は必要ない〔労基39⑧〕。**5 その他** 年次有給休暇の権利は2年の*時効*にかかるので〔労基115〕、その年度に請求しなかった休暇は次年度に限り繰越しが認められると解されている。使用者は休暇中、*平均賃金*又は通常の*賃金*を支払わなければならない〔労基39⑨〕。年休取得者に対する不利益な取扱いも禁止される〔労基附136〕。

念　書 後日の証拠とするため、ある事項について確認する旨の文書。多くは、当事者間の一方が作成し、他方に交付される。法令上の用語ではなく、取引実務において用いられる語である。

年少労働 2018年の民法改正により、成年年齢は20歳から18歳に引き下げられたが、*労働基準法*は成立当初から、18歳未満の者を年少者としている(更に15歳未満の者を*児童*という)。肉体的・精神的保護の見地から、憲法は児童の酷使を禁止している〔憲27③〕。年少者の労働については次のような特別の保護がされている。イ *最低労働年齢*：15歳に達した日以後の最初の3月31日が終了していない者は、原則として使用できない〔労基56①〕。ただし、学校長の証明書などによる例外も認められている〔労基56②・57②〕。年少者を使用するときはその年齢を証明する戸籍証明書(年齢証明書)を備え付けなければならない〔労基57①〕。ロ *労働契約*：親権者又は後見人は未成年者に代わって労働契約を締結してはならず、労働契約が未成年者に不利であるときは親権者・後見人又は労働基準監督署長は契約を解除できる〔労基58〕。ハ *労働時間*：*変形労働時間制*〔労基32の2〜32の5。なお、労基60③参照〕、労働時間の特例〔労基40〕、高度プロフェッショナル制

度による適用除外〔労基41の2〕,*時間外労働'及び*休日労働'〔労基36〕を認めない〔労基60〕。ニ *深夜業':原則として許されない〔労基61①本文〕。ホ *就業制限':*坑内労働'をさせてはならないし〔労基63〕,*危険有害業務'につかせてもならない〔労基62〕。ヘ *帰郷旅費':*解雇'の日から14日以内に帰郷する場合には帰郷旅費を支給しなければならない〔労基64〕。ト *賃金':独立して請求でき,親権者や後見人はこれに代わって賃金を受け取ってはならない〔労基59〕。⇨女性労働'

年 税 主 義 ⇨永久税主義'

年度独立の原則 ⇨会計年度独立の原則'

年 俸 制 1年を単位に労働者の報酬総額を定める*賃金'制度。能力主義,成果主義の人事管理方式の一環として,*裁量労働'制と結び付く形で,管理職やホワイトカラーを中心に広がりつつある。厳密な意味での年俸制〔民627③参照〕ではなく,年を単位に報酬を考えるといった程度の実態が多い。

年 齢 年齢計算ニ関スル法律によれば,年齢は暦に従い日をもって計算される〔民143準用〕が,民法の初日不算入の原則〔民140〕とは異なり,初日(出生の日)が算入されることになっている。したがって,誕生日の午前零時に1歳を加えることになる。年齢は法律上種々の場合に一定の効果をもたらす要件とされる。例えば,6歳になると,就学義務が生じ〔学教17①〕,15歳になると,養子縁組,協議上の離縁につき法定代理人の代諾が不要となる〔民797・811②〕。また,18歳で成年に達するとともに〔民4〕,婚姻適齢に達する〔民731〕。選挙権及び憲法改正のための国民投票権についても,18歳以上とされている〔憲改3,公選9など〕。なお,「年齢のとなえ方に関する法律」(昭和24法96)によれば,年齢は満で数えなければならない。

年齢差別禁止 雇用関係において,年齢を社会的差別事由として人権保障の観点からその差別を禁止する法制を有する国が次第に増加している。年齢差別禁止については,人権保障と雇用政策の両面からの考慮を要する。日本では,長期雇用慣行の中で新卒一括採用と*定年制'が社会的に定着してきたため,雇用関係において年齢を差別事由と捉えてこなかった。しかし,募集・採用における年齢制限が中高年齢者の再就職及び若年者の求職を制約することが社会的な問題と認識されるようになり,雇用対策法(現*労働施策総合推進法')は,平成19年改正(法79)において,事業主に募集・採用において年齢にかかわりなく均等な機会を与えることを義務規定とし,原則として募集・採用における年齢差別を禁止した〔旧雇対10,労働施策推進9〕。もっとも,現時点では長期雇用慣行の有用性を踏まえ,年齢差別禁止規定を有する諸国では年齢差別と判断される可能性の高い新卒一括採用などを年齢差別禁止としていない。すなわち,事業主が例外的に募集・採用に関し年齢制限を設けることが認められている。具体的には,イ *期間の定めのない労働契約'について,定年年齢を下回ることを条件とする場合,ロ 法令によって,年少者など〔労基6章等〕特定範囲の年齢で就業が禁止されている労働者を除外する場合,ハ 必要最小限の合理的な年齢制限の場合(a 長期の継続雇用による能力開発・向上を要する場合,b 特定の技術の継承を目的とする場合,c 芸術・芸能分野における表現の真実性等の確保を目的とする場合,d 60歳以上の高年齢者の雇用促進を目的とする場合)である〔労働施策推進則1の3〕。また,定年制については,判例も合理性があるとし(*秋北バス事件'),また,学説においても*高年齢者等の雇用の安定等に関する法律'が定年制を前提とする高年齢者の雇用確保を定めている〔高年8・9〕ことも考慮して,合理性があり有効としている。このように日本では,年齢差別禁止については,人権保障よりも雇用政策の観点に重点が置かれている。

年齢証明書 ⇨年少労働'

の

ノーアクションレター 因 no-action letter 私人（事業者等）の企図する一定の行為が、一定の規制を定める法令の適用対象に含まれるか、あるいは、そこでの禁止ないし命令に触れることとなるかどうかにつき、照会に応じて関係行政機関の見解を表示する仕組み。アメリカの制度を参考に、日本でも、平成13年3月27日の閣議決定により「行政機関による法令適用事前確認手続」として制度化された（その後、平成16年・19年にそれぞれ改正が加えられている）。

納期限（租税の） **1 意義** *租税'を*納付'しなければならない期限のことで、法定納期限と具体的納期限とに分かれる。法定納期限は、各税法が本来の納期限として予定しているもので〔税通2⑧〕、*納税義務'の*消滅時効'の起算日とされ〔税通72①〕、また、その翌日が*延滞税'の計算期間の起算日とされている〔税通60①②〕。これに対し、具体的納期限は、その日までに納付しなければ履行遅滞を生じ、*督促'及び*滞納処分'を受けるおそれのある期限のことで、単に納期限ともいう。

2 区別 法定納期限と具体的納期限とは、合致することもあるし、食い違うこともある。例えば、所得税は翌年の3月15日が法定納期限である〔所税128・120〕が、3月15日までに申告した税額については具体的納期限も3月15日であるから両者は合致する。これに対し、期限後申告及び決定によって確定した税額、*修正申告'及び更正で確定した増差税額については、両者は合致しない。ちなみに、期限後申告・修正申告による税額の納期限は申告の日であり〔税通35②①〕、*更正・決定'による国税の納期限は、それらの処分に係る通知書を発した日の翌日から起算して1月を経過する日である〔税通35②②〕。

農協 ⇒協同組合'
農業協同組合 ⇒協同組合'
農業動産信用法 昭和8年法律第30号。農業に携わる者に対する金融の円滑化を図る趣旨から、*特別法'上の*先取（さきどり）特権'及び*抵当権'を認めた法律。農業動産信用法上の農業には、耕作、養畜、養蚕のみならず、水産動植物の採捕、養殖や薪炭生産をも含む〔農動産1〕。また、農業用動産とは、農業の経営の用に供する動産のことである〔農動産2、農動産令1〕。先取特権や抵当権を取得することができる債権者は、農業協同組合や信用組合等、一定の者に限られている〔農動産3、農動産令2〕。農業経営資金貸付の先取特権は、農業用動産又は農業生産物の保存、農業用動産の購入、種苗又は肥料の購入等に必要な資金の貸付債権を担保するために、特定の動産を目的として発生する〔農動産4〕。農業用動産の抵当権は、日本で最初の*動産抵当'である。*登記'によって*対抗要件'を具備するが、*即時取得'〔民192〕の対象となるという特徴がある〔農動産13〕。

脳　死 脳器官の死。脳幹を含む全脳の機能の不可逆的停止として定義されるのが一般的であるが(全脳死説)、大脳死説、脳幹死説、脳の器質死とする説などもある。従来、人の死は、心臓の搏（はく）動停止、呼吸停止、瞳孔散大の3つの徴候によって判断されてきたが、人工呼吸器の登場によって、脳死の状態にあっても呼吸機能が維持され、心臓も一定期間搏動を続ける事態が生じたため、脳死を人の死とすべきかが問題となった。脳死問題は、臓器移植との関係で特に議論され、平成4年の臨時脳死及び臓器移植調査会(脳死臨調)答申は、脳死を一定の条件の下で人の死と認める意見を発表したが、これに反対する少数意見も付されていた。平成9年に制定された「臓器の移植に関する法律」は、脳死を全脳死として定義した上で、臓器移植の場合について、脳死した者の身体も死体に含まれると規定しながら〔臓器移植6①〕、脳死の判定を行わせるか否かは本人の事前の書面による意思表示に委ねることとしていた。しかし、平成21年改正(法83)により、本人の意思が不明な場合にも、家族の書面による承諾により、脳死判定が可能になった〔臓器移植6③〕。脳死の判定基準は、一般的に認められている医学的知見に基づき厚生労働省令で定められる〔臓器移植6④〕。⇒死亡' ⇒殺人罪' ⇒臓器の移植に関する法律'

納税管理人 個人である*納税者'が日本国内に*住所'又は*居所'をもたず、あるいは*外国法人'である納税者(同上)が日本国内に事務所及び事業所をもたない場合に、納税者に選任されて、申告書の提出、更正通知書の受領、*還付金'の受領等、その納税者が処理するものとされている国税に関する事項の処理を委任された*代理人'〔税通117①〕。納税管理人は、日本国内に住所又は居所を有する者で、国税に関する事

項の処理につき便宜を有する者のうちから選任しなければならない。納税者は、納税管理人を選任したときは、一定の事項を記載した納税管理人選任届出書を、納税管理人に係る国税の納税地を所轄する税務署長に提出しなければならない〔税通117②、税通令39①〕。なお、納税管理人の制度は、地方税についても採用されている〔地税28・29・300等〕。

納税義務 **1 意義** *'租税'を*'納付'する義務のことで、学問上は租税債務ともいう。実定法上は、*'納税義務者'の租税納付義務のほか、*'源泉徴収'義務者・*'特別徴収'義務者などが租税を徴収して国や地方公共団体に納付する義務をも含める意味で、納税義務という言葉を用いている〔税通15①、地税9等〕。これは、租税の納付という点で、両者が共通の性質をもつため、各種の法律関係につき共通の規律をするための便宜によるものである。

2 成立 納税義務は、各税法の定める*'課税要件'の充足によって成立する〔税通15②〕。例えば、所得税の納税義務は、暦年の終了と同時に成立し、相続税のそれは、相続の開始によって成立する。

3 確定 印紙税など若干の租税では、納税義務の内容(*'課税標準'及び税額)はその成立と同時に確定する〔税通15③〕が、大部分の租税においては、課税要件の充足によって成立した納税義務はまだ抽象的なもので、その後所定の手続を経て初めて内容が確定する。確定の方式には、納税者の申告によって確定する*'申告納税方式'と、税務署長等の処分によって確定する*'賦課課税方式'とがある〔税通16〕。現在、大部分の国税は申告納税方式によっているが、地方税では賦課課税方式の租税が多い(⇨普通徴収')。

4 消滅 納税義務は、大部分は納付〔税通34~35〕によって消滅するが、*'滞納処分'による換価代金の配当〔税徴128~135〕、*'還付金'の充当〔税通57〕、時効〔税通72〕、免除(⇨免税')などによっても消滅する。納税義務は、法定債務であるから、法律の根拠なしにその全部又は一部を免除することはできない。

5 制裁 納税義務の履行を確保するため、法はその違反に対し各種の制裁を課している〔税通60~69、所税238~243、法税159~163等〕。 ⇨加算税' ⇨租税犯'

納税義務者 **1 意義** *'租税'に関する法律の規定により*'納税義務'を負う者をいう。納税義務者のことを学問上は租税債務者ともいう。自然人・法人だけでなく、*'権利能力なき社団'・*'財団'も納税義務者とされることが多い〔税通3、所税4、法税3等〕。

2 区別 所得税・法人税・相続税などの関係では、無制限納税義務者と制限納税義務者を区別することができる。前者は、個人についていえば居住者〔所税2①③〕、法人についていえば内国法人〔法税2③〕の場合のように、源泉が国内にあるか国外にあるかを問わず、その者に帰属する*'課税物件'の全てについて納税義務を負う者のことである。後者は、非居住者〔所税2①⑤〕又は*'外国法人'〔法税2④〕の場合のように、日本国内に源泉のある課税物件についてだけ納税義務を負う者のことである。

3 その他 組織形態が多様化しており、パートナーシップ(英 partnership)や*'信託'が事業主体として法人と同様な活動をすることが多い。⇨納税者' ⇨第二次納税義務者'

納税者 *'国税通則法'上の観念で、国税の*'納税義務者'(*'第二次納税義務者'及び国税の保証人を除く)と、*'源泉徴収'による国税を徴収して国に納付しなければならない者(源泉徴収義務者)とを合わせて納税者という〔税通2⑤〕。

納税者訴訟 アメリカにおける納税者訴訟 (taxpayers' suit) に倣って、*'普通地方公共団体'における違法な財務処理行為を裁判により統制する観点に立って、昭和23年の第2次*'地方自治法'改正(法179)にあたり制度化されたもの。慣行的に納税者訴訟と称された。昭和38年の改正(法99)により名称は住民訴訟〔自治242の2〕とされ、規定の整備が行われた。 ⇨住民訴訟'

納税申告 **1 意義** *'申告納税方式'の租税について、*'納税者'がする*'課税標準'及び税額の申告のこと。申告によって*'納税義務'の内容が確定する。税務行政庁への納税申告書の提出をもって行うのが伝統的な方法である〔税通2⑥〕が、コンピューターを用いた申告(e-Tax, eLTAX)に移行しつつある(⇨電子申告')。申告をしなければならない期限(法定申告期限)及びその記載事項は各税法によって定められている〔所税120①、法税74①等〕。申告には、法定申告期限内にされる期限内申告〔税通17〕、法定申告期限後にされる期限後申告〔税通18〕、既にした申告又は*'更正・決定'によって確定した税額に不足額のある場合にされる*'修正申告'〔税通19〕の別がある。

2 担保措置 納税者が正しい申告を行わず、あるいは申告をしない場合には、税務行政庁は更正・決定によって課税標準及び税額を確定することができる〔税通24~30〕。申告納税制度が適正に機能するように、*'青色申告'の制度がある。

のうぜいつ

過少な申告又は申告義務の違反に対しては，制裁として，それぞれ過少申告加算税〔税通65〕又は無申告加算税〔税通66〕が，更に，場合によっては重加算税〔税通68〕が課されることになっている。申告義務の違反に対しては刑事罰が科される〔所税241，法税160等〕。⇨加算税'

納税通知書 *普通徴収'の方法で徴収される地方税について，課税標準・税率・税額・納期，その他必要事項を記載した文書のこと。これが納税者に交付されることによって，*納税義務の内容が確定する〔地税1①⑥⑦〕。国税における賦課決定通知書〔税通32③〕に相当する。

納税の義務 国又は地方公共団体を維持するのに必要な費用としての*租税'を支払う義務。諸国の憲法で定められている。*明治憲法'〔明憲21〕でも，現行憲法〔憲30〕でも，それぞれ基本権保障規定と併せて規定されている。それが法律で定められなければならないことは，「代表なければ課税なし」の格言の示すように，議会をもつ国に共通の原則である。⇨租税法律主義'・*納税義務'

納税の告知 *賦課課税方式'による国税，*源泉徴収'による国税で法定*納期限'までに*納付'されなかったもの，その他若干の国税について，*納税義務'の履行を請求する行為。納税の告知は，納付すべき税額，納期限及び納付場所を記載した納税告知書を送達して行う〔税通36〕。納税の告知により指定する納期限は，*更正・決定'の場合の納期限に準じ，告知の翌日から1カ月とされている〔税通令8〕。その日までに納付されなければ，*督促'及び*滞納処分'がされる〔税通37・40〕。なお，賦課課税方式による国税では，賦課決定通知書〔税通32③〕と納税告知書は，通常は同時に送達される。*地方税法'では，納付の告知又は納入の告知という〔地税13〕。

納税の猶予 納税者が災害によって財産に損害を受けたとか，病気・事業の休廃止などのため納税資金を欠いているような場合に，納税者保護の見地から，租税の納付を一定期間を限って猶予すること。*国税通則法'46～49条に詳細な定めがされている。納税の猶予は，延納及び*納期限'の延長と異なり，納期限そのものを先に延ばすものではないが，猶予期間中は，*督促'及び*滞納処分'をされることはない〔税通48①〕という点で納期限の延長に類した効果を与えられている。また*延滞税'の一部も免除される〔税通63〕。なお，*地方税法'も，徴収猶予の名の下に類似の制度を設けている〔地税15～15の4〕。

農地の宅地並み課税 *固定資産税'における農地の評価問題。固定資産税の*課税標準'は資産の「価格」〔地税349〕でありその時価により評価される〔地税341⑤〕が，宅地については売買価格が例とされるのに対し，農地は営農目的による利用価値で評価されるべきであるとされている。実際，農地については地価上昇率に対する負担調整がなされる等の特例もある〔地税附19〕。これに対して，宅地所有者と比べて不公平であり，また，*都市計画法'上の市街化区域内農地は届出のみで宅地に転用できるのであり〔農地4①⑦〕，更に宅地への転用は促進すべきでもあるとして，3大都市圏の特定の市街化区域内農地については類似宅地の課税標準に比準する価格によって定められるものとされるに至り，固定資産税の評価の適正化が試みられている〔地税附19の2～19の4〕。

農地法 昭和27年法律229号。1 制定 戦後の農地改革は，賃借小作等の農地利用権の強化を目的とする農地調整法(昭和13法67。昭和27法230により廃止。)の改正と，農地の現実の耕作者を農地所有者にすることを目的とする*自作農創設特別措置法'の制定とによって進められたが，農地法は，この2つの法律を整理統合したものである。農地法の存在は，上記の2つの法律とともに，戦前の寄生地主制を崩壊させ，農村の民主化をもたらしたものとして評価されている。しかし，経済の高度成長に伴い農業構造の改善が要請されてくると，農地法における農地所有権の移転や利用権の設定に対する厳しい制限は，かえって農業経営の合理化を妨げるものとして次第に批判の対象となってきた。そこで，平成21年改正(法57)では，農地法の目的自体に修正が加えられ〔農地1〕，農地の取得や賃借の促進が図られるに至った。

2 内容 イ 農地・採草放牧地に関する権利の設定・移転には，農業委員会の許可を受けなければならない〔農地3①〕。許可なく権利の移転等をしても無効だとされている〔農地3⑥〕が，判例は，当事者には許可申請の義務があると解している(最判昭和35・10・11民集14・12・2465)。農地の転用には都道府県知事等の許可を必要とする〔農地4・5〕。ロ *小作地'を所有することには制限があり，不在地主や一定面積を超えて小作地を所有している場合には，その土地を他人に譲渡しない限り国が買収して耕作者に売り渡すものとされていたが〔農地旧6～17〕，これらの規定は平成21年改正で削除された。ハ 農地利用権の保護のために，農地賃借権の引渡しに対抗力が認められる〔農地16〕ほか，解約に制限が加

えられている〔農地18〕。また，二 小作料の増減請求権〔農地20〕や賃貸借契約の文書化〔農地21〕などに関する規定が置かれているが，標準小作料制度〔農地旧23〕は廃止された。また，未墾地等に関する規制〔農地旧44〜75の10〕に代えて，遊休農地に関する措置〔農地30〜42〕が定められるに至っている。

能働代理・受働代理　民法は*代理人'が第三者(相手方)に対して*意思表示'をする場合〔民99①〕だけでなく，第三者(相手方)からの意思表示を本人に代わって受領する場合も，*代理'として規定している〔民99②〕。前者は能働代理(又は積極代理)，後者は受働代理(又は消極代理，受方代理)と呼ばれている。両者を区別する意味は，*単独行為'の*無権代理'(民法118条前段は能働代理に関わり，同条後段は受働代理に関わる)や共同代理(受働代理の場合には代理人全員の共同を要しないとするのが多数説である)についても生じるが，主要な点は顕名〔民99①〕の意義の相違にある。すなわち，能働代理においては，本人のためにすることを示して行為をするのは代理人であるのに対し，受働代理においては相手方である。

納 入 金　⇨特別徴収'
納入の告知　⇨納税の告知'
ノウハウ　英 know-how　広義には営業上の秘訣($\overset{2''}{ }$)及び技術上の秘訣を指すが，狭義には後者の意味で用いられる。無形物(顧客情報・技術情報・個人的熟練)のほか，有形物に化体されているもの(顧客名簿・図面・青写真・ひな形など)が含まれる。ノウハウには高い財産的価値をもつものも少なくなく，*特許権'とともに，あるいは単独でライセンス契約の対象とされたり，*現物出資'に供されたりする。特許権が発明の公開とともに付与される排他権であるのに対し，ノウハウは秘密としておくことに意義があり，ライセンシー(被開示者)にその秘密を解除するのと引換えに対価を得る契約を締結することになる。ノウハウに関しては，被用者，ライセンシー又は第三者の取得・使用・開示行為に対する契約法あるいは不法行為法の保護が与えられる。また，*不正競争防止法'で営業秘密としての保護が与えられており，一定の行為に対しては差止請求も可能であるほか，刑事罰の定めも置かれている。　⇨営業秘密'

納付(租税の)　私法上の弁済に当たる行為で，*納税義務者'の通常の消滅原因である。納付は，税額に相当する金額に納付書を添えて，これを収納機関(日本銀行本支店，税務署，銀行等)に提供して行うのが原則であるが，金銭に代えて証券で納付することも認められており，また一定の租税については電子納付(e-Tax, eLTAX)も認められている〔税通34①〕。*印紙税'など若干の租税は，印紙で納付するものとされており〔印紙8等〕，また，*登録免許税'は税額が3万円以下の場合その他一定の場合に印紙で納付することができる〔登免22〕(⇨印紙納付')。これらの場合には，個別の法律の定めるところにより，課税文書等に税額に相当する印紙を貼り付け，これを消印することによって納付される〔税通34③，印紙8②等〕。*相続税'の場合には，税務署長の許可を得て*物納'をすることができる〔税通34④，相続41〜48の3〕。納付は，本来の*納税義務者'による場合，*第二次納税義務者'による場合，保証人による場合，被徴収者による場合(コンビニでの納付〔税通34の3〜34の5〕)などがあるが，そのほか，民法474条の*第三者の弁済'に準じて，*第三者の納付'が認められている〔税通41①，地方20の6〕。地方税については，指定納付受託者に対する納付の委託(キャッシュレス決済)が認められている〔自治231の2の2〕。納付しなければならない期限については，*納期限(租税の)'をみよ。

納付の告知　⇨納税の告知'
能 力　能力という言葉は，物事をなし遂げる力というような，日常用語的な意味でも用いられる〔国公33①，職安1，能開，生活保護4①等〕が，普通は，一定の事柄について法律上要求される資格を意味する。例えば，*権利'の主体となることができる資格を*権利能力'，有効に*法律行為'をすることができる資格を*行為能力'，法廷で証拠として取調べをすることができる適格を*証拠能力'という場合である。なお，民法典上，単に能力というときは行為能力を意味することが普通であったが，現在では行為能力と明示されている〔民97③〕。ただし，民法963条の「能力」(遺言能力)は15歳以上の〔民961〕*意思能力'のある者に認められる。

能力開発事業　*雇用保険法'に基づく付帯的2事業の1つ。労働者の職業生活の全期間を通じてその能力の開発，向上を促進することを目的として，職業訓練を行う事業主への助成及び援助，訓練施設の設置及び運営，技能検定を行う都道府県への一部補助等を行う〔雇保63〕。⇨求職者支援法'

後($\overset{のち}{ }$)　⇨以後・後'(巻末・基本法令用語)
のほか(の外)　⇨のほか(の外)'(巻末・基本法令用語)
のみ行為　*金融商品市場'における*有価証券'や*デリバティブ'取引の委託を受けた

のもす

証券会社や，商品市場における商品先物取引の委託を受けた商品先物取引業者が，委託に係る取引を市場に出さずに，自己が相手方となって取引を成立させることをいう。商品先物取引については，顧客の保護と市場における公正な価格形成を図る観点から，のみ行為は禁止されている〔商取212〕。金融商品取引については，取引における顧客の利便性向上の観点から，証券会社に最良執行義務（⇨'最良執行方針'）を課した上で'市場集中原則'が廃止されており，のみ行為も禁止されていない。

ノモス 圀nomos 通常「法」又は「法律」と訳されるギリシャ語。複数形ノモイ（圀nomoi）は，プラトン（Platon, B.C.427〜347）最晩年（B.C.350頃）の大作のタイトルでもある。その語義は非常に広く，音楽の「旋律」，「貨幣」を意味する語も同語根。根底にある意味は，「昔からそのように行われてきたこと」，つまり「慣習」ないし「伝統」。事実性と規範性が併存しているところに，この語の決定的特徴がある。B.C.5世紀，主にソフィスト，弁論家，悲劇作家等によって，ノモスは一方で「自然（圀physis）」と対置され，他方で，「成文」か「不文」か，「神々のもの」か「人間のもの」かに分断されて議論の対象となる。B.C.4世紀，ノモスはレトリック（*弁論術・修辞学）の理論（アリストテレス（Aristoteles, B.C.384〜322））により，当該ポリスに「特有」か「共通」かと分類され，法廷弁論では，特定案件にのみ妥当する民会決議（圀psephisma）と区別され，また*立法者'の名前（例：ソロン）を付してしばしば登場する。その結果，ノモスは一定程度実定（法）化されるが，決して最後まで元来の意味である「慣習」ないし「伝統」の要素は払拭されなかった。ここに尾高朝雄（1899〜1956）の*ノモス主権論'の淵源がある。このノモスという語は，ローマ法及び西洋法とは対照的に，「権利」と「法」の両義性を帯びることもなかった。

ノモス主権論 *ノモス'に*主権'がある，すなわち*明治憲法'の天皇統治も現行憲法の*国民主権'も，ともにノモスを上位に戴（いただ）いている点では不変であるから，両憲法間の主権原理の転換にもかかわらず，国体は変わっていないことを論証しようとした考え方。尾高朝雄（1899〜1956）によって説かれたこのノモス主権論に対しては，*宮沢俊義'が，政治のあり方を最終的に決定する意思力という意味での主権こそが現下の問題の主眼であることを指摘して，明快な批判を下した。 ⇨国体'

のれん **1 一般的な意義** 企業の社会的信用により，その営業が他の企業の営業を超える利潤を上げることができるという無形の財産的価値，すなわち企業の超過収益力をいう。老舗権といわれることもあり，また，かつては英米における表現に倣ってグッドウィル（圀goodwill）と表現されることもあった。また，法人税法上の営業権は同義であると考えられる。のれんは，いわゆる法律上の権利ではなく，財産的価値のある事実関係であるが，のれんの侵害は違法性があるものとして不法行為に当たるとするのが判例（⇨'大学湯事件'）である。のれんは，企業が各種の有利な条件又は特権の存在により他の同種企業の上げる通常の利潤よりも大きな収益を引き続き確実に上げている場合に，その超過収益力の原因となるものをいう。その超過収益力の原因としては，企業の名声，立地条件，経営手腕，製造秘訣，特殊の取引関係又は独占性などが考えられるが，のれんは，これらの諸原因，諸収益力を総合した概念である。

2 会計における意義と取扱い 会計学の通説的見解は，買入れのれん，すなわち他人から有償で取得したものに限って資産への計上を認め，自家創設のれんについては資産性を否定していた。商法もこれに従い，有償で譲り受け又は合併によって取得した場合に限って貸借対照表能力を認めてきた〔商旧（平成14法44改正前の）285の7〕。現在では，商法上は，有償で譲り受けた場合に限り，資産又は負債として計上することができるとされている一方で〔商則5⑥〕，会社法上は，会社は，吸収合併，吸収分割，*株式交換'，新設合併，新設分割，*株式移転'，*株式交付'又は事業の譲受けをする場合において，適正な額ののれんを資産又は負債として計上することができることとされている〔会社計算11〕。すなわち，会計上は，被取得企業又は被取得事業の取得原価が，取得した資産及び引き受けた負債に配分された額を超える額を正ののれん，下回る額を負ののれんということになる。正ののれんは*無形固定資産'の区分に表示され，20年以内の適切な期間にわたって規則的に償却しなければならない〔企業結合に関する会計基準（企業会計基準21号）32項〕。一般に公正妥当と認められる企業会計の基準の1つである同基準の下では，負ののれんは生じた事業年度の利益として処理されるため，のれんが負債として計上されることはない〔同33項〕。

ノーワーク・ノーペイ 圀no work no pay 労務の給付が労働者によってなされていない場合は，反対給付たる*賃金'も支払われないという原則をいうが，民法624条による*労働義務'

の先履行原則を意味する場合もある。一方，*労働契約法'上は，*労働契約'は使用者に使用されて労働することと，これに対して賃金を支払うことを約することによって成立する*双務契約'である〔労契6〕とされるだけで，履行の対応関係については特別な規制はない。この原則により，ストライキ(*同盟罷業')などによって労働債務を履行しない労働者には賃金も支払われないことになる。ただ，具体的な賃金項目のいずれがこの原則の適用を受けるかについては，労働契約の解釈によることとなる。　⇨スト中の賃金'

ノン・リケット　　⇨挙証責任'

ノン・ルフルマン原則　　*難民'を，いかなる方法によっても，人種，宗教，国籍若しくは特定の社会的集団の構成員であること又は政治的意見のために，その生命又は自由が脅威にさらされるおそれのある領域の国境へ追放し又は送還してはならないとの原則〔難民約33①〕。国家がその安全又は公の秩序を理由に難民を自国領域内から追放する際〔難民約32参照〕，難民がその追放先の国から迫害・処罰されることを防ぐために主張される。それが*国際慣習法'上の原則か*条約'上の義務にすぎないかについては争いがある。

は

場　合　　⇨とき・時・場合'〔巻末・基本法令用語〕

廃　案　　⇨審議未了'

バイカイ　　取引所の会員が，同一銘柄・同一数量・同一価格の売注文と買注文につき，取引所において呼び値をせずに，取引所において成立した相場により売買を成立させ，取引所において売買が行われたものとして取引所の記録に載せること。のみ行為が禁止されていたために市場慣行として行われていたが，のみ行為と同じく市場での価格形成に参加しない行為として，証券取引所については1967年に禁止された(⇨のみ行為')。

媒　介　　他人間の*法律行為'すなわち*契約'の成立に尽力する*事実行為'。他人のために行為をするが，他人を*代理'するものでない点で締約代理商の行為と異なり，自らの名において契約を締結するのでない点で*取次'に関する行為とも異なる。*仲立人'・*民事仲立人'・媒介代理商等は，この媒介を引き受けることを業とする*商人'である(⇨代理商')〔商502Ⅱ・4①〕。*職業安定法'にいう*職業紹介'〔職安4①〕も媒介である。　⇨仲立'

媒介代理商　　⇨代理商'

売却基準価額　　*不動産競売'において，目的不動産につき評価人〔民執58〕による評価に基づいて定められる価額であり，この価額から10分の2相当額を控除した価額(買受可能価額)未満で買受けの申出をすることはできない〔民執60〕。

売却許可決定　　*不動産競売'において，執行裁判所は，*最高価買受申出人'に対する売却の許否を審査し，売却不許可事由〔民執71〕が認められない場合には，その買受申出を認める旨の売却許可決定をする。

売却のための保全処分　　**1 意義**　*強制競売'の開始決定によって*差押え'の効力が生ずるが，債務者は通常の用法に従って差押不動産を使用・収益できることから〔民執46②〕，売却までの間に差押不動産の価格が債務者その他の者の行為によって不当に減少せしめられることがある。このような価格減少行為を防止するた

はいぐうし

めに執行裁判所によって発令される保全処分〔民執55〕のこと。

2 保全処分の内容 この保全処分では、債務者又は不動産の占有者に対して、イ 価格減少行為の禁止又は一定の行為命令(必要があれば公示保全処分)〔民執55①[1]〕、ロ *執行官*保管命令(必要があれば公示保全処分)〔民執55①[2]〕、ハ 占有移転禁止・公示保全処分〔民執55①[3]〕が発令される。公示保全処分とは、不動産の所在場所に当該保全処分の内容を公示書等により執行官に公示させることを内容とする保全処分のことをいう。そして、以上のうちのハの保全処分が発令されたときは、いわゆる当事者恒定効(⇒訴訟承継)が生じ、当該保全処分の執行がなされたことを知って差押不動産を占有した者や、保全処分の執行後に当該執行がなされたことを知らないで占有を承継した者に対して、当該不動産の*引渡命令*〔民執83〕に基づき、不動産の引渡しを命じることができる〔民執83の2①〕。更に、不動産の占有者を次々と入れ替えるといった方法で執行妨害が行われている場合等、保全処分の執行前にその占有者を特定することを困難にする事情があるときは、執行裁判所は、以上のうちのロ及びハの保全処分について、相手方を特定しないで、売却のための保全処分を発令することができる〔民執55の2①〕。ただし、この保全処分の執行として執行官が不動産の占有を解く際になお占有者を特定できないときは、執行不能となる〔民執55の2②〕。

配偶者 夫婦の一方からみた他方。夫からみた妻、妻からみた夫をいう。民法上、配偶者は*親族*である〔民725[2]〕が、*親等*はない。配偶者の身分は*婚姻*によって取得され、婚姻の解消又は取消しによって失われる。*内縁*の夫婦は互いに配偶者とはいえないが、社会保障関係の法律では届出のある夫婦に準じた保護を与えられている(例:国年5⑦、厚年3②)。夫婦の一方が死亡した場合、死亡配偶者に対し他方を生存配偶者といい、夫婦いずれの場合も同等の配偶者相続権をもつ〔民890・900〕。

配偶者からの暴力の防止及び被害者の保護等に関する法律 平成13年法律31号。**1 意義** 主として夫からの妻に対する家庭内暴力を防止することを目的とする。ドメスティック・バイオレンス法又はDV防止法と略称される。
2 内容 「配偶者からの暴力」とは、配偶者(内縁関係を含む)からの身体に対する不法な攻撃であって生命・身体に危害を及ぼすもの又はこれに準ずる心身に有害な影響を及ぼす言動をいい、また、「被害者」には、配偶者からの暴力を受けた後婚姻を解消した者であって、当該配偶者であった者から引き続き生命又は身体に危害を受けるおそれのある者を含むとされている〔配偶者暴力1〕。被害者は管轄の地方裁判所に対し書面により保護命令の申立てができる。この書面は、配偶者暴力相談支援センターの職員又は警察官に配偶者からの暴力について相談し援助・保護を求めた事実を記載したものか、若しくは配偶者からの暴力の状況等について記載した書面につき*公証人*の認証を受けたものでなければならない〔配偶者暴力12〕。保護命令の申立てを受けた地方裁判所は、被害者が配偶者と同居している場合には2カ月間(住居の所有者又は賃借人が被害者のみである場合は6カ月間)その住居からの退去及び接近の禁止、又は、1年間被害者への接近の禁止を命じることができる〔配偶者暴力10〕。この保護命令に違反した者は、2年以下の*拘禁刑*又は200万円以下の罰金に処せられる〔配偶者暴力29〕。このほか、地方自治体に対し配偶者暴力相談支援センターの設置を義務付け、配偶者からの暴力の防止・被害者の保護のための業務を行わせるようにしている〔配偶者暴力3〕。また、警察官による被害の防止義務についても定めている〔配偶者暴力8〕。

配偶者居住権 夫婦の一方が単独で所有する建物に他方配偶者が居住していた場合において、所有者について相続が開始したときに、生存配偶者が、*遺産分割*又は*遺贈*によって取得することのできる、同建物(居住建物)を終身の間使用及び収益する権利〔民1028~1036〕。生存配偶者の居住の保護のための権利として、他に、相続開始後の短期間のみ法律の規定に基づいて成立する無償の使用権である配偶者短期居住権〔民1037~1041〕がある。いずれも平成30年改正(法72)によって創設された。学説は、前者を賃借権類似の、後者を使用借権類似の法定債権と解する。

配偶者控除 *所得税法*の定める*所得控除*の1つで、一定額以下の所得しか有さない配偶者の最低生活費相当部分が担税力をもたないことなどを考慮するものとされる。*納税者*と生計を一にし、合計所得金額が48万円以下である配偶者について、その配偶者の年齢と納税者の合計所得金額に応じ、48万円から13万円が、納税者の総所得金額等から控除される〔所令2①[33]・83〕。ただし、納税者の合計所得金額が1000万円を超える場合には控除が認められない〔所令2①[33の2]〕。個人に対する*住民税*の*所得割*にも類似の配偶者控除がある〔地税

34①⑩・314の２①⑩〕。 ⇨配偶者特別控除'

配偶者特別控除　＊所得税法'の定める＊所得控除'の１つで，元々は配偶者の内助の功を考慮し，また片稼ぎ給与所得者世帯の税負担軽減などを図るために設けられた。現在の配偶者特別控除は，＊配偶者控除'が適用対象外になったときに税額が大幅に増え，その結果世帯の所得が増加しても税引き後の手取額が減少する手取りの逆転現象と，それによる就業調整（働き控え）を防止するための措置であり，そのため配偶者の所得が増大するに従って控除額が逓減・消失する消失控除の仕組みが採用されている。＊納税者'と生計を一にし，合計所得金額が48万円を超え133万円以下である配偶者につき，その配偶者の合計所得金額に応じて38万円から１万円が，納税者の総所得金額等から控除される〔所税83の２〕。ただし，納税者の合計所得金額が1000万円を超える場合には控除が認められない。個人に対する＊住民税'の＊所得割'にも類似の配偶者特別控除がある〔地税34①⑩の２・314の２①⑩の２〕。

廃止（する）　⇨廃止（する）'（巻末・基本法令用語）

ハイジャック　圏 hijack　航空機乗っとり。1960年以降，中南米や中近東で多発するようになり，日本でも，1970年３月に日本赤軍を名乗る９人が日航機を乗っとった「よど号事件」，1973年７月にパレスチナゲリラが日航機を乗っとった「ドバイ事件」，1977年９月に日本赤軍を名乗る５人が日航機を乗っとり日本で服役中の仲間と身の代金を奪って逃走した「ダッカ事件」などが発生している。この種の犯罪を取り締まるためには国際的な協力が必要となりいくつかの国際条約が結ばれており，航空機内の犯罪に対する＊裁判権'等を定める「航空機内で行なわれた犯罪その他ある種の行為に関する条約」（昭和45条５），ハイジャック犯罪の処罰を義務付けその裁判権等を定める「航空機の不法な奪取の防止に関する条約」，民間航空機の破壊等の義務付けその裁判権等を定める「民間航空機の安全に対する不法な行為の防止に関する条約」（昭和49条５）などがある。わが国の主な取締法規は，＊航空機の強取等の処罰に関する法律'，'航空の危険を生じさせる行為等の処罰に関する法律'，'人質による強要行為等の処罰に関する法律'であり，上記の各条約も批准している。 ⇨人質強要' ⇨人質強要罪'

買収　⇨企業買収'

買収防衛策　敵対的買収（⇨企業買収'）の対象会社が，買収を阻止するために採る措置のこと。敵対的買収を阻止する手段には様々なものがあるが，近年では，イ 買収者に対し，対象会社が定める一定の手続に従うことを要求するとともに，ロ もし買収者が当該手続に従わずに買収を進める場合には，差別的行使条件付新株予約権の無償割当て〔会社277〕等の対抗措置を行うことを事前に公表（警告）しておく，というタイプのいわゆる事前警告型買収防衛策がしばしば利用されている。こうした事前警告型買収防衛策の具体的内容を会社が決定することを事前警告型買収防衛策の「導入」といい，導入された事前警告型買収防衛策に基づいて実際に対抗措置を行うことを事前警告型買収防衛策の「発動」という。上記イの手続としては，対象会社の株主が買収の是非を適切に判断できるようにするために，買収後の事業計画を含む一定の情報を提供し，かつ，対象会社の＊取締役会'が買収提案を検討し，必要に応じて代替案を＊株主'に提示するための期間を確保することを買収者に求めることが一般的である。上記ロの対抗措置において利用される「差別的」＊新株予約権'とは，買収者（及びその関係者）以外の株主のみが行使できる旨の差別的行使条件，及び，発行会社が買収者（及びその関係者）以外の株主からのみ，当該会社の株式を対価として当該新株予約権を取得することができる旨の差別的取得条項が付された新株予約権である。かかる差別的な新株予約権が無償割当てされ，それが行使又は取得されることにより，買収者（及びその関係者）の持株比率が大幅に希釈化され，ひいては買収が阻止されることとなる。こうした事前警告型買収防衛策は，アメリカにおける買収防衛策（ポイズン・ピル（poison pill）ないしライツ・プラン（shareholder rights plan）と呼ばれるタイプのもの）を参考にして開発された。こうした事前警告型買収防衛策の発動（差別的行使条件付新株予約権の無償割当て）の適法性は，新株予約権無償割当ての差止仮処分手続〔会社247類推，民保23②〕（⇨新株予約権発行差止請求権'）で争われることが多く，いかなる場合に事前警告型買収防衛策の発動が許容されるかについては，近年，ブルドックソース事件最高裁決定（最決平成19・８・７民集61・５・2215）の判断枠組みを踏まえつつ，裁判例が蓄積されている。経済産業省「企業買収における行動指針―企業価値の向上と株主利益の確保に向けて」（2023年）において基本的な考え方や留意点が整理されており，実務に影響を与えている。 ⇨新株予約権の無償割当て'

はいしゅつ

排出権取引　温室効果ガスなど環境汚染物質の排出総量を削減するために，京都議定書(1997)(⇨'気候変動に関する国際連合枠組条約')で採択された手法の1つ〔京都議定書17〕。あらかじめ削減目標値(排出枠)を設定し，その削減目標を達成できなかった国や企業などが超過排出をするために，目標を超えて削減できた者からその差の分(排出権)を購入する仕組み(キャップ・アンド・トレード方式)。東京都などで実施されてきたが，排出量削減策としては，設定した目標値よりも削減できた量(クレジット)を取引するベースライン・アンド・クレジット方式もある。2050年の脱炭素社会の実現に向けて，2023年10月から東京証券取引所で，国際協力排出削減量〔地球温暖化2⑧〕等のうちのJ-クレジット(超過削減枠。排出削減・吸収量認証制度に基づき認証された温室効果ガス排出削減・吸収量)を取引するカーボン・クレジット市場が開設され，2026年度に本格稼働が予定されている。

売春防止法　**1 意義**　売春が人としての尊厳を害し，性道徳に反し，社会の*善良の風俗'を乱すものであることに鑑み，売春を助長する行為等を処罰することによって，売春の防止を図ることを目的として〔売春1〕制定された法律(昭和31法118)。
2 売春の定義　売春とは，対償を受け，又は受ける約束で，不特定の相手方と性交することをいう〔売春2〕。「不特定の相手方」であるから，妾(めかけ)など相手方が特定している場合は売春に当たらない。「性交」に限られるから，男娼(だんしょう)などの性交類似行為も売春にならない。しかし，この定義に当てはまる限り男女の別を問わないから，男性が不特定の女性から対償を受けて性交する場合も売春に当たる。また，売春をし，又はその相手方となることを禁じているが〔売春3〕，そのような行為自体を処罰する規定はない。売春の相手方となった客が罰せられないだけでなく，売春行為自体(いわゆる単純売春)は，本法によっては罰せられない(*児童買春，児童ポルノに係る行為等の規制及び処罰並びに児童の保護等に関する法律'4条による児童買春の処罰のように，他の法令によって罰せられることはありうる)。売春の勧誘等，周旋等のほか，困惑等による売春，対償の収受等，前貸等，売春をさせる契約，売春を行う場所の提供，売春をさせる業(管理売春業)，資金等の提供をした者が罰せられる〔売春5～13〕。　⇨'管理売春'
3 補導処分，保護更生の規定の削除　本法には，売春と一定の関係がある女性を対象とした補導処分，保護更生に関する規定があった〔売春旧17～40〕(⇨'婦人補導院')。これらの規定は，「困難な問題を抱える女性への支援に関する法律」(令和4法52)の制定により女性相談支援センターによる支援等が創設されたことを受けて，削除された。

廃　除　⇨'相続人の廃除'

賠償額の予定　**1 意義**　*債務不履行'があった場合の*損害賠償'の額を契約締結当時予測することは困難であり，また，損害を受けた場合に損害賠償額を立証することは必ずしも容易でないので，取引においては，一定の債務不履行のあった場合に，債務者が債権者に対して一定の賠償額を支払うこと(例えば，建設請負契約において*履行遅滞'をすれば1日につき請負高の5％を支払うという場合)をあらかじめ約束しておくことが行われる。これを賠償額の予定という。賠償額を予定した場合には，債権者は債務不履行の事実を証明しさえすれば，損害の発生や，その金額を証明しなくても，予定賠償額を請求することができる。
2 種類及び性質　賠償額の予定には，本来の給付とともに請求する趣旨のもの，本来の給付に代わるもの，予定賠償額を払うことによって契約関係を清算する意味をもつものなど，種々のものがある。賠償額の予定を自由に当事者間で定めることができることは*契約自由の原則'の帰結である。しかし，賠償額の予定の自由を無制限に認めると，*労働契約'や*消費貸借'契約の場合など，契約当事者の一方が他方に対して経済的に優位に立つときには，高額の予定額を定めるなどして，債務者を拘束し，不当な利益を得ることが少なくない。そこで法律により，賠償額の予定が禁止又は制限されたり〔労基16，船員33，利息4，宅建業38，割賦6・30の3，特定商取引10〕，*公序良俗'に違反して*無効'とされたりすることがある(大判昭和19・3・14民集23・147参照)。　⇨'違約金'

賠償責任の制限・免除　⇨'役員等の賠償責任の制限・免除'

賠償命令　⇨'弁償命令'

賠償予定の禁止　日本では，従来，労働者が契約期間の途中で転職したり逃亡した場合や，*労働契約'の不履行，労働者の*不法行為'について，実際の損害の発生の有無にかかわらず労働者やその親元などが使用者に対して一定額の*違約金'や*損害賠償'金を支払うという約束のなされることがあった。このような契約は，労働者の退職の自由を制限して労働者の*人身の自由'を侵害し，また，経済的に労働者とその家

族の生活を脅かすものであったので，*労働基準法'は「使用者は，労働契約の不履行について違約金を定め，又は損害賠償額を予定する契約をしてはならない」〔労基16．なお，船員33〕と規定した。違約金契約の禁止ともいわれ，このような禁止に違反する契約や*就業規則'の規定は法的に無効になる。

廃　職　行政組織に関する法令の改廃により従前設けられていた*職'が廃止されること。廃職を生じた場合，その職を占めていた職員は，その意に反して，*降任'又は*免職'の分限処分を受けることがある〔国公78④，地公28①④〕。

排除決定　刑事訴訟法上，既に取り調べた証拠が*証拠能力'のないものであることが判明したとき，これを排除する*決定'．証拠能力のない証拠は，本来取り調べないはずのものであるが，取調べ後にそのことが判明したときは，当事者の*異議の申立て'に基づいて〔刑訴規205の6②〕，あるいは裁判所の職権で〔刑訴規207〕，その証拠の全部又は一部を排除する。この裁判は決定でされるので，排除決定という。

排除措置命令　**1 意義**　*公正取引委員会'が*独占禁止法'に違反した*事業者'や*事業者団体'に対して違反行為のとりやめ等を命じる行政処分〔独禁61〕。競争秩序の回復が不十分な場合や，違反行為が将来繰り返されるおそれがあれば，既往の違反行為に対しても排除措置を命ずる。排除措置として契約条項の削除，価格の再交渉等が命じられたとしても，その拘束力は受命者以外の第三者に及ぶものでなく，直接に私法上の法律関係を形成・変更する効果が生じるわけではない(最判昭和50・11・28民集29・10・1592〈ノボ・インダストリー事件〉)。

2 内容　違反行為を排除し，公正な競争秩序を回復するために必要な範囲で措置が命じられる〔独禁7・8の2・17の2・20〕。典型的な排除措置としては，違反行為をしない旨の取締役会決議，取引先への通知及び従業員への周知徹底，将来の類似行為の禁止，法令遵守指針の作成，職員の研修及び監査がある。措置の必要性については，独占禁止法の運用機関として競争政策について専門的な知見を有する公正取引委員会の裁量が認められている(最判平成19・4・19民集1242・114〈郵便区分機事件〉)。ただし，違反行為との合理的関連性が認められない措置や違反行為の排除を超えた必要以上の措置は，裁量権の逸脱・濫用となり許されない。

3 手続　排除措置命令は，認定事実及び法令の適用を示した文書を送達して行う〔独禁61〕。排除措置命令書には，意見聴取結果を踏まえ，処分理由とともに措置の必要性に関する判断の基礎事実が具体的に記載されることが求められる。行政手続法は適用除外だが〔独禁70の11〕，名宛人に証拠の閲覧・謄写を認めた上で，主宰者の下で意見聴取が行われるなどの*事前手続'が保障されている〔独禁49~60〕。命令に従わない者には，刑事罰〔独禁90③〕や*過料'〔独禁97〕が科される。なお，排除措置命令の*除斥期間'は7年である〔独禁7②〕。

排除法則　⇒違法収集証拠排除法則'

陪審制(度)　司法手続のうち，*事実(の)認定'に法律の素人である一般国民を関与させる制度。起源については諸説があるが，中世以来イギリスで発達し，アメリカに継受され，現在の*コモン・ロー'法圏の訴訟手続や実体法にも深い影響を及ぼしている。フランス，ドイツでは18,19世紀に一時採用されたが短期間で廃止され，*参審制'がこれに代わった。刑事について事件を起訴するかどうかを決する大陪審(図grand jury)又は*起訴陪審'と，事件の審理に関与し事実を認定して*評決'をする小陪審(図petty jury, petit jury)又は審理陪審(公判陪審)とがあり，地域住民から無作為抽出で選ばれた一定数の陪審員から成る。イギリスでは大陪審を廃止し，アメリカの多くの州は大陪審による起訴を任意的なものとしているが，小陪審はイギリスの刑事手続及びアメリカの民事・刑事手続で広く用いられている。日本では大正12年(1923)に陪審法(法50)が制定され，刑事の審理陪審を設けたが，次第に利用件数が乏しくなり，昭和18年に施行が停止された〔陪審法ノ停止ニ関スル法律(昭和18法88)〕まま現在に至っている。なお，*裁判所法'には刑事について陪審制度を設けることを妨げない旨の規定がある〔裁3③〕。

背信的悪意者　民法177条は，不動産の*物権変動'は，*登記'がなければ*第三者'に対抗することができないと定めている(*善意'を要件としていない)が，その第三者から除外される程度にまで著しい悪意者をいう。不動産登記法は，*詐欺'・*強迫'により登記の申請を妨げた第三者及び他人のために登記を申請する義務のある者に対しては，登記がなくても対抗できることを定めている〔不登5〕。判例は，この規定の趣旨を拡大し，物権変動があった事実を知っていて，その物権変動についての登記の欠缺を主張することが信義に反すると認められる者は，登記の欠缺を主張する正当な利益を有しないため，民法177条にいう第三者に当たらないとした(最判昭和43・8・2民集22・8・1571)。す

ばいせきさ

なわち，このような背信的悪意者に対しては，登記がなくても物権変動を対抗することができる．

陪席裁判官 合議体(⇨合議制・単独制)を構成する*裁判官'であって，*裁判長'以外のもの〔刑訴304①，民訴149②等参照〕．裁判の*評決'については，合議体の一員として裁判長と対等の評決権をもっているが，*訴訟指揮'その他訴訟手続の進行については裁判長に多くの権限が集中されている．

排他条件付取引 取引の相手方に対し，不当に自己の競争者と取引しないことを条件として取引すること．*不公正な取引方法'の1つとして，*独占禁止法'により禁止されている〔独禁2⑨六・19，不公正①〕．これには，相手方が自己の競争者に供給しないことを条件とする場合と，競争者から供給を受けないことを条件とする場合がある．前者は，排他的受入取引といわれ，一手販売契約がその例である．後者は，排他的供給取引といわれ，専売店制や特約店制がその例である．排他条件付取引は，継続的な取引関係を確保し，新規参入事業者や弱小事業者にとって競争力を高める効果があるが，他方でそれにより競争者の取引の機会が失われるおそれがある．後者を市場閉鎖効果という．一定の取引分野において有力な立場にある*事業者'が相当数の取引相手方との間で排他条件付取引を行う場合には，市場閉鎖効果は大きく，原則として公正競争阻害性を認めることができる〔東京高判昭59・2・17行裁35・2・144〈東洋精米機事件〉〕．

排他的経済水域 *領海'を超えてこれに接続する区域で，*基線'から200海里までの範囲をいう〔海洋法約55・57〕．その区域の海底及びその下は，*大陸棚'制度によって規律される〔海洋法約56③〕．また，全ての国は*公海'と同様に，航行・上空飛行の自由及び海底電線・海底パイプラインの敷設の自由が認められる〔海洋法約58〕．1960年代の*漁業水域'の主張を基礎にして，排他的漁業管轄権よりも対象を拡大した権利を沿岸国に認めるものとして，*国際連合海洋法条約'は排他的経済水域制度を定めた．沿岸国は，排他的経済水域において，上部水域並びに海底及びその下の天然資源の探査・開発・保存・管理のための主権的権利，並びに海水等によるエネルギー生産等を含む経済的な探査・開発のための活動に関する主権的権利を有し，人工島や構築物の設置・利用，科学的調査，海洋環境の保護・保全に関する管轄権を有する〔海洋法約56①〕．沿岸国は，生物資源の最適利用の目的を促進するように漁獲可能量を決定し，自国の漁獲能力がそれに至らず余剰が生ずる場合は，その余剰分の漁獲を他の国に認めることになる〔海洋法約61・62・68〕．日本は1996年，国際連合海洋法条約の批准に伴い，漁業水域に関する暫定措置法(昭和52法31)に代えて「排他的経済水域及び大陸棚に関する法律」(平成8法74)し，漁業に関しては，特に「排他的経済水域における漁業等に関する主権的権利の行使等に関する法律」(平成8法76)を，別途制定した．

排他的交渉代表制 交渉代表選挙において過半数の労働者の支持を得た*労働組合'のみが*団体交渉権'を獲得し，交渉単位内の全ての労働者を代表する制度．アメリカの例が最も有名(医 exclusive representative system)．

配置換 **1 意義** *人事院規則'は，*一般職'の*国家公務員'の*転任'〔国公34①④〕のうち，現に*任命'されている*職'と*任命権者'を同じくする他の職(標準的な官職を定める政令に規定する部局又は機関等及び職制上の段階を同じくするものに限る)への任用を配置換とする〔人規(8-12)4⑤〕．*国家公務員法'上の転任は，この配置換と人事院規則上の(狭義の)転任〔人規(8-12)4④〕とに区別される．

2 職階制廃止前における意義 平成19年改正(法108)前の国家公務員法には*職階制'に関する定めがあったところ，平成21年改正前の人事院規則8-12は，改正前国家公務員法の下，配置換について，*分類官職'に任用されている職員を，その官職と同一の*職級'に属する他の分類官職で任命権者を同じくするものに任命すること，又は，非分類官職に任用されている職員を，任命権者を同じくする他の非分類官職に*昇任'・*降任'以外の方法により任命することとしていた〔人規(8-12)旧(平成21人規(8-12-7)による改正前の)5④〕．ただし，職階制は実施されなかったため，当時における配置換は，昇任又は降任以外の方法によって，任命権者を同じくする他の職に任命することを意味していた．⇨職(公務員の)'⇨転職'⇨配転'

配置転換 ⇨配転'

廃置分合 **1 意義** *地方公共団体'の廃止又は新設を伴う区域の変更のこと．地方公共団体を廃止して既存の他の地方公共団体の区域に編入する場合(吸収合併)，2以上の地方公共団体を廃止して，その区域をもって1の地方公共団体を設ける場合(新設合併)，逆に，1の地方公共団体の区域を分けて，その区域をもって新しい地方公共団体を設ける場合(分立)，1の

地方公共団体を廃止し、その区域を分けて2以上の地方公共団体を設ける場合(分割)の4種がある。地方公共団体の廃止・新設、すなわち法人格の変更を生ずる点で単なる境界変更と区別される。

2 手続 都道府県の廃置分合には法律で行うものと、関係都道府県の申請により、内閣が国会の承認を経て行うものがある。市町村の場合には、関係市町村の申請に基づいて都道府県知事が当該都道府県議会の議決を経て定め、これを総務大臣に届け出なければならない。総務大臣はこれを告示するとともに国の関係行政機関の長に通知しなければならない。廃置分合はこの告示によって効力を生ずる。市の廃置分合の処分をしようとするときは、知事はあらかじめ総務大臣に協議しその同意を得なければならない〔自治6・6の2・7〕。また、知事は、市町村の廃置分合に関する勧告権をもつ〔自治8の2〕。
 ⇨'境界変更' ⇨'市町村合併' ⇨'市町村の規模の適正化'

配 転 従業員の職務内容又は勤務場所を相当長期間にわたって変更すること。一般に同一事業場内の部署の変更を配置転換、勤務地の変更を転勤という。終身雇用制下の正社員の管理職養成や雇用調整の重要な手段として、*'出向'とともに日本の民間企業で広く行われ、*'就業規則'にその旨定められるのが通例である。配転命令は、*'労働契約'等で勤務内容・場所に明示の限定がない限り、出向命令に比べて有効とされやすい。ただし、*'不当労働行為'〔労組7〕や*'均等待遇'原則違反〔労基3〕等の法令違反に当たる場合には無効となる。また、育児介護を担う労働者や労働契約の締結・変更に際しては仕事と生活の調和(⇨'ワーク・ライフ・バランス')への配慮が求められる〔育介26, 労契3③〕。配転につき業務上の必要がない場合や、業務上の必要があっても不当な動機・目的による場合、労働者に著しい不利益を与える場合等は*'権利濫用'として許されないと解されている(⇨'東亜ペイント事件')。*'降格'や職降による*'賃金'の減額を伴う配転は、その旨の就業規則の規定がなければ無効、これがある場合でも権利濫用と判断されやすい。 ⇨'配置換'

配 当 Ⅰ *'租税法'上、法人の所得に対して*'法人税'を課し、加えて、配当を受けた株主に対して*'所得税'・法人税を課すのは経済的*'二重課税'であるという考え方から、二重課税排除措置が採用されている。すなわち、個人株主に対しては、*'配当所得'について、所得税額の計算上、その一定割合が税額から控除される〔所税92〕。また、法人株主に対しては、受取配当の全部又は一部を*'益金'の額に算入しないものとされている〔法税23〕。なお、内国法人である株主が外国子会社から受け取る配当については、間接*'外国税額控除'が認められていたが、現在は、益金不算入となっている〔法税23の2〕。
 Ⅱ *'民事執行'又は*'破産'手続において、差押財産又は*'破産財団'をもって複数の債権者の債権に対し割合弁済すること。*'民事執行法'上は差押財産の種類に応じて執行裁判所、*'管理人'又は*'執行官'が実施し〔民執84・107・139・166〕、*'破産法'上は*'破産管財人'が実施する〔破193〕。
 Ⅲ 会社の剰余金の配当については、*'剰余金の配当'をみよ。

配当可能利益 ⇨'分配可能額'

配当金領収証 会社が*'株主'に対して各期の配当金を支払うにあたって作成し、株主に送付するもので、支払配当金額その他の事項が記載された株主の具体化した配当請求権を表章する証書をいう。株主は会社が指定した取扱銀行(実務上は、ほとんどの上場会社の取扱銀行はゆうちょ銀行であり、ゆうちょ銀行と電子交換所との協定により、配当金領収証は電子交換所における取扱対象となっている)においてこれと引換えに配当の支払を受ける。配当金領収証の利用は集団的取扱いの観点から便宜であったが、現在では、配当金が株主の指定した証券会社の口座に入金される方式や株主の指定した銀行等の口座に入金される方式も用いられている。配当金領収証は*'有価証券'ではなく、免責証券であると解されている。なお、会計上、配当金領収証は受取小切手と同様、現金として扱われる。

配当控除 *'所得税法'の定める*'税額控除'の1つで、個人株主が受領した*'配当所得'の原資である法人所得には法人税が既に課されているところから、配当所得に対する*'二重課税'を調整する措置として設けられている。原則として、居住者が内国法人から受領する配当所得の5%又は10%を、所得税額から控除する〔所税92〕。個人に対する*'住民税'の*'所得割'にも類似の配当控除がある〔地方附5〕。 ⇨'法人税の統合'

配当財団 ⇨'破産財団'

配当所得 *'所得税法'上の各種所得の1つで、法人から受ける*'剰余金'の*'配当'(資本剰余金からのものを除く)、利益の配当, 基金利息, 公社債*'投資信託'等以外の投資信託の収益の分配及び特定受益証券発行信託の収益の分配などに係る*'所得'をいう〔所税24〕。配当所得の金額

はいとうよ

は，配当等の収入金額からその元本たる株式取得のための負債利子額を控除した金額である。配当所得は，*法人税'が既に課された法人所得を原資とするので，二重課税調整措置として，*配当控除'がある。非適格合併時に金銭の交付を受けた場合などにつき，一定の金額が配当とみなされる(*みなし配当'〔所税25①〕)。一定の上場株式等の配当所得は15％の*源泉徴収'(他に*地方税'の道府県民税配当割5％)の対象となり〔所税181①・182②，租特9の3，地税71の27等〕，総合課税〔所税22②・24②〕のほか，申告分離課税や申告不要制度を選択できる〔租特8の4・8の5〕。これ以外の配当所得は原則として20％の源泉徴収(地方税なし)と総合課税の対象となるが，少額配当など一定の配当については申告不要制度を選択できる。⇨ニーサ(NISA)'

配当要求 *民事執行'手続において，執行債権者以外の債権者が自己の金銭債権に対しても弁済をなすよう要求して，手続に参加すること。*民事執行法'は，*配当'方法につき*平等主義'をとりつつ，配当要求をすることができる債権者の範囲及び時期を手続の種類に応じて制限している。すなわち，配当要求をすることができるのは，イ *強制競売'及び*担保不動産競売'では，*執行力のある債務名義の正本'を有する債権者，開始決定に係る差押えの登記後に登記された仮差押債権者及び一定の一般*先取(さき)特権'者〔民執51・188〕，ロ *強制管理'及び*担保不動産収益執行'では，執行力のある債務名義の正本を有する債権者及び一定の一般先取特権者〔民執105・188〕，ハ 動産執行では，先取特権者及び質権者〔民執133・192〕，ニ 債権に対する民事執行では，執行力のある債務名義の正本を有する債権者及び先取特権者〔民執154・193②〕に，それぞれ限定されている。配当要求の時期については，イでは裁判所書記官によって終期が定められること〔民執49・52〕，ニでは*第三債務者'が供託した時，*取立訴訟'の訴状が第三債務者に送達された時などが終期となること〔民執165〕が特徴的である。なお，執行債権者以外の債権者が配当要求以外の形式で手続に関与し配当を受ける場合もある〔民執87・125・165等〕。

背任罪 1 概念 他人のためにその事務を処理する者が，自己若しくは第三者の利益を図り，又は本人に損害を加える目的で，その任務に背く行為をし，本人の財産を侵害する罪。刑法247条。5年以下の拘禁刑又は50万円以下の罰金に処せられる。会社役員等による背任行為は重く処罰される(⇨特別背任罪')。
2 罪質 本罪の本質については，イ 事務処理上の誠実義務に反する財産侵害を背任とする背信説(通説・判例(大判大正3・6・20刑集20・1313))と，ロ *代理'権の濫用による財産侵害を背任とする権限濫用説とが対立している。図利目的で行われる場合には利得罪的な性格，加害目的で行われる場合には毀棄罪的な性格を帯びる。利得罪的な背任罪は，信任関係の違背という点で基本的に罪質を同じくする委託物横領罪と区別される(⇨横領罪')。
3 主体 他人のために，その者に代わってその事務を処理する法的義務を負うといえる者のみが，本罪の主体となりうる(*身分犯')。したがって，単に契約に付随する事務処理義務の違背，あるいは単なる*債務不履行'，例えば，請負契約を誠実に履行せず，製品の納期の遅れによって注文主に損害を与えても，背任罪は成立しない。しかし，*抵当権'設定者が，第1抵当権者の登記以前に第三者のために1番抵当権の設定登記をした場合は，本罪が成立するというのが通説・判例(最判昭和31・12・7刑集10・12・1592)である(⇨二重抵当(と背任罪)')。なお，上記ロ説の立場からは，主体は対外的に代理権を有する者であることが要求される。
4 背任行為 上記ロ説によれば，代理権の濫用とみなされる*法律行為'のみが背任行為となりうるが，同イ説においてはこのような限定はなく，法律行為以外の*事実行為'も含めて，客観的に事務処理上の信義誠実義務に反したとみられる全ての行為が，背任罪を成立させうる。また，上司の指示に従った場合であっても，必ずしも本罪の成立を免れない(最決昭和60・4・3刑集39・3・131等)。
5 財産上の損害の発生 本罪が既遂に達するためには，得(う)べかりし利益(⇨逸失利益')の喪失を含む積極・消極の財産上の損害の発生を要する(⇨積極的損害・消極的損害')。損害発生の有無は，本人の財産全体について，経済的見地から判断される(最決昭和58・5・24刑集37・4・437)。判例は，抵当権の順位の低下，不良貸付けなどは，それだけで既遂に達するとしている(最判昭和37・2・13刑集16・2・68等)。

売買 1 意義 当事者の一方(売主)が財産権を移転することを約し，相手方(買主)がこれに対して代金を支払うことを約束する*契約'〔民555〕。金銭以外の物を交付する場合には別の*典型契約'である*交換'となる。有償・双務・諾成契約であり，典型契約の1つとして民法に規定され，その規定は有償契約一般に準用

される〔民559〕。*商事売買'については商法に若干の規定が置かれている〔商524〜528〕。商品交換を前提とする資本主義経済社会では，売買は最も重要な機能を営む契約である。

2 法律関係 売主は契約の目的である財産権を完全に買主に移転しなければならない。そのために売主は，登記などの権利移転の*対抗要件'を買主のために備える義務を負う。また，目的物の占有を移転しその支配を買主に委ねなければならない。更に，目的物について権利や物の*瑕疵(かし)'(契約不適合)がある場合には，*担保責任'〔民562〜572〕を負う。買主の代金支払についてもいくつかの規定がある〔民573〜578〕。

3 種類 売買には，代金の決め方により競争売買(競り売り・*入札')，代金の支払方法により掛売買・割賦払約款付売買，締約方法により*見本売買'・*試験売買'などの種類がある。そのほか，新聞やガスの売買のように一定の物をある期間引き続き供給する継続的供給契約という概念もある。この場合には，売主は買主が前期の料金を支払わないときは，今期分の供給を拒むことができるとされ(厳密には同時履行の関係〔民533〕にないが)，また契約を解除(*告知')したときは，その効果は将来に向けてのみ生ずる。

売買完結権 ⇨売買の一方の予約'

売買監理銘柄制度 特定の銘柄の*株券'等を相当数買い集めている者により大量保有報告書が提出されている場合に，その株券等について価格の変動その他売買状況等に著しい異常があると認めるとき，*金融商品取引所'がその銘柄を売買監理銘柄に指定して必要な規制措置を行う制度〔東証売買監理銘柄に関する規則2〕。これとは別に，上場銘柄が上場廃止基準に該当するおそれがある場合に，投資者にその事実を周知するため，金融商品取引所が当該銘柄を監理銘柄に指定する監理銘柄制度〔東証有価証券上場規程608〕がある。 ⇨大量保有報告制度'

売買の一方の予約 売買当事者のどちらか一方だけが売買契約を成立させる権利(売買完結権又は予約完結権といい，*形成権'である)をもち，その者の意思表示によって，直ちに売買の効力を発生させることのできる売買の予約〔民556①〕。*再売買の予約'は，売買の一方の予約の形をとることが多い。また，*代物弁済の予約'と同じ目的で，売買の一方の予約が使われることもある。目的物が不動産のときは予約完結権を*仮登記'すれば*第三者'に対抗できる。いつまでも予約完結権を行使しないと，相手方の地位が不安定になるので，相手方は催告して予約の効力を失わせることができる〔民556

②〕。 ⇨予約'

売買は賃貸借を破る 例えば，建物所有のための土地*賃貸借'で，賃貸人たる土地所有者が当該土地を*第三者'に譲渡した場合，賃借権が旧所有者に対する相対的な*債権'的権利であることを前提とすると，賃借人は新所有者に対して賃借権を主張することができず，新所有者からの建物収去や土地明渡しの請求に応じなければならない。このような事態を念頭に置いて，一般に「売買は賃貸借を破る」(独 Kauf bricht Miete)と表現され，その結果賃借人は不利な立場に立たされる。建物の敷地が売買によって揺さぶられるという意味で，かかる売買は*地震売買'とも呼ばれ，しばしば不当な賃料値上げに悪用された。登記した不動産賃借権については*対抗力'が認められる〔民605〕が，不動産賃借人は*登記請求権'をもたないと解されたため，賃借人保護の目的で特別法によって簡便な対抗力の取得が図られており〔借地借家10・31，農地18〕，現在ではむしろ「売買は賃貸借を破らない」ことが多い。 ⇨賃借権の物権化'

廃罷訴権 ⇨詐害行為取消権'
配分的正義 ⇨正義'
配分的連結 国際私法上，1つの法律関係の成立に関して，関係する当事者ごとに*連結点'を定め，それを介して選択されるそれぞれの準拠法上その法律関係の成立が認められるか否かを判断するという方法。日本の国際私法では，*婚姻'の実質的成立要件の準拠法決定についてこの方法が採用され，各当事者の*本国法'によるとされている〔法適用24①〕。しかし，実際の適用の仕方については議論が分かれている。1つの考え方は，国際私法上，実質的成立要件には一方要件と双方要件との区別があり，婚姻年齢などは一方要件(一面的婚姻障害)であり，それぞれの本国法をそれぞれの当事者に適用すればよいが，*重婚'や*再婚禁止期間'などは双方要件(双面的婚姻障害)であり，双方の法を累積的に適用することになるとされる。これに対して，このような区別は実質法上のものであり，それぞれの本国法上，一方要件であればその者だけに適用し，双方要件であれば相手方にも適用するとの見解や，配分的連結は結局のところ*累積的連結'になってしまうとの見解もある。

パウンド Pound, Roscoe(1870〜1964)
アメリカの法哲学者，*プラグマティズム法学'の代表者。長くハーバード大学教授を務めた。法史を発展の時代と静態の時代の交替として捉える独自の法史観を展開，変動期である20世紀においては，時代の要求を反映した法の弾力

はかいかつ

的運用を主張した。法学を、社会の必要を調整する「社会工学」であるべきだと唱え、自らの法理論を社会学的法学(英 sociological jurisprudence)と称した。後期には、*法的安定性*を神話として攻撃する*リアリズム法学*と対立した。

破壊活動防止法　昭和27年法律240号。破防法と略称される。暴力主義的破壊活動を行った団体に対して、団体活動の制限〔破防5〕、解散の指定〔破防7〕等の規制を加えるほか、そのような行為をした個人についても、刑法の規定を拡充、あるいは刑罰を加重して取り締まり〔破防38～41〕、公共の安全の確保に寄与することを目的としている〔破防1〕。この法律は、旧憲法下の*治安維持法*、占領下の*団体等規正令*、占領目的阻害行為処罰令(昭和25政325)などの*治安立法*に代わるものとして制定された。立法に際しては、本法は、*集会の自由*・*結社の自由*、*表現の自由*〔憲21〕という*基本的人権*に重大な制限を加えているほか、その前提となる暴力主義的破壊活動の内容も必ずしも明確とはいえず、犯罪*構成要件*も処罰範囲の拡大により不明確化している、更に、公安調査官に認められた調査権〔破防27～34〕が人権の不当な侵害を招くおそれがあるなどの批判が強かったため、国民の基本的人権の侵害の防止を配慮して、拡張解釈の禁止〔破防2〕、濫用禁止〔破防3〕の規定を設ける等の修正が施された。　⇨暴力主義的破壊活動*

バーガー・コート　英 Burger Court　ウォ(ー)レン・バーガー(Warren Earl Burger, 1907～95)が首席裁判官であった時期(1969～86)のアメリカ合衆国最高裁判所を指す。バーガー自身は*ウォ(ー)レン・コート*に批判的であったが、結果的にバーガー・コートは、前任のウォ(ー)レン・コートが達成した市民的諸権利の保障や選挙区割不均衡の是正等の成果を確認し、これを後戻りさせることはなかった。むしろこの時期の合衆国最高裁判所は、性差別の撤廃に積極的な姿勢をとり、人工妊娠中絶に関する女性の*自己決定権*を承認する(Roe v. Wade, 410 U.S. 113(1973)参照)など社会改革を更に促進する面をも見せた。また、バーガーがコンピューターの導入や新しい司法スタッフの創設により裁判実務の効率化を図り、司法制度改革に努めたことは高く評価されている。

博多駅テレビフィルム提出命令事件　⇨取材の自由*　⇨知る権利*　⇨報道の自由*　⇨マスメディアの自由*

端　株　⇨株式の単位*　⇨株式不可分の原則*　⇨端数*

袴田(はかた)事件　昭和41年(1966)6月に静岡県内で起きた強盗殺人・放火事件。みそ製造会社の専務一家4人が殺害された。同社の従業員であった袴田巌が犯人として、起訴された。袴田は捜査段階で長時間の取調べを受けて一旦*自白*したものの、公判では否認した。事件発生から1年以上経ってから、みそ樽(たる)の中から従業員が血液の付着した衣類を発見し、それが犯行時の着衣とされた。第一審は、多くの自白調書の中から1通だけの*証拠能力*を認め、発見された衣類も証拠として*死刑*を言い渡し、この判決は*上訴*を経て確定した(最判昭和55・11・19集刑220・83)。その後、2回目の*再審*請求を受けた静岡地裁は、犯行着衣とされた物がそれほど長い間みそ樽に漬かっていたものとは考えられず、捏造(ねつぞう)された疑いがあるとして、2014年に再審開始を決定した(静岡地決平成26・3・27判時2235・113)。その後、2024年の静岡地裁判決(静岡地判令和6・9・26)によって、袴田の*無罪*が確定した。

はかる(諮る)　⇨意見を聴き(聞き)*(巻末・基本法令用語)

破　棄　*上訴*裁判所(⇨事後審*)が上訴に理由があるとして原判決を取り消すこと。破棄した後にどうするかで、破棄差戻し・破棄移送・破棄自判の別がある。　⇨破棄判決*

破棄移送　⇨破棄判決*
破棄差戻し　⇨破棄判決*
破棄自判　⇨破棄判決*

破棄判決　Ⅰ　刑事訴訟法　1意義　*控訴審*又は*上告審*が、*上訴*申立てに理由があると認めて原判決を*破棄*する判決。2種類　イ　破棄自判：破棄して更に自ら事件について結論を出す判決をする場合をいう。改めて下級審での審判をやり直す必要がないほどに、上訴裁判所の判断が熟している場合に行われる〔刑訴400・413〕。ロ　破棄差戻し：破棄して、更に審判させるため原裁判所へ差し戻すことをいう。破棄自判ができるほど、原審の審理が十分ではない場合〔刑訴400・413〕とか、控訴審で*第一審*が不法に*管轄*を認めなかったときなどに行われる〔刑訴398〕。ハ　破棄移送：破棄して、事件を原裁判所以外の裁判所へ直接移送することをいう。破棄差戻しに代えて移送する場合〔刑訴400・413〕のほか、控訴審では第一審が不法に管轄を認めたときに行われる〔刑訴399。なお、刑訴412〕。破棄差戻し又は移送を受けた下級審の裁判所は、破棄判決の判断に拘束される〔裁4〕。

Ⅱ　民事訴訟では、*上告審*が*上告*を理由

があると認めて原判決を破棄する判決。刑事訴訟と同じく，破棄差戻し〔民訴325〕・破棄移送〔民訴325〕・破棄自判〔民訴326〕の3種がある。破棄の理由は，かつては'上告理由'と同一であったが，現行民事訴訟法の下では，最高裁判所への上告に関しては，上告理由よりも破棄理由の方が広いことになった。すなわち，「判決に影響を及ぼすことが明らかな法令の違反」は，最高裁判所への上告理由ではなくなったが〔民訴312〕(⇨上告の制限')，破棄の理由とされている〔民訴325②〕。

ハーグ議定書 ⇨国際民間航空機関' ⇨旅客運送契約' ⇨ワルソー条約'

剽権行為 ⇨特許'

ハーグ国際私法会議 仏 Conférence de la Haye de droit international privé オランダ政府の発意により，国際私法の統一を目的としてオランダのハーグで開催されてきている国際会議とともにそれを運営する国際機関の双方を指す。日本政府の公文書ではヘーグ国際私法会議とされている。1893年に第1回が開催され，戦争による2度の中断があったが，1951年の第7会期においてハーグ国際私法会議規程が採択され(1955・7・15発効)，常設の国際機関となった。当初はヨーロッパ諸国を中心とするものであったが，徐々に加盟国が増加し，また非加盟国でもこの会議で作成された条約に加入するようになって，国際的立法機関の役割を果たしている。日本は，1904年の第4回会議以来代表を送っている。ハーグ国際私法会議は，網羅的な1個の法典を作成するという方法ではなく，個別問題ごとに条約を作成するという方法をとっており，これまで多くの条約を採択してきている。日本が批准しているものは，'民事訴訟手続に関する条約'(1954)，「子に対する扶養義務の準拠法に関する条約」(1956)(昭和52 条8)，「遺言の方式に関する法律の抵触に関する条約」(1961)(昭和39 条9)，'外国公文書の認証を不要とする条約'(1961)，'送達条約'(1965)，'扶養義務の準拠法に関する条約'(1973)(昭和61 条3)，'国際的な子の奪取の民事上の側面に関する条約'(1980)の7条約である。

白紙委任状 受任者名，委任事項など'委任状'の一部を記載しないで白地(はくち)のままにしておき，その決定と補充を相手方その他の者に任せた委任状をいう。例えば，受任者名白地の例として，かつては記名株式の譲渡にあたって名義書換の白紙委任状を添付するという慣行があり〔商旧(昭和41 法83 改正前の)205 ③参照〕，'株主総会'における議決権行使に関して，受任者欄が空欄の白紙委任状が提出されることがある。また，委任事項白紙の例として，金銭貸借などに関連して'公正証書'作成を貸主に委任する際，委任状の委任事項を白地にしておく場合がある。これらの場合に，決定を任せられた者(補充権者)が白地を補充すると，委任状としての効力が発生する。なお，補充権者でない者が補充したり，補充権者が補充権を濫用して作成された委任状に基づいて代理行為が行われた場合には，'表見代理'の問題が生ずる〔民109・110〕。

白色票 ⇨青票(せいひょう)・白票(はくひょう)'

漠然性のゆえに無効の理論 法令の文言が漠然・曖昧で一般人がその規制内容を判断できない場合に，その法令を漠然性を理由に文面上無効とする判例理論(英 void for vagueness doctrine)(⇨文面上違憲無効')。曖昧さゆえに無効の理論又は不明確ゆえに無効の理論ともいう。根拠は，イ 公正な警告・告知の欠如，ロ 規制機関の恣意的な法運用の可能性，ハ 裁判基準としての不適格性にある。本来，'罪刑法定主義'の一内容である明確性の理論から派生するものであるが，特に，優越的地位をもつ表現の自由(⇨優越的自由')に対する規制立法の'萎縮的効果'を考慮に入れた審査方法としてアメリカで広く用いられている。 ⇨過度の広汎性のゆえに無効の理論'

爆発物 爆発物取締罰則は，その1条において，「治安ヲ妨ケ又ハ人ノ身体財産ヲ害セントスルノ目的」で爆発物を使用する(及び使用させる)行為に重刑を科し(死刑又は無期若しくは7年以上の拘禁刑)，その2～9条において，爆発物使用の'未遂'及び'脅迫'・'教唆'・'煽動(せんどう)'・共謀，爆発物(又はその使用に供すべき器具)の製造・輸入・'所持'・注文及び販売・譲与・寄蔵(保管)・その約束，各罪の犯人の蔵匿・隠避・罪証隠滅(⇨犯人蔵匿罪'・'証拠隠滅罪')等，関連行為を広範に犯罪類型化する。爆発物の意義につき，最高裁判所は，大審院判決(大判大正7・5・24 刑録24・613，大判大正7・6・5 刑録24・658)を踏襲して，「理化学上のいわゆる爆発現象を惹起(じゃっき)するような不安定な平衡状態において，薬品その他の資料が結合せる物体であって，その爆発作用そのものによって，公共の安全を攪乱(かくらん)し，又は人の身体財産を傷害損壊するに足る破壊力を有するもの」と定義し，火炎びんは，その爆発自体によって公共の平和を攪乱したり人の身体・財産を傷害・損壊する力のないものなので，爆発物に当たらないとした(最判昭和28・11・13 刑集7・11・2121)。この解釈は，昭和31年の大法廷判決で確認され

ばくはつぶ

(最大判昭和31・6・27刑集10・6・921)，その後の学生運動の過激化に伴う火炎びんの多用と相まって，'火炎びんの使用等の処罰に関する法律'制定の契機となった。

爆発物取締罰則 ⇨爆発物'

白　票 ⇨青票(せいひょう)・白票(はくひょう)'

ハーグ陸戦規則 ⇨ハーグ陸戦条約'

ハーグ陸戦条約　正式には「陸戦ノ法規慣例ニ関スル条約」という。1899年の第1回ハーグ平和会議で採択された条約(明治33勅第8号)の1つで，1907年の第2回ハーグ平和会議で改正され(明治45条4)今日に至っている。条約自体は9ヵ条から成るが，その附属書である「陸戦ノ法規慣例ニ関スル規則」(ハーグ陸戦規則)は56ヵ条から成る詳細なもので，第一次大戦前における陸戦法規の集大成といえる。ここで規定された陸戦法規の多くが，1949年の'ジュネーヴ四条約'と1977年の'ジュネーヴ四条約の追加議定書'によって修正・補完されている。

ハーグ・ルール ⇨ヘーグ・ルール'

派遣法 ⇨労働者派遣法'

派遣労働者　事業主が雇用する'労働者'であって，労働者派遣の対象となるもの〔労派遣2②〕をいう。派遣労働者は，雇用主である派遣元事業主から派遣されて派遣先事業主の指揮命令下で労働する点で，あくまで雇用主である受託事業者の指揮命令下で委託事業者において労働する業務処理請負の労働者と区別される。また，派遣元事業主とのみ'労働契約'関係に立つ点で，出向元事業主と出向先事業主の双方と労働契約関係に立つとされる'在向'労働者'とも区別される。派遣労働者かその他の労働者かで，労働者派遣法のみならず'労働基準法'や'労働契約法'等の一般労働法規の適用関係や労働契約上の債権債務関係に差異が生じる〔労派遣44〜47の4〕。⇨労働者派遣法'

跛行(はこう)婚 ⇨跛行(はこう)的法律関係'

跛行(はこう)的法律関係　1つの法律関係が，ある国では有効とされているのに，他の国では無効とされたり，あるいは解消したものと扱われたりすること。'婚姻'について跛行的な現象が生ずる場合を特に，跛行婚(図 limping marriage)ということがある。このような現象が生ずる原因は，国によって法が異なり，また，'準拠法'の選択を通じて国際的な法秩序の維持を任務とする国際私法も統一されていないため，1つの法律関係に国によって異なる準拠法が適用されることがあり，また，'外国判決の承認'には一定の要件が課され〔民訴118参照〕，一国の判決が必ずしも他国で効力を有するとは限らないことにある。このような国内法の常識からみれば極めて好ましくない事態が生ずるということ自体，国際私法秩序が未確立であることの証左である。なお，跛行という用語は適当ではないので，どの国からみるかによって評価が異なるということから玉虫色の法律関係とも表現される。

破　産　'支払不能'又は'債務超過'にある債務者について，債権者その他の利害関係人の利害及び債務者と債権者との間の権利関係を適切に調整し，もって債務者の財産等の適正かつ公平な清算を図るとともに，債務者について経済生活の再生の機会の確保を図ることを目的とする'司法'手続〔破1〕。清算型倒産処理手続を代表する。破産手続は，支払不能又は債務超過という破産原因が存在する場合に，裁判所が破産手続開始決定を行うことによって開始する〔破15①・16①・30①柱・223・244の3〕。破産手続開始決定の効果として，破産手続開始時の破産者の財産によって構成される'破産財団'〔破34①〕所属財産についての管理処分権が'破産管財人'に専属し〔破78①〕，破産管財人は，これを管理・換価し，破産手続開始前の原因に基づく財産上の請求権である'破産債権'を調査の上，確定された破産債権に対する'配当'を行う。これに対して，手続の費用など，破産債権者が共同で負担しなければならない債権には，'財団債権'の地位が認められ〔破148等〕，破産手続によらない優先的満足が与えられる〔破2⑦〕。また，破産財団所属財産の上に存する担保権については，'別除権'とされ〔破2⑨〕，破産手続によらない権利の行使が認められる〔破65①〕。他方，破産者については，'免責'手続によって，破産債権についてその責任を免れることが認められ〔破253①柱文〕，それを通じて経済的更生を図ることができる。

破産管財人　**1 意義**　'破産'清算を遂行する，破産手続上の機関。破産手続開始決定と同時に破産裁判所によって選任され〔破31①柱〕，'破産財団'の管理・処分，'破産債権'の調査や'配当'の実施などに関する職務を行う〔破78・79・117・195等〕。裁判所は，'自然人'及び'法人'のいずれをも破産管財人に選任することができるが〔破74②〕，その職務を行うに適した者でなければならない〔破規23①〕。実際には，'弁護士'の中から選任されている。破産管財人の職務遂行は，裁判所の監督に服する〔破75①〕。破産管財人の活動に要する費用及び報酬は，'財団債権'として破産財団から支払われる〔破148①②〕。

2 地位 破産管財人の法的地位については，学説の対立がみられるが，破産財団に法主体性を認め，破産管財人をその代表機関であるとする考え方，あるいは破産財団の管理機構としての破産管財人に法主体性を認める説が有力である。

破産原因 ⇨破産手続開始原因'

破産債権 *破産'者に対して破産手続開始前の原因に基づいて生じた財産上の請求権〔破2⑤〕。破産債権は破産手続外では行使できず〔破100①〕，現在化・金銭化〔破103②③〕され，届出〔破111〜114〕・調査〔破116〜123〕・確定〔破124〜133〕を経て，*破産財団'から債権額に比例して*配当'を受ける〔破193〜215〕。一般の破産債権のほかに，*一般の先取(さきどり)特権'や一般の優先権のある債権のようにこれに優先して配当を受けられる優先的破産債権〔破98〕と，破産手続開始後の利息・損害金などのようにこれに劣後して配当を受ける劣後的破産債権〔破99①〕，約定により法定の劣後的破産債権に劣後する約定劣後破産債権〔破99②〕とがある。破産者は，破産手続終結後，配当がされなかった残債務について免責(⇨*免責主義・懲戒主義')により責任を免れることができる〔破253①・221〕。

破産財団 *破産'手続において，*破産債権'者の共同の満足に充てるために，*破産管財人'によって管理・換価される破産者の財産の集合体をいう。法律上，破産財団は破産手続開始時に破産者が有する差押え可能な財産から成る(法定財団)〔破34①③〕。破産財団の管理処分権は破産管財人に専属する〔破78①〕。破産者の財産のうち破産財団に属しないものを*自由財産'という。破産管財人が現実に管理している財産(現有財団)は，*取戻権'の行使や*財団債権'の弁済等により減少する一方で*否認権'の行使により増殖し，*配当'の基礎となる財産の集合体(配当財団)が形成される。

破産手続開始決定 ⇨破産'

破産手続開始原因 *破産'手続を開始するための積極的要件として*破産法'が定める債務完済不能状態。日本の破産法は，*支払不能'などの包括的な概念でこのような状態を規定する概括主義を採用している。現行法上，支払不能が一般的破産手続開始原因，*債務超過'が法人などに関する特別の破産手続開始原因で，*支払停止'があれば支払不能が推定される〔破15・16・223〕。この推定規定は破産申立債権者による破産手続開始原因の証明を容易にするためのものである。

破産能力 *破産'手続開始を受けて破産者となりうる資格。*破産法'上，全ての*自然人'，*相続財産'〔破222①〕，*私法人'，民事訴訟法29条にいう*権利能力なき社団'・*財団'，*信託財産'〔破244の2①〕及び*外国人'・*外国法人'は破産能力が認められる。*公法人'については争いがある。 ⇨一般破産主義'

破産廃止 *破産'手続を，清算目的を達しないままで将来に向けて終了させることをいう。*破産財団'が手続費用を償うに不足であることが破産手続開始時に判明した場合(同時廃止)〔破216〕又は手続進行中に判明した場合(異時廃止)〔破217〕，及び届出債権者全員の同意がある場合(同意廃止)〔破218〕に認められる。

破産法 平成16年法律75号。債務者の*破産'を処理するための手続を規律する法。旧商法破産編(明治23法32)及び家資分散法(明治23法69)(⇨*家資分散')，旧破産法(大正11法71)を経て，現行破産法が制定された。手続の細目等を定めるものとして，破産規則(平成16最高裁規14)がある〔破14参照〕。また，*特別清算'を規律する会社法の規定〔会社2編9章2節・7編2章4節・同3章3節〕も，破産法と同様の清算型倒産処理手続としての機能をもっている。

破産免責 ⇨免責'

端数 *株式会社'が*取得条項付株式'の一定の行為に際し，株主等に株式を交付する場合，及び*株式の分割'又は*株式の併合'を行う場合には，1株に満たない端数が生ずることがある。会社法制定前は，このうち1株の100分の1の整数倍に当たる端数を端株として取り扱うことが強制されていた。しかし，利用頻度が低かったことから，会社法では，端株制度が廃止され，1株に満たない端数は，全て金銭処理される。すなわち，取得条項付株式又は*全部取得条項付種類株式'の取得，*株式の無償割当て'，取得条項付新株予約権の取得，合併，株式交換，株式移転及び株式交付の場合において，株主等に交付すべき株式の数に1株に満たない端数があるとき，及び株式分割又は株式併合により1株に満たない端数が生ずるときは，その端数の合計数(当該合計数のうち1に満たない端数の部分は切り捨てられる)に相当する数の株式は，これを*競売'し，その代金を株主等に交付しなければならない〔会社234①・235①〕。競売に代えて，*市場価格のある株式'については市場価格として法務省令で定める方法により算定される額をもって，市場価格のない株式については裁判所の許可を得て競売以外の方法により，これを売却することも認められる〔会社234②・235②，会社則50〕。株式会社が取得条項付株式の取得等に際し，株主等に社債

はせいしょ

又は新株予約権を交付する場合にも1に満たない端数が生ずることがあるが，同様の処理が行われる〔会社234⑥，会社則51〕。また，会社が株主からの請求に基づく*取得請求権付株式'の取得と引換えに，当該株主に他の株式，社債又は新株予約権を交付する場合に生ずる端数については，これを切り捨てた上，当該端数に当該株式や社債等の市場価格等相当額を乗じた額を交付しなければならない〔会社167③④，会社則31〜33〕。なお，株主割当てによる*募集株式の発行等'の場合にも，割当ての比率によっては1株に満たない端数が生ずることがあるが，この場合には，この端数部分は切り捨てられる〔会社202②但〕。

派生証拠　　⇨*毒樹の果実'
派生的著作物　　⇨*二次的著作物'
バーゼル条約　　正式には「有害廃棄物の国境を越える移動及びその処分の規制に関するバーゼル条約」という。有害廃棄物が越境処分される場合の国際的規制を目的とした条約。国際連合環境計画のバーゼル会議で1989年3月22日に採択，1992年5月5日に発効した。日本は1993年に批准した（平成5条7）。1976年イタリアの農薬工場爆発事故で汚染した物質の越境処分事件をきっかけに関心が高まり，条約の作成に至った。一定の廃棄物で国境を越えるものを「有害廃棄物」として，輸入国の同意なき越境移動等を禁止する。1995年の通称「BAN改正」により，先進国から途上国への越境移動を禁じた。

裸傭船（らようせん）　　⇨*傭船(ようせん)契約'　　⇨*船舶賃貸借'

パターナリズム　　英 paternalism　　「恩情的干渉主義」などと訳される。pater はラテン語で父親の意味。独立能力のない子に対して，親が干渉して面倒をみるようなやり方で，国家や法が私人の行動に干渉すること。自制心のない者が身をもち崩すのを防ぐために賭博を罰し，事故に遭って危険なのは自分自身なのにシートベルトを着用しない者を処罰し，オートバイ運転者にヘルメット着用を強制するなどの行為は，パターナリズムだといわれる。ミル（John Stuart Mill, 1806〜73）は「自由論」において，理性ある人に対して正当に権力を行使できる唯一の目的は他人に対する危害の防止であるという「危害原理」を説いてパターナリズムに反対した。　　⇨リバタリアン・パターナリズム'

破綻主義　　離婚法において，一定期間の別居など，夫婦間の共同生活関係の客観的な破綻を*離婚原因'として認める立法主義をいう。当事者の一方の有責行為を離婚原因とする有責主義に対する。欧米諸国における離婚法は，1960年代後半以降，有責主義から破綻主義へと改正された。日本の民法は，戦前は有責行為だけを裁判離婚の離婚原因としていたが，戦後の改正（昭和22法222）によって，精神病及び「婚姻を継続し難い重大な事由」〔民770①〕という破綻主義の離婚原因が加わった（精神病については令和6年の改正（法33）で削除）。しかし，民法は明治の立法当初から，合意に基づく届出のみで離婚が成立する，いわば極限的な破綻主義である*協議離婚'を，裁判離婚とは別個に制度化しているため，戦後改正をもって破綻主義に移行したとはいえない。改正後間もなく，最高裁判所は，婚姻生活の破綻をもたらした有責配偶者はその破綻を離婚事由として離婚請求できないとする消極的破綻主義の判例を確立した（最判昭和27・2・19民集6・2・110等）。これに反対する積極的破綻主義の学説が次第に増加していたところ，最高裁判所は判例を変更し，一定の要件の下で有責配偶者の離婚請求を認めるに至っている（最大判昭和62・9・2民集41・6・1423）。平成8年（1996）の法制審議会「民法の一部を改正する法律案要綱」では，これを受けて，5年間の別居を要件として離婚を認める規定を新設する案が示されたが，令和6年（2024）現在，まだ実現していない。　⇨*有責主義'

パーチェス法　　被結合企業から受け入れる資産及び負債の取得原価を，対価として交付する現金及び株式等の時価（公正価値）とする方法。取得（逆取得を除く）と判定された企業結合に適用される会計処理方法である。ここで取得とは，ある企業が他の企業（被取得企業）又は企業を構成する事業に対する支配を獲得して1つの報告単位となることをいい，支配とは，ある企業又は企業を構成する事業の活動から便益を享受するために，その企業又は事業の財務及び経営方針を左右する能力を有していることをいう。

八月革命説　　昭和20年8月の*ポツダム宣言'受諾により*主権'の所在の移行があった，すなわち法的意味での革命が生じたと解し，新たに主権者となった国民が日本国憲法を制定したと考える学説で，*宮沢俊義'によって唱えられた。日本国憲法は*大日本帝国憲法'73条の改正手続規定に従って成立した（公布の*上諭'）が，*憲法改正'限界説によれば，*国民主権'主義に立脚する日本国憲法が*天皇主権'を基本原理とする大日本帝国憲法の改正であるとは説明されえないので，革命という擬制を用いて日本国憲法の成立を法理論的に説明するものである。

8条機関 ⇨3条機関'

バーチャル株主総会 *取締役'や*株主'等がインターネット等の電子的手段を用いて*株主総会'に出席することが許容されている株主総会のこと。「ハイブリッド型」と「バーチャルオンリー型」とに大別される。ハイブリッド型バーチャル株主総会とは、取締役や株主等が一堂に会するリアル株主総会の開催場所に参集しない取締役や株主等がインターネット等の情報伝達手段を用いて出席又は参加する株主総会をいう(厳密には、インターネット等の情報伝達手段を用いて株主総会に出席する「バーチャル出席型」と、会社法上の「出席」を伴わず審議等を確認・傍聴するだけの「バーチャル参加型」がある)。これに対し、バーチャルオンリー型株主総会とは、リアル株主総会を開催することなく、取締役や株主等が、専らインターネット等の情報伝達手段を用いて出席する株主総会をいう。会社法の解釈上、ハイブリッド型バーチャル株主総会は適法に行うことができるが、バーチャルオンリー型株主総会を適法に行うことは難しいと解されている。会社法は、株主総会の招集決定において「株主総会の場所」を決定しなければならないとしており〔会社298①Ⅰ〕、物理的な場所の定めのない株主総会を想定していないと解されるためである。そこで、令和3年の*産業競争力強化法'改正(法70)により、上場会社が一定の要件を満たすことについて経済産業大臣及び法務大臣の確認を受けた場合には、株主総会を場所の定めのない株主総会とすることができる旨を定款で定めることができ〔産競66①〕、当該定款の定めのある上場会社は、招集決定の時点において上記一定の要件を満たすならば、場所の定めのない株主総会(すなわちバーチャルオンリー型株主総会)を開催することができる〔産競66②〕という特例が創設された。

発案権 議会において原案を提出する権限。議会の構成員である議員は原則として発案権をもつが、発案に一定数の賛成者を要求している場合がある〔国会56、自治112②〕。また、発案権は、内閣〔憲72〕や地方公共団体の長〔自治149Ⅰ〕にも与えられており、予算のように内閣や*地方公共団体の長'が発案権を専有している〔憲73⑤・86、自治149Ⅱ・211〕ものもある。

発 議 ⇨法案提出権'

罰 金 *主刑'の1つ〔刑9〕で、*科料'とともに*財産刑'の一種である(⇨刑')。金額は、長らく罰金等臨時措置法によって調整が図られてきたが、消費者物価や賃金の上昇を考慮して、平成3年の「罰金の額等の引上げのための刑法等の一部を改正する法律」(法31)により、原則2.5倍に引き上げられたほか、最低額は1万円とされ、これを減軽する場合には1万円未満に下げることができることとなった〔刑15〕。また、同改正により、刑法、*暴力行為等処罰ニ関スル法律'及び*経済関係罰則ノ整備ニ関スル法律'の罪以外の罪(条例の罪を除く)について定めた罰金及び科料については、額が一定の金額に倍数を乗じて定められる場合を除き、イ 罰金の多額が2万円に満たないときは2万円とし、寡額が1万円に満たないときは1万円とするほか、ロ 科料の額に特に定めのあるものについては定めがないものとする(刑法17条所定の額にする)ということになった〔罰金臨措2〕。罰金を完納できない者は1日以上2年以下の期間、労役場に留置される〔刑18①〕。 ⇨労役場留置' ⇨日数罰金制'

罰金等臨時措置法 ⇨罰金'

バックペイ 因 back pay *不当労働行為'の*救済命令'において、使用者に対して命じられる解雇時から原職復帰までの間の賃金や、停職期間中の賃金など、解雇がなかったら労働者が得たであろう金額の遡及支払のこと。不就労期間中に労働者が他で働いて得た収入(中間収入)をバックペイから控除すべきかについては、民法の*損益相殺($\frac{{,\ ,}}{{,\ ,}}$)'とは異なり、*労働基準法'26条が休業期間中も賃金の6割以上を保障している趣旨が重視されるほか、不当労働行為による解雇の場合には、労働者個人の受けた損害及び労働組合が受けた*団結権'侵害の程度の両面から、不当労働行為の救済にとって適当であるかどうかが*労働委員会'の裁量によって判断すべきものとされている。

発行開示 ⇨ディスクロージャー' ⇨有価証券届出書'

発行可能株式総数 *株式会社'が発行することができる*株式'の総数〔会社37①〕。*定款'に発行可能株式総数の定めを設けなければならず〔会社37①②・98〕、発行可能株式総数の変更は定款の変更〔会社466〕によって行われる。設立しようとする株式会社が*公開会社'でない場合を除き、設立時発行株式の総数は、発行可能株式総数の4分の1以上でなければならない〔会社37③〕。

発行可能種類株式総数 *株式会社'が発行することができる一の種類の*株式'の総数〔会社101①③〕。*種類株式発行会社'は発行可能種類株式総数を*定款'で定めなければならず〔会社108②柱〕、発行可能種類株式総数の変更は定

はつこうず

款の変更〔会社466〕によって行われる。

発行済株式総数 *株式会社'が発行している株式の総数をいう。会社法の下においても商法の場合と同様に，機動的な資本調達を可能ならしめるために*授権資本制度'が採用され，会社は*取締役会'決議等により*定款'で定められた発行可能株式総数の範囲内で適宜株式を発行することが認められている。ただし，取締役会等に無限の数の株式発行権限を認めるのは濫用のおそれがあるので，会社の設立時には発行可能株式総数の少なくとも4分の1は株式を発行しなければならず〔会社37③本文〕，また，定款の変更により発行可能株式総数を増加する場合にも，発行済株式総数の4倍までしか増加することができないが〔会社113③〕，いずれも*非公開会社'についてはこの制限が除外されている。なお，平成13年改正〔法79〕商法の下では*単元株'制度の導入に伴い，*親会社'・*子会社'の定義，*株主総会'の定足数，*少数株主権'行使の持株要件の基準として従来発行済株式数を用いていたのを議決権数を基準とすることに改めたが，会社法の下でも原則として同様の基準がとられている〔会社309③・2③④・303・304等〕。

発行登録制度（有価証券の） *有価証券'の発行会社が，一定期間内（1年又は2年）に予定している*有価証券の募集'・*有価証券の売出し'について，発行予定額，発行有価証券の種類等を記載した発行登録書をあらかじめ内閣総理大臣に提出し登録しておけば，実際に発行するときには届出をせずに，発行条件等の証券情報だけを記載した簡易な発行登録追補書類等を提出するだけで，募集・売出しによって，投資者に有価証券を取得させ又は売り付けることができる制度〔金商23の3〜23の12〕。発行会社が，有価証券の募集・売出しを機動的に実施できるようにするために，アメリカのshelf registration（一括登録制度）に倣い，有価証券届出制度の特例として，昭和63年の証券取引法（現*金融商品取引法'）改正〔法75〕により導入された。流通市場において情報が十分開示され，効率的な市場が存在することを前提とするため，この制度を利用できるのは，募集・売出しを参照方式（⇨有価証券届出書'）によって行うことができる者に限られる〔金商23の3①・5④，企業開示9の4②③〕。

発行日取引 取引所*金融商品市場'又は店頭売買有価証券市場における売買取引の一種。発行日決済取引とも呼ばれる。上場会社が増資や株式分割を行う場合に，新株を取得するまで売却できないことによる株価変動リスクを回避するために，新株が発行されたときにその新株で決済するという条件で新株の未発行段階で行う売買取引のこと〔金商161の2①，保証金1②〕。決済までの期間が2カ月から4カ月と長いため，金融商品取引業者は売買証拠金を，顧客は金融商品取引業者に委託保証金を預託しなければならない〔金商161の2，保証金2〜5〕。

罰条 起訴状に書かれた*公訴事実'に適用すべき犯罪類型と刑罰内容を表示した法律の条項。*訴因'に対する*検察官'の法的構成を示すことになる〔刑訴256②④〕。訴因の補助的な性質しかもたないので，罰条の誤りは*被告人'の防御に実質的な不利益が及ばない限り起訴状を無効にしない〔刑訴256④但〕。また，罰条の変更命令〔刑訴312②〕は形成力をもつと解されている。 ⇨起訴状'

発信主義 *意思表示'の効力が発生する時期を意思表示が発信された時とする立法主義。到達主義に対する。民法上の原則は到達主義である〔民97〕が，迅速に効力が発生することが求められる場合には，発信主義をとることがある〔商526②〕。従来，契約の申込みに対する承諾〔民旧526①〕がその典型例とされてきたが，*債権法改正'によって到達主義が採用されるに至った。通信に要する時間短縮がその理由である。発信主義では意思表示が到達しなかったことから生ずる不利益は意思表示の相手方（発信主義をとる承諾では申込者）が負うことになる。 ⇨到達主義'

発生主義 ⇨収益の計上基準'

罰則 刑罰（⇨刑'）又は*過料'を科する旨を定めた規定。日本国憲法の下では，刑罰は法律で定めるのが原則であり，*政令'その他の*命令'には，*法律の委任'がない限り，罰則を設けることができない〔憲31・73⑥但，内閣府7④，行組12③・13②〕。実際にも，命令に罰則の委任を認めた例は，極めて少ない〔例：河109，漁業119，船舶21〕。法律の委任による場合でも，罰則の包括的・一般的委任は，国会を国の*唯一の立法機関'とする憲法41条の趣旨から許されない。最高裁判所も，このような考えを明らかにしている〔最大判昭和37・5・30刑集16・5・577〕。ただ，*条例'には一定の限度内で刑罰を科すること，また，地方公共団体の*規則'には一定の限度内で過料を科することが，一般的に認められている〔自治14③・15②〕。なお，*総則・通則・雑則・補則・罰則'（巻末・基本法令用語）をみよ。

発明 特許権の保護客体となるもの。諸外国の特許法では発明の定義が置かれていない

ことが多く、条約上も発明の定義規定は存しないが〔例えば、ヨーロッパ特許条約52②〕、日本の特許法は、発明の定義規定を設けている。すなわち、「発明」とは、「自然法則を利用した技術的思想の創作のうち高度のもの」をいう〔特許2①〕。この定義によれば、「発明」というためには、以下の要件を満たすことが必要となる。イ「自然法則を利用」したものでなければならない。経済法則やスポーツ・ゲームのルールなど、単なる人為的な取決めにすぎないものや、自然法則と関係しない人間の精神活動の所産は発明とはいえない。また、発明とは自然法則を利用した具体的な成果をいうから、自然法則それ自体の「発見」は発明とはいえない。ロ「技術的思想」でなければならない。技術的思想とは、一定の技術的課題を解決するための具体的・客観的な手段をいい、当業者(当該発明の属する技術の分野における通常の知識を有する者)が反復して実施可能なものをいう。個人的なコツや技能のように、当業者に客観的に伝達することができないものは発明とはいえない。ハ「創作性」がなければならない。自然界に存在する事物をそのままの状態で見出しただけでは、発明とはいえない。一方、天然物から単離された化学物質や、交配や品種改良により新たに産出された動植物などは、人為が介在しているため、発明として保護されうる。ニ「高度なもの」でなければならない。これは、発明を*実用新案法'の保護対象となる考案〔新案2①〕と区別するために設けられた要件であるが、発明が特許保護に値するレベルに達しているかどうかは、特許要件である進歩性のところで別途判断されることになるため、「高度性」の要件が実務上問題となることはほとんどない。以上の発明の定義とは別に、わが国の特許法は、発明を「物の発明」、「方法の発明」、「物を生産する方法の発明」の3つのカテゴリーに分類し、発明の種類ごとに「実施」概念を定義している〔特許2③〕。実施概念は成立した特許権の効力範囲を画する意義を有している〔特許68本文〕(⇨実施権(特許の)')。

発明者権 発明者が発明完成と同時に原始的に取得する権利。財産権である特許を受ける権利がその中核である。特許を受ける権利は移転可能である〔特許33①〕が、*質権'の目的とすることはできないとされている〔特許33②〕。このほか、発明者権には*人格権'である発明者名誉権も含まれる。出願書類並びに*出願公開'などにおいて発明者の氏名を掲載することとなっていることは、発明過程の審査ないしは吟味の便宜を図るためであるとともに、発明者名誉権が顕現したものでもある。

発問権 ⇨釈明権'

パテント・プール 英patent pool 複数の特許権者が各自の有する**特許権'又は実施許諾権を一定の組織体に集中させ、当該組織体が発明の実施を希望する者に対して実施権を付与する仕組みをいう。パテント・プールは、標準必須特許(標準規格に準拠した製品の製造・販売等を行うのに不可欠な特許)のライセンスにおいて重要な役割を果たしている。実施許諾に際して特定の事業主体を差別的に取り扱うなどした場合には、*独占禁止法'違反とされることもある。

ハート Hart, Herbert Lionel Adolphus(1907〜92) イギリスの法哲学者。オックスフォード大学で学び、弁護士経験を積み、第二次大戦後、母校で教鞭(きょう)をとり*法理学'教授となる。主著『法の概念』(1961、第2版1994)において、哲学の日常言語学派の言語行為論の影響の下に法的言明の「内的側面」と「外的側面」を区別することによって、従来の*法実証主義'の伝統を批判しながら発展させた。また、ルールに関するルールの存在、「二次的ルール」の存在が、法体系の存在する社会と原始的な社会とを分かつものであるとした。他に因果関係、刑法の基礎理論、法による道徳の強制の問題、*ベンタム'の法・政治理論についても著書があり、それぞれ影響力が大きい。 ⇨分析法学'

ハードコアカルテル ⇨カルテル'

パートタイマー 英part-timer 通常の労働者(フルタイマー)よりも短い*労働時間'で雇われる労働者(パートタイム労働者、短時間労働者)。1日6時間で週5日勤務といった形態が多い。短時間とはいえ*労働法'の適用があるが、*労働保険'・*社会保険'については、労働時間数・労働日数・収入額等の基準により適用が除外されることがある〔例:雇保6①〕。通常の労働者との間の処遇格差、雇用の不安定性などがしばしば問題となってきた。*短時間労働者及び有期雇用労働者の雇用管理の改善等に関する法律'は、パートタイマーを、週の所定労働時間が通常の労働者に比し短い労働者と定義し〔短時有期2①〕、不合理な待遇の禁止、通常の労働者と同視すべき者への差別的取扱い禁止を定めるほか、均衡を考慮した賃金決定の努力義務、教育訓練の実施などを求め〔短時有期8〜14〕、問題点に対処しようとする。

パートナーシップ 法人格のない団体としての英国法上のパートナーシップには、パート

ぱーとゆう

ナーシップ(partnership)とリミティッド・パートナーシップ(limited partnership)がある。前者は参加者であるパートナー全員が無限責任を負い、後者は、一部の者が無限責任を、それ以外の者が有限責任を負う形態のパートナーシップである。英国法上、パートナーシップは法人格を否定されているものの、法人と同様の機関及び代表権等を備えている。アメリカには、多数の州が採用している Uniform Partnership Act (UPA) と Uniform Limited Partnership Act (ULPA) がある。アメリカのパートナーシップは、法人格のない団体とされているが、契約当事者になり、資産保有ができ、原告適格・被告適格が認められること等、法人と同様の権能が認められている。日本でも、法人格のない企業形態利用の要請が高まっており、2005年に、共同営利事業を営む企業形態として、有限責任事業組合(日本版 Limited Liability Partnership)の制度が創設された(⇨有限責任事業組合')。国際私法上、英米法上のパートナーシップのように、当該国法上法人格を否定されているが、法人と同様の機関及び代表権等を備えている社団又は財団については、法人に準じてその設立準拠法を従属法とすべきであるとされている。

パート有期労働法　⇨短時間労働者及び有期雇用労働者の雇用管理の改善等に関する法律'

ハード・ロー　⇨ソフト・ロー'

パナソニックプラズマディスプレー(パスコ)事件　いわゆる*偽装請負'(違法な労働者派遣)に関する重要な最高裁判決(最判平成21・12・18民集63・10・2754)。最高裁は、請負人がその雇用する労働者を注文者の事業場に派遣して、注文者が直接具体的に指揮命令をして労働者に作業させる場合において、イ *労働者派遣法'の趣旨及びその取締法規としての性質、更には派遣労働者を保護する必要性等から、労働者派遣法違反が行われた場合においても、特段の事情のない限り、そのことだけによっては派遣労働者と請負人(派遣元)との間の雇用契約が無効になることはないこと、ロ 注文者(派遣先)が請負人による当該労働者の採用に関与していないこと、労働者の給与等の額を注文者が事実上決定したといえるような事情はうかがわれないこと、請負人が配置を含む当該労働者の具体的な就業態様を一定の限度で決定しうる地位にあったことなどの事情の下では、注文者と当該労働者との間に雇用契約関係が黙示的に成立していたとはいえないと判示した。その後、法改正により偽装請負については労働者派遣法40条の6が設けられた。

パナマ運河　中米のパナマ地峡を南北に縦断し、太平洋と大西洋を結ぶ全長約80kmの*国際運河'。1914年完成。運河の法的地位を定めた1901年のアメリカ・イギリス間のヘイ・ポーンスフォート条約は、全ての商船・軍艦への開放、運河地帯の中立化、アメリカの排他的管理権を規定し、1903年のアメリカ・パナマ間のヘイ・ヴァリラ条約がアメリカの権利を確認した。1977年にアメリカとパナマとの間で新条約が締結され、運河地帯の永久中立を宣言するとともに、主権がパナマにあることを確認した。同条約の規定に基づいて1999年末に運河の所有・管理権はアメリカからパナマに移管された。

パブリシティ権　肖像等が有する顧客吸引力を排他的に利用する権利。肖像等それ自体の商業的価値を保護する人格権として位置付けられる。肖像等を無断で使用する行為は、イ 独立して鑑賞の対象となる商品等として使用し、ロ 商品等の差別化を図る目的で肖像等を商品等に付し、ハ 肖像等を商品等の広告として使用するなど、専ら肖像等の有する顧客吸引力の利用を目的とするといえる場合にパブリシティ権を侵害する。

パブリック・コーポレーション　英 public corporation　中央及び地方の政府機構から独立して経済的・社会的役務を提供する政府官署と私企業のそれぞれの特徴を示す混合的な法人。公共企業体、公有会社などと訳されることもある。私企業では十分に役務を提供できない分野において行政による経済的活動の必要が認められたり、私企業の社会化の要求が強まったりして案出された特殊な行政的企業形態である。公共的所有、公共的支配、経営の自主性・合理性などによって特色付けられる。しかしその具体的な性格態様は様々である。このような企業形態は特に第二次大戦以後著しく発展してきた。日本のかつての各種*公団'、株式会社日本政策投資銀行などの*特殊法人'・*特殊会社'がこれに当たるとされている。なお、アメリカ法では、この語は市町村や学校区のような統治作用を行う*公法人'を意味することも多い。

パブリックコメント　英 public comment　立法やその他一般的な政策又は制度に関する行政機関の意思決定にあたって、最終決定前に案を公表して公衆からの意見ないし情報の提出・提供を求める仕組み。行政手続法上は「意見公募手続」という。アメリカの規則制定手続にこの種の仕組みが含まれており、日本でも、行政

手続法制定過程での命令制定手続を巡る議論やその後の行政措置(閣議決定,平成11年)の段階を経て,平成17年の行政手続法改正(法73)で立法化されるに至った。それによれば,命令等(法律に基づく'命令'又は'規則','審査基準','処分基準','行政指導指針')を定めようとする場合,制定機関は,一定の場合を除き,当該命令等の案及び関連資料を公示して広く一般の意見を求め,また,命令等を定めたときは,提出された意見とそれを考慮した結果及びその理由等を公示することとされている〔行手2⑧・39・42・43〕。なお,この制度の対象とされていない国又は地方公共団体の各種決定に関しても,パブリックコメントの手続がとられる場合が多くなっている。 ⇨'行政手続法'

パブリック・フォーラム 英 public forum 原則として自由な表現活動が認められるべき公共の場所。アメリカ合衆国最高裁判所の判例の中で,伝統的な表現活動の場である道路,歩道,公園などがこれに当たるという考え方が形成されてきた。また,公立の集会場などもこれに当たり,表現内容に基づく差別的取扱いは許されないとされる。日本では,ある最高裁判決(最判昭和59・12・18刑集38・12・3026)の伊藤正己裁判官補足意見が,一般公衆が自由に出入りできる場所では,所有権や管理権の行使にあたり*表現の自由'の保障への配慮がなされるべきことを求めている。

破 防 法 ⇨'破壊活動防止法'

バミューダ協定 ⇨'航空協定'

ハーモナイゼーション(法の) 英 harmonization of law, legal harmonization 法の調和。特定の法領域において,異なる国家・地域の法を相当程度に接近させる試み。法の統一(unification)をも含めてこの語を用いることもあるが,統一法(uniform law)に至らない一定の調和の実現,そのための調整を法の統一とは区別していう場合が多い。強制力のある多国間条約の締結,任意に採用されるモデル法の策定,国際的リステイトメント,複数選択肢の成文化など,調整には様々な方法や技術が用いられる。特にヨーロッパ統合とともに活発に議論され,'シヴィル・ロー'(大陸法,ローマ法)と'コモン・ロー'の調和を図るために'混合法'の参照が盛んに行われている。関連する例として'国際物品売買契約に関する国際連合条約','ユニドロワ'国際商事契約原則(PICC),ヨーロッパ法共通枠組み(草案)((Draft) Common Frame of Reference, CFR, DCFR),ヨーロッパ契約法原則(PECL),アジア契約法原則(PACL)等がある。 ⇨'普通法'

早すぎた構成要件の実現 行為者が,ある犯罪を実現する意思で行為を行い,現に当該犯罪の結果発生に至ったが,それが行為者自身の認識よりも「早すぎた」という事案状況。特に'故意''既遂'犯の成否が問題となるのは,行為者が,第2行為(例:失神した被害者を海に沈める行為)により結果(例:被害者の死亡)を発生させる計画で,第1行為(例:クロロホルムを吸引させて失神させる行為)を行ったところ,実際には第1行為により結果が発生した(例:クロロホルムの作用により死亡した)事例である。第2行為を介して結果を生じさせる認識しかない第1行為につき既遂犯の故意責任は問えないとして'未遂'又は'予備'(及び'過失')の罪責を負うにとどまるとする見解もあるが,判例・通説は,イある犯罪の'実行行為'からその犯罪の結果が発生したならば,それがよほど異常な因果経過でない限り,当該犯罪の構成要件が客観的に実現したことを認めてよい,ロその実行行為から結果を発生させる認識があったならば,当該犯罪の構成要件を故意に実現したことを認めてよく,行為者により認識された結果発生よりも「早すぎた」ことは,イ及びロの結論に影響しない,つまり故意を阻却しない'因果関係の錯誤'にすぎないと解しており,それゆえ実際上の決め手は,第1行為の時点で既に'実行の着手'が認められ,実行行為を開始したと認められるかどうかである(最決平成16・3・22刑集58・3・187〈クロロホルム事件〉)。

払 込 期 間 払込期間は'募集設立'及び'募集株式の発行等'の際に設定され〔会社58①③・199①④〕,引受人は,その期間内に出資の履行(金銭の支払又は現物財産の給付)をする必要がある〔会社63①・208①②〕。 ⇨'払込期日' ⇨'打切発行'

払 込 期 日 払込期日は'募集設立'及び'株式会社'が資金調達を行う際に設定され〔会社58①③・199①④・238①⑤・676⑩〕,引受人は,その期日までに出資の履行(金銭の支払又は現物財産の給付)をする必要がある〔会社63①・208①②・246①〕。 ⇨'払込期間' ⇨'打切発行'

払込金保管証明 '募集設立'の場合においては,'払込取扱機関'は'発起人'の請求により募集株式の引受人から払い込まれた金額に相当する金銭の保管に関する証明書を交付する義務を負っている〔会社64①〕。払込金の保管証明書を交付した払込取扱機関は,当該証明書の記載が事実と異なること又は払込金の返還に関する制限があることをもって,成立後の'株式会社'

はらいこみ

に対抗することができない〔会社64②〕。株式の払込金保管証明書は、会社の*設立登記'の申請書の添付書類とされている〔商登47②⑤〕。

払込取扱機関　*会社の設立'及び*募集株式の発行等'にあたり株式の払込みを取り扱うべきものとして指定された銀行又は信託会社等をいう〔会社34②・63①・208①・246①〕。会社法は、*発起人'の不正行為を防止し、出資の確実を図るため、出資の履行である払込みは銀行・信託会社等の払込取扱機関の払込取扱場所においてしなければならないものと定めている。なお、*募集設立'における払込みにおいては、払込みがあったことにつき払込取扱機関が払込金の保管証明書を発行する方法により証明することが要求されており、保管証明書を発行した払込取扱機関は、当該証明書の記載が事実と異なること又は払込みがなされた金銭の返還に関する制限があることをもって、成立後の会社に対抗することができないものとされている〔会社64〕。

払込み・引受担保責任　⇨資本金の額'
⇨発起人'

パリ協定　2015年、*気候変動に関する国際連合枠組条約'第21回*締約国会議'(COP21)で採択され、翌2016年11月4日に発効した、京都議定書に代わる2020年以降の温室効果ガス排出削減等のための新たな国際枠組み。世界共通の長期目標として、世界の平均気温上昇を産業革命以前に比べて2℃より十分低く保ち、1.5℃に抑える努力をすることを掲げる。そのために、先進国・途上国を問わず、全ての締約国に対して、自国の削減目標を5年ごとに提出・更新した上で、進捗状況について報告を定期的に行い専門家のレビューを受ける義務を負わせるプレッジ＆レビュー方式がとられる。また、5年ごとに世界全体としての実施状況を確認するグローバル・ストックテイクの仕組みも採用された。日本も、同協定を受諾した上で(平成28条16)、2050年までにカーボン・ニュートラル(温室効果ガスの排出を全体でゼロとすること)を目指す「パリ協定に基づく成長戦略としての長期戦略」を2021年に閣議決定している。

パリ条約　⇨工業所有権の保護に関するパリ条約'

バルセロナ・トラクション事件　ベルギー国民が大半の株式を所有するカナダ法人バルセロナ・トラクション社(本拠地カナダ)は、子会社を通じてスペインで電力事業を行っていたが、スペインの一連の措置によって破産宣告、子会社財産の差押え等を受けた。これらの措置によって自国民が被った損害の賠償を求め、ベルギーがスペインを*国際司法裁判所'に提訴したのが本件である。裁判所は、スペインの先決的抗弁を中心とする異議申立てを却下した(ICJ 1964・7・24 Reports 1964・6)後、1970年に請求棄却の本案判決を下した(ICJ判1970・2・5 Reports 1970・3)。会社について、外交的保護権を行使できるのは会社の設立準拠法国・本店所在地国たる本国であって、株主の本国には当事者適格がないというのが、その理由である。なお、判決が、傍論ながら、特定の他国に対して生ずる義務とは異なる、国際社会全体に対する義務(対世的義務)が国際社会にあることを指摘したことは大きな注目を集めた。　⇨外交的保護'　⇨対世的義務'

パレスチナ解放機構　英Palestine Liberation Organization；略称PLO　1964年5月に結成されたパレスチナ人を代表する*民族解放団体'。1974年には国際連合総会におけるオブザーバー資格を付与され、また、1977年には国際連合西アジア経済委員会への加盟を認められた。1988年11月には「パレスチナ国家」の樹立を宣言、1993年9月のオスロ合意によりイスラエルとの間で相互承認を行い、ヨルダン川西岸・ガザ地区において暫定自治政府を組織することが認められた。2012年11月には、国際連合総会でパレスチナに非加盟オブザーバー国家の地位を認める決議(総会決議67/19)が採択された。2023年10月、2007年以来ガザを掌握しているイスラム原理主義組織ハマスがイスラエルを攻撃したことを機に、イスラエルがガザ地区に侵攻し大規模な武力紛争に発展している。　⇨自決権(人民の)'

パレンス・パトリエ思想　⇨国親(くにおや)'

破廉恥(はれんち)罪　道徳的に非難されるべき動機による犯罪。日本の刑法ではこれまで*自由刑'に*懲役'と*禁錮'の区別を設け、*法定刑'として前者は破廉恥罪、後者は非破廉恥罪に適用されるべきものとされた。非破廉恥罪とされるものは、*確信犯'、*過失犯'等が当たると考えられており、定型的な政治犯である*内乱罪'〔刑77～79〕には禁錮刑が規定されていた。しかし、確信犯的動機に出た犯罪行為でも、懲役刑のみを規定する犯罪名に該当する場合は、懲役刑が科されるのであり、過失犯についても*業務上過失'致死傷罪〔刑211〕が懲役刑も科しうるように改正されるなど、破廉恥罪・非破廉恥罪の区別は分明でないといってよい。また、禁錮刑と懲役刑の処遇方法も、禁錮刑においてもほとん

ど本人の申立てにより作業に従事することが行われており、その区別を維持することがあまり意味がないといえる。こうした理由から、令和4年の刑法改正により、懲役と禁錮の区別が廃止され、それに代わって、新たに*拘禁刑'が創設された。

パロディ 他人の著作物を風刺・批判・揶揄(_(ゆ)_)するために利用する行為で、通常は改変を伴うことが多い。他人のカレンダー写真を改ざんしてモンタージュ写真を作る行為が旧著作権法の節録引用に該当するかという点が争われた事件(最判昭和55・3・28民集34・3・244〈モンタージュ写真事件第1次上告審〉)のように、改ざんが同一性保持権を侵害するものとされた例もあるが、その文化的・社会的意義に鑑みると一概に著作権侵害行為と評価すべきではない。⇒引用'

パロール 図parole 受刑者を、刑期の満了前に条件つきで仮に釈放し、刑期の残余期間中、その保護・監督を行うことによって社会復帰を図る制度。 ⇒保護観察'

ハローワーク ⇒公共職業安定所'

パワー・ハラスメント 令和元年(2019)の法改正(法24)により、事業主の職場におけるパワー・ハラスメント防止措置義務が規定された〔労働施策推進30の2〕。同条は、職場におけるパワー・ハラスメントを、優越的な関係を背景とした言動であって、業務上必要かつ相当な範囲を超えたものにより、労働者の就業環境が害されるものと定義する。また、職場におけるパワー・ハラスメントの防止のための指針(令和2厚労告5)は、パワー・ハラスメントの代表的な言動の類型として、イ 身体的な攻撃(暴行・傷害)、ロ 精神的な攻撃(脅迫・名誉毀損・侮辱・ひどい暴言)、ハ 人間関係からの切り離し(隔離・仲間外し・無視)、ニ 過大な要求(業務上明らかに不要なことや遂行不可能なことの強制・仕事の妨害)、ホ 過小な要求(業務上の合理性なく能力や経験とかけ離れた程度の低い仕事を命じることや仕事を与えないこと)、ヘ 個の侵害(私的なことに過度に立ち入ること)を挙げている。パワハラという略称が用いられることも多い。パワー・ハラスメントの定義が上記のように法律上規定され、これが令和2年(2020)6月1日から施行されることを踏まえ、同年5月に心理的負荷による精神障害の労災認定基準の改正が行われた。この改正により、業務による心理的負荷評価表に「パワーハラスメント」が「出来事の類型」の1つとして追加され、「上司等から、身体的な攻撃、精神的な攻撃等のパワーハラスメントを受けた」が「具体的出来事」として追加された。

バンカー条約 ⇒船舶油濁等損害賠償保障法'

半期報告書 *有価証券報告書'提出会社であって、その事業年度が6カ月を超える場合に、事業年度ごとに、当該事業年度の開始以降6カ月間の当該会社の属する企業集団及び当該会社の経理の状況その他内閣府令で定める事項を記載し、当該期間経過後所定の期間内に内閣総理大臣に提出する書類〔金商24の5①〕。事業年度ごとに提出を要する有価証券報告書について、1年決算と半年決算の会社の間で生ずる情報の不均衡を是正し、継続的情報開示を促進するため、昭和46年の法改正(法4)により導入された。*金融商品取引法'による*四半期報告書'の導入により、四半期報告書提出会社以外の有価証券報告書提出会社に要求されていたが、令和5年改正法(法79)による四半期報告書の廃止により、従来の四半期報告書提出会社も提出を要することとなった。半期報告書の記載内容等〔企業開示18〕のうち、経理の状況に含まれる*中間財務諸表'には、公認会計士又は監査法人の*監査証明'が要求される〔金商193の2①、監査証明1⑬〕。半期報告書は、受理後5年間公衆縦覧に供され〔金商25①⑥〕、提出会社が上場会社又は店頭登録会社の場合は、その写しが*金融商品取引所'又は認可*金融商品取引業協会'で公衆縦覧に供される〔金商25③〕。

判決・決定・命令 Ⅰ 民事訴訟法上、*裁判'を形式面から分類すると、この3種に分かれる。判決は裁判の最も厳格な形式で、*裁判所'が、原則として*口頭弁論'を経て〔民訴87①〕、法定の方式により作成した*判決書'に基づいて*判決の言渡し'をすることにより成立する。判決は重要な事項につき裁判するときにとられる形式であり、通常の訴訟では、*訴え'・*上訴'の適否(*訴訟判決')、*請求'・上訴の理由の有無(*本案判決')の判断などが判決をもって示される。決定と命令はより簡易な裁判の形式である。裁判所のする裁判で判決以外のものを決定といい、口頭弁論を経るかどうかは裁判所の裁量で決められるし(任意的口頭弁論)〔民訴87①但〕、裁判所が適当とみる方法で告知されれば効力を生ずる〔民訴119〕。命令は*裁判長'・*受命裁判官'・*受託裁判官'等の裁判官が、その資格で行う裁判である点で決定と異なる。決定・命令は比較的軽易な事項につき裁判する場合あるいは特別の考慮から*必要的口頭弁論'によらない場合に用いられる(なお、*文書提出命令'〔民訴

はんけつげ

223〕，*引渡命令'〔民執83・115・127参照〕，債権の差押命令'〔民執145〕，仮差押え・仮処分の*保全命令'〔民保11以上〕などのように命令の名で呼ばれてはいるが，裁判形式としては決定に属するものがある）。上訴手段は，判決に対しては*控訴'・*上告'であり，決定・命令に対しては*抗告'である。

Ⅱ　刑事訴訟法上も，裁判は，判決・決定・命令の3種に分かれる。判決は，裁判所の裁判で，必ず*口頭弁論'を経て行い〔例外：刑訴408・416〕，理由を付さなければならない〔刑訴43①・44〕。判決は全て*終局裁判'である（ただし，裁判員裁判における部分判決を除く〔裁判員78〕）。*上訴'方法は，*控訴'・*上告'である〔刑訴372・405〕。決定は，裁判所のする判決以外の裁判で，口頭弁論を経ることを必要とせず〔刑訴43②〕，上訴を許さないものには理由を付する必要がない〔刑訴44②〕。上訴方法は*抗告'である〔刑訴419〕。命令は，裁判官の裁判で，口頭弁論を経る必要がなく〔刑訴43②〕，不服申立ての方法は*準抗告'である〔刑訴429・430〕。

Ⅲ　*行政事件訴訟'においても，裁判の形式は民事訴訟におけると同様に分類されるので，裁判形式については民事訴訟法上の解説がほぼそのままあてはまる。その他，行政法の領域では，*行政不服審査法'上の*再調査の請求'に対する*行政庁'の判断を「決定」と呼んだり〔行審58〜60〕，行政処分に当たるものを「決定」と呼ぶことがある〔個人情報82，行政情報公開9，労災38①，国公共済41①等〕。行政上の*命令'についてはその項を，*申告納税方式'による租税の場合の税額等の決定については*更正・決定'の項をそれぞれ参照せよ。　⇨裁決'

判決原本　⇨判決書'・民事判決原本'
判決事実　⇨立法事実'
判決主文　⇨主文'
判決書　判決内容を記載した書面ないし*電磁的記録'。書面の場合のその*原本'を*判決原本'という（電磁的記録の場合に果たしてどのように原本を観念するかについては議論がありうる）。民事訴訟法上，*判決'は言渡しにより成立する〔民訴250〕が，言渡しは原則として（電子）判決書に基づいてされなければならない〔民訴253①〕。判決書は，従来は書面であったが，令和4年改正によって，電磁的記録（電子判決書）とされることとなった〔民訴252〕。判決書には裁判所・当事者・*主文'・事実・理由などが記載される〔民訴252〕が，当事者間の争いを終結させ，判決効（*既判力'・*執行力'・*形成力'等）の前提となるものであるから，それらの記

載は明確でなければならない。なお，事実・理由の記載方法については，1990年代初頭頃から，当事者間における実質的争点に対する裁判所の判断を明確にするという目的から実務上の工夫がなされ（新様式判決と呼ばれた），現在では定着している。刑事訴訟法においては，言渡しの際に判決原本が作成されている必要はない。
⇨判決の言渡し'

判決前調査　有罪と認められた被告人の*刑の量定'上重要な*情状'を，裁判所が，所属の職員（アメリカでは，通常，保護観察官）に命じて調査させ，その報告の結果を量刑の資料とする制度。アメリカで発達し，矯正処遇の出発点となる刑の量定に科学性を取り入れる上で重要な役割を果たしている。アメリカでは，犯罪事実の認定には厳格な証拠法則の制限があるが，量刑については裁判官は証拠法則の制限を受けずあらゆる事情を斟酌（しんしゃく）できるものとされてきたので，このような制度が発達した。日本でもこの制度を取り入れるかどうか議論されたことがあるが，量刑上重要な情状が法廷に提出され公判上の主要な争点をなしていることや，判決前調査を担当する専門職員の確保などの問題があり，実現していない。しかし，*少年審判'においては，家庭裁判所調査官が，実質上判決前調査を行っている。

判決調和　⇨国際的判決調和'
判決訂正の申立て　刑事訴訟法上，*上告審'の判決に誤りがあることを理由に*検察官'，*被告人'又は*弁護人'が行う不服申立ての手段。申立期間は，原則として判決の宣告から10日である〔刑訴415〕。申立てに対しては，原判決をしたのと同じ裁判官で構成する裁判所が判断する〔刑訴規270〕。申立てに理由があれば判決で原判決を訂正するが，その実例は少ない。*口頭弁論'を経ることは必ずしも必要ではない〔刑訴416〕。*上訴'ではないが，*停止の効力'が認められている〔刑訴418〕。

判決手続　原告が*訴え'によって主張する権利義務の存否及び内容を終局的に確定することを目的とする裁判手続。権利義務の事実上の満足を目的とする*強制執行'手続に対する。*訴訟'手続とほぼ同義であるが，手続が裁判所の*判決'を目指して行われるところから，その名があり，公開〔憲82〕などの諸原則に服する。判決手続は，原告による訴えの提起〔民訴134①〕により開始し，*訴状'の*送達'，被告による*答弁書'の提出，*争点及び証拠の整理'手続，*集中証拠調べ'を経て，*判決の言渡し'へと進むのが基本である。原則として*口頭弁論'の手

続を経なければならないが〔民訴87①〕、口頭弁論を経ないでも*却下*の判決がされる場合もあるし〔民訴140〕、*請求の放棄・認諾*、*訴えの取下げ*・*和解*などにより、判決に至らずに手続が終了することもある〔民訴261〜267〕。判決が言い渡された場合、不服のある当事者は、*上訴*を提起することができる。上訴が期間内に提起されず、又は可能な上訴が全て尽くされた場合には、判決は確定し〔民訴116〕、判決手続は終了する。判決手続には、以上のような通常の手続のほか、簡易裁判所における簡易な手続〔民訴270〜280〕や、*少額訴訟手続*〔民訴368〜381〕、*法定審理期間訴訟手続*〔民訴381の2〜381の8〕などの*特別訴訟手続*がある。

判決の言渡し Ⅰ 民事訴訟法上、*判決*は言渡しにより成立・発効する〔民訴250〕が、言渡しは原則として(電子)判決書に基づいてされなければならない〔民訴253①〕。言渡しは公開の法廷で〔憲82、裁70〕、*裁判長*が判決の*主文*を朗読して行う〔民訴規157〕。

Ⅱ 刑事訴訟法では、*判決*の告知の方式は宣告という。必ず*公判廷*で行うことを必要とし〔刑訴342〕、裁判長が*主文*を朗読し、かつ理由を朗読し又はその要旨を告げる〔刑訴規35〕。宣告の際に判決原本が作成されている必要はない。なお言渡しという用語は、判決主文中の個々の事項(例:刑の言渡し)について用いられる。

判決の確定 ⇒*確定判決*
判決の形成力 ⇒*形成力(判決の)*
判決の更正 民事訴訟法上、*判決書*に計算違い、誤記その他これに類する明白な表現上の誤りがある場合に、その訂正補充をすることであり、判決を下した裁判所が申立て又は職権に基づき更正決定をすることができる〔民訴257〕。更正決定は、前の判決と一体をなし、最初から更正された通りの判決が言い渡されたことになる。判決の実質的内容についての変更ではない点で、*判決の変更*と異なる。言い渡された判決は、*羈束(きそく)力*(自己拘束力)を有し、原則として*上訴*によらなければ取り消すことができないが、形式的修正にとどまることから、簡易な訂正の道を例外的に認めたものである。

判決の(自己)拘束力 ⇒*羈束(きそく)力*
判決の効力 言い渡された判決は、種々の効果を伴うが、これを一般に判決の効力と呼ぶ。まず、判決が一旦言い渡されると、言い渡した裁判所はこれを撤回、変更することができないという効力を生じる。これを*羈束(きそく)力*又は自己拘束力という(例外:*判決の変更*、*判決

の更正*)。次に、*上訴*を提起して判決の取消しを求めることができなくなった状態を判決が確定したといい、この効果を判決の効力とみて、*形式的確定力*という。更に、判決が確定した場合には、その内容に即して、*既判力*、*執行力*、*形成力*が生じる(ただし、このうち執行力は、*仮執行*宣言が付されたとき、判決の確定をまたずに生じる〔民訴259、民執22②〕)。既判力とは、判決で判断された事項の蒸返しを許すことなく訴訟手続上再度争えなくさせる効力であり、執行力とは、判決の内容を*強制執行*手続によって実現する効力である。また、形成力とは、判決の内容通りの法律関係を形成する効力である。このほか、*補助参加人*との間の*参加的効力*〔民訴46〕、解釈上の効力として、実体法上特定の関係にある第三者との間の*反射的効力*が挙げられるが、これらと既判力との異同については議論がある。また、判決の存在自体が民法その他が定める*法律要件*に該当する場合〔民169等〕にはその法規が定める*法律効果*が生じるが、これを判決の法律要件的効力と呼ぶことがある。 ⇒*判決の無効*

判決の自縛性 ⇒*羈束(きそく)力*
判決の承認 ⇒*外国判決の承認・執行*
判決の脱漏 ⇒*裁判の脱漏*
判決の反射的効力 ⇒*反射的効力*
判決の不存在 ⇒*判決の無効*
判決の変更 民事訴訟法上、判決をした裁判所が自ら、判決の実質的内容の変更をすること。単なる形式的修正にとどまらない点で*判決の更正*と異なり、確定した判決の変更ではない点で、*再審*の訴え、*確定判決の変更を求める訴え*と異なる。判決が法令に違反していることを発見した場合において、判決をした裁判所は、判決言渡後1週間以内に限って、これを変更する判決(変更判決)を職権ですることができる。ただし、判決が確定したとき又は判決を変更するため*口頭弁論*をする必要がない場合に限る〔民訴256①〕。変更判決により前の判決は変更された限度で当然に失効する。当事者及び*上訴*審の負担を軽減するために、判決の*羈束(きそく)力*(自己拘束力)を緩和したものである。

判決の騙取(へんしゅ) ⇒*確定判決の騙取*
判決の無効 Ⅰ 民事訴訟法上、判決に重大な瑕疵(かし)があるゆえに、言い渡された判決がその本来の効力を有しないこと。成立した判決は、その内容、手続に瑕疵があったとしても、*上訴*・*再審*手続によらなければその取消しを求めることができないが、例外的に、これら

はんけつり

の手続を経るまでもなく、*既判力'、*執行力'、*形成力'の発生を否定することができる場合が認められている。こうした*確定判決'としての効力をもたない判決を無効判決という。日本の裁判権が及ばない者、あるいは存在しない当事者に言い渡された判決、訴えが取り下げられたのにこれを見落として言い渡された判決などがその例である。これに対し、言い渡されていない判決、裁判官以外の者がした判決など、判決の成立要件を欠く場合は、判決の外観を備えていても判決ではなく、当然判決の効果をもたないが、この場合は、非判決又は判決の不存在と呼ばれ、判決の無効と区別される。

Ⅱ 刑事訴訟においても、当然無効の判決は*形式的確定力'のみを有し、実体的な効力はない。無効な判決の例として、*控訴'取下げ後にこれを看過してなされた判決がある。無効判決に対して*非常上告'は許されないとするのが判例である(最大判昭和 27・11・19 刑集 6・10・1217)が、不成立ではないから非常上告ができるとする反対説がある。

判決理由 1 総説 *判決'において*主文'の判断を導くに至った前提をなす事実の認定や法の適用を示して主文に至る判断経路を明らかにする部分。判決理由における判断内容は*既判力'をもたないが〔民訴 114 ①〕。例外：民訴 114 ②〕(⇨争点効')が、主文の意味を補完するとともに、判決の当否を検討する材料を提供するものとして、裁判の公正を確保するために重要な役割を果たす。したがって、判決には理由をつけなければならないが〔民訴 252 ①③、刑訴 44〕、記載方法の簡略化が認められる場合がある〔民訴 254 ②・280、民訴規 184〕。判決に理由を付せず又は理由に食違いがあるときは、*絶対的控訴理由'〔刑訴 378 ④〕・*絶対的上告理由'〔民訴 312 ②⑥〕となり、場合によっては*再審'事由〔民訴 338 ①⑨〕となる。 ⇨判決書' *レイシオ・デシデンダイ'

2 有罪判決の判決理由 特に、*罪となるべき事実'を認定する基礎となった*証拠の標目'及び適用した法令を明示しなければならない。*正当防衛'などの主張があれば、これに対する判断も示さなければならない〔刑訴 335〕。有罪の*心証'に達した心証形成過程を詳細に説明する必要はない。*無罪'判決、*公訴棄却'・*免訴'等の形式判決については、主文の正当性を担保できるだけの説明を加えれば足りる。

番号法 ⇨マイナンバー法'

万国海法会 囲 Comité maritime international；略称 CMI 海事私法に関する法の統一を目的として 1896 年にブラッセルで創設され、各国の国内海法会と特に選ばれた個人とを構成員とする非政府間国際機関。かつては条約草案を作成し、ベルギー政府の招集する海事法外交会議に提出して、条約を成立させてきたが、現在他の国際機関(例えば、国際海事機関や*国際連合国際商取引法委員会')と協力して活動することが多い。これまでに、*船舶衝突条約'・海難救助条約'・船主責任制限条約'・*船荷証券統一条約'等の海事私法条約の成立に貢献してきた。日本では明治 34 年(1901)に日本海法会が成立している(昭和 15 年に財団法人に、平成 24 年に公益財団法人に改組)。

万国工業所有権保護同盟条約 ⇨工業所有権の保護に関するパリ条約'

万国著作権条約 著作権保護に関し何らの方式の履行が要求されない無方式主義のベルヌ条約(*文学的及び美術的著作物の保護に関するベルヌ条約')加盟国と、著作権保護の条件として納入・登録・著作権表示等の方式の履行が要求される方式主義の国(1988 年にベルヌ条約に加盟する前のアメリカ等)との調整を図る目的で作成された条約(1952 年採択、1955 年発効)。本条約加盟国の著作物は、一定の著作権表示(Ⓒ、著作権者名、最初の発行年)を全ての複製物に表示していれば、方式主義を採用している国でも方式の履行なしに著作権保護が与えられる〔著作約 3〕。本条約はベルヌ条約の規定及びベルヌ条約同盟国の地位に影響を及ぼすものではない〔著作約 17〕とされ、ベルヌ条約と本条約の双方を締結している国の間ではベルヌ条約の規定が適用される。本条約は 1971 年にパリでベルヌ条約とともに改正され、開発途上国の翻訳権・複製権に関する特例の規定が設けられた。日本は 1956 年に批准し(昭和 31 条 1)、1977 年にはパリ改正条約も加盟している(昭和 52 条 5)。アメリカがベルヌ条約に加盟したこと、WTO 加盟国には*トリップス(TRIPs)協定'によってベルヌ条約遵守が義務付けられたことから、ベルヌ条約加盟国と非加盟国の架橋という万国著作権条約の意義は低下している。

万国郵便連合 囲 Universal Postal Union；略称 UPU *国際連合'の*専門機関'の 1 つで、郵便業務の効果的運営による諸国民間の通信連絡の増進を主な目的とする国際組織。1874 年に締結された万国郵便連合条約によって設けられた一般郵便連合に起源をもつ(1878 年現在名に改称)。日本は 1877 年に加入した(明治 10 太告 45)。現在の組織は、1964 年に採択され、1966 年に発効した万国郵便連合憲章(昭和 40 条

13)による(以降11次(最後は2021)にわたる改正)。主要機関は，最高機関である大会議と常設の管理理事会・郵便業務理事会・国際事務局．本部はベルン．

犯罪 刑罰(⇨'刑')を科せられる行為．実質的には，社会生活上許容することのできない有害な*法益'侵害・危殆(きたい)行為であり，形式的には，犯罪*構成要件'に該当し，違法かつ有責な行為をいう． ⇨違法性' ⇨責任'

犯罪学 **1 意義** 犯罪現象を科学的に究明する学問．刑法学が規範を対象とし当為を研究するのに対し，事実を経験科学的に研究するものである．狭義においては犯罪現象とその原因に関する学のみを指し，犯罪者の側からその原因を究明する*犯罪心理学'・犯罪人類学・犯罪精神医学と，環境の側からアプローチする*犯罪社会学'等に分かれる．広義には，犯罪防止の学を包含し，広義の*刑事学'，*刑事政策'学とほぼ範囲を等しくする．
2 沿革 犯罪原因についての理論を最初に体系付けたのは18世紀末のフォイエルバッハ(Paul Johann Anselm von Feuerbach, 1775〜1833)らの古典学派であり，人間は自由意思に基づき快苦の原則によって行動するというものであった．犯罪を経験科学的に研究することは，19世紀半ばのイタリアのロンブローゾ(Cesare Lombroso, 1836〜1909)の「犯罪人論」(1876)に始まる．それと両極をなすものは19世紀前半のベルギーのケトレー(Lambert Adolphe Jacques Quetelet, 1796〜1874)を先駆とする犯罪社会学派である．19世紀後半にイタリアのフェリー(Enrico Ferri, 1856〜1929)らの実証主義が台頭したことにより犯罪学の研究が一層進展し，20世紀に入りアメリカにおいてサザランド(Edwin Hardin Sutherland, 1883〜1950)らの社会学者による犯罪社会学が隆盛をみた．20世紀後半には犯罪の定義を疑い，逸脱行動を行う者と刑事司法機関との相互作用によって犯罪が作られるとする社会的反作用(ラベリング)理論や，統制のゆるみが逸脱を生むとするコントロール理論が主張されるなど，より多様な角度からの研究が行われている．

犯罪共同説・行為共同説 *共犯'の本質に関する見解．共犯を，1つの犯罪を複数の行為者が共同して実行する場合として理解するのが犯罪共同説で，複数の行為者がそれぞれの犯罪を共同して実行する場合として理解するのが行為共同説である．両説の対立を，*共同正犯'の問題に限定する見解もあるが，広義の共犯についても問題となるとするのが一般的である．両説の違いは，異なった罪名間の共犯を認めるかどうかという点に表れてくる．例えば，Aが窃盗の*故意'でBが強盗の故意で共同して犯罪を実行する場合，行為共同説からは窃盗罪と強盗罪の共同正犯を認めるのに対して，犯罪共同説からは共同正犯を認めることができない．そこで，犯罪共同説を修正して，*構成要件'が重なり合う範囲で共同正犯を肯定し，上記のような場合には，AとBに窃盗罪の限度で共同正犯の成立を認める部分的犯罪共同説(Bに対しては更に強盗罪が成立すると解する)が有力になっている．

犯罪社会学 **1 意義** 犯罪と社会との相関関係を経験科学的に研究する学問．犯罪の発生や犯罪統制に関してみいだされる社会的法則性の定立を目的とする応用社会学の一部門であるとともに，*犯罪学'の一部門である．
2 主な潮流 1830年代にベルギーのケトレー(Lambert Adolphe Jacques Quetelet, 1796〜1874)が初めて犯罪を大量的に観察し，一定の社会的条件の下では一定の犯罪形態が発生するという「犯罪飽和の法則」を発表したのを先駆とし，19世紀後半にはイタリアのフェリー(Enrico Ferri, 1856〜1929)が『犯罪社会学』(1884)を著してこの学問の基礎を築いた．初期においては，模倣論のタルド(Jean Gabriel Tarde, 1843〜1904)，アノミー論のデュルケム(Émile Durkheim, 1858〜1917)らを輩出したフランスにおいて隆盛をみたが，20世紀に入るとアメリカにおいてその流れが継受された．前者の流れをひく社会心理学的研究としてショー(Clifford Robe Shaw, 1896〜1957)らの非行地域の研究，サザランド(Edwin Hardin Sutherland, 1883〜1950)の分化的接触の理論等があり，後者の流れをひき，社会構造と犯罪の連関を探るものとして，マートン(Robert King Merton, 1910〜2003)の「社会理論と社会構造」(1959)等がある．1960年代に入るとベッカー(Howard Saul Becker, 1928〜2023)らによってラベリング理論が主張されるなど，視座の転換が図られた．1980年代後半には犯罪予防を目指す環境犯罪学が台頭し，より巨視的な立場での研究が展開されている．

犯罪心理学 **1 意義** 犯罪者を心理学的側面から研究する学問．大きく分けて，犯罪者の行動の心理的機構を研究する狭義の犯罪心理学，犯罪の捜査・裁判に関する心理学的諸現象を扱う裁判心理学及び犯罪者の処遇に関する心理学的問題を取り扱う矯正心理学の3部門がある．⇨犯罪学'
2 主な潮流 オーストリアのクラフト・エビン

はんざいそ

グ(Richard Freiherr von Krafft-Ebing, 1840〜1902)が1872年に「犯罪心理学」を著したのが最初とされるが, 1876年にロンブローゾ(Cesare Lombroso, 1836〜1909)の著した「犯罪人論」が, 犯罪者の側から犯罪を経験科学的に研究した最初のものといえる。その生来性犯罪人説はイギリスのゴーリング(Charles Goring, 1870〜1919)らによって否定されたが, 素質と犯罪の関連を論じたものとして, ゴッダード(Henry Herbert Goddard, 1866〜1957)の精神薄弱説, ランゲ(Johannes Lange, 1891〜1938)の双生児研究, クレッチュマー(Ernst Kretschmer, 1888〜1964)の体型説などがある。また, アドラー(Alfred Adler, 1870〜1937), アレキサンダー(Franz Alexander, 1891〜1964)らの精神分析学による犯罪の解明はアメリカを中心に隆盛をみた。このように生物学・精神医学的側面から犯罪者を研究するものも広く犯罪心理学に含まれるが, 心理学者によるものとして, アイゼンク(Hans Jürgen Eysenck, 1916〜97)の「犯罪とパーソナリティ」(1964), ヒーリー(William Healy, 1869〜1963)の少年非行の研究等がある。

犯罪捜査規範 昭和32年国家公安委員会規則2号。*警察'職員の勤務及び活動の基準としての性格を有するものであって, 内容的には, 全国の都道府県警察本部において適用されるべき犯罪'捜査'に関する規定をまとめて基準としたもの〔制定の権限は, 警12・5④②, 警察法施行令(昭和29政151)13①〕。まず, *警察官'が犯罪捜査を行うにあたって守らなければならない心構え, 捜査の方法, 手続その他捜査に関して必要な事項を定め, 次に, 少年事件, 交通法令違反事件, 国際犯罪, 群衆犯罪, 暴力団犯罪に関する特則を, そして更に, 保釈者等の視察, 令状の執行に関して必要な事項を定めている。また, 指名手配書, 被害届, 弁護人選任通知等など捜査に関する書類簿冊の様式も, 別記されている。

犯罪捜査のための通信傍受に関する法律
平成11年法律137号。刑事訴訟法222条の2に基づいて, 捜査機関が犯罪捜査の目的で有線又は交換設備を経由する電気通信を傍受するための要件, 手続などを定めた法律。 ⇨通信傍受'

犯罪徴表説 犯罪行為を行為者の反社会的性格の徴表であるとみる説。徴表主義ともいう。犯罪行為及びその結果自体に現実的意義を認める現実主義に対立する。現実主義が客観主義においてとられるのに対し, 徴表主義は主観主義においてとられる。主観主義も, 人権保障のため, 社会的危険性の徴表である外部的行為をまって初めて刑罰を科するとするのであるが, 客観主義の立場からは, これは主観主義の客観主義への妥協であるとされる。 ⇨主観主義・客観主義' ⇨新派刑法学'

犯罪人引渡し 1 **意義** 他の国家に対し, 自国領域内にいる犯罪人を処罰のために引き渡すこと。逃亡犯罪人引渡しともいう。二国間あるいは多数国間で犯罪人引渡条約を締結している場合を除き, *一般国際法'上, 国家は引渡の義務を負うわけではなく, *国際礼譲'に基づいて引渡請求に応じるにとどまる。日本は, アメリカ合衆国及び韓国と犯罪人引渡条約を結んでいる。国内法上, 外国から犯罪人引渡しの請求があった場合, その処理に関する手続を定める逃亡犯罪人引渡法がある。これは戦前からの逃亡犯罪人引渡条例(明治20勅42)を引き継ぎ制定されたもので, 条約に基づかない場合も含めて, 外国からの引渡請求に対応する手続を規定する(下記4参照)。一般に, 引渡しは*相互主義'の保証を前提とする〔犯人引渡3参照〕。

2 **引渡犯罪** 国は原則としていかなる犯罪人も引き渡すことができるが, 通常, 個別の犯罪人引渡条約において, 引渡犯罪の列挙, 刑の軽重による制限等が規定されている。また引渡犯罪は, 重大犯罪で, 請求国・被請求国双方の国内法でともに犯罪とされる行為に限られるのが通例である(双方可罰の原則)〔犯人引渡2③〜⑤参照〕。なお, *政治犯罪人不引渡しの原則'が広く採用され〔犯人引渡2①②参照〕, また, 大陸法系諸国は*自国民不引渡しの原則'を一般的に採用している〔犯人引渡2⑨参照〕。

3 **引渡しの相手国** 引渡しを請求する国は主として犯罪地国であるが, ほかに加害者や被害者の属する国, 当該犯罪によってその利益を侵害されたと主張する国が請求することもある。

4 **日本の引渡手続** 引渡手続は行政手続であるが, 実質上対象者に対する刑事手続に直結するものであるため, 逃亡犯罪人引渡法は身体拘束や引渡制限事由の存否につき裁判官の判断を介在させている。他方, 引渡しの相当性判断は法務大臣(政府)に委ねられている。外務大臣から書面送付を受けた法務大臣は, 引渡しの相当性につき判断した上, 東京高等検察庁検事長に命じ, 東京高等裁判所に引渡の可否に関する審査を請求させる〔犯人引渡4①〕。これに伴い, 検察官は東京高等裁判所の裁判官の発付する許可状により当該犯罪人を拘禁する(⇨仮拘禁')〔犯人引渡5〕。裁判所が審査の結果, 法律上引き渡すことができる旨決定した場合, 法務大臣は引渡しの相当性を再度審査し, 相当と認めると

きは，東京高等検察庁検事長に対し引渡しを命ずる〔犯人引渡14①〕。

犯罪被害者　⇨被害者(犯罪の)'

犯罪被害者等基本法　⇨被害者(犯罪の)'

犯罪被害者等給付金の支給等による犯罪被害者等の支援に関する法律　⇨被害者補償'

犯罪被害者等の権利利益の保護を図るための刑事手続に付随する措置に関する法律　平成12年法律75号(法律名は，平成19年法律95号により改称されたもので，当初は，「犯罪被害者等の保護を図るための刑事手続に付随する措置に関する法律」)。犯罪被害者問題に対する社会的関心の高まりを背景に，被害に係る刑事事件の審理状況等に関心をもつとともに被害回復が困難な状況にある*被害者'やその遺族の心情を尊重し，かつその被害の回復に資するための措置を定め，もってその保護を図ることを目的として制定された法律。具体的には，*公判手続'の傍聴への配慮，公判記録の閲覧・謄写，*被告人'と被害者等との間の民事上の争いについての刑事訴訟手続における*和解'に関する規定が盛り込まれている。その後，犯罪被害者等基本法の成立や犯罪被害者等基本計画の策定等を経て(令和3年4月に，第4次犯罪被害者等基本計画がスタートした)，平成19年改正(法95)によって，一定の事件については，被害者等の申立てに基づいて，刑事事件を審理した裁判所が引き続き損害賠償命令を行うという制度が新設されたほか，公判記録の閲覧・謄写の範囲が拡大された。更に，平成20年改正(法19)により，被害者参加人〔刑訴316の33〕のための国選弁護制度が創設され〔犯罪被害保護11〕，資力の乏しい被害者参加人も国費によって弁護士の支援を受けることができるようになっただけでなく，平成25年改正(法33)により，被害者参加人に対する旅費等の支給に関する規定〔犯罪被害保護5〕も整備された。　⇨被害者参加制度'

犯罪被害者保護法　⇨被害者(犯罪の)'

判事・判事補　*裁判官'の官名の一種〔裁5〕。判事は，10年以上判事補・*検察官'・*弁護士'・大学教授等の職にあった者から任命され〔裁42〕，*高等裁判所'・*地方裁判所'・*家庭裁判所'に配属される〔裁15・23・31の2〕。判事補は，*司法修習生'の修習を終えた者から任命され〔裁43〕，地方裁判所・家庭裁判所に配属される〔裁23・31の2〕。任期はいずれも10年で，再任できる〔裁40③〕。判事補は原則として1人では裁判できず，*合議体'に加わる場合にも，同時に2人以上加わることや，*裁判長'となることはできない〔裁27〕。また，*裁判官会議'の構成員とはならない〔裁29③〕。ただし，現在は人員の関係から，特別法によって，判事補等の通算年数5年以上の者で*最高裁判所'の指名する者は，当分の間上記の職権の制限を受けず，判事としての権限が認められており〔判事補1〕，特例判事補と呼ばれる。

反射効　⇨反射的効力'

反射的効力　民事訴訟の当事者が*確定判決'に拘束されることの反射的な効果として，当事者と*実体法'上特定の関係にある第三者が，確定判決の影響を有利又は不利に受けること。学説は，当事者の実体法上の処分を引き受けなければならない第三者，あるいはそれを有利に援用できる第三者は，当事者の得た判決の結果も引き受けなければならず，また，それを有利に援用することもできると考え，その効果を*判決の効力'とみて，反射的効力又は反射効と呼ぶ。例えば，主債務者が主債務の不存在を理由として勝訴判決を得た場合には，保証債務の*付従性'を理由として，保証人はこの判決を援用することができ，この結果債権者は保証人に対して主債務の存在を主張できなくなるとされる。実体法により確定判決に結び付けられた*法律要件'的効果の一種と説明されるが，*既判力'との異同が議論されている。また実質的にみて明文の根拠なく既判力の拡張を認めるに等しいとして，この効果を認めることに消極的な見解もあり，判例も必ずしもこれを肯定していない(最判昭和51・10・21民集30・9・903等)。

反射的利益　**1 意義**　行政法上，法が公益目的の実施等のために命令・制限・禁止等の制度を定めた結果，ある人がたまたま受ける利益にすぎず，法的な保護の対象とはならない利益のことをいう。例えば，*景品表示法'が，景品類又は表示に関する事項について，事業者・事業者団体は*公正取引委員会'の認定を受けなければならないとした〔景表31〕ことにより一般消費者が得る利益や，*関税法'によって特定の輸入品に高率の関税が課された結果，当該物資を国内で生産する者が得る営業上の利益等である。**2 救済**　反射的利益は，法が執行された結果として派生する事実上の利益にすぎず，利益の享受者が自己のために直接その利益の実現を主張できるといった法律上の力を付与するものでない。そのため，最高裁判所の判例によれば，行政処分の取消しによって得られる利益が反射的利益にすぎないような者には，当該処分の*取消訴訟'〔行訴3②〕の原告適格〔行訴9〕が否定される(最判昭和53・3・14民集32・2・211等)。また，行政のある措置の実施によって得られる利益が

はんしよう

反射的利益にすぎない場合に，当該措置の不作為によって被った損害について*国家賠償法'1条1項に基づく賠償が認められないとした例もある〔最判平成2・2・20判時1380・94〕。　⇒原告適格'　⇒不作為による国家賠償責任'

反　証　　⇒本証・反証'

反　訴　**1 意義**　訴訟の係属中に，本訴被告(反訴原告)が本訴原告(反訴被告)を相手方として係属中の*本訴'との併合審理を求めて提起する訴え〔民訴146①〕。*訴訟中の訴え'の一種である。原告に*訴えの変更'が認められることと対応し，関連した請求を併合して審判することにより*訴訟経済'を図り判断の矛盾を回避することができる。反訴の提起は原則として被告の自由であるが，*人事訴訟'手続においては反訴として提起しておかないと別訴が禁止される請求がある〔人訴18・25②〕(⇒*別訴禁止')。単純な反訴のほか，本訴の却下又は棄却(⇒棄却・却下')を*解除条件'とする*予備的反訴'も可能である。

2 要件　イ　反訴請求が本訴の請求又はこれに対する防御方法と関連するものであること(例えば，土地所有権確認請求に対してその土地についての賃借権確認請求，金銭請求に対して，より多額の*自働債権'により*相殺(そうさい)の抗弁'を提出し残額の給付請求をするなど)。反訴が本訴の審理を利用でき，かつ手続が煩雑になるのを防ぐ趣旨である。ロ　反訴の提起は，事実審の*口頭弁論'終結時まで可能である〔民訴146①本文〕が，控訴審における提起には原則として反訴被告の同意が必要である〔民訴300①〕。ハ　本訴と反訴とが同種の手続で審理できるものであり，反訴が他の裁判所の*専属管轄'に服しないことが必要である〔民訴146①Ⅰ。なお，民訴274①〕。ニ　反訴の提起が訴訟手続を著しく遅滞させないことが必要である〔民訴146①Ⅱ〕。ホ　*手形訴訟'・*小切手訴訟'・少額訴訟(⇒少額訴訟手続')では反訴は許されない〔民訴351・367②・369〕。

3 手続　反訴提起の方式は本訴に準じる〔民訴146①〕。本訴取下げ後は本訴原告の同意なしに反訴を取り下げることができる〔民訴261②但〕。

犯則事件　⇒犯則調査'

犯則調査　行政機関が行う行政法規違反の罪に係る事件(犯則事件)の調査。犯則調査権限は，個別法によってこれを所管する行政機関に付与されている〔税通11章，関税11章，金商9章，独禁12章等〕。例えば，*独占禁止法'の場合，*公正取引委員会'の指定を受けた職員は，犯則事件(*不当な取引制限'等の罪〔独禁89～91〕に係る事件)を調査するため必要があるときは，イ　犯則嫌疑者・参考人に対する出頭要請・質問，物件の検査・領置のほか，官公署等への照会といった任意捜査〔独禁101〕，ロ　裁判官の許可状による臨検，捜索，差押えのほか，これを行うために錠を外し，封を開くなどの必要な処分〔独禁102・107①〕等を行うことができる。特にロは*強制捜査'であるため，許可状の提示〔独禁105〕や立会人〔独禁109〕を要するなど，人権保障〔憲35〕の観点から手続の公正が図られている。また，犯則調査部門と行政調査部門との間にファイア・ウォール(情報遮断措置)が設けられ，犯則調査を行えるのは犯則調査部門の職員に限り，*行政調査'で接した事実を直接犯則部門の職員に報告することは禁止されている〔公正取引委員会の犯則事件の調査に関する規則2・4④〕。ただし，行政事件から犯則事件に適切に移行することや，犯則調査を経ずに犯罪を告発することは妨げられていない〔公正取引委員会の犯則事件の調査に関する規則4，独禁74②〕。

反対意見　⇒個別意見'

反対解釈　⇒法の解釈'

反対給付　*双務契約'において，一方の*給付'に対して対価の意味をもつ他方の給付。例えば，*売買'において売主にとっては金銭が反対給付となるし，買主にとっては金銭という給付に対する反対給付は売買の目的物である。給付と反対給付は対立関係にあるので，*同時履行の抗弁権'〔民533〕や*危険負担'〔民536〕の問題が生ずる。

反対尋問　クロス・エグザミネーション(英 cross-examination)の訳語。*交互尋問'において，*主尋問'の後に反対当事者による*尋問'〔刑訴規199の2①②，民訴202①，民訴規113①②〕。反対尋問の機能には，主尋問に対して事実の一面しか供述されていない場合に残された別の面を明らかにすること，及び主尋問に対する供述の信用性を批判することがある。主尋問に現れた事項及びこれに関連する事項並びに*証人'の供述(証言)の*証明力'(信用力)を争うために必要な事項について行う〔刑訴規199の4①，民訴規114①②〕。必要があれば，*誘導尋問'も用いることができる〔刑訴規199の4③〕。証人と反対当事者とは通常友好的な関係になく，誘導尋問の暗示に迎合して供述する可能性が小さいためである。しかし，相当でないときは，裁判長により制限される〔刑訴規199の4④。なお，民訴規115②②〕。また，裁判長の許可を得て，反対尋問の機会に自己の主張を支持する新たな事項についても尋問することができ，新た

な事項の主尋問とみなされる〔刑訴規199の5〕。なお、憲法の*証人審問権'は*被告人'に対し自己に不利益な証人に対する反対尋問権を保障したと解釈されており〔憲37②〕、また、反対尋問の機会がない*供述証拠'は*伝聞証拠'として原則として排除される〔刑訴320①〕が、民事訴訟では、伝聞証拠の採否は*自由心証主義'に委ねられている（最判昭和27・12・5民集6・11・1117）。

半代表 半代表は、エスマン(Adhémar Esmein, 1848〜1913)が「2つの統治形態」(1894)という論文において、純粋代表制が変化しつつある状態を特色付けるために使用した概念である。ここでは、議会は選挙民の意思を可能な限り正確に反映するものとされる。したがって、半代表制も*直接民主制'の代替物と考えられる。日本では、この概念が使われるが、*社会学的代表'とほぼ同義とされることもある。なお、*国民主権'・*人民主権'との関係には議論がある。 ⇒純粋代表'

判断の遺脱 民事訴訟法上、当事者が適法に提出した*攻撃防御方法'について*判決理由'中で判断を示さなかったこと。判決の結論に影響する重要な事項についての判断の遺脱は、*再審'事由〔民訴338①⑨〕となる。判決主文(⇒主文)で判断しなければならない*本案'の*申立て'について裁判を怠った*裁判の脱漏'と区別される。

反　致 各国の*国際私法'が不統一である結果、A国の国際私法によれば、B国法が*準拠法'となるが、B国の国際私法によれば、かえってA国法又はC国法が準拠法となるというような国際私法の消極的抵触が生じる。この場合に、自国の国際私法だけによるのではなく、外国の国際私法をも考慮して準拠法を決定することを認めることを反致という。上記の例で、B国国際私法が、直接A国法を指定している場合を狭義の反致(図イ)といい、それがC国法を指定している場合を転致又は再致(図ロ)という。また、B国国際私法が転致を認めており、かつC国国際私法によればA国法が指定される場合を間接反致(図ハ)という。更に、狭義の反致の場合に、B国国際私法も反致を認めているとき、A国法からB国法への再指定を認めることを二重反致(図ニ)という。反致は19世紀後半から、フランス、イギリスの判例で認められるようになり、その後多くの国の立法に採用されてきた。反致の理論的根拠としては、準拠法として指定されるのは一国の法全体であり、その国の国際私法も含まれるとの説明がなされ(総括指定説)、また、反致によって国際私法の不統

[図：反致の種類]

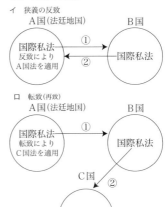

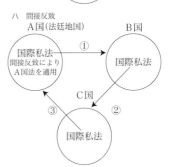

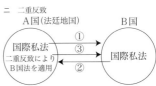

一から生ずる異なる準拠法の適用が回避できるというメリットがあるとされる。しかし、総括指定説では準拠法指定の限りなき循環に陥ることになり、また、同一の準拠法が適用できるというメリットも一方だけが反致を認めるという限られた状況において実現されるにすぎないと批判されている。日本の国際私法は、*本国法'が準拠法である場合に狭義の反致を認めている

はんてい

〔法適用 41 本文〕が, 婚姻関係や親子関係で*段階的連結'が採用されている場合には反致は認められない〔法適用 41 但〕。他方, 転致を認める特別法がある〔手附 88, 小附 76〕。英米国際私法では, 離婚などの問題につき, *国際裁判管轄'を決定し*法廷地法'を準拠法とする解決方法をとっている。そこで日本が法廷地となった場合, 英米からの反致が認められるかが問題となり, 英米国際私法では, 管轄規則の中に抵触規則が隠されていると考え, 反致を認めることを「隠れた反致」という。日本では下級審裁判例(青森家十和田支部審平成 20・3・28 家月 60・12・63 等)で認められている。

判 定 裁判所の訴訟手続外で, 特許発明又は登録実用新案の技術的範囲, 登録意匠及びその類似の範囲, 及び商標権の効力について, *特許庁'が中立の立場で行う判断〔特許 71, 新案 26, 意匠 25, 商標 28〕。例えば, 抵触のおそれがある*特許権'があり, 事前に当該特許発明の技術的範囲に属するかを知りたい場合に利用する。判定は簡単・迅速・安価に得られるが, 特許庁による単なる意見表明にすぎないので, 法的拘束力はないし, 不服申立てもできない。

パンデクテン法学 独 Pandektistik この言葉が頻繁に用いられるようになったのはドイツにおいても 20 世紀に入ってから, しかも主として 19 世紀ドイツ法学を(抽象的であるとか概念的であるとか形式主義的であるなどといった理由で)批判する脈絡でのことである。日本語でこの語が使用されるときには更に意味内容が平板化し, 総則の括り出しといった空疎な意味を大して出ない。しかしこの言葉遣いと厳密に区別されねばならないのは, 文献のジャンルとしてヨーロッパに歴史的に存在したパンデクテン注釈書である。ユスティニアヌス法典(ローマ法大全)のうちの「学説彙纂(いさん)」(ディーゲスタ又はパンデクテー)(圖 Digesta, 羅 Pandectae)は 6 世紀中葉に成立する。11 世紀中葉以降, ディーゲスタは 3 つの部分に分かたれた書物として編集され, これに註釈を施すタイプの文献ジャンルが確立される。16 世紀に入るとディーゲスタの批判的校訂が人文主義法学によって開始される。他方, シュトリュク(Samuel Stryk, 1640~1710)は「パンデクテンの現代的慣用」(1690)を公刊し, 法文の順序に捉われず, 理性法にも示唆を得ながら, *ローマ法'を当時の社会に適用しやすくするための大胆な注釈を行いなしい。さらに 18 世紀の自然法学は, 法の一般原則を抽出することを試み, これが後の総則の原型を形成する。19 世紀前半のドイツ法学者たちは多く*歴史法学派'に依拠し, 一般的には自然法的抽象にむしろ警戒しながら, 教育上の効率性の観点から多少はこれを導入した。総則の構築よりはるかに重要だったのは, ディーゲスタ(ドイツ語ではパンデクテン(Pandekten)と表記)から訴訟法的公法の含意を相当に削ぎ落し, 実体民法の素材を切り出したことである。ところで 50 巻に渉る大量のパンデクテンの素材を頭から講義すれば後半部分が疎かになる。パンデクテンの講義には, 法学入門に当たる*法学提要'の講義が先行しており, パンデクテンを受講する学生には多少の抽象思考能力を前提できる。そこでパンデクテンの講義においては見通しのよい体系が構築された。その代表的なものとして以下のものがある。まず截然(せつぜん)と*債権'と*物権'とに分けると同時にこの両者を*財産法'として一括し, これを*自由主義'の原則とし前置すると同時に, 例外として*家族法'及び相続法を, 自由主義に必要な限りで制限を加えねばならない領域として後置する。20 世紀におけるパンデクテン法学批判は, 自由主義批判の 1 つの変奏曲である。ドイツにおける近代法史学においては近年, 19 世紀の法学をニュートラルに表現するために, Pandektistik の語ではなく Pandektenwissenschaft という, 負の遺産を引きずらない言葉が使われるべきだという提案がみられ, 有力な賛同者もある。この提案の趣旨は 19 世紀ドイツ法学史をもう少し詳細にみるべきだという点にあり傾聴に値するが, 他方ヨーロッパにおけるディーゲスタを巡る法学的考察の長い歴史にやや無頓着になる傾向もあり, この提案の受容にはまだ時期尚早かもしれない。

パンデクテン方式 独 Pandektensystem *民事法'の素材を整理する際に, 総則, *財産法'(債権法, 物権法), *家族法'・相続法, という大きな区分による場合, それをパンデクテン方式とか, パンデクテンの体系などと呼ぶ。日本の用語法において, パンデクテン方式は'インスティトゥツィオーネン方式'(*法学提要')と単純に対比されているが, 歴史的にはそう図式的に理解すべきではない。フランス近世においては法学提要の法文順序が更に独自に改変されるのだが, ドイツ近世の法学文献において法学提要の法文の序列がまずはおおよそ受容された。これに対して 17・18 世紀に入り*自然法'に基づいて法体系が構想される。法の一般理論が冒頭に括り出される(のちの総則)。それに続いて(法学提要の法文順序にも影響を受けつつ)個別の人の法, 財産法, 家族法, 国家の法, *国

際法'へと叙述が続くスタイルなどが構想された。1811年のオーストリア一般民法典が, ドイツ語圏の法典でありながらインスティトゥツィオーネン方式に立脚するのは以上の背景による。これに対して19世紀に入るとドイツ法学は, 新たな学問観を下敷きとして主戦場を民事実体法に限定する。個人主義の立場を徹底させ, 財産法を物権法と債権法とに峻別した上で改めてこの2つの法領域を財産法の概念の下に包摂し, これを民法の原則とした上でその例外として家族法と相続法とを配し, 同時に公法的な定めを民事法から排除する。こうしてパンデクテン方式が形成される。このような民法の見取図はドイツでは何よりも, 講学上の効率性を重要な目的の1つとしていた。この枠組みを利用して膨大な「学説彙纂(いさん)」(ディーゲスタ又はパンデクテー)〔圏 Digesta, 圏 Pandectae〕の素材が大学の法学部で講ぜられた。ユスティニアヌス法典(ローマ法大全)中のディーゲスタの法文順序がパンデクテン方式に直接の影響を与えたとまではいえない。日本ではこれを法典編纂(さん)上の単なる技術として理解し, しかも最も特徴的な要素として総則の存在に重きを置く。しかし, 例えばパンデクテン方式に影響を受けたスイス民法典には総則はないし, 総則の有無がパンデクテン方式の有無の同定に不可欠というわけではない。

半導体集積回路の回路配置に関する法律

昭和60年法律43号。半導体集積回路の回路配置の模倣を防止し, 回路配置の開発に投下した資本が適正に回収されるような制度を創設することによって, 回路配置の開発を促すとともに, その適正な利用の促進を図る法律。半導体チプ法と略称される。従来, 半導体集積回路配置の開発産業は相互の模倣行為により発展する傾向があった。しかし, 回路の素子の集積度が高まるにつれ, 開発費が膨大なものとなる一方, 模倣が容易であるために, 模倣を放置していたのでは開発意欲が阻害される事態となることから, 立法に至ったものである。本法の保護を享受するには, 半導体集積回路における回路素子等の配置を独自に創作した者又はその承継人が申請により, その回路配置利用権の設定登録を受ける必要がある〔半導体3・10①〕。回路配置利用権の効力は回路配置の利用行為一般に及ぶ〔半導体11〕, たとえ同一の回路配置であったとしても, 他人が創作した回路配置の利用行為にまで及ぶものではない〔半導体12①〕。回路配置利用権は*知的財産権'の一種であるが, 申請・設定登録が必要な点で*特許権'に, 権利の効力が独自創作者に及ばないという点で*著作権'に類似しているといえよう。

犯人蔵匿罪 1意義 罰金以上の刑に当たる罪を犯した者又は*拘禁'中に逃走した者を蔵匿し又は*隠避'させる罪。刑法103条。3年以下の拘禁刑又は30万円以下の罰金に処せられる。捜査・審判及び刑の執行など国家の刑事司法作用が保護*法益'である。
2要件 罰金以上の刑に当たる罪を犯した者とは, 判例によれば, 法定刑として罰金以上の刑の定めがある罪につき, 真犯人である者, 又は真犯人であるかどうかを問わず現に訴迫を受けたり捜査の対象となったりしている者をいう(最判昭和24・8・9刑集3・9・1440等)。しかし, 学説上は, 真犯人に限定すべきとする見解も有力に主張されている。拘禁中に逃走した者とは法令によって拘禁された者で逃走したものをいう〔刑99参照〕。蔵匿とは隠れ場所を提供すること, 隠避させるとはそれ以外の方法で犯人らの発見や逮捕を困難にさせることをいう。よって隠避のうちには, 自ら身代わり自首することも含まれる(大判大正4・8・24刑集21・1244)。問題となるのは, 犯人が既に逮捕勾留中に身代わり犯人を自首させる行為であるが, 判例はこの場合も「現になされている身柄の拘束を免れさせるような性質の行為」であるという理由で隠避に当たるとしている(最決平成元・5・1刑集43・5・405)。更に, 判例は, 犯人が既に逮捕・勾留中に, *参考人'として, 警察官に対して, 犯人の身柄拘束を継続することに疑念を生じさせる内容虚偽の供述をする行為についても, 「現にされている身柄の拘束を免れさせるような性質の行為」であるから隠避に当たるとしている(最決平成29・3・27刑集71・3・183)。犯人らが自ら蔵匿などすることは罪とならず, 親族が犯人らの利益のために犯したときは刑を免除することができる〔刑105〕が, 犯人らが他人を*教唆'して本罪を犯させたときは, 教唆犯が成立する(最決昭和35・7・18刑集14・9・1189, 最決令和3・6・9集刑329・85等)。

販　売　⇒あへん煙に関する罪'　⇒わいせつ物頒布等の罪'

反取(はんしゅ)権　⇒反論権'

頒　布　⇒わいせつ物頒布等の罪'

頒布権　⇒著作権'

ハンブルク・ルール 圏 Hamburg Rules 1978年にハンブルクで採択された「国際連合海上物品運送条約」(1992・11・1発効)の別称。*国際連合国際商取引法委員会'の作成した条約草案に基づいており, ヘーグ・ヴィスビー・ルー

ル(⇨ヴィスビー・ルール')の内容を大幅に修正し,海上運送人の責任を強化した(例:航海過失免責の廃止・免責リスト廃止等)。批准国はほとんど開発途上国であり,先進国を中心とするヘーグ・ヴィスビー・ルール採用国群との間に二分化現象を示す。 ⇨ロッテルダム・ルール'

判 例 広義には過去に下された裁判をいうが,狭義にはそれらに含まれる原則のうち,現在拘束力をもつものをいう。判例が変更された場合における,変更前の判決は前者の意味では判例であるが,後者の意味ではそうでない。刑事訴訟法405条にいう「判例」や*裁判所'10条3号の「前に最高裁判所のした裁判」は後者の意味である。*最高裁判所'は判例統一の役割をもち,刑事事件における下級裁判所の判決が最高裁判所の判例(それがない場合は高等裁判所の判例)に違反したときは*上告理由'となり〔刑訴405②③〕,最高裁判所が判例変更するときには*大法廷'を開かなければならない〔裁10③〕。判例の中から形成された法は判例法と呼ばれ,不文*法源'として,英米では原則的な法形式をなす。日本の現行法では,成文法は,不文法である判例法に優先するが,確立した判例は,新たな立法によって変更されない限り,しばしば成文法に代わる効力をもつ。*譲渡担保',*共謀共同正犯'など,判例法が制定法を変更した事例もあり,*根(ね)抵当権'など,判例法によって確立して後に立法化された制度もある。 ⇨成文法・不文法'

判例法 ⇨判例'

反論権 新聞・雑誌などで批判された者が,当該新聞等に対して,反論文を掲載することを請求できる権利。反駁(はんばく)権ともいう。フランスなどのように立法でこれを認めるところもあるが,アメリカのように*言論の自由'を制限するとして否定する国もある。日本では,批判文が名誉毀損の要件を満たす場合に*名誉'を回復する処分〔民723〕として反論文の掲載請求が認められるかと議論されているが,今のところこれを認める裁判例はない(最判昭和62・4・24民集41・3・490参照)。なお,放送事業者の放送による権利侵害においては放送法9条は放送事業者の訂正放送の義務を定めるが,被害者に私法上の権利として訂正放送請求権を認めるものではない(最判平成16・11・25民集58・8・2326)。

非移転罪 ⇨財産犯'

ビヴァリッジ報告 正確には「社会保険及び関連サービス」の表題の下に,1942年11月,イギリス政府の担当大臣宛てに提出された報告書で,作成者であるビヴァリッジ卿(Sir William Henry Beveridge, 1879〜1963)の名をとって,このように呼ばれる。均一額の最低生活費給付と保険料拠出,及び行政責任の統一等の原則に基づく*社会保険'制度の再編成計画を提示し,第二次大戦後のイギリスの社会保険制度及び*社会保障'制度の生成,更に世界各国の社会保障制度の形成に大きな影響を与えた。

飛越上告 ⇨飛越(ひちょう)上告'

ピー・エフ・アイ(PFI) Private Finance Initiative 圏の略。民間の資金と経営手法や技術を活用し,効率的かつ効果的に質の高い公共施設の整備を図ろうとする公私協働の事業方式の一形態をいう。「民間資金等の活用による公共施設等の整備等の促進に関する法律」(PFI法)(平成11法117)により,PFI事業の実施手続及び必要な法制度の整備が行われ,事業が実施されている。その後,平成23年改正(法57)で*公共施設等運営権'の創設,民間事業者による提案制度の導入等がなされたほか,平成30年改正(法60)では,公共施設等運営権者が公の施設の指定管理者を兼ねる場合の地方自治法の特例等の措置を講じ,令和4年改正(法100)では,PFI事業の対象となる公共施設等の拡大のほか,公共施設等運営権に係る実施方針の変更手続創設など,PFI事業の一層の促進を図るための措置が講じられている。

ピー・エル(PL) ⇨製造物責任'

ピー・エル(B/L) ⇨船荷証券'

ピー・エル・オー(PLO) ⇨パレスチナ解放機構'

被害者(犯罪の) **1 意義** *犯罪'によって侵害又は侵害の危険を受けた者。狭義では犯罪によって直接被害を受けた者を意味するが,広義では被害者の遺族や保護者も含めた意味で用いられている。

2 被害者への視点 従来の刑事司法制度に関する議論においては犯罪者がその中心を占め,被

害者に対してはあまり注意が払われてこなかった。しかし、1960年代以降、欧米において被害者の特性やその刑事司法制度における取扱いを研究する被害者学が盛んになっていった。また、刑事司法制度における被害者の正当な取扱いを求め、被害補償などを要求する被害者団体による運動が盛んになり、被害者補償のための立法が各国で行われた。このような被害者の権利運動が盛んであったアメリカでは1980年代に犯罪被害者の権利を認める立法が連邦及び各州で相次いで行われ、また、ドイツでも被害者保護を図るための刑事訴訟法改正が行われている。このような欧米における被害者学や被害者の権利運動の発展は、日本にも影響を与え、平成12年には刑事手続における被害者の地位の改善・強化を図るための被害者保護関連2法(「刑事訴訟法及び検察審査会法の一部を改正する法律」(法74)及び*犯罪被害者等の権利利益の保護を図るための刑事手続に付随する措置に関する法律'(犯罪被害者保護法))が成立した。更に、平成16年には、犯罪被害者のための施策に関する基本理念を定めて、施策の推進を国等に義務付ける犯罪被害者等基本法(法161)が制定され、翌年には同法に基づいて犯罪被害者等基本計画が策定され、平成19年には「犯罪被害者等の権利利益の保護を図るための刑事訴訟法等の一部を改正する法律」(法95)が成立した。

3 刑事手続における被害者の地位 日本の刑事訴追は国家が独占しているが、犯罪の被害者は、*検察官'又は*司法警察員'に対して*告訴'を行うことができ、検察官が起訴又は不起訴の処分を行った場合にはその旨の通知を受け、その理由の告知を請求することができる〔刑訴230・260・261〕。*親告罪'については告訴がなければ*公訴'を提起することができない〔刑232等〕。告訴期間は犯人を知った日から6カ月と定められている〔刑訴235〕。なお、*性犯罪'については、平成29年の刑法改正(法72)によって非親告罪化がなされた。被害者は、不起訴処分に不服があるときは、*検察審査会'に対して処分の当否の審査を申し立てることができる〔検察2②〕。公務員の*職権濫用罪'については、地方裁判所に*付審判請求'を行うこともできる〔刑訴262〕。また、平成12年の被害者保護関連2法によって、被害者が*証人'として証言する際の精神的負担を軽減するための措置として、証人尋問の際の証人への付添い・遮蔽措置・*ビデオ・リンク方式'による証人尋問などが認められるようになり〔刑訴157の4~157の6〕、被害者等が心情その他の意見を*公判'で陳述できること〔刑訴292の2〕、*公判手続'を優先的に傍聴できるよう配慮すること、などが法律に規定された〔犯罪被害保護2〕。更に、平成19年には、一定の被告事件の手続に被害者等が参加して、証人や被告人に質問し弁論としての意見陳述をすることを認める規定〔刑訴316の33~316の39〕が設けられた。*少年審判'手続についても、事件記録の閲覧・コピー〔少5の2〕、審判傍聴〔少22の4〕、意見陳述〔少9の2〕、決定内容の通知〔少31の2〕などの制度が設けられている(⇨被害者参加制度')。また、被害者に関する情報を保護する制度として、平成19年の改正で、氏名・住所等の被害者特定事項を公開の法廷で秘匿する制度が設けられ〔刑訴290の2〕、更に、令和5年の改正で、逮捕状・勾留状・起訴状の記載についても、被害者特定事項を秘匿する制度が設けられた〔刑訴201の2・207の2・271の2・271の3〕。

4 被害者の救済 犯罪被害の救済に関しては、昭和55年に犯罪被害者等給付金支給法(法36)が制定され、故意の生命・身体犯罪の被害者又はその遺族に対して給付金が支給されるようになった(⇨被害者補償')。なお、旧刑事訴訟法(大正11法75)では刑事手続と民事の損害賠償手続を併せて行う*附帯私訴'の制度があった〔旧刑訴567~613〕が、現行法はこれを廃止した。犯罪被害者保護法では、被告人と被害者の間に裁判外で和解が成立した場合には、これを*公判調書'に記載することで*裁判上の和解'と同一の効力が与えられるようになり〔犯罪被害保護19〕、更に、平成19年には、同法が改正され、刑事手続に続いて損害賠償手続を行う制度が設けられた〔犯罪被害保護24〕。

被害者参加制度 犯罪の被害者等が刑事裁判(*公判手続')に直接関与することを可能とする制度。平成16年に成立した犯罪被害者等基本法(法161)とそれを受けて策定された政府の犯罪被害者等基本計画を踏まえ、平成19年の刑事訴訟法改正(法95)で導入された。従前、被害者等が刑事手続において担う役割は、*告訴'・被害届による捜査の端緒の提供や*参考人'・*証人'としての供述証拠の提供等にとどまった。しかし、被害者等の個人の尊厳にふさわしい処遇の保障という上記基本法が掲げる基本理念〔犯罪被害基3〕は、刑事事件の裁判でも具体化が求められる。そこで、「事件の当事者」である被害者等が事件の裁判に対し抱く関心やそこに関与することを求める心情は尊重されるべきであり、刑事裁判への適切な関与は被害者等の名誉の回復や被害からの立ち直りに資するとの考え方から導入されたのが、被害者参加制度で

ひがいしゃ

ある〔刑訴316の33〜316の39〕。一定の犯罪の被害者等(被害者が死亡した場合又はその心身に重大な故障がある場合には一定の親族〔刑訴201の2〕が含まれる)が刑事裁判への参加を申し出た場合、裁判所が相当と認めるときは、被害者参加人としてその参加が許される。対象犯罪には限定があり、*故意'の犯罪行為により人を死傷させた罪、不同意わいせつ・不同意性交の罪、業務上過失致死傷の罪、逮捕・監禁の罪、略取誘拐・人身売買の罪等、過失運転致死傷の罪等がこれに当たる。被害者参加人は、原則としてイ 公判期日に出席できるほか(平成25年の法改正(法33)により、旅費等が支給されることとなった〔犯罪被害保護5〜10〕)、更に、その申出を受けた裁判所が相当と認めるときは、ロ *証人尋問'、ハ *被告人質問'、ニ 事実又は法律の適用についての意見の陳述、を行うことができる。ただし、ロの尋問は、*情状'に関する事項(犯罪事実に関するものを除く)についての証人の供述の*証明力'を争うために必要な事項に限られ、ニの意見の陳述は、*訴因'として特定された事実の範囲内でのみ許される。刑事訴訟の基本構造(*検察官'と*被告人'・*弁護人'とを対立当事者とする当事者主義訴訟構造)を踏まえ、公判請求権、訴因設定権、証拠調べ請求権、上訴権等は認められていない。被害者参加人は、上記イ〜ニのほか、検察官の権限の行使に関し意見を述べ、検察官から説明を受けることができる。被害者参加等の申出は検察官経由で行うこととされていることと併せ、制度全体を通じ、検察官とのコミュニケーションが重視されている。被害者等は、制度の利用にあたり、弁護士の援助を受けることもでき(被害者参加の申出や各関与行為は、委託を受けた弁護士にも認められる)、資力の乏しい被害者参加人には、国選弁護の制度が設けられている(被害者参加弁護士の選定〔犯罪被害保護11〜18〕)。⇨被害者(犯罪の)'

被害者なき犯罪 その意義は必ずしも明確ではないが、一般的には、刑法による保護を求める直接の*被害者'がいない*犯罪'をいう。アメリカでは、被害者なき犯罪に、同性愛、堕胎、売春、薬物取引、賭博、わいせつ物頒布等の罪が含まれることが多く、その*非犯罪化'の是非が問題となってきた。これらの被害者なき犯罪は、成人間の合意に基づく行為を処罰しているため、個人の自律権との関係で処罰の妥当性を疑問視する意見が出された。また、逸脱行為に犯罪者のレッテルを貼ることで新たな2次的逸脱を生み出しているという批判や、被害者による犯罪捜査への協力が一般に得られないため、法執行が困難で違法な捜査手段が用いられやすいことなどから、国家の限られた資源をより重大な犯罪に振り向けるべきであるという主張もなされた。被害者なき犯罪という概念に対しては、堕胎では胎児が被害者であり、売春を始めとする*風俗犯'では社会が被害者であるなどの批判もある。

被害者の意見陳述 犯罪の*被害者'やその遺族等が、刑事裁判の*公判期日'において、被害に関する心情その他の被告事件に関する意見を述べること〔刑訴292の2①〕。平成12年の刑事訴訟法改正(法74)によって新設された制度である。被害者等は、被害感情や被告人に対する処罰感情、事件に対する評価などについて陳述することになるが、犯罪事実自体に関する陳述内容を犯罪事実認定のための証拠とすることはできない〔刑訴292の2⑨〕。ただ、裁判所は、被害者等の意見を*量刑'資料として考慮することはできる。なお、平成19年に新設された被害者参加人による事実又は法律の適用についての意見陳述〔刑訴316の38〕は別の制度である。

被害者の承諾 ⇨被害者の同意'

被害者の同意 **1 意義** 刑法上の保護*法益'の主体がその侵害に対して同意を与えること。被害者の承諾ともいう。法益保護の必要性が失われるため、被害者の個人的法益の保護を目的とした犯罪については、初めから罪にならないか、少なくとも*違法性阻却事由'になると考えられているが、その範囲については争いがある。

2 法益の処分可能性 同意は、法益を処分することが可能な者によって行われることが必要である。したがって、公益犯罪については被害者の同意があっても、違法性は阻却されない。また、個人法益に対する罪であっても保護法益の重大性から被害者の処分を許さず被害者の同意にかかわらず違法性の阻却が認められない場合もある。*嘱託殺人'・*承諾殺人'罪の規定〔刑202〕は、明文をもって*殺人罪'〔刑199〕について被害者の同意があっても違法性を阻却しないことを認めた例である(⇨安楽死)。明文の規定のない*傷害'罪〔刑204〕についても、法益の重大性に鑑みて、行為が*公の秩序・善良の風俗'に反する場合は同意傷害の違法性は阻却されないとするのが通説であり、最高裁判所の判例にもそのようなものがみられる(最決昭和55・11・13刑集34・6・396)。これに対して、傷害の重大性あるいは生命への危険性を基準とすべきであるとする見解も有力である。

3 有効な同意 違法性を阻却する被害者の同意が有効であるためには、同意の内容を理解するに足る*意思能力'をもつ者が、自由意思に基づいて同意したことを必要とし、幼児や精神病者の同意や、*詐欺'又は*脅迫'による同意は無効である。同意は被害者の内心の意思であることをもって十分とする(意思方向説)か、更に表示されることを必要とする(意思表示説)かについては争いがあるが、後者が有力である。 ⇨推定的同意'

被害者補償 犯罪の*被害者'やその遺族は、加害者に資力がないために十分な救済を受けられない場合がしばしばある。1960年代以降、諸外国では、被害の救済を求める犯罪被害者の運動が盛んになるとともに、被害者の救済を行うことによって刑事司法制度に対する信頼を回復することの必要性が認識されるようになり、公的基金によって犯罪の被害者に対して補償を行う制度が発達した。日本における犯罪被害者補償制度は、昭和55年の犯罪被害者等給付金支給法(法36)によって始まった。同法は、人の生命・身体を害する故意の犯罪によって死亡した被害者の遺族及び重障害を受けた被害者に対して、国が犯罪被害者等給付金を支給することを定めていた。平成13年の改正(法30)で、法律の題名が「犯罪被害者等給付金の支給等に関する法律」に改められ、重傷病を負った者も給付の対象者とされた。また、平成20年の改正(法15)では更に法律の題名が「犯罪被害者等給付金の支給等による犯罪被害者等の支援に関する法律」に改められた。給付金は、*都道府県公安委員会'に対する申請に基づき同委員会の裁定によって支給され、給付金の額は政令で定められた給付基礎額を基準として決められることになっている。その他の被害者補償制度として、「国外犯罪被害弔慰金等の支給に関する法律」(平成28法73)による制度、「犯罪被害財産等による被害回復給付金の支給に関する法律」(平成18法87)による制度、「犯罪利用預金口座等に係る資金による被害回復分配金の支払等に関する法律」(平成19法133)による制度などがある。

非核地帯 第二次大戦後、一定の地域における核兵器の製造・保有・実験等を禁止していわゆる非核地帯を設けようという構想が提唱された。条約という形でこれが実現した例としては、1968年4月22日に発効した「ラテンアメリカにおける核兵器の禁止に関する条約」(トラテロルコ条約。現ラテンアメリカ及びカリブ地域における核兵器の禁止に関する条約)、1986年12月11日に発効した南太平洋非核地帯条約(ラロトンガ条約)、1997年3月27日に発効した東南アジア非核兵器地帯条約などが挙げられる。

比較法学 複数の法制度や法現象を比較する*法学'の1分野。過去の法を比較の対象とする場合には、*法史学'と重なり合い、また法が実際にどのように機能しているかを比較する場合には、*法社会学'と関係する。*立法'や解釈の前提として行われる実用的なものと、理論的なものとがある。イ 立法に際して、諸国の立法やその現実を比較し、その長短を比較衡量するもの。大学の法学部ばかりでなく、内閣や国会の法制局も、各国の立法資料を収集し、比較研究を重ねている。ヨーロッパから法制度を継受した明治以降の日本では、立法に際しては、フランスやドイツのような母法国を始め、共通の法系に属するヨーロッパ諸国の立法例を参照するのが常であった。戦後はアメリカ法の対応する制度の研究も盛んである。ロ *法の解釈'にあたって、各国の制度における解釈・論争・*判例'・運用などを研究して、自国法の解釈の参考とするもの。明治以来、法学者の書斎には、ドイツ、フランス、スイスなどの代表的な教科書・コンメンタールがそろえられ、*法解釈学'の論文は、これらの引用によって満たされた。戦後は英米の判例という大きな研究領域がこれに加わっている。ハ このような個々の制度の実用的研究を超えて、一国の法制度を全体として研究しようとする「ドイツ法」「フランス法」「英米法」などの講座が各大学に設けられ、これらの研究は当然のこととして自国法との比較を伴うため、比較法学と呼ばれて、*基礎法学'の一部に分類された。ニ 上記のような研究は、いずれも法制度そのものの研究が主要目的で、「比較」はその派生物のような感があるが、それに対して、相異なる歴史や伝統をもち、異なった現代的課題をもった様々な社会の法を、それらの文化的・社会的・歴史的背景との関連で比較し、その中から人類社会の普遍性と個性、法の技術性と理念性というような問題に接近しようとする学問分野は、狭い意味での比較法学と呼ぶことができる。日本でも、外国法とは区別された比較法学という講座が諸大学に設けられるにつれて、このような方向に向かっている。1900年パリで第1回大会が開催され、以後発展を続けている国際比較法学会の意図するところもそこにあり、視野の拡大とともに*法人類学'などとの関係も深まっている。

比較法的解釈 ⇨法の解釈'
比較法文化論 ⇨法社会学'

ひかぜい

非課税 ⇨課税除外'

非課税所得 法律の規定により課税の対象から除外されている*所得'をいう。*所得税法'・租税特別措置法といった税法のほか、国民健康保険の保険給付〔国健保68〕、生活保護の保護金品等〔生活保護57〕、宝くじの当選金〔当せん金付証票法(昭和23法144)13〕などにつき税法以外の法律でも定められている。非課税とされる理由としては、イ 社会政策上の考慮(恩給・年金〔所税9①③〕)、ロ 担税力の低さ(強制換価時などの譲渡所得〔所税9①⑩〕)、ハ 他の租税との二重課税回避(相続・遺贈・贈与により取得する財産等〔所税9①⑰〕)、ニ 教育を受けることの奨励(学資金〔所税9①⑮〕)、ホ 投資の奨励(⇨ニーサ(NISA)'〔租特9の8・37の14〕)など種々のものがある。ただし、非課税所得として掲げられている項目の中には、給与所得者の通勤手当〔所税9①⑤〕のように*必要経費'に充当されると考えられる金品や、損害賠償金〔所税9①⑱〕のように損失を補塡する金品など、本来はそもそも所得に該当しないと考えられるものも含まれている。

引当金 I 将来の費用又は損失の発生に備えて、その合理的な見積額のうち当該事業年度の負担に属する金額を費用又は損失として繰り入れることにより計上すべき引当金(株主に対して役務を提供する場合において計上すべきものを含む)〔会計規6②Ⅰ〕。1年内に使用されると認められるもの(例えば、賞与引当金)は*流動負債'に、1年内に使用されないと認められるもの(例えば、*退職給付引当金'、役員退職慰労引当金)は*固定負債'に、それぞれ当たる。

II 課税所得の計算において、確定していない債務を控除することは原則として認められていないが、引当金はその例外として、企業会計における*費用収益対応の原則'の考え方に基づき、控除が容認されている。所得税法では、*貸倒引当金'、退職給与引当金が認められている〔所税52・54〕。法人税法では、退職給与引当金が平成14年、返品調整引当金が平成30年の税制改正で廃止され、貸倒引当金のみが認められている〔法税52〕。ただし、平成23年12月の税制改正(法114)により、貸倒引当金を設定できる法人が、資本金1億円以下の中小法人と銀行や保険会社等の法人に限定された。これらの法改正により法人税の課税ベースが拡大された。⇨益金・損金'

引受け ⇨*株式の引受け' ⇨*債務引受け' ⇨*手形引受け' ⇨*引受業務'

引受業務 *有価証券'の発行に際し、その発行者から売出しの目的をもって当該証券の全部又は一部を取得する(買取引受)契約、あるいは他に当該証券を取得する者がない場合にはその残部を取得する(残額引受)契約を締結すること〔金商2⑥⑧⑥参照〕。アンダーライター業務ともいう。買取引受けと残額引受けを包括する概念として*元引受契約'の語も用いられる〔金商28⑦・21④、金商令15〕。有価証券の引受業務は、売れ残りの危険を引受会社が負担するところにその特徴がある。金融商品取引業者等は売れ残りリスクを減少させるために市場環境や企業業績を慎重に評価(引受審査)し、資金調達量を決定することになるが、ディスカウント付発行の場合には売れ残りリスクが生じず、安易な引受けのなされる危険性もある。日本では、元引受業務は原則として、所定の認可を受けた証券会社に限って認められていたが、*金融商品取引法'はこれを登録制に改め、第1種金融商品取引業者にこれを認めることとした〔金商28①③〕。

引受拒絶 *為替手形'の所持人又は単なる占有者が、*満期'前に、*支払人'に対し*引受呈示'をして引受けを求めたにもかかわらず、支払人が*手形金額'の全部又は一部につき引受けを拒絶した。為替手形の記載事項に変更を加えてされた引受け(*不単純引受け')にも引受拒絶の効力が認められる〔手26②〕。引受拒絶があれば、所持人は*遡求権'を行使することができる(一部につき引受けを拒絶されたときは、残額についてだけ遡求権を行使することができる)〔手43Ⅰ・48①Ⅰ〕。引受拒絶の事実は原則として*引受拒絶証書'により証明することが必要である〔手44①〕。

引受拒絶証書 *為替手形'につき、引受けのための適法な呈示がされたにもかかわらず、*手形金額'の全部又は一部につき引受けが拒絶された場合(被呈示者が不在の場合及び官公署に問い合わせても呈示場所が分からない場合を含む〔拒絶2①②・7②〕)に、公証人又は執行官が作成する、これを証明する拒絶証書〔手44①〕。拒絶証書の作成が免除されている場合を除き、*引受拒絶'による*遡求'のためには、*引受呈示'期間内にこれを作成する必要がある〔手44①②・53①②〕。ただし、手44⑥〕。なお*一覧後定期払手形'及び*引受呈示命令手形'では、引受けのための呈示期間内にその作成を怠ると、引受拒絶による遡求権だけでなく、*支払拒絶'による遡求権も失う〔手53①①②③〕(⇨日付拒絶証書')。引受拒絶証書の作成は*振出人'・*裏書

人'又は*保証人'が免除することができる〔手46〕(⇨'拒絶証書作成の免除')。　⇨'拒絶証書'

引受考慮期間　*引受呈示'を受けた*支払人'が引受け(⇨'手形引受け')をするかどうかを考慮するために認められた期間。熟慮期間・考慮期間ともいう。所持人は,引受呈示をしたが引受けを拒絶されば,*遡求'できるのが原則であるが,引受呈示を受けた支払人は,翌日もう一度呈示するよう要求することができ〔手24①〕,この要求があると,所持人は翌日もう一度呈示し,それが拒絶された場合でなければ遡求できない。この1日が考慮期間である。*振出人'の*署名'が真正か,振出人が資金を供給するかなどを確かめた上で引受けをするかどうかを決めるために認められる。

引受参加　⇨'訴訟承継'　⇨'引受承継'

引受主義　⇨'消除主義・引受主義'

引受承継　*訴訟係属'中に,係争法律関係について当事者の一方から第三者に*特定承継'があった場合に,他方の当事者の申立てにより承継人に従前の訴訟上の地位を受け継がせること〔民訴50①・51〕。*訴訟承継'の一種であり,承継人の申立てによる*参加承継'に対する。引受申立ての許否は決定により裁判する〔民訴50①〕。引受後の審判は,同時審判の申出がある共同訴訟の規律が準用される〔民訴50③・41①③〕(⇨'同時審判申出共同訴訟')。被承継人である前主は*訴訟脱退'をすることができる〔民訴50③・48〕。

引受(のための)呈示　*為替手形'の*支払人'に対して,引受けを求めるために為替手形を呈示すること。引受呈示は,支払人自身に対し,その住所(*営業所'があれば営業所)〔民520の8,商法(平成29年改正前の)516②参照〕において,手形の所持人又はその占有者によりされる〔手21〕。*満期'まではいつでも引受呈示をすることができ,それに対して引受けが拒絶されれば(⇨'引受拒絶'),*引受拒絶証書'を作成させて*遡求'することができる〔手43Ⅰ〕が,引受呈示をしないで*支払呈示期間'に直ちに*支払呈示'をしてもよいのが原則である(⇨'引受呈示自由の原則')。この原則に対して,*振出人'又は*裏書人'は手形に引受呈示をしなければならない旨を記載し(⇨'引受呈示命令手形'),また振出人は手形引受呈示を禁じる旨を記載する(⇨'引受呈示禁止手形')ことができる〔手22〕。更に,*一覧後定期払手形'及び引受呈示命令手形は呈示期間内に引受呈示を怠ると,引受拒絶のみならず支払拒絶による遡求権を失う〔手23・53①Ⅰ②③〕。

引受呈示期間　*為替手形'の所持人又は占有者が*引受呈示'をしなければならない期間。満期にいたるまでの間になされる〔手21〕。為替手形は引受呈示をするか又は引受呈示をしないで*支払呈示期間'内に直接*支払呈示'をするかを所持人の自由に任せているのが原則であるが〔手21〕,*一覧後定期払手形'及び*引受呈示命令手形'では,法定の期間〔手23①〕又は*振出人'若しくは*裏書人'が手形上に記載した期間〔手22①④・23②③〕内に引受呈示をしなければならず,これを怠ると*遡求権'を失う〔手53①Ⅰ②③〕。

引受呈示禁止手形　*引受呈示'を禁止する旨が記載されている*為替手形'。為替手形は原則として,引受呈示をするかどうかを所持人の自由に任せているが〔手21〕,*振出人'(*裏書人'はできない)は,引受呈示を絶対的に禁止し,又は一定期日以前の引受呈示を禁止することができる〔手22②③〕。しかし,*第三者方払手形',*他地払手形'及び*一覧後定期払手形'については,このような禁止はできない〔手22②但〕。第三者方払手形では支払担当者に支払に必要な準備をさせるため,他地払手形では*支払人'に支払担当者を指定する機会を与えるため,また一覧後定期払手形では*満期'の決定のために引受呈示が必要であるからである。引受呈示禁止手形は,振出人が支払人に満期まで,又は一定期日まで資金を提供することができない場合や,支払人が引受けを欲しない場合等に利用される。この記載に反して呈示した場合には,引受けが拒絶されても*引受拒絶'による*遡求権'を行使できない。

引受呈示自由の原則　*為替手形'の引受呈示をするかどうかが原則として所持人の自由に任されていること〔手21〕。この原則に対しては,*一覧後定期払手形',*引受呈示命令手形'及び*引受呈示禁止手形'の例外がある。　⇨'引受(のための)呈示'

引受呈示命令手形　*引受呈示'をしなければならない旨が記載されている*為替手形'。為替手形は,引受呈示をするかどうかを所持人の自由に任せているのが原則であるが,*振出人'又は*裏書人'(ただし,裏書人は振出人が引受呈示を禁止しているときはできない)は,手形に,期間を定め又は定めないで引受呈示をしなければならない旨を記載することができる〔手22①④〕。*支払人'にその者を支払人とする手形が振り出されていることを知らせて支払準備等の機会を与えるためとか,支払人が支払の意思をもっているかどうかを確かめるため等に利用される。所持人がこれに反して呈示を怠れば,

ひきうけに

振出人がこの記載をしたときは、*遡求*義務者全員に対する*引受拒絶*及び*支払拒絶*による遡求権を失い（振出人が引受担保義務だけを免れようとしていることが文言上明らかな場合は支払拒絶による遡求権は失わない）、裏書人が記載したときは、その裏書人に対する引受拒絶及び支払拒絶による遡求権を失う〔手53②③〕。

引受人 *為替手形*の*支払人*が手形引受けをした場合、その者を引受人という。引受人は*約束手形*の*振出人*と同じく、手形の主たる義務者として、第1次的かつ無条件に*手形金額*を支払う義務を負う〔手28〕。 ⇨手形引受け' ⇨手形(小切手)当事者'

引受・払込担保責任 ⇨資本金の額' ⇨発起人'

引受募集 *社債募集*の一態様で、起債会社が他の会社（主に証券会社）に社債総額の募集を請け負わせ、もし応募額が総額に達しないときには、当該他の会社が残額を自ら引き受ける（残額引受け）義務を負う場合を指し、請負募集ともいう。*間接発行*の一態様である。

引受無担保文句 *為替手形*の*遡求*義務者が手形の引受け（⇨手形引受け'）を担保しない旨の記載。それを記載した者は、引受けが拒絶されても遡求義務を負わない。為替手形の*振出人*は、引受けを担保しない旨を記載することができるが、支払を担保しない旨を記載しても手形上の効力を生じない〔手9②〕。 ⇨無担保文句'

引換給付判決 民事訴訟において、原告の訴訟上の請求に対し、被告から同時履行の抗弁又は*留置権*の抗弁が提出された場合に、原告が*反対給付*を履行することと引換えに被告に対して*給付*を命じる判決。これは、無条件の*給付判決*ではないので、原告の一部敗訴判決である。この判決を*債務名義*として*強制執行*を行う場合に、反対給付の履行又はその提供は、*執行文*付与の要件ではなく、執行開始の要件〔民執31①〕である。これは、執行文付与の要件とすると、債権者に先履行を強いることになるからである。 ⇨同時履行の抗弁権' ⇨処分権主義'

引換証券 ⇨受戻証券'

被疑事実 *被疑者*が犯したものと疑われている犯罪事実。憲法33条の要請から、*逮捕状*、*勾留状*には、被疑事実の要旨が記載され〔刑訴200・207・64〕、また、憲法34条の要請から、逮捕された被疑者には被疑事実の要旨を告知しなければならない〔刑訴203①・204①〕。

被疑者 犯罪の嫌疑を受け、*捜査*の対象とされているが、まだ*公訴*を提起されていない者。公訴提起後は、*被告人*と呼ばれる。被疑者は、一定の要件の下に、*逮捕*〔刑訴199等〕・*勾留*〔刑訴207〕されることがあるが、供述の義務はない〔刑訴198②〕。他方、*弁護人*選任権〔刑訴30〕、*証拠保全*請求権〔刑訴179・180〕、*勾留理由開示*請求権〔刑訴207・82〕等をもつ。*国選弁護人*の選任は、勾留状が発せられているときは被疑者の請求によりなされ、勾留請求された被疑者もこれを請求することができる〔刑訴37の2〕。

被疑者の取調べ 犯罪の嫌疑を受け捜査の対象となっているが、いまだ公訴提起されていない者の供述（*自白*）を求める捜査活動。取調べによって得られた自白が有罪認定の重要な証拠となっているだけでなく、徹底した被疑者取調べが検察官の広範な*訴追裁量*権の行使を支えており、日本の捜査実務は「被疑者取調べ中心主義」とさえいわれる。ただ、このような自白重視の運用が、ときに行き過ぎた取調べを招いてきたことも事実である。憲法及び刑事訴訟法は、*黙秘権*の保障と*供述拒否権*の告知、*弁護人*との*接見*交通及び*自白法則*によって取調べを事前・事後にチェックする制度を採用しているが、取調べの可視性の低さゆえに、そのような法的規制が有効に機能しえない面がある。また、*供述調書*は捜査官によって物語形式で作成されるため、供述の正確性に関する疑問も解消しえない。そのため、自白の任意性の効率的な立証や被疑者取調べの適正化等の観点から、平成28年の法改正(法54)により、裁判員裁判対象事件と検察独自捜査事件について身体拘束中の被疑者を取り調べる場合には、原則として、その状況の全過程を録音・録画することが捜査機関に義務付けられた。最近は、録音・録画制度の普及と、更には心理学等の知見を踏まえた取調べの高度化に伴って、自白獲得にこだわっていた被疑者取調べのあり方に変化もみられる。なお、取調べへの弁護人立会いが、次なる立法課題とされている。 ⇨取調べの録音・録画'

被疑者補償規程 昭和32年法務省訓令1号。*被疑者*として*抑留*又は拘禁（⇨抑留・拘禁'）を受けた後に犯人ではないとわかって*起訴*されなかった者に対する補償を定めたもの。刑事補償法では、このような場合に補償する規定がないので、その不備を補う趣旨で制定された。*公訴*提起をしない処分があったときで、当該被疑者が罪を犯さなかったと認めるに足りる十分な理由がある場合、検察官の裁定により、

ひきわたす

[表：引渡しの態様]

引渡しの種類	根拠条文	要件	引渡し前の状態	引渡し後の状態
現実の引渡し	民182①	占有移転の合意と現実的支配の移転	譲渡人 A ― 譲受人 B （現実的支配）	A B〇
簡易の引渡し	民182②	当事者の意思表示	A（点線〇） B〇／間接占有 占有代理人	A B〇
占 有 改 定	民183	Bのために占有する旨の意思表示	A〇 B	A B（点線〇）／占有代理人 間接占有
指図による占有移転	民184	AのCに対する命令とBの承諾	占有代理人 C〇／A〇 B（点線〇）	占有代理人 C〇／A（点線〇） B〇

抑留又は拘禁の日数に応じ，1日1000円以上1万2500円以下の割合で，補償金を本人に交付する。*相続人'などに交付する場合もある〔被疑者補償規程1～6〕。

非供述証拠 ⇒供述証拠・非供述証拠'

引 渡 し 動産*物権変動'の*対抗要件'としては引渡しが必要である〔民178〕。この引渡しには，単に現実に物を引き渡す場合(⇒現実の引渡し')だけではなく，*簡易の引渡し'，*占有改定'，*指図による占有移転'も含む。用語としては，引渡しは現実の引渡しだけを指す場合もある〔民182①〕。引渡しの態様を示せば表のようになる。

引渡証券 証券上の権利者に証券を引き渡すことにより，証券に記載された物品自体の占有移転があったのと同一の効力が生じる*有価証券'。*船荷証券'，*倉荷証券'や*複合運送証券'は，元来，特定の物品の引渡請求権を表章する*債権証券'であるが，証券の引渡しによって，その物品の引渡請求権が移転するとともに，その物品自体の引渡しがあったのと同じ効力(*物権的効力')が認められる〔商607・763・769②，国際海運15〕。*物権的有価証券'とも呼ばれているが，物権自体を表章する*物権証券'とは区別される。 ⇒処分証券'

引渡命令 目的物を引き渡すべき旨を命じる執行裁判所の*決定'。執行手続を円滑に進めるため，引渡執行の*債務名義'を簡易に取得させる機能をもつ。現行法が認めているものとして，3種類のものがある。第1は，*強制競売'及び*不動産競売'において買受人の申立てに基づいて発せられる不動産引渡命令であり，買受不動産の占有者を相手方とする〔民執83①〕。引渡命令の相手方には，債務者及びその一般承継人のほかに，事件の記録上買受人に対抗できる権原によって占有していると認められる者以外の第三者も含まれる。また，占有移転禁止の*保全処分'等がされている場合には，引渡命令執行の相手方について特例が設けられている〔民執83の2〕。買受人は，引渡命令について*執行文'を得て引渡執行をすることができる。これに対して，相手方は，*請求異議の訴え'を提起できる。第2は，差押動産の占有が第三者に移転された場合の差押物引渡命令である〔民執127〕。第3は，船舶執行(⇒船舶に対する民事執行')申立て前の船舶国籍証書等の引渡命令である〔民執115〕。

引き渡すか訴追するか aut dedere aut iudicare 領域内に所在する容疑者の身柄を関係の請求国に引き渡すかそれとも訴追のために自国の管轄機関に付託するかを選択すべき義務。1949年*ジュネーヴ四条約'を始めとして，テロリズム防止関連を含む国際刑事関係で同義務を課す条約は多い。拷問等禁止条約(平成11条6)中の同義務(7条1項)について国際司法裁判所は，引き渡すか訴追するかの選択肢は同等ではなく，訴追は条約上の義務だが引渡しは選択肢であり，訴追しなければそこから国家責任が生

ひきんせん

ずるとした(ICJ判 2012・7・20 Reports 2012・422〈引き渡すか訴追するか事件(ベルギー対セネガル)〉)。

非金銭報酬 *株式会社'の*取締役'又は*執行役'の報酬等のうち, 金銭でないもの。株式又は*新株予約権'を交付する方法によるもの(エクイティ報酬)のほか, 現物の給付(低賃料による社宅の提供等), 退職年金の受給権の付与, 取締役・執行役の親族を保険金受取人とする生命保険契約の締結などが含まれる。非金銭報酬のうち, エクイティ報酬以外のものを付与する場合には, *指名委員会等設置会社'以外の会社では*定款'又は*株主総会'決議により, 指名委員会等設置会社では*報酬委員会'において, その具体的な内容を定めなければならない〔会社 361 ①⑥・409 ③⑥〕。これに対し, 非金銭報酬のうち, エクイティ報酬を付与する場合については, 令和元年会社法改正により, 詳細な手続が整備されている。 ⇨株式報酬' ⇨ストック・オプション'

非軍事的(強制)措置 ⇨強制措置'

ピー・ケー・オー(PKO) ⇨国際連合平和維持活動'

ピー・ケー・オー(PKO)協力法 ⇨国際連合平和維持活動等に対する協力に関する法律'

ピケッティング 英 picketing ストライキ(*同盟罷業'), *ボイコット'などを効果的にするための*争議行為'。工場・事業所等の入口において, スト破り(*スキャッブ')や使用者側の人員, 入構しようとする取引先を見張り, ストライキの維持やそれへの協力のため説得その他の働きかけを行うもの。一般市民に*労働争議'の存在を示し世論を喚起しようとする側面もある。最高裁判所は, 法秩序全体の見地から許容されるべきものであれば*刑事免責'があるとする(最大判昭和 48・4・25 刑集 27・3・418〈国労久留米駅事件〉)。民事免責に関しては, 平和的説得の範囲にとどまる限り正当な争議行為であるとされるが, 具体的には, 争議の状況, 使用者の行動, 働きかけの相手方, 態様等が考慮されることになる。

非権力行政 非権力的手法を用いて行われる行政であり, 権力行政に対比して用いられる。行政機関は, 行政活動を行う場合に, 権力的手法を用いることもあれば, 非権力的手法を用いることも多い。例えば, 公害規制の目的で*行政機関'が工場の操業停止を命ずる権力的手法が法律で認められる場合であっても, 行政機関は*行政指導'によって工場に対して操業を停止するよう要請することが多い。行政指導は, 非権力的手法の代表例である。また, 行政主体が工場と公害防止協定を結んで, それに基づき営業の自粛を求める場合もある。ここでは, *行政契約'という非権力的な手法が用いられている。上記の他, *給付行政'の分野では, 金銭や各種サービス, 更には情報が行政機関により私人に対して提供されており, これらも非権力行政の例である。

非公開会社 会社法上の*公開会社'〔会社 2⑤〕以外の*株式会社', すなわちその発行する全部の株式が*譲渡制限株式'である株式会社をいう。*金融商品取引所'に上場している上場会社以外の会社を非公開会社ということもある。⇨同族会社' ⇨閉鎖会社'

被拘禁者処遇最低基準規則 1955 年の第 1回国連犯罪防止・刑事司法会議において採択され, 1957 年国際連合経済社会理事会により承認された。2015 年の国連総会で改正案が採択され, 新規則は, ネルソン・マンデラ・ルールズと呼ばれている。処遇の基本原則, 居住設備, 医療, 規律, 不服申立て, 外部交通, 職員の資質・研修, 等々について基準を定めており, 処遇の基本原則として, 人権・性別等による差別の禁止, 宗教的信条等の尊重, 人間としての尊厳と価値の尊重, 拷問・非人道的取扱いの禁止, 関係者の安全確保を規定している〔規則 1〕。*拘禁刑'については, 拘禁刑が自由剝奪自体により犯罪者に苦痛を与えるものであり, 正当な分離拘禁等は紀律の維持に伴うものを除き, この状態に固有な苦痛を増大させるものであってはならないとする〔規則 3〕。また, 拘禁刑の目的を, 犯罪から社会を守り再犯を減少させることとし, その目的達成のために, 教育・職業訓練・作業その他の援助を提供すべきとする〔規則 4〕。規則は, 監獄法(⇨刑事収容施設法')の改正や刑法の拘禁刑導入にも大きな影響を与えた。

非行少年 狭義においては*少年法' 3 条に定める犯罪少年・*虞犯(ぐはん)少年'・*触法少年'の総称。広義では広く犯罪性の芽生えである反社会的行為を行う少年をいう。*刑事政策'上も非行性の早期発見・早期治療が将来の犯罪予防のため重要であり, 古くより少年非行の原因とその対策に関する研究が進められてきた。世界各国で少年に対しては刑事上特別な手続が定められているが, 日本も少年法によって, まず*家庭裁判所'の審判に付され, *保護処分'が優先して科されるべきこととされている。少年非行の原因には, 家庭・学校・地域環境等と資質の絡み合いなど複雑な要因が考えられるため, 社会・教育・福祉・医療等の諸側面からの総合

的対策が考慮される必要がある。　⇨少年'

非拘束名簿式　⇨比例代表'

被控訴人　＊控訴人'の相手方。原審における控訴人の相手方，その受継者などが被控訴人となる。附帯控訴（⇨附帯上訴'）を提起したときは被控訴人は附帯控訴人を兼ねることになる。

被　告　＊原告'により＊民事訴訟'，＊人事訴訟'又は＊行政訴訟'を提起された相手方当事者の＊第一審'における呼称。＊反訴'の場合には，原告が反訴被告となる。　⇨訴訟上の当事者'
⇨被告人'

被告知者　訴訟係属中に訴訟当事者から「参加することができる第三者」として＊訴訟告知を受けた者〔民訴 53 ①③〕。補助参加の利益を有する第三者に対し，参加の機会を与えるとともに，参加しない場合においても＊参加的効力'が生じる〔民訴 53 ④〕。

被告人　**1 意義**　刑事訴訟法において，犯罪を犯したとして訴追されている当事者をいう〔刑訴 256 ②①等〕。もちろん真犯人とは限らない。現行法は犯罪の疑いをかけられた者を＊起訴'前は＊被疑者'，起訴後は被告人と呼んで区別し，両者を総称する概念をもたない。しかし，歴史的，比較法的にみればこのような名称の使い分けは絶対的なものではない。そのため例えば，憲法 37 条 3 項にいう「被告人」と刑事訴訟法にいう「被告人」が同じ意味であるかどうかが争われることもある。
2 被告人適格　被告人となる資格を被告人適格（より一般的には当事者能力）という。自然人に限らず法人も人刑罰を科せられる可能性があるので，被告人適格をもつ〔刑訴 27 参照〕。
3 地位　被告人は当事者として，防禦活動のため＊検察官'と対等の権利を認められるのが原則である。例えば，＊弁論'を行う〔刑訴 293 ②〕，＊証拠調べ'を請求する〔刑訴 298 ①〕，供述を拒む〔刑訴 311 ①〕などの権利がある。したがって被告人に対しては裁判所も＊尋問'はできず，質問ができるだけである〔刑訴 311 ②〕。更に被告人が実質上弱い立場にあることを考慮して，＊弁護人依頼権'が認められている。反面で，法律については素人とみなされるため，＊上訴'審での＊弁論能力'を否定される〔刑訴 388〕などの制限も受けている。被告人は積極的に事実解明に協力する義務は負わないが，＊公判期日'への出頭の義務は負うのが原則である〔刑訴 285・286〕。出廷を強制するために，＊勾引'・＊勾留'などの手段がとられることもある。　⇨被告人質問'
⇨当事者対等の原則'

被告人質問　刑事訴訟の＊公判手続'において＊被告人'に供述を求めること。現行法においては，被告人は訴追側と対等な当事者として＊供述拒否権'・＊黙秘権'をもつので，＊尋問'の対象とはなりえない。また＊証人'のような＊宣誓'もさせられない。ただ，任意に供述するときは，＊裁判所'・＊検察官'・＊弁護人'又は＊共同被告人'は，その供述を求めることができる〔刑訴 311 ②③〕。被告人がこれに答えて供述すれば，有利にも不利にも＊証拠'となりうる。被告人質問は，他の＊証拠調べ'が終わった後，＊最終弁論'の前に行われる例が多い。

庇護(ヒ)権　他国の迫害を逃れて自国の管轄領内に逃れてきた＊難民'を保護することのできる権利で，迫害国はその行使を非友好的行為とみなしてはならない。逃れた先が自国の領土である場合を「領域内庇護」，在外の大公使館である場合を「外交的庇護」というが，後者は一般には承認されていない（ICJ 判 1950・11・20 Reports 1950・266［庇護事件］参照）。従来，庇護を与えるか否かは国家の裁量に委ねられてきたが，今日では条約によってこれに一定の制限が課されるようになっている（⇨難民の地位に関する条約）。また，＊個人'の権利としての庇護権を，国内法上承認する国もあるが，国際法上は一般的には認められていない。

非財産権上の請求（訴え）　⇨財産権上の請求（訴え）・非財産権上の請求（訴え）'

微罪処分　＊司法警察員'は犯罪の捜査をしたときは＊検察官'に事件を送致しなければならない〔刑訴 246 本文〕。しかし，例外として，検察官があらかじめ指定する軽微で訴追の必要性のない事件については，警察限りで訓戒等を施すだけで手続を終結させることが許され〔刑訴 246 但〕，これを微罪処分と呼ぶ。　⇨検察官送致'

非債弁済　債務がないのに＊弁済'をすること。弁済をしなければならない「法律上の原因」がないのであるから，これにより給付されたものは＊不当利得'となるのが一般原則である。しかし，民法は，弁済者が債務のないことを知りながら給付をしたときには返還請求できないとした〔民 705〕（狭義の非債弁済）。自分からわざわざ損失を招いた者に法的な保護を与える必要はないという趣旨である。したがって，債務が存在しないことを知っていたとしても，弁済者がやむをえない事情で弁済したときには返還請求ができると解されている。判例は，＊地代家賃統制令'に違反する家賃を請求された借家人が，＊債務不履行'を理由にして明渡しを求め

ひさんかて

られることを恐れて，後日超過部分については返還してもらう旨を留保して，やむなく支払った場合には返還請求ができるとしている〔最判昭和35・5・6民集14・7・1127〕。このほか，広義の非債弁済として，民法は，弁済期前の弁済と'錯誤'による他人の債務の弁済について規定を置いている〔民706・707〕が，前者は債務が存在するのであるから，厳格にいえば非債弁済ではない。

非参加的優先株 ⇨優先株'

被参加人 Ⅰ 民事訴訟法上は，参加人が補助し，又は共同で訴訟を追行する従前の当事者をいう。⇨補助参加' ⇨共同訴訟参加'
Ⅱ '手形法'上の被参加人については，'参加支払'，'参加引受け'をみよ。

ビジネスと人権 ⇨人権デュー・デリジェンス' ⇨多国籍企業'

美術工芸品 美術上の技法を実用目的の壺・茶碗などに用いた一品制作の手工芸の作品のこと。'著作権法'上は絵画・彫刻のように専ら美的鑑賞に供することを目的として制作される純粋美術と併せて，美術の'著作物'に分類される〔著作2②〕。一方，実用的な用途に供される量産品は，美術工芸品ではないとされ，著作物性が直ちに否定されるわけではないが，美的鑑賞の対象にならないものについては，'意匠法'による保護に委ねられる。 ⇨応用美術'

美術著作物 ⇨著作物'

批准 条約に拘束されることについての'国家'の確定的同意の1つ〔条約法約2①(b)・11〕。条約の署名後，国家がその内容を審査し，確定的な同意を与えることであり，従来は最も標準的な同意の表明手続であった。現代においても政治的に重要な条約については，この手続がとられることが多いが，その採否は当事国に委ねられる〔条約法約14①〕。批准の権限は'元首'に属することが多い。日本においては'内閣'が行い〔憲73③本文〕，批准書を天皇が'認証'する〔憲7⑧〕。批准を要する条約については，事前又は時宜によっては事後に'国会'の承認を要するとされる〔憲73③但〕。なお，批准が対外的な効力を発生するためには，締約国間における批准書の交換，寄託者への寄託，又は合意がある場合には締約国若しくは寄託者に対する通告を必要とする〔条約法約16〕。 ⇨条約'

非常救済手続 '判決'が確定した後，それに法律上・事実上の著しい瑕疵(㌔)が存在するとして，その判決の見直しを求める手続。判決確定後にされる点で，'上訴'手続と区別されている。刑事訴訟法学では，'非常上告'〔刑訴454〕

と'再審'〔刑訴435〕を合わせて，非常救済手続という。前者は法律上の瑕疵を，後者は主として事実認定上の瑕疵を救済するものである。なお，民事訴訟法学では，この用語は通常用いられていない。

非常勤職員 **1 意義** '国家公務員'・'地方公務員'のうち，正規の勤務時間での常時勤務（常勤）を要しない職の職員〔人規〈15-15〉1〕をいう。 ⇨職（公務員の）'

2 国の非常勤職員 国家公務員のうち，'一般職'の非常勤職員の勤務時間は，相当の期間任用される職員を就けるべき官職以外の官職（非常勤官職）に任用される者については，1日につき7時間45分を超えず，かつ，常勤職員の1週間当たりの勤務時間を超えない範囲内において，その他の非常勤職員については，常勤職員の勤務時間の4分の3を超えない範囲内において，各省各庁の長がそれぞれ任意に定める〔勤務時間法23，人規〈15-15〉2〕。採用試験や選考によらない適宜の方法による能力の実証で採用することができ〔人規〈8-12〉46〕(⇨メリット・システム'），'人事評価'〔国公70の2〜70の4〕の実施は必要とされず〔人事評価令3①〕，'給与'は一般の給与法令によらず特別の基準による〔給与法22〕。退職手当は原則として支給されないが〔退職手当2①〕，例外もある〔退職手当2②，退職手当令1①〕。広い意味では，任期付短時間勤務職員〔国公60の2，勤務時間法5②，国公育児23・25〕も非常勤職員である（これら短時間勤務職員の採用は選考による〔国公60条の2①，人規〈8-12〉18①⑧〕）。以上の職員は，いずれも定数規制の対象から除外される〔定員1①〕。 ⇨定年（停年）'

3 地方の非常勤職員 '地方公務員法'が限定列挙する'特別職'には，法令や'条例'等により設けられた委員・委員会構成員で非常勤の職〔地公3③②〕，非常勤の顧問，参与，調査員，嘱託員及びこれらの者に準ずる者の職（平成29年地方公務員法改正（法29）により，専門的な知識経験又は識見を有する者が就く職であって，当該知識経験又は識見に基づき，助言，調査，診断その他総務省令で定める事務を行うものに限られることとされた〔地公3③③〕），非常勤の消防団員及び水防団員の職〔地公3③⑤〕が含まれる。一般職の非常勤職員としては，平成29年の地方公務員法改正（法29）により，会計年度任用職員の制度が法定された〔地公22の2〕。広い意味では，任期付短時間勤務職員〔地公22の4，地方任期付職員5，地公育児18〕も非常勤職員である。以上の職員は，いずれも定数規制の対象から除外される〔自治172③〕。勤務時間について法律

に定めはないが、国家公務員の場合に準じるとするのが一般的である。会計年度任用職員の採用は競争試験又は選考により〔地公22の2①〕、定年前再任用短時間勤務職員の採用は選考による〔地公22の4〕。人事評価〔地公23〜23の3〕は、国の非常勤職員とは異なり、実施を不要とする法令の定めはない。*普通地方公共団体'は、条例で定めるところにより、非常勤の委員等とパートタイム勤務の会計年度任用職員とには、原則として勤務日数に応じた報酬を支給しなければならず、費用の弁償や期末手当又は勤勉手当の支給をすることができ〔自治203の2〕、短時間勤務職員とフルタイム勤務の会計年度任用職員とには、*給料'と旅費を支給しなければならず、期末手当その他の手当を支給することができる〔自治204〕。

⇨会計年度任用職員' ⇨期間業務職員' ⇨任期付職員'

被上告人 *上告人'の相手方。上告人の相手方である当事者又はその一般承継人などがこれに当たる。

非訟事件 *民事事件'の中で、*訴訟事件'に対立する概念。*家事審判'も非訟事件の一種である。審理構造としては、当事者対立構造が必ずしもとられず、公開されないこと〔非訟30〕、*職権探知'が原則とされていること〔非訟49①〕などが特徴であり、裁判については、*決定'の形式で行われること〔非訟54〕、取消し・変更が認められており〔非訟59〕、自己拘束力(⇨羈束(きそく)力')が弱いことなどの点で、*訴訟'と区別される。非訟手続は、*非訟事件手続法'のほか、家事審判事件についての*家事事件手続法'や会社非訟事件についての会社法のような事件類型ごとの個別の法令によって規律される。非訟手続によって処理される事件を非訟事件と呼ぶが、いかなる事件を非訟事件とすべきかは、*裁判を受ける権利'及び裁判の公開という憲法上の保障〔憲32・82〕との関係で問題とされる。現在の判例は、実体的権利義務自体の確定を目的とする事件が訴訟事件であり、これに対して、裁判所の裁量的判断による実体的権利義務の具体的内容の形成を目的とする事件が非訟事件であるとする(最大決昭和40・6・30民集19・4・1089)。したがって、確定された事実に法規を適用して権利関係の存否を確定するという意味で、訴訟事件は、民事司法作用に属するのに対して、非訟事件は、むしろ民事行政作用に属するといえる。第二次大戦後の傾向としては、借地事件に代表されるように、非訟の範囲が拡大し訴訟の非訟化が指摘される。もっとも、非訟事件とされるものの中にも、争訟性においてかなりの差異がみられることなどを踏まえて、近時立法された非訟事件手続法や家事事件手続法等では、利害関係人に対する手続保障のための一定の手当てがされている。

非訟事件手続法 平成23年法律51号。*非訟事件'に関する基本法。前身の旧非訟事件手続法を全面的に見直して制定された。非訟手続の通則規定のほか、*共有'に関する事件、土地等の管理に関する事件、*供託'等に関する事件、公示催告事件、並びに*過料'事件に関する各則規定を有している。

非常上告 1意義 刑事訴訟法上、判決が確定した後、その事件の審判が法令に違反したことを理由として申し立てる*非常救済手続'。法令の解釈運用を統一することを目的とする。申立権者は*検事総長'。*管轄'裁判所は最高裁判所〔刑訴454〕。

2 審判の法令違反 イ 原判決が法令に違反したときは、その違反部分を*破棄'する。原判決が被告人にとって不利益であるときは、これを破棄して、更に判決する〔刑訴458①〕。ロ 訴訟手続が法令に違反したときは、その違反部分だけを破棄する〔刑訴458②〕。しかし、イロの区別には微妙な点があり、*訴訟条件'が欠けているのにこれを看過して*実体判決'をしたような場合は、判決の法令違反か訴訟手続の法令違反かが問題になることもある。

3 効力 非常上告の判決は、当該事件の救済という意味を超えて法律的な誤りを正すものであるから、被告人の不利益を考慮して更に判決した場合を除き、その効力を被告人に及ぼさない〔刑訴459〕。

非常大権 *大日本帝国憲法'の下で、「戦時又ハ国家事変ノ場合」に同憲法2章の定める「臣民権利義務」の規定の全部又は一部を停止することのできる天皇の*大権'〔明憲31〕。その内容が明確性を欠き、また、*緊急勅令'・*独立命令'大権の制度が用意されていた〔明憲8・9〕ので、実際には一度も発動されなかった。

非常貸借対照表 1意義 *清算'・*破産'・会社更生・民事再生・*合併'・*会社分割'・*株式交換'等の場合に作成される*貸借対照表'。*通常貸借対照表'に対比されるもの。

2 清算・破産の場合 清算・破産の場合には財産の換価が目的であるから、その評価は処分価額による。また通常貸借対照表で掲げることのできない財産(例えば無償取得又は自家創設の*のれん')を掲げることができる反面、掲げることができなくなる財産(例えば*繰延資産')もある。

びすまるく

3 合併・会社分割・株式交換・会社更生・民事再生の場合 企業の継続を前提とするから、清算・破産の場合と異なり、処分価額が基準とならないが、必ずしも取得価額・製作価額によらないという点で、通常貸借対照表と異なっている。合併・会社分割・株式交換等の場合には当事会社の貸借対照表が公示されるが〔会社782①・794①，会社則182・191等〕，これは合併等の条件の相当性を判断させるための一資料であり、評価益や自家創設のれんの計上も認められる。会社更生手続では更生手続開始時における時価により評定した価額を取得価額とみなし、自家創設のれんを計上することもできる〔会更83②③，会更1②③〕。他方、民事再生手続において作成される貸借対照表における取扱いは明らかでない。
⇨'資産評価'

ビスマルク憲法 1871年1月1日成立のドイツ帝国（いわゆる第二帝国）の憲法典。正式には、ドイツ帝国憲法（Verfassung des Deutschen Reichs）。同年4月16日公布。14章78カ条から成る。その内容はライヒ（Reich）の組織規範に限定されており、基本権など国家と市民の関係は、各ラント憲法の規律するところであった。ビスマルク憲法では、プロイセン国王が*'連邦'の元首すなわちドイツ皇帝とされ〔ビスマルク憲法11〕，皇帝には外交権、統帥権のほか、ラント（Land）を代表する連邦参議院の立法に対する拒否権、及び連邦宰相の任命権などがあった。議会は第一院である連邦参議院と第二院であるライヒ議会との二院制であった。前者は連邦宰相が議長を務め、採決では制度上プロイセンが優位を保障されていた。後者は国民の普通・直接選挙で選ばれたが、前者による拒否権及び解散権に服していた。また、両議院ともに、帝政末期まで、連邦宰相に対する不信任決議権をもたなかった。 ⇨'ドイツ憲法'

非正規雇用 ⇨'雇用形態'

非清算参加者 ⇨'清算参加者・非清算参加者'

微生物の寄託 微生物であっても、人為的に単離されたものや、バイオテクノロジーにより新たに産出されたものは特許の対象となる。しかし、微生物に関する発明は、出願書類にその内容が記載されていても、微生物自体が入手できなければ、当業者が*'発明'を理解し実施することは困難である。そこで、微生物に係る発明について出願する者は、その微生物が入手できる場合を除き、特許庁長官の指定する機関に微生物を寄託することが必要とされている〔特許則27の2①〕。なお、微生物に係る発明を複数国で出願する場合に、国ごとに微生物の寄託を行うことは煩雑であるため、定められた国際寄託機関の1つに寄託すれば、全ての締約国の特許手続上有効なものとする「特許手続上の微生物の寄託の国際的承認に関するブダペスト条約」（昭和55条22）が存在しており、日本もこれに加入している。現在、特許庁長官の指定する寄託機関及びブダペスト条約上の国際寄託当局として、独立行政法人製品評価技術基盤機構が微生物の受託を行っている。

被選挙権 選挙において*'当選人'となることができる資格。*'選挙権'とは要件を異にするのが普通であり、しかも多くの場合それが加重される。例えば、参議院議員及び都道府県知事の年齢要件を満30年以上とし、また、衆議院議員、市町村長及び*'地方公共団体の議会'の議員の年齢を満25年以上としている〔公選10〕のは、要件が加重されている例である。被選挙権についても、人種・信条・性別・社会的身分・門地・教育・財産又は収入によって差別してはならない〔憲44参照〕。ただし、*'公職選挙法'11条は、若干の欠格事由を定めている。

非戦闘員 ⇨'戦闘員'

卑 属 ⇨'尊属・卑属'

非嫡出子 ⇨'嫡出でない子'

筆界確定の訴え ⇨'境界確定の訴え'

筆界特定 筆界の位置を特定するために登記官が実施する手続〔不登123以下〕。相互に隣接する*'一筆（いっぴつ）'の土地と他の土地との境が筆界である。この筆界について争いがある場合は、筆界確定訴訟〔不登147・148〕（講学上は今でも*'境界確定の訴え'と呼ばれることがある）によることもできる。筆界特定は、より簡便な手続として、登記官が、当事者の申請を受け、法務局長などの任命する筆界調査委員の意見を踏まえて行う。

日付拒絶証書 *'約束手形'においては、*'一覧後定期払手形'につき、一覧のための呈示がされたのに*'振出人'が一覧の旨をその日付とともに記載することを拒んだ場合、*'為替手形'においては、一覧後定期払手形及び*'引受呈示命令手形'につき、手形の引受けはされたが（引受けがされないときは*'引受拒絶証書'が作成される）、引受けの日付の記載を拒まれた場合に、その日付を証明するために作成される拒絶証書〔手78②・25②〕。これらの手形は、一定の期日〔手78②・23・22〕までに一覧のための呈示又は*'引受呈示'がないと*'遡求権'を失うので〔手53①②③・77①④〕、所持人は、約束手形の振出

人,為替手形の*支払人'に一覧の旨及びその日付の記載を求めるが,これらの者がそれを拒んだときは,日付拒絶証書を作成することが,遡求権保全のために必要である。 ⇨拒絶証書'

日付後定期払手形 *振出し'の日付(*振出日')から*手形'に記載した一定期間を経過した日を*満期'とする手形〔手33①③・77①②〕。例えば,満期を「日付後3カ月」とか,「日付後1年」と記載する。満期が振出しのときに既に確定しており,実質的には*確定日払手形'と同じである。期間の計算及び満期の決定について特別規定がある〔手36・37②④・73・77①②⑨〕。

筆跡又は印影の対照 ⇨対照(筆跡又は印影の)'

必置規制 国が,地方公共団体に対し,地方公共団体の行政機関若しくは施設,特別の資格若しくは職名を有する職員又は附属機関を設置しなければならないものとすることをいう。平成11年の地方分権一括法(⇨地方分権')等による地方分権改革で,一定程度の廃止・緩和が行われた。

必要経費 *所得税法'上,*所得'を得るために必要な支出のこと。不動産所得,*事業所得',山林所得及び*雑所得'の金額の計算上,必要経費の控除が認められている〔所税37〕。なお,その他の所得についても,*譲渡所得'における取得価額の控除のように,投下資本の回収に当たる部分は課税対象から排除されている〔所税38〕。*法人税'においては,損金という概念が用いられる(⇨益金・損金')。必要経費には,人件費,*公租公課',旅費,修繕費,賃借料,借入金利子,売上原価,*引当金'等が含まれる。ある支出が必要経費として控除を認められる条件は,それが,事業活動と直接の関連をもち,事業の遂行上必要な費用であることである。そこで,所得税法は,必要経費に算入すべき金額は,事業所得等の総収入金額に係る「売上原価その他当該総収入金額を得るため直接に要した費用の額及びその年における販売費,一般管理費その他これらの所得を生ずる業務について生じた費用…の額とする」〔所税37①〕と定めている〔山林所得については,所税37②参照〕。*費用収益対応の原則'により,特定の収入との対応関係を明らかにできるもの(売上原価等)は,それが生み出した収入の帰属する年度の必要経費として控除され,特定の収入との対応関係を明らかにできないもの(一般管理費等)は,それが生じた年度の必要経費として控除される。なお,個人の消費生活上の支出である家事費(衣服費,食費,住居費等)は,必要経費に算入されない〔所税45①Ⅰ,所税令96〕。 ⇨家事関連費'

必要事務 *地方公共団体の事務'のうち,法律又はこれに基づく政令の定めるところにより,その義務として地方公共団体が処理しなければならない事務。義務的事務ともいい,*随意事務'に対する概念。いずれも法律上の用語ではない。平成12年4月実施の*地方分権'改革(平成11法87)以前には,*団体委任事務'の多くは必要事務であり,*公共事務'の多くは随意事務であり,*地方自治法'の旧別表1及び旧別表2は,それぞれ都道府県及び市町村の処理する必要事務のリストとする解釈があった。

必要的共同訴訟 **1意義・種類** 民事訴訟法40条が適用され,訴訟資料の統一と手続進行の統一が図られる共同訴訟のこと。必ず一定範囲の者の共同訴訟としなければならないことを訴訟共同の必要といい,訴訟資料の統一と手続進行の統一が要求されることを合一確定の必要というが,イ *固有必要的共同訴訟'では訴訟共同の必要と合一確定の必要が要請され,ロ *類似必要的共同訴訟'では,合一確定の必要は要請されるものの,訴訟共同の必要は要請されない。 ⇨準必要的共同訴訟'
2 訴訟追行上の特色 イロいずれの場合も,訴訟の目的が全員につき合一に確定されることが必要とされるから,各共同訴訟人に対する訴訟の進行をそろえ,判決の基礎資料を一様にしなければならない。したがって,*通常共同訴訟'の場合における*共同訴訟人独立の原則'〔民訴39〕は排除され,共同訴訟人間に連合関係が認められる〔民訴40〕。すなわち,共同訴訟人の1人の*訴訟行為'は全員の利益においてだけ生じる。例えば,共同訴訟人の1人がした*請求の放棄・認諾',*自白'などの効力は生じない反面,共同訴訟人の1人に対し相手方がした訴訟行為の効力は全員に対し効力を生じる。また,共同訴訟人の1人につき*訴訟手続の中断'・*訴訟手続の中止'の原因があれば全員につき効力を生じる。1人のした*上訴'は全員につき判決の確定遮断及び事件の*移審'の効力を生じる。イの場合には,全員が共同で訴え又は訴えられていないと,*当事者適格'を欠くとして訴えは却下される。

必要的共犯 犯罪が成立するために必ず2人以上の共同行為を必要とする場合を,通常の*共犯'(任意的共犯)に対して,特に必要的共犯という。*集団犯罪'と対立的犯罪(いわゆる対向犯)とがある。対向犯とは,相対する意思内容が合致することにより成立するもので,重婚罪・*賄賂'罪のように,両当事者が罰せられる

ひつようて

場合と、*わいせつ物頒布等の罪'〔刑175〕のように、頒布者だけが罰せられる場合とに分かれる。なお、対向犯の関係にある者の一方だけが処罰される罪については、その相手方を共犯として罰することはできない。例えば、わいせつ文書を買った者は、通常はわいせつ文書頒布罪の共犯とはならない。必要的共犯とされる場合には、刑法総則の共犯規定を排除すると解釈すべき場合がある。

必要的口頭弁論 民事訴訟において、裁判をするのに*口頭弁論'を開いた上ですることが必要と規定されている場合、すなわち判決をする場合〔民訴87〕。例外：民訴78・140・290・313・319・355・367②〕に開かれる口頭弁論をいう。口頭弁論を開くか否かが裁判所の裁量に任されている場合、すなわち決定又は命令で裁判する場合に開かれる任意的口頭弁論と対置される。必要的口頭弁論の原則が妥当する場合は、口頭弁論に表れたものだけが判決の資料となる。 ⇨ 判決・決定・命令'

必要的差戻し 民事訴訟法上、*控訴審'が訴え却下の原判決を取り消した場合に、事件を必ず原裁判所に差し戻さなければならないことをいう〔民訴307本文〕。*第一審'において*本案'の審理が全くなされていないため、差戻しをしないと*事実審'の審理が1回だけとなり、当事者の*審級の利益'が害されることによる。ただし、第一審で本案の審理が尽くされていたなどの理由により事件につき更に弁論をする必要がないときは、控訴審が自ら請求の当否を判断しても審級の利益を害することはないので、差戻しの必要はない〔民訴307但〕。

必要的弁護 刑事訴訟において、一定の場合には、*被告人'からの請求がなくても必ず*弁護人'が立ち会わなければ手続を進められないとする制度。被告人に十分な防御を保障するためのものである。現行法では、*法定刑'として長期3年を超える*拘禁刑'又はそれより重い刑が定められている事件の*公判'審理を行うときに、必要的弁護の制度が適用されている。また、法定刑にかかわらず、*公判前整理手続'又は期日間整理手続が行われた事件の公判審理〔刑訴316の29〕と*即決裁判手続'による公判審理〔刑訴350の23〕には、弁護人の在廷が必要である。この種の必要的弁護事件で弁護人が出廷しないときには、*国選弁護人'を選任しなければならない〔刑訴289〕。ただし、判例は、被告人が弁護人の出廷を妨げたような特殊な場合に、必要的弁護の例外を認めている(最決平成7・3・27刑集49・3・525)。

必要的保釈 ⇨権利保釈'

必 要 費 物を保存・管理するために必要な費用。修理費などがその例である。物の改良のために必要な*有益費'に対する語。他人の物について費用を支出した場合に、必要費か、有益費かによって返還される範囲が異なる。必要費を支出した者は原則として支出額の償還を請求できる〔民196①・299①・583②・595①・608①・1034等〕。

ピー・ティー・エス(PTS) 私設取引システム(Proprietary Trading System)のことであり、*証券取引所'を介することなく、金融商品取引業者が運営するコンピューターシステムを通じて*有価証券'の取引を行う仕組みのこと。*金融商品取引法'は、こうしたPTS運営行為〔正確には金商2⑧⑩参照〕を業として行うことを第1種金融商品取引業に含める〔金商28①④〕のみならず、金融商品取引業者がPTS運営行為を業として行おうとするときは、内閣総理大臣の認可を受けなければならないとしている〔金商30①〕。2022年以降、非上場株式等の流通に関してPTSを活用するための制度整備が進められており、例えば2023年には、日本証券業協会「私設取引システムにおける非上場有価証券の取引等に関する規則」が制定された。

ピー・ティー・エス・ディー(PTSD) Post-traumatic stress disorder 因(心的外傷後ストレス障害)の略称。突然の衝撃的な出来事を経験することにより生じる精神疾患。刑法上、他人にそれを発症させることが「人の身体を*傷害'した」〔刑204〕ことに当たるかどうかという問題に関し、判例は、*暴行'・*脅迫'を用いて被害者を監禁してPTSDを発症させた事案において、精神的機能の障害の惹起(じゃっき)も傷害に当たるとする前提から、監禁致傷罪の成立を認めた(最決平成24・7・24刑集66・8・709)。

ビデオ・リンク方式 *裁判官'及び訴訟関係人が*証人'を尋問するために在席する場所と、証人がいるそれとは異なる場所との間で、映像と音声の送受信により相手の状態を相互に認識しながら通話することで行う*証人尋問'形式〔刑訴157の6①〕。証人の在席する場所には裁判所係員以外は裁判所が認めた証人の付添人のみが立ち会う。証人を裁判官等と同一構内の異なる場所に在席させて実施するのは、*性犯罪'の被害者等が裁判官等と同じ場所で供述すれば圧迫を受け精神の平穏を著しく害されるおそれがあるためである。憲法に違反しないとされる(最判平成17・4・14刑集59・3・259)。同一構内への出頭について同じく精神の平穏が害されたり、

出頭に際し又は出頭によって証人が通常所在する場所が特定されて加害行為等が証人やその親族に対してなされたりするおそれがある場合，遠隔地のため同一構内への出頭が著しく困難な場合には，同一構内以外の場所(他の裁判所の構内〔刑訴規107の3〕)との間で同様の形で実施することもできる〔刑訴157の6②〕。被害者等が心情等に関する意見を陳述する場合にも用いうる〔刑訴292の2⑥〕。民事訴訟でも，ウェブ会議の一方式として用いることができる〔民訴204②，民訴規123②〕。

非典型契約　　⇨'無名契約'
非典型雇用　　⇨'雇用形態'
非典型担保　　⇨'典型担保・非典型担保'

人　Ⅰ　権利義務の帰属主体である地位あるいは資格，すなわち'権利能力'を有する者をいう。法的人格ともいう。生物学的意味での人(*自然人')は全てこの意味での人であるが，一般には'法人'を含めた意味で用いられる。民法上，本人〔民99〕・他人〔民703〕，刑法上の人の秘密〔刑134〕・人の信用〔刑233〕などはこの意味である。しかし，法人と区別して自然人だけを指す意味で用いられることもある。民法1編2章の人，民事訴訟法4条2項，刑法上の殺人罪〔刑199〕の人はこの意味である。
Ⅱ　刑法における人の概念は，人に対する罪が成立するかどうかの問題として重要性を有する。例えば，人になる前の胎児を殺すことは，'堕胎罪'であって'殺人罪'ではない。'死亡'した者の身体を傷つけることは，死体損壊罪であって殺人罪や'傷害'罪にはならない。刑法における人の始期については，これを分娩(ﾍﾞﾝ)の開始時とする陣痛開始説，胎児の一部が母体外に露出した時とする一部露出説，胎児が全部露出したときとする全部露出説，胎児が独立に呼吸を開始したときとする独立呼吸説などがある(⇨出生)。判例は，必ずしも明確ではないが，一部露出説をとっていると理解されている(大判大正8・12・13刑録25・1367)。人の終期は，従来，心臓の搏(ﾊｸ)動停止，呼吸停止，瞳孔散大という3つの徴候によって判定されてきたが，近時は，'脳死'の時点を人の死とする見解も有力になっている。'臓器の移植に関する法律'は，臓器移植の場合について，脳死の者の身体も死体に含まれると規定している〔臓器移植6①〕。

人及び市民の権利宣言　　⇨'フランス人権宣言'

一株一議決権の原則　　株主が，'株主総会'や'種類株主総会'において，所有する株式1株('単元株'制度を採用する'株式会社'では1単元)につき，1個の'議決権'を行使できることをいう〔会社308①・325〕。議決権についての'種類株式'は，'議決権制限株式'〔会社108①③〕のみが認められ，1株につき複数の議決権が付与される株式(複数議決権株式)などは認められていない。その他に，'自己株式'など株主の属性から議決権を行使することが認められていない株式が存在する〔会社140③・160④・308①括弧・308②〕。

秘匿決定　　民事訴訟に関する手続における申立て等をする者又はその'法定代理人'の住所等又は氏名等の全部又は一部を秘匿する旨の裁判〔民訴133①〕。典型的には，被告に住所等が知られることをおそれる'ドメスティック・バイオレンス'等の被害者が訴えを提起する際に利用される。原告が住所又は氏名について秘匿決定を得た場合，訴状等には，実際の住所又は氏名に代わる事項を記載すれば足りる等の効果が生ずる〔民訴133⑤〕。

秘匿措置　　⇨'個人特定事項の秘匿措置'⇨'証人保護(刑事手続における)'・'秘匿決定'

人質強要　　ある要求を貫徹する手段として人を略取・誘拐，監禁して人質とする行為。政治犯人釈放や身の代金要求のために，外交官を略取，監禁したり，'ハイジャック'を行い乗客・乗員を人質にしたりするのが典型例であるが，通常の刑事犯人が逮捕を免れるために人質をとる行為もこれに当たる。これらの行為は，'略取誘拐'罪，'逮捕監禁罪'，'強要罪'等に当たりうるが，人命に対する危険等その罪責の重大性に鑑み，特別の犯罪類型として処罰の対象とすることが，刑法全面改正作業の過程において提案されていた〔刑法草案307〕。1977年9月に日本赤軍を名乗る5人が日航機を乗っとりバングラデシュのダッカ空港に強制着陸させた上，乗客・乗員を人質として，日本で服役中の仲間6人と600万ドルを奪って逃走するというダッカ事件が発生すると，この事件等を契機として，昭和53年，「人質による強要行為等の処罰に関する法律」が制定された。なお，身の代金目的の略取・誘拐は，刑法225条の2で処罰されている(⇨身の代金目的拐取罪)。　⇨人質強要罪

人質強要罪　　「人質による強要行為等の処罰に関する法律」は，人を逮捕又は監禁し，これを人質にして，第三者に対し，義務のない行為をすること又は権利を行わないことを要求した者を処罰している。第三者には，法人や国家も含まれると解されている。2人以上共同して凶器を示して行った場合，'航空機の強取等の

ひとじちを

処罰に関する法律' 1 条 1 項の罪を犯した者が行った場合，人質を殺害した場合について，それぞれ刑が加重されている。'国外犯'も処罰される。　⇨人質強要'

人質をとる行為に関する国際条約　1979年に'国際連合'第34回総会で採択された条約。人質行為禁止条約と略称される。日本は1987年に批准した(昭和62条4)。1976年に西ドイツが提案し, 1979年11月にアメリカ大使館員らが人質として監禁されたイラン人質事件(⇨在テヘラン・アメリカ大使館員人質事件')がきっかけとなって採択された。前文及び20カ条から成り，人質行為を犯罪と規定し〔人質約1〕，国際刑事法上の'「引き渡すか訴追するか」'原則を取り入れて，締約国が，人質行為を実行した犯罪人を引き渡すか，自ら訴追するかのいずれかを選ばなければならないものとして〔人質約5・8・9〕，人質行為を犯した者が必ず処罰されるようにすることを目指す。

人の健康に係る公害犯罪の処罰に関する法律　昭和45年法律142号。企業公害のうち住民一般の生命や健康に看過できない脅威を及ぼすものを刑事罰の対象とするために制定された法律。公害犯罪処罰法又は公害罪法と略称される。'故意'又は'過失'により工場や事業場の事業活動に伴い人の健康を害する物質を排出して公衆の生命又は身体に危険を及ぼす行為を罰する〔公害犯罪2・3〕。その対象となるのは主に工場廃液などによる水質汚濁と排煙による大気汚染であり，有害物質による中毒などの実害の発生をまたず，実害を生ずるおそれのある状態となれば，本罪が成立する。なお，有害物質の排出と危険の発生との'因果関係'につき，厳格な条件の下に推定規定を設け，工場側に一定の'挙証責任'を負わせている〔公害犯罪5〕。また，個人の処罰ばかりでなく，'両罰規定'によって，法人をも罰する〔公害犯罪4〕。　⇨公害'

一人別枠方式　⇨小選挙区比例代表並立制'⇨定数不均衡(訴訟)

否　認　1 **意義**　民事訴訟において，当事者が，相手方の事実に関する'主張'を真実でないとして否定すること。'弁論主義'の下では，争いのない事実は'証明'する必要がない〔民訴179〕から，否認された事実のみが争いのある事実として証明の対象となる。

2 **態様**　相手方の主張事実を真実でないとして直接否定する場合を単純否認と呼ぶ。これに対して，相手方の主張事実と相容れない別の事実を積極的に主張してする否認を'間接否認'，又は積極的否認・'理由付否認'という。また，相手方の主張事実に対する'不知の陳述'が否認と推定される〔民訴159②〕ことを，推定的否認と呼ぶこともある。

3 **抗弁との差異**　被告のする否認は防御方法の一種であり，'抗弁'と共通性をもつが，相手方が証明責任(⇨挙証責任')を負う事実を否定するにとどまる点で，抗弁と区別される。間接否認の場合も，被告はその主張する別の事実について証明責任を負うものではない。この点で，'制限付自白'と区別される。

否認権　1 **破産法**　'破産'者が破産手続開始前の財産状態が悪化した時期に，その有する財産の廉価売却のような破産債権者全体を害する財産減少行為(詐害行為)，又は一部の債権者にのみ弁済をし，あるいは'担保'を提供した結果債権者平等に反する行為(偏頗($^{は}_{は}$)行為)をした場合に，それらの行為によって破産者の財産から逸出した財産を'破産財団'に回復するために，それらの行為の効力を破産財団との関係で覆滅させる'破産管財人'の権利〔破160〜176〕。'詐害行為取消権'〔民424〜426〕と沿革を共通にする〔破45参照〕。詐害行為否認〔破160①〕，無償行為否認〔破160③〕，相当対価を得てした詐害行為の否認〔破161①〕，偏頗行為否認〔破162①〕の各類型があり，更に'対抗要件'否認〔破164〕，執行行為の否認〔破165〕，'転得者'に対する否認〔破170〕が定められており，それぞれ要件が異なる。また，偏頗行為否認については，手形債務の支払の場合等の例外が定められている〔破163〕。否認権は，'訴え'，'否認'の請求又は'抗弁'により破産管財人が行使する〔破173①〕。抗弁による行使が認められていることから，否認権は実体法上の'形成権'であると理解されている。否認の訴え及び否認の請求事件の管轄権は，破産裁判所〔破2③〕に専属的に帰属する〔破173②・6〕。否認権の行使により破産財団は原状に復する〔破167①・260〕。なお，相手方の地位について破168・169〕。破産手続開始の申立て後，破産手続開始前には，否認権を保全するための'保全処分'を利用することができる〔破171・172〕。否認権は，破産手続開始の日から2年，否認対象行為の日から10年を経過すると消滅する〔破176〕。

2 **民事再生法・会社更生法**　要件・手続・効果について'破産法'とほぼ同様の規定がある〔民再127〜141，会更86〜98〕。'民事再生'においては，管財人が選任されていない場合には，否認権を行使できるのは，否認権限を付与された'監督委員'のみであり，'再生債務者'は否認権を行使できない〔民再135①・56①〕。監督委員は，訴え

又は否認の請求により否認権を行使できるほかに，相手方と再生債務者との間に係属する訴訟に当事者として参加することにより否認権を行使することができる〔民再138①〕。また，個人再生においては，否認権の規定の適用が排除されている〔民再238・245による民再127〜141の適用除外〕。

非判決 ⇨'判決の無効'

非犯罪化 それまで犯罪として処罰されてきた行為を犯罪でなくし処罰をやめること。ディクリミナリゼーション(圀 decriminalization)の訳語。従来犯罪として刑罰を科していた行為に，刑罰に代えて過料等の*行政罰'を科す場合も含まれる。第二次大戦後の価値観の多様化した社会を背景に，イギリス，アメリカ，ドイツなどの諸国において，*被害者なき犯罪'や軽微な犯罪の非犯罪化が議論された。例えば，ドイツでは，戦後の刑法改正によって，軽微な犯罪を刑法典から除去し，秩序違反として行政罰を科すことにした。非犯罪化の根拠としては，イ 特定の道徳を保護するのは刑法の任務ではないとする刑法の役割に関する考え，ロ 個人の自律権を最大限尊重すべきであるという考え，ハ 社会的コントロールの手段としての刑則の使用は必要不可欠な場合に限定されるべきであるとする考え，ニ 刑事司法制度の効率的な運営のためには，軽微な犯罪を非犯罪化して，国家の限られた資源をより重大な犯罪に振り向けるべきであるとする考え，など様々なものがある。日本でも，単純賭博罪，自己堕胎罪，重婚罪，わいせつ物頒布罪などについて非犯罪化の議論がなされた。

批判法学 アメリカに登場した法学の運動。1960年代の反体制運動に端を発し，1977年に運動として発足し，21世紀になると表面的には下火になったが，その思想の多くは*フェミニズム法学'などに受け継がれている。マルクス主義，*リアリズム法学'，ポスト・モダニズムの脱構築運動などの影響下で，法や法学の階級性・権力性を指摘し，その中立性を虚妄のものとして批判した。代表者は，アンガー(Roberto Unger, 1947〜)，ケネディー(Duncan Kennedy, 1942〜)など。

非分類官職 ⇨'分類官職・非分類官職'

被保険者 I 保険の種類によりその意味が異なる。イ *損害保険'では，損害保険契約により填補することとされる損害を受ける者〔保険2④イ〕，すなわち*被保険利益'の主体として*保険事故'発生のとき*保険金'の支払を受ける権利をもつ者をいう。ロ *生命保険'では，その者の生死が保険事故とされている人を被保険者という〔保険2④ロ〕。他人の生命の保険契約においては，被保険者となるべき者の同意が契約の効力要件である〔保険38〕(⇨他人の生命の保険')。また，同意後に，重大事由による解除権を発生させる事実があったり，保険契約者との親族関係の終了等の同意の基礎となった事情に著しい変更が生じた場合，保険契約者に対して生命保険契約の解除請求をすることができる〔保険58〕。ハ 傷害疾病定額保険では，その者の傷害疾病に基づき保険者が保険給付を行うこととなる者を被保険者という〔保険2④ハ〕。同意と解除請求については生命保険契約と同様の定めがある〔保険67①・87〕。

II 社会保障法 **1 被保険者の意義** *社会保険'の保険関係の一当事者で，*保険料'の支払義務を負担するとともに，*保険事故'が発生したときは，*保険給付'を受給する者〔雇保4①，国年7，厚年9，健保3①，国健保5，高齢医療50，介保9等〕。社会保険の主たる被保険者は，強制的に当該保険への加入が義務付けられる*強制加入被保険者'であるが，加入が強制されない者も一定の要件の下に任意的に被保険者となることが認められることがある。*健康保険'・*国民健康保険'の組合管掌保険，及び*共済組合'では「組合員」又は「加入者」との名称が用いられる〔健保17，国健保19，国公共済37，地公共済39等〕。

2 被保険者期間 イ *国民年金'・*厚生年金保険'の被保険者(強制加入被保険者)としての資格を有していた期間をいい，特に厚生年金保険の報酬比例年金の支給額を決定する要素の1つとなる。共済組合が支給する退職等年金給付の算定に用いるものは組合員期間又は加入者期間という。この期間の計算にあたっては，被保険者資格を取得した日の属する月から資格を喪失した日の属する月の前月までが算入される〔国年11①，厚年19①，国公共済38①，地公共済40①等〕。ロ *雇用保険'の被保険者(強制加入被保険者)であった期間をいう。その計算にあたっては，原則として，被保険者資格の喪失日(又は各月においてその日に応当し，かつ被保険者であった期間内にある日(喪失応当日))の各前日から各前月の喪失応当日まで遡った期間(賃金支払の基礎となった日数が6日以上であるものに限る)を1カ月として計算し，その他の期間は算入しないが，この要件を満たさなくても1カ月と計算する場合がある〔雇保14〕。

被保険利益 *保険'によってその損害が填補される利益。*損害保険'は，*保険事故'に遭

ひほごしゃ

って損害を受けた者に'保険金'を支払って、保険事故発生前と同一の状態を回復('原状回復')させることをその目的とする。積極的利得を許すと保険が賭博と同じことになり、'公序良俗'に反する。そこで、有効な'保険契約'が成立するためには、保険の目的に事故が発生することにより'被保険者'が経済的な損害を受ける関係にあることが必要とされ、このような被保険者と目的物との関係を被保険利益という。「利益なきところに保険なし」といわれるように、被保険利益は損害保険の中心観念で、被保険利益がないと契約は'無効'となる。このような考えに対して、被保険利益は保険契約が有効に成立するための積極的要件ではなく、被保険利益を有しない者が保険契約を結ぶと公序良俗に違反するとして契約を無効にすることにより保険が悪用されないようにするための消極的要件にすぎないという主張もある。被保険利益は金銭で評価できるものであれば〔保険3〕、必ずしも法律上の権利(所有権・債権など)に限らず、経済上の利益でもよいし、将来の仮定的利益(希望利益保険)でもよく、保険価額は被保険利益を金銭で評価した数値である。日本では、'生命保険'では被保険利益は問題とならない。

被保護者　'生活保護法'により、現に保護を受けている者をいう〔生活保護6①〕。保護を必要とする状態にある'要保護者'〔生活保護6②〕と区別される。生活保護は、原則として要保護者の申請に基づき、保護の実施機関が保護の開始を決定することにより行われる。この開始決定により、要保護者は被保護者となる。保護は、'世帯'を単位としてその要否及び程度を定めることを原則とするから〔生活保護10〕、当該世帯の構成員は全て被保護者となる。

被保佐人　精神上の障害により事理を弁識する能力が著しく不十分な者で、一定の者の請求により家庭裁判所から保佐開始の審判を受けた者〔民11〕。被保佐人を保護する者として'保佐人'が付され、一定の行為については保佐人の同意を必要とする〔民12・13〕。なお、'制限能力者'に掲げた〔表：制限能力者の比較〕を参照せよ。

被補助人　精神上の障害により事理を弁識する能力が不十分な者で、一定の者の請求により家庭裁判所から補助開始の審判を受けた者〔民15①〕。被補助人を保護する者として'補助人'が付され、民法13条1項に規定する特定の'法律行為'のいずれかについて同意を要する旨の審判があった場合に限り、補助人の同意なしにした行為は取り消すことができる〔民16・17〕。

なお、'制限能力者'に掲げた〔表：制限能力者の比較〕を参照せよ。

被保全権利　'保全命令'の発令手続において疎明(⇒証明・疎明)しなければならないとされる「保全すべき権利又は権利関係」〔民保13〕のこと。'仮差押え'においては金銭債権、係争物に関する'仮処分'においては金銭以外の物又は権利に関する請求権、仮の地位を定める仮処分においては争いがある権利関係を指す〔民保20・23〕。

ヒマラヤ条項　運送契約中の条項で、荷主あるいは旅客からの請求に対して、運送契約の履行に従事した関係者(運送人の被用者・代理人、下請運送人、港湾荷役等)が、'運送人'が有するのと同じ抗弁等を主張できる旨を定めたもの。'第三者のためにする契約'の一種と理解されている。ヒマラヤ条項の名前は、英国の判例 Adler v. Dickson 事件における船舶の名前に由来する。なお商法588条、国際海上物品運送法16条3項・4項は、運送人の使用する者は運送人が有する抗弁を援用することができる旨を規定しており、法律上当然にヒマラヤ条項に類似した保護を与えている。

秘密意匠　意匠登録出願後、'意匠権'の設定登録日から意匠登録出願人の指定する期間(最長3年間)、それを秘密にすることができる意匠〔意匠14〕。指定した期間が経過するまで意匠公報に掲載されないので〔意匠20④〕、意匠公報によって新製品のデザインが漏洩することを防ぐことができる。また、通常の意匠出願と秘密意匠の請求をする意匠出願を組み合わせると、競合企業が類似デザインの商品を投入しようと考えても、秘密意匠が存在することで当該秘密意匠権に抵触する可能性が拭えないため、競合商品投入を思いとどまらせることができる。一方、秘密意匠に係る意匠権又は'専用実施権'の権利行使には制約が伴う。まず、特許庁長官の証明を受けた書類を提示して警告した後でなければ差止請求はできない〔意匠37③〕。そして当該意匠は秘密にされているのであるから、過失の推定は認められていない〔意匠40但〕。

秘密会(議院の)　その議院の議員以外の者の傍聴を禁止して行う非公開の本会議。本会議は公開が原則であるが、出席議員の3分の2以上の多数で議決したときは、秘密会を開くことができる〔憲57①〕。'内閣'には秘密会の要求権はない〔国会62、明憲48参照〕。両議院は、秘密会の記録の中で特に秘密を必要とすると議決したものは、公表しないことができる〔憲57②、国会63〕。各議院の委員会や地方議会も、秘密会

ひやくにち

を開くことができる〔国会52②, 自治115①但②〕。

秘密交通権　　⇨接見交通権'

秘密証書遺言　　⇨遺言書'

秘密投票　選挙において*投票'がどの*選挙人'によってされたものであるかを秘密にする制度。公開投票に対する語。選挙人の自由な意思を表明させ, 選挙の公正を確保する制度。憲法上の原則〔憲15④〕であり, *公職選挙法'は, 無記名投票〔公選46④〕, 投票の秘密保持〔公選52〕, 投票用紙の公営公給主義〔公選45〕等を定めている。　⇨投票の秘密'

秘密特許　特許発明は公開されることが原則であるが, 秘密特許とは, 軍事上の理由により, 公開されず秘密とされている特許発明を指す。わが国の現行法では廃止されている。もっとも, 令和4年に成立した「経済施策を一体的に講ずることによる安全保障の確保の推進に関する法律」(法43)により, 安全保障上拡散すべきではない発明に対し, 特許出願の非公開制度が設けられることになった。

秘密保護法　「日米相互防衛援助協定等に伴う秘密保護法」(昭和29法166)の略称。*特定秘密保護法'と区別して,「防衛秘密保護法」ともいう。日本国とアメリカ合衆国との間の相互防衛援助協定(昭和29条6)3条等の秘密保持に係る定めにのっとり, 1条3項各号所定の「特別防衛秘密」をイ「我が国の安全を害すべき用途に供する目的」又は「不当な方法」で「探知」・「収集」する行為と, ロ「我が国の安全を害する目的」で「他人に漏ら」す行為(漏示), 及びハ特別防衛秘密取扱い業務者による漏示を, それぞれ10年以下の拘禁刑に処し〔日米秘密保護3①〕, ニ ロハ以外の者による漏示を, 5年以下の拘禁刑に処し〔日米秘密保護3②〕, いずれも*未遂'を罰し〔日米秘密保護3③〕, *陰謀'・独立教唆'・*煽動(せんどう)'を罰する〔日米秘密保護5〕。ハの者又はそれ以外の者による,「業務により知得し, 又は領有した特別防衛秘密」の*過失'漏示を罰する〔日米秘密保護4〕。

秘密保持義務　労働者は, *労働契約'における*誠実義務'として, 使用者の*営業秘密'を保持する義務を負う。また, *不正競争防止法'は労働者に, 退職後も含めて, 使用者の営業秘密を不正に使用・開示する行為を不正競争として規制している〔不正競争2①⑦〕。更に, 有料職業紹介事業者及びその従業者は, 廃業又は退職後も含めて, 業務上知りえた人の秘密を保持する義務を負っている〔職安51〕。派遣元事業主及びその従業者についても同様である〔労派遣24の4〕。

秘密漏示罪　刑法134条の罪。「医師, 薬剤師, 医薬品販売業者, 助産師, 弁護士, 弁護人, 公証人又はこれらの職にあった者」(1項)と「宗教, 祈禱(きとう)若しくは祭祀(さいし)の職にある者又はこれらの職にあった者」(2項)の(⇨身分犯'),「その業務上取り扱ったことについて知り得た人の秘密を漏ら」す行為(漏示)を罰する(6月以下の拘禁刑は10万円以下の罰金)。*親告罪'〔刑135〕。「人の秘密」のメルクマールとして, イ それが一般に知られていないこと, ロ 一般に知られたくないという主観的意思, ハ 一般に知られないことの客観的利益がある。イは当然に必要条件だが, ロハについて(独りロで足りるか, 別にハを要するか)は争いがある。「正当な理由」がある行為, 例えば訴訟における*証言'は, *証言拒絶権'があるのに行使しなかった場合でも(通説), 罪とならない。なお, 各種特別法上の処罰規定に注意。　⇨秘密を守る義務'　⇨機密を侵す罪(合衆国軍隊の)'　⇨秘密保護法'　⇨特定秘密保護法'

秘密を守る義務　1 職務上知ることのできた秘密を漏らしてはならないという, 公務員の服務上の義務。この義務(守秘義務, 黙秘義務)は, 職を退いた後にも継続している〔国公100①, 地公34①〕。法令による*証人', *鑑定人'等となって, 裁判所, 議院等の場所で, 職務上の秘密に属する事項を発表するには所轄庁の長(当該監督官庁)の許可を必要とする〔国公100②, 地公34②, 民訴191①, 刑訴144, 議院証言5①〕。2 弁護士・医師・公認会計士等についても秘密の漏示が禁止されている〔刑134, 弁護23, 公証4, 会計士27等〕。これらの者には*証言拒絶権'が認められる〔民訴197①②, 刑訴149, 議院証言4〕。ただし依頼者・患者等によりその義務を免除された場合等は証言を拒むことができない〔民訴197②, 刑訴149但〕。　⇨秘密漏示罪'

罷免　本人の意に反して*公職'を免ずる意味で*免職'と同じ。公務員法では,「免職」の語を用いている〔国公61, 地公27②等〕が, 日本国憲法を始めその他法律で「罷免」を用いる例も少なくない〔憲15①・16・64・68②・78・79③, 警7③・9②〜⑤, 教育行政7, 労組19の7②〜⑤等〕。

飛躍上告　　⇨跳躍上告'　飛越(ひおつ)上告'

100条調査権　　⇨調査権(地方議会の)'

百日裁判　*公職選挙法'上, *当選人'等による一定の選挙違反事件について, 裁判所が, 特に優先的に迅速に審理し, 事件を受理した日から100日以内に判決するよう努めなければな

ひやといと

らないものとされている場合をいう〔公選253の2〕。当選無効制度の実効化，選挙結果の早期安定のため設けられ，裁判所も審理方法の合理化を図っているが，実際には審理が長期化する例もある。

日雇特例被保険者　*健康保険法'における*被保険者'の一類型で，*健康保険'の強制適用事業所・任意適用事業所等に使用される日雇労働者は日雇特例被保険者とされる〔健保3②。なお，但書参照〕。健康保険法上の日雇労働者とは，臨時に使用される者で，日々雇い入れられる者若しくは2カ月以内の期間を定めて使用される者，4カ月以内の季節的業務に使用される者，又は6カ月以内で臨時的事業の事業所に使用される者をいう〔健保3⑧〕。事業主は，*保険料'の納付を示すため，日雇特例被保険者手帳に就労する日ごとに健康保険印紙を貼付(ちょう)しなければならない〔健保169③〕。

日雇労働者　日々雇い入れられ1日ごとの*労働契約'により労務を提供する労働者等をいう。具体的な定義は各法律によって定められることがあり〔労派遣35の4，雇保42，健保3⑧等〕，雇用が短期・不安定な者も含まれることがある。雇用形態の特性から，*解雇の予告'〔労基21Ⅰ〕，労働者派遣の禁止〔労派遣35の4〕，*雇用保険'〔雇保42～56の2〕(⇨日雇労働被保険者')，厚生年金加入〔厚年12①イ〕，*健康保険'〔健保5章〕(⇨日雇特例被保険者')などのように，通常の労働者とは別扱いされることがある。

日雇労働被保険者　*雇用保険法'上の*被保険者'である*日雇労働者'〔雇保43〕。日々雇用される者又は30日以内の期間を定めて雇用される者をいう〔雇保42〕。*公共職業安定所'において日雇労働被保険者手帳の交付を受けた者が失業した場合，一定の要件を満たせば日雇労働求職者給付金が支給される〔雇保43～56〕。

表・別表　⇨表・別表'(巻末・基本法令用語)

評価益　資産の時価が取得価額(又は帳簿価額)を上回る場合の差額又は負債の時価が当初価額(又は帳簿価額)を下回る場合の差額。当期の損益に反映させる場合とその他有価証券評価差額金，繰延ヘッジ損益，土地再評価差額金又は為替換算調整勘定として，貸借対照表の純資産の部に計上する場合とがある。負のその他有価証券評価差額金及び土地再評価差額金は分配可能額算定にあたって控除されるが，正のその他有価証券評価差額金及び土地再評価差額金は分配可能額算定に反映されない。

評　議　⇨評決'

表　決　*合議体'の構成員が，その審議の対象である一定の問題について，賛否の意思を表明する行為を表決といい，それに基づく合議体の意思決定すなわち*議決'と区別される。国会法規で認める表決には，起立表決〔衆規151，参規137〕と*記名投票'による表決〔衆規152，参規138〕，押しボタン式投票による表決〔参議院のみ。参規140の2〕がある。なお，議長は異議の有無を議院に諮ることもでき，異議がないと認めたときは，可決を宣告する〔衆規157，参規143〕。出席議員の5分の1以上の要求があるときは，各議員の表決を会議録に記載しなければならない〔憲57③〕。議場にいない議員の表決，条件付表決及び表決の更正は認められない〔衆規148・149・156，参規134・135・142〕。

評　決　*合議制'の*裁判所'において裁判内容を決めるために行われる採決。原則として，非公開で行われ，かつ内容の秘密が守られなければならない〔裁75〕。ただし，*最高裁判所'の*判決書'には各裁判官の意見を表示するから〔裁11〕，その限度では公表される。評決の方法としては，特別の場合(違憲裁判〔最事規12〕)を除き，過半数の意見による〔裁77①〕。各裁判官は必ず自己の意見を述べなければならない〔裁76〕。過半数の意見で裁判をする場合，意見が3つ以上に分かれ，いずれも過半数に達しないときは，数額については，最も高額の意見の数に順次額の意見の数を加え，過半数に達したときの最も低額の意見による。また，刑事においては，被告人に最も不利な意見の数に順次利益な意見の数を加え，過半数に達したときの最も利益な意見による〔裁77②〕。最高裁判所が法令などを*違憲'と判断するには，8人以上の裁判官の意見が一致しなければならない〔最事規12。なお，最事規7〕。

表決数　合議体においてその構成員が一定の問題に対し賛否を表明することを表決といい，その数を表決数という。これを基に，合議体の意思決定がなされるが，通常の場合はその数の過半数でもって決せられる。

表見支配人　*支配人'として*営業所'の*営業(事業)に関する包括的な代理権を有していないにもかかわらず，*商人'(個人商人・*会社')から営業所の主任者であることを示す名称を付与された*使用人'(通説)。*善意'の相手方との関係で，当該営業所の営業(事業)に関し，一切の裁判外の行為をする権限があるものとみなされる〔商24，会社13〕。*エストッペル'の法理若しくは*権利外観理論'に基づき，*代理権'があると信じた善意の相手方を保護するための

制度である。表見支配人の権限の範囲は、裁判外の行為につき支配人と同一である。どのような名称が営業所の営業(事業)の主任者であることを示す名称に当たるかは、取引通念に従い、具体的な事案において判断される。また、営業所としての実質が存在していることが前提である(通説)。

表見受領者 ⇨表見的受領権者'

表見相続人 法律上*相続人'としての資格がないのに、あたかも真正な相続人であるかのように事実上*相続財産'を保有している者。僭称(せんしょう)相続人ともいう。虚偽の出生届や養子縁組で子となっている者や、被相続人を殺し、あるいは被相続人の遺言書を隠匿している等のため*相続欠格'となる者などが、その例である。真正な相続人は、表見相続人に対し、*相続回復請求権'を行使して相続財産を取り戻すことができる〔民884〕。

表見代表取締役・表見代表執行役 *代表取締役'・*代表執行役'以外の*取締役'・*執行役'であって、社長、副社長その他*株式会社'・*指名委員会等設置会社'を代表する権限を有するものと認めるべき名称を付された者。その者のした行為につき、会社は*善意'の*第三者'に対し責任を負う〔会社354・421〕。取引の安全を確保する外観法理(⇨権利外観理論')の一種である。代表取締役・代表執行役の氏名及び住所は*登記'事項であるが〔会社911 ③14③ハ、商登47②⑦⑧〕、取引の相手方はその名称から代表権を有すると信じて取引すれば、登記簿を閲覧しなくても*重過失'がない限り保護される。

表見代理 **1 意義** *無権代理'とされる場合のうち、本人と無権代理人との間に特殊の関係があるために、無権代理人を本当の*代理人'であると誤信して取引をした第三者(相手方)を保護するため、その無権代理行為を代理権のある行為として取り扱い、本人に対して効力を生じさせる制度。取引の安全を保護する制度として実際上も重要な機能を営んでいる。⇨代理'

2 種類 表見代理には、次の各種の場合がある。イ 本人が相手方に対してある者に代理権を与えた旨を表示し、その者が表示された事項について代理行為をした場合〔民109①〕。例えば、BがAの名義を使ってCを相手に取引するのをAが認めていたという場合がこれである。ロ 代理人が与えられた代理権の範囲を超えて行為した場合〔民110〕。例えば、AがBに対しAの土地に*抵当権'を設定する代理権を与えたところ、Bがその土地をCに売却したという場合である。ハ 代理権が消滅して、もはや代理人でなくなった者が、代理行為をした場合。例えば、A会社に雇われて手形を振り出す代理権を与えられていたBが、会社を退職した後もCに対し手形を振り出したという場合である〔民112①〕。ニ ロとハが組み合わされた場合。すなわち、代理権が消滅して代理人でなくなった者が、過去にもっていた代理権の範囲を超えて代理行為をしたという場合にも表見代理が成立する〔民112②〕。ホ イとロが組み合わされた場合〔民109②〕。

3 要件・効果 以上いずれの場合にも表見代理が成立するには、相手方Cが、Bに真実代理権があると信じ、かつ、そう信じてももっともであるとみられる事情が存在することが必要である。表見代理が成立すれば、CはAに対し有効な代理行為があったものとして、本人に対してその効果(例えば、売買による土地所有権の取得、手形金の請求)を主張できる。しかし、表見代理が成立する場合であってもBの行為が無権代理行為の性質を失うわけではないから、Cは、Bに対して無権代理人の責任を問うということもできる〔民117〕。Aが本人として責任を負った場合には、BはAに対して*不法行為'の責任を負うことになる。

〔図：表見代理の成立〕

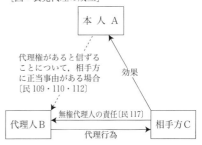

表見的受領権者 **1 意義** 取引の通念からみて真の債権者らしい外観又は債権者から弁済受領の権原を与えられらしい外観を有する者を「受領権者としての外観を有する者」と呼び、「表見的受領権者」はその略称である。例えば、無効な譲渡契約に基づく債権の事実上の譲受人、債権の*表見相続人'、権限なくして預金証書その他の債権証書と必要な印鑑を所持する者、キャッシュ・カードを用いて預金の引出しを行う者などが挙げられる。また、債権者本人として債権を行使する者に限らず、債権者の*代理人'と称する者も表見的受領権者に含まれ

ひょうげん

る。

2 表現的受領権者への弁済 受領権限のない者に対する*弁済'は*無効'であり，真の権利者の債権は消滅しないのが原則である。しかし，受領権者としての外観を信頼した債務者を保護し，円滑な弁済を促進するため，弁済者が，弁済受領者に受領権限がないことを知らず，かつ，知らないことに*過失'がなかったときは，弁済は有効とされ，債権・債務は消滅する。民法478条の表見的受領権者への弁済は，このことを定めている。債権を失った真の債権者は，債務者に重ねて弁済を請求することができず，弁済受領者に対して，*不当利得'の返還又は*不法行為'を理由とする損害賠償を請求するほかない。

表現の自由 **1 概念** 言論や文書による思想表明の自由のほか，広く映画・テレビ・ラジオ・演劇などの自由や*集団示威運動の自由'など，個人が外部に向かってその思想・主張・意思・感情などを表現する自由のこと。憲法21条はこれら「一切の表現の自由」を保障している。*検閲'を禁止しているのは，この保障の趣旨を徹底させるためである。

2 表現の自由の価値 一般に，表現の自由には，イ 個人が言論活動を通じて自己の人格を発展させるという価値(自己実現の価値)と，ロ 国民が言論活動を通じて政治的意思決定に関与するという価値(自己統治の価値)とがあるといわれている。すなわち，表現の自由は，諸個人の人格形成にとって重要な権利であるのみならず，民主主義にとって不可欠の前提をなす権利でもある。

3 制限 表現の自由は社会的なものであり，多くの人を相手とするから，他人の自由又は*公共の福祉'との抵触の問題を生じ，その結果，その制約が問題となる。例えば，他人の*名誉'を毀損する行為を処罰する規定(〔刑230〕(⇨名誉毀損罪)')は，憲法21条には反しないと解されている。また，選挙運動取締りのための文書・図書の規制はこの規定に反しないとされている(最大判昭和30・3・30刑集9・3・635)。表現の自由が民主主義の基礎であることに鑑み，その制約が慎重でなければならないことはいうまでもない。

⇨言論の自由' ⇨集会の自由' ⇨結社の自由' ⇨出版の自由' ⇨明白かつ現在の危険' ⇨優越的自由' ⇨報道の自由' ⇨マスメディアの自由'

表現犯 行為者が自己の内心を一定の外部的行為によって表現し，又は法の要求する表現を懈怠(かいたい)することによって成立する犯罪をいう。例えば，*偽証罪'〔刑169〕は，証人たる行為者が自己の記憶に反することを知りつつ証言した場合に成立する犯罪であると理解する主観説の立場からは，上述のような行為者の心情は行為の*違法性'を決定する*主観的違法要素'であるとされる(通説)。しかし，証言が客観的事実に反しているとき偽証罪の成立を認める客観説の立場からは，行為者の主観的要素は単なる*故意'にすぎなくなり，主観的違法要素の存在を否定し，偽証罪を表現犯と理解することに反対の見解も有力である。

標識法 ⇨商標権' ⇨商標法' ⇨不正競争防止法'

表示義務 商品の内容(原料・原産地・製造者・製造年月日など)や使用方法(危険の警告など)について，あるいは契約条件について(解除条項・違約金条項・免責条項など)，生産者や販売者が必要事項を示す義務。各種の行政的な特別法によって課されることが多い。義務違反に対しては行政処分や刑罰が科されるが，これに違反してなされた*契約'の私法上の効力については争いがある。

表示行為 *効果意思'(内心的効果意思)を外部に発表する行為。意見の発表や意思の伝達などと同じように，言葉・身振り・手振りなどによって行われる。表示行為の外形上の明確さの程度に応じて，*意思表示'は明示の意思表示と*黙示の意思表示'に区別される。表示行為は，通常，自由にどのような方式をとることもできるが，遺言などの*要式行為'の場合には，一定の方式をとらなければ意思表示は*無効'とされる。

表示主義 ⇨意思主義・表示主義'
表示上の錯誤 ⇨錯誤'
表示登記 ⇨表示に関する登記'

表示に関する登記 **1 意義** *不動産登記'は，不動産の表示に関する登記と権利に関する登記からなる。表示に関する登記は，不動産の物理的状況や同一性を示すための登記であり〔不登2②③〕，登記記録の中では表題部に記録される〔不登2⑦〕。表示登記とも略称されることも多い。表示に関する登記は，当事者の申請に基づいてすることもあるが，登記官が職権によって行うこともできる〔不登28〕。また，私人が表示に関する登記の申請を義務付けられることもある〔不登36・47①等。なお不登164〕。

2 登記事項 土地については，地番・地目・地積など〔不登34①〕。また更に，やや特殊な事項として河川区域に係る一定の事項について不登43①〕，建物については，家屋番号並びに建物の種類，構

造及び床面積など〔不登44①〕。更に，やや特殊な事項として区分建物に係る建物部分・団地共用部分である旨の登記について不登58①〕を登記する。また，権利部に所有権の登記がなされていない場合は表題部所有者〔不登2⑩・27③〕が登記され，その者に所有権保存登記の申請が認められる〔不登74①Ⅰ〕。

被用者発明　　⇨職務発明'
費用収益対応の原則　　発生主義的な期間損益計算の見地に基づき，収入金額・収益と，それを生み出すのに要した*必要経費'・費用と対応させて計上することを要求する原則。法人所得の計算についてのみならず，*所得税'においても，継続的事業の所得の計算について妥当する。発生主義会計を基礎とする所得税・*法人税'の制度の下においては，期間損益の正確な把握が重要であるために，この原則が大きな意味をもってくる。

標準賞与　　被用者保険では，平成15年度から総報酬制が採用され，賞与の実額について，1,000円未満の端数を切り捨てたものに保険料率を乗じる〔健保45，厚年24の4〕。ただし，健康保険では年度累計額573万円，厚生年金では月150万円をその上限とする。　⇨標準報酬'

標準処理期間　　*申請'がなされてからそれに対する*処分'をするまでに通常要すべき標準的な期間をいう。*行政手続法'は，*行政庁'にこれを定める努力義務を課すとともに，定めた場合には申請の提出先とされている機関の事務所における備付けその他の適当な方法により公にしておかなければならないとしている〔行手6〕。なお，この期間は申請がその事務所に到達したときから起算され，*不作為の違法確認の訴え〔行訴3⑤〕における「相当の期間」を判断する際の目安になると解される。

標準責任準備金　　長期の保険契約で内閣府令で定めるものに係る*責任準備金'の積立方式及び予定死亡率その他の責任準備金の計算の基礎となるべき係数の水準については，内閣総理大臣が必要な定めをすることができるとされており〔保険業116②〕，内閣総理大臣が定める積立方式と計算基礎率(平成8大告48)を用いて計算される責任準備金の水準を標準責任準備金という。保険会社が設定する保険料の額にかかわらず，保険会社の健全性維持の観点から必要とされる責任準備金の水準を定めるという趣旨に基づくものである。

標準必須特許　　⇨パテント・プール'
標準報酬　　1　*社会保険'における*保険料'や*保険給付'の額を算定するため，便宜上，*被保険者'の実際の報酬額に代わるものとして用いられる報酬。被保険者の多様な賃金等の報酬に対応するため，一定の等級が設定され，日額又は月額が定められる〔健保40，厚年20，国公共済40等〕。厚生年金等の年金給付の額の決定には，被保険者期間等の計算の基礎となる各月の標準報酬月額と標準賞与の総額をその全期間について平均した額(平均標準報酬額)が用いられる〔厚年43〕。　⇨標準賞与'
2　*船員法'における標準報酬は，職務上災害に関する補償額算定の基準となる報酬を意味し〔船員91～94〕，*労働基準法'上の*平均賃金'又は*労働者災害補償保険法'の*給付基礎日額'に相当する。

標準物　　市場*デリバティブ'取引を円滑化するために，*金融商品取引所'の*定款'及び業務規程で定めるところにより取引対象として設定することが認められる架空の金融商品〔金商118〕。国債先物取引で用いられている。償還期限など多様な個別の金融商品を取引対象とする場合に比べて，均質性・不変性・取引の簡便性，*相場操縦'の回避が可能な点で優れるとされる。業務規程で利率，償還期限その他の条件が設定されなければならない。商品先物取引において現物先物が行われる場合に取引の円滑化のために定められる「標準品」〔東京商品取引所業務規程13〕は架空の商品ではなく，受渡しの段階で標準品と違った銘柄品を渡すことも認められ，その場合には差額の清算がなされる仕組みである。

標章　　⇨商標権'
費用償還請求権　　⇨監査費用償還請求権'
標章の国際登録に関するマドリッド協定の議定書　　一般にはマドリッドプロトコル又はマドリッド協定議定書と呼ばれる商標の国際登録出願に関する条約のこと。1989年に*パリ条約'の特別取極（とりきめ）〔工業所有権約19〕に基づいて締結された(1995年発効)。日本は本議定書を実施するため，1999年に*商標法'を改正し(平成11法41)加入した(平成11条18)(2000年発効)。「標章の国際登録に関するマドリッド協定」(1891年成立，1967年改正)(⇨マドリッド協定')とは，使用言語，審査期間，本国登録の従属性などの問題点を抱えており，これらを解消するために本議定書が締結された。まずマドリッド協定では使用言語がフランス語のみであったが，英語・スペイン語も使用可能となっている。また拒絶の通報期間は宣言することで18カ月以内へと延長可能である(本来は12カ月以内)。更に本国における基礎出願が拒絶又は基礎登録

びょうどう

が無効若しくは取消しとなった場合にも，マドリッド協定議定書では，救済措置として，国際登録を各指定国への国内出願へ変更することができる。

平　等　⇨'法の下の平等'

平等主義・優先主義　1 意義　'金銭執行'において'差押え'を行った債権者，及び二重差押えや'配当要求'の手続を通じて執行に参加した他の債権者に対して，債権額に応じて平等な'配当'を与える原則を平等主義と呼ぶ。これに対して，差押えあるいは執行への参加の時期を基準として，先順位の者に優先的に配当を受領する資格を認める原則を優先主義と呼ぶ。平等主義の根拠としては，'実体法'上の'一般債権者'の平等性などが挙げられ，他方，優先主義の根拠としては，'破産'との区別，執行への参加を事実上制限することによる執行の迅速化などが挙げられる。両者の中間に位置するものとして，執行参加の時期によって債権者の群を区別する群団優先主義がある。

2 平等主義の制限　旧民事訴訟法旧(昭和54法4改正前の)6編と同様，'民事執行法'の下では，平等主義の原則が採用されているが，次のような方策によって，執行手続の遅延などの弊害を除去しようとしている。すなわち，'債務名義'をもたない債権者の配当要求資格の制限(民執51・105・133・154①等)，あるいは執行参加の期間の限定〔民執49・165等〕がこれに当たる。

平等選挙　各選挙人の'選挙権'の価値が平等である選挙制度。'不平等選挙'に対する概念。等級選挙や複数選挙は不平等選挙の例である。平等選挙は，'普通選挙'と同様の意味で用いられることもあるが，普通選挙は選挙権の有無に関わり，平等選挙は選挙権の内容(投票数や投票価値)に関わると区別できる。憲法が保障する選挙権の平等〔憲14・44〕には，普通選挙の保障だけでなく，平等選挙の保障も含まれると解されている。いわゆる'選挙区'定数の配分に関連して，また衆議院議員選挙が小選挙区比例代表制に改められてからは小選挙区の区割に関連して，平等選挙違反が問題になった。選挙区間における選挙人の投票価値のどの程度の差があれば選挙権の平等の侵害となるかは，投票価値の較差の限度，選挙制度に関する国会の合理的な裁量の限界，また，参議院の特殊性等をめぐり議論が分かれる(⇨'定数不均衡(訴訟)')。

費用の補償　'無罪'の判決が確定したとき，又は'検察官'のみの'上訴'が'棄却'されるなどして原裁判が確定したときに，'被告人'に費用を補償する制度。昭和51年の刑事訴訟法改正(法23)により，前者が新設されるとともに，後者の内容が整備された〔刑訴188の2〜188の7〕。補償の範囲は，被告人及び'弁護人'が'公判期日'等の出頭に要した旅費・日当・宿泊料と弁護人に対する報酬である。補償は，所定の期間内の請求により，裁判所が決定する。補償の手続等については，刑事補償法の多くの規定の準用がある。

開かれた構成要件　刑罰法規に'構成要件'の一部だけしか記述されておらず裁判官による補充を必要とする構成要件。全ての構成要件要素が記述されている「閉ざされた構成要件」に対比して用いられる。ドイツの刑法学者であるヴェルツェル(Hans Welzel, 1904〜77)によって主張された。例えば，'過失犯'の構成要件は過失行為が具体的に記述されておらず，'不真正不作為犯'の構成要件は作為義務を有する行為者が記述されていないので，ともに開かれた構成要件であるとされる。開かれた構成要件においては，構成要件該当性判断によって'違法性'が推定されず，積極的に違法性が確定されなければならない，とも主張されている。しかし，開かれた構成要件を認めることには'罪刑法定主義'の観点から批判があり，また，刑罰法規と構成要件を区別して考える立場からは，裁判官の価値判断を通じて補充を必要とする刑罰法規は存在しても，補充された結果である構成要件は常に「閉じた」ものであると主張されている。

非累積的優先株　⇨'優先株'

比例原則　目的と手段の均衡を要求する法原則。ドイツにおける'警察権の限界'論の1つである警察比例の原則がルーツ。今日ではその妥当範囲(行政作用一般，立法に及ぶか)，司法審査，憲法上の位置付け等の関係で諸説があるが，その内容として，広義では，手段が目的達成のために適合的か，目的達成のための最小限度の手段か，侵害される利益が達成される利益と均衡しているか(狭義の比例原則)の3つが含まれるとするのが通例である。

比例税　'課税標準'に対する税額の割合が課税標準の大きさにかかわらず常に一定とされている租税。累進税と対比される。比例税は，担税力の観点からは，逆進性をもつと評価されることがある(代表的な例として，生活必需品に対する'消費税'の逆進性)。

比例代表　有権者の多数・少数の各派(各'政党')に，その数的勢力に比例する数の議員を選出する可能性を保障する選挙制度。'死票'をできるだけ少なくし，議会を国民の縮図にさせようとするもの。比例代表の方法は，単

記移譲式と名簿式に大別される。単記移譲式は，ある候補者に投じられた票で，当選に必要な数を超過したものを選挙人の指定に従って他の候補者に順次移譲する方法。名簿式は，選挙人が候補者個人に投票するのではなく，名簿(普通の場合，政党が作った名簿)に投票する方法。各名簿の得票数を順次，1, 2, 3……の整数で除し，その商の多い順に定数が尽きるまで議席を配分する方法をドント式といい，名簿式比例代表制で最も多く採用されているものである。また，提出名簿記載順に当選人を決定する方式を拘束名簿式といい，選挙人に名簿上の候補者への投票を認めて，その得票数の多い順に当選人を決定する方式を非拘束名簿式という。日本では，*衆議院議員'465 人のうち 176 人(⇨小選挙区比例代表並立制')について，拘束名簿によるドント式比例代表制を採用し，*参議院議員'248 人のうち 100 人については，非拘束名簿によるドント式比例代表制を採用している〔公選 4・46②③・95 の 2・95 の 3〕。

比例代表選出議員 **1 衆議院比例代表選出議員** *衆議院議員'の総定数 465 人のうち，全都道府県を 11 の区域(ブロック)に分割した*選挙区'から*比例代表'選挙により選出される 176 人の議員〔公選 4①・13②・別表 2〕。*小選挙区'選出議員に対する。平成 6 年の*公職選挙法'改正(法 2)により，従来の*中選挙区'制に代わって，*小選挙区比例代表並立制'が採用されたために生じた。各ブロックへの定数配分は*アダムズ方式'により行われ，候補者名簿には拘束式が採用されている。

2 参議院比例代表選出議員 *参議院議員'の総定数 248 人のうち，全都道府県の区域を通じて比例代表選挙により選出される 100 人の議員(公選 4②・12②)。*選挙区選出議員'に対する。昭和 57 年の公職選挙法改正(法 81)により，従来の全国区制(全国を 1 つの*大選挙区'として*単記投票'により選出するもの)に代わって，比例代表制が採用されたため，その名称も「全国選出議員」から改められた。非拘束名簿を原則とするが例外的に当選の優先順位を付すことのできる特定枠制度が存在する。

日 割 罰 金　⇨日数罰金制'

ヒンドゥー法　インド文化圏にみられる伝統法の呼称。核となる法概念である「ダルマ」(英 dharma)は，初期ヴェーダ文献(B.C.10 世紀以前)では自然や宇宙のリズムをつかさどる原理だが，次代の哲学文献ウパニシャッドには，人間の生き方や社会の秩序をも意味する用例が僅かにみられる。ウパニシャッドに前後して，仏教にみられるような〈出家→解脱〉という新しい宗教実践が台頭し，これに対して在家主義を基本とする保守的なバラモン達は，個人や社会のあるべき姿を改めてダルマとして定式化し，それを主題的に扱う「ダルマ・スートラ」を編纂(さん)したと考えられる。作者たちは基本的には〈在家・男子・バラモン〉の行為規範を集成したが，出家主義を条件付きで容認する学派もある。これに続くのが「マヌ法典」(英 Manusmṛti あるいは Mānavadharmaśāstra)(作者不詳，A.D.2 世紀頃までに成立)を始めとする「ダルマ・シャーストラ」(原義は「ダルマの教科書・論書」)で，ここではダルマはバラモン，クシャトリア，ヴァイシャ，シュードラという 4 つの階層(ヴァルナ)からなる社会の秩序を維持する原理となった。それぞれに定められた職分・生き方(これもダルマである)を守ることで理想的な来世を得るという業報輪廻(ごうほうりんね)思想とも融合し，ダルマはインド社会のあり方を根底から規定する概念となった。その具体的な運用は王の職分と規定され，18 項目に分類される*私法'を中心とする法規定は内容・形式ともにカウティリヤ作と伝える「実利論」(英 Arthaśāstra)との類似・対応が顕著である。「マヌ」以降，ダルマ・シャーストラは「ヤージュニャヴァルキヤ」「ナーラダ」と続き，中世以降は注釈書や項目ごとに規定を網羅した綱要書(ダルマ・ニバンダ)が多く著された。主たる関心事は*契約'と*相続'で，この点においてダルマはバラモン的な価値体系から世俗社会のルールに変容したといえる。相続に関しては，「ミタークシャラー学派」や「ダーヤバーガ学派」が有力で，イギリス統治時代にまで命脈を保った。「マヌ法典」に代表されるヒンドゥー法の体系はインドの宗教文化とともに伝播(ぱ)し，東南アジア諸国ではそれを模したものや仏教的に改変した文献(タイの「タマサート」等)が伝えられている。　⇨インド法'

貧 民 法　⇨救貧法'

ふ

ふ

府 1 内閣に置かれる内閣府のこと〔内閣府2〕。内閣の重要政策に関する内閣の事務を助けるほか，*内閣総理大臣'が担当することがふさわしい行政事務を処理すること等を任務とする〔内閣府3〕。その長は内閣総理大臣である〔内閣府6①〕。また，内閣府には，外局として，*公正取引委員会'，*国家公安委員会'，個人情報保護委員会，カジノ管理委員会，こども家庭庁，*金融庁'及び消費者庁が置かれている。⇨内閣府'
2 *普通地方公共団体'の1つである府については，*都道府県'をみよ。

ファイア・ウォール ⇨証券子会社'
歩合外務員 ⇨外務員'
ファイナイト保険 保険会社に移転されるリスクが限定されている保険をいう。リスクを*被保険者'である企業と保険会社との間で分担する機能を有する手法である。したがって，保険期間中の損害実績により，返戻又は追徴保険料が生じる場合がある，1事故当たり，1年間当たり，及び保険期間通算での保険金支払限度額が設定されている，及び，保険金額に対する保険料の割合が高いという特徴を有する。これにより，特殊なリスクへの対応が可能になり，企業が損失軽減に対する動機を持ち続けることが期待できるため，モラルリスクを減少させることができる。なお，元受保険者と再保険者の間で限定的なリスク移転しか行われない*再保険'契約は広くみられ，*保険業法'の下でもこれに対応した規律が設けられている〔保険業116③，保険業則71②，保険業則71②の規定に基づき金融庁長官が定める再保険(平成10大告233)〕。

ファイナンス・リース ⇨リース'
ファクタリング 英factoring 広義には，企業等が物品の販売や役務の提供によって得た売掛債権等に関する管理を総合的に引き受ける金融サービス全般のことをいうが，狭義では，企業等が有する売掛債権等を買い取ることにより，資金を提供することをいう。ファクタリングのサービスを提供する者をファクター(factor)という。狭義のファクタリングにおいては，実質的には金銭の貸付けでありながら，債権の

真正売買の形式をとることで，出資法，*貸金業法'等の規制を潜脱しようとする取引が問題視されている。

ファシズム 英fascism 狭義ではイタリアのムッソリーニ(Benito Mussolini, 1883～1945)を首領とした独裁的国家社会主義をいうが，通常はドイツのナチズムや日本の*超国家主義'等をも含めて*全体主義'という意味で用いられることが多い。独裁者の権力支配，反個人主義・反*自由主義'的な自民族中心主義，反共主義等が共通の特徴である。資本主義の一般的危機に伴う革命的状況の下で，労働者階級の能力とイニシアティブが欠如しているような場合に，その真空を埋めるために，強力な反革命独裁として出現する。第二次大戦におけるドイツ，イタリア，日本などいわゆる枢軸国の敗北によって打倒される。

ファンド・トラスト ⇨特定金銭信託'
不意打ち条項 *約款'による契約において，約款条項の開示を前提とした包括的な約款採用合意があった場合にも，顧客側の実質的な交渉可能性の欠如を理由に，条項内容が非慣行的で不意打ち的な条項について，契約内容への組入れが否定され，拘束力が認められないとされる(不意打ち条項の禁止)。基本的には，条項内容の当・不当を問わず，顧客の推定的同意の射程が及ばず，当該条項の効力を否定するものであるが，条項内容の合理性と結び付けて判断されることも少なくない。*債権法改正'では，定型的取引合意で約款の採用合意があった場合も，責任制限条項等において「その定型取引の態様及びその実情並びに取引上の社会通念に照らして」信義則に反し「相手方の利益を一方的に害すると認められるもの」については合意をしなかったものとみなされることとし，実質的に不意打ち条項を「みなし合意」の対象から除外し，内容規制の問題として一元化し，顧客の包括的承諾意思とは無関係に判断される構造になっている。

フィデューシャリー・デューティー ⇨受託者責任'
フィリバスター ⇨議事妨害'
封印破棄罪 1 沿革 本罪は，平成23年の刑法改正(法74)により，現行規定に改正された。旧規定では，*公務員'の施した封印若しくは*差押え'の表示を損壊し，又はその他の方法で無効にすることで成立する罪が想定されていた〔刑旧96〕(2年以下の懲役又は20万円以下の罰金)。これは，封印若しくは差押えの表示を通じて実現されるべき公務の効力を保護する類型

であった。その成立には、行為当時に、封印・差押えの標示が有効に存在していることを要し(最判昭和29・11・9刑集8・11・1742)、封印・差押えの表示が物理的に損壊ないしは除去された後は、同罪は成立しないと解されていた。しかし封印等の損壊等の後も、封印等を基礎付けた命令は残存しており、その効果はなお遵守されるべきである。殊に、悪質な執行妨害に対処するには、命令の効果に対する侵害をも処罰する必要がある(判例(最決昭和62・9・30刑集41・6・297)も、差押えの表示が紙で覆われていた場合の差押債務者による行為につき本罪の成立を認めていた)。

2 現行法 そこで、平成23年の改正により、封印等破棄罪は、公務員が施した封印若しくは差押えの表示の損壊に加えて、封印若しくは差押えの表示に係る命令若しくは処分を無効にする行為をも処罰するものとされた。そこで、例えば、何者かによって不法に差押えの表示が撤去されたが、なお有効な命令が存在していることを知りつつ、差押対象物件を搬出すれば、本罪が成立する。法定刑も引き上げられ、3年以下の拘禁刑若しくは250万円以下の罰金(併科も可能)とされた〔刑96〕。暴力団関係者等による不正な利益を得る目的でなされる執行妨害に対処するため、封印等破棄罪を、報酬を得る目的で、他人の債務に関して犯した者には、5年以下の拘禁刑若しくは500万円以下の罰金(併科可能)という加重された刑が規定された(加重封印等破棄罪〔刑96の5〕)。

封　鎖 戦時において、敵の港又は海岸の交通を阻止するために海軍力によって船舶の出入を遮断すること。平時にも*復仇(ふっきゅう)*等の手段としてなされることがあり(平時封鎖)、これに対して、戦時封鎖ということがある。1856年パリ宣言(海上法ノ要義ヲ確定スル宣言(明治20勅無号))、1909年ロンドン宣言(海戦法規に関する宣言)などで規律されている。

風説の流布 ⇨不公正取引規制(金融商品取引法における)'

風俗警察 社会公共の善良の風俗に対する障害又はその危険を除去する警察作用であって、*保安警察'に属する学問上の分類。「風俗営業等の規制及び業務の適正化等に関する法律」、二十歳未満ノ者ノ飲酒ノ禁止ニ関スル法律、二十歳未満ノ者ノ喫煙ノ禁止ニ関スル法律、*売春防止法'などによる取締りがそれである。*明治憲法'下では、風俗警察の見地から、出版・興行などの検閲・取締りも広く行われていたが、現在では憲法が保障する*表現の自由'〔憲21〕との関係から、警察的取締りをこれらの分野に及ぼすことは原則として許されないとされている。

風俗犯 性道徳その他健全な社会道徳秩序に反する犯罪をいう。日本の刑法の*わいせつ'罪・重婚罪・*賭博'罪などがこれに当たる。外国の刑法では、近親姦、反自然的性行為などの処罰を定めるものもあるが、日本の刑法は、風俗に対する規制は、比較的控え目である。しかし、道徳的価値基準の分裂、性の自由化という世界的風潮の反映もあって、刑法の全面改正作業と関連して、風俗に関する社会道徳秩序の維持は、道徳的自己規制と必要最小限の行政規制(例えば、青少年に有害な図書の販売方法の制限、映画等の上映場所の制限)によって実現すべきもので、刑法上の風俗犯は、大幅に削除すべきであるとする意見も主張された。

夫婦財産契約 夫婦の財産の帰属やその管理の方法、婚姻生活の費用の分担など、夫婦間に生ずる財産関係について、夫婦があらかじめその処理準則を定めた*契約'をいう。このような契約による財産関係の処理を認める夫婦財産制を、契約財産制と呼び、日本の民法はこれを採用する〔民755〕。内容は*公序良俗'又は強行法規に反しない限り自由である。手続上婚姻前に登記しないと*第三者'に対抗できないとされる〔民756〕ため、実際に利用されることは少ない。このような契約がないときには、*法定財産制'に従うことになる。⇨夫婦財産制'

夫婦財産制　**1 意義**　*婚姻'によって夫婦間に生ずる財産関係を規律する制度。例えば、夫婦の一方が婚姻前から有していた財産や、夫婦が婚姻中協力して得た不動産などの帰属の問題や婚姻生活を営んでいくのに必要な生活費の負担関係などを規定する。

2 種類　立法上の分類からみると、夫婦が任意の契約で自由に財産関係を規律できるとする契約財産制と、法律の規定によって定めるものとする*法定財産制'があるが、実際には両者が組み合わされていることも多い。法定財産制として採用されるものとしては、夫婦の財産を全部又は一部*共有'とする共有制、夫婦が各別に財産を所有し管理する別産制(夫婦別産制)のほか、婚姻中に生じた夫婦各自の財産増加部分を婚姻終了時に分割し合う後得財産参与制などがある。

3 要件・効果　日本の民法は、まず契約財産制を認め、夫婦が婚姻届出前に任意の契約(⇨夫婦財産契約')を締結して登記したときは、これによることとし〔民755〜759、夫婦財産契約登記規則

ふうふべつ

(平成17法務35)]、それ以外は法定財産制に従うものとした。法定財産制としては、基本的には夫婦の別産制を採用しており、どちらの所有か判然としないものは夫婦の共有と推定する[民762]。その他、婚姻費用は夫婦の資産・収入その他の事情を考慮して分担すること[民760]、及び*日常家事債務'は夫婦の連帯責任とすること[民761]も定められている。

夫婦別産制 ⇨夫婦財産制'

夫婦養子 縁組の当事者の一方が夫婦である養親子関係。養親が夫婦である場合も含むが、一般には、夫婦が共同で*養子'となることをいう。現行法では、*配偶者'のある者も、その配偶者の同意を得れば単独で養子縁組をすることができるが、もちろん、配偶者とともに縁組をすることもできる[民796]。配偶者の同意のない縁組については、同意をしなかった配偶者は裁判所に縁組の取消しを請求することができる[民806の2]。なお、配偶者のある者が、*未成年者'を養子とする場合には、原則として配偶者とともにしなければならない[民795]。これに違反した縁組は無効となる解される。また、*特別養子'の養親たるためには、配偶者のあることが必要であり、配偶者とともに縁組をするのが原則である[民817の3]。

フェア・ディスクロージャー・ルール 図 Fair Disclosure Rule 一般的にいえば、上場会社等が公表前の内部情報を第三者に提供する場合に当該情報が他の投資者にも提供されることを確保する(つまり公平な情報開示を確保する)ルールのことであり、日本では平成29年の*金融商品取引法'改正により導入された。具体的には、上場会社等、上場会社等の資産運用会社・これらの*役員'等が、その業務に関して、取引関係者に、当該上場会社等の未公表の重要情報の伝達を行う場合には、当該上場会社等は、所定の場合を除き、当該伝達と同時に当該重要情報を公表しなければならない[金商27の36①。なお②も参照]。所定の場合とは、取引関係者が守秘義務及び売買等禁止義務を負う場合である[金商27の36①但。義務違反があったときの対応について金商27の36③参照]。インサイダー取引(⇨内部者取引')における重要事実は「投資者の投資判断に著しい影響を及ぼすもの」[金商166②④]であるのに対し、フェア・ディスクロージャー・ルールにおける重要情報は「投資者の投資判断に重要な影響を及ぼすもの」[金商27の36①]であり、この点では後者のほうが対象となる情報の範囲が広いといえる。フェア・ディスクロージャー・ルール

の実効性を確保するために、公表者等に対する報告の徴取・検査[金商27の37]や公表の指示等[金商27の38]などが定められている。

フェア・ユース 図 fair use アメリカ著作権法107条に規定される著作権利制限の一般規定。1841年以来長きにわたって形成されてきた判例法理を条文化したものとされる。アメリカ法上、フェア・ユースに該当するとして著作権者の許諾なく行うことができるとされる行為としては、*引用'、*パロディ'、写り込み等のほかにも、検索エンジンによる画像サムネイル表示やソフトウェアのリバース・エンジニアリングなど、広範な著作物の様々な利用形態が含まれる。同条は、フェア・ユースの判断のための4つの考慮要素として、イ 使用の目的及び性質(使用が商業性を有するか又は非営利的教育目的かを含む)、ロ 著作権のある著作物の性質、ハ 著作権のある著作物全体との関連における使用された部分の量及び実質性、ニ 著作権のある著作物の潜在的市場又は価値に対する使用の影響を列挙しているが、その他の考慮要素を排除するものではなく総合的に判断することとされている。フェア・ユースの規定を巡る判例には、商業的利用であるか否かにより被害の存在を推定したものや、潜在的な市場における被害も考慮すべきとしたもの、変容的利用(transformative use)であればフェア・ユースと認定されやすいとしたものなどがある。

夫役(ぶやく) 現品 人的公用負担の一種。特定の公共事業の需要を満たすために必要な夫役(労役)の提供又は現品(物品)の給付か、これに代わる金銭給付かのいずれかを選択してしなければならない公法上の選択債務。その義務の不履行の場合には、常に金銭に換算して強制徴収できるものとする点に特色がある。貨幣経済の発達していない農村地方では、金銭給付よりは、それに相当する夫役又は現品を提供する方が私人にとって便宜なことがあるため、この制度が認められた。かつて*地方自治法'上にこの制度があったが、昭和38年の改正(法99)で廃止され、現在はほとんど存在しない[ただし、水害予防49、土地改良36]。

フェミニズム法学 フェミニズム理論を法の領域に活用し、法と社会の改革をはかろうとする運動。その中にも、男女間の個人権の平等を主張する古典的なリベラル・フェミニズム、「ケアの倫理」のような女性の独自性を肯定的に再評価しようとする差異のフェミニズム、近代西洋社会は男性による女性の支配・抑圧に基づいているとしてそのシステム自体を覆そうと

するラディカル・フェミニズムなどいくつもの流れがある。フェミニズム法学は労働法・家族法・家庭内暴力・表現の自由などの領域で特に影響力をもっている。

フォーラム・ショッピング 〖英〗forum shopping *'国際裁判管轄'の管轄原因は複数のものが1つの事件について肯定されることがあり，また，国際裁判管轄に関するルールは国により異なることを奇貨として，自らに有利な判決が下される見込みがある国を選んで提訴する訴訟戦術。法廷水漁(釣)りともいう。この背景には，国際事件では，異なる国で裁判を行うと，手続法の違い，国際私法の違いによる*'準拠法'の違いなどのため，同一事件であっても，必ずしも同じ内容の判決が下されるとは限らないという事情がある。もっとも，この現象は，国際私法さえ統一できていないという国際私法秩序の不完全性の結果であり，そのような行動をする当事者を非難することは的外れであって，むしろ国際裁判管轄の過大な拡張を各国が慎むことなど制度の改善によって対処すべき問題である。

フォーラム・ノン・コンビニエンス（〖英〗forum non conveniens） アメリカでは，形式的には*'裁判管轄'が存在しても，「フェア・プレーと実質的正義の伝統的観念」を実現するために，訴えを却下したり，あるいは，例えば被告に他の法廷地では消滅時効の抗弁を提出しないことを約束させ，それを条件に自らの訴訟手続は一応中止しておき，条件違反の場合には訴訟を再開するという扱いがなされることがある。スコットランド法に起源を有するが，アメリカでの裁判実務の発展が顕著であり，これを制定法化している州もある。裁判実務上，提訴可能な他の適切な法廷地の存否，判決執行の可能性などの当事者の私的利益，及び，司法エネルギー，陪審員としての市民の負担などの公的利益が比較衡量される(Gulf Oil Corp. v. Gilbert, 330 U.S. 501 (1947))。アメリカでは*'ロング・アーム法'により裁判管轄権が拡張されているので，その修正を図る機能を有している。

不解散罪 ⇨*'多衆不解散罪'

賦課課税方式 納税義務の確定方式の一種で，納税義務が専ら課税庁の処分（⇨*'賦課決定'）により確定する方式〔税通16①2〕をいい，その処分を賦課決定，これに係る納税者の申告を課税標準申告という〔税通32①〕。*'国税'では*'申告納税方式'〔税通16①1〕と対比されるが，第二次大戦前は原則的な方式であったものの，戦後，特に*'シャウプ勧告'や*'国税通則法'の制定の後は例外的な方式である〔税通16②2〕。地方税では普通徴収〔地税1①7〕という名称で広く採用されている。

付加価値税 **1 意義** 生産要素である労働，土地，資本により加えられた価値，つまり給与・賃金，地代，及び利子・利潤の総和を付加価値というが，それを*'課税物件'とする*'租税'を付加価値税と呼んでいる。本税の具体的仕組みとしては，上記のような加算法よりも減算法，すなわち事業者の売上金額から仕入金額を控除したものを基礎とするのが通例である。*'ヨーロッパ連合'では付加価値税を統一的*'間接税'として採用するが，それは本税が課税の累積を排除することにつき最も適切な*'消費税'だからである。ヨーロッパ連合諸国の採用する付加価値税は，前段階税額控除方式と呼ばれ，納税者の売上金額に*'税率'を適用するとともに，仕入れに係る前段階税額を控除するものである。

2 ヨーロッパ連合諸国等との相違 日本の*'消費税法'の基本的仕組みもこれと同様であるが，両者の相違は，ヨーロッパ連合諸国では，前段階税額は仕入業者により*'インボイス'と呼ばれる仕送状に記載されることが要求されるのに対し，日本の消費税法では仕入税額は納税者の帳簿に基づいて計算することができる点である。インボイスが要求されることにより，事業者相互間の牽制(けんせい)作用が働き，かつ物品の流通と価格への転嫁が明確にされるという利点がある反面，各事業者に極めて煩雑な作業を負担させねばならないという欠点がある。一般に付加価値税は，全ての物品・サービスを課税の対象とし，しかも前段階の税額が控除されることにより課税の累積が排除されることから，消費の選択に対して中立的であるといわれる。他方，その課税が食料品や衣料等の生活必需品にも及ぶため逆進的とならざるをえない。そのため，ヨーロッパ連合諸国では多くの非課税品目や複数税率を採用しているが，複雑化，消費に対する非中立性，救貧策としての非効率性等の弊害が「マーリーズ・レビュー」等によりつとに指摘されている。これに対し，1991年にカナダが採用した付加価値税は，一定額を所得税額から控除する仕組み（戻し税）をとっている。付加価値税は，1951年にフランスで採用されたことに始まるとされるが，日本では*'シャウプ勧告'により1950年に採用されたが実施されずに廃止された経緯がある。その後，「一般消費税」（仮称），「売上税法案」として付加価値税の採用が試みられてきたが，昭和63年の税制の抜本的見直しにより消費税法として導入されるに至った。令和5年10月から日本でもインボイス制度（適格請求書

ふかきかん

等保存方式)が導入された。
　付加期間　⇨不変期間・通常期間'
　付加給付　公的医療保険の*保険者'である*健康保険組合'又は*共済組合'が法定給付に上積みして行う任意的給付〔健保53, 国公共済51, 地公共済54〕。同一の医療機関に1ヵ月に支払った*一部負担金'が一定額を超えたときに超えた額を償還する給付や*出産育児一時金'の上乗せ給付等がその例である。
　付加金　使用者が、*労働基準法'上の解雇予告手当〔労基20〕、*休業手当'〔労基26〕、超過労働に対する*割増賃金'〔労基37〕、有給休暇中の賃金〔労基39⑨〕を支払わなかった場合に、労働者からの請求によって、裁判所は、これらの未払金のほかに、更に同額の金銭を労働者に支払うことを命ずることができる。この金銭のことを付加金という〔労基114〕。したがって、使用者の付加金支払義務は裁判所の命令によって初めて発生する。*船員法'にも同趣旨の規定がある〔船員116〕。
　不確定概念(行政法上の)　法律が*行政行為'の発動を*行政機関'に授権する際に、いかなる条件の下であれば発動できるのかという*法律要件'の規範について、抽象的で多義的な概念を用いる場合があり、かかる概念を不確定概念という。例えば、善良の風俗を害するおそれ(風俗営業許可の停止等の要件〔風俗26①〕)、土地を収用する公益上の必要(土地収用の要件〔収用20④〕)といった規定である。要件面で不確定概念が用いられた場合に、行政裁量を認める趣旨であるかが長らく争われてきた。最高裁判所は、外国人の在留許可に関して法律が要件で「在留期間の更新を適当と認めるに足りる相当の理由」と不確定概念を用いる点について、広汎な事情の考慮を法務大臣に委ねる趣旨の授権規定であると解釈して、行政裁量を肯定した(最大判昭和53・10・4民集32・7・1223)。

不確定期限　⇨期限'
　付加刑　⇨主刑・付加刑'
　賦課決定　*賦課課税方式'による*国税'につき、*納税義務'の内容を確定する税務行政庁の処分〔税通32①〕で、賦課決定通知書を納税者に送達することによって行う〔税通32③〕。賦課決定による*課税標準'又は税額が過大又は過少であることを知ったときは、税務行政庁は課税標準及び税額を変更する決定を行うことができる〔税通32②〕。これを再賦課決定という。賦課決定をする権限は、原則として5年、偽りその他不正の行為により税額を免れた場合等は7年の*除斥期間'に服する〔税通70〕。

　不可抗力　例えば、災害による交通遮断のため履行地に赴けず債務を履行できなかったとか、異常な大雨に地震が重なってダムが決壊し損害を与えたなどのように、外部から発生した事実で、取引上あるいは社会通念上普通に要求される一切の注意や予防方法を講じても、損害を防止できないもの。不可抗力があると、*債務不履行'や*不法行為'による責任を免れると解されており、義務の免除や軽減を受ける場合もある〔民275・609等〕。しかし、金銭債務の不履行については、不可抗力をもって抗弁とすることができないから〔民419③〕、全額について責任を負わなければならず、また責任転質の場合にも転質した債権者は不可抗力によって生じた損失についても責任を負う〔民348〕。このほか不変期間が延長されるという効果が生じることもある〔手54・77①④、小47〕。
　不可侵権　⇨外交特権'
　附加税　⇨独立税・附加税'
　不可争力(行政行為の)　⇨行政行為の効力'
　不可罰的事後行為　*法条競合'ないし*包括一罪'の一類型。*状態犯'の場合、事後(犯罪終了後)の行為であって、それだけを切り離してみれば別罪を構成するようにみえても、元の*構成要件'の違法評価に包含されているため一罪として処罰されるものをいう。例えば、窃盗犯人が*盗品等'を損壊しても、*器物損壊罪'を構成しない。盗取行為によって生じた違法状態は、当該物を損壊してもこれによって格別の変化を生じないからである(なお、横領罪において判例変更により不可罰的事後行為を否定した最大判平成15・4・23刑集57・4・467参照)。ただし、'共罰的事後行為'と表現される場合もあり、事後行為(器物損壊)は不可罰なのではなく、結果として窃盗に吸収されているだけで、どちらか一方での処罰のみ(ただし、どちらでも可能)を許容している場合にすぎないとする理解もある。これらに対し、盗んだ預金通帳と印鑑を利用して銀行から預金の払戻しを受ければ、銀行との関係で詐欺罪が成立し、*併合罪'となる。事後行為として不可罰(共罰)にとどまるか、別罪を構成するかは、判例によれば、それが別個新たな*法益'を侵害するものかどうかによって決定される(最判昭和25・2・24刑集4・2・255等)。なお、不可罰的事前行為と呼ばれるものがある(共罰的事前行為とも呼ばれる)。これは、殺人予備と殺人のように、準備行為も可罰的であるが、主な可罰的行為が成立すれば、独立して処罰する必要のないものをいう。吸収関係の一場

合とするのが通説である。

不可分債権・不可分債務　例えば，自動車1台の引渡しなどのように，分割して実現することのできない給付(不可分給付)を目的とする多数当事者の債権・債務。上記の例のように，債権の目的がその性質上不可分である場合に認められる〔民428・430〕。もっとも，不可分債権は実際上大きな機能をもっていない。不可分債務においては，債権者は1人の債務者に対して又は総債務者に対して同時に若しくは順次に全部の請求をすることができる〔民430・432〕ので，債権の確保が容易である。共同賃借人の賃料債務を不可分債務と解するのはその例である。
⇨連帯債務'　⇨分割債権関係'

不可分性(担保物権の)　担保権者は，被担保債権の全部の*弁済'を受けるまで，担保目的物の全部について その権利を行使することができるという*担保物権'の性質〔民296・305・350・372〕。すなわち，弁済等によって被担保債権が一部消滅したからといって，担保目的物の一部について担保物権が消滅するわけではない。*付従性'，*随伴性'，物上代位性とともに，担保物権の通有性の1つに位置付けられる。なお，民法上の*抵当権消滅請求'制度〔民379〕及び*破産法'，*民事再生法'，*会社更生法'上の担保債権消滅許可制度〔破186，民再148，会更104〕は，不可分性の例外を認めたものである。

不可分物　⇨可分物・不可分物'

不可変更力(行政行為の)　⇨行政行為の効力'

賦課方式　*年金制度'の財政運営方法の1つ。年金を支給する年金に必要な費用を，現在の*被保険者'から*保険料'によって徴収する方法である。この方式の下では，年金の費用は後世代負担となる。つまり，現在の被保険者(現役世代)が年金受給者(引退世代)を養うことになる。欧米の年金制度は主としてこの方法で運用され，日本でも*基礎年金'制度が賦課方式によっている。　⇨積立方式'

布川事件　昭和42年(1967)，茨城県北相馬郡利根町大字布川で発生した強盗殺人事件。捜査段階では，別件逮捕された2人が共犯事件として自白するが，公判では両名とも否認に転じた。裁判においては目撃供述や自白の信用性等が争点となったが，最決昭和53・7・3集刑211・1により両名の無期懲役が確定した。その後，両名から2度の再審請求がなされ，第2次再審請求中に大量の未提出記録の証拠開示が行われたことで注目された。水戸地裁土浦支部は平成17年9月21日に再審開始決定(最決平成21・12・14集刑299・1075により確定)し，同支部判決(水戸地土浦支部判平成23・5・24)により再審無罪が確定した。

附　款　Ⅰ　*行政行為'の効果を制限したり，特別な効果を付加するために，その本体に付加された付随的事項。種別として，*条件'，*期限'，負担，撤回権の留保等があるが，法令上は単に条件と呼ばれることが多い。法令上の根拠のある場合〔道港86，ガス158〕のほか，*裁量行為'についてはその裁量権の範囲内で附款を付すことができる。附款の内容は，本体行為の目的と関連するものでなければならず，*比例原則'に反するようなものであってはならない。

Ⅱ　私法上は，*条件'や*期限'のように，*法律行為'から生ずる効果を制限するために，表意者が法律行為の際にその法律行為の一部として特に付加する制限をいう。*贈与'や*遺贈'に付加される負担〔民553・1002〕も附款の一種である。

不干渉義務　⇨干渉'

不完全手形(小切手)　*手形要件'の記載を欠く*無効'な*手形'。同じように手形要件の記載を欠く手形でも，その補充が予定されている*白地(しらじ)手形'とは異なる(なお，両者の区別については「白地手形(小切手)」をみよ)。手形は厳格な*要式証券'とされ，要件を欠く不完全手形は手形としての効力を生じない〔手2①・76①〕。*小切手'についても同様である〔小2①〕。

不完全履行　1　意義　辞書を書店に注文したところ約束の期日に送ってきたが，それに落丁があったという場合には，*履行遅滞'でもないし，*履行不能'でもないが，落丁のない完全な辞書を給付することが契約の趣旨なのであるから，この場合にも債務者の責任を認めるのが当然であると考えられる。すなわち，債務が履行されたが，その内容が債務の本旨に従わない不完全な履行と認められる場合をいう。履行遅滞・履行不能と並んで*債務不履行'の一種として認められる。

2　効果　債権者は不完全な給付の受領を拒絶できるし，履行が債務者の責めに帰すべき理由で不完全なものになったのならば，それによって生じた損害の賠償も請求でき，また，この場合に不完全履行が契約から生じた場合には，契約を*解除'できる。ただし，損害賠償請求や契約解除をする場合に，イ　完全な履行をすることができないときや，できてももはや債権の目的を達することができないとき(例えば，鉱山の買収に先立って当該鉱山の調査を委託する契約

ふきそくき

を締結したが，不完全な鉱山の調査報告がなされたため，それに基づいて買収した鉱山から予定された品質の鉱石が産出されない場合に当該調査委託契約に生じた不履行がこれに当たる。このときには改めて完全な調査をしてみても，もはや無意味である）には，履行不能に準じて，債権者は直ちに契約を解除し，*填補賠償'を請求できる。これに対して，ロ 完全な給付をすれば，債権の目的を達することができるとき（上記の落丁のある辞書の場合）には，履行遅滞に準じて，債権者は相当の期間を定めて完全な物の給付又は不完全な部分の修補を請求し，債務者がこれに応じないときに，解除して，填補賠償を請求できる。不完全な給付によって生じた損害の賠償も，履行とともにする賠償である点で履行遅滞に基づく遅延賠償と共通した性格をもっている〔民415②ではなく民415①が適用される〕。

3 積極的債権侵害 不完全履行によって，履行がなかった場合よりも更に多くの損害が生じた場合（例：病気の鶏を給付したために他の鶏に感染した場合）は，特に積極的債権侵害と呼ばれることがあるが，効果は不完全履行と変わりなく，その点では両者を区別する意味はない。

4 不完全履行概念の必要性 元来，不完全履行という概念は，履行不能・履行遅滞という2つの類型しか認めなかった*ドイツ民法'の下で，この2つの類型に当たらないが，なお債務者に責任を負わせる必要がある場合を指すものとして生まれてきたものであり，債務の本旨に従った履行をしないときに責任を生ずると一般的に規定している日本の民法〔民415〕の下では，この概念を認める意味は大きくないと説く学説もある。

不規則寄託 ⇨消費寄託'

不起訴処分 *検察官'の事件処理のうち*公訴'を提起しない処分。*訴訟条件'を欠く場合，*被疑事実'が犯罪とならない場合，*証拠'が不十分・不存在の場合，*刑の免除'事由がある場合，及び*起訴猶予'とすべき場合になされる。内部的には不起訴裁定書が作成される。また，*被疑者'への告知〔刑訴259〕，*告訴'人・*告発'人・請求人への通知〔刑訴260・261〕を伴う。一度不起訴とした事件について後日起訴することは，*二重の危険'の禁止には触れず許される。 ⇨訴追裁量'

不起訴の合意 特定の権利又は法律関係について一時的又は永久的に裁判所に*訴え'を提起しない旨の契約。訴訟に関する合意の一例である。かつてはいかなる意味でも無効であるとの見解が支配的であったが，今日では不作為義務を生ずる私法上の契約として有効であるとし，しかもこの存在が訴訟上*主張・立証'されればこれに反する訴えは*権利保護の利益'を欠き不適法となるとの見解が有力である。 ⇨訴訟に関する合意'

付記登記 *不動産登記'のうち，権利に関する登記は，主登記と付記登記とに分類される。付記登記は，既にされた登記に付記してされる登記である〔不登4②括弧〕。この場合において付記登記の対象となる既存の登記を主登記という。付記登記は，主登記の順位番号に付記何号を付加するという方法により順位番号を与えられる〔不登則148〕。付記登記の順位は，主登記の順位による〔不登4②〕。例を挙げると，*地上権'の登記は，その設定登記が権利部乙区において行われ，そして，この地上権の移転や，この地上権を目的とする抵当権設定の登記は，地上権設定登記と順位番号を同じくする付記登記による。また，付記登記の付記登記ということもありうる。地上権を目的とする抵当権について転抵当権を設定する旨の登記は，付記登記の付記登記により行われる。

武器の使用 *警察官'・皇宮護衛官・海上保安官・税関職員・麻薬取締員・麻薬取締官・入国審査官・入国警備官・自衛官等は，警察権の行使にあたり，その職務の執行のために武器の携帯が認められるが，その使用は，法令によりそれぞれ厳しく制限されており，一般に事態に応じ合理的に必要とされる最小限度においてだけ許される〔警職7，警67・69⑤，海保20，関税104，麻薬54⑦⑧，入管61の4，自衛89〜91の2・92・92の3・95・93・93の2・93の3・94・95・95の2・96③〕。例えば*警察官職務執行法'は，犯人の逮捕若しくは逃走の防止，自己若しくは他人に対する防護又は公務執行に対する抵抗の抑止のため必要であると認める相当の理由のある場合に武器の使用を認めるが，特に刑法上の*正当防衛'・*緊急避難'に該当する場合，又は犯人が逃亡しようとしたり抵抗する場合若しくは第三者が犯人を逃がそうとして抵抗するときであって，他に手段が考えられないような場合でなければ人に危害を与えてはならないとする〔警職7〕。

武器輸出三原則 ⇨防衛装備移転三原則'

不況カルテル 特定商品について，不況を克服するために行われるカルテル。 ⇨独占禁止法の適用除外'

不均一課税 地方税について認められている制度で，*地方公共団体'が一部の住民に対し

て他の住民と異なる税負担を課すること。地方公共団体は，公益上その他の事由のある場合には，一部の住民の税負担を軽減することができ〔地税6②〕，また，特に一部の住民にだけ行政サービスの恩恵が及ぶ場合には，一部の住民の税負担を重くすることができる〔地税7〕。国税にはその例はない。

復氏（ふくうじ） *氏（うじ）'を変更した者が，変更する前の氏に復すること。婚姻によって氏を変更した夫又は妻は，婚姻の取消し・離婚によって婚姻前の氏に復する〔民767①・771・749〕。しかし，離婚の日から3カ月以内に届け出ることによって，離婚の際に称していた氏を称することができる〔民767②・771，戸77の2〕。このことを婚氏続称と呼ぶ。夫婦の一方が死亡したときは，生存配偶者は，婚姻前の氏に復することができる〔民751①，戸95〕。縁組によって氏を変更した養子は，縁組の取消し・離縁によって縁組前の氏に復する〔民816①・808②〕。しかし，離縁の日から3カ月以内に届け出ることによって，離縁の際に称していた氏を称することができる〔民816②・808②，戸73の2〕。民法791条の規定によって氏を変更した未成年の子は，成年に達した時から1年以内に届け出ることによって，従前の氏に復することができる〔民791④，戸99〕。復氏によって，祭祀（さいし）承継者〔民897〕を定めなければならない場合がある〔民769・771・749・817・808②・751②〕。

副業・兼業 Ⅰ 労働者が雇用先以外で収入を得て他の仕事に就くこと。兼職，二重就職ともいわれる。2つ以上兼職する労働者をマルチジョブ・ホルダー（英 multi-job holder）という。かつては*就業規則'において，副業・兼業を原則禁止とする企業が一般的であったが，2016年頃からのいわゆる「働き方改革」の中で政府は，副業・兼業を促進する政策をとるようになり，厚生労働省のモデル就業規則も，副業・兼業が原則可能と改定された。厚生労働省の「副業・兼業の促進に関するガイドライン」（2018年策定）は，イ 労務提供への支障，ロ 企業秘密漏洩，ハ 競業による自社の利益の侵害，ニ 会社の名誉・信用の毀損行為，信頼関係破壊行為について例外的に副業・兼業を禁止又は制限できる事由としている（副業・兼業の仕事が雇用である場合の*労働時間'の通算については*異事業通算制'をみよ）。

Ⅱ **1 健康保険・厚生年金保険** 本業として雇用されている事業所で*健康保険'・*厚生年金保険'の*被保険者'（⇒被保険者Ⅱ，⇒強制加入被保険者²）である被用者が，副業・兼業先の企業の事業所に使用されており，当該事業所が両保険の適用事業所であって，その1週間の所定労働時間・1月の所定労働日数・報酬額等に照らして適用除外〔健保3①⑨・厚年12⑤〕とならない場合には，当該事業所においても健康保険・厚生年金保険の被保険者となる。各事業所の保険料額は，各事業所での標準報酬月額を合計した額に保険料率を乗じて算出した額をそれぞれの標準報酬月額の比率で按分した額であり，それを各事業所で事業主と被保険者とで按分して負担する。

2 雇用保険 イ 高年齢被保険者以外の被保険者：複数の事業所で雇用されている場合，被保険者資格の取得に必要な所定労働時間〔雇保6①〕や継続雇用期間〔雇保6②〕の通算は行わない。一般被保険者〔雇保60の2①Ⅰ参照〕が副業・兼業先で雇用されて被保険者資格を取得している場合に，主たる賃金を得ている事業所から離職しても，「失業」には該当しないため，*基本手当'〔雇保13～34〕は支給されない。逆の場合も同様である。副業・兼業先で被保険者となっていない場合でも，それらが内職・手伝いと評価されない限り，「失業」には該当しないので，基本手当は支給されず，副業・兼業先の職を失っても，主たる賃金を得ている事業所での雇用が継続していれば，やはり基本手当は支給されない。ロ 高年齢被保険者：2以上の事業主の雇用保険の適用事業〔雇保5〕に雇用されている者であって（副業・兼業の場合に限らない），それぞれの事業主の適用事業における1週間の所定労働時間が20時間未満（ただし5時間以上であることを要する〔雇保則65の7〕）であっても，全適用事業における1週間の所定労働時間を合計すると20時間以上であり，各事業での雇用見込みが31日以上である者は，特例として，その住所地を管轄する公共職業安定所長に申し出ることによって〔雇保37の5①，雇保則65の6〕，*高年齢被保険者'となることができる。2以上の事業主の適用事業所に雇用されている高年齢被保険者が，そのうちの1の事業所から離職したときは，その後も加入要件を満たしている2以上の事業所で雇用されている場合を除き，その事業所での賃金日額を元に計算した基本手当日額を基礎として算定した一時金たる*高年齢求職者給付金'を受けることができる〔雇保37の4・37の6〕。

3 労働者災害補償保険 副業・兼業を行っている労働者が本業に従事する事業場又は副業・兼業を行っている事業場で負傷等した場合の業務上外認定，保険給付等の扱いについては，*複数事

ふくけんし

業労働者', *複数業務要因災害', *通勤災害' をみよ。

複券主義 寄託物について, 所有権の移転のための預り証券と質権設定のための質入証券との2枚を1組にした形で*倉庫証券'を発行させようとする立法主義。*単券主義'に対する。単券主義に比べて法律関係は複雑になるが, まず金融の便を受けながら有利な売却を待機できる利点がある。フランス, ベルギー, イタリアなどがこの主義をとる。日本の商法は, 明治44年(1911)の改正(法73)まではこの主義をとっていたが, 同年の改正で, 単券の発行をも認める併用主義に変わった〔商旧(平成30法29改正前の)598・627〕。しかし, 近年複券が利用されていなかったため, 平成30年商法改正により複券に関する規律が削除され, 単券主義へ移行した。 ⇨倉荷証券'

複合運送契約 2以上の運送手段(*海上運送'・鉄道運送・道路運送・*航空運送'等)の組合せによって全区間の運送の履行を1人の*運送人'が引き受ける*物品運送契約'。運送人が全区間の実運送を行うことを意味せず, 全部又は一部の運送区間・手段について下受運送人を使用する形(利用運送)が普通であり, 全区間を*下受運送'による運送人をNVOCC(英Non-Vessel Operating Common Carrier)という。運送人の責任は, それぞれの運送においてその運送品の滅失等の原因が生じた場合に当該運送ごとに適用されることとなる日本の法令又は日本国が締結した条約の規定に従うとされる〔商578①〕。通常, *複合運送証券'〔商769①〕が発行され, 運送人の責任はその裏面*約款'により定まるが, 各運送区間の運送責任について適用される国際条約・強行法規(例えば, *国際海上物品運送法', *ワルソー条約', ヨーロッパの鉄道運送条約・道路運送条約等)の各内容が異なることから, 損害発生の運送区間が明らかな場合には, その区間に適用のある条約・強行法規により, 発生区間不明の場合(コンシールド・ダメージ)には約款所定の責任による方式(ネットワーク・システム)がとられている。実務的に準拠されることが多い複合運送書類に関するUNCTAD/ICC規則も, ネットワーク・システムを採用している。これに対し, *国際複合運送条約'では原則的に損害発生区間を問わない一定責任方式(ユニフォーム・システム)を採用するが, 未発効である。なお*ロッテルダム・ルール'(未発効)は, 国際海上物品運送を含む複合運送契約について, 同条約の規律を適用するが, 運送人の責任について強行法的な規律を置く他の条約との関係ではネットワーク・システムを採用している。

複合運送証券 *複合運送契約'による運送品の受取りを証し, その引渡請求権を表章する*有価証券'。*運送人'が陸上運送及び*海上運送'を一の契約で引き受けたときは, *荷送人'の請求により, 運送品の船積み後遅滞なく, 船積みがあった旨を記載した複合運送証券の1通又は数通を交付しなければならない〔商769①〕。また運送品の船積み前においても, その受取後は, 荷送人の請求により, 受取りがあった旨を記載した複合運送証券の1通又は数通を交付しなければならない〔同〕。複合運送証券には*船荷証券'に関する規定が準用されており〔商769②〕, またその法的性質等についても船荷証券と同様の考え方が妥当する。

福祉国家 **1 意義** 国民の福祉の実現を主要目標とする国家。
2 歴史 近代国家が成立した18世紀においては, 個人の自由や社会における経済活動に, できるだけ干渉せず, 放任主義の姿勢(レッセ・フェール)がとられた。現代的な福祉国家の起源は19世紀末又は20世紀初頭に遡るとされるが, 各国での転機がみられたのは, 大恐慌(1929)と第二次大戦であった。1940年代末〜1950年代の時期に, 西欧諸国では, ケインズ(John Maynard Keynes, 1883〜1946)の経済政策やビヴァリッジ(Sir William Henry Beveridge, 1879〜1963)の思想等に依拠した普遍的な社会保障制度の構築が目指された。1960年代には, *社会保険'・社会扶助等による福祉国家体制が整備されたが, 1970年代に入り, オイルショック(1973/1979)によりインフレが加速されて大規模失業がもたらされるなどの社会経済状況の変化に伴い, 各国は福祉国家のありようの見直しを余儀なくされ, 古典派経済学の思潮の台頭や新自由主義的な政権の誕生により, 国家規模の縮小と自由な市場の重視が目指された。1990年代には, こうした傾向を引き継ぎつつ, 個人責任を強調する政策展開などもみられた。2000年代にはリーマンショック(2008)等により, 金融市場に対して国家による積極的な経済政策がなされた。日本も概ね以上の変遷をたどってきたといえるが, 特有の事情として, 急速な少子高齢化を経験していることと, 人口減少に直面していることなどの課題がある。
3 形態 福祉国家のありようは各国の歴史・経済・社会的諸条件により様々であるが, 今日, 福祉国家の支出等に着目した分析ではなく, 国家・家族・市場の関係性を踏まえた, エスピン

＝アンデルセン(Gøsta Esping-Andersen, 1947〜)による類型がよく知られている。つまり、イ 最低限の普遍的所得移転等を行う自由主義的福祉国家(アメリカ・カナダ等)、ロ コーポラティズムを基礎に、職域に応じた社会保険制度等を軸とし、家族制度を尊重する保守主義的福祉国家(ドイツ・フランス等)、そしてハ 普遍主義的に市民に手厚い給付を行う社会民主主義的福祉国家(北欧諸国等)である。

4 課題　福祉国家は*リバタリアニズム'から厳しく批判されるが、福祉国家については、原理的・普遍的な形態が存在するわけではなく、その時々の社会経済状況の変容に伴うニーズに応じて展開してきたことに注意が必要である。一方、少子高齢化や人口減少、更には根強く残る性的役割分担観に伴う政策バイアス等の課題が指摘されている。近年では、伝統的な社会保険制度・公的扶助を維持しながらも、子どもへのケアや教育、性を問わない就労環境の整備・支援など、人々の能力に投資することをより重視する方向性(社会的投資(social investment))も示されている。

福祉サービス利用援助事業　精神上の理由により日常生活を営むのに支障がある者に対し、福祉サービスの利用に関する相談、助言、福祉サービスを受けるために必要な手続又は福祉サービスに要する費用支払についての便宜を供与するなどの援助活動を一体的に行う事業。第2種社会福祉事業である〔社福2③⑫〕。全国で対応できる等の理由から、各都道府県に組織を有し、事業を適正に実施するための体制を確保している都道府県社会福祉協議会(⇨社会福祉協議会)に、普及及び啓発が義務付けられている〔社福81〕。都道府県・指定都市社会福祉協議会が行う日常生活自立支援事業としても実施されている。

福祉事務所　*生活保護法'及び*社会福祉'に関する諸法律で定める援護、育成又は更生(市町村の事務所のみ)の措置に関する事務をつかさどるために、地方公共団体が設置すべき(都道府県・市及び*特別区'の場合)、あるいは設置することができる(町村の場合)事務所〔社福14〕。事務所には、所長のほか、要援護者等に面接し、本人の資産・環境等を調査し、措置の必要の有無及びその種類を判断し、本人に対し生活指導を行う等の事務を担当する所員等を置かなければならない〔社福15〜17〕。また、社会福祉主事も福祉事務所において上記の事務を行う〔社福18〕。

副市町村長　*市町村長'を補佐し、市町村長の命を受けて政策及び企画をつかさどり、市町村の職員の担任する事務を監督し、市町村長の職務を代理する*特別職'〔自治167・152①〕。かつての助役に相当するが、平成18年の*地方自治法'改正(法53)により名称が変わるとともにその役割が強化された。

福祉年金　昭和60年の改正(法34)前の*国民年金法'で定められていた*年金給付'。昭和36年からの旧国民年金保険料の拠出開始以前に既に老齢、障害、夫などの死亡という状態にあった者を対象とした無拠出の経過的福祉年金と、保険料納付等の要件を満たさないために本来の年金の受給権を取得できない者に支給される補完的福祉年金がある。*保険事故'別に、老齢福祉年金、障害福祉年金、及び夫などが死亡したときに支給される母子福祉年金、準母子福祉年金の種類がある。昭和60年の法改正によって廃止され、現在は経過措置として支給されているにとどまる。

福祉の措置　*老人福祉法'、*児童福祉法'、*身体障害者福祉法'、*知的障害者福祉法'、*母子及び父子並びに寡婦福祉法'に基づき、国・都道府県・市町村が、上記各法の適用対象者(老人・児童・身体障害者等)に対して行う、イ サービス・便宜の供与や、ロ 施設への入所等の措置をいう。イの例としては、*ホームヘルパー'の派遣といった*居宅介護'〔老福10の4①Ⅰ、障害福祉18①、障害総合支援5①②等〕、日常生活上の便宜を図るための電磁調理器、火災警報器等の用具の給付・貸与〔老福10の4②等〕などがあり、ロの例としては、*養護老人ホーム'・*特別養護老人ホーム'への入所〔老福11〕、障害者支援施設等への入所〔障害福祉18②〕、要保護児童の乳児院等への入所〔児福27①③〕等がある。

服従義務(公務員の)　広義では、公務員が憲法を尊重・擁護し、法令及び上司の職務上の命令に忠実に従う義務〔憲99、国公98①、地公32〕。行政上の統一的な意思の実現と行政上の事務能率の向上のために、公務員は、組織上の一体性をもつ職務体系の中で、上司の職務命令に従うことを要求されている(狭義の服従義務)。⇨職務命令

副署　君主の*署名'に添えて署名すること。文書による君主の行為について、大臣が助言したことの証拠として自署するのである。*明治憲法'では、法律・勅令その他国務に関する詔勅には、国務大臣が副署するとされていた〔明憲55②〕が、現行憲法では、これについての規定がない。しかし、詔書・法律の公布文などには、*内閣'の*助言と承認'があったことを示

すため，内閣総理大臣が副署する例となっている。法律及び政令についてされる主任の国務大臣の署名及び総理大臣の連署は，その法律の執行に責任をもつこと〔憲73①〕を明らかにする趣旨であって，副署とは異なる。

復　職　広義では，何らかの理由により職を離れた職員が原職に復することをいうが，*国家公務員法'上は，*休職'中の職員を職務に復帰させることをいう〔国公80①，人規(11-4)6〕。復職は*任命権者'が命じる〔国公61〕。

覆　審　上訴審において，原審の審理と無関係に新たに審理をやり直す手続構造をいう。原審の収集した資料が上訴審では考慮されない点で，*続審'・*事後審'と対立する。事件を新たな視点から全面的に再審理することができる反面，弁論の更新権が無制限に認められるため訴訟遅延を招き，*訴訟経済'にも反するという欠点がある。旧刑事訴訟法(大正11法75)の控訴審は覆審であった。

覆審的争訟　⇨始審的争訟・覆審的争訟'
複数議決権株式　⇨議決権(株主の)'　⇨一株一議決権の原則'

複数業務要因災害　*複数事業労働者'の2以上の事業の業務を要因とする事由による負傷，疾病，障害，死亡をいう〔労災7①②〕。「雇用保険法等の一部を改正する法律」(令和2法14)によって労災保険に新たに設けられた。具体例としては脳心臓疾患・精神障害等があり，これらについては1の事業場での業務上の負荷のみでは業務を要因とすると認定できないときには，複数の事業場での業務上の負荷を総合評価して業務を要因とするかを判断する。これによって業務を要因とすると判断されたときには，被災労働者・遺族に複数業務要因災害に関する保険給付が支給される〔労災20の2～20の10〕。給付の内容・水準は業務災害に関する給付〔労災12の8～20〕と同じである。この給付の支給額は*メリット制'による労災保険率の算定の際には考慮されない〔労保徴12③〕。

複数事業労働者　「雇用保険法等の一部を改正する法律」(令和2法14)によって労災保険に新たに設けられた労働者の種類。政府の*副業・兼業'を促進する政策や複数事業場で勤務する*パートタイマー'の増加などの働き方の変化に対応するために導入された。事業主が同一人でない2以上の事業場に使用される労働者をいうが〔労災1・7①②〕，1の事業場で雇用されつつ，別途一人親方等としても就業して特別加入者となっている者や，複数の就業につきそれぞれ特別加入者となっている者も含む〔労災33～37〕(⇨特別加入')。労働災害被災時には1つの事業場のみで使用されていたが，その災害の原因や要因となった事由が発生した時点では事業主を異にする複数の事業場で使用されていた者も「類する者」として複数事業労働者に含む〔労災7①②，労災則5〕。複数事業労働者が*業務災害'・*複数業務要因災害'・*通勤災害'を被災したときの給付額算定に用いる*給付基礎日額'〔労災8〕は，各事業場ごとに算定した給付基礎日額に相当する額を合算した額を基礎として定める〔労災8③〕。

複数政党制　2つ以上の*政党'が競合して存在し，それぞれが，単独であるいは連合して，政権を担うような政党政治を複数政党制という。ここには，イギリスのように2つの大政党が交互に政権を担う二党制(二大政党制)とイタリアのようにいずれの政党も単独では政権を担当できない小党から成る多党制(小党分立制)が含まれる。これに対し社会主義国のように1つの政党だけが認められ，かつそれが政治の指導権をもつ政党制は一党制といわれる。　⇨単独内閣'

複　製　権　著作者又はレコード製作者・放送事業者・有線放送事業者が，著作物又はレコード・放送・有線放送につき，独占的に複製をする権利〔著作21・96・98・100の2〕。*著作権'の支分権又は*著作隣接権'の支分権の1つ。複製とは，印刷・写真・複写・録音・録画その他の方法により有形的に再製することをいう〔著作2①⑮〕。複製権は，私的使用目的の複製等の一定の場合には制限される〔著作30～37の2・39～44・46～47の5〕。　⇨私的録音録画補償金'　⇨授業目的公衆送信補償金'　⇨図書館等公衆送信補償金'

復　籍　*復氏($\frac{\text{ふく}}{\text{し}}$)'をする者が，*氏($\frac{\text{う}}{\text{じ}}$)'を変更する前の*戸籍'に入ること〔戸19〕。*入籍'の一形態である。例えば，婚姻又は縁組によって氏を改めた者が，離婚・離縁・婚姻の取消し・縁組の取消しによって，婚姻・縁組前の氏に復するときは，原則として，婚姻・縁組前の戸籍に入る。

複　選　制　国会議員を地方議会議員によって選挙させるというように，議員を別の被選議員に選挙させる制度。準間接選挙とも呼ぶが，この議員を選挙する被選議員は，議員を選挙するためにだけ選ばれた者でない点で，*間接選挙'における中間選挙人とは性質を異にする。明治23年(1890)から明治32年まで，府県会議員(市部では市会議員，郡部では郡会議員によって選挙された)及び郡会議員(一部町村会議員によって選挙された)について行われた。

副総理 *内閣総理大臣'の臨時代理者として，内閣発足時に指定された者の俗称。内閣総理大臣に事故のあるとき，又は内閣総理大臣が欠けたときは，そのあらかじめ指定する*国務大臣'が，臨時に，内閣総理大臣の職務を行う（指定代理）ことになっている〔内9〕。この指定は法律上は必ず行わなければならないというわけではない。しかし，指定の有無を巡り疑問が生じたことがあったので，それ以後，内閣発足時に，内閣総理大臣の臨時代理就任予定者5名を指定して官報に掲載する運用がなされるようになり，内閣官房長官である国務大臣を第1順位とすることが原則とされるようになった。この場合には，内閣官房長官は副総理とは称されないが，内閣官房長官以外の国務大臣が内閣総理大臣臨時代理予定者第1順位として指定された場合には，当該大臣を副総理と称する。

副大臣 *内閣府'及び各省に置かれる官職で，大臣，内閣官房長官又は*特命担当大臣'の命を受け，政策及び企画をつかさどり，政務を処理する〔内閣府13，行組16〕。また，各省に置かれる副大臣は，大臣不在の場合にその職務を代行する。内閣府には，更に内閣官房長官の命を受け，内閣府の事務のうち特定のものに参画する内閣官房副長官が置かれる〔内閣府8②〕。

復代理 *代理人'が自己の名において選任した他人が直接に本人を*代理'して*法律行為'をすることをいい，その他人を復代理人という。また，復代理人を選任できる代理人の地位又は資格は復任権と呼ばれる。復代理人は，代理人の代理人ではなく，本人の代理人である〔民106①〕が，代理人が自己の名で選任した者であるから本人との間には直接の内部関係はない。しかし，本人は復代理人の代理行為につき代理人の場合と同様の利害を有するので，民法は復代理人は本人に対して代理人と同一の権利義務をもつ旨を規定している〔民106②〕。*任意代理'人は原則として復任権をもたない〔民104〕のに対し，*法定代理人'は法律の規定で選任され，代理権限の範囲も広いので常に復任権をもつものとされている〔民106〕。その代わり，復代理人の行為によって本人が損害を受けた場合には，法定代理人は任意代理人よりも重い責任を負う〔民105後〕。

副知事 *都道府県知事'を補佐し，都道府県の職員の担任する事務を監督し，知事の職務を代理する*特別職'の職員。原則として1人であるが，*条例'で置かないこともできるし，定数を増加することもできる。知事が議会の同意を得て選任する。任期は4年であるが，任期中でも知事の一存で解職できる。必ずしも選挙権をもつ者であることを必要としないが，一定の欠格事由・*兼職禁止'の定めがある〔自治161～167〕。住民の*解職請求'の対象となる〔自治13②・86〕。

復任権 ⇨復代理'

複 本 ⇨手形の原本・謄本・複本'

副 本 ⇨原本・副本・謄本・正本・抄本'

複本交付請求権 *為替手形'の*複本'の発行を*振出人'に請求する権利。手形の所持人は，手形上の記載によって排除されていない限り，振出人に複本の発行を請求することができる〔手64③〕。*受取人'は，直接振出人に対して複本の発行を請求することができるが，それ以外の所持人は，自己に対する*裏書人'を通じて，またその裏書人は更に自己に対する裏書人を通じて手続するようにして順次振出人に及ぶ。各裏書人は複本に*裏書'を再記しなければならない。

服 務 公務員がその勤務に服するについてのあり方。公務員は，憲法15条2項に基づき，「全体の奉仕者として公共の利益のために勤務」〔国公96，地公30〕するという一般的義務を負う。これが，公務員の服務の根本基準であり，これをより具体的にしたものが，公務員所定の公務員の義務である〔国公96～106，地公30～38，国会職員法（昭和22法85）17～24の3等参照〕。⇨公務員の権利・義務'

服務規律 *就業規則'において設定されている従業員の行為規範の総称。*労働者'の入退場に関する規律，遅刻・早退・欠勤・休暇の手続，上司の指示・命令への服従，国旗の遵守，服装規定，企業財産の管理・保全，企業の名誉・信用の保持，兼業の禁止，秘密の保持，等々の事項を内容とする。これと同義的に用いられる概念として，*企業秩序'がある。これらの規則の違反は，*懲戒'事由として規定されるのが通常である。

複名手形 手形上の債務者が2人以上いる手形。手形が*受取人'から*裏書'譲渡された場合などがこれに属する。手形上の債務者が1人しかいない*単名手形'に対する。

複 利 弁済期に支払われない*利息'を*元本'に組み入れて，これにも利息を生じさせること。利息に対する利息であり，重利ともいう。複利は，債務者に過酷な負担となるので*ローマ法'以来多くの国で禁止されてきたが（*ドイツ民法'では原則禁止），日本では，民法は複利につき何ら制限していないので，複利契約も有効と解されている。複利には，当事者間

ふくろち

の合意がなくても，債務者が1年分以上利息を延滞し，債権者が催告してもなお支払わないときに延滞している利息を元本に組み入れる場合〔民405〕(法定複利)と，当事者の合意によって発生する場合(約定複利)とがある。利息が元本に組み入れられる銀行預金は約定複利の例である。約定複利は，1年内の組入れの結果，最初の元本に対する*利率*が*利息制限法*の制限を超えるときには，この部分につき*無効*であると解される。

袋　地　⇨囲繞(いにょう)地'

不敬罪　天皇・太皇太后・皇太后・皇后・皇太子・皇太孫・神宮・皇陵・皇族に対して不敬の行為をする罪。刑法74条・76条により，2月以上5年以下の懲役に処せられるものとされていたが，昭和22年の刑法改正(法124)により削除された。

父系優先血統主義　⇨血統主義'

府県制　**1 意義**　*市制・町村制*などとともに，*明治憲法*下における地方制度に関する基本法の1つ。明治23年(1890)，郡制(法36)と共に制定された(法35)。府県制は，「総則，府県会，府県参事会員及委員，府県ノ会計，監督，附則」の6章98条から成る。府県に関する基本法であるが，執行機関に関する規定の一部は地方官官制(明治19勅54)の中に定められていた。知事を始めとする幹部職員は国の官吏をもって充てられていたからであり，当時の府県は*地方公共団体*としての性格よりも国の行政区画としての性格が強かったといえる。

2 主要改正　明治32年の全面改正(法64)を受けた後，昭和4年の改正(法55)により府県にも条例制定権が認められるなど，数次の改正を経て，昭和21年，北海道会法(明治34法2)及び北海道地方費法(明治34法3)を統合して道府県制(法27)となった。しかし，間もなく昭和22年，*地方自治法*の制定とともに廃止され〔自治附2〕，完全な自治団体としての*都道府県*が生まれることになった。

付　合　他人の土地にまかれた小麦・植えつけられた稲苗，他人の建物への増築のように，異なった所有者に属する2個以上の物が，分離されると経済上不適当と認める程度に結合して，1個の物と認められること。*動産*と*不動産*が付合した場合には，原則として不動産の所有者が新所有者となり，動産と動産とが付合した場合には，主な動産の所有者が新所有者となり，主従区別できないときは価額の割合に応じて*共有*となる〔民242～244〕。　⇨添付'

不行為訴訟　**1 意義**　行政庁が*処分*その他*公権力*の行使に当たる行為をしなければならないのにこれを怠っているときに，その不作為状態に対し不服を申し立てる訴訟のこと。

2 性質　処分不行為に対する不服も公権力の行使に関する不服であるから，不行為訴訟は，*行政事件訴訟*のうちの*抗告訴訟*に分類される〔行訴3①〕。

3 種類　不行為訴訟の具体的形態としては，イ 法令に基づく*申請*を行政庁が拒否する処分をした場合に，その拒否処分を争う訴訟，ロ 法令に基づく申請に対して行政庁が応答をしない場合に，その不作為状態の解消を求め，更には，当該申請を認める処分をするよう求める訴訟，ハ 行政庁に対し職権に基づく処分をするよう求める訴訟等がある。*行政事件訴訟法*は，イの訴えは申請拒否処分の*取消訴訟*〔行訴3②〕及び(申請型の)*義務付け訴訟*〔行訴3⑥②〕で，ロの訴えは不作為の違法確認訴訟〔行訴3⑤〕(⇨不作為の違法確認の訴え')及び(申請型の)義務付け訴訟〔行訴3⑥②〕で，ハの訴えは(非申請型の)義務付け訴訟〔行訴3⑥①〕で，それぞれ争うものとしている。

附合契約　⇨約款'

不公正取引規制(金融商品取引法における)公正な金融商品市場を維持し，投資者を保護するため，金融商品取引に関する不公正な取引を規制すること。*金融商品取引法*は，不公正取引の規制として，詐欺的行為の禁止〔金商38・38の2・157・168～171〕，*内部者取引*の規制〔金商166・167〕，風説の流布の禁止〔金商158〕，*相場操縦*の禁止及び*安定操作*の規制〔金商159〕，*損失補塡*の禁止〔金商39〕等について規定を設けている。これらには，「何人」が行っても違法視するものと「金融商品取引業者等」を名宛人にするものとがある。このうち，金融商品取引法157条は，イ *有価証券*の売買その他の取引等について，不正の手段，計画又は技巧をなすこと，ロ 重要な事項について虚偽の表示があり，又は誤解を生じさせないために必要な重要な事実の表示が欠けている文書その他の表示を使用して金銭その他の財産を取得すること，ハ 有価証券の売買その他の取引等を誘引する目的をもって虚偽の相場を利用することを何人に対しても禁止し，違反者に対しては10年以下の拘禁刑又は1000万円(法人は7億円〔金商207①①〕)以下の罰金を科している〔金商197①⑤〕。内部者取引や相場操縦等の規制がいずれも具体的な不公正取引を規制しているのに対し，これは一般的包括的な詐欺禁止規定であって，法はこれによって金融商品取引に関する不公正

不公正な取引方法　**1 概念**　*独占禁止法*上の概念であって，公正な*競争*秩序を阻害する行為を類型化したもの。公正な競争とは，価格・品質による能率競争を意味し，公正な競争を阻害するとは，このような競争が行われる条件を破壊することを意味する。このような行為には，イ　不当な*取引拒絶*や*排他条件付取引*・*拘束条件付取引*のように，競争*事業者*の排除や製造業者による販売業者間の競争の制限などを通じて，市場における自由な競争を減殺するもの，ロ　*不当表示*や過度の景品付販売による不当な取引の誘引(⇒*顧客誘引*)のように，それ自体が公正な競争手段として好ましくないもの，ハ　取引上の*優越的地位の濫用*のように，取引主体が自由かつ自主的に判断することによって取引が行われるという，自由な競争の基盤を侵すものがある。排他的取引慣行は，取引当事者間で長期的・継続的な取引関係が固定され，新規参入を困難にすると批判され，日本経済の閉鎖性の象徴とされたこともあった。取引関係の固定化は排他条件付取引や拘束条件付取引等として，主としてイの行為類型が問題となるが，取引当事者の一方の優越的地位によって取引関係が固定されている場合には，ハの行為類型が問題とされる余地もある(⇒*系列*)。なお，不公正な取引方法についての独占禁止法による規制の補完のために，*下請代金支払遅延等防止法*・*景品表示法*が制定されている。

2 法定類型と指定類型　不公正な取引方法には，法定類型〔独禁2⑨1～5〕と，*公正取引委員会*の指定による指定類型〔独禁2⑨6〕がある。法定類型の不公正な取引方法は，一定の場合に，*課徴金*納付命令の対象となるものであり〔独禁20の2～20の6〕，共同の供給拒絶，特定の*差別対価*，特定の*不当廉売*，再販売価格の拘束，特定の取引上の優越的地位の濫用である。

3 一般指定と特殊指定　指定類型の不公正な取引方法は，公正な競争を阻害するおそれがあるもののうち，法に列挙された類型の枠内で公正取引委員会の指定によって特定されたものである〔独禁2⑨6〕。公正取引委員会の指定は，告示によって行う〔独禁72〕が，そのうち，全ての事業分野における事業者に対して適用されるのが一般指定であって，15の行為類型が指定されている〔不公正告〕。また，特定の事業分野の事業者に適用されるのが特殊指定であって〔独禁71〕，大規模小売業など3の業種について指定されている。

4 効果　不公正な取引方法を用いることは，独占禁止法により禁止され〔独禁19〕，違反行為に対しては，公正取引委員会による*排除措置命令*〔独禁20〕のほか，法定類型の不公正な取引方法については課徴金納付命令が用意されている〔独禁20の2～20の6〕。また被害者は一定の条件の下で差止めを請求することができるほか〔独禁24〕，損害賠償を請求することができる〔独禁25，民709〕。他方，確定排除措置命令違反の場合を除き〔独禁90③〕，不公正な取引方法に刑事罰が科されることはない。なお，不公正な取引方法は，公正競争のための一般的なルールであると考えられていることから，国際的協定〔独禁6〕，事業者団体の行為〔独禁8⑤〕，*企業結合の制限*〔独禁10①・13②・14・15①②・15の2①②・15の3①②・16①〕についても違法性の基準とされており，*独占禁止法の適用除外*についてもその範囲外とされていることが多い。

不公正ファイナンス　資金調達(ファイナンス)の形をとるものの，その内実は，証券の発行・流通市場における一連の行為を通じて投資者・株主を欺く行為のこと。例えば，ある上場会社が，Aに対して，新株の第三者割当てを行うが，これが*見せ金*などの方法を使った架空増資でもあるにもかかわらず，増資が適切に行われた旨の情報が市場に開示されて，Aは株価が高いうちに当該新株式を市場に売り逃げるといった行為が典型例である。不公正ファイナンスが行われるに至る背景としては，本業がうまくいかず，資金繰りに行き詰まった上場会社が，資金の融通をある者(反社会的勢力とつながっている可能性もある)に依存せざるをえなくなり，その過程で当該者が当該上場会社の経営権を掌握し，当該上場会社がいわゆる「箱企業」として悪用されてしまうという例がよく指摘される。不公正ファイナンスにおける株式等の割当先として，*タックス・ヘイブン*等で設立されたファンドが利用されることも多い。不公正ファイナンスは，証券市場に対する信頼を破壊する極めて悪質な行為であるところ，*証券取引等監視委員会*は，不公正ファイナンスに対する監視を強化し，複数の事案を偽計〔金商158〕として告発している。また，第三者割当てに関する規制(会社法・金融商品取引法・証券取引所規則などによる規制)も強化されることとなったほか，プリンシプルベースのアプローチである「エクイティ・ファイナンスのプリンシプル」(2014)が，日本取引所自主規制法人から公表されている。

不控訴の合意　民事訴訟において，*第一

ぶこくざい

審'判決に対して*控訴'をしない旨の当事者間の契約。飛越上告の合意はその一例であり、それが訴訟契約として許されることは法文上明らかである〔民訴281①但・311②〕が、上告権を留保しない単純な不控訴の合意も、*仲裁合意'が許される範囲〔仲裁15①〕では訴訟契約として有効であると解されている。*管轄の合意'〔民訴11②③〕と同様、一定の法律関係に基づく訴訟に関して、書面又は*電磁的記録'をもってされることを要する〔民訴281②〕。 ⇨訴訟に関する合意' ⇨飛越(ひちょう)上告'

誣告(ぶこく)罪 ⇨虚偽告訴罪'

不告不理の原則 訴追者と審判者を明確に分離した上、訴追者による訴追がなければ審判を行うことは許されないとする原則。審判者の公平性を確保するのに適しており、近代的な刑事裁判のもつ主要な原則の1つである。日本の刑事訴訟法でも、検察官による*公訴'の提起をまって初めて裁判所における審判が開始され〔刑訴247〕、また、公訴の効力は検察官の指定した被告人以外の者には及ばない〔刑訴249〕。更に、裁判所による審判の範囲は、*起訴状'に*訴因'として明示・特定された事実〔刑訴256②③〕以外の犯罪事実には及ばないとされる〔刑訴378③後参照〕が、これは、不告不理の原則をより一層徹底したものである。 ⇨弾劾主義' ⇨糾問(きゅうもん)主義'

不在者 行方不明になったり、長期間外国に滞在することになったりして、これまでの*住所'又は*居所'を離れてすぐ帰る見込みがない者。*法定代理人'や*管理人'が置かれていない場合には、不在者の財産をどのように管理するかという問題が生ずるので、民法は次のような規定を置いている〔民25〜29〕。イ 不在者が管理人を置かなかった場合には、家庭裁判所が利害関係人又は検察官の請求により、管理人を選任するなど財産の管理に必要な処分を命ずることができる〔民25〕。選任された管理人は、*保存行為'(権利の登記・時効中断など)・利用改良行為(預金・不動産の賃貸など)ができるが、家庭裁判所の許可があればそれ以上のこと(不動産の処分など)もできる〔民28, 家事146〕。ロ 不在者が自ら管理人を置いた場合には、その者が不在者の監督を受けて管理するから問題は生じないが、不在者が生死不明になって管理人が不在者の監督を受けられなくなった場合には、家庭裁判所が介入して管理人を改任することができる〔民26〕。なお、不在者の生死不明が一定期間続けば、*失踪宣告'がされる〔民30〕。

不在者投票 選挙期日投票所投票の原則〔公選44〕の例外として、一定の事由によりそれができない投票人に別の方法で選挙期日の投票を認める制度。期日前に不在者投票管理者の管理する場所で投票の記載をする方法のほか、身体に重度の障害がある者には現在する場所において投票の記載をし郵便等により送付する方法も認められている〔公選49〕。コロナ禍に際しては、コロナ患者等に郵便による不在者投票を認める特例法(特定患者等の郵便等を用いて行う投票方法の特例に関する法律(令和3法82))が定められた。不在者投票ができる場合は、かつては狭く限定されていたが、投票率対策の一環として要件の緩和や手続の簡素化が進んだ。更に、平成15年には期日前に名簿登録市町村の期日前投票所で投票できる制度が創設された(法69)。従来の不在者投票では期日前にできるのは投票用紙への記載・提出までであり受理は選挙期日に行われるという形式であったところ、期日前投票においては、期日前に投票箱に投函できるようになった〔公選48の2〕。 ⇨投票'

不作為 ⇨作為・不作為'

不作為債務 ⇨作為債務・不作為債務'

不作為についての不服申立て *行政庁'の不作為については、当該不作為に係る*処分'その他の行為を申請した者は、当該不作為庁の上級行政庁等〔行審4参照〕に対して*審査請求'をすることができる〔行審3〕。従前は、処分に対する不服申立ての場合は審査請求中心であるが、不作為についての不服申立ての場合は異議申立てと審査請求を選択できるという仕組みになっていた。それが、平成26年の行政不服審査法の抜本改正(法68)により、審査請求に一元化された。

不作為による国家賠償責任 行政庁が権限を行使しなかったために、私人に損害を生ぜしめた場合には、行政権限不行使による国家賠償責任として、*国家賠償法'1条の問題となる。同条の「*公権力'の行使」には、公務員の作為・不作為の両者を含むが、不作為による同条の責任については、行政の権限行使の結果、国民が利益を受けるとしても、それは*反射的利益'にすぎず、法的保護の対象にはならないとする反射的利益論や、行政庁が権限を行使するか否かは裁量に委ねられているため(行政便宜主義)、権限不行使は直ちに違法とはならないとする裁量論の克服が課題であった(⇨便宜主義(行政法上の)')。宅地造成の危険除去、野犬捕獲権限の不行使の事例等で、不作為による国家賠償責任が肯定され、更に、*スモン訴訟'(⇨薬害訴訟')において、裁量権収縮論(ゼロ収縮)が展開

されるなど、様々な領域で、行政の危険防止責任が認識され、行政権限不行使による国家賠償責任が議論された。最高裁判所判例では、権限の不行使がその許容される限度を逸脱して著しく合理性を欠くと認められるときに、国家賠償法1条1項の適用上違法とする裁量権消極的濫用論がとられている(最判平成元・11・24民集43・10・1169、最判平成7・6・23民集49・6・1600〈クロロキン第1次訴訟〉、最判平成16・4・27民集58・4・1032〈筑豊じん肺訴訟〉、最判平成16・10・15民集58・7・1802〈水俣病関西訴訟〉、最判平成26・10・9民集68・8・799〈泉南アスベスト訴訟〉、最判令和4・6・17民集76・5・955〈福島第一原発訴訟〉)。 ⇨国の不法行為責任' ⇨裁量権収縮'

不作為による作為犯 ⇨不真正不作為犯'

不作為の違法確認の訴え *行政事件訴訟法'上の*抗告訴訟'の一類型で、行政庁が法令に基づく申請に対し、相当の期間内に何らかの*処分'又は*裁決'をすべきであるにもかかわらず、これをしないことが違法である旨の確認を求める訴訟をいう〔行訴3⑤〕。営業許可の申請に対し、行政庁がいつまでも許可・不許可のいずれも決定しないときに、行政庁の不作為の違法を確認して、行政庁が速やかに決定を下すことを求める訴訟がその例である。この訴訟は、法令に基づいて処分又は裁決の申請をした者に限り提起することができる〔行訴3⑤・37〕。

不作為犯 積極的な行為による通常の犯罪形態である*作為犯'に対して、不作為、すなわち、期待された一定の作為を行わないことによって実現される犯罪をいう。不作為犯は2つに区別される。イ *多衆不解散罪'〔刑107〕、*不退去罪'〔刑130〕、保護責任者*遺棄罪'〔刑218後〕等のように、*構成要件'が最初から*実行行為'の内容を不作為として限定している真正不作為犯。ロ 構成要件が実行行為を作為の形式で規定しているが、不作為によって実現される不真正不作為犯。不作為による作為犯ともいう。これは、例えば、母親が乳児を殺す目的で*故意'に授乳を怠って死に至らせた場合(*殺人罪'〔刑199〕)、あるいは、既に何らかの事情で生じた火種を消さずに放置して火災を生じさせた場合(*放火罪'〔刑108〜110〕)などである。不真正不作為犯については、その成立要件として、強度の*作為義務'が要求される。 ⇨不真正不作為犯'

不作為命令 *労働委員会'が*不当労働行為'について発する*救済命令'のうち、使用者に対して一定の行為を禁止する(不作為を命じる)ものをいう。*支配介入'の禁止について多くみられるが、不利益取扱い(例えば昇給・賞与などの差別査定)についても命じられることがあり、*ポスト・ノーティス'や文書交付を伴うことが多い。不作為命令が抽象的であると、不当労働行為一般を禁止する法規を設立することになるとして、その当否が争われたが、現在では、ある程度の具体性が認められ、その行為が繰り返されるおそれがあれば差し支えないとされている。 ⇨抽象的不作為命令'

不 実 ⇨不実'(巻末・基本法令用語)

附従契約 ⇨約款'

付従性 *物的担保'及び*人的担保'の成立や消滅が、担保する債権の発生や消滅に連動すること。*担保物権'においては、その被担保債権が、発生原因となる*契約'の無効等の理由により発生していなければ、担保物権も成立しない(成立における付従性)。また、被担保債権が*弁済'等の原因により消滅すれば、担保物権も消滅する(消滅における付従性)。付従性は、*不可分性'、*随伴性'、物上代位性とともに、担保物権の通有性の1つに位置付けられている。ただし、*元本'確定前の*根(ね)抵当権'には付従性がない。*保証'においても、*保証債務'は主たる債務が成立して初めて成立する(成立における付従性)、主たる債務が弁済等の原因により消滅すれば、保証債務も消滅する(消滅における付従性)。また、保証債務が、主たる債務より重いときは、主たる債務の限度に減縮される(内容における付従性)〔民448①〕。ただし、主たる債務が保証契約締結後に加重されたときに、保証債務が加重されることはなく〔民448②〕、この場面では付従性は制限されている。

不出頭罪 ⇨勾留の執行停止' ⇨保釈'

不招請勧誘の禁止 契約締結の勧誘の要請をしていない者に対して、訪問・電話・電子メール等の方法により勧誘する行為を不招請勧誘といい、現在では店頭金融先物取引及び個人顧客に対する店頭デリバティブ取引〔金商38④、金商令16の4①〕、商品市場における取引・外国商品市場取引(損失限定取引を除く)及び店頭商品デリバティブ取引〔商取214⑨、商取令30、商取則240の16①ハ〕並びに訪問購入〔特定商取引58の6①〕について禁止されており、その違反につき行政処分が課される。取引を希望しない旨の意思表示をした者に対する勧誘の禁止やその前提としての勧誘意思受諾確認義務を含む場合もあり、訪問販売・電話勧誘販売・訪問購入〔特定商取引3の2・17・58の6②③〕や金融先物取引・個人顧客に対する店頭デリバティブ取引〔金商38⑤⑥〕・商品先物取引〔商取214⑤⑦〕等に適用が

ふしように

ある。広告・宣伝メールの送信も規制される〔特定商取引12の3・12の4等，特定電子メールの送信の適正化等に関する法律(平成14法26)3〕。理論的には，適合性原則(⇨適合性ルール')が貫徹されない局面で不作為義務を課すとする考え方，自己決定権の尊重，私生活の平穏の確保を理由とする考え方などがある。営業の自由を制限する規制となりうるため，一律の適用は避け適用範囲を限定するなど慎重な運用が必要との批判もある。適用対象となる取引の範囲や勧誘の手段だけでなく，勧誘概念や法執行のあり方（行政処分だけでなく民事効も認めるか）など，検討課題も多い。　⇨不当勧誘(金融商品取引の)'

不承認主義　　⇨スティムソン主義'

侮辱罪　具体的な事実を摘示しないで，*公然'と人を侮辱する罪。刑法231条。1年以下の拘禁刑若しくは30万円以下の罰金又は拘留若しくは科料に処せられる。*親告罪'である〔刑232〕。通説・判例(大判大15・7・5刑集5・303)によれば，本罪は名誉毀損罪〔刑230〕と同様，人の社会的名誉を保護法益とする罪であり，ただ，事実の摘示がないことだけが異なるとされるが，一部有力説によれば，本罪は人の名誉感情を保護法益とする，名誉毀損罪とは罪質の異なる罪であるとされる(⇨名誉')。この見解によれば，事実の摘示があっても，本罪の成立の可能性があるが，幼児・団体等の名誉感情をもたない者に対しては成立の余地はなく，また，名誉毀損罪の可罰性が阻却されるときでも，本罪による処罰は妨げないなどの，通説・判例に対する具体的な見解の相違が現れる。最高裁判所は法人に対する侮辱罪の成立を認めている(最決昭和58・11・1刑集37・9・1341)。近年，インターネット上の誹謗中傷が重大な社会問題になり，令和4年の法改正で法定刑が大幅に引き上げられた。　⇨名誉毀損罪'

婦人参政権　　⇨女性参政権'

不真正不作為犯　**1 意義**　通常は作為の*実行行為'によって実現されることが予定されているとみられる*構成要件'を，不作為によって実現することにより成立する犯罪。不作為による作為犯ともいう(⇨不作為犯')。例えば，*殺人罪'〔刑199〕，*放火罪'〔刑108〜110〕は，通常，作為によって実行されるが，母親が乳児に授乳しないで餓死させる場合，あるいは，延焼の危険を知りながら，夜警が他人の残した炭火を放置して火災を発生させた場合などのように，不作為によって実行することも可能である。
2 成立要件　不作為が不真正不作為犯として可罰的となるためには，行為者が，構成要件に規定された結果の発生を防止する法律上の強度の義務，すなわち，作為義務に違反したことを要するほか，構成要件的結果発生を防止するための作為が可能であること，当該不作為が作為によって結果を生じさせたのと同視できる状態にあることを必要とする。　⇨作為義務'
3 不作為の因果関係　不作為と結果との間の*因果関係'については，「無から有は生じない」として，不作為はおよそ因果性をもたないとする反対説も有力であるが，作為と同様の因果関係を認めるのが日本の通説である。

不真正連帯債務　**1 意義**　*債権法改正'前民法下において用いられた概念であり，同一内容の給付を目的とする債務が偶然に競合した場合という。多数の債務者が同一内容の給付について全部の履行をしなければならない義務を負い，一債務者の弁済によって他の者も債務を免れる点で*連帯債務'と近似していたが，債務者間に主観的共同関係がなく，したがって弁済を除いて債務者の1人に生じた事由が他の債務者に効力を及ぼさない〔民旧434〜440参照〕点でそれと区別された。例えば，*共同不法行為'者の賠償義務は連帯と規定されている〔民719〕が，判例及び学説は，不真正連帯であると解していた。
2 不真正連帯債務概念の有用性　債権法改正後の民法は，連帯債務の絶対的効力事由を限定し〔民438〜440〕，かつ，求償のルール〔民442①〕を不真正連帯債務にも適用するため，連帯債務と不真正連帯債務の区別を無用とする立場を前提としている。

不信任決議　特定の機関の地位にある者を信任しないという合議体(特に議会)の意思表示。
1 国会　*衆議院'の*内閣'に対する不信任決議(又は信任決議案の否決)は，*内閣総辞職'又は衆議院の*解散'の効果をもつ〔憲69〕。*議院内閣制'をとる以上，衆議院の信任を失った内閣が総辞職に追い込まれるのは当然であるが，これに対して，内閣には衆議院の解散の権能が認められている〔憲69・7③〕。また，各議院が個々の国務大臣に対して不信任決議(参議院は問責決議とする場合が多い。参議院が内閣総理大臣問責決議を可決した例もある)を行うこともあり，制度化されたものではないが，政治的な影響力は大きく，自発的な辞職に結び付くことも少なくない。
2 普通地方公共団体　議会が長(知事・市町村長)の不信任を議決したときは，長は議会を解散しない限りその職を失い，また，議会を解散した

後,最初に招集した議会で再び不信任議決があったときは,その職を失う〔自治178〕。一定の場合には,不信任議決とみなすことができる場合もある〔自治177③〕が,*首長制'をとる地方公共団体においては,長による議会の解散はこの不信任議決の場合に限られる。長と議会の対立を最終的に調整する手段であるといえる。

付審判請求　公務員の*職権濫用罪'について*告訴'又は*告発'した者が,検察官の*不起訴処分'に不服があるとき,事件を裁判所の審判に付することを求める手続。その審理をするのが*準起訴手続'である。請求は地方裁判所に対するものだが,不起訴処分をした検察官に請求書を差し出して行う〔刑訴262〕。請求書を受け取った検察官が不起訴を維持するときは,不起訴理由を記載した意見書を添えて準起訴手続の審理を行う裁判所に書類・証拠物を送付する〔刑訴規171〕。なお,告訴又は告発をした者のため,検察官には処分の通知義務〔刑訴260〕と請求による不起訴理由の告知義務〔刑訴261〕がある。

婦人補導院　*売春防止法'により補導処分に付された売春婦を収容し,更生のための補導を行っていた施設〔婦人補導院法(昭和33法17)1〕。当初,東京・大阪・福岡の3カ所に設置されていたが,収容人員の減少に伴い,東京婦人補導院だけとなり,「困難な問題を抱える女性への支援に関する法律」(令和4法52)により,令和6年4月に廃止された。同法は,都道府県に対して女性相談支援センターの設置を義務付けている。

付随義務　⇨給付義務・付随義務・保護義務'

付随訴訟　ある権利関係について判決等が存在する場合に,その判決等の変更や執行の可否を審判の目的として行われる訴訟。例えば,*確定判決の変更を求める訴え'〔刑訴117〕,*再審'の訴え〔民訴338〕,*執行判決'を求める訴え〔民執24〕など。

付随的違憲審査制　法令の違憲審査をその法令の適用が問題となる通常の事件の裁判に付随してのみ行う制度で,通常の事件とは関係なく抽象的に法令自体の違憲審査を行う抽象的違憲審査制に対する。付随的違憲審査制では,違憲審査を行う前提として*事件性'の要件が要求される。アメリカの制度がこの代表例であり,日本国憲法もこれに学んだ。これに対し,抽象的違憲審査制の代表例はドイツの*憲法裁判所'制度である(⇨憲法裁判')。　⇨違憲審査権'⇨憲法訴訟'

ブスタマンテ法典　西 Código Bustamante 1928年にハバナで開催された第6回汎米(はんべい)会議において成立した国際私法統一条約。起草者であるキューバの学者ブスタマンテ(Antonio Sánchez de Bustamante y Sirvén, 1865~1951)にちなみ,「国際私法条約」に附属する「国際私法法典」の副題とされている。ラテン・アメリカの10数カ国が締約国となっている。全437カ条で,総則,国際民法,国際商法,国際刑法,国際訴訟法に分かれ,広範囲な内容を有している。なおその後,米州機構の米州国際私法専門会議において1975年以降,本法典の改正その他の,多数の国際私法に関する条約が作成されている。

不　正　⇨不正・不当・不法'(巻末・基本法令用語)

不正アクセス禁止法　⇨不正アクセス行為の禁止等に関する法律'

不正アクセス行為の禁止等に関する法律　平成11年法律128号。**1 意義**　コンピューター・ネットワークに対する不正なアクセス行為を禁止・処罰することにより,電気通信回線を通じて行われる電子計算機に係る犯罪の防止及びコンピューターによる業務処理・情報処理の安全性・確実性を保護することを目的とする。不正アクセス禁止法と略称される。本法は,不正アクセスといういわば入口の行為を処罰するものにすぎないが,コンピューター・ネットワークに接続された電子計算機を対象とする,あるいは利用する犯罪の対策として,また,コンピューター情報の不正入手対策として,一定の役割を果たすものである。
2 内容　「何人も,不正アクセス行為をしてはならない」とし〔不正アクセス3〕,その違反行為につき3年以下の拘禁刑又は100万円以下の罰金に処する旨を規定している〔不正アクセス11〕。不正アクセス行為の意義については,法文に詳細な定義がある〔不正アクセス2④〕。要するに,それは,ネットワーク(電気通信回線)に接続され,かつ,ID・パスワード等によるアクセス制御機能を有する他人のコンピューターに,その他人の同意なく,他人のID・パスワード等を用いて,ネットワーク経由でアクセスする行為,及び,上記のようなコンピューターのセキュリティ・ホール(プログラムの不備等)を突いて不正に利用できる状態にする行為である。したがって,ネットワークに接続されていないコンピューターを無断で使用する行為や,ネットワークに接続されていても,ネットワークを経由せず,直接当該コンピューターを操作してこれを

ふせいきょ

無断使用するような行為は不正アクセスに当たらない。更に同法は、他人の識別符号の提供など不正アクセス行為を助長する行為を禁止し〔不正アクセス5〕、その違反行為を1年以下の拘禁刑又は50万円以下の罰金に処する旨定める〔不正アクセス12②〕。また、平成24年の改正（法12）では、不正アクセス行為の用に供する目的で他人のID・パスワード等を取得する行為〔不正アクセス4・12①〕、不正アクセス行為の用に供する目的で他人のID・パスワード等を保管する行為〔不正アクセス6・12③〕、他人のID・パスワード等を不正に取得するためのフィッシング・サイトの構築及び電子メール送信によるフィッシング行為〔不正アクセス7・12④〕が新たに処罰対象に加えられている。

不正競争 不正競争を規律する代表的な法律である*不正競争防止法'は、他人の営業上の財産にただ乗りする行為、*営業秘密'の侵害、品質等誤認惹起行為、信用毀損行為等を不正競争とし〔不正競争2①〕、これにより営業上の利益を侵害された者又は侵害されるおそれがある者に*差止請求権'、及び損害を受けた者に損害賠償請求権を認める〔不正競争3・4〕。しかし、同法が定める行為のみが不正競争というわけではない。このような行為は、伝統的に民法上の*不法行為'〔民709〜724の2〕ともされてきた。営業上の財産のただ乗り行為は、*特許法'・*商標法'等の知的財産権法や商法の*商号'保護〔商11〜18の2〕によっても規律される。また、品質等誤認惹起行為は、*独占禁止法'の不当な取引誘引（欺まん的顧客誘引）（⇨顧客誘引）や*景品表示法'の*不当表示'によっても規制される。刑法の*信用毀損罪'・*業務妨害罪'・*威力業務妨害罪'〔刑233・234〕も刑事制裁の面からこのような行為を規律する。長年の改良により付加価値の高まった家畜遺伝資源（和牛の精液など）は知的財産としての価値を有するため、家畜遺伝資源の不正取得等の成果冒用行為を不正競争とする「家畜遺伝資源に係る不正競争の防止に関する法律」（令和2法22）もある。データの利活用を促進する環境整備のため、不正競争防止法上の不正競争の範囲を拡大する改正が行われた（平成30法33）。

不正競争防止法 平成5年法律47号。不正競争行為を列挙するとともに、かかる行為に対する差止請求及び損害賠償請求等の措置を講じ、もって不正競争の防止を図ろうとする法律。歴史的には、*工業所有権の保護に関するパリ条約'のハーグ改正条約に加入する必要上、制定された〔工業所有権条約10の2参照〕。本法に列挙された不正競争行為には、商品等表示による混同惹起（じゃっき）行為〔不正競争2①１〕、著名商品等表示の冒用行為〔不正競争2①２〕、商品形態の模倣行為〔不正競争2①３〕、*営業秘密'の不正な取得・使用・開示行為等〔不正競争2①４〜１０〕、限定提供データの不正な取得・使用・開示行為〔不正競争2①１１〜１６〕、技術的制限手段の迂回（うかい）装置の提供行為等〔不正競争2①１７１８〕、ドメイン名（⇨ドメイン・ネーム'）の不正取得行為等〔不正競争2①１９〕、原産地・品質・数量等の誤認表示行為等〔不正競争2①２０〕、虚偽事実の陳述ないし流布による信用毀損行為〔不正競争2①２１〕などがある。商品等表示に関する規律は標識法に含まれる。被害者は、民法の*不法行為'同様、*故意'又は*過失'ある違反行為者に対して損害賠償を請求することができ〔不正競争4〕、加えて、故意又は過失を問題とすることなくこれらの行為の差止めを請求することもできる〔不正競争3〕。信用回復措置の請求が認められる場合もある〔不正競争14〕。本法は旧不正競争防止法（昭和9法14）が平成5年に全部改正されたものである。条文が平仮名化されるとともに、不正競争行為類型が追加された。また、*特許法'や*商標法'と同様の損害額の推定規定が設けられ〔不正競争5〕、罰則も強化された〔不正競争21・22〕。

不正作出 ⇨偽造' ⇨コンピューター犯罪'

不正指令電磁的記録に関する罪 1 意義 コンピューターに不正な指令を与える*電磁的記録'の作成、供用、取得、保管を処罰する罪。本罪は、日本が、サイバー犯罪条約に加盟するために、同条約の要請に沿って国内法を整備する必要が生じたことから立案され、平成23年の刑法改正（法74）により、刑法168条の2及び168条の3として新設された。その保護法益は、電子計算機のプログラムに対する社会一般の者の信頼（同プログラムは利用者の意図に沿って動作するであろうという信頼、又は、その意図に反する動作はしないであろうという信頼）(という社会的法益)だと説明されている。刑法168条の2第1項は、正当な理由がないのに、人の電子計算機における実行の用に供する目的で、同項所定の電磁的記録その他の記録を作成し、又は提供した者を3年以下の拘禁刑又は50万円以下の罰金で処罰する。ここで対象とされる（不正作成されるべき）電磁的記録等とは、「人が電子計算機を使用するに際してその意図に沿うべき動作をさせず、又はその意図に反する動作をさせるべき不正な指令を与える電磁的記録」と、それ以外の「不正な指令を記述した

電磁的記録その他の記録」である。具体的には、前者としては、コンピューター・ウイルス等のプログラムが考えられる(これを作成すると処罰される)。後者としては、プログラムのソースコードを記録した電磁的記録や、これを印刷した紙媒体が考えられる。「正当な理由がないのに」とは「違法に」という意味であり、例えば、ウイルス対策ソフトの開発、試験等を行うために、ウイルスソフトを作成した者には、当該ソフトを作成する正当な理由が認められ、本罪は成立しない。刑法168条の2第2項は、正当な理由がないのに、1項1号に掲げる電磁的記録を人の電子計算機における実行の用に供した者を、1項1号の場合と同様の刑で処罰する。これは、不正指令電磁的記録の供用(不正指令電磁的記録を、それと知らない第三者のコンピューターで実行されうる状態に置くこと)を処罰する規定である。供用罪では未遂も処罰される〔刑168の2③〕。また、不正指令電磁的記録の取得、保管をした者は、2年以下の拘禁刑又は30万円以下の罰金で処罰される〔刑168の3〕。
2 判例 最判令和4・1・20刑集76・1・1は、イ 反意図性(電磁的記録が利用者の「意図に沿うべき動作をさせず、又はその意図に反する動作をさせるべき」性質)とは、当該プログラムについて一般の使用者が認識すべき動作と実際の動作が異なることをいい、その判断にあたっては、当該プログラムの動作の内容に加え、プログラムに付された名称、動作に関する説明の内容、想定される当該プログラムの利用方法等を考慮する必要があると判示した。また ロ 不正性(電磁的記録の「不正な指令を与える」べき性質)とは、電子計算機による情報処理に対する社会一般の信頼を保護し、電子計算機の社会的機能を保護する本罪の性質を踏まえ、社会的に許容し得ないプログラムについて肯定されるのであり、その判断にあたっては、当該プログラムの動作の内容、動作が電子計算機の機能や電子計算機による情報処理に与える影響の有無・程度、当該プログラムの利用方法等を考慮する必要があると判示した。両判示の上で、ウェブサイト閲覧者の同意を得ることなくその電子計算機を使用して仮想通貨のマイニングを行わせるプログラムコード(電磁的記録)には、反意図性は認められるとし、他方で、当該コードが閲覧者の電子計算機による情報処理に与える影響は大きくはなく、広告表示プログラムと比較しても、閲覧者の電子計算機の機能や電子計算機による情報処理に与える影響において有意な差は認められず、社会的に許容し得ないものとはいい難いから、不正性は認められないと判断した。 ⇨サイバー犯罪'

不成典憲法 ⇨不文憲法'

附　箋　*手形'・*小切手'(又はそれらの*謄本')に結合された紙片。手形・小切手について*拒絶証書'を作成するための余白がない場合に、*公証人'又は*執行官'は継ぎ目に*契印'した附箋により拒絶証書を作成することができる〔拒絶3〕。*補箋'と同義に用いられることもある。

普選運動　普通選挙の実現を求める政治運動。明治22年(1889)制定の衆議院議員選挙法は、選挙人資格を直接国税15円以上を納める25歳以上の男子と制限していた。「普選運動」は、この納税要件の撤廃を目指した政治運動を指して用いられてきた。明治中期の普通選挙運動の中心を担ったのは対外硬派や社会主義者であった。明治44年(1911)には改正案が衆議院を通過するまでになるが、貴族院の反対で成立はしなかった。その後一時下火になるが、第一次大戦後にはデモクラシー思想の世界的な高まりもあり、知識人・労働者など幅広い層に担われて再び活発化する。大正14年(1925)に男性普通選挙が実現した。他方、女性については、家父長制的な家族制度の下で政治から排除されていた。政治的集会への女性の参加を禁じていた治安警察法5条2項が廃止されたのが大正11年(1922)である(政治的結社への加入を禁止した5条1項は維持された)。女性の選挙権を認める法改正は、敗戦後の昭和20年(1945)である。次ページの表を参照せよ。 ⇨普通選挙' ⇨平等選挙'

不戦条約　正式には、戦争抛棄(ほうき)ニ関スル条約という。1928年8月27日にパリで15カ国が署名し、1929年7月24日に発効した。1936年末には当事国数63に及び、当時の主要国をほぼ網羅した。日本は1929年に批准した(昭和4条1)。前文及び3カ条から成るが、実質的規定は2カ条で、国際紛争の解決のための*戦争の禁止と国家の政策の手段としての戦争の放棄〔不戦条約1〕、全ての紛争の平和的解決義務〔不戦条約2〕を定め、*国際連盟'規約の戦争違法化の方向を推進したが、自衛と制裁の場合は禁止の例外と解された。 ⇨自衛権'

武装中立 ⇨中立'

附　則 ⇨本則・附則'(巻末・基本法令用語)

附属機関　*行政機関'に附置される機関。*国家行政組織法'上は、*審議会'等〔内閣府37・38・54、行組8〕、施設等機関〔内閣府39・55、行組8の2〕、特別の機関〔内閣府40〜42・56、行組8の

ふぞくきか

[表:選挙(衆議院議員)制度の沿革(主要改正)](前ページの「**普選運動**」)

改正年・改正主旨	選挙権資格	被選挙権資格	議員定数(当時)	選挙区制	投票方法	有権者数(当時)
明治23年7月衆議院議員選挙法施行。天皇主権・大政翼賛の建前から選挙権・被選挙権について厳格な制限選挙制をとる。	25歳以上の男子。一定の国税納入者	30歳以上の男子。一定の国税納入者	300人	小選挙区制(例外あり)	単記記名(例外、連記)	総人口約3000万人 有権者約45万人 (1.13%)
明治33年改正(法73)。日清戦争後の社会情勢の変化に応じて、民意伸長の立場から改正。	国税納入額の緩和	納税資格による制限の撤廃	369人	大選挙区制(府県単位、市は独立の選挙区)	単記無記名	総人口約4400万人(明治35・8・10) 有権者約98万人 (2.18%)
大正8年改正(法60)。資本主義の発展に伴い、普通選挙の要望が強まり、選挙権の拡充・選挙区制の改正を目的とした。	国税納入額の一層の緩和	同上	464人	小選挙区制(例外あり)	同上	総人口約5500万人(大正9・5・10) 有権者約300万人 (5.5%)
大正14年改正(法47)。普通選挙を実施する画期的改正。	納税資格の撤廃。制限選挙制から普通選挙制へ(男子だけ)。	同上	466人	中選挙区制	同上	総人口約6200万人(昭和13・2・20) 有権者約1240万人 (19.98%)
昭和20年改正(法42)。ポツダム宣言の主旨としての日本の政治の民主化を目指して、徹底した普通選挙制をとる。婦人参政権を認める。	満20歳以上の日本国民。	満25歳以上の日本国民	同上	大選挙区制(府県単位)	制限連記無記名	総人口約7500万人(昭和21・4・10) 有権者約3680万人 (48.65%)
昭和22年改正(法43)。選挙方法に関し、不適当な部分につき、旧来の方法に復するための改正。	同上	同上	同上	中選挙区制	単記無記名	総人口約7800万人(昭和22・4・25) 有権者約4090万人 (52.38%)
平成6年改正(法2(法10))。政治腐敗に端を発した政治改革の一環として、中選挙区制を廃止し、政党本位の選挙制度を実現するために行われた改正。	同上	同上	500人	小選挙区比例代表並立制	小選挙区、比例代表(政党名簿に対し)各1票。単記無記名	総人口約1億2590万人(平成8・10・1) 有権者約9770万人(平成8・10・20) (77.61%)
平成27年改正(法43)。選挙権資格を18歳以上の国民に拡大する改正。	満18歳以上の日本国民	同上	475人	同上	同上	総人口約1億2710万人(平成27・10・1) 有権者約1億411万人(平成27・9・2) (81.91%)

(注) 1 昭和22年までの人口・有権者数は、厚生省・自治省調査の昭和28年・29年発表の資料による。
　　 2 衆議院議員選挙法は、昭和25年の公職選挙法(法100)の制定により廃止されたが、普通・平等・直接・秘密・自由の選挙制度は、そのまま引き継がれて今日に至っている。

3〕がこれに当たる。地方公共団体においては，法律又は条例の定めるところにより，執行機関の附属機関として，*自治紛争処理委員'・審査会・審議会・調査会等が設置される〔自治138の4③・202の3〕。

附属的商行為 例えば運送業者がトラックを購入する行為のように，*商人'がその*営業'のためにする行為。この場合に運送業者が営業としてする行為は運送を引き受けること〔商502④〕であって，そのためにトラックを購入する行為は営業行為そのものではない。しかし，営業のためにされる行為であるから，*商行為'として，商行為に関する商法の規定を適用するものとされている〔商503①〕。商人概念を前提とする*相対的商行為'の一種であり，商人概念を導くための*基本的商行為'(*絶対的商行為'・*営業的商行為')と対比される。商人の行為であることを必要とするが，基本的商行為を始めるための準備行為も商人の最初の附属的商行為となる。直接営業のためにする行為だけでなく，営業に関連し，営業の維持便益を図るためにする行為をも含むが，行為の当時，一般的・客観的に認識可能なものに限ると解されている。また，必ずしも商人の行為が常に営業のためにするものともいえないが，商法は，商人の行為は全て営業のためにするものと推定している〔商503②〕。会社には個人商人のような私生活はないから，会社の行為は常に事業のためにするものと考えられるが，判例(最判平成20・2・22民集62・2・576)では，事業のためにするものと「推定する」として反証を許している。

附属明細書 ⇨計算書類附属明細書'
附属明細表 ⇨連結附属明細表'

不退去罪 刑法130条後段の罪。「要求を受けたにもかかわらず」，人の*住居'，又は人の看守する邸宅・建造物・艦船から「退去しなかった」場合に成立する(3年以下の拘禁刑又は10万円以下の罰金)。真正*不作為犯'の一種とされ，*未遂'を罰するが〔刑132〕，退去要求を受けてから退去行為に出るために必要な時間が経過するまでは退去義務違反は観念しえず，その時間が経過しても退去行為に出なければ本罪は直ちに*既遂'となるため，未遂罪の適用場面は存在しえないと指摘される。退去せずに滞留し続ける行為が罪となる，*継続犯'の一種である。不法侵入後の退去要求に反した滞留継続につき，最高裁判所は，本条前段の*住居侵入罪'も住居等に侵入した場合に成立し退去するまで継続する犯罪であることを理由に，「同罪の成立する以上退去しない場合においても不退去罪は成立

しない」と判示し(最決昭和31・8・22刑集10・8・1237)，前段の罪と本罪を補充関係(*法条競合')と解するが，前段の罪を*状態犯'とみても，滞留継続は*不可罰的事後行為'(法条競合)又は*共罰的事後行為'(*包括一罪')と解され，いずれにせよ別罪を構成しない。本罪の保護法益の主体は，判例によれば住居権者(建造物等の場合は管理権者)となるが(住居説)，退去要求それ自体は，住居権者・管理権者本人のほか，守衛・宿直等，本人のために住居権・管理権を行使しうる者もできる。なお，客体については「住居侵入罪」をみよ。

附帯決議 国会の*委員会'が，付託された*本案'に附帯して行う*決議'。本案とは別個に議決し，本会議に報告されても，本会議での議決の対象とはならない。委員会の意見や希望を表明する決議であって，法的拘束力をもつものではない。*帝国議会'の慣例を引き継ぐもの。

附帯抗告 ⇨附帯上訴'
附帯控訴 ⇨附帯上訴'

附帯私訴 刑事事件で*公訴'が提起された場合に，当該犯罪の被害者が，刑事被告人に対する民事上の損害賠償を求める訴えを，公訴を審理する刑事裁判所に提起する制度。旧刑事訴訟法(大正11法75)で認められていた〔旧刑訴567~613〕が，現行刑事訴訟法はこの制度を廃止した。ただし，刑事手続に付随する損害賠償命令の制度がある。 ⇨私訴' ⇨被害者(犯罪の)' ⇨損害賠償' 犯罪被害者等の権利利益の保護を図るための刑事手続に付随する措置に関する法律'

附帯上告 ⇨附帯上訴'

附帯上訴 1意義 民事訴訟法上，被上訴人が，*上訴'によって開始された上訴審手続において原裁判に対する自己の不服の主張をし，審判の範囲を自己に有利に拡張する*申立て'。上訴の種類に応じて，附帯控訴・附帯上告・附帯抗告がある。上訴人が上訴審手続中，*不服申立て'の範囲を拡張できることとの公平上認められる(⇨上訴の不可分')。被上訴人は，*上訴権'の放棄又は*上訴期間'の徒過によって上訴権が消滅し，独立に上訴を提起できない場合でも，附帯上訴をすることができる〔民訴293①・313・331〕。

2 効力 附帯上訴により審判の範囲が拡張されるので，上訴審は，上訴人に対し原裁判よりも不利益な裁判を下すことができる(⇨不利益変更の禁止')。附帯上訴は，上訴人の提起した上訴に附帯するものであるため，上訴の取下げ又

ふたいぜい

は却下によって効力を失う〔民訴293②本文・313・331〕。ただし、上訴の要件を備えているときは、独立の上訴として扱われる(独立附帯上訴〔民訴293②但・313・331〕)。

附帯税 本来の意味における租税に附帯して納付しなければならない一定の金銭的負担。私法上の附帯債務に相当する。*国税'については実定法上は*延滞税'・*利子税'及び*加算税'が附帯税とされている〔税通2④・60〜69〕。実定法上は附帯税とされていないが、*過怠税'〔印税20〕のほか、地方税に関する延滞金〔地税56②・64①等〕及び*加算金'・重加算金〔地税72の46・72の47・328の11・328の12等〕も附帯税としての性質をもつ。附帯税はその名称に「税」という語が用いられているが、性質上は、本来の意味における租税ではない。本来の意味における租税は、附帯税との関係では、本税と称されることがある。

不代替物 ⇨代替物・不代替物'

不逮捕特権(国会議員の) 国会の会期中に逮捕されないという国会議員の特権(特典)〔憲50〕。憲法は特権の例外の定めを法律に委ねており、国会法は、院外における現行犯罪の場合、及び、院の許諾がある場合を例外として定めている〔国会33〕。この特権の目的としては、議員の身体の自由を保障すること、議院の審議権を確保することの2つが挙げられる。 ⇨逮捕許諾請求'

ブダペスト条約 ⇨微生物の寄託'

負担金 1 人的公用負担の一種で、金銭給付を内容とするもの。特定の*公共事業'と特別の関係をもつ者に、その事業に必要な経費の全部又は一部を負担させるために課される。負担の根拠又は義務者の点からみて、*受益者負担'金・*原因者負担'金・*損傷者負担'金などの区別があり、公共事業の種類からみて、都市計画負担金・道路負担金・河川負担金などがある。経費の一部を分担するという意味で、*分担金'と呼ぶことがある〔自治224〕。なお、*土地区画整理事業'や市街地再開発事業における公共施設管理者の負担金〔区面整理120、都開121〕にあっては、請求者である施行者が私人である場合があり、その場合は民間開発によって生じた公共施設について公共が費用を負担していることになる〔都計40③参照〕。
2 国と地方公共団体の間及び地方公共団体相互の間において、経費の負担区分が定められている場合に、これに基づいて負担する金銭給付のこと〔地財10〜13・27、下水道31の2〕。この場合にも分担金と呼ぶことがある〔海岸28〕。類似のものとして、都開120〕。国と地方公共団体の間における経費の負担割合等は、法律又は政令で定めなければならず、負担金は法令の定めるところに従って使用しなければならない〔地財11・25〕。 ⇨補助金'

不単純裏書 狭義では条件付裏書のことをいうが、広義では、それも含めて裏書の通常の効力又は内容を変更する文言を付記してされた裏書一般のことをいう。条件付裏書とは、裏書の効力を一定の条件に係らせる記載をした裏書。裏書の効力を不確定にするので、法はその条件を記載しなかったものとみなし(無益的記載事項)、単純な裏書として効力を認めている〔手12①・77①Ⅰ、小15〕。広義の不単純裏書には、*無担保裏書'〔手15①・77①Ⅰ、小18①〕、*裏書禁止裏書'〔手15①・77①Ⅰ、小18②〕、*拒絶証書作成の免除'の裏書〔手46・77①Ⅳ、小42〕のように、法が付記された文言通りの効力を認めるものと、*一部裏書'〔手12②・77①Ⅰ、小15②〕のように、法が裏書自体を*無効'としているものとがある。 ⇨裏書'

不単純引受け *為替手形'において、*支払人'が*基本手形'の内容と異なる記載をしてする引受け。例えば、*満期'や*支払地'を変更し、又は*船荷証券'と引換えに支払うというように条件を付けるようなこと。引受けは単純でなければならず〔手26①〕、不単純引受けがされたときは*引受拒絶'があったものとみなされ、所持人は引受拒絶による*遡求権'を行使することができるが、*引受人'に対しては、引受け自体を*無効'とする必要もないので、その変更した文言に従って責任を負わせる〔手26②〕。なお、*振出人'が*支払場所'又は*支払担当者'の記載をしていない場合に、引受人がそれを記載したときは、引受拒絶とは認められず、手形自体がそのような内容のものとなる〔手27〕。支払人が*手形金額'の一部についてだけ引き受ける*一部引受け'も認められており、その場合には、残額について遡求権を行使することができる〔手26①但・43Ⅰ・48①Ⅰ〕。

負担制限 *公用制限'の一種で、*公物制限'に対する語。公物制限が、公道・重要文化財など、物それ自体が公の目的に供され、又は公の目的のために保存する必要上加えられる制限であるのに対し、負担制限は、沿道区域・河川保全区域・海岸保全区域・砂防指定地など、物自体が公の目的に供されるわけではなく、特定の*公共事業'・公的事務のため、その事業に供されるもの以外の他の財産権に課される制限である点に特色がある。

負担付贈与 受贈者に一定の給付をする義務を負担させる*贈与'。負担義務から得られる利益を受ける者は、贈与者自身であっても、その他の者であってもよい。土地を贈与する代わりに隣接する贈与者の山林を管理してもらうような場合がそうであるが、負担は贈与の目的物と対価関係に立たないのでその法的性質は贈与とされている。しかし、実質的にみれば負担の限度で贈与者の給付と受贈者の給付とは対価関係に立つといえるから、民法は、この限度で有償契約に準じた取扱いをして、贈与者は負担の限度で*担保責任'を負うとしている〔民551②〕。このほか、*同時履行の抗弁権'〔民533〕や*危険負担'〔民536〕など、*双務契約'に関する規定も準用される〔民553〕。

負担部分 *連帯債務'、*保証'など数人が同一の給付義務を負う場合において、その数人の間で内部的に各自が分担することになっている債務の割合。負担部分は債務者間の契約によって定められるが、もし特別の契約がない場合には平等の割合によると解されている。内部的な負担部分を超えて債権者に弁済した債務者は、他の債務者に対して、それぞれの負担部分に応じて求償することができる〔民442・430・465〕。

不知の陳述 民事訴訟において、当事者が、相手方の事実主張に対し、その真偽は知らないと答えること。現行法上、不知の陳述は*否認'と推定される(推定的否認)ので〔民訴159②〕、不知と答えられた事実は相手方が立証しなければならない(⇒要証事実')。しかし、当事者が自身の行動や経験に関する相手方の主張に対して不知の陳述をすることは、原則として許されないと考えられている。ドイツ法〔ドイツ民訴138④〕と異なり、日本法にはこの旨を定めた規定はないが、現行民事訴訟法が、当事者に信義に従い誠実に訴訟を追行すべき義務を課したこと〔民訴2〕、また民事訴訟規則において否認につき理由付け義務を導入したこと〔民訴規79③〕は、こうした解釈の補強材料として援用することもできよう。

不知約款 *運送人'が受け取った運送品の内容等について責任を負わない旨を定めた*船荷証券'上の*免責約款'。運送人は、船荷証券の記載が事実と異なることをもって善意の所持人に対抗することができないため〔商760〕、包装のまま受け取った運送品の内容につき、その記載について拘束されず、責任を負わないことを目的とする。*国際海上物品運送法'上は、船荷証券に記載すべき運送品の種類・容積・重量・数・記号は、*荷送人'の書面による通告に従って記載しなければならず〔商759①〕、その通告が正確でないと信じられる正当事由がある場合、正確であるかどうか確認する方法がない場合、及び運送品の記号につき運送品又はその容器・包装に航海の終了の時まで判読に堪える表示がされていない場合は、不知約款の挿入が認められる〔商759②〕。なお、荷送人は、運送人に対して、その通告が正確であることを担保する〔商759③〕。

普通株 ⇒優先株' ・ 劣後株'

普通官庁・特別官庁 行政主体の行政事務は、事務の種類・内容に応じて、各行政官庁に、その所掌事務として配分されており、これを行政官庁の事物の管轄又は権限の事項的限界という。事物の管轄が比較的一般的に定められている官庁のことを普通官庁という。*内閣総理大臣'がその例。これに対して、事物の管轄が比較的特殊な分野に限定されているものを特別官庁という。税務署長などがその例。

普通銀行 ⇒銀行'

普通契約条款 ⇒約款'

普通決議(株主総会の) *議決権'を行使することができる*株主'の議決権の過半数を有する株主が出席し、その議決権の過半数の賛成で成立する決議。通常決議ともいう。*定足数'につき*定款'に別段の定めを置くことができ〔会社309①〕、多くの会社では排除している〔なお、会社341〕。法定の普通決議事項としては、イ *自己の株式の取得'〔会社156〕(特定株主〔会社160①〕からの取得を除く)、ロ *取締役'・*会計参与'・*監査役'・*会計監査人'の選任〔会社329〕・解任〔会社339〕、ハ *役員'の報酬等〔会社361・379・387〕、ニ *剰余金の配当'〔会社454〕(金銭分配請求権を与えない*現物配当'を除く)、ホ 定時株主総会における欠損の額を超えない*資本金額の減少'〔会社447〕の決議、ヘ *準備金'の額の減少〔会社448〕、ト 剰余金の額の減少〔会社450・451〕、チ 剰余金についてのその他の処分〔会社452〕、リ *計算書類'の承認〔会社438②〕、ヌ 非*取締役会設置会社'においては*譲渡制限株式'の譲渡承認〔会社139①〕・*株式の分割'〔会社183②〕・競業取引等の承認〔会社356①〕等がある。一定の事項については、決議要件のより厳格な*特別決議'又は*特殊決議'を要する。

普通抗告 ⇒通常抗告'

普通財産 国又は地方公共団体の財産の分類上の用語で、*国有財産法'上は*行政財産'以外の一切の国有財産をいい〔国財3①③〕、*地方自治法'上は行政財産以外の一切の公有財産

ふつうさい

をいう〔自治238③④〕。講学上，財政財産と呼ぶこともある。国の普通財産については，国有財産法上，財務大臣が管理処分の機関とされ〔国財6〕，その規定に従い貸付け，交換，売払い，譲与，信託又は私権の設定をすることができ，法律で特別の定めをした場合に限り出資の目的とすることができるとされている〔国財20〜31〕が，更に，国有財産特別措置法（昭和27法219）により，地方公共団体等に対する無償貸付け，減額譲渡又は貸付け，譲与等の特例が設けられている。他方，地方公共団体の普通財産についても，貸し付け，交換し，売り払い，譲与し，出資の目的とし，私権を設定し，更に，土地に関し信託することができるなど，普通財産の性質に照らし，国の普通財産に趣旨を同じくする規定が地方自治法に置かれている〔自治238の5〕。⇒国有財産　⇒公有財産

普通裁判籍　⇒裁判籍

普通税・目的税　**1 意義**　租税の分類の一種で，使途を特定せず一般経費に充てる目的で課される租税を普通税といい，特定の経費に充てる目的で課される租税を目的税という。租税は，普通税が原則で，目的税は例外である。国税では，電源開発促進税等が目的税である。*地方税法'は，普通税及び目的税を区別して列挙している〔地税4・5〕。目的税として現在いかなるものがあるかについては，*租税'に掲げた〔表：租税体系一覧〕をみよ。

2 特定財源など　税制上は目的税ではないが，別の法令の規定によって，特定の支出に充てることが定められている場合があり，これを特定財源という。特定財源も実質的には目的税に類似している。目的税は，受益者に対して受益の限度で課される場合には，実質は*受益者負担'と異ならない。

普通選挙　納税又は財産の所有を*選挙権'の要件としていない選挙。更に教育や信仰，性別などを選挙権の要件としない選挙までも含めて普通選挙という場合もある。*制限選挙'に対する概念。衆議院議員選挙について男子普通選挙制が採用されたのは，大正14年(1925)（衆議院議員選挙法（法47))であり，婦人に選挙権を認めたのは，昭和20年（法42）からである。現在，普通選挙は世界諸国の選挙法の公理とされており，憲法は，国会議員の選挙〔憲44〕だけでなく，公選による公務員の選挙についてこれを保障している〔憲15③〕。なお，*普選運動'に掲げた〔表：選挙（衆議院議員）制度の沿革（主要改正)〕を参照よ。

普通地方公共団体　*都道府県'及び*市町村'のこと。*地方自治法'は，地方公共団体を普通地方公共団体と*特別地方公共団体'に大別し，都道府県と市町村を普通地方公共団体としている。その構成・組織・事務・権能等からみて一般的性格をもち，一定の地域を基礎とし，地域住民を構成員とする統治団体としての地方公共団体の典型的なものであるからである。現行憲法は，この両者を中心とする地方公共団体について*自治権'等を保障しているものと解される。ただし，*道州制'論との関連で府県の廃止も議論の対象になってきた。都道府県と市町村とは，同等・同格の地方公共団体であるが，都道府県は市町村を包括する広域団体であることに基づいて，両者の間に若干の機能の差異が認められる〔自治1の3②・2②③⑤⑥⑦・5〜8の2〕。⇒地方公共団体

普通徴収　Ⅰ　*地方税法'上，申告納付に対する言葉で，徴税吏員が*納税通知書'を当該納税者に交付することによって地方税を徴収することをいう〔地税1①⑦〕。国税の場合における*賦課課税方式'に相当する。国税の場合には，賦課課税方式は例外的であるのに対し，地方税については，普通徴収がなお一般的で，法人住民税・法人事業税・*たばこ税'・鉱産税などを除いては，この方法によるものとされている。⇒特別徴収

Ⅱ　*社会保険'の*保険料'の徴収方法としての普通徴収については*特別徴収'をみよ。

普通法　圏 ius commune　医 common law　独 gemeines Recht　古代ローマ法における各都市国家の固有法（圏 ius proprium civitatis)に対する万民の共通法（圏 ius commune omnium hominum)の観念から，主として中世イタリアで発達した。イタリアの都市国家の都市条例・慣習法という固有法に対して，固有法がない場合の補充的な法として普通法の観念ができ上がった。その内容はローマ法学者と教会法学者によって展開された学識法（圏 gelehrtes Recht　仏 droit savant)であるが，とりわけ訴訟法においてローマ教皇庁の裁判所によって展開された実務をも基盤とした。普通法と固有法という対立図式は，中世以降のイングランドにおいては国王裁判所によって形成された王国の共通法（*コモン・ロー）と地方法との対立に，またパリ高等法院において定着したパリ慣習法を中心とする近世フランスのフランス普通法（droit commun de la France）と地方慣習法の対立においても現れている。ドイツについては，*ゲマイネス・レヒト'を参照。

普通法人　*法人税法'上の観念で，*公

共法人'・'公益法人'等・'協同組合'以外の'法人'のこと〔法2⑨〕。普通法人以外の法人は、法人税法上、種々の点で普通法人とは異なる取扱いを受けることとされている。例えば、公共法人に対する非課税〔法税4②〕，公益法人等の非収益事業からの所得に対する非課税〔法税4①但〕，公益法人等及び協同組合等に対する軽減税率〔法税66③〕などである。普通法人の大多数は、'株式会社'である。

普通保険約款 保険会社が一般の'保険契約'に共通する利害関係事項について、あらかじめ作成した「ひな型」であって、保険契約の内容となる標準的約款（家庭用総合自動車保険普通保険約款や終身保険普通保険約款など）。'定型約款'の一種〔民548の2〕。事情によって普通保険約款と異なる内容を必要とする場合に用いられる特約条項や特別保険約款（火災保険における利益保険特約条項、貨物'海上保険'における戦争危険担保特別約款など）に対する。その内容は'保険証券'の裏面に記載されるか、別の冊子やCD-ROM等の交付により保険加入者に知らされる。普通保険約款が保険取引において支配的役割を果たしているので、保険業法により、保険業免許の申請に際し普通保険約款の提出を要し、その変更も認可事由である〔保険業4②③・123①〕。監督当局はその記載事項の変更命令を下す権限を有する〔保険業131〕。行政的監督があることに加え、保険制度の集団性・計画性から、'保険約款'の拘束力は一般的に強いとされ、客観的に解釈されている。

普通名称 ある商品・役務のカテゴリーを総称するものとして用いられている名称。例えば、商品時計について「時計」がこれに該当する。普通名称を普通に用いられる方法で表示する標章のみからなる商標は、商標登録できない〔商標3①Ⅰ〕。普通名称を普通に用いられる方法で使用等する行為は、商標権侵害、'不正競争'とならない〔商標26①②，不正競争19①Ⅰ〕。

普通名称化 '識別力'をもっている商標が、時間の経過や商標の管理不十分等に伴ってその識別力を喪失し、取引者・需要者間において、特定の商品又は役務の一般的な名称と認識されるに至った場合をいう（例：ホッチキス、エスカレーター等）。元来、商品又は役務の普通名称を普通に用いられる方法で表示する標章のみからなる商標は登録されない〔商標3①Ⅰ〕が、登録商標が登録後に普通名称化した場合においては、'商標権'の効力はもはやその普通名称化した部分に及ばないとされている〔商標26①②③④。なお、不正競争19①Ⅰ〕。

普通預金 預金者がいつでも返還を請求できる要求払'預金'。決済機能を有する。一般の銀行を受寄者とする金銭の'消費寄託'〔民666③〕とされる。'定期預金'と異なり、通常、預金の預入れ・払戻しが反復してなされ、預入れや払戻しに伴って常に既存の残高と合計された1個の預金債権が成立する。振込みがあったときは、振込依頼人と受取人との間に振込みの原因となる法律関係が存在するかどうかにかかわらず、振込金額相当の普通預金契約が成立する（最判平成8・4・26民集50・5・1267）。預金保険制度（⇒金融機関の破綻処理'）により、付利されない普通預金は元本全額が、付利される場合には1金融機関ごとに合算して預金者1人当たり元本1,000万円までと破綻日までの利息等が保護される。

物価統制令 第二次大戦後の物価高騰に対処すべく、物価の安定を確保して、社会経済秩序を維持し国民生活の安定を図ることを目的とした法令。物価統制令は、国が私人に対して直接に規制を行う経済統制として、価格の統制を定める。昭和21年勅令118号として制定されたが、昭和27年法律88号により現在まで、法律としての効力を有している。主務大臣は価格等の統制額を指定することができる〔物価統制令4〕。これに基づき、公衆浴場入浴料金について最高額が指定されている〔公衆浴場入浴料金の統制額の指定等に関する省令〕。

復　仇（ふっきゅう）　⇒対抗措置'　⇒戦時復仇'

ブックビルディング方式 投資家から事前に希望購入価格などを聞き公募価格を決定する方法。需要積上げ方式ともいう。市場の需給関係を価格に反映しやすいことから、日本においては、公開企業のエクイティファイナンス（'株式'・'新株予約権付社債'等会社支配に関連する証券による資金調達）ではこの方式が一般的であるが、新規公開・新規'上場'企業では'入札'方式が採用されてきた。しかし、入札方式では公募増資・株式売出しの価格が企業の実態以上に跳ね上がることから、投資家拡大の障害・相場低迷の一因になっているとの批判が強く、1997年9月から新規公開・新規上場についても、入札方式と並んでこの方式が採用されることになった。

復　権 Ⅰ 刑の言渡しの結果として喪失し又は停止された資格の回復〔恩赦9・10〕。例えば、選挙権の回復、就職資格の回復など。イ　'恩赦'による復権としては、'政令'により特定の罪を定めて行う復権と、特定人の申出に基づいて行う復権とがある。いずれも、資格回復

ぶっけん

の効果をもつが, 既往の効果に影響を及ぼさない。例えば, 公務員を失職した者が当然復職するわけではない。ロ 法律上の復権として, 刑の消滅〔刑34の2〕と同時に復権の効果を生ずる(⇨前科抹消)。裁判の言渡しによる復権は日本では採用されていない。

Ⅱ *破産*手続開始に基づいて破産者に発生する人的効果, すなわち各種の資格あるいは権利についての制限を消滅させ, 破産者の本来の法的地位を回復する制度〔破255〕。*破産法*自体は, *懲戒主義*をとらないが, 特別法においてこの種の制限が設けられているので〔民847③, 会社607①⑤, 弁護7④, 公証14②等〕, 個人破産者の再生のために復権が必要になる。復権には, *免責許可決定の確定などによる当然復権〔破255①柱前〕と, 申立てに基づく裁判による復権〔破256①〕とがある。

物　権　1 意義　物を直接に支配する権利。*所有権*に代表される。民法は*財産権*を物権と*債権*に分けたが, 物権は物を直接に支配する権利で, 全ての人に対して主張しうる権利であるのに対し, 債権は特定の人に対してある行為を要求する権利で, 原則として*第三者*に権利を主張できないので, 物権は対世権とか絶対的権利, 債権は対人権とか相対的権利といわれる(⇨絶対権・相対権)。民法は, 同じく他人の土地を利用する権利であっても, *地上権*は物権〔民265〕, 賃借権は債権に分類した〔民601〕が, 不動産賃借は, 特別法で, 一定の要件の下に第三者に賃貸借を対抗できることとしている〔借地借家10・31, 農地16等〕(⇨賃借権の物権化')。

2 効力　物権は, 一定の物(例えば, ある土地)を支配し, 全ての人に主張しうる権利なので, 同一物について同じ内容の物権が重複して存在することは認められない。これを物権の排他性といい, ここから, イ 優先的効力, ロ *物権的請求権*が生ずる。優先的効力とは, a 物権相互間における先に成立した物権の優先的効力〔例外: 民329～331・334・339〕, b 債権に対する物権の優先的効力をいう。

3 物権変動の公示　物権には排他性があるので, 取引の安全(第三者の利益)を害することがないように, 誰がどういう物権を有しているか外部から分かるようにしておくこと(公示)が必要になる。そこで*登記*, *引渡し*などを公示方法とし, *物権変動*には公示を伴うことが必要だとした(⇨公示の原則)。公示を物権変動の要件とするか, 日本の民法のように, 自己の得た物権を公示しておかないと第三者に対抗できな

いこととする〔民177・178〕(⇨対抗要件')か, 2つの立法の仕方がある。上述の物権の優先的効力を主張するためには, *対抗要件*を備えていることが必要である。公示の原則をとる必要上, 1個の物権の目的物は1個の物であるのを原則とする(*一物一権主義')〔不登2⑤参照〕。土地は人為的に区切った一筆(いっぴつ)の土地を1個の*不動産*とする。もっとも取引上の要請から, 元米は土地の一部である*立木(りゅうぼく)*を独立の物と認め(⇨明認方法), あるいは*集合物*が1個の物と認められる場合がある。また, 特別法で工場の土地・建物・機械等から成る*財団*を1個の不動産とみなす場合がある〔例: 工抵14①〕。物権は, 民法その他の法律の定めるもののほか, 当事者間で任意に創設することはできない(⇨物権法定主義)。もっとも判例は, *慣習法*上の*温泉権*や流水利用権(大判大正6・2・6民録23・202)に, 物権的な排他的効力を認めている。

4 分類　民法に規定のある物権は, 表のように分類される。

〔表: 物権の分類〕

```
                        ┌ 地上権
                        │ 〔民265～269の2〕
            ┌所有権      │ 永小作権
            │〔民206～264〕├ 〔民270～279〕
            │  用益       │ 地役権
            │  物権       │ 〔民280～294〕
本権と ─────┤            └ 入会権
しての      │              〔民294〕
物権        │           ┌ 約定 ┌ 抵当権
            │他物権      │ 担保 │〔民369～398の22〕
            │(制限      │ 物権 └ 質権
            │ 物権)     │      〔民342～366〕
            │  担保      │ 法定 ┌ 留置権
            │  物権      │ 担保 │〔民295～302〕
            └           └ 物権 └ 先取特権
                                 〔民303～341〕

占有権〔民180～205〕
```

物権契約　⇨物権行為・債権行為'

物権行為・債権行為　1 意義　*物権変動*そのものを生ずることを目的とする*法律行為*を物権行為あるいは物権契約という。例えば, 所有権移転行為, 地上権設定行為。これに対し当事者間に債権債務の関係を生じさせる法律行為を債権行為という。売買で*所有権*が移転されるときも, 所有権の移転は債務の内容なので〔民555〕, 売買は債権行為である。それでは, 所有権の移転には売買契約と別に更に物権行為が必要か, それとも売買契約だけで所有権は移転するか。立法に2つの立場がある。

2 意思主義と形式主義　イ フランス民法のとる意思主義は, 物権変動の*意思表示*には何らの

形式を必要としない。地上権設定契約のように直接に物権の変動を目的とする契約だけでなく、売買のように物権変動の債務だけを生ずる契約の場合も、意思表示だけで物権変動を生ずる。ロ ドイツ民法のとる形式主義は、物権変動を生ずるには債権行為と別に、物権変動の意思表示(合意)と登記・引渡しのような形式を必要とする。

3 物権行為の独自性・無因性 形式主義の下では、物権変動を生ずるためには、債権行為と別に物権行為を必要とし(物権行為の独自性)、更に売買など物権行為の原因となる債権行為が無効・取消しになっても、物権行為は無効にならない(物権行為の無因性)。日本の民法176条は意思主義の立場をとり、ドイツ法の影響からかつては議論があったが、今日では一般に、当事者間で特別の取決めをした場合は別として、売買契約の意思表示は民法176条にいう意思表示に当たり、売買契約だけで所有権は移転し、物権行為の独自性・無因性はとらないと解されている。

物権証券 ＊物権＇を表章する＊有価証券＇。＊債権証券＇・＊社員権証券＇に対するもの。現行法上、物権だけを表章する純粋の有価証券は存在しないが、＊抵当証券＇〔抵当1・14・15〕は、主たる債権とともにこれを担保する＊抵当権＇をも表章しているので、物権証券の性質をもっている。物品の引渡請求権を表章する＊物権的有価証券＇の意味に用いられることもあるが、物権的有価証券は債権証券である。 ⇨受戻証券＇

物件提出命令 ＊不当労働行為＇の審査手続において、＊労働委員会＇が、事件に関係のある帳簿書類その他の物件について、当該物件によらなければ事実認定が困難となるおそれがあると認めるものの所持者に対し、当該物件の提出を命ずる処分〔労組27の7〕。この命令に従わなかった当事者は、正当な理由がある場合を除き、労働委員会の不当労働行為に対する命令等の取消訴訟において、当該物件に係る証拠の申出をすることが制限される〔労組27の21〕。

物権的効力・債権的効力 1 一般的意義 一定の＊法律要件＇又は法律事実から生ずる権利の発生・変更・消滅の効力で、何人に対しても主張できるもの(対世的)を物権的効力といい、単に当事者間でだけ主張できるもの(対人的)を債権的効力という。例えば、AからBに＊所有権＇などを譲渡した場合に、Bが＊対抗要件＇を備えれば権利の移転があったことを何人にも主張できるので〔民177・178〕、権利移転についての物権的効力が認められるが、対抗要件を備えないと、Bは権利の移転を契約当事者であるAにしか主張できない(債権的効力しかない)。AからBに＊債権＇を譲渡する場合にも、＊確定日付＇という第三者対抗要件を備えれば、Bは債権移転を誰に対しても主張できるので、対世効(物権的効力)がある。物権的・債権的というのは、権利変動について対世効があるか否かのことであり、移転する権利が＊物権＇か債権かとは関係がない。

2 船荷証券・倉庫証券の場合 イ 物権的効力：＊船荷証券＇等を権利者に引き渡したときは、その引渡しは運送品・寄託物の上に行使する権利の取得につき運送品・寄託物の引渡しと同一の効力をもつと定められていることから〔商607・763、国際海運15〕、証券の移転は運送品の＊占有＇移転となると解され(物権的効力をもつ)、その法律構成を巡って、見解が分かれている。代表説は＊間接占有＇が物を代表する証券の移転により移転すると解し、絶対説は独立の占有移転原因が認められたことになると解し、更に、物権的効力を認める必要はないとの立場(物権的効力否認説)も存在する。ロ 債権的効力：船荷証券等についての債権的効力とは、証券所持人と＊運送人＇・＊倉庫営業＇者との間の債権的関係の問題であり、証券所持人が運送人・倉庫営業者に対し、＊運送契約＇上の債務の履行を請求できる法的地位の問題である。商法は、証券が発行されたときは、運送・寄託に関する事項は、運送人・倉庫営業者と所持人との間では、証券記載の文言により定まることを想定しており、証券上の記載が事実と異なることをもって＊善意＇の所持人に対抗することができない〔商604・760〕。この効力を証券の＊要因証券＇性との関係でいかに理論構成するかについて争いがある。例えば、運送品を受け取らないのに船荷証券等を発行した場合(＊空券＇)、要因性を重視する立場からは、証券は無効であり、この場合の証券所持人の救済は＊不法行為＇によるという。これに対して文言性を強調する立場は、要因性とは証券に原因の記載が必要なだけであって、空券等の場合も証券は記載された文言による効力をもち、運送人が履行できなければ＊債務不履行＇の責任を負うという。

物権的取得権 不動産売買における予約完結権〔民556〕や買戻権〔民579〕(⇨買戻し＇)などのように、将来、一定の条件の下に、＊物権＇、主として不動産物権を取得できるという期待を内容とする排他性をもつ権利を総称する語。＊形成権＇の一種とされている。

物権的請求権 ＊物権＇は物を直接に支配する権利なので、円満な支配が妨げられたときは

ぶつけんて

それだけで妨害を除去して物権の内容を実現する権利(物権的請求権)が生ずる。物上請求権ともいう。妨害の態様により、物権的返還請求権、物権的妨害排除請求権、物権的妨害予防請求権の3つがある。民法に明文の規定はないが、物権は物を支配する権利であること、*占有権についても*占有訴権が認められていること、民法202条に「本権の訴え」とあることから、通説・判例によって認められている(大判大正5・6・23民録22・1161等)。*知的財産権〔特許100, 新案27等〕や不動産賃借権〔民605の4〕については一定の要件の下に妨害排除請求権が認められており、*人格権についても認めようとする見解が多く、*名誉・*プライバシーの侵害については判例も差止請求を認めている(最大判昭和61・6・11民集40・4・872)。

物権的有価証券 *引渡証券と同じ。*物権証券の意味に用いられていることもあるが、引渡証券は、物品の引渡請求権を表章する*債権証券であって、証券上の権利者に証券を引き渡すと、その引渡しが証券に記載された物品自体を引き渡したのと同じ効力(*物権的効力')をもつ*有価証券である。

物権変動 *物権の発生・変更・消滅をいう。物権変動を生ずる原因として最も主要なものは*法律行為であり、そのほか、*時効・*混同・*先占・*遺失物拾得・*埋蔵物発見・*付合・*混和・*加工・*相続・公用徴収(⇒公用収用)・*没収などがある。

物権法定主義 *物権は民法その他の法律で認められたもののほか、当事者間で創設することは許されない〔民175〕とする立法上の主義。その根拠は、特に土地に関する複雑な封建的支配関係を整理し、一定の種類の*制限物権による以外は*所有権を制限できないとすることによって所有権の自由を確立すること、及び取引の安全・迅速のために物権の種類を一定し、*公示の原則が用いられるものだけに限るということにある。民法175条の「その他の法律」の中に*慣習法が含まれるかどうかは議論されており、民法施行法(明治31法11)35条との関係では否定されそうであるが、慣習法上固定した権利であり、所有権の自由の障害となる権利ではないので、公示方法を備えていれば物権として認めてよいとする見解が多い。判例上認められている慣習法上の物権には、*温泉権・流水使用権(⇒水利権)(大判大正6・2・6民録23・202)がある。

物件明細書 不動産の*競売手続において作成される、不動産の態様、現況、売却条件(不動産上のどのような権利が消滅し、あるいは買受人に引き受けられるか)などを記載した*電磁的記録をいう〔民執62〕。従来は、執行裁判所が作成する書面であったが、平成16年の法改正(法152)により、裁判所書記官が作成することとなり、その後令和5年の法改正(法53)により電磁的記録となった。執行官の作成する*現況調査報告書〔民執57、民執規29〕及び評価人の作成する評価書〔民執58、民執規30〕とともに、買受希望者に対象不動産の情報を提供する重要な役割を果たす〔民執62②、民執規31〕。

物質特許 化学物質自体に与えられる特許。従来、化学物質は不特許事由とされていた〔特許旧32③〕が、昭和50年の*特許法改正(法46)により、化学物質も物としての特許を受けることができるようになった。かつて物質特許が認められていなかった時代には、新規の化学物質を発見したとしても、当該物質の製造方法について方法の特許を受けうるにとどまったために、他の方法により当該物質が製造される場合には、*特許権の効力を及ぼすことができなかった。これは、物質特許という強力な特許の存在によりわが国の産業が停滞することを防ぐという、産業政策때の理由によるところが大きかった。しかし、わが国化学産業の技術水準向上に伴い、そのような自国産業の保護の必要性が弱まったばかりか、逆に物質特許制度の導入により基礎的な研究を促進させることが期待されるようになった。国際的にも物質特許制度の採用へ転換する動向が強かったことも相まって、上記昭和50年の法改正に至った。物質特許は、当該物質のあらゆる用途に特許権の効力が及ぶ。

物証 ⇒証拠物

物上請求権 ⇒物権的請求権

物上代位 1 意義 *担保物権において、担保目的物の売却、賃貸、滅失又は損傷等によって担保目的物の所有者が受けるべき金銭その他の物についても、担保権者が*優先弁済権を行使することができる制度。目的物の滅失等により、担保権者が担保の目的となる財産を失う一方で、担保目的物の所有者が損害賠償請求権、保険金請求権等の財産を手に入れるとすれば不当であることから、目的物の代わりとなる財産についても担保権の効力が及ぶこととしたものである。民法上は、*先取特権についての規定があり〔民304〕、この規定が、*質権及び*抵当権に準用されている〔民350・372〕。物上代位性は、担保物権の通有性の1つに位置付けられているが、物上代位は、優先弁済権の範囲を拡張する制度であることから、優先弁済権を

内容としない*留置権*には，物上代位性はない。
2 要件 担保権者が物上代位権を行使するには，代位の目的となる財産の払渡し又は引渡しの前に*差押え*をしなければならない〔民304①但〕。したがって，実際上，物上代位権の行使の対象となるのは，金銭ではなく，*金銭債権*である。差押えが必要とされる理由は，担保権者の優先弁済権を保全すること（優先権保全），代位の目的となる財産が他の財産に混入することを防ぐこと（特定性維持），代位の対象となる債権の債務者を保護すること（*第三債務者*保護）等にあるとされている。
3 物上代位の対象 物上代位の対象となる財産には，大きく分けて2種類がある。1つは，目的物の代償物であり，目的物が滅失した場合の損害賠償請求権や保険金請求権，目的物の売買代金等である。なお，抵当権には追及効があることから，売買代金への物上代位が認められるかにつき争いがある。代償物に対する物上代位を，代替的物上代位という。もう1つは，目的物の代償物以外の物である。目的物上の担保権も存続しているが，それに加えて*賃料*等の財産にも物上代位が認められる場合で，付加的物上代位という。なお，被担保債権の不履行があった場合に抵当権の効力は抵当不動産の*果実*に及ぶと規定されており〔民371〕（先取特権にも準用される〔民341〕），抵当権者は，担保不動産収益執行の手続によって，賃料等の果実から優先弁済を受けることもできる〔民執180〕。

物上保証人 他人が負う債務を担保するために，自己が所有する財産に担保権を設定することを物上保証といい，これをした者を物上保証人という。*保証人*が自ら*保証債務*を負担するのに対して，物上保証人は債務を負担するわけではないため，債権者（担保権者）は，物上保証人に対して債務の弁済を請求することはできない。ただし，物上保証人の側から第三者弁済をして，被担保債権を消滅させ，*付従性*により担保権を消滅させることはできる。物上保証人は，債務者が債務を弁済しない場合，自らの財産について担保権を実行されることを甘受する責任を負う。担保権が実行された場合には，物上保証人は，債務者に対して*求償権*を取得し〔民351・372〕，また，債務者に*代位*する（弁済による代位）〔民499〕。

物　税 ⇨*人税・物税・行為税*
物的会社 社員が*出資*額を限度とする*有限責任*しか負わないため，会社債権者は会社財産だけを引当てとし，他方社員及び社員相互間の関係が希薄な会社。資本の集中を必要とする大規模企業に適した会社形態である。人的会社に対する講学上の概念。*株式会社*がその典型である。株式会社を念頭に置くと，会社債権者保護のため，会社財産の確保を目的とする資本制度が定められるとともに，*持分*の払戻しを伴う*退社*は原則として認められない。投下資本の回収は，社員の地位すなわち*株式*の自由譲渡性により保障される。他方，社員間の人的信頼関係は問題とならず，有限責任であることと相まって資本の糾合を可能にする。社員の地位は株式という細分化された割合的単位の形をとり，原則として所有する割合に応じて重要事項の決定に参加し，*配当*等の経済的利益に与る。会社の業務執行は，*指名委員会等設置会社*以外の株式会社の場合には，*株主*により選任された*取締役*又は取締役が構成する*取締役会*が決定し，代表権は*代表取締役*が有する。指名委員会等設置会社においては，取締役会から多くの決定権限を*執行役*に委ねることが可能である（⇨*所有と経営の分離*）。なお，*合同会社*は人的会社の側面もあるが，全社員が有限責任である点に着目すれば物的会社性も加味されている。

物的課税除外 ⇨*課税除外* ⇨*課税物件*
物 的 抗 弁 **1 意義** 証券上の義務者がその義務の履行を求められた場合に，その請求を受ける者が誰に対しても主張することができる*手形抗弁*。特定の者に対してしか主張することができない*人的抗弁*に対する。*有価証券*の流通を保護するため，物的抗弁の範囲は，有効な有価証券上の記載に基づく抗弁を除き，狭く解する傾向があるといわれている。
2 物的抗弁の生じる場合（手形・小切手） 手形債務自体の不発生，変更及び消滅に基づく抗弁が物の抗弁である。イ 手形債務負担行為の成立要件を欠く場合。例えば*制限能力者*が*法定代理人*の同意を得ずに手形を振り出した場合や手形の必要的記載事項を欠く場合。ロ 手形債務が有効に成立しても，例えば*手形金額*の一部の支払がなされ，その旨が手形に記載された場合〔手39③〕には，支払われた部分につき手形債務自体が消滅するから，*一部支払*の旨が物的抗弁となる。ハ 手形を受け戻して手形金全額の支払をした場合，*手形上の権利*が*時効*で消滅した場合又は*除権決定*がなされた場合。手形・小切手以外の有価証券の場合も，物的抗弁の範囲を狭く解する方向にある。例えば，物品を受け取らないのに*倉荷証券*・*船荷証券*・*複合運送証券*を発行した場合にも，証

ぶつてきこ

券に記載された文言による効力を生じ，完全な空券である場合を除き物的抗弁は成立しないと解する見解が有力である。

物的公用負担　⇨公用負担'
物的裁判籍　⇨裁判籍'
物的執行　⇨人的執行・物的執行'
物的執行主義　*船舶所有者'の責任を制限する制度の一態様。執行主義・海産執行主義・物的責任主義ともいう。船舶所有者（*船主'）は，債務は全額負担するが，*強制執行'は海産についてだけ甘受すれば足り，それ以外の財産への執行を拒むことができるとするもので，旧ドイツ法が採用した。　⇨船主責任制限'
物的証拠　⇨証拠物'
物的責任　債務者の財産のうち特定の物又は財産だけを引当てとする責任。*限定承認'をした相続人の責任が*相続財産'に限定される場合など法定の物的責任と，ノンリコース・ローンのように約定により責任財産を限定する場合がある。債務の一定額を限度として債務者の財産を引当てとする*人的有限責任'に対する。物的有限責任ともいう。　⇨有限責任・無限責任'
物的責任主義　⇨物的執行主義'
物的担保　民法上の*担保物権'のように，債権者が債務者に対して有する債権を担保するために，特定の財産からの*優先弁済'権を債権者に与える制度。物（財産）の価値によって*債務不履行'によって生じる損失が低減されることから，このように呼ばれる。民法上の担保物権以外では，*譲渡担保'権や留保所有権（⇨所有権留保'）も物的担保の一種である。債務について責任を負う人的範囲を拡大することによって債務不履行のリスクを低減させようとする制度である*人的担保'と対置される。
物的非課税　⇨課税物件'
物的分割　⇨会社分割'
物的編成主義・人的編成主義　不動産の登記簿（⇨登記簿'）の編成の方法として，不動産を基準とするものが物的編成主義であり，日本のほかドイツ，スイスが採用する。日本の不動産登記簿は，*一筆（いっぴつ）'の土地又は1個の建物について1つの登記記録を備え，その不動産に関する権利変動の全般をここに公示する〔不登2⑤〕。登記所において，各不動産ごとに*登記'がまとめられて行われることになり，取引の目的となる不動産上の権利関係が一括して明らかになるという長所がある。これに対して，登記所において，不動産ごとにまとめないで，受付順に登記を行う方法がある。これを年代順編成

主義といい，この方法の下では，過去に行われた登記の検索のために権利者の人別索引が用意されることがある。この人別索引が用意された年代順編成主義のことを人的編成主義と呼び，フランスなどが採用する。人的編成主義には，ある人のもつ不動産の権利関係が登記をみれば明らかになるという長所がある。

プット・オプション　⇨オプション取引'
物納　*租税'は金銭をもって*納付'するのが原則である〔税通34①〕が，特に税務署長の許可を得て金銭に代えて物品によって納付することを物納という〔税通34④参照〕。*相続税'について，*納税義務者'の申請により金銭納付を困難とする金額を限度として，物納が許される〔相税41～48の3〕。
物品運送契約　1 意義　物品（*動産'及び*有価証券'）を*運送人'の管理下に置き，これを場所的に移動することを目的とする，運送人と委託者である*荷送人'との間の契約。*荷受人'は運送契約の当事者でない。運送の行われる空間により，陸上物品運送契約・海上物品運送契約・航空物品運送契約に分かれる。曳船（えいせん）契約は，被曳船が曳船の*船長'の保管下にある場合には物品運送契約となる。法律上の性質は*請負'契約に属し，内容については，商法，*国際海上物品運送法'，*モントリオール条約'・*ワルソー条約'で規制されるほか，運送約款で具体的に定められる。
2 内容　運送人は運送品を受け取り，保管し，運送して，目的地で引き渡す義務のほか，*運送品処分権'の行使に従う義務〔商580〕を負う。運送人は，運送品の滅失・毀損・延着につき損害賠償責任を負い〔商575〕，その賠償額が定型化されている〔商576〕ほか，高価品〔商577〕・責任の消滅〔商584〕・短期時効〔商585〕について特別の規定の適用を受ける。他方，運送人は，*運賃'等請求権〔商573〕をもつほか，荷送人に対する*送り状'交付請求権〔商571〕，運送品留置権〔商574〕（*運送人の留置権'）と*先取（さきどり）特権'〔民318〕，運送品供託権・競売権〔商582・583〕をもつ。

物法　⇨法規分類説'
物保険　建物や自動車の損傷・焼失など，具体的な物についての滅失・毀損を*保険事故'とする保険。*人保険'に対するもの。
不定期刑　*自由刑'の宣告の際，*刑期'を定めないで言い渡すもの。絶対的不定期刑と相対的不定期刑がある。前者は，刑期を全く定めないで1日以上終身の任意の期間拘束しうるもので，後者は，短期と長期を定め言い渡され，

短期は最低拘束期間，長期が最高拘束期間を定める。釈放は処遇の効果をみた上で行刑機関が決定する。絶対的不定期刑は*罪刑法定主義'に反する疑いが濃い。定期刑が，責任刑主義にのっとり行為責任に応じた応報と贖罪(しょくざい)，一般予防の目的に主に資するのに対し，不定期刑は教育刑，処遇刑，特別予防の目的に資するべく考案された(⇨一般予防'・特別予防')。英米法系においては相対的不定期刑が主であり，大陸法系は定期刑主義をとる。しかし，アメリカにおいて1970年代に入り，犯罪者処遇の改善思想そのものへの批判がなされ，人権保障の面からも定期刑主義に移行する州がカリフォルニア等でみられた。日本においては定期刑主義をとっているが，*仮釈放'が有期刑の場合，刑期の3分の1経過すれば可能なため，不定期刑的作用を果たしているといえる。なお，*少年'に対しては，宣告時少年の者で有期の*拘禁刑'で処断すべきときはその刑の範囲内において相対的不定期刑を言い渡すものとされている〔少52〕。また*改正刑法草案'は，常習*累犯'に対して相対的不定期刑を定めている〔刑法草案59〕。

不定期刑の長期・短期 ⇨長期・短期(不定期刑の)'

不提訴理由の通知 ⇨責任追及等の訴え'

不貞な行為 *配偶者'として*貞操義務'に反する行為。離婚原因の1つとされる〔民770①[1]〕。姦通(かんつう)と同じ意味に解する見解もあるが，姦通より広く，一夫一婦制の貞操義務に忠実でない一切の行為を含む概念と考える立場が有力である。したがって，一連の行動から，直ちに姦通が認められなくても，不貞な行為があるとして離婚を請求できる場合がある。ただし，現行法は相対主義(⇨相対的離婚原因'⇨離婚原因')をとるから，不貞な行為が認められても，なお，裁判所は一切の事情を考慮して，離婚請求を認容しないこともある〔民770②〕。

不貞の抗弁 *認知'の訴えにおいて，被告である父の側から，子の母か懐胎可能期間中に被告以外の男性とも性的交渉があったと主張すること。その事実の立証によって，単に被告が父であるとの*心証'を弱めるだけであるから真の意味の抗弁ではない(抗弁ならば，*法律要件'(事実)が立証されれば*法律効果'の発生が阻止される)。かつて父がこの抗弁を主張したときは，原告側で，他の男性との交渉の不存在を立証しなければならないとされていたが，現在の判例は，母の方で，子の懐胎可能期間中に被告と性的交渉をもったこと，子と被告との血液型の相関性，及びその他父子関係の存在を推認させる諸事実を立証すれば，事実上，父子関係が推定されるとしており(最判昭和32・6・21民集11・6・1125)，不貞の抗弁を主張する被告が，子の母と他の男性との間に性的交渉のあった事実など具体的な立証活動によって，この推定を覆さなければならない。

不当 ⇨違法・不法・不当' ⇨不正・不当・不法'〔巻末・基本法令用語〕

不同意性交等罪 刑法177条の罪。平成29年改正(法72)までの罪名は強姦(ごうかん)罪，同改正から令和5年改正(法66)までの罪名は強制性交等罪(⇨性犯罪')。対象行為は，平成29年改正までは女子に対する「姦淫(かんいん)」であったが，同改正により客体の性別を問わない「性交等」(性交・肛門性交・口腔性交)に改められ，更に令和5年改正により「性交等」に膣・肛門への陰茎以外の身体の一部又は物の挿入が含まれた。成立に必要な手段の状況に関し，かつては，*暴行'・*脅迫'を用いた場合が強姦罪(平成29年改正前)，強制性交等罪(令和5年改正前)とされ，心神喪失・抗拒不能に乗じた，又は心神喪失・抗拒不能にさせた場合が準強姦罪(平成29年改正前)，準強制性交等罪(令和5年改正前)〔いずれも刑旧178②〕とされていたが，令和5年改正後は，同意しない意思を形成・表明・全うすることが困難な状態にさせた，又はその状態にあることに乗じたという要件に統合された〔刑177①〕。かかる状態の原因として挙げられているのは，イ 暴行・脅迫，ロ 心身の障害，ハ アルコール・薬物の影響，ニ 睡眠等の意識不明瞭，ホ いとまの不存在(不意打ち等)，ヘ 恐怖・驚愕(フリーズ等)，ト 虐待に起因する心理的反応(無力感・恐怖心等)，チ 経済的・社会的関係上の地位に基づく影響力による不利益の憂慮，リ その他これらに類する行為・事由である。本罪は，婚姻関係の有無にかかわらず成立する(令和5年改正により明記)。*わいせつ'な行為ではないとの誤信や人違いをさせた，又はそのような誤信・人違いに乗じた場合にも成立する〔刑177②〕。手段的状況の有無にかかわらず本罪の成立が認められる(性交同意年齢に達しない)客体は，令和5年改正までは13歳未満とされていたが，同改正により16歳未満に改められた(ただし，客体が13歳以上16歳未満である場合には，行為者が5歳以上年長であることを要する)〔刑177③〕。*未遂'処罰規定〔刑180〕，*結果的加重犯'規定〔刑181②〕の適用が及ぶ。

不統一法国 国内法が統一されず，一国内に複数の法秩序が併存している国。多法国と

ふどういわ

もいう。地域的不統一法国と人的不統一法国の2つの場合に区別される。前者の主要なものは*連邦'制をとる国家であり、地域の自治権の程度に応じて、*統一法'の成立していない分野の範囲は異なるが、アメリカ、カナダ、オーストラリア等がこの例である。これに対し、人的不統一法国とは、宗教などに応じて、適用される法を複数有する国をいい、インド、マレーシア、インドネシア、エジプト、イラン等がこの例である。日本もかつては地域的不統一法国であり、*共通法'という準国際私法が存在した。国際私法上、*本国法'として地域的不統一法国の法が指定される場合や、本国法、*常居所地法'及び*最密接関係地法'として人的不統一法国の法が指定される場合には、併存する法の中から*準拠法'を決定するという必要が生じる。この決定方法としては、まず、その不統一法国の規則があればそれに委ねる間接指定主義がとられ、それによりえないときには、法廷地国際私法からみて最も密接に関係する地の法を選択する直接指定主義による〔法適用38③・40〕。なお、この点につき、地域的不統一法国に、外国の国際私法により自国法全体が本国法として指定されたときに、いずれの地域の法を本国法とするかを定めた規則があるはずがないので直接指定主義によるほかなく、また反対に、人的不統一法国については、人的に実質法上の要件を書き分けているにすぎないので、その国の規則によって適用される法規を決定するのが当然であり、そのような規則がないはずはないとの見解がある。

不同意わいせつ罪 刑法176条の罪。令和5年改正(法66)前の罪名は強制わいせつ罪であったが、同改正後は準強制わいせつ罪〔刑旧178①〕と統合して現在の罪名になった(⇨性犯罪')。対象となる「*わいせつ'な行為」としては、相手方の性的な自己決定を害したかどうかが重要であり、社会的*法益'を保護する*公然わいせつ罪'〔刑174〕のそれと異なり、例えば相手方の意に反して行われた接吻も含まれる。判例はかつて、わいせつな行為が行為者自身の性欲を刺激・興奮・満足させる意図(性的意図)でなされることを要するとし、本罪を'傾向犯'と解していたが(最判昭和45・1・29刑集24・1・1)、現在は判例変更により、行為者の主観的事情はわいせつ性の判断要素の1つにすぎないと解している(最大判平成29・11・29刑集71・9・467)。成立に必要な手段的状況等については、*不同意性交等罪'〔刑177〕と共通。

不当勧誘(金融商品取引の) **1 意義** 投資者に対する*有価証券'の不当な投資勧誘のこと。一般投資者の金融商品取引は、金融商品取引業者の投資勧誘を契機とすることが多いことから、投資者保護のために、投資勧誘が不公正なものでないよう規制する必要がある。また、不当勧誘を規制することは、市場における公正な価格形成に結び付きうる真摯な投資判断を確保するという意味でも、市場機能の充実に資するといえる。

2 規制の概要 *金融商品取引法'は、金融商品取引業者等又はその役職員若しくは*使用人'が、断定的判断をしての勧誘〔金商38②〕や、虚偽告知による投資の勧誘〔金商38①〕、*推奨販売'など〔金商38⑧、金商業116・117〕を行うことを禁止するとともに、勧誘を要請しない者に電話や訪問などの方法で勧誘を行ったり(⇨不招請勧誘の禁止')、再勧誘をしたりすることを禁止している〔金商38④〜⑥、金商令16の4〕(⇨迷惑時間勧誘の禁止')。また、*損失補塡'や損失保証など投資者の自己責任を妨げるような申込みや約束を行うことを禁止している〔金商39〕ほか、金融商品取引業者が投資者の知識や経験・資力、投資目的に照らして不適当と認められる勧誘を行うことも禁止しており〔金商40①〕(⇨適合性ルール')、このルールから著しく逸脱した場合には、不法行為〔民709〕に基づく損害賠償責任を負う(最判平成17・7・14民集59・6・1323)。なお、不当勧誘によって投資者が損失を被ることを防止するために、一定の金融商品取引契約については、投資者に*クーリング・オフ'が認められている〔金商37の6、金商令16の3〕。
⇨消費者契約法'

不当景品類 不当景品類の提供は、*景品表示法'によって規制される。景品表示法で規制される景品類とは、顧客を誘引するための手段として、取引に付随して相手方に提供する物品・金銭その他の経済上の利益であって、内閣総理大臣が指定するものをいう〔景表2③、不当景品類及び不当表示防止法第2条により景品類及び表示を指定する件(昭和37公取委告3)〕。景品類の提供が不当とされるのは、それが過大となるなど、消費者の適正かつ自由な商品・役務の選択を歪める場合である。内閣総理大臣は不当な顧客の誘引を防止し、一般消費者による自主的かつ合理的な選択を確保するために必要があると認めるときは、景品類の最高額・総額、景品類の種類・提供の方法等を制限し、又は景品類の提供を禁止することができ〔景表4〕、そのための告示がなされている〔懸賞による景品類の提供に関する事項の制限(昭和52公取委告3)、一

般消費者に対する景品類の提供に関する事項の制限(昭和52公取委告5)、新聞業における景品類の提供に関する事項の制限(平成10公取委告5)等〕。内閣総理大臣は、景品類の制限・禁止に違反する行為があるときは、当該行為の差止めその他必要な事項を命ずること(措置命令)ができる〔景表7①〕。景品類の制限・禁止に違反する行為は、課徴金納付命令の対象行為ではない〔景表8①〕。

不動産 *土地'及びその*定着物'〔民86①〕をいう。不動産以外の*物'は全て動産である〔民86②〕。*建物'以外の土地の定着物(例：樹木・塀)は全て土地の一部分とされる。ただ、樹木については、立木(りゅうぼく)ニ関スル法律による登記をしたとき〔立木法1・2〕、又は*明認方法'を施したときには独立の不動産として扱われる。また、上記の定義にかかわらず、*財団抵当'〔工抵14等〕などは法律上は1箇の不動産とみなされる。不動産は動産に比べて一般に経済上の価値が高いので、不動産の権利の得喪変更については慎重な手続がとられ〔民13①③・864等参照〕、また、不動産はその所在が一定しているので、権利関係の公示方法として登記制度がとられている(⇒不動産登記)。ただ、動産の公示方法である*占有'とは違って、登記には*公信力'が与えられていないから、登記を信頼して登記簿上に権利者と表示されている者と取引しても保護されない。また、*強制執行'においても不動産は動産と違って複雑な手続がとられている〔民執43〜111〕。⇒動産'

不動産競売 *強制執行'のうち不動産の*強制競売'〔民執45〜92〕と、不動産上の担保権に基づく*担保不動産競売'〔民執180①〕を総称する概念。

不動産質 民法に規定された*質権'の一種。*不動産'を目的とするもの。その設定には、質権設定契約の締結だけではなく、質権者に質物を引き渡すことが必要である〔民344〕。質権を*第三者'に対抗するためには、*登記'が必要である〔民177〕。不動産質の特徴は、質権者が不動産を*占有'し、使用・収益することにある〔民356〕。不動産を使用・収益するニーズを有する債権者が多くはないことから、*抵当権'と比較すると、不動産質権の利用は低調である。不動産質の実行は、*民事執行法'に規定された不動産担保権の実行の方法による〔民執180〕。

不動産譲渡担保 ⇒譲渡担保'

不動産侵奪罪 **1 定義** 他人の*不動産'を侵奪する罪。刑法235条の2。10年以下の拘禁刑。昭和35年の刑法改正(法83)で新設された。 **2 不動産窃盗との関係** 従来、不動産はこれを*窃取'することができないという理由から、不動産の排他的支配を伴う不法占拠は*窃盗罪'に当たらず、これを処罰する規定がないとして、立法的に解決したものである。 **3 侵奪** *不法領得の意思'をもって、他人が所有し、*占有'する不動産の支配を排除し、新たに自己の支配を確立する一切の行為をいう。勝手に他人の土地に家屋を建てるとか、勝手に空き家に侵入してこれを住居とするなどが典型。しかし、賃借権が消滅した後に、そのまま占拠を続けたとしても、新たな支配の確立がない限り、侵奪とはいえない。 **4 罪質** 本罪の終了時期については、窃盗罪と性質を同じくするとの観点から、*状態犯'であるとするのが通説である。窃盗と同様、*未遂'も罰せられ〔刑243〕、*親族間の犯罪に関する特例'の適用もある。

不動産窃盗 ⇒不動産侵奪罪'

不動産仲介業 不動産の売買・交換・賃貸借などの代理や媒介を目的とする営業。*仲立営業'〔商543〕の一種であるが、不動産取引は*商行為'でないことが多いので民事仲立である。不動産仲介業者は、第二次大戦後の不動産に対する需要の急増の中で乱立し、弊害が生じてきたので、宅地建物取引業法が制定され、大衆保護のために業者に対する規制が行われた。しかし、この法律は取締規定なので、仲介業者の法的地位は民商法によって決められるほかない。仲介の依頼は*準委任'〔民656〕と解され、業者が*善良な管理者の注意'義務に反して依頼者に損害を与えた場合には、損害賠償の責任を負う。他方、依頼者が売買成立直前に仲介契約を解約しても〔民651参照〕、業者は手数料を請求できると解されている。

不動産登記 **1 意義** *不動産'に関する*登記'。狭義には、不動産登記法(平成16法123)に基づき、不動産の物理的状況を公示する不動産の*表示に関する登記'と不動産の権利関係(設定・保存・移転・変更・処分の制限・消滅)を公示する権利に関する登記をいう〔不登1参照〕。広義には、立木(りゅうぼく)ニ関スル法律に基づき、立木の表示と立木に関する権利の設定・保存・変更について行う登記も含まれる。 **2 不動産登記法に基づく登記** 不動産登記は、*登記所'が管掌する〔不登6〕。不動産登記法による登記の対象となるものは、土地と建物である〔不登2①参照〕。登記される権利は、所有権・地上権・永小作権・地役権・先取〕特権・質権・抵当権・賃借権・採石権・*配偶者居住権'の

ふどうさん

10種に限られる〔不登3〕。登記される権利変動は，例えば，所有権の移転，抵当権の設定，法定地上権の成立，登記されていない不動産の所有権の保存，先取特権の保存，地上権の存続期間の変更，抵当権の利息の変更，共有物の分割の禁止，永小作権の譲渡等の禁止，根(ね)抵当権の元本の確定，差押え・仮差押え・仮処分による処分行為の禁止など多岐に及ぶ。

3 登記の効果 不動産に関する物権の得喪及び変更は，登記を行うことによって*第三者'に対抗することができる〔民177〕。また，不動産の賃借権は物権ではないが，登記を行うことによって目的不動産について物権を取得した者など第三者に対し対抗することができる〔民605〕。配偶者居住権も同様である〔民1031②〕。

不動産投資信託 *投資信託'又は投資法人を用いて，主として不動産に対し集合して投資運用し，その成果を投資者に分配する仕組み。投資家から集めた資金を賃貸ビル等の不動産で運用し，その賃貸料等を投資家に分配するスキームである。日本の上場不動産投資信託は J-REIT（Real Estate Investment Trust）と呼ばれる。平成12年改正(法97)前の「証券投資信託及び証券投資法人に関する法律」では，投資信託を主として*有価証券'に運用するものに限っていたが，改正後の「投資信託及び投資法人に関する法律」により運用対象が主として有価証券である必要がなくなったことにより，可能になった（⇒投資信託投資法人法'）。有価証券に投資する場合に比べ，流動性の低い不動産に対する投資であるため，受託者又は投資主から解約を請求された場合，運用資産を売却することにより対応することが困難である。そのため，証券自体の流動化市場の整備が重要な課題である。

不動産特定共同事業法 平成6年法律77号。投資家から集めた資金で不動産事業を行い，その収益を投資家に分配する不動産特定共同事業について，これを*許可'制とするなど投資家保護の観点から種々の規制を加えた法律。バブルの崩壊でこうした事業を行っていた企業の倒産が相次ぎ，投資家との間でトラブルが多発したことから，投資家保護を目的として制定された。その後，平成9年には，特定共同事業への投資を促進し不動産の流動化を図るために，*機関投資家'に対する規制を緩和することを主な内容とする改正が行われた（法38）。また，他事業からの倒産隔離がなされにくいことから，プロの投資家による活用が進まないとの指摘を受けて，平成25年改正(法56)では，一定の要件を満たす特別目的会社(SPC)による不動産特定共同事業，すなわち倒産隔離型事業のスキームが可能になった。近年活発に利用されている*クラウド・ファンディング'について，小規模不動産特定共同事業も参入できるようにすると同時に，詐欺などに悪用される事案も多いことから，投資家を保護するために，平成29年に改正(法46)された。

不動産の先取(さきどり)特権 債務者の特定の不動産の上の*先取特権'。特別の先取特権の1つで，法律上当然に成立する*担保物権'。民法上は，公平の観念に基づき，不動産の保存・工事・売買に関して生じた3種の債権について，それぞれ特定の不動産の上にこの先取特権を認めた〔民325〜328〕。この権利を*第三者'に対抗するためには，それぞれ法定の時期に*登記'をすることを必要とする〔民337・338・340，不登83・85〜87〕が，同一の不動産に3種の先取特権が競合した場合の相互間の順位は，登記又は成立の前後にかかわらず，保存・工事・売買の順序による〔民331〕。また，3種のうち適法に登記した保存・工事の先取特権は，先に登記した*抵当権'にも優先する〔民339〕。民法以外の法律で認められる不動産の先取特権もある〔借地借家12等〕。なお，「先取特権」に掲げた[表：民法に規定されている先取特権一覧]を参照せよ。

不動産引渡命令 ⇒引渡命令'

不当執行 *民事執行'が，手続法上適法であるが，実体的正当性を欠くこと（⇒違法執行'）。権利判定手続と権利実現手続の区別から，*強制執行'を受けた債務者が*債務名義'に表示された請求権の不存在や消滅を主張するには，*請求異議の訴え'による〔民執35〕。これに対して，*担保権の実行としての競売'では，簡易な救済手段として*執行抗告'又は*執行異議'により，担保権の不存在や消滅を主張できる〔民執182・191・193②〕。

不当条項 約款による取引においては，相手方との十分な交渉がないまま，一方にとって不当に有利な条項（専ら付随的条項）が策定され，不用意に個別合意の中に組み込まれるおそれがある。そこで，約款条項の事前開示が重要となるが，包括的同意によって排除できなかった不当条項については，これを無効化して，その拘束力を否定することが求められる。*消費者契約法'8〜10条の下では，約款条項か個別条項かを問わず，消費者取引における一定の免責条項・責任制限条項・損害賠償額の予定条項のほか，任意規定による場合に比して消費者の権利を制限し，又は消費者の義務を加重する条項であって，信義則に反して消費者の利益を一方

的に害するものは*無効*と定める(民法548条の2第2項の*定型約款*の適正化と部分的に重なるが、論理構造は異なる)。不当条項を巡る紛争例として、学納金訴訟、賃貸借における敷引き条項・更新料条項を巡る訴訟、保険契約の無催告解除条項を巡る訴訟などがある。条項の不当性の主たる要因は、当該条項がなかった場合に法によって与えられるべき権利義務の分配が正当な理由なく一方に有利に変更されて、当事者間の相互性が破壊され、結果的に対価の均衡が破られる点にある。規制にあたり、当事者の予見可能性を高め、裁判外での紛争解決の指針とするために、直ちに無効とすべきブラックリストと評価余地のあるグレーリストの用意が考えられる。不当条項の無効は、原則として、当該条項全体の無効をもたらすと考えられている。

舞踊著作物 ⇨著作物'
不当な行政行為 ⇨瑕疵(かし)ある行政行為'
不当な拘束条件付取引 ⇨拘束条件付取引'
不当な顧客誘引 ⇨顧客誘引'
不当な差別対価 ⇨差別対価'
不当な差別的取扱い ⇨差別的取扱い'
不当な取引拒絶 ⇨取引拒絶'
不当な取引制限 **1 意義** 複数の*事業者*が共同して相互にその事業活動を拘束し(相互拘束)又は遂行する(共同遂行)ことにより、公共の利益に反して、一定の取引分野における*競争*を実質的に制限することをいう〔独禁2⑥・3〕。その典型的な形態は価格協定、生産制限協定、市場分割協定であり、いわゆる*カルテル*と呼ばれるものである。また、共同ボイコットや受注調整(談合)も不当な取引制限に該当する。

2 共同行為 不当な取引制限は複数の事業者の共同行為である。共同行為であるためには、当事者間に意思の連絡(合意)が存在することが必要であるが、これには、協定・契約などの明示の合意が成立している場合だけでなく、暗黙の合意にとどまる場合も含まれる。判例・学説により、合意は、事前の連絡交渉、その内容、事後の行動の一致という*間接証拠*から立証できるとされている(東京高判平成7・9・25判タ906・136〈東芝ケミカル審決取消請求事件(差戻審)〉)。

3 相互拘束と共同遂行 条文上、不当な取引制限の行為要件は、相互拘束及び共同遂行であるが、共同遂行については、相互拘束の実行態様を示すものであり、独自の意味はないとするのが判例・通説である。相互拘束については、拘束の

共通性と拘束の相互性が必要とされてきたが、それらをあまり厳格に解釈することなく、共同行為を広く不当な取引制限の対象にしようとするのが、判例(最判平成24・2・20民集66・2・796〈多摩談合(新井組)事件〉)の傾向であり、また*公正取引委員会*の実務である。

4 不当な取引制限の当事者 不当な取引制限は、競争関係にある事業者が相互にその事業活動に制限を課す行為であるとする裁判例(東京高判昭和28・3・9高民6・9・435〈新聞販路協定事件〉)に従い、公正取引委員会は不当な取引制限の当事者を競争事業者に限定する運用を行っている。不当な取引制限に対する規制の実効性を確保すべく、近年、同競争者性要件は拡大して解釈される傾向にある。

5 競争の実質的制限と公共の利益 不当な取引制限に該当する行為は、一般に、市場における価格・数量等に直接影響を与えることから、一定の取引分野における*競争の実質的制限*の認定が問題になることは少ない。「公共の利益に反して」の要件に関して、最高裁判所は、原則的には自由競争経済秩序に反することを指すが、例外的に、自由競争経済秩序という法益と当該行為によって守られる利益を比較衡量して、*独占禁止法*の究極目的(一般消費者の利益の確保・国民経済の民主的で健全な発達)に実質的に反しない場合を、禁止から除外する趣旨であると述べる(最判昭和59・2・24刑集38・4・1287〈石油価格協定刑事事件〉)、競争の実質的制限が存在しても違法性が阻却される可能性を認めている。

6 違反の効果 不当な取引制限は、独占禁止法により禁止されており〔独禁3〕、違反に対しては、排除措置及び*課徴金*の納付が命じられる〔独禁7・7の2〕。また、罰則の定めがある〔独禁89①Ⅰ〕。

不当な取引の誘引 ⇨顧客誘引'
不当な排他条件付取引 ⇨排他条件付取引'

不 当 表 示 一般消費者に対する不当表示は、*景品表示法*によって規制される。景品表示法で規制される表示とは、顧客を誘引するための手段として、*事業者*が自己の供給する商品・役務の内容、取引条件その他これらの取引に関する事項について行う広告その他の表示であって、内閣総理大臣が指定するものをいう〔景表2④、不当景品類及び不当表示防止法第2条の規定により景品類及び表示を指定する件(昭和37公取告示3)〕。不当表示として禁止されるのは、イ 商品・役務の品質、規格その他の内容についての優良誤認表示、ロ 価格その他の取引条件

ふとうりと

についての有利誤認表示，ハ その他取引に関する事項について誤認されるおそれのある表示であって内閣総理大臣が指定するものである〔景表 5，商品の原産国に関する不当な表示（昭和 48 公取委告 34）等〕。広告であるのに，広告であることを隠し，いわゆるステルス・マーケティングは，一般消費者が事業者の表示であることを判別することが困難な表示と指定され，景品表示法違反となる（令和 5 内閣府告示 19）。イに関しては，内閣総理大臣は，事業者に対し，期間を定めて，表示の裏付けとなる合理的な根拠を示す資料の提出を求めることができ，当該事業者が提出しないときは，優良誤認表示とみなして措置命令を出し，同表示と推定して*課徴金*を課す〔景表 7 ②・8 ③〕。景表法以外に，*不正競争防止法*や食品表示法でも，商品の原産地・品質・内容等の誤認表示が禁止され〔不正競争 2 ① ⑳，食品表示 4・5〕，「医薬品，医療機器等の品質，有効性及び安全性の確保等に関する法律」や*金融商品取引法*では，誇大広告・虚偽表示が禁止される〔医薬 66，金商 157 ②〕。食品を摂取する際の安全性及び一般消費者の自主的かつ合理的な食品選択の機会を確保するため，食品衛生法，JAS 法及び*健康増進法*の食品の表示に関する規定を統合して，食品の表示に関する包括的かつ一元的な制度が創設された（平成 30 法 97）。

不当利得 **1 意義** 例えば，誤って債権者以外の者に弁済をしてしまった場合や，売買契約が履行されたあとに，意思無能力によって*無効*〔民 3 の 2〕とされた場合などのように，法律上の原因がないのに，何らかの理由で，他人の財産や労務によって利益を受け，そのため他人に損失を及ぼすこと。このような利得は，衡平の観点から，損失者に返還されなければならない〔民 703・704〕。不当利得は他人の損失において得られた利得を吐き出させることを目的としている点で，違法な行為によって生じた損失を塡補することを目的とする*不法行為*と区別される。

2 要件 イ 不当利得は，一方の利得と他方の損失の均衡を図るものであるから，損失だけ，あるいは利得だけが存在する場合には適用されない。ロ 利得と損失の間には*因果関係*がなければならない。判例は，かつて因果関係は直接的なものでなければならないとしていたが（大判大正 8・10・20 民録 25・1890）が，その後，緩和する傾向にある（最判昭和 49・9・26 民集 28・6・1243）。ハ 取引によって一方が利得を得，他方が損失を受けても，その利得を吐き出させるわけにはいかないから，利得の返還を求めるには，それが「法律上の原因なく」生じたものである必要がある。その具体的内容は，結局は利得を吐き出させることが実質的に衡平であるかどうかという観点から判断するほかないと解するのが通説である。

3 効果 不当利得の返還の範囲は，利得者が法律上の原因のないことを知らなかった場合には，現に利益を受ける限度（⇒現存利益*）で返還すればよい〔民 703〕が，知っていた場合には，利得の全部とその利息のほか，他に損害があればそれも返還しなければならないとされている〔民 704〕。なお，*非債弁済*と*不法原因給付*については特則〔民 705・708〕がある。

不当廉売 不当に低い対価で商品・役務を供給すること。ダンピング（英 dumping）とも呼ばれ，*不公正な取引方法*の 1 つとして，*独占禁止法*により禁止される〔独禁 2 ⑨ ③・19・2 ⑨ ⑥ ロ，不公取告 ⑥〕。価格をどのように定めるかは，原則として，*事業者*の自由であるが，それが公正な競争を阻害するおそれがある場合に特に不当廉売として禁止される。特に，供給に要する費用（原価）を著しく下回る価格で継続して販売し，他の事業者の事業活動を困難にするおそれがある場合に違法とされ〔独禁 2 ⑨ ③〕，繰り返した場合に*課徴金*が課される〔独禁 20 の 4〕。企業努力による価格競争は，競争政策が維持促進しようとする能率競争（良質・廉価な商品を提供して顧客を獲得する競争）の中核であるが，正当な理由がないのに費用を下回る価格によって競争者の顧客を獲得することは，企業努力・正常な競争過程を反映せず，廉売を行っている事業者（廉売行為者）自らと同等・それ以上に効率的な事業者の事業活動を困難にさせるおそれがあり，公正な競争秩序に影響を及ぼすおそれがあるため規制される。正当な理由があれば，公正な競争を阻害するおそれがあるとはいえず，不当廉売とならない。例えば，需給関係から市場価格が下落している場合，生鮮食料品や季節商品の見切り販売など。

不当労働行為 **1 不当労働行為制度** 使用者が*労働組合*の行為を妨害する行為は，憲法に保障された*団結権*・*団体交渉権*・*争議権*〔憲 28〕を侵害するものとして裁判所に対して救済を求めることができるが，*労働組合法*は労働組合の団結を擁護し，団体交渉を助成するため，これらの行為を不当労働行為として禁止し，*労働委員会*による特別の救済手続を定めた〔労組 7・27〕。旧労働組合法（昭和 20 法 51，昭和 24 法 174 により全改，現行法となる）は，*労働組

合活動'を理由とする不利益取扱い及び*黄犬契約'を禁止し、その違反について使用者に刑罰を科する(科罰主義)こととしていた〔旧労組11・33〕が、現行法は不当労働行為の種類を増加するとともに、アメリカのワグナー法に倣って、いわゆる原状回復主義に改めた。なお、アメリカの現行タフト・ハートレー法は労働者による不当労働行為をも定めているが、日本では認められていない。

2 種類 不当労働行為として禁止される行為は、イ 労働組合の組合員であること、労働組合に加入し、若しくはこれを結成しようとしたこと、労働組合の正当な行為をしたことを理由として労働者に対して*解雇'その他の不利益取扱いをすること(不利益取扱い又は差別待遇)、又は労働者が労働組合に加入せず、若しくはこれから脱退することを雇用条件とすること(黄犬契約)。*ユニオン・ショップ'による解雇はこの限りでない〔労組7①〕。ロ 正当な理由がなく、*団体交渉'を拒否すること(団交拒否)〔労組7②〕。ハ 労働組合の結成・運営に*支配介入'し、又は*経理上の援助'を与えること(支配介入)〔労組7③〕。ニ 労働者が不当労働行為の救済の申立てをしたこと、労働委員会における不当労働行為の審査、*労働争議の調整'に際して発言したことなどを理由として解雇その他の不利益な取扱いをすること〔労組7④〕。

3 救済手続 労働組合又は労働者から不当労働行為の救済申立てがあったときは、労働委員会は審査(調査及び審問)を行い、不当労働行為の成立が認められるときは*救済命令'を発し、認められないときは申立てを棄却又は却下する〔労組27～27の18〕。平成16年の労働組合法改正(法140)によって、計画審理〔労組27の6〕の導入、*物件提出命令〔労組27の7〕及び証拠提出の制限〔労組27の21〕等、労働委員会の審査手続の実効性を高めるための改革がなされた。この命令に不服な当事者は命令交付の日から15日以内に中央労働委員会に再審査の申立てをするか、30日(労働者・労働組合は*行政事件訴訟法'により6か月〔行訴14〕)以内に命令の取消しを求める*行政訴訟'を提起することができる〔労組27の15～27の19〕。再審査申立て、訴えの提起がないときは命令は確定し、命令に違反した使用者は過料に処せられる〔労組27の13・32〕。行政訴訟の確定判決により命令が支持されたときは、命令に違反した使用者は1年以下の拘禁刑若しくは100万円以下の罰金に処せられ、又はこれを併科することができる〔労組28〕。命令は交付の日から効力を生じ、再審査の申立て、訴えの提起

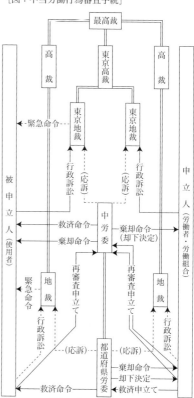

[図：不当労働行為審査手続]

によっては効力を停止しない〔労組27の15, 行訴25①・29〕が、命令が確定し又は確定判決によって支持されるまでは、その違反に対して制裁は科されないので、訴えが提起されたときは、受訴裁判所は労働委員会の申立てにより*緊急命令'を発することができ、その違反に対しては過料の制裁がある〔労組27の20・32〕。図を参照せよ。

不特定物 ⇨特定物・不特定物'
不特定物売買 ⇨種類売買'

船荷証券 海上の*物品運送契約'による運送品の受取を証し、その引渡請求権を表章する*有価証券'。略称 B／L(圏 bill of lading)。*荷人'又は傭船(ようせん)者の請求により*運送人'又は*船長'が発行する〔商757〕。船積みされたことを証するものを船積船荷証券といい、受取後船積み前に、受け取られたことを証して発行

ふなにしよ

されるものを受取船荷証券という。船荷証券は一般に*要因証券'とされているが、その記載については特別の効力(債権的効力)が認められ、その引渡しには物権的効力があるとされる(⇨物権的効力・債権的効力')。運送品の引渡しはこれによってしなければならず(*受戻証券')、運送品の処分はこれによらなければならない(*処分証券)。同一運送品につき数通の船荷証券が発行されたときは、陸揚港では、そのうちの1通を呈示しても運送品の引渡しを請求できるが、それ以外の場所では、全部をそろえなければ請求できない〔商765〕。 ⇨船荷証券統一条約'

船荷証券統一条約 *船荷証券'に関する各国の法制度の統一を目的として、1924年にブリュッセル海事法外交会議で成立した条約で、正式には「船荷証券に関するある規則の統一のための国際条約」という。1921年の*ヘーグ・ルール'によって、*免責約款'の制限、受取船荷証券の肯定、船荷証券の記載の効力等を定める。海事私法条約中最も広く各国の国内法に採用されているもので、日本もこれを批准し〔昭和32条21〕、国内法として*国際海上物品運送法'を定めた。1968年及び1979年にこれを一部改正するための改正議定書が成立しており(⇨ヴィスビー・ルール')、日本は、1979年改正議定書を批准し(平成5条3)、これに合わせて国際海上物品運送法を改正した〔平成4法69〕。

不妊手術 生殖腺を除去することなく生殖を不能にする手術〔母体保護2①〕。医師が法所定の事由に該当する者に対し、本人の同意及び配偶者があるときはその同意を得て行う〔母体保護3〕。 ⇨母体保護法'

不 能 犯 1 概念 一定の犯罪的結果を発生させようとした行為が、その性質上、およそ当該結果を発生させることができないようなものであるとき、これを不能犯という。人を毒殺しようとしたが、誤って砂糖を摂取させた場合等が典型である。結果発生の危険性を欠くため*未遂'犯にもならない(⇨事実の欠缺')。主体の不能、客体の不能、方法の不能と類型化されている。

2 不能犯と未遂犯の区別 両者の区別の基準については、危険性の判断方法に従い、主観説と客観説がある。主観説には、犯罪実現の意思がありさえすれば、それは法秩序にとって危険であるから、未遂として処罰するのが相当であるとする純主観説と、これに一般的見地からする危険性判断を加えて限定を図ろうとする主観的危険説とがあるが、ほぼ支持者はいない。現在、学説・判例において一般的な考え方は、ある程度、実質的・客観的に危険性を判断しようとする。その判断方法を巡って争いがあり、一般人を基準に一般人が認識しえた事情及び特に行為者が認識していた事情から、危険性を判断しようとする具体的危険説と、客観的・科学的な危険の判断を行おうとする客観的危険説が対立している。両者の相違は、変質によって爆発の可能性が全くなくなったが、手榴(ﾘｭｳ)弾の外観は維持している物体を、殺意をもって投げつける場合に、具体的危険説では殺人未遂を認めるところに表れる。

3 判例の態度 絶対不能と相対不能の区別による趣旨のものが多かったが、具体的危険説、客観的危険説のいずれかの立場を明確に示しているわけではない。裁判例によっては、一般人の危険感を重視する具体的危険説的判示もみられるが、かなりの程度、客観的な危険性の判断が行われることも多い。硫黄粉末を施用しても、殺人は絶対に不能であるとするもの(大判大正6・9・10刑録23・999)、人体に致死量をはるかに下回る分量の空気を注射しても、事情によっては、死亡の危険性が絶対にないとはいえないとしたもの(最判昭和37・3・23刑集16・3・305)等を参照。

不 納 付 犯 ⇨脱税犯'

不平等選挙 各選挙人の*選挙権'の価値が平等でない選挙制度。*平等選挙'に対する概念。*等級選挙'(1918年までのプロイセン)や複数選挙(1920年までのベルギー)が、これまで各国で行われたことのある不平等選挙の主なもの。憲法は、*法の下の平等'を保障し、何人も政治的に差別されないことを規定している〔憲14・44但〕が、これは選挙権を与えるか与えないかについて差別を許さないというばかりでなく、その与えた選挙権の内容の差別をも許さないという趣旨であって、現行憲法の下では不平等選挙を認める余地はない〔公選36〕。

不服申立て Ⅰ 民事訴訟法上、原*裁判'又は*事実行為'(例えば、執行行為、裁判所書記官の処分)により不利益を受ける者が、同一・上級その他の裁判所にその取消し・変更の裁判を求める*申立て'。控訴・上告・抗告等の未確定裁判に対する不服申立方法である*上訴'、同様に確定裁判に対する*再審'、確定裁判に対し憲法違反を理由とする場合の特別上告・特別抗告等の*特殊の不服申立て'、各種の*異議'(*受命裁判官又は受託裁判官の裁判・仮差押命令等に対する異議、手形訴訟・小切手訴訟の*終局判決'や少額訴訟の判決に対する異議、督促異議、*執行異議'、

保全異議, 裁判所書記官の処分に対する異議等)などがある。その方式は, '訴え'又は上訴若しくは'異議の申立て'によらなければならない。不服申立てがその目的を達するには, 裁判を必要とする場合とそうでない場合〔行訴390〕とがある。

Ⅱ 刑事訴訟法上も民事訴訟法と同意義。'控訴'・'上告'・'抗告'・'特別抗告'・'準抗告'・'異議'・'再審'請求・'非常上告'等がある。

Ⅲ '行政上の不服申立て'については, その項をみよ。

不服申立前置 '処分の取消しの訴え'は, 法令の規定により当該'処分'について'審査請求'その他の不服申立て('行政事件訴訟法'上はこれらを単に審査請求と呼んでいる〔行訴3③〕)をすることができる場合でも, 直ちに提起することができる〔行訴8①本文〕。これを自由選択主義という。しかし, 法律によっては, 当該処分についての審査請求等を経た後でなければ取消しの訴えを提起することができない旨の規定を置いていることがある〔国公92の2, 地公51の2, 税通115等〕。この場合はまず審査請求等をして'裁決'を経なければならない〔行訴8①但〕ので, 審査請求前置主義あるいは不服申立前置主義と呼ばれる。ただし, 3カ月を経過しても裁決がないとき, 緊急性のあるとき, その他正当な理由があるときは, 裁決を経ていなくても出訴できる〔行訴8②〕。不服申立前置は, 裁判を受ける権利〔憲32〕を制約する意味があるので, 本来例外的な制度にとどめるべきものである。平成26年に「行政不服審査法の施行に伴う関係法律の整備等に関する法律」(法69)により, 不服申立前置が大幅に見直された。

プープル主権 ⇨'人民主権'

部分意匠 物品の部分, 建築物の部分又は画像の部分(機器の操作の用に供されるもの又は機器がその機能を発揮した結果として表示されるものに限る)の形状, 模様若しくは色彩又はこれらの結合を, 部分意匠という。物品の独創的で特徴のある部分だけを模倣する行為が横行したため, '意匠法'平成10年改正(法51), 令和元年改正(法3)を経て, 意匠登録の対象とされた。令和元年改正以降は, '組物の意匠'の部分についても意匠登録が認められている〔意匠2①〕。

部分運送 同一運送品につき, 数人の'運送人'が各自独立して特定の部分区間の運送を引き受ける運送。事実上の相次運送であるが, 運送区間ごとに1個の'運送契約'が成立し, 運送契約相互間には何らの関係もなく, 通し運送には含まれない(⇨相次運送)。運送品の引継ぎのためには, '荷送人'が第2の運送人と運送契約を締結するか, 第1の運送人その他の者が, 荷送人の代理人又は'運送取扱人'として, 第2の運送人と運送契約を締結することが必要である。

部分核実験停止条約 正式には「大気圏内, 宇宙空間及び水中における核兵器実験を禁止する条約」という。1963年8月5日に米英ソ3国外相がモスクワで署名, 10月10日に発効(中国, フランスは未加入)。日本は1964年に批准した(昭和39条10)。前文と5カ条から成り, 大気圏内, 大気圏外及び水中での核実験を禁止した。開放条約〔部分核実験停止条約3〕で, 期限は無期限。地下核実験を除いたとはいえ, 核兵器不拡散の観点から画期的であった。その後, 地下核実験を含む全ての核実験の禁止が国際社会の課題と認識され, 1996年9月に包括的核実験禁止条約(CTBT)が国際連合総会で採択された(未発効)。⇨核拡散防止条約' ⇨包括的核実験禁止条約'

不文憲法 不文法の形式をとる憲法。'成文憲法'に対する語。諸国家の憲法のほとんどが'成文憲法'の形式をとり, 現在, 不文憲法の主要国としてはイギリスがあるだけである。しかし, イギリスにも人身保護法(1679), 王位継承法(1701), 議会法(1911)などの憲法的規律が断片的ながら成文化されているところから, より正確に憲法典をもたないという意味で, 不成典憲法と呼ぶこともある。なお,「憲法」に掲げた〔表:憲法の分類〕をみよ。

部分社会の法理 市民社会の中にある自律的な社会・団体, すなわち部分社会の内部紛争には'司法権'は及ばないとする法理。部分社会論ともいう。'地方公共団体の議会', 国立公立大学, '弁護士会'などの公的団体, 私立大学, '政党', '労働組合'などの私的団体が部分社会とされた。判例は全面的に司法審査を否定しておらず, 除名処分など一般市民法秩序と直接の関係を有する場合, 内部規範が'公序良俗'に反するなどの特段の事情がある場合, 宗教上の教義にわたらない場合などには介入するとしていた。この法理については「特別権力関係論の装いを新たにした復活である」「各種の社会・団体の目的・性格・機能及び紛争の特性・多様性を無視している」などの批判が浴びせられた。その後, 地方公共団体の議会の議員の懲戒処分につき, 除名のみを審査の対象とした判例(最大判昭和35・10・19民集14・12・2633)は, 出席停止も対象になるとする判例(最大判令和2・11・25民集

ぶぶんしゃ

74・8・2229)によって変更された。今後このような社会・団体の内部紛争については活動の自律は認められるとしても、個別の根拠(*地方自治'の保障、*教育の自由'、*大学の自治'、*結社の自由'等)に照らして裁量権の踰越(ゅえつ)・濫用があったか否かの見地から判断されることになろう。⇨*特別権力関係'

部分社会論 ⇨*部分社会の法理'
部分年金 ⇨*厚生年金保険'
不文法 ⇨*成文法・不文法'

不変期間・通常期間 *法定期間'のうちで、裁判所の裁量による伸縮が許されていないものを不変期間といい〔民訴96①〕、それ以外のものを通常期間という。前者は裁判に対する不服申立期間であることが多い〔民訴285・313・332・342①・357等〕。不変期間には遠隔の地に住んでいる者のために期間を付加することが認められている(これを付加期間という)〔民訴96②〕。また、当事者が、その責めに帰することのできない事由で不変期間を遵守することができなかった場合には、その事由が終わってから1週間内にその*訴訟行為'の*追完'をすることが許されている〔民訴97〕。

不変更主義 ⇨*変更主義・不変更主義'
普遍主義 ⇨*国際犯罪' ⇨*国家管轄権'
普遍的国際法 ⇨*一般国際法'
不 法 ⇨*違法・不法・不当' ⇨*不正・不当・不法'(巻末・基本法令用語)
不法監禁 ⇨*監禁'
不法共犯論 ⇨*惹起(じゃっき)説'

不法原因給付 1 意義 賭博に負けて支払った金銭や、殺人を依頼して支払った金銭のように、不法な原因に基づいてされた給付〔民708〕。ここでいう「不法」は、恩給担保の禁止規定〔恩給11〕に違反して恩給証書を交付するなど、単に*強行法規'に違反する程度のものでよいのか、それとも*公序良俗'違反に限るかは争いのあるところであるが、単に強行法規に反して不適法であるだけでは不法原因給付とはならず、更に倫理に反するほどの不法性がなければならないとするのが多数説である。
2 効果 法律上無効な行為に基づいて給付されたものは、元来、*不当利得'〔民703〕として返還されなければならないはずであるが、不法原因給付の場合には返還を請求できないとされている〔民708本文〕。それは、もしこのような給付の返還請求を認めると、結局、裁判所が不法な行為をした者に助力を与えることになるからである。しかし、例えば、一方の急迫に乗じて他方が暴利をむさぼる場合のように、不法の原因

が専ら受益者の側にあるときは、返還請求を認めても裁判所が不法な行為者に助力することにならないので、返還を請求することができるとされている〔民708但〕。

不法行為 1 意義及び種類 例えば、不注意で他人を傷つけたり、他人の物を壊したりすると、行為者はそれによって生じた損害を賠償しなければならない。このように、ある行為によって他人に生じた損害を賠償する責任が生じる場合に、その行為を不法行為という。*契約'と並んで重要な債権発生原因である。民法は709条に*過失責任主義'に基づく不法行為の一般的規定を置き、714条以下に*過失'の*挙証責任'を転換し、あるいは*無過失責任'を認める特殊の不法行為の規定を置いている。
2 一般の不法行為の成立要件 イ 加害者に*故意'・過失があること。ロ *権利侵害'又は法律上保護される利益の侵害(*違法性')があること〔民709〕。平成16年改正(法147)前の民法709条は、被侵害利益として権利侵害のみを規定していた。この点につきかつての判例は、侵害される権利の意味を厳格に解し、法律上何々権と名付けられるようなものでなければ損害賠償の対象にならないとした(⇨*雲右衛門事件')が、その後、法律上権利と名付けられていなくても保護に値する利益であればよいとして「権利侵害」の要件を広く解するに至った(⇨*大学湯事件')。そして、その後の通説・判例は、民法709条にいう権利侵害は違法性のことだと解し、行為に違法性があれば不法行為は成立するとし、違法性の有無を判断するには、行為の態様と侵害される利益とを相関的に考察しなければならないと解してきた。このような違法性論に対し、これを再検討し、違法性の独立要件性を否定してその要素を過失要件の中で判断すべきだとする学説(新過失論)が有力になっている。平成16年の改正(口語化)は、この議論には踏み込むことなく、709条によって保護される被侵害利益は権利又は法律上保護される利益であるとの判例・学説に異論のないところを改めて、現行の条文とした。ハ 加害行為と損害との間に*因果関係'が存在すること。ニ *責任能力'があること〔民712・713〕。ただし、これは被害者が証明すべき積極的要件ではなく、加害者がその不存在を証明することで免責を主張できる消極的要件である。
3 特殊な不法行為の成立要件 イ 責任無能力者(幼児や責任弁識能力を欠く者など)の監督義務者は、責任無能力者の行為について賠償責任を負うが、監督義務を怠らなかったことを立証す

ると責任を免れる〔民714〕。過失の挙証責任が転換された*中間的責任*である。なお、責任能力のある未成年者の不法行為であっても、監督義務者に監督上の過失があり、それと未成年者の不法行為との間に相当因果関係があれば、監督義務者は民法709条により不法行為責任を負う、とするのが判例・学説である。ロ ある事業のために他人を使用する者は、被用者がその事業の執行について*第三者*に加えた損害を賠償する責任を負う(⇨使用者責任*)。被用者の選任・監督について相当の注意を払ったことを立証したときには、免責されると規定されている〔民715〕が、判例上この免責を認めることはほとんどない。ハ 土地の工作物(建物など)の設置・保存に瑕疵(かし)があることによって他人に損害が生じたときには、まず占有者が賠償の責任を負い、占有者が必要な注意をしたときには、所有者が最終的に責任を負う〔民717〕。占有者の責任は過失の挙証責任が転換された中間的責任であるが、所有者の責任は無過失責任である(⇨工作物責任*)。ニ 動物の占有者は、その動物が他人に加えた損害を賠償する責任を負う。ただし、相当の注意をもって管理したことを立証すれば免責される〔民718〕。これも中間的責任である(⇨動物占有者の責任*)。ホ 数人が共同の不法行為によって他人に損害を加えたときには、各自連帯して賠償責任を負う〔民719〕(⇨共同不法行為*)。ヘ そのほか、特別法によるものとして、自動車運行供用者の責任〔自賠3〕(⇨自動車損害賠償保障法*)、使用者の災害補償責任〔労基75〜87〕(⇨労働者災害補償保険*)、鉱業賠償責任〔鉱業109〜116〕(⇨鉱害賠償*)、原子力事業者の責任〔原賠3〕(⇨原子力損害賠償責任*)、大気汚染及び水質汚濁発生事業者の責任(⇨大気汚染防止法*・水質汚濁防止法*)、製品に欠陥がある場合の製造業者等の責任(⇨製造物責任*)〔製造物3〕などがある。

4 効果 被害者は、加害者に対して*損害賠償*請求権を取得する〔民709〕。金銭賠償によるのが原則である〔民722①・417〕が、名誉毀損については特別の規定〔民723〕がある(名誉回復処分としての*謝罪広告*)。損害賠償には、*財産的損害*の賠償と*精神的損害*の賠償(*慰謝料*)とがある。被害者にも過失があるときには*過失相殺*(そうさい)*できる〔民722②〕。賠償の範囲については、特別の規定はないが、債務不履行の場合〔民416〕に準じて相当因果関係説によるのがかつての通説であり、判例(大連判大正15・5・22民集5・386〈富喜丸事件〉)である(⇨相当因果関係*)。しかし、近年、従来相当因果関係とされ

た問題を、事実的因果関係、保護範囲、損害の金銭的評価の3つの問題に区別し、損害賠償の範囲は保護範囲の判断によって決めるべきであるとする保護範囲説が有力説となっている。同説によれば、過失不法行為の保護範囲は、過失の存否を判断する基準である行為義務の及ぶ範囲によって定められるとされる(義務射程説)。これに対して、この立場は不法行為から生じた第1次侵害については判断基準となり得ても、拡大された後続の第2次侵害については基準とすることが困難であるとし(例えば、交通事故で傷害を負った被害者が、通院中他車による事故で死亡したとか、入院中感染症で死亡したなどの場合)、後続侵害については、第1次侵害の特別の危険の実現か、一般生活上の危険か、によって判断すべきとする危険性関連説が有力に唱えられている。

5 消滅時効 不法行為による損害賠償請求権は、損害及び加害者を知った時から3年、不法行為の時から20年で時効によって消滅する〔民724〕が、*債権法改正*で、人の生命・身体の侵害に対する損害賠償請求権については、上記3年の時効期間は5年とされ〔民724の2〕。なお、同じ債権法改正で、債権の消滅時効の原則は、権利を行使することができることを知った時から5年、権利を行使することができる時から10年とされているが〔民166①〕、人の生命・身体の侵害に対する損害賠償請求権については、上記10年は20年間とされ〔民167〕、両制度で平仄を合わせた。(⇨消滅時効*)。

不法条件 「殺人をしたら100万円やろう」という場合のように、条件の内容である事実そのものが不法性を帯び、その結果、それを付した*法律行為*全体が不法性を帯びる場合の条件をいう。不法条件つきの法律行為は*無効*である〔民132前〕。なお、「殺人をしなければ100万円やろう」というように、*不法行為*をしないことを条件とする法律行為も、当然にしてはならない行為を特にしないことを条件とするのであるから法律上保護するのは無意味であって、やはり無効である〔民132後〕。⇨条件*

不法領得の意思 *財産犯*のうち領得罪(*窃盗罪*・*強盗罪*・*詐欺*罪・*恐喝*罪・*横領*罪)の*実行行為*の構成要素で、*故意*を超える主観的超過要素(通説)。窃盗罪につき、大審院は、「窃盗罪ハ不法ニ領得スル意思ヲ以テ他人ノ事実上ノ支配ヲ侵シ他人ノ所有物ヲ自己ノ支配内ニ移ス行為」と解し、そこにいう不法領得の意思を、イ「権利者ヲ排除シテ他人ノ物ヲ自己ノ所有物トシテ」(権利者排除意思)

ロ「其経済的用方ニ従ヒ之ヲ利用若クハ処分スルノ意思」(利用処分意思)と定式化し(大判大正4・5・21刑集21・663)、最高裁判所も、これを踏襲した(最判昭和26・7・13刑集5・8・1437等)。イは、対象物を一時的に無断使用する意思しかない場合を不可罰とする意義がある(⇨'使用窃盗')。ロは、対象物を*毀棄・隠匿する意思しかない場合を毀棄罪にとどめる意義がある。これらの要件は、領得罪のうち移転罪(奪取罪)に通有し、例えば詐欺罪にも同様に妥当する(最決平成16・11・30刑集58・8・1005)。他方、非移転罪(横領罪)における不法領得の意思は、判例上「他人の物の*占有'者が*委託'の任務に背いて、その物につき権限がないのに所有者でなければできないような処分をする意志」と定式化され(最判昭和24・3・8刑集3・3・276)、上記イと同様に使用横領の場合のほか、その他人(委託者本人)のためにする意思であった場合に否定されるが、上記ロの要素を必要としない点は学説上評価が分かれる。

不保護罪 ⇨'遺棄罪'
父母両系(血統)主義 ⇨'血統主義'
不磨の大典 *大日本帝国憲法'の本文に先立つ「憲法発布勅語」中に出てくる言葉で、「現在及将来ノ臣民ニ対シ此ノ不磨ノ大典ヲ宣布ス」という文脈から大日本帝国憲法そのものを指す。不変・不滅の大法典という意味で、容易に変更されるべきでないという憲法制定者の意思は読みとれるが、*憲法改正'を禁止するものではなかった〔明憲73〕。

不明確ゆえに無効の理論 ⇨'漠然性のゆえに無効の理論'
不融通物 ⇨'融通物・不融通物'
付郵便送達 ⇨'書留郵便等に付する送達'
不要因証券 ⇨'無因証券'
扶養家族手当 ⇨'家族手当'
扶養義務 1 意義 法律上一定の*親族'の間で、互いに生活の扶助をする義務をいう。広い意味では、夫婦相互の間及び親の未成年の子に対する扶養の義務を含むが、夫婦相互間の扶養義務は*同居義務'を前提とし、互いに協力扶助し合う義務の一面であり、また未成年の子に対する親の扶養義務は子を監護教育する義務(⇨'監護教育権')等の親が子に対して負う義務の一面であって、いずれも単なる生活扶養の義務以上の内容をもっているので、これを生活保持義務と呼んで区別している。これに対して、他の親族間における狭義の扶養義務は生活扶助義務と呼ばれている。 ⇨'生活保持義務・生活扶助義務'

2 扶養義務者 民法は、まず当然に扶養義務を負う者として、*直系血族'及び兄弟姉妹を挙げる〔民877①〕。これらの者は一応、皆同順位で扶養義務を負う。更に、特別の事情があるときは、その他3親等内の親族間でも家庭裁判所の審判で扶養義務を負わせることができる〔民877②〕。当事者が多数あるときの扶養の順位や扶養の程度・内容は、当事者たちの協議で定め、協議のできないときは、家庭裁判所が当事者の申立てによって定める〔民878・879〕。後に事情が変更したときも同様である〔民880〕。

3 扶養の内容 扶養の方法には、毎月いくらというように給付(⇨'扶養料')を行う金銭扶養のほか、例えば、高齢の親を引き取って扶養するといった引取扶養の方法がある。扶養の程度は、扶養者の社会的地位・身分に応じた生活をした上で、余裕のある限度である。扶養を受ける権利(⇨'扶養請求権')は処分できず、*相続'の対象にならない〔民881・896但〕。
⇨'間接強制'

扶養義務の準拠法に関する法律 昭和61年法律84号。*ハーグ国際私法会議'の作成した「扶養義務の準拠法に関する条約」(1973年署名、1977年発効)を、1986年に国内法化(昭和61条3)、国内法化した法律。同会議の作成した「子に対する扶養義務の準拠法に関する条約」(1956署名、1962発効)があり、日本もこれを批准していたが(昭和52条8)、子に対する扶養だけを対象とし、かつ、締約国の法が指定される場合のみ適用するという*相互主義'の制約が課されていたため、それらの制約のない一般的な条約として上記の条約が作成された。日本は両条約の当事国であるため、両者の内容の抵触する局面では、1956年条約のみの締約国との間では、その規定が優先することになる〔扶養準拠法3②〕。本法によれば、夫婦、親子その他の親族関係から生ずる扶養義務は、扶養権利者の*常居所地法'による〔扶養準拠法2①本文〕。ただし、その法によれば扶養を受けられないときは、当事者の*共通本国法'による〔扶養準拠法2①但〕、更に、それによっても扶養を受けられないときは、日本法による〔扶養準拠法2②〕。もっとも、傍系親族間又は*姻族'間の扶養義務については、当事者の共通本国法又は扶養義務者の常居所地法によれば扶養義務を負わないことを理由として異議を述べたときは、扶養義務は否定される〔扶養準拠法3①〕。なお、*離婚'した当事者間の扶養義務については、離婚について適用された法による〔扶養準拠法4①〕。

扶養控除 *所得税法'の定める*所得控

除'の1つで，一定額以下の所得しか有さない扶養親族の最低生活費相当部分が担税力をもたないことや，高等教育の費用負担などを考慮したものとされる。*納税者'と生計を一にする扶養親族〔所税2①34〕のうち，合計所得金額が48万円以下の年齢16歳以上の者(控除対象扶養親族〔所税2①34の2〕)]1人につき，その者の年齢や同居の状況に応じて38万円から63万円が，納税者の*総所得金額'等から控除される〔所税84，租特41の16〕。配偶者は扶養親族に入らない。16歳未満の扶養親族については，平成22年の税制改正(法6)で子ども手当(現在の*児童手当')に置き換えられる形で廃止された。個人に対する*住民税'の*所得割'にも類似の扶養控除がある〔地税34①Ⅲ④・314の2①Ⅲ④〕。

不要式行為 ⇨要式行為・不要式行為'
不要証事実 ⇨公知の事実'
扶養請求権 一定の範囲内にある親族相互間〔民877〕で，扶養を必要とする者が，扶養可能な者に対して扶養を求める権利。具体的な権利としては，前者が後者に対して扶養を求めることによって発生し，当事者間の協議あるいは家庭裁判所の調停・審判によって扶養の程度・方法が確定される。この時に履行期が到来する。この権利に基づいて履行の強制はできるが，この権利を処分することはできず，*差押え'や*相続'の対象にはならない*一身専属権'である〔民881・896但，民執152①Ⅱ〕。 ⇨間接強制'

扶養料 親族関係に基づいて具体的に*扶養義務'を負う者が，扶養の方法として要扶養者に給付する金銭その他の生活資料。扶養の方法としては，扶養料の給付による金銭扶養のほか，要扶養者を引き取り扶養する引取扶養がある。なお，別居中あるいは離婚後に夫から妻にその生活を支えるため支払われる金銭を扶養料と呼ぶこともある。

プライバシー 英 privacy 家庭の内情や差別の原因となりうる事情など，通常他人に知られたくないと考えられる個人の私生活に関する情報。20世紀のマスメディアの発展に伴い，このような情報を勝手に公開されない権利(プライバシーの権利)が*人格権'の1つとして認められるようになった。*宴(うたげ)'のあと事件'の第一審判決は，日本で初めて，プライバシーの侵害が*不法行為'〔民709〕になることを認めた。ただし，報道等によるプライバシー侵害の違法性判断には，*表現の自由'との調整が必要になる。最高裁判所は，プライバシーの侵害が不法行為となるかどうかについては，「その事実を公表されない法的利益とこれを公表する理由とを比較衡量し，前者が後者に優越する場合に不法行為が成立する」としている(最判平成15・3・14民集57・3・229)。プライバシーを侵害する表現に対しては，事後的な損害賠償のほか，事前の差止めが認められる場合もある。公権力との関係では，個人が「自分に関する情報をコントロールする権利」(自己情報コントロール権)がプライバシーの権利として憲法13条で保障されているとの見解が有力である。 ⇨名誉' ⇨私生活上の自由'

プライバシーの権利 ⇨プライバシー'

プラグマティズム法学 プラグマティズム哲学の影響を受け，資本主義の自由競争原理の修正が必要となったという時代認識の下で，法もそれに柔軟に対応すべきであることを主張した法学の潮流。代表者は*ホームズ'，*パウンド'，カードーゾ(Benjamin Nathan Cardozo, 1870～1938)ら。革新主義の法理論で，1930年代にはニュー・ディール政策とも結び付いた。ホームズが試みた法に関する偶像破壊は，やがて*リアリズム法学'を生み出したが，パウンドなどはこれと対立した。

ブラックストン Blackstone, Sir William (1723～80) イギリスの法学者。1758年，オックスフォード大学の初代のイギリス法教授となる。その著「イギリス法註釈(ちゅうしゃく)」(全4巻，1765～69)は，その後100年以上にわたって英米の法学教育の基本教科書として用いられた。彼によれば，神の法である*自然法'は一切の人定法の根拠であり，それに優先するところ，イギリスの*コモン・ロー'こそその自然法を具体化したものであり，その判例法主義は大陸の成文法主義に勝るものとした。この楽天的なイギリス法賛美は，聴講者であった*ベンタム'やその弟子*オースティン'などの批判を受けた。晩年は裁判官として活躍，また監獄制度の改革にも尽力した。アメリカ法への影響も大きい。

ブラックリスト 会社間で共謀して，労働組合活動や政治活動等をする労働者のリストを作成して，その就業を妨げようとすること。*労働基準法'は，こうした目的で，*使用者'が第三者と通信をしたり，退職証明書等に秘密の記号を記入することを禁止している〔労基22④〕。

フランクフルト憲法 ⇨ドイツ憲法'

フランス憲法 1 フランスでは，1789年の大革命以後1791年憲法を始めとして，今日まで10を優に超える憲法が制定・施行されてきた。その数の多さもさることながら，その内容も*立憲君主制'・*共和制'・*独裁制'と多様な政治体制を含むものであった。しかし，1868年第

ふらんすじ

三共和制憲法からは，一時独裁的なヴィシー政権を挟むが，第四及び第五共和制憲法と続き，共和制が定着した。
2 既に半世紀以上続く1958年第五共和制憲法は，アルジェリアのクーデターを機にド・ゴール(Charles André Joseph Pierre Marie de Gaulle, 1890〜1970)将軍が政界に復帰し，彼の指導の下で制定されたので，ド・ゴール憲法ともいわれる。この憲法はその地位・権限の強化を伴う*大統領'と首相との二頭制の執行権を定め，かつ合理的議会制の名の下，議会主権の緩和を図るものであった。大統領の任期は伝統的な7年で，首相の任命権，議会の解散権や広い非常事態権限等をもつ強力な大統領が目指された。他面，議会には不信任動議の制限，法律事項の限定そしてその制限を監督する違憲審査機関である憲法院が創設された。憲法院はその活動や憲法改正によりフランスの伝統にはなかった人権保障機関へと展開する。特に，判例による憲法規範の拡大及び事前に加え事後の違憲審査権限を認めた2008年改正はこの機能を進展させた。ほかにも，二十数回に及ぶ憲法改正により憲法はその姿を大きく変えてきた。大統領についてはその任期は5年，その選出は*間接選挙'から直接公選制へ変わり，連続しての三選も禁止された。国民投票対象法案の拡大，それへの議員・国民の共同発案権の創設，欧州統合による憲法規定の調整・変更そして議会の活性化を目指し大統領に対する監督権強化等を含む議会権限の復活等がみられる。

フランス人権宣言　正式には「人及び市民の権利宣言」といい，フランス革命時，1789年8月26日憲法制定議会において採択された。宣言は前文及び17カ条から成り，後の1791年憲法の冒頭にその構成部分としてとり込まれた。ここでは，人の自由・平等が自然権として承認され，法律が「一般意思」の表明とされた。また，近代憲法の内容として，権利保障と権力分立(⇨権力分立主義')が不可欠であることも宣言された。このような宣言は世界各国の憲法に多大の影響を与えた。

フランス民法　フランス民法の法源のうち，最も重要なものはフランス民法典(Code civil)である。同法典は，ナポレオン(Napoléon Bonaparte, 1769〜1821)の命により，ポルタリス(Jean-Étienne-Marie Portalis, 1746〜1807)ら4名の起草委員によって起草され，1804年に公布された。ナポレオン法典とも呼ばれる。編別は，*インスティトゥツィオーネン方式'をとり，1804年当時は，序章のほか，第1編「人」，第2編「財産及び所有権の諸変容」，第3編「所有権取得の諸態様」の3編(約2300カ条)から成っていた(現在は上記3編のほか第4編「担保」，第5編「マイヨットに適用可能な諸規定」の5編から成っている)。同法典は，個人主義思想及び自由平等の思想に貫かれ，近代市民法典の模範とされた。所有権の絶対・契約の自由・過失責任は，3つの柱とされる。しかし，19世紀末から20世紀にかけての資本主義の変容とともに，同法の原理も判例及び学説によって大幅に修正を加えられ，同法の部分的改正や特別法の制定も行われている。更に，第二次大戦後も，多くの領域で改正や追加の規定が設けられた。21世紀に入ってからも相続法・契約法をはじめとして，様々な分野で重要な改正が相次いでいる。*ボアソナード'らによって起草されたわが*旧民法'はフランス民法典を母法として起草されたが，この旧民法から出発して起草された現行民法も，フランス民法の考え方を相当に取り入れている。

ブランダイス・ブリーフ　⇨立法事実'

ブランダイス・ルール　アメリカ合衆国最高裁判所裁判官ブランダイス(Louis Dembitz Brandeis, 1856〜1941)が，Ashwander v. TVA, 297 U.S. 288(1936)の補足意見の中で述べた憲法判断に関する7つの準則。憲法上の争点以外で事案を処理できるならばその判断を下さないという第4準則は*憲法判断回避の原則'に直接関連するが，法律の合憲性を回避できる解釈が可能か否かをまず確認するという第7準則は，違憲判断回避に関連する準則(⇨合憲解釈のアプローチ')であり，他に*事件性'の要件に関連する準則も含まれている。

ブランデンバーグ・テスト　英 Brandenburg Test　暴力の行使ないし違法行為の唱道を罰しうるのは，その唱道が差し迫った非合法な行為を引き起こそうとするものであり，かつそのような行為を生ぜしめる蓋然性のある場合に限り，それ以外には憲法上禁止できないとする基準。*明白かつ現在の危険'の基準を構成する「切迫性」の要件を残し，「重大性」の要件を「非合法な行為」に限定したものといえる(Brandenburg v. Ohio, 395 U.S. 444(1969))。

不利益供述強制の禁止　⇨黙秘権'

不利益処分　1 *行政手続法'上は，*行政庁'が，法令に基づき，特定の者を名宛人として，直接に，これに義務を課し，又はその権利を制限する処分をいい，事実上の行為や，申請により求められた許認可等を拒否する処分，名宛人の同意の下になされる処分，届出に基づき許認

可等の効力を失わせる処分等は除外されている〔行手2④〕。従来から、特定の者を名宛人として法に義務を課し、又はその権利を制限する処分については、講学上侵害処分と呼ばれることも多かったが、不利益処分という語も用いられていた。

2 *国家公務員法'上は、職員の意に反する*降給'・*降任'・*休職'・*免職'その他著しく不利益な処分及び懲戒処分のこと〔国公89①〕。*地方公務員法'上は、職員に対する*懲戒'その他その意に反すると認められる不利益'処分のこと〔地公49①〕。職員の意に反する転任処分・年次休暇取消処分などは不利益処分に当たると一般に解されている。不利益処分を行うときは、処分権者は、処分事由を記載した説明書を交付しなければならず、また、不利益処分に対しては*人事院'(国家公務員の場合)又は*人事委員会'若しくは*公平委員会'(地方公務員の場合)に審査請求(⇨行政上の不服申立て')をすることができる〔国公89・90, 地公49・49の2〕。この審査請求は、一般には(人事院・人事委員会等の事務局職員以外の公務員にとっては)任命権者から独立の第三者機関に対する審査請求である点、請求があれば公開の口頭審理を行わなければならない点に特色がある〔国公91②, 地公50①〕。不利益処分の取消しの訴えに関しては、*不服申立前置'主義がとられている〔国公92の2, 地公51の2〕。

不利益取扱い (使用者の労働者に対する)⇨不当労働行為'

不利益な事実の承認 犯罪事実の全部又は一部の承認だけでなく、犯罪事実を推認させる*間接事実'の承認など、自己に不利益な事実を承認する*被告人'の供述。*伝聞法則'の例外となる〔刑訴322①・324①〕。利益に反する供述とは異なる。

不利益変更の禁止 上訴審が上訴人に不利益に原裁判を変更することは、被上訴人から*上訴'又は*附帯上訴'がない限りできないという原則。

Ⅰ 民事訴訟法上、*審判'の範囲を限定するのは当事者の権能とされ(⇨処分権主義')、裁判所は当事者の*申立て'の範囲を超えて裁判することができない〔民訴246〕。この原則は上訴審においても妥当し、審判の範囲は上訴人の*不服申立て'の範囲に限定される〔民訴296①・304・313・320〕。したがって、被上訴人が独立の上訴又は附帯上訴によって審判の範囲を拡張しない限り、上訴審はせいぜい上訴人の上訴を*棄却'して原裁判を維持することができるにとどまる。上訴人の側からみれば、最悪の場合でも上訴を棄却されるにとどまり、原裁判以上に不利益を受けることはない。ただし、*職権調査事項'・*訴訟費用'の裁判・*仮執行'の宣言などは、この原則の拘束を受けない。また、*形式的形成訴訟'においても、不利益変更の禁止は働かないというのが通説・判例(最判昭和38・10・15民集17・9・1220)の立場である。

Ⅱ 刑事訴訟法上、上訴審では原判決よりも上訴をした被告人に不利益な裁判をすることができないという原則。被告人による上訴又は被告人のための上訴の場合は、原判決より重い刑を言い渡すことができない〔刑訴402・414〕。通説は、これを*処分権主義'の帰結ではなく、被告人側の上訴権の行使を自由にさせようとする政策的な原則とする。そのため検察官が上訴したときには、その理由にかかわらず不利益変更禁止の適用はないとされている。刑の軽重は刑法〔刑10〕によって定まるが、更に、全体として実質的に考慮して決めなければならない。例えば、*主刑'が軽くなっても、*勾留'日数通算が減って執行日数が長くなるとき、*執行猶予'がなくなるときなどは、不利益に重い刑ということになる。被告人の上訴により*破棄'差戻判決があった場合、差戻し後の判決にも適用があるとされている。*再審'の結果の判決にも、適用がある〔刑訴452〕。また、判例は*少年法'上の抗告についても、同様の原則が適用されることを認める(最判平成9・9・18刑集51・8・571)。

Ⅲ *行政不服審査法'上、処分に対する*審査請求'の審査庁が処分庁の上級行政庁又は処分庁であるときは、審査庁は、裁決で当該処分を変更することができる〔行審46①〕。また、事実上の行為についての審査請求において、審査庁が処分庁の上級行政庁である場合は、処分庁に対し当該事実行為を変更するよう命じることができるし、審査庁が処分庁であるときは、当該行為を変更することができる〔行審47〕。これらの場合、審査庁は、審査請求人に不利益となる変更を行うことができない〔行審48〕。かつての訴願(⇨訴願法')に比べて行政不服審査法における不服申立制度が救済手段としての性格を強めたことが、この原則の背景にある。

振替株式 ⇨社債, 株式等の振替に関する法律'

振替機関 *社債, 株式等の振替に関する法律'に基づき、主務大臣の指定を受け、同法及び業務規程の定めに基づき株式等の振替に関する業務を行う*株式会社'〔社債株式振替2②〕。振替制度の加入者のために口座を開設し、*振

ふりかえき

替口座簿'を作成する。超過記載の場合の義務を履行するため，自己のために機関口座を開設できる〔社債株式振替12②〕。振替制度の対象である株式等についての譲渡・買入れは，振替口座簿の記載・記録により定まる(効力要件)。振替口座への記載・記録には*資格授与的効力'がある〔社債株式振替143等〕。振替株式を例にとると，株式が発行される場合には，振替機関は，発行会社から株主となった各加入者の口座，加入者ごとの株式数等の通知を受け，当該口座が自己の振替口座簿にあれば当該口座に株式数を記載・記録し，なければ順次直下位機関である*口座管理機関'に当該情報を通知し該当する口座に記載・記録がなされる〔社債株式振替130〕。振替株式を移転するときは，自己の口座に減少の記載・記録がなされる加入者が直近上位機関に対し振替の申請を行い，階層構造を通じて振替機関に到達し，それぞれの口座管理機関及び振込機関における振替口座簿に所要の記載がなされる〔社債株式振替132〕。振替機関は，振替株式の*株主権'の行使のために，発行会社が定めた基準日等の一定の日の株主の氏名・住所等を会社に速やかに通知しなければならない(⇨総株主通知')。加入者が*少数株主権'等〔社債株式振替147④〕を行使する場合には，加入者による直近上位機関を経由した申出に基づき，振替機関は発行会社に対し当該加入者の氏名・住所等を通知する〔社債株式振替154〕(⇨個別株主通知')。

振替休日　⇨休日振替'

振替口座簿　社債，株式等の振替制度の下で，振替制度の対象である株式等の帰属を明らかにするために，*振替機関'又は口座管理機関が作成する帳簿〔社債株式振替12③・45②〕。株式の振替を例にとると，振替口座簿は，各加入者の口座ごとに区分しなければならない〔社債株式振替129①〕。振替機関の振替口座は，他の者のためにその申出により開設するのが原則であるが〔社債株式振替12①〕，超過記載・記録の場合の買入放棄義務を履行するために自己のための口座(機関口座)を開設できる〔社債株式振替12②〕。下位機関である口座管理機関の振替口座は，加入者である口座管理機関が有する権利を記載・記録する自己口座と〔社債株式振替129②Ⅰ〕，当該口座管理機関の加入者又はその更に下位に位置する機関の加入者が権利を有するものを記載・記録する*顧客口座'とに分かれる〔社債株式振替129②Ⅱ〕。権利の譲渡・買入れには振替口座簿における自己の口座の保有欄・質権欄に増加の記載・記録を受けることが，その移転の効力要件である。顧客口座への記載・記録により，加入者は当該株式等の権利者と推定される〔社債株式振替143等〕。⇨社債，株式等の振替に関する法律'

振替社債　⇨社債，株式等の振替に関する法律'

フリー・キャッシュ・フロー　英 free cash flow　企業のある期間における純現金収支であって，企業が，企業への資金提供者である債権者に対する利息の支払や元本の弁済，株主に対する配当に充てることのできるキャッシュ・フローをいう。営業利益に(1−実効税率)を乗じて得た額に減価償却費を加え，設備投資額を減じて運転資本の増減額を加減して求める。ジェンセン(Michael C. Jensen, 1939〜2024)は，企業が必要以上のキャッシュをもつと，経営者に過剰投資を行うインセンティブが働くとするフリー・キャッシュ・フロー仮説を唱えており，*自己株式'取得は，企業経営者の手元に資金を委ねておくと経営者の裁量権が増大してしまうというモラル・ハザードを回避するための手段として，位置付けられる。

振込指定　銀行等の金融機関(A)が，その債務者(B)の有する売掛債権等の債務者(*第三債務者')(C)に対して，その債務の*弁済'方法として，BがAに開設した特定の口座に金銭を振り込むよう指定すること。Bが債務の弁済を怠った場合に，AがBに対して有する貸付債権と，BがAに対して有する預金債権とを*相殺'することで，Aは，事実上の*優先弁済'を受けることができることから，担保としての機能を有する。*非典型担保'の1つと位置付けられることもある。

振込め詐欺　⇨特殊詐欺'

プリザベーション・クローズ　⇨租税条約'

振出し　**1 意義**　*手形'(*小切手')を発行する行為で，手形行為の一種。*基本手形'を作成するので，基本的*手形(小切手)行為'といわれる。その成立要件については，手形行為の成立要件一般の問題として争われている。
2 効力　*約束手形'では，振出しは支払約束であり，これにより*振出人'は，*為替手形'の*引受人'と同じく，第1次的な無条件の義務を負う。すなわち，所持人は*満期'になれば直接振出人に対して支払を求めることができ，また，*遡求権'保全手続を怠っても振出人は義務を免れない〔手78①〕。為替手形及び小切手では，振出しは*支払人'に対する*支払委託'であり，これによって振出人は，支払人に対して支払権限

を授与し，また，受取人に受領権限を授与するとともに，支払人の*引受拒絶'〔為替手形の場合〕又は*支払拒絶'の場合には*担保責任'を負う〔手9・78，小12〕。

3 振出人と受取人・支払人との関係 手形・小切手の振出人と受取人との間に，例えば売買代金の支払のためというように，手形振出しの原因となる法律関係があり（⇨*手形の原因関係'），また，為替手形の振出人と支払人との間には，例えば，支払人が振出人に売買代金債務を負っているとか，小切手の場合には，振出人が支払人（小切手の支払人は銀行に限られる〔小3〕）に*当座預金'口座を開設しているというように，*資金関係'があるのが通常である。

振出地 *手形'（*小切手'）の振り出された地域として証券面に記載された地。現実に*振出し'のなされた地が記載される必要はない。その記載は*満期'決定の標準である暦〔手37，小30〕・支払通貨〔手41④，小36④〕・*準拠法'の決定〔手附90②・91，小附79〕・小切手の*支払呈示期間'〔小29〕などについて意義を有し，*手形（小切手）要件'とされている〔手1⑦・75⑥，小1⑤〕。しかし，最小独立の行政区画までの記載が必要とされる*支払地'のように厳格に解されておらず，独立の最小行政区より広い地域（例：都道府県・日本など）でもよいとされる。ただし，*約束手形'の振出地の記載は，別に支払地又は*振出人'の住所地の記載のないときは，支払地又は振出人の住所地とみなされるので〔手76③〕，この場合には振出地は支払地と同様の要件を備えることが必要である。なお，振出地の記載は手形要件ではあるが，その記載を欠く場合にも，振出人の名称に肩書地の付記があれば，それが振出地とみなされる〔手2④・76④，小2④〕。

振出人 *手形'・*小切手'の発行者として，手形・小切手上に*署名'した者〔手1⑧・75⑦，小1⑥〕。*約束手形'の振出人は，*為替手形'の*引受人'と同じく，手形の主たる義務者として，第1次的かつ無条件に*手形金額'を支払う義務を負い〔手78①・28〕，為替手形及び小切手の振出人は*遡求'義務を負う〔手9・43，小12・39〕。⇨振出し' ⇨手形（小切手）当事者'

振出日 *手形'（*小切手'）が振り出された日として証券面に記載された日。振出日の記載は，*日付後定期払手形'の*満期'〔手36〕，*一覧払手形'・*一覧後定期払手形'及び小切手の*呈示期間'〔手23①・34①，小29④〕を定めるために必要であり，また*振出人'の能力・代理権の有無等の決定について基準となる時期を一応推定するという意味をもつので，*手形（小切手）要件'とされる〔手1⑦・2①・75⑥・76①，小1⑤・2①〕。また振出日の記載は，手形上の*意思表示'の内容をなすものであって，事実の記録ではないから，実際に振り出された日を記載する必要はなく，将来の日（先日付（さきひづけ））でも過去の日（後日付（あとひづけ））であっても有効である。

プリトライアル ⇨アメリカ民事訴訟法'
プリペイドカード ⇨前払式支払手段'
武力攻撃事態 ⇨防衛出動' ⇨平和安全法制'

武力行使 武力行使とは，通常は，国の正規の*軍隊'による軍事力の行使を意味する。また，外国の反徒に対する武器援助や兵站（へいたん）上の援助等も武力行使とされることがある（ICJ判1986・6・27 Reports 1986・14〈ニカラグア事件本案判決〉）（⇨ニカラグア事件'）。第一次大戦まで，国家による武力行使は*戦時国際法'に従えば国際法上合法とされてきた。第一次大戦後，国際連盟規約や1928年の*不戦条約'により戦争は原則として違法なものとされたが，戦争に至らない武力行使が一般的に国際法上禁止されたわけではなかった。1945年に採択・発効した*国際連合憲章'は，「武力の行使」（英 use of force）を禁止した〔国連憲章2④〕。ここで禁止されているforceの解釈として，軍事力の行使のみを意味するのか，政治的・経済的な力の行使をも含むのかが問題となるが，通常は前者の意味に解されている。武力行使と同様の実質をもつ行為で，国際連合憲章下において許容されるのは，憲章7章下での*強制措置'や憲章51条の*自衛権'行使などに限定される。

武力紛争法 ⇨国際人道法'
フリーランス ⇨雇用類似就業者'
フリンジ・ベネフィット ⇨給与所得'

ふるさと納税 個人が都道府県，市町村又は特別区に対して寄附をすると，寄附額のうち2000円を超える部分について，一定の上限額まで，原則として*所得税'及び個人住民税から全額が控除される制度をいう〔所税78，地税37の2・314の7〕。平成20年度税制改正により導入された。平成27年度税制改正により，上限額が約2倍になり，確定申告を要しないこととする「ワンストップ特例制度」が設けられてから，その利用が大きく拡大し，令和4年度には受入額は約9654億円，受入件数は約5184万件に至った。他方で，一部の地方団体による寄附金を集めるための返礼品の濫用が問題となり，令和元年度税制改正により，返礼品の規制等を目的とする地方団体の指定制度が設けられた。 ⇨

ふれつくす

寄附金税制'

フレックスタイム 英 flextime 　変形労働時間制の一種で，*労使協定'で3カ月以内の一定期間(清算期間)内で平均して1週間当たりの*労働時間'が労働基準法32条1項の労働時間を超えない定めを設ける場合に，*労働者'が1日の労働の開始時間と終了時間を自由に選択できる制度をいう〔労基32の3, 労基則12の3〕。通常は，出退勤を選択できる時間帯(フレキシブル・タイム)と，全員が必ず勤務すべき時間帯(コア・タイム)が定められる。 ⇨変形労働時間制'

プレッシャー・グループス 英 pressure groups 　圧力団体のこと。圧力団体は政治過程の中で，自己の特殊利益を追求する団体として理解されており，普遍的利益の追求を政策とする*政党'，また普遍的利益を追求するための運動としての大衆運動と区別される。日本では，*日本経済団体連合会'などの企業家組織，*日本労働組合総連合会'・*全国労働組合総連合'などの労働者組織，農業協同組合連合会・日本医師会・*日本弁護士連合会'などの職業組織，主婦連合会などの市民組織がそれに数えられる。この圧力団体のために特定の立法や政策の促進又は阻止を目指して議会や政府等に働きかける活動をロビイング，このような運動を行う者をロビイストという。

プレビシット 仏 plébiscite 　人民投票あるいは*国民投票'と訳されることがある。同様の概念としてレファレンダムがあり，両者の厳密な区分は難しい。しばしば，ある行為又はあるテキストの承認にあたって，実際上は支配者個人の信任を国民に問うような国民投票をプレビシットと呼び，レファレンダムと区別がされる。*独裁制'を民主的な手続で粉飾するために用いられることが多い。例としては，ナポレオン(Napoléon Bonaparte, 1769〜1821)が帝政を確立するために行った国民投票が挙げられる。

プレファレンシャル・ショップ ⇨ショップ制'

プレミアム ⇨オプション取引' ⇨保険料'

プロイセン憲法 ⇨ドイツ憲法'

ブローカー 英 broker 　*仲立人'のこと。また，*民事仲立人'を含んで使われることもある。

プログラム規定 　憲法の規定のうちで，国の政策指針を示すにとどまり，法的拘束力や*裁判規範'性をもたないもの。典型的には，国民に対する国の給付義務(ないしそれに対応する国民の権利)を内容とする規定(とりわけ*社会権'の規定)について，問題にされてきた。日本国憲法上は，特に*生存権'〔憲25〕の法的性格について，プログラム規定か裁判規範性を有するか，という形で議論されてきた。判例はプログラム規定説に立つと説明されることもあるが(⇨朝日訴訟'，堀木訴訟')，立法・行政裁量を広く認めつつも，著しく合理性を欠き何らかな裁量の逸脱・濫用の場合等には司法審査が及ぶとしており，限定的ではあるが裁判規範性を認めている。

プログラム著作物 ⇨著作物'
プログラムの登録 ⇨著作物'
プログラム発行 　あらかじめ決められた条件(プログラム)の範囲内で反復・継続的に*社債'を発行すること。主に中期債において採用され，MTN(英 Medium Term Note)プログラムともいう。迅速・機動的な社債発行による資金調達を行うため，募集社債の総額の上限，利率の上限，払込金額の総額の最低金額など，*取締役'への委任の許されない社債の募集に関する事項〔会社362④⑤，会社則99参照〕を*取締役'が決定した上で，*代表取締役'などに一定の期間内におけるその条件の範囲内での具体的な社債発行を委任し，当該代表取締役がそのつど市場動向などを踏まえて社債の具体的内容等を決定して発行するという方法がとられる。

プロ私募 ⇨機関投資家' ⇨私募'
ブロックトレード 英 block trade 　一般に，証券会社が，プロ投資家や大株主などある程度まとまった分量の株式を有する者から，自己勘定で買付けを行い，短期間でプロ投資家等に転売する取引のことを指す。取引所金融商品市場の立会外取引であるトストネット取引や店頭取引により売買が行われるが，立会内取引で転売されることもある。大量保有報告〔金商27の23①・27の25①②・27の26①〕や主要株主の売買報告義務〔金商163①〕の対象となることがあり，*有価証券の売出し'の対象から除外される〔金商1の7の3④〕。5％以上に係る株券等買集め行為は*内部者取引'規制の対象となるが，〔金商167①，金商令31〕，証券会社が*有価証券'の流通の円滑を図るために顧客を相手方として直ちに転売する目的で行うものは適用除外され〔有価証券の取引等の規制に関する内閣府令(平成19内59)62②〕，そうした買集め行為の実施の決定に係る非公開情報は法人関係情報には該当しない結果〔金商業1④⑭〕，金融商品取引業者等が当該情報を顧客に提供して勧誘を行うこと及び当該情報に基づいて自己売買等を行うこと〔金

商業117①[14][16])が可能になった〔証券会社の体制整備として，金商40[2]，金商業123①[27]〕。⇨'トストネット(ToSTNeT)取引'

プロバイダー責任制限法　平成13年法律137号。平成13年当時の正式名称は「特定電気通信役務提供者の損害賠償責任の制限及び発信者情報の開示に関する法律」であったが，令和6年改正によって「特定電気通信による情報の流通によって発生する権利侵害等への対処に関する法律」に改められた。**1 沿革**　インターネットにおいては匿名で情報発信をすることが容易であり，匿名で他人の権利を侵害するような情報発信がなされた場合，被害者は加害者を特定することが難しく，被害の回復が困難であるという問題が存在している。そこで，このような場合の権利侵害の回復を可能とするような法制度を整えることが不可欠であるとされ，平成13年に本法が制定された。本法は令和3年に改正され，イ　発信者情報の開示を1つの手続で行うことを可能とする新たな裁判手続(非訟手続)が創設されるとともに，ロ　開示請求を行うことができる範囲が拡大され，更に令和6年の改正によって，大規模なSNS事業者等(「大規模特定電気通信役務提供者」)に対して，侵害情報送信防止措置の実施手続を迅速化し，送信防止措置の実施状況を透明化するための義務を課すこととなった。
2 内容　本法は，インターネットにおける情報の流通によって権利が侵害された場合について，イ　本法所定の要件を満たした場合にはプロバイダー等の民事上の損害賠償責任が生じないこと(第2章)，ロ　発信者情報の開示請求等(第3章)，ハ　発信者情報開示命令事件に関する裁判手続(第4章)について定めている。

プロブレム・メソッド　⇨'ケース・メソッド'

プロベーション　[英] probation　有罪を認定された者を，矯正施設に収容しないで行う社会内処遇としての*保護観察*をいう。アメリカで，篤志家の奉仕活動から発祥し，専門職員によるケースワーク活動へと発展した。　⇨'パロール'

プロ向け市場制度　**1 意義**　参加者をプロに限定した市場制度のこと。*金融商品取引所*が開設するプロ向け市場のことを，*金融商品取引法*では「特定取引所金融商品市場」といい，特定取引所金融商品市場では，会員等が特定投資家等(特定投資家又は一定の非居住者)以外の者の委託を受けて*有価証券*の買付け(すなわち一般投資家等買付け)をすることが禁止されている〔金商2[32]・117の2〕。なお，店頭売買有価証券市場でも同様の仕組みを講じることができる〔金商67③参照〕。*特定投資家*とは，適格機関投資家(有価証券に対する投資に係る専門的知識及び経験を有する者として内閣府令で定める者)，国，日本銀行，*投資者保護基金*その他の内閣府令で定める法人のことであり〔金商2③I〕，いわゆるプロ投資家である。一定の要件を満たす一般投資家も，法定の手続を経て，特定投資家に移行することができる〔金商34の3・34の4〕。非居住者の参加が認められているのは，プロ向け市場を厚みのある効率的な市場とすることや，非居住者である外国人については母国法に基づく*投資者保護*が図られうること等を考慮したものである。プロ向け市場では，参加者が一定の情報分析能力を備えている者に限定されていることなどを踏まえ，公衆縦覧型の法定開示規制が免除されており，その代わりに最低限の情報提供・公表の枠組みが設けられている〔金商27の31・27の32等〕。
2 経緯と現状　プロ向け市場は，海外企業や国内の新興企業等の資金調達機会の拡大，プロ投資家の投資運用先の拡大(更にはプロ投資家の資産運用の背後に存在する一般投資家の収益機会の拡大)，日本における金融イノベーションの促進などの観点から，平成20年の改正金融商品取引法(法65)により創設された。これを受けて，東京証券取引所グループとロンドン証券取引所は共同出資によりTOKYO AIM取引所を設立し，プロ向け市場であるTOKYO AIMを平成21年(2009)6月に開設した。また，平成23年5月にはプロ向けの債券市場であるTOKYO PRO-BOND Marketが開設された。しかし，TOKYO AIMに上場する会社は僅かな数にとどまったことなどを受けて，東京証券取引所は平成24年7月にTOKYO AIM取引所を吸収合併し，TOKYO AIMという市場名はTOKYO PRO Marketに変更された。

フロントランニング　[英] front-running　*金融商品取引法*上，金融商品取引業者等が顧客から*有価証券*の売買や市場*デリバティブ*取引等の委託を受け，その委託等に係る取引を成立させる前に，自己の計算で同一銘柄の有価証券の売買又は市場デリバティブ取引と同一の取引を成立させることを目的として，顧客の取引価格と同一かそれより良い価格で有価証券の売買又は市場デリバティブ取引をする行為〔金商38[8]，金商業117①[10]〕。顧客注文の情報及びその市場への発注による価格変動を悪用して公正な価格形成を歪曲するものであり，行政処

ふわずいこ

分のほか，悪質な場合は刑事罰も適用されうる〔金商157①〕。

付和随行　*内乱罪'又は*騒乱罪'において，付和雷同的な多衆の集団による*暴行'・*脅迫'行為に参加する行為〔刑77①③・106③〕。自ら暴行・脅迫をする者だけでなく，単に多衆の集団に参加したにすぎない者も「付和随行者」に含まれる。内乱の付和随行者は3年以下の拘禁刑，騒乱の付和随行者は10万円以下の罰金に処せられる。

不渡処分　⇒銀行取引停止処分'

不渡手形(小切手)　*満期'において支払が拒絶された*手形'(*小切手')。電子交換所(⇒手形交換')の交換に持ち出された手形(小切手)(交換持出手形(小切手))が支払義務者の信用に関する事由(資金不足・取引関係不存在など)によって不渡りとなった場合は，電子交換所規則の定めるところにより電子交換所システムに不渡りに係る情報が登録されれば，参加銀行に不渡報告がなされ，その者につき，その不渡手形の交換日から6ヵ月以内に2度目の不渡情報登録が行われたときは，取引停止処分がなされる(⇒銀行取引停止処分')。この処分により，当該交換所参加銀行との間で2年間，債権保全のための貸出しを除き，当座勘定取引及び貸出取引が停止される。支払を拒絶された場合には，所持人は*支払拒絶証書'を作成して(作成が免除されているときは不要)前者に*遡求権'を保全行使できるほか，*振出人'の責任を追及することができる(⇒遡求')。更に手形が原因債権の支払のために授受された場合には，原因関係上の債務者に対して，手形と引換えに原因債権を行使することができる(⇒支払のために')。

文学的及び美術的著作物の保護に関するベルヌ条約　*著作権'の保護に関する国際条約(昭和50条4)。1886年に，ベルヌで締結され，日本は1899年(明治32)に加盟している。同盟国民等の*内国民待遇'を基本とし〔ベルヌ約3～5〕，保護する著作物の最小限度の範囲を定めている。著作権保護に関し無方式主義をとり〔ベルヌ約5②〕，その保護期間を著作者の生存中及び死後50年以上とする〔ベルヌ約7〕。また，著作者人格権の保護も明定されている〔ベルヌ約6の2〕。紛争の解決について，国際司法裁判所に付託できるとされている〔ベルヌ約33〕が，これにより，紛争解決がなされた例はない。しかし，*トリップス(TRIPs)協定'上の義務となっている〔TRIPs9，著作者人格権を除く〕ので，WTO(*世界貿易機関')の加盟国に関しては，その紛争解決手続により，その遵守が担保されている。

文化勲章　昭和12年に*勅令'をもって制定された文化勲章令(勅9)により，学術研究，発明・発見，文芸，美術，音楽等，「文化ノ発達ニ関シ勲績卓絶ナル者」に授与される勲章で，*栄典'の一種。等級はない。他の勲章と異なり，現行憲法の下でも問題がないとされ，引き継がれた。受章者の決定は内閣が行うが，勲章の授与は天皇の*国事に関する行為'とされ〔憲7⑦〕，授章式は毎年文化の日に行われる。文化勲章受章者は，文化功労者年金法(昭和26法125)の上では何の言及もされていないが，文化功労者として終身年金を授与されるのが例であり，現在では文化功労者の中から選ばれるのが慣例でさえある。　⇒文化功労者'

文化功労者　昭和26年制定の文化功労者年金法(法125)により創設された顕彰制度で，「文化の向上発達に関し特に功績顕著な者」をいい，終身年金が支給される。この制度は，*栄典'に特権が伴うことを禁止する日本国憲法14条3項の解釈問題から，文化勲章と切り離して年金支給対象者を選ぶという変則的な設けられ方をしたものである。しかし，文化勲章と文化功労者の2本立てにすることでは問題は本来解決せず，今日では一般に，栄典の範囲内で経済的利益を伴わせることは違憲とはいえないと解されている。なお，文化功労者は，文化庁に置かれる文化審議会が選考した者のうちから文部科学大臣が決定する。　⇒文化勲章'

分割型分割　⇒会社分割'

分割債権関係　数人の債権者が分割して実現することのできる給付(これを可分給付という)を目的とする債権を取得し，あるいは数人の債務者がそのような債務を負担すること。この場合に民法は，特別の意思表示がない限り，その給付は数人の債権者あるいは債務者に分割されると規定している〔民427〕。債権者が多数ある場合を分割債権といい，債務者が多数の場合を分割債務という。しかし，このように債権関係を分割してしまうことは，しばしば当事者の意思に適さない。そこで，解釈によって民法427条の適用領域を狭めようという努力がされている。例えば，共同賃借人の賃料債務を不可分債務と解するのがその例である(⇒不可分債権・不可分債務')。分割債権関係においては，各債権者あるいは各債務者は一定の割合(それは平等と推定される)で分割された独立の債権債務関係を負う。しかし，全債務が合して*双務契約'上の一方の債務となっているときには，反対給付を目的とする債務は分割債務の全部と同時履行の関係に立つ〔民533〕(⇒同時履行の抗

分割払手形 *手形金額'を数口に分割して、それぞれにつき異なる*満期'を定めた*手形'。日本の*手形法'はこれを無効としている〔手33②・77①2,小28〕。

分　限　1 意義 *公務員'の身分の不利益な変動で'懲戒'処分以外の制度の総称。
2 制度 *一般職'公務員については、*不利益処分'〔国公89①,地公49①〕として下されるものとそうではないものとがある。前者は、*降任'・*休職'・*免職'・*降給'といった分限処分であり、法律・人事院規則又は条例に定める事由がなければすることができない〔国公74・75・78〜79,地公27②・28〕。後者は、欠格条項該当や定年退職による失職である〔国公76・81の6,地公28④・28の6〕。令和3年の*国家公務員法'・*地方公務員法'改正(法61・63)は、*定年'引上げを定めるとともに、管理監督職を占める職員について、管理監督職勤務上限年齢(60歳が基本)に達した場合には原則として下位の職に降任又は転任させるものとしたが(役職定年制)〔国公81の2,地公28の2〕,この場合の降任及びこれに伴う降給は不利益処分とされていない〔国公89①括弧・地公49①但〕。いずれについても、懲戒制度とともに公務員の*身分保障'機能を有しており、公正であることが求められる〔国公74①,地公27①〕。*特別職'の*国家公務員'の場合、例えば裁判官については、*裁判官分限法'の定めるところによる。

分社型分割　　⇨会社分割'
文書・準文書　I 民事訴訟法　1 文書 広義では準文書も包含するが、狭義では紙片等の媒体により文字その他の符号をもって何らかの思想が表示されたものをいう。文書に記載されている特定人の思想(意味)を*証拠資料'とするための*証拠調べ'を、*書証'という〔民訴219以下〕。文書の記載内容ではなく媒体や文字等の性質・状態(筆跡・紙質等)を証拠資料とする場合は、*検証'である〔民訴232以下〕。文書には作成者の資格により*公文書・私文書',内容によって*処分証書'と報告証書,形式によって*原本・副本・謄本・正本・抄本'等の種類がある。
2 準文書 図面、写真、録音テープ、ビデオテープなど、情報を表すために作成された物件で文書でないもの。狭義の文書と区別されるが、これを取り調べる証拠調手続は文書のそれに準じる〔民訴231,民訴規147〕。
II 刑法上、*文書偽造罪'における文書とは、文字又はこれに代わる符号を用い、ある程度永続する状態において、物体上に一定の人の思想(意思又は観念)を表示したものであって、社会生活上重要な事項の証明に係るものと定義されている。この意味では通貨及び有価証券も含むが、一般にはこれらを除いて考えられている。更に、広義の文書は、狭義の文書と*図画(ガ)'に分かれる。この両者の差は、文書が発音的記号を用いたもの、図画が象形的符号を用いたものという点にある。文書か否かでしばしば問題になるのは、いわゆる省略文書である。例えば、判例は、郵便局の日付印を特定の郵便局が一定日時に郵便物を引き受けたことを証する公文書であるとしている(大判昭和3・10・9刑集7・683)が、これほど内容が省略されたものは文書とはいえないと反対する学説も多い。一方、思想を表示したものであることを必要とするから、下足札・門札・名刺などは文書ではない。なお、刑法上は偽造罪のほか、*わいせつ文書'頒布罪や*毀棄'罪などでも文書の意義が問題となる。⇨公文書・私文書'　⇨作成名義'

分譲マンション　　⇨区分所有権'
文書閲覧　　⇨閲覧請求'
文書偽造罪　1 意義 *行使'の目的で、正当な作成権限なしに*文書'を作り、又は内容が真実でない文書を作る罪(*電磁的記録'を含む)。広義には、これらの文書を行使する罪(電磁的記録を含む。未遂も罰せられる)を含む。刑法154〜161条の2。その保護*法益'は、社会生活において法律的な権利義務関係や重要な事実関係の証明の手段として重要な意義をもつ文書に対する公共の信用である。⇨公文書偽造罪'⇨虚偽公文書作成罪'⇨公正証書原本不実記載罪'⇨私文書偽造罪'⇨コンピュータ一犯罪'
2 形式主義と実質主義 文書偽造に関する立法主義としては、形式主義と実質主義とがある。形式主義とは、文書の*作成名義'の真正を保護の対象とするものであり、実質主義とは、文書の内容の真実を直接的な保護の対象とするものである。日本の刑法は、原則として形式主義、すなわち有形偽造を処罰の対象とし、無形偽造(虚偽文書の作成)は重要な場合に限って処罰することとして、実質主義を加味していると解されている。⇨有形偽造・無形偽造'

文書成立の真正 *証拠方法'である*文書'が、作成名義人の意思に基づいて作成されたことをいい、*形式的証明力'の前提となる。相手方が文書の成立を争う場合には、立証者は真正を証明しなければならない。ただし、公務員が職務上作成した*公文書'と、本人又はその代理人の署名又は押印がある私文書は、真正に成立

ぶんしよて

したものと推定される〔民訴228〕。⇨証書'

文書提出義務 民事訴訟において，*文書提出命令'発命の前提として認められている義務。民事訴訟法は，イ 当事者が訴訟において引用した文書，ロ 挙証者が所持人に対して引渡し又は閲覧を請求しうる文書，ハ 挙証者の利益のために作成された文書，ニ 挙証者と文書所持者との間の法律関係について作成された文書につき提出義務を認める〔民訴220①〜③〕とともに，その他の文書についても原則として提出義務を認めている〔民訴220④〕。ただし，a 文書所持者等が刑事訴追を受けるおそれがある事実等が記載されている文書，b 公務員の職務上の秘密に関する文書でその提出により公共の利益を害し，又は公務の遂行に著しい支障を生ずるおそれがあるもの，c 職務上黙秘義務を負う事実に記載されている文書又は技術・職業の秘密に関する事項が記載されている文書，d 専ら文書の所持者の利用に供するための文書，及び，e 刑事訴訟に関する書類若しくは少年保護事件の記録又はこれらの事件において押収されている文書については，提出義務が免除されている〔民訴220④イ〜ホ〕。いずれの提出義務免除も開示による弊害を理由とするものであるが，eに関しては，刑事訴訟法，刑事確定訴訟記録法（昭和62法64），犯罪被害者保護法，*少年法'，少年審判規則において，開示による弊害と開示の必要との調整に配慮した開示・交付の手続が別に設けられていることも理由とされる。

文書提出命令 民事訴訟において，*文書'を証拠として使用するために，所持者にその提出を命ずる裁判所の決定。文書の所持者に文書提出義務があることが前提となる。民事訴訟法220条4号ニの提出義務除外文書に該当するか否かを判断するためには，*インカメラ手続'を用いることもできる〔民訴223⑥〕。提出命令の申立てにおいては，文書を特定しなければならないが，特定が著しく困難である場合には，申立てに係る文書を識別できる事項を明らかにし，裁判所に，所持者に対し文書の特定を可能とする事項の明示を求めるよう申し出ることができる〔民訴222〕。当事者である文書所持者が文書提出命令に従わなかった場合，裁判所は文書の記載内容に関する相手方の主張を真実と認めることができ，また文書の記載内容についての具体的主張及び他の証拠による*要証事実'の証明が著しく困難であるときは，要証事実を真実と認めることもできる〔民訴224〕。第三者が文書提出命令に従わない場合，裁判所は20万円以下の*過料'に処することができる〔民訴225①〕。⇨文書提出義務'

文書の証明力 *文書'の記載内容が立証事項の証明に寄与する程度をいう。*証書'では，原則として，文書の記載内容が作成者の思想の表現であること（*形式的証明力'）が認められて初めて，その内容が立証事項を証明するのにどの程度寄与するか（*実質的証明力'）が検討される。通常は，*文書成立の真正'が認められれば，形式的証明力も肯定されるが，習字目的で作成された文書のように，成立が真正でも思想が表現されていない文書の形式的証明力は否定される。実質的証明力の有無は，裁判官の自由な心証によって決められる（*自由心証主義'）。*処分証書'の場合，形式的証明力が認められれば，記載内容である*法律行為'の存在も認められるため，実質的証明力が高いが，それ以外の報告証書の場合は，形式的証明力が認められても，諸般の事情を考慮して実質的証明力を判断する必要がある。

文書の真正 ⇨文書成立の真正'

分析法学 法現象の経験的研究とも実践的な法解釈学とも違って，「法」「義務」「権利」といった概念の分析を重視する法理論の方法。*ベンタム'，*オースティン'，*ハート'など英語圏の法実証主義者が特に活用してきたが，その学派だけに限定されるアプローチではない。法的言語の用法に関心を示すことが多いが，それは用語法自体が重要だと考えるからではなく，その中に現われる思考の前提や枠組みを明らかにするためである。分析哲学の法学における応用ともいえる。一方，法に関する分析的主張と経験的主張及び評価的主張が不可分だとする立場からは批判を受ける。

紛争解決請求権説 ⇨訴権'

紛争調整委員会 *個別労働関係紛争の解決の促進に関する法律'における紛争の*あっせん'及び*男女雇用機会均等法'，*パート有期労働法'，*育児介護休業法'，障害者雇用促進法における*調停'を行うために都道府県労働局に設けられた機関〔個別労紛5・6，雇均18，短時有期25，育介52の5，障害雇用74の7〕。厚生労働大臣が任命する3人以上の委員により構成される〔個別労紛7①〕。委員の任期は2年〔個別労紛8①〕。

1 個別労働関係紛争のあっせん 3名のあっせん（斡旋）委員が，紛争当事者から意見を聴取するほか，必要に応じ参考人から意見を聴取し，又はこれらの者に意見書の提出を求める。全員一致であっせん案を作成し紛争当事者に提示するが，あっせんによっては紛争の解決の見込みがないときには，あっせんの打切りができる〔個別

ぶんみん

労紛5・12〜15]。

2 男女雇用機会均等法などにおける調停 3名の調停委員で構成される調停委員会が調停案を作成し、関係当事者に対してその受諾の勧告ができる[均等16・18〜26]。パート有期労働法、育児介護休業法及び障害者雇用促進法の調停は、男女雇用機会均等法の手続が準用される[短時有期26、育介52の6、障害雇用74の8]。

分　損　*損害保険'において、発生した損害の態様として、分損と全損という区別がある。分損とは、*被保険利益'の一部が滅失した場合のことであり、全損とは被保険利益の全てが滅失した場合のことである。損害保険では支払保険金額は損害額によるところ、全損の場合には損害額は目的物の評価額(*保険価額')により算出され、分損の場合には損害額は修理費用等の額により算出されるのが原則である。ただし、貨物海上保険等では、分損につき、支払保険金額は、分損計算という特有の方法で算出される。実務上は、支払保険金額＝保険金額×(到達地正品価格−到達地損品価格)／到達地正品市価とされる。商法では、損害のない貨物の価額と損品価額を基礎にした同様の算定方法を定めているところ[商827]、到達地の価格として具体化し、価格の変動の影響を排除しようとしたのである。

分担管理原則　*内閣'の職権に属する行政事務を、*内閣総理大臣'その他の*国務大臣'が分担して管理する原則をいう[内3①、行組5①]。行政事務を分担して管理する立場における各大臣を*主任の大臣'と呼ぶ。分担管理する事務については、内閣府設置法及び各省設置法により定められる。

分担金　国・*地方公共団体'等が行う特定の事業等に関し、必要な経費に充てるため、特に利益を受ける者にその受益の限度において課する金銭給付義務[自治224、都開120]。人的公用負担の一種で、*負担金'とほぼ同じである。地方公共団体の課するものについては*地方自治法'上、手続等について特別の定めがある[自治228・231の3、自治令153]。なお、国と地方公共団体の間及び地方公共団体相互間において経費の負担区分に基づいて負担する金銭給付を指す場合もある[海岸28]。

分配可能額　*剰余金の配当'又は自己の株式の一定の有償取得[会社461①⒈〜⒏]にあたって、その行為により*株式会社'が株主に対して交付する金銭その他の財産(その株式会社の株式を除く)の帳簿価額の総額が超えてはならないとされている額[会社461①]であり、また、株式会社がその*取得条項付株式'又は*取得請求権付株式'を取得するのと引換えに交付する金銭その他の財産(その株式会社の株式を除く)の帳簿価額の総額が超える場合にはその株式を取得できないとされている額[会社166①但・170⑤]でもある。会社法制定前の配当可能利益、中間配当可能額及び自己株式取得限度額に相当するもの。「剰余金の額[会社446、会社計算149・150]と*臨時計算書類'につき*株主総会'の承認(株主総会の承認を要しない場合[会社441④但、会社計算135]には*取締役会'の承認)を受けた場合における臨時会計年度に係る利益の額として法務省令で定める各勘定科目に計上した額[会社計算156]及び臨時会計年度中に自己株式を処分した場合におけるその自己株式の対価の額とを合計した額」から「自己株式の帳簿価額、最終事業年度の末日後に自己株式を処分した場合におけるその自己株式の対価の額、臨時計算書類につき株主総会の承認(株主総会の承認を要しない場合には取締役会の承認)を受けた場合における臨時会計年度に係る損失の額として法務省令で定める各勘定科目に計上した額[会社計算157]及び法務省令で定める各勘定科目に計上した額[会社計算158]の合計額を合計した額」を減じて算定する[会社461②]。　⇨自己の株式の取得'　*取締役の責任'

分　筆　*一筆(ひつ)'の土地を分割して複数筆の土地とすること[不登39]。*合筆(ひつ)'に対する。不動産登記簿(⇨登記簿')上の1個の土地の範囲及び土地の個数の変更にすぎない。

分別の利益　例えば、A・B・Cが共にDの負っている主たる債務(例えば90万円)について保証人になると(*共同保証'の場合)、*保証債務'はA・B・Cに分割され、A・B・Cは原則として主債務の額を平等の割合で分割した額(各自30万円)についてだけ保証債務を負担すればよいものとされている[民456・427]。これを分別の利益という。債権者には不利な制度であり、立法の当否が疑われている。債権者が分別の利益を失わせるには、主たる債務についてA・B・Cが連帯して保証する旨の特約(保証連帯)をすればよい。また、*連帯保証'の場合や不可分債務(⇨不可分債権・不可分債務')の保証の場合にも、分別の利益はない。　⇨分割債権関係'

文　民　civilianの訳語。
Ⅰ　日本国憲法は、「*内閣総理大臣'その他の*国務大臣'は、文民でなければならない」とする[憲66②]。この規定は*極東委員会'の要請に基づき、*貴族院'で追加挿入された。「文民」

ぶんみんと

の意義について，イ 現在職業軍人でない者，ロ 過去において職業軍人の経歴をもたない者，ハ 過去において職業軍人の経歴を有しかつ軍国主義思想に深く染まっている者以外の者，ニ 自衛官の職にある者以外の者などの見解がある。実務上はハかつニをもって「文民」としていると理解される。'自衛隊'の存在を考えると，大臣が文民であることの結果，軍に対する指揮権が文民の統制の下に置かれることとなり，この条項によって'文民統制の原則'が成り立つことになる。

II 国際法上は，'敵対行為'を行う資格がなく，同時にその対象ともされない者。第二次大戦後，「戦時における文民の保護に関する1949年8月12日のジュネーヴ条約」（第4条約）が'ジュネーヴ四条約'中に置かれた。保護が確立しているのは，文民の中で敵対行為を行わないことにおいて明確な者（傷病者・妊産婦・児童等）であるが，全面戦争・'ゲリラ'戦等を通じて，保護を文民一般に広げる必要が強まりつつある。'ジュネーヴ四条約の追加議定書'は，軍事行動から生ずる危険に対して文民が一般的保護を受けると規定する〔ジュネーヴ追加議定書 I 50・51〕。保護規定の発達の反面，'戦闘員'に対する害敵行為の過程で，文民被害が増大している。また，敵対行為への「直接参加」〔ジュネーヴ追加議定書 I 51③・II 13③〕の解釈の問題など，文民と戦闘員の区別が困難な場合も少なくない。

文民統制の原則　軍人に対して'文民'が指揮権をもち，統制するという建前。civilian control 英 の訳で，文民優越制（英 civilian supremacy）ともいう。この原則は，軍人が政治に介入すれば軍事が政治に優越する結果を招き，民主政治に危機をもたらすという認識の下に，軍事に対して民主的統制を加えて，それを未然に防ぐという配慮から生まれた。バージニア州憲法でこの原則を確立したのが始まりで，'アメリカ合衆国憲法'も「大統領は合衆国の陸海軍…の総指揮官である」〔アメリカ合衆国憲法 2 II①〕と定めている。日本国憲法が，内閣総理大臣その他の国務大臣は文民でなければならないと定めている〔憲66②〕のも，この趣旨である。民主的統制を受けない軍隊をもつ国家においては，軍隊がしばしば人民に敵対する存在となるという歴史的経験に鑑みると，'自衛隊'の組織と実力が大きくなった現在の日本において，政治が軍事に優越しなければならない必要性がますます高まっているといえる。

文明国標準主義　⇨国際標準主義'
文面上違憲無効　当該事件の判決（司法）事実（⇨立法事実'）とは無関係に法令の文面上の合憲性を審査し（文面審査），規定の文言が漠然としていたり，過度に広汎であったり，'事前抑制'の禁止に触れる場合などに，その法令の規定自体を違憲・無効とする手法が用いられる。この手法の帰結を，文面上違憲又は文面上違憲という。法令を文面上違憲無効とする判決といえども当該法令を廃止する効力を有するわけではないが，判例の'先例'拘束力を通じて，特に最高裁判所の判決の場合には，事実上強い影響力をもつ。⇨漠然性のゆえに無効の理論' ⇨過度の広汎性のゆえに無効の理論' ⇨違憲判決の効力'

文理解釈　⇨法の解釈'
分離課税　総合所得税制度の下において，一定の種類の所得あるいは一定の源泉の所得について，例外的に他の所得と総合せず，分離して課税すること。総合課税に対する観念。現在の日本の分離課税の制度には，次の2形態がある。イ '確定申告'による分離課税（山林所得等）〔所得89等〕，ロ '源泉分離課税'（租特3・3の3・8の2等〕。なお，一定の非居住者・外国法人（日本国内に'恒久的施設'を有しない者）の一定の投資所得についても，分離課税が採用されている〔所得212③〕。⇨土地譲渡所得の分離課税'

分離可能性　実体法上の契約（主契約）の中に規定された紛争解決条項の運命が，主契約とは別個独立に決定されること。独立性ともいう。例えば，売買契約が有効に成立したか否か争いがあるときであっても，その売買契約中の仲裁条項には当然にその効力を妨げられるわけではない〔仲裁15⑦〕。分離可能性を認めなければ，主契約を巡る紛争の解決方法として挿入した仲裁条項が機能せずに同条項を挿入した意味がなくなるからである。裁判管轄条項についても分離可能性が認められる。なお，例えば詐欺・錯誤により契約全体が取消し可能なときは，仲裁合意等が拘束力をもつことは不合理であるので，当該合意も取消し可能となる。

分類官職・非分類官職　'一般職'の国家公務員の官職（⇨職（公務員の）'）のうち，'職階制'により分類される官職を分類官職といい，それ以外の官職を非分類官職と称していた〔人規〈8-12〉旧5②〕。検察官の官職と非常勤の官職が非分類官職とされ〔人規〈6-3〉旧1〕，非分類官職は，その任用の点で分類官職と異なる扱いを受けることとされていた〔人規〈8-12〉旧9④・旧14・旧15・旧26①①・旧45④等〕。一般職に属する官職は，非分類官職を除き，原則として職階制によ

らない分類を禁止されていた〔国公旧32〕。ただし，国家公務員についての職階制の廃止(平成19法108)により，この分類は意義を失うことになった。

分類処遇 矯正施設において収容者を分類して処遇すること。広義には執行の便宜のための分類(男女別・刑期別等)や悪風感染防止のための分類(累入・初入別，成人・少年別等)を含むため，矯正施設の開設当初より存在したといえるが，狭義の分類処遇すなわち科学的調査に基づく処遇グループを作るための分類は，20世紀に入ってアメリカにおいて開始された。日本においても昭和23年の受刑者分類調査要綱によって導入され，昭和47年の受刑者分類規程(矯医訓557)によって10種の収容分類級と7種の処遇分類級が定められた。しかし，平成18年の「刑事施設及び受刑者の処遇等に関する法律」(⇨*刑事収容施設法')施行に伴い，改正受刑者分類規程(平成13矯医訓662)も廃され，入所時の処遇調査によって受刑者ごとに指定される処遇指標に基づき実施される集団編成のもと，矯正処遇が実施されるものとされた〔刑事収容86，平成18矯成訓3314〕。

へ

兵役の義務 軍務に服する義務(⇨*徴兵制')。*明治憲法'では，納税とともに臣民の義務の1つとされ，明文で定められていた〔明憲20〕。具体的には兵役法(昭和2法47)により，内地人にだけその義務が課され，兵役忌避者は3年以下の懲役に処せられることになっていた〔兵役法74〕。日本国憲法では軍備を廃止しているので，兵役の義務は本来存在しえない(⇨*戦争の放棄')。なお，外国では，信仰・思想などに基づく兵役拒否が認められる方向に進みつつある(*良心的兵役拒否'，例えばアメリカのクエーカー教徒の場合)。

ペイオフ　⇨*金融機関の破綻処理'
平穏説　⇨*住居侵入罪'
併科　⇨*刑の併科'
閉会(議会の)　議会が*会期'の終了によりその活動能力を失うこと又は失っている状態。衆議院が*解散'されると，参議院は同時に閉会となる〔憲54②〕。会期中一時活動を中止する*休会'とは異なり，再び活動能力をもつには，国会の場合は*召集'(*地方公共団体の議会'では*招集')という行為が必要。閉会中は*委員会'も活動できないが，例外的に国会各議院(又は地方議会)がその議決によって特に付託した案件については審査を行うことが認められる〔国会47②，自治109⑧〕。⇨*継続審査'

閉会中審査　⇨*継続審査'
兵器　⇨*大量破壊兵器'　⇨*通常兵器'
平均課税 変動所得〔所税2①㉓〕及び臨時所得〔所税2①㉔〕について，それが変動性のもの(例えば原稿料)又は臨時的なもの(例えばプロ野球選手の契約金)であることに鑑み，高い*累進税率'の適用を緩和し，納税者を過重な租税負担から免れさせるため，納税者の選択により，これらの所得を計算上数年間にわたって平均化して課税する制度で，その方法は，*所得税法'90条に規定されている。

平均賃金 原則として，それを算定すべき事由の発生した日以前の3カ月間にその労働者に支払われた賃金の総額をその期間の総日数で割った金額〔労基12①〕。臨時に支払われた賃金等は算入しない〔労基12④〕。平均賃金は，解

へいこうけ

雇予告手当〔労基20〕，*休業手当〔労基26〕，年休手当〔労基39⑨〕，災害補償〔労基76・77・79～82〕の算定基礎として用いられる。また*就業規則に定める減給額の制限との関係でも平均賃金が用いられる〔労基91〕。

並行権限　同一事項の処理権限が複数の機関，特に行政機関に属する場合の権限のこと。いわゆるダブルトラック。かんずく，地方公共団体が処理している事務と同一の内容の事務を，国が自らの権限として行使することが法の定めにより例外的に認められる場合〔例：建基17⑦，廃棄物24の3〕を指す。並行権限の行使が，*国の関与'に該当する場合もあり，また，*自治事務'に関して行使する場合には，書面による事前通知が必要である〔自治250の6〕。

併合罪　1 意義　広義には，同一人の犯した数個の犯罪であって，同時審判が可能であり又は可能であったもの一切をいう。狭義には，数罪のうち，*科刑上一罪'とされるものを除いて，刑法45条に定めるもの(実在的競合)だけを指す。すなわち，確定裁判を経ない数罪は原則として併合罪である〔刑45前〕。しかし，もし1つの罪について*拘禁刑'以上の*確定判決'が存在するときは，その罪とその判決確定前に犯した罪(これを*余罪'と呼ぶ)だけとが併合罪になる〔刑45後〕。したがって，拘禁刑以上の確定判決(表のD罪)の前後にそれぞれ数罪あれば，前のもの(表のA～D罪)が1つの併合罪のグループ，後のもの(表のE罪・F罪)が1つの併合罪のグループとなり，両グループ相互間には併合罪関係は成立しない。したがって，甲・乙グループそれぞれに刑を言い渡すことになる。

〔表：確定裁判の前後における併合罪の関係〕

(注)　A～F罪は，いずれも有期拘禁刑に処せられる罪である。

2 処断　併合罪の処断については，各罪各別に刑を定めて独立に執行する併科主義，最も重い罪について定める刑だけによって処断する吸収主義，最も重い罪について定められた刑に一定の加重をした単一の刑で処断する加重主義の3つの立法主義がある。現行刑法は，有期の拘禁刑の場合には加重主義により〔刑47・48②〕，極めて例外的に吸収主義〔刑46〕又は併科主義〔刑48①・49〕をとっており，有期拘禁刑の場合には，併科主義に比すれば軽く，吸収主義に比すれば重く処罰されていることになる。

併合審理主義　⇨集中審理主義・併行審理主義'

並行輸入　外国で真正商品を購入後，これを，販売元の外国企業の総代理店等，(当該外国企業からみて)正規の輸入ルートを通すことなく，日本国内に輸入すること。外国で適法に拡布された商品が日本国内に輸入され，流通した場合，日本の*知的財産権'に基づいて，その輸入，国内販売等を差し止めることができるか，という問題がある。イ *著作権'については，*譲渡権'につき明文で権利行使ができないとされている〔著作26の2②⑤〕。ただし，頒布権については争いがある。ロ *特許権'については，判例により，わが国特許権者又はこれと同視しうる者が国外において特許製品を譲渡した場合，当該製品について販売先ないし使用地域から日本を除外する旨を当譲受人との間で合意した上，これを特許製品に明確に表示した場合を除き，特許権者は，わが国特許権を行使することが許されないとされている(最判平成9・7・1民集51・6・2299〈BBS事件〉)。ハ *商標権'に関しては，特許権と異なり，除外表示の有無にかかわらず，a 当該商標が外国の商標権者又はその使用許諾を受けた者により適法に付されたものであって，b 当該外国における商標権者とわが国の商標権者とが同一人又は法律的・経済的に同一人と同視しうるような関係にあるために当該商標がわが国登録商標と同一の出所を表示するものであって，かつ c わが国の商標権者が直接ないし間接的に当該商品の品質管理を行いうる立場にあることから当該商品とわが国の商標権者が登録商標を付した商品とが当該登録商標の保証する品質において実質的に差異がないと評価される場合には，真正商品の並行輸入として，商標権侵害としての実質的違法性を欠くとするのが判例である(最判平成15・2・27民集57・2・125〈フレッドペリー事件〉)。

並行理論　ドイツで提唱された考え方で，*非訟事件'については，国際私法による*準拠法'所属国に*国際裁判管轄'が認められるべきという考え。非訟事件では，実体法と手続法とが密接不可分で，外国実体法による手続の実施は極めて困難であることがその根拠とされる。日本の*法適用通則法'では後見開始の審判等や失踪宣告について，日本の裁判所に管轄があるかをまず定め，日本で手続をする場合には常に

日本法によるとされている〔法適用5・6〕。

米国預託証券　　⇨エー・ディー・アール(ADR)'

閉鎖会社　　*株式会社'のうち、発行する全ての*株式'の内容として*定款'に譲渡制限の定めのある非公開会社のほか、株式の流通市場が存在しない会社をいう。相互に人的関係のある少数の*株主'から構成されるのが通常であり、定款自治の利用や株主(社員)間契約(⇨株主間契約')の締結などにより、関係者間で様々なアレンジメントがなされ、柔軟に運営されることが多い。流通市場が存在せず、株主がその保有する株式を第三者に譲渡して退出することが困難であることなどから、*支配株主'が従属株主を搾取したり不当に取り扱ったりする危険が大きい。同族会社の多くは閉鎖会社である。上場会社に対する概念として用いられることもある。*持分会社'は、その持分を*金融商品取引所'(証券取引所)に上場することができず、基本的に、閉鎖会社に該当する。また、閉鎖会社の中には、規模の大きな会社も存在する。　⇨同族会社'　⇨非公開会社'　⇨デッドロック'

閉鎖式担保　　⇨オープン・エンド・モーゲッジ'

米州機構　英 Organization of American States；略称 OAS　　米州地域の平和と相互理解の促進等を目的とする地域的国際組織。19世紀末以来、米州諸国が多数の会議を通じて形成してきた地域協力の制度を発展させ、1951年に発足した。最高機関である総会のほか、緊急問題を審議する外務大臣協議会議、理事会、事務局(パン・アメリカン・ユニオン)、米州法律委員会等が置かれている。事務局はワシントン。加盟国は南北アメリカとカリブ海域の35カ国。安全保障の分野では*国際連合憲章'8章の地域的機関(⇨地域的取極(とりきめ)')'として位置付けられ、全米相互援助条約(リオデジャネイロ条約)が、同憲章51条の個別的又は集団的*自衛権'の行使を加盟国に義務付けた。設立当初はアメリカ合衆国主導の反共同盟の色彩が強く、キューバの追放(1962)やドミニカ進攻(1965)を決定した。その後、ナショナリズムの高揚とともに、中南米諸国が結束してアメリカ合衆国にあたる場となり、フォークランド紛争でアルゼンチン支持を表明したり、累積債務問題で債務国の立場を主張するなど、アメリカ合衆国の思惑に反する路線を打ち出した。近年は選挙監視活動等、域内の民主化の確立・維持に取り組んでいる。

併存組合　　同一企業内に存在する複数の*労働組合'のことをいう。判例は、使用者に対してかかる併存組合間における*中立保持義務'を課しつつ、各組合の交渉力の差に応じた合理的対応については義務違反を構成しないとするが、一方の組合に対する*団結権'の否認が決定的動機となって行われた行為が既に存在するなど特段の事情がある場合には、*不当労働行為'の成立する余地があるとする(最判昭和60・4・23民集39・3・730*日産自動車(計画残業)事件')。

併存的債務引受け　　⇨債務引受け'

ヘイト・スピーチ　英 hate speech　　特定の民族や宗教などの集団に属する人々に対し、憎悪に基づく差別的・侮蔑的な呼びかけを行うなどして、社会からの排除を煽動(せんどう)するような言論活動。歴史的には、ヨーロッパでの反ユダヤ主義的表現やアメリカでの人種差別的表現などが大きな問題となっている。日本では、以前から部落差別的な表現が問題視されてきたが、近年では特に在日韓国・朝鮮人を侮辱し、危害を加える旨を公言しつつ日本社会からの排除を主張するようなヘイト・スピーチが目立ってきた。このようなヘイト・スピーチはインターネット上でなされるほか、対象となる住民が多く住む地域をねらったデモ行進として公然と行われることもある。ヘイト・スピーチが、個人に対して行われる場合には、現行法下でも名誉毀損(⇨名誉')や*脅迫'といった刑事・民事上違法な行為となりうるが、集団そのものに対して行われる場合は明確な被害者がいないため、その規制の是非については*表現の自由'との関係で難しい問題が生じる。日本では、在日韓国・朝鮮人へのヘイト・スピーチの増大に対処するため、平成28年に「本邦外出身者に対する不当な差別的言動の解消に向けた取組の推進に関する法律」が制定された(法68)。同法は、「不当な差別的言動は許されない」(前文)と明言するが、それを法的に禁止するわけではなく、国や地方公共団体に施策を求める理念法である。ヘイト・スピーチに対しては、いくつかの地方公共団体も独自の対策のための条例を制定している。その1つである、市の区域内等でヘイト・スピーチが行われた場合、行為者の氏名等を公表し、その拡散を是正措置を講ずる等定める大阪市の条例について、最高裁判所は憲法21条1項に反しないと判断している(最判令和4・2・15民集76・2・190)。ヘイト・スピーチを繰り返し行っている団体に集会場などの公の施設を使用させてよいかも、議論の対象となっている。

併任　　現に官職(⇨職(公務員)')に*任'されている者を、その官職を占めさせたま

へびあす

ま、他の官職に*任命'すること〔人規⟨8-12⟩4⑥〕。具体的に法令が認めている場合のほかは、人事院規則で定める一定の場合に限ってなしうる〔人規⟨8-12⟩35〕。*任命権者'を異にする官職に職員を併任するには、現に任用されている官職の任命権者の同意を得なければならない〔人規⟨8-12⟩6③〕。任命権者はいつでも併任を解除することができ、また、併任を必要とする事由が消滅したときは、速やかに併任を解除しなければならない〔人規⟨8-12⟩37〕。併任において勤務時間の重ならない部分については、別途給与を受けることができる〔人規⟨8-12⟩38〕。

ヘイビアス・コーパス 圖医 habeas corpus 「身柄提出」が原意。英米法上、不当に*人身の自由'が奪われている場合に、拘束している者に対して裁判所が被拘束者の身柄の提出を命じる令状。人身保護令状と呼ばれる。不法*監禁'等に対する最も有力な救済手段である。日本国憲法34条はこの精神に基づくと理解されている。⇨人身保護法'

平和安全法制 **1 概説** 既存の法律10本を改正する平和安全法制整備法及び新規立法である国際平和支援法から成る(平成27年(2015)成立)。日本国憲法9条に関する従来の政府解釈の基本的な論理の枠内で、国民の命と我が国の平和を守るために必要な法律の整備であると説明された。改正・新規制定事項は広範に及び、戦後の防衛法制を大幅に変更する法制整備であり、広く議論を呼んだ(⇨自衛隊' '集団的自衛権')。主な内容は、平成26年(2014)7月の閣議決定「国の存立を全うし、国民を守るための切れ目のない安全保障法制の整備について」による「武力の行使の三要件」の法制化であり、我が国の平和と安全に資する活動を行う外国*軍隊'に対する後方支援活動等、国際社会の平和と安全のために活動する外国軍隊への協力支援活動等、船舶検査活動の拡充、国際的な平和協力活動の拡充、平時における米軍等の武器等防護、在外邦人等の保護措置、平時における米軍への物品役務の提供の対象拡大などを定める包括的な法制整備である。また、本法制は「日米防衛協力のための指針」(2015)(日米ガイドライン)の国内法制化という側面をもつ。

2 存立危機事態 既存の法律に武力攻撃事態対処法があり、そこでは個別的*自衛権'の行使として自衛隊が*武力行使'をする「武力攻撃が発生した事態又は武力攻撃が発生する明白な危険が切迫していると認められるに至った事態」(武力攻撃事態、武力攻撃切迫事態)〔武力攻撃事態2②〕と、その手前の武力攻撃予測事態が定められている〔武力攻撃事態2③〕。本法制により存立危機事態として「我が国と密接な関係にある他国に対する武力攻撃が発生し、これにより我が国の存立が脅かされ、国民の生命、自由及び幸福追求の権利が根底から覆される明白な危険がある事態」が加わった〔武力攻撃事態2④〕。武力攻撃予測事態、武力攻撃切迫事態、武力攻撃事態及び存立危機事態は相互排他的な概念ではなく、併存もありうると政府は説明している。

3 重要影響事態・国際平和共同対処事態 本法制により、これらの事態における支援活動等は他国が現に戦闘行為を行っている現場ではない戦闘地域でも行うことができるようになった〔重要影響事態2③、国際平和支援2③等〕。国際平和共同対処事態(⇨国際平和支援法')における活動の、内容面では*重要影響事態'におけるそれと重なる。政府はそのような場合には重要影響事態法を優先適用するとしたが、法文上は明確ではない。

4 国会の承認 存立危機事態対処のための*防衛出動'、重要影響事態における後方支援活動等の措置、国際平和共同対処事態における協力支援活動等の措置、平和維持隊(⇨国際連合平和維持活動等に対する協力に関する法律')の本体業務と安全確保業務の実施について、国会の*承認'が必要とされる(承認案件)。なお、これらの国会承認には*衆議院の優越'規定がないため、衆議院*解散'時における参議院の*緊急集会'〔憲54②〕の場合を除き、両院の議決が一致しない場合には承認されない。武力攻撃事態等や存立危機事態において防衛出動を自衛隊に命ずるに際しては、原則として国会の事前承認を要するが、特に緊急の必要があり事前に承認を得るいとまがない場合には事後承認が認められる〔自衛76①、武力攻撃事態9④〕。また、武力攻撃事態対処基本方針と同様に、存立危機事態対処基本方針も、閣議決定後、直ちに国会の承認を求めなければならない〔武力攻撃事態9⑦〕。重要影響事態における後方支援活動等は、原則として国会の事前承認を必要とするが〔重要影響事態5①〕、緊急の必要がある場合には、事後、速やかに対応措置の実施について国会の承認を求めなければならない〔重要影響事態5②〕。これに対し、国際平和共同対処事態における協力支援活動等の実施については、実施前に基本計画を添えて国会の承認を得なければならず、例外なく国会の事前承認が必要である〔国際平和支援6①〕。なお対応措置開始から2年を超える場合には再承認が必要であり、その場合に限り、国会閉会中と衆議院解散中の場合には事後承認

へいわじょ

が認められる〔国際平和支援6②〜⑤〕。

5 米軍等武器等防護 武力攻撃に至らない侵害（グレーゾーン事態）への対処の1つとして米軍等の武器等防護が導入された。「日米防衛協力のための指針」(2015)が相互の「アセット（装備品等）防護」を規定しており，武力攻撃事態や存立危機事態に限らず，平時や重要影響事態，そして国際平和共同対処事態において，装備品等の防護をするため，自衛隊による武器等防護〔自衛95〕を米軍等の部隊の武器等の防護へも及ぼすべく，自衛隊法95条の2が新設された。これにより，米軍等からの要請があった場合で，米軍等が自衛隊と連携して「我が国の防衛に資する活動」に現に従事しており，防衛大臣が必要と認めたとき，防護のために個々の自衛官に武器使用権限が与えられている（⇨武器の使用）。本条1項は，法文上は米軍等の武力行使との一体化が生じないよう入念に規定されているとはいえ，他国軍隊に対する対等な立場による活動は，集団的自衛権の文脈で整理される必要があるとも批判されている。

平和維持活動 ⇨国際連合平和維持活動'

平和義務 **1 意義** '労働協約'の有効期間中，当該協約に定められた解決済みの事項の改廃を要求して'争議行為'を行わないという義務（相対的平和義務ともいう）。当該協約に定められていない事項との関係をも含め，当該協約の有効期間中一切の争議行為を行わないことを特約することもある（絶対的平和義務という）。絶対的平和義務は特約に基づいてのみ生じるが，相対的平和義務は，労働協約が規定事項についての労使対立を解決した平和協定であることを踏まえ，当然に生じるのが通説である。もっとも，相対的平和義務を排除する条項（平和義務排除条項）を定めることは可能とする見解もある。

2 義務違反の効果 平和義務違反については，違反した協約当事者に対する相手方の損害賠償請求が認められる。違反行為の差止め請求が可能か，平和義務違反の争議行為参加者に'懲戒'処分をなしうるかについては，見解が分かれている。 ⇨'債務的効力（労働協約の）' ⇨'平和条項'

平和主義 **1 概念** 平和とは，普通，人間集団の間に'戦争'の行われていない状態をいい，戦争の反対概念である。戦争は国家の武装を前提とする。したがって，平和主義とは，非戦・非武装の主義である。

2 歴史 平和主義の思想は中国戦国時代の墨家など，古くからみられた。キリスト教の初期から，新約聖書や，オリゲネス(Origenes Adamantius, 185頃〜254頃)や他の指導者たちによって非戦の教説が示されていた。人類は常に平和の実現を理想としてきたということができる。第一次大戦後に限っても，'国際連盟'(1920)・'不戦条約'(1928)・軍縮会議(1922・1930等)などの試みがあった。しかし，その理想は常に裏切られており，第二次大戦後の'国際連合'も，世界の人々の期待を決して満足させてはいない。平和の実現を妨げている原因にはいろいろあるが，法の問題としていえば，一切の戦争，一切の軍備を否定できなかった点にあるといえよう。現在まで，自衛戦争（⇨自衛権）は当然のものとして国家に留保され，そのため自衛を名目として戦争が行われた。わが国は，過去における過ちを反省して，日本国憲法において，平和主義の徹底のために，一切の戦争を放棄し，一切の軍備を保持しないことを定めた〔憲前文・9〕。

3 平和主義と日本の安全保障 憲法によって平和主義に立つ日本の場合，理想の'安全保障'方式は，いわゆる世界連邦によるそれであろう。しかし，それが存在しない現在では，現実の問題として，いわゆる'永世中立'方式しか考えられない。ところが，国際連合による世界の平和のその後の歩みは，集団安全保障体制を網の目のように張り巡らし，いわば「力の均衡」による平和をかろうじて維持してきたにすぎない。そして日本もその例に漏れず，自由国家群の一翼を担って，'日米安全保障条約'によりその安全を図ることになり，最高裁判所も，'砂川事件(判決)'において，日米安全保障条約は憲法に違反しないと判示した。東西冷戦終結後も，2001年以降の「テロとの戦い」や東アジアにおける国際情勢の緊張，更には2022年のロシアによるウクライナ侵攻等，国際平和の実現はなお遠いといわざるを得ない。日本も2015年に'集団的自衛権'行使を可能にする'平和安全法制'を整備し，2022年の国家安全保障戦略では，積極的平和主義の名の下，反撃能力の保有を含む防衛力の強化を打ち出している。憲法9条の理念と現実の緊張は更に厳しさを増している。

平和条項 '労働協約'などにおいて，一定の手続（労使協議会での協議，'労働委員会'による'あっせん'，'争議行為の予告'など）を経なければ'争議行為'を行わない旨定める条項を指す。'平和義務'条項と異なり，争議行為そのものを禁止するものではない。平和条項違反の争議行為については，協約（協定）違反の責任が生じるほか，争議行為の正当性が問題となるが，正当性を失うか否かについては，説が分かれ

へいわじょ

る。 ⇨労使協議制' ⇨労働争議の調整'

平和条約 ＊戦争'状態を最終的に終了させる交戦国間の条約。講和条約ともいう。最も明確な終戦の様式で、＊休戦'の後に行われることが多い。休戦や戦争状態終結宣言(⇨日ソ共同宣言')をもって事実上戦争を終了させる場合も多くみられるが、なお、平和条約の締結は別途必要とされている。内容は、戦争の終了・平和の回復を宣言すると同時に、終戦の条件(領土の＊割譲'とこれに伴う住民の＊国籍'の変更、賠償金の支払、戦争犯罪法廷の裁判の受諾・刑の執行など)を定め、その履行を確保するための担保手段などを規定する。日本の代表例として、第二次大戦連合国側の大部分の国との間で署名した＊日本国との平和条約'がある。

平和的生存権 戦争(の危険)にさらされることなく平和のうちに生きる権利。日本国憲法の上では、前文に「平和のうちに生存する権利」として表現されている。ただ、平和的生存権の主張の全てが、この前文を根拠として行われているわけではない〔例：憲13・9〕。平和的生存権の内容の捉え方に関しては、そのほかに、軍事目的に基づく自由の制限(徴兵、土地収用など)を受けない権利とする説や、軍備をもたない状態で生存する権利とする説なども ある。平和的生存権に関しては、明確かつ具体的な内容をもった法的権利(人権)といえるのか、それとも理念的権利にとどまるのか、という点が議論されてきた。＊長沼事件'第一審は、本件保安林指定解除処分により、地元住民ら原告らは、基地設置に伴い平和的生存権が侵害される危険があるとして、＊訴えの利益'を認めた。しかし、かかる判断は、控訴審や上告審で覆された。 ⇨平和主義'

平和的変更 現状(特に＊条約')を、平和的に国際社会の必要に合わせて変更すること。統一的な立法機関のない国際社会では平和的変更が難しく、個々の国家の武力行使による現状打破が行われがちであった。したがって、平和維持の観点からは武力行使によらない、平和的変更の必要性が認識された〔国際連盟規約19〕。＊国際連合憲章'14条は、「起因にかかわりなく、一般的福祉又は諸国間の友好関係を害する虞があると認めるいかなる事態についても、これを平和的に調整するための措置」を総会が勧告できるとする。平和的調整には、条約再審議の勧告も含まれる。平和的変更の必要性が主張されながらも、微温的な規定にとどまるのは、条約関係の安定性を損なうおそれがあるからである。なお、＊事情変更の原則'も類似の機能を営む。

平和に対する罪 ⇨戦争犯罪'

「平和のための結集(統合)」決議 ⇨国際連合総会強化決議'

ヘーグ・ヴィスビー・ルール ⇨ヴィスビー・ルール'

ヘーグ・ルール 英 Hague Rules　1924年にブラッセルで採択された「船荷証券に関するある規則の統一のための国際条約」の別称。ハーグ・ルールともいう。 ⇨船荷証券統一条約'

ヘーゲル Hegel, Georg Wilhelm Friedrich (1770～1831)　近代ドイツの哲学者。「法哲学」(1821)において「世界精神」が自らを顕現させる過程として世界史を描いた。それによれば市民社会とは諸個人が自己利益を追求する場だが、国家は市民社会を超えた客観的・実体的な精神である。その著作は極めて難解だが、マルクス主義や＊コミュニタリアニズム'など、近代社会や個人主義を批判する多くの思想に影響を及ぼした。法理論の世界でも彼の自由観や所有権観が援用されることは多い。

ベース・アップ　ベース・アップ(略称はベア。和製英語)は、各会社の賃金水準の引上げ(賃金表の改定等)を意味し、その原資は春闘での重要な交渉事項である。賃上げの方法としては、各個人の勤続年数や査定等に基づく定期昇給がある。

別件勾留 ⇨別件逮捕'

別件逮捕 ＊逮捕状'を請求できるだけの＊証拠'の得られていない A 事件(本件)について取り調べる目的をもって、証拠のそろっている B 事件(別件)を理由に＊被疑者'を＊逮捕'すること。更に＊勾留'まで進むと別件勾留となる。法令上の名称ではなく、重大事件の捜査の便法として行われる実例から生じた学説上の概念である。逮捕理由とされる別件は、本件に比べて軽微な事件であることが多い。B 事件について逮捕の要件が備わっていないときに、このような逮捕が違法であることは論をまたない。これに対して、B 事件について逮捕要件の存在が否定されない場合に、別件逮捕が違法であるかどうかは争われている。学説には、＊自白'獲得目的の逮捕であること、＊令状主義'の潜脱になることなどを理由に違法とするものも多いが、判例は統一されていない。身柄拘束を違法と断定しないまま、本件についての取調べが＊余罪'取調べとしての許される限界を超えていたという理由で、自白の＊証拠能力'を否定する裁判例もみられる(福岡高判昭和61・4・28刑月18・4・294)。

ヘッジ取引 ⇨掛繋(かけつなぎ)取引'

ヘッジファンド ⇨投資ファンド'

別除権　*破産法'においては，破産手続開始の時において*破産財団'に属する財産の上に存する特別の*先取(さきどり)特権'，*質権'又は*抵当権'を有する者が，担保の目的財産について，破産手続によらないで，その権利を行使できる地位をいう〔破2⑨・65〕。*商事留置権'は破産財団に対しては特別の先取特権とみなされる〔破66〕。また，企業価値担保権は，担当権とみなされる〔事業性融資227〕。*民事再生法'においても，上記担保権に基づいて別除権が認められるが〔民再53〕，担保権実行の中止命令〔民再31〕の対象となるなど，いくつか重要な相違もある。*非典型担保'については，*仮登記担保'は明文規定により抵当権と同様に扱われ〔仮登記担保19①③〕，*譲渡担保'，*所有権留保'，ファイナンス・リース(⇨リース')は判例法理により別除権とされる(立法による明文化が検討されている)。　⇨更生担保権'

別訴禁止　一旦判決が確定した後には，異なる*訴訟物'であっても同一の生活関係に基づく請求である限り，もはや別訴で主張することができなくなるということ。人事に関する訴えの場合〔人訴25〕がその例である。

別段の定め・特別の定め　⇨別段の定め・特別の定め'(巻末・基本法令用語)

別表　⇨表・別表'(巻末・基本法令用語)

ベップス(BEPS)防止措置実施条約　正式には「税源浸食及び利益移転を防止するための租税条約関連措置を実施するための多数国間条約」という(平成30条8)。2012年頃からOECD／G20で*税源浸食と利益移転'(BEPS)対策が議論されるようになった。BEPS対策は15の行動計画(行動1から行動15)として議論され，2015年に中間報告書が出された。例えば行動2はハイブリッド・ミスマッチ(支払者居住地国では利子扱いだが受領者居住地国では配当扱いといった具合)の対策を，行動7は*恒久的施設'認定の人為的回避の防止策を扱う。従来の*租税条約'は二国間で締結されることが多かったが，これらのBEPS防止措置を多国間条約の形で一挙に適用することを企図し，2016年に条文が作成され，2017年に67カ国・法域が署名した。それが本条約である。日本は2018年の国会で承認した。2019年1月1日発効。

ヘブライ法　⇨ユダヤ法'

経る(経て)　⇨経る(経て)'(巻末・基本法令用語)

ペルソナ・ノン・グラータ　🔲 persona non grata　接受国が「好ましからざる人物」として接受を拒否する*外交官'及び*領事'官をいう。接受国は，いつでも，理由を示すことなく，派遣国の外交官や領事官をペルソナ・ノン・グラータであると通告でき，その場合，派遣国は当該者を召還し，又は任務終了させなければならない(外交約9①，領事約23①)。外交官・領事官の個人的理由に基づくほか，外交上の*報復'措置の1つとして通告がなされることもある。*外交使節団'の長(大使)については，任命に際して接受国の*アグレマン'を求めなければならない〔外交約4〕。このアグレマンを拒否された者をペルソナ・ノン・グラータと呼ぶこともある。

ベルヌ条約　⇨文学的及び美術的著作物の保護に関するベルヌ条約'

編・章・節　⇨編・章・節'(巻末・基本法令用語)

変額保険　*生命保険'のうち，その死亡保険金額や解約返戻金，満期保険金の額が特別勘定の運用実績に応じて変動するものをいう。保険期間が一定の期間である有期型と死亡まで保障が継続する終身型とがあり，死亡したときには，基本保険金と変動保険金との合計額を受け取ることができる。基本保険金については運用実績にかかわらず最低額が保証されており，変動保険金がマイナスになった場合であっても基本保険金額を受け取ることができる。他方，有期型の場合には，満期を迎えると満期保険金を受け取ることができるが，その金額は資産運用の実績によって変動し，最低保証はなく，また，解約時に受け取る解約返戻金にも，最低保証はない。

返還請求権　⇨物権的請求権'

便宜裁量　⇨自由裁量・法規裁量'

便宜主義(行政法上の)　行政権限の行使ができる要件が備わっている場合に，なお権限の行使をするか否かの裁量が認められるという原則。通常，警察権の発動に関して認められる原則であるため，警察便宜主義ともいう。根拠法規が「…しなければならない」と定めている場合は別として，一般に便宜主義が妥当するとされる。*起訴便宜主義'と同様，権限の行使を合目的的な公益判断とみる発想がその背後にある。これを批判し，状況により権限不行使を違法とするための法理として*行政介入請求権'ないし*裁量権収縮'論などがある。

便宜訴訟　*審判'の手続や方法を事件ごとに当事者間又は当事者裁判所間の合意によって定める訴訟。任意訴訟ともいう。現行法では原則として許されておらず，訴訟手続の詳細は法規によって画一的に定められているが，部分

べんぎちせ

[表：変形労働時間制の種類]

種　類	規則・協定	期間・総労働時間	最長労働時間	適用事業
1カ月変形制〔労基32の2，労基則12の2・12の2の2〕	労使協定又は就業規則等	1カ月以内 週平均40時間	制限なし	制限なし
1年変形制〔労基32の4・32の4の2，労基則12の2・12の4〕	労使協定	1年以内 週平均40時間	1日10時間 1週52時間　等	制限なし
1週間変形制〔労基32の5，労基則12の5〕	労使協定	1週以内 週平均40時間	1日10時間	規模30人未満の小売業・旅館・料理店・飲食店
フレックスタイム制〔労基32の3・32の3の2，労基則12の2・12の3〕	就業規則等及び労使協定	3カ月以内の清算期間 週平均40時間	制限なし 1カ月を超える場合は最長週50時間	制限なし

的には当事者の合意（*訴訟上に関する合意'）が許される〔民訴11・281①但等〕。なお，*仲裁'の手続は当事者の合意により定められる〔仲裁28①〕。

便宜置籍　⇨旗国'

変形労働時間制　**1 定義**　*労働基準法'の1週40時間・1日8時間労働の原則〔労基32〕に対し，一定期間の所定労働時間の平均がこの原則を満たしていれば，その期間のある日又はある週の所定労働時間が法定労働時間を超えていてもよいとする制度。超えた時間は，時間外労働に該当しない。⇨労働時間'　⇨時間外労働'

2 種類　労働基準法は，1カ月単位〔労基32の2〕，1年単位〔労基32の4・32の4の2〕，1週間単位〔労基32の5〕の3種の変形労働時間制を規定しているが，フレックスタイム制〔労基32の3・32の3の2〕も広義では変形的な労働時間制といえる。これらの変形労働時間制は，サービス産業の増大や労働態様の多様化に対応したり，あるいは*休日'の増加などにより労働時間の短縮を図るために用いられる制度である。しかし，変形労働時間制では，1日あるいは1週の労働時間が長時間になったり，又は労働時間が日ごとや週ごとに不規則になったりする危険があるために，その導入や最長労働時間等について，表のような特別の規制が置かれている。なお，年少者，妊産婦については適用除外等の規定がある〔労基60①・66①〕。なお，1カ月変形制については，各週・各日の所定労働時間を〔労基則12の2の2②〕，また1年変形制については，労働日及び当該労働日ごとの労働時間を〔労基32の4①〕*労使協定'においてあらかじめ定めておくことが必要である。⇨フレックスタイム'

3 時間外労働の扱い　変形労働時間制の場合，イ 8時間を超える労働時間を定めた日にそれを超えた労働，ロ 40時間を超える労働時間を定めた週にそれを超えた労働，ハ 変形期間における法定労働時間の総枠を超えた労働が，時間外労働となる。

変更解約告知　**1 意義**　*労働条件'変更の手段として行われる*解雇'。労働条件変更の申込みや新労働条件での再雇用の申込みを行いつつ*労働契約'を解約するという態様，労働条件変更の申込みをしてこれが拒否された場合に拒否を理由に解約するという態様等のバリエーションがある。

2 効力　解雇権濫用法理の規制を受けるが（⇨解雇権の濫用'），労働条件変更の手段としての特殊性を考慮する必要がある。まず，*就業規則'の合理的変更により対処できる場合には変更解約告知という手段をとることは認められない。次に，変更解約告知の効力の有無は，労働条件変更の必要性・相当性，これを解雇という手段により行うことの相当性，対象となった*労働者'（集団）との協議の有無・程度等を考慮して判断される。具体的な判断方法は，当該変更解約告知がどの態様のものか，また労働者集団の労働条件の全体の変更か（東京地決平成7・7・4・13判時1526・35〈スカンジナビア航空事件〉），個別の労働条件の変更か等によって変わりうる。

変更主義・不変更主義　国際私法上，*準拠法'を決定するための*連結点'の定め方に関する政策（*連結政策'）の1つで，時間的な限定をつけないことを変更主義といい，限定をつける場合を不変更主義という。変更主義の場合，訴訟においては，*口頭弁論'終結時の連結点によって準拠法を決定することになる。そのため，

例えば、*'離婚'訴訟において、夫婦の*'同一本国法'としてその法の適用を前提に訴訟を進めていたところ〔法適用27本文〕、訴訟の途中でいずれか一方が*'国籍'を変更して本国法が変わると、その時点から*'本国法'は同一でなくなる。そうすると、次の連結段階に移行して、場合によっては異なる準拠法を適用しなければならなくなり、必要となる事実認定が新たに生じてしまい、手法の遅延を招くという問題が生ずる。これに対し、不変更主義は、一定の時点での連結点で固定するので、このような問題は生じない。離婚について、離婚原因発生当時の夫の本国法によると規定し、夫の側の一方的な準拠法の変更を予防していた平成元年の改正(法27)前の*'法例'16条本文は不変更主義の例である。なお、*'婚姻'成立の準拠法のように、事の性質上当然に不変更主義になる場合もある。

変更判決 ⇨'判決の変更'

弁護士 弁護士は、法曹の一翼を担い、在野法曹といわれている。その使命は、*'基本的人権'の擁護と社会正義の実現にある〔弁護1〕。その職務は、*'訴訟事件'等に関する行為その他一般の法律実務に及ぶほか、*'弁理士'・税理士の事務を行うこともできる〔弁護3〕。弁護士になるには、*'司法試験'に合格し*'司法修習生'の修習を終えるなど、厳格な資格が要求され〔弁護4～6〕、しかも必ず*'日本弁護士連合会'に備えた弁護士名簿に登録されなければならない〔弁護8〕。登録の請求は、入会しようとするそれぞれの*'弁護士会'を経てしなければならない〔弁護9・36〕。なお、広義の弁護士の中には、日本弁護士連合会の正会員である弁護士のほかに、準会員である外国弁護士及び沖縄外国人弁護士、特別会員である沖縄弁護士、そして外国特別会員である*'外国法事務弁護士'が包含される(ただし準会員は現在0名)。

弁護士会 弁護士会は、弁護士及び弁護士法人の使命及び職務に鑑み、その品位を保持し、弁護士及び弁護士法人の事務の改善・進歩を図るため、弁護士及び弁護士法人の指導・連絡及び監督に関する事務を行うことを目的とする法人で、*'地方裁判所'の管轄区域ごとに設立される〔弁護31・32。ただし附89〕。弁護士名簿の登録・登録換え及び登録取消しの請求に関する資格審査及び進達又は進達拒絶〔弁護8～19〕、弁護士の職務又は弁護士法人の業務に関する紛議の調停〔弁護41〕、官公署に対する答申及び建議〔弁護42〕、弁護士及び弁護士法人の懲戒〔弁護56〕等を行う。全国には、52会の単位弁護士会があり、弁護士及び弁護士法人は全ていずれかの弁護士会に入会しなければならない〔弁護36・36の2〕。また、同じ高等裁判所の管轄区域内の弁護士会は、弁護士会連合会を設けることができる〔弁護44〕。東京3会と10県会で構成する関東弁護士会連合会のほかに、近畿弁護士会連合会、中部弁護士会連合会、中国地方弁護士会連合会、九州弁護士会連合会、東北弁護士会連合会、北海道弁護士会連合会及び四国弁護士会連合会がある。 ⇨弁護士' ⇨日本弁護士連合会'

弁護士強制 民事訴訟において*'弁護士'でなければ裁判所での訴訟手続に関与できないものと定め、当事者に弁護士を*'訴訟代理人'に選任することを強制すること。ドイツ、オーストリアはこの主義をとるが、日本ではこれをとらず*'本人訴訟'が許されている。

弁護士付添命令 民事訴訟において、裁判所が訴訟関係を明らかにするために必要な*'陳述'をする能力(⇨弁論能力')がない当事者、代理人又は*'補佐人'の陳述を禁止した場合に、必要に応じてする、*'弁護士'を*'訴訟代理人'に選任すべきことを命ずる命令〔民訴155②〕。

弁護士等による証明・鑑定評価 **1 意義・沿革** *'株式会社'の設立及び*'募集株式の発行'等の場合の*'現物出資'及び設立の場合の*'財産引受け'につき裁判所の選任する*'検査役'の調査に代えるためのもの。裁判所の選任する検査役の調査の制度については、長期間と多額の費用を要し、かつ、それに要する期間が予測できないという問題点が指摘されていた。そこで、平成14年商法改正(法44)により現物出資等に関し、それが相当であることにつき弁護士等の証明を受けたときは、検査役による調査を要しないものとされ、会社法に引き継がれた〔会社207⑨④・284⑨④〕。

2 証明する者等 この証明をすることができる者は、弁護士、弁護士法人、弁護士・外国法事務弁護士共同法人、公認会計士(外国公認会計士を含む)、監査法人、税理士又は税理士法人である。現物出資・財産引受けの財産が不動産であるときは、上記の証明のほかに不動産鑑定士の鑑定評価を受けることを要する(以下、これを含めて「証明等」という)。なお、欠格者について規定が設けられている〔会社207⑩・284⑩〕。

3 証明に関する調査等 設立の場合には、証明等は、*'取締役'及び*'監査役'(*'指名委員会等設置会社'の場合は取締役のみ)によって調査され、*'発起設立'の場合には、不当な事項等があるときは各*'発起人'に〔会社46①②〕、*'募集設立'の場合には、その結果が*'創立総会'に〔会社93①

べんごしほ

②報告される。
4 弁護士等の責任 証明等をした弁護士等は、会社に対する財産価格塡補責任及び損害賠償責任を、また、それらの者が虚偽の証明等をしたときは、第三者に対する損害賠償責任を負うが、証明等につき注意を怠らなかったことを証明したときは責任を負わない〔会社52③〕。

弁護士法 昭和24年法律205号。現行憲法の理念を導入して成立した*弁護士*制度に関する基本法。その使命・職務・資格・権利義務・懲戒のほか、弁護士名簿・弁護士法人・*弁護士会*・*日本弁護士連合会*・非弁行為禁止等の事項を規定している。高度の弁護士自治を特色とする。弁護士が代言人と呼称されていた時代には、明治9年(1876)に代言人規則(司布達甲1)が制定されたが、その後、その名称も弁護士と変わり、明治26年に旧々弁護士法(法7)が制定・公布された。昭和8年に、その全部改正がなされ(法53)、この旧弁護士法が現行の弁護士法の施行時まで適用されていた。

弁護人 **1意義** 刑事手続において、専門家として*被疑者*・*被告人*の防御を助ける者。通常は、*弁護士*の中から選任される。被告人など人が選任した場合には*私選弁護人*、裁判所・裁判官が選任した場合は*国選弁護人*と呼ばれる。弁護人の選任は、*審級*ごとに行う必要がある〔刑訴32②〕。弁護人の数は1人とは限らない〔刑訴33〕。日本では、明治以後の立法により次第に弁護人選任の可能性が広げられ、現行法は全ての被疑者・被告人に弁護人選任権を認めている〔刑訴30①〕。 ⇨弁護人依頼権* ⇨特別弁護人*
2 役割 *当事者主義*の下では、被疑者・被告人は建前上、訴追側と対等な地位を認められる。しかし、現実には、強力な捜査権限を背景にもつ*検察官*に比べて、一介の私人である被疑者・被告人の立場は弱い。弁護人の制度は、この不均衡を補い被疑者・被告人の利益を正当に擁護することを目的とする。弁護人の役割は、単に法律知識を提供するだけではない。孤立感から生じる不安を軽減し、*黙秘権*などの権利行使を容易にするのも重要な役割である。
3 権利 弁護人は、本人の意思に反しない限り被疑者・被告人のもつ権利を代理して行使できると考えられている。それ以外にも、*接見交通*権、*弁論*権、*証拠調べ*請求権など弁護人としての固有の権利をもつ。すなわち弁護人の地位は*訴訟代理人*にとどまらない。固有権に基づく請求は、本人の意思に反しても有効に行うことができると考えられている〔刑訴41〕。

弁護人依頼権 刑事手続において、*被疑者*・*被告人*が*弁護人*の援助を受ける権利。学説では、単に弁護人を選任する権利にとどまらず、実質的な援助を受ける権利を意味するという理解が一般的である。憲法は、「刑事被告人」及び身体を拘束された者の弁護人依頼権を保障している〔憲37③・34〕。*国際人権規約*も、弁護人依頼権を保障する条項を含んでいる。刑事訴訟法は、全ての被疑者及び被告人に弁護人を選任する権利を認めている〔刑訴30①〕。 ⇨国選弁護人*

弁済 **1意義** 債務者(又は*第三者*)が、債務の内容である*給付*を債務の本旨にかなって実現し、債権を消滅させることをいう。*履行*と同じ意味で使われるが、履行が債権・債務の効力の面から捉えているのに対して、弁済は債権の消滅に重点を置いたものである。
2 法律的性質 弁済と弁済内容である給付行為とは観念上区別される。後者は*法律行為*(例えば、所有権の移転)のこともあれば、事実行為(例えば、建物の取壊し)の場合もある。また、弁済のためにという自覚的意識を要しない場合もある(例えば、*不作為債務*の場合、不作為という事実状態があれば足りる)。そのため、通説は、債権が消滅するのは、目的到達によるのであって、弁済者の弁済意思によるものではないとしている。もっとも、給付が弁済としての効力を生ずるためには、給付が債務の弁済のためになされること(弁済目的による債務との関連付け)が必要である。
3 弁済と債権者の協力 弁済のためには、多くの場合、債権者の協力を必要とする。例えば、物の引渡しであれば債権者の受領という協力が必要だし、アトリエで肖像画を描く債務であれば、債権者がアトリエに来て制作に応ずる必要がある。これらの協力をしないときは債権者の*受領遅滞*となり、債務者は不履行の責任を負わない(⇨弁済の提供*)。更に、債権者の協力が得られない場合に債務を消滅させるためには、債務者は債権者のために弁済の目的物を*供託*しなければならない〔民494〕。
⇨第三者の弁済* ⇨弁済の充当* ⇨法定充当* ⇨代位弁済*

弁済期 ⇨履行期*
遍在説 ⇨国内犯*
弁済の充当 **1意義** 債務者が同一の債権者に対して、同種の内容の数個の債務を負担している場合(例えば、数口の借金債務)や、1個の債務を*弁済*として数個の*給付*をしなければならない場合(例えば、数カ月分の賃料、数回

へんぞう

分の月賦金)において，債務者が弁済として提供した給付(上記の例では金銭)が，全部の債務を消滅させるに足りないときに，どの債務の弁済に充てるかを定めることを弁済の充当という。債務によって担保権がついていたり利率が異なったりしているから，弁済によってどの債務が消滅するかは，債権者・債務者ともに重大な利害関係をもっている。

2 充当の方法 まず当事者の合意による〔民 490〕。合意がないときは，弁済者(債務者)が指定できる〔民 488①・491〕。弁済者が指定しなかったときは，受領者(債権者)が受領に際して，又は受領後遅滞なく，充当する債務を指定できる。ただし，債務者が指定に対し異議を述べたときは効力を生じない〔民 488②・491〕。これらによって弁済充当の方法が定まらないときには，民法 488 条 4 項・489 条・491 条の定めるところによる。これを*法定充当'という。

弁済の提供 **1 意義** 例えば，家屋の売主が登記に必要な書類を持参して登記所に赴くように，債務者が給付の実現に必要な準備をして債権者に協力を求めること。履行の提供ともいう。提供は，現実にされることを原則とし(⇨現実の提供')，例外的に*口頭の提供'でもよいとされる〔民 493〕が，いずれにしても債務者がどの程度の準備をしなければならないかは，債権者の出方に応じて，*信義則'により決定されなければならないから，現実か口頭かという区別は程度の差異であるといえる。

2 効果 弁済の提供をすれば，債務者はその時以後*債務不履行'から生ずる一切の責任(契約解除・損害賠償)を免れる〔民 492〕。債務者が弁済の提供をした際，債権者が受領しなければ，債権者は受領について債務不履行があるものとして積極的に遅滞の責任を負うと主張する者もある(⇨受領遅滞')。また，債務が*双務契約'上のものである場合には，一方の提供によって相手方は*同時履行の抗弁権'〔民 533〕を失う。

ベンサム ⇨ベンタム'
騙取(へんしゅ) ⇨詐取'

編集著作物 編集物でその素材の選択又は配列によって創作性が認められる著作物〔著作 12①〕。編集物に対する著作権は，それを構成する各著作物の*著作権'とは別個独立のものであり，その効力は，構成要素たる著作物には及ばない〔著作 12②〕。類似する概念として*データベース著作物'があるが，データベースにも該当する編集物は，編集著作物ではなくデータベース著作物としてのみ保護されうる〔著作 12①〕。

弁償 費用又は損害を償うために金銭を支払うこと。法令上弁償という観念には，次の 2 つの場合がある。イ 職務を行うについて必要な費用の償いとして金銭を支払うこと。*地方公共団体の議会'の議員等に対して支給される「費用」の弁償〔自治 203②④〕や地方公共団体の議会の委員会の主催する*公聴会'に参加した者の要した「実費」の弁償〔自治 207〕はその例である。この場合の費用又は実費の弁償は，労働者の*賃金'のような役務の提供に対する反対給付としての性格をもつものではなく，実際に必要な費用を償う性質の給付であるところに特色がある。ロ 国・公共団体の金銭，物品の出納保管その他の経理事務に従事する職員が，その義務に違反して，国・公共団体に損害を与えた場合に，その職員に国・公共団体に対する損害を償わせること。職員のこのような責任は，「弁償」の責任として，*会計法'〔会計 41・45〕，会計検査院法〔会検 32〕，*予算執行職員等の責任に関する法律'〔予算執行職員 3〕，物品管理法〔物品管理 31〕等において規定されている。また，*地方自治法'，地方公営企業法では，地方公共団体の職員のこのような場合の弁償を，「賠償」と呼んでいる〔自治 243 の 2 の 8，地公企 34〕おり，その性質は，上記の諸法律にいう弁償と同様である。これらの職員の弁償が，私企業の労働者が同様の場合に当該企業に対して負う*不法行為'に係る損害賠償責任と性質を同じくするかどうかについては，見解が分かれている。いずれにせよ，これらの法律の定める弁償責任は，その要件・弁償の手続等の点で，一般の*損害賠償'と異なる点が少なくない。

弁償命令 各省各庁の出納職員・物品管理職員又は予算執行職員が国に損害を生じさせ，国に対して*弁償'責任を負う場合に，その弁償を命じる処分。*会計検査院'の弁償責任の検定があった場合には，この検定に従って，監督者又は任命権者がこれを命ずる〔会検 32，予算執行職員 4②〕。会計検査院の検定前においても，各省各庁の長は弁償命令を発することができるが，この場合において，会計検査院が弁償の責めがないと検定したときは，その既納に係る弁償金は直ちに還付しなければならない〔会計 43，物品管理 33，予算執行職員 4③⑤〕。なお，地方公共団体に関しては，弁償命令制度に対応するものとして，会計管理者その他の関係職員について，賠償命令の制度が設けられている〔自治 243 の 2 の 8〕。

変造 *通貨偽造罪'・*文書偽造罪'・*有価証券偽造罪'〔刑 2 編 16～18 章〕において，偽造

へんぞうて

と並ぶ'構成要件'行為。真正に作成された通貨や文書の非本質的な部分に権限なく変更を加えて、正当な通貨と紛らわしいものを作り出し、あるいは文書に新たな'証明力'を加えること。文書についていえば、偽造との区別は、新たな文書を作り出したとみられるか、内容の一部変更にとどまるかにかかる。例えば、有効な運転免許証の写真を貼り替えることは偽造であり、氏名や写真には手を加えず生年月日だけを変更するのは変造である。もっとも、両者は、同一構成要件内の行為の態様の違いにすぎないから、この区別はさほど重要でない。なお、'有形偽造'に相当する変造ばかりでなく、無形偽造に相当するもの、すなわち作成権限のある者が既存文書の内容を改ざんして虚偽の証明力を作り出す場合についても、変造の語が用いられている〔刑156〕。そのほか、'証拠隠滅罪'〔刑104〕においても偽造と並んで変造が規定されている。⇨偽造'

変造手形(小切手)   ⇨手形の変造'
変態設立事項   '株式会社'の設立の際に、'発起人'が自己又は'第三者'の利益を図って会社の財産的基礎を危うくする危険な事項として、特別な手続が要求されるもの。「危険な約束」ともいわれる。'現物出資'、'財産引受け'及び'設立費用'、発起人が受けるべき報酬及び特別の利益が含まれる。変態設立事項は、'定款'に記載しなければ効力を生じないものとされ〔会社28〕、かつ、原則として、裁判所の選任する'検査役'の調査を受けることを要し、その結果、その事項が不当と認められたときは'定款変更'の手続がとられる〔会社33①〜⑨〕。ところが、平成2年(法64)及び平成14年商法改正(法44)により、検査役の調査を要しない場合として、イ 現物出資及び財産引受けが、一定の規模以下のとき、ロ 取引所の相場のある'有価証券'であって定款に定めた価格がその相場を超えないとき、及びハ 現物出資及び財産引受けにつき定める事項が相当であることにつき、'弁護士等による証明・鑑定評価'を受けたときが定められた。この改正は、検査役の調査につき、期間及び費用がかかり、更に調査終了の日程をあらかじめ予測できない点等の問題が、指摘されたことに応えたものである。会社法の下でも同様の規律がなされている〔会社207⑨・284⑨〕。

ベンタム   Bentham, Jeremy(1748〜1832) イギリスの社会思想家。イギリスの伝統的な'コモン・ロー'体系を批判し、立法による法改革を主張した。功利主義を思想的に大成し、それを立法と道徳の指針として提唱し、多くの法分野にわたって法典案を作成したが、'自然権'・人権思想には敵対的だった。その精緻(ち)な法理論は大部分が長い間未公刊の手稿のまま読まれなかったが、20世紀半ばに公刊され始めて以来、'法実証主義'の先駆として高い評価を受けている。 ⇨功利主義法学'

ベンチャー企業   **1 意義**   技術・デザイン等の研究開発を主な業務とする知識集約型の企業や、新商品の生産・販売や新サービスの提供等、従来にない事業を展開する企業を意味する。創業間もない株式未公開の中堅・中小企業が一般であり、そうした企業を指している場合も多い。ベンチャー企業の活発な創業・成長は、経済の活力維持・回復に必須であるため、とりわけ1990年代後半から、ベンチャー企業育成のための立法・法改正が相次ぎ、またマザーズ等新興企業向け市場も整備された。ベンチャー・キャピタルによる出資や'投資ファンド'の組成にも、法的便宜が図られ、近年では、ベンチャー企業が所有する'知的財産権'に着目した資金調達スキームも考案されている。
2 ベンチャー企業支援立法   中小企業投資育成株式会社法(昭和38法101)による投資に加え、平成元年制定の「特定新規事業実施円滑化臨時措置法」(法59。平成11法223により廃止)は、特定新規事業の認定事業者に対して、公的機関等による社債等の保証・出資・融資、'欠損金'の繰越期間の延長、経営指導、情報提供等を規定し、平成7年の同法改正(法128)で、他に先駆けて'ストック・オプション'制度を導入した。同年には「特定事業者の事業革新の円滑化に関する臨時措置法」(法61。平成11法131により廃止)、「中小企業の創造的事業活動の促進に関する臨時措置法」(法47。平成17法30により廃止)等も制定された。平成10年には、「中小企業等投資事業有限責任組合契約に関する法律」(法90。平成16法34により「投資事業有限責任組合契約に関する法律」に題名改正)が制定され、ベンチャー・キャピタルを構成する組合員の一部に有限責任が実現した。平成10年制定の新事業創出促進法(法152。平成17法30により廃止)は翌年一部改正され、ベンチャー企業の株式公開支援措置を新たに講じ、特定投資事業組合に産業基盤整備基金が出資を行う制度等を創設した。近年でも、'産業競争力強化法'の改正(令和3法70)により、ディープテックベンチャー企業による利用を想定した革新的技術研究成果活用事業活動計画の認定を受けた場合の融資等に対し独立行政法人中小企業基盤整備機構が債務保証を行う制度の導入〔産競21の2〜21の5〕等、ベンチ

ャー企業成長支援のための法整備が続けられている。　⇨中小企業等経営強化法'

3 独占禁止法・商法等の改正　平成9年の*独占禁止法'改正(法87)により、ベンチャー・キャピタルに対して*持株会社'の利用が解禁された。平成13年・14年の商法改正では、1株あたり純資産制限の撤廃(平成13法79)、取締役等選解任権付種類株式(平成14法44)、拒否権付種類株式、株式譲渡制限会社の授権資本枠の自由化(平成13法128)など、ベンチャー企業・新興企業を想定した改正が盛り込まれ、会社法に引き継がれた。平成26年の金融商品取引法改正(法44)では、新規・成長企業へのリスクマネー供給促進のため、投資型*クラウド・ファンディング'に係る制度(電子募集取扱業務)〔金商29の2①⑥等〕の整備が行われ、また、新規上場促進のため、新規上場企業が提出する*内部統制報告書'の監査免除の制度〔金商193の2②④〕が設けられた。
　⇨ベンチャー・キャピタル'

ベンチャー・キャピタル　圏 venture capital　狭義には*ベンチャー企業'に出資される資金を指すが、一般的には、ベンチャー企業に対して*株式'や*新株予約権付社債'の取得、中・長期資金の貸付け等により資金を提供し、その成長・発展を支援して、投資先企業が成功したときは*キャピタル・ゲイン'を獲得することを目指す企業を意味する。こうした企業は、かつては*持株会社'の禁止規定〔独禁旧9〕に抵触するおそれがあるとされてきたが、平成9年の*独占禁止法'改正(法87)により、こうした懸念はとり除かれた。

偏頗(ぱ)行為　⇨否認権'

返付(議案の)　*国会法'上の用語で、*議案'の原本を他の議院に返すこと〔国会83の2・83の3③・83の4・87①〕。例えば参議院は、法律案について、衆議院の*送付案'を否決したときは、その議案を衆議院に返付する〔国会83の2①〕。国会において、議案につき議院が再議決や*両院協議会'の要求を行う場合には、その議案の原本を保持していなければならないとの考え方から、昭和30年の国会法改正(法3)で設けられた制度。

片務契約　⇨双務契約・片務契約'
変名著作物　⇨無名・変名著作物'

弁明の機会　不利益な処分に際し、その名宛人に与えられる権利防御の機会。*行政手続法'では、許認可等の取消し、資格又は地位の剝奪などの*不利益処分'については、*聴聞'手続を要求しているが、それ以外の不利益処分に関しては、弁明の機会の付与を定めている〔行手13〕。弁明は、*行政庁'が口頭ですることを認めたときを除き、弁明書の提出によって行い、証拠書類等の提出が認められる〔行手29〕。行政庁は、不利益処分の名宛人に対し、予定される不利益処分の内容・根拠となる法令の条項、処分の原因となる事実、弁明書の提出先・提出期限を書面により通知しなければならない〔行手30〕。

片面的強行規定(保険法上の)　*保険法'の規定のうち、保険契約者等(*保険契約者'、*被保険者'、*保険金受取人')に不利な特約は無効となる規定(保険7・12等参照)。保険契約は*約款'(⇨保険約款')に基づいて締結されることが通例であり、保険契約者は約款の内容について交渉する余地はないなど*保険者'と比べて弱い立場にあることから、保険契約者等を保護するために、一定の規定は片面的強行規定であるとされ、そのことが明示されている。なお、事業活動に特有のリスクを引き受ける損害保険については、柔軟な扱いを認めないと、保険の引受けに支障をきたすおそれがあるため、片面的強行規定の適用除外とされている〔保険36〕。適用除外の考え方は保険契約者が事業者かどうかではなく、保険者の引き受けるリスクが事業活動に特有かどうかである。生命保険などの*人保険'では事業活動に特有のリスクはないので適用除外は認められていない〔傷害疾病損害保険契約につき、保険36④〕。

片面的共犯　相手方との意思の連絡なしに、一方的に、相手方と犯罪行為を共同にする意思で犯罪を実行し(片面的共同正犯)、あるいは、相手方の犯罪行為に加担する場合(片面的共犯)をいう。このような片面的加功が、*共犯'といえるかどうかが問題である。判例は、*共同正犯'についてはこれを認めず(大判大正11・2・25刑集1・79)、*幇助(ほう)'犯'についてはこれを認める(大判大正14・1・22刑集3・921)。学説においても、同様の見解が多数であるが、意思連絡を必要視せず片面的共同正犯も肯定する見解も有力である。*教唆'犯では、性質上、片面的教唆は考えられないとされる。

同時愛

弁理士　産業財産権(⇨工業所有権')等に関する業務を行うための国家資格をいう。弁理士の業務内容は弁理士法に規定されている。従来、弁理士の業務は、*特許庁'に対する特許出願等の手続の代理や鑑定のほか、審決取消訴訟の代理人となることや、特許権等侵害訴訟における補佐人となることなどに限られていたが〔弁理士4①・5①・6〕、産業財産権の専門家である弁理士の有効活用を図るとの観点から、その業務範囲が段階的に拡張されることとなった。

へんれい

具体的には，平成12年の弁理士法改正(法49)により，*関税法'に基づく輸入差止申立手続及び特許等の紛争に関する裁判外紛争解決手続の代理人になることや，特許や著作権等の契約代理業務を行うことが認められた〔弁理士4②③〕。また，平成14年改正(法25)では，一定の条件の下に，特許権等の侵害訴訟において*訴訟代理人'となることが認められた〔弁理士6の2〕。令和3年改正(法42)では，農林水産関連の知的財産権(植物の新品種・*地理的表示')に関する相談業務等を行うことが認められた〔弁理士4③〕。弁理士は弁理士試験に合格した者のほか，*弁護士'，及び特許庁において7年以上審判官又は審査官の職務に従事した者となることができる〔弁理士7〕。弁理士又は弁理士法人以外の者は報酬を得て出願手続等の代理を行うことはできない〔弁理士75〕。

返戻(へんれい) 行政機関が申請者や届出人から一旦受領した申請書や届出書を返却する行為を，返戻と呼ぶことがある。これには，申請書・届出書の補正のための返戻，*行政指導'をするための返戻，申請拒否処分としての返戻，*申請'や*届出'が当初よりなされなかったことになる返戻などがありうる。*行政手続法'は，形式上の要件に適合しない申請については，速やかに，相当の期間を定めて*補正'を求め，又は拒否処分を行うべきこと〔行手7〕，そして形式上の要件を充足した届出が，それが行政機関に到達した時点で届出としての手続上の効果を有すること〔行手37〕を定めている。

弁論 I 民事訴訟法上，広義としては広く審理手続全体を指す。狭義としては*当事者'が対席して直接裁判所に*訴訟資料'を提出する行為を指し，*証拠調べ'と区別される。現行法では，狭義の弁論は常に口頭で行うべきものとされているので(⇨口頭(審理)主義)，口頭弁論と同義に用いられることが多い。広義の例としては，*弁論の分離・併合'〔民訴152①〕や弁論の再開〔民訴153〕などのように用いられ，狭義の例としては，*弁論能力'〔民訴155〕や*本案'の弁論〔民訴12・158〕という場合の弁論がこれに当たる。⇨口頭弁論'

II 刑事訴訟法上，弁論は広義種々の意味に使われる。最も広い意味では，事件の審理・判決の手続全体を指し，*公判手続'とほぼ同義である。*弁論の分離・併合'というときの弁論〔刑訴313〕，判決は*口頭弁論'に基づかなければならないというときの口頭弁論〔刑訴43〕がこれである。このうち，*証拠調べ'終了後において当事者が意見*陳述'をするまでの段階を指す場合もある。弁論の終結・再開というときの弁論〔刑訴313〕がこれである。次に，狭義には，*公判期日'における当事者の意見陳述を弁論という。弁論の制限というときの弁論〔刑訴295参照〕，*控訴審'における弁論というときの弁論〔刑訴388・389・393④〕がこれである。狭義の弁論のうち，証拠調べ終了後にする*弁護人'の意見陳述〔刑訴293②〕を特に弁論(*最終弁論')ということがあり，検察官の*論告'，被告人の最終陳述と並べて用いる。

弁論兼和解 *旧民事訴訟法'下における争点整理のための審理方式。和解兼弁論ともいう。1970年代以降，実務上広く行われるようになった。法廷における口頭弁論ではなく，和解室又は準備室において，両当事者，代理人，関係人などの出席の下で，争点や証拠の整理を行い，かつ，*和解'も試みる。法律上の性質論としては，弁論期日とするか，準備的口頭弁論期日とするか，あるいは準備手続期日の一種と考えるかなどが争われた。しかし，現行民事訴訟法は争点整理の方式として，*準備的口頭弁論'，*弁論準備手続'，*書面による準備手続'の3種を整備したので，その下では弁論兼和解を実施することは認められない。

弁論主義 I 民事訴訟法 **1 意義・内容** 裁判に必要な事実に関する資料の収集は当事者の権能かつ責任であるとする原則。*職権探知'主義に対立する概念である。弁論主義の具体的内容は，一般的には次のように理解されている。イ 当事者が主張しない事実は裁判の基礎にしてはならないこと(*主張責任')，ロ 当事者間で争いのない事実はそのまま裁判の基礎にしなければならないこと(*自白'の拘束力)，ハ 当事者間で争いのある事実(争点)の認定は当事者が申し出た*証拠'によらなければならないこと(*職権証拠調べ'の禁止)である。これらの内容については，時代や法域によって違いがあり，現在の日本においても細部で見解が対立している。

2 根拠 民事訴訟において弁論主義が採用される理由については，伝統的には2つの見解が対立している。1つは，民事訴訟の審理対象が*私的自治の原則'が支配する事項であることから，弁論主義はこの原則の訴訟法的反映であるとの見解(本質説ないし私的自治説)であり，もう1つは，当事者こそが一番よく事実を知っているはずであり，かつ利害を有しているから，弁論主義は当事者に事案解明を任せたほうが真実を発見しやすいとの政策的考慮に基づくとみる見解(手段説)である。このほか，上記2つの

根拠に加えて，当事者への不意打ちの防止や公平な裁判への信頼確保等の多元的な要請に基づく歴史的所産とする見解(多元説)など多様な見解が提唱されている。

3 適用範囲 弁論主義は事実に関する*訴訟資料'の収集に限られるものである(法規・経験則の認識・適用は適用外である)。また，この事実についても，具体的内容とされた上記**1イロ**に記載の「事実」は主要事実(要件事実)に限定されると解釈されている(多数説)。これは間接事実・補助事実が主要事実との関係では*証拠資料'と同じ機能を担っていることを考慮し，*自由心証主義'を重視することに基づくものである。なお，身分関係に関する訴訟〔人訴 19・20〕や*訴訟要件'事項(*職権調査事項)の多くの場合などについては，当事者に委ねることができないことから，弁論主義は排除される。また，弁論主義をとる場合でも，当事者への不意打ちを防ぎ，公平で充実した裁判を行うためには，裁判所の後見的役割が要請される。*釈明権'の行使〔民訴 149・151〕や*弁護士付添命令'〔民訴 155②〕等が，その例である。

II 刑事訴訟では，弁論主義は民事訴訟におけるほど徹底していない。 ⇨処分権主義' ⇨当事者主義'

弁論術 🇬🇧 rhetoric 🇬🇷 techne rhetorike, ars rhetorica 第三者(想像上も含む)の存在を前提として，言葉(口頭及び文章)及びその他諸手段によって，第三者を「説得」することを通じて，相手方との対立状況に対応するという，知的・実践的活動を，「弁論術(修辞学，レトリック)」と定義する。かかる意味での弁論術は，恐らくあらゆる文化にみられるであろうが，特に近代日本の法的・政治的ディスコースに決定的な影響を及ぼしたものは，いわゆる「古典弁論術」である。古代ギリシャ(特にアテネ)において，民会あるいは法廷など不特定多数の聴衆に対して，スピーチを展開し，聴衆の多数決によって政治的決断又は判決(評決)を行うという弁論術の実践は，確かにデモクラシーに触発されたが，「第三者」の面前で説得を目指してスピーチないし文章を注意深く組み立てるという慣習は，既にホメロス(Homerus)(「イーリアス」及び「オデュッセイアー」)以来，ギリシャ文学，歴史，そして哲学にも表れている。弁論術は決してデモクラシーという政治システムに特有のものではなく，古典古代(ギリシャ・ローマ)世界全体の共通文化遺産となる。その学問的体系化は，アリストテレス(Aristoteles, B.C.384〜322)，キケロー(Cicero, B.C.106〜43)，そしてクウィンティリアヌス(Quintilianus, B.C.30〜100)等によってなされるが，同時に初等・中等教育課程における「模擬弁論」教科書，更にキリスト教作家の諸文学等を通じてローマ帝国全体に普及する。また，ローマ帝国下のギリシャ人は紀元後2世紀以降，弁論術，哲学，小説など，大量の散文著作を執筆し，後世に多大な影響を与えた。これを「第2次ソフィスト運動(The Second Sophistic)」と呼ぶ。かかる知的文化的基盤の上にローマ法学の巨大な文献群が成立し，中世中期以降は神学著作，更にルネサンス以降は古典文学再発見及び世俗文学が発展するが，弁論術はこれらあらゆる文献に貫通する方法論として，現在まで維持されている。特に，法学研究との関係では，「トピクと法学」(The Second Sophistic)，「新しいレトリック」，「法的論証論」，「体系思考と問題思考」等の問題設定で議論されている。

弁論準備手続 民事訴訟において*争点及び証拠の整理'を目的として*口頭弁論'とは別に行われる手続の一種〔民訴 168〜174〕。非公開であるが当事者双方の立会い(対席)が保障され，裁判所が相当と認める者及び当事者が申し出た者の傍聴が許される〔民訴 169〕。当事者が裁判所に出頭することなく，電話会議システム等を利用して手続を行うことも可能である〔民訴 170③〕。この手続において裁判所は，*証拠'の申出に関する裁判その他の口頭弁論の*期日'外ですることができる裁判をしたり，文書及び*電磁的記録'の内容に係る*証拠調べ'等をすることもできる〔民訴 170②〕。終結にあたって当事者と裁判所との間で，その後の証拠調べによって証明すべき事実が確認される〔民訴 170⑤・165〕。争点及び証拠の整理手続の中で，もっとも多く使われている手続である。 ⇨書面による準備手続'

弁論調書 ⇨調書'

弁論能力 裁判所における訴訟手続に関与して現実に種々の*訴訟行為'(とりわけ*公判期日'における*陳述'や*尋問')をすることができる資格。弁論資格と呼ぶ説もある。*訴訟能力'は，訴訟を追行する能力一般を意味するが，裁判所が法廷で弁論をする能力を当事者に認めなければ，訴訟能力者であっても陳述が認められない。 ⇨弁論'

I 民事訴訟法上，現行法は*弁護士強制'をとらず*本人訴訟'を許しているから，訴訟能力者は全て弁論能力をもつ。ただし，個々の訴訟で，事案を解明するのに十分な弁論ができないとして，裁判所から陳述を禁止された者は，弁論能力を失う〔民訴 155①〕。この場合，裁判所

べんろんの

は弁護士の付添を命ずることができる〔民訴155②〕（⇨'弁護士付添命令'）。

　II　刑事訴訟法上，*'第一審'では被告人も訴訟能力がある限り完全な弁論能力をもつ。ただし，*'控訴審'・上告審における弁論は，*'弁護人'だけがこれをすることができる〔刑訴388・414〕ので，その限りにおいて被告人の弁論能力が制限されている。

　弁論の更新　⇨'口頭弁論の更新'
　弁論の更新権　⇨'続審'　⇨'控訴審手続'
　弁論の全趣旨　民事訴訟において，*'証拠調べ'の結果以外の*'口頭弁論'に現れた一切の資料・状況をいう。当事者・代理人の*'陳述'の内容・態度・時期，釈明処分の結果，*'共同訴訟人'の行為などが含まれる。*'証拠原因'の1つとして*'事実認定'の資料となりうる〔民訴247〕。なお，*'擬制自白'との関係では，*'口頭弁論の一体性'を前提とした全弁論内容を意味する〔民訴159①〕。他方，刑事訴訟では，被告人保護の要請が強いので，弁論の全趣旨の斟酌（しんしゃく）は認められていない〔刑訴317〕。

　弁論の分離・併合　I　民事訴訟法上，弁論の分離とは，1つの手続において数個の請求が審判の対象となっているときに，審理の錯綜を避けるために，一部の請求についての審理を他の請求から切り離して審判することをいう。分離をするか否かは裁判所の裁量事項であるが，同時に判決しなければならない場合（*'必要的共同訴訟'や*'同時審判申出共同訴訟'など）については，その一部を分離することは禁止される。他方，弁論の併合とは，官署としての同一裁判所に係属している数個の訴訟を，同一の手続で併合して審判することを命じることをいう。併合の後は，1つの手続により審理され，1個の判決が言い渡されることになる。弁論の併合を命じるか否かも裁判所の裁量事項であるが，請求の併合〔民訴136〕が許されない場合には弁論の併合も許されず，逆に，弁論の併合を法が命じている場合も存在する〔例：会社837，一般法人272〕。弁論の分離・併合いずれも，審理を整序するために，裁判所の*'訴訟指揮'権の発動として，決定で行われる〔民訴152①〕。

　II　刑事訴訟法上は，数個の事件を併合して審理している場合に，裁判所が適当と認めるときは，*'検察官'・*'被告人'若しくは*'弁護人'の請求により又は職権で，決定をもって，*'弁論'を分離して審理を進めることができる〔刑訴313①〕。被告人の権利を保護するため必要があるときは，弁論を分離しなければならない〔刑訴313②，刑訴規210〕。また，数個の事件が係属し

ている場合に，裁判所が適当と認めるときは，同様の手続で，弁論を併合して審理することができる〔刑訴313①〕。

ほ

ボアソナード Boissonade de Fontarabie, Gustave Émile (1825～1910) フランスの法律学者。パリ大学卒業後，弁護士，グルノーブル大学助教授を経て，パリ大学教授資格者となった。1873年（明治6）パリ大学在任中，治外法権撤廃のため国内法の整備を急いでいた日本政府に招かれて立法及び法学教育のために来日し，母国の法律を範として日本最初の近代的法典である刑法（*旧刑法'），*治罪法'及び民法（*旧民法'）を起草した。前二者は明治15年(1882)から施行されたが，旧民法は主としてイギリス法学派の反対に始まる大論争の末，ついに施行されなかった（⇨法典論争'）。他方，彼は司法省法学校及び東京大学において自然法理論・フランス諸法を講義し，日本に西欧の法律学を移植し，その聴講生は明治期の法律文化の開拓者となり，自然法理論及びフランス法学隆盛の基礎を作った。その功績は明治法律文化史上重要である。心血を注いだ旧民法が実施されなかったことによる彼の失望落胆は甚だしく，明治28年には母国に帰った。著書のうち，前記諸法典の注釈「治罪法草案註釋(ちゆうしやく)」（明治15），「民法草案註釋」（明治15～22），「刑法草案註釋」（明治19）は，現在でも価値をもっている。

保安業務 工場・事業所における人への危害防止，施設保全等のための業務〔鉱12 3〕。石炭鉱業では*争議行為'が禁止される〔スト規制3〕。*労働関係調整法'にいう安全保持の施設〔労調36〕はより狭い概念である。

保安警察 広義の*行政警察'は，保安警察と行政警察とに区分される。保安警察とは，他の行政とは関係なく，それ自体で独立して行われる警察をいい，そのみで行政の独立の一部門を構成する。*警察官職務執行法'に基づく警察作用は，保安警察の典型であり，警察機関が所掌することとされている風俗，集会結社，示威活動等も保安警察に分類される。

保安処分 **1 意義** 行為者が将来犯罪を反復する危険性から*社会防衛'を期するために，刑罰を補充し又は刑罰に代わり用いられる治療・改善を内容とした，施設収容を中心とする処分。刑罰が犯罪者の*責任'に基礎を置くのに対し，保安処分は，犯人の将来の危険性を基礎とした倫理的に無色な処分である。近代派刑法学・特別予防主義の立場では，刑罰と保安処分との理念的区別はないが（⇨新派刑法学'　⇨一般予防・特別予防'），伝統的な責任主義刑法の立場からは，行為者に責任非難を帰することのできない危険な犯罪性に対する処置として，保安処分制度を，刑罰を補充する目的で用いることになる。
2 種類 保安処分の種類には，改善困難な*常習犯'人を長期にわたって*拘禁'する隔離処分，*精神障害者'に対する治療処分，薬物・アルコール中毒者に対する禁絶処分，労働嫌忌者・浮浪者等に対する労作処分，危険な精神病質者に対する社会治療処分などがある。
3 刑法改正作業 現行法は保安処分を認めていないが，*改正刑法草案'は治療処分と禁絶処分の2つの保安処分を規定した〔刑法草案97～111〕。しかし，草案の規定は，イ　保安上の必要性を優先させている，ロ　保安施設での治療は困難である，ハ　危険性の予測が困難であり人権侵害のおそれがある，ニ　精神障害者に対する差別を増大させるおそれがあるなどの批判を受けた。法務省は，昭和56年に名称を治療処分とし，対象となる犯罪と収容期間を限定した新たな案を発表したが，批判が強く，改正は実現しなかった。なお，平成15年に*心神喪失等の状態で重大な他害行為を行った者の医療及び観察等に関する法律'が制定されている。

保育所 児童福祉施設の1つ〔児福7①〕。保育を必要とする乳児・幼児を（特に必要があるときはその他の児童も）日々保護者の下から通わせて保育することを目的とする〔児福39〕。第2種社会福祉事業であり〔社福2③②〕，国・都道府県・市町村以外の者が設置するときは，知事の認可を必要とする〔児福35④〕。市町村は，保護者の労働・疾病その他の事由により児童の保育を必要とする場合には，*認定こども園'，若しくは，家庭的保育事業等（⇨地域型保育事業'）により必要な保育を確保するための措置を講じるか，又は，当該児童を保育所で保育しなければならない〔児福24①②〕。

保育ママ ⇨地域型保育事業'

ボイコット 英 boycott　Ⅰ　*労働争議'の相手方である*使用者'との取引拒否（当該使用者の製品の購入拒否等）を顧客や消費者に呼びかけ，当該使用者に経済的圧力をかける*争議行為'（⇨ピケッティング'）。使用者の取引先など，争議と直接関係ない者（2次的使用者）に対するものは2次的ボイコットと呼ばれる。威

ぽいずんぴ

圧を伴うなど不相当な態様のものは正当性を失う。アメリカでは一定の2次的ボイコットを労働者側の*不当労働行為'として禁止している。
Ⅱ *独占禁止法'上のボイコットについては, *取引拒絶', *不当な取引制限'をみよ。

ポイズン・ピル　⇨買収防衛策'

法　社会規範の一種。道徳規範など他の社会規範との違いについては諸説がある。道徳は内面を, 法は外面を規制するという「外面性説」は, 内面・外面の区別が不明確な上, キリスト教的良心概念を前提としていて,「恥の文化」にはあてはまらない。法を主権者の命令であるとする説(*オースティン'), は, 近代主権国家にしかあてはまらない上に, *慣習法'・*国際法'・*教会法'などが定義からはずれ, 判例法(⇨判例')も排除される可能性がある。法を法的効果として*強制'をもつ規範とする強制説(*イェーリング', *ケルゼン')も, 憲法の諸条文など強制を効果としないものも多いなど, どれも問題がある。*ハート'は, 権利義務を定める「第1次ルール」とその創造手続を定める「第2次ルール」(承認のルール)を分類し, 両者の結び付いた体系が法であるとする。*ドゥオーキン'は, これらの議論に対し, 法が規範やルールであるという前提に疑問を提出し, 法的判断, 特に困難な事件の判断にあたっては, ルールばかりでなく, 法原則や政治道徳が援用されざるをえないとして, 法を他の諸原則から独立したルールの体系だとする*法実証主義'を批判している。⇨規範'

法案提出権　国会の議院に法律案を提出する権限。議員・委員会のほかに, *内閣'にもこの権限があると解されており〔憲72, 内5参照〕, 現状では法律案の多くが内閣によって提出されている。なお, *国会法'では, 議員がその所属する議院に法律案を出すことを発議と称している。議員が法律案を発議するには, 一定数の賛成者が要求される〔国会56〕。　⇨発案権'　⇨議員立法'

法医学　医学的な解明や助言を必要とする法律上の案件や事項について, 科学的で公正な医学的判断を下すことによって, 個人の*基本的人権'の擁護, 社会の安全, 福祉の維持に寄与することを目的とする医学の一分野。裁判医学と称されることもある。刑事では, 死体の観察, 特にその解剖によって豊富な情報を獲得し, 殺人や過失致死事件の処理に貢献することが多い(自殺・他殺の区別, 凶器や兇物の性質, 死亡時刻など)。また, 民事では, 親子関係, *医療過誤', 交通事故などの問題で法医学が役立つ

場面が少なくない。　⇨法科学'

法域　1つの独立の法体系が妥当している地域的単位のこと。一国内において法が統一されている日本のような場合には, 法域は国全体と一致する。これに対して, 連邦国家であるアメリカ合衆国のような場合には, 婚姻や契約に関して州ごとに法の内容が異なっているので, 各州がそれぞれ1つの法域をなす。

法意識・法思想・法理論　法意識とは, 人々が法的問題について,「車が通っていなければ, 赤信号で道路を渡っても構わない」とか,「紛争は裁判でなく, 調停で解決したほうが好ましい」とか, 必ずしも理論的反省のないままに, 考えたり感じたりしていることをいい, *法社会学'の対象となる。このような価値判断を個人主義・国家主義・国際主義などのように体系化したものは, 法思想と呼ばれる。儒教・キリスト教あるいは社会主義などの諸思想も, その一部として法思想をもっている。法理論は, 特定の思想的立場を超えて, 何らかの普遍的・客観的な基盤の上で, 法的諸問題に回答を与えようとする体系であり, 法思想も自分の立場を普遍的・客観的に基礎付けようと試みるとき法理論の領域に入る。法理論にも, 法秩序の全体についての理論と, *新訴訟物理論'・*目的的行為論'などのような法の一部に関する理論とがある。*法哲学'という言葉は, 基本的な法理論を意味するが, 緩い意味では法思想をも包摂する。

防衛出動　武力攻撃事態, 武力攻撃予測事態及び存立危機事態〔武力攻撃事態2②~④〕に際して, 外部の攻撃から日本を防衛するため, 内閣総理大臣の命令により自衛隊の全部又は一部が出動すること〔自衛76①〕。国会の事前の承認又は事後の承認(特に緊急の必要があるときに限る)が必要であり〔武力攻撃事態9④〕, また不承認の場合又は出動の必要がなくなったときは, 自衛隊の撤収を命じなければならない〔武力攻撃事態9⑪, 自衛76②〕。防衛出動時において, 自衛隊は必要な武力の行使ができ〔自衛88〕, また, *警察官職務執行法'の準用により公共の秩序維持のための権限を行使する〔自衛92〕ほか, 任務遂行上必要な*公用負担'特権などについて自衛隊法に詳細な規定がある〔自衛103〕。　⇨治安出動'

防衛装備移転三原則　平成26年(2014)に閣議決定(令和5年(2023)一部改正)された防衛装備(武器)の移転に関する原則であり, 平和国家としての基本理念に基づき, 適正管理が確保される場合に移転が限定される旨を示す。次の

イからハを内容とする。イ（第一原則）移転を禁止する場合として、a 当該移転が我が国の締結した条約その他の国際約束に基づく義務に違反する場合、b 当該移転が国際連合安全保障理事会の決議に基づく義務に違反する場合、又は c 紛争当事国への移転となる場合は、防衛装備の海外移転を認めない。ロ（第二原則）移転を認めうる場合の限定並びに厳格審査及び情報公開として、上記イ以外の場合は移転を認めうる場合を、a 平和貢献・国際協力の積極的な推進に資する場合、又は b 我が国の安全保障に資する場合等に限定し、透明性を確保しつつ、厳格審査を行う。また、我が国の安全保障の観点から、特に慎重な検討を要する重要な案件については国家安全保障会議において審議し、行政機関の保有する情報の公開に関する法律を踏まえ、情報公開をする。ハ（第三原則）目的外使用及び第三国移転に係る適正管理の確保として、上記ロを満たす防衛装備の海外移転に際しては、適正管理が確保される場合に限定し、原則として目的外使用及び第三国移転につき我が国の事前同意を相手国政府に義務付ける。これら三原則の下での運用指針は国家安全保障会議において決定され、これに基づき経済産業大臣が*外国為替及び外国貿易法'の運用を適切に行うことで、原則は担保される。かつて昭和40年代以降、抑制的な武器輸出政策がとられ、特に昭和50年代以降の昭和年間においては実質的な武器禁輸政策がとられていた（武器輸出三原則）。この立場からの転換は累次の例外化措置等を経て行われ、本原則として整理されるに至った。令和4年（2022）の国家安全保障戦略では、安全保障環境の創出等のための積極的戦略的アプローチとして防衛装備移転が推進されることが示され、令和5年に本原則及び運用指針の改正が行われた。

防衛秘密保護法　⇨秘密保護法'

法　益　法によって保護される社会生活上の利益。*権利'より広い概念であり、何ら権利という権利として一般に認められなにしてもよい。刑法上、*違法性'は法益侵害を中核とするとされる。刑法の主な役割は、刑罰により法益を不法な侵害から保護することにあるので、個々の罪において、刑法が保護しようとする法益（保護法益）が何かを明らかにすることがその刑罰法規の解釈の重要な指針となる。また、保護法益の性質によって、個々の犯罪の体系的分類がなされる。刑法各則の規定は、おおむね、国家的法益に対する罪、社会的法益に対する罪、個人的法益に対する罪の順に、体系的に整序されている。

法 益 権 衡　⇨緊急避難'

法益衡量説　2つの*法益'又は利益が衝突して両立できない状態にあるとき、価値の大きな法益又は利益を維持するため、小さな法益又は利益を犠牲にする行為は適法であり、*違法性'を阻却するとする説。利益衡量説、優越利益の原理ともいわれ、*緊急避難'の規定〔刑37〕の解釈原理として、あるいは*超法規的違法阻却事由'の指導原理として主張される。法秩序の認める正当な目的のための正当な手段は違法性を阻却するという目的説に相対する説である。目的説は、行為のもたらした結果よりも過程を重視する行為無価値的違法論（⇨違法性'）として批判されるが、法益衡量説についても、あまりにも社会功利主義的である、法益の衡量の基準がはっきりしないなどの批判がある。

妨害運転罪　⇨危険運転致死傷罪'　⇨自動車運転致死傷行為処罰法'

法外観の理論　⇨権利外観理論'

法 外 組 合　⇨労働組合'

法解釈学　*実定法'に即して法的諸問題の正当な解決を探究し、そのために諸原則を基礎付け、体系化しようとする学問。古代ローマ以来の伝統をもち、特に近代のドイツ法学では、神学の教義学に似た体系性をもって、現実の、あるいは架空の事案への解決を体系的に導き出そうとした。法解釈学の理論的側面は、神学に倣って法教義学（独 Rechtsdogmatik）と呼ばれ、事案に解決を与えようとする試みは決疑論（独 Kasuistik）と呼ばれる。法教義学が体系の整合性に専念するあまり、現実的有効性を失ったとして*イェーリング'らの批判を受け、「体系思考」より「問題思考」をという標語とともに、利益衡量による現実的な問題解決の重要性が主張された。しかし、法的問題解決の体系性は、制度の整合性、法の規制の対象となる人々の間の平等や公平、そして*法的安定性'の見地からも要求されるので、法解釈学が体系性を全く放棄することはできない。他方、法解釈学は、その「学説」が同時に価値判断でもあることから、「解釈学説」は単なる価値判断ではないか、法解釈学に客観性はなく科学としての法律学は*法社会学'などの法の経験科学でしかありえないのではないかなど、その学問としての資格に疑問が提出された。それに対し、価値判断から自由な科学などというものは他の諸科学においても貫徹されえず、実践的諸価値についてもより良きものとそうでないものの区別はあって、ヨーロッパの弁論術の伝統にみられるように、そ

ぼうがいは

れについての合理的討論は可能であるなどという反論もある。なお、解釈学(圖 Hermeneutik)と呼ばれる哲学の潮流の影響下で、聖書解釈学などにおいて展開された「テキストの解釈」に関する方法論を、法解釈学に導入しようとする試みもある。 ⇨法の解釈'

妨害排除請求権 ⇨物権的請求権'
妨害予防請求権 ⇨物権的請求権'

法科学 犯罪捜査や裁判の*鑑定'のために様々な科学領域の専門的知識や技術を応用するための研究分野。forensic science 圏の訳語。特に犯罪捜査のための法科学は鑑識科学と呼ばれており、指掌紋、足痕跡、血液型、DNA型(⇨ディー・エヌ・エー(DNA)分析(鑑定)')、毛髪、声紋、筆跡等を用いた個人識別や遺留物の異同識別、*ポリグラフ検査、犯罪プロファイリング、*電磁的記録'や画像の解析等のための技術が研究開発されてきた。法科学のために応用される科学領域は、人類学、生物学、化学、物理学、工学、情報科学、病理学、毒物学、歯学、精神医学、行動科学等多方面に広がっている。*法医学'も広い意味では法科学に含まれる。

法学 *法'に関する学問の総称。法律学ともいう。19世紀頃までは、*法解釈学'とほぼ同義であった。ただしこの頃でも、古代ギリシャ以来の伝統をもつ*法哲学'の一部は、*自然法'学として法解釈学の原論的部分を構成しており、*法史学'も*ローマ法'や*ゲルマン法'などの*法源'研究として*実定法'学の一部をなしていた。19世紀末までには法哲学や法史学が法解釈学から独立し、また、20世紀初頭より*法社会学'や*比較法学'が登場し、これらは日本では*基礎法学'と総称されている。20世紀中葉より、*法人類学'、*法政策学'、法論理学、*法と文学'など様々な新領域が生まれ、アメリカでは法制度を経済学的側面から検討する*法と経済学'と呼ばれる領域が唱えられている。

法格言 ⇨法諺(ほうげん)'

法学者 伝承によれば、古代ローマにおける公開の場で法について講ぜられたのはB.C.3世紀前半に始まる。論拠および論拠に基づく推論によって法的解決の正当性を論証し、論拠及び推論について公開の議論において検証するというギリシャの学問伝統に即した法学はこの頃に遡ると考えられる。これ以降「法に通じた人(圖 iuris peritus, iuris consultus)」の名前が伝えられているが、彼らはもちろん職業的法学者ではなく、通常は政治支配層に属する貴族であった。彼らの法学者としての活動は、具体的問題に対する法的助言と著述であった。職業的法学者といえるのは、11世紀以降西ヨーロッパで大学ができ、そこで教育を職業とする法学教授が出てきてからのことである。大学では、イングランドも含めて、*ローマ法'と*教会法'を教え、その教説は*普通法'になっていった。法学者は、教授や著述のほかに具体的な事件について、裁判官や当事者の求めに応じて法的助言活動も行った。大学で各国法の授業が行われるようになるのは、18世紀以降のことである。

法学提要 通常は、「ユスティニアヌス帝の法学提要(圖 Imperatoris Iustiniani Institutiones)」を指す。それは、6世紀の東ローマ皇帝ユスティニアヌス(Iustinianus Ⅰ, 482頃〜565)帝(ユ帝)の下で編纂された「市民法大全(ローマ法大全、圖 Corpus Iuris Civilis)」の一部で、欽定の法学入門教科書であるが(Institutiones 圖の本来の意味は授業あるいは授業内容)、533年の施行後は、法典としての効力も有した。ユ帝は、過去の法学者の著作からの抜粋集である「学説彙纂(いさん)(圖 Digesta)」の編纂を先に進めていたが、浩瀚(こうかん)になったことから、法学校の初学者用に、その見取図を提供するため、体系的で簡易な入門書として Institutiones の作成を命じた。このような教育用文献は、2世紀に法学教育がより学問的になって以降に生み出されたもので、ウルピアヌス(Domitius Ulpianus, 170頃〜228)など法学者らに「法学提要(Institutiones)」の著作があった。それらは断片のみが、「学説彙纂」の中に保存されているが、161年頃に成立したガイウス(Gaius)の「法学提要(Institutiones)」については、19世紀にヴェローナの図書館で写本が発見され、おおむね復元されている。ユ帝の「法学提要」は、ガイウスの「法学提要」を範としており、一般的な法源論の後に、「人(圖 persona)」「物(圖 res)」「訴権(圖 actio)」(⇨アークティオー')」と配列される構成を踏襲している。この構成は、*インスティトゥツィオーネン方式'として、後代の法学に大きな影響を及ぼした。

法学提要方式 ⇨インスティトゥツィオーネン方式'

放火罪 1 定義 放火して、建造物その他の客体を*焼損'する罪。刑法108〜113条・115条。
2 罪質 *失火罪'、出水罪などとともに*公共危険罪'に属し、個々の財産の保護ではなく、不特定又は多数人の生命・身体・財産の安全の保護を目的とする。
3 種類 放火の客体の相違により、3種に分かれる。イ 現に人が住居に使用し又は人が現在

[表：放火罪の処罰]

客　　体	結　果	処　罰	加重類型
イ……現に人が住居に使用し又は現に人のいる建造物等(現住建造物等・現在建造物等)	独立燃焼(焼損)	死刑・無期・拘禁刑5〜15年〔刑108〕	
ロ-a…現に人が住居に使用せず、かつ、現に人のいない建造物等(非現住建造物等)	独立燃焼	拘禁刑2〜15年〔刑109①〕	
ロ-b…ロ-aのうち自己所有物	独立燃焼＋公共の危険発生	拘禁刑6月〜7年〔刑109②〕	イ・ロ-aに延焼…拘禁刑3月〜10年〔刑111①〕
ハ-a…建造物等以外の物	独立燃焼＋公共の危険発生	拘禁刑1〜10年〔刑110①〕	
ハ-b…ハ-aのうち自己所有物	独立燃焼＋公共の危険発生	拘禁刑1年以下罰金10万円以下〔刑110②〕	イ・ロ-aに延焼…拘禁刑3月〜10年〔刑111②〕ハ-aに延焼…拘禁刑3年以下〔刑111②〕

する建造物・汽車・電車・艦船・鉱坑に対する*現住建造物'等放火〔刑108〕。ロ　現に人が住居に使用せず、かつ、人が現在しない建造物・艦船・鉱坑に対する非現住建造物等放火であって、客体が、a 他人所有であるとき〔刑109①〕と、b 自己所有であるとき〔刑109②〕、ハ　建造物等以外の物に対する非現住建造物放火であって、非建造物が、a 他人所有であるとき〔刑110①〕と、b 自己所有であるとき〔刑110②〕に分かれる。客体が自己所有か他人所有かで成立要件及び法定刑が異なる限度では、個人の財産侵害という面をもつが、本質はやはり公共危険罪である。イ及びロ-aは抽象的危険犯、ロ-b及びハは具体的危険犯(⇨危険犯')。なお、表を参照せよ。
　4　焼損　放火罪の行為・結果は焼損である。*未遂'〔刑112〕・*予備'〔刑113〕も処罰される関係上、どの段階で*既遂'である焼損に至ったかが問題になる。公共危険罪としての性質上、火が媒介物を離れて独立して燃焼できる状態に達したことをもって足りるとする*独立燃焼説'が判例・多数説であるが、建造物等の効用が喪失したことを必要とする効用喪失説、目的物の重要部分が燃焼を開始したことを要求する燃え上がり説(重要部分燃焼開始説)等も主張されている。

法科大学院　法曹に必要な学識及び能力を培うことを目的とした専門職大学院。質・量ともに豊かな法曹を養成するために、*司法制度改革審議会'がその設置を提案した。法曹養成の中核的な教育機関として、少人数による密度の高い授業により、法理論教育と実務教育を併せて実施し、厳格な成績評価及び修了の認定を行う〔法科大学院2①〕。教育課程、教員組織その他教育研究活動の状況については、定期的に認証評価機関による適格認定を受けるものとされている〔学教109③、法科大学院12②〕。標準修業年限は3年であり〔専門職大学院設置基準(平成15文16)18②。なお、同25参照〕、課程を修了した者には*司法試験'の受験資格が与えられる〔司試4①Ⅰ〕。2023年以降は、法科大学院の課程に在学中の者も一定の要件を満たせば司法試験を受験する資格を有するようになった〔司試4②〕。

包括遺贈　⇨遺贈'
包括一罪　数個の行為がそれぞれ独立して*構成要件'を充足しながら、全体的観察により結局1個の構成要件によって包括的に評価される場合をいう。明文の規定ではなく、各構成要件の解釈として認められる一罪であり、*法益'侵害の一体性とそれに向けられた行為の一体性が高い場合に認められるとされる。狭義には、1個の構成要件に数種の行為の態様が規定されている場合、これらの数種の態様に属する一連の行為が包括一罪である。例えば、賄賂を要求し、約束し、収受した場合〔刑197〕等。ほか、随伴行為(例：殺人とそれに伴う衣服の損傷による器物損壊)、共罰的事前・事後行為などであり、より重い方、あるいは犯罪として進行している方に吸収される(これらは吸収一罪とも呼ばれる)。ただし、包括一罪の概念は、かなり多様に使われており、判例上、接続犯や*集合犯'に属するもの、例えば、1個の犯罪遂行のために数次の*実行行為'が行われた場合(最判昭和24・7・23刑集3・8・1373)、実質的に*連続犯'に属するもの(最判昭和32・7・23刑集11・7・2018)なども、「包括して」一罪とみるのが相当であるとしている。更に、異なる構成要件にまたがり、

ほうかつい

通常は吸収・包括が認められないが，行為の時間的・場所的密接性等から，包括一罪とされる場合がある。例えば，第1暴行で傷害を負わせ，引き続き強盗の犯意をもって第2暴行を行い傷害を負わせた場合に，強盗傷人の(包括)一罪〔刑240前〕となることに異論は少ないが，傷害がいずれの暴行から生じたか不明の場合に，傷害と強盗の包括一罪〔刑236〕とする処理が，異論はあるものの実務的には多くなされている(混合的包括一罪)。近時は，時間，場所，被害者を異にするが，同一意思に基づく同様様のもので，被害者の不特定性の高い連続的な一連の街頭募金につき詐欺罪の包括一罪(最決平成22・3・17刑集64・2・111)が認められるなど，結果への*因果関係'の起点となる行為を拡張するために用いられてもいる。 ⇨科刑上一罪'

包括移転 保険会社の有する保険契約を一括して他の保険会社に移転する*保険業法'上の制度をいう〔保険業135～141〕。一般に，契約上の地位の移転を行うには，個別の*保険契約者'の同意が必要であるが，*保険団体'ごと保険契約者の地位を移転する包括移転においては，責任準備金の計算の基礎を同じくする保険契約の保険契約者の集団的な異議申立手続を経るだけで実施できる。健全な保険会社が事業譲渡に相当する行為を行う場合に使うほか，保険会社の破綻処理の一環として用いられる。後者の場合において，更正手続開始時に積み立てるべき責任準備金の削減と将来に向かっての予定利率等の計算基礎の変更が行われる。

包括承継 ⇨特定承継・包括承継'

包括承継人 ⇨第三者'

包括的核実験禁止条約 圏 Comprehensive Nuclear-Test-Ban Treaty；略称 CTBT　*部分核実験停止条約'の対象としない地下実験を含め，あらゆる核実験を禁止する条約。*核拡散防止条約'6条の核保有国の核軍縮義務促進の一環と位置付けられる。1995年5月11日の核拡散防止条約無期限延長決定に際して，再検討プロセス強化とともに交渉され，1996年9月10日の国際連合総会で採択された(未発効)。日本は1997年7月に批准書を寄託している。全ての核実験の禁止を目的とし，包括的核実験禁止条約機関が監視に当たる。署名国187，当事国178を数えるものの(2024年3月末時点)，条約が発効するためには附属書2に掲げる44カ国全ての批准を要する厳しい条件のため〔包括的核実験禁止条約14〕，発効していない。また，核保有国のうち，イギリス，フランスは批准しており，中国，アメリカは署名のみで未批准であ

る。ロシアは2000年に批准していたが，ウクライナ侵攻を巡る国際情勢の中で2023年にこれを撤回した。

包括的基本権 日本国憲法13条の*幸福追求権'は，人権保障全体の一般的理念を指示するものとして，その3章の初めに掲げられている。この意味でこの規定を包括的基本権と呼ぶ。包括的基本権は，いわば一般条項として日本国憲法14～40条の個別人権の統一的な解釈基準となるとともに，*プライバシー'権や*環境権'などの「新しい人権」と呼ばれる不文の人権を読み込む母体ともなる。

包括的禁止命令 再生手続開始申立てから開始決定があるまでの間に，*再生債権'に基づく*強制執行'などの*再生債務者'の財産に対する全ての債権者による権利実現に関わる手続について，将来に申立てがされるものを含めてその実行を一律に禁止する，*民事再生法'上の裁判所の命令〔民再27～29〕。これが発せられると，既に裁判所に係属しているものは中止される〔民再27②参照〕。全ての手続を包括的に，かつ，将来にわたる禁止までも対象とする財産保全の制度として，民事再生法に導入され，その後*会社更生法'にも設けられた〔会更25以下〕。

包括的執行 債務者の総財産を総債権者の債権の満足に充てるための手続。一般の執行とも呼ばれ，*個別的執行'に対比される。現行法では，*破産'手続が包括的執行としての性質をもつ。

包括的地方公共団体 ⇨基礎的地方公共団体'

包括根(ね)抵当 根抵当のうち，根抵当権者が債務者に対して有する一切の債権を担保するもの。民法上，*根抵当権'の被担保債権は，一定の範囲に属するものに限定する必要があるとされており〔民398の2①〕，包括根抵当は禁じられている。

法規 種々の用例がある。イ 広く法規範一般をいう場合。ロ 一般人民の権利義務に関係する法規範を指す場合。行政組織法のような，一般人民の権利義務に直接関係がない法規範と区別する意味で用いられる。*立憲君主制'において，国家権力が国民の権利を制限し義務を課す場合には，国民代表議会の同意が必要であるとの趣旨で，「法規」の定立を法律に留保する見解が説かれた(⇨法律の留保')。*福祉国家'の下では，権利を付与し義務を免除する規範の定立も「法規」と考えられる。ハ 一般的抽象的法規範を指す場合。*行政行為'や裁判のような，個別的具体的な決定と区別する意味で用

いられる。日本国憲法41条のいう「立法」、実質的意味の「法律」概念は、ハの意味での「法規」を指すとして、*国会'が一般的抽象的法規範の制定権を独占しており、それを単独で行使しうるとされている。国会による個別的・具体的立法は措置法と呼ばれ、権力分立原則違反ではないかとの議論もある。 ⇨唯一の立法機関' ⇨立法' ⇨立法権'

放棄（請求の） ⇨請求の放棄・認諾'

法規裁量 ⇨自由裁量・法規裁量'

法規分類説 14世紀のイタリアで成立し、以後19世紀後半に*サヴィニー'の提唱した*国際私法'理論が樹立されるまで、フランス、オランダ等において、国際私法学の主流となってきた学説。封建時代においては、*属地主義'の原則が支配していたが、12世紀頃から北イタリアに自治権をもつ商業都市が生成し、それらが固有の都市法をもち、その間の交流が盛んになったため、法の抵触が発生した。これを解決するために、バルトルス(Bartolus de Saxoferrato, 1313〜57)に代表される後期注釈学派によって主張されたもので、今日の国際私法学にも大きな影響を残している。法の抵触の解決にあたって、この学派が採用した方法は、法を人法・物法・混合法の3種に区別し、人法については、人に追随して属人的な適用を認め、物法及び混合法は属地的な効力だけを認めるというものである。このように法をその性質に応じて分類するところから、法則区別説、法則学説とも呼ばれる。また、北イタリアのスタチュータ(圖statuta)(都市法)の間の抵触問題に起源をもつことから、スタチュータの理論とも呼ばれる。14世紀のイタリア学派、デュムーラン(Charles ou Molinaeus Dumoulin, 1500〜66)、ダルジャントレ(Bertrand d'Argentré, 1519〜90)に代表される16世紀のフランス学派、ヴォエット(Paul Voet, 1619〜77)、フーベル(Ulrik Huber, 1636〜94)に代表される17世紀のオランダ学派が著名である。

法規命令 私人の権利や義務の内容に関して定める*命令'をいう。*明治憲法'の下では天皇又は政府が*緊急勅令'や*独立命令'を発令できるなど、法律に基づくことなく法規命令の発令が許容されていた。これに対し、日本国憲法の下では、*法律の委任'に基づいて*政令'やその他の命令で法規命令を定めることが*行政機関'に認められている〔憲41・73⑥参照〕。法規命令は、行政機関の外部に対して効力を有するものであり、私人や裁判所を拘束する。法規命令に対比して論じられたものが、*行政規則'で

ある。 ⇨委任命令'

忘却犯 *過失'により*作為義務'を忘却して犯した*不作為犯'をいう。例えば、踏切番が電車通過時刻を忘れていて、遮断機の降下を行わず、そのために事故を発生させた場合〔刑129②・211参照〕、あるいは古物商・質屋が盗品等を入手しながら警察署長等が発する品触れを忘れて届出をしなかった場合〔古物19③④・37、質屋20③・34参照〕などがそれである。忘却犯は、犯罪的意思と身体の挙動が存在しないので、*行為論'の観点からの問題点が指摘されていたが、刑罰の対象となる人間の意識的態度という面では行為と認めて差し支えないと解されている。

俸給 *国家公務員'に支給される基本的*給与'。俸給は、職員の正規の勤務時間による勤務に対する報酬であって、諸手当を除いた全額とされている〔給与法5〕。俸給は、その職務の複雑・困難及び責任の度に基づき、かつ、勤労の強度、勤務時間、勤労環境その他の勤務条件を考慮したものでなければならない〔給与法4〕。なお、*国家公務員法'上、俸給表は生計費、民間賃金その他の事情を考慮して定めるものとされている〔国公64②〕。国家公務員の俸給に当たるものは、地方公務員の場合には*給料'という〔自治204、地公25・26〕。

防空識別圏 圖 air defence identification zone 航空機の識別を容易にし、領空侵犯を予防し、また侵犯に実効的に対処することを目的として、領空に隣接する公海上空に領域国が一方的の国内措置に基づいて設定する空域。設定に際しては公海上空飛行の自由〔海洋法約87①(b)〕に相反しないよう留意しなければならない。日本は在日米軍による防空識別圏をほぼ踏襲する形で、1969年の防衛庁訓令により、約150海里から約300海里までの防空識別圏を設定した。

法系 ⇨法の継受'

傍系血族 ⇨直系血族・傍系血族'

法源 Ⅰ 元来は*法'が流れ出る源泉と信じられるもの、すなわち神意、自然、理性、それに民主制における民意などを意味するが、通常は法を適用するにあたって法として援用しうる法形式、特に裁判官が判決理由でそれを援用して裁判の理由となしうる法形式を意味する。通説によれば「理由となしうる」とは必要条件を意味し、抽象的な法理念や法格言、政策原理などは法源でないとされるが、*ドゥオーキン'は法源とこれらのものの区別を相対化する。成文法源と不文法源に大別され(⇨成文法・不文法')、前者は、*国際法'・国内法、更に国内法は

ほうげん

憲法，*法律'，*命令'などに分かれる。後者は，判例法(⇨判例')，*慣習法'などで，*条理'の法源性については論議がある。

II　西洋における法源論の歴史は，古代ギリシャのソフィストあるいはギリシャ悲劇における「神の法ないし自然の法」対「人の法」の対置にまで遡る。しかし法的議論としては，ローマ法におけるガイウス(Gaius)「法学提要(Institutiones)」及びユスティニアヌス(Iustinianus I, 482頃〜565)帝「法学提要(Institutiones)」を出発点としてよい(⇨法学提要')。ガイウスの法源論の中心は*レークス'(lex)(法律)であり，慣習は法源の1つとはされていない。しかし，市民のコンセンサスが拘束力の根拠である点は，レークスも慣習も同様である。他方，ユスティニアヌス帝「法学提要」は，*成文法'と不文法の区別を大前提とし，成文法としてレークスをはじめ制定法の諸形式，更に，*法学者'の解答を挙げ，不文法として慣習を挙げる。こうして，慣習は法源として正式に承認される(*慣習法')。この背景には，カラカラ帝の勅法(紀元212年)によりローマ市民権が拡大し，ローマ帝国各地の，ローマとは異なる慣習を顧慮せざるをえなくなり，あわせて慣習の認識方法が変化したことがある。ガイウスの時代には法学者が慣習を認定したが，3世紀以降，皇帝の裁判による認定がこれに取って代わる。このようにして，法学者の見解(学説)は法源性を失ってゆく。しかし，現在でも学説に一定の法源性を認める法が存在する。例えば，南アフリカやスコットランドでは，17，18世紀の特定の法学者(institutional writers)の著作(institutional writings)が法源として裁判で援用される場合がある。これは，*法典化'をしなかった*混合法'圏にみられる，極めてユニークな法源として注目される。

法諺（ほうげん）　法格言ともいう。「法の極みは不法の極み」(羅 Summum ius, summa injuria.)のような法思想的なもの，「沈黙は合意とみなされる」(羅 Qui tacet, consentire videtur.)のように法原則を意味するものなどがある。「持たない物は与ええない」(羅 Nemo dat quod non habet.)というが，無権利者からの*即時取得'が保護される〔民192〕ように，法諺だから正しいとは限らない。日本独自の法諺は少なく，有名な法諺は全て西洋由来のものである。

暴行　一般的にいえば，不法な有形力(物理力)の行使。刑法上，暴行が*構成要件'該当行為として定められている罪は多いが，その概念は必ずしも同一ではなく，大別して4種に分かれる。イ　人に向けられると物に向けられるとを問わず，全ての有形力の行使(最広義の暴行)〔刑106等〕。ロ　人に向けられた有形力の行使(広義の暴行。いわゆる間接暴行(⇨公務執行妨害罪')を含む)〔刑95等〕。ハ　人の身体に対する有形力の行使(狭義の暴行)〔刑208等〕。ニ　人の反抗を抑圧するに足りる程度の有形力の行使(最狭義の暴行)〔刑236等〕。暴行罪〔刑208〕は，他人の身体にハの暴行を加えた上，*傷害'を与えるに至らなかった場合に成立する。傷害の*故意'をもつときでも，傷害罪〔刑204〕の*未遂'を罰する規定がないから，暴行罪として処罰される。暴行罪の暴行は，上記のように人の身体に対して行使される有形力であるが，必ずしもその力が身体に触れる必要はないとするのが判例である(最決昭和28・2・19刑集7・2・280)。したがって，石を投げて当たらなかった場合も，暴行罪は成立する。そのほか，つばを吐きかけたり，耳元で太鼓のような楽器を乱打したりするのも暴行である。性質上傷害の結果を惹起(じゃっき)すべきものである必要はない(大判昭和8・4・15刑集12・427)。

防護標章　登録商標(⇨商標権')の効力は，指定商品又は役務とこれらに類似する商品・役務にまでしか及ばない〔商標25・37Ⅰ〕が，著名商標においては，その指定商品又は役務と非類似の商品・役務について他人が登録商標を使用すると自己の指定商品又は役務との混同を生ずるおそれがあり，その登録商標の効力を非類似の商品・役務にまで及ぼすことが必要な場合もある。そのために著名商標については，そのおそれがある非類似の商品・役務について，特別に登録が認められており〔商標64〕，その登録を受けることができるものを防護標章という。専ら防衛的なものであり，自ら使用するものではないので商標の定義〔商標2①〕を満たさないから，標章と呼ぶ。防護標章は，他人の使用を排除する消極的効力を有する〔商標67Ⅰ〕が，自ら使用する積極的効力はないため，登録権者であっても防護標章を使用すると他人の商標権を侵害することもありうる。また，防護標章に基づく権利は当該商標権に付随する〔商標66〕。

謀殺　あらかじめ謀って人を殺すこと。故殺に対するもの。*旧刑法'では謀殺・故殺の区別を設け，謀殺は死刑としていた〔旧刑292〕。⇨故殺'

法史学　**1 意義**　過去の法現象，法制度，法的慣行，法観念，法思想等を研究する学問分野。法制史学ともいう。法史学の主な対象領域としては，各国別の法の歴史(日本法史，ドイツ法史等)のほか，*ローマ法'を始めとする古代

諸法，*教会法'史，更には比較法史等がある。

2 ヨーロッパにおける法史学 法の歴史の研究がヨーロッパで緒についたのは，人文主義の影響による。古典古代・中世の法的テキストや歴史書等の文献学的な研究により，古代ローマ・中世ヨーロッパの法生活や政治秩序のあり方を明らかにする努力が始まった。それは単なる古事学研究にとどまるものではなかった。研究の対象となった法源の多くは，近世ヨーロッパにも依然として法実務で用いられていたので，その歴史研究は，同時に実務的にも重要な意味を有していたからである。また，特に 19 世紀ドイツにおいて「歴史主義」(圖 Historismus)が広く人文諸科学に影響を及ぼすに至り，法学の分野でも現行法概念を歴史的素材から構成する作業が組織的に行われた。しかし*法実証主義'の支配とともに形式的法概念を用いて抽象的体系を構築する傾向が強まり，更に各法領域で国家的立法が整備されると，法史学研究はその実務的意義を失っていく。その一方で，史料批判の方法が高度に洗練され，法源に関する理解が深まるとともに，法史学は(法実証主義的な法概念や体系の影響は免れなかったものの)歴史的認識の学へと発展した。このような 19 世紀ドイツの法史学は，日本を含め，他の諸国に深い影響を及ぼした。

3 日本における法史学 日本における近代的な法史学の発展は，明治維新の後，大学の法学部に法史学の講座が開設されて以降のことである。特に，東京大学の「法制史」講座初代担当者宮崎道三郎(1855〜1928)及びその弟子で後継者となった中田薫(1877〜1967)の下で，19 世紀のドイツ法史学の影響が強まり，ヨーロッパの法発展との比較において日本の法制度や法体系の歴史を研究する努力が続けられた。また，中田は「比較法制史」をも講じていたが，その弟子の世代には，西洋法史，東洋(中国)法史の研究が分化した。

4 問題点 現行法の認識や実務にとっての意義の低下という事態の中で，法史学はその対象や方法の革新を模索している。近代法史・現代法史研究の進展はその一表現である。また，概念構成の方法に対する理論的反省，一般歴史学をはじめとする隣接諸学との対話の緊密化等，様々な試みが続けられている。

方 式 *契約'，*婚姻'など*意思表示'により法律関係を形成する行為(*法律行為')の形式的成立要件であり，契約の成立に書面を要するとか，婚姻の成立に一定の宗教上の儀式を要するかといった外部的形式の問題である。契約成立の意思表示に*瑕疵(ゕ)'がないか，*近親婚'や*重婚'ではないかといった実質的成立要件に対する概念である。*国際私法'においては，方式の*準拠法'について，「場所は行為を支配する」(圖 locus regit actum)とされ，*行為地法'を準拠法とする考えが広く採用されてきた。かつてはこの原則を絶対的なルールとする例もあったが，現在は行為地法を含む複数の法への選択的連結を認める傾向にある。日本の国際私法においても，法律行為一般及び婚姻以外の親族関係についての法律行為の方式に関しては，その成立の準拠法と行為地法との選択的適用(⇨選択的連結')が定められている〔法適用 10 ①②・34〕。法律行為の成立要件の一部である方式について，行為地法によることを認めたのは，当事者が行為地法以外の法の定める方式を充足することが困難である可能性に配慮したため，すなわち当事者の便宜のためである。なお，法律行為の成立の準拠法が変更された場合〔法適用 9〕には，法律行為の方式について適用される成立の準拠法はその変更前の法とされる〔法適用 10 ①〕が，これに対しては根拠に乏しいとの批判がある。一般の法律行為については，上記以外に，異法地域に在る者に対してされた意思表示については発信地を行為地とみなす〔法適用 10 ③〕旨，また異法地域に在る者の間で締結された契約の方式については，*申込み'の通知を発信した地の法又は*承諾'の通知を発信した地の法のいずれかに適合していれば方式上有効とする〔法適用 10 ④〕旨の規定もそれぞれ置かれている。これに対し，*動産'又は*不動産'に関する*物権'及びその他の*登記'をすべき権利を設定し，処分する法律行為の方式については，行為地法によることは認められていない〔法適用 10 ⑤〕。これについては専ら*所在地法'によることとなる〔法適用 13 ②〕。また，婚姻〔法適用 24 ②③〕，*遺言'〔遺言準拠法〕，手形行為・小切手行為〔手附 89，小附 78〕の方式については特則が置かれている。

法思想 ⇨法意識・法思想・法理論'

法実証主義 自然法論と対立する思想で，従来法と道徳の間には必然的な関係がないとする「法と道徳の分離テーゼ」が法実証主義の基準とされることが多かったが，その解釈は現代の法哲学では，法の内容と存在は社会的事実だけによって決定されるとする「排除的法実証主義」と，特定の法が道徳の基準を内容として含むことはありうるとする「包括的法実証主義」に二分されることが多い。前者の代表者としては*ラズ'，後者の代表者としては*ハート'がい

ほうしやか

る。またこれらとは別に、法と道徳が分離していることは必然的な真理ではないが望ましい状態であるという思想は「規範的法実証主義」と呼ばれる。 ⇨'自然法' ⇨'法と道徳'

法社会学 *'法'現象の社会学的研究に従事する学問分野。英語でいう「法と社会(Law and Sociology)」もほぼ同義。法の解釈や適用との関連で、*'慣習法'や*'生ける法'などの*'法源'が具体的にどのようなものかを調査するもの(*'商慣習'や*'入会(いりあい)権'の実態調査など)や、法がどのような社会的現実から生まれ、現実にどのように行われているかについての社会学的研究がある。手法においては、婚姻慣行を調査するなど社会学的なもの、法意識調査など社会心理学的なもの、立法過程研究など政治学的なもの、その他司法過程(リーガル・プロセス)研究、人類学的・哲学的(現象学的)方法など多様なアプローチがある。日本においては*'法の継受'に関する様々な問題領域が、法社会学的関心の対象となってきたが、日本で注目されてきたものに比較法文化論がある。これは例えば、契約の拘束力に関する観念や、紛争解決の方法として訴訟と調停のいずれを好むかなどを、法文化の問題として対比する試みで、「法文化摩擦」と呼ばれる国際紛争との関係でも重視されている。法社会学の重要な研究者としては、20世紀前半においては*'ウェーバー'、*'エールリッヒ'、カントロヴィッツ(Hermann Ulrich Kantorowicz, 1877～1940)、シュッツ(Alfred Schütz, 1899～1959)、パーソンズ(Talcott Parsons, 1902～79)など、現代においてはハーバマス(Jürgen Habermas, 1929～)、ルーマン(Niklas Luhmann, 1927～98)など、また日本では*'末弘厳太郎'、戒能通孝(1908～75)、*'川島武宜'などが挙げられる。

傍 受 盗聴に当たる法律用語。犯罪捜査のための通信の傍受は、一定の条件の下に許されている。それ以外の会話の傍受については、法律の定めはない。 ⇨'通信傍受'

報酬委員会 *'指名委員会等設置会社'において、*'指名委員会'及び*'監査委員会'とともに置かなければならない3つの委員会の1つであって、*'取締役'及び*'執行役'の個人別の報酬の内容を決定する委員会。3名以上の取締役で組織され、その過半数は*'社外取締役'でなければならない〔会社400①③〕。報酬委員会を組織する取締役は、*'取締役会'の決議により定められ、取締役会の内部機関としての側面を有する。指名委員会等設置会社以外の会社では、取締役が受けるべき報酬は、*'定款'でその額を定めない限り*'株主総会'の決議で定められるが、指名委員会等設置会社では、取締役会又は株主総会の決議に基づくことなく、報酬委員会が取締役及び執行役の報酬を決定する。報酬委員会は、取締役及び執行役の報酬の内容の決定に関する基本方針を定めなければならず、この方針は、*'事業報告'に記載される。報酬委員会はその方針に従って決定の権限を行使しなければならず、確定金額の場合には個人別の額、不確定金額の場合には個人別の具体的な算定方法、金銭以外のものの場合には個人別の具体的な内容について決定する。なお、指名委員会等設置会社以外の会社においても、株主総会決議により又は定款に定められた報酬の範囲内で取締役(*'監査等委員'である者を除く)の個人別の報酬を定めるために任意の報酬委員会を設けることがある。

褒 章 勲章・記章などとともに*'栄典'の一種。昭和30年の政令による褒章条例(明治14太告63)の改正(政7)により(ちなみに、法律ではなく政令による改正という方法をとった点には違憲とする見解もある)、現在は6種類の褒章がある。「自己の危難を顧みず人命の救助に尽力した者」に紅綬(こうじゅ)、「自ら進んで社会に奉仕する活動に従事し徳行顕著なる者」に緑綬(りょくじゅ)、「業務に精励し衆民の模範たるべき者」に黄綬(おうじゅ)、「学術芸術上の発明・改良・創作に関し事績著明なる者」に紫綬(しじゅ)、「教育衛生慈善防疫の事業、学校病院の建設、道路河渠堤防橋梁の修築、田野の墾闢、森林の栽培、水産の繁殖、農商工業の発達に関し公衆の利益を興し成績著明なる者又は公同の事務に勤勉し労効顕著なる者」に藍綬(らんじゅ)、「公益のため私財を寄付し功績顕著なる者」に紺綬(こんじゅ)褒章が与えられる。民事上の*'強制執行'及び国税*'滞納処分'による*'差押え'の対象とならず〔民執131⑩、税徴75①⑨〕、詐称や模造物の使用には罰則がある〔軽犯1⑮〕。

法条間の択一関係 ⇨択一関係(法条間の)'

法条競合 刑法上、1個の行為が数個の*'構成要件'を充足するようにみえるが、その実そのうちの1個の構成要件による評価だけで十分で、他の構成要件による評価が排斥される場合をいう。これを4つの場合に分けるのが普通である。イ 特別関係:特別法は一般法に優先する(例:業務上横領罪〔刑253〕と単純横領罪〔刑252〕)。ロ 吸収関係:吸収法は被吸収法を排除する(被殺者の着衣の損傷に関する器物損壊罪〔刑261〕は殺人罪〔刑199〕に吸収される)。ハ 補充関係:基本法は補充法を排除する(例:傷害罪

〔刑204〕と暴行罪〔刑208〕)。ニ *択一関係':排他的関係にある2個の規定は,一方が適用されれば一方は排斥される(例:横領罪〔刑252〕と背任罪〔刑247〕)。いずれにしても,法条競合の場合は,解釈により適用法条が1個に定められ,一罪となる。

報償契約 ⇨行政契約'

報償責任 利益を上げる過程で他人に損害を与えた者は,その利益から賠償しなければならないという考え方で,利益あるところに損失もまた帰させるのが公平であるという考え方に基づく。*危険責任'と並んで,*無過失責任'を認めるための有力な論拠とされる。民法の*使用者責任'〔民715〕は,被用者の活動によって利益を収めている使用者が無過失を挙証しない限り責任を負うのであるから,報償責任の原理を含んでいるといえる。 ⇨企業責任'

幇助(ほうじょ)犯 *正犯'による*犯罪'の実行を容易にする者,あるいは,これについて成立する犯罪の類型。正犯を幇助した者は,従犯とし〔刑62①〕,従犯の刑は,正犯の刑を減軽する〔刑63〕。もっとも,拘留又は科料のみに処すべき罪の従犯は,特別の規定〔軽犯3〕がなければ,処罰されない。〔刑64〕。犯罪の実行を援助し,容易にする方法として,物理的(有形的)方法と心理的(無形的)方法がある。幇助犯を教唆した者(人に正犯を幇助する意思を生じさせて正犯を幇助させた者)には,従犯の刑を科する〔刑62②〕。幇助犯を幇助する間接幇助について,判例は,正犯の犯行を間接に幇助したものとして従犯の成立を認める(最判昭44・7・17刑集23・8・1061)。もっとも,正犯による犯罪の実行を容易にしたと認められないような場合にまで,幇助犯の成立を認めることはできない。教唆者を幇助することについても,これを直接処罰する規定はない(間接教唆(⇨教唆')の幇助について,大判昭12・3・10刑集16・299は,刑法62条,61条2項の適用を認める)。

法人 **1 意義** *自然人'以外のもので法律上の権利義務の主体とされているもの。一定の目的の下に結合した人の集団あるいは財産について法人格が与えられる。かつてはこうした人の集団(社団)や財産(財団)の社会的活動を評価するにあたって,法人は自然人と同様の実在であると考える説(法人実在説)と,法人の活動といっても結局その背後にある個々の人間に帰せられるとする説(法人擬制説・法人否認説)が対立していた。これらの法人学説は,元来,社会的レベルで活動している集団(あるいは財産)を国家が法的なレベルで承認するかどうかという政治思想と結び付くものであるが(例えば,実在説によれば,全ての社会集団を国家が承認せよということになる),現在では,こうした政治思想と関係なく,法人が人間集団の外部関係・内部関係を簡易に処理する1つの法技術であるという側面から法人を捉えようとする考え方が強い。

2 設立 法人の設立には,個々の法人の設立のためにそのつど特別の立法が必要であるとする*特許主義',一般的な法律に基づいて主務官庁の許可を得て設立できるとする*許可主義',一般的な法律の定める条件を具備すれば当然に設立できるとする*準則主義'〔一般法人22・163〕,全く自由に設立できるとする自由設立主義がある。日本では,法人の性質によって設立の条件が異なっているが,自由設立主義は認められていない。

3 種類 法人には,*公法人'と*私法人',*社団法人'と*財団法人',*営利法人'と非営利法人,内国法人と*外国法人'などの分類がある。

4 活動 法人の対外的活動は,理事などの代表機関によって行われ,法人の目的の範囲内で代表機関がした行為の効果は法人に帰属する〔民34〕。また,法人の機関がその職務を行うについて他人に損害を加えたときは,法人に賠償義務がある〔一般法人78・197〕。

5 消滅 法人は,根本規則である*定款'に定めた解散事由の発生や,目的である事業の成功の不能などの諸理由〔一般法人148・202〕によって解散し,*清算'手続が終わると消滅する(⇨清算法人')。

法人格否認の法理 **1 意義** *株式会社'に*法人'としての属性を認めると,正義・衡平に反する場合において,法人格を全面的に否定するのではなく,問題となっている法律関係に限って会社と*支配株主'やグループ企業とを同一視し,法人格がないのと同様の法的扱いをする法理。その結果,例えば,会社債権者が株主の個人責任を追及することが可能となる。アメリカ法やドイツ法において発展してきた法理である。

2 判例 最高裁判所が昭和44年に,イ 法人格の濫用と,ロ 法人格の形骸化の場合には法人格が否認されると判示(最判昭44・2・27民集23・2・511)して以来,数十件の下級審裁判例が出され,判例法理として確立した。法人格の濫用とは,社員の意のままに会社が支配され,かつ支配者に違法又は不当の目的がある場合であり,法人格を利用して法や契約上の義務を回避したり,会社債権者を害するような場合である。

ほうじんか

これに対し、ロの法人格の形骸化の内容は必ずしも明確ではないが、単に株主が会社を完全に支配しているだけで法人格が否認されるとすれば、日本の多くの会社の法人格が否認されかねない。そこで、完全な支配の要件に加えて、会社と社員の間の財産の混同、取引・業務活動の混同、明確な会計区分の欠如、会社法の定める手続規定の違反等を要件とするなど、要件の明確化を図る下級審裁判例が存在する〔鹿児島地判昭和46・6・17下民22・5＝6・702等〕。

3 学説 法人格の濫用のケースの大半は、既存の法規や法理によって解決すべきであり、安易に'一般条項'たる法人格否認の法理に依拠すべきではないという批判が強い。例えば、会社の債務を弁済せず資産を新会社に譲渡して事業を継承するケースでは法人格が否認されることが少なくないが、単なる詐害行為にすぎないのであるから民法424条を適用すれば足りると批判される。法人格の形骸化のケースでは、当該事案において否認される効果ごとにその前提要件を明らかにし、適用すべき規定や法理が欠けている場合に法人格を否認するというアプローチをとるべきであるとする。例えば、有限責任が認められるためには、事業のリスクに応じた出資がなされ、以後それが維持され、財務状況が開示されることが必要であるから、それらを欠く場合には有限責任を否認すべきであると説く。過少資本だけでこの法理を適用すべきではないという批判も有力である。学説は、この法理が妥当な結論を導くために有用であることは認めながらも、より個別的で精緻な法規制・法理が発展するまでの過渡的な法理であり、安易に用いるべきではないと主張する。

法人課税信託 '信託'から生ずる所得については、平成18年の新'信託法'の制定を受けて平成19年度の税制改正(法6)により、信託財産の運用収益の'課税の繰延べ'がなされないように、一定の要件を満たす信託収益については受託者に対して'法人税'が課されるものとされた。法人課税信託とは、イ 受益証券を発行する旨を定める信託、ロ 受益者等が存しない信託、ハ 法人を委託者とする信託で、a 事業の重要部分の信託で委託者の株主等が受益権の過半を取得するもの、b '自己信託'等で存続期間が20年を超えるもの、c 収益の分配割合が変更可能であるもの、ニ 一定の'投資信託'、特定目的信託、である〔法税2 29の2・4の2〜4の4〕。これに対し、信託収益について、受託者段階では課税されず、受益者に分配された時点で課税される合同運用信託、証券投資信託等は、集団投資信託と呼ばれる〔法税2 29〕。

法人業務執行社員 法人が'持分会社'の'業務執行社員'である場合〔会社598①・591①〕、この場合、法人は業務執行の職務を行うべき自然人(⇒'職務執行者')を選任することを要し、その者の氏名及び住所を他の社員に通知し〔会社598①〕、代表権がある場合には登記しなければならない〔会社912 7・913 9・914 8〕。なお、法人は'株式会社'の'取締役'にはなれない〔会社331①1〕。

法人税 **1 意義** 一般に、'法人'の'所得'に対する'租税'を意味する。日本の'法人税法'では、各事業年度の所得に対する法人税のほか、各対象会計年度の国際最低課税額に対する法人税、及び退職年金等積立金に対する法人税について定めている。

2 各事業年度の所得に対する法人税 課税の対象は各'事業年度'の所得であり〔法税21〕、所得の金額は、益金の額から損金の額を控除した金額である〔法税22①〕(⇒'益金・損金')。益金の額には資本等取引以外の取引による収益の額が広く算入され〔法税22②〕、損金の額には原価・費用・損失の額が広く算入される〔法税22③〕。収益の額及び原価・費用・損失の額については、一般に公正妥当と認められる会計処理の基準に従って計算することとされている〔法税22④〕。益金及び損金の額の計算については、法人税法で種々の定めがされており〔法税22の2〜65〕、また、租税特別措置法で各種の特例が定められている。普通法人の基本税率は平成30年以降23.2%である〔法税66①〕。

3 各対象会計年度の国際最低課税額に対する法人税 ⇒国際最低課税額に対する法人税'

4 退職年金等積立金に対する法人税 雇用者が年金契約に基づき被用者のために支出する掛金を、拠出の段階で雇用者の費用・損金とするが、年金等の給付がされるまで所得税の課税の対象とされないため、'課税の繰延べ'を相殺する措置として昭和37年に導入された。平成11年4月1日から令和8年3月31日までの間に開始する事業年度について、課税が停止されている〔租特68の5〕。

5 確定と納付 上記の3種類の法人税とも'申告納税方式'によっている。各事業年度の所得に対する法人税については、中間申告と'確定申告'がある。中間申告は、事業年度が6カ月を超える法人が事業年度開始後6カ月を経過した日から2カ月以内にしなければならない〔法税71〕。これは、事業年度が6カ月以内の法人との均衡を保つことを目的とする制度である。確

定申告は，原則として事業年度終了後2カ月以内にしなければならない〔法税74〕。中間申告及び確定申告によって確定した法人税の金額は，それぞれ申告書の提出期限までに*納付'しなければならない〔法税76・77〕。

法人税の統合　法人を株主の集合体として捉え，法人税を株主に対する*所得税'の前取りであると考えるならば，株主への配当に所得税を課すことは，法人の獲得した利益(配当の原資)に対して既に法人税が課されているのだから，同じ利益に対して2回課税されるという意味での2段階課税(一種の*二重課税')となる。したがって，法人税と所得税を「統合」して，このような2段階課税を排除する必要性が説かれる。統合の方式には，大きく分けて，完全統合と不完全統合がある。前者の例としては組合方式がある。これは，法人が損益を獲得した段階で，それを各株主の持分等に応じて按分配賦し，当該配賦された金額に応じて，所得税を課す方法である。後者の例としては，部分的インピューテーション方式(法人税株主帰属方式)，支払配当を損金に算入する方式(支払配当損金算入方式)，配当に充てた部分に対して，通常より低い税率を適用する方式(二税率方式)，現行法が採用する配当税額控除方式〔所税92〕などがある。　⇨法人税'

法人税法　昭和40年法律34号。法人税について，*納税義務者'，課税所得の範囲，税額の計算の方法，申告，納付及び還付の手続並びにその納税義務の適正な履行を確保するために定められた法律。初めて法人税法が制定されたのは昭和15年(法25)で，その後昭和22年に全面的に改正され(法28)，昭和40年に，従来政令で規定されていた重要事項を取り入れるなどの全部改正が行われた。平成10年に，課税ベースを拡大しつつ税率を引き下げる改革がなされ(法24)，更に平成13年に*組織再編税制'(法6)，平成14年に*連結納税制度'(法79)，平成22年に*グループ法人税制'(法6)が創設された。また，令和2年の改正で連結納税制度に代わって*グループ通算制度'(法8)が導入された。　⇨法人税'

法人税割　⇨住民税'
法人設立の許可主義　⇨許可主義(法人設立の)'
法人著作　⇨職務著作'
法人である労働組合　⇨労働組合'
法人成り　実体は個人企業又はそれに近いものでありながら，形式上は法人企業になること。法人形態で事業を営むことは，個人企業と比べて一般に社会的信用が高く，また，*株式会社'・*合同会社'の形態をとれば*有限責任'の利益を受けることができるなどの理由により，第二次大戦後の日本においては，法人成りの現象が顕著である。しかし，法人成りが広範に行われる最大の理由は，法人成りのもたらす*租税法'上の利点であるといわれている。すなわち，法人成りが自由で，法人の規模等に特別の制限なしに法人格を取得でき，しかも，私法上の法人格に着目して法人課税が行われるなら，法人成りは，租税法上，次の2点で有利である。第1に，法人に所得を留保することにより*配当'時まで個人段階の課税を繰り延べることができる。第2に，経営者本人及びその家族を法人の従業員等とすることにより，所得を分割し，高い*累進税率'の適用を回避することができる。　⇨同族会社'　*法人格否認の法理'

法人の刑事責任　現行法の法人処罰は，*両罰規定'のような特別の規定がある場合に限られ，現行法の「…した者」には法人は含まれないと解するのが通説・判例(大判昭和10・11・25 刑集14・1217)である。理論的に法人の犯罪能力を認めることができるかどうかについては，学説上争いがある。否定説は，身体も意思も有しない法人には行為を考えることはできない，法人に対して倫理的非難を加えることはできない等の理由を挙げる。肯定説は，法人も自然人を通じて行為しうる，法人に対して法的・社会的非難を加えることは可能である等の理由を挙げている。法人処罰の必要性は一般に認められており，実際にも両罰規定は*行政犯'だけでなく，公害犯罪(⇨人の健康に係る公害犯罪の処罰に関する法律')のような刑事犯にも規定されるようになってきている。否定説の立場からは，このような法人処罰規定は法人の受刑能力だけを認めたものとして説明されるが，犯罪能力のない者を処罰することは刑法の基本原則を無視するもので妥当でないとして批判されている。現在では肯定説が有力になっており，刑法典に法人処罰規定を設けることも議論されている。

法人の設立登記　⇨設立登記(法人の)'
法人類学　社会人類学の一種で法現象を対象とするもの。人類学は様々な地域・時代の人類の共通性と相違を認識することによって，人類の自己認識に貢献しようとする研究分野で，自然人類学と社会人類学ないし文化人類学に分類される。特に欧米では非西洋的文化に目を開くことによって，法と社会慣習の多様性を自覚しようとするところに重点がある。社会人類学

ほうせいき

において，家族・集団・交易・紛争・犯罪など法的事象が重要な研究対象であるところから，*メイン'やスペンサー(Herbert Spencer, 1820～1903)以来，法人類学は極めて重要な位置を占めてきた。文化の型の異なる欧米からの*法の継受'という現象は，日本における法人類学の重要な主題で，家族制度や祖先崇拝の伝統と*家族法'近代化の矛盾の問題は，早くより*穂積陳重'などが人類学的視角から論じたところである。

法 制 局　⇨内閣法制局・議院法制局'
法 性 決 定　⇨法律関係の性質決定'
法 政 策 学　広い意味では，政策の実現を法的な観点から検討する学問を指す。*法社会学・立法学・公共政策学や決定理論，政治過程論，司法制度論，制度・組織の理論などと接点をもつ。政策指向型の不法行為訴訟と法の経済分析への関心を基礎として展開された平井宜雄「法政策学」がその代表例の1つであるが，そこでは，決定の方式（市場的決定・権威的決定）や評価の基準（目的手段思考・法正義思考）などに関する分析枠組みが提示されている。

法 制 史　⇨法史学'
法 制 審 議 会　法務省に置かれる*審議会'〔法務省組織令（平成12政248)54〕。法務大臣の諮問に応じて，民事法，刑事法その他法務に関する基本的な事項について調査審議する〔法務省組織令55〕。法務大臣及び委員20人以内で組織される〔法制審議会令（昭和24政134)1〕。会長は審議会の委員の互選に基づき，法務大臣が指名し，委員は学識経験者の中から任期2年で法務大臣により任命される〔法制審議会令2・4〕。民法・刑法・訴訟法等の司法法制に関する法律の立案について，実質的に極めて重要な役割を果たしている。

包 摂 の 錯 誤　⇨あてはめの錯誤'
法　曹　⇨法律家'
法 曹 一 元 制　*裁判官'の採用につき，裁判官以外の法律専門職に従事して社会的な経験を積んだ*弁護士'有資格者を登用する制度。最初から裁判官として任用した者を裁判実務を通じて養成していくキャリア・システムが，裁判官をして閉鎖的なサークルを形成させ，社会の実情に疎い裁判を結果しがちであるのに対し，裁判に社会的良識を反映させようとするもので，英米では伝統的にこの制度が確立している。日本でもこの制度の採用が検討されたことがあり，昭和37年に設置された*臨時司法制度調査会'は，2年間の審議の結果，長所を認めながらも，弁護士の偏在と不足等，実現の前提となる諸条件が整っていないと答申した。現在は，法曹を構成する裁判官・弁護士・検事が最低限の共通な経験を共有しうることを目的に，最初の1年を一緒に研修する*司法研修所'の制度を設け，あるいは三者間の交流制度が運用されている〔裁67①〕。

放 送 権　⇨著作隣接権'
放 送 の 自 由　放送という媒体を手段として行われる表現活動の自由。放送は，それを実施するために利用できる周波数の数に限りがあること，またその社会的影響力が大きいことを理由に，印刷媒体に対してはみられないような特別の規制の下に置かれ，そうした規制に対して厳格な合憲性審査は行われてこなかった。日本では，電波法及び放送法によって，設立規制（放送用無線局開設の免許制），内容規制（公安及び善良な風俗を害しないことや政治的公平性の要求など）などがなされている。しかし，ケーブル・テレビや衛星放送などの発達で多チャンネル化が進む中，放送全般に特別の規制を課す根拠については疑念が表明されている。なお，平成22年の放送法改正（法65）までは，放送概念は無線通信に限定されていたが，この法改正で有線を含む電気通信全般に拡張された。

包 蔵 物　⇨埋蔵物発見'
法 則 学 説　⇨法規分類説'
法 則 区 別 説　⇨法規分類説'
妨 訴 抗 弁　訴訟上の抗弁の1つ。本来は，民事訴訟において，被告が訴えを不適法にさせるためある事項を主張し，請求についての*弁論'（*本案'の弁論）を拒否すること。訴訟抗弁ともいう。現行法上，この意味での妨訴抗弁となるのは，*訴訟費用'の担保不提供の抗弁〔民訴75〕だけである。しかし，現在では，*訴訟要件'のうち*職権調査事項'ではない事項（抗弁事項）。例えば，*仲裁合意'，*不起訴の合意'）に基づいて，訴えが不適法であると主張する被告の*陳述'をも妨訴抗弁と呼ぶことがある。更に，実務上，職権調査事項である訴訟要件の欠缺（%）の主張をも妨訴抗弁あるいは本案前の抗弁ということがある。⇨抗弁'

法 治 国 家　国民の*基本的人権'の保障を重視して，*行政権'が法律の制限の下で行動することを求めるなど，議会による行政統制が図られている国家をいう。法治国家では，行政権が私人の権利や利益を違法に侵害した場合には，裁判所が当該行政活動の審査を行い，その是正など実効的権利救済を図る。行政活動の基礎となる法律に関しては，憲法に適合した内容のものであることが要請されており，これを実質的

法治主義と呼び，そのように統治された国家を実質的法治国家という。*明治憲法'の下でも，法治主義や法治国家が語られていたが，そこでは法律の内容に対する関心(特に憲法適合性という視点)は弱く，法律によりさえすれば私人の権利や利益を侵害することができる点が強調され，裁判所による権利救済の仕組みも不備が多かった。また，法治主義の例外が多くみられた(*特別権力関係'の考えや，法律に根拠をもたない*独立命令'及び*緊急勅令'など)。このように，法治主義の形式を採用してはいるが，立法者に対する憲法の拘束が弱く，人権保障が不十分である国家を，実質的法治国家に対比して，形式的法治国家と呼ぶ。⇨法の支配'

法治主義 ⇨法治国家'
膨張主義 ⇨固定主義・膨張主義'

傍聴人 Ⅰ 国会や地方議会の会議を直接見聞する第三者。特に，両議院の会議は憲法上公開とされる〔憲57①。なお，自治115①本文〕。国会の場合，皇族や他院の議員等は別として，一般国民の傍聴のための公衆席への傍聴券は，両議院ともに，議員の紹介によるものか会議当日に受付窓口で先着順に交付されるものの2種がある。傍聴人は各院の議院規則や議長の定める傍聴規則により細かく規律されている〔衆規17章，参規17章〕。議長は，議場妨害等の場合，傍聴人を退場させることができる〔国会118〕。なお，*委員会'は議員のほか傍聴は許されないが，委員長の許可があれば傍聴することができる〔国会52〕。⇨公開(審理)主義'

Ⅱ 公開された裁判を直接見聞する第三者。傍聴人は訴訟手続に関与するものではないから，事件について発言する機会はない。*法廷警察権'は傍聴人にも及ぶので，審理を妨げる場合には退廷などを命じられることがある〔裁71②〕。傍聴人がメモをとることは，現在の扱いでは禁じられないのが普通である(⇨法廷メモ訴訟')。法廷での写真撮影，録音又は放送(民事事件では速記についても)をするには，裁判所又は裁判長の許可を得なければならない〔民訴規77，刑訴規215〕。*犯罪被害者等の権利利益の保護を図るための刑事手続に付随する措置に関する法律'は，刑事裁判について，事件の被害者などが傍聴〔犯罪被害保護2〕できるように裁判長が配慮すべき旨を定めている。⇨裁判の傍聴'⇨公開(審理)主義'

法定外公共用物 法定外公共用財産，法定外公共物ということもある。道路・河川・海岸・都市公園等の個別の*公共用物'については，それぞれ，公物管理法(*道路法'・*河川法'・海岸法・都市公園法(昭和31法79)等)が制定されているが，社会通念上の道路及び河川等として一般の用に供されているものの中に，これらの法律が適用されないために，公物としての管理のあり方が明確ではない，法定外の公共用物が存した。いわゆる里道や普通河川といわれるものがこれに当たる。これらの法定外公共用物は，所有権の観点からすると*国有財産'であり，*国有財産法'上の取扱いでは旧建設省所管の*行政財産'であるとされていたが，地方公共団体の中には，法定外公共用物のための管理条例(例えば，普通河川管理条例)あるいは規則を定めて，実際の管理を行っている例もしばしばみられ，更には，条例を制定しないまま，地元住民が維持保全等の管理行為を行っている場合もみられた。このように法定外公共用物については，その管理制度の不備がかねてより指摘されていたため，平成11年の「地方分権の推進を図るための関係法律の整備等に関する法律」(法87)によって法の解決が図られた。里道・水路の用に供されている国有財産は市町村に譲与され，市町村の*自治事務'として，財産管理及び公物としての機能管理がなされることになった。海岸については，国の所有する公共海岸の土地は管理する地方公共団体に無償で貸し付けられたものとみなし〔海岸40の3〕，公物としての管理は都道府県(協議により市町村も可)が行うこととなった。以上の改正の後，法定外公共用物として残されるのは，主として一般海域のみとなった。⇨公物'

法定外抗告訴訟 ⇨無名抗告訴訟'

法定解除権 法律の規定によって生ずる解除権〔民540〕。当事者の特約によって解除権の留保を認める*約定解除権'に対する。民法は，契約に共通する解除原因として，*債務不履行'を理由とする解除権を規定する〔民541〜543〕ほか，各契約類型に特殊な解除権を規定している〔民564〜568等〕。⇨解除'

法定外税 課税自主権の観点から*地方団体'に認められている，法律に規定された税以外の税。*普通税'と*目的税'がある。新設・変更には，総務大臣との協議及びその同意が要件とされているが，イ 住民の負担が著しく過重となること，ロ 地方団体間における物の流通に重大な障害を与えること，ハ 国の経済施策に照らして適当でないこと，のいずれかがあると認められる場合を除き，総務大臣はこれに同意しなければならない〔地税261・671・733〕。また，総務大臣は協議の申出を受けた場合にはその旨を財務大臣に通知するものとされ，財務

ほうていか

大臣は法定外税の新設・変更に対して異議を述べることができる〔地税260・670・732〕。地方団体は、総務大臣の不同意に対して不服がある場合は、*国地方係争処理委員会'に審査の申出をすることができる。具体的な例として、平成13年に、横浜市勝馬投票券発売税に対する不同意に係る審査申出につき、同委員会が協議の再開を勧告したものがある。

法定果実 物(*元物')又は*元本'の使用の対価として受け取る金銭その他の物〔民88②〕。*天然果実'に対する語。地代・利息がその例。法定果実収取の法律関係は、それを対価として生じさせる法律関係(例:賃貸借・消費貸借など)により定まる。法定果実は、その収取権の存続期間の日割によりこれを配分する〔民89②〕。 ⇨果実'

法定管轄 *裁判管轄'のうち、法律によって直接定まるもの。個々の事件ごとに裁判で定められる*指定管轄'、当事者の合意や態度で定まる合意管轄(⇨管轄の合意')・*応訴管轄'に対する。遵守を要求する程度の違いにより*専属管轄'〔民訴13①〕と*任意管轄'とがある。

法定期間 ⇨裁定期間・法定期間'

法定刑 個々の刑事法規に定められている*刑'。例えば、窃盗罪では10年以下の拘禁刑又は50万円以下の罰金がこれに当たる〔刑235〕。その規定の仕方については、個々の犯罪に対する刑罰の種類・分量を厳格に規定し裁判官に裁量の余地を残さないようにする絶対的法定刑主義と、一定の犯罪に対する刑罰の種類・分量について相対的に規定し、その定められた範囲内で刑の言渡しを裁判官の裁量に委ねる相対的法定刑主義とがある。現行刑法は相対的法定刑主義をとっているが、例外として、外患誘致罪については死刑だけを法定刑とする絶対的法定刑主義をとっている〔刑81〕。なお、各犯罪に対する刑罰を規定せず、全く裁判官の裁量に委ねる立法形式を絶対的専断刑主義というが、これは*罪刑法定主義'に反し許されない。 ⇨処断刑' ⇨宣告刑'

法廷警察権 裁判所又は裁判官が法廷又はその他の場所で職務を行うにあたり、これに対する妨害を排除し、法廷における秩序を維持する作用〔裁71〜72。なお、刑訴288〕。具体的には、*退廷命令'・在廷命令・発言禁止命令等の各種の命令、説諭・警告等の事実行為などがある。裁判所に固有の自律作用であるが、審理の内容とは関係がない点で*訴訟指揮'と区別される。裁判所の代表機関である*裁判長'が権限を行使し、補助者として*廷吏'その他の裁判所職員を使用できるほか、必要と認めるときは警察官の派出を要求することができる〔裁71の2〕。 ⇨審判妨害罪' ⇨法廷等の秩序維持に関する法律'

法定血族 ⇨自然血族・法定血族'

法定合議事件 ⇨裁定合議事件'

法定抗告訴訟 ⇨抗告訴訟'

法定更新 契約の更新は契約当事者の合意によってされるのが通常であるが、法律の規定によって、当事者の意思にかかわらず、更新が擬制されることがある。*借地借家法'5条2項は、借地人の地位を強化するために、*借地権'消滅後従来の借地人が使用を継続しているのに地主が遅滞なく異議を述べない場合には、前契約と同一の条件で契約が更新されたものとみなしている。借地借家法26条2項、*農地法'17条も法定更新の例である。民法は単に更新の意思を推定する(黙示の更新)にとどまっている〔民619・629〕。

法定財産制 *夫婦財産契約'という特別の契約が締結されている場合を除いて、夫婦間に生ずる財産関係を処理するために、一般に適用される法定の規律。民法では、夫婦が婚姻から生ずる費用を分担すること〔民760〕、*日常家事債務'について夫婦が*連帯責任'を負うこと〔民761〕、夫婦のそれぞれの財産は各人の*特有財産'であり、夫婦のどちらに属するか不明な財産は*共有'と推定すること〔民762〕を規定している。 ⇨夫婦財産制'

法定財団 ⇨破産財団'

法定実施権 法律の規定により当然に発生する*通常実施権'。主として当事者の利益の均衡から認められるもので、イ *職務発明'における使用者〔特許35①〕、ロ 先使用による場合〔特許79〕(⇨先使用権')、ハ 特許権の移転の登録の実施による場合(特許79の2①)、ニ *無効審判'請求登録前の実施による場合(中用権)〔特許80〕、ホ 特許出願の日前又はこれと同日の意匠登録出願に係る意匠権がその特許出願に係る特許権と抵触する場合における、意匠権の存続期間満了後の原意匠権者〔特許81〕、ヘ ホの場合の原意匠権の実施権者〔特許82〕、ト 再審により回復した特許権の再審請求登録前の実施による場合(後用権)〔特許176〕の7種がある。その実施権の範囲は、イを除き必ずしも特許発明の全範囲ではなく、実施料(ロイヤリティ)は、ハニヘを除き無償である。なお、実用新案実施権及び意匠実施権についても、これとほぼ同じ規定がある〔新案11③・20・26・45、意匠15③・29〜32・56〕。 ⇨使用権(商標の)'

法定借地権　⇨法定賃借権'
法定充当　**1 意義**　弁済の充当にあたって、法律の定める順序に従ってされる充当方法。一般には、民法488条4項(491条で準用する場合を含む。以下同じ)の定める充当をいうが、民法489条の定める充当順序(費用・利息・元本の順)も、法律規定によるものという意味で法定充当の一種と解してよいであろう(この場合、合意充当は認められるが、指定による充当は許されない)。⇨弁済の充当'

2 民法488条4項の法定充当　弁済の充当にあたって、当事者の合意(契約)、債務者の指定、債権者の指定がなかったときは、民法の定める順序に従う。すなわち、第1に、債務の中に弁済期にあるものと弁済期にないものとがあるときは、前者に先に充当する。第2に、いずれの債務も弁済期にあるとき又は弁済期にないときは、債務者のために弁済の利益の多いもの(例えば、利息・損害金の率の高いもの)に先に充当する。第3に、債務者のために弁済の利益が同じときは、弁済期が先に到来したもの又は到来すべきものに先に充当する。最後に、債務者のための弁済の利益及び弁済期が同じときは、各債務の額に応じて充当する[民488④]。

法定受託事務　地方公共団体が処理する事務には、*自治事務'と法定受託事務とが区分されており[自治2⑧⑨]、国と地方公共団体の役割分担の原則に照らし国においてその適正な処理を特に確保する必要があるものとして法律又はこれに基づく政令に特に定めるものが、法定受託事務、正確には第1号法定受託事務である[自治2⑨Ⅰ・別表1]。一連の事務の流れの全体がまとめられて法定受託事務とされることもあり(例：戸籍事務、国政選挙事務、一級・二級河川の管理、等々)、一連の事務の流れのうち特定の部分が切り分けられて法定受託事務とされることもある(例：大気汚染等に関する総量規制基準の設定行為、公有水面の埋立て免許行為、等々)。以上は第1号法定受託事務であるが、同様に、市町村・特別区が処理する事務のうち都道府県においてその適正な処理を特に確保する必要があるものとして法律又はこれに基づく政令に特に定めるものが、第2号法定受託事務である[自治2⑨Ⅱ・別表2](例：都道府県の選挙に関する事務等)。法定受託事務に関しては、国の機関等が自治事務の場合よりも強い態様での種々の関与を行うことが許容される[自治245の3②④⑤⑥・245の5〜245の8]。また、自治事務の場合と異なり、国の機関等において*処理基準'を定めることができる[自治245の9]。更

に、自治事務に関しては、地域の特性に応じた事務処理が国の法令等によって妨げられることのないように国が特に配慮すべき旨を地方自治法で規定している[自治2⑬]が、法定受託事務はこの規定の対象外となっている。法定受託事務は、かつての*機関委任事務'に類似するけれども、当該'地方公共団体の事務'であり(したがって条例制定権にも含まれる)、その点で機関委任事務とは異なる。

法定種類株主総会　⇨種類株主総会'

法定準備金　**1 概念**　*貸借対照表'の純資産の部の株主資本の区分に計上される計算上の数額。資本準備金と利益準備金をいい、会社法では単に準備金と規定されている[会社445④]。

2 性質　法定準備金は計算上の数額であり、分配可能額算定の基礎となる*剰余金'の額から控除される[会社446①ニ]。法定準備金の額に相当する財産を*株式会社'に保有する形態についての制限はなく、かつ、株式会社がその活動によって損失を被り、純資産が減少することについて法定準備金は何らの歯止めをかけることもできないため、法定準備金の額に相当する財産を株式会社が保有しているという保証はない。法定準備金は、あくまで、*剰余金の配当'及び*自己株式'の取得による会社財産の減少に制約を加えるものにすぎない。準備金の計上又は準備金の額の減少も、それによって当然に会社財産が増加したり減少するという効果を有するものではない。

3 法定準備金の計上　*その他利益剰余金'の配当をする場合には、当該剰余金の配当により減少する剰余金の額に10分の1を乗じて得た額を、準備金の額が資本金の額の4分の1に達するまで、利益準備金として計上しなければならない[会社445④、会社計算22②]。また、*合併'等の組織再編行為の際の引継ぎ額[会社445⑤、会社計算36・38]及びその他利益剰余金からの組入れ額[会社451、会社計算28①]も利益準備金の額を増加させる。他方、設立又は株式の発行に際して*株主'となる者が株式会社に対して払込み又は給付をした財産の額のうち、資本金として計上しなかった額[会社445①③]、資本金の額を減少した額のうち資本準備金の額を増加させるものとした額[会社447①②、会社計算26①Ⅰ]、*その他資本剰余金'からの組入れ額[会社451①、会社計算26①Ⅱ]、合併等の組織再編行為の際のいわゆる合併差益等のうち合併契約等による資本準備金とするものとされた額及び引継ぎ額が資本準備金とされる。このほか、その他資本剰余金の配当をする場合には、当該剰余金の配当

ほうていし

により減少する剰余金の額に10分の1を乗じて得た額を，準備金の額が資本金の額の4分の1に達するまで，資本準備金として計上しなければならない〔会社445④，会社計算22①〕。法定準備金は分配規制との関係で剰余金の算定上控除され，その結果分配可能額がそれだけ少なくなることから，法定準備金の財源は限定列挙である。

4 準備金の額の減少 *株主総会'の*普通決議'によって法定準備金の額を減少させることができる。ただし，会社が株式の発行と同時に法定準備金の額を減少する場合において，当該法定準備金の額の減少の効力が生ずる日後の法定準備金の額が当該日前の法定準備金の額を下回らないときには*取締役'の決定(*取締役会設置会社'にあっては，*取締役会'の決議)によって法定準備金の額を減少することができる〔会社448①③〕。なお，資本組入れ(法定準備金の額を減少させて資本金の額を増加すること)及び定時株主総会の決議による欠損填補の場合を除き，法定準備金の額を減少する場合には債権者異議手続(⇨債権者保護手続)を経なければならない〔会社449①〕。これは，資本組入れでもなく欠損填補でもない場合に法定準備金の額を減少させるとその他資本剰余金又はその他利益剰余金の額が増加し，分配可能額が増加するからである。

法定証拠主義 *自由心証主義'に対立する観念。*証拠'の評価は困難なことも多いので，中世の立法者は裁判官の自由な判断に委ねるべきではないと考え，証拠の*証明力'をあらかじめ法律で定める方法を採用した。これを法定証拠主義という。その結果，例えば，被告人の*自白'又は*証人'2人の一致した供述がなければ有罪を宣告してはならないというような規定が作られた。しかし，証明力の法定にも人為的な不自然さがあり，また，自白強要のための*拷問'と結合しがちだったので，近代の到来とともに法定証拠主義は捨てられ，自由心証主義が原則となった〔刑訴318，裁判員62，民訴247〕。

法定序列主義 民事訴訟において，当事者の*攻撃防御方法'の提出について，法定の順序又は時期の制限を設ける主義。順次提出主義ともいう。これは，同種の攻撃防御方法は定められた段階で全部提出しておかないと失権するという同時提出主義と結び付いて，*随時提出主義'及び*適時提出主義'に対する。*ドイツ普通法'時代に採用されていたが，当事者が失権を恐れて無用な資料まで提出する傾向があり，審理が錯雑・硬直化するので，*旧民事訴訟法'は随時提出主義を採用した〔旧民訴137〕。現行法は，随時提出主義が訴訟遅延をもたらすという反省から，適時提出主義に改めた〔民訴156〕。

法定審理期間訴訟手続 当事者の申出によりなされる，一定の期間内に審理・裁判をする旨の裁判所による決定に基づいて実施される手続〔民訴381の2②〕。*裁判長'は，この決定の日から2週間以内の間において*口頭弁論'又は*弁論準備手続'の期日を指定するとともに〔民訴381の3①〕，当該期日から6カ月以内の間において口頭弁論を終結する期日を指定し，口頭弁論終結日から1カ月以内の間において判決言渡しをする期日を指定しなければならない〔民訴381の3②〕。審理の効率性や*終局判決'までの予測可能性を高めることを目的とするものである。両当事者の積極的同意がある場合に限り，この手続によることができる〔民訴381の2②〕。また，当事者の訴訟追行が不十分となる場合にこの手続の利用を回避する趣旨で，定型的に当事者間に格差のある訴え(消費者契約又は個別労働関係民事紛争に関する訴え)は対象外とされるとともに〔民訴381の2①〕，裁判所は，当事者間の衡平を害し，又は，適正な審理の実現を妨げると認める場合にも，この手続による決定をしないことができる〔民訴381の2②〕。

法定清算 ⇨清算'

法定清算人 清算株式会社においては，*定款'で定める者も株主総会の決議によって選任された者もない場合には*取締役'が清算人となり〔会社478①Ⅰ〕，清算持分会社においては，定款で定める者も社員(業務を執行する社員を定款で定める場合にあっては，その社員)の過半数の同意によって定める者もない場合には業務を執行する社員が清算人となる〔会社647①〕。上記によっても清算人となる者がいない場合，解散を命ずる裁判によって解散した場合，並びに，*株式会社'の場合は設立の無効の訴えに係る請求を認容する判決又は株式移転の無効の訴えに係る請求を認容する判決が確定した場合，*持分会社'の場合は設立の無効の訴えに係る請求を認容する判決又は設立の取消しの訴えに係る請求を認容する判決が確定した場合は，裁判所が清算人を選任する〔会社478②③④・647②③④〕。これらを法定清算人という。

法定訴訟担当 *第三者の訴訟担当'のうち権利・利益の帰属主体の意思によることなく法律の規定により認められるもの。権利・利益の帰属主体の意思に基づいて行われる*任意的訴訟担当'に対する。その根拠から以下の類型に分けられる。イ 第三者が自己又は自分が代表

ほうていち

する者の利益のために*訴訟物'たる権利義務関係について管理処分権を有することに基づくもの。差押債権者の*取立訴訟'〔民執157〕や*債権者代位権'〔民423〕に基づく代位訴訟，株主の代表訴訟〔会社847③〕等の場合のように担当者自身の権利の実現・保全のために認められるものと，*破産財団'に関する訴訟についての*破産管財人'〔破80〕や*遺言執行者'〔民1012〕のように被担当者を含めた*利害関係人'のために財産の管理処分権が与えられている場合とがある。
ロ 権利義務の帰属主体による訴訟追行が困難な場合に法律上これらの者を保護すべき職務にある者が訴訟担当をする場合である*職務上の当事者'。婚姻事件等において本来の適格者の死亡後に当事者とされる検察官〔人訴12③・26②〕，海難救助料債務者のためにその請求を受ける船長〔商803②〕等である。

法定代位 ⇨代位弁済'
法定代理 ⇨任意代理・法定代理'
法定代理人 Ⅰ 民法上，法律の規定に基づいて*代理'権が発生する場合の代理人をいう。⇨任意代理・法定代理' ⇨代理人'

Ⅱ 民事訴訟法 **1 意義** 本人の意思に基づかず法律の規定によってその地位につく訴訟上の代理人をいう。訴訟無能力者（⇨訴訟能力'）の訴訟上の利益を保護する趣旨から認められる。
イ 実体法上の法定代理人は訴訟上も法定代理人とされる〔民訴28〕。通常の訴訟においては絶対的訴訟無能力者である*未成年者'・*成年被後見人'〔民訴31〕については*親権者'〔民824〕又は*後見人'〔民859〕であり，ほかに民法上の特別代理人〔民775・826・860等〕，*不在者'の財産管理人〔民25〜29〕がある。また，法人の代表者等の訴訟追行については訴訟無能力者の法定代理人に関する規定が準用される〔民訴37〕。
ロ 法定代理人がいない場合又は法定代理人が代理権を行使できない場合には，訴訟無能力者のために訴訟法上の*特別代理人'が選任される〔民訴35〕。
2 訴訟上の取扱い 法定代理権の範囲は民法等に従うのが原則である〔民訴28〕。後見人の訴訟行為についての*後見監督人'の同意〔民864〕は，相手方の提起した訴え又は上訴について*訴訟行為'をする際には不要であるが，判決によらずに訴訟を終了させるには個別に必要である〔民訴32〕。法定代理権の消滅事由も民法等に従うのが原則である〔民訴28〕。ただし，消滅の効果は相手方に通知するまで生じない〔民訴36①〕。法定代理権は書面又は*電磁的記録'により証明しなければならない〔民訴規15〕。法定代理権の

欠缺（けっ）がある場合，訴訟行為は無効であるが*追認'が可能であり〔民訴34②〕，裁判所は補正を命ずることができる〔民訴34①〕。法定代理人は当事者ではないが，訴状や判決には必ず表示され〔民訴134②Ⅰ・252①Ⅴ〕，証人能力がなく*当事者尋問'の手続による〔民訴211〕等当事者に準じる扱いを受ける。⇨訴訟代理人'

Ⅲ 刑事訴訟法上，*親権者'又は*後見人'は，法定代理人として一定の役割を認められている。*責任能力'の規定を適用しない罪に当たる事件について，*被告人'又は*被疑者'が*意思能力'をもたないときは，その法定代理人が訴訟行為について被告人又は被疑者を代理する〔刑訴28〕。また，法定代理人は，被告人又は被疑者のため独立して*弁護人'を選任することができ〔刑訴30②〕，*補佐人'となることができる〔刑訴42①〕ほか，本人のために*上訴'〔刑訴353〕・*保釈'請求〔刑訴88〕等の訴訟行為をすることができる。
*被害者'の法定代理人は，*告訴'〔刑訴231①〕，法廷での意見陳述〔刑訴292の2〕，被害者参加（⇨被害者参加制度'）〔刑訴316の33①〕などをすることができる。

法定担保物権 ⇨担保物権'
法廷地漁（ぎょ）り ⇨フォーラム・ショッピング'
法定地上権 **1 意義と存在理由** *競売'等によって土地と建物の所有者が異なるに至ったときに，法律の規定によって生ずる*地上権'。民法は，同一の所有者に属する土地と建物の一方のみに*抵当権'が設定されたときは，抵当権設定者は，競売の場合に地上権を設定したものとみなした〔民388〕。抵当権設定時既に土地と建物の所有者が異なっているときは，通常そこに賃借権等の利用権が設定されているが，土地と建物が同一の所有者に属するときは，所有者は自己の土地に賃借権等の土地利用権を設定することは認められないし〔民179・520参照〕，競売のときに利用権を設定することも実際上できないので，競売があると建物は存立の根拠を失って取り壊さなければならないことになる。そこで法律の規定によって地上権を生じさせることとした〔工抵16①，立木法5等も同趣旨〕。
2 適用の拡大 規定上は土地建物のみに抵当権が設定されたことが要件になっているが，抵当権設定当時，土地と建物が同一の所有者に属しているのであれば，土地・建物の双方に抵当権が設定されたときや，土地又は建物が抵当権設定後に他に譲渡されて所有者が異なるに至ったときにも，法定地上権が生ずると解されている。また，同一の所有者に属する土地又は建

ほうていち

物が、*滞納処分'や*強制執行'によって所有者を異にするに至ったときも法定地上権が生ずる〔税徴127①、民執81〕。なお、仮登記担保契約に関する法律に*法定賃借権'の規定がある〔仮登記担保10〕。

法廷地法 裁判の係属している裁判所所属国の法。訴訟地法ともいう。法廷地は、各国で異なる国際私法の中から、実際に適用する国際私法を決定する役割を果たすため、実際の裁判が行われるか否とに関わりなく、法廷地法は常に想定される。国際私法上、*準拠法'は法律関係に*最密接関係地法'であるべきであって、外国法の適用を嫌い、法廷地法を広く適用することは、*フォーラム・ショッピング'を誘発し、国際私法秩序の安定を害するとされる。なお、「手続は法廷地法による」という不文のルールは広く認められている。これは、手続法の属地的義務と同義である。また、外国法の適用結果が*公序'に反する場合にはその適用が排除される〔法適用42〕が、これは法廷地法の最低限の秩序維持を目的とするものであるから、法廷地法上の公序であるとされる。*不法行為'の成立及び効力について日本法を累積適用(⇨累積的連結')しているのも同じ趣旨である〔法適用22〕。

法定賃借権 同一の所有者に属する土地・建物の一方に*仮登記担保'が設定され、それが実行された場合に、建物のために法律上当然に成立する敷地の賃借権〔仮登記担保10〕。日本では、原則として自己の所有地に賃借権を設定することができないため、同一所有者に属する土地・建物の一方に担保権が設定され、後に実行されることによって土地と建物の所有者が異なることになる場合に、建物のための敷地利用権をあらかじめ設定しておくことができない。担保権が*抵当権'の場合には*法定地上権'を認めて建物の保存を図っているが、仮登記担保の場合については民法上規定がない。そこで、仮登記担保契約に関する法律で規定した。ただし、契約によって敷地利用権を設定する場合には*地上権'が使われることがほとんどないことを考慮して、同法では法定の賃借権(法定借地権)が成立するにとどめた。

法定追認 取り消すことのできる行為について、社会一般からみて*追認'という効果を与えても妥当であると認められるような一定の事実があったときに、取消権者の意思に関係なく、追認と同一の効果を生じさせることをいう。民法125条が法定追認の生ずる場合を規定している。⇨取消し'

法定的符合説 1 意義 刑法上、*故意'の成否を左右する*事実の錯誤'に関する学説の1つで、*具体的符合説'、*抽象的符合説'と区別される見解。行為者が認識した事実と発生した事実とが同一の*構成要件'の範囲で一致していれば、発生した事実について故意を認めることができるとするもの。故意犯として非難するためには、行為者が構成要件に該当する事実を認識していれば足りることを理由とする。

2 同一構成要件内の錯誤の場合 法定的符合説は、*客体の錯誤'だけでなく*方法の錯誤'の場合にも発生した事実について故意を認める。例えば、Aを殺害しようとAを狙って発砲したところ近くにいたBを射殺してしまった場合、Bに対する殺人既遂罪を認める。この場合、法定的符合説は、認識した事実についても故意を認める(Aに対しても殺人未遂罪を認める)数故意説と、発生した事実について1つだけ故意を認める一故意説とに分かれている。判例は、法定的符合説の数故意説をとる(最判昭和53・7・28刑集32・5・1068)。なお、従来の法定的符合説を抽象的法定符合説、具体的符合説を具体的法定符合説と呼ぶ見解もある。

3 異なる構成要件間の錯誤の場合 法定的符合説は、認識した事実と発生した事実が構成要件的に重なり合う限度で故意を認める。例えば、器物損壊の故意で人を傷害した場合には、器物損壊の未遂(不可罰)と過失傷害罪が成立し、普通殺人の故意で同意殺を犯した場合には、重なり合う限度で同意殺人罪が成立する。判例は、麻薬輸入と覚醒剤輸入との間でも故意の符合を認めており(最決昭和54・3・27刑集33・2・140)、法定的符合説からこれを支持する見解が一般的である。

法定手続の保障 ⇨デュー・プロセス・オブ・ロー'

法廷等の秩序維持に関する法律 昭和27年法律286号。法廷等の秩序を維持し、裁判の威信を保持するために、裁判所に対する侮辱的行為に対し、簡易かつ即時の手続で制裁を科すことを規定した法律。英米法における*法廷侮辱'にこの法律の原型がある。制裁を科される行為は、裁判所(裁判官)が法廷又は法廷外で事件につき審判その他の手続をする際に、その直接知る場所で、秩序維持のために裁判所が命じた事項・措置に従わず、又は暴言・暴行・けん騒等の不穏当な言動で裁判所の職務執行を妨害し若しくは裁判の威信を著しく害する行為である〔法廷秩序2①〕。制裁は、20日以下の*監置'若しくは3万円以下の*過料'又はこれの併科であり、裁判所が決定でこれを科する〔法廷秩序2

①・3①・4①〕。保全処分的処置として，行為の時から24時間以内の拘束ができる〔法廷秩序3②〕。制裁の裁判に対しては，*抗告'等の上訴が認められるが，法令違反等を理由とするものに限られ，執行停止の効力をもたない〔法廷秩序5・6〕。

法定得票　当選人となるために*公職選挙法'が要求する最小限度の得票。*比例代表選出議員'の選挙以外の選挙について，個別の選挙ごとに定められている〔公選95〕。比例代表選出議員の選挙のうち，衆議院比例代表選出議員選挙の重複立候補者については，小選挙区での得票数が供託物没収点〔公選93①Ⅰ〕に達しない場合は，名簿に記載されていないものとみなされる〔公選95の2⑥〕。参議院比例代表選出議員選挙については，非拘束名簿式ではあるが，法定得票は定められていない。

法定納期限　⇨納期限(租税の)'

法定犯　⇨自然犯・法定犯'

法廷侮辱　*裁判所'の権威を侵害し，又は裁判所による*司法'の運営を妨げる行為。裁判所侮辱とも呼ばれる。英米法において発達した概念である。英米法における裁判所侮辱は，制裁を科する目的に応じて，過去の行為に対する懲罰を目的とする刑事的侮辱と，将来における裁判所の命令への服従を確保するための民事的侮辱とが区別されるほか，行為の行われた場所に応じて，法廷内での暴言や*証人'の宣誓拒絶のような直接侮辱と，法廷外において裁判所の命令に服従しないなどの間接侮辱とが区別される。法廷侮辱に対する制裁手段は，*罰金'又は*拘禁'である。通常の制裁は，侮辱を受けた裁判所が職権で，かつ陪審によることなく科すことができ，その程度も裁判所の裁量によるが，その内容，要件及び手続は，上記の類型のうちどれに該当するかによって，異なる。裁判所の高い権威と国民の裁判官に対する信頼を基礎とするものであるが，近年は，上記のような区別の合理性や，民事侮辱における制裁の過酷さなどを巡って，問題点の指摘もある。　⇨法廷等の秩序維持に関する法律'

法廷メモ訴訟　法廷で*傍聴人'がメモをとるのを許可されなかったことに対し，国家賠償を請求した訴訟。訴訟を提起したアメリカ人弁護士の名前から，レペタ訴訟とも呼ばれる。最高裁判所は，結論として賠償請求は退けたが，これまで*法廷警察権'に基づき禁止されることの多かった法廷内でのメモ採取を，原則として解禁する判断を示した(最大判平成元・3・8民集43・2・89)。その理由として，判決は，憲法21条1項の規定から「さまざまな意見，知識，情報に接し，これを摂取する」自由が派生原理として導かれ，この摂取を補助する筆記行為の自由も同規定の精神に照らして尊重されるべきことを挙げた。その上で，裁判の公開原則を前提とすれば，法廷内のメモ採取は，「その見聞する裁判を認識，記憶するためになされるものである限り，尊重に値し，故なく妨げられてはならない」とし，メモ採取が公正かつ円滑な訴訟の運営を妨げることは通常ありえず，特段の事情のない限り自由であるとしている。

法定利息　法律の規定に基づいて発生する*利息'。*約定利息'に対する語。法律によって利息が生じる場合としては，イ 他人に属する*元本'を返還する義務を負う者に他人の取得又は取得するはずであった利息を支払わせる場合〔例：民545②・575②・704等〕，ロ 他人の財産を管理する義務を負う者に，自己のために消費した金銭に対して利息を支払わせる場合〔例：民647・665・701等〕，ハ 遅延利息〔例：民419①・669〕，ニ 他人のために出費した者にその出捐(しゅつえん)額に対する利息の請求を許す場合〔例：民442②・459②〕などがある。特約がない限り，いずれもその利率は*法定利率'による〔民404〕。

法定利率　法律により定められる*利率'。約定利率に対する。利率に関する合意のない場合及び*法定利息'に適用される。金銭債務の不履行の場合の遅延賠償は，約定利率が法定利率を超える場合には約定利率によるとされている〔民419①但〕。かつては民法では年5分〔民旧404〕(民事法定利率)，商法では年6分〔商旧514〕(*商事法定利率')とされていたが，*債権法改正'により，法定利率は民事商事を問わず一律年3％とされ，更に3年を1期として，1期ごとに金利が見直される変動金利制が採用されることになった。利息を生ずべき債権について別段の意思表示がないときは，その利息が生じた最初の時点における法定利率が，その債権の利息となる〔民404〕。　⇨約定利息'

法的安定性　どのような行動がどのような法的効果と結び付くかが安定していて，予見可能な状態をいう。典型的には，ある目的物がA→B→Cと転々譲渡された後，AがAB間の取引の*瑕疵(かし)'を理由としてこれを取り消した場合，Aには，瑕疵ある取引によっては所有物を失わないという法的安定性(静的安定)への期待があり，*善意'の*第三者'Cには，*占有'や*登記'などの*公示'を信じた信頼を保護されることへの利益(動的安定)がある。*家族法'など具体的妥当性(現実問題の解決としての妥当性)

ほうてきじ

が重視される分野では静的安定が重視され、商法など*取引の安全'が重視される領域では動的安定が重視される（⇨動的安全・静的安全'）。また裁判官など法の適用者の裁量権が広すぎて、どういう決定が下されるか予見困難な場合にも法的安定性が害されるといわれる。

法的人格　⇨権利能力'　⇨人'

法的推論　*法律家'を理屈っぽい論理的な人種だと考える社会通念があるとともに、実際には法律家の議論はもっともらしいだけで、恣意的なものだという見方もある。そこで法律論と呼ばれている議論を論理的に再構成し、その性格を認識するとともに、可能な限りの合理化を目指す法的推論（英 legal reasoning）研究という領域が、20世紀中葉より開拓されてきた。その結果、法的推論と呼ばれているものは、単純な三段論法よりはるかに複雑な構造をもっていること、そこには厳密な論理性は期待できないものの、「よりよい推論」に一定の定義を与え、それに向かって改善することが不可能でないことなどが指摘されている。

法適用通則法　「法の適用に関する通則法」(平成18法78)の略称。*法例'(明治31法10)を全部改正したもの。法律の施行期日に関する規定〔法適用2〕、慣習の効力に関する規定〔法適用3〕(⇨慣習法')のほかは、*国際私法'に関する規定である〔法適用4〜43〕。親族法に関する部分は、現代語化の点を除き、法例の平成元年改正（法27）をほぼそのまま受け継いでいる。

法哲学　法と法学の諸問題を原理的なレベルに遡って哲学的に考察する、基礎法学の中心となる学問。法理学(英 jurisprudence)や法理論(英 legal theory)という言葉もほぼ同義。憲法・民法・刑法など実定法学の原理的理論とも重なるが、一般的にはそれらの分野は法哲学の各論とみなされており、法哲学の中心的分野とされているのは、イ 法・権利・義務などの基本的な法概念の解明と法の一般理論（*法実証主義'や*自然法'論や*批判法学'）、ロ 法解釈と法的議論の方法論（*自由法論'や*リーガル・リアリズム'）、ハ 法制度の評価や提唱を行う法価値論（典型的には正義論）である。イとロは記述的法哲学、ハは評価的法哲学と特徴付けることもできるが、これらの境界は厳密なものではない。更に法思想史も法哲学の領域に含められるのが普通である。イとロの分野が本格的に研究されるようになったのは比較的新しく19世紀になってからだが、政治思想・倫理学と大きく重なるハの分野は古代ギリシャのソフィストやソクラテス(Sokrates, B.C.470 (469)〜399)、プラトン(Platon, B.C.427〜347)、古代中国の諸子百家以来論じられてきた。研究者の哲学観が多様であるために、法哲学への接近方法も観念論的なもの、経験主義的なもの、分析的なもの、理想主義的なものなど多様である。中でも体系的哲学の一部として法を論ずる傾向があるヨーロッパ大陸の法哲学と、分析法学が中心の英米法哲学との間にはかつて大きな相違があったが、20世紀後半からその相違は小さくなった。現代の法哲学は狭い意味の哲学にとどまらず、社会学・経済学・政治学・心理学など他の学問の理論と概念を取り入れて領域を拡大しつつある。法哲学の意義としては、法の基本的な概念や原理を解明することによって法解釈に寄与すると同時に、自明視されている法学の前提を疑ったり、法の根範を批判的に問い直したり、あるいは法制度を外部者の観点から観察したりして、実定法と法解釈学を相対化するということが挙げられる。現代の日本の法哲学研究の特色は、政治哲学的な関心が強いことである。

法テラス　⇨総合法律支援法'

法典　成文法規を体系的に編纂したもの。失火ノ責任ニ関スル法律（明治32法40）のように1カ条しか条文のない法律は法典とはいえず、ある程度の大きさがなければならない。法典編さんは法史に残る大事業で、学界・法曹界の力を結集して行われる。歴史的に有名な法典としては、ハムラビ法典、十二表法、ローマ法大全(⇨ローマ法')、*フランス民法'典、*ドイツ民法'典、東洋では唐律、明律、清律などがある。

法典化　英仏 codification　独 Kodifikation　法典を意味するラテン語のcodexは書物のうち、巻物ではなく冊子体の形式を意味し、この形式が検索に便利なのでローマ人は4世紀頃より聖書や法令集に用いた。「法典化」という言葉ができたのは比較的新しく、ヨーロッパで定着するに至ったのは19世紀以降のことであるが、ヨーロッパ近代語において「法典化」とは、まずは複数の*法源'を検索しやすい書法典へ編集することを意味した。つまり古代のcodexという形式の記憶がこの近代の言葉に格納されていた。既に紀元後5世紀の東ローマ帝国において、法学説の細分化と勅法など各種法源の増加及び規範管理の不徹底は、法源の特定を困難にし混乱を招くため、権威ある皇帝が法源を法典に編集して整理することがたびたび試みられた。ユスティニアヌス I (Iustinianus I, 482頃〜565)帝来「ローマ法大全」はその集大成であり、爾来、「ローマ法大全」は法典化の典型をなす

(⇨ローマ法')。12世紀以降、ローマ法が大学で講ぜられ、アリストテレス政治哲学が知られるに至り、不変の*自然法'の傍らに法の可変性及び立法の観念、そして法源から矛盾を排除しようとする法学の観念が活性化する(12世紀ルネサンス)。不変の法は人為的な編集の対象にはなりえないが、可変的な法すなわち実定法は編集可能であるし、可変的だからこそ検索を容易にする必要がある。法的に正しい判決を下すという世俗的で統治に関わる目的のために、数多くあった教皇令を一書に編集したり(⇨カノン法')、*慣習法'を一書に収めたりする試みが13世紀に急増する。グラティアヌス教令集はカノン法の法典化の、ザクセンシュピーゲルや封建法書などは世俗法の法典化の具体例である。法典化が、収録された法源相互の矛盾を解消し調和させる作業を含むこととなると、法典化と立法との境界は流動的になる。しかし他方、法を利用する当事者の側から見れば、可変的である法が確かに存在することを裁判所で立証することが、その法が権威ある法典に収録されていれば格段に容易になるから、法典は有用であった。近世に入り、ローマ法、カノン法の他に慣習法や学識法が法源として地歩を確立し、それらが無編集のまま繁茂し、法源状況が錯綜すると、18世紀中葉から19世紀初頭にかけて、国家の中央集権化を背景として、自然法や理性法の理念を指針としつつ、国家主導により既存の錯綜した法源の体系的な整序がヨーロッパ各国で相次いで試みられ(1751年以降のバイエルン諸法典、1794年のプロイセン一般ラント法典、1804年のフランス民法典、1812年のオーストリア一般民法典)、19世紀には「法典化」の語も定着する。19世紀のドイツ語圏では近代国家形成が各ラントにおいて進行していたが、*パンデクテン法学'が各ラントを横断する法の共通言語を形成し、これが基礎となって、ドイツ帝国形成後の1896年にドイツ民法典が完成した(⇨ドイツ民法')。20世紀に入ってからは、新たに生じた法領域について法典が作成されて、その法領域の独自性が確立する場合がある(例えば1969年以降のドイツにおける一連の社会保障法典)。開国以降の日本では、法典化は、法源状況の混乱の解消という、法に内在する問題への対応手段としての側面はやや希薄になっている。例えば、日本の近代化に際しては、外圧を与件とする西洋的法体制の確立という政治的目標が、また2017年以降の相次ぐ大規模な民法典改正では法のグローバル化への対応が、それぞれ動力になった。

法典化条約 ⇨国際立法' *立法条約'

法典論争 I 1806年に神聖ローマ帝国が消滅した後、ドイツ語圏を1つにまとめる政治的な単位は消滅した。各ラントはそれぞれが独自の国家としての発展を継続する。1800年前後の時代は「法典化の時代」とも呼ばれるが(⇨法典化')、ドイツ語圏では例えばプロイセンやオーストリアといった各ラントが法典を作成した。またドイツ西部、とくにライン河畔の小規模のラントにおいてはフランスの法典がそのまま翻訳されて、あるいは適当に改訂を加えた上で継受された。これに対してナポレオン戦争後、ナショナリズムが高揚した1814年に、ティボー(Anton Friedrich Justus Thibaut, 1772〜1840)はその小著「ドイツ一般市民法の必要性について」において、ドイツ全体に妥当する法典を、フランス法の継受を通じてではなく自らの力で編纂(さん)すべきと主張した。対して*サヴィニー'は同年公刊の小著「立法と法学とに寄せるわれわれの時代の使命について」で、法典編纂の提案に反対した。この論争が後に法典論争として記憶されるに至った。もとよりこの論争が論争として成立するためには、論敵同士が共通の問題意識をもっていた、という点が注意されねばならない。すなわち概念上も法源上も混乱を極めた当時の法実務の無批判的な継受には2人とも反対であった。サヴィニーは、ティボーが代表的に唱えるような、法典編纂による事態の打開に反対したのである。サヴィニーの立場は、カント的な学問観を踏まえた*歴史法学(派)'に拠るものであり、大略以下のとおり：現在の法学の水準では法典編纂は無理である；そもそも法の発展は、法典の立法によってでなく、まずは民衆により、続いて民衆を法的に代表する専門法曹の手により、いわば慣習法的になされねばならない；法の体系化は、法典によってでなく、法概念の洗練とその関連付けを通じて達成さるべきものである、と。この論争もまた、論証の甲乙というよりどちらの説が現実適合的かにより決着を見たのであって、政治的に分裂したドイツにおいて法典の実現は困難であり、法典ではなく法学による法の統一のほうがはるかに現実的な道だった。この歴史的推移が事後的に、サヴィニーを論争の輝かしい勝者に仕立て上げる副作用をもったことに注意する必要があろう。近年では、法典論争はドイツの19世紀の全体を通じ、サヴィニーとティボーとの間以外でも、また民法について以外でも様々に起こっていることを指摘し、サヴィニーとティボーとの論争だけに法典論争の語を当てはめ

ぼうとうち

るのを戒める見解が有力に主張されている。これは史実の指摘として重要な論点を含む。しかしサヴィニーとティボーの論争は、法典編纂の是非という論点に加え、法の形成過程における立法の意義であるとか、ラント毎に政治単位が分かれたドイツにおける法の統一とは何か、といった重要な法原理的な論点に（日本の議論においてさえ）省察を誘う機能を強くもったことも、歴史的に重い事実である。

Ⅱ 明治22年(1889)から明治25年にかけて民法及び商法の実施延期か断行かを巡って展開した論争。条約改正促進のために近代的諸法典作成を急いだ明治政府は、民法をフランス人御雇（おやとい）学者*ボアソナード'とその薫陶を受けた日本人に起草させ、フランス民法の色彩の強いものを明治23年に法律として公布した（法28・法98）。しかし、この過程で各方面からその内容について批判が起こり、実施を延期して国情に合ったものに修正すべきことを主張する者と、予定通りの実施を主張する者の2派に分かれて、激論がたたかわされた。当時やはり法律として公布されていた商法(明治23法32)も、同様の批判を受け、また民法と商法の間の整合性が問われて、実施延期が主張され、結局明治25年11月、帝国議会は両法の実施延期を議決し〔民法及商法施行延期法律(明治25法8)〕、その結果新設された法典調査会で修正作業を行うこととした。両派の対立は、政治的・派閥的争いの強いものであったが、延期派が*自然法'思想に立つ民法を批判する際に*歴史法学'の立場に依拠した点では、ドイツの法典論争に比べられるものであった。 ⇨旧民法' ⇨旧商法'

冒頭陳述 刑事訴訟では、*証拠調べ'の始めに、検察官は、*証拠'により証明すべき事実を明らかにしなければならない〔刑訴296本文〕。これを検察官の冒頭陳述という。冒頭陳述は、*起訴状'において*訴因'として示された事実について証拠との関連を明確にして検察官の主張を具体化させることをその内容とするが、犯罪事実の*立証'に必要な限度で、犯行の動機、犯行に至る経緯、犯行後の状況などを述べることができる。単なる*量刑'事情を*陳述'することの適否については、争いがある。冒頭陳述により、裁判所は、審理方針の樹立及び証拠の関連性などの判断材料を得ることができ、被告人も防御の重点をどこに置くべきかを知ることができる。冒頭陳述の本質上、証拠に基づかない陳述が許されないのは当然であるし、実際に証拠を取り調べる前であるから、予断や偏見を生じさせるようなことを述べることも許されない〔刑訴296但〕。なお、*弁護人'(*被告人')も、立証計画を明確にする趣旨で、裁判所の許可を得て冒頭陳述を行うことができる〔刑訴規198〕。また、*公判前整理手続'に付された事件については、弁護人(被告人)は、事実上又は法律上の主張があるときは、冒頭陳述をしなければならない〔刑訴316の30〕。

冒頭手続 刑事訴訟において、公判手続のうち、*証拠調べ'に入るまでの手続をいう。第1回*公判期日'が開かれると、裁判長は、まず出頭した被告人が人違いでないかどうかを確かめるため*人定質問'を行う〔刑訴規196〕。次に、検察官が*起訴状'を朗読する〔刑訴291①②③④〕。起訴状の訂正や起訴状に対する求釈明がなされるのは、この段階であるのが通例である。次いで、裁判長が被告人に対し*黙秘権'のあること及び被告人の権利保護のために必要な事項を告げる〔刑訴291⑤、刑訴規197〕。その上で、*被告人'及び*弁護人'に対し被告事件について*陳述'する機会が与えられる〔刑訴291⑤〕（いわゆる*罪状認否'）。なお、*管轄違い'の申立て〔刑訴331〕、*移送'の請求〔刑訴19〕は冒頭手続終了までに行うことを必要とし、その他の*訴訟条件'の有無もこの段階で審査するのが通常である。冒頭手続で被告人が*訴因'について有罪である旨を陳述したときは、*簡易公判手続'の決定をすることができる〔刑訴291の2〕。 ⇨公判手続'

報道の自由 1 意義と内容 マスメディアが事実を国民に伝える活動の自由であり、*取材の自由'とともに*表現の自由'の一環をなす。判例は、報道の自由が民主主義社会において国民の*知る権利'に奉仕し、思想表明の自由と並んで憲法21条の保障の下にあるとする〔最大決昭和44・11・26刑集23・11・1490〈博多駅テレビフィルム提出命令事件〉〕。

2 限界 判例上、裁判所による報道用テレビフィルム提出が命令された（上記の博多駅事件）ほか、法廷における写真撮影〔最大決昭和33・2・17刑集12・2・253〈北海タイムス事件〉〕も制限され、国家秘密に対しても制約があるとされた〔最決昭和53・5・31刑集32・3・457〈外務省秘密漏えい事件〉〕。なお、*特定秘密保護法'は知る権利、報道及び取材の自由に配慮する規定を置いている。*少年審判'に付された*少年'の氏名などの掲載を禁止した*少年法'61条は、報道の自由に反するとの見解もある。電波メディアによる報道の自由は特に*放送の自由'と呼ばれ、特別の規制の下に置かれている。 ⇨マスメディアの自由'

法と経済学 主として近代経済学における費用・便益分析に基づき、一定の法規範や制度

の選択が市場メカニズムを通じて人々の経済行動や非経済的行動に対していかなる影響やインセンティブを与えるかを明らかにし，とりわけ経済的効率性の観点から法制度のあり方を分析する。法の経済分析ともいう。1960年代にアメリカでコース(Ronald Coase, 1910〜2013)によって「取引費用」を始めとする基本的アイディアが提供され，ポズナー(Richard Posner, 1939〜)，カラブレージ(Guido Calabresi, 1932〜)らによってその基礎が形成された。近時は，人間の合理的判断や認知的限界を意識した行動経済学の発展や，ゲームの理論の応用研究が目覚ましい。いくつかの方向性があり，現行法制度を経済分析によって説明ないし正当化できることを価値判断抜きで実証的に主張するものや，様々な法制度モデルを用いて一定の制度に変更を加えるとどのような経済的インパクトが生じるかを予測するもの，経済的効率性を目標としながら望ましい制度のあり方を提唱するものなどがある。

法と道徳　*法'と道徳はともに行為規範としての性質をもっており，内容の上でも重なり合う部分がある。法理論上両者の関係が論じられるのは主に，イ 概念上の必然的関係の有無という論理的問題，ロ 具体的内容の異同と相互の影響という経験的問題，ハ 道徳を刑罰その他の手段によって法的に強制すべきか，また二 法に従うべき道徳的義務は存在するか，という規範的問題としてである。イについて否定的な説を*法実証主義'，ハについて肯定的な説をリーガル・モラリズムと呼ぶことが多い。いずれの問題についても，そこで法と道徳(倫理)という言葉が多様な意味で用いられているために議論が混乱することが多い。特に道徳について，客観的に正しいと想定される絶対的道徳，各人が道徳と信じている主観的道徳，特定の社会で行われている実定道徳などの区別が必要であろう。

法と文学　アメリカの法学界では1970年代以降「法と文学(Law and Literature)」と呼ばれる学際的分野が急激に発展した。その内容は研究者によって多様だが，イ 文学作品の中における法や裁判に関する叙述を検討する「文学の中の法」，ロ 法の中における文学的要素・性質を考察する「法の中の文学」あるいは「文学としての法」，ハ 文学鑑賞や文学解釈方法論が法学に寄与するとする「法のための文学」，ニ 表現の自由や著作権法と文学との関係を研究する「文学に関する法」などのアプローチがある。

法内組合　⇨労働組合'・'労働組合の資格審査'

冒認　*特許法'上，特許権を取得することができる者は特許を受ける権利を有する者に限られているが，冒認とは，この特許を受ける権利をもたない者が行った出願を指す。冒認出願は拒絶され〔特許49⑦〕，たとえ誤って特許が付与されたとしても*無効審判'が請求されれば冒認特許は無効になる〔特許123①⑥〕。もっとも，当該無効審判については，特許を受ける権利を有する者のみが請求人適格を有する〔特許123②〕。また，特許を受ける権利を有する者自身が出願をしていた場合にその者による特許権の移転請求を認めた裁判例がある(最判平成13・6・12民集55・4・793〈生ゴミ処理装置事件〉)。その後，平成23年改正(法63)により，出願の有無にかかわらず，特許を受ける権利を有する者による移転請求が認められることとなった〔特許74。なお，特許79の2〕。

法の移植　⇨法の継受'

法の一般原則(国際法上の)　国際司法裁判所規程(昭和29条2)は，裁判準則である国際法の1つとして，「文明国が認めた法の一般原則」を規定している〔国際法38①c〕。かつての*常設国際司法裁判所'規程も同様に規定し，また，その他の多くの仲裁裁判条約によっても，法の一般原則は裁判準則として採用されている。法の一般原則の内容については，*自然法'上の原則・正義・衡平等が挙げられることもあるが，諸国の国内法に共通に認められる原則と考えるのが妥当である。具体的には，*信義誠実の原則'，*既判力'の原則などである。法の一般原則が国際法の法源とされることの根拠をどのように考えるかという問題がある。法の一般原則の適用を定める裁判条約中の規定は，裁判でこれが裁判準則であることを根拠付けるにとどまる。特定の法の一般原則が慣習法となる場合は考えられても，法の一般原則の全体が慣習法となったとはいえない。なお，「国際法の一般原則」は国際法秩序の基本的な原則を指す概念であって，ここにいう法の一般原則とは区別される。

法の解釈　1意義　法の解釈は法の内容を発見するという認識というよりも，法適用という実践の予備作業である。それでも，「立法論としてはともかく解釈論としては無理」という言い方が示すように，法の解釈には限界があると考えられている。*ケルゼン'は，法解釈を法の許容する「枠」の認識で，枠の中から1つの解決の選択からなり，後者を導くものは実践的価値判断であるとした。この説は法解釈が認

ほうのけい

識と実践という2つの要素を含んでいることを指摘する点では妥当だが，その問題点は，解釈の成否の境界は枠というほど明確なものか，枠の中ならどの可能性を選んでも長短はないのか，などである。そこで解釈の良し悪しを決める基準として，「実質的正当性」と「言葉の中心的意味からの距離」という2つの変数を考え，前者が大きいほど，また後者が短いほど，よい法解釈だという考え方もあるが，実質的正当性の判断は実践的価値判断ということになる。

2 方法 法学の中で伝統的に「解釈方法」として列挙されるものを次にあげる。イ 文理解釈は，辞書ないし法学辞典の与える意味に忠実に従う解釈を意味する。ロ 拡大解釈(拡張解釈)・縮小解釈は言葉の意味を拡大あるいは縮小する解釈をいうが，言葉の広義あるいは狭義の解釈をいうこともある。ハ 言葉の本来の意味に含まれないものにも，類似性を理由として適用を及ぼすことを類推(解釈)，反対に適用を否定することを反対解釈という。刑罰法規においては罪刑法定主義の原理から類推解釈は許されないが，他の法規や契約の解釈でも反対解釈の方が原則である。ニ 「大きなものさえ許されているのだから，もっと小さいものはもちろん許されている」というような解釈は，勿論解釈と呼ばれる。ホ 不法行為の規定を債務不履行の規定を参照しつつ解釈し，租税滞納処分の規定を*民事執行法'の規定を参照しながら解釈するように，法の体系性を重視して解釈することを体系的解釈，立法資料や立法時に参照した外国法や沿革を参照する解釈を歴史的解釈，外国の法制度を参照する解釈を比較法的解釈という。ヘ 立法や制度の目的を考慮する解釈を目的論的解釈，解釈の社会的影響を考慮する解釈を社会学的解釈という。ト 立法者や上級裁判所や担当官庁など解釈権者による解釈を公権的解釈又は有権解釈という。なお以上の叙述は解釈の対象は特定の法文や法規範であるという前提によっていたが，実際の法解釈では，特定の事件にどのような法規範を適用すべきかという問題自体が争点になることも多く，その議論も法解釈活動の重要な部分をなす。

3 解釈としての法 法秩序はあるゆる法的問題に正しい1つの解釈を用意しているという「法の完結性」の思想は，現代では神話として批判されてきたが，*ドゥオーキン'は裁判官の判決における語り方を根拠に，いかなるハード・ケースにも唯一の正答があり裁判官による裁量の余地はないという「正答テーゼ」を主張するとともに，法それ自体をルールや規範の体系ではなく，法解釈の活動・実践としてみる見解を提出して議論を呼んだ。しかし彼の「解釈としての法」理論は，論争と切り離せない法実務の特徴を捉えている一方で，文学作品の解釈とのアナロジーに基づいているため，法の安定性・権威性といった性質を軽視しているという批判がある。

法の経済分析 ⇨法と経済学'

法の継受 法の移植ともいう。他国の法制度を取り入れること。取り入れられた国を「母法国」，取り入れた国を「子法国」といい，両国の間に「法系」の関係が生ずる。立法的継受と司法的継受と学説継受，全面的継受と部分的継受などが区別される。近世西欧における*ローマ法'の継受は，ルネサンス・宗教改革と並ぶ歴史的事件とされる。日本では，律令制における中国法の継受，明治以降の西洋法，特にフランス法・ドイツ法の継受，第二次大戦後の憲法・刑事訴訟法などを中心とするアメリカ法継受などの例がある。

法の欠缺(けっ) 議事規則に可否同数の場合の規定がない場合のように，あるべき規定が欠けていることを「欠缺」という。「あるべき」か否か自体が争われることもある。立法者は全能でないから，*成文法'には当然欠缺がある。*法'はあらゆる問題に解決を用意しているという「法の無欠缺性のドグマ」，その解決は概念操作と論理的推論によって導き出されるとする*概念法学'は，*利益法論'・*自由法論'などに批判され，*生ける法'の探究，「自由な法発見」などが環境される。スイス民法1条2項は，成文法も慣習もない場合，「裁判官が仮に立法者であったら制定するであろうような準則」に従って裁判せよと規定しているのは，法の欠缺の存在を承認したものといわれる。しかし，「法律(独 Gesetz)には欠缺があるが，法(独 Recht)にはない」という主張もある。

法の効力 効力(妥当性，有効性ともいう)は validity 英, Geltung 独の訳で，規範の法的拘束力を意味し，実際に行われているか否かを意味する実効性(英 effectiveness, 独 Wirksamkeit)と対比して用いられるのが普通である。かつて「食糧管理法は有効ではあるが実効性がない」といわれたこともあり，戦後ドイツでは「ナチ時代の差別的立法は実効性はあったが，*自然法'に反して無効であった」という主張もあった。何が効力の根拠となりうるかについては，実力説・承認説など法哲学者の間で論争がある。長期間実効性が全くなくなると，効力もなくなるといわれ，こうして効力を喪失する現

象は desuetudo〔圏〕(廃絶)と呼ばれる。

法の支配　英語の rule of law のことで、「人ではなく法が支配する」という観念は既にプラトン(Platon, B.C.427〜347)、アリストテレス(Aristoteles, B.C.384〜322)の中にも、中世ヨーロッパの法思想の中にもみられるが、現代世界ではどこでも肯定的に用いられるようになった。しかし内容、及び大陸法の法治国家(圏Rechtsstaat)や「法による支配」との異同については多様な見解がある。それを大きく二分すると、国家の統治の方法が実定法によるという合法性を重視する形式的・手続的理解と、法の内容自体が民主主義や人権の保障を含んだ良い統治を体現しなければならないとする実質的理解がある。前者だけでは例えば奴隷制のような圧制を妨げない一方で、後者は法の支配という概念の中にあまりにも多様な諸価値を混合するものだという批判がある。

法の適用に関する通則法　⇨法適用通則法'

法のハーモナイゼーション　⇨ハーモナイゼーション(法の)'

法の不知　違法性の錯誤の1つ。刑罰法規の存在を知らず、自己の行為が刑罰法規に触れ、違法であることを認識していない場合をいう。原則として、刑事責任に否定的な影響を与えない〔刑 38 ③〕。違法性の錯誤の問題として解決され、通信・交通が途絶して新たな刑罰法規を知りえなかったような例外的な場合に、違法性の意識の可能性がないため(違法性の錯誤に相当な理由があり)、刑事責任に影響する可能性がある。　⇨違法性の錯誤'　⇨違法性の意識'

法の下の平等　年齢・性別・能力等、人と人との間の種々の実質的・事実的な相違を前提としつつ、法的権利・義務の面では、条件が同じである限り、等しい取扱いをしなければならないとする原則。近代憲法の基本原則の1つである。わが国の場合、*明治憲法'の下では公務への就任について平等取扱いが保障されるにとどまっていた〔明憲 19〕が、日本国憲法は、法の下の平等を徹底させ、*華族'制度を廃止し、男女同権を確立した〔憲 14・24・44〕。これを受けて、*国家公務員法'〔国公 27〕・*地方公務員法'〔地公 13〕・*教育基本法'〔教基 4〕・*男女雇用機会均等法'等の諸法律が差別待遇の禁止について規定している。「法の下の平等」とは、単なる法の適用上の平等ではなく、法そのものが内容的にも平等でなければならないということであり、したがって、この原則は、*司法権'と*行政権'のみならず、*立法権'をも拘束すると解するのが通説である。しかし、平等といっても、憲法はあらゆる別扱いを禁止する趣旨ではなく、不合理な別扱いを禁止しようとするのであり、合理的な別扱いは認められると解される。問題は、何が合理的な(あるいは不合理な)別扱いに当たるかであるが、判例上はいまだ必ずしも明確な判断基準が定立されているとはいえない。具体的な事例としては、刑法の尊属殺重罰規定〔刑旧(平成 7 法 91 による改正前の)200〕を違憲とした判例(最大判昭和 48・4・4 刑集 27・3・265)や*公職選挙法'の議員定数配分規定を違憲とした判例(最大判昭和 51・4・14 民集 30・3・223, 最大判昭和 60・7・17 民集 39・5・1100)(⇨定数不均衡(訴訟)')、国籍法の届出による日本国籍取得に関する規定〔国籍旧(平成 20 法 88 による改正前の)3 ①〕の準正要件の部分を違憲とした判例(最大判平成 20・6・4 民集 62・6・1367〈国籍法違憲判決〉)、非嫡出子の法定相続分を嫡出子の 2 分の 1 と定める民法旧(平成 25 法 94 による改正前の)900 条 4 号但書前段の規定を違憲とした判例(最大決平成 25・9・4 民集 67・6・1320〈非嫡出子法定相続分差別違憲決定〉)がある。また、今日では*同性婚'訴訟のように、同性間の婚姻を認めない現行法制を、性的指向に基づく不合理な別扱いをするものとしてこれを訴訟を通じて是正しようとする動きも強まりつつある。

報復　国際違法行為(国際法違反)又は不当な行為に対する反応としてとられる措置であって、非友好的ではあるがそれ自体として合法である措置(圏 retorsion)。*復仇(ふっきゅう)'(圏 reprisal)とは区別される。外交官追放・外交関係断絶の外交上の措置や種々の特権の剝奪が典型である。輸出入禁止を始めとする経済的措置は、WTO(⇨世界貿易機関')協定や*通商航海条約'上の義務に抵触する場合には対抗措置(非軍事的復仇)に、そうでない場合には報復に分類される。

法文化　*裁判'と*調停'のいずれを好むか、*契約'の拘束力を絶対視するか、危険がなくても停止信号を守るか、空港の税関で賄賂がきくかなど、同じような法典をもっている国でも、その下で生きている人々の意識や行動様式に差がある。ある社会における人々の法についての意識や行動様式の総体を法文化という。日本人は裁判より調停を好み、契約書に細かく規定するよりも「問題が起こったら誠意をもって話し合う」というような条項を好むなど、日本の法文化の独自性が*法社会学'者たちの関心を呼び、また各国との貿易摩擦の背後に法文化摩

ほうほうの

擦が潜んでいることがある。

方法の錯誤　攻撃を加えたところ，狙った客体と別の客体に結果が生じた場合。例えば，Aを射殺する目的でAに向けて発砲したところ，Aの近くにいたBに命中射殺したときなど。打撃の錯誤ともいう。発生した客体に対する加害の*故意'を認め既遂とする*法定的符合説'と，発生した客体については*過失'，意図した客体については*未遂'を認める*具体的符合説'とが対立している。前者が多数説・判例(最判昭和53・7・28刑集32・5・1068)であり，判例によると，上記の例は，Aに対する殺人未遂罪とBに対する殺人既遂罪の*観念的競合'とされる。　⇨錯誤'

方法の発明　*特許請求の範囲'に時間的要素を含む(手順が示されている)発明。単純方法の発明と物の製造方法の発明に分けられる。前者は方法を使用することが，後者は方法を使用することに加えて方法により生産した物の使用，譲渡等，輸出若しくは輸入又は譲渡等の申出をする行為が「実施」とされる〔特許2③②③〕。

法務大臣権限法　⇨国の利害に関係のある訴訟についての法務大臣の権限等に関する法律'

法務大臣の指揮権　⇨指揮権(法務大臣の)'

亡命者　⇨難民'

訪問介護　*介護保険'で介護給付の対象となる居宅サービスの1つ〔介保41④①〕。要介護認定(⇨要介護状態')を受けた*被保険者'であって，居宅(*軽費老人ホーム'・*有料老人ホーム'等の居室を含む)において介護を受ける者について，その者の居宅において介護福祉士等により行われる入浴，排せつ，食事等の介護その他の日常生活上の世話であって，介護保険法施行規則で定めるもの(定期巡回・随時対応型訪問介護看護(地域の訪問看護事業所と連携して行うもの(連携型)に限る)〔介保8⑮②〕・夜間対応型訪問介護〔介保8⑯〕(⇨地域密着型サービス')に該当するものを除く)をいう〔介保8②〕。被保険者が，都道府県知事の指定を受けた居宅サービス事業者からこのサービスを受けたときは，*居宅介護サービス費'等が支給される。要支援認定を受けた被保険者については地域支援事業の1つである介護予防・日常生活支援総合事業のうちの第1号訪問事業により行われる〔介保115の45①Ⅰイ〕。

訪問看護　**1 介護保険**　介護給付の対象となる居宅サービスの1つ〔介保41④Ⅰ〕。要介護認定(⇨要介護状態')を受けた*被保険者'であって，居宅(*軽費老人ホーム'・*有料老人ホーム'等の居室を含む)において介護を受ける者のうち，主治医がその治療の程度につき一定の基準に適合していると認めた者について，その者の居宅において看護師等によって行われる療養上の世話又は必要な診療の補助をいう〔介保8④〕。被保険者が，都道府県知事の指定を受けた居宅サービス事業者からこのサービスを受けたときは，*居宅介護サービス費'が支給される。予防給付の1つである*介護予防サービス費'〔介保53②Ⅰ〕の対象となるものは，介護予防訪問看護という〔介保8の2③〕。**2 医療保険**　疾病又は負傷により居宅において継続して療養を受ける状態にある者で，主治医がその治療の程度につき一定の基準に適合していると認めた者に対し，その者の居宅で看護師等が行う療養上の世話又は必要な診療補助をいう〔健保88②，国健保54の2②，高齢医療78①等〕。訪問看護事業を行う者で厚生労働大臣の指定を受けたものによって，被保険者が訪問看護を受けたときには，訪問看護療養費が〔健保88①，国健保54の2①，高齢医療78①等〕，被扶養者が訪問看護を受けたときは，家族訪問看護療養費が〔健保111等〕支給される。

訪問購入　⇨特定商取引に関する法律'

訪問販売　購入者の住居・職場，あるいは街頭など，営業所等以外の場所で行われる商品販売(役務提供を含む)。無店舗販売とも呼ばれる。訪問販売(無店舗販売)は，事業者が顧客に積極的に接近し商品の販売を図るための方法の1つであるが，不意をつかれた顧客は，巧みなセールス・トークによって，よく考えずに(十分な商品情報なしで，比較検討の機会もないまま，かつ，自分は本当にその商品が欲しいかどうかを熟慮せずに)不要な商品，不当な商品を購入してしまうことが多い。このような弊害を除去するために，特定商取引に関する法律は，第1に，販売業者に氏名等の表示義務，販売時の書面等交付義務を課し〔特定商取引3〜5〕，第2に，不実告知や威迫・困惑を禁じ〔特定商取引6〕，第3に，いわゆる*クーリング・オフ'〔特定商取引9〕のほか，過量販売を規制し〔特定商取引9の2〕，不実告知・不告知による取消し〔特定商取引9の3〕を認めている。更に，第4に，契約解除に伴う損害賠償額の制限を行っている〔特定商取引10〕。　⇨特定商取引に関する法律'

法理学　ほぼ*法哲学'と同義。明治14年(1881)に東京大学で*穂積陳重'が「法理学」という講義を開いたが，これは「法律哲学」という言葉に付着する形而上(ケイジ)学的なイメージ

ほうりつこ

を避けたためである。「法哲学」はRechtsphilosophie 独の訳でドイツ観念論を想起させ、「法理学」はjurisprudence 英の訳で*分析法学'の傾向が強いという者もあるが、両者の相違は今日ではごく小さい。

暴利行為 他人の窮迫・軽率・無経験に乗じて不当な利益を収奪する行為。*公序良俗'違反として*無効'とされる(大判昭和9・5・1民集13・875参照)。著しく高利の消費貸借(⇨利息制限法'),高額の*違約金'・損害'賠償額の予定',被担保債権に比べて著しく高価な財産をもってする*代物弁済の予約'(最判昭和27・11・20民集6・10・1015参照)などが無効とされる例である。

法律 イ 広義には*法'と同じ。明治時代には法が「仏法」(仏教の教義)と混同されたりしたため、法律という言葉が広く用いられ、「法律行為」〔民91〕、「法律を知らなかった」〔刑38③〕などの法典の用語のほか、「法律哲学」「法律社会学」などという言葉も用いられた。ロ 翻訳などでは、フランス語のdroit、ドイツ語のRechtの訳語を「法」、同様にloi, Gesetzを「法律」とし、観念的・理想的な「法」に対し、「法律」は実定法規の意味に用いられる。ハ 憲法、*政令'、*条例'などと区別される法形式。原則として衆参両議院の議決を経て成立する〔憲59〕。ニ 他の法体系でハに相当するもの。

法律家 *法律'の実務家のことで、法曹ともいわれる。具体的には*裁判官'・*検察官'・*弁護士'・*公証人'を指すが、ときには*法学'者を含むこともあり、また*司法書士'や行政書士のように法と関係が深い職業は、法律家に準ずるものとして考えられることもある。英語のlawyerは、*法曹一元制'度のとられている英米では、「法律家」であると同時に「弁護士」である。

法律回避 国際私法上、当事者が*連結点'を意図的に変更し、これによって本来適用されるはずの法の適用を免れること。婚姻挙行地法の適用される*婚姻'の方式について、挙行地を変更したり(グレトナ・グリーン婚〔英 Gretna Green marriage〕)、*本国法'の適用される*離婚'について、他国へ帰化すること(ボッフルモン公爵夫人事件)などがその著名な例である。その他、会社設立の厳格な要件を回避するデラウェア会社(設立準拠法の選択)、海運業界における便宜置籍船(*旗国法'の選択)や、国際的租税回避(⇨タックス・ヘイブン')など、その例は多い。法律回避のなされた法律行為'の効力については解釈が分かれ、これを無効とするボッフルモン公爵夫人事件に関するフランス判例の影響の下で、旧法例(明治23法97、未施行)は、法律行為の方式に関して、これを無効とする規定を置いていた〔旧法例10但〕。これに対し、*法例'にも、*法適用通則法'にも規定がなく、一般に有効と解されている。なお、法律回避を問題としないことによって不都合が生ずる場合には、別途、*強行法規の特別連結'や公法的規制が行われる。

法律学 ⇨法学'

法律関係の性質決定 *国際私法'規定の適用範囲を決定するにあたって、抵触規定中に用いられている*法律行為'、*不法行為'、*物権'、*相続'などの*単位法律関係'を示す法律概念の意味をいかにして決定するかという問題。法性決定ともいわれる。例えば、不動産を共同相続した相続人が遺産分割前に持分を処分できるかという問題は、物権という単位法律関係にも相続という単位法律関係にも関係しうる。この点については、相続人間の法律関係がどうなるか、相続人の一部が遺産分割前に持分の処分をすることができるかは相続問題〔法適用36参照〕であるが、第三者への持分処分に権利移転の効果が生ずるかは物権問題〔法適用13参照〕であるとした判例がある(最判平成6・3・8民集48・3・835)。このように「物権」「相続」という単位法律関係を示す法律概念の内容を明らかにし、目の前の問題がどの単位法律関係に含まれるかを決定するプロセスが性質決定である。この問題は19世紀の末に、ドイツのカーン(Franz Kahn, 1861~1904)、フランスのバルタン(Étienne Bartin, 1860~1948)によって論じられて以来、国際私法総論上の重要問題とされている。かつては法廷地法説、準拠法説なども主張されたが、日本では、国際私法独自の立場から性質決定をすべきであるとする説が有力である。これは、ドイツのラーベル(Ernst Rabel, 1874~1955)によって主張された説である。この国際私法独自説による具体的方法については、規定相互の関係、用いられている*連結点'、各規定の趣旨等から、国際私法規定において用いられている概念の意味を解釈すべきであるとされている。

法律行為 1意義 一定の*法律効果'の発生を欲する者に対してその欲する通りの法律効果を生じさせるための行為。大陸法特にドイツ法において発展してきた考え方で、*私的自治の原則'が技術的な形をとったものである。私的自治の原則が支配する私法の領域では、権利義務関係の設定・変動は究極的には、それを欲した当事者の意思に求められる。*契約'が、その内容通りの法律効果が認められ、契約当事

ほうりつこ

者を拘束するのは、これらの者がそれを欲したからである。このように*意思表示'を出発点に権利義務関係を説明する考え方は、契約についてはよく当てはまるが、*単独行為'(*詐害行為取消権'の行使など)については、それが取消権の行使という意思の表明を契機に効果が発生することは確かであるが、それによって影響を受ける者がなぜそれを受け入れなければならないのかを十分に説明できない。しかし、法律行為という概念は、単に契約だけでなく、1つ又は複数の意思表示を要素とする単独行為や*合同行為'の上位概念として、すなわち権利義務の設定・変動の根拠を統一的に説明しようとする概念としてドイツ法学で確立し、日本の民法にも取り入れられている。

2 種類 法律行為は、意思表示を基本的な要素とするが、その意思表示の結合の態様に応じて、単独行為・契約・合同行為の3種に分類される。しかし、詐害行為取消権など単独行為による権利変動の根拠は、当事者の意思というよりも法律がそれを認めている点にあり、契約と単独行為を同じ法律行為で説明することには問題がないではない。

3 効力要件 法律行為が有効であるためには、内容が確定できるものであること、内容が実現することができるものであること(⇨*原始的不能・後発的不能')、*強行法規'又は*公序良俗'に反しないこと、*意思の不存在'又は*瑕疵(∷)'がないことなどが必要である。
⇨*準法律行為' *法律行為の解釈'

法律行為的行政行為 *行政行為'の分類として、*行政庁'の意思表示に基づき効力が生じるものをいう。*準法律行為的行政行為'と対比して用いられる学問上の概念である。法律行為的行政行為は、私人の行為を事実上規制することを意図した命令的行為(*下命'、*許可'、*免除')と私人の権利義務を形成、消滅、変更させることを意図した形成的行為(*特許'、*認可'、*代理')が含まれると説かれた。

法律行為の解釈 **1 意義** *法律行為'の効力(有効か*無効'か、取り消すことができるか)を裁判上判断する前提として、法律行為の内容を明確にする作業。法律行為は当事者にとって規範としての意味をもつが、当事者は法律行為をするに際して明確な用語や論理的に整理された表現を用いるとは限らないから、この種の作業が必要となってくる。私的自治の原則からいえば法律行為の解釈は、当事者の内心の意思を探究して行われるものであるが、法律行為が人間の社会的行動を統制するための法技術の1つ

である以上、原則として当該法律行為がされた社会的状況において表示行為のもつ社会的意味を探究するのが法律行為解釈の目的であると説かれている。もっとも、特に契約の解釈にあたっては、当事者が共通して表示行為に与えた意味は、表示行為のもつ社会的意味に優先すべきであるとの説が近時有力である(⇨*意思主義・表示主義')。表示行為のもつ社会的意味の探究が法律行為解釈であるとすると、それは事実を認識する行為ということになるが、実際の裁判にあたっては、法律行為の解釈という名の下に、事実認識ではなくて、一定の規範を定立するという価値判断が含まれていることもあり、法律行為の解釈といっても、この2つを区別する必要があるとも指摘されている。

2 性質・基準 法律行為の解釈は事実問題であるか、法律問題であるかについて論議されている。前者ならば上告審で争えず、後者ならば争うことができることになる点に区別の意味があるが、判例は原則として事実問題であると解し(大判大正10・5・18民録27・939等)、学説は法律問題であると解している。このほかに、事実認識的な作業の意味での法律行為の解釈は事実問題であり、価値判断的な作業の意味での法律行為解釈は法律問題であるとする説も有力である。解釈の基準としては、*解釈規定'〔例:民136①・420③〕、*信義誠実の原則'などが挙げられている。 ⇨*事実問題・法律問題'

法律効果 ⇨*法律要件・法律効果'

法律婚主義 *形式婚主義'の一種で、*婚姻'の成立に法律上一定の手続を要件とする立法主義。一定の形式を必要とする点で*事実婚主義'と異なり、その形式が宗教上の儀式でなく法律上の手続である点で宗教婚主義と異なる。日本の民法は、*戸籍'上の届出を要件とする〔民739、戸74〕から、法律婚主義(特に届出婚主義とも呼ばれる)である。このため社会的には夫婦とみられる実質関係があっても、法律上の届出を欠くため*内縁'関係にとどまる事例も多かった。法令や判例は、この内縁にも法律婚に準ずる効果を認める傾向にあり(⇨*準婚')、ある程度法律婚主義の実質を緩和している。

法律事実 ⇨*法律要件・法律効果'

法律上当然の指図証券 *裏書'交付により譲渡できる*指図証券'は、証券上に、*指図文句'が記載される。法律上当然の指図証券とは、このような指図文句の記載がなく、特定の者が権利者として記載されている記名式の証券であっても、法律の規定上、指図証券と認められるもの。*手形'・*小切手'・*倉荷証券'・*船荷証

券'・'複合運送証券'等がこれに属する〔手11①・77①Ⅰ, 小14①, 商606・762・769②, 国際海運15〕。

法律上の減免 法律上規定された事由に基づく刑の減軽及び免除。刑の減軽には, 法律上の減軽〔刑68・69・72〕と裁判上の減軽ともいわれる*酌量減軽'〔刑66・67・71・72〕があるが, 刑の免除には, 酌量免除はない。刑法上, 一定の事由があるときに, 刑をイ「減軽する」, ロ「減軽, 又は免除する」又は, ハ「免除する」として, 必要的な減軽又は免除を定める規定と, 刑をニ「減軽することができる」, ホ「減軽し, 又は免除することができる」, 又は, ヘ「免除することができる」として, 任意的な減軽又は免除を定める規定が存在する。イは, 39条2項(*心神耗弱'), 63条(従犯減軽), 228条の2(身の代金目的略取等における被略取者等の解放), ロは, 43条但書(*中止未遂'), 228条の3但書(身の代金目的略取等予備における自首), 241条2項但書(強盗・不同意性交等と中止), ハは, 80条(内乱予備等における自首), 93条但書(私戦予備等における自首), 244条1項(*親族間の犯罪に関する特例'), 257条1項(親族等の間の犯罪に関する特例), ニは, 38条3項(法律の不知), 42条(自首等), 43条(*障害未遂'), 241条2項(強盗・不同意性交等と未遂罪), ホは, 36条2項(*過剰防衛'), 37条1項但書(*過剰避難'), 170条(偽証における自白), 171条(虚偽鑑定等における自白), 173条(虚偽告訴等における自白), そして, ヘは, 105条(親族による犯罪に関する特例), 113条但書(現住建造物等放火等予備), 201条ただし書(殺人予備)である。

法律上の推定 法規の適用によって行われる*推定'で, 法律上の権利推定と法律上の事実推定に分かれ, *事実上の推定'に対する。前者はA事実があるときにBの権利を推定するものであり, 後者はA事実があるときにB事実を推定し, B事実が他の法条の*要件事実'を構成するものである。後者では結局B事実の不存在について相手方に*挙証責任'が転換されることになる。民事訴訟ではよく用いられるが〔民186②・772①等〕, 刑事訴訟では*無罪の推定'原則の関係上ほとんど存しない。

法律上の争訟 *司法権'の対象となりうる事件〔裁3①〕。当事者間の具体的な権利義務ないし法律関係の存否に関する紛争であって, 法令の適用によって終局的に解決できるものを指す。事件が法律上の争訟に当たらない場合には, 法律に特別の定めがない限り, 裁判所は*本案判決'をすることができず, *訴訟要件'を欠くものとして訴えを却下(⇨棄却・却下')しなければならない。*訴訟物'が具体的権利義務である場合には, 原則として法律上の争訟性が認められるが, その判断のために宗教上の教義の解釈が問題となるなど, 前提となる事項が法令の適用による判断に適しない場合には, 法律上の争訟性が否定されることがある。 ⇨訴えの利益'

法律上の復権 ⇨前科抹消'

法律審 ⇨事実審・法律審'

法律による行政の原理 *法治国家'における行政法の基本原則であり, 行政活動は法律に基づき, 法律に従って行われなければならないことを内容とする。*法律の留保'原則, *法律の優位'原則を中核として構成される。伝統的には, 法律の法規創造力の原則も挙げられてきたが, この内容は憲法41条の要請するところであり, 現在において独自の原則として論じる意義は少ない。*地方分権'が憲法上重視される現代では, 法律による行政の原理は, 条例による行政の原理をも含む。

法律の委任 **1 意義** *法律'が, 自ら規定しなければならない事項の規定を他の法形式に委任すること。すなわち, 他の法形式で定めることができる旨を規定すること〔例: 憲73⑥〕。立法の委任ともいう。法律の委任に基づいて制定される法規範は*委任立法'と呼ばれる。

2 根拠 議会に法律制定権を与える近代憲法の下で, 法律の委任が憲法上許されるかは, かつては争われたが, 行政の複雑・多様化が著しい現代国家(⇨行政国家')では, 各国とも多かれ少なかれ法律の委任を認めるのが通例である。*明治憲法'には直接の明文はなかったが, 実際には*勅令'その他の命令に対する法律の委任が認められていた。日本国憲法が*政令'について法律の委任を前提する〔憲73⑥但〕ほか, 府令・*省令', 府や省の*外局'である*委員会'の*規則'などの命令に対しても, 法律の委任が認められている〔内閣府7③, 行組12①・13①〕(⇨命令')。

3 限界 国会が国の*唯一の立法機関'である〔憲41〕ことからすれば, 法律の委任は個別的具体的でなければならない。白紙委任・包括的委任を行う法律は違憲となる。*罰則'の委任は, 事柄の性格上, やむをえない極めて特別の場合に限り認められる。法律の委任に基づき制定される命令(*委任命令')が委任の範囲を超えた場合は違法である。委任命令が委任された事項の規定を他の命令に委ねる, 法律の再委任がいかなる場合に許されるかについては, 争いがある。

法律の錯誤 *違法性の錯誤'のこと。近時は, 単に法令ではなく, 刑罰法令に反すること

ほうりつの

の認識の有無が問題であるという観点から，違法性の錯誤や*禁止の錯誤'の語が用いられることが多い。

法律の優位　*法律による行政の原理'を構成する原則であり，全ての行政活動は法律に反してはならないという内容をもつ。換言すれば，法律の規定するところと異なる内容の行政活動は，*行政行為'，*行政契約'，*行政計画'，*行政指導'いずれもが，違法の評価を受ける。私人は，*行政訴訟'などを通じて違法な行政活動の是正を図ることが可能である。

法律の留保　I　*行政機関'が一定の行政活動を行う場合に，事前に法律による授権がなければ行動することができないという法原則である。*法律による行政の原理'の内容を構成する。国民代表からなる議会による行政統制に基礎を置く原理であり，*租税法律主義'，*罪刑法定主義'と同様の考え方に基づく。ここでいう法律は議会制定法の意味であり，法律のほか，条例も含む。市民の自由や財産に侵害を及ぼす行政活動に法律の根拠を要請するのが，侵害留保説である。これに対して，補助金の交付，制裁的氏名公表などについても，法律による授権を要求し留保の範囲を広げるべしという要請が提起されている。社会給付活動などに根拠を要求する社会留保理論，社会給付活動，基幹的な計画決定，基幹的組織の創設など重要な国家活動に法律の根拠を要求する本質性理論(重要事項留保説)が見られる。

II　憲法学では，法律による人権の制限が憲法上認められているかどうかという点に着目して，この用語を使うことが多い。例えば，*明治憲法'では，権利が法律の範囲内でしか保障されていなかった点を捉えて，権利に法律の留保がついていたといっている。日本国憲法の下でも，人権を制限するには法律が必要である点は同じだが，法律で規定すればどのような人権制限も認められるというわけではない点で異なる。法律による人権制限にも憲法の枠があり，その枠を超えていないかどうかは，裁判所により審査されるのである。

法律費　⇨義務費'

法律扶助　資力が不十分であるため，又は法による紛争の解決に必要なサポートの提供を求めることが困難であるために自己の権利を実現することができない者を援助する制度。民事事件，家事事件又は行政事件及び行政不服申立手続に関するものは民事法律扶助事業と呼ばれ〔法律支援4〕，手続の準備及び追行に必要な弁護士費用の立替え等，手続に必要な書類又は*電磁的記録'を作成する費用の立替え等，並びに法律相談を内容とする〔法律支援30①②〕。このほか，刑事事件の*被疑者'・*被告人'に対する*公的弁護制度'もある〔法律支援5〕。　⇨総合法律支援法'

法律不遡及の原則　新たに制定されたり，改正された法律が，その施行以前の関係に遡って適用されないという原則である。そうでなければ，既得権を害したり，過去にされた予測を裏切ったりして，*法的安定性'が害されるからである。特に刑罰については，事後法の禁止として，憲法上厳格に*遡及効'が禁止されている〔憲39〕(⇨刑罰不遡及の原則')。その他の法領域では，それほど絶対的ではなく，立法政策上遡及効が避けられている。しかし，既得権を害しない場合や，既得権を害しても新法を遡及して適用するのが妥当であると考えられる場合には，この原則が破られることがある。戦後の家族法の改正は，後の例である〔民改正法(昭和22法222)附4〕。

法律補助　⇨補助金'
法律問題　⇨事実問題・法律問題'
法律要件・法律効果　権利義務関係の発生原因となるものとして定められた一定の社会関係を*法律要件'，それから生じる権利義務関係を*法律効果'という。例えば，売ろう・買おうという*意思表示'が合致すれば，売買契約という法律要件が成立し，そこから売主の権利移転義務，買主の代金支払義務という法律効果が生じる〔民555〕。法律要件を構成する要素(上記の例では売ろう・買おうという意思表示)は法律事実と呼ばれている。現在の裁判(殊に*実体法'と*訴訟法'とが分化されている大陸法系の裁判)においては，権利の帰属主体(*権利能力'者)の間に一定の社会関係があれば，それを基礎として一定の権利義務関係が生じ，裁判の役割はその権利義務関係の存否を判断するところにあると考えられているので，法律要件・法律効果という概念は，社会関係を法律的に構成し，処理するための基本的な概念である。

暴力行為等処罰ニ関スル法律　大正15年法律60号。**1　定義**　集団的・常習的暴力行為等を，通常の*暴行'罪・*脅迫'罪などに比較して重く処罰しようとする法律。暴力行為等処罰法と略称される。

2　内容　*集団犯罪'による暴行・脅迫・器物損壊，常習的な*傷害'・暴行・脅迫・器物損壊について刑を加重し〔暴力1・1の3〕，銃砲等の凶器を用いた傷害について刑を加重する〔暴力1の2〕とともに(この場合には，刑法3条・3条の2・

4条の2の適用がある〔暴力1の2③〕), 集団的・常習的な面会強請・強談威迫を罰し〔暴力2〕, 集団犯的方法による殺人・傷害・暴行・脅迫・強要・威力業務妨害・建造物損壊・器物損壊・公務執行妨害の実行の*請託'を罰する〔暴力3〕。

暴力行為等処罰法 ⇨暴力行為等処罰ニ関スル法律'

暴力主義的破壊活動 *破壊活動防止法'が規定する行為をいい, 2種類に大別される。イ a 刑法上の犯罪である内乱・外患とその企図・加功行為(⇨*内乱罪' ⇨*外患罪'), b それらの*教唆'・*煽動(せんどう)'・宣伝行為。ロ 政治上の主義・施策の推進・支持, 又はこれに反対する目的で, a *騒乱罪'〔刑106〕, 建造物放火罪〔刑108・109①〕, 激発物破裂罪〔刑117①〕, 汽車・電車往来危険罪, 同転覆罪〔刑125・126①②〕, *殺人罪'〔刑199〕等, 一定の犯罪行為を行うこと, b それらの予備・陰謀・教唆・煽動行為〔破防4①〕。暴力主義的破壊活動を行った団体は, 公安審査委員会によって, その団体活動の制限又は団体自体の解散という処分に付される〔破防5・7〕。しかし, このような処分は, 憲法が保障する*集会の自由'・*結社の自由', *表現の自由'〔憲21〕の*基本的人権'に対する制約であるとして批判されている。また, 暴力主義的破壊活動の内容が, 以上のように基本的な暴力的政治活動だけでなく, *予備・陰謀'等のように極めて前段階の行為や教唆・宣伝・煽動という周辺行為をも含む広範囲なものであり, その概念も不明確である点についても(⇨*共謀・そそのかし・あおり・企て'), 憲法上の疑義が提出されている。

暴力団員による不当な行為の防止等に関する法律 平成3年法律77号。暴力団員による一定の行為について必要な規制を行うなどの措置を講ずることにより, 市民生活の安全と平穏の確保を図ることを目的として制定された〔暴力1〕。集団的に又は常習的に暴力的不法行為等を行うことを助長するおそれが大きい暴力団については, *都道府県公安委員会'が指定暴力団として指定し〔暴力団3〕, 指定暴力団員については, 暴力的要求行為の禁止〔暴力団9〕, 準暴力的要求行為の禁止〔暴力団12の5〕, 対立抗争時の事務所の使用制限〔暴力団15〕, 指定暴力団の代表者等の損害賠償責任〔暴力団31~31の3〕, 加入の強要等の禁止〔暴力団16〕, 事務所等における禁止行為等〔暴力団29・30〕が定められ, また, 不当な要求による被害の回復等のための援助〔暴力団13・14〕, 暴力追放運動推進センター〔暴力団32の3・32の15〕などの規定が置かれている。平成24年改正(法53)で, 指定暴力団同士の対立抗争等によって, 市民が危険にさらされないようにするために, 「特定抗争指定暴力団」, 「警戒区域」の指定〔暴力団15の2~4〕, 及び「特定危険指定暴力団」, 「警戒区域」の指定〔暴力団30の8~12〕を行い, 暴力的要求行為の規制範囲の拡大(用心棒行為の禁止〔暴力団30の6〕等), 住民に代わって, 都道府県暴力追放運動推進センターが暴力団事務所使用差止訴訟を提起する制度〔暴力団32の4〕等も整備された。

法理論 ⇨法意識・法思想・法理論'

法令 一般には, *法律'(*国会'が制定する法規範)と*命令'(国の*行政機関'が制定する法規範)を併せて呼ぶ趣旨に用いられる〔例:自治14①・15①〕。しかし, もろもろの法規では, これらのほか, イ *条例', *規則'などの地方公共団体の制定する法規を含む場合〔刑訴335①〕, ロ 裁判所の規則(⇨*最高裁判所規則')を含む場合〔刑訴39②〕, ハ 行政庁の*訓令'をも含むと解される場合〔刑7①〕などもある。このように, 法令という用語の用い方は, かなりまちまちである。結局, 個々の用例に即して, その範囲を決めるほかはない。

法例 1 明治23年法律97号。全17カ条。法律の適用に関する諸事項を規定し, その中で*国際私法'についても定めていた。明治31年の法例と区別するため, 旧法例と呼ばれることもある。フランス法の影響もうかがわれるが, 基本的には*サヴィニー'の提唱した*連結点'を介して*最密接関係地法'を定めるという構造の規定である。公布はされたが, *法典論争'によって民法とともに施行されないまま終わった。なお, 法例という名称は, 中国の晋(265~420)における律の通則を定めた法例律から採用されたとされている。

2 明治31年法律10号。法の適用に関する諸事項を規定する法律で, 法律の施行期日に関する規定〔法例1〕, 慣習の効力に関する規定〔法例2〕(⇨*慣習法')のほかは, 国際私法規定を定めていた〔法例3~34〕。平成元年に親族法部分を中心として大きな改正があり(法27), その後, 「法の適用に関する通則法」(平成18法78)(*法適用通則法')により全部改正された。

3 かつての刑法1編1章(平成7法91改正前の), 商法1編1章(平成17法87改正前の)のように, その法律の適用関係を定める諸規定を置く場合の表題として用いられていた。現在では通則とされている。

法令違憲・適用違憲 1 意義 憲法判断の結論の出し方で, 法令違憲とは, 法令の全部又

ほうれいい

は一部を違憲とする手法であり、適用違憲とは、法令自体は合憲であるが当該事件の当事者に適用される限度において違憲とする手法である。

2 内容 法令違憲は、その効力の観点から、イ 法令全部、又は争点となった法令中の、ある条項全部を無効とする全部無効、ロ 争点となった条項が違憲的部分と合憲的部分を含み、両者が可分であるとき違憲的部分のみを無効とする一部無効、の2類型に分けられる。また、適用違憲には、イ 法令の合憲限定解釈が不可能である場合に、違憲的適用の場合をも含むような広い解釈に基づいて法令を当該事件に適用したとき、ロ 法令の合憲限定解釈が可能であるにもかかわらず、執行者が法令を合憲的適用の場合に限定する解釈を行わず違憲的に適用した場合、ハ 法令自体は合憲でも、その執行者がそれを人権を侵害するような形で解釈適用した場合、の3類型がある。適用違憲の手法には、法令自体の欠陥が是正されない、将来の予測が難しいなどの短所があるが、ドラスティックな効果が緩和できる、とりあえず当事者は救済されるなどの長所もある。 ⇨'違憲判決の効力'

法令違反 **1 意義・法令の範囲** 裁判所が*法令'の解釈・適用を誤ったこと。民事訴訟上の*上告'*破棄'理由〔民訴325①②〕であるとともに、高等裁判所に上告すべきである場合には*上告理由'〔民訴312③〕、最高裁判所に上告すべきである場合には、*上告受理申立て'の理由〔民訴318①〕となる。ここで、法令とは、法律、政令、規則、条例、慣習法はもちろん、外国法、国際条約も含まれる。更に、議論はあるが、*経験則'違反も法令違反となるとされる。

2 法令違反の種別 法令違反には、判決における請求の当否に関する法的判断に関する誤り(判断上の過誤)(⇨'法令適用の誤り')と、その基礎になった訴訟手続に関する誤り(訴訟手続の法令違反・'手続上の過誤')がある。前者については、法令の正しい解釈・適用は裁判所の職責であるから、当事者が上告理由として主張していなくても、上告裁判所の審査の対象となる。後者は、*職権調査事項'を除き、当事者が主張した場合に限り、審査の対象となる〔民訴320・322〕。また、手続上の過誤のうち、重要なものについては*絶対的上告理由'とされている〔民訴312②〕。これ以外のものについては、明らかに判決の結論に影響を及ぼす法令違反のみが上告理由、破棄理由となる〔民訴312③・325①②〕とともに、法令の解釈に関する重要な事項を含むものに限り上告受理申立ての理由となる〔民訴318①〕。

法令上の訴訟代理人 ⇨'国の指定代理人' ⇨'訴訟代理人'

法令審査権 ⇨'違憲審査権'

法令全書 内閣府の所掌の下、国の各種の法令を集録して独立行政法人国立印刷局が編集・刊行する書物。憲法改正・詔書・法律・政令・条約・内閣官房令・内閣府令・デジタル庁令・省令・規則・庁令・訓令・告示等が月ごとに集録される〔官報及び法令全書に関する内閣府令(昭和24 総・大1)2〕。明治18年(1885)以来編集・刊行され、慶応3年(1867)10月15日以後に公布された布告・諸達・諸法令も採録されている。「官報の発行に関する法律の施行に伴う関係法律の整備に関する法律」(令和5法86)により内閣府設置法と独立行政法人国立印刷局法が改正されて国立印刷局の刊行物としては廃止され、「官報の発行に関する内閣府令」(令和6内府令80)により、法令全書に関する上記内閣府令も廃止された。

法令先占論 ⇨'条例'

法令適用事前確認手続 ⇨'ノーアクションレター' ⇨'事前照会'

法令適用の誤り **1 意義** 裁判所が裁判において、認定した事実に対する*法令'の適用を誤ること。擬律の錯誤ともいう。民事訴訟法は、その誤りが判決の結論に影響を及ぼすことが明らかな場合には、高等裁判所に対する*上告理由'〔民訴312③〕、*破棄'理由〔民訴325①②〕となるとともに、法令解釈に関する重要な事項を含む場合には最高裁判所に対する*上告受理申立て'の理由〔民訴318①〕となる。刑事訴訟法上は、その誤りが判決の結論に影響を及ぼすことが明らかな場合に控訴理由となる〔刑訴380〕(相対的控訴理由)(⇨'絶対的控訴理由')。ここで、法令とは、法律、政令、規則、条例、慣習法はもちろん、外国法、国際条約も含まれる。*訴訟手続の法令違反'との関係は、訴訟法の違反か実体法の違反かという点にある。

2 内容 無効な法令が適用された場合、間違った法令が適用された場合などである。これらは、法令の解釈を誤ったり、解釈自体には誤りがなくても、認定された事実には適用されるべきでないのにこれを適用することなどによって生じる。全く法令が適用されなかったような場合は、*理由不備'である。

3 事実認定との関係 法令の適用は*事実認定'と密接に関係する。特に民事訴訟では、上告理由及び上告破棄理由が*法令違反'に限られるため、この区別が重要となる。具体的事実の確定は事実認定の問題であるが、例えば、*正当事由'・

法令により公務に従事する職員　⇨'法令により公務に従事する職員'(巻末・基本法令用語)

法令による行為　刑法35条の規定する*違法性阻却事由'。法令に基づく行為は*違法性'が阻却される。例えば、職権によってなす*死刑'執行、私人による*現行犯逮捕'、馬券の発売、一定の要件を満たす*人工妊娠中絶'手術は、それぞれ、刑法11条、刑事訴訟法213条、競馬法、*母体保護法'14条を根拠に、*殺人罪'、*逮捕監禁罪'、*富くじ'罪、業務上*堕胎罪'を成立させない。　⇨'正当行為・正当業務行為'

法令番号　⇨'法令番号'(巻末・基本法令用語)

傍論　⇨'レイシオ・デシデンダイ'

保管振替機関　⇨'社債、株式等の振替に関する法律'

保管料　⇨'倉庫営業'

ボギシッチ　Bogišić, Valtazar (又は Baltazar) (1834〜1908)　ツァヴタット(現クロアチア)生まれ。比較法・法社会学者。ウィーン、ベルリン、パリ大学等で教育を受け、*歴史法学'の影響の下、民族固有の法を明らかにしようと、アンケートや聞取りによる慣習法調査等を行った。オデッサ大学教授であった折、モンテネグロ民法典編纂(㊟)の依頼を受け、1888年にモンテネグロ一般財産法典を完成させた。同法典は、財産法のみを法典化の対象とし、家族法・相続法を除いたこと、慣習法調査を事前に行ってこれを反映させたこと、法典最終編(第6編)は定義等を含む条文形式の解説と、収集された法格言(第8章)とで構成されていることが特徴的である。その独自性が当時のヨーロッパで注目され、日本の民法起草者もこれを参照した。これ以外にも明治期の民法典編纂過程で、日本政府関係者に面会して助言を与え、*ボアソナード'とも書簡を交換している。パリを活動の中心とし、国際法学協会会長も務めた。

補給金　広義の*補助金'の一種で、被助者の自主財源の不足を補うために交付する金銭のこと。具体例としては、産業の近代化等を目的とする資金融通により発生する利子についての補給金(農業近代化資金融通法(昭和36法202)3条に基づく農業近代化資金利子補給金、漁業近代化資金融通法(昭和44法52)3条に基づく漁業近代化資金利子補給金等)、特定の地方債'発行により発生する利子についての補給金(「首都圏、近畿圏及び中部圏の近郊整備地帯等の整備のための国の財政上の特別措置に関する法律」(昭和41法114)3条2項に基づく首都圏等建設事業債調整分利子補給金等)等がある。以上に挙げた例にみられるように、利子補給金〔補助金2①③〕が補給金の代表的なものであるが、その他、*特殊法人'等の業務運営上発生する収支差に相当する額の金銭を交付する場合などがある。なお、「法人に対する政府の財政援助の制限に関する法律」(昭和21法24)2条1項は、配当補給金、すなわち、*株式会社'等が一定率の配当等をできるようにするための補助金の交付を禁止している。

補強証拠　*証拠'A が提出されて甲事実の存在が証明される場合、A の*証明力'を補充し強化する別の証拠 B のことを補強証拠という。刑事訴訟では、被告人の*自白'だけでは有罪とすることができず〔憲38③、刑訴319②〕、補強証拠が必要とされる。この場合、補強を必要とする範囲については、*罪体'の全部又は少なくともその重要部分とする学説が有力であるが、判例では、自白に係る事実の真実性を担保するものであれば足りるという考え方が強い(最判昭和23・10・30刑集2・11・1427等)。*共犯者の自白'には、補強法則の適用がないとするのが判例(最大判昭和33・5・28刑集12・8・1718)であるが、学説上は争いがある。

捕鯨事件　2010年3月にオーストラリアが、日本の第2期南極海鯨類捕獲調査計画(JARPA II)は国際捕鯨取締条約(昭和26条2)に違反しているとして、その中止を求めて*国際司法裁判所'に提訴した事件。ニュージーランドは国際司法裁判所規程63条に基づいて訴訟参加を申請し、認められた。2014年3月に裁判所は、同計画に関して日本が与えた特別許可は条約8条1項に合致しないとして、同計画に関して与えた許可を撤回し、また今後同様の許可を与えてはならないと命じた(ICJ判2014・3・31 Reports 2014・226)。当事国が指名した鑑定人が計画の科学的側面について証言を行い、それが判決に大きな影響を与えた。*常設国際司法裁判所'及び国際司法裁判所を通じて日本が当事国となった事実上最初の事件である(常設国際司法裁判所期の*ウィンブルドン号事件'及びメーメル規程解釈事件では日本は*国際連盟'理事国として名を連ねたにすぎない)。日本は判決後に強制管轄受諾宣言の対象から海洋生物資源紛争を除外し、更に国際捕鯨委員会から脱退した。　⇨'審査基準'

補欠監査役　*監査役'の選任の決議をする場合に、辞任などにより監査役が欠けた場合(1名もいなくなった場合)又は法令・*定款'に定

ほけつせん

める監査役の員数を欠くこととなるとき(法令により求められる*社外監査役'の員数を欠いたときもここに含まれる)に備えて選任される補欠の監査役(会社329③)。

補欠選挙 議員の欠員が生じた場合において，*繰上補充'によっては当選人を定めることができないときに，行われる選挙〔公選113〕。有効に議員の職に就いた者が後発的な理由で欠けた場合に行われるという点で，選挙によって有効に当選人が得られない場合等に行われる*再選挙'と区別される。議員に繰上補充できない欠員が生じれば必ず行われるわけではなく，欠員が一定数・一定割合に達するなどの条件が定められている。また，前任者の任期の残任期間が定められた期間に達しない場合は行われない〔公選33の2⑥・34②〕。選挙期日についても，衆議院議員及び参議院議員の補欠選挙は，原則として，半年分ごとにまとめて4月と10月の第4日曜日に行われる〔公選33の2②〕。補欠選挙で当選した議員の任期は，前任者の残任期間である〔公選260①〕。なお，*地方公共団体の長'が欠けた場合や退職した場合には，補欠選挙というものはなく，任期が新たに設定される選挙が行われるが，退職した前職がその選挙で当選人となった場合は，任期は残任期間となる〔公選259の2〕。

補欠取締役 *取締役の選任'の決議をする場合に，辞任などにより*取締役'が欠けた場合(1名もいなくなった場合)又は法令・*定款'に定める取締役の員数を欠くこととなるとき(法令により求められる*社外取締役'の員数を欠いたときもここに含まれる)に備えて選任される補欠の取締役(会社329③)。

保　険 偶発的な事故(*保険事故')に基づく財産上の需要を満たすため，その事故が発生する危険の下にある多数の者が，統計的基礎に基づき算出された金額(*保険料')を出捐(しゅつえん)し，その資金によって事故が発生した者に財産的給付(*保険金')をする制度である。交通事故・火災・地震・海難・死亡など人間生活の安定を崩すような事件に対処するための制度である。ある特定の人が火災に遭うかどうか，いつ死亡するか等は事前に予測することはできないが，多数の人について統計をとれば，過去の経験や資料によってほぼ確実な事故発生率が算出できる。この統計を基にして一定年間に*保険者'が支払わなければならない保険金の合計額を予測し，これに見合う保険料を加入者から取り立てる。保険を種々の標準により分類することができるが，公営保険と私営保険，任意保険と強制保険，営利保険と*相互保険'，*人保険'と*物保険'，*生命保険'と*損害保険'，*陸上保険'と*海上保険'，企業保険と家計保険などがその例である。なお，保険には，生活の安全保障の機能のほか，貯蓄，資産運用，金融仲介などの機能があり，多種多様な保険商品が開発されるようになってきた。　⇨*保険法'　⇨*保険業法'

保険医 *保険医療機関'において*健康保険'，*国民健康保険'及び後期高齢者医療の診療に従事するため，その申出に基づき，厚生労働大臣の登録を受けた医師又は歯科医師〔健保64，国健保40，高齢医療73〕。大臣が登録を拒むには地方社会保険医療協議会の議を経なければならない〔健保71③〕。

保険委付 *海上保険'において全損(船舶の沈没など)が発生したと推定される場合，又は全損に準ずる損害が発生した場合において，*被保険者'が保険の目的物について有する一切の権利を*保険者'に移転することによって，*保険金額'の全部を請求することができる制度〔商旧(平成30法29改正前の)833〜841〕。被保険者にとっては全損の証明をしなくても保険金全額を入手できるので助かるし，万一残存する利益があっても，これを保険に移転する約束があるので被保険者による不当な利益の取得は阻止できる点で合理的な制度だと考えられてきた。しかし，船舶保険及び貨物保険の実務では，*約款'の規定に基づき保険委付は行われておらず，保険者は保険の目的物についての権利を取得せずに全損金を支払っている。その理由は，全損状態の船骸や貨物の残存物にはほとんど財産的価値がなく，保険者がこれを取得するメリットがないばかりか，船骸が航路の妨害をしているときの撤去や漁業従事者に対する賠償のために多大な支出を強いられるおそれもあって，保険者が船骸や貨物の残存物の権利を取得することが，かえってマイナス効果を生むからである。そこで平成30年商法改正により，保険委付に関する規定は商法から削除された。　⇨*委付'

保険医療機関 *健康保険法'，*国民健康保険法'上の*療養の給付'及び「高齢者の医療の確保に関する法律」上の医療を担当する，厚生労働大臣の指定を受けた病院又は診療所〔健保63③Ⅰ・65，国健保36③，高齢医療65〕。*診療報酬'の請求主体である。保険医療機関における診療は*保険医'でなければ従事することができない〔健保64，国健保40，高齢医療73〕。保険診療の担当方針等を遵守しなければならないからである〔健保72①，国健保40①，高齢医療65〕。上記の指定は，その開設者の申請により厚生労働大

臣が行う〔健保65①〕。指定は6年間効力を有し〔健保68①〕，指定を取り消す場合には，大臣は地方社会保険医療協議会の議を経なければならない〔健保67〕。

保険外併用療養費 療養の給付（保険診療）と医療保険の適用を受けない診療とが併用される場合，保険診療相当分も保険給付の対象外とされ（混合診療保険給付外の原則），医療費の全額が自己負担となる。ただし，厚生労働大臣の定める「評価療養」，「患者申出療養」あるいは「選定療養」は，保険診療との併用が認められ，保険診療と共通する診察・検査・入院料等の費用は，保険給付の対象となり，患者の一部負担金を除き，保険外併用療養費が支給される〔健保86, 国健保53, 高齢医療76〕。「評価療養」とは，高度の医療を実施していると認められる医療機関での先進医療や，医薬品や医療機器の治験に係る診療などをいい，「患者申出療養」とは患者からの申出を起点とし，保険適用につなげるデータ等を集積するために認められる療養をいう。「選定療養」とは特別の病室の提供や予約診療など*被保険者'の選定するサービスをいう。被扶養者の保険外併用療養費に係る給付は，家族療養費として支給される。

保険外務員 ⇨生命保険募集人'

保険価額 1 意義 保険の目的物の価額〔保険9〕。もし時価3000万円の家が全焼した場合に4000万円の保険金が支払われると，その所有者は火災のためにかえって1000万円ほど得をしたことになる。このようなことを認めることは妥当でない（利得禁止の原則）ので，*損害保険'では保険契約の目的物に生じた実際の損害を限度として保険金が支払われるものとされている（実損填補の原則）。*保険者'が填補する最高限度として契約によって定められた金額，すなわち*保険金額'が保険価額を上回るときを超過保険，保険金額が保険価額と一致する場合を全部保険，保険金額が保険価額に達しない場合を一部保険という。

2 算定 *保険事故'発生時の損害額算定の段階で保険価額が問題となるときは，損害発生の地及び時における目的物の価額による〔保険18①〕が，*海上保険'〔商818・819〕には特別の定めがある。事前に当事者間で約定保険価額を決めたとき（評価済保険）は，約定保険価額が保険価額を著しく超える場合〔保険18②〕を除き，約定保険価額に拘束される〔保険9但〕。 ⇨被保険利益' ⇨超過保険'

保険期間 *保険者'が危険を負担し，その責任が存続する期間。危険期間ともいう。当事者間で約定されることを当然の前提として*保険証券'の法定記載事項の1つと位置付けられる〔保険6①⑤・40①⑥・69①⑥〕。保険料の支払を確実にするため，責任の始期を保険料領収の時とする責任開始条項（*生命保険'の場合）や保険期間開始後も保険料が支払われるまで保険者が免責される領収前免責条項（*損害保険'の場合）があり，保険料が支払われるまで保険給付が行われない（⇨保険料）。

保険給付 *社会保険'における保険給付とは，疾病・老齢などの*保険事故'の発生に対して*保険者'から支給される給付をいう。給付の内容により，*療養の給付'のようにサービスとして提供される現物給付と，*傷病手当金'や*出産手当金'あるいは*老齢年金'のように現金で支給される現金給付とに分けられる。また，法律により支給が定められている法定給付と，保険者が独自に支給する任意給付あるいは*付加給付'とに分けられる。

保険業法 1 目的 平成7年法律105号。保険業の公共性から，保険業を行う者の業務の健全かつ適切な運営及び保険募集の公正を確保することにより，保険契約者等の保護を図り，それによって国民生活の安定及び国民経済の健全な発展に資することを目的とする〔保険業1〕。保険業は内閣総理大臣の免許を受けた者でなければ行うことはできず〔保険業3①〕，免許は生命保険業免許（⇨生命保険'）と損害保険業免許（⇨損害保険'）に分かれている〔保険業3②〕。

2 沿革 最初に保険業法が制定されたのは明治33年であり（法69），これが廃止され新たに制定された昭和14年保険業法（法41）を全面的に改正したものが現在の保険業法である。この改正により，統制的な側面の強かった保険監督のあり方につき，規制緩和し，保険会社の競争を促進しつつ，保険契約者の保護を図るという方向に転換した。

3 内容 保険業法の内容は，大きくは，私保険業を行う保険会社に対する行政的な規制，監督についての規律，*相互会社'の設立や組織についての規律，保険契約者の保護のための特別な措置についての規律に分けることができる。行政的な規制は，業務，子会社等，経理，組織再編・解散，外国保険業者，主要株主・持株会社，少額短期保険業者（⇨少額短期保険'），保険募集（⇨保険募集の規制'），指定紛争解決機関等について定められ，監督については保険商品の認可，一定事項の届出，報告徴求・立入検査，業務改善命令・停止命令，*ソルベンシー・マージン'比率と早期是正措置等が定められている。

ほけんきん

保険契約者等の保護のための特別な措置としては，契約条件の変更，業務の停止や保険契約の移転等の協議等についての内閣総理大臣の命令，保険契約者保護機構による破綻保険会社に対する保険契約の移転等に対する資金援助・保険契約の引受け等が定められている。

保険金 *保険事故'が生じたときに，保険会社から，*損害保険'においては*被保険者'に，*生命保険'や*傷害疾病定額保険契約'においては*保険金受取人'に現実に支払われる金銭。*保険法'においては保険給付の語が用いられる。

保険金受取人 *生命保険'契約，*傷害疾病定額保険契約'において，保険給付を受ける者として保険契約で定められた者〔保険2⑤〕。保険契約で定めるものであるから，*保険契約者'が保険金受取人を決める。誰を保険金受取人にするかについては法律上の制限はない。保険契約者以外の者を保険金受取人とする保険を，他人のためにする生命(傷害疾病定額)保険という。保険契約者が保険金受取人となる保険を，自己のためにする生命(傷害疾病定額)保険という。保険金受取人は保険事故発生前であればいつでも変更することができる〔保険43①・72①〕。保険事故発生前に保険金受取人が死亡した場合，新たに保険金受取人が指定されていなければ，受取人の相続人の全員が受取人となる〔保険46・75〕。 ⇨他人のためにする保険契約'

保険金額 *損害保険'と，*生命保険'及び傷害疾病定額保険とでは保険金額の意味が違う。損害保険においては，*保険者'による保険給付の限度額として損害保険契約で定めるものをいう〔保険6①⑥〕が，生命保険及び傷害疾病定額保険では，給付事由発生時に保険会社が当然に給付しなければならない保険給付の額をいう〔保険40①⑦・69①⑦〕。損害保険では実際に支払われる*保険金'は，現実に発生した損害額を限度とし，一部保険の場合は損害額に保険金額の保険価額に対する割合を乗じた額となる〔保険19〕が，生命保険及び傷害疾病定額保険では契約で定めた金額となる。 ⇨保険価額'

保険契約 *保険'関係の設定を目的とする契約。*保険者'が*保険契約者'から*保険料'を受け取り，*保険事故'が発生したとき*保険金'を支払うことが，その内容であり，保険や共済など，その名称を問わない〔保険2①〕。有償・双務契約であり，*保険法'のほか，*普通保険約款'に詳細な規定が設けられている。*諾成契約'であるが，契約内容を記載した*保険証券'の交付がなされる〔保険6①・40①・69①〕。 ⇨有償契約・無償契約' ⇨双務契約・片務契約'

保険契約者 *保険契約'の当事者として，*保険者'を相手方に保険契約を締結し，*保険料'の支払義務を負う者〔保険2③〕。契約当事者として*保険証券'の交付請求権(保険6①・40①・69①)・解除権(保険28～30・55～57・84～86)・保険料減額請求権(保険10・11・48・77)・保険料返還請求権(保険32・64・93)・保険料積立金返還請求権〔保険63・92〕等をもち，*告知義務'・*通知義務'を負う〔保険14・29①①・50・56①①・79・85①①〕が，当然に*保険金'請求権の主体となるわけではなく，*他人のためにする保険契約'のときは*保険金受取人'(*生命保険'や*傷害疾病定額保険契約'のとき)又は*被保険者'(*損害保険'のとき)が保険金請求権をもつ。 ⇨被保険者'

保険契約者貸付 *保険契約者'が*保険者'から*解約返戻金'の額の一定範囲内(例えば9割)で貸付を受けることができる制度。生命保険や積立保険において*約款'で認められている。生命保険では，保険契約者には貸付を受ける権利があり，保険者は貸付の請求を拒否することはできない。貸付を受けた場合には保険者の定める利率による利息が付される。元本の返済期限，利息の支払期日は定められていない。保険者が保険金や解約返戻金を支払う時に未返済部分があれば，その額を差し引いて支払うことで清算される。保険契約者貸付の法的性質については，消費貸借契約(⇨消費貸借)とする説と保険金又は解約返戻金の前払とする説がある。法的性質をどう解するかは，保険契約者が破産した場合の貸付金の回収，保険契約者(又はその代理人)であると詐称する者に対する貸付などの問題に関連する。

保険契約の転換 *生命保険'契約に加入後にその内容を改めたい場合に，既存の契約を解除し，新契約を締結すると，解約控除や新契約費の負担，既契約の保障や特別配当の権利の喪失などの不利益が発生する。そこで，既契約の責任準備金が新しい契約の一部に充当され，保険料前納金等が一時払保険料に充てられることで，新規に加入するよりも*保険契約者'に有利な扱いをする制度をいう。その法的性質は更改に類似し，旧契約と新契約は別個の契約であり，転換により旧契約は消滅し新契約が成立するが，実質的には両契約に継続性がある。新契約で保障範囲が拡大する部分については*告知義務'による危険選択や自殺免責期間が開始し，実質的にも新規の契約となるが，新契約が告知義務違反によって解除された場合や新契約への転換が無効であった場合には，保険契約者は旧契約へ

ほけんだい

の復旧を選択でき，旧契約の保障範囲内で*保険給付'が行われる。

保険契約の目的 *損害保険'契約における*被保険利益'のこと〔保険3〕。自動車の所有者が自動車保険を付けたとき，車の所有者としての利益が保険契約の目的であり，自動車が*保険の目的物'である。両者は，よく似ているが概念上区別されている。

保険事故 Ⅰ 1意義 契約で定められた，*保険者'の保険金支払義務を具体化させる事実を保険事故という。*保険法'においては，*損害保険'*生命保険'では保険事故の語が〔保険5①・37〕，傷害疾病定額保険では給付事由の語が用いられる〔保険66〕。保険事故は偶然なものでなければいけないが，その偶然性は，事故がそもそも発生するかどうか（例：火災），いつ発生するか（例：死亡），どのように発生するか（例：傷害）の，いずれかにおいて不確定であればよい。保険法は，当事者の主観において不確定でありさえすれば客観的に確定していてもよいとする〔保険5①・39①・68①〕が，*普通保険約款'では，客観的不確定を要求している。また，その事故の範囲（種類）が契約ごとに限定される必要があり，*保険期間'中に発生した事故でなければ保険の対象とはならない。

2 故意免責 *保険契約者'・*被保険者'・保険金受取人が*故意'に保険事故を招致した場合，保険者は*免責'される〔保険17・51・80〕。保険者に対する*信義則'違反や公益に反することがその理由である。ただし，生命保険契約における被保険者の自殺については自殺免責期間が設けられ，契約から一定年数経過後の自殺に対しては保険金を支払う旨の*約款'規定が設けられている。

Ⅱ *社会保険'における保険事故は，所得能力の中断・減少・喪失や日常生活上の支障をもたらし，*保険給付'の支給事由に該当する事故をいう。疾病・負傷・障害・死亡・老齢あるいは*要介護状態'等の身体的事由と，経済的事由に該当する*失業'や雇用の継続が困難となる育児休業・介護休業とに分類できる。疾病・負傷・障害・死亡は更に業務上か否かで二分される。

保険者 Ⅰ *保険契約'の当事者として*保険事故'が発生した場合に*保険金'を支払うことを引き受ける者。一般に保険会社を指す。保険金支払義務〔保険2②〕のほか，*保険証券'交付義務〔保険6①・40①・69①〕，特定の場合における*保険料'返還義務〔保険32・64・93〕等を負う。保険契約者に対する保険料請求権〔保険2

③〕をもつ。私営保険の保険者になれるものは，資本金又は基金の総額10億円以上の*株式会社'又は*相互会社'に限られ〔保険業5の2・6，保険業令2の2〕，公営保険の保険者は，国・地方公共団体，公法上の特別の法人である。

Ⅱ *社会保険'において，保険事業の主体となって，*被保険者'等からの*保険料'の徴収と，受給権者への*保険給付'の支給を行う者。*国民年金'，*厚生年金保険'，*労働者災害補償保険'及び*雇用保険'では政府が保険者であり，*健康保険'では*全国健康保険協会'及び*健康保険組合'，*国民健康保険'では都道府県又は*国民健康保険組合'，*介護保険'では市町村，及び公務員等については各*共済組合'が保険者である。このほか，*厚生年金基金'，*国民年金基金'，企業年金基金（⇒確定給付企業年金'）も，その加入員のために実施する年金給付事業の保険者となる。

保健所 地域保健法に基づき，都道府県，*指定都市'，*中核市'又は特別区等が設置する機関〔地域保健5〕。地域保健に関する思想の普及及び向上に関する事項，地域保健に係る統計に関する事項，感染症その他の疾病の予防に関する事項等につき，企画・調整・指導等の事業を行うとともに，地域保健に関する情報の収集，調査研究，歯科疾患等の疾病の治療等の事業を行う〔地域保健6・7〕。また，都道府県の設置する保健所は，所管区域内の市町村の地域保健対策の実施に関し，市町村相互間の連絡調整等を行うことができる〔地域保健8〕。

保険証券 どのような*保険契約'が成立したかその内容を明らかにするため，契約の成立後*保険者'が発行する証券。保険者は，契約内容を記載した書面の交付義務を負う。保険契約の成立のためには当事者の合意があればよく別に証券を必要としないが，契約の成立及びその内容を証明する手段として保険証券が役立つ。記載事項は法定されている〔保険6①・40①・69①〕。*保険法'は保険証券の語を用いていないが，実務上は保険証券が用いられている。

保険診療 ⇒療養の給付'

保険代位 1意義 *損害保険'において，*保険者'が損害の塡補をした場合，*被保険者'が*保険の目的物'について有していた権利及び被保険者が*第三者'に対して取得した権利を法律上当然に取得すること。前者を*残存物代位'，後者を*請求権代位'という。代位の対象となる権利には，*不法行為'・*債務不履行'・*共同海損'処分などによる請求権を含む。

2 制度の目的 例えば盗難保険において被保険

ほけんだい

者が*保険金'の支払を受けた後に盗品が発見された場合や，自動車保険の被保険者が他人から車をぶつけられて保険金をもらったが，これとは別に加害者に対する損害賠償請求権をもつ場合に，被保険者に保険金のほか盗品や賠償金をも取得させると，事故のお陰で被保険者が不当に利得する結果となる。損害保険は実際に発生した損害を塡補するだけであって，二重利得を認めるものではない(利得禁止の原則)から，これらの場合には，保険会社が残存物(盗品など)あるいは被保険者が加害者など第三者に対してもつ賠償請求権を法律上当然に取得することにしている〔保険24・25〕。

3 権利移転 第三者が先に義務を履行すれば，その限りで損害はなくなるから保険金はもはや請求できないが，保険会社が先に保険金を支払えば，その支払った限度内で，かつ*保険契約者'・被保険者の第三者に対する権利行使を害さない範囲内で，第三者に対する権利は保険会社に法律上当然に移転する〔保険24・25〕。

4 第三分野 生命保険には保険代位の余地がないが，傷害保険などの第三分野の保険については問題があり，*傷害疾病定額保険契約'については保険代位は認められないが，*傷害疾病損害保険契約'については保険代位が認められる。自動車保険のうちに含まれる人身傷害補償保険において，傷害保険金を支払った保険者が被保険者の権利を代位行使する局面については，難問がある。

保険代理店 1 損害保険代理店 損害保険会社の委託を受けて，その損害保険契約の締結の代理又は*媒介'を行う者で，その損害保険会社の*役員'又は*使用人'ではない者〔保険業2㉑〕。損害保険の募集を行うことができる損害保険募集人の1つ〔保険業2⑳・275①[2]〕。*代理商'〔商27，会社16〕に当たる。損害保険代理店は契約締結の代理権を与えられていることが通例である。1つの損害保険代理店が複数の保険会社から委託を受けることも認められている(乗合代理店)。銀行が損害保険代理店や生命保険募集人等として保険募集を行うこともできるが〔保険業275①②〕，契約者保護の観点から情報の利用〔保険業則212②・212の2②〕や融資先に対する募集〔保険業則212③・212の2③〕についてなどいくつかの規制がある。

2 その他の保険代理店 生命保険の募集では，従来，外務員，営業職員といわれる者が大きな役割を果たしてきているが，生命保険会社から委託を受けてその生命保険会社のために保険契約の締結の代理又は媒介を行う生命保険代理店も

よくみられるようになっている。*生命保険募集人'の一種であり，生命保険募集人については原則として一社専属制がとられているが〔保険業282②〕，例外として乗合が認められる場合もあり〔保険業282③，保険業令40〕，乗合代理店も増えてきている。

保険団体 *保険'は同種の危険に直面している者を多数集めて危険の分散を図る制度であるが，この加入者によって形成される団体。一種の危険共同団体。*相互保険'の場合にはこれらの者が*相互会社'という*社団法人'を作り，団体員は社員として*社員総会'を通じて団体の運営に参加するから，その団体性が法律上明確であるが，営利保険の場合には保険関係は*保険者'と*保険契約者'との契約という形式をとるからその団体性は事実上のものでしかない。*保険契約'の包括移転制度，合併・包括移転の際の異議方法〔保険業135・160・137④〕はこの団体性に基づく制度である。⇨包括移転'

保険繋(かけ)取引　⇨掛繋(かけつなぎ)取引'

保険デリバティブ　オプション料を対価に保険リスクを相手方に移転する取引であって，保険リスクを保険によらずに移転する代替的リスク移転の一種である。地震デリバティブ，天候デリバティブ及びクレジットデリバティブなどが典型である。保険デリバティブは，業として行うときには金融商品取引業となるとされている市場デリバティブ取引〔金商2②〕又は店頭デリバティブ取引〔金商2㉒〕の一種である〔金商2⑧〕。そして，保険デリバティブは保険会社も行うことができる業務である〔保険業98①⑥，保険業則52の2の2〕。

保険仲立人　*保険者'のために保険募集を行う損害保険募集人，*生命保険募集人'と異なり，保険者と顧客の間で中立的な立場から，保険契約締結の*媒介'を行う者〔保険業2㉕〕。商法上の*仲立人'〔商543〕に当たる。保険ブローカーともいわれる。中立的な立場に立つところが特色であるが，実務上報酬は保険者から受けるという慣行にあり，顧客の利益よりも保険者の利益を優先することを防ぐために，誠実義務〔保険業299〕，顧客の求めによる手数料・報酬等の開示〔保険業297〕などの規制が置かれている。また，仲立人の行為による顧客の損害につき保険者が責任を負うことはないため〔保険業283参照〕，賠償資力確保のために，保証金の供託〔保険業291〕，賠償責任保険への加入〔保険業292〕などの規制もある。

保険の目的物　*物保険'において*保険事故'の客体となる経済上の財貨をいい〔保険6①

⑦・9・15・16・24・36②③, 商819・825①・826①・827①・828], *保険契約'の目的'(*被保険利益')とは区別される。自動車の所有者が自動車保険をつけたとき, 車の所有者としての利益が保険契約の目的であり, 自動車が保険の目的物である。何が保険の目的物とされるかは契約で決まるが, 個々の物である場合(個別保険)と, 集合物である場合(集合保険)とがあり, また, 対象が固定されているか浮動的であるかによって特定保険と総括保険とに分かれる。 ⇨保険契約の目的'

保険媒介者 保険契約締結の際に, 保険媒介者が, 保険契約者又は*被保険者'が*告知義務'の対象である事項を告知することを妨害し(告知妨害), あるいは, 不告知や不実告知を勧めた(不告知教唆)場合には, *保険者'は告知義務違反に基づいて保険契約を解除することはできない。この保険媒介者とは, 保険者のために保険契約締結の*媒介'を行うことができる者であり, また, 保険契約の締結の代理権を有する者は除かれている〔保険28②③・55②③・84②③〕。例えば, 生命保険の募集を行う営業職員は保険媒介者に当たる。契約締結の代理権を有する者が除かれているのは, これらの者が上記の行為をした場合には, 保険者は告知事項につき*悪意'であるか, 又は*過失'により知らなかったといえるため〔民101①〕, 告知妨害や不告知教唆とは別に, 告知義務違反による解除が制限されるからである〔保険28②①・55②①・84②①〕。

保険法 法律としての保険法(平成20法56)を指す場合のほか, 広く*保険'に関する法の全体をいう場合や, 狭く講学上の*保険契約'法をいう場合とがある。保険法制定以前は, 保険契約法の領域は商法の一部であり, 商法旧2編10章(*陸上保険')及び同法旧3編6章(*海上保険')が, その中心にあった。平成20年に保険法が制定され, 陸上保険の部分が単行法化されたほか, 海上保険について, 平成30年に商法が改正された。他方, 広義の保険法には, 保険事業の運営や*保険募集の規制'を定める*保険業法'も含まれる。もっとも, 例えば保険契約の締結過程が, 契約法としての側面と保険業法の募集規制としての側面を有しているように, 契約法としての側面と業法としての側面が関係する場面も珍しくない。

保険募集の規制 従来, 独立の法典であった「保険募集の取締に関する法律」(昭和23法171)が平成8年に廃止され, これに代わって平成8年施行の*保険業法'第3編に保険募集に関する諸規定が設けられたが, *保険仲立人'に関する規定が新設された点を除けば, 募集の規制についての基本はそのまま引き継がれている。*生命保険募集人', 損害保険代理店, 少額短期保険募集人及び保険仲立人等につき登録制を採用し〔保険業276・286〕, 保険募集につき保険募集人が客に加えた損害を, 所属保険会社は賠償する責任を負う〔保険業283〕。また, 保険募集人や保険仲立人が客に十分な情報を提供する義務を負うとともに, 不正な募集活動をしないよう禁止規定が設けられている〔保険業300〕。

保険約款 *保険契約'の契約条項。普通の保険契約の内容となる普通保険約款と, それを補充変更するための特別保険約款とに分かれる。保険契約の内容を, 多数の加入者と個別に交渉して合意するのは非現実的である上, 同種のリスクを負う多数の経済主体の団体性に着目し大数の法則を応用した仕組みである保険の性質から, 約款による画一的取扱いが要請されるため, 契約条件をあらかじめ定型化した保険約款が用いられる。保険の種類ごとに非常に詳細な約款が制定されている。*定型約款'に該当すると考えられ, 個別の条項についてのみなし合意, 定型約款の内容の表示及びその変更の規律に従う〔民548の2〜548の4〕, 保険法, 民法, 消費者契約法及び保険業法の規律に従う。 ⇨普通保険約款'

保険利益享受約款 運送品についての保険契約により支払われる保険金の限度で, *運送人'の損害賠償責任を免除する趣旨の特約。自動車運送契約についての最判昭和43・7・11民集22・7・1489, 港湾運送契約についての最判昭和51・11・25民集30・10・960は, いずれも, 保険利益享受約款を*保険者'から保険金の支払を受けられる範囲を超えた損害について運送人を免責とする趣旨の特約と解釈した。内航海上運送契約についての, 最判昭和49・3・15民集28・2・222は, 運送人の*故意'・*重過失'等による損害について運送人の免責を禁じた商法旧(平成30法29改正前)739条に反するとして, 保険利益享受約款を無効とした。*国際海上物品運送法'では明文で無効とされている〔国際海運11①後〕。保険者の*請求権代位'の権利を侵害すると, 荷主が保険金も損害賠償も得られないことになりうる点などが問題となる。

保険料 Ⅰ *保険契約'において, *保険者'(保険会社)が保険を引き受けることに対し, *保険契約者'が保険会社に対して支払う代金。プレミアム(英 premium)ともいう。*保険金額'を基準とし, かつ危険率の大小によって

ほけんりよ

高くなったり安くなったりする。'保険約款'では，保険料の支払がある以前に'保険事故'が発生しても'保険金'は支払わないと定めて，間接的にその支払を強制するものが多い(⇨保険期間)。'生命保険'約款では保険料の払込みにつき'猶予期間'が定められ，この期間を過ぎても払込みのない契約は失効すると定められている。
Ⅱ **社会保障法** **1 意義** '社会保険'における保険料は，各保険事業に要する費用に充てるため，'保険者'が事業主，'被保険者'あるいは世帯主等から徴収する。制度により，定額制('国民年金')や被保険者の'標準報酬'月額及び'標準賞与'額に'保険料率'を乗じる報酬比例制('健康保険'・'厚生年金保険'・'介護保険'の第2号被保険者等)，被保険者数に基づく平等割と所得の多寡による所得割とで決定する方式('国民健康保険'・後期高齢者医療(⇨後期高齢者医療制度))，被保険者数に基づく平等割を基礎に被保険者の属性と所得の多寡を加味して決定する方式(介護保険の第1号被保険者)によって算定される。また，'労働者災害補償保険'や'雇用保険'の保険料は，「労働保険の保険料の徴収等に関する法律」に基づき，算定・徴収される。 ⇨健康保険組合' '国民健康保険組合' '厚生年金基金' '国民年金基金'
2 保険料納付済期間 イ 国民年金の第1号被保険者(⇨強制加入被保険者)としての被保険者期間のうち，保険料を納付した期間(保険料の一部が免除された期間を除く)，ロ 厚生年金保険の被保険者としての被保険者期間，ハ 厚生年金保険の被保険者の被扶養配偶者(国民年金の第3号被保険者)としての被保険者期間，を合算した期間〔国年5③，厚年3①Ⅰ〕。年金受給権取得の有無及び老齢基礎年金の額を決定する要素の1つとなる。

保険料の免除・納付猶予 イ '国民年金'の'保険料'納付義務〔国年88〕を負う第1号被保険者(⇨強制加入被保険者)について，保険料の全部又は一部の納付を要しないこととする措置をいう。'障害年金'等の受給権者であるとき，'生活扶助'その他の援助を受けるとき，厚生労働省令で定める施設に入所しているときに当然認められる法定免除〔国年89〕と，申請免除がある。申請免除には，所得がないなど保険料負担能力がないときに該当者の申請と厚生労働大臣の処分によって保険料全額を免除するもの〔国年90〕，前年の所得が扶養親族の有無と数に応じて定める一定額以下であるなど保険料負担能力が小さいときに該当者の申請と厚生労働大臣の処分によって保険料の全額，4分の3，半分又は4分の1を免除するもの〔国年90・90の2〕がある。被保険者期間のうち，保険料が全額免除された期間は保険料全額免除期間，4分の3免除された期間は保険料4分の3免除期間，半額免除された期間は保険料半額免除期間，4分の1免除された期間は保険料4分の1免除期間といい〔国年5③～⑥〕，これらの期間を合算した期間で，追納〔国年94〕によって免除された保険料の納付があったとみなされる期間を除き，保険料免除期間という〔国年5②，厚年3①Ⅱ〕。この保険料免除期間は，年金受給権取得の有無及び老齢基礎年金の額を決定する要素の1つとなる。ロ 更に，保険料納付の猶予と結合しているものとして，大学の学生等で前年の所得が一定額以下であるときなど保険料負担能力がないときに該当者の申請と厚生労働大臣の処分によって保険料全額を免除するもの〔国年90の3〕(厚生労働大臣の承認を受け，承認の属する月前10年以内の分に限り，追納ができる(「学生納付特例」という〔国年94〕)，30歳未満の者(学生を除く)で，本人と配偶者それぞれの前年所得が一定額以下であるとき等保険料負担能力がないときに該当者の申請と厚生労働大臣の処分によって保険料全額を免除するもの〔平成16法104附則19②〕(令和12年6月までの措置。この場合も追納ができる(「若年者納付猶予」という)〔平成16法104附則19④・国年94〕)がある。

保険料率 '社会保険'における保険料を算定するために'標準報酬'，'標準賞与'あるいは賃金総額に乗ぜられる比率をいう〔健保160，厚年81等〕。'健康保険'等は'被保険者'と使用者が同じ比率の保険料を負担し，使用者が納付義務を負い〔健保161・167，厚年82等〕，'雇用保険'では使用者に課せられる比率が高いなど，具体的な保険料率はそれぞれの制度により異なる。'労働者災害補償保険'については，災害率その他の事情を考慮して定める，いわゆる'メリット制'がとられていることが特色である〔労保徴12②③〕。

保護預り 銀行・長期信用銀行等が，その業務の一種として，'有価証券'，貴金属その他の物品を預かること〔銀行10②⑩，長銀6③⑦等〕。'金融商品取引法'では，第1種'金融商品取引業'に含まれ〔金商28①Ⅴ〕，また，金融商品取引業者の業務には，顧客から保護預りしている有価証券を担保とする金銭の貸付けが含まれる〔金商35①Ⅲ〕。

保護観察 **1 意義** 犯罪者を矯正施設に収容せず，社会内で，適当な指導者の補導援護と指導監督の下に，自発的な改善更生，社会復

帰を促進するソーシャル・ケースワークの性質をもった措置。*自由刑'に代わり，あるいは自由刑を補う社会内処遇の方法として，刑事政策上重視されてきた。制度の発祥地アメリカでは，矯正施設収容を伴わないものを*プロベーション'，施設から釈放された者を対象とするものを*パロール'といって区別するが，日本では両者を合わせて保護観察という。

2 現行法における保護観察 現行法上，プロベーションの性質をもつ保護観察としては，*執行猶予'を言い渡された者を対象とするもの〔刑25の2・27の3〕と，*少年法'上の*保護処分'の一種としてのもの〔少24①1〕とがあり，パロールの性質をもつ保護観察としては，*仮釈放'者，*少年院'の*仮退院'者を対象とするもの〔更生48〕がある。なお，起訴を猶予された者あるいは満期釈放者を保護観察の対象とするのが相当かどうかについて議論がある。

3 担当者 保護観察は，保護観察所に所属する保護観察官と法務大臣から委嘱を受けた民間のボランティアである*保護司'によって協働して行われている。

保護関税 財政収入の確保を目的とする財政関税に対する概念で，国産商品に比べて割安な輸入商品に*関税'を課することによって，その国内価格を引き上げ，国内市場において国産商品が輸入商品と競争できるようにし，国内産業を保護することを目的とする関税。日本を含め，先進国の関税は一般にこのような性格をもつ。

保護義務 ⇨給付義務・付随義務・保護義務'

保護検束 泥酔者，精神疾患者，自殺のおそれのある者など救護を要する者を，警察署など一定の場所に引致し一時留置する行政上の*即時強制'の手段。明治憲法下では，*行政執行法'1条がこれを定めていたが，現在は*警察官職務執行法'3条が範囲と要件を厳格に限定して「保護」として定めている。 ⇨検束'

保護司 犯罪者の改善・更生を助けることを主な使命とした民間の篤志家〔保護司1〕。保護観察所の長が推薦した者のうちから保護司選考会の意見を聞いて法務大臣が委嘱する〔保護司3〕。保護区ごとに置かれ全国を通じて5万2500人を超えない〔保護司2〕。保護観察官で十分でないところを補い，地方更生保護委員会又は保護観察所の長の指揮監督を受けて，*保護観察'ほかの事務を行う〔更生32・61〕。無給で実費弁償のみを受ける〔保護司11〕。

保護処分 *非行少年'に対し，刑罰を避けて非行深度に応じた健全育成のための処遇を施す目的の処分である。*家庭裁判所'が言い渡し，*保護観察'，*児童自立支援施設'又は*児童養護施設'送致，*少年院'送致の3つの処分がある〔少24〕。そのほか，*試験観察'及びこれに伴う*補導委託'制度も事実上保護処分の性格をもつ。また，審判不開始，不処分の際行われる訓戒，環境調整などの事実上の処分である保護的措置も行われている。

保護責任者 刑法218条の定める保護責任者遺棄等の罪の主体（「老年者，幼年者，身体障害者又は病者を保護する責任のある者」）。保護責任者の，保護すべき客体を「遺棄」する行為及び「その生存に必要な保護をしな」い行為(不保護)を罰する(3月以上5年以下の拘禁刑)。刑法217条が，同条所定の要扶助者を「遺棄」する行為を1年以下の拘禁刑に処するのに対し，本条は，刑が加重される(⇨遺棄罪')。通説は，前者の「遺棄」は作為形態のそれのみを指し，不作為形態のそれを罪に問うには*作為義務'が認められることを要し(⇨不真正不作為犯')，それが本条の保護責任に当たると解するので，保護責任の発生根拠は作為義務のそれと等しくなる。異論として，作為義務ゆえに加重処罰するのは理にかなわず，保護責任は作為義務と違って継続的な保護関係の存在を意味し，その保護関係の破壊により罪が重くなるとする説もあるが，判例は，作為義務と保護責任を区別しない。

保護範囲説 ⇨不法行為'
保護法益 ⇨法益'

保佐人 *被保佐人'の保護者〔民11・12〕。被保佐人のする一定の重要な財産上の*法律行為'について保佐人は同意権をもつ〔民13①②〕が，*後見人'と異なり，*代理'権を有しないのが原則である。ただし，家庭裁判所は一定の者の請求によって保佐人に代理権を付与する旨の審判をすることができる〔民876の4①．民876の4②も参照〕。保佐人が*同意'を与えない行為は被保佐人又は保佐人が取り消すことができる〔民13④〕ほか，保佐人自ら*取消'又は*追認'をすることができる〔民120①・122〕。保佐人の選任については，成年後見人の選任の規定が準用される〔民876の2②〕。 ⇨成年後見'

補佐人 I 民事訴訟法上は，当事者又は*訴訟代理人'とともに*期日'に出頭してこれを補助する者をいう〔民訴60①〕。期日における付添人的な性格のものであり，訴訟代理人のように本人に代わって期日に単独で出頭したり，期日外で*訴訟行為'をすることはできない。補

ぼしおよび

佐人の出頭については、審級ごとの裁判所の許可を必要とするが、*弁護士*である必要はない。裁判所は許可をいつでも撤回できる。補佐人の*陳述*は、当事者又は訴訟代理人がその場で取消し・更正しないとその者の陳述と同視される〔民訴60③〕。この*更正権*は法律上の陳述にも及ぶ点で訴訟代理人の場合と異なる。補佐人の性質については、補佐人の陳述の効果が本人に帰属する点を捉えて、一種の代理人と解するのが通説である。

Ⅱ 刑事訴訟では、被告人の*法定代理人*、*保佐人*、配偶者、直系の親族及び兄弟姉妹は、*審級*ごとに裁判所に届け出て補佐人となり、被告人を補助することができる〔刑訴42①②〕。補佐人は、被告人の明示の意思に反しない限り、各種の*訴訟行為*をすることができる〔刑訴42③〕。もっとも、この制度はほとんど使われていない。

母子及び父子並びに寡婦福祉法 昭和39年法律129号。昭和56年改正(法79)により母子福祉法から「母子及び寡婦福祉法」になり、平成26年改正(法28)により父子家庭への支援の拡充と併せて現在の名称となった。母子家庭・父子家庭及び寡婦の生活の安定と向上のため〔母福1〕、福祉資金の貸付け、日常生活支援事業、雇用の促進等の*福祉の措置*を行うこと〔母福3章〜5章〕、母子・父子福祉施設を設置すること〔母福38〕などを定める。

母子健康手帳 母子の健康管理を進める上で必要な妊娠・出産・育児・予防接種等に関する記録を記載する手帳。*母子保健法*に基づき、妊娠の届出をした者に対し、市町村から交付される〔母子保健16①〕。妊産婦が健康診査又は保健指導を受けたときは、その都度、この手帳に必要な事項の記載を受けなければならない。乳児・幼児が健康診査又は保健指導を受けたときは、その保護者が必要事項の記載を受けなければならない〔母子保健16②〕。手帳には、妊産婦の健康管理や新生児・乳幼児の養育にあたり必要な情報、相談窓口や予防接種に関する情報、母子保健の向上に資する情報及び手帳の使用にあたっての留意事項が記載される〔母子保健則7〕。

ポジティブ・アクション 囲 positive action 積極的差別是正措置とも呼ばれる。女性など歴史的・構造的に差別されてきたグループに対して、過去の差別がもたらしている弊害を除去するための積極的な措置や施策をとること。*男女雇用機会均等法*は、ポジティブ・アクションを女性差別に当たらないとするとともに〔雇均8〕、国がこれに積極的な企業を援助できることを定めている〔雇均14〕。 ⇨アファーマティブ・アクション*

母子福祉年金 ⇨福祉年金*

母子保健法 昭和40年法律141号。母性及び乳幼児の健康の保持・増進を図るため、必要な措置を講じ、もって国民保健の向上に寄与することを目的とする〔母子保健1〕。妊産婦やその配偶者、乳幼児の保護者等に対する保健指導、訪問指導、健康診査、*母子健康手帳*の交付等の措置を行うこと〔母子保健2章〕、こども家庭センター(⇨児童福祉法*)において母子保健に関する相談・支援等の事業を行うこと〔母子保健22〕などを定める。

保 釈 保証金の納付を条件として、*勾留*中の*被告人*を現実の拘束状態から解放する制度。正当な理由なく出頭しないときは保証金を*没取*するという心理的威嚇を加えて、直接の拘束を避けながら、被告人の*公判*への出頭及び*刑の執行*のための出頭を確保するもの。*被告人*・*弁護人*等の請求による場合(請求保釈)〔刑訴88〕と職権で行う場合(職権保釈)〔刑訴90〕とがある。また、保釈の請求があったときに必ずこれを許さなければならない場合(必要的保釈又は*権利保釈*)〔刑訴89〕、裁判所の裁量で保釈を許す場合(裁量保釈)〔刑訴90〕、*拘禁*が不当に長くなったため保釈を許さなければならない場合(義務的保釈)〔刑訴91〕がある。保釈に関する決定をするときは、検察官の意見を聴かなければならない〔刑訴92①〕。保釈を許すときは、裁判所は、相当な*保釈保証金*を定めなければならず〔刑訴93①②〕、住居の制限その他の条件を付することができる〔刑訴93③〕。保釈を許す決定は、保証金の納付の後に執行する〔刑訴94①〕。裁判所は、逃亡を防止し、又は*公判期日*への出頭を確保するため必要があるときは、被告人の生活上又は身分上の事項の報告を命ずることができる〔刑訴95の4〕。保釈中の被告人について、正当な理由のない不出頭、*逃亡*、*罪証隠滅*等の事由が生じたときは、裁判所は、決定で保釈を取り消し、保証金の全部又は一部を没取することができる〔刑訴96〕。保釈を取り消したときは、被告人を*収容*する〔刑訴98〕。その場合、検察官は、被告人に出頭を命ずることができる〔刑訴98の2〕。正当な理由がなく出頭しない被告人は、2年以下の拘禁刑に処する〔刑訴98の3〕。また、保釈された被告人が*召喚*を受け正当な理由がなく公判期日に出頭しないときは、2年以下の拘禁刑に処する〔刑訴278の2〕。なお、*被疑者*の勾留については、保

保釈保証金　*保釈'の条件として納付を命ぜられる一定額の金銭〔刑訴93①〕。裁判所は、犯罪の性質・情状、証拠の*証明力'、*被告人'の性格・資産を考慮して、被告人の出頭を保証するに足りる相当保証金額を定めなければならない〔刑訴93②〕。保釈を許す決定は、保証金の納付の後に執行する〔刑訴94①〕。裁判所の許可により、保釈請求者以外の者が納付することができ、*有価証券'又は*保証書'で保証金に代えることもできる〔刑訴94②③〕。*没取'されなかった保証金は、還付される〔刑訴規91〕。保釈を取り消す場合は、保釈保証金を没取することができる〔刑訴96②〕。更に、*実刑'判決が宣告された後、不出頭又は逃亡したときは、裁判所は保釈を取り消し、保釈保証金を没取しなければならない〔刑訴96④〜⑦〕。

募集（労働者の）　⇨労働者の募集'

募集株式等の発行の通知・公告　*公開会社'における*募集株式の発行等'に際して、会社が当該募集株式の発行等についての募集事項を株主に開示するために行う通知又は*公告'。会社法201条3項及び4項は、募集株式の発行等に際して株主に会社法210条の募集株式の発行等の*差止請求権'を行使すべきか否かの判断をする機会を与え、かつ、その判断のための情報を株主に開示するために、金銭の払込み又は*現物出資'財産の給付の期日又はその期間の初日の2週間前までに、募集株式の数、払込金額（又は払込金額の決定方法）及び払込期日・期間等の募集事項を株主に通知又は公告を行うことを要求している。ただし、株主に*募集株式の割当てを受ける権利'を与えて募集株式の発行等を行う場合〔会社202〕、払込金額が募集株式の引受人に特に有利な場合〔会社199③〕、又は金銭の払込み・現物出資財産の給付の期日若しくはその期間の初日の2週間前までに*金融商品取引法'上の届出に基づく開示（上記募集事項に相当する事項の開示）をしている場合には、通知・公告は不要とされている〔会社201①⑤・202⑤〕。この通知・公告を欠く募集株式の発行等は、差止請求をしたとしても当該通知・公告の欠缺以外に差止事由がないため差止請求が許容されない場合を除き、無効とされる（最判平成9・1・28民集51・1・71）。　⇨第三者割当増資'

募集株式の発行等　**1 意義**　*株式会社'の成立後における*株式'の発行及び*自己株式の処分'のこと。前者の場合は、新たに株式が発行されることから、新株発行とも称される〔会社829・834②括弧・840①〕。募集株式の発行等は、会社が外部から資金を調達する手段の1つであり、俗にいう増資のことである。会社がその発行する株式又は処分する自己株式を引き受ける者を募集し、当該募集に応じてこれらの株式の引受けの申込みをした者に対して割り当てる株式を募集株式という〔会社199①柱〕。会社法制定前は、新株発行に関する規制と自己株式の処分に関する規制に分かれ、後者については、前者に関する規定の大部分が準用されていたが、会社法は、両者が既存株主の利益（持株（議決権）比率及び1株当たりの経済的価値）に及ぼす影響がほぼ同じであることを考慮して、「募集株式の発行等」として統一的な規制を行うこととした〔会社199〜213の3〕。

2 類型　募集株式の発行等は、イ 株主に募集株式の割当てを受ける権利を与えて行う*株主割当て'〔会社202〕、ロ 特定の第三者に対して募集株式を割り当てて行う第三者割当て、及びハ 不特定多数の者に募集株式を取得させる公募という3類型に分かれる。募集株式の発行等により既存株主の利益に影響を与えることから、*公開会社'でない会社（*非公開会社'）においては、通常、イの方法で行われるのに対し、上場会社などの公開会社においては、ロ又はハによるのが通例である。とりわけ、ロは、他の会社と資本・業務提携等を行う手段として、又は敵対的な*企業買収'に対する防衛策としてしばしば用いられている。

3 手続　非公開会社においては、募集株式の数や払込金額等の募集事項の決定は、原則として、*株主総会'の*特別決議'によらなければならない〔会社199①②・202③④・309②⑤〕。既存株主の利益を保護するためである。ただ、例外的に、株主総会の特別決議により、募集株式の数の上限及び払込金額の下限を定めた上で、当該決議の日から1年以内の募集に限り、募集事項の決定を*取締役'（*取締役会設置会社'以外の会社の場合）又は*取締役会'に委任することができる〔会社200③・309②⑤〕。一方、公開会社においては、原則として、取締役会が募集事項の決定を行うことができ〔会社201①・199③〕、*指名委員会等設置会社'及び取締役の過半数が*社外取締役'である*監査等委員会設置会社'では、それぞれその決定を*執行役'及び取締役に委任することも認められる〔会社416④・399の13⑤〕。しかし、払込金額が募集株式を引き受ける者に特に有利な金額である場合（有利発行の場合）には、株主総会の特別決議によらなければならず、また、取締役が株主総会で理由を説明しなけれ

ぼしゅうか

ばならない〔会社201①・199③②・309②⑤〕。ただ、上場会社が、取締役の報酬等として当該会社の募集株式を付与することが定款又は株主総会の決議により定められている場合において〔会社361①③〕、当該定めに従い募集株式の発行等を行うときは、金銭の払込み等を要しないが〔会社202の2①柱前〕、有利発行の規制を受けないので、金銭の払込み等を要しない旨を定めれば足りる〔会社202の2①柱後①〕。また、公開会社が'種類株式発行会社'である場合において、'譲渡制限株式'('種類株式)の発行又は自己株式の処分を行うときは、取締役会の決議〔会社201①〕のほか、当該種類株式の株主を構成員とする'種類株主総会'の特別決議が必要とされる〔会社199④・324②②〕。更に、公開会社において、前記ロの方法で募集株式の発行等を行うことにより、支配株主の異動を伴う場合(募集株式の引受人が株主となった場合に同人が有する議決権の数が総株主の議決権の数の2分の1を超える場合)には、当該引受人に関する一定の事項を株主に通知するなどの手続が必要とされる〔会社206の2〕。⇨支配株主の異動を伴う募集株式の発行等'

4 特殊の株式発行　募集株式の発行等のうち「株式の発行」は、「通常の株式発行」又は「新株発行」とも呼ばれるのに対し、それ以外の株式の発行は、「特殊の株式発行」とも呼ばれる。具体的には、'取得請求権付株式'・'取得条項付株式'・'全部取得条項付種類株式'の取得に際しての株式(他の種類株式)の発行〔会社108②⑤ロ・171①①イ〕、'株式の分割'・'株式の無償割当て'による株式発行〔会社183①・185〕、'新株予約権'の行使の際の株式発行〔会社282〕、吸収合併・吸収分割・'株式交換'・'株式交付'の際の存続会社等による株式発行〔会社749①②イ・758④イ・768①②イ・774の3①③〕がある。

募集株式の発行等の差止め　'募集株式の発行等'が違法(法令・'定款'違反等)になされる場合につき、事前の救済手段として、不利益を受けるおそれのある'株主'に認められる'差止請求権'のこと。会社法制定前は、違法な新株発行に対する株主の救済措置として、新株発行差止請求権の制度が定められていたが、会社法では、株式の発行(新株発行)の規律と'自己株式'の処分の規律とが一体化されたことに伴い、募集株式の発行等の差止めという制度に変更された。しかし、差止請求権行使の要件は、従来の新株発行差止請求権の場合と同じく、イ 募集株式の発行等が法令若しくは定款に違反するか、又は著しく不公正な方法によるものであること、かつ、ロ これにより株主が不利益を受けるおそれがあることである〔会社210〕。募集株式の発行等が行われてしまうと、差止めはできなくなるので、株主はその前に、会社を債務者として、この差止請求権を被保全権利とする差止仮処分の申請を行うのが通例である〔民保23②〕。

募集株式の割当てを受ける権利　*株式会社'による'募集株式の発行等'の場合において、'株主'が会社から当該募集株式の割当てを受ける権利のこと。会社法制定前は、新株発行に際し会社から新株を優先的に引き受けることができる権利は新株引受権と呼ばれ、'定款'で株式譲渡制限をしている会社の株主には、新株引受権が付与されていた〔商旧280の5の2〕。会社法では、募集株式の募集を行う場合において、会社が「株主に株式の割当てを受ける権利を与えることができる」と規定されているが〔会社202①〕、新株引受権という概念自体は廃止された。しかし、'公開会社'でない会社では、株主に株式の割当てを受ける権利を与えるか否かにかかわらず、募集株式の発行等を行う場合には、'株主総会'の'特別決議'が必要であるから〔会社199②・202③④・309②⑤〕、規律の実質に変更はないといえる。

募集株式発行無効の訴え　⇨会社の組織に関する訴え'

補充規定　⇨解釈規定・補充規定'

補充権　⇨白地(しらじ)補充権'

補充裁判官　*合議制'で審理される事件で審理の長期化が予測される場合に、補充の裁判官として審理に立ち会い、その審理中に合議体の裁判官が審理に関与することができなくなったときに、あらかじめ定めた順序でそれに代わって合議体に加わり審判裁判する1人又は複数の裁判官。ただし、その員数は合議体の裁判官の員数を超えることはできない〔裁78〕。過去の例としてメーデー事件(東京高判昭和47・11・21高刑25・5・479)がある。補充裁判官による審理裁判は'直接審理主義'の要請を満たしているので、弁論の更新〔民訴249②〕、'公判手続の更新'〔刑訴315〕は必要でない。

補充尋問　訴訟法上、'証人'に対する主たる'尋問'が終わった後に、補充的に行われる尋問。

I　民事訴訟では、当事者による'交互尋問'を基本としていることから、当事者による'主尋問'・'反対尋問'が終了した後、補充的に裁判長が行う尋問をいう〔民訴202①〕。ただし、裁判長は、適当と認めるときは、当事者の意見を

聴いて，上記順序を変更することができる〔民訴202②〕。

Ⅱ 刑事訴訟では，裁判官がまず証人を尋問した場合，その後に訴訟関係人がする尋問をいう〔刑訴規199の8・199の9〕が，*交互尋問*の後に裁判官がする尋問も，実務上補充尋問と呼ばれる。

補充性の原則　⇨*緊急避難*

募集設立　1 意義　*株式会社*の設立の一形態で，*発起人*が*会社の設立*に際して発行される株式(設立時発行株式)の一部を引き受けた後，他に設立時発行株式を引き受ける者を募集する手続〔会社25①②〕。⇨*発起設立*

2 手続　発起人はまず法人の根本規範である*定款*を作成し，全員がこれに*署名*又は*記名押印*した後〔会社26〕，*公証人*の*認証*を受ける〔会社30①〕。定款に定めなければ設立時発行株式に関する事項を発起人全員の同意により決定する〔会社32〕。定款に*変態設立事項*を定めたときは，*検査役*の調査を省略できる場合を除き，裁判所に検査役の選任を申し立て〔会社33①②〕，検査役は必要な調査を行い検査役調査報告書を裁判所及び発起人に提出する。裁判所は当該変態設立事項を不当と認めたときは，それを変更する決定をし，それにより*定款変更*の効力が生じる〔会社30②〕。各発起人は設立時発行株式1株以上を引き受けなければならない〔会社25②・32①〕。発起人全員の同意により設立時募集株式に関する事項をその都度決定し〔会社58〕，発起人が引き受けない残部を引き受ける者を募集しなければならない〔会社25①②②・57〕。発起人は，設立時の申込みをしようとする者に対し，法定の事項を通知し，会社組織の大綱と申込条件を開示する〔会社59〕。発起人は，申込者に対し割当てを行う〔会社60〕。なお，設立時募集株式の総数の引受契約が締結される場合には，申込み及び割当てに関する規律は適用されない〔会社61〕。設立時募集株式の*引受人*は，払込期日・期間内に*払込取扱機関*において払込金額を全額払い込まなければならない〔会社63①〕。設立時募集株式の引受人は現物出資することができない。引受人が払込みをしないときは当然に失権する〔会社63③〕。発起設立の場合と異なり，設立時募集様式の引受人など関係者を保護するために，払込取扱機関は，発起人の請求により払込金保管証明書を交付しなければならない〔会社64①〕(⇨*払込金保管証明*)。発起人は，払込期日・期間の末日以後遅滞なく*創立総会*を招集し〔会社65①・67〕，会社の設立に関する事項を報告する〔会社87①〕。創立総会では，そのほかに，設立時取締役等の役員が選任されて機関が具備され，設立時取締役・監査役は，設立手続の調査を行い創立総会に報告する〔会社93〕。創立総会では，報告等を受けて定款を変更したり設立を廃止したりできる。本店の所在地における設立の*登記*〔会社911〕により法人格を取得し，会社が成立する〔会社49〕。

補充送達　*送達*をしなければならない場所で送達名宛人に会えないときに，事情を了知できる事務員，雇人，同居者に書類を交付してする送達〔民訴106①〕。⇨*交付送達*

補充判決　⇨*追加判決*

補償　⇨*刑事補償*　⇨*国家補償*　⇨*損失補償*

保証　Ⅰ 民法上，保証債務又は保証契約をいう〔民446～465の10〕。保証債務は，主たる債務者Aが債権者Bに債務の履行をしない場合に，これに代わってその履行をしなければならない保証人Cの義務をいう。保証契約とは，そのような内容をもつBC間の契約である。Cの債務はAの債務の存在を前提にしている(保証債務の*付従性*)。しかし，保証をより広義に担保と同じ意味で用いる場合には，主たる債務の存否に関係なく，他人に生じる損害を引き受け，その他人に対して独立の債務を負う場合(*損害担保契約*)にも保証という言葉を用いることがある。*身元保証*がその例である。なお，物上保証では，*物上保証人*がその財産を他人の債務の担保のために供するだけで，債権者に対して債務を負うわけではないから，ここでいう保証とは異なる。⇨*保証債務*

Ⅱ 民事執行法上は，民事執行法上の保証〔民執63②・66・68の2②・117①〕で，売却代金又は配当に充てられる〔民執78②③・86の2①・117②〕。

Ⅲ 商法上の保証については，*商事保証*をみよ。

補償関係　⇨*資金関係*

保証金　一般的には，法律上要求されるある行為をすること又はしないことを*担保*するために，一定の者から交付される金銭。

Ⅰ 民法上は，一定の債務の担保とされる金銭をいうことが多い。*敷金*・*身元保証*金などである。

Ⅱ 民事訴訟法上の保証金については，*保証*をみよ。

Ⅲ 刑事訴訟法上の保証金については，*保釈保証金*をみよ。

補償裁決　「公共用地の取得に関する特別措置法」上の用語。*緊急裁決*がされた後に，

ほしようさ

緊急裁決の時までに審理を尽くさなかった*損失補償'に関する事項についてされる収用委員会の裁決。これによって損失補償が定められる。補償裁決で定められた補償金額と緊急裁決で定められた仮補償金額とに差額があるとき、及び補償裁決により替え地の提供・工事の代行等が定められたときは、金銭による清算がされる〔用地取得特措30〜33〕。

保証債務 1 意義・機能 AがBに対して債務を負っている場合に、CとBとの間の契約で、もしAが債務を履行しないときにはAに代わってCがその履行をする旨の債務を負担することがある。この場合のBに対するCの債務を保証債務といい〔民446〜465の10〕、Aを主たる債務者、Cを*保証人'という。*保証'は*主たる債務'を担保する債権担保の手段(*人的担保')であり、*抵当権'などの*物的担保'と並んで頻繁に用いられる。

2 比較 身元引受けのような*損害担保契約'における損害担保債務は、保証債務と類似する。しかし、損害担保債務は、必ずしも主たる債務が存在しなくてもよい点で(例えば、被用者の*身元保証'の場合に、被用者が無過失のために使用者に対して損害賠償債務を負わない場合であっても、身元保証人が損害を塡補しなければならないことがある)、保証債務と区別される。

3 成立 保証債務は、保証人と債権者との間の契約によって生ずるのが通常である。主たる債務者との関係では、その者の*委託'を受けて保証人になること(受託保証人)が多いが、民法上は委託を必要としないし、その意思に反しても保証人になれる〔民462〕。保証契約は、書面でしなければその効力を生じない〔民446②〕。保証契約の内容が*電磁的記録'によってされたときは、書面によってされたものとみなされる〔民446③〕。

4 効力 イ 保証債務は*付従性'をもつ。すなわち、主たる債務の内容の変更に応じて、保証債務もその内容を変更し、主たる債務が*無効'であったり、消滅したりすると保証債務も無効、消滅を来す。保証債務は、その目的又は態様において主たる債務より重いものであってはならない〔民448①〕。また、主たる債務が保証契約の締結後に加重されても、保証人の負担は加重されない〔民448②〕。なお、保証人は主たる債務者が主張することができる抗弁(時効の抗弁や同時履行の抗弁など)をもって、債権者に対抗することができる〔民457②〕。主たる債務者が債権者に対して相殺権、取消権又は解除権を有するときは、これらの権利の行使によって主たる債務者がその債務を免れるべき限度において、保証人は、債権者に対して債務の履行を拒むことができる〔民457③〕。ロ 保証債務は主たる債務に随伴する(*随伴性')。すなわち、主たる債務が移転されると、保証債務もこれとともに移転する。ハ 保証債務は補充性をもつ。すなわち、主たる債務者が履行しない場合に、履行しなければならない義務である。したがって、保証人は、*催告の抗弁権'〔民452〕・*検索の抗弁権'〔民453〕をもつ。しかし、連帯保証人はこれらの抗弁権をもたない〔民454〕。ニ 民法は、保証人保護の方策として、債権者が、委託を受けた保証人に対して、この者から請求があったときに主たる債務の履行状況に関する情報を提供しなければならないとする(債権者の情報提供義務)〔民458の2〕。また、債権者に、主たる債務者が期限の利益を喪失した場合における情報提供義務を課している〔民458の3〕。ホ *根(ね)保証'契約のうち、主たる債務の範囲に金銭の貸渡し又は手形の割引を受けることによって負担する債務(貸金等債務)が含まれるものを、貸金等根保証契約という〔民465の3①〕。この貸金等根保証契約について、*債権法改正'前民法は、個人を保証人とする場合に限って一定の制限を設けた。しかし、貸金等根保証契約のみを対象とするのは不十分であるとの批判がなされ、民法は、これらの制限を個人根保証契約全般に拡張した〔民465の2〕。ここにいう個人根保証契約とは、一定の範囲に属する不特定の債務を主たる債務とする保証契約(根保証契約)であって、保証人が法人でないものである〔民465の2①〕。この個人根保証契約については、極度額の定めのないもの又はそれが書面によらないものが無効とされる〔民465の2②③〕ほか、元本の確定期日と確定事由が問題となる。まず、元本の確定期日については、その定めがある場合において、元本確定期日が根保証契約締結の日から5年を経過する日より後の日と定められているときは、その元本確定期日の定めは無効とされる〔民465の3①〕。また、元本確定期日の定めがない場合には、その元本確定期日は、根保証契約の締結の日から3年を経過する日とされる〔民465の3②〕。ただし、このような元本確定期日の規律は、個人根保証契約全般ではなく、個人貸金等根保証契約に限定される〔民465の3①〕。なぜなら、貸金等根保証契約以外の個人根保証契約の典型である、不動産賃貸人の賃料債務の保証契約についてこの規律を適用すると、最長でも5年以内に元本が確定することとなり、賃貸人は、保証契約の存在を前提として

賃貸借契約を締結したにもかかわらず，5年を超えて賃貸借契約が存続した場合には，保証がないまま不動産を賃貸し続けなければならなくなるからである。次に，元本の確定事由については，債権者が保証人の財産について，*強制執行又は担保権の実行を申し立てたとき，保証人が破産手続開始決定を受けたとき，主たる債務者又は保証人が死亡したとき，のいずれかが挙げられる〔民465の4①〕。更に，次の2つの元本確定事由は，貸金等根保証契約に限定され，個人根保証契約の元本確定事由とはならない。すなわち，債権者が，主たる債務者の財産について，金銭の支払を目的とする債権についての強制執行又は担保権の実行を申し立てたとき，及び，主たる債務者が破産手続開始の決定を受けたときである〔民465の4②〕。なぜなら，例えば，賃貸借契約における賃料債務の根保証の場合には，この2つの事由が生じても，賃貸借契約そのものは存続し，その後に生じる賃料債務を保証人に負担させても不合理ではないからである。このほか，事業に係る債務についての保証契約（「事業のために負担した貸金等債務を主たる債務とする保証契約又は主たる債務の範囲に事業のために負担する貸金等債務が含まれる根保証契約」をいう）において，保証人になろうとする者が個人である場合には，保証人を保護するために，*公正証書'の作成という厳格な手続を義務付ける〔民465の6～465の9〕とともに，主たる債務者の保証人に対する契約締結時における情報提供義務が課されている〔民465の10〕。

5 求償　保証人は他人（主たる債務者）のために弁済するのであるから，保証人が弁済したときには，主たる債務者に対して求償権をもつ。その範囲は，受託保証人か委託なき保証人かで異なる〔民459～465〕。なお，受託保証人は一定の場合には，求償権を確保するため事前求償権をもつ〔民460〕。

6 種類　以上に述べた通常の保証債務のほか，

[表：通常の保証・保証連帯・連帯保証の比較]

	催告・検索の抗弁権	分別の利益	保証人間の求償権
通常の保証	あり	原則として あり〔民456〕	分別の利益あるとき〔民462〕準用
保証連帯	あり	なし	連帯債務の規定〔民442～444〕の準用により，負担部分に応じた額
連帯保証	なし	なし	

*連帯保証'と*共同保証'とがある。これらについては，民法に特別の規定〔民454・456〕がある。

保証書　**1 刑事訴訟法上の保証書**　次の2種のものがある。第1は，*勾留'中の*被告人'が*保釈'される場合に，*保証金'の納付に代えて被告人以外の者が差し出す書面等で〔刑訴94③・98の6③〕，保証金額及びいつでもその保証金を納める旨が記載される〔刑訴規87〕。第2は，一定の事由で*控訴'を申し立てる場合に，*控訴趣意書'に添付して，その事由の十分な証明ができる旨を保証する書面である〔刑訴376②・377・386①②〕。

2 商品売買の保証書　電気製品などの売買に際して，売主が一定期間無料修理などを引き受ける旨を買主に担保する書面も保証書と呼ばれる。

保証条項　*企業買収'において，買収対象会社に*製造物責任'や環境汚染等の偶発債務があることが買収後に判明した場合等に備え，売却者が責任を負う旨等を定めた条項をいう。なお，合弁会社の設立において，*現物出資'等の目的物が所定の価値を有しないことが事後に明らかになった場合に備え，挿入されることもある。

保証人　Ⅰ　*保証債務'を負担する者をいう〔民446〕。債務者が法律又は契約によって保証人を立てる場合には，保証人は能力者で弁済の資力がある者でなければならない〔民450①〕。⇒保証'

Ⅱ　*手形'（*小切手'）上に保証人として*署名'した者。保証人は主たる債務者と同一の責任を負うが，担保した手形(小切手)債務が方式の*瑕疵(かし)'以外の事由で効力を生じない場合でも保証は有効である〔手30～32・77③，小25～27〕。⇒手形(小切手)保証'⇒手形(小切手)当事者'⇒手形行為独立の原則'

保障人(保証人)的地位　⇒作為義務'
保証連帯　⇒共同保証'

保証渡し　*船荷証券'・*倉庫証券'が発行されている場合に，*運送人'又は倉庫業者が保証状を差し入れさせて，これらの証券と引換えでなく，運送品・寄託物を引き渡すこと。保証状により，証券を入手し次第これを運送人等に引き渡すこと及び証券と引換えでない運送品等の引渡しによる一切の結果について責任を負うことを約定し，更に銀行(保証銀行)を*連帯保証'人とするのが一般である。保証渡しにより運送品等の引渡しを受けた者が後に証券を入手できず，運送人等が，*善意'で証券を取得した証券所持人から運送品等の引渡請求を受けた場合，運送人等は保証渡しがあったことをもっ

ほじよきか

て対抗できず、引渡債務の不履行につき損害賠償責任を負い、運送品等の引渡しを受けた者及び保証銀行に対して*求償権'を取得する。保証渡しは*横領罪'を構成せず、また当然には*背任罪'をも成立させない。 ⇨仮渡し'

補助機関 *行政庁'の意思決定を補助し準備する機関。府省の*副大臣'、*大臣政務官'、事務次官・事務官・技官などの職員、委員会事務局の職員など。*地方自治法'は、*地方公共団体の長'の補助機関として、副知事・副市町村長、会計管理者、専門委員等の規定を置いている〔自治 161〜175〕。長は、その補助機関である職員を指揮監督する〔自治 154〕。

補助金 **1 意義** 行政主体が、事業、研究の育成・助成等、公益上の必要に基づき交付する金銭的給付。実際の名称としては、補助金のほか、*補給金'・助成金・奨励金・給付金・交付金・*負担金'等が用いられる。補助金は行政の目的達成のための手法として多様に用いられ方がされており、その交付についてはまま不正が発生することから、その支出の法的規律が問題とされる。補助金の実体法的な規律としては、憲法 89 条のほか、地方自治法 232 条の 2、法の一般原則としての公益原則などがあり、個別法による規律がなされることも少なくないが、現行法上、比較的整備されているのは、補助金の交付及び交付後の当該補助金に係る事業監督に関する手続的な規律である。国が交付する補助金については、*補助金等に係る予算の執行の適正化に関する法律'が制定されており、地方公共団体においては、条例や規則によって、同法に相当する一般的手続規定を設けている例が多い。

2 法的根拠 講学上、個別の補助金の支出について法律(又は条例)の根拠が必要か否かということが議論されるが、現行制度上は、国が交付主体となる場合としては、法律の規定に基づいて支出されるもの(法律補助)と予算の範囲内で行政庁の裁量によって支出されるもの(予算補助)とが併存している。前者の例としては、産業関係では土地改良法(昭和 24 法 195)〔土地改良 126〕・森林法(昭和 26 法 249)〔森林 193・194・196〕・水産資源保護法(昭和 26 法 313)〔水産資源 34〕、社会関係では社会福祉法(昭和 26 法 45)〔社福 58〕・*児童福祉法'〔児童 56 の 2・56 の 4〕・*国民健康保険法'〔国健保 73・74・75〕、文教関係では私立学校法(昭和 24 法 270)〔私学 132〕・私立学校振興助成法(昭和 50 法 61)〔私学助成 4〜11〕・社会教育法(昭和 24 法 207)〔社教 4・35〕・図書館法(昭和 25 法 118)〔図 20〕・文化財保護法(昭和 25 法 214)〔文化財 35・46 の 2・129・146〕等がある。なお、その規定の仕方については、補助を義務付けるものと単に根拠付けるものとがあり、また、補助の限度について規定するものとそうでないものとが存する。

補助金等に係る予算の執行の適正化に関する法律 昭和 30 年法律 179 号。補助金適正化法と略称されることが多い。従来、国の*補助金'等の交付・使用等が統一を欠き、必ずしも適正・妥当ではなかったことに鑑み、補助金行政の適正化を図るために制定された法律。まず、補助金等(補助金・負担金・利子補給金等)の交付までの手続については、交付の申請・決定・条件・交付決定の事情変更による取消し等について準則を定め〔補助金 5〜10〕、次に、交付後の段階については、補助事業者の事業遂行の責任、補助金の他の用途への使用禁止、事業遂行状況の報告、各省各庁の長による補助事業の遂行命令、事業完了時の実績報告、それに基づく補助金額の確定、是正措置等について規定する〔補助金 11〜16〕。更に、補助事業者が補助金を他の用途に使用したり、交付の条件に違反するなど、補助金等の交付の趣旨に沿わない場合には、交付決定の全部又は一部を取り消すことができるものとし、この場合の補助金の返還及び*加算金'・*延滞金'並びにそれらの徴収等について規定している〔補助金 17〜21〕。

補職 *公務員'(*官吏')の身分(官)と職務(職)が区別されている場合において、ある官に任官された者に対し、特定の職に就くよう命ずること。判事の官にある者を某地方裁判所所長の職に補する場合がその例。現行の*国家公務員法'・*地方公務員法'は官と職を区別しないため、裁判官や検察官等に例外としてみられるにすぎない〔裁 47、検察 16、自衛 31 ①〕。 ⇨職(公務員の)'

補助参加 係属中の訴訟の結果について利害関係をもつ当事者以外の第三者が、当事者の一方を補助するためにその訴訟に*参加'すること〔民訴 42〕。従参加ともいう。参加した者を*補助参加人'、補助される当事者を*被参加人'又は主たる当事者という。自ら新たな請求を立ててするものではない点で*当事者参加'と異なる。訴訟の結果により自己の権利又は法律上の地位が害されるおそれがある場合に許される。ただし、*判決の効力'が直接参加人に及ぶ場合(この場合には、*共同訴訟的補助参加'となる)に限られない。補助参加人は、自己の利益を守るために参加して、弁論、証拠の申出等、被参加人を勝訴させるために一切の*訴訟行為'をす

ることができる。ただし、参加当時の訴訟の進行の程度から参加人ができない行為及び被参加人の行為と抵触する行為はできない〔民訴45〕。補助参加人は、当事者として判決の名宛人となることはなく、判決の*既判力'・*執行力'を受けることはないが、被参加人が敗訴した場合には、その参加的効力を受ける〔民訴46〕。また、当事者の側から第三者に対して参加の機会を与える制度として*訴訟告知'〔民訴53①〕がある。 ⇨参加的効力'

補助参加人 当事者の一方を補助するために訴訟に*参加'した当事者以外の第三者。 ⇨補助参加'

補助事実 *証拠方法'の*証拠'としての適格性や、その証拠方法から得られる*証拠資料'の*証明力'に関連する事実。例えば、*文書成立の真正'や*証人'が嘘つきであることなどの事実である。補助事実も証明の対象となるが、判例(最判昭和52・4・15民集31・3・371)は、文書成立の真正についての自白は裁判所を拘束しないとしている。

補助執行 事務の委任・代理と異なり、内部的に*執行機関'の権限を補助・執行させること。通常は、行政機関の事務はその*補助機関'である職員をして補助執行させるが、特に、他の*行政主体'又は他の行政機関の補助機関である職員等をして補助執行させることがある〔自治180の2・180の7〕。

補助準拠法 国際私法上、一般には契約準拠法の適用範囲とされる問題であっても、その性質上、*準拠法'以外の法を適用することが妥当な問題について、当事者による反対の意思表示のない限り、適用される法。これに属するものとして、取引日、取引時間、支払貨幣の種類など、履行の態様に関する問題に適用される履行地法、貨幣に関する問題に適用される貨幣の準拠法(⇨金銭債権')、及び契約の解釈に関する言語所属国法が挙げられる。もっとも、以上は契約準拠法単一の原則の下での議論であり、分割指定が認められる考え方からは、それぞれ別の*単位法律関係'となると説明される。また、一部は公法上の問題との説明も可能とされる。

補助商 財貨の転換を橋渡しするのが経済上の商(固有の商)であるが、これと密接な関係をもつ補助的な営利行為を補助商という。固有の商を補助する*仲立'、*取次'、*代理'(⇨代理商')、その実行を補助する運送(⇨運送営業)、銀行取引(⇨銀行')等がこれに属する。歴史的にみて、補助商は、経済の発達に従い独立の業務として成立したもので、営業としてなされるとき商法の規律の対象とされてきた。

補助証拠 *実質証拠'の*証明力'に影響を及ぼす事実(補助事実)を立証するための証拠。補助証拠は、証拠の証明力を弱める*弾劾証拠'、これを強める増強証拠、一旦弱められた証明力を回復する回復証拠に分けられる。

補助的商行為 *基本的商行為'から導かれた*商人'の概念を前提として、その商人の*営業'のために行われることによって*商行為'となる行為。*附属的商行為'〔商503①〕がこれに当たる。基本的商行為に対する概念。

補助人 *被補助人'の保護者〔民15①・16〕。補助人の同意を得ることを要する旨の審判を受けた行為について同意を与え、同意又はそれに代わる許可を得る行為について取り消すことができる。補助人は*同意'権・*代理'権をもちうるが、その対象は特定の行為に限られ、*家庭裁判所'の*審判'によって定められる〔民17①・876の9①〕。本人以外の者の請求により、補助開始の審判、同意を要する行為を定める審判、代理権付与の審判を行う場合には、本人の同意が必要とされている〔民15②・17②・876の9②〕。補助人の制度は、軽度の精神上の障害をもつ者の自己決定をできるだけ尊重しかつ特に高度の事理弁識能力を要する特定の行為につき保護を図ろうとするものである。 ⇨成年後見'

ポスト・ノーティス *不当労働行為'の*救済命令'において、*使用者'に対し、命令の趣旨を表示する文書の掲示を命じることを、ポスト・ノーティスを命じるという。通知文書(notice)を掲示する(post)ことで内容を知らせる意味である。*支配介入'の不当労働行為につき*不作為命令'を発するときに、多く併せ発せられるが、こうした場合に限られず、不利益取扱いや*団体交渉'拒否について救済命令を発する際にも用いられる。ポスト・ノーティスに代えて同趣旨の文書を申立人(労働組合又は労働者)に交付することを命じることもある。一定の不当労働行為を行ったことを「反省する」等の内容の文書の掲示が命じられることもあり、使用者の*思想及び良心の自由'〔憲19〕との関係が問題となりうるが、判例(最判平成2・3・6労判584・38〈亮正会高津中央病院事件〉)は同様の行為を今後繰り返さないとの趣旨のものであるとして、違憲ではないと判断している。

補 正 Ⅰ 行政法においては、*行政庁'が行う*瑕疵(か)ある行政行為'の補正及び私人の*申請行為'・*審査請求'等の欠陥を補うために行う補正がある。許認可等を求める申請行為

が，申請書の記載事項の不備や添付書類の不備等，形式上の要件に適合しない申請である場合には，行政庁は速やかに申請者に対して相当の期間を定めて当該申請の補正を求めるか，又は拒否処分を行わなければならない〔行手7〕。また，*行政不服審査法'上，審査請求書に不備がある場合には，審査庁は相当の期間を定め，補正を命じなければならない〔行審23〕。

Ⅱ　*特許庁'への手続が不適法であったり出願書類に実体法上の不備や誤記があったりした場合に，当該手続をした者がその補充や修正を行うこと〔特許17～17の5，新案2の2，意匠68②，商標77②〕。方式上の補正と実体法上の補正があり，また，出願人が自発的になす場合と特許庁長官の命令によってなす場合がある。出願書類は最初から完全なものであることが望ましいが，*先願主義'の下では早期の出願が求められるため，当初から完全な書類を整えることが難しい場合も多い。そこで，補正によって事後的に瑕疵を治癒する機会を認めたものである。補正には遡及効があり，適法な補正が行われた場合には手続の初めから補正されていたものとみなされる。いずれの補正も，あくまでも方式上又は実体法上の軽微な瑕疵(↑)を治癒するために認められるものであり，それを超えた重大な瑕疵を含む手続の補正は認められず却下される〔特許18の2〕。また，補正は，願書に最初に添付した明細書，*特許請求の範囲'，図面に記載した事項の範囲内でのみ認められ，新規事項を追加することは認められない。なお，補正は事件が特許庁に係属している間に限りすることができ，*特許権'成立後は訂正（訂正審判請求〔特許126〕）又は特許*無効審判'手続における訂正請求〔特許134の2〕による。訂正は第三者に対する影響が大きいことから，訂正することができる範囲は補正の場合より限定されている〔特許126～128〕。

補正命令　⇨訴状審査権'

補正予算　1意義　*本予算'（当初予算）に対して追加や変更を加えるために作成される予算案又は議会の議決を経た予算を指す。*会計年度'の途中で必要な経費が不足したり，修正が必要となったりすることは，実際問題としてしばしば起こる。一方，憲法は，毎会計年度の予算が国会の審議・議決を要することを定める〔憲86〕が，これは予算議決を毎会計年度1回に限定する趣旨まで含むものではないと解される。そこで*財政法'は，会計年度中に本予算の補正ができることを認めている〔財29〕が，地方公共団体の場合も同じ制度が定められている〔自治218①〕。

2 手続・内容・効果　補正予算も，原案の作成から国会の議決に至るまで，本予算と同じ手続を経て成立する〔財29柱〕。内容によって，法律上又は契約上国の義務に属する経費の不足を補うといった必要に基づく*追加予算'〔財29①〕と，追加以外の変更を行うための*修正予算'〔財29②〕とに分けられる。補正予算の語は，かつて法令上の用語でなく，単に追加予算・修正予算の両者を含む一般的な通称にすぎなかったが，昭和37年の第3次財政法改正（法108）によって法令用語となり，今日に至っている。補正予算が成立すると，本予算中の追加又は修正された部分のみを変更する効果が認められ，*暫定予算'のようにそれ自体が本予算から独立して執行されるわけではない。　⇨予算'

補　箋　*手形'・*小切手'自体に結合された紙片。手形・小切手に余白がなくなったときも*手形（小切手）行為'をなしうるようにするため，法は補箋に*裏書'・*手形（小切手）保証'をすること，及び*不可抗力'による*呈示期間'又は*拒絶証書'作成期間の延長の通知を記載することを認める〔手13①・31①・54②・77①②④③，小16①・26①・47②〕。　⇨附箋'

保全異議　*保全命令'に対する債務者の不服申立方法の1つ〔民保26～36〕。保全すべき権利及び保全の必要性があるかどうかを再度審理することを求めるもの。

保全仮登記　⇨処分禁止の仮処分'

保全管理人　*破産'，*民事再生'，*会社更生手続'及び*外国倒産処理手続の承認援助'手続において，手続開始前の段階で債務者財産を包括的に管理する必要がある場合に，手続開始の申立てについて決定があるまでの間，保全管理命令に基づいて暫定的に設置される機関。その地位や権限等は管財人のそれに準じ，あたかも*破産管財人'，*再生管財人'，*更生管財人'又は承認管財人が前倒し的に選任されたかのように規律されるが，その暫定的な性格から，債務者の常務に属しない行為をするには裁判所の許可が必要となる〔破93・96，民再81・83，会更32・34，外国倒産53・55〕。選任の具体的な要件は各手続で異なる〔破91，民再79，会更30，外国倒産51〕。

保全抗告　*保全異議'〔民保26～36〕又は保全取消し〔民保37～40〕の申立てについての裁判に対する不服申立方法〔民保41・42〕。

保全執行　民事保全の手続のうち，*保全命令'の内容を強制的に実現する手続をいい，申立てにより，裁判所又は*執行官'が行う

〔民保2②〕。保全執行は，保全命令の正本に基づいて実施される〔民執43①〕が，債権者に対して保全命令が送達された日から2週間を経過したときは許されなくなる〔民執43②〕。

保全処分 狭義では，*執行保全手続'である*仮差押え'と*仮処分'を指し，広義ではいわゆる特殊保全処分を含む。狭義の保全処分は，'民事保全法'の施行により同法では'民事保全'と称することとされ，民事訴訟による権利の確定までに生じうる一定の不都合を防止するための制度である。特殊保全処分は，民事訴訟以外の民事手続に付随して，手続のある段階までに生じうる一定の不都合を防止するための制度であり，例えば，家事事件手続上の保全処分〔家事105以下・157・158・200②等〕，*民事執行'手続上の保全処分〔民執55・68の2・77・187等〕，倒産手続上の保全処分〔破28・171・177，民再30・134の4・142，会社540，会更28・99等〕がある。

保全取消し ⇨仮差押え'・*起訴命令'
保全命令 *民事保全'の命令をいい，申立てにより，裁判所が行う〔民保2①〕。種類として，仮差押命令〔民保20〜22〕（⇨仮差押え'）と*仮処分'命令〔民保23〜25〕とがある。

補則 ⇨総則・通則・雑則・補則・罰則'（巻末・基本法令用語）

補足意見 ⇨個別意見'
補足金付交換 ⇨交換'

保存行為 管理行為の一種で，家屋を修繕したり，債権の*消滅時効'を更新（⇨時効の更新'）するなど，財産の価値を現状において維持するための行為。財産全体としての価値の維持を目的とする行為であるから，例えば，腐敗しやすい物を売却することなども含まれる。 ⇨管理行為'

保存登記 1 意義 *不動産'に関する権利を保存する*登記'〔不登3〕。具体的には，権利部の登記がされていない不動産についての所有権の保存の登記及び先取（さき）特権の保存の登記〔不登74・75，民337〜340。なお不登85〜87〕がある。単に保存登記というときは，所有権保存登記を指すことが多い。
2 所有権保存登記 建物を新築した場合などに，不動産について初めて行う所有権の登記を所有権保存登記という〔不登74〜76〕。所有権移転登記とともに，所有権に関する登記の一種である。所有権保存登記の申請は，表題部所有者が単独ですることができる〔不登74①Ⅰ〕。 ⇨不動産登記'

保存費 物又は財産の滅失損壊を防ぐための費用。家屋の修繕費など。他人の物又は財産について保存費を支出した者は，*必要費'として支出額の償還を請求できる〔民196①〕。また，保存費については*共益費'として*先取（さき）特権'が認められる〔民307・320・326〕。

母体保護法 昭和23年法律156号。優生保護法が平成8年に改正（法105）されたもの。母性の生命健康を保護することを目的とし〔母体保護1〕，*不妊手術'〔母体保護3〕，母性保護のための*人工妊娠中絶'〔母体保護14〕，受胎調節の実地指導〔母体保護15〕について定めるほか，不妊手術・人工妊娠中絶を行った医師の手術結果に関する届出義務〔母体保護25〕等を規定する。

逋脱（ほだつ）犯 ⇨脱税犯'

北海大陸棚事件 北海の*大陸棚'について，西ドイツ（当時）とデンマーク，オランダの各々の間で境界画定が争われ，1967年2月20日に3国が*国際司法裁判所'に合意提訴した事件。国際司法裁判所は，大陸棚の境界画定に適用される国際法原則について，大陸棚に関する条約6条にいう等距離原則は*国際慣習法'として成立してはおらず，領土の自然な延長をなす大陸棚を，衡平の原則に従い合意により境界画定すべきであると判示した（ICJ判1969・2・20 Reports 1969・4）。

発起設立 1 意義 *株式会社'の設立の一形態であり，会社が設立に際して発行する株式（設立時発行株式）の全部を*発起人'が引き受け〔会社25①Ⅰ〕，他に株主を募集しない点に特色がある。実務における株式会社の設立の多くは発起設立の形態による。 ⇨募集設立'
2 手続 発起人はまず法人の根本規範である*定款'を作成し，全員がこれに*署名'又は*記名押印'した後〔会社26①〕，*公証人'の*認証'を受ける〔会社30①〕。定款に定めがなければ設立時発行株式に関する事項を発起人全員の同意により決定する〔会社32〕。定款に*変態設立事項'を定めたときは，*検査役'の調査を省略できる場合を除き，裁判所に検査役の選任を申し立て〔会社33①②〕，検査役は必要な調査を行い検査役調査報告書を裁判所及び発起人に提出する。裁判所は当該変態設立事項を不当と認めたときは，それを変更する決定をし，それにより*定款変更'の効力が生じる〔会社30②〕。各発起人は設立時発行株式1株以上を引き受けなければならない〔会社25②・32①〕。発起人は引受け後，遅滞なく出資の全部につき払込み・給付をなすが，金銭の払込みは発起人が定めた*払込取扱機関'でなされねばならない〔会社34〕。募集設立の場合と異なり，払込取扱機関が*払込金保管証明'を行う必要はない〔会社64①参照〕。会社

ほっきにん

法は、設立時の資本確定の原則を修正し、出資の履行をしていない発起人の*失権手続*を定めた〔会社36〕。*原始定款*に設立時取締役の定めがない場合には、出資を履行した発起人は、設立時取締役〔会社38①〕、その他の必要な機関の設立時の構成員を選任し〔会社38②〕、機関が具備される。設立時取締役・監査役は、設立手続の調査を行う〔会社46〕。本店の所在地における設立の*登記*〔会社911〕により法人格を取得し、会社が成立する〔会社49〕。

発起人 **1 意義** 設立時取締役の職務以外の*株式会社*設立に関する事項一般について、*設立中の会社*及び*発起人組合*を代表し、又は具体的職務を執行する者。株式引受人や設立後の会社の取引相手に不測の損害を与えないため、株式会社の企画者として*定款*に*署名*した者と形式的に定義するのが通説・判例（大判昭和7・6・29民集11・1257）である。

2 員数・資格 平成2年商法改正（法64）前は、発起人は7人以上であることを要したが、同改正により1人でもよいことになった。*同族会社*や*従属会社*の設立の便宜を図る趣旨である。*制限能力者*や*法人*も発起人になることができる。発起人が複数存在する場合には、会社の設立という共同事業を目的とする民法上の*組合*である発起人組合が組成される。

3 任務 株式会社設立の企画者として、一方で自ら株式を引き受け株主になるとともに、他方で設立事務を執行し会社を設立する責務を負う。設立中の会社の原始的構成員であるとともにその執行機関としての性格を有する。発起人はまず法人の根本規範である定款を作成し、全員がこれに署名又は*記名押印*した後〔会社26①〕、*公証人*の*認証*を受ける〔会社30①〕。*発起設立*では設立時発行株式の全部を発起人が引き受けるとともに〔会社25①Ⅰ〕、各発起人は1株以上引き受けなければならない〔会社25②・32①〕。引受後出資の払込み・給付をなし、*原始定款*に設立時取締役の定めがない場合には、出資を履行した発起人は、設立時取締役〔会社38①〕、その他の必要な機関の設立時構成員を選任する〔会社38②〕。定款に*変態設立事項*を定めたときは、裁判所に*検査役*の選任を申し立てる〔会社33①②〕。現物出資・財産引受けの場合に加え、発起人が設立事務に関し不当な利益を得ることがないよう、発起人が特別利益や報酬を受ける場合には変態設立事項として定款に記載し検査役の調査を受けることを要する〔会社28③〕。募集設立における発起人も、株式を1株以上引き受け、残りにつき引き受ける者を募集しなければならない〔会社25①②②〕。設立時募集株式の引受けの申込者に対し割当てを行い、払込期日・期間の末日以後遅滞なく*創立総会*を招集し〔会社65①・67〕、会社の設立に関する事項を報告する〔会社87①〕。その他、*株主名簿管理人*の決定等を行う。権限の範囲については、*会社の設立*を目的とする行為に限るとする説、それに会社の設立に必要な行為も含むとする説、更に*開業準備行為*まで含まれるとする説等に分かれるが、権限の範囲内の行為により発起人が取得した権利義務は会社の成立と同時に会社に帰属する。

4 責任 発起人は、会社不成立の場合には、設立に関してした行為につき連帯の*無過失責任*を負う〔会社56〕。会社成立の場合には、出資された財産等の価額が著しく不足した場合、発起人は設立時取締役と連帯して不足額を支払う責任（⇒財産価額塡補責任）を負う〔会社52①〕。検査役の調査を経た場合、又は注意を怠らなかったことを立証した場合には、*現物出資者又は当該財産の譲渡人である場合を除きこの責任は免責される〔会社52②〕。もっとも、*募集設立*の場合は、職務を行うについて注意を怠らなかったことの証明が許されず、無過失の財産価額塡補責任を負う〔会社103①〕。任務を怠った発起人は、会社に対し損害賠償責任を負い〔会社53①〕、職務執行につき*悪意*・*重過失*があれば、*第三者*に対しても責任を負わねばならない〔会社53②〕。会社法により、出資が行われない株式については失権させることとし、引受・払込担保責任は廃止された。しかし、平成26年改正（法90）会社法により、出資の履行を仮装した場合の規律が新設され、仮装した発起人の無過失の支払責任と、発起人による*仮装払込み*又は設立時募集株式の仮装払込みに関与した発起人の立証責任の転換された支払責任が課された〔会社52の2・103②〕。会社に対する責任は総株主の同意がない限り免除されず〔会社55・103③〕、代表訴訟による責任追及が認められる〔会社847〕。単に定款に署名しただけで設立事務に全く関与しない者の発起人の責任を免れない一方、発起人ではないが募集の広告その他募集に関する書面等に自己の氏名又は名称及び会社の設立を賛助する旨を記載・記録することに承諾した者は発起人とみなされ、発起人の責任に係る規定が適用される〔会社103④〕。

発起人組合 *会社の設立*を目的として*発起人*相互間に締結される組合契約であり、設立中の会社とは別個に存在する。発起人は、設立中の会社の機関として*定款*の作成、株式

の引受け，設立事務の執行を行うが，これらは同時に発起人組合契約の履行行為でもある。各組合員は，発起人組合が負担した債務につき原則として損失分担の割合又は等しい割合で責任を負うが〔民675②〕，特段の規定〔会社56，商511①等〕により*連帯責任'を負わされることもある。発起人が権限内で行った対外的行為は，会社が成立した後は当然にその権利義務は会社に帰属するものと解されている。

没 取 物又は金銭の所有権を国が奪い*国庫'に帰属させる処分。*没収'との混同を避けるためにボットリと読むこともある。没収が刑罰の一種であるのに対して，没取は*保安処分'(*少年法'の場合)又は刑事罰以外の財産的制裁としての性格をもつ。1 少年法上，家庭裁判所は刑罰法規に触れる行為を組成した物などを没取することができる。対象となる物の要件は刑法の没収とほぼ同じである〔少24の2〕。
2 刑事訴訟法では，裁判所が*保釈'を取り消す際に*保釈保証金'の全部又は一部を没取することがある〔刑訴96②③〕。
3 *独占禁止法'では，*公正取引委員会'による違反行為の差止めなどの*審決'が確定した場合，審決の執行を免れるために被審人が供託していた保証金を裁判所が没取することができる〔独禁70の5②〕。
4 その他，入管法上の保証金の没取〔入管13⑤・44の4⑤・52の4④〕や，不正な手段で交付を受けた旅券などの外務大臣による没取〔旅券25〕の制度がある。

没 収 **1 意義** 犯罪に関係のある物について原所有者の所有権を剝奪して*国庫'に帰属させる刑罰。付加刑であって，主刑に付随してのみ言い渡すことができる〔刑9〕(⇒主刑・付加刑')。刑法で没収の対象となるのは，犯罪行為を組成した物，犯罪行為に供し又は供しようとした物，犯罪行為から生じ又は得た物，犯罪行為の報酬として得た物，以上の対価として得た物である〔刑19①〕。没収は，これらの物が犯人以外の者に属さない場合に限られるが，犯罪の後犯人以外の者が情を知ってその物を取得した場合には，犯人以外の者から没収できる〔刑19②〕。ただし，特別法では，第三者の所有物であっても，犯人が占有するときは没収される場合がある〔覚醒剤41の8等〕(⇒第三者没収')。没収には，必要的な場合〔刑197の5等〕と任意的な場合とがある。没収が不可能な場合は，その価額の追徴が言い渡されることがある〔刑19の2〕。没収は，現行法上刑罰であるが，社会にとって有害な物を除去するという*保安処分'的性格も有しているとされている。

2 新しい没収制度 従来の没収の対象は有体物に限定され，犯罪後に生じた物(例えば，犯罪で得た金銭を銀行に預けて得た利子)を没収することもできなかった。「麻薬及び向精神薬の不正取引の防止に関する国際連合条約」(平成4条6)に基づいて平成3年に制定された*麻薬特例法'は，薬物犯罪から生じた収益について，没収の対象を有体物以外の財産及び薬物犯罪収益に由来する財産にまで拡大した〔麻薬特11・12〕。続いて，平成11年に制定された*組織的な犯罪の処罰及び犯罪収益の規制等に関する法律'は，より広い範囲の犯罪について，没収の対象を，不動産・動産・金銭債権である犯罪収益等に拡大し〔組織犯罪13～15〕，更に，暗号資産等の没収を可能にするため，令和4年の同法改正(法97)によって，不動産・動産・金銭債権以外の財産も没収対象とされた。同法は，没収保全手続も整備している〔組織犯罪22～41〕。

ポッセッシオー possessio *ローマ法'上の占有のこと。ローマ法は，所有権そのものの保護の体系とは別に，所有者であるか否かを問わず事実的支配，つまりポッセッシオーがあることを理由として保護しその侵害を排除できるという体系をとっていた。外形に現れた事実的支配を通じて本権を把握するというゲルマン法の*ゲヴェーレ'の体系とは対照的であるとされる。中世以後，ローマ法のポッセッシオー訴訟は普通占有訴訟(possessorium ordinarium)として発展し，教会法において侵奪の訴(actio spolii)として成形され，本権保護的な性格を強めたとされる。通常，法上保護される占有は，単に占有(possessio)又は市民的占有(possessio civilis)，近世では，*占有訴権付きの占有(possessio ad interdictum)と呼ばれ，これに反して保護されない事実的支配は，自然的占有(possessio naturalis)又は所持(detentio)などと呼ばれたとされる。近時この問題について，「(土地上の)端的な占有」と，「(もっと実力支配から遠い)占有」を区別し，前者が，ローマ法上の自然的占有に，後者は，ローマにおいて所有権(dominium)が生まれた際に，所有権者が「端的な占有」に手を触れずに，あたかも占有しているかのように擬制するために案出された法的概念である市民的占有とされ，この2つの占有の効果として，前者が奪われたばかりのものを直ちに取り戻すための占有訴訟を基礎付けるのに対して，後者は債務者の破産時の債権者としての優先弁済権を基礎付けるものとされる，という見方も提唱されている。

ぽつだむき

ポツダム緊急勅令　昭和20年9月20日に*明治憲法'下の*緊急勅令'〔明憲8〕として発せられた「『ポツダム』宣言ノ受諾ニ伴ヒ発スル命令ニ関スル件」（勅542）のことで，ポツダム緊急勅令は通称。被占領下にあって，連合国最高司令官の発する要求事項の実施につき特に必要ある場合には，事が法律事項といえども，政府が命令で所要事項を定め，必要な罰則を設けることができる旨定めていた。広範な立法の委任（⇨法律の委任'）を認めた一種の*授権法'で，現行憲法施行後も占領下においては超憲法的効力を有するものとされたが，講和条約（⇨平和条約'）の発効に伴い制定された「ポツダム宣言の受諾に伴い発する命令に関する件の廃止に関する法律」（昭和27法81）により廃止された。

ポツダム政令　⇨ポツダム命令'

ポツダム宣言　日本に*無条件降伏'を要求した1945年7月26日のアメリカ，イギリス，中華民国の共同宣言。日本が同年8月14日にこれを正式に受諾（詔勅発布）することによって降伏して以来，この宣言は連合国の日本占領管理の最高規範となった。米英ソ3国によるポツダム会議（1945・7・17〜8・1）において採択されたもので，後に中華民国の同意を得，ソ連は8月8日の対日参戦とともに加わった。宣言は全13項から成り，日本軍国主義の除去，戦争能力破壊と新秩序建設が確証されるまでの日本占領，*カイロ宣言'の履行と領土の制限，軍隊の武装解除と軍人の家庭復帰，*戦争犯罪'人の処罰と民主主義の強化及び*基本的人権'の尊重，賠償と経済問題，これらの諸目的達成と占領軍撤収などを規定している。

ポツダム勅令　⇨ポツダム命令'

ポツダム命令　*ポツダム緊急勅令'に基づいて発せられた一群の命令の総称。同日（昭和20・9・20）制定の「『ポツダム』宣言ノ受諾ニ伴ヒ発スル命令ニ関スル件ノ施行ニ関スル件」（勅543）によれば，命令の形式は*勅令・閣令・*省令'の3種とされ，日本国憲法施行により，*政令・総理府令・法務府令と省令の形式に変更された。筆頭のものをそれぞれポツダム勅令・ポツダム政令といい，前者の例としては「公職に関する就職禁止，退職等に関する命令」（昭和22勅1）（⇨公職追放'）や*物価統制令'などが，後者の例としては*団体等規正令'・占領目的阻害行為処罰令（昭和25政325）などがある。*日本国との平和条約'の発効に伴い，ポツダム命令の多くはポツダム緊急勅令とともに，又は暫定措置として180日間限りで廃止されたが，新たに法律に切り替えられたものもある。

ホッブズ　Hobbes, Thomas（1588〜1679）イギリスの哲学者。「自然状態」において，平等な孤立した利己主義者たちが「万人の万人に対する闘争」を展開していたが，理性に目覚め，*自然法'に従って契約を結び，「リヴァイアサン」という旧約聖書の巨獣に例えられる国家を設立するという説を唱えた。権力の分散は内戦の原因となるとして，権力の集中による絶対主義国家を構想し，専制主義の擁護者と評価されてきた。しかし，平等な人民の合意による権力の設立という*民主主義'思想，生命を脅かされた場合には個人は服従義務を負わないという*抵抗権'的思想など，近代民主主義の思想的先駆者とされることもある。*コモン・ロー'の判例法主義の批判者にして制定法主義者でもある。主著は「市民論」（1642），「リヴァイアサン」（1651），「哲学者と法学徒との対話」（1681）。

北方ジャーナル事件　*名誉'毀損に当たる記事を掲載しようとした雑誌に対し，裁判所の*仮処分'による事前差止めの合法性が認められた事件。問題となったのは，北海道知事選挙に立候補を予定していた元旭川市長に関する雑誌「北方ジャーナル」の記事であり，その印刷・販売の禁止等を内容とする仮処分命令に対する国家賠償請求訴訟において最高裁判所は，裁判所の仮処分による事前差止めは*検閲'には当たらないが，*事前抑制'として「厳格かつ明確な要件のもとにおいてのみ許容されうる」とし，差止めを認める要件として，「その表現内容が真実でなく，又はそれが専ら公益を図る目的のものでないことが明白であって，かつ，被害者が重大にして著しく回復困難な損害を被る虞（おそれ）があるとき」を挙げている（最大判昭和61・6・11民集40・4・872）。また，仮処分による事前差止めにあたっては，原則として*口頭弁論'又は出版者側の*審尋'を行うべきであるが，差止め申請者側の提出資料だけで上記要件が認められるときは例外としている。

北方領土　広義では千島列島と南樺太（からふと）を指すが，通常は，第二次大戦末期以降，ソ連（ロシア）が占拠してきた国後（くなしり）・択捉（えとろふ）・歯舞（はぼまい）・色丹（しこたん）の4島を指し，この4島の帰属の問題は日ソ（ロ）間での最大の外交問題となってきた。1855年の日露通好条約では，択捉島とウルップ島の間に日本とロシアの国境が定められ，4島は日本領とされ，1875年の千島樺太交換条約（明治8太告164）では，樺太はロシア領，千島は全て日本領とされ，1905年，日露戦争後のポーツマス条約によって，南樺太は日本に割譲された。1945年の*ヤルタ協定'で

は，南樺太と千島列島のソ連への引渡しが密約され，同年の*ポツダム宣言'では，日本国の主権は，本州・北海道・九州・四国とアメリカ，イギリス，中華民国の決定する諸小島に局限されることとなった〔ポ宣⑧〕。1951年の*日本国との平和条約'では，南樺太とともに千島列島に対する全ての権利，権原及び請求権を日本は放棄すると規定した〔平和条約2（c）〕が，千島列島の具体的範囲が不明確であることに加え，放棄した領域の帰属先については規定されず，更に，ソ連が平和条約への署名を拒否し，問題は一層複雑化した。1956年の*日ソ共同宣言'では，ソ連は歯舞・色丹の日本への引渡しに同意し，ただし現実の引渡しは，日ソ間の平和条約が締結された後と規定された〔日ソ共同宣言⑨〕。1972年に日本は北方領土問題の*国際司法裁判所'への付託を提案したが，ソ連はこれを拒否した。日本側は，4島は日本固有の領土であるとしてソ連に返還を要求し，ソ連側は長年，領土問題は存在しないとの態度をとってきたが，ゴルバチョフ政権下で変化の兆しが現れ，1991年4月の日ソ共同声明では，4島の名が両国間の合意で初めて列挙された。1993年10月の日ロ東京宣言では，4島の帰属に関する問題を，歴史的・法的事実に立脚し，両国の間で合意の上作成された諸文書及び法と正義の原則を基礎として解決することにより平和条約を早期に締結するよう交渉を継続することが合意された。2001年3月の日ロイルクーツク声明では，日ソ共同宣言が交渉プロセスの出発点を設定した基本的な法的文書であることを確認した上で，東京宣言に基づき，4島の帰属の問題を解決することにより，平和条約を締結すべきことを再確認した。2016年12月の日露首脳会談以降，北方領土での共同経済活動を通じての問題の解決が模索された。2022年のロシアによるウクライナ侵略により北方領土交渉は中断された。

穂積陳重（1855〜1926）　現行民法典の起草者の1人。東京大学法理学講座の創設者。明治9年（1876）から明治14年までイギリス，ドイツに留学。明治15年東京大学教授となった。後に，枢密院議長。民法の解説書は残していないが，「法典論」（明治23）がある。その学風は，イギリス経験主義の影響を受けたものであった。主著「法律進化論」（全3冊，大正13〜昭和2）のほか，「法窓夜話」（大正5）などの随筆も著名。民法学者で家族法の権威であった穂積重遠（1883〜1951）は長男。

穂積八束（1860〜1912）　*大日本帝国憲法'下の保守的な憲法・行政法学者。*穂積陳重'の弟。ドイツに留学（1884〜88）し，*ラーバント'に国法学を学び，帰国後東京帝国大学教授。国体・政体二分論に立って，神権主義的*天皇主権'説に基づく憲法解釈を展開，弟子の上杉慎吉（1878〜1929）とともに*美濃部達吉'らの*天皇機関説'に対抗した。忠孝一本の道徳を説いて，フランス流の*旧民法'に対しては「民法出（ヽ）デテ忠孝亡（ほろ）ブ」と論難したほか，「貴族院ニ普選法案入ルベカラズ」と主張して議会の民主化を押しとどめようとした。主著として，「憲法大意」「行政法大意」（いずれも明治29），「憲法提要（上下）」（明治43）がある。

ポティエ　Pothier, Robert-Joseph（1699〜1772）　18世紀フランスを代表する法律家。フランス各地の*慣習法'を統一的原理によって理解しようと努めた。その著書は，*フランス民法'典の編纂（さん）に大きな影響を与えた。

補導委託　*家庭裁判所'が，少年の*保護処分'を決定するために必要があると認めるとき，家庭裁判所調査官の*試験観察'と併せて，適当な施設，団体又は個人に少年の補導を委託する措置〔少25②③〕。少年をそれまでの住居に居住させながら学校長，*保護司'，児童委員などに補導を委託する場合と，少年の住居を施設，団体又は個人の下に移動させ，補導を委託された者と起居をともにさせながら補導を行うことを委託する場合とがある。補導委託としては，後者が一般的である。

補導処分　⇨売春防止法'　⇨婦人補導院'

輔弼（ひつ）　*明治憲法'下の*大臣助言制'に関する用語で，国務各大臣が天皇の国務に関する*大権'行使につき助言することをいう〔明憲55①〕。ただし，明治憲法の文言上はそうであったが，実際には*内閣官制'に基づき，各大臣ではなく*内閣'が輔弼し，その責任も内閣が負った。現行憲法の定める*国事に関する行為'に対する内閣の*助言と承認'とは，天皇の権能に格段の差があるので〔憲4〕，同日には論じられない。その他の輔弼機関として，皇室の事務に関して宮内大臣〔宮内省官制（大正10皇室令7）1〕，皇室の事務と国の事務の双方にわたり，側近に侍して意見を奉る内大臣〔内大臣府官制（明治40皇室令4）2〕があった。なお，統帥に関する事務の輔弼は，慣習法的に国務大臣たる陸海軍大臣ではなく，陸軍参謀総長及び海軍軍令部長に委ねられていた（⇨統帥権'）。

ホーフェルド　Hohfeld, Wesley N.（1879〜1918）　アメリカの法理論家。エール大学で教えた。「基本的な法的諸観念」という有名な

ほふまんし

論文において，あらゆる法的関係を2当事者間の権利＝請求権(right)，無権利(no right)，義務(duty)，義務の不存在としての自由＝特権(privilege)，権能(power)，無権能(disability)，負担(liability)，免除(immunity)という8つの基本的概念に還元して分析しようとした。このシステムはアメリカ法*リステイトメントの中に取り入れられて，英米の法学に巨大な影響を与えた。

ホフマン式計算法　*中間利息'を控除するのに用いられる計算方法の一種。弁済期未到来の無利息債権の現在の価額の算定に関し，破産債権額の算定〔破99①②〕について用いられるほか，判例上，*ライプニッツ式計算法'と並んで生命侵害による*逸失利益'の算定に用いられている。判例は，1年ごとに中間利息を控除する方法をとっており(最判昭和37・12・14民集16・12・2368)，これは，*法定利率'による単純計算に年数を掛ける方法による単式ホフマン式計算法に対して複式ホフマン式計算法と呼ばれる。この方法によると，年収をa，弁済期限までの年数をn，利率をiとすれば，債権額$P=a/(1+i)+a/(1+2i)+……+a/(1+ni)$となる。nが大きくなると賠償額が過大になりすぎ不合理な結果をもたらすことがあるので，その場合にはライプニッツ式計算法を用いるのが適切だと考えられており，下級審裁判例ではライプニッツ式によるものが多い。

ポポロ劇団事件　**1 事件の概要**　昭和27年2月20日，東京大学の大教室における学生劇団ポポロの演劇発表会に立ち入っていた私服警官を発見した学生が，同警官をこづいて警察手帳を取り上げたところ，学生2名が*暴力行為等処罰ニ関スル法律'(昭和39法114改正前の)1条1項該当で起訴された事件。
2 裁判所の判断　第一審・第二審はいずれも，警官の本件集会立入りには*大学の自治'を侵した違法があるとし，無罪を判決していた(東京地判昭和29・5・11判時26・3，東京高判昭和31・5・8高刑9・5・425)が，最高裁判所大法廷判決は，横田喜三郎長官以下13(うち補足意見6・意見1)対0で，本件集会は「実社会の政治的社会的活動であり，かつ公開の集会またはこれに準じるものであって，大学の学問の自由と自治は，これを享有しない」として，破棄差戻しを行った(最大判昭和38・5・22刑集17・4・370)。差戻し後の第一審は，改めて本件警官の無断立入りが学内における集会の自由を侵したと判示しながらも，学生2名の実力行使は有罪を免れないとして，それぞれに懲役6月と4月を言い渡した(執行猶予2年)(東京地判昭和40・6・26下刑7・6・1275)。第二審において更に破棄差戻判決の拘束力の範囲が争われたが，結局，控訴棄却に終わった(東京高判昭和41・9・14高刑19・6・656)。上告審は上告を棄却した(最判昭和48・3・22刑集27・2・167)。
3 問題点　本件の現実に即すれば，差戻し前の第一審・第二審が判示していた通り，当時恒常的に大学構内において行われていた公安警備警察の情報収集活動が*学問の自由・大学の自治を侵さないかが問題であったが，最高裁判所判決は，学問の自由・大学の自治の内在的限界を強調し，学生の学内活動が実社会の政治活動に当たる場合には自治の保障を受けないとしたため，政治警察と大学との関係が明確にされずに終わった。憲法学者の多くがこの点を指摘している。なお，本件の類例に，昭和27年5月の愛知大学事件(名古屋高判昭和45・8・25刑月2・8・789)及び昭和34年の大阪学芸大学事件(大阪高判昭和41・5・19時判457・14)がある。

ホームズ　Holmes, Oliver Wendell(1841～1935)　アメリカの裁判官・法思想家。ハーバード大学教授を経て，1902～32年合衆国最高裁判所判事。しばしば労働保護立法などを支持する少数意見を書き，「偉大な反対者」と呼ばれた。体系的な思想家ではないが*プラグマティズム法学'の代表者で「法の生命は論理でなく経験である」と法的経験主義を説き，「法とは裁判所がなすであろうことである」という法の「予言」理論は*リアリズム法学'に影響を与えた。*言論の自由'の限界について，1919年の判決理由で*明白かつ現在の危険'という準則を創唱した(Schenck v. United States, 249 U.S. 47(1919))。*自然法'論の批判者でもあり，法の脱道徳的考察を提唱した。主著は「コモン・ロー」(1881)。

ホームヘルパー　圀home help(er)　居宅介護等事業〔老福5の2②・10の4①Ⅱ〕，日常生活支援事業〔母福17・33〕，*訪問介護'〔介保8②〕，*居宅介護'〔障害総合支援5②，障害福祉18①等〕で，介護や家事に従事するために対象者の居宅に派遣されるものをいう。その地位は，市町村の常勤・非常勤職員，*福祉の措置'の委託先の従業員，指定居宅サービス事業者，指定介護予防サービス事業者，指定障害福祉サービス事業者等の従業員など様々である。

堀木訴訟　*社会保障'立法における併給調整規定の合憲性が争われた訴訟。原告の堀木フミ子氏は，全盲の視力障害者であって，離婚後自ら子供を養育していた。原告は，昭和60年改正(法34)前の*国民年金法'に基づき障害福

祉年金を受給していたが，それに加えて，生別母子世帯として*児童扶養手当'を請求した。しかるに，児童扶養手当法(昭和36法238)の併給調整規定〔児扶手旧4③③〕により，公的年金給付を受給できるときは同手当を支給しないとされていたため，係る請求は退けられた。そこで，原告は，この規定が憲法14条1項・25条2項に反するとして出訴した。第一審は，本件併給調整規定は憲法14条違反であるとしつつ，原告を勝訴させた(神戸地判昭和47・9・20行裁23・8＝9・711)(この判決後，併給を認める当該規定の改正が行われた(昭和48法93)(なお，現在は，*障害年金'の子の加算部分の額との併給調整がなされる〔児扶手13の2③〕))。これに対し，控訴審は，いわゆる憲法25条1項2項区分論を採用しつつ，2項の防貧政策については広い*立法裁量'が認められるところ，児童扶養手当は2項に基づく防貧施策であるとして，原告(被控訴人)を敗訴させた(大阪高判昭和50・11・10行裁26・10＝11・1268)。この結論は，最高裁判所判決によって維持された(最大判昭和57・7・7民集36・7・1235)。そこでは，25条につき，1項2項区分論を語ることなく，広い立法裁量を認めたが，著しく合理性を欠き明らかな裁量の逸脱・濫用の場合には司法審査が及ぶとしており，限定的ではあるが裁判規範性を認めている。 ⇨ プログラム規定'

ポリグラフ検査 英 polygraph test 人の情動の変化が生理的な現象に影響を及ぼすことを利用して，血圧・脈拍・呼吸などを記録する装置であるポリグラフを利用して行われる検査。俗には「うそ発見器」テストともいう。種類としては，同一形式の質問に，犯人のみが知る事項を1つだけ含めて行う緊張最高点質問法や，犯罪事実と関係のあるものとないものを混在させて反応を対比する対照質問法がある。前者は事件について被験者が特別な知識をもつか否かを調べようとする方法であり，有効性の点では，この方が優れているといわれる。ポリグラフ検査の結果を実質証拠としてどこまで使えるかは問題である。まず，その確実性について科学的に十分な論証がされていないことから，信用性が疑問視されている。更に，学説上は*黙秘権'侵害の疑いが指摘されている。判例は，ポリグラフ検査結果回答書について，被告人の同意があれば被検査者の供述の信用性を判断するための資料として*証拠能力'があるとした(最決昭和43・2・8刑集22・2・55)。

堀越事件 平成15年の衆議院議員総選挙に際して，社会保険庁に年金審査官として勤務していた*国家公務員'が，日本共産党を支持する目的をもって同党の機関紙を配布したところ，*国家公務員法'102条，人事院規則14-7(政治的行為)違反に問われた刑事事件。第一審は*被告人'を執行猶予付きの罰金刑に処したが，*控訴審'は本件配布行為に*罰則'を適用することは*違憲'となるとして被告人を無罪とした。最高裁判所(最判平成24・12・7刑集66・12・1337)は，政治活動の自由が立憲民主政の政治過程にとって不可欠の*基本的人権'であるとした上で，同法にいう*公務員の政治的行為'とは，*公務員'の職務の遂行の政治的中立性を損なうおそれが実質的に認められるものを指すと解釈した。そして，政治的行為の禁止・処罰の目的は合理的かつ正当であり，その制限も必要やむをえない限度にとどまるとして，法令を合憲とした。本件配布行為は，管理職的地位になく，その職務の内容や権限に裁量の余地のない公務員によって，職務と全く無関係に，公務員により組織される団体の活動としての性格もなく行われたものであり，公務員による行為と認識しうる態様で行われたものでもないとして，*構成要件'に該当せず無罪であると判断した。この判決は，*表現の自由'の制限の合憲性を比較衡量で判断したものであるが，合理的手段の必要性を審査し，公務員の政治的中立性を損なうおそれが抽象的なものであっても規制手段の合理性は失われないとした*猿払(さるふつ)事件'の判決を事実上修正したものとみられる。 ⇨ 憲法適合的解釈'

ポリティカル・クエスチョン ⇨ 統治行為'

捕虜 *戦争'ないしは武力紛争において敵に捕らえられた*戦闘員'に与えられる法的地位。捕虜の待遇については抑留国が責任を負う〔ジュネーヴ捕虜約12〕。抑留国は捕虜に対して，人道的に待遇しなければならず，死に至らしめない等の一定の保護を与えなければならない〔ジュネーヴ捕虜約13～16〕。また，抑留国は一定の条件の下で捕虜を抑留し〔ジュネーヴ捕虜約21～24〕，労働させること〔ジュネーヴ捕虜約49～57〕等ができる。捕虜たる身分は，重傷病者の送還〔ジュネーヴ捕虜約109〕，*敵対行為'終了後の解放・送還〔ジュネーヴ捕虜約118〕等によって終了する。19世紀後半以降，捕虜の人道的待遇に関する*国際慣習法'の形成とその法典化が進み，1907年の*ハーグ陸戦規則'〔陸戦規則4～20〕，1929年の「捕虜の待遇に関する条約」の後，*ジュネーヴ四条約'の1つである「捕虜の待遇に関する1949年8月12日のジュネーヴ条約」

ほわいとか

(第3条約)(昭和28年25)によってその資格や待遇に関する詳細な規定が設けられた。戦後日本では同条約を実施するための関連国内法が整備されていなかったが、2004年に有事法制整備の一環で「武力攻撃事態における捕虜等の取扱いに関する法律」(平成16法117)が成立した。

ホワイトカラー・エグゼンプション 〔因 white collar exemption〕 *労働時間'規制を一定のホワイトカラー労働者について適用除外すること。アメリカの公正労働基準法は労働時間規制として*割増賃金'規制しか行っていないところ、一定のホワイトカラー労働者がその適用除外とされていることに由来する。日本の*労働基準法'は、割増賃金のほかに最長労働時間や*休憩'・*休日'等の規制を行っているので、その全ての規制を適用除外すべきかが問題となる。労働基準法制定当初から、*管理監督者'〔労基41 ②〕については労働時間規制が深夜割増(⇨深夜業)規制を除き全て適用除外されている。しかし、その後、直接的指揮命令に拘束される程度が低く、労働時間の長さに比例した割増賃金規制を適用するのが必ずしも合理的とはいえないホワイトカラー労働者に対して、一般労働者に対する労働時間規制とは異なる規制が導入されている。すなわち、昭和62年(1987)改正で専門業務型*裁量労働制'、平成10年(1998)改正で企画業務型裁量労働制という*みなし労働時間制'が導入された〔労基38の3・38の4〕。更に平成30年(2018)改正で新設された高度プロフェッショナル制度では、労働時間規制を適用除外する一方、高い年収要件や一般労働者より強化された健康確保措置が導入されている〔労基41の2〕。これらの制度では、労働時間規制を単純に全て適用除外するのではなく、就業実態に対応した一般規制とは異なる特別規制が模索されていると理解すべきであろう。

ホワイトカラー犯罪 **1 意義** 経営者・管理者など、社会の各方面において指導者的地位にある者が、その地位を濫用して職務の過程において行う犯罪あるいは実定法上犯罪とはされない*不法行為'。主として財産犯罪あるいは経済犯罪に属する犯罪行為を総称する。
2 在来の犯罪に対する特色 犯罪学上、犯罪は貧困者や*精神障害'者など、社会生活に順応できない者に特有の現象であるとする見解に対し、ホワイトカラー階層も犯罪と無縁でないことから、犯罪観の修正を要求したアメリカのサザランド(Edwin Hardin Sutherland, 1883～1950)によってホワイトカラー犯罪の重要性が指摘された。刑法解釈学や刑事政策学にとっても、ホワイトカラー犯罪は、殺人・強盗などの伝統的*自然犯'を出発点とした犯罪観・刑罰観では説明のつかない問題を多く抱えており、犯罪の成立要件や、犯罪者処遇方策のあり方について、基本的な問題を提起している。

本案 民事訴訟上、付随的・派生的な事項に対して、その手続の主目的あるいは中心をなす事項を表す語。相対的な観念であり、場合に応じて様々な意味をもつ。イ 最も一般的には、原告の*請求'の理由の有無に立ち入る*弁論'・*裁判'を、*訴訟要件'や手続の問題に関するものから区別して本案という(**本案判決'・*訴訟判決')。ロ *訴訟費用'の裁判又は*仮執行'の宣言に対する本案の裁判とは、事件に対する判決(したがって訴訟判決を含む)を指す〔民訴67 ②・258 ④・260〕。ハ *再審'手続では、再審の申立てに対し再審判される事件を本案という〔民訴348 ①〕。ニ *証拠保全'手続や*民事保全'の手続からみて、そこで予定される争訟の判決手続を本案ということもある〔民保1・12 ①～③・37・38 ①・39 ①〕(⇨*本案訴訟')。

翻案権 翻訳、編曲、変形又は脚色、映画化その他翻案することにより二次的著作物〔著作2 ①Ⅲ〕を創作する権利の総称。二次的著作物の創作に関してはその創作の態様に応じて、翻訳権、編曲権、変形権、翻案権という個別の支分権が定められており〔著作27〕、この4つの権利をまとめて翻案権とするのは必ずしも正確ではないものの、これらの権利を総称して翻案権と呼ぶ場合がある。複製が既存の*著作物'に依拠し実質的に同一のものを有形的に再製することをいうのに対し、翻案は、既存の著作物に依拠し、かつ、その表現上の本質的な特徴の同一性を維持しつつ、具体的表現に修正、増減、変更等を加えて、新たに思想又は感情を創作的に表現することにより、これに接する者が既存の著作物の表現上の本質的な特徴を直接感得することのできる別の著作物を創作することをいう(最判平13・6・28民集55・4・837)。

本案訴訟 一般に、*証拠保全'手続や*仮差押え'・*仮処分'の手続のような付随的な手続からみて、そこで予定される争訟について行われる*判決手続'を本案訴訟という。 ⇨本案'

本案判決 *訴訟判決'に対して、*訴訟上の請求'の当否につき判断する判決をいう(⇨本案')。請求を理由ありとするのが請求認容、理由なしとするのが請求棄却である。前者は内容に応じ*確認判決'・*給付判決'・*形成判決'に分けられるが、後者は常に確認判決である。

本案判決請求権説　⇨訴権'
本位的訴因　⇨予備的訴因'
ボン基本法　⇨ドイツ憲法'
本契約　⇨予約'

本権　占有すべき権利(権限)ともいい，*所有権'・*地上権'・*質権'・賃借権など，占有を正当付ける権利。占有者が占有の訴えを起したとき，例えば，占有者の賃借権は消滅したことなど，本権に関する理由から占有の訴えの当否を判断することはできないが，占有の訴えの相手方は本権の訴え(例：所有権に基づく請求権)を提起することができ〔民202〕，この場合，判例は別訴でなくても反訴でもよいとする(最判昭和40・3・4民集19・2・197)。　⇨占有訴権'

本権説　財産犯特に*窃盗罪'の保護*法益'を，財物の*占有'を正当化する法律上の権利にみる見解。占有・所持そのものを保護法益とする占有説と対立している。窃盗犯人から被害者が物をとり返すのは，本権説からは窃盗罪に当たらないが，占有説からは窃盗罪の*構成要件'に該当し違法性阻却が問題となるにすぎない。現在の本権説は，所有権，賃借権等の私法上の権利に限られず，占有を正当化する何らかの法律的・経済的利益があれば本権に当たると解するようになっており，修正本権説と呼ばれている。例えば，所有権移転の形式をとる譲渡担保物を担保設定者が所持者に無断でもち出した場合，占有説からは，直ちに窃盗罪の構成要件該当性が肯定されるのに対し，修正本権説からは，所持者に保護に値する法律的・経済的利益があったかどうかが検討されることになる。判例は，戦前，本権説をとっていたが，戦後，占有説に移行した(最判昭和24・2・15刑集3・2・175等)。もっとも，正当な法律的・経済的利益が全くない所持についてまで保護する趣旨かどうかは明らかでない。学説では，占有説と本権説の中間説である占有の開始が平穏な占有に限って保護するという平穏占有説や権利主張することに一応合理的理由のある占有に限って保護するという説などが有力になっている。

本国法　*国際私法'上，人の*国籍'が*連結点'とされた場合に*準拠法'として適用される法。国際私法においてある者の本国法によるとされている場合には，連結点はその者の国籍ということになる。複数の国籍を有する者(⇨重国籍')，国籍を有しない者(⇨無国籍')，不統一法国の国籍を有する者(⇨不統一法国')の本国法の決定方法については，それぞれ特則が置かれている。日本の国際私法においては，人の*行為能力'〔法適用4①〕，非嫡出親子関係の成立〔法適用29①〕，*養子'縁組〔法適用31①〕，その他の親族関係等〔法適用33〕，*後見'等〔法適用35①〕，*相続'〔法適用36〕，*遺言'〔法適用37〕について，特定の者の本国法によるとされている。これ以外に，複数の者の本国法への*配分的連結'によるもの〔法適用24①〕，*段階的連結'の第一段階として複数の者の同一本国法による場合〔法適用25・32〕，複数の者の本国法の*選択的連結'によるもの〔法適用28・29①②・30〕などがあり，人の行為能力及び親族相続法上の問題について広く本国法によるとされている。一般に，ある者がいずれの地にあってもその者に随伴しその者に関して適用される法を属人法ということがあり(⇨属人法主義')，*難民'についてはその属人法は住所地国(住所を有しないときは居所国)法とするとされている〔難民約12①〕ことから，難民について本国法による場合には，その住所地国法ないし居所地国法によることとなる。

本国法主義　国際私法上，*本国法'を属人法とする主義。大陸法系諸国で採用され，英米法系諸国のとる住所地法主義に対する。日本の国際私法も，基本的にはこの主義をとっているが，*段階的連結'にみられるように，もはや本国法主義という説明は妥当しないとの見方も有力である。なお，複数の*国籍'を有する者については１つの本国法を定めることになるので〔法適用38①〕，国籍のある国とは異なることがある。　⇨常居所'　⇨同一本国法'

本質性理論　ドイツにおいて，1970年代以降，*法律による行政の原理'(特に法律の留保理論)に関して連邦憲法裁判所により形成され，侵害留保理論に代わり通説の地位を占める見解である。Wesentlichkeitstheorie 独の訳語。それによれば，法治国原理及び民主主義原理から，本質的決定(重要事項についての決定)は立法者が自ら行い，行政に委ねてはならないとする。同理論は議会自身による規律の存在に加え，法律が*行政機関'に対して委任する際の規律密度についても一定の内容を求めることから，*委任立法'の限界に関する制限を内容として含む。

本質的口頭弁論　広義では，*争点及び証拠の整理'の終了後に行われる*口頭弁論'を，狭義では，*準備的口頭弁論'の後に行われる第２段階の口頭弁論をいう。本質的口頭弁論においては，既に整理された争点につき，*証人尋問'を中心に集中的に*証拠調べ'が行われるのが原則である〔民訴182〕。当事者が本質的口頭弁論において新たに*攻撃防御方法'を提出する場合に，相手方当事者が求めるときは，争点及び証

ほんしよう

拠の整理の段階で提出できなかった理由を説明しなければならない〔民訴167・174・178〕。 ⇨集中審理主義・併行審理主義'

本証・反証 本証は、当事者が自ら*証明責任'を負う事実を*立証'するための*証拠'ないし証明活動であり、反証は、証明責任(*挙証責任')を負わない相手方がその事実を否定するための証拠ないし証明活動である。例えば、売買代金の支払を請求する原告がこの売買契約成立の事実を立証するための証拠(契約書や立会人など)が本証であるのに対し、被告がこれを否定するための証拠(被告がその場にいなかったことを述べる*証人'など)が反証である。本証はその事実につき*証明度'を超える確信を抱かせなければその目的を達することができないのに対し、反証はその事実についての裁判官の確信を揺るがせ、真偽不明の*心証'にすればその目的を達する。

本 籍 *戸籍'が所在する場所。戸籍の編製は、本籍のある場所の市役所・町村役場において行われ、戸籍はそこに備えられている戸籍簿につづられている〔戸6・7・8〕。本籍は、現実の居住地、出身地、祖先墳墓の所在地とは無関係に、例えば、夫婦〔戸16〕が婚姻に際して、自由に定めることができ、また、変更することができる。1つの戸籍は1つの本籍をもち、本籍のない戸籍はなく、2つの本籍をもつ戸籍もない。

本船渡し ⇨エフ・シー・エー(FCA)条件'

本 訴 民事訴訟において、*反訴'〔民訴146〕、*独立当事者参加'〔民訴47〕や*共同訴訟参加'〔民訴52〕等の*訴訟参加'に対して、その契機となった従前の係属中の訴訟をいう。なお専門用語としてではないが、「件件訴訟」を略していう場合に用いることもある。

本則・附則 ⇨本則・附則'(巻末・基本法令用語)

本 店 *商人'(個人商人・*会社')が1つの*営業'(事業)について複数の営業所をおく場合に、営業(事業)全体を統括する主たる営業所を本店という。これに従属する営業所が支店である。会社の本店の所在地は*定款'の必要的記載事項であり〔会社27③等〕、所在場所は登記事項〔会社911③等〕である。会社については、本店所在地での*設立登記'が会社の成立要件となるなど〔会社49・579〕、本店が各種の法律関係の基準として重要な意味をもつ〔会社31①・318②・442①・835①・868・911〜929、民訴4④等〕。 ⇨営業所' ⇨支店'

ボンド 英bond ボンドには公共工事における入札ボンドやパフォーマンス・ボンドがある。入札ボンドは、落札者による契約及び工事の実施を保証する目的で発行される保証状である。入札前に保証機関(保険会社や銀行など)が建設会社の経営状態などを審査する。落札者契約を辞退した場合や、債務を履行できなくなった場合には、保証機関は、ボンドに規定された金額の範囲内で発注者の損害を補填する。パフォーマンス・ボンドは、主として大型プラント輸出や海外建設工事などの入札にあたって落札者が海外の発注者と輸出契約を締結する際に、その契約内容を誠実に履行することを保証する目的で発行される保証状である。保証状の発行者は銀行又は損害保険会社であり、パフォーマンス・ボンドにおいては、ボンドに規定された金額の範囲内で、発行者は、無条件かつ取消不能で保証する。

本登記 権利変動について*対抗力'を生じさせる終局的な*登記'であり、*仮登記'と対比される概念である〔不登109・112〕。仮登記は、それに基づく本登記がなされると仮登記の順位により本登記の順位が定められる〔不登106〕という意味で順位保全の効力をもつにとどまるのと異なる。

本人確認 行政機関などで手続をする者や、「犯罪による収益の移転防止に関する法律」における特定事業者と取引をする者が、実在し、かつ、正しくその本人であることを確認することをいう。前者の例として、市町村長は、婚姻・協議離婚・養子縁組・養子離縁・認知の届出をする者に対し、運転免許証などによる本人確認を行う〔戸27の2①〕とともに、その確認ができなかった場合には、届出が受理されたことを届出人の住所地に郵送などにより通知しなければならない〔戸27の2②〕。これは、虚偽の記載がされないようにするためであり、戸籍の証明書を請求する際も、上記と同様の本人確認を行う〔戸10の3①〕ことで、他人に不正に取得されないようにしている。後者の例として、金融機関は、口座を開設するなどの取引を開始しようとする者に対し、運転免許証などにより、本人特定事項(自然人については、氏名・住居・生年月日)を確認しなければならない〔犯罪収益移転4①Ⅰ、犯罪収益移転則6〕。

本人尋問 ⇨当事者尋問'

本人訴訟 民事訴訟において、当事者が*訴訟代理人'を選任せずに自ら*訴訟行為'をすること。日本の民事訴訟法は*弁護士強制'主義をとらず、本人訴訟を許している。 ⇨弁論能力' ⇨弁護士付添命令'

本文・ただし書(但し書)　⇨本文・ただし書(但し書)'(巻末・基本法令用語)
翻　訳　⇨翻案権'
本予算　年間予算として当初内閣により国会に提出された予算案又は国会の議決により成立した予算を指す慣例上の呼称。*暫定予算'及び*補正予算'に対する観念で，当初予算ともいい，*一般会計'予算・*特別会計'予算の全部を含む。本予算には，その*会計年度'における一切の収支が計上され，国政の動向が反映される。したがって，通常国会(⇨常会')中の毎年2〜3月に行われる本予算の審議は，国会の最も重要な任務であり，その際に国政全般のあり方が論議されることになる。　⇨予算'

ま

埋蔵物発見　土地その他の物(包蔵物)の中に埋蔵されていて，誰が所有者であるか容易に分からない物を発見すること。遺失物法の規定に従って公告した後，6カ月内に所有者が判明しないときは，発見者がその物の所有権を取得する。ただし，包蔵物が他人の物であるときは，その物の所有者と折半する〔民241〕。なお，所有者が判明しない埋蔵物が文化財である場合には所有権は国庫又は都道府県に帰属し，発見者及び土地の所有者には，価格に相当する報償金を支給する〔文化財104・105〕。

埋葬料　*健康保険'等の*被保険者'(共済組合員)が，業務(公務)外で死亡したときに，埋葬を行う者へ支給される*給付'〔健保100・136，国公共済63①，地公共済65①等〕。被扶養者の死亡については家族埋葬料が支給される〔健保113・143，国公共済63③，地公共済65③等〕。なお，埋葬料に相当するものを*国民健康保険'では葬祭費という〔国健保58①〕。

マイナンバー法　正式には「行政手続における特定の個人を識別するための番号の利用等に関する法律」という。いわゆるマイナンバー制度の導入のために平成25年に制定された法律で(法27)，番号法とも略称される。個人番号の利用により，税，社会保障，災害対策の分野の個人情報を効率的に共有することによって，行政事務を効率化し，市民の利便性を向上させること等を目的としていたが，令和5年改正により，上記3分野以外の行政事務においても，法律の定めるところにより，個人番号の利用が認められるようになった〔番号3②参照〕。個人番号とは，住民票コードを変換して得られる番号であって，当該住民票コードが記載された住民票に係る者を識別するために指定されるものをいい〔番号2⑤〕，住民票に記載される者全員に付番されるという悉皆(しっかい)性，重複がない唯一無二性を特色とする。個人情報保護法に規定する「個人情報」〔個人情報2①〕のうち，個人番号をその内容に含むものを「特定個人情報」という〔番号2⑧〕。「特定個人情報」は，漏えいした場合のリスクが大きいため厳格な保護措置が必要であり，利便性の向上との調整が難しい課

まいやー

題であると考えられている。そこで，番号法で個人情報保護法の特則を定めている。

マイヤー Mayer, Otto(1846〜1924) ドイツ行政法学の祖。オットー・マイヤー以前，ドイツ行政法学は，主として行政各部の法規律を個別的に解説することにとどまっていたが，彼は，それらの個別法規を法学的方法によって体系的に整序し，初めて，国法学・私法学・国家学から独立した完結的な学問体系としての行政法学を樹立した。主著は，「ドイツ行政法」(全2巻，1895〜96, 3版 1924)である。その初版は，*美濃部達吉'によって，日本にも翻訳紹介されており(明治36)，マイヤーの行政法学は，日本にも極めて大きな影響を与えた。

前借金 ⇨ぜんしゃくきん'

前払一時金 *業務災害'，*複数業務要因災害'又は*通勤災害'により障害を残した被災労働者若しくは死亡した労働者の遺族に対し，その請求に基づき災害直後の生活援護又は社会復帰を目的に支給される一時金〔労災則59・60・60の2・60の3・60の4・61・62・63・64〕。障害(補償)年金の受給権者は障害等級に応じて定められた額の限度内〔労災則附⑱⑲㉔〜㉚㉞〜㊳㊵〜㊽〕で，また遺族(補償)年金の受給権者は*給付基礎日額'の200日分から1000日分の額の限度内〔労災則附㉛〜㉞㊵㊶㊸㊹㊾〜㊾〕で，それぞれ適当な額を選択する。一時金を受給した者は，それぞれの年金支給を一定期間停止される。⇨障害補償給付' ⇨遺族補償給付'

前払式支払手段 1 意義 次の4要件を全て満たすもの。イ 金額又は物品・サービスの数量が証票，電子機器等の物に記載され，又は電磁的な方法で記録され，ロ その金額又は物品・サービスの数量に応じた対価が支払われており，ハ その証票等やこれらの財産的価値と結びついた番号その他の符号が発行され，かつ，ニ 物品を購入するとき，サービスの提供を受けるとき等に，証票等や番号その他の符号が，提示・交付・通知その他の方法により使用できるもの。ロの対価の払戻しは，原則として禁止されている。商品券及びプリペイドカードなど。商品券については，かつて商品券取締法(昭和7法28)によって規制されていたが，平成元年にそれが全部改正されて，「前払式証票の規制等に関する法律」(法92)として，商品券及びプリペイドカード(電磁的方法によって記録されている金額等の対価の支払を受けて発行されているカードであって，代価の弁済等のために使用できるもの)について，共通の規制がなされるようになった。平成21年に資金決済に関する法律が制定され，同法の規制対象になった。乗車券や入場券等の前払式支払手段には適用されない〔資金決済4〕。
2 規制の内容 イ 自家型前払式支払手段(証票等の発行者自身から物品を購入する等の場合にのみ使用できるもの)と，ロ 第三者型支払手段とに分け，イの発行者(自家型発行者)は内閣総理大臣への届出が必要であり〔資金決済5〕，ロの発行業務は内閣総理大臣の登録を受けた法人(第三者型発行者)でなければ行えない〔資金決済7〕。第三者型のうち高額電子移転可能型前払式支払手段を発行しようとする発行者は，業務実施計画を内閣総理大臣に届け出なければならない〔資金決済3⑧・11の2〕。自家型発行者及び第三者型発行者は，所定の基準日の未使用残高の2分の1以上の額に相当する額の発行保証金を供託所に*供託'する等の方法をとらなければならず〔資金決済14〕，前払式支払手段の保有者は，この発行保証金に対して他の債権者に対して弁済の優先権が認められる〔資金決済31①〕。

間貸し 1つの家屋の中の6畳1間を貸す場合のように，他の部分から完全に独立しては使用できないような構造の部屋貸し。特に第二次大戦直後の住宅事情の悪化に際して広く行われた。法律的には，貸間に独立性が認められるかどうかによって，イ 貸間しに*借地借家法'の適用があるかどうか，ロ 借家人が賃貸人に無断で間貸しをすると無断転貸〔民612〕になるかどうか(⇨賃借権の譲渡・転貸')の2点が問題となる。

マグナ・カルタ 英 Magna C(h)arta イギリス国王ジョンが，バロン(国王からの受封者)たちの要求を入れて，1215年6月15日に与えた勅許状。大憲章ともいう。前文及び63カ条から成り，その主たる内容は，国王大権の濫用禁止，正当な裁判手続の保障，課税権の制限などを含む封建契約の再確認である。このときのものは程なく強迫を理由に無効を宣言されたが，1216年・17年と1225年に修正の上発布され，1225年のものが15世紀のヘンリー6世の治世までに53回確認されて，最古の現行法として法規集に掲載されている。元来，「長大な」特許状を意味したにすぎないものが，「イギリス人の自由の守護神」という意味で憲政史上重要な文書とされたのは，*クック'による近代的再解釈の表現としての*権利請願'(1628)を経て，イギリス革命の成果としての*権利章典'(1689)に取り込まれているからである。

マクノートン・ルール 英 M'Naghten rule 英米法の責任無能力基準の1つ。正邪テスト

(図 right-or-wrong test)とも呼ばれる。　⇨責任能力'

マクリーン事件　⇨在留資格'・政治的自由'・要件裁量・効果裁量'

マクロ経済スライド　「国民年金法等の一部を改正する法律」(平成16法104)によって，*国民年金'(*基礎年金')・*厚生年金保険'等に導入された*年金給付'の改定方式。賦課方式で運営される日本の公的年金制度について，少子高齢化の進行に対応し，*保険料'の負担と支給する年金給付との均衡を目指すことで，持続可能な公的年金制度を構築するために採用された。当該年度の改定率(基礎年金の場合)・再評価率(厚生年金保険の場合)は，原則として，名目手取り賃金変動率(新規裁定年金(67歳以下の年金)の場合)及び物価変動率(既裁定年金(68歳以上の年金)の場合)に，調整率(改定年度の2年度前～4年度前の3年平均の公的年金制度全体の*被保険者'数の減少率と平均余命の伸びを勘案した一定率(0.997)と特別調整率(新規裁定年金の場合)〔国年27の4③，厚年43の4⑤〕・基準年度以後特別調整率(既裁定年金の場合)〔国年27の5③，厚年43の5⑤〕を乗じたもの)とを乗じたものとなる〔国年27の4・27の5，厚年43の4・43の5〕。この改定方式は各年金の調整期間〔国年16の2，厚年34〕の終了時まで適用される。名目手取り賃金変動率・物価変動率がプラスでも，調整率・特別調整率が1以上にならない限り，マクロ経済スライドによって年金給付の所得代替率(現役時代の賃金収入に対する年金給付額の比率)は下がっていくが，この所得代替率が50%を上回るような水準が将来にわたって確保することとされている〔平成16法104附2〕。　⇨スライド制'

増担保（ましたんぽ）　担保権が成立した後に，同じ被担保債権を担保するために，更に別の担保を提供すること。当初の担保目的財産の減失・毀損の場合や担保目的財産の価額が被担保債権額を下回った場合等に問題となる。民法上，担保権設定者に増担保の義務は課されていないが，当事者間の合意により，一定の場合に増担保を行うべき特約を設けることがある。債務者がこの特約に反して担保を提供しない場合には，債務者は期限の利益を失う〔民137〕。*有価証券'の*信用取引'において，取引が過熱して信用残高が急増した場合に，過当投機を抑制するために*金融商品取引所'が委託保証金率を引き上げる行為も増担保と呼ばれる。

マーストリヒト条約　⇨ヨーロッパ連合'

マスメディアの自由　**1 マスメディアの役割**　*民主主義'社会において，マスメディアは，国民が国政に関与するにあたって重要な判断の資料を提供し，国民の「知る権利」に奉仕する。このような意味で，マスメディアが報道機関として果たす役割は極めて大きい。その一方で，現代社会においてマスメディアはほとんど独占的な情報の送り手であるため，いかにして国民の「知る権利」を効果的に保障しうるかが重要な問題となる。　⇨知る権利'

2 憲法との関係　日本国憲法は，マスメディアの自由を直接明文で保障していないが，*表現の自由'〔憲21〕及び*検閲'の禁止〔憲21②〕は当然マスメディアの報道についても及ぶと解されている。判例は，報道機関の報道の自由については「憲法21条の保障のもとにある」と明示したのに対し，報道のための取材の自由については「憲法21条の精神に照らし，十分尊重に値いする」と述べるにとどまっている(最大決昭和44・11・26刑集23・11・1490〔博多駅テレビフィルム提出命令事件〕)。また，取材源の秘匿に関して，刑事事件においては新聞記者の証言拒絶権が否定された(最大判昭和27・8・6刑集6・8・974〔石井記者事件〕)のに対して，民事事件においては一定の条件の下に報道機関の証言拒絶が認められている(最決平成18・10・3民集60・8・2647)　(⇨取材の自由')。

⇨言論の自由'・報道の自由'

又は・若しくは　⇨又は・若しくは'(巻末・基本法令用語)

町　⇨市町村'

マッカーサー書簡　⇨連合国最高司令官の書簡'

マッカーサー草案　⇨日本国憲法'

松川事件　昭和24年福島県下の東北本線松川駅近くで起きた列車転覆事件。国鉄労組などの組合員計20名が被告人とされた。第一審と控訴審の有罪判決，上告審の破棄差戻判決(最大判昭和34・8・10刑集13・9・1419)，第2次控訴審の無罪判決，第2次上告審の上告棄却判決(最判昭和38・9・12刑集17・7・661)を経て昭和38年に被告人全員の無罪が確定した。この過程で作家広津和郎(1891～1968)らによって有罪判決の事実認定に対する批判活動が展開され，*裁判批判'の是非が議論されるなど，大きな社会的影響をもつ事件であった。

末子相続　末子，特に末男子が単独相続する*相続'形態。*長子相続'などに対する。成熟した子が次々と家から出て行き，最後に残った末子が家を継ぐ形態であるといわれる。長野県諏訪地方などで以前に行われていた。

松山事件 昭和30年(1955)宮城県松山町の一家4人が頭部を傷つけられた焼死体で発見された殺人放火事件。犯人として起訴されたSが, 捜査段階での*自白', Sが使用していた掛布団の襟あてに付着していた血痕等の*証拠'により, *死刑'判決を言い渡され, 昭和35年確定した。Sが申し立てた第2次*再審'請求に対して, 請求*棄却', *即時抗告'による取消し', 差戻し', 再審開始決定, 検察官の即時抗告棄却を経て, 再審公判が開かれ, Sの着衣に血痕がないこと, 襟あての血痕の付着状況が不自然なこと, 自白の信用性がないこと等を理由に, *無罪'判決が言い渡され(仙台地判昭和59・7・11判時1127・34), 昭和59年7月25日確定した。

マドリッド協定 1891年に*工業所有権の保護に関するパリ条約'の特別取極(ᵗᵉᶜ12)〔工業所有権約19〕としてマドリッドで締結された国際条約をいう。マドリッド協定には, イ「虚偽の又は誤認を生じさせる原産地表示の防止に関する協定」とロ「標章の国際登録に関する協定」の異なる2種類の条約が存在する。イは, 原産地の虚偽又は誤認を生じさせる表示の使用の防止を目的としたものであり, 日本も1953年に加入し, 同協定に対応するため, *不正競争防止法'において原産地の誤認惹起行為を不正競争行為と定めている〔不正競争2①⑳〕。ロは, 標章の国際的保護を確保するために商標登録出願及び権利維持手続を簡略化することを目的としたものであるが, 審査主義国が加入するには不便な内容であるため, 日本を始め多くの国が同協定への加入を見送った。そこで, 審査主義国が加入しやすい商標の国際登録制度が検討され, 1989年にマドリッド協定議定書(マドリッド・プロトコル)が採択され, 日本も1999年にこれに加入した(⇨標章の国際登録に関するマドリッド協定の議定書')。マドリッド協定議定書は, マドリッド協定とは別個の独立した条約である。マドリッド協定議定書によれば, 締約国の一国の出願又は登録を基礎として複数国において商標権を取得することが可能となる。

マドリッド協定議定書 ⇨標章の国際登録に関するマドリッド協定の議定書'

マネジメント・バイアウト 英 Management Buyout ; 略称 MBO　*企業買収'の対象となる会社や特定の事業の運営に携わっている経営者が, 当該会社や事業を買収することを指す。株主と経営者との間で構造的な利益相反関係が存在するため, 利益相反回避措置が重要になり, 公開買付開始公告等〔金商27の3①〕で開示が行われる。公開買付け後に行われる少数株主の締出しについては, 平成26年会社法改正後は, *特別支配株主の株式等売渡請求'〔会社179〕や*株式の併合'〔会社180〕が用いられている。 ⇨レバレッジド・バイアウト' *少数派株主・社員の締出し'

マネー・ローンダリング 英 money laundering
1 意義　薬物取引等の犯罪行為によって不正に得た資金を, 金融機関等を利用して浄化し, その起源を隠蔽し, 合法的な資金に偽装するプロセス。「資金洗浄」,「資金浄化」等と訳されている。これは犯罪収益を再び犯罪行為に投資する過程で頻繁に利用されており, 薬物犯罪等の組織犯罪撲滅のためには, その禁圧が重要な課題であった。国連は1988年に「麻薬及び向精神薬の不正取引の防止に関する国際連合条約」(麻薬新条約)(平成4条6)を採択し, 締約国に対し, *故意'のマネー・ローンダリング行為を犯罪化すること等を義務付けており, 日本では上記条約の国内担保法として, 平成3年(1991)に「国際的な協力の下に規制薬物に係る不正行為を助長する行為等の防止を図るための麻薬及び向精神薬取締法等の特例等に関する法律」*麻薬特例法'が成立し, 一定の薬物犯罪に基づく収益(薬物犯罪収益)のマネー・ローンダリング行為が犯罪化された。
2 麻薬特例法上の関連規定　麻薬特例法は薬物犯罪収益等の隠匿行為と収受行為を処罰している。前者は, イ 薬物犯罪収益等の取得・処分につき事実を仮装する行為, ロ 薬物犯罪収益等を隠匿する行為, ハ 薬物犯罪収益の提供者がその発生原因について事実を仮装する行為であり〔麻薬特6〕, 後者は事情を知って薬物犯罪収益等を収受する行為である〔麻薬特7〕。
3 組織犯罪処罰法上の関連規定　更に平成11年に成立した*組織的な犯罪の処罰及び犯罪収益の規制等に関する法律'(組織犯罪処罰法)は, 犯罪収益の前提となる犯罪の範囲をより一般的に拡張した上で, 犯罪収益等の隠匿行為〔組織犯罪10〕, 収受行為〔組織犯罪11〕を麻薬特例法と同様に処罰するとともに, 不法収益(組織犯罪収益等又は薬物犯罪収益等)を用いて法人等の事業経営を支配しようとする行為(事業経営支配行為)が処罰されている〔組織犯罪9〕。その後, FATF(金融活動作業部会)の対日審査での指摘を受け, 令和4年にこれらの犯罪の法定刑が引き上げられている。
4 金融機関等の本人確認義務　「金融機関等による顧客等の本人確認等及び預金口座等の不正な利用の防止に関する法律」(平成14法32。平成19法22により廃止)が制定され, 金融機関に顧

客等の本人確認，本人確認記録・取引記録の作成・保存等が義務付けられるとともに，顧客が本人特定事項を偽る行為が処罰されることになり，マネー・ローンダリング規制がより実効化されている。その後，平成19年に制定された「犯罪による収益の移転防止に関する法律」(法22)では，対象業者を金融機関のほか，ファイナンス・リース業者，クレジットカード業者，宅地建物取引業者などに拡大して，顧客等の本人確認，本人確認記録・取引記録の作成・保存，疑わしい取引(収受した財産が犯罪による収益である疑いがあり，又は顧客等が犯罪利益等の隠匿行為を行っている疑いがある取引)の届出等が義務付けられている。

麻薬及び向精神薬取締法 モルヒネ・コデイン・コカインなど麻薬及び向精神薬の濫用による保健衛生上の危害を防止し，公共の福祉の増進を図るため，その輸入・輸出・製造・製剤・譲渡し等の取締りと麻薬中毒者に対する必要な医療の措置等を定めた法律(昭和28法14)〔麻薬1〕。麻薬取扱者〔麻薬2⑧〕・向精神薬取扱者〔麻薬2㉖〕になるためには，厚生労働大臣又は都道府県知事の免許を必要とする〔麻薬3・50〕。麻薬・向精神薬の輸入輸出等は厳しく禁止・制限されている〔麻薬12〜29の2・50の8〜50の18〕。麻薬の輸入・輸出・製造は，一定の麻薬取扱者が，その都度厚生労働大臣の許可を受けて初めて行えることとし〔麻薬14・18・21〕，麻薬原料植物の栽培は，麻薬研究者〔麻薬2⑳〕が厚生労働大臣の許可を受けて研究のため行う場合以外は禁止されている〔麻薬12③〕。これらの違反にはかなり重い刑が規定されており，特に，営利の目的でジアセチルモルヒネ等〔麻薬12①〕の麻薬を輸入・輸出・製造した者は，無期若しくは3年以上の拘禁刑，又は情状により無期若しくは3年以上の拘禁刑及び1000万円以下の罰金という刑に処される〔麻薬64②〕。また，麻薬中毒者に対する強制的入院治療の措置を認めている〔麻薬58の6・58の8〕。なお，厚生労働省に麻薬取締官を，都道府県に麻薬取締員を置き，本法，*大麻草の栽培の規制に関する法律'，あへん法，*覚醒剤取締法'に違反する罪等について，司法警察員としての職務を行わせることにしている〔麻薬54〕。

麻薬特例法 平成3年法律94号。正式には「国際的な協力の下に規制薬物に係る不正行為を助長する行為等の防止を図るための麻薬及び向精神薬取締法等の特例等に関する法律」という。1988年に採択された「麻薬及び向精神薬の不正取引の防止に関する国際連合条約」(麻薬新条約)(平成4条6)の要請に基づき，薬物犯罪から生ずる不法収益の剥奪を図るとともに，取締りの国際協力の拡充を図るために制定された法律。組織的・継続的に行われる不正な薬物取引を加重処罰するとともに，取引が行われた期間内に犯人が得た財産を不法収益と推定してこれを剥奪することを目的として，業として行う不法輸入等の罪が設けられた〔麻薬特5〕。また，薬物犯罪から得た不法な収益を正当な収益に仮装して保管・運用する，いわゆる*マネー・ローンダリング'(資金洗浄)行為を処罰するために，薬物犯罪収益等隠匿罪等が設けられた〔麻薬特6・7〕。不法収益の剥奪に関しては，不法収益等の*没収'に関する規定が設けられ，没収の対象が有体物だけでなく無形の財産にまで拡張されるとともに，薬物犯罪収益に由来する財産も没収できることとされた〔麻薬特11・12〕。手続面でも，没収・*追徴'の対象となる財産の保全手続が新たに設けられ〔麻薬特5章〕，国際的な協力の下で不法収益を剥奪するために，没収及び追徴の裁判の執行及び保全についての国際共助手続も規定された〔麻薬特6章〕。更に，薬物取引の新たな捜査手法として，薬物を所持する疑いのある外国人の上陸を監視の下で認め，あるいは，薬物の入った疑いのある荷物を監視の下で税関を通過させることを認める，*コントロールド・デリバリー'と呼ばれる捜査手法に関する規定が設けられた〔麻薬特2章〕。

マルクス主義法学 マルクス主義という思想的・政治的立場から，自由主義的法体制を非難し，プロレタリア独裁下の法体制を擁護するものと，マルクス(Karl Heinrich Marx, 1818〜83)の「資本論」などマルクス主義の学問的著作に説かれた体系を基礎として，法一般，特に資本主義社会の法を研究するものとがある。前者は壊滅状態にあるが，後者はマルクス経済学がなお存在理由をもっと主張されるのと同様な理由で存在理由が主張される。研究領域としては，イ 資本主義法の一般理論，ロ 資本主義経済発展の諸段階との関連における法の変遷，ハ「新植民地主義」論などのモデルによる世界秩序の理解などが考えられる。現代においては，アメリカを中心に台頭した*批判法学'がこの潮流を継承している。

マルチ商法 ⇨連鎖販売取引'
マルチジョブ・ホルダー ⇨副業・兼業'
満 期 *手形'が支払われる日として手形上に記載された日。満期日又は支払期日ともいう。満期の態様としては，手形の場合には一覧払い(⇨一覧払手形')，一覧後定期払い(⇨一覧

まんしょん

後定期払手形'），日付後定期払い（⇨日付後定期払手形'）及び確定日払い（⇨確定日払手形'）の4種が認められ，それと異なる満期又は分割払の記載は認められない〔手33・77①②〕。*小切手'の場合には，満期は一覧払いに限られ，それ以外の記載は無いものとみなされる〔小28〕。

マンション ⇨区分所有権'

満　足 英satisfaction　国際法上，違法行為責任（⇨国際責任'）に対する事後救済の一形態であり，違反の自認，遺憾の意の表明，公式の陳謝，関係者の処割，再発防止のための確約といった被害国の威信や名誉を満足させる救済である。精神的満足，外形的行為による救済ともいう。国際法違反国は，被害が原状回復又は金銭賠償によっては十分に回復されない限りにおいて，被害に対する満足を与える義務を負う〔国家責任条文37〕。*国際裁判'による違法性宣言判決も満足に含まれる。

満足的仮処分　仮の地位を定める仮処分〔民保1・23②〕のうち，*本案訴訟'の確定前又はその執行前に，*訴訟物'たる権利又は法律関係につき，その全部又は一部を実現したと同様の結果を債権者（仮処分申請人）に得させるものをいう。例えば，家屋明渡し仮処分，賃金仮払いの仮処分がこれに当たる。かつては，満足的仮処分が仮処分の暫定性・仮定性に反しないかについて議論されたが，今日では満足的仮処分が許されることについて争いがない。　⇨仮処分' ⇨断行の仮処分'

み

身柄提出　⇨ヘイビアス・コーパス'
未決拘禁者　⇨抑留・拘禁'
未決勾留　*勾留'のこと。勾留日数の本刑への通算の関係で，このように呼ばれる。刑を言い渡す場合は，未決勾留日数の全部又は一部を本刑に算入することができる（裁定算入）〔刑21〕。また，*上訴'提起期間中の未決勾留日数，検察官上訴の場合又は被告人上訴で原判決破棄の場合の上訴申立て後の未決勾留日数は，当然に全部本刑に通算される（法定通算）〔刑訴495〕。なお，*少年鑑別所'収容中の日数は，未決勾留日数とみなされる〔少53〕。

未公開株　広義では*上場'されていない*株式'（非公開株式）をいうが，狭義では*金融商品取引所'に未上場であるが上場予定（その直前）の株式をいう。「上場時に必ず儲かる」などといった勧誘により投資家の被害が多発したことから，平成23年の*金融商品取引法'改正により無登録業者による未公開*有価証券'の売付け・その媒介・代理等を行った場合は，対象契約（当該売付け等に係る契約又は当該売付け等により締結された契約であって顧客による当該未公開有価証券〔金商171の2②，金商令33の4の5①〕の取得を内容とするもの）を原則として無効とする旨の規定が設けられた〔金商171の2①本文〕。対象契約を無効とすることで投資者を保護するとともに，未公開株式を勧誘する行為によって利益を得ようとする勧誘行為を防止することが期待されている。もっとも，当該無登録業者又は当該対象契約に係る当該未公開有価証券の売主若しくは発行者（当該対象契約の当事者に限る）が，当該売付け等が当該顧客の知識，経験，財産の状況及び当該対象契約を締結する目的に照らして顧客の保護に欠けるものでないこと又は当該売付け等が不当な利得行為に該当しないことを証明したときは，対象契約は無効とされない〔金商171の2①但〕。登録業者も，自主規制（日本証券業協会「協会員の投資勧誘，顧客管理等に関する規則」）により一定の場合を除いて未公開有価証券の投資勧誘が禁止されている。

未　遂　**1 意義**　犯罪の実行に着手（⇨実

行の着手')したが，結果が不発生に終わり，犯罪が完成しなかった場合をいう〔刑43〕。実行に着手した点で*予備・陰謀'と区別され，結果が発生しなかった点で*既遂'と区別される。未遂は，*実行行為'そのものが終了しなかった場合である着手未遂（又は未終了未遂）と，実行行為は終了したが結果が発生しなかった場合である実行未遂（又は終了未遂）とに講学上区別されているが，どちらも法的効果の点では変わりがない（⇨*実行未遂'）。また，実行に着手したが自己の意思によって実行を中止し，又は結果発生を防止した場合を*中止未遂'，それ以外の外的障害によって結果発生が妨げられた場合を*障害未遂'と呼ぶ。

2 未遂の成立時期 どの段階で未遂の成立（実行の着手）を認めることができるかについて以前は，主観主義と客観主義の対立を反映して，行為者の犯意が外部に明確になったときとする主観説と*構成要件'に該当する行為の一部を開始したときとする客観説が対立していた。その後，主観説が支持を失うとともに，客観主義の立場を基礎としながら，構成要件的行為を行ったときとする形式的客観説と結果発生の現実的危険のある行為を行ったときとする実質的客観説が主に対立するようになった。判例（最決平成16・3・22刑集58・3・187）は，実質的客観説に立ちながら，行為者の計画を考慮に入れて結果発生の客観的な危険性を判断する立場（折衷説とも呼ばれる）を採用しており，学説上もこれを支持する者が多い。

3 処罰 未遂犯を処罰するかどうかは，個々の罪ごとに定める〔刑44〕。未遂犯の刑は裁判官が任意的に減軽することができ，中止未遂の場合は必要的に刑を減軽又は免除する〔刑43〕。

水際措置（知的財産権侵害に関する） 知的財産侵害物品の輸出入を差し止める制度〔関税69の2～69の21〕。知的財産侵害品が輸入された場合に，国内流通後に差し止めることが難しいことから規定されている。水際措置の対象は，*特許権'，*著作権'，*商標権'等の*知的財産権'の侵害品に限らず，*不正競争防止法'上の*不正競争'行為を組成する物品にも及ぶ。平成28年改正（法16）により*営業秘密'侵害品（生産方法等の技術上の情報の不正な使用により生産された物）も差止めの対象となった。その手続は*関税法'に規定され，権利者の申立による認定手続のほか，税関が職権で行う手続もある。輸出に対しても規定され，保税地域における差止めも認められている。物品の自由貿易を阻害することになるが，「世界貿易機関を設立するマラケシュ協定」（平成6条15）において，非関税障壁として認められている〔ガット20(d)〕。*トリップス(TRIPs)協定'において，水際措置の義務とその手続について，規定されている〔TRIPs51～60〕。

未成熟子 親から独立して生活する能力の欠ける子。未成年子（⇨*未成年者'）と異なり年齢によって厳密に定まるものではない。未成熟子の養育費は，婚姻費用分担請求等の対象となり，義務者の資産能力によっては，成年子の高等教育費用も含まれうる。

未成年者 Ⅰ 民法上，満18歳をもって成年とし〔民4〕，成年に達しない者を未成年者という。平成30年（2018）の改正（法59）で満20歳から引き下げられた。天皇・皇太子・皇太孫の成年はかつてから満18年と定められた〔典22〕。未成年者は*制限能力者'とされ，*親権者'・*後見人'の保護・監督に服する〔民818①・838①〕。親権者・後見人は未成年者の*法定代理人'として代理権をもつほか，未成年者が*法律行為'をするについて同意を与え，単独で有効な行為ができるようにする権限（同意権）ももっている。未成年者が法定代理人の同意を得ないでした法律行為は取り消すことができる（⇨*取消し'）〔民5②〕。しかし，贈与を受けるなど未成年者が単に権利を得，義務を免れるだけの行為や，法定代理人によって処分を許された財産の処分，営業を許可された場合の営業行為などについては法定代理人の同意は不要である〔民5①③・6〕。未成年者のうち，*責任能力'を欠く年少者は不法行為責任を負わない〔民712〕。また，未成年者は原則として単独では*訴訟行為'をすることができない〔民訴31〕ほか，私法上や公法上の資格について各種の制約がある〔民847①・852・974①等，酒税，煙禁，公証12①①，弁理士8⑩等〕。なお，*成年被後見人'・*被保佐人'・*被補助人'との比較については，「制限能力者」に掲げた［表：制限能力者の比較］を参照せよ。 ⇨未成熟子'

Ⅱ 刑法上，責任無能力とされる年少者（14歳未満の者〔刑41〕）のことを刑事未成年者ということもある。なお，責任能力のある14歳以上の者でも20歳未満の者の犯罪については，*少年法'の適用がある。

Ⅲ *労働基準法'は，*親権者'又は*後見人'が未成年者に代わって*労働契約'を締結すること，未成年者の*賃金'を代わって受領することを禁じる〔労基58・59〕。戦前における親権の濫用の弊に鑑みて，未成年者の労働契約上の法的地位を保護する趣旨である。

見せ金 **1 意義・仕組み** ＊預合い'とともに，株式の払込みを仮装するために用いられる手法。会社の設立の場合であれば，典型的には，イ ＊発起人'が払込資金を甲銀行から借り入れて，ロ それを乙銀行（＊払込取扱機関'）に払い込み，ハ 会社の成立とともに乙銀行が会社の＊代表取締役'に払込保管金を返還するが，ニ 代表取締役又は＊執行役'が返還を受けた払込金を発起人の甲銀行からの借入金の返済に充てるというものである。すなわち，会社には払込金相当額の資金が確保されないこととなる。

［図：見せ金の仕組み］

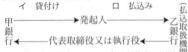

2 効果 イからニまでの行為は払込みの仮装をする意図の下になされた一連の行為であり，平成26年会社法改正（法90）前には，有効な払込みとはいえないとするのが通説・判例（最判昭和38・12・6民集17・12・1633）であった。しかし，平成26年改正により，出資の履行が仮装された場合にも，発起人・引受人は株主となることとされ（会社52の2④・102③・209②），見せ金による払込みが有効かについては明らかではなくなった。

見せ玉（ぎょく） 一般には株式を対象として，その市場価格を誘導するために，約定する意思がないにもかかわらず，市場に注文を出して売買を申し込み，約定する前に取り消し，あるいは価格を訂正する行為。インターネット取引の普及を背景として急増したが，近時は＊高速取引行為'により行われる場合が問題視されている。＊相場操縦'〔金商159②①〕として課徴金〔金商174の2〕，刑事罰〔金商197①⑤②〕・損害賠償責任〔金商160〕の対象となる。

見出し ⇨見出し'（巻末・基本法令用語）

満たない（みたない） ⇨満たない（みたない）'（巻末・基本法令用語）

みだりに ⇨故（ゆえ）なく・みだりに'（巻末・基本法令用語）

密接関係地法 ⇨最密接関係地法'

三菱樹脂事件 大学卒業と同時に，三菱樹脂株式会社に管理職要員として3カ月の試用期間を設けて＊採用'された労働者が，試用期間の満了直前に本採用を拒否されたため，会社に対して労働契約関係存在確認等の訴えを提起した事件。会社は，本採用拒否の理由として，同人が応募の際会社に提出した身上書の記載や面接試験における回答が，大学在学中の自治会活動や政治活動の事実等と相違する虚偽のもので，管理職要員として不適格であると主張した。第一審・第二審ともに労働者が勝訴した。最高裁判所は，イ 私人間においては思想・信条を理由とする採用拒否は当然に違法ではなく，採用時に思想・信条につき調査したり，申告を求めることも許されるとして，使用者の経済活動の自由の点からその採用の自由を広く認めた。また，ロ 本件の試用関係（⇨試用期間'）の法的性質を＊解約'権留保付きの労働契約関係として本採用拒否は雇入れ後の解雇に当たるとし，通常の解雇より広い範囲で雇用の自由が認められるが，客観的に合理的な理由が存し，社会通念上相当として是認されるか判断する必要があるとして，第二審判決を破棄差し戻した（最大判昭和48・12・12民集27・11・1536）。イロのいずれも判例の確立した考え方となっている。本事件はその後，原告・被告会社間で和解が成立し，原告労働者は復職した。なお，本事件の最高裁判所判決は，憲法の人権規定の私人間効力に関するリーディング・ケースともなっている（⇨私人間効力（人権）'）。

認印（みとめいん） ＊実印'以外の個人の＊印章'を一般的に呼ぶ語。これに対しては＊印鑑証明書'が交付されないので，慣習上重要な取引に使用されることが少ないが，押印の法律上の効力は実印と同一である。なお，公務員個人の印章を認印（にんいん）と呼ぶこともある〔戸則31④・32等〕。

認める ⇨認める'（巻末・基本法令用語）

みなし公務員 ⇨公務員'

みなし相続財産 ⇨相続財産' ⇨相続税'

みなし贈与財産 ⇨贈与税'

みなし配当 税法は配当概念を原則として会社法から借用しているが，会社法上は配当でない取引を税法上の配当とみなして課税することがあり，これをみなし配当という〔所税25，法税24〕。現行法は，法人が獲得した利益について，配当税額控除〔所税92〕を前提として，法人段階と株主段階で2回課税する建前をとっており，みなし配当課税は，この2段階課税を貫徹するための制度である。すなわち，法人の獲得した利益のうち，株主段階の課税を受けていない部分が株主に移転する機会を捉えて，それを配当とみなして課税するのである。

みなし弁済 ⇨貸金業法'

みなし有価証券 ⇨有価証券'

みなし利息 ＊金銭'の＊消費貸借'においては，貸主は＊利息制限法'の制限をくぐって脱法

的に高利を得る目的で，借主に対して，*元本'以外に礼金・割引金・手数料・調査料等の名目で金銭の支払を要求したり，受け取ったりすることがあるため，利息制限法は，その名目を問わず，これらの金銭を*利息'とみなして同法の制限に服させている〔利息3本文〕。これをみなし利息という。ただし，契約の締結及び債務の弁済の費用は，利息とみなされない〔利息3但〕。

みなし労働時間制 労働時間の算定は実労働時間について行われるが，その例外として，実際の労働時間と関係なく一定の時間働いたものとみなす制度。*労働基準法'上は，*坑内労働'〔労基38②〕，*事業場外労働'〔労基38の2①②〕及び*裁量労働'〔労基38の3・38の4〕について，みなし労働時間制をとりうる。⇨労働時間'

みなす（看做す） ⇨推定する・みなす（看做す）'〔巻末・基本法令用語〕

港 ⇨内水（国際法上の）'

水俣(ﾏﾀ)病事件 ⇨ 4大公害裁判'

みなみまぐろ事件 高度回遊性魚種であるみなみまぐろについては，日豪ニュージーランドが加盟する「みなみまぐろの保存のための条約」（平成6条3）下で国別漁獲割当を決定してきたが，資源状況を巡って見解の対立が生じ，1998年には決定がなされなかったため，日本は調査漁獲を実施した。これに対して，オーストラリア，ニュージーランドが*国際連合海洋法条約'違反を主張し，同条約附属書Ⅶ仲裁裁判所に提訴するとともに，調査漁獲の停止を求めて国際海洋法裁判所に暫定措置を要請した。海洋法裁判所は，仲裁裁判所が一応の管轄権をもつことを確認した上で，当事国の権利を保全し，海洋環境の一部のみなみまぐろ資源の更なる悪化を防ぐために，従前の国別割当量を超える調査漁獲を行わないこと，資源の保存管理交渉を遅滞なく再開すること等の暫定措置を命じた。他方で，国連海洋法条約附属書Ⅶ仲裁裁判所は，本件紛争は「みなみまぐろの保存のための条約」及び国連海洋法条約の両条約下で発生していることを確認した上で，別途の紛争解決手続に関する合意が存在する場合には，当該手続によって解決が得られず，かつ当該同意が他の手続の可能性を排除しない限りにおいて，国連海洋法条約上の手続に訴えることができるとする同条約281条に照らし，本件については「みなみまぐろの保存のための条約」16条が国連海洋法条約上の手続への付託を排除する趣旨であると解釈して，自らの管轄権を否定する決定を下した（国際海洋法裁判所命令1999・8・27，海洋法条約附属書Ⅶ仲裁判2000・8・4）。

見習期間 ⇨試用期間'

見習工 特定の技能を習得するため企業内で技能訓練を受けている者。養成工又は徒弟ともいう。使用者はこれらの者を家事その他技能の習得に関係のない作業に従事させてはならない〔労基69②〕。なお，*臨時工'や*試用期間'中の者を企業によっては見習工と呼ぶことがあるが，ここにいう概念とは異なる。

ミニ公開買付け ⇨自己の株式の取得'

身の代金目的拐取罪 **1 定義** 身の代金を目的として，人を*略取誘拐'する罪。刑法225条の2。従来は，営利目的拐取罪〔刑225〕の一種として処理されていたが，この種の犯罪が多発化，悪質化する傾向を示したのに対応して，昭和39年の刑法改正（法124）により新設された。**2 身の代金目的拐取の行為** イ 近親その他，被拐取者の安否を憂慮する者の憂慮に乗じて，その者から*財物'を交付させる目的で，人を略取・誘拐する行為〔刑225の2①〕，ロ 人を略取・誘拐した者が，近親その他，被拐取者の安否を憂慮する者の憂慮に乗じて，その者の財物を交付させ，又はこれを要求する行為〔刑225の2②〕，ハ 拐取者を幇助(ﾊﾞｳ)する目的で被拐取者を収受・輸送・蔵匿・隠避する行為〔刑227②〕，ニ 身の代金目的で被拐取者を収受する行為，又は収受した者が近親その他，被拐取者の安否を憂慮する者の憂慮に乗じて，その者の財物を交付させ，又はこれを要求する行為〔刑227④〕の4種に分かれる。犯人が被拐取者を殺害した場合は，別に*殺人罪'が成立することはいうまでもない。「安否を憂慮する者」の意義については議論があるが，判例はこれを「安否を親身になって憂慮するのが社会通念上当然とみられる特別な関係にある者」をいうとして，銀行の頭取を拐取して銀行の幹部に身代金を要求した事案について本罪の成立を肯定している（最決昭和62・3・24刑集41・2・173）。**3 処罰** 上記2のイロは無期又は3年以上の拘禁刑，ハは1年以上10年以下の拘禁刑，ニは2年以上の拘禁刑に処せられる。なお，これらの罪を犯した者が公訴提起前に被拐取者を安全な場所に解放したときは，刑を減軽する〔刑228の2〕。また，イハ及びニの前段は*未遂'〔刑228〕を，イは*予備'を罰する〔刑228の3〕。

美濃部達吉（1873～1948） 憲法・行政法学者。明治30年(1897)東京帝国大学法科大学卒業後，内務省に就職したが，明治32年にヨーロッパに留学し，翌年に東京帝国大学助教授となる。明治35年，東京帝国大学教授となり，昭

みはらいち

和9年に定年退官したが、この間、昭和7年に貴族院議員に勅任されている（昭和10年辞任）。*イェリネック'の影響を強く受けて、*国家法人説'を主張し、*明治憲法'の立憲的な解釈を打ち立て、*穂積八束'、上杉慎吉（1878〜1929）など君権絶対主義的な憲法論から激しく批判された。特に、軍部・右翼の軍国主義の思想運動に抵抗し、ために国体明徴派の非難と排撃を受け、昭和10年には、ついに憲法に関する著書の発禁を命ぜられるに至った。いわゆる*天皇機関説'事件である。しかし、憲法に関する著書の発禁処分を受けた美濃部は、行政法の研究を続行してこの分野での成果を上げた。そして、第二次大戦後には「新憲法概論」（昭和22）、「日本国憲法原論」（昭和23）を著すなど、晩年に至るまで研究活動を続けて、戦後初期の公法学界に大きな影響を与えた。戦前の著書には「憲法撮要」（大正12）、「逐条憲法精義」（昭和2）、「議会制度論」（昭和5）、「日本憲法の基本主義」（昭和9）、「日本行政法」（明治42〜大正5）などがある。

未払賃金の立替払事業　労災保険事業である*社会復帰促進等事業'の1つ〔労災29①③〕。労災保険適用事業の倒産時に労働者の未払賃金を立替払するもので〔賃確7〕、立替払の額は立替払対象賃金の未払分の80％相当額であるが、年齢区分別の限度額がある〔賃確令4〕。

未必の故意　1 意義　*故意'が認められる場合のうち、行為者が犯罪事実、特に結果発生を可能なものと認識している場合を指す。結果発生を確実なものと認識している場合及び結果発生を意図している場合である*確定的故意'と区別される。同じく結果発生を可能なものと認識している場合である*認識のある過失'と未必の故意をどのように区別するかについては見解が分かれており、故意と*過失'の限界の中心問題として議論されている。*認容説'からは、結果発生の可能性を認識しながらこれを認容した場合が、認識説からは、結果発生の蓋然性を認識した場合が、動機説からは、最終的に結果が発生すると考えながら行為に出た場合が、未必の故意であるとされている。
2 効果　未必の故意も故意の一種であるから、一般的には未必の故意があれば故意犯が成立するが、学説上、未必の故意では足りず、確定的故意を要すると解されている犯罪もある。例えば、*虚偽告訴罪'については、申告の虚偽性について確定的故意が必要だとする見解が主張されている。しかし、判例は未必的認識で足りると解している（最判昭和28・1・23刑集7・1・46）。また、目的犯である*背任罪'については、自己

の行為が任務の趣旨に違反することについての認識が確定的なものでなければならないとする見解があり、更に、図利加害の認識についても確定的認識を要するという見解が有力に主張されている（ただし、後者は厳密には故意の問題ではない）。判例は、図利加害の点につき、意欲ないし積極的認容までは必要ないとしている（最決昭和63・11・21刑集42・9・1251）。

身　分　I　日本国憲法14条・44条にいう*社会的身分'については、その項をみよ。

II　行政法上の用語としては、*身分保障'をみよ。

III　民法では親族法上の特定の地位をいう〔民789・809〕。⇒身分権'　⇒身分行為'　⇒家族法'

IV　刑法上の用語としては、*身分犯'をみよ。

身分から契約へ　*メイン'が、その著「古代法」で述べた有名な言葉（英 from status to contract）。社会の推移を要約して古代では人間を規定していたのは身分であったが、社会の発展に伴い、個人の自由な意思に基づく契約が次第に社会関係を規定する要素となるに至った事実を端的に表している。社会的進化論ともいえる考え方で、ダーウィン（Charles Robert Darwin, 1809〜82）の自然界における進化論と対比される。20世紀に入って*契約自由の原則'が制限されるようになると、この言葉は現在においても妥当するかどうかが改めて問題とされるようになった。

身分権　夫と妻、親と子というような親族法上一定の地位にあることに基づいて法律上認められた各種の権利の総称。例えば、夫婦は相互に貞操義務を負い〔民770①I参照〕その履行を請求する権利が、不法行為賠償の被侵害利益として観念される。また親は子に対して*監護教育権'〔民820〕をもつ。これらが身分権の例である。身分権は、原則として*一身専属権'であって代理行使・譲渡・相続ができず、*時効'によっても消滅せず、また、権利というよりも義務的な色彩が強いから*権利濫用'になりやすいなど、財産法上の権利に比べて特色を示すので、これらを身分権という包括的な概念で呼んでいる。

身分行為　婚姻・養子縁組などのように、身分の取得・変動という*法律効果'を生ずる*法律行為'をいう。身分上の法律効果は、当事者の真実の意思に基づいて決定する必要があるなどの点で共通の特色をもつから、法律行為に関する民法総則の規定〔民4〜21・90・137等〕を身分行為に適用すると、妥当でない結果が生ず

る。そこで，解釈上，その適用は排除されるものと一般に考えられており，民法の規定の上でも特則が設けられている。例えば，身分行為をするには*行為能力'を必要とせず，原則として*意思能力'があれば足り〔民738参照〕，*代理'の規定の適用がなく，それに*条件'・*期限'などを付すことも許されない。また，身分行為に瑕疵(ｼ)があった場合でも，民法総則の取消し・無効などの規定によらず，特別の規定によって解決される〔民743・747・748等〕。このように，身分上の法律効果の招来には一般の法律行為と異なる処理と観念とが必要であるため，身分行為という観念が唱えられている。

身分占有　一定の身分関係に相応する事実がある場合に，法が効果を付与する*フランス民法'の制度(possession d'état)。狭義には，特に実親子関係の成立において，親子関係を成立させる証拠となる事実や行為の総体をいう。氏の呼称，子としての処遇，周囲から親子として扱われてきた事実の3要素から成る。特に，出生証書及び身分占有をもつ子の嫡出子身分を原則として誰も争いえないとする，2005年改正前のフランス民法旧322条が，日本では有名である(⇨藁(ﾜﾗ)の上からの養子')。

身分なき故意ある道具　⇨故意ある道具'

身分犯　犯罪の成立に，犯人が特定の身分をもつことが要求されている罪。身分とは，男女の性別，内外国人の別，親族の関係，公務員たる資格のような関係だけでなく，一定の犯罪行為に関する犯人の人的関係である特殊の地位又は状態をいう(最判昭和27・9・19刑集6・8・1083)。*収賄罪'・*職権濫用罪'のように，身分のある者だけが行うことができる真正身分犯(構成的身分犯)と，常習賭博罪〔刑186①〕・業務上横領罪〔刑253〕のように，身分のある者に重い刑が科される不真正身分犯(加減的身分犯)とがある。身分犯で特に問題となるのは，身分者と非身分者が共同して犯罪を行うときである(⇨共犯と身分')。

身分法　⇨家族法'

身分保障　1 意義　*公務員'の身分(地位)が合理的理由なく不利益に変動させられることがないようにする法律上の保障をいう。

2 特別な公務員　裁判官は憲法で身分が保障されており〔憲78～80，裁48〕，会計検査院検査官〔会検6～8〕・人事官〔国公8〕・検察官〔検察25〕・公立大学教員〔教公特4～9〕・行政委員会委員〔独禁31等〕等，独立性の高い職務を遂行する公務員にも，その身分を強く保障する法制度がある。これらの公務員には，不利益を及ぼすための手続についても，懲戒裁判や*弾劾'〔憲64・78，裁49，裁限3～13，国公8①②・9〕・*国民審査'〔憲79②～④〕，検察官適格審査会の議決〔検察23〕，大学管理機関の審査〔教公特5・9〕等，特別の制度が定められている。行政不服審査会委員や情報公開・個人情報保護審査会委員についても身分保障の定めがある〔行審69⑦，情報審4⑦〕。

3 一般的な公務員　*一般職'の公務員については，*国家公務員法'・*地方公務員法'が，*分限'・*懲戒'上の措置を法定し，*不利益処分'としてなされるものにつき，*国家公務員'については法律・人事院規則で定める事由による場合でなければ，*地方公務員'については法律・条例で定める事由による場合でなければ，それぞれ職員の意に反してすることができないと規定した上で〔国公75，地公27②③〕，独立の第三者機関への審査請求制度を設けている〔国公90，地公49の2〕。一般職公務員に身分保障がなされる理由としては，国家公務員法・地方公務員法において，現代における*職業的公務員'が*全体の奉仕者'として政治的に中立であるよう，政権担当者による政治的人事を排するため，アメリカ公務員制度に倣った*メリット・システム'に基づく人事が求められていることが重視されている。⇨行政上の不服申立て'　⇨行政不服審査法'　⇨公務員の政治的行為'

4 教員　教員の身分は公務員であるかどうかを問わず尊重されなくてはならない〔教基9②〕。

見本売買　見本によって*売買'の目的物の品質属性を定める売買。普通は，*不特定物'について見本売買が行われるが，後に引き渡された目的物の品質・属性が見本と異なるときは，仮に目的物が通常の基準からみれば正常なものであるとしても，なお債務の本旨に従う履行でないとして，売主は*債務不履行'の責任を負わなければならない。また，特定物についても，ときに見本で売買されることがあるが，その場合に目的物が見本と異なるときは，売主は*瑕疵(ｶｼ)担保責任'(契約不適合責任)を負う。

未満　⇨未満'(巻末・基本法令用語)

身元保証　1 意義と性質　例えば，A(使用者)がB(被用者)を雇ってこれを使用する場合に，使い込みや病気など，将来BがAに対して損害をもたらすことがあるのに備えて，親や知人などのような第三者C(身元保証人)にその損害を塡補するように約させておく場合がある。このように，雇用契約に伴って使用者が被用者によって受ける損害を第三者に担保させるものを，身元保証という。身元保証契約の趣旨が，Bの*債務不履行'(労務を提供しないなど)や

みもとほし

'*不法行為'(金銭の使い込みなど)によってBが負う損害賠償をCが担保することにある場合には、Bの主たる債務を担保することを目的としているから、一種の'*保証債務'(将来債務の保証又は'*根(ね)保証')の性質をもつ。これに対し、Bが債務を負うかどうかを問わず、Bを雇用することによってAが被るであろう一切の損害を担保させる場合(Bの病気によってAが受けた損害をも担保させるなど)には、主たる債務の存在を必要とせず、したがって、これは'*損害担保契約'の性質をもつ。更に、Aが損害を受けたときに、その財産上の損害を担保するだけでなく、Bの身上についてもAに一切迷惑をかけない(例えば、Bが病気のとき、その身柄を引き取るなど)という趣旨のものもある。

2 法律関係 雇用契約に伴う身元保証については、身元保証ニ関スル法律(昭和8法42)が制定され、身元保証人の責任の軽減を図っている(同法に反する特約で、身元保証人に不利なものは'*無効'である〔身元保証6〕)。同法によれば、期間の定めのない身元保証契約の存続期間は原則として3年〔身元保証1〕、期間を定めた場合でも5年を超えることはできない〔身元保証2①〕。契約は更新できるが、これも更新時から5年を超えることはできない〔身元保証2②〕。また、Aは、Cの責任が生ずるおそれがある一定の場合(Bに業務上不適任又は不誠実な事跡があって、そのためにCの責任が生ずるおそれがあることをAが知ったとき、及びBの任務や任地を変更したためにCの責任が加重されたり、Bの監督が困難になったとき)には、その旨をCに遅滞なく通知しなければならず〔身元保証3〕、Cは、この通知を受けたとき、又は自らこれらの事由を知ったときには、将来に向かって契約の解除をすることができる〔身元保証4〕。裁判所がCの損害賠償責任及びその金額を定めるにあたっては、Aの'*過失'やCのした注意など一切の事情を参酌する〔身元保証5〕。更に、身元保証が根保証としての性質をもつとともに保証人が個人であるときには、個人根保証契約に関する民法の規律も適用される(例えば、極度額を定めなければ効力を生じないこととなる〔民465の2②〕)。

身元保証保険 ⇨信用保険'

宮沢俊義 (1899~1976) 憲法学者。大正12年(1923)、東京帝国大学法学部卒業。'*美濃部達吉'の後継者として憲法講座を担当するも、戦前にあってはその自由主義的・合理主義的な学説の展開は妨げられた。戦後、政府の'*大日本帝国憲法'改正作業に加わり、勅選貴族院議員として日本国憲法の審議にも参画。'*八月革命説'により日本国憲法成立の法理を弁証。価値相対主義・方法二元論(価値判断と認識とを峻別(しゅんべつ)する立場)に立って、法の科学の任務として'*イデオロギー批判'の重要性を説き、自ら'*主権'論や'*国民代表'論に優れた業績を上げるとともに、憲法解釈の領域でも標準となる教科書・注釈書を公刊し、学界をリードした。代表的著書は、「憲法Ⅱ」(新版昭和46)、「全訂日本国憲法」(芦部信喜補訂・昭和53)、主要論文は、「憲法と裁判」「公法の原理」「憲法の原理」「憲法の思想」(以上昭和42)等に収められている。

苗字(みょうじ) ⇨氏(うじ)'

ミランダ判決 1966年アメリカ連邦最高裁判所が下した判決(Miranda v. Arizona, 384 U. S. 436(1966))。'*被疑者'の'*黙秘権'を手続的に担保するため、身体拘束中の被疑者を取り調べる際には、イ 黙秘権がある、ロ 供述が不利益証拠になる、ハ '*弁護人'の立会いを求めることができる、ニ 資力がないときは公費で弁護人を付してもらうことができる旨を告知しなければならず、これを欠いたまま得られた自白は証拠とすることができないとする法則を定立したもの。

民営化 学問領域や論者により定義は異なりうるが、第2次臨時行政調査会の答申を受けて昭和60年以降実施された民営化は、一般的には'*公企業'の組織形態を民間企業に近づけることであったと説明できる。その接近の態様は3つに類型化できる。イ 電電・専売・国鉄の3公社は、それぞれ特別法により'*株式会社'へと組織変更され、前二者はそれぞれ日本電信電話株式会社、日本たばこ産業株式会社となった。電電公社の改組に際しては、同時に電気通信事業法により競争原理が導入された。国鉄は北海道旅客鉄道株式会社等に分割された(⇨特殊会社')が、平成28年までに4社が完全民営化している。ロ 農林中央金庫の場合のように、民間所有の'*認可法人'への移行を民営化の一態様として挙げることができる。ハ 例えば、かつての日本航空株式会社の場合は、従来の特殊会社を設立根拠法の廃止により通常の会社法上の株式会社に変更したもので、完全な民営化と称しうる。 ⇨規制緩和'

民間委託 ⇨委託'

民間航空の安全に対する不法な行為の防止に関する条約 ⇨モントリオール条約'

民間資金等の活用による公共施設等の整備等の促進に関する法律 ⇨ピー・エフ・アイ(PFI)'

民間職業仲介事業所に関する条約(第181号) *国際労働機関'(ILO)が1997年に採択。有料職業紹介事業を原則禁止した第96号条約の改定条約で,有料職業紹介事業,労働者派遣事業などの民間職業仲介事業所の事業運営を原則自由化し,各国の法令の定めるところにより許可又は認可の制度を導入できると定めている。また,そのサービスを利用する労働者の保護措置として,*個人情報の保護',機会均等・均等待遇の確保などを加盟国に求めている。日本は1999年に批准(平成11条9)。

民事再生 経済的に窮境にある債務者について,債権者の多数の同意を得て,裁判所の認可を受けた*再生計画'を通じて,債務者と債権者との間の民事上の権利を調整することにより,債務者の事業又は経済生活を再生すること。このような目的を達成するために平成11年に制定されたのが*民事再生法'である[民再1参照]。民事再生法は,通常の再生手続[民再21以下],住宅資金貸付債権に関わる手続[民再196以下](⇒住宅資金特別条項),*簡易再生'及び*同意再生'に関する手続[民再211以下],*小規模個人再生'の手続[民再221以下],*給与所得者等再生'の手続[民再239以下]などを規定する。民事再生の理念の基調は,再生債権者など権利者の利益を保護しつつ,再生債権者の同意の下に,*再生債務者'の自立的ないし自律的な再生を助力することにある[民再38②参照]。このように,経済的に破綻した債務者が再生することを通じて,改めて事業活動に参画したり,生活をやり直す機会をもつことが民事再生の終局の理念といえる。

民事再生法・民事再生規則 民事再生法は,経済的に窮境にある債務者の事業又は経済生活の再生を目的として,平成11年に制定された法律(法225)。その後,平成12年の改正(法128)により,住宅資金貸付債権に関する特則[民再196~206](⇒住宅資金特別条項),*小規模個人再生'及び*給与所得者等再生'に関する特則[民再221~238・239~245],外国倒産処理手続がある場合の特則[民再207~210]が追加され,平成16年には,*破産法'の制定に伴って規定が整備された(法76)。民事再生法の制定に伴い,同法が定める手続の細則である民事再生規則(平成12最高裁規3)が制定されている。

民事裁判権 *民事訴訟'を取り扱うための国家*統治権'の一部である権限。裁判の効力を当事者に及ぼし,執行において債務者を強制し,それに付随して*送達'や*公証'を行い,また,当事者・第三者を呼び出し尋問し,これに応じない場合に制裁を科する等の権能を総括する。民事裁判権は治外法権をもつ者には当然には及ばない(⇒外交特権')。外国は原則として民事裁判権から免除されるが[外国裁判権4],外国が民事裁判権に服することに同意した場合や(外国による訴え提起は,同意があったものとみなす),外国の商業的取引に関する裁判手続,外国と個人の労働契約で日本国内で労務が提供されるものに関する裁判手続などの場合には,免除は認められない[外国裁判権5~16](⇒国家免除')。民事裁判権の存在は*訴訟要件'の1つであり,これを欠く*訴え'は不適法として却下される。これを看過した判決は*上訴'で争えるが,*再審'はできない。しかし,その判決の内容上の効力(*既判力'・*執行力'・*形成力'等)は生じないと解されている。 ⇒裁判権'

民事事件 裁判手続の対象となる事件のうち,*私法'上の権利義務に関する事項を*審判'の対象とするもの。*刑事事件'及び*行政事件'に対立する概念として用いられ,*訴訟事件'と*非訟事件'とに分けられる。*明治憲法'下においては,民事事件と刑事事件は*司法裁判所'の*裁判権'に,行政事件は,*行政裁判所'の裁判権に服するとされた。現行憲法下では,裁判所が行政事件についても裁判権を行使するが,行政事件については,*行政事件訴訟法'が適用されるので,なお区別の意義がある。

民事執行 私法上の権利内容を強制的に実現する裁判上の手続。*民事執行法'が規定する。公法上の*金銭債権'の強制的実現手続である*滞納処分'や公法上の代替的作為義務を実現させる行政代執行(⇒代執行')と対置される。民事執行とは,イ 一般債権による*強制執行',ロ *担保権の実行としての競売'(担保執行),ハ 形式的競売(*留置権'による競売及び換価のための競売),ニ *債務者の財産状況の調査'の4つを意味する[民執1参照]。イは,一般の債権者が*債務名義'[民執22]に基づいてその*請求権'を強制的に実現する手続であり,その方法は請求権が金銭債権か否かで異なる。ロは,不動産・動産・債権その他の財産上に担保権を有する者による担保権実行手続であり,その方法は債務名義が不要である点を除き,ほぼ*金銭執行'に準ずる[民執180~194]。ハは,換価を主な目的とするものである[民執195]。ニは,強制執行を実効的なものとするために認められている執行準備手続である。大別して,*財産開示手続'と,第三者からの債務者財産の情報取得手続がある[民執196~203・204~211]。

民事執行法 昭和54年法律4号。かつて

みんじしん

の民事訴訟法(明治23法29)旧(昭和54法4改正前の)6編「強制執行」と競売法(明治31法15)を統合して制定された民事執行手続の基本法。執行手続の迅速化、債権者の権利実現の確実化、買受人の地位の安定、債務者の生活の保持を理念として掲げる。当初、*強制執行', *仮差押え'・*仮処分'の執行、*担保権の実行としての競売'(担保競売)、形式的競売'(*留置権'による競売及び換価のための競売)、の4つを内容としていたが、仮差押え・仮処分の執行は*民事保全法'の制定に伴い、そちらにとり込まれることとなった。その後、*債務者の財産状況の調査'が、民事執行概念にとり込まれることとなった(⇨民事執行').

民事信託 ⇨商事信託'

民事責任 他人の権利あるいは利益を違法に侵害した者が私法上負う責任。普通には、刑事責任に対するものとして*不法行為'責任を指すが、広く*債務不履行'責任をも含めて私法上の損害賠償責任一般を指す場合もある。民事責任の特色は、刑事責任が行為者に対する応報であり、社会にそのような害悪が発生することに対する1つの予防手段であるのに対し、被害者に生じた損害を塡補することにある。ただし、民事責任にも制裁的性質があることを強調する見解もある。更に、民事責任と刑事責任とは、裁判手続上、民事裁判と刑事裁判として、分離して処理されているが、一定の犯罪については、刑事裁判手続で損害賠償を請求できることとなった〔犯罪被害保護23以下〕。⇨責任'

民事訴訟 1 意義 広義では、*私法'上の権利義務に関して生じる紛争について、司法機関たる*裁判所'で行われる手続全般、狭義では、私法を適用して権利義務等の存否を確定するための手続である*判決手続'を指す。刑事訴訟、*行政訴訟'と区別される。民事紛争の解決手段には様々なものがあるが、民事訴訟は、国家機関である裁判所が関与する公的な手続であること、そこでの判断や作用は法に基づいてなされ、強制力を伴うところに特徴がある。もっとも、民事訴訟制度の目的については、権利保護説、私法秩序維持説、紛争解決説、多元説などの考え方の対立がある。

2 種類 広義の民事訴訟の中には、権利義務の内容の判断又は形成を目的とする判決手続及び非訟手続のほか、権利義務を強制的に実現することを目的とする*民事執行'手続、権利の保全を目的とする*民事保全'手続、包括的・集団的な債務の処理を目的とする倒産処理手続が含まれる。狭義の民事訴訟手続である判決手続には、通常訴訟のほか、*手形訴訟', *小切手訴訟', 少額訴訟(⇨少額訴訟手続')、*人事訴訟'などの特別訴訟(⇨特別訴訟手続')がある。行政訴訟は、*公権力'の行使に関して生じる紛争を対象とする点で民事訴訟と区別されるが、手続としては、民事訴訟法の規定が補充的に適用される〔行訴7〕。また、非訟手続は、権利義務についての裁判所の判断であるが、簡易柔軟な手続により、権利義務の具体的態様を形成するものである点で、判決手続と区別される。実質は*非訟事件'であるが、判決手続によって処理されるものとして、*共有物分割の訴え'〔民258①〕や筆界(境界)確定訴訟〔不登147等参照〕(⇨境界確定の訴え')などの*形式的形成訴訟'と呼ばれるものがある。⇨訴訟'

民事訴訟規則 平成8年最高裁判所規則5号。民事訴訟法3条の委任に基づいて最高裁判所が定めた規則。民事訴訟の手続に関して、申立ての方式、調書の記録事項を始めとする種々の事項につき詳細を定めている。*旧民事訴訟法'の下での旧民事訴訟規則(昭和31最高裁規2)に比べて、大幅に条文数が増え、規律する範囲が民事訴訟手続の全般に及んでいることが特徴である。⇨民事訴訟法'

民事訴訟手続に関する条約 *ハーグ国際私法会議'で作成され、1954年に署名、1957年に発効した条約。日本は、1970年に批准し(昭和45条6)、実施のために「民事訴訟手続に関する条約等の実施に伴う民事訴訟手続の特例等に関する法律」(昭和45法115)及び同規則(昭和45最高裁規6)を制定している。*国際司法共助'及び外国人の訴訟上の扱い、すなわち、証拠調べ、訴訟費用の担保、訴訟救助、身分証書の無償交付及び身体拘束等について規定している。ハーグ国際私法会議は、1896年及び翌年の第1次の条約及び追加議定書(1899発効)、1905年の第2次の条約(1910発効)に続き、第二次大戦後の国家の消滅・誕生による地理的適用関係の明確化とイギリスの条約参加を得るために、本条約を作成した。しかし、イギリスの参加は得られなかった。その後、アメリカの要請などもあり、本条約の各構成部分に対応して、1965年の*送達条約', 1970年の*民事又は商事に関する外国における証拠の収集に関する条約', 1980年の「裁判所の国際的利用に関する条約」(1988発効)の3つの新規条約が作成されるに至っている。

民事訴訟法 1 意義 形式的には、判決手続を規律する法律である民事訴訟法典(平成8法109)を指す。実質的には、民事訴訟制度全体

を規律する法規の総体を意味し，それには上記の民事訴訟法典のほか，*裁判所法'，民事訴訟費用等に関する法律，*弁護士法'，人事訴訟法，*民事執行法'，*民事保全法'，*破産法'，民事再生法(⇨民事再生法・民事再生規則')，仲裁法，*民事訴訟規則'などが含まれる。実質的意義の民事訴訟法は，国家の*裁判権'の行使について規定する点で*公法'に属するが，民法・商法等(*実体法')を適用して私人間の紛争を解決する手続を定めるものであり，機能的には*私法'と密接に関連する。現在の民事訴訟法典は平成 8 年に制定され平成 10 年 1 月 1 日から施行された。令和 4 年には訴訟手続の IT 化を中心とする大幅な改正がなされた(法 48)。

2 沿革 前身の旧民事訴訟法典は，*ドイツ民事訴訟法'(1877 年制定)の翻訳的草案(ドイツ人テヒョー(Hermann Techow)の起草)を基にしたもので，*判決手続'(この部分は大正 15 年(1926)に大幅に改正されている)以外に強制執行，保全(仮差押え・仮処分)，公示催告，仲裁の手続を規律するものであった(⇨明治民事訴訟法'⇨旧民事訴訟法')。その後，民事執行法及び民事保全法が制定されて次第に旧民事訴訟法典の規律対象が狭まり，判決手続の部分が大幅に改正されて，新たに現在の民事訴訟法典が制定された。この時点で公示催告及び仲裁に関しては，旧民事訴訟法典の規律内容がそのまま残されたが，その後，仲裁法が制定され，更に公示催告に関する規定は，改正の上，*非訟事件手続法'に編入され，旧民事訴訟法典は完全に効力を失った。

民事調停 民事調停法(昭和 26 法 222)及び民事調停規則(昭和 26 最高裁規 8)に従い，民事に関する紛争について，当事者の互譲により，条理にかない実情に即した解決を図る手続[民調 1]。原則として簡易裁判所の管轄であり，調停委員会が調停を行うが，受訴裁判所の決定により調停に付することもできる〔民調 3・5①・20①〕。合意を記録した電子調書は，裁判上の和解と同一の効力を有するが，見込みがない場合，裁判所は調停に代わる決定(⇨調停に代わる裁判')をすることができる〔民調 14・17〕。調停不成立等の場合，2 週間以内に訴えを提起したときは，調停申立ての時に提起したものとみなされる〔民調 19〕。 ⇨調停'

民事仲立人 他人間の*商行為'以外の行為の*媒介'(例えば，非商人間の土地・家屋の売買・貸借の周旋，婚姻周旋，営利職業紹介〔職安 4①③・30 参照〕など)をすることを業とする者。商行為の媒介をするものではないから*仲立人'ではないが，営業として*仲立'に関する行為をすることから*商人'となる〔商 502 Ⅲ・4①〕。仲立人・民事仲立人を含めて*ブローカー'と呼ばれることもある。

民事判決原本 **1 意義** 民事裁判において，判決を言い渡すために担当裁判官によって起草され，判決正本や謄本の原稿として用いられる文書。「判決原本」は，明治 24 年(1891)施行の民事訴訟法(⇨明治民事訴訟法')において定立された呼称だが，それ以前の判決言渡書の類についても遡ってこの呼称が用いられることが多い。裁判所に一定期間保存された後，司法文書としての現用を終えた歴史資料として国立公文書館に移管保存される。国立公文書館では「要審査公開」の扱いとされている。

2 廃棄方針と保存運動 明治 18 年(1885)「大審院並裁判所書類保存規程」(司達丁 21)によって民事刑事の判決言渡書は永久保存とされていたが，最高裁判所は昭和 39 年(1964)に「事件記録等保存規程」(最高規 8)を定めて民事下級審の判決原本の保存期間を「確定後 50 年」と改め，但書によって「当分の間永久保存」としたものの，平成 4 年(1992)に但書を廃して，確定後 50 年を経たもの は廃棄処分とする方針を示した。この際，歴史資料としての保存を求める声が上がったが，当時は，国立公文書館に司法文書を収蔵することが想定されていなかったため，当面の廃棄対象とされた明治初年から昭和 18 年までの確定分を全国 10 の国立大学で一時保管する措置がとられた。

3 史料としての保存と利用 平成 11 年の国立公文書館法(法 79)の成立によって司法文書の国立公文書館への収蔵が可能となり，一時保管分は平成 23 年までに移管された。なお，一時保管の間に，明治初年から明治 23 年末までの確定分約 55 万件を採録したデータベースが国際日本文化研究センターにおいて構築され，研究目的に限定して供用されている。

4 民事訴訟制度の IT 化 令和 4 年 5 月に民事訴訟法等の一部を改正する法律(法 48)が成立，判決は「電子判決書」として作成・管理されることになった。「公布の日から 4 年以内」に予定されている同法の全面施行に伴い，紙媒体の判決原本はその役割を終え，民事判決の情報は電子データの形で保存されることになる。判決以外の民事裁判情報と併せ，データベース化へ向けた検討が，法務省において進められている(2024 年 7 月現在)。

民事不介入 民事の法律関係には警察権は関与してはならないとする原則。警察公共の原

則(⇨'警察権の限界')の1つで，民事の法律関係不干渉の原則とも呼ばれる。民事紛争は，民商法などの実体私法によって規律され，民事訴訟法等に従って司法権によって解決されるべきであるという考え方が背景にある。ただ，民事紛争が背景にあっても，犯罪行為のおそれがあるなど公共の安全と秩序に影響がある場合には，警察権の発動の要件は満たされる。そこで，平成3年に*暴力団員による不当な行為の防止等に関する法律'，平成12年に*ストーカー規制法'及び「児童虐待の防止等に関する法律」，平成13年にDV防止法(*配偶者からの暴力の防止及び被害者の保護等に関する法律')が制定され，犯罪等の予防のために，警察の積極的介入を求める傾向が定着しつつある。

民事法　民事裁判の基準となる私法の実体法(民法や商法)とその手続法(民事訴訟法や*非訟事件手続法')の総称。刑事法に対する。元々，民事と刑事という言葉は，裁判に関連して使用されてきたものであり，民事訴訟法・刑事訴訟法，裁判所の民事部・刑事部などはその例である。

民事法律扶助　⇨'法律扶助'

民事保全　民事訴訟の*本案'の権利の実現を保全するための*仮差押え'及び係争物に関する*仮処分'並びに民事訴訟の本案の権利関係につき仮の地位を定めるための仮処分を，総称していう〔民保1〕。*民事保全法'は，これについての基本法である。民事保全の手続は，*保全命令'の手続と*保全執行'の手続とから成る。

民事保全法　平成元年法律91号。一般の*仮差押え'・*仮処分'である*民事保全'についての基本法。本法制定前は*保全命令'手続は民事訴訟法に，*保全執行'手続は*民事執行法'に規定されていたが，それらが本法に統合されることになった。

民事又は商事に関する外国における証拠の収集に関する条約　*ハーグ国際私法会議'で作成され，1970年に署名，1972年に発効した条約。英米を含むヨーロッパ各国が当事国となっているが，日本は未批准。1905年及び1954年の*民事訴訟手続に関する条約'のうち，外国での証拠調べに関する部分を改正するものである。両条約の締約国間では本条約が適用される〔証拠収集約29〕。相手国の「中央当局」に宛てて嘱託書を送付して*司法共助'を要請する方法，及び自国の外交官等又は指定されたコミッショナーが証拠収集を直接行う方法が規定されているが，留保により後者の方法は拒否することができる〔証拠収集約33〕。また，「公判前の文書の開示手続」の実施を拒否する留保も認められており〔証拠収集約23〕，多くの締約国がこの留保をしている。しかし，この留保国との関係でも，アメリカは，本条約は証拠収集方法を制限するものではないとの解釈の下に，*国際礼譲'には配慮するものの，自国法による外国でのディスカバリー(⇨'証拠開示')は実施できるとの立場をとっている。

民事又は商事に関する裁判上及び裁判外の文書の外国における送達及び告知に関する条約　⇨'送達条約'

民事免責　*同盟罷業'(ストライキ)は労働者による集団的な労務提供の拒否であるから，労働者は，本来ならば，*債務不履行'の損害賠償責任を負担するはずである。そして，*労働組合'が労働者をストライキに参加させれば，労働組合も*不法行為'の損害賠償責任を負うはずである。また，*ピケッティング'は就労希望者に就労しないように働きかける行為であるから，労働組合がピケッティングを行うと，労働組合は，本来ならば，不法行為の損害賠償責任を負うはずである。しかし，*労働組合法'は「使用者は，同盟罷業その他の争議行為であつて正当なものによつて損害を受けたことの故をもつて，労働組合又はその組合員に対し賠償を請求することができない」〔労組8〕と規定して，ストライキやピケッティングが正当な場合には，労働者も労働組合も使用者に対して債務不履行や不法行為の責任を負担しないとした。これを民事免責という。*刑事免責'とともに，憲法28条の*団体行動権'の保障の具体化であると解されている。

民衆争訟　⇨民衆訴訟・民衆争訟'

民衆訴訟・民衆争訟　**1 意義**　国又は公共団体の機関の法規に適合しない行為の是正を求めるために，選挙人である資格その他自己の法律上の利益に関わらない資格で提起される争訟を民衆争訟といい，このうち，裁判所に訴えるものを民衆訴訟〔行訴5〕という。現行法上認められている主な民衆訴訟・民衆争訟には，*公職選挙法'上の選挙無効や当選無効に関する争訟〔公選202〜207〕(⇨'選挙訴訟・選挙訴訟')，*地方自治法'上の*住民訴訟'〔自治242の2〕などがある。

2 性質　この種の争訟は，行政機関の行為の法適合性の維持を求めるものであり，個人の権利利益の救済を目的とするものではないことから，「法律上の争訟」〔裁3〕には該当しない(講学上の*客観訴訟')。したがって，出訴権が憲法上当然に認められるわけではなく，法律に定める場

合において，法律に定める者に限り提起することができる〔行訴42〕。
3 民衆訴訟の手続 民衆訴訟は*'行政事件訴訟'の一種であって，*'行政事件訴訟法'の規定の適用を受ける〔行訴2・5〕。訴訟の内容が，*'取消訴訟'・*'無効確認訴訟'・*'当事者訴訟'のいずれに類するかにより，それぞれの訴訟手続に関する定めが準用される〔行訴43〕。

民主集中制 **1 意義** 西欧型の立憲国家における権力分立制に対する，社会主義国家の権力統合の方式。
2 中国の民主集中制 文化大革命前の段階における中国の権力関係は，民主専制（新民主主義）といわれる。それは国家権力を掌握した人民，すなわち労働者・農民・小市民・民族ブルジョアジーの民主的諸階級による，地主階級，官僚資本家その他反動的・買弁的分子に対する連合独裁を意味するとされ，大規模な人権抑圧が許容されることとなった。文化大革命は，直接社会主義を建設するプロレタリア独裁を原理としたために，人権抑圧は更に深刻なものとなり，市民の生命そのものが奪われることも多かった。文化大革命期以後の政治では，それが批判された。1989年の天安門事件は，この流れを一時逆流させたが，1990年代の江沢民政権の下で，中国共産党の国民政党化が推し進められた。 ⇨*'中国憲法'

民主主義 **1意義** 民主主義（圏 democracy）の語源は，ギリシャ語のdemokratiaで，この語は人民を意味するdemosと，権力を意味するkratiaとが結合したものであり，「人民の権力」という意味を表す語である。民主主義は，極めて多義的であるが，リンカーン（Abraham Lincoln, 1809～65）の有名な「人民の，人民による，人民のための政治」という言葉に示されているように，一応，人民が国家の権力を所有し，同時に，自ら権力を行使することと定義できるであろう。
2 民主主義と自由主義 民主主義はヨーロッパ近代の市民革命以後，人類の普遍的価値として主張されるようになったが，ロシア革命・中国革命による社会主義権力が出現してからは，全く異なる2つのタイプの民主主義が対立するようになった。すなわち，精神活動の自由と所有権を中心とする個人の自由の保障を目的とする民主主義（⇨*'自由主義'）と，諸個人の平等の実現を目的とする民主主義との対立である。1980年代末期のソ連・東欧の社会主義の崩壊により，対立は意味を失ったようにみえるが，それは，社会主義社会で民主主義が虚偽意識となっていたからであり，平等を指向する民主主義の理念が否定されたのではなく，この2つの対立の意味を明確に把握する視点を失ってはならない。
3 日本の場合 *'明治憲法'においては，天皇が*'統治権'の総攬（そうらん）者とされ，その意味で*'主権'は天皇に属したが，現行憲法は，主権は国民に属すること（⇨*'国民主権'）を明定する一方，国民の*'参政権'を保障して，はっきりと民主主義を採用している。
4 国際社会の民主主義 国際社会は，国家の大小にかかわりなしに，主権国家として平等であるとの前提に立って（⇨*'主権平等'），民主主義的に運営されている。これに対し，一部の有力国は，力の差を前提にした，発言力の増大を要求している。

民主制 *'民主主義'を実現することを目的とする政治形態。衆民政ともいう。具体的な形態としては，国民の直接的政治参加を原理とする*'直接民主制'と，国民の政治参加を代表選出に限り，権力の実際の行使をその代表に委ねることを原則とする*'代表民主制'（間接民主制）とがある。近代国家においては，国家規模の大きさと，国政の専門化・複雑化という条件に規定されて，代表民主制が最も一般的な形態となっている。この場合，民主制は議会主義・権力分立主義・法治主義・普通平等選挙等の諸制度に具体化されると考えられる。しかし，代表民主制において，しばしば特殊利益だけが代表され，代表者が国民全体の代表でなくなるという欠陥を是正するため，現代国家においては，*'国民投票'（レファレンダム），国民発案（*'イニシアティブ'），国民罷免（*'リコール'制）等の直接民主主義的諸制度が広く取り入れられている。

民商二法統一論 形式的には，民法典と商法典とを1つの法典に統合するのが妥当であるという見解のことである。スイス債務法（⇨*'スイス民法'）やイタリア民法は民商二法が形式的な意味で統一されている。実質的には，商法が民法の*'特別法'として独自性をもつことを否定する見解のことである。企業関係だけでなく一般の経済生活も時代とともに高度に発展しているから，商法の規定を広く一般に及ぼすことが妥当であることを主な論拠とする。しかし，商法は企業関係の特殊性に対応した法律であるから，両者を統一するのは不可能であり，むしろ商法典を分解して会社法・有価証券法・保険法などの単行法とするのが適当であるという見解が，日本では有力である。現実にも，会社法及び*'保険法'が単行法として制定されている。

民生委員 社会奉仕の精神をもって住民

みんぞくか

の相談・援助にあたり、*社会福祉'の増進に努めることを任務とする、*名誉職'たる民間奉仕者〔民委1・10〕。*特別職'の*地方公務員'である〔地公3③②〕。市・特別区・町村の区域に置かれ、都道府県知事の推薦によって厚生労働大臣がこれを委嘱する〔民委3・5〕。任期は3年で〔民委10〕、イ 住民の生活状態の適切な把握、ロ 援助を必要とする者への相談・助言、ハ 福祉サービスの利用の援助、ニ *社会福祉事業'の経営者等との連携による事業支援、ホ *福祉事務所'その他の行政機関の業務への協力を職務とする〔民委14〕。*児童福祉法'上の児童委員を兼ね〔児福16〕、児童及び妊産婦の状況把握や相談・援助等を行う〔児福17〕。

民族解放団体 *国際連合'(総会決議 2918 (XXVII)・3103 (XXVIII))の実行では、国家としての独立と一体性を求めて、外国の植民地的支配、占領及び人種的差別に武力で抵抗している民族団体をいう。*自決権'の実現を目的とする。その認定は、国際連合の諸機関が関係の地域的機関と協力して行う。民族解放団体には、解放戦争における交戦法規（⇨国際人道法'）の適用（⇨ジュネーヴ四条約の追加議定書'）、和平・独立協定の当事者資格や国際連合とその*専門機関'及びそれらが主催する会議でのオブザーバー資格の付与等、今日、限定的な国際法主体性が認められつつある。 ⇨パレスチナ解放機構'

民族自決権 ⇨自決権（人民の）'

民定憲法 国民が直接に、又は国民から選挙された代表者（憲法制定会議）を通じて、制定する憲法。*欽定(きんてい)憲法'に対する。*国民主権'の思想に*契約説'の影響という点から民約憲法ともいえる。共和制をとる国に例が多い。アメリカ諸州の憲法、1946年の*フランス憲法'がこれに属する。なお、「憲法」に掲げた〔表：憲法の分類〕をみよ。 ⇨協約憲法'

民　法 1 意義　実質的には、市民社会における市民相互の関係を規律する私法の*一般法'をいい（実質的意味での民法）、形式的には、民法典（明治29年法89）を指す（形式的意味での民法）。民法典は実質的意味での民法の最も重要な法源であるが、民法典だけがその法源の全てではない。例えば、*一般社団法人及び一般財団法人に関する法律」、不動産登記法、区分所有法、*利息制限法'、動産債権譲渡特例法、身元保証ニ関スル法律、*消費者契約法'、*借地借家法'、*自動車損害賠償保障法'、製造物責任法、戸籍法、「任意後見契約に関する法律」などは、実質的意味での民法に属する。

2 民法典の制定　明治維新後、各国との不平等条約を是正するために近代法体系の整備が急務とされ、民法典の制定が準備された。政府は初め*ボアソナード'らに起草させた民法典を、明治23年(1890)に公布し、明治26年から施行を予定したが（⇨旧民法'）、これに対してこの法典が日本の国情に合わないとの反対論が生じ、明治25年にはその施行が延期された（⇨法典論争'）。そこで、改めて法典調査会が設置され、*穂積陳重'、*富井政章'、*梅謙次郎'の3名が起草委員となって、*ドイツ民法'第1草案、*フランス民法'その他の近代法典を範にして作られたのが、現行民法である。同法は、第1編・第2編・第3編（総則・物権・債権）が明治29年に公布（法89）、第4編・第5編（親族・相続）が明治31年に公布され（法9）、ともに明治31年7月16日から施行された。

3 編別　現行民法は、フランス民法や旧民法流の*インスティトゥツィオーネン方式'をやめ、いわゆる*パンデクテン方式'をとる。すなわち、総則・物権・債権・親族・相続の5編から成る。

4 改正　親族・相続両編は、戸主を中心とする家族制度を中心に規定されていたが、第二次大戦後、憲法の宣言する個人の平等と両性の本質的平等（憲24）の理想に従って、両編を根本的に改正する必要が生じ、昭和22年改正法（法222）が公布され、翌23年から施行された。その後も民法典にはいくつかの規定について小改正が行われた。また、平成16年には表記の口語化と判例・学説上異論のないところを最小限に変更する改正（法147）が行われた。 ⇨民法改正'⇨債権法改正'

5 特色　日本の民法は、近代民法典の特色を受け継ぎ、全ての人の法の下における平等、私有財産権の絶対的不可侵、契約の自由（私的自治）、過失責任が基本原理とされている。しかし、これらの基本原理も資本主義の変容とともに修正を迫られている。 ⇨法の下の平等'⇨契約自由の原則'⇨私有財産制度'⇨過失責任主義'

民法改正 1 日本における主な民法改正　民法（民法典）はこれまでに何度も改正されてきたが、とりわけ大きな改正はイ〜ハの3つである。イ　まず、現行民法典（前3編は明治29年、後2編は明治31年に公布）は、当初は*旧民法'（明治23年公布）の全面改正という形をとって立法作業が進められた。結果としては新法の形をとっているが、実質は改正にほかならない。ロ　次に、戦後の親族編・相続編を中心とした改正（昭和22年公布）は、民法の*家族法'部分を大きく改めたものであり、当時は「新民法」「昭

和民法」などと呼ばれた(これに対して民法の旧親族編相続編を「明治民法」と呼ぶ)。ハそして，平成21年から'法制審議会'での審議が始まった債権編を中心とした改正('債権法改正'と呼ばれている)は，総則編を含めて実質的な契約法部分を全面的に見直すものであり，平成29年に実現した。これに続き，平成30年以来，親族編・相続編の改正が相次いで行われており，令和6年までに5つの法改正が実現した。このほか令和3年には，物権編(所有権に関する部分)などの改正が行われた。物権編(担保物権に関する部分)や総則編(成年後見に関する部分)・相続編(遺言に関する部分)の更なる改正作業も進行中である。

2 民法改正の背景 これらの民法改正は，それぞれ条約改正，戦後改革，司法制度改革という大きな時代の流れの中で行われたものであり，保守・革新の政治的な対立を含むものであった。言い換えれば，体制選択とつながる民法改正は常に政治的な課題であったといえる。諸外国をみた場合にも，'フランス民法'典の制定(1804)，'ドイツ民法'典の制定(1896)，トルコ民法典の制定(1926)，中国民法典の制定(2020)など，同様の事例は少なくない。事柄の性質上，民法改正は強力な政治的権力による支持(フランスの場合のナポレオンがその典型例)がないと実現しにくい。そのため今日では，統一的な理念に基づく大改正は困難になりつつある。他方，政治的な思惑による改正の要求に対して，専門家としての法律家が集団でこれに抵抗し，一定の成功を収めた事例(親族編・相続編に関する大正末以降の改正案作成，戦後初期の再改正の阻止など)もある。

民 民 規 制 ⇨規制緩和'
民 約 憲 法 ⇨民定憲法'
民 約 説 ⇨契約説'

む

無 因 行 為 ⇨有因行為・無因行為'

無因債権・無因債務 例えば，手形上の債権・債務は，その原因関係である売買契約や消費貸借契約等とは別個・独立のもので，原因関係の有効・無効(したがって，代金債権・債務や貸金債権・債務の存否)とは関係なく有効なものとして取り扱われる(⇨無因証券')。この手形上の債権・債務のように，原因関係の存在あるいは効力に影響されずに効力を生じる債権を無因債権といい，そのような債務を無因債務という。手形・小切手債務以外では，判例は，振込みの受取人の普通預金債権はその振込みの原因となった法律関係に関係なく成立するとした(最判平成8・4・26民集50・5・1267)。 ⇨有因行為・無因行為'

無因証券 証券に表章される権利が，証券授受の原因である法律関係の有効な存在を要件としない'有価証券'。抽象証券・不要因証券ともいい，証券の作成前に存在している権利をそのまま表章するにすぎない'要因証券'・有因証券に対する。無因証券は，その権利の内容が証券上の記載によって決定されるから，'文言(½)証券'であり，'手形'・'小切手'がその代表的なものである。無因証券は，その表章する権利が，証券の作成によって発生する'設権証券'であり，証券授受の原因となった法律関係とは異なる。例えば，売買代金の支払のために手形が交付された場合でも，売買代金債権をそのまま表章するのではなく，手形の作成により原因関係(⇨手形の原因関係')上の権利とは別個の権利が独立に創造され，それが手形に表章される。したがって，売買契約が無効であるとか，又は取り消された場合でも，手形の効力はそれによって影響されない。そのため手形所持人は，原因関係の存在あるいは内容の証明を要しないで手形上の権利を行使することができる。また債務者は，原因関係上の事由を主張して権利の行使を拒むことができないのが原則であるが，手形授受の直接の相手方及び'悪意'の取得者に対しては，原因関係上の事由を抗弁として主張して(⇨人的抗弁' ⇨悪意の抗弁')，権利の行使を拒むことができる。

むがいつう

無害航行権 沿岸国の平和・秩序・安全を害しない限り、その*領海'において、全ての国の船舶に認められる通航権〔海法法約17。なお、領海約14①〕。沿岸国の領域主権と通商・航行の自由による利益との調和の結果である。1958年の領海及び接続水域に関する条約の、無害通航に関する規定〔領海約14～23〕を経て、更に*国際連合海洋法条約'は、その基本的枠組みを維持しつつ、「通航」を独立に規定する〔海洋法約18〕とともに、その後の国家実践の発展を踏まえ、より詳細かつ具体的な規定を置いた〔海洋法約17～32・45・52〕。通航とは、不必要な停泊・投錨（とうびょう）を伴わない領海内の通過又は*内水'への出入りのための航行を指す。無害性については、船舶の種類・装備等を基準とする船種別規制や通航の具体的態様を基準とする行為・態様別規制の考え方があったが、国際連合海洋法条約は、通航が沿岸国の平和・秩序・安全を害さないことと一般的に規定し、更に、有害とみなされる例として武力行使や武力による威嚇、武器の使用、漁業活動、故意のかつ重大な汚染行為などを列挙している〔海洋法約19。なお、領海約14④〕。沿岸国は無害通航に関する国内法令を制定し、無害でない通航を防止するために自国領海内で必要な措置をとることができるが、有害な通航の場合を除いて外国船舶の無害通航を妨害してはならない。軍艦の無害通航権については、解釈上の対立が依然として残っている。 ⇒通過通航権'

無議面株式 ⇒株式の単位'

無過失責任 1 意義 損害の発生につき、*故意'・*過失'がなくても*損害賠償'責任を負うこと。*過失責任主義'に対する。
2 無過失責任の必要性 近代法は個人の活動の自由を保障するため、過失責任主義を原則として採用した〔例：民709〕。しかし、鉄道・自動車・航空機のような高速度交通機関の発達、鉱業・電気事業・石油コンビナートなど危険な設備をもち、あるいは有害な排出物を出す大企業の発達は、各種の危険を創出し、多数の被害者を生み出した反面、過失の立証を困難にした。このような状況の下で過失責任主義を貫くことは、事実上被害者の救済を拒否することにつながる。そこで、過失責任主義を克服し、無過失責任を認める立法が次第に増加しつつある。
3 無過失責任の論拠 無過失責任論の根拠として主張されているものは、*危険責任'の考え方と*報償責任'の考え方とである。前者は、危険を作り出す者はそれから生じた損害を賠償しなければならないという考え方であり、後者は、利益を上げる過程で他人に損害を与えた者はその利益の中から損害を賠償しなければならないという考え方である。しかし、両方の考え方に根拠を置く場合も少なくない。また、*製造物責任'には、信頼責任の考え方も入っている、と考えられている。
4 適用領域 無過失責任に近い過失責任（*中間的責任'）として、民法では*使用者責任'〔民715〕等が、また特別法では、自動車運行供用者の責任〔自賠3〕が定められている。無過失責任としては、民法上は工作物の設置・保存の瑕疵（かし）に対する所有者の責任〔民717〕が、特別法では、鉱害賠償責任〔鉱業109～116〕、原子力事業者の責任〔原賠3〕、大気汚染・水質汚濁に対する事業者の責任〔大気汚染25、水質汚濁19〕などが定められている。なお、近年、製造物に起因する事故につき無過失責任としての製造物責任に関する立法が望まれていたところ、平成6年に製造物責任法（法85）が制定された。 ⇒国の不法行為責任'

無期禁錮 ⇒無期刑'

無期刑 拘禁期間を定めずに言い渡される、終身の期間にわたる拘禁を内容とする自由刑をいい、*有期刑'に対する語。令和4年の法改正までは無期懲役と無期禁錮の2種類の無期刑があった〔刑160（令和4法67改正前の）12・13〕が、*懲役'及び*禁錮'を廃止して単一の*拘禁刑'が創設されたことにより、無期刑も無期拘禁刑の1種類のみとなった。従来と同様、拘禁期間が10年を経過した後、「改悛（かいしゅん）の状」があるときは、行政官庁（地方更生保護委員会）の処分をもって仮釈放を許すことができる〔刑28、更生16①〕。また、18歳未満の者については、*保護処分'優先主義により、*死刑'に処すべきときは無期拘禁刑に減軽し、無期禁錮に処すべきときは10年以上20年以下の有期拘禁刑に減軽することができる〔少51〕。かつて、無期懲役の合憲性が判例で争われたが、最高裁判所は合憲と判断した（憲法36条について、最大判昭和24・12・21刑集3・12・2048、憲法13条・31条について、最判昭和31・12・25刑集10・12・1711）。また、勤労の権利を規定した憲法27条1項との関係で無期禁錮の合憲性を認めた最高裁判所の判例として、最大判昭和33・9・10刑集12・13・2897がある。 ⇒終身刑'

無議決権株式 ⇒議決権制限株式'
無期懲役 ⇒無期刑'
無記名債権 証券上に特定の権利者名を表示せず、証券の所持人に弁済しなければならないものとする*債権'。商品券・乗車券・劇場入

場券がその例。以前は，無記名債権ないし証券は*動産'とみなされていたので〔民旧86③〕，譲渡は当事者の*意思表示'だけにより行われ，証券の*引渡し'は*対抗要件'にすぎなかった〔民176・178〕。しかし，*債権法改正'によって，無記名証券は*有価証券'の法理に従うことになり，*記名式所持人払証券'に準じる規定が設けられた〔民520の20〕。その結果，その譲渡には証券の交付が効力要件となり，*善意取得'についても，動産の*即時取得'〔民192～194〕ではなく，*有価証券の善意取得'の法理に従うことになった〔民520の20・520の15〕。譲受人に対する債務者の抗弁権は制限され〔民520の20・520の16〕，債権者でない者に対する*善意'・無過失の弁済は受領権者としての外観を有する者に対する弁済として保護される〔民478〕。 ⇨証券的債権'
無記名式裏書 ⇨白地式裏書'
無記名式小切手 特定の*受取人'の記載を欠く*小切手'のこと。受取人の記載が全くないもののほか，持参人を権利者とする旨の記載をしたもの(持参人払式小切手)も無記名式小切手ということがある。小切手の場合には，*手形'と異なり，持参人払式のものも認められ〔小5①③〕，また，受取人は必要的記載事項ではなく，その記載のない小切手は持参人払式とみなされる〔小5③〕。⇨持参人払式小切手'
無記名社債 社債権者の氏名(名称)が券面に記載されない無記名式の社債券が発行されている*社債'のこと〔会社681④〕。無記名社債では*社債原簿'にも社債権者の氏名は記載されない)。公募債は振替社債でない場合はほとんど無記名社債である。無記名社債は*無記名証券'〔民520の20〕であり，社債券が発行されているため，常にその譲渡・質入れには社債券の交付が効力要件となる〔会社687・692〕。社債券の占有には権利推定効があり〔会社689①〕，善意取得の制度もある〔会社689②〕(⇨有価証券の善意取得')。会社が特別の定めをしない限り，記名社債と無記名社債の相互転換が認められる〔会社698〕。無記名社債権者が*社債権者集会'について招集請求権や議決権を行使しようとするときは，社債券の提示が求められる〔会社718④・723③〕。
無記名証券 特定の*受取人'の記載を欠く*有価証券'。権利者に関する記載が全くないもの(小5③参照)のほか，持参人を権利者とする旨の記載のある，いわゆる*持参人払証券'も無記名証券に含まれる。この証券の所持人には権利者としての形式的資格が認められ，また，その譲渡・質入れは証券の交付だけで行われ，*善意取得'〔小5③・21，民520の20・520の15〕や抗弁の制限〔民520の20・520の16，小22〕(⇨人的抗弁')も認められる。*無記名式小切手'，*無記名社債'などがこの例である。
無記名投票 投票用紙に選挙人の氏名を記載することを禁ずる制度〔公選46④〕。選挙人の氏名を記載すると，*他事記載'として投票は無効となる。*秘密投票'の一形式。*記名投票'に対する。無名投票ともいう〔衆規3②，参規4②〕。⇨投票の秘密'
無競争当選 ⇨無投票当選'
無期労働契約転換 平成24年改正*労働契約法'(法56)18条によって，有期労働契約に基づく雇用期間が，平成25年4月1日以降，通算して5年が経過することになる有期雇用労働者に対して，無期労働契約への転換権が付与された。ただし，複数の有期雇用契約の間に，6カ月以上の空白期間(契約期間が1年に満たない場合には，かかる空白期間は契約期間の2分の1以上の期間に縮減される)がある場合は，雇用期間は通算されない。平成25年改正研究開発力強化法(法99)(現科学技術・イノベーション創出の活性化に関する法律)15条の2によって，大学等の研究機関における研究者については5年が10年に延長されている。更に，平成26年の「専門的知識等を有する有期雇用労働者等に関する特別措置法」(法137)により，厚生労働大臣の認定を得た場合には，定年後引き続き雇用されている期間は労働契約法18条の通算契約期間に算入されず，また，5年を超える一定の期間内に完了することが予定される業務(特定有期業務)に従事する年収1075万円以上の一定の高度専門職について，労働契約法18条の通算契約期間は，特定有期業務の完了までの期間(上限10年)とされる。
無 形 偽 造 ⇨有形偽造・無形偽造'
無形固定資産 1年を超えて利用される，物理的実体を有しない資産。有形固定資産及び投資その他の資産ともに固定資産の一区分である。*のれん'，特許権，借地権，地上権，商標権，実用新案権，意匠権，鉱業権，漁業権，入漁権，ソフトウエア，リース資産，公共施設等運営権，その他の無形資産であって*流動資産'又は投資たる資産に属しないものなどが含まれる〔会社計算74③③，財務規27，連結財務規22〕。*借地権'や*電話加入権'を除き，時の経過とともに資産価値が減少すると考え，耐用年数に応じて，定額法(鉱業権については生産高比例法によることもある)によって*減価償却'を行う。
無形的損害 精神的損害と同じ意味に用いられることが多いが，精神的損害を生ずる余地

むげんせき

のない者（*'法人'など）が財産的損害以外に受けた損害を指すために用いられることもある。⇨精神的損害'

無限責任 ⇨有限責任・無限責任' ⇨無限責任社員'

無限責任社員 **1 意義** 会社債権者に対し会社債務の全額につき直接、連帯して責任を負う社員。*'有限責任社員'に対する。持分会社のうち*'合名会社'はこの種の社員だけから成り、*'合資会社'はこの種の社員と有限責任社員から構成される。
2 責任の内容 第2次的責任であって、会社財産による債務の完済不能又は会社財産に対する*'強制執行'の不奏効を条件とする〔会社580①〕。すなわち、社員は会社債権者に対し*'検索の抗弁権'をもつ。付従性があり、会社債務の消滅により社員の責任も当然消滅する。また、従属的責任であって、社員は会社が有する抗弁をもって会社債権者に対抗し〔会社581①〕、*'持分会社'が債権者に対し相殺（そうさい）権・取消権・解除権を有することを理由に、これらの権利の行使によって持分会社がその債務を免れるべき限度において履行を拒むことができる〔会社581②〕。責任を履行した社員は、会社に対しては*'第三者の弁済'による*'求償権'、他の社員に対しては*'連帯債務'者間の求償権〔民442〕をもつ。この責任については、*'短期消滅時効'の特則がある〔会社673〕。
3 資格 会社法により会社等の法人が無限責任社員になることが許容された。未成年者も許可を得て無限責任社員になることができ、社員の資格に基づく行為に関しては行為能力者とみなされる〔会社584〕。
4 誤認行為の責任 無限責任社員であると誤認させる行為をした合資会社の有限責任社員や合名・合資会社の社員でない者は、誤認した取引相手に対し無限責任社員と同一の責任を負う〔会社588①・589①〕。

無権代理 **1 意義** 代理権をもたない者が*'代理人'として*'法律行為'をすること。その者を無権代理人という。無権代理においては代理権が存在しないのであるから、本人に効果が帰属することはないし、無権代理人についても代理人として行為したのであるから、自己に法律行為上の効果を生ぜず、せいぜい相手方に対して*'不法行為'法上の損害賠償責任を負うことがあるにとどまるのが原則である。しかし、これでは無権代理人と取引をした相手方の保護に欠けるので、民法は、*'表見代理'の制度や*'追認'、無権代理人の責任を特に規定している。 ⇨代理'

2 表見代理・追認 まず、本人と無権代理人との間に特殊な関係がある場合には、表見代理として、特に本人に直接効果を生じさせる〔民109・110・112〕。表見代理が成立しない場合には（狭義の無権代理）、無権代理行為が契約であれば本人にそれを追認する余地を認め、追認すれば有効な代理行為があったものとされる〔民113①〕。しかし、追認するかどうかは本人の意思にかかるため、相手方の地位は不安定なので、相手方には本人が追認するかどうかを*'催告'する権利〔民114〕と、追認がない間は無権代理人のした契約を取り消す権利〔民115〕とが認められている。

［図：狭義の無権代理］

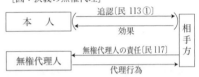

3 無権代理人の責任 無権代理行為について本人の追認が得られなかったときは、無権代理人は一定の要件の下に相手方に対し、相手方の選択に従い自ら履行するか損害賠償をしなければならない〔民117〕。この責任は*'無過失責任'と解されている。なお、無権代理行為が*'単独行為'である場合には、このような効力は原則として認められない〔民118参照〕。

無限連鎖講 メンバーとなることによって一定の金品を上位者に提供する義務を負うが、同時に、複数の下位者を勧誘すれば、その者から金品の提供を受けられるというシステム。いわゆるネズミ講のこと。このシステムは下位者の勧誘が無限に可能であるというフィクションの上に成り立っているが、実際には無限の連鎖は望むべくもない。システムの開設自体が詐欺的な行為として、*'無限連鎖講の防止に関する法律'によって禁止されている。商品の再販売等の形をとる*'連鎖販売取引'（いわゆるマルチ商法）にも実質的には無限連鎖講に近いものもあるので、禁止はされていないものの厳しい規制がなされている。

無限連鎖講の防止に関する法律 昭和53年法律101号。ネズミ講すなわち*'無限連鎖講'がもたらす社会的害悪の防止を目的とする法律。本法において「無限連鎖講」とは、先に加入した者が先順位者、以下これに連鎖して段階的に2以上の倍率をもって増加する後続の加入者がそれぞれの段階に応じた後順位者となり、順次

むこうこう

先順位者が後順位者の支出する金品から自己の支出した金品の価額又は数量を上回る価額又は数量の金品を受領することを内容とする無限連鎖の金品配当組織をいう〔無限連鎖講2〕。無限連鎖講の開設・運営・加入・勧誘及びこれらの助長行為を禁止し、これらを行った者に対し罰則を科す〔無限連鎖講3・5~7〕とともに、国・地方公共団体に対し無限連鎖講の防止に関する調査・啓発活動の任務を課している〔無限連鎖講4〕。

無効 I *法律行為'又はその要素である*意思表示'が当事者の表示した*効果意思'の内容に従った*法律効果'を生じないこと。*契約'が*公序良俗'に違反して*無効'となり〔90〕、*遺言'が方式を欠くために無効となる〔民960〕などがその例。無効ということの具体的な意味は、イ 無効な法律行為に基づいて現状の変更を要求すること(請求権)はできず(例えば、売買が無効であれば、代金の支払も目的物の引渡しも請求できない)、ロ 事実上既に履行してしまった場合には、その返還を請求することができる〔民121の2〕ということである。無効は、何人の主張がなくとも全ての人に対して当然効力を生じず、*追認'〔民119〕や時の経過によっても有効とはならない点で、*取消し'と対照的な差異がある。もっとも、民法上無効という場合にも、*心裡(しんり)留保'や*虚偽表示'による無効が*善意'の*第三者'には対抗できないなど〔民93②・94②〕、無効の効果を特定の人に対しては主張できないことがある。また学説には、無効が時の経過によって影響を受けないという原則にも疑問を呈するものがある。なお、法律行為の一部に無効原因がある場合に法律行為全体が無効となるかどうかという問題がある。明文の規定〔民133・278・360・410等〕があればそれによるが、ない場合には、全部を無効にしないと無効とする意味がないかどうかを考慮して決める。なお、無効と取消しの差異を示せば、表の通りである。

II *行政行為の無効'については、その項をみよ。

III *判決の無効'については、その項をみよ。

[表:無効と取消しの典型的差異]

	無効	取消し
無効又は取り消しうべき行為の例	意思無能力者の行為〔民3の2〕、公序良俗違反〔民90〕・強行法規違反〔民91〕の行為	制限行為能力者の行為〔民5・9・13〕、錯誤・詐欺・強迫による行為〔民95・96〕
特定人の主張を要するかどうかによる差異	特定人の主張があることを必要とせず、当然に効力がない	特定人(取消権者)の主張(取消し)があって初めて効力を失う〔民120〕
効力を失う時期	最初から効力がない	取消しがない間は効力があるが、取り消されると最初から効力がなくなる〔民121〕
追認	追認によって効力を生じないが、無効なことを知って追認すれば新たな行為をしたことになる〔民119〕	追認すれば確定的に有効となる〔民122。なお、民125〕
消滅の有無	放置しておいても効果に変化がない	放置しておくと取り消すことができなくなる〔民126〕

無効確認訴訟(行政法上の) **1 意義** *行政事件訴訟法'上の*抗告訴訟'の一類型で、行政*処分'又は*裁決'が無効であることの確認を求める訴訟をいう〔行訴3④〕。同じく抗告訴訟である*取消訴訟'〔行訴3②③・9①〕に準じた扱いを受けるが〔行訴38①~3〕、*出訴期間'制限〔行訴14〕や審査請求前置の制限〔行訴8①但〕には服しない。 ⇨無効等確認の訴え'

2 訴訟要件 行政処分又は裁決が無効であれば、無効の確認を受けるまでもなく、国民はその無効を前提として直接自己の権利を主張できる。例えば、無効の収用裁決により土地を奪われた者は、同処分の無効を理由に所有権を主張して土地の返還請求ができる。行政事件訴訟法は、このような場合、できるだけ行政処分又は裁決の無効を前提とする現在の法律関係に関する訴訟(*争点訴訟'〔行訴45〕、実質的*当事者訴訟'〔行訴4後〕)によって事件を解決すべきという観点から、無効確認訴訟の*原告適格'を制限している。すなわち、イ 当該行政処分又は裁決に続いて行われる行政処分により損害を受けるおそれのある者(例えば、無効の課税処分に基づき滞納処分を受けるおそれのある者)、又は、ロ 行政処分又は裁決の無効を前提とする現在の法律関係に関する訴訟では目的を達成することができない者(例えば、営業免許の申請拒否が無効の場合)に限り、提起できると定める〔行訴36〕。なお、イとロのいずれかを満たせば適法とされるとする理解(二元説)が従来からの一般的見解である。 ⇨先決問題'

無効行為の転換 *法律行為'が当事者の意図した通りの*法律効果'を生じない(*無効')が、

むこうしん

他の法律行為の要件を満たしているときに、後者の法律行為としての効力を生じることをいう。一般には、無効行為の転換は*'法律行為の解釈'の問題であって、地上権設定契約として無効なものを賃貸借契約として認める場合などがその例である。*'要式行為'の場合には、法律行為解釈とは別の問題として無効行為の転換が問題となる。秘密証書遺言としては要件を欠く無効のものでも、自筆証書遺言としての要件を備えていれば、後者として効力を認められる〔民971〕のがその例である(⇨'遺言')。一般には、2つの要式行為の方式が、法律上いかなる趣旨で要求されているかを吟味して慎重に決めるのが妥当である。判例は、自分の非嫡出子を*'嫡出子'として出生届をした場合には非嫡出子認知としての効力を生じる(最判昭和53・2・24民集32・1・110)が、一旦他人の嫡出子として届出がなされた後これを*'養子'とする縁組をしても認知の効力はないという(大判昭和4・7・4民集8・686)。

無効審判 特許・実用新案登録・意匠登録・商標登録を無効とすることを求める審判〔特許123、新案37、意匠48、商標46〕。本来登録すべきでないものが登録される場合もあり、無効審判はこれを消滅させるために用意されている手続である。無効事由は限定列挙されている。無効審判を経ることなく特許等が無効とされることはないが、無効審判を請求されれば無効となることが明らかな特許権に基づく権利の行使は権利濫用となるというのが判例であった(最判平成12・4・11民集54・4・1368〈半導体装置事件〉)。その後、平成16年の*'特許法'改正(法120)により、特許権侵害訴訟で、当該特許が「特許無効審判により無効にされるべきものと認められるとき」は、特許権の権利行使が制限される旨、規定されるに至った〔特許104の3〕。この規定は、*'実用新案法'〔新案30〕、*'意匠法'〔意匠41〕、*'商標法'〔商標39〕にも準用されている。

無効等確認の訴え *'行政事件訴訟法'上の*'抗告訴訟'の一類型で、*'処分'若しくは*'裁決'の存否又は効力の有無の確認を求める訴訟をいう〔行訴3④〕。実際に最も問題となるのは、*'無効確認訴訟(行政法上の)'である。⇨'先決問題'

無効投票 *'投票'に瑕疵(かし)があり、そのため有効な投票として候補者の得票に算入できない票。投票の瑕疵には、例えば、候補者でない者の氏名を書いた投票のように、投票から直接判断できるもの(顕在的瑕疵又は形式的無効原因)と、選挙権のない者の投票のように投票面に現れないもの(潜在的瑕疵又は実質的無効原因)とがある。形式的無効原因は*'公職選挙法'68条に列挙されているが、通説及び行政実例は、これを例示的列記であるとしている。⇨'潜在無効投票'

無効判決 ⇨'判決の無効'

無国籍 人がいずれの*'国籍'をも有しないこと。各国の国籍が異なる原則に基づいているために、消極的抵触の結果である(国籍の消極的抵触)。しかし、国籍の保有は人権問題として捉えられており〔人権B規約24③〕、その発生の防止のため、日本では国籍法により配慮がなされている〔国籍5①⑤・8④〕。国際私法上、*'本国法'を適用すべき場合に、無国籍のときは、*'常居所地法'が適用される〔法適用38②本文〕。ただし、婚姻関係や親子関係の*'準拠法'決定について採用されている*'段階的連結'において、本国法が同一か否かの決定にあたっては、無国籍の場合は、本国法がないものとして、次の段階に移行する〔法適用38②但〕。

婿(むこ)養子 *'養子'が、養子縁組によって養親の*'嫡出子'となると同時に、養親の娘と婚姻する場合を、民法旧規定(昭和22法222改正前)には婿養子と呼んだ〔民旧788②等〕。養子も養親の娘も、ともに養親の子であるが、*'近親婚'の禁止は適用されず、婚姻は可能である〔民734①但〕。かつては、*'家'の維持のため、家女に婿を迎えて跡継ぎにするために多く行われたが、現在は法律上は格別の意味をもたない。

無罪 *'公判'審理の結果、被告事件が罪とならないとき、又は被告事件について犯罪の*'証明'がないときに言い渡す実体裁判で、判決により言い渡す〔刑訴336〕。罪とならないときとは、*'訴因'に対応して証明された事実が犯罪を構成しない場合(例えば、証明された事実が法令解釈上構成要件に該当すると認められないとき、適用されるべき罰則が憲法違反等で無効であるときなど)、あるいは*'正当防衛'、責任無能力など違法阻却又は責任阻却を認めるべき事由の存在が証明されたときをいう。犯罪の証明がないときとは、訴因に掲げられた事実の存在について、*'証拠能力'のある*'証拠'により、合理的な疑いを入れる余地のない程度までの証明ができない場合をいう。無罪判決と同時に*'勾留状'は失効する〔刑訴345〕。また、無罪が確定した被告人は*'刑事補償'を受けることができる〔憲40、刑補1〕。なお、日本では、起訴が厳選されていることもあって、無罪判決の比率は極めて低い。

無罪の推定 検察官が*'被告人'の有罪を合理的な疑いを超える程度まで立証しなければ、

被告人は有罪とされないという原則。これは、'疑わしきは被告人の利益に'という原則、すなわち'検察官'が'挙証責任'を負うという挙証責任の分配に関する原則と証明水準に関する原則を内容とする。'フランス人権宣言'で初めて明文化された。自由権規約14条2項もこれを認めている。日本では、'適正手続'の内容をなすものとして憲法31条の保障に含まれると解されている。'被疑者'・被告人も有罪判決を受けるまでは無辜(こ)の市民として扱われるべきだという政策的理念も、この原則による。

無差別大量殺人行為を行った団体の規制に関する法律　⇨団体規制法'

無差別爆撃　⇨軍事目標主義'

無主地　⇨先占'

無主物先占　海の魚、野生の動物など、現に所有者のない無主の動産を、所有の意思をもって他人に先んじて占有することによって所有権を取得すること。なお、無主の不動産は国庫に帰属し、先占の対象にならない〔民239〕。

無償契約　⇨有償契約・無償契約'

無条件降伏　一部の軍隊が優勢な敵に対する戦闘行為をやめて、その防守する地点・兵員・兵器を敵の権力内に置くこと、あるいは、その旨の合意の内容が勝者にとって一方的なもの。また、そのような条件によって戦争そのものの処理を行うとする戦争終結の形態を無条件降伏ということもある。第二次大戦において、枢軸国との終戦をこの方式によるとするのが、連合国の政策であったが、日本の降伏は、'ポツダム宣言'という一定の条件に基づいており、文字通りの無条件ではなくなったとする見方もある。

無償取引　'法人税法'では、「無償による資産の譲渡又は役務の提供」を行った場合にも'益金'の額に算入すべきものと定める〔法税22②〕。資産の贈与や無利息貸付けを行った場合、資産の価額(時価)や適正利息額が益金として認定されることになる。その趣旨は、主に関係者間で税の負担軽減が行われるのを防止することにあるが、無償取引であっても益金に算入される根拠として、法人税法22条を適正所得算出のための創設規定であると解する説、無償取引は有償取引を行った後、相手方に贈与したのと同じであるから益金を構成すると解する説等、いくつかの学説がある。⇨移転価格税制'

無剰余　'不動産競売'において、無益執行禁止の原則と剰余主義の原則(⇨消除主義・引受主義')から、買受可能価額(⇨売却基準価額')が、手続費用の見込額を超えないとき、又は、差押債権者の債権に優先する債権(優先債権)がある場合において手続費用及び優先債権の見込額の合計額に満たないときは、差押債権者が所定の対応をしないと、競売手続は取り消される〔民執63・188〕。

無尽講　⇨講'

無制限納税義務者　⇨納税義務者'

無銭飲食　代金を支払うことなく飲食すること。刑法上、'詐欺'になるかどうかが問題となる。初めから代金支払の意思がないのに、あるかのように装って飲食物を注文し、その交付を受けた場合は、'財物'を'詐取'したわけであるから、財物詐欺罪〔刑246①〕が成立する。初めは支払の意思があったが、食後あるいは途中で支払意思をなくしたときは(例えば、無一文であることに気づいて)、それまで飲食に供した財物についての詐取は問題とならず、専ら代金の不払として、利益詐欺罪〔刑246②〕の成否が問題となる。この場合、判例によれば、利益詐欺罪が成立するためには、相手方の'錯誤'とそれに基づく処分行為が必要であるから、相手方を'欺く行為'によって債務免除・弁済猶予等の意思表示を行わせたことが必要だとされている(最決昭和30・7・7刑集9・9・1856)。隙をみて逃走し支払を免れただけでは、利益詐欺罪とはならない。

無体財産権　⇨知的財産権'

無体物　⇨物'

無断売買　あらかじめ顧客・委託者の同意を得ずに、顧客・委託者の計算において、'有価証券'の売買その他の取引・'デリバティブ'取引等、あるいは商品先物取引等を行うこと〔金商38⑨、金商業117①Ⅱ、商取214⑩、商取則103①Ⅲ〕。金融商品取引業者や商品先物取引業者などの禁止行為の1つとされ、無断売買は当該投資者や委託者との関係では'無効'であって、その取引の効果は当該投資者や委託者に当然には帰属しない。

無担保裏書　'裏書人'が'手形'・'小切手'上の担保責任を負わない旨('無担保文句')を記載した'裏書'。裏書人は、原則として、'約束手形'及び小切手では支払を担保し、'為替手形'では支払及び引受けを担保するので、'支払拒絶'又は'引受拒絶'の場合には、担保責任として'遡求'義務を負うが、無担保文句を記載すると、その裏書人は遡求義務を負わない〔手15①・77①Ⅰ、小18①〕。為替手形の裏書人は引受けについてだけ担保責任を負わない旨を記載することも、また、支払及び引受けのいずれについても担保責任を負わない旨を記載することもでき

むたんぽし

るが，単に無担保と記載したときは，後者の趣旨と解されている。なお，為替手形の*振出人'は引受無担保を記載することはできるが，支払無担保の記載は無効である〔手9②〕。

無担保社債 社債権担保のための*物的担保'のつけられていない*社債'。*担保付社債'に対するもの。この意味の広義の無担保社債には，*人的担保'その他特別の担保的措置が講じられている特殊なものも含む（⇨ゼネラル・モーゲッジ'）。狭義の無担保社債はこのような特殊なものを除いた社債である。かつては，担保付社債が普通で，無担保社債は少なかったが，現在は無担保社債が中心になっている。無担保社債の発行に際してはその信用について格付が付され，また，財務上の特約（⇨コベナンツ（社債の）'）が付されることが多い。なお，低格付の社債をジャンクボンドと呼ぶことがある。

無担保文句 *手形'又は*小切手'上の担保責任（*遡求'義務）を負わない旨の文言。*為替手形'の*振出人'は引受け（⇨手形引受け'）を担保しない旨を〔手9②〕，その*裏書人'は引受け及び支払を担保しない旨を〔手15①〕，*約束手形'及び小切手の裏書人は支払を担保しない旨を〔手77①Ⅱ，小18①〕，それぞれ手形又は小切手に記載して遡求義務を免れることができる。しかし，為替手形・約束手形及び小切手の振出人は，支払を担保しない旨を記載することができない〔手9②・78①，小12〕。約束手形の振出人は為替手形の*引受人'と同じく絶対的な責任を負うから〔手78①〕，支払無担保文句を記載することができないのは当然である。為替手形及び小切手の振出人は絶対的な義務者ではないが，支払無担保の記載の効力を認めると，引受け又は支払がないと誰も手形・小切手上の責任を負わないので，手形・小切手の信用を維持する政策的考慮から，支払無担保文句を記載しても手形・小切手上の効力を生じないものとされている。

無店舗販売 ⇨訪問販売'

無投票当選 投票の手続を行わずに，候補者を当選人と決定すること。議会の議員の選挙において候補者の数が選挙すべき議員の数を超えないとき，衆議院比例代表選出議員の選挙において名簿届出政党が1であるとき，*地方公共団体の長'の選挙において候補者が1人であるとき，無投票当選となる〔公選100〕。*候補者制度'を前提とする。

ムートネス 英mootness 紛争の具体性・現実性が失われ，司法部の判断に適合しなくなった状態をムートネスという。この状態になれ

ば司法部は紛争への介入を取りやめるべきであるというムートネスの法理（英mootness doctrine）は，アメリカの判例理論として展開してきた。*事件性'の要件との関係でいえば，ムートネスはこの要件の消滅過程を動的に捉えたものであり，その充足過程を動的に捉えた*ライプネス'の法理（英ripeness doctrine）と対比される。この法理の理論的根拠として，紛争解決の必要性・実効性の喪失，司法的資源の有効な配分などが挙げられる。実際には柔軟に運用され，主たる争点がムートになって（争訟性を喪失して）も派生的な紛争が残っているとき，被告が自発的に係争行為を停止したが再度当該行為をとらない確たる証拠がないとき，紛争を繰り返す可能性があるにもかかわらず争点の性質上審査を免れてしまうとき，更に，クラス・アクション（⇨団体訴訟'）において，当該クラスの他のメンバーとの間に紛争が継続しているときなどにはムートとされていない。日本においては，*抗告訴訟'における狭義の*訴えの利益'の判定〔行訴9①括弧〕や民事訴訟における*権利保護の利益'に類似の問題状況がみられる。

無任所大臣 *内閣'を組織する各大臣は，*主任の大臣'として，行政事務を分担管理するのが原則であるが，行政事務を分担管理しない大臣の存在することは妨げない〔内3②〕。このような大臣を無任所大臣という。

無能力者 ⇨制限能力者'

無費用償還文句 拒絶証書の作成を免除する旨の文言。拒絶証書の作成を免除すると，*遡求'義務者は拒絶証書作成の費用の負担を免れるので〔手46③・77①④，小42③〕，この語が生じた。 ⇨拒絶証書作成の免除'

無名契約 売買・賃貸借など，法律にその名称・内容が規定されている契約類型を*有名契約'又は典型契約というが，それ以外のタイプの契約を無名契約又は非典型契約という。*契約自由の原則'の下では，出版契約，テレビ出演契約，旅行契約，クレジット契約など，新しいタイプの契約が数多く現れている。無名契約には，典型契約の内容が一部含まれている*混合契約'と，典型契約の要素を含まない狭義の無名契約とがある。従来は，いずれかの典型契約の規定に機械的に当てはめることを避け，当該無名契約の実態・取引慣行・趣旨などを十分配慮しながら，解釈するのが妥当であると説かれていたが，近年では契約の類型性を再評価する見方も有力になっている。 ⇨典型契約'

無名抗告訴訟 1 意義 *行政事件訴訟法'が法定していない*抗告訴訟'の類型をいう。法

定外抗告訴訟ということもある。抗告訴訟について，同法は，行政庁の公権力の行使に関する不服の訴訟と概括的に定義し〔行訴3①〕，その具体的形態として，'処分の取消しの訴え'・'裁決の取消しの訴え'・'無効等確認の訴え'・'不作為の違法確認の訴え'・義務付けの訴え(⇨義務付け訴訟')・差止めの訴え(⇨差止訴訟')の6種を法定するが〔行訴3②〜⑦〕，抗告訴訟はこの6種(法定抗告訴訟という)に限定されず，これ以外の形態の抗告訴訟が成立する可能性を認めていると解されており，最高裁判所もこの見解を採用する(最判令和元・7・22民集73・3・245等)。 ⇨取消訴訟' ⇨無効確認訴訟(行政法上の)'

2 内容 無名抗告訴訟として具体的にどのような形態の訴訟が認められるべきかは，判例・学説の発展に委ねられている。かつては義務付け訴訟と差止訴訟の適法性が争われていたが，これらは平成16年の行政事件訴訟法改正(法84)で法定抗告訴訟となった。同改正以後も，いかなる無名抗告訴訟がありうるかが議論になりうる。適法性が認められた無名抗告訴訟は，抗告訴訟の手続に従って審理される〔行訴38①〕。

無名・変名著作物 無名著作物とは著作者名の記載・表示のないもの，変名著作物とは著作者名として実名以外の名義(筆名・雅号等)が記載・表示されているものを指す。無名・変名著作物の'著作権'の保護期間は，公表後70年であるが，その存続期間の満了前にその著作者の死後70年を経過していると認められるものについては，その死後70年を経過したと認められる時に消滅する〔著作52①〕。イ 変名著作物の変名がその者のものとして周知であるとき，ロ 実名の登録〔著作75①〕があったとき，ハ 実名又は周知の変名を著作者名として表示してその著作物を公表したときは，原則通り著作者の死後70年となる〔著作52②・51②〕。

村 ⇨市町村'

村 八 分 農村などにおいて村落民の多数が，村落の規範を侵した者及びその家族を村落の共同生活から排斥すること。共同絶交ともいう。村八分は村落の規範によるとはいえ，国家法によらない一種の私的制裁(経済的及び心理的)であるから，国家法の目からみれば違法な行為であり，刑法上の犯罪と同時に民法上の'不法行為'を構成する。判例は，刑法上の問題については，村八分はそれを受けた者の名誉に関する害悪の通告として脅迫罪〔刑222〕に当たるといい(大判昭和9・3・5刑集13・213)(⇨脅迫')，また，不法行為の点については，村八分を受けた者の社会生活上の自由を妨げ，'名誉'を害するものとして不法行為となるとしている(大判大正10・6・28民録27・1260)。

明確性の理論　⇨'萎縮的効果'　⇨'漠然性のゆえに無効の理論'

銘柄統合　市場における*社債'の流動性を高めるために，複数の取引銘柄の社債の権利の内容を同一のものとして，同一の種類の社債とするとともに同一の取引銘柄として扱うこと。*社債の種類'として会社法上定義された社債の内容〔会社681①，会社則165〕が同一であれば，発行時期が異なっても同一の種類の社債となる。発行時には権利の内容が異なっていても，*社債権者集会'の決議によってその内容を同一に変更することで同一の種類の社債とし，銘柄統合を行うこともできる。

名義　⇨'名で(名をもって・名において)・名義'〔巻末・基本法令用語〕

名義書換(株主名簿等の)　権利者の変更が生じた場合に，その変更に対応して証券又は名簿上の記載を書き換えること。名義書換が権利移転の効力要件又は*対抗要件'とされることが多い。*特許権'等の移転は*登録'が効力要件とされ〔特許98①，新案26等〕，不動産物権の変動は*登記'が*第三者'対抗要件とされる〔民177〕。*株式'の移転は株主名簿の名義書換が会社に対する対抗要件であり(⇨株主名簿)，*記名社債'の移転は*社債原簿'及び*債券'の名義書換が会社その他の第三者に対する対抗要件である。

名義書換代理人　⇨'株主名簿管理人'

名義貸し　⇨'名板貸し'

明治憲法　明治22年(1889)に制定された大日本帝国憲法の別称で，日本国憲法を新憲法というのに対して旧憲法ともいう。⇨'大日本帝国憲法'

明治民事訴訟法　明治23年(1890)に公布され翌24年から施行された民事訴訟法典(明治23法29)のうち大正15年(1926)改正(法61)前の旧規定を指す。旧々民事訴訟法ともいう。ドイツ人政府顧問テヒョー(Hermann Techow)の起草に基づき，1877年の*ドイツ民事訴訟法'をほぼ全面的に継受していた。大正15年の改正では，*判決手続'部分(1編～5編)が全面的に改正された。改正部分を現行法からみて旧民事訴訟法と呼ぶ。⇨'旧民事訴訟法'

明治民法　⇨'民法改正'

迷信犯　わら人形に丑刻参り(うしのこくまいり)をして人を呪い殺そうとする場合などのように，迷信的な手段により，通常は実現不能な結果を実現させようとする行為で，基本的に処罰されない。⇨'不能犯'

明認方法　ある種の取引で慣習上用いられる*対抗要件'。*立木(りゅうぼく)'や，みかん・桑葉・稲立毛(いなたちげ)等の未分離の*果実'は，本来，土地の一部であり，独立の不動産又は動産ではないが，古くからの取引の慣習として，独立の不動産又は動産として取引されることが多い。ところが，このような取引が行われた場合の対抗要件については，法律の規定がないので，樹皮を削って所有者名を墨書きし，焼き印し，あるいは果樹園の周りに縄を張り，この果樹園の果実は何某の所有である旨を表示するなどの方法が行われてきた。判例も，このような方法が施されたときは，*登記'したのと同様に*第三者'に対する対抗要件としての効力をもつことを認め(大判大正10・4・14民録27・732等)，今日に至っている。これを明認方法という。明認方法は，複雑な権利関係を公示するのには適していないものであるから，それを施すことによって第三者に対抗できる*物権変動'は所有権の移転だけであり，*抵当権'の設定などについては認められない。なお，立木ニ関スル法律により独立の不動産として登記された樹木の集団については，登記が対抗要件であることはいうまでもない。

明白かつ現在の危険　アメリカの判例理論(clear and present danger)で，1919年の合衆国最高裁判所の判決で*ホームズ'裁判官によって定式化されて(Schenck v. United States, 249 U.S. 47(1919))以来，*表現の自由'(*集会の自由'を含む)を規制する立法及び処分の憲法適合性の判断の基準として判例法上発展してきた。「表現の自由の行使によって，重大な害悪が生ずるという緊急の切迫した危険があって，他の手段ではその発生を防止できず，しかも，表現行為と害悪の発生との間に，不可避的な密接な因果関係のある場合にだけ，表現行為の制限が許される」というのがその内容である。当初は，この基準は必ずしも言論の自由を保障するためのものとして用いられなかったが，1940年代頃から，合衆国最高裁判所は，言論の自由を守るための基準としてこの原則を適用するようになった。その背景には，民主主義社会における表現の自由の重要性に対する深い認識があったといえよう。朝鮮戦争以来，表現の自由の濫用は国家的

利益を損ねるとの主張の下に，この原則は大きく後退したが，1969年のブランデンバーグ判決(Brandenburg v. Ohio, 395 U.S. 444(1969))において，その表現が差し迫った違法行為を唱導するものであり，かつそのような行為を生じさせる蓋然性がある場合に限って，その表現者を処罰することができるという定式（*ブランデンバーグ・テスト'）に引き継がれている。日本では，この原則の採用を説く学説があり，下級審の判例中にも，これを採用したものがあったが，最高裁判所判例はこの採用に消極的である。 ⇨ 優越的自由'

明白性の原則　　⇨合理性の基準'
名簿式　　⇨比例代表'
名　誉　　Ⅰ　民法上，人（法人を含む）の人格的価値（声価）に対する社会的評価を名誉というが，例えば，人を誹謗（ひぼう）する記事を新聞に載せた場合のように，名誉を違法に侵害し，人の社会的声価を低下させると，名誉毀損として*不法行為'になる〔民709・710〕。違法かどうかの判断は，特に公表された事実が真実であった場合に問題となるが，判例は，摘示された事実が公共の利益に関わり，かつ，専ら公益を図る目的に出た場合には，違法でないとし（最判昭和41・6・23民集20・5・1118），また，その事実が真実でない場合においても真実と信じる相当の理由があるときには，*過失'が阻却される，として免責される場合を認めている。名誉毀損が純粋な意見・論評による場合はどうか。意見・論評には意見・論評をもって応じるべきであるから，人身攻撃に及ぶなど意見・論評の域を逸脱したものでない限り，不法行為責任を生じない。また，名誉毀損には，事実を基礎とした意見・論評による場合があるが，この場合について判例は，その意見・論評が他人の名誉を毀損するものであっても，それが公共の利益に関わる事項であり，かつ公益を図る目的でなされた場合において，その前提とした事実が真実であるか，真実と信じる相当の理由があり，かつ意見・論評が人身攻撃に及ぶなど意見・論評の域を超えていない場合には，違法性又は過失を阻却し，したがって不法行為責任を生じないと解している（最判平成9・9・9民集51・8・3804）。更に，名誉の侵害が*告訴'・*告発'や訴訟などのように権利行使の形で行われても，真実に反する事実を述べた場合には違法性を免れない。特定人に告げただけでも，名誉毀損が成立することがある。名誉毀損が成立すると，被害者は，裁判所に対し，損害賠償に代え，又は損害賠償とともに，名誉を回復するのに適当な処分を求めることができる〔民723〕。普通は新聞紙上に*謝罪広告'を掲載する方法がとられる。

Ⅱ　刑法　**1 意義**　名誉とは，人に対する社会的評価をいい（大判昭和8・9・6刑集12・1590），広く人格的評価一般を指す。ただし，経済的な側面における評価は，名誉に対する罪〔刑2編34章〕とは別に，信用に対する罪〔刑2編35章〕の保護法益とされる。したがって，刑法上，名誉というときは，通常，この信用を含まない。**2 保護の態様**　イ　名誉に対する罪の保護法益については，人の社会的名誉（外部的名誉）を保護法益とするのが*名誉毀損罪'〔刑230〕，個人の主観的な名誉感情を保護法益とするのが*侮辱罪'〔刑231〕であるとする一部の有力説もあるが，主観的名誉を刑法上の保護法益とするのは正当でなく，両罪とも社会的名誉だけを保護法益とすると解するのが通説・判例である（大判大正5・5・25刑録22・816）。ロ　名誉の主体は個人ばかりでなく，法人，団体も含む。死者の名誉もまた保護の対象となる（⇨死者の名誉毀損'）。ハ　名誉とは客観的に存在する事実としての評価であるから，虚名（社会の評価が不当に高い場合）であっても保護を受ける。反対に，不名誉な事実が周知であり，社会的評価が低い場合については，保護の対象とならない。しかし，例えば犯罪者であっても犯罪に基づく当然の不利益の範囲を除きみだりに私行や人格を暴露されない意味で名誉の保護を受ける。ただし，真実を明らかにすることが公益に合致するときには犯罪の成立を阻却することがある（⇨事実の証明'）。

名誉毀損罪　　**1 意義**　刑法の規定する*名誉'に対する罪のうちの1つ。刑法230条。3年以下の拘禁刑又は50万円以下の罰金。*公然'と事実を摘示して他人の名誉を毀損した場合に，その事実の有無を問わず処罰される。**2 事実の摘示**　摘示された事実は，客観的に存在する社会的評価を害するおそれのある事実であることを必要とする。ただし，経済面における社会的評価は，本罪ではなく，*信用毀損罪'によって処罰される。摘示された事実は真実であってもよく，また，必ずしも公に知られていない事実であることを要しない。自然人に限らず，法人その他の団体，更には死者に関する事実でもよい（⇨死者の名誉毀損'）。しかし，摘示された事実は，特定人に関する事実であることが推知できる程度に，具体的でなければならない。通説・判例（大判大正15・7・5刑集5・303）によれば，事実の摘示の有無が，名誉毀損罪と侮辱罪とを分けるメルクマールである（⇨侮辱

めいよきそ

罪')。

3 公然性 事実の摘示は、人の名誉を害する態様でされる必要があり、したがって、公然と行われることが必要である。公然とは、不特定又は多数の者が知ることができる状態をいう〔最判昭和36・10・13刑集15・9・1586等〕。本罪の成立には、現実に、被害者の社会的評価が下落したことは必要ない〔抽象的*危険犯'〕が、特定少数の者に摘示して、不特定又は多数人に伝播しうる状態に置いた場合にも本罪の成立を認めるべきかについては、争いがある。

4 親告罪 名誉毀損罪を含めて、名誉に対する罪は全て*親告罪'である〔刑232①〕。死者の名誉毀損、及び告訴権者が天皇、一定範囲の皇族、外国元首等であるときは、告訴権者について特別規定がある〔刑訴233、刑232②〕。

5 可罰性の阻却 名誉毀損罪も、一般の犯罪と同じように刑法35条により違法性が阻却される（⇨正当行為・正当業務行為' ⇨法令による行為' ⇨超法規的違法阻却事由'）が、特に*表現の自由'〔憲21〕との関連において、議員の発言、弁護権の行使、芸術・学問の領域での論評、新聞報道などで、その正当性に関して問題が生ずる。刑法230条の2は、一定の要件の下に、摘示された事実が真実であることの証明（⇨事実の証明'）があったときには、名誉毀損行為を不可罰とし、違法性の阻却を認める趣旨の規定である。また、相当な根拠に基づき事実が真実であると誤信したときも、*故意'を欠き処罰されないとするのが判例である〔最大判昭和44・6・25刑集23・7・975〕。

⇨プライバシー'

名誉毀損罪における事実の証明 ⇨事実の証明'

名誉刑 人の*名誉'を剝奪することを内容とする刑罰（⇨刑'）。*旧刑法'はこれに当たる剝奪公権・停止公権を*付加刑'として定めていた〔旧刑31～34〕。現行刑法はこの規定をもたないが、一定の刑の言渡しを受けた者に対する資格制限を定めた各種の法律がこの役割を果たしているといえる。

名誉職 有給職に対する観念で、公職にありながら、*職業的公務員'とは異なり、生活保障のために給与を受ける建前ではない者をいう。ただし、勤務に対する報酬又は手当、職務上の実費弁償を受けることは妨げられない。旧地方制度では、府県会議員・市会議員・町村長等について、広く名誉職である旨が定められていた〔府県制(明治32法64)7①、市制(明治44法68)19①、町村制(明治44法69)61①〕。現行法上、公務員については、名誉制度は一般に認められておらず、国際慣例に従って名誉領事・名誉総領事の制度が存続されているにすぎない〔外務省13〕。その他、国や地方公共団体の機関から委嘱された職員について、名誉職である旨を定める法律がある〔野生動植物51③、道交108の29④、銃刀所持28の2⑤、風俗38④〕。

明瞭性の原則 ⇨継続性の原則' ⇨財務諸表規則'

命　令 I 国法の1形式。国の*行政機関'が制定する法規範を総称する意味に用いられる〔憲81・98①参照〕。**1 種類** 命令は、普通、*執行命令'(母法の規定を執行するために制定されるもの)・*委任命令'(母法の委任に基づいて制定されるもの)・*独立命令'(母法とかかわりなく、行政府の独自の権限によって制定されるもの)に分類される。現行憲法の下では、独立命令は、全く認められていない。現在、命令として認められているものには、*政令'(内閣が制定)〔憲73⑥〕のほか、内閣府令(内閣総理大臣が制定)〔内閣府7③〕、*省令'(各省大臣が制定)〔行組12①〕、*府'・*省'の*外局'である*委員会'が制定する*規則'〔行組13①参照〕、会計検査院規則〔会検38〕、*人事院規則'〔国公16〕などがある。

2 制定権の範囲 民主主義の気運が強まるに伴い、法規範の制定権は、原則として*議会'(立法府)の手に帰し、行政府による命令の制定権の範囲は狭くなるのが一般的な傾向である。日本の場合も、*明治憲法'の下では、*緊急勅令'〔明憲8〕・独立命令・官制命令〔明憲10〕など、*天皇'=*政府'に対して、大幅な命令制定権を与えていた。しかし、日本国憲法は、限られた範囲の委任命令及び執行命令(実施命令)〔憲73⑥参照〕を認めているにすぎない。命令には、*法律の委任'がなければ、罰則を設け、又は義務を課し、若しくは国民の権利を制限する規定を設けることができない〔憲73⑥但、内11、内閣府7、行組12③・13②〕。これらの命令の形式的効力は、法律の下にある。

II 行政庁が、法令に基づいて私人に対して一定の義務付けをなす*下命'を命令と称することがある。また、上司たる公務員が部下に対してなす*職務命令'も命令と呼ばれる〔国公98①、地公32〕。

III 訴訟法上の命令については、*判決・決定・命令'をみよ。

命令委任 ⇨国民代表'

命令的行政行為 人の本来自由な事実上の行動について、その自由を制限し、又はその制

限を解除することを内容とする*行政行為'。*下命'，禁止，*許可'，*免除'がそれである。*形成的行政行為'に対する概念。

迷惑行為防止条例 ⇨迷惑防止条例'

迷惑時間勧誘の禁止 電話や訪問により商品・サービスの勧誘を行う際に，顧客が迷惑と感じる時間帯に勧誘を行うことを迷惑時間勧誘という。早朝・夜間といった時間帯はもとより，休日・祝祭日もこれに当たりうる。人の平穏な日常生活の妨害により不快感を与え，あるいは業務の円滑な遂行を妨げることを防止するため，金融商品取引契約の締結・解約について規制があるほか〔金商38⑨，金商業117①⑦〕，迷惑勧誘一般を禁止する規定に抵触するおそれがある〔特定商取引に関する法律施行規則(昭和51通89)18①等〕。⇨不当勧誘(金融商品取引の)'

迷惑防止条例 公衆に著しく迷惑をかける行為を防止し，市民生活の平穏を保つことを目的として定められた*条例'の通称。昭和30年代後半，主に「公衆に著しく迷惑をかける暴力的不良行為等の防止に関する条例」という名称で制定されはじめ(昭和37東京都条例103，昭和37大阪府条例44等)，当初は「ぐれん隊防止条例」とも呼ばれたほか，粗暴行為(ぐれん隊行為)のほか，乗車券等の不当な売買行為(ダフヤ行為)，座席等の不当な供与行為(ショバヤ行為)，パチンコ賞品等の景品買い行為，押売り・客引き行為，ピンクビラ等の配布・掲示行為，痴漢・盗撮等の卑わいな行為，つきまとい行為等，禁止対象となる行為類型の広がりを受け，現在では，名称を端的に「迷惑行為防止条例」と定める(改める)例も多い(平成13京都府条例17，平成18神奈川県条例89等)。罰則として一般に，違反者に対する処罰規定，*常習犯'に対する加重処罰規定，業務主に対する*両罰規定'が置かれる。

メイン Maine, Sir Henry James Sumner (1822〜88) イギリスの*歴史法学'(圏 historical jurisprudence)を代表する法学者。ケンブリッジ大学で古典学を修め，卒業とともに同大学トリニティ・ホールのジュニア・チューターを経て，1847年に25歳でケンブリッジ大学王立ローマ法講座担当教授となった。1850年にバリスターの資格を得，1852年に設立された法廷弁護士教育機関である法学教育評議会(圏 Council of Legal Education)の講師となり，1854年にはケンブリッジの教授職を辞した。1861年に出版されたその主著「古代法」は，法の発展を*身分から契約へ'と表現したことで知られる。この著書の中では，社会の発展が法の変化をもたらすのだとして，社会の変化と法との関係を探求することを重視する歴史法学の立場が示されている。この立場から，非歴史的な自然状態を前提とする*自然法'論を否定するとともに，法の合理化により社会的な変化をもたらそうとする*ベンタム'や，法の概念的な分析を探求する*オースティン'など，同時代のイギリスにおいて有力であった法実証主義者(⇨法実証主義')の法的アプローチに対しても，こうした歴史的な観点が欠落しているとして批判的だった。1862年にインド総督参事会の法律参事に任命され，69年の帰国まで英領インドの法律編纂(𥿠)作業に従事するとともに，63年から67年までカルカッタ大学の副学長を務めた。帰国後は1869年からオックスフォード大学の法理学教授を務めたのち，77年に母校ケンブリッジ大学のトリニティ・ホール学長となり，87年からは同大学の国際法の教授も務めた。学者としての活動の傍ら，1871年にはインド評議会(圏 Council of India)のメンバーに任命され，88年に亡くなるまでインド省におけるインド大臣の顧問としてインド統治に関する助言を行った。インドからの帰国後の著作には「村落共同体」(1871)，「制度古史」(1875)，「大衆政府」(1885)などがあり，「古代法」以来の歴史的比較的方法が推し進められている。

目黒社会保険事務所事件 ⇨堀越事件'

メーデー 圏 May Day 毎年5月1日に行われる国際的な労働者の祭典。アメリカの労働者が8時間労働を要求して1886年5月1日に全国的ストライキ(*同盟罷業')を行ったことに由来する。日本でも大正9年(1920)以来，戦時中の一期間を除いて行われている。近年は連休との関わりで祭典の挙行日を前後に動かすこともある。

メモの理論 *証人'に記憶がないか又は不十分な場合のメモ等の利用に関するアメリカ法上の理論。第1は記憶喚起のための利用であり，証人が作成したものや書面に限らずに使用できる。相手方にもその検討利用する機会がある。第2は*証拠'としての利用であり，記憶が新鮮な間に証人が作成又は承認した書面ないし記録物で，内容が正確であると証人が*公判'で*証言'したものに限り利用できる。前者の場合はわが法にも同様の規定がある〔刑訴規199の11〕。*検証調書'・*鑑定書'の*証拠能力'に関する規定〔刑訴321③④〕を後者によって根拠付けようとしも，後者に該当するものを刑事訴訟法323条3号によって許容しようとする立場もあるが，批判もある。

めりつとし

メリット・システム 英 merit system
1 概念 公務員の任用の基礎を、公開競争試験等によって実証された資格や成績に置く制度をいう。成績制ともいう。公務員の任免を専ら政治的情実によって決定する*スポイルズ・システム'に対する語。
2 目的 現代の複雑な行政需要に対応し、能率的で中立公正な行政を行うため、専門的知識をもつ有能な公務員を確保し、これを政治的勢力関係から分離することにその目的がある。このメリット・システムは、単に公務員の任用の際に限らず、給与・異動・分限等一切の人事行政に関して情実の介入を防ぎ、科学的人事管理を行うための原則とされる。
3 歴史 イギリスでは、1853 年に情実任免制の廃止と試験制度の実施が主張され、1870 年の枢密院令によって実現をみた。また、アメリカでは、1883 年のペンドルトン法によってまず連邦政府に導入され、現在では職業公務員制度の基本原理として確立している。日本の公務員法制も、職員の任免の根本基準としてこのメリット・システムの採用を明記し〔国公 33 ①、地公 15〕、試験制度その他にこの原理を具体化している。

メリット制 労働災害の防止意欲の促進及び事業所間の負担の公平を図ることを目的として、各事業所ごとの保険収支率に応じて一定の範囲で労働災害*保険料率'を上下させる制度。災害発生数が少なければ*保険料'は下がり、多ければ上がることとなる。適用を受ける事業所は、規模が一定以上であり、一定期間継続して*労働者災害補償保険'関係が成立している場合等に限られ、保険料率の上下幅は、継続事業で最高 40％、一定の有期事業で最高 35％とされる〔労保徴 12 ③・20 ①〕。ただし、安全衛生の確保に特別の措置を講じた中小企業については、その申告により増減幅を 45％に拡大する特例がある〔労保徴 12 の 2〕。

面会交流 ⇨親権'
面会要求罪 ⇨わいせつ目的面会要求等罪'

免許 *行政行為'の一種であり、*許可'に相当する場合もあれば〔医師 2、道交 84、酒税 7〕、*特許'に当たる場合もある〔保業 3〕。実定法上、その用語法は一定していない。

免許主義(法人設立に関する) *法人'の設立につき、一般法規に従うほか、法人ごとに行政官庁が実質的審査を行い、その免許(許可)により設立を認める主義。*許可主義'ともいう。平成 18 年改正前民法 34 条に基づく公益法人についてはこの主義がとられていた。一般の会社については準則主義がとられている。 ⇨準則主義' ⇨特許主義'

免除 I 債権者が、債務者に対する一方的な*意思表示'によって債務を消滅させること〔民 519〕。言い換えれば債権の放棄である。免除は*単独行為'として規定されているから、債務者の意思を問わずに債権者が自由にすることができるが、免除によって*第三者'を害することは許されない。例えば、賃借地上の建物につき*抵当権'をもつ者があれば、借地人が賃借権を放棄しても抵当権者に対抗できないとするのが判例である(大判大正 11・11・24 民集 1・738)。
II 行政法学上、法令又は*行政行為'によって課されている作為・給付・受忍義務を解除すること、及び解除する行政行為を免除と呼ぶ。児童の就学義務の免除〔学教 18〕、納税義務の免除〔災害減免〕などがその例。
III *外交特権'における免除については、その項をみよ。

免職 *公務員'をその意に反して*退職'させる行為をいう〔人規〈8-12〉4 ⑳〕。*罷免'〔憲 15 ①・16〕又は解職〔自治 80・81・163、教育行政 8〕の語が用いられることもある。旧官吏制度における「免官」に代わる概念。官と職を分離しない現行制度(⇨職員(公務員の)' ⇨職階制')の下では、免職は同時に身分関係の消滅を意味する。公務員法上、*分限'と*懲戒'の 2 種の免職があるが、*身分保障'の見地から、いずれもその事由が限定されている〔国公 75 ①・78・82、地公 27 ②・28 ①・29 ①〕。公務員の願い出による免職(したがって、その意に反しない場合)を、通常、依願免職という。

免税 *課税除外'を意味することもあるが、一旦成立した*納税義務'の全部又は一部を行政処分によって免除することを意味することもある。後者の意味における免税は、「災害被害者に対する租税の減免、徴収猶予等に関する法律」による所得税の免除〔災害減免 2〕のように、法令上の根拠がある場合に限って許される。なお、*消費税法'について、*輸出免税'をみよ。

免責 I 個人破産者の経済的再生を目的として、*破産手続終了後、破産債権についての責任から破産者を免れさせる制度。破産免責とも呼ばれる〔破 12 章 1 節〕。破産者は、免責を得るために一定期間内に免責の申立てをなし〔破 248 ①②〕、裁判所は、破産者について、免責不許可事由〔破 252 ①各号〕のいずれにも該当しない場合には、免責許可の決定をする。ただし、債務者が破産手続開始の申立てをした場合には、

めんせきや

反対の意思表示をしていない限り、当然に免責許可の申立てをしたものとみなす〔破248④〕。免責を得ようとする債務者の意思を尊重するためである。また、免責不許可事由のいずれかに該当する場合であっても、裁判所の裁量判断による免責許可が許される〔破252②〕。なお、破産者が悪意で加えた*不法行為'に基づく損害賠償債権などの一定の債権は、免責の対象とならない(非免責債権)〔破253①柱но〕。

II 刑事手続における免責については、*刑事免責'をみよ。

免責委付 日本の商法がかつて採用していた船主責任制限の手法〔商旧(昭和50法94改正前の)690〕。これを認める立法主義を委付主義という。*船舶所有者'・船舶賃借人(⇨傭船(ようせん)契約)等は、*船長が法定権限内でした行為による債務及び船長・*船員'が職務を行うにあたり、他人に加えた損害による債務については無限責任を負うが、意思表示により、航海の終わりにおける海産(船舶及び*運送賃'等)に関する権利を債権者に移転して(移転的効力)責任を免れることができるとしていた(*免責的効力')。現在の日本法は、*船主責任制限法'により、船舶所有者等の責任の制限につき*金額責任主義'をとる。なお、商法は、積荷利害関係人の積荷の*委付'〔商711②〕を認めている。 ⇨船主責任制限'

免責主義・懲戒主義 免責主義とは、*破産'手続において*配当'により弁済した残余の債務について破産者の責任の免除を認める立法主義であり、破産は誠実な債務者にとっても不可避のものであり彼の行為としては非難すべきではないとの思想に基づく。旧破産法(大正11法71)は、立法当時は母法であるドイツ破産法と同じく*免責'を認めていなかったが、昭和27年の改正(法173)により*アメリカ破産法'の影響を受けて免責主義を取り入れ、それが現行*破産法'にも引き継がれている。一定の要件〔破252①〕の下に破産手続終了後の残債務の責任を免除するもので、破産者の経済的更生を容易にする趣旨である。懲戒主義とは、破産手続開始に身上の効果を結び付け破産者の公私の権利・資格(例えば選挙権等)を制限する立法主義であり、破産そのものが犯罪的な行為であるとの思想に基づく。フランス法及びそれに倣った日本の*旧商法'破産編はこれをとっていた。現行破産法上は懲戒主義的な規定は存しないが、それ以外の法令により破産者の権利・資格が多く制限されており(例えば、弁護士、後見人等)、全体としては懲戒主義的な色彩がなお残ってい

る。これらの制限からの回復のために*復権'の手続がある〔破255・256〕。

免責証券 債務者が証券の所持人に*弁済'すれば、所持人が正当な権利者でない場合でも、*悪意'又は*重過失'がない限り、債務を免れる効力のある証券。例えば、ホテルなどでのクローク番号札、鉄道手荷物引換券、銀行預金証書などがこれに属する。それ自体としては、特定人間の債権債務に関する証拠証券で、債務者の利益のため免責的効力が認められたものにすぎず、権利を表章するものではないから、*有価証券'ではない。したがって免責証券の譲渡は考えられず、また所持人が権利者と推定されるわけではない。なお、*手形'・*小切手'・*株券'など多くの有価証券は、免責的効力を有する。

免責的効力 債務者が真の権利者以外の者に義務を履行しても、それが有効となり、真の権利者に対して義務を履行する必要がなくなる効力のこと。特に*有価証券'及び免責証券についていわれる。すなわち、*無記名証券'、*記名式所持人払証券'又は*裏書の連続'した*指図証券'の所持人は権利者と推定されるから、この者に権利を行使すれば、仮にその者が無権利者であっても、債務者は*悪意'・*重過失'がない限り免責される(⇨資格授与的効力)〔民520の10・520の18・520の20、手40③・77①[3]、小35〕。また、免責証券の所持人は、権利者と推定されるわけではないが、その者に*弁済'すれば債務者は善意・無重過失であれば免責される(⇨免責証券')。

免責的債務引受け ⇨債務引受け'

免責特権(国会議員の) 国民の代表者である国会議員に認められる特権(特典)の1つで、議員はその職務執行の自由のため議院内における演説、討論又は表決について、院外でその責任を問われない〔憲51〕。免責は民事・刑事いずれの責任にも及ぶ。

免責約款 債務者が法律上負担しなければならない責任を特に免除し、又は軽減する*約款'。免責条項とも呼ばれる。*傭船(ようせん)契約書'・*船荷証券'・*倉荷証券'・*保険証券'等の裏面に記載される普通契約条款に挿入して使用されることが多いほか、消費者取引でも用いられる。法律上又はその解釈上当然に免責となる事項について疑を避けるために記載する約款を含めて免責約款と総称することもある。法律上負担しなければならない債務の免除・軽減は、海上運送人(*船舶所有者'等)の*堪航(たんこう)能力'担保義務等のように法律がその免責を禁止して

めんそ

いない限り〔商739②,国際海運11〕,*契約自由の原則'に従い有効にこれをすることができる。しかし,債務者の*故意'の場合を免責する等,*公序良俗'違反となる場合には,もとよりその効力を認められない〔民90〕。また,消費者取引において,不当な免責条項・責任制限条項は*無効'とされる〔消費契約8①〕。

免　訴　刑事訴訟における*終局判決'の1つ。同一事件についての*確定判決'の存在,*刑の廃止',*大赦',*公訴時効'の完成を理由に言い渡される〔刑訴337〕。従来からその性質には争いがあった。旧刑事訴訟法(大正11法75)時代には,実体裁判とする見解が有力であったが,現行刑事訴訟法になってからは形式裁判であるとする説が通説である。判例も形式裁判と捉えている(最大判昭和23・5・26刑集2・6・529)。もっとも,形式裁判説に対しては,いわゆる*一事不再理'効の有無,仮にそれがあるとした場合にその理由のいかん,が問題となる。

免田事件　昭和23年(1948)に熊本県人吉市で起きた強盗殺人を巡る刑事事件。被疑者とされた免田栄は一旦は犯行を*自白'したものの,公判では否認した。第一審裁判所は*死刑'判決を下し,被告人側の控訴・上告は棄却された。その後,6度目の*再審'請求が認められ,昭和58年にアリバイ成立を認める*無罪'判決(熊本地八代支部判昭和58・7・15判時1090・21)が確定した。日本弁護士連合会は冤罪(えんざい)事件として再審請求を支援した。わが国の裁判史上最初の死刑囚に対する再審無罪事例であり,また自白を偏重する有罪認定に反省を迫る事件であった。

免脱給付　*責任保険'における保険給付の形の1つ。加害者である*被保険者'の被害者に対する責任が確定した場合,*保険者'は被害者に保険金を支払うことにより被保険者の責任を免脱させ,保険者は被保険者に対しては,被保険者が損害賠償金を支払った場合にのみ保険金を支払うというもの。責任保険における他の給付の形としては,先履行型と責任負担型がある。先履行型とは,被保険者が責任を負担し,かつ現実に損害賠償金を支払った場合に,支払った金額を限度として保険者は被保険者に保険金を支払うものである。責任負担型とは,被保険者の責任が確定した時点で保険者は被保険者に保険金を支払うものである。被害者が確実に賠償を得られることに資するという点からすれば,免脱給付が最も望ましい。日本では,被保険者は損害賠償金を支払った限度又は被害者の承諾があった限度で,保険者から保険金の支払を受けることができる〔保険22②〕。

メンバーシップ型雇用　⇨ジョブ型雇用・メンバーシップ型雇用'

も

申込み *"契約'の相手方の*"承諾'の*"意思表示'と合致すれば，直ちに契約を成立させることを内容とする意思表示。ある人がある物を売りたいという意思表示をし，これに対して買主が買いたいという意思を表示すれば*"売買'契約が成立するが，この場合，先にされた売りたいという意思表示が申込みである。逆に買いたいという意思表示が先にされれば，それが申込みとなる。他方の意思表示があれば直ちに契約が成立してしまう点で，*"申込みの誘引(誘因)'と区別される。申込みは，通常，特定人に対してされるのであろうが，自動販売機のように不特定人に対する申込みも許される。申込みをしただけでは契約は成立しないが，相手方は諾否を決定するために準備を始めるから，申込者が勝手に申込みを撤回することを許しては相手方に損害を与えるので，申込みは，一定の期間内は*"撤回'をすることができないものとされる〔民 523 ①・525 ①〕。また，申込みが効力をもつ間(承諾適格)に承諾をしなければ契約は成立しない。 ⇨隔地者・対話者'

申込証拠金 ⇨株式申込証拠金'

申込証拠金領収証 ⇨株式申込証拠金領収証'

申込みの誘引(誘因) 他人を誘って*"申込み'をさせようとする意思の表示。例えば貸間の広告などがその例で，他人が借りたいといってきても，それだけで直ちに賃貸借契約が成立するわけではなく，広告をした者は，貸すことを*"承諾'する自由をもっている(したがって，借りたいという意思表示は申込みになる)。このように，相手方の意思表示だけで契約の拘束力が発生しないという点で，申込みの誘引は申込みと区別される。実際には，申込みか申込みの誘引かを決めるのは難しく，例えば競争入札において，入札の申出は単なる申込みの誘引にすぎないかどうか問題となっている。入札申出の趣旨によって決定するほかないが，もし入札の申出が申込みの誘引であるとすると，申出者は最高(又は最低)価格の入札者に落札させるかどうかの自由をもつ。

申立て(訴訟上の) 1 **意義** 民事訴訟において，裁判所に対し一定の行為(裁判・証拠調べ・執行行為など)を要求する当事者の訴訟行為。申立てがあれば，純然たる職権事項で当事者に申立権がない場合(弁論の再開など)を除き，裁判所は必ず何らかの応答をしなければならない。刑事訴訟法上も同じである。 ⇨訴訟行為'
2 **種類** 申立てのうち，*"請求'・*"仮執行'の宣言'・*"訴訟費用'など'終局判決'で判断される事項に関するものを*"本案'の申立てという。*"訴え'及び*"上訴'が代表的であるが，被告の*"請求棄却'又は*"訴えの却下'の判決を求める申立てもこれに属する。これに対し，訴訟手続上の個々の事項に関するものを訴訟上の申立てという。*"移送'の申立て〔民訴 16〜19〕，*"除斥'・忌避の申立て〔民訴 23・24，民訴規 10〕，*"期日'指定の申立て〔民訴 93〕などである。
3 **要件効果** 申立ては，典型的な訴訟行為としてこれに関する訴訟法の規律に服する。*"訴訟能力'，訴訟上の代理権を必要とし，*"錯誤'・*"詐欺'などの*"意思表示'の*"瑕疵'はその効力に影響しない。要求した裁判所の行為がなされるまでは原則として任意に撤回できる。また，原則として条件・期限をつけることができない。ただ，第 1 次の申立てが認容されない場合に備えて，もしそれが認容されれば不要になる第 2 次の申立てを同時にしておくのは，性質上は*"解除条件'付きであるが，手続を不安定としないので特別に許される。このような第 2 次の申立てを予備的申立てという(⇨予備的併合')。

目 ⇨款・項・目'(巻末・基本法令用語) ⇨編・章・節'(巻末・基本法令用語)

目次 ⇨目次'(巻末・基本法令用語)

黙示の意思表示 *"表示行為'の外形上の明確さの程度が低い*"意思表示'。契約の不履行を巡る訴訟の*"委任'を受けた*"訴訟代理人'は，契約の解除につき特に委任を受けていなくても，黙示の意思表示により委任を受けたと考えられるから，解除の意思表示ができると判断される場合などがその例である。表示行為から意思表示の存在が明らかである場合をいう「明示の意思表示」に対するものであるが，どちらの場合も意思表示の解釈(⇨法律行為の解釈')という作業を経て，その効力の有無，効力の及ぶ範囲が決定されるわけであるから，両者は表示行為の明確さの程度の差にすぎず，区別する実益は乏しい。

目的規定・趣旨規定 ⇨目的規定・趣旨規定'(巻末・基本法令用語)

目的刑主義 刑罰を犯罪防止の 1 手段とみる立場。リスト(Franz von Liszt, 1851〜1919)が，

もくてきこ

刑罰を、犯された犯罪に対する無目的な応報として捉える旧派の'応報刑主義'に対置して、無目的な応報から目的への進化を唱えて以降(刑法における目的思想)、'新派刑法学'の標語となった。新派の立場では、特に犯人の改善・更生を図る'特別予防'の重要性が強調され、'教育刑主義'へと発展した。

目的効果基準 '国家'と宗教団体の分離を定める憲法規定〔憲20①後③・89〕を具体化する判例上の基準。'津地鎮祭訴訟'における最高裁判所大法廷判決によって、「目的が宗教的意義をもち、その効果が宗教に対する援助、助長、促進又は圧迫、干渉等になるような行為」は、憲法が禁ずる国の宗教的活動に該当すると定式化された。この判例法理が具体的に何を意味するかは、靖国神社に対する閣僚の公式参拝、県の玉串料の支出などの問題に最高裁判所がこの法理をどのように適用するかによることになるが、玉串料については、県がこれを支出することは、目的効果基準に照らし違憲であると判断された(最大判平成9・4・2民集51・4・1673〈'愛媛玉串料訴訟'〉)。また、この法理は、アメリカ合衆国最高裁判所が1971年に定式化した、いわゆるレ(一)モン・テスト(Lemon Test)に由来するといわれる(Lemon v. Kurtzman, 403 U.S. 602 (1971))。このテストは、政府の行為が合憲とされるためには、当該行為が、イ 世俗目的をもち、ロ その主要な効果が宗教を促進し、あるいは抑制するものではなく、ハ 政府と宗教との過度の関わり合いを促すものではない、という3要件を充足しなければならないというものであり、日本の目的効果基準は、これに比して厳密さに欠ける基準ではないかとの批判もある。最高裁判所は、空知太（そらちぶと）神社事件(最大判平成22・1・20民集64・1・1)において目的効果基準を用いなかったという見解が有力であるが、総合考慮に基づく判断という点で従来の判例と本質的な相違はないとの見解もある。なお、この点について、藤田宙靖裁判官の補足意見は、「本件における憲法問題は、本来、目的効果基準の適用の可否が問われる以前の問題である」と説明している。 ⇨政教分離の原則'

目的財産 ⇨特別財産'
目的信託 ⇨公益信託・私益信託'
目的税 ⇨普通税・目的税'

目的的行為論 1 意義 ドイツの学者ヴェルツェル(Hans Welzel, 1904〜77)が提唱した行為論。目的行為論とも呼ばれる。人間の行為は目的的な事象であるとして目的性を行為概念の中心に置く。行為の目的性は、一定の目標を設定し、この目標達成のために手段を選択し、選択された手段を目標達成へ向けて操縦するということにあるとされる。

2 理論的帰結 目的性を行為の本質的要素とすることから、従来、'責任'要素とされていた'故意'を'構成要件'要素、違法要素として位置付け、不法は他人に関係する人的行為不法であるとする人的不法論及び行為無価値論(⇨違法性')の基礎となった。また、故意の事実認識の側面を構成要件要素とし、'違法性の意識'を責任要素とすることで、'責任説'を理論的に根拠付けた。

3 問題点 目的的行為論に対しては、'過失'行為と'不作為'を目的行為に包摂することができるかという疑問が向けられた。前者について、過失行為は構成要件的に重要でない結果に向けられた目的的行為であるとして説明されたが、このような目的性を刑法の行為概念の本質的要素とすることには批判が強い。後者について、多くの論者は、目的的実現意思を欠く不作為を目的的行為概念に包摂できないという批判を受け入れ、行為と不作為の上位概念として行態という概念を犯罪論の基底としてもち出したが、行為概念が統一機能を失い、犯罪が行為であることを前提とする現行法とも調和しない、として批判された。

目的なき故意ある道具 ⇨故意ある道具'

目的犯 犯罪の'構成要件'上、'故意'のほかに一定の目的の存在を必要とする犯罪。この場合の目的を'主観的違法要素'というのが一般である。例えば、自ら鑑賞する目的で他人名義の文書を作っても違法ではなく、「行使の目的」があるときに限って'文書偽造罪'〔刑154〜161の2〕が成立する。その他、'内乱罪'〔刑77〕・営利目的等拐取罪〔刑225〕・'背任罪'〔刑247〕なども目的犯の例である。目的については、単なる未必的なもので足りるか確定的でなければならないか、また、意欲を必要とするか認容で足りるかなど、各本条の解釈にも絡らで種々の争いがあるが、判例は、ほぼ全体を通じて未必的な認容で足りるとしている(最判昭和29・11・5刑集8・11・1675等)。

目的法論 ⇨利益法論'
目的論的解釈 ⇨法の解釈'
黙秘義務 ⇨秘密を守る義務'

黙秘権 自己に不利益な供述を強要されない権利〔憲38①〕。「何人も、刑事事件において自己に不利益な証人となることを強制されない」と定める'アメリカ合衆国憲法'の自己負罪(セルフ・インクリミネーション(self-incrimination))拒否の特権に由来する。不利益とは，刑事責任を問われ又は加重される基礎となるような事柄をいい，民事上の責任に関わるものを含まない。強要とは，*拷問'のような直接的手段だけでなく，*過料・刑罰等により間接的に*証言'を強制すること〔刑訴160・161，民訴192・193・200参照〕も含む。黙秘権の及ぶ範囲について，交通事故を起こした運転者の事故内容報告義務〔道交72①〕は黙秘権を侵害するものではない（最大判昭和37・5・2刑集16・5・495）とし，また，氏名については黙秘権は及ばない（最大判昭和32・2・20刑集11・2・802）とするのが判例である。黙秘権の効果として，供述しないということ自体から有罪その他不利益な*心証'をとることは許されないと解されている。ただし，黙秘権を有する者がこれを放棄して供述することは認められる。なお，アメリカには，免責を与えて黙秘権を消滅させ，証言を強制する制度があり，日本でも平成28年に要件と手続を定めた条文が設けられた〔刑訴157の2・157の3〕。（法54）。（⇨刑事免責'）。訴訟法上，*証人'は，刑事訴追・有罪判決を受けるおそれのある証言を拒むことができる〔刑訴146，刑訴196〕が，これに対し*被疑者'・*被告人'は，自己の意思に反して供述をする義務を一切負わない〔刑訴198②・311①〕。これを被疑者・被告人の黙秘権と呼ぶこともある。 ⇨供述拒否権' ⇨証言拒絶権'

目論見書（もくろみしょ） *金融商品取引法'上，*有価証券'の募集・売出し，適格機関投資家取得有価証券一般勧誘又は特定投資家等有価証券一般勧誘のために，当該有価証券の発行者の事業その他の事項に関する説明を記載する文書で，相手方に交付し又は相手方の請求があった場合に交付する（請求目論見書）直接開示書類である〔金商2⑩〕。*有価証券の募集'・*有価証券の売出し'に関して内閣総理大臣への届出を要する有価証券の発行者は，目論見書（届出目論見書・届出仮目論見書）の作成義務を負い〔企業開示7⑤②⑥〕，開示が行われている場合〔金商4⑦〕の売出しに係る有価証券の発行者についても同様とされるが，所定の*新株予約権の無償割当て'は除外される〔金商13①但〕。発行者，売出しをする者，引受人，金融商品取引業者，登録金融機関，金融商品仲介業者又は金融サービス仲介業者は，有価証券を募集・売出しにより取得させ又は売り付ける場合，あらかじめ又は同時に目論見書を交付する義務を負うが，相手方が適格機関投資家である場合等一定の例外がある〔金商15②〕。発行登録（⇨発行登録制度'）を行った有価証券の発行者等も，同様である〔金商23の12②③〕。届出目論見書の記載事項は，*有価証券届出書'とほぼ同様であるが，有価証券届出書の効力が生じている旨等も記載する〔金商13②①，企業開示13①①〕。請求目論見書の対象となる有価証券（投資信託の受益証券や投資証券・投資法人債券等）については，基本的な情報を簡潔に記載した交付目論見書が交付され，請求により請求目論見書が交付される〔金商13②①②〕。虚偽の記載があり又は記載すべき内容が不記載の目論見書の使用は禁止され〔金商13④〕，目論見書の不交付や重要な事項の虚偽記載等には，有価証券取得者に対する損害賠償責任〔金商16・17・18②・19・21③〕や罰則〔金商200③・205①〕の定めがある。

模索的証明 ⇨立証事項'
若しくは ⇨又は・若しくは'（巻末・基本法令用語）
文字フォント ⇨タイプフェイス'
模造 権限なくある物に類似の物を作ること。ただし，通常人が真正なものと見誤る程度に達すれば*偽造'となり，その程度に達せず，しかもある程度似ている場合が模造である。一般には，あまり取引の安全性を害することはないので処罰の対象とならないが，通貨や有価証券のように特にその公信性を厚く保護する必要のある物については，模造も可罰的とされている〔通貨及証券模造取締法（明治28法28）〕。なお，商標80・74〕。

持株会社 Ⅰ *独占禁止法'上，持株会社は，平成9年改正（法87）前の9条において，他の会社の株式を所有することにより，それらの「事業活動を支配することを主たる事業とする会社」と定義され，その設立が禁止されていた。同改正で，その子会社の株式の取得価額の合計額が当該会社の総資産の50%を超える会社と定義され，事業支配力が過度に集中することとなる持株会社のみが禁止されることになり，更に平成14年改正（法47）によって，持株会社規制は広く事業支配力過度集中に対する規制とされ，持株会社は非持株会社と同一の規制に服することとなった。現行の独占禁止法では，子会社の株式の取得価額の合計額が当該会社の総資産の50%を超える会社を持株会社と呼び，当該会社及びその子会社の総資産の額が6000億円を超える場合に事業報告書を公正取引委員会に提出すべきものとされるにとどまる〔独禁9④①〕。なお，持株会社のうち，他の会社の支配だけを行うものを「純粋持株会社」，それ以外の事業も行うものを「事業持株会社」と呼ぶこと

もちこみて

がある。 ⇨事業支配力過度集中'

Ⅱ 平成9年の*'独占禁止法'改正(法87)により持株会社が解禁されたことに伴い, 平成11年改正により, 完全持株会社(既存の会社を子会社としてその子会社の株式を100%保有する*'完全親会社'となるもの)を創設する制度として, 株式交換及び株式移転が商法上認められ, 会社法もこれらを認めている。持株会社は自らは事業活動をしない純粋持株会社と, 自らも事業活動をする事業持株会社に分かれるが, いずれも子会社の経営の支配又は管理をする点では変わりがない。 ⇨株式交換' ⇨株式移転'

持込手荷物 ⇨携帯手荷物'

持 分 Ⅰ *'共同所有'において, 各共同所有者が, 共同所有の目的物について有する権利を, 持分又は*'持分権'という。また, 持分の分数的な割合を単に持分という場合もある。*'共有'において, 各共有者は, 持分を自由に処分することができるのが原則である。各共有者は, 共有物の全部について, その持分に応じた使用をすることができ[民249①], 持分を超える使用については, 対価を償還する義務を負う[民249②]。また, 各共有者は, 単独で*'保存行為'をすることができる一方[民252⑤], 共有物の変更には他の共有者全員の同意が必要である[民251①]。共有物の管理に関する事項は, 各共有者の持分の価格に従い, その過半数で決する[民252①]。なお, 各共有者の持分は, 等しいものと推定される[民250]。民法には, *'組合'契約についても, 組合員の持分に関する規定があるが, 共有と比較すると, 持分の処分・行使は制限されている(⇨合有)。すなわち, *'組合財産'についての持分を処分しても, 組合及び組合と取引をした*'第三者'に対抗することができない。また, 組合財産である債権については, 持分についての権利を単独で行使することができない[民676①②]。組合員は, 組合を脱退する際に, 持分の払戻しを受ける[民681]。

Ⅱ *'合名会社'・*'合資会社'・*'合同会社'(⇨持分会社)の社員のもつ会社の財産に対する権利義務の割合を指す。*'株式会社'においては持分は*'株式'とされる。構成員相互が契約によって結合している組合においては, 各構成員の権利義務は他の全構成員に対する権利義務の形をとるから, 各構成員は組合財産に対して*'合有'権者としての物権的持分を有するのに対し, 社団である会社においては, 社員の権利義務は社員たる地位(⇨社員権)という団体に対する権利関係の内容となり, 会社財産は会社自身の所有に属し, 社員は観念的な持分を有するにすぎ

ない。この場合の持分の意味は, 社員が会社財産につき有する分け前を示す計算上の数額であり, 持分会社の退社員の持分の払戻し[会社611]などはこの意味で使われている。一方, 持分の譲渡[会社585]という場合には社員たる地位そのものを指すが, この意味の持分を経済的に評価したものが計算上の数額としての持分であるといえよう。こうした持分は払戻しや会社の清算によって初めて現実化する。

持 分 会 社 *'合名会社'・*'合資会社'・*'合同会社'の総称[会社575①]。この3種類の会社に共通する特徴は, 内部関係(社員・会社間及び社員相互間)の規律については原則として定款自治が認められており, *'株式会社'よりも自由な機関設計が認められていること, 社員の議決権は原則一人一議決権であること, 持分の譲渡については原則として他の社員全員の同意が必要とされるが[会社585①], 社員の投下資本の回収については出資の払戻し[会社624]や退社による持分の払戻し[会社611]など比較的自由になされうることなどがある。従来は構成員の*'無限責任'・*'有限責任'の観点から, 合名会社・合資会社を人的会社, 株式会社・有限会社を*'物的会社'と分類した。人的会社の概念は*'無限責任社員'が存在し, 原則としてその者が業務執行に関わるため内部の人的関係が重視されることに由来するが, 平成17年の会社法制定で導入された合同会社は, *'有限責任社員'のみでありながら, 内部組織は合名会社と同様であり, こうした類型の会社をまとめるものとして持分会社の概念が生まれた。

持分会社の種類の変更 *'合名会社'・*'合資会社'・*'合同会社'の間で会社の種類を変更すること[会社638]。*'有限責任社員'を加入させたり, *'無限責任社員'を有限責任社員にしたりするなどの社員の責任に関する*'定款変更'を総社員の同意によりなすことで, 他の種類の*'持分会社'に変更できる。また, 合資会社の無限責任社員若しくは有限責任社員が全て退社した場合には, 合同会社若しくは合名会社になる定款変更をしたものとみなされる[会社639]。

持分買取請求権 船舶共有において, 共有者が新たに航海をなすこと, 又は船舶の大修繕をなすべきことの決議に異議ある者が, 他の共有者に対して自己の持分を相当の対価をもって買い取るべきことを請求できる権利[商694]。*'船長'が*'船舶共有者'である場合に, 意に反して解任された場合にも同様の持分買取請求権が認められる[商715③]。

持 分 権 *'共同所有'において, 各共同所

有者が，共同所有の目的物について有する権利を，*持分又は持分権という。*共有'においては，持分権自体１つの所有権であって，ただ，他の共有者の持分権のために量的に制限された状態であると説かれている。したがって，その内容は所有権と同じで，各共有者は，自己の持分を認めない者に対して，持分権の確認を請求することができ，また，共有物に妨害を加える者に対して，持分権に基づく妨害排除を請求することができる。また，各共有者は，単独で自由に持分権を譲渡することができるが，共有物自体を譲渡すること，共有物の保存行為以外の*管理'に関する事項を単独で自由に決定すること，共有物の全部を単独で自由に使用することはできない。これらの点で単独所有と異なる。

持分先買(さきがい)権 船舶共有において，ある共有者の持分移転又は国籍喪失によって，船舶が日本国籍を喪失すべきときに，その持分を他の共有者が相当の対価をもって買い取る，又は競売に付することができる権利〔商700〕。*持分会社'所有の船舶で，特定の社員持分の移転によって船舶が日本国籍を失うような場合，他の*業務執行社員'は，相当の対価をもって，その*持分'を売り渡すよう請求することができる〔会社691〕。

持分単一主義・持分複数主義 *株式会社'においては，*株式'は均一の割合的単位の形をとり，各株主が複数の持分をもつことが想定されている。これを持分複数主義という。これに対して*合名会社'・*合資会社'及び*合同会社'（これらを合わせて*持分会社'という〔会社575①〕）の社員の持分は１個であり，これを持分単一主義という。

持分の差押え *持分会社'における社員の*持分'を社員の債権者が差し押さえること。差押えの効力は利益配当や出資の払戻しを求める権利に及ぶ〔会社621③・624③〕。また持分の譲渡には他の社員全員の同意が必要であり〔会社585①〕，差押債権者が持分を競売にかけるのは困難であるため，差押債権者は事業年度の終了時において当該社員を退社させることができ〔会社609①〕，退社に伴う*持分の払戻し'によって債権の満足を図ることができる〔会社611⑦〕。この場合に，債権者は裁判所に対し，持分の払戻しの請求権の保全に関し，必要な処分をする旨申し立てることができる〔会社609③〕。更に持分会社の任意清算（⇨清算'）の場合に清算持分会社が財産の処分をなすには差押債権者の同意を要し，これに違反した場合には差押債権者は清算持分会社に対して持分に相当する金額の

支払を請求でき〔会社671〕，また財産処分の取消しの訴えを提起できる〔会社863①②〕。

持分の質入れ *持分会社'における社員の*持分'を*質権'の目的とすること。会社法上，持分の質入れに関する規定はないが，持分が財産的価値を有する以上，質権の設定は可能と解されている。しかし，持分の譲渡には他の社員全員の同意が必要であるから〔会社585①〕，質権は持分自体を自由に換価することはできず，利益配当請求権や出資・持分の払戻請求権によって持分の財産的価値が具体化されるときに，当該請求権に効力を及ぼすことができるにすぎない〔民350・304〕。会社法は社員の債権者による持分の差押えがあった場合に，この効力を認めている〔会社621③・624③・611⑦〕。その他，協同組合の構成員の持分や*船舶共有者'の持分などの質入れについても，ほぼ同様に考えうる。

持分の譲渡 Ⅰ *持分会社'における社員の*持分'を譲渡すること。社員はその持分の一部又は全部を譲渡することができるが，そのためには他の社員全員の承諾を必要とする〔会社585①〕。持分会社が社員相互の信頼関係を基礎として組織される企業形態だからである。したがって業務執行をしない*有限責任社員'の持分の譲渡については，*業務執行社員'全員の同意があれば足りる〔会社585②〕。また，要件については定款自治が認められている〔会社585④〕。社員がその持分全部を譲渡すれば，社員関係から離脱して，*持分の払戻し'を受けることができる〔会社611〕。しかし，持分全部譲渡の登記をする前に生じた会社債務については，従前の責任の範囲内で弁済すべき義務を負う〔会社586①〕。持分の譲受人が他の社員である場合には，持分の表象する権利義務が増加するだけであって，持分が複数になるわけではない。また譲受人が*第三者'の場合には新たに会社に加入することになる〔会社604〕。

Ⅱ 民法上の持分の譲渡については，*持分'，*持分権'をみよ。

持分の払戻し *持分会社'の社員は退社に際して出資である持分の払戻しを会社から受けることができる〔会社611①〕。*無限責任社員'が存在するため，持分の払戻しにより会社財産が会社外に流出しても問題のない*合名会社'・*合資会社'と異なり，*合同会社'においては*債権者保護手続'が要求される場合がある〔会社635〕。これに反する持分の払戻しに関しては，*業務執行社員'は払戻しを受けた社員と連帯して会社に対する払戻額に相当する金額支払義務がある〔会社636〕。

持分複数主義　⇨持分単一主義・持分複数主義'⇨株式'

持分プーリング法　会計処理方法の統一及び企業結合前の取引等の消去に伴う修正を行う場合を除き、全ての結合当事企業の資産、負債及び純資産の適正な帳簿価額を引き継ぐ方法。持分の結合と判定された企業結合に適用される会計処理方法である。ここで持分の結合とは、いずれの結合当事企業(又は事業)の株主(又は持分保有者)も他の結合当事企業(又は事業)を支配したとは認められず、結合後企業のリスクや便益を引き続き相互に共有することを達成するため、それぞれの事業の全て又は事実上の全てを統合して1つの報告単位となることをいう。

持分法　⇨連結財務諸表'

勿論(もちろん)解釈　⇨法の解釈'

元受運送　*運送人'(元受運送人)が自己の引き受けた運送につき自らその全部を実行することなく、その全部又は一部につき他の運送人(下受運送人)に*下受運送'させる場合の、元受運送人の運送をいう。下受運送人は元受運送人の*履行補助者'にすぎず、*荷送人'とは直接の法律関係を生じない。

戻し収容　*少年院'を*仮退院'中の者を、遵守事項違反を理由に、少年院に再収容する処分。実体は、行状不良を理由とする*仮釈放'の取消しである。地方更生保護委員会の申請に基づき*家庭裁判所'が決定する〔更生71・72〕。

基づく(基く)　⇨基づく(基く)'(巻末・基本法令用語)

元引受契約　第1種金融商品取引業者が、*有価証券'の発行者・所有者から、当該証券の全部若しくは一部を投資者に取得させる目的をもって取得し、又は*有価証券の募集'・*有価証券の売出し'に際して、他にその有価証券を取得する者がない場合に、その残部を発行者・所有者から取得することを内容とする契約〔金商21④・28①③〕。⇨引受業務'

戻(もどり)裏書　例えば、AがBを*受取人'として振り出し、B→C→Dと*裏書'された*手形'を、DがAに裏書するというように、既に手形・小切手上の債務を負っている者に対してされる裏書のこと〔手11③・77①Ⅱ、小14③〕。債権者と債務者とが同一人に帰すれば、*混同'により債権は消滅するのが原則であるが〔民520〕、*有価証券'である手形・小切手の場合にはこのようなことはない。もっとも、被裏書人Aが、自分自身に請求することはもちろん、B・C・Dなど中間の裏書人に*遡求'することも無意味である(B・C・DがさらにAに請求することができるからである)が、Aがその手形を他に裏書すれば、その被裏書人はA・B・C・Dに対する権利を取得するので意義がある。このように戻裏書は、新手形・小切手作成の労力と費用を避けるだけではなく、その手形・小切手に化体された信用を活用するためにも利用される。

戻(もどり)手形　手形の*遡求権'者又は再遡求権者が遡求のため、遡求義務者を*支払人'として振り出す*為替手形'〔手52・77①④〕。遡求権者は、これに本手形・*拒絶証書'・償還計算書を添えて*手形割引'を求め*遡求金額'(償還金額)を回収する。手形を割り引いた者は、戻手形及び本手形を戻手形の支払人である遡求義務者に呈示し、戻手形の支払によって同時に本手形の償還がなされる。戻手形は普通の為替手形であるが、*一覧払手形'であって、遡求義務者の利益保護のため支払人の住所地を*支払地'とするものでなければならない。また、遡求権者が支払地で償還金額を得たのと同じ結果を得させるため、手形金額は、償還金額に*仲立料'・*印紙税'を加えた金額とし、支払地宛一覧払為替手形の相場などを考慮して定められる。遡求金額が増大するため、本手形の記載により戻手形の利用を排除できる〔手52①〕。遡求義務者が遠隔地にいる場合に戻無syskrevikka利用される。

物　**1 意義**　民法上は、空間の一部を占めて有形的存在をもつもの、つまり有体物だけをいう〔民85〕。電気・熱・光等はこの意味では物ではない。しかし、物の概念を法律上の排他的支配の可能であるものに拡張せよと主張する説もある。広義では人に対する語で、権利の客体とされる外界の一部をいい、有体物と、有体物以外のもの、すなわち無体物とを含む。**2 範囲**　全ての人に権利の主体である地位を認める近代法の下においては、生きている人間の肉体は*所有権'の客体(奴隷)となることができないが、切り離された身体の一部、死体に対してはその上に所有権が成立しうる。また、日・月・星・大洋などは、人の支配が現実に不可能であるから、所有権の客体となることはできない。**3 分類**　表のように、各種の分類がされている。

もの・者・物　⇨もの・者・物'(巻末・基本法令用語)

ものとする　⇨ものとする'(巻末・基本法令用語)

物の発明　*特許請求の範囲'が有体物として具体化され、時間的要素を含まない発明。平成14年*特許法'改正(法24)では、プログラム等〔特許2④〕も物の発明とされた。その物の生

［表：物の分類］

	分類	例	区別の実益
民法にあるものの規定の	動 産 不 動 産	下記以外の物〔民 86 ②〕 土地及びその定着物〔民 86 ①〕	公示方法〔民 177・178〕
	主 物 従 物	家屋と畳	主物の処分〔民 87 ②〕，抵当権の効力〔民 370〕
	元 物 果 実	石切場とそこから産出される石材	果実について所有権成立時期〔民 89 ①〕
民法に規定のないもの	融 通 物 不融通物 公 用 物 公共用物 禁 制 物	不融通物以外の物 官公庁の建物 道路・港湾・河川 あへん煙・わいせつ文書	私法上の取引制限 〔国財 18, 刑 136・175〕
	可 分 物 不可分物	金銭・穀物・土地 建物・動物	共有物の分割〔民 258〕，分割債権・不可分債権〔民 427・428〕
	消 費 物 非消費物	米・金銭 土地・建物	消費貸借・使用貸借・賃貸借〔民 587・593・601〕
	代 替 物 不代替物	金銭・有価証券 家屋	消費貸借〔民 587〕・消費寄託〔民 666〕
厳格には種類物でない	特 定 物 不特定物	物の個性に着眼して取引したかどうかによる区別	債権の目的物保管義務等〔民 400・402〕，物の引渡し・弁済の場所〔民 483・484〕

産, 使用, 譲渡等(譲渡及び貸渡をいい, その物がプログラム等である場合には, 電気通信回線を通じた提供を含む), 輸出若しくは輸入又は譲渡等の申出(譲渡等のための展示を含む)をする行為が「実施」とされる〔特許 2 ③①〕。

物の引渡・明渡義務の強制執行　金銭以外の有体物の*引渡し'を目的とする請求権(⇨与える債務・なす債務)の*強制執行'は, *直接強制'又は*間接強制'〔民執 173〕により行われる。債務者の占有する特定の不動産又は人の居住する船舶等の引渡し・明渡しの直接強制は, *執行官'が債務者の不動産等に対する占有を解いて債権者にその占有を取得させる方法により行う〔民執 168・168 の 2〕。債務者の占有する動産で, 人の居住する船舶等以外の物の引渡の直接執行は, 執行官が債務者からこれを取り上げて債権者に引き渡す方法により行う〔民執 169〕。不動産又は動産を第三者が占有する場合において, 第三者が債務者に対して引渡義務を負っているときは, 執行裁判所が債務者の第三者に対する引渡請求権を差し押さえ, 請求権の行使を債権者に許す旨の命令を発する方法により行う〔民執 170〕。

模範刑法典　英 Model Penal Code　アメリカ法律協会(American Law Institute)において, 各州の刑法典の模範として, 指導的刑法学者, 実務家の参加を得て起草された刑法典のモデル。10 年ほどの作業の上, 1962 年に公にされた。刑法総則, 各則, 犯罪者処遇・矯正, 処遇・矯正に関する組織法の 4 編から成る。このモデルは, 制定法ではないが, アメリカの多くの州における包括的な「刑法」の制定を促し, その内容面でも, 州ごとに差はあるが, 多くの規定が立法に採用されている。それにとどまらず, 刑法規定の解釈源としても機能し, 刑法の教科書・ケースブック類でも補遺として付され, 参照されている。なお, 量刑につき改訂がなされたほか, 性犯罪規定の改訂作業が行われている(2024 年現在)。

模　倣　⇨商品形態模倣'

最寄り(もより・最寄)　⇨最寄り(もより・最寄)'(巻末・基本法令用語)

モラトリアム　英独 moratorium　非常事態にあたり, 法令により一定期間金銭債務の支払猶予を認めること又はそれを定めた法令。ヨーロッパ諸国では古くから行われたが, 日本では大正 12 年(1923)の関東大震災の時(勅 404)及び昭和 2 年(1927)の金融恐慌の時(勅 96)に*緊急勅令'で支払猶予令として施行された。金銭債権の債権者は, 通常は*履行遅滞'があれば,

実損害の有無を問わず当然に遅延利息を請求できる〔民419②〕が，支払猶予令による猶予期間中は履行遅滞の責任が免除され，遅延利息の発生が停止する。なお，判例によれば，約定利息そのものは停止せず，したがって，遅延利息が約定利息によっていた場合には，その発生も停止しないとされ（大判昭和3・5・15民集7・365），また，支払猶予令は時効の停止事由に当たらないとされる（大判昭和3・3・31民集7・180）。

文言(ぶん)**証券** 証券の表章する権利の内容・範囲が，証券記載の文言により定まる*有価証券'。*無因証券'は証券の作成によって創設された権利を表章するから，当然に文言証券である。文言証券の取得者は，その記載文言に従って証券上の権利を取得し，債務者は，取得者が証券の文言に従って権利行使するのを証券に記載されていない証券外の事実をもって拒むことができない。ただし，証券授受の当事者又は悪意の取得者に対しては原因関係等に基づく抗弁を主張することができる（⇨*人的抗弁' ⇨*悪意の抗弁'）。*手形'〔手17〕・*小切手'〔小22〕は文言証券の典型である。また，*倉荷証券'，*船荷証券'及び*複合運送証券'については，証券の記載が事実と異なることをもって*善意'の所持人に対抗することができないと規定され，文言証券性が認められている〔商604・760, 国際海運15〕。

問責決議 ⇨*不信任決議'
門前払いの判決 ⇨*訴訟判決'

門地 出自・家柄のこと。現行憲法は，「社会的身分又は門地」による差別を禁止する〔憲14①〕。官職や特権を世襲によって引き継ぐ法制度を否定しているのである。*明治憲法'は，*帝国議会'の1院として*貴族院'を設け，*皇族'・*華族'及び勅任（天皇の任命）による議員のみで構成することにしていた〔明憲34〕。これらの歴史に徴し，特に現行憲法は貴族制度及び特権の付与を明確に禁止した〔憲14②③〕。⇨*法の下の平等'

モンテスキュー Montesquieu, Charles Louis de Secondat, Baron de la Brède et de（1689～1755）フランスの啓蒙(けい)思想家。法曹貴族の家に生まれ，ボルドー大学で法学を学び，弁護士となる。1714年父の後を継いでボルドー高等法院評定官，1716～28年同院長。「ペルシア人の手紙」(1721)で文名をはせ，1728～31年ヨーロッパ各地を旅行，特にイギリス政治に強い感銘を受けた。主著「法の精神」(1748)において，法を「事物の自然から生ずる必然的関係」と定義し，共和制・君主制・専制制の本性から生ずるこれら諸政体の原理を究明しようとした。広く経験的事実を観察し，それらの関係を考察した研究態度のゆえに，デュルケム(Émile Durkheim, 1858～1917)は彼を社会科学の祖と呼んだ。全体を導く政治思想は均衡の観念で，ここから権力分立論や専制政治の批判が導かれる。*アメリカ合衆国憲法'の厳格な三権分立制度は彼に負うところが大きい（⇨*権力分立主義'）。

モントリオール条約 I 正式には「国際航空運送についてのある規則の統一に関する条約」という。条約が作られた地にちなみモントリオール条約といわれる。1999年5月に*国際民間航空機関'の外交会議で成立。日本は，2000年5月26日に国会で承認した（平成15条6）。2003年11月4日に発効（日本についても同日に発効）。それまでの*ワルソー条約'を中核とする各種の条約・議定書からなる規制（ワルソー・システム）は，錯綜する適用関係に困難があり，また，*運送人'責任のあり方等につき問題があったが，本条約は，ワルソー・システムの整理統合化・現代化を図った画期的な条約であり，現在，世界の多くの国々が加盟している。特に注目されるのは，人身事故に関する規制である。第1に，運送人の責任原則は，損害賠償額が10万SDRまでは*無過失責任'となり，それを超える部分については過失責任となる。第2に，運送人の責任は，責任制限が認められず無限責任となる。第3に，旅客の住所地を管轄する裁判所への訴えの提起が，一定の要件の下に認められる（いわゆる第5の裁判管轄）。旅客の人身損害に関する無限責任化を世界に先駆けて推進してきた日本の積極的な活動（一般にジャパニーズ・イニシアティブといわれる）が，この条約の成立に大いに貢献したといわれる。また運送人の貨物についての責任は，無過失責任であるが，*故意'による場合でも，貨物の重量により定まる責任制限が適用される。

II 正式には「民間航空の安全に対する不法な行為の防止に関する条約」という。1971年9月23日にモントリオールで署名，1973年1月26日に発効。日本は1974年に加入した（昭和49条5）。*ハイジャック'対策を目的とした航空機の不法な奪取の防止に関する条約では対処できない航空機爆破等の行為を未遂も含めて犯罪とし，それらの防止と処罰を目的としている。

役員 一般に法人において，業務の執行，業務・会計の監査などの権限を有する機関の構成員。一般社団法人・一般財団法人の'理事'・'監事'，協同組合の理事・監事，'株式会社'の'取締役'・'会計参与'・'監査役'等をいう。例えば株式会社については，取締役，会計参与及び監査役が役員と定義され〔会社329①括弧〕，イ 資格，員数・任期，選任方法，終任事由などの選任・解任関係，ロ 権限関係，ハ 義務，報酬・利益相反規制などの会社と役員との関係，及びニ 会社・'第三者'に対する責任，責任の追及方法など責任関係，等について規律されている。なお，会社法は，役員に'執行役'と'会計監査人'を加え役員等という〔会社423①〕。

約因 英consideration **1** 英米法諸国の判例法において，約束が契約として拘束力をもつための要件とされ，約束をした者（約束者）が約束と取引の形で受け取った，一定の価値あるものを指す。すなわち，約束を受けた者（受約者）が約束者に対し約束の履行を求めて訴えを提起した場合，単に被告すなわち約束者が約束をしたと主張するだけでは足りず，約束者が取引によって受約者から何らかの約因を受け取ったことを主張しなければ，契約に基づく訴えは失当とされる。約束者が受け取る約因は，反対約束であってもよいし，作為ないし不作為による履行であってもよく，また法律関係の設定，変更又は解消という形の履行でもよい。約因は，約束者の利益になるか，受約者の不利益になるなど一定の価値をもつ必要があるが，実質的な対価関係として約束と釣り合う価値をもつことは必要とされない。しかし，以前に恩義を受けていたために約束を受け取る場合のように，過去の約因では不十分とされる。**2** 近年は，英米法諸国でも約因法理の厳格さを緩和する傾向がみられる。単なる贈与の約束は約因を欠くために法的拘束力をもたないが，受約者が約束を前提にして自らの立場を不利に変更した場合には，例外的に約束の撤回が許されないとされる。これを約束的禁反言(promissory estoppel)の法理という。また'第三者のためにする契約'は，約束者が第三受益者から約因

を受け取っていないため伝統的に法的拘束力を認められなかったが，近年はイギリスなどでもこれに法的効力を認める立法がなされている。

役員給与 内国法人がその役員に対して支給する給与については，本来，'損金'に算入されるはずである〔法税22③〕が，一定の例外を除いて，原則として損金に算入されない〔法税34①〕。この例外には，イ 定期同額給与〔法税34①①〕，ロ 事前確定届出給与〔法税34①②〕，ハ 一定の業績連動型給与〔法税34①③〕等がある。

役員兼任の制限 **I** '独占禁止法'上の制限。会社の'役員'・従業員〔独禁2③・13①〕が，他の会社の役員を兼ねると，この人的関係によって，それらの会社が共通の意思決定により行動することがあるので，企業結合の1つの方法として，独占禁止法による規制の対象となっている。役員の兼任により，'一定の取引分野'における'競争の実質的制限'がもたらされることとなる場合〔独禁13①〕，'不公正な取引方法'により，競争会社に対して役員兼任を強制する場合〔独禁13②〕には，当該役員兼任が禁止される。⇨'企業結合の制限' ⇨'系列' **II** 会社の'役員'の兼任については，例えば'監査役'は会社の'取締役'又は子会社の取締役・'執行役'・'会計参与'を兼任できない〔会社335②〕。'監査等委員'である取締役が当該会社・子会社の'業務執行取締役'又は子会社の会計参与・執行役を兼任することも禁止される〔会社331③〕。一般社団法人・一般財団法人又は'協同組合'の監事・評議員等についても，同趣旨の制限がある〔一般法人65②，中協37，水協34の5等〕。

役員賞与 '取締役'・'監査役'等の'役員'〔会社329〕あるいは'執行役'に対し，その功労への報償として，定期的な俸給とは別に'株式会社'から支払われる金銭等のこと。会社法施行前は，利益処分〔商旧（平成17法87改正前の）281①④・283〕の一環として支給されるものであって報酬ではないと解する見解が多かったが，会社法の下では報酬等に含まれることが明確にされた〔会社361①〕。それに従い，役員賞与は，'指名委員会等設置会社'以外の株式会社では，'定款'又は株主総会の決議により〔会社361①・379①・387①〕，指名委員会等設置会社の執行役，取締役及び'会計参与'については'報酬委員会'により〔会社404③〕，その内容を定めることを要する。また，会計上も役員賞与は費用として計上する〔役員賞与に関する会計基準（企業会計基準4号）〕。

やくいんと

役員等の会社に対する損害賠償責任 **1 意義** '役員'等('取締役', '会計参与', '監査役', '執行役'又は'会計監査人')がその任務懈怠(けたい)により会社に生じさせた損害を賠償する責任をいう〔会社423①〕。役員等は会社に対して'善管注意義務'〔会社330・402, 民644〕及び'忠実義務'〔会社355・419②〕を負い, これらに違反することが任務懈怠となる。
2 責任原因 役員等が任務懈怠により会社に損害を生じさせることが責任原因である。役員等が会社に対して負う善管注意義務・忠実義務の内容として, 法令・'定款'・'株主総会'決議等を遵守した業務執行が求められるが, ここにいう法令には, 会社・株主の利益保護を直接の目的とする法令のみならず, 全ての法令が含まれる(最判平成12・7・7民集54・6・1767)。善管注意義務が尽くされたか否かは, 行為当時を基準とする(⇒'経営判断の原則')。また, 作為のみならず不作為も任務懈怠を構成する(監視義務。ただし執行役を除く)。この責任は過失責任であり, その証明責任は役員等の責任を追及する原告にあるのが原則である。
3 責任に関する特則 イ 自己のために利益相反取引を行った取締役・執行役の責任〔会社428①〕(⇒'取締役・会社間の取引')は'無過失責任'とされているほか, '株式会社'が利益相反取引を行うことを決定し又はこれを承認する'取締役会'の承認決議に賛成した取締役・執行役の責任〔会社423③〕は任務懈怠が推定され, 過失の証明責任が転換されている。ロ 会社に生じた損害額が賠償責任の額になるのが原則であるが, 一定の額を限度として一定の手続により軽減する〔会社425~427〕ことが認められている(⇒役員等の賠償責任の制限・免除)。また, 未承認の競業取引により取締役, 執行役又は'第三者'が得た利益の額は会社に生じた損害額と推定される〔会社423②〕(⇒'競業避止義務')。
4 一般の任務懈怠責任以外の民事責任 会社法においては, 一般の任務懈怠責任以外にも, 一定の場合に役員等の責任を認める例がある('現物出資', '仮装払込み', '利益供与の禁止', '違法配当・自己株式取得')。これらの民事責任においては, 取締役に課される責任の額が損害額ではなく, 財産の不足額(現物出資の場合), 仮装された払込みの金額(仮装払込みの場合), 供与額(利益供与の場合), 分配額(違法配当の場合)と異なる規定がされているほか, 任務懈怠が推定され, 一定の者は無過失責任を負う。
5 責任の追及方法 会社による責任追及(⇒会社・取締役間の訴え')が行われない場合, 株主は株主代表訴訟を提起し, 役員等の責任を追及することができる〔会社847~853〕(⇒'責任追及等の訴え')。この権限は'単独株主権'である。会社が取締役の責任を追及する場合, 会社を代表するのは, 機関設計によって異なるが, '代表取締役'ではなく, 監査役〔会社386①〕('監査役設置会社'の場合)・'監査委員'〔会社399の7〕('監査等委員会設置会社'の場合)・'監査委員'〔会社408①〕('指名委員会等設置会社'の場合)であり, これらの者が, 株主代表訴訟提起前の会社に対する提訴請求や訴訟告知を受ける〔会社386②・399の7②・408②〕。
6 株主代表訴訟の原告適格にかかる問題 株主代表訴訟の原告になるのは株主であるが, 株主代表訴訟の係属中に組織再編が行われたり, 組織再編後に代表訴訟を提起しようとしても, 原告がこれらの会社の株主ではなくなってしまった結果, 原告適格を失ってしまう例があった。そこで, 組織再編前に株主であった旧株主に提訴権限を認めるとともに〔会社847の2〕, 株主でなくなった者の訴訟追行を一定条件下で認めている〔会社851〕。
7 多重代表訴訟 重要な完全子会社の取締役の責任を, 一定条件下で, 最終完全親会社の株主が追及できる特定責任追及の訴え(いわゆる多重代表訴訟)が, 平成26年改正(法90)により導入された。⇒'多重代表訴訟'

役員等の損害賠償責任 ⇒役員等の会社に対する損害賠償責任' ⇒役員等の第三者に対する損害賠償責任'

役員等の第三者に対する損害賠償責任
1 意義 '役員'等('取締役, '会計参与', '監査役', '執行役'又は'会計監査人')が'悪意'・'重過失'により会社に対する任務に違反し, その結果会社以外の'第三者'に損害が生じた場合に認められる責任〔会社429〕をいう。第三者保護の立場から, 会社に対する任務懈怠(けたい)と損害との間に因果関係がある限り, 第三者に対する権利侵害や'故意'・'過失'の有無を問題とせずに損害賠償責任を認めた特別の法定責任である。
2 責任原因 役員等が職務を行うにつき悪意・重過失があり, これにより第三者に損害を与えること〔会社429①〕が責任原因である。悪意・重過失の立証責任は原告にあるのが原則であるが, 特定の書類や登記・公告等に虚偽の記載・記録があった場合にはその立証責任が転換される〔会社429②〕。
3 取締役の責任に関する解釈問題 イ 取締役は, その悪意・重過失により直接に第三者に損害を

与えた場合(*'直接損害')のみならず，会社に損害を与えその結果第三者に損害を与えた場合(*'間接損害')にも責任を負う(最大判昭和44・11・26民集23・11・2150)。ロ　取締役は，自己が直接に第三者に加害した場合のほか，他の取締役の任務懈怠を自らの悪意・重過失により看過した場合にも責任を負う(監視義務違反)(前掲最大判昭和44・11・26，最判昭和48・5・22民集27・5・655)。

4　取締役以外の責任　イ　監査役の責任も取締役の責任と同様であるが，非*'公開会社'の監査役はその権限が会計に関するものに限定されていることが多い結果，監視義務違反が認められる例は少ない。ロ　監査役・会計監査人の第三者に対する責任の典型例は，監査報告・会計監査報告に記載すべき重要な事項の虚偽記載〔会社429②③④〕である。ハ　執行役の責任は，監視義務を負わない点を除き取締役の責任と同じである。

役員等の賠償責任の制限・免除　会社法では，*'役員'等(*'取締役'，*'会計参与'，*'監査役'，*'執行役'又は*'会計監査人'をいう〔会社423①〕)の会社に対する責任について，総株主の同意〔会社424〕によらず，その責任を免除し，又は賠償額を制限することが認められている〔会社425~427〕。いずれも役員等が職務を行うにつき*'善意'かつ重大な過失(⇨'重過失')がない場合に限られる〔会社425①柱書〕。イ　*'株主総会'の*'特別決議'による場合：株主総会において，a　責任の原因となった事実及び責任を負う額，b　免除することができる額の限度及びその算定の根拠，並びに c　責任を免除すべき理由及び免除額を開示して〔会社425②〕，株主総会の決議により行う。最低責任限度額が定められており，それを超える部分のみ免除できる(総株主の同意による場合には全額免除できることと対照的である)。最低責任限度額は，職務執行の対価として会社から受ける財産上の利益の，*'代表取締役'・*'代表執行役'は6年分，*'業務執行取締役'等である取締役(代表取締役を除く)・執行役(代表執行役を除く)は4年分，いずれにも当たらない役員等は2年分である〔会社425①①〕。*'退職慰労金'，*'ストック・オプション'として受けた利益も加算される〔会社425①②，会社則113②〕。会社に対して負うべき損害賠償額と最低責任限度額との差額を限度として，総会の決議により免除されることになる。ロ　*'定款'の定めに基づき，取締役会決議等による場合：定款の定めにより，*'監査役設置会社'，*'監査等委員会設置会社'又は*'指名委員会等設置会社'において取締役会の決議(*'取締役会設置会社'以外の会社では，取締役が2人以上である場合に限られ，取締役の過半数の同意)により，責任の原因となった事実の内容等を勘案して特に必要と認めるときは免除することができる〔会社426①〕。その場合の最低責任限度額はイの場合と同様である。この定款の定めを設ける議案の株主総会への提出等についての監査役・*'監査等委員'又は*'監査委員'の同意等〔会社426②・425③〕，総株主の議決権の100分の3以上の議決権を有する株主の異議〔会社426⑦〕等について規定がある。ハ　一定の取締役等との責任限定契約による場合：取締役(代表取締役及び業務執行取締役等であるものを除く)，会計参与，監査役又は会計監査人については，その責任を一定の額(最低責任限度額を下回ることはできない)を限度とする旨の契約を会社がそれらの者と締結する旨を，定款で定めることができる〔会社427①〕。この定款の定めを設ける議案の提出についての監査役等の同意等に関しては，ロに述べたのと同様である〔会社427③〕。社外取締役等がその就任時に責任を負う限度額について予測することを可能にして，就任しやすくするために認められている。これらのイロ及びハの場合の役員等の会社に対する損害賠償責任は総株主の同意がなければ免除できないという会社法424条の規定の例外である。これらのイロ及びハに関する会社法425条1項，426条1項及び427条1項は，それぞれの柱書で「424条の規定にかかわらず」と規定されているからである。

役員の解職請求　　⇨'解職請求'
役員の善管注意義務　⇨'善管注意義務(役員の)'

役員賠償責任保険　会社が*'保険者'との間で締結する*'保険契約'であって，*'役員'等がその職務の執行に関し責任を負うこと，又は当該責任の追及に係る請求を受けることによって生ずることのある損害を保険者が填補することを約するものであって，役員等を被保険者とするものをいう。実務上，D&O保険と呼ばれることが多い。役員等が職務執行に関して負担する費用や責任を第三者である保険者が肩代わりするという点において，*'会社補償'と共通の機能を有している。会社が役員等として優秀な人材を確保するとともに，役員等がその職務執行に関して損害賠償責任を負うことを過度に恐れて職務執行が萎縮することがないよう，役員等に対して適切なインセンティブを付与するという意義がある。会社法は，会社が役員賠償責任保

やくいんほ

険を締結することができることを明確にすると同時に，不必要又は不合理な契約によって役員等の職務執行の適正が損なわれ，会社の利益が害されることがないように，役員賠償責任保険契約の締結手続について，一定の規制を設けている（令和1法70により新設）。具体的には，会社が役員等と役員賠償責任保険を締結するにあたっては，‘取締役会設置会社’では‘取締役会’，取締役会設置会社以外の会社では‘株主総会’の決議により，当該契約の内容を決定しなければならない〔会社430の3①〕。これは，役員賠償責任保険契約には，役員等と会社の利益が相反する側面があることに鑑みて，利益相反取引に準ずる手続的な規律を課するものである。また，‘公開会社’は，役員賠償責任保険契約に関する一定の事項を，‘事業報告’で開示しなければならない〔会社則119 2の02〕。会社補償と異なり，契約内容に関する規制は設けられていない。役員等が，その職務の執行に関し，法令の規定に違反したことが疑われ，又は責任の追及に係る請求を受けたことに対処するために支出する費用（防御費用）のほか，役員等が，その職務の執行に関し，第三者に生じた損害を賠償する責任を負うことにより生じる損失（第三者に対する賠償金・和解金）や（⇨役員等の第三者に対する損害賠償責任'），会社に生じた損害を賠償する責任を負うことにより生じる損失（会社に対する賠償金・和解金）（⇨役員等の会社に対する損害賠償責任'）も，役員賠償責任保険の付保対象とすることができる。

役員報酬 ⇨取締役・執行役の報酬等'⇨役員賞与' ⇨執行役' ⇨取締役' ⇨会計参与' ⇨監査等委員' ⇨監査役'

薬害訴訟 医薬品の欠陥・副作用，過剰投与等によって人体に及ぼされた被害については，製薬会社，薬を投与した医師，及び薬事行政における国の責任が問われる。これまで，サリドマイド，キノホルム，クロロキン等の薬害が大きな社会問題となり，昭和54年には，医薬品副作用被害救済基金法（法55）が制定された（現「独立行政法人医薬品医療機器総合機構法」（平成14法192））。薬害訴訟においては，第1次的に製薬会社の責任が問題となるが，あわせて，国が製薬会社に対して監督権限を行使しなかったという‘不作為による国家賠償責任'が追及されている。キノホルムを巡るスモン訴訟（東京地判昭和53・8・3判時899・48）においては，‘裁量権収縮'論を用いて規制権限不行使による国家賠償責任が認められたが，クロロキン第1次訴訟（最判平成7・6・23民集49・6・1600）では，権限の不行使が許容される限度を逸脱して著しく合理性を欠くかという，権限の消極的濫用論に基づいて判断がなされた（国の責任を否定）。その後，非加熱血液製剤によるHIVウイルス感染被害に関して多くの訴訟が提起されたが，平成8年3月，東京地方裁判所及び大阪地方裁判所で一部の血友病患者について和解が成立し，両裁判所の所見の中で製薬会社とともに国の責任が認められた。平成14年には，「採血及び供血あっせん業取締法」（昭和31法160）が改正され（法96）（名称も「安全な血液製剤の安定供給の確保等に関する法律」に改正），また，生物由来製品の安全性確保のため薬事法（昭和35法145）が改正（法96）されたほか，「独立行政法人医薬品医療機器総合機構法」で，生物由来製品を介した感染等による健康被害の救済制度が新設された。更に，平成25年には，薬事法の名称が「医薬品，医療機器等の品質，有効性及び安全性の確保等に関する法律」に改められ（法84），製薬品等の製造販売業者の添付文書届出義務の創設，医療機器の特性を踏まえた登録認証制度等の規制の構築，再生医療等製品の特性を踏まえた規制の構築等の改正がなされた。

薬事法距離制限違憲判決 ⇨エル・アール・エー（LRA）の基準' ⇨距離制限' ⇨合理性の基準' ⇨職業選択の自由' ⇨立法事実'

約定解除権 契約当事者があらかじめ解除権留保の合意をしておいた場合に，この特約によって生ずる解除権〔民540〕。法律の規定によって生ずる‘法定解除権'に対する。‘解約手付け'〔民557〕や‘買戻し'の特約〔民579〕なども，約定解除権が発生する場合である。解除権の行使方法・効果は，特別の定めがない限り，法定解除権と同様に取り扱われる〔民540・544～548〕。なお，賃料支払を1日遅滞した場合でも解除できると定めるなど，軽微な原因で解除権を認め，相手方を不当に不利な地位に置くことになるような特約によって解除権を行使すると‘権利濫用'や信義則（‘信義誠実の原則'）違反となることがある。 ⇨解除'

約定実施権 ⇨実施権（特許の）'
約定担保物権 ⇨担保物権'
約定利息 当事者の契約（又は遺言）により生ずる‘利息'。‘法定利息'に対する。約定利息の利率は，当事者の契約により定められた約定利率によることが多いが，‘利息制限法'による制限利率を超えることはできない。約定利率による定めがない場合には，‘法定利率'による〔民404〕。

約束手形 ‘振出人'が自ら一定金額の支

払を約束する*手形'。為替手形と同様に*有価証券'であり，*要式証券'・*文言(もん)証券'・*無因証券'としての性質をもち，*法律上当然の指図証券'である。その経済的機能は主に期限付債務の支払の手段及び信用の手段として用いられる。支払約束を本体とするため，振出人が*支払人'に宛てて一定金額の支払を委託する*為替手形'とは本質的に異なる。振出人が手形の発行者であるとともに，主たる債務者となって為替手形の*引受人'と同様の絶対的義務を負う〔手78①〕。別に支払人の存在を必要としないので，*手形引受け'及びこれを前提とする*引受拒絶'に基づく*遡求'・*参加引受け'・*複本'などの制度は存在しない。しかし，その他の点では為替手形と大体同様なので，*基本手形'・*一覧後定期払手形'等に関して特別規定〔手75・76・78②〕が設けられているほかは，為替手形の規定が準用されている〔手77〕。*振出し'により振出人は*手形金額を支払う絶対的義務を負い，たとえ手形所持人が*支払呈示期間'内〔手77①②③・34・38〕に支払の呈示(⇨支払(のための)呈示)をせず，又は*拒絶証書'作成期間内に拒絶証書の作成手続を怠っても，振出人の責任は免れない〔手77①④・53①但〕。振出人のこの責任は，*満期'後3年を経過したときは*時効'によって消滅する〔手70①〕。振出人は，*裏書人'と異なり免責文句を記載することによって責任を免れることはできず，免責文句を記載したときは，振出しの本質的効果が覆されることになるから，単に免責文句が無効であるばかりでなく，手形自体が無効となると解されている。実務では，一定期間後に代金が支払われる商取引において，その代金支払の手段として代金の支払期限を満期とする約束手形が振り出される。*受取人'が仕入代金などの支払に充てるため現金を入手したいときは，対価を得て手形を他に譲渡(⇨手形割引)することにより現金化することができ，信用の手段として利用される。また銀行などから融資を受ける場合，借用証書の代わりに借主が貸主を受取人として約束手形を振り出し，それを担保として貸主に交付する場合がある(⇨手形貸付け)。発行者と金融機関の事務負担を削減し，ITを活用した金融サービスとの連携を可能にするため約束手形を全面廃止し，その機能を電子化する取組が進められている。

約束的禁反言 ⇨約因'

役場事務組合 *地方公共団体の組合'の1つ。町村が特別の必要がある場合に，その役場事務，すなわち*執行機関'の処理する事務の全部を共同処理するために設けるものであったが〔自治旧284⑥・旧291の15〕，近時の実例はなく，*全部事務組合'〔自治284⑤〕とともに平成23年法改正(法35)で廃止された。

夜警国家 *自由主義'を基調として，社会に対する国家の介入は少ないのが望ましく，国家の職能は国防や警察，裁判など社会の治安維持を目標にすべきであって，国民の生命，身体，財産などの自由を保障するのに必要な範囲で行うべきであるといった消極的国家をいう。警察官が夜間巡回により市民生活維持を図る程度の国家機能で足りるといった国家観を表現するものとして，夜警国家は*福祉国家'と対比して用いられることがある。 ⇨自由国家'

靖国神社法案 靖国神社は，*天皇'に忠勤を励み，戦闘行為によって戦死，戦病死，戦傷死した軍人及び軍属を祭神とするために設立された別格官幣社であった。明治以来，国民的崇拝の対象として位置付けられていたが，戦後の*神道指令'(神道を政治から分離せよとの連合国総司令部からの指令)の後は，*宗教法人'の1つとなった。しかし，その後自由民主党を中心に，靖国神社を再び国営化しようとする動きが生じ，法案の提出が何回か行われた。6度目の1974年には衆議院を通過したが，結局廃案となった。 ⇨政教分離の原則'

家賃増減請求権 ⇨地代(ちだい)・家賃増減請求権'

約款 1 概念 多数取引の画一的処理のため，あらかじめ定型化された契約条項(又は条項群)。普通取引約款・普通契約条款とも呼ばれる。代表的なものとして*普通保険約款，運送約款，銀行取引約定書，倉庫寄託約款，建築請負約款，ホテル宿泊約款などがあり，条項群全体若しくは個々の条項を意味することもある(例：*免責約款'，*期限の利益'喪失約款)。国際取引でも広範な利用がみられる。経済的優位を背景とした一方当事者による契約条件の押しつけと相手方の服従・一括承諾という契約関係のあり方に着目して，*サレイユ'以来，附合契約(附従契約)問題としても論じられた。*債権法改正'では*定型約款'についての規定が用意されたが，その適用範囲は限定されている。2 拘束力の根拠 当事者間での事前の十分な交渉を期待できないにもかかわらず約款が妥当する根拠につき，判例の主流は，「約款ニ依(よ)ラサル旨ノ意思ヲ表示セスシテ契約シタルトキハ反証ナキ限リ其(その)約款ニ依リノ意思ヲ以(もっ)テ契約シタルモノト推定ス」(大判大正4・12・24民録21・2182)と判示して以来，意思推定説を採用

やといいれ

している。学説では，自治法としての約款の法規範的性格を承認するもの（自治法規説），「約款による」という商慣習が存在するとみるもの（白地(ﾋ)商慣習説），多元的に説明するものなどがある。今日では，顧客保護の観点から，同意の範囲を操作する可能性をもった契約的構成が有力であり，顧客の約款内容に対する了知の機会を確保すべく，その適切な開示が要求され，少なくとも，顧客にとって不意打ち的な条項は拘束力を獲得しえない（⇨不意打ち条項'）。民法の定型約款については部分的に，法による「みなし」が定められた。

3 約款の解釈 約款では，通常の合意と異なり，個別具体的な両当事者の一致した意思を探求することよりも，当該約款の利用が予定される取引圏の平均的・合理的顧客の理解を基準とする，条項の客観的・合理的な意味内容の確定が重要となる（客観的解釈・合理的解釈）。また，設定における一方的性格から，約款設定者の責任を制限・免除する条項（免責条項）や顧客に義務を負担させる条項については限定的に解すべきこと（制限的解釈），多義的な条項については顧客に有利な解釈を採用すべきこと（不明確準則・作成者不利の原則）とが解釈準則とされる。

4 約款の規制 約款には顧客にとって不利な条項が一方的に挿入される危険が常に伴うため，開示規制や内容的合理性に対する司法・行政・立法面での規制が課題とされ，顧客保護・消費者保護の観点からも規制の必要が強調されている。従来，日本では標準約款を通じての行政指導が重要な役割を演じてきたが，現在，*消費者契約法'等により一定の*不当条項'を*無効'とする実体法上のルールが存在する。
⇨私的自治の原則'

雇入契約 *海上労働'における雇用関係は*労働契約'によって成立するが，特に，*船員'が特定船舶に乗り組み労務に服する契約を雇入契約（乗船契約）という。契約内容についての行政官庁の公認，契約の終了などについて特別の規定がある〔船員4条〕。 ⇨雇止手当'

雇入通知書 ⇨労働条件通知書'

雇止め（有期雇用労働者の） 有期労働契約は期間満了によって終了し，期間満了による契約の終了は「解雇」ではない。しかし，有期労働契約であっても無期労働契約が存在する場合と実質的に異ならない関係が生じていたり，雇用関係にある程度の継続が期待されていたりする場合に，最高裁判所は，期間満了を理由とする雇止め（更新拒絶）に対して，解雇権濫用法理（⇨解雇権の濫用'）を類推適用する法理を確立

した（実質無期契約タイプ：最判昭和49・7・22民集28・5・927〈東芝柳町工場事件〉，期待保護タイプ：最判昭和61・12・4労判486・6〈日立メディコ事件〉）。これを雇止め法理という。*労働契約法'19条は，この法理を明文化し，従前と同一条件の有期労働契約が更新される効果を定めている。
⇨解雇' ⇨有期雇用'

雇止手当 *雇入契約'の解除等に際して支払われる手当〔船員46〕。*船舶所有者'が，法が具体的に列挙する以外のやむをえない事由〔船員40⑥〕により契約を解除したとき，特定の事由〔船員41①①②〕により*船員'が契約を解除したとき，期間の定めのない契約を船舶所有者が解除したとき〔船員42〕，船舶所有者の変更により契約が終了したとき〔船員43①〕などの場合に，1カ月分の給料と同額の手当が支払われる。解雇予告手当〔船員44の3〕とは別のものである。 ⇨解雇の予告'

八幡製鉄政治献金事件 *株式会社'が特定の政党に対して*政治献金'をなす行為が*定款'所定の目的を逸脱し，かつ*取締役'の*忠実義務'に違反すると主張して，取締役の会社に対する損害賠償責任の履行を求めた代表訴訟による事件。最高裁判所（最大判昭和45・6・24民集24・6・625）は，政治資金の寄附も間接的には定款所定の目的の遂行上必要な行為であり，会社の権利能力の範囲内であるとし，会社の規模，経営実績など諸般の事情を考慮して，合理的な範囲で行う限り忠実義務違反はない，とした（命題P）。また，同判決は，法人の人権享有主体性を承認したリーディング・ケースとしての意味をもち，「憲法第三章…の各条項は，性質上可能なかぎり，内国の法人にも適用されるものと解すべきであるから，会社は，自然人たる国民と同様，国や政党の特定の政策を支持，推進しまたは反対するなどの政治的行為をなす自由を有するのである。政治資金の寄附もまさにその自由の一環であ（る）」と説いている。大企業の政治的影響力の行使を含意しうる会社の政治献金の自由を，国民個人の場合と同様の人権として捉える最高裁判所の立場については，学説上，疑問視する声も出ている。そもそも本事件は，前述の命題Pによって解決しているのであり，そこでの最高裁判所判決における「法人の人権」論は，言及する必要性のないものであった，ともいえる。

山猫スト ワイルドキャット・ストライキ（圏 wildcat strike）の訳語。*労働組合員'の一部が労働組合所定機関の決定を経ず独自に行うストライキ（*同盟罷業'）。主体面で問題があり，

正当な*争議行為'には該当しない。
　ヤルタ協定　1945年2月にクリミア半島のヤルタでアメリカのルーズヴェルト,イギリスのチャーチル,ソ連のスターリンの3首脳が,ドイツの占領・管理・賠償問題,ポーランド,ユーゴスラビアの処理,国際連合構想などについて会談(ヤルタ会談)した際,日本に関して結ばれた秘密協定。イ 外蒙古(もうこ)の現状維持,ロ 南樺太(からふと)のソ連返還,ハ 大連におけるソ連の優先的利益の擁護とソ連の海軍基地として旅順口の租借権の回復,ニ 千島列島の対ソ引渡しと,それらを条件にしたソ連の対日参戦を約した(1945・2・11)。ヤルタ協定に従って,1945年4月5日にソ連は日ソ中立条約の廃棄を通告して,8月8日に参戦した。日本は本協定に拘束されないが,*ポツダム宣言'の領土条項は,この内容と矛盾しないように定められている。

ゆ

　唯一交渉団体条項　*労働協約'において,使用者が,特定の*労働組合'を,従業員を代表する唯一の組合と認め,これとだけ*団体交渉'を行う旨を定めることがある。この条項を唯一交渉団体条項という。このような条項は,他の労働組合の*団体交渉権'を侵害するものであるから無効になる。
　唯一の証拠方法　民事訴訟において,当事者による*証拠'の申出につき,これをどの限度で採用するかは,原則として裁判所の裁量に任される〔民訴181 ①〕が,判例は古くから,唯一の証拠方法は,特段の事情がない限り,取り調べる必要があるとしてきた(唯一の証拠方法の理論)。裁判所の裁量に合理的な限界があることを示すものといえる。
　唯一の立法機関　憲法41条は,国会が「国の唯一の立法機関」であると定めている。「唯一」については,イ 国会中心立法の原則(国会による立法以外の実質的意味の立法は許されないこと),ロ 国会単独立法の原則(国会による立法は,国会以外の機関の参与を必要としないで成立すること)の2つを意味していると解されている。イについて,*明治憲法'は*独立命令'〔明憲9〕や*緊急勅令'〔明憲8〕という例外を認めていた。現行憲法ではこのような例外は認められない。ロについては,明治憲法では立法権の主体は天皇であり議会はそれに*協賛'するという位置付けであった〔明憲5〕。
　遺　言　⇨いごん'
　結　納(ゆいのう)　*婚約'の成立を確認する目的で,両当事者又はその親が,相互に,あるいはその一方から他方に対して授受する一種の*贈与'をいう。贈与の目的物を指すこともある。将来有効な*婚姻'の成立を期待して,両者間の情宜を厚くする目的でされるものであり,婚約そのものは結納がなくても成立する。婚姻が不成立に終わったときは,結納の趣旨に照らし,*不当利得'又は*解除条件'の成就を理由として,返還されるのが原則である。ただ,婚姻不成立の責任が結納授与者側だけにある場合には,*信義誠実の原則'(信義則)上,相手方に対し返還を求めることができないと解される。

ゆういんこ

有因行為・無因行為　例えば，売買代金支払のために手形を交付したが，手形交付の原因である売買契約が何かの理由で*無効であったとき，手形も無効にすると，手形の転得者が手形上の権利を失い，手形取引の安全が害される。そこで，手形のように転々流通するものについては，取引安全の保護のために，たとえ原因行為が無効であっても*手形行為*自体は有効として扱うことが必要になる。この場合に手形の交付者は，原因行為の相手方に対して，*不当利得*による返還（手形が相手方にあれば，手形の返還を，また*第三者*に移転している場合には，利得の返還）を請求できるだけである。このように，財産上の出捐(しゅつえん)をする原因（上例では売買契約）が無効であっても，出捐行為（手形行為）の効力には影響を及ぼさないとされる場合に，その出捐行為を無因行為という。これに対して，原因が無効であれば，それに伴って無効となるような出捐行為を有因行為という。手形行為の場合には，当事者の特約によっても有因とすることはできない〔手1②・12①・75②〕。なお，*物権行為*が無因行為であるかどうかが議論されている。⇨'無因債権・無因債務'

有因証券　⇨'要因証券'
誘引取引　⇨'顧客誘引'

有益費　物の改良（⇨'改良行為'），その他物の価格の増加に要した費用〔民196②〕。⇨'必要費'

優越的自由　民主的政治過程の維持という観点からみた精神的自由の位置付け。経済的自由権は，代表民主制のシステムが正常に機能している場合には，不適当な規制がなされても法律の制定・改廃という民主主義の政治過程を通じて是正が可能である。しかし，精神的自由権は代表民主制が正常に機能するための前提条件であり，この自由が不当に制限された場合には，選挙の公正や代表への国民の日常的な意見反映の過程が損なわれ，議会による是正の道が閉ざされる。このため，*表現の自由*を始めとする精神的自由の保護のために裁判所は積極的な役割を果たすべきとされ，これらの自由に対する規制立法の合憲性の審査は，経済的自由に対する規制立法の合憲性審査と比較してより厳格な基準によって行うべきであるとする*二重の基準*が導かれる。ここで，優越的自由という考え方は，自由そのものに価値の優越性があるとしているわけではないことに注意が必要である。⇨'経済的自由権・精神的自由権'

優越的地位の濫用　優越的地位の濫用は，*不公正な取引方法*の1つとして*独占禁止法*により禁止される〔独禁2⑨⑤・19・2⑨⑥ホ，不公正⑬〕。優越的地位は個々の取引関係における相対的な地位の格差から生じる。著しく不利益な要請等を行っても，相手方が容易に取引相手を変更できない状況にある場合に認められる。その濫用は，かかる地位を利用して，不当次の行為を行う場合に認められる。イ 継続取引の相手方に対する当該取引対象の商品・役務以外の商品・役務の購入要請，ロ 継続取引の相手方への経済的利益の提供要請，ハ 相手方に不利益になる取引条件の設定・変更・取引の実施〔独禁2⑨⑤イ〜ハ〕，ニ 取引の相手方の役員選任への不当干渉〔不公正⑬〕。これらの行為における不当性（公正競争阻害性）は，取引の相手方の自由かつ自主的な判断による取引を阻害するとともに，当該取引の相手方はその競争者との関係で競争上不利となる一方で，行為者はその競争者との関係において競争上有利となるおそれがある。継続して独占禁止法2条9項5号の違反行為を行えば初回から課徴金が課される〔独禁20の6〕。優越的地位の濫用規制は，以上のほかに，特殊指定（「新聞業における特定の不公正な取引方法」（平成11公取委告9），「大規模小売業者による納入業者との取引における特定の不公正な取引方法」（平成17公取委告11），「特定荷主が物品の運送又は保管を委託する場合の特定の不公正な取引方法」（平成16公取委告1））及び*下請代金支払遅延等防止法*により行われる。取引の相手方には消費者も含まれ，デジタル・パーソナルデータの対消費者取引にも優越的地位の濫用が適用されることを明示したガイドラインとして，「デジタル・プラットフォーム事業者と個人情報等を提供する消費者との取引における優越的地位の濫用に関する独占禁止法上の考え方」（公正取引委員会，令和1・12・17）がある。本規制と同様の観点から，フリーランス・*事業者*間の取引適正化のため，「特定受託事業者に係る取引の適正化等に関する法律」（令和5法25）が制定された。

優越利益の原理　⇨'法益衡量説'
誘拐　⇨'略取誘拐'
有害廃棄物の国境を越える移動及びその処分の規制に関するバーゼル条約　⇨'バーゼル条約'

有価証券　Ⅰ 私法上の有価証券　1 定義　一般的な定義規定は存在しないが，通説によれば，財産的価値のある私権を表章する証券であって，権利の発生・移転・行使の全部又は一部が証券によってなされることを要するものと定義される。証券に表章されている権利の移

転及び行使が証券によってなされることを要するものと定義する見解も有力である。*手形・*小切手',*株券',社債券などがその典型である。

2 法源 平成29年民法改正(⇨債権法改正')により、商法における指図債権・無記名債権に係る諸規定と民法の指図債権等に関する規律が有価証券に関する規律として整備され、民法第3編(債権)第1章(総則)第7節(有価証券)にまとめて有価証券に関する通則的な規定が置かれた。手形・小切手は*手形法'・*小切手法'により体系的かつ詳細に規律されるほか、*船荷証券'・*倉荷証券',株券'・*社債券',*抵当証券',受益証券などについては、それぞれ商法、会社法、抵当証券法、*信託法'など民事特別法に規定が置かれている。

3 分類 第1に、表章された私権の種類により、金銭債権や物品・役務の給付請求権などの債権を表章する*債権証券',物権を表章する*物権証券'及び社団の構成員の地位を表章する*社員権証券'に分類される。日本には、純粋に物権のみを表章した有価証券は存在しないが、被担保債権と抵当権を併せて表章する抵当証券が存在する。第2に、有価証券が発行される基礎となる法律関係の存否に当該有価証券の効力が影響を受けるかどうかにより、手形・小切手など影響を受けない*無因証券'と、株券など影響を受ける有因証券に分かれる。無因証券は、証券に表章された権利の内容が証券上の記載により決定されることになるから、*文言(錢)証券'であるとともに*設権証券'である。また、船荷証券や倉荷証券等は、証券の作成前に存在する権利を表章するものでありながら、できるだけ証券上の記載によってその効力を決定するものとされており、無因証券と有因証券の中間的性質を有する。第3に、譲渡の方式により、*指図証券',*記名式所持人払証券',*無記名証券'及び*記名証券'に分類される。民法は、譲渡の方式に着目して有価証券を、イ 指図証券、ロ 記名式所持人払証券、ハ イ及びロ以外の記名証券、ニ 無記名証券の4つに類型化し、*資格授与的効力',*善意取得'や抗弁の制限、公示催告手続利用の可否等の法的効果について規律する〔民520の2〜520の20〕。指図証券は、意思表示の合致と裏書の連続した指図証券の交付を受けることにより譲渡の効力が生じるとともに、債務者及び*第三者'に対する*対抗要件'を具備する。記名式所持人払証券と無記名証券は、意思表示の合致と証券の交付が、譲渡・質入れの効力要件であるとともに、対抗要件でもある。記名証券は、債権譲渡の方式により、また、その限りにおいてのみ効力を有するにすぎないため、講学上の有価証券に該当するかどうか説が分かれている。

4 法的効果 指図証券、記名式所持人払証券及び無記名証券には、資格授与的効力、善意取得、抗弁の制限、債務者の支払免責等の有価証券法理に固有の法的効果が認められる。これらの法的効果は、債権譲渡の一般的規律に比較して譲渡手続を簡素化・迅速化し、善意取得や抗弁の制限により譲渡の効力を強化し、支払免責により迅速な弁済を確保するものであって、有価証券の流通の促進に資するものである。これに対し、記名証券には、これらの有価証券に典型的な法的効果が認められないため、有価証券かどうか説が分かれるが、証券とそれに表章された権利の結合に着目して、有価証券と解する説が有力である。すなわち、記名証券は一般の債権譲渡の方式により債権譲渡の場合と同様の法的効果をもって譲渡され、資格授与的効力、善意取得、抗弁の制限等の有価証券法理に固有の法的効果を有しない。記名証券を含む全ての有価証券は、公示催告手続により*除権決定'を得ることにより*無効'にした上で形式的権利を回復することができる。

5 法的根拠 有価証券の法的根拠については、記名証券は、当事者の合意により創設できることには異論がない。指図証券、記名式所持人払証券及び無記名証券については、法律上の根拠又は*商慣習法'上の根拠を要するとする説が有力であり、債権証券である無記名証券は当事者の合意により創設できるとする説など、見解が分かれる。

6 成立要件 証券の作成だけで有価証券上の債務が発生するのか、それとも交付も必要かが主に手形理論として展開されてきた。契約説、発行説及び創造説に分けられ、更に契約説又は発行説に外観理論を付加した権利外観説もある。契約説によれば、有価証券の授受という方式によってなされた契約であるから、当事者の意思によって有価証券が授受されることを要する。創造説は有価証券作成行為だけによって有価証券が発生すると解する。発行説は、有価証券の作成とその占有移転(発行)によって発生すると解する。権利外観説は、契約説又は発行説を基礎としながら、有価証券の作成者はその作成によって有価証券上の債務を負担したような外観を作出して第三者に信頼を生じさせたことにつき帰責事由があるから、その外観作出に基づく責任を負うと解する。

ゆうかしょ

⇨手形(小切手)行為'

II *デリバティブ'取引とともに, *金融商品取引法'の適用範囲を画する概念。ある権利が有価証券とされると, その発行者に*ディスクロージャー'制度が適用され, その取引に*不公正取引規制'が適用される。かつては, 有価証券に係る業務は証券会社しか行うことができず, 有価証券概念が*銀行業と証券業の分離'の機能を果たしていたが, 現在では, 新しい金融商品を有価証券に含めた上で業務分野の調整を行うのが一般的である。有価証券は, 金融商品取引法2条1項・2項による個別列挙と政令指定によって範囲が決定され, 流通性の高い第1項有価証券と流通性の低い第2項有価証券に分類される。まず, 国債証券, *株券', 社債券, *新株予約権証券', *投資信託'の受益証券, *投資法人'の投資証券, 資産流動化対応証券, *抵当証券', *預託証券'のように証券又は証書に表示される権利が有価証券として列挙され, 流通性が高い権利は政令で有価証券に指定できる。外国の者が発行するこれらに類する権利も金融商品取引法上の有価証券である。これらに証券又は証書に表示されるべき有価証券表示権利を加えたものが第1項有価証券であり〔金商2③〕, ディスクロージャー制度において流通性が高いことを前提とする扱いを受け, その発行や売買は原則として第1種金融商品取引業者(証券会社)が取り扱う〔金商28①〕(⇨金融商品取引業')。上場会社の発行する株式は振替株式であり証券が発行されないので, 有価証券表示権利に該当し, 株券とみなされる。信託の受益権, *持分会社'の社員権, 集団投資スキーム持分のように証券又は証書に表示されない権利をみなし有価証券という〔金商2②〕。これらに政令指定のみなし有価証券を加えたものが第2項有価証券であり〔金商2③〕, その発行や売買は第2種金融商品取引業者(ファンド事業者 ⇨投資ファンド')が取り扱う〔金商28②〕。集団投資スキーム持分とは, 出資した金銭又は金銭に類似するものを充てて行う事業から生ずる収益の配当・財産の分配を受けることのできる権利をいう〔金商2②⑤〕。平成18年の改正(法65)で集団投資スキーム持分がみなし有価証券に加えられたことにより, これが有価証券の包括的な定義として機能する可能性が生じた。例えば, *暗号資産'のうち事業の収益を分配するもの(アセット・トークン)は集団投資スキーム持分の定義に当たるので, 有価証券と解される。ただし, 暗号資産は電子的に移転し, 流通性が高いので, 令和元年の改正(法28)により, 集団投資スキーム持分に該当する暗号資産を*電子記録移転権利'と名付け, その募集について第1項有価証券と同じ扱いにした〔金商2③〕。有価証券の定義を包括的なものにするには, 有価証券概念の理論的検討が不可欠であるが, この点で学説は, 有価証券を企業経営に対する投資上の地位とする説, 企業経営に対するという制約を除外し絵画や不動産に対する投資と区別するため, 仕組性のある投資上の地位とする説, 市場取引の適格性を備えた権利とする説, ディスクロージャーにより資源の効率的配分を達成するのに適した権利とする説等に分かれている。

有価証券偽造罪 1 総説 *行使'の目的(⇨目的犯')で*有価証券'を*偽造', *変造'し, 若しくは虚偽の記入をし, 又は, これらの行為のなされた有価証券を行使・交付若しくは輸入することによって成立する罪。刑法162条・163条。3月以上10年以下の拘禁刑に処せられる。狭義では前者だけをいう。未遂罪は後者のみ罰せられる。

2 有価証券の意義 本罪における有価証券は, *財産権'を表章した証券で, その権利の行使・処分のために, その*占有'を必要とするものをいう(最判昭和32・7・25刑集11・7・2037)。私法上の有効要件を完全に備えている必要はない(通説・判例(大判大正14・9・25刑集4・547等))。法文は, 「公債証書」, 郵便為替証書などの「官庁の証券」, 「会社の株券」を例示している〔刑162①〕。流通性は必ずしも必要なく, 手形・小切手などや商法上の有価証券のほか, 乗車券, 馬券, 宝くじなども有価証券であるとされる。最高裁判所はかつてテレホンカードについても有価証券性を認めたが(最決平成3・4・5刑集45・4・171), その後, クレジットカード等カード犯罪の頻発に対処するために, 平成13年に*支払用カード*電磁的記録'に関する罪'〔刑163の2~163の5〕が新設され(法97), 支払用カードの磁気情報部分の偽造変造行為は同罪で処罰されることになった。⇨カード犯罪'

3 行為 「偽造」は, 作成権限のない者が他人名義で有価証券を作成する行為, 「変造」は, 権限なしに真正な他人名義の有価証券に変更を加える行為をいい, 「虚偽記入」は, 作成権限のある者が自己名義で真実に反する記載をする行為をいう。前二者は有価証券における有形偽造, 後者は無形偽造であるとするのが通説である(⇨有形偽造・無形偽造')。しかし, 少数説は, 発行・振出のような基本的証券行為に関するものが偽造・変造であり, 裏書・引受け・保証等の附属的証券行為に関するものが虚偽記入であ

るとし，判例も，他人名義を冒用して裏書・保証等をした事案について，虚偽記入罪の成立を認めている〔大判大正2・6・12刑録19・705〕。

有価証券指数等先物取引　⇨デリバティブ'

有価証券通知書　*金融商品取引法'上，*有価証券の募集'・*有価証券の売出し'の届出〔金商4①〕を必要としない特定募集等（その有価証券について開示が行われている場合における当該有価証券の売出し〔金商4①3〕若しくは発行額又は売出価額の総額が1億円未満の有価証券の募集又は売出しで内閣府令で定めるもの〔金商4①5〕，その他の場合〔金商4⑤〕）が行われる場合に，当該特定募集等に係る有価証券の発行者が内閣総理大臣に提出しなければならない書類〔金商4⑥，企業開示4～6〕。⇨有価証券届出書'

有価証券等管理業務　第1種*金融商品取引業'に係る業務のうち，*有価証券'の売買や*デリバティブ'取引等に係る一定の業務に関して，顧客から金銭，証券・証書若しくは*電子記録移転権利'の預託を受けること，又は*社債，株式等の振替に関する法律'に規定する社債等の振替を行うために口座の開設を受けて社債等の振替を行うこと〔金商28⑤・28①5・28⑥17①〕。業務遂行に際し，金融商品取引業者等は善管注意義務を負うほか〔金商43〕，預託を受けた金銭・有価証券等の分別管理を行わなければならず〔金商43の2①2・43の2の2・43の3〕，分別管理の状況について監査を受ける義務がある〔金商43の2③〕。

有価証券等清算取次ぎ　*金融商品取引法'の定める*金融商品取引業'の1つ〔金商2⑧5〕。金融商品取引業者又は登録金融機関が*金融商品取引清算機関'又は外国金融商品取引清算機関の業務方法書の定めるところにより顧客の委託を受けてその計算において行う*有価証券'の売買等（対象取引）であって，対象取引に基づく債務を当該金融商品取引清算機関に負担させることを条件とし，かつ，当該顧客が当該金融商品取引業者又は登録金融機関を代理して成立させる等の要件に該当するものをいう〔金商2㉗〕。

有価証券届出書　**1意義**　*有価証券の募集'・*有価証券の売出し'等の届出〔金商4①〕に際して，発行者〔金商2⑤，金商定義14②2③1〕が内閣総理大臣（各地の財務局長〔金商194の7①6，金商令39②1〕）に提出しなければならない書類〔金商5①〕。提出は*エディネット（EDINET）'〔金商27の30の2〕を通じて行われる。
*有価証券'の発行市場において，投資者が十分な情報に基づいた投資判断を行えるように原則として届出受理日から15日を経過した日に効力が生じる〔金商8(待機期間)〕。期間の短縮即時発効の場合について，金商8③・15③〕。発行者や金融商品取引業者などは，待機期間内でも勧誘は可能であるが（*仮目論見書'(かりもくろみしょ)'の交付〔金商13③〕），効力発生日前に募集・売出しに係る有価証券を取得させること・売り付けること（契約の締結）は禁止される〔金商15①〕。違反者の賠償責任について金商16，罰則について金商197の2③〕。5年間公衆の縦覧に供される〔金商25①1，企業開示21～23〕。主要部分は目論見書に記載され〔金商13②，企業開示12〕，有価証券の取得・買付け前又は同時に取得者に交付される〔金商15②〕。

2 記載内容　有価証券届出書の記載内容は，内閣府令（企業開示府令）で定める様式に従って作成される〔金商5①，企業開示8①〕。有価証券の種類によって様式が異なる。*内国会社'の株式募集の場合には第2号様式により，証券情報と企業情報が提供される。証券情報は有価証券の募集・売出しに関する情報であり，募集要項（新規発行株式の種類・発行数など）や売出要項などが記載される。企業情報は発行者の事業や財務に関する情報であり，企業の概況・事業の状況・設備の状況・提出会社の状況・経理の状況・提出会社の株式事務の概要・参考情報が記載される。企業情報の内容は*有価証券報告書'の企業情報の内容と同じであることから，1年以上継続開示している場合には，有価証券届出書に直近の有価証券報告書・添付書類，その後に提出される半期報告書，及びこれらの訂正報告書の写しを組み込み（これら書類の写しが添付される）当該有価証券報告書の提出後に生じた事実であって内閣府令で定めるもの（追完情報）を記載する簡易な方式（組込方式。金商5③，企業開示9の3・2号の2様式記載上の注意(3)・7号の2様式記載上の注意(4)）が認められている。更に厳しい要件（上場株式の年平均売買代金及び時価総額が100億円以上など）を充たす場合には直近の有価証券報告書・添付書類，その後に提出される半期報告書及び臨時報告書並びにこれらの訂正報告書（参照書類）を参照すべき旨の記載をするだけで有価証券届出書の必要的記載事項を記載したものとみなされる，より簡易な方式（参照方式。金商5④，企業開示9の4・2号の3様式記載上の注意(2)・7号の3様式記載上の注意(2)）が認められている。

3 虚偽記載等　有価証券届出書の重要事項についての虚偽記載・不記載，誤解を生ぜしめない

ゆうかしょ

ために必要な重要事項の不記載は、発行市場の円滑な運営に悪影響を及ぼし、募集又は売出しに応じて当該有価証券を取得した者に損害を与えるおそれがある。そこで、金融商品取引法は虚偽記載等をした届出者等に対して当該募集又は売出しに応じて当該有価証券を取得した者に対する無過失の損害賠償責任を課している〔金商18①本文〕。ただし、取得者が虚偽であることを知っていたときはこの限りでない〔金商18①但〕。その賠償額については、請求者が当該有価証券の取得について支払った金額から、イ 損害賠償請求時に当該有価証券を保有している場合はその市場価額(市場価額がないときは処分推定価額)を控除した額、あるいはロ 損害賠償請求時前に当該有価証券を処分していた場合その処分価額を控除した額、と定められている〔金商19①〕。発行者は、請求者が受けた損害の全部又は一部が、重要な虚偽記載によって生ずべき有価証券の値下がり以外の事情によって生じたことを立証すれば、その全部又は一部について損害賠償責任を負わない〔金商19②〕。虚偽記載等に起因するというよりも投機損によると考えられるからである。虚偽記載等については、発行者の*役員*等の責任〔金商21①①〕や元引受金融商品取引業者等の責任〔金商21①④〕、監査証明を行った公認会計士等の責任〔金商21①③〕など関係者の責任も定められている。その場合の賠償額については発行者の場合のような特段の規定はなく、請求者が虚偽記載等と損害との関係等を立証しなければならない〔金商21①柱〕。

有価証券の売出し　既発行証券の分売の際に*ディスクロージャー*を発動させる概念〔金商2④〕。*有価証券*の売出しをするには、発行者が*有価証券届出書*を内閣総理大臣に提出しなければならない〔金商4①〕。有価証券の売出しは、*株券*の新規*上場*(IPO)に際して創業者などの大株主が保有株式を売却する場合や上場会社の親会社が保有株式を市場外で売却する場合などに行われる。第1項有価証券(金融商品取引法2条1項の有価証券又は有価証券表示権利)(⇒*有価証券*)の売出しとは、既に発行された有価証券の売付けの申込み・買付けの申込みの勧誘のうち、多人数向け勧誘(50人以上)に該当する場合、及び適格機関投資家に売却するプロ私売出し、プロ向け市場に上場する株券を特定投資家に売却する特定投資家私売出し、少人数の者(50人未満)を相手方とする少人数私売出しのいずれにも該当しない場合をいう〔金商2④①②、金商令1の8〕。第2項有価証券(金融商品取引法2条2項各号のみなし有価証券)の売出しとは、既に発行された有価証券の売付けの申込み・買付けの申込みの勧誘のうち、相当程度多数の者(500人以上)が有価証券を所有する場合をいう〔金商2④③、金商令1の8の5〕。有価証券の募集とは異なり、有価証券の保有者による売却はすべて売出しに該当しうるため、取引所市場における売買、*ピー・ティー・エス(PTS)*による上場有価証券の売買等、多くの行為が売出しの定義から除外されている〔金商令1の7の3〕。⇒*有価証券の募集*

有価証券の抗弁の制限　⇒*人的抗弁*

有価証券の譲渡益　*有価証券*の譲渡による所得のことであり、主として*所得税*におけるその取扱いが問題とされる。*所得税法*上の有価証券は、公社債や株式などの金融商品取引法上の有価証券の定義〔金商2①〕を基礎としつつ、*合名会社*の社員持分などを取り込んだ独自の概念であるが〔所2①⑰、所令4〕、その課税が主として問題にされるのは、株式の譲渡益についてである。かつて執行の困難性や株式投資奨励等の観点から、このような譲渡益は非課税であったが、平成元年以降、株式等の譲渡益は、それが*事業所得*・*譲渡所得*・*雑所得*のいずれに該当するかにかかわらず、*分離課税*の対象となった。現在では、*公社債*を含む株式等の譲渡益(譲渡所得等の金額)は上場株式等に係るものとそれ以外のもの(一般株式等に係るもの)に分けられ、それぞれ別個に譲渡益を計算し、他の所得と分離して20%(所得税15%、*住民税*5%)の比例税率で課税する申告分離課税を原則としつつ〔租特37の10・37の11、地税附35の2①⑤・35の2の2①⑤〕、特定口座内の上場株式等につき所定の*源泉徴収*が行われることを選択した場合の申告不要制度〔租特37の11の3〜37の11の6等〕など、各種の特例が設けられている。*ニーサ(NISA)*も特例の1つである。

有価証券の善意取得　**1 意義**　*手形*・*小切手*及び*株券*を始め*有価証券*に認められる*善意取得*をいう。*指図証券*・*記名式所持人払証券*・*無記名証券*、手形・小切手、株券及び*抵当証券*については、それぞれ善意取得に関する規定がある〔民520の5・520の15・520の20、手16②、小21、会社131②・258②④、抵証40〕。その他の有価証券については3をみよ。

2 手形の善意取得　**イ 要件**：手形の権利移転に*瑕疵(かし)*・*悪疵*がある場合に、その瑕疵につき*悪意*・*重過失*なく、*裏書の連続*のある手形を、*裏書*により又は最終の裏書が白地(はくち)式のも

の('白地式裏書')を交付により取得した者は'手形上の権利'を取得する〔手16②・77①Ⅰ〕。裏書の連続のある手形の所持人は権利者と推定(法文では「看做(みな)ス」となっているが、一般に推定と解されている)される〔手16①・77①Ⅰ〕ので、その者を権利者と信じて手形を取得した者を保護する制度である。ロ 善意取得が認められる範囲：善意取得を認める範囲については、見解が分かれる。第1説は権利移転の瑕疵のうち無権利者からの取得についてだけ善意取得を認める。第2説は、'制限能力者'、'意思表示'の瑕疵・欠缺(けんけつ)、'代理人'の代理権の欠缺、偽造など権利移転に瑕疵がある場合一般につき善意取得を認める。なお、善意取得は、'呈示期間'経過後には認められず〔手20①・77①Ⅰ、小24①〕、また'隠れた取立委任裏書'を受けた被裏書人にも適用されない。ハ 動産の即時取得との比較：'軽過失'があってもよいこと、盗品・遺失物についても例外規定がない点で、動産の'即時取得'〔民192〜194〕に比べて、手形の善意取得の保護が強化されている。

3 **小切手その他の有価証券の善意取得** '持参人払式小切手'の場合には裏書の連続の問題は生ぜず、小切手の交付を受けた者が善意取得する。この点を除いては、手形について上記のことがそのまま小切手にも妥当する〔小21〕。また、株券〔会社131〕、'新株予約権証券'〔会社258②〕、'新株予約権付社債'券〔会社258④〕、その他の指図証券、記名式所持人払証券及び無記名証券についても同様であるが、'記名証券'には善意取得制度の適用はない〔民520の19②参照〕。

有価証券の喪失 ⇨'有価証券の喪失'
有価証券の取引等の規制に関する内閣府令 ⇨'金融商品取引業等に関する内閣府令'
有価証券の発行登録制度 ⇨'発行登録制度(有価証券の)'
有価証券の評価 '法人税法'において'有価証券'の評価は、'棚卸資産'と同様に、各事業年度の'有価証券の譲渡益'を計算するにあたり、その譲渡原価を計算するために、所有する有価証券の期末評価が必要となる。有価証券の評価方法として、総平均法と移動平均法の選択が認められていた。しかし、金融派生商品など新しい金融商品の発達により、適正な評価を行うためには、取得原価主義よりも'時価評価'が適当であるとされ、平成12年の改正(法14)により、売買目的有価証券など、いくつかの種類に分けて'時価主義'が採用された〔法税61の2〜61の7〕。
有価証券の募集 '有価証券'の新規発行の際に'ディスクロージャー'を発動させる概念〔金商2③〕。公募ともいう。有価証券の募集をするには、発行者が'有価証券届出書'を内閣総理大臣に提出しなければならない〔金商4①〕。第1項有価証券(金融商品取引法2条1項の有価証券又は有価証券表示権利)の募集とは、新たに発行される有価証券の取得の申込みの勧誘のうち、多人数向け勧誘に該当する場合、及びプロ私募、特定投資家私募、少人数私募のいずれにも該当しない場合をいう〔金商2③①②〕(⇨'私募')。多人数向け勧誘とは、50人以上に取得勧誘する場合をいい〔金商令1の5〕、多人数に一斉に勧誘することから勧誘を受ける投資者がディスクロージャーによる保護を必要としていると考えられた。多人数向け勧誘に当たらなくても私募の要件を満たさなければれば募集とされるので、上場会社の'第三者割当増資'は募集に当たる。第2項有価証券(金融商品取引法2条2項各号のみなし有価証券)の募集とは、新たに発行される有価証券の取得の申込みの勧誘のうち、相当程度多数の者が有価証券を所有する場合をいう〔金商2③③〕。相当程度多数の者とは500人以上をいい〔金商令1の7の2〕、第2項有価証券は流通性が低く、多くの者に転売される可能性が低いことが考慮された。集団投資スキーム持分のうち事業型ファンド持分は、そもそもディスクロージャーの適用を除外されているので〔金商3①イ、金商令2の9・2の10〕、500人以上に取得させても有価証券の募集に当たらない。⇨'有価証券の売出し'

有価証券報告書 1 意義 イ '金融商品取引所'に上場されている'有価証券'、ロ 店頭売買有価証券〔金商令3〕、ハ 募集・売出しにつき、発行会社が内閣総理大臣への届出を要する有価証券、適格機関投資家又は特定投資家等取得有価証券一般勧誘を行う有価証券、発行登録追補書類を提出する有価証券、ニ 当該会社の発行する有価証券(株券等)で、最近5事業年度のいずれかの末日におけるその所有者数が1000〔金商令3の6⑥〕以上である有価証券の発行会社(⇨'継続開示会社')が、事業年度ごとに内閣総理大臣に提出する報告書〔金商24①〕。当該事業年度の経過後3カ月以内に提出しなければならない。ただし、ニの株券等について当該事業年度の末日における株主数が300未満の会社や資本金の額が5億円未満の会社〔金商24①但、金商令3の6③〕など、開示義務が免除される場合がある。有価証券報告書による開示は、企業内容の継続的な開示により投資判断に有用な情報を一般投資者に提供し、取引の公正を図るもので

ゆうきけい

ある。
2 記載内容等　内閣府令の定めにより，当該会社の属する企業集団と当該会社の経理の状況その他事業の内容に関する重要な事項が記載される〔金商24①，企業開示15〕。'連結財務諸表'・'財務諸表'(財務情報)は連結財務諸表規則・'財務諸表規則'に従って作成され，公認会計士又は監査法人の'監査証明'を受けなければならない〔金商193の2，監査証明1⑦⑧〕。記述情報(非財務情報)の記載も充実させるべく改正が繰り返されている。
3 公衆縦覧　有価証券報告書とその添付書類〔金商24⑥，企業開示17〕は，提出後5年間，関東財務局及び各地の財務局，当該有価証券の発行者の本店及び主要な支店，並びに，金融商品取引所及び認可'金融商品取引業協会'において，公衆縦覧に供される〔金商25①③②③，企業開示21〜23〕。'エディネット(EDINET)'による公衆縦覧も行われる〔金商27の30の7①〕。
4 虚偽記載等　重要な事項について虚偽記載等のある有価証券報告書の提出者に対して，内閣総理大臣は訂正報告書の提出を命ずることができ〔金商24の2①・9①〕，課徴金・罰則の定めがある〔金商172の4①・197①①〕。虚偽記載等による有価証券取得者の損害について，提出者やその役員等の損害賠償責任の定めも設けられている〔金商21の2・24の4〕。

　有期刑　一定期間の拘禁を内容とする'自由刑'をいい，'無期刑'に対する語。令和4年改正(法67)前刑法は，有期'懲役'，有期'禁錮'，'拘留'の3種類を規定していたが，同改正により，有期拘禁刑，拘留の2種類になった〔刑12・16〕。

　有期雇用　期間の定めのある'労働契約'による'雇用'。期間雇用ともいう。日本は'契約自由の原則'の下に，有期雇用を承認しているが，イ 期間中の契約の'解除'，ロ 有期雇用の期間が長期に及ぶことによる人身拘束の危険性，ハ 不安定雇用，ニ '解雇'規制の潜脱，ホ 契約期間を定める有期雇用労働者との不合理な'労働条件'格差などの諸問題について，法的規制を強化して行ってきた。すなわち，イ 使用者はやむをえない事由がなければ期間途中に'労働者'を解雇することができない〔労契17①〕。ロ 期間の上限を原則として3年とし，一定の高度専門職及び60歳以上の労働者については例外的に5年とする〔労基14①〕。ハ 使用者が必要以上に短期間の有期労働契約を用い，これを反復更新することのないよう配慮を求めるとともに〔労契17②〕，労働者が，通算期間が5年を超える有期労働契約を無期労働契約に転換することを申し込んだ場合には，使用者はそれを承諾したものとされる〔労契18〕(⇒無期労働契約転換')。更に，ニa 有期労働契約が過去に反復更新されたことがあり，その満了時の不更新による契約の終了が，無期労働契約における解雇と社会通念上同視できる労働者，又は有期労働契約が期間満了時に更新されるという合理的期待を有していた労働者が，期間満了日までに更新を申し込むか，期間満了後遅滞なく新たな有期労働契約の締結を申し込んだ場合に，使用者が当該申込みを拒絶することが，客観的に合理性を欠き，社会通念上相当であると認められないときには，使用者は，従前の有期労働契約の内容である労働条件と同一の労働条件で当該申込みを承諾したものとされる〔労契19〕(⇒雇止め)。ホ 有期雇用労働者と通常の労働者の間で，基本給，賞与その他の待遇のそれぞれについて，a 職務の内容，b 職務の内容及び配置の変更の範囲，c その他の事情のうち，問題となっている待遇の性質及び当該待遇を行う目的に照らして適切と認められるものを考慮して，不合理と認められる相違を設けることは禁止される〔短時有期8〕。なお，'パート有期労働法'8条は，平成30年(2018)に労働契約法旧20条がパートタイム労働法に取り込まれ，かつパートタイム労働法の適用対象が有期雇用労働者に拡大されて成立した。2024年現在，判例はいずれも労働契約法旧20条に関するものである(⇒短時間労働者及び有期雇用労働者の雇用管理の改善等に関する法律')。

　有給休暇　⇒年次有給休暇'

　有形偽造・無形偽造　有形偽造とは，作成権限のない者が他人名義の'文書'を作成すること。無形偽造とは，作成権限をもつ者が真実に反する内容の文書を作成すること。両者とも広義の'偽造'に含まれるが，狭義には前者が偽造，後者が'虚偽文書'の作成と区別される。いずれも文書に対する公共の信用を害する行為であるが，日本の刑法は，形式主義，すなわち，内容の真実性の保護は'作成名義の真正'を保護することによって自ら行うことができるという立場をとり，無形偽造は特に重要な文書に限って処罰の対象としていると解されている。これに対して，実質主義を主張して，文書偽造の可罰性は真実でないことが真実であるような外観を呈することにあるのだから，無形偽造が本来的な可罰類型であるとする説もある。この立場からは，有形偽造であっても，内容が真実に合致するときは犯罪を構成しないという議論がされて

いる。 ⇨文書偽造罪'
有限会社　　⇨特例有限会社'
有権解釈　　⇨法の解釈'
有限責任・無限責任　　1 意義　債務者の全財産が債務の引当て(*担保')になる場合を無限責任といい，債務者の財産中のある物だけが債務の引当になり，又は債務者の財産が債務の一定額を限度として引当てになる場合を有限責任という。無限責任の場合には，債権者は，債権全額の満足を受けるまで債務者の財産に*強制執行'できる。
2 有限責任の種類　有限責任は，法律又は契約で特に定めた場合に生じ，次の2種がある。イ 物的有限責任(*物的責任')：債務者の財産中の特定の物又は財産だけが引当てになる場合で，*限定承認'をした相続人の責任が*相続財産'に限られること[民922]などがその例である。当該財産が債務額に不足しても，債権者は，債務者の他の財産に対して強制執行することはできない。ロ 人的有限責任(量的有限責任)：債務者の財産が債務の一定額を限度として引当てになる場合で，*持分会社'の*有限責任社員'の責任[会社580②]，法令又は*約款'で定められた額を限度とする営業者の損害賠償責任などがその例である。債務額がその責任の限度を超えるときも，債権者は，強制執行によってそれ以上の弁済を受けることはできない。株式の引受価額を限度とする*株主'の責任[会社104]も有限責任といわれるが，株主の責任は債務額そのものが*株式'の引受価額に限定され，また，債権者に対し直接責任を負うものではないから，上記の有限責任とは意味が異なる(⇨株主有限責任の原則')。

有限責任事業組合　　1 意義　英米におけるLimited Liability Partnership(LLP)を参考として，平成17年に制定・施行された「有限責任事業組合契約に関する法律」(法40)に基づく企業組織形態である。有限責任の共同事業が，企業の損益を直接構成員に配賦(パススルー)する構成員課税の適用を受けられるようにすることを主たる目的として立法された。
2 特色・業務執行等　「有限責任事業組合契約に関する法律」は，*合同会社'の規定に準拠して作られたため，構成員全員の有限責任や内部自治の徹底など，共通点が多いが，合同会社に比して，組合形態をとるため，法人格はなく，構成員課税の適用を受けることができるが，労務出資は認められない[有限組合11]。また，組合という性質上，複数の構成員が必要であり[有限組合37②]，合同会社ないし*株式会社'への組織

変更は認められていない。有限責任事業組合には，強い共同事業性が要求されており，全ての構成員が業務執行に携わらなくてはならない[有限組合13①②]。更に，有限責任事業組合においては，その強い共同事業性の一環として，業務執行の決定に関して，特に，重要な財産の処分及び譲受け・多額の借財については，総組合員の同意によらなければならないとした。ただし，経済産業省令(平成17経73 74)で定めるものについては，組合契約書(定款に相当)によって，総組合員の3分の2以上の同意で足りるとすることができる旨の定めがある[有限組合12]。また，合同会社同様，業務執行者の対第三者責任が規定されているが，他の業務執行者に対する監視義務はない[有限組合18]。
3 税制　課税上は，任意組合と同様に，組合自身が*法人税'の*納税義務者'とはならず，組合の損益は，構成員たる各組合員に割り振られ，それぞれの組合員が*所得税'あるいは法人税の*納税義務'を負うことになっている(ただし，外国の法律に基づいて組成されたリミティッド・パートナーシップについて，裁判例は分かれている)。なお，航空機*リース'や船舶リース等を利用して，組合員に損失を帰属させ，各組合員の有する利益と相殺(ｿｳｻｲ)させる行為を防止するために，組合員の利用できる組合損失の額を制限する規定が，平成17年度税制改正(法21)において導入された[租特27の2①・67の13①]。これらは，一種の*租税回避'防止規定である。

有限責任社員　　1 意義　出資額を限度として，会社債権者に対し直接かつ*連帯責任'を負う社員。*無限責任社員'に対する。*持分会社'のうち*合資会社'は有限責任社員と無限責任社員から成り[会社576③]，*合同会社'は全社員が有限責任社員から成る[会社576④]。
2 責任の内容　定款に記載された出資の価額を限度として，持分会社の債務を会社債権者に対し弁済する直接かつ連帯の責任である[会社580②]。責任の限度が出資の価額に限定されている点を除き，無限責任社員の責任と同一内容の責任を負う。会社債務が消滅すれば社員の責任も消滅する付従性を有する。また，会社財産をもってその債務を完済できない場合又は会社財産に対する*強制執行'が不奏効であることを条件とする，二次的・従属的な責任である[会社580①]。すなわち，社員は，持分会社に弁済資力があり，かつ，強制執行が容易であることを証明して弁済を拒むことができる*検索の抗弁権'を有する[会社580①②括弧]。更に，社員は

ゆうこうか

持分会社が主張できる抗弁をもって当該会社債権者に対抗でき，会社が当該債権者に対し'相殺($\substack{そう\\さい}$)'権等を有するときは，これらの権利の行使によって持分会社がその債務を免れるべき限度において債務の履行を拒むことができる〔会社581〕。株主の責任が株式の引受価額を限度とする点で類似するが，会社債権者に対し直接責任を負う点において株主と異なる。

3 出資と責任の関係　有限責任社員の出資の価額は，会社に対する出資と会社債権者に対する責任とに共通の限度を設定するものであるから，会社債権者に弁済すべき責任限度額は出資の価額から既に持分会社に対し履行した出資の価額を控除した額である。もっとも合同会社の場合には，定款の作成後，合同会社の'設立登記'時までに出資の払込み又は給付を了しなければならない〔会社578〕。なお，出資の目的は，無限責任社員と異なり'労務出資'や'信用出資'は認められず，金銭等の出資すなわち金銭その他の財産に限られる〔会社576①⑥括弧・151参照〕。

4 権限・責任　定款に別段の定めがある場合を除き，業務執行権を有し〔会社590①〕，したがって会社を代表する権限を有する〔会社599①〕。業務を執行する有限責任社員が法人である場合には，当該法人は，当該業務を執行する社員の職務を行うべき者を選任し，その者の氏名及び住所を他の社員に通知しなければならず，当該者は業務執行社員と同等の義務及び責任を負う〔会社598〕。業務を執行しない有限責任社員は，会社の業務財産状況調査権を有する〔会社592〕。配当額が当該配当日の利益額を超える場合，当該配当を受けた有限責任社員は，会社に対し当該配当額に相当する額の返還義務を負う〔会社623①〕。合同会社の社員については，利益額を超えて利益配当を行うことができず〔会社628〕，出資の払戻しは，その出資の価額を減少しなければ請求することができず，かつ剰余金額又は出資価額の減少額のいずれか少ない額を超えてはならない〔会社632〕。これらの利益配当の制限又は'出資の払戻し'の制限の規定に違反して利益配当又は出資の払戻しを受けた合同会社の社員の責任等については，特則が置かれている〔会社629・630・633・634〕。
⇨持分の譲渡'

友好関係原則宣言　1970年10月24日，'国際連合'第25回総会においてコンセンサスで採択された決議（総会決議2625(XXV)）。正式には「国際連合憲章に従った諸国間の友好関係及び協力についての国際法の原則に関する宣言」という。武力不行使（⇨武力行使'），紛争の

平和的解決，国内問題不干渉（⇨干渉'），相互協力，人民の自決（⇨自決権（人民の)'），'主権平等'，国際義務の誠実履行の7つの原則を国際法の基本原則とし，それらについての具体的な内容を規定する。それ自体としては法的拘束力を有しないが，'国際連合憲章'の有権的解釈としての効力を認める説が有力に唱えられている。

有罪の答弁　'アレインメント'の手続に際して，被告人が自己の有罪を認める旨を答えること。これにより事実審理は省略され，刑の言渡しに進むことになる。'訴訟経済'に大きく貢献する制度であるが，反面，取引と結び付きやすく，弊害も指摘される。答弁には，ほかに，無罪の答弁，不抗争の答弁などがある。なお，'司法制度改革審議会'意見書は，争いのある事件とない事件とを区別し，「メリハリの効いた審理」の必要を認め，有罪答弁制度に言及したが，問題点もあるとして，導入に慎重な態度を示した。

有罪判決　被告事件について犯罪の'証明'があったとき言い渡す判決〔刑訴333・334〕。'刑の免除'の場合を除き，刑の言渡し（'執行猶予'の場合は同時にその言渡し）をする。有罪判決には裁判の理由として，'罪となるべき事実'，'証拠の標目'及び法令の適用を示さなければならない。また，法律上犯罪の成立を妨げる理由（'正当防衛'，'心神喪失'など）又は刑の加重減免の理由（'中止未遂'，親族相盗（⇨親族間の犯罪に関する特例'）など）となる事実が主張されたときは，これに対する判断を示さなければならない〔刑訴335〕。⇨判決の言渡し'⇨無罪'

有事法制　1「有事」とは，'緊急事態'や非常事態とほぼ同義で，戦争・内乱や天変地異等の国家的事変を指し，そのような，平時の法制をもってしては対処できないと考えられる事態に備えるための法制を有事法制という。'明治憲法'では'緊急勅令'，'戒厳'，'非常大権'等が定められていたが，日本国憲法には参議院の'緊急集会'の規定があるだけである。政府や防衛当局は，自衛隊法の定める'自衛隊'の'防衛出動'，'治安出動'，災害派遣などでは不十分であるとして，昭和38年の三矢作戦研究以降，秘密裡(り)に，あるいは公然と，有事法制の研究とその立法化に取り組んできた。その主な内容は，冷戦時代には，有事における自衛隊の活動を妨げる既存法制（例えば国立公園内に陣地を造る場合の環境省の許可など）の洗い出しとその除去，冷戦終結後は，特に2001年9月11日のアメリカにおける同時多発テロ以降は，グローバルに展開する米軍と自衛隊との緊密な共同行動

に伴う法制の整備であった。
2 こうした背景の下，両者を総合して有事に対応する全体的な法制度の構築が試みられることとなった。まずは，その一環としての周辺事態法(後の*重要影響事態法')を始めとする新日米防衛協力指針(新ガイドライン)関連法の制定を経て，武力攻撃事態対処法(平成15法79，正式名称は現在「武力攻撃事態等及び存立危機事態における我が国の平和と独立並びに国及び国民の安全の確保に関する法律」)，自衛隊法の一部改正(平成15法80)，安全保障会議設置法(昭和61法71，後の国家安全保障会議設置法)の一部改正(平成15法78)など有事法制関連3法の制定が続いた。更に国民保護法(平成16法112，正式名称は「武力攻撃事態等における国民の保護のための措置に関する法律」)，米軍行動円滑化法(平成16法113，正式名称は現在「武力攻撃事態及び存立危機事態におけるアメリカ合衆国等の軍隊の行動に伴い我が国が実施する措置に関する法律」)，外国軍用品等海上輸送規制法(平成16法116，正式名称は現在「武力攻撃事態及び存立危機事態における外国軍用品等の海上輸送の規制に関する法律」)など有事法制関連7法の制定と日米物品役務相互提供協定(日米ACSA)(平成8条4．正式名称は「日本国の自衛隊とアメリカ合衆国軍隊との間における後方支援，物品又は役務の相互の提供に関する日本国政府とアメリカ合衆国政府との間の協定」)(後に新協定(平成29条7)となって日米両国の相互提携協力関係は強化された)の改正と関連3条約の成立により，有事法制は一応の完成をみるに至った。この延長線上に，2015年9月，*集団的自衛権'の行使を容認することに伴い，いわゆる平和安全法制整備法(関連する既存法律10本の一括改正法)(平成27法76)(⇨平和安全法制)と新法としての*国際平和支援法'が成立し，自衛隊の活動範囲が従前より大幅に拡大することになったので，事柄の性質上，有事法制もその対象を拡大することとなった。
3 有事法制は，「有事」の拡大解釈のおそれがあり，また，国民の各種の権利・自由に対して重大な制約を及ぼすのみならず，シビリアン・コントロール(⇨文民統制の原則')を無視するおそれが強く，憲法適合性に対する疑義を指摘する声もある。

有償契約・無償契約 売買・賃貸借のように，契約の当事者双方が互いに対価的意味をもつ*給付'をする契約を有償契約といい，贈与・使用貸借のように，対価的給付をしない契約を無償契約という。双務契約の多くは有償契約であり，片務契約の多くは無償契約であるが(⇨双務契約・片務契約')，利息付消費貸借の場合には，利息という対価が支払われ，その意味で有償契約であるが，消費貸借契約が金銭等を受け取って初めて成立する*要物契約'とされている〔民587〕ので，*消費貸借'が成立するときには，既に貸主の方の給付は済んでおり，借主の方の返還義務と利息支払義務だけが残っている(ただし，書面による消費貸借は*諾成契約'であり，双務契約である〔民587の2〕)。そこで利息付消費貸借契約は，有償かつ片務契約ということになり，有償契約即双務契約とはいえない。有償契約には売買の規定が準用される〔民559〕が，その中心は担保責任の規定〔民562～572〕の準用である。無償契約は，今日の社会では法律上重要な意味をもたない。したがって，一定の場合に拘束力が弱められていたり〔民593の2〕，*解約'も容易である〔民598〕など，一般に有償契約に比べて法的拘束力が弱い。 ⇨担保責任'

優生保護法 ⇨母体保護法'

有責主義 *離婚'を認めるためには，姦通(かん)・*遺棄'・虐待など，常に*配偶者'の一方に非難される有責行為のあることを必要とする立法主義。客観的に婚姻関係の継続が困難な状況にあれば離婚を認めようとする*破綻主義'に対立する。従来の離婚法では有責主義をとるものが多く，特に西欧諸国ではこの立法主義が有力であったが，1960年代以降破綻主義へと進む傾向が認められ，日本の民法も，戦後，有責主義的な離婚原因に加えて破綻主義的な離婚原因をも規定するに至った〔民770①〕。 ⇨離婚原因'

有責配偶者 ⇨破綻主義'

優先株 **1 意義** *剰余金の配当'又は残余財産の分配(⇨残余財産分配請求権')について内容の異なる*種類株式'が発行される場合に，他の株式に比べて優先的取扱いを受ける株式。劣後的取扱いを受ける*劣後株'及びそれらの標準になる普通株に対比される。例えば会社の業績不振のため普通株による資金調達が困難な場合に，*株主'の募集を容易にするためには優先株(とりわけ剰余金の配当に関するもの)を発行することが考えられる。しかし，優先株も株式であって*社債'ではないから，剰余金配当優先株は，*分配可能額'の範囲内で優先的配当を受けることができるにすぎない。
2 種類 剰余金配当優先株及び残余財産分配優先株は，優先的配当又は分配の配当を受けてもなお残りの剰余金又は財産がある場合に，普通株とともに配当又は分配に参加できるかどうかにより参加的優先株と非参加的優先株とに分け

ゆうせんけ

られる。また、剰余金配当優先株は、ある年度に優先的配当を受けられなかった場合に、次年度以降の剰余金配当によって塡補されるかどうかにより、累積的優先株と非累積的優先株とに分けられる。非参加的累積的優先株は、剰余金配当が一定額に限られ、かつ、その分については確実に配当される可能性が大きい点で、社債に類似する面を有する。

優先権 *工業所有権の保護に関するパリ条約'に定められた権利であり、パリ条約の同盟国である国(第 1 国)において正規に出願をした者が一定の期間内に他の同盟国(第 2 国)に出願をした場合に、第 2 国出願について一定期間他者に優先した取扱いが認められるという権利である〔工業所有権約 4A(1)〕。優先権制度は、外国出願の際に生じる出願人の不利益を解消することを目的としたものである。すなわち、産業財産権の保護については*属地主義'が妥当するため、外国で産業財産権の保護を受けるためには外国での出願を行うことが必要となる。しかし、一般に外国出願を内国出願と同時に行うことは困難であり、外国出願までの間の第三者の出願等の行為により外国での権利を取得することができないのは妥当ではない。そこで、出願人がパリ条約の定める優先期間内に他の同盟国に優先権に基づく出願を行った場合には、優先期間内に行われた第三者の行為(出願や発明・商標の使用等)によって不利な取扱いを受けず、また、第三者の行為はいかなる権利又は使用の権能をも生じさせないとされている〔工業所有権約 4B〕。これによれば、自国に適法に出願した者が優先権主張をして外国出願をした場合には、優先期間中に第三者の出願があっても、自らの登録が妨げられることはなく、また、優先期間中に第三者が発明・商標を使用しても、第三者に先使用権が成立することはない。優先期間は特許及び実用新案については 12 カ月、意匠及び商標については 6 カ月とされる〔工業所有権約 4C(1)〕。優先権については、パリ条約の規定がそのまま日本において直接適用される〔特許 26〕。なお、特許法は、WTO(⇨世界貿易機関')加盟国の国民についても、パリ条約上の優先権の主張を認めている〔特許 43 の 3 ①〕。

優先主義(強制執行の競合に関する) ⇨平等主義・優先主義'

優先出資法 平成 5 年法律 44 号。正式には「協同組織金融機関の優先出資に関する法律」という。農林中央金庫など協同組織金融機関の、*自己資本'の充実を通じて経営の健全性を確保することを目的とする法律。同法制定前は、協同組織金融機関への出資(普通出資)は組合員しかできなかったが、自己資本の充実を図るために、普通出資を補完するものとして、配当又は残余財産の分配において普通出資よりも優先する代わりに議決権がない優先出資証券の発行を認め、会員以外の不特定多数の者から出資を募ることを可能にするとともに、優先出資者の権利を保護するため種々の規制を設けている。

優先条項 他の法令の規定に優先して適用される旨を定める規定をいう。「この法律の規定が、従前の法律又はこれに基く法令と矛盾し又はてい触する場合には、この法律の規定が、優先する」等と定める国家公務員法 1 条 5 項がその例である。同じような条項は、国家公務員災害補償法(昭和 26 法 191)1 条 2 項、*地方公務員法'2 条など、公務員法関係の分野にみられる程度であるが〔なお、恩給 82 の 2 参照〕、その法律的意義は、必ずしも明らかではない。

優先的破産債権 ⇨破産債権'

優先弁済 **1 意義** 債権者中のある者が、債務者の全財産又は特定の財産から、他の債権者に先んじて*弁済'を受けること。債務者の全財産が総債権額に満たない場合に意味がある。優先弁済は*債権者平等の原則'の例外であるから、特に法律が定めた場合にだけ認められる。**2 優先弁済の認められる場合** 一般に*担保物権'の効力として認められている。その第 1 は、当事者の契約によって生ずる場合(約定担保物権)で、*質権'〔民 342〕・*抵当権'〔民 369。なお、特別法上の種々のものがある〕・*譲渡担保権'(判例上認められている)を設定した場合や*仮登記担保'契約による場合(仮登記担保)である。*所有権留保'も実質的には約定担保物権の設定と考えられる。第 2 は、法律上当然に生ずるもので、民法上の*先取(さきどり)特権'〔民 303〕のほか、特に保護を加える必要のある債権について各種の法律が優先権を認めている〔税徴 8、地税 14、自治 231 の 3 ③、厚年 88、健保 182 等。一種の一般先取特権ともいえる〕。留置権〔民 295、商 521・557・562 等〕は優先弁済権を認められていないが、事実上最優先の弁済を受ける。一般先取特権は債務者の責任財産の全てを対象とするが、その他の担保物権は、債務者の特定の財産から優先的に弁済を受ける。

有線放送権 ⇨著作隣接権'
有体物 ⇨物'
有体物説 ⇨財物'
融通手形 他人に自己の信用を利用させる目的で*振出し'・引受け(⇨手形引受け')・

*裏書'などがなされた*手形'。好意手形ともいう。現実の商取引に基づいて振り出される*商業手形'に対する。例えば，被融通者Bは経済的に信用のある融通者Aに依頼して*約束手形'を振り出してもらい，これをCに割り引いてもらって金銭を入手するという場合が典型的な事例であるが，BもAを受取人として約束手形を振り出し，AとBが手形を交換し合って，満期に相互に決済する*馴合(なれ)手形'などもある。融通手形は元々融通者が被融通者に対し，*第三者'からその手形により金融を得させることを目的として振り出されるものであるので，被融通者から直接請求があった場合には，合意の趣旨に従って融通手形の抗弁を主張して支払を拒絶できる。しかし，それを*手形割引'などによって取得した第三者に対しては，融通手形であることを知って取得しただけでは融通者は支払を拒絶できない。

融通物・不融通物　私法上，取引の客体とすることができる物を融通物といい，反対に，取引の客体とすることができない物を不融通物という。不融通物には，*公用物'と禁制物とがある。公用物とは公共の用に供せられる物であり，官公庁舎，道路河川などがそれに当たり，禁制物とは法令により特に取引が禁止されているものであり，あへん煙，偽造通貨，*わいせつ文書'などがそれに当たる。

優等懸賞広告　懸賞広告の一種で，指定行為をした者のうち，優等者だけに報酬を与える旨の広告〔民532〕。懸賞論文などがこれに当たる。指定の行為をするだけでは報酬はもらえず，優等者が誰であるかを判定しなければならない。そのためにまず，期間を定めなければならないとされている(そうでなければ，だれが優等者か，いつまでたっても分からない)。また，判定者は広告に定めた者又は広告者で，応募者はその判定に異議を述べることはできない。⇨懸賞広告'

誘導尋問　*尋問'者の欲する答えが暗示されている質問。尋問の内容，コンテクストから判断されなければならない，最も広い理解では，イエス又はノーで答えられる尋問がこれに当たる。民事訴訟では，正当な理由のない誘導尋問は禁じられている〔民訴規115②②〕。刑事訴訟では，通常，尋問者と*証人'とが友好的な関係にある*主尋問'，再主尋問では，暗示にしたがって供述する危険が大きいので，原則として，誘導尋問は禁止されるが〔刑訴規199の3③・199の7②〕，誘導尋問の必要があり，弊害がないより少ない，例えば記憶喚起の場合等には使用できる〔刑訴規199の3③但〕。そうした関係にない*反対尋問'では使用できる〔刑訴規199の4③〕。誘導尋問が相当でないときは，制限されうる〔刑訴規199の3⑤・199の4④〕。なお，争いのある事実や供述に現れていない事実の存在を前提としてなされる誤導尋問(例えば，本の存在が不確かなのに「本は何色でしたか」と尋問すること)は反対尋問でも不当である。

郵便に付する送達　⇨書留郵便等に付する送達'

郵便による送達　*送達'の実施は，原則として，郵便又は*執行官'による〔民訴101①〕。郵便による場合の利点は，送達地が遠い場合に安上がりで迅速であること，郵便集配人が地理その他の事情に通じていて確実なことである。郵便による送達とは，送達の実施機関からみた送達の一種であり，送達の実施方式の一種である*書留郵便等に付する送達'〔民訴107〕と異なって，送達名宛人の下に到達しなければ効力を生じない〔民97〕。

郵便不正事件　平成21年に，障害者団体向けの郵便料金割引制度を不正に利用したとして，障害者団体や厚生労働省等の関係者を大阪地方検察庁特捜部が摘発した事件。関係者が郵便法違反，虚偽公文書作成罪等で起訴された後，検察官による証拠物たるフロッピーディスクの内容の改ざん，取調べメモの破棄がなされていたことが判明した。事件関係者中3名に一部無罪を含む無罪判決が確定した一方，元主任検事が証拠隠滅罪で起訴され，有罪判決が確定した。これを契機として，法務省に「検察の在り方検討会議」が設置され，検察官倫理，人事・教育，検察組織のチェック体制，*取調べの録音・録画'について提言がなされた。その後，*法制審議会'・新時代の刑事司法制度特別部会の設置を経て，取調べの録音・録画を含む平成28年刑事訴訟法改正につながった。

有名契約　*典型契約'と同じ。法律に規定のない*無名契約'に対する。

猶予期間　*期間'のうち，当事者による対応の機会を保障し，その利益を保護するため，一定の事項について一定期間を経過して初めて効力を発生させ，又は行為を許す旨を定めるもの〔例：民訴112，刑訴111〕。中間期間ともいう。

有利原則　個々の*労働契約'が定める*労働条件'が*労働協約'で定める基準よりも労働者にとって有利であれば，労働協約の*規範的効力'にかかわらず労働契約は有効であるとする原則。産業別協約中心のドイツなどで認められ，法律にも明文の規定があるが，企業別協

有料老人ホーム 老人を入居させ、介護、食事の提供、家事等の日常生活上必要な便宜の供与をする事業を行う施設であって、*老人福祉施設'又は*グループホーム'でないもの〔老福29①〕。*老人福祉法'の平成2年改正(法58)によって、規制が強化された。設置及び事業の休廃止には都道府県知事への事前の届出が必要であり、運営に対し行政的監督が行われる〔老福29〕。事業者に対する指導勧告や入居者からの苦情の解決等の業務にあたる事業者団体として、有料老人ホーム協会が法定されている〔老福30・31の2〕。*介護保険'では入居定員数により特定施設又は地域密着型特定施設(⇨地域密着型サービス')に位置付けられ、施設が提供する介護サービスは*居宅介護サービス費'又は地域密着型介護サービス費の支給対象となる〔介保8⑪⑳・41・42の2〕。

故(ゆえ)なく・みだりに ⇨故(ゆえ)なく・みだりに'(巻末・基本法令用語)

ユー・エヌ(UN) ⇨国際連合'

湯口権 ⇨温泉権'

ユーザンス 英usance *手形'等の支払猶予期限のこと。*荷為替手形'や信用状について用いられることが多い。手形の呈示された日を*満期'とする*一覧払手形'をサイト・ビル(英 sight bill)というのに対して、ユーザンスのついた*一覧後定期払手形'をユーザンス・ビルという。

諭旨解雇 *使用者'が従業員の企業秩序違反への制裁として行う*懲戒'処分のうち、*懲戒解雇'に次ぐ重い処分。*労働者'に退職願の提出を勧告し、労働者が退職願を提出した後に、解雇(諭旨解雇)ないし退職扱い(諭旨退職)する。*退職金'は、一部又は全部支給されることが多い。労働者が退職願を提出しない場合には、懲戒解雇されることが予定されている。

ユー・シー・シー(UCC) ⇨アメリカ統一商事法典'

輸出入取引法 昭和27年法律299号。輸出取引の公正及び輸出入取引の秩序維持を目的とする法律。*知的財産権'侵害品、原産地の虚偽表示品などの不公正な輸出入取引が禁止される〔輸出入取引3〕。また、経済産業大臣への届出に基づき、一定の要件の下に、輸出業者間の協定又は輸出組合による輸出*カルテル'の形成が認められ〔輸出入取引5①・11②〕、かつ、必要な場合には経済産業大臣によるアウトサイダー規制が発動される〔輸出入取引28〕。また、*不公正な取引方法'に該当する場合等を除き、*独占禁止法'の適用除外とされる〔輸出入取引33①〕。本法に基づく輸出カルテルは、従来、輸出業者間の過当競争防止、輸出助成、国際通商摩擦回避といった目的のために用いられてきたが、WTO(⇨世界貿易機関')による国際規律や国内における*規制緩和'の要請の中で、競争制限効果の高いカルテルの必要性に対する見直しが行われ、平成9年改正(法96)により廃止された。

輸出免税 消費課税において*課税物件'が輸出される場合に税額の免除ないし還付のなされる制度〔消税7・46、酒税29等〕。輸出される物品についてはその消費のなされる仕向(しこう)地国に*課税権'があるとする*仕向地原則'の考え方に立って、消費課税の*二重課税'を排除するとともに、輸出品の国際的競争中立性を確保するために、この制度が先進諸国で採用されている。

ユース Ⅰ 羅 ius 法や裁判、またこれを通じて実現される権利利益を指す。この両義性は、現代ヨーロッパ諸国の語彙にも受け継がれている。古代ローマでは、訴訟当事者となる有資格者を市民と呼び、権利主体と同視された。ユースは、法体系、法廷、裁判上の宣誓も指す。ローマ人が非市民にも民事訴訟を開放すると、都市国家の枠を跨ぐ万民法もユースと観念された。裁判は、被告人の市民権を剥奪し、又は原告が被告から係争物の占有を奪還する手続であり、ユースは、正しさを意味するわけではなく、正義(ユスティティア；iustitia 羅)から区別される。事案が裁判による解決に相応しいかを吟味し、不適であれば訴訟を却下する儀礼もユースという。本案に至れば、剥奪や奪還が妥当だとの立証について、*信義則'に照らすなど証拠を評価して事実が認定される。事実認定に基づく見解を判決と呼び、判決権限を付与する主体は民会で選挙された法務官である。民会は法務官に任期限りで付与を認め、この付与はユースの宣告と呼ばれた(jurisdiction 英 の語源である)。

Ⅱ 英 use 1 ユースは、近世・近代の信託(⇨トラスト'⇨信託')の中世版である。ユースとは土地保有者(landholder)が、その土地を封譲受人(feoffee)に対して形だけ移転し、この封譲受人が自分自身のためではなく、他人、すなわち受益者(beneficiary, ロー・フレンチではcestui que use)の利益のため(to the use of)に土地を保有(hold)することである。*コモン・ロー'上は封譲受人がユースの設定された土地の

所有者となる(ただし,*ローマ法'の所有権とは異なる)。封譲受人はしばしば複数で,かつ法律家がなる場合も少なくない。受益者は,第三者の場合もあれば封譲渡人(feoffor)自身の場合もあるが,その利益はあくまで封譲受人の良心(conscience)に依存し,コモン・ローによって保護されなかった。ユースが用いられた1つの原因は,自由保有(freehold)の土地は遺言の対象にならず,自動的に法定相続人(heir)に継承されるというコモン・ローのルールにあった。このルールをかいくぐり,何とかしてheir以外の家族に財産を分与したいという自然かつ合理的な欲求に応えて,15世紀以降,大法官裁判所(Court of Chancery)がユースに関する新しいルールを発展させた。このようにして,*エクイティ'と呼ばれる,狭義のコモン・ローとは別の法領域が形成された。

2 他方,ユースがもたらした封建的収入の減少を阻止するため,ヘンリー8世は1536年のユース法(the Statute of Uses)を制定し,受益者をコモン・ロー上の所有者とした。ただし,ユース法は全てのユースを対象としたものではなく,イ 能動ユース,ロ 自由保有の土地以外のユース,ハ 二重ユース(use upon use)が残存した。これらはコモン・ロー上無効であったが,大法官裁判所では以前通り有効であり,その後信託(trust)として継続的に発展してゆくのである。大法官裁判所は,ユースで用いたルールを信託に適用して,16世紀以降,信託をチャリティから商事まで種々の分野に発展させていった。日本の'担保付社債信託法'(1905)は,商事信託の一種である。

3 ユース法は,その後のコモン・ローのルールの発展にも影響を及ぼした。例えば,継承的財産設定(settlement)において,それまでコモン・ロー上は認められなかった将来の利益(future interest)が認められたが,この利益は永久拘束禁止則(rule against perpetuities)による制限を付されることで最終決着をみた。

ユース・コーゲンス ⇨強行規範(国際法上の)'

ユース・コムーネ ⇨普通法'

輸送費込み ⇨シー・ピー・ティー(CPT)条件'

油濁損害賠償保障法 ⇨船舶油濁等損害賠償保障法'

ユダヤ法 英 Jewish Law **1 概念** ユダヤ法学者によって法典化されたユダヤ教法規の体系。理念的にはユダヤ法は*トーラー'の613の戒律全てをカバーするが,現在の体系は個人の権限で守れる日常生活や共同体の分野に限定されている。

2 内容 ユダヤ教の戒律を実行するには具体的な行動指針を定める法規(Halacha)が必要である。その点で,マイモニデス(Maimonides, 1138〜1204)が書いた「ミシュネ・トーラー」(12世紀)は全戒律を法規の観点で整理した最初の法典である。後に,ヨセフ・カロ(Joseph Karo, 1488〜1575)が個人で実行可能な分野を中心に再整理して,現在のユダヤ法の原型となる法典「シュルハン・アルーフ」を書く。トーラーの戒律は,イ 神と人の関係と,ロ 人と人の関係の2分野に分けられる。後者は世俗的な民法や商法と問題関心が重なるところも多いことから,イスラエル建国に際し,ユダヤ法と近代法の関係を意識した,新たな法的理解が模索され,その学的追究はヘブライ法(Mishpat Ivri)と呼ばれている。

ユニオン・ショップ 英 union shop **1 意義** *使用者'は雇入れに際して*労働者'の労働組合員資格を問わないが,雇い入れられた労働者はショップ協定を結んでいる*労働組合'に加入しなければならず,加入しない場合又は組合から脱退若しくは除名された場合は*解雇'されるという制度。*組織強制'の一形態。*労働協約'に組合保障条項として定められるのが通常である。各種のショップ制の中でもユニオン・ショップは,企業別労働組合中心の日本で最も多く採用されている。また,組合員資格を失っても当然には解雇せず労使で協議するとか,企業の必要あるときはその限りではないとする例外規定を置く尻抜けユニオンや,従業員でない者は組合員になれないといった逆締付け条項がみられるのも,日本の特徴である。

2 効力 ユニオン・ショップ協定は,労働組合に入らない自由(又は組合を脱退する自由)や組合選択の自由と衝突することもあり,その有効性については学説上議論があるが,判例(最判昭和50・4・25民集29・4・456〈日本食塩製造事件〉,最判平成元・12・14民集43・12・2051〈三井倉庫港運事件〉)は,同協定が間接的に労働組合の組織の拡大強化を図ろうとするものであることに鑑み,その有効性を原則として肯定している。ただし,組合員がユニオン・ショップ協定を結んでいる組合から離脱して他の組合に加入したり,新たな組合を結成しようとする場合に,解雇の威嚇の下に特定の組合への加入を強制することは,労働者が自分の選んだ組合に加入する組合選択の自由や他の組合の*団結権'を侵害するので,他の組合に加入又は新たな組合を結成した者

について使用者の解雇義務を定める部分は民法90条に基づき無効とされる〔憲28参照〕。なお，*労働組合法'は，使用者が事業場の過半数労働者を代表する労働組合と，組合員であることを雇用条件とする労働協約を締結することを認めているが〔労組7①但〕，このことから，ユニオン・ショップ協定の締結主体である組合が過半数を代表していることが，同協定の効力要件になるか否かについては学説上議論がある。　⇨ショップ制'

ユニドロワ（UNIDROIT）　正式名称は，私法統一国際協会（英 International Institute for the Unification of Private Law, 仏 Institut international pour l'unification du droit privé）である。UNIDROIT という略称は，フランス語の unification と droit を組み合わせたものである。1926年に国際連盟の付属機関として設立され，1940年に独立した政府間組織として再設立された。加盟国は65カ国であり，事務局はローマにある。私法の現代化や統一の必要性・方法についての研究や，具体的な法統一のための条約，原則等の作成を行っている。例えば，1994年には「ユニドロワ国際商事契約原則」を公表し（その後，2004年，2010年，2016年に改訂版が公表されている），2001年には「可動物件の国際担保権に関する条約」（ケープタウン条約）を作成している。

輸入担保荷物保管証　⇨トラスト・レシート'

ユネスコ（UNESCO）　⇨国際連合教育科学文化機関'

許された危険　*法益'侵害の危険を伴うが社会生活上必要な行為について，その社会的有用性を根拠に，法益侵害の結果が発生した場合にも一定の範囲で許容するという考え。工場の経営，土木建設事業，鉄道・飛行機・自動車等の高速度交通機関の運行，医療行為等の分野において，主として*過失犯'を正当化する事由として主張されているが，理論的には故意犯についても妥当する。これらの行為は，その危険性を理由として全面的に禁止すれば現代の社会生活が麻痺（ひ）してしまうというのである。許された危険の理論は，社会的相当性の範囲で危険な行為も許容されるとして説明されているが，行為の有用性・必要性と法益侵害の危険性との比較衡量によって前者が優越する場合に危険な行為が許容されるとする説明も有力である。

緩やかな審査基準　⇨二重の基準'

よ

養育費　⇨親権'

要因証券　証券上の権利が証券の発行の原因である法律関係の有効な存在を要件とする*有価証券'。有因証券ともいい，*無因証券'（不要因証券）・抽象証券に対する。*手形'・*小切手'以外のほとんどの有価証券がこれに属し，*株券'はその典型である。要因証券が表章する権利は，既に証券作成前に存在している権利にすぎないので，原因関係の不存在又は瑕疵（かし）によって影響を受ける。したがって，例えば株券は株式すなわち株主としての地位（⇨株主権'）を表章するが，その株式は*会社の設立'又は募集株式の発行によって成立するのであって，株式が有効に存在しないならば，たとえ株券が発行されていてもそれは無効であり，また同一株式について複数の株券が発行されていれば，最初の株券以外は無効となる。*倉荷証券'・*船荷証券'・*複合運送証券'なども，倉庫寄託契約・*運送契約'上の権利を表章するものであるところから要因証券である。証券に記載された物品の引渡しがなかった場合（空券）や品違いの場合，証券発行行為に基づき倉庫営業者・海上運送人がどのような要件の下でどのような責任を負うかについては，議論が分かれる。

用益権　⇨価値権'

要役地　甲地の所有者が*地役権'に基づいて乙地にある泉から水を引く場合の甲地のように，地役権の設定により，他の土地を用益して利用価値を増す土地。　⇨承役地'

用益物権　他人の土地を一定の目的のために使用収益する*制限物権'。これに属するものとしては，民法上は*地上権'・*永小作権'・*地役権'・共有の性質をもたない*入会（いりあい）権'があり，特別法上では，鉱業権・漁業権などがある。なお，*物権'に掲げた〔表：物権の分類〕をみよ。

要介護状態　1　介護保険　身体上又は精神上の障害があるために，入浴，排せつ，食事等の日常生活における基本的動作の全部又は一部について，一定期間継続して，常時介護を要すると見込まれる状態であって，介護の必要の程度に応じた区分のいずれかに該当することをい

う〔介保7①〕。要介護状態にある65歳以上の者,及び,要介護状態にある40歳以上65歳未満の者であって,その要介護状態の原因が加齢に伴って生ずる心身の変化に起因する一定の疾病によって生じた者を,「要介護者」という〔介保7③〕。介護給付〔介保40〕の支給には,要介護者に該当すること,及び,その該当する要介護状態区分について,市町村によって認定(要介護認定)を受ける必要がある〔介保19①〕。実際の認定事務を担当する機関として,市町村に介護認定審査会が設置される〔介保14～17〕(⇒要支援状態')。

2 介護休業 労働者が*介護休業'を取得するために,当該休業申出に係る家族が陥っていることを要する状態をいう。負傷,疾病又は身体上若しくは精神上の障害により,2週間以上の期間にわたり,常時介護を要する状態をいう〔育介2③,育介則2〕。

養 方(ようかた) ⇒実方(じっかた)・養け方(ようほう)'

要件裁量・効果裁量 行政庁が*行政行為'をなす場合,まず前提たる認定事実を法規に定められた処分要件にあてはめて要件の充足・不充足を認定し,しかる後に行政行為をするか否か,するとすればいかなる内容の行為をするかを決定する。前者の要件認定の段階に認められる裁量が要件裁量と呼ばれ,後者の効果(行為)選択の段階に認められる裁量が効果裁量と呼ばれる。学説史上,裁判所の審査権の及ばない自由裁量の本質を巡って,要件裁量のみを認める*佐々木惣一'を中心とする京都学派と効果裁量のみを認める*美濃部達吉'を中心とする東京学派の対立があったが,今日では,要件・効果いずれについても裁量の余地を認めるのが判例の傾向である(最判昭和52・12・20民集31・7・1101,最大判昭和53・10・4民集32・7・1223〈マクリーン事件〉等)。また更には,行政行為を行う時期に関する「時の裁量」やいかなる手続を経て行政行為をするかに関する「手続の裁量」が新たに論じられるようになっている。 ⇒自由裁量・法規裁量'

要件事実 *実体法'に規定された*法律効果'の発生要件(*法律要件')に該当する具体的事実をいう。一般に*主要事実'(直接事実)と同様の意味で用いられ,間接事実(事情)と対比されるが,要件事実は法規の要件そのままの抽象的事実であるとして,具体的事実である主要事実と区別する見解もある。要件事実の理解・把握は,*主張責任'及び証明責任(⇒挙証責任')の分配を考える前提として重要であり,*法科大学院'及び*司法研修所'での教育においても重視されている。

要 綱 行政の執行についての指針を定める内部的規範。国のレベルでは*損失補償基準'要綱,*補助金'交付要綱など,地方公共団体のレベルでは補助金交付要綱,建築指導要綱,宅地開発指導要綱などがある。最後の2つは*要綱行政'ともいわれる組織的な*行政指導'を行うためのものであり,自治体との事前協議,近隣住民への説明ないし同意取付け,負担金の納付などの条項を含むことが多く,実効性確保手段や行政契約論との関係でも注目された。

要綱行政 *要綱'に従って執行される行政,とりわけ要綱に基づく*行政指導'によりなされる行政をいう。昭和40年代以来,各地の地方公共団体が,建築行為,宅地開発,ゴルフ場造成,大規模店舗の進出などがもたらす地域的紛争を調整するために行ってきた。国の法令による規制が地域の実情に十分に対応していないこと,条例制定権に限界があることなどが背景にあり,一定の成果を上げたとされるが,法治主義の観点から疑問もあり,裁判上争われた例も多い(最決平成元・11・8判時1328・16等)。

養護老人ホーム *老人福祉法'に基づき設置される*老人福祉施設'の一種〔老福5の3〕。65歳以上の者であって,環境上の理由及び経済的理由により居宅において養護を受けることが困難な者を,市町村の措置に基づいて入所させ,養護するとともに,その者が自立した日常生活を営み,社会的活動に参加するために必要な指導及び訓練その他の援助を行うことを目的とする〔老福11①Ⅰ・20の4〕。都道府県条例で設備・運営の基準が定められ,法令及び基準の遵守につき都道府県知事による行政的監督が行われる〔老福17～19〕。第1種*社会福祉事業'であり〔社福2②③〕,国・地方公共団体・*社会福祉法人'が経営主体となる〔社福60,老福15〕。*介護保険'では入居定員数により特定施設又は地域密着型特定施設(⇒地域密着型サービス')に位置付けられ,施設が提供する介護サービスは*居宅介護サービス費'又は地域密着型介護サービス費の支給対象となる〔介保8⑪㉑・41・42の2,介保則15〕。

養 子 **1 意義** 養子縁組の手続によって,養親との間で法定の*嫡出子'としての身分を取得した者〔民809〕。自然血族である*実子'に対する。また,養子縁組そのものを略してこう呼ぶこともある。かつては,家名を継がせたり,労働力を得るために養子が利用されたが,現在は子の福祉のための制度であるとされ〔民間あっせん機関による養子縁組のあっせんに係る児童の保護等に関する法律(平成28法110)1参照〕,特に,

ようしえん

特別養子制度はそのためのものである。 ⇨'特別養子'

2 要件 養子縁組は、まず、養親と養子(養子が15歳未満のときは代諾権者(⇨'代諾養子'))とが養子縁組の合意をした上で、その届出をしなければ効力を生じない〔民799・739〕。養親は20歳以上の者に限り〔民792〕、養子は養親より若年の者でなければならない〔民793〕。特別養子の場合には、原則として、養親が25歳以上であること〔民817の4〕、養子が15歳未満であること〔民817の5〕が必要である。未成年者を養子とするときは、原則として、*家庭裁判所'の許可が必要である〔民798〕。なお、特別養子縁組は、家庭裁判所の審判によって初めて成立する〔民817の2, 家事164〕。

3 養子の地位 養子縁組によって、養子は養親の嫡出子と同じ地位を与えられ、養親の'氏(½)'を称し〔民810〕、養親がその'親権'者となり〔民818②〕、他の嫡出子と同等の'相続権'を取得する。この地位は、養親が死亡しても失われず、当事者の協議又は法定事由に基づく裁判による'離縁'によってだけ消滅する〔民811～817〕。特別養子の場合には、裁判による離縁に限り厳格な要件の下に認められる〔民817の10〕。養子になったからといって'実方(½)'との間の'血族'関係が解消されるわけではない。ただし、特別養子の場合には、実方との血族関係が終了する〔民817の9〕。

要支援状態 イ 身体上若しくは精神上の障害があるために、入浴、排せつ、食事等の日常生活における基本的動作の全部若しくは一部について、一定期間にわたり継続して常時介護を要する状態の軽減若しくは悪化の防止に特に資する支援を要すると見込まれ、又はロ 身体上若しくは精神上の障害があるために、一定期間にわたり継続して日常生活を営むのに支障があると見込まれる状態であって、支援の必要の程度に応じた区分のいずれかに該当することをいう〔介保7②〕。要支援状態にある65歳以上の者、及び、要支援状態にある40歳以上65歳未満の者であってその要支援状態の原因が加齢に伴って生ずる心身の変化に起因する一定の疾病によって生じた者を、「要支援者」という〔介保7④〕。'予防給付'〔介保52〕の支給には、要支援者に該当すること、及び、その該当する要支援状態区分について、市町村によって認定(要支援認定)を受ける必要がある〔介保19②〕。実際の認定事務は、市町村に設置される介護認定審査会が行う(⇨'要介護状態')。

要式行為・不要式行為 一定の方式に従って行わないと不成立又は*無効'とされる*法律行為'を要式行為、方式を必要としない法律行為を不要式行為という。例えば、婚姻・縁組が成立するには、戸籍法の定めるところに従って届出をしなければならない〔民739・799〕、手形の振出しは一定の事項を記載した書面で行わなければ効力を生じない〔手1・2①・75・76①〕から、いずれも要式行為である。近代法の原則である*契約自由の原則'は方式からの自由を要求するから、法律行為は原則として不要式行為であるが、法律関係の明確化、*取引の安全'の保護、法律行為の当事者に慎重な考慮を促す必要などから、一定の方式が要求される場合は少なくない(上記の例のほか、保証契約〔民446②〕、定期借地権の特約〔借地借家22〕、定期建物賃貸借〔借地借家38〕、認知〔民781〕、定款の作成〔一般法人10・11・152・153, 会社26・27〕、遺言〔民967～984〕など)。もっとも、法律によって書面の作成が要求されている場合であっても、書面の作成を勧奨するにとどまり、書面作成が効力発生のための要件でないと解されるときは、要式行為ではない〔農地21等〕。

要式証券 記載事項が法定されている*有価証券'。*手形'・*小切手'・*株券'・*社債券'・*倉荷証券'・*船荷証券'・*複合運送証券'などがこれに属する。要式性の程度は一様ではなく、手形・小切手のように法定の記載事項を1つでも欠けば原則として証券は無効となり〔手2①・76①, 小2①〕、また法定の記載事項以外の事項を任意に記載することも許されず、要式性を厳格に要求されているものと、株券などのように必要的事項以外の法定の記載事項を欠いても証券が無効とならないものとがある。

幼児の引渡し *意思能力'のない子が権限のない者の支配下にある場合に、*親権者'〔民820〕・*後見人'〔民857〕・監護者〔民766〕等の監護権(⇨'監護教育権')のある者から、監護権を根拠に引渡しを請求できる。請求手続は、*家事審判'〔家事別表2の3の項〕、*民事訴訟'、*人事訴訟'〔人訴32①②〕等があるが、両親間の紛争は、婚姻中のみならず離婚後も、通常は家事審判による。*強制執行'の方法としては、*間接強制'と*直接強制'がある。かつては、より強制力と迅速性をもつ*人身保護法'による引渡請求が活用されていたが、人身保護法の適用を認めたかつての最高裁判所判例(最大判昭和33・5・28民集12・8・1224)の事実上の変更(最判平成5・10・19民集47・8・5099)によって、両親間の奪い合いでは原則的に人身保護法を利用できなくなった。令和元年の改正(法2)によって、*民事執行法'174

条に子の引渡しの強制執行として直接強制と間接強制が定められたが(⇨子の引渡しの強制執行')、現在は執行力が十分とはいえないため自力救済が生じがちである。判例は親権者による子の奪取であっても未成年者略取罪に当たるとする(最決平成17・12・6刑集59・10・1901)が、刑事事件となるのはごく例外的であり、刑事罰による強制力を活用する欧米諸国とは異なる。⇨国際的な子の奪取の民事上の側面に関する条約'

要証事実 事案の判断(判決)に必要な事実のうち、*証明'を必要とするもの。
Ⅰ 民事訴訟では、以下の事実は証明を要しない(要証事実とならない)〔民訴179〕。イ 裁判上の*自白'及び*擬制自白'〔民訴159〕のあった事実が証明を要さないのは*弁論主義'に基づくものである。したがって、*職権探知'主義(例・人訴20)の下では、要証事実となりうる。ロ 顕著な事実(*公知の事実'及び*裁判所に顕著な事実')が証明を要さないのは、これらについては、通常の認定によらなくても事実認定の客観性・公正性に問題がないとみられるからである。要証事実は、*弁論の全趣旨'及び法定の手続に従った*証拠調べ'(*厳格な証明')の結果によって立証されなければならない〔民訴247〕。要証事実の存否につき裁判官が*証明度'を超える*心証'をとることができなかったときには、証明責任(⇨挙証責任')によって処理されることになる。
Ⅱ 刑事訴訟では、起訴状に記載された公訴犯罪事実(*構成要件'に該当し、違法・有責な事実)が、主要な要証事実であり、この意味での要証事実は、単に要証事実、*要件事実'などとも呼ばれる。刑の加重減免事由もこれに加えてよい。要証事実については、*厳格な証明'、すなわち*証拠能力'があり法定の*証拠調べ'を経た証拠による立証が必要である。広義では、単に証明を要する事実という緩やかな意味でも使われる。この場合は間接事実や補助事実を含めた訴訟上問題となる全ての事実が、原則として要証事実であるが、*公知の事実'などは証明を要しないから除かれる。また、*違法性阻却事由'、*責任阻却事由'などの犯罪阻却事由の不存在は、それが実際に争点とならない限り、証明を要しない。このように例外的に、証明を要しない事実(不要証事実)の存在が認められている(⇨証明の必要')。

用水権 ⇨水利権'
養成工 ⇨見習工'
傭船(ようせん)契約 海上運送人である*船舶所有者'又は船舶賃借人(裸傭船者)が船舶の全部又は一部を貸し切り、これに船積みした物品又は旅客を運送することを約し、傭船者がこれに*運送賃'(傭船料)を支払うことを約する*海上運送'契約。不定期船に多く利用され、箇品運送契約又は個別的旅客運送契約に対する。傭船の範囲により全部傭船・一部傭船の区別があり、傭船の期間により航海傭船・期間傭船に区別される。

要素の錯誤 ⇨錯誤'
用地の先買い ⇨先買(さきがい)権'
用途地域 都市計画における*地域地区制'のうち、最も基本的なもので、市街化区域については、必ず用途地域が定められる〔都計13①⑦〕。建築物の用途によって、地域を区分するもので、現在、低層住居専用地域(第1種・第2種)、中高層住居専用地域(第1種・第2種)、住居地域(第1種・第2種・準)、田園住居地域、近隣商業地域、商業地域、準工業地域、工業地域、工業専用地域がある〔都計8③②〕。具体的には、*建築基準法'において、各用途地域に応じて、建築物の用途規制(建築しうる建築物、あるいは建築してはならない建築物を定める)、及び建築物の形態規制(容積率、建ぺい率、高さ・斜線制限などの建築制限)が規定されている〔都計10、建基48~56の2〕。

用に供する ⇨用に供する'(巻末・基本法令用語)
傭人(ようにん) ⇨雇員(こいん)・傭人(ようにん)'
要物契約 契約の成立に当事者の合意のほか、*物'の引渡しなどの*給付'を必要とする契約。近代法では、ほとんどの契約は当事者の合意だけで法的拘束力をもつ*諾成契約'である。日本民法では、*消費貸借'・*使用貸借'・*寄託'が要物契約とされてきたが、*債権法改正'によって、使用貸借と寄託は諾成契約に改められ〔民593・657〕、残る消費貸借についても、書面による場合には物の引渡しを要せず契約は成立することとされた〔民587の2〕。これらの要物契約性は、ローマ法以来の沿革以外に合理的根拠がないとされ、学説の中には、要物契約性は*無償契約'についてだけ問題とすれば足りるとして、有償消費貸借・有償寄託については諾成契約と解するのが妥当であると主張するものもあった。特に消費貸借については、例外なく要物契約とされていたために、金銭の引渡し前に作成された*公正証書'や*抵当権'の設定登記の有効性が問題になり、学説・判例(大決昭和8・3・6民集12・325、大判大正2・5・8民録19・312)ともに要物性を緩和する傾向にあった。

ようほごし

要保護者 生活に困窮し，現に*生活保護法'による保護を受けているといないとにかかわらず，保護を必要とする状態にある者をいう〔生活保護6②〕。現に保護を受けている被保護者〔生活保護6①〕と区別される。生活保護は，要保護者からの申請に基づき開始することを原則とするが，要保護者が急迫した状況にあるときは，職権による保護が行われる〔生活保護7〕。保護の具体的内容は，要保護者の年齢，性別，健康状態など実際の必要の相違を考慮して，有効かつ適切に行うものとされる〔生活保護9〕。⇨生活困窮者自立支援法'

要保護性 *少年法'3条に定める*非行少年'を*保護処分'〔少24〕に付する実質的理由として用いられる概念。*家庭裁判所'の*審判'の対象は，非行事実か要保護性かについて争いがある。家庭裁判所の審判において非行を重視するか，人格を重視するかの考え方の対立からもたらされるものであるが，現在は両者を審判の対象と考える立場が大勢を占めるに至っている。要保護性の内容は，イ 少年が，将来再び非行を行う危険性があること(累非行性)，ロ 保護処分によって，その犯罪的危険性を除去する可能性があること(矯正可能性)，ハ 少年の処遇にとって保護処分が最も有効・適切な手段であること(保護相当性)から成ると解されている。

要約者 ⇨第三者のためにする契約'

養老保険 *生命保険'のうち，*被保険者'が保険期間'内に死亡した場合に死亡保険金が支払われ，保険期間満了時に生存していた場合に死亡保険金と同額の満期保険金が支払われるもの。人の生存と死亡の両方を*保険事故'とする生死混合保険の1つ。生死混合保険と同義とされることもある。生死混合保険には，いわゆるこども保険など，生存保険金が死亡保険金よりも高額になるものもある。保険料の全額が契約時に一時に支払われるものを一時払養老保険という。養老保険の保険期間が短期であれば満期保険金が支払われる可能性が高く，経済的には貯蓄的要素が強い。そのような一時払養老保険では，最も貯蓄的要素が強い。

預金 預金は，経済的機能に着目すると，決済性預金と貯蓄性預金に分かれる。決済性預金には，公共料金の引落し等の決済機能を有する*普通預金'や*手形'・*小切手'の決済を主たる目的とする*当座預金'があり，これらは要求払預金である。これに対し，貯蓄性預金には*定期預金'が含まれ，満期まで払戻しがなされない。その他，通知預金，譲渡性預金，外貨預金，デリバティブ預金など多様な預金が開発されている。民商法や*銀行法'において「預金」の定義規定や預金契約についての規律は置かれていない。通説的な見解によれば，一般に預金とは*消費寄託'の性格をもつ全ての受入金を指すと解されている。もっとも，決済性預金である普通預金や当座預金については，単純な消費寄託ではないことが一般に認められている。普通預金契約は，振替その他の委任ないし準委任の性質を併せ持つのが通常であり，最判平成21・1・22民集63・1・228は，普通預金は消費寄託契約であるだけでなく，預金契約に基づいて金融機関の処理すべき事務には，預金の返還だけでなく，振込入金の受入れ，各種料金の自動支払，利息の入金，定期預金の自動継続処理等，委任事務ないし準委任事務の性質を有するものも多く含まれていることを指摘する。当座預金に係る*当座勘定取引契約'の法的性質は，支払委託契約とともに消費寄託契約ないしその予約を含むという混合説が通説である。銀行の受け入れた金銭を利用して振り出される手形・小切手の支払事務委任に関する委任事務処理費用の前払いであるとする説も存在する。もっとも，実務上は，預金契約において詳細な条項が定められており，銀行預金についての権利義務は，約款・慣習・取締規定によって規律されているので，寄託か消費貸借かを始め，その私法上の性質について論ずる実益は大きくない。これに対し，業法上は，イ 不特定かつ多数の者が相手であること，ロ 金銭の受入れであること，ハ 元本の返還が約されていること，及びニ 主として預け主の便宜のために金銭の価額を保管することを目的とするものであることが「預金」の特徴とされている。預金の受入れと与信を併せ行うことは固有の銀行業務であり，預金の受入れだけを行う場合も銀行とみなされ銀行法が適用される。このほか，信用金庫や労働金庫は，それぞれの個別業法に基づき預金を受け入れることができ〔信金53①Ⅱ，労金58①Ⅱ〕，監督機関の監督に服する。預金者保護のため，預金保険制度が存在する(⇨金融機関の破綻処理')。なお，農協・漁協等の協同組織金融機関はそれぞれの個別業法に基づき貯金を受け入れることができ〔農協10①③，水協11①④〕，農水産業協同組合貯金保険制度により貯金者は保護される。

預金小切手 ⇨自己宛小切手'
預 金 制 ⇨国庫' ⇨金庫'
預金保険機構 預金者等の保護と信用秩序の維持を目的として，昭和46年(1971)に預金保険法に基づく特別法人として設立された。預金保険機構の主な業務は，預金保険業務，金融機

関の破綻処理業務，不良債権の買取り・責任追及業務，資本増強業務の4つである。すなわち，金融機関からの保険料の収納〔預金保険50〜52〕，預金者等への保険金の支払〔預金保険53〜58の3〕，金融機関への資金援助〔預金保険59〜69〕，預金等債権の買取り〔預金保険70〜73〕のほか，平成8年の改正（法96）では，旧住専の債権等不良債権の買取り・回収業務が付加された〔預金保険附7〕。また，平成10年の金融再生関連法の制定等により，金融整理管財人業務〔預金保険74〜90〕，特別公的管理に関する業務〔預金保険附6の2の4〕，経営破綻に係る承継銀行の経営管理等に関する業務〔預金保険91〜101〕等が新たに追加された。 ⇨金融機関の破綻処理'

預金保険制度 ⇨金融機関の破綻処理'

預金保険法 昭和46年法律34号。預金者等の保護及び破綻金融機関に係る資金決済の確保を図るため，金融機関が預金等の払戻しを停止した場合に必要な保険金等の支払と預金等債権の買取りを行うほか，破綻金融機関に係る合併等に対する適切な資金援助，金融整理管財人による管理等，金融機関の破綻処理並びに金融危機に対応するための措置等の制度を確立して，信用秩序の維持に資することを目的とする法律〔預金保険1〕。この目的を達成するため*預金保険機構〔預金保険2章〕が，保険料の収納，保険金・仮払金の支払，資金援助，預金等債権の買取り，金融整理管財人等の業務，承継銀行の経営管理その他の業務等を行う〔預金保険34〕。預金保険機構は，バブル崩壊後，整理回収銀行（信用組合の破綻処理からスタートし，1998年より一般金融機関の破綻処理時に不良債権を引き継ぐ業務も行う）や住宅金融債権管理機構（住宅金融専門会社（住専）の資産を引き継ぎ，債権回収を行う）への出資，その回収業務の監督，更に平成10年の金融機能安定化緊急措置法（法5）により，金融機関の優先株の引受け等を行う協定銀行に財務上の支援を行うことも業務とした。住専債権回収の目途が立った後は，住専債権に係る2次損失の処理等を行うほか，特定回収困難債権の買取り機能〔預金保険101の2〕も担っている。平成25年改正（法45）では，金融システムの安定を図るための金融機関等の資産・負債の秩序ある処理に関する措置〔預金保険7章の2〕が追加された。 ⇨金融機関の破綻処理'

ヨーク・アントワープ規則 *共同海損'に関する法律関係の処理を国際的に統一するための規則であり，共同海損に関する各国の法制の間の相違・対立から生ずる不都合を避けるために，国際法協会の努力で1864年に作られたヨーク規則に始まり，1924年のヨーク・アントワープ規則を経て，1994年に改定された規則が広く使用されてきた（現在の最新版は2016年に改定された規則である）。*船荷証券'，*傭船(ようせん)契約'書，*保険証券'に一括して援用されて使用される。

抑留・拘禁 *逮捕'に引き続く身柄の拘束をいう。しいて区別すれば，抑留は比較的短期の拘束，拘禁は長期の拘束を意味する。憲法は，抑留・拘禁について，理由の告知及び*弁護人'依頼の権利を保障し〔憲34〕，更に不当に長い抑留・拘禁後の*自白'は*証拠'とすることができないと定めて〔憲38②〕，被拘束者の保護を図っている。これらの憲法的保障は，刑事訴訟法では逮捕，*勾留'等の規定として具体化されており，特に自白の*証拠能力'の制限については，抑留・拘禁という用語がそのまま使われている〔刑訴319①〕。なお，逮捕，勾留されている者は未決拘禁者と呼ばれる〔刑事収容2⑦〕。

予見可能性 ⇨過失' *過失犯'

与効的訴訟行為 ⇨取効的訴訟行為・与効的訴訟行為'

予告登記 かつての*不動産登記'の制度において，登記原因の無効又は取消しによる*登記'の抹消又は回復の訴えが提起された場合に，裁判所書記官（かつては受訴裁判所）の嘱託によってされていた登記。*仮登記'とともに*予備登記'の一種であるとされていた。既存の登記に関して訴えが提起されたことを公示し，取引をしようとする*第三者'に警告を与え，これを保護するためにされるものであり，*対抗力'など登記本来の効力はない。*善意'の第三者を保護するためのものであるから，登記原因の取消による訴えの場合には，この取消をもって善意の第三者に対抗することができる場合（強迫や行為能力の制限による取消しなど）に限って予告登記がなされた。平成16年の不動産登記法の全部改正（法123）により廃止された〔なお，不登附18〕。

余後効（労働協約の） ⇨労働協約の余後効'

横出し条例 国の法令で定められた事項について，法律が規制していない対象を規制する*条例'。汚染原因物質や汚染源を追加して規制する環境分野に多くみられる。法令の規制を強化する*上乗せ条例'と対比されるが，上乗せ条例よりも法令に抵触する場合が少ないとする説が多い。

余　罪 *逮捕'・*勾留'の根拠とされた*被疑事実'や，*公訴'を提起されている犯罪事実以

よさん

外にも，当該被疑者・被告人による犯罪が存する場合，実務上，これを余罪と呼ぶ。逮捕・勾留のような強制処分については事件(被疑事実)ごとに行わなければならないという*事件単位の原則'があるので，余罪を理由に勾留請求したり(逮捕の場合)，勾留延長を請求したり，接見交通(⇒接見交通権')についての日時等の指定をすることも，*保釈'の拒否・取消しをすることも許されない。逮捕・勾留中の被疑者取調べについては，事件単位の原則の適用があって余罪取調べは許されないかにつき，争いがある。*公判'で，*公訴事実'を立証するために起訴されていない余罪を立証することは，予断防止の要請との関係で問題があり，また*不告不理の原則'に抵触するため，原則として許されない。*刑の量定'のために証明することについては，最高裁判所は，「余罪を単に被告人の性格，経歴および犯罪の動機，目的，方法等の情状を推知するための資料として考慮すること」は許されるとする(最大判昭和41・7・13刑集20・6・609)が，実質は有罪として処罰するのと変わりないなどとする反対説も強い。

予 算 1 意義 一般的・実質的には，一定期間における収入支出についての予測的算定を意味するが，制度的・形式的にいえば，一定の手続により作成し議決される*歳入・歳出'の見積りであり，会計経理についての準則となるものを指す。しかし，予算の語は多義的に用いられ，例えば国の予算の場合，内閣が作成して国会に提出する予算案と称すべきもの(憲60・73⑤・86・88)も，国会の議決を経て成立し法的効力をもつもの(憲87①)も，単に「予算」と表現される。そのため，現行制度上は予算の作成(財16〜30)と予算の執行(財31〜36)とが区別されているが，更に予算の1つの内容である歳入歳出予算のみを指して予算と呼ぶことも多い。したがって，予算の語は，それが用いられる文脈に応じてその意味を考える必要がある。

2 内容・種類 現在の制度の下では，内閣によって作成される予算案は，予算総則，歳入歳出予算，*継続費'，*繰越明許費'，*国庫債務負担行為'の5つの内容からなる(財16)。このうち，予算総則は歳入歳出予算以下の4つの内容についての総括的規定などを含み(財22)，条文形式で表されるが，予算の本体をなすのは歳入歳出予算であり，狭義の予算はこれを指す。なお，予算には，*本予算'(当初予算)と*補正予算'，確定予算(本予算)と*暫定予算'，*一般会計'予算と*特別会計'予算など，種々の基準による区別がある。

3 手続 毎*会計年度'の予算は，内閣によって作成され，国会の審議・議決を経て成立することになる(憲86)。予算の国会提出の時期については，かつて前年度12月中とされていたが，実際に守られた例はなく，通常国会(⇒常会')の召集時期の変更に合わせて平成3年の*国会法'改正(法86)により1月中と改められた(国会2，財27)。国会の*予算議定権'は原則的に無制約であり，予算審議のあり方について衆議院の先議権(⇒予算先議権')と議決の優越性(*衆議院の優越(優位)')が認められる(憲60)。

4 議決形式と効力 国会の議決を経て成立した国家行為は，通常，*法律'と呼ばれるが，日本の場合，予算案に対する国会の議決は法律とは別の「予算」形式をとるものとして運用されている。そのため，成立した予算は，それ自体の効力というより，*財政法'を根拠として同法が定める各種の効力をもつことになる。具体的には，歳入予算は単なる見積りでしかないが，歳出予算及び継続費は，内閣に対し支出権能を賦与するとともに，支出の目的・金額・時期について一定の拘束力をもっている(財32・33)。　⇒予算の部・款・項・目・節'　⇒予算の編成'

予算外支出 *歳出予算及び*継続費'の各項に定められた目的以外のために国費を支出することをいう。予算の目的外使用ともいうが，憲法85条の趣旨から原則として禁止される(財32)。もし予算外支出の必要が生じたときは，*予備費'の支出(憲87，財35・36)又は*補正予算'の手続(財29)によらなくてはならない。目的外使用の禁止に対する例外として，*予算の移用'(財33)が挙げられることもあるが，これはあらかじめ国会の議決を経たものであるから，例外と考えるには及ばない。　⇒予算の部・款・項・目・節'

予算科目 *予算'の部・款・項・目などの区分のそれぞれに与えられる具体的な事項の名称で，予算に計上された金額の内容・使途を表す。歳入科目は性質により，歳出科目は目的及び対象により，それぞれ定められる(財23・31②，自治216)。その分類整理に関しては，歳入予算の部・款・項・目及び歳出予算と*継続費'の項については財務大臣が決定し，歳出予算・継続費の目については，各省各庁の長が財務大臣との協議の上決定する(予会令14)。地方公共団体の場合は，総務省令で定める区分が基準となる(自治令147・150②)。　⇒予算の部・款・項・目・節'

予算議定権 広義では，予算案作成権者(内閣・地方公共団体の長)の提出した予算案を

審議し議決する議会の権能を指す〔憲60・86, 自治96①②・211〕が, 通常, '国会'の予算議定権をいう（狭義）。財政民主主義の1つの表現で, 議会による行政統制の一環でもある。観念上, 歳入議定権と歳出議定権とに分けられるが, 日本では予算議決が歳入権能の賦与（徴収認可）という意味をもたされていないため, 予算議定権は, 専ら執行機関に支出権能を賦与し又は制約する効果〔財32・33〕をもつ歳出議定権として観念される。国会の議決は国費を支出するための要件である〔憲85〕が, 国会による予算議定については, 衆議院の'予算先議権'が認められ, '衆議院の優越'の原則が働く〔憲60〕。'明治憲法'は, 政府の同意がなければ一定要件下の歳出を廃除・削減することができない〔憲67〕など, 議会の予算議定権に対する例外や制約を定めていた。現行憲法の下ではそうした例外はなく, 国会の予算議定権は, 憲法89条による制約を除き, 原則として無制限であると解される。 ⇨'義務費' ⇨'予算の増額修正'

予算決算及び会計令 昭和22年勅令165号。'財政法'及び'会計法'の施行細則を定めた'政令'の名称。'会計年度'の区分, '予算'・'決算', 収入・支出・契約など, 両法律を施行する上で必要な諸手続を詳しく定めている。

予算執行職員等の責任に関する法律 昭和25年法律172号。法令又は'予算'に違反する支出などの行為を防止し, 国の予算の執行の適正化を図る目的をもつ。会計事務に関わる職員のうち, '出納官吏'については, 明治会計法（明治22法4）以来, '弁償'責任が定められている〔会計41〕が, 直接現金・物品の出納保管を担当しない契約担当官・支出負担行為担当官・支出官又はその補助職員などの予算執行職員についても, 本法によってその責任のあることが定められた〔予算執行職員3・4〕。ただし, 出納官吏の場合と異なり, 予算執行職員の弁償責任は故意・重過失により法令違反の支出行為を行い国に損害を与えた場合に限られる〔予算執行職員3②〕。 ⇨'弁償命令'

予算先議権 '両院制'の議会の場合に, '下院'が'上院'よりも先に'予算'案の提出を受けてその審議・議決を行うことのできる地位を指す。一般国民の負担に重大な関係をもつ議案は, まず, 選挙制度上その意思が最もよく反映する下院の審議に付すべきであるとの思想に由来する。両院制議会の'予算議定権'について, 下院の優越的地位を表すもので, 近代憲法における財政処理原則の1つをなす。下院のみが一般国民から'公選'される議会制度の下では特に大きな意義をもち, '明治憲法'はその意味で'衆議院'に予算先議権を与えていた〔明憲65〕。現行憲法も衆議院の予算先議権を認める〔憲60①〕が, 現在'参議院'も一般国民による公選制をとっているので, この制度の下では, 衆議院の予算先議権はかつてのような意義をもたないことになる。ただ, 衆議院には'解散'制度があり, 議員任期も短く, また, その議員が全て一挙に改選される全部入替制をとるので, 参議院に比べるとより民意を反映しやすい仕組みになっており, ここに衆議院の予算先議権の存在理由が認められる。 ⇨'衆議院の優越（優位）'

予算単年度主義 国会における'予算'の議決は毎会計年度行われるべしとする原則であり, 憲法86条から直接導かれる。国会の予算審議権を確保する趣旨によるものであるが, 継続的な事業の円滑な施行の要請との調和を図るべく, '継続費'・'国庫債務負担行為'の例外が設けられている。 ⇨'会計年度独立の原則'

予算の移用 '予算'の執行上, '歳出'予算又は'継続費'に定められた部局等の相互間又は項相互の間で, 経費の金額の融通をすることをいう。部局等及び項の区分は立法科目であるから, あらかじめ国会の議決を経た場合にのみ, 財務大臣の承認の下に認められる〔財33①但〕。 ⇨'予算の部・款・項・目・節'

予算の移替え '予算'の成立後, 各省各庁の所管又は組織区分の間において, 予算の所管・組織を移動させることをいう。'財政法'上の規定はないが, 毎年度の予算総則に規定して国会の議決を経て行われている。多省庁の所管にわたる総合的な施策について, 予算提出の際は特定の所管組織に一括計上し, 予算執行の段階で確定した上でその実施にあたる各省各庁所管又は組織に経費を移し替えて支出するという形で用いられる例が多い。

予算の繰越し 一会計年度内に使用し終わらなかった'歳出'予算の経費の金額を, 不用額とせずに翌年度の歳出'予算'の経費として使用すること。経費の繰越しともいい, '会計年度独立の原則'に対する例外をなす。これには, あらかじめ国会の議決を経た経費について認められる明許繰越し〔財14の3〕（⇨'繰越明許費'）, 避け難い事故のために年度内に支出を終わらなかった金額についての事故繰越し〔財42但〕, '継続費'の年割額についての逓次繰越し〔財43の2〕の3つの場合がある。

予算の増額修正 国会において, 内閣が提出した'予算'案にない新たな'予算科目'を追加して一定の金額を充当し, 又は原案にある予算

よさんのは

科目の金額を増やすこと。減額修正に対する用語であるが、単なる金額の増減ではないから、むしろプラス修正というのが適切である。かつては国会に予算の発案権がないことを理由にこれを否定する見解もあったが、現在では、内閣の予算案提出権を無意味にするようなものでない限り、増額修正を認める説が有力である。憲法上の独立機関である国会両議院、*裁判所'、*会計検査院'の予算については、増額修正の可能性を認める明文がある〔財19〕。⇨二重予算'

予算の配賦　⇨予算の部・款・項・目・節'

予算の部・款・項・目・節　*予算'の内容を整理区分する単位で、*予算科目'は全てどれかの区分に編入される。款・項・目は国及び地方公共団体の予算に共通する用語であるが、部は国の予算、節は地方公共団体の予算についてのみ用いられる。国の歳入歳出予算の場合、まず*歳入・歳出'ともにその収入又は支出に関係のある部局等の組織別に区分した上で、その部局等内では、歳入についてはその性質に従って部に大別した後、各部は款に、各款は項に区分されるが、歳出についてはその目的に従って項に区分される〔財23〕(表参照)。*継続費'の場合も、

[表：予算区分例]

歳入歳出予算　歳入

主管	部	款	項	金額(千円)
財務省	租税及印紙収入	租　税	所得税	…………
			法人税	…………
			相続税	…………
			消費税	…………
			酒　税	…………
			⋮	
		印紙収入	印紙収入	…………
⋮	雑収入	国有財産利用収入	国有財産貸付収入	…………
		納付金	日本銀行納付金	…………
			⋮	

歳入歳出予算　歳出

所管	組織	項	金額(千円)
文部科学省	文部科学本省	文部科学本省共通費	…………
		義務教育費国庫負担金	…………
		高等教育振興費	…………
		私立学校振興費	…………
		国立大学法人運営費	…………

部局等の組織別に区分した上で項に区分されるが、各項ごとに総額・年割額を示すことが要求される〔財25〕。以上の項までが国会の議決の対象となる科目であり、立法科目又は議定科目といわれる。予算執行に際し、各項は更に目に細分される〔財31②、予令14〕が、目は国会の議決対象でないため、行政科目と呼ばれる。議決予算の項に区分した上で、*内閣'として各省各庁の長に執行を命じる行為を予算の配賦といい〔財31①〕、各省各庁の長には目の単位での拘束が及ぶ〔財33②〕。なお、地方公共団体の予算は款・項に区分され、これが議定科目となる〔自治216〕が、執行の便宜上、更に目・節に細分される〔自治令150①③②〕。⇨予算外支出' ⇨予算の移用' ⇨予算の移替え' ⇨予算の流用'

予算の編成　国会に提出する*予算'案を作成すること。その権限は*内閣'にあり〔憲73⑤・86〕、その事務を分担管理するのは財務大臣である〔財21〕。予算編成の手続は、*財政法'〔財16～26〕、*予算決算及び会計令'〔予令8～15〕によって詳しく規律されている。*本予算'の作成手続の概要を示すと、一般的にはまず、各省各庁の長が毎年8月末日までに翌年度の*歳入・歳出'等の見積書を作製し、財務大臣に提出する（概算要求）〔財17、予令8〕。次に財務大臣は、それらの見積書を検討して必要な調整（査定）を行い、歳入・歳出等の概算を作製して*閣議決定'を経た後に、各省各庁の長に通知する〔財18、予令9①〕。その上で財務大臣は、歳入予算明細書を作製し、これと閣議決定された概算の範囲内で各省各庁の長が作製、送付した予定経費要求書等とに基づいて予算書を作成し、閣議決定を経る〔財20・21、予令10～14〕。以上の予算については、憲法上の独立機関（国会両議院・裁判所・会計検査院）の自律性を尊重する趣旨から、*二重予算'の特則が認められる〔財19、予令9②・11の2・11の3〕。この予算が、前年度の1月中に歳入予算明細書その他の添付書類とともに国会に提出される〔財27・28〕。なお、上述した法令上の予算編成過程の骨格は、財政法制定以来、基本的には維持されているのに対して、法定外の要素として、例年7月頃に閣議了解として示される概算要求基準（シーリング）や、経済財政諮問会議が決定する経済財政運営と改革の基本方針（例年6月）や予算編成の基本方針（例年11月）といったマクロ・バジェッティングの観点に関わる過程が次第に追加され、予算編成にも影響を及ぼすようになっている。

予算の目的外使用　⇨予算外支出'

予算の流用　*予算'の執行にあたり、*歳

出'予算又は*継続費'に定められた同一の項に属する目相互の間で，経費の金額の融通をすること。目の区分は国会の議定科目でなく，同一の項の目的の範囲内での融通であるため，国会の議決は必要とされず，予算の統制を期する観点から財務大臣の承認を条件として，流用が認められる〔財33②〕。項に矛盾しない範囲で新たな目を設けて経費の金額を充当することも許される。*公庫'等の政府関係機関の予算についても，同様の制度がある〔政策金融公庫38〕。他方，地方公共団体の予算についても「流用」の語が用いられるが，実質的には国の予算の「移用」に相当する制度である〔自治220②，自治令151〕 ⇨予算の部・款・項・目・節' ⇨予算の移用'

予算補助　⇨補助金'

予審　旧刑事訴訟法(大正11法75)時代にとられていた，事件を*公判'に付するに足りる嫌疑があるかどうかを裁判官が決定する公判前の手続。元々は濫訴などから*被告人'の利益を守る制度として，*大陸法'の法制で発展してきたものである。しかし，非公開の法廷で，*弁護人'の立会いもない状況で行われるのが一般的である。そのため，糺問(きゅうもん)的な性格が強く，公判前に裁判の結果が固まる傾向があることから，*予断排除の原則'をとる現行刑事訴訟法とはなじみ難く，実際の運営も，被告人の取調べが中心となり，事実上，*証拠保全'として利用されるなどの弊害が目立った。*公判中心主義'にも反すると考えられ，現行刑事訴訟法は採用しなかった。ドイツでも予審は廃止された。

与信契約　一般的には，当事者の一方が相手方に対して貸付けその他の信用を与える行為をすることを約する*契約'。信用開始契約ともいう。特に，銀行取引においては，与信業務に関連して行われる契約のことをいい，*小切手'の支払を目的とする当座貸越契約(⇨当座貸越'），貸付けを目的とする貸付契約，債務の*保証'を目的とする債務保証契約などがある。

預託証券　一般に，外国で発行された株券等の*有価証券'の国内での円滑な流通を達成するために，原株券等の有価証券の発行地にある保管機関による保管を受けて，国内の預託機関が発行する証券・証書のことを指し，預託証券は原証券・証書に係る権利を表示する。預託証券の発行・流通を規制する*金融商品取引法'では〔金商2①⑳〕，その発行者は原証券・証書の発行者とされている〔金商2⑤，金商定義14②⑤〕が，一般にJDR(英 Japanese Depositary Re-ceipt)として利用されているのは受益証券発行信託の受益証券〔金商2①⑭，信託185〕であり，外国有価証券を受託有価証券とするものである〔金商令2の3③〕。

預託等取引に関する法律　昭和61年法律62号。令和3年に「特定商品等の預託等取引契約に関する法律」を改称したものである。「特定商品等の預託等取引契約に関する法律」は，昭和50年代に純金やゴルフ場会員権を売り，高額の賃借料を払ってそれらの商品を預かると約束し履行しない，いわゆる現物まがい商法が横行したことに対して立法された。イ 全ての物品及び特定権利の物品を3ヵ月以上の期間に預託を受けること及び当該預託に関し財産上の利益の供与をする契約，ロ 3ヵ月以上の期間経過後に当該物品等の買取りをする契約(預託等取引契約)〔預託取引2①〕を規制する。販売預託に係る勧誘等及び契約の締結等は原則禁止される〔預託取引9・14〕。預託等取引契約を締結するときには，これらの預託又は管理を引き受けることを業とする者(預託等取引業者)〔預託取引2②〕は，契約締結前に顧客に対し契約概要等を記載した書面を交付するか，電磁的方法によって提供するとともに，締結後は契約内容等を記載した書面の交付又は電磁的方法による提供が義務付けられる〔預託取引3〕。また，顧客の判断に影響を及ぼす重要事項の不告知・不実告知の禁止〔預託取引4〕，不当勧誘行為の規制〔預託取引5〕，内閣総理大臣の業務停止命令等について定める〔預託取引19～25〕ほか，契約内容を記載した書面又は*電磁的記録'を受諾した日から14日間は預託者に無条件で契約を解除すること(*クーリング・オフ')を認める〔預託取引7〕など，預託者の保護が図られる。

予断排除の原則　刑事裁判の*公判'が始まるまで裁判所があらかじめ事件の内容に触れず，白紙の状態を保つように配慮する原則。*当事者主義'的訴訟構造をとるとされる現行刑事訴訟法では，*公平な裁判所'の保障がその前提となり，この原則はその保障のための制度である。この原則から，*起訴状一本主義'〔刑訴256〕，*冒頭陳述'における陳述の範囲の規制〔刑訴296但〕，裁判官の除斥や忌避の制度〔刑訴20～23〕(⇨除斥・忌避・回避')，第1回公判期日前は証拠調請求ができず〔刑訴規188但〕，それまでは*勾留'に関する処分は裁判所ではなく裁判官が行うとの原則〔刑訴280，刑訴規187〕などが派生する。狭義では起訴状一本主義と同意とされるが，広義では以上の法制度を支える共通の原則を指す。

よつかいち

四日市ぜんそく事件 三重県四日市にある石油化学コンビナートを構成する各社からのばい煙による大気汚染で隣接する地区の住民にぜんそくが生じたとして、住民から被告6社に対して*不法行為*による損害賠償を求めた事件。*因果関係*の存否、*過失の有無*、*共同不法行為*の成否が争点となった。判決は、人間の生命・身体に危険が及ぶ可能性があるときには被害防止の高度の注意義務があるとして過失を肯定し、また、*疫学的因果関係*の考え方を採用して因果関係を肯定した。更に、企業間に関連共同性があるとして共同不法行為の成立を認めた〔津地四日市支部判昭和47・7・24判時672・30〕。⇨4大公害裁判'

予定公物 将来、公物として公の目的に供用することが既に公に決定された物。道路予定区域〔道91〕・河川予定地〔河56〕などがその例。公物管理者が法律の定めるところにより将来公物となるべきものの範囲を決定することによって成立する。予定公物は、まだ公物として成立したものではないが、将来公の目的に供用されることが公に決定されたものであるから、その将来の目的に必要な限度において、公物に準じた法的取扱いが定められているのが通例である〔国財3②〕。道路予定区域や河川予定地については、権原を取得する前においても、一種の*公用制限*を課し、一定の権利の行使を制限することができるが、これらの公用制限によって生ずる損失については、補償規定が置かれている〔道91③、河57②〕。⇨公物'

予定納税 *所得税*の納税義務が確定的に成立する以前に、年度の途中において前年度実績に基づき当該年度の所得税を予定的に分割納付する制度〔所税104〜119〕。*給与所得*等について、*源泉徴収*制度が採用されていることに対応し、納税の便宜と租税収入の平準化を図ることを目的とする。

予定利率 生命保険会社が保険料を計算するときに用いる基礎率の1つであって、想定した運用利回りである。保険会社は資産運用による収益をあらかじめ見込んで、その分だけ割り引いて保険料を定めるが、この割引率を予定利率という。標準責任準備金制度の下では、内閣総理大臣が標準利率を定めており、保険会社はこの標準利率を基にそれぞれの会社の状況を反映して予定利率を定めている。

予備・陰謀 いずれも、犯罪の*実行の着手*以前の段階の行為で、特に重要な罪について例外的に罰せられる。予備だけを罰する犯罪としては、例えば、放火〔刑113〕、通貨偽造〔刑153〕、支払用カード電磁的記録不正作出準備〔刑163の4〕、殺人〔刑201〕、身の代金目的拐取〔刑228の3〕、強盗〔刑237〕などの罪があり、予備又は陰謀を罰する犯罪としては、例えば、内乱〔刑78〕・外患〔刑88〕・私戦〔刑93〕などの罪がある。予備は、犯罪実行の意思でその準備をすることで、実行の着手に至らないものをいう。陰謀は、2人以上の者が犯罪の遂行について謀議し、合意を形成することをいう。⇨共謀罪'⇨組織的な犯罪の処罰及び犯罪収益の規制等に関する法律'

予備支払人 *参加引受け*又は*参加支払*をなすべきものとして*手形*上にあらかじめ指定された者のこと。*引受拒絶*又は*支払拒絶*など*遡求*事由が生じたときに、予備支払人が指定されていれば、その記載をした者及びその後者に対する関係では予備支払人に手形を呈示し、予備支払人が引受拒絶又は支払拒絶をした場合に初めて遡求できる。しかし、手形所持人にとって、*支払地*外に住所をもつ予備支払人(他地予備支払人)に対しても手形を呈示しなければならないのでは酷なので、支払地内に住所をもつ予備支払人(同地予備支払人)が記載されているときにだけ、その者に手形を呈示すべきことが要求される〔手56②・60①〕。予備支払人を記載することができるのは、*為替手形*の*振出人*、*裏書人*又は*保証人*である〔手55①・77①⑤〕。*引受人*及び約束手形の振出人は予備支払人となることができない〔手55③・77①⑤〕。*小切手*には予備支払人の制度はない。⇨手形(小切手)当事者'

予備審査 一院に提出されている*議案*について、他の議院が予備的に行う審査。国会における議案の審議を能率的にするための制度。内閣は、一院に議案を提出してから5日以内に他の議院にも同一の議案を送付しなければならず〔国会58〕、議員の発議した議案は、議長が、各議員に配付するとともに他の議院に予備審査のため送付する〔衆規29、参規25〕。

予備審問 英米法において、*被告人*に*公判*に付すべき相当な嫌疑があるか否かを裁判官が審問する手続。*弁護人*立会いの下で、公開の法廷で行われ、相当な嫌疑がなければ直ちに釈放されることから、被告人の権利保護のための制度と考えられている。また、訴追開始前に証拠を十分にそろえることが必要となるので、被告人の人権保障に役立つとともに、この場で訴追側の証拠に触れることになるので、*証拠開示*の機能をももつことになる。日本で旧刑事訴訟法(大正11法75)時代まで行われて

いた'予審'とは異なる。

呼出し　⇨簡易呼出し'　⇨期日'

呼出状　民事訴訟法上、訴訟関係人に'期日'を告知し出頭を命ずる旨を記録した'電磁的記録'。期日の呼出しは、電子呼出状の'送達'、当該事件につき出頭した者に対する告知のほか、それ以外のより簡易な方法（⇨簡易呼出し'）によることもできるが〔民訴94①〕、不出頭当事者への制裁を課すには、電子呼出状の送達又は出頭当事者への告知が必要である〔民訴94③〕。

予備的抗弁　⇨予備的主張・予備的抗弁'

予備的主張・予備的抗弁　**1 意義**　予備的主張とは、民事訴訟において、当事者が第1次的に提出した'主張'が認められない場合に備えて、これと両立しない第2次的な主張をあらかじめ提出しておくことであり、予備的抗弁とは、それが'抗弁'についてなされる場合をいう。仮定的主張・仮定的抗弁ともいわれる。例えば、所有権の取得原因として売買の主張とともに、それが無効とされる場合に備えた'取得時効'の主張が予備的主張であり、売買代金請求に対して弁済の抗弁とともに、2次的に提出される'消滅時効'の抗弁が予備的抗弁である。
2 訴訟上の取扱い　予備的主張・予備的抗弁の審理に際し、裁判所は当事者が付した順序には拘束されず、どれを先に取り上げてもよい。ただ、'相殺'(ｿｳｻｲ)の予備的抗弁については、その判断に'既判力'を生じるので〔民訴114②〕、他の抗弁の不成立を認めた上でなければその審理に入れない。なお、この場合だけを予備的抗弁と呼び、当事者の付した順序に拘束されない場合は、仮定的主張・仮定的抗弁と呼んで区別する見解もある。

予備的訴因　検察官は、'公訴事実の同一性'の範囲内にある複数の訴因に順序をつけて審判を求めることが許される〔刑訴256⑤〕（予備的記載）。先順位のものを本位的訴因、後順位のものを予備的訴因という。裁判所は本位的訴因から判断するが、審理の順序に厳格な拘束力はない。いずれの訴因を認定しても他の訴因を否定した理由を示す必要はない。いずれの訴因も審判の対象であり'一事不再理'の効力が及ぶ。なお、実務上は広義の'訴因変更'の一種としての予備的訴因の追加が多用され、起訴の時点で予備的訴因が記載されることは少ない。　⇨訴因

予備的反訴　'本訴'が'却下'又は'棄却'されることを'解除条件'として提起される'反訴'。本訴事件における被告の主張と反訴請求とが法律上両立しない場合に用いられる。例えば、売買代金請求の本訴に対して、被告が売買の効力を争って請求棄却を申し立てるとともに、請求が認容される場合に備えて、売買目的物の引渡しを予備的に請求する場合がこれに当たる。予備的反訴についての'弁論'は、本訴と分離してはならないとされる。また、判例は、金銭請求の本訴に対して通常の反訴を提起した後に、反訴の訴求債権を'自働債権'とする'相殺'(ｿｳｻｲ)の抗弁'を主張した場合には、その反訴は原則として予備的反訴に変更される、としているが、その内容は、反訴請求債権について本訴で相殺の自働債権として'既判力'ある判断が示された場合には、その部分については反訴請求としない、というものである。

予備的併合　'請求の併合'の一態様で、順位的併合ともいう。'単純併合'及び'選択的併合'に対する。例えば、買主が売買の目的物の引渡請求を主位的にしつつ、その売買契約が'無効'と判断される場合を考慮して、予備的に売買代金の返還請求を併合して提起するような場合である。各請求が論理的に両立しない場合に認められる。原告が各請求に順位をつけた上、主位的請求が認容されることを'解除条件'として予備的請求の審判を求める場合であり、裁判所は主位的請求を認容するときは、予備的請求の解除条件が成就するからこれについては判決をしない。なお、同一の当事者間での予備的併合でなく、被告Aに対する請求（又は原告Aの請求）が認められない場合を考慮して、これと両立しない被告Bに対する請求（又は原告Bの請求）を予備的に併合して申し立てる場合を、'主観的予備的併合'という。　⇨同時審判申出共同訴訟

予備的申立て　⇨申立て（訴訟上の）'

予備登記　権利変動について対抗力を生じさせる終局的な登記とは異なり、予備的になされる登記。'仮登記'〔不登105・107・111〕と、平成16年の不動産登記法の全部改正（法123）により廃止された'予告登記'がこれに当たる。予告登記が廃止された後は、予備登記という概念で説明をすることが有益である場面は少ない。

予備費　**1 意義**　予測し難い歳出予算の不足を補うために認められる使途未定の財源をいう。憲法は「予見し難い予算の不足に充てるため、国会の議決に基いて予備費を設け…ることができる」〔憲87①〕と定め、本来、'予算'とは別個に設ける恒常的基金として構想していたものとみられる。しかし、現行の'財政法'では、予算の一内容である歳入歳出予算それ自体の中

よぼうきゅう

に計上される費目として制度化されている〔財24〕。予算成立後に生じた経費の不足を補い、新規の経費を追加するためには、*補正予算’の制度があるが、これに頼るに至らない程度の予算の不足は*内閣’限りの決定で処理しようというのが、現行の予備費制度の趣旨である。

2 手続・効果 予備費は、形式上歳出予算の中に計上され（財務省所管「予備費」の項）「内閣の責任でこれを支出する」〔憲87①〕。憲法は「支出」の語を用いるが、財政法上は「使用」〔財35〕の語が用いられ、「支出」〔財2②〕とは区別される。「使用」とは予備費から財源を捻出して項の新設又は既定の項への金額の追加を行うことであり、これが同時に目への配賦の効力ももつ〔財35④〕が、その時点ではまだ「支出」は行われない。予備費に関する国会の議決は、「使用」可能な財源の上限額を定めるものにすぎず、それ自体として国費使用を授権〔憲85〕するものではない。予備費は、財務大臣の管理の下に置かれ、その使用を必要とする各省各庁の長が作成した調書に基づいて、財務大臣が予備費使用書を作成し、*閣議決定’を経て、使用される〔財35〕。予備費を使用（支弁）した場合は、事後の国会の承諾が必要である〔憲87②、財36③〕が、国会の承諾が得られなかったとしても、既に使用されたものに何ら影響はなく、内閣が政治的責任を追及されるにとどまる。なお、地方公共団体の予算にも予備費の制度があるが、国の場合と異なり、*一般会計’歳入歳出予算に計上することが義務付けられている〔自治217①〕。

予防給付 介護保険法によって支給される給付の一種〔介保18②・52〕。 ⇒介護保険’

予防検束 具体的な犯罪行為が行われるより前に、犯罪行為をするおそれのある者を警察官の独自の権限に基づき拘束できる直接強制手段。現行法にはこのような制度はないが、*明治憲法’下においては、*行政執行法’1条が、暴行・闘争その他公安を害するおそれのある者に対し、不法行為を予防するため必要のあるときは、警察官は、その者を、翌日の日没まで*検束’することができると規定していた。この制度は、警察犯処罰令（明治41内16。昭和23法39により廃止）（現在、*軽犯罪法’に引き継がれている）や違警罪即決例（明治18太告31。昭和22法60により廃止）（警察署長が、警察犯処罰令に違反した者に対し、即決処分で、*拘留’刑を言い渡すことのできる制度を定めたもの）による拘留刑の言渡しの繰り返し（いわゆるたらい回し）と結び付いて、司法的抑制のない警察権による長期の身柄拘束を行う根拠として濫用され、思想犯や労働運動の弾圧手段として用いられた。

予防原則 環境損害発生の危険が科学的に不確実な場合、原因と損害の因果関係が科学的証拠によって確定されない場合であっても、損害予防が行われている状態自体を継続することを国際法益として設定し、損害発生の危険を未然に阻止するための一定の措置を講ずることを国家に要請する考え方。主として地球環境保護を目的とする条約において採用される。科学的不確実性を前提とする以上、予見可能性に応じた保護義務基準の設定ができないため、極端な場合には危険を内包する活動そのものを禁止し、安全性を立証した国家のみにそれを許容するという形で立証責任の転換が図られる。例えば、1972年の「廃棄物その他の物の投棄による海洋汚染の防止に関する条約」の1996年の議定書（平成19条13）は、投棄を原則として禁止し、例外的に投棄が許される物を列挙する形での規制を行う。もっとも、多くの条約は、活動そのものの禁止ではなく、締約国会議を通じて規制物質の特定、注意基準の設定等を行い、その遵守を締約国に要請する。不遵守国に対しては、「オゾン層を破壊する物質に関するモントリオール議定書」（昭和63条9）に代表されるように、予防状態の確保という目的達成のために、適当な援助を含む措置を講じて遵守を促す不遵守手続を予定する条約もある。

予防接種禍 予防接種法（昭和23法68）は、従前あった種痘法（明治42法35）を廃止して制定されたもので、一定範囲の伝染病を指定し、疾病の発生及びまん延を予防するための予防接種の実施等について規定している。同法に基づいてなされたワクチン接種は、まれに副作用として重篤な被害をもたらす場合があり、各地で予防接種禍訴訟が提起された。医療機関側の*過失’の立証が困難な（原因不明を含む）事例の救済については、学説上、*損失補償’説、公法上の*危険責任’説など盛んに議論されたが（損失補償請求を肯定した例として大阪地判昭和62・9・30判時1255・45等）、最高裁判所は、被接種者を禁忌該当者として推定することによって国家賠償法1条の責任を広く認めた（最判平成3・4・19民集45・4・367）。昭和51年の法改正（法69）で、予防接種に起因する疾病・障害・死亡の場合の健康被害救済制度が新設されたが〔接種15～22〕、更に平成6年には、予防接種による健康被害の迅速な救済が法目的に挿入されるとともに、接種を受ける義務を努力義務とする〔接種1・2・7・8〕などの法改正（法51）がなされ、平成25年には、予防接種基本計画〔接種3〕や副反応

報告制度〔接種12〕などが新たに定められた(法8)。その後も、「新型インフルエンザ予防接種による健康被害の救済に関する特別措置法」(平成21法98)、「特定B型肝炎ウイルス感染者給付金等の支給に関する特別措置法」(平成23法126)、「新型インフルエンザ等対策特別措置法」(平成24法31)等が制定され、また、令和2年の予防接種法改正(法75)で、新型コロナウイルス感染症に係る予防接種に関する特例が定められた(令和4年法律96号で、特例臨時接種の規定は削除)。

予防的差止訴訟　⇨差止訴訟(行政法上の)'

読替え・読み替える　⇨読替規定'(巻末・基本法令用語)

読 替 規 定　⇨読替規定'(巻末・基本法令用語)

予　約　将来売買などの*契約'を成立させることを約束する契約。将来成立する契約の方を、予約に対して本契約という。予約に基づいて本契約を成立させるには、予約当事者の一方の意思表示だけで足りるものと、双方が再び合意をしなければならないものとが考えられるが、法律上予約といわれるものは、前者を指すことが多い。これには、当事者の一方だけが本契約を成立させる権利(予約完結権)を与えられている一方の予約と、当事者双方がそれぞれ予約完結権をもつ双方の予約とがある。民法は、売買について一方の予約の規定を置き、他の有償契約にも準用するものとしている〔民556・559〕。⇨売買の予約'

より制限的でない他に選択しうる手段　⇨エル・アール・エー(LRA)の基準'

よる(因る)　⇨よる(因る)'(巻末・基本法令用語)

ヨーロッパ委員会　⇨ヨーロッパ連合'

ヨーロッパ株式会社　2001年10月8日の*ヨーロッパ連合'(EU)理事会の「ヨーロッパ株式会社制度に関する規則(No.2157/2001)」に基づき導入された*株式会社'。最低資本金は12万ユーロで、商号にSE(Societas Europaea の略)を含むことを要する。EU加盟国のいずれかに本店を置き、そこで登記しなければならない。ヨーロッパ連合の市場統合等を契機に国境を超えた企業活動が進展し、他の加盟国に子会社等を設立したり他の加盟国の会社を買収するニーズが増加している。そうした場合、子会社・被買収会社は当該加盟国の法制に従う必要があるため、法的リスクとコストが問題となっていた。そこで、1970年から特定国の法的拘束を受けないヨーロッパ株式会社制度が必要であるとして立法提案が行われていたが、合併・組織変更及び持株会社・子会社の設立の場合に適用範囲を限定して同規則が成立した。株主総会と取締役会から成る一層式ボード・システムを採用するか、それに加え監督機関を擁する二層式ボード・システムを採用するかは各社が選択することにするなど、同規則で規律する事項も定款変更など限定的であり、定款並びに会社所在地におけるヨーロッパ株式会社及び株式会社に関する規定に委ねられるところが大きい。ただし、従業員参加については、それに関する指令(2001/86/EU)に従わねばならない。

ヨーロッパ議会　⇨ヨーロッパ連合'

ヨーロッパ共同体　⇨ヨーロッパ連合'

ヨーロッパ共同体商標　⇨ヨーロッパ連合商標'

ヨーロッパ共同体特許条約　ヨーロッパ共同体の市場内で単一の特許権の取得を可能とすることを目的とする条約。正式には「共同市場のためのヨーロッパ特許に関する条約」という。略称CPC(英 Community Patent Convention)。「ヨーロッパ経済共同体を設立する条約」の理念に従って、1975年に署名された(未発効)。出願及び付与手続の合理化を目的としたヨーロッパ特許条約に基づきつつ、更にそれを一歩進め、効力の点でも共同体内に1個の特許権を現出せしめることを狙っており、ヨーロッパ共同体特許は、共同市場内において合一的に付与され、合一的に無効とされる。　⇨ヨーロッパ特許条約'

ヨーロッパ経済共同体　⇨ヨーロッパ連合'

ヨーロッパ原子力共同体　⇨ヨーロッパ連合'

ヨーロッパ審議会　⇨ヨーロッパ評議会'

ヨーロッパ人権条約　西ヨーロッパの*ヨーロッパ評議会'加盟諸国の間に締結された地域的人権保護条約。正式には「人権及び基本的自由の保護のための条約」という。1950年11月4日ローマで署名され、1953年9月3日に発効。*世界人権宣言'中に規定された人権のうち、特に自由権を西ヨーロッパ諸国で集団的に保障していく目的をもって作成された(社会権については、別に1961年のヨーロッパ社会憲章がある)。前文と59ヵ条から成り、署名当時合意をみなかったものについては追加議定書で補充する形式がとられ、現在第16議定書までが発効している。当初は、この条約で締約国が行った約束の遵守を確保するための機関として、締

よーろっぱ

約国及び'個人'の申立てを受理し、審査・調停を行うヨーロッパ人権委員会と、委員会の調停活動が失敗した場合に、締約国又は委員会を当事者として裁判を行い拘束力ある決定を下すことができるヨーロッパ人権裁判所が設置されていた。その後、第9議定書(1994・10・1発効)は、裁判所への個人の付託権を認め、また、締約国数の増加や作業量の増大の結果、2つの機関による作業の重複を避ける目的で、第11議定書(1998・11・1発効)は、両機関を廃止し、代わって両者の権限を統合した常設のヨーロッパ人権裁判所(英 European Court of Human Rights)を新設した。また、第16議定書(2018・8・1発効)により裁判所は勧告的意見を出すこともできるようになった。なお、図を参照せよ。

[図：ヨーロッパ人権条約実施措置の概要]
〔 〕内はヨーロッパ人権条約

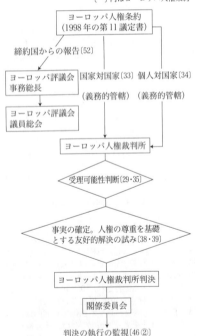

ヨーロッパ石炭鉄鋼共同体 ⇨ヨーロッパ連合'

ヨーロッパ特許条約 ヨーロッパ諸国における特許出願手続と付与手続を集中化することを目的とする条約。正式には「ヨーロッパ特許の付与に関する条約」という。略称 EPC(英 European Patent Convention)。1973年署名、1977年発効。ヨーロッパ特許の出願はヨーロッパ特許庁(ミュンヘン)になされ、そこで実体審査を経て付与された特許は、出願人が指定した締約国において国内特許としての効力を有する。すなわち、指定国における特許出願及び付与手続はヨーロッパ特許庁に集中化されることになるが、付与された特許は国内特許の束にすぎないから、各国ごとに特許権が存在するという原則は崩されない。したがって、付与された特許の侵害や無効の問題は各国で個別に扱われることとなる。ただし、この場面においても若干の実体法の統一規定を置いており、各国ごとに存立するヨーロッパ特許の効力の平準化を図っている。わが国は締約国ではないが、出願人についての制限がないため、日本人も出願が可能である。 ⇨ヨーロッパ共同体特許条約'

ヨーロッパ評議会 英 Council of Europe ヨーロッパ評議会規程(1949・5・5採択、同8・3発効)に基づき、西ヨーロッパ10カ国の間に設けられた地域的国際組織。2024年現在加盟国はヨーロッパ全域から旧ソ連圏に及ぶ46カ国。日本・アメリカを含む5カ国のオブザーバー国がある。国防を除き、政治・経済・社会・文化の分野において、ヨーロッパ民主主義文明の擁護及び経済的・社会的進歩の促進を目指して、「ヨーロッパ諸国間の一層緊密な統合の達成」を目的とする。ヨーロッパ審議会・ヨーロッパ理事会ということもある。閣僚委員会と加盟国の国会議員の代表者によって構成される議員会議、事務局から成る。本部はフランスのストラスブール。成果としては、'ヨーロッパ人権条約'を始めとする多数の条約の採択などがある。

ヨーロッパ理事会 'ヨーロッパ連合'の事実上の最高機関(英 European Council)又は'ヨーロッパ評議会'(英 Council of Europe)を指す。

ヨーロッパ連合 英 European Union；略称 EU
1 意義 1992年2月7日にマーストリヒトで署名された「ヨーロッパ連合条約」(略称マーストリヒト条約)(1993・11・1発効)によって創設された国際組織。「共同市場の設立及び構成国の経済政策の漸進的接近」などを目的として、1957年3月25日にローマで署名された「ヨーロッパ経済共同体を設立する条約」(略称ローマ条約)(1958・1・1発効)によって設立された地域的な国際組織であるEC(ヨーロッパ共同体)を基礎とするもの。1997年に作成されたアムステルダム条約(1999・5・1発効)によって司法・警察面の協力強化等を実現し、2001年にはニース条

約を作成し(2003・2・1発効)，ヨーロッパ共同体の拡大に伴う機構改革を行った。更に，2004年には「ヨーロッパ憲法条約」を作成し，EUの立憲的基礎を明示しようとしたが失敗し，2007年に憲法条約に代わるリスボン条約(改革条約)(英Reform Treaty)を作成し，これは2009年に発効した。ヨーロッパ共同体と，イ 1951年4月18日にパリで署名された「ヨーロッパ石炭鉄鋼共同体を設立する条約」(略称パリ条約)(1952・7・25発効)によって設立された「ヨーロッパ石炭鉄鋼共同体」(英 European Coal and Steel Community；略称 ECSC)，ロ 上記ローマ条約と同時にローマで署名された「ヨーロッパ原子力共同体を設立する条約」(略称同じくローマ条約)(1958・1・1発効)によって設立された「ヨーロッパ原子力共同体」(英 European Atomic Energy Community；略称 EAEC, EURATOM(ユーラトム))とは，加盟国及び主要機関を共通にするため，1つの国際組織のような外観を呈し，これら3つの国際組織は European Communities(略称 EC)と総称された。マーストリヒト条約前は，この総称の邦訳として「ヨーロッパ共同体」の名称が用いられた。また，マーストリヒト条約は，このECの上に「ヨーロッパ連合」を創設して，共通の外交・安全保障政策及び司法・内務分野における協力権限を付与した。「改革条約」が発効し，ECはEUに吸収された。

2 組織 構成国は，設立当初は(西)ドイツ，フランス，イタリア，オランダ，ベルギー，ルクセンブルクの6カ国であったが，その後，デンマーク，アイルランド，イギリス(以上1973・1・1)，ギリシャ(1981・1・1)，スペイン，ポルトガル(以上1986・1・1)，オーストリア，スウェーデン，フィンランド(以上1995・1・1)，ポーランド，ハンガリー，チェコ，スロベニア，スロバキア，エストニア，ラトビア，リトアニア，キプロス，マルタ(以上2004・5・1)，ルーマニア，ブルガリア(以上2007・1・1)，クロアチア(2013・7・1)が順次加入したが，イギリスが脱退し(2020・1・31)，2024年1月1日現在27カ国である。なお，トルコ，北マケドニア，モンテネグロ，セルビア，アルバニアは，正式に加盟候補国とされ，一部で加盟交渉が始まっている。2022年には，ウクライナ，ジョージア，モルドバも加盟申請を行った。主要機関としては，設立当初からの，イ 加盟国民の代表者によって構成される「ヨーロッパ議会」，ロ 加盟国の閣僚である代表によって構成される「理事会」(別名ヨーロッパ連合理事会)，ハ 加盟国から独立した地位にある加盟国民によって構成される「委員会」(別名ヨーロッパ委員会)，ニ 「司法裁判所」(別名ヨーロッパ連合司法裁判所)があり，ホ 1969年のハーグ首脳会議に起源をもち，加盟国政府首脳と委員会の委員長によって構成される*ヨーロッパ理事会'(英 European Council)が最高機関として設立条約改正の発議等を行う。法的には，ローマ条約を含む関係諸条約，それに基礎を置き共同体の機関によって制定される規則・命令・決定等の2次法規，及び司法裁判所の判例等によって，包括的なEU法という独自の法秩序が構成される。EU法は，構成国の国内法に優先し，また，構成国内で直接効果をもつ場合がある。現実には，EU法と構成国の国内法の関係について，難しい問題が発生している。

3 発展 ヨーロッパ共同体・連合は，その構成国の拡大とともに統合の深化を図ってきた。設立当初は，関税同盟と共通農業政策の実施に力を注ぎ，前者は1968年に完成し，後者は1960年代末に現在の骨子が完成した。1969年のハーグ首脳会議は経済通貨同盟設立を提唱し，その第一歩として，1979年には「ヨーロッパ通貨制度」(英 European Monetary System；略称 EMS)が発足した。1986年の「単一ヨーロッパ議定書」(1987・7・1発効)は，1993年1月までに非関税障壁の撤廃を構成国に義務付け，統一市場が同年1月に発足した。また，経済通貨同盟の完成を目指して，上記マーストリヒト条約の設定した予定に従い，単一通貨(ユーロ)制度が，イギリスなどの不参加の国を残しながら1999年に実現した。更に，マーストリヒト条約はヨーロッパ連合を創設して，政治統合へと歩を進め，「改革条約」は欧州憲法の成文化を試みる。

ヨーロッパ連合商標 ヨーロッパ連合知的財産庁(EUIPO)(ヨーロッパ連合商標規則の施行に伴い，2016年3月23日にヨーロッパ共同体商標意匠庁(OHIM)から名称変更)へ行う出願・審査により登録される商品・役務商標。ヨーロッパ連合全域にわたって単一の，等しい効力を有する反面，ヨーロッパ連合加盟国の1つでも先行する国内商標登録があると登録が受けられない。ヨーロッパ連合商標の登録が拒絶された場合，加盟国各国における国内商標の出願に移行できる。存続期間は10年である(更新可能)。5年間の継続不使用は登録取消の原因となるが，加盟国1カ国でも使用されていれば，不使用とはならない。侵害訴訟はヨーロッパ商標裁判所が専属管轄を有する。

4 大公害裁判 *公害'に関する不法行為理論を発展させ，被害者救済を前進させた4つの公害裁判。*公害健康被害の補償等に関する法

律'などの制定にも影響した。具体的には，大気汚染公害の責任が問われた*四日市ぜんそく事件'，工場排水に含まれていたカドミウムによる健康被害の責任が問われた富山のイタイイタイ病事件(富山地判昭和46・6・30下民22・5＝6別冊1，名古屋高金沢支部判昭和47・8・9判時674・25)，工場排水に含まれていた有機水銀による健康被害の責任が問われた熊本水俣(みなまた)病事件(熊本地判昭和48・3・20判時696・15等)及び新潟水俣病事件(新潟地判昭和46・9・29下民22・9＝10別冊1)の4つをいう。

ら

ライセンス ⇨実施権(特許の)' ⇨使用権(商標の)' ⇨通常実施権'

ライツ・プラン ⇨買収防衛策'

礼拝(らいはい)所不敬 社寺・墓地などの礼拝所の神聖を冒瀆(ぼうとく)し，一般的宗教感情を害する行為，例えば放尿するなどを，*公然'と行ったときは，礼拝所不敬罪[刑188①]が成立する。説教・礼拝・葬式を妨害したり，墳墓を発掘したりする行為も，広義の礼拝所不敬罪の一種とされる[刑188②・189]。これらの行為の処罰理由は，国民一般の宗教的崇拝の感情や死者に対する敬けんな感情を害することにあり，特定の宗教を保護する趣旨ではない(ゆえに，憲法が保障する*信教の自由'に反するものではない)。

ライプニッツ式計算法 *中間利息'を控除するのに用いられる計算法の一種で，利息の計算に複利法を用いる以外は*ホフマン式計算法'と同じである。すなわち，債権の名義額をA，弁済期限までの年数をn，利率をiとすれば，現在の債権額Pは，$P = A/(1+i)^n$ と計算される。ホフマン式よりも計算が複雑であるが，複利による金銭の運用が一般的である現在ではこの方法によるのが合理的であるとも考えられ，また，損害賠償額の算定に際して普通用いられている複式ホフマン式計算法は，nが大きくなると元本から生じる利息だけで年間収益額を超える不合理があるといわれる。現在の判例は，*逸失利益'の算定に関してホフマン式と並んでライプニッツ式を用いることも認めており(最判昭和53・10・20民集32・7・1500)，近年の下級審裁判例ではライプニッツ式によるものが多い。

ライプネス 英ripeness 紛争が司法部の判断に適合するほど具体化・現実化されている状態をライプネス(成熟性)という。この状態でない限り司法部は紛争に介入すべきではないというライプネスの法理(英ripeness doctrine)は，アメリカの判例理論として展開してきた。*事件性'の要件との関係でいえば，ライプネスはこの要件の充足過程を動的に捉えたものであり，その消滅過程を動的に捉えたムートネスの法理(英mootness doctrine)と対比される。この法理の理論的根拠として，他の政府機関との機能分

担，事実に関する具体的資料の蓄積の必要性などが挙げられる。適用の基準は，原告側に回復困難な侵害が生じる蓋然性が極めて高い場合には司法部の介入を認めるなど，柔軟に運用されている。日本においては，*抗告訴訟'における行政処分の処分性の判定や民事訴訟における*権利保護の利益'に類似の問題状況がみられる。⇨ムートネス'

ラズ Raz, Joseph(1939〜2022) イスラエル出身のイギリスの法哲学者・政治哲学者。オックスフォード大学で*ハート'の下で学び，同大学の法哲学教授，コロンビア大学教授などを歴任した。彼はハート流の*法実証主義'を批判的に発展させ，法の効力は社会的事実だけに基づくという「源泉テーゼ」を提唱して，「包括的法実証主義」に対立する「排除的法実証主義」を支持し，またある人が権威をもつのはその人に従うことがよりよい結果を生むからであるという「権利のサービス説」を唱えるとともに，一般的な*遵法義務'を否定する哲学的アナキズムをとった。政治哲学の領域では自律も共同体の価値も重視する卓越主義的リベラリズムを主張した。法哲学上の主著は「実践的理由と規範」(1975，第 2 版 1990)，政治哲学上の主著は「自由の道徳」(1986)。

ラートブルフ Radbruch, Gustav(1878〜1949) ドイツの法哲学者・刑法学者。リスト(Franz von Liszt, 1851〜1919)に学び，刑罰の目的は犯罪者の改善と教育にあるとする*新派刑法学'者として出発，リッケルト(Heinrich Rickert, 1863〜1936)，*ウェーバー'，ラスク(Emil Lask, 1875〜1915)らの新カント主義思想家(⇨カント')やカントロヴィッツ(Hermann Ulrich Kantorowicz, 1877〜1940)ら*自由法論'者と交流しその影響を受けた。第一次大戦後社会民主党代議士となり，1921〜23 年の間に 2 度司法大臣となって，「ラートブルフ草案」の名で知られる刑法草案を起草した。法の理念を個人主義・団体主義・文化主義に分類し，それを決するものは，認識でなく帰依であるという*価値相対主義'の立場から，寛容や*確信犯'の特別処遇などの結論を導き出した。1933 年ナチス政権成立とともに教職を追われたが，第二次大戦後にハイデルベルク大学に復職した。戦後ナチスの暴虐の体験から，それまでの法実証主義を修正しようとしたが，理論的に成功したかどうかには議論がある。

ラーバント Laband, Paul(1838〜1918) 19 世紀後半以降におけるドイツの代表的公法学者。その*法実証主義'に立つ解釈方法並びに予算理論(⇨予算')は，当時のプロイセン並びにドイツ帝国において有権的解釈とされ，戦前の日本の憲法学にも一定の影響を与えた。主著に「ドイツ帝国国法」(1876)がある。

ラムサール条約 正式には「特に水鳥の生息地として国際的に重要な湿地に関する条約」という。1971 年 2 月 2 日にイランのラムサールで作成，1975 年 12 月 21 日に発効した。日本は 1980 年に批准した(昭和 55 条 28)。水の循環を調節するものとしての湿地，及び特に水鳥の生息地として重要な湿地の価値を確認し，加盟国の指定・登録により，汚染から守り，保全と適正な利用の確保を図る。日本も，釧路湿原，琵琶湖等を指定し，登録された。

欄 ⇨欄'(巻末・基本法令用語)

り

リアリズム法学 1 1930年代アメリカに登場した偶像破壊的法思想。その代表者フランク (Jerome Frank, 1889～1957) は、「法と近代精神」(1930) や「裁かれる裁判所」(1949) において、*プラグマティズム法学'が法解釈の客観性や法秩序の完結性を疑う「規範への懐疑」にとどまったのに対し、「事実への懐疑」を主張、裁判官や陪審員による事実認定の恣意性を指摘し、*法的安定性'は神話にすぎないと説いた。彼らは一部から破壊の徒のようにみられ、*パウンド'らは「法的ニヒリズム」と批判したが、その真意は法に対する機能的アプローチにある。彼らの多くはニューディールの社会改革立法を支持した。代表者はほかにルウェリン (Karl Nickerson Llewellyn, 1893～1962) がいる。法を事実の側面から見直すという発想は、現代の*法と経済学'の試みに、またその偶像破壊的アプローチは*批判法学'に承継されている。日本では鵜飼信成 (1906～87) らによって紹介された。2 スウェーデンのウプサラ大学を中心に、ヘーゲルストレーム (Axel Hägerström, 1868～1939) の影響下で成立した学派。Scandinavian legal realism 図と呼ばれる。存在と当為を分離し、法は*規範'であるとする新カント主義法哲学などに対し、規範は架空の存在であり、法もまた事実であるとする。代表者はオリヴェクローナ (Knut Hans Karl Olivecrona, 1897～1980)、ロス (Alf Ross, 1899～1979) ら。

吏員 広義では、地方公共団体の長や議会の議員を含む*地方公務員'の全体を指す〔憲93②〕。狭義では、かつての*地方自治法'において、*一般職'に属する地方公務員で長の補助機関である者を意味していた。平成18年の地方自治法改正 (法53) により、同法から吏員の概念はなくなったが、その他の法律には残存している〔行手3①⑥、行審7①⑦、消防2⑧・3①等、戸24④・44④、災害基23の2③・58・76の3④⑥等〕。

利益共通契約 ⇨損益共通契約'

利益供与の禁止 1 意義 総会屋 (⇨会社荒し') の存在により、会社資産が浪費されるとともに、経営の健全性・公正性に対する国民の信頼を揺るがすとして、昭和56年改正 (法74) 商法により導入された。*株式会社'は何人に対しても株主の権利の行使に関し、会社又は子会社の計算において財産上の利益を供与してはならないと一般的に規定されており〔会社120①〕、会社が特定の株主に対して行う無償供与及び無償に近い供与は株主の権利行使に関する利益供与と推定される〔会社120②〕。会社がこの規定に違反した場合には、供与を受けた者は会社にその利益を返済しなければならない〔会社120③〕。2 違反の効果 利益供与を受けた者に返還義務が生じ、株主は代表訴訟によりその責任を追及できる〔会社847①〕(⇨責任追及等の訴え')。利益供与を行った*取締役'・*執行役'は供与した利益の価額を賠償する*無過失責任'を負う。また、利益の供与に関与した取締役・執行役として法務省令で定める者は立証責任の転換された過失責任を負う〔会社120④、会社則21〕。取締役等のこれらの責任の免除には総株主の同意を要するが〔会社120⑤〕、責任追及の訴えに係る和解には適用がない〔会社850④〕。3 罰則 利益供与をした取締役や*使用人'、情を知って利益供与を受けた者、利益供与を要求した者等に対し罰則の適用があり、利益の供与を受け、又はその要求をした者がその実行につき*威迫'の行為をしたときは、より重い刑罰が科される。利益供与をした者につき自首減免が可能である〔会社970〕。

利益原則 ⇨疑わしきは被告人の利益に'

利益衡量説 ⇨法益衡量説'

利益衡量論 I 法的判断の際に、相対立する法的利益・法的価値の重要性を比較考慮して結論を導く相対主義的なアプローチを一般的に利益衡量論という。法令の合憲性判定基準としての利益衡量は、憲法上の権利に対する規制によって生じる利益・不利益及び規制手段の実効性・影響力に関する*立法事実'の検証、憲法上許容される必要最小限度の規制の探究によってなされる。ただ、事実の評価、性質の異なる利益相互の比較衡量を客観的に行うことは不可能であるから、何らかの価値の序列・基準を用意せざるをえないとの批判もある。

II 法解釈方法論上の主張の1つで、制度理解や紛争解決にあたって、関連する法規範の解釈・適用の具体的・実際的な帰結 (当事者の利益状況にどのような影響を与えるか) を意識的に探究し、その結果を踏まえて結論を導出する (法解釈論を展開する) ことを推奨するもの。法

解釈の客観性を巡る論争(第1次法解釈論争)に端を発し、*法社会学'や*リアリズム法学'の影響下で形成された。日本社会の変動に法解釈によって対応するために有効な方法として1960年代・70年代に影響力をもったが、1980年代末に、その社会学主義・直観主義が批判され、論理的な議論を重視する論者との間で新たな論争(第2次法解釈論争)が行われた。2000年代に入ってからは、法改正の活発化や判例中心の教育など*法実証主義'を強化する要因も加わって、その影響力は退潮しつつある。しかし、法システムの開放性や法解釈の間主観化・民主化への指向には、今日、省みるべきものが含まれているとの見方もある。

利益罪　⇨財産犯'
利益参加社債　一定の利息の支払のほか、会社が*剰余金の配当'をする場合に所定の条件で追加支払がなされる*社債'。収益参加社債又は利益配当付社債ともいう。利益にも参加できる点で株式的要素が加味された社債である。第一次大戦後のドイツやアメリカで多く利用された。わが会社法上も、*定款'で定めればこの種の社債発行が認められるとされる。

利益準備金　⇨準備金'
利益剰余金　損益取引から生じた*剰余金'。*貸借対照表'、連結貸借対照表では純資産の部の株主資本の一項目とされ〔財務規60、連結財務規43①、会社計算76②④〕、*株主資本等変動計算書'、連結株主資本等変動計算書では株主資本の一項目とされる〔財務規99②・様式第7号、連結財務規70②・様式第6号、会社計算96③①ニ②ニ〕。貸借対照表・株主資本等変動計算書では、利益剰余金は利益準備金と*その他利益剰余金'とに分けて表示されるが〔財務規65①・99②・様式第7号、会社計算76⑤・96④②〕、連結貸借対照表・連結株主資本等変動計算書では利益剰余金と表示される〔連結財務規17②・様式第4号・70②・様式第6号〕。これは、分配可能額の算定上、利益準備金とその他利益剰余金とでは扱いが異なるからである。なお、その他利益剰余金は適当な名称を付した項目に細分することができる。

利益争議　例えば、賃上げその他の*労働条件'の改善等、将来における権利関係の形成を巡って生ずる紛争。*権利争議'と異なり、その解決は労使の力関係を背景とした自主的交渉で決められる。通常、*労働争議'という場合、これを指す。

利益相反行為　当事者の間で利益が相反する内容の行為をいい、この場合は、それぞれの利益を守るため、一方が他方を代理したり、1人が双方を代理することは禁止される。例えば、法人の*理事'が自己の債務について法人を*連帯保証'人としたり、*親権者'が自己の債務の*代物弁済'として子の財産を提供し、*後見人'が被後見人から財産を譲り受けたりすることは、利益相反行為となる。これら親権者・後見人・*保佐人'は、利益相反行為について代理権又は同意権をもたず、*特別代理人'又は臨時保佐人の選任を求めなければならない〔民826・860・876の2③〕。また、一般社団法人あるいは一般財団法人の理事は、利益相反行為に当たりうる一定の取引については、当該取引に関する重要な事実を開示して、*社員総会'あるいは評議員会の承認を受けなければならない〔一般法人84①②③・197〕。禁止に違反して行われた利益相反行為は、*無権代理'行為となる。　⇨双方代理'

利益相反取引　⇨取締役・会社間の取引'
⇨取締役の利益相反取引'
利益代表者　⇨使用者の利益代表者'
利益の存する限度　⇨現存利益'
利 益 配 当　⇨剰余金の配当'
利益配当請求権　⇨剰余金配当請求権'
利益配当付社債　⇨利益参加社債'
利 益 法 論　法の解釈運用において、論理よりも目的や利益を重視すべきことを唱える学派。*イェーリング'が「法における目的」(1877)において唱えた方向(目的法論と呼ばれる)を発展させたもので、ヘック(Philipp von Heck, 1858～1943)がその代表者。一方で*自由法論'に反対して法的統一性を重視した。*概念法学'批判としては有効であったが、利害対立の渦巻く現実の中で、どの利益を法的に保護すべきかの基準を理論的に基礎付けるところに難問がある。日本の*法解釈学'における*利益衡量論'も、広義の利益法論の一種といえる。

利 益 保 険　企業が、将来の事業活動により得られたはずの利益を得られなくなった場合に、これを填補する保険をいう。*損害保険'の一種である。例えば、あるイベントを開催すれば得られたはずの利益は、火災や天候等の理由により開催できなくなれば得られないが、利益保険をかけていれば、得られなかった利益を填補される。利益保険の*被保険利益'は、得られるはずの利益である。

離　縁　**1意義**　養子縁組を解消すること(⇨養子')。俗に*離婚'のことを離縁と呼ぶこともあるが、法律上は全く別の概念である。
2方式　離縁の方式としては、当事者の協議により*戸籍上の届出によってする*協議離縁'〔民811〕のほか、*家庭裁判所'の調停による調停離

縁〔家事 257・244〕と審判による審判離縁〔家事 284〕，及び裁判所の判決による裁判離縁〔民 814〕がある。なお，養親の死亡後は，養子が単独で，家庭裁判所の許可を得て，戸籍上の届出だけで離縁できる〔民 811 ⑥〕。養子が 15 歳未満であるときの離縁については，*代諾離縁'をみよ。なお，*特別養子'の離縁は，家庭裁判所の審判によってのみ可能である〔民 817 の 10 ②〕が，離縁事由は厳格に限定されており，養子の利益のため特に必要があると認められるときに限って認められる〔民 817 の 10 ①〕。

3 効果 離縁により，養子とその直系*卑属'及びこれらの者の*配偶者'と，養親及びその*血族'との*親族'関係は消滅し〔民 729〕，養子は縁組前の*氏(うじ)'に復し〔民 816〕，養親との間の一切の*法律効果'(扶養・相続等)は消滅する。養子が祭祀(さいし)財産を承継している場合(*祭祀の承継')〔民 897 ①〕には，その承継者を定めることになる〔民 817・769〕。特別養子の場合には，離縁によって，実親及びその血族との親族関係が復活する〔民 817 の 11〕。

利害関係人 ある法律関係によって利益・不利益を受ける者であって，その法律関係の当事者ではない者。法律関係によって受ける利益・不利益は，法的な利益・不利益に限られる。民法は，不在者の財産〔民 25・26〕又は*失踪宣告'〔民 30〕について，家庭裁判所に申立てをすることができる者として，利害関係人を挙げている。

離隔犯 ある犯罪の実行にあたり，行為と結果の間に時間的・場所的な隔たりが生じる事案類型。例えば，行為者が，毒饅頭(まんじゅう)入りの小包を被害者宅へ発送し，それを受領した被害者が，その饅頭を食べて死亡する，という事例。この例で計画が途中で失敗した場合，殺人*未遂'が成立するのは，小包の発送行為の時点(発送時説)か，被害者宅に届いて摂食しうる状態に至った時点(到達時説)か。*実行の着手'の理解の仕方に応じて考え方が分かれる。

陸上保険 *海上保険'に対し，陸上の各種の保険を総称して陸上保険という。火災保険・自動車保険・*生命保険'・傷害保険・疾病保険などがその例である。海上保険が古くから発達したのに対し，それ以外の保険は比較的歴史が浅い。海上保険と陸上保険とは，その保険される危険の性質などが異なるので，必ずしも同一の法的規制を用いることができない。そのため陸上保険は*保険法'に，海上保険は商法 3 編 7 章に規定されている。

陸戦ノ法規慣例ニ関スル条約 ⇨ハーグ陸戦条約'

履行 債務者(又は*第三者')が債務の内容である*給付'を実現すること。弁済と同じ意味で使われるが，弁済が債権の消滅の面から捉えたものであるのに対して，履行は債権・債務の効力の面に重点を置いたものである。 ⇨弁済'

履行確保 *家事審判'若しくは*家事調停'，又は，婚姻の取消し若しくは*離婚'の訴え(⇨人事訴訟')における附帯処分についての裁判〔人訴 32 ①〕により定められた義務について，*家庭裁判所'がその履行を確保するための制度。家事債務は*強制執行'による実現に適さないことが多く，債権者や子の生活に関わる義務の円滑な履行のために設けられた。家事債務の義務の履行状況を調査し，義務の履行を勧告する制度(履行の勧告)〔家事 289，人訴 38〕と，財産上の給付義務の履行について，家庭裁判所が相当の期限を定めて義務の履行を命じ，正当な理由なく従わない義務者を過料に処する制度(履行命令)〔家事 290，人訴 39〕とがある。

履行期 債務者が*履行'(*弁済')をしなければならない時期。弁済期ともいう。通常は契約で定められるが，給付の性質その他の事情や法律の規定〔民 573・591・597・598・614・624・662 等〕によって定まる場合もある。履行期は債務者の利益のために定められるのが原則〔民 136〕であり，この場合，債務者はこの利益を放棄して履行期前に履行することができ，債権者は受領を拒むことができない。履行期に債務者が履行をしないときは，*履行遅滞'となる。なお，履行期が日の単位で定められる場合において，取引時間の定めがあるときは，その時間内に履行をする必要がある〔民 484 ②〕。

履行遅滞 1 意義 *履行'が可能であるのにもかかわらず，履行しなければならない時期(履行期)になっても債務者が履行しないこと。債務者遅滞ともいう。例えば，1 カ月後に代金を支払うという約束で商品を売ったのに，買主(債務者)が，1 カ月たっても代金を支払わなかったという場合である。

2 要件 履行遅滞となるには，イ 債務が履行期にあることがまず必要である。すなわち，a 確定期限のある債務(○月○日，あるいは○月中に代金を支払うという場合。上記の例はこの種の債務に当たる)の場合には，その時から，b 不確定期限のある債務(利益が生じるようになったら代金を支払うという場合)の場合には，債務者がその期限の到来した後に履行の請求を受けた時又は*期限'の到来を知った時のいずれか

早い時から〔民412②〕，ｃ 期限を定めなかった場合には，債権者が*催告'した時から，遅滞となる〔民412③〕。なお，債務者が*留置権'や*同時履行の抗弁権'をもつなど，履行が遅れても正当な事由があるときには，履行遅滞は生じない。ロ 履行が可能であること（⇨履行不能'）。ハ 履行しないことが債務者の責めに帰すべき事由に基づくこと。ただし，金銭債務については責めに帰すべき事由は必要でない〔民419〕。責めに帰すべき事由とは，一般に*故意'・*過失'又は*信義則'上これと同視される事由であると説かれており，*履行補助者'の故意・過失もこれに含まれる。具体的には，債権債務の性質，債権を生じさせた社会関係の目的，そこから生ずる損害発生の危険等を総合的に判断して決定されることになる。

3 効果 履行遅滞の効果は，債権者が*強制履行'を請求できる〔民414〕ほか，*遅延賠償'を請求できることである。債務が契約から生じた場合には，債権者は契約を*解除'して，*填補賠償'を請求することができる〔民541〕。

⇨受領遅滞'
履行に代わる賠償　⇨填補賠償'
履行の提供　⇨弁済の提供'
履行の引受け　第三者Ｃが債務者Ｂと契約してＢの債権者Ａに対する債務をＢに代わって弁済することを約すること。民法典には規定がないが，ＢＣ間の合意として有効と解されている。債務引受けに類似するが，ＣがＢに対する関係では債務を履行する義務を負うだけで，Ａに対して直接債務を負わない点が併存的債務引受け・免責的債務引受けと異なっている。ＣがＡに弁済すれば，第三者弁済となる。　⇨債務引受け'　⇨第三者の弁済'

履行不能　広く履行が不可能となることを指し，債権成立のときには*履行'が可能であった給付が，その後生じた事由によって履行が不可能となった場合（後発的不能）と，債権成立以前の事情によって初めから履行が不可能である場合（原始的不能）の双方を含む〔民412の2〕。例えば，家屋について売買契約が結ばれた後，火事で家屋が焼失し，買主へ引き渡すことが不可能となった場合である。履行不能が債務者の責めに帰すべき事由に基づくとき（上記の例で債務者の不注意で火事が起きた場合）には，*債務不履行'となり，債権者は*填補賠償'を請求し〔民415②①〕，又は直ちに契約を*解除'できる〔民542①①〕。一部が不能となったとき（区画整理のため家屋の一部を取り壊した場合），残部だけでは契約をした目的が達せられなければ，全部が不能になったのと同じ効果が生ずる。*履行遅滞'の後に履行不能となった場合には，それが*不可抗力'によるものであっても，履行遅滞について責任ある債務者は履行不能の責任を負わなければならない〔民413の2①〕。履行不能が債務者の責めに帰することのできない事由によって生じたとき（上記の例で家屋が類焼した場合）には，一定の要件の下に*危険負担'〔民536〕の問題となる。　⇨原始的不能・後発的不能

履行補助者　1 意義 債務者が*債務'の*履行'のために使用する者。履行補助者には，イ 債務者が自ら履行する際に自己の手足として使用する者（狭義の履行補助者）と，ロ 債務者に代わって債務の全部又は一部を履行する者（履行代行者・履行代用者）とがある。

2 狭義の履行補助者の故意・過失と債務者の責任
履行補助者が*故意'又は*過失'によって加害行為を行った場合の債務者の責任については，運送業や倉庫業のように多数の使用人を使用する企業に関し商法上明文で定められている〔商560・575・579③・590・592・596・610・713等〕が，民法上は規定がない。そのため，かつては争いがあったが，判例は，債務者は選任上・監督上の過失の有無にかかわらず債務不履行につき責任を負うとし（大判昭和4・3・30民集8・363），今日では学説も一般にこれを支持している。

3 履行代行者の行為と債務者の責任　イ 履行代行者の使用が，債務の性質上許されないか，法律の規定〔民104・625②・644の2①・658②〕や特約によって禁じられている場合には，履行代行者を用いること自体が義務違反であるから，債務者は，代行者の過失の有無を問わず責任を負うべきものとされる。ロ 履行代行者の使用が法律の規定や債権者の承諾により許容されている場合には，債務者は履行代行者の選任・監督につき過失があったときのみ責任を負うとされる規定がある〔民105・1016②〕。ハ 積極的な禁止も許容もない場合については狭義の履行補助者の場合と同じに扱うという見解が有力である。これに対して，当該契約で引き受けられた危険に照らして免責事由の有無として判断すれば足りるとして，伝統的な区別とは異なる考え方も登場している。

履行利益・信頼利益　1 意義 債権者が*契約'についてもっている利益で，*損害賠償'の対象となる利益についての区別。履行利益とは，契約が有効であり，それが完全に履行されたならば債権者が得たであろう利益をいい，これに対して信頼利益とは，有効でない契約を有効で

あると信頼したために生じた、信頼した者の利益をいう。例えば、土地の売買における買主の履行利益は、売買契約が履行されて土地を買い入れることができ、これを他に転売して得たであろう利益であり、信頼利益とは、土地の売買契約を有効であると信じて、土地を見に行くのに必要とした費用、その土地上に建てるつもりで建築材料を買った費用などである。

2 区別の意味 履行利益・信頼利益の区別は、元来、*ドイツ民法'に倣うものであるが(ただし、2001年のドイツ債務法現代化により大きく修正された。ドイツ民法311・122条参照)、日本民法は明文の規定を欠くので、区別する意味を明らかにするのは学説に委ねられている。学説は、一般に*債務不履行'に基づく損害賠償の対象となるのは履行利益であって、信頼利益の賠償に限られる場合は例外的であり、*契約締結上の過失'のような場合であると解している。ただし、*無権代理'人の損害賠償〔民117〕、契約の*解除'の場合の損害賠償〔民545④〕、担保責任における売主の損害賠償は、信頼利益の賠償であると解する少数説もある。

リコール 英 recall 国民が国又は*公共団体'の公職にある者を任期前に国民の発意で*罷免'させる制度をいう。地方自治法は、*直接請求'の一種として、有権者総数の3分の1以上の連署をもって、地方議会議員、地方公共団体の長や役員の解職請求を規定している〔自治80・81・86〕。議員又は長の解職請求があった場合には、当該選挙区の選挙人の投票に付し〔自治80③・81②〕、過半数の同意があった場合には議員又は長は失職する〔自治83〕。役員の解職請求については議会に付議し〔自治86③〕、議員の3分の2以上が出席し、その4分の3以上の同意があったときは失職する〔自治87①〕。教育委員会の教育長又は委員についても解職請求の制度がある〔教育行政8〕。このほか、最高裁判所の裁判官について、憲法79条が*国民審査'を明記している。任命後の最初に行われる衆議院議員総選挙の際に審査に付されるなど、国民が能動的に罷免手続を開始できない点では、上記のリコールとは異なる。

離婚 Ⅰ 民法 **1 意義** 生存中の夫婦が*婚姻'関係を解消すること。有効に成立した婚姻を解消させる点において、婚姻障害があったために婚姻が後に取り消される場合とは異なる。また、夫婦の一方が死亡すれば*配偶者'関係は終了するから、後に生存配偶者が*姻族'関係終了の手続をとっても、これは離婚とは異なる。宗教上・倫理上の理由などから、婚姻の場合と異なって、必ずしも当事者の意思自治を認めず、裁判所などの関与によって制約する法制が多い。

2 方式と要件 日本の民法は、容易に離婚を認める。イ 協議上の離婚:当事者の合意があるときは、戸籍法に従う届出だけで成立する*協議離婚'を認める〔民763〕。この場合には、未成年の子の親権者を定める必要はあるが〔民819①〕、離婚に伴う子の監護や財産の分与などについて、当事者間で協議が調わない事項だけを家庭裁判所の調停・審判に付せばよい。ロ 裁判上の離婚:離婚の協議が調わない場合には、夫婦の一方は離婚の訴えを提起できる〔民770〕。この場合には、相手方配偶者に、*不貞な行為'・悪意の*遺棄'・3年以上の生死不明、あるいはその他婚姻を継続し難い重大な事由(⇒離婚原因')がなければ相手方の意に反して離婚できない。離婚の協議が調わないときは当事者は家庭裁判所に調停を申し立てることができる(調停離婚)〔家事244〕が、裁判上の離婚を求めるには、まず調停手続を経なければならないものとされている(*調停前置主義')〔家事257〕。家庭裁判所はこの調停が不成立の場合でも、当事者双方の申立ての趣旨に反しない限度で、離婚の審判をすることができる〔家事284〕。

3 効果 夫婦間の権利義務関係及び姻族関係は消滅し〔民728〕、婚姻によって*氏(うじ)'を改めた者は婚姻前の氏に復する〔民767・771〕(⇒復氏(ふくうじ)')。子に対する親権は離婚時に指定された者が行使し〔民819①②〕、監護費用の分担、面会交流その他の子の監護について必要な事項は、当事者の協議で定め、又は家庭裁判所が決める〔民766・771〕。離婚した者は、相手方に対して*財産分与請求権'をもつ〔民768・771〕。

Ⅱ 国際私法上、離婚の*準拠法'については、夫婦の本国法が同一であるときはその法により、それがない場合に夫婦の*常居所地法'が同一であればその法により、そのいずれの法もないときは夫婦に最も密接な関係のある地の法によるという*段階的連結'が採用されている〔法適用27本文〕。ただし、夫婦の一方が日本に*常居所'を有する日本人であるときは、日本法による〔法適用27但〕。これは、そのような者からの*協議離婚'届の受理を支障なく行えるようにするという意味をもっている。離婚原因は離婚準拠法による。離婚禁止国法の適用を*公序'により排除した例は多い。協議離婚、調停離婚のような離婚の方法・機関もこれによる。離婚給付の問題についてはこれによるとの見解と、夫婦財産制の問題や不法行為の問題は別に考えるべ

きであるとの見解もある。離婚の際の親権者などの決定は、*親子'関係の問題〔法適用32〕とする点では判例・学説は一致している。離婚準拠法については*反致'は認められない〔法適用41但〕。

離婚原因 1 意義　裁判上の離婚を実現するため、離婚請求の原因として法律上要求される事由をいう。日本の民法は*協議離婚'を許すから、夫婦が合意で離婚する限り、離婚原因は問題とならない。しかし、協議離婚が成立しないのに、夫婦の一方がなお裁判によって他方の意思に反してでも離婚を求めようという場合には、一定の事由があることが必要である。これを離婚原因という。
2 破綻主義・相対主義　立法政策上、一方当事者の姦通(かん)・*遺棄'・虐待など有責事由があるときにだけ離婚を認める*有責主義'と、それ以外に客観的にみて婚姻関係が破綻の状況にあるとき、これを離婚原因として認める*破綻主義'がある。日本の民法の規定する離婚原因には、*不貞な行為'・悪意の遺棄・3年以上の生死不明・強度かつ不治の精神病(令和6年の改正(法33)で削除)という具体的な原因と、婚姻を継続し難い重大な事由という抽象的な原因とがあり〔民770①〕、破綻主義を取り入れている。更に、離婚原因が存在するときには、必ず離婚宣言をしなければならないと定める絶対主義と、離婚原因に当たる事情が存在しても、なお一切の事情を考慮して裁判所が婚姻の継続を相当と認めるときは離婚請求を棄却できると定める相対主義(⇒相対的離婚原因')とがあるが、日本の民法は後者の立場によっている〔民770②〕。

利　札 1 意義　無記名の*公債'や*無記名社債'の各利払期における利息の支払請求権を表章する*有価証券'をいう。利札は通常債券の横又は下部に附属して一体として発行され、無記名式であり、元本債券の番号、利息の支払期日及び利息の金額が記載されており、所持人は期限到来分を切り離して支払場所でこれと引換えに利息の支払を受ける。
2 利札の処分・所持人の保護　利札は本体の債券とは別個に独立の有価証券として流通する。したがって所持人は、利払期前に資金を必要とするときは、利札を売却することができて好都合である。ただ、そのため期限前に債券の繰上償還がされる場合に将来の利札が切り離されている場合が出てくるが、利札所持人保護のため、本体である債券が償還されても利札所持人は利札の券面額に相当する金額の支払を請求でき、債券の所持人には償還額からその金額を控除し

た額が支払われる〔会社700、国債7〕。

理　事 *法人'に必ず置かれる常設的機関。理事は、対外的には法人を*代表'し〔一般法人77〕、対内的には法人の業務を執行する〔一般法人76〕。*株式会社'では*取締役'と呼ばれている〔会社348・349〕。理事の選任・解任は、一般社団法人では社員総会の決議〔一般法人63・70〕、一般財団法人では評議員会の決議〔一般法人177・176①〕、会社では*株主総会'の決議による〔会社329・339〕。特別法に基づいて設立される法人では、それぞれの根拠法に特別の定めがある。

利子所得 *所得税法'上の各種所得の1つで、*公社債'や預貯金の利子、合同運用信託・公社債*投資信託'・公募公社債等運用投資信託の収益の分配に係る所得をいう〔所税23①〕。金融機関等が、消費寄託契約などに基づいて不特定多数から受け入れた資金に対する利息で、定期・定率かつ多数の者が同条件で支払を受ける点に特色があるとされる。利子所得の金額は利子等の収入金額であり〔所税23②〕、*必要経費'の控除は認められない。居住者が国内において支払を受ける利子等は、特定公社債の利子等とそれ以外の利子(一般利子等)に分けられ、一般利子等は15%の*源泉徴収'(他に*地方税'の道府県民税利子割5%)のみで課税関係が終了する一律源泉分離課税の対象である〔所税181①・182Ⅰ、租特3、地税71の5等〕。特定公社債の利子等は、金融所得課税一体化の観点から、上場株式等からの配当所得と同様、15%の申告分離課税や申告不要制度の対象となる〔租特8の4①・8の5①〕。障害者等の少額預金の利子所得〔所税10〕など一定のものは、非課税である。

利子税 *附帯税'の一種〔税通2④〕で、延納、納税申告書の提出期限の延長等が認められる場合に、延納又は期限の延長の期間に応じて、納期限内に納付した他の納税者との間の負担の調整を図るための利息として課される金銭的負担〔税通64〕。地方税については、納期限の延長に係る*延滞金'が定められている〔地税65・72の45の2等〕。

離　職　一般的には特定の職業上の地位にある者がこれを離れることを意味するが、労働関係においては、何らかの理由(解雇・退職など)により*労働契約'を終了した労働者の状態を指し〔雇保4②等〕、また、公務員法上は、失職等により、職員が職員としての身分を失うことを意味する〔国公77、人規〈8-12〉4⑦〕。⇒失職' ⇒免職' ⇒退職'

リ　ー　ス 囲 lease, leasing　1 意義　英米法では、不動産・動産・権利・サービスの*賃貸

借'を広く指し，日本でもこの意味で用いることがあるが，その場合には単なる賃貸借と同義である。むしろ，一般には，物の所有者でそれを売却する意図をもつ者と，その物を利用する意図をもつがそれを購入する意図をもたない者の間に，第三者が介在し，第三者が所有者から物を購入し，同時に，それを利用する者に貸し与える取引をリース（リース取引）と呼ぶことが多い。このリース取引によって，一方で，所有者は売却することができ，他方で，物を利用する者は購入せずに利用することが可能となる。この第三者をレッサー（英 lessor），物の所有者を供給者，物を利用する者をレッシー（英 lessee）（又は一般にユーザー（英 user））という。

2 仕組み・機能 リース取引の仕組みは次の通りである。まず，供給者とレッサーとの間で売買契約が成立し，レッサーから供給者に売買代金の支払が行われるとともに，目的物の所有権が供給者からレッサーに移転する。レッサーとレッシーとの間で，リース期間を定めた賃貸借契約が成立し，レッシーに目的物の占有が許され，レッシーからレッサーにリース料が支払われる。このような取引は，レッサーからレッシーへの信用供与の機能を有する場合がある。この点を捉えて，ファイナンス・リース（英 finance lease）とも呼ばれる。

3 税制 いわゆるファイナンス・リースは，取引の形式は賃貸借であっても，その経済的機能は金融取引に類するものである。リースの形態をとることによって，レッシーは，高額のリース料の形で資産の*減価償却を加速することが可能になるとされる。この場合には，リース料総額がリース資産の取得価額や金利等の全費用をカバーするように設定され，リース期間中の中途解約ができず，レッサーがリース資産の保守管理も行わないことが多い。このようなファイナンス・リースについては，実務上，通達により，その経済的実質に着目して，一定の要件の下で課税上はリース資産の売買とみなすこととされてきたが，予測可能性を保証するとの観点から，平成10年度税制改正（法104・105）により施行令に規定され，更に，平成19年度の改正（法6）によりその内容が法律に規定された〔所税67の2，法税64の2〕。売買と認定されないファイナンス・リースについては，賃貸借として取り扱われ，レッサーにおいてリース資産の減価償却が認められる。他方で，レッシーは資産にリースを設定してリース料の支払を長期間設定することによって，通常の減価償却資産に認められる償却期間よりも長期間にわたって費用を計上することが可能になる。なお，主に借入金でリース資産を調達するリースはレバレッジド・リース（英 leveraged lease）と呼ばれており，航空機など大型の償却資産について，レッサーとなる投資家の立場から，*組合'形態を利用した加速償却が利用されることがある。このような行為に対処するために，一定の*租税回避'否認規定がある〔租特67の12等〕。

リステイトメント 英 Restatement アメリカで*判例'の原則を条文の形にまとめ，説明と事例が付されたもの。アメリカ法律協会（American Law Institute）の責任で編集される。*法源'ではないが，裁判にも引用される。

リストラ ⇨整理解雇'

利 息 **1 意義** *元本'債権の所得として，元本額と存続期間とに比例して一定の*利率'により支払われる*金銭'その他の代替物。元本債権を前提とするから，*終身定期金'は利息ではなく，金銭その他の代替物（流動資本）の使用の対価であるから，土地・家屋の使用の対価である*地代'・*小作料'・*賃料'は利息ではない。また，元本使用の対価（*法定果実'）であるから，元本の消却・分割払いの分割金・株式の配当金は利息ではない。更に，一定の利率によって算定されるものであるから，謝礼・謝金は利息ではない。利息は元本からの所得であるが，債務者が元本を使用できないことの対価も利息とみるのが通例である。

2 沿革 西欧中世においては，*教会法'が利息を禁止していたが，数多くの*脱法行為'が案出されていた。資本主義経済の発展とともに利息の禁止は漸次解かれ，*契約自由の原則'の普及とともに一般的に利息自由の原則が認められるようになった。現在では，高利を制限し，相手方の無思慮窮迫に乗ずる*暴利行為'を個別的に禁圧するという態度が一般にとられている。日本においても，古くから利息は制限されており，明治初年に一時利息の自由が認められたが，明治10年（1877）に旧利息制限法（太告66）が制定された。その後同法は廃止されて，現行の*利息制限法'に引き継がれ，更に金融機関の金利については臨時金利調整法において調整が，貸金業者の金利については*貸金業法'において特別の規制がなされている。そのほか，*出資の受入れ，預り金及び金利等の取締りに関する法律'は，一定率を超える高利に対して刑罰をもって禁圧するという態度をとっている。

⇨約定利息'　⇨法定利息'　⇨複利'　⇨みなし利息'

利息債権 **1 意義・種類** *利息'の給付を

目的とする*債権'をいい、*元本'の給付を目的とする元本債権に対する。元本に対して一定期間に一定の率の利息を生じることを内容とする基本権である利息債権と、基本権に基づいて各期に具体的に利息を支払うことを内容とする支分権である利息債権(1カ月ごとに利息を支払う*消費貸借'において、1カ月ごとに発生したそれぞれの利息額の支払を目的とする具体的な権利がこれである)とに区別される。利息債権は元本債権とは別個の債権である。基本権である利息債権は、従属性が強く、元本債権なしで成立せず、元本債権が消滅すれば消滅し、元本債権の処分は、原則として利息債権の処分を伴う。支分権である利息債権は、一度発生した後においては、独立性が強く、元本債権と別個に譲渡・弁済されうるし、消滅時効にかかるが、元本債権の拡張としての性質をももち、元本債権の担保が当然にこの利息債権をも担保し〔民 321・328・346・375・447号〕、利息を除外した元本だけの提供は、本旨に適した*弁済の提供'とならない〔民 493〕。

2 発生原因 通常は、消費貸借・*消費寄託'に伴って生ずるが、売買代金の支払を猶予して利息をつける場合や、法律の規定によって直接発生する場合(例:*商人'が営業の範囲内で金銭を立て替えたときには、当然に利息債権が生じる〔商 513②〕)もある。

利息制限法 昭和29年法律100号。**1 沿革・適用範囲** 一定の利率(制限利率)を超える*利息'を規制することによって高利の制限を目的とする法律。初め明治10年太政官布告66号として公布され、長く*約定利息'を制限する機能を営んできたが、その制限利率が経済状態に適さなくなったため廃止され、昭和29年新法が制定された。*金銭'を目的とする*消費貸借'上の利息の契約にだけ適用され、売買代金に利息をつける場合などは含まれない。

2 内容 利息が制限利率によって計算した金額を超えるときは、その超過部分について利息契約は*無効'とされる〔利息1柱〕。また、制限利率を超える高利を得るための*脱法行為'を防止するため、制限を超過する*天引'について同様の規制をし〔利息2〕、また、実質的に利息であれば名目を問わず利息とみなして(⇒みなし利息')制限する〔利息3〕ほか、*賠償額の予定'・*違約金'についても制限する〔利息4〕。

3 旧2条1項削除までの経緯 かつては借主が超過部分を任意に支払ったときは返還を請求することができないとされていた〔利息旧(平成18法115による削除前の)1②〕。この点につき、最高裁判所は、動揺の末、制限超過の利息は元本に充当されるという態度を示し(最大判昭和39・11・18民集18・9・1868)、更に、借主が制限を超える利息・遅延損害金を支払い、それが元本以上となった場合は、借主から超過部分について返還請求をすることができると解して(最大判昭和43・11・13民集22・12・2526)、旧1条2項の規定を実質的に無意味にした。しかし、その後昭和58年に「貸金業の規制等に関する法律」(現'貸金業法')が制定され、貸金業者が行う金銭を目的とする消費貸借においては、任意に支払われた制限超過利息は有効な利息の弁済とみなされ、借主からの返還請求が否定された(ただし、出資法(*出資の受入れ、預り金及び金利等の取締りに関する法律')の上限金利を超える部分はやはり無効)〔貸金業旧(平成18法115による削除前の)43〕。最高裁判所は、同法制定の直後には、任意性を緩やかに認定したものの(最判平成2・1・22民集44・1・332)、その後は、同法43条適用の要件となる書面交付義務につき厳格な態度をとったのに続き(最判平成11・1・21民集53・1・98号)、期限の利益喪失約款が存在する場合には特段の事情がない限り任意性を否定するに至り(最判平成18・1・13民集60・1・1)、43条適用領域は狭められていった。そして、平成18年の「貸金業の規制等に関する法律」及び出資法の改正(法115)により、いわゆるグレーゾーンが撤廃されたことに伴い、「貸金業の規制等に関する法律」43条とともに、利息制限法1条2項も削除されるに至った。

利息文句 *手形金額'について*満期'までの*利息'をつける旨の記載。*一覧払手形'・*一覧後定期払手形'については、満期がいつ到来するかがあらかじめ分からないので、利息の約定を記載することができる〔手5①・77②〕。これに対して、*確定日払手形'・*日付後定期払手形'では、満期が確定しており、それまでの利息をあらかじめ計算して手形金額に算入できるので、利息文句の記載は無効とされる。*手形法'には法定利率の定めがないため、利息文句としては*利率'を表示しなければならず、この記載がなければ利息文句自体が無効となる〔手5②・77②〕。利息は別段の記載がなければ、*振出し'の日から発生する。なお、*小切手'については利息文句を記載しても記載のないものとみなされる〔小7〕。

リーチサイト ⇒海賊版サイト'

立憲君主制 憲法に従って政治を行うことを原理とする*君主制'。制限君主制と同義に使うこともある。イギリス型とドイツ型に分けら

りつけんし

れる。イギリスのように市民革命が成功した場合には、実際上の権力は議会に集中して、君主権は名目上のものにすぎなくなり、制限的要素の非常に強い*立憲制*が成立する。一方、ドイツのように市民革命が不徹底に終わり、ブルジョアジーと絶対君主との妥協という形で立憲君主制が成立した場合には、君主は広範囲の大権をもち、一応憲法に制約されるとしても、憲法の内容は実質的には君主権を制限しないという形態がとられる(*明治憲法*下の*天皇制*はドイツ型の立憲君主制である)。このようなドイツの立憲君主制をその典型とみるドイツ*国法学*は、イギリスの立憲君主制を議会制的君主制として概念上区別しているが、他方、イギリス型を典型とみる立場からは、ドイツ型は、立憲制の外被をまとった*絶対君主制*という意味で、外見的立憲君主制と呼ばれることもある。

立憲主義 1意義 憲法に基づいて政治を行うという原理。歴史的には、18世紀以後に生まれた*自由主義*的憲法に基づく政治形態の原理であって、その具体的内容は、権力分立、*基本的人権*の保障、*法治主義*などである。

2 類型 19世紀には、世界各国がこのような憲法を制定し、この世紀は立憲主義の時代といわれたが、その国の政治的環境によって、様々な類型が発展した。アメリカ合衆国においては、*国民主権*の基礎の上に、厳格な権力分立体制が作られたが、ヨーロッパ大陸においては、これと違った展開を示した。すなわち、フランス、ベルギーなどにおいては、憲法の運営の中で、*議院内閣制*が実現し、それは議会主義に発展した。他方、ドイツにおいては、権力分立の原理は、君主の権力に議会の統制が及ばないようにするというふうに利用された。このような立憲主義は、*外見的立憲主義*と称されている。⇨権力分立主義'

3 日本の立憲主義 19世紀のドイツ立憲制を範とした*明治憲法*は、この外見的立憲主義であったといえよう。しかし、明治期における*政党内閣*の成立と大正期を通じての護憲運動において、立憲主義は議会主義を志向するようになった。「憲政の常道」の名にみられるように、立憲主義の観念はこの種の運動の標語とされ、日本の民主化に寄与した。

4 立憲主義の現代的変容 20世紀の立憲主義には、新しい内容が与えられている。統治のあり方としては、*行政権*の役割が増大して*行政国家*化が進み、*議会制*では*政党*の機能が重視され、*政党国家*と呼ばれるようになった。統治の内容では、*福祉国家*化、*社会国家*化と、平和価値の繰入れが顕著な特色である。また、*司法権*の位置も高められ、違憲立法審査権(*違憲審査権*)も含めて、*司法国家*と呼ばれるようになった。

5 国際法における立憲主義 国際社会の一体性を重要視する傾向は以前より国際法の重要な思潮の1つであったが(例えば*カント*)、冷戦終了後、国連安全保障理事会がより実効的に活動するようになってこの傾向は強まり、憲法学で用いられていた「立憲主義」で現象を把握し又は規範的にこれを唱道する傾向が強まっている。同時期に進んだヨーロッパ地域におけるEU法等での立憲的多元主義の影響も強く受けている。また、2000年代に顕著になった司法機関・準司法機関の増大に伴う国際法の断片化への対抗思潮と位置付けることもある。分野としては、*世界貿易機関*の設立によって法的規律を強めた国際経済法や、「人権の主流化」をもたらした*国際人権法*との関係で立憲主義が語られることが多い。

立憲制 *立憲主義*に基づく政治制度。立憲主義がその国の発展に従って、様々な形態をとったように、立憲制にも各種の内容をもつタイプがある。市民革命が成功したところでは、*行政権*を議会の支配の下に置く*議院内閣制*が成立したが、市民革命が不徹底に終わった国家では、むしろ君主の権力の議会からの独立を図る制度として、立憲制が唱えられた。*立憲君主制*下のドイツや日本などに後者の例がみられる。しかし、日本国憲法下の現在においては、立憲制は議院内閣制と*憲法保障*の諸制度を指す言葉として用いられている。

立憲的意味の憲法 ⇨憲法'

立憲民主制 憲法によって国家機関の行動を厳格に制限し、かつ強大な権力を保持する国家から国民の権利と自由を守ろうとする近代立憲主義の思想と、民主制とが融合した制度。ここでは民主制は、単に多数者支配の政治制度を意味するのではない。むしろ、多数決をもってしても侵すことのできない権利の存在を前提として、そのような権利を多数決に抗してでも国民に保障していかなければならないとの理念が含意されている。

立候補 *公職の候補者*となること。*比例代表選出議員*の選挙以外の選挙においては、イ 本人の届出、ロ 他人による推薦届出、ハ *政党*等による届出(衆議院小選挙区選出議員の選挙に限る)により〔公選86①〜③・86の4①②〕、また、比例代表選出議員の選挙においては、政党等による衆議院名簿・参議院名簿の届

出により〔公選86の2①②・86の3①②〕、初めて当該選挙の公職の候補者である身分を取得する。上記の届出を行おうとする者は、いずれも当該選挙の期日の公示又は告示があった日に、郵便によることなく、文書で当該選挙長に届け出なければならない。選挙事務関係者・公務員等の立候補には種々の制限がある〔公選88〜91〕。また、一定の*選挙犯罪'を自ら犯し、あるいは自己の*選挙運動総括主宰者'・*出納責任者'等が犯した場合(⇨連座制)には、一定の期間立候補が禁止・制限される〔公選252・251の2・251の3〕。 ⇨重複立候補'

立候補制度 ⇨候補者制度'

立　証 ⇨主張・立証'

立　証　事　項 *証拠'によって*証明'しようとする事実。証明主題ともいう。当事者が証拠の申出をする場合には、立証事項を明示しなければならない〔民訴180①〕。立証事項を具体的に表示しないで行う証拠の申出は模索的証明と呼ばれ、その適法性について議論されている。

立　証　趣　旨 *証拠調べを請求する当事者が明示すべき、*証拠'と証明すべき事実(*要証事実')との関係をいい〔刑訴規189①、民訴規99①〕、その証拠によっていかなる事実を立証しようとするかを明らかにするものである〔刑訴316の5⑤〕。裁判所が*証拠決定'するについて*証拠能力'や必要性を判断する手がかりとなり、また相手方の防御の準備の手がかりにもなる。更に、*証人尋問'の範囲を画する基準ともなる。証拠の*証明力'は立証趣旨の範囲に拘束されるかにつき、この問題が主として論じられる刑事訴訟では、判例・学説それぞれに対立があるが、通説は一般に拘束力を否定する。

立　証　責　任 ⇨挙証責任'

立　体　商　標 平面的な文字、模様ばかりでなく、立体的な形状も、商品や役務の出所を識別する表示として機能しうるので、平成8年の*商標法'改正(法68)により、立体商標の制度が導入された〔商標2①柱〕。したがって、商品やその包装・容器の形状も立体商標として登録しうることになった〔商標2④①参照〕。ただし、権利の成立に新規性、非容易創作性を要求し、存続期間を限っている意匠制度の趣旨が潜脱されることのないように配慮する必要がある。現行商標法上は、商品や包装の形状であって普通に用いられるもののみからなる商標若しくは商品又はその包装等が当然に備える特徴のうち政令で定めるもののみからなる商標の登録は許されない(商標3①③・4①⑱)。

立　法 *慣習法'や判例法と区別される成文法(⇨成文法・不文法')を制定すること。三権分立の下では、司法・行政と並び、それらと区別される国家作用。日本国憲法41条は国会を唯一の立法機関としているが、憲法は衆参両議院の議院規則〔憲58②〕、政令〔憲73⑥〕、最高裁判所規則〔憲77〕、地方公共団体の条例〔憲94〕について例外を認めている。日本のような法典法国ではしばしば法と制定法とが安易に同一視されることがあるが、慣習や私的自治による法律関係形成や裁判所・公務員・法律家などによる法の解釈・適用と比較して、社会の中で立法がどのくらい重要な位置を占めているか、また占めるべきかは、法理論上の重要な問題である。

立　法　科　目 ⇨予算の部・款・項・目・節'

立　法　期 ⇨会期'

立　法　機　関 *立法'権をもつ国家機関。*議会'の一。近代立憲国家では、司法又は行政の権限をもつ国家機関とは別個の、国民の代表機関に*立法権'を与えるのが共通の特色である。憲法は、*国会'を国の*唯一の立法機関'としている〔憲41〕。

立　法　権 実質的意味においては、*統治権'の作用として法規を定立する権能。形式的意味においては、*議会'の行う国家作用、特に法律の制定を意味する。立法権、*行政権'及び*司法権'の3つの国家権力をそれぞれ3つの別個の機関に分属させ、かつ、立法権を国民の代表機関である議会に与えるのは、近代国家における共通の特色である(⇨権力分立主義')。日本国憲法41条は、実質的意味における立法権を*国会'に与え、かつ、それを独占させている(⇨唯一の立法機関')。 ⇨立法'

立　法　裁　量 憲法の解釈・執行について立法者が有する裁量をいう。この語が用いられる場合には、憲法上の不確定概念の解釈や憲法の要請の具体的実現方法については、裁判所が司法審査の名においてある解釈・方法を特定すべきではなく、国民により民主的手続を通じて選出された国会の政策的判断に委ねるべきであるという考えが背後にあることが多い。立法裁量を前提にすると、司法審査は立法者が関連する憲法規範との関係で立法裁量を逸脱・濫用したかという角度からなされることになる。具体的には、精神的自由権の規制立法においては、規制目的の定立及び規制手段の選択の双方において、立法裁量は厳格に羈束(きそく)されるのに対して、経済的自由権の規制立法においては、積極規制目的の具体的内容や規制手段の選択は広い立法裁量に委ねられるとする(⇨経済的自由権・精神的自由権' ⇨二重の基準')。*生存権'

りっぽうじ

立法については、*'堀木訴訟'の最高裁判所判決は広い立法裁量の余地を認め、「著しく合理性を欠き明らかに裁量の逸脱・濫用」に当たる場合のほかは合憲であるとした。

立法事実 判決事実(司法事実)に対する語。判決事実とは、裁判所に係属した事件の解決だけの目的で確定されねばならない事実、すなわち訴訟当事者の5W1H(誰が、何を、いつ、どこで、なぜ、いかに)に関する事実のことをいう。これに対して立法事実とは、法律を制定する場合の基礎を形成し、かつその合理性を支える社会的・経済的・政治的・科学的事実のことをいう。立法事実の検証は、判決事実のように当事者の*'主張・立証'に依存する事実問題ではなく、基本的には裁判所の専権事項である法律問題である(⇨事実問題・法律問題)。内容的に立法目的に関するものと規制手段に関するものに分類され、それぞれのプラス面・マイナス面が総合的に評価されて法律の合憲性が判定される。その顕出方式として、裁判所自身が資料を収集する司法的確知、訴訟当事者に資料を提出させるブランダイス・ブリーフ(圏 Brandeis brief)方式、専門家の意見を聴取するアミカス・ブリーフ(圏 amicus brief)方式等が紹介されている。日本の最高裁判所も、薬事法距離制限違憲判決(最大判昭和50・4・30民集29・4・572)において立法事実の詳細な検討を行い、注目された。

立法者 1 個々の法律の制定者又は起草者の意味の立法者については*'立法者意思'をみよ。

2 立法者とは、通常の個別法の制定者ではなく、国制の基礎となる法ないし法典を付与したとされる主体(圏 nomothetes, 圏 law-giver, 仏 législateur)で、しばしば神格化された、あるいは神話・伝説上の人間である。具体例としては、ハンムラビ法典の立法者ハンムラビ(Hammurapi)、古代ギリシャのラダマンチュス(クレタ、神話上の人物、ゼウスとエウロペの子)、リュクルゴス(スパルタ、伝説上の人物)、そしてアテネではドラコン(Drakon)及びソロン(Solon)、ローマ法大全の立法者ユスティニアヌス(Iustinianus Ⅰ, 482頃~565)帝などが挙げられる。宗教法ないし啓示法では、ユダヤ法の神ヤハウェないしモーゼ、イスラム法のアッラーなどが挙げられる。しかし、立法者問題を神話ないし宗教の領域だけの議論として片付けることはできない。それは近代においても深刻な問題を生む。「社会契約論」において*'ルソーは立法者を「特別(仏 extraordinaire)」あるいは「外国人(仏 étranger)」と形容し、また主権者ではないとしている。中江兆民(1847~1901)の「民約訳解」が立法者の叙述の前で頓挫した理由はここにあると考えることも可能である。

立法者意思 *'立法'の際に立法者がもっていた意思。議会による立法の場合は、法案に賛成した議員の意思ということになるが、議事録等を参考にしてもそれを正確に知ることは難しい。そのためもあり、実際には議員よりもむしろ起草者の意思を指していることが多い。法解釈にあたってこれに従うべきだとする説を立法者意思説といい、それが有力である国もあるが、日本では通説でない。法は立法者の意図や意識から独立した客観的存在だと考えられているからである。もっとも現代アメリカには、裁判官の権限を限定するため、憲法制定者の「原意」を尊重すべきことを唱える有力な潮流も存在する。

立法条約 *'一般国際法'上の新たな規則の定立を目的とする多数国間条約。国家間の異なる利害を調節する契約条約に対する。ただし、全ての条約は当事国に義務を課し、また、当事国間の利害を調整する要素をもつために両者の区別は相対的なものであり、立法条約の存在を否定する見解も根強い。立法条約が契約的内容の条項を含んでいたり、契約条約が立法的内容の条項を含んでいるときもある。また、立法条約であるからといって、そこに規定されている規則が直ちに一般国際法になるわけではないが、性質上、*'国際慣習法'化し一般国際法となることも多い。国際関係が緊密になり、国際社会の組織化が進行した第二次大戦後に目立って多くなった。代表的なものは、既存の国際慣習法の法典化と国際法の漸進的発達を目的とする法典化条約である。 ⇨国際立法'

立法の委任 ⇨法律の委任'

立法の不作為 憲法上立法をなすべきことが要求されるにもかかわらず、正当な理由もなく相当の期間を経過してなお、立法がなされていないか、あるいは一応の立法はなされているが、憲法の要求する水準に達していない場合をいう。法律が廃止された場合にも、同様の事態が生ずる。最高裁判所は、重度身体障害者の在宅投票制度を廃止したままその復活を怠った不作為が争われた、在宅投票制度廃止違憲訴訟において、国会議員の立法義務違反の有無は、「国会議員の立法過程における行動が個別の国民に対して負う職務上の法的義務に違背したかどうか」によるとしたが(最判昭和60・11・21民集39・7・1512)、国家賠償法1条の違法性を認めなか

った。しかし、その枠組みを用いて、ハンセン病患者の隔離を規定する「らい予防法」(昭和28法214。平成8法28により廃止)を改廃しなかった国会議員の立法の不作為の違法性を認めた裁判例として熊本地方裁判所判決(熊本地判平成13・5・11判時1748・30。確定)がある。また、最高裁判所は、選挙区における'在外投票'制度を設けなかった立法の不作為の違法の訴えについて、上記昭和60年最判の枠組みを維持しつつ、「立法の内容又は立法不作為が国民に憲法上保障されている権利を違法に侵害するものであることが明白な場合や、国民に憲法上保障されている権利行使の機会を確保するために所要の立法措置を執ることが必要不可欠であり、それが明白であるにもかかわらず、国会が正当な理由なく長期にわたってこれを怠る場合」に該当するとして、請求を認容した(最大判平成17・9・14民集59・7・2087)。 ⇒国の不作為に対する違憲確認訴訟'

立法論・解釈論 *実定法'の枠内で、その解釈として唱えられる主張が「解釈論」、実定法の枠を超えた望ましい解決の主張が「立法論」である。「その議論は立法論としては傾聴に値するが、解釈論としては無理だ」というように用いられる。なお「立法論としては」に当たるラテン語の de lege ferenda は「作られるべき法について」、「解釈論としては」に当たる de lege lata は「与えられた法について」を意味する。

リート(REIT) ⇒不動産投資信託'
里道 ⇒法定外公共用物'
利得禁止の原則 ⇒保険価額' ⇒保険代位'
利得罪 ⇒財産犯'
利得償還請求権 **1 意義** *手形'・*小切手'上の権利が手続の欠缺(けんけつ)又は*時効'によって消滅したとき、所持人が手形・小切手上の債務者に対してその受けた利得の限度でその償還を請求できる権利〔手附85、小附72〕。手形・小切手上の権利は、例えば、*呈示期間'内に手形・小切手を呈示しなければ、*遡求権'が消滅し、また、*約束手形'の*振出人'、*為替手形'の*引受人'に対する権利は3年、遡求義務者に対する権利は1年又は6カ月で時効消滅する〔手70・77①⑧、小51〕結果、債務者の中に利得を得る者が生じ公平に反するので、この制度が認められた。

2 民法上の救済方法との関係 利得償還請求権の発生には、所持人に民法上の救済方法も存在しないことを必要とするかについては見解が分かれているが、通説・判例(大判昭和3・1・9民集7・1)は、原因関係(⇒'手形の原因関係')上の権利を請求できる場合には利得償還請求権を行使できないとする。

3 取得・行使と手形・小切手の所持 利得償還請求権の取得・行使に手形・小切手の所持又はそれに代わる*除権決定'を得ていることを必要とするかについて、判例はこれを要しないとする(最判昭和34・6・9民集13・6・664)。

4 利得 手形・小切手上の債務者の利得は、手形債務を免れただけではなく、手形授受の実質関係において現実に財産上の利益を得たことである。したがって、*裏書人'は通常、後者から原因関係上対価を得ても前者に対価を供しているので利得を得ていることにならず、したがって、裏書人に利得が認められるのは*融通手形'の'振出し'を受けた場合のように例外的な場合に限られる。

5 譲渡方法 通常の*債権譲渡'の方法〔民467・468〕によるというのが通説・判例(大判大正4・10・13民録21・1679)であるが、利得償還請求権が手形・小切手に結合した権利であることを理由に、手形・小切手の交付を必要とするという説もある。

リニエンシー制度 ⇒課徴金'
リバタリアニズム 英 libertarianism 人身の自由や思想の自由などのいわゆる人格的自由と経済的自由のいずれをも最大限に尊重し、「大きな政府」を批判する思想。したがって憲法解釈における二重の基準に反対する。このような思想は本来*リベラリズム'と呼ばれていたが、20世紀以降社会民主主義や福祉国家思想がリベラリズムの名で呼ばれるようになってきたので、誤解を避けるため英語圏では1970年代からこの言葉が用いられるようになってきた。古典的自由主義者としては、*ロック'、*アメリカ独立宣言'の起草者ジェファーソン(Thomas Jefferson, 1743〜1826)、現代のリバタリアンとしては、ハイエク(Friedrich A. Hayek, 1899〜1992)、ノージック(Robert Nozick, 1938〜2002)が知られる。

リバタリアン・パターナリズム 英 libertarian paternalism 個人の自由を侵害せずに制度設計によって本人の福利を向上させようとする思想。21世紀になってからアメリカの公法学者キャス・サンスティン(Cass Sunstein, 1954〜)によって精力的に提唱され、公的政策にも利用されつつある。その実例は、選ばない自由もあるデフォルトのルールの設定である。その後「リバタリアン・パターナリズム」という言

りはびりき

葉よりも「ナッジ(英 nudge)」(促しという意味)という言葉の方が普及してきた。その制度の目的はしばしば本人の福利よりも社会全体の善だから、むしろ後者の表現の方が適切である。

リハビリ勤務 一般に、傷病等により長期間休業(⇨休職')していた*労働者'について、休業前よりも軽易な業務に従事させたり、勤務時間や日数を短縮した状態で就労を開始することにより、労働者や受入れ先となる職場関係者の不安を解消し、円滑な職場復帰を可能にすることを目的として実施されるものをいう。リハビリ勤務と称されるものの中には、職場復帰後に段階的に労働時間を延長し、軽易業務から従前業務に近付けていく慣らし勤務のほか、正式な職場復帰の前に、職場復帰の可否を判断する目的で休業期間中に行われる試し出勤がある。試し出勤は、厚生労働省「心の健康問題により休業した労働者の職場復帰支援の手引き」や同「事業場における治療と仕事の両立支援のためのガイドライン」に取り上げられており、実施にあたっては、主治医からの情報提供や*産業医'等の意見聴取の必要性が指摘されている。

リビング・ウィル ⇨尊厳死'

利 札 ⇨りさつ'

リベラリズム 英 liberalism 自由を意味するリバティー(liberty)という言葉が語源になっていることから示唆されるように、元来この言葉は「*自由主義」という意味だったが、今日では極めて多様な意味をもっている。特に現代の英語圏では「リベラリズム」及び「リベラル」は、精神的自由を尊重する一方で財の平等主義的分配や経済への政府の介入を支持する*福祉国家'思想を意味することが多く、それに対して自由市場経済と政治的自由をともに尊重する立場は古典的自由主義とか*リバタリアニズム'と呼ばれる。また広くこれらの思想をリベラリズムと呼び、*コミュニタリアニズム'や保守主義や権威主義に対立させる論者もいれば、「正義と善の区別」や「国家の道徳的中立性」をリベラリズムの核心とみなす論者もいる。リベラリズムに関するこれらの多様な理解は、イ そこで尊重される自由とは何を意味しているのか、ロ その自由がなぜ重要なのか、ハ その自由はいかにして保障されるか、という問題への回答に関連している。例えば福祉国家のリベラリズムは各人が自分の欲求を平等に実現できることが重要だから国家がそのために積極的に行動すべきだと考えるのに対して、古典的自由主義は他者からの干渉の不存在という消極的自由を優先させて、国家の主たる任務はその保

護にあるとする。また近代の国民国家形成の背景になったナショナリズムは、個人でなく民族を単位とした集団的自己決定という積極的自由を重視するリベラリズムとして解釈できる。逆にコミュニタリアニズムは、個人的な消極的自由の価値を過大評価しているという理由でリベラリズムを批判している。

リベンジポルノ防止法 私事性的画像記録の提供等による被害の防止に関する法律(平成26法126)の略称。私事性的画像被害防止法とも略される。元交際相手や元配偶者等に対する復讐(リベンジ)の念からその性的行為・姿態が撮影された画像等(ポルノ)をインターネット上にさらすなどする行為の社会問題化を受けて制定された。2条各項が「私事性的画像記録」及び「私事性的画像記録物」の定義(客体の年齢を除き、*児童買春、児童ポルノに係る行為等の規制及び処罰並びに児童の保護等に関する法律'の「児童ポルノ」と同様)を定め、3条1項及び2項がそれらの公表罪を、同3項がそれらの公表目的提供罪を定める(いずれも*親告罪'〔性的画像被害3④〕。国民の*国外犯'を罰する〔性的画像被害3⑤〕)。被害の発生・拡大を防止するため、4条が*プロバイダー責任制限法'の特例を定め、5条及び6条が支援体制の整備等を定める。

リボン戦術 争議中に「要求貫徹」等と記したリボンやバッジを着用して就労すること。*就業時間'中の*労働組合活動'に当たるとして、判例はその正当性を否定する傾向にある(最判昭和57・4・13民集36・4・659〈大成観光事件〉)。

略式裏書 白地(しらじ)式裏書のこと〔手13②、小16②〕。白地式裏書のうち、裏書文句の記載がなく*裏書人'の*署名'だけがされているものをいうこともある。 ⇨白地式裏書'

略式株式交換 ⇨略式組織再編行為等'

略式株式質 ⇨略式質'

略式起訴 ⇨略式手続・略式命令'

略式吸収合併 ⇨略式組織再編行為等'

略式事業譲渡 ⇨略式組織再編行為等'

略式事業全部の譲受け ⇨略式組織再編行為等'

略式質 1意義 株券発行会社において、単に*株券'の交付によって設定される株式質(⇨株式の質入れ')。*株主名簿'に質権者の氏名及び住所を記載又は記録してなされる*登録質'と対比される〔会社149①括弧参照〕。株券発行会社の株式の場合には、質権者による株券の継続*占有'が会社その他の*第三者'に対する*対抗要件'とされる〔会社147②。なお、振替株式

につき, 社債株式振替141]。

2 効力 略式質にも, 質権一般に認められる留置的効力[民362②・347], *転質権[民362②・348]及び*優先弁済*受領権[民362②・342]がある。*物上代位'的効力の及ぶ範囲について明文で規定されている[会社151]が, それは質権の目的である株式の代位物と認められるものに及ぶ趣旨である。*剰余金の配当'として受けるべき金銭等にも質権の効力が及ぶ[会社151⑧]。物上代位権行使の手続として, 質権者は, 登録質の場合と異なり, *株主'に金銭又は株式の支払又は引渡しがなされる前に*差押え'をしなければならない[民362②・350・304]が, 目的物の支払又は引渡しが株券と引換えになされる場合には, 質権者が株券を占有している以上, 差押えを要しないという見解もある。

略式譲渡担保 *株式'を*譲渡担保'に供する方法のうち, *株主名簿'を担保権者に*名義書換'せずに担保権設定者の名義のままにしておく方法によって設定されるもの。*株券発行会社'においては, 担保権者に対して単に*株券'を交付するという方法で行われ, *略式質'との外見上の区別はつかない。振替株式については, *振替口座簿'に記載されている担保権者が担保権設定者を株主(特別株主)として*総株主通知'をするよう求める[社債株式振替151②①]ことで, その趣旨が実現される。

略式組織再編行為等 **1 意義** 会社法第5編の組織再編行為のうち, 吸収型再編(吸収合併, 吸収分割, *株式交換')及び*事業の譲渡'等[会社468①]の効力発生に必要な*株主総会'の承認決議を省略できる場合の総称[会社784①・796①・468①]。完全な, 又はほぼ完全な支配関係がある会社間における*組織再編行為等'では, 被支配会社における承認決議の成立は明らかで, 総会開催を要求する実益がないことをその趣旨とする。株主総会の承認決議は省略できるが, *種類株主総会'の決議は省略できない。なお, 令和元年会社法改正(法70)により導入された*株式交付'[会社5編4章の2・2<u>32の2</u>(定義)・774の2以下(手続)]も組織再編の一種(吸収型再編[会社計算2③<u>37</u>二])と位置付けられるが, 株式交付は他の*株式会社'の子会社化を目的とする制度であり, 略式組織再編は観念できない。

2 要件 支配会社が*特別支配会社'[会社468①, 会社則136]に当たること, すなわち, 被支配会社の総株主の議決権の10分の9(これを上回る定款の定め可)以上を支配会社及びその完全子会社等が有することである。しかし, 被支配会社の株主に対価として*譲渡制限株式'が交付される場合, 株主総会における特殊決議を要し[会社309③②], 株主総会での承認決議を省略できない[会社784①但]。また, *非公開会社'である被支配会社が譲渡制限株式を発行・交付する場合にも, 非公開会社の募集株式の発行に株主総会の*特別決議'が必要であるため[会社199], 株主総会の承認決議を省略できない[会社796①但]。

3 少数派株主の救済 被支配会社の総会決議が存在しないため, 総会決議取消訴訟を提起できない。少数派株主には, *株式買取請求権'による救済[会社469・785・797], 及び*差止請求権'による保護[会社784の2・796の2]が与えられる。略式組織再編については, 以前から株主による差止請求に係る規定が設けられていたが[会社旧(平成26法91改正前の)784②・796②], 平成26年改正法(法90)では, 株主が不利益を受けるような組織再編に対する事前の救済手段として, 簡易組織再編を除く一般的な組織再編の差止請求に係る明文の規定が新設された[会社784の2・796の2・805の2]。略式組織再編(吸収型)では, 法令又は定款の違反の場合のみならず, 対価が著しく不当な場合も差止事由となる[会社784の2②・796の2②]。なお, 事業譲渡等の場合については, 株主の差止請求権は規定されていない。

略式手続・略式命令 *公判'を開かず書面審理だけで刑を言い渡す簡易な刑事裁判手続を略式手続といい, 略式手続によってされる裁判を略式命令という[刑訴6編]。略式手続は, *簡易裁判所'が100万円以下の*罰金'又は*科料'を言い渡す場合であって, *被疑者'が略式手続によることに異議のない場合に, *起訴'と同時の*検察官'の請求(略式起訴)によって行われる[刑訴461・461の2①・462①]。*被告人'が公開裁判を受ける権利などを放棄することが略式手続の条件となるので, 被疑者に異議のないことは書面で表示されなければならない[刑訴461の2②]。略式命令には, 罪となる事実, 適用した法令, 科すべき刑, 及び*執行猶予', *没収'などの付随処分を示さなければならない[刑訴464]。略式命令に対して, 被告人・検察官は, 14日以内に*正式裁判'の請求ができる[刑訴465①]。略式命令がそのまま確定すると*確定判決'と同一の効果を生ずる[刑訴470]。略式手続は法律上は特殊な方式であるが, 事件数でみると起訴される事件の7割ほどがこれによって処理されている。

略式の争訟 ⇨正式の争訟・略式の争訟'

りやくしき

略式引受け 引受けの旨を表示せず，*支払人'の*署名'又は*記名押印'だけによってされる為替手形の引受け〔手25①〕。手形の表面にされた支払人の単なる署名は略式引受けとみなされる〔手25①〕。⇨手形引受け'

略式保証 *手形'・*小切手'に，手形保証・小切手保証の趣旨を記載せず，単に手形(小切手)の表面に*署名'(*記名押印')だけでされる手形(小切手)保証。*振出人'のための保証とみなされる〔手31③④・77③，小26③④〕。⇨手形(小切手)保証'

略式命令 ⇨略式手続・略式命令'

略 取 ⇨略取誘拐'

略取誘拐 1 定義 *暴行'・*脅迫'あるいは欺罔(ぎもう)・誘惑を用いて，人をその生活環境から離脱させ，自己又は第三者の実力の支配下に移すことをいう。拐取ともいう。略取誘拐罪〔刑224〜229〕の基本になる行為。

2 略取と誘拐の違い 略取とは，暴行又は脅迫を手段とする場合であり，誘拐とは，欺罔又は誘惑を手段とする場合である。これらの手段は，他人を支配下に置くためのものであるから，被拐取者に対して加えられることは必須ではなく，保護者・監督者に対するものであってもよい。

3 各種の拐取罪 未成年者略取誘拐罪〔刑224〕，営利・わいせつ・結婚・身体に対する加害の目的による略取誘拐罪〔刑225〕，所在国外移送目的の略取誘拐罪〔刑226〕，人身売買罪〔刑226の2〕，*身の代金目的拐取罪'〔刑225の2〕がある。なお，人を逮捕・監禁した上，これを人質にして，第三者に対して義務のない行為を強要するなどした場合には，「人質による強要行為等の処罰に関する法律」が制定されている。

略称規定 ⇨定義規定・略称規定'(巻末・基本法令用語)

流 質 被担保債権の*弁済'のために，質権者に質物の*所有権'を取得させること。質権者と質権設定者との間の流質の合意を流質契約という。債務者の窮状に乗じて，質権者が，被担保債権額を上回る価額の質物を取得する暴利行為の危険があることから，民法上，質権設定行為又は債務の弁済期前の流質契約は禁じられている〔民349〕。この規定は強行規定であり，これに反する契約条項は*無効'となるが，質権設定契約が無効となるわけではない。ただし，*商行為'によって生じた債権を被担保債権とする*質権'については，流質は禁じられない〔商515〕。*商事売買'における債務者は自衛が可能であり，むしろ流質契約を認めることが金融の便宜に資するからである。また，質屋営業法上の質屋についても，厳格な行政規制の下，流質が認められている〔質屋18〕。なお，*譲渡担保'において，担保目的物の所有権を担保権者に帰属させる私的実行が認められていることから，質権についてのみ流質を禁じることには疑問も呈されている。

流水使用権 ⇨水利権'

留 置 刑事訴訟法上，身体を拘束されている状態の意味に用いられる。*労役場留置'〔刑18，刑訴505〕，*鑑定留置'〔刑訴167〕は，裁判及びその執行として留置される場合である。また，*逮捕'の効果として，被疑者は一定期間身体を留置され〔刑訴203〜205・211・216〕(⇨留置施設')，*勾引'された被告人・証人についても一定期間留置されることがある〔刑訴74・75・153の2〕。なお，押収した物を保持することの意味に用いられる場合もある〔刑訴123①〕。

留置権 1 意義 民法に規定された法定担保物権の1つ。他人の物の占有者は，その物に関して生じた債権を有するときは，その債権の*弁済'を受けるまで，その物を留置することができ，これを留置権という〔民295①〕。例えば，故障した時計の所有者Aが，時計店Bに修理を依頼し，後日Bから1万円の修理代金を請求されたところ，代金を支払わない一方で，*所有権'に基づき時計の返還を求めた場合，Bは，留置権に基づき，修理代金が支払われるまで時計を自身の手元に留置することができる。このような場面で，当事者間の公平を実現するのが，留置権の意義である。なお，上記のような場面では，*双務契約'における*同時履行の抗弁権'〔民533〕が成立する場合もあるが，留置権は，双務契約の当事者間に限らず成立する。また，*商人'間では，*商事留置権'が成立する場合もあるが，商事留置権は，民法上の留置権(民事留置権)とは沿革を異にし，より緩やかな要件で認められる。

2 効力・性質 留置権者は，被担保債権の弁済を受けるまで目的物を留置することができ〔民295〕，この効力を留置的効力という。留置的効力の意義は，目的物の使用・収益を奪うことで，債務者に心理的圧迫を加え，弁済を間接的に強制することにある。一方，留置権には，*優先弁済'的効力は認められていない。ただし，留置物から生じる*果実'については，留置権者がこれを収取し，他の債権者に先立って自己の債権の弁済に充当することができる〔民297〕。また，留置物が*動産'の場合には，他の債権者は留置権者の協力なく動産を差し押さえることができず〔民執124・190〕，*不動産'の場合には，*競売'

の買受人が留置権の被担保債権を弁済する責任を負うことから〔民執59④・188〕，留置権者は，事実上，優先弁済を受けることができる。留置権には，*不可分性'〔民296〕，*付従性'がある。また，被担保債権が譲渡された場合に，債権の譲受人に留置物の占有が移転したときは，譲受人が留置権者となる。なお，留置権には物上代位性はない。

3 牽連性の要件 留置権が成立するためには，被担保債権と留置物との間に「その物に関して生じた債権」であるという関係が必要である〔民295〕。この要件を，牽連(けんれん)性又は牽連関係と呼ぶ。牽連性が認められる典型例の1つが，上記の具体例のような修理代金と修理対象物であるが，牽連性の外延を巡っては，様々な学説がある。

留置施設 逮捕された*被疑者'を*留置'するなどのために都道府県警察に設置される施設〔刑事収容14〕。被疑者を逮捕して警察署等に*引致'した後，必要があれば留置するが〔刑訴203①・204①・205①・211・216〕，その場所について刑事訴訟法には特に定めがないため，*刑事収容施設法'14条により，被逮捕者等を留置し必要な処遇を行うための留置施設について規定が整備されている。更に，*勾留'される者は，*刑事施設'に収容することに代えて，留置施設に留置することができるから〔刑事収容14②②・15①柱・3③〕，留置施設は，勾留の場所として用いることができる〔刑訴64①・207①，刑事収容286〕。⇨代用刑事施設'

留置場 ⇨刑事収容施設法'
留置的効力 ⇨質権' ⇨留置権'
流通開示 ⇨ディスクロージャー'

流通証券 流通を目的とする*有価証券'で，*為替手形'・*約束手形'・*小切手'などである。元来英米法上の語である。イギリスでは，*善意'かつ有償で証券を取得した者が譲渡人の権利に瑕疵(かし)があっても証券上の権利を完全に取得することができ，かつ，証券上の権利者が権利を移転するには証券の単純な交付又は*裏書'による証券をいうのが通常である〔イギリス為替手形法8・30・31参照〕。*アメリカ統一商事法典'は，一覧払い・確定日払いで，指図式・持参人払式の一定金額を支払う旨の単純な約束又は指図を記載した証券と定義する〔アメリカ統一商事法典3-104(a)〕。日本では，制定法上の用語ではないが，証券の引渡し又は裏書によって簡易に譲渡され，*善意取得'，抗弁の制限のような流通の保護が認められる手形や小切手等の有価証券を意味し，*株券'や社債券などの投資証券と対置されることが多い。

流通税 *課税物件'の種類・内容により*租税'を講学上分類する場合における一分類で，権利の取得・移転を表す取引の背後に担税力の存在を認め，当該取引に関する法律上又は事実上の行為を対象として課される租税。*登録免許税'・*印紙税'・不動産取得税等がこれに属する。

流通・取引慣行ガイドライン *公正取引委員会'による「流通・取引慣行に関する独占禁止法上の指針」が正式名称である。閉鎖的な日本の流通構造及び複雑な取引慣行が新規参入を困難にしており，内外価格差の一因になっていることなどを背景として，平成3年に公表された。メーカー主導で構築された流通系列化が変容したこと，更にオンライン取引の発展拡大によって流通実態が大きく変化したことから，平成29年に見直しがなされた。現在の指針は，「取引先事業者の事業活動に対する制限」，「取引先の選択」，「総代理店」の3部から構成される。第1部では，主に垂直的制限行為に係る*不公正な取引方法'についての考え方が示されている。第2部では，競争者間の顧客獲得の制限，新規参入・競争者排除行為等についての考え方が示されている。第3部では，総代理店契約で規定される制限や*並行輸入'の不当阻害についての考え方が示されている。中心となる第1部では，*再販売価格維持行為'や，非価格制限行為のうち「安売り業者への販売禁止」及び「価格に関する広告・表示の制限」等は，原則として公正な競争を阻害するおそれがあると整理されている。また，非価格制限行為が市場閉鎖効果を生じさせる場合に，セーフ・ハーバーを含めて，分析プロセスが明確に示されている。なお，オンライン取引は，実店舗における取引と比べて取引地域や取引相手を拡大するなど，*事業者'・顧客双方にとって有用な手段であるが，同指針によれば，オンライン取引における垂直的制限行為に係る*独占禁止法'上の分析プロセスは，実店舗におけるものと変わるところがない。

理由付否認 民事訴訟において，当事者が，相手方の主張事実と相容れない別の事実を*主張'してする否認。別の事実が否認の理由となるので，この名がある。*間接否認'，積極的否認ともいう。⇨否認'

流抵当 ⇨抵当直流(じきながれ)'

流動資産 *破産債権'，*再生債権'，*更生債権'及びこれに準ずる債権で1年以内に回収されないことが明らかなものを除き，受取手

りゅうどう

形，*電子記録債権'に係る債権，売掛金，契約資産，前払金等のその企業の主目的たる営業取引により発生した債権は，流動資産に属するものとされる。また，商品，製品，半製品，原材料，仕掛品等の'棚卸資産'は，流動資産に属する。他方，現金及び貸借対照表日の翌日から起算して1年以内に満期が到来する預金が流動資産とされる。同様に，その企業の主目的たる営業取引により発生した債権以外の債権も，貸借対照表日の翌日から起算して1年以内に回収される予定のものは流動資産とされる。また，売買目的有価証券及び満期保有目的債券・その他有価証券のうち貸借対照表日の翌日から起算して1年以内に満期が到来するものは流動資産とされる〔会社計算74③，財務規15，連結財務規22〕。前払費用のうち，貸借対照表日の翌日から起算して1年以内に費用となるものは，流動資産に属する〔会社計算74③Ⅰイ，財務規16，連結財務規22〕。なお，未収収益は流動資産とされる〔会社計算74③Ⅰヨ，財務規16，連結財務規22〕。

流動負債 支払手形，*電子記録債権'に係る債務，買掛金，契約負債(顧客との契約に基づいて財貨若しくは役務を交付又は提供する義務に対して，当該顧客から支払を受けた対価又は当該対価を受領する期限が到来しているものであって，かつ，いまだ顧客との契約から生じる収益を認識していないもの)，前受金等のその企業の主目的たる営業取引により発生した債務は流動負債に属する。それ以外の債務は，貸借対照表日の翌日から起算して1年以内に支払又は返済されると認められるものが流動負債とされる〔会社計算75②，財務規47，連結財務規36〕。なお，未払費用及び前受収益は流動負債とされる〔会社計算75②ヘト，財務規48，連結財務規36〕。

理由の食違い 判決に付された理由に矛盾があること。刑事訴訟法では，*絶対的控訴理由'となる〔刑訴378④〕。食違いとは'主文'と理由との間あるいは理由の内部に矛盾があることを意味する。明らかに*経験則'に反する*罪となるべき事実'を判示することが，理由の食違いに当たる場合もある。民事訴訟法では，判決理由が矛盾していて，結論に至った脈絡が不明である場合をいい(*旧民事訴訟法'では理由齟齬(そご)といった)，*絶対的上告理由'となる〔民訴312②⑥〕。 ⇨判決理由' ⇨理由不備'

理由の追加・差替え *取消訴訟'において行政庁が*処分'時に示したものと異なる事実上・法律上の根拠を主張すること。一般に行政庁は当該処分の効力を維持するために一切の法律上及び事実上の根拠を主張できる(最判昭和53・9・19判時911・99)と解されているので，追加や差替えが認められやすい。行政庁に*理由付記'義務が課されているときは追加主張は許されないとする見解があるが，理由付記の意義と訴訟上の主張の範囲に直接の関連はないという見方もある。

理由の提示 ⇨処分理由の提示'

理由付記 文書で行う行政処分において，その理由を書面によって提示すること。裁判判決の理由記載と共通する面があり，認定した事実及び法令の解釈適用を相手方に示すことが想定される。理由付記を義務付ける定めは，かつては，いわゆる*行政審判'と不服申立てに対する応答である*裁決'・*決定'〔旧行審41・48〕のほかは，*青色申告'に対する*更正'など個別法に散見されるにとどまっていた。判例は，法が理由付記を求めているのは，行政庁の判断の恣意を抑制するとともに，相手方に*不服申立て'の便宜を与える趣旨によるものであるとし，その程度は，処分の性質と各法律の規定の趣旨・目的に照らして個別的に決まるとしてきた(最判昭和38・5・31民集17・4・617。旅券の発給拒否について，最判昭和60・1・22民集39・1・1)。平成5年制定の*行政手続法'は，一定のタイプの処分につき*処分理由の提示'を原則として義務付けた〔行手8・14〕。理由付記は，かつては行政処分の形式要件とされていたが，次第に行政手続法上の重要な原則として認知され，一般法によって明示的に要求されるに至ったのである。また，白色申告に係る更正処分等についても，平成26年1月から理由提示が義務付けられている〔税通74の14①〕。

理由不備 Ⅰ 民事訴訟法では，*判決理由'を全く欠くか，又は，判決に影響を及ぼすべき重要な事項についての判断を遺脱していること。理由が矛盾していて結論に至った脈絡が不明な*理由の食違い'とともに，*絶対的上告理由'の1つとされる〔民訴312②⑥〕。

Ⅱ 刑事訴訟法でも，判決に付すべき理由の全部又は一部が欠けていることをいい，*絶対的控訴理由'となる〔刑訴378④〕。犯罪事実が特定されていないなど，理由が不明確な場合も理由不備となる。*心神耗弱(こうじゃく)'や*正当防衛'などの主張に対する判断〔刑訴335②〕の遺脱は，これには当たらないというのが通説・判例(最判昭和28・5・12刑集7・5・1011等)である。 ⇨判決理由' ⇨理由の食違い'

留保 国家又は*国際組織'が多数国間条約への署名，条約の批准等に際して，宣言を行うことによって，特定の条約規定の自らに対す

る適用を排除又は変更すること(又はその宣言自体を指すこともある)〔条約法約2①(d)、国際機関条約法約2①(d)参照〕。留保国が他の当事国に対して主張しうるだけではなく、他の当事国も留保国に対して相互的に主張しうる〔条約法約21①〕。留保は、条約が当該留保を禁止する場合、又は条約の趣旨及び目的と両立しない場合以外は許される(後者を両立性原則という)〔条約法約19〕。条約が明示的に認めている留保〔条約法約20①〕以外は、留保が許容される条件を満たしていても、イ 条約を全体として適用すべきことが交渉国数の限定性及び条約の趣旨・目的から明らかな場合には、留保国以外の全ての当事国の受諾(全員一致原則)〔条約法約20②〕、ロ 条約が国際機関の設立条約の場合には、その機関の権限ある内部機関の受諾〔条約法約20③〕を要し、ハ 上記以外の場合には、他の締約国のいずれか一国の受諾を要し、他の締約国は異議を申し立てうる。異議申立国は留保国との間で条約関係に入らないことを意図すれば格別、そうでなければ留保国との間でも条約関係に入り〔条約法約20④〕、留保規定が異議申立国との間で適用されないにとどまる〔条約法約21③〕。なお、'国際連合国際法委員会'は、留保規則の明確化を目指して、2011年に「条約への留保に関する実行指針を構成するガイドライン」を採択している。 ⇨条約' ⇨ジェノサイド条約に対する留保事件'

留保解約権 *採用'内定後や*試用期間'において、通常の解雇権に加え、*使用者'に特別に留保されている約定の解約権。法的には*解雇'の一種であるが、その適法性は、採用内定や試用期間の趣旨を踏まえ、通常の解雇より広く認められる。

立木(りゅうぼく) 土地に生立する樹木の集団。樹木は本来は土地の*定着物'であり、独立の権利の客体とならない。日本には、これを土地と分離して独立に取引する慣行があったが、旧不動産登記法(明治32法24。平成16法123により全部改正)はこれを独立の不動産としなかったので、立木ニ関スル法律(明治42法22)は樹木の集団を登記できるものとして、*抵当権'の目的となることなどを認めた。立木はその限りで独立の不動産として扱われる。同法による登記をしない樹木は原則として土地の処分に従うが、特に*明認方法'を施せば、土地と分離して取引の目的とすることができる。

留保条項(条款) ⇨公序(国際私法上の)'
領域 ⇨領土'
領域権原 **1 意義** 特定の領域を国家が法的に取得しうる根拠となる事実又はその証拠をいう。いずれの国家にも属しない無主地を取得する原始取得といずれかの国家の領域を取得する承継取得の2種類がある。前者には、領有意思を伴う実効的占有としての*先占'と、領海内の島の隆起や河口の土砂の堆積等の自然現象あるいは埋立等によって新たに形成された土地を取得する*添付'が含まれる。後者としては、合意による領域の一部の移転たる*割譲'が挙げられる。かつては権原として認められていた征服は現在では有効性を否定されている。このほか、時効が独立の権原として認められるかについては、時効の完成に必要な期間が定められていないこと、時効を援用せずとも相手国の黙示の合意によって説明しうることから争いがある。 **2 領域紛争の処理** 上記の権原の諸様式は対世的な効力を有するものと捉えられており、実際に割譲条約等が存在する場合には当該規定の解釈に従って判断される。また、植民地本国当局が植民地において設定した行政区画線を独立後の新国家の国境として維持するウティ・ポシデティス・ユーリス(圝 uti possidetis iuris)原則の適用について紛争当事国間に合意がみられるような場合にも、区画線に従う形で判断がなされる。しかし、多くの領域紛争においては、紛争当事国それぞれが一定の根拠をもった権原主張を行うのであって、そのいずれが有効で他方が無効かという形でではなく、いずれがより有効かという相対的評価がなされざるをえない。実際の裁判例において、立法的な規律や行政的な行為といった、問題の領域において領域的管轄権が実効的に行使されていることを示す国家となる主権者としての種々の行為が「主権の表示」や「エフェクティヴィテ」(圝 effectivités)といった概念で表現され、紛争当事国のいずれがより充実した表示をなしてきたかによって判断が下される例がみられるのはそのためである。なお、特定の地域が当事国のいずれに帰属するかを過去のある時点におけるその確定に依拠して判断するため、領域紛争を巡る国際裁判においては、紛争の発生時点や問題とされる領域の帰属が決定的となった時点を決定的期日として特定し、同日以前の事実を権原主張の証拠として提出することを当事国に認める処理がとられる例が多い。

両院協議会 国会の議決が必要であるが両院の議決が一致しない場合に、両院の合意を得るために開かれる特別の会議。憲法は、予算の承認や条約の承認、内閣総理大臣の指名に関する議決の不一致については、両院協議会を必要

りょういん

的であるとした上で，衆議院の議決の単純優越を定めている〔憲60・61・67〕。法律案の議決の不一致については，両院協議会は任意的とし，衆議院の議決が優越するのは衆議院で出席議員の3分の2以上で再議決した場合に限っている〔憲59〕。両院協議会はまた，憲法改正原案など他の国会の議決が必要な案件についても，開催されることがある〔国会86の2・87〕。両院協議会は，各院から10人ずつ選任された委員で構成され〔国会89, 衆規250, 参規176〕，成案を得るには出席委員の3分の2以上の多数が必要である〔国会92①〕。

両院制 *議会'が2つの合議体(議院)から構成される制度。二院制ともいう。少なくとも，その一院(*下院')は*公選'された議員で組織される。両院制に期待する効用は，時代により，国によって同じではない。*上院'が非公選の場合，両院制は議会の権力を緩和し，民主性を抑制する権能をもつが，民主的勢力が強くなれば上院の権限は縮限される(例：イギリスの議会)。連邦国家では，上院を州(支分国)代表で組織することによって集権主義を緩和し，*大統領制'の国家では，行政府と立法府の衝突を緩和する機能をもつ。日本の両院制は，いずれも公選議員で組織される〔憲43①〕が，定数・任期・選挙方法等で組織に特色をもたせ，また，権能の点で対等でない(⇨衆議院の優越(優位)' ⇨緊急集会(参議院の)')。そこでは，多様な国民の意思を反映し，審議を慎重にし，多数決による数の政治の行き過ぎを理の政治によって緩和することが期待されている。両院制の議会では，両議院は同時に召集され，閉会し〔憲54②〕，また，各議院は，独立に会議を開き議決するのを原則とする。

領　海　沿岸国が設定した*内水'に接する一定の幅の帯状の沿岸海域で，当該沿岸国の主権の及ぶものをいう。領海の幅については，ヨーロッパ近代に大砲の着弾距離を根拠として主張された「着弾距離説」以来，*基線'から測定して3海里が慣行化していた。20世紀に途上国を中心として，領海拡大主張が強まり，*国際連合海洋法条約'は，領海の幅を12海里以内とした〔海洋法約3〕。領海において沿岸国は，上空・海底・地下を含めて，漁業・警察・関税・安全保障等に関する包括的な主権を行使することができる〔海洋法約2。なお，領海約1・2〕。ただし，航行・通商の自由による利益を反映して，外国船舶は領海で*無害通航権'をもつ。領海でも*国際海峡'に当たる場合には，全ての船舶・航空機の*通過通航権'が認められる。日本は，昭和52年に領海法(法30)を制定し，特定海域を除いて領海の幅を12海里とした〔領海1・附②〕。更に1996年，国際連合海洋法条約の批准に伴い領海法の一部を改正し(法73。題名が「領海及び接続水域に関する法律」となる)，領海の幅を測定する基線として直線基線を採用した〔領海2〕。また，「領海等における外国船舶の航行に関する法律」(平成20法64)は，領海と内水における外国船舶が，4条に定める理由がない場合には，停留・びょう泊・係留・はいかい等をしてはならないことを定めている。

両　替　異なる種類の通貨の交換行為のこと。*営業的商行為'の一種とされ〔商502⑧〕，したがって，これを業とする者は*商人'となる〔商4①〕。商法は銀行取引の一態様として規定しているが，*銀行法'上は*銀行'の付随業務とされており〔銀行10②Ⅲ〕，銀行だけがこの取引をすることができるというのではない。

猟官制　⇨スポイルズ・システム'
両議院　*衆議院'及び*参議院'を合わせて呼ぶ言葉。両院と呼ぶ場合もある。⇨両院制'
陵　虐　⇨特別公務員暴行陵虐罪'
領　空　**1 意義・沿革**　国家の*領土'・領水(*領海'及び*内水')の上空の空間で国際法上当該国の*主権'が認められる部分。20世紀初めまでは*公海'の自由になぞらえて空間の自由が主張されたこともあった。第一次大戦で航空機が軍事用に使用されて以来，領土の安全と秩序の観点から国家の主権が主張されるようになり，1919年の国際航空条約(パリ条約)(大正11条4)が領域権の完全かつ排他的な主権を規定した〔国際航空条約1〕。以後戦間期の多数の*航空協定'や国内法，学説がこの原則を踏襲し，*国際慣習法'として確立した。パリ条約に代わる1944年の国際民間航空条約(シカゴ条約)(昭和28条21)は，パリ条約1条と同一の規定を置いた〔国際民間航空条約1〕が，これは国際慣習法の原則を確認したものとみなされる(⇨国際民間航空機関')。

2 上限　当初は上方無限とされたが，第二次大戦後，宇宙空間の利用が開始されると，宇宙空間は領域国の主権に服さない自由な空間とされるに至った〔宇宙約2〕。ただし，空間の利用が科学技術の進歩に依存していることもあって，領空と宇宙空間の境界を明確に画定することは今日まで成功していない。⇨宇宙'

3 法的地位　シカゴ条約は，領空主権を「完全且つ排他的な主権」と規定したが，パリ条約が認めた領空の無害航空の自由〔国際航空条約2〕につ

いては規定せず，領海に対する主権よりも領空の排他性が強いとされた(⇨'無害通航権')。かかる領空主権の結果として，他国領空の飛行には，必ずその許可を受ける，又はその条件に従う必要があり，これなしに他国領空に侵入する場合は領空侵犯として国際法上の不法行為とみなされる。定期国際航空業務は，領域国の許可がなければその領空への乗り入れ，通過を認められない〔国際民間航空条約6〕。国際民間航空業務の円滑な実施のために多数国間条約や二国間航空協定が結ばれている。なお，「領土」に掲げた〔図：領域・空間の管轄〕をみよ。

量刑　⇨'刑の量定'

量刑不当　*'処断刑'の範囲内での*'刑の量定'が不当に重い，あるいは軽い場合をいう。*'控訴'理由の1つとなる〔刑訴381〕。刑の量定の基礎となる事情の認定と，これに対する法的評価とを適切に行わなかった場合である。処断刑の範囲を逸脱している場合は，*'法令適用の誤り'である〔刑訴380〕。また，甚だしい量刑不当は，*'上告審'による*'職権破棄'の理由とされる〔刑訴411②〕。刑の*'執行猶予'の当否，*'未決勾留'日数の通算なども，刑の量定の問題であるとするのが一般である。

利用権　⇨'価値権'

領事　*'ウィーン領事関係条約'では，「その資格において領事任務を遂行する者」を領事官という〔領事約1①(d)〕。領事の名称は，領事機関の長を指す場合と長以外の領事官を指す場合とがある〔領事約9〕。領事官は，接受国において，自国民の利益保護，経済・文化関係の発展・促進，ビザ(査証)の発給等の行政機関事務などの任務を遂行する〔領事約5〕。領事官には，特権及び免除が認められるが，*'外交官'に付与される*'外交特権'及び免除に比べて範囲は限定されている〔領事約28～67〕。領事官は，本務領事官のほか，名誉領事官から成り〔領事約1②〕，後者は接受国の国民であることが通常である。

領事関係に関するウィーン条約　*'国際連合国際法委員会'での検討を経て，1963年4月24日のウィーン会議で採択，1967年3月19日発効。日本は1983年に加入した(昭和58条14)。前文と79カ条から成る。領事関係の開設・運営，領事任務の終了，領事機関・領事官に関する便宜や特権免除・名誉領事制度等について規定する。別に「紛争の義務的解決に関する選択議定書」(昭和58条15)と「国籍の取得に関する選択議定書」(日本は未加入)が付されている。⇨'領事'

領事婚　⇨'外交婚'

利用処分意思　⇨'不法領得の意思'

良心的兵役拒否　*'兵役の義務'を，宗教的理由や世界観等に基づいて拒否すること。西欧諸国では，兵役法自体が規定するか，憲法を根拠に判例が認めるかの違いはあるが，良心的兵役拒否者と認定された者には兵役を免除し，代わりに非戦闘的代替義務に従事するよう定められている。日本の戦前の兵役法(昭和2法47。昭和20勅634により廃止)は就学等の理由に基づく兵役猶予は認めていたが，個人に*'拒否権'を与えていたわけではなかった。現行憲法下では，自衛力を合憲とする憲法解釈をとっても，*'徴兵制'は違憲とされているから，実定法上，この概念が問題となることはない。⇨'戦争の放棄'

良心の自由　⇨'思想及び良心の自由'

領置　刑事手続における押収の一方法。*'任意提出'された物又は被告人等が遺留した物について行う〔刑訴101・221〕。*'占有'取得に強制は伴わないが，一旦領置された物は，*'留置'の必要がある限り，提出者や所有者の意思に反しても占有が続けられる。裁判所はもとより*'捜査機関'もでき，令状は必要としない。実務上，*'公判期日'に*'証拠調べ'が終わった後に当事者から提出された*'証拠物'〔刑訴310参照〕についても，裁判所の領置決定がされている。⇨'押収'

量的過剰・質的過剰　⇨'質的過剰・量的過剰'

量的有限責任　⇨'人的有限責任'

領土　1意義　国家の領有権が認められる陸地(河川・湖沼を含む)。ただし，広義には*'領海'及び*'領空'を含めた領域の概念と同義で用いられる。

〔図：領域・空間の管轄〕

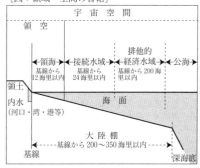

2得喪　国家が領土を取得するには，他国との

合意(⇨'割譲', 交換等), 一方的行為(⇨'先占', 征服等), 自然的原因(海底の隆起に伴う⇨'添付'等)のいずれかの権原に基づくことが必要である。

3 法的地位 領土に対する国家の主権は領海や領空に対する主権より排他性が強い。領海において認められる外国船舶の⇨'無害通航権'は領土については原則として認められないし, ⇨'航空協定'が規定する領空への定期航空機の乗り入れの承認は領土については一般化していないからである。領有権には領土の所有権に加えて領土上の人に対する⇨'統治権'が含まれる。

4 日本の領土 明治時代以降拡大されたが, 第二次大戦後, ⇨'日本国との平和条約'で拡大部分の大半を放棄し〔平和条約2〕, その結果本州, 北海道, 九州, 四国の4島とその周辺の諸小島に限られることになった。 ⇨'北方領土' ⇨'尖閣諸島' ⇨'竹島'

領得罪 ⇨'財産犯' ⇨'不法領得の意思'

両罰規定 **1 意義** 業務主の代表者・代理人又は使用人・従業員が, 業務主の業務に関して違法行為をしたとき, 行為者を処罰するほか, 業務主を処罰する規定。業務主には自然人のほか法人が含まれ, 現行法上, 法人に刑事責任を負わせる根拠規定となっている(⇨'法人の刑事責任')。両罰規定は, ⇨'行政犯'に多く存在するが, ⇨'人の健康に係る公害犯罪の処罰に関する法律'が規定する人の生命・身体に対して危険を生じさせる罪のような刑事犯についても規定されている。業務主の責任の根拠については, かつては, 使用人等の責任が業務主に転嫁される⇨'無過失責任'であると解されていたが, 現在の通説・判例は, 業務主が使用人等の選任・監督に関する注意を尽くさなかった⇨'過失'責任であり, 両罰規定は業務主の過失を推定した規定である, と解している(最大判昭和32・11・27刑集11・12・3113)。したがって, 業務主は, その旨の明文がない場合にも, その使用人等の違法行為を防止するため相当の注意を怠らなかったことを立証した場合には, 刑事責任を免れることができる。

2 刑罰 両罰規定が定める業務主に対する刑罰は罰金刑であり, 従来の両罰規定における業務主に対する罰金刑の上限は使用人等の違反行為者に対するそれと同一であった。しかし, 自然人に対する罰金額では資力を有する法人に対する刑罰として十分でない場合が考えられることから, このような罰金額の連動は理由のないものとされ, 平成4年の改正(法107)によって⇨'独占禁止法'95条1項1号の法人に対する罰金額は, 自然人に対する罰金額とは切り離されて最高1億円に引き上げられ, その後の法改正(平成14法47)で, 上限は5億円となっている。その他, ⇨'金融商品取引法'207条1項1号は法人に対して7億円以下の罰金を, 不正競争防止法22条1項1号は法人に対して10億円以下の罰金を規定している。

利用発明 先願に係る他人の特許発明や登録実用新案, 登録意匠と利用関係にある⇨'発明'をいう。利用関係とは, 先願に係る他人の特許発明等を実施することなく自己の特許発明を実施することができない関係にあるものをいう。例えば, 先願が物質発明で, 後願が当該物質の用途発明である場合や, 後願が当該物質を原料とした製造方法である場合などに, 利用関係が認められる。後願の特許発明が利用発明である場合には, 後願の特許権者は先願の特許権者等の許諾を得なければ, 特許発明を実施することができない〔特許72〕。しかし, 先願の特許権者等の許諾がない限り, 後願に係る特許発明が一切実施されないとすると, 優れた利用発明が実施されない事態が生じ, 社会的に好ましいとはいえない。そこで, 特許法は, 後願の特許権者が先願の特許権者等との協議により実施許諾を受けることができない場合には, 後願の特許権者の請求に基づき, 特許庁長官が裁定により強制的に実施権を設定することを可能とし, 後願の特許権者に利用発明を実施する道を開いている〔特許92③〕。もっとも, 後願の利用発明が先願の特許発明等に比して重要性の乏しいものである場合など, 後願の特許権者に実施権を付与すると先願の特許権者等の利益が不当に害されることとなる場合には, 裁定請求は認められない〔特許92⑤〕。これまで日本において利用発明のための⇨'裁定実施権'が発動された例は存在しないが, 裁定制度が存在することにより当事者間の自主的なライセンス交渉が促進されることが期待される。

療養介護 ⇨'障害者総合支援法'による⇨'障害福祉サービス'の一種〔障害総合支援5①〕。医療を要する障害者であって常時介護を要する者につき, 主として昼間に, 病院において行われる機能訓練, 療養上の管理, 看護, 医学的管理の下における介護及び日常生活上の世話の供与をいう〔障害総合支援5⑥〕。 ⇨'介護給付費'

療養給付 ⇨'通勤災害'に対する⇨'労働者災害補償保険法'上の⇨'保険給付'の一種〔労災21①・22〕。給付内容は被災労働者に一部負担金が課されるほかは, ⇨'業務災害'の場合の療養補償給付と同一である。 ⇨'療養補償給付'

療養担当規則 「保険医療機関及び保険医療養担当規則」(昭和32厚15)の略称。このほか、「保険薬局及び保険薬剤師療養担当規則」(昭和32厚16)が存在する。なお、「高齢者の医療の確保に関する法律」に基づく医療については、「高齢者の医療の確保に関する法律の規定による医療並びに入院時食事療養費、入院時生活療養費及び保険外併用療養費に係る療養の取扱い及び担当に関する基準」(昭和58厚生14)がある。医療保険各法に基づく*療養の給付は、具体的には診療行為として提供される。療養担当規則は、保険医療機関及び*保険医に対して、療養の給付の範囲や担当方針あるいは診療方針などを明らかにするものである。保険医療機関に対して懇切丁寧な療養給付の担当を求めると同時に、受給資格の確認や*一部負担金'等の受領、診療録の記載や整備等といわれて定めている。また、臨床医学上の基礎的知識を有する保険医に対して、保険制度の本質及び臨床医学上の基本的通念に由来する合理的な療養給付の内容及び特殊療法の禁止など一定の制約の存在を明らかにしている。療養の給付に関する適切妥当な範囲を画定するものとして機能する。

療養の給付 *健康保険法'等における*保険給付'の1つ〔健保63・129、国健保36、高齢医療64、国公共済54、地公共済56等〕。*保険医療機関'における*保険医'等による診療や治療等のサービスとして支給されることから、現物給付といわれる。*社会保険'の給付という性格から、診療内容や*診療報酬'等について法律等による規制が存在する。この点から例えば、診療内容について制限診療といわれたり、自由診療との比較から保険診療といわれる場合がある。療養の給付に要した費用は、「療養の給付に要する費用」といい、*一部負担金'と診療報酬とから成る〔健保74〜76・149、国健保42・45、高齢医療67・70等〕。このほか、*公害健康被害の補償等に関する法律'に基づく補償給付としての療養の給付がある〔公害補償3①Ⅰ・19〕。⇨療養費' ⇨療養補償給付'

療養費 *健康保険法'等において、*療養の給付'、*入院時食事療養費'、入院時生活療養費、*保険外併用療養費'の支給が困難な場合、又は*保険医療機関'等が近くに存在しない場合や被保険者証を提出できない場合、あるいはやむをえず保険医療機関等以外で診療を受けた場合などに、療養の給付等に代えて、現金支給される*保険給付'〔健保87・132、国健保54、高齢医療77等〕。当該診療に要した費用を全額支払った後に、本人の請求により保険者から*一部負担金'を控除した額を基準に払い戻されるため、償還払い方式ともいわれる。このほか、*公害健康被害の補償等に関する法律'に基づく補償給付の1つとして、療養費がある〔公害補償3①Ⅰ・24〕。⇨家族療養費' ⇨高額療養費'

療養補償給付 *業務災害'に対する*労働者災害補償保険法'上の*保険給付'の一種〔労災12の8①Ⅰ・13〕。被災者が治癒(症状が固定)するまでの期間、現物たる*療養の給付'を支給する。ただし、療養の給付をすることが困難な場合等には療養の費用が支給される。 ⇨療養給付'

旅客運送契約 旅客、すなわち自然人の運送を目的とする契約。旅客自身が契約当事者となるのが常である。商法によるほか、鉄道営業法、道路運送法等特別法の規定により規制される。契約は、通常、乗車券発売の時に成立するが、乗車後に乗車券を購入するときは乗車の時に成立する。*運送人'は、旅客が運送のために受けた損害を賠償する責任を負うが、運送人が運送に関し注意を怠らなかったことを証明することで責任を免れる〔商590〕。旅客の生命又は身体の侵害による運送人の損害賠償責任(延着に関するものを除く)は強行法であり、これを免除・軽減する特約は、若干の例外〔商591②〕を除き無効とされる〔商591①〕。国際的には、航空旅客運送については、1929年の*ワルソー条約'が制定され、その後数次の改正がなされている。日本は、同条約及び1955年の「1929年10月12日にワルソーで署名された国際航空運送についてのある規則の統一に関する条約を改正する議定書」(ハーグ議定書)を批准していた(昭和42条11)が、その後改正議定書は、1975年改正議定書(モントリオール議定書)の第4議定書のみを批准し、更に1999年の*モントリオール条約'を批准している。また国際海上旅客運送については、「1974年の旅客及びその手荷物の海上運送に関するアテネ条約」(アテネ条約)が成立し、更に同条約を改正するため1990年議定書、2002年議定書が作成された(後者は2014年に発効した)。日本はいずれにも加盟していない。

旅行者信用状 ⇨信用状'

旅行傷害保険 国内旅行傷害保険と海外旅行傷害保険に分けられる。海外旅行傷害保険は海外旅行保険という名称で扱われていることも多い。それぞれ以下のような内容であることが通例である。国内旅行傷害保険は旅行中の傷害に基づいて保険金を支払うが、海外旅行傷害保険は傷害だけでなく旅行中の疾病に基づいて保

りょこうし

りりつ

険金を支払う。また，国内旅行傷害保険は，傷害に基づく死亡，後遺障害，入院等につき一定額の金銭を支払うが，海外旅行傷害保険は，死亡，後遺障害につき一定額の金銭を支払い，治療については治療実費を支払う。海外旅行傷害保険では，傷害保険，疾病保険だけでなく，賠償責任保険，携行品の損害についての保険などが組み込まれている。*保険業法'では，疾病による死亡に関して保険金を支払う保険は，原則として損害保険会社では扱えないことになっているが〔保険業３⑤②〕，海外旅行中の疾病による死亡に関して保険金を支払う保険は例外として損害保険会社も扱うことができる〔保険業３⑤③〕。なお，海外旅行傷害保険は，日本国内に支店等のない外国保険業者が日本国内のリスクについて保険契約を締結することを禁止する規制(海外直接付保の規制)の例外の１つとされている〔保険業186①，保険業令19④，保険業則116③〕。

利　率　　*利息'の*元本'に対する割合をいう。例えば，年１割５分のように元本に対する比率で示すのが普通であるが，日歩３銭のように100円に対する１日の利息額で示すことも取引上多い。利率は，金銭消費貸借契約においては契約で定められるのが普通であるが，約定がない場合には*法定利率'による〔民404①〕。また，利息だけでなく，金銭債務の不履行による損害賠償額も法定利率又は*約定利息'により定める〔民419①〕。

臨　検　　Ⅰ　行政法　１　租税の犯則事件を調査するため必要があるときに徴税職員・税関職員が一定の場所に立ち入ることをいう。犯罪捜査に直接関連して行われるところから，憲法〔憲35〕の趣旨にのっとり，裁判官の発する許可状が必要とされている〔税通132，関税121〕。徴税職員・税関職員が臨検するときには身分証票を携帯しなければならず，かつ，原則として，臨検は昼間に行われる〔税通140・148，関税129・137〕。２　行政職員が，一般に行政法規の実施を監視し，又は公共の安全秩序を維持する警察上の目的から，営業所・事務所・倉庫・工場・寄宿舎などの場所に立ち入ることを臨検と呼ぶ例がある〔食品衛生28，労基101①〕が，近時の立法では多く，これを立入りと称している〔風営37，古物22，質屋24等〕。この臨検又は立入りには裁判官の許可状は必要でなく，身分証票を携帯すれば足り〔労基101①，食品衛生28②，風営37③等〕，必ずしも設備その他の物件の検査を伴わないから，厳密には臨検検査又は立入検査とは区別されている〔火薬43，大気汚染26等参照〕。　⇨立入検査'

Ⅱ　国際法上は，海洋上で行使される警察権の一形態であり，軍艦や権限のある船舶が他の船舶に対して*拿捕(だほ)'・抑留・引致などの措置をとるにあたり，その根拠となる事実の有無を確認するために乗船して船舶書類の検閲や船内検査を行うことをいう〔海洋法約110，公海約22参照〕。　⇨公海'

臨検検査　　⇨立入検査'

臨時会(議会の)　　*常会(国会の)'又は*定例会'(地方議会の)のほかに，必要に応じて臨時に開かれる*会期'〔憲53，自治102③〕。一般には臨時国会・臨時議会と呼ばれる。国会の臨時会の*召集'決定権は内閣にあるが，いずれかの議院の総議員の４分の１以上が要求するときは臨時会召集を決定しなければならない〔憲53〕，衆議院議員又は参議院議員の任期満了による選挙が行われたときは，その任期が始まる日から30日以内に臨時会を召集する〔国会２の３〕。地方議会についても，議長又は定数の４分の１以上の議員による*招集'要求が認められている〔自治101②③〕。国会議員の召集要求に対する内閣の召集期限について憲法は定めていないが，合理的期間内に召集されなければならないと解されている。地方議会については期限の定めがある〔自治101④〜⑥〕。国会の臨時会の活動能力は常会と異なるものではない。地方議会の臨時会には，原則として，あらかじめ*地方公共団体の長'が告示した事件しか付議することができない〔自治102③④〕。国会の臨時会の会期及びその延長は両議院一致の議決〔国会11・12。なお，国会13参照〕で，地方議会の会期はその議決〔自治102⑦〕で決定される。

臨時株主総会　　⇨株主総会'
臨時議会　　⇨臨時会(議会の)'
臨時計算書類　　最終*事業年度'の直後の事業年度に属する一定の日(臨時決算日)における当該*株式会社'の財産の状況を把握するため，法務省令で定めるところにより作成される，臨時決算日における*貸借対照表'，及び臨時決算日の属する事業年度の初日から臨時決算日までの期間に係る*損益計算書'〔会社441①〕。*計算書類'と同様，*監査役設置会社'又は*会計監査人設置会社'においては，法務省令で定めるところにより，*監査役'又は*会計監査人'(*指名委員会等設置会社'では，*監査委員会'及び会計監査人，*監査等委員会設置会社'では*監査等委員会'及び会計監査人)の監査を受けなければならない〔会社441②〕，本店及び支店に一定期間備え置いて，株主・会社債権者，裁判所の許可を得た親会社社員の閲覧等に供さ

りんせつけ

なければならない〔会社442〕。臨時計算書類を作成した場合には，臨時計算書類の損益計算書に計上された純損益金額，当該期間内に会社計算規則21条の規定により増加した*その他資本剰余金'の額及び処分した*自己株式'の対価が*分配可能額'算定上，算入される。

臨時工 臨時の必要のために雇用される労働者一般を意味し，「工」という名称に特に意味はない。2カ月以内の期間を定めた雇用の場合は*解雇の予告'〔労基20〕制度の適用を受けない〔労基21②〕。

臨時国会 ⇨臨時会(議会の)'

臨時司法制度調査会 昭和37年，臨時司法制度調査会設置法(法122)により2年を限って内閣に設置され，司法制度の運営につき緊急に必要な基本的・総合的な施策を調査検討した審議会。臨司と略称される。昭和39年，法曹一元への移行は時期尚早であるとし，このことを前提とした法曹養成，司法行政，裁判官・検察官・弁護士制度の改革等を盛り込んだ「臨時司法制度調査会意見書」を答申した。しかし，法曹一元を早期に実現すべしとする*日本弁護士連合会'の反対にあって，その内容の多くが日の目をみなかった。会長は*我妻栄'。

臨時総会 ⇨株主総会'

臨時的任用 **1 意義** 任期付で任用される公務員の一類型〔国公60，人規〈8-12〉39，地公22の3〕。⇨任期付職員'

2 要件 常時勤務を要する職に欠員が生じた場合において，緊急の場合，臨時の職に関する場合，又は任用候補者名簿がない場合に，6カ月を超えない範囲の期間で任期を付して任用でき，更新は一度に限られる。かつての*地方公務員法'は，対象を常時勤務を要する職に限定していなかったが，平成29年の法改正(法29)で，国と同様の制度に改められた。 ⇨職(公務員の)'

3 手続等 国の場合は*人事院'の，*人事委員会'を置く地方公共団体では人事委員会の，それぞれ承認を得て行う〔国公60①，地公22の3①〕。正式の任用に際し，いかなる優先権をも与えるものではない〔国公60④，地公22の3⑤〕。地方公共団体の臨時的任用職員は，条例による定数規制の対象から除外される〔自治172③〕。*人事評価'〔国公70の2～70の4，地公23～23の3〕の実施は，国の臨時的任用職員については必要とされていないが〔人事評価令3②〕，地方について法令に同旨の定めはない。 ⇨定員'

臨時法 ⇨限時法'

臨時報告書 *有価証券報告書'を提出しなければならない会社の企業内容に関して一定の重要な事実が発生した場合に，内閣総理大臣及び*金融商品取引所'又は認可*金融商品取引業協会'に提出しなければならない書類〔金商24の5④⑥，企業開示19・19の2〕。主要株主の異動や重要な災害，合併，事業の譲渡又は譲受け，重要な取引先の倒産といった企業内容に関する重要事実の発生は，株価その他に大きな影響を及ぼす。したがって，その内容を投資者がタイムリーに知り，的確な投資判断を形成することが必要となるが，定期的に提出される報告書のみでは不十分であることから，1971年に導入された制度である。その後，1988年に導入された参照方式(⇨有価証券届出書')の下で，発行市場における情報開示が継続開示に依存する方向が強まったため，臨時報告書の提出事由は拡大された〔企業開示19②〕。適時開示(⇨ディスクロージャー')の開示事項があらかじめ明示されず，およそ株価に影響を及ぼす全ての情報の開示を求めるのに対し，臨時報告書の開示事項は内閣府令上特定されるところに特色を有する。ただし，前者は金融商品取引所の規則による要請であるため*金融商品取引法'上の制裁を伴わないが，臨時報告書の虚偽記載・不提出については刑事罰・課徴金の定めがある〔金商197の2⑥・200⑤・172の4〕。なお，有価証券報告書と同様，イ 財務局等及び，ロ 発行者の本店等，ハ 金融商品取引所・認可金融商品取引業協会〔金商25①～③・27の30の6，企業開示21～23〕，ニ 金融庁の電子開示システム(*エディネット(EDINET)')において1年間開示される〔金商27の30の7〕。

隣接権条約 ⇨実演家，レコード製作者及び放送機関の保護に関する国際条約'

るいじしょ

る

類似商標 登録商標(⇒商標権')に類似している商標。商標が類似しているか否かということは，登録・侵害・無効・*先使用権'等，*商標法'上多くの場合重要な問題となる。先願の登録商標に類似する商標の登録は認められない〔商標4①Ⅺ〕。商標権者は，登録商標と同一の商標については独占的な使用権(積極的効力)を有する〔商標25〕が，これと類似の商標については排他権(消極的効力)を認められている〔商標37①〕。類似の判断基準としては，通常，外観・称呼・観念の3つが挙げられている。そして，その判断は，場所と時間とを異にするいわゆる離隔的観察方法でなされる。類似については，登録商標と対象商標との静的比較だけで判断するのではなく，商標が使用されているときには取引の実情をも勘案の上，判断されるというのが日本の実務である。

類似必要的共同訴訟 *判決の効力'が当事者以外の関係者に及ぶ関係で，その者が共同して訴え又は訴えられた場合には訴訟の目的が全員につき合一に確定されることが必要とされる〔民訴40〕共同訴訟の一形態(⇒必要的共同訴訟')。例えば，数人の株主が提起する会社合併無効の訴え〔会社828①⑦⑧〕や株主総会決議取消し又は無効・不存在確認の訴え〔会社830・831〕，役員等に対する責任追及の訴え(いわゆる株主代表訴訟)〔会社847③〕など。

累進処遇 施設処遇において，収容者の行状その他の成績に応じて順次上級の段階に進める制度。19世紀半ばにイギリスの流刑地オーストラリアで創始され，その後本国でも*自由刑'の執行方法として取り入れられるとともに，世界的に広まった。日本でも昭和8年の*行刑累進処遇令'によって全面的に採用された。順次進級するごとに処遇上の特典と自由を増加し，最上級では*仮釈放'を与えることにより，更生意欲を高め社会適応化を図ろうとするものである。しかし，受刑者処遇の方法として，今日では，級間の処遇差をつけるのが困難となったこと，どの級でも仮釈放が可能であることなどのため，その実を上げにくくなっていると批判され，監獄法改正とともに，行刑累進処遇令は廃止されて，制限の緩和〔刑事収容88〕，優遇措置〔刑事収容89〕に解消された。少年院における処遇にも累進制がとられていたが，新しい少年院法(平成26法58)により，段階処遇〔少院16〕に解消された。

累進税率 金額ないし価額の増加に応じて累進的に定められる*税率'。比例税率(⇒比例税')と対比させられる制度で，*納税義務者'の担税力を直接の基準として課される税について用いられる。累進税率には，*課税標準'が大きくなるにつれ，その全体に対して高率を適用する単純累進税率と，課税標準をいくつかの段階(課税段階)に区分し，上の段階にいくに応じて逐次に高率を適用する超過累進税率とがある。日本で用いられるのは後者である。

類推解釈 ⇒法の解釈'

類する ⇒準ずる・類する'(巻末・基本法令用語)

累積的適用 ⇒累積的連結'

累積的優先株 ⇒優先株'

累積的連結 *国際私法'上，1つの*単位法律関係'について複数の*連結点'を置き，それぞれの連結点により指定される*準拠法'の定める要件を全て満たした場合にのみその成立を認め，またそれらの準拠法の全てが認める効力のみを認める連結手法。適用される準拠法に着目した場合には累積的適用といわれる。ある法律関係の成立又は効力の発生が困難となることから，そのような政策的理由がある場合に用いられる。日本の国際私法においては，外国法が*不法行為'の準拠法とされた場合には，その成立及び効力について日本法への累積的連結が規定されている〔法適用22〕。

累積投資業務 *有価証券等管理業務'を行う金融商品取引業者が顧客から金銭を預かり，当該金銭を対価としてあらかじめ定めた期日に当該顧客に*有価証券'を継続的に売り付ける契約を累積投資契約といい，この契約の締結を業として行うことをいう。*金融商品取引業'に付随する業務とされる〔金商35①⑦〕。

累積投票 Ⅰ *大選挙区'*連記投票'制において，選挙人に同一の候補者の氏名を累積して連記することを許す投票の方法。異なる候補者の氏名の連記しか認めない方法に比較すれば，少数派の候補者の選出される可能性があるが，必ずしも確実な*少数代表'の方法とはいえない。日本では採用されていない。

Ⅱ 会社法 **1意義** *株式会社'の*取締役'の選任について認められる特別の*決議方法'。2人以上の取締役を同一の*株主総会'で選任す

る場合に、各株主が1株につき選任される取締役の数と同数の*議決権*を与えられ、取締役候補者の1人に全部を集中して投票することも、適宜数人に分散して投票することも自由とされ、その結果最多数の投票を得た者から順次選任される〔会社342〕。通常の決議方法では選任される取締役につき各別に決議するため、その全員が多数派から選ばれることになるが、累積投票によれば少数派も持株数に比例して取締役を選出する可能性が生じ、少数株主の保護に資する。もっとも、*取締役会*に党派的対立を持ち込み、会社業務の円滑な運営を阻害するという批判があるため、*定款*でこの権利を排除することができ、実際にも大多数の会社がこれを排除している。なお、解任決議の決議要件に関する会社法341条の規定は、累積投票により選任された取締役の解任決議には適用せず、*特別決議*を要す〔会社342⑥・309②⑦〕。*普通決議*により解任されたのでは、この制度が無意味になるからである。

2 請求 株主の請求に基づいて行われ、他の株主に準備の機会を与えるため、会社に対し会日の5日前までに書面又は*電磁的方法*で請求することを必要とし、この請求の書面・*電磁的記録*は本店に備置きされ株主の閲覧に供され、かつ、議長は議決に先立ちこの請求があった旨を宣告しなければならない〔会社342①②⑤、会社則97〕。累積投票請求権は*単独株主権*である。

累 犯 犯罪を反復累行すること。刑法は累犯の章を設け一定の要件を具備した再犯に対して刑の加重をすることとしている〔刑1編10章〕。累犯の刑が加重される理由は、一度刑に処せられた者がそれによって懲りずに再び犯罪を行ったという点に非難性の増大が認められるというものであるが、累犯者は特に再犯の危険が大きく、社会的危険性が強いため、長期の拘禁が必要であるという保安の要求が働いていることを否定できない。累犯の増加現象が従来の刑による対応では賄えないものとして、19世紀における*特別予防*を重視する*新派刑法学*派の台頭の機縁となった。現在でも累犯対策は*刑事政策*の最大の課題であり、各国においては*保安処分*を適用する立法例もみられる。日本の*改正刑法草案*は、常習累犯に対する相対的不定期刑(⇨不定期刑')の導入を提案している〔刑法草案58・59〕。 ⇨再犯'

ル ソー Rousseau, Jean-Jacques(1712～78) ジュネーブ生まれ、フランスの思想家。「人間不平等起源論」(1755)においては、土地の分割が人類の堕落をもたらしたという反文明主義的政治思想を説いたが、「社会契約論」(1762)では*ホッブズ*や*ロック*の個人主義的な社会契約説(⇨契約説')と異なり、自然状態の個人的自由に対して、社会契約によって成立した国家状態における自由、すなわち*一般意志*(仏 volonté générale)の形成者である国民が一般意志の支配を受けるという、団体的自律を高次の自由とする団体主義的人民主権論を説いた。この理論は、フランス革命や明治期の*自由民権運動*などに大きな影響を与えた。しかしそれは一般意志の名による権力支配を正当化するもので、ジャコバン型独裁の根拠となったという批判も根強く唱えられている。

れいおふ

れ

レイオフ 英layoff　アメリカで経営不振等のために人員削減が必要となった場合に一定の条件が整えば再雇用することを前提として行う一時解雇のこと。*労働協約'上，労働者の*先任権'に従って実施されるのが一般的である。日本の一時帰休制度がこれに類似する。

例外条項(国際私法上の)　⇨回避条項'

レイシオ・デシデンダイ　羅ratio decidendi　ある判決において，その判決の結論に達するため不可欠な基礎となった原理。判決の真の理由。イギリスのように先例拘束の原則が支配する場合に，判例法(⇨判例')として拘束力をもつのはこの部分であるとされている。ところが，判決理由として裁判官が判決の中で述べる意見の中には，しばしば必ずしも結論に不可欠でない付随的な意見も含まれている(傍論あるいはオビタ・ディクタム(羅obiter dictum)という)。例えば，*不法行為'を理由としている訴訟で，判決が，もし*債務不履行'を理由として訴えていれば原告は勝訴したであろうと述べながら，原告を敗訴とするような場合である。そこで，ある判決の真の判決理論を傍論から区別することは，法律家にとって極めて重要な仕事であり，判例法国においては，そのための法的技術が高度に発達している。日本で*先例'には事実上の拘束力しかないが，ある判決を分析するためには，具体的な事実に対して，どのような根拠で結論が導かれたかを知ること，つまり，レイシオ・デシデンダイを発見することがまず必要な作業である。　⇨判決理由'

令状主義　*逮捕'・*勾留'・*押収'・*捜索'等の強制処分を行う場合には，裁判所又は裁判官の発する令状を必要とする原則。公正な司法官憲の審査によって処分の当否を判断し，処分の範囲を画することで，人権侵害を防止しようとするもので，憲法に根拠をもつ〔憲33・35〕。*現行犯逮捕'〔刑訴213〕，逮捕の際の*差押え'・捜索'・*検証'〔刑訴220〕などは令状主義の例外であるが，これは憲法も認めるところである。令状主義の具体的な形態は，刑事訴訟法及び*刑事訴訟規則'によって詳しく定められている。

例とする(常例とする)　⇨例とする'(常例とする)'(巻末・基本法令用語)

例による　⇨例による'(巻末・基本法令用語)

礼拝所不敬　⇨らいはいじょふけい'

例文解釈　不動産賃貸借契約書，身元保証書，手術での同意書，示談書などに含まれた定型的文言や*約款'の解釈において，文言通りに適用した場合の結果の不当性を回避するために，当該文言を「単なる例文である」とし，具体的な合意の対象とはなっていなかったものとして，その効力を否定する契約解釈の手法。*信義則'によって基礎付けられ，形の上では合意の存在を否定するものであるが，実質的には裁判官による契約内容の改訂を意味しており，一方的に相手方に不利となる契約条項に対する間接的な内容規制としての機能を営んでいる。

歴史的解釈　⇨法の解釈'

歴史法学(派)　独Geschichtliche Rechtswissenschaft(俗称としてHistorische Rechtsschuleとも)　法学の方法を巡る論争的な学派である。この学派は，18世紀全般を通じてヨーロッパに支配的な法理解が，近世自然法論の影響の下，過去の経験を捨象し合理的理性に依拠する反歴史的な方法に基づいていたと断じ，これに対し，過去と現在との排他的でない関係を「歴史的」に追究すべしと主張した。この主張の理論的意図は，国家の中央集権強化に対応する国家制定法中心主義に対抗し，実務慣行や裁判実務，学説などの，民衆と法曹とによる工夫を通じた法の長期的形成を重視する点にあった。現実には，神聖ローマ帝国の瓦解に伴うドイツ語圏の政治的文化的分裂の危機に直面し，三大法典の用語法に看取される概念的杜撰(ずさん)が旧来の法実務をかえって温存するという冷めた法的認識をも踏まえ，この学派は，ドイツに共通の，学問的な法把握の確立をもくろんだのである。かくして歴史法学は，*法典論争'の時期にドイツ統一法典編纂(へんさん)反対の論陣を張り，政治的方法論的に先鋭な表現をみいだし，1815年に*サヴィニー'らにより創刊された「歴史法学雑誌」がこの学派の確立を記念する。この学派に対して観念論哲学が与えた影響は大きいが，なお市民的人文主義やイギリス古典経験論からの影響も無視しえない。歴史法学が法形成について抱いた傑出したモデルは，古典期ローマ法である。しかし歴史法学の方法は*ローマ法'研究と*ゲルマン法'研究の双方に適用さるべきものとされた。国家制定法によらない法形成に着目する歴史法学の考え方は後に*エールリッヒ'の「*生ける法'」にも影響を与え，これを通じて日本に

おける判例研究を促す遠因にもなった。

レークス 羅lex （法分野によっては慣例的にレックス，又はレクスと記される場合もある。）古代ローマにおいて，民会が制定した法律。元老院の裁可を要し，共和政体が前提であった。提案者の名を冠する法律も多数知られる（現代アメリカと同様である）。イタリア半島を統一する過程で，平民出身者を含む新貴族（ノビレス）が支配層を形成し，元老院の承認なしに，平民会議決（羅plebis scitum）が全市民への拘束力を持つに至った。これ以降，平民会議決もレークスと呼ばれた。レークスとして伝わるものには，不法行為の一般法や債権者詐害，奴隷解放，遺贈の規制，特定の犯罪類型に対する陪審刑事裁判所の設置，護民官（羅tribunus plebis）グラックスの改革での貴族が独占する公有地の再配分など，様々なものがある。元老院集団指導体制が内乱の1世紀に崩壊し元首政が成立すると，民会は実質を失い，やがてレークスは，元老院議決（羅senatus consultum）や皇帝の勅法（羅constitutio principis）を指すに至り，各地の都市法もレークスと呼称された。私法分野では，遅くとも共和政以来，私人間合意，失権約款など契約の特約・付款，奴隷解放に付された条件などもレークスである。レークスは参画する当事者の自己決定であり，その自己拘束力が共通点である。

レコード 音を固定した録音物（映像とともに固定したものを除く）〔著作2①⑤〕。いわゆるレコードに限られず，CDその他のデジタル録音も含む。固定される音は，*著作物'に限らない。固定をした者に，その音源についてのレコード製作者の権利（*著作隣接権'）が与えられている。レコード製作者の権利は，*複製権'〔著作96〕，*送信可能化権'〔著作96の2〕，*譲渡権'〔著作97の2〕，政令で定めた期間（12カ月〔著作令57の2〕）の*貸与権'〔著作97の3〕がある。「商業用レコード〔著作2①⑦〕」（市販の目的をもって製作されるレコード）については，放送事業者等による放送等に対する二次的使用に対する使用料請求権〔著作97〕，発売後12カ月を経過したレコード（期間経過商業用レコード）の貸与に対する報酬請求権〔著作97の3③〜⑤，著作令57の2〕がある。また，専ら国外で頒布する目的を有するレコード（国外頒布目的商業用レコード）の輸入等は政令で定める期間（4年〔著作令79〕），侵害とみなされる〔著作113⑩〕。

レコード製作者 ⇒著作隣接権'
レコード保護条約 ⇒著作隣接権'
レジスタンス ⇒戦闘員'

レースラー Roesler, Karl Friedrich Hermann (1834〜94) ドイツの法学者・経済学者。*大日本帝国憲法'・*旧商法'の起草に助言者として参加した。弁護士の子としてバイエルンに生まれ，エアランゲン，ミュンヘン両大学に学ぶ。1861年ロストック大学教授。日本政府に招かれ1878年来日，井上毅（1843〜95）の助言者として憲法その他の立法に大きな貢献をした。その基本思想は国家の倫理的機能を強調し，君主を国家の倫理性の担い手であるとするもの。1893年帰国。

レセプツム責任 *運送人'や旅館の主人（⇒場屋（じょうおく）の取引），が，客から受け取った物品の滅失・損傷に関して，その受領（羅receptum）の事実だけに基づき，法律上当然に結果責任を負うという責任。*ローマ法'に由来し，後に，不可抗力，物自体の*瑕疵（かし）'又は自然の消耗，*荷送人'や旅客自身の過失による滅失・損傷については，免責が認められるようになった。日本の商法は，運送人についてはこの責任を修正し，一般原則と同じ過失責任を負うものとする〔商575〕。これに対し，場屋営業者については，客から*寄託'を受けた物品の滅失・損傷につき，不可抗力によることを証明しない限り，損害賠償責任を免れないものとする〔商596①〕。場屋営業者のこの責任は特約で減免可能であるが，場屋営業者が責任を負わない旨の告示をしただけでは免責されない〔商596③〕。

レター・オブ・インテント 英Letter of Intent（L／I） ビジネス・レターの形式をとった契約交渉の一定段階における合意事項の確認書，すなわち予備的合意書である。将来締結される契約の主要な取引条件，例えば，対象商品，品質，数量，価格，支払条件などが記載される。当事者の単なる意向ないし意図の表明にすぎないという建前であるが，この書面が秘密保持条項を除き拘束力を有するものではない旨を明示しないと，表現及び交渉の経緯に照らして，法的拘束力が認められる可能性が低くないといわれている。

列記主義・概括主義（行政訴訟事項に関する）
1 列記主義 *行政訴訟'を提起できる事項（行政訴訟事項）を法令でいくつかの事項に限定する主義。特定の行政処分を列挙し，それについてのみ行政訴訟の提起を認める個別的列記主義と，いくつかの範ちゅうを掲げて，そのいずれかに包摂される事項について訴え提起を許す概括的列記主義とがある。*明治憲法'下の日本では，「行政庁ノ違法処分ニ関スル行政裁判ノ件」（明治23法106）が，行政訴訟事項として，「海関税

ヲ除ク外租税及手数料ノ賦課ニ関スル事件」など5種の事件を限定列挙していた。したがって、この時代は概括的列記主義がとられていたことになる。ただし、特別法の規定により個別的に訴訟提起が認められることはあった。

2 概括主義 明治憲法時代の概括的列記主義の下では、限定された行政訴訟事項以外の事件については、臣民は行政の行為を甘受するほかなかった。しかし、今日の日本国憲法の下では、行政裁判所は廃止されて、原則として全ての法律上の争訟を司法裁判所が審理しうることになっている〔裁3①〕。また、国民に対して裁判を受ける権利が保障された〔憲32〕。したがって、'行政事件訴訟'に関して列記主義をとることはもはや許されず、概括主義が妥当する。しかし、例えば'原告適格'の有無が法律上保護された利益説に従って判断されていることなど、実際に出訴の可能性を制限している要因は多い。

レックス・メルカトリア 英 lex mercatoria 国際商取引に直接に適用される超国家的な自律的法規範。商人法、国際商慣習法とも呼ばれる。'インコタームズ'、「荷為替信用状に関する統一規則及び慣例(信用状統一規則)」などの民間統一規則のほか、'国際物品売買契約に関する国際連合条約'、ユニドロワ国際商事契約原則などが、レックス・メルカトリアの例として挙げられている。'国際商事仲裁'では直接適用されることがあるが〔仲裁38③参照〕、レックス・メルカトリアが国家法でも国際条約でもないため、国家裁判所での適用の可否については争いがある。

劣後株 '剰余金の配当'又は残余財産の分配(⇒残余財産分配請求権')について内容の異なる'種類株式'が発行される場合において、劣後的取扱いを受ける株式。後配(ごはい)株ともいう。'優先株'及び普通株に対する。

劣後債 ⇒社債の種類'

劣後的破産債権 ⇒破産債権'

レッセ・フェール ⇒福祉国家'

レッド・パージ 英 red-purge 共産党員及びその同調者(シンパサイザー)を職場、特に公職から追放すること(⇒公職追放')。日本では、マッカーサー(Douglas MacArthur, 1880〜1964)が昭和25年5月共産党の非合法化を示唆、6月6日、吉田茂(1878〜1967)首相宛での'連合国最高司令官の書簡'で共産党中央委員全24名の追放、更に6月26日には機関紙「アカハタ」の1カ月停刊(7月18日無期限に変更)を指令、これらに基づく日本政府の措置によって共産党の公然中央組織は壊滅。以後、9月1日の閣議でレッド・パージの方針が決定されるや、国労・全逓を始め新聞・放送、電気産業から全産業部門へと拡大していった。これらの措置は思想の自由を侵害し、'信条による差別'をするものであるが、超憲法的効力をもつものとされ、救済は与えられなかった。⇒ポツダム命令'

レトリック ⇒弁論術'

レバレッジド・バイアウト 英 Leveraged Buyout ; 略称 LBO 買収対象企業の資産等を担保にして銀行から買収資金を借り入れ、あるいは低'格付'の'社債'(ジャンク・ボンド(英 junk bond))の発行により資金を調達し、対象企業の買収を行う行為。1980年代以降、アメリカで流行した買収手法。借入金は、買収対象企業と買収者が'合併'等により一体化し、買収対象企業の遊休資産を売却することによって返済されることが多い。レバレッジド・バイアウトに対しては、企業の資本構成を変更し経営効率を高める効果があるとして高く評価する立場と、買収対象企業を切り売りする行為であると非難する立場が対立している。

レヒツシャイン ⇒権利外観理論'

レファレンダム ⇒国民投票'

レ(ー)モン・テスト ⇒目的効果基準'

連記投票 選挙区において選挙すべき議員の定数が複数である場合('大選挙区')に、選挙人が複数の定められた数の候補者に投票することを認める制度。'単記投票'に対する語。議員定数と同数の候補者への投票を認める場合を完全連記投票、議員定数より少ない数の候補者への投票しか認めない場合を制限連記投票という。比較法的には、大選挙区の場合は連記投票が一般的であるが、日本のかつての'中選挙区'制は大選挙区であるが単記投票であった。日本の連記投票の例としては、明治22年衆議院議員選挙法(法3)、昭和20年衆議院議員選挙法(法42)、貴族院伯子男爵議員選挙規則(明治22勅78)が挙げられる。

レ(ー)ンクィスト・コート 英 Rehnquist Court ウィリアム・レ(ー)ンクィスト(William Hubbs Rehnquist, 1924〜2005)が首席裁判官を務めた時期(1986〜2005)のアメリカ合衆国最高裁判所を指す。レ(ー)ンキスト・コートと表記されることもある。レ(ー)ンクィスト・コートは、州権尊重の立場からニューディール以来の連邦政府権限の拡大に歯止めをかけ、国教分離の原則(⇒政教分離の原則')を緩和する一方で個人の'信教の自由'を抑制し、妊娠中絶に関する女性の'自己決定権'を制限するなど、前任の'バーガー・コート'に比して一段と保守色を

強めたといえる。とりわけ2000年の大統領選挙の投票集計作業を巡る紛争について合衆国最高裁判所が結果的に共和党のブッシュ大統領誕生に道を開く判断を下したことは，司法権の適切な行使であったか否か激しい論議を引き起こした。

連携協約 *普通地方公共団体'が，他の普通地方公共団体と連携して事務を処理するにあたって，その基本的な方針及び役割分担について，締結する協約〔自治252の2〕。議会の議決及び総務大臣又は都道府県知事への届出が必要である。 ⇨事務の共同処理'

連結計算書類 *会計監査人設置会社'及びその*子会社'から成る企業集団の財産及び損益の状況を示すために必要かつ適当なものとして法務省令で定めるもの。連結計算書類には連結貸借対照表，連結損益計算書，連結株主資本等変動計算書及び連結注記表が含まれる〔会社計61〕。大会社のうち*有価証券報告書'提出会社は連結計算書類を作成しなければならないが〔会社444③〕，それ以外の会計監査人設置会社も作成することができる〔会社444①〕。連結計算書類は*監査役'，*監査等委員会'又は*監査委員会'及び*会計監査人'の監査の対象となり〔会社444④〕，監査役，監査委員会が選定する監査委員若しくは監査等委員会が選定する*監査委員'又は会計監査人は職務を行い，あるいは業務を執行するために必要があるときは子会社に対する報告請求権や業務・財産状況調査権を有する〔会社381③・405②・396③〕。*株主総会'の招集通知に際して連結計算書類は提供されるが〔会社437〕，連結計算書類に係る*監査報告'又は*会計監査報告'の写しの提供は要求されていない。 ⇨注記表'

連結子会社 連結計算書類において連結の範囲に含められる子会社をいう〔会社計算2③㉒〕。すなわち，*事業年度'の末日において*大会社'であって*金融商品取引法'上，*有価証券報告書'を内閣総理大臣に提出しなければならない会社〔金商24①〕は，連結計算書類の作成義務を負い〔会社444③〕，それ以外の会社であっても*会計監査人'設置会社であれば任意に連結計算書類を作成できるが〔会社444①〕，そうして作成された連結計算書類に組み入れられる子会社をいう。その内容は連結財務諸表規則2条3号と同一である。子会社とは，会社がその総株主の議決権の過半数を有する*株式会社'その他の当該会社がその経営を支配している法人として法務省令で定めるものであり〔会社2③〕，会社法施行規則は，他の会社等の財務及び事業の方針の決定を支配している場合における当該他の会社等を子会社と定め〔会社則3①〕，財務及び事業の方針の決定を支配している場合について詳細に規定する〔会社則3③〕（⇨子会社'）。会社以外の法人や*組合'等も含まれる。平成14年改正（法44）商法特例法（正式には「株式会社の監査等に関する商法の特例に関する法律」，昭和49法22。平成17法87により廃止）により，同法上の大会社は，法務省令で定める連結計算書類を作成しなければならないとされたことにより，*財務諸表規則'にいう子会社を商法特例法の規制対象にする必要が生じたことから新たに設けられた概念である。会社法の下では子会社の概念が会社法及び会社法施行規則で実質的に定義されたため，連結子会社は単に連結の範囲に含められる子会社とのみ定義された。 ⇨連結計算書類'

連結財務諸表 支配従属関係にある2以上の企業から成る企業集団を単一の組織体とみなして，*親会社'が，当該企業集団の財政状態，経営成績及びキャッシュ・フローの状況に関して真実な報告を提供するために作成する*財務諸表'。金融商品取引法上，*有価証券報告書'には連結財務諸表として，連結貸借対照表，連結損益計算書及び連結包括利益計算書又は連結損益及び包括利益計算書，連結株主資本等変動計算書並びに連結キャッシュ・フロー計算書を含めることが要求され〔連結財務規1①①〕，*半期報告書'にも同様の中間連結財務諸表を含めることが要求されている〔連結財務規1①②③〕。これらの連結財務諸表の用語，様式及び作成方法については，「連結財務諸表の用語，様式及び作成方法に関する規則」（昭和51大28）が定め，また，企業会計基準22号「連結財務諸表に関する会計基準」，企業会計審議会「連結キャッシュ・フロー計算書等の作成基準」，企業会計基準16号「持分法に関する会計基準」，企業会計基準適用指針22号「連結財務諸表における子会社及び関連会社の範囲の決定に関する適用指針」，日本公認会計士協会会計制度委員会報告7号「連結財務諸表における資本連結手続に関する実務指針」，日本公認会計士協会会計制度委員会報告7号（追補）「株式の間接所有に係る資本連結手続に関する実務指針」，日本公認会計士協会会計制度委員会報告9号「持分法会計に関する実務指針」などが，これらの連結財務諸表の作成にあたって従うものとされる「一般に公正妥当と認められる企業会計の基準」に当たると解されている。イ　連結貸借対照表は，親会社及び子会社の個別貸借対照表における資産，

負債及び純資産の金額を基礎とし，子会社の資産及び負債の評価，連結会社相互間の投資と資本及び債権と債務の相殺消去等の処理を行って作成する。ロ 連結損益計算書及び連結包括利益計算書又は連結損益及び包括利益計算書は，親会社及び子会社の個別損益計算書等における収益，費用等の金額を基礎とし，連結会社相互間の取引高の相殺消去及び未実現損益の消去等の処理を行って作成する。ハ 連結株主資本等変動計算書は企業会計基準6号「株主資本等変動計算書に関する会計基準」に従い，ニ 連結キャッシュ・フロー計算書は企業会計審議会「連結キャッシュ・フロー計算書等の作成基準」に従い，それぞれ作成する。 ⇨連結計算書類'

連結政策 国際私法上，どのような連結点を設定するか，設定する*連結点'を単数とするか複数とするか，連結点を複数とした場合には，*準拠法'とされる複数の法をどのように組み合わせて適用するか等の立法的決断を通じて実現する法政策。例えば，国際私法の立法では，連結点として本国を用いるか*常居所'を用いるか，複数の連結点について，*選択的連結'，*累積的連結'，*配分的連結'，*段階的連結'のいずれの組合せを採用するか等の立法的判断がされる。*単位法律関係'として何を設定するかも国際私法立法における政策決定ではあるが，連結政策を通じた政策実現の方が一般に工夫の余地は大きい。

連結注記表 ⇨注記表'

連結点 国際私法上，*単位法律関係'を構成する要素のうち，*準拠法'を指定する(正確には法域の指定)にあたり媒介とされるもの。連結素ともいい，*国籍'や*住所'のような法律概念が連結点として用いられる場合，連結概念ともいう。日本の国際私法において採用されている連結点としては，本国〔法適用4等〕，*常居所'〔法適用11②・25等〕，行為地(⇨行為地法')〔法適用10②・34②〕，目的物所在地(⇨所在地法')〔法適用13〕，原因事実発生地〔法適用14〕，結果発生地〔法適用17〕，被害者が生産物の引渡しを受けた地〔法適用18〕などがあり，また，当事者の意思(⇨当事者自治の原則')〔法適用7・9・26②〕も連結点の1つとみることもできる。国際私法上の法政策実現のために，連結点の設定の仕方が重要な方法となっている。 ⇨連結政策'

連結納税制度 企業グループ内の個々の法人の損益を通算するなど，グループ全体を1つの納税主体と捉えて課税するかつての税制であったが，令和2年の改正において廃止された。すなわち，連結納税制度の適用実態やグループ経営の実態を踏まえて，企業の事務負担の軽減等の観点から簡素化等の見直しを行い，損益通算の基本的な枠組みは維持しつつ，各法人が個別に法人税額等の計算及び申告を行う*グループ通算制度'へ移行した。

連結配当規制適用会社 ある*事業年度'の末日が最終事業年度の末日となる時から当該ある事業年度の次の事業年度の末日が最終事業年度の末日となる時までの間における，当該株式会社の*分配可能額'の算定につき*連結計算書類'上の*剰余金'額に基づく控除額を定める規定〔会社計算158④〕を適用する旨を，当該ある事業年度に係る計算書類の作成に際して定めた株式会社〔会社計算2③(55)〕。ある事業年度に係る連結計算書類を作成しているものでなければ，連結配当規制適用会社となることができない。連結配当規制適用会社については，その子会社による連結配当規制適用会社である親会社株式取得及び連結配当規制適用会社が存続会社又は承継会社となる場合の吸収合併・吸収分割における*株主総会'決議の省略に関して，特例が定められている。

連結附属明細表 連結貸借対照表，連結損益計算書，連結包括利益計算書(又は連結損益及び包括利益計算書)，連結株主資本等変動計算書及び連結キャッシュ・フロー計算書の重要な項目の増減や内訳を示すものをいう。具体的には，社債明細表，借入金等明細表及び資産除去債務明細表がこれに当たる〔連結財務規92①〕。*金融商品取引法'の下で，財務諸表の重要な項目の増減や内訳を示す附属明細書として，有価証券明細表，有形固定資産等明細表，社債明細表，借入金等明細表，引当金明細表及び資産除去債務明細表の作成が要求されている〔財務規121①〕。ただし，上場有価証券又は店頭登録有価証券の発行者は有価証券明細表を作成することを要せず〔財務規121③〕，財務諸表提出会社が連結財務諸表を作成している場合には，社債明細表，借入金等明細表及び資産除去債務明細表の作成を要しない〔財務規121④〕。

連合 ⇨日本労働組合総連合会'

連合国最高司令官の書簡 連合国最高司令官が日本の占領管理について内閣総理大臣宛てに発した書簡で，俗にマッカーサー書簡ともいう。その実質は単なる示唆や勧告にとどまらず，*指令'であることが多かったので，この書簡に基づきいわゆる*ポツダム命令'が発せられた。代表例としては，昭和23年7月22日付けの書簡を根拠に，それまで認められていた公務員の団体交渉権と争議権を剝奪した*政令201号'，

昭和25年7月8日付けの書簡に基づく警察予備隊令(政260。後身の保安隊(現在の自衛隊)発足に伴い昭和27法265により廃止)等がある。また，書簡の趣旨に反した場合は，占領目的遂行のために発せられる一切の指令違反を処罰する旨の白地(ど)規定を置く占領目的阻害行為処罰令(昭和25政325。昭和27法137により廃止)違反として処罰された。

連合国家　　⇨連邦'
連合団体である労働組合　　⇨労働組合連合体'
連合部　　大審院のある部が従前の大審院の判決に表示された法律上の見解を変更しようとする場合には，これを大審院長に報告し，大審院長は事件の性質に従って民事の総部又は刑事の総部，あるいは民事及び刑事を連合した合議体を作って事件を審理裁判することとしていた〔裁判所構成法(明治23法6。昭和22法59により廃止)49〕。大審院の法令解釈の統一という機能を保障するためであったが，この連合した合議体のことを連合部といった。連合部の裁判には少なくともその3分の2の判事が列席しなければならなかった〔裁判所構成法54①〕。　⇨大審院'

連座制　　公職の候補者等と一定の関係にある者が一定の選挙犯罪を犯し刑に処せられたときに，当該候補者の当選を無効とするなどの効果を与える制度〔公選251の2～251の4〕。その根拠は，連座制という言葉が有する語感とは異なり，他人の犯罪の責任を転嫁して制裁を科そうとするものというよりも，「その犯罪行為は候補者の当選に相当な影響を与えるものと推測され，またその得票も必ずしも選挙人の自由な意思によるものとはいい難い」ところに求められるべきものである(最大判昭和37・3・14民集16・3・537)。連座制は次第に強化・拡大されてきており，現在では，効果としては，*当選無効'のみでなく，当該選挙区からの立候補禁止に及び，また，連座対象者も，*選挙運動総括主宰者'・*出納責任者'・地域主宰者・親族だけでなく，秘書や組織的選挙運動管理者等も含むようになっている。ただ，組織的選挙運動管理者等への拡大については，従来の根拠だけでは上手く説明できないとして，免責要件として，公職の候補者等の相当の注意が加えられた〔公選251の3②〕。根拠としても，公職の候補者等に求められる選挙浄化義務が挙げられるようになっている(最判平成9・3・13民集51・3・1453)。

連鎖販売取引　　一定の利益が得られるとして，ある商品の再販売を行う者を勧誘し，その者と行う当該商品の取引。*特定商取引に関する法律'の概念である〔特定商取引33〕が，実質的にはネズミ講の変種である，いわゆるマルチ商法を念頭に置いていたものである。その後，法規制を潜脱するマルチまがい商法に対応するために，昭和63年の法改正(法43)によって，再販売に加え販売あっせん等が，商品に加え役務が，規制対象とされた。単に金銭の授受がなされるだけの*無限連鎖講'と異なり，連鎖販売取引においては一応は商品(役務)の取引が存在する。それゆえ，連鎖販売取引は禁止はされていないが，実質的には禁止に近い厳格な規制がなされている〔特定商取引33の2～40の3〕。

連署　　連続して*署名'をすること，又は連続してなされた署名。1　*地方自治法'の定める直接請求をするにあたって，選挙権者総数の50分の1以上の者(条例の制定改廃など〔自治74・75〕)又は3分の1以上の者(議会の解散請求，長・議員等の解職請求〔自治76・80・81・86〕。有権者数が40万及び80万以上の地方公共団体については請求者比率に緩和規定がある)の連署が必要であり，その代表者が請求をすることになっている。
2　法律及び政令には，主任の国務大臣のほかに，内閣の責任を明確にするために内閣総理大臣が連署をする場合がある〔憲74〕。　⇨副署'

連続犯　　連続した数個の行為であって，同一の罪名に触れるもの。従来，刑法55条がこれを*科刑上一罪'と定めていたが，昭和22年の刑法改正(法124)によって削除された。これは，判例が連続犯の概念を広げすぎ，犯意が継続していれば年余の時間の隔たりがあっても連続しているとし，同一罪名も同一罪質で足りるなどとしたため，*既判力'の及ぶ範囲が広がりすぎ，捜査に厳重な制約を加えた現行刑事訴訟法の下では，犯人が不当に処罰を免れることが多くなるという理由に基づく。しかし，現在でも実質的に連続犯に属するものが一部*包括一罪'の中に取り入れられ，近時は，判例上，連続的包括一罪として拡大しつつある(最決平成22・3・17刑集64・2・111)。

連帯運送　　⇨相次運送'
連帯債権　　数人の債権者が，同一内容の給付につき，各自が独立に全部の給付をなすべき債権を取得し，債務者が債権者の1人に履行をすれば債務を免れる*多数当事者の債権関係'のうち，債権者間に連帯関係がある場合をいう〔民432～435の2〕。債権者間に連帯関係がある点において，*不可分債権'と異なる。連帯債権は，民法その他の法律上当然に生じることはな

れんたいさ

いが，契約によって生じさせることは可能である。しかし，実際に連帯債権が利用されることはなく，経済的意義は小さい。

連帯債務 1 意義 複数の債務者が同一内容の給付について，それぞれ独立に債権者に対して全部の給付をする債務を負い，その中の1人が弁済すれば，他の者も債務を免れるという多数当事者の債務を連帯債務という。連帯債務は債権担保の機能を果たしている。
2 比較 イ 連帯債務は，各債務者がそれぞれ債務全額を履行する義務を負う点で不可分債務と近似する（⇨不可分債権・不可分債務）。一般には，不可分債務は，給付が性質上不可分であるがゆえに当然に債務者各人が債務の全部を給付する義務を負うのに対し，連帯債務は，給付が分割可能であるにもかかわらず，債務者各人が全部を給付することにするものであるとして，両者は区別される。ロ *債権法改正'前民法下においては，連帯債務と*不真正連帯債務'の異同が論じられていた。すなわち，連帯債務は不真正連帯債務と近似するが，連帯債務者間には主観的共同関係があり，それゆえ債務者の1人に生じた事由が，他の債務者にも効力をもつこと（絶対的効力事由）があるのに対して，不真正連帯債務は債務の偶然的競合にすぎないから，債務者間では弁済を除いて，債務者の1人に生じた事由は他の債務者に効力を及ぼさないという点で両者は区別されていた。これに対して，債権法改正後の民法は，連帯債務の絶対的効力事由を限定し［民438〜440］，連帯債務と不真正連帯債務の区別を無用とする立場を基礎としている。ハ 連帯債務は*連帯保証'とともに*人的担保'の機能を果たすが，後者は保証の一種であり，主たる債務に対して*付従性'をもつのに対して，前者では，連帯債務者それぞれが独立の債務を負っている点で両者は区別される。
3 対外的効力 各債務者はそれぞれ全額を給付する債務を負う［民432］。弁済のほか，*更改'・*相殺(そうさい)'・*混同'については，債務者の1人に生じると，他の者にもその効力が及ぶ（絶対的効力）［民438〜440］が，それ以外の事由は，相対的効力にとどまる［民441］。
4 対内的効力 連帯債務は，債権者に対する関係では各債務者が債務全額を履行する義務を負うが，債務者相互間では，それぞれ一定の割合で義務を負担し合えばよい。この割合を*負担部分'という。したがって，連帯債務者の1人が弁済等により共同の免責を得たときには，他の債務者に対して，その負担部分につき求償権を取得する。負担部分は特約によって定められ

るが，それがない場合には各自の受けた利益により，それも分からない場合には平等と解されている。

連帯責任 I *内閣'が一体として負う政治的な責任。*議院内閣制'の下では，内閣は，*行政権'の行使につき，*首長'である*内閣総理大臣'を中心に，一体として*国会'に対して責任を負う［憲66③］。なお，憲3参照］。個々の大臣の単独の責任を排斥する趣旨ではなく，現実にも大臣問責決議がなされることがあるが，法的拘束力はない。責任追及の手段として*質疑'・*質問'・*国政調査権'の行使［憲62］などがあるが，最も強力なのが*衆議院'の*不信任決議'であり，内閣は*内閣総辞職'か衆議院の*解散'を選ばなければならない［憲69］。
Ⅱ 私法上では，*連帯債務'と同義であり，連帯債務者の負う責任を意味する。民法上は，*共同不法行為'者の連帯責任［民719］，*日常家事債務'の夫婦連帯責任［民761］などの用例がある。

連帯納税義務 1個の*納税義務'につき複数の*納税義務者'が連帯して義務を負う関係のことで，*国税通則法'［税通8〜9の3］，国税徴収法［税徴33］及び*地方税法'［地税10〜10の4・11の2］に一般的規定があるほか，若干の個別税法の中に個別の規定がある［登税3, 印税3②。なお，法税152, 相税34参照］。⇨連帯債務

連帯の免除 例えば，A・B・CがDに対して90万円の*連帯債務'を負っている場合に，Dが各債務者に対して全額を請求できる権利を放棄し，*負担部分'についてだけ請求できることとする旨のDの*意思表示'。一種の債務免除である。Dが全ての債務者に連帯の免除をすれば，連帯債務は分割債務（各自30万円）に変わり，ABC間の求償関係も発生しない。しかし，Dが，例えばAにだけ連帯の免除をすれば，Aだけが負担部分について分割債務（30万円）を負担し，B・Cは依然として全額（90万円）について連帯債務を負う。したがって，B又はCが弁済した場合には，他の者の負担部分について求償関係が残る（Bが90万円弁済すれば，Aからも30万円請求できる）。なお，この場合において，Cが無資力であるときは，AはBと並んで45万円を負担しなければならない［民444］。

連帯保証 1 意義 保証人が主たる債務者と連帯して*保証債務'を負担すること。多数当事者の債務関係の一態様である。*連帯債務'と近似するが，連帯保証は*保証'の一種であるから，主たる債務の存在に影響される（*付従性）点で連帯債務と区別される。

2 機能 連帯保証は保証の一種として*人的担保'の機能を果たしている。通常の保証に比べて債権者に有利な点が多いので(下記3 参照),実際の取引界では,通常の保証よりも頻繁に用いられる。

3 法律関係 連帯保証人は,*催告の抗弁権'及び*検索の抗弁権'をもたない〔民454〕。また,連帯保証人が数人いても*分別の利益'をもたない〔民456〕。これらの点で,連帯保証は通常の保証よりも債権者にとって有利である。しかし,連帯保証も保証の一種であるから,主たる債務者について生じた事由は,全て連帯保証人にその効力を及ぼす(付従性)。逆に,連帯保証人について生じた事由は,一定の場合に限って主たる債務者にその効力を及ぼす〔民458・438〜441〕。連帯保証人が弁済したときには,主たる債務者に求償できることは,通常の保証と同様である〔民459〜463〕。なお,「保証債務」に掲げた[表:通常の保証・保証連帯・連帯保証の比較]を参照せよ。

連 邦 連合国家ともいい,多数の支分国(州・ラント(圈 Land)・カントン(圈 Kanton)などと呼ばれる)によって構成される*国家'をいう。単一国に対する観念である。アメリカ合衆国,スイス,ドイツなどがその例である。支分国は*主権'をもたず,連邦自身が1つの完全な国家である点において*国家連合'とは異なる。他方で,支分国は独自の*統治権'をもち,かつ,国の意思決定には支分国として参加する点で,単一国における*地方自治体'とは異なる。

連立内閣 2以上の*政党'を基礎とする*政党内閣'。*単独内閣'に対する。単一政党だけで*議会'(下院)の絶対多数を獲得できない場合に生まれることが多く,小党分立の場合にはほとんど連立内閣となる。連立を形成する政党間で政策について連立協定を結ぶこともある。日本でも1993年以降,連立内閣が続いている。

ろ

労役場留置 *罰金'又は*科料'を完納することができない者に対する換刑処分〔刑18〕。罰金・科料の言渡しと同時に*留置'の期間を定めて言い渡される。留置の期間は,罰金の場合は1日以上2年以下,科料の場合は1日以上30日以下である(罰金の併科又は罰金と科料の併科の場合は3年を,科料を併科した場合は60日を,それぞれ超えることができない)。労役場は*刑事施設'に付置される〔刑収容287①〕。労役場留置の執行については,*刑の執行に関する規定が準用される〔刑訴505〕。なお,少年に対しては労役場留置の言渡しをしない〔少54〕。

労 災 ⇒業務災害' ⇒通勤災害'

労災保険 ⇒労働者災害補償保険'

労使委員会 *賃金',*労働時間'その他当該事業場における*労働条件'について調査審議し事業主に意見を述べることを目的とする委員会〔労基38の4①〕。平成10年の*労働基準法'改正(法112)で企画業務型*裁量労働'制とともに導入された。*使用者'及び当該事業場の*労働者'を代表する者から構成され,委員の半数は事業場の労働者の過半数で組織する労働組合,これが存在しない場合は労働者の過半数を代表する者によって任期を定めて指名される労働者側委員でなければならない〔労基38の4①②⬚〕。労使委員会は企画業務型裁量労働制及び高度プロフェッショナル制度を導入するために必foot機関であるほか,その委員の5分の4以上の決議で労働時間関係の各種の労使協定を代替することが認められている〔労基38の4⑤〕。また,その任務は労働時間に限られず労働条件全般に及ぶことが予定されている。そこで,*労働組合'とは異なる事業場の従業員全体を代表する一種の従業員代表制度とみることができ,今後の労働法制上の活用のあり方について関心が高まっている。

労使関係 ⇒集団的労働関係'

労使慣行 *集団的労働関係'や*労働条件'などの規制において,長期間反復継続し,かつ労使がそれを明示的に排除していない,又は明文の規定にないそれと異なる実際の取扱い。その法的拘束力は多様で,当事者に権利義務を

ろうしきよ

発生させるもの，*労働契約'の内容を補充する機能を果たすものなどがある。

労使協議制　労使間の意思疎通を図るための代表的制度。日本の場合，常設的な協議機関が設けられるのが通例であるが，その設置に関する法令上の定めはない。ただ，労使協議制そのものは広く普及しており，*労働組合'のない企業にもある程度浸透している。また，労使協議の対象事項が多様化する中，専門委員会を活用する企業も増加している。

労使協定　1 意義　事業場において労働者の過半数代表と使用者との間で締結される書面による協定。労働者代表と使用者間の集団契約の一種であるが，締結できる事項が法律上限定されており，要件，内容，効力などの点で*労働協約'と異なる規制に服する。
2 要件　労働者側の締結主体は，当該事業場の労働者の過半数を代表する*労働組合'(過半数組合)，そのような労働組合がない場合は過半数を代表する者(過半数代表者)である。労働協約の場合と異なり，少数組合には締結資格がない。労使協定には法律により定められた事項の記載が必要であり，行政官庁への届出が効力発生要件とされている場合もある。
3 内容　法律が認める範囲内で法律上の最低基準の例外を定めるのが基本である。法定労働時間を超える*時間外労働'を可能にする労使協定(*三六($\frac{さぶろく}{}$)協定'）が代表例。法律による一律の規制が適切でない事項について締結が認められており，労使協定の対象事項は近年増大している。
4 効力　労働協約が原則として当該組合の組合員にのみ適用されるのと異なり，当該事業場の全労働者に適用されるのが基本である。労働基準法'などの労働保護法違反に対する刑罰を免れさせる効力と，法律上の最低基準効を解除する効力があるが，*労働契約'を規律する効力は原則としてないので，労使協定に従った措置を講じるには，労働協約，*就業規則'又は個別労働契約による具体的権利義務の設定が必要である。ただし，労使協定が労働協約の要式〔労組14〕を満たして締結された場合には，同時に労働協約として扱い，組合員に対する*規範的効力'を肯定するのが通説である。

老人介護支援センター　*老人福祉法'に基づいて設置される*老人福祉施設'〔老福5の3〕の一種。一般には在宅介護支援センターと呼ばれる。地域の老人福祉に関する様々な問題につき，老人，その者を現に養護する者，地域住民その他の者からの相談に応じ，必要な助言を行うと

ともに，主として居宅において介護を受ける者又はその者を現に養護する者と市町村，老人居宅生活支援事業者，老人福祉施設，医療施設，老人クラブ等の事業者等との連絡調整等の援助を総合的に行うことを目的とする〔老福20の7の2①〕。また，老人介護支援センターの設置者は，市町村の委託を受け，あらかじめ市町村長に所定の事項を届け出て，*地域包括支援センター'を設置できる〔介保115の46③・115の47①〕。第2種社会福祉事業である〔社福2③④〕。

老人居宅介護等事業　*老人福祉法'による*老人居宅生活支援事業'の一種〔老福5の2①〕。65歳以上の者で，身体上又は精神上の障害があるために日常生活を営むのに支障がある者に対し，居宅において介護，家事，相談助言その他の必要な便宜を供与する事業〔老福5の2②，老福則1〕。*介護保険'では*訪問介護'，定期巡回・随時対応型訪問介護看護又は夜間対応型訪問介護(⇨地域密着型サービス')に当たり，*居宅介護サービス費'又は地域密着型介護サービス費の支給対象となる〔介保8②⑤⑯・41・42の2〕。やむをえない事由により介護保険の利用が著しく困難である者については，市町村は*福祉の措置'として上記の便宜を提供することができる〔老福10の4①⑪〕。第2種*社会福祉事業'である〔社福2③④〕。

老人居宅生活支援事業　*老人福祉法'に定める事業。高齢者の居宅を基盤とした福祉サービスを提供し，居宅生活を支援することを目的とする。*老人居宅介護等事業'，*老人デイサービス事業'，*老人短期入所事業'，小規模多機能型居宅介護事業，認知症対応型老人共同生活援助事業(⇨グループホーム')及び複合型サービス事業をいう〔老福5の2①〕。

老人短期入所事業　*老人福祉法'による*老人居宅生活支援事業'の一種〔老福5の2①〕。65歳以上の者で，養護者の疾病その他の理由により，居宅において介護を受けることが一時的に困難となった者を，*特別養護老人ホーム'，*養護老人ホーム'等に短期間入所させて養護する事業〔老福5の2④，老福則1の4〕。ショートステイともいう。*介護保険'では，*短期入所生活介護'として*居宅介護サービス費'の支給対象となる〔介保8⑨・41〕。やむをえない事由により介護保険の利用が著しく困難である者については，市町村は老人短期入所施設等に短期間入所させて養護する措置をとることができる〔老福10の4①⑬〕。第2種*社会福祉事業'である〔社福2③④〕。

老人デイサービス事業　*老人福祉法'に定

める'老人居宅生活支援事業'の一種〔老福5の2①〕。65歳以上の者で，身体上又は精神上の障害があるために日常生活を営むのに支障がある者(その養護者を含む)を，'特別養護老人ホーム'等の施設に通わせ，介護，機能訓練，介護方法の指導その他の必要な便宜を供与する事業〔老福5の2③〕。'介護保険'では'通所介護'，地域密着型通所介護又は認知症対応型通所介護(⇨地域密着型サービス')に当たり，'居宅介護サービス費'又は地域密着型介護サービス費の支給対象となる〔介保8⑦⑰⑱・41・42の2〕。やむをえない事由により介護保険の利用が著しく困難である者については，市町村は老人デイサービスセンター等に通わせる措置をとることができる〔老福10の4①②〕。第2種'社会福祉事業'である〔社福2③④〕。

老人福祉計画 '老人福祉法'に基づき，市町村が定める，'老人居宅生活支援事業'及び'老人福祉施設'による事業(あわせて老人福祉事業という)の供給体制の確保に関する計画(市町村老人福祉計画)〔老福20の8①〕，及び都道府県が定める，各市町村を通ずる広域的な見地からの老人福祉事業の供給体制の確保に関する計画(都道府県老人福祉計画)〔老福20の9①〕。市町村老人福祉計画においては，老人居宅生活支援事業等に関しては市町村'介護保険事業計画'で定める介護給付等対象サービス〔介保24②〕の種類ごとの量及び地域支援事業で行う訪問事業・通所事業の量の見込みを勘案し〔老福20の8④〕，養護老人ホーム等に関しては厚生労働大臣の定める標準を参酌し〔老福20の8⑤〕，老人福祉事業につき確保すべき量の目標等を定める〔老福20の8③〕。同計画は，当該市町村の区域における心身の障害のために日常生活を営むのに支障がある老人の人数，その障害の状況，その養護の実態その他の事情を勘案して作成されなければならない〔老福20の8⑥〕。都道府県老人福祉計画においては，介護保険法に基づき当該都道府県が定める区域ごとの'養護老人ホーム'・'特別養護老人ホーム'の必要入所定員総数その他老人福祉事業の量の目標〔老福20の9②〕及び老人福祉施設の整備及びそれらの施設相互間の連携のための措置等を定める〔老福20の9③〕。市町村老人福祉計画・都道府県老人福祉計画は，市町村介護保険事業計画・都道府県介護保険事業支援計画と一体のものとして作成されなければならず〔老福20の8⑦・20の9⑤〕，また市町村地域福祉計画・都道府県地域福祉支援計画等と調和が保たれたものでなければならない〔老福20の8⑧・20の9⑥〕。

老人福祉施設 '老人福祉法'に基づき設置される施設で〔老福5の3〕，老人デイサービスセンター(⇨老人デイサービス事業)，老人短期入所施設(⇨老人短期入所事業')，'養護老人ホーム'，'特別養護老人ホーム'，'軽費老人ホーム'，'老人福祉センター'及び'老人介護支援センター'をいう〔老福20の2の2～20の7の2〕。'介護保険'による利用を基本とするが，やむをえない事由により介護保険の利用が著しく困難である場合などは，必要に応じて市町村は入所等の措置をとる〔老福10の4・11〕。施設の設置者には措置の受託義務が課される〔老福20〕。国，地方公共団体，'社会福祉法人'その他の者が設置し〔老福15〕，法令等の遵守について都道府県知事による行政的監督が行われる〔老福18～19〕。

老人福祉センター '老人福祉法'上の'老人福祉施設'の1つ〔老福5の3〕。無料又は低額な料金で，老人に関する各種の相談に応ずるとともに，老人に対して，健康の増進，教養の向上及びレクリエーションのための便宜を総合的に供与することを目的とする〔老福20の7〕。

老人福祉法 昭和38年法律133号。老人の心身の健康の保持及び生活の安定のために必要な措置を講じ，その福祉を図ることを目的とする〔老福1〕。市町村が'福祉の措置'の実施者であり，'福祉事務所'が情報提供，相談・指導等の業務を行う〔老福5の4・5の5〕。都道府県は，連絡調整や広域的業務を行う〔老福6の2〕。'老人居宅生活支援事業'及び'老人福祉施設'の開設及びこれらに対する規制監督〔老福3章〕を定めるほか，市町村及び都道府県'老人福祉計画'の策定〔老福3章の2〕，'有料老人ホーム'に対する規制監督〔老福4章の2〕などについて定める。居宅における介護サービスの提供や'特別養護老人ホーム'への入所は，'介護保険'の利用によることを原則とするが，やむをえない事由により介護保険の利用が著しく困難であるときは，市町村は本法に基づきサービスの提供ないし施設への入所等の措置をとる〔老福10の4・11〕。平成2年に居宅生活支援事業の推進を柱とする抜本的改正(法58)がなされた(⇨在宅福祉')。

老人保健制度 ⇨後期高齢者医療制度'
老人保健法 ⇨後期高齢者医療制度'
労働安全衛生法 昭和47年法律57号。'労働者'の危険又は健康障害を防止するために事業者等がとるべき措置や，危険な機械及び有害物に関する規制，労働安全衛生管理体制，労働者の'健康診断'等について規定する，労災予防を目的とした法律。その多くの条文が刑罰規

ろうどうい

定〔労安衛12章〕であるが，'努力義務'規定〔労安衛71の2等〕等も含まれる。事業者のみでなく労働者〔労安衛26〕，注文者〔労安衛31〕，機械等貸与者〔労安衛33〕等も義務の主体とされている。施行事務は労働基準監督署長及び労働基準監督官が担当する〔労安衛90〕。

労働委員会 1 意義と種類 '労働争議'の調整や'不当労働行為'の審査を担当する'行政委員会'。中央労働委員会(中労委。厚生労働大臣が所轄〔労組19の2①〕)，都道府県労働委員会(都道府県労委。都道府県知事が所轄〔労組19の12①〕)の2種類から成る〔労組19②〕。
2 構成 公労使の三者構成を採用。使用者を代表する使用者委員，労働者を代表する労働者委員及び公益を代表する公益委員各同数(中労委15人，都道府県労委5〜13(ただし奇数)人)をもって組織される〔労組19①・19の3①・19の12②〕。また，使用者委員及び労働者委員の任命にはそれぞれ'使用者団体'又は'労働組合'の推薦が，公益委員の任命にはこれら労使委員の同意(中労委の公益委員についてはこれに加え両議院の同意)が必要とされる〔労組19の3②・19の12③〕。
3 権限 いわゆる判定的権限(イ '労働組合の資格審査'，ロ 不当労働行為の審査・命令，ハ '労働協約'の地域的'一般的拘束力'の決議)と，調整的権限(ニ '労働争議'の'あっせん'，'調停'，'仲裁')とから成り〔労組20〕，その性格からイ・ロの両者については，公益委員のみで構成する公益委員会議の専管的付議事項とされている〔労組24，労委規9①〕。なお，中労委は'行政執行法人'に関する事件を専属的に管轄するほか，2以上の都道府県にわたる事件又は全国的に重要な事件を優先して管轄するとともに，不当労働行為事件等について都道府県労委の行った処分を再審査する権限を与えられている〔労組25〕。

労働委員会規則 昭和24年中央労働委員会会規則1号。中央労働委員会は，自ら行う手続及び都道府県労働委員会の行う手続に関し規則を制定し公布する権限をもつ〔労組26〕。この権限に基づき昭和24年にその第1号として制定された。総則，会議，管轄，労働組合の資格，'地方公営企業等の労働関係に関する法律'5条2項の認定告示，'不当労働行為'の審査，'労働関係調整法'42条の請求，一般企業における'労働争議'の実情調査並びに'あっせん'，'調停'及び'仲裁'(一般企業担当委員が担当)，行政執行法人における紛争の実情調査並びにあっせん，調停及び仲裁(行政執行法人担当委員が担当)，強制権限などについて規定する。 ⇒労働委員会 ⇒行政執行法人の労働関係に関する法律'

労働仮処分 1 概念 労働民事紛争は複雑かつ流動的にして，迅速な解決を要するが，日本では'不当労働行為'の救済手続以外には特別の解決制度ないし手続がない。そこで，これを補うために民事訴訟法の'保全処分'，特に'仮処分'〔民保23〕が労働民事紛争解決に用いられるようになり，労働紛争の特色に適合させるために実務上特殊な考慮が払われて労働仮処分という独自の分野を形成するようになった。
2 特色 労働者の側からは解雇や配置転換等の効力を争う「従業員としての地位保全仮処分」，使用者側からは'ピケッティング'等による業務妨害の排除のための仮処分が多く行われ，特に前者は労働訴訟の主流となったが，社会情勢の安定とともに'本案訴訟'が増加し，労働仮処分の比重は減少した。しかし，特殊な被保全権利を認めるか，必要性の判断基準，事案の複雑さから慎重審理を要するのではないかなど，本来の民事訴訟理論との間に調整すべき点が多い。

労働関係 ⇒個別的労働関係' ⇒集団的労働関係'

労働関係調整法 昭和21年法律25号。労働関係の公正な調整を図り，'労働争議'を予防し又は解決して産業の平和を維持し経済の興隆に寄与することを目的とする法律〔労調1〕。労働争議の解決について，自主的解決を原則としながらも〔労調2〜4〕，'労働委員会'がその解決に助力する調整手続として'あっせん'(斡旋)〔労調2章〕・'調停'〔労調3章〕・'仲裁'〔労調4章〕及び'緊急調整'〔労調4章の2〕を定めている。'公益事業'については特別の配慮が行われている〔労調8・18③〜⑤・27・37〕。また，'争議行為'の制限や手続についても規定している〔労調9・26④・36〜38〕。調整手続のうちではあっせんが最も利用されている。 ⇒労働争議の調整'

労働基準監督官 ⇒労働基準監督機関'

労働基準監督機関 1 定義 '労働基準法'及びその関連法規の実効を確保するため，全国的に統一的な監督組織が設けられている。これら監督にあたる機関を総称して労働基準監督機関という。
2 組織 イ 厚生労働省に労働基準局，各都道府県に都道府県労働局，各都道府県管内に労働基準監督署を置く。労働基準局長は都道府県労働局長を，労働局長は管内の労働基準監督署長を指揮監督する〔労基99①②〕。ロ 上記の各機関に労働基準監督官を置く〔労基97①〕。労働基準監督官は事業場などの立入り，質問，帳簿の提出・検査，尋問などを行う〔労基101，労安衛91〕。

また，労働基準法違反につき司法警察官の職を行う〔労基102〕。ハ 労働基準監督署長は臨検・尋問・許可・認定・審査・仲裁などの権限をもつ〔労基99③〕。

労働基準法 昭和22年法律49号。**1 制定と改正** 憲法27条2項は，「賃金，就業時間，休息その他の勤労条件に関する基準は，法律でこれを定める」と規定するが，これを受けて昭和22年に労働基準法が制定された。その後，昭和34年に最低賃金法(法137)が，昭和47年に*労働安全衛生法'が労働基準法から独立し，昭和51年には*賃金の支払の確保等に関する法律'が制定された。昭和60年には，*男女雇用機会均等法'の制定に伴い，旧第6章「女子及び年少者」から「女子」が分離して第6章の2に定められるとともに，女性の妊娠・出産の保護が強化され，反面での保護（就業制限）が縮小された。昭和62年には*労働時間'に関する規定が大幅に改正され(法99)，平成9年には男女雇用機会均等法の改正に伴い，労働時間に関する女性保護規定が削除された(法92)。また，平成30年には，*年次有給休暇'の付与方式が変更され，高度プロフェッショナル制度を導入する〔労基41の2〕法改正が行われた(法71)。なお，*労働契約法'の制定に伴い労働基準法の規定も修正され，*解雇権の濫用'法理に関する労働基準法旧18条の2は労働契約法16条に，就業規則の効力に関する労働基準法旧93条は労働契約法12条に移されている。
2 内容 労働基準法は，*労働憲章'，*賃金'，労働時間，災害補償など重要な*労働条件'について定めているが，そこで定められている基準は最低のものであり，労働関係の当事者は，その向上を図るように努めなければならない〔労基1②〕。また，労働条件は，労使が対等の立場で決定するものである〔労基2①〕。
3 履行の確保 労働基準法は，最低基準としての労働条件の実効性を確保するためのいくつかの制度を設けている。この法律で定める基準に達しない労働条件を定める*労働契約'は，その部分が無効となり（強行的効力），この場合に無効となった部分をこの法律で定める基準が補充する（補充的効力）〔労基13〕。また，この法律の規定の違反には，*労働基準監督機関'による監督行政が行われたり〔労基11章〕，罰則が科される〔労基13章〕。

労働基本権 日本国憲法によって保障されている労働権（⇒勤労権）〔憲27〕と*団結権'・*団体交渉権'・*団体行動権'〔憲28〕を総称して，労働基本権という。団結権・団体交渉権・団体行動権（*労働三権）を労働基本権と呼ぶこともある。*基本的人権'は，従来，*自由権'・*参政権'を主なものとしてきたが，近代になって国民の実質的生存・福祉を保障するための基本権が認められるようになった。これを*社会権'（社会権的基本権）・*生存権'的基本権・経済的基本権などと呼び，*世界人権宣言'(1948)を始め，20世紀の憲法はほとんどこれを保障している。労働権をも含めて労働基本権はこれに属する。その法的性質については説が分かれ，労働権は国の政治的責任を宣言したもの（政治的綱領）にとどまるが，他の3権はより積極的な意味内容（例えば，免責特権性）をもつと解するのが多数説であり，また，労働基本権は各種の立法にその趣旨が反映されている。労働基本権の制限については，*公共の福祉'〔憲12・13〕との関係で，特に*公務員'の労働基本権が問題にされている。これについては，*公務員の労働関係'を参照せよ。

労働義務 *労働契約'における労働者の基本的義務。この反対債務が使用者の賃金支払義務である〔民623〕。労働義務の内容は約定によるが，通常は使用者の指揮命令を媒介として具体化されるので，それに服することが労働義務の履行となる。⇒勤労権'

労働協約 **1 意義** *労働組合'と使用者又はその団体との間に，*労働条件'の基準などについて締結する協定。団体により締結される集団契約のうち，当事者間で実施される一般的規則を定める団体協約に属し，労働協約のことを団体協約と呼ぶこともある。原則，労働基準法に基づく*三六（$\frac{36}{}$）協定'などの*労使協定'とは別種である。
2 要件 労働組合と使用者又はその団体が労働条件その他に関して協定し，書面に作成して両当事者が署名し，又は記名押印することによって成立する〔労組14〕（⇒協約能力'）。期間を定めることは必要でないが，3年を超える有効期間を定めることはできない〔労組15〕。⇒自動延長・自動更新（労働協約の）'
3 内容 賃金・労働時間などの労働条件の基準を定める規範的部分と，協約当事者間の権利義務を定める債務的部分とに分かれる。このほか，*協議約款'や*経営参加'条項などを*組織的部分'（制度的部分）と呼ぶことがある。
4 効力 規範的部分に定める基準に反する*労働契約'の部分は無効となり，無効となった部分は規範的部分の定める基準による。労働契約に定めがない部分についても同様である〔労組16〕（*規範的効力'）（⇒有利原則'）。規範的部分

ろうどうき

は当該協約を締結した労働組合の組合員にのみ効力が及ぶのが原則。債務的部分は*債務的効力'をもち，協約当事者を拘束する。労働協約の有効期間中は協約の条項の変更を要求して*争議行為'を行うことができない(*平和義務')。
5 拡張適用 労働協約が一定の要件を備えるときは事業場単位又は地域単位で効力が拡張される〔労組17・18〕。⇨一般的拘束力(労働協約の)'

　労働協約の一般的拘束力 ⇨一般的拘束力(労働協約の)'

　労働協約の規範的効力 ⇨規範的効力(労働協約の)'

　労働協約の債務的効力 ⇨債務的効力(労働協約の)'

　労働協約の自動延長・自動更新 ⇨自動延長・自動更新(労働協約の)'

　労働協約の組織的部分 ⇨組織的部分(労働協約の)'

　労働協約の余後効 *労働協約'が期間満了などによって消滅した後に残存する効力。ドイツの労働協約法は「労働協約の満了後は、当該協約の規範は他のそれと異なる規定によって置き換えられるまで効力を有する」と規定しているが、日本では、このような規定を欠くため、何らかの理由で労働協約そのものに余後効を認める説、労働協約の規範的部分は*労働契約'の内容となるから〔労組16〕(⇨規範的効力')、労働協約の消滅後も労働契約の内容として効力を有するとする説(化体説)などが主張された。現在では、労働協約は法律と同じように労働契約の外から効力を及ぼす規範であると解し、労働協約の終了後は消滅するとする説(外部規律説)が有力である。ただしその場合でも、労働契約関係の継続性を考慮し、新たな協約が成立するまでは、従来の協約基準を適用するという労使の意思を認定するのが合理的とされることが多い。

　労働金庫 一定の地区における、*労働組合'・*消費生活協同組合'その他労働者の団体が会員となって組織し金融事業を行う*法人'〔労金1・3・11〕。事業の運営にあたっては非営利性、公平性、政治的中立性が要求されている〔労金5〕。金融制度の見直しに伴い、会員外への貸付けが認められるなど業務の拡張が行われるとともに、整理統合に関する模索が続いている。

　労働組合 **1 意義** *労働者'が*使用者'との交渉により経済的地位を維持・改善することを主な目的として、自主的に結成する団体及びその連合団体〔労組2〕。使用者により支配されているいわゆる*御用組合'は労働組合と認められないが、労働者の自主的団体であれば、組織・内部機構・運営は自由である。ただし、労働組合は団体としての継続的統一体でなければならず、労働者の一時的結合であるいわゆる*争議団'は労働組合ではない。また、政治活動、共済活動を主な目的とする労働者の*政党'、*共済組合'などは労働組合ではない。
2 法律上の地位 労働組合には憲法28条の*団結権'・*団体交渉権'・*団体行動権'が保障される。ただし、*労働組合法'は同法2条及び5条2項の要件を満たす組合(法内組合)とそうでない組合(法外組合)とを区別し、法外組合は同法の定める手続に参与し、救済を受けることができないものとしている〔労組5①〕(⇨労働組合の資格審査')。法内組合は*登記'をして*法人'となることができる(法人である労働組合)〔労組11〕が、法人でない労働組合は*権利能力なき社団'として取り扱われる。

　労働組合員 *労働組合'の構成員。*労働組合法'上、使用者との関係では、労働者が労働組合員であることのゆえに不利益な取扱いを受けないこと〔労組7①〕等が定められ、また、労働組合内部においては平等取扱い、民主的取扱いを受けるべきこと〔労組5②〕に関連する規定があるが、*労働組合の統制権'との関係で問題となりやすい労働組合内部における権利義務や地位の点のほとんどは、*労働組合規約'の規定及びその解釈に委ねられている。 ⇨労働組合の資格審査'

　労働組合員の除名 *労働組合'の行う最も重い統制処分(⇨労働組合の統制処分')。処分としての重大性に鑑み、除名を行うには、被除名者に前もって十分な弁明の機会を与え、かつ総会(組合大会)における秘密投票に基づく議決を経ることがその手続として必要になると解されている。

　労働組合活動 *労働組合'がその目的を達成するために行う様々な行動のうち、*団体交渉'、*争議行為'を除いた活動(通常、単に、組合活動と呼ばれる)。具体例としては、組織運営に関する活動(役員選挙、各種大会等の開催など)、労働組合員等に対する情報宣伝活動(労働組合ニュース等の配布、掲示板の利用など)、*使用者'に対する圧力行動(ビラ配布、ビラ貼り、リボン等の着用(⇨リボン戦術')、集会の開催、デモなど)が挙げられる。争議行為とともに、労働組合活動も、正当なものについては、憲法28条にいう「団体行動をする権利」(*団体

ろうどうく

行動権')の行使として保障の下に置かれ，*刑事免責'，*民事免責'，不利益取扱いからの保護を受けるが，争議行為と労働組合活動では，正当性の判断基準に違いが存するとされる。このため，争議行為と労働組合活動との区別が重要となるが，これについては，争議行為の概念をどう定めるか(使用者の業務の正常な運営を阻害する一切の行為と捉えるか，ストライキ(*同盟罷業')を中心にこれを維持強化する行為を付随的に含めたものと捉えるか)に関連して，学説上争いがある。なお，*労働協約'には企業内での労働組合活動に関する規定(就業時間中の労働組合活動，会社施設の利用などについての規定)を有するものがあり，組合活動条項と呼ばれる。

労働組合からの脱退 ⇨脱退'

労働組合機関 *労働組合'運営のために設置される機関。1 種類 意思決定機関，執行機関，会計や執行の監査機関などがある。団体性〔労組2〕との関係では，意思決定機関，執行機関の設置が必要である。また，*労働組合法'上，法人たる労働組合については，執行機関である代表者を置くことが必要とされている〔労組12①。代表者の権限等につき，労組12〜12の6参照〕。2 意思決定機関 最高意思決定機関は，通常，総会又は労働組合大会と呼ばれる。労働組合の規模などとの関係で，更に，ある総会又は労働組合大会から次のそれらまでの間における中間議決機関として，代議員会，中央委員会などと呼ばれる機関が置かれることも多い。3 執行機関 労働組合の事務を執行し，ないしは，対外的に代表する機関。事務執行，対外的代表の役割を担う*労働組合役員'は1人でも差し支えない〔法人たる労働組合につき，労組12参照〕が，通常は，数名の労働組合役員で執行委員会が構成される。

労働組合規約 *会社'の*定款'に当たる。*労働組合'の組織とその運営方法，*労働組合員'資格の得喪，組合員の権利義務等，労働組合の根本規則を定めたもの。自治的法規範として組合と組合員の双方を拘束する。*労働組合法'5条2項は組合規約の必要的記載事項を定めるとともに，同条1項は2項及び同法2条に適合しない組合は同法の手続に参与する資格を有さず，同法の救済を与えられないなど，一定の不利益を課すものとなっている(⇨労働組合の資格審査')。

労働組合財産 *労働組合'の所有する預金債権や組合事務所等の財産。判例は，法人格のない労働組合の財産は総*労働組合員'の*総有'

に属するとし，総有の廃止その他の処分をしない限り，脱退組合員は共有持分権ないし分割請求権をもたないとする〔最判昭和32・11・14民集11・12・1943〈品川白煉瓦(しろれんが)〉事件〕。なお，*法人'である労働組合の財産はその単独所有となるほか，所得税や固定資産税等の免税措置が認められている〔所税11①，地税348④等〕。

労働組合事務所 *労働組合'が日常業務を行う場所。*労働組合の資格審査'のため提出する*労働組合規約'には，主たる事務所の所在地を記載しなければならない〔労組5②〕。使用者が最小限の広さの事務所を供与することは*経理上の援助'とはならない〔労組2②但・7③但〕。この供与をどのような法律関係とみるかについては，裁判例上，多くは*使用貸借'契約とする一方，恩恵的性格の強い*無名契約'とするものもあり，見解が分かれる。

労働組合専従者 ある企業の従業員としての地位を保持しつつ，当該企業の職務への従事を免除され，所属する*労働組合'の業務に専ら従事する者。専従職員ともいわれる。*使用者'の便宜供与の一種として行われ(専従を認めるか否かは使用者の自由である)，その間は無給の*休職'とされるのが通例である。給与が支払われる場合，それが*経理上の援助'として*支配介入'〔労組7③〕に該当するかや，そうした労働組合専従者が所属する労働組合が*労働組合法'上の労働組合としての消極要件〔労組2②〕に抵触し，同法上の労働組合とは認められなくなるかについては争いがある。公務員及び*行政執行法人'・*地方公営企業'の職員については，*職員団体'ないし労働組合の役員として専従できるのは在職期間を通じて5年，専従期間中は無給休職とされている〔国公108の6，地公55の2，行執労7，地公等10〕。

労働組合大会 ⇨労働組合機関'
労働組合に対する経理上の援助 ⇨経理上の援助'

労働組合の解散 *労働組合'がその本来の目的とする活動をやめ，*清算'を行う状態に入ること〔労組13も参照〕。*労働組合員'がいなくなったことによる労働組合の消滅とは区別される。*労働組合'の解散は，*労働組合規約'で定めた解散事由の発生，あるいは，労働組合又は構成団体の4分の3以上の多数による総会の決議があった場合である〔労組10〕。この法定の解散決議要件〔労組10②〕を規約によって，3分の2や過半数へと変更(緩和)できるかについては，見解が分かれている。法人たる労働組合が解散した場合における清算については，

ろうどうく

'労働組合法'に規定があり〔労組13〜13の13〕，残余財産は，規約で指定した者に帰属し，この指定や指定方法の定めがない場合は代表者が総会の決議を経て労働組合の目的に類似する目的のために処分することができ，更に，これらにより処分されない財産は，国庫に帰属するとされている〔労組13の10〕。

労働組合の資格審査 '労働組合'が'労働組合法'2条及び5条2項の規定に適合するかどうかの審査〔労組5①〕であり，労働委員会の公益委員会議が決定する〔労委規9①Ⅱ・22〜27〕。資格審査の結果，上記の要件を具備すると認められた組合（法内組合又は法適合組合）は，労働組合法上の手続（法人登記，'労働協約'の拡張適用，労働委員会の労働者委員推薦手続）に参加し，'不当労働行為'制度の救済を受けられ〔労組5①〕，'労働者供給事業'の許可を受けることができる〔職安45〕。

労働組合の組織強制 ⇨組織強制'
労働組合の組織変更 ⇨組織変更'
労働組合の当事者適格 '労働組合'の'当事者適格'は，労働組合自体の権利義務を巡る訴訟に関する限り，一般の民事訴訟法の原則による。問題は'労働協約'の実行義務との関係で，労働組合員個人に帰属する権利義務を巡る訴訟において，労働組合が当事者適格をもつかどうかであるが，この点については，'既判力'の関係などから現行法上は適格を否定する見解が有力である。

労働組合の統制権 '労働組合'が，組織として意思，活動を統一することを通じ，その目的を達成するために，必要かつ合理的な範囲で，'労働組合員'に対し，'労働組合規約'や正式に決定された決議，指令等の遵守を求め，違反者には制裁（統制処分）を課す権能。その法的根拠については，団体に一般的に認められるもの，ないしは'団結権'の保障〔憲28〕に由来するものとして，団体としての性格に根拠を求める見解や，労働組合に加入する際の労働者の合意に根拠を求める見解に分かれる。労働組合が'労働条件'を規制する特別の権能を認められていることから，'労働組合員の統制処分'には，処分の事由の有無，処分内容の相当性，手続の適正さ等に関して司法審査が及ぶと考えられている。統制処分の内容としては，除名，権利停止，罰金，譴責(けんせき)，戒告などがある。

労働組合の統制処分 '労働組合'の統制を乱したことを理由として組合がその'労働組合員'に対して行う制裁処分。'労働組合規約'の多くはかかる処分を行う権限を留保した上で，

その種類（'労働組合員の除名'，権利停止，罰金，譴責(けんせき)，戒告等）及び手続（査問委員会の設置等）について規定する。具体的には，規約所定の義務（綱領・規約の遵守義務，決議・指令への服従義務，'労働組合費'の納入義務等）に反する組合員の行為や，その分派活動などが統制処分の対象となる。なお，統制処分の効力ないし適法性については，組合員の'政治的自由'との関係で問題とされることが多く，判例には，組合の統一候補とは別に公職選挙に立候補しようとした組合員に対し，これを思いとどまるよう組合が勧告又は説得することは認めつつ，立候補のとりやめ要求に従わないことを理由に組合員を統制違反者として処分することは違法となるとしたものがある(最大判昭和43・12・4刑集22・13・1425〈三井美唄労組事件〉)。

労働組合の分裂 運動方針等の対立から，一部の労働組合員が集団的に'労働組合'を離脱して新組合を結成し，元の組合（旧組合）が2つ以上の労働組合（残存組合及び新組合）に分かれる現象。特に新組合による旧組合の財産・'労働協約'等の承継の可否に関して，法的概念としても「分裂」を認めるか否かが問題となるが，判例（最判昭和49・9・30判時760・97〈名古屋ダイハツ労組事件〉）は，これを認めることに極めて消極的な立場をとっている。

労働組合費 '労働組合'がその財政資金に充てるため組合員から徴収する金員。日本の場合，組合費は賃金から天引きする形で徴収されることが多く，これをチェック・オフ(英check off)という。チェック・オフも'賃金'の控除払いに当たることから，労使協定を締結することが必要となる〔労基24①但〕ほか，判例は組合費の支払につき，使用者が個々の労働者から委任を受けることが必要としている(最判平成5・3・25労判650・6〈エッソ石油事件〉)。

労働組合法 昭和24年法律174号。'労働者'が'使用者'との交渉において対等の立場に立つことを促進することによって，労働者の地位の向上を図ることを目的とする法律〔労組1①〕。'労働組合'の資格を定め〔労組2・5〕，使用者が労働者を労働組合員であることや正当な'労働組合活動'をしたことを理由に不利益に取り扱ったり，使用者が'団体交渉'を拒否したり，使用者が労働組合に対して干渉することなどを'不当労働行為'として禁止し〔労組7〕，正当な労働組合活動・'争議行為'が'民事免責'〔労組8〕や'刑事免責'〔労組1②〕を受けることなどを規定するほか，'労働委員会'の組織・権限〔労組19〜26〕，不当労働行為の救済手続〔労組27〜27の18〕，

ろうどうけ

*労働協約〔労組3章〕についての規定がある。当初、日本国憲法の公布・施行以前の時期において、昭和20年法律51号（これを旧労働組合法という）として公布された（昭和21・3・1施行）が、昭和24年に全面的に改正され本法が制定された。*集団的労働関係'についての基本的な法律である。平成16年改正（法140）によって不当労働行為の審査手続の改正が新たになされ、公益委員の忌避〔労組27の3〕・証人の宣誓〔労組27の8〕・審問廷の秩序維持〔労組27の11〕・和解〔労組27の14〕などの規定が立法された。

労働組合役員　*労働組合'の執行機関（多くは、組合三役（執行委員長（組合長）・副執行委員長（副組合長）・書記長）を中心に、執行委員によって構成される）又は監査機関の構成員のこと。議決機関の構成員は含まれないが、中央委員など中間議決機関の構成員が執行・監査の権限をもつときは、役員に含まれる（労働省通達昭和24・8・8労発317）。*労働組合法'は、労働組合役員は原則として労働組合員の直接無記名投票により選ばれることを*労働組合規約'に定めなければならないとしている〔労組5②⑤〕。 ⇒労働組合の資格審査 ⇒労働組合機関

労働組合連合体　2つ以上の*労働組合'が集まって結成する連合団体で、構成員が個々の労働者ではなく、個々の*労働者'が集まって作る*単位組合'である（つまり、労働組合が団体加盟している）ものをいう。*労働組合法'上は、労働組合連合体も労働組合である〔労組2〕。

労働刑法　*労働法'の領域での*違法行為'に関し、犯罪の成立とそれに対する刑罰を規定する法の領域。団体行動権としての*争議権'の憲法上の保障の結果、労働組合の正当な行為について刑法35条が適用される〔労組1②〕ことにより、一般刑法と区別して取り扱う必要から生じた概念であるが、労働関係に関する刑罰法規を検討の対象とするのか、労働法に特有の刑事理論の構成を目的とするのかなどの問題があり、必ずしも十分に熟した概念ではない。

労働契約　*労働者'が*使用者'に使用されて労働し、使用者がこれに対して*賃金'を支払うことに合意することによって成立する契約〔労契6〕。民法上の*雇用'契約とほぼ一致するが、使用従属関係が存在する限り、*請負'や*委任'に関する契約も労働契約と評価されうる。使用者のほうが格段に大きな交渉力をもっているので、附合契約の代表的なものといわれ、*就業規則'が労働契約の内容を定める上で大きな役割を担っている〔労7・9・10〕。労働契約関係にはイ労使の交渉力の不均衡、ロ人的関係、ハ白地性（他人決定性）、ニ継続的契約関係、ホ集団的・組織的就労関係といった特色があり、このことから労働者保護の必要、付随義務によるコントロールの必要、使用者の*指揮命令権'の承認とコントロールの必要、*労働条件'調整の必要、集団的秩序と統一的処理の必要等が生じ、労働法特有の契約理論が要請されることになる。

労働契約承継法　平成12年法律103号。正式には「会社分割に伴う労働契約の承継等に関する法律」という。*会社分割'の際の*労働契約'の承継等について、*労働者'の保護を図ることを目的とする法律。分割会社の労働者は、従事する業務に応じて、イ承継される事業（承継事業）に主として従事する労働者とロその他の労働者の2つに区分される〔労働承継2①〕。労働契約の承継手続では労働者の属する区分によってその取扱いが異なる。イは、労働契約の承継の有無について、会社分割承認のための*株主総会'の2週間前までに書面による通知を受ける。労働契約が承継されないとされた者は、分割会社に対し書面により異議を申し出れば、承継会社にその労働契約が承継される〔労働承継2①・3・4〕。ロのうち、承継会社に労働契約が承継される者は、その旨の通知を受ける。労働契約の承継を希望しない者は、書面により異議を申し出れば、労働契約は承継されない〔労働承継2①②・5〕。承継手続の過程では、関係労働者（商等改正法（平成12法90）附5。いわゆる「5条協議」）及び労働者の過半数代表者と協議することとされている〔労働承継7、労働承継則4。いわゆる「7条措置」〕。

労働契約の準拠法　*国際私法'上、*労働契約'の*準拠法'には特則が置かれている〔法適用12〕。すなわち、労働契約も*法律行為'の一種であることから、労働契約の当事者がその準拠法を指定した場合には当該法が準拠法とされる（⇒当事者自治の原則'）〔法適用7・9〕が、当事者により指定された準拠法が当該労働契約の*最密接関係地法'以外の法である場合、労働者が当該労働契約の最密接関係地法中の特定の強行規定を適用すべき旨を使用者に対し意思表示した場合には、その強行規定をも適用されることとなる〔法適用12①〕。労働契約の最密接関係地法は、この場合のほか契約準拠法の指定がない場合に問題となる〔法適用8①〕が、いずれの場合においても、一般の法律行為とは異なり、当該労働契約において労務を提供すべき地の法（それを特定できない場合には当該労働者を雇い入れた事業所の所在地法）が労働契約の最密

ろうどうけ

接関係地法と推定される〔法適用12②③〕。

労働契約法 平成19年法律128号。'労働契約'の基本原則及び労働契約の成立・変更, 展開, 終了に関する基本事項について, 労働関係の特質に対応して展開されてきた判例法理等を取り込んで制定された法律。具体的には'労働者'・'使用者'の定義, 労働契約の基本原則, '就業規則'と労働契約の関係, 就業規則の合理的変更による'労働条件'変更, '出向権'・'懲戒権'・解雇権の濫用法理(⇨解雇権の濫用'), 有期労働契約(⇨'有期雇用')等について規定している。刑事罰や行政監督という国家による履行確保ではなく, 当事者による紛争処理機関を利用した履行確保を予定した民事規範のみから成る新たなタイプの労働立法である。平成24年改正(法56)では, 有期労働契約についての5年無期転換ルール〔労契18〕や, 期間の定めがあることによる不合理な労働条件相違の禁止〔労契20〕等, 従来の判例法理にもない新たな契約ルールが導入され注目された。なお, 後者は平成30年改正(法71)で'パート有期労働法'8条(⇨'均衡待遇'・'同一労働同一賃金')に移行され, 労働契約法からは削除された。

労働権 ⇨'勤労権'

労働憲章 労働者の基本的権利を規定する章典。'個別的労働関係'を巡る'労働基準法'1章所定の'労働条件'の原則, 労働条件の労使対等決定, '均等待遇', '男女同一賃金'の原則, '強制労働'の禁止, '中間搾取の排除', '公民権行使の保障'などを指す〔労基1～7〕。なお, 国際分野における労働憲章については, '国際労働機関憲章'をみよ。

労働裁判所 ⇨'労働審判法'

労働三権 日本国憲法によって保障されている'労働基本権'〔憲27・28〕のうち, '団結権'・'団体交渉権'及び'団体行動権'〔憲28〕を総称して労働三権という。

労働三法 '労働組合法', '労働基準法', '労働関係調整法'を総称して労働三法という。

労働時間 1 労働基準法の規制 '労働基準法'が規制する労働時間〔労基32～41の2・60・61〕は, '労働者'が'使用者'の拘束の下にある'拘束時間'から'休憩'時間を除いた, 現に労働している時間(実労働時間)である。ただし, 特殊な労働環境下にある'坑内労働'〔労基38②〕, 実労働時間の算定が困難な事業場外での労働〔労基38の2〕及び時間配分も含め遂行方法が大幅に労働者の裁量に委ねられている'裁量労働'〔労基38の3・38の4〕については, 一定時間労働したものとみなす制度(⇨'みなし労働時間制')を採用している。労働基準法は, 最長労働時間を原則として1週40時間・1日8時間と定めている〔労基32〕。

2 **実労働時間** 実労働時間は, 労働者が使用者の指揮命令下にある時間, あるいは使用者の指示の下にその業務に従事する時間である。具体的には, 実作業時間, 作業の準備・後始末時間, 保護具等の着用が義務付けられている場合の着脱時間, 参加が義務付けられている体操やミーティングの出席時間, 会社の業務としての性格が強い企業外研修への参加時間, あるいは作業に従事していなくとも使用者の指示があればいつでも作業に従事しなければならない'手待時間'などをいう(最判平成12・3・9民集54・3・801〈三菱重工長崎造船所事件〉)。

3 **適用除外** 労働基準法4章, 6章及び6章の2で定める労働時間に関する規定については, 同法41条と41条の2に適用除外が認められている(⇨'管理監督者' ⇨'監視断続労働' ⇨'ホワイトカラー・エグゼンプション')。ただし, 41条では'深夜業'についての規定〔労基37④・61〕と'年次有給休暇'に関する規定〔労基39〕, また41条の2については年次有給休暇に関する規定は適用除外する〔労基41の2①〕。

⇨'異事業単算制'

労働施策総合推進法 昭和41年法律132号。旧題名は「雇用対策法」であり, 改正(平成30法71)により「労働施策の総合的な推進並びに労働者の雇用の安定及び職業生活の充実等に関する法律」となった。'職業安定法', '職業能力開発促進法', '雇用保険法'などの労働政策諸法令の通則法的性格をもつ。'職業生活'(キャリア)の設計, 能力開発や公正な評価に基づく処遇等による労働者の職業の安定への配慮を基本的理念に据えて〔労働施策推進3〕, 国の施策や基本方針〔同4・10〕, 地方公共団体の施策〔同5〕, 事業主の各種責務〔同6～8〕, 募集採用時の年齢制限禁止〔同9〕, 求職者・求人者への指導等〔同11～15〕, 職業訓練等の充実〔同16・17〕, 職業転換給付金の支給〔同18～23〕, 事業主による再就職援助〔同6・24～27〕, 外国人雇用状況の届出等〔同28～30〕, いわゆる'パワー・ハラスメント'防止措置〔同30の2〕について定める。

労働市場 労働力の需要と供給を調整する市場。狭くは, 求人・求職の仕組み(労働力需給システム)を指し, 広くは, 社会全体の労働力の育成・調達・供給・調整の仕組みを意味する。企業内部で人材を育成・調達する仕組みを内部労働市場といい, 企業外の労働市場を外部労働市場という。労働市場の効率的かつ公正な機能

の発揮の確保を目的とする法分野を，労働市場法と呼ぶ。

労働者 労働者は労働法の各種規制の対象となる者であるが，その規制目的及び定義規定の相違から，個別的労働関係法と集団的労働関係法とでは異なる概念と解されている。しかし，いずれについても契約の名称や形式にかかわらず実質的に判断される。イ 個別的労働関係においては，*労働基準法'が，「職業の種類を問わず，事業又は事務所…に使用される者で，賃金を支払われる者」〔労基9〕と定義しており，最低賃金法(2条1号)，*賃金の支払の確保等に関する法律'(2条2項)，*労働安全衛生法'(2条2号)，じん肺法(2条1項4号)では労働基準法9条が援用され，*労働者災害補償保険法'や*男女雇用機会均等法'には定義規定はないが同義と解されている。また，*労働契約法'上は「使用者に使用されて労働し，賃金を支払われる者」〔労契2①〕と定義されているが，労働基準法上の労働者と同趣旨と解されている。失業者は含まれず，*使用者'の指揮監督下に労働を提供し*賃金'を支払われる者を指す。一般に支持されている昭和60年12月の労働基準法研究会報告「労働基準法の『労働者』の判断基準について」は，契約形式のいかんにかかわらず，実質的に判断し，a 使用者の指揮監督下で労働し(指揮監督下の労働の判断にあたっては，業務指示等に対する諾否の自由，業務遂行上の指揮監督，勤務場所・勤務時間に関する拘束性，代替性の有無等を考慮)，b 労務対償性のある報酬を受け取る者をいうとしている。更にabのみでは判断できない場合に，c 事業者性や専属性も考慮される。ロ これに対して，集団的労働関係においては，*労働組合法'3条が，「職業の種類を問わず，賃金，給料その他これに準ずる収入によつて生活する者」と定義しており，現に使用されていることは要件ではなく，失業者も含まれうる。その結果，労働組合法上の労働者は労働基準法上の労働者より広い概念となるが，どの程度広いのか，その外延をどう定めるのかについて近時の判例・学説によって判断基準が明らかにされつつあり，平成23年7月に労使関係法研究会報告書(労働組合法上の労働者性の判断基準について)がとりまとめられた。 ⇨イナックスメンテナンス事件'

労働者供給事業 供給契約に基づいて*労働者'を他人の指揮命令を受けて労働に従事させる活動であって労働者派遣〔労派遣2①〕には該当しない労働者供給〔職安4⑧〕を業とする事業。*強制労働'や中間搾取などの弊害が多いことから(⇨中間搾取の排除')*労働組合'等が厚生労働大臣の許可を得て無料で行う場合〔職安45〕のほかは禁止されている〔職安44〕。 ⇨労働者派遣法'

労働者協同組合 組合員が出資し，その意見が反映されて事業が行われ，組合員自らその事業に従事することを基本原理とする組織であって，労働者協同組合法(令和2法78)に基づき設立された非営利法人〔労協3・2〕。機関には，総会，理事会，理事・代表理事，監事があり，理事は組合員でなければならない〔労協32④〕。組合員は，1口以上の*出資'義務を負う〔労協9〕が，議決権・選挙権は，1人1個であり〔労協11〕，出資に応じたものとはなっていない。組合は，役員とは*委任'関係であるが〔労協34〕，その事業に従事する組合員とは原則として*労働契約'関係である〔労協20〕ので，就労関係には*労働法'が適用される。労働者協同組合は，多様な働き方を実現しつつ，地域の課題に取り組むための選択肢の1つであり，高齢者介護，子育て支援，生活困窮者支援，キャンプ場経営，地元産品の販売などの分野で活用されている。

労働者災害補償保険 *労働者災害補償保険法'に基づき，*業務災害'及び*通勤災害'にあった労働者又はその遺族に，*保険給付'を支給する政府管掌の保険制度〔労災1・2〕。労災保険と略称する。国の直営事業，非*現業'の官公署の事業を除く，労働者を使用する全事業を強制適用事業とし〔労災3〕。ただし，行政執行法人の役職員には適用されない。独行法56・59①Ⅰ]，使用者のみが負担する*保険料'で運営される。保険給付には，現物給付(医療給付である*療養補償給付'・*療養給付')と金銭給付(*休業補償給付'・*障害補償給付'・*遺族補償給付'等)があり，後者には，*傷病補償年金'，障害補償年金・遺族補償年金等の*年金給付'も含まれている。また，*社会復帰促進等事業'として，*特別支給金'の支給等の事業も行っている〔労災29〕。

労働者災害補償保険審査官 ⇨労働保険審査官'

労働者災害補償保険法 昭和22年法律50号。日本の*社会保険'制度の1つである労働者災害補償保険を定める法律。*業務災害'と*通勤災害'を対象とする*保険給付'等について規定する。 ⇨労働者災害補償保険'

労働者の均衡待遇 ⇨均衡待遇(労働者の)'

労働者の均等待遇 ⇨均等待遇(労働者の)'

労働者の募集 *労働者'を雇用しようとす

ろうどうし

労働者派遣法 昭和60年法律88号。正式名称は「労働者派遣事業の適正な運営の確保及び派遣労働者の保護等に関する法律」。派遣法ともいう。**1 意義** 従来、自己の雇用する*労働者'を他企業に提供してその指揮命令下で労働させる労働者派遣は、*職業安定法'44条によって、*労働者供給事業'の一形態として禁止されてきた。本法は、その禁止の対象とされる労働者供給事業から労働者派遣〔労派遣2①〕を除外し合法化した〔職安4⑧・47の2〕。企業における業務の専門化と外注化に対応できる労働者派遣事業への需要の著しい増加に応えつつ、労働者供給事業としての違法取扱いの下で放置されるおそれのあった*派遣労働者'の保護等を目指す趣旨である。

2 労働者派遣事業の規制 労働者派遣を業として行う労働者派遣事業は、常時雇用する労働者のみ派遣する特定労働者派遣事業(常用型)と、それ以外の一般労働者派遣事業(登録型)との2つの事業区分が設定され、前者は厚生労働大臣への*届出'を、後者は派遣労働者の雇用が不安定なこともあり、厚生労働大臣の*許可'を要するとされた。当初は、派遣事業は、専門的業務ないし特別の雇用管理を要する一定の業務(専門26業務)に派遣先の業務が限定されていた(ポジティブ・リスト方式)が、平成11年の改正により、派遣先として許されない業務のみ定める方式(ネガティブ・リスト方式)が採用されて、派遣が許される派遣先の業種が専門26業務以外の業務(自由化業務)に大幅に拡大され、平成15年の改正で製造業への派遣も解禁されることで派遣労働者の大幅増加につながった。現在では、港湾運送、建設、警備〔労派遣4〕、医療関係〔紹介予定派遣'等を除く〕〔労派遣令2〕の業務が派遣禁止業務とされ、派遣先の*団体交渉'や労使協議に関する人事労務管理関係業務、委託により業務を行い指揮命令を受けないこと等を理由として弁護士・司法書士等の資格関係10業務が派遣を制限されるに留まる。平成15年の改正では紹介予定派遣〔労派遣2④〕の制度が本格導入された。平成27年の改正では、派遣事業の健全化を図るために、前記2つの事業区分が廃止され、全ての派遣事業が許可制に改められた〔労派遣5〕。

3 労働者派遣関係の規制 労働者を派遣する事業主(派遣元)と派遣を受ける事業主(派遣先)とは労働者派遣契約を締結し、派遣労働者が従事する業務の内容、就業場所・組織単位、指揮命令権者、派遣の期間・派遣就業日その他を定めなければならない〔労派遣26①〕。労働者派遣を臨時的・一時的なものとする法の趣旨(常用雇用代替の防止)の下で、業務単位で派遣可能期間に上限が設けられてきたが、平成15年の改正で自由化業務については上限が1年から3年に延長され、専門26業務については3年の上限が撤廃された。また、平成24年の改正では、偽装請負等一定の違法派遣の場合の、派遣元と同一の*労働条件'での派遣先による*労働契約'申込みみなし制度が設けられた〔労派遣40の6〕。しかし、派遣可能期間について、業務単位の上限設定方式では実効性確保が難しく、また平成27年からの申込みみなし制度の発効による混乱も懸念されたため、平成27年の改正では、派遣労働者個人単位と派遣先事業所単位の受入れ期間の上限をそれぞれ原則3年とする方式に改められた〔労派遣40の2〕。更に、平成30年改正により、派遣労働者の同一労働同一賃金原則が定められ、派遣先の通常の労働者との均衡・均等待遇方式が原則とされた。ただし、この方式による場合、派遣先の変更に伴い賃金水準が変動して派遣労働者の所得が不安定化することなどの懸念があった。そこで、この方式に代えて、派遣労働者の賃金が同種業務に従事する一般労働者の平均的な賃金水準を下回らないことなどを定めた*労使協定'を派遣元で締結する適正待遇方式を選択できるとされている。この方式を選択する割合が大半を占める〔労派遣30の3・30の4、労派遣則25の9・25の10〕(⇨*均衡待遇' ⇨*均等待遇')。この改正に合わせて、派遣元には、派遣労働者の雇入れ時、派遣時、派遣労働者から求めがあった場合のそれぞれの機会に、派遣労働者への待遇に関する説明義務が強化された〔労派遣31の2〜34の2〕。その他、派遣元、派遣先それぞれが講ずべき措置〔労派遣3章2節・3節〕とその指針(平成11労告137・138)が定められている〔労派遣47の12〕。労働者派遣関係への*労働基準法'等の労働法規の適用は、原則として派遣元にあるが、事項により派遣先ないし双方にある旨の定めがある〔労派遣44〜47の4〕。

労働条件 *労働者'の待遇と表現上区別されるなど狭義に用いられる場合には、*労働

ろうどうし

契約'の内容となる就労に関する諸事項を指し〔労組16，労基15等参照〕，広義には職場における労働者の待遇を広く含む。前者の例としては*賃金'，*労働時間'，*休暇'等が典型であり，*解雇'等の人事上の措置の基準や，災害補償，安全衛生を加えることもある。後者に含まれるものとしては，福利厚生，*寄宿舎'等に関する事項のほか，通説は個別の労働者に対する解雇等の人事上の措置を加えるが，職場環境や事実上の就業状態をどこまで含むかについては見解が分かれている。労働条件については，最低基準が法定される〔憲27②，労基13，最賃4②等参照〕ほか，労使対等決定の理念〔労基2①，労契3①〕，国籍等による差別の禁止〔労基3〕，募集・採用時の明示義務〔労基15，短時有期6，職安5の3〕，*労働協約'・*就業規則'上の基準による規律〔労組16，労契7・10・12〕，*雇用形態'間での均等・均衡の確保〔短時有期8・9，労派遣30の3・30の4〕等の事項が法律で定められている。⇨対等決定の原則' ⇨労働条件明示義務'

労働条件通知書 *使用者'が*労働者'を採用する際などに，*賃金'，*労働時間'などの事項を文書で通知するもの。雇入通知書ともいう。契約締結時の*労働条件'の明示〔労基15①〕の方法の1つ。本来は労働契約書で対処されるべきだが，これが困難な場合を考慮して，モデル様式(簡易な書式への空欄記入で済む方式)が通達で用意されている。

労働条件明示義務 *使用者'が，*労働契約'締結に際して，*賃金'や*労働時間'などの*労働条件'を明示しなければならない義務〔労基15①〕。明示された労働条件が事実と異なる場合，*労働者'は即時に労働契約を解除できる〔労基15②〕。労働基準法施行規則5条によれば，明示が必要な労働条件は，イ 労働契約の期間に関する事項，ロ 有期契約の更新基準や更新上限，ハ 就業場所や従事業務及びその変更の範囲，ニ 労働時間・休日，ホ 賃金，ヘ 退職(解雇事由を含む)，ト 退職手当，チ 賞与等の臨時に支払われる賃金，リ 労働者に負担させるべき食費・作業用品，ヌ 安全衛生，ル 職業訓練，ヲ 災害補償・業務外の傷病扶助，ワ 表彰や制裁，カ 休職に関する事項である。ト～カは使用者がそれらに関する定めをしない場合は明示を要しないが，イ～ヘは昇給に関する事項を除き書面等による明示が必要である。また，その契約期間内に*無期転換権'転換権が生ずる有期労働契約を締結するときは，ヨ 無期転換申込に関する事項や無期転換後の*労働条件'を明示する必要があり，これらのうち書面等による明示が必要なのは，ヨと無期転換後の労働条件のうち昇給を除くイ～ヘに関する事項である。また，短時間労働者，有期雇用労働者，派遣労働者については，*パート有期労働法'や*労働者派遣法'に特則がある。

労働人権法 個別的労働関係法の中の労働保護法について，憲法27条2項に由来し，*労働条件'を規制する労働条件規制法と区別して，憲法上の各種の人権規定に由来する諸規制を労働人権法と把握する見解がある。すなわち，憲法13条の個人の尊重・幸福追求権，14条の平等原則，18条の奴隷的拘束・苦役からの自由，19条の思想及び良心の自由，20条の信教の自由，21条の表現の自由，22条の職業選択の自由等の人権規定を受けたと位置付けうる*労働基準法'の諸規定や*男女雇用機会均等法'等が労働人権法に属する。

労働審判法 1 意義 平成16年制定の労働審判法(法45)は，地方裁判所における*個別労働関係紛争'(個別紛争)についての迅速・簡易・柔軟な解決手続としての労働審判制度を導入した(平成18年4月より運用開始)。この制度は，近年の日本における個別紛争の増加に対応するため，行政上の個別労働紛争解決促進制度(⇨個別労働関係紛争の解決の促進に関する法律')に加え，司法上の個別紛争解決システムとして創設されたものである。

2 運営主体 労働審判手続は，地方裁判所の裁判官である労働審判官1名，及び労働関係に関する専門的な知識経験を有する者から任命される労働審判員2名から構成され，労働審判委員会により実施される〔労審7～10〕。このように労使の経験者が参加する点で労働審判制度は，ヨーロッパ諸国にみられる労働裁判所制度等との共通性をもつものである(ただし，日本には労働事件を管轄する特別の裁判所はなく，労働審判委員会は地方裁判所において個別の事件ごとに設置される)。2名の労働審判員は，使用者及び労働者側それぞれの立場での知識経験をもつ者であることが想定されているが，あくまで中立的な立場で審判委員会の職務(評決も含まれる)を行うことが求められる〔労審9①〕。

3 手続 労働審判委員会は，原則として3回以内の期日で争点及び証拠の整理並びに事実の調査や証拠調べを行い，審理を終結する〔労審15・17〕。同委員会は，いつでも*調停'を試みることができるが〔労審規22①〕，調停が成立しない場合は，合議によって労働審判を行う(運用上，調停により事件が終了することが多い)。この手続は*非訟事件'手続であり(期日は原則として

非公開である〔労審16〕），労働審判委員会は，労働審判において，権利関係と手続の経過を踏まえつつ，事件の内容に即した相当と認める事項を定めることができる〔労審20①②〕。当事者は2週間内に労働審判に対して異議を申し立てることができ，それにより審判は失効するが〔労審21③〕，その場合，労働審判に係る請求につき，申立て時に訴えが提起されたものとみなされる〔労審22①〕。異議の申立てがない場合，労働審判は裁判上の和解と同一の効力を有する〔労審21④〕。

労働争議 労働関係の当事者間において労働関係に関する主張が一致しないで，そのために*争議行為'が発生又は発生するおそれがある状態〔労調6〕。単に争議ともいう。'労働関係調整法'は，労働争議が社会生活に及ぼす影響に鑑み，その自主的解決を助成するため，*労働委員会'による調整制度を定め（⇨労働争議の調整'），また，*職業安定法'は，'公共職業安定所'の労働争議に対する不介入を規定する〔職安20〕。

労働争議の調整 1意義 *労働争議'を予防・解決して産業平和を維持すること。各国ともに労働争議については立法的措置を講じているが，日本では，*労働関係調整法'（*行政執行法人'については'行政執行法人の労働関係に関する法律'〔行執労6章〕，'地方公営企業'・特定地方独立行政法人〔地独行法2②〕については'地方公営企業等の労働関係に関する法律'〔地公等労14～16〕），が，労働争議の調整を規定している。2原則 労働関係調整法は労働争議につき自主的解決を強調し〔労調2～4〕，当事者が合意又は*労働協約'によって自主的解決の方法を定めることを期待するとともに〔労調16・28・35〕，国の機関である中央労働委員会と地方公共団体の機関である都道府県労働委員会（例えば，東京都労働委員会など）による調整を定めている。3方法 *労働委員会'による調整手続としては，イ "あっせん"（斡旋）〔労調10～15〕，ロ *調停'〔労調17～27〕，ハ *仲裁'〔労調29～34〕が用いられているが，*公益事業'又は事業の規模若しくは性質上国民経済の運行を著しく阻害し又は国民の日常生活を著しく危うくするような争議行為については，*緊急調整'〔労調4章の2〕という特別の調整手続を規定している。

労働福祉事業 ⇨社会復帰促進等事業'

労働法 1意義 *個別的労働関係'，*集団的労働関係'，*労働市場'等を規律する諸種の法令の総称。労働法という名称の法律があるわけではない。*市民法'の下では，*労働者'と*使用者'とは対等の市民として扱われ，実質的交渉力格差は捨象された。その結果，劣悪な*労働条件'が契約自由の名の下に放置され，労働者が*自救行為'として行う団結活動は契約自由への侵害として違法視された。また，仕事を得る必要に迫られた労働者の窮状につけ込んだ中間搾取，人身拘束，*強制労働'等の悪弊も生じた。これらの事態を解消するために，市民法原理を修正するために登場したのが労働法である。2内容と体系 労働法の体系を，個別の労働者と使用者の関係を規律する個別的労働関係法，労働者の団結体である労働組合と使用者（団体）の関係を規律する集団的労働関係法，そして求職者と求人者の関係を始め労働市場における労働力の需給関係を対象とする労働市場法（雇用保障法ともいう）の3分野から構成されるという理解が一般的である。これに加えて，労働紛争の解決手続に関する分野を労働紛争解決法として独立に第4の分野と位置付ける立場もある。また，個別的労働関係法を行政監督や罰則等の公法的規制手法を用いる労働保護法と，純然たる民事規範から成る（広義の）*労働契約法'に二分して把握する立場も登場している。

労働保険 *労働者災害補償保険'及び*雇用保険'の総称。講学上，かつては，労働者災害補償保険と失業保険のほかに*健康保険'や*厚生年金保険'などをも含めて，広く労働者を対象にする*社会保険'のことを労働保険と呼ぶこともあったが，昭和44年に制定された「労働保険の保険料の徴収等に関する法律」（法84）は，労働者災害補償保険と失業保険を総称して「労働保険」と呼び，昭和49年に「雇用保険'が制定されるに及び，労働者災害補償保険と雇用保険を総称して「労働保険」と呼ぶことになった〔労保徴2①〕。「労働保険審査官及び労働保険審査会法」でも，労働者災害補償保険審査官と雇用保険審査官を*労働保険審査官'と総称している〔労保審1〕。

労働保険審査会 *審査請求'に対して労働者災害補償保険審査官及び雇用保険審査官（⇨労働保険審査官）がなした処分についての*再審査請求'の事件〔労災38①，雇保69①〕等を取り扱う厚生労働省の機関〔労保審25〕。労働問題に関する識見を有する，法律又は*労働保険'の学識経験者の中から，両議院の同意を得て，厚生労働大臣が任命する委員9人で構成される〔労保審26・27〕。

労働保険審査官 労働者災害補償保険審査官及び雇用保険審査官の総称〔労保審1〕。厚生労働大臣が任命する〔労保審3〕。労働者災害補償保険審査官は，*労働者災害補償保険'の*保

険給付'に関する労働基準監督署長の処分に不服のある者からの*審査請求'の事件〔労災38①〕を取り扱い〔労保審2①〕,雇用保険審査官は*被保険者'資格の取得・喪失の確認や*失業等給付'などに関する職業安定所長等の処分についての審査請求の事件〔雇保69①〕を取り扱う〔労保審2②〕。各審査官の決定に不服のある者は*労働保険審査会'へ*再審査請求'をすることができる〔労災38①,雇保69①〕。

労働保険料 *労働保険'の事業に必要な費用に充てるため政府が徴収する*保険料'のこと。「労働保険の保険料の徴収等に関する法律」は,労働保険料として,一般保険料・第1種特別加入保険料・第2種特別加入保険料・第3種特別加入保険料・印紙保険料(日雇労働者の納入)・特例納付保険料を定めている〔労保徴10②〕。

労働保護法 ⇨労働法'

労務供給契約 他人に労務(労働)を提供する契約。使用者の指揮命令に従った労務自体の給付を目的とする*雇用',労務の結果としての完成した仕事の給付を目的とする*請負',労務提供者(受任者)の判断による事務の処理を目的とする*委任'を包括した概念。労働者供給契約〔職安4⑧〕を指すこともある。

労務指揮権 ⇨指揮命令権'

労務出資 共同事業のために労務に服することを目的とする*出資'。*財産出資'に対する。肉体的な労務,知的な労務のいずれでもよく,また継続的な労務か一時的な労務かも問わない。民法上の組合員〔民667②〕,*持分会社'の*無限責任社員'には労務出資が認められるのに対し,*有限責任社員'の出資の目的は金銭その他の財産に限られている〔会社576①⑥〕。利益・損失の分配基準を明確にする必要上,出資の価格又は評価の標準を*定款'に記載しなければならない〔会社576①⑥〕。出資及び*持分'の払戻しは労務出資か否かを問わず金銭でなされる〔会社611③・624①,民681②〕。⇨信用出資'

老齢基礎年金 ⇨基礎年金' ⇨老齢年金'
老齢厚生年金 ⇨厚生年金保険'

老齢年金 *被保険者'などが,原則として65歳に達したときに支給される*年金給付'。全国民をカバーする老齢年金として,*国民年金'制度が65歳から支給する老齢基礎年金(*基礎年金')がある。被用者については,老齢基礎年金に上積みされる報酬比例の老齢年金等を支給する制度として,老齢厚生年金がある。自営業者等の国民年金の第1号被保険者(*強制加入被保険者')であって,国民年金の*保険料'に加えて付加保険料を納付した者には,老齢基礎年金受給権を取得したときに,それに上積みして,付加保険料納付期間の月数に比例する付加年金が支給される〔国年43~48〕。

老齢福祉年金 ⇨福祉年金'
ロエスレル ⇨レースラー'

ロシア憲法 **1 歴史** 社会主義国時代のソ連の憲法としては,1924年1月31日の第2回全連邦ソビエト大会で承認された「ソビエト社会主義共和国連邦憲法」が最初で,1936年12月5日に採択されたスターリン憲法,1977年10月7日のブレジネフ憲法を経て,ゴルバチョフ時代の1988年・89年・90年にも修正が加えられた。24年憲法は,ソビエト連邦結成の諸原則や連邦の国家体制を定め,36年憲法は,社会主義の基礎ができたことを前提に,社会主義の憲法であった。77年憲法は,50年に及ぶ社会主義国家の蓄積を基礎にした,発達した社会主義の憲法とされた。一方,1980年代後半期の修正は,ゴルバチョフのペレストロイカ政策の観点からのものである。特に1990年の改正により,共産主義建設という国家目標の放棄,共産党の指導的役割の否定,経済改革を進めるための所有権制度の改正,それに,統治機構での*大統領制'の導入が実現し,非社会主義的な連邦制度への転身が図られた。この後,バルト3国(エストニア,ラトビア,リトアニア)の分離独立を経て,1991年8月に,連邦を構成する多数の共和国の間で,新連邦条約を締結し,連邦の権限を大幅に共和国に移譲する「ソビエト主権共和国連邦」に移行する計画であった。

2 連邦の崩壊 1991年8月19日から22日にかけて,新連邦条約に反対する保守勢力が*クーデター'を起こした。クーデターは失敗に終わったが,この過程で,エリツィン・ロシア大統領のリーダーシップが確立し,ソ連共産党が非合法化され,国家保安委員会(KGB),連邦内務省,軍部の規模・権限は縮小された。更に,ゴルバチョフ大統領の権限も縮小され,12月に辞任に追い込まれた。連邦そのものも,1991年12月にカザフスタンの首都アルマアタに集まった連邦構成11共和国首脳の共同宣言で解体と「独立国家共同体」(CIS)への移行が決定された。ここにソビエト連邦は解体し,ソ連憲法の歴史も幕を閉じた。

3 ロシア憲法 今日,旧ソ連が国際社会において占めていた地位は,実質的にロシア共和国が引き継いでいる。当初は,77年憲法の下でいくつかの改正が行われたが,同時に新憲法の起草作業が行われ,1993年12月12日の人民投票により現行の大統領制のロシア憲法が制定された。

ろつきーど

三権分立及び複数政党制を採用し，人権保障もうたうなど元来は*立憲主義'的骨格の憲法である。この憲法は1996年以来，大統領や議員の任期，連邦制などに関して数次にわたる改正が加えられており，特に2020年には現大統領の多選制限の緩和を含め多岐にわたる改正が行われた。なお，「憲法」に掲げた［表：主要国憲法の系譜（概要）］をみよ。

ロッキード事件 アメリカの大手航空機メーカー，ロッキード社が，全日空への大型ジェット航空機売込みのため行った日本工作から起きた戦後最大の疑獄事件。内閣総理大臣であった田中被告が5億円の受託収賄，外国為替及び外国貿易管理法(昭和24法228)違反で昭和51年に起訴され，懲役4年の実刑判決を受けた(上告中に死亡)ほか，政治家や丸紅・全日空関係者ら計16名が起訴され，ほぼ全員が一，二審で有罪判決を受けた。最高裁判所は，ロッキード社元副会長らに免責(⇨*刑事免責')を付与して得られた嘱託尋問調書の*証拠能力'は否定したが，田中被告が運輸大臣に対し全日空に特定機種の選定購入を勧奨するよう働きかけた行為はその職務権限に属するとし，有罪の結論は維持した(最大判平成7・2・22刑集49・2・1)。

ロック Locke, John(1632〜1704) イギリスの哲学者。オックスフォード大学で学び，1661〜64年同大学の教壇に立つ。1667年友人シャフツベリー伯の誘いによって官界に入るが，1675年同伯爵の失脚後渡仏して1679年まで滞在，1683〜88年にはオランダに亡命，1688年の名誉革命とともに帰国，政府の顧問役となり，フィルマー(Sir Robert Filmer, 1589〜1653)の絶対主義的政治論を批判する「統治二論」(1690)を著して革命を擁護した。同書は「自然状態」の恐怖を逃れるために無制約の権力を樹立するという*ホッブズ'の国家論を，キツネの害を逃れるためにライオンに食われるようなものだと批判。「自然状態」は基本的に平和だが侵害に対する保障のない状態であるとし，各人はその生命・自由と労働の成果たる財産を防衛するために，*自然権'の一部を信託して権力を作る，権力が信託に反した場合には抵抗が正当化されるとした。この政治論は，イギリス*立憲制'，アメリカ*民主主義'の基本理論としてその後の歴史に大きな影響を与え，また日本国憲法にも影響がみられる。権力分立・宗教的寛容・政教分離などの思想の先駆者としても重要である。なお，権力最小化というロックの志向は，現代のリバタリアン思想によって徹底され，治安維持機能の民営化論(ノージック(Robert Nozick, 1938〜2002))なども登場している。

ロックアウト ⇨*作業所閉鎖'

ロッテルダム・ルール 英 Rotterdam Rules 「全部又は一部が海上運送による国際物品運送契約に関する国際連合条約」の別称。ヘーグ・ヴィスビー・ルール(⇨*ヴィスビー・ルール')や*ハンブルク・ルール'に代わる新しい国際海上物品運送法制に関する国際条約。2002年から*国際連合国際商取引法委員会'において審議され，2008年12月国連総会の承認により成立した。2009年9月ロッテルダムにおける署名式典が行われ，以後署名のために開放されたが，2024年7月1日現在未発効である。本条約は96ヵ条から成る大部のもので，運送契約について生じる様々な法律問題について包括的に規律しており，適用範囲も従来の国際条約と比べて拡張されていることに特徴がある。国際海上運送を含む複合運送を引き受けた*運送人'の責任について，海上運送以外の部分を含めた責任法制を定めるほか，実行運送人はもとより港湾荷役等，海上物品運送の履行に関わる者の責任についても定めている。運送人の責任については，航海過失免責の廃止，*堪航(かんこう)能力'担保義務の航海中への拡張，責任限度額の引上げ(1包・1単位当たり875SDR，1kg当たり3SDR)といった重要な変更を加えると同時に，電子商取引に関する諸規定，譲渡性のない運送書類，運送品処分権や物品の引渡しに関する規律，強行法規性に関する例外としての数量契約の特則といった従来の国際条約が扱わなかった要素を含んでいる。

六　法 憲法・民法・商法・民事訴訟法・刑法・刑事訴訟法の6大法典をいう。明治期の日本で作られた言葉で，この6大法典を始め主要法令を集めた書物は「六法全書」と呼ばれる。

ロバーツ・コート 英 Roberts Court ジョン・ロバーツ(John Glover Roberts, Jr., 1955〜)が首席裁判官を務める2005年以降現在に至るアメリカ合衆国最高裁判所を指す。前任の*レ(一)ンクィスト・コート'にも増して保守色の強い最高裁判所といえる。例えば，個人の武器保有権を承認して連邦や州による厳格な銃規制を打倒し，州による*アファーマティブ・アクション'の実施に極めて抑制的な姿勢を見せている。また，長年全米を二分する論争を巻き起こしてきた人工妊娠中絶の問題について，1973年以来認められてきた中絶を行うかどうかを決定する女性の権利(Roe v. Wade, 410 U.S. 113 (1973)参照)を否定し，州による中絶規制を容認する判断を下した(Dobbs v. Jackson Women's

Health Organization, 597 U.S. 215(2022)参照)。もっとも，今日合衆国最高裁判所が直面する事件には単純な割切りを許さない難解な事例が少なくない。ロバーツ・コートも，制裁金により個人に保険加入を強制する医療保険制度改革(オバマ・ケア)については連邦議会の課税権の行使としてこれを是認し，また，同性婚については，婚姻の権利は同性のカップルにも等しく保障されるべきであるとして，婚姻を異性のカップルに限定する州法を違憲無効とする画期的な判断を下している(Obergefell v. Hodges, 576 U. S. 644(2015)参照)。

ロビイスト ⇨プレッシャー・グループ'

ローマ条約 ⇨実演家，レコード製作者及び放送機関の保護に関する国際条約'

ローマ法 **1 古代** 通常，紀元前8世紀中葉の建国以来，6世紀前半のユスティニアヌス(Iustinianus Ⅰ, 482頃～565)帝の立法事業に至るローマ社会において形成された法をいう。王政から共和政への国制の転換を経て，前5世紀中葉に制定された十二表法(⊠ lex duodecim tabularum)が「全公法・私法の源」としてその後の法発展の核心を形づくった。前3世紀以後，法務官等による名誉法(職権法)・万民法が形成されるとともに，法学者の活動による法形成が顕著となる。元首政期には，皇帝による命令も法として定着する一方，法学は特に民事法を高度の技術性をもつ法曹法へと発展させた。近代の学界では，この時代は法学の古典期と呼ばれることがある。6世紀ユスティニアヌス帝の下で「勅法彙纂」(⊠ Codex)(529施行, 534新施行)，「学説彙纂」(⊠ Digesta)(533施行)，「法学提要」(⊠ Institutiones)(533施行)が編纂され，個別的補充立法である「新勅法」(⊠ Novellae)(統一的施行なし)とともに，近世以降「ローマ法大全(市民法大全)」(⊠ Corpus Iuris Civilis)として総称された。

2 中世以降 11世紀イタリアのボローニャにおいてローマ法が復活して，「ローマ法大全」は実定法源として受容され，ヨーロッパ大陸(特にドイツ)において，ローマ法の継受という現象が生じた。注釈学派，注解学派，人文主義法学派から19世紀の*パンデクテン法学'に至るまで，社会的経済的諸条件に適合するように学問的加工が加えられ，それらの成果の中に大陸諸国の近代民事法典が成立した。日本民法典もこの系譜の中で制定されたものであり，ローマ法からの影響が随所にみられる。

ローマン・ダッチ・ロー ⊠ Roman-Dutch law オランダ語で Rooms-hollands recht, アフリカーンス語で Romeins-hollandse reg という。15世紀から19世紀の民法典成立までオランダ，ホラント州で用いられた法。呼称は1652年シモン・ファン・ルーヴェン(Simon van Leeuwen, 1626～82)に由来する。それ自体ローマ法の影響を受けた慣習法，制定法を基礎として15～16世紀のローマ法継受が行われ成立した。ローマ法の現代的慣用を追求すると同時に，フランス人文主義法学を継承する典雅法学を発展させ，かつ自然法思想の影響を受けた。*グロティウス'のオランダ語による概説書によって最初の体系化が試みられ(「ホラント(オランダ)法学入門」1619～20年執筆, 31年公刊)，これに続く重要な文献が生み出された(Vinnius(法学提要注釈)，Voet(学説彙纂注釈)，van der Keessel(「現行法」講義)，van der Linden(概説書)など。ホラント州の優越的地位，裁判所及び大学の権威によって，他州にも影響を与えた同法は，オランダの植民地でも適用された。本国では近代法典が整備されたのに対し，19世紀初頭にイギリス領となった植民地では成文化されることなく，*コモン・ロー'との混合を経験しつつ(*混合法')，存続することとなった。スリランカ，ガイアナではその後衰退がみられるが，南アフリカでは現行法の重要な部分を占め，「現在に生きるローマ法」といわれることがある。

ロールズ Rawls, John(1921～2002) 現代アメリカの哲学者。ハーバード大学教授。主著「正義論」(1971, 改訂版1999)において，仮定的な「原初状態」にある理性的な人々が選択するであろう社会制度の原理として正義の原理を提出し，更にそこから一層具体的な原理や制度を導き出した。最近の英語圏における規範的倫理学の隆盛は本書に起因するところが大きい。彼の基本的な正義原理の中で特に有名なのは，最も不利な人々の状態が可能な限り最善になることを要求する，平等主義的な「格差原理」であり，これは，ハーバードでの同僚であったノージック(Robert Nozick, 1938～2002)の「アナーキー・国家・ユートピア」(1974)による批判など，論議の対象となっている。

ロング・アーム法 ⊠ long arm statute 長く腕を伸ばすように，自州に所在しない被告に対する自州の裁判管轄権を広く認めるアメリカの法律。1945年の合衆国最高裁判所判決(International Shoe Co. v. State of Washington, 326 U.S. 310(1945))により，「フェア・プレーと実質的正義の伝統的観念に反しない最低限の関連」

ろんこく

があるか否かで管轄の有無を判断すべきであるとされた。そのため、この規準を満たす最大限度まで裁判管轄権を拡張しようとして各州で立法されたのがロング・アーム法である。例えば、州内で営業していること（図 doing business）という要件を極めて緩やかに適用し、実質的にはほとんどその州と関わり合いのない外国企業に対しても管轄権を行使するような例がみられ、国際私法上問題とされている。もっとも、他方で、管轄が一応肯定されても、公私の利益を勘案して裁量的に管轄を否定する'フォーラム・ノン・コンビニエンス'のルールの活用により、ある程度は修正が図られている。

論告 刑事訴訟において、*証拠調べ*が終わった後に、検察官がする事実及び法律の適用についての最終意見*陳述*〔刑訴293①〕。論告において検察官は、*公訴事実*の認定及び*情状*の評価について意見を述べ、関係法条の解釈適用について論ずるほか、*量刑*についての具体的な見解を明らかにするのが通例である（いわゆる*求刑*）。論告・求刑は、検察官の主張であるから、裁判所を拘束するものではないが、求刑を斟酌（しんしゃく）することにより量刑の不均衡を防止することができる。この論告に対応して、*被告人*及び*弁護人*は*最終弁論*を行う権利をもつ〔刑訴293②〕。

ローン提携販売 顧客が商品を購入する際に、販売業者（又は信販会社）が*保証人*となることによって金融機関から融資を受けさせるという販売方法〔割賦2②〕。*消費者信用*の一方式。購入者が借入金を返済できない場合には、販売業者が保証人として責任を負う点で、*信用購入あっせん*と異なる。*割賦販売法*は、販売条件の表示義務、書面交付義務、*クーリング・オフ*などを課している〔割賦29の2～29の4〕が、他の点での規制は十分でない。

[図：ローン提携販売の仕組み]

わ

わいせつ 1 総説 刑法は、わいせつな行為・物に関する罪として、2編22章に、イ *公然わいせつ罪*〔刑174〕、ロ *わいせつ物頒布等の罪*〔刑175〕、ハ *不同意わいせつ罪*〔刑176〕、ニ 監護者わいせつ罪〔刑179①〕（⇒監護者わいせつ・監護者性交等罪）、ホ *わいせつ目的面会要求等罪*〔刑182〕の定めを置く。なお、ハニホの沿革については*性犯罪*をみよ。

2 社会的法益に対する罪 イロの「わいせつ」概念につき、判例は、いたずらに性欲を興奮又は刺激させ、かつ、普通人の正常な性的羞恥心を害し、善良な性的道義観念に反するものと解する（最判昭和26・5・10刑集5・6・1026〈サンデー娯楽事件〉）。その刑事規制は、高度の道徳や倫理を強いる趣旨ではなく、性道徳に係る社会秩序の維持に関し重要な意義をもつ道徳、要するに最低限度の道徳に悖（もと）る行為だけを禁じる趣旨とされる（最大判昭和32・3・13刑集11・3・997〈チャタレイ事件〉）。芸術的・思想的価値のある文書であっても、わいせつ性をもつ場合には、性生活に関する秩序及び健全な風俗を維持するため規制は合憲であるが、個々の章句の部分のわいせつ性の有無は、文書全体との関連において判断されなければならないとされる（最大判昭和44・10・15刑集23・10・1239〈悪徳の栄え事件〉）。これは「全体的考察方法」とも呼ばれ、その文書を全体としてみたときに、主として読者の好色的興味に訴えるものと認められるか否かなどの諸点を検討することが必要とされる（最判昭和55・11・28刑集34・6・433〈四畳半襖（ふすま）の下張り（したばり）事件〉）。

3 個人的法益に対する罪 ハニホは、今日一般に、個人の性的自由を保護*法益*とする処罰規定と解されており、わいせつ行為の認定上重要なのは、相手方の性的な自己決定を害したかどうかである。例えば接吻（せっぷん）行為は、最低限度の性道徳という観点からはイロの「わいせつ」行為に当たらないが、相手方の意に反して行われればハニホの「わいせつ」行為に当たる。

わいせつ物陳列罪 ⇒わいせつ物頒布等の罪'

わいせつ物頒布等の罪 刑法175条の罪。

法定刑は，2年以下の拘禁刑又は250万円以下の罰金若しくは科料，又は拘禁刑及び罰金の併科。平成23年改正(法74)前は，「わいせつな文書，図画(がぞう)，その他の物」をイ「頒布」又は「販売」・ロ「公然と陳列」・ハ 販売目的で「所持」する行為を罰していたが，同改正により，1項前段で「わいせつな文書，図画，*電磁的記録に係る記録媒体その他の物」をイ「頒布」・ロ「公然と陳列」する行為，同後段で「電気通信の送信によりわいせつな電磁的記録その他の記録を頒布」する行為，2項で「有償で頒布する目的で，前項の物を所持し，又は同項の電磁的記録を保管」する行為を罰する作りに改められ，刑の任意的併科の定めが加えられた(⇨サイバー犯罪')。1項前段及び同後段にいう頒布とは，客体を不特定又は多数の人に取得させることである。1項前段(いう物陳列罪)にいう公然陳列とは，客体を不特定又は多数の人の認識できる状態に置くことだが，客体と行為の認定には，科学技術の発展に伴って難しさが生じうる。積極例として，わいせつな映像を記録したフィルムと，その映写(大判大正15・6・19刑集5・267)，画像データを記憶・蔵置させたハードディスクと，それを電話回線を通じてダウンロードできるように設定する行為(最決平成13・7・16刑集55・5・317)等がある。2項にいう有償頒布(販売)目的は，わいせつ物である光磁気ディスクを販売用コンパクトディスク作成に備えてのバックアップのために製造所持した行為について肯定された例がある(最決平成18・5・16刑集60・5・413)。

わいせつ文書 ＊わいせつ物頒布等の罪'〔刑175〕の客体の1つ。その内容が，「羞恥心を害することと性欲の興奮，刺激を来すことと善良な性的道義観念に反すること」を要する(最大判昭和32・3・13刑集11・3・997〈チャタレイ事件〉)。刑事規制は，芸術的・思想的価値のある文書であっても，わいせつ性をもつ場合には，性生活に関する秩序及び健全な風俗を維持するため合憲とされる(最大判昭和44・10・15刑集23・10・1239〈悪徳の栄え事件〉)。 ⇨わいせつ'

わいせつ目的面会要求等罪 刑法182条の罪。令和5年改正(法66)により，性交同意年齢の13歳から16歳への引上げと合わせて新設された(⇨性犯罪')。若年者の性被害を未然に防止すべく，性的な行為をする目的で若年者を懐柔する行為(性的グルーミング)を罰する。処罰対象は，16歳未満の者を客体として(ただし，客体が13歳以上16歳未満である場合には，行為者が5歳以上年長であることを要する)，イ ＊わいせつ'目的で，威迫・偽計・利益供与等の不当な手段を用いて，面会を要求する行為(1年以下の拘禁刑又は50万円以下の罰金)〔刑182①〕，ロイの結果，わいせつ目的で，面会する行為(2年以下の拘禁刑又は100万円以下の罰金)〔刑182②〕，ハ 性交等をする姿態や性的な部位を露出した姿態等をとってその映像を送信するよう要求する行為(1年以下の拘禁刑又は50万円以下の罰金)〔刑182③〕である。

ワイポ(WIPO)実演・レコード条約 ⇨著作隣接権'

ワイマール憲法 独 Weimarer Verfassung
1 成立 第一次大戦の敗北を契機とするドイツ革命によって，ドイツ帝制は崩壊した。1919年，平等・普通・比例代表選挙によって選出された国民議会がワイマールで開かれ，7月31日に議決され，8月11日に＊大統領'によって公布された。正式には，ドイツ共和国憲法(Verfassung des Deutschen Reichs)という。ワイマール憲法とはその通称である。この憲法はドイツ帝制時代の立憲君主制憲法であった＊ビスマルク憲法'とは異なり，民主主義的基礎の上に立つ全ドイツ国民の強い統一をその指導理念とし，更に＊社会国家'的色彩をも合わせもつことによって，20世紀型憲法の典型とされる。なお，「憲法」に掲げた[表：主要国憲法の系譜(概要)]を参照せよ。

2 特色 その特色の第1は，＊国民主権'主義の下で＊共和制'を採用し，かつ＊議院内閣制'を憲法上の原則としたことである。政府と議会との均衡を図るため，大統領の解職について，＊国民投票'に付する権限を議会に与えると同時に，内閣の＊不信任決議'権を与えた。他方，国民の直接選挙による大統領には議会の解散権を与え，また＊緊急命令'を発する権限を与えた。＊直接民主制'の広範な採用も特色をなす。第2の特色は，ビスマルク憲法と同様に＊連邦'制をとっているが，プロイセンの優位を排除し，統一的傾向が強いことである。第3の特色は，基本権保障における社会主義的色彩である。市民的自由主義に立脚しながらも，資本主義の高度化に伴う諸矛盾を修正するために所有権の義務性を認め，「人たるに値する生活」(＊生存権')の保障を規定した。

3 崩壊 1933年3月のヒトラー(Adolf Hitler, 1889～1945)政権による＊授権法'を始めとする一連の立法は，ワイマール憲法を形骸化し，ナチス独裁体制を成立させるに至った。

ワイルドキャット・ストライキ ⇨山猫スト'

賄 賂　賄賂罪の手段とされるもの。公務員・仲裁人の職務に関する不法な報酬としての利益。職務行為と対価関係に立つことを要する。ただし、*あっせん収賄'罪の場合は、あっせんに対する報酬である。賄賂は、有形無形を問わず、人の欲望又は需要を満足させるに足る一切の利益をいい、飲食の饗応（きょうおう）や異性間の情交なども含まれる。判例は、株式の新規上場に先立つ公開に際し、上場時に価格が確実に公開価格を上回ると見込まれ、一般人が公開価格で取得困難な株式を公開価格で取得できる利益も、賄賂とする（最決昭和63・7・18刑集42・6・861〈殖産住宅事件〉）。また、社交的儀礼とみられる程度の贈物も公務員の職務に関して授受される以上賄賂であるとしている（大判昭和4・12・4刑集8・609）が、他方、社交的儀礼として、職務に関する対価としで授受されたものではないと認定される場合もある（最決昭和50・4・24判時774・119）。なお、特別法の賄賂罪（例えば、会社法967条の取締役等の贈収賄罪）では、手段が財産上の利益に限定されていることもある。

和 解　Ⅰ　民法　**1 意義**　例えば、*不法行為'による損害額につき、被害者が100万円、加害者が50万円を主張し、結局、70万円で折り合う場合のように、争っている当事者が互いに譲歩して、その間に存在する争いをやめることを約する*契約'〔民695〕。通説は、双務・有償・諾成・不要式の契約と解する。いわゆる*示談'は、互いに譲歩したものであれば和解である。和解は、裁判外においてもすることができるし（私法上の和解・*裁判外の和解'）、裁判所においてもすることができる（*裁判上の和解'）。**2 効力**　和解によって当事者間の法律関係が確定し、当事者はこれに反する主張をすることができなくなる。和解後に、反対の確証が現れても同様であり、和解によって権利が移転し、あるいは消滅したものとされる〔民696〕。**3 和解と錯誤**　*錯誤'に関する規定〔民95〕が和解に適用されるかどうかは、どの点に錯誤があったかによって異なる。すなわち、錯誤が争いの目的とされた事項自体に関する場合には、錯誤の主張は認められない〔民696参照〕が、その争いの当然の前提とされたため問題にならなかった事項に関する錯誤（例えば、債権の存在を前提としてその額につき和解したが、元々債権は存在しなかった場合）については、和解は錯誤による取消しの対象となる。

Ⅱ　民事訴訟法　*調停'及び*仲裁'等とともに、判決以外による紛争解決方法の一類型。現在、代替的紛争解決手続（⇨エー・ディー・アール（ADR）'）の一種として、また、訴訟上の和解は判決と並ぶ民事訴訟の終了事由として、注目を集めている。この和解は判決と比較して、一般に簡易・迅速・低廉な手続であり、紛争の一刀両断的な解決を回避でき、自主的な紛争解決方法として合意を前提とするため債務者による任意の履行も期待でき、更に、実定法の枠にとらわれない新たな救済方法を創造できるという紛争解決上の利点を有する。反面、主として当事者間の交渉により成立するものであるので、和解手続及び和解内容の公正さを確保することが課題となる。裁判外の和解（私法上の和解）か裁判上の和解かにより、その効力に差異がある（後者は、*確定判決'と同一の効力〔民訴267①〕をもつ）。また、訴訟上の和解の方法として、民事訴訟法は、当事者双方が期日において口頭の陳述により行う和解に加えて、和解条項案の書面による受諾の制度〔民訴264〕、裁判所等が和解条項を定める制度〔民訴265〕、及び、現地和解〔民訴規32②〕を規定している。近時、認証紛争解決手続において紛争の当事者間に成立した和解であって、当該和解に基づいて民事執行をすることができる旨の合意がされた特定和解については、裁判所から執行決定を得て、*強制執行'が可能となった〔裁判外紛争解決2⑤・28①〕。行政訴訟事件における和解については議論があるが、行政法上、特に和解手続〔収用50〕又は和解の仲介手続〔鉱業122～125、農地28〕等の規定がある。国際和解合意については、「調停による国際的な和解合意に関する国際連合条約の実施に関する法律」2条3項・5条参照。⇨訴訟上の和解'　⇨裁判外の和解'　⇨裁判上の和解'　⇨示談'　⇨和解調書'

Ⅲ　刑事裁判においては、民事上の争いについての刑事訴訟手続における和解のことで、平成12年に成立した「犯罪被害者等の保護を図るための刑事手続に付随する措置に関する法律」（法75）（平成19年法律95号により、*犯罪被害者等の権利利益の保護を図るための刑事手続に付随する措置に関する法律'と改称）により新設された制度。被告人と被害者等との間で被告事件に係る被害を含む民事上の争いについて合意が成立した場合に、当該被告事件を審理している裁判所に対して共同して当該合意内容の*公判調書'への記載を申し立てることができ、その記載がなされたときは、裁判上の和解と同一の効力を有する〔犯罪被害保護19〕。つまり、公判調書に*民事執行法'上の*債務名義'性を付与し*強制執行'を可能にすることで、被害回復の実現を容易にしたものである。

和解兼弁論 ⇨弁論兼和解'

和解調書 民事訴訟において，裁判上の和解を記録した*調書〔民訴規 67 ①①・169〕。調書に記録されることにより，訴訟は終了する。和解を記録した電子調書は，*確定判決'と同一の効力を有する〔民訴 267 ①〕。特定の給付義務を内容とするものは*債務名義'となる〔民執 22 ⑦〕。⇨裁判上の和解'⇨和解'

我妻栄（1897～1973） 民法学者。大正 9 年(1920)東京帝国大学を卒業。昭和 2 年(1927)同大学教授となり，民法講座を担当，昭和 32 年(1957)定年退官。第二次大戦後の親族・相続法改正など多くの立法作業にも関与した。それまでのドイツ流の法律解釈を一層発展させただけでなく，個人の自由と私有財産権の絶対を基礎とする個人主義的な民法理論が資本主義の発展によって修正を迫られているという視角から従来の民法理論を見直した。また，法律制度の現実の社会的作用を理解する必要性を強調し，判例を重視するなど新しい方法を取り入れて民法学を発展させた。その集大成が「民法講義」(全 7 巻，昭和 5～47)である。このほか著書として「近代法における債権の優越的地位」(昭和 28)などがある。

枠組条約 ⇨国際環境法'

ワグナー法 ⇨不当労働行為'

ワーク・ライフ・バランス 広狭両義がある。狭義のワーク・ライフ・バランスは「仕事と家庭の両立」を意味する。1990 年代以降，少子高齢化への対応として，職業的責任と家族的責任の両立を支援するための法的整備が重要な政策課題となり，多くの法律が制定・改正された。こうした法律に属するものとしては，*育児介護休業法'，*次世代育成支援対策推進法'，*男女雇用機会均等法'9 条(妊娠・出産・産休の取得等を理由とする不利益取扱いを禁止)などがある。広義のワーク・ライフ・バランスは，「仕事と生活の調和」を意味する。この意味でのワーク・ライフ・バランスの理解が進み，家庭生活以外の市民としての諸活動(趣味，ボランティア，政治的活動など)についても，職業との両立支援が図られるようになるかは，次の課題である。

ワシントン野生動植物取引規制条約 正式には「絶滅のおそれのある野生動植物の種の国際取引に関する条約」という。1973 年 3 月 3 日にワシントンで作成され，1975 年 7 月 1 日に発効した。日本は 1980 年に受諾した(昭和 55 条 25)。野生動植物の保護のために，一定の種の国際取引の規制を目指す。本条約の規制対象と

なる種を，イ 絶滅のおそれが現にある種，ロ 絶滅のおそれのある種となるおそれのある種，ハ 捕獲・採取の防止・制限を行う必要があり，かつ，国際協力が必要と認められる種の 3 つに分け，それぞれを附属書Ⅰ～Ⅲに掲げ，締約国のとるべき措置を規定する。附属書の内容は，2 年ごとに開かれる*締約国会議'で改正される。

割賦（かっぷ）販売 ⇨かっぷはんばい'

「わな」の理論 いわゆる*おとり捜査'によって，犯意を誘発され，犯罪を実行した者の罪責を否定する理論。おとり捜査により犯意を誘発された者の罪責については，種々の見解が対立している。判例には，麻薬の不法所持に関し，誘惑者が捜査機関であるとの一事をもって犯罪実行者の罪責を否定することはできないとしたものや(最決昭和 28・3・5 刑集 7・3・482)大麻の不法所持に関し，当該おとり捜査は適法であるとしたものがある(最決平成 16・7・12 刑集 58・5・333)。ところが，アメリカ合衆国では，判例によって「わな」（エントラップメント(entrapment)）の理論(抗弁)が構成され，国家機関が，「わな」をかけて，それまで犯罪の意図をもっていなかった者に罪を犯させる，つまり犯罪を作るというのは，公共の政策上許されないという理由で，一定の限度で可罰的になること，あるいは訴追を許さないことが認められている。日本でも，このような「わな」の理論は十分に検討する価値があるといわれている。 ⇨アジャン・プロヴォカトゥール'

藁（わら）の上からの養子 出生後間もない他人の実子をもらい受け，自分たちの*嫡出子'として虚偽の出生届を出して養育する場合がいう。この届出と養育によって嫡出親子関係は生じないが，親子として長期間生活した後に提起される親子関係不存在確認の訴えが著しく不当な結果をもたらすときは，訴えは権利濫用となり許されない(最判平成 18・7・7 民集 60・6・2307)。⇨特別養子'

割合運送賃 *運送契約'において運送が完了していなくても運送が行われた割合に応じて請求することができる*運送賃'。運送という仕事の完成に対する報酬としての運送賃についての例外。*運送品処分権'行使の場合〔商 580〕に法律上当然の請求権として認められている。

割合的因果関係 *不法行為'の要件の 1 つである*因果関係'を割合的に判断する考え方。伝統的に因果関係は「あれなければこれなし」の関係があるか否かで判断されてきたため，あるかないかの判断であると考えられてきた。し

わりあてじ

かし，原因が競合する場合に，妥当な賠償額を導く方法として因果関係自体も競合する原因ごとに割合的に判断しようという考え方が主張され，裁判例もある。　⇨寄与度'　⇨素因'
割当自由の原則　　⇨株式の割当て'
割　印　　⇨契約'
割引(手形の)　　⇨手形割引'
割引手形　　⇨手形割引'
割引荷為替　　⇨荷為替手形'
割引発行　　*社債'・*公債'などを*券面額'未満の価額で発行すること。社債については，*利札'(りさつ)'付きでないなど期中の利払が行われない場合を指し，しばしば行われている。これは社債償還の際に全部の利子を一時に支払うもので，この元利合計額を券面額とし，元本金額で発行するため，割引発行という。
割増賃金　　*使用者'は，法定*労働時間'を超えて行われた*労働'(*時間外労働')，法定*休日'に行われた労働(*休日労働')，あるいは深夜(午後10時から午前5時まで)に行われた労働(*深夜業')に対して，時間外労働については通常の労働時間又は労働日の*賃金'の2割5分以上の，休日労働については3割5分以上の，深夜労働については2割5分以上の割増賃金を支払わなければならない。この割増率は，月60時間を超える部分については5割となる〔労基37，割賃令〕。割増率5割への引上げ部分については，*労使協定'の締結を条件に，割増賃金に代えて有給の代替休暇を付与することができる〔労基37③〕。割増賃金の基礎となる賃金には，*家族手当'，通勤手当，別居手当，住宅手当，子女教育手当，1カ月を超える期間ごとに支払われる*賞与'などの賃金は算入しない〔労基37⑤，労基則21〕。
ワルソー条約　　1929年に採択された「国際航空運送についてのある規則の統一に関する条約」(昭和28条17)の別称。1955年の改正議定書(ハーグ議定書)(昭和42条11)のルールも含めてワルソー条約と称されることもある。同条約には，1971年改正議定書(グアテマラ議定書)(未発効)，1975年改正議定書(モントリオール議定書)(第1〜第4議定書)，及び1961年補完条約(グアダラハラ条約)(1964発効)がある。日本は，ハーグ議定書(昭和42条11)とモントリオール第4議定書(平成12条6)を批准している。ワルソー条約は，航空運送人(旅客及び物品)の責任の要件・その限度額(例えば，旅客の死傷につき25万金フラン)等を定めているが，この条約は，日本の国内の*航空運送'には適用がない。なお，日本の航空会社は，平成4年11月より，*約款'により，条約上の責任制限を援用しない旨を定めた。なお日本は，1999年のモントリオール条約を批准したが(平成12・5・26国会承認，平成15・11・4発効)，モントリオール条約非加盟国との関係では，ワルソー条約適用の余地はある。　⇨モントリオール条約'

湾　　⇨内水(国際法上の)'
湾岸戦争　　1990年8月のイラクによるクウェート侵攻を受け，国際連合安全保障理事会決議678(1990)に基づいてアメリカを始めとする多国籍軍によって1991年1月17日に開始された軍事行動。イラクをクウェートから撤退させ，安全保障理事会決議687(1991)により終結した。冷戦期に「麻痺(まひ)」していた安保理の強制措置機能の「復活」の象徴となった。なお決議678は2003年3月のアメリカ等によるイラク攻撃の根拠としても主張された。
ワンチャンス主義　　*著作権法'上，一旦実演家が許諾を与えれば，その後の利用行為には原則として権利が及ばないという考え方。権利関係の複雑化を避け，実演の円滑化を図る目的による。映画収録への許諾による録音・録画権，放送・優先放送権，送信可能化権，譲渡権の喪失〔著作91②・92②②ロ・92の2②②・95の2②②〕，録音・録画の許諾による放送・有線放送権，送信可能化権，譲渡権の喪失〔著作92②②イ・92の2②①・95の2②①〕がある。

を除くほか(を除く外・を除くの外)　　⇨を除くほか(を除く外・を除くの外)'(巻末・基本法令用語)

を旨として　　⇨を旨として'(巻末・基本法令用語)

基本法令用語

内閣法制局

初版 編集・執筆者

別府正夫
菊井康郎
前田正道
系　光家
根岸重治

新版
第3版 編集・執筆者

阪田雅裕

第4版
第4版補訂版 編集・執筆者

横畠裕介

第5版 編集・執筆者

岩尾信行

第6版 編集・執筆者

嶋　一哉

* 本編と同様にアステリスク（*）又は矢印(⇨)で関連参照項目を示したが、その項目が本編中のものである場合はアステリスクを、基本法令用語中のものである場合は矢印を用い、両者を区別した。

基本法令用語

当たる(あたる)　1 特定の人・物・事実・法律関係等が法令に規定する一定の要件に当てはまる(該当する)趣旨を表す場合に用いられる。用例としては、「行政庁の処分その他公権力の行使に当たる行為」〔行手2②〕、「死刑又は無期若しくは長期三年以上の拘禁刑に当たる罪」〔刑訴210①〕等がある。
2 法令の規定により一定の事務を所掌し、又はこれに従事する趣旨を表す場合に用いられる。用例としては、「国又は公共団体の公権力の行使に当る公務員」〔国賠1①〕、「警察は、…公共の安全と秩序の維持に当る」〔警2①〕等がある。

改　め　る　⇨改正する・改める'

以　　下　⇨以上・以下'

以下同じ　法令中の言葉の定義に関する規定の一形式として、ある条項中の言葉の下に括弧書きでその言葉の意味について注釈を加えるというやり方があるが、この場合に、その注釈の下に、「以下同じ」と書き添えられているときは、その言葉は、その法令中のそれ以降の条項においても、全て、括弧書きで注釈を加えられたような意味において使われている趣旨を表す。用例としては、「目が見えない者(目が見えない者に準ずる者を含む。以下同じ。)」〔道交14①〕、「その法定代理人(二人以上あるときは、各自。以下同じ。)」〔刑訴28〕、「司法警察職員(司法警察員及び司法巡査をいう。以下同じ。)」〔刑訴39③〕等がある。

以下…という　1 法令中の言葉のうち長い字句からなるものを簡明に表すために、その言葉の下に括弧書きでその略称について規定する場合に用いられる。用例としては、「都道府県公安委員会(以下「公安委員会」という。)」〔道交4①〕、「国際連合事務総長(以下「事務総長」という。)」〔国連平和維持3①〕等がある。
2 法令中の言葉の定義に関する規定の一形式として、通常の定義規定とは逆に、初めに説明語を挙げ、その説明語の下に括弧書きでその説明語によってその意味が説明されている言葉を示して、言葉を定義する場合に用いられる。用例としては、「都道府県庁所在地…その他政治上、経済上又は文化上特に重要な都市(以下「重要都市」という。)」〔道5①Ⅰ〕、「学生生徒の隊列、葬列その他の行列(以下「行列」という。)」〔道交11①〕等がある。

意見を聴き(聞き)　*行政機関'等が一定の行為をする場合、法令の規定により、必ず他の者(*諮問機関'・利害関係者・学識経験者等)の意見を聴かなければならない旨を定めている場合がある。行政機関等の行為が独善に流れないようにし、又は民意を反映した行政を確保するためである。意見を聴く方法としては、諮問機関・*議決機関'の意見を聴くもの〔私学7・36④等〕(この場合、「諮問」「諮り(はかり)」等の用語も用いられる〔自治244の4②、国土交通省設置法(平成11法100)15①等〕)、公聴会を開いて利害関係者・学識経験者等の意見を聴くもの〔国会51、労基113等〕、直接に利害関係者等の意見を聴くもの〔刑訴158①、都計65②等〕(聴聞の手続により意見を聴く場合がある〔風俗41、銀行52の5等〕)、利害関係のある団体の意見を聴くもの〔自治9の2①、都計5③等〕等がある。これらの場合は、他の者の意見を聴くことが法律上義務付けられるが、その意見に従うかどうかについては、特に法令の規定がなければ拘束されない。意見を聴かれるものが*審議会'等の合議体の機関であるときは「議に付し」等の用語も用いられる。　⇨議により・議に基づいて・議に付し'

以後・後　時間の限定をする場合に用いるが、「以後」は基準時点を含んでそれより後への時間的広がりを表すのに対して、「後」は基準時点を含まず、それより後への時間的広がりを表す。「12月1日以後」といえば、12月1日を含んでそれより後の時間的広がりを表すのに対して、「12月1日後」といえば、12月1日を含まず、12月2日より後の時間的広がりを表すことになる。したがって、「12月1日後」というのと「12月2日以後」というのとでは、同じ時間的広がりを表すことになる。なお、「…の日から」又は「…の日から起算して」という用例もあるが、「…から」というのは「後」と同じく、起算点が午前零時でない限り、起算日を含まず〔民140〕、「…から起算して」というのは「以後」と同じく起算日を含んでいる。　⇨以降'　⇨から'

以　　降　一定の日時から起算して、その後における時間的間隔又は連続を表す。その意義は、基準時点を含むなど、「以後」と全く同一であり、その用い方の差は、結局文章のニュアンスに帰するが、しいていえば、この「以降」という用語は、*予算'、*恩給'、*選挙'など、ある時点以後制度的に毎年又は定期的に継続して行われる事柄について多く用いられている。用例としては、「国が債務を負担する行為に因り支出すべき年限は、当該会計年度以降五箇年度以内とする」〔財15③〕等がある。　⇨以後・後'

以上・以下　数量の限定をする場合に用いるが、「以上」「以下」とも基準点になる数量を含んでいる。一定の数量を基準として、その基

基本法令用語

準数量を含んでそれより多いという場合には「以上」を、その基準数量を含まずにそれより多いという場合には「超える」又は「超過」を用いる。例えば、「1万円以上」といえば、1万円を含んでそれより多い金額を表し、「1万円を超える」といえば、1万円は含まず、1万円より多い金額を表すことになる。また、一定の数量を基準として、その基準数量を含んでそれより少ないという場合には「以下」を、その基準数量を含まずにそれより少ないという場合には「未満」又は「満たない」を用いる。例えば、「1万円以下」といえば、「1万円未満」というのとは異なり、1万円を含んでそれより少ない金額を表すことになる。*所得'金額の段階別に税率を定めるような場合、「百九十五万円以下の金額」「百九十五万円を超え三百三十万円以下の金額」「三百三十万円を超え六百九十五万円以下の金額」などと書いて、195万円、330万円などの基準となる金額が2段階に属することとならないようにしている〔所税89①等〕。 ⇨満たない(みたない)' ⇨未満' ⇨超える'

以前・前 時間的限定をする場合に用いるが、「以前」は基準時点を含んでそれより前への時間的広がりを表すのに対して、「前」は基準時点を含まずそれより前への時間的広がりを表す。「12月1日以前」といえば、12月1日を含んでそれより前の時間的広がりを表すのに対して、「12月1日前」といえば、12月1日を含まず、11月30日より前の時間的広がりを表すことになる。したがって、「12月1日前」というのと「11月30日以前」というのは、同じ時間的広がりを表すことになる。

一部改正 ⇨全部改正・一部改正'

以内・内 通例、*期間'、広さその他の数量の一定限度を表すのに用いられる。「以内」と「内」との差異は、「以前」と「前」又は「以後」と「後」との差異と同様、「以内」は「内」と異なり、期間、広さなどの最終ポイントを含む意味である。もっとも、この両者を比較した場合、「1月以内」といえば1月という基準時点を含み、「1月内」といえば1月という基準時点の一瞬間前までの時点を表すというように観念的には区別できるが、両者の間には、実際上大差はない。しかし、「1万平方メートル以内」と「1万平方メートル内」とでは、1万平方メートルを含むかどうかの明らかな差がある。もっとも、「1万平方メートル内」というような用法はまれで、その意味を表そうとする場合には、「1万平方メートル未満」とか、「1万平方メートルに満たない」という表現が用いられるのが通例である。期間を表す場合も同様で、1週間目や1月目を含まないことを明確にさせようとするときは、「1週間内」や「1月内」ではなく、「1週間に満たない」とか、「1月未満」とするのが通例である。 ⇨以前・前' ⇨以後・後' ⇨以上・以下'

委任規定 *法令'において、その規定しなければならない事項を、他の種類の法令の所管事項に属させる旨を定めている規定のことをいう〔労安衛27、国公102①等〕。委任規定に基づいて制定される命令を*委任命令'という。委任規定については、憲法上法律をもって規定しなければならない事項(法律事項)を*政令'等に*委任'する場合(*法律の委任')〔憲73⑥、内11、行組12①③〕の委任の範囲が問題となる。実質的に国会の*立法権'を没却するような一般的・包括的委任は許されず、法律運用上の手続的事項、専門的・技術的事項又は事態の推移に応じて臨機に措置しなければならない事項等であって、国会における審議の対象とすることが適当でないようなものに限られる。*罰則'の規定の命令に対する委任については、特に法律による具体的・個別的委任が必要であり〔憲73⑥但〕、犯罪*構成要件'の白紙的委任のようなものは許されない〔憲31〕。委任政令等が委任規定による委任の範囲内にあるか否かが判例上問題となっている(イ 最大判昭和25・6・7刑集4・6・956、ロ 最決昭和30・12・8刑集9・13・2622、ハ 最大判昭和33・7・9刑集12・11・2407、ニ 最大判昭和46・1・20民集25・1・1、ホ 最大判昭和49・11・6刑集28・9・393〈猿払事件〉、ヘ 最判平成2・2・1民集44・2・369、ト 最判平成3・7・9民集45・6・1049、チ 最判平成14・1・31民集56・1・246、リ 最判平成24・12・7刑集66・12・1722、ヌ 最判平成25・1・11民集67・1・1等。このうち、ニトチヌは政令・*省令'が委任規定による委任の範囲を超えて無効とされた事例)。

おそれ(虞・恐)がある 望ましくない事実又は関係が生ずる可能性があるという意味を表す用語であり、かつては、「公の秩序又は善良の風俗を害する虞があると決した場合」〔憲82②〕のように「虞」が用いられていたが、現在では、「商品を購入する者の利益が害されるおそれがあると認めるとき」〔計量法(平成4法51)15①〕のように平仮名で表記するのが通例である。なお、古い法令では「恐(れ)」を用いている例もある〔旧民訴旧(平成1法91改正前の)755等〕。

同じである・同様とする 1 同じである 2 以上の事項について、それらの事項が全く等し

基本法令用語

り制度の適用が排除されるものではないことを示すにとどまり、法令の規定なり制度が具体的にどのように適用されるかということまで積極的に示すものではない。用例としては、「前項の規定は、法律の定めるところにより、衆議院が、両議院の協議会を開くことを求めることを妨げない」〔憲59③〕、「占有の訴えは本権の訴えを妨げず、また、本権の訴えは占有の訴えを妨げない」〔民202①〕、「前項の規定は、地震、火災、水害その他重大な災害に際し、当該官庁が職員を本職以外の業務に従事させることを妨げない」〔国公101②〕等がある。

2 「前項の規定は、行政事務を分担管理しない大臣の存することを妨げるものではない」〔内3②〕等に用いられている「妨げるものではない」も、「妨げない」と同趣旨の用語である。

参酌・斟酌（しんしゃく）　いろいろの事情又は問題とされる事情・条件等を考慮して判断することをいう。多少のニュアンスの差がないとはいえないが、ほとんど同義であるため、法令用語の統一の見地から、昭和30年頃以降「参酌」に統一して用いることとされている。勘案とも類似するが、勘案は、そこに挙げられている諸事情を冷静に考量するという感じを出す場合に用いられる。《類例：勘案》〔例：行訴9②〕

次　⇒前・次'

施行・適用　1 施行　*法令'の規定の効力を一般的に発動させ、作用させること。法令が制定されると、一定の方法によって「公布」された後、施行される。法律については、公布の日から起算して20日を経過した日から施行することになっているが、法律に別段の施行時期の定めがあればこれによることになっている〔法適用2〕。実際には、法令は、その「附則」又は施行法等において施行時期の定めを置いているのが通例であるが、その定めには、具体的に施行時期を定めるものと、具体的に施行時期を定めず、他の法令に施行時期の定めを委ねる旨を規定しているものとがある。後者の例としては、*都市計画法'附則1条(別の法律に委任している例)、*破産法'附則1条(*政令'に委任している例)等がある。また、施行時期は、ある法令の規定の全部について画一的に定められる場合と、個々の規定につき別異に定められる場合〔労安衛附1、国年附1等〕とがある。　⇒本則・附則'

2 適用　施行が法令の効力の一般的発動という抽象的観念であるのに対し、法令の規定の効力が個別的・具体的に特定の人、特定の地域、特定の事項について現実に発動され、作用

すること。新しい法令が制定されれば、その法令に定められた施行時期以後の事柄については、当然その法令が適用されるが、法令の一部改正等が行われた場合には、改正後の法令の適用対象を明確にする必要が生ずることもある。このような場合には、その法令の規定の適用範囲に関する規定が設けられる〔国公附3等〕。なお、「…改正後の…の規定は、令和四年四月一日から適用する」〔給与法改正法（令和4法81）附1②〕のように法令の遡及適用を定めた例も多いが、刑罰法規については、日本国憲法39条の規定により、遡及適用をすることは許されない。

施行法・施行令・施行規則　1 施行法　ある法律の施行に伴い必要な経過規定その他の規定を内容とする法律。法律の附則に規定しなければならない事項が多くなるような場合には、施行法が制定される例が多い。施行法は、基になる法律の題名を冠して「○○法施行法」と称せられる〔例：民施、都市計画法施行法（昭和43法101）、日本国有鉄道改革法等施行法（昭和61法93）等〕。なお、施行法にはある法律の施行に伴い必要な関係法律の改廃に関する規定が含まれることがしばしばあるが、これらの規定だけをとりまとめて法律が制定されることもある〔信託法の施行に伴う関係法律の整備等に関する法律（平成18法109）等〕。

2 施行令　ある法律に附属し、その*法律の委任'に基づく規定又はその法律を実施するための規定を主な内容とする*政令'。このような内容をもつ政令には、通常、「○○法施行令」という題名がつけられるが、ある法律の施行に伴う経過規定を主な内容とする政令については、地方自治法施行規程（昭和22政19）のように「○○法施行令」という題名が付けられていないものもある。

3 施行規則　上記2と同様の内容の命令で内閣府令又は*省令'の形式によるものには、通常、「○○法施行規則」という題名が付けられる。
⇒実施規定

下に　⇒次に・下に'

実施規定　法令の実施のための細目的事項を、その法令よりも形式的効力において下位の法令で定める旨を定めている規定のことをいう〔公選272、財47等〕。施行規定ともいう。法律に規定する実施規定を根拠として制定される法令（*執行命令）は、*委任命令'と異なり、その法律を実施するために必要な細目的・手続的事項を規定することができるにとどまり、実質的に国民の権利を制限したり、国民に義務を課することとなるような事項を規定することは許

基本法令用語

されない。もっとも、現在では、実施規定の見出しに「政令への委任」又は「省令への委任」との表現がとられることも少なくなく、ある規定が純然たる実施規定であるのか、委任規定の要素をもつものであるのかについての判別については、微妙な場合が少なくない。法律の実施規定の根拠が設けられなくても、政令や府省令は、法律の実施に必要な事項を定めることができる〔憲73⑥、内閣府7、行組12等〕から、法律に実施規定を置くことの意味は、執行命令の種類を指定することにあるといえる。実施規定に基づく規定は、母法の施行令、施行規則に盛られるのが通例である。 ⇨施行法・施行令・施行規則' ⇨委任規定'

…してはならない ある行為を禁止する規定の述語として用いられる。すなわち、この規定の趣旨は、'不作為'の義務があることをいうのであって、法律上の権利あるいは能力がないことをいうものではない。したがって、この規定に違反する行為は、処罰の原因になることは多いが、'法律行為'としての効力には直接関係するものではなく、他の法令の規定、例えば、民法90条('公序良俗')の見地から問題となる場合があるにとどまる。この意味において、ある行為をする法律上の権利あるいは能力がないことをいう「…することができない」とは異なる。 ⇨…することができない'

従前の例による ⇨なお効力を有する・なお従前の例による'

趣旨規定 ⇨目的規定・趣旨規定'

準ずる・類する **1 準ずる** 模範として倣う意。「本来そのものではないが、その性質、内容等が、準じられるものとおおむね同様ないし類似の」といった意味を表す場合に用いる。用例としては、「庁、官房、局及び部…には、課及びこれに準ずる室を置くことができる」〔行組7⑤〕、「当該地域に近接する地域のうち民間の賃金水準及び物価等に関する事情が当該地域に準ずる地域」〔給与法11の3①〕、「第三号から前号までに掲げる個人情報ファイルに準ずるものとして政令で定める個人情報ファイル」〔個人情報74②⑩〕等がある。また、「地方公共団体は、国の施策に準じて施策を講ずるよう努めなければならない」〔流通食品への毒物の混入等の防止等に関する特別措置法(昭和62法103)3②〕において用いられている「準じて」も同じ用例である。
2 類する の場合に比較して「本来そのものではないが」の意味合いは希薄であるといえる。「準ずる」は実質に重点を置いた場合に、「類する」は実質よりもむしろ外形に重点

を置いた場合にそれぞれ用いられることが多い、との説明もされている。いずれにせよ、どちらがより広い範囲の概念を指し示す語であるかは一概にいえない。用例としては、「イからネまでに掲げる業務に類するものとして政令で定める業務」〔国連平和維持3⑤ナ〕等がある（なお、「準ずる」と「類する」を使い分けた特殊な例として、「この法律施行の際、現に存する従前の規定による国民学校、国民学校に類する各種学校及び国民学校に準ずる各種学校並びに幼稚園は、それぞれこれらをこの法律によって設置された小学校及び幼稚園とみなす」〔学教附2〕がある）。

準 用 ある事項に関する規定を、それと類似する他の事項について、必要な変更を加えて働かせることをいう。類似する各事項についていちいち規定を設けることは、かえって法規が複雑になるという立法技術の面から、一定の規定を準用する旨明定することが多い。例えば、民法616条は、'使用貸借'の規定の一部を'賃貸借'に準用する旨定めている。「適用」が、その規定の本来の目的とする対象への当てはめであるのと異なる。 ⇨準ずる・類する' ⇨例による'

章 ⇨編・章・節'

条・項・号 **1 条** 法令は、通常、内容が複雑であるため、その内容を分類する意味で条に分けて規定し、理解と検索の便を図っている。条には、「第○○条」という条名を付け、戦後、原則として括弧書きで見出しを付けることとしている(⇨見出し')。
2 項 条に分けるほどのことがない場合、例えば、簡単な法令の本則や、法令の附則で内容が複雑でなく区分して規定すべき事項の数が少ないものは、項に分けて規定する。また、1つの条を、内容により、更に区分する必要がある場合には、項に分ける。項には、項数が1である場合を除き、1・2・3の項番号を付ける(1つの条を項に分ける場合には、2項以下に項番号を付ける)。項番号を付けることは、検索の便のためであって、昭和23年頃から行われるようになった。
3 号 条又は項の中において多くの事項を列記する場合に、号を用いて分類する。号は一・二・三で表し、号の中で更に区分して列記する場合には、イ・ロ・ハ、(1)・(2)・(3)、その他の方法を用いる。

条文見出し ⇨見出し'
常例とする ⇨例とする(常例とする)'
斟 酌（しんしゃく） ⇨参酌・斟酌（しんしゃく）'
推定する・みなす(看做す) **1 推定する**

当事者間に別段の取決めのない場合又は*反証'が挙がらない場合に、ある事柄について法令が一応こうであろうという判断を下すこと。例えば、「売買の目的物の引渡しについて期限があるときは、代金の支払についても同一の期限を付したものと推定する」〔民573〕というのは、代金の支払期限は一応目的物の引渡期限と同一の*期限'として取り扱うということであって、当事者に代金の支払期限について異なる期限の取決めがあったり、あるいは当事者の意思がそうでないことが証拠によって明らかになれば、それに従って判断され、処理されることになる〔例：民186・188・250、商503②、民訴159②・228②④等〕。民事訴訟法上の*推定'については、本編の「推定」を参照せよ。

2 みなす(看做す) 本来異なるものを法令上一定の法律関係につき同一のものとして認定してしまうこと。当事者間の取決めや反証を許さず、一定の法律関係に関する限りは絶対的に同一のものとして扱う点で、「推定する」と異なる〔例：民886①、民訴159①、刑245等〕。例えば、*失踪宣告'を受けた者が死亡したとみなされる〔民31〕ということは、その者につき死亡と同じ*法律効果'を生じさせ、仮に、その者の生きていることが立証されても、失踪宣告が取り消されない限り死亡という法律効果は動かすことができないことになる。

速やかに ⇨遅滞なく・直ちに・速やかに'

…することができない ある行為をする法律上の権利あるいは能力がないことを示す規定の述語として用いられる。この種の規定に違反する行為は、法律上の行為として欠陥があり、その効力が問題となる。この意味において、*不作為'の義務があることをいう「…してはならない」とは異なる。例えば、民法731条は、「婚姻は、十八歳にならなければ、することができない」と規定しているが、これは、18歳未満の者が事実上婚姻生活をしてはいけないことをいうのではなく、18歳未満の者は法律上の*婚姻'をする能力がないことをいうものである。⇨…してはならない'

…するものとする 一般的な原則あるいは方針を示す規定の述語として用いられることが多い。場合によっては、「…しなければならない」と同じ意味で用いられることもあるが、通常はこれより若干弱いニュアンスをもつ。*職業能力開発促進法'5条1項に「厚生労働大臣は、職業能力の開発…に関する基本となるべき計画…を策定するものとする」とあるように、*行政機関'等に一定の拘束を与える場合によく用いられる。《類例：しなければならない》

正誤 誤りを直して正しくすることをいう。現在、法律・政令・府省令等の公布は*官報'に掲載することによってされているが、印刷の誤りその他の理由で成立した法令の内容と官報に掲載された内容とが異なっている場合には、官報に「正誤」欄を設け、その誤りを直している。

正条 例えば、偽りその他不正な手段により給付を受けた者を処罰する旨を定めた*国民年金法'111条は、そのただし書において、「ただし、刑法(明治四十年法律第四十五号)に正条があるときは、刑法による」と規定しているが、これは、このような行為が同時に刑法246条の*詐欺'罪に該当する場合があることを考慮したためである。このように、同様の事項に関する規定が*一般法'と特別法との関係にあるそれぞれの法令に設けられている場合に、一般法の規定を指して「正条」という場合がある。刑罰規定にその例が多い。

制定 *法令'の制定とは、規範としての法令を定立する権限をもつ機関が、一定の手続により、法令の案文を確定して法令とする行為をいう。法律案につき、*国会'がその議決によって法律とする〔憲59〕。なお、憲95、国会67〕ことが法律の制定であり、政令案につき、*内閣'が*閣議決定'によって*政令'とする〔憲73⑥、内4①〕ことが政令の制定である。法令は、その周知を図るため公布されるのが通例であり、また、現実に効力を発揮するためには施行されなければならないが、一旦制定されれば、公布や施行がされなくても既に有効に成立したことになって、その改廃も可能であり、また、その内容を変更するには法令の改廃の手続によらなければならない。 ⇨公布' ⇨施行・適用' ⇨成立'

制定文・前文 1 制定文 「全部改正」の法律には、それが全部改正法であることを示すために、その題名の次に、「○○法の全部を改正する」という文章が置かれる。政令は、同じくその題名の次に、その政令の制定の根拠を明らかにするため、委任政令の場合は、「内閣は、○○法○○条の規定に基づき、この政令を制定する」という文章が、実施政令(⇨実施規定')の場合は、「内閣は、○○法を実施するため、この政令を制定する」という文章が置かれ、また、既存の政令の全部を改正するもの又は廃止するものである場合は、それぞれの趣旨を示す文章が置かれる。これらの文章を制定文という。制

基本法令用語

定文は、法令の一部をなすものである点で公布文とは異なるものである。政令の制定文は、あとで、そこに引用されている法律の条文に異同があっても、改めて改正はしないことになっている。

2 前文 法令の趣旨、目的又は基本的立場を宣明するために、その条項の部の前に置かれる文章。憲法、'教育基本法'、ユネスコ活動に関する法律(昭和27 法 207)、男女共同参画社会基本法(平成11 法 78)等にその例がみられる。その法令の基本的立場を厳粛に宣明する必要がある場合に置かれるもので、一般の法令には置かないのが通例である。法令の一部をなし、その解釈の基本を示すもので、改正するには、法令の改正の手続によらなければならない。なお、本編中の'前文'を参照せよ。

正当の(正当な) 「法令・慣習・条理に従って適当な」「道理にかなっている」などの意味に用いられ、社会通念に照らし妥当と認められることを表す言葉である。用例としては、「水道事業者は、…給水契約の申込みを受けたときは、正当の理由がなければ、これを拒んではならない」〔水道15①〕や「著作者は、次に掲げる場合には、正当な範囲内において、その著作物に修正又は増減を加えることができる」〔著作82①〕等がある。

成 立 1 法令案が一定の手続により'法令'となることを法令の成立という。法律案は、両議院で可決されたときに'法律'として成立し〔憲59。なお、憲95、国会67〕、政令案は、'閣議'で決定されたときに'政令'として成立する〔憲73⑥、内4①〕。

2 国の'予算'については、'内閣'で作成した予算が'国会'で議決されたときに成立する〔憲73⑤・86〕。予算は成立前も成立後も予算といい、予算案という概念はない。成立して初めて、国会の内閣に対する財政権限の付与という予算の効力が生ずることになる。

3 その他、'婚姻'の成立〔憲24①〕のように当事者間に一定の法律関係ができあがることや、'会社'の成立〔会社49・579〕のように社団や'財団'が法律上存在するに至ることも成立という。

節 ⇨編・章・節'
前 ⇨以前・前'

前 ・ 次 1 前 法文において直前の条・項・号等を引用する場合、「第二条」とか「第三項」というようにその条名や項番号を引用せず、「前条」「前項」というように表現する。前に位置する数条・数項等を連続して引用する場合も、「前二条」「前三項」「前各号」のように表現する

(最後の例は、前方に位置する複数の号を全部引用する場合に用いる)。 ⇨以前・前'

2 次 「前」と対応して、すぐ後に続く条・項・号等は、「次条」「次項」「次号」等として引用する。ただし、「次二条」「次三項」というような用い方はしない。

前段・中段・後段 法文の項の規定が2つの完結した文章から成り立っている場合に、前の方の文章を前段といい、後の方の文章を後段という。「特別裁判所は、これを設置することができない。行政機関は、終審として裁判を行ふことができない」〔憲76②〕の規定においては、「特別裁判所」から始まる文章が前段で、「行政機関」から始まる文章が後段である。後段が「ただし」で始まる場合は、ただし書といい、ただし書に対する前段を本文という。項の規定が3つの文章から成り立っている場合〔刑訴24①等〕には、前の方から、それぞれ、前段・中段・後段という。 ⇨本文・ただし書(但し書)'

全部改正・一部改正 1 全部改正 ある法令について、形式的にはその同一性を継続しながらその内容を全面的に改めること。全部改正が行われると、内容はもちろん、題名まで改められることもあり、法律番号も新しいものとなり、附則も全部消滅するので、ある法令を廃止して、新たに制定するいわゆる廃止制定と実質的には大差はないが、形式的同一性を継続するかどうかに差異がある。全部改正の場合には、題名の次に「○○法の全部を改正する」という制定文を置くことになっている(政令の場合は、制定文で全部改正である旨が明らかにされる)ので、その有無によって、全部改正か廃止制定かが分かる。 ⇨制定文・前文'

2 一部改正 法令の一部改正は、「○○法(政令)の一部を改正する法律(政令)」という題名の法令によって行われるのが通例で、「第○○条第○○項中「××」を「△△」に改め、「××」の下に「△△」を加え、「××」を削り」という方式がとられる。このような一部改正法令が成立し施行されると、そこで規定している通りに既存の法令が改正され、したがって、一部改正法令自体は既存の改正される法令の中に溶け込んでしまい、附則の部分を除いてその本体はなくなるものと解されている。その残っている附則部分は改正される法令の本体に附置されることになるが、その部分を引用したり、改正したりする場合には、それが置かれていた旧本体、すなわち、一部改正法令を指定して行うことになっている。

前 文 ⇨制定文・前文'

基本法令用語

総則・通則・雑則・補則・罰則 **1 総則・通則** 一般的, 包括的な定めのことを総則といい, 言葉の意味としては, 全般に共通する定めのことを示す通則という語と変わらない。法令を編・章・節等に区分する場合の用い方としては, その法令全体についての総括的事項を定める編・章の標題として総則を用い(例:民法1編総則, *地方自治法'1編総則等), 編・章・節等の細分である章・節・款等の標題として通則を用いる例(刑事訴訟法3編1章通則, *国家公務員法'3章1節通則等)が多いが, 例外(商法2編1章総則等)もある。なお, 通則については, *法適用通則法'や*国税通則法'のように, 各般の制度にまたがる事項を定める法令の題名に用いられることもある。
2 雑則・補則 雑則は, 他の章・節等に組み入れられない雑多な事項を便宜的にまとめて規定した章・節等の標題として用いられ(例:地方自治法2編9章11節雑則等), 補則は, 他の章・節等に対する補完的な事項を規定した章・節等の標題として用いられる(例:*公職選挙法'17章補則等)が, 両者には厳密な用法上の基準はない。ただし, 補則という用語は, 最近はあまり用いられない。また, 雑則も補則も法令の附則と対比される意味の本則の一部をなすものであるが, 日本国憲法は, 通常, 附則として規定される事項を補則で規定している。
3 罰則 刑罰又は*行政罰'を定めた規定〔憲73⑥〕。なお, 自治14③〕。特別の権力関係内における制裁としての*懲罰'や*懲戒'処分に関する規定は, 罰則とはいわない。罰則をまとめた章・節等の標題として「罰則」が用いられるのが通例であるが, 公職選挙法は, 選挙権及び被選挙権の停止に関する規定〔公選252〕を罰則の章に入れており, この規定も「公職選挙法の施行及びこれに伴う関係法令の整理等に関する法律」(昭和25法101)25条1項でいう「罰則」に当たるという最高裁判所判決(最判昭和26・10・25刑集5・11・2304)がある。なお, 本編中の*罰則'を参照せよ。

相当の(の)規定 新法と旧法, 又は*一般法'と*特別法'の間において, 法律関係を同じくする規定がある場合に, 一の法令の規定を基準にして他の法令の規定を「相当(の)規定」という。用例としては, 「この法律の施行の日…前に改正前の所得税法…の規定によつてした承認, 指定…その他の処分又は手続で新法…に相当の規定があるものは…新法…の相当の規定によつてした相当の処分又は手続とみなす」〔所税附3〕等がある。

相当の(相当な) 「合理的な」「ふさわしい」等の意味に用いられ, *社会通念'上その程度に応じていることを表す言葉である。用例としては, 「裁判所は, 被告の申立てにより, 当該会社の組織に関する訴えを提起した株主又は設立時株主に対し, 相当の担保を立てるべきことを命ずることができる」〔会社836①〕,「裁判所は, 被告人が罪を犯したことを疑うに足りる相当な理由がある場合で, 左の各号の一にあたるときは, これを勾留することができる」〔刑訴60①〕等がある。

その他・その他の 両者は, 法令の上では, 使い分けられているのが通例である。「その他」は, 例えば「俸給表は, 生計費, 民間における賃金その他人事院の決定する適当な事情を考慮して定められ」〔国公64②〕にみられるように, 「その他」の前にある言葉(生計費, 民間における賃金)と, 「その他」の後にある言葉(人事院の決定する適当な事情)が, 並列の関係にある場合に用いられる。これに対して, 「その他の」は, 例えば「職員は, …同盟罷業, 怠業その他の争議行為をなし, …怠業的行為をしてはならない」〔国公98②〕にみられるように, 「その他の」の前にある言葉(同盟罷業, 怠業)が, 「その他の」の後にある, より内容の広い言葉(争議行為)の一部をなすものとして, 例示としての役割を果たす場合に用いられる。

題名・件名 **1 題名** 法令の標題の名。題名は, 法令の初めに位置し, その法令の内容を表すものである。題名はなるべく簡潔なものが望ましく, 「民法」「刑法」「国家公務員法」等がその例である。しかし, 題名は法令の内容を正確に表現するものであることが必要であるから, 法令の中には長い題名のものも見受けられる。
2 件名 題名のない法令について, 公布文の中の「…に関する件」というのを引用して付けた法令の名。昭和22年・23年頃までは, 既存の法令の一部を改正する法令や内容の比較的重要でない法令などについては, 題名を付けないことが多かったので, これらの法令を他の法令で引用する場合に件名が用いられた。例えば, 決闘罪ニ関スル件(明治22法34), 立木ニ関スル法律(明治42法22), 私的独占の禁止及び公正取引の確保に関する法律(昭和22法54)等は, いずれも件名であって, 題名ではない。
3 その他 題名と件名の区別を理解することは難しく, また区別する実益も乏しいので, 現在では, 少なくとも法律と政令には題名を付けることに統一されている。

ただし書(但し書) ⇨本文・ただし書(但

し書)'

直ちに　⇨遅滞なく・直ちに・速やかに'

遅滞なく・直ちに・速やかに　これらの3つの言葉は、いずれも「すぐに」ということで、時間的に遅れてはならないという趣旨であるが、それぞれニュアンスの差がある。**1 遅滞なく**　「直ちに」と「速やかに」に比べて、時間的即時性が弱い場合が多く、正当な又は合理的な理由による遅滞は許されると解されている。用例としては、「子が成年に達したときは、親権を行った者は、遅滞なくその管理の計算をしなければならない」〔民828〕等がある。
2 直ちに　最も時間的即時性が強く、一切の遅滞が許されない。用例としては、「被告人を勾留したときは、直ちに弁護人にその旨を通知しなければならない」〔刑訴79〕等がある。
3 速やかに　「直ちに」よりは急迫の程度が低い。なお、「遅滞なく」と「直ちに」の場合には、遅滞により義務違反となるのを通例とするのに対し、「速やかに」の場合には、訓示的意味をもつにすぎない例が多い。用例としては、「勾引状を執行するには、これを被告人に示した上、できる限り速やかに且つ直接、指定された裁判所その他の場所に引致しなければならない」〔刑訴73①〕等がある。

中段　⇨前段・中段・後段'

直近　⇨最寄り(もより・最寄)'

通じ(て)　前後の関係により各種の用法があるが、主なものは、次の通りである。イ「全体を合わせて」の意味。用例としては、「職員団体の役員として専ら従事する期間は、職員としての在職期間を通じて五年…を超えることができない」〔国公108の6③〕等がある。ロ「経由して」の意味。用例としては、「当該所轄庁が都道府県知事であるときはあらかじめ文部科学大臣を通じて宗教法人審議会の意見を聞かなければならない」〔宗法78の2②〕等がある。ハ「一定の手段・方法によって」の意味。用例としては、「日本銀行は、通貨及び金融の調節を行うに当たっては、物価の安定を図ることを通じて国民経済の健全な発展に資することをもって、その理念とする」〔日銀2〕等がある。ニ「通謀して」の意味。用例としては、「相手方と通じてした虚偽の意思表示は、無効とする」〔民94①〕等がある。

通則　⇨総則・通則・雑則・補則・罰則'

次に・下に　いずれも、法令の一部改正の場合に使用される語であるが、以下の通り、これらの語の用法は異なる。すなわち、「次に」は、ある章・節・条・項・号の次行に、それに続く別の章・節・条・項・号を追加する場合に、「第○○条の次に次の二条を加える」というように用いられるのに対し、「下に」は、ある条文の一部を改めて、その条文中のある字句の下にすぐ続けて他の字句を追加する場合に、「「○○」の下に「××」を加える」というように用いられる。なお、「次に」に対し、ある章・節・条の最初に新たな章・節・条を挿入する必要がある場合には、「前に」という語がときとして用いられることがある。　⇨前・次'

定義規定・略称規定　**1 定義規定**　その法令で使用する用語の意義を定めた規定。その規定形式は、「この法律において「○○」とは、…をいう」というのが通例である〔例：信託2等〕。法文中にこの種の規定が置かれているのは、その法令に用いられている用語の中には、*社会通念'をもってしてはその意義に広狭があり、あるいは、一般の用法とは多少違った意味で用いるものもあるので、法令自らがこれらの用語の定義を行うことによって、解釈上の疑義を生じないようにするためである。
2 略称規定　その法令の後の方で用いられる用語の略称を定めた規定をいい、定義規定と区別される。その規定形式は、「○○(以下「…」という。)」というのが通例である〔例：労組5②③等〕。　⇨以下…という'

抵触　ある法規範と他の法規範とがその内容の論理において一致しないことをいう。*国家公務員法'1条5項、*地方公務員法'2条、*国有財産法'附則5条等にこの語の用例がある。また、ある*法律行為'が*法規'に適合しない場合〔国附3②〕、ある権利と他の権利とが両立しない場合〔意匠26〕にも、この語が用いられている。なお、学問上の用語として抵触法(因 conflict of laws)という概念がある。これは、渉外事項に関する内外国の法律の抵触を解決する法規をいう。*国際私法'の規定は、これに属する。

適用　⇨施行・適用'

適用除外　特定の法令の規定の全部又は一部をある人、ある事項等について働かせないことをいう。例えば、「この法律の規定は、…特別職に属する職には、これを適用しない」〔国公2⑤〕、「刑の執行猶予の言渡しをする場合には、前二項の規定は、これを適用しない」〔少52③〕のように、特定の規定を適用しない旨の表現を用いている場合のほか、「…してはならない。ただし、…については、この限りでない」というような表現を用いる場合もある。　⇨この限りでない'

等 複数であることを表すとともに，類似するものを省略し，簡略に表現してあることを示すための用語である。このことは，例えば「警察官又は第百十四条の四第一項に規定する交通巡視員(以下「警察官等」という。)は，手信号その他の信号(以下「手信号等」という。)により交通整理を行なうことができる」〔道交6①〕という規定等に端的に示されている。法令の題名についても，規定する内容が多岐にわたる場合には，通常「等」を用いて簡潔にすることが行われている。例えば，*航空機の強取等の処罰に関する法律'，*国際連合平和維持活動等に対する協力に関する法律'等がこれである。なお，「○○等」の表現を用いる場合には，一般に，「○○」から類推されうる範囲内のものを「等」で表現するように留意すべきものと考えられている。

同 ある法令の文章中で最も近い前の場所に表示された条・項・号・年・月等の字句を受けて，厳密に同一の対象であることを示す場合に用いられる。同じ条の同じ項又は同じ号を示すのには，「同条同項」又は「同条同号」といわず，単に「同項」又は「同号」と表現する。この場合，後段又はただし書の中であっても，1項から成る条又は同一の項若しくは号の中の文章である場合，前段の字句を受けて「同」と表現することが認められるが，条，項又は号を異にする場合には，もはや上記の用法での「同」を用いることはできず，改めて正規の条名・項名・号名等を引用しなければならない。

当該 1「その」という意味。ある規定中の特定の対象を捉えて，その対象をその規定又は他の規定で引用する場合に，それが前に規定された特定の対象と同一のものであることを示す言葉として用いる。例えば「土地の所有者が当該土地を」という場合の「当該土地」は，土地一般ではなく，その所有者が所有しているその土地という意味である。
2「そこで問題となっている場合のそれぞれの」という意味。例えば「国は，当該年度の予算の範囲内で，…費用の一部に相当する金額を交付することができる」という場合の「当該」はこの意味である。
3「当該行政庁」とか「当該職員」という字句は特殊な意味をもっている。この場合の「当該」は，必ずしも上記1の場合ほど具体的でなく，「その事務を担当している」「その事務についての権限を有する」というような意味で使われている場合が多い。 ⇨当該職員'

当該職員 国又は地方公共団体の職員で，職制上又は特別の委任により一定の行政上の権限(例えば，立入検査権限)を与えられているものをいう。古い立法例では，「当該官吏」(国の職員)「当該吏員」(地方公共団体の職員)という語が用いられている〔海保15，歯科技工士法(昭和30法168)附5②等〕が，最近の立法例では，国の職員であると地方公共団体の職員であるとを問わず，「当該職員」という語が用いられている〔災害基83①，子育て支援15①②等〕。

当分の間 ある事項が恒久的でなく，臨時の暫定的なものであるとする立法者の意図を示す言葉であるが，大体何年間かという客観的な*期間'を表すものではないので，別段の措置がとられない限り*期限'は到来しない。例えば，刑法施行法(明治41法29)25条1項は，「旧刑法第二編第四章第九節ノ規定ハ当分ノ内刑法施行前ト同一ノ効力ヲ有ス」と定めているが，刑法施行法の当該規定はまだ改848されていないので，旧刑法の当該規定は，現在も依然として有効である(最大判昭和24・4・6刑集3・4・456)。経過的な措置を意味することから法令の附則において多く用いられるが，「製造たばこの小売販売…を業として行おうとする者は，当分の間，…財務大臣の許可を受けなければならない」〔たばこ事業法(昭和59法68)22①〕のように，本則で用いられている例もある。

同様とする ⇨同じである・同様とする'

とき・時・場合 「…ときは」と「…場合には」とは，ともに仮定的条件を表す言葉であり，両者の間に意味の相違はない。しかし，大小2つの仮定的条件を重ねて示すためには，例えば，「数個の関連事件が上級の裁判所に係属する場合において，併せて審判することを必要としないものがあるとき」〔刑訴4〕というように，最初の大きな条件を「場合」で表し，次の小さな条件を「とき」で表すことになっている。「時」は，例えば「引致した時から二十四時間以内に」〔刑訴59〕というように，時点又は時間を示すために用いられる。

特別の定め ⇨別段の定め・特別の定め'

特例 法令に定める一般的・原則的規範に対し，特殊な場合についてだけ適用のある例外的な法規範をいう。特例は，当該法令中に定める場合もある〔公選268等〕が，特例だけを別個の法令(特例法)で定める場合もあり，例えば，*地方公共団体の議会'の自発的解散は，地方公共団体の議会の解散について，*地方自治法'の特例を定めるものであるが，地方自治法とは別個の特例法〔地方公共団体の議会の解散に関する特例法(昭和40法118)〕で定められている。特例は，

基本法令用語

一種の特別法であって、一般法に優先する。

ところ 「○○で(に・の)定めるところにより」とは、「…に定めるとおりに」という意味であり、その場合の「ところ」は、当該法令又は規定(その時点で施行されているものに限らず、制定を予定されているものを含む)の内容全体を包括的に示している。例えば、「内閣は、法律の定めるところにより、…内閣総理大臣及びその他の国務大臣でこれを組織する」〔憲66①〕という規定を受け、内閣法は、国務大臣の人数その他を定めている〔内2〕。

…とする 「…である」で終わる法文もある〔労基2①、刑訴354等〕が、この表現では、その規定が規範でなく単なる事実の記載であるような印象を与えるおそれがあるので、「…である」の代わりに創設的・拘束的な意味をもたせるため、「…とする」を用いることが多い。例えば、「…の任期は、四年である」とせず、「…の任期は、四年とする」〔国公7①〕とすれば、その任期がちょうど4年間でなければならないという規範であることが明確になる。

内 ⇨'以内・内'

乃至(ないし) ⇨'から…まで'

なお効力を有する・なお従前の例による いずれも、*'法令'の改廃の際の経過措置として、一定期間又は当分の間、一定の範囲(改正法又は新法の施行前においてした行為のその後の効力、それらの施行後における旧法令の適用等)について、新法令の規定にかかわらず、旧法令の規定を利用しようとする場合に用いられるが、両者の間には若干の相違がある。イ 旧法令が適用される根拠は、前者の場合はこれによって効力を有するとされた旧法令であり、後者の場合は旧法令は廃止されており、後者の規定そのものである。ロ 前者の場合は、そこで対象となっている法令の規定だけが効力を有するので、これに基づく*'命令'の経過措置は、必要があれば、別に規定しなければならないが、後者の場合は改めて規定する必要がない。ハ 前者の場合は、なお効力を有する旧法令及びこれに基づく命令がその後も改正できるが、後者の場合はそれができない。

名で(名をもって・名において)・名義 「ある人の名で(名をもって・名において)」行為をするというのは、その行為につき、その名を用いられた者が法律上の主体となることを意味する〔憲5・96②等〕。「名義」は、これと同様の意味に用いられることもあり〔著作15①等〕、また、常識的に「名目」と同義で、一定の禁止の*'脱法行為'を封じようとする場合に「いかなる名義をもってしても」〔弁護20③〕のように用いられることもある。

並びに ⇨'及び・並びに'

何人(なんぴと)も 「誰でも」の意。「国民」と意識的に使い分ける場合は、「何人」は日本国民と*'外国人'の両者を指し、「国民」は後者が含まれない語として用いる。憲法は一貫した使い分けをしていない〔憲14①・22等〕と解されており(最大判昭和53・10・4民集32・7・1223〈マクリーン事件〉)、法律上は、意識的に「何人」と「国民」とを使い分けている例〔国公27・39・40・46・98②・100④〕と、「国民」に外国人を含めている例〔軽犯4〕とがある。

に係る・に関する いずれも、ある事項に「関係がある」「つながりがある」ことを意味する用語であるが、「…に係る」は、「…に関する」よりも関係・つながりが直接的である場合に用いられる。例えば、「審査請求に係る処分」〔行審87①Ⅱ〕、「当該許可に係る行為」〔道交79〕とは、*'審査請求'又は当該許可に関係する処分又は行為というよりも狭く、審査請求又は当該許可の目的あるいは内容となっている処分又は行為を指す。これに対し、「…に関する」は、例えば「職業訓練に関する定め」〔労基89⑦〕のように、*'職業訓練'の種類・程度・期間等の職業訓練そのものの内容のほか、職業訓練受講中の*'労働条件'、訓練終了者に対する処遇等職業訓練そのものよりも広く、これに関係がある事項を含む場合に用いられる。

に関する ⇨'に係る・に関する'

に規定する ある法令中の他の条項において特定の意味内容をもつ事項又は語句を、その特定の意味内容のまま用いることを示すための用語である。用語としては、「第八百二十条から第八百二十三条までに規定する事項」〔民857〕、「前条第一項に規定する処分」〔国公90①〕等がある。なお、他の条項中の修飾句を伴った名詞を当該条項の適用を前提としてそのまま引用する意図が前後の関係から明らかな場合は、「第一項の説明書」〔国公89③〕のように、単に「の」だけを用いることが多いが、この両者の用法上の差異はそれほど厳密なものではない。

後(のち) ⇨'以後・後'

のほか(の外) 1「AのほかB」という場合は、この用語の対象とする事項Aを含めてという意味に用いられる。例えば「前各号に掲げるもののほか、委託事務に関し必要な事項」〔自治252の15④〕という規定は、同条1号から3号までに掲げられているものAも当然委託事務に関し必要な事項であるが、なお、このほか

に規約に規定しなければならないその他の必要事項Bがあるという趣旨を包括的に表したものである。
2 この用語の対象とする事項Aに加えて後出の事項Bをも、という意味にも用いられる(例えば、「前項各号に掲げる日のほか、当該地方公共団体において特別な歴史的、社会的意義を有し、住民がこぞつて記念することが定着している日で、当該地方公共団体の休日とすることについて広く国民の理解を得られるようなもの」〔自治4の2③〕)。
3 なお、この最近の立法例では、この用語の対象とする事項Aを除いてという、「を除くほか」と同じ意味で用いられることが多い(例:「この法律に規定するもののほか、この法律の実施のため必要な手続その他の事項は、厚生労働省令で定める」〔雇保82〕)。 ⇨を除くほか(を除く外・を除くの外)'

場　合　⇨とき・時・場合'

廃止(する)　1 ある制度とか、事業とかを完全にやめることをいう。用例としては、「刑が廃止されたとき」〔刑訴337②〕、「商号を廃止したとき」〔商登33①①〕、「一般送配電事業の…廃止」〔電気14③〕等がある。これに対し、事業等を一時的にやめている状態を表す場合は「休止」を用いる(例:「六月以上営業を休止し」〔古物6③〕、「一般送配電事業の休止」〔電気14③〕)。
2 法令を消滅させることをいう。例えば、「行政事件訴訟特例法(昭和二十三年法律第八十一号。以下「旧法」という。)は、廃止する」〔行訴附2〕という規定により、*行政事件訴訟特例法'は*行政事件訴訟法'の施行の日(昭和37・10・1)に消滅することとなる。なお、高度テレビジョン放送施設整備促進臨時措置法(平成11法63)のような*限時法'的な法令には、制定時の附則に「この法律は、…までに廃止するものとする」という、いわゆる廃止規定が設けられている例〔高度テレビジョン放送施設整備促進臨時措置法附2参照〕があるが、この場合は、実際にその廃止法令〔高度テレビジョン放送施設整備促進臨時措置法を廃止する法律(平成27法15)参照〕が公布施行されなければ、当該法令はなお有効に存続していることに注意する必要がある。

はかる(諮る)　⇨意見を聴く(聞き)'
罰　則　⇨総則・通則・雑則・補則・罰則'
表・別表　法令の内容を分かりやすくするために用いられるのが通例である。表は、該当条文の中に掲げられるものと、その法令の末尾に掲げられるものとがある。法令用語としては、後者は別表と呼ばれ、単に表と呼ぶ場合は前者だけを指す。内容が特に複雑なものや長いもの以外のものは、読みやすくするため、該当条文の中に置かれるのが通例である。表は、縦・横に区切られ、縦の区切りは項、横の区切りは欄と呼ばれる。該当条文と表とのつながりは一様ではないが、表だけで意味を読みとることが困難なような場合には、本文の中に、表の意味や読み方を明示するのが通例である。上記の通り、別表は、法令の末尾に掲げられる表で、表が複雑な場合や長い場合など、該当条文の中に置くのが不適当な場合に限り、別表として掲げられるのが通例である。別表の意味・読み方等は、その法令の本則中に規定される。

不　実　真実でないこと、事実と相違することをいう。「虚偽」や「偽り」とほぼ同じ意味に用いられるが、「公務員に対し虚偽の申立てをして、免状…に不実の記載をさせた者」〔刑157②〕のように、真実でないことの主観的認識がある場合の「虚偽」と、単に客観的に真実でないことを意味する「不実」とを区別して用いる例もある。「不実の申立て」〔都開146⑫〕等の用例がある。

不正・不当・不法　1 不正　一般的には正しくないことを表す用語であるが、例えば、「急迫不正の侵害」〔刑36①〕にあっては、侵害が違法なものであることを意味し、「不正な行為をし」〔刑197の3①〕にあっては、法規に違反する行為に限らず、広く職務に違反する行為を意味し、「偽りその他不正の行為」〔雇保34①〕にあっては、*公の秩序・善良の風俗'(公序良俗)に反する行為を意味するなど、法令上はそれぞれの立法趣旨により、多少異なった意味をもって使用されている。

2 不当　妥当性を欠くこと、当を得ないことを意味する用語であるが、法令上は、「法令に違反し又は不当である」〔会検34〕のように違法と区別して用いる場合と、「精神又は身体の自由を不当に拘束する」〔労基5〕のように違法をも含めて用いる場合とがある。「不当」という語が用いられている場合に、何がこれに該当するかは、それぞれの場合ごとに目的その他の具体的諸条件を考慮し、*社会通念'に照らして判断しなければならない。

3 不法　違法とほぼ同じ意味をもつ用語であるが、どちらかといえば、形式的な*違法性'よりも実質的な違法性に着目して用いられることが多い。「不法な条件」〔民132〕、「不法な原因」〔民708〕、「不法の利益」〔民236②〕等の用例がある。「不法に人を逮捕し」〔刑220〕のように、刑罰規定において違法性を表す用語としても用いられ

基本法令用語

る('故(%)なく・みだりに')。なお、本編中の
*違法・不法・不当'を参照せよ。
　附　則　　⇨*本則・附則'
　不　当　　⇨*不正・不当・不法'
　不　法　　⇨*不正・不当・不法'
　別段の定め・特別の定め　　ある法令の規定
事項について他の法令に別異の定めがあること
を示すための用語で、例えば「官職に欠員を生
じた場合においては、その任命権者は、法律又
は人事院規則に別段の定のある場合を除いては、
採用、昇任、降任又は、職員を任命するこ
とができる」〔国公35〕というように用いられる。
「法律に特別の定があるとき」〔自治6③但〕の
「特別の定(め)」も同じ意味に用いられる用語
である。
　別　表　　⇨*表・別表'
　経る(経て)　　定められた手続を踏むという
意味に用いられるのが通例である。用例として
は、「議決を経」〔憲86・88〕、「承認を経」〔憲73
③〕、「国会を経」〔国公85〕、「同意を経て」〔国公5①・8③〕、「調
査を経て」〔国公84②〕等がある。そのほか、定
められた中間の機関を経由するという意味
(例：「選挙長を経て」〔公選125②〕、「弁護士会
を経て」〔弁護9・10①・11〕)又は定められた期間
を経過するという意味(例：「三箇月を経ても」
〔弁護12④・16②〕)に用いられることもあるが、
最近は、前者の場合は「経由して」、後者の場合
は「経過して」が用いられることが多い。
　編・章・節　　法令が多数の条文から成る場
合や法令の内容が複雑多岐にわたる場合は、当
該法令の構成を明らかにし、内容の理解と検索
の便に供するために、一定の基準を設けて法令
の「本則」を区分するのが通例である。その際
の通常の区分としては章及び節を用いるが、特
に大法典にあっては、章より大きい区分として
編を用いることがある。1　憲法を始めとして一
般の法令を区分する場合は、章別から始めるの
が通例である。章を細分する場合は節を、節を
細分する場合は款を用い、更に小さい区分が必
要な場合は目を用いる。目を用いた法令は極め
て少ないが、例えば、*国家公務員法'、*地方税
法'等にその例がみられる。
2　編が用いられるのは、民法、刑法、商法、会社
法、*地方自治法'、*所得税法'などの大法典に
限られる。
3　編・章・節等の区分をした場合は、それぞれ
編名・章名・節名等を付ける(民法の例でいえば、
第1編総則、第2章人、第1章権利能力)。なお、
改正により既存の章の間に新たな章を挿入する
場合は、その章に後続することとなる章を繰り
下げるか、挿入する章を「第1章の2」のように
枝番号の章とする方法が用いられる。
4　現在では、章・節等の区分をした場合は、法
令の内容の理解と検索の便宜のため、必ず本則
の前に目次を付けることとされている。　⇨*本
則・附則'　⇨*目次'
　法令により公務に従事する職員　　1　刑法に
おいては、*公務執行妨害罪'、*公文書偽造罪'、
*公務員'の汚職罪等の公務員に関する各種の処
罰規定を設けるとともに、公務員を「この法律
において「公務員」とは、国又は地方公共団体
の職員その他法令により公務に従事する議員、
委員その他の職員をいう」〔刑7①〕と定義して
いる。
2　刑法以外の法令において、一定の*職務'に従
事する者を「法令により公務に従事する職員」
とみなす旨の規定を設けている例がしばしばみ
られる〔例：刑訴268③、日銀30等〕が、これは公
共性の大きい職務について、その公正かつ円滑
な運用を図るため、刑法の公務員に関する処罰
規定と同じ*罰則'を設ける必要がある場合に、
立法技術としてとられる方法であって、これに
よって、いちいち罰則を規定しないでも、その
職務について、刑法中の公務員に関する処罰規
定が自動的に適用されることとなるのである。
　法令番号　　1　*法令'には、法令番号を付
けるのが通例である。法令番号は、法令が公布
される際に、法律・政令・省令等、法令の種類
及び制定者の別に従って、暦年ごとに付けられ
るものであって、法令そのものの一部をなすも
のではない。なお、*人事院規則'には、ここで
いう法令番号は付けられていない。
2　法令の同一性は、題名と法令番号とによって
表示される。法令を他の法令で引用するときに
も、例えば「行政事件訴訟法(昭和三十七年法律
第百三十九号)」というように引用することに
なっている(ただし、一の法令中に同一の法令
を2回以上引用するときは、第2回以後の引用
には題名だけを掲げる)。法令の一部改正が行
われても、法令の同一性は失われないから、改
正される元の法令の法令番号は変わらないが、
法令の全部を改正する場合には、実質的に従来
の法令を廃止し、新たに法令を制定するのと変
わらないので、新しい法令番号が付けられるこ
とになっている。　⇨*全部改正・一部改正'　⇨
*題名・件名'
　補　則　　⇨*総則・通則・雑則・補則・罰則'
　本則・附則　　1　法令の内容は、通常、本則
と附則とから成り立っている(例外として、*法
律の委任'に基づきその法律の施行期日だけを

定める'政令'には，附則を付けない)。本則には，その法令が目的とする事項についての実質的規定が置かれ，附則には，施行期日，経過措置，関係法令の改廃等，法令の付随的な内容についての規定が置かれる。

2 本則は，題名の次から(制定文・目次が置かれるときは，その次から)始まるが，特に本則を表す表示はなく，附則でない部分が本則と了解されている。附則は，法令の最後の部分に置かれ，その最初に単に「附則」と表示して，そこから附則が始まる旨を表すこととなっている。古い法令では「第〇〇章 附則」というように全体の章・節等の区分の一部として取り扱ったものもあるが，現在ではこのようなことが行われない。 ⇨題名・件名' ⇨制定文・前文' ⇨目次'

3 本則は，その内容が簡単な場合は項だけをもって構成するが，通常は条をもって構成される。附則は，古い法令では本則の構成と区別するため，原則として，項に区分されていたが，現在では，分かりやすさという観点から，多数で複雑な事項を規定する場合には条に区分されている。この場合，附則では，本則と異なり，条数が多くなっても章・節等の区分は用いられない。なお，附則に規定しなければならない事項が非常に多数，複雑になる場合には，これらの事項を独立させて「〇〇法施行法」「〇〇法の施行に伴う関係法律の整理に関する法律」というような単独法令が制定されることもある。 ⇨条・項・号' ⇨施行法・施行令・施行規則'

4 附則が条で成り立っている場合には，附則だけで新たに第1条から条名を付ける。この場合，附則を引用するときには，本則と区別するために「附則第〇〇条」とすることになっている。なお，古い法令では，本則から通しの条名を付しているものもある。

本文・ただし書(但し書) **1 定義** 1つの条・項・号の中が2つの文章に分かれている場合で，後の文章が「ただし」(古い法令では「但し」が用いられている)という語で始まっているとき，「ただし」以下の文章を「ただし書」と呼び，これに対する前段の文章を「本文」と呼んでいる。ただし書は，本文に続いて規定し，行を改めない。

2 用例 ただし書は，「取消訴訟は，処分又は裁決の日から一年を経過したときは，提起することができない。ただし，正当な理由があるときは，この限りでない」〔行訴14②〕というように，本文に対する除外例とか，制限的又は例外的条件を規定するのが通例であるが，'国家公務員法'7条1項のように，制限的又は例外的場合

についての説明的・付加的規定がただし書として用いられる場合もある。なお，旧保険業法(昭和14法41)31条のように古い法令には，他の法令の規定を準用した場合の「読替規定」をただし書で規定したものもある。

又は・若しくは 1 選択的に段階なく並列された語句を接続する場合には，「又は」が用いられる。語句が2個のときは「又は」で結び，3個以上のときは最後の2個の語句を「又は」で結び，その他の接続は読点で行うこととされている。例えば「検察官，被告人又は弁護人」〔刑訴50①〕のように用いる。

2 選択される語句に段階があるときは，段階がいくつあっても，一番大きな選択的連結に1回だけ「又は」を用い，その他の小さい選択には「若しくは」が重複して用いられる。例えば，「法律若しくは政令を施行するため，又は法律若しくは政令の特別の委任に基づいて」〔行組12①〕，「副知事若しくは副市町村長，指定都市の総合区長，選挙管理委員若しくは監査委員又は公安委員会の委員」〔自治86①〕のように用いる。併合的接続詞である「及び・並びに」とは，使い方の区分が逆になっている。

⇨及び・並びに'

見出し 条文の理解と検索の便に供するために，条文の右肩に括弧書きで条文の内容を簡潔に表現したものが付けられているが，これを「見出し」又は「条文見出し」と呼んでいる。見出しは，古い法令の条文には付けられていないものもあるが，現在では，構成の極めて簡単な法令を除いては，例外なく付けられている。見出しは，1条ごとに付けるのが普通であるが，連続する2つ以上の条文が同じ範囲に属する事項を規定している場合には，そのグループの冒頭の条文にまとめて見出しを付けることがある。この見出しを共通見出しと呼んでいる。見出しの位置については，古い法令では第〇〇条という条名の下に括弧書きをして付けた例もある〔裁等〕。なお，「附則」が複数の項から成り立っている場合にも，各項に見出しを付けることが多い。

満たない(みたない) 年齢・金額・月数等の数額等を限定する趣旨を表す場合に用いられる。この場合に，「満たない」という言葉は基準点となる数額等を含まないときに用いられるが，これを含む趣旨を表すときは「超えない」という言葉が用いられる。用例としては，「満十八才に満たない者」〔労基57①〕，「八十万円に満たない場合」〔所税30⑥②〕，「一月に満たない端数」〔法税66⑫〕等がある。《類例：達しない よ

基本法令用語

り少ない》⇨未満' ⇨以上・以下'

みだりに ⇨故(ﾕｴ)なく・みだりに'

認める *行政機関'等が行政処分その他何らかの行政上の措置等を講ずるに際して、その前提となる事実についての当該行政機関等の認識・判断を示す用語であり、「内閣総理大臣は、…情報が既に公衆に広範に提供されていると認める場合」〔金商8③〕、「農林水産大臣は、…次の各号のいずれにも適合するものであると認めるとき」〔食品等の流通の合理化及び取引の適正化に関する法律(平成3法59)5③〕というように用いられる。認識・判断ではあっても、恣意的な裁量を許容する趣旨ではなく、当該認識等に客観的な合理性が必要とされることは当然である。

みなす(看做す) ⇨推定する・みなす(看做す)'

未満 数量的限定をする場合に用いるが、一定の数量を基準として、その基準数量を含まずにそれより少ないという場合には「未満」を、その基準数量を含んでそれより少ないという場合には「以下」を用いる。例えば、「1万円未満」といえば、1万円は含まずそれより少ない金額を表し、「1万円以下」といえば、1万円を含んでそれより少ない金額を表すことになる。 ⇨以上・以下' ⇨満たない(みたない)'

名義 ⇨名で(名をもって・名において)・名義'

目 ⇨款・項・目' ⇨編・章・節'

目次 条文の数の多い法令は、章・節等の区分に分けられるのが通例であるが、現在では、これらの区分がある法令には必ず目次を付けることとされている。目次の形式は、まず「目次」あるいは「○○法目次」と1字目から示し、章・節の区分ごとに初字を1字ずつ下げて章名・節名等を示す。各章・節等の区分に属する条文の範囲を示すため、最小区分のものの下に括弧書きで「(第一条)」「(第一条・第二条)」「(第一条—第三条)」のように書く。附則の条文の範囲は書かないのが通常である。

目的規定・趣旨規定 最近の法律では、第1条に目的規定又は趣旨規定と呼ばれる規定を置くのが通例である。目的規定は、その法律を制定することにより実現しようとする目的を掲げた規定で、その目的を実現するための手段、その法律を制定する動機について併せて定める場合もある。趣旨規定は、その法律に規定する事項を要約して示す規定である。通常、目的規定には「目的」又は「この法律の目的」、趣旨規定には「趣旨」又は「この法律の趣旨」の見出しが付けられる。

若しくは ⇨又は・若しくは'

基づく(基く) 1 ある事柄を行う権限、能力の根拠を示す場合に用いる。用例としては、「この法律に基づく政令」〔風俗46〕、「首都圏整備計画に基づく事業」〔首都圏28〕、「委任に基づいて行政庁がした処分」〔生活保護66①〕等がある。

2 ある事柄を行う場合に、その基礎又は動機となる事実を示す場合に用いる。用例としては、「申請に基づく、…調declaredに付することができる」〔自治9①〕等がある。

3 ある事柄の生じた原因を示す場合に用いる。用例としては、「公務に基く負傷」〔国公107①〕等がある。

もの・者・物 1 もの イ 「者」又は「物」には当たらない抽象的なものを指すとき、あるいは、これらのものと「物」とを含んでいるものを指すときに用いる場合(例:「工場財団ハ左ニ掲クルモノノ全部又ハ一部ヲ以(ﾓﾂ)テ之(ｺﾚ)ヲ組成スル」〔工抵11〕)、ロ 人格のない社団又は財団を指すとき、あるいは、これらと「者」とを含んでいるものを指すときに用いる場合(例:「事業者団体」とは、…次に掲げる形態のものを含む」〔独禁2②〕)、ハ あるものに更に要件を重ねて限定するときに、外国語の関係代名詞に相当する語として用いる場合(例:「日本国民で年齢満三十年以上のもの」〔自治19②〕)がある。

2 者 法律上の人格をもつもの(*自然人'及び*法人')を指すときに用いる。用例としては、「事理を弁識する能力を欠く常況にある者」〔民7〕、「補助事業等を行う者」〔補助金2③〕等がある。

3 物 人格者以外の有体物を指すときに用いる。用例としては、「火薬…その他の激発すべき物」〔刑117①〕、「『貴金属』とは、金の地金…その他金を主たる材料とする物をいう」〔外為法6①⑩〕等がある。

ものとする 一般的な原則又は方針を示す規定の述語として用いられる。*作為'又は不作為の義務を表す「しなければならない」「してはならない」を用いる場合よりも断言的でなく、やや緩やかなニュアンスを表現しようとするときに用いる。*行政機関'等の行為で義務付けの程度が弱い場合に用いられることが多い。用例としては、「内閣がその職権を行うのは、閣議によるものとする」〔内4①〕、「当選人の当選の効力…は、…告示があつた日から、生ずるものとする」〔公選102〕等がある。

最寄り(もより・最寄) 「最寄りの保健所

長」〔精神26の2〕,「最寄りの警察署」〔銃刀所持23〕のように用い,手近な・直近の・便宜のよな意味である。゛行政機関゛・司法機関は,土地及び事物について゛管轄゛が定められ,その範囲で権限をもっている。しかし,一定の事柄については,管轄権をこの原則的な範囲に限定せず,申請・届出等について国民にその便宜とする機関を選択させ,これに応じて管轄権を与えることが適当な場合があり,この場合の機関を示す語として用いられる。

故(こ)なく・みだりに　1 故なく　「不法に」とか「正当な事由がなく」とほぼ同じ意味をもつ用語で,゛違法性゛を表す表現として刑罰規定に用いられる例が多い(「故ナク面会ヲ強請シ」〔暴力2②〕,「故ナク人ノ住居…ニ侵入シタル者」〔盗犯1①③〕等。ちなみに刑法旧(平成7法91改正前の)105条の2・130条等で用いられていた「故ナク」の語は,改正後は全て「正当な理由がないのに」に改められた)。例えば,゛地方自治法゛137条が「なお故なく出席しない者は」と規定しているのは,傷病その他やむをえない事由により出席できないことがあることを考慮したもので,注意的形容であると解される。
2 みだりに　゛社会通念゛上正当な理由があると認められない場合を意味する用語で,違法性を表す表現として用いられる〔軽犯1⑦⑳㉗㉝,麻薬64①,道交76①,新幹線鉄道における列車運行の安全を妨げる行為の処罰に関する特例法(昭和39法111)2②等〕。「正当な事由がなく」とほぼ同じ意味であるが,それよりもやや広く,「みだりに船又はいかだを水路に放置し」〔軽犯1⑦〕の例にみられるように,「やたらに」とか「ところかまわずに」とかいった意味をも含んでいる。
　⇨゛不正・不当・不法゛

用に供する　何々のために用い,何々の用途にあてるの意味である。通常は,常時用いるというある物の゛管理゛者の意思に基づく使用のときに使われ,臨時的な使用の場合に用いられることは少ない。用例としては,「公共の利益となる事業の用に供するため」〔収用2〕,「自己のために自動車を運行の用に供するもの」〔自賠2③〕,「公共の用に供する飛行場」〔空港法(昭和31法80)2〕等がある。

読替え・読み替える　⇨゛読替規定゛

読替規定　法令中のある用語を他の用語に置き替えて読むことを定めた規定をいう。通常,次のような場合に読替規定が置かれる。
1 法令中の規定を準用する場合に,そのまま読むこととするのでは適合しない用語を,他の適合する用語に置き換えることを必要とするとき〔例:自治245の8⑫,会社44⑤〕。
2 法令の規定を特定の場合に適用するについて,特別の理由によりこれと異なる措置を定める必要がある場合に,その規定のある用語を別の用語に置き替えるとき〔例:所税附4,地公共済144の3②,会社31④〕。
　⇨゛準用゛

よる(因る)　゛因果関係゛を表す字句として用いられる。用例としては,「故意又は過失によって他人の権利…を侵害した」〔民709〕,「職務外の事由による疾病」〔船員保険法(昭和14法73)1〕,「正当な業務による行為」〔刑35〕,「時効ニ因リテ消滅ス」〔恩給5〕等がある。これと区別して,準拠又は手段の関係を表す場合には,戦前に制定された法令では「依る」が用いられた(例:「法令ノ規定ニ依ル」「公示送達ニ依ル」)が,現在では,いずれの場合も「よる」と仮名書きにすることとされている。

欄　1 法令の表中,横線で区切られている区画を,通常「欄」という。これに対して,縦線で区切られている表の区画を,「項」という。「上欄」「下欄」〔地税37①イ〕,「第一欄」「第二欄」「第三欄」〔教職免許別表1〜8〕のように用いられる。　⇨゛表・別表゛
2 文字等を記載する場所として,紙面上に区画された枠をいう。用例に,「文字を…欄外に記入したとき」〔刑訴規59〕,「字数を欄外に記し」〔戸則31①〕,「記号を記載する欄」〔公選46の2①〕等がある。

略称規定　⇨゛定義規定・略称規定゛
類する　⇨゛準ずる・類する゛

例とする(常例とする)　通常は,一定の事柄をしなければならないが,場合によっては,その例によらなくても,法律上の義務違反にはならないことを意味する。用例としては,「常会は,毎年一月中に召集するのを常例とする」〔国会2〕,「内閣は,毎会計年度の予算を,前年度の一月中に,国会に提出するのを常例とする」〔財27〕,「別表第二は,国勢調査…の結果によって,更正することを例とする」〔公選13⑦〕等がある。

例による　ある事項について,他の法令の制度又は規定を包括的に当てはめて適用するという意味で,「準用」とほぼ同義である。準用と違うのは,準用の場合は,そこに示された法令の規定だけが準用の対象となるが,「例による」の場合は,例えば「徴収については,国税滞納処分の例による」という場合は,国税について゛国税徴収法゛だけでなく,これに基づく施行令及び施行規則の規定により行われる国税滞

基本法令用語

納処分の手続に関する規定を包括的に当てはめて適用されるという点である。用例としては、「国税滞納処分の例により、徴収する」〔補助金21①〕、「地方税の滞納処分の例により処分する」〔自治231の3③〕、「民事訴訟の例による」〔行訴7〕等がある。 ⇨準用' ⇨なお効力を有する・なお従前の例による'

を除くほか(を除く外・を除くの外)　1「Aを除くほかB」という場合は、この用語の対象とする事項Aを除外するという意味に用いられる。例えば「都道府県以外の地方公共団体の名称を変更しようとするときは、この法律に特別の定めのあるものを除くほか、条例でこれを定める」〔自治3③〕という規定は、名称変更は*条例'によるという原則Bから、一部事務組合の名称変更〔自治286・287①Ⅰ〕等、*地方自治法'中に特別規定があるものAを除外する趣旨を表したものである。
2「を除くほか」と同じく、対象とする事項を除外する意味に用いられる用語として、「を除いては」〔憲33、国公35〕、「を除き」〔自治2③〕、「以外」〔自治3③〕がある。前二者は、意味・用法ともに「を除くほか」と同様であるが、「以外」は、上記1の用例でも明らかなように、対象とする事項が簡単な名詞又は名詞句の場合に多く用いられる。
　⇨のほか(の外)'

を旨として　ある行為をする場合に、あることを指針とすることをいう〔環境影響評価11④、警2②、民2等〕。指針とされたことがその行為によって実現されることは、もちろん期待されているわけであるが、それが必ず実現されなければならないという法律上の義務とされているとまではいえない。

人名索引

＊ 人名が項目であるときは**太字**で示した。

安達峰一郎　→常設国際司法裁判所(694)
家永三郎　→家永教科書裁判(12)
一木喜徳郎　→天皇機関説(1007)
伊藤博文　→グナイスト(296)　→憲法義解(ぎかい)(351)　→国憲(469)　→大日本帝国憲法(898)
伊東巳代治　→大日本帝国憲法(898)
井上毅　→教育勅語(230)　→憲法義解(ぎかい)(351)　→大日本帝国憲法(898)　→レースラー(1407)
岩倉具視　→国憲(469)　→大日本帝国憲法(898)
岩沢雄司　→国際司法裁判所(433)
植木枝盛　→私擬憲法(539)　→天賦人権説(論)(1009)
上杉慎吉　→君主制(307)　→国体(453)　→天皇機関説(1007)　→穂積八束(1293)　→美濃部達吉(1307)
鵜飼信成　→ケルゼン(335)　→リアリズム法学(1380)
梅謙次郎　57　→富井政章(1064)　→民法(1316)
岡野敬次郎　→梅謙次郎(57)
尾高朝雄　→国体(453)　→ノモス(1108)　→ノモス主権論(1108)
小田滋　→国際司法裁判所(433)
織田萬　→常設国際司法裁判所(694)
小野清一郎　→改正刑法準備草案(111)　→構成要件(396)　→新派・旧派(766)
小和田恆　→国際司法裁判所(433)
戒能通孝　→法社会学(1246)
加藤弘之　→天賦人権説(論)(1009)
金子堅太郎　→大日本帝国憲法(898)
川島武宜　163　→法社会学(1246)
木村亀二　→新派刑法学(766)
草野豹一郎　→共同意思主体説(261)
児島惟謙　461　→大津事件(76)
近衛文麿　→大政翼賛会(896)
佐々木惣一　520　→国体(453)　→滝川事件(907)　→要件裁量・効果裁量(1363)
末川博　776　→滝川事件(907)
末弘厳太郎　777　→法社会学(1246)
孫文　→三民主義(532)
滝川幸辰　→新派・旧派(766)　→滝川事件(907)
田中耕太郎　→国際司法裁判所(433)　→砂川事件(判決)(779)
恒藤恭　→滝川事件(907)
鄧小平　→中国憲法(948)
富井政章　1064　→梅謙次郎(57)　→民法(1316)
中江兆民　→立法者(1390)
長岡春一　→常設国際司法裁判所(694)
中川善之助　1081
中田薫　→法史学(1244)
馬場辰猪　→天賦人権説(論)(1009)
広津和郎　→裁判批判(506)　→松川事件(1301)
穂積重遠　→中川善之助(1081)　→穂積陳重(1293)

穂積陳重　1293　→梅謙次郎(57)　→法人類学(1249)　→法理学(1264)　→穂積八束(1293)　→民法(1316)
穂積八束　1293　→梅謙次郎(57)　→君主制(307)　→国体(453)　→天皇機関説(1007)　→美濃部達吉(1307)
牧野英一　→教育刑主義(229)　→新派刑法学(766)
正木亮　→教育刑主義(229)
松本烝治　→日本国憲法(1089)
箕作麟祥　→国際法(441)
美濃部達吉　1307　→君主制(307)　→国体(453)　→国家主権(467)　→国家法人説(468)　→佐々木惣一(520)　→大日本帝国憲法(898)　→天皇機関説(1007)　→穂積八束(1293)　→マイヤー(1300)　→宮沢俊義(1310)　→要件裁量・効果裁量(1363)
宮崎道三郎　→法史学(1244)
宮沢俊義　1310　→イデオロギー批判(33)　→ケルゼン(335)　→公共の福祉(377)　→国体(453)　→ノモス主権論(1108)　→八月革命説(1122)
宮本英脩　→新派刑法学(766)
毛沢東　→三民主義(532)　→中国憲法(948)
泉二新熊　→刑法改正予備草案(326)
横田喜三郎　→ケルゼン(335)　→ポポロ劇団事件(1294)
吉田茂　→日本国との平和条約(1090)　→レッド・パージ(1408)
吉野作造　→国法学(456)
林彪　→中国憲法(948)
蝋山政道　→国法学(456)
我妻栄　1433　→中川善之助(1081)　→臨時司法制度調査会(1403)
和辻哲郎　→国体(453)

Adams, John　→アメリカ独立宣言(7)
Adler, Alfred　→犯罪心理学(1133)
Albrecht, Wilhelm Eduard　→国家法人説(468)
Alexander, Franz　→犯罪心理学(1133)
Althusius, Johannes　→契約説(328)
Ancel, Marc　→社会防衛(614)
Aquinas, Thomas　→自然法(567)
Aristoteles　→衡平(412)　→自然法(567)　→正義(783)　→政体(795)　→ディケー(979)　→ノモス(1108)　→弁論術(1235)　→法の支配(1263)
Augustus　→信託遺贈(761)
Austin, John　オースティン(77)
Azo, Adalberto　→学説(120)
Bartin, Étienne　→法律関係の性質決定(1265)
Bartolus de Saxoferrato　→学説(120)　→法規分類説(1243)
Beale, Joseph　→既得権(211)
Beccaria, Cesare Bonesana Marchese di　→功利主義法学(423)　→死刑廃止論(544)　→新派・旧

人名索引

派(766)
Becker, Howard Saul →犯罪社会学(1133)
Beling, Ernst →構成要件(396)
Bentham, Jeremy ベンタム(1232)
Beveridge, Sir William Henry →ビヴァリッジ報告(1140) →福祉国家(1174)
Bismarck, Otto Eduard Leopold von →社会保険(614)
Blackstone, Sir William ブラックストン(1209)
Bodin, Jean →主権(647)
Bogišić, Valtazar(Baltazar) ボギシッチ(1271)
Boissonade de Fontarabie, Gustave Émile ボアソナード(1237)
Bonaparte, Napoléon →フランス民法(1210) →プレビシット(1214)
Bossuet, Jacques Bénigne →王権神授説(73)
Bracton, Henry de →学説(120)
Brandeis, Louis Dembitz →ブランダイス・ルール(1210)
Bryce, James →硬性憲法(393) →軟性憲法(1082)
Burdeau, Georges →憲法保障(354)
Burger, Warren Earl →バーガー・コート(1118)
Bustamante y Sirvén, Antonio Sánchez de →ブスタマンテ法典(1183)
Calvo, Carlos →カルボ条項(163)
Carabresi, Guido →法と経済学(1260)
Carbonnier, Jean カルボニエ(163)
Cardozo, Benjamin Nathan →プラグマティズム法学(1209)
Carré de Malberg, Raymond カレ・ド・マルベール(163)
Charles I →権利請願(358)
Cicero →自然法(567) →弁論術(1235)
Coase, Ronald →法と経済学(1260)
Coke, Sir Edward クック(296)
Cole, George Douglas Howard →多元的国家論(908)
Cromwell, Oliver →イギリス憲法(15)
Cross, Harold →知る権利(744)
D'Argentré, Bertrand →法規分類説(1243)
Darwin, Charles Robert →身分から契約へ(1308)
De Gaulle, Charles André Joseph Pierre Marie →フランス憲法(1209)
Dicey, Albert Venn ダイシー(890)
Domat, Jean →インスティトゥツィオーネン方式(46)
Donellus, Hugo →インスティトゥツィオーネン方式(46)
Drakon →立法者(1390)
Duguit, Léon デュギー(999)
Dumoulin, Charles ou Molinaeus →法規分類説(1243)
Durkheim, Émile →犯罪社会学(1133) →モンテスキュー(1340)
Duverger, Maurice →社会学的代表(610)
Dworkin, Ronald ドゥオーキン(1015)
Ehrlich, Eugen エールリッヒ(71)
Esmein, Adhémar →半代表(1137)
Esping-Andersen, Gøsta →福祉国家(1174)

Eysenck, Hans Jürgen →犯罪心理学(1133)
Ferri, Enrico →新派刑法学(766) →犯罪学(1133) →犯罪社会学(1133)
Feuerbach, Paul Johann Anselm von →功利主義法学(423) →罪刑法定主義(483) →新派・旧派(766) →心理強制説(770) →犯罪学(1133)
Filmer, Sir Robert →王権神授説(73) →ロック(1428)
Forsthoff, Ernst →給付行政(225)
Frank, Jerome →リアリズム法学(1380)
Frank, Reinhard von →中止未遂(949)
Franklin, Benjamin →アメリカ独立宣言(7)
Fuller, Lon L. →自然法(567)
Gaius →インスティトゥツィオーネン方式(46) →法学提要(1240) →法源(1243)
Gény, François →自由法論(638)
Gerber, Karl Friedrich Wilhelm von →イェリネック(13) →イェーリング(13) →国家法人説(468)
Gerry, Elbridge →ゲリマンダリング(334)
Gierke, Otto Friedrich von ギールケ(279)
Gneist, Rudolf von グナイスト(296)
Goddard, Henry Herbert →犯罪心理学(1133)
Goldschmidt, James Paul →訴訟法律状態説(870)
Goring, Charles →犯罪心理学(1133)
Gramatica, Fillippo →社会防衛(614)
Gratianus →カノン法(142)
Grotius, Hugo グロティウス(306)
Habermas, Jürgen →法社会学(1246)
Hägerström, Axel →リアリズム法学(1380)
Hammurapi →立法者(1390)
Hart, Herbert Lionel Adolphus ハート(1125)
Haupt, Günter →事実的契約関係(557)
Hauriou, Maurice オーリウ(79)
Hayek, Friedrich A. →リバタリアニズム(1391)
Healy, William →犯罪心理学(1133)
Heck, Philipp von →利益法論(1381)
Hegel, Georg Wilhelm Friedrich ヘーゲル(1226) →一般意志(28) →応報刑主義(74)
Hellwig, Konrad →権利保護請求権説(360)
Hesiodos →ディケー(979)
Hippokrates →安楽死(10)
Hitler, Adolf →ドイツ憲法(1011) →ワイマール憲法(1431)
Hobbes, Thomas ホッブズ(1292)
Hohfeld, Wesley N. ホーフェルド(1293)
Holmes, Oliver Wendell ホームズ(1294)
Homerus →ディケー(979) →弁論術(1235)
Hooker, Richard →契約説(328)
Huber, Ulrich →国際礼譲(442) →法規分類説(1243)
Hugo, Gustav →サヴィニー(513)
Hume, David →功利主義法学(423)
Iustinianus I →インスティトゥツィオーネン方式(46) →シヴィル・ロー(533) →信託遺贈(761) →法学提要(1240) →法源(1243) →法典化(1258) →立法者(1390) →ローマ法(1429)
Jefferson, Thomas →アメリカ独立宣言(7) →

人名索引

リバタリアニズム(1391)
Jeffreys, Alec →ディー・エヌ・エー(DNA)分析(鑑定)(976)
Jellinek, Georg イェリネック(13)
Jellinek, Walter →イェリネック(13)
Jensen, Michael C. →フリー・キャッシュ・フロー(1212)
Jhering, Rudolf von イェーリング(13)
Kahn, Franz →法律関係の性質決定(1265)
Kant, Immanuel カント(182) →応報刑主義(74)
Kantorowicz, Hermann Ulrich →自由法論(638) →法社会学(1246) →ラートブルフ(1379)
Karo, Joseph →ユダヤ法(1361)
Kelsen, Hans ケルゼン(335)
Kennedy, Duncan →批判法学(1157)
Keynes, John Maynard →福祉国家(1174)
Krafft-Ebing, Richard Freiherr von →犯罪心理学(1133)
Kretschmer, Ernst →犯罪心理学(1133)
Laband, Paul ラーバント(1379)
Langdell, Christopher Columbus →ケース・メソッド(330)
Lange, Johannes →犯罪心理学(1133)
Lask, Emil →ラートブルフ(1379)
Laski, Harold Joseph →多元的国家論(908)
Lassalle, Ferdinand Johann →自由国家(630)
Leeuwen, Simon van →ローマン・ダッチ・ロー(1429)
Liepmann, Moritz →教育刑主義(229) →死刑廃止論(544)
Lincoln, Abraham →民主主義(1315)
Liszt, Franz von →教育刑主義(229) →新派・旧派(766) →新派刑法学(766) →目的刑主義(1333) →ラートブルフ(1379)
Llewellyn, Karl Nickerson →リアリズム法学(1380)
Lloyd George, David →インナー・キャビネット(48)
Locke, John ロック(1428)
Lombroso, Cesare →新派刑法学(766) →犯罪学(1133) →犯罪心理学(1133)
Louis XIV →絶対君主制(811)
Louis-Philippe →協約憲法(272)
Luhmann, Niklas →法社会学(1246)
MacArthur, Douglas →レッド・パージ(1408)
MacIntyre, Alasdair C. →コミュニタリアニズム(474)
MacIver, Robert Morrison →多元的国家論(908)
Maimonides →ユダヤ法(1361)
Maine, Sir Henry James Sumner メイン(1329)
Mancini, Pasquale Stanislao →属人法主義(857)
Marshall, John →違憲審査権(17)
Marx, Karl Heinrich →マルクス主義法学(1303)
Mayer, Max Ernst →構成要件(396)
Mayer, Otto マイヤー(1300)
Merton, Robert King →犯罪社会学(1133)
Mezger, Edmund →構成要件(396) →主観的違法・客観的違法(645)
Mill, James →功利主義法学(423)

Mill, John Stuart →功利主義法学(423) →女性参政権(729) →パターナリズム(1122)
Milton, John →思想の自由市場(568)
Montesquieu, Charles Louis de Secondat, Baron de la Brède et de モンテスキュー(1340)
Mosse, Albert →大日本帝国憲法(898)
Mussolini, Benito →ファシズム(1166)
Niebuhr, Barthold Georg →サヴィニー(513)
Nikolai Aleksandrovich →大津事件(76)
Nozick, Robert →リバタリアニズム(1391) →ロック(1428) →ロールズ(1429)
Olivecrona, Knut Hans Karl →リアリズム法学(1380)
Origenes Adamantius →平和主義(1225)
Parsons, Talcott →法社会学(1246)
Platon →遵法義務(665) →正義(783) →ノモス(1108) →法哲学(1258) →法の支配(1263)
Portalis, Jean-Étienne-Marie →フランス民法(1210)
Posner, Richard →法と経済学(1260)
Pothier, Robert-Joseph ポティエ(1293)
Pound, Roscoe パウンド(1117)
Preuss, Hugo →ウェーバー(50)
Protagoras →価値相対主義(136)
Puchta, Georg Friedrich →イェーリング(13) →概念法学(114)
Pufendorf, Samuel Freiherr von →契約説(328) →自然法(567)
Quetelet, Lambert Adolphe Jacques →犯罪学(1133) →犯罪社会学(1133)
Quintilianus →弁論術(1228)
Rabel, Ernst →法律関係の性質決定(1265)
Radbruch, Gustav ラートブルフ(1379)
Rawls, John ロールズ(1429)
Raz, Joseph ラズ(1379)
Redslob, Robert →議院内閣制(188)
Rehnquist, William Hubbs →レ(ー)ンクィスト・コート(1408)
Rickert, Heinrich →ラートブルフ(1379)
Roberts, Jr., John Glover →ロバーツ・コート(1428)
Roesler, Karl Friedrich Hermann レースラー(1407)
Ross, Alf →リアリズム法学(1380)
Rousseau, Jean-Jacques ルソー(1405)
Saleilles, Sébastien Félix Raymond サレイユ(527)
Sandel, Michael J. →コミュニタリアニズム(474)
Savigny, Friedrich Karl von サヴィニー(513)
Schmitt, Carl シュミット(657)
Schütz, Alfred →法社会学(1246)
Shaw, Clifford Robe →犯罪社会学(1133)
Shoup, Carl Sumner →シャウプ勧告(610)
Sieyès, Emmanuel Joseph シエイエス(534)
Smend, Rudolf スメント(780)
Sokrates →悪法も法なり(2) →遵法義務(665) →法哲学(1258)
Solon →立法者(1390)

人名索引

Sophokles →悪法も法なり(2)
Spencer, Herbert →法人類学(1249)
Spinoza, Baruch de →契約説(328)
Stair, James Dalrymple, First Viscount →インスティトゥツィオーネン方式(46)
Stimson, Henry Lewis →スティムソン主義(778)
Story, Joseph →国際礼譲(442)
Stryk, Samuel →パンデクテン法学(1138)
Sunstein, Cass →リバタリアン・パターナリズム(1391)
Sutherland, Edwin Hardin →犯罪学(1133) →犯罪社会学(1133) →ホワイトカラー犯罪(1296)
Tarde, Jean Gabriel →犯罪社会学(1133)
Techow, Hermann →民事訴訟法(1312)
Thibaut, Anton Friedrich Justus →法典論争(1259)
Truman, Harry Shippe →忠誠宣誓(951)
Ulpianus, Domitius →正義(783) →ディケー(979) →法学提要(1240)
Unger, Roberto →批判法学(1157)
Voet, Paul →法規分類説(1243)
Wach, Adolf →権利保護請求権説(360)
Warren, Earl →ウォ(ー)レン・コート(51)
Webb, Beatrice →ナショナル・ミニマム(1082)
Webb, Sidney →ナショナル・ミニマム(1082)
Weber, Heinrich Benedikt von →遅すぎた構成要件の実現(77)
Weber, Max ウェーバー(50)
Welzel, Hans →開かれた構成要件(1164) →目的的行為論(1334)
Wengler, Wilhelm →強行法規の特別連結(236)
Wheaton, Henry →国際法(441)
William Ⅲ →権利章典(358)
Wilson, Thomas Woodrow →国際連盟(449)
Windscheid, Bernhard →アークティオー(2)
Zimmermann, Reinhard →混合法(479)

判例年月日索引

* 本文解説中に取り上げられている判例を，裁判所等別に年月日順に配列した。
* 判例に対応する項目があるときは**太字**で示した。

[大審院判例]

大判明治 30・12・20 民録 3・11・66 ……………… 隠匿行為 47
大判明治 36・5・21 刑録 9・874 …………………… 電気窃盗 1001
大判明治 41・12・15 民録 14・1276 ………………… 第三者 887
大判明治 42・4・16 刑録 15・452 …………………… 器物損壊罪 214
大判明治 43・3・4 刑録 16・384 …… 焼損 697, 独立燃焼説 1054
大判明治 43・7・6 民録 16・537 ……………… 債権者代位権 485
大判明治 43・10・21 刑録 16・1714 ………………… 偽証罪 203
大判明治 43・11・17 刑録 16・2010 ……………… 公然わいせつ罪 397
大判明治 43・11・21 刑録 16・2093 ………………… 印章 46
大判明治 44・2・27 刑録 17・197 …………………… 器物損壊罪 214
大判明治 44・3・24 刑録 17・117 ……………… 詐害行為取消権 513
大判明治 44・6・16 刑録 17・1202 ………………… 国内犯 455
大判明治 44・8・15 刑録 17・1488 ……………… 公用文書毀棄罪 423
大判大正元・12・20 刑録 18・1566 ………………… 虚偽告訴罪 274
大判大正 2・3・25 刑録 19・374 ……………… 盗品等に関する罪 1034
大判大正 2・5・8 民録 19・312 …… 消費貸借 709, 要物契約 1365
大判大正 2・6・12 刑録 19・705 ……………… 有価証券偽造罪 1350
大判大正 2・9・5 刑録 19・853 …………………… 印章 46
大判大正 2・12・24 刑録 19・1517
 ……………………… 現住建造物・現在建造物 344
大判大正 3・4・29 刑録 20・654 …………………… 偽証罪 203
大判大正 3・6・20 刑録 20・1313 ………………… 背任罪 1116
大判大正 3・7・4 刑録 20・1360 ……………… **雲右衛門事件** 301
大判大正 3・10・27 民録 20・818 ……………… 事実たる慣習 556
大判大正 3・11・3 刑録 20・2008 …………………… 印章 46
大連判大正 4・1・26 民録 21・49
 ……………… 婚姻予約 478, 準婚 662, 内縁 1075
大判大正 4・3・10 民録 21・279
 ……………… 債権侵害 487, 絶対権・相対権 811
大判大正 4・3・16 民録 21・328 ………………… 国有地入会 (いりあい) 460
大判大正 4・3・18 刑録 21・309 …………………… 窃取 811
大判大正 4・3・24 民録 21・439 …… 出世払い 653, 条件 675
大判大正 4・4・9 刑録 21・457 ……………………… 占有 832
大判大正 4・5・21 刑録 21・663
 ……………… 使用窃盗 695, 窃取 811, 不法領得の意思 1207
大判大正 4・8・24 刑録 21・1244 ……………… 犯人蔵匿罪 1139
大判大正 4・10・13 民録 21・1679 ……………… 利得償還請求権 691
大判大正 4・12・24 民録 21・2182 ………………… 約款 1345
大判大正 5・5・25 刑録 22・816 …………………… 名誉 1327
大判大正 5・6・1 民録 22・1088 ……………… 国の不法行為責任 298
大判大正 5・6・23 民録 22・1161 ……………… 物権的請求権 1193
大判大正 5・7・5 民録 22・1325 …………………… 錯誤 519
大判大正 5・9・20 民録 22・1440 ………………… 動産 1019
大判大正 6・2・6 民録 23・202
 ……………… 物権 1192, 物権法定主義 1194
大判大正 6・2・24 民録 23・284 ………………… 動機の錯誤 1017
大判大正 6・7・5 刑録 23・787 …… 共犯 266, 共犯従属性説 267
大判大正 6・9・10 刑録 23・999 …………………… 不能犯 1204
大判大正 6・10・15 刑録 23・1113 ……………… 遺失物横領罪 20

大判大正 6・10・20 民録 23・1821 ……………… 請求権の競合 784
大判大正 6・10・23 民録 23・1120 ……………… あっせん収賄 5
大判大正 6・11・8 民録 23・1758 ………………… 錯誤 519
大判大正 7・3・25 刑録 24・531 ………………… 準消費貸借 662
大判大正 7・5・13 刑録 24・605 ………………… 公務の適法性 419
大判大正 7・5・24 民録 24・613 …………………… 爆発物 1119
大判大正 7・6・5 刑録 24・658 …………………… 爆発物 1119
大判大正 7・9・25 刑録 24・1219 ……… 自己の物に対する犯罪 552
大判大正 7・10・29 民録 24・2079
 ……………………… 支払に代えて・支払のために 595
大判大正 7・12・6 刑録 24・1506 ……………… 住居侵入罪 629
大判大正 8・3・3 民録 25・356 ……… **信玄公旗掛松事件** 752
大判大正 8・5・13 刑録 25・632 ………………… 器物損壊罪 214
大判大正 8・5・16 民録 25・776 ………………… 登記請求権 1017
大判大正 8・9・15 民録 25・1633 …… 斤掘 (きんぽり) 契約 285
大判大正 8・10・20 民録 25・1890 ………………… 不当利得 1202
大判大正 8・12・13 刑録 25・1367
 ……………… 殺人罪 524, 出生 653, 人 1155
大判大正 8・12・23 民録 25・1491
 ……………………… 公正証書原本不実記載罪 393
大判大正 9・2・4 刑録 26・26 …………………… 使用窃盗 695
大判大正 9・2・19 民録 26・142 ………………… 公示方法 388
大判大正 9・5・28 刑録 26・773 …… 公の秩序・善良の風俗 76
大決大正 9・7・23 刑録 26・1157 ………………… 占有 832
大判大正 10・4・14 民録 27・732 ………………… 明認方法 1326
大判大正 10・5・9 民録 27・899 …………………… 債務引受け 509
大判大正 10・5・18 民録 27・939 ……………… 法律行為の解釈 1266
大判大正 10・6・2 民録 27・1038 ……………… 事実たる慣習 556
大判大正 10・6・28 民録 27・1260 ………………… 村八分 1325
大判大正 10・9・29 民録 27・1707 ……………… 準消費貸借 662
大判大正 10・9・29 民録 27・1774
 ……………… 芸娼妓 (げいしょうぎ) 契約 320, 前借金 822
大判大正 10・12・9 民録 27・2100
 ……………… 自然血族・法定血族 565, 認知 1096
大判大正 11・1・27 刑集 1・16 ……………… 公用文書毀棄罪 423
大判大正 11・2・25 刑集 1・79 ………………… 片面的共犯 1233
大判大正 11・2・28 刑集 1・82 ……………… 盗品等に関する罪 1034
大判大正 11・3・1 刑集 1・99 ……………………… 教唆 237
大判大正 11・6・3 民集 1・280 …………………… 準婚 662
大判大正 11・11・24 民集 1・738 ………………… 免除 1330
大連判大正 11・12・22 刑集 1・815 ……………… 強盗致死傷罪 405
大判大正 12・1・25 刑集 2・19 ……………… 盗品等有償譲受け罪 1035
大判大正 12・4・30 刑集 2・378
 ……………… 因果関係の錯誤 44, 遅すぎた構成要件の実現 77
大判大正 13・3・11 刑集 3・203 …………………… 占有 832
大判大正 13・4・29 刑集 3・387 …………………… 教唆 237
大判大正 13・12・12 刑集 3・867 ………… 自招侵害・危難 561
大判大正 13・12・2 刑集 3・921 ………………… 片面的共犯 1233
大判大正 14・3・13 民集 4・217 ………………… 瑕疵 (かし) 担保責任 129
大判大正 14・9・25 刑集 4・547 ……………… 有価証券偽造罪 1350
大判大正 14・10・10 刑集 4・599 ………………… 印章 46

大判大正14・11・28民集4・670 …………… 大学湯事件 884
大判大正15・5・22民集5・426 …………………… 支払地 595
大連判大正15・5・22民集5・386
　　…………………… 相当因果関係 850, 不法行為 1206
大判大正15・6・12民集5・495 …………… 地震免責条項 564
大判大正15・6・19民集5・267 …… わいせつ物頒布等の罪 1430
大判大正15・7・5刑集5・303
　　……………………… 侮辱罪 1182, 名誉毀損罪 1327
大連判大正15・10・13民集5・785 …………… 使用者責任 690
大判大正15・10・18評論16商158 ……………… 商慣習法 672
大判昭和2・3・28刑集6・118 ………………… 現場助勢 348
大判昭和2・5・30新聞2702・5 ……………… **残念事件** 531
大判昭和3・1・9民集7・1 ……………… 利益償還請求権 1391
大判昭和3・3・31民集7・180 ……………… モラトリアム 1339
大判昭和3・5・15民集7・365 ……………… モラトリアム 1339
大判昭和3・10・9刑集7・123
　　…………… 印章 46, 公文書・私文書 411, 文書・準文書 1217
大判昭和3・3・30民集8・363 ………………… 履行補助者 1383
大判昭和4・4・2民集8・237 ……………… 相続回復請求権 844
大判昭和4・4・11新聞3006・15 ………… 結果回避可能性 330
大判昭和4・7・4民集8・686 …………… 無効行為の転換 1321
大判昭和4・12・4刑集8・609 …………………………… 賄賂 1432
大判昭和5・9・18刑集9・668 ……………………………… 隠避 48
大判昭和5・12・18民集9・1147 …………… 主物・従物 657
大判昭和6・2・20新聞3240・4 …………………………… 婚約 481
大判昭和6・12・3刑集10・682 …………………… 責任能力 807
大判昭和7・3・24刑集11・296 ……………… 公務の適法性 419
大判昭和7・4・11民集11・609 …………………… 失火責任 574
大判昭和7・4・19民集11・837 …………………… 設立行為 813
大判昭和7・4・30民集11・706 ………… 知れている債権者 744
大判昭和7・5・9民集11・824 …………………………… 請負 51
大判昭和7・6・15民集11・1257 ………………………… 発起人 1290
大判昭和7・10・29刑集11・1947 … 公の秩序・善良の風俗 76
大決昭和8・3・6民集12・325 … 消費貸借 709, 要物契約 1365
大判昭和8・3・24民集12・490 ……………………………… 建物 912
大判昭和8・4・15刑集12・427 …………………………… 暴行 1244
大判昭和8・9・6刑集12・1590 …… 事実の証明 558, 名誉 1327
大判昭和9・1・13新聞3665・17 ……………………………… 追認 970
大判昭和9・3・5刑集13・213 …………………………… 村八分 1325
大判昭和9・5・1民集13・875 ………………………… 暴利行為 1265
大判昭和9・8・27刑集13・1086 ……………… 承諾殺人 698
大判昭和9・11・26刑集13・1598 …………… 独立教唆犯 1053
大判昭和10・1・1民集14・1671 ……………………………… 建物 912
大判昭和10・10・5民集14・1965 ……… **宇奈月温泉事件** 57
大判昭和10・11・16判決全集24・1262 …… 会社の不存在 106
大判昭和10・11・25民集14・1217 ……… 法人の刑事責任 1249
大判昭和11・5・28刑集15・715
　　…………………… 共同意思主体説 261, 共謀共同正犯 269
大判昭和11・12・7民集15・1561 ……………… 偶然防衛 295
大判昭和12・3・10刑集16・299 ……………… 幇助(従)犯 1247
大判昭和13・3・30集刑17・578 …… 公の秩序・善良の風俗 76
大判昭和13・12・6刑集17・907 ……………………………… 行使 385
大判昭和14・8・21刑集18・457 ……………… 私文書偽造罪 598
大判昭和15・9・18民集19・1611 ……………………………… 温泉権 80
大判昭和19・3・14民集23・147 …………… 賠償額の予定 1112

[最高裁判所判例]

最判昭和22・12・15刑集1・80 …… 傷害 666, 傷害致死罪 670
最大昭和23・3・12刑集2・3・191 ………………………… 死刑 544
最判昭和23・3・16刑集2・3・227 ……… 盗品等に関する罪 1034
最判昭和23・5・1刑集2・5・435 …………… 共犯の錯誤 268
最大昭和23・5・26刑集2・6・529 ……………………… 免訴 1332
最判昭和23・6・5刑集2・7・641 ………………… 横領罪 75
最判昭和23・7・14刑集2・8・889 ……… 違法性の意識 37
最判昭和23・7・29刑集2・9・1012
　　……………………… 公判廷の自白 409, 自白 593
最判昭和23・10・30刑集2・11・1427 ……… 補強証拠 1271
最判昭和23・12・24刑集2・14・500
　　… 盗品等に関する罪 1034, 盗品等の有償処分あっせん罪 1035
最判昭和23・12・24刑集2・14・500 ……… 審級代理 750
最判昭和24・2・15刑集3・2・175 …………… 本権説 1297
最判昭和24・3・8刑集3・3・276 ……… 不法領得の意思 1207
最大昭和24・3・23刑集3・3・352 …… 裁判を受ける権利 506
最大昭和24・4・6刑集3・4・456 …………… 当分の間 1451
最判昭和24・5・18刑集3・6・839 ………… 公共の福祉 377
最判昭和24・7・23刑集3・8・1373 …………… 包括一罪 1241
最大昭和24・8・9刑集3・9・1440 ………… 犯人蔵匿罪 1139
最大昭和24・12・21刑集3・12・2048 ……………… 無期刑 1318
最判昭和24・12・24刑集3・12・2114
　　……………………… 強盗・不同意性交等罪 405
最判昭和25・2・24刑集4・2・255 …… 不可罰的事後行為 1170
最判昭和25・6・6刑集4・6・928 ………………… 横領罪 75
最判昭和25・6・7刑集4・6・956 …………… 委任規定 1440
最判昭和25・7・11刑集4・7・1261 ………… 共犯の錯誤 268
最大昭和25・9・27刑集4・9・1805 ………… 二重の危険 1085
最大昭和25・10・25刑集4・10・2126
　　……………………………… 尊属に対する罪 882
最判昭和25・11・15刑集4・11・2257 …………… 生産管理 789
最判昭和25・11・21刑集4・11・2355 …… 公然わいせつ罪 397
最判昭和25・11・28刑集4・12・2463 …… 故意 362, 錯誤 519
最判昭和25・12・19刑集4・12・2577 …… 公然わいせつ罪 397
最判昭和26・5・10刑集5・6・1026 …………… わいせつ 1430
最判昭和26・5・25刑集5・6・1186 …………… 横領罪 75
最判昭和26・7・13刑集5・8・1437
　　…………… 使用窃盗 695, 不法領得の意思 1207
最判昭和26・8・17刑集5・9・1789 …… 意味の認識 39, 錯誤 519
最判昭和26・9・20刑集5・10・1937 ……… 同時傷害 1025
最判昭和26・10・25刑集5・11・2304
　　………… 総則・通則・雑則・補則・罰則 1449
最判昭和27・2・15民集6・2・77
　　……………… ウルトラ・ヴィーレース 59, 会社の権利能力 103
最判昭和27・2・19民集6・2・110 ………… 破綻主義 1122
最判昭和27・2・20民集6・2・122 …………… 国民審査 457
最判昭和27・2・20民集6・4・413 ……………………… 住所 632
最大昭和27・8・6民集6・8・974
　　… 押収拒絶権 74, 証言拒絶権 675, マスメディアの自由 1301
最判昭和27・7・9民集6・9・1083 …………… 身分犯 1309
最大昭和27・10・8民集6・9・783 ……… **警察予備隊違憲訴訟** 316, 違憲審査権 17, 司法権の優越(優位) 600
最判昭和27・11・19刑集6・10・1217 ……… 判決の無効 1131
最判昭和27・11・20民集6・10・1015 …………… 暴利行為 1265
最判昭和27・12・5民集6・11・1117 ………… 反対尋問 1136
最判昭和27・12・25刑集6・12・1387 …… 虚偽公文書作成罪 274
最判昭和27・12・25民集6・12・1255 … 請求の拡張・減縮 784
最大決昭和28・1・16民集7・1・12 ……………………… 懲罰 956
最判昭和28・1・22刑集7・1・8 …………… 職務強要罪 724
最判昭和28・1・23刑集7・1・30
　　…………………… 過失の共犯 131, 共同正犯 262

判例年月日索引

最判昭和28・1・23 刑集7・1・46 ………… 未必の故意 1308
最判昭和28・2・19 刑集7・2・280 ………… 暴行 1244
最決昭和28・3・5 刑集7・3・482 ………「わな」の理論 1433
最判昭和28・5・12 刑集7・5・1011 ………… 理由不備 1396
最大判昭和28・6・17 刑集7・6・1289 ……… 逮捕監禁罪 903
最判昭和28・7・22 刑集7・7・1562 ………… 勅令 961
最判昭和28・9・25 民集7・9・979 …… 賃借権の譲渡・転貸 966
最判昭和28・10・15 刑集7・10・1934 ……… 鑑定 181, 鑑定書 182
最判昭和28・10・19 刑集7・10・1945
  ……………………… 偽証罪 203, 証拠隠滅罪 678
最判昭和28・11・13 刑集7・11・2121 ……… 爆発物 1119
最判昭和28・12・10 刑集7・12・2418 ……… 談合罪 919
最判昭和28・12・15 刑集7・12・2436 ……… 事実の証明 558
最判昭和28・12・18 民集7・12・1515
  ……… 絶対権・相対権 811, 賃借権の物権化 966
最大判昭和28・12・23 民集7・13・1523 …… 正当な補償 797
最大判昭和28・12・24 刑集7・13・2646
  ………………………… 原因において自由な行為 335
最大判昭和28・12・25 刑集7・13・2721 …… 横領罪 75
最判昭和29・8・20 刑集8・8・1363 ………… 印章 46
最判昭和29・8・20 刑集8・8・1256 ………… 第三者供賄 888
最判昭和29・9・24 民集8・9・1658 ………… 債権者代位権 485
最判昭和29・11・5 刑集8・11・1675 ……… 目的犯 1334
最判昭和29・11・9 刑集8・11・1742 ……… 封印破棄罪 1166
最判昭和29・11・10 民集8・11・2034 ……… 正当な補償 797
最大判昭和29・11・24 刑集8・11・1866
  …………………………… 集団示威運動の自由 635
最大決昭和29・12・27 刑集8・13・2435 …… 職務質問 725
最判昭和30・1・11 刑集9・1・25 ………… 印章 46
最判昭和30・1・26 刑集9・1・89
  ………………………… 距離制限 279, 公共の福祉 377
最判昭和30・2・18 民集9・2・179 ………… ケース貸し 330
最大判昭和30・3・30 刑集9・3・635 ……… 表現の自由 1162
最判昭和30・4・19 刑集9・5・534
  ……………… 国の不法行為責任 298, 国家賠償法 468
最判昭和30・5・31 民集9・6・793 ………… 合有 420
最決昭和30・7・7 刑集9・9・1856 ………… 無銭飲食 1323
最判昭和30・9・13 刑集9・10・2059
  ……………………… 裁判所に顕著な事実 504
最大判昭和30・9・14 民集9・10・1313 …… 手形(小切手)保証 994
最判昭和30・10・7 民集9・11・1616
  ………… 公の秩序・善良の風俗 76, 芸娼妓(
ぎしよう
)契約 320,
前借金 822
最判昭和30・10・14 刑集9・11・2173
  …………………… 恐喝罪 233, 権利(の)実行と恐喝 357
最判昭和30・10・20 民集9・11・1657 …… 株式の譲渡 148
最大判昭和30・10・26 民集9・11・1690 …… 正当な補償 797
最判昭和30・10・27 民集9・11・1720 …… 恩給担保 80
最判昭和30・10・22 民集9・11・1781
  ………………………… 権利の失効(の原則) 359
最判昭和30・12・8 民集9・13・2622 ……… 委任規定 418
最大判昭和30・12・14 刑集9・13・2760 …… 緊急逮捕 281
最判昭和31・4・24 民集10・4・417 ………… 滞納処分(租税の) 898
最判昭和31・5・17 刑集10・5・685 ………… 公知の事実 402
最大判昭和31・6・26 刑集10・6・874 ……… 大判的事後行為 266
最判昭和31・6・27 刑集10・6・921
  …… 火炎びんの使用等の処罰に関する法律 117, 爆発物 1119
最大判昭和31・7・4 民集10・7・785
  ……… 思想及び良心の自由 567, 謝罪広告 621, 沈黙の自由 968

最決昭和31・7・12 刑集10・7・1058 ……… 収賄罪 643
最判昭和31・7・18 民集10・7・890 ……… 行政行為の無効 247
最判昭和31・8・22 刑集10・8・1237 ……… 不退去罪 1187
最判昭和31・8・22 刑集10・8・1260 ……… 使用窃盗 695
最判昭和31・11・2 刑集10・11・1413 ……… 賃金の全額払い 965
最判昭和31・12・7 刑集10・12・1592
  …………………… 二重抵当(と背任罪) 1085, 背任罪 1116
最大判昭和31・12・11 刑集10・12・1605 …… 期待可能性 210
最判昭和31・12・11 刑集10・12・1711 ……… 無期刑 1318
最大判昭和32・1・22 刑集11・1・103 ……… 再伝聞 500
最大判昭和32・2・20 刑集11・2・802 ……… 黙秘権 1334
最判昭和32・2・26 刑集11・2・906 ………… 結果責任 330
最大判昭和32・3・13 刑集11・3・997
  …… チャタレイ事件 944, わいせつ 1430, わいせつ文書 1431
最決昭和32・4・25 刑集11・4・1427 ……… 横領罪 75
最決昭和32・5・22 刑集11・5・1526 ……… 公然わいせつ罪 397
最決昭和32・6・21 民集11・6・1125 ……… 不貞の抗弁 1191
最判昭和32・7・18 刑集11・7・1861 ……… 牽連(
けんれん
)犯 362
最判昭和32・7・23 刑集11・7・2018 ……… 包括一罪 1241
最判昭和32・7・25 刑集11・7・2025 ……… 鑑定書 182
最判昭和32・7・25 刑集11・7・2037 ……… 有価証券偽造罪 1350
最決昭和32・10・4 刑集11・10・2464 …… 虚偽公文書作成罪 274
最判昭和32・11・8 刑集11・12・3061 ……… 占有 832
最判昭和32・11・14 民集11・12・1943 ……… 共同所有 262,
権利能力なき社団 359, 総有 852, 労働組合財産 1419
最大判昭和32・11・27 刑集11・12・3113 …… 両罰規定 1400
最決昭和32・12・25 刑集11・14・3377
  ……………………… 外国人の憲法上の地位 91
最大判昭和32・12・28 刑集11・14・3461 …… 官報 183
最判昭和33・2・4 刑集12・2・109
  ……………………… 親族間の犯罪に関する特例 759
最大決昭和33・2・17 刑集12・2・253 ……… 報道の自由 1364
最判昭和33・3・28 民集12・4・624 ………… 通達 974
最判昭和33・4・10 刑集12・5・743 ………… 図画(
とが
) 1038
最判昭和33・4・11 刑集12・5・789 ………… 準婚 662, 内縁 1075
最判昭和33・4・17 民集12・6・1090 ……… 業務上過失 271
最大判昭和33・4・30 民集12・6・938 ……… 重加算税 625
最大判昭和33・5・28 民集12・8・1718
  ………… 共同正犯 262, 共犯者の自白 267, 補強証拠 1271
最大判昭和33・5・28 民集12・8・1224 …… 幼児の引渡し 1364
最判昭和33・6・14 民集12・9・1492 ……… 瑕疵(
かし
)担保責任 129
最判昭和33・7・9 刑集12・11・2407 ……… 委任規定 1440
最判昭和33・7・10 刑集12・11・2471 ……… 期待可能性 210
最判昭和33・7・22 民集12・12・1805 ……… 合有 420
最判昭和33・8・5 民集12・12・1901 ……… 慰謝料 22
最判昭和33・9・10 民集12・13・2897 ……… 無期刑 1318
最大判昭和33・9・30 民集12・13・3151 …… 公務執行妨害 418
最判昭和33・10・14 刑集12・14・3264 …… 公務執行妨害罪 418
最大決昭和33・10・15 刑集12・14・3291 …… 監置 181
最判昭和33・11・21 刑集12・15・3519
  …………………………… 偽装心中 206, 自殺 553
最判昭和34・3・13 刑集13・3・310
  ………………………… 二重売買(と横領罪) 1086
最判昭和34・5・7 刑集13・5・641 …… 公然 397, 事実の証明 558
最判昭和34・6・19 民集13・6・757 ………… 利得償還請求権 1391
最大判昭和34・8・10 刑集13・9・1419 ……… 松川事件 1301
最大判昭和34・8・28 刑集13・10・2906
  ………………………… 自己の物に対する犯罪 552
最判昭和34・9・22 民集13・11・1451 ……… 解除 109

判例年月日索引

最大判昭和 34・12・16 刑集 13・13・3225
　　　　　　　　　　　　　　　　砂川事件（判決） 779
最判昭和 35・2・11 民集 14・2・168 ………… 即時取得 856
最判昭和 35・3・11 民集 14・3・403 ………… 解雇の予告 95
最判昭和 35・4・21 民集 14・6・946 ……… 中間省略登記 946
最判昭和 35・5・6 民集 14・7・1127 ………… 非債弁済 1149
最大判昭和 35・6・8 民集 14・7・1206
　　　　　　　　　　　　　　　　苫米地（とまべち）判決 1064
最決昭和 35・6・21 刑集 14・8・981 …………… 預合い 4
最判昭和 35・6・24 民集 14・8・1103 …… 強制執行妨害罪 250
最大決昭和 35・6・28 民集 14・8・1558 … 任意的訴訟担当 1094
最大決昭和 35・7・6 民集 14・9・1657
　　　　　　　　　　　　処分違憲 736, 調停に代わる裁判 956
最判昭和 35・7・18 民集 14・9・1189 ………… 犯人蔵匿罪 1139
最大判昭和 35・7・20 刑集 14・9・1243 ………… 公安条例 364
最判昭和 35・9・8 刑集 14・11・1437
　　　　　　　　　　　　　　　　検証 344, 実況見分 574
最判昭和 35・9・15 民集 14・11・2146 ………… 失念株 584
最判昭和 35・10・7 民集 14・12・2420 ………… 借用概念 618
最判昭和 35・10・11 民集 14・12・2465 ………… 農地法 1106
最判昭和 35・10・19 刑集 14・12・2633
　　　　　　　　　　　　　　　　部分社会の法理 1205
最判昭和 35・12・8 民集 14・13・1818 ………… 騒乱罪 853
最大判昭和 35・12・21 民集 14・14・3140 …… 租税優先権 874
最判昭和 36・2・9 民集 15・2・209 …………… 仮執行 159
最判昭和 36・2・16 民集 15・2・244 ………… 医療過誤 41
最判昭和 36・4・21 民集 15・4・850 …… 国の不法行為責任 298
最大判昭和 36・5・31 民集 15・5・1482 …… 賃金の全額払い 965
最判昭和 36・7・19 刑集 15・7・1106
　　　　　　　　　　　　　　　　太政官（だじょうかん）布告 910
最大判昭和 36・7・19 民集 15・7・1875 …… 詐害行為取消権 513
最判昭和 36・10・13 刑集 15・9・1586
　　　　　　　　　　公然 397, 名誉毀損罪 1327
最判昭和 36・11・24 民集 15・10・2573 ………… 登記請求権 1017
最判昭和 36・12・15 民集 15・11・2852
最判昭和 37・2・1 民集 16・2・123
　　　　　　　瑕疵（かし）担保責任 129, 種類売買 660
最判昭和 37・2・13 民集 16・2・74 ……………… 背任罪 1116
最判昭和 37・3・14 民集 16・3・537 …………… 連座制 1411
最判昭和 37・3・23 民集 16・3・305 …………… 不能犯 1204
最判昭和 37・4・2 民集 16・4・860 …………… 失念株 584
最判昭和 37・4・26 民集 16・4・975 ………… 工作物責任 384
最判昭和 37・4・27 民集 16・7・1247 ……… 自然血族・
　　　　法定血族 565, 実子 581, 嫡出でない子 943, 認知 1096
最判昭和 37・5・2 民集 16・5・495 …………… 黙秘権 1334
最大判昭和 37・5・4 刑集 16・5・510 …………… 過失犯 131
最判昭和 37・5・30 刑集 16・5・577 ……………… 罰則 1124
最判昭和 37・8・21 集民 144・13 ………………… 傷害 666
最判昭和 37・11・16 民集 16・11・2280 …… 中間最高価格 945
最決昭和 37・11・21 民集 16・11・1570 ……… 営利の目的 66
最大判昭和 37・11・28 刑集 16・11・1593 …… 処分違憲 736,
　　第三者没収 890, デュー・プロセス・オブ・ロー 999, 当事者
　　適格 1023
最判昭和 37・12・14 民集 16・12・2368
　　　　　　　　　　　　　　　　ホフマン式計算法 1294
最判昭和 37・12・18 民集 16・12・2422 ………… 組合 300
最大判昭和 38・1・30 民集 17・1・99 ………… 手形の時効 992
最判昭和 38・3・27 民集 17・2・121 ……… 地方公共団体 936
最判昭和 38・4・2 民集 17・3・435 ………… 任期付職員 1095
最大判昭和 38・5・22 刑集 17・4・370

　　　　　　　　　　　　　　　　ポポロ劇団事件 1294
最判昭和 38・5・31 民集 17・4・617 …………… 理由付記 1396
最大判昭和 38・6・26 刑集 17・5・521 …………… 条例 719
最判昭和 38・9・12 民集 17・7・661 ………… 松川事件 1301
最判昭和 38・10・15 民集 17・9・1220
　　　　　　　　　境界確定の訴え 232, 不利益変更の禁止 1211
最決昭和 38・11・8 刑集 17・11・2357 …… 盗品等に関する罪 1034
最判昭和 38・12・6 民集 17・12・1633 ………… 見せ金 1306
最判昭和 39・1・24 民集 18・1・113 ……………… 公証 390
最判昭和 39・5・27 民集 18・4・711 ……………… 定数 981
最判昭和 39・10・15 民集 18・8・1671 … 権利能力なき社団 359
最判昭和 39・10・22 民集 18・8・1762 ………… 更正の請求 396
最判昭和 39・10・29 民集 18・8・1809 … 処分（行政法上の） 735
最大判昭和 39・11・18 民集 18・9・1868 ……… 利息制限法 1387
最決昭和 39・12・3 刑集 18・10・698
　　　　　違法性 36, 超法規的違法阻却事由 957
最判昭和 39・12・18 民集 18・10・2143 ………… 退職慰労金 894
最判昭和 40・3・4 民集 19・2・197 … 占有訴権 834, 本権 1297
最決昭和 40・3・9 刑集 19・2・69 ………… 実行の着手 577
最判昭和 40・5・4 民集 19・4・811 ………… 主物・従物 657
最判昭和 40・6・24 民集 19・4・1001
　　　　　　　　　　共同訴訟的補助参加 263, 訴訟参加 862
最大決昭和 40・6・30 民集 19・4・1089 ……… 非訟事件 1151
最判昭和 40・9・10 民集 19・6・1512 …………… 錯誤 519
最判昭和 40・9・16 刑集 19・6・679 ……… 証拠隠滅罪 678
最判昭和 40・9・21 民集 19・6・1560 …… 中間省略登記 946
最判昭和 40・11・16 民集 19・8・1970 …………… 株券 143
最判昭和 40・11・30 民集 19・8・2049 ……… 使用者責任 690
最判昭和 40・12・3 民集 19・9・2090 ………… 受領遅滞 658
最判昭和 41・1・28 判時 434・2 ………… 小繋（こつなぎ）事件 470
最判昭和 41・3・24 民集 20・3・129 …… 公務執行妨害罪 418
最決昭和 41・4・14 判時 449・64 ……… 公務の適法性 419
最判昭和 41・5・20 民集 20・4・900 ………… 譲渡担保 700
最判昭和 41・6・9 民集 20・5・1011 ………… 即時取得 856
最決昭和 41・6・10 刑集 20・5・374 ……………… 損壊 878
最判昭和 41・6・23 民集 20・5・1118 …………… 名誉 1327
最判昭和 41・7・13 刑集 20・6・609 …………… 余罪 1367
最判昭和 41・9・14 集刑 160・733 ……………… 傷害 666
最大判昭和 41・10・26 刑集 20・8・901
　　　　　　　　　　　　　　　　全逓東京中郵事件 827
最大判昭和 41・11・2 民集 20・9・1674
　　　　　　　　　　白地（しらじ）手形（小切手） 742
最判昭和 41・11・25 民集 20・9・1921 ………… 入会（いりあい）権 40,
　　共同所有 262, 固有必要的共同訴訟 475, 総有 892
最判昭和 41・12・23 民集 20・10・2211 ……… 代償請求権 893
最判昭和 42・3・7 刑集 21・2・417 ………… 共犯と身分 267
最決昭和 42・3・30 刑集 21・2・447 ……………… 行使 385
最判昭和 42・3・31 民集 21・2・492 ……………… 講 363
最判昭和 42・4・18 民集 21・3・659 ……………… 講 363
最判昭和 42・4・20 民集 21・3・697 ……………… 代理 904
最大判昭和 42・5・24 民集 21・5・1043 ………… 朝日訴訟 2
最判昭和 42・6・27 民集 21・6・1507 … 過失責任（主義） 131
最判昭和 42・6・30 民集 21・6・1526 ………… 失火責任 574
最判昭和 42・9・19 民集 21・7・1828 …………… 再更正 489
最判昭和 42・9・26 民集 21・7・1870 ……… 財産引受け 492
最判昭和 42・10・13 民集 21・7・1970 ……… 株式の譲渡 148
最決昭和 42・10・24 民集 21・8・1116 …… 因果関係 43,
　　因果関係の中断 45, 条件説 676, 相当因果関係 850
最大判昭和 42・11・1 民集 21・9・2249

判例年月日索引

最判昭和42・11・8民集21・9・2300 ……………………
　………………………………………… 慰謝料 22, 残念事件 531
最判昭和42・11・17民集21・9・2448 …… 支払場所 596
最決昭和43・2・8刑集22・2・55 ……… 株式の引受け 150
最決昭和43・2・27刑集22・2・67 …… ポリグラフ検査 1295
最判昭和43・3・8民集22・3・551 …… 原因において自由な行為 335
最判昭和43・3・12民集22・3・562 …… 主観的予備的併合 646
最判昭和43・3・15民集22・3・587 …… 賃金の直接払い 965
最判昭和43・3・15民集22・3・607 …………………… 示談 570
　……………………………………… 固有必要的共同訴訟 475
最判昭和43・6・27訟務月報14・9・1003 ……… 時効 546
最判昭和43・6・28民集22・6・569 ……… 境界毀壊罪 232
最判昭和43・7・11民集22・7・1489 …………………………
　……………………………………… 保険利益享受約款 1277
最判昭和43・8・2民集22・8・1571 ……… 背信的悪意者 1113
最判昭和43・9・26民集22・9・2002 …… 時効の援用 547
最判昭和43・10・8民集22・10・2145 ……… 取得時効 655
最判昭和43・10・25刑集22・11・961 ……… 事実誤認 556
最大判昭和43・11・13民集22・12・2526 … 利息制限法 1387
最判昭和43・11・27刑集22・12・1402 …………………………
　…………………………… 行政救済 243, 損失補償 881
最大判昭和43・12・4刑集22・13・1425 …………………………
　……………………………………… 労働組合の統制処分 1420
最判昭和43・12・5民集22・13・2876 …………………………
　…………………………………… 第三者のためにする契約 889
最判昭和43・12・17民集22・13・2998 … 隔地者・対話者 120
最大判昭和43・12・25民集22・13・3459 …………………
　………………………………………………… 秋北バス事件 638
最判昭和43・12・25民集22・13・3511 …………………………
　………………………………… 取締役・会社間の取引 1068
最判昭和43・12・25民集22・13・3548 …………………………
　………………………………………… 手形の原因関係 992
最判昭和44・2・13民集23・2・291 …………………………
　………………………………… 詐術（制限能力者の）524
最判昭和44・2・28民集23・2・427 …… 白地(1/2)補充権 743
最判昭和44・2・27民集23・2・511 … 法人格否認の法理 1247
最大判昭和44・4・2刑集23・5・305 …… 都教組事件 1038
最判昭和44・4・2刑集23・5・685 … 全農林警職法事件 827
最判昭和44・4・25刑集23・4・248 …………… 証拠保全 586
最判昭和44・5・29民集23・6・1064 …… 300日問題 532
最判昭和44・6・24民時569・48 ……………… 争点効 849
最判昭和44・6・25刑集23・7・975 …………………………
　………………………… 事実の証明 558, 名誉毀損罪 1327
最判昭和44・7・8民集23・8・1407 …………………………
　………………………………………… 確定判決の騙取(1/2) 123
最判昭和44・7・15民集23・8・1520 …… 時効の援用 547
最判昭和44・7・17民集23・8・1061 …… 幇助(1/2)犯 1247
最判昭和44・7・17民集23・8・1610 …………… 敷金 538
最判昭和44・10・15民集23・10・1239 …………………………
　………………………………… わいせつ 1430, わいせつ文書 1431
最判昭和44・10・17民集23・10・1825 …………………………
　………………………………………… 訴訟に関する合意 868
最決昭和44・11・26民集23・11・1490 …… 取材の自由 649,
　知る権利 744, 報道の自由 1260, マスメディアの自由 1301
最判昭和44・11・26民集23・11・2150 …… 間接損害 179,
　直接損害 960, 取締役の責任 1070, 役員等の第三者に対する損
　害賠償責任 1342
最判昭和44・12・5民集23・12・1583 …… 公訴権濫用論 399

最判昭和44・12・18民集23・12・2495 …… 賃金の全額払い 965
最判昭和44・12・24民集23・12・1625 …………………………
　…………… 私生活上の自由 564, 写真撮影 623, 肖像権 696
最判昭和45・1・29民集24・1・1 ……… 不同意わいせつ 1198
最判昭和45・3・26民集24・3・360 ……………… 訴訟詐欺 862
最判昭和45・3・31民集24・3・182 …… 手形(小切手)保証 994
最大判昭和45・6・24民集24・6・625 …………………
　……… 八幡製鉄政治献金事件 1346, 寄附 213, 忠実義務 949
最判昭和45・7・15民集24・7・804 …………… 社員権 609
最判昭和45・7・16民集24・7・909 …… 転用物訴権 1010
最判昭和45・7・24民集24・7・1116 …………………………
　……………………………… 虚偽表示 274, 公信の原則 391
最決昭和45・7・28刑集24・7・585 ……… 実行の着手 577
最判昭和45・8・20民集24・9・1268 …… 国の不法行為責任 298
最判昭和45・9・4刑集24・10・1319 ………… 虚偽文書 275
最判昭和45・10・22民集24・11・1583 …… 参加の効力 528
最判昭和45・11・11民集24・12・1854 …………………………
　訴訟信託 865, 第三者の訴訟担当 888, 任意的訴訟担当 1094
最判昭和45・11・12民集24・12・1901 …… 株式申込証拠金 152
最判昭和45・12・3民集24・13・1707 …………………………
　……………………………… 凶器 233, 凶器準備集合罪 234
最大判昭和46・1・20民集25・1・1 ……… 委任規定 1440
最判昭和46・3・18民集25・2・183 …………… 裁量棄却 511
最大決昭和46・3・24刑集25・2・293 ……… 攻防対象 415
最判昭和46・3・25民集25・2・208 …………… 譲渡担保 700
最判昭和46・4・23民集25・3・351 ……………… 工作物責任 384
最判昭和46・10・13民集25・7・900 …………………………
　………………………………… 取締役・会社間の取引 1068
最判昭和46・11・9民集25・8・1120 …………………………
　…………………………… 収益の計上基準 624, 所得の帰属 735
最判昭和46・11・16刑集25・8・996 …………… 正当防衛 798
最判昭和46・11・30民集25・8・1422 …… 登記請求権 1017
最判昭和46・12・16民集25・9・1472 …… 受領遅滞 658
最判昭和47・3・14刑集26・2・187 …………………………
　………………………………… 凶器 233, 凶器準備集合罪 234
最判昭和47・4・20民集26・3・507 …………… 通貨偽造 971
最判昭和47・6・27民集26・5・1067 …………… 日照権 1087
最判昭和47・11・22刑集26・9・554 ………… 行政調査 255,
　差押え 521, デュー・プロセス・オブ・ロー 999
最大判昭和47・11・22刑集26・9・586 ……… 距離制限 279,
　合理性の基準 423, 職業選択の自由 722, 政策の制約 788
最判昭和47・11・30民集26・9・1746 …………………………
　…………………………………… 差止訴訟（行政法上の）523
最大判昭和47・12・20刑集26・10・631 … 高田事件 907
最判昭和47・12・26民集26・10・2083 …… 譲渡所得 699
最判昭和48・1・19民集27・1・27 …… 賃金の全額払い 965
最判昭和48・2・2民集27・1・80 ………………… 数金 538
最判昭和48・3・13民集27・2・271 …… 国有地入会 460
最大判昭和48・3・22刑集27・2・167 … ポポロ劇団事件 1294
最大判昭和48・4・4刑集27・3・265 ……… 違憲判決の効力 17,
　尊属に対する罪 882, 法の下の平等 1263
最判昭和48・4・12金判373・6 …………… 手形割引 965
最大判昭和48・4・25刑集27・3・418 … ピケッティング 1148
最大判昭和48・4・25刑集27・4・547 …………………
　……… 全農林警職法事件 827, 政治スト 791, 代償措置 893
最判昭和48・4・26民集27・3・629 …… 行政行為の無効 17
最判昭和48・5・22民集27・5・655 …… 取締役の責任 1070,
　役員等の第三者に対する損害賠償責任 1343
最判昭和48・6・7民集27・6・681 ……… 相当因果関係 850

判例年月日索引

最決昭和48・7・10刑集27・7・1205 …………… 行政調査 255
最判昭和48・10・9民集27・9・1129 …… 権利能力なき社団 359
最判昭和48・10・18民集27・9・1210 ………… 正当な補償 797
最判昭和48・11・26判時722・94 …………… 退職慰労金 894
最判昭和48・12・12民集27・11・1536
　…………………………………………… 三菱樹脂事件 1306
最判昭和48・12・14民集27・11・1586 ………… 時効の援用 547
最判昭和49・3・7民集28・2・174 ……………… 確定日付 123
最判昭和49・3・8民集28・2・186 …………… 所得の帰属 735
最判昭和49・3・15民集28・2・222 …… 保険利益享受約款 1277
最判昭和49・3・22民集28・2・347 ……………… 責任能力 807
最大判昭和49・5・29刑集28・4・114, 151, 168
　……………………………………………………… 観念的競合 183
最決昭和49・7・18民集28・5・743 …………… 所有権留保 740
最判昭和49・7・19民集28・5・897 …… 公務員の勤務関係 416
最判昭和49・7・22民集28・5・927
　………………………………… 雇止め(有期雇用労働者の) 1346
最判昭和49・9・26民集28・6・1243 …………… 不当利得 1202
最判昭和49・9・30判時760・97 ………… 労働組合の分裂 1420
最判昭和49・10・23民集28・5・1473 …… 代物弁済の予約 901
最大判昭和49・11・6刑集28・9・393
　……… 猿払(さるふつ)事件 527, 政治的活動 792, 委任規定 1440
最判昭和49・12・17民集28・10・2040 …………… 慰謝料 22
最判昭和50・2・25民集29・2・143
　……………………………………… 安全配慮義務 9, 時効 546
最決昭和50・4・24判時774・119 ………………… 賄賂 1432
最判昭和50・4・25民集29・4・456 …… 解雇権の濫用 94,
　解雇の自由 95, ユニオン・ショップ 1361
最判昭和50・4・25民集29・4・481
　…………………………………… 作業所閉鎖 518, 争議権 838
最大判昭和50・4・30民集29・4・572 …… 違憲判決の効力 17,
　エル・アール・エー(LRA)の基準 71, 距離制限 279, 合理性の
　基準 423, 職業選択の自由 722, 立法事実 1390
最決昭和50・5・20刑集29・5・177 …………… 白鳥事件 743
最決昭和50・5・29民集29・5・662 …………… 諮問手続 609
最判昭和50・6・12刑集29・6・365 ………… 盗品等保管罪 1035
最判昭和50・7・10民集29・6・888
　…………………………… 拘束条件付取引 398, 再販売価格維持行為 505
最大判昭和50・9・10刑集29・8・489
　………………… 萎縮的効果 22, 上乗せ条例 59, 公安条例 364
最判昭和50・10・24民集29・9・1417
　…………………… 安全配慮義務 9, 医療過誤 41, 証明度 714
最判昭和50・10・28民集29・9・1554 ……… 管轄の合意 167
最判昭和50・10・28民集29・10・1592 …… 排除措置命令 1113
最判昭和50・11・28民集29・10・1634
　………………………………………… 脱退(労働組合からの) 912
最判昭和51・1・26判タ334・105
　………………………………… 政治犯罪人不引渡しの原則 792
最判昭和51・2・6民集30・1・1 ………… 尊属に対する罪 882
最判昭和51・3・16刑集30・2・187
　………………………………… 強制捜査 253, 任意捜査 1093
最大判昭和51・4・14民集30・3・223 …… 違憲判決の効力 17,
　定数不均衡(訴訟) 982, 法の下の平等 1263
最判昭和51・4・30民集30・3・453 …… 公文書偽造罪 412
最判昭和51・5・6刑集30・4・1389 …… 公文書偽造罪 412
最大判昭和51・5・21刑集30・5・615 …… 旭川学テ事件 2,
　家永教科書裁判 12, 学習権 119, 学習指導要領 119, 学問の自
　由 125, 学校 137, 教育権 229, 教育を受ける権利 231
最大判昭和51・5・21刑集30・5・1178 …… 都教組事件 1038

最判昭和51・7・8民集30・7・689 ……………… 使用者責任 690
最決昭和51・10・12刑集30・9・1673
　…………………………………………… 財田川(さいだがわ)事件 497
最判昭和51・10・21民集30・9・903 ………… 反射的効力 1135
最判昭和51・11・25民集30・10・960
　…………………………………………… 保険利益享受約款 1277
最判昭和51・12・17民集30・11・1036 ………… 失権約款 575
最判昭和51・12・24民集30・11・1104
　…………………………… 公物 410, 公用廃止行為 422, 時効 546
最判昭和52・3・31民集31・2・365
　……………………………………… 公序(国際私法上の) 389
最判昭和52・4・15民集31・3・371 …………… 補助事実 1287
最大判昭和52・5・4刑集31・3・182
　…………………………………………… 全逓東京中郵事件 827
最大判昭和52・7・13民集31・4・533
　…………………… 津地鎮祭訴訟 975, 政教分離の原則 785
最判昭和52・7・14刑集31・4・713 ……… 公用文書毀棄罪 423
最判昭和52・7・21刑集31・4・747 …………… 正当防衛 798
最判昭和52・8・9労経速958・25 ………… 競業避止義務 235
最判昭和52・12・9判時879・135 ………… 手形行為の代理 990
最判昭和52・12・13民集31・7・1037 ………… 企業秩序 193
最判昭和52・12・20刑集31・7・1101
　……………………………… 要件裁量・効果裁量 1363
最判昭和53・2・24民集32・1・110 …… 無効行為の転換 1321
最判昭和53・3・14民集32・2・211
　…………………………… 原告適格 341, 反射的利益 1135
最決昭和53・3・24刑集32・2・408 …………… 責任能力 807
最決昭和53・5・31民集32・3・457
　………… 実質的違法性 581, 取材の自由 649, 報道の自由 1260
最判昭和53・6・20刑集32・4・670
　……………………………… 職務質問 725, 所持品検査 729
最判昭和53・6・29刑集32・4・816 …… 公務執行妨害罪 418
最判昭和53・7・3集判211・1 …………………… 布川事件 1171
最決昭和53・7・10刑集32・5・820 …………… 接見指定 810
最決昭和53・7・28刑集32・5・1068
　………… 事実の錯誤 557, 法定的符合説 1256, 方法の錯誤 1264
最判昭和53・9・7刑集32・6・1672
　………………………… 違法収集証拠排除法則 36, 所持品検査 729
最判昭和53・9・19判時911・99 ……… 理由の追加・差替え 1396
最大判昭和53・10・4民集32・7・1223 ………… 在留資格 511,
　政治的自由 792, 不確定概念(行政法上の) 1170, 要件裁量・効
　果裁量 1363, 何人(なんびと)も 1452
最判昭和53・10・20民集32・7・1500
　………………………… 中間利息 947, ライプニッツ式計算法 1378
最判昭和53・11・15刑集32・8・1855 ……… 操業の自由 839
最判昭和53・12・8民集32・9・1617 …………… 特殊法人 1039
最判昭和54・2・15民集33・1・51 ………………… 集合物 630
最判昭和54・3・27刑集33・2・140 ……… 法定的符合説 1256
最判昭和54・7・10民集33・5・481 ……… 都道府県警察 1063
最判昭和54・7・20民集33・5・582 ………………… 採用 510
最判昭和54・10・30民集33・6・647
　…………………………………… 施設管理権 565, 懲戒 953
最判昭和54・11・13判タ402・64 ……………… 慰謝料 22
最判昭和55・3・28刑集34・3・244 ……………… パロディ 1129
最判昭和55・4・18刑集34・3・149 …… 危険の引受け 199
最判昭和55・5・30民集34・3・464 ……………… 採用 510
最判昭和55・9・22刑集34・5・272 ………… 自動車検問 589
最決昭和55・10・23刑集34・5・300 …………… 強制採尿 248
最決昭和55・10・30刑集34・5・357 …………… 使用窃盗 695

最決昭和55・11・13 刑集34・6・396 …… 被害者の同意 1142
最判昭和55・11・19 集刑220・83 …… 袴田(かまた)事件 1118
最判昭和55・11・28 刑集34・6・433 …… わいせつ 1430
最決昭和55・12・17 刑集34・7・672 …… 公訴権濫用論 399
最決昭和55・12・18 民集34・7・888 …… 安全配慮義務 9
最判昭和56・1・19 民集35・1・1 …… 委任 34
最判昭和56・2・16 民集35・1・56 …… 安全配慮義務 9
最判昭和56・3・24 民集35・2・300
　　　…………………………………… 公の秩序・善良の風俗 76
最判昭和56・4・24 民集35・3・672 …… 再婚正 489
最判昭和56・6・15 民集35・4・205 …… 公共の福祉 377
最判昭和56・7・21 刑集35・5・568 …… 戸別訪問 473
最判昭和56・9・18 民集35・6・1028 …… スト中の賃金 778
最大判昭和56・12・16 民集35・10・1369 …… 大阪空港訴訟 76, 空港公害訴訟 294, 将来の給付の訴え 719
最判昭和57・1・22 民集36・1・92 …… 受戻権 53
最判昭和57・4・8 民集36・4・594
　　　………………………… 家永教科書裁判 12, 訴えの利益 56
最判昭和57・4・13 民集36・4・659 …… リボ戦術 1392
最判昭和57・5・25 判時1046・15 …… 疫学の証明 67
最判昭和57・6・24 刑集36・5・777 …… 株待投 510
最判昭和57・6・24 刑集36・5・646 …… 公用文書毀棄罪 423
最大判昭和57・7・7 民集36・7・1235 …… 堀木訴訟 1294
最判昭和57・9・9 民集36・9・1679 …… 長沼訴訟 1081
最判昭和58・4・8 刑集37・3・215 …… 住居侵入罪 629
最判昭和58・4・14 民集37・3・270 …… 内縁 1075
最判昭和58・5・24 刑集37・4・437 …… 背任罪 1116
最大判昭和58・6・22 民集37・5・793
　　　………………………… 受刑者の権利 647, 知る権利 744
最判昭和58・7・8 刑集37・6・609 …… 死刑 544
最判昭和58・9・9 民集37・7・962 …… 退職所得 894
最判昭和58・10・26 民集37・9・1748 …… 旗国主義 201
最判昭和58・11・1 刑集37・9・1341 …… 侮辱罪 1182
最判昭和58・12・19 民集37・10・1532 …… 詐害行為取消権 513
最判昭和59・1・26 民集38・2・53 …… 水害訴訟 773
最判昭和59・2・24 刑集38・4・1287 …… 不当な取引制限 1201
最判昭和59・4・10 民集38・6・557 …… 安全配慮義務 9
最大判昭和59・7・3 民集38・8・2783 …… 責任能力 807
最判昭和59・7・20 刑集38・8・1051
　　　…………………………………… 公序(国際私法上の) 389
最判昭和59・11・29 民集38・11・1260
　　　…………………………………… 国の不法行為責任 298
最大判昭和59・12・12 民集38・12・1308
　　　………………… 萎縮的効果 22, 検閲 336, 税関検閲 782
最判昭和59・12・18 刑集38・12・3026
　　　…………………………………… パブリック・フォーラム 1127
最判昭和59・12・21 民集38・12・3071
　　　…………………………… 供述証拠・非供述証拠 238
最大判昭和60・1・22 民集39・1・1 …… 理由付記 1396
最大判昭和60・3・27 民集39・2・247 …… 給与所得控除 227
最判昭和60・4・3 刑集39・3・131 …… 背任罪 1116
最判昭和60・4・23 民集39・3・730
　　　………………… 中立保持義務 952, 併存組合 1223
最判昭和60・7・16 民集39・5・989 …… 行政指導 251
最判昭和60・7・17 民集39・5・1100
　　　………………………………… 違憲判決の効力 17, 法の下の平等 1263
最大判昭和60・10・23 刑集39・6・413
　　　…………………………………… 青少年健全育成条例 792
最判昭和60・11・21 民集39・7・1512 …… 立法の不作為 1390

最決昭和60・11・26 民集39・7・1701 …… 時効の援用 547
最決昭和60・12・17 判時1179・56 …… 原告適格 341
最判昭和61・5・29 判時1196・102 …… 公の秩序・善良の風俗 76
最大判昭和61・6・11 民集40・4・872
　　　…………………………………… 北方ジャーナル事件 1292, 差止請求権 523, 物権的請求権 1193
最判昭和61・7・14 判時1198・149 …… 東亜ペイント事件 1013
最判昭和61・7・17 民集40・5・941
　　　…………………………… 確定判決の変更を求める訴え 123
最判昭和61・7・18 民集40・5・977 …… 裏書の抹消 58
最決昭和61・10・23 判時1219・127 …… 訴えの利益 56
最判昭和61・12・12 労判486・6 …… 雇止め(有期雇用労働者の) 1346
最判昭和62・2・13 判時1228・84 …… 準消費貸借 662
最決昭和62・3・3 刑集41・2・60 …… 臭気選別 626
最決昭和62・3・12 刑集41・2・140 …… 威力業務妨害罪 43
最判昭和62・3・24 刑集41・2・173
　　　…………………………………… 身の代金目的拐取罪 1307
最決昭和62・3・26 刑集41・2・182
　　　………………………………… 誤想過剰防衛・避難 463
最決昭和62・4・21 刑集41・3・309 …… 原処分主義 346
最大判昭和62・4・22 民集41・3・408 …… 違憲判決の効力 17
最判昭和62・4・24 判時1243・24 …… 即時取得 856
最判昭和62・4・24 民集41・3・490
　　　………………………… アクセス権 1, 反論権 1140
最判昭和62・5・8 判時1247・131 …… 中立保持義務 952
最決昭和62・7・16 刑集41・5・237 …… 違法性の意識 37
最判昭和62・7・17 民集41・5・1350 …… スト中の賃金 778
最判昭和62・7・17 民集41・5・1402 …… 主観的追加的併合 645
最大判昭和62・9・2 民集41・6・1423 …… 破綻主義 1122
最決昭和62・9・30 刑集41・6・297 …… 封印破棄罪 1166
最判昭和63・2・16 民集42・2・60 …… 秋北バス事件 638
最判昭和63・2・29 刑集42・2・314
　　　………………………… 疫学的証明 67, 胎児傷害 890
最決昭和63・3・15 判時1270・34 …… 演奏権 71
最判昭和63・4・21 民集42・4・243 …… 素因 836
最大判昭和63・6・1 民集42・5・277 …… 自衛官合祀(ごうし)事件 534
最決昭和63・7・18 刑集42・6・861 …… 賄賂 1432
最決昭和63・10・18 民集42・8・575 …… 商人 702
最決昭和63・10・27 刑集42・8・1109 …… 管理・監督過失 184
最決昭和63・11・21 民集42・9・1251 …… 未必の故意 1308
最判平成元・1・20 刑集43・1・1 …… 距離制限 279
最判平成元・3・8 刑集43・1・19 …… 取材の自由 8
最判平成元・2・16 民集43・2・45 …… 遺言書 18
最判平成元・2・17 民集43・2・56 …… 原告適格 341
最大判平成元・3・8 民集43・2・89 …… 法廷メモ訴訟 1257
最判平成元・3・9 判時1303・95 …… 公務執行妨害罪 418
最判平成元・5・1 刑集43・5・405
　　　…………………………… 隠避 48, 犯人蔵匿罪 1139
最決平成元・7・14 刑集43・7・641
　　　…………………………… 現住建造物・現在建造物 344
最判平成元・7・18 家月41・10・128 …… 死体 569
最判平成元・7・18 刑集43・7・752 …… 意味の認識 39
最判平成元・9・19 判時1328・16 …… 要綱行政 1363
最判平成元・11・20 民集43・10・1160
　　　…………………………… 裁判権 503, 象徴 698
最判平成元・11・24 民集43・10・1169
　　　…………………………… 不作為による国家賠償責任 1180

最判平成元・12・14民集43・12・2051
……………… 組織強制 858, ユニオン・ショップ 1361
最判平成元・12・14民集43・12・2078 ……… 事業者 540
最判平成元・12・14刑集43・13・841 ……… 自己決定権 549
最判平成元・12・15刑集43・13・879 ……… 結果回避可能性 330
最判平成元・12・21民集43・12・2209 ……… 除斥期間 730
最判平成2・1・18判時1337・3 ……… 学習指導要領 119
最判平成2・1・22民集44・1・332 ……… 利息制限法 1387
最判平成2・2・1民集44・2・369 ……… 委任規定 1440
最決平成2・2・16判時1340・145 ……… 刑事確定訴訟記録法 316
最判平成2・2・20判時1380・94 ……… 反射的利益 1135
最判平成2・3・6労判584・38 ……… ポスト・ノーティス 1287
最判平成2・4・20労判561・6 ……… 安全配慮義務 9
最判平成2・6・5民集44・4・599 ……… 時効の援用 547
最決平成2・6・27刑集44・4・385 ……… 写真撮影 623
最判平成2・11・16刑集44・8・744 ……… 管理・監督過失 184
最決平成2・11・20刑集44・8・837
……… 因果関係 43, 条件説 676, 相当因果関係 850
最判平成2・11・26民集44・8・1085 ……… 賃金の全額払い 965
最判平成2・11・29刑集44・8・871 ……… 管理・監督過失 184
最判平成2・12・13民集44・9・1186 ……… 水害訴訟 773
最判平成3・3・22民集45・3・268
……… 抵当権に基づく妨害排除請求 985
最判平成3・4・5刑集45・4・171
……… 行使 385, 有価証券偽造罪 1350
最判平成3・4・11判時1391・3 ……… 安全配慮義務 9
最判平成3・4・19民集45・4・367 ……… 予防接種禍 1374
最判平成3・4・23労判589・6 ……… 団体交渉権 922
最決平成3・5・10刑集45・5・919 ……… 接見指定 810
最判平成3・7・9民集45・6・1049 ……… 委任規定 1440
最判平成3・11・14民集45・8・221 ……… 管理・監督過失 184
最決平成3・11・28刑集45・8・1270 ……… 三六(サブロク)協定 525
最判平成4・2・18民集46・2・77 ……… 源泉徴収 347
最判平成4・6・25民集46・4・400 ……… 過失相殺(カシツソウサイ) 131
最大判平成4・7・1民集46・5・437
……… デュー・プロセス・オブ・ロー 999
最判平成4・9・22民集46・6・571 ……… 核原料物質, 核燃
料物質及び原子炉の規制に関する法律 119, 原告適格 341
最判平成4・10・29民集46・7・1174 ……… 核原料物質, 核燃
料物質及び原子炉の規制に関する法律 119
最判平成4・12・15民集46・9・2829 ……… 合理性の基準 423
最判平成5・2・16民集47・3・1687 ……… 政教分離の原則 785
最判平成5・2・18民集47・2・574 ……… 開発負担金 115
最判平成5・3・16民集47・5・3483
……… **家永教科書裁判** 12, 教科書検定 233
最判平成5・3・25労判650・6 ……… 労働組合費 1420
最判平成5・3・26判時1469・32 ……… 水害訴訟 773
最判平成5・10・19民集47・8・5099 ……… 幼児の引渡し 1364
最決平成5・11・25刑集47・9・242 ……… 管理・監督過失 184
最判平成5・11・25刑集47・9・5278 ……… 権力確定主義 356
最判平成5・3・4判時263・101 ……… 傷害 666
最判平成6・3・8民集48・3・835 ……… 法律関係の性質決定 1265
最決平成6・6・30刑集48・4・21
……… 盗犯等ノ防止及処分ニ関スル法律 1034
最判平成6・7・19刑集48・5・190
……… 親族間の犯罪に関する特例 759
最決平成6・9・16刑集48・6・420 ……… 強制採尿 248
最決平成6・10・27判時1514・28 ……… 水害訴訟 773
最決平成6・12・6刑集48・8・509 ……… 共謀の射程 269

最決平成6・12・9刑集48・8・576 ……… 国内犯 455
最判平成7・1・24刑集49・1・25 ……… 失火責任 574
最大判平成7・2・22刑集49・2・1 ……… **ロッキード事件** 1428,
刑事免責 320, 指示権(内閣総理大臣の) 555, 収賄罪 643, 証
拠禁止 682
最判平成7・2・28刑集49・2・481 ……… 訴訟能力 868
最判平成7・2・28民集49・2・559 ……… **朝日放送事件** 3
最判平成7・3・7民集49・3・687 ……… 集会の自由 624
最判平成7・3・27刑集49・3・525 ……… 必要的弁護 1154
最判平成7・4・12刑集49・4・609 ……… 移送 24
最判平成7・4・25民集175・91 ……… 従業員持株制度 626
最判平成7・6・9民集49・6・1499 ……… 医療過誤 41
最決平成7・6・9刑集49・6・741 ……… 証拠禁止 682
最判平成7・6・23民集49・6・1600
……… 不作為による国家賠償責任 1180, 薬害訴訟 1344
最判平成7・7・7民集49・7・2599 ……… 差止請求権 522
最判平成7・9・19民集49・8・2805 ……… 転用物訴権 1010
最決平成8・1・29刑集50・1・1 ……… 準現行犯 661
最判平成8・1・30民集50・1・199
……… 宗教法人 628, 信教の自由 750
最判平成8・2・23労判690・12 ……… 指揮命令権 539
最判平成8・3・8民集50・3・469
……… **エホバの証人事件** 71, 信教の自由 750
最判平成8・3・15民集50・3・549 ……… 集会の自由 624
最判平成8・4・26民集50・5・1267
……… 普通預金 1191, 無因債権・無因債務 1317
最判平成8・6・24民集50・7・1451 ……… 緊急管轄 279
最判平成8・7・12民集50・7・1477 ……… 水害訴訟 773
最決平成8・11・18刑集50・10・745 ……… 刑罰不遡及の原則 324
最判平成9・1・28刑集51・1・71
……… 募集株式等の発行の通知・公告 1281
最判平成9・2・28民集51・2・705 ……… 秋北バス事件 638
最判平成9・3・13民集51・3・1453 ……… 連座制 1411
最判平成9・3・27判時1607・131
……… 規範的効力(労働協約の) 212, 有利原則 1359
最大判平成9・4・2民集51・4・1673 ……… **愛媛玉串料訴訟** 70,
処分違憲 736, 政教分離の原則 785, 目的効果基準 1334
最判平成9・7・1民集51・6・2299 ……… 並行輸入 1222
最判平成9・7・17民集51・6・2714 ……… キャラクター 221
最判平成9・8・29民集51・7・2921 ……… **家永教科書裁判** 12
最判平成9・9・9民集51・8・3804 ……… 名誉 1099
最判平成9・9・18刑集51・8・571 ……… 不利益変更の禁止 1211
最判平成9・10・21刑集51・9・755
……… 現住建造物・現在建造物 344
最判平成9・10・30刑集51・9・816 ……… 間接正犯 179
最判平成9・11・28労判727・14 ……… 安全配慮義務 9
最判平成10・2・24民集52・1・113 ……… 均等論 287
最判平成10・3・2民集52・2・661 ……… 取締役解任の訴え 1069
最判平成10・4・28民集52・3・853 ……… 送達条約 24
最判平成10・4・30民集52・3・930 ……… 相殺(ソウサイ)の抗弁 842
最判平成10・9・10判時1661・81 ……… 確定判決の騙取(ヘンシュ) 123
最判平成10・10・13判例185・18 ……… 公有水面 821
最大決平成10・12・1民集52・9・1761 ……… 政治的活動 792
最判平成11・1・21民集53・1・98 ……… 利息制限法 1387
最判平成11・1・29民集53・1・151
……… 債権譲渡 487, 将来債権 719
最判平成11・2・16民集53・2・1 ……… 内部者取引 1079
最判平成11・2・25民集53・2・235 ……… 医療過誤 41
最大判平成11・3・24民集53・3・514 ……… 接見指定 810

最決平成11・7・6刑集53・6・495 ·············· 浮貸し 51
最判平成11・10・21民集53・7・1190 ········ 時効の援用 547
最判平成11・11・9民集53・8・1421
················· 固有必要的共同訴訟 475
················· 定数不均衡(訴訟) 982
最大判平成11・11・10民集53・8・1577 ·········· 直接選挙 960
最決平成11・11・12民集53・8・1787 ······ 自己使用文書 550
最判平成11・11・24民集53・8・1899
············ 抵当権に基づく妨害排除請求 985
最決平成11・12・16刑集53・9・1327 ············ 通信傍受 974
最判平成12・1・27民集54・1・1 ·············· 先訴問題 819
最判平成12・2・29民集54・2・582 ··· エホバの証人事件 71
最判平成12・3・9民集54・3・801 ·············· 労働時間 1422
最判平成12・4・11民集54・4・1368 ············ 無効審判 1322
最判平成12・6・27民集54・5・1737 ·············· 即時取得 856
最判平成12・7・7民集54・6・1767
········· 役員等の会社に対する損害賠償責任 1342
最決平成12・7・17刑集54・6・550
····· 足利事件 3, ディー・エヌ・エー(DNA)分析(鑑定) 976
最判平成12・9・7民集54・7・2075 ······· 秋北バス事件 638
最判平成12・9・22民集54・7・2574 ············ 医療過誤 41
最判平成13・3・12刑集55・2・97 ·············· 為替取引 164
最判平成13・3・13民集55・2・328 ······ 共同不法行為 264
最判平成13・3・6民集55・4・793 ·················· 冒認 1244
最決平成13・6・28刑集55・4・837 ············ 翻案権 1296
最判平成13・7・16民集55・5・317
········· わいせつ物頒布等の罪 1430
最判平成13・11・27民集55・6・1154 ············ 医療過誤 41
最判平成14・1・31民集56・1・246 ············· 委任規定 1440
最判平成14・3・28民集56・3・689 ················ 敷金 538
最判平成14・4・25民集56・4・808 ·············· 著作物 962
最判平成14・6・11民集56・5・958 ·········· 正当な補償 797
最決平成14・7・1民集56・6・265
·········· 盗品等の有償処分あっせん罪 1035
最判平成14・7・9民集56・6・1134
·········· 義務履行確保(行政上の) 218
最大判平成14・9・11民集56・7・1439 ···· 違憲判決の効力 17
最判平成14・9・26民集56・7・1551
·············· 公序(国際私法上の) 389
最判平成14・10・29民集56・8・1964
·········· 旗国法 201, 所在地法 728
最判平成14・11・5民集56・8・2069
············ 他人のためにする保険契約 914
最判平成15・1・24判時1806・157 ······ 結果回避可能性 330
最判平成15・2・14刑集57・2・121
······· 違法収集証拠排除法則 36, 証拠禁止 682
最判平成15・2・27民集57・2・125 ············· 並行輸入 1222
最判平成15・3・11刑集57・3・293 ·········· 信用毀損罪 768
最判平成15・3・14民集57・3・229 ·········· プライバシー 1209
最判平成15・4・18労判847・14 ················ 出向 652
最判平成15・4・22民集57・4・477 ············ 職務発明 726
最大判平成15・4・23刑集57・4・467 ···· 共罰的事後行為 266,
二重売買(と横領罪) 1086, 不可罰的事後行為 1170
最判平成15・10・10判時1840・144
················ 就業規則 627, 懲戒 953
最判平成15・12・4判時1848・66 ········· 緊急裁決 280
最大判平成16・1・14民集58・1・56 ······ 定数不均衡(訴訟) 982
最判平成16・2・9民集58・2・89 ············· カード犯罪 141

最決平成16・3・22刑集58・3・187 ······ 因果関係の錯誤 44,
実行の着手 577, 早すぎた構成要件の実現 1127, 未遂 1304
最判平成16・4・27民集58・4・1032
············ 不作為による国家賠償責任 1180
最判平成16・7・12刑集58・5・333
············ おとり捜査 78,「わな」の理論 1433
最判平成16・10・15民集58・7・1802
············ 公害 368, 不作為による国家賠償責任 1180
最判平成16・10・29民集58・7・1979
············ 他人のためにする保険契約 914
最判平成16・11・25民集58・8・2326 ············ 反論権 1140
最判平成16・11・30刑集58・8・1005 ······ 不法領得の意思 1207
最判平成16・12・24民集58・9・2637 ············ 貸倒損失 136
最大判平成17・1・26民集59・1・128 ·········· 当然の法理 1031
最判平成17・3・10民集59・2・356
············ 抵当権に基づく妨害排除請求 985
最決平成17・3・29刑集59・2・54 ················ 傷害 666
最判平成17・4・14民集59・3・259
············ ビデオ・リンク方式 1154
最判平成17・4・14刑集59・3・283 ············ 幸運(犯) 361
最判平成17・4・19民集59・3・563 ················ 接見 810
最判平成17・4・26判時1898・54 ········ 職業選択の自由 722
最判平成17・7・14民集59・6・1323
············ 不当勧誘(金融商品取引の) 1198
最判平成17・9・13民集59・7・1950 ·············· 課徴金 136
最大判平成17・9・14民集59・7・2087
················ 在外選挙権訴訟 482,
違憲判決の効力 17, 在外国民審査権訴訟 481, 在外投票 482,
選挙権 818, 当事者訴訟 1023, 立法の不作為 1390
最判平成17・11・1判時1928・25 ············· 損失補償 881
最判平成17・11・10民集59・9・2428 ············ 肖像権 696
最判平成17・12・6刑集59・10・1901 ······ 幼児の引渡し 1364
最判平成18・1・13民集60・1・1 ·········· 利息制限法 1387
最判平成18・1・17民集60・1・29 ················ 損壊 878
最判平成18・2・7民集60・2・480 ·············· 譲渡担保 700
最判平成18・2・17民集60・2・496 ······ 自己使用文書 550
最大判平成18・3・1民集60・2・587 ······ 国民健康保険税 457
最判平成18・3・23判時1929・37 ········· 受刑者の権利 647
最判平成18・3・30民集60・3・948 ············ 環境権 169
最決平成18・5・16刑集60・5・413
············ わいせつ物頒布等の罪 1430
最判平成18・6・23判時1943・146 ················ 商人 702
最判平成18・7・7民集60・6・2307
············ 藁(わら)の上からの養子 1433
最判平成18・7・20判タ1220・94 ·············· 集合物 630
最判平成18・7・21民集60・6・2542 ············ 国家免除 469
最判平成18・9・4民集60・7・2563 ······ 生殖補助医療 793
最決平成18・10・3民集60・8・2647
············ 取材の自由 649, 証言拒絶権 675, マスメディアの自由 1301
最判平成18・11・7民集60・9・561 ············ 弾劾証拠 916
最判平成19・2・2民集61・1・86 ···· 脱退(労働組合からの) 584
最判平成19・3・8民集61・2・479 ············ 失念株 584
最判平成19・3・23民集61・2・619 ············ 代理母 906
最決平成19・3・26刑集61・2・131
············ 医療過誤 41, 信頼の原則 770
最判平成19・4・19判タ1242・114 ······ 排除措置命令 1113
最決平成19・7・25刑集61・5・563 ···· 心神喪失等の状態で重
大な他害行為を行った者の医療及び観察等に関する法律 757
最決平成19・8・7民集61・5・2215 ··········· 買収防衛策 1111

判例年月日索引

最判平成 19・9・18 刑集 61・6・601 ……………… 萎縮的効果 22
最決平成 19・10・16 刑集 61・7・677
　　　　　　………… 合理的疑いを超える証明 423, 情況証拠 672
最決平成 19・11・13 刑集 61・8・743 ……… 証人威迫罪 703
最決平成 20・2・18 刑集 62・2・37
　　　　　　………………………… 親族間の犯罪に関する特例 759
最判平成 20・2・22 民集 62・2・576 ……… 附属的商行為 1187
最判平成 20・4・15 刑集 62・5・1398 ………… 写真撮影 623
最決平成 20・4・25 刑集 62・5・1559 ………… 責任能力 807
最決平成 20・5・20 刑集 62・6・1786 ……… 自招侵害・危難 561
最大判平成 20・6・4 民集 62・6・1367 ……… 国籍法違憲訴訟 452, 違憲判決の効力 17, 法の下の平等 1263
最決平成 20・6・18 刑集 62・6・1812 … 心神喪失等の状態で重大な他害行為を行った者の医療及び観察等に関する法律 757
最判平成 20・6・25 刑集 62・6・1859
　　　　　　……………………………… 質的過剰・量的過剰 584
最判平成 20・7・17 民集 62・7・1994
　　　　　　……………………………… 固有必要的共同訴訟 475
最判平成 20・9・10 民集 62・8・2029 ………… 行政計画 243
最判平成 20・9・12 判時 2022・11 ……… 宗教法人課税 628
最決平成 21・1・22 民集 63・1・228 ……………… 預金 1366
最判平成 21・2・17 集民 230・117 …… 従業員持株制度 626
最判平成 21・3・9 刑集 63・3・27 …… 青少年健全育成条例 792
最決平成 21・6・30 刑集 63・5・475 …… 共犯からの離脱 266
最判平成 21・9・30 民集 63・7・1520
　　　　　　……………………… 小選挙区比例代表並立制 695
最判平成 21・12・7 民集 63・11・1899 … 安楽死 10, 尊厳死 881
最決平成 21・12・8 刑集 63・11・2829 ………… 責任能力 807
最決平成 21・12・14 集刑 299・1075 ………… 布川事件 1171
最決平成 21・12・17 刑集 63・10・2631 ……… 違法性の承継 38
最決平成 21・12・18 民集 63・10・2754
　　　　　　……… パナソニックプラズマディスプレー(パスコ)事件 1126
最大判平成 22・1・20 民集 64・1・1 ……… 砂川政教分離訴訟 779, 政教分離の原則 785, 目的効果基準 1334
最大判平成 22・1・20 民集 64・1・128
　　　　　　………………………………… 砂川政教分離訴訟 779
最決平成 22・3・17 刑集 64・2・111
　　　　　　………………………… 包括一罪 1241, 連続犯 1411
最判平成 22・3・25 労判 1005・5 ……… 競業避止義務 235
最判平成 22・4・27 刑集 64・3・233
　　　　　　………………………… 合理的疑いを超える証明 423
最判平成 22・6・4 民集 64・4・1107 ……… 所有権留保 740
最判平成 22・7・15 判時 2091・90 ……… 経営判断の原則 309
最決平成 22・10・26 刑集 64・7・1019 ……… 因果関係 43
最判平成 22・12・7 民集 64・8・2003 …… 個別株主通知 472
最判平成 22・12・16 民集 64・8・2050 ……… 中間省略登記 946
最判平成 22・12・17 民集 64・8・2067
　　　　　　……………… 競争の実質的制限 260, 私的独占 586
最判平成 23・2・18 判時 2111・3 ……………… 借用概念 618
最判平成 23・3・23 民集 65・2・755
　　　　　　……………… アダムズ方式 4, 定数不均衡(訴訟) 982
最判平成 23・3・24 民集 65・2・903 ……………… 敷金 538
最判平成 23・4・12 民集 65・3・943
　　　　　　……………………… イナックスメンテナンス事件 33
最判平成 23・4・12 労判 1026・27
　　　　　　……………………… イナックスメンテナンス事件 33
最判平成 23・4・22 民集 65・3・1405 ……… 説明義務 812
最判平成 23・5・30 民集 65・4・1780
　　　　　　………………………… 思想及び良心の自由 567

最判平成 23・6・7 民集 65・4・2081
　　　　　　……………… 処分基準 736, 処分理由の提示 737
最大判平成 23・11・16 刑集 65・8・1285
　　　　　　………………………… 裁判を受ける権利 506
最判平成 23・12・19 刑集 65・9・1380 ……… 中立的行為 952
最判平成 24・1・16 判時 2147・127 …… 思想及び良心の自由 567
最判平成 24・2・9 民集 66・2・183 ……… 当事者訴訟 1023
最判平成 24・2・13 刑集 66・4・482
　　　　　　……………………… 控訴 397, 事実(の)認定 557
最判平成 24・2・16 判時 2146・49 ……… 砂川政教分離訴訟 779
最判平成 24・2・20 民集 66・2・796
　　　　　　……… 競争の実質的制限 260, 不当な取引制限 1201
最判平成 24・4・6 民集 66・4・2535 ……………… 仮執行 159
最判平成 24・7・24 刑集 66・8・709
　　　　　　………………… ピー・ティー・エス・ディー(PTSD) 1154
最判平成 24・9・7 刑集 66・9・907 ……… 証拠の関連性 687
最判平成 24・10・9 刑集 66・10・981
　　　　　　………………………… 親族間の犯罪に関する特例 759
最判平成 24・10・12 民集 66・10・3311 …… 詐害会社分割 513
最大判平成 24・10・17 民集 66・10・3357
　　　　　　……………………… 合区 379, 定数不均衡(訴訟) 982
最判平成 24・11・6 刑集 66・11・1281 …… 承継的共犯 674
最判平成 24・12・7 刑集 66・12・1337 ……… 憲法適合的解釈 353, 猿払(さるふつ)事件 527, 政治的活動 792, 堀越事件 1295
最判平成 24・12・12 刑集 66・12・1722 ………… 委任規定 1440
最判平成 25・1・11 民集 67・1・1 ………………… 委任規定 1440
最判平成 25・4・16 民集 67・4・1115 …………… 公害 368
最大決平成 25・9・4 民集 67・6・1320
　　　　　　…… 違憲判決の効力 17, 嫡出でない子 943, 法の下の平等 1263
最判平成 25・11・20 民集 67・8・1503
　　　　　　……………………………… 定数不均衡(訴訟) 982
最決平成 25・12・10 民集 67・9・1847 …… 性同一性障害 796
最判平成 26・4・24 民集 68・4・329
　　　　　　………………… 鏡像理論 260, 国際裁判管轄 432
最判平成 26・10・9 民集 68・8・799
　　　　　　………………… 不作為による国家賠償責任 1180
最判平成 26・11・17 判時 2245・124 ……………… 勾留 424
最判平成 26・11・26 民集 68・8・1363
　　　　　　……………………… 合区 379, 定数不均衡(訴訟) 982
最判平成 27・3・3 民集 69・2・143 ……………… 処分基準 736
最決平成 27・4・9 民集 69・3・455 …………… 責任能力 807
最判平成 27・11・25 民集 69・7・2035
　　　　　　……………………………… 定数不均衡(訴訟) 982
最判平成 27・12・3 刑集 69・8・815 …… 刑訴不遡及の原則 324
最大判平成 27・12・16 民集 69・8・2427 …… 違憲判決の効力 17, 婚姻の自由 478, 再婚禁止期間 490, 男女同権 921
最大判平成 27・12・16 民集 69・8・2586
　　　　　　……………………… 家族生活に関する基本権 135
最判平成 28・3・10 民集 70・3・846 …… 国際訴訟競合 437
最判平成 28・3・24 民集 70・3・1 ……………… 同時傷害 1025
最決平成 28・3・31 刑集 70・3・58 ……… 証拠隠滅罪 678
最決平成 28・5・25 民集 70・5・1157 …… 任意的訴訟担当 1094
最判平成 28・7・12 刑集 70・6・411
　　　　　　………………………… 過失の共犯 131, 共同正犯 262
最決平成 28・12・8 民集 70・8・1833 ……… 空港公害訴訟 294
最判平成 28・12・9 刑集 70・8・865 ……………… 訴訟能力 868
最大判平成 29・3・15 刑集 71・3・13
　　　　　　………………… 強制捜査 253, ジー・ピー・エス(GPS)捜査 597
最決平成 29・3・27 刑集 71・3・183

………………………………… 隠避 48, 犯人蔵匿罪 1139
最大決平成29・4・26刑集71・4・275 ………… 正当防衛 798
最大決平成29・8・30民集71・6・1000
………………………… 特別支配株主の株式等売渡請求 1047
最大判平成29・9・27民集71・7・1139 定数不均衡(訴訟) 982
最大判平成29・11・29刑集73・9・467
……………………………… 傾向犯 310, 不同意わいせつ罪 1198
最大決平成29・12・11刑集71・10・535 ……… 承継的共犯 674
最大決平成29・12・18刑集71・10・570
………………………………… 心神喪失等の状態で重大
な他害行為を行った者の医療及び観察等に関する法律 757
最大判平成30・6・1民集72・2・88 …… 均衡待遇(労働者の) 284
最大判平成30・12・7民集72・6・1044 ………… 内部統制監査 740
最大判平成30・12・14民集72・6・1101 ……… 詐害行為取消権 513
最大判平成30・12・19民集72・6・1240
………………………………………… 定数不均衡(訴訟) 982
最大判令和元・7・22民集73・3・245 ………… 無名抗告訴訟 1324
最大決令和2・1・27民集74・1・119 ………… 児童買春,
児童ポルノに係る行為等の規制及び処罰並びに児童の保護等に
関する法律 587
最大判令和2・9・30刑集70・3・1 ……………… 同時傷害 1025
最大決令和2・11・25民集74・8・2229
………………………………… 懲罰 956, 部分社会の法理 1205
最大判令和3・2・24民集75・2・29
………………………………… 孔子廟(びょう)訴訟 388, 政教分離の原則 785
最大判令和3・5・17民集75・5・1359 ………… 共同不法行為 264
最大判令和3・6・4民集75・7・2963 …… 行政行為の取消し 246
最大決令和3・6・9刑集329・85 ………… 犯人蔵匿罪 1139
最大判令和4・1・20刑集76・1・1
………………………… 不正指令電磁的記録に関する罪 1184
最大決令和4・2・15民集76・2・190 …… ヘイト・スピーチ 1223
最大判令和4・5・25民集76・4・412
…………………………………… 在外国民審査権訴訟 481,
違憲判決の効力 17, 国民審査 457, 在外選挙権訴訟 482, 在外
投票 482
最大判令和4・6・17民集76・5・955
……………………………… 不作為による国家賠償責任 1180
最大判令和4・6・24民集76・5・1170 ………… 差止請求権 522
最大判令和5・1・25民集77・1・1 ……… 定数不均衡(訴訟) 982
最大判令和5・9・9民集77・6・181 ……………… 退職金 273
最大決令和5・9・13 ……………………………… 証拠隠滅罪 678
最大判令和5・10・18民集77・7・1654 定数不均衡(訴訟) 982
最大決令和5・10・25民集77・7・1792
………………………… 違憲判決の効力 17, 性同一性障害 796
最大判令和6・6・21 …………………………… 性同一性障害 796

［高等裁判所判例］

東京高判昭和25・8・7高刑判特12・50 …………… 証人適格 704
東京高判昭和26・9・19高民4・14・497
……………………………………………… 競争の実質的制限 260
福岡高判昭和27・11・28行集3・7・1517 …… 潜在有効投票 821
東京高判昭和28・3・9高民4・9・435 …… 不当な取引制限 1201
東京高判昭和28・9・11高民6・11・702 …… 国家行為理論 466
東京高判昭和29・9・22行集5・9・2181
東京高判昭和31・5・8高刑9・5・425
……………………………………………… 苫米地(とまべち)判決 1064
……………………………………………… ポポロ劇団事件 1294
東京高決昭和33・8・2労民9・5・831 ……… 就労請求権 643
大阪高判昭和35・12・6行集11・12・3298 …… 寄附金税制 214
名古屋高判昭和37・12・22高刑15・9・674 ……… 安楽死 10
大阪高判昭和38・9・6高刑16・7・526 ……… 自動車検問 589
東京高判昭和38・11・4行裁14・11・1963 ……… 朝日訴訟 2
大阪高判昭和41・5・19判時457・14 …… ポポロ劇団事件 1294
東京高判昭和41・9・14高刑19・6・656
…………………………………………… ポポロ劇団事件 1294
名古屋高判昭和45・8・25刑月2・8・789
…………………………………………… ポポロ劇団事件 1294
名古屋高判昭和46・5・14行裁22・5・680
…………………………………………… 津地鎮祭訴訟 975
名古屋高金沢支部判昭和47・8・9判時674・25
…………………………………………………… 4大公害裁判 1377
東京高判昭和47・11・21高刑25・5・479
………………………………… 迅速な裁判 760, 補充裁判官 1282
東京高判昭和48・1・16判時706・103 ……………… 運用違憲 61
東京高判昭和48・5・30刑月5・5・592 ……… 共罰過誤 41
東京高判昭和49・9・25労民26・5・723 ……… 団体交渉権 922
大阪高判昭和50・11・10行裁26・10＝11・1268
………………………………………………………… 堀木訴訟 1294
札幌高判昭和51・3・18高刑29・1・78 ………… 医療過誤 41
札幌高判昭和51・8・5行裁27・8・1175 ……… 長沼事件 1081
東京高決昭和54・8・9労民30・4・826 ………… 緊急命令 282
東京高判昭和54・10・29労民30・5・1002 …… 整理解雇 803
札幌高判昭和56・1・22刑月13・1＝2・12
……………………………………………… 管理・監督過失 184
札幌高判昭和57・6・22判時1071・48 …………… 環境権 169
仙台高秋田支部判昭和57・7・23行裁33・7・1616
……………………………………………… 国民健康保険税 457
福岡高判昭和57・9・6高刑35・2・85 ………… 胎児傷害 890
東京高判昭和59・2・17行裁35・2・144
……………………………………………… 排他条件付取引 1114
東京高判昭和59・11・19判タ544・251 ………… カード訴訟 141
大阪高判昭和59・11・29労民35・6・641 ……… 懲戒解雇 953
名古屋高判昭和60・4・12判時1150・30 ………… 環境権 169
東京高判昭和61・3・19判時1188・1 家永教科書裁判 12
福岡高判昭和61・4・28刑月18・4・294 ……… 別件逮捕 1226
東京高判昭和62・7・15判時1245・3 …………… 環境権 169
東京高判昭和62・12・24行裁38・12・1807 …… 環境基準 168
東京高判平成元・6・27高民42・2・97 …… 訴えの利益 56
名古屋高判平成2・4・25判時1350・130 ………… 退職金 894
東京高判平成2・12・10判タ752・246 …… 中立的行為 952
高松高判平成4・5・12行裁43・5・717
……………………………………………… 愛媛玉串料訴訟 70
東京高判平成4・12・17判時1453・35 …………… 水害訴訟 169
東京高判平成5・5・21高刑46・2・108 ……… 公正取引委員会 394
東京高判平成7・9・25判タ906・136 …… 不当な取引制限 1201
広島高岡山支部判平成8・5・22判時1572・150
…………………………………………………… 公文書偽造罪 412
東京高判平成12・2・9判時1749・157
……………………………………………… 強行法規の特別連結 236
東京高判平成12・5・30判時1750・169 …… 株主間契約 152
東京高判平成12・11・8判タ1088・133 在外選挙権訴訟 482
東京高判平成14・9・10判時1835・77 ……………… 公表 409
東京高判平成15・12・11判時1853・145 ………… 退職金 894
名古屋高判平成17・3・9判時1914・54 ……… 電子投票 1005
東京高決平成17・3・23判時1899・56 …… 主要目的ルール 658
東京高判平成17・3・31 ………………………… 間接侵害 178
東京高判平成18・2・28家月58・6・47

判例年月日索引

……………………………… 国籍法違憲訴訟 452
東京高判平成 19・2・28 刑集 63・11・2135
……………………………… 安楽死 10, 尊厳死 881
東京高判平成 19・10・10 訟務月報 54・10・2516
……………………………………… 合同会社 403
東京高決平成 21・6・23 判時 2057・168 ……… 足利事件 3
知財高判平成 22・9・8 判時 2115・102 ……… 間接侵害 178
大阪高判平成 29・2・9 高刑速(平 29)238 頁 ……… 賭博 1064
知財高判平成 29・12・25 …………… 国際訴訟競合 437
福岡高那覇支部平成 31・4・18 判自 454・26
……………………………………… 孔子廟(びょう)訴訟 388
東京高判令和 2・6・25 判時 2460・37 …… 在外国民審査権訴訟 481

[地方裁判所判例ほか]

横浜地判大正 7・10・29 評論 8 諸法 4 ……… 仕向(しむけ)地法 606
東京地判昭和 28・10・19 行裁 4・10・2540
…………………………………… 苫米地(とまべち)判決 1064
東京地判昭和 29・5・11 判時 26・3 ……… ポポロ劇団事件 1294
東京地決昭和 30・3・31 刑民 6・2・164 ……… 経歴詐称 329
奈良地判昭和 34・3・26 労民 10・2・142 ……… 懲戒解雇 953
東京地判昭和 34・3・30 下刑 1・3・776
…………………………………… 砂川事件(判決) 3
東京地判昭和 35・10・19 行裁 11・10・2921 ……… 朝日訴訟 2
東京地判昭和 38・12・7 下民 14・12・2435
……………………………… 原爆判決 348, 戦後補償 821
東京地判昭和 39・9・28 下民 15・9・2317
……………………………………… 宴(うたげ)のあと事件 54
東京地決昭和 40・4・26 判時 408・14 強行法規の特別連結 236
東京地判昭和 40・6・26 下刑 7・6・1275
……………………………………… ポポロ劇団事件 1294
津地判昭和 42・3・16 判時 483・28 ……… 津地鎮祭訴訟 975
札幌地判昭和 42・3・29 下刑 9・3・359 ……… 恵庭(えにわ)事件 69
東京地判昭和 42・5・10 下刑 9・5・638 ……… 運用違憲 61
大阪地判昭和 44・12・26 労民 20・6・1806 ……… 傾向経営 310
東京地判昭和 45・6・23 労民 21・3・980 ……… 懲戒解雇 953
東京地判昭和 45・7・17 行裁 21・7 別冊 1
…… 家永教科書判決 12, 学習指導要領 119, 教科書検定 233
鹿児島地判昭和 46・6・17 下民 22・5=6・702
……………………………… 法人格否認の法理 1247
富山地判昭和 46・6・30 下民 22・6 別冊 1
…………………………………… 4 大公害裁判 1377
新潟地判昭和 46・9・29 下民 22・9=10 別冊 1
…………………………………… 4 大公害裁判 1377
津地四日市支部判決 47・7・24 判時 672・30
…………… 四日市ぜんそく事件 1372, 共同不法行為 264
神戸地判昭和 47・9・20 行裁 23・8=9・711
…………………………………… 堀木訴訟 1294
熊本地判昭和 48・3・20 判時 696・15 ……… 4 大公害裁判 1377
札幌地判昭和 48・9・7 判時 712・24 ……… 長沼事件 1081
東京地判昭和 49・7・16 判時 751・47 …… 家永教科書判決 12
神戸簡判昭和 50・2・20 刑月 7・2・104 ……… 信教の自由 750
福岡地判昭和 52・10・5 判時 866・21 ……… 製造物責任 794
新潟地判昭和 53・3・9 判時 893・106 ……… 管理・監督過失 184
東京地判昭和 53・8・3 判時 899・48 ……… スモン訴訟 780,
過失 130, 裁量権収縮 511, 薬害訴訟 1344
東京地判昭和 54・3・12 判時 919・23 ……………… 公表 409
熊本地判昭和 54・3・22 刑月 11・3・168 ……… 胎児傷害 890
東京地判昭和 55・2・14 刑月 12・1=2・47 ……… 使用窃盗 695
札幌地判昭和 55・10・14 判時 988・37 ……… 公害防止協定 373

東京地判昭和 56・2・27 判時 1010・85
…………………………………… 公序(国際私法上の) 389
東京地判昭和 56・3・30 刑月 13・3・299 ……… 国内犯 455
東京地判昭和 56・6・25 判時 1028・106 ……… 失念株 584
熊本地八代支部判昭和 58・7・15 判時 1090・21
…………………………………… 免田事件 1332
高松地判昭和 59・3・12 判時 1107・13
…………………………………… 財田川(さいたがわ)事件 497
仙台地判昭和 59・7・11 判時 1127・34 ……… 松山事件 1302
東京地判昭和 61・3・20 行裁 37・3・347 ……… 信教の自由 750
東京地判昭和 62・3・27 判時 1226・33 ……… 嫌煙権 336
大阪地判昭和 62・9・30 判時 1255・45 ……… 予防接種禍 1374
静岡地判平成元・1・31 判時 1316・21 ……… 島田事件 605
松山地判平成元・3・17 行裁 40・3・188
…………………………………… 愛媛玉串料訴訟 70
東京地判平成元・10・3 判タ 709・63 ……… 家永教科書判決 12
東京地判平成 2・5・25 判時 1383・139 ……… 担保提供命令 926
仙台地気仙沼支部判平成 3・7・25 判タ 789・275 ……… 国内犯 455
山口地岩国支部判平成 4・7・16 判時 1429・32 ……… 嫌煙権 336
熊本地判平成 6・3・15 判時 1514・169 ……… 中立的行為 952
横浜地判平成 7・3・28 判時 1530・28 ……………… 安楽死 10
東京地決平成 7・4・13 判時 1526・35 ……… 変更解約告知 1228
神戸家審平成 7・5・10 家月 47・12・58
…………………………………… 公序(国際私法上の) 389
千葉地判平成 7・12・13 判時 1565・144 ……… 危険の引受け 199
東京地判平成 10・5・25 判時 1660・80 ……… 担保提供命令 926
佐賀家審平成 11・1・4 家月 51・6・71 ……………… 同性婚 1030
東京地判平成 11・10・28 判時 1705・50 ……… 在外選挙権訴訟 482
大阪地判平成 12・9・20 判時 1721・3 ……… 信頼の法理 770
鹿児島地判平成 13・1・22 ……………………… 環境権 169
熊本地判平成 13・5・11 判時 1748・30 ……… 立法の不作為 1390
大阪地判平成 14・4・25 判時 1793・140 ……… 信頼の法理 770
鹿児島地判平成 15・9・2 ……………………… 胎児傷害 890
東京地判平成 16・9・28 判時 1886・111 ……… 経営判断の原則 309
東京地判平成 17・4・13 判時 1890・27 ……… 国籍法違憲訴訟 452
青森家十和田支部審平成 20・3・28 家月 60・12・63
…………………………………………………… 反訴 1137
福島地判平成 20・8・20 判時 2295・3 ……… 医療過誤 41
宇都宮地判平成 22・3・26 判時 2084・157
…………… 足利事件 3, ディー・エヌ・エー(DNA)分析(鑑定) 976
東京地判平成 23・8・31 判時 2088・10 ……………… 環境権 169
水戸地土浦支部判平成 23・5・24 ……………… 布川事件 1171
東京地判平成 23・6・9 訟務月報 59・6・1482 ……… 環境権 169
静岡地決平成 26・3・27 判時 2235・113
………………………………………… 袴田(はかまだ)事件 1118
公取委排除措置命令平成 27・1・16 審決集 61・142
…………………………………………………… 私的独占 586
福岡地判平成 27・10・28 ……………………… 賭博 1064
那覇地判平成 30・4・13 判自 454・40 ……… 孔子廟(びょう)訴訟 388
東京地判令和元・5・28 判時 2420・35
…………………………………… 在外国民審査権訴訟 481
静岡地判令和 6・9・26 ……………………… 袴田(はかまだ)事件 1118

[国際司法裁判所判例ほか]

ICJ 判 1949・4・9 Reports 1949・4 ……… コルフ海峡事件 477
ICJ 意見 1949・4・11 Reports 1949・174
…………………………… 国際連合損害賠償請求事件 446
ICJ 判 1950・11・20 Reports 1950・266 ……… 庇護(ひご)権 1149
ICJ 意見 1951・5・28 Reports 1951・15

.... ジェノサイド条約に対する留保事件 535
ICJ 意見 1962・7・20 Reports 1962・151
.... 国際連合平和維持活動 447
ICJ 判 1964・7・24 Reports 1964・6
.... バルセロナ・トラクション事件 1128
ICJ 判 1969・2・20 Reports 1969・4 .... 北海大陸棚事件 1289
ICJ 判 1970・2・5 Reports 1970・3
.... バルセロナ・トラクション事件 1128
ICJ 判 1973・2・2 Reports 1973・3 .... 事情変更の原則 562
ICJ 判 1980・5・24 Reports 1980・3
.... 在テヘラン・アメリカ大使館員人質事件 500
ICJ 命令 1984・5・10 Reports 1984・169
.... ニカラグア事件 1083
ICJ 判 1984・11・26 Reports 1984・392
.... ニカラグア事件 1083
ICJ 判 1986・6・27 Reports 1986・14
.... ニカラグア事件 1083, 武力行使 1213
ICJ 判 1995・6・30 Reports 1995・90 .... 自決権(人民の) 545
ICJ 判 2001・6・27 Reports 2001・466 .... 仮全保措置 162
ICJ 意見 2004・7・9 Reports 2004・136 ..... 自決権(人民の) 545
ICJ 命令 2006・7・13 Reports 2006・113
.... 持続可能な開発 568
ICJ 判 2010・4・20 Reports 2010・14 .... 持続可能な開発 568
ICJ 判 2012・7・20 Reports 2012・422
.... 引き渡すか訴追するか 1147, 対世的義務 895
ICJ 判 2014・3・31 Reports 2014・226 .... 捕鯨事件 1271
PCIJ 判 1923・8・17 Series A No.1・1
.... ウィンブルドン号事件 50
PCIJ 判 1927・9・7 Series A No.10・4 .... 国家管轄権 465
PCIJ 判 1928・9・13 Series A No.17・4 .... 原状回復 345
ICC 判 2012・3・14 .... 国際刑事裁判所 431
米英仲裁裁判所判決 1872・9・14 .... アラバマ号事件 8
常設仲裁裁判所判決 1905・5・22 国家学会雑誌 20・1・114
.... 日本家屋税事件 1088
英米合同委員会決定 1933・6・30(中間),
  同委員会決定 1935・1・5(最終) .... 追跡権 969

アメリカ・カナダ仲裁裁判所判決 1938・4・16(中間), 同仲裁
  判所判決 1941・3・11(最終) ...... トレイル熔鉱所事件 1075
ベルギー・オランダ仲裁裁判所判決 2005・5・24
.... 持続可能な開発 568

[合衆国連邦裁判所判例]

Marbury v. Madison, 5 U.S.(1 Cranch)137(1803)
.... アメリカ合衆国憲法 6, 違憲審査権 17
Schenck v. United States, 249 U.S. 47(1919)
.... ホームズ 1294, 明白かつ現在の危険 1326
Ashwander v. TVA, 297 U.S. 288(1936)
.... ブランダイス・ルール 1210
West Coast Hotel Co. v. Parrish, 300 U.S. 379(1937)
.... デュー・プロセス・オブ・ロー 999
Nardone v. United States, 308 U.S. 338(1939)
.... 毒樹の果実 1039
International Shoe Co. v. State of Washington, 326 U.S. 310
  (1945) .... ロング・アーム法 1429
Gulf Oil Corp. v. Gilbert, 330 U.S. 501(1947)
.... フォーラム・ノン・コンビニエンス 1169
Banco Nacional de Cuba v. Sabbatino, 376 U.S. 398(1964)
.... 国家行為理論 466
Miranda v. Arizona, 384 U.S. 436(1966)
.... ミランダ判決 1310
Brandenburg v. Ohio, 395 U.S. 444(1969)
  ・・ブランデンバーグ・テスト 1210, 明白かつ現在の危険 1326
Griggs v. Duke Power Co., 401 U.S. 424(1971) .... 間接差別 178
Lemon v. Kurtzman, 403 U.S. 602(1971)
.... 目的効果基準 1334
Roe v. Wade, 410 U.S. 113(1973)
.... バーガー・コート 1118, ロバーツ・コート 1428
Obergefell v. Hodges, 576 U.S. 644(2015)
.... ロバーツ・コート 1428
Dobbs v. Jackson Women's Health Organization, 597 U.S. 215
  (2022) .... ロバーツ・コート 1428

欧文略語一覧

* 略語に対応する項目があるときは**太字**で示した。

ACSA：日米物品役務相互提供協定　→**重要影響事態法**(642)　→**有事法制**(1357)
ADB：アジア開発銀行(3)
ADR：エー・ディー・アール(69)
AIIB：アジアインフラ投資銀行(3)
APA：行政手続法　→**アメリカ行政手続法**(7)
ASEAN：東南アジア諸国連合(1033)
AU：アフリカ連合(6)
AWB：航空運送状(379)
BEPS：税源浸食と利益移転(786)
BGB：ドイツ民法(1012)
BIRPI：知的所有権保護合同国際事務局　→世界知的所有権機関(804)
BIT：二国間投資協定　→**投資保護協定**(1029)
B/L：船荷証券(1203)
CD：譲渡性預金証書(700)
CDS：クレジット・デフォルト・スワップ(305)
CISG：国際物品売買契約に関する国際連合条約(440)
CMI：万国海法会(1132)
COP：締約国会議(988)
CP：コマーシャル・ペーパー(474)
CPC：ヨーロッパ共同体特許条約(1375)
CPTPP：環太平洋パートナーシップに関する包括的及び先進的な協定　→**環太平洋パートナーシップ協定**(180)　→**自由貿易協定**(638)
CSR：企業の社会的責任(194)
CTBT：包括的核実験禁止条約(1242)
DES：デット・エクイティ・スワップ(999)
DGCL：デラウェア州一般会社法(1000)
DIT：二元的所得税(1084)
DST：デジタルサービス税(997)
EAEC：ヨーロッパ原子力共同体　→**ヨーロッパ連合**(1377)
EB：他社株転換社債(909)
EC：ヨーロッパ共同体　→**ヨーロッパ連合**(1376)
ECSC：ヨーロッパ石炭鉄鋼共同体　→**ヨーロッパ連合**(1377)
EDINET：エディネット(69)
EDR：欧州預託証券　→**ジー・ディー・アール**(585)
EMS：ヨーロッパ通貨制度　→**ヨーロッパ連合**(1377)
EPA：経済連携協定　→**自由貿易協定**(638)
EPC：ヨーロッパ特許条約(1376)
ESOP：従業員持株制度(626)
EU：ヨーロッパ連合(1376)
EURATOM：ヨーロッパ原子力共同体　→**ヨーロッパ連合**(1377)
FCA：イギリス金融行為監督機構(15)
FIFO：先入先出法　→**棚卸資産**(913)
FTA：自由貿易協定(637)
FTC：連邦取引委員会　→**独立規制委員会**(1053)

GATT：ガット(138)
GDR：ジー・ディー・アール(585)
GI：地理的表示(964)
GPIF：年金積立金管理運用独立行政法人(1101)
IAEA：国際原子力機関(431)
IAS：国際会計基準(429)
IASB：国際会計基準審議会　→**国際会計基準**(429)
IASC：国際会計基準委員会　→**国際会計基準**(429)
IATA：国際航空運送協会　→**航空運送状**(379)
IBRD：国際復興開発銀行(440)
ICAO：国際民間航空機関(442)
ICC：国際刑事裁判所(431)
ICC：国際商業会議所(434)
ICC：州際通商委員会　→**独立規制委員会**(1053)
ICFTU：国際自由労連　→**国際労働組合総連合**(449)
ICJ：国際司法裁判所(433)
ICPO：国際刑事警察機構(431)
ICSID：投資紛争解決国際センター　→**投資紛争解決条約**(1028)
IDA：国際開発協会　→**国際復興開発銀行**(440)
IFC：国際金融公社　→**国際復興開発銀行**(440)
IFRS：国際財務報告基準　→**国際会計基準**(429)
ILC：国際連合国際法委員会(446)
ILO：国際労働機関(449)
IMF：国際通貨基金(437)
IOPCF：国際油濁補償基金(442)
IOSCO：証券監督者国際機構(675)
ISDS：投資仲裁(1028)
ITU：国際電気通信連合(438)
ITUC：国際労働組合総連合(449)
JDR：預託証券(1371)
J-REIT：不動産投資信託(1200)
LBO：レバレッジド・バイアウト(1408)
L/I：レター・オブ・インテント(1407)
LLC：合同会社(403)
LLP：有限責任事業組合(1355)
MBO：マネジメント・バイアウト(1302)
MOP：締約国会議(988)
MTN：プログラム発行(1214)
NATO：北大西洋条約機構(211)
NCD：譲渡性預金証書(700)
NEPA：連邦環境政策法　→**アメリカ行政手続法**(7)
NFT：エヌ・エフ・ティー(70)
NGO：エヌ・ジー・オー(70)
NISA：ニーサ(1084)
NLRB：アメリカ全国労働関係局(7)
NPO：特定非営利活動促進法(1043)　→**特定非営利活動法人**(1043)
NPT：核拡散防止条約(118)
OAS：米州機構(1223)

OAU：アフリカ統一機構　→アフリカ連合(6)
OECD：経済協力開発機構(311)
OEEC：ヨーロッパ経済協力機構　→経済協力開発機構(311)
PCT：特許協力条約(1060)
PFI：ピー・エフ・アイ(1140)
PKO：国際連合平和維持活動(447)
PL：製造物責任(794)
PLO：パレスチナ解放機構(1128)
PTS：ピー・ティー・エス(1154)
PTSD：ピー・ティー・エス・ディー(1154)
RCEP：地域的な包括的経済連携　→自由貿易協定(638)
REIT：不動産投資信託　→投資信託投資法人法(1027)
SDGs：エスディージーズ(68)
SEC：アメリカ証券取引委員会(7)
SPC：特定目的会社　→資産の流動化に関する法律(554)
SPS：衛生植物検疫措置(65)
STLT：商標法に関するシンガポール条約　→商標法条約(711)
SWB：海上運送状(109)
TDB：貿易開発理事会　→国際連合貿易開発会議(449)
TDnet：ティー・ディー・ネット(984)
TOB：公開買付け(370)
TLT：商標法条約(711)
TPP：環太平洋パートナーシップ協定(180)

UCC：アメリカ統一商事法典(7)
UN：国際連合(443)
UNAVEM II：第2次国際連合アンゴラ検証団　→国際連合平和維持活動(448)
UNCED：環境と開発に関する国際連合会議　→国際環境法(430)
UNCITRAL：国際連合国際商取引法委員会(446)
UNCTAD：国際連合貿易開発会議(448)
UNDP：国際連合開発計画　→人間の安全保障(1096)
UNEP：国際連合環境計画　→国際環境法(430)
UNESCO：国際連合教育科学文化機関(445)
UNGOMAP：国際連合アフガニスタン・パキスタン仲介ミッション　→国際連合平和維持活動(448)
UNHCR：国際連合難民高等弁務官(447)
UNIDROIT：ユニドロワ(1362)
UNOSOM II：第2次国際連合ソマリア活動　→国際連合平和維持活動(447)
UNPROFOR：国際連合保護軍　→国際連合平和維持活動(447)
UNU：国際連合大学(447)
UPOV：植物の新品種の保護のための国際連盟　→種苗法(657)
UPU：万国郵便連合(1132)
WCL：国際労連　→国際労働組合総連合(449)
WHO：世界保健機関(805)
WIPO：世界知的所有権機関(804)
WTO：世界貿易機関(804)

収録図表一覧

＊　図表の附属する項目を五十音順に配列した。

遺言(18)······················表：遺言の方式
会社(100)·····················表：会社の比較
教育委員会(228)···········図：教育委員会の組織
行政行為(245)········図：行政行為の内容による分類
刑(309)······················図：刑の種類
警察(313)·············図：警察の組織の概略
憲法(350)··················表：憲法の分類
　(351)············表：主要国憲法の系譜(概要)
権力分立主義(361)·········図：三権の相関関係
抗告(383)··················図：抗告の分類
公務員の労働関係(418)······表：公務員の労働関係
国際連合(444)············図：国際連合の機構
国税不服審判所(452)····図：国税不服審判所の機構
国会議員(464)　表：衆議院議員と参議院議員の比較
財産犯(493)················表：財産犯の分類
詐害行為取消権(514)　図：詐害行為取消権の当事者
先取(さきどり)特権(517)
　·········表：民法に規定されている先取特権一覧
住民(639)··················図：住民参政の形態
審級(750)················表：訴訟事件の審級
信託(761)··················図：信託の仕組み
親等(765)··················図：親族関係
信用購入あっせん(769)
　··············図：信用購入あっせんの仕組み
制限能力者(787)···········表：制限能力者の比較
占有(833)··················表：占有の分類
相続分(847)················図：法定相続分
租税(872)··················表：租税体系一覧
逮捕(902)
　······図：警察による逮捕の場合の身柄の拘束関係
代理(905)············図：代理における三面関係
地方公共団体の長(938)
　··············図：地方公共団体の長と議会の関係
添付(1009)················表：添付の種類
転用物訴権(1010)··········図：転用物訴権の当事者
土地信託(1059)········図：土地信託の流れと構造
日本国憲法(1090)··········表：新旧両憲法の比較
反致(1137)················図：反致の種類
引渡し(1147)··············表：引渡しの態様
表見代理(1161)···········図：表見代理の成立
普選運動(1186)
　·······表：選挙(衆議院議員)制度の沿革(主要改正)
物権(1192)················表：物権の分類
不当労働行為(1203)······表：不当労働行為審査手続
併合罪(1222)
　········表：確定裁判の前後における併合罪の関係
変形労働時間制(1228)···表：変形労働時間制の種類
放火罪(1241)··············表：放火罪の処罰
保証債務(1285)
　······表：通常の保証・保証連帯・連帯保証の比較
見せ金(1306)·············図：見せ金の仕組み
無権代理(1320)···········図：狭義の無権代理
無効(1321)········表：無効と取消しの典型的差異
物(1339)··················表：物の分類
予算の部・款・項・目・節(1370)···表：予算区分例
ヨーロッパ人権条約(1376)
　·········図：ヨーロッパ人権条約実施措置の概要
領土(1399)··············図：領域・空間の管轄
ローン提携販売(1430)
　··············図：ローン提携販売の仕組み

法律学小辞典［第6版］
The Dictionary of Law (6th edition)

1972年 4 月20日	初　版第1刷発行
1986年 9 月30日	増補版第1刷発行
1994年11月10日	新　版第1刷発行
1999年 2 月20日	第3版第1刷発行
2004年 1 月30日	第4版第1刷発行
2008年10月20日	第4版補訂版第1刷発行
2016年 3 月20日	第5版第1刷発行
2025年 1 月30日	第6版第1刷発行

編集代表　　高　橋　和　之
　　　　　　伊　藤　　　眞
　　　　　　小　早　川　光　郎
　　　　　　能　見　善　久
　　　　　　山　口　　　厚

発行者　　江　草　貞　治

発行所　　株式会社 有 斐 閣
　　　　　郵便番号　101-0051
　　　　　東京都千代田区神田神保町2-17
　　　　　https://www.yuhikaku.co.jp/

印　刷　　株式会社　精　興　社
製　本　　牧製本印刷株式会社
装丁　キタダデザイン

Ⓒ 2025，有斐閣．Printed in Japan　　落丁本・乱丁本はお取替えいたします。
★定価はケースに表示してあります。
ISBN 978-4-641-00031-5

本書のコピー，スキャン，デジタル化等の無断複製は著作権法上での例外を除き禁じられています。本書を代行業者等の第三者に依頼してスキャンやデジタル化することは，たとえ個人や家庭内の利用でも著作権法違反です。

[JCOPY] 本書の無断複写(コピー)は，著作権法上での例外を除き，禁じられています。複写される場合は，そのつど事前に，(一社)出版者著作権管理機構(電話 03-5244-5088, FAX 03-5244-5089, e-mail: info@jcopy.or.jp)の許諾を得てください。